BOUQUINS

Collection

LA TAUROMACHIE

HISTOIRE
ET DICTIONNAIRE

SOUS LA DIRECTION DE
ROBERT BÉRARD

ROBERT LAFFONT

ISBN : 2-221-09246-5

Dépôt légal : mai 2003 — N° d'éditeur : L 09246 (E01)

Ce volume contient :

En guise de paséo…
par Robert Bérard

HISTOIRE, TAUREAUX, COMBAT
Histoire de la tauromachie
par Bartolomé Bennassar

Les encastes du taureau bravo
par Christophe Chay

La lidia
par Robert Bérard

DICTIONNAIRE
par
Rolland Agnel, Bernard Bastide, Daniel Benoin, Robert Bérard, Christian Cartoux, Christophe Chay, Jean-Claude Dufau, Jacques Durand, Paul Herménégilde, Jean-Marie Magnan, Béatrice Mandopoulos, Jacques Massip, Pierre Mialane, Jean-Jacques Pons, Jean-Pierre Scheiner, Philippe Teissier, Jean-Baptiste Trouplin et François Zumbiehl

ANNEXES
établies par
Bernard Bastide, Robert Bérard, Christian Cartoux et Jean-Baptiste Trouplin

BIBLIOGRAPHIE
par Robert Bérard

Dessins de Robert Bérard

EN GUISE DE PASÉO...

par Robert Bérard

La corrida ne serait-elle que la mise en scène des apparences ?

Apparence d'abord avec le toro que l'on qualifie de sauvage alors qu'il n'a pas connu la moindre liberté. Le *Grand dictionnaire encyclopédique* Quillet en six volumes définit l'animal domestique comme suit : « domestique s'applique plus spécialement à ceux que l'homme élève et nourrit par opposition à ceux qui vivent à l'état sauvage ». Ainsi, notre toro de combat serait un animal domestique !... Le *Grand Larousse* est plus explicite : un animal sauvage fait partie d'une espèce « non domestique, vivant en liberté dans la nature » par opposition à un animal domestique qui vit dans « l'entourage de l'homme, a été dressé à des degrés divers d'obéissance selon les espèces, en vue d'obtenir une production, un service, un agrément ». Si le toro de combat est un animal sauvage naturel, il n'est cependant pas un animal domestique, car nul n'a pu l'apprivoiser, le dresser, le faire obéir, ou répondre à des ordres donnés dans un but de participation à un travail ou à une production.

Pendant longtemps, les toros qui vivaient et se reproduisaient en liberté, sauvages au sens le plus exact du terme, ont fui l'homme. Rares étaient ceux qui se retournaient face au danger pour attaquer. Puis, on a isolé les plus agressifs, vaches ou toros, pour qu'ils gardent cette combativité, mais la plupart se révélèrent couards, fuyards, peureux, c'est-à-dire *mansos*. Lorsque les hommes inventèrent les tientas, ils commencèrent une sélection plus rigoureuse qui aboutit au produit actuel caractérisé par ses qualités morphologiques remarquables, ses aptitudes au combat car possédant le plus souvent caste, bravoure et noblesse à des degrés divers. Actuellement, rares sont les mansos : moins de cinq pour cent alors qu'il y a un siècle, ils étaient majoritaires.

Pur produit de la volonté humaine, résultat de nombreuses décennies de sélections, aboutissement de croisements complexes afin d'obtenir une certaine typologie, une morphologie et des caractères propres à la ganaderia qui les élève, le toro de combat (toro bravo), est « fabriqué » selon des techniques éprouvées dans de vastes élevages où on ne réserve pour la production noble que les vaches ayant passé avec succès les épreuves très sélectives de la tienta, les autres étant destinées à la consommation alimentaire. Qu'importent les rapports de consanguinité parfois poussés à l'extrême !

Ce toro que l'on dit sauvage – dans le sens de violent, agressif, dangereux – est donc l'aboutissement de décennies de travail, de recherches pragmatiques et cahotantes, au cours desquelles les réussites et les échecs s'enchaînent, discernables ou imprévisibles. Étrange animal à qui l'homme fournit « le vivre et le couvert » dans des conditions remarquables de confort et de bien-être (à l'inverse de beaucoup d'animaux domestiques), élevé pour ses capacités combatives et son agressivité, sans cesse améliorées, pour aboutir à un animal d'une réelle dangerosité.

Mise en scène des apparences avec le torero, homme transfiguré dès qu'il revêt son costume de lumières, homme habillé d'or et de paillettes, se dépouillant des habits du quotidien pour revêtir ceux de l'apparente invincibilité, qui le transforment en un demi-dieu pour la durée d'un affrontement. Tous les toreros le reconnaissent : revêtir le *traje de luces* les transporte dans un autre univers. « Dès l'habillage, écrit Jean-Marie Magnan, le torero commence une métamorphose qui l'éloigne de nous et ce lent travestissement le prépare à s'identifier au Minotaure qu'il affronte pour le vaincre. »

Mise en scène des apparences lors du déroulement du drame qui a les allures d'un spectacle rigoureusement structuré, avec des séquences identiques, comportant chacune trois parties, à l'exemple d'une tragédie classique, et qui débute par le paséo, défilé des cuadrillas, ouverture très protocolaire où les acteurs se présentent et s'inclinent devant le représentant du chœur qui peuple les gradins.

Transition : les toreros abandonnent leurs capes d'apparat, s'emparent de leurs capotes de lidia qu'ils déploient doucement, les arrondissant en corolles suaves avant qu'elles ne deviennent instruments de combat, de protection ou d'attaque, capes en apparence si souples et légères, en réalité si lourdes et rigides pour qui ne sait les manier.

Et dans les affrontements avec le toro ou les enlacements qui leur succèdent, il n'y a encore qu'apparence de facilité, de passes enchaînées sans effort, de danger amoindri, de bête consentante et domptée, fascinée par le leurre et s'engageant à la découverte d'itinéraires arachnéens où la poussent ses pulsions meurtrières, toro alangui qui se délecte de la suavité des enchaînements.

Puis la mort donnée, geste suprême qui sublime les deux adversaires, l'homme et l'animal, sous les yeux fascinés du public, qui l'attend et la craint.

Parfois, les apparences se dissipent et disparaissent quand le toro tarde à tomber ou que le torero, accroché, projeté, pantin désarticulé, retombe ensanglanté, inerte sur le sable. Les illusions sont brouillées, le danger révélé.

La réalité revient dans le ruedo, la mort ne se masque plus des apparences qui éblouissent. Elle a sa proie. Puis elle s'éloigne un moment, laissant aux hommes le temps de remettre en ordre le lieu de ses apparitions.

Spectacle ? représentation ? célébration ? La corrida est tout cela et même davantage car elle est la mise en scène de la mort, seul vrai problème pour l'homme.

La tauromachie est vivante. Elle s'est beaucoup modifiée au fil des ans. Il est certain que nous ne supporterions plus les scènes sanglantes de la fin du XIXe siècle. Ni même celles des années 1910-1920. Il est certain que nous ne vibrerions plus aux empoignades entre toros et toreros des temps anciens. Car une faena de muleta se réduisant à quelques passes de loin, en se déplaçant beaucoup et simplement pour mettre en place le toro et le tuer, ne satisferait pas notre sens esthétique et notre envie d'assister à des séquences harmonieusement rythmées.

Bien que la nostalgie du temps passé soit omniprésente parmi les aficionados, nous refusons de penser qu'autrefois tout était mieux et qu'aujourd'hui rien n'est valable.

C'est une antienne propre à la tauromachie et qui ne date pas d'hier. Le premier texte en français la rapportant date de 1854... alors que les corridas à l'espagnole venaient tout juste de faire leur apparition en France. M. Oduaga-Zolarde (voir Bibliographie), qui fit paraître le premier ouvrage expliquant la corrida dans notre pays, écrivait en effet : « Les espadas renommés sont rares aujourd'hui et depuis la mort du fameux Montes et du *Chiclanero*, on peut dire qu'il n'y en a que deux ou trois qui se font remarquer ; ce sont *Cúchares*, *el Salamanquino*, Cayetano Sanz. »

Ainsi, on exalte souvent certains toreros du passé tout en vouant aux gémonies ceux qui œuvrent actuellement. On nous raconte que les toros étaient des monstres capables de prendre sept, huit ou dix piques !... en oubliant de dire qu'en ce temps-là le toro n'était pas calmé par un travail de cape à son entrée en piste, qu'il rencontrait immédiatement les trois picadors présents et subissait une série de *refilons* ; en outre, de nombreux chevaux étaient tués, car ils n'étaient pas protégés par le caparaçon.

Ce qui est vrai, c'est que les toros étaient souvent mansos et donnaient peu de jeu. Ce qui est vrai, c'est qu'après la guerre civile espagnole, par manque de bétail et à la suite de la modification des manières de toréer, on combattit en corrida formelle des novillos béats, âgés d'à peine trois ans et pesant quatre cents kilos seulement. Le poids n'est pas un critère de grande importance mais l'âge en est un, car la mentalité d'un toro est très différente entre trois et cinq ans. Les plus grandes vedettes de l'après-guerre (et pas seulement le *Cordobés* des années 1970) n'affrontaient pas les monstres dangereux qu'on veut nous faire croire.

De nos jours, les toros sont plus imposants et plus dangereux. Et s'ils ne résistent pas aux piques, c'est en raison du caparaçon qui protège fort bien le cheval de la charge du toro et permet ainsi de prolonger, sans risque, une pique donnée en carioca.

Si les blessures des toreros sont plus nombreuses qu'autrefois, ce n'est pas parce qu'ils sont moins habiles (les novilladas nous montrent des jeunes ayant plus de technique que certains maestros d'il y a cinquante ans), mais parce qu'ils travaillent plus près des cornes, immobiles, alors qu'auparavant ils se déplaçaient constamment pour éviter tout contact. C'est également parce que les progrès de la chirurgie traumatologique et de la médecine ont accru leur confiance en eux et constitué un facteur déterminant des modifications de la manière de toréer.

La tauromachie ayant évolué, notre but est de mettre à la disposition des lecteurs un ouvrage qui rende compte de cette évolution.

Les recherches historiques proposent désormais une autre lecture des changements intervenus et remettent en cause les clichés trop longtemps accumulés sur les origines et les débuts de la corrida. Le comportement en piste des toros et des hommes, également, a ébranlé certaines notions tenues pour impérissables, telles que la théorie des terrains, ou le *cargar la suerte*.

Nous présentons les notices biographiques des principaux maestros actuellement en activité qui participent aux grandes férias et ceux aptes à devenir des *figuras*. Comme nous rappelons le destin de ceux qui ont fait l'Histoire, en nous souvenant que le temps embellit les faits et que beaucoup de maestros sont devenus au sens exact du terme des « toreros de légende ».

La remarquable et irremplaçable encyclopédie de José María de Cossío, *Los Toros* (voir Bibliographie) constitue sans doute la somme la plus aboutie de la connaissance tauromachique. Mais elle est rédigée en espagnol et on peut être un bon aficionado sans connaître la langue de Cervantès. Aussi notre ambition est-elle de donner à l'aficionado français, mais aussi au lecteur soucieux de s'instruire, un ensemble complet et accessible d'informations sur l'histoire, les techniques, la terminologie et les acteurs de l'art tauromachique, ainsi que sur la culture qui le fonde et qu'il perpétue.

Nous souhaitons que cette contribution puisse servir à en affiner l'approche et soit utile à ceux qui œuvrent à la défense et à l'éthique d'une tradition séculaire et significative d'un particularisme dont ils assurent la pérennité.

R. B.

NOTE DE L'ÉDITEUR

Conformément aux principes régissant la série « Histoire et Dictionnaire » de la collection « Bouquins », cet ouvrage est composé de deux parties :

• une partie narrative consacrée à l'histoire de la tauromachie, à celle des élevages de taureaux et aux techniques de la lidia ;

• un Dictionnaire de quelque 1 800 entrées recensant la terminologie de la « planète des toros », les techniques, les biographies de toreros, les ganaderias, les villes taurines, les thèmes et notions divers relatifs à la tauromachie. Un répertoire thématique, placé au début du Dictionnaire, en facilitera la consultation.

Des Annexes et une Bibliographie commentée complètent l'ensemble.

La culture tauromachique est, historiquement, d'origine espagnole. Aussi le langage dans son ensemble est-il à consonance hispanisante. Or, nous avons pris le parti de ne pas signaler par des caractères italiques les mots empruntés à la langue espagnole, qui sont donc imprimés en caractères romains, sauf mise en valeur particulière. En revanche, les mots espagnols qui ont été adoptés par les dictionnaires courants de langue française figurent sous leur orthographe francisée (notamment en ce qui concerne les accents et les pluriels) ; il en va de même pour les noms de villes.

Exemples : peón/peones s'écrira péon/péons
ganadería s'écrira ganaderia
feria s'écrira féria
matadores s'écrira matadors
etc.

Les caractères italiques sont réservés aux surnoms (*apodos*) des matadors, des critiques taurins, etc., et aux noms des toros.

Le taureau a fait l'objet d'un traitement spécial. Quand il s'agit du taureau de combat, il est toujours écrit « toro ». La graphie française est réservée à son évocation dans le contexte historique ou mythologique et dans le cas particulier du « taureau camargue » et du « taureau de boucherie », impropres au combat.

En vertu des règles typographiques en usage, les articles inclus dans les apodos sont en minuscules.

Exemple : *el Cordobés*, *el Juli*, etc.

Dans le Dictionnaire, on trouvera la notice biographique consacrée à un torero sous son nom civil. Son apodo figure en entrée-renvoi, au premier nom qui suit l'article.

Exemple : la biographie d'*el Cordobés* se trouve à
« BENÍTEZ PÉREZ Manuel »,
l'entrée-renvoi est « CORDOBÉS el ».

Le classement alphabétique des noms des ganaderias suit les mêmes règles.

Exemples : la ganaderia Juan Pedro Domecq est classée à
« DOMECQ Juan Pedro »,
la ganaderia Las Ramblas est classée à
« RAMBLAS Las ».

Les noms des ganaderias figurent sous leur appellation courante et, le cas échéant, sont suivis, entre parenthèses, de leur nom officiel consigné dans l'Annuaire des ganaderias établi par le ministère de l'Agriculture espagnol.

Chaque article consacré à une ganaderia, française ou espagnole, est illustré du fer qui lui est propre, reproduit avec l'aimable autorisation des propriétaires.

Certains noms de ganaderias ont conservé le titre nobiliaire de leurs fondateurs bien après la disparition de ceux-ci : dans ce cas, lorsque l'on cite le nom de l'élevage en tant que « marque », le titre nobiliaire est maintenu sous sa forme espagnole (ou portugaise) et porte une majuscule ; lorsque l'on parle de l'homme, son titre est francisé et porte une minuscule.

Exemple : l'élevage créé par le marquis de Saltillo
mais le torero affronte des Marqués de Saltillo.

HISTOIRE, TAUREAUX, COMBAT

Histoire de la tauromachie

par Bartolomé Bennassar

I
LES ENFANCES MULTIPLES DE LA CORRIDA

LES SIÈCLES OBSCURS

Un éditorialiste madrilène fort connu, Raúl Del Pozo, souhaitant convaincre ses compatriotes — après les incidents et les émeutes qui avaient opposé Espagnols et travailleurs maghrébins en février 2000 à El Ejido dans la province d'Almería, et ceux survenus dans celle de Huelva autour de Lepe — que les affinités entre eux étaient considérables, enracinées dans une longue histoire, n'hésitait pas à affirmer sans rire, dans le quotidien *El Mundo*, que les Arabes avaient inventé la tauromachie et que le burnous avait servi de modèle à la cape ! Cette anecdote est significative des interrogations que pose aujourd'hui encore la naissance de la tauromachie. Mais Raúl Del Pozo pouvait se prévaloir de l'autorité d'un grand écrivain espagnol, Nicolás Fernández de Moratín, qui dans sa *Lettre historique sur l'origine et l'évolution des courses de taureaux en Espagne* (1777), avait assuré que les musulmans étaient les véritables créateurs de cette tradition espagnole. Le mystère des origines a nourri quantité d'hypothèses, plus ou moins plausibles, mobilisé quantité d'arguments de valeur fort inégale. On pardonnera à un historien de métier de donner la priorité aux textes et aux documents de nature archéologique et iconographique. Quelles sont les certitudes, à défaut les hypothèses les plus couramment proposées ou admises, à propos de la naissance des jeux tauromachiques ?

Il est quasi assuré que les jeux tauromachiques, qualifiés parfois de « fossiles vivants », dérivent d'un culte du taureau très ancien et qui a concerné une grande partie du Bassin méditerranéen. Quoique les représentations de taureaux soient nombreuses dès le paléolithique, le culte du taureau s'est élaboré, semble-t-il, au néolithique et notamment à l'époque dite PPNB (*Prépottery ceramic B*), soit la deuxième culture précéramique, vers

8500 avant Jésus-Christ. C'est à cette époque que se constitue un couple divin très virilisé, formé du mâle humain et du taureau, dont existent de nombreuses images, dans la région du Moyen-Euphrate et en Anatolie orientale (voir fouilles de Cayönü, Cafer Höyük et Nevalli Cori). Une nouveauté essentielle apparaît au village d'Aïn Ghazal, en Jordanie, parce que de nombreuses figurines animales, qui représentent toutes des taureaux, montrent la tête ou le poitrail de l'animal perforé par une lamelle de silex. Autrement dit, voici la naissance du sacrifice du taureau. Ne concluons pas à une évidente filiation de la corrida moderne, interprétée comme un « sacrifice », bien que l'argumentation de Pedro de Solis[1] en ce sens soit convaincante, mais retenons au moins l'apparition d'un thème iconographique destiné à un brillant avenir. D'autre part, comme l'écrivait Jacques Cauvin, l'Orient et la Méditerranée « ont fait grand cas de la victoire sur le Taureau au point de la constituer, sous différentes formes, en symbole clef des mythologies préclassiques[2] ». On évoquera simplement le cas de l'Égypte et les découvertes, en 1850 à Saqqarah, d'Auguste Mariette qui permirent de mettre au jour une immense galerie où les stèles et les statues des taureaux sacrés reposaient dans de vastes cuves de granit rose et de basalte. C'était la nécropole des Apis, dont le plus célèbre, l'Apis de Memphis, est attesté quelque trois mille ans avant notre ère. Et bien entendu la légende du Minotaure, fruit des amours coupables de Pasiphaé, épouse du roi Minos, et du magnifique taureau blanc surgi des eaux, que Pasiphaé, folle de désir, dissimulée dans la peau d'une vache, grâce à la complicité de l'architecte-esclave Dédale, était parvenue à attirer à elle pour une copulation brutale. Mais Minos était lui-même né de l'étreinte de Zeus, métamorphosé en taureau blanc aux cornes dorées, et de la princesse phénicienne Europe. L'iconographie antique a multiplié les références à ces épisodes, notamment dans la décoration des amphores grecques du VIe siècle avant notre ère[3].

On n'aura garde d'oublier les références répétées de l'Ancien Testament au taureau. Enfin, dans le monde romain, de nombreuses cérémonies sacrificielles, présidées par l'empereur ou les magistrats, les *venationes*, comportaient le sacrifice de taureaux sauvages. Elles sont d'ailleurs illustrées par les mosaïques. Ainsi, une tradition multiséculaire et d'une grande richesse associe dans tout le Bassin méditerranéen le taureau aux cultes rendus aux dieux et aux sacrifices qui les accompagnent. Il ne pouvait en aller différemment en Espagne où la présence des aurochs et des bisons était très ancienne comme l'atteste l'art pariétal préhistorique. Il suffira d'évoquer l'époque magdalénienne, avec les célèbres peintures d'Altamira et de

1. Voir Pedro ROMERO de SOLÍS, « La invención de la corrida moderna y la Tauromaquia de Goya », in *Revista de Estudios Taurinos*, nº 2, Séville, 1995, p. 149-181.
2. Jacques CAUVIN, « Le taureau, l'homme, la guerre », in *Le Taureau, Cheval de Troie*, nº 14, Bordeaux, 1996, p. 15-24.
3. *Ibid.*

Puente Viesgo, dans l'Espagne cantabrique, et le néolithique, illustré par les peintures des grottes d'Albarracín, non loin de Teruel, d'Alpera (Albacete), de Cogul ou du *Tajo de las figuras*, près de Cadix, sans oublier les magnifiques taureaux de bronze de Majorque. Et, bien plus tard, à en croire l'historien Polybe, Hannibal mit en déroute les légions romaines de Fabius en lançant à leur rencontre des centaines de taureaux furieux dont les cornes avaient été pourvues de torches de résine enflammée.

Cela dit, on ne peut affirmer, dans l'état actuel de la documentation, que l'Espagne ait eu un authentique dieu-taureau. Tout au plus peut-on assurer que le taureau a eu dans l'Espagne antique une dimension religieuse : il s'agit moins d'évoquer le vol mythique des taureaux de Géryon par Hercule que de rappeler les relations évidentes du taureau avec des rites et des célébrations religieuses dont témoignent les analyses de nombreuses représentations sculptées (taureau de Procuna, taureaux de Costiz et d'Azaila, par exemple) [1].

Ces références empruntées à la préhistoire et à l'Antiquité démontrent en tout cas que l'Espagne n'avait nullement besoin des Arabes pour inventer les jeux tauromachiques. Certes, il est prouvé que Abu-el-Hassan, qui venait de rompre avec le calife de Cordoue, fit célébrer des corridas de taureaux à Séville, de 1018 à 1021. Mais, à la même époque, dans l'Espagne chrétienne, des corridas de taureaux accompagnent les mariages des rois de Castille ou de Navarre, en 1080, 1124, 1144, etc., voire de grands seigneurs. En revanche, on n'a aucune certitude à l'égard de l'épisode selon lequel le *Cid campeador* aurait tué d'un coup de lance, en 1038 ou 1040, un énorme taureau qui tenait en échec le caïd musulman de Madrid, Alimenòn.

D'autre part, faudrait-il alors croire que l'influence islamique fut responsable de la naissance de jeux taurins dans les Landes ou en Camargue ? Et que dire des jeux taurins britanniques, des encierros du 13 novembre à Stamford (Lincolnshire) ou de ceux de Tutbury (Staffordshire), alors que les Arabes n'ont jamais occupé la Grande-Bretagne ? Et pourquoi les Arabes n'ont-ils pas développé les jeux taurins en Afrique du Nord ou même en Sicile, où la présence musulmane s'est prolongée durant quelques siècles ?

TOREO CHEVALERESQUE ET TOREO À PIED

Les documents dont nous disposons, qu'il s'agisse de textes, notamment littéraires, de peintures ou de gravures, attestent de manière incontestable, à partir des XIVe et XVe siècles, la rencontre entre les fêtes de toute sorte (cérémonies et fastes royaux, fêtes religieuses et votives) et les jeux ou les rites tauromachiques. Mais le problème à résoudre concerne la nature de ces der-

1. Selon Jacobo CORTINES, *Sacrificio y Tauromaquia en España y América*, Séville, 1995 ; compte rendu par Pedro Romero de Solís, in *Revista de Estudios Taurinos*, nº 4, Séville, 1996, p. 255-262.

niers. Dès le XVe siècle, on peut distinguer un toreo chevaleresque qui est le fait des « hommes à cheval », autrement dit la noblesse, et un toreo à pied, d'expression plébéienne, dont la « professionnalisation » progressa au cours des XVIe et XVIIe siècles. Car si le toreo chevaleresque comportait l'usage de *péons* (laquais) qui travaillaient à pied, il est avéré maintenant que coexistait avec ce toreo chevaleresque un toreo à pied autonome. L'iconographie le confirme : au monastère de Santo Domingo de Silos (province de Burgos), les peintures du plafond associent les séquences de toreo équestre et de toreo à pied. Aux stalles de la cathédrale de Plasencia (Estrémadure), des figures sculptées représentent des hommes à pied se disposant à tuer le taureau.

En quoi consistaient ces deux modalités de l'expression tauromachique avant le XVIIIe siècle ? Nous sommes très bien informés du toreo chevaleresque, parce qu'il était la chose de la noblesse, grâce à des relations telles que la *Descripción de una fiesta de toros y cañas que celebró la Maestranza de Caballería el año 1671*, de Carlos de Cepeda, ou la *Relación de las Fiestas Eclesiásticas y Seculares*, rédigée par Pedro Mesia de la Cerda, récit des courses qui eurent lieu à Cordoue en 1651 et à Ecija en 1659, auxquelles assista le voyageur français François Bertaut, à l'invitation du duc d'Osuna ; ou encore la longue description de la corrida royale qui eut lieu sur la Plaza Mayor de Madrid en 1665, due au diplomate français Jacques Carel de Sainte-Garde. Mais notre information procède aussi des nombreux manuels qui décrivent et expliquent les techniques et les secrets de la tauromachie équestre : ainsi ceux de Gonzalo Ángel de Molina, *Libro de la Montería* (1582), Pedro Fernández de Andrade, *Libro de la Gineta de España* (1599), Bernardo de Vargas Machuca, *Libro de Ejercicios de la Gineta* (1600), Gregorio de Tapia y Salcedo, *Ejercicios de la Gineta* (1643), Pedro Mesia de la Cerda, *Discurso de la caballería del torear* (1653), dont le titre est particulièrement explicite [1]. Grâce à cette information abondante et précise, fortifiée par l'iconographie, nous connaissons bien les deux modalités du toreo chevaleresque, la lanzada et le rejón [2].

La lanzada fut la suerte la plus en vogue au XVIe siècle. Affrontement total et brutal entre l'homme et la bête, elle apparaissait alors comme une expression parfaite de l'honneur chevaleresque parce qu'elle supposait une prise de risque maximale. Elle comportait elle-même trois variantes :

- l'appel de la charge du toro, attendu de face par le chevalier, la lance, terminée par une pointe de fer, tenue dans l'axe du corps du cheval (*rostro a rostro*), suerte très dangereuse, qualifiée de « hardiesse téméraire » par l'un de nos auteurs ;

1. Voir, in Alberto GONZÁLEZ TROYANO, « Ensayo para una Historia de la Tauromaquia en Andalucía », en *Revista de Estudios Taurinos*, n° 3, Séville, 1995, p. 15-62. De même, Araceli GUILLAUME-ALONSO, *Naissance de la corrida (XVe-XVIIe siècles)*, éd. bilingue, Bilbao, Laga, 1994.

2. On peut se reporter au livre cité d'Araceli GUILLAUME-ALONSO et à Bartolomé BENNASSAR, *Histoire de la tauromachie. Une société du spectacle*, Paris, Desjonquères, 1993 ; trad. esp. Valence, Real Maestranza de Caballería de Ronda, Pre-Textos, 2000.

• l'attente avec le cheval dans une position légèrement oblique par rapport à la course du toro, à gauche si le chevalier était droitier (*al estribo*) : cette variante était la plus utilisée ;
• enfin, un appel avec un cheval présentant sa croupe au toro, de façon à effectuer une volte rapide pour porter le coup de lance (*a las ancas*) ; cette dernière variante, considérée comme peu honorable, était rarement utilisée.

La lanzada exigeait une grande force musculaire et un grand sens de l'équilibre car le cavalier appuyait la base de la lance contre sa poitrine pour soutenir le choc et il pouvait être désarçonné. Dans ce cas, l'un des péons du chevalier intervenait avec une cape pour détourner le toro. Un autre problème était d'obtenir une immobilité complète du cheval à l'instant de la charge, de façon à ce que le coup de lance puisse être porté avec précision, d'autant qu'il fallait obtenir la mort foudroyante de l'animal. C'est dans ce but que don Pedro Ponce de León aurait imaginé, en 1531, de masquer le cheval avec un bandeau et de lui boucher les oreilles.

C'est vers la fin du XVIe siècle (selon Ramírez de Haro, il aurait été inventé à Salamanque) qu'apparaît une nouvelle modalité du toreo équestre, qui alterne avec la lanzada. Il s'agit du rejón, qui, au cours du XVIIe siècle, supplante la lanzada et que l'on peut considérer légitimement comme une anticipation des corridas actuelles de rejoneo. Cette suerte, peut-être moins dangereuse et qui n'exigeait pas une force physique aussi grande que la lanzada, dut son succès croissant à ce qu'elle était plus brillante et permettait l'étalage de qualités équestres, d'une agilité et d'une adresse très spectaculaires. De surcroît, il était possible de planter plusieurs rejones à un même toro et de diversifier les figures et les manœuvres, tout en mettant en valeur les qualités du cheval. C'est progressivement que le rejón évolua, et le plaisir pris par le public de ces courses (un public nobiliaire pour l'essentiel), notamment aux esquives et aux virevoltes des cavaliers, joua un rôle décisif dans la modification du toreo chevaleresque. Le rejón, beaucoup plus court que la lance, devait être fait d'un bois tel qu'il se brise dès l'impact.

L'évolution provoqua aussi la multiplication des péons, vêtus de livrées très étudiées lorsqu'ils étaient au service de grands seigneurs : on assistait, incontestablement, à l'avènement d'une sorte de parade ostentatoire, très accordée aux goûts de l'Espagne baroque du XVIIe siècle. Les auteurs des manuels évoqués plus haut font état de l'assistance de six à vingt-quatre péons par chevalier, mais Jacques Carel de Sainte-Garde prétend que, lors de la « corrida royale » de 1665 à Madrid, certains seigneurs « de la première qualité » entrèrent en lice avec « une suite de cent laquais chacun » ! Jean Léonard, qui écrivit une relation du voyage qu'il effectua en 1690, assure aussi que lors d'une corrida donnée en présence du roi et de la reine, à Valladolid, le 5 mai, le marquis de Valverde fut accompagné de « cent laquais richement vêtus [1] ».

---

1. *Ibid.*

Araceli Guillaume-Alonso a donné de très nombreuses références à propos des fêtes taurines chevaleresques, qui furent célébrées dans plusieurs villes du royaume. Elle distingue à Madrid « corridas royales » et « corridas de la Ville », ces dernières au nombre de trois (San Isidro, San Juan et Santa Ana) ; des « corridas de la Ville » ont lieu également à Valladolid, sur la Plaza Mayor, comme à Saragosse, à Tolède, place de Zocodover, à Séville, place de San Francisco, à Pampelune, place du Castillo, etc. Il est avéré que, au XVIIe siècle, les plus grands seigneurs y participèrent, les ducs de Medina Sidonia, de Lerma, de Maqueda, d'Osuna, d'Uceda ; les marquis de Priego, Terranova, Almazán, Valverde, Villafranca et même l'un des marquis Del Valle, descendant d'Hernán Cortés ; les comtes de Cabra ou de Cantillana, etc., auxquels il faut adjoindre nombre de chevaliers des grands ordres (Santiago, Alcántara et Calatrava).

Le même auteur a insisté sur les recommandations faites par les auteurs des manuels aux combattants : ils ont défini ainsi ce qu'elle appelle « un code du bien-paraître », qui va jusqu'à décrire salutations, révérences, contenance souhaitable, expression du visage. Les chevaliers devaient affronter le danger avec une sorte d'indifférence, reflet d'un courage naturel. La citation empruntée à une comédie de Lope de Vega et que l'on peut traduire ainsi :

« Tente d'entrer avec aisance / car c'est ce qui plaît davantage
Sachant que cette attitude procède / d'une négligence étudiée »

exprime la recherche de l'effet que devait viser le noble cavalier[1].

Il faudrait ajouter que le toreo équestre « à la mode espagnole » a été pratiqué en Italie aux XVIe et XVIIe siècles : à Rome, en 1492, César Borgia, fils du pape Alexandre VI Borgia, tua un ou plusieurs toros selon la méthode de la lanzada. La famille Borgia, il est vrai, était originaire de la région de Valence (Borja). On ne sait pas exactement en quoi consistait le jeu taurin auquel prit part Charles Quint en 1536 à Naples, sur la place Carbonara, mais la personnalité de l'Empereur suggère à l'évidence qu'il s'agissait d'un jeu équestre. On ignore en revanche ce que fut la technique utilisée par don Juan d'Autriche, le fils naturel de Charles Quint, lorsque, toujours à Naples, lors de l'hiver 1572-1573, il sauta dans l'arène pour conquérir le cœur (simple euphémisme) de Diana de Falangola, « *la più bella donna di Napoli* » (la plus belle femme de Naples), car il s'agit en l'occurrence d'une initiative impromptue. Il serait intéressant d'analyser aussi les programmes conservés des corridas « *al uso di Spagna* » (à la manière espagnole) qui eurent lieu à Naples au XVIIe siècle.

Il est vraisemblable que les très nombreuses fêtes taurines organisées pour célébrer les victoires ou les canonisations des saints espagnols, par exemple la triple canonisation d'Ignace de Loyola, François-Xavier et Thérèse d'Ávila en 1622, associaient le toreo équestre et le toreo à pied.

1. Araceli GUILLAUME-ALONSO, *Naissance de la corrida*, op. cit., p. 74-140.

Cela dit, nous ignorons encore beaucoup de choses de l'histoire ancienne du toreo à pied comme activité autonome, distincte du service que les hommes du commun prêtaient aux nobles contre salaire. Certes, ce toreo à pied est ancien : nous savons par exemple que, dès 1518, la municipalité de Bilbao, qui était alors une petite ville, avait prévu une ligne budgétaire pour rémunérer les acteurs de la partie taurine des festivités qu'elle organisait. À Valladolid, au XVIe siècle, chaque année, pour la Saint-Jean et la Saint-Jacques, la municipalité engageait des « toreros » pour combattre un certain nombre de toros. Ces spectacles sont attestés pour les années 1502, 1503, 1504, 1506, par exemple et, à la fin du siècle, ils persistent, justifiés en ces termes par les délibérations municipales : « Il faut que jouisse le peuple » (1589), « Il faut que la ville se réjouisse » (1593). On connaît même certains salaires : ainsi un contrat de 1544 prévoit une rémunération de 25 réaux par homme et par toro. On pourrait multiplier les références. Mais quelle était la nature exacte de ces jeux taurins, de ces combats ?

De nombreux auteurs ont avancé que le toreo à pied d'essence populaire avait été plus précoce dans le nord de l'Espagne (pour l'essentiel en Navarre, au Pays basque et dans la Rioja) que dans le sud. Dans un article récent, Alberto González Troyano semblait d'abord en convenir : « Tous les indices, en effet, attestent une plus forte tradition du combat des toros à pied dans les régions riveraines de l'Èbre, la Navarre, le Pays basque, la Rioja. Comme conséquence probable du contexte géographique, plus montagneux, de la typologie du bétail, et surtout d'une tradition sociale différente qui accordait d'autres libertés et un statut formel différent aux fêtes populaires, surgit la figure différenciée du *lidiador* (combattant) à pied à partir du XIVe siècle et celui-ci se professionnalise, avec toutes les caractéristiques que cela implique, durant les XVIe et XVIIe siècles. » Mais, aussitôt après avoir fait cette concession à la tradition nordique, notre auteur précise, et il s'agit là d'une observation de grande importance que je crois devoir traduire en totalité : « Si au cours de la genèse de ce toreo à pied, qui va se consolider au cours du XVIIIe siècle, le transfert des valeurs et des suertes qui s'effectua du nord au sud a pu être important, il concerna surtout la connaissance d'une catégorie de gestes (*lances*) fondés sur l'habileté technique pour esquiver et tromper le toro dans un climat ludique et festif, mais sans que la recherche de la mort du toro détermine et domine l'organisation de la fête. Dans le combat du Nord, le toro apporte l'évidence du danger et du risque, et c'est ce qui produit la charge émotive du saut *al trascuerno* d'un lidiador basco-navarrais, mais il ne s'agit pas du toro de muerte avec lequel il faudra compter inéluctablement lorsque le toreo à pied s'affirmera et s'institutionnalisera au cours du XVIIIe siècle [1]. »

On retiendra d'abord de cette citation que l'existence d'une tradition nordique des jeux taurins (exclusive de la mort du toro) n'est pas contestée. En

1. Alberto GONZÁLEZ TROYANO, « Ensayo para una Historia de la Tauromaquia en Andalucía », art. cit., p. 24-26.

quoi consistait-elle ? On a déjà souligné son caractère ludique et certaines suertes exigeaient aussi des qualités athlétiques. Araceli Guillaume-Alonso a donné de nombreux exemples, j'en ai signalé moi-même plusieurs dans mon *Histoire de la tauromachie*, et Juan Posada montre que de tels jeux existaient aussi dans le sud du pays : encierro de l'Aleluya d'Arcos de la Frontera, embolao de Vejer de la Frontera, enmaromao d'Alcalá de los Gazules, toro de l'aguardiente au Puerto de Santa María, à Rota ou Ubrique. Il est vrai que Pedro de Guzmán écrivait dans son *Discours du Taureau* (1614) : « Il n'y a guère de cité, de village ou de hameau dans le royaume où l'on ne courre les taureaux chaque année, une, deux ou trois fois. » Il en y avait tout autant dans la moitié nord du pays : j'ai découvert des encierros annuels à Portillo et Tudela de Duero, près de Valladolid. Il y avait le toro-jubilo de Medinaceli, sur la meseta, le toro del alba à Arévalo, près d'Ávila, la vaquilla del ángel à Teruel, les sokumuturras ou « toros de corde » du Pays basque, cezen-zusco ou « toro de feu », également basque, enfin quantité de variantes pyrotechniques, avec des toros encohetados, dont les fusées de couleurs réjouissaient les populations. On ne saurait oublier que des jeux taurins d'essence populaire se déroulaient à la même époque en France méridionale, de l'Armagnac et des Landes jusqu'à la Provence, et que des jeux taurins furent introduits dans l'Amérique hispanique dès le XVIe siècle avec un bétail qui descendait de bovins importés d'Espagne.

Mais Alberto González Troyano estime que si l'Andalousie a assumé et réélaboré, « comme s'il s'agissait d'un prêt culturel », quelques-uns des procédés, des leurres et des manœuvres tactiques du combat à pied du Nord, c'est elle « en revanche qui a imposé une conception globale de la fête des toros dont la signification majeure est exprimée par la mort du toro, exécutée de face, en accord avec une réglementation stricte [1] ». Observons cependant que certains documents iconographiques suggèrent que la mort du toro a pu être recherchée de bonne heure hors d'Andalousie. Mais il est probable que González Troyano se fonde, partiellement au moins, sur les recherches archivistiques d'un historien de grande réputation, Antonio García-Baquero (petit-neveu du torero Reverte), qui a réalisé une grande collecte documentaire, avec des textes de 1546, 1602, 1609, 1616, 1617, 1662. L'analyse qu'en a faite cet historien l'a conduit à cette conclusion : « Les premiers et les plus anciens toreros à pied dont on ait des données documentaires proviennent dans leur immense majorité de l'abattoir sévillan. Ce sont les travailleurs du *macelo* [2]. » Dans les bâtiments de l'abattoir, ces travailleurs pratiquent, en présence de spectateurs qui affluent en dépit des interdictions municipales (1582, règlement général de l'abattoir de 1601), un toreo à pied indépendant des jeux taurins des caballeros et qui implique la mort du toro. Certes, González Troyano estime que cette expli-

1. *Ibid.*, p. 28.
2. Bartolomé BENNASSAR, *Histoire de la tauromachie*, op. cit., p. 34-35.

cation est un peu trop « mécaniste » et doit être complétée par une conception éthique de la vie et de la mort, enracinée dans l'inconscient collectif des Andalous, mais il en reconnaît la valeur sociologique.

LE XVIIIe SIÈCLE ET LA NAISSANCE DE LA CORRIDA MODERNE

L'évolution de la corrida au cours des sept premières décennies du XVIIIe siècle demeure confuse, mais il est certain que l'époque a été décisive, car c'est pendant cette période que s'élaborent les changements qui vont donner naissance à la tauromachie moderne. Peut-être faudrait-il préciser que ces changements sont surtout repérables après 1725 car, dans le premier quart du XVIIIe siècle, l'activité taurine dut diminuer considérablement d'abord à cause de la guerre de Succession et de la faible inclination que Philippe V, au début de son règne, et avec lui, les « responsables » de la Cour éprouvaient pour la corrida.

Il est à peu près avéré que les maîtrises royales de cavalerie (*Reales Maestranzas de Caballería*) de Séville et de Ronda, peut-être aussi celle de Grenade, qui avaient le privilège de pouvoir organiser des corridas de toros à buts caritatifs (notamment pour l'entretien des hôpitaux), ont contribué à développer le toreo à pied comme spectacle populaire et onéreux. Ces maîtrises signent des contrats avec des professionnels dont nous possédons les noms au moins à partir de 1730 : Juan Rodríguez (1730), Francisco Venete (1732), Miguel Canelo (1733), puis José Saavedra, José Narvaez, Juan de los Santos, Francisco Garcés sont parmi les premiers qui apparaissent avec quelque régularité en attendant l'avènement de familles comme les Romero (le fondateur de la dynastie, Francisco, naît autour de 1700), les Rodríguez *Costillares* ou les Cándido. Luis Toro Buiza n'a pas hésité à mettre en exergue le rôle pionnier de Séville : « Au cours des vingt années qui vont de 1730 à 1750, Séville assista sur l'arène de la plaza de la Maestranza au développement complet du processus d'invention des corridas de toros modernes [1]. » Mais ce processus se diffusa rapidement hors d'Andalousie. Ainsi, dans une ville telle que Bilbao, on observe la participation, dans les années 1730 ou 1740, de plusieurs *cuadrillas* (compagnies) : celle de *Damianillo* (Damián de Ibaizabal) a toréé en 1733 et 1734 ; celle du torero andalou Agustín de Morales *el Mulato*, en 1735. Le même se produisit à Madrid en 1737. Le « licencié de Falces », immortalisé par Goya, toréa en 1740 dans la cité basque, pour un salaire confortable (1 240 réaux). Le célèbre Antonio Ebassun *Martincho*, lui aussi rendu fameux par Goya (et par Moratín), toréa dans les années 1740 à Madrid, Pampelune, Saragosse et Bilbao en 1744. Lors des festivités qui accompagnent à Madrid, en 1759, l'avènement de Charles III, on relève parmi les toreros à pied les noms de

1. Luis TORO BUIZA, *Sevilla en la historia del toreo*, Séville, 1947.

Cándido, de Chiclana, Diego del Álamo, de Málaga (qui torée à Bilbao en 1757), Vicente Bueno, du Puerto de Santa María, c'est-à-dire des toreros qui ont participé au processus andalou.

Observons que, pendant quelques décennies, le *varilarguero* (piquier), prélude au picador, tient la première place dans la hiérarchie de la corrida : la réputation de certains d'entre eux, tel José Daza, leurs salaires et le soin mis à leur costume, qui suit la mode maja, comme peintures et lithographies le démontrent, en témoignent à l'évidence. Mais, comme l'exécution de la suerte de l'estocade à pied est devenue le point d'orgue de la corrida nouvelle, José Rodríguez *Costillares* étant vraisemblablement l'inventeur de l'estocade *a volapié*, les toreros deviennent progressivement les « vedettes » du spectacle, en lieu et place des picadors[1].

Selon Pedro Romero de Solis commentant la *Tauromaquia* de Goya (série de Carnicero, gravée de 1787 à 1790), la corrida est à ce moment-là « formée ». Certes, les figurations de Goya intègrent les suertes étranges, voire exotiques, qui se sont implantées dans la tauromachie du Nord, tels le saut à la *garrocha*, spécialité du Riojano Juan Apiñani, la pose des rejones à califourchon sur un autre toro, la suerte de mancornar pratiquée par Martincho qui jetait à terre un toro en s'agrippant à une corne, les *quiebros* (écarts), *mojigangas* (mascarades) taurines, etc., toutes suertes qui appartenaient à la culture populaire du travail agricole et étaient mises en scène dans les arènes. Mais cette *Tauromaquia* démontre aussi l'avènement des trois tercios : piques et capes, banderilles, muleta et mort. Goya distingue nettement ces tercios en les mettant en scène dans des figures propres : par exemple, « *Un diestro toreando de frente por detrás* » et « *Dos grupos de picadores arrollados de seguida por un solo toro* » (premier tiers) ; « *El recorte del famosísimo Pepe-Hillo* » (deuxième tiers) ; « *Estocada de muerte* » (troisième tiers)[2].

Si l'on pouvait conserver quelques doutes, ceux-ci ont été levés grâce à la découverte par Jean-Paul Duviols de *Combat de Taureaux en Espagne*, cahier rédigé et illustré de vingt-six dessins par le voyageur et artiste suisse Emmanuel de Witz, qui résida à Madrid de 1740 à 1760, publié par l'Union des bibliophiles taurins de France et dont le Centre d'affaires taurines de la communauté de Madrid a édité récemment une version très soignée. Ce document, qualifié de « sensationnel » par nos amis espagnols, véritable clé « pour comprendre le mécanisme d'articulation de la corrida moderne », permet en effet d'établir les différences entre le spectacle visible dans les années 1740-1760 et celui des années 1780.

Les suertes populaires qui évoquent les jeux du cirque et dont plusieurs utilisaient les perches étaient couramment pratiquées dans les années 1740-

1. Voir Alberto GONZÁLEZ TROYANO, « Ensayo para una Historia de la Tauromaquia en Andalucía », art. cit.

2. Traduisons : « Un toreo toréant de face par-derrière » (cape dans le dos) ; « Deux groupes de picadors culbutés l'un après l'autre par le même taureau » ; « Le recours du très célèbre *Pepe-Hillo* » ; « Estocade de mort ».

1760 comme le prouvent les dessins de Witz. Or, ces suertes ont été progressivement expulsées des plazas de toros, au cours d'un processus d'environ un quart de siècle, « comme conséquence de la pression constante du critère esthétique des aficionados andalous [...] qui choisissaient le naturel, faisant de la cape et de l'épée les seuls instruments de combat [1] ». Signalons cependant que ces suertes ont été pratiquées par plusieurs toreros du XIXe siècle et parfois reprises par des toreros contemporains. Ainsi José Lara *Chicorro* et Saleri furent de bons interprètes du saut à la garrocha. De 1969 à 1974, Antonio Porras a régulièrement pratiqué cette suerte spectaculaire jusqu'à ce qu'un méchant coup de corne, reçu en octobre 1973, ne mette un terme à sa carrière. Plusieurs toreros eurent cette suerte à leur répertoire au cours du XIXe siècle, mais, au contraire de Porras, ils ne l'exécutaient que de façon épisodique. *Platerito de Cádiz* se fit dans les années 1972-1976 une spécialité de la pose des banderilles avec la bouche, mais, cette fois encore, une blessure grave mit fin à cette dangereuse fantaisie. Le très périlleux saut de *testuz*, dans lequel le torero prenait appui sur le frontal de l'animal, à la suite d'une course rectiligne, pour bondir par-dessus la bête, semble avoir totalement disparu depuis plus d'un siècle. Mais *Guerrita* lui-même exécuta plusieurs fois le saut al trascuerno, soit un saut transversal au-dessus des cornes du toro. N'oublions pas enfin que de nombreux toreros du XXe siècle ont donné souvent des muletazos assis sur une chaise, par exemple *el Gallo* ou Manolo Bienvenida. Par conséquent, ne concluons pas trop vite à la disparition totale de ces suertes, même si elles sont aujourd'hui rarissimes.

Auguste Lafront avait à juste titre insisté sur l'importance du reportage de Richard Twiss, membre de l'honorable Royal Society, qui, après avoir assisté à deux corridas au Puerto de Santa María et à Cadix en 1772, écrivit qu'il s'était fait jusque-là une « idée entièrement fausse » du combat de toros, parce qu'il s'était fondé sur la description des courses madrilènes auxquelles avait assisté en 1760 un autre Anglais, Edward Clarke. Twiss constata que le combat de chacun des dix toros estoqués devant lui dura exactement un quart d'heure, cinq minutes par tiers, et que chaque tiers fut assumé dans un ordre immuable par une catégorie particulière de combattants, picadors, banderilleros et matadors, avec une prééminence évidente de ceux-ci. De même Twiss nota l'intervention de la muleta, même s'il n'utilisa pas ce mot. Évidemment, la muleta de cette époque n'avait pas de vocation esthétique, les figures artistiques étant réservées à la cape, voire aux banderilles.

Tous les aficionados qui se sont intéressés aux origines de la corrida savent que trois toreros ont joué un rôle éminent dans l'affirmation de la corrida moderne : Pedro Romero, le *Rondeño* (dont le grand-père Francisco

1. Voir Pedro ROMERO de SOLÍS, « La invención de la corrida moderna y la Tauromaquia de Goya », art. cit.

inventa peut-être la muleta), les Sévillans José Rodríguez *Costillares* et José Delgado *Pepe-Hillo*. Ces toreros se sont imposés comme toreros de espada de premier rang au sein de cuadrillas qui restaient nombreuses. Lorsque *Costillares* toréa à Bilbao en 1773 (occurrence unique), sa cuadrilla comptait trois autres matadors, dont *Pepe-Hillo*, qui n'était donc pas premier espada, deux picadors et cinq subalternes à pied.

Pepe-Hillo publia en 1786 à Cadix le premier traité de tauromachie, la *Tauromaquia o Arte de torear*, qu'il n'a peut-être pas rédigé lui-même. Le préambule de ce traité mérite d'être rappelé : « Il est hors de doute qu'en un temps où l'afición des toros est à son apogée, alors que l'art de toréer est si avancé, il fallait un traité qui en exposât les règles, en expliquât les suertes et fît paraître le fort et le faible d'un art aussi brillant[1]. » L'allusion aux règles signifie bien que la corrida est désormais codifiée. Et Antonio García-Baquero a montré que cette codification s'accompagnait de règlements destinés à maintenir l'ordre public et qui imposaient notamment le *despejo de plaza*, c'est-à-dire l'évacuation de l'arène par le public avant le début du spectacle avec le concours, si nécessaire, de la force publique[2]. Ainsi ce despejo a été pratiqué à Bilbao pour la première fois en 1756. Le Conseil de Castille dut promulguer en 1770 des ordonnances qui plaçaient sous l'autorité des corregidores les dispositions à prendre dans ce sens.

Plusieurs autres nouveautés servent l'essor de la corrida « nouveau style » : la construction d'édifices spécifiques destinés au spectacle : ainsi la plaza du Baratillo, commencée à Séville dès 1733, la plaza de Madrid dont le premier édifice, en bois, fut érigé en 1749, celle de Grenade, enfin celle d'Aranjuez construite en briques avec sièges en bois. L'admirable plaza « historique » de Ronda, en pierre de taille, qui célèbre chaque année, au mois de septembre, une corrida goyesque devenue fameuse, fut construite dans les années 1780. D'autre part, dans plusieurs villes, une placita de bois démontable était érigée pour l'occasion, ainsi à Valence, Cadix, Puerto de Santa María... Ailleurs, une structure de bois était installée pour quelques jours sur la Plaza Mayor.

Enfin, c'est au XVIIIe siècle qu'apparaissent les premiers élevages de toros de combat, destinés exclusivement à cet usage. On a découvert de manière relativement récente, notamment grâce à l'ancien matador Juan Posada, que plusieurs ordres religieux, les Chartreux d'abord, puis les Dominicains et les Jésuites, furent à l'origine de ces élevages, à tel point qu'on a pu employer les expressions de « toros cartujos, toros domenicos »... toros chartreux, toros dominicains ! Ce sont les couvents de Jerez de la Frontera

1. José DELGADO y GÁLVEZ (*Pepe-Hillo*), *La Tauromachie ou l'Art de toréer*, trad. de l'espagnol par François Gallardo, Sables, 2000.

2. Antonio GARCÍA-BAQUERO a fait le point sur cette question dans un remarquable article : « Fiesta ordenada, fiesta controlada. Las Tauromaquias como intendo de conciliación entre razón ilustrada y razón taurina », in *Revista de Estudios Taurinos*, n° 5, Séville, 1997, p. 18-57.

qui donnèrent l'impulsion : les éleveurs de bovins de la région payaient la dîme en animaux vivants ; les Chartreux se livrèrent à une sélection patiente et de plus en plus savante pour obtenir une race d'animaux de combat. Vers le milieu du XVIIIe siècle, la chartreuse de Jerez, qui possédait plus de mille bovins, comptait cent toros de combat.

Juan Posada, qui transcrit l'un des documents les plus importants, écrit : « Il est certain que les Chartreux de Jerez se montrèrent capables de former un élevage de type bien défini en utilisant des animaux qui provenaient des dîmes [...] qu'ils sélectionnèrent ; après avoir réalisé une partie importante des manipulations génétiques, ils transmirent ces toros à des notables qui furent les initiateurs de l'élevage des toros bravos en Andalousie [1]. » Ces notables bénéficièrent aussi de l'expérience des Dominicains de Santo Domingo de Jerez et de San Jacinto de Séville, puis des Jésuites d'Arcos et de Séville. Au moment de l'expulsion de la Compagnie de Jésus, en 1767, le collège d'Arcos avait vingt-huit toros de combat qui devaient être envoyés à Cadix pour y être estoqués. Et, après confiscation des biens des Jésuites par l'État, leurs toros, comme le reste, furent vendus aux enchères. Les premiers éleveurs de toros de combat en profitèrent.

Signalons que certains grands seigneurs, au bénéfice desquels avaient été aliénées des dîmes, agirent comme les ordres religieux : ainsi le duc de Medina Sidonia qui, vers 1740, constitua sa vacada par ce moyen (dîmes de Vejer, Jimena, Almonte, Conil, Gibraleón). Le duc la vendit en 1763 à un riche propriétaire de la province de Badajoz, don José Boza de Carvajal, chevalier de l'ordre de Santiago. Ce dernier fut l'un des notables qui, avec don Luis Antonio Cabrera, et surtout son fils José Rafael Cabrera, don Gregorio et don José Vicente Vázquez, enfin le comte de Vistahermosa à partir de 1760, constituèrent les premiers élevages de toros bravos retenus par les historiens de la tauromachie. Ces propriétaires organisèrent des tientas pour sélectionner leurs meilleures bêtes. Les croisements entre les animaux des castes Cabrera, Vázquez et Vistahermosa sont à l'origine de l'immense majorité des élevages actuels. Les *Anales de la Plaza de Toros de Sevilla*, rédigées par le marquis de Tablantes, qui citent quelque deux cents noms d'éleveurs dont les produits furent combattus à Séville de 1731 à 1833, permettent de le vérifier [2].

---

1. Juan POSADA, *De Paquiro a Paula, en el Rincón del Sur*, Madrid, Espasa Calpe, 1987, p. 28-30.
2. Antonio L. LÓPEZ MARTÍNEZ, « La génesis de la ganadería de lidia en Andalucía », in *Revista de Estudios Taurinos*, n° 3, Séville, 1995, p. 79-106.

II

LE XIXe SIÈCLE. ESSOR DE LA *FIESTA NACIONAL* (vers 1814 – vers 1880)

Au XIXe siècle, la corrida devient un spectacle emblématique de l'Espagne, à un point tel que les voyageurs étrangers, même ceux qui avouent ou proclament leur répulsion, considèrent qu'ils ont l'obligation d'y assister au moins une fois et de le décrire à leurs lecteurs. Si Prosper Mérimée, Théophile Gautier ou Alexandre Dumas font leurs délices des courses auxquelles ils assistent, et si Gautier aménage son itinéraire de façon à voir *Paquiro* (Francisco Montes) autant de fois qu'il le peut, si pour Edgar Quinet la corrida est une révélation bouleversante, le Genevois Edmond Boissier, après avoir vu Montes et consorts à Ronda en 1837 et avoir avoué quelque plaisir « aux jeux gracieux des chulos », n'en qualifie pas moins la corrida de « hideux spectacle » et de « reste de barbarie indigne d'une nation civilisée », mais il concède : « On ne peut se figurer à quel point la passion de ce spectacle est encore générale en Espagne »... Et Rosseeuw Saint-Hilaire, qui vit aussi Montes au Puerto de Santa María (il s'avoue ému par « le froid courage, la merveilleuse agilité de cet homme, baladin héroïque »), se justifie ainsi de son assistance à la corrida : « Ma conscience de voyageur me faisait un devoir d'assister au moins une fois à cet odieux spectacle mais, après la mort du troisième taureau, le mal de cœur commençant à me gagner, je me décidai à sortir... » Le philosophe et historien italien Benedetto Croce, qui effectue un voyage en Espagne en 1889, juge bon lui aussi d'assister à une corrida, en juin à Cadix, mais, après un moment de curiosité, il s'ennuie : le spectacle, à la charge de *Guerrita* et de Mazzantini, lui paraît monotone, à la fois barbare et stupide. Le Portugais Costa Goodolphim, qui assiste lui aussi à sa première corrida à Madrid en 1871, emploie les mêmes mots : « un spectacle stupidement barbare ». L'Allemand Eschenauer qui fait un séjour en Espagne en 1880 et 1881, qui a lu Gautier, Mérimée et Quinet, mais à qui l'idée de ce spectacle répugne instinctivement, considère qu'il doit juger par lui-même. Il assiste d'abord à une corrida où torée *Frascuelo* (en 1880, un *Frascuelo* diminué), et à une place de *barrera*, quelques mois plus tard, il choisit le sommet de l'amphithéâtre pour mieux observer le public. Il concède que le spectacle a des aspects séducteurs. Au terme d'un long récit, il dresse cependant un bilan négatif. À l'inverse, Louis Ulbach, directeur de la *Revue de Paris*, ému des belles courses auxquelles il venait d'assister, ne se sentait point « mortifié dans sa dignité d'homme, humain et sensible ». Il sortit des arènes « impénitent et prêt à revenir ». Quant à l'abbé Léon Godard, qui ne voulait pas enfreindre l'interdit ecclésiastique, il délégua à Jerez son compagnon de route, l'Anglais William, pour informer ses lecteurs de la nature de la corrida [1].

Naturellement, la littérature espagnole se montre aussi très attentive au phénomène taurin, surtout la littérature dite *costumbrista*, c'est-à-dire celle qui s'occupe des mœurs, et dont les intentions sont souvent satiriques. Plusieurs auteurs, notamment Mariano José de Larra, Mesonero Romanos (*Un día de toros*, par exemple), Vicente de La Fuente, Antonio Ortíz Romero, ou Miguel Ramos Carrión, dont le *Madrid por dentro y por fuera* (1873) est pour nous un texte d'un grand intérêt, constituent de la sorte une source très précieuse pour la connaissance des toreros du XIXe siècle et leurs relations avec la population.

FRANCISCO MONTES *PAQUIRO* ET LA CONSÉCRATION DU SPECTACLE

Dans les années qui suivirent la Restauration de 1814, un certain nombre d'aficionados qui occupaient de hautes fonctions dans l'État s'émurent de la décadence dont souffrait, selon eux, la corrida alors même qu'elle commençait à être désignée par l'expression de *fiesta nacional*. Il est vrai qu'au début des années 1820, la corrida connaissait une période critique, comme il devait en survenir bien d'autres par la suite. Le problème essentiel était celui de la relève des grandes figures qui avaient donné un élan décisif à la fiesta à la fin du XVIIIe siècle ; Pedro Romero s'était retiré en 1799, *Costillares* avait été emporté par la maladie en 1800, *Pepe-Hillo* avait été tué dans l'arène en 1801. Jerónimo José Cándido, qui demeura pendant plusieurs années le seul torero de valeur incontestable en activité, était lui aussi retiré. Durant trois lustres, la tauromachie fut orpheline de grandes figures. Certes, Antonio Ruiz *el Sombrerero*, Juan León, le Madrilène Roque Miranda *Rigores* et quelques autres avaient assuré la transition, mais en 1820 *el Sombrerero* avait déjà quarante ans et *Paquiro* (né le 13 janvier 1808 à Chiclana) n'en avait que douze.

Les aficionados évoqués plus haut eurent alors l'idée de créer une École de tauromachie. Le comte de la Estrella, ami du roi Ferdinand VII, enthousiaste de la *fiesta de los toros*, le secrétaire du ministère des Finances don Luis López Ballesteros, l'intendant de Séville José Manuel de Arjona appuyèrent fermement le projet et le secrétaire López Ballesteros signa le 28 mai 1830 l'ordonnance royale portant création de l'École de tauroma-

1. On se reportera à l'ouvrage de Bartolomé et Lucile BENNASSAR, *Le Voyage en Espagne*, Paris, Robert Laffont, coll. « Bouquins », 1998. Mais aussi à la somptueuse réédition par la Junta de Castilla y León, grâce aux soins d'Agustín GARCÍA SIMÓN, de *Viajes de Extranjeros por España y Portugal* de José GARCÍA MERCADAL, 1999. C'est dans le tome VI de cette réédition que nous avons trouvé les récits de Benedetto Croce, Costa Goodolphim et Eschenauer.

chie qui était établie à Séville, choix significatif et justifié par les attendus de l'ordonnance. Jerónimo José Cándido fut aussitôt candidat à la direction, mais il s'effaça de bonne grâce au profit de son beau-frère, Pedro Romero, encore en pleine forme malgré ses soixante-quinze ans, et devint son adjoint. Mais la mort de Ferdinand VII en 1833 fut fatale à l'École car les nouveaux gouvernants, de tendance libérale, considéraient sans complaisance une institution portée selon eux par le courant traditionaliste et conservateur qu'ils entendaient combattre [1].

Il existe une intéressante correspondance publiée entre Pedro Romero et le comte de la Estrella, promoteur essentiel du projet et soutien constant de l'École. Elle permet de se faire une opinion plus juste du rôle réel de cette institution, jugé quasi nul par l'un de ses premiers historiens, Pascual Millán, en 1888, peut-être parce que celui-ci, bon républicain, nourrissait une haine viscérale envers Ferdinand VII, qu'en dépit de son afición nous ne saurions considérer en effet comme modèle de souverain. Millán jugeait le projet inadapté car la tauromachie ne pouvait s'enseigner : elle devait procéder d'une inspiration personnelle. Il est vrai que Francisco Montes *Paquiro* avait déjà fait la preuve de ses grandes qualités lorsqu'il passa par l'École. Cependant, il est à peu près sûr que c'est à l'École, grâce à Pedro Romero, qu'il améliora grandement sa technique de l'estocade.

D'autre part, même si Francisco Arjona *Cúchares* s'était déjà entraîné à l'abattoir de Séville, ce fut à l'École qu'il reçut l'essentiel de sa formation ; ses qualités naturelles et son tempérament artistique firent le reste. Plusieurs toreros passés par l'École furent des toreros honorables, notamment Juan Yust, Manuel Domínguez *Desperdicios* (qui dut son surnom à Pedro Romero qui avait déclaré : « Ce garçon n'a pas de déchets »), Juan Pastor *el Barbero*, Juan León ou même Manuel Lucás Blanco, et aussi l'aristocrate Rafael Pérez de Guzmán. La correspondance de Pedro Romero, du moins les lettres de 1832 et 1833, abonde en détails relatifs à l'entraînement, aux courses auxquelles participent les élèves que le vieux maître juge parfois avec sévérité, mais dont il observe l'enthousiasme lorsque on les laisse toréer à loisir. L'École devait s'accommoder du manque de toros, de sorte que ceux-ci n'étaient généralement pas tués [2].

Malgré ses détracteurs, l'institution a donc joué pendant trois ans un rôle incitateur non négligeable.

Lorsqu'elle ferma, Francisco Montes exerçait déjà sa royauté, qui devint absolue de 1837 à 1843. Mais avant d'examiner le cas Montes, il faut préciser que la tauromachie de cette période fut perturbée par des décisions royales, des conflits ou des troubles politiques. En 1805, Charles IV promul-

1. Dans mon *Histoire de la tauromachie* (*op. cit.*, p. 54), j'avais commis l'erreur de dater la création de cette École de 1820. Je m'en excuse.

2. José Luis AYERBE AGUAYO, « Correspondencia inedita de Pedro Romero sobre la Escuela Taurina de Sevilla y otros papeles », in *Revista de Estudios Taurinos*, Séville, nº 5, p. 95-161.

gua un édit qui interdisait les corridas de muerte et, pendant quelques années, la prohibition fut relativement respectée, mais en 1814 le retour de Ferdinand VII relança la fiesta. D'autre part, certains toreros parmi les meilleurs avaient résolument pris parti pour l'une ou l'autre des forces qui se combattaient, conservateurs traditionalistes ou libéraux. Ainsi *el Sombrerero*, partisan fervent de la réaction fernandine, s'habillait souvent en blanc, couleur de la monarchie, et avait même un costume blanc orné de fleurs de lys dorées. À l'inverse, Juan León et *Rigores* étaient libéraux : Juan León toréa ainsi un jour de 1824 à Séville, habillé de noir, couleur des libéraux, façon de défier l'opinion majoritairement conservatrice de la ville. Ses convictions libérales lui valurent l'ostracisme de Madrid où, de 1822 à 1830, il fut interdit d'arène, de même que *Rigores* qui avait pris parti pour Riego lors de la révolution libérale de 1820 et qui fut privé de contrats de 1822 à 1828. Enfin, les guerres carlistes empêchèrent la célébration des corridas dans plusieurs villes du Nord, région la plus affectée par le conflit, surtout Bilbao, Pampelune, Saragosse. Ainsi Bilbao, déjà privée de corridas de 1805 à 1814, en fut à nouveau sevrée de 1831 à 1842, puis de 1873 à 1875 [1].

Francisco Montes ne s'était pas destiné dans son enfance au métier hasardeux de l'arène. Fils du régisseur des domaines du comte de Montecorto, il avait reçu une éducation convenable et on envisageait pour le garçon des études et une carrière de chirurgien, lorsque le licenciement brutal du père précipita toute la famille dans la pauvreté. Le jeune Francisco s'adonna alors aux travaux du bâtiment tout en saisissant toutes les occasions de s'entraîner devant des toros. Ces circonstances expliquent les débuts relativement tardifs de *Paquiro*, à vingt-deux ans seulement, en 1830. Et sa présentation à Madrid en 1831 fut loin d'être triomphale, car il tua ses deux adversaires d'estocades atravesadas. C'est précisément pour la suerte de muerte que l'enseignement de Pedro Romero à l'École de Séville lui fut précieux, comme on l'a déjà signalé.

Dès 1832, les progrès de *Paquiro* furent éclatants, au point qu'il était considéré comme premier *espada* (matador de premier rang) dans quelque corrida que ce soit. Il fut vraiment le maître incontesté pendant une douzaine d'années (1833-1844) et l'on a vu qu'il atteint une réputation internationale puisque Théophile Gautier va le voir partout où il le peut (à Madrid, à Ronda, à Málaga...), tandis que l'officier de marine Rosseeuw Saint-Hilaire et le botaniste Edmond Boissier, malgré leurs réticences fortes à l'égard de la corrida, ne peuvent s'empêcher de l'admirer. « Courage, sang-froid, adresse merveilleuse, il réussit tout. C'est le César de la tauromachie », écrit Gautier. Le jugement des contemporains devait être ratifié par la postérité. Le spécialiste taurin Ventura Bagues a même affirmé :

1. Selon Laura DEL REY, *Bilbao y los Toros. Cinco siglos de historia, 1518-2000*, Laura Del Rey Pena et Junta Administrativa de la Plaza de Toros de Vista Alegre, 2000, p. 210, 218, 338.

« Tout ce qui l'a précédé n'a été que la préparation de sa venue, tout ce qui l'a suivi une pure conséquence de son apport. Le processus de l'art de toréer à partir du XIXe siècle n'aurait pas été concevable sans l'exemple qu'il donna. » Les spécialistes français de l'histoire de la tauromachie, comme Auguste Lafront (*Paco Tolosa*) et Jean-Pierre Darracq (*Tío Pepe*) ne sont pas d'un avis différent. Ainsi *Tío Pepe* : « J'aurais pu vous parler des Romero, de *Pepe-Hillo*, de *Curro Guillén*, avant de citer le grand Montes. Il ne subsiste aucun doute quant à leur talent mais la somme de leurs valeurs respectives s'est trouvée réunie chez *Paquiro*... »

Les qualités exceptionnelles de *Paquiro* ont été maintes fois célébrées : un corps d'athlète, des jambes d'acier, un coup d'œil et des réflexes fulgurants, une agilité rare, au moins jusqu'à la grave blessure de 1850. Une grande aptitude, mille fois démontrée, à réduire les toros difficiles. Mais *Paquiro* fut aussi un créateur et, en vérité, le créateur du jeu de cape qui, avec lui, en plus d'un rôle fonctionnel essentiel, acquit une valeur ornementale, et, pourquoi ne pas l'écrire, artistique. Il fut l'inventeur de la véronique et de quelques passes décoratives, telles que le galleo et les afarolados, qui donnent couleur et vie à la lidia. Il fut ainsi le prototype du torero largo, capable de maîtriser toutes les suertes. Évidemment, il se livrait épisodiquement à des exercices acrobatiques, peu à peu éliminés du spectacle, malgré les résurgences que nous avons signalées.

Enfin, *Paquiro* fut un théoricien de la corrida. Il mit en forme dès 1836 dans sa *Tauromachie complète ou art de toréer dans les plazas à pied comme à cheval* le déroulement de la lidia, en définissant les rôles des acteurs et notamment des espadas ou matadors, qui devaient tuer eux-mêmes les toros qui leur étaient attribués. Il précisa la nature et le temps de l'intervention des picadors, puis des banderilleros, en réglant leur alternance selon leur ancienneté. Il définit également les conditions d'âge et de présentation des toros de combat. Certes, quoique *Paquiro* fût capable d'écrire, il confia la rédaction de son traité à un journaliste spécialisé, Santos López Pelegrín, mais celui-ci suivit fidèlement les indications du torero.

La réputation de Francisco Montes *Paquiro*, devenu « incontournable » dans les grandes plazas et même les autres, sanctionnée par l'iconographie, les affiches, la gravure, toute une gamme d'objets qui le célébraient (foulards, mouchoirs, éventails, pipes, tabatières, statuettes), lui permit d'obtenir des honoraires fort substantiels qui, à l'époque, suscitèrent mille protestations indignées mais dont toute la profession bénéficia dans les années suivantes. *Paquiro*, au début des années 1840, obtint 4 000 réaux par corrida pour lui seul, sans compter les salaires des hommes de sa cuadrilla, picadors et banderilleros, et les frais de voyage. Ainsi, à Bilbao, en 1842, il obtint 20 000 réaux pour les cinq corridas qu'il avait signées, plus 1 500 réaux pour chacun des quatre picadors et 500 réaux pour chacun des six banderilleros qu'il avait amenés avec lui. *Paquiro* avait été l'initiateur de cuadrillas permanentes, en dépit de quelques changements dus aux blessures ou à d'autres circonstances. Il est intéressant d'examiner la composition de cette cuadrilla de 1842. Les picadors sont Francisco Briones, Juan Gallardo, Joaquín Goyto, alors fameux sous son surnom de *Charpa*, et Juan Antonio Torres. Les banderilleros : José Calderón *Capita*, Juan Martín *Isla*, José Redondo *el Chiclanero*, José et Felipe Usa *Gallego* et *Panelito*, et enfin Blas Melis *Minuto*[1]. On note la présence de José Redondo *el Chiclanero*, originaire du même village que *Paquiro*. Celui-ci avait remarqué José Redondo et l'avait engagé dans sa cuadrilla en 1838. C'est d'ailleurs au cours de cette féria bilbaine de 1842 que *el Chiclanero* accéda au grade de matador, car *Paquiro* lui céda les deux derniers toros du premier jour et, lors des journées suivantes, José Redondo alterna avec Montes.

À partir de 1844 commença le déclin de Francisco Montes. Il fut rapide. Un amour malheureux fit de *Paquiro* un alcoolique, de plus en plus dépendant. Il ne toréa plus guère, fut gravement blessé à la jambe en 1850 et mourut en 1851, à quarante-sept ans, emporté par une crise de paludisme. Ses concitoyens ont élevé à Chiclana un monument à sa mémoire.

Quelques toreros contemporains du maître ont joui d'une certaine réputation. Rafael Pérez de Guzmán, en très bon termes avec *Paquiro*, descendant d'un des plus grands lignages d'Espagne, qui ne dédaigna pas de fréquenter l'École de Séville, obtint un grand triomphe à Madrid le 23 octobre 1837, mais fut assassiné par des bandits. Juan Yust, très actif de 1839 à 1842, mourut subitement en cette même année 1842. La même année encore, le 6 juin, *Rigores* fut blessé mortellement quoique son agonie se soit prolongée jusqu'au 14 février 1843. Juan León et *Desperdicios* étaient encore en activité et on peut aussi citer Gaspar Díaz. C'est dans l'ombre de *Paquiro* que se prépara la compétition entre ses deux plus remarquables successeurs, *Cúchares* et *el Chiclanero*.

UNE COMPÉTITION VIOLENTE : *CÚCHARES-EL CHICLANERO*

Quoique la rivalité entre ces deux hommes ait duré moins de dix ans (1845-1853), brutalement interrompue par la mort d'*el Chiclanero*, elle a fait date en raison de sa violence et de la haine que finirent par se vouer les deux hommes. Il s'agit de toreros andalous, sans doute nés la même année, 1818. Francisco Arjona Herrera *Cúchares* provenait d'un milieu taurin déjà ancien. *Costillares* et *Curro Guillén* comptaient parmi ses ascendants et son grand-père, puis son père, avaient tâté de la profession, sans grand succès il est vrai. Cette tradition taurine familiale peut expliquer que les penchants de *Cúchares* aient été encouragés par sa mère. Il se présenta en 1840, à l'âge de vingt-deux ans, à Madrid, coup d'envoi d'une carrière d'une rare longueur, vingt-huit ans, qui

1. Laura DEL REY, *Bilbao...*, op. cit., p. 217-223.

le verra toréer 332 fois dans la plaza de Madrid ! Songeons que *Paquiro* ne parut que 187 fois, si l'on peut dire, dans le ruedo de la capitale ! En 1841, il accède au statut de premier espada. *Cúchares* était un homme aimable, généreux, accessible aux déshérités. L'allégresse de son tempérament se manifestait dans son toreo : un jeu varié, coloré, plein d'invention, tant à la cape qu'à la muleta. Il imposa ainsi les passes de muleta de la droite, réservée jusqu'alors au port de l'épée, et réalisa les enchaînements de passes de la droite — passes de poitrine à peu près inconnus jusque-là. Jacques Francés voit en *Cúchares* « un innovateur génial, révolutionnaire joyeux, créateur inspiré [1] ». Cependant, au passif de *Cúchares*, il faut signaler les facilités, et même les trucages qu'il s'octroyait lors de l'estocade.

Dès 1845, José Redondo *el Chiclanero* s'opposa violemment à *Cúchares*. On a vu qu'il avait achevé sa formation dans la cuadrilla de *Paquiro* avec qui il rompit en 1844. *El Chiclanero* était un homme de caractère difficile : ingrat (on le vit bien dans son comportement envers *Paquiro*), prétentieux, orgueilleux, mais sans aucun doute un grand torero. Sa longue participation à la cuadrilla de *Paquiro* avait affirmé ses dons hors série de banderillero. Dès son émancipation, il fut au premier rang : on le voit triompher en 1845, sortir a hombros de la plaza de San Antón à Bilbao, où il avait alterné avec *Cúchares* et Juan León. *El Chiclanero* était un torero complet dans tous les tercios de la lidia, capable de merveilleux quites à la cape, doué comme l'on sait aux banderilles, incontestablement supérieur à *Cúchares* avec l'épée car il maîtrisait aussi bien le volapié que le recibir. Cependant, sa conception austère du toreo le privait de la fantaisie décorative dont témoignait *Cúchares*.

Dans les années 1847-1851, *el Chiclanero* prit assez souvent l'ascendant sur *Cúchares*. Mais ses fanfaronnades, son acharnement à s'autoproclamer le meilleur, indisposaient le public. De plus, violent et jouisseur, les excès qu'il commettait dans sa vie privée altéraient sa santé, de sorte qu'il connaissait de temps à autre, malgré sa volonté, débâcles et naufrages. Mais il trouvait toujours le moyen de rebondir. Ainsi, en 1846, il fit sensation en refusant de toréer un lot de toros dont il jugeait la présentation tout à fait insuffisante : « Soy, affirma-t-il, matador de toros y no de novillos » (je suis matador de « toros adultes et non de taurillons »). En 1849, il vint tuer sur les gradins un toro qui avait sauté la barrière et menaçait les spectateurs.

Le 27 septembre 1850, dans la plaza de Madrid, le scandale éclata et mit en péril l'ordre public. Chacun des deux matadors prétendait tuer le premier toro, et affirmer ainsi sa prééminence. Conformément à l'ancienneté, ce rôle revenait à *Cúchares*, mais un accord secret, dont *Cúchares* n'avait pas eu connaissance, entre l'impresario de Madrid et *el Chiclanero*, réservait ce privilège à celui-ci en l'absence de *Paquiro*. De tels aménagements se

1. Jacques FRANCÉS SANTIAGUITO, *Les Toreros romantiques*, Album Toros, Nîmes, Barnier, 1990.

produisaient parfois, la hiérarchie des valeurs se substituant à l'ordre d'ancienneté, mais dans le cas de *Cúchares* un tel procédé était contestable. Les deux toreros s'insultèrent, faillirent en venir aux mains tandis que leurs partisans respectifs se battaient sur les gradins, à mains nues ou même à coups de bâton.

La mort d'*el Chiclanero*, rongé par la tuberculose en 1853, mit fin à l'affrontement. Celui-ci était le signe de la force des passions que la corrida suscitait alors en Espagne. Pendant quelques années, *Cúchares* demeura sans rival, ce qui l'inclinait à donner dans des facilités qu'il se reprochait d'ailleurs car il n'était pas dupe de son jeu : « L'argent qu'on me donne est de l'argent volé », disait-il. Dans les dernières années de *Cúchares*, un torero au style délicieux, Cayetano Sanz, valut aux aficionados quelques grandes journées et assura la transition avec quelques autres toreros comme le gitan *el Lavi* et *Salamanquino*. Mais au début des années 1860, l'afición qui avait pris goût à la rivalité entre « figures de la tauromachie » (ce que l'on appellera progressivement *competencia*) parvint à instrumentaliser une compétition acharnée entre deux Sévillans, Antonio Sánchez *el Tato* et Antonio Carmona *Gordito*. Ils furent tous deux presque aussi populaires que *Cúchares* et *el Chiclanero* et leur opposition fut presque aussi violente, surtout de 1865 à 1869, jusqu'à ce qu'une grave blessure, reçue le 7 juin 1869, n'en termine avec la carrière d'*el Tato*. Pourtant ils n'en avaient pas le talent : si *el Tato* faisait preuve d'un immense courage et se montrait sûr à l'estocade, s'il était d'une belle prestance rehaussée par la beauté de ses costumes de lumière choisis avec grand soin, si *Gordito* était un merveilleux banderillero dont les quiebros faisaient sensation (il inventa cette suerte en 1858) et s'il témoignait d'une réelle faculté d'invention, muleta en main, *el Tato* était un muletero médiocre et *Gordito* tuait très mal. Malgré les limites de leurs favoris, les partisans des deux toreros s'affrontèrent très durement ; on en vint même aux coups de couteau.

D'autres toreros méritent d'être cités, parmi lesquels de bons lidiadors, tels le frère de *Gordito*, Manuel Carmona, ou *Regatero* et *Bocanegra*, sans oublier le malheureux José Dámaso Rodríguez *Pepete*, le premier qui ait porté ce surnom et qui fut le grand-oncle de *Manolete*. Il avait été le parrain de *Guerrita* sur les fonts baptismaux de Cordoue huit jours avant sa mort, le 20 avril 1862, à Madrid, à l'occasion d'un quite qu'il fit au picador Calderón. Tous ces diestros permirent, pendant les années 1860, la composition de cartels fort honorables.

DEUX PARTENAIRES ET UN PREMIER ÂGE D'OR : *LAGARTIJO* ET *FRASCUELO*

La disparition d'*el Tato* ne donna lieu à aucun « temps mort » dans l'histoire de la tauromachie. En effet, alors que la carrière de *Gordito*,

Desperdicios ou Cayetano Sanz, sans parler de celle de *Cúchares*, se terminait, deux nouveaux champions descendirent dans l'arène et leur rivalité fut riche de tant de grandes journées, de tant d'exploits en tous genres, de tant d'épisodes fameux, que les années 1868-1885, qui furent celles de leur competencia (près de dix-huit ans, c'est beaucoup !), sont considérées comme le premier âge d'or de l'histoire de la tauromachie. Cette fois encore, il s'agit de deux Andalous, bien que *Frascuelo*, né à Grenade, ait été formé à Madrid. Quant à Rafael Molina, *Lagartijo*, il était cordouan, ce qui peut expliquer les réserves que manifestèrent toujours à son endroit les Sévillans, un rien chauvins comme chacun sait.

Né dans un milieu taurin fervent, Rafael Molina *Lagartijo* avait pris l'alternative en 1865, soit de façon un peu tardive puisqu'il était né en 1841. Il est unanimement considéré comme l'un des plus grands toreros de l'histoire, « le plus grand torero artiste du XIXe siècle » selon Auguste Lafront, un « des toreros les plus complets et au répertoire le plus étendu des trois siècles de vie de la tauromachie », pour Vicente Zabala. Surnommé le Calife, *Lagartijo*, au cours d'une très longue carrière (1865-1893), durant laquelle il estoqua près de cinq mille toros (!), ne subit qu'une seule blessure très grave, en raison de ressources techniques hors du commun et d'une intuition des toros qui lui permettait d'anticiper sur leurs réactions. Élégant, beau, capable de gestes d'une grande qualité plastique, de donner à l'ensemble d'une faena un rythme et une harmonie communicatifs qui subjuguaient les foules, brillant dans les trois tiers de la lidia, *Lagartijo* inventa également un recours précieux : une demi-estocade placée exactement dans la croix, qui suffisait à provoquer la mort rapide de son toro et qui fut baptisée *media lagartijera*.

En apparence, il n'avait aucun rival à sa mesure. Pourtant, dès 1867, l'afición lui en avait suscité un, Salvador Sánchez *Frascuelo*, qui prit l'alternative en 1867. À la différence de *Lagartijo, Frascuelo* affichait des insuffisances techniques qui lui valurent quinze blessures graves. Mais son courage tranquille, la passion avec laquelle il toréait, l'intensité de son dialogue avec le toro, prenaient le public aux tripes. De surcroît, il banderillait bien et il était un matador de haute volée, supérieur à *Lagartijo* dans la mise à mort, qu'il exécutait avec une sincérité totale, en enfonçant le plus souvent l'estoc jusqu'à la garde. De la sorte, *Frascuelo*, « le matador de bronze », obligea *Lagartijo* à se surpasser, à refuser les facilités que lui procurait sa technique, à stimuler sa créativité. Lorsque *Frascuelo* subit une blessure très grave en 1874, dont il sortit un peu diminué, *Lagartijo* plana sur la fiesta, en recherche d'attitudes plastiques nouvelles, maître d'un art de plus en plus serein. Cette période se prolongea pendant plus de dix ans, de 1874 à 1885. *Lagartijo* fut alors le roi de Madrid. Le déclin commença en 1886 et, en 1893, après une saison désastreuse, *Lagartijo* se retira.

Jusqu'en 1890, *Frascuelo* lui avait tenu tête. Lors des défis que se lançaient les deux hommes lorsqu'ils toréaient ensemble, ce qui était fréquent car leur présence sur un même cartel était une garantie pour les empresas, ils n'avaient pas de concurrents. À l'exception toutefois d'un personnage improbable, torero parfaitement atypique, Luis Mazzantini, né au Pays basque d'un père italien, jeune bourgeois cultivé qui tint à peu près tous les rôles : auteur de théâtre ignoré mais directeur de salle avisé, lancé avec succès dans l'action politique, député de Madrid, préfet d'Ávila, puis de Guadalajara (exactement « gouverneur civil »), puis enfin commissaire de police. Fêté par le « tout Madrid », imposant les modes vestimentaires, il ne fut qu'un capeador et un banderillero passable et un mauvais muletero. Mais ce fut le plus extraordinaire « tueur » de l'histoire de la tauromachie. Il exécutait la suerte au ralenti, en « se laissant voir », en décomposant les temps, croisait à la perfection avec la main gauche qui portait la muleta et sortait impassible le long du flanc droit de l'animal, trois fois sur quatre foudroyé. De surcroît, Mazzantini régnait sur la piste, et dirigeait la lidia avec autorité. Il constitue l'exemple rare d'une réussite au moins relative grâce à une personnalité insolite qui suppléa à un talent absent.

Les longues années de la competencia entre *Lagartijo* et *Frascuelo* n'ont pas eu Mazzantini comme seul partenaire supplémentaire. Plusieurs autres toreros de valeur justifient le concept de « premier âge d'or ». À Bilbao, la plaza de Fernández del Campo, construite en 1865, continuait son activité avec une empresa qui s'était assurée l'exclusivité de *Lagartijo* et de *Frascuelo.* Aussi, lorsque Bilbao se dota d'une deuxième plaza, Vista Alegre, inaugurée le 13 août 1882, la corrida d'inauguration afficha un cartel composé de Manuel Fuentes *Bocanegra*, José Lara *Chicorro* et Fernando Gómez *Gallito*, avec des toros de Concha y Sierra. Fernando Gómez, sacré matador d'alternative d'abord en avril 1876, puis en octobre 1877 après un premier renoncement, était le père de Rafael *el Gallo* et de José Gómez *Joselito.* On lui doit l'invention de la larga *cambiada de rodillas* qu'il donnait souvent a porta gayola. Ce torero, très irrégulier, était capable de grandes journées, comme celle du 17 juin 1883 à Madrid qui provoqua un délire populaire. Un autre torero plaisant de cette époque fut le Cordouan Rafael Bejarano Carrasco *Torerito*, grand ami de *Lagartijo* et membre de sa cuadrilla jusqu'en 1889, année de son alternative. Cela fait plutôt, il est vrai, de *Torerito* un contemporain des grandes années de *Guerrita. Torerito* brilla de mille feux durant les saisons 1891 et 1892. Il mourut en 1900, comme *Lagartijo.* Il y eut aussi, au temps de *Lagartijo* et *Frascuelo*, *Cara Ancha*, torero d'un grand classicisme, Valentín Martín, Valdemoro, Ángel Pastor, dont le talent artistique était réel, qui fut très prisé des Nîmois (il estoqua douze toros en deux corridas à Nîmes en 1885), Felipe García, maître matador. Mais *Guerrita*, dont l'alternative eut lieu en 1884, fut le véritable successeur des duettistes.

GUERRITA ET LES AUTRES. LE CAS REVERTE

Dès avant la retraite définitive de *Lagartijo* et de *Frascuelo*, Rafael Guerra était devenu le « numéro 1 » incontesté, au moins pendant une décennie, de la planète des toros. Il avait attendu son heure, sans hâte, comme s'il était intimement convaincu que la primauté lui revenait de droit parmi ses pairs. De la sorte, il avait longuement affiné son style, étendu son répertoire, parfait sa connaissance des toros. Car, né en 1862 à Cordoue, comme ses presque contemporains *Lagartijo* et *Machaquito*, dans le modeste quartier de la Merci, et dans une famille proche du milieu taurin — car sa mère, Juana Bejarano, était la belle-sœur du malheureux *Pepete* tué cette même année 1862 par un Miura —, il ne prit l'alternative que le 29 septembre 1887, à vingt-cinq ans, après avoir été pendant six ans le péon de luxe des vedettes de l'heure. Grâce à des facultés physiques hors du commun, des jarrets d'acier, une grande vitesse de course, une agilité déconcertante, cet athlète devient très vite un banderillero célèbre dont les paires au cuarteo, sans prendre d'élan, et les improvisations faisaient sensation. Les qualités physiques de *Guerrita* le conduisirent à donner la priorité à un style viril, parfois brutal, d'un grand relief, et à reléguer au second plan la recherche esthétique, même s'il était capable d'une réelle expression artistique.

Guerrita fut en quelque sorte l'héritier du patrimoine tauromachique créé par les toreros du XIXe siècle, bien plus qu'un créateur original. Matador sûr (il n'entendit jamais les trois avis), il n'accordait cependant pas toute l'importance qu'elle mérite à la suerte suprême et l'exécutait avec une rapidité excessive. Comme l'a écrit Jacques Francés, « il foudroyait les toros plus qu'il ne leur donnait la mort [1] ». Mais, le capeador, le banderillero et le muletero étaient sans aucun doute exceptionnels. Torero largo, « encyclopédie vivante du toreo », il disposait d'un répertoire immense, connaissait et interprétait toutes les suertes connues. Briseur de toros durs, il cherchait avant tout à « imposer la loi du plus fort » et « accentuait à plaisir l'âpreté du combat ». Il faut ajouter que, conscient de ses responsabilités, *Guerrita* témoignait envers les publics de province de la même considération qu'envers celui de Madrid.

De 1887, année de son alternative, jusqu'en 1894, la royauté de *Guerrita* fut indiscutée, sauf peut-être à Séville où, par un effet de la rivalité traditionnelle avec Cordoue, les aficionados locaux ne juraient que par Manuel García *Espartero*, qui avait pris l'alternative en 1885. Pourtant, pendant la féria d'avril 1888, organisée autour de la competencia entre *Espartero* et

1. Jacques FRANCÉS SANTIAGUITO, *Guerrita. Après moi personne...*, Union des Bibliophiles taurins de France, 1993, p. 50. C'est à ce livre que nous empruntons les citations qui suivent.

Guerrita, ce dernier dominera de manière évidente son rival, notamment lors de la corrida de Miura. Mais certains aficionados sévillans se comporteront de manière tellement ignoble à l'égard de *Guerrita*, le menaçant d'agressions physiques, que le généreux *Espartero* offrira à *Guerrita* l'abri de sa voiture. La primauté de *Guerrita*, d'abord fêtée par l'afición madrilène, notamment à l'occasion de sa prestation triomphale du 2 mai 1890, fut également contestée dans la capitale dès la saison 1891, pour d'obscures raisons dont de mauvaises relations avec *Lagartijo* encore en activité malgré un déclin évident. Cependant, en 1894, *Guerrita* retrouva la faveur du public madrilène grâce à deux triomphes d'anthologie, le 29 avril, face aux Miura, puis le 1er juillet devant les Murube. Mais, à partir de 1895, une cabale « antiguerrista » se développa dans la capitale et celle-ci enfla jusqu'à la retraite du maître. Or, il faut convenir que le torero avait une grande responsabilité dans les mouvements d'hostilité qu'il suscitait. *Guerrita* en effet témoignait d'un caractère difficile, d'une prétention parfois insupportable, même s'il était le « numéro 1 » indiscutable des toreros en activité. Il donnait son avis sur tout, en forme de sentence, traitait sans ménagement ses interlocuteurs. Enfin, à l'évidence, *Guerrita*, qui n'avait rien d'une cigale, ne cessait d'augmenter ses exigences financières. Il négociait ses contrats avec âpreté, affichait son amour de l'argent et ses accès de générosité, souvent calculés, étaient rares. Il était donc traité communément d'avare ou de grippe-sou. Mais l'afición lui reprochera davantage encore la pression qu'il exerça sur les éleveurs et sur les empresas pour obtenir des toros plus légers. Il justifiait sa position en affirmant que le toro plus léger donnait plus de jeu : « Je n'ai jamais été partisan du toro très grand ; s'il est brave, il s'asphyxie ; s'il ne l'est pas, il va se réfugier près des barrières et ne permet pas qu'on le combatte au goût du torero et à celui du public [1]. »

Plus grave sans doute : *Guerrita*, qui pouvait créer des difficultés aux éleveurs en refusant leurs produits, eut sans doute une influence importante dans les manipulations génétiques réalisées dès cette époque par divers croisements afin d'obtenir une réduction du poids et des cornes des toros. Il réclamait aussi des toros plus jeunes. Enfin, il incitait ouvertement ses picadors, en particulier son picador préféré, Antonio Bejarano *Pegote*, à châtier durement les toros en prolongeant la pique autant que faire se pouvait. Il faut rappeler qu'à cette époque la pique, dite de Madrid, dont la pointe en fer atteignait 21 à 23 millimètres de longueur, avait comme arrêt non une rondelle de métal mais un bourrelet de corde très serré en forme de citron, qui empêchait la pénétration du bois dans le corps de l'animal.

La cabale « antiguerrista » se fonda donc sur l'idée que le torero combattait des animaux diminués par tous les moyens. Naturellement, elle encensa ceux qui refusaient de se plier aux oukases du despote : Eduardo Miura parmi les éleveurs, Luis Mazzantini et Antonio Reverte parmi les toreros.

1. *Ibid.*, p. 89.

L'affaire du sorteo fut typique : *Guerrita* prétendait choisir les toros qu'il combattrait, Mazzantini et Reverte s'opposèrent à cette prétention, parfois avec succès comme à Saint-Sébastien en 1896. Mais le sorteo ne s'imposa définitivement qu'après la retraite de *Guerrita*, retraite qui lui fut en fait imposée. Malgré de brillantes prestations en 1897, Madrid demeurait hostile, définitivement. La saison 1898 fut un chemin de croix. Enfin, le 16 avril 1899, le scandale provoqué par le picador Molina, qui piquait pour *Guerrita* et qui enfonça dans le corps d'un toro de Cámara une telle longueur de fer qu'il le tua sur le coup, fut tel que le torero décida de stopper sa carrière en fin de saison : « Je ne m'en vais pas. On me chasse. »

L'afición n'avait cessé, dès 1891 ou même avant, d'opposer des rivaux à Rafael Guerra *Guerrita*, ne serait-ce que pour susciter cette competencia qu'elle affectionnait tant. On a déjà vu que les Sévillans avaient soutenu à fond *Espartero* contre *Guerrita*. Le courage prodigieux de Manuel García, sa gentillesse, les progrès qu'il avait accomplis au contact fréquent de Guerra *Guerrita*, surtout à la muleta, donnèrent à *Espartero* une grande popularité. Mais le champion sévillan fut tué en 1894. Fernando Gómez *Gallo* demeura en activité jusqu'en 1896 mais, de plus en plus irrégulier, il ne donnait qu'un récital isolé de loin en loin. Mazzantini était limité à la spécialité dans laquelle il était sans rival, l'estocade, et *Machaquito* brillait surtout dans ce même exercice. *Bombita* en était à ses débuts. Il ne restait pour contester la supériorité de *Guerrita* qu'Antonio Fuentes et Reverte.

Fuentes, à qui Fernando Gómez avait donné l'alternative le 17 septembre 1893, eût certainement été un « challenger » idéal pour le Cordouan, car ce Sévillan avait des dons artistiques brillants. Banderillero exceptionnel, interprète émouvant du quiebro, il avait pour lui une silhouette admirable, une élégance naturelle qui conférait à ses gestes un cachet très personnel. On pouvait donc espérer une opposition de styles capable de susciter les passions. Malheureusement, Fuentes ne donna sa pleine mesure qu'après le retrait de *Guerrita*, comme s'il eût été inhibé par le prestige du maître et seulement libéré par son départ. Le plus étonnant est que les grandes années de Fuentes (1903-1908), à qui le Mexique voua un véritable culte, furent postérieures à une grave blessure reçue à Saragosse. Alors, même à l'épée, son faible, il réussit assez souvent. Mais jusqu'en 1899, et pendant quelques années au moins, seul Reverte parvint à relever le défi.

Incontestablement, Antonio Reverte fut un cas. Cet Andalou, né en 1870 à Alcalá del Río, fut révélé à Séville en 1890 à l'occasion de deux novilladas, qui lui valurent six autres contrats à la Maestranza en cette même année 1890 et un autre à Cadix — occasions de renouveler un triomphe confirmé par trois succès consécutifs à Madrid, toujours en novillada, les 19 et 26 juillet et le 13 août 1891 — et lui permirent de conquérir une fantastique popularité, au point que, bien avant Aparicio, *Litri* ou *Chamaco*, il devint célèbre dès ses années de novillero. L'alternative, reportée en raison d'une blessure, et qui eut lieu le 16 septembre 1891, fut un échec pour le nouveau matador, mal remis, et deux autres échecs, les 20 et 24 septembre, mirent en question son talent et l'écartèrent de la capitale en 1892. Mais une grande saison 1893, avec quatre triomphes consécutifs à Madrid à l'automne, lui permit de terminer la saison immédiatement derrière *Guerrita* avec 64 courses, contre 78 au Cordouan. Dès lors, en raison de blessures fréquentes et graves, la trajectoire de la carrière de Reverte est tourmentée : il ne peut honorer que 33 contrats en 1895 et, après un grand début de temporada en 1896, une blessure profonde coupe brutalement son élan. Il fit une grande saison 1898 (avec 17 contrats en France où il jouit d'un immense crédit), prélude à la terrible blessure que lui infligea à Bayonne le 3 septembre 1899 le toro *Grillito* de l'élevage d'Ibarra. En dépit de quelques tentatives de retour, la carrière de Reverte était terminée ; en 1903, une tumeur au foie l'emportait : il n'avait que trente-trois ans. Mais jusqu'à la fin, il fut pris en considération par la critique (en 1896, don Ventura le classait en troisième position après *Guerrita* et Mazzantini, avant Fuentes et *Bombita*). Et il était le favori du public, ce qui lui valait de somptueux honoraires (il advint que ses cachets fussent doubles de ceux de *Guerrita*, à la grande fureur de celui-ci) et lui permit d'amasser une fortune considérable en cinq ou six ans à peine.

Qu'avait donc Reverte ? Les critiques formulaient ouvertement la question. Il avait d'abord un don de sympathie (*don de gentes*) tout à fait étrange : c'était, un *ángel*, comme disent les Espagnols. Les femmes, mais aussi les hommes, tombaient sous le charme : la correspondance reçue par le torero, que j'ai eu l'occasion de consulter, grâce à l'amabilité de ses descendants, émane avant tout d'hommes. En fait, le succès de Reverte s'explique fort bien. Il provoquait des émotions intenses avec quatre suertes : ses recortes initiaux, cape pliée sur le bras, qu'il ouvrait au dernier moment ; ses banderilles au quiebro, en donnant une sortie au toro qui paraissait impossible ; ses cites avec muleta pliée qui inauguraient des faenas courtes mais composées de passes données sans rompre d'un pas ; enfin ses estocades d'une sincérité absolue, en usant d'une muleta réduite, à la source de nombreuses blessures car Reverte n'avait pas l'agilité de *Guerrita*. Bref, un homme qui irradiait la sympathie et ne trichait pas. De plus, il était gai, volontiers farceur, généreux et fastueux. Il fut le premier torero à faire l'acquisition d'une automobile, achetait des bijoux, devint propriétaire d'un grand cortijo andalou dans la vallée du Guadalquivir et d'un pâté de maisons à Alcalá.

Son immense popularité inspira des chapeaux Reverte, des cravates Reverte, des chemises et des mouchoirs à son effigie. Surtout, il devint, selon le mot de Fernando Claramunt, le *torero de los cantares* (le torero des chansons). Des séguedilles pour piano, des sevillanas, des paso doble à sa gloire furent composés et une célèbre romance, *La novia de Reverte*. Le cas Reverte illustre la place conquise par la tauromachie dans l'Espagne de la fin du XIXe siècle [1].

1. Voir Bartolomé BENNASSAR, « Le cas Reverte. Un torero et son public », in *Toros*, Nîmes, no 1634-35, 31 août 2000. Ce texte avait d'abord été publié dans un numéro spécial d'*Ibérica*, « Des taureaux et des hommes », Paris, université de Paris-Sorbonne, 1998. Je

L'ESPAGNE DU XIXe SIÈCLE ET LA CORRIDA

Peut-être peut-on maintenant imaginer l'importance immense de la corrida dans la vie de l'Espagne du XIXe siècle, à l'exception de quelques régions (Galice, Baléares). Il ne faut pas s'étonner par exemple de lire que nombre de responsables politiques ou économiques se plaignent de voir que bien des artisans ou des employés délaissent leur travail au bénéfice du spectacle taurin. En effet, au XIXe siècle, les corridas avaient lieu le lundi et non le dimanche. Et, lorsque arrive le lundi, les Madrilènes laissent croire qu'ils n'ont vécu le reste de la semaine que dans l'attente de la course. Bien entendu, lors des périodes de fêtes dans les villes importantes, celles-ci étaient données plusieurs jours à la file. D'autre part, à Madrid par exemple, bien des gens qui n'avaient pu se procurer de billets d'entrée, faute de ressources ou pour tout autre motif, suivaient le déroulement de la course à l'extérieur, sur les lieux où étaient conduits les cadavres des chevaux et des toros morts : le train d'arrastre les évacuait par la même porte que celle de l'entrée des cuadrillas. Ce lieu, où s'accumulaient force curieux, était appelé je ne sais pourquoi le *tendido des sastres* (secteur [d'arène] d'ailleurs) ou, avec ironie, le *tendido 16*, parce que la plaza avait en fait quinze tendidos. Certains aficionados étaient capables, à partir des ovations et des sifflets, de la nature des blessures des chevaux et des estocades, de recomposer au moins en partie le spectacle qu'ils n'avaient pu voir !

Au XIXe siècle, presque toutes les capitales de province et bien d'autres villes se dotent d'une plaza de toros, de dimensions variables mais qui peut contenir plusieurs milliers de spectateurs. Séville, dont la Maestranza a été édifiée autour de 1760, procède à plusieurs agrandissements tout au long du siècle et les galeries supérieures, terminées en 1880, portent la capacité à 14 500 spectateurs environ. La plaza de Ronda, qui fut bâtie en pierre dès les origines (cas exceptionnel), alors que celle de Séville était de caliche, date elle aussi de la fin du XVIIIe siècle (1785), de même que celle d'Aranjuez (1791) et les arènes anciennes de Tarazona de Aragón (1797), aujourd'hui occupées par de petits logements sociaux. Madrid remplace en 1874-1875 les vieilles arènes du Prado, qui dataient de 1749-1754, par celles édifiées en style morisque, qui associent la pierre, la brique et le fer, à la marge du Buen Retiro : vaste ruedo de 60 m de diamètre, où toutes les places sont numérotées. Bilbao multiplie les projets pour substituer à l'arène rustique de San Antón une plaza digne d'une ville en pleine croissance : successivement, les arènes d'Abando (1849-1859), Zabalburu qui dispose de 9 000 places (1860-1864), Fernández del Campo (1865-1882) dont la capacité était identique, prétendirent satisfaire les aficionados. Ces

remercie vivement mon ami l'historien sévillan Antonio García-Baquero, petit-neveu de Reverte, de m'avoir ouvert les archives familiales qui conservent la correspondance du torero.

plazas étaient en bois ; finalement, celle de Vista Alegre, construite en 1882, rénovée en 1900, fut édifiée en pierre. Elle pouvait accueillir au moins 12 000 spectateurs. Le cas de Bilbao est en fait celui de nombreuses autres plazas : Valence, Grenade, Cadix, Jerez de la Frontera eurent des arènes de bois avant de se doter d'une construction de pierre [1].

C'est à la fin du XIXe siècle que le mouvement de construction de grandes arènes de pierre prit de l'ampleur : successivement, Málaga (la *Malagueta*) en 1866, Saint-Sébastián en 1876, le Puerto de Santa María en 1880, Jerez de la Frontera en 1894 furent pourvues. Barcelone dut attendre 1913 pour se doter d'une très grande plaza monumentale, Pampelune, 1922, et c'est seulement en 1929 que fut érigée la Monumental de Madrid. Mais tout au long du XIXe siècle, on vit d'humbles bourgs se doter d'une plaza de toros, aménagée parfois à l'intérieur d'une forteresse ou d'une enceinte fortifiée, comme à Segura de la Sierra, Frejenal de la Sierra, Almonaster la Real, voire Mijas. D'autres continuèrent à utiliser la plaza mayor entourée de charrettes comme cela se faisait depuis fort longtemps à Tembleque ou Chinchón.

À en croire les écrivains costumbristas, il n'était pas si facile de se procurer les billets d'entrée à la plaza pendant les deux premiers tiers du siècle. Les personnages clés en l'occurrence étaient les garçons de café : aficionados presque tous, ils connaissaient les revendeurs et les chulos qui leur cédaient au prix coûtant deux ou trois tendidos de sombra qu'ils revendaient avec bénéfice tout en étant agréables à leur clientèle. Ceux qui voulaient acquérir les billets au guichet officiel devaient patienter dans de longues files d'attente, supporter coups de coude et bousculades, cris, imprécations, etc. C'est ce qu'affirment Agustín Azcona ou Flores Arenas et ce dernier, qui était gaditan, témoigne pour la plaza du Puerto de Santa María, lieu de rencontre de tous les amateurs de la baie de Cadix. Selon Miguel Ramos Carrión, la passion est telle, par exemple lors des années de competencia entre *Lagartijo* et *Frascuelo*, que les monts-de-piété ou officines de prêt (*casas de préstamo*) font l'essentiel de leurs affaires grâce aux objets de valeur engagés par les aficionados désargentés qui veulent à toute force acquérir un billet d'entrée [2] ! Toujours selon les costumbristas, les filles à la mode du peuple de Madrid, majas et manolas, qui étaient folles de toros, étaient prêtes à bien des faiblesses pour obtenir un billet d'entrée, et l'amant éconduit avait toutes chances de rentrer en grâce s'il était porteur du précieux sésame. Le triomphe sans partage de Rafael Bejarano *Torerito*, le

---

1. Laura DEL REY, *Bilbao y los Toros*, op. cit., p. 310-356, à propos des plazas de Bilbao. Pour ce qui concerne les constructions de plazas de toros, les styles de construction, les cas originaux, je recommande vivement le catalogue de l'exposition organisée en 1922 sous les auspices de la Junta de Andalucía. Voir Gonzalo DÍAZ y RECASENS et Guillermo VÁZQUEZ CONTRERAS, *Plazas de Toros. Catálogo de Exposición*, Séville, Junta de Andalucía, 1992, p. 36.

2. Les trois écrivains cités sont surtout connus pour leurs écrits à propos des us et coutumes de la corrida.

21 juin 1891 à Madrid, face au toro *Piñonero*, du duc de Veragua, fut tel qu'une fille jeta au torero ses chaussures, un bas et sa petite culotte. L'intervention de la police seule mit fin à ce *strip-tease* : le torero des années 1990 *Jesulín de Ubrique* aurait bien tort de croire qu'il fut le premier à provoquer les débordements féminins.

On peut s'étonner aujourd'hui de la véhémence des jugements à propos des picadors dont le public sanctionnait impitoyablement la poltronnerie ou moquait les fanfaronnades. Jamais à court d'insultes, ce public se rendait parfois devant la vaillance et l'habileté de certains picadors mais, le plus souvent, exigeait sans cesse de nouveaux assauts sans s'occuper du nombre des chevaux tués, quatre ou cinq fréquemment, voire jusqu'à huit ou dix. Les picadors de ce temps étaient alourdis par l'armure de métal appelée *mona*, qui les couvraient, de la cheville à la ceinture, protection nécessaire puisque les chevaux ne portaient pas de caparaçon. Il est symptomatique qu'une grande partie des textes consacrés à la description de la corrida, au moins jusqu'aux années 1870, concernent le premier tiers. Celui-ci s'était progressivement débarrassé de quelques-unes de ses tares : ainsi avait-on renoncé au *desjarrete*, coutume barbare qui permettait de couper les jarrets des toros difficiles à estoquer. On assista aussi à la disparition des « chiens de proie » lâchés contre les toros mansos, qui furent remplacés par les banderilles de fuego. Banderilles et passes de muleta sont très exceptionnellement célébrées et les grandes figures du toreo rarement. En revanche, la littérature costumbrista insiste sur les modes de transport vers la plaza (et, notamment sur les fameuses *calesas*, ou calèches), sur les modes vestimentaires adoptées par les toreros et sur leurs réunions à l'issue de la corrida, après toilette et changement de costume, au Café impérial de la rue San Jerónimo, lieu de réunion préféré des toreros.

Il est vrai que pendant le dernier tiers du siècle, la popularité des figures du toreo ne cessa de s'étendre. On prétend que pendant l'agonie de *Frascuelo*, la reine d'Espagne envoyait tous les jours un officier du palais prendre de ses nouvelles. Son cadet, le Sévillan Manuel García *Espartero*, tué dans l'arène de Madrid par le toro *Perdigón*, de l'élevage Miura, le 27 mai 1894, eut droit à des funérailles d'ampleur nationale. On savait pourtant que ce vaillant irréductible, aux ressources techniques insuffisantes, jouait sa vie à chaque contrat. Il avait déjà été gravement blessé à Séville en octobre 1892 par un toro de Veragua. C'était le temps où l'Espagne, politiquement décadente, à la veille de perdre les restes de son empire colonial, jadis immense, se cherchait des modèles héroïques. Les toreros devenaient des références, ce qui explique la popularité dont ils jouissaient auprès des politiques, de la haute noblesse elle-même et, bien entendu, des humbles.

D'autre part, la hausse continue des cachets obtenus par les toreros, surtout en fin de siècle (on a vu le rôle respectif de *Guerrita* et de Reverte dans cette inflation, mais le phénomène était sensible dès *Paquiro*), stimulait les ambitions des apprentis toreros, parfois encouragées par les parents eux-mêmes. C'est ainsi que l'on vit se constituer des cuadrillas d'enfants toreros qui se produisaient dans toutes les régions de la Péninsule en attendant de partir aux Amériques ou en France. C'est de Séville ou de Cordoue que partit le mouvement : ainsi deux toreros qui atteignirent une bonne réputation, Rafael Molina Martínez *Lagartijo Chico* (neveu de *Lagartijo* le Grand) et Rafael González *Machaquito*, firent la gloire d'une cuadrilla cordouane où *Machaquito* débuta à treize ans ! Joaquín Navarro *Quinito* et Enrique Vargas *Minuto* firent leurs débuts dans une cuadrilla enfantine de Séville. Ce fut aussi le cas des célèbres fils de Fernando Gómez, Rafael *el Gallo* et *Joselito*, en attendant, plus tard, les frères Bienvenida. Sous le pseudonyme de *Llaverito*, Rafael Guerra *Guerrita* apprit également le métier de l'arène dans une cuadrilla enfantine. Il y eut des groupes du même genre à Málaga, Cadix, Valence et Madrid, et sans doute ailleurs.

L'apprentissage des toreros au XIXe siècle était d'ailleurs assez différent de ce qu'il est devenu de nos jours. Depuis quelques décennies, la plupart des candidats au métier de torero s'efforcent d'obtenir l'autorisation de participer à des tientas dans les élevages ; après quoi, ils interviennent dans des novilladas sans picadors (NSP) ; enfin, ils accèdent au dernier tremplin, les novilladas piquées, avec l'espoir, au terme d'une ou deux saisons, de prendre l'alternative. Si, après cette cérémonie le succès se dérobe, un peu plus tôt un peu plus tard, beaucoup se résignent alors à entrer dans la cuadrilla d'un collègue plus heureux, comme péon (mot qui remplace celui de chulo) ou banderillero. L'itinéraire des toreros du XIXe siècle, y compris de plusieurs des grands maîtres, était presque exactement inverse : ils entraient au service d'un torero confirmé et faisaient ainsi leurs classes, avant de se mettre à leur compte, si l'on ose dire. Nous avons vu que José Redondo *el Chiclanero* avait fait partie de la cuadrilla de *Paquiro* de 1838 à 1843. *Torerito*, déjà évoqué, qui avait été dès l'âge de dix ans membre d'une cuadrilla enfantine cordouane, fut ensuite au service de *Lagartijo* de 1884 à 1889. *Guerrita* pour sa part, après les initiations enfantines, fit successivement partie des cuadrillas d'*el Lavi*, *Bocanegra*, Fernando Gómez *Gallito*, enfin de *Lagartijo* lui-même, au cours d'un très long apprentissage. Il ne faut d'ailleurs pas avoir une vision trop rigide des relations entre matador et péon de talent. Ainsi, Fernando Gómez, sollicité par le public, céda un jour à *Guerrita* la mort de l'un de ses toros, et *Lagartijo* procédera plusieurs fois de la sorte.

Naturellement, plusieurs de ceux qui tentaient de s'élever à la catégorie de matadors devaient renoncer après de trop nombreux échecs et reprenaient place dans le peonaje. Ce fut le cas de deux des meilleurs péons du XIXe siècle, frères de toreros célèbres : ainsi Juan Molina, frère du grand *Lagartijo* et lui-même père de Rafael Molina *Lagartijo Chico*. Il travailla dans la cuadrilla de son frère, puis dans celles de *Cara Ancha*, Mazzantini et *Guerrita*. Tout aussi remarquable fut Tomás Mazzantini, frère de Luis, dont le rôle fut encore plus important que celui de Juan Molina car Luis Mazzantini, dépourvu de l'extraordinaire science taurine de *Lagartijo*, était souvent en difficulté et Tomás le sauva cent fois de la cogida. On observera sans surprises que beaucoup de péons se recrutaient dans les familles de matadors : frères, neveux, beaux-frères, etc.

Le caractère extrême des risques — les nombreuses blessures graves reçues par toreros et subalternes, leurs souffrances, enfin la fréquence relative des morts dans l'arène — valait à la plupart des toreros le respect et l'affection des publics, malgré les mauvaises journées qui étaient sanctionnées par lazzis et huées. Une belle prestation rétablissait la complicité entre les hommes de l'arène et les spectateurs. Il faut rappeler qu'au cours du XIXe siècle une vingtaine de toreros furent tués *por asta de toro* (par corne de toro), dont plusieurs du premier rang, plus une soixantaine de péons et banderilleros et près de quarante picadors. José Delgado *Pepe-Hillo*, tué en 1801, n'avait été que le premier, parmi les vedettes, d'une longue liste de victimes : tour à tour, Francisco Herrera (*Curro Guillén*), Roque Miranda (*Rigores*), José Rodríguez, le premier des trois *Pepete* tués par les toros, Manuel Fuentes *Bocanegra*, Manuel García *Espartero*, Antonio Montes, Juan Jiménez *Ecijano* avaient succombé. *Paquiro* avait dû se retirer, de même qu'*el Tato*, amputé d'une jambe. *Frascuelo* avait été très diminué et Reverte n'était plus en 1900, pour trois courtes années, que l'ombre de lui-même [1].

III
LA RÉVOLUTION BELMONTIENNE ET LE NOUVEL ÂGE D'OR

Lorsque Rafael Guerra *Guerrita* se retire, le nombre des corridas formelles célébrées en Espagne est devenu relativement stable, quoique les variations d'une année à l'autre ne soient pas négligeables. De 1901 à 1910, première décennie du XXe siècle, 2 391 corridas ont eu lieu, soit un peu moins de 240 par an, avec un creux en 1904 et 1905 (209 et 194 respectivement) et un pic en 1908 et 1909 (275 et 283). Peut-être peut-on observer une tendance à l'augmentation du nombre des spectacles. La deuxième décennie (1911 à 1920) en comptera 2 680, soit près de 270 en moyenne annuelle : la Première Guerre mondiale, dans laquelle l'Espagne conserva la neutralité, n'a produit qu'un ralentissement léger et les deux années qui suivent la fin du conflit marquent une hausse nette (296 en 1919 et 301 en 1920) mais freinée au cours de la décennie 1920 : 2 781 corridas. Il faudrait ajouter les spectacles

1. Le torero français Léonce ANDRÉ, dit *Plumeta*, donne une liste nominative dans son livre *La Tauromachie moderne*, publié en 1913 et réédité par Lacour, Nîmes, 1990, p. 160-162.

célébrés en France (sauf de 1914 à 1918) et les novilladas pour lesquelles nous manquons de statistique officielle.

LA DEMANDE ET L'OFFRE.
L'ESSOR DES ÉLEVAGES DE TOROS DE COMBAT

La plupart des corridas affichent 6 toros. Mais il faut compter avec les accidents, les refus des vétérinaires, de sorte que si l'on veut évaluer le nombre des toros consommés par temporada, il faut au moins retenir une moyenne de 8 toros par course. Cela suppose que le marché doive proposer aux organisateurs de spectacles quelque 2 400 toros adultes chaque année et, peut-être, 1 200 novillos. Si l'on admet que les toros adultes étaient combattus à l'âge de quatre ans (dans la proportion des deux tiers) ou cinq ans (un tiers), et les novillos à trois ans, les élevages de toros de combat (*ganaderias*) devaient disposer d'un « stock » de 16 à 18 000 bêtes, âgées d'un à cinq ans, sans oublier les vaches-mères et les étalons. Comment l'offre de toros bravos s'est-elle organisée pour répondre à la demande ?

Nous avons rappelé que, dans la deuxième moitié du XVIIIe siècle, s'étaient constitués trois lignées de toros de combat, toutes en Andalousie, les Cabrera, Vázquez et Vistahermosa. Dès la Restauration de 1814, plusieurs circonstances ont favorisé l'essor des élevages et, bien entendu, en premier lieu le succès grandissant des corridas, évident dès l'époque de *Paquiro*.

En fait, cet essor avait bénéficié dès le XVIIIe siècle d'un stimulus économique puissant. De 1730 à 1800, le prix des toros de combat avait été multiplié en moyenne par six, alors que celui des produits agro-pastoraux ne l'avait été que par deux. L'incitation était forte. Or, la plupart des éleveurs, au XVIIIe siècle encore, étaient des *arrendatarios* (fermiers). Mais, au XIXe, ils eurent la possibilité d'acheter des terres en quantité grâce aux trois désamortissements successifs, dits de Godoy, Mendizabal et Madoz (du nom des ministres qui les organisèrent). Ces désamortissements ressemblent beaucoup aux ventes de « biens nationaux » en France : elles concernaient effectivement des terres qui appartenaient surtout aux communautés ecclésiastiques (églises, couvents), à des communautés territoriales (municipes), enfin à l'État. Le désamortissement de Godoy n'eut pas grand effet pour notre objet, mais ceux de Mendizabal (1836-1837) et de Madoz (1855) eurent des conséquences de première importance pour l'élevage des toros de combat. Nombre de fermiers devinrent propriétaires et purent se lancer en toute tranquillité d'esprit dans les projets d'extension de leurs élevages. Quelques éleveurs fameux, ainsi Felipe de Pablo Romero, Antonio Miura Fernández, Joaquín Pérez de la Concha, purent ainsi, entre 1860 et 1890, acquérir des terres vaines et des dehesas municipales mises sur le marché par la loi de désamortissement de Madoz[1]. La deuxième moitié du XIXe siècle fut ainsi une époque de consolidation des grands élevages. En 1880, on en comptait environ soixante-dix[2].

On sait que ces élevages sont très inégalement distribués à travers la géographie de la péninsule Ibérique. Le nord de l'Espagne est presque dépourvu de ganaderias bravas, à l'exception de la Navarre et des confins aragono-navarrais, mais la Catalogne, la plus grande partie de l'Aragon et le Nord-Ouest atlantique (Pays basque, Santander, Asturies, Galice) n'en comptent pas, quoiqu'il y ait eu une race galicienne de toros. Quelques régions de Castille-León (essentiellement la province de Salamanque) et de Castille-la-Manche (contreforts de la sierra de Guadarrama, région d'Albacete), l'Estrémadure, ont de nombreux élevages. Enfin, la Basse-Andalousie (vallée du Guadalquivir et collines) est la région par excellence des toros. Mais on ne saurait oublier le Portugal qui, au XIXe siècle, se dote aussi d'élevages importants. À l'origine, les toros de Salamanque dits *moruchos* avaient mauvaise réputation, mais ils furent progressivement améliorés grâce à l'importation de vaches et d'étalons andalous.

Cet essor devait être concrétisé dès le début du XXe siècle par la constitution à Séville, le 25 novembre 1904, d'une Union des éleveurs andalous, suivie, le 15 avril 1905, par la création de l'Union des éleveurs de taureaux de combat (UCTL, *Unión de Criadores de Toros de Lidia*), qui avait l'ambition de rassembler tous les éleveurs espagnols et portugais de bétail de pure caste. Les candidats à l'admission devaient démontrer l'origine de leur bétail et justifier de la possession de cinquante vaches reproductrices[3].

Au cours du XIXe siècle, les éleveurs choisirent des signes d'identification qui distinguaient leurs bêtes de celles des voisins et que les aficionados apprirent à connaître. Dès le XVIIIe siècle, sans doute plus tôt, les propriétaires de bétail marquèrent leurs animaux dans leur première année de vie, au moyen d'un *hierro* (fer) porté au rouge, apposé sur la cuisse de l'animal. C'est en quelque sorte l'emblème de l'élevage. Le fer de Juan Pedro Domecq apparut en 1790, celui de Miura en 1849, celui de Palha (élevage portugais) en 1883, celui de Pablo Romero en 1888. Il y eut ensuite la marque de l'oreille, ou *señal*, sorte de découpe de l'oreille comportant plusieurs perforations, mais il est bien vrai que ces marques sont souvent difficiles à différencier. Quant aux devises, faites de deux rubans de couleur réunis par une cocarde, elles ont été pour la plupart choisies à partir de 1820, mais elles n'ont été portées au cours de la lidia que plus tard.

1. La loi de désamortissement de Madoz en 1855 (la troisième du genre) jeta sur le marché une grande quantité de terres communales ou de biens d'Église qui servirent les intérêts des ganaderos.

2. On peut consulter notamment : Louis-Gilbert LACROIX, *Le Taureau de combat*, Nîmes, Barnier, 1981 ; Jean-Louis CASTANET, *Le Guide de l'Espagne ganadera*, Hondarribia (Esp.), Barrera Sol, 1991. Et pour une connaissance beaucoup plus complète, Bernard CARRÈRE, *Les Élevages de taureaux de combat*, 1997.

3. Louis-Gilbert LACROIX, *Le Taureau de combat*, op. cit., p. 47.

L'importance des élevages de toros bravos qui, pour les raisons évoquées plus haut, comportent plusieurs centaines de têtes, a conduit les éleveurs à s'entourer d'un personnel spécialisé : on a vu ainsi s'imposer la figure du *mayoral*, homme de confiance de l'éleveur, qui accompagne souvent les lots de toros jusqu'à l'arène où ils sont combattus, de façon à faire au ganadero un rapport circonstancié. Le mayoral est assisté par plusieurs *vaqueros*, ou bouviers, à pied ou à cheval. Dans les petits élevages, le mayoral joue aussi le rôle de *conocedor*, sorte de régisseur, technicien de l'élevage, de la génétique taurine, qui doit tout connaître des origines et des ascendances de son bétail. Dans les grands élevages, le conocedor et le mayoral sont deux personnes distinctes. Les élevages se sont dotés les uns après les autres d'une *placita* (petite arène) où sont effectuées les *tientas*, tests de bravoure et de noblesse, que doivent subir les vaches destinées à la reproduction.

Les toros du XIXe siècle n'étaient pas plus lourds que ceux des grandes plazas d'aujourd'hui, plutôt moins, mais ils avaient plus de souffle, d'agressivité, des pattes bien plus fermes, moins de graisse et plus de muscle, sans doute parce que l'alimentation, fondée sur le pâturage et la consommation de glands et de grains, était de meilleure qualité, plus naturelle. Selon Gilbert Lacroix, quelques phénomènes entrèrent dans la légende : *Marismeño*, de l'éleveur Dolores Monge, aurait chargé la cavalerie 51 fois à Málaga, le 21 mai 1864. *Llavero*, de Nazario Carraquiri, fut gracié à Saragosse le 14 octobre 1860 après 50 rencontres avec les picadors ; à Arles, en 1894, six toros du duc de Veragua prirent au total 72 piques, provoquèrent 70 chutes et mirent 20 chevaux hors de combat. À Bayonne, le 7 septembre 1902, les Ibarra prirent 86 piques pour 16 chutes et 10 chevaux tués [1] ! Il faut cependant se garder de généraliser. On sait que *Guerrita* intervint à plusieurs reprises, et directement auprès des éleveurs, pour obtenir une réduction de taille et de cornes. Certains spécialistes assurent que l'*afeitado* (limage des cornes) se pratiquait communément vers 1880, au temps de Mazzantini ou *Guerrita*, afin d'améliorer l'esthétique des cornes, par exemple pour éliminer les encornures irrégulières (bizcos par exemple).

UNE DÉCENNIE DE TRANSITION

À l'heure de sa retraite, *Guerrita*, englué dans ses certitudes, fort de son incommensurable orgueil, avait affirmé : « Après moi personne. » Il avait concédé cependant : « Après personne, Fuentes. » *Guerrita* vécut très longtemps, bien assez longtemps pour mesurer la vanité de son propos. Car les trente-cinq années qui suivirent son départ des ruedos furent une époque de splendeur de la tauromachie, un véritable âge d'or, peut-être le temps de l'apogée de la corrida.

1. *Ibid.*, p. 138.

Il faut admettre malgré tout que les années 1900-1912, celles qui suivirent immédiatement le retrait du « Calife », furent une période de transition qui ne laissait pas augurer l'extraordinaire floraison du quart de siècle suivant. Une transition intéressante certes, marquée par l'épanouissement d'Antonio Fuentes déjà évoqué (1903-1908), la fin de carrière de Luis Mazzantini qui rencontra alors dans les arènes un autre tueur de toros à sa mesure, Rafael González *Machaquito*, qui reçut l'alternative en 1900, marquée plus encore par l'apparition d'un phénomène dont les traits de génie n'eurent d'égal que les *espantadas* (les paniques) : Rafael Gómez *el Gallo*, fils aîné de Fernando Gómez, déjà surnommé *Gallo II*, et de Gabriela Ortega, une gitane de Cadix, très bonne danseuse de flamenco. Rafael prit l'alternative à l'âge de vingt ans, en 1902, et fut incontestablement, malgré ses désastres spectaculaires, l'une des grandes attractions de la première décennie du siècle, parce qu'il fut un véritable artiste et le créateur de suertes inspirées.

En 1908, l'un des grands toreros mexicains de l'histoire, Rodolfo Gaona, qui s'était révélé à Mexico en 1905 et avait rempli cent vingt-deux contrats en 1906 et 1907, se présenta en Espagne et confirma son alternative à Madrid le 5 juillet 1908. Il devait demeurer au premier plan jusqu'en 1920 : c'est l'un des grands noms de cet âge d'or taurin, et il faudra revenir à Gaona. Toutefois, malgré Fuentes, *el Gallo*, *Machaquito* ou Castor Jaureguibeitia Ibarra dit *Cocherito de Bilbao* (l'un des rares matadors de qualité qu'ait produit le Pays basque), dont l'éclosion fut tardive puisque, né en 1876, il ne fut consacré matador de toros par Fuentes que le 16 septembre 1904, malgré ces quatre toreros aux qualités fort diverses, la première décennie du XXe siècle fut dominée par un Andalou, Ricardo Torres *Bombita*, né à Tomares, tout près de Séville. Ce fut un torero complet, en dépit de quelques déficiences à l'épée, capeador très varié, excellent muletero, d'un courage à l'épreuve des blessures puisqu'il subit seize cornadas graves en quatorze années de carrière (1899-1913), sans en paraître affecté. *Bombita* dut affronter des toros grands et puissants car, entre le temps de *Guerrita* et le règne du célèbre duo *Joselito*-Belmonte, la mode fut au « toro-toro » très armé, aucun matador n'étant en mesure d'imposer aux éleveurs et aux directeurs d'arène le choix de toros de *trapío* (gabarit) et d'armures plus réduits.

Après l'échec pénible qu'il subit à Madrid en 1902 devant un redoutable Miura, *Catalán*, *Bombita* essaya bien, avec l'appui des autres diestros, d'obtenir un double cachet pour combattre les Miura, mais vainement. Torero référence de son temps, *Bombita*, aimable et généreux, fut aussi le fondateur du mont-de-piété (*montepío*) des toreros, destiné à venir au secours des déshérités de la profession. Il effectua des dons importants à cette œuvre, par exemple la totalité des honoraires de sa dernière course triomphale, le 19 octobre 1913 à Madrid. Mais Ricardo Torres avait compris qu'il ne pouvait rivaliser avec le nouveau phénomène, *Joselito*, et ce fut le motif véritable de son retrait.

JUAN ET JOSÉ

José Gómez *Joselito* (ou *Gallito*) avait pris l'alternative le 28 septembre 1912 à Séville, avec une bonne année d'avance sur Juan Belmonte qui ne fut sacré que le 16 octobre 1913 à Madrid. Dès lors, les deux hommes régnèrent sur la planète des toros : leur rivalité, qui s'accorda avec une amitié réelle et une profonde estime réciproque, allait passionner l'Espagne, de 1913 à 1920. Elle eut un retentissement moindre hors d'Espagne, notamment en France, en raison de la Première Guerre mondiale. La competencia entre les deux hommes était souvent directe, immédiate, puisque, pour le plus grand bonheur des aficionados, Juan et José toréèrent 257 courses ensemble !

Ce serait toutefois une erreur grossière de réduire l'âge d'or du toreo (1912-1935) aux prestations des duettistes, d'autant plus que la mort précoce de *Joselito* en 1920 limita à huit années le temps de leur confrontation. Juan et José alternèrent avec Rafael *el Gallo* ; avec *Cocherito de Bilbao* ; avec les deux Mexicains, Rodolfo Gaona, l'artiste, et Luis Freg, l'exécuteur des hautes œuvres ; avec Vicente Pastor, expression parfaite de la gravité madrilène ; avec Juan Saiz *Saler* ; Manuel Vara *Varelito*. Et en 1920 trois grands toreros « virtuels » se révélaient : le beau-frère de *Joselito*, Ignacio Sánchez Mejías ; Manuel Jiménez *Chicuelo*, qui reçut l'alternative des mains de Juan Belmonte ; et Manolo Granero, originaire de Valence, dont la carrière de novillero était plus que prometteuse. Mais il est vrai que, de 1913 à 1920, *Joselito* et Belmonte, en quelque sorte, « volèrent le spectacle ».

Cette confrontation, sans cesse renouvelée, fut d'autant plus passionnante que les deux hommes étaient les interprètes exceptionnels de deux conceptions tout à fait différentes, presque antinomiques, du toreo, mais chacun n'en était pas moins convaincu de la valeur et de l'authenticité du toreo de l'autre. C'est d'ailleurs le sens de la réplique de *Joselito* à *Guerrita* qui lui conseillait d'en terminer rapidement avec Belmonte en lui imposant quelques affrontements avec des devises dures et qui affirmait : « Avec moi, il n'aurait pas duré le temps d'une sieste. » José répondit à *Guerrita* : « Il vous aurait duré comme à moi [...]. Je ne peux l'effacer et vous-même ne l'auriez pas pu. » Et il tint le même propos à son ami *Quintanilla*, qui tenait le même discours que *Guerrita* : « Ça ne conviendrait pas à l'afición ! Et à moi non plus bien sûr [1]. » Ajoutons, c'est l'évidence, que le style de Juan influença celui de José et réciproquement.

1. Joël BARTOLLOTTI, *Gallito*, Union des bibliophiles taurins de France, 1997, p. 62-63.

José Gómez *Joselito* était en quelque sorte un héritier. Mais quel était son héritage ? Celui d'un patrimoine génétique très typé : il était le fils d'un torero estimable, quoique de second plan, Fernando Gómez *Gallo II* (1847-1897), le neveu d'un banderillero, José Gómez *Gallo I*. Ses deux frères, Rafael *Gallo III* et Fernando *Gallo IV*, de beaucoup ses aînés puisqu'ils avaient respectivement treize et onze ans de plus que lui, furent pour le garçon des leçons vivantes, surtout Rafael dont les inventions et les coups de génie impressionnèrent vivement le jeune José. Mais celui-ci supportait mal les paniques et les renoncements fréquents de son frère, qui lui ôtaient toute dignité et le mettaient en état d'infériorité à l'égard de *Bombita*. *Joselito* était aussi le fils d'une gitane, danseuse de surcroît, dont le tempérament artistique était bien affirmé. *Joselito* représente ainsi l'aboutissement, l'apogée d'une lignée, comme le seront après lui Manolo et Antonio *Bienvenida*, *Manolete*, Luis Miguel *Dominguín* ou Antonio Ordóñez, par exemple. La corrida, les souvenirs de corrida, les anecdotes taurines, les visites au campo, les rencontres avec les personnages du mundillo, furent ainsi le quotidien de l'enfance de *Joselito*. Rien d'étonnant à ce que, dès l'âge de treize ans, le gamin se soit habillé de lumière et qu'il ait intégré, l'année suivante, la cuadrilla *de niños sevillanos* (des enfants sévillans) créée par José Martínez, un aficionado enrichi par un tirage heureux de la loterie : José Lara *Chicorro* et José García *Pepete* furent les premiers compagnons d'arène de *Joselito* lors d'une tournée au Portugal ; ensuite, le garçon fit équipe avec José Garate *Limeño* et Manuel Díaz *Agualimpia*. De sorte que *Joselito* était déjà fort d'une importante expérience vécue du toreo lorsque, à dix-sept ans, après une temporada de quarante-cinq novilladas avec picadors, il reçut l'alternative.

Mais *Joselito* était aussi l'héritier d'une longue tradition taurine venue de *Paquiro* (ou même des Romero) et qui passait par *Cúchares*, *el Chiclanero, Lagartijo* et *Guerrita*, pour ne citer que les plus grands. Cela est si vrai qu'au soir de la présentation triomphale de José à Madrid, le 13 juin 1912, face à un encierro imposant de don Eduardo Olea, qu'il avait lui-même choisi, les aficionados enthousiasmés s'exclamèrent : « *Lagartijo ! Lagartijo !* » ou bien : « *Guerrita* est de retour... Il est meilleur que *Guerrita*[1] ! » Il était en effet le plus grand de tous, mais, en un sens, il portait seulement à la perfection un art déjà connu, tout en créant quelques suertes nouvelles dont le galleo. La surprise du public n'était que l'effet de la perfection de son toreo, dont le fondement était une intelligence prodigieuse des toros qui avait, d'emblée, stupéfié les témoins les plus entendus. Mais il ne faut pas dissimuler que cette tradition était celle d'un toreo mobile, non dénué de cachet artistique certes, mais ignorant du temple, au sens fort de ce terme. Le principe de ce toreo pouvait se résumer dans la célèbre formule de *Lagartijo* : « Tu te mets là et tu t'enlèves... ou c'est le toro qui t'enlève. »

1. *Ibid.*, p. 35.

Traduisons : le torero devait disposer d'un jeu de jambes sans défaut, d'un sens de l'esquive développé. Il est probable que les publics de notre temps seraient totalement déconcertés par cette manière de concevoir le toreo.

Juan Belmonte n'avait fait aucun héritage. Ses gènes n'étaient riches d'aucune ascendance taurine. Ce fils du quincaillier, né à Séville dans la rue de la Feria le 14 avril 1892, ne comptait parmi ses proches aucun personnage du mundillo. Rien ne le prédisposait à être torero. Son enfance se passe en marge de la planète des toros. Juan perd sa mère très tôt et son père, qui doit alors laisser la quincaillerie de la rue de la Feria à son beau-frère, déménage pour prendre un étal de quincaillerie dans le faubourg de Triana (d'où l'appellation de *Trianero* donnée par la suite au torero) et utilise les services de son fils comme assistant. Le gamin joue parfois aux toros sur la place de l'Altozano, mais tant d'autres gamins en font autant ! Il s'amuse à renverser avec une perche les chiens errants, fréquente les voyous du quartier. Par chance, il se lie avec trois typographes fanatiques de lecture et, à leur exemple, Juan se met à lire avec frénésie, se passionne pour les enquêtes de Sherlock Holmes et les exploits d'Arsène Lupin. Nous voici loin des toros ! Pourtant, ces lectures inspirent au jeune Juan un certain goût du risque, le désir d'autre chose. Ainsi rêve-t-il, avec ses amis, de devenir chasseur de lions. Mais, on en conviendra, il était impossible de trouver des lions dans les parages de Triana ! Et, après une expédition manquée pour gagner Cadix afin d'embarquer pour l'Afrique, Juan se défoule en toréant « de salon » sur l'Altozano les chiens, les cyclistes, les voitures. Curieusement, il cisèle dans ces parodies la demie véronique, l'une des figures de sa gloire, au point d'attirer l'attention de quelques chalands. L'un d'eux lui prédit en lui donnant un duro : « Tu seras torero. »

Pourtant, Juan assure qu'il ne lui serait alors « jamais venu à l'esprit d'essayer avec un vrai toro toutes les passes qu'il faisait aux gamins du coin [1] ». Le monde des toros lui paraissait encore impénétrable. Cependant, il entend bien ce que dit un de ses compères, plus réaliste que les autres : « Si nous voulons être toreros, nous devons nous essayer devant un toro. » Juan décide alors de courir le risque : « À l'auberge de Cara Ancha, il y avait une petite arène et un petit toro que les amateurs pouvaient combattre en échange de cinq à dix pesetas. » Belmonte a « la surprise de constater que l'animal allait effectivement où la cape voulait l'amener ». Fou de joie, il lui donne « toutes les passes que j'avais si souvent répétées : véroniques, demies véroniques et autres habiletés [...] Ainsi, on pouvait faire aux toros ce qu'on faisait aux chaises, aux chiens, aux amis [...]. C'est une révélation [2] ».

Dès lors, Juan Belmonte rompt avec « la confrérie des petits toreros de luxe de l'Altozano » et parvient à pénétrer le cercle de San Jacinto, une

1. Manuel CHAVES NOGALES, *Juan Belmonte matador de toros*, Lagrasse, Verdier, 1990, p. 35.
2. *Ibid.*, p. 42-43.

« bande d'anarchistes de la tauromachie [...]. Ils allaient directement toréer dans les champs, envers et contre tous : le propriétaire, les gardes assermentés, les flics, les juges... » Commencent alors pour Juan Belmonte les nuits magiques de Tablada, l'un des moments épiques de l'histoire de la tauromachie. Par les nuits de pleine lune, les garçons gagnaient le chemin de San Juan de Aznalfarache, cherchaient une barque à voler pour traverser le fleuve ou le passaient à la nage, séparaient un animal du troupeau et, à tour de rôle, selon un ordre hiérarchique strict, le toréaient avec la veste de *Riverito*, le chef de la bande, car ils ne prenaient avec eux ni cape ni muleta pour ne pas attirer l'attention. Tel fut l'apprentissage de Juan Belmonte. Ni exemples familiaux, ni tientas, ni protections de gens du mundillo. Le fleuve, la lumière de la lune, les pâturages, les taureaux libres de la nuit, cette « masse noire, aveugle, venue des ténèbres », une veste, la crainte des gardes civils qui n'hésitaient pas à tirer à balle sur les toreritos de Tablada... [1].

Tandis que la famille de Juan Belmonte, toujours plus nombreuse, s'enfonce dans la ruine (son père s'est remarié et a procréé quantité de petits frères), l'apprenti torero court les capeas de village dans l'espoir de placer ici ou là une passe qui le fasse remarquer. Sa chance se présente lorsque son père parle de lui à un ami, le banderillero Calderón, qui va devenir le « supporter inconditionnel » de Juan. Grâce à lui, il torée chez l'éleveur Felix Urcola, où il produit assez bonne impression : « un torero courageux mais maladroit [...] qui combattait avec les bras trop près du corps [...]. Ils me recommandèrent de faire tout le contraire de ce qui, plus tard, devait les enthousiasmer. » Cette simple anecdote témoigne du caractère révolutionnaire de la tauromachie belmontienne [2].

En 1910, quelques courses impossibles (El Arahal, Guareña...) où Juan est tout près d'être mis en pièces, et une liaison avec une femme mariée, qui consume ses nuits, occupent Belmonte jusqu'à ce que l'occasion lui soit donnée de toréer à Valence : trois novilladas, le succès mais aussi, au dénouement, un mois d'hôpital. Toujours grâce à Calderón, il est engagé pour toréer à Séville, le 21 juillet 1912. C'est face au troisième toro, celui qu'il lui revenait de tuer, qu'il se met alors « à toréer comme je l'avais fait tant de nuits, seul dans les enclos, seul dans les pâturages, seul comme on dessine au tableau noir ». Ce jour-là, son travail à la cape et à la muleta fut « une sorte de révélation ». La foule l'emmena au-delà du pont, à travers les rues de Triana. Elle criait : « Vive Belmonte ! » Alors, les contrats se mettent à pleuvoir : Sanlúcar de Barrameda, Cadix, Úbeda, Carthagène, Saint-Sébastien, Barcelone... Mais les techniciens assurent qu'on ne pouvait pas toréer comme Belmonte et qu'il serait bien vite tué par un taureau. *Guerrita* formule sa sentence : « Dépêchez-vous de le voir. Si vous

1. *Ibid.*, p. 46-71.
2. *Ibid.*, p. 87-89.

ne le voyez pas vite, vous ne le verrez jamais [1]. » Le temps est venu de la compétition entre *Joselito* et Belmonte.

Joselito était athlétique, agile, avait des jambes extraordinaires, une vista et un coup d'œil sans égal. Juan Belmonte était d'allure presque chétive, pourvu de bras longs, mais il manquait d'agilité et de vitesse de jambes, de sorte qu'il ne banderilla jamais (sauf dans les courses initiales, lorsqu'il fallait tout faire), au contraire de José qui était un rehiletero hors pair. *Joselito* était en effet un torero largo, qui dominait toutes les phases de la lidia : capeador à la fois varié et inspiré, muletero solide et profond, matador sûr. Juan Belmonte était un torero corto, qui perdait le fruit de faenas exceptionnelles par des échecs relativement fréquents avec l'épée. Mais Belmonte fut un novateur de génie : il inventa le temple, devenu après lui un élément essentiel de l'art du toreo, que Domingo Ortega, quarante ans plus tard, résuma dans ces trois mots : *parar, templar y mandar*. Et Marcial Lalanda précisait : « L'essence du toreo de Juan était le temple jusqu'alors inconnu, conduisant la charge de son origine à la conclusion de la suerte, sur la base d'un dialogue de bras, poignets et ceinture », tandis que Belmonte lui-même expliquait : « Je déplace le leurre à la vitesse que me dicte mon sens du toreo. » Et il imposait son rythme au toro, de sorte qu'il avait pu travestir la formule de *Lagartijo* qui, avec lui, devenait : « Tu te mets là et tu ne t'enlèves pas. Et le toro ne t'enlève pas non plus si tu sais toréer. » Ainsi, le temple belmontien supposait l'aguante. Mais Belmonte ne parvint que progressivement, après des centaines de volteretas et plusieurs cornadas, à imposer cette manière de toréer. Il avait au passage fait son profit des incomparables démonstrations techniques de *Joselito*, tandis que ce dernier qui, explique Lalanda, « voyait et comprenait tout, prit l'essentiel de l'apport de Juan et l'incorpora à ce que lui avaient appris les anciens et à ce que lui-même avait apporté au toreo comme expérience personnelle. On put ainsi voir (et avec des toros de cinq ans !) ce qui, jusque-là, était impossible : les distinctes suertes dans toute leur magnificence. » De la sorte, comme le remarque avec pertinence Joël Bartolotti : « En même temps que Belmonte devenait *gallista*, *Joselito* se belmontisait [2]. »

La contagion réciproque des deux phénomènes s'explique par le grand nombre des corridas qu'ils toréèrent ensemble. Belmonte évoque ces fréquentes confrontations : une trentaine en 1916, une cinquantaine en 1917 ou 1919. Mais le trianero ajoute : « À cette époque [1917-1919], *Joselito* et moi étions déjà intimement liés [...]. Nous étions, fatalement, côte à côte, dans le train, dans les hôtels, dans l'arène, nos capes se dépliaient en même temps à l'heure du danger. En piste, *Joselito* était le partenaire le plus vigilant, le premier à voler au secours d'un camarade [...]. Nous avions l'un pour l'autre une affection qui eût paru hérétique aux gallistes et aux bel-

1. *Ibid.*, p. 133-142.
2. Joël BARTOLLOTTI, *Gallito*, op. cit., p. 56 et 76.

montistes. *Joselito* me parlait à cœur ouvert de ses soucis, de ses problèmes avec le public qui étaient aussi les miens et même de ses peines sentimentales [1]... »

Il est presque impossible aujourd'hui de concevoir l'ampleur de la domination que *Joselito* et Belmonte exercèrent sur la tauromachie de leur temps. Essayons ! En 1917, 220 corridas furent célébrées en Espagne : or Belmonte participa à 97 et *Joselito* à 103. C'est-à-dire que Juan et José furent très près de toréer dans la moitié des tardes de toros de cette année-là, et d'autant plus qu'ils perdirent l'un et l'autre quelques contrats pour blessures. C'est une proportion incroyable. En 1919 encore, Belmonte remplit 109 contrats (la meilleure année de sa carrière) et *Joselito* 91, mais il en avait signé 111. Le nombre total de corridas (en augmentation) qui eurent lieu cette année 1919 fut de 296. C'est dire que les deux toreros furent engagés pour le tiers au moins des festejos prévus ! Aucun torero contemporain, pas même *el Cordobés*, n'a atteint un tel pourcentage car, en 1964 et 1965 par exemple, ce furent 482 et 479 corridas qui furent célébrées. Il ne s'agit pas d'années exceptionnelles pour *Joselito*, car il dépassa aussi le seuil des 100 corridas en 1915 et 1916. Belmonte, en revanche, perdit de nombreux contrats lors des premières années, car il était alors souvent blessé. Ajoutons que les deux toreros réalisèrent des campagnes américaines, au Mexique et au Pérou. C'est aussi à cette époque que la corrida obtint une audience importante dans les milieux artistiques et littéraires espagnols. Le caractère novateur de la tauromachie belmontienne interpella les intellectuels et c'est ainsi que Belmonte se lia avec Sebastián Miranda, Romero de Torres, Pérez de Ayala et surtout avec Ramón de Valle Inclán.

La competencia entre Joselito et Belmonte valut aux aficionados de ce temps des journées extraordinaires dont le souvenir ne s'effaça jamais de leur mémoire. La première rencontre en corrida formelle eut lieu à Barcelone le 13 mars 1914 : elle fut déjà mémorable mais cette année 1914 fut fertile en prodiges tauromachiques : le 21 avril 1914, *Joselito*, Gaona et Belmonte affrontèrent six Miura à Séville. Belmonte fut fabuleux devant le dernier toro, *Rabicano*. Le 2 mai 1914, à Madrid, selon le critique don Modesto, *Joselito* fut colossal mais Belmonte réalisa « la plus grande faena [...] depuis que le toro existe ». Les 17 et 18 avril 1915, à la Maestranza, si Belmonte brode la faena de la course le premier jour, *Joselito* domine Belmonte le 18 face aux Gamero Cívico, donnant une lidia parfaite au toro *Napoleón* ; lors de la corrida madrilène de la Beneficencia, le 25 avril, Belmonte réalise un nouveau chef-d'œuvre mais, toujours à Madrid, en juin, *Joselito* se montre régulièrement supérieur au Trianero et confirme cet avantage lors de la San Miguel sévillane, où il exécute notamment une faena grandiose face à *Galleguito* de Miura. Le 21 juin 1917, pour

1. Manuel CHAVES NOGALES, *Juan Belmonte matador de toros*, op. cit., p. 239-240.

la corrida du Montepío à Madrid, *Joselito* et Gaona banderillent leurs toros de manière fabuleuse et Belmonte ne peut rien faire à son premier, « un bœuf insipide ». Il est insulté par le public qui hurle : « *Los dos solo* [*Joselito* et Gaona], *fuera Belmonte !* » Sort le sixième taureau, *Barbero*. Juan se transcende et signe une faena prodigieuse, la meilleure que *Joselito* ait vue faire à Belmonte, qui fait une sortie porté en triomphe, et les deux autres à pied ! En somme, *Joselito* triomphait avec bien plus de régularité que Belmonte, mais celui-ci produisait assez souvent un chef-d'œuvre qui remettait en cause la question de la suprématie. 1917, par exemple, fut, de l'avis des critiques, l'« année Belmonte ».

Il est vrai que *Joselito* combattit fréquemment six toros comme matador unique, ce que Belmonte ne fit que très rarement, en général par obligation, comme à Saint-Sébastien, à la suite de la blessure de Posada dès son premier adversaire. En revanche, *Joselito* affronta seul six toros six fois en 1915, cinq fois en 1916, à Madrid, à Séville, à Bilbao, à Valence ou même à La Línea, à Tolosa en 1918, dernière corrida espagnole où il ait estoqué six toros, mais il réalisa encore cet exploit à Lima en 1920, tuant même sept toros. *Joselito* affronta sans aucune restriction les toros des élevages les plus redoutables, c'est ainsi qu'il toréa 43 encierros de Miura et estoqua au moins 89 toros de cet élevage ! Il faut encore porter au crédit de *Joselito* ses extraordinaires qualités de banderillero, notamment au quiebro, encore que Gaona ait été au moins son égal dans ce tercio. Gaona fut ainsi l'auteur d'une paire légendaire, dite « paire de Pampelune ». On associera à *Joselito* son merveilleux péon, Enrique Belenguer Soler, dit *Blanquet*, qui fut à son service de 1914 à 1920 et que *Joselito* invitait parfois à partager avec lui le deuxième tercio [1].

Bien entendu, *Joselito* et Belmonte étaient les toreros les mieux payés : 7 000 pesetas par contrat, en moyenne, pour l'un ou l'autre. Mais 35 000 pour un contrat au Pérou ! Un autre temps ! Belmonte confessait au terme de la saison 1914 qu'il « avait amassé 50 000 pesetas ». Il avait arraché sa famille et ses huit petits frères à la misère. Mais, en 1919 et 1920, rappelait Juan Belmonte, « le public commençait à se lasser de nous, précisément à cause du sentiment de sécurité, de maîtrise, d'élimination du risque que nous avions réussi à donner. C'était encore plus grave pour *Joselito* car il donnait vraiment l'impression de toréer impunément. Ainsi, ce matador qui avait joui, comme personne, des faveurs de la foule, se désespérait de la voir se retourner contre lui [...]. Comme, au bout du compte, ni *Joselito* ni moi n'avions été tués par un toro, les gens commencèrent à se sentir frustrés, quoique nous fassions [2]. » C'est ainsi que le 15 mai 1920 à Madrid, le public prit violemment à partie *Joselito*, Belmonte et Ignacio Sánchez

1. On peut confronter avec fruit à ce propos Joël BARTOLLOTTI et Manuel CHAVES NOGALES, *op. cit.*
2. Manuel CHAVES NOGALES, *Juan Belmonte matador de toros*, op. cit., p. 241.

Mejías, parce qu'il trouvait les toros trop petits. Des dizaines d'énergumènes insultèrent les toreros : « Voleurs ! Escrocs ! » Selon Belmonte, cette scène inspira à *Joselito* un profond malaise. Il se confia à Juan. Le public madrilène devenait insupportable. Et *Joselito* d'enchaîner : « Les gens sont chaque jour plus exigeants. Ils nous en demandent trop. Laissons tomber, Juan, laissons tomber les arènes de Madrid [...]. Peut-être, d'ici à quelque temps, pourrons-nous revenir dans de meilleures conditions... » Juan promit son appui total. Il ajoutait : « Le lendemain, il devait apparaître une fois de plus à Madrid. Il dénonça son contrat et partit toréer à Talavera de la Reina. C'est là que *Joselito* avait rendez-vous avec la mort [1]. »

En fait, *Joselito* avait souhaité depuis quelques jours déjà aller à Talavera en compagnie de son beau-frère Sánchez Mejías. Il avait envisagé de résilier le contrat de Madrid et sans doute l'avait-il effectivement déjà dénoncé. Mais il est évident que l'attitude du public le 15 mai n'avait pu que conforter ce choix. À Talavera, l'affaire se présentait bien : un encierro léger (23 arrobas de moyenne) de la Veuve Ortega, un élevage local mais de bonne origine. C'est de cet encierro que procédait *Bailaor*, le toro criminel, responsable de la tragédie de Talavera.

FLAMBOYANTES ANNÉES 1920... ET TRAGÉDIES

Le drame de Talavera provoqua une véritable commotion qui déborda largement le mundillo et la communauté des aficionados. Comment concevoir qu'un torero qui paraissait quasi invulnérable, dont l'intelligence des toros paraissait parfois miraculeuse, qui avait estoqué plus de mille cinq cents toros (sans compter les novillos), et les plus redoutables, plusieurs dizaines de Miura, des Veragua, des Vicente Martínez, des Aleas, etc., ait pu être tué par un toro petit, malgré ses cinq ans, et cornicorto, dans une place obscure. L'affaire paraîtra encore plus invraisemblable lorsqu'on saura que le maestro avait averti ses péons, dont le fameux *Blanquet* : « Ce toro est très dangereux. »

Belmonte, informé alors qu'il jouait aux cartes, et d'abord incrédule, raconte : « Je restai seul, hébété, à regarder stupidement le tapis de jeu [...]. Bientôt, j'éclatai en sanglots, et je pleurai, je pleurai comme jamais [2]. » L'Espagne entière prit le deuil, qui fut conduit par le chef du gouvernement, suivi des ministres, des Grands d'Espagne et d'une foule considérable de célébrités et d'inconnus [3]...

L'émotion suscitée par la mort de *Joselito* fut durable. Belmonte l'observait : « Qui a dit que la multitude n'a pas de conscience ? À partir de la

1. *Ibid.*, p. 242-243.
2. *Ibid.*, p. 244-245.
3. Joël BARTOLLOTTI, *Gallito*, op. cit., p. 166.

mort de *Joselito*, le public fut pris d'un curieux remords collectif. S'étaient éveillées dans l'esprit des spectateurs de corridas une crainte, une attention jalouse pour la vie des combattants. Dans les arènes, pendant un certain temps, régna une étrange tension nerveuse. Les gens sur les gradins avaient plus peur que les toreros [...]. C'était comme si ceux qui, la veille de la tragédie de Talavera, nous demandaient de nous laisser tuer se sentaient intimement responsables du malheur survenu [1]. »

Cette prise de conscience devait beaucoup à la manière brutale, soudaine, dont avait été ruinée la conviction populaire de l'invulnérabilité de *Joselito*. Or, deux ans après le drame de Talavera, à quelques jours près, le 7 mai 1922, la mort horrible de Manolo Granero, étoile montante de la torería, qui avait terminé la saison 1921 en tête de l'escalafón [2] avec quatre-vingt-onze corridas, vint rappeler aux aficionados, et notamment au difficile public madrilène, que les toreros vivent dangereusement et que la mort dans l'arène demeurait un risque permanent.

La mort de *Joselito* n'entraîna qu'une désaffection passagère pour la corrida. En 1920, Belmonte s'accrocha jour après jour, porta sur ses épaules le poids de la temporada et triompha plusieurs fois de manière totale, ainsi le 13 juillet à Madrid. La saison se termina avec 301 corridas célébrées, chiffre élevé à cette époque. Il est vrai que le nombre tomba à 262 et 263 en 1921 et 1922. La chute brutale de 1923 (210 corridas seulement) s'explique avant tout par l'effet conjugué de la mort de Granero et de la retraite provisoire de Belmonte, qui revint aux arènes en 1925. Précisément, à partir de 1925, le nombre des corridas s'accrut de manière sensible : la moyenne pour les six dernières années de la décennie tourna autour de 300.

Cette expansion dut beaucoup au retour de Belmonte, excellent de 1925 à 1927 et désormais référence indiscutée, mais aussi à l'éclosion de nouveaux talents, surtout ceux de la génération des années 1902-1904, qui arrivent à maturation au cours des années 1920 : déjà, on le sait, Manuel Jiménez *Chicuelo*, né en 1902, révélé par une carrière de becerrista, sous l'aile protectrice de son oncle, le banderillero Zocato, avait pris l'alternative le 28 septembre 1919, sous le patronage de Juan Belmonte. Il rejoint parmi les matadors de premier plan un personnage hors série, sans aucune ascendance taurine mais qui n'en était pas moins le beau-frère de Rafael *el Gallo* et de *Joselito*, qui avait déjà accompli une grande carrière de banderillero. Il s'agit d'Ignacio Sánchez Mejías. Puis, en 1921, surgit le Madrilène Marcial Lalanda, né en 1903, préparé comme *Chicuelo* par une longue campagne de becerrista. Lalanda devait durer très longtemps (1921-1942) et estoquer 2 271 toros (record du XXe siècle), soit sensiblement plus que *Joselito* ou Belmonte. Pourtant, ce très grand technicien, ce torero largo incontesté, capable de dominer tous les toros, n'a pas laissé dans la mémoire collective

1. Manuel CHAVES NOGALES, *Juan Belmonte matador de toros*, op. cit., p. 245.
2. L'escalafón est un classement par nombre de corridas toréées qui ne peut être considéré comme un classement de qualité.

de la corrida une trace comparable à celle qu'imprimèrent José et Juan. On lui a reproché un certain manque d'élégance, des attitudes contorsionnées. Il n'en a pas moins terminé en tête de la statistique en 1922 (79 contrats), 1925 (75), 1929 (85) et 1930 (87).

Parmi les toreros qui, pendant leurs années de formation, eurent la chance de voir toréer *Joselito* et Belmonte, il y eut quatre artistes de première grandeur mais dont l'inconstance, l'irrégularité, voire la fragilité, soumirent leurs partisans à « une succession imprévisible de folles espérances et de noires déceptions ». Ils étaient tous issus de l'étonnante génération 1902-1904 mais dont les parcours sont très différents. Ainsi *Chicuelo*, « prince héritier du toreo » à dix-sept ans, mais jamais roi, dont la carrière fut déconcertante : débuts brillants avec une confirmation triomphale d'alternative à Madrid, le 18 juin 1920, qui lui valut 70 contrats en 1921, mais éclipse prolongée de 1924 à 1927 (24 contrats seulement en 1927), puis prodigieux retour grâce à la faena inouïe, quasi surréaliste, qu'il broda avec le toro *Corchaito*, de Graciliano Pérez Tabernero, le 24 mai 1928, dans la plaza de Madrid, et cette même année il honora 81 contrats. Dès 1930 c'était la rechute ; il ne toréa que dix-huit fois en 1931 ; mais, après la Guerre civile, en 1939, il connut une saison triomphale. Comme plusieurs de ses partenaires d'alors, *Chicuelo*, qui alterna les longues séquences de succès et les périodes d'absences prolongées, avait su assimiler le style de Belmonte en lui donnant un cachet très personnel (une sorte de grâce aérienne), mais il manquait par trop de volonté et de constance dans l'effort.

Cas plus grave encore, celui de Cayetano Ordóñez *Niño de la Palma*, né à Ronda en janvier 1904. Une alternative triomphale à Séville, le 11 juin 1925, concédée par Juan Belmonte, lui ouvrit les portes de Madrid où, lors de sa confirmation d'alternative, le 16 juillet 1925, il fut sensationnel et laissa les critiques sans voix, sinon sans plume. La qualité de son toreo émerveilla Ernest Hemingway qui en fit, sous le nom de Romero (référence évidente à Ronda), le héros de son roman *Le Soleil se lève aussi*. Malgré quelques échecs, *Niño de la Palma*, doué d'un temple exceptionnel, demeura au sommet de la hiérarchie et termina en tête les saisons 1926 et 1927 (78 et 65 contrats). Il s'offrit une année « sabbatique », pour cause de mariage, en 1928. Mais ensuite, apathique, souvent à la dérive, il sombra lentement et le nombre de ses contrats ne cessa de diminuer jusqu'à la Guerre civile. Rafael Alberti exprima la frustration de cette carrière avortée dans un célèbre quatrain :

Las mocitas de Ronda, que le amaron primero
Aún esperan al mozo que salió a torear
Ay ! Mocitas de Ronda, el mocito torero
se ha perdido en el mundo como un río en el mar[1].

1. Essayons de traduire, pauvrement : « Les demoiselles de Ronda qui l'aimèrent d'abord / espèrent encore le garçon qui vint soudain toréer / Hélas ! petites demoiselles de Ronda, le garçon qui était torero / s'est perdu dans le monde comme un fleuve dans la mer. »

Sa place fut prise par deux des plus grands toreros gitans de l'histoire taurine, deux Sévillans, Francisco de Los Reyes *Gitanillo de Triana* et Joaquín Rodríguez *Cagancho* (surnom intraduisible parce que nauséabond !). Le premier dessinait, les mains très basses, avec une sorte de langueur, des véroniques fabuleuses. Sa carrière, lancée par une alternative de légende au Puerto de Santa María le 28 août 1927, fut brutalement stoppée par une terrible blessure, en mai 1931. Le deuxième, « le pharaon aux yeux verts », alternait faenas éblouissantes et paniques irrépressibles, sans motif évident. Selon Joseph Peyré, pour qui *Cagancho* fut le Manué de *Sang et lumières* (prix Goncourt 1935), il lui suffisait de trois toros, l'un à Madrid, l'autre à Séville, le troisième à Barcelone ou ailleurs, pour assurer sa saison. Il est juste d'ajouter qu'il réussit cependant une très grande temporada 1930, avec 69 corridas, malgré une grave blessure reçue à Madrid le 12 juin de cette année-là.

D'autres toreros jouèrent un certain rôle pendant les années 1920, mais seulement épisodique : ce fut le cas de Felix Rodríguez qui, après ses succès de 1927, avait signé près de 100 contrats pour 1928 ! Il n'en remplit que 24. Les désordres de sa vie, la maladie, les faillites de la volonté annulèrent un grand talent. Ce fut la maladie qui emporta Manuel García, dit *Maera*, à vingt-huit ans, en 1928, après trois années d'alternative. Et ce fut aussi la maladie qui abrégea la carrière du Madrilène Antonio Márquez, né en 1899, qui reçut l'alternative à Barcelone, le 24 septembre 1921, avec Juan Belmonte pour parrain. D'une grande élégance avec cape et muleta, quoique un peu froid, il fit partie du groupe de tête de 1924 à 1927. Mais la maladie dès 1928, une blessure grave en 1929, réduisirent considérablement son activité, surtout de 1931 à 1933. Il toréa cependant jusqu'à la Guerre civile.

Aux exceptions notables de Nicanor Villalta et de Marcial Lalanda, les toreros importants de ce temps étaient tous des héritiers de Belmonte. L'évolution en ce sens était irréversible et il est d'ailleurs surprenant que *Guerrita* ait refusé l'apport du *Trianero*, alors qu'à y regarder de près il avait lui-même annoncé une manière nouvelle, et Fuentes après lui. Car, lorsque *Guerrita* toréait de cape, au lieu de décoller les deux bras du corps, il utilisait souvent l'un de ses bras comme soutien de l'étoffe et l'autre main seule donnait la sortie. De la sorte, *Guerrita* avait esquissé (esquissé seulement) le choix de Belmonte d'un toreo qui réduisait le mouvement. Comme Belmonte le signifia d'ailleurs à Luis Bollain, un toreo antithèse « de la lutte, de la brusquerie, de la violence, de la rapidité ».

À l'instar de Belmonte en effet, les toreros des années 1920 cherchent à s'assurer la maîtrise du terrain et à imposer le « toreo de bras » en obligeant les toros à décrire des ellipses autour de leur corps. Ce choix implique un toreo de près : Belmonte évoque à plusieurs reprises le frôlement de la bête sur son corps, effet de la technique mise au point pendant ses années d'apprentissage, et les émotions fortes que ce nouveau style suscitait dans le public. En même temps, ces toreros sont en quête du temple, et plusieurs d'entre eux : *Chicuelo*, *Niño de la Palma*, *Gitanillo de Triana*, *Cagancho*, ont témoigné dans leurs grandes journées d'un temple admirable. Selon la définition de Belmonte lui-même, lorsque la réussite et l'inspiration les accompagnaient, « le mouvement du leurre que leurs mains conduisaient réglait la vitesse du toro ».

L'un des moyens d'obtenir le temple était de toréer les mains basses. Juan Belmonte avait donné le ton et *Gitanillo de Triana* ou *Cagancho*, un peu plus tard Victoriano de La Serna, en contraignant les toros à baisser la tête pour atteindre l'étoffe, parvinrent dans leurs meilleurs jours à toréer avec un temple souverain. Rafael de Paula prétendait récemment que c'était *Cagancho* qui, le premier, avait toréé les mains basses, mais ce fut bien Belmonte l'initiateur. (Ce fut aussi à l'exemple de Belmonte que beaucoup de toreros cessèrent de banderiller. Mais il s'agit cette fois d'un appauvrissement.)

Les créateurs des suertes nouvelles utilisèrent cette technique. Ainsi, lorsque *Chicuelo* créa la passe de cape qui porte son nom, la *chicuelina*, d'abord à Valence, puis à Madrid, le 10 juillet 1925, à un toro de Veragua, il l'exécuta les mains basses. *Chicuelo* d'ailleurs alla plus loin que Belmonte, en toréant les pieds joints, sans user ou presque des bras mais en jouant à fond des poignets et de la ceinture. La *pase de las flores* (passe des fleurs), imaginée par Victoriano de La Serna, un jour d'inspiration, était la terminaison, extraordinairement templée, d'un derechazo, sous la forme d'une rotation très lente qui faisait passer le toro dans le dos. À l'inverse, la passe de la firma, qui aurait été interprétée pour la première fois par Granero à Bilbao, le 15 mai 1921, passe basse elle aussi, est en quelque sorte une rupture du temple puisqu'il s'agit de laisser tomber soudainement la muleta, dont le tracé est très court, pour retourner le toro. En ce sens elle est une passe de châtiment.

L'influence de Belmonte n'empêcha donc nullement les toreros des années 1920 et 1930 d'être des créateurs. Plusieurs de ces créations se fondaient d'ailleurs sur le mouvement, telle la mariposa de Marcial Lalanda, sorte de galleo qui masque habilement l'intention de fuite du torero, ou la saltillera, créée par Fermín Espinosa *Armillita Chico*, sorte de manoletina donnée avec la cape.

Il n'y eut pas de rupture entre les années 1920 et les années 1930 : *Chicuelo*, Marcial Lalanda, et *Cagancho* appartiennent aux deux décennies. Victoriano de La Serna, Vicente Barrera, Domingo Ortega, Manolo Bienvenida et le Mexicain *Armillita Chico* assurèrent le renouvellement de la torería et ce sont les troubles politiques et sociaux, quasi continus à partir de la proclamation de la République (14 avril 1931), qui expliquent la diminution nette du nombre des corridas (235 en moyenne annuelle, de 1931 à 1935). Inconnu en 1930, sans aucune protection dans le milieu, un paysan de la terre de Tolède, Domingo Ortega, devint célèbre à l'âge de vingt-quatre ans grâce à quatre novilladas organisées par l'ancien matador

Domingo González *Dominguín*. Dès sa première saison d'alternative, 1931, il participa à 93 corridas en Europe. De 1931 à 1936, il fut le meilleur des toreros en activité et s'imposa comme un exceptionnel dominateur de toros durs. Le seul qui aurait pu lui disputer la primauté, Manolo *Bienvenida*, torero joyeux, inventif, inspiré, tout aussi prodigieux avec les banderilles qu'*Armillita*, fut atteint par la tuberculose qui l'emporta en 1938.

La corrida était alors devenue si populaire hors d'Espagne que l'on vit même un torero américain, non dépourvu d'un certain talent, Sydney Franklin, se présenter à la Maestranza en 1929 et obtenir un beau succès qui lui ouvrit les portes de Madrid et de nombreuses arènes. Il obtint ainsi en 1929 55 contrats (de novillero). Mais, souvent blessé, il ne confirma jamais en Espagne l'alternative que Marcial Lalanda lui octroya au Mexique en 1932. C'est à la même époque qu'un torero français, Pierre Boudin, dit *Pouly III*, parvint à intéresser réellement l'afición espagnole. Il prit l'alternative à Arles le 5 septembre 1920, la confirma à Barcelone le 7 août 1921, puis à Madrid, le 28 mai 1922, et il toréa jusqu'en 1932. Affaibli par de nombreuses blessures, il se coupa alors la coleta. Mais il s'était affirmé comme un torero complet, capable de briller dans les trois tercios, maître du volapié. Le courage et la volonté de Pierre *Pouly* lui valurent le respect de la profession. En 1950, il devint l'impresario de la place d'Arles et le resta jusqu'à sa mort en 1988.

Les toreros des années 1920 et 1930 étaient devenus des personnages « *in* », si l'on ose dire, recherchés par les intellectuels et les artistes. On a déjà vu que Belmonte avait ouvert la voie. Mais un autre torero, à la très forte personnalité, devait exercer un rôle plus important encore, notamment grâce à ses relations avec la génération surréaliste et à la double condition de torero et d'homme de lettres qui fut la sienne pendant sa carrière, de 1919 à 1934 : Ignacio Sánchez Mejías. Ce fils de médecin sévillan, fasciné dès l'enfance par le monde de l'arène, échappa au milieu familial à la faveur d'une fugue avec un autre torerillo, Enrique Ortega *el Cuco*. Les deux gamins embarquèrent à Cadix, comme passagers clandestins, sur le cargo *Manuel García*, à destination de New York. Découverts pendant la traversée et pris pour des anarchistes, ils furent débarqués à Veracruz. D'abord journalier dans une hacienda, Ignacio parvint à toréer comme novillero dans la petite plaza de Corelia. Dès lors, il parvint à se produire dans les petites arènes des environs de Veracruz, comme péon ou comme banderillero.

Revenu à Séville, il obtint le baccalauréat pour donner satisfaction à sa famille et entreprit des études de médecine. Mais il se lassa vite car il ne pouvait se passer des toros. Il échoua d'abord comme novillero, mais devint un péon de gala et un extraordinaire banderillero, au service des cuadrillas de *Machaquito*, Belmonte, *el Gallo* et *Joselito*. De la sorte, il fréquenta la famille Gómez et épousa la sœur de Rafael et *Joselito*, Lola Gómez Ortega. À l'âge de vingt-sept ans, il décida de tenter une nouvelle fois l'aventure et, le 18 août 1918, à Séville, ce fut le triomphe. Neuf contrats de novilladas

(Puente Genil, Aracena, Ecija, Cordoue...) le confirmèrent. Le 16 mars 1919, *Joselito* lui conféra l'alternative à Barcelone, avec Belmonte pour témoin. Dès lors, il tint les premiers rôles. À Talavera, en mai 1920, c'est à lui qu'échut le devoir de tuer *Bailaor*, le toro meurtrier de *Joselito*, et cette saison-là, il remplit 90 contrats. En mauvaise santé, il ne commença qu'en juillet la saison 1921 (41 courses). Mais en octobre, il se rendit au Mexique où l'opposa une compétition acharnée avec Rodolfo Gaona. En 1922, revenu malade du Mexique, il fut l'objet de toutes les sollicitations des empresas, car *Joselito* et Granero avaient disparu.

Ignacio exécutait un toreo viril, d'une grande exposition, et témoignait d'un courage véritablement inconcevable. Il chargeait la suerte, avançait la jambe contraire, de façon à peser sur les toros et à retenir les fuyards. Son toreo de cape était souvent brillant, notamment sa demie véronique basse, et son talent de banderillero immense. Après quelques prestations extraordinaires dans le Nord (Santander, Bilbao, Saint-Sébastien), il fut défini comme « le torero de l'émotion ». Au lendemain d'un grand triomphe à Valence, suivi d'une blessure grave, il se retira une première fois à l'issue de la saison 1922. Il revint en 1925, se retira à nouveau en 1927.

En même temps, Ignacio écrivait deux pièces pour le théâtre, le livret d'un ballet pour la danseuse Argentinita, un roman, et il se liait avec les représentants les plus remarquables de l'intelligentsia espagnole : Rafael Alberti, Federico García Lorca, José Bergamín, Jorge Guillén, Gerardo Diego... Il invita les écrivains, la fleur de la nouvelle génération littéraire, à venir célébrer avec lui le troisième centenaire de la mort de Góngora à Séville en décembre 1927 : ce fut l'avènement de la génération surréaliste. Rien d'étonnant à ce que ces poètes aient magnifié Ignacio après sa mort tragique dans la petite plaza de Manzanares, l'année même de son retour, en août 1934, après un énorme succès à Cadix : *Verte y no verte*, de Rafael Alberti, et la fameuse complainte *A las cinco de la tarde*, de Federico García Lorca [1].

Les toros des années 1920 et 1930 n'étaient pas monstrueux. En moyenne, ils étaient moins lourds qu'ils ne le sont aujourd'hui dans les grandes arènes. Mais les spécialistes s'accordent à reconnaître que ces toros étaient remarquables de puissance et d'agressivité. Plusieurs nouveaux élevages s'étaient constitués à partir du sang Parladé : ainsi celui du comte de La Corte en 1920, dont procédèrent ensuite ceux de Bernabé Cobaleda en 1925 et d'Atanasio Fernández en 1929, qui éliminèrent les restes de la lignée navarraise Carriquiri. Ou du sang Ibarra, par le relais de Conde de Santa Coloma et de Duque de Veragua : vaches et étalons de ces élevages permirent de former ainsi les ganaderias des Pérez-Tabernero (Graciliano,

1. À propos d'Ignacio Sánchez Mejías, voir le petit livre de Federico M. ALCÁZAR, avec un prologue de G. CORROCHANO et une introduction de P. ROMERO de SOLÍS, *Sánchez Mejías. El torero y el Hombre*, Séville, Fundación de Estudios Taurinos, 1999.

Alipio, Ignacio), à la fin des années 1920. Ces élevages s'établirent en Estrémadure (Conde de La Corte) ou dans le campo de Salamanque (Atanasio Fernández, les Pérez-Tabernero). C'est ainsi, par exemple, que Graciliano Pérez-Tabernero se rendit en 1920 en Andalousie où il acheta au comte de Santa Coloma plusieurs centaines de vaches et deux étalons, dont l'un, *Mesonero*, fut responsable de quelque mille deux cents naissances jusqu'en 1936 ! Le campo de Salamanque (ou *campo charro*) s'était débarrassé de ses moruchos et disposait désormais de vaches et d'étalons de bonne race. La finca de Graciliano Pérez-Tabernero à Matilla de los Caños devint une référence [1].

Ces toros taillaient des coupes sombres dans la cavalerie souvent étique qui leur était opposée. C'est en partie pour cela, en partie pour ménager la sensibilité du public, mise à rude épreuve par les morts dans l'arène de nombreux toreros, maîtres ou subalternes, que fut institué en 1928 un *peto* (caparaçon) destiné à protéger le cheval. Cette nouveauté modifia profondément le premier tiers : les rencontres entre picadors et toros furent moins nombreuses mais plus longues ; la part du toreo de cape, si coloré et varié, avec une succession de quites, fut diminuée, tandis que la faena de muleta s'allongeait.

Ce fut une époque meurtrière, fertile en cornadas décisives, en agonies prolongées. On songe aux morts illustres, à *Joselito*, à Granero, tués quasiment sur le coup, à *Gitanillo de Triana*, qui, gravement blessé à Madrid le 31 mai 1931, agonisa tout l'été ; à Ignacio Sánchez Mejías, touché mortellement le 11 août 1934 et emporté deux jours plus tard par une gangrène gazeuse. Mais il y eut aussi les morts obscurs : Florentino Ballesteros mourut de la cornada que lui infligea *Cocinero* à Madrid, le 22 avril 1917. Un modeste torerito de Vallecas, Agustín García Díaz *Malla*, qui avait pris l'alternative à Carabanchel en 1910, se fit tuer à Lunel le 4 juillet 1920 en s'obstinant dans un cite à genoux. Manuel Varé García *Varelito* agonisa à Séville du 21 avril au 13 mai 1922, à la suite d'un coup de corne dans le rectum. Àngel Pedraza *Angelete*, gravement touché à la poitrine en 1925, se traîna jusqu'en 1931. Felix Merino Obanos, de Valladolid, mourut en 1927 des suites d'une blessure à la cuisse que lui infligea à Ubeda un toro de Palha, et qui s'infecta de manière fatale. Au cours de la seule saison 1934, douze toreros, banderilleros ou novilleros furent tués dans l'arène ou moururent des suites de blessures.

Ces morts obscures nous obligent à rappeler que notre chronique (d'une certaine façon notre palmarès) ignore quantité de toreros de deuxième ou troisième ordre, mais respectables, qui parvinrent à l'alternative et obtinrent quelques contrats, cinq ou six par an, voire une douzaine ou une vingtaine, avant de se décider au retrait ou (le plus souvent) à une carrière de subalterne.

1. Bernard CARRÈRE, *Les Élevages de taureaux de combat*, op. cit. L'ouvrage est enrichi de nombreux tableaux qui font bien apparaître les lignées et croisements.

À titre d'exemple, pendant la seule période de transition (1899-1912), Fernando Claramunt a recensé cinquante-trois alternatives de toreros modestes, de celle de Felix Vasco Díaz à Ciudad Real, le 18 août 1899, à celle de Martín Gómez Vázquez (*Vázquez II*), à Madrid, le 1er octobre 1912. Parmi eux, seuls le Vallisoletain Pacomio Peribáñez Antón, le Madrilène Tomás Fernández Antón ou Diego Olivé Roidas, d'Algésiras, parvinrent à obtenir un nombre relativement important de contrats annuels (une vingtaine)[1].

Mais en 1936, aux drames individuels fait place la tragédie collective : le 18 juillet, après plusieurs mois de troubles, commence la Guerre civile.

IV

GUERRE CIVILE, RUINE ET RECONSTRUCTION DE LA TAUROMACHIE

Si l'on veut bien comprendre les effets de grande portée de la Guerre civile d'Espagne (1936-1939) sur l'évolution de la tauromachie, et notamment sur celle du patrimoine animal, il est indispensable d'établir un bilan rapide de l'état de la fiesta nacional vers 1935.

LA TAUROMACHIE À LA VEILLE DE LA GUERRE CIVILE

Au terme de trois décennies très brillantes, la tauromachie a conquis en Espagne une place tout à fait considérable, dont le nouveau régime, celui de la République, n'a peut-être pas claire conscience. La promotion sociale des toreros en est l'illustration la plus remarquable : si *Joselito*, « désespérément épris d'une jeune fille de l'aristocratie andalouse, fille d'un éleveur très fameux qui s'opposait à leur idylle », s'est heurté à un préjugé tenace qui frustra ses espoirs, le chef du gouvernement espagnol a conduit le deuil de ce même *Joselito*. Et Domingo Ortega, naguère paysan pauvre de la terre de Tolède, simple péon, épousa vingt ans plus tard et sans difficulté majeure une jeune fille de la noblesse titrée, fille des comtes d'Amboage. Son exemple devait être suivi.

Cette promotion sociale est passée par la promotion économique, grâce à une hausse quasi continue des rémunérations des toreros. Essayons de proposer une mesure relativement précise de ce mouvement.

On sait que *Paquiro* était parvenu, dans les années 1840, à percevoir quelque 4 000 réaux par corrida. La réforme monétaire de 1848, qui fit du

1. On consultera Fernando CLARAMUNT, *Historia ilustrada de la Tauromaquia*, Madrid, Coll. Espasa Calpe, nº 16, 1992, t. I, p. 513-532.

réal d'argent l'unité monétaire de base, créa la peseta qui valait 4 réaux et, comme le franc (référence explicite), pesait 5 grammes (en fait un tout petit peu plus). En 1868, la peseta devint l'unité monétaire et elle bénéficia d'une grande stabilité jusqu'à la guerre de 1914-1918 et même au-delà (la peseta d'argent fut frappée jusqu'en 1937 !). Cette stabilité permet d'apprécier correctement l'évolution des salaires des toreros et la conversion en francs (parité de fait jusqu'à la réforme Poincaré) est aisée.

Paquiro gagnait donc quelque 1 000 pesetas par corrida. *Lagartijo* environ 2 000. À la fin du XIXᵉ siècle, *Guerrita* en obtenait 3 000 et, l'année de sa retraite, en 1899, 3 500 pesetas. Mais Reverte, son contemporain, percevait des honoraires supérieurs à ceux de *Guerrita*. Il ne s'agit pas d'une légende : ainsi, le contrat passé le 6 décembre 1895, dont on possède copie, entre don Jacinto Jiménez Cano, empresa de Madrid, et Antonio Reverte, prévoit dans son article 5 des émoluments de 3 750 pesetas par corrida pour le paiement de Reverte et de la moitié de sa cuadrilla (le paiement des picadors étant considéré à part)[1]. Le 17 avril 1898, Reverte perçut même 5 500 pesetas pour une seule corrida à Valence. Et, en 1901, pour son retour à Bayonne où il avait reçu une terrible cornada, il toucha 10 000 pesetas. La place de Lima (Acho) lui proposa en cette même année un fabuleux contrat : seize courses à 10 000 pesetas l'une, plus les frais. Mais Reverte n'était pas en condition d'accepter : il allait bientôt mourir.

Nous pouvons comparer ces revenus à ceux des Espagnols de l'époque, remarquablement stables dans l'agriculture, les mines de fer de Biscaye ou la sidérurgie, par exemple. Les ouvriers agricoles de Castille-León et León gagnaient, selon les provinces et les mois, 1,5 à 3 pesetas (maximum) par jour, soit, à raison de 300 jours de travail annuels, 600 à 700 pesetas par an en moyenne. Un mineur de Biscaye, à 3 pesetas par jour jusqu'en 1895, 3,5 après, obtenait de 900 à 1 050 pesetas annuelles. Les femmes étaient fort mal rémunérées : une bonne vendeuse madrilène ne gagnait que 35 pesetas par mois, soit 360 par an[2].

Reverte, avec quelque 30 à 40 corridas par an en moyenne, pendant dix ans, a donc encaissé environ 120 000 à 150 000 pesetas par an. Admettons que ses frais réduisent ces gains de moitié : il aurait conservé un bénéfice net de 60 000 pesetas, en somme soixante fois le salaire du mineur. *Guerrita*, qui toréait davantage (887 corridas en treize ans) et dura un peu plus longtemps, avec un bénéfice annuel net de 80 000 à 90 000 pesetas, put amasser une très grosse fortune, dont témoignent les cinq fincas qu'il possédait dans la « sierra bleue » de Cordoue : Las Cuevas, El Ingertal, Alisné, El Patriarca, La Estella, plantées d'oliviers et d'orangers. Pour sa part,

1. On trouvera la copie intégrale de ce contrat dans le livre consacré à Antonio Reverte : RAMÓN M. ÁLVAREZ VELÁZQUEZ, *Reverte, El Ultimo torero de leyenda*, Alcalá del Río, 1997.

2. Voir Bartolomé BENNASSAR et col., *Histoire des Espagnols*, Paris, Robert Laffont, coll. « Bouquins », 1992, p. 715-716.

Reverte avait acquis une très belle vega, dans la partie la plus fertile de la vallée du Guadalquivir, et un pâté de maisons à Alcalá del Río, tout en roulant en voiture automobile, et du dernier modèle.

Ces honoraires furent très largement dépassés par *Joselito* et Belmonte qui, en 1919, perçoivent 7 000 à 8 000 pesetas par corrida, alors que la hausse des prix a été modérée. Naturellement, *Joselito* augmente son cachet quand il expédie six taureaux : à Séville, le 25 août 1917, pour la corrida de la Presse, il avait demandé 20 000 pesetas, mais il se contenta finalement de 15 000. Bien sûr, il s'agit là des honoraires des premières figures. Belmonte précise : « Les vingt et quelque corridas de cette première saison [1912] me rapportèrent 12 000 pesetas. » Mais, dès l'année suivante, il fait beaucoup mieux, aidé par la bonne gestion d'*Antoñito*, son intendant : « J'amassai près de 50 000 pesetas. » En 1919, la seule féria de Valence lui rapporte 30 000 pesetas. Et, à propos de ses contrats des années 1925-1927 (alors qu'il se limite à 30 ou 35 courses par temporada), il note : « Je touchais, au bas mot, 25 000 pesetas pour tuer deux toros [1]. » On conçoit que Juan Belmonte puisse écrire : « Je n'eus jamais de problèmes financiers. » D'autant que, pendant les années 1920, la peseta bénéficia d'une appréciation notable à l'égard du franc. Ce fut le contraire après 1931.

Si l'on se souvient que *Joselito* surtout et Belmonte plus rarement ont pu approcher ou dépasser les cent contrats par an, ces toreros réalisèrent en certaines années des profits de l'ordre de 300 000 à 400 000 pesetas, soit quelque deux cents fois le revenu d'un sidérurgiste basque ou d'un contremaître du textile catalan. Autrement dit, l'écart entre le revenu d'un grand torero, d'une *figura*, et celui d'un mineur, d'un métallo, *a fortiori* d'un ouvrier agricole, s'est creusé entre l'époque de *Guerrita* et celle de *Joselito* ou Belmonte. Cette situation s'est consolidée pendant les années 1920 et 1930 : ainsi Marcial Lalanda et Domingo Ortega ont-ils pu devenir en peu de temps de grands propriétaires terriens : Domingo Ortega percevait 16 000 pesetas par contrat en 1931, sa première grande année, et 18 000 à 20 000 en 1936. Ignacio Sánchez Mejías, dont les rémunérations étaient comparables, put acquérir aux enchères le superbe domaine de *Pino Montano*, aux portes de Séville, aujourd'hui rattrapé par l'urbanisation, pour lequel *el Gallo* et *Joselito*, ses beaux-frères, avaient versé des arrhes : une maison seigneuriale de style andalou, qu'il meubla avec goût, 600 hectares de terrain, ce qui lui permit de faire construire une placita ; de beaux jardins. Ignacio avait aussi une autre finca, *Hernán Cebolla*, et cinq immeubles dans Séville.

Tentons d'évaluer ce que pourraient être ces revenus, convertis en euros, la nouvelle monnaie européenne, tout en sachant que cette évaluation reste artificielle et, à l'évidence, très approximative. Admettons, en tenant

1. Manuel CHAVES NOGALES, *Juan Belmonte matador de toros*, op. cit., p. 144, 161, 237, 259.

compte des chiffres évoqués plus haut, que le salaire d'un péon espagnol et celui d'un mineur biscayen, aux environs de 1900, correspondaient à 40 à 50 % du salaire minimum actuel, ce qui reviendrait à 375 euros pour le péon et 450 pour le mineur. Les ratios que nous avons calculés précédemment assureraient à Reverte un revenu mensuel de 27 000 euros, à *Guerrita* de 36 000 euros, au bénéfice d'un plus grand nombre de contrats, et *Joselito* aurait perçu dans ses meilleures années quelque 90 000 euros ! Jolies sommes, certes inférieures aux rémunérations des sportifs professionnels les plus prisés de notre temps, mais en 1900 ou 1920, le sport professionnel de haut niveau n'existait pas.

D'autre part, la promotion économique et sociale s'accompagne d'une reconnaissance culturelle. Depuis Goya, et pour d'évidentes raisons, les toreros et les toros avaient toujours intéressé peintres et sculpteurs. Le fait nouveau est l'attention des intellectuels qui distingue Belmonte : le *Trianero* apparaît en effet à des écrivains de l'importance de Pérez de Ayala ou de Ramón de Valle Inclán, qui emploie à propos de Belmonte l'expression de « quiétisme esthétique », comme un innovateur, un homme qui rompt avec les règles pour inventer un nouveau langage. Belmonte a été très sensible à l'admiration de Valle Inclán et ne s'en cache pas.

Un torero, lui-même écrivain et dramaturge, Ignacio Sánchez Mejías, a fait plus encore pour la rencontre entre les toreros et l'intelligentsia. On a déjà signalé qu'il avait largement contribué au lancement de la génération surréaliste en invitant à Séville, en décembre 1927, pour célébrer le troisième centenaire de la mort de Góngora, les chefs de file du mouvement qui vont, dès lors, fréquenter la tertulia littéraire qu'Ignacio anime dans sa maison de *Pino Montano*. On conçoit que certains auteurs aient vu en Ignacio Sánchez Mejías l'un des Espagnols les plus importants de son siècle. À la même époque, le *Niño de la Palma* fascine l'écrivain américain Ernest Hemingway et *Cagancho* impressionne vivement l'écrivain français Joseph Peyré, de sorte que les deux toreros deviennent personnages de roman dans *Le soleil se lève aussi* et dans *Sang et lumières*. Dès lors, la tauromachie a conquis sa place dans la littérature et de manière définitive..., au moins jusqu'à nos jours.

À la veille de la Guerre civile, en 1935, on a célébré 242 corridas, contre 300 et 302 en 1929 et 1930. Il faut en ajouter une vingtaine données en France avec du bétail espagnol. À six bêtes par corrida, cela fait environ mille six cents toros estoqués dans l'année. Il faut tenir compte des *sobreros*, des accidents, des animaux lidiés en novillada piquée, en novillada non piquée, de ceux qu'il faut envoyer à l'abattoir, et bien entendu des vaches mères, enfin des étalons. Bref, l'ensemble des ganaderias réunissait en 1935 quelque vingt-cinq à trente mille têtes et constituait un secteur économique non négligeable : un bon lot de toros, vendu 12 000 pesetas en 1920, en valait 20 000 en 1935. Cette activité va être bouleversée par le conflit pour une foule de raisons.

LES DÉSASTRES DE LA GUERRE

La Guerre civile met presque la tauromachie entre parenthèses. Les statistiques expriment sèchement cette réalité : en Espagne, le nombre des corridas célébrées tombe à 101 en 1936, s'affaisse à 61 en 1937, se relève très légèrement en 1938 avec 73 et un peu plus nettement en 1939 : 125, puis en 1940 : 150. En 1936, et même en 1937, les spectacles furent donnés aussi bien en zone républicaine (où se trouvaient les grandes villes, sauf Séville) qu'en zone nationaliste, dans les deux cas avec de fortes connotations politiques. Il s'agissait de corridas formelles, de novilladas ou de festivals, avec un plus grand nombre de novilladas. Mais on observera aussi que la guerre s'est achevée le 31 mars 1939, soit au tout début de la temporada (seules la féria de la Madeleine à Castellón et les *fallas* de Valence ont lieu avant la fin mars). Les chiffres très bas de 1939 et 1940 ont donc une signification forte.

La Guerre civile, en effet, a signifié la destruction complète ou partielle de nombreux élevages. Un désastre parmi d'autres, certainement pas le plus dramatique mais de conséquences durables, parfois définitives. Gilbert Lacroix a évalué à quelque 10 000 le nombre des bêtes abattues pendant la guerre, au moins le tiers de l'effectif, sans doute un peu plus. Si les élevages de Salamanque, situés d'emblée dans la zone nationaliste, à l'écart des combats, ont peu souffert, ceux de la région centrale (Madrid, Tolède, Ciudad Real, Albacete) ou même du nord de l'Andalousie (Jaén) ont été à peu près anéantis, et l'Annuaire des élevages publié par l'UCTL de 1946, le premier à paraître après la Guerre civile, témoignera de la disparition de nombreux fers. Pierre Dupuy note que sur les cent vingt élevages importants qui existaient en 1935, trente ont été détruits, dont tous les grands noms des castes Jijón et Castellana. Ainsi, les élevages Marqués de Albayda, Viuda de Felix Gómez, Herederos de José García Aleas, Hermanos Ayala y López, Herederos Flores Albarrán. Des élevages de la caste Espinosa ont été également décimés, ainsi que ceux des croisements Vázquez-Vistahermosa, comme celui du comte de Casal (Madrid) ou celui de Samuel Hermanos (Albacete) et quelques Vistahermosa purs : Duque de Tovar, Bernardo Escudero Bravo, Domingo Ortega, les deux fers de Marcial Lalanda à Madrid et Tolède [1].

Si l'on s'en tient aux élevages qui dépendaient de l'UCTL, huit élevages avaient totalement disparu et trente et un avaient été victimes de prélève-

1. On consultera avec fruit l'ouvrage de Pierre DUPUY et Joël BARTOLOTTI, *Toros*, Paris, Renaissance du Livre, 1999. De très nombreux tableaux et de savants calculs illustrent la démonstration des auteurs concernant l'évolution et le rôle des diverses « castes ».

ments et d'abattages massifs : sur les 5 083 têtes que l'UCTL avait recensées avant la guerre dans cette zone, il n'en restait que 323. Mais, avec la destruction des castes Jijona et Castellana, Espinosa et des croisements Vázquez-Vistahermosa, le dommage n'était pas seulement quantitatif. Il était plus encore qualitatif car on assistait à un appauvrissement considérable du patrimoine génétique.

Comme l'observe toujours Pierre Dupuy, les élevages détruits se relèveront par l'appel à la caste Vistahermosa : « tous les fers découlent de la caste Jijona couverts par Vistahermosa », quels qu'ils soient (Aleas, López Flores, Albeyda). Cet auteur peut même titrer : « Une catastrophe écologique ; la disparition de la casta Jijona [1]. » Les sélections ultérieures aggraveront cette évolution.

Mais revenons aux conséquences immédiates de la Guerre civile. Marcial Lalanda, par exemple, possédait quelque cinq à six cents bêtes. Il retrouve en 1939 dix vaches, huit erales (animaux d'un an) et un étalon. La moitié de l'élevage de Domingo Ortega a été abattue. Les frères Flores retrouvent seulement dans leurs sites d'Albacete et Jaén quelques dizaines de vaches, trois étalons et six toros de quatre ans. Contrairement à une croyance répandue, beaucoup d'élevages andalous ont été très touchés, par exemple celui de Felix Moreno Ardanuy, d'origine Saltillo, qui paissait à Peñaflor, près de Palma del Río, ou celui d'Indalecio García Mateo, d'origine Murube. D'une façon générale, les élevages de la vallée du Guadalquivir, entre Cordoue et Séville (Palma del Río, Almodóvar del Río, Villanueva del Río) ont beaucoup souffert. Pourquoi ? La malveillance parfois, à l'égard d'éleveurs « ennemis de classe ». Plus souvent, les nécessités alimentaires des populations mais aussi des troupes. On comprendra donc facilement qu'il était parfaitement impossible, au lendemain de la guerre, de présenter dans les grandes plazas des toros de quatre ans conformes aux exigences anciennes du règlement et du public. Nous y reviendrons.

Quel fut le comportement des toreros pendant la Guerre civile ? D'abord opportuniste. Les toreros dans leur ensemble ont fait preuve de moins de courage dans l'engagement politique que dans l'arène. Ceux qui se trouvaient en zone républicaine lors du déclenchement du « Mouvement », le 18 juillet 1936, durent, bon gré mal gré, participer à des festivals au bénéfice de la cause : à Madrid, *Niño de la Palma*, *Cagancho* et Luis Gómez *el Estudiante*, en compagnie de trois toreros moins réputés, défilèrent ainsi, le poing levé, aux accents de l'*Internationale*. Le 30 août, toujours à Madrid, Rafael *el Gallo*, qui avait pris sa retraite, et *Chicuelo*, qui ne toréait plus que fort peu, furent instamment « priés » d'apporter l'offrande de leur talent au « Secours rouge », avec Fuentes Bejarano et *el Estudiante*, tandis que la veille, à Valence, Domingo Ortega participait à une mini-féria organisée

1. *Ibid.*, p. 21.

par les milices. Le 6 septembre, toujours à Valence, Vicente Barrera torée en tenue de milicien, et, le 4 octobre, *Niño de la Palma*, Felix Colomo et Enrique Torres sont à l'affiche. Au cours de cette corrida valencienne du 4 octobre, un toro entre en piste avec l'inscription « Viva el Frente Popular » sur un flanc et, sur l'autre, le sigle CNTUGT, qui rassemble ainsi le syndicat anarchiste et le socialiste. Mais, le 24 mai 1939, pour la corrida dite de la Victoire, en l'honneur de l'armée franquiste, et cette fois aux accents de l'hymne phalangiste *Cara al Sol*, on verra défiler, le bras levé, paume ouverte, Vicente Barrera et *el Estudiante*, qui avaient participé à plusieurs courses « républicaines », avec Domingo Ortega, Marcial Lalanda, Pepe *Bienvenida* et Pepe Amoros.

En fait, on constate que la plupart des toreros de premier rang sont passés en « zone nationale » dès qu'ils l'ont pu. Après sa corrida du 29 août à Valence, Domingo Ortega avait profité d'un contrat à Dax, le 30 août, pour passer chez les « nationalistes » par le relais français. Marcial Lalanda, dont les sympathies politiques étaient connues, avait joué d'un contrat à Mont-de-Marsan pour faire de même. Il est vrai que Marcial avait de bonnes raisons : son cousin Pablo fut assassiné par les milices le 12 août 1936, ainsi que trois de ses cousins et neuf autres membres de sa famille. De fait, à peine revenu en Espagne, Marcial Lalanda adhéra à la Phalange. Vicente Barrera passa aussi du côté franquiste, de même qu'Antonio Márquez. José Flores *Camará* se trouva d'emblée en zone « nationaliste », comme Victoriano de La Serna, qui prêta ses compétences de médecin aux troupes franquistes, notamment à l'hôpital militaire de Pampelune. *Cagancho*, pour sa part, préféra se rendre au Mexique, où il était très apprécié et où il s'établit définitivement en 1954. Juan Belmonte, qui ne toréait plus, se réfugia au Portugal, malgré ses amitiés républicaines. Vers la fin de la guerre, à l'occasion d'un festival à Séville, il offrit un brindis aux autorités franquistes et, lorsque sa muleta se déplia, on put lire aisément sur l'étoffe l'inscription « Arriba España ». À Valence, le matador *Valencia II*, dénoncé par sa maîtresse comme fasciste, fut exécuté : en fait, cette femme, fort peu passionnée, avait vu là une bonne occasion de s'approprier les bijoux de son amant. Rares furent les toreros qui avaient d'authentiques convictions républicaines : Enrique Torres, Manolo Martínez, Felix Almagro. Quelques seconds couteaux, novilleros ou picadors, l'ancien matador Saturnio Torón, capitaine de la milice populaire, se firent tuer au combat, du côté républicain, de même que José García *Algabeño Chico*, du côté franquiste.

Faut-il s'étonner de ces choix, très orientés, des matadors de premier rang ? En fait, une fois fortune faite, Domingo Ortega ou Marcial Lalanda, par exemple, étaient devenus de gros propriétaires fonciers. Ils avaient, en quelque sorte, partie liée avec les possédants, comme Vicente Barrera, qui était entré dans la famille d'un riche homme d'affaires, comme Juan Belmonte, grand propriétaire terrien en Andalousie lui aussi. Ils se trouvaient assez proches d'éleveurs considérés comme « fascistes », qui furent mis à mort, dont quelques-uns célèbres : Cristóbal Colón, duc de Veragua, que les diplomates latino-américains tentèrent vainement de sauver parce qu'il était le descendant du Découvreur, Argimiro Pérez-Tabernero, Tomás Murube...

Pendant la Guerre civile, les places françaises parvinrent à maintenir une certaine activité. Paradoxe apparent : les toros envoyés en France, en général depuis la zone « nationaliste », furent dans l'ensemble de bonne présentation : Paco Tolosa a constaté que sur cinquante et une corridas pendant ces années, une dizaine seulement avaient donné lieu à critiques sévères. Peut-être la France était-elle mieux servie, parce qu'elle assurait une entrée de devises notable. Les corridas françaises firent beaucoup appel à Luis Gómez *el Estudiante*, qui fournit sept prestations d'une réelle qualité en 1937 mais ne maintint pas ce niveau en 1938, à l'occasion des quinze contrats que lui avaient valus le bel effort de 1937. Manolo *Bienvenida* se montra excellent en 1936 et 1937, merveilleux même à Saint-Vincent-de-Tyrosse, le 22 août 1937. À Nîmes, les six corridas célébrées d'octobre 1936 à octobre 1938, fournies notamment par le comte de La Corte et Antonio Pérez (dont une corrida de quatre toros seulement), répétèrent les mêmes toreros : Marcial Lalanda quatre fois, comme Domingo Ortega, Vicente Barrera deux fois, comme Victoriano de La Serna, *el Estudiante* et *Rafaelillo*, Manolo *Bienvenida* une fois [1].

LA POST-GUERRE. QUELLE TAUROMACHIE ?

Comme nous le suggérions précédemment, lorsque la guerre prit fin, il était impossible de prétendre à l'organisation de corridas comparables à celles des années 1930-1935. Si l'on avait voulu obtenir d'abord une reconstitution du cheptel, il aurait fallu limiter le nombre des corridas à cinq ou six dizaines pendant trois, voire quatre ans au moins. Mais, dans l'intention de distraire les populations, de leur faire oublier souffrances, pénuries de toutes sortes et restriction des libertés, un parti différent fut adopté. De fait, le nombre des corridas s'élève à 151 en 1940, à 188 en 1941, et retrouve en 1942 le niveau de l'avant-guerre : 247. De 1942 à 1948, la moyenne annuelle est de 260.

Mais il avait fallu adapter le règlement à la nouvelle situation. Le décret du 25 mars 1941 suspendit l'application des articles 19, 27, 28 et 104 du règlement taurin, c'est-à-dire ceux qui fixaient les âges des toros et les minima de poids, selon les catégories d'arènes (qui étaient jusqu'alors de 470, 445 et 420 kilos pour les places de première, deuxième et troisième catégorie respectivement). De la sorte, on put combattre des becerros de

1. Nous suivons l'exposé d'Auguste LAFRONT (*Paco Tolosa*) dans son *Histoire de la corrida en France*, Paris, Julliard, 1977, p. 137 et *sq*.

deux ans et demi, même dans les arènes les plus cotées. À Valence et Saragosse, et même à Madrid, on présenta et lidia des toros de 18 à 20 arrobas, de 350 à 380 kilos. Cependant, la reconstruction des élevages permit, à l'issue de la saison 1943, de rétablir des minima : 423, 401 et 378 kilos, selon la catégorie de la place, mais quoique très inférieurs à ceux de l'avant-guerre, ils furent souvent bafoués. Paco Tolosa assure qu'au cours de la saison 1944, même dans les arènes où le public était le plus exigeant (Madrid, Bilbao, Séville), les toros combattus oscillaient entre 22 et 24 arrobas (soit 400 à 436 kilos en vif). Et la moyenne était inférieure à 400 kilos à Valence, Barcelone ou Saint-Sébastien. Souvent, ces toros n'avaient que trois ans et les armures semblaient moins redoutables. De 1945 à 1947, on cite un grand nombre de cas où les toros estoqués n'avaient que 18 arrobas de moyenne, surtout quand étaient à l'affiche les grandes vedettes de l'heure, tels *Manolete* ou Carlos Arruza [1].

Il faut ajouter que, profitant du laxisme ambiant, José Flores *Camará*, qui n'avait été qu'un torero moyen mais qui fut un impresario de grand talent, par ailleurs relativement dénué de scrupules et qui conduisit la carrière de *Manolete*, imposa aux éleveurs l'*afeitado* (ou limage des cornes), de façon à diminuer les risques de blessures : les révélations ultérieures, notamment celles de l'éleveur Antonio Pérez de San Fernando et des toreros Domingo Ortega, puis Antonio *Bienvenida*, ne laissent subsister aucun doute : presque tous les toros combattus dans les années 1945-1952 étaient afeitados, y compris ceux qu'estoquèrent les grands toreros de cette époque : *Manolete*, Carlos Arruza, Pepe Luis Vázquez (qui affronta cependant des Miura, des Pablo Romero et des Conde de la Corte de respect, certes relativement légers) et Luis Miguel *Dominguín*, entre autres.

Précisément : quels furent les toreros de l'après-guerre ? Parmi ceux d'avant-guerre qui restaient en lice, Marcial Lalanda se retira en 1942, après deux saisons excellentes. Vicente Barrera en 1945. Victoriano de La Serna ne reparut que pour quelques courses de 1941 à 1944. *Chicuelo*, après avoir réalisé la saison la plus triomphale de sa carrière en 1939 (mais dans les conditions que l'on sait) et avoir honoré quatorze contrats en 1940, se retira définitivement. Domingo Ortega fit un retour intéressant mais bref en 1953-1954 seulement. Juan Belmonte avait, pour sa part, laissé la place à son fils, Juanito Belmonte, qui fut l'un des toreros estimables de l'après-guerre mais ne put faire oublier son père, ni ne parvint à le ressusciter. Malgré le rôle intéressant que jouèrent *el Estudiante* ou *Rafaelillo*, il est évident que les figures de ce temps furent Pepe Luis Vázquez, *Manolete* et le Mexicain Carlos Arruza.

1. Voir Bartolomé BENNASSAR, *Histoire de la tauromachie*, op. cit., p. 106-112.

UNE VALEUR REFUGE : LE CAS *MANOLETE*

Carlos Arruza, athlétique, trépidant, d'une vaillance évidente, apportait une grande animation en piste grâce à l'étendue de son répertoire, fleuri et même inspiré à la cape, à ses dons exceptionnels de banderillero, aux suertes improbables, souvent émouvantes, qu'il réussissait avec la muleta, telle l'*arrucina*, de son invention, mais son toreo très marginal manquait de profondeur et semblait souvent forcé. Figure notable de la torería de son temps, il n'avait ni la dimension artistique de Pepe Luis, ni la présence quasi fascinante de *Manolete.*

Le talent le plus authentique de cette période fut probablement celui de Pepe Luis Vázquez, fils d'un employé de l'abattoir de Séville, dont l'art primesautier, la grâce quasi aérienne, l'aptitude à se croiser lui permirent de réaliser quelques chefs-d'œuvre et souvent dans les arènes les plus exigeantes, Séville, Madrid, Bilbao. Pepe Luis a combattu le plus souvent des toros de petite taille (tout est relatif), mais il en était ainsi de tous les toreros d'alors, et il affronta quand même, en 1941, 1943 et 1945, en plaza de Séville, des Miura de 24 à 25 arrobas, ce qui était remarquable pour l'époque. Mais Pepe Luis n'était pas un combattant, il n'avait pas l'esprit de compétition. C'est la raison pour laquelle il ne chercha pas à disputer la première place, qu'il avait occupée lors des saisons 1941 et 1942, à *Manolete*, dont *Camará* conduisait avec maestria la carrière, et cela d'autant que *Manolete* était facile à manipuler, sauf lorsqu'il était dans le ruedo, face à son toro. Il est vrai que *Camará* obtint pour *Manolete* des contrats sans précédent : 30 000 pesetas en 1941 ; 50 000 en 1943 ; 50 000 à 100 000, selon la catégorie de la plaza, en 1944. Malgré l'inflation, cela permit à *Manolete* de faire fortune en dépit de la brièveté de sa carrière.

Manuel Rodríguez *Manolete*, qui avait fait ses débuts véritables à Séville le 26 mai 1938 et qui avait d'abondantes références taurines dans sa famille, fut l'objet d'un véritable culte, explicable par les circonstances très particulières dans lesquelles se déroula sa carrière, notamment l'isolement de l'Espagne en raison de la Seconde Guerre mondiale, puis de la fermeture de la frontière avec la France. Ces circonstances et la mort tragique du torero, le 28 août 1947, dans la plaza andalouse de Linares, transformèrent le culte en mythe, d'autant que *Manolete* fut tué par *Islero*, un animal pourtant afeitado, qui procédait de l'élevage Miura, lui-même mythique. « Nous avions faim mais nous avions *Manolete* », pourra écrire un mémorialiste.

Il n'est pas question de nier les qualités de *Manolete* : son hiératisme, son impassibilité, la gravité triste de son expression convenaient à un temps de malheurs et de privations. Il incarnait l'Espagne meurtrie. Il ne trichait jamais à l'heure de l'estocade et cette sincérité dans la minute de vérité lui coûta la vie. Mais il est vrai qu'il n'exerçait pas une domination réelle sur les toros car, très profilé, tenant la muleta en arrière de son corps, sans avancer l'étoffe, il ne conduisait que très partiellement la charge de ses adversaires (un temps et demi sur les trois temps de la passe de muleta, a-t-on pu observer). Bon nombre des 398 corridas auxquelles il a participé ont été filmées, de sorte que on a pu examiner avec soin plusieurs de ses prestations et étudier son style. Il apparaît que celui-ci s'accordait surtout à des toros diminués, de charge et d'agressivité modérées, qui permettaient à *Manolete* de donner un cachet très personnel à son toreo : la combinaison entre la verticalité de la silhouette et l'extrême serré des passes « au point que les cornes à chaque fois frôlaient le corps de l'homme donnaient à son jeu une grande intensité dramatique qui atteignait son paroxysme au moment de l'estocade. *Manolete* la portait au ralenti, en décomposant les mouvements [1]... »

Quoique *Manolete* n'ait témoigné d'aucune servilité envers le pouvoir (il profita même d'un voyage au Mexique pour rendre visite au leader socialiste exilé Indalecio Prieto), il fut une bénédiction pour le régime franquiste. Car « il occupait les esprits et faisait rêver. Surgi de la pauvreté [...] plein de prévenances pour sa mère, il était une manière de miracle permanent proposé à une société meurtrie par la guerre civile, soumise à un régime politique répressif, en proie à des difficultés économiques quotidiennes graves [2]. Ce n'est que longtemps après sa mort que la critique taurine émit l'idée qu'il n'avait peut-être pas été le plus grand torero de l'histoire. Idée qui s'est imposée depuis ».

V

LES ANNÉES 1953-1972 : VINGT ANNÉES D'OR OU D'ARGENT ?

Le 11 août 1957, le directeur de la revue française *Toros*, Francis Cantier, dit Paquito, dont le regard critique était fort aiguisé et qui ne cédait jamais aux enthousiasmes de commande, donnait comme titre à son éditorial : « Satisfaction [3] ! » Quoique la saison ne soit pas terminée, il estimait que le bilan était positif. À la fin de l'année 1958 prévalaient les mêmes sentiments. Que s'était-il donc passé ?

1. Bartolomé BENNASSAR, *Histoire de la tauromachie*, op. cit., p. 115.
2. *Ibid.*, p. 115-116.
3. Revue *Toros*, Nîmes, n° 578, 11 août 1957, p. 1.

LES ANNÉES INCERTAINES : 1948-1952

Il faut revenir à l'époque de la mort de *Manolete*, la fin août 1947. La commotion produite dans toute l'Espagne par la disparition du « Monstre » eut des effets impressionnants mais avec un certain retard : curieusement, la temporada 1948 donna lieu à plus de corridas que celle de 1947 : 291 contre 276. Il est vrai que les toreros de grande qualité ne manquaient pas : outre Pepe Luis Vázquez, Luis Miguel et Carlos Arruza qui, d'ailleurs, se détestaient, étaient prêts à prendre le relais. D'ailleurs, Luis Miguel honora 100 contrats en 1948 et 98 en 1951. Le 12 mai 1951, il s'autoproclama même « numéro 1 », en place de Madrid. Les empresas pouvaient aussi compter sur Antonio *Bienvenida*, qui avait pris (trop tôt) l'alternative en 1941, sur le Portugais Manolo Dos Santos, sur le Mexicain Lorenzo Garza, sur un remarquable tueur de toros, Rafael Ortega, malheureusement dépourvu de prestige physique et, plus encore, sur un torero qui jouait au clone de *Manolete*, Agustín Parra *Parrita*, imitateur des moindres attitudes du maître disparu et qui parvint à donner parfois le change, le temps d'une saison. Mais pas au-delà de 1948 et des premiers mois de 1949.

De fait, le nombre des corridas formelles s'effondra en 1949 et 1950 : 181 et 145 ! La nostalgie de *Manolete* paraissait insurmontable. D'autre part, la grande maîtrise de Luis Miguel faisait paraître d'autant plus insignifiants bon nombre des toros qu'il combattait et abolissait l'émotion. Quant à Pepe Luis, à partir de 1947, il limita volontairement le nombre de ses contrats annuels à une quarantaine. Paquito Muñoz ne put tromper longtemps le public qui le surnomma *Piquito* Muñoz, parce qu'il utilisait abusivement le *pico* (la pointe) de la muleta. Même la révélation en 1948 du grand talent du frère de Pepe Luis, Manolo Vázquez, et d'un délicieux artiste sévillan, Manolo González, se révélait insuffisante. Quitte à ne voir que de petits toros de trois ans, l'afición préféra adopter deux novilleros que l'habile apoderado José *Camará* produisit souvent ensemble et qui, de la sorte, proposaient une competencia entre deux styles fort différents : ces novilleros étaient Julio Aparicio et Miguel Báez *Litri*. On acceptait plus facilement de voir des toritos combattus par des débutants doués et d'une réelle originalité que par des vedettes confirmées.

Aparicio était un torero « scientifique » doté de recours techniques considérables et capable de dominer la plupart des toros, tout en faisant preuve d'invention : on lui doit la création du *tres en uno*, soit l'exécution de trois passes différentes enchaînées, dont une trinchera au départ et une passe de poitrine à la sortie, après changement de main. *Litri* était un « tremendiste » qui fondait son succès sur un numéro de grand effet dont il confessa qu'il l'avait inventé par hasard à Cadix : la muleta dans le dos, cite à longue distance (dix, quinze, voire vingt mètres) du toro, qu'il accueillait sans broncher et dont il déviait la charge au dernier moment d'un simple coup de poignet. Ce litrazo exigeait des toros à charge franche, nombreux à cette époque. *Camará* déploya un véritable génie de la publicité : en 1949, *Litri*, qui avait un an de plus et avait commencé la saison avec un peu d'avance, parvint à remplir 114 contrats (longtemps un record absolu que même le *Cordobés* n'égala pas) et Aparicio 72. L'affaire était si avantageuse que les duettistes, conseillés par *Camará*, ne prirent pas l'alternative en fin de saison et demeurèrent novilleros pendant toute la temporada 1950 : lorsqu'ils prirent enfin et ensemble l'alternative en place de Valence, le 12 octobre 1950, chacun d'eux avait 100 contrats à son actif. Pour la première fois dans l'histoire de la fiesta nacional, des toreros avaient fait fortune comme novilleros. D'autre part, l'engouement général pour les novilladas avait compensé la chute du nombre de corridas formelles : 256 novilladas furent célébrées en 1949, 306 en 1950, deux fois plus que de corridas. Et cet engouement se maintint jusqu'en 1955 (462 novilladas !), au bénéfice de nouveaux « phénomènes » comme *Chamaco* ou *Pedrés*.

Le grand succès des novilladas en 1949 et 1950 servit de transition. Mais l'afición avait besoin de grandes figures consacrées par le combat de toros de respect. Or, à partir des années 1951 et 1952, les élevages reconstitués étaient en mesure de fournir des toros puissants, de taille et d'âge normal, alors que les nouveaux toreros d'alternative, Aparicio, *Litri*, Manolo Vázquez, Manolo González, Antonio Ordóñez, et, bien entendu les anciens, dont Luis Miguel *Dominguín*, continuaient à toréer de petits toros afeitados. C'est dans cette conjoncture nouvelle que survinrent les événements qui allaient permettre le retour, sinon total du moins très répandu, à des toros d'âge et de poids satisfaisants et d'armures intègres.

LE TOURNANT DE 1953

En effet, au cours de la saison 1952, après le grand triomphe qu'il remporta à Madrid face à des toros non afeités, en compagnie de Manolo Carmona et du Mexicain Juan Silveti, à l'occasion de la corrida dite du *Montepío*, Antonio *Bienvenida* avait déclaré dans un programme radiophonique de Radio-Madrid que la plupart des toros combattus avaient subi une manipulation de leurs armures, d'abord épointées, puis limées de façon à redonner l'apparence de l'intégrité. Domingo Ortega avait confirmé cette déclaration. En janvier 1953, à l'occasion d'une interview donnée au quotidien *ABC*, Antonio *Bienvenida* s'était engagé à ne plus combattre de toros afeités. Qui plus est, l'éleveur qui fournissait alors le plus grand nombre de corridas, soit environ vingt-cinq par saison, Antonio Pérez de San Fernando, révélait à un journaliste du même quotidien, Luis de Armiñán, qu'il se voyait obligé de faire afeiter tous ses toros pour satisfaire aux exigences des figuras et plus encore de leurs fondés de pouvoir. Il expliquait que cette manipulation des cornes avait un effet très important sur le « mental » des toros qui perdaient dans l'opération la moitié de leur bravoure naturelle. Épisodique depuis les années 1930, l'afeitado était devenu de règle au cours des trois dernières saisons, précisait l'éleveur. Enfin, Antonio Pérez ajoutait que les toreros à la mode exigeaient des toros de trois ans, alors que l'âge légal en corrida formelle était de quatre ans.

Ces déclarations provoquèrent des débats passionnés. Les apoderados les plus importants, José Flores *Camará* et Marcial Lalanda, qui avaient sous contrat les toreros en vue, insinuèrent qu'il s'agissait d'une opération publicitaire conçue par Antonio *Bienvenida* pour relancer sa carrière (il n'avait eu effectivement que dix-neuf contrats en 1951 et 1952) et observèrent que cette prise de position eût été plus convaincante si *Bienvenida* l'avait choisie en 1948, lorsqu'il avait honoré cinquante-trois contrats. Ils prétendirent également que les toros afeités étaient aussi dangereux que les autres, avec pour référence suprême le cas d'*Islero*, le toro qui avait tué *Manolete*. Dans ces conditions, rétorquèrent les adversaires de l'afeitado, quel pouvait bien être l'intérêt d'une telle manipulation ?

La réaction de l'autorité fut en tout cas immédiate. Le règlement du 10 février 1953 prohiba sévèrement l'afeitado et institua l'examen *post mortem* des toros combattus : les infractions donnaient lieu à de lourdes amendes aux dépens des éleveurs et des directeurs d'arènes. L'âge minimum de quatre ans en corrida formelle et les poids réglementaires dans les trois catégories de plazas (470 kilos en première catégorie) étaient exigés.

Malgré la sévérité des sanctions prévues, les abus ne cessèrent pas du jour au lendemain. Beaucoup d'éleveurs qui avaient anticipé les exigences du marché en afeitant leurs toros utilisèrent toutes les compromissions possibles pour les écouler. Mais il ne fait pas de doute que 1953 fut un tournant important. Le journaliste et critique taurin Auguste Lafront (*alias* Paco Tolosa) avait posé la bonne question : comment allaient se comporter les toreros qui avaient fait leur apprentissage face à des toros qui étaient tous afeités ? Il ajoutait : « D'un Ordóñez et d'un Aparicio, on peut certainement espérer qu'ils s'adaptent à la nouvelle situation. La solidité de leur métier, leur technique, leur intuition de la lidia s'y prêtent. Dans leur cas, la seule question est celle du courage. Mais les autres ? » Naturellement, Paco Tolosa n'avait pas nommé Ordóñez et Aparicio par hasard. Le premier, qui avait pris l'alternative en 1951, avait terminé la saison 1952 en tête avec 74 corridas. Aparicio était en cinquième position avec 49 contrats exécutés.

La réponse des statistiques souligne le bien-fondé de cette question. En 1951, alors qu'Aparicio et *Litri* avaient rejoint les rangs des matadors d'alternative, le nombre des corridas célébrées s'était élevé considérablement : 265, soit 120 de plus qu'en 1950 ! Et cette reprise s'était confirmée en 1952 : 278 corridas ! Or, au cours des trois saisons suivantes, la chute fut spectaculaire : 218, 208 et 215 courses en 1953, 1954 et 1955. Il ne pouvait s'agir d'un hasard. Et l'on constatait que plusieurs toreros de premier plan avaient choisi la retraite, au moins provisoire. Les cas les plus étonnants furent ceux de Luis Miguel *Dominguín*, dont on aurait pu penser qu'il disposait des ressources techniques nécessaires pour dominer des toros de respect, et de Manolo González, qui avait tenu les premiers rôles de 1949 à 1952 (il termina même en tête en 1949 avec 76 corridas) et qui n'avait que vingt-trois ans en 1953 lorsqu'il mit un terme définitif à sa carrière. Il s'agissait pourtant d'un talent pur et on n'avait pas de raison de mettre son courage en doute. Sans doute céda-t-il à la douce insistance de sa jeune femme. D'autres retraites, telle celle de José María Martorell, étaient plus facilement explicables. Mais on doit observer que *Litri*, en dépit de ses limites techniques, continua sa carrière et que Pedro Martínez *Pedrés*, un torero « tremendiste » comme *Litri* mais dont la manière était fort différente puisqu'il créait l'émotion grâce à une sorte de pendule exécuté dans les cornes, demeurèrent en activité. Car leur courage était incontestable.

Un autre effet de l'application du nouveau règlement fut la diminution nette du nombre des corridas toréées par les figuras. En 1953, il n'y eut pas un seul torero pour remplir 50 contrats ! Seuls *Pedrés*, Antonio Ordóñez et César Girón dépassèrent les 40 contrats (48, 47 et 41 respectivement) ! Depuis la Guerre civile, on n'avait jamais vu cela. Tout se passait comme si les toreros les plus réputés procédaient avec prudence, voulaient tester les « nouveaux toros ». *A posteriori*, il apparaît à l'évidence que l'afición assistait à un reclassement des valeurs, au « recyclage » des toreros en activité confrontés au retour dans les arènes du *toro-toro*, autrement dit du toro authentique. C'est à la lumière de cette conjoncture que peuvent être comprises les réticences de vieux aficionados, attachés à l'intégrité du toro de combat, et qui eurent besoin de se persuader que les meilleurs toreros, formés au temps de l'afeitado, acceptaient la nouvelle situation avant de leur faire confiance et de se rendre à leur talent. Ce fut chose faite en 1955. Désormais, et grâce de surcroît à de nouveaux talents et aux progrès du tourisme en Espagne, qui suscitait l'ouverture de nouvelles plazas, le nombre des corridas s'éleva considérablement pour atteindre des sommets inconnus. On n'est qu'à 260 en 1956, mais on atteint déjà 334 en 1959, 372 en 1962, 599 en 1966 et plus de 600 de manière régulière de 1968 à 1975 ! Et, pendant un quart de siècle environ, la proportion des toros de respect reste notable, ce qui nous ramène au constat évoqué au début de ce chapitre, exprimé en 1957 par Paquito, le directeur de *Toros* : « Satisfaction. » Or, il s'agissait de celle des aficionados dont beaucoup étaient d'abord toristas.

ROYAUTÉ D'ANTONIO ORDÓÑEZ. UN NOUVEL ÂGE D'OR OU UN ÂGE D'ARGENT ?

Il est hors de doute que les années 1952-1971, vingt années en somme, ont été dominées par la figure d'Antonio Ordóñez. À de rares exceptions près, ce fut l'avis des critiques taurins les plus compétents de cette époque, par exemple en France de Paco Tolosa et de Claude Popelin, ou en Espagne de Gregorio Corrochano qui publia ses reseñas des années 1950-1960 dans la revue *Blanco y Negro* (« Faena de prince », tel fut le titre de l'article qu'il publia après la prestation d'Antonio à Madrid, le 17 mai 1960), de José María del Rey Felipe, chroniqueur d'ABC, de Ricardo García K-Hito (auteur d'un article intitulé « Ordoño I^ro^ » dans son hebdomadaire *Dígame*), de César Jalón, dit *Clarito* (critique du journal *Informaciones*), et de beaucoup d'autres. Ce fut aussi l'avis, on le sait, d'Ernest Hemingway. Les seuls critiques confirmés à faire preuve de réticences furent Antonio Díaz-Cañabate et Vicente Zabala. Ce dernier, tout en classant Ordóñez parmi les cinq grands de l'après-guerre, le définissait comme « le champion de la passe unique » et lui reprochait de ne pas lier les passes et de toréer surtout de la main droite ! Jugement incompréhensible pour les gens qui, comme moi, ont vu Ordóñez devant quelque cent vingt à cent quarante toros et dont l'ancien matador Juan Posada a fait justice, en insistant sur la continuité rythmique du toreo du Rondeño [1].

On peut trouver dans la revue *Toros* une gerbe d'appréciations flatteuses à l'égard d'Antonio Ordóñez. Le 20 juin 1952, le Rondeño inaugurait sa temporada française à Arles. Le signataire de ces lignes, alors jeune aficionado, était au côté de Paquito, le directeur de la revue, qui n'avait pas ménagé ses critiques à Antonio après la féria de Séville. Or, à l'issue de la deuxième faena d'Ordóñez, « faena d'un excellent lidiador, d'un torero intelligent, enfin d'un artiste », il écrivait : « S'il était toujours sincère, il serait le numéro un de son époque... » Anticipation que les années suivantes allaient confirmer. Mais, déjà, pendant la même saison, Raymond Massoutier affirme, après la corrida de Bordeaux du 4 juillet, qu'il s'agit d'un « grand torero » et Monosabio (Poublan), qui revient des *Sanfermines* de Pampelune, écrit : « Il réalise avec une facilité et une suavité incomparables les gestes nécessaires, sans commettre d'erreur technique, ni de faute de goût. Rien de superflu, jamais un geste inutile. Tout en lui est rythme, perfection, classicisme. »

Au début de la saison 1955, Paco Tolosa persiste : « Antonio Ordóñez est le meilleur torero du moment. » Il insiste sur la régularité à laquelle parvient

1. À propos de la critique taurine en Espagne, à l'époque d'Antonio Ordóñez, voir Alejandro PIZARROSO QUINTERO, « El periodismo taurino en la época de Ordóñez » in *Antonio Ordóñez y el toreo de su tiempo*, Ronda, Real Maestranza de Caballería de Ronda, 2001, p. 23-48.

maintenant le Rondeño, « irréprochable dans ses grandes soirées ». Le 6 mai 1956, après avoir vu Ordóñez à Toulouse, face à de bons toros de Marqués de Domecq, Paquito s'enthousiasme : « Quelle facilité ! Quelle fluidité ! Quelle harmonie ! Quel temple ! Quelle couleur !... Nous savourons la plénitude de l'artiste qui transmet à son œuvre la jouissance de la création artistique. » La même année, je rendais compte de la corrida du *Montepío* à Madrid, le 21 juin, au cours de laquelle Antonio fut gravement blessé : « Celui-ci a plus de classe que tous les autres. Son toreo serein, majestueux, ouvre les portes d'un autre monde, évoque les lentes liturgies orientales. » Les brillantes saisons de 1957 et 1958, la plénitude de la saison 1959, durant laquelle Ordóñez se montra plusieurs fois supérieur à un *Dominguín* revenu au toreo, l'extraordinaire faena réalisée à Nîmes le 7 août 1960 face au toro *Matajacas* de Juan Pedro Domecq, qui permirent à Paquito et à Jean-Marie Magnan d'écrire l'un et l'autre un de leurs meilleurs articles, ne firent que consacrer une royauté évidente. Au cours des saisons suivantes elle sera plusieurs fois réaffirmée, Claude Popelin en témoigne à l'occasion de l'immense faena réalisée à Madrid, le 30 mai 1965, avec le concours de *Corrilón*, un Pablo Romero. En 1971, devant l'évidence du déclin, Ordóñez se retire mais beaucoup d'aficionados, dont je fus, iront au début de septembre en pèlerinage à Ronda pour le voir toréer au cours de la goyesque et ce fut parfois inoubliable, comme, précisément, en 1972 [1].

Sans accorder aux chiffres plus d'importance qu'ils ne méritent, on observera d'abord que la carrière d'Antonio Ordóñez a été la plus longue de l'après-Guerre civile, à l'exception de celle de Curro Romero. Mais en quarante années de carrière ou presque, Curro a tué moins de toros qu'Antonio en vingt ans. En dépit de son retrait en 1963 et 1964, provoqué par la nécessité de ménager un corps couturé de cicatrices et affecté par de graves blessures, en dépit de la perte de nombreux contrats, toujours à la suite de blessures, Ordóñez a estoqué 2 098 toros. Ce chiffre tient compte des corridas goyesques de Ronda, toréées après sa retraite, de 1971 à 1977, et des deux corridas de 1981 (Palma de Majorque et Ciudad Real). À titre de comparaison, signalons que ce total dépasse ceux de Juan Belmonte et de Domingo Ortega (environ 1 900), très largement celui de Luis Miguel *Dominguín* (environ 1 500), celui de Pepe Luis Vázquez (1 141 toros). Julio

1. Les citations qui précèdent ont été rassemblées dans une belle contribution d'Araceli GUILLAUME-ALONSO, *El toreo de Antonio Ordóñez visto desde Francia (1954-1960). Una pasión y sus límites*, que l'on trouvera dans Alejandro PIZARROSO QUINTERO, *Antonio Ordóñez y el toreo de su tiempo*, op. cit., p. 143-171. Je ferai cependant à l'autcur une observation : parce qu'elle est jeune, notre amie Araceli ignore sans doute que Henry de la Casinière (*don Enrique*) et Gilbert Lacroix (*Luis de la Cruz*) étaient des inconditionnels de Luis Miguel *Dominguín*. Ils perdaient toute objectivité dès que leur idole était en cause. Quant à *Juan Verdad*, dont la dureté était certaine, il s'agissait d'un Français établi à Séville (Léon Cazot). D'autre part, le choix des *portadas* à *Toros* était souvent commandé par des impératifs économiques.

Aparicio et Antonio Chenel *Antoñete* ont estoqué un nombre de toros comparable au bilan de Pepe Luis. Seul, au XXe siècle, Marcial Lalanda a tué plus de toros qu'Antonio Ordóñez.

La plupart du temps, Ordóñez usait d'un répertoire relativement court mais composé pour l'essentiel de suertes fondamentales. À la cape, la véronique dont il fut un maître incontesté. À la muleta, les trincheras, les aidées, les passes en rond de la droite, les naturelles et les passes de poitrine. Enfin, à l'épée, si on a pu lui reprocher nombre d'estocades défectueuses mais d'effet rapide, portées dans ce que l'on appela le *Rincón*, il était capable d'exécuter de remarquables recibirs.

La vérité, la sincérité profonde du toreo du maître de Ronda, la manière dont il se croisait, expliquent la gravité de plusieurs des blessures qui jalonnèrent sa carrière et qui concernèrent le plus souvent la face interne des cuisses, droite ou gauche, selon qu'il toréait avec l'une ou l'autre main.

Il faut ajouter que, sans chercher la difficulté (et sur ce plan il n'égala pas *Joselito*), Ordóñez ne refusa pas de combattre les toros durs : il affronta sept fois les Miura (dont trois fois à Séville), malgré la grave blessure que lui infligea à Castellón, au début de sa carrière, un toro de cet élevage, cinq fois les Palha, cinq fois les Salvador Guardiola, très souvent les Pablo Romero et près de trente fois les Conde de la Corte. Il est juste de reconnaître que Ordóñez toréa nombre de fauves afeitados, surtout au début de sa carrière, ou de toros de peu de présence. Il est faux de prétendre qu'il ait opposé un veto à Antonio *Bienvenida* à cause de son engagement contre l'afeitado. Ce veto ne concerna que la saison 1953 et fut à l'initiative de Marcial Lalanda, alors apoderado d'Antonio. Mais, de 1956 à 1966, les deux Antonio toréèrent quarante-six fois ensemble, quoique *Bienvenida* ait limité le nombre de ses prestations (une trentaine par an), et *Bienvenida* fut invité plusieurs fois à participer à la goyesque de Ronda.

Un âge d'or du toreo ne peut se concevoir que si les toros combattus sont dignes de ce nom. Or, la période 1953-1971 a été riche en bêtes de bonne race, à la fois braves et nobles, mais aussi en toros difficiles qu'il fallait dominer, consentir et qui, porteurs de danger, créaient l'émotion. Au cours de la période de référence, un certain équilibre s'établit entre la recherche de la beauté plastique et l'expression consciente d'un courage générateur de sensations fortes et d'émotion. C'est ce qui explique le titre « Satisfaction », évoqué au début de ce chapitre et qui concernait la saison 1957. Certes, au milieu des années 1960, l'irruption du *Cordobés* provoqua un affaiblissement marqué du bétail (ainsi à Nîmes, les férias de Pentecôte et des Vendanges de 1965 furent très décevantes), mais la saison 1966 fut l'occasion d'un renouveau et Paco Tolosa pouvait titrer après Bilbao 1966 : « Il y a encore des Toros [1]. » En trois jours, il avait vu dix toros authentique-

1. Revue *Toros*, nº 800, 18 septembre 1966, p. 1. Rappelons que Jean CAU suivit pendant toute une saison Jaime Ostos et sa cuadrilla, de ville en ville, de corrida en corrida, et qu'il tira de cette expérience un reportage passionnant, *Les Oreilles et la Queue*, Paris, Gallimard, 1963.

ment braves et puissants : cinq Marqués de Domecq, quatre Álvaro Domecq (Torrestrella), un Osborne, deux Miura. Pendant ces années 1953-1971, certaines ganaderias parvinrent à offrir de très beaux lots et quelques exemplaires exceptionnels, en dépit des inévitables ratés : ainsi Atanasio Fernández, Graciliano Pérez-Tabernero, Alfonso Sánchez Fabres, Barcial, Cobaleda, Baltasar Ibán, Salvador Guardiola, Marqués de Domecq, Álvaro Domecq, Juan Pedro Domecq, Fermín Bohórquez, José Luis Osborne, Benítez Cubero, ou même Carlos Urquijo, sans oublier certains Portugais (Coïmbra) entre autres, laissèrent de grands souvenirs. Il faut souligner en particulier que les Domecq de Juan Pedro, d'Álvaro (Torrestrella) et du marquis, si décriés aujourd'hui et souvent à juste titre, nous offrirent durant les années 1960 d'immenses satisfactions.

Naturellement, un seul torero, même génial, ne peut produire une époque d'exception. Or, le temps d'Ordóñez fut aussi celui de l'épanouissement de plusieurs figuras de premier ordre, artistes, scientifiques, tremendistes. La lecture des cartels de certaines férias de la fin des années 1950 et des années 1960 laisse rêveur. Une douzaine de toreros au moins ont enthousiasmé durablement les aficionados pendant cette période.

Parmi eux, trois Madrilènes. D'abord, celui dont l'alternative (prématurée, on l'a déjà signalé) avait précédé de dix années celle d'Ordóñez, Antonio *Bienvenida*, le « croisé de l'afeitado ». Un répertoire étendu (y compris les banderilles), une grande intelligence des toros lui permettaient de venir à bout de situations difficiles, sans perdre la face. La constance n'était pas son fort mais, dans ses bonnes journées, l'admirable fluidité de ses gestes donnait l'impression que les passes coulaient de source, naissaient l'une de l'autre, sans effort apparent. De plus, *Bienvenida* eut le sens de l'inattendu, du geste inoubliable que le public commente inlassablement : en juillet 1942, à Barcelone, il avait prétendu donner au toro *Buenacara* un cambio, muleta pliée, dont il s'était fait une spécialité. Le toro refusa le changement de trajectoire et infligea à *Bienvenida* une terrible blessure. Réapparaissant dans la même plaza trois mois plus tard, il alla se placer au même endroit pour donner à son toro la même passe changée. À Madrid, où il jouissait d'une grande réputation, il affronta plusieurs fois un encierro de six toros. Il mourut absurdement en 1975, déjà retiré, au cours d'un festival, de la corne d'une vachette.

Nous avons déjà rencontré Julio Aparicio, consacré « phénomène » alors qu'il n'était que novillero. Ce Madrilène eut une grande carrière, achevée en 1969, au cours de laquelle il toréa quelque six cents corridas. Il triompha une fois ou l'autre dans toutes les plazas d'Espagne et de France, ainsi qu'aux Amériques. Très orgueilleux, conscient de sa valeur, il fut un modèle de diestro dominateur, capable dans ses grandes journées de « transmettre », grâce au rythme souverain qu'il imprimait à ses faenas. Il alterna souvent avec Ordóñez.

Le troisième torero madrilène important de ce temps est d'un modèle différent car sa carrière fut l'une des plus chaotiques que l'on ait connues. Il s'agit d'Antonio Chenel *Antoñete*, né en 1934, élevé par son oncle, mayoral dans les arènes de Las Ventas. Après avoir toréé soixante novilladas en 1952, dont plusieurs avec grand succès, il prit l'alternative le 8 mars 1953 à Castellón. Dès sa première saison, il alterne triomphes et désastres ; d'autre part, le 11 août à Málaga, une double fracture du poignet gauche interrompt sa saison. La fragilité de ses os sera un handicap considérable et les accidents osseux interrompront plusieurs fois de bonnes séries. Mais des accès d'aboulie, de découragement compromettront sa carrière de telle sorte que plusieurs fois on le jugera « fini », promis au montón. Et, de manière quasi miraculeuse, il ressuscitera plusieurs fois. Ainsi, après une temporada intéressante en 1956 (55 contrats honorés), la saison 1957 semble annoncer le déclin, qui se confirme en 1958 (18 contrats). Il disparaît en 1959, ne parvient à obtenir que 10 contrats en 1960 et 1961, s'abstient en 1962. Paco Tolosa, qui fut de ses premiers admirateurs, parle de lui au passé : « créateur éphémère de formes pures qui coulaient d'un moule aujourd'hui hors d'usage... ». Or, le 8 août 1965, à Madrid, à l'occasion d'une course d'été, corrida dure offerte aux seconds couteaux, il se relance en coupant les deux oreilles d'un toro de Felix Cameno. Du coup, en 1966, il obtient 26 contrats et signe une admirable faena le 15 mai devant un toro blanc d'Osborne, *Atrevido*, qui provoque le délire du tout-Madrid. En 1967, il remplit 51 contrats, avec des fortunes diverses mais quelques beaux triomphes. En 1968, il plonge à nouveau, renaît à Madrid en 1973, puis de nouveau en 1981 (31 contrats, 2 vueltas à Madrid aux cris de « *Torero ! Torero !* »).

Personnage hors du commun, flambeur, homme de la nuit, plusieurs fois ruiné, miné par des problèmes intimes (un divorce alors qu'il a six enfants), le secret des résurrections d'*Antoñete* est simple : capable de donner à ses gestes une grande beauté plastique, il fut l'un des interprètes les plus purs de la passe naturelle qu'il dessinait avec un temple souverain au cours de séries longues (jusqu'à cinq ou six enchaînées). C'est ainsi qu'en 1981, à quarante-sept ans, il fut désigné comme le meilleur torero de la temporada[1] !

Un autre interprète exceptionnel de la passe naturelle fut un Sévillan, le frère de Pepe Luis Vázquez, Manolo. Ce torero de vérité, que l'on vit trop peu souvent en France et qui était tout le contraire d'un *pegapases* (un distributeur mécanique de passes), tenait la muleta par le milieu de la tige de bois qui porte l'étoffe et se privait ainsi de l'avantage que peut donner à l'homme l'usage du pico de la muleta. Au cours de la San Isidro 1956, dont

1. Pierre VIGNAUD a publié une remarquable biographie taurine abrégée d'Antonio Chenel, sous le titre « Antoñete Story », dans le n° 1645 de la revue *Toros*, 25 janvier 2001, p. 1-5.

il fut le triomphateur, il imposa le cite de face. J'ai pu écrire et je persiste : « Lorsque cette manière d'appeler les toros est maintenue jusqu'au dernier instant, elle donne à la rencontre de l'homme et de la bête une intensité dramatique du plus grand effet. » Relativement courtes, sans concession, dépourvues de toute vulgarité, les faenas de Manolo Vázquez étaient sans doute moins brillantes, moins lumineuses que celles de Pepe Luis, mais il a toréé un grand nombre de toros de respect. Ses incertitudes à l'épée, l'impossibilité de réaliser ce type de toreo avec un très grand nombre d'adversaires et sa discrétion à l'égard des médias le privèrent d'une plus grande réputation. Manolo toréa de manière discontinue jusqu'en 1980.

Deux autres Sévillans, plus jeunes que les précédents mais presque contemporains, ont beaucoup compté : Diego Puerta, surnommé *Diego Valor*, qui prit l'alternative en 1958. Capeador coloré, muletero allègre et fleuri, il a été assez souvent accusé de manquer de profondeur, peut-être parce qu'il eut la malchance de toréer en alternance avec Ordóñez, Manolo Vázquez ou Camino. Mais, malgré un grand nombre de blessures, il ne trichait jamais et donnait à ses faenas un entrain, un rythme souvent emballant. Je l'ai vu à Bilbao affronter, livide mais sans rompre, un monstre d'Atanasio Fernández qui avait mis en déroute les cuadrillas et *el Viti* lui-même. Sa carrière fut une des mieux remplies de ce temps, avec quelque sept cents corridas, malgré les blessures.

Paco Camino, qui prit l'alternative en 1960, savait déjà, à dix-huit ans, tout des toros. Luis Miguel *Dominguín* disait de lui : « Il a une tête privilégiée. » On avait l'impression qu'après avoir vu un toro parcourir deux ou trois longueurs d'arène, Paco connaissait déjà la lidia exacte qu'il fallait lui servir. Avec la cape, il brillait d'un même feu à la véronique ou dans des passes d'ornementation, telle la chicuelina qu'il dessinait très basse avec une élégance délicieuse. Muletero profond et exact, aussi à l'aise dans l'exécution de la naturelle que dans celle des *molinetes* (fioritures), sûr avec l'estoc, ce petit génie paraissait destiné à occuper le trône de la hiérarchie du toreo. Mais, en raison d'une aboulie parfois invincible qui ressemblait à une absence, comme jadis *Chicuelo*, proclamé « prince héritier du toreo », il ne régna jamais.

Le Salmantin Santiago Martín *el Viti* (du nom de son bourg natal, Vitigudino), contemporain des précédents, n'avait rien de la grâce andalouse d'un Puerta. Son maintien solennel, grave, presque raide, pouvait produire l'ennui, lorsque l'inspiration n'était pas au rendez-vous. Mais s'il rencontrait « son » toro, celui qui se prêtait à son jeu, il réussissait d'envoûtantes faenas grâce à un temple exceptionnel dont même les passes de poitrine, données au ralenti, témoignaient. Il se refusait à toute concession, aux trucs faciles qui réjouissent les publics ignorants. Il fut l'un des rares toreros du nord de l'Espagne à susciter un soir l'enthousiasme absolu des Sévillans. En fin de carrière, il perdit malheureusement ses qualités de matador et, du même coup, bien des trophées.

Cette revue est très loin d'être complète. Elle paraît ignorer deux artistes inimitables, Curro Romero et *Rafael de Paula*, mais leur carrière s'est prolongée très au-delà de celle d'Ordóñez et nous les retrouverons. En revanche, il faut absolument souligner les mérités de Jaime Ostos. L'homme d'Ecija manquait, il est vrai, d'une technique épurée. Mais il se livrait presque toujours avec une sincérité entière et sa manière de se croiser était génératrice d'émotion. Son style viril ne laissait personne indifférent. La terrible blessure qu'il subit à Tarazona de Aragón et qui faillit l'emporter diminua à peine son courage. De surcroît, plusieurs années durant, Jaime eut à son service les meilleurs banderilleros disponibles sur le marché : *el Vito*, Luis González. Dans un genre différent, le fin torero madrilène Luis Segura, handicapé par une santé déficiente, meilleur torero de la San Isidro 1959, ne put tenir que de 1958 à 1963 et mourut d'un infarctus en 1975. L'Andalou Miguel Mateo *Miguelín* passa à côté d'une grande carrière par manque de constance et de rigueur.

On ne saurait davantage oublier l'irruption des premiers toreros de qualité procédant du Venezuela, les frères César et Curro Girón. L'aîné, César, était un torero largo, d'une classe réelle, qui savait tout faire, interprète d'un toreo joyeux, teinté d'un zeste d'exotisme, et qui parvint à alterner avec les plus grandes figures de son temps sans paraître le moins du monde déplacé. En 1954, il termina la saison en tête de la statistique. Son frère Curro, athlète complet, doté de jambes de feu, animateur de premier ordre, un peu truqueur, savait mettre de l'entrain en toutes circonstances : pour les empresas, il était une garantie précieuse.

Quatre toreros « tremendistes » occupèrent une place considérable : *Litri*, déjà rencontré ; *Pedrés*, « le jeune homme qui ne vivra pas », interprète d'un pendule angoissant ; Manuel Jiménez *Chicuelo II*, au courage sidérant et qui, au cours d'une carrière brève (1954-1957), parvint une année à être le triomphateur de la San Isidro ; enfin *Chamaco*, gitan au corps de liane, qui fut un temps l'idole de Barcelone.

Et pour compléter les cartels, on pouvait compter sur des artisans efficaces, dotés d'un métier sûr, d'une conscience professionnelle sans défaut : Gregorio Sánchez, Andrés Vázquez, voire le grand Dámaso Gómez, tandis que José Martínez *Limeño* se faisait une spécialité des toros durs : il obtint ainsi de vrais triomphes avec les Miura à Séville en 1968, 1969 et 1970.

Pour qu'une époque du toreo mérite l'appellation d'âge d'or, il faut, semble-t-il, que les attentes parfois contradictoires de l'afición s'incarnent dans une competencia, une rivalité entre deux figures majeures. En apparence au moins, ce ne fut pas le cas au temps d'Antonio Ordóñez. Car on ne peut prétendre que sa rivalité avec Luis Miguel *Dominguín*, très exagérée par Ernest Hemingway dans son livre *Un été dangereux*, puisse être réellement élevée au niveau d'une competencia durable. Celle-ci, en effet, s'est limitée à la saison 1959 au cours de laquelle les deux beaux-frères ne toréèrent ensemble que dix fois ! Que l'on compare à ce qu'il en fut avec *Joselito* et Belmonte ! De sorte qu'on croirait plus volontiers à une rivalité gonflée pour des motifs commerciaux, à ce que certains critiques ont appelé avec ironie « pacte de famille ».

En revanche, il y eut bien une competencia mais d'un genre très particulier, puisque les deux rivaux ne figurèrent jamais au même cartel ! Je m'explique.

En 1962, une révolution se produisit sur la planète des toros. Lancé par un apoderado pittoresque, digne de la littérature picaresque, Rafael Sánchez *el Pipo*, qui n'a pas hésité à engager les bijoux de sa femme pour financer l'opération, un novillero point tout jeune (il a déjà vingt-cinq ans), fait courir les foules de toute l'Espagne. Il s'appelle Manuel Benítez, dit *el Cordobés*. Il participe à 109 novilladas (tout près du record du *Litri*). La ferveur populaire, qui est facilitée par le décollage économique de l'Espagne (le *desarrollo*), doit aussi à l'allure du personnage, volontiers débraillé, bon enfant, qui multiplie les gestes de générosité, montés en épingle par *el Pipo*. Mais *el Cordobés* passe avec succès l'épreuve de l'alternative. Quoique il ait fait fortune dès 1963, il réalise une belle saison en 1964. Et, en 1965, il établit le record des corridas formelles toréées en une seule saison : 111, contre 110 à Juan Belmonte.

Or, en 1963 et 1964, Antonio Ordóñez était resté absent des arènes parce qu'il souhaitait s'accorder une longue pause après une accumulation de blessures graves. Lorsqu'il reprend l'épée en 1965, il convoque une conférence de presse au cours de laquelle il déclare : « Je reviens pour toréer parce que celui-ci (*el Cordobés*) ne torée pas. » Et ce n'est évidemment pas un hasard si Ordóñez manifeste alors une afición de jeune homme, cherche à triompher en toute occasion. En 1965, précisément, l'année du premier record du *Cordobés*, c'est lui, Ordóñez, qui obtient le meilleur pourcentage de trophées (au prorata des corridas toréées). En 1966, il réalise une des ses plus grandes saisons. Mais il refuse d'être sur la même affiche que *el Cordobés*.

Il est vrai qu'on ne peut imaginer styles plus opposés. Manuel Benítez est un très mauvais capeador, à la différence du Rondeño. Il ne se prive pas de gestes vulgaires, et peu dignes des toreros, comme ses célèbres « sauts de grenouille » qui mettaient en joie une partie du public. Il est vrai aussi qu'*el Cordobés* n'a jamais atteint à l'élégance d'Ordóñez et était incapable de réaliser des faenas d'une harmonie comparable à celles d'Antonio. Toutefois, le maître de Ronda était injuste quand il assurait qu'*el Cordobés* ne toréait pas. Il ne toréait pas toujours, certes, mais doté d'une ceinture d'une flexibilité rare, d'un jeu de poignet magiquc ct d'un aguante hors du commun, enfin d'une sorte de magnétisme qui agissait sur les toros, il se montra capable, lors de ses meilleures années (1964 et 1965), de dominer de vrais toros puissants et bien armés et de les toréer. Je fus témoin de ses remarquables prestations à Bilbao en 1964 et 1965 devant deux grands toros de Marqués de Domecq. *El Cordobés* triompha même à Séville en 1964 et à Madrid, lors de la San Isidro 1970.

Il s'agissait bien d'une opposition profonde de styles, de comportements. Tout opposait ces deux hommes, jusqu'à leur manière de marcher dans l'arène. De sorte que le temps d'Ordóñez fut aussi celui d'une rivalité, mais réduite à cinq ou six saisons seulement [1].

VI

LA TAUROMACHIE DE LA FIN DE SIÈCLE
L'EXPANSION DE LA CORRIDA : EXPLICATION

À partir de la fin des années 1950, la conjonction de plusieurs facteurs très favorables avait produit un essor inouï de la corrida. L'affirmation d'Antonio Ordóñez comme « torero d'époque », le maintien à un niveau élevé, pendant de longues années, de toreros de grande qualité, tels Antonio *Bienvenida*, Julio Aparicio ou Manolo Vázquez, l'épanouissement de nouveaux talents tout à fait remarquables avec Paco Camino, Diego Puerta et Santiago Martín *el Viti*, la très grande variété de styles proposée aux aficionados, qui excluait le risque de monotonie, grâce à la présence de « tremendistes » parfois fascinants (*Pedrés*, *Chamaco*, *Chicuelo II*) et à la révélation d'artistes fabuleux (Curro Romero et *Rafael de Paula*), la force d'attraction exceptionnelle sur le public de Manuel Benítez *el Cordobés*, la grande abondance de « seconds couteaux » à la fois consciencieux et volontaires qui, un jour d'inspiration ou de chance, se montraient capables de se hisser au niveau des meilleurs, les garanties réelles que valaient aux aficionados plusieurs élevages réputés, voire les retours provisoires de Luis Miguel *Dominguín* ou de Pepe Luis Vázquez (celui-ci éphémère), autant de conditions propices au succès de la tauromachie, de 1955 ou 1956 jusqu'au début des années 1970. Ce sont en quelque sorte les facteurs endogènes.

Cela dit, d'autres conditions externes à la corrida, que l'on peut qualifier de facteurs exogènes, ont aussi joué leur rôle.

Le développement évident de l'économie espagnole, connu sous le nom de *desarrollo*, qui coïncida avec la fin de l'autarcie économique et l'avènement d'une nouvelle équipe ministérielle (dont López Rodo, López Bravo, Ullastres), qui eut pour corollaire une progression nette des revenus et des niveaux de vie dans l'ensemble du pays, quoique de manière inégale, l'ex-

1. Pour ce qui est des figuras qui accompagnèrent la carrière d'Ordóñez, je me permets de renvoyer à mon ouvrage *Histoire de la tauromachie*, op. cit., p. 88-94 et 122-127. On sait aussi que la fabuleuse aventure du *Cordobés* a été relatée par Dominique LAPIERRE et Larry COLLINS, *Ou tu porteras mon deuil*, Paris, Robert Laffont, 1967.

pansion touristique qui amenait en Espagne des dizaines de milliers de spectateurs potentiels, contribuèrent aussi à la hausse spectaculaire du nombre des corridas et des novilladas. On vit fleurir les « plazas balnéaires » : Lloret de Mar, Benidorm, Marbella, par exemple, pour ne citer que les plus courues. Palma de Majorque, qui n'avait jamais été une plaza de toros réputée, donna une douzaine de spectacles annuels. La durée des grandes férias s'allongea considérablement tandis que des bourgs modestes substituaient à leur traditionnelle novillada sans picadors une corrida formelle, voire une féria de plusieurs jours. On se contentera de quelques exemples.

La féria madrilène de San Isidro est très récente. Elle n'a été instituée qu'en 1951, avec cinq courses. Or, en 1955 on en était à huit corridas, en 1956 à dix, en 1965 à seize déjà, à dix-sept en 1971 et dix-huit en 1972 ! La plaza de Séville avait suivi cette tendance inflationniste : douze corridas pour la Maestranza en 1971, et même quinze en 1972, que précédait la corrida inaugurale et traditionnelle du « Dimanche de Résurrection ». Dès 1968, Bilbao proposait pour sa féria huit corridas consécutives d'un dimanche d'août au suivant. Même menu en 1971 et 1972. Pareillement, Valence, en sa féria de juillet, et Pampelune pour les *Sanfermines*, offrent huit corridas consécutives. Málaga se hisse au même niveau avec huit corridas lors de sa féria d'août 1971. Gijón, qui ne se trouve pas au cœur d'une région de grande afición, organise cependant six corridas en 1971 et cinq en 1972 !

Considérons alors les villes moyennes, les petites villes, voire les bourgades. En 1971, comme en 1972, Vitoria offre cinq corridas, de même que Burgos pour la féria de juin. Almeria, fin août, balance entre cinq et six, Badajoz s'en tient à quatre, comme Linares. Albacete qui, depuis vingt ans, « sort » des toreros (*Pedrés*, Juan Montero, *Chicuelo II*, Dámaso González, etc.) affiche sept cartels ! Que dire de Colmenar Viejo (féria de trois courses), de Cuéllar (province de Ségovie) ou de Calatayud (Aragon) qui parviennent à monter deux programmes très attractifs ? Qu'il s'agisse de La Rioja et de la Navarre, des deux Castilles, du Levant ou de l'Andalousie, l'évolution est la même.

Dès lors, l'emballement de la statistique devient parfaitement compréhensible. Car c'est bien d'un emballement qu'il s'agit. On se souvient de ce que le nombre des corridas était tombé à 218, 208 et 215 en 1953, 1954 et 1955. À partir de 1956, l'augmentation du nombre des spectacles est à la fois forte et continue : 301 dès 1957, 357 en 1961, 413 en 1963, 479 en 1965, 599 en 1966, 619 en 1967 ! De 1967 à 1974, pendant sept ans la moyenne annuelle s'établit à 645, et même à 662 pendant les cinq années 1970-1974. C'est-à-dire qu'en vingt ans le nombre des corridas formelles a triplé ! Jamais, dans l'histoire de la tauromachie, on n'avait observé une croissance aussi impressionnante. Et, avec quelques variations, l'augmentation du nombre des novilladas accompagnait celle des corridas [1].

1. Les éditions d'*El País*, l'un des grands quotidiens espagnols, publient chaque année (en janvier ou février) un *Anuarió*, très riche en informations en tout genre, qui comporte plusieurs

Une telle situation était fort avantageuse pour la plupart des gens qui composent le mundillo. Les éleveurs, même ceux du deuxième groupe, n'éprouvaient aucune difficulté à placer leurs produits, les places de deuxième ou troisième catégorie acceptant les lots dépareillés et des bêtes dont l'allure, le trapío, les armures laissaient à désirer. Les apoderados en quête de futures figuras trouvaient plus aisément l'occasion de présenter leurs poulains. Les toreros vedettes pouvaient formuler des exigences nouvelles, surtout en matière de bétail, négliger une place de prestige qui était réticente à accepter leurs conditions. Mais les plus favorisés étaient les toreros de deuxième ou troisième rang : au lieu de prétendre à une dizaine de contrats annuels, ils pouvaient en espérer vingt-cinq, trente ou même plus. Aussi a-t-on assisté à une course à l'alternative. Au cours des années 1920 et 1930, alors que l'on célébrait en Espagne et en France entre 250 et 340 corridas par an, le nombre des alternatives, presque toutes justifiées, était de 6 à 9 par saison. Or, de 1961 à 1970, la moyenne annuelle s'éleva à 24 et, en 1971, on atteignit un record : 35 alternatives ! Cinq ou six peuvent paraître légitimes, dont celle de José María *Manzanares*, Antonio José Galán, Raúl Aranda et *Galloso*. Pour le reste...

À titre documentaire, examinons les résultats chiffrés des saisons 1970 et 1971. En 1970, saison au cours de laquelle *el Cordobés* a établi un record absolu (121 contrats), vingt-quatre toreros ont dépassé les 25 contrats. Parmi eux, quelques noms qui n'ont laissé aucun souvenir : *Utrerita* avec 37 contrats, *Juan José* qui en a honoré 33, *el Paquiro* qui a toréé 32 corridas. Si l'on se souvient peut-être de Julián García (45 contrats tout de même, et 53 en 1971 !), c'est en raison de ses excentricités. À peine se souvient-on de Rafael Torres ou d'Andrés Hernando qui figuraient dans ce tableau. Cette saison a marqué le retour au premier plan de José Luis Parada (qui confirmera en 1971), le maintien à un haut niveau de Miguel Márquez (86 contrats, on y reviendra), de Palomo Linares, du *Viti*, de Diego Puerta, de *Paquirri* et d'Ángel Teruel. Paco Camino s'est contenté de 42 contrats et Antonio Ordóñez, qui a dû interrompre sa saison le 30 août à la suite de l'écrasement d'un doigt, de 28.

La saison suivante est comparable : *el Cordobés* a toréé sensiblement moins mais reste en tête avec 87 contrats, devant José Luis Parada (72 prestations), Miguel Márquez (70), Palomo Linares (69), Diego Puerta (59). Si on voit apparaître en bonne place des hommes promis à un certain avenir, tels Dámaso González (56), Francisco Ruiz Miguel (41) ou Antonio José Galán (33), si Luis Miguel torée 40 courses et Antonio Ordóñez 28 pour sa dernière année, des hommes comme *Utrerita*, *el Paquiro* et *Juan José* ont

tableaux statistiques concernant la corrida : nombre de corridas célébrées annuellement en Espagne, France et Portugal depuis 1901 ; nombre de novilladas en Espagne et France depuis 1947 ; liste des toreros classés en tête de l'escalafón depuis 1901 ; listes des plazas d'Espagne et de France, avec indications de la catégorie, corridas célébrées, oreilles et queues des deux dernières saisons. J'ai utilisé ces annuaires.

amorcé une chute qui sera rapide, quoique *Utrerita*, par exemple, ait encore toréé (mais si peu !) au début des années 1980. Trente et un toreros ont toréé entre dix et dix-neuf corridas, tandis que de vieilles gloires, *Litri*, *Antoñete* et Ostos toréaient une seule fois !

Si l'on conçoit sans effort que le système était générateur de fructueux revenus pour les gens du mundillo, on n'a pas grand peine à en imaginer les inconvénients. Une trop forte demande de toros finit par nuire à leur qualité et *el Cordobés*, par exemple, grâce à la forte position acquise auprès des empresas, augmentait sans cesse ses exigences, afin de combattre des animaux plus légers, moins armés, et, surtout, produits par des élevages réputés plus faciles : les manipulations génétiques se généralisèrent dangereusement. De même, si l'abondance des occasions a pu permettre la résurrection de plusieurs toreros dans l'oubli (après Parada, ce sera le cas un peu plus tard de José Ortega Cano, de Paco Ojeda, de *Manili* et de quelques autres), la multiplication des corridas a fait trop de place aux médiocres et créé peu à peu la lassitude du public. Quand il devint évident que des hommes comme Ordóñez, Julio Aparicio, Manolo Vázquez ou Paco Camino n'avaient pas de successeurs et qu'aucun « phénomène » ne se montrait capable de recommencer l'aventure du *Cordobés*, l'enthousiasme s'affaissa et le reflux survint : à partir de 1975, les chiffres faiblissent : 613 cette année-là, 565 en 1976, 498 en 1979, 390 en 1981. En sept ans, le nombre des corridas a fléchi de près de moitié.

LES ANNÉES 1970

C'est à la suite de deux broncas au cours de la même corrida à Saint-Sébastien qu'Antonio Ordóñez avait décidé de se couper la coleta. *El Cordobés* le suivait de près dans sa retraite. Quelques très bons toreros demeuraient en activité, mais ils étaient souvent en fin de carrière. Pour rêver, le public avait besoin d'hommes nouveaux, de personnages hors du commun. Certes, il y avait Curro Romero et *Rafael de Paula* : la fin de saison 1972 du gitan de Jerez fut exceptionnelle, j'en témoigne par expérience vécue. Mais on ne pouvait compter sur la constance de ces deux hommes. Et de révélations, il n'y avait pas ou guère. Il est tout à fait significatif que le petit Malagueño Miguel Márquez, courageux, honnête, relativement complet, doué d'un aguante exemplaire, toujours prêt à payer comptant, mais qui manquait d'originalité et de profondeur, soit arrivé en tête de l'escalafón, en 1968 et 1969, avec 101 et 97 corridas, puis ait terminé à la deuxième place en 1970 derrière *el Cordobés*. Ou qu'Antonio José Galán, torero vibrant et courageux mais de style pueblerino, ait été le leader de la saison 1974.

À vrai dire, quelles furent les valeurs authentiques, valeurs nouvelles, des années 1970 ? Elles furent très rares. Deux de ces valeurs étaient déjà connues lors de la double retraite d'Ordóñez et du *Cordobés*. D'abord, Francisco Rivera *Paquirri*, né en 1948 à Zahara de los Atunes, fils d'un ancien banderillero devenu concierge des abattoirs de Cadix, époux de Carmen Ordóñez, fille du maître de Ronda, dont il divorça par la suite. Il avait pris l'alternative en août 1966 et conquis très vite un rang enviable. Ce très beau garçon, d'un abord sympathique, au sourire séducteur, athlétique, fut un torero largo. Il savait tout faire : capeador brillant et varié, bon banderillero, muletero habile et souvent efficace grâce à la sûreté de sa technique, tueur adroit. Il parvint au premier rang de l'escalafón en 1972 (86 contrats) et demeura dans le peloton de tête jusqu'à sa mort tragique survenue en 1984 après une cornada dans la petite plaza cordouane de Pozoblanco par un toro d'un élevage obscur (Sayalero y Bandres). Un transfert par hélicoptère à Cordoue l'eût peut-être sauvé.

Paquirri était un torero joyeux, dont l'afición était certaine, et il constituait pour les empresas une garantie évidente. Il mettait de l'animation en piste, ne formulait pas d'exigences particulières dans le choix des toros. Pour être au niveau des plus grands, il ne lui manqua qu'un supplément de temple et de profondeur.

Ensuite, Dámaso González, fils de modestes agriculteurs, né lui aussi en 1948 dans un village de la Mancha, qui débuta avec picadors vingt ans plus tard, se révéla en 1969 à Barcelone et prit presque aussitôt l'alternative, le 24 juin 1969, alors qu'il n'avait à son actif que vingt novilladas piquées. Ce petit homme noir acquit très vite une grande popularité parce qu'il transmettait l'émotion, parfois l'angoisse, grâce à l'extrême serré de son jeu. Tremendiste, dans la lignée des toreros d'Albacete, il était doué d'un aguante à toute épreuve mais aussi d'un temple réel, de sorte que ses passes, loin d'être électriques, avaient pour elles la durée. De plus, Dámaso eut le mérite d'accepter tous les toros. Il atteignit la première place en 1980 (70 corridas), mais les triomphes d'Ojeda, qui jouait sur le même terrain, précipitèrent son déclin et il se retira en 1988.

À ces deux hommes vint s'adjoindre dès juin 1971 un torero d'un style tout différent, un véritable artiste, l'homme du toreo de soie, José María Dols, dit *Manzanares*, fils d'un banderillero, né à Alicante en 1953. Le premier grand torero de cette ville à laquelle *Pacorro* et *el Tino* avaient, dans un passé récent, donné de grands espoirs, en partie frustrés. Un triomphe à Madrid le 6 juin 1971 lui ouvrit le chemin de l'alternative prise lors de la féria de la Saint-Jean à Alicante, le 24 juin suivant. En raison de son indolence naturelle, *Manzanares* attendit la saison 1976 pour s'imposer vraiment (76 contrats) et il confirma en 1977 en atteignant la première place avec 89 corridas. Élégant, doté d'un temple souverain, capable de donner à ses gestes une beauté plastique exceptionnelle, le torero alicantin n'était ni un modèle de constance, ni même un modèle de conscience professionnelle. Il laissait souvent passer de bons toros par manque de volonté. Après ses grandes saisons 1976 et 1977, l'absence de concurrence l'incita au relâchement : en 1983, il ne signa que 46 contrats. Mais en 1984 il regagna la première place avec 72 contrats, grâce à l'évidence de son talent, le plus pur de sa génération, « il torée ce qu'il veut, où il veut, au prix qu'il veut [1] ». C'est ainsi qu'il a pu toréer encore, lors des dernières temporadas du siècle, après trente ans d'alternative ou presque.

On a déjà évoqué rapidement le cas d'Antonio José Galán, qui fit sensation en estoquant ses toros sans muleta, mais dont le succès ne dura guère en raison de l'insuffisance de sa technique et de la rusticité de son style. José Luis Galloso, novillero brillant, demeura à un niveau honorable durant de longues années, mais ne tint jamais les promesses de ses débuts. Ángel Teruel, très doué, en qui une part importante de l'afición avait vu un nouveau *Dominguín*, parce que sa technique lui permettait de réduire les toros durs, déçut bientôt : il lui manqua la volonté, la constance dans l'effort, la passion. Quant à Sebastián Palomo *Linares*, qui figura plusieurs saisons dans le peloton de tête, l'outrance ou la vulgarité de ses attitudes, son cabotinage, ses pressions pour n'avoir à combattre que des toros faciles ont malheureusement perverti de grandes qualités naturelles et un sens de la lidia certain. Le Sanluqueño Paco Ojeda, qui avait pris l'alternative en 1974, eut les plus grandes difficultés à s'adapter au toro de quatre ans. À la fin des années 1970, il paraissait destiné au montón : 17 contrats en 1980, 6 en 1981 !

De sorte que les satisfactions des aficionados au cours des années 1970 furent comptées. Quelles qu'aient pu être les qualités du Salmantin Pedro Moya *Niño de la Capea*, les cinq premières places qu'il obtint pendant cette décennie (1973, 1975, 1976, 1978, 1979) ne sont pas le signe de la bonne santé de la fiesta. Certes, les aficionados avaient trouvé en Francisco Ruiz Miguel, successeur de *Limeño*, un modèle de courage, qui se fit une spécialité dans le combat des toros durs, Miura ou autres. Ils avaient pour entretenir leur passion l'allégresse communicative de *Paquirri*, les moments d'émotion dispensés par Dámaso González, les récitals de *Manzanares*, les beaux restes de quelques anciens. À condition de fréquenter les plazas de Séville ou de Jerez et l'arène madrilène, ils pouvaient espérer assister à la faena inoubliable que Curro Romero réalisait chaque année, déguster ses véroniques et ses demies, délirer lorsque *Rafael de Paula* était visité par le duende, comme il advint à Madrid le 21 mai 1979, lors de la confirmation d'alternative de *Nimeño II*, dès les véroniques de réception, mais le miracle fut bref. L'empresa sévillane garantissait à Curro trois, puis quatre corridas, puis cinq, lors de la traditionnelle féria d'avril (ou d'avril-mai) pour que le miracle se reproduise, fêté par les Sévillans qui se rendirent religieusement à la Macstranza, un brin de romarin à la main. Pourtant, en 1978 par exemple, Curro laisse passer dix toros à la Maestranza, sans

1. Pierre DUPUY et Paul CASANOVA, *Cent toreros de légende*, Tournai (B), La Renaissance du livre, 2000.

réussir une seule faena, alors que *Rafael de Paula* suscitait l'extase face à un María Pallarés beau et armé. Le Curro des années 1970 ne parvint le plus souvent qu'à ciseler d'admirables quites, d'une lenteur invraisemblable, et des fragments de faenas, sauf lors d'une très brillante féria d'avril 1971. Curieusement, ses années 1980 le ramenèrent plusieurs fois au sommet de son art.

Au moins, grâce au marquage de la dernière année de naissance sur l'épaule des toros, mesure appliquée à partir de la saison 1969, les aficionados ont eu l'assurance de ne voir en corrida formelle que des animaux âgés de quatre ans au moins. Sans doute, mais les toros, désormais, tombaient de plus en plus souvent. Sauf ceux d'un nouvel élevage qui allait conquérir une grande réputation au début des années 1980 : Victorino Martín.

LES ANNÉES 1980

Du début des années 1980 à la fin du XXe siècle, l'histoire de la tauromachie est faite de reprises spectaculaires et de rechutes inquiétantes, liées moins à l'absence de figuras qu'au déclin de très nombreux élevages et surtout à la monotonie engendrée par le conformisme des éleveurs qui, à quelques exceptions près, tendent à fournir les mêmes produits. Le surgissement de nouveaux toreros qui passionnent les foules, ainsi Paco Ojeda dans les années 1983-1984, à qui un torero ressuscité, José Ortega Cano, donnait souvent une bonne réplique, mais aussi Emilio Muñoz, enfant prodige trop vite fatigué, et José Cubero *Yiyo*, la régularité et les garanties offertes par un grand professionnel, Juan Antonio Ruiz *Espartaco* qui, de 1982 à 1991, figura huit fois en tête de la statistique, et sept fois consécutives, de 1985 à 1991 (record absolu), la présence de toreros complets, bons lidiadors (les frères Esplá, surtout Luis Francisco ; les frères *Campuzano*), voire de stylistes comme les Castillans Julio Robles et Roberto Domínguez ou le Murcien Pepín Jiménez et l'Andalou Curro Vázquez qui connut une brillante année 1986, l'éternelle espérance que suscitent *Curro* et *Rafael*, ne suffisent pas à expliquer la nouvelle augmentation du nombre des corridas, à partir de 1982 : 435 cette année-là, 494 et 492 en 1984 et 1985. L'enrichissement évident de l'Espagne est à la source de ce mouvement. D'ailleurs, lorsque l'enthousiasme retombe, la statistique marque le pas : en 1986 et 1987, le déclin de Paco Ojeda ramène le nombre des corridas à 440 et 456. C'est aussi pendant les années 1980 qu'un torero français, Christian Montcouquiol *Nimeño II*, parvient à occuper un poste intéressant parmi la torería. À l'issue d'une grande faena à Madrid, privée malheureusement de la conclusion d'une bonne estocade, il semblait avoir atteint la maturité et autorisait de grandes espérances lorsque survint le drame de 1989 [1]. On y

1. Il faut lire l'admirable livre d'Alain MONTCOUQUIOL consacré à son frère : *Recouvre-le de lumière*, Lagrasse, Verdier, 1997. La qualité de l'écriture, l'intensité et la pudeur du récit en font un livre exceptionnel.

reviendra dans le chapitre suivant. C'est aussi la tragédie qui a mis fin à la carrière d'un jeune torero fort brillant, *Yiyo*, tué à Colmenar Viejo en août 1985. Quant aux *hijos* (fils de toreros), Rafi Camino et Mike *Litri*, qui avaient fait naître quelques espoirs pendant leur campagne de novilleros, ils profitèrent de la conjoncture pour obtenir de nombreux contrats. Mike *Litri* réussit même une bonne saison 1988, terminant au deuxième rang (72 corridas), Rafi Camino persévéra avec un certain mérite, mais les deux épigones ne trompèrent pas longtemps les connaisseurs.

Le cas Ojeda est symptomatique des incertitudes des années 1980 : on a vu que l'homme avait sombré en 1980 et 1981. En 1982, à force de volonté et de courage, en acceptant les toros durs, il remonte la pente : quatre oreilles à Séville le projettent sous les feux de la rampe. Il a créé un style personnel dont le pouvoir de transmission était grand, fondé sur un aguante parfait et l'enchaînement sans rompre de passes serrées et templées, sculptant des figures d'une beauté plastique incontestable. En 1983, Ojeda parvient au premier rang avec 85 contrats et son règne est absolu durant la saison 1984 : il obtient les cachets qu'il veut, le nombre de contrats qu'il souhaite. Mais la tension nerveuse qu'exige son style ne lui permet pas de se maintenir longtemps à ce niveau. Dès 1985, il réduit volontairement le nombre de ses contrats et, au milieu de la saison 1988, décide de se retirer pour vivre sur ses terres parmi ses chevaux et ses toros, en Estrémadure.

Pourtant, cette décennie 1981-1990 avait commencé par une saison extraordinaire, due à la résurrection des artistes. Tandis qu'*Antoñete* devenait le « torero de Madrid » à la faveur de quelques faenas d'anthologie, Curro et *Rafael* ensemble réussissaient le 29 avril, face aux Marqués de Domecq, deux créations telles que, selon Jean-Marie Magnan, la frontière entre rêve et réalité devenait incertaine, mais un orage naufragea la fête. Le miracle survient le 18 juin suivant, toujours à la Maestranza, et vaut à notre confrère Alain Lavaud la plus belle reseña de sa carrière : « Les Possédés ». Ce sont six beaux toros d'un élevage quasi inconnu, Bernardino Píriz, qui ont permis le chef-d'œuvre réalisé par trois Andalous puisque Manolo Vázquez s'est élevé au sublime tant à la cape qu'à la muleta. Manolo, Curro et *Rafael*, chacun dans son style propre, mettent les gradins en transes. L'émotion est à son comble après les trois quites brodés face au quatrième toro. Les gens pleurent, s'embrassent, les toreros de même. En septembre, à Jérez, Rafael transporte le public face à un toro puissant et armé de Bohórquez.

Il est certain que Curro Romero et *Rafael de Paula* (le premier plus encore) ont beaucoup compté dans la tauromachie du dernier tiers de siècle. Ils sont parvenus à entretenir autour d'eux une attente toujours intacte, à laisser espérer, chaque fois qu'ils étaient annoncés, l'irruption de la magie. Mais il faut préciser que cela est surtout vrai pour l'Andalousie (Séville surtout) et pour Madrid. Hors des places andalouses et de la capitale, les superproductions des deux artistes ont été rarissimes. Les aficionados français, américains et ceux du nord de l'Espagne n'ont guère eu l'occasion de s'émerveiller, à moins de faire (plusieurs fois, sauf miracle) le pèlerinage nécessaire [1].

LA DERNIÈRE DÉCENNIE DU SIÈCLE

L'enrichissement de l'Espagne et l'expansion continue du flux touristique sont les causes profondes de la nouvelle envolée de la statistique taurine qui, à partir de 1988, semble irrésistible : 509 en 1988 donc, 541 en 1990, 630 en 1993, 803 en 1995, 859 en 1997 ! La courbe des novilladas est comparable, quoique le maximum ait été atteint en 1994 avec 709 ! Songeons que la San Isidro madrilène compte désormais de 25 à 30 courses, que la saison sévillane atteint les 30 corridas. Le palmarès des bourgs et des petites villes est étonnant : en 1990, Alfaro, en Navarre, donne 3 corridas et sa voisine, Tudela, fait mieux avec 5. Cuéllar (Ségovie) affiche 4 corridas et Aranda de Duero (Burgos) qui n'est pas loin, fait de même. Les plazas françaises ont accompagné le mouvement, ou même ont surenchéri : en 1992, Nîmes a donné 19 spectacles. Quelques bons élevages, tels Victorino Martín, Baltasar Ibán, Cebada Gago, Dolores Aguirre, Marqués de Domecq, les inévitables Miura (malgré leur irrégularité), les Portugais Murteira Grave et Palha, ont permis quelques grandes journées en dépit des plaintes légitimes des publics qui déplorent la faiblesse et le manque de caste d'un trop grand nombre de toros [2].

Il faut reconnaître, heureusement, que l'engouement des années 1990 a été beaucoup plus justifié que les emballements, souvent éphémères, de la décennie précédente (à l'exception de la saison 1981 et des deux grandes années Ojeda), grâce à l'épanouissement de grands toreros. N'accordons pas trop d'importance aux records établis par l'Andalou *Jesulín de Ubrique*, qui ne manquait certes pas de talent, mais qui ne songeait qu'au livre *Guiness des Records* (153 contrats en 1994 et 161 en 1995 !) et qui a galvaudé ses dons tout en s'adonnant à des provocations de mauvais goût. Autrement intéressantes ont été les carrières (pour la plupart en cours) du Colombien César Rincón, de *Joselito*, Enrique Ponce, José Tomás et Julián López *el Juli*.

Le premier de ces nouveaux toreros de gala fut José Miguel Arroyo *Joselito* qui apparut à la fin des années 1980 et se maintint en bonne place durant

1. Pour la reseña d'Alain LAVAUD, voir la revue *Toros*, nº 1156, 12 juillet 1981. La carrière de Curro Romero a suscité une littérature relativement abondante en France. On recommandera les ouvrages de Jean-Marie MAGNAN et Francis MARMANDE. Curieusement, *Rafael de Paula*, authentique personnage de roman, n'a pas retenu l'attention d'un écrivain français.

2. Je voudrais rappeler que François ZUMBIEHL est parvenu à faire parler plusieurs des grands toreros qui ont marqué le demi-siècle, dans *Des taureaux dans la tête*, Paris, Autrement, 1987.

plusieurs saisons, sans éclater vraiment mais en toréant plus de 50 corridas de 1986 à 1989. Il se hisse en cinquième position en 1990 (année de l'explosion éphémère de Fernando Lozano) avec 68 contrats et au quatrième en 1991 (62 courses), poste qu'il conserve en 1992 (68 contrats) et en 1993 (82 courses). L'ancien élève de l'École taurine de Madrid, qui ne chercha jamais à multiplier les prestations, ni à paraître devant des publics ignorants, tout en restant un des toreros les plus demandés (75 contrats en 1995, 84 en 1996), n'en fut pas moins le vainqueur moral de la temporada 1993 par exemple et réalisa une grande temporada 1996. Plusieurs triomphes madrilènes assurèrent sa réputation malgré un tempérament de « cabochard » qui l'amenait à exécuter sans états d'âme les toros qui ne lui plaisaient pas et à mécontenter ainsi une partie du public. *Joselito* associe un grand talent de capeador, soucieux de remettre en honneur de belles suertes oubliées (il sera le premier à tenter le renouveau du toreo de cape malgré l'affaiblissement du premier tercio) à la sobriété du muletero, à la fois élégant et profond dans ses meilleures journées, et à la précision du matador capable de porter des estocades à peu près parfaites. Nous le vîmes admirable à Nîmes face à un encierro de six toros, et une autre fois, à Nîmes encore, associé à Ponce, merveilleux sous une pluie diluvienne. Après une « année sabbatique » précoce en 1999, *Joselito* a peiné en 2000 et 2001 à retrouver le rang élevé qui fut le sien.

Le début des années 1990 fut surtout marqué par la révélation d'un grand torero venu des Amériques, le Colombien César Rincón. La chance joua son rôle. César n'avait rempli qu'une vingtaine de contrats en 1990, sans que les médias s'émeuvent. Or, le 21 mai 1991, devant *Santanerito*, un beau toro de Baltasar Ibán, le Colombien, qui n'avait signé qu'un contrat pour l'ensemble de la féria de San Isidro, remporta un triomphe éclatant qui mit la plaza debout et il sortit par la Grande Porte avec les deux oreilles de *Santanerito*. Le lendemain, il fallut pourvoir au remplacement de Fernando Lozano blessé. César Rincón fut évidemment appelé et son triomphe devant les Murteira Grave (nouvel élevage sérieux) fut aussi complet que celui de la veille : nouvelle sortie par la Grande Porte. Dès lors, une voie royale s'ouvrait pour le Colombien, qui devait renouveler son triomphe lors de la San Isidro 1992 et séduire, durant plusieurs temporadas, tous les publics d'Espagne (sauf celui de Séville où il fut poursuivi par la plus noire des malchances), de France et des Amériques. Il faut dire que le succès de Rincón était parfaitement justifié : le Colombien est parmi les grands toreros l'un de ceux qui trouve le mieux la distance exacte du cite : « aguantant » parfaitement, il embarque alors son adversaire dans des séries de passes templadas et profondes achevées par de superbes aidées de ceinture par le bas ou d'interminables passes de poitrine. D'un excellent style à la véronique, il se montre aussi capable, comme lors d'une extraordinaire faena arlésienne, de trouver la solution face à un toro en apparence indifférent, à force d'expériences variées. D'autre part, il capitule rarement et témoigne d'une immense conscience professionnelle. Rincón s'est maintenu à un niveau très élevé jusqu'en 1995. Il a ensuite payé le prix de plusieurs blessures graves et de la sincérité de son engagement.

Le vainqueur de la décennie 1991-2000, considérée globalement, fut Enrique Ponce, sans doute le meilleur torero qu'ait produit Valence. Il ne s'agit pas tellement des chiffres, encore qu'au cours des six dernières temporadas du siècle, Enrique ait toujours toréé plus de cent corridas ! Il a fini une seule fois en tête de la statistique (en 1997, 108 corridas), en raison du phénomène *Jesulín* (1994-1996), puis de l'irruption d'*el Juli* (1999-2000), mais il a été pendant dix ans le torero le plus régulier dans le succès, le plus sûr, de sorte qu'il est devenu une garantie pour les organisateurs. Le directeur de la revue *Toros*, Pierre Dupuy, a pu évoquer « une hallucinante régularité qui, au fil des ans, s'inscrit désormais dans le temps » et observer que le Valencien s'adapte à tout type de toro. Même en 1998, où il ne parvint à triompher ni à Séville, ni durant la San Isidro, son bilan global, où intervinrent les autres grandes férias, fut le meilleur. Son afición est évidente et n'a pas été diminuée par son mariage. Ponce est un modèle de professionnalisme et, en dépit du caractère un peu artificiel de ce genre de comparaison, je dirais, après avoir vu plusieurs fois les deux hommes, qu'il me paraît supérieur à *Espartaco* qui domina les années 1985-1991 [1].

Enrique Ponce, qui avait donné bien des promesses comme novillero, les a tenues et, fait rare, pendant une décennie, sans que la dernière saison ait manifesté de sa part le moindre signe de lassitude. Il peut donc durer. La grande perfection de sa technique, la facilité avec laquelle il se rend maître du sitio, son sens de la distance, la variété de son jeu, la profondeur et la pureté de style auxquelles il peut atteindre dans ses meilleurs jours sont de solides arguments. Et plus que tout peut-être son afición : j'ai encore en mémoire la volonté qu'il exprima pour continuer à toréer sous le déluge, en place de Nîmes, alors que toute l'arène, présidence et spectateurs inclus, était prête à suspendre la course. Et pas en vain : pour réussir une faena d'anthologie et pousser *Joselito* à en faire autant. J'ajoute qu'en France, Ponce a fréquemment suscité l'enthousiasme, notamment dans le Sud-Ouest, à Mont-de-Marsan, Dax ou Bayonne.

En 1995, Pierre Dupuy distinguait parmi les novilleros un garçon qui lui parut capable de séduire les aficionados : José Tomás. J'avoue humblement que, lorsque je le vis pour la première fois, sous la bulle nîmoise, je le jugeai un peu maniéré. Je plaide coupable, sans circonstance atténuante. José Tomás réalisa en 1996 une première saison d'alternative intéressante, avec 35 contrats. Il éclata en 1997 avec 79 courses et a, depuis, continué sa carrière à ce rythme, avec une tendance à réduire ses prestations : 72 courses en 1998, 64 en 1999, 55 en 2000. De sorte qu'un classement de caractère statistique ne le place qu'entre le huitième et le douzième rang. En effet,

1. Revue *Toros*, nº 1590, 5 novembre 1998.

comme avant lui Antonio Ordóñez, José María *Manzanares* et, plus récemment, *Joselito*, Tomás ne cherche nullement à établir des records que son style extraordinairement exigeant, éprouvant pour le système nerveux, ne lui permettrait pas d'obtenir. Dans ses grandes journées, l'étrange artiste madrilène « au pur toreo intimiste » fascine à la fois toros et public en se livrant à une sorte de transe hypnotique qui parvient à associer beauté plastique, émotion et profondeur. Qui plus est, il utilise la main gauche et la naturelle plus qu'aucun autre torero actuel. Il a notamment réussi de merveilleux récitals à Madrid : j'ai été témoin de ceux du 28 mai 1998, lors de la corrida de la presse, face à *Vivillo*, un manso perdu de Gavira qu'il fallait consentir, et surtout devant *Pitufo*, un beau gaillard (565 kg) fort bien armé d'El Torreón. Statuaires d'un serré indicible, naturelles de volupté, passes de poitrine anthologiques, volapié foudroyant, Grande Porte [1] ! Lors de la San Isidro 1999, Tomás récidiva le 18 mai, en particulier face à un dangereux toro d'El Sierro, puis le 26 mai devant deux toros du Puerto de San Lorenzo. Même démonstration en l'an 2000, au point de faire naître l'extase. Aussi bien José a rappelé qu'il n'était qu'un homme en connaissant un désastre en 2001, ou en refusant (avec ses partenaires) de toréer à Guadalajara un lot non prévu au cartel. José Tomás parviendra-t-il à préserver ce style inimitable sans blessure grave ? Passionnante question.

Enfin, Julián López *el Juli*, l'enfant prodige devenu torero, qui remplit les arènes, fait courir les foules. Dès sa première année d'alternative, en 1999, il plane sur l'escalafón (133 contrats) et conserve cette première place en 2000 (106 courses), mais rétrograde au troisième rang en 2001 (88 contrats) en raison de trois blessures notables, à Madrid, Málaga et Bilbao. Mais le petit prodige n'a nullement décliné : si l'on se fie à l'aune (contestable) des trophées, il a obtenu près de deux oreilles par course ! Il a donc démontré que le fléchissement constaté en 2000, année au cours de laquelle *el Juli* se montra parfois banal, ordinaire, était surmonté.

Ce garçon sait tout faire face à un toro. Il possède un sens de la lidia très rare, adapté aux conditions des toros, trouve sans effort apparent le sitio qui s'impose, invente des recours quand il est en danger (ce qui, on l'a vu cette saison, n'exclut nullement la blessure), déborde d'afición et il en a précisément donné la preuve après chaque coup de corne. On sait qu'il a renouvelé le toreo de cape, poursuivant dans la voie qu'avait tracée *Joselito*, mais en multipliant les suertes rares, dont beaucoup d'oubliées, et en obligeant les spécialistes à se pencher sur les grands capeadors du passé pour identifier ces suertes que le jeune Madrilène se plaît à transformer. Le talent de banderillero du *Juli* est réel, et il a ainsi remis en honneur un deuxième tiers de plus en plus boudé par les figuras. Même s'il n'atteint pas (pas encore) à la profondeur du meilleur *Joselito* ou du meilleur Ponce, muleta en main, il est bien plus régulier que *Joselito* (ou que José Tomás), aussi efficace que

1. Je me permets de renvoyer à mon article dans la revue *Toros*, n° 1579, 5 juin 1998.

Ponce et plus varié que lui. Le matador, malgré quelques défaillances, est honnête. Je souscris volontiers au jugement de Joël Bartolotti, bon critique taurin français, émis à la fin de la saison 2001 : « Sa *casta torera* est remarquable. Les cornadas de Madrid, Málaga, Bilbao n'ont en rien entamé son moral et sont autant de médailles gagnées au champ d'honneur. Seul, José Tomás partage ce douloureux et glorieux privilège, celui des authentiques figures (Ordóñez, Camino, Viti), car l'afición habituée depuis deux décennies à des carrières sans blessures ou presque de *Manzanares*, *Espartaco* et Ponce, avait oublié que toréer c'est avant tout s'exposer. *Juli* ne doit donc pas être rétréci à la taille d'une figure à la mode ! Les blessures en question lui ont fait perdre la première place mais lui ont fait gagner le respect de l'afición tout entière [1]. »

Le nombre des corridas est devenu si considérable que les cinq figuras qui ont passionné l'afición au cours de la décennie 1991-2000 ne suffisaient pas, il s'en faut, au montage des programmes. L'historien de la corrida se doit de procéder à une revue rapide des toreros de complément, sans que cette expression doive être jugée offensante.

On a déjà évoqué le cas de *Jesulín*. Ce garçon bien doué qui, grâce à son allonge et à une ceinture flexible, pouvait enchaîner sans rompre plusieurs circulaires, a choisi la fortune rapidement gagnée et une réputation éphémère contre une belle carrière de torero authentique. *Sic transit gloria mundi.* Il a tenté un retour en 2001, mais un grave accident de la route risque de l'écarter à nouveau. Je n'ai jamais pu trouver le moindre intérêt aux productions de Manuel Díaz, *el Cordobés II*, qui était parvenu au premier rang de l'escalafón en 1998 (108 contrats !). Pour moi, il est à peine au niveau de Julián García vingt ans auparavant. Amuseur, coupeur d'oreilles, mais avec, convenons-en, les risques de la profession. Il a connu une forte baisse en l'an 2000, est revenu à un niveau assez élevé (57 contrats) en 2001. Pourquoi ?

Parmi les toreros des années 1990, plusieurs ont suscité de grands espoirs et ont occupé une place notable. Il y a eu Manuel Caballero jusqu'en 1999 : de réelles possibilités, une bonne technique, un répertoire étendu, mais une absence de personnalité et peut-être un manque de volonté. À un niveau supérieur, *Finito de Córdoba* est un torero techniquement sûr, qui a l'avantage de posséder un temple rare et un sens esthétique développé... quand il ne compromet pas ces belles qualités par un usage immodéré du pico de la muleta et un abus du toreo parallèle. Après avoir tenu un rôle intéressant jusqu'en 1996, il a sombré en 1997 pour réapparaître en 1998 et 1999 et réaliser un bond qui l'a porté au quatrième rang en 2000 et au premier en 2001, avec 102 contrats devant Ponce. Promotion excessive, malgré la technique du Cordouan. *Morante de la Puebla* et Miguel Abellán, deux toreros

---

1. Revue *Toros*, n° 1665, 8 novembre 2001. Il s'agit d'un article dans lequel Joël BARTOLOTTI dressait le bilan de la saison 2001.

artistes révélés au cours des dernières années, peuvent s'affirmer demain... ou disparaître. *Morante* est quand même un muletero très fin quand le duende est là et Abellán un fameux capeador.

Il faut convenir qu'un torero, sur le berceau duquel s'étaient penchées plusieurs fées et que l'afición, andalouse surtout, attendait avec un frisson d'espérance, Francisco Rivera Ordóñez, a déçu grandement. Pas facile d'incarner tout à la fois la lignée des *Dominguín*, celle des Ordóñez, et de ranimer le souvenir encore très présent du père, *Paquirri*, tragiquement disparu ! Pourtant *Fran* a obtenu un grand nombre de contrats, donc de possibilités d'exprimer le talent qui lui avait été accordé pendant sa campagne de novillero : environ 90 contrats par saison de 1995 à 1998 (et même 100 en 1996 !), encore 81 en 1999, une cinquantaine à peine en 2000 et 2001. Le garçon ne manque pas d'afición, il persévère alors qu'il n'a nul besoin de ses cachets pour bien vivre. Le plus étonnant est qu'il réussit souvent, outre quelques quites de bon aloi, de bons débuts de faena, puis, de manière apparemment inexplicable, le toreo se délite, s'évapore. *Fran* n'a ainsi pas obtenu de triomphe complet, ni réussi la faena digne de ses rêves et des nôtres. Un autre torero au nom évocateur, et très protégé par les médias, Vicente Barrera, dont le toreo était fondé sur le hiératisme, l'impassibilité, a, je ne sais comment, retenu l'attention des organisateurs jusqu'à la fin 1999. Une vilaine blessure l'a stoppé au début de 2000, on ne sait s'il s'agit d'un retrait définitif. Très rapide a été le naufrage de Julito Aparicio, aux dons artistiques immenses mais incapable de dompter sa peur.

On saluera plusieurs animateurs de mérite : le Portugais Víctor Mendes, banderillero de talent, a tenu jusqu'en 1997. Un successeur portugais possible, *Pedrito de Portugal*, semble s'évanouir. Un autre banderillero de qualité, qui affrontait sans sourciller les toros durs, *el Fundi*, a obtenu au moins la moitié de ses contrats en France où il s'était fait un cartel. Mais l'un des meilleurs spécialistes des toros difficiles, dans la lignée de *Limeño* et de Ruiz Miguel, est le Murcien Pepín Liria que son entrain et sa sincérité, sinon permanente du moins fréquente, ont placé à un rang honorable dans l'escalafón : toujours plus de 50 contrats, et même 81 en 1996 ; 60 en 1997 et 71 en 1999 (cinquième rang). Tout récemment, il a trouvé un concurrent redoutable en Juan José Padilla, « le cyclone de Jerez », un tremendiste surtout mais qui ne triche pas, expose beaucoup et réussit parfois de très émouvantes prestations : le public nîmois put en juger en l'an 2000, face aux Palha. Mais les graves blessures de l'an 2001 risquent de diminuer l'enthousiasme de ce vaillant, non dénué de talent. Je m'explique mal, je l'avoue, le rang auquel a pu parvenir *el Tato* (78 contrats en 1996, 88 en 1997, cinquième rang), dont les déficiences techniques et le style lourd m'ont semblé évidents chaque fois que je l'ai vu. Antonio Ferrera, aux jambes de feu, très complet, peut enchanter par son allégresse communicative mais gagnerait à dompter une nervosité excessive. Il est à suivre.

Grâce à ses dons de lidiador et à son talent exceptionnel de banderillero, Luis Francisco Esplá poursuit une longue carrière, en plaçant de temps à autre un récital exemplaire, comme le styliste Juan Mora. On peut considérer comme des révélations intéressantes, mais à confirmer, Víctor Puerto qui, depuis 1996, a démontré, notamment à Madrid, à la San Isidro, avec une technique au point et un poignet autoritaire, de grandes aptitudes pour le toreo vrai, par naturelles de la gauche, et qui s'est hissé au troisième rang en 2000, au cinquième en 2001, grâce aussi à beaucoup de courses dans les pueblos de la Manche. Mais dans ses mauvais jours, il cède à la vulgarité. On suivra avec intérêt Dávila Miura et on fonde quelques espoirs sur le Mexicain *el Zotoluco*.

Une des attractions des années 1990 a été l'avènement d'une femme parmi les toreros les plus taquilleros : Cristina Sánchez, après une campagne très honorable de novillera, a rempli 64 contrats en 1996 et 62 en 1997 ; elle a subi de façon tout à fait acceptable l'épreuve de la San Isidro.

Deux toreros français sont parvenus à se faire une place enviable dans la torería andante : à force de volonté, de courage, de patience, le Nîmois Stéphane Fernández Méca a imposé une technique sobre mais efficace face à des toros durs comme les Palha (il a même affronté un encierrro de six Palha à Aire-sur-Adour en mai 2001). Il a ainsi rempli 30 contrats. L'Arlésien Jean-Baptiste Jalabert *Juan Bautista*, né parmi les toros, dont la formation a été parfaite, a effectué de brillants débuts en 2000, toréant 46 corridas, souvent en compagnie des meilleurs. Il a maintenu un rang honorable en 2001 (36 courses), mais avec plus de difficulté et moins de coups d'éclat. À notre sens, il gagnerait à toréer plus rarement en compagnie de Ponce ou du *Juli* : le challenge est, pour le moment au moins, trop difficile.

Et, en octobre 2000, Curro Romero a annoncé sa retraite. Fin d'une époque. En novembre 2001, sa statue a été inaugurée devant la Maestranza, théâtre de la plupart de ses exploits.

La tauromachie de cette fin de siècle inspire quelques réflexions que je livre au lecteur. En dépit d'un enrichissement évident, de nombreux jeunes gens en Espagne rêvent encore d'être toreros. La plupart des aspirants à l'habit de lumières n'ont pas faim, qu'ils viennent de Madrid et de sa banlieue, de toutes les Andalousies, du Levant, de la Manche, de Castille-León, d'Estrémadure, d'Aragon, voire de Navarre et du Pays basque. C'est le cas des héritiers des dynasties toreras, issus de familles à l'abri du besoin, qui tentent avec un bonheur inégal de se faire un nom (ou un prénom) dans la torería : *Litri*, Aparicio, Camino, *Chamaco*, Rivera Ordóñez, etc. Les jeunes Français ou Portugais, qui suivent l'enseignement des écoles taurines, sont dans le même cas. Ainsi se trouve dissipé un mythe longtemps entretenu, notamment parmi les « intellectuels » européens. Qui plus est, les talents prolifèrent, qui sont dignes des plus brillantes époques de la tauromachie, la décennie 1990 vient de le démontrer. Le problème majeur est tout autre.

Il s'agit des toros. Alors que la consommation des bêtes atteint des sommets, afin d'approvisionner le marché des corridas et des novilladas en expansion continue, les élevages de qualité restent l'exception. De surcroît, s'est malheureusement imposée aux organisateurs la fiction trompeuse des toros lourds. Une confusion s'est établie entre le poids et le trapío. On voit sortir des animaux de superbe apparence, mais dont le poids de viande n'est pas toléré par le squelette après deux ou trois tours de piste. Après la première pique, et souvent avant même cette pique, les toros commencent à tomber. Ou bien ils se figent, n'ont plus de charge. D'autre part, selon leurs origines, leur patrimoine génétique, ils peuvent ou non parvenir à un certain poids. L'ossature des Miura tolère parfaitement 550, 580 ou 600 kilos. À l'inverse, les Jandilla, les Samuel Flores, les divers Domecq sont souvent en difficulté lorsqu'ils dépassent les 510 à 520 kilos et s'accommodent beaucoup mieux d'un poids de 470 à 500 kilos. C'est très exactement ce que nous disait au campo en novembre 2001 le mayoral des Marqués de Domecq. Le résultat est que les toros donnent souvent plus de jeu dans les arènes de deuxième catégorie. Mais comment affronter les « ayatollahs » du *tendido 7* à Las Ventas ?

Au cours des années 1990, les Victorino Martín, les Cebada Gago, les Cuadri, les Baltasar Ibán, les Marqués de Domecq et les Juan Pedro, devenus rares, les Manolo González, quelques lots du Puerto de San Lorenzo ou d'El Torreón ainsi que les Palha et les Murteira Grave, parfois les Samuel Flores et plus récemment les Victoriano del Río, ont donné de belles satisfactions. Mais il a fallu subir d'autres élevages presque toujours consternants, en dépit de miraculeuses exceptions : Alcurrucén, Jandilla, un Torrestrella bien déchu, Los Bayones, El Torero, Los Guateles, Viento Verde, et tant d'autres que je ne nommerai pas, par pure charité. Même les élevages en apparence les plus sûrs révèlent de navrantes faiblesses. Le malheur est que les corridas sont trop nombreuses. De plus, l'activité ganadera est souvent devenue rentable, alors que jusqu'aux années 1960, elle était surtout le signe d'une passion et d'une recherche de prestige social. Le nombre des élevages se multiplie alors que l'espace manque et les aliments composés tiennent une place exagérée dans la nourriture du bétail, ce qui contribue à sa faiblesse d'ensemble. Enfin, l'afeitado, manipulation jamais totalement disparue mais devenue exceptionnelle de 1953 à 1965, est revenue en force et concerne maintenant une majorité de toros.

Une dernière observation. Lorsqu'il prononça, le dimanche de Pâques 1997, le *pregón* traditionnel de la Maestranza de Séville, Rafael Atienza, marquis de Salvatierra, rappela que de tout temps les grands toreros avaient recherché des facilités en matière de toros. Et d'évoquer Guerra, *Joselito* ou Belmonte. Mais, ajoutait-il, ces mêmes toreros savaient qu'ils devaient aussi au cours d'une saison affronter un certain nombre de toros réputés difficiles, durs ou dangereux. De tels affrontements étaient nécessaires à leur prestige et faisaient partie de leurs responsabilités. Or, aujourd'hui, un tel comportement, qui fut encore celui des frères Vázquez et d'Antonio Ordóñez, d'Aparicio ou d'*Antoñete*, de Diego Puerta et de Jaime Ostos, a presque disparu. Les toros durs sont réservés à une catégorie spéciale de toreros ! Pourtant, un *Juli*, un Ponce, un José Tomás (ils l'ont prouvé) sont capables de relever ce défi. Malgré les réticences des apoderados on a cru déceler quelques signes d'une tentation de ce genre. Sera-ce illusion ?

VII

LA TAUROMACHIE HORS D'ESPAGNE

Si la tauromachie est avant tout une affaire espagnole, elle n'est pas restée confinée en Espagne, qu'il s'agisse des jeux tauromachiques en général ou de la corrida selon le rite espagnol. L'Amérique espagnole dans son ensemble, mais avec d'importantes différences géographiques, la France et le Portugal sont aussi territoires taurins.

LA TAUROMACHIE DANS L'AMÉRIQUE ESPAGNOLE

On demeure stupéfait de la précocité avec laquelle les jeux tauromachiques se sont implantés en Amérique. Ce fut le Mexique qui donna le ton, grâce à l'abondance du bétail bovin, intégralement importé on le sait : de 1521, année où s'achève la conquête du plateau central mexicain, l'Anahuac, jusqu'en 1529, des milliers de bêtes sont introduites au Mexique. Elles vont croître et se multiplier. Il faut croire qu'un certain nombre des animaux importés étaient de race brava car très vite des corridas sont célébrées sous des formes diverses.

C'est Hernán Cortés lui-même qui ordonne la célébration de la première corrida, le 13 août 1529, jour de la Saint-Hippolyte et anniversaire de la reddition de Tenochtitlán (nom aztèque de Mexico). Sept toros sont courus sur la plaza mayor, dont deux sont mis à mort. Par la suite, plusieurs spectacles taurins furent organisés sur la plazuela du Marquis, dans le quartier de la cathédrale actuelle de Mexico, et ils devinrent rapidement si populaires que le deuxième vice-roi de Nouvelle-Espagne (nom donné au Mexique), Luis de Velasco, prit une part active, personnelle, à leur célébration. Au milieu du XVIe siècle, les spectacles se déplacèrent vers la plaza du Volador, sur laquelle fut édifiée une arène en bois, ou vers d'autres arènes comme celles de San Diego et de Los Pelos. En 1769, l'architecte Iniesta Bejarano traça le plan d'une arène importante, de forme quadrangulaire, comme celles que l'on utilisait alors en Espagne, mais la réalisation par Guerrero y Torres, à la fois architecte et organisateur de spectacles taurins, fut un peu différente. Dès lors, plusieurs plazas furent édifiées en Nouvelle-Espagne selon un plan polygonal (généralement un octogone), jusqu'en 1788, date de la première arène circulaire, en bois, celle de San Pablo. Il faut souligner que le succès considérable des jeux taurins au Mexique suscita en effet la construction d'arènes consacrées à ces jeux dans un grand nombre de villes : Durango, Vera Cruz, Guanajuato, Tehuantepec, Real de Catorce, Aguascalientes, Patzcuaro... Au XIXe siècle, l'évolution du spectacle vers la forme actuelle de la corrida assura le triomphe de la forme circulaire. À Mexico furent ainsi construites les plazas du Paseo Nuevo, de San Rafael (1887), de Colomb, de Bucareli, et en 1907 celle d'El Toreo, capable de recevoir 26 000 spectateurs, puis la Monumental inaugurée en 1946, entonnoir impressionnant qui accueille 50 000 personnes. D'autres grandes plazas furent construites à Guadalajara, Puebla, León, Querétaro, Aguascalientes, Tijuana, celle-ci ayant pour vocation de drainer les amateurs venus des États-Unis [1].

Dès le XVIe siècle, les jeux tauromachiques furent également introduits dans la plupart des régions de l'Amérique hispanique. Cependant, la corrida ne s'implanta pas durablement dans les pays qui constituent ce que l'on appelle « le cône sud » (Argentine, Uruguay, Paraguay, Chili). En revanche, elle est devenue très populaire au Venezuela, en Colombie, Équateur, Pérou et même en Bolivie où elle accompagne les fêtes de village. La tauromachie est également pratiquée au Costa Rica et au Panamá. On observera qu'elle est présente dans la littérature hispano-américaine (citons au moins le très beau roman péruvien *Yawar-Fiesta*, de José María Arguedas) et dans l'artisanat indigène qui produit (surtout au Mexique, en Équateur, au Pérou et en Bolivie) de très belles et très originales figurines taurines.

En dehors du Mexique, c'est sans doute en Colombie que la corrida moderne s'est le plus largement diffusée grâce à l'existence de plusieurs grandes villes qui organisent chaque année leur féria : celle de la capitale, Bogotá, n'est pas la plus importante. Elle vient après celle de Cali et les férias de Manizales ou Medellín sont aussi courues que celle de la capitale. Il faut encore citer les férias d'Armenia, Pereira, Carthagène des Indes, et quelques autres de moindre renom (Barranquilla, Cucuta, Santa Marta).

Au Venezuela, l'afición concerne avant tout l'ouest du pays, c'est-à-dire la partie andine, avec les férias de Maracaïbo, Mérida, Valencia et San Cris-

1. *Revista de Estudios Taurinos*, nº 5, Séville, Fundación de Estudios Taurinos, 1997, p. 53-78. À consulter également la revue *Toros*, nº 1565, Nîmes, 6 novembre 1997, « Histoires mexicaines » ; on verra que certains vice-rois comme Juan de Ortega y Montañez et le duc d'Albuquerque au XVIIIe siècle ont joué un grand rôle dans l'expansion de la corrida au Mexique.

tóbal : cette dernière est la plus réputée. En Équateur, les deux plus grandes villes, Quito et Guyaquil, ont profité de la prospérité relative (hélas éphémère) due au pétrole pour organiser des férias notables (*Jesús del Gran Poder* à Quito) qui se maintiennent à un bon niveau, et quelques autres plus modestes (Ambato, Cuenca, Riobamba). Au Pérou, la capitale Lima a deux grandes arènes, dont la plus connue est celle de Acho avec la féria célèbre du « Christ des Miracles ». Acho a presque deux siècles et demi d'existence puisque la place fut inaugurée le 16 février 1766. La féria de Trujillo est d'une certaine importance [1].

Les pays de l'Amérique espagnole ont cherché à se doter d'élevages de bétail bravo en utilisant des étalons et des vaches espagnoles. Ainsi, au Mexique, la première ganaderia brava fut celle de Atenco, créée en 1752. Par la suite, nombre d'élevages furent installés, surtout dans les hautes terres, notamment à Tlaxcala (Piedras Negras, Tepeyahualco, La Laguna, Coaxamalucán, Zacatepec), plus au nord près de Guanajuato (Quiriceo), dans le Jalisco et à Aguascalientes à l'ouest (La Punta, Armillita Hermanos), au nord autour de Zacatecas (Torrecilla). Piedras Negras fut le meilleur élevage du Mexique jusqu'en 1950. Actuellement, se détachent les noms de Real de Saltillo, San Martín, Fernando de la Mora, Garfias, Manolo Martínez, Mimiahuapán [2]. Au Pérou, la réforme agraire conduite par le gouvernement militaire du général Velasco a sonné le glas des élevages bravos, et le Pérou, qui a recomposé récemment quelques élevages, dont ceux de Roberto Puga et de Corazón de Oro (ex-Chuquizongo), doit maintenant importer des toros du Mexique ou d'Équateur. Ce dernier pays a constitué quelques élevages de bonne qualité : j'ai eu, pour ma part, le loisir de voir à Quito en 1997 deux bons encierros de Huagrahuasi (la maison du toro), constitué dans les années 1960 avec un étalon de Santa Coloma et des vaches Pinto Barreiros, « rafraîchi » ensuite avec des Conde de la Corte. Il y a aussi les Atocha (José Luis Osborne), El Pinar (Baltasar Ibán), Campo Bravo, Carlos Manuel Cobo, Mirafuente. L'Équateur dispose de grands espaces, situés souvent au pied des volcans. Les deux fincas de Huagrahuasi ont 300 hectares de pâturages pour 300 têtes. Carlos Manuel Cobo offre 328 hectares à 220 animaux. De la sorte, l'Équateur peut tout à la fois approvisionner le marché national (en 1997, les sept corridas et les deux novilladas de la féria de Quito furent pourvues en bétail équatorien) et vendre des lots au Pérou ou en Colombie [3]. On sait que, dans ce dernier pays, César Rincón a créé un élevage (Las Ventas del Espíritu Santo) avec du bétail provenant de Marqués de Domecq. Cet élevage a obtenu un triom-

1. On peut consulter Francisco LÓPEZ IZQUIERDO, *Los Toros del Nuevo Mundo (1492-1992)*, Madrid, Espasa Calpe, col. « La Tauromaquia », 1992.

2. Revue *Toros*, n° 1566, Nîmes, 25 novembre 1997, « Histoires mexicaines 2. Le passé de l'élevage mexicain ».

3. Je me permets de renvoyer à mon article, paru dans la revue *Toros*, n° 1569, Nîmes, 2 janvier 1998, « À propos de la féria de Quito. Toros en Équateur ».

phe lors de la féria de Cali de décembre 2001, ce qui permet d'entretenir quelques espoirs.

D'une façon générale, les toros américains tombent peu et les meilleurs permettent de longues faenas. Mais cette vertu est malheureusement compensée par un manque de force fréquent face aux chevaux et une charge souvent trop molle, enfin des armures discrètes.

L'Amérique espagnole ne donne pas seulement des toros, elle a formé des toreros dont la contribution à la corrida universelle est tout à fait importante. Le Mexique a été le plus fécond en toreros de grande valeur. La critique internationale distingue trois grands toreros mexicains : Rodolfo Gaona, contemporain de *Joselito* et Belmonte, torero fin et racé, créateur de la *gaonera*, célèbre passe de cape de frente por detrás, Fermín Espinosa *Armillita*, né à Saltillo et d'origine indienne, qui, selon Auguste Lafront, fut un torero scientifique « l'un des plus efficaces dominateurs de toros de son époque ». Sa meilleure saison fut 1934, année au cours de laquelle il se produisit douze fois en France ; il inventa à la fin de sa vie la *saltillera*, sorte de manoletina donnée avec la cape ; enfin, Carlos Arruza, rival de *Dominguín* et de *Manolete*, torero complet au répertoire étendu, doué de qualités physiques hors du commun, banderillero sensationnel, qui savait aussi créer l'émotion. Mais on trouverait sans grand effort une douzaine d'autres diestros d'un réel talent : Miguel Espinosa *Armillita Chico*, fils de Fermín, *Carnicerito de México*, Luis Freg, Lorenzo Garza, Antonio Velázquez, Luis Procuna, Jesús Córdoba, Joselito Huerta, Pepe Ortiz, Alejandro Silveti, dont le pendule répété trois fois fit sensation lors de la San Isidro 1995. Actuellement, *el Zotoluco*, qui a obtenu des succès intéressants en France et en Espagne en 2001, porte une partie importante des espoirs des aficionados mexicains.

Il est surprenant que le Pérou, terre de tradition taurine très ancienne, n'ait pas encore donné un grand torero. Ces dernières années, Rafael Gastañeta a fait parler de lui en bien. Confirmera-t-il ? Même situation en Équateur où, chaque année, on croit à une révélation : le torero espéré aujourd'hui s'appelle Juan Pablo Díaz. Mais le Venezuela et la Colombie peuvent s'enorgueillir légitimement d'être la patrie d'authentiques figuras : au Venezuela, les frères Girón, César et Curro, arrivèrent l'un et l'autre en tête de l'escalafón : César en 1954 et 1956, Curro en 1959 et 1961. Toreros largos, animateurs appréciés, bons capeadors et banderilleros, ils ont alterné avec les plus grands sans démériter. César avait sans doute plus de classe, Curro plus d'abattage. Leurs frères, Rafael et Efraín, de même que Morenito de Maracay, ne se sont pas hissés à leur niveau.

La Colombie avait déjà produit un bon torero, Pepe Cáceres. Mais, grâce à César Rincón, dont les triomphes ouvrirent quatre fois la Grande Porte de Las Ventas en 1991 et 1992, elle est la patrie d'un des meilleurs toreros de cette fin de siècle. Grâce à lui le public madrilène a crié plusieurs fois :

« *Viva Colombia !* » On a présenté dans le chapitre précédent les mérites de César, qui n'a presque jamais triché ou ne l'a fait que contraint par l'épuisement.

On observera enfin que le torero français *Nimeño II* obtint d'authentiques triomphes aux Amériques, notamment au Mexique (Aguascalientes, Mexico), pays où il avait conquis un grand cartel, et au Venezuela (Mérida, Valencia, Maracay). Il fut aussi deux fois le triomphateur de la féria péruvienne de Trujillo.

LA TAUROMACHIE EN FRANCE

Le midi de la France connaissait les jeux taurins depuis une lointaine antiquité, sous des formes différentes de celles pratiquées en Espagne, et ces jeux avaient donné lieu à l'épanouissement de plusieurs techniques dans lesquelles le toro pouvait devenir plus célèbre que les hommes qui le combattaient, ainsi en Provence et autour du delta rhodanien avec le *razet* (ce que l'on appelle la « course libre ») et dans les Landes, avec les écarteurs. L'introduction de la corrida à l'espagnole s'est effectuée au milieu du XIXe siècle.

Le choix de Biarritz comme résidence d'été de la cour impériale fut l'élément décisif. L'impératrice était l'Espagnole Eugénie de Montijo, et l'organisation des premières corridas « à l'espagnole », en août 1853, à Bayonne, avec *Cúchares* comme figure de proue, auxquelles Théophile Gautier vint assister et qui furent « couvertes » par la presse parisienne (*Le Moniteur*, *L'Illustration*), eurent un peu le sens d'un hommage à l'impératrice. De fait, la famille impériale honora de sa présence les courses des années 1856 et 1857. Pendant dix ans (1853-1862), la plaza bayonnaise du Saint-Esprit (3 741 places) joua ainsi le rôle de cheval de Troie de la corrida espagnole en France, avec des fortunes diverses : les courses de 1861 furent brillantes grâce à Antonio Sánchez *el Tato*.

À partir de Bayonne, l'engouement pour la tauromachie espagnole gagna les Landes, mais échoua dans un premier temps dans la banlieue de Bordeaux (Mérignac). Une cuadrilla composite, dirigée par le Gaditain Pablo Mesa, tenta d'implanter le spectacle dans d'autres régions du grand Sud-Ouest (Périgueux, Agen, Poitiers), en risquant de temps à autre une mise à mort, et même au Havre : seize courses en 1868, avec des toros emboulés et non estoqués ! Mais c'est à Nîmes, puis Arles et dans le Midi rhodanien que la corrida à l'espagnole allait conquérir les publics et droit de cité.

Une première tentative fut réalisée par la cuadrilla de Basilio González, obscur novillero, en 1853 : il donna plusieurs spectacles de juin à septembre, à Nîmes, Arles, Marseille et Avignon. Cette équipe revint à Nîmes en 1854 et 1855, se produisit à Carpentras en 1858 et à Béziers en 1859. Mais il s'agissait de ce que Paco Tolosa appelle « la tauromachie burlesque ».

Soit un spectacle hétéroclite comprenant les sauts à la perche par-dessus les toros, des attractions diverses dont un « colin-maillard » taurin, un toreo avec échasses (!), une ferrade, des courses à la cocarde, etc. Les mises à mort étaient simulées [1].

Les Nîmois aspirant à une tauromachie plus authentique, la municipalité obtint en 1863 de l'entrepreneur García l'organisation de deux corridas « intégrales » en 1863, les 10 et 14 mai, avec participation d'Antonio Sánchez *el Tato* et de sa cuadrilla. Mais l'impresario ne respecta pas l'engagement pris à propos du bétail, de sorte que les toros vinrent de Camargue et donnèrent un jeu médiocre, à la grande déception du public. Pour assister à une vraie corrida, les Nîmois durent attendre le 13 août 1865 : cette fois *el Tato* estoqua bien six toros espagnols de Veragua. La même année, les 16 et 18 juillet, deux matadors de deuxième ordre avaient tué à Mont-de-Marsan treize toros navarrais. Ces courses de 1865 eurent un réel impact médiatique, mais les protestations de la SPA (qui ne concernaient que les chevaux, et non les toros) provoquèrent ici et là des réactions contrastées des autorités (préfets et maires).

De la sorte, pendant une vingtaine d'années, les spectacles mixtes furent de loin les plus nombreux. La plupart du temps, les toreros engagés étaient des modestes qui ne pouvaient offrir qu'une image pâle de la corrida. Les picadors étaient absents ou, s'ils faisaient partie du spectacle, les cornes des toros étaient emboulées afin de préserver les chevaux. Dans les Landes, et notamment à Mont-de-Marsan, les courses mixtes s'étaient imposées : les Landais commençaient à « écarter » les toros, qui étaient ensuite toréés à la cape par les Espagnols. Venait ensuite l'épisode des banderilles, puis les Espagnols toréaient à la muleta mais, par économie, on ne tuait qu'un toro par course !

À partir des années 1880, Nîmes, qui tire avantage de ses prestigieuses arènes romaines, présente plusieurs corridas intégrales avec au programme d'authentiques figures : Ángel Pastor en 1883 et 1884, *Frascuelo* lui-même en 1885, victime d'ailleurs, le 10 août 1885, d'une grave blessure, infligée par un Veragua. Dans ces mêmes années 1880, une dizaine de villes du midi de la France donnent des courses, de caractère divers : en plus de Nîmes, Bordeaux, Mont-de-Marsan, Dax, Toulouse, Céret, Béziers, Montpellier, Avignon, Arles, Beaucaire, Marseille. Après une longue parenthèse, Bayonne se joint à ce lot à partir de 1885.

L'épisode le plus étonnant de cette période, ignoré par une grande part de l'opinion française, est celui des corridas parisiennes. En 1865 et 1884, des toreros espagnols s'étaient produits à l'Hippodrome, mais il s'agissait de parodies. Plusieurs arènes provisoires furent montées ensuite, dont la *Plaza de Toros* de l'Exposition universelle, près du Champ-de-Mars. Une

1. Pour tout ce qui précède, on se référera à Auguste LAFRONT (*Paco Tolosa*), *Histoire de la corrida en France,* op. cit.

douzaine de courses y eurent lieu : l'événement marquant fut la mise à mort du seul toro qui ait été estoqué à Paris, le jeudi 4 juillet 1889, par un certain *Lagartijo*. Ce fut un séisme médiatique ! La presse ouvrit ses colonnes aux partisans et adversaires de la mise à mort, qui s'insultèrent à loisir. L'épisode avait révélé en tout cas une certaine disponibilité du public parisien à l'égard de la corrida. La « Gran Plaza de Toros du bois de Boulogne », édifiée près de la rue Pergolèse, prétendit y répondre. C'était une arène monumentale, très confortable, telle que l'Espagne elle-même n'en possédait pas encore, avec une piste de 56 mètres de diamètre, d'une capacité de 22 000 places, dotée de tous les équipements annexes nécessaires. Menée grand train, la construction fut achevée au mois d'août 1889 et l'inauguration eut lieu le samedi 10 août en présence du ministre de l'Intérieur, Constans. Dès le 8 septembre, on compta 14 000 spectateurs ; le 15 septembre, l'arène se remplit pour voir *Lagartijo*, *Frascuelo* et Mazzantini ! Le plein se renouvela le 27 octobre pour *Guerrita*, qui avait été sensationnel trois jours avant. Entre le 10 août et le 10 novembre, vingt-huit courses furent données à Paris qui put voir à l'œuvre toutes les grandes figures de la tauromachie : outre *Guerrita* (cinq fois !), Mazzantini, *Lagartijo* et *Frascuelo*, *Currito*, Ángel Pastor, *Cara Ancha*. Les toros étaient tous importés d'Espagne. Ils n'étaient pas piqués, au moins lors des premières courses (ils furent ensuite emboulés), et n'étaient pas mis à mort dans l'arène.

Cette première saison avait été brillante, elle avait attiré le tout-Paris, avait suscité des commentaires de presse élogieux. La deuxième (1890), avec quarante et une courses, le fut moins, en l'absence des grandes figures. La SPA multiplia les tracasseries et les incidents. Le déclin s'accentua en 1891 et 1892 (vingt-six et trente-cinq courses). La corrida s'accommodait mal des limitations auxquelles elle était soumise. Au début de 1893, l'entreprise était en faillite.

Dans le même temps, la corrida intégrale gagnait la partie dans le Sud. Les villes se dotaient d'arènes permanentes, telles celles du Plumaçon à Mont-de-Marsan (1889), ou celles des Amidonniers à Toulouse qui allaient durer seize ans : 1898-1914. Mais c'est contre les pouvoirs publics que cette partie fut gagnée : le 27 juin 1884, le président du Conseil, Waldeck-Rousseau, avait adressé aux préfets (qui dans le Midi fermaient volontiers les yeux) une circulaire leur rappelant que les corridas étaient interdites sur le territoire français, en vertu de la loi Grammont. Cette circulaire resta sans effet en 1885, à Nîmes, Bayonne, Dax, Mont-de-Marsan. Une nouvelle circulaire de 1886 fut respectée plusieurs années, jusqu'en 1890. Mais en 1891 les infractions se multiplient, sous la pression conjuguée des publics et des organisateurs, avec la complicité des municipalités. On commence par n'estoquer que le sixième toro, puis les deux derniers, les trois derniers. En 1893, Nîmes organise plusieurs corridas intégrales et trente-trois toros sont estoqués au cours de cette saison. Le préfet du Gard ne réagit pas.

La saison 1894 s'avère décisive. La fantaisie d'un millionnaire, Max Lebaudy, qui organise une corrida privée, avec mise à mort de quatre toros, dans sa propriété privée de Maisons-Laffitte, déclenche le conflit après des protestations pressantes de la SPA. Le président du Conseil, Charles Dupuy, interdit la dixième corrida de la saison nîmoise, le 26 septembre, et reste sourd à toutes les démarches de la municipalité. Les villes du Sud-Ouest encouragent Nîmes à résister : une corrida de compensation est organisée le 14 octobre. Une foule énorme accourt de tout le Midi ; Frédéric Mistral, prix Nobel de littérature, vient soutenir le maire de Nîmes. Les six toros de Benjumea sont estoqués par *el Gallo*, *Bonarillo*, *Pepete*, *Quinito*, *Falco* et *Litri*. La révocation du maire de Dax, très maladroite, entretient le conflit qu'alimente l'arrêt de la Cour de cassation de février 1895, confirmant la loi Grammont. Dès lors, les conflits se multiplient. Plusieurs ministres, dont Georges Leygues, échouent à obtenir l'application stricte de la loi. C'est une véritable fronde dans une grande partie du Midi. Plusieurs compromis sont tentés. En fait, les corridas intégrales se multiplient. Le pouvoir est bafoué. On sait qu'une loi du 24 avril 1951, votée par le Parlement, autorisera finalement la corrida sous certaines conditions et dans certaines villes. Dès lors, et même dès 1895, l'histoire de la corrida en France suit le cours de l'évolution espagnole (par exemple, adoption du caparaçon en 1928). Naturellement, les conflits (guerre de 1914-1918, Guerre civile d'Espagne, Seconde Guerre mondiale) ont exercé une influence importante [1].

Quelques observations doivent cependant être présentées : d'abord, dans plusieurs villes du Midi (Arles et Nîmes, Mont-de-Marsan, Dax, Bayonne) et dans quantité de petites villes ou bourgades du Sud-Ouest ou du Sud-Est, notamment dans celles où la course à la cocarde ou à l'écart est associée à la corrida espagnole (par exemple, Beaucaire, Lunel, Vauvert, Saint-Gilles, mais aussi les bourgades landaises), la tauromachie est devenue un fait de société dont les implications économiques et politiques sont considérables. Les férias taurines comptent beaucoup dans l'économie de villes comme Nîmes, Mont-de-Marsan, Vic-Fezensac. Il n'est pas douteux qu'en 1983 la tauromachie ait pesé sur les élections municipales de Nîmes : alors qu'Émile Jourdan, personnalité populaire, maire depuis dix-huit ans, envisageait comme probable sa réélection, il suffit que Simon Casas, écarté de la direction des arènes, prenne la tête d'une liste dissidente, qui obtient plus de deux mille voix, pour faire pencher au deuxième tour la balance en faveur de Jean Bousquet « Cacharel ». Et, à peine élu, le nouveau maire déclare : « Nous avons repris les arènes. » Comme à Arles, le tissu économique et le tissu social sont en quelque sorte « imbibés » de tauromachie. En 1990, il y avait à Nîmes quatre-vingts *peñas* taurines (les *peñas* sont en

1. Auguste LAFRONT (*Paco Tolosa*), *Histoire de la corrida en France*, op. cit.

quelque sorte des clubs) et pendant les férias quantité de garages, de cours, de caves, de magasins inoccupés se transforment en *bodegas* où l'on boit, commente, chante, danse durant une bonne partie de la nuit. Plusieurs agences de voyages organisent des déplacements vers les grandes férias espagnoles, voire à Mexico, Cali ou Lima. À Arles comme à Nîmes existent des écoles taurines dont l'enseignement est très suivi. La proximité de la Camargue et de ses manadiers ou de ses gardians donne au climat de ces deux villes un cachet spécial parce que la sortie au campo fait partie de la vie. Dans une petite ville comme Vic, le budget de la tauromachie a une importance exceptionnelle. D'autant que les férias attirent vers les villes taurines du Midi un très grand nombre de curieux et de touristes qui ne vont pas aux arènes.

Le phénomène des férias a pris en effet une place essentielle. Jusqu'en 1950, chaque place importante donnait plusieurs corridas ou novilladas par an, mais sans continuité. Nîmes qui, en 2002, fête le cinquantenaire de sa féria, a donné le ton : commencement modeste avec deux corridas pour Pentecôte (dimanche et lundi). En 1963, on passe à trois corridas consécutives avec le renfort du samedi. Dès 1952, Arles a imité Nîmes mais avec une corrida et une novillada. En 1979, dernière année de la gestion Aymé, Nîmes en était à cinq spectacles (trois corridas, une corrida de rejón, une novillada). *Simón Casas* amplifie la féria de Pentecôte, doublée par celle des Vendanges, en septembre (trois corridas). Nîmes va jusqu'à organiser deux spectacles par jour et en 1989 la féria de Pentecôte est forte de huit spectacles, celle des Vendanges de sept, concentrés en quatre jours. En 1990, ce fut l'inflation : vingt-six courses, dont cinq novilladas en février sous la bulle des arènes, treize en neuf jours lors d'une féria de Pentecôte étirée du 27 mai au 4 juin. C'était sans doute trop. Les années suivantes, le nombre des corridas fut légèrement diminué.

Plusieurs villes avaient suivi l'exemple nîmois : Arles, avec deux férias, l'une pour Pâques, l'autre en septembre (prémices du riz) ; Mont-de-Marsan en juillet (féria de la Madeleine) ; Béziers et Dax en août ; Vic-Fezensac pour Pentecôte, en dépit de la simultanéité de la féria nîmoise. Chacune de ces férias proposait dans les années 1990 au moins quatre spectacles, en majorité des corridas. Bayonne a préféré multiplier les dimanches taurins en août et septembre [1]. Curieusement, Toulouse, qui eut plusieurs arènes (les Amidonniers, Balma, et surtout le Soleil d'Or), ne parvint pas à créer une féria : ce fut sans doute la cause première de la fermeture des arènes.

Il faut aussi souligner l'effort pour créer des élevages de toros bravos susceptibles de fournir des produits pour les novilladas et même les corridas

---

1. À propos de l'histoire des férias françaises depuis un quart de siècle, voir Bartolomé BENNASSAR, *Histoire de la tauromachie*, op. cit., p. 182-198. Mais il existe aussi des histoires de la tauromachie pour toutes les villes taurines de France, souvent publiées par l'Union des bibliophiles taurins de France (Arles, Nîmes, Béziers, Toulouse, Bayonne, etc.).

françaises. Ce fut Christophe Yonnet qui joua le rôle de pionnier. Le manadier de la Belugo décida, en 1950, d'acheter l'élevage de Conchita Cintrón, qui provenait de la ganaderia portugaise de Pinto Barreiros, de pure race Vistahermosa. Son fils Hubert envoya en 1956 toutes les vaches « croisées » à la boucherie, de sorte que toutes ses bêtes furent désormais de souche espagnole et tous les produits qu'il a vendus depuis 1959, en novillada ou corrida, procèdent donc du bétail bravo espagnol. Hubert Yonnet a pu présenter ainsi plusieurs lots en place d'Arles, de Nîmes et d'autres arènes françaises et même à Barcelone, Séville et Calatayud. Le 4 août 1991, il est le premier éleveur français dont les toros foulent le sable de la plaza de Madrid, ce qui est la consécration. En 1992, par exemple, il a fait combattre vingt-neuf de ses novillos dans les places françaises, et encore treize en 2001, dont un lot remarquable, combattu le 24 février à Nîmes à l'occasion de la féria de *Primavera*, supérieur à celui de l'an 2000, qui n'était déjà pas si mal. On notera que les Yonnet ont trois fers : Hubert, Françoise et les héritiers de Christophe.

D'autres éleveurs français ont suivi cet exemple : Pourquier, Lucien Tardieu, Gilbert Mroz, Mimi André, Aimé Gallon, Occitania... En 2001, on a pu apprécier les novillos de Cuillé, de pure race Sepúlveda, élevés sur le domaine du Grand Badon. De la sorte, chaque année, les organisateurs peuvent faire appel à plusieurs éleveurs français : plus de quinze en 1999, autant en 2001. En cette dernière saison, 10 % des toros combattus en France et un tiers des novillos (84 sur 260) provenaient des élevages français.

L'effort français pour créer de véritables élevages de toros bravos, la plupart en Camargue, s'accorde avec les préoccupations de nombreux aficionados français qui restent très attachés à l'intégrité du toro de combat, qui, pour employer le jargon des spécialistes, affichent leurs convictions *toristas*. Certaines plazas mettent d'ailleurs l'accent sur les toros : pendant longtemps, Vic-Fezensac a d'abord choisi, pour constituer son plateau annuel, des élevages réputés sérieux, voire durs (Palha, Rocío de la Cámara, Barcial, Cobaleda, Fraile, Cuadri, Victorino Martín à ses débuts), avant d'engager les hommes prêts à les combattre ; à Nîmes, en 1986, Simon Casas ne se réconcilie avec les aficionados qu'en présentant trois grands lots de toros. La petite ville catalane de Céret a fondé la réputation de sa féria estivale sur le choix évident de toros de respect et Alès a tenté, avec un réel mérite, d'agir de même.

Enfin, l'un des phénomènes les plus marquants de la tauromachie française contemporaine est l'émergence des toreros français. Dans un passé déjà lointain, quelques Français avaient réussi à réaliser une carrière honorable dans le très difficile métier de l'arène. On peut citer Gabriel Mistral ou Jean Riboulet, mais le plus important fut Pierre Boudin *Pouly III*, qui parvint à obtenir une confirmation d'alternative à Madrid et fut assez souvent à l'affiche en France de 1927 à 1932. Un autre Arlésien, Pierre

Schull, donna quelques espoirs, de même que le Lyonnais Patrick Varin. Mais le véritable déclic se produisit avec l'octroi en 1968 par la Fondation de la Vocation de sa bourse, déjà fameuse, à deux novilleros nîmois, Bernard Dombs, alias *Simón Casas*, et Alain Montcouquiol. Certes, la carrière tauromachique des deux jeunes hommes avorta précocement, mais ils frayèrent la voie : dès le lendemain de l'alternative, *Simón Casas* se coupa la coleta pour devenir l'homme d'affaires taurin qu'il est resté jusqu'à nos jours, avec un succès peu contestable puisqu'il a géré ou gère plusieurs places espagnoles, outre Nîmes, et qu'il est devenu le fondé de pouvoir de plusieurs toreros en vue.

Quant à Alain Montcouquiol, il prépara le chemin de son frère Christian, *Nimeño II*, et, avec *Simón Casas*, il fit de nombreux émules. Aujourd'hui, alors que le torero catalan Richard Milian prend sa retraite après une carrière bien remplie (il a même coupé une oreille à Las Ventas), poursuivie malgré plusieurs blessures graves devant des toros durs (entre autres plusieurs lots de Miura), alors que le Nîmois Stéphane Fernández Méca atteint à la maturité, triomphe en plusieurs occasions face aux Palha par exemple (ainsi en mai 2001 à Aire-sur-l'Adour où il tue seul les six toros), et obtient une trentaine de contrats annuels, en France et en Espagne, d'autres jeunes toreros français peuvent ambitionner de se faire un nom dans la torería. Denis Loré, qui affronte sans hésiter les toros durs, mériterait un plus grand nombre de contrats car il s'agit d'un torero complet et d'un bon matador. L'avenir appartient peut-être à l'Arlésien Jean-Baptiste Jalabert *Juan Bautista*, grandi parmi les chevaux et les taureaux de Camargue, très doué et déjà maître d'une technique notable, voire au Biterrois Sébastien Castella, mais aussi à une pléiade de novilleros parmi lesquels le Gascon Julien Lescarret (23 novilladas en France en 2001), qui est aujourd'hui matador de toros (alternative le 7 juillet 2002 à Éauze). Mais il est certain que *Nimeño II* demeure l'exemple.

Né le 10 mars 1954 à Spire, en Allemagne (son père y était en garnison), Christian Montcouquiol a vécu intensément la passion des toros, une passion dont il est mort. Dès 1969, en compagnie de son ami Lucien Orlewski *Chinito*, il tue un becerro à Saint-Gilles. En 1972, à Arles, à l'occasion d'une corrida d'Atanasio Fernández, il saute en piste comme espontáneo et parvient à donner quelques passes. Le 17 mai 1975, à Nîmes, où il torée en compagnie de Luis Francisco Esplá et de Macandro, il remporte son premier triomphe de novillero face à des Matías Bernardos. Le 23 mai 1976, à Pampelune, c'est le délire : quatre oreilles et une queue. À la fin de cette saison, il est désigné comme meilleur novillero de l'année par Radio España. Cependant, il reste novillero au début de la saison 1977 et ce n'est qu'après une double présentation réussie à Séville et à Madrid (deux oreilles et Grande Porte le 8 mai) qu'il prend l'alternative, dans sa bonne ville de Nîmes, le 28 mai 1977, face à des Torrestrella, avec Ángel Teruel pour parrain et *Manzanares* pour témoin. Sa saison 1977 est très bonne : il triomphe à Mont-de-Marsan, Huesca, Talavera de la Reina, gagne à Barcelone en septembre le trophée de meilleur torero de la Merced, réalise une campagne d'hiver au Venezuela et en Colombie. Le bilan de cette saison (42 contrats) est tout simplement remarquable. Plusieurs graves blessures en 1977, 1978 et 1979 (Barcelone, Logroño, Madrid) ne l'empêchent pas de s'affirmer : en 1978, il honore 43 contrats. Une éclipse certaine paraît annoncer le déclin en 1983 et 1984 (21 et 17 contrats seulement). Mais à partir de 1985, après une brillante campagne américaine, *Nimeño II* remonte le courant : il obtient 42 contrats en 1987. À la fin de la saison 1988, le torero nîmois parvient à la consécration : une grande faena dessinée à Madrid, le 3 octobre, face au toro *Cubero* du prestigieux élevage de Victorino Martín, à laquelle il manque seulement la conclusion de l'estocade, annonce une grande saison 1989. De fait, *Nimeño II* triomphe à Nîmes, le 12 mai, face à un Miura (deux oreilles), puis le 14 mai, lors de l'inoubliable corrida de Guardiola, qu'il estoque seul à cause de la blessure de Víctor Mendes. Il en est à sa quarante et unième corrida de la saison le 10 septembre 1989 lorsque *Pañolero*, de Miura, lui inflige à Arles une blessure gravissime. Paralysé, ayant perdu tout espoir de revenir aux arènes, Christian Montcouquiol se suicide. Toute la ville de Nîmes suit le cortège funèbre. Il avait toréé 68 novilladas piquées et 428 corridas de toros, sans recevoir jamais l'affront de la bronca[1].

LA TAUROMACHIE AU PORTUGAL

Pendant très longtemps, le toreo portugais, dont la première référence explicite date de 1258, ne se distingue guère de la tauromachie espagnole. Il s'agit d'un sport chevaleresque qui accompagne les grandes fêtes royales ou courtisanes, notamment à l'occasion des mariages royaux, et qui prend le plus souvent la forme de la lanzada, comme le montre Eduardo de Noronha dans son *Historia des Toiradas*.

Pendant la période espagnole (1580-1665), les sources portugaises sont d'une grande discrétion : le jeux taurins correspondent toujours aux événements de cour, telles les fêtes de Villa Viçosa en 1603 données en l'honneur du mariage de Théodore de Bragance et d'Ana de Velas y Gijón. Mais dès la restauration, le Portugal s'affirme comme le royaume du rejón qui est théorisé dans les traités de Francisco Pinto Pacheco : *Tratada da Cavaleria da Gineta* (1670) et d'Antonio Galvão d'Andrade, *Arte da Cavallaria da Gineta e Estardiota* (1678). Cette technique fait le bonheur des corridas royales célébrées alors sur le Terreiro de Paço de Lisbonne. Nous disposons

1. *Sur Nimeño II*, voir le livre admirable à tous égards d'Alain MONTCOUQUIOL, *Recouvre-le de lumière,* op. cit. Signalons encore, pour l'iconographie et les éphémérides, Lucien CLERGUE, Alain MONTCOUQUIOL et Jean CAU, *Nimeño II torero de France*, Paris, Marval, 1992. Et le bilan comptable établi par Pierre MIALANE dans la revue *Toros*, nº 1667-68, Nîmes, 20 décembre 2001.

de nombreuses relations imprimées concernant les fêtes de Cintra (1720) et de la Junqueria, faubourg de Lisbonne (1738). Plusieurs places de toros sont édifiées à Lisbonne : la Estrella, le Campo de Santa Ana, El Salitre, sur le modèle de la Plaza Vieja de Madrid.

C'est au cours de la deuxième moitié du XVIIIe siècle que le toreo à la portugaise prend ses distances avec la tauromachie à l'espagnole. Selon José María de Cossío, cette rupture aurait des origines plus anciennes et serait provoquée par une obsession de la différence à l'égard de l'Espagne, obsession fortifiée par la dépendance portugaise, de 1580 à 1667, même si le goût de nombreux Portugais pour la corrida espagnole devait persister longuement. Cela explique d'ailleurs que les grands toreros espagnols soient venus se produire au Portugal : ainsi *Cúchares* à Lisbonne en 1851 et 1861, *Frascuelo* en 1866. Mais c'est aussi à cette époque que se révèle au Portugal l'un des plus grands rejoneadores de l'histoire : Francisco de Paula de Portugal y Castro (1817-1865). D'autre part, les Portugais continuent à pratiquer une suerte populaire d'origine paysanne, celle dite des pegadores ou des mozos de forcada qui comporte plusieurs modalités (de face, de profil, par-derrière, etc.), mais il s'agit surtout de saisir le toro par les cornes et de l'immobiliser provisoirement.

Le Portugal a donné naissance à un certain nombre de toreros de qualité, ainsi au XXe siècle Manolo de Santos, Víctor Mendes, José Falcón, ce dernier victime d'une cornada mortelle. Ces toreros remplissent la plupart de leurs contrats en Espagne, mais aussi en France où Víctor Mendes a joui d'une grande popularité.

Le Portugal est sans aucun doute aujourd'hui l'objet de l'attention des aficionados toristas, car plusieurs élevages demeurent très remarquables : ils ont pris la succession des grands Infante da Cámara des années 1950 et 1960 ou des Coïmbra. La région d'élevage la plus remarquable est le Ribatejo où sont installés les Oliveira Irmãos qui, en 1987, ont fourni étalons et vaches aux Palha, dont la finca d'Adena est aujourd'hui l'une des plus visitées. La ganaderia de Moura, constituée d'étalons et de vaches d'origine Ibarra, mérite aussi mention. D'autre part, il existe actuellement au Portugal un mouvement assez fort en faveur de l'adoption de la corrida « intégrale », c'est-à-dire achevée par la mise à mort du toro, sous réserve de l'indulto, soit la grâce accordée au toro, circonstance exceptionnelle mais devenue plus fréquente de nos jours [1].

Contrairement aux augures, la corrida ne semble pas menacée de disparition, à court ou moyen terme. L'entrée de l'Espagne et du Portugal dans l'Union européenne a renforcé la position de la corrida en France, où son domaine géographique s'étend du Pays basque (Bayonne) à la Côte d'Azur

---

1. Pour tout ce qui concerne la tauromachie au Portugal, nous suivons José María de COSSÍO, *Toros*, Espasa Calpe, 2e éd. 1967, surtout le tome 4.

(Fréjus), tandis qu'à l'intérieur de l'« aire de tradition », plusieurs villes ont, au cours des dernières années, redonné des spectacles (Gimont, Carcassonne, en 2002). L'avènement de l'Espagne à la prospérité n'a en aucune façon réduit le nombre ou la qualité des vocations : il est en somme prouvé que ces vocations doivent peu à la volonté d'échapper à la misère et à la faim, même si le désir de promotion sociale, notamment en Amérique espagnole, reste un levier puissant.

La corrida sécrète elle-même ses toxines les plus dangereuses. Elle pèche par excès. Depuis les années 1950, le nombre des corridas célébrées en Espagne et en France a été multiplié par trois environ (de 250 à 750, chiffres approximatifs). Il n'est pas douteux qu'il est difficile aux éleveurs — dont beaucoup sont devenus de simples commerçants (parfois organisés en sociétés anonymes) — de fournir pour autant de spectacles des toros de qualité, des animaux « de respect », dont la présentation, la solidité et la charge puissent garantir la dignité de la fiesta. La réponse décisive appartient au public. S'il maintient ou retrouve l'exigence indispensable afin que la corrida demeure décente dans la plupart des cas, reste capable de produire de la beauté et de susciter l'enthousiasme dans les meilleurs jours, la fête des toros survivra longtemps encore. Dans le cas contraire...

Les encastes du taureau bravo

par Christophe Chay

Les groupes de taureaux, qui vivaient originellement à l'état sauvage dans la péninsule Ibérique, furent rassemblés dès le Moyen Âge et utilisés dans le cadre de parties de chasse ainsi que pour d'autres fêtes populaires.

Chaque troupeau présentait des caractéristiques morphologiques et comportementales bien différentes. Certains taureaux étaient plus forts, s'avéraient plus solides et arboraient de longues armures. D'autres bêtes faisaient preuve d'une grande agressivité ou attaquaient avec circonspection.

Après avoir longuement observé l'animal, les premiers éleveurs de taureaux bravos, nobles ou membres de communautés religieuses, élaborèrent une sélection des éléments les plus intéressants. On commença dès lors à croiser plusieurs troupeaux entre eux, parfois même avec du bétail domestique. Progressivement apparurent de grands cheptels dans les principales provinces espagnoles.

Ces différents troupeaux ont ainsi délimité les races historiques du taureau de combat dont on retrouve aujourd'hui la trace dans l'arbre généalogique des élevages contemporains. Fixés autour d'une caractéristique physique et comportementale, ces signes distinctifs des races historiques de taureaux de combat ont ainsi créé le terme d'« encaste ». Derniers liens sanguins avec les races historiques de taureaux bravos, ces encastes contemporains se sont consolidés au cours du XXe siècle et ont donné naissance à une multitude d'élevages modernes.

On trouvera dans les notices suivantes des informations précises concernant l'origine des différents encastes ainsi que les traits majeurs de leur morphologie et de leur comportement en piste. Dans cette présentation, nous avons recherché le maximum d'informations permettant de bien situer généalogiquement les élevages actuels, dont on trouvera les notices dans la partie Dictionnaire.

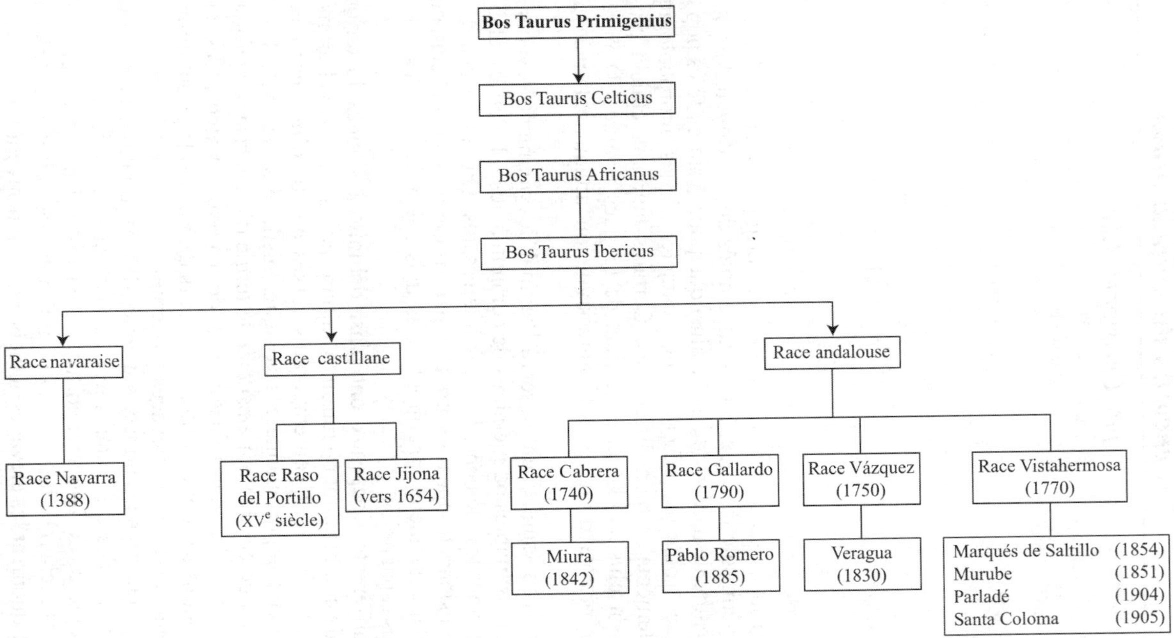
Bos Taurus Primigenius
Bos Taurus Celticus
Bos Taurus Africanus
Bos Taurus Ibericus
Race navaraise
Race castillane
Race andalouse
Race Navarra (1388)
Race Raso del Portillo (XVe siècle)
Race Jijona (vers 1654)
Race Cabrera (1740)
Race Gallardo (1790)
Race Vázquez (1750)
Race Vistahermosa (1770)
Miura (1842)
Pablo Romero (1885)
Veragua (1830)
Marqués de Saltillo (1854)
Murube (1851)
Parladé (1904)
Santa Coloma (1905)

RACES FONDATRICES DU TAUREAU DE COMBAT

RACE CABRERA

Au fil des siècles, plusieurs confréries de moines se sont investies dans l'élevage du taureau de combat. L'une d'entre elles, celle des Chartreux de l'ordre de San Bruno, établie dans la province de Jerez de la Frontera (Cadix), présenta ses taureaux à Madrid le 4 mai 1792.

En 1740, la famille andalouse de Cabrera acquiert justement du bétail bravo provenant des Chartreux de Jerez et des Dominicains de Séville. Né en 1738, José Rafael Cabrera y Angulo est le principal artisan du développement de cette origine, établie sur les terres d'Utrera (Séville). Sa veuve, Soledad Núñez de Prado y Ayllón de Lara, hérite en 1823 du cheptel, avant de le confier à sa sœur Jerónima. Celle-ci donne par la suite les pleins pouvoirs à son neveu, Ildefonso Núñez de Prado, qui mène l'élevage jusqu'au décès de sa tante, en 1852.

Le 4 novembre 1852, Ildefonso Núñez de Prado vend l'élevage à Juan Miura. Ce dernier débourse 65 415 réaux (environ 2 500 €) pour acheter les cent soixante-douze vaches et leurs quelques produits restants.

Chapelier de profession, Juan Miura Rodríguez va développer ce sang et le conserver, obtenant la renommée universelle liée au nom de Miura dans le milieu ganadero. Le taureau issu de cette race se distingue par sa grande taille et un pelage varié, déclinant du *cárdeno* (gris) au noir, en passant par le *colorado ojo de perdiz* (roux avec l'œil cerclé de blanc), *berrendo* (mélange de noir et de blanc), *sardo* (tacheté de trois couleurs différentes) et *jabonero* (couleur du savon). Très fort aux piques, ce taureau s'impose avec puissance en piste et demeure assez méfiant par la suite.

La branche historique Cabrera-Gallardo-Miura est à l'origine des élevages Villalobillos, Tomás Prieto de la Cal et Palha, après les acquisitions de Gil Herrera, Alvareda et Núñez de Prado.

RACE DÍAZ CASTRO-CASTROJANILLOS

L'encaste de Díaz Castro prend véritablement naissance au début du XVIIIe siècle. Établis en Castille, ces taureaux se caractérisent par un volume encore plus impressionnant que celui des produits d'El Raso de Portillo. Les toreros les fuiront, à l'exception de Pedro Romero. Les historiens de la tauromachie estiment que ces taureaux sont le produit de différentes origines moruchas qui étaient combattues aux alentours de Castilla la Vieja et de León.

Établi aux alentours de Pajares de Otero (León), Agustín Díaz Castro possédait un fer en forme d'étoile à six extrémités ainsi qu'une devise blanche. Il fit combattre ses taureaux à Madrid en 1789 lors de l'accession au trône de Charles IV. À la mort de Díaz Castro, ses héritiers vendent un lot de bêtes au marquis de Castrojanillos. Le fer, souvent modifié, passe successivement entre les mains de Francisco Roperuelos, Josefa Gago Roperuelos et Fernando Gutiérrez. En 1864, suite à un conseil de Curro Cúchares, Gutiérrez croise le sang de l'élevage avec un taureau navarrais de Carriquiri.

Craints des toreros, les taureaux de Díaz Castro blessèrent notamment *Pepe-Hillo* ainsi que le célèbre picador de Pedro Romero, Bartolomé Carmona, dont le cou fut fracturé. Selon Natalio Rivas, l'élevage de Luis Rodríguez Sanjuán reprit les bases essentielles de la race de Díaz Castro. Un taureau porteur de ce fer, *Barbudo*, causa d'ailleurs la mort de *Pepe-Hillo* à Madrid, en 1801.

La branche historique Roperuelos-Nuño Ledesma-Escudero-Marca-Lupi est à l'origine des élevages de Lupi, José Luis Marca, Manuel San Román et Cayetano Muñoz.
La branche historique Roperuelos-Peláez-Argimiro Pérez-Emilio Bueno-Millares est à l'origine de l'ancien élevage d'Antonia Julia de Marca, actuellement au nom de Manuel Ángel Millares.
La branche historique Roperuelos-Peláez-Moreno Yagüe-La Laguna est à l'origine de l'élevage de La Laguna, propriété de Pablo Mayoral.

RACE ESPINOSA-ZAPATA

Cette race a été formée au XVIIIe siècle par María Antonia Espinosa y Núñez de Prado, à Arcos de la Frontera (Cadix), et voisine des célèbres troupeaux de Cabrera, Vicente José Vázquez et Vistahermosa.

Le père de María, José Francisco Espinosa y Maldonado-Saavedra, possédait déjà en 1728 du bétail bravo et le vendit pour un total de 345 réaux (soit un peu plus de 13 € !). Le 11 mai 1751, María Antonia Espinosa se marie à Bartolomé Angulo Bohórquez, apparenté à la famille de Cabrera, fondatrice des bases de l'élevage de Miura. María Antonia Espinosa hérite de son père d'une petite portion d'élevage qu'elle complète avec des bêtes de son époux.

Son bétail trouverait ses origines dans le cheptel des Chartreux de Jerez de la Frontera (Cadix) et dans celui du couvent de San Agustín, à Séville. En 1776, María Antonia Espinosa croise ses produits avec des étalons de Francisco Martínez Salido, de Bornos, originaires du couvent de San Agustín.

María Antonia Espinosa présente ses taureaux à la Maestranza de Séville en 1783 face au quatuor formé par Pedro Romero, Juan Conde, *Curro*

Guillén et Juan Aroche. Sa fille María Tomasa hérite de l'élevage et se distingue par la suite par différents dons à des œuvres caritatives.

En 1818, son élevage est divisé en deux parties : l'une est vendue à Francisco de Paula Camino y Padilla ; l'autre est encore partagée en deux, puis achetée par Pedro et Juan Zapata. Pedro Zapata était prêtre. Il lègue sa part en héritage à son neveu, Juan José Zapata Bueno, déjà propriétaire du troupeau de son père. L'élevage de la famille Zapata reste sur les terres d'Arcos de la Frontera jusqu'en 1858.

L'élevage est vendu à Manuel Romero Huaro y Compañía en 1858. Il passe ensuite entre les mains du comte madrilène de la Patilla le 29 juin 1883, avant de devenir la propriété d'Estebán Hernández Martínez en 1893. Celui-ci avait par ailleurs déjà acheté des produits de Mazpule, d'origine portillense, et de Trespalacios, d'origine vazqueña. Estebán Hernández trouve la mort en 1913 après une chute de cheval dans le campo. Ses héritiers poursuivent son travail tout en rachetant une part de l'élevage d'Encinas, d'origine Vega-Villar.

L'élevage est alors mis au nom de Luisa Plá, la veuve d'Estebán. L'un de ses fils, José María, renforce le cheptel en achetant des bêtes de Pinohermoso et Escudero Calvo. José María Hernández Plá disparaît en 1955 et ses fils se partagent l'élevage en trois. Deux parts forment le fer actuel de los Eulogios et de Vergara (ex-Picazo). Le troisième lot correspond à l'actuel élevage des héritiers d'Hernández Plá.

Ces taureaux présentaient des robes allant du sardo au salinero. Moins agressifs que les Cabrera mais moins nobles que les Vistahermosa, les taureaux de Zapata n'étaient pas dépourvus de réelles qualités. L'un d'eux, *Cochinito*, de Juan José Zapata Bueno, fut gracié le 24 juin 1856 à Jerez de la Frontera (Cadix) pour avoir fait preuve d'une grande bravoure. Ce taureau reçut en effet un total de vingt piques et tua huit chevaux.

Ces taureaux causèrent également la mort des picadors Diego Luna (1818) et Alonso Pérez (1830), à Madrid.

RACE GALLARDO

Cette race s'est formée en 1758 à partir d'un achat du curé de Rota (Cadix), Marcelino Bernaldo de Quirós. Celui-ci mélangea des taureaux d'origine navarraise à des vaches des Pères dominicains de San Jacinto de Séville. Francisco Gallardo rachète l'ensemble du troupeau en 1790 et l'installe au Puerto de Santa María (Cadix). L'élevage est ensuite partagé entre Andrés Jiménez (par la suite Domingo Varela, puis Carlos Conradi), Pedro Echeverrigaray, José Luis Alvareda et Gaspar Montero (par la suite Antonio Gil Herrera, puis Juan Miura). À partir de 1842, Juan Miura, fils d'un fabriquant de chapeaux sévillan, rachète l'ensemble des parts, devenant l'unique détenteur de la race Gallardo.

Les taureaux de Gallardo se distinguent par leur magnifique morphologie, encore admirable chez les taureaux de Miura et de Pablo Romero (actuels Partido de Resina). Particulièrement hauts et larges, ces taureaux ont un pelage variant du noir au *castaño* (châtaigne), en passant par le colorado, l'*ojinegro* (œil cerclé de noir) et l'*ojo de perdiz* (œil cerclé de blanc).

La branche historique Gallardo-Pablo Romero est à l'origine des élevages de Carlos Conradi (actuel fer de La Quinta) et de Partido de Resina.
La branche historique Gallardo-Moreno Santamaría est à l'origine des élevages du *Niño de la Capea* et Gabriel Hernández.
La branche historique Gallardo-Juan González Nandín-Campos Peña est à l'origine des élevages de Campos Peña et Domínguez Camacho.
La branche historique Gallardo-Cabrera-Miura (également visible dans la race Cabrera ; voir ci-dessus) est à l'origine des élevages de Villalobillos, Tomás Prieto de la Cal et Palha après les acquisitions de Gil Herrera, Alvareda et Núñez de Prado.

RACE JIJONA

L'appellation « Jijona » prend ses sources dans la couleur rougeâtre caractéristique d'un grand nombre de taureaux originaires des régions de la Mancha, de Ciudad Real, de Tolède, de Colmenar Viejo et des bords du fleuve Jarama. Leur robe était ainsi appelée *colorado jijón*. Jijón était également le nom d'une famille de Villarubia de los Ojos, de la province de Ciudad Real. Ceux-ci donnèrent le nom de Jijona à la race des taureaux de combat fondée au début du XVIIIe siècle. Le nom de Jijón apparaît d'ailleurs sur les affiches de Madrid, le 13 octobre 1746, à l'occasion de la corrida célébrée en l'honneur du roi Ferdinand VI lors de son accession au trône.

Les taureaux, appartenant à Miguel et José Jijón, paissaient sur les terres de la finca Encomienda de Carrión. L'élevage se présente à Séville en 1784 et arbore une devise rouge, couleur caractéristique de la robe de ses produits. Miguel Jijón disparaît en 1791. L'élevage passe entre les mains de José Jijón, puis de sa nièce, Leonor del Aguila y Bolaños. En 1810, après la guerre d'indépendance, Leonor fait combattre les taureaux sous le nom de son nouveau mari, Bernabé del Aguila. Ce dernier vend l'élevage en 1822 à Manuela de La Dehesa y Angulo, veuve du Madrilène Pedro Bringas. Celle-ci vend une part du cheptel à Manuel Gaviria Romero en 1824.

La race connut également de nombreuses dérivations. Une partie de l'élevage servit notamment à la formation de cheptels appartenant à la famille royale, sous le règne de Philippe V jusqu'à Charles III. Plusieurs élevages célèbres de l'époque ont d'ailleurs été formés à partir de cette race comme ceux d'Aleas, originaire de Madrid (1780), Vicente Martínez (1800), Diego Muñoz Vera (Ciudad Real), Juan Díaz Hidalgo, Benito Torrubias et Gil Flores (Albacete). Rafael José Barbero mélangea même quelques taureaux de la race Jijona à du bétail d'origine Cabrera. En 1885, ce dosage arriva entre les mains de Felipe de Pablo Romero.

Bien armés, les taureaux de la race Jijona, originaires de Villarrubia, de Valdepeñas et de Colmenar, étaient en général braves et spectaculaires lors du premier tercio. Les spécialistes de l'histoire tauromachique précisent toutefois qu'ils montraient moins de franchise dans leurs attaques par rapport aux taureaux andalous. Très mobiles mais peu nobles, les taureaux de la race Jijona ont progressivement disparu.

La branche historique Bernabé del Aguila-Gaviria-Terrones est à l'origine des élevages de Manuel Morilla et La Rinconada. Il existe également une branche historique Linares-Antonio Guerra à l'origine de l'élevage portugais de Pinto Barreiros.
La branche historique Condesa de Salvatierra-Marqués de la Conquista est à l'origine d'une part des élevages de Los Guateles, Rodríguez de Arce, Enrique Ponce, Jiménez Pasquau, Apolinar Soriano et El Sierro, *via* les ramifications de *Curro Cúchares* et de Carreros ; et d'autre part des élevages portugais de la Condesa de Sobral, Moura, Branco Nuncio et Oliveira Irmãos, *via* la ramification de Filiberto Mira et de la Viuda de Soler.
La branche historique Jijón de Colmenar a donné naissance à trois ramifications distinctes : • Rameau Aleas : à l'origine des élevages d'El Pizarral, Occitania, José Vázquez Fernández (doyen des élevages actuels) et Loreto Charro. • Rameau Vicente Martínez-Montalvo : à l'origine des élevages d'Antonio Arribas, Río Grande, Javier Pérez-Tabernero, Puerta Hermanos, Sancho Dávila, Jaime Brujó, Montalvo, Joselito, Pérez Angoso et Mercedes Pérez-Tabernero. • Rameau Félix Gómez-Campos Varela : à l'origine des élevages de Román Sorando, Infante da Cámara, Cunhal Patricio, Ribeiro Telles, Santa María, San Marcos, González Sánchez Dalp, Cebada Gago, Sánchez Ybargüen et Celestino Cuadri.
La branche historique Jijón de Valdepeñas a donné naissance à deux ramifications distinctes : • Rameau Torrubia-Flores de Albacete : à l'origine des élevages de Flores Albarrán, García y Fernández Palacios, Luis Frías Piqueras, Puerto de San Lorenzo, Antonio Ordóñez, Osborne Domecq, Joaquín Núñez del Cuvillo, Fraile Martín, Valdefresno, Fraile Mazas, Ignacio Pérez-Tabernero, Criado Holgado et Encinagrande. • Rameau Navasequilla-Fontecilla-El Cura de la Morena-Arranz-Ramón Sánchez : à l'origine des élevages de Laurentino Carrascosa, Marqués d'Albayda, Conde de Murça, Araúz de Robles, Lisardo Sánchez et Luis Passanha.

RACE JIMÉNEZ

D'origine plus modeste et moins célèbre que les piliers de Vistahermosa ou de Vázquez, la race Jiménez remonte à 1854, année où Antonio Jiménez Martínez commença à sélectionner du bétail brava. Partant sur une base bovine classique, habituée au travail du labour et du champ, Jiménez croise progressivement son bétail avec des étalons de race brava. L'origine exacte demeure toutefois assez obscure pour tous les historiens de la tauromachie. Romualdo Jiménez Beltrán hérite du troupeau formé dans la première partie du XIXe siècle par son père, Antonio Jiménez Martínez. Il croise ses produits avec des bêtes d'origine Veragua et d'autres de Damián Flores, d'origine Jijona. Lorsque Romualdo disparaît, c'est sa veuve Josefa Coppel qui prend la direction de l'élevage. Elle présente ses taureaux à Madrid le 19 mai 1920. Son fils, Francisco Jiménez Coppel, augmente par la suite le cheptel des produits d'origine Santa Coloma achetés à Argimiro Pérez-Tabernero.

Cette race comprend deux branches historiques : Jiménez-Francisco Natera-Diego Puerta et Jiménez-Juan José Parrilla-Dolores Aguirre-El Torreón.

RACE NAVARRA

Les origines de la race Navarra s'établissent d'un point de vue géographique dans une zone regroupant les villes de Tudela, Arguedas, Corella, Funes, Bárdenas Reales et Caparroso. Surnommés les « moustiques » ou les « guêpes » par les toreros à cause de leur caractère assez « piquant », les taureaux de la race Navarra se caractérisent par une morphologie inégale, avec des cornes plutôt courtes mais bien pointées vers le ciel, développant une grande agilité sous le fer du picador. Les robes les plus fréquentes varient du colorado au castaño.

Certains historiens de la tauromachie ont avancé que les taureaux de Navarra avaient une probable origine celte et que ceux-ci étaient déjà utilisés lors des fêtes chevaleresques du Moyen Âge. Tous s'accordent à dire que l'élevage du marquis de Santacara, Joaquín Beamuot de Navarra y Azcurra Mexia, fut à l'origine du tronc principal de la race Navarra. Des documents écrits relatent l'existence du troupeau à la fin du XVIIe siècle. L'élevage intégrera l'affiche des Sanfermines à partir de 1690. Il passe ensuite entre les mains de Martín Virto (1715), avant d'être progressivement partagé entre Isabel Virto de Lecumberri, Juana Pascual, son mari Joaquín Zalduendo, Francisco Javier Guendulaín et Raimundo Díaz.

La branche historique Lecumberri-Carriquiri-Bernabé Cobaleda-Atanasio est à l'origine des élevages de Carriquiri, Bernabé Cobaleda et des héritiers d'Atanasio Fernández.

La branche historique Zalduendo est à l'origine de l'élevage de Fernando Domecq Solís.

La branche historique Raimundo y Candido Díaz est à l'origine des élevages d'Astolfi, Luis Albarrán, Fraile et Martínez Elizondo.

RACE RASO DE PORTILLO

Originaire de Valladolid, cette race prend son nom des prés où paissait la majorité du bétail : El Raso. Initialement appelée « El Raso de Portillo », on ignore les origines véritables de cette race, même si les historiens avancent un probable lien avec le bétail de Navarre, mélangé à des moruchos, très utilisés à l'époque pour la viande à Salamanque.

Porteurs d'une devise blanche, ces taureaux semblent être les plus anciens de Castille. On pouvait les trouver dans la région de Boecillo, Aldeamayor de San Martín et la Pedraja de Portillo.

Par une tradition remontant aux Rois Catholiques, ces taureaux avaient le privilège d'ouvrir le spectacle lors des corridas royales. Cet usage fut conservé jusqu'au 25 janvier 1878, à l'occasion d'une corrida célébrée pour le mariage du roi Alphonse XII avec María de las Mercedes de Borbón. Également porteur de la devise blanche, un taureau d'El Raso de Portillo fut combattu lors de l'inauguration des anciennes arènes madrilènes de La Puerta de Alcalá, le 3 juillet 1749.

Alonzo Sanz est le premier éleveur à prendre en mains les destinées de cette race. Né en 1751 à La Pedraja del Portillo (Valladolid), il dirige le troupeau jusqu'à sa mort en 1811. Son fils Pablo hérite des têtes de bétail, au même titre que son gendre, Toribio Valdés. Ce dernier cède par la suite une portion de son cheptel à Joaquín Mazpule en 1840. La famille Valdés-Sanz vend une autre part de l'élevage à Julián Presencio, qui maintiendra la race originelle d'El Raso de Portillo ainsi que la fameuse devise blanche. Ses héritiers poursuivront son œuvre jusqu'en 1910.

Les taureaux d'El Raso de Portillo se caractérisaient par une grande morphologie, manifestant en piste une grande sauvagerie, parfois impropre à la lidia. Physiquement robustes, ces taureaux supportaient les gelées, fréquentes sur les rives du Duero. L'un d'eux, *Barbudo*, issu de l'élevage de Luis Rodríguez Sanjuán, tua *Pepe-Hillo* le 11 mai 1801 à Madrid.

La branche historique Mazpule-Estebán Hernández est à l'origine de l'élevage de la Guadamilla.

La branche historique Mazpule-Lamamié de Clairac est à l'origine de l'élevage de Clairac, qui a également acquis une part de Parladé par Gamero Cívico.

La branche historique Mazpule-Julián Presencio-Marzal-Gavira est à l'origine des élevages d'Andrés Ramos et de Gavira.

RACE VÁZQUEZ

En 1755, Gregorio Vázquez réunit à Utrera (Séville) des bêtes de différentes origines. Trois se démarquent de ce cheptel : Marqués de Casa Ulloa, Luis Antonio Cabrera et Juan José Bécquer. En 1778, Vázquez décède et c'est son fils, Vicente José Vázquez, qui hérite du troupeau. Les historiens de la tauromachie considéreront celui-ci comme le véritable fondateur de la race vazqueña, qui se caractérise par un savant mélange des différents sangs bravos où prédomine l'origine de Conde de Vistahermosa. Pourtant, l'inclusion du sang Vistahermosa n'était pas souhaitée par le comte : celui-ci refusait obstinément de vendre des bêtes à Vázquez. Ce dernier pourtant l'emporta en passant par l'évêque de Séville et parvint ainsi à recueillir pendant un an le denier du culte en se faisant payer en têtes de bétail par les éleveurs de la région ! En 1790, Vicente José Vázquez est à l'origine de la fondation de l'actuel élevage de Juan Pedro Domecq. Ses produits, braves et nobles, rivalisent désormais avec ceux de Conde de Vistahermosa et de Cabrera. En 1819, le roi Ferdinand VII élève Vázquez au titre de comte de Guadalete et vicomte de San Vicente. Son élevage compte un grand nombre de têtes de bétail jusqu'à sa disparition le 11 février 1830 (approximativement, 8 000 vaches de ventre et 2 000 taureaux).

Le général Vicente Jenaro Quesada, exécuteur testamentaire de Vázquez, vend la portion la plus importante de l'élevage au roi Ferdinand VII. Les produits vazqueños sont ainsi combattus à Madrid le 22 juillet 1833 sous l'appellation de Real Vacada. Sebastián Miguez, assisté de Fernando Criado Freire, dirige l'élevage et s'occupe du transport du bétail entre les différentes propriétés du roi en Castille et en Andalousie.

Par la suite, la race vazqueña est croisée avec du sang d'origine Jijona, *via* les élevages de Gaviria et Julián de Fuentes. Le roi Ferdinand VII meurt en 1833 et l'élevage est adjugé à sa quatrième épouse, María Cristìna de Nápoles. Les produits portent désormais l'appellation de la Real Vacada de Su Majestad la Reina Gobernadora. Deux ans plus tard, le troupeau est vendu aux ducs d'Osuna et de Veragua. Quelques têtes de bétail – une centaine de vaches et deux étalons – sont offertes au roi Michel de Portugal.

La race vazqueña a brassé différents sangs au fil des siècles et offre aujourd'hui encore une large palette de pelages au niveau de la robe des taureaux (negro, berrendo, ensabanado, mais aussi sardo, berrendo en colorado, jabonero, salinero, cárdeno, etc.). Elle se distingue en piste par la dureté exprimée au cours des tercios de piques.

La branche historique Vázquez-Veragua-Juan Pedro Domecq a donné naissance à neuf ramifications distinctes, toutes à l'origine de célèbres élevages : Braganza-Camacho-Marcos Núñez ; Trespalacios ; Villagodio-Sayalero y Bandrés ; Angoso-Molero ; Domecq-Osborne-El Torero ; Ángel Rivas-Couto de Fornilhos-La Cardenilla ; Fernando Pérez-Tabernero et ses héritiers ; Villar-Sánchez Cobaleda-Encinas ; Castellones-Casal.
La branche historique Vázquez-Varela-Ángel González Nandín-López Plata-Soto est à l'origine des élevages d'Aldeanueva, Soto de la Fuente, La Quinta, José Luis Pereda, Teófilo Segura et Espartaco.
La branche historique Vázquez-Taviel de Andrade-Concha y Sierra est à l'origine des élevages de Concha y Sierra et Gabriel Rojas.
La branche historique Vázquez-Mera-Surga-Bartolomé est à l'origine de l'élevage de Felipe Bartolomé Sanz.
La branche historique Vázquez-Benjumea est à l'origine des élevages de Gamero Cívico, Los Bayones, Valverde, Alcurrucén, García Jiménez, Bernardino Píriz, Sotillo Gutiérrez, Carmen Segovia, Frías Piqueras et Joaquín Barral.
La branche historique Infante Francisco de Paula Ziguri-Solis-Moreno Silva est à l'origine de l'élevage de Moreno de Silva.

RACE VISTAHERMOSA

Les taureaux andalous ont joué un rôle fondamental dans l'élaboration progressive des élevages de cette race brava, répondant aux principes de base que sont la morphologie, la bravoure et la noblesse. La race de Vistahermosa, célèbre pour ses taureaux noirs originaires d'Andalousie, occupe une place essentielle dans l'élaboration du sang bravo.

Établis sur les terres d'Utrera, les comtes de Vistahermosa se consacrent à l'élevage de taureaux de combat. Le comté revient d'abord à Pedro Luis de Ulloa Calís, qui développe la race à partir d'une base de taureaux achetés aux Rivas, une famille d'agriculteurs originaire de Dos Hermanas (Séville), déjà propriétaire d'un cheptel bravo. Alonso Rivas avait d'ailleurs fait combattre ses produits dans les arènes sévillanes du Monte Baratillo en mai 1773, cinq mois avant la construction sur ce même lieu de la future Real Maestranza de Caballería.

Pedro Luis de Ulloa Calís présente ses taureaux à Séville quelques semaines avant de décéder le 22 mai 1776, à l'âge de soixante-dix-neuf ans.

Le deuxième comte de Vistahermosa fut Benito Ulloa y Halcón de Cala, fils de Pedro Luis de Ulloa Calís et de Tomasa Halcón de Cala y Orozco. Il agrandit l'élevage et affine la sélection, obtenant un nombre croissant de succès. L'élevage se présente à Madrid le 2 août 1790. Benito disparaît le 17 novembre 1800, laissant l'élevage à son frère Pedro Luis, troisième comte de Vistahermosa.

Le nouvel éleveur va faire les frais de la guerre d'indépendance espagnole puisque le roi Charles IV ordonne la suspension temporaire des corridas. Malgré cela, Pedro Luis parvient à maintenir un excellent niveau ganadero avant de s'éteindre en 1821. C'est sa sœur Luisa qui hérite de l'ensemble du comté. Elle ne parvient toutefois pas à faire combattre les taureaux sous son nom, et le cheptel est finalement partagé. Lorsque Luisa s'éteint, en 1831, l'élevage revient à son cousin, Juan José Ulloa y Ponce de León, premier marquis de Casa Ulloa et fils de l'éleveur Benito Ulloa Ledesma. L'une des parts vendue en 1823 passe entre les mains de Juan Domínguez Ortiz, barbier d'Utrera, et donnera naissance au rameau d'Arias de Saavedra, point de départ de nombreux élevages. Un autre rameau servira de point d'ancrage à l'actuelle race Saltillo.

Bien proportionné, le taureau de Vistahermosa s'avérait à la fois brave et noble tout en développant une grande attention en piste.

La race Vistahermosa est actuellement prédominante au sein des élevages de taureaux de combat. Elle est composée de six branches historiques :
Barbero de Utrera-Arias de Saavedra-Murube-Urquijo se décompose en six ramifications distinctes, toutes à l'origine de célèbres élevages : • Rameau Miranda de Pericalvo (ex-Concha Navarro et Arroyo Hermanos) : Joaquín Murube, Marqués de Villamarta, Guardiola Fantoni, Guardiola Domínguez,

Torrealta, Ramón Sánchez Rodríguez, La Quinta, Valdeolivas, Lora Sangrán, Murteira Grave, María Olea, Antonio Ordóñez, Fermín Bohórquez et José Murube Escobar. • Rameau Murube-Ibarra-Carvajal-Villamarta (pour les élevages de Villamarta, Guardiola Fantoni, Guardiola Domínguez, Ramón Sánchez Rodríguez, Valdeolivas, María Olea, Murteira Grave et Torrealta). • Rameau Murube-Ibarra-Parladé : sous-rameau Parladé-Rincón-Núñez (pour les élevages de Parladé, Gamero Cívico, Rincón et Los Derramaderos, anciennement appelé Herederos de Carlos Núñez) ; sous-rameau Parladé-Tamarón-Conde de la Corte (pour les élevages de Coïmbra et de Marqués de Vasconcellos) ; sous-rameau Parladé-Correa-García Pedrajas-María Luisa Domínguez-Marqués de Domecq-Isaías y Tulio Vázquez (pour les élevages de Martelilla, Manuel Álvarez, Martín Lorca, Yerbabuena, et Javier Guardiola Domínguez) ; sous-rameau Parladé-Gamero Cívico-Guardiola Soto-Félix Hernández (pour les élevages de Clairac, Samuel Flores, Domingo Hernández, El Serrano, Torrestrella, Javier Molina, Victoriano del Río, Castilblanco, Rivera Ordónez et Guadaira). • Rameau Murube-Ibarra-Santa Coloma-Buendía : sous-rameau Santa Coloma-Albaserrada-Victorino Martín (pour les élevages de Bucaré, Ángel Luis Peña, Juan José González, Aldeaquemada, Adolfo Martín et Monteviejo) ; sous-rameau Santa Coloma-Félix Suárez-Tovar-Algarra (pour les élevages d'Ortigão Costa, Veiga Teixeira, Hermanos Sampedro et Luis Algarra). • Rameau Murube-Luis da Gama-Antonio Pérez de San Fernando. • Rameau Murube-Contreras : sous-rameau Contreras-Juan Terrones-Manzanares (pour les élevages de Terrones, Paloma Sánchez Rico de Terrones, La Herguijuela et José María Manzanares, anciennement Juan Andrés Garzón) ; sous-rameau Contreras-Ildefonso S. de San Carlos-Javier Moreno ; sous-rameau Contreras-Santiago Sánchez Rico-José Manuel Sánchez (pour l'élevage de Cortijoliva) ; sous-rameau : Contreras-Fernando Sánchez Rico-Machaquito-Ibán (pour les élevages du Conde de Ruiseñada et de Baltasar Ibán).

Suárez Cordero-Anastasio Martín-Sepúlveda se décompose en quatre ramifications distinctes : • Rameau Anastasio Martín-Dolores Rufino Martín. • Rameau Anastasio Martín-Sepúlveda (pour les élevages de Sánchez Urbina et de feu Julio Robles, « La Glorieta »). • Rameau Anastasio Martín-Domecq Saínz de Rozas. • Rameau Anastasio Martín-Vuida de Diego Romero.

Barbero de Utrera-Núñez de Prado se décompose en quatre ramifications distinctes, toutes à l'origine de célèbres élevages : • Rameau Núñez de Prado-Adalid-Pellón-La Castilleja (pour les élevages de Jiménez Prieto et María Palma). • Rameau Núñez de Prado-Adalid-Urcola-Galache (pour les élevages de Salustiano Galache, Francisco Galache et Caridad Cobaleda). • Rameau Núñez de Prado-Adalid-Gregorio Campos-Darnaude-Arias de Reina-Hidalgo et ses dérivés (pour les élevages de Teresa Calderón, Conde de Cabral, Conde de la Maza et Ana Romero). • Rameau Núñez de Prado-Juan Vázquez-Villamarta : sous-rameau Villamarta-Olea-Palmella-Vinhas ; sous-rameau Villamarta-Gallardo Marín-Manolo González.

Picavea de Lesaca-Saltillo-Félix Moreno se décompose en deux ramifications distinctes, à l'origine des élevages de Marqués de Saltillo, Saltillo, Moreno de la Cova, Jandilla et Fuente Ymbro : • Rameau Picavea de Lesaca-Pérez de la Concha. • Rameau Picavea de Lesaca-Pérez de la Concha-Estebán González.

Giraldez-Arribas Hermanos se décompose en trois ramifications distinctes, toutes à l'origine de célèbres élevages : • Rameau Arribas Hermanos-Gabriel González-Ruchena et ses dérivés (pour les élevages de Peralta, Garcigrande et El Ventorrillo). • Rameau Arribas Hermanos-José Manuel García. • Rameau Arribas Hermanos-Bernaldo de Quirós-Martín Arranz.
Freire-Udaeta-Coquilla se décompose en quatre ramifications distinctes, toutes à l'origine de célèbres élevages : • Rameau Coquilla-Garrido-Ruiz Yagüe (pour l'élevage de Daniel Ruiz). • Rameau Coquilla-Sánchez Fabrés-Bernardos-Holgado : sous-rameau Sánchez Fabrés-Sánchez Arjona (pour l'élevage de Coquilla de Sánchez Arjona) ; sous-rameau Sánchez Fabrés-Conde de Mayalde ; sous-rameau Sánchez Fabrés-Marqués de Alonso Pesquera-El Jaral de la Mira. • Rameau Coquilla-López Cobos : sous-rameau López Cobos-Jiménez Garrudo-Ortega Estévez-Buenavista ; sous-rameau López Cobos-Alicio Cobaleda et ses dérivés (pour les élevages d'El Toril, Paco Camino, San Martín, Aguirre Fernández Cobaleda, Viento Verde, Vicente Charro de Llén, Marqués d'Albayda et El Pilar). • Rameau Coquilla-Villagodio Hermanos-Sayalero Monje.

RACE VISTAHERMOSA-VICENTE JOSÉ VÁZQUEZ-HIDALGO BARQUERO

Les historiens taurins avancent qu'aux alentours de 1825 s'est effectué un croisement entre les races de Vistahermosa et de Vázquez, coordonné par Diego Hidalgo Barquero. Celui-ci achète un lot de vaches à Francisco Bueno, provenant du partage du cheptel du comte de Vistahermosa.

En 1830, le général Quesada, ancien administrateur de l'élevage de Vicente José Vázquez, lui cède à son tour des étalons. Hidalgo Barquero renforce l'origine vazqueña en achetant dix ans plus tard plus de deux cents têtes de bétail provenant de la même race. Hidalgo Barquero débute à Madrid le 29 juin 1843. Dans la foulée, un de ses taureaux, *Algareño*, est gracié à Jerez de la Frontera (Cadix), et réintègre vivant le toril en suivant la voix du mayoral.

La branche historique Romero Balmaseda-José Manuel de la Cámara-Gualdalest a donné naissance à quatre ramifications distinctes, toutes à l'origine de célèbres élevages : • Rameau Felipe Salas-Gallardo Santos-El Álamo (pour l'élevage de Varela Crujo). • Rameau Felipe Salas-Gallardo González-José Belmonte-García Romero-Bañuelos. • Rameau Felipe Salas-Gallardo Santos-Núñez Hermanos-Santiago Domecq (pour l'élevage d'Ana María Bohórquez). • Rameau Felipe Salas-Gallardo Santos-Pallarés.
La branche historique Joaquín Jaime Barrero-Gutiérrez Agüera a donné naissance à deux ramifications distinctes, toutes à l'origine de célèbres élevages : • Rameau Medina Garvey-Flores Tassara-Rocío de la Cámara (pour les élevages de Samuel Flores, anciennement Flores Iñiguez, Flores Tassara et Marcial Lalanda). • Rameau José Domecq-Peñalver-Pallarés Delsors-Benítez Cubero.

ENCASTES CONTEMPORAINS

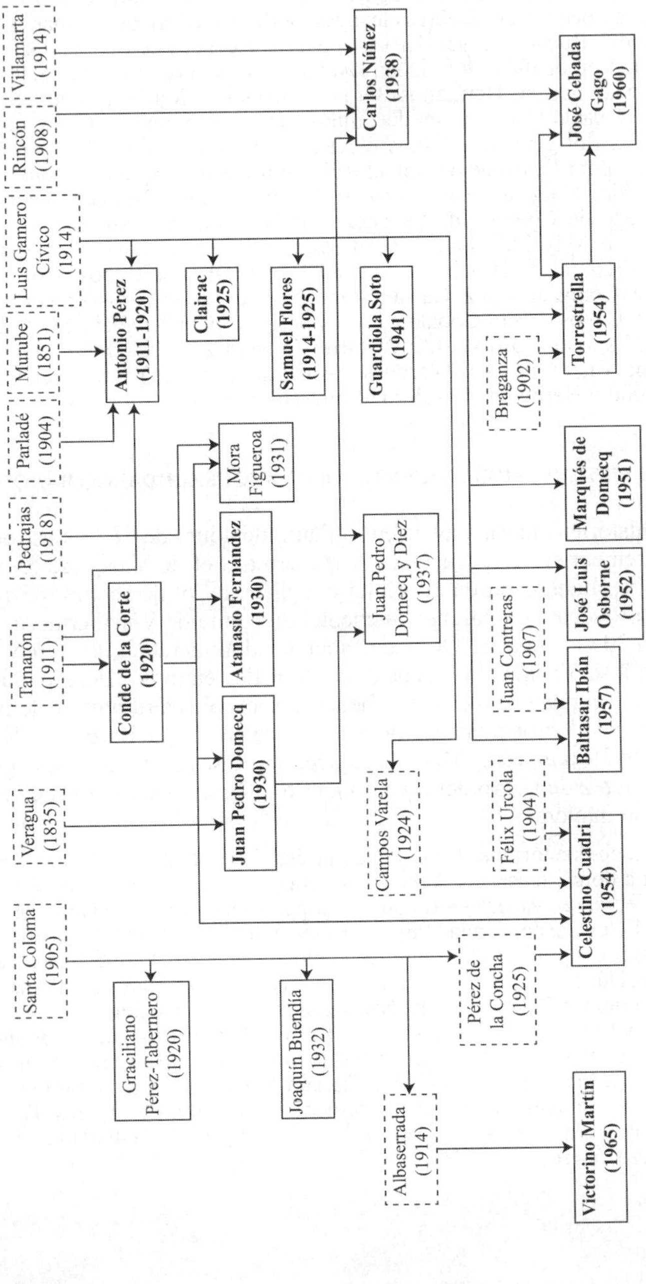

ALBASERRADA-MARTÍN Victorino

Cet encaste comprend deux branches majeures :

I. Vistahermosa ⇒ Picavea de Lesaca ⇒ Saltillo ⇒ Santa Coloma ⇒ Albaserrada

II. Vistahermosa ⇒ Ibarra ⇒ Santa Coloma ⇒ Albaserrada

Particulièrement appréciés de l'afición pour la diversité et la qualité des exemplaires combattus, les Saltillo de Victorino Martín représentent actuellement une nouvelle souche ganadera, distincte des autres élevages.

Victorino Martín a formé son élevage à partir de l'ancien fer d'Escudero Calvo, de pur encaste Albaserrada, au début des années 1960. Parti de rien, le paysan de Galapagar (Madrid) sélectionne selon des critères bien particuliers et commence à connaître le succès. À la fin des années 1970, son élevage est considéré comme une référence dans le paysage ganadero espagnol. Les années 1980 confirmeront sa montée en puissance, notamment à Madrid où il fera combattre des lots exceptionnels. L'afición est toujours friande de ses toros, dotés de charges spectaculaires et inimitables, transmettant une véritable émotion.

De caractère très variable, les Saltillo de Victorino Martín sont plus considérés comme des *alimañas* (littéralement, des « bêtes nuisibles » ou de « la vermine ») par les toreros lorsqu'ils expriment plus d'agressivité et s'avèrent difficiles à combattre. Toutefois, Victorino est aujourd'hui parvenu à trouver un bon équilibre entre le toro noble et encasté, parfait pour une faena large, mais qu'il faut savoir consentir, et le toro indomptable, réservé aux toreros qui ne redoutent pas les charges âpres et rugueuses.

Parfois très dur, le toro d'Albaserrada-Victorino Martín se distingue surtout par l'extériorisation de sa caste. Il s'emploie généralement bien au cheval du picador et accepte le jeu de muleta. Ce toro présente une large variété de pelages tournant autour du cárdeno, plus fin de cornes que les précédents Saltillo, musclé, doté d'une grande morphologie bien qu'assez léger. Le toro d'Albaserrada-Victorino Martín a accentué plusieurs vertus de l'ancien Saltillo : il est difficile à toréer bien que généreux dans ses charges, n'admettant pas d'erreur de celui qui se cache derrière la muleta. Ce toro nécessite du torero une attention constante et n'accepte que des faenas courtes où il sera rapidement dominé. Il s'avère en revanche plus difficile à fixer avec la cape.

Élevage issu de cet encaste : Adolfo Martín.

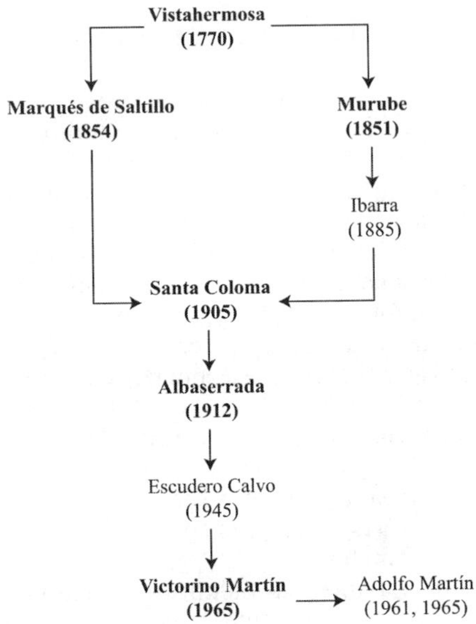

CEBADA GAGO

Cet encaste comprend trois branches majeures :
I. Vistahermosa ⇒ Villamarta ⇒ Carlos Núñez
I. Vistahermosa ⇒ Villamarta ⇒ Carlos Núñez ⇒ Torrestrella
III. Vistahermosa ⇒Tamarón ⇒ Conde de la Corte ⇒ Juan Pedro Domecq y Díez

Aujourd'hui appelé « Herederos de José Cebada Gago », l'élevage de Salvador García Cebada a réussi à mélanger trois sangs majeurs, particulièrement appréciés des toreros. Le résultat final donne un encaste à part entière, bien connu pour son piquant, sa caste naturelle et la transmission que portent ses toros. C'est au début des années 1960 que Salvador García Cebada a croisé les sangs de Núñez, Juan Pedro Domecq et Torrestrella, obtenant plusieurs nuances de morphologies et de comportements aujourd'hui propres à Cebada Gago.

Au premier abord, les toros de Cebada Gago ressemblent à ceux de Torrestrella, notamment dans la variété des burracos proposés. L'influence du sang Núñez se note également dans les pelages proposés. Les produits de Cebada peuvent arborer différents pelages : salpicados, burracos, colorados, castaños...

D'un point de vue physique, les toros de Salvador García Cebada semblent assez proches de leurs parents d'Álvaro Domecq (Torrestrella). Présentant des extrémités assez fines, ils se distinguent surtout par un volume équilibré et des cornes très pointues. En piste, les Cebada manifestent un caractère piquant et développent un tempérament qui peut parfois déborder les toreros. Depuis quelques années, ces toros, au même titre que ceux de Baltasar Ibán, ne sont d'ailleurs plus prisés des toreros vedettes, même si leur comportement satisfait une large partie du public. De l'animal très agressif au taureau doté d'une profonde noblesse, l'encaste propose aujourd'hui l'un des meilleurs compromis de ce genre de sang.

Élevage issu de cet encaste : Robert Margé (possédant également une branche séparée de Núñez).

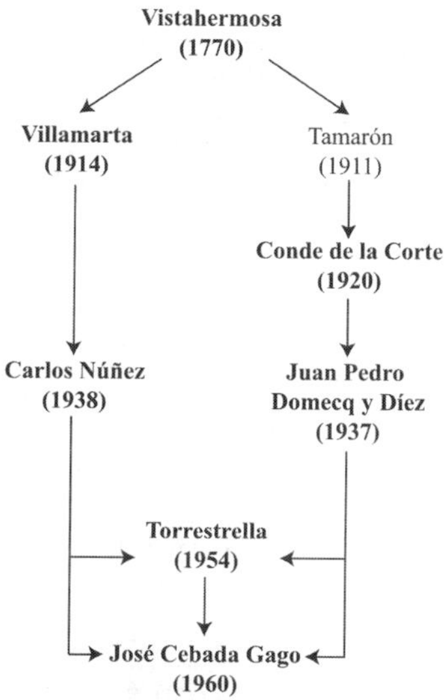

CONTRERAS

Cet encaste comprend une branche majeure :

Vistahermosa ⇒ Barbero de Utrera ⇒ Arias de Saavedra ⇒ Murube ⇒ Contreras

L'encaste de Juan Contreras a été formé à partir d'un lot de vaches de Joaquín Murube. Plusieurs élevages sont nés de cette souche Contreras, un encaste que l'on retrouve dans les fondations de fers aussi prestigieux que ceux de Daniel Ruiz et Sepúlveda de Yeltes. L'élevage de Baltasar Ibán est peut-être un de ceux qui a su faire fructifier ses origines Contreras en mélangeant ce sang avec du Juan Pedro Domecq. Le résultat donne un toro encasté, parfois proche des 600 kg, ce qui paraissait inimaginable dans les gênes initiaux de l'encaste Contreras.

Par rapport à leurs frères de Murube, les toros de Contreras possèdent des signes distinctifs bien marqués. Dotés d'un squelette plus réduit et courts sur pattes, ces toros possèdent quand même un large morillo. Ne présentant pas de larges armures, le toro de Contreras est le plus souvent noir, castaño ojinegro, avec quelques variantes.

La caractéristique majeure du toro de Contreras est la noblesse, particulièrement appréciée par José Gómez Ortega *Gallito* et Belmonte. En piste, ces toros font preuve de caste dès les premiers tercios du combat et peuvent même s'avérer très agressifs au cheval. Plusieurs picadors ont d'ailleurs avoué qu'ils préféraient piquer un grand toro de Miura plutôt qu'un petit toro d'origine Contreras.

Élevages issus de cet encaste : Conde de Mayalde (possédant également une branche séparée de Juan Pedro Domecq) ; Conde de Ruiseñada (possédant également un étalon séparé de Juan Pedro Domecq) ; Hato Blanco (avec également un apport de Juan Pedro Domecq) ; Jaralta (possédant également une branche séparée de Juan Pedro Domecq) ; Peralta ; Viento Verde (avec également un apport de Murube).

Vistahermosa
(1770)
↓
Barbero de Utrera
(1823)
↓
Arias de Saavedra
(1837)
↓
Murube
(1851)
↓
Juan Contreras
(1907)

CUADRI Celestino

Cet encaste comprend quatre branches majeures :
I. Vistahermosa ⇒ Murube ⇒ Ibarra ⇒ Parladé ⇒ Gamero Cívico
II. Vistahermosa ⇒ Murube ⇒ Ibarra ⇒ Santa Coloma
III. Vistahermosa ⇒ Urcola
IV. Vistahermosa → Murube ⇒ Ibarra ⇒ Parladé ⇒ Tamarón ⇒ Conde de la Corte

L'élevage de Celestino Cuadri est le résultat de plusieurs mélanges complexes. Pour cette raison, ce célèbre fer andalou ne peut revendiquer une appartenance pure à l'encaste de Santa Coloma – par le rameau d'Ibarra

– ou à l'encaste Urcola. Les différents croisements ont fait de l'élevage de Celestino Cuadri un encaste propre.

En 1954, Celestino Cuadri crée donc son élevage à partir du cheptel de José María Lancha, d'origine Gamero Cívico par Juan Belmonte. Il croise ce bétail avec des bêtes d'Estebán González, d'origine Ibarra-Santa Coloma, Urcola et Conde de la Corte. Avec le temps, l'encaste Santa Coloma semble toutefois être la caractéristique majeure du sang Cuadri.

Pourtant, la morphologie des Cuadri ne fait pas immédiatement penser à celle des fameux toros gris de Santa Coloma. Ce fait est peut-être motivé par le grand nombre de mélanges effectués et surtout la présence du sang de Conde de la Corte, *via* l'étalon d'Estebán González. Sur le plan physique, le Cuadri est assez court de pattes et bas de cornes, donnant un aspect général assez grossier. Il peut être noir et quelquefois castaño ou listón. Brave au cheval du picador, il déploie parfois un galop régulier dans ses charges à la muleta, synonyme d'une véritable noblesse.

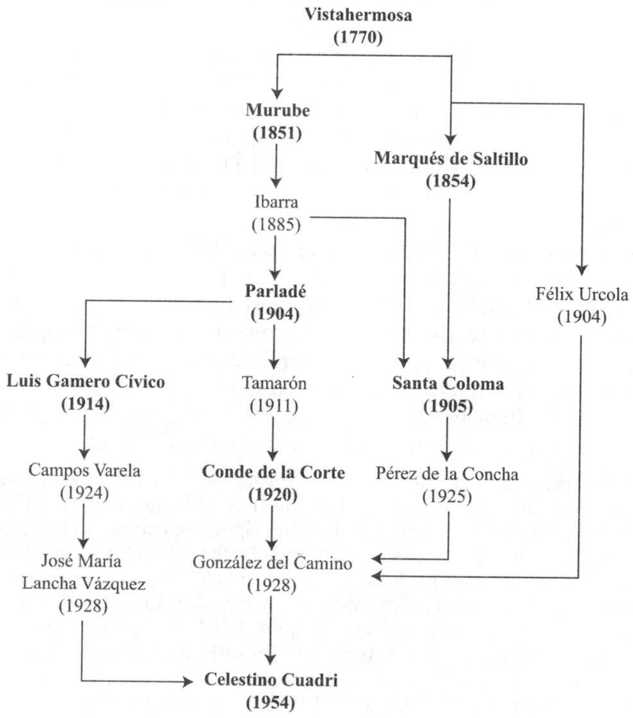

DOMECQ Juan Pedro

Cet encaste comprend deux branches majeures :

I. Vázquez ⇒ Veragua ⇒ Juan Pedro Domecq Núñez de Villavicencio ⇒ Juan Pedro Domecq y Díez

II. Vistahermosa ⇒ Parladé ⇒ Tamarón ⇒ Conde de la Corte ⇒ Juan Pedro Domecq Núñez de Villavicencio ⇒ Juan Pedro Domecq y Díez

Juan Pedro Domecq Núñez de Villavicencio achète en 1930 l'élevage du duc de Veragua à Manuel Martín Alonso. Il fait combattre ses premiers produits lors de la novillada du dimanche de Pâques à Cadix, le 5 avril 1931. Deux mois plus tard, le 17 juin 1931, il offre un toro lors de la corrida inaugurale des arènes de Las Ventas, à Madrid. Bénéficiant de l'ancienneté du fer de Duque de Veragua, le toro *Hortelano* ouvrit la course et fut combattu par Fortuna. Sur les conseils de son ami et futur beau-père Ramón Mora Figueroa, il acquiert quatre étalons de Conde de la Corte : *Llorón*, nº 33 et *Carabello*, nº 38, tous deux nés en 1930 ; *Chucero*, nº 57 et *Bodeguero*, nº 47, tous deux nés en 1931. Deux lots de vaches naissent également en 1930 et 1931.

Juan Pedro Domecq Núñez de Villavicencio s'éteint en 1937 et laisse le troupeau entre les mains de son fils, Juan Pedro Domecq y Díez. Celui-ci crée son propre encaste, adaptant le toro à son époque et à sa propre interprétation de la tauromachie. Il définit un nouveau concept de bravoure : la « bravoure intégrale ». Celle-ci correspond à la capacité du toro à lutter sans cesse jusqu'à sa mort. Si sa condition est bonne, le toro de Juan Pedro Domecq est un de ceux qui durent le plus à la muleta.

La bravoure intégrale de l'encaste Juan Pedro Domecq se caractérise dans le combat par une réelle bravoure au cheval du picador ainsi qu'une noblesse inlassable à la muleta. Assez court sur pattes, le toro de Juan Pedro Domecq possède une morphologie harmonieuse. Il offre également une grande variété de pelages, pouvant aller du noir au colorado, en passant par les jaboneros, les castaños et les burracos...

L'encaste de Juan Pedro Domecq a servi de rampe de lancement à de nombreux élevages et a ainsi créé d'innombrables dérivés.

Élevages issus de cet encaste et de ses dérivés : Aldeanueva ; Ana Isabel Vicente García (possédant également une branche séparée d'Atanasio) ; Andrés Ramos Plaza ; Ángel Luis Peña Sánchez (possédant également une branche séparée de Murube) ; Antonio Arribas Sancho ; Arcadio Albarrán Olea (*via* Los Guateles) ; Buenavista ; Carlos Charro ; Casillón (*via* Jandilla, Zalduendo, El Torero, El Torreón) ; Cayetano Muñoz González (avec également un apport de Torrestrella) ; Conde de Mayalde (possédant également une branche séparée de Contreras) ; Coquilla de Sánchez Arjona ; Daniel Ruiz Yagüe (*via* Jandilla) ; David Ribeiro Telles ; Diego Puerta ; Domingo Hernández Martín ; El Cahoso ; El Pilar (*via* Aldeanueva) ; El Serrano ; El Torreón (*via* Luis Algarra, Jandilla, Juan Pedro Domecq, Torrestrella, El Torero) ; El Ventorrillo ; Enrique Ponce Martínez ; Escribano Martín ; Francisco Ojeda González ; Fuente Ymbro (*via* Jandilla) ; Ganadería de la Reina (avec également un apport de Torrestrella et de Núñez) ; Ganadería del Tajo (possédant également une branche séparée de Núñez) ; García Jiménez (*via* Jandilla) ; Hato Blanco (avec également un apport de Contreras) ; Hermanos Sampedro ; Jandilla ; Jaralta (possédant également une branche séparée de Contreras) ; Javier Molina (avec également un apport de Gamero Cívico-Guardiola Soto) ; Jiménez Pasquau ; Joaquín Barral Rodríguez (*via* Los Guateles) ; José Luis Marca Rodrigo ; José Miguel Arroyo Delgado (avec également un apport de Núñez) ; José Ortega Sánchez (avec également un apport de Marqués de Domecq) ; José Vázquez Fernández (possédant également une branche séparée de Saltillo) ; Juan Antonio Ruiz Román (avec également un apport de Torrestrella et de Núñez) ; Juan Manuel Criado (*via* Luis Algarra) ; Juan Valenzuela (avec également un apport de Marqués de Domecq et de Joaquín Núñez del Cuvillo) ; La Dehesilla (*via* Núñez) ; La Glorieta (avec également un apport d'Atanasio) ; La Gravera (avec également un apport d'Osborne) ; La Guadamilla (possédant également une branche séparée de Saltillo) ; La Palmosilla ; Las Ramblas (*via* Salvador Domecq) ; Los Chospes ; Los Eulogios (*via* Luis Algarra et El Torreón) ; Los Guateles ; Luis Algarra Polera ; Manuel Ángel Millares (*via* Jandilla) ; Manuel Morilla ; Manuel San Román de Valdés ; María Luisa Paniagua (*via* El Torreón) ; Marqués d'Albayda ; Marqués de las Almenas (anciennement Mayalde-Contreras) ; Martín Arranz (avec également un apport de Torres-

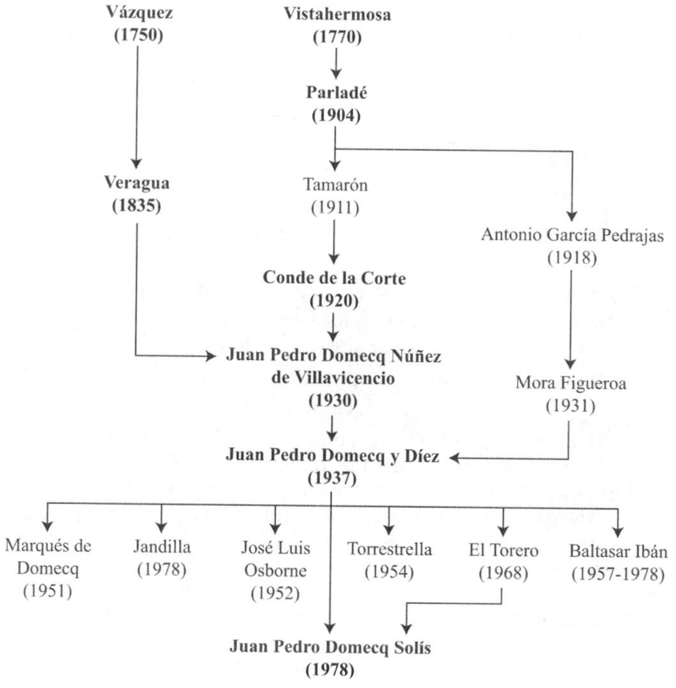

trella et Núñez) ; Martín Lorca (avec également un apport de Núñez) ; Martín Triguero (*via* Montalvo et Daniel Ruiz) ; Martínez Pedrés ; Mercedes Pérez-Tabernero Montalvo ; Miguel Báez Litri (*via* Los Guateles) ; Miranda de Pericalvo ; Miranda y Moreno ; Montalvo ; Olga Jiménez Fernández (*via* Jandilla) ; Ortigao Costa (possédant également une branche séparée de Guardiola Soto) ; Pablo Martínez Elizondo (*via* Luis Algarra) ; Pío Tabernero de Vilvis (*via* Aldeanueva) ; Puerta hermanos ; Rocío Sebastián de Erice ; Román Sorando Herranz ; Ruipal ; Saboya (possédant également une branche séparée de Vega Villar) ; Salvador Domecq ; San Marcos ; San Martín (possédant également une branche séparée de Saltillo et de Santa Coloma) ; Sánchez Arjona ; Sánchez Benito ; Sonia González (ndr : fille du torero vedette Dámaso González) ; Sotillo Gutiérrez (possédant également une branche séparée de Saltillo) ; Soto de la Fuente ; Teófilo Segura (anciennement Javier Camuñas) ; Tornay Maldonado (*via* El Torero) ; Toros de El Torero ; Toros de Lagunajanda ; Toros de Parladé ; Toros de Sánchez Urbina ; Victoriano del Río Cortés (*via* Luis Algarra, Jandilla, El Torreón) ; Yerbabuena (*via* Jandilla et possédant également une branche séparée de Pedrajas) ; Zalduendo (*via* Jandilla).

DOMECQ Marqués de

Cet encaste comprend une branche majeure :
Vistahermosa ⇒ Parladé ⇒ Conde de la Corte ⇒ Juan Pedro Domecq

Autre fleuron de l'élevage andalou, le fer de Marqués de Domecq a été fondé en février 1951 après l'achat d'un lot de 333 bêtes porteuses du fer de Juan Pedro Domecq y Díez et d'un autre lot de Marqués de Contadero, également d'origine Domecq.

Depuis plus de cinquante ans, l'élevage de Pedro Domecq Rivero, Marqués de Domecq, poursuit sa sélection avec des critères bien distincts des autres fers de souche Domecq. Il forme également un encaste à part entière.

Au fil des années, le sang de Marqués de Domecq a acquis sa propre personnalité. Les toros répondent à tous les critères physiques de morphologie, de volume et de poids. Court sur pattes, le toro de cet encaste conserve des cornes bien développées. Son point fort demeure le tercio de muleta.

Élevages issus de cet encaste et de ses dérivés :
Antonio Bañuelos ; Casa de los Toreros ; El Toñanejo ; Explotación ganadera de Bravo Chipipi ; Giménez Indarte (avec également un apport de Villamarta et d'Arranz) ; Hermanos Domínguez Camacho ; Ignacio Manuel Sayalero Monge ; Jaime Brujó ; João Moura ; Los Camino (possédant également une branche séparée de Saltillo) ; Los Recitales ; Martelilla ; Occitania (possédant également une branche séparée de Núñez) ; Ramón Sánchez Ybargüen ; Sayalero y Bandrés ; Torrealta (avec également un apport de Torrestrella et de Jandilla) ; Valdeolivas (avec également un apport de Núñez) ; Vergara González (*via* Torrealta).

(Voir les antécédents dans l'arbre généalogique de Juan Pedro Domecq, p. 127)

Juan Pedro Domecq Núñez de Villavicencio
(1930)
↓
Juan Pedro Domecq y Díez (1937) → Marqués de Contadero (1947)
↓
Marqués de Domecq ← Marqués de Contadero
(1951)

FERNÁNDEZ Atanasio

Cet encaste comprend une branche majeure :
Vistahermosa ⇒ Murube ⇒ Ibarra ⇒ Parladé ⇒ Tamarón ⇒ Conde de la Corte

En 1929, Atanasio Fernández consolide les bases comportementales d'un élevage formé à partir d'une quarantaine de vaches et de l'étalon *Caribello*, porteur du fer de Conde de la Corte.

Atanasio était le gendre de Bernabé Cobaleda, éleveur salmantin détenteur d'un cheptel de vaches d'origine navarraise et qu'il commença à éliminer au début des années 1920 au profit de nouvelles vaches et de l'étalon *Treinta*, de Conde de la Corte.

L'élevage formé par Atanasio Fernández devient progressivement l'un des préférés des toreros. À partir de 1950, l'élevage prend des allures de véritable encaste en donnant naissance à des dizaines de nouveaux fers. Atanasio Fernández, qui est mort en 1982, a laissé son élevage entre les mains de ses fils et de son gendre, le célèbre Gabriel Aguirre. Le prénom d'Atanasio est désormais employé pour qualifier tous les élevages issus de cet encaste.

Au fil de la sélection, les toros d'Atanasio ont fixé leur propre encaste, légèrement différent du sang d'origine de Conde de la Corte. Auparavant, ces toros possédaient des cornes assez basses alors que l'Atanasio actuel s'est beaucoup plus étoffé du point de vue de la morphologie générale mais aussi de la tête. De pelages variés (toros noirs ou noirs tachetés de blanc), ces toros s'avèrent dans un premier temps assez mansos et très difficiles à fixer avec la cape. Ils se grandissent ensuite au combat et finissent au maximum à la muleta. Ces toros demandent beaucoup au torero, qui doit maintenir un effort constant afin de soumettre assez rapidement la charge de l'animal.

Élevages issus de cet encaste :
Aguirre Fernández Cobaleda ; Ana Isabel Vicente García ; Antonio Ordóñez Araujo (avec également un apport de Conde de la Corte) ; Antonio Patricio Silva (avec également un apport de Conde de la Corte) ; Carmen Borrero ;

Charro de Llén ; Coimbra ; Conde de Murça (avec également un apport de Murube et de Pinto Barreiros) ; Cortijoliva ; Criado Holgado ; Dolores Aguirre Ibarra ; El Sierro ; Encinagrande ; Fraile Mazas ; Gabriel Garcías de las Infantas ; Gabriel Hernández García ; Herederos de Candido García Sánchez (avec également un apport de Santa Coloma) ; Javier Pérez Tabernero Sánchez ; José Ignacio Charro Sánchez Tabernero ; José Luis Vasconcellos e Sousa d'Andrade ; José María Manzanares ; Juan Pérez Tabernero Martín ; La Glorieta (avec également un apport de Domecq) ; Los Bayones ; Louro Fernández de Castro ; María Cascón Martín ; María Loreto Charro Santos ; Moisés Fraile ; Peña de Francia ; Puerto de San Lorenzo ; Samuel Pereira Lupi ; Sepúlveda de Yeltes ; Valdefresno.

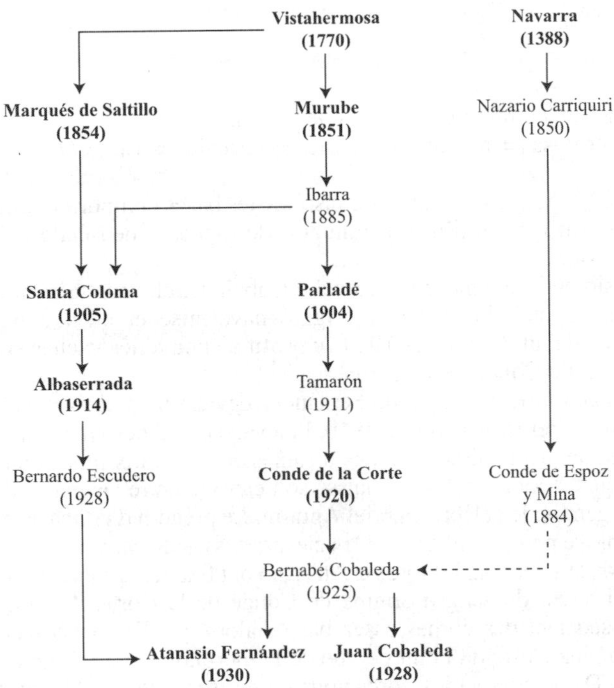

HIDALGO BARQUERO-BENÍTEZ CUBERO

Cet encaste comprend deux branches majeures :

I. Vistahermosa ⇒ Hidalgo Barquero ⇒ José Domecq ⇒ Hermanos Pallarés

II. Vistahermosa ⇒ Parladé ⇒ Pedrajas

C'est en 1825 que l'ecclésiastique José Hidalgo Barquero opère un croisement entre des étalons de race vazqueña et des vaches d'origine Vistahermosa.

L'encaste est enrichi avec un apport de bêtes de Surga, ajoutées par José Domecq. Ce dernier complète le cheptel avec cinq nouveaux étalons d'origine Parladé, *via* Tamarón. Même si le sang Parladé a quelque peu absorbé les autres ramifications, cet encaste conserve une lignée directe avec l'encaste vazqueña. José Benítez Cubero reprend en main l'ensemble du cheptel en 1935.

Cet encaste représente une sorte de compromis entre deux origines qui se complètent assez harmonieusement. Le toro d'origine Veragua a en effet tendance à se figer après le tercio de piques, alors que celui d'origine Vistahermosa a une durée de combat plus élevée. L'apport de sang Parladé confère à cet encaste une touche plus contemporaine : les toros combattus sont en général nobles et développent des charges franches. Variés de pelages, on a même donné l'appellation de *berrendo cubero* pour les toros mélangeant le noir et le blanc. Toutefois, le sang Parladé privilégie un plus grand nombre de toros entièrement noirs.

Très prisé entre les années 1960 et 1970, cet encaste a permis à des toreros comme Curro Romero, Paco Camino et Diego Puerta de connaître de grands triomphes.

Élevages issus de cet encaste : Diego Garrido ; Diego Romero Gallego ; Guillermo Acosta Otero ; Jódar y Ruchena ; Lora Sangrán.

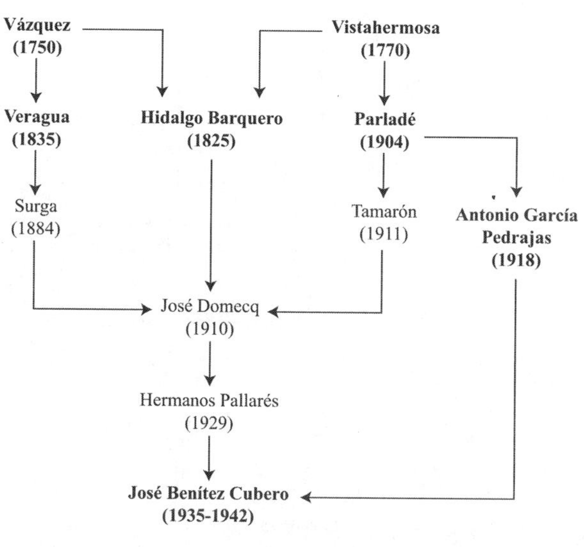

IBÁN Baltasar

Cet encaste comprend deux branches majeures :
I. Vistahermosa ⇒ Murube ⇒ Contreras
II. Vistahermosa ⇒ Murube ⇒ Ibarra ⇒ Parladé ⇒ Tamarón ⇒ Conde de la Corte ⇒ Juan Pedro Domecq ⇒ Fonseca ⇒ Los Guateles

Baltasar Ibán a réalisé un mélange original en croisant les sangs de Contreras et de Juan Pedro Domecq, *via* María Antonia Fonseca et Los Guateles. La nouvelle origine conjugue la qualité des deux encastes mais s'est créée une place à part entière dans le tableau des encastes contemporains. Le toro d'origine Baltasar Ibán représente aujourd'hui l'un des meilleurs compromis pour l'aficionado, mais aussi pour les toreros.

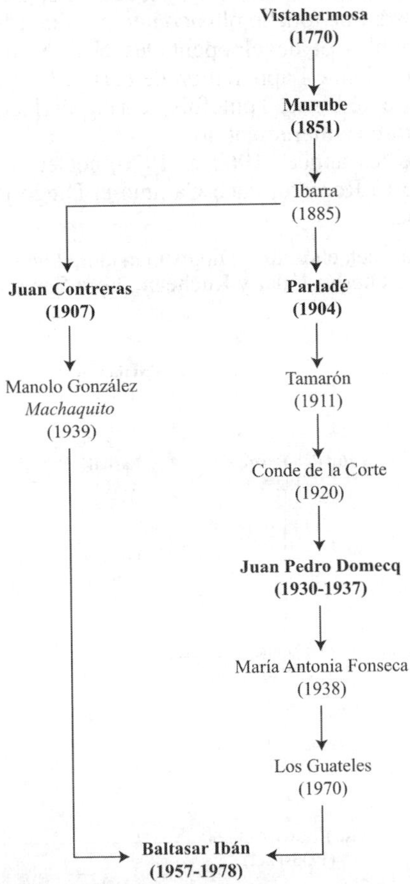

Baltasar Ibán acquiert l'élevage de Manolo González *Machaquito* en 1957, dans lequel on trouve des vaches d'origine Contreras. Les produits, braves et nobles, présentent toutefois quelques disparités du point de vue physique, et Baltasar Ibán décide de renforcer son cheptel en croisant ses bêtes Contreras avec des toros de Los Guateles, d'origine Juan Pedro Domecq.

La nouvelle souche ganadera de Baltasar Ibán devient dès lors une référence. Le toro de cet encaste se distingue par ses côtes assez basses mais plus développées que les traditionnels Contreras. Il a les pattes courtes mais arbore une grande corpulence ainsi qu'une belle morphologie générale. L'origine Contreras rejaillit plus dans le pelage de certains toros castaños et ojinegros. On reconnaît aisément la souche Domecq dans les toros *salpicados* (noirs tachetés de blanc), mais aussi les *burracos listones* (pelage noir tacheté de blanc et avec une raie longiligne sur le dos du toro), *chorreados* (rayures sur les flancs du toro) ou colorados ojos de perdiz.

Élevages issus de cet encaste : Alberto Mateos Arroyo (possédant également une branche séparée de Gamero Cívico) ; Campo Amor (possédant également une branche séparée de Núñez) ; El Jaral de la Mira ; Palha (possédant également d'autres branches comme Pinto Barreiros...) ; Peñajara.

MIURA

Cet encaste comprend quatre branches majeures :

I. Gallardo ⇒ Gil Herrera ⇒ Juan Miura

II. Cabrera ⇒ Jerónimo Núñez de Prado ⇒ Juan Miura

III. Vázquez ⇒ Duques de Osuna-Veragua ⇒ Eduardo Miura

IV. Vistahermosa ⇒ Murube ⇒ Parladé ⇒ Conde de la Corte ⇒ Antonio et José Miura

L'encaste actuel de Miura n'est que la continuation directe de cent cinquante années de sélection interne sur les terres de Zahariche. Le nom de la famille Miura est à jamais lié à cet élevage historique, unique et incomparable. Depuis 1842, les Miura gardent le secret de leur sélection et perpétuent un encaste de toros unique.

La genèse de Miura débute par le croisement opéré par Juan Miura entre deux cent vingt vaches de Gil de Herrera, deux cents vaches et novillos de José Luis Alvareda, tous d'origine Gallardo et établis sur les terres du Puerto de Santa María (Cadix).

Un troupeau de vaches de Jerónima Núñez de Prado, d'origine Cabrera, est ajouté en 1850, ainsi que deux étalons de Vistahermosa en 1860. Le croisement est complété par un apport mineur de sang navarrais *via* un étalon offert par le torero *Lagartijo* ainsi qu'un autre toro, castaño ojinegro, offert par le duc de Veragua.

Même si le sang de Miura n'a pas été altéré depuis le XIXe siècle, José María Sotomayor livre quelques précisions sur l'apport de sang Parladé, dans son ouvrage consacré à Miura. Selon lui, les frères Miura, Antonio et José, effectuèrent un essai entre 1920 et 1921 avec un étalon de la marquise de Tamarón, d'origine Parladé, appelé *Banderillero*, n° 11. Celui-ci couvrit un nombre réduit de vaches que le comte de la Corte avait offert à Juan et Antonio Miura. Selon les propriétaires actuels, les frères Miura éliminèrent tous les produits procédant de ce croisement. Même si un peu de sang mineur de ce croisement était resté, le sang d'origine l'aurait entièrement englouti comme c'est le cas dans la plupart des élevages.

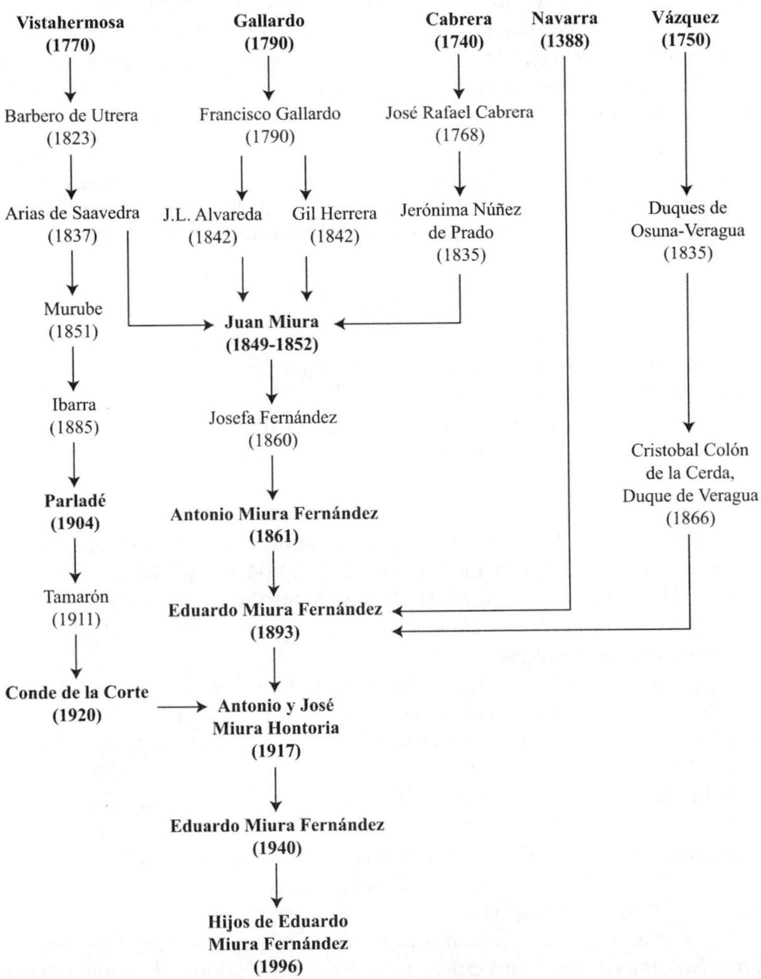

Le toro de Miura est un animal légendaire et indomptable. Les différents croisements opérés ont donné naissance à un toro singulier, très haut sur pattes et très long. Sa morphologie est aussi grande que la variété de son pelage. On peut trouver des Miura cárdenos, colorados, castaños, sardos, salineros, *jirones* (bas du flanc en blanc), salpicados, berrendos, *luceros* (avec une marque blanche sur le frontal), *negros zaínos y mulatos* (extrémité du poil brune). Le toro de Miura n'est pas forcément astifino, mais possède un arc de cornes très souvent large.

En piste, le toro de Miura a un comportement changeant. Assez nerveux, il apprend beaucoup et très vite, compliquant la tâche des toreros. Certains Miura expriment toutefois une attention particulière et peuvent développer une réelle noblesse. Le Miura est surtout spectaculaire dès son entrée en piste et lors de la première rencontre au cheval du picador. Il se distingue par ailleurs par une grande agilité et demeure l'un des toros les plus difficiles à manœuvrer. Une légende noire accompagne d'ailleurs l'élevage de Miura après les drames survenus à *Pepete*, *Llusío*, Domingo *Dominguín*, Faustino Posadas et Pedro Carreño. L'un d'eux, *Islero*, blessa très grièvement *Manolete* le 28 août 1947 à Linares (Jaén). Le torero succomba le lendemain matin dans une chambre de l'hôpital de la ville. Plus proche de nous, le tristement célèbre *Pañolero* mit un terme à la carrière de matador de Christian Montcouquiol *Nimeño II* le 10 septembre 1989 à Arles.

MURUBE

Cet encaste comprend une branche majeure :

Vistahermosa ⇒ Barbero de Utrera ⇒ Arias de Saavedra ⇒ Murube

L'encaste Murube provient directement des produits issus de l'élevage de Dolores Monge, veuve de Murube, et de ses fils, Joaquín et Faustino, formé en 1851 à partir de bétail d'origine Vistahermosa.

La branche Vistahermosa apparaît sous deux formes : la première, mineure, correspond au rameau de Picavea de Lesaca, *via* les toros de Manuel Suárez Cordero (également surnommés « pré-Saltillo ») ; la seconde, majeure, correspond au rameau d'Arias de Saavedra, qui fournira à l'élevage près de mille têtes de bétail en 1863.

Dolores Monge décède en 1884 et l'élevage est divisé en deux parts. La première est confiée à Joaquín, fils de Dolores, alors que la seconde est vendue à Eduardo Ibarra. Celui-ci confie la direction du troupeau à Faustino Murube, le frère de Joaquín.

L'encaste Murube devrait toutefois se doubler du nom d'Antonio Urquijo, dont la sélection personnelle donna naissance à de nombreux élevages. Le parcours ganadero de la famille Urquijo débute en 1917 lorsque le troupeau est mis au nom de Carmen de Federico, l'épouse de Juan Manuel Urquijo.

Ce sang donnera naissance à l'élevage – et futur encaste – de Juan Contreras. Aujourd'hui, le sang bravo de Murube-Urquijo continue de couler dans les veines des toros de Fermín Bohórquez, José Murube et Pedro Gutiérrez Moya *el Niño de la Capea*.

Le toro de Murube est un animal relativement grand et aux formes généreuses. Le galop est l'une de ses principales qualités. Il lui permet notamment de charger avec rectitude dans les leurres qui lui sont présentés. Le toro de Murube est donc apprécié des toreros pour la franchise de ses attaques et le « répondant » qu'il offre tout au long du combat.

Élevages issus de cet encaste :
Alcurrucén (seulement les restes de Félix Cameno) ; Ángel Luis Peña Sánchez (possédant également une branche séparée de Jandilla) ; Arucci (la part de Campos Peña) ; Branco Nuncio ; Campos Peña ; Castilblanco ; Castillejo de Huebra ; Condesa de Sobral ; Fermín Bohórquez ; Flores Tassara ; Hermanos Domínguez Camacho ; João Moura (une petite part est d'origine Urquijo, tout le reste provient de Marqués de Domecq) ; José Luis Paredes Limones (avec également un apport de Graciliano-Santa Coloma) ; José Manuel Sánchez ; José Samuel Pereira Lupi (majoritairement d'origine Atanasio) ; La Castilleja ; Luis Albarrán González ; Luis Passanha ; Pedro y Verónica Gutiérrez Lorenzo ; Santa María (possédant également une branche séparée de Pinto Barreiros) ; Valdemoro (avec également un apport de Gamero Cívico-Samuel Flores) ; Viento Verde (avec également un apport de Contreras).

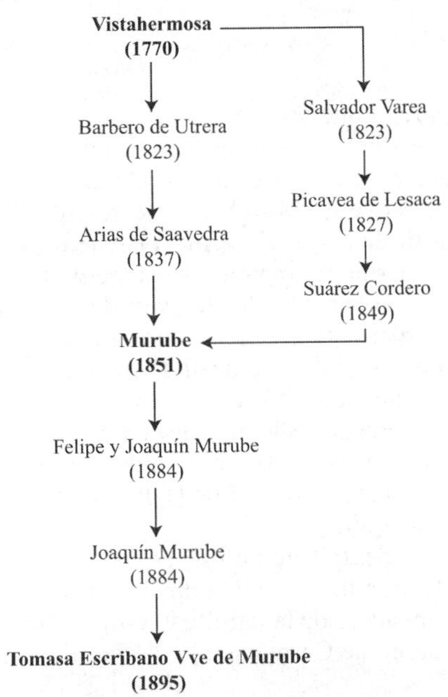

NÚÑEZ

Cet encaste comprend trois branches majeures :
I. Vistahermosa ⇒ Ibarra ⇒ Villamarta
II. Vistahermosa ⇒ Ibarra ⇒ Parladé ⇒ Pedrajas ⇒ Mora Figueroa
III. Vistahermosa ⇒ Ibarra ⇒ Parladé ⇒ Rincón

L'appellation de l'encaste Núñez devient légitime à partir de la création de l'élevage formé en 1938 par Carlos Núñez Manso, d'origine Parladé et anciennement de Manuel Rincón. Il rajoute en 1941 des bêtes de Mora Figueroa, d'origine Mora Figueroa-Conde de la Corte (pur Parladé). Il complète sa sélection en insérant un second sang avec du bétail de Marqués de Villabrágima, anciennement Marqués de Villamarta.

Cet élevage a donné naissance à un grand nombre de ganaderias espagnoles et s'est toujours distingué pour la bravoure et la qualité générale de ses produits. Dans les années 1940, les Núñez commencent à remporter de grands succès et les vedettes du toreo se disputent ces toros !

Les différentes origines de l'encaste Núñez se retrouvent dans la morphologie des toros : ceux de Parladé sont par exemple un peu plus bas et ramassés que ceux issus du rameau Villamarta, assez hauts, plus fins et présentant des armures pointues. Les Villamarta offrent également une grande variété de pelages : colorados, castaños, listones, noirs, jirones, *calceteros* (bout des pattes blanc).

Au niveau du comportement, le toro d'encaste Núñez pioche le meilleur de chacune de ses origines. Ainsi, le Núñez a la noblesse du toro de Parladé mais conserve la caste de celui de Villamarta. Ce toro charge en galopant et reste attentif à tous les mouvements, permettant un toreo lié.

Élevages issus de cet encaste :
Aguadulce ; Alcurrucén (avec également un apport d'El Torreón, Juan Pedro Domecq, Marqués de Domecq *via* Moura) ; Alejandro García ; Alejandro Vázquez Sánchez ; Antonio López Gibaja (avec également un apport de Jandilla et de Marqués de Domecq) ; Apolinar Soriano ; Arroyo Martín ; Astolfi ; Campo Amor ; Carriquiri ; Cebada Gago (avec également un apport de Torrestrella) ; Concha y Sierra ; Conde de la Maza ; Dolores Rufino Martín ; El Álamo ; El Romeral ; El Toril ; El Trincherazo ; Fernández Palacios (avec également un apport de Villamarta) ; Fernando Peña (avec également un apport de Torrestrella) ; Francisco y Cayetano Rivera Ordóñez ; Gabriel Rojas Fernández ; Gabriel Rojas Vázquez ; González Sánchez Dalp ; Guadalest (avec également un apport de Torrestrella) ; Hermanos Lozano ; José Pedro Prados Martín ; José Pocovi García ; Juan Albarrán (avec une part de Domecq) ; Juan José González ; La Dehesilla (avec également un apport de Juan Pedro Domecq et El Torero) ; La Laguna (avec également un apport de Juan Pedro Domecq) ; Los Derramaderos (ancien fer de Rincón et des héritiers de Carlos Núñez) ; Manolo González ; Marcos Núñez ; María del Carmen Camacho García ; María Palma ; Nazario Ibáñez ; Occitania (possédant également une branche séparée de Marqués de Domecq) ; Palomo Linares (avec également un apport de Graciliano-Santa

Coloma) ; Rocío de la Cámara Ysern ; Rodríguez de Arce ; Toros de Cortés ; Toros de la Plata ; Toros de San Miguel ; Torrecilla ; Valdeolivas (avec également un apport de Marqués de Domecq).

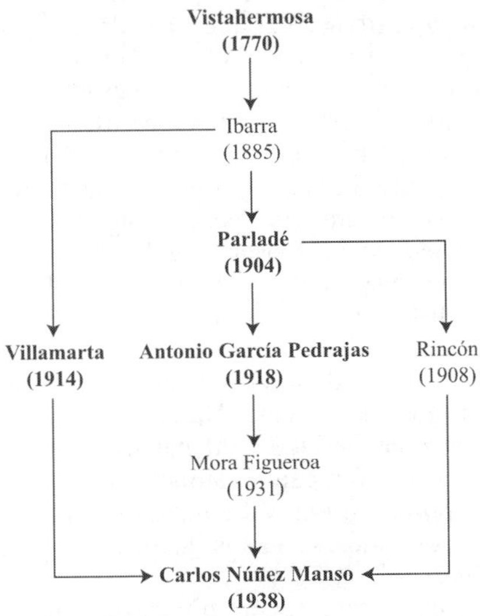

OSBORNE

Cet encaste comprend une branche majeure :

Juan Pedro Domecq y Díez ⇒ Luis de la Calle ⇒ Antonio Jiménez ⇒ José Luis Osborne

L'histoire ganadera d'Osborne débute par l'achat d'un lot de bêtes à Juan Pedro Domecq y Díez. Les têtes de bétail passeront successivement entre les mains de Luis de la Calle puis d'Antonio Jiménez. José Luis Osborne Vázquez rachète l'ensemble du troupeau en 1952.

L'étalon du troupeau était le toro *Escudero*, nº 69, fils d'une vache de Mora Figueroa et du semental nº 94 de Conde de la Corte. Ce dernier était negro salpicado et c'est donc par sa lignée que vinrent par la suite les fameux toros blancs d'Osborne. D'autres traités ganaderos rapportaient par erreur que ces toros blancs étaient issus du sang Veragua.

L'élevage d'Osborne, au même titre que celui de Marqués de Domecq, a poursuivi son travail de croisements divers en rajoutant des têtes de bétail de Jandilla, Juan Pedro Domecq et Torrestrella, toutes issues du même encaste. Ces mélanges ont favorisé un rafraîchissement du sang de l'élevage ainsi qu'un ancrage du toro en tant qu'Osborne.

L'Osborne est un toro bas mais très sérieux et harmonieux de morphologie, avec de magnifiques pelages comme le jabonero. Ce toro s'emploie avec force sous le fer du picador et possède un galop agréable à la muleta. Sa charge est régulière au cours du dernier tercio, signe distinctif de son héritage Domecq.

Élevages issus de cet encaste :
Ana María Bohórquez ; Ángel et Juan Valenzuela (avec également un apport de Torrealta et d'Hermanos Sampedro) ; Chipipi (avec également un apport de Marqués de Domecq) ; Hijos de Juan Valenzuela ; Guadalmena ; Herederos de José Luis Osborne Vázquez (avec également un apport de Juan Pedro Domecq) ; La Gravera (avec également un apport de Juan Pedro Domecq) ; Los Recitales (avec également un apport de Marqués de Domecq) ; Santiago Domecq Bohórquez (avec également un apport de Juan Pedro Domecq et de Torrestrella) ; Rosario Osborne.

(Voir les antécédents dans l'arbre généalogique de Juan Pedro Domecq, p. 127)

Juan Pedro Domecq Núñez de Villavicencio
(1930)

↓

Juan Pedro Domecq y Díez
(1937)

↓

Luis de la Calle
(1946)

↓

Antonio Jiménez
(1948)

↓

José Luis Osborne
(1952)

PARLADÉ-GAMERO CÍVICO-CLAIRAC

Cet encaste comprend une branche majeure :
Vistahermosa ⇒ Murube ⇒ Ibarra ⇒ Parladé ⇒ Luis Gamero Cívico ⇒ Rafael Lamamié de Clairac

Rafael Lamamié de Clairac, éleveur salmantin, acquiert en 1925 un quart du troupeau de Gamero Cívico auquel il ajoute des vaches et des étalons de Fernando Parladé. Ce mélange créa un toro différent des rameaux classiques de Gamero Cívico.

Ces toros ont moins de cornes que leurs parents éloignés de Samuel Flores et se caractérisent par un comportement empreint de race et de force.

Le pelage varie du castaño au colorado, parfois ojinegro, listón, chorreado, mais aussi noir.

Élevages issus de cet encaste :
Clairac ; Julio de la Puerta ; Miguel Zaballos (avec également un apport de Saltillo) ; Paloma Sánchez Rico de Terrones ; Víctor Romero ; Víctor y Marín (avec également un apport de Santa Coloma-Ibarra).

Vistahermosa
(1770)
↓
Murube
(1851)
↓
Ibarra
(1885)
↓
Parladé
(1904)
↓
Luis Gamero Cívico
(1914)
↓
Rafael Lamamié de Clairac
(1925)

PARLADÉ-GAMERO CÍVICO-FLORES Samuel

Cet encaste a une branche majeure :
Vistahermosa ⇒ Murube ⇒ Ibarra ⇒ Parladé ⇒ Luis Gamero Cívico ⇒ Samuel Hermanos ⇒ Samuel Flores

Cette branche est l'une des plus importantes de l'élevage de Parladé, même si la plus importante demeure celle de Tamarón, qui a donné naissance à l'élevage de Conde de la Corte. Luis Gamero Cívico acquiert donc cette part d'élevage en 1914, se démarquant du sang Tamarón. Les frères Flores – Samuel, Melquiades et Leonardo — rachètent la quatrième partie de ce troupeau en 1926. Ils sont les héritiers d'une prestigieuse famille ganadera de Castille, dont les débuts en tant qu'éleveur remontent à 1796. Les frères Flores éliminent progressivement les origines antérieures de leur fer et reforment un élevage avec leurs toros Parladé de Gamero Cívico.

À l'intérieur de cette branche de Gamero Cívico, les Flores ont créé leur propre encaste, se démarquant des Clairac, Tassara et Guardiola Soto.

Sur le plan physique, le toro répond à tous les critères de l'encaste Parladé et présente un beau port de cornes. Cette caractéristique s'est d'ail-

Vistahermosa
(1770)

↓

Murube
(1851)

↓

Ibarra
(1885)

↓

Parladé
(1904)

↓

Luis Gamero Cívico
(1914)

↓

Samuel Hermanos
(1926)

↓

Samuel Flores
(1914, 1925)

leurs fortement accentuée au cours des dernières années. Ce toro ne supporte toutefois pas un poids excessif et son pelage se décline entre le noir, noir listón, chorreado et castaño.

En piste, le toro de Samuel Flores galope avec vivacité, confirmant ses qualités parladeñas de bravoure et de noblesse. Particulièrement aimé par les aficionados, ce toro l'était également il y a quelque temps des toreros vedettes pour son gabarit plus petit et ses cornes moins développées ! L'élevage a été ainsi associé à de nombreux succès passés. À la fin des années 1990, César Rincón et Enrique Ponce ont obtenu de très grands triomphes face aux toros de cette devise.

Élevages issus de cet encaste :
Alberto Mateos Arroyo (possédant également une branche séparée de Marqués de Domecq) ; Amparo Valdemoro (avec également un apport de Murube) ; Cunhal Patricio (avec également un apport de Tamarón et d'Oliveira Irmãos) ; Eugenio Frías Piqueras (avec également un apport de Marqués de Domecq) ; Hijos de Juan Pedro Fernández, El Pizarral (avec également un apport de Murube-Urquijo) ; Infante da Cámara (avec également un apport de Conde de la Corte) ; Jiménez Pasquau (sang de Juan Pedro Domecq prédominant) ; José Tomás Frías ; La Rinconada (avec également un apport de Parladé et Domingo Ortega) ; Luis Frías Piqueras ; Manuela Agustina López Flores ; Mariano Sanz Jiménez ; Murteira Grave (avec également un apport de Núñez et de Juan Pedro Domecq).

PARLADÉ-GAMERO CÍVICO-GUARDIOLA SOTO

Cet encaste a une branche majeure :
Vistahermosa ⇒ Murube ⇒ Ibarra ⇒ Parladé ⇒ Luis Gamero Cívico ⇒ Juan Guardiola-Concepción Soto

Cette souche d'origine Parladé a été créée par Juan Guardiola Fantoni et son épouse, Concepción Soto, à partir de l'élevage de Manuel Gamero Cívico. Le troupeau passe au nom des héritiers de Juan Guardiola Fantoni en 1947.

L'année suivante, le cheptel est divisé en cinq parts, mais la réputation des toros de Juan Guardiola Soto grandit progressivement. Ils diffèrent de leurs parents éloignés de Samuel Flores, Clairac et Tassara sur de nombreux points.

On considère la branche des Guardiola Soto comme le rameau « dur » des Gamero Cívico. Très forts et difficiles à soumettre durant le combat, ces toros se distinguent également par une grande robustesse des pattes.

Volumineux, les toros de cet encaste ont par la suite été croisés avec d'autres exemplaires d'origine Conde de la Corte, comme c'est le cas chez Javier Molina. Ce dernier a d'ailleurs réussi à obtenir des toros aux charges plus lentes et suaves.

Vistahermosa
(1770)
↓
Murube
(1851)
↓
Ibarra
(1885)
↓
Parladé
(1904)
↓
Luis Gamero Cívico
(1914)
↓
Manuel Gamero Cívico
(1925)
↓
Juan Guardiola-Conceptión Soto
(1941)

Élevages issus de cet encaste :
Arauz de Robles (plusieurs origines) ; Félix Hernández Barrera (possédant également une branche séparée de Juan Pedro Domecq) ; Javier Molina (possédant également une branche séparée de Juan Pedro Domecq) ; Los Eulogios (avec également un apport d'El Torreón et de Javier Camuñas) ; Murteira Grave (possédant également une branche séparée de Núñez) ; Ortigao Costa (possédant également une branche séparée d'El Torreón) ; Paloma Sánchez Rico de Terrones.

PARLADÉ-TAMARÓN-CORTE Conde de la

Cet encaste a une branche majeure :
Vistahermosa ⇒ Murube ⇒ Ibarra ⇒ Parladé ⇒ Tamarón ⇒ Agustín Mendoza ⇒ Conde de la Corte

Cet encaste est fondateur d'un grand nombre d'élevages actuels. Le comte de la Corte achète en 1920 le troupeau de vaches de la marquise de Tamarón, d'origine Parladé. Cinq ans plus tard, son élevage connaît d'immenses succès et ses toros sont réclamés par les toreros, le public, les directeurs d'arènes mais aussi les autres ganaderos ! Fondateur du toro moderne, Conde de la Corte est notamment le pilier ganadero sur lequel des élevages vedettes comme ceux d'Atanasio Fernández et Juan Pedro Domecq ont bâti leurs fondations.

Le toro de Conde de la Corte présente des lignes fines et harmonieuses. Assez mince, ce toro est en revanche assez musclé et très bien armé au niveau des cornes, larges et longues. Le pelage noir est le plus fréquent, même si on peut rencontrer quelques toros burracos, colorados, salpicados et castaños. Quelques toros burracos de cet encaste présentent la particularité d'avoir une marque blanche à la hauteur du conduit lacrymal de l'œil.

Le toro de Conde de la Corte est un animal complet, brave au cheval et doté d'un bon galop. Sa noblesse se distingue par la vigueur de sa charge ainsi que la rectitude de ses trajectoires. Le toro de cet encaste se livre pleinement dans les capes et les muletas qui lui sont présentées : cette bravoure s'extériorise par un engagement total du toro dans le leurre comme en témoignent plusieurs photos où l'animal sort de la passe avec les pattes avant constamment en l'air. Sa mobilité est également favorisée par un poids qui n'est pas excessif.

Élevages issus de cet encaste et de ses dérivés (*via* Atanasio Fernández et Juan Pedro Domecq) :
Antonio Patricio Silva (avec également un apport d'Atanasio) ; Antonio Pérez (avec également de nombreux apports : Gamero Cívico, Tamarón...) ; Bernardino Piriz (avec également un apport de Tamarón-Alves do Río) ; Concha y Sierra (apport d'étalons) ; Condesa de Sobral ; Cunhal Patricio (avec également un apport de Parladé de Samuel Flores) ; David Ribeiro Telles (possédant également une branche séparée de Domingo Ortega-Parla-

dé) ; Fernando Peña (origine de Núñez majoritaire) ; Infante da Cámara ; Julio de la Puerta (*via* Solís Casablanca) ; La Cardenilla (avec également un apport de Los Guateles et d'Antonio Arribas) ; María Olea Villanueva ; Pinto Barreiros ; Santa María (*via* Pinto Barreiros) ; Sociedad agrícola Couto de Fornilhos ; Valverde ; Veiga Teixeira.

Vistahermosa
(1770)
↓
Murube
(1851)
↓
Ibarra
(1885)
↓
Parladé
(1904)
↓
Tamarón
(1911)
↓
Agustín Mendoza
Conde de la Corte
(1920)
↓
Luis López Ovando
Heredero del Conde de la Corte
(1964)
↓
Herederos del Conde de la Corde
(fin des années 1980)

PEDRAJAS

Cet encaste a une branche majeure :

Vistahermosa ⇒ Murube ⇒ Ibarra ⇒ Parladé ⇒ Francisco Correa ⇒ Antonio García Pedrajas

Antonio García Pedrajas forme son propre cheptel en 1918 avec des têtes de bétail d'origine Fernando Parladé suite au rachat du troupeau de Francisco Correa.

Les Pedrajas sont donc des Parladé que l'on retrouve notamment dans le célèbre élevage de Ramón Mora Figueroa et dont il existe une trace dans la lignée de l'encaste Juan Pedro Domecq. Aujourd'hui, les Pedrajas emblématiques sont les toros porteurs du fer des héritiers de María Luisa Domínguez Pérez de Vargas.

Les toros de Pedrajas ne peuvent renier leur origine Parladé de par leur fort poitrail et leur important morillo. Le noir est la couleur universelle de la maison Pedrajas, même si on rencontre en quelques occasions des toros colorados ou castaños.

Ce toro est célèbre pour sa bravoure légendaire et sa durée exceptionnelle sous le fer du picador. Un tercio de piques avec les toros de María Luisa Domínguez Pérez de Vargas est toujours un spectacle à lui seul. Attentifs, puissants et allègres dans leurs charges, les toros de Pedrajas ont toutefois tendance à charger avec la tête à mi-hauteur à la muleta. Ce défaut a été progressivement corrigé depuis quelques années.

Élevages issus de cet encaste :
Herederos d'Isaías y Tulio Vázquez ; Herederos de María Luisa Domínguez Pérez de Vargas ; Javier Guardiola Domínguez (possédant également une branche séparée de Villamarta) ; Marqués d'Albaserrada (avec également un apport de Juan Pedro Domecq) ; Puerto Frontino (avec également un apport de Villamarta) ; Salvador Guardiola Fantoni ; Yerbabuena (avec également un apport de Jandilla).

Vistahermosa
(1770)
↓
Murube
(1851)
↓
Ibarra
(1885)
↓
Parladé
(1904)
↓
Francisco Correa
(1910)
↓
Antonio García Pedrajas
(1918)

PÉREZ Antonio

Cet encaste comprend deux branches majeures :
I. Vistahermosa ⇒ Murube ⇒ Luis de Gama
II. Vistahermosa ⇒ Ibarra ⇒ Parladé ⇒ Gamero Cívico et Tamarón

Antonio Pérez-Tabernero Sanchón a réalisé un croisement qui a débouché sur la création de l'un des élevages phares de la deuxième moitié du xxe siècle. Le toro de cet encaste, au même titre que celui de Juan Pedro Domecq, est défini par son propre éleveur comme un animal pour le toreo moderne, dont la noblesse est la principale qualité. Il obtient cette alchimie à partir des produits d'origine Murube de Luis de Gama et de Tomasa Escribano (1911), qu'il joint à du bétail de Luis Gamero Cívico et de Tamarón – tous deux d'origine Parladé – avec un toro de pur encaste Parladé, porteur du fer de Clairac.

Cet encaste fait partie des fleurons du cheptel bravo de Salamanque. Antonio Pérez a en effet été le premier éleveur « moderne », capable de sélectionner un tel toro. Sa recherche de la noblesse idéale pour le toreo moderne s'est en outre doublée d'une bravoure au cheval du picador faisant rarement défaut à ses produits. En mélangeant les sangs de Murube et de Parladé, Antonio Pérez a véritablement créé un toro pour le troisième tercio. D'un physique plutôt agréable, avec des têtes assez basses, les toros de cet encaste ont permis à de nombreux toreros de s'illustrer au cours des grandes férias.

Élevage issu de cet encaste : Antonio Pérez Angoso.

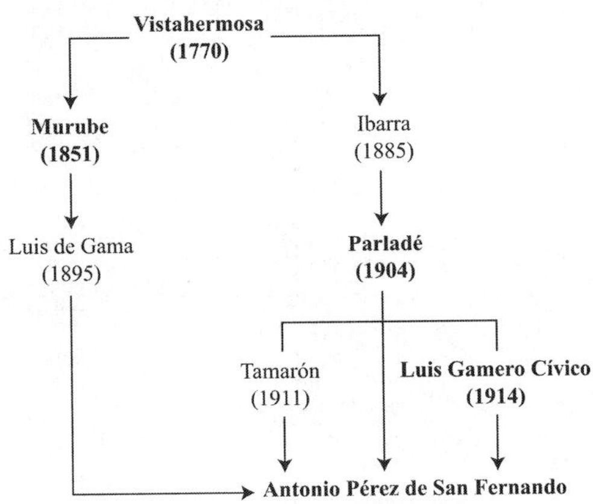

ROMERO Pablo

Cet encaste comprend quatre branches majeures :

I. Jijona ⇒ José Rafael Barbero ⇒ Rafael Laffitte y Castro ⇒ Felipe de Pablo Romero

II. Gallardo ⇒ Duque de San Lorenzo ⇒ José Bermúdez Reina ⇒ Rafael Laffitte y Castro

III. Navarra ⇒ Benjumea ⇒ José Bermúdez Reina ⇒ Rafael Laffitte y Castro

IV. Cabrera ⇒ Núñez de Prado ⇒ José Rafael Barbero ⇒ Rafael Laffitte y Castro

Autre légende de l'histoire ganadera espagnole, l'élevage de Pablo Romero est fondé en 1885 par Felipe de Pablo Romero en acquérant la moitié du troupeau de Carlos Conradi. L'ensemble de ce troupeau, fondé en 1870 par Rafael Laffitte y Castro, réunissait des vaches jijonas et des étalons de Cabrera. Par la suite, Laffitte y ajouta des vaches de Gallardo ainsi que du bétail de José Bermúdez Reina, soit cinq cents têtes d'origine vazqueña ainsi que la totalité de l'élevage de Duque de San Lorenzo, majoritairement de sang navarrais. *Via* cette origine de Duque de San Lorenzo, on trouve également du sang de Vistahermosa et de Vázquez, auquel il convient de rajouter l'encaste d'Hidalgo Barquero. L'ensemble forme un amalgame de sangs très original et confère au toro de Pablo Romero une physionomie unique en son genre. Même si la famille Pablo Romero n'est plus propriétaire de cet élevage historique depuis 1997, la société Partido de Resina s'est promis de perpétuer l'encaste des « pabloromeros » et de la remettre sur les rails du succès.

Pendant près de cent ans, les Pablo Romero ont bien convenu aux différentes modes du toreo : de l'époque de *Guerrita* jusqu'à celle d'Antonio Ordóñez, l'élevage a fourni des toros de grande qualité, répondant à de nombreuses exigences.

Le toro de Pablo Romero est un animal très fort physiquement, avec un large morillo, mais un museau assez aplati. Son poitrail est large et ses tempes sont étroites. Son port d'armure est souvent redoutable. Depuis plusieurs décennies, les toros de cet encaste proposent une magnifique palette de couleurs au niveau des pelages : si les colorados, berrendos, jirones, luceros, *bragados* (avec le ventre tacheté de blanc) et salpicados se font aujourd'hui assez rares, on trouve de superbes toros cárdenos ou *entrepelados* (toros noirs avec quelques poils gris, en petite densité). Certains spécialistes ont tenté d'éluder le mystère relatif au changement progressif du pelage des Pablo Romero. Ceux-ci avancent un probable croisement avec du bétail de Saltillo dans la mesure où la troisième génération des Pablo Romero fut en 1917 exécuteur testamentaire du marquis de Saltillo.

Le « pablorromero » est un toro brave sous le fer du picador, robuste face au cheval, développant agressivité et bravoure à la muleta. Le toro de Pablo Romero charge en galopant, souvent avec la tête à mi-hauteur, ce qui le différencie sur ce point du Saltillo, qui avance au pas et avec la tête bien baissée.

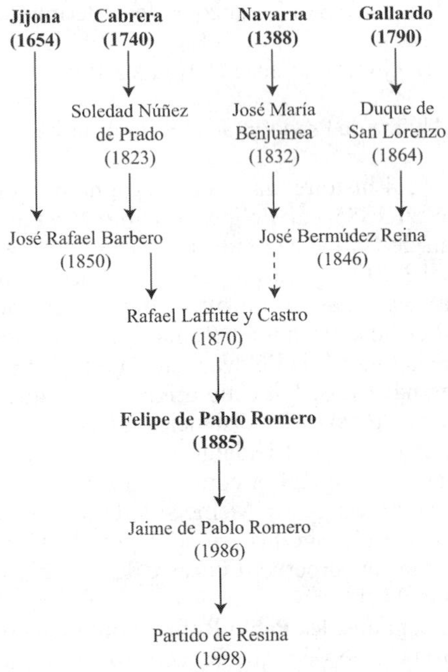

SALTILLO

Cet encaste comprend deux branches majeures :

I. Vistahermosa ⇒ Arias de Saavedra ⇒ Ibarra ⇒ Santa Coloma ⇒ Joaquín Buendía

II. Vistahermosa ⇒ Salvador Varea ⇒ Picavea de Lesaca ⇒ Marqués de Saltillo ⇒ Santa Coloma ⇒ Joaquín Buendía

Derrière le titre de marquis de Saltillo se masque Antonio Rueda Quintanilla, qui achète en 1850 l'élevage d'origine Vistahermosa de la veuve de Lesaca. Très rapidement, Quintanilla épure le sang et ses toros sont prisés des matadors vedettes, comme *Guerrita*. L'élevage passa ensuite entre les mains de la veuve de Quintanilla, puis du second marquis, Rafael Rueda Osborne.

On doit à cet élevage plusieurs développements de l'encaste Saltillo avec la création des troupeaux de Félix Moreno Ardanuy, Alonso Moreno de la Cova, Joaquín Moreno Silva, de Marqués d'Albaserrada, sans oublier l'incontournable Victorino Martín. Un autre rameau a donné naissance à l'encaste de Santa Coloma dont découle directement l'élevage de Joaquín Buendía. Le Saltillo est le sang qui coule dans les veines de la quasi-majorité des toros mexicains.

L'élevage de Conde de Santa Coloma possède deux origines : la première dans le sang Ibarra, et la seconde dans celui de Saltillo. Le rameau Ibarra fut développé par Paco Coquilla et Graciliano Pérez-Tabernero.

Le toro de Saltillo est d'apparence assez fin, peu exagéré en cornes, avec un museau fin et un regard vif. Brave et encasté, solide de pattes, ce toro charge au pas — à la différence de celui de Parladé qui préfère le galop. Il sait aussi baisser la tête.

Élevages issus de cet encaste ainsi que les dérivés d'origine Santa Coloma de lignée asaltillada :
Ana Romero ; Bucaré ; Felipe Bartolomé Sanz ; Flores Albarrán ; Ganadería de Rehuelga ; Ganadería de Surga ; Germán Gervás Díez ; Herederos de Manuel Mariano Viñas ; Herederos de Tomás Pérez de la Concha ; Hernández Plá ; Hilario Serrano (avec également un apport de Domecq) ; Javier Moreno de la Cova ; Joaquín Buendía Peña ; Joaquín Moreno Silva ; José Escolar Gil ; José Vázquez Fernández (possédant également une branche séparée de Juan Pedro Domecq) ; La Amarguilla ; La Ermita ; La Guadamilla (possédant également une branche séparée de Juan Pedro Domecq) ; La Quinta ; Los Camino (possédant également une branche séparée de Domecq) ; Miguel Zaballos Casado (possédant également une branche séparée de Samuel Flores) ; San Martín (mélangé avec du Graciliano, du Vega-Villar et du Coquilla) ; Sotillo Gutiérrez ; Terrubias.

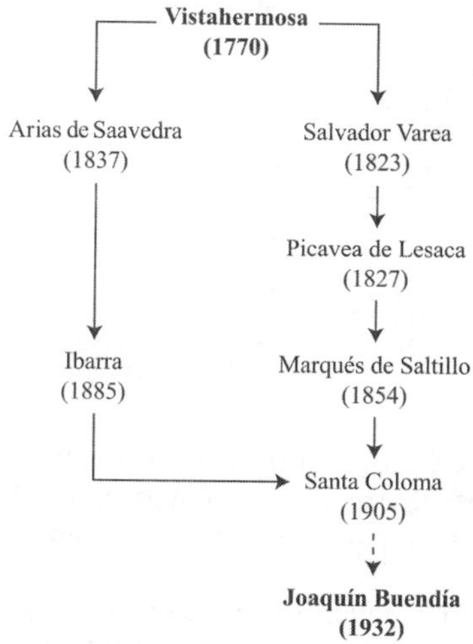

SANTA COLOMA

Cet encaste comprend deux branches majeures :
I. Vistahermosa ⇒ Arias de Saavedra ⇒ Ibarra ⇒ Santa Coloma
II. Vistahermosa ⇒ Picavea de Lesaca ⇒ Marqués de Saltillo ⇒ Santa Coloma

Cet encaste a été formé par le comte de Santa Coloma à partir de deux sangs d'origine Vistahermosa : Saltillo et Ibarra. L'élevage d'Ibarra fut partagé en deux lots : l'un revint à Fernando Parladé et l'autre devint la propriété en 1904 de Manuel Fernández Peña, le comte de Santa Coloma. Cette branche Ibarra servira par la suite à la création des troupeaux de Coquilla en 1916 et de Graciliano Pérez-Tabernero en 1924.

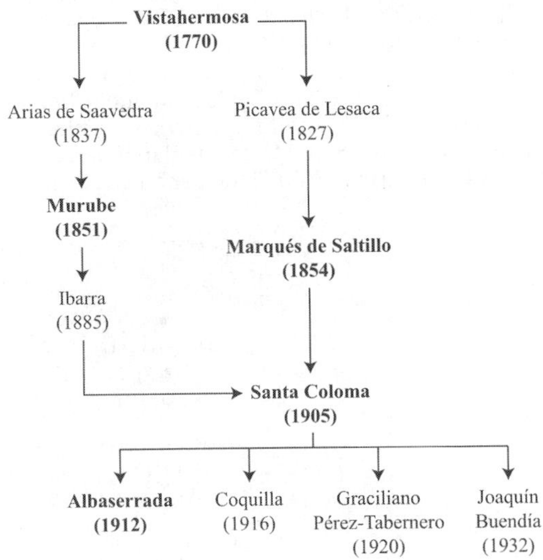

Les toros de Santa Coloma diffèrent en fonction de leur rameau : les Ibarra, noirs, castaños, chorreados et colorados, n'ont rien à voir avec leurs cousins de Saltillo. Ils ont par ailleurs un peu moins de tête et ne possèdent pas un poids excessif.

À l'opposé de son physique, son caractère est très fort. Toro encasté par excellence, le Santa Coloma se livre pleinement dès son entrée en piste.

Élevages issus de cet encaste – branche Ibarra :
Alipio Pérez-Tabernero ; Auxilio Holgado ; Cándido García Sánchez (possédant également une branche séparée d'Atanasio) ; Estebán Escolar Herrero ; Herederos d'Alfonso Sánchez Fabrés ; Hermanos Clemares Pérez-Tabernero ; Hijos d'Ignacio Pérez-Tabernero Sánchez ; Hijos de Rodríguez García ;

Hoyo de la Gitana ; José Escobar ; Juan José Pérez-Tabernero Población ; Juan Luis Fraile y Martín ; La Fresnada ; Los Puentes de Castillejo ; María Victoria Escobar ; Palomo Linares (possédant également une branche séparée de Núñez) ; Pilar Población del Castillo ; Río Grande ; Víctor y Marín (avec également un apport de Núñez et d'Arranz).

TORRESTRELLA

Cet encaste comprend trois branches majeures :

I. Vázquez ⇒ Veragua ⇒ Braganza ⇒ Curro Chica ⇒ Álvaro Domecq y Díez

II. Vistahermosa ⇒ Parladé ⇒ Tamarón ⇒ Conde de la Corte ⇒ Juan Pedro Domecq

III. Vistahermosa ⇒ Ibarra ⇒ Villamarta ⇒ Rincón ⇒ Carlos Núñez

Fondé en 1954 par Álvaro Domecq y Díez, cet encaste a réuni des bêtes de Duque de Braganza – union du Veragua et de Conde de la Corte – avec du bétail de Núñez et de Juan Pedro Domecq.

S'identifiant physiquement au toro de race vazqueña, le toro d'Álvaro Domecq est un animal assez bas. Il est doté d'un cou assez large, avec un morrillo bien développé. Son poitrail est ample, au même titre que sa croupe. Varié de pelage – on trouve de nombreux burracos –, le toro de Torrestrella est très souvent redoutablement armé. Il fait preuve de caste en piste et fuit rarement le combat, déployant une certaine agressivité sous le fer du picador. Ce toro demande une lidia expérimentée et se livre sans retenue à la muleta malgré un physique parfois impressionnant.

C'est un toro porteur du fer de Torrestrella qui a causé le dernier accident mortel lors des Sanfermines de Pampelune : le jeudi 13 juillet 1995, le jeune Américain Matthew Peter Tasso – vingt-deux ans – court pour la première fois l'encierro matinal. À la fin de la rue Santo Domingo, Tasso chute au passage du troupeau. Le toro *Castellano*, n° 5, castaño salpicado, 575 kilos, le cueille de plein fouet au sol. D'un coup sec de corne, l'aorte du jeune Américain est sectionnée. Matthew Peter Tasso est la treizième victime dans l'histoire des encierros de Pampelune, la première depuis 1980. Pour la première fois également, le drame se déroule en direct sous les caméras de la télévision espagnole. L'après-midi, la corrida débute et le paséo s'achève sur une poignante minute de silence en mémoire du jeune Américain. *Castellano* sort en deuxième position sous les cris d'« *Asesino ! Asesino !* » (assassin ! assassin !) lancés par la foule. Ce toro sera toréé avec mérite par Juan Mora et fera preuve d'une caste inégalable aux piques et à la muleta. Juan Mora dédiera la mort de ce toro au ciel avant de lui couper une oreille. Au terme de ce vibrant combat, la dépouille de *Castellano* quitte la piste de Pampelune, acclamée par les vingt mille spectateurs. Ce toro sera désigné comme le meilleur de la féria par l'attribution du trophée Carriquiri.

Élevages issus de cet encaste :
Aldeaquemada ; Antonio San Román ; Carmen Segovia ; Cayetano Muñoz González (avec également un apport de Domecq) ; Fernando Peña Catalán ; Guadalest (avec également un apport de Núñez) ; Herederos de José Francisco Varela Crujo ; Herederos de Laurentino Carrascosa ; José Ortega Sánchez (avec également un apport de Marqués de Domecq) ; Santiago Domecq Bohórquez ; Toros de Jarrama.

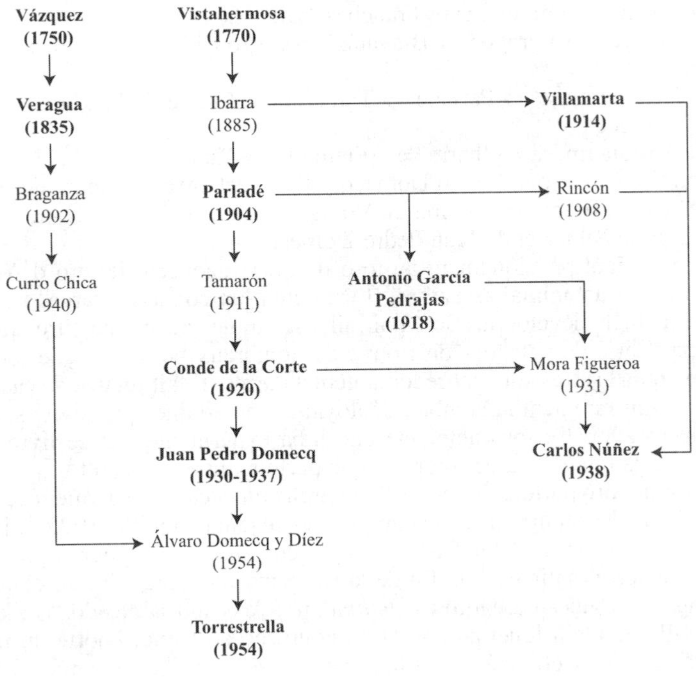

URCOLA

Cet encaste a une branche majeure :
Vistahermosa ⇒ Arias de Saavedra ⇒ Núñez de Prado ⇒ Adalid ⇒ Félix Urcola ⇒ José María Galache

La formation de cet encaste s'appuie sur un lot de vaches de pure origine Vistahermosa réuni en 1904 par Félix Urcola. La branche concernée est celle du barbier d'Utrera et d'Arias Saavedra, *via* Núñez de Prado et Adalid. Francisco Galache achète l'élevage en 1930. Une fois fixé, le sang ancrera cet élevage comme un encaste à part entière et permettra notamment la création de la ganaderia d'Alonso Moreno.

Généralement maigres d'un point de vue morphologique, les toros de Urcola varient physiquement en fonction des élevages. Le toro d'Alonso Moreno présente une morphologie plus sérieuse, alors que le rameau des Galache se distingue par une grande robustesse des pattes mais aussi un physique plus discret. Assez bas et peu cornus, les Galache s'avèrent en revanche assez nobles, à la différence de ceux d'Alonso Moreno, beaucoup plus âpres en fin de combat. Francisco Galache a d'ailleurs séparé cette branche de celle de Vega-Villar. Le toro d'Urcola est généralement un animal de caste et franc dans ses charges.

Élevages issus de cet encaste :
Caridad Cobaleda Galache ; Herederos de Francisco Galache de Hernandinos ; Herederos d'Alonso Moreno de la Cova ; Salustiano Galache.

Vistahermosa
(1770)
↓
Arias de Saavedra
(1837)
↓
Ildefonso Núñez de Prado
(1865)
↓
Adalid
(1890)
↓
Félix Urcola
(1904)
↓
Eduardo Pagés
(1928)
↓
José María Galache
(1930)

VEGA-VILLAR

Cet encaste comprend trois branches majeures :

I. Vázquez ⇒ Veragua ⇒ José Vega ⇒ Arturo Sánchez Cobaleda et José Encinas ⇒ Hermanos Galache

II. Vistahermosa ⇒ Saltillo ⇒ Santa Coloma ⇒ José Vega ⇒ Arturo Sánchez Cobaleda et José Encinas ⇒ Hermanos Galache

III. Vistahermosa ⇒ Murube ⇒ Ibarra ⇒ Santa Coloma ⇒ José Vega ⇒ Arturo Sánchez Cobaleda et José Encinas ⇒ Hermanos Galache

Cette branche est plus connue dans le milieu ganadero sous le nom de *patas blancas* à cause du pelage blanc que l'on retrouve sur une grande majorité des toros noirs issus de ce sang. Cette appellation vient de l'éleveur José Vega qui, en 1910, croise un étalon de Santa Coloma avec des vaches du duc de Veragua. Le cheptel est ensuite acheté par les frères Francisco et Vitorio Villar, qui donneront donc leur nom à cet encaste. En 1922, les deux frères Villar se séparent et Francisco vend sa part à Arturo Sánchez Cobaleda. Francisco, Eusebia et Salustiano Galache rachètent de leur côté la part de Vitorio Villar. Cet encaste a connu ses heures de gloire dans les années 1970.

Ce sang mélange deux caractéristiques : on retrouve dans le toro de Vega-Villar la bravoure de la branche Veragua ainsi que la grande mobilité du rameau Santa Coloma. Cette mobilité s'assortit par ailleurs d'une durée estimable tout au long du combat.

D'un point de vue physique, la touche Veragua offre un toro fort, notamment au niveau du poitrail et de la croupe. Assez bas de côtes, le Vega-Villar est un toro qui offre une grande variété au niveau des pelages : berrendo, calcetero, jirón, *coletero* (avec le poitrail blanc), lucero, *facado* (avec un léger trait blanc sur le frontal), *coliblanco* (avec la queue blanche).

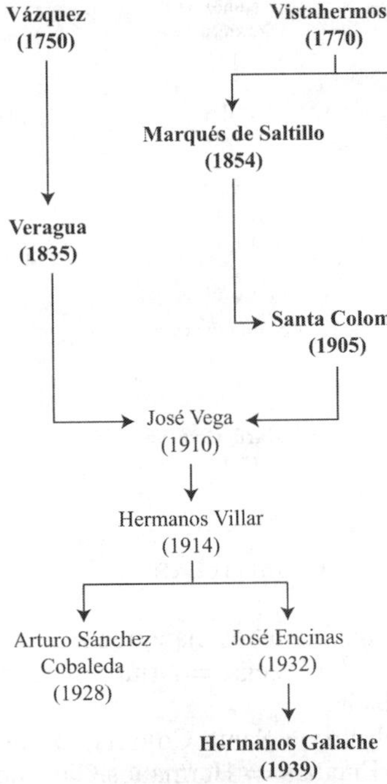

Dans sa lignée Cobaleda, le toro de Vega-Villar présente des cornes très développées, à la différence de celles du rameau Galache, résolument moins offensives. Ce toro est en règle générale brave au cours du tercio de piques grâce à son héritage de sang Veragua. Il peut durer à la muleta, offrant au torero un galop agréable ainsi qu'une grande faculté à baisser la tête, propre au toro de Saltillo.

Élevages issus de cet encaste :
Barcial ; Diego Romero Gallego ; Francisco Galache de Hernandinos ; Hijos de Alicio Tabernero de Paz ; Jesús Tabernero Sánchez ; Justo Nieto ; Los Majadales ; María Teresa Calderón ; Monteviejo ; Pallarés ; Saboya (avec également un apport de Juan Pedro Domecq) ; Sánchez Cobaleda.

VILLAMARTA

Cet encaste comprend trois branches majeures :
I. Vistahermosa ⇒ Saltillo ⇒ Santa Coloma ⇒ Marqués de Villamarta
II. Vistahermosa ⇒ Dolores Monge, veuve de Murube ⇒ Parladé ⇒ Marqués de Villamarta
III. Vistahermosa ⇒ Félix Urcola ⇒ Marqués de Villamarta
Le marquis de Villamarta était Álvaro Dávila y Agreda. En 1914, il fonde un élevage en mélangeant différents sangs de la branche Vistahermosa. Il ajoute par la suite des vaches de José Carvajal, d'origine Parladé, d'autres d'origine Félix Urcola, Santa Coloma et Murube, ainsi que des étalons de Fernando Parladé. Ce croisement tient une place importante dans la formation future de l'encaste Núñez et par conséquent d'élevages comme Torrestrella et Cebada Gago. Les plus célèbres toros de Villamarta demeurent aujourd'hui encore les mythiques Guardiola.

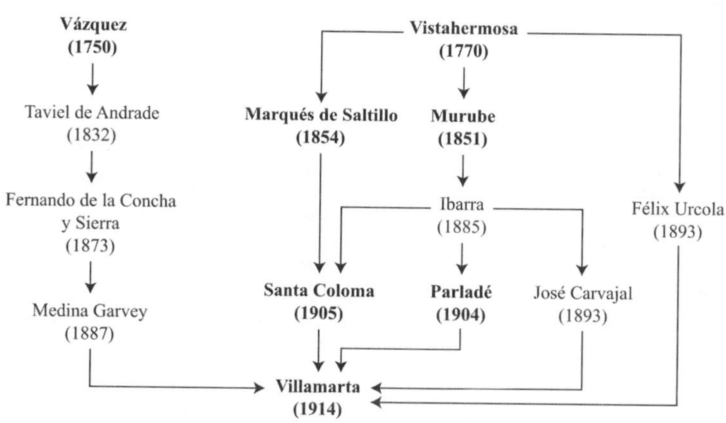

Les détenteurs de l'encaste Villamarta voient la morphologie de leur toro varier : ainsi, le toro de Guardiola est beaucoup plus massif que celui de Núñez. Le Guardiola présente des cornes fines ainsi qu'un pelage quasi exclusivement noir. Quelques rares cas de toros jirones, calzados, bragados ou luceros viennent contredire cette règle. Les Villamarta de Núñez sont des toros arborant plutôt des robes salpicadas, cárdenas et jironas. Plus élevé que celui de Parladé, le toro de Villamarta est un animal fin et qui impose le respect en piste. Doté d'un tempérament de combattant, il fait preuve d'une grande bravoure dans le premier tercio et extériorise sa caste durant toute la lidia.

Élevages issus de cet encaste :
Badía hermanos ; Ganadería de Álvarez ; Giménez Indarte (avec également un apport de Marqués de Domecq, de Salvador Domecq et de Martín Arranz) ; Herederos de Bernardino San Jiménez ; Herederos de Guardiola Domínguez ; Javier Guardiola Domínguez (possédant également une branche séparée de Pedrajas) ; Manuel Pío Fernández Palacios (avec également un apport de Núñez) ; Puerto Frontino (avec également un apport de Pedrajas) ; Marqués de Villamarta.

La lidia
Évolution — Principes — Déroulement

par Robert Bérard

Lorsqu'un torero se trouve en piste face à un toro, l'ensemble des actions, ou *suertes*, qu'il initie et réalise pour mener son combat, en mettant en valeur les qualités de l'animal et en réduisant ses défauts, s'appelle la lidia. Une lidia adaptée et progressive améliore les réactions du toro, le rendant plus réceptif et plus coopératif, une lidia inadaptée mettra en évidence les défauts de la bête et les accroîtra, au détriment du torero.

Contrairement à une idée reçue, aucun torero, quelles que soient ses capacités et ses compétences, ne peut améliorer un toro, car il ne peut lui injecter des qualités qu'il ne possède pas. Un matador ayant de grandes connaissances techniques et un sens aigu de la lidia découvrira rapidement et fera surgir les aptitudes parfois masquées d'un animal, mais il ne pourra en aucun cas donner de la noblesse ou de la bravoure à un toro qui n'en détient pas. En conséquence, l'expression courante « il a amélioré son toro » exprime le fait que le torero a évité qu'apparaissent les défauts sous-jacents et qu'il a mis en évidence ses qualités. Un torero ayant peu de capacités, manquant de pratique et donc d'expérience technique, fera des erreurs lors de la lidia et accentuera les défauts du toro.

La réalité est plus complexe car interviennent d'autres facteurs. La tension nerveuse dans une arène de responsabilité, telle que Madrid ou Séville, le degré de fatigue, la condition physique et l'état mental du torero, le temps, les réactions du public, les relations avec les autres cuadrillas, le déroulement des corridas précédentes ont des incidences sur les réactions du torero. Les matadors, soumis à un stress permanent, sont souvent marqués par les critiques injustifiées et sensibles aux attitudes du public, parfois injuste à leur égard.

I

L'ÉVOLUTION DE LA LIDIA

À l'origine, il y a la chasse, nécessité vitale pour survivre dans un environnement dangereux, pratiquée à pied par les hommes de la tribu, exercice collectif pour en augmenter l'efficacité, amener le gibier vers des endroits où ils pourront l'abattre plus commodément. Ce sont donc les bêtes les plus faibles, âgées, jeunes ou handicapées qui tombent sous les armes des chasseurs : pierres et épieux (ce type de chasse tribale se pratique encore dans certaines parties de l'Afrique et d'une manière identique). Les groupes de taureaux existants ne sont pas domestiqués et ils procurent des provisions de viande importantes. Les chasseurs savent où ils se trouvent, surveillent leurs déplacements et les observent. Ils se rendent compte que certains animaux sont plus dangereux, plus agressifs, plus sauvages car dominants dans le troupeau et ne doivent pas être attaqués. En effrayant le troupeau, les bêtes fuient et le tri se fait naturellement, les plus faibles restant en retrait. Mais il arrive parfois que une ou plusieurs se rebiffent, attaquent, mettant en fuite les chasseurs. Lorsque apparaîtront les armes de jet, lances et flèches, la technique de la chasse se modifiera et les taureaux seront attaqués de plus loin, en prenant moins de risques et avec un résultat plus important.

Les siècles passent, la société se structure, les agglomérations naissent. L'élevage des animaux que l'on est arrivé à domestiquer s'avère plus rentable et plus simple que la chasse qui continue toutefois, soit en complément nutritionnel et les chasseurs sont alors des gens du peuple qui l'exercent à pied, soit pour le plaisir et comme exercice équestre et les participants sont gens de la noblesse ou financièrement pourvus. Ayant constaté que certains taureaux sauvages attaquent naturellement quand on les dérange, on va transformer cet exercice de pleine nature en affrontement programmé dans une enceinte, d'où l'animal ne pourra pas s'échapper et devra attaquer l'homme ou les hommes qui lui font face. S'il existe des taureaux à l'état sauvage dans les environs, on ira en pousser un ou plusieurs vers l'enceinte, place du village ou cour du château. Sinon, ils seront achetés au propriétaire du troupeau : seigneur des lieux ou monastère qui élève les animaux sur ses terres.

S'il s'agit d'une manifestation organisée pour le peuple, la bête peut soit être achetée collectivement par les habitants ou par le village, soit offerte par le noble aux gens du bourg qui pourront « jouer » avec, la défier, prendre des risques, ce qui permet de mettre en valeur certains hommes plus téméraires, courageux, alertes et inventifs. L'animal est un faire-valoir pour ceux qui veulent prouver leur préséance. Il n'en reste pas moins le « sauvage » risquant à tout moment de briser l'ordre par sa brutalité et qu'il est nécessaire de réduire pour qu'il ne soit plus dangereux. On le sacrifiera donc après l'avoir harcelé de mille manières et d'autant plus s'il a blessé des hommes qui l'affrontaient. Si l'animal est encore trop violent et que nul ne puisse s'en approcher, on lâche sur lui des chiens, molosses aux crocs puissants qui se précipitent sur son échine, s'accrochent partout où ils le peuvent et s'arc-boutent malgré ceux qui se font projeter, blessés par la corne. Spectacle sanguinaire et ignoble qui pourtant remplissait d'aise tous les spectateurs à la fin du XVIIIe siècle.

Pour achever un toro blessé trop dangereux, on a recours à *la media luna*, une lame semblable à celle d'une petite faucille, placée au bout d'une longue perche et avec laquelle on sectionne les jarrets de l'animal en s'approchant par-derrière tandis que d'autres intervenants attirent son attention. On l'achève avec la lance ou l'épée, qu'on place par les côtés de manière la plus efficace. Puis, collectivement, on le mange parce que la viande est source de vie, mais aussi parce que les hommes s'approprient sa force, marquent la défaite du sauvage.

Si c'est le seigneur qui organise la fête, c'est à lui ou à ses invités de marque qu'il appartient de combattre l'animal à la lance ou plus rarement à l'épée, aidé par ses valets, au cas où il serait mis en difficulté par les charges du toro. Dans ce cas, on ne s'embarrasse pas de recherche esthétique. Le spectacle est réduit à la rencontre entre le toro et le groupe équestre, généralement mobile, plus rarement statique dans cette période historique. Avec des lances, le chevalier, en galopant, transperce le toro qui expire rapidement. Si le cavalier est immobile, il a une pique d'importance et là aussi la rencontre est très courte.

Dans ces fêtes organisées sur les places du village, on a remarqué que si en courant on présente au toro une branchette feuillue, celui-ci détourne son attention sur ce leurre et le risque en est diminué. Afin de donner davantage d'attrait et d'efficacité au leurre, on remplace progressivement la branchette par un bâton sur lequel on fixe un flot plus ou moins important de rubans colorés ou plus simplement un bout de tissu. Ainsi naît la muleta, à l'origine simple morceau de textile blanc fixé sur un bâtonnet, étoffe dont la surface augmentera quand on voudra s'en servir, non plus comme leurre de défense mais comme arme d'attaque et de domination. De même apparaît la cape, simple réplique du vêtement que l'on jette alors sur les épaules pour se protéger du froid ou de la pluie.

Toujours dans le cadre de ces jeux à pied, les participants s'amusent à exciter le toro avec un bâton tenu à la main. Mais nul ne peut savoir où l'animal a réellement été touché. On fixe donc un dard métallique sur le bout du bâton de telle manière qu'on puisse blesser le toro. Pour que le bâton reste fixé, on remplace le dard par un harpon et on crée ainsi les banderilles que l'on place d'abord d'une seule main, l'une après l'autre. Ce n'est que plus tard qu'on les utilise par paire et qu'on les orne de rubans en papier.

Progressivement on construit des édifices spéciaux pour ces jeux taurins, si la collectivité en a les moyens ou si un mécène prend la dépense à son compte. Les toros, regroupés en troupeaux dans des espaces spéciaux, sont élevés sous surveillance afin que les plus aptes participent à ces jeux qui ont de plus en plus de succès. Ils ne font pas encore l'objet d'une sélection rigoureuse, et la majorité, si elle manque de bravoure, est surtout agressive et retorse.

Commencent à apparaître des spécialistes qui louent leurs services pour tuer les toros les plus dangereux : les *mata toros*. Après avoir été amateurs spécialisés, pour éviter les risques à la populace, ils deviennent professionnels, améliorent les prestations, et les affrontements deviennent un spectacle auquel on se plaît à assister. Cela n'empêche pas les « jeux » avec les toros de continuer, mais une autre forme de tauromachie est en train de naître, une tauromachie sérieuse car professionnelle, qui va se donner des règles pour qu'on puisse en mesurer la valeur et comparer entre eux les tueurs de toros qui descendent dans l'arène.

Deux tauromachies se côtoient et se complètent : la corrida aristocratique et la populaire, celle qui est équestre (mobile ou non) et celle qui se pratique à pied (professionnelle ou pas), l'une pouvant se permettre de sacrifier des chevaux qui coûtent cher, l'autre se contentant d'occire des toros achetés collectivement.

Les chevaliers qui, à l'origine, se protégeaient en se déplaçant, devenus cavaliers, attendent maintenant l'assaut, immobiles sur des chevaux de moins en moins solides, généralement un animal de trait fourbu qu'on utilise pour la première et la dernière fois comme animal de selle et de toute façon promis à l'abattoir.

Les péons, ces « manœuvres » (ils portent le même nom que les ouvriers agricoles) à disposition du roturier remplaçant le noble, monté sur un cheval de trait, sont là pour le protéger, l'aider en cas de chute ou de blessure, détourner l'attention du toro avec leur cape. Car les picadors sont en piste quand le toro impétueux franchit le seuil du toril, un toro qui galope, attaque et donne de la corne sur le passage, sans s'arrêter, prenant par la même occasion des coups de pique qui n'ont pas le temps de pénétrer. Puis, le toro se fatigue, se calme, réfléchit et attaque le picador le plus proche de lui. Ce picador essaie de placer la pique tout en donnant l'ouverture avec son cheval pour que celui-ci ne soit pas éventré, aidé en cela par l'intervention simultanée du péon qui attire l'attention du toro avec sa cape, pour un quite salvateur. Tout cela va très vite et les rencontres sont brèves. Si le toro blesse profondément le cheval, c'est la chute du cavalier, la mort de la monture qui s'étale dans son sang pendant que le toro s'acharne et que les capes des péons voltigent pour l'attirer ailleurs.

Dès que les picadors, qui sont les rois du spectacle, ont fini leur office, le toro est généralement suffisamment saigné pour qu'il n'ait plus la force de courir et attaquer dans toutes les directions. Interviennent alors les tueurs de toros, les *mata toros*, les matadors qui, avec l'épée, rapidement et sans chercher à donner des passes, fixent le toro avec la muleta tenue dans la main gauche, par des passes de dégagement données de manière naturelle, puisque l'épée est tenue dans la main droite. Le toro s'arrête, le matador se place face à lui, l'appelle et lorsqu'il s'élance, il le dévie avec la muleta et lui plonge l'épée dans le corps. Le but est de tuer, l'efficacité est gage de succès et on ne regarde pas où l'acier a pénétré et de quelle façon.

Lors des diverses interventions précédentes, en particulier pendant les piques, lorsqu'on relève un cavalier ou qu'on s'occupe des chevaux tombés, pour intéresser les spectateurs, les péons, appelés aussi *chulos*, font des exercices de fantaisie. Certains sautent le toro de face, à pieds joints, sur le côté, avec une perche, en faisant une cabriole, un saut périlleux, et mille autres pirouettes qui ont l'agrément du public. Certains, au lieu de n'utiliser la cape que pour écarter le toro, inventent des figures et agrémentent leurs interventions par celles que le public trouve étonnantes et leur demande de renouveler. Les passes viennent de naître et vont prendre rapidement de l'importance. Maintenant il ne s'agit plus de seulement tuer le toro mais de l'utiliser pour se mettre en valeur, pour montrer son originalité, ses compétences et donner un spectacle qui soit beau et pas uniquement sanglant après n'avoir été que sanguinaire.

Le picador est encore la vedette de la corrida. Il est vêtu d'un habit somptueux, rutilant, avec passementeries en or pour bien montrer sa différence avec les hommes à pied. C'est le héros qui affronte la bête démoniaque et sort vainqueur de l'affrontement. Le *mata toro* n'est là que pour achever son œuvre, si cela est nécessaire.

L'héroïsme, le courage du picador, se mesurent au nombre des chevaux tués sous lui, à la manière dont il a réduit en peu de piques ses adversaires. On admire aussi ses qualités de cavalier lorsqu'il sait piquer le toro tout en préservant son cheval en le faisant pivoter ou encore en piquant à *caballo levantado*, ce qui est le summum de ses prestations.

Les interventions des hommes à pied deviennent plus importantes, les figures de cape plus nombreuses, variées, subtiles et brillantes. Les matadors, *espadas* selon le terme de l'époque, s'approprient ces passes, les améliorent, les utilisent et progressivement construisent des suites au cours des quites. Il en est de même avec la muleta. Après la naturelle (*al natural*), on imagine de donner la même mais avec la main droite, puis en mettant l'épée sous le drap pour élargir la surface du leurre. La muleta, instrument de recours, est devenu instrument de domination. Le *pecho* (passe de poitrine) donné pour se libérer complète les deux autres. Les trois passes de base existent maintenant et par leur combinaison, les matadors vont commencer à construire des faenas. On se contente de figures simples, données sans chercher l'esthétique, en se déplaçant avec brusquerie, en écartant le toro par le haut afin de le fatiguer davantage pour le tuer d'une ou plusieurs épées.

Le premier *espada*, matador le plus réputé, a la haute main sur tout ce qui se déroule dans la piste et la prérogative de tuer tous les toros. S'il le souhaite, il peut autoriser le deuxième matador, ou même le troisième, à mettre à mort un ou plusieurs toros. Il laisse généralement le soin à ses seconds d'effectuer les quites, aux péons de protéger les chevaux et les cavaliers, se réservant le seul moment considéré comme valable : la mort du toro. Progressivement, le public se passionne pour ces passes de cape qui mettent les toreros en valeur. Le maestro répond à cette nouvelle attente et participe lui aussi à ces « jeux de cape » afin de bien montrer qu'il est le plus compétent de tous les toreros en piste. Il en sera de même avec la muleta quand on se rendra compte que le toro peut « donner du spectacle » pendant le troisième tercio qui était pourtant réduit à sa plus simple expression. Inexorablement, la corrida change de rythme et de physionomie : de simple mise à mort, elle devient spectacle dans lequel les jeux avec les capes et la muleta prennent de l'importance.

Comment se déroulait une corrida au milieu du XIXe siècle ? Oduaga-Zolarde dans *Les Courses de taureaux expliquées*, premier ouvrage français d'initiation paru en 1854, écrit : « Un taureau portant sur l'épaule gauche une touffe de rubans ou une large cocarde appelée *divisa*, aux couleurs de la ganaderia à laquelle il appartient, s'élance dans l'arène. La lutte a commencé.

« Les picadors ou combattants à cheval, postés à gauche de la porte du toril et armés d'une longue pique, sont les premiers à subir les attaques du taureau. Si dans le choc ils sont désarçonnés, s'ils tombent avec leur cheval mort ou blessé, les capeadores ou chulos viennent à leur secours, et agaçant le taureau avec leurs capes qu'ils font papillonner devant lui de mille manières différentes, amènent l'animal vers un autre endroit de l'arène, pendant que le picador, remonté sur un cheval frais, se prépare à recevoir une nouvelle attaque. Telle est la première période du combat. Pendant cette période, les chulos font briller leur adresse par mille jeux de capes, le saut de la garrocha, le saut par-dessus les cornes et d'autres passes brillantes ont lieu aux applaudissements frénétiques des spectateurs.

« Une fanfare a sonné. Les picadors, sans quitter l'arène, cessent de prendre part au combat ; la pose des banderilles est commencée. Les banderilleros sont munis de minces bâtons d'un demi-mètre de longueur environ ornés de rubans, terminés à l'un des bouts par un fer aigu en forme d'hameçon, et garnis de papier de couleur découpé. Ainsi armés, ils s'élancent vers le taureau, le provoquent et lui clouent ces dards sur les épaules et sur la partie supérieure du cou. Quand un taureau a refusé le combat avec les picadors, ou s'est montré poltron, pour mieux l'irriter et le rendre féroce, les banderilles, au lieu d'être simples, sont à feu, c'est-à-dire que, tout en conservant les mêmes formes et les mêmes dimensions, elles sont garnies d'une préparation inflammable qui éclate avec force étincelles et détonations quelques instants après leur application sur les chairs de l'animal.

« Lorsque six ou huit paires de banderilles simples ou de fuego ont été posées sur les épaules du taureau, le président fait sonner la trompette pour annoncer la troisième période de la course, qui est le combat à mort avec le matador. Les banderilleros alors, quittant les banderilles reprennent leurs capes et l'espada, qui est le chef de la cuadrilla, se prépare à lutter corps à corps avec le taureau et le provoque pour un duel à mort. Armé d'une épée longue et à double tranchant, et tenant pour arme défensive un morceau d'étoffe de laine de couleur écarlate emmanchée à un petit bâton, appelée muleta, espèce de bouclier flottant, il vient devant la loge de l'autorité faire hommage de la vie de l'animal, indiquant par quelques paroles chaleureuses en l'honneur de qui il va immoler le taureau. Ensuite, il indique aux chulos l'endroit qu'il a choisi pour la mise à mort, et ceux-ci, au moyen de leurs capes, excitent l'animal et l'amènent au lieu désigné : l'espada le provoque à son tour, et après avoir fait quelques passes avec sa muleta et s'être joué de lui au moyen de ce chiffon flottant, il lui enfonce son épée dans le corps au moment où le taureau, se croyant sûr de sa proie, baisse la tête pour le saisir avec ses cornes.

« La manière de frapper ce coup mortel n'est pas toujours la même, et cette diversité constitue autant de passes ou estocades de muerte.

« Quand le taureau, après avoir reçu un ou plusieurs coups d'épée, est couché à terre, mais sans être mort, pour abréger son agonie et ne pas faire attendre les spectateurs, le cachetero, qui est une espèce de torero de rang inférieur, s'approchant de lui par-derrière, lui donne le coup de grâce en le frappant avec un poignard appelé puntilla ou cachete, entre les deux cornes, près de leur racine. »

Un nouveau pas est franchi quand on décide que les picadors sortiront en piste après que le toro aura été calmé par les péons, qu'il aura pu courir et prendre possession du ruedo. Ainsi, quand il attaquera le groupe équestre, pourra-t-on mieux juger son comportement et sa bravoure, car il ne chargera plus sur la trajectoire de sa course mais lors d'un élan volontaire et précis qui montrera bien ses capacités de charge.

En passant de cette corrida sautillante et rapide à une lidia plus statique sous l'influence de Belmonte, une révolution eut lieu, qui apporte l'immobilité dans les passes et leur enchaînement, l'épisode des piques, jusqu'alors primordial, se réduisant au châtiment du toro, à son affaiblissement pour qu'il devienne davantage maniable et que le matador puisse construire des séries de passes mettant en valeur ses compétences et ses aptitudes à construire un spectacle esthétique. Les picadors sont devenus des subalternes, les aides du matador qui est le chef incontesté de la cuadrilla, le maestro auquel tous se soumettent, celui que l'on vient voir face à des toros d'origines diverses, dont le nom apparaît maintenant en grand sur les affiches. Banderilleros et picadors sont au service d'un seul et doivent tout mettre en œuvre pour son triomphe. Ils sont « aux ordres » du maestro.

Belmonte, en attendant la charge sans agitation, démontre que l'on peut travailler le toro différemment. Jusqu'alors les maestros avaient lidié, combattu. Ils commencent à toréer, c'est-à-dire donner une nouvelle dimension au combat : l'aspect esthétique. La lidia devient moins sauvage, moins agressive et même lorsqu'un toro est dangereux, les toreros font le maximum pour introduire une part de beauté. Le public apprécie cette nouvelle orientation et délaisse les combats rapides et brutaux.

Deuxième révolution d'importance : l'apparition du caparaçon, cette protection qui permet à un cheval de participer à de nombreuses corridas sans être blessé. Devenus progressivement des chevaux professionnels, éduqués, formés, entraînés à affronter les charges, à résister, à se mouvoir pour éviter la chute, ils permettent au picador d'œuvrer sans risques majeurs. Les rencontres commencent à faire des ravages car, sûrs de leur impunité, ne risquant plus ou rarement d'être renversés, les picadors en allongent la durée et abusent de l'« invention » du picador Miguel Atienza y Caro, appelée par dérision la *carioca* : lorsque le toro est entré au contact avec le groupe équestre, le cavalier fait pivoter celui-ci pour que la sortie du toro vers le centre de la piste soit interdite par le cheval. Le picador peut alors exercer son office et « réduire » son adversaire en toute tranquillité. Cette manière scandaleuse de piquer les toros, si elle peut-être admissible avec les toros mansos, ne l'est absolument pas avec les toros nobles qui restent au contact et s'épuisent.

Les piques actuelles sont l'équivalent de plusieurs du début du XXe siècle. Le nombre pharamineux des piques cité dans les comptes rendus de l'époque doit donc être relativisé quant à son importance. En bref, nous pouvons dire qu'une pique de l'an 2000 en vaut bien quatre de 1900. On en arrive donc rapidement à des excès et la « monopique » devient de plus en plus banale[1].

Les éleveurs sélectionnent davantage leur bétail, recherchant un toro plus apte à donner du « spectacle », plus beau morphologiquement, capable de répondre longtemps aux sollicitations et acceptant des séries nombreuses et renouvelées, mais à qui on impose des efforts beaucoup plus soutenus, des piques lourdes et exténuantes, des faenas plus longues, mufle au sol, dans des séries de muleta sans cesse renouvelées. Même devant des toros difficiles et quel que soit le danger, les maestros construisent aujourd'hui des faenas impensables il y a un siècle avec les meilleurs toros du moment.

La corrida s'est très profondément transformée : la faena de muleta, fort brève à l'origine, est devenue la partie la plus recherchée, car le matador peut y donner la mesure de ses possibilités de domination et montrer son sens esthétique. Par contre, le tercio de piques et l'estocade, fort prisés

1. Voir, dans la partie Dictionnaire, à l'article PIQUE, « Le tercio de piques avant l'utilisation du caparaçon ».

auparavant, sont devenus accessoires pour beaucoup. Sanguinaire à ses débuts, la corrida s'est progressivement *policée* en donnant plus d'importance à la construction d'une œuvre gestuelle dont l'esthétique a remplacé la dureté du combat originel ; seule sa conclusion, l'estocade et la mort du toro, est identique à celle du passé.

Le toreo a pris le pas sur la lidia. Il s'ensuit que, la sélection étant trop importante, on a enlevé aux toros une partie de cette ardeur belliqueuse qui donnait de l'intérêt aux affrontements, et, sauf exception, on voit trop souvent des toros identiques sortir en piste. Pour arriver à maîtriser ces rencontres, le torero doit connaître et approfondir un certain nombre de principes qui, bien qu'ayant évolués, sont valables depuis les origines de la corrida.

II
LES PRINCIPES DE BASE

L'art de toréer a atteint, de nos jours, des sommets qui étaient insoupçonnables au début du XXᵉ siècle et même dans les années 1950-1960, au cours desquelles on faisait courir en piste des toros de moins de quatre ans, de poids bien inférieur à 450 kg, des novillos qui se livraient avec beaucoup plus de générosité et de candeur que des bêtes plus âgées. Actuellement, les toros ont au minimum quatre sinon cinq ans, ce qui modifie considérablement leur comportement, leur compréhension du combat et nécessite davantage de compétences techniques de la part des toreros. Le public, devenu plus exigeant, demande aux matadors de construire leurs faenas, de lier les passes et de travailler dans un espace réduit en restant quasiment immobiles. L'aguante, dont font preuve les maestros actuels, était chose rare. Elle est maintenant devenue banale.

Enchaîner des passes dans un espace réduit, en supportant sans bouger la charge du toro, est le but poursuivi par la plupart des toreros. Dámaso González, le premier, initia cette nouvelle manière de toréer, et Paco Ojeda lui donna ses lettres de noblesse, imité ensuite par la majorité des jeunes toreros contemporains. Cette manière de toréer ne peut se mettre en application devant certains toros réputés violents et difficiles tels que les Miura ou les Curé de Valverde. Mais on constatera avec une certaine stupéfaction que beaucoup de matadors actuels arrivent à lier des séries de passes dans un terrain réduit, face à des toros de cet acabit et ce qui aurait constitué un exploit historique il y a quarante ans est actuellement considéré comme normal.

L'ATTAQUE DU TORO ET L'IMMOBILITÉ DU TORERO : PARAR

Pour arriver à ainsi maîtriser les trajectoires, le torero se base d'abord sur les réactions naturelles du toro : lorsqu'il charge, il attaque le but qui est le plus proche de lui, donc le plus inquiétant, celui qui lui paraît le plus dérangeant, qu'il veut détruire et s'acharnera à vaincre, répétant ses charges, ce qui explique que le toro recommence ses attaques contre le leurre bien que ne l'atteignant pas. Il néglige un but immobile au profit d'un autre en mouvement et ayant fait son choix, il anticipe sur son déplacement pour l'atteindre plus facilement et plus rapidement.

En utilisant ces réactions naturelles, le torero va donc présenter au toro un but à atteindre : le leurre, cape ou muleta, en avant de lui. C'est ce leurre que l'animal va attaquer, comme but principal, plus proche donc plus inquiétant. Il néglige l'homme, car celui-ci restant immobile n'attire pas son attention et il lui préfère le but (leurre) rapproché et en mouvement. Par ailleurs, le torero fixe davantage l'intérêt du toro en donnant « vie » à ce leurre (le toque) avant de déclencher la charge : il lui indique, en le déplaçant dans la direction où il veut dévier la charge, la trajectoire probable du leurre puisque le toro anticipe sur le mouvement afin d'atteindre le but choisi. Et lorsqu'il cite en toquant la muleta, le matador provoque cette charge dans la direction qu'il aura préalablement indiquée. Ce déplacement, qui peut être accentué par une mise en avant de la jambe d'appui, repousse la trajectoire vers l'extérieur et la conduit autour de son corps immobile en maintenant le leurre sous les yeux du toro pour qu'il fixe ce but à atteindre tout au long de la passe. Cette manière d'influer, de modifier, d'appuyer sur la charge du toro s'appelle *cargar la suerte* (puisque en langage taurin espagnol, *suerte* signifie toute action entreprise avec le toro, et non pas *chance* comme beaucoup trop l'imaginent).

Face à des toros dangereux, le torero ne devra pas se découvrir, c'est-à-dire se montrer, et il accentuera l'indication de la trajectoire pour mieux la modifier car il ne pourra pas garder la même immobilité et sera obligé de se dégager rapidement lors des attaques en retour.

LA TENUE DES TRASTOS : CAPE ET MULETA

La cape de brega se tient généralement à deux mains, sauf passes spécifiques telles que la larga ou le cambio de rodillas. L'écartement des mains varie selon chaque torero et en fonction des passes, mais dans la plupart des cas, lorsque les bras sont tendus en avant et légèrement écartés, les mains sont en position pour la prise. Selon le torero, la taille de la cape, l'amplitude du geste nécessaire à l'exécution de la passe, la prise sera différente car adaptée. Un banderillero qui ne donne que des passes en reculant et en laissant le toro avancer dans sa charge naturelle tiendra sa cape différemment du matador qui doit toréer en avançant sur le terrain du toro, en pesant sur la trajectoire pour la maîtriser.

Le matador doit marquer les trois temps de la passe et pour cela avoir le maximum de précision dans sa gestuelle et son rythme. Il ne peut y arriver que s'il est capable, par le jeu des doigts, de corriger immédiatement le positionnement du leurre. La texture de la cape a son importance. Elle fut longtemps souple et suffisamment légère, telle que les aiment les toreros artistes qui choisissent des capes très maniables, que l'arrivée sur le marché de nouveaux matériaux a raréfiées, et qui refusent les capes standard en toile épaisse. Étant beaucoup plus lourdes, elles nécessitent davantage d'efforts de la part du torero, qui doit assurer sa prise et se trouve dans l'obligation de mieux empaumer.

La muleta se tient par le palillo, bâtonnet d'environ 50 cm sur lequel on la fixe avec un crochet vissé en haut et une pointe en bas, façonné pour permettre le meilleur placement des doigts. Lorsque le matador travaille avec la main droite, il agrandit la surface de la muleta en tenant dans sa main le palillo et l'épée de manière que ces deux instruments ouvrent la muleta d'une manière trapézoïdale.

La muleta ne doit pas être tenue à pleine main, avec la paume, mais avec les doigts pour avoir le maximum de souplesse dans les gestes. Une attitude crispée, une prise trop rigide du leurre entraînent un manque de suavité des attitudes, donc de la gestuelle. Si la main se crispe sur le leurre, la contraction musculaire se transmettra des doigts au bras et à l'épaule, bloquant le buste et même l'ensemble du corps, et le torero aura une attitude raide et empruntée, des gestes saccadés, manquant de coordination et d'élégance. Cette attitude peut être la conséquence d'un manque de confiance, d'une inquiétude ou de la peur qui l'empêchent d'arriver à la maîtrise du corps et à la décontraction qui est le signe premier de la maîtrise gestuelle. Un torero crispé, manquant de confiance, donnera des passes sèches et brutales, sans suavité ni élégance. Quand le torero tient sa muleta de la main droite en l'élargissant avec l'épée, la prise est plus complexe que lorsqu'il la tient de la main gauche, seulement avec le palillo, ce qui a pour effet de le priver de la prise souple et de rigidifier le poignet qui supporte un poids important, en particulier lorsqu'il utilise l'épée d'acier pour sa faena. Notons toutefois qu'il peut fort bien tenir sa muleta de la main droite, sans l'élargir avec l'épée, ce qui lui permettra de davantage utiliser la souplesse des doigts.

En début de faena, le matador tiendra sa muleta de manière à bien capter l'attention du toro, à hauteur des yeux pour fixer son regard, condition indispensable avant de donner le toque. Lors de la première série, la muleta sera placée à hauteur du regard puis, au fil des passes, le torero l'abaissera vers le sol pour obliger le toro à « humilier », c'est-à-dire placer la tête vers le bas, condition première de la domination du matador. En travaillant ainsi, il accroîtra progressivement son emprise sur le toro qui, s'il accepte de mettre ainsi les cornes dans le leurre, prouve son fonds de noblesse et de bravoure. Le matador terminera sa passe « par le bas », afin d'éviter toute rupture de rythme, en gardant la maîtrise de la trajectoire qu'il orientera vers l'intérieur, condition première pour un toreo lié, en ouvrant le leurre pour donner la sortie. S'il achève ses passes par le haut, il va y avoir rupture : le toro découvrira subitement l'étendue de la piste et le pouvoir attractif du leurre sera réduit à néant. Au lieu de se replacer pour la passe suivante, le toro peut soit s'éloigner en ligne droite, soit, ne trouvant plus le leurre devant lui, s'arrêter, surpris, et donner des coups de cornes latéralement. Dans tous les cas, le torero sera dans l'obligation de se replacer pour pouvoir reprendre ses passes, ce qui sera inesthétique.

Il arrive toutefois que des toros refusent d'humilier : ce peut être pour des raisons physiques (notamment le manque de longueur de cou). Le matador doit trouver rapidement la hauteur de la muleta qui leur permettra de s'exprimer.

Si les toros ont peu de caste et se rebiffent, il convient de ne pas les brusquer, de les toréer à mi-hauteur, afin d'arriver progressivement à leur faire accepter les contraintes du leurre. Les toros ayant une bonne dose de bravoure mettent le torero en difficulté dès qu'il soulève trop le leurre. Enfin, quand un toro est faible de pattes, si on le torée bas, il s'affale. Le matador devra alors le maintenir à mi-hauteur. Mais si, bien que faible, il a de la race, le problème se complique pour le torero qui devra trouver le moyen d'éviter qu'il ne le déborde en raison de sa caste... ce qui nécessite de le travailler par le bas, en évitant qu'il tombe à cause de sa faiblesse : le problème peut ainsi être difficile à résoudre.

La règle est : toréer du haut vers le bas, et rester dans le bas, muleta au sol, pour dominer le toro, dessiner des passes dont la trajectoire s'incurve vers l'intérieur permettant ainsi de lier les passes en séries.

Dans la tauromachie des origines, quand le torero se contentait de repousser la charge du toro vers l'extérieur, de se protéger de la violence et de fatiguer le toro pour placer l'estocade, mais sans recherche artistique, il présentait la muleta à plat, en offrant au toro la partie centrale du drap, le *ventre* de la muleta, pour bien se couvrir et lorsqu'il allongeait le bras, se contentait de leurrer la bête en s'écartant de sa trajectoire. Les quelques films qui nous sont parvenus de cette époque montrent des toreros extrêmement mobiles, agités, donnant des sorties vers le haut. Arrive Belmonte qui stupéfie professionnels et aficionados en acceptant la charge sans rompre. Lorsqu'il cite l'animal, il déploie la muleta, ouvrant la totalité de la surface en découvrant l'extrémité de celle-ci, le pico, incitant ainsi le toro à le suivre. Puis la tauromachie a évolué vers plus d'esthétisme, on a davantage recherché la longueur des passes et leur enchaînement, et le matador a été dans l'obligation de mieux contrôler la trajectoire du toro pour pouvoir lier les passes harmonieusement. Le matador peut donc présenter sa muleta de deux manières : perpendiculairement à l'axe de la charge du toro, c'est-à-dire à plat, ce qui l'oblige à une légère torsion du poignet s'il avance la muleta vers le toro, en deçà de l'axe de son corps ou légèrement orientée vers la corne extérieure du toro (*corne contraire*), en biais par rapport à l'axe de charge, dans la position naturelle du bras par rapport à son corps, ce qui met en évidence le pico de la muleta vers l'œil extérieur de l'animal. Dans ce cas, il s'agit d'un cite qui va permettre au torero de donner une passe plus longue dans les règles de réalisation du toreo contemporain. Cette utilisation du pico permet des gestes plus naturels et amples, plus esthétiques, et autorise une meilleure liaison entre les passes, donc des séries plus harmonieuses.

Si, en revanche, la muleta est élargie au maximum de sa surface avec l'épée qui soulève le pico presque à l'horizontale en fixant l'œil du toro sur cette seule extrémité afin d'écarter au mieux la trajectoire, cette utilisation est critiquable, sauf dans le cas de toros très dangereux.

Avant de commencer toute passe, le matador, lorsqu'il est à la distance convenable pour pouvoir provoquer la charge, avance la muleta au-devant de lui pour attirer l'attention du toro. C'est seulement à ce moment-là qu'il pourra donner le toque qui déclenchera la charge. Selon les circonstances, le torero accentuera l'utilisation du pico. Lorsqu'il travaille de très près, il lui sera quasiment impossible de présenter le ventre de la muleta, il n'a pas la place pour le faire. Il aura recours au pico vers l'œil extérieur pour attirer l'attention du toro. Avec un toro faible ou sans caste, c'est en forçant vers l'extérieur qu'il arrivera à déclencher la charge d'un animal qui ne l'acceptait pas originellement. Certains toreros utilisent le pico pour donner le maximum de déploiement à la muleta avant la charge, pour détourner l'attention du toro, et beaucoup l'utilisent aussi pour maintenir l'intérêt du toro en cours ou en fin de passe et la prolonger au maximum quand l'animal commence à lever la tête.

Pour toréer selon les critères actuels — longueur et enchaîné des passes, naturel et profondeur des gestes, recherche de la beauté et de l'esthétique —, il est nécessaire d'avoir recours au pico légèrement avancé afin que la main, étant dans une position naturelle qui permet la souplesse du poignet, le délié des gestes, puisse tracer des suites de passes enchaînées. Dans le cas où il abuserait, où le pico seul attirerait l'attention du toro lors du toque afin de le rejeter vers l'extérieur, son usage serait abusif et critiquable.

LES TROIS PRINCIPES DE BASE : PARAR – MANDAR – TEMPLAR

Le toro ignore généralement l'homme lorsqu'il est immobile. Il choisira d'attaquer le leurre en mouvement qu'on a interposé entre le torero et lui, en particulier lorsqu'il y est incité par la provocation du cite. Lors de la charge, le torero ne doit pas céder au réflexe naturel de retrait, mais l'attendre avant de donner la passe.

C'est ce premier principe qu'on désigne sous le terme taurin espagnol *parar*, qui consiste à freiner la charge en obligeant le toro à baisser la tête dans le leurre. Cette attitude est proche de l'aguante dont font preuve certains matadors, mais l'aguante va au-delà, car le matador reste absolument imperturbable lors d'une attaque inopinée du toro ou lorsque celui-ci s'arrête en pleine charge, rendant cette immobilité particulièrement méritoire et prouvant un courage exceptionnel ainsi qu'une maîtrise remarquable des réactions naturelles.

Le deuxième principe est *mandar*, c'est-à-dire commander, imposer, action consistant à obliger le toro à suivre une trajectoire décidée par le torero, ce qui augmente progressivement sa domination sur l'animal. Elle nécessite la maîtrise du geste et une harmonisation progressive de l'homme et du toro. Plus longtemps le torero conduira la passe, donc s'imposera au toro, plus celui-ci subira et acceptera sa domination. Il convient donc d'allonger au maximum le temps de la rencontre soit en augmentant le trajet de la passe, mais il atteindra rapidement la limite imposée par son physique, soit en ralentissant la vitesse à laquelle défile le toro. Cette solution est adoptée par la majorité des maestros et constitue le troisième principe : *templar*.

Qu'est-ce que *templar* ? Dans un premier temps, c'est faire en sorte que lors de la passe, le déplacement du leurre soit exactement adapté à la vitesse de charge du toro afin que l'animal se soumette, puis, dans un deuxième temps, le torero ralentit volontairement la vitesse du leurre afin de diminuer celle du toro. Pour arriver à ce résultat, le matador doit s'adapter au rythme du toro, ne pas le violenter et lui présenter le leurre à une distance du mufle telle qu'il ne puisse le toucher, mais suffisamment proche pour qu'il ait constamment l'impression qu'il peut le saisir.

Cette distance réduite entre le leurre et le mufle est très difficile à maintenir. Si le toro touche le leurre, il relèvera la corne, risquant d'accrocher la muleta et de désarmer le matador, il prendra l'habitude de donner des coups de tête vers le haut et comprendra rapidement qu'on le trompe. Si le leurre est trop éloigné, le toro se rendra compte qu'il ne peut l'atteindre et s'en désintéressera pour reporter son attention sur l'homme. Lorsque le torero arrive à garder la distance convenable entre le leurre et le toro, lui laissant croire qu'il peut arriver à l'attraper, l'animal se prendra au jeu et ne s'intéressera qu'à cela, poursuivant avec fascination et détermination cette muleta qui se dérobe et l'attire irrésistiblement. L'homme va progressivement imposer son rythme au toro, ralentir son geste donc la charge, augmenter son pouvoir donc sa domination. Il devra régler ses gestes en tenant compte des capacités du toro : éviter de garder le leurre trop bas si le toro est faible, réduire les forces d'un animal puissant en l'obligeant à mettre la tête vers le sol et en le conduisant dans des trajectoires courbes et serrées qui le contraignent. Il y a corrélation entre le rythme donné par le torero et le temple, qui est l'aboutissement de ces interactions. Lors des trois temps de la passe, il ne faut pas qu'il y ait rupture de rythme au risque de rompre l'attrait du toro pour le leurre.

Entre chaque passe, le torero s'efforcera de garder intacte l'attraction du leurre sur le toro, en maintenant son attention sur celui-ci pour pouvoir enchaîner, en imposant un rythme régulier et une liaison harmonieuse des gestes et des charges.

L'ensemble de ces actions interactives s'appelle le *temple* : capacité du torero à initier une harmonie entre la vitesse du toro et celle du déplacement du leurre, afin que la charge du toro s'adapte au rythme ralenti imposé par la muleta.

LES TROIS TEMPS DE LA PASSE : CITAR – MANDAR – REMATAR

Toute passe de cape ou de muleta commence par un appel qui déclenche la charge du toro, *citar*, se continue par l'exécution de la passe, *mandar*, et se termine par un mouvement qui replace le toro pour la passe suivante et libère le torero, *rematar*, par un coup de poignet.

Ces trois temps doivent être très liés pour que la passe soit efficace et esthétique car un des facteurs essentiels de la réussite est le *temple* qui rythme les passes.

Avant toute action, le matador fixera l'attention du toro en attirant son regard sur le leurre qu'il lui présente, et les yeux du toro vont lui donner de nombreuses indications sur les intentions de l'animal. Lorsqu'il donnera l'impulsion qui déclenche la charge, le torero doit bien choisir son moment car si la bête part alors qu'il ne s'y attend pas, il sera surpris et obligé de la rejeter vers l'extérieur pour éviter l'accrochage, ou il cédera du terrain en reculant vivement, à moins que le toro ne lui enlève le leurre des mains et apprenne ainsi à raccourcir ses charges ; s'il donne le toque trop tôt, le toro aura un temps de retard et ne mettra pas correctement la tête dans la muleta. Dans tous les cas, il y aura dysharmonie rythmique.

Le matador donne vie à sa muleta en lui imprimant de légers frémissements qui bloquent le regard du toro jusqu'au moment choisi par le torero pour provoquer la charge par un toque plus accentué qui donne aussi l'indication de la direction de la trajectoire. Un toque de qualité est donné à un moment précis, sans hésitation, ce qui le minimiserait, sans brusquerie ni violence qui surprendrait le toro. S'il est effectué trop loin, le toro ne réagira pas ; trop près, il risque de partir sans y être sollicité ; à la bonne distance, le toro répond sans hésitation et s'engage avec sincérité.

Certains toros partent de très loin lorsqu'ils sont appelés. La trajectoire de la charge est donc importante entre l'endroit du départ et la réunion avec le leurre. Le matador doit maintenir l'attention du toro fixée sur la muleta et donner un toque particulier infléchissant la course de toro vers l'extérieur. Pour cela, il concentre l'attention du toro sur la muleta pendant la première partie du trajet et, ensuite, à une distance réduite, il donne un second toque en déplaçant le leurre vers l'extérieur, en se basant sur le réflexe d'anticipation du toro pour bien fixer la trajectoire. Il pourra ensuite enchaîner ses passes puis se replacer pour initier la deuxième charge.

Progressivement, le toro se fatigue car il est contre nature de charger tête basse, ce qui provoque l'essoufflement par mauvaise ventilation due à une insuffisance respiratoire. Malgré sa volonté, il aura donc davantage de difficultés à s'élancer et il faudra amplifier l'incitation (toque) provoquant la charge. C'est pour cela qu'on voit des toreros l'accompagner d'un appel du pied ou d'un éclat de voix quand ce n'est pas en donnant un coup de plat d'épée sur la muleta ou même sur la corne du toro. Ces palliatifs montrent que la lidia n'a pas été adaptée aux conditions physiques de l'animal. Tant que ces additifs sont discrets, ils sont admissibles. Malheureusement, certains se laissent aller à des débordements qui n'améliorent pas les choses. Toréer, ce n'est ni hurler en donnant la passe, ni taper du pied, car on risque de distraire le toro du but premier : attaquer le leurre et lui seul.

Commence la deuxième période de la passe : la réunion entre le toro et le leurre, quand le torero supporte la charge et la dirige : *mandar*. Pour que cette période soit positive, le torero doit maîtriser sa technique et la trajectoire du toro, donner du rythme à l'ensemble, ralentir la vitesse du toro (*templar*) tout en gardant une attitude corporelle esthétique. On ralentit cette charge en baissant la main, donc en obligeant le toro. Quant au toro, cela suppose qu'il ait suffisamment de bravoure pour charger avec continuité et de force pour répondre aux efforts qui lui sont demandés, ce qui n'est pas toujours le cas avec les toros actuels, souvent faibles ou trop châtiés.

Comment donne-t-on la passe à un toro puissant ? En allant le chercher très loin, en le conduisant par le bas, le plus longtemps possible, selon une trajectoire en courbe vers l'intérieur, enfin en rematant pour le replacer. Ce type de passe impose un parcours important tête basse. Le muletazo est pesant pour le toro qui, s'il a quelque faiblesse, ne pourra maintenir l'effort imposé et s'affalera rapidement. Le torero sera donc obligé d'opter pour une conduite plus sereine et moins contraignante pour l'animal.

Tenant compte de l'évolution du toro, le matador qui souhaite faire un maximum de passes enchaînées avec un animal qui a montré des signes évidents de noblesse et de bravoure, afin de ne pas l'épuiser inutilement dans des parcours trop importants, en lui imposant d'humilier constamment, pratiquera une tauromachie moins contraignante, en citant de près, muleta tenue en retrait, réduira la trajectoire, c'est-à-dire le corps de la passe et en allongera la dernière partie, le remate, pour conserver le toro au plus près et enchaîner la passe suivante dans la continuité. C'est aussi une technique utilisée avec un toro de charge moyenne.

Une telle pratique fort esthétique ne peut être utilisée qu'avec des toros manquant de force. Elle conserve la force de l'animal et permettra donc de donner un maximum de passes. Mais elle ne permet pas de dominer vraiment et de se rendre maître des réactions de la bête.

On comprendra aisément que ce type de toreo ne peut se pratiquer avec des toros puissants et rétifs, qui demandent que l'homme s'engage et que sa manière de toréer les contraignent, tels que Miura, Victorino et autres ganaderias de respect. Les Miura ont de vingt a trente muletazos maximum à pratiquer avant qu'ils aient tout compris. Il faut donc les surprendre à chaque muletazo plutôt que de les laisser réfléchir.

Avec un toro puissant, il faut d'abord respecter les règles de l'orthodoxie qui impose de le conduire d'avant en arrière, longuement et par le bas. La manière de toréer contemporaine s'applique avec bonheur avec des toros faibles et d'une grande noblesse. Toutefois, un toro, même celui qui paraît le plus naïf et le plus coopératif, peut avoir une réaction brutale et inattendue aux conséquences graves pour le torero qui se serait trop confié en ne pratiquant qu'un toreo sans profondeur laissant la bête non dominée et donc libre de réagir d'une manière incontrôlable.

Ce n'est pas la quantité des passes qui en fait la valeur. Car on pratique alors un toreo qui se contente de laisser passer le toro (*tirar líneas*) sur ses trajectoires naturelles, sans le forcer, en utilisant les enchaînements faciles qui, s'ils peuvent être esthétiques, manquent certainement de domination.

Dans cette pratique, le torero, ne présentant pas sa muleta en avant et ne conduisant pas la trajectoire, ne peut analyser correctement la charge pour la modifier. Toutefois, si un toro refuse d'embestir pour une raison quelconque, aucun matador ne pourra le lui imposer.

La passe arrive à son terme. Le torero doit alors *rematar*, c'est-à-dire conclure et se replacer pour pouvoir enchaîner la passe suivante ou la prochaine série. Il donnera la sortie au toro vers l'intérieur et par le bas, ou à mi-hauteur si le toro est faible, en tout cas par-dessous la pala de la corne, de manière qu'il se replace prêt à répondre au toque. Selon la distance où il s'arrête, le matador pourra, sans bouger, donner le toque, enchaînant ainsi dans des espaces de plus en plus réduits, le toro étant entraîné dans des trajectoires labyrinthiques desquelles il lui est difficile de sortir, car le torero lui laisse constamment le leurre sous le mufle, ce qui l'incite à continuer sa charge sans arrêter jusqu'à essoufflement, technique impressionnante employée par Ojeda et ses émules, mais qui ne peut se réaliser avec tous les types de toros. Il peut lui laisser plus d'espace et lui permettre de se reprendre et de respirer, mais il sera dans l'obligation de se replacer à la distance convenable avant de citer. Cette manière, la plus orthodoxe, ne brime pas le toro (respecte son sitio).

Dans le pecho, passe qui termine une série, le toro sera renvoyé vers l'extérieur, afin que le matador soit libéré de son emprise. On voit aussi des toreros donner d'élégants remates, face au toro, par un maniement virevoltant de la muleta devant le mufle de la bête qui paraît fascinée (remate abanicando).

Après le remate qui termine une série, plus ou moins importante selon la puissance du toro et sa charge, on constate que la bête ne s'élance pas immédiatement et reste généralement immobile, essoufflé et regardant le torero s'éloigner. Habitué par la ou les séries précédentes à réagir à des incitateurs, lorsqu'il y a rupture par le torero, le toro se fixe et le matador sort du territoire du combat.

Lorsque le torero revient vers le toro et franchit la frontière invisible mais pourtant bien réelle, dès le toque du leurre, l'animal, qui a repris son souffle pendant ce bref laps de temps en respirant la tête haute, va à nouveau charger et retrouver les situations précédentes. Le torero devra rapidement imposer sa présence et sa domination car beaucoup de toros ont mis à profit ce temps de récupération pour analyser les rapports entre l'homme et le leurre, et on voit souvent des toros changer de comportement et devenir tout à coup dangereux car ils ont compris que le leurre n'est pas l'adversaire à atteindre.

LE SITIO – LE REGARD DU TORO

Où le matador doit-il se placer pour provoquer la charge ? À quelle distance ? À quel endroit ? Il n'y a pas une réponse à ces questions mais des milliers en fonction des circonstances, de l'état du toro, de son comportement et des conditions climatiques qui elles aussi interviennent.

En début de faena, quand le toro a encore suffisamment de puissance et donc de charge, le torero peut essayer de le citer de loin pour le faire attaquer dans toute sa splendeur : courant tête haute, regard fixé sur le leurre et terminer en baissant la tête pour s'engouffrer dans le leurre. Pour cela, le maestro va provoquer la charge du plus loin possible, en se rapprochant progressivement jusqu'à trouver empiriquement la distance d'attaque. Il donnera quelques passes puis se dégagera éventuellement pour citer encore, de la même manière, mais cette fois, la distance aura légèrement diminué. D'abord parce que le toro se fatigue en chargeant tête basse dans le leurre, puis parce qu'il réfléchit et analyse. Le torero doit tenir compte de cette expérience et adapter son comportement en citant de plus près et en se plaçant de manière à conduire correctement les trajectoires.

En début de faena, le torero peut choisir de ne pas provoquer le toro de loin, mais de le prendre au fil des barrières et l'amener ensuite vers le centre de la piste. Dans ce cas, la distance à laquelle il le cite est beaucoup plus réduite et il doit garder davantage la tête du toro dans la muleta pour mieux le maîtriser.

Dans un cas comme dans l'autre, ce sont des séries d'approche, d'observation, de prise de contact. Rapidement, le torero doit trouver les conditions les plus adaptées, les plus favorables, pour développer son art. Il lui faut trouver le *sitio*, c'est-à-dire l'endroit le plus propice pour citer, donner la passe et enchaîner avec la suivante en gardant le rythme le plus propice à la construction d'une faena qui allie esthétique, efficacité et domination.

Cet endroit privilégié où se situe le torero est constamment modifié car les actions du toro et celles du torero sont interactives. Dans une suite enchaînée de passes de muleta, telles que des derechazos, lors de la deuxième passe, le toro se rapproche du torero et la trajectoire diminue encore lors de la troisième. Si l'homme s'obstinait à continuer ainsi, il arriverait un moment où il ne pourrait plus se dégager de l'emprise du toro et risquerait l'accrochage. Il se libère par une passe de pecho afin de se replacer à l'endroit le plus adapté pour donner la série suivante et, s'il a bien analysé tous les déplacements et les réactions du toro, il lui sera facile de retrouver le sitio.

Mais si le torero ne reste pas immobile comme le faisait Ojeda dans ses meilleurs moments, il doit, entre chaque passe, retrouver l'endroit « idéal », au plus près de la trajectoire qu'il veut imposer à l'animal, en se déplaçant par petits pas chassés qui lui permettent de s'éloigner ou de se rapprocher du toro pour donner la passe suivante. Au cours de celle-ci, il conservera la distance la plus adaptée : ni trop loin sinon il perdrait de sa domination et réduirait le trajet sur lequel il peut influer, ni trop près sinon il risquerait à coup sûr l'accrochage. Lorsque le toro sort de la passe, le torero doit être prêt pour l'inciter à charger à nouveau : il faut donc qu'il ait retrouvé le sitio. Dans le cas contraire, il aura un léger temps de retard préjudiciable tant à sa sécurité qu'à l'accomplissement correct de la passe.

Un toro léger et mobile aura tendance à sortir correctement et permettra au torero de se retrouver en position convenable. Un toro lourd et lent, comme ils le sont généralement de nos jours, car le public demande des bêtes de poids respectable — ce qui limite la mobilité et le poids en excédent réduit les bêtes à des adversaires poussifs —, obligera le torero à s'y reprendre parfois à plusieurs reprises pour arriver à faire sortir le toro de la muleta.

On voit couramment des toros qui s'arrêtent au milieu de la charge, à hauteur de l'homme qui, conservant une parfaite immobilité (ce que l'on appelle « avoir de l'aguante »), toque une ou plusieurs fois la muleta pour l'obliger à terminer son parcours. La nouvelle génération des toreros s'est parfaitement adaptée aux réactions des toros actuels et maîtrise cette situation.

Soit le torero arrive à imposer au toro de faire les quelques pas supplémentaires pour qu'il sorte de la muleta, soit il est contraint de se déplacer en recours pour se dégager. Il peut, lorsque le toro s'arrête en cours de charge, s'en rapprocher en se plaçant derrière les cornes, à hauteur du cou, la muleta restant visible de l'animal. C'est une action de sauvegarde qui lui permet de se mettre à l'abri d'un coup en retour ou d'une volte rapide qu'il pourra ainsi parer. Pendant le bref laps de temps où il se gare, il lui faut mettre en place sa tactique pour se dégager totalement et reprendre en main la charge du toro. Il peut aussi s'éloigner davantage à partir de la situation précédente, en allant vers la queue, prenant ainsi un temps d'avance important sur le toro avec le risque de se retrouver dans une position qui ne lui permettra pas de s'imposer correctement sur la future trajectoire du toro, et il devra rapidement modifier sa position pour reprendre son influence sur son adversaire en essayant de ne pas trop rompre le rythme, ce qui attirerait l'attention de l'animal. Il peut également se repousser de l'animal, dans le sens absolument inverse de la première attitude, se mettant ainsi hors de portée et n'obligeant pas le toro à faire un effort violent, solution souvent retenue quand celui-ci est trop faible. Il peut enfin avancer dans la direction de la charge du toro, en gardant la muleta devant la tête et en se présentant en avant de l'animal, le sollicitant pour un trajet plus long. Dans ce cas, le torero reste dans le champ d'attaque et doit s'efforcer de garder l'attention du toro fixée sur le leurre. Mais il augmentera sa domination sur son adversaire.

On comprend dès lors que le torero doit constamment être attentif à ce que regarde le toro, car c'est cela qu'il va attaquer. Et pour le savoir, il n'a qu'un seul critère : le regard de l'animal. Si les yeux de ce dernier se détournent du leurre, il lui faut impérativement les y ramener. Si le toro regarde le torero avec attention, il doit rapidement lui faire oublier qu'il existe, d'abord par son immobilité, ensuite en remettant le leurre dans le champ de son regard et en l'incitant à ne voir que lui. Il accrochera son attention en donnant à la muleta un léger frémissement, car le toro, on le sait, est surtout sensible aux mouvements.

COMMENT PROVOQUER LA PASSE

Au commencement de toute passe, il y a l'appel, la provocation effectuée par le matador en utilisant sa muleta pour inciter le toro à charger. Il l'effectue en présentant la muleta et en lui donnant, par un mouvement brusque du poignet, le *toque*, cette vibration qui va l'animer et susciter le démarrage du toro. Il peut accompagner ce toque, s'il est insuffisant, par un appel de la voix et même, si le toro est trop fatigué ou sans charge, en frappant le sol avec le pied. Normalement, le simple toque de la muleta suffit. Si le matador se trouve à la bonne distance et que le regard du toro est fixé sur le leurre, celui-ci va charger.

Comment doit se placer le torero par rapport au toro ? Cela dépend des circonstances, de la passe à effectuer, de l'état de l'animal et de sa charge.

Souvent, en début de faena, la charge du toro étant encore intacte, afin d'attirer l'intérêt des aficionados, le torero pourra, par exemple, citer de loin pour une passe donnée dans le dos, la *pedresina*. Pour cela, il va donc se placer de profil. De même s'il entame en passes hautes données à deux mains. À l'inverse, en fin de faena, s'il donne une série de manoletinas, il se placera de face. Dans ce cas, ce sont des impératifs techniques inhérents à la passe de muleta qui imposent la position du corps du torero.

Quand le torero commence réellement à dominer son adversaire, il utilise une technique plus adaptée aux circonstances. Il se place d'une manière qui lui permette, en tenant compte de sa position initiale et de ses appuis au sol, d'accompagner au maximum la charge de son adversaire par le déploiement des bras et la rotation de la taille.

• *Position de face* : c'est la position la plus ancienne, quand on se contentait d'écarter le toro de sa trajectoire. Si dans cette attitude le matador donne à son geste le maximum d'engagement et d'exposition il réduit considérablement sa possibilité d'accompagnement car il ne pourra pas allonger facilement la trajectoire vers la sortie et ne la maîtrisera que sur une distance réduite avec un inconvénient : ne pas influer sur l'attitude du toro au moment de sa sortie du leurre. Dans cette position, il arrivera vite à un blocage au niveau de la ceinture, il lui sera plus difficile de « mander » le toro, il ne donnera qu'une passe et se replacera dans une situation identique pour la passe suivante. Ce qui empêchera toute liaison suave entre les passes, avec d'importants replacements successifs. Et la recherche actuelle de la liaison esthétique et continue ne pourra être atteinte.

• *Position de trois quarts face* : elle présente une nette amélioration par rapport à la précédente car le torero, en avançant la muleta vers le toro, puis en pivotant sur ses appuis au sol et en accompagnant la charge par une rotation du buste, maîtrisera davantage la trajectoire et sur une distance plus longue, ce qui lui simplifie l'enchaînement des passes selon les critères actuels du toreo. Par ailleurs, elle facilite la présentation du leurre.

• *Position de profil* : elle permet l'accompagnement de la charge sans en modifier considérablement la trajectoire, car le torero peut amener le bras plus en arrière et allonger le trajet. Dans le cite, en avançant la main, il aura la possibilité de davantage se croiser en étant le plus près possible du toro. Cette manière de toréer a été mise en valeur par *Manolete* et reprise par de nombreux autres maestros, mais n'a jamais eu l'aval des aficionados orthodoxes.

• *Position de trois quarts dos* : c'est la position de départ obligée pour conduire le toro dans un tour complet autour du matador qui va le citer très loin en arrière et le diriger ensuite autour de lui, en finissant même souvent par un changement de main qui allonge encore la trajectoire. Certains reprennent ensuite l'animal pour une trajectoire en sens inverse. Ojeda a médiatisé et personnalisé cette manière de toréer dont Dámaso González a été l'initiateur contemporain.

Selon la position adoptée, le torero placera différemment ses appuis au sol. Il est compréhensible que dans la position de face ou de profil, il pourra très facilement avoir les pieds joints. Mais il lui sera difficile d'effectuer une rotation importante du buste sans compromettre son équilibre.

Dans le cas d'un cite de trois quarts, il est facile de prendre des appuis au sol plus stables en écartant les jambes légèrement, ce qui permet de peser davantage sur la jambe d'appui lors de sa rotation, en déplaçant le poids du corps de la jambe d'entrée vers la jambe de sortie. Ainsi, lorsqu'un torero, muleta tenue dans la main droite, cite de trois quarts face un toro venant de sa gauche pour un derechazo, il porte d'abord le poids de son corps sur la jambe gauche légèrement en retrait par rapport à la ligne de trajectoire, puis en donnant le cite, avance la jambe droite, jambe d'appui, effectue la passe et porte le poids du corps sur la jambe droite devenue jambe de sortie, en accompagnant le toro au maximum par la rotation du buste. Dans ces conditions, il influe et conduit la trajectoire du toro et pratique un toreo profond et dominateur. Si les jambes du torero sont trop écartées, cela nuit à son attitude esthétique et devient même un handicap pour la gestuelle.

La recherche constante d'une tauromachie valorisant l'esthétique de la gestuelle et la domination spectaculaire de l'animal au détriment d'une tauromachie d'affrontement et de combat a progressivement amené l'art du toreo à un niveau inimaginable il y a cent ans, difficilement concevable dans le milieu du XXe siècle et pourtant réalisé de nos jours. Cela est devenu possible par la recherche constante des maestros, la meilleure connaissance des toros dont la sélection s'est aussi modifiée et surtout par la confiance absolue que les toreros ont maintenant dans la chirurgie traumatologique dont les progrès extraordinaires les ont incités à prendre beaucoup plus de risques.

LES QUERENCIAS – LES CHARGES DU TORO

Lorsque le toro entre en piste, il découvre un territoire inconnu et *a priori* dangereux. Il va l'explorer en le parcourant, et certains le font sans prêter attention aux appels des banderilleros, ce qui ne prouve pas qu'ils soient mansos. D'autres attaqueront immédiatement. Certains, plus inquiets, se réfugieront soit au centre pour parer à toutes les attaques, soit en un endroit qu'ils vont privilégier, car ils le considéreront comme le plus sûr de la piste, et que l'on désigne sous le nom de *querencia*, endroit vers lequel ils essayeront de retourner pour s'y réfugier. Généralement, les toreros évitent que les toros restent dans ces territoires, car ils sont alors maîtres dans ce terrain et les hommes en état d'infériorité. Ils attirent le toro hors de cette partie de la piste. Mais si l'animal ne se livre pas, il peut être intéressant de le laisser retourner dans sa querencia où il reprend confiance, ce qui permettra au matador de lui servir des séries de passes, car il acceptera de charger.

Dans la plupart des cas, les toros prennent querencia près du toril, car ils se souviennent que c'est par cette porte qu'ils sont entrés dans le ruedo, mais ils peuvent choisir un autre endroit, près des barricades. Si le torero s'interpose entre lui et cet endroit, il attaquera plus vivement afin de pouvoir atteindre son refuge. Ce peut être le cas d'un toro manso qui, pour se réfugier dans sa querencia, agressera violemment le groupe équestre alors que rien dans son attitude ne le laissait présager auparavant : en sortant ainsi seul et rapidement de l'affrontement, il manifeste son manque de bravoure.

Quelle doit être l'attitude du matador avec un toro qui recherche sa querencia ? La tendance naturelle du toro étant de chercher le centre de la piste où il peut se protéger en répondant à toute attaque, le toro ayant été attiré près d'un burladero par les banderilleros, il conviendra au torero de commencer sa faena à proximité des barricades pour aller ensuite vers le centre et le ramener enfin vers les tercios pour lui donner l'estocade ; cela est possible si le toro possède suffisamment de qualités pour revenir, même lorsqu'il est fatigué. Cette succession de séquences est la plus fréquente dans la tauromachie actuelle.

Si le toro est particulièrement fuyard ou sans caste, il révélera rapidement son attirance pour une querencia, généralement située vers le toril. Le torero a alors le choix entre essayer de le sortir de ce terrain puis lui interdire d'y retourner, soit accepter de le toréer dans ce territoire où, se sentant en confiance, il se livrera davantage. En fait, le choix appartient au toro, car s'il se refuse absolument, le torero ne pourra lui imposer sa volonté.

Si les charges du toro ne sont valables que dans sa querencia, c'est dans celle-ci qu'il faudra commencer de toréer. Lorsque le matador lui aura suffisamment donné confiance, il pourra alors changer de territoire et l'amener dans une autre partie du ruedo. Si le toro a tendance à choisir une autre querencia pour faire face, le torero devra sans hésitation l'accompagner pour continuer à le lidier jusqu'à ce que le toro accepte les propositions du torero. Et progressivement il lui donnera la possibilité de se révéler en construisant une faena adaptée et spiralaire. Contrairement à une opinion répandue, on peut assister à de très grandes faenas dans des querencias, même si certains prétendent que cela démontre le manque de dominio du matador.

Si le toro est noble et brave, le torero n'aura pas à résoudre ces problèmes. Selon ses capacités physiques, les charges d'un toro seront différentes. Un toro en surcharge pondérale, comme c'est souvent le cas actuellement, supportera difficilement le surcroît d'effort qui lui est imposé, car il lui faut « traîner » les cinquante ou soixante kilos de trop, qui sont le résultat d'un gavage des dernières semaines avant la course pour obtenir une belle présentation en piste. Cette pratique répond aux souhaits de la majorité du public et constitue une erreur grossière qui amoindrit les bêtes et enlève beaucoup d'intérêt aux rencontres. Un toro trop gros sera faible de pattes, s'affalera rapidement et parfois même dès le premier tercio, n'aura pas la force de pousser aux piques, ne supportera qu'une petite rencontre dont il sortira exsangue, essoufflé, s'éteindra rapidement aux banderilles surtout si les mises en place nécessitent beaucoup de capotazos. On voit trop souvent des toros bouche ouverte et écumante de bave blanchâtre, langue tirée, mufle haut, flancs battants, chercher à retrouver leur souffle.

Il ne viendrait jamais à l'idée d'un organisateur de rencontres d'athlétisme d'engager des lutteurs de sumo pour courir le quinze cents mètres. C'est malheureusement ce que l'on fait dans beaucoup d'élevages pour satisfaire le désir d'une grande partie du public qui confond présentation et performances. Comme on peut regretter que dans certaines plazas de renom, les vétérinaires refusent des toros pour insuffisance de poids.

Les toros actuels sont généralement de très bons toros, malheureusement trop engraissés au cours des dernières semaines. Les ganaderos, loi du marché oblige, doivent suivre les orientations s'ils veulent vendre leurs productions. Certaines ganaderias, suivant en cela l'initiative de Juan Pedro Domecq, entraînent régulièrement leurs toros à la course sur un circuit fermé en boucle, spécialement adapté pour éviter tout accident de pattes, un « taurodrome », afin qu'ils développent une résistance suffisante pour tenir debout lors des rencontres et gardent encore des forces pour arriver à répondre aux passes des faenas, de plus en plus nombreuses et enchaînées, données muleta au sol, que les toros sont obligés de suivre tête basse, ce qui les empêche de respirer correctement et les essouffle rapidement (c'est un peu comme si l'on obligeait les athlètes à courir menton bloqué contre la poitrine). Les charges du toro vont donc aller en diminuant (*a menos*) selon le degré de fatigue et le torero devra en tenir compte.

Le torero doit donc très rapidement évaluer les aspects positifs et négatifs de la charge quand le toro commence le combat.

• *Aspects positifs* : charger de loin et rapidement, venant droit sur le but à l'atteindre ; baisser la tête suffisamment loin (embestida) pour essayer d'attraper le leurre, excellent signe de noblesse et de bravoure ; se dégager et se retourner rapidement pour revenir en attaquant, un signe qu'il accepte le combat et s'investit dans la rencontre. Il y a des toros qui se jettent dans la cape.

• *Aspects négatifs* : garder la tête à mi-hauteur, ce qui présente un danger ; sortir de la passe en donnant un coup de corne vers le haut, défaut qu'il convient de corriger ; partir de loin puis s'échapper, ce qui peut être un signe de mansedumbre ; donner au passage un coup de tête violent pour essayer d'accrocher ; envoyer la corne sur le côté, vers la cape, pour la ramener ensuite, à mi-hauteur (ils sont plus dangereux que s'ils le font tête basse) ; freiner brutalement en étant dans le leurre et se retourner vivement pour accrocher, attitude dangereuse au possible car ils viennent droit sur le torero qui est obligé de rompre ; s'arrêter juste avant le leurre en freinant pattes en avant, en cherchant des cornes soit en bas, soit à mi-hauteur, signe évident d'extrême dangerosité ; poursuivre le torero en l'enfermant et en coupant toute retraite.

Le torero devra agir selon la charge du toro : si la charge est longue, franche, avec une belle embestida, il pourra se confier dans des passes suaves et longues. Dans le cas de charges dures, courtes, serrées, avec un toro qui vient au plus près, il lui faudra travailler cape au sol, en reculant et en donnant des mouvements latéraux (abanicando) pour l'obliger à rester tête basse et lui apprendre à suivre le leurre en lui donnant confiance.

Il vaut mieux calmer et ralentir que brutaliser un toro. Des recortes violents et secs à la cape, en particulier quand le toro est encore vif, peuvent le contraindre très durement, le ployer au niveau des reins et cette torsion brutale l'handicaper totalement, entraînant une boiterie ou une incapacité à charger.

Un toro, même s'il n'a plus suffisamment de forces pour charger longuement, a toujours une puissance phénoménale dans la tête, et s'il ne peut se déplacer, il se défendra sur place et deviendra ainsi plus dangereux.

Lorsque dans les années 1950-1960, on utilisait des toros plus jeunes et plus légers, on assistait à des courses plus agréables car ils donnaient du « jeu » et n'étaient pas aussi statiques. C'était ce bétail que combattaient les *Dominguín*, Ordóñez, *el Cordobés* et autres grandes vedettes du moment, ce que l'on voit actuellement dans les novilladas piquées.

L'arrivée de toros lourds et plus âgés dans les années 1975-1980 a rendu la corrida moins attractive et plus statique. Les toreros ont donc été dans l'obligation d'imaginer une tauromachie qui tienne compte de ces nouveaux paramètres et toréer différemment en préservant au maximum la charge des toros. La faiblesse due à la surcharge pondérale s'aggrave encore avec des toros braves et nobles qui se livrent entièrement et sans retenue. On remarque que ne tombent pas les toros mansos ou dangereux qui se livrent peu dans le combat, gardent la tête haute, refusent les piques, attaquent sans embestir, se défendent sur un terrain réduit avec des charges courtes.

L'ACTION DE L'HOMME : OÙ ET COMMENT SE PLACER – CROISÉ OU NON

Nous comprenons mieux quels sont les divers paramètres techniques que le torero doit maîtriser pour pouvoir initier ses actions avec le toro. Il va donc commencer à citer l'animal, soit lorsqu'il a encore toute sa fougue, soit lorsque, fatigué et affaibli, il hésite à charger.

Pour arriver à citer correctement son adversaire, le torero doit donc trouver la situation la plus adéquate. Le torero se trouve seul face au toro.

Où doit-il se situer ? Dans sa recherche de l'emplacement idéal, le sitio, il se déplacera pour se placer toujours sur cette frontière invisible ou au plus près. Car, trop proche du toro, il sera dans une situation périlleuse, trop éloigné, celui-ci ne chargera pas. Le torero va donc, de manière empirique, tester les emplacements jusqu'à trouver celui qui convient le plus. Cette recherche est particulièrement remarquable quand le torero s'approche lentement de son adversaire, muleta en arrière du corps pour attirer l'attention de la bête sur le leurre, puis se fixe, avance lentement la muleta d'un mouvement large et doux, bras déployé, la présente vers le toro en avançant d'un pas sur le côté en donnant le toque.

Si le toro ne part pas, il recommence le même processus jusqu'à l'obtention du résultat : la charge du toro qu'il embarque dans le leurre.

Certains toreros trouvent immédiatement le lieu idéal avec certains toros et ont des hésitations avec d'autres. Les grands maestros arrivent toujours et rapidement à se mettre en harmonie avec leur adversaire pour les entraîner dans des séries de passes lentes (templées) et profondes, le toro se laissant fasciner par le leurre et revenant encore et toujours dans la muleta que dirige avec maîtrise le matador.

Si la puissance, la rapidité de la charge du toro ne diminuent pas au fil des passes données, le torero va obligatoirement être en état d'infériorité et n'arrivera plus à conduire cette charge comme il le souhaiterait en imposant son rythme. Il lui faudra alors rompre pour se dégager, et reprendre ses marques. C'est ce qu'il fait en terminant (remate) une série de derechazos par un pecho. La suite des passes étant brutalement interrompue, le toro est surpris par cette rupture imposée par le torero, ce qui va permettre à celui-ci de se replacer et imposer à nouveau sa volonté. À l'inverse, s'il avait insisté pour continuer, il aurait été débordé par la fougue de l'animal et mis en situation précaire sinon dangereuse.

Quand un torero maîtrise la force de son adversaire et le territoire dans lequel ils évoluent, on remarquera qu'il agit naturellement, donnant à ses gestes le maximum d'amplitude et de lenteur, que son attitude est relâchée, verticale, esthétique. Le torero impose son rythme et ses trajectoires.

Un torero qui réunit l'ensemble de ces paramètres donne souvent une impression de facilité qui ne peut abuser que les incompétents, lesquels s'imaginent à tort que le toro est d'une candeur angélique. Rappelons-nous toujours (car il ne s'agit pas des combats titanesques avec des monstres dangereux et assassins tels que les Miura et autres toros réputés pour leur sauvagerie, toros avec lesquels nul ne peut se confier et se relâcher pour rechercher un toreo artistique) que c'est au moment où il s'y attend le moins, où il est le plus en confiance, que le torero fait la faute infime que le toro utilise à son avantage. Et l'on voit l'animal suave se transformer en un instant en une bête violente, assassine, qui poursuit son adversaire avec l'évidente intention de tuer. D'ailleurs, après un accrochage, le comportement du toro change : il ne se laisse plus conduire avec la même facilité et il n'est pas aisé pour le maestro de reprendre sa faena sur le même rythme.

Passe après passe, le toro observe, analyse, comprend ce qui se déroule, que tout cela n'est que mise en scène et il réalise qu'on le leurre, que l'adversaire est ailleurs. D'où le danger de trop prolonger des faenas inutilement quand le toro n'a plus la force de charger clairement.

Avec les toros contemporains qui possèdent bravoure et noblesse à l'extrême, les toreros peuvent aligner un nombre impressionnant de passes. Alors qu'avec le toro de la fin du XIXe et du début du XXe siècle, cela était impossible car on privilégiait la caste et la bravoure, préférant les charges brutales et violentes aux assauts modérés.

L'évolution de la corrida, évolution complexe qui est le résultat de la modification des mentalités, de l'anthropomorphisme animalier de plus en plus présent, de la recherche esthétique au lieu du combat sauvage, a obligé les éleveurs à « préparer » des toros plus adaptés à cette demande et contraint les toreros à inventer une tauromachie qui corresponde à ces toros plus lents, plus lourds, plus suaves mais tout aussi dangereux, le nombre croissant des blessures annuelles en étant la preuve.

Le torero est donc face à son toro. Il s'approche lentement de celui-ci. À quelle distance doit-il provoquer la charge ? Certains toreros, tel César Rincón, se placent dans l'axe du toro et citent de très loin, de vingt mètres ou plus. Si le toro a suffisamment de force et d'allant, cette course de l'animal vers le leurre tenu par un homme immobile et attendant sereinement la charge est émouvante, mettant bien en valeur la puissance de l'animal, sa bravoure et le courage du maestro qui attend de pied ferme. Mais tous les toros ne partent pas d'aussi loin. Le maestro se rapproche donc et cite encore jusqu'à obtenir cette charge claire et d'une grande beauté. D'autres toreros commencent au fil des barrières, citant de près et forçant le toro dans des passes courtes qui l'incitent à rester dan un espace restreint.

Mis à part ce moment précis, le torero trouvera rapidement la distance à laquelle le toro chargera sur simple sollicitation. Elle dépend de la force du toro, de sa charge originelle, de sa bravoure et de son attention au déroulement de la lidia. Le torero doit donc, constamment, le solliciter.

Chaque toro a sa distance (un toro noble et brave chargera de très loin, un toro réservé et dangereux se gardera pour mieux atteindre son adversaire), et la distance se modifie au fil de la lidia, à cause de la vision propre à chaque animal et avec le degré de fatigue du toro — il s'arrête pour reprendre son souffle, pour économiser ses forces, pour ne pas se rendre et pour redevenir maître dans son territoire où l'homme a pénétré —, ainsi que son degré de compréhension du combat. Pour arriver à provoquer la charge, le torero devra donc se rapprocher jusqu'à la distance limite qui semble impossible à franchir et que pourtant certains toreros comme Dámaso González ont allègrement passée : ils arrivent à s'approcher jusqu'à toucher les cornes avec le costume tout en faisant osciller lentement la muleta derrière eux (pendule), le toro fasciné par ce mouvement du leurre ne chargeant que lorsque le torero dégage la muleta et toque en se croisant vers la corne contraire. Cette tauromachie a atteint ses sommets avec Ojeda et *Jesulín de Ubrique* qu'on a vu parfois être obligé de reculer pour permettre à la corne de passer en le frôlant tant il était engagé dans le berceau. S'il veut que le toro parte au toque, le maestro doit le citer sur la corne extérieure et plus le torero se trouve près du toro, plus il devra « se croiser ».

« Se croiser » est une expression bien souvent utilisée à tort par des néophytes qui n'en connaissent pas le sens. Imaginons le toro arrêté et traçons une ligne imaginaire dans l'axe de son corps ainsi que deux autres, de part et d'autre, ayant leur origine à chacune des cornes. On matérialisera ainsi un chemin sur lequel se déplacera le toro qui attaque droit devant lui. Si le torero cite de la main droite, le toro venant de sa gauche, il peut se placer de différentes façons sur ce trajet imaginaire pour donner le toque et la passe :

d'abord, en deçà de la ligne extérieure partant de la corne la plus proche de lui, soit la corne droite du toro : il présente sa muleta qui se situe dans l'axe de la charge de l'animal. Dans ce cas, quand le toro charge, le torero ne l'oblige pas à un effort important puisqu'il suit sa trajectoire naturelle, mais il peut difficilement en modifier la direction. Il se trouve hors du trajet du toro (*fuera de cacho*) et cette manière peut s'avérer dangereuse car le matador est totalement visible ;

ensuite en avançant légèrement, il se placera sur la première ligne imaginaire, celle qui part de la corne droite du toro. Le torero laisse ainsi l'avantage au toro, ne le contraint pas mais peut, s'il le souhaite, en chargeant la suerte, modifier le parcours et l'obliger. C'est une position utilisée par les toreros sûrs de leur pouvoir et capables de réagir instantanément aux charges inopinées de l'animal ;

enfin, avançant encore, en venant dans l'axe du toro, la muleta se plaçant dans l'axe imaginaire partant de la corne gauche, corne opposée ou contraire par rapport à la position première du torero, il va l'obliger davantage à modifier sa charge, agissant sur son embestida, et pourra le conduire sur une trajectoire incurvée d'abord vers l'extérieur puis vers l'intérieur une fois la tête passée, dite « trajectoire en point d'interrogation ».

Selon l'adversaire qu'il a en face de lui, le torero adoptera la situation correspondante :

cite sur la ligne de la première corne, la plus près du torero avec un toro qui charge bien et qu'il faut préserver afin d'en tirer profit au maximum de ses possibilités ;

cite sur la corne opposée, corne contraire, avec un toro lent à charger afin de bien le provoquer et obtenir son embestida ;

cite en avançant davantage pour obliger le toro à changer totalement de direction, si le toro est très fatigué, d'un naturel apathique et sans piquant.

Certains matadors vont bien au-delà, en utilisant la technique du pendule : la muleta fait un lent mouvement de balancier dans le dos du torero qui s'approche au plus près du toro puis se fixe, projette la muleta en avant en toquant fort, dans la direction de la corne contraire pour provoquer un toro rendu ou épuisé. Le torero peut aussi, après avoir avancé comme précédemment en exécutant l'oscillation de la muleta, se fixer, ramener la muleta en arrière et, en pivotant lentement, citer le toro sur la première corne devenue maintenant corne contraire, pour l'embarquer dans une passe en rond se terminant par un changement de main.

Le toro contemporain, plus lourd, moins vif, se déplaçant plus difficilement et la demande du public de voir des faenas de cinquante passes minimum, si possible enchaînées et mufle au sol, ont obligé les toreros à trouver des solutions, dont cette tauromachie de proximité, en territoire réduit pour éviter de trop longs déplacements au toro afin de préserver son « capital-passes » et construire des faenas correspondant aux attentes des aficionados. Manière de toréer qui ne peut toutefois pas être utilisée avec des toros forts, violents, encastés et dangereux qui nécessitent une lidia construite et dirigée différemment, dans laquelle l'engagement du torero l'oblige à se placer selon les circonstances. Le croisement sera plus affirmé afin de peser davantage sur la trajectoire du toro et imposer sa domination. Faute de quoi, il serait rapidement débordé par la violence des charges et la puissance de l'animal.

DONNER LA PASSE : LE RYTHME – TEMPLAR – LIER LES PASSES

Revenons à notre toro qui entre en piste. Il prend possession du ruedo, galope, charge à sa guise selon les circonstances ou les cites, selon ses intuitions. Il agit selon son rythme propre. Le torero doit l'observer, l'analyser pour le prendre en charge et progressivement l'obliger, sans le heurter, sans le brusquer, à modifier son rythme pour adopter celui proposé par le torero, plus lent, plus doux, permettant de composer des suites esthétiques de passes.

Il n'en fut pas toujours ainsi. Rappelons-nous les débuts de la corrida ou même celle de la fin du XIXe siècle. Le but essentiel était de tuer rapidement le toro. Pour cela, toute la technique tauromachique consistait à une mise en place avec le minimum de risques pour le torero qui repoussait le toro vers l'extérieur, à chaque passe, en tenant la muleta du bout du palillo, en donnant les passes sans se fixer, en chargeant exagérément la suerte pour dégager l'animal, en plaçant au plus vite l'animal pour enfoncer l'épée. Aucune recherche esthétique dans ce travail de mise en place. Le maestro est avant tout un « tueur de toros » et les plus estimés sont ceux qui manient l'épée avec efficacité et rapidité. Qu'importait l'harmonisation du rythme toro-torero. Les comptes rendus de l'époque mentionnent comme normales les faenas de cinq à dix passes, et le temple n'intéressait personne. Ainsi, à Marseille lors de la course qui eut lieu le 2 avril 1899, *Lagartijo* donne à son premier adversaire une passe de poitrine aidée (passe de pecho), trois naturelles, une de poitrine et deux de poitrines aidées avant un bon pinchazo. Face à son deuxième adversaire, *Lagartijo* essaie de le fixer par deux naturelles, une de poitrine, une de la droite pour deux poursuites, deux de la droite et une de poitrine aidée avant une estocade en avant et tombée. Enfin, à son dernier toro, il donne cinq naturelles, deux de poitrine aidées, une de molinete, trois en rond et porte une estocade jusqu'à la garde, ce qui lui vaut l'oreille.

Après la révolution belmontienne, la notion de temple fait son apparition, le statisme du torero est pris en compte, la notion d'harmonisation des rythmes apparaît.

Dans la succession des séquences, deux notions du rythme sont à considérer :

• *Le rythme de l'animal*, celui qu'il possède naturellement et qu'il montre dès son entrée en piste. Si un toro n'a pas cette qualité, soyons persuadés qu'il sera très vite ennuyeux et ne permettra pas au torero de s'exprimer. Le plus rapidement possible, le torero doit mettre en valeur cette qualité du toro, l'adapter par le travail de cape, afin que sa gestuelle se calque sur le rythme du toro. Les passes se succédant, le toro s'essouffle et se fatigue, car les charges sont contraignantes, et ses assauts se ralentissent, ce qui permet au maestro de composer des séries plus suaves à la cape, en ralentissant volontairement son rythme après l'avoir adapté à celui du toro, ce qui est le premier secret du temple.

À la muleta, la faena doit tenir compte du nouveau rythme de l'animal pour s'y adapter et le maintenir, le torero doit ajuster constamment son toreo aux capacités de l'animal. Celui-ci possède ce que l'on appelle un « capital-passes », résultant de ses capacités physiques, de son engagement et de son histoire en piste : beaucoup ou peu de capotazos, piques plus ou moins appuyées, manière dont il a chargé le peto et les banderilleros ; allonger inconsidérément la faena ne sert à rien car le toro, épuisé, ne peut répondre aux cites. Le torero doit donc moduler son travail de cape et de muleta.

• *Le rythme du toreo* : avec le même toro, deux toreros construiront des faenas bien différentes. Souvent, au cours des quites qui se succèdent, des toros qui se livrent dans des passes données par un torero se refusent dans celles du torero suivant et cela dans un laps de temps très réduit. Le toro est le même, mais les manières du torero sont différentes, l'un étant en harmonie rythmique avec le toro, l'autre pas. Chacun se souviendra que lors des rencontres entre *Chamaco II* et *Jesulín de Ubrique*, avec des toros de même origine, de capacités identiques, *Chamaco* donnait un rythme échevelé à ses séquences, dans un mouvement rapide et sec tandis que *Jesulín* calmait le jeu, ralentissait la bête pour tracer des séquences lentes et suaves mettant en évidence la douceur des trajectoires.

Au fil du temps, le toro se fatigue et apprend. Le maestro doit donc modifier en conséquence son toreo en prenant garde de ne pas trop le réduire, sinon l'ennui s'installe et plus rien ne se passe en piste. Un torero qui présume des forces de son adversaire se trouve rapidement face à un bloc immobile que rien ne peut sortir de sa torpeur. Un torero qui a su juger correctement les possibilités de son toro lui gardera de la force pour participer, en ne l'obligeant pas exagérément, en lui permettant de reprendre son souffle, en lui servant une faena adaptée sur un rythme convenable qu'il maintiendra jusqu'au bout. À cette fin, il ne suffit pas de donner des passes inconsidérément, mais de lier selon une progression qui se base sur des passes classiques dans lesquelles le torero peut exprimer sa domination et son sens esthétique, puis par des passes de fantaisie quand la charge du toro diminue et devient plus aléatoire.

Actuellement, aucun aficionado n'accepterait des passes chaotiques, sans harmonie et sans rythme, toute faena devant être composée de séries enchaînées, de passes liées. Quand les toreros, à l'exemple de Belmonte, enchaînèrent plusieurs passes sur la même corne, les aficionados furent subjugués. Les comptes rendus de l'époque considéraient une série de trois ou quatre passes liées comme miraculeuse et digne de passer à la postérité. Que diraient-ils des enchaînements pratiqués par la plupart des novilleros actuels, dans un terrain réduit, qui pourtant laissent le public quasiment indifférent ?

La liaison des passes en séquences est une des bases obligatoires de la tauromachie. Mais des passes liées, cela ne signifie pas des passes inachevées, données en masquant la tête du toro, en faisant un pas pour terminer et autres subterfuges que le public non averti ne voit pas toujours. Lier des passes comportant les trois temps n'est pas à la portée de tous les toreros et très souvent on voit en piste des semblants d'enchaînements qui ne sont qu'accompagnements pour préserver le toro afin qu'il « dure davantage ».

Les passes exécutées selon les normes, tête basse, lentement, en se terminant vers l'intérieur sont épuisantes pour le toro. Aussi, beaucoup de toreros pratiquent-ils une tauromachie moins contraignante bien que fort esthétique, qui garde de la fraîcheur au toro afin qu'il puisse participer à des faenas longues, telles que les souhaite le public. Cependant, on doit se souvenir que pendant la faena, ce n'est pas le nombre de passes qui importe, mais la manière, le style, avec lesquelles elles sont exécutées. Et se garder d'admirer des gesticulations qui font illusion.

III
LE DÉROULEMENT DE LA LIDIA

L'APARTADO ET LE SORTEO

On peut considérer que la lidia commence dans les corrals, quand les cuadrillas se réunissent pour préparer la course de l'après-midi, lors de l'apartado et du sorteo.

Lors de la découverte visuelle des six toros qui seront combattus l'après-midi, le représentant du matador examine chacune des bêtes en tenant compte de leur origine, car la morphologie doit correspondre au type de la race, bien que, dans une même ganaderia, il peut y avoir des origines différentes, donc des typologies diverses correspondant aux races d'origine. Des Santa Coloma auront toujours des armures plus courtes et une morphologie plus légère que des Atanasio Fernández.

Les examens étant terminés, les représentants des toreros, en présence de l'autorité, procèdent à l'apartado, c'est-à-dire à la constitution de trois lots de deux toros en essayant au maximum d'équilibrer les lots selon des critères morphologiques : structure générale, trapio, importance des cornes et leur configuration, longueur du cou et hauteur des pattes, car un toro qui possède un long cou embestira mieux et on préférera un toro qui a la colonne vertébrale horizontale et un port de tête normal (*cuesta abajo*) à un toro haut de poitrail, tête haute et arrière-train bas (*cuesta arriba*).

Normalement, les toros ne devraient pas être trop gros. La tendance actuelle est de faire sortir en piste des animaux trop engraissés afin qu'ils aient une meilleure présentation, ce que demande le public dans sa majorité, public qui confond ainsi allure et puissance. Car, selon la race, les poids devraient être respectés : un Santa Coloma de 550 kg est une aberration, car cette race devrait normalement sortir aux environ de 450 kg. Un toro trop gros s'essouffle vite et s'asphyxie facilement.

Lorsque le sorteo a eu lieu, une réflexion est menée entre les membres de la cuadrilla pour déterminer l'ordre de sortie des deux toros du lot. Généralement, le matador met le plus beau en second, réservant la première sortie à celui qui lui paraît le moins convenir : armure large, poids important ou, à l'inverse, trop maigre. Ceci afin de se motiver psychologiquement. Car s'il place en premier celui dans lequel il a le plus confiance et que cela se passe mal, il ne sera pas dans de bonne dispositions pour aborder le second et ne se relâchera pas. Ensuite, il détermine, si c'est un matador qui a peu de contrats, quel est le picador qui prendra le toro le plus agressif, le plus armé ou le plus puissant, en fonction de son expérience et de sa manière de piquer. Normalement, les piqueros interviennent à tour de rôle :

en début de temporada, il tirent au sort la « première pique », puis ils intervertissent à chaque course. Il en est de même pour les banderilleros lidiadors, le puntillero étant quant à lui toujours troisième. Avant d'entrer en piste ou avant la pique, le matador donnera ses dernières instructions.

LA RÉCEPTION DU TORO

Quand le toro entre en piste, il découvre un lieu inconnu auquel ne l'a pas habitué la vie calme du campo, seulement ponctuée de déplacements avec les cabestros pour changer de pâture. Il a appris avec ses congénères certains réflexes comportementaux, en particulier dans les combats formateurs avec ses frères, pris certaines habitudes et réactions aux événements extérieurs.

Puis il y a eu le partage, l'isolement dans les enclos de l'élevage, l'embarquement dans le camion aménagé pour le transport des animaux, le trajet qui l'a considérablement stressé car jusqu'à ce jour il ignorait totalement le bruit des moteurs, des véhicules, des villes traversées, du roulement sur les chaussées. Le véhicule s'est arrêté, on a ouvert la porte de la cage où il ne pouvait se retourner, il a suivi un couloir et il a pénétré dans les corrals de la ville où il doit combattre. Il y est resté environ une semaine, dans un espace réduit en compagnie de six congénères, lui qui était habitué aux grands champs ombragés. De tout cela, le toro se souvient.

Des hommes sont venus, des portes se sont ouvertes sur des couloirs qu'il lui a fallu suivre. Il s'est à nouveau retrouvé dans une cage étroite sur un camion. On l'a transporté au milieu du bruit, puis on l'a poussé dans une pièce sombre, fraîche et silencieuse. Des heures ont passé. À nouveau, une rumeur s'est enflée, à proximité. Au bout du couloir, une lumière aveuglante et un brouhaha étonnant. Il se précipite, il court vers cette liberté retrouvée. Et il entre dans cet immense territoire, clos lui aussi, le ruedo de la plaza de toros. Il court, il court, cherchant vainement une sortie vers les prés de son enfance. Mais rien ne lui permet de retrouver cette liberté tant convoitée. Il comprend qu'il n'y a nulle échappatoire.

Quand ils sortent en piste, les toros ont un vécu et la mémoire de ce vécu conditionne leur comportement. La plupart vont prendre possession de ce nouveau territoire en le parcourant. Ils courent aussi pour se détendre après une si longue attente immobiles, en ayant le plaisir physique de faire jouer leurs muscles. Certains se souviendront de l'endroit par lesquels ils ont pénétré dans le ruedo. Sachant qu'au-delà de cette porte, c'était un territoire moins agressif, ils seront tentés de s'y réfugier.

De derrière leurs burladeros, les hommes l'observent très attentivement, essayant de comprendre ses comportements futurs. Ils l'appellent pour savoir comment il réagit.

Il y a les toros qui courent sans discontinuer, sans jamais se fixer, sans prêter la moindre attention aux appels des banderilleros. Ils peuvent être craintifs, et il faudra leur donner confiance, ou ivres d'une liberté qu'ils pensent avoir retrouvée.

Il y a ceux qui sortent lentement, s'arrêtent dès le seuil du toril, regardent, observent, réfléchissent, avancent d'un pas ou deux et attendent. Puis se décident à se risquer plus avant, ignorant les appels, humant le sol, grattant du sabot, toros réfléchis qui risquent fort de poser beaucoup de problèmes aux toreros.

Dès la sortie du toro en piste, le matador observe sa morphologie, mais surtout son rythme et sa foulée dans le déplacement (le *tranco*). Les banderilleros vont l'appeler successivement d'un burladero à l'autre dans le sens de sa course, pour pouvoir le juger plus correctement, savoir s'il répond bien aux cites et comment il attaque, s'il vient rapidement et naturellement, selon une charge rectiligne. Il est important de voir sa réaction lorsqu'il remate au burladero, car ce qu'il fera à ce moment-là, il le fera aussi dans les premières passes de cape.

Il y a des *signes positifs* : le toro qui sort la tête haute, déterminé, sans hésitation, qui court beaucoup (sauf s'il s'enfuit aux cites et se découvre manso, peureux), un galop franc et rythmé, une course régulière, avec aisance et rapidité, en ne se réfugiant pas contre les planches, en se plaçant dans n'importe quel terrain de la piste, une réponse immédiate aux appels des banderilleros, en particulier de loin, une charge droite jusqu'au burladero, en mettant la tête vers le bas.

Il y a aussi des *signes négatifs* : le toro qui sort lentement, d'une allure réfléchie, qui court sans but, sans rythme régulier, par à-coups, qui rase les barrières, ne se fixe pas, charge en zigzag, s'arrête, se met au centre, refuse le cite, freine avant le burladero, secoue la tête vers les planches, envoie les pattes en avant, frappe vers le haut du burladero, se réfugie aux planches, gratte le sable, recule ou même s'enfuit.

Certaines attitudes se modifieront : un toro qui ne démarre pas peut manquer de confiance. Le banderillero lui présentera alors le capote au sol en courant vers l'arrière et lui donnera l'impression qu'il est dominateur [1].

COMPORTEMENT SELON LES ENCASTES

Selon leur race, leur encaste, donc l'origine de la ganaderia, on sait que les toros auront, probablement, un certain comportement, sans que la rigueur soit de mise. *A priori*, les Juan Pedro Domecq auront une belle charge, longue, franche, embestissant de loin, se donnant au cheval, se livrant à la muleta. Des toros d'origine Atanasio Fernández tels que les Sepúlveda, El Sierro, promettent des charges douces et suaves, profondes et lentes, mais sont plus incertains à la cape jusqu'à ce qu'ils soient piqués.

1. Voir, dans la partie Dictionnaire, l'article ABANICANDO.

L'origine Santa Coloma chez Buendía devrait donner des toros se comportant correctement, chargeant avec continuité mais devant être traités avec respect, sans hâte, sans brusquerie.

D'autres sont plus violents, âpres, difficiles dès le début, tels les Cobaleda, les Barcial. Les Galache manquent souvent de forces mais répètent avec franchise, les Victorino peuvent révéler un fonds de noblesse, mais il vaut mieux se méfier. Quant aux Miura, il sont inclassables, toujours difficiles à manier, ayant tendance à revenir très vite, comprenant très rapidement la différence entre l'homme et le leurre.

Les Albaserrada sont connus pour leur bravoure difficile à canaliser. Les Samuel Flores sont réputés pour leur noblesse. Les Núñez et leurs collatéraux, Osborne, Cuvillo, Alcurrucén, Cebada Gago, sont souvent de bons collaborateurs, attaquant franchement, et ont une charge très longue qui permet des suites esthétiques, suaves et de belles reprises.

Les toros d'Ana Romero ont le « piquant » des Santa Coloma, avec une morphologie « agréable », des cornes relativement courtes ; ils seraient donc un compromis idéal entre le fauve aux charges inlassables et l'animal plus suave à la muleta : ils font partie des préférés des matadors vedettes. Les toros de Dolores Aguirre sont des fauves redoutés, très agressifs en piste, mobiles, difficile à canaliser, généralement mansos à la pique. Les toros de Felipe Bartolomé sont d'une grande agressivité surtout au cours des piques, possédant beaucoup de bravoure, ils poursuivent lors de la pose des banderilles et chargent inlassablement à la muleta, exigeant du matador beaucoup d'attention. Les Tulio Vázquez sont craints des toreros, car ils ont une morphologie spectaculaire avec des berceaux de cornes larges aux pointes tournées vers le haut et ils sont souvent âpres et réservés.

Les banderilleros de confiance connaissent les caractéristiques, qualités et défauts de chacune des ganaderias. Ces remarques sont théoriques et généralement valables, mais ne constituent aucune garantie pour le torero d'autant que le comportement des ganaderias se modifie sans que l'on puisse en connaître les raisons exactes, sinon les éleveurs arriveraient à « fabriquer » des toros qui correspondraient à un « cahier des charges », ce qui est absolument impossible. On peut donc mettre en avant quelques stratégies possibles sans jamais les considérer comme exactes. Car les incertitudes sont largement majoritaires [1].

L'ENTRÉE EN PISTE, LA RECONNAISSANCE DE L'ENVIRONNEMENT

Quand le toro a fait quelques tours de piste, attaqué ou fui les burladeros, le torero a quelques impressions qui vont l'aider à engager son affrontement avec la bête.

Un seul cas fait exception à la règle générale : quand le matador, afin de marquer immédiatement sa volonté de triomphe et impressionner le public,

1. On trouvera ci-dessus, dans la partie consacrée aux « Encastes du taureau bravo », des précisions plus importantes sur le comportement des toros suivant leurs origines ainsi que dans les articles des ganaderias de la partie Dictionnaire.

s'en va seul vers le toril pour attendre son toro à porta gayola. Pour cela, il se place deux genoux au sol, face au toril, à une distance réduite mais suffisante pour que le toro ait le temps de le voir et d'attaquer en prenant suffisamment d'élan pour que sa charge ne s'interrompe pas brutalement. Dans ce cas, le torero ne connaît aucune des caractéristiques morales de son adversaire et ne peut se fier que sur ses capacités et ses réflexes. On voit des toros qui sortent lentement ou s'élancent puis hésitent, viennent au petit trot, mettant le torero en situation fort délicate.

Dans le cas d'une larga afarolada deux genoux à terre, exécutée le long des planches, bien que le torero n'ait pas eu vraiment le temps de bien juger son toro, il a tout de même pu observer la vitesse et la rectitude de sa charge, il le prend sur une trajectoire déterminée qu'il a eu le temps de voir lors des premiers appels des péons et, en exécutant cette passe au ras des barrières, il profite de l'attrait naturel du toro vers le centre. L'attitude naturelle du toro, après avoir pris possession de la piste, est de se fixer au centre pour en faire le point majeur de son territoire, car de cet endroit, il verra venir toutes les attaques.

La première tâche des banderilleros va être d'éviter que le toro s'y fixe. Pour cela, ils l'attireront vers les divers burladeros, ce qui permettra aussi de juger la rapidité de sa charge et l'embestida. La plupart des toros actuels ont un tel niveau de bravoure et de noblesse qu'il est rare qu'ils fuient le combat et se réfugient en un lieu bien précis d'où il sera difficile de les déloger (querencia), ce qui était plus courant il y a quelques décennies avec des toros mansos.

Ainsi, tous les toros vont naturellement vers le centre de la piste, zone la plus dégagée qui correspond à la vision de l'espace qu'ils ont depuis leur naissance. Il est donc naturel que le toro se méfie des barricades, élément construit auquel il n'est pas habitué et qui le rend agressif. D'autant qu'il distingue des formes derrière les planches et les burladeros, qu'il entend le bruissement de la foule et l'agitation sur les gradins, ce qui ne peut que l'inquiéter. Son réflexe naturel est donc de s'en éloigner.

Que dire du toro qui saute dans le callejón ? Attaque-t-il ses adversaires ? Va-t-il volontairement dans ce territoire supposé dangereux ? En réalité, il cherche à fuir au-delà des barrières, en quête d'une sortie, car il se souvient qu'il est venu par une porte se trouvant derrière ces planches, porte qu'il voudrait bien emprunter en sens inverse. Cette attitude signale un refus du combat et probablement un manque de bravoure.

LES PASSES D'ACCUEIL

Certains toreros accueillent leurs toros immédiatement, sans les laisser tester par leurs péons. Dans ce cas, c'est qu'ils ont jugé, dès les premières foulées du toro, qu'il était suffisamment fiable, avec une charge correcte et de la noblesse, permettant de se confier rapidement. Généralement, en appelant le toro d'un burladero à l'autre, on se rend compte de sa promptitude et de sa clarté de réponse au cite, de la rapidité et de la droiture de sa charge. N'ayant pas encore été travaillé à la cape, il est toujours aussi impétueux et sa charge n'est ni canalisée, ni dirigée. Il convient donc d'aller vers lui pour tester ses qualités réelles. Le péon (parfois même le maestro) peut le citer, cape devant lui, d'une ou deux mains, en reculant, mains basses et sans faire toucher le leurre, en donnant une sortie large et sans violence, en ne recherchant pas l'esthétique mais l'efficacité. Ce type de passes en se déplaçant est du même type que celles qui étaient utilisées dans la lidia ancienne. Le toro n'est pas contraint et ne souffre pas, sa trajectoire est droite, ralentie, naturelle, à l'inverse des passes dominatrices et profondes qui influent sur ses trajectoires. Elles ont pour but de calmer son impétuosité, de lui apprendre à embestir sans donner de violents coups de tête. Afin de donner davantage confiance au toro, qui pensera ainsi faire fuir l'adversaire et donc poursuivra plus facilement, le torero ne fera pas passer l'animal mais reculera constamment selon un rythme adapté à sa charge, ralentira si nécessaire, cessant d'évoluer si le toro risque de s'arrêter, afin qu'il reste toujours fixé sur le capote car s'il y avait rupture brusque, il risquerait de se désintéresser et comprendrait qu'on le leurre.

Quand il rompra, le torero donnera une ouverture large qui lui permette de se dégager sans rupture de rythme. Il évitera ainsi toute passe brusque, violente, qui oblige l'animal à se retourner brutalement en lui imposant une torsion à la colonne vertébrale au risque de l'handicaper pour toute la suite de la lidia. Les recortes trop souvent et trop rapidement utilisés sont catastrophiques car le toro en sort éreinté, fragilisé et inquiet. Il se confiera moins car, meurtri et violenté, il aura compris que le leurre ne lui procure pas le bien-être auquel il croyait accéder.

Les recortes, s'ils peuvent faire illusion car ils sont brillants et plaisent au public qui apprécie ce type d'action, sont souvent néfastes et stoppent net les possibilités de participation du toro à la suite de la lidia, abrégeant considérablement la faena de muleta et par conséquent les chances du torero de triompher. Contrairement à une idée reçue, l'art tauromachique n'est pas à base de violence mais de douceur.

En ce qui concerne les passes de réception, moins elles seront nombreuses, mieux cela vaudra. Un toro sort en piste avec ce que l'on pourrait appeler un « capital-passes » qui est le maximum de passes qu'il pourra accepter à condition qu'il soit bien lidié ; au cas où le torero le châtierait trop violemment, ses possibilités de participation en seraient réduites d'autant. Le meilleur péon de brega ou de confiance est celui qui a le maximum d'efficacité avec le minimum d'interventions, qui calme le toro sans le heurter ou le violenter. Cette première approche terminée, le matador pourra alors s'engager dans des passes esthétiques et brillantes. Si c'est le matador qui est intervenu, il pourra soit commencer la mise en place pour les piques si le toro a nécessité une suite importante de passes de formation, soit des séries de passes plus artistiques. Notons que ce n'est pas une obligation pour le matador d'exécuter des séries de passes avant les piques et qu'il peut réserver ses interventions pour les quites afin de tester les réactions du toro.

Enfin, si le toro paraît présenter de bonnes qualités — charge, rythme, embestida, trajectoire droite et franche —, les toreros n'exécuteront pas les passes d'accueil, mais le matador lui servira immédiatement des séries de véroniques, passe de base, qui allie l'esthétique à l'efficacité. Il aura donc éliminé le travail préparatoire des suertes au cours desquelles le toro ne passe pas parce que le torero se déplace pour rester face à la tête, et il commencera par les passes dans lesquelles le matador est immobile, le toro défilant devant lui.

LA VÉRONIQUE, PASSE PRIMORDIALE

La véronique est la passe de cape la plus importante : elle allie esthétique, maîtrise du geste, domination du toro, en lui imposant une trajectoire et en ne se contentant pas de laisser aller l'animal sur son trajet naturel. À l'origine, le matador se présentait de face au toro avec la cape rigoureusement devant lui. Cette position frontale réduisait considérablement l'amplitude du geste qui consistait simplement à dégager l'animal sur le côté. Des photos anciennes montrent comment le matador rejetait l'animal sans chercher l'esthétique du geste. Puis *Guerrita* est intervenu en recommandant de se fendre sur le côté. Nouvelle évolution jusqu'à nos jours où le matador cite de trois quarts face, pieds séparés (ils peuvent être joints et le corps de profil dans la véronique en parón) pour que la jambe d'appui permette une rotation du corps afin d'accompagner le toro dans une passe plus longue, plus basse, en allongeant bien les bras et obligeant le toro à incurver sa trajectoire en fin de passe, le matador pivotant pour se retrouver en position d'accueil pour la passe suivante. Dans son exécution classique, la véronique est donnée jambe gauche en avant si le toro vient de la droite et afin qu'il embestisse profondément, le matador projette d'abord la cape sous son mufle, pour l'obliger à baisser la tête, puis commence le mouvement des bras qui se continue par le buste, la taille, la jambe. On arrive ainsi à des passes profondes, templées, suaves et d'une grande qualité plastique.

Lors des premières passes, le torero ne devra pas trop contraindre le toro afin qu'il ne se rebiffe pas. Il lui donnera le mouvement dans sa trajectoire, vers le bas et surtout sans faire toucher le leurre, car lorsque le toro touche la cape, il a tendance à relever la tête et il risquerait même d'essayer d'accrocher sur les côtés. En l'incitant à charger tête basse, le matador l'oblige davantage, le toro humilie, s'essouffle plus vite et ralentit sa charge.

Au cours de ces passes, le matador adapte la vitesse de son geste à la rapidité de la charge du toro en gardant la distance minimale mais constante entre la cape et le mufle, incitant ainsi la bête à poursuivre sans donner de coups de tête. Puis, lors des passes suivantes, profitant de l'essoufflement du toro qui, en chargeant tête basse, se trouve en semi-apnée, le matador ralentira la vitesse de son geste tout en lui gardant son amplitude sur le maximum de distance. Il atteindra ainsi à ce qu'on appelle le « temple ». Et enchaînant les passes, il tracera des suites de véroniques suaves et profondes, efficaces et dominatrices, d'une grande beauté gestuelle. Lorsqu'ils assistent à une suite de véroniques, les aficionados doivent apprécier la beauté des passes mais regarder aussi leur exécution, en particulier la position des pieds du matador, qui ne doivent pas reculer pendant la passe. Or certains, juste avant le passage du toro, reculent le pied opposé à la jambe d'appui, donc le corps, en donnant l'impression qu'ils exécutent la passe correctement. En réalité, à chaque passe, ils perdent du terrain et en cèdent au toro qui, progressivement, prend de l'ascendant sur le matador. Esthétiquement, l'exécution paraît correcte, mais cette tricherie donne l'illusion et ne permet aucune domination du matador sur le toro.

L'exécution de la véronique telle que nous la décrivons ne pourra être réalisée qu'avec des toros qui embestissent et chargent droit. Si l'animal s'engouffre violemment, en donnant des coups de tête désordonnés, ralentit sous la cape ou modifie sa trajectoire, le matador sera obligé de réagir pour faire face et ne pourra rester serein. La véronique, passe de base qui permet de régler la charge du toro, d'une très belle facture esthétique, est d'une exécution difficile car elle met en jeu, simultanément, les deux bras, le buste et les jambes, ce qui nécessite une grande coordination. Pratiquée avec un toro vif, le matador pourra enchaîner plusieurs véroniques sans que le toro rechigne. Avec un toro piqué, il conviendra de ne pas aller au-delà d'une suite de trois ou quatre passes, afin que l'animal n'en sorte pas fatigué.

Lors de cette première séquence, matador et toro vont se livrer à un affrontement non seulement physique mais psychologique, qui va conditionner toute la suite de la lidia. Si le toro sent le matador hésitant, inquiet, qu'il recule lors de la charge, il prendra rapidement de l'ascendant sur lui. À l'inverse, si l'homme s'engage, affirme sa présence par le geste et la voix, il s'imposera à l'animal.

Les toreros avouent que lorsque les toros les regardent, ils peuvent ressentir une grande partie de leurs intentions et deviner leur caractère. Contrairement à une opinion répandue, les toreros ne regardent pas les pointes des cornes des toros mais leurs yeux. Car c'est dans le regard qu'ils comprennent leurs intentions. Un toro qui fixe uniquement le leurre indique clairement des charges droites. Un toro qui observe l'homme puis le leurre, revient sur l'homme et ne regarde le leurre que lors du toque, montre qu'il sait où est sa cible et il faudra se méfier. Si le toro quitte des yeux le leurre pour regarder ailleurs, s'intéresser aux gradins, marquant son désintérêt et son incertitude, et si le matador le cite sans avoir au préalable fixé son attention, il risque l'accrochage. Ces quelques exemples indiquent l'importance du regard du toro pour le matador, qui doit tenir compte de tous les indicateurs qu'il peut y déceler.

Pour terminer une série de véroniques, le matador utilise généralement la demie véronique, qui est le remate le plus courant car, commençant exactement comme la véronique, la passe se termine à mi-parcours, lorsque le matador replie sa cape contre sa hanche (au lieu de l'ouvrir pour donner la sortie), en la gardant à mi-hauteur, bien en évidence sous le regard du toro pour maintenir son attention. Ce repliement impose une trajectoire courte et contraignante au toro. Pour s'y soumettre, il est obligé à une torsion générale de la colonne vertébrale qui le fixe près du matador. La véronique peut s'exécuter un genou à terre, celui de la sortie du toro, pour permettre un meilleur dégagement des bras. Ces passes éminemment plastiques dénotent l'intention, chez le torero, de bien maîtriser les séquences à venir, car elle a beaucoup d'influence sur le toro.

Certains matadors réalisent des séries de véroniques deux genoux à terre, ce qui nécessite une grande maîtrise du geste de déploiement des bras. La demie véronique à genoux se fait les deux genoux au sol et surprend par sa hardiesse et sa puissance : au moment de la charge, le matador s'agenouille et l'exécute.

LES VARIANTES DE LA VÉRONIQUE

• Le *farol* commence comme la véronique et se termine par un jeté de la cape au-dessus de la tête, qui entraîne le toro. Le matador se retrouve alors en situation d'enchaîner d'autres passes. On appelle donc *afarolada* toute passe de cape ou de muleta au cours de laquelle le matador fait passer le leurre au-dessus de sa tête.

• La *navarra*, passe très ancienne, est aussi une variante de la véronique : le torero se place face au toro et au moment où la bête embestit, il pivote en sens contraire de la direction du toro pour être prêt à l'accueillir pour une autre passe.

• La *chicuelina* est une libre variante de la navarra qui date des années 1920 quand elle fut mise en vogue par le matador *Chicuelo* qui l'a empruntée au torero comique *Llapisera* et qu'il améliora. Les manières de l'exécuter varient selon les époques et les toreros. Le torero cite l'animal de face, cape tenue devant la poitrine, à mi-hauteur et, au moment de l'embestida, il marque la sortie par un des deux côtés en abaissant la cape par un mouvement du poignet, tandis que l'autre main reste en place et lors du passage du toro, il pivote en sens contraire de la trajectoire afin de faire face à nouveau. Très couramment utilisée, la chicuelina peut être exécutée rapidement ou lentement. Elle est particulièrement esthétique lorsque le matador reste immobile, mains basses, et tourne lentement. Lors de la mise en suerte pour les piques, le matador peut aussi donner des suites de chicuelinas enchaînées, en marchant et sans rupture de rythme. Il s'agit alors de ce que l'on qualifie de *galleo*.

• La passe de *frente por atrás* est semblable à la véronique, mais la cape reste dans le dos du matador qui se présente donc devant le leurre et fait passer la bête d'un mouvement du bras, tandis que le second s'appuie sur la taille. Il peut aussi la faire passer d'une main à l'autre dans un mouvement spiralaire continu et très esthétique dans la *gaonera*. On ne doit pas la confondre avec la passe de *frente por detrás* dans laquelle le torero, dos tourné au toro, lui présente la cape déployée en la tenant derrière son dos et, lorsque le toro charge, pivote d'un quart de tour pour éviter la corne.

• Les *galleos* sont des passes faites en marchant, ou même en courant, car le toro ne passe pas, c'est le torero qui se déplace. On les utilise beaucoup pour mettre le toro en place face au cheval lors du tercio de piques. Mais elles peuvent aussi être utilisées comme remate pour clore une série de passes. Ces remates apportent souvent un point final brillant et chatoyant à des séries de véroniques par exemple. Les matadors emploient souvent à cet effet la *revolera* et la *serpentina*. La première est une larga dans laquelle la cape, totalement déployée, fait un tour complet autour du torero et passe d'une main à l'autre, comme une corolle dans le plan horizontal, le toro tournant autour du matador. Dans la *serpentina*, le matador commence par une revolera sur le plan horizontal et enchaîne immédiatement par une autre sur le plan vertical, ce qui est d'un effet très esthétique.

Toutes ces passes peuvent se suivre et s'enchaîner à condition que le toro ait suffisamment de noblesse et de force pour que ces enchaînements soient élégants. Ils mettent par ailleurs beaucoup d'alegría dans le tercio et sont appréciés du public. Si le torero est capable de les exécuter sans se déplacer, en utilisant uniquement le mouvement des bras, elles prennent encore plus de relief.

Les passes de cape peuvent donc se catégoriser de la manière suivante :

• *Passes exécutées sans que le toro passe :*

en se déplaçant : abanicar – mariposa – capotazo – chicuelina ;

les largas : dans la trajectoire naturelle, sortie donnée par le haut ou par le bas dans des trajectoires changées par le haut (afarolada) ou par le bas ou à mi-hauteur (revolera) ;

les recortes ;

les galleos.

• *Passes exécutées en faisant passer le toro :*

véroniques : de face (à l'ancienne) – compas ouvert – pieds joints – à genoux ;

navarra – tijera – aragonesa – farol – gaonera ;

demie véronique : compas ouvert – pieds joints – à genoux.

LA PIQUE

Lorsque le toro est fixé, les picadors entrent en piste montés sur leurs chevaux caparaçonnés, tenant en main la pique qui va leur servir à le châtier afin de le rendre apte à participer correctement à la faena de muleta.

RÔLE DE LA PIQUE

La pique a deux buts précis : diminuer la violence et l'impétuosité de la charge du toro de telle manière que le matador puisse exécuter une faena telle que la pratique en est courante aujourd'hui ; vérifier son comportement et en particulier sa bravoure qui est une des trois qualités majeures que l'on recherche chez le toro de combat.

L'importance de la pique s'est considérablement modifiée avec les décennies. Dans la corrida des origines, le tercio de piques était le plus attendu de toute la lidia, suivi par l'estocade, la faena étant réduite à quelques passes de mise en place du toro. Après avoir participé aux jeux de l'arène, la noblesse les a dédaignés, sous la pression de Philippe V de Bourbon. Les cavaliers habitués au campo et au maniement des bêtes vont les remplacer progressivement parce que les péons sont encore réduits aux rôles d'intervenants en cas d'extrême nécessité. Ces chulos commenceront ensuite à faire des figures de fantaisie avec les capes puis avec les banderilles. Mais pour l'instant, ces cavaliers affrontent avec leurs chevaux les toros qui sortent en piste. Ce sera le début de la prééminence du picador. Plus tard, à l'exemple de Séville, c'est la direction de la plaza qui fournira les chevaux et permettra à des hommes sans moyens financiers mais capables d'accéder à la profession de picador. Lorsque Francisco Montes *Paquiro* décide d'organiser le spectacle, les matadors vont prendre le devant de la scène, le picador étant obligé de partager la gloire avec le matador qui jusqu'alors était à son service pour achever les toros. Puis les toreros vedettes imposent leur volonté : ils donnent des ordres au picador qui doit exécuter la pique comme son matador le lui demande. Tant que le cheval n'est pas protégé, le picador est encore un des maîtres de l'arène, car la pratique des piques est fort dangereuse. Mais le peto faisant son apparition et le cheval devenant un professionnel de la piste, le picador court moins de risques et il ne gardera de sa splendeur passée que le droit de porter un costume brodé d'or, comme le matador.

Actuellement, le tercio de piques a été énormément dévalorisé parce que généralement les picadors pratiquent la carioca et invalident le toro qui sort des rencontres épuisé ou handicapé, alors que la pique devrait mettre en valeur sa bravoure. Le tercio de piques, lorsqu'il est bien pratiqué, est un moment magnifique qui montre le toro chargeant de loin, tête haute, poussant sous le fer et revenant ensuite avec la même constance.

La plupart des aficionados ne prennent pas en compte le jeu du cheval dans ce tercio. Pourtant la monture du picador a un rôle d'une extrême importance. Trop souvent on voit sortir en piste des groupes équestres trop lourds, trop imposants, contre lesquels un toro brave (et plus il est brave, plus il se livrera et se fatiguera) ne peut que sortir très amoindri. Le cheval connaît bien son métier et le pratique avec compétence, sachant résister à la charge en se laissant porter, ce qui épuise le toro. Cette utilisation de chevaux trop imposants, si elle a rendu les chutes plus rares, a totalement changé le déroulement de ce tercio qui se réduit souvent à une seule rencontre au cours de laquelle le picador saigne le toro, lui interdit la sortie par la carioca, le garde longtemps en « pompant » avec la pique pour élargir le trou de la blessure : il en résulte un toro exsangue qui se traîne tout le reste de la lidia. On ne peut certes pas revenir aux combats sanguinaires de jadis, mais des groupes équestres plus légers, plus maniables, ne restant pas statiques, donneraient plus de vivacité et d'attrait au tercio, qui retrouverait son intérêt et permettrait au toro de montrer ses qualités foncières.

Les toros d'aujourd'hui n'ont rien à voir avec ceux de jadis. Beaucoup plus braves et nobles, ils restent dans le caparaçon en poussant, tant qu'on ne les en sort pas, et parfois il faut le faire en insistant... alors que ceux de la fin du XIXe siècle et du début du XXe étaient des mansos, attaquaient violemment et fuyaient immédiatement, sauf exception. C'est pour cela qu'on comptabilisait des cinq, six ou dix piques et quelques chevaux tués. Il est certain que si les chevaux actuels n'étaient pas protégés, aucun d'entre eux ne survivrait à un toro, et il faut bien prendre conscience qu'une pique de nos jours équivaut à trois ou plus de jadis... quoi qu'en disent les nostalgiques des corridas d'antan.

La pique a aussi évolué considérablement depuis les origines. Au début du XVIIIe siècle, comme il n'y avait aucun arrêtoir après le fer, il arrivait que cette pique s'enfonce si profondément que le toro tombait immédiatement mort, transpercé. Quand le matador prit de l'importance, il fallut imaginer des précautions pour que le toro puisse participer à la faena et on mit en place des protections. D'abord une pelote de ficelle entourée et fixée autour de la hampe qu'on appelait le « citron » à cause de sa forme. Mais souvent cette pelote se détachait ou le picador en remuant la pique enfonçait tout de même le fer profondément. On remplaça la pelote par une rondelle métallique. L'idée était séduisante, mais là encore les picadors trouvèrent le moyen de pénétrer en profondeur : par un mouvement tournant, en « vrillant », ils arrivaient à leurs fins. On abandonna la rondelle pour la remplacer par une barrette, un croisillon qui constitue l'arrêtoir actuel. Là encore, les picadors ont trouvé le moyen de rendre la pique plus « efficace » : ils donnent des mouvements verticaux, ils « pompent » dans le premier trou et de temps en temps, sous prétexte de reprendre appui, ils exécutent des mouvements circulaires autour de la barrette avec la pique ce qui permet d'agrandir la blessure au maximum.

Donnée pour amener l'animal à un stade précis : permettre la faena, la pique ne devrait pas mettre le toro hors d'état de combattre. Malheureusement, on constate que trop souvent, après la pique qui s'éternise, le toro ne peut plus charger.

Où doit-on placer la pique ? Certains prétendent encore : dans le morillo, cette énorme masse musculaire. Or, il impossible de piquer à cet endroit, la pique ne pénétrerait pas et son effet serait inexistant. L'emplacement idéal et recommandé est situé juste à l'arrière de ce morillo, à la jonction avec le garrot. En sectionnant une partie des ligaments, le toro pourra baisser davantage la tête pour humilier et suivre la muleta. Mais il ne faut jamais piquer davantage en arrière, car la colonne vertébrale peut être touchée, ni au niveau de l'épaule ce qui entraînerait une boiterie importante et un excessif ralentissement de l'animal.

Combien de piques ? Tout est fonction de la force du toro, de sa corpulence, de la manière dont il charge le groupe équestre et se donne ensuite dans le peto. Le toro doit saigner car cela le décongestionne (il faut savoir que sous l'effet de son agressivité, sa tension sanguine peut aller dans des zones critiques et que cette saignée va réduire cette tension), mais sans toutefois le rendre inapte par une perte de sang trop conséquente. Or, ce sont les toros ayant le plus de qualités qui restent dans le peto et qu'il faut littéralement extraire, ce qui est le rôle des banderilleros sur indication du matador.

Au cours des piques, on juge de la bravoure du toro. Cette bravoure n'est pas révélée au cours de la première rencontre, car l'animal ne connaît pas le châtiment et lorsqu'il se trouve contre le peto, il a envie de pousser pour éloigner cet adversaire. Quand on le cite pour la deuxième rencontre, il se dévoile vraiment, car il sait qu'il va à nouveau être blessé, qu'il lui faudra souffrir davantage et qu'il ne pourra pas renverser le cheval. S'il vient lors d'un troisième cite, son degré de bravoure est fort important.

Dans la corrida ancienne, les piques étaient le moment fort de la corrida et les passes de cape et de muleta ne servaient qu'à déplacer le toro, protéger un torero, éviter les accidents ou cuadrer le toro pour l'estocade. Dans la corrida actuelle, les critères sont bien différents, et les moments qui étaient sans importance sont maintenant ceux qui sont les plus appréciés : passes de cape, mais surtout faena de muleta dans laquelle le matador pourra montrer toutes ses compétences lors de cinquante passes et plus, avec une recherche artistique de plus en plus poussée.

Le tercio de piques est devenu secondaire, et sert seulement à préparer la faena. Peu importent les rappels nostalgiques des passéistes, c'est le matador qui est le maître de la piste. Le public vient pour voir toréer des toros, pas pour les voir réduire. Prolonger inutilement les piques est devenu une faute inexcusable. Si la corrida était un *tentadero*, c'est-à-dire si l'on venait uniquement pour voir un toro affronter le picador puis être retiré du ruedo sans qu'un matador le travaille de muleta et l'estoque, on pourrait pratiquer la pique dans sa totalité. Mais ce n'est plus le cas.

L'évaluation de la bravoure du toro est totalement faussée. Très certainement se juge-t-elle davantage sur les capacités du toro à se donner lors de la faena, à charger et recharger avec constance la muleta, attitude à ne pas confondre avec la noblesse, qui est l'aptitude à suivre les indications du matador avec respect et sans violence.

DÉROULEMENT DU TERCIO

Lors du tercio de piques, le picador se place entre la barricade et la première ligne tracée sur le sable qui matérialise la limite à ne pas dépasser, sauf dans des cas spécifiques tels que la nécessité de piquer un toro fuyard. Le cheval se présente de trois quarts face ou de côté, alors qu'à l'origine il était de face. Le toro est amené au-delà de la deuxième ligne tracée sur le sable et selon la force et la puissance de son attaque, à une distance plus ou moins importante, celle-ci étant réduite s'il ne charge pas convenablement. La distance minimale permettant de se rendre compte si le toro charge étant celle qui sépare les deux traits marqués au sol.

Lorsque le toro s'élance, le picador doit abaisser et avancer la pique vers le toro, placer le fer en l'enfonçant *avant* que le toro touche le caparaçon. Trop souvent, les picadors attendent que le toro ait percuté le peto pour placer le fer de la pique à l'endroit où ils le souhaitent et l'enfoncent ensuite avec difficulté. En effet, il est difficile de le faire avant l'impact, car cela déstabilise l'animal ; aussi, le picador mettra la pique soit à un endroit inadéquat (épaule, colonne vertébrale ou loin en arrière), soit il effleurera seulement l'animal et celui-ci sera mis en difficulté, parfois même désarçonné par le choc.

Lorsqu'une pique est bien exécutée, le picador projette la pique et place le fer qui pénètre avant l'impact, puis il maintient celui-ci sans donner des à-coups pour le faire pénétrer davantage en élargissant la plaie.

Il convient ensuite de doser le châtiment reçu par le toro, car l'effort qu'il produit pour repousser son adversaire l'épuise rapidement, au moins autant que la perte de sang subie. Et plus un toro a des qualités, plus il se livre et se fatigue.

On ne devra pas lui « fermer la sortie » en faisant tourner le cheval de manière qu'il se place entre le toro et le centre de la piste. Cette manœuvre appelée carioca qui, à l'origine, était un recours pour arriver à piquer des toros fuyards, est maintenant devenue pratique courante et les picadors la font spontanément de manière à maintenir le toro prisonnier et pouvoir le châtier tout à leur aise. Il en résulte que les toros qui sont braves sortent épuisés de telles rencontres, que si l'animal était faible, il va s'affaler constamment et ne pourra plus répondre aux sollicitations des maestros. En revanche, un châtiment ajusté à la puissance de l'animal l'aurait respecté, lui aurait permis de s'exprimer et les piques auraient retrouvé leur signification.

Un toro brave charge de loin, avec constance et détermination, d'un élan régulier et sans hésitation, plaçant la tête dans le bas du peto, sans la bouger, sans essayer d'écarter la pique, en poussant contre le cheval à l'aide de ses reins, arrivant même à le soulever ou le déplacer s'il a suffisamment de force, en essayant de le faire chuter. Une pique exécutée avec respect met ainsi bien en valeur les qualités du toro et c'est un affrontement digne et respectable.

Trop souvent, le picador, lorsqu'il est remonté sur le cheval après une chute, n'a qu'une idée en tête : se venger, massacrer l'importun, et pour cela il va le bloquer en carioca et le saigner au maximum. Une telle attitude, si on peut la comprendre sous le coup de l'émotion, ne se justifie absolument pas et elle est significative des picadors qui ne respectent pas les toros.

Il est parfois difficile pour un picador de maintenir sa monture. Il lui faut pour cela être bon cavalier, ce qui n'est pas toujours le cas, la plupart des piqueros actuels se contentant de se maintenir sur le cheval et n'ayant pas suffisamment de maîtrise pour bien le diriger. Quand le picador est aussi un bon cavalier, il saura comment réagir selon les circonstances, ce qui lui permet bien souvent d'éviter la chute en dirigeant correctement son cheval.

La première rencontre avec le cheval n'est pas pour autant significative des qualités du toro. En effet, il charge sans savoir qu'il va être blessé. Il montrera seulement la franchise et la clarté de son élan, sa manière de répondre au cite du picador. S'il reste dans le peto (le picador ne se mettant pas en position de carioca) et pousse régulièrement, il démontre qu'il a un fonds de bravoure.

C'est la deuxième pique qui est significative. Car à ce moment le toro sait ce qui va arriver, qu'il va être à nouveau blessé et qu'il ressentira de la douleur. S'il va au cheval sans hésitation, met bien la tête et pousse régulièrement sans rechigner, il montre qu'il est brave. Aussi est-il nécessaire que la première pique ne s'éternise pas, que le toro n'en sorte pas épuisé si l'on veut connaître son degré de bravoure. Pour cela, les banderilleros doivent rapidement l'enlever du cheval, le replacer à l'extérieur et lui laisser le temps de reprendre son souffle après l'effort important qu'il a fourni.

On voit des toros s'affaler en sortant du peto. Cela peut être un signe de faiblesse mais s'il s'est livré totalement, cette chute est aussi signe d'une fatigue momentanée : on doit lui donner la possibilité de se remettre, soit en le laissant se reposer un moment, soit par un quite léger qui lui maintienne la tête haute. Parce que cela plaît au public, le maestro lui délivre trop souvent des séries de chicuelinas ou autres passes brutales qui sont des recortes, risquant de renforcer cette faiblesse et de masquer les aptitudes réelles du toro.

Et les toros mansos ? Comment se comportent-ils ?

Un toro qui a donné des signes de mansedumbre lors des réceptions avec la cape, qui a refusé les cites, s'est enfui lorsqu'on a essayé de le provoquer, augmentera certainement ces défauts lors des piques. Il se laissera difficilement mettre en place, refusera de charger, s'élancera à l'improviste, chargera tête haute, cognera brutalement sur le peto et lorsqu'il sentira l'impact du fer, bondira, se retournera et s'enfuira. Lors de la deuxième tentative, il se refusera et essayera de s'échapper. Certains attaquent même le cheval très haut, allant jusqu'à tenter d'atteindre le picador, donnant de la corne contre les étriers. Un toro manso peut faire illusion en attaquant très violemment lors de la première pique, en se lançant à l'assaut. Ce choc très brutal peut même entraîner une chute impressionnante, le cavalier n'ayant pas eu la possibilité de réagir convenablement. Mais au moment de la seconde rencontre, il en va tout autrement : le toro n'attaquera pas et cherchera à se dérober.

Dans le cas d'un toro particulièrement manso, appelé *manso perdido*, on le verra courir dans toute la piste, attaquer violemment pour chasser les obstacles de son chemin, afin d'aller se réfugier dans sa querencia d'où il faudra le sortir. Dans ce cas, il est normal que si le picador peut arriver à le garder en pratiquant la carioca, il le fasse. De même qu'il sera normal qu'il franchisse allègrement la ligne tracée au sol pour aller le chercher dans son territoire, malgré les violentes protestations des spectateurs qui s'en tiennent à la stricte application du règlement sans se rendre compte, par manque de connaissances, de la dangerosité de cette bête encore entière, rapide et agressive.

Souvent, le président, pour arrêter les clameurs de protestations du public, sort le mouchoir vert et ordonne le changement de ce type de toro, ce qui n'est pas réglementaire car un manso peut être lidié, et bien souvent des toreros, après l'avoir calmé et lui avoir donné confiance, ont grâce à lui obtenu des trophées. Ou il sort le mouchoir rouge pour arrêter le tercio et ordonner la pose des banderilles noires, marque de déshonneur pour le ganadero. En oubliant trop rapidement le danger encouru par les hommes en piste qui devront aller les placer à la pointe des cornes et seront poursuivis par un animal très rapide et vindicatif. La faena de muleta sera amputée parce que le maestro ne pourra calmer et maîtriser le toro, devant se contenter de le retenir pour essayer de lui servir quelques passes avant de placer l'estocade. Voir combattre un manso est toujours intéressant pour l'aficionado car ce type de comportement, s'il est maintenant de plus en plus rare, était commun au temps jadis et il permet de mieux comprendre comment se déroulait la corrida d'antan : prédominance des piques, nombreuses chutes des chevaux et blessures consécutives, mise en place rapide du toro pour l'estocade.

Il faut parfois se méfier du comportement premier d'un toro : dans bien des cas, contrairement à ce qu'on pouvait prévoir, le toro qui paraissait manso se révèle ensuite n'avoir été que craintif et se livre totalement, améliorant au fur et à mesure ses prestations et se révélant ensuite en allant *a más*, en s'améliorant. D'autres qui laissaient prévoir de bonnes réactions se dégradent très rapidement, participent de moins en moins et vont *a menos*. Un toro qui attaque la première fois avec une grande violence peut faire illusion et ne révélera pas une grande bravoure, courant ensuite dans toutes les directions pour échapper aux toreros qui l'assaillent. Certains qui avaient bien combattu lors des cites de cape et au cours des piques peuvent totalement se modifier au cours des banderilles et plus encore au moment de la faena de muleta pour devenir avisés, dangereux et parfois même toros assassins. Quand un toro est foncièrement brave, il le démontre avec constance, tandis qu'un toro fuyard ne fera qu'illusion mais pourra, si le maestro sait trouver la lidia qui lui convient et lui donner confiance, se révéler lors de la faena de muleta.

Actuellement, la plupart des toros ont un fonds de bravoure et de noblesse que ne possédaient pas les toros d'antan. Mais cette recherche effectuée par les ganaderos pour satisfaire les demandes du public et des maestros entraîne une faiblesse généralisée qui nécessite de réduire le tercio des piques afin d'économiser les forces du toro pour que le matador puisse lui servir les cinquante passes attendues. C'est peut-être bien dommage, mais c'est ainsi : on ne peut avoir des toros qui résistent à la pique et donnent ensuite une longue faena de muleta. La corrida actuelle donne la prédominance au toreo au détriment de la lidia.

Au fil des décennies, on a assisté à la décadence du tercio de piques au profit de la faena de muleta. Cette décadence a commencé il y a quelque deux cents ans, quand le torero à pied a progressivement éliminé le picador à son profit en le mettant à ses ordres. Quand Philippe V de Bourbon, qui n'apprécie pas la corrida, accède au trône d'Espagne, les nobles ne descendent plus dans l'arène. Ils cèdent la place à d'autres cavaliers, moins fortunés mais tout aussi courageux et qui n'ont plus que leur honneur comme titre de gloire et de richesse, les *hidalgos,* dont beaucoup ont conquis les vastes territoires amérindiens avec Cortés, Pizarro et quelques autres.

« Hidalgo » est la contraction de *hijo de algo* : fils de quelque chose. Des hommes qui placent leur honneur au-dessus de tout et qui n'hésitent pas à risquer leur vie, si nécessaire à la perdre, car ils affichent un souverain mépris du danger et de la mort. Ils se sont battus avec gloire sur de nombreux terrains sans pour cela en revenir fortunés. Cette petite noblesse est la cible des quolibets de la noblesse de cour, ainsi que des railleries des bourgeois fortunés quand ce n'est pas celles du peuple qui lui reproche ses prétentions dont elle n'a pas les moyens financiers. L'hidalgo, ce noble de modeste origine, fier et en quête de considération, sait manier le cheval et la lance. Il est rompu aux exercices équestres, il connaît la vie du campo, il sait diriger et combattre les toros dont beaucoup s'occupent dans les élevages de leurs suzerains. Mais il ne lui était pas permis, malgré ses compétences, d'affronter plus grand que lui.

La haute noblesse se désintéressant des jeux de l'arène, ce sont eux qui vont à leur tour l'investir. Car ils ont la pratique du maniement des armes et des chevaux. Ils combattent d'abord à la manière des Grands, en utilisant des rejones dans un combat en mouvement. Puis ils utilisent la garrocha du campo en la rendant plus efficace par un fer plus important, en réduisant rapidement sa longueur pour qu'elle soit plus maniable. Cette arme ne permettant plus les déplacements, le cavalier est donc contraint de rester immobile à attendre la charge du toro. Ce qui ne va pas sans inconvénients : les risques de blessures sont accrus et très souvent les chevaux sont tués dans la rencontre ce qui nécessite d'en avoir à disposition et, même s'ils ne sont pas chers, oblige à un engagement de dépenses important qui obère les salaires perçus. Jusqu'au jour où les plazas décident de procurer les chevaux aux picadors engagés au lieu que ce soit eux qui les fournissent. L'accès à la profession se démocratise et des hommes issus du peuple peuvent maintenant se lancer dans l'aventure.

L'Histoire a conservé les noms de quelques-uns de ces picadors andalous. Parmi eux, les frères Merchante, nés dans le village de Medina-Sidonia, province de Cadix. Andrés, Juan et Pedro furent tous trois des gloires reconnues à leur époque. Juan, le cadet, pratiqua durant cinquante-huit ans, de 1731 à 1789 à Séville en particulier, et le plus jeune, Pedro, était connu pour son extrême habileté. Mais c'est José Daza, né à Manzanilla, province de Huelva et dont on ignore le date de naissance, qui marqua le plus son temps et la pratique de la pique. Très jeune, il vit au campo, participe aux activités, s'initie à la tauromachie à pied et même à cheval. Juan Merchante le remarque lors d'une tienta qui se déroule à Coto de Oñana, chez le duc de Medina-Sidonia, et José Daza devient son élève. Très doué, il devient rapidement un remarquable picador qui attire l'attention et le respect des ganaderos qu'il fréquente assidûment. La tauromachie à pied commence à s'imposer et il est normal que les nobles-éleveurs souhaitent que leurs bêtes soient combattues par les meilleurs matadors. José Daza, qui fréquente aussi les abattoirs de Séville où viennent se former et s'entraîner les toreros, conseille donc les éleveurs. Il est ainsi le lien entre les toreros, tous des hommes venus du peuple qui vont progressivement être appréciés et recherchés par la noblesse terrienne qui élève les toros de combat, et ceux qui organisent les courses de toros : le premier apoderado, si l'on peut se permettre cette qualification.

La réputation de José Daza est très importante, comme picador mais aussi comme conseiller technique. N'est-ce pas lui qui a inventé la *maroma*, ce câble tendu devant le premier rang des spectateurs afin d'éviter qu'ils ne soient blessés par le saut d'un toro vers les gradins, ce qui était fréquent à l'époque ? Il est l'auteur d'un traité imposant : *Precisos manejos y progresos condonados en dos tomos. Del más forzoso peculiar del Arte de la Agricultura que lo es del Toreo*, en 1778. C'est aussi un homme ayant le sens de la hiérarchie : le matador étant en ce temps le subalterne du picador, José Daza appelle respectueusement son collègue picador « don » Merchante mais se contente d'*el Cándido* pour désigner un des matadors les plus réputés du moment.

Puis, avec Francisco Montes *Paquiro* (maestro originaire de Chiclana qui atteint à la célébrité dès 1830 et fait paraître un *Traité de tauromachie* en 1836, initiateur des règles fondamentales du déroulement de la corrida et des règles de base de l'art de toréer), le matador prend une importance primordiale : dans la corrida telle qu'il la structure, le picador est au service du maestro pour qui les spectateurs aficionados se passionnent. Les picadors attendent la sortie du toro en piste, montés sur des chevaux souvent fragiles et non protégés, cible de toros violents qui les assaillent et les renversent. Leur courage n'est nullement remis en cause, mais le jeu diversifié des maestros à pied commence à davantage passionner les foules.

Pendant un temps, Francisco Sevilla *Troni* redonne au picador sa gloire passée et concurrence les hommes à pied. Théophile Gautier le décrit comme « un homme de trente ans environ, de grande mine et de grande tournure, robuste comme un hercule », dont les exploits passionnent les foules. Il n'hésite pas à affronter les bêtes les plus dangereuses mais il meurt jeune, à seulement trente-deux ans. C'est le dernier des centaures qui disparaît. Montes et ses pairs deviennent les maîtres des ruedos. En 1847, les arènes de Málaga adoptent un règlement taurin directement inspiré du traité de Montes. Le picador y est devenu un subalterne qui n'est plus propriétaire de ses chevaux, au service du matador, chef incontesté de l'arène. Chaque plaza engage son fournisseur de chevaux, ce qui permet aux hommes du peuple tentés par l'aventure de devenir picador. La noblesse a définitivement perdu ce dernier privilège.

Nous ne reviendrons pas sur le triste sort des chevaux dans le ruedo, traité dans les entrées « Cheval de corrida » et « Pique : le tercio de piques avant l'utilisation du caparaçon » dans la partie Dictionnaire.

Les picadors n'ont plus leur nom en évidence sur les cartels. Ce sont les matadors qui les ont remplacés et certaines ganaderias que l'on court voir combattre.

Et puis *Guerrita* vint. Maître incontesté des ruedos, il impose au picador de recevoir le toro par le côté. Cela n'améliore pas le sort des chevaux, mais le toro reste davantage au contact et le picador peut œuvrer plus efficacement. Les toros sont alors âgés d'au moins cinq ans (et n'ont nullement l'allure de ceux d'aujourd'hui, les photos en témoignent), violents et comprenant rapidement, ce qui ne permet pas des faenas importantes. Belmonte, le révolutionnaire, afin de pouvoir davantage toréer immobile et plus longtemps, arrive à faire admettre le toro de quatre ans qui permet au torero de mieux se confier. En 1928, le caparaçon est imposé. Encore sommaire, il protège tout de même les chevaux et la corrida devient moins sanguinaire, plus esthétique. Le cheval, jusqu'alors victime transpercée par les cornes, n'est plus atteint et peut résister. Le picador peut mieux ajuster sa pique, son châtiment devient plus sévère, plus long et le toro sort davantage affaibli de l'épreuve. Par conséquent, le nombre de passes de cape pour placer l'animal ou faire les quites est diminué, le toro apprend moins et il perd de sa violence, permettant ainsi au matador de construire des enchaînements de plusieurs passes, ce qui était impossible auparavant. Le tercio de piques, qui était le plus important, est devenu secondaire, remplacé par la faena de muleta qui met en valeur le savoir-faire du torero.

Le picador est définitivement devenu un subalterne, même s'il garde de sa splendeur passée le droit de porter un costume brodé d'or. Une nouvelle corrida est née qui a davantage l'agrément du public car plus brillante et moins sanguinaire.

La pique est le seul acte de la corrida dans lequel le toro de combat montre sa qualité primordiale, la bravoure, même si celle-ci se révèle de manière différente lors des charges continues du troisième tercio. Les aficionados doivent comprendre que la revalorisation du tercio de piques est nécessaire si l'on veut que la corrida garde son éthique, donc agir pour que des mesures soient prises en ce sens : diminution du poids des groupes équestres trop souvent excessifs, modification de la pique pour empêcher le « pompage » et le vrillage qui saignent trop le toro, durée des rencontres réduites afin que deux sinon trois soient possibles compte tenu des possibilités du bétail, interdiction réelle de la carioca, sauf pour des toros réellement mansos, renforcement des pouvoirs des présidences pour faire appliquer règlement et sanctions aux picadors qui, aux ordres de leurs maestros, ne le respectent pas.

LES QUITES

Pendant le tercio de piques, les toreros exécutent les mises en suertes et les quites, c'est-à-dire qu'ils placent puis enlèvent le toro au cours des rencontres. C'est le matador qui doit mettre en suerte son toro ou le faire placer par son banderillero pour la première rencontre. Lorsque la première pique a été donnée, le banderillero sortira le toro en attirant son attention avec la cape, sans le laisser s'épuiser en poussant sur le peto car ce sont autant de passes de muleta qui sont perdues. Après la première pique, le matador teste l'état de son adversaire en lui donnant une ou plusieurs passes avec la cape. Ces passes peuvent être simples en aidant le toro à se remettre, en le soulevant pour qu'il s'oxygène, ou des enchaînements brillants de chicuelinas, revoleras ou autres passes de fantaisies exceptionnelles dont sont capables certains maestros tels que *Joselito* et *el Juli*.

Après la deuxième rencontre, c'est le matador qui suit en ancienneté d'alternative qui ira au quite. Ce qui peut engager des « compétitions » entre les deux toreros, à qui fera les passes les plus brillantes et les mieux enchaînées.

L'ordre des quites se fera donc de la manière suivante si l'on prend comme exemple le cartel composé par les matadors Antonio, Bernardo et Curro :

• *Premier toro*, du matador Antonio : après la première pique, matador Antonio ; après la deuxième pique, matador Bernardo ; après la troisième pique, matador Curro.

• *Deuxième toro*, du matador Bernardo : après la première pique, matador Bernardo ; après la deuxième pique, matador Curro ; après la troisième pique, matador Antonio.

• *Troisième toro*, du matador Curro : après la première pique, matador Curro ; après la deuxième pique, matador Antonio ; après la troisième pique, matador Bernardo.

Le cycle recommence avec les trois toros suivants.

À l'origine, le quite était un recours, une intervention de protection des picadors désarçonnés. Au moment de la pique, deux sinon trois toreros étaient prêts à intervenir et sitôt le toro au contact du cheval, ils se précipitaient pour l'attirer et éviter ainsi la blessure du cheval et la chute du picador. Si malgré cette intervention le cheval était encorné, si le toro ne suivait pas les capes et qu'il y ait chute, les toreros avaient pour rôle de sortir le picador de cette mauvaise posture. Une fois le toro éloigné et pour le maintenir à distance, pendant que les hommes de piste dégageaient le picador et sortaient le cheval si cela était possible ou le recouvraient d'une bâche s'il était mort, le maestro pouvait donner des passes telles que des véroniques ou amener le toro vers le second picador.

Lorsque le caparaçon a protégé le groupe équestre, les chutes ont été moins nombreuses et les piques plus harassantes pour le toro. Il fallut juger son état physique. Les quites trouvèrent donc un nouveau but et permirent aux matadors de montrer leurs capacités à exécuter des séries diversifiées et souvent artistiques. Il est compréhensible que, le nombre des piques étant maintenant singulièrement réduit, les quites se soient amenuisés. Et c'est souvent le matador qui combat le toro en piste, qui est le seul à l'exécuter quand il ne laisse pas le banderillero sortir le toro, préférant garder le maximum de son « capital-passes » pour la faena à venir.

Cette pratique ancienne, si elle permet parfois d'assister à une compétition entre maestros, a des effets pervers car, si le toro est bon, craignant qu'il soit abîmé volontairement ou involontairement par un camarade de cartel, beaucoup de matadors font donner une monopique et abrègent ainsi le tercio. On a vu des animosités entre toreros s'actualiser en piste et Manuel Benítez *el Cordobés* échangea un jour quelques horions avec *Paco Camino*, à qui il reprochait de lui avoir « cassé » son toro lors du quite qu'il venait d'effectuer. Si le toro est dangereux ou sans intérêt, on remarquera que les maestros ne se précipitent pas pour effectuer des quites dont ils ne retireraient aucun profit. Il serait donc beaucoup plus logique que seul le matador qui est en charge du toro en ait la totale responsabilité, ce qui éviterait des conflits et lui permettrait de le lidier selon ses intentions et en fonction de ses compétences. Les aficionados pourraient alors mieux juger de ses capacités de lidiador, car aucune autre intervention notable n'aurait modifié le comportement de l'animal.

Avant l'adoption du caparaçon, le picador devait châtier le toro mais aussi se protéger et éviter la chute. Avec son apparition, toute cette partie de la lidia a été profondément modifiée : durée des rencontres beaucoup plus importante, tranquillité du picador qui pique en toute impunité sur un cheval qui n'est plus blessé et rarement renversé, épuisement du toro qui n'arrive pas à repousser ou renverser le groupe équestre.

Actuellement, le public n'apprécie généralement pas les piques et beaucoup de spectateurs souhaiteraient même leur disparition. Les picadors donnent souvent une première pique forte et lourde qui équivaut à plusieurs, de façon à ne pas être obligés de piquer à nouveau. Le règlement taurin prescrivant explicitement « deux rencontres », certaines présidences exigent celles-ci sans prendre en compte l'état du toro, même si la première rencontre a été lourde. On ramène alors le toro qui bute dans le peto et même si le matador avait demandé le changement de tercio, le picador met du fer, malgré lui. Résultat : un toro épuisé, impropre à la lidia.

Nous invitons le lecteur à se reporter aux notices : « Pique » et « Piquer » dans la partie Dictionnaire de cet ouvrage, dans lesquelles ils trouveront des informations complémentaires importantes en particulier sur la technique pour piquer.

LES BANDERILLES

Les banderilles sont fort anciennes et furent utilisées dès l'origine de la corrida à pied. Simple bâton muni d'une pointe puis d'un dard afin qu'il reste accroché et que l'on puisse voir l'endroit exact de la pose, progressivement orné de tissus, de rubans ou de papiers de diverses couleurs pour l'enjoliver et faire en sorte qu'il soit reconnaissable, le harpon devient progressivement banderille. Le torero les pose l'une après l'autre, en tenant dans une main une cape pour donner lui-même la sortie au toro et faire ainsi le quite, dans l'autre la banderille qu'il pique au passage de l'animal.

Au début, peu importe où et comment on les pose. Il suffit qu'elles restent accrochées. Puis, stimulés par la compétition, les toreros affineront leurs gestes, chercheront à faire mieux que leurs compagnons, essaieront de grouper leurs banderilles sur le garrot du toro, puis commenceront la pose au razet, en courant et en plaçant le dard au passage devant les cornes, d'abord à une main parce que le mouvement est plus facile et ne nécessite pas de marquer un temps d'arrêt ni de faire face au toro, ensuite à deux mains en posant chaque fois une paire de bâtonnets.

Au début du XVIIIe siècle, le maniement de la muleta n'en étant qu'à ses balbutiements, le tercio des banderilles, après celui des piques, avait une grande importance. Les participants avaient à cœur de montrer leurs compétences en variant les manières de poser les dards. C'est de cette époque que datent les diverses façons de pratiquer la suerte, depuis le classique cuarteo jusqu'aux essais de quiebro. Puis, progressivement, le matador prend de l'importance et délègue la pose des harpons à ses subalternes qui deviendront des spécialistes, les banderilleros.

Le « bon » banderillero est celui qui pose rapidement et efficacement, sans fioriture et avec décision, en ne demandant pas à son camarade de cuadrilla de donner de multiples capotazes pour lui placer le toro, car ce seraient autant de passes de muleta soustraites à la faena. Il doit passer inaperçu, ne pas attirer les sarcasmes du public et ne pas briller, ce qui risquerait de ternir l'image de son maestro. D'ailleurs, quand un banderillero a exécuté une pose particulièrement réussie et que le public l'applaudit, il sollicite de son maestro l'autorisation de saluer, montrant ainsi son sens de la hiérarchie. Plus que cette compétence dans la pose des bâtonnets, le matador demande à son banderillero, qui est aussi un lidiador, de savoir déplacer le toro et le mettre en suerte avec le minimum de passes de cape, sans le heurter ni l'abîmer. Pendant que ses banderilleros procéderont à la pose des banderilles, le matador observera les réactions comportementales du toro au sortir des piques car il est logique qu'elles se soient modifiées après l'épreuve.

LES PRINCIPES DE LA POSE

Le président a sorti le mouchoir, les clarines ont sonné pour signifier le changement de tercio. Les picadors sortent de la piste en empruntant le trajet le plus court et en veillant à ne pas attirer l'attention du toro, ce qui pourrait entraîner une nouvelle charge ou, si le matador exécute un quite, distraire l'animal et mettre le maestro en difficulté. Les banderilleros se mettent en place pour la première pose de banderilles de la corrida.

Reprenons le même cartel théorique de matadors : Antonio, Bernardo et Curro.

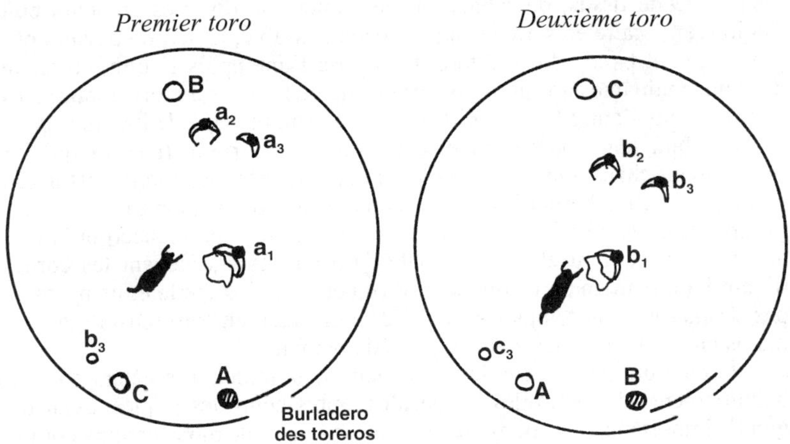

Premier toro :
Matador A avec sa cuadrilla
Le premier banderillero a_1 place le toro
Le deuxième et le troisième banderillero (a_2 et a_3) placent les banderilles.
Le puntillero du matador B (b_3) vient en renfort pour faire le quite après la pose
Au ***quatrième toro*** c'est le banderillero a_2 qui place le toro et a_1 et a_3 qui placent les banderilles.

Deuxième toro :
Matador B avec sa cuadrilla
Le premier banderillero b_1 place le toro
Le deuxième et le troisième banderillero (b_2 et b_3) placent les banderilles.
Le puntillero du matador C (c_3) vient en renfort pour faire le quite après la pose
Au ***cinquième toro*** c'est le banderillero b_2 qui place le toro et b_1 et b_3 qui placent les banderilles.

Troisième toro

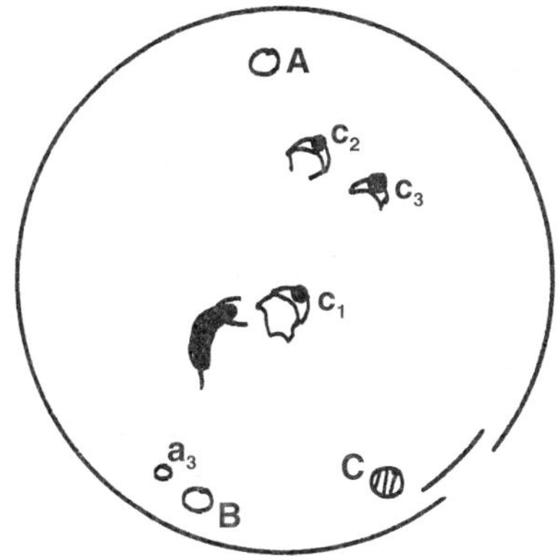

Troisième toro :
Matador C avec sa cuadrilla
Le premier banderillero c_1 place le toro
Le deuxième et le troisième banderillero
(c_2 et c_3) placent les banderilles.
Le puntillero du matador A (a_3) vient
en renfort pour faire le quite après la pose
Au ***sixième toro*** c'est le banderillero c_2
qui place le toro et c_1 et c_3 qui placent
les banderilles.

Pour les toros suivants, le même processus se reproduira, le premier banderillero de la cuadrilla qui avait fait office de lidiador placera les banderilles tandis que le deuxième le remplacera, le puntillero intervenant toujours pour la paire intermédiaire.

Le bon péon de brega est celui qui place le toro avec deux ou trois mouvements de cape maximum, mouvements exécutés avec lenteur, douceur, sans brusquer le toro. Rares sont les banderilleros qui y arrivent avec une seule passe. Si, au contraire, il est obligé de donner trop de passes, ce n'est pas un bon lidiador, sauf si le toro est particulièrement rétif, agité, dangereux et violent.

Certains maestros sont des spécialistes de la pose des banderilles et, à ce titre, bien connus des aficionados. S'ils sont réunis sur la même affiche, ce qui est parfois le cas, on assiste à des tercios brillants car chacun a à cœur de montrer le meilleur de lui-même. Généralement, lors de son premier toro, le matador en fonction propose à ses camarades de partager les banderilles, ce qui donne lieu à des placements variés. Puis, lors de son deuxième toro, il pose les trois paires de manière chaque fois différente, terminant souvent par un quiebro.

Il arrive parfois que la pose entraîne des problèmes importants tels que plusieurs passages à faux, nombreuses passes pour arriver à fixer le toro ou que celui-ci coupe excessivement le terrain et mette les banderilleros en grand danger. Si le maestro exécute la suerte, il peut l'interrompre quand il le souhaite. Si ce sont les subalternes, le président peut prendre l'initiative d'arrêter ou de répondre positivement à la demande du matador chargé du toro en piste.

Lors de la pose, les fuseaux doivent être placés sur le garrot de l'animal, deux paires d'un côté et une de l'autre, cette dernière étant généralement le fait du puntillero qui intervient en second. Dans une cuadrilla, il est souhaitable que l'un des trois banderilleros place sur le côté opposé des deux autres afin que le toro ne s'habitue pas à la trajectoire, ce qui pourrait être dangereux et le devient forcément s'ils exécutent plusieurs passages à faux.

L'OBSERVATION DES COMPORTEMENTS DU TORO

Pendant l'exécution du tercio, le matador observera, du burladero, le comportement du toro qui a pu se modifier après les piques. L'animal qui a fourni un important effort de poussée peut reprendre son souffle dans le bref moment où sortent les groupes équestres et entre chaque pose. En courant la tête haute, il reprend confiance et s'oxygène davantage.

On observera la manière dont il attaque l'homme :

s'il regarde le banderillero avec attention ou s'il est distrait, s'intéressant à ce qui se passe en piste ou dans le callejón ;

s'il part au premier cite ou s'il faut le solliciter plusieurs fois ;

s'il attaque de loin ou s'il est nécessaire de s'en approcher pour déclencher la charge ;

s'il vient droit sur lui ou coupe le terrain lors de son anticipation ;

s'il embestit de loin avant la rencontre ou garde la tête haute et la maintient en essayant d'atteindre les bras du banderillero ;

s'il s'élance franchement ou s'il hésite, se refuse, gratte le sol avant la charge puis part brutalement quand le banderillero est en territoire difficile ;

si sa charge est régulière ou s'accélère ;

s'il s'arrête après la pose ou poursuit jusqu'aux planches en essayant même d'accrocher le banderillero qui saute la barricade ;

s'il accepte les harpons ou s'il se contorsionne pour les faire tomber et sort même de la rencontre en sautant et en se débattant.

On a vu des toros dédaigner les appels du deuxième banderillero pour attaquer rapidement et vigoureusement le premier — qui revenait en piste pour préparer la pose de la troisième paire —, car il l'avait reconnu, l'obligeant à une fuite éperdue vers le callejón.

En examinant ces divers comportements et compte tenu de ce qu'il a analysé au cours des séquences précédentes, le matador pourra mieux aborder sa faena de muleta, car le toro aura dévoilé des réactions nouvelles. Il jugera aussi sa puissance, sa rapidité, pourra apprécier son état de récupération, son degré de bravoure et de noblesse, ensemble d'éléments dont il tiendra compte dès le commencement de sa faena.

LES DIVERSES TECHNIQUES DE POSE

Généralement, ce sont les banderilleros qui se chargent de placer les bâtonnets, mais certains maestros particulièrement compétents et ayant de grandes capacités athlétiques posent aussi les banderilles, donnant à ce tercio un lustre brillant tant par la décision et la maîtrise apportées à l'exécution que par la diversité des techniques utilisées, dont certaines sont stupéfiantes. Parmi les grands matadors banderilleros récents, nous citerons *Paquirri*, Carlos *Arruza*, *Morenito de Maracay*, Esplá Luis Francisco, *Nimeño II*, Milian, Mendes, *Montolíu*, Ferrera, *el Soro*. Avec mention particulière pour Esplá et *el Soro* qui ont considérablement innové dans ce tercio, imaginant des figures complexes, des vueltas, des sauts, des poursuites originales, posant dans tous les terrains et donnant le maximum de chance aux toros. Ils sont capables de prendre leur départ de tous les endroits de la piste et de très loin grâce à leur puissance et à leur rapidité de course. Parmi les subalternes, *el Formidable* a été un banderillero d'exception.

Selon l'emplacement de départ du torero et la trajectoire suivie, on qualifiera la pose :

• *Position de départ classique* : toro placé dans le terrain des tercios face au centre piste, torero de l'autre côté :

al cuarteo : technique la plus usitée. Le torero cite de la voix et du geste puis s'élance pour parcourir un arc de cercle qui aboutisse au tercio opposé ; le toro a eu le temps de le voir partir et peut prendre de la vitesse. Quand les deux arrivent à la jonction de leurs trajectoires, le torero lève haut les bras et plante les bâtonnets face au toro, se dégage en s'appuyant sur les bois et s'éloigne. Certains matadors particulièrement sportifs bondissent littéralement lors de cette phase de rencontre et cet envol est particulièrement esthétique. Les plus doués et les plus téméraires ralentissent même leur course avant la rencontre, restent face au toro et placent dans le berceau des cornes en se libérant grâce à l'appui qu'ils prennent sur les banderilles. Mais selon la violence et l'agressivité du toro, le torero modifiera sa trajectoire ou sa manière de poser en simplifiant les divers mouvements. Il est certain qu'avec un toro de Miura on ne pourra pas se laisser aller comme avec un Torrestrella ;

al sesgo : le principe de la course et de la pose est semblable, mais la trajectoire est plus courte, plus tendue, coupant davantage la charge, par mesure de sécurité, avec un toro qui est dangereux ou alourdi et hésitant, qu'on est allé chercher dans sa querencia ;

de poder a poder : c'est la pose la plus difficile car la plus dangereuse, le torero laissant le toro s'élancer avant de commencer sa course, il doit maîtriser parfaitement les trajectoires et les vitesses de déplacement car les deux participants arriveront au maximum de leur course lors de la réunion.

Le matador (car cette manière de poser n'est utilisée que par les maestros banderilleros) doit posséder des ressources athlétiques importantes et juger avec une précision extrême afin d'arriver à l'instant précis, car avant, il passerait à faux ou clouerait à corne passée, après il ne pourrait plus se dégager et risquerait la blessure.

• *Position de départ homme et toro dans le terrain des tablas* :

al sesgo por fuera : le toro est près des barrières, parallèle à celles-ci, le torero se place de face, cite et incline sa trajectoire vers le centre, cloue les banderilles au moment de la rencontre vers le centre et s'éloigne ;

al sesgo por dentro : toro et torero sont dans des positions identiques. On amènera le toro à quelque distance des planches et le torero se glissera entre le toro et la barricade pour planter ses banderilles avant de se réfugier dans le burladero le plus proche. Cette manière de placer les banderilles est fort périlleuse car le passage étroit par lequel le matador doit se glisser se réduit encore avec la charge du toro. Espla est un des rares maestros à exécuter cette suerte difficile ;

de dentro a fuera : le torero part dos appuyé aux tablas, toro vers le centre. Il se dirige vers le toro en inclinant sa trajectoire, place vers le milieu et se dégage vers les tablas ;

al quiebro : positions de départ identiques, toro et torero le long des tablas : le torero cite et quand le toro charge, il fait un pas de côté, vers le centre, pour dévier la trajectoire de la bête en se fiant sur son réflexe d'anticipation, revient à sa position première, place les banderilles et se dégage. Cette manière exige du torero une très grande appréciation des distance et de la vitesse de la charge. Si le quiebro est exécuté trop tôt, le toro a le temps de rectifier et de reprendre sa première trajectoire, exécuté trop tard, il ne déviera pas suffisamment et le torero sera accroché.

Hormis ces techniques classiques et reconnues, certains ont cherché des manières peu orthodoxes, tel ce torero qui plaçait les banderilles avec la bouche... Certains toreros brisent en deux les bâtonnets avant de les poser pour corser la difficulté ou placent une devise en exécutant un quiebro.

Nous invitons nos lecteurs à se reporter aux articles : « Banderilles » et « Banderiller » dans la partie Dictionnaire.

LA FAENA DE MULETA

PRINCIPES DE BASE ET DÉROULEMENT

Commence maintenant le troisième tercio, le plus prisé par le public contemporain, celui pour lequel les aficionados se déplacent, dont ils connaissent le héros : le matador, alors qu'ils ignorent généralement les noms des picadors et des banderilleros.

Le matador, réduit à un rôle très secondaire, à la fin du XVIIIe et au début du XIXe siècle, est devenu progressivement le personnage principal de la lidia et a commencé à se mettre en valeur pour apparaître comme seul acteur intéressant de l'affrontement entre l'homme et l'animal. Intervenant davantage au moment des quites puis des banderilles, créant des séquences de muleta rythmées d'une manière encore chaotique et hésitante, des séries données du bout des doigts, en se déplaçant et en s'agitant car les toros étaient souvent couards, sans noblesse, et toute blessure extrêmement grave. Trois ou quatre passes non enchaînées sont le lot commun. Et si, tombant sur un toro qui accepte davantage, le maestro arrive à lier trois passes, la faena est considérée comme exceptionnelle. Mémorable s'il en aligne quatre. Il suffit de lire les comptes rendus de l'époque pour se rendre compte de la brièveté des faenas et de leur indigence. Peu de diversité, peu d'imagination. Deux ou trois coups de muleta, on cadre, on tue en s'y reprenant à deux, trois ou quatre fois. Le principal, lors de l'estocade, c'est que la bête tombe rapidement. On n'est pas très exigeant sur le placement de l'épée. En avant ou tombée, qu'importe si le toro s'agenouille vite.

Progressivement s'imposeront des règles plus strictes valorisant les toreros qui pratiquent des estocades plus engagées, plus efficaces, plus esthétiques. Quand le maestro officie, il a toujours à proximité ses aides prêts à intervenir très rapidement pour éviter qu'une cogida ne se transforme en catastrophe. Car si les toros manquent de bravoure et de noblesse, les critères de sélection étant eux aussi balbutiants, ils sont très vifs, hargneux et possèdent du sentido à revendre.

Arrive la période dite « âge d'or » que l'on évoque avec nostalgie, mais chacun sait que dans l'univers de la tauromachie on a toujours tendance à nimber de gloire les périodes passées qui ne furent pas, en réalité, aussi lumineuses qu'on nous le raconte. Les grands toreros déplacent les foules. *Joselito* et Belmonte sont au firmament de leur gloire. La corrida est encore très sanglante mais la recherche esthétique se précise, surtout lorsque Belmonte commence à imposer son toreo relativement statique mais qui n'a, ne nous y trompons pas, rien de commun avec celui pratiqué par Ojeda. Il faudra attendre l'arrivée et l'adoption du caparaçon pour que la lidia soit totalement transformée, que le toreo devienne la priorité. Et progressivement la corrida va se « civiliser », s'adoucir, devenir moins sanglante et plus technique, imposer une maîtrise de plus en plus importante aux toreros, privilégier la gestuelle et l'esthétique. Tant et si bien que de nos jours, le public demande aux matadors d'arriver à construire des faenas avec des suites enchaînées devant des toros de Miura ou quelques ganaderias de même acabit. Et le plus étonnant est que certains y arrivent malgré les difficultés, malgré le danger, au mépris des blessures dont le nombre augmente sans cesse.

Quand commence le tercio de muleta qui se conclut par la mort du toro, avant d'affronter son premier adversaire, le matador va demander au président l'autorisation de combattre. Sous la présidence, trastos dans la main gauche et montera dans la droite, il lève sa montera et généralement dit simplement : « Monsieur le Président, avec votre permission... », puis, s'il juge le toro prometteur et veut s'attirer l'attention du public, il va au centre de la piste et, levant à nouveau la montera, d'un grand mouvement circulaire lent en regardant les gradins (le brindis), dédie la mort de son toro à la foule. La tradition veut qu'il jette la montera par-dessus son épaule droite. Si celle-ci s'immobilise au sol ouverture en bas, c'est un signe favorable. À l'inverse, le signe est négatif et même s'il n'est pas superstitieux, le torero ira souvent la mettre du bon côté avec la pointe de son épée. Il peut aussi, debout sur l'estribo et appuyé à la barricade, brinder à une personnalité, empresa, maire de la ville, artiste ou ami qu'il veut honorer, dans le callejón ou les barreras, en lui tenant un discours plus élaboré et circonstancié, puis il se retourne et lui lance sa montera s'il est dans les gradins, la lui offre et lui donne l'accolade s'il est dans le callejón. On a aussi vu des maestros qui veulent honorer par un brindis un autre matador se trouvant dans le callejón, ou participant avec lui à la course. Dans ce cas, le brindis se fait en piste, à proximité du burladero des toreros. Cas plus exceptionnel, le matador brinde un toro à toute sa cuadrilla en la réunissant en piste à côté du burladero, pour des circonstances précises : quand c'est sa dernière apparition dans la plaza où ils officient ou pour sa despedida. Ou bien, se plaçant au centre de la piste, il lève sa montera vers le ciel adressant ainsi son brindis à une personne décédée.

S'il juge que le toro risque de ne pas lui permettre d'effectuer une faena de qualité, il se contentera de donner sa montera à son valet d'épée qui la conservera tout au long de la faena. Luis Francisco Esplá allait parfois plus loin, renouant avec la tradition, en recoiffant sa montera après avoir salué le président si le toro lui paraissait être sans intérêt.

Le matador va maintenant se trouver seul en piste à affronter un toro qui a déjà acquis une expérience importante : il a fait connaissance avec les leurres, il a subi le châtiment des piques, fait l'expérience de la douleur, il est affaibli par les divers efforts, par les poursuites tête baissée dans les capes, il a repris confiance en poursuivant des hommes qui l'ont arrêté avec des banderilles. Accusant ces divers efforts, informé qu'il doit faire face à un adversaire qui sait se défendre malgré sa fragilité apparente, il a perdu une partie de sa naïveté. Il a « appris », donc il est plus dangereux.

Le matador a analysé et jaugé son toro lors des passes de cape, au cours des piques et des banderilles, estimé au mieux ses capacités en examinant ses comportements, en particulier son attaque. Mais le comportement du toro se modifie constamment car il y a interactivité entre les actions du torero et les réactions du toro. La tactique que va donc choisir le matador ne pourra être valable que pour quelques passes.

Il observera comment le toro le regarde, son degré d'attention ou les indices de distraction provoqués par ce qui se passe hors du groupe en piste.

Un toro qui fixe intensément le torero risque fort de terminer agressif et violent, surtout s'il avait tendance à regarder alternativement l'homme et le leurre. Ceux dont il faut retenir l'attention en faisant vibrer la muleta risquent de poser problème au moment des cites et il conviendra de soutenir leur intérêt par un rythme adapté qui ne les laisse pas en repos. Un animal qui présentait les meilleures intentions du monde peut, brutalement, à la suite d'un geste déplacé, trop accentué ou trop timide, en se découvrant ou en cassant une passe, se modifier et devenir difficile à conduire, réfléchi et même dangereux parce qu'il aura compris qu'on le trompe et que son adversaire véritable n'est pas ce simple morceau d'étoffe.

Il est très rare qu'un torero tombe sur un toro facile et d'une noblesse telle qu'il ne marque jamais la moindre velléité de dangerosité. Il doit rester toujours très attentif aux charges de son adversaire et à leurs modifications pour adapter son comportement à celui de son adversaire. Mieux vaut analyser pour comprendre et s'adapter, puis donner confiance afin de maîtriser et dominer que s'obstiner à affronter violemment un toro qui se rebiffe.

Les premières passes de muleta vont être déterminantes. Au cours de celles-ci, le matador devra prendre la mesure de son toro et décider comment il va commencer sa faena pour s'accorder rythmiquement avec lui afin de mettre en valeur ses qualités, ce qui atténuera ses défauts. S'il n'y a pas cette recherche d'harmonie entre le torero et son toro, l'affrontement risque fort de tourner rapidement au désavantage du torero.

Pendant que le matador allait à la présidence ou effectuait son brindis, les banderilleros ont amené le toro près d'un burladero qui leur a été désigné par leur maestro en fonction de ses intentions, très souvent celui qui se trouve à proximité du burladero des picadors. Ils y retiennent le toro en attirant son attention tout en évitant qu'il donne des coups de tête dans le burladero afin qu'il ne s'abîme pas les cornes ou se contusionne.

Muleta en avant, lentement, le torero avance en longeant la barrière. Souvent même il s'appuie de la main gauche sur la barricade, tenant les trastos de la main droite. Puis il se place quand le toro l'a vu et le cite. C'est la première passe de muleta, celle à partir de laquelle les dix minutes du temps de la faena seront comptées.

Cet emplacement près des tablas est le plus souvent adopté car il tient compte de l'attirance naturelle du toro vers le centre et évite qu'il se serre contre les planches. Au fil des passes successives, le matador repoussera le toro en avançant progressivement et en quittant le terrain des barrières pour aller vers le milieu de la piste. Certains toreros engagent leur faena par des séries de statuaires données pieds joints en profitant de l'élan naturel de la bête, ce que pratiquait communément Manuel Benítez *el Cordobés*. Beaucoup optent pour des derechazos accompagnés, au ras du sable, qui contraignent l'animal à suivre une trajectoire courbe et lui apprennent à répondre à ce type de sollicitation. De cette manière, le torero se rend immédiatement compte des capacités du toro à embestir et suivre le leurre ou à rechigner à se soumettre. Certains attaquent d'entrée, si le toro est encore puissant et quelque peu violent, avec des redondos, passes de châtiment qui contraignent fortement le toro et l'obligent vers le bas, passes qui peuvent être agressives ou d'une très belle allure si le torero les pratique lentement, un genou à terre, en allongeant bien la trajectoire et que maîtrisait si bien Roberto Domínguez.

Le matador peut aussi attaquer avec éclat en se plaçant au centre de la piste et en citant de loin le toro encore aux tablas. Celui-ci s'élancera alors avec entrain, tête haute, et s'engouffrera dans la muleta lors d'un derechazo cité de loin et en présentant la muleta bien de face, passe d'une grande beauté dont était coutumier César Rincón. Ou il détournera la charge au dernier moment, faisant passer le toro derrière lui, dans une pedresina riche en émotion. À l'inverse, assis sur l'estribo, il peut débuter par des passes de la droite serrées dans un terrain très réduit.

Une faena commencée le long des barricades continue ensuite vers les espaces intermédiaires et, si le toro montre des qualités de bravoure, peut aller jusqu'au centre pour s'y développer. Puis, à moins que le toro n'ait des qualités exceptionnelles, la faena se poursuivra en revenant progressivement vers les tercios.

Si le toro est manso, il aura tendance à chercher la protection des planches et le torero ne devra pas hésiter à aller le travailler dans sa querencia dont il serait difficile de le sortir, mais dans laquelle il pourra très bien construire une faena de qualité.

Une opinion couramment répandue affirme que, dans tous les cas, le matador doit imposer son terrain au toro et l'obliger à y venir, faute de quoi il ne serait pas dominé. Selon ce principe, la faena est avant tout une opposition de deux forces dont l'une doit triompher de l'autre. Or, la tauromachie a changé et ne se contente plus de cette pratique. La recherche artistique des toreros utilise comme base la domination du toro mais, grâce à la gestuelle et aux enchaînements, construit une œuvre fugace et esthétique.

Manuel Benítez *el Cordobés* confiait à Jean-Marie Magnan : « Le toro commande. Il faut le prendre avec son terrain. Au lieu de le brusquer et de tordre la charge, je le conduisais vers la portion de l'arène qu'il aimait pour qu'il s'y sente bien. Je le mettais en confiance, je lui donnais de l'amitié, nous n'étions bientôt plus que caresses. Et nous allions vers le centre où il aurait de l'air [1]. »

Selon l'animal, les options du torero seront différentes. Si le toro est puissant et encasté, le torero n'hésitera pas à lui donner des doblones qui le contraindront, alternativement sur chaque corne en allongeant la trajectoire par le bas. À un toro noble mais juste de force, le torero servira des passes légères à mi-hauteur pour ne pas l'inquiéter et éviter que la brutalité des passes ne l'obligent à un effort trop intense qui réduirait rapidement ses

1. J.-M. MAGNAN, *El Cordobés, Le Cinquième Calife*, Arles, Actes Sud, 2002, p. 75.

possibilités. Avec un toro brave et puissant, il devra accepter l'épreuve de force et ne pas hésiter à faire plier la volonté de l'animal pour pouvoir affirmer la sienne. Si le toro est moins brave et plus conciliant, il devra l'inciter à participer sans le brusquer, car il risquerait de le pervertir. Avec un toro manso, il aura comme but de lui donner confiance, le persuader que c'est lui, toro, qui est le dominant, afin qu'il se laisse aller sans crainte.

Actuellement, la pratique la plus courante consiste à persuader le toro plutôt que le contraindre, méthode permettant de donner des faenas correctes à beaucoup de toros qui auraient été considérés comme inintéressants et qui se révèlent meilleurs qu'on ne le pensait. Cette technique nécessite une juste évaluation des rapports de forces et de leur évolution, une grande maîtrise de soi pour rester lucide et modifier rapidement ses propres comportements afin d'influer sur ceux du toro, car tout peut basculer brutalement et le toro prendre le pas sur le torero, qui pourra difficilement rectifier la situation compromise.

Les premières passes ont une importance capitale pour la suite de la faena : elles vont permettre de comprendre les charges, de s'accorder avec leur rythme, de les canaliser et d'inciter le toro à mettre correctement la tête dans le leurre, en embestissant le plus bas et le plus loin possible, de suivre la muleta et d'accepter le rythme suggéré puis imposé par le torero.

Après cette courte période d'adaptation réciproque, le matador se libère pour commencer le travail en profondeur de sa faena. Il utilise généralement les séries de derechazos, muleta élargie par l'épée et tenue dans la main droite, en allongeant bien le bras et en tenant la muleta au sol afin d'obliger le toro à humilier en gardant la tête basse dans le leurre. De cette manière, il oblige l'animal à se déplacer sans pouvoir correctement respirer, ce qui amènera plus rapidement son essoufflement par insuffisance respiratoire et ralentira sa charge, lui permettant ainsi de mieux templer ses passes. À noter que si le toro présente des signes de faiblesse, il faudra ne pas trop l'obliger et pour cela garder la muleta à mi-hauteur, en la soulevant même en fin de passe pour lui donner la sortie et l'aérer, lui permettant ainsi de reprendre son souffle et lui évitant de chuter. Il est impératif que le toro ne frôle ou n'accroche à aucun moment le leurre, car il aurait tendance à relever la tête et se rendrait alors compte que la muleta n'est pas le but qu'il doit poursuivre. La situation du matador pourrait devenir rapidement critique, même avec un toro qui ne présentait pas de dangerosité particulière à l'origine. Certains toreros, dont Dámaso González, commençaient leur faena en tenant le leurre à mi-hauteur, pour donner confiance et inciter l'animal à se laisser conduire, puis progressivement baissaient la muleta jusqu'à la maintenir basse afin de le dominer totalement.

Selon les caractéristiques de la charge du toro, le matador commencera sur la corne droite par des derechazos ou sur la corne gauche par des naturelles. S'il est plus courant de commencer sur la corne droite, il existe des toros qui se refusent et attaquent violemment le torero ou appuient considérablement leur trajectoire jusqu'à les mettre en péril. Le matador doit alors utiliser la main gauche pour travailler en naturelles, passes qui le privent de l'aide de l'épée que certains matadors utilisent pour élargir le leurre dans les passes de prise de contact (naturelles aidées) afin de mieux tester les possibilités du toro.

LES PASSES DE BASE DE LA FAENA : DERECHAZO ET NATURELLE

L'une et l'autre sont semblables. Historiquement, la naturelle est la plus ancienne, car le matador tenait la muleta dans la main gauche et l'épée dans la main droite. Il se servait du leurre uniquement pour écarter le toro, le fatiguer en projetant la muleta vers l'extérieur à mi-hauteur ou vers le haut, en se déplaçant à l'inverse de la charge du toro pour se mettre à l'abri des cornes. Lorsque le toro était suffisamment essoufflé et ralentissait sa charge, le matador essayait alors de donner une passe par le bas en tenant la muleta de la main gauche. Cette naturelle hésitante manquait de douceur et d'esthétisme mais était la première démarche vers le toreo. Lorsque le matador tenait la muleta dans la main droite, on disait qu'il donnait une naturelle de la main droite, l'épée étant alors tenue dans la main gauche. Cela pouvait se faire lorsque le toro avait trop tendance à se rabattre sur le torero en attendant de pouvoir le cuadrer pour donner l'estocade. Lorsque Francisco Montes *Paquiro* commença à réglementer la corrida, le rôle des matadors augmentant au détriment de celui des picadors, débuta la recherche de passes plus élaborées. Le spectacle s'orienta vers davantage de qualité gestuelle. En maintenant la muleta plus ouverte grâce à l'épée, le matador se rendit compte qu'il avait beaucoup plus de maîtrise sur le toro et pouvait mieux guider sa trajectoire et éventuellement donner une série de deux ou trois passes. La lidia est toujours très mobile parce que la sélection des toros au XVIIIe et au début du XIXe siècle est surtout orientée vers l'agressivité, et beaucoup de toros sont mansos ce qui oblige les matadors à se méfier de leurs réactions souvent imprévisibles.

De plus, n'oublions pas le rôle des capeas dans lesquelles on utilisait des toros souvent âgés de cinq ou six ans, puissants et vicieux, ayant couru plusieurs fois, ce qui les rendait très dangereux car éduqués par leurs précédentes sorties, toros qui provoquaient parfois la panique des toreros en piste, ce qui amusait grandement le public qui n'avait pas de compassion lorsqu'un d'entre eux se faisait accrocher et blesser. Les toreros prenaient l'habitude d'être sur un constant qui-vive pour éviter les blessures toujours dangereuses dans leurs suites, la médecine et la chirurgie n'étant pas aussi performantes qu'aujourd'hui. Ceux qui les affrontaient, que ce soient les jeunes apprentis toreros ou les anciens « laissés-pour-compte », payaient chaque année un lourd tribu : blessures laissant de graves séquelles, nombreux décès à la suite de complications dues à une mauvaise prise en compte de l'accident. Dans les capeas ou novilladas qui se déroulaient dans les villages, une foule importante se trouvait en piste (les dessins et peintures du temps en témoignent) et dans les bousculades, des accrochages graves se produisaient. Au début du XXe siècle, dans des arènes des pueblos espagnols de la région de Madrid, les spectateurs empêchaient les toreros en difficulté de se réfugier sur les gradins en les repoussant et même en les frappant à coup de canne sur la tête et les mains... Encore de nos jours, dans cette vallée madrilène dite « Vallée de la Peur », on organise des novilladas avec des toros de cinq ans provenant de ganaderias de peu de garantie mais connues pour leur sauvagerie, achetés à bas prix, que des matadors ayant des années de métier ne voudraient pas toréer et devant lesquels on met des jeunes sans expérience dans des conditions de sécurité déplorables. Cela fait partie des traditions, et des novilleros pourtant connus s'y présentent pour montrer qu'ils acceptent et relèvent le défi.

Dès le milieu du XIXe siècle, la place de plus en plus prépondérante prise par le matador l'oblige à inventer des passes variées et visuellement attractives pour multiplier les effets et soutenir l'attention des spectateurs. La révolution belmontienne leur permet de mieux s'exprimer. Simultanément et afin de répondre à la demande du public et des grands maestros, les ganaderos affinent leur sélection, donnant progressivement plus d'importance à la bravoure et à la noblesse au détriment de la violence et de la sauvagerie. Belmonte fait admettre que le toro de cinq ans correspond davantage à cette nouvelle tauromachie que ne permettait pas les toros de six et sept ans jusqu'alors utilisés. Ce rajeunissement des toros, qui les rend plus collaborateurs, va initier une recherche plus esthétique de la corrida. L'apparition du caparaçon va influencer la lidia qui sera réduite lors de son premier tercio au profit de la faena dans laquelle on pourra davantage composer et faire montre de ses capacités.

Après la Seconde Guerre mondiale, le manque de toros adultes favorise l'apparition d'un toro plus petit, plus jeune, qui n'est en fait qu'un novillo, mais donne au spectacle beaucoup plus de vivacité et de dynamisme. Enfin, les progrès de la médecine et de la chirurgie traumatologique incitent les matadors à prendre davantage de risques car, en cas de blessure, ils savent que les soins seront de qualité et les chirurgiens performants. Ce qui n'empêchera pas certaines cornadas d'être mortelles, comme celles de *Yiyo* ou de *Montolíu*, d'autres entraînant la mort à l'exemple de *Paquirri*, ou que des cogidas se révèlent dramatiques (*Nimeño II* ou Robles).

Dans la naturelle, le drap tombe soutenu seulement par le palo, la surface du leurre est donc réduite. Pour l'exécution, selon les canons classiques, le matador se présente de face et se montre au toro la muleta tenue par le milieu du palo, assez basse, poignet souple ; les jambes écartées légèrement, la jambe gauche avancée sans trop, la main droite tenant l'épée, relâchée et peu appuyée sur la hanche. Le cite se fera en mettant la muleta bien en avant, en respectant la distance de charge de l'animal, sans la réduire sous peine de l'étouffer dans les plis du leurre, sans trop l'augmenter ce qui pourrait inciter le toro à ne plus charger. Au moment où il déclenche l'attaque après le toque du drap, le torero avancera la jambe de sortie (jambe gauche) dans la direction qu'il veut imposer au toro (*cargar la suerte*) et accompagnera en tournant légèrement, d'un geste ample, lent et souple, la trajectoire du toro, selon une ligne courbe qu'il bouclera le plus loin en arrière, terminant par le haut si l'animal et faible, par le bas s'il a de la force et de la bravoure. Mais en citant de face, le matador restreint considérablement ses possibilités. La plupart des toreros travaillent donc de trois quarts face, ce qui leur permet de donner davantage d'amplitude au geste, de mieux conduire la trajectoire et plus longtemps, de dominer la charge et de se replacer rapidement pour pouvoir enchaîner la passe suivante. Le torero peut aussi citer de profil, en donnant la passe sur la trajectoire mais en ne l'influençant pas. Cette manière de toréer ne correspond pas aux normes. Elle est dite « toreo profilé » et ne maîtrise pas l'animal, ne modifie pas la trajectoire et ne conduit pas avec précision. Elle est possible avec des toros manquant de caste et chargeant droit ou des toros faibles qu'il ne faut pas brutaliser. La passe doit se terminer le plus loin possible, avec une rotation sur la jambe gauche permettant le replacement pour la passe suivante et son enchaînement, avec une légère ouverture donnée par le poignet qui finit ainsi la passe. Éventuellement, le matador peut soutenir le leurre avec l'épée tenue dans la main droite dans une naturelle aidée avant de donner des passes normales.

La naturelle est somptueuse quand elle est exécutée avec le « ventre » de la muleta (c'est-à-dire la partie centrale qui retombe unie et plate sous le palillo), qui doit être le plus lisse possible devant le mufle du toro. Certains toreros inclinent (cassent) la taille, parfois exagérément, ce qui enlève toute élégance au geste.

Le derechazo s'exécute comme la naturelle, mais de la main droite qui tient à la fois le leurre et l'épée qui l'élargit grâce à cette technique. Le matador a ainsi une meilleure maîtrise du geste et plus de précision, il domine davantage car le drapelet a plus de surface. Dans cette passe, le matador saisit le palillo au deux tiers opposé à son corps et de manière inclinée ce qui, avec l'aide de l'épée, donne au leurre la forme d'un losange. dont une partie traîne au sol. Lors de l'attaque du toro, le torero avance la jambe extérieure pour bien amorcer la trajectoire, accompagne le toro dans une courbe qui se termine le plus loin possible, avant de se replacer. Tenir le palillo au tiers près du corps est beaucoup moins méritoire mais permet de toréer très droit.

Le pecho, passe de muleta changée par le haut, est le remate qui termine logiquement une série de naturelles ou de derechazos et sert au matador à se libérer. Lorsque le toro est replacé à la fin d'une série, le matador le cite sur le trajet inverse, la jambe de sortie en avant, il ramène le bras et le soulève de manière que le toro passe dessous, tête haute, en frôlant la poitrine (d'où le nom de « passe de poitrine »). Elle est plus impressionnante quand elle est donnée de la main gauche, en terminant des naturelles, car le leurre n'est pas agrandi par l'épée. C'est une passe de conclusion qui ne devrait pas être renouvelée comme c'est souvent le cas actuellement, les matadors donnant un pecho puis un autre après un changement de main. Le pecho ne doit pas être confondu avec une passe basse donnée en trajet inversé et terminée par le haut, dans laquelle la corne du toro ne se lève qu'après avoir dépassé le torero. Ou avec la même donnée à genoux.

Elle fait maintenant partie des passes fondamentales et liée en harmonie pour conclure une série, elle est d'une grande beauté. Normalement, elle est exécutée par la main qui a donné la série qu'elle termine : droite pour une série de derechazos, gauche pour des naturelles. Mais si le toro est dangereux sur une corne, le torero changera de main dans son dos avant de l'exécuter, ce qui est fort compréhensible, l'enchaînement étant très esthétique. Par exemple, si un toro passe difficilement sur la corne gauche, le matador ne pourra travailler en naturelles. Il utilisera la main droite pour des derechazos. Mais, s'il exécute le pecho avec la main droite, il se trouvera en péril car le toro attaquera avec la corne gauche qui est dangereuse. Il changera donc de main et fera son pecho de la main gauche, ce qui permettra au toro de passer sur sa corne droite.

LES PRINCIPALES PASSES DE MULETA

• *La passe haute* de la main droite commence comme une passe de poitrine droitière en embarquant le toro et au moment où il lance la tête, le matador soulève le leurre au-dessus de la tête et le laisse glisser jusqu'à la queue. Lorsque cette passe est cambiada, le torero cite de loin et, au dernier moment, en pivotant d'un demi-tour sur lui-même et en donnant la sortie vers le haut, il fait passer le toro sur la trajectoire opposé à celle du cite. C'est une passe qui doit être exécutée avec beaucoup de précision pour que le toro ait le temps de réagir et de changer d'itinéraire.

• *Les trincheras* sont des passes terminées par le bas. Il faut distinguer le *trincherazo* de châtiment du *trincherazo* d'ornement. Le premier se donne en début de faena, en allant vers le centre, main très basse pour châtier le toro trop violent en l'obligeant à un demi-tour brusque, le leurre déplacé en un arc de cercle très court. La trinchera d'ornement se donne en cours ou en fin de faena, comme passe terminale d'une série. Elle s'exécute de trois quarts, jambe de sortie avancée, toro venant de la droite, d'un geste à mi-hauteur, de manière plus liée, plus douce, enveloppée, main plus haute pour aider le toro lors de sa sortie. Il existe aussi la trinchera pieds joints, la *trincherilla*, donnée templée afin de reprendre le toro par des derechazos. Dans la première, le matador dirige bien le toro alors que dans la seconde, étant donné sa brièveté, cela ne lui est pas possible.

• Les *ayudadas* (passes aidées) s'exécutent à deux mains, l'une tenant le palillo, l'autre l'épée qui vient en renfort pour diriger le leurre, et sont utilisées en début de faena. Passes hautes si les toros sont faibles, basses s'ils ont beaucoup de force et qu'il faille les maîtriser. En orientant bien les trajectoires, le matador peut leur donner une grande amplitude. Les ayudadas basses, si elles sont lentes et longues, sont d'une somptueuse beauté lorsque le torero les exécute un genou à terre, et Enrique Ponce les contrôle avec virtuosité.

Hormis les passes fondamentales qui forment la base de toute faena et sont utilisées aussi bien avec des toros de garantie, braves et nobles, qu'avec des toros difficiles, dangereux et violents, les toreros peuvent aussi pratiquer des passes de fantaisie qui mettent un accent de gaieté et d'alegría dans la faena. Ces moments plaisent singulièrement au public peu averti parce que brillant de mille feux. Mais ils ne servent, comme les paillettes, qu'à donner un aspect chatoyant à l'ensemble. Nous citerons parmi les plus utilisées :

• *Le kikirikí* imaginé par Rafael *el Gallo* (d'où son nom, *quiquiriquí* étant l'équivalent de *cocorico* en espagnol), au cours de laquelle la muleta, tenue à mi-hauteur, est retirée des yeux du toro dès que les cornes ont passé le torero.

• *Le molinete*, au cours duquel le torero tourne en sens contraire de la charge du toro et que certains toreros exécutent en se laissant tomber à genoux pour lui donner davantage d'émotion.

• *La manoletina*, qui se pratique surtout en fin de faena pour aérer le toro en lui relevant la tête. La passe est donnée par la main droite, la muleta étant tenue par la main gauche, le bras gauche passé derrière la taille, le cite de face, très près du corps qui doit être immobile, pieds joints, seul le bras droit agissant. Le toro passé, le torero pivote pour se présenter pour la passe suivante. Lorsque le cite se fait de profil ainsi que la passe, on la désigne sous le nom de *mondeñina* parce que c'est le matador Juan García *Mondeño* qui l'a ainsi adaptée. Lorsque le matador cite de profil mais que la trajectoire du toro est inversée, allant de l'arrière du bras vers l'avant, on la qualifie de « manoletina contraire ». Enfin, certains matadors tremendistes, afin de conquérir le public, font des manoletinas en regardant les gradins ou les deux genoux à terre.

• *L'afarolada* commence comme une passe haute, puis le torero fait passer la muleta par-dessus sa tête.

En cours de faena, les toreros pratiquent souvent des desplantes qui sont des attitudes de défi qui peuvent être méritoires ou de mauvais goût. Cela va du matador qui replie calmement sa muleta devant le toro dominé, lui tourne le dos et s'éloigne lentement, à celui qui se met à genoux devant lui en ouvrant sa chaquetilla, ou en lui tournant le dos. Le desplante fait au moment opportun est un point d'orgue à une faena réussie, mais n'ajoutera jamais rien si elle n'a pas été convenable. Certains desplantes sont ridicules : ainsi a-t-on vu des matadors en mal de gloire mordre la pointe de la corne du toro, s'appuyer sur le frontal et autres fantaisies de mauvais aloi. Le desplante n'est pas récent. Déjà *Cúchares* en était coutumier puisque des gravures anciennes parues dans *La Lidia* du 23 avril 1883 le représentent couvrant la tête du toro d'un manteau, lui essuyant le mufle avec son mouchoir, lui tournant le dos, accoudé à la barrière et discutant avec les spectateurs ou mieux, nettoyant ses zapatillas... Antonio Carmona *Gordito* se mettait entre les cornes, à genoux devant le toro, debout les bras croisés ou assis sur une chaise... Mais la palme revient à *Guerrita*, qui plaçait un chapeau sur le frontal du toro après en avoir accroché un à chacune de ses cornes.

LE TOREO CONTEMPORAIN

Actuellement, nul spectateur n'admettrait le toreo pratiqué par les figuras du premier quart du XXe siècle, tel *Joselito*, pourtant considéré comme le plus grand de tous les toreros de l'Histoire, parce qu'il était un toreo mobile. Les aficionados exigent des faenas construites, dont les passes seront précises, exécutées avec lenteur et profondeur par un matador immobile. Si ces exigences peuvent se comprendre avec des toros de charge franche, on admettra facilement qu'on ne puisse les demander face à des toros difficiles, hargneux et possédant du sentido à revendre.

• *Des passes précises* : les aficionados sont devenus attentifs à la manière dont les passes sont exécutées : position du corps, sitio du torero, manière de citer, de donner la passe, de la prolonger, de la terminer. Car un derechazo peut être une passe d'une grande beauté si le torero embarque le toro de loin, lui fait parcourir une trajectoire imposée et le libère en le replaçant pour enchaîner la passe suivante, lorsque le corps du torero est relâché, qu'il s'inscrit dans le mouvement du groupe, que le rythme de l'homme et celui de l'animal sont en harmonie. À l'inverse, si le torero s'agite, si ses attitudes sont contorsionnées, ses mouvements saccadés, s'il fait accrocher une muleta chiffonnée, donne des passes heurtées, s'écarte brutalement du toro parce qu'il ne sait pas donner une conclusion à sa passe, sa prestation ne pourra être considérée comme valable. Les aficionados n'acceptent plus un toreo manquant d'élégance.

• *Des passes lentes* : plus le torero ralentira la charge en templant sa passe, plus celle-ci sera esthétique et rythmée et la gestuelle du groupe toro-torero mise en évidence. Les aficionados contemporains sont très sensibles à ces enchaînements d'une grande beauté plastique.

• *Des passes profondes* : on qualifie de *profond* un toreo dans lequel le matador s'engage totalement, se livre avec sincérité, dont les passes sont puissantes, dominatrices, les gestes maîtrisés, le rythme en harmonie avec la charge du toro, à l'inverse de séquences agitées, de passes données hâtivement, en rupture de rythme avec les charges de l'animal.

• *L'immobilité du torero* : lors de la passe, le matador ne doit pas reculer et céder du terrain ou se déplacer. La manière actuelle est de rester immobile quelles que soient les réactions du toro, pieds fixés au sol, en déplaçant le leurre avec précision et, si le toro s'arrête, de le reprendre en continuité. Cet aguante est un des critères de base du toreo contemporain et un torero qui, avec un adversaire sans grand danger, ne se maîtriserait pas n'a aucune chance de s'imposer. Les faenas dans lesquelles le matador se replace constamment entre chaque passe, comme c'était l'usage dans les années 1950-1960, ne sont plus appréciées et le replacement seulement considéré comme un recours alors qu'il faisait partie de la technique de la lidia. Toutefois ce type de toreo n'est pas possible avec certaines catégories de toros tels que les Miura, car ils n'ont pas suffisamment de noblesse pour permettre au torero de se confier. Malgré cela, on constatera que nombreux sont les matadors contemporains qui, avec des toros dangereux, arrivent à lier des passes et construire des faenas, ce qui était inimaginable dans les années 1920-1930.

Les déplacements de la muleta mettent en action non seulement le corps et le bras, mais aussi des mouvements très précis et minimes de la main, du poignet et des doigts et demandent une absolue maîtrise de la gestuelle du torero qui ne peut être pratiquée que lorsque les conditions climatiques s'y prêtent. Dès que le vent souffle (et de plus si c'est en rafale), de telles prouesses techniques sont impossibles à réaliser.

Les aficionados sont très attentifs à la manière de toréer, car une faena de muleta n'est pas seulement une accumulation de passes. Elle doit être construite intelligemment en fonction des aptitudes du toro, de son état après les banderilles, pour le maîtriser et l'amener à participer sans rupture de rythme jusqu'à la conclusion de l'estocade. Parce que, au fil des passes, le toro se fatigue et réfléchit, le matador doit adapter son toreo pour éviter toute fatigue inutile qui réduirait la faena et garder la maîtrise des séquences pour qu'il continue de charger convenablement. Pour cela, il ne sera pas brutal dans ses passes, évitera que le toro accroche la muleta en gardant la distance la plus ajustée entre la tête du toro et le leurre.

• *Des passes adaptées à l'animal* : hormis les passes du toreo fondamental qui constituent la base de toute faena, les matadors peuvent utiliser des séquences de fantaisie qui, si elles apportent des moments agréables, n'en restent pas moins des fioritures. Le torero devra construire sa faena en exécutant les passes qui conviennent le mieux au toro qu'il a comme partenaire. Passes basses et profondes, dominatrices avec un toro fort et encasté, à mi-hauteur avec un animal faible ou inquiet. Dans un souci d'esthétique, il devra concevoir une progression qui mette en valeur sa prestation et le toro. Ainsi l'ensemble sera-t-il beau, à condition que ce soit sincère et authentique, que le torero n'utilise pas des subterfuges tels que se déplacer pour faciliter la passe, se coller au toro à corne passée en maculant son costume, petits trucs de métier qui ne trompent que les néophytes.

LE BON TORO ET LE BON TORERO

L'expression « tous les toros ont leur lidia » est très explicite car elle signifie que tous les toros qui sortent en piste, bons ou mauvais, braves ou mansos, nobles ou dangereux, peuvent être combattus selon une technique adaptée à leur cas. En revanche, on ne peut pratiquer un bon toreo, pur et artistique, qu'avec des toros qui chargent bravement avec un minimum de noblesse. Aucun matador ne peut toréer élégamment un toro dangereux. Il lui donnera des passes successives sans les lier, sans pouvoir construire une faena artistique, le combattant pour arriver à le tuer efficacement.

Actuellement, la plupart des toros qui sortent en piste ont suffisamment de qualités pour être toréés si le matador qui les reçoit a une pratique correcte de son métier, s'il sait trouver le sitio et s'adapter au rythme de l'animal. Contrairement à une opinion répandue, un bon toro peut mettre un matador en difficulté parce qu'il ne saura pas lui donner la faena qu'il mérite et qu'il risque d'être débordé par sa bravoure. Mais il est tout de même plus facile d'affronter un bon toro qu'un toro difficile. Avec des toros moyens, les toreros qui ont des capacités de lidiador pourront les dominer et effectuer une faena esthétique, alors que celui qui a peu de recours et de technique sera incapable de construire une faena intéressante.

Le véritable lidiador est le torero capable d'observer, d'analyser et de comprendre le toro et de trouver rapidement la solution la plus adaptée (choix du terrain, accord rythmique, distance, enchaînement des passes) pour construire une faena correcte qui satisfasse à la fois le sens du combat et la recherche esthétique. Il est donc normal que lorsque sort en piste un bon ou très bon toro, et en particulier les plus nobles, les aficionados exigent du matador qu'il s'engage, soit honnête et sincère et lui offre une faena marquée du sceau de l'authenticité de son toreo.

Les indices d'un bon toro lors de la faena de muleta sont semblables à ceux du premier tercio : le toro reste fixe avant le cite, ne part pas avant le toque de la muleta mais à l'instant choisi par le torero et sans hésitation. Il a conservé intacte sa noblesse, s'engage tête baissée dans la muleta et la garde tout au long de la passe, charge avec constance, sans donner de la corne, ne s'arrête pas à mi-parcours, sa vitesse est constante et il garde le même rythme sans se rapprocher exagérément du matador. À l'arrêt, il ne gratte pas le sol, ne mugit pas, ne marche pas constamment (*gazapón*), reste dans le terrain choisi par le matador, se cadre facilement, répond clairement au toque de l'estocade et ne termine pas en allant vers les planches.

Les bons toros ont droit au respect du torero, qui se doit de les toréer avec sincérité et en les mettant en valeur. Puisqu'il fonce droit, le torero peut influer sur sa trajectoire pour l'incurver afin de le replacer pour la passe suivante sans quitter l'endroit où il a donné le premier cite et lié les passes, jusqu'à ce qu'il mette volontairement fin à la séquence. Un bon torero, en pivotant sur place, fait décrire autour de lui des itinéraires circulaires. Il cite la muleta devant lui, à hauteur des yeux du toro, et l'entraîne en baissant la main, l'amène en arrière de son corps et termine par le bas pour amorcer la passe suivante. Pour arriver à exécuter ce toreo statique et circulaire, le toro doit correctement embestir, garder les yeux dans le leurre, ne pas se laisser distraire, mais ce ne sont pas tous les toros qui se prêtent à ce jeu. Le torero devra d'abord s'adapter, et c'est ce qui fait la différence entre ceux qui réussissent et ceux qui échouent.

Le bon torero sait interpréter les figures stylistiques de la lidia pour les ajuster à son toro et à sa personnalité, au lieu de simplement les exécuter. Une naturelle est totalement différente selon qu'elle est mise en œuvre par un matador de peu de capacités, ou par *Joselito*, Ponce, Tomás, Curro Romero. Ce sont ces différences qui font le style, l'art d'un torero.

Pour bien toréer avec la muleta, comme avec la cape, il faut d'abord un courage qui permette d'assumer l'attaque, de rester stoïque et de maîtriser les réflexes naturels de fuite ou de protection face au danger de l'adversaire ; de la lucidité ensuite pour agir intelligemment et rapidement en fonction des comportements de l'animal et de ses réactions lors des engagements ; du savoir-faire enfin car la technique, la maîtrise des gestes et des situations sont indispensables pour arriver à toréer sans faillir. Ce savoir-faire technique doit s'adapter à l'adversaire en piste pour qu'il ne soit pas stérile et ennuyeux mais permette de construire des œuvres fugaces d'une grande beauté plastique.

Mais le plus doué des toreros ne pourra construire un chef-d'œuvre si le toro ne le lui permet pas, soit par insuffisance physique, soit par manque de caractère ou excès de dangerosité. Les aficionados, contrairement aux simples spectateurs, n'en imputeront pas l'échec au matador. L'impondérable vient de l'animal qui, même s'il est issu d'une ganaderia de garantie et d'une lignée valable, peut ne pas répondre aux attentes et se révéler impropre au combat.

Quand l'aficionado a la chance de voir un grand toro toréé par un grand torero, il constate qu'ils se grandissent réciproquement et que de leur accord harmonieusement rythmé naît une faena qui donne l'impression de se dérouler lentement, suavement, dans laquelle tous les accords paraissent faciles, naturels, empreints d'une grâce magique et aérienne. Ces rencontres sont rares car, pour qu'elles se réalisent, il faut une conjonction complexe : un jour où le temps est favorable, devant un public qui participe, un torero en bonnes conditions physiques et mentales rencontre un toro brave et noble.

LA FIN DU PARCOURS : L'ESTOCADE

Cet acte, point final de la rencontre, qui était le but à l'origine, a perdu de son importance et n'est plus maintenant qu'un simple aboutissement. Appelé aussi « suerte suprême » ou « moment de vérité », l'estocade nécessite un réel engagement du torero qui, s'il ne se livre pas, ne sera jamais un bon tueur de toros : un *mata toros*, un matador. C'est le moment où le risque de cornada est le plus important, car en fixant le point où il doit placer la pointe de l'épée, le torero perd tous les autres repères pendant un bref instant et ne peut se rendre compte d'un changement de comportement ou de charge du toro.

À l'origine, le coup d'épée était porté sans aucune recherche : le principal était d'achever la bête blessée par les piques reçues. Sous l'influence de Francisco Romero, qui commença à codifier la tauromachie au début du XVIIIe siècle, les toreros chargés de tuer les toros, appelés *espadas*, modifièrent leur technique pour être plus efficaces et étaler leur maîtrise. Contrairement à une idée reçue, très rares étaient les espadas qui pratiquaient le recibir à cause du danger extrême de cette manière de porter l'estocade, la moindre blessure pouvant avoir des conséquences dramatiques.

Dans *Les Courses de taureaux expliquées* (1854), Oduaga-Zolarde présente ainsi les diverses manières de donner l'estocade :

« *Estocade por alto* – l'endroit où le matador doit de préférence enfoncer l'épée est la saillie formée par les clavicules, dans la région supérieure du dos où se termine le cou de l'animal. Les estocades por alto amènent la mort de différentes manières : 1° Les coups d'épée qui atteignent la moelle épinière en se glissant entre deux vertèbres [...] causent la mort avec une rapidité instantanée qui rend inutile l'emploi du cachetero, c'est-à-dire le coup de puntilla. Le mérite et l'élégance de ce coup résultent de l'étonnement et de la stupéfaction [des spectateurs]. 2° L'estocade qui perce la herradura produit aussi la mort subite et a un mérite extraordinaire. L'épée a été enfoncée un peu basse et de manière oblique dans la direction de la poitrine. 3° Les autres estocades qui tuent le taureau en peu de temps sont celles où l'épée, rentrant par l'endroit appelé la cruz, traverse la poitrine, pénètre dans les poumons et provoque l'hémorragie par la bouche et les naseaux.

« *Les estocades por bajo* ont moins de mérite et sont ordinairement désignées sous le nom de gollete. Ces coups sont néanmoins d'un effet remarquable parce que l'épée s'enfonçant dans la poitrine traverse les poumons et amène la mort plus ou moins immédiate du taureau.

« *Estocade a la carrera* ou a *toro levantado* : le matador ne fait usage d'aucune passe de muleta pour disposer le coup mortel, mais au contraire il accourt à la rencontre du taureau au moment où celui-ci marche sans but ou poursuit un torero. Dans cette circonstance, il est difficile d'enfoncer convenablement l'épée car le matador n'a eu à l'avance ni le temps ni l'occasion de pointer son arme.

« *Estocade a media vuelta* : cette manière est usitée contre les taureaux qui ne veulent ni prendre leur impulsion, ni humilier ; contre ceux également dont le matador a lieu de craindre un accident fâcheux. Pour exécuter ce genre d'estocade, le torero doit attaquer l'animal par-derrière ou pour mieux dire obliquement et de côté, d'une façon toute pareille à celle de banderiller. Pendant que le matador prépare son coup, il faut qu'un chulo attire l'animal par-devant au moyen d'un jeu de cape quelconque. On donne généralement la préférence à cette manière de tuer le taureau quand il est aplomado au milieu du cirque.

« *Estocade a paso de banderillas* : ce genre d'estocade est une des ressources de l'art tauromachique usitée seulement avec des taureaux dangereux qui ne se prêtent à aucune sorte de passe. C'est le matador qui doit prendre l'initiative de l'agression contre l'animal, le matador allant à la rencontre de l'animal doit, en arrivant près de lui, l'attaquer exactement comme si le taureau s'était élancé vers son adversaire.

« *Estocade a vuela pies* : coup d'épée donné en courant, le matador tue le taureau en l'attaquant de front et en lui enfonçant l'épée dans le corps au moment où, durant sa course rapide, il se trouve à portée de l'animal resté immobile. Cette passe fut inventée par le fameux Costillares et l'on en fait usage quand le taureau est tout à fait aplomado ou qu'il ne se prête plus à aucune manœuvre. Cette méthode est très gracieuse et demande une adresse particulière mais elle n'est pas sans inconvénient et sans danger. En effet si l'animal s'élance vers le torero, il court le risque d'être atteint par les cornes. On exécute ainsi cette passe : le taureau arrêté, immobile, tient la tête droite, levée à sa hauteur naturelle ; le matador s'élance vers lui avec toute l'agilité dont il est susceptible et, arrivé à la portée de l'animal, il lui présente la muleta à la hauteur du mufle, la couchant ensuite doucement à terre : le taureau baisse la tête pour s'en saisir et c'est ce moment précis que choisit le matador pour lui enfoncer son arme, sans s'être arrêté un seul instant.

« *Estocade a toro recibido* : manière de tuer le taureau qui consiste à attendre l'animal de pied ferme, après l'avoir provoqué, en lui enfonçant l'épée dans le moment même où il baisse la tête pour embrocher le matador. »

Nous constatons que les manières de tuer un toro étaient variées et utilisées suivant les circonstances sans que les aficionados du temps y trouvent à redire, car les toros en piste étaient rarement aussi fiables qu'ils le sont actuellement, ceci expliquant cela. Les matadors les plus compétents, les plus appréciés, tuaient généralement leurs toros en utilisant l'estocade dite « a recibir », qui est la plus difficile à réussir. Mais de plus en plus, ce fut le volapié que l'on adopta car d'usage plus pratique. Seules ces deux dernières sont pratiquées de nos jours.

DÉROULEMENT DE L'ESTOCADE

Quand le toro arrive à un degré de fatigue tel qu'il lui est difficile de répondre correctement aux sollicitations du matador, celui-ci doit lui donner l'estocade car s'il prolonge inutilement la faena (ce que l'on voit trop souvent avec des toreros qui n'ayant pas souvent de contrats veulent à tout prix montrer leurs capacités ou avec des matadors qui ont le défaut majeur de ne pas savoir arrêter leur faena), l'animal sera dans l'incapacité de participer à cette dernière suerte en gardant la tête baissée et en ne réagissant pas au toque de la muleta. Si le toro a encore trop de forces, le matador ne pourra pas arriver à le contrôler et le toro risque de prendre les initiatives.

L'épée de mort en acier étant lourde, la tenir dans la main droite avec la muleta serait fatigant, et afin d'éviter les risques d'accident en cas d'accrochage ou de chute, la majorité des matadors utilisent une épée factice pour leur faena qu'ils vont changer à la barricade au moment de l'estocade. Ce changement doit se faire rapidement sinon le toro, qui a eu le temps de se reprendre, devrait être à nouveau repris en main. Parfois, certains toreros ont la mauvaise surprise de constater que l'animal qu'ils retrouvent a une attitude différente de celui qu'ils ont laissé parce qu'ils ont trop tardé lors de ce changement.

Le torero va d'abord placer le toro dans le terrain qui lui convient le mieux, généralement entre les deux raies tracées sur le sable : celles-ci seront plus près des barricades si le toro est épuisé ou ne veut pas quitter sa querencia, ou au centre de la piste si le toro est d'une grande bravoure. Il le place parallèlement aux barricades et jamais perpendiculairement car il risquerait de ne pas charger au moment opportun. Si le flanc droit du toro est le plus près des planches, il est en « suerte naturelle », car lors de l'estocade le matador sortira vers la barrière et le toro vers le centre piste, position que l'on donne aux toros braves. Si le flanc gauche est situé vers la barricade, ce que l'on pratique avec des toros mansos qui cherchent leur querencia vers les planches, il est en « suerte contraire », car il sortira vers les planches et le matador vers le centre.

Le torero doit maintenant cuadrer son toro : afin d'avoir le maximum de chances d'être efficace, il place l'animal dans une position de repos, les deux sabots avant sur la même ligne et les deux sabots arrière aussi, mais ceux-ci ont moins d'importance. Ces quatre points d'appui au sol dessinent un quadrilatère trapézoïdal. Dans cette attitude, l'emplacement où porter le coup d'épée est bien dégagé, et lorsque le matador projette la muleta vers les sabots et non sur le mufle, pour lui faire baisser la tête et charger, le toro peut répondre sans hésitation à l'incitation donnée par la muleta. Dans le cas contraire, il a un temps de retard qui est préjudiciable à la réussite du matador. Il doit aussi avoir la tête si possible dans le prolongement de l'échine car si celle-ci est trop haute, le matador ne voit pas l'endroit où placer la lame, si elle est trop basse, il ne répondra pas rapidement au toque et il lui suffit de lever la corne pour être dangereux.

L'animal cadré, le torero se prépare pour l'estocade, se mettant de face à environ deux mètres cinquante du frontal du toro ; tenant la muleta liée dans la main gauche, il attire l'attention du toro en la levant puis en la maintenant à mi-hauteur, il place le bras droit dans le prolongement de l'épée et à l'horizontale, avance le pied gauche derrière la muleta et prend appui sur le pied droit. Il ramène légèrement la muleta puis la projette vers le bas pour inciter le toro à charger tout en baissant le tête au sol, s'élance vers le toro, bascule en portant le coup d'épée et avec le bras gauche croise sa muleta vers la droite de sa trajectoire, puis sort de la rencontre.

Le mouvement du bras gauche sert à maintenir la tête du toro en bas pendant qu'il évite la corne droite qui va le frôler. Pendant ces divers temps de la suerte, le matador a quitté le toro des yeux et ne peut se fier qu'à sa maîtrise gestuelle pour ne pas être accroché, car souvent des cornadas graves arrivent à cet instant. Il « passe la corne » pour ne pas rester devant la tête et être la cible facile du toro qui, après le cite, a attaqué le leurre. De plus, en passant sur le côté, il peut terminer son geste avec plus d'efficacité et placer l'épée jusqu'à la garde, en se « mouillant les doigts ». S'il butte sur un os (*pinchazo*), il sera moins mis en difficulté et pourra sortir de la rencontre rapidement.

Il existe différentes manières d'estoquer :

suerte a recibir : le matador attend immobile la charge du toro qui vient littéralement s'embrocher sur la lame ;

suerte al volapié : le toro est immobile, c'est le torero qui se jette sur lui pour enfoncer l'épée ;

suerte de arrancar : elle commence comme le volapié mais le toro, très sollicité par le toque, baisse la tête et fonce dans le dernier mètre aidant ainsi le matador ;

suerte de aguantar : elle commence comme le recibir mais le toro chargeant sans y être sollicité, le matador utilise cette charge et fait un pas en avant pour placer l'épée ;

suerte al encuentro : le matador provoque la charge et profite de celle-ci pour aller à la rencontre de l'animal, l'épée étant placée à mi-parcours.

Selon l'endroit où l'épée est placée, sa direction et son angle, la profondeur de pénétration, on qualifiera différemment les estocades :

le *pinchazo* : tentative qui se solde par un choc sur un os, l'épée ne pénètre pas, le matador la garde en main ;

le *metisaca* : l'épée rentre profondément mais très mal placée (mouvement brusque du toro ou glissade du torero), elle est immédiatement retirée.

• *Estocades selon la direction* : placée dans l'axe du toro, elle sera *perpendicular* ou verticale si son angle d'entrée est supérieur à 60° ; bien dirigée si l'angle est d'environ 45° et *tendida* si l'angle est inférieur à 30°. Si l'estocade est déviée, on la qualifiera d'*atraversada*, qu'elle ressorte ou non de l'autre côté du corps du toro.

• *Estocades selon la profondeur* :

pinchazo hondo : la lame pénètre peu, environ une main, et tombe ;
estocada corta : environ un tiers de lame, elle reste en place ;
media estocada : la moitié de la lame ;
estocada honda : profonde, trois quarts de lame ;
estocada entera, ou estoconazo : lame entière, jusqu'à la garde de l'épée.

• *Estocades selon l'emplacement* mais *dans l'axe* de la colonne vertébrale du toro, en se plaçant face à celui-ci :

estocada en la cruz : à l'intersection exacte de la colonne vertébrale et de l'axe des deux omoplates : la *cruz* (la croix) ;
estocada delantera : en avant de la cruz, une main environ ;
estocada pasada : en arrière d'une main de la cruz ;
estocada trasera : plus en arrière que l'estocada pasada ;
estocada pescuecera : plus en avant que l'estocada delantera.

• *Estocades selon l'emplacement* mais *hors de l'axe* du toro, en se plaçant face à celui-ci :

estocada caída : tombée, à hauteur et à gauche de la cruz ;
estocada baja : basse, plus à gauche que la précédente ;
bajonazo : estocade très basse, entrant par l'avant, dans la base du cou et atteignant le poumon ce qui entraîne une hémorragie continue ;
estocada contraria : placée de l'autre côté de la colonne vertébrale, dans la partie droite ;
golletazo : coup d'épée donné dans le cou du toro, du genre bajonazo mais plus en avant.

Les estocades les plus orthodoxes et portées dans les règles ne sont pas toujours les plus efficaces et certains matadors qui furent des vedettes consacrées ne se privèrent pas de rendre leur coup d'épée plus rapide pour éviter de perdre des trophées (rincón d'Ordóñez), quand le public était moins exigeant sur l'exécution.

APRÈS L'ESTOCADE

Si le toro ne tombe pas rapidement, afin d'abréger, le matador porte le descabello avec une épée spéciale, le *verdugo*, en tranchant le bulbe rachidien entre les deux premières vertèbres cervicales [1].

---

1. Voir, dans la partie Dictionnaire, l'article DESCABELLER.

Lorsque le toro est au sol incapable de se relever, le coup de grâce est donné par le troisième banderillero de la cuadrilla, spécialiste de cette action, avec un poignard : la *cacheta* ou *puntilla*.

C'est à ce moment que le public, si le matador lui a donné satisfaction, pourra demander que lui soit octroyés des trophées récompensant sa prestation et que la présidence accordera ou pas. L'alguazil entrera en piste, vérifiera que le toro est bien mort et demandera aux mozos de l'arrastre de le préparer en enlevant les banderilles, puis en passant une chaîne autour des cornes afin de pouvoir le tirer hors du ruedo en l'attachant au train d'arrastre qui sera venu sur demande de l'alguazil. Les hommes de piste procéderont ensuite au nettoyage du sable et à la remise en état de la surface du sol.

Pendant ce temps, s'il y a eu récompenses, l'alguazil les remettra au centre de la piste au matador qui les a méritées. Sinon, et sur invitation du public, le torero pourra saluer ou faire une *vuelta* (tour d'honneur) (voir l'article TROPHÉES dans le Dictionnaire).

LE DÉROULEMENT DU COMBAT À CHEVAL

Avec l'organisation de la corrida à cheval, le rejoneador devient un lidiador, au même titre que le matador, et un cavalier exceptionnel étant donné les figures à exécuter et les brusques accélérations des chevaux en piste.

La corrida équestre se déroule comme une corrida à pied. Elle commence par un paseo, défilé des cavaliers sur leurs montures et suivis de leurs cuadrillas ainsi que des trains d'arrastre et des areneros. Après le salut à la présidence, les cavaliers font un tour de piste pour saluer le public puis une démonstration de figures équestres au centre de la piste pour exhiber leur maîtrise des chevaux. Lorsque commence la corrida, les rejoneadores doivent faire preuve de compétences semblables à celles de leurs camarades matadors pour la connaissance des querencias du toro, de ses manières de charger : charge franche ou tardive, s'il coupe le terrain, s'il place haut la tête ou s'il embestit, s'il a une attitude claire et franche ou s'il réfléchit, s'il réagit immédiatement, charge droit et s'emploie à poursuivre tête baissée, etc. Le cavalier doit attirer l'attention du toro, se laisser voir et ne pas le prendre par surprise, le travailler avec temple dès qu'il est calmé. Pour cela, le cheval doit avoir une totale confiance en son cavalier et réciproquement, ce qui est le résultat d'un dressage efficace et intelligent. Les spectateurs ne doivent pas admirer les rejoneadores qui attaquent par surprise et à toute vitesse le toro, passent en trombe, abusent des poursuites et placent rejones et banderilles à la va-vite, loin sur le dos ou dans le haut de la patte et de manière dispersée.

Le bon rejoneador est celui qui maîtrise sa monture, les déplacements en piste et les attaques du toro.

Comme la lidia à pied, le combat de rejón est composé de trois tercios distincts :

• *Le premier tercio* correspond au tercio de piques du toreo à pied. Il est moins brillant que celui des banderilles mais plus efficace car il consiste à recevoir le toro, l'habituer à poursuivre avec générosité, améliorer son embestida et placer les rejones de châtiment. Le cavalier doit templer son adversaire avec son cheval qui est l'équivalent de la cape ou de la muleta, souvent avec la croupe, voir où se trouve la querencia du toro et placer les rejones en corrigeant par les approches du cheval les défauts de l'embestida du toro.

Pour cette partie de la lidia, le toro ayant encore toute sa puissance et sa vitesse, le rejoneador doit utiliser des chevaux vifs, capables de s'élancer avec beaucoup de vélocité, de maintenir une course rapide tout en étant très maniables et répondant aux diverses indications. Certains chevaux sont capables de se déplacer en courant sur le côté, en tourbillonnant et en faisant des figures comme si aucun danger ne les guettait. Ce sont généralement des chevaux croisés anglo-lusitaniens, hispano-arabes ou anglo-arabes qui sont utilisés dans cette séquence.

• *Le deuxième tercio* est celui des banderilles et correspond à celui de muleta du toreo à pied, même si le rejoneador place les banderilles à son adversaire. C'est la séquence la plus artistique, la plus brillante et la plus variée. Le toro est parado car il a couru, il est essoufflé et il a reçu des rejones qui l'ont fait saigner. Le rejoneador va donc pouvoir travailler avec davantage de lenteur et donner de l'émotion. Au cours de ce tercio, il plante les banderilles normales ou courtes et même les « roses », qui sont des banderilles n'ayant qu'un bâton de dix centimètres, à deux ou une main et de manières diverses, ce qui est pour lui l'occasion de montrer les qualités de sa monture et ses capacités équestres.

Le rejoneador va donc choisir un cheval ayant de grandes capacités athlétiques et artistiques, qui allie harmonie des attitudes et sens du rythme, pour donner à sa prestation le maximum de brillant et de dynamisme, un cheval faisant preuve de démarrages foudroyants, d'un sens précis de l'équilibre, de grande agilité, possédant du courage, une entière confiance dans son cavalier pour rester le plus longtemps possible en attente de la charge sans s'affoler et ne protestant jamais aux ordres qui lui sont donnés. Il doit avoir suffisamment de résistance pour enchaîner les figures avec facilité. Pour ces séquences, on utilise généralement un cheval espagnol, lusitanien ou hispano-arabe ayant de la noblesse d'attitude.

• *Le troisième tercio* est celui de la mort, identique à celui de la corrida à pied. Il est essentiel qu'il soit exécuté de manière très rapide et très efficace en plaçant correctement le rejón de mort. Il nécessite un cheval rapide et valeureux, au galop régulier, qui permette une approche précise pour pouvoir bien placer le rejón avec le maximum de précision.

Toutes les séquences du rejoneo se réalisent de trois manières :

recibiendo : quand le toro lance son attaque et que le cheval attend l'embestida ;

de poder a poder : quand toro et cheval initient en même temps la rencontre ;

atacando : dans ce cas de figure, le toro attend que le cheval vienne dans son territoire pour commencer sa charge.

Selon que le toro est brave et charge dans tout le ruedo, ou qu'il est manso et se réfugie dans sa querencia, selon la situation de l'opposant dans la piste (près des barricades, dans les tercios ou au milieu), le rejoneador préparera son intervention en se faisant poursuivre pour l'amener dans la position la plus favorable à l'action.

Ensuite aura lieu l'*embroque* : réunion des participants au centre du ruedo, le cheval étant au plus près des cornes. Le moment recommandé pour la pose est celui où le toro baisse la tête vers l'étrier et qu'il se présente perpendiculairement au cheval.

Comme dans le toreo à pied, la suerte doit se terminer par un remate, afin que cheval et cavalier se dégagent, exécutant une course circulaire en gardant le toro derrière la queue du cheval jusqu'à la libération et en plaçant le toro pour la séquence suivante. Les séquences sont valables quand elles sont exécutées avec efficacité, précision, rythme et temple, car des passages très rapides en croisant les trajectoires du toro manquent d'harmonie et sont trop brefs pour susciter une émotion artistique. De même que les actes exécutés au centre de la piste sont plus méritants que ceux faits le long des barrières.

De l'exécution des suertes :

• *De poder a poder* (en puissance) : c'est la manière la plus valable car elle donne ses chances au toro, la plus pure, la plus courageuse mais la plus difficile dans son exécution qui nécessite une parfaite connaissance des terrains d'attaque et une grande précision pour le moment de la rencontre, le cavalier prenant dans ce cas le maximum de risques. Cavalier et toro se présenteront face à face et le rejoneador citera le toro d'aussi loin qu'il est possible, acceptant la charge en amenant la trajectoire de son cheval pour qu'elle rejoigne celle du toro, et au moment de la réunion il placera rejón ou banderilles. Le meilleur emplacement est le centre et le moment précis où le toro baisse la tête à proximité de l'étrier. Le cheval sortira de la séquence en faisant un cercle vers la queue du toro qui se mettra alors à poursuivre la croupe du cheval. Cette manière demande que le toro soit brave et participatif.

• *Al cuarteo* : comme dans la pose des banderilles à pied, cette séquence peut se réaliser dans tous les endroits de la piste. La trajectoire du cheval s'inclinera davantage vers celle du toro pour la couper suffisamment tôt et éviter de se mettre en difficulté. La pose est plus belle si elle est exécutée avec lenteur et maîtrise.

• *Al sesgo* (en biais) : cette manière est utilisée quand le toro se met en querencia près des barricades sans y être collé et qu'il est difficile de l'en faire sortir. Le rejoneador va aller parallèlement aux planches dans le terrain du toro et au moment de l'attaque, si l'espace est suffisant, il se dégagera en plaçant le rejón et en passant le long des tablas, sinon il se dégagera par l'extérieur.

• *De dentro a fuera* (du dedans vers l'extérieur) : dans ce cas, le toro est soit au centre soit au tercio et le cheval se trouve près des tablas. Le rejoneador ira chercher le toro pour l'attaquer vers la partie centrale de la piste.

• *A media vuelta* : exécution de recours quand le toro manque de charge ou présente des difficultés, en abrégeant son élan et en réduisant sa trajectoire, le cavalier surprend l'animal par une attaque courte. On l'utilise pour la pose de banderilles courtes, quand deux cavaliers lidient le même toro ou pour tuer efficacement.

• *Al quiebro* (à l'écart) : le toro étant fixé, le cavalier le cite et au moment où il charge, le cheval commence un mouvement dans une direction puis vire en sens contraire, déviant ainsi la charge du toro. C'est une manière très employée car très spectaculaire et très athlétique de placer les banderilles.

• *Al violín* : en tenant les banderilles dans la main droite, le cavalier présente le côté gauche de son cheval et au moment de la rencontre, il s'incline, passe le bras droit par-dessus sa tête et plante les banderilles par le côté gauche du cheval. Cette manière très spectaculaire a été créée par Bernardino Landete et popularisée par le regretté Ginés Cartagena.

• *À deux mains* : pour cette pose, le cavalier abandonne les rênes et dirige son cheval avec seulement la pression des genoux. Elle demande une importante coordination de l'homme et de l'animal car elle présente de grandes difficultés techniques. Le cavalier attache les traits soit à sa ceinture, soit au pommeau de la selle, cite de loin et au moment de la réunion, exécutée généralement au cuarteo, place les banderilles.

• *Banderilles courtes* : placées soit à une seule main, soit, ce qui est plus rare, à deux mains, les banderilles réduites sont placées sur le morillo.

• *La rose* : création de Ángel Peralta qui imagina de placer, à l'égal des banderilles courtes, une rose semblable à une devise de ganaderia, ce qui nécessite une très grande maîtrise du cavalier et une parfaite coordination avec sa monture.

• *La suerte de matar* : elle est exécutée pour mettre à mort le toro et pour cela le rejoneador utilise soit un rejón spécial soit une épée, ce qui est le plus souvent le cas. L'un ou l'autre sont dissimulés dans du papier crépon, ce qui induit en erreur beaucoup de spectateurs qui ne se rendent pas compte de la réalité des faits : alors qu'ils décrient la mise à mort ou les piques dans la corrida à pied, ils l'admettent dans la course de rejones. Le rejoneador va utiliser un cheval rapide et précis, citera et plantera l'épée dans la partie haute du garrot du toro, si possible dans la cruz. Le cavalier dominant son adversaire, le placement est plus facile qu'à pied et moins risqué. La difficulté est que le toro court et qu'il n'est pas toujours facile de bien ajuster la lame qu'il faut planter quand le toro humilie au moment de la rencontre. Si trois essais sont infructueux, le rejoneador devra mettre pied à terre et avec la muleta et l'épée, ou le descabello, en terminer. Mais il peut aussi déléguer cette charge au matador sobresaliente prévu à cet effet.

*
* *

Je remercie tout particulièrement le matador de toros Patrick Varin *qui a eu la gentillesse de m'accueillir et de répondre à toutes mes questions, me donnant un maximum d'informations concernant la technique de la lidia. Je remercie aussi Jean-Marie* Bourret, *banderillero dans la cuadrilla de Enrique Ponce, les matadors français Stéphane* Fernández Méca *et Denis* Loré *qui ont accepté de répondre à nos interrogations.*

DICTIONNAIRE

Divers collaborateurs ont contribué à l'établissement du Dictionnaire, selon des rubriques spécifiques ; les articles importants sont signés de leurs initiales, comme suit :

Termes concernant le toro :
Pierre Mialane (P.M.)

Ganaderias :
Christophe Chay (C.C.)
Christian Cartoux (Ch.C.)
Rolland Agnel (R.A.)

Termes techniques de la lidia et de la corrida en général :
Robert Bérard (R.B.)

Biographies de toreros :
Rolland Agnel (R.A.)
Robert Bérard (R.B.)
Christophe Chay (C.C.)
Jean-Claude Dufau (J.C.D.)
Jacques Durand (J.D.)
Paul Herménégilde (P.H.)
Jean-Marie Magnan (J.M.M.)
Jean-Baptiste Trouplin (J.B.T.)
François Zumbiehl (F.Z.)

Droit :
Jean-Jacques Pons (J.J.P.)
Philippe Teissier (P.T.)

Arènes importantes :
Robert Bérard (R.B.)

Cinéma :
Bernard Bastide (B.B.)

Anthropologie :
Jacques Massip (J.M.)

Littérature :
Béatrice Mandopoulos (B.M.)

Théâtre :
Daniel Benoin (D.B.)

Traumatologie :
Jean-Pierre Scheiner (J.P.S.)

RÉPERTOIRE DES PRINCIPAUX THÈMES

Entrées concernant la lidia

Adorno
Banderille
Banderiller
Brindis
Bronca
Cargar la suerte
Cartel
Cheval de corrida
Descabeller
Estocade
Indulto
Muleta
Peto
Pique
Piquer
Président
Quite
Recibir
Sorteo
Terrains
Tienta
Toreo
Toreo comique
Véronique
Volapié

Entrées concernant les toreros

Alternative
Apodo
Cornada
Costume de lumières
Espontaneo
Femmes toreras
Montera
Niños toreros
Paseillo, paséo
Statues de toreros
Trophées

Entrées concernant le toro

Afeitado
Âge
Ancienneté
Bravoure
Cabestros
Caste
Consanguinité
Cornes
Ferrage
Fraudes
Genio
Livre généalogique
Odorat
Oreille
Pienso
Poids
Quinto
Retienta
Sélection
Senal
Vision du toro

Entrées diverses

Aficionado
Arte de *Cúchares*
Bande dessinée
Documentaires
Excentricités
Gravure tauromachique
Incidents
Légendes
Mithra
Peinture
Photographie
Presse taurine française
Prix (toros, matadors, matériel...)
Public
Règlement taurin
Symbolique de la corrida
Télévision
Télévision et toreros

A

ABAHIO. Toro de couleur jaune paille très claire.

ABANICANDO. Manière de faire courir le toro. Le torero, coudes relevés, tient la cape déployée au sol à deux mains devant lui et recule selon un trajet plus ou moins sinueux, en gardant les mains basses, forçant le toro à le suivre, tête baissée, par le balancement de la cape. Par ce moyen, il arrive à donner confiance à un toro fuyard ou calme un toro violent, corrige en partie ses défauts de charge ou le fait changer de place lors d'un quite pendant les piques.

Lors du tercio de muleta, à la fin d'une série de naturelles en particulier, on peut assister à une séquence du plus bel effet esthétique, un desplante abanicando, au cours duquel le matador fait virevolter sa muleta par des mouvements circulaires et sinusoïdaux devant le mufle du toro, puis termine en la repliant sous le bras et en se retournant vers le public. R.B.

ABANTO. Qualifie un toro qui court beaucoup dès son entrée en piste, cherche à échapper à l'appel des péons avec les capes, se désintéresse de l'action et fait plusieurs fois le tour de la piste à la recherche d'une sortie. C'est un état passager qu'il ne faut surtout pas confondre avec celui d'un toro manso, car une fois calmé, il se révélera probablement d'une très grande bravoure. R.B.

ABELLÁN Miguel. Miguel Abellán est né le 24 septembre 1979 à Madrid. Il entre à l'école taurine et se distingue au point qu'il remporte en 1996 le concours des écoles taurines nationales. Il débute en novillada piquée le 2 février 1997 à Vinaroz et accomplit pendant deux saisons un parcours prometteur à ce niveau, avec l'aide du fils de Victorino Martín. Miguel Abellán prend l'alternative le 24 juin 1998 à Alicante devant le toro *Guitarra*, d'Alcurrucén. Son parrain était José María *Manzanares* et son témoin Enrique Ponce. Il coupe une oreille à son second toro après avoir fait une vuelta à l'issue de la faena de la cérémonie.

Il débute en France à Nîmes le 19 septembre 1998 devant des Baltasar Ibán avec Stéphane Fernández Méca et Manuel Díaz *el Cordobés*. Puis le 1er novembre 1998, il commence en Amérique à Valencia, Venezuela, devant *Caballero*, toro de la ganaderia de La Ahumada, avec comme compagnons de cartel *Morenito de Maracay* et Dávila Miura. La même année, il confirme à Mexico le 8 novembre avec Federico Pizarro comme parrain, et Fernando Ochoa pour témoin, devant *Tequilero*, toro de Teófilo Gómez. Sa confirmation à Madrid a lieu le 20 mai 1999 devant *Plumito*, toro de Samuel Flores avec Enrique Ponce pour parrain et Vicente Barrera comme témoin.

En 1999, il se maintient à un excellent niveau, mais son parcours est interrompu par une grave blessure reçue à Madrid le 2 juin, quelques jours à peine après y être venu confirmer son alternative. L'année 2000 le voit terminer en cinquième position avec 75 corridas pour 77 oreilles. Abellán remporte quelques triomphes retentissants dans les arènes les plus importantes, comme la Real Maestranza de Séville où il obtient une oreille le 5 mai, et surtout Las Ventas, à Madrid, d'où il sort en triomphe le 2 juin après avoir coupé deux oreilles. Une vilaine blessure subie le 16 juillet à Barcelone ne ralentit pas sa trajectoire pour autant et Miguel continue à accumuler régulièrement les succès jusqu'au terme d'une saison qui confirme sa position de torero complet, vaillant et styliste, qui va affronter le troisième millénaire sous les meilleurs auspices. En 2001, Miguel Abellán a un peu moins toréé, finissant à la huitième place avec 62 corridas pour 73 oreilles coupées. P.H.

ABIERTO. Toro dont la forme des cornes est très ouverte avec les pointes bien écartées.

Se dit aussi du toro au moment où le matador le place pour donner l'estocade.

ABRAZO. Accolade consistant à serrer une autre personne entre ses bras pour lui témoigner son amitié, généralement en lui donnant de légères tapes dans le dos. L'abrazo termine la cérémonie de l'alternative, entre parrain et récipiendaire. De même, lorsqu'un torero dédie la mort de son toro à un de ses pairs ou une personnalité se trouvant dans le callejón. Lors de la remise d'un trophée en piste, l'alguazil donne l'abrazo au matador. Plus couramment, l'abrazo est pratiqué entre les Espagnols lorsqu'ils se retrouvent. R.B.

ABRIR EL CAPOTE (*ouvrir la cape*). Action exécutée par le torero qui déploie sa cape devant le toro chargeant en préliminaire de l'exécution de sa passe.

ABRIR EL TORO. Le torero « ouvre » le toro lorsqu'il l'éloigne de la barricade, pour mieux le maîtriser et ne pas se faire « enfermer » contre celles-ci, ce qui serait très dangereux.

À l'inverse, on ferme le toro distrait ou de charge hésitante en le tournant et en le rapprochant des barrières. « Sortir » le toro signifie l'amener au centre de la piste, le sortir de l'abri des barricades. R.B.

ABRIR PLAZA (*ouvrir la plaza*). Le premier toro qui entre en piste ouvre la plaza. Dans les corridas-concours, ce privilège honorifique est réservé à la ganaderia dont l'ancienneté à Madrid est la plus importante. Dans une corrida normale, l'expression désigne celui des deux toros attribués par le sorteo au maestro chef de lidia (dont l'ancienneté en alternative est la plus importante). C'est le péon de confiance ou l'apoderado qui effectue ce choix portant généralement sur l'animal du lot qui a la moins belle présentation afin de garder en recours le second adversaire. R.B.

ABURRIMIENTO (*ennui*). Morosité totale gagnant inexorablement tout le public quand se déroule une corrida sans aucun intérêt ni le moindre fait digne d'être noté.

ABUYADO. Toro ayant l'apparence d'un bœuf.

ACAPACHADO. Toro aux cornes tombantes et ouvertes.

ACARAMELADO. Toro aux cornes de couleur jaune foncé. Qualifie également un toro « tout sucre tout miel », c'est-à-dire extrêmement facile à toréer.

ACHA SANZ Raúl, *Rovira*. Il est né à Buenos Aires le 3 mars 1920 et abandonne sa nationalité pour devenir péruvien. Après un apprentissage en Espagne, dans les capeas de villages, il retourne en Amérique et connaît quelques succès dans différents pays : Brésil, Pérou, Mexique et Venezuela. Il prend l'alternative le 28 décembre 1945 dans les arènes de Mérida, des mains d'*el Estudiante*. L'année suivante, il est à nouveau en Espagne, et le 24 juin à Barcelone, il reçoit à nouveau l'alternative des mains de Manuel Escudero en présence de Julián Marín et de Luis Briones face à six toros d'Arturo Sánchez y Sánchez et deux de Manuel González, corrida qui obtint un grand succès et lui permit d'être programmé sept fois d'affilée dans la plaza. Il confirme à Madrid le 10 octobre 1946 devant des toros de Joaquín Buendía, avec Rafael Vega de los Reyes *Gitanillo de Triana* comme parrain et *Parrita* comme témoin. Il est à Madrid le 3 juillet 1949 seul contre six toros de Marqués de Albayda. Rovira était un matador d'une indiscutable valeur et très spectaculaire dans ses entrées a matar. Les contrats se raréfient et il disparaît progressivement ; il est encore présent à la corrida le 8 novembre 1965 à Lima, en compagnie de Santiago Martín *el Viti* et de Manuel Benítez *el Cordobés*. R.B.

ACOCHINADO. Se dit d'un toro qui a été outrageusement engraissé, qui manque de forces et ne peut combattre car il s'affale sous son propre poids.

ACOMETIDA. Attaque du toro, que celle-ci soit franche ou incertaine, lente ou rapide.

ACOSAR. Poursuivre le toro.

ACOSTARSE. Se dit du toro qui, en galopant, s'incline de côté pour frapper, ou de celui qui frôle la barrière mais sans s'appuyer (*toro que se acuesta*).

ACTUACIÓN. Actions menées par les toreros lors de la lidia et résultats de celles-ci.

ADELANTADO (*avancé, poussé*). Becerro, novillo ou toro dont on a amélioré la présentation par une alimentation excessive pour lui donner un aspect, un volume et un âge apparent qu'il n'a pas encore et qui, par son allure morphologique, paraît meilleur qu'il ne se révèle ensuite. C'est ainsi qu'on entendra dire que tel toro n'est en fait qu'un utrero adelantado. P.M.

ADEMANES (*gestes*). Gamme de comportements, de gestes expressifs traduisant les plaisirs ou les inquiétudes du toro.

ADENTROS. Partie de la piste située près des barricades où se réfugie le toro qui refuse le combat et vient y trouver protection. Le torero qui ne peut l'en déloger est obligé de réaliser sa faena dans ce terrain réduit.

ADORNO. Ornement exécuté généralement en fin de suerte, après une série de passes, tant à la cape et aux banderilles qu'à la muleta.

L'adorno n'a pas pour but de dominer, mais de compléter par une fioriture une séquence dominatrice. À la cape, le matador pourra par exemple terminer par des passes telles que la chicuelina ou la revolera. Certains toreros ont ainsi remis en vogue des passes tombées en désuétude telles que la mariposa ou la gaonera. Aux banderilles, le matador banderillero pourra exécuter des voltes, des pirouettes, des passages à vide ou des écarts.

Le plus grand nombre d'adornos sont exécutés lors de la faena de muleta : tomber à genoux en jetant la muleta derrière soi et ouvrir la chaquetilla, puis tourner le dos au toro ; embrasser le frontal ; poser le coude sur le frontal avec le poing fermé à l'oreille... et mille autres fantaisies parfois d'une trivialité inqualifiable. Ce genre d'outrances n'est pas le privilège de notre époque puisque des gravures anciennes parues dans *La Lidia* le 23 avril 1883 représentent *Cúchares* couvrant la tête du toro d'un manteau, lui essuyant le mufle avec son mouchoir, lui tournant le dos, accoudé à la barrière et discutant avec les spectateurs ou, mieux, nettoyant ses zapatillas... À la même époque, Antonio Carmona *Gordito* se mettait entre les cornes à genoux devant le toro, debout les bras croisés ou assis sur une chaise... Mais la palme revient à *Guerrita*, ce « monstre de la tauromachie », que l'on peut admirer plaçant un chapeau sur le frontal du toro après en avoir accroché un à chacune de ses cornes !... Imaginons un maestro faisant cela de nos jours ! Et demandons-nous quelle était la réelle sauvagerie de toros permettant de telles fantaisies !... R.B.

AFAROLADA. Passe exécutée avec la cape tenue d'une main et projetée audessus de la tête par un mouvement tournant qui la fait virevolter. Elle se pratique généralement quand le toro vient d'entrer en piste et qu'il galope. Le torero se met à genoux, le long des barrières, cite le toro et donne l'envol à la cape. Il peut en donner plusieurs à la suite ce qui a un grand impact sur le public. On donne à cette passe le nom de *larga afarolada de rodillas*. Elle est qualifiée de *cambiada* si le torero pose sa cape au sol et, lors de l'envolée de la cape, change la direction de la charge de l'animal. Lorsqu'elle est pratiquée devant le toril, on la qualifie de *porta gayola*. Elle se différencie donc d'un farol au cours duquel la cape est tenue à deux mains. Certains matadors donnent cette passe avec la muleta, en la faisant passer par-dessus la tête, comme un ornement en fin de série, après une passe de poitrine de la droite. R.B.

AFEITADO (*épointage*). Pratique consistant à raccourcir les cornes trop pointues, absolument interdite mais fort répandue. Si le fait est découvert, il est impossible de trouver le responsable. Les éleveurs déclarent que leurs toros ne sont pas manipulés : ce n'est pas leur intérêt car ils sont les premiers soupçonnés et souvent condamnés injustement. Les empresas affirment que cela ne les concerne pas car en cas de mécontentement du public, ils seraient tenus pour responsables. Les apoderados soutiennent qu'ils ont d'autres chats à fouetter et que pour la réputation de leurs maestros, il est préférable que les toros sortent entiers. Les matadors et les banderilleros n'approchent pas les toros avant leur sortie en piste, ils se tiennent fort loin de la plaza et on ne peut rien leur imputer. Les gardiens de corrals et autres subalternes disent n'avoir rien remarqué et qu'il n'y a pas d'endroit dans les corrals où l'on puisse pratiquer l'afeitado.

Heureusement, tous les toros ne sont pas traités ainsi. Beaucoup sortent avec les cornes intactes et pointues, généralement quand les maestros en piste ne sont pas de grandes vedettes... Et pourtant, une corne afeitée est aussi dangereuse qu'une corne normale. *Manolete* et *Paquirri* sont l'exemple même du matador tué par un petit toro aux cornes afeitées.

À quelle époque a-t-on commencé à afeiter des toros ? Probablement dès l'instant où la corrida est devenue un spectacle régulier, organisé, et que les meilleurs toreros, générateurs d'importantes recettes, ont pu faire état d'exigences. Déjà, au XVe siècle, la reine Isabelle la Catholique avait souhaité voir *despuntar* (épointer) les cornes des toros ou les gainer d'un étui de cuir protecteur mais dans un but humanitaire : la protection de l'homme. Plus près de nous, Pareja-Obregón, ancien torero et éleveur, affirme : « De tout temps, on a afeité des toros. À l'époque des Mazzantini, *Guerrita* et autre *Espartero* on afeitait déjà les toros ! »

La pire des périodes de cette fraude particulière fut probablement celle de 1940-1970. À l'époque, chaque cuadrilla un peu importante avait un subalterne non déclaré au registre des métiers : le « barbier » ou afeiteur attitré. Celui attaché à Luis Miguel *Dominguín* s'appelait Juanito Martínez, et louait également son talent à Antonio Ordóñez et à Rafael

Ortega ; Antonio Villarán « rafraîchissait » chez Manolo González ; José Martínez de Anta *Rojito* chez Carlos Arruza et Julio Aparicio ; Miguel Criado chez *Litri* et *Pedrés*, etc. Profanation suprême : un de ces ateliers bien particuliers se tenait au sein même de la Maestranza de Séville, un des lieux mythiques de la corrida !

Pour afeiter un toro, on enlève la partie terminale de la corne, le diamant, c'est-à-dire la partie la plus dure. Si elle est exécutée avec soin, l'opération est sans douleur. Mais certains n'hésitent pas à enlever davantage, jusqu'à cinq à six centimètres de corne ; la pointe n'étant plus protégée, le toro éprouvera des difficultés au moment de frapper. Prétendre qu'il perd toute notion des distances est cependant faux car le toro rectifie très rapidement cette différence, en réalité minime. D'ailleurs, si l'animal voulait simplement effleurer le torero, cette diminution aurait une grande importance, mais comme il cherche à frapper pour tuer, quand la corne pénètre, qu'elle soit plus ou moins courte n'a aucune espèce d'importance car la force de l'animal est telle que la chair de l'homme n'y résiste pas. En revanche, les ravages dans la blessure sont catastrophiques.

L'action d'attraper le toro, de l'enfermer dans un appareillage complexe et étroit où il est attaché et immobilisé (le *cajón*), le terrifie, lui qui n'a connu jusque-là aucune contrainte. Et ce choc psychologique est plus important que le raccourcissement des pointes. Il semblerait que l'intervention actuelle soit plus expéditive : on anesthésie à distance au moyen d'un pistolet, ainsi l'intervention rapide ne nécessite pas le lourd matériel décrit plus haut.

Tous les toros combattus dans les corridas équestres sont outrageusement afeités et leur armure considérablement raccourcie, le bout de la corne étant suffisamment large pour éviter toute blessure du cheval. Malgré cela, on constate que leur combativité n'en est pas émoussée pour autant, contrairement à une opinion répandue.

L'afeitado est surtout condamnable parce que c'est une manipulation qui porte atteinte à l'intégrité du toro et qu'elle ne respecte pas l'éthique de la corrida, trop souvent attaquée par ailleurs. R.B.

AFEITER ou ÉPOINTER. Action d'effectuer l'afeitado.

AFICIÓN. Goût, qui devient parfois immodéré avec le temps, pour tout ce qui concerne les toros et la tauromachie, et que l'on acquiert quelles que soient ses origines, sa culture préalable ou son âge.

AFICIONADO. Personne *habitée* par les toros, qui aime la tauromachie et a une connaissance de la lidia plus approfondie que la plupart des spectateurs d'une corrida. Grâce à cette connaissance, il lui est possible de mieux apprécier les diverses phases d'une course.

La coutume, sinon la tradition, veut que l'on partage les aficionados en deux groupes : les *toristas* qui donnent la primeur au toro, et les *toreristas* qui préfèrent donner la priorité à l'homme.

Pour les toristas, les toros doivent être forts, puissants, sauvages, hargneux, avec des cornes impressionnantes, très aiguës, si possible larges et vers le haut, dotés d'un morillo marqué. Ils doivent se battre avec acharnement, mettant en difficulté les toreros, qu'ils soient banderilleros, picadors ou matadors. L'important c'est la lidia, la stratégie que l'homme utilisera pour essayer de dominer le monstre. Pas de recherche esthétique. Il faut essayer de retrouver les canons du passé, l'orthodoxie qui n'a pourtant jamais existé. Les toristas vous diront leur admiration pour Belmonte oubliant qu'il a été le premier à introduire la notion de toreo, d'esthétique gestuelle dans la corrida. Ils veulent des belluaires, des hommes qui s'accrochent, se mettent à la pointe des cornes et se « jouent la peau » devant des monstres. Ils sont exigeants sur la présentation, voient des toros afeités ou diminués dans tous ceux qui sortent du toril, sont obsédés par le toreo de profil et regardent à tout moment si le torero charge la suerte, met la jambe en avant, toujours prêts à dire qu'il n'a pas dominé son adversaire, et sont très pointilleux sur la place de l'épée lors de l'estocade. Certains vont même jusqu'à contrôler le temps qui s'écoule, en particulier pour les avis au matador. Ils ne sortent satisfaits d'une corrida que s'il y a eu du danger et que les hommes ont été en péril, commentent les séquences avec méticulosité, détaillent les passes et critiquent tout ce qui n'est pas conforme au règlement et aux principes édictés par les tenants de l'orthodoxie.

Les toreristas sont tout aussi acharnés. Pour eux, ce qui compte avant tout, c'est la manière dont le torero va construire une œuvre avec le toro qui est en piste. À leurs yeux, le toro ne doit pas être un de ces monstres lourds et sans grâce. Ils préfèrent des toros plus légers mais plus vifs, s'engageant bien dans les leurres, faisant preuve de noblesse et d'alegría. Le combat violent ne les passionne pas. Ils préfèrent un ballet entre un homme et un animal qui se soumet progressivement aux enchantements que lui suscite le leurre. La longueur des cornes et leur pointes acérées n'est pas leur centre d'intérêt mais ils n'acceptent pas, toutefois, que le toro ait les cornes raccourcies à outrance. Ils souhaitent que les toros en piste aient une agréable présentation, qu'il soient beaux, esthétiquement, morphologiquement, sans aller dans les extrêmes qu'ils trouvent pesants. Leurs toreros préférés ne sont pas les belluaires, mais ceux qui, immobiles, attendent la charge avec sérénité, donnent des séries de passes enchaînées, douces et suaves, qui entraînent les toros dans des itinéraires subtils et soyeux, qui fascinent la bête et le public. La beauté des gestes et des enchaînements est plus importante que l'affrontement.

C'est à une recherche de l'harmonie qu'ils aspirent. Peu leur importe le temps qui s'écoule à condition qu'il soit agréable. Si un torero a des difficultés, ils ne lui reprocheront pas de ne pas les surmonter et ils accepteront qu'il abrège son travail puisqu'il ne peut réaliser l'œuvre telle qu'il sait la faire. Ils ne sont pas pointilleux sur le cargar la suerte ou le toreo de profil à condition que les séries soient les séquences subtiles et poétiques. Ils voient l'esthétique des enchaînements et en retiennent les détails les plus précieux. Ils pardonnent volontiers les petites erreurs techniques, à condition que l'œuvre construite soit belle. Ils sont capables de mesurer les manques techniques, mais ils négligent d'en tenir compte. Pour eux la corrida est avant tout la construction d'une œuvre d'art éphémère.

Il existe enfin un troisième groupe d'aficionados qui ne veut pas faire partie des chapelles et qui sait goûter les beautés plastiques d'une belle faena ou des enchaînements à la cape, apprécier les charges d'un toro vers le groupe équestre et la manière dont il affiche sa bravoure en poussant avec régularité puis en revenant au cheval, qui voit avec précision la manière dont est portée l'estocade ou placées les banderilles mais vient au arènes sans a priori, pour assister à un moment de communion intense lors de ces séquences imprévisibles qui n'existent que si peu de temps. Cet aficionado est probablement le plus compétent, le plus talentueux, le plus digne de cette appellation d'*aficionado a los toros*. Il participe en y prenant plaisir, il vibre lors des séquences, il vit intensément le moment présent sans chercher à noter des détails qui, la corrida finie, seront rapidement oubliés. Il va aux arènes avec une « naïveté » précieuse, ce qui ne signifie pas qu'il soit incompétent. Il ne se contente pas d'être spectateur, il est porté par ce qui se passe en piste, il communie avec les acteurs du drame esthétique et sanglant qui se déroule dans le ruedo et le transcende, ce qui en justifie l'existence.

Après la corrida, les aficionados se rassemblent généralement pour échanger leurs impressions, confronter leurs appréciations sur les séquences auxquelles ils ont assisté. Ces échanges sont le plus souvent spontanés et l'occasion de retrouver quelques connaissances. Toutefois, des groupes institutionnalisés organisent des commentaires structurés avec des intervenants réputés pour leurs connaissances, qui détaillent les divers moments de la corrida de l'après-midi. Ces *tertulias* peuvent être intéressantes pour des néophytes qui confronteront ainsi leur ressenti de la course avec les commentaires de personnes plus averties. Mais en se souvenant que, généralement, les commentateurs émettent des opinions souvent techniques et fréquemment sévères, négligeant l'aspect émotionnel ou artistique de la corrida. Car il est beaucoup plus difficile de faire partager une émotion que de décortiquer des séquences ou la manière d'exécuter des passes.

Nombreux sont les aficionados qui sont aussi collectionneurs. Pour beaucoup, la première des collections est celle des billets des corridas auxquelles ils ont assisté, soigneusement classés par ordre chronologique avec mention du cartel au dos et accompagnés des cartelitos correspondants. Puis les billets portant les autographes des maestros qu'ils ont eu l'occasion de rencontrer avec, si possible, leurs photographies dédicacées. La plupart achètent des livres concernant la corrida, ouvrages techniques ou albums photographiques comme on en trouve couramment désormais. Un large choix leur est proposé et c'est en fonction de leurs aspirations qu'ils choisiront leurs ouvrages. Pour certains ce sont les éditions anciennes ou les premiers tirages qui auront leur préférence car les ouvrages sont plus rares. D'autres collectionnent les affiches, de grand ou petit format, cherchant le maximum de diversité ou se contentant d'une seule arène. Pour certains les *cartelitos* suffiront car ils sont semblables aux affiches mais de tout petit format. Les collectionneurs de cartes postales anciennes représentant des corridas, des toreros ou des arènes sont fort nombreux. Plus rares sont ceux qui recherchent les revues et journaux car ceux des années 1900 sont à présent presque introuvables.

Grâce aux avancées technologiques, on peut de nos jours se procurer en cassettes vidéo ou en DVD des copies de films et de documentaires tauromachiques et, si la plupart des disponibilités sont encore du domaine documentaliste, le choix s'élargit progressivement. Enfin, certains aficionados recherchent les objets qui représentent la corrida sous ses divers aspects : cape, muleta, épée et même costume de matador ou de banderillero, tête de toro taxidermisée ou mille et un bibelots allant de la bouteille ayant la forme d'un torero à la danseuse gitane et aux éventails décorés de séquences tauromachiques. On rencontre ainsi des amateurs qui ont accumulé des trésors de documentation et des témoignages importants sur les diverses temporadas qu'ils ont suivies et leur maison a été transformée en véritable musée à la gloire d'un maestro ou de la corrida. Plus rares sont ceux qui ont rassemblé des peintures et des sculptures représentant les divers moments de la corrida car, on s'en doute, les moyens financiers nécessaires sont beaucoup plus importants.

Les peñas et les clubs taurins rassemblent beaucoup de ces aficionados qui, en dehors de la temporada, se retrouvent pour revivre ensemble les moments forts de la saison passée et organiser des activités qui peuvent aller du simple repas pris en commun à la soirée thématique où l'on invite des professionnels à venir témoigner, participer à un débat, répondre à des questions techniques ou concernant leur carrière et leur approche de la tauromachie. Ces soirées sont des moments forts car on peut ainsi avoir une approche plus subtile des divers actes de la tauromachie. Beaucoup de ces associations organisent aussi des déplacements en Espagne, lors des grandes férias, ou des voyages au cours desquels les participants visitent des ganaderias, rencontrent des éleveurs, assistent ensemble à des corridas dans les plazas ibériques. Ce qui est une expérience fort passionnante qui leur permet d'élargir le champ de leur approche tauromachique.

En vérité, pour le véritable aficionado, la tauromachie est présente tous les jours de l'année ou presque car il a toujours des activités, des lectures, des rencontres possibles qui lui permettent de vivre sa passion et d'élargir le champ de ses connaissances. De longues années de fréquentation des arènes lui ont appris l'humilité, la modestie dans ses jugements et en particulier un grand respect des toreros, qu'ils soient vedettes ou subalternes, partageant avec plaisir leurs moments de triomphe mais ne les conspuant jamais lorsqu'ils connaissent des difficultés dans la piste. R.B.

AFILIAR (*affilier*). Après le marquage au fer, on laisse les taurillons rejoindre spontanément leur mère pour prouver au délégué de l'autorité chargé d'authentifier les opérations que tel taurillon est bien le fils de telle vache, comme spécifié sur les divers documents. Voir aussi LIVRE GÉNÉALOGIQUE. P.M.

AFRICANO el.
Voir BALLÓN Manuel.

AFUERAS. Terrain situé au centre de la piste, considéré comme l'endroit où le toro exprime le plus sa bravoure et sa combativité.

AGALGADO (de *galgo*, lévrier). Toro dont la silhouette évoque celle du lévrier.

ÂGE. Selon leur âge, les animaux ont des appellations différentes.
• *Choto* : animal ayant moins d'un an.
• *Añojo* : un an révolu.
• *Eral* : deux ans accomplis.
• *Utrero* : entre trois ans et quatre ans.
• *Toro* : à partir de quatre ans.

Dans la pratique taurine, on recouvre du terme général de becerro les añojos et erales, de celui de novillo les utreros, et de toro tout animal adulte au-delà de la quatrième année.

Pendant des décennies, les usages et les goûts du public pour une corrida sauvage et féroce qui n'a rien de comparable avec celle de nos jours tinrent lieu de règlement. Et pour que les toros répondissent à ces critères de sauvagerie, il fallait obligatoirement qu'ils eussent six ou sept ans. Puis, sous l'influence de Belmonte qui invente un toreo plus statique et esthétique, réclamé par les foules, le torero combat des animaux plus jeunes donc moins violents.

En 1917, un règlement (qui ne s'imposait qu'aux dix ou douze premières arènes d'Espagne, aux autres si le gouverneur provincial le souhaitait) définit un âge minimal pour les toros présentés en corrida : au moins cinq ans. Et pour la première fois apparut la mention d'un poids minimal, sous peine d'amende.

En 1923 (modifié en 1924), toujours sous l'influence du toreo révolutionnaire de Belmonte, sort un nouveau texte qui abaisse d'un an l'âge des toros. En revanche, le poids minimum imposé augmente légèrement, passant de 550 à 570 kg. Cette décision étonnante poussait à engraisser un toro en pleine forme physique mais « réglementairement » un peu juste. Cette surcharge pondérale ne fera rien à l'affaire et sera à l'origine de bien des déboires par la suite.

En 1930 est promulgué un nouveau règlement s'imposant à l'Espagne entière, mais comprenant une coupable hérésie puisqu'il est stipulé : « en corrida de toros les animaux devront avoir plus de 4 ans et moins de 7 », « en novillada les animaux auront plus de 3 ans et moins de 6 ».

Ce qui revient à accepter, en toute légalité, que des novilleros puissent affronter des adversaires ayant presque six ans, alors que les grandes vedettes mettront beaucoup de soin à ne combattre que des animaux de quatre ans, ce dont elles ne se priveront pas. « Dans les novilladas, les toros employés sont souvent plus grands et plus dangereux que ceux des corridas de toros, les novilleros étant forcés d'accepter les toros refusés par les étoiles de leur profession » (Ernest Hemingway, *Mort dans l'après-midi*).

Cette discordance, tout de même bien paradoxale, mettra trente-deux ans à se voir rectifiée (règlement de 1962). Depuis cette date les textes successifs précisent : « animaux de 2 à 3 ans en novillada sans picadors ; animaux de 3 à 4 ans pour les novilleros ; animaux de 4 à 6 ans pour les matadors de toros ».

Malgré le règlement de 1962, la tricherie sur l'âge en faveur des vedettes continuera de plus belle. Pendant toutes les années 1960 la corrida se trouve enlisée dans les marécages de la fraude sur l'âge et de l'afeitado. Au cours de ces années on pouvait constater, lors d'examens post mortem, que des animaux réservés aux vedettes avaient parfois entre deux ans et demi et trois ans. Ceci est tellement manifeste sur les documents photographiques ou cinématographiques que les jeunes aficionados qui n'ont pas connu cette période ne manquent pas de la brocarder. Car les thuriféraires de cette époque persistent à produire des articles hagiographiques, des albums et des cassettes vidéo à la gloire de ces prestigieux faussaires, productions dans lesquelles les auteurs font assaut de laudes bouleversantes.

Fin septembre 1966 au Congrès de Séville, la délégation française (« Les Amis des toros » dirigée par Maurice Figères et l'« Union des clubs Ricard » par Marcel Salem) arrivera à faire adopter le marquage de l'année au fer rouge, ce qui se faisait depuis bien des années en France, chez Yonnet. Cette proposition entraînera bien des réticences dans le mundillo, on s'en doute, et n'entrera en vigueur qu'en 1969 (arrêté du gouvernement espagnol du 4 avril 1968) ; elle ne concernera donc que des toros marqués en 1969 et sortant en piste en 1973. Malgré quelques dérapages et pratiques douteuses vite sanctionnés, l'adoption de cette mesure a largement amélioré la présentation du bétail de corrida. Les toros présentés de nos jours ont généralement l'âge requis et bien meilleure allure que ceux de certaines époques même si divers problèmes (faiblesse des pattes, dilution de la caste et de la bravoure) restent en suspens. P.M.

ÂGE D'OR. L'appelation d'« âge d'or de la tauromachie » a été inventée par certains historiens pour désigner l'époque au cours de laquelle Belmonte et *Joselito* étaient en compétition. Elle est reprise avec complaisance parfois sans tenir compte des événements tauromachiques qui ont pu avoir lieu depuis 1920... R.B.

AGOSTERO (de *agosto*, août, « enfant du mois d'août » ; en Camargue, « aoûtien »). Animal conçu hors des périodes traditionnelles et né l'été alors que ses frères et sœurs naissent en hiver. Par dérision, peut qualifier un animal né des amours illégitimes d'une vache et d'un étalon inconnu s'étant échappé d'un élevage voisin. P.M.

AGOTADO. État du toro épuisé par le combat.

AGUANTANDO. Manière de porter l'estocade. Alors que le torero s'apprête à porter le coup d'épée, le toro charge brutalement sans être sollicité et c'est là que le matador place sa lame. Cette manière de s'engager diffère totalement du recibir.

AGUANTAR (*endurer*). Un maestro « aguante » quand il reste absolument immobile lors de la charge du toro, ou lorsque celui-ci s'arrête et réfléchit. Il faut à l'homme une maîtrise exceptionnelle de ses réflexes et de ses réactions, un courage hors du commun. Depuis *el Cordobés*, Dámaso González et Ojeda, on voit de plus en plus de toreros qui adoptent ce style de toreo ou s'y essaient. Si le toro charge de façon rectiligne, cela peut être assez facile. Mais lorsqu'il s'arrête en charge ou manifeste des réactions imprévues, l'émotion est intense si le torero reste absolument imperturbable. R.B.

AGUANTE. Faculté qu'ont certains toreros de rester absolument immobiles dans des moments critiques, comme lorsque le toro arrête brusquement sa charge alors que l'homme se trouve à portée des cornes.

AGUASCALIENTES (Mexique. Mexico 480 km). Fondée en 1575, cette agglomération de 507 000 habitants est une importante station thermale et un centre industriel en pleine expansion, situé au milieu d'une plaine fertile. Les arènes, d'une contenance de 10 000 spectateurs, ont été inaugurées le 23 novembre 1974 par une corrida de six toros de la ganaderia de Torrecillas, qui ont été combattus par Manuel Martínez, Eloy Cavazos et Fermín Espinosa *Armillita*, dont c'était l'alternative. R.B.

AGUÍN OCHOA Ricardo, *el Molinero*. Bien que né à Paris le 30 avril 1970, il a passé toute sa jeunesse à Saragosse. Après voir participé à 52 novilladas piquées, il reçoit l'alternative le 4 juillet 1993 à Saragosse devant *Sorpreso*, toro de la ganaderia de Los Guateles, avec pour parrain Miguel Espinosa *Armillita Chico* et comme témoin José Arroyo *Joselito*. Il se présente en Amérique à Maracaibo, au Venezuela, le 21 novembre 1993, devant un lot de la ganaderia Tierra Blanca en compagnie de Tomás Campuzano et de José Antonio Valencia.

Il confirme à Madrid le 27 août 1995 face à *Palomito*, toro de la ganaderia de Molero Hermanos, avec Emilio Silvera pour parrain et Antonio Mondejar pour témoin. Il débute en France à Béziers le 21 juillet 1996, alternant avec Óscar Higares et Juan José Padilla face à un lot d'Eduardo Miura. R.B.

AGUIRRE Dolores (Dolores Aguirre Ybarra)
Origine : Atanasio Fernández-Conde de la Corte
Devise : jaune et bleu
Ancienneté à Madrid : 20 mai 1974
Propriété : « Dehesa Fría », Constantina (Séville)

José Castellano Duque acquiert en 1946 un élevage jusqu'alors détenu par Eustaquio Parrilla. Trois ans plus tard, l'élevage est divisé en deux lots et réparti entre les fils de Castellano, Julián et Antonio. Par la suite, Antonio vend sa part à Pablo de la Serna Gil ainsi que le fer et les devises d'origine. Le troupeau passe en 1963 entre les mains de Pilar Fernández Cobaleda, qui modifie le fer ainsi que le nom : « Campocerrado ». Le sang antérieur est éliminé au profit d'une origine formée avec une base de bétail d'Atanasio Fernández. La comtesse de Donadío rachète le nouvel ensemble en 1971 et en modifie encore le fer. À partir de cette année, la propriétaire consolide l'origine définie en intégrant au troupeau un nouveau lot de vaches d'Atanasio Fernández. Elle vend finalement l'élevage en 1977 à Dolores Aguirre Ybarra. Deux ans plus tard, l'actuelle propriétaire inclut dans le troupeau deux étalons de Conde de la Corte, respectivement baptisés *Alí* et *Tamaris*.

Les toros importants :

- *Clavelillo*, combattu le 8 mai 1985 à Saragosse par Justo Benítez (deux oreilles).
- *Guindoso*, combattu le 28 août 1988 à Colmenar Viejo (Madrid) par José Luis Palomar (demande de grâce et tour de piste posthume accordé à la dépouille).

Les toros de Dolores Aguirre font partie des fauves redoutés par la plupart des toreros. Exprimant une grande agressivité en piste, ils se définissent par une grande mobilité, souvent difficile à canaliser. Généralement mansos sous le fer du picador, les « Dolores » fuient les châtiments et sont de redoutables sauteurs de barrière. Habitués des férias de Madrid, Bilbao et Nîmes, les toros de Dolores Aguirre ont toujours assuré en piste le spectacle, faisant souvent passer des moments difficiles aux hommes vêtus de lumière. C.C.

AGUIRRE FERNÁNDEZ-COBALEDA Hermanos FERNÁNDEZ IGLESIAS Herederos de Atanasio
Origine : Tamarón-Conde de la Corte
Devises : vert et incarnat pour les deux
Ancienneté à Madrid : 10 juillet 1864 (Atanasio) et 26 mai 1988 (Hermanos)
Propriétés : « Campocerado », Martín de Yeltes, et « Martihernando », Campillo de Azaba (Salamanque), Espagne

La propriété est située sur l'axe Salamanque-Portugal, dans un paysage découpé de murets en pierres sèches, de chênes et de prés. La devise rouge et verte d'Atanasio, sous ses deux formes actuelles, est aussi réputée dans le Campo Charro que l'encaste Domecq l'est dans le sud de l'Espagne. Toro reconnaissable à son pelage en grande majorité *burraco* (grosses taches blanches sur le bas du corps), puis à la façon de se comporter en piste lors du troisième tercio, où généralement il finit fort son combat. Avec ces toros, les faenas vont souvent de menos a más, c'est la raison pour laquelle les toreros les préfèrent. Toutes les figuras du toreo les ont affrontés et depuis des décennies leur cote reste élevée. À la mort de Barnabé Cobaleda, en 1929, ses enfants Juan et Natividad Cobaleda Sánchez se partagèrent la ganaderia d'origine Nazario Carriquiri, achetée en 1908 aux héritiers de Conde de Espoz y Mina, et augmentée en 1925 par un apport de bêtes de Conde de la Corte. En 1930, l'époux de Natividad, Atanasio Fernández, acheta un lot de vaches ainsi qu'un étalon au comte de la Corte. Il les mélangea aux autres têtes de bétail pour obtenir le sang actuel du cheptel. Le deuxième fer est formé exclusivement du bétail d'Atanasio Fernández. Nombreux sont les éleveurs qui lors de cette décennie se sont rendus à la propriété « Campocerado » en quête de vaches et de reproducteurs capables de rafraîchir le sang de leurs ganaderias. Les arènes d'Arles se souviennent encore du toro *Botanero* qui, lidié le 13 septembre 1992, après avoir livré un superbe combat face à Enrique Ponce, effectua un tour de piste posthume. Ch.C.

AGUJAS (*aiguilles*). Cornes très fines. Qualifie également les côtes de la partie avant de la cage thoracique du toro.

AHONDAR. Enfoncer l'épée déjà en place.

AIXELÁ Pedro, *Peroy*. Nul n'est certain de la date de naissance de *Peroy*, que certains fixent le 16 septembre 1824 et d'autres le 15 octobre 1827, à Torredembarra dans la province de Tarragone. Dans sa jeunesse il est charretier dans l'entreprise paternelle de diligences qui font la route entre Barcelone et Saragosse. Après le décès de son père, il continue la même profession puis abandonne la direction à ses oncles pour s'intéresser à la tauromachie. En septembre 1852, José Redondo remarque la prestation de *Peroy* qu'il félicite et qu'il prend sous sa protection pour le former. Mais il ne pourra tenir ses engagements car il meurt peu de temps après. *Peroy* continue à se produire dans sa région et on le voit même à Nîmes le 21 mai 1854, sous le nom de « *don Pedro* », où la chronique prétend qu'il alla même jusqu'à chevaucher des toros ; ce qui incita le Madrilène *el Sastre* à toréer, dans la même plaza, le 10 septembre suivant, monté sur des échasses !

Peroy poursuit sa carrière en Espagne, où il paraît à Barcelone et dans diverses plazas catalanes. Enfin, Julián Casas *el Salamanquino* lui donne l'alternative à Barcelone le 12 juin 1864. En 1870, il torée en Amérique du Sud, à Montevideo ou Buenos Aires.

Victime d'une grave maladie, il meurt le 4 mars 1892 à l'hôpital del Sagrado Corazón de Barcelone. R.B.

ALAMARES. Ornements de passementerie de la *chaquetilla* du torero. Les ornements pendants sont appelés *machos.*

ALANCEAR. Combat du toreo à cheval qui consistait à tuer le toro avec une lance. Exécuté par les cavaliers espagnols jusqu'au XVIe-XVIIe siècle, comme exercice préparatoire à la guerre.

ALANO (*dogue*). Race de chien particulière résultant du croisement du dogue allemand ou danois et du lévrier, élevée avant l'apparition des cabestros dans le but d'agresser et de réduire un toro que le matador malchanceux n'avait pu estoquer. Des aides intervenaient alors armés de la media luna, sorte de serpe montée sur un long manche en bois pour trancher les jarrets du toro. Ce lamentable spectacle d'une meute de chiens déchaînés fut interdit en novembre 1849, mais l'utilisation de la media luna, spectacle tout aussi exécrable, persista encore vingt à trente ans. P.M.

ALBACETE (Espagne. Madrid 250 km – Valence 183 km – Murcie 146 km). Chef-lieu de province au sud-est de Madrid, Albacete, 130 000 habitants, organise une féria chaque année au début septembre. La ville possède une plaza dont la construction commença en 1828, d'une capacité de 7 400 personnes, fut achevée l'année suivante et inaugurée le 8 septembre 1829. Elle fut utilisée jusqu'en 1917, année de sa reconstruction. Les nouvelles arènes furent inaugurées le 9 septembre 1917 avec un cartel composé de Gaona, *Joselito* et *Saleri II*, avec des toros de don Fernando Villalón. La capacité actuelle est de 12 000 spectateurs. R.B.

ALBAICÍN.
Voir GARCÍA ESCUDERO Ignacio Rafael.

ALBARDADO. Toro possédant tout le long de sa colonne vertébrale une large bande de couleur distincte (généralement plus claire) de celle de sa robe. Même caractéristique qu'un toro listón, mais la largeur de la bande est ici beaucoup plus importante. Peut également définir un toro possédant sur le dos une large tache en forme de selle ou de fer de hallebarde. P.M.

ALBARRÁN Flores
(Herederos de Flores Albarrán)
Origine : Conde de Santa Coloma-Joaquín Buendía
Devise : bleu et café
Ancienneté à Madrid : 19 mars 1943
Propriété : « La Medianería », Andújar (Jaén)

C'est sous l'impulsion de Gil de Flores que cet élevage est formé à la fin du XVIIIe siècle. Il passe entre les mains de Fructuoso Flores avant d'être dirigé à partir de 1898 par sa veuve et ses fils. Le troupeau est vendu en 1925 à la famille Flores Albarrán qui modifie fer et devise tout en ajoutant des têtes de bétail du marquis de Cúllar de Baza. Les nouveaux propriétaires rajoutent successivement un étalon de Santa Coloma en 1932, un lot de Celso Pellón en 1934 et l'élevage d'Eizaguirre y Tejerina l'année suivante. Le troupeau est considérablement réduit au cours de la guerre, puis augmenté en 1946 par un lot de vaches de Samuel Hermanos. L'élevage est pris en charge à partir de 1956 par Daniel et Pedro Flores Albarrán sous la nouvelle appellation « Herederos de Flores Albarrán ». Ces derniers achètent à Ana Carolina Díez Mahou un étalon de Santa Coloma, *Guitarrero*, n° 123, puis en 1972 un nouveau reproducteur de la même origine, *Venturero*, n° 71, avec un lot de vaches de deux ans, également santacolomeñas. Depuis, l'origine de l'élevage est fixée à partir des étalons de pure souche Santa Coloma issus de cette sélection.

Les toros importants :

- Novillada combattue à Barcelone, le 19 mars 1985 (ovation pour les six novillos, à l'arrastre).
- Novillada combattue à Palma de Mallorca, le 14 juillet 1985 (lot très brave permettant le triomphe de Rafael

Camino, qui effectua un tour de piste final avec le mayoral de l'élevage).
• Novillada combattue à Saragosse, le 7 octobre 1985 (trois oreilles coupées par Joselito, qui sortit en triomphe).

Assez prisés au milieu des années 1980, les toros de Flores Albarrán ont quelque peu reculé sur l'échiquier ganadero espagnol. Souvent combattus dans des arènes espagnoles de deuxième et troisième catégorie, ces toros sont aujourd'hui réservés à des toreros assez modestes. Ils représentent toutefois un certain gage de succès et sont programmés de nombreuses fois sur des cartels mineurs de novilladas et de corridas de rejón. C.C.

ALBASERRADA Excelentísimo Señor Marqués de

Origines : Isaías y Tulio Vázquez et Juan Pedro Domecq
Devise : vert, rouge et blanc
Ancienneté à Madrid : 1er mai 1963
Propriété : La « Mirandilla », Gerena (Séville), Espagne

À trente kilomètres au nord de Séville, dans la propriété « Mirandilla » de 525 hectares, sur laquelle paissent 200 vaches bravas, deux personnes s'occupent de la ganaderia composée de toros issus de Tulio y Isaías Vázquez et Juan Pedro Domecq : le ganadero, le marquis d'Albaserrada, de son vrai nom José Luis García-Samaniego y Queralt, et le mayoral Benito Quinta qui a été formé dans la ganaderia de Concha y Sierra.

L'ancienne ganaderia d'Albaserrada (le fer d'origine est de nos jours la propriété de Victorino Martín) appartenait au grand-père maternel du marquis actuel. Celui-ci acheta son élevage en 1947, modifia le fer, créant sa ganaderia avec du bétail d'origine Tulio et Juan Pedro Domecq. Les Albaserrada sont des toros fins de type, solides, avec de belles têtes très armées aux cornes acérées. Ils ont un tempérament combatif, souvent difficiles à maîtriser. On peut constater l'intérêt porté à cet élevage par les arènes françaises toristas de Vic-Fezensac et d'Alès. L'élevage du marquis d'Albaserrada est riche d'histoire et de trophées. Un toro a honoré cette ganaderia : *Laborioso*, gracié à Séville le 12 octobre 1965. Sa tête naturalisée orne un des salons de la propriété et deux azulejos perpétuent son souvenir, l'un à la propriété, l'autre aux corrales de la Maestranza de Séville. Ce novillo, affiché avec un poids piste de 425 kg, combattu par Rafael Astola, était né le 12 décembre 1961 à la « Mirandilla » où, par la suite, il vécut paisiblement pendant onze années, couvrant cinquante vaches annuellement. Le marquis ajoute que les fils de *Laborioso* ne l'ont jamais déçu. Autres toros célèbres du même fer : *Señorito*, en 1963 à Madrid, effectuera une vuelta posthume, après avoir reçu cinq piques, et *Sobrerero*, en 1984, obtint à Madrid le prix du meilleur toro lors de la corrida de la Presse. Ch.C.

ALBAYDA Herederos del Excelentísimo Señor Marqués de

Origine : Parladé (Tamarón, Conde de la Corte, Juan Pedro Domecq)
Devise : rose et jaune
Ancienneté à Madrid : 27 juin 1929
Propriété : « Mozarbitos », Aldehuela de la Boveda (Salamanque), Espagne

Située sur l'axe Salamanque-Portugal, dans la province du Campo Charro qui est réputée pour ses élevages de toros, la ganaderia de Marqués de Albayda occupe des hectares de terres vallonnées, riches de chênes, où est érigée à l'orée des arbres une sculpture en bronze de l'un des toros. Cet élevage ancien a contribué aux triomphes de figuras du passé et demeure l'un des favoris des toreros actuels. Ganaderia historique, elle fut fondée à la fin du XVIIIe siècle. Au début du XXe siècle, en 1909, un ganadero de Terrones de la région de Salamanque, Eloy Sánchez Hidalgo, se porte acquéreur de produits d'origine Parladé (Tamarón et Conde de la Corte) à un ganadero portugais, Alves do Río. En

1928, l'aristocrate Antonio Pérez de Herrasti, marquis de Albayda et comte de Antillón, achète l'élevage pour l'installer sur ses terres dans le Campo Charro. Ses toros sortent pour la première fois à Madrid le 27 juin 1929. Date importante, car le toro *Amargoso* permit au matador Marcial Lalanda de triompher. Les années qui suivront (décade 1930) seront marquées par de grands succès : *Espartero*, lidié par Vincente Barrera à Barcelone le 10 juin 1930, *Mancheguito*, qui obtiendra le 1er prix de la corrida-concours de Salamanque organisée le jour de la San Mateo en 1930, et *Vinatero*, estoqué par le maestro valencian Vincente Barrera lors de la première féria de Salamanque en 1939. Le marquis, grand aficionado possédant de nombreuses propriétés sur tout le territoire espagnol, a connu le succès dans l'élevage du toro bravo, mais aussi dans d'autres activités d'éleveur : croisements de chevaux, moutons (mérinos), vaches domestiques, chiens qui seront toujours parmi les meilleurs. En 1968, fatigué peut-être d'une vie trépidante, il décide de céder ses produits au ganadero sévillan Clemente Tassara, se réservant néanmoins un petit lot de vaches et sementales. Il récupère peu de temps après son fer, ses couleurs et l'ancienneté d'origine. Un an avant sa mort, il achète un étalon à Juan Pedro Domecq. Après la disparition du marquis en 1974, la ganaderia est répartie entre ses héritiers. Depuis cette époque, son fils Alfonso Pérez de Herrasti y Narváez exploite avec l'encaste d'origine, aidé par le mayoral Lorenzo Román Martín, l'élevage fondé par son père. Pendant les années 1990, cette ganaderia peu utilisée a quand même fait parler d'elle dans les arènes de Madrid ou Salamanque et reste appréciée des figuras du moment. Ch.C.

ALBOROTO (*tapage, vacarme*), **TACO** (*confusion, pagaille populaire*). Liesse déclenchée dans les gradins par un très gros succès. Terme tombé en désuétude et se voyant remplacé par *taco* dans l'expression « armar el taco » qu'on pourrait traduire par « faire un scandale » dans le sens sympathique du terme et réservé au torero responsable par son art ou son dynamisme d'une allégresse générale tonitruante. P.M.

ALCALÁ DE HENARES (Espagne. Madrid 32 km). Ville de 65 000 habitants, possédant une très belle université fondée en 1498, on y trouve aussi la « Maison de Cervantes », reproduction d'une demeure du XVe siècle. La première plaza de toros de Alcalá a été construite à la fin de l'année 1878 et inaugurée l'année suivante, en juillet. Totalement rénovée en 1956, elle était à nouveau opérationnelle en 1958. La piste a un diamètre de 44 mètres et les gradins peuvent accueillir 7 200 spectateurs. Le 26 août 1958, elle a été inaugurée avec une course de Manuel Sánchez-Cobaleda, les matadors étant César Girón, Gregorio Sánchez, Curro Girón et Jaime Ostos. R.B.

ALCALDE MORCILLO Francisco, *Paco*. Issu d'une famille modeste, ce torero né à Alamillo (Ciudad Real) le 4 novembre 1951 a bénéficié dans les années 1970 d'un capital de sympathie non négligeable. Après avoir pris part à de nombreuses capeas, il commence à toréer avec picadors en 1971 et connaît un certain succès sans pour autant se présenter à Madrid. Il reçoit l'alternative à Barcelone le 14 avril 1974 des mains de Curro Romero avec Carlos Escolar *Frascuelo* comme témoin qui prend d'ailleurs également l'alternative ce jour-là. Le toro de la cérémonie est de Juan Marí Pérez-Tabernero. Alcalde participe à plus de 60 corridas au cours de cette saison. La présentation à Madrid a lieu à l'occasion de la confirmation d'alternative, le 21 mai 1975 en pleine féria de San Isidro. Francisco Ruiz Miguel lui cède un toro de Lisardo Sánchez en présence de Pedro Moya *el Niño de la Capea*. Il termine cette saison en seconde position au classement des matadors après avoir honoré 87 contrats. Entre 1976 et 1978, Alcalde participe à plus de 150 corridas mais, après quelques graves coups de cornes, le succès commence à l'abandonner. Il s'exile en Amérique latine pendant quatre ans et après quelques années sans contrats décide de devenir banderillero en 1994. R.A.

ALCALDE Y MERINO don Bernardo, *el Licenciado de Falces.* C'est surtout par la fameuse gravure que lui a consacré Goya dans sa suite *La Tauromachie* que ce torero est connu. S'il s'agit de Bernardo Alcalde y Merino, d'origine noble, on sait que ses parents le destinaient aux études et qu'il aurait atteint le grade de licencié, d'où son apodo. Des récits rapportent certains de ses exploits en piste tels que sauts par-dessus le toro, maniement de la cape qu'il pratiquait selon la tradition de son pays et avec une extrême élégance. On n'a pas retrouvé de trace de son nom dans les cartels madrilènes et les plus grandes incertitudes persistent sur sa véritable identité. R.B.

ALCOHOLADO. Toro portant une tache foncée autour de l'œil. Par opposition avec ojo de perdiz qui est une tache très claire.

ALCURRUCÉN
Origine : Carlos Núñez
Devise : bleu ciel et noir
Ancienneté à Madrid : 18 juin 1989
Propriétés : « Egido Grande », Navalmoral de la Mata (Caceres), « La Mudiona », Alcollarín (Caceres) et « La Cristina », Olivenza (Badajoz)

Juan Sánchez Tabernero forme un élevage avec du bétail de Lorenzo Rodríguez acquis par Francisco Ramírez Bernaldo de Quirós en 1950. Juan Sánchez Tabernero annonce l'élevage au nom de ses héritiers en 1953. Sa fille hérite d'un des lots en 1957. Dix ans plus tard, celle-ci vend sa part aux frères Lozano qui baptisent alors le troupeau sous l'appellation de « La Jarilla ». Le fer est modifié et les nouveaux propriétaires insèrent du bétail d'Eusebia Galache. Les origines antérieures sont finalement éliminées en 1982 au profit de nouveaux produits des héritiers de Carlos Núñez. Le fer est alors baptisé « Alcurrucén ».

Les toros importants :
- *Barquito*, n° 72, combattu à Málaga le 18 août 1984 par le *Niño de la Capea* (tour de piste posthume pour la dépouille du toro et deux oreilles et la queue pour le torero).
- *Herrerito*, n° 21, combattu à Séville le 23 avril 1992 par José María *Manzanares* (prix de la meilleure faena de la féria).
- *Cañero,* n° 67, combattu à Madrid le 18 mai 1994 par Julio Aparicio (deux oreilles).
- *Alcachofito*, n° 29, combattu à Valence le 27 juillet 1994 par José María *Manzanares* (deux oreilles et prix de la meilleure faena de la féria).
- *Palmero*, n° 6, combattu à Murcie le 8 septembre 1994 par Pepín Liria (tour de piste posthume pour la dépouille du toro, prix de la mairie de Murcie au meilleur toro de la féria, deux oreilles et la queue pour le torero).
- *Bocinero*, n° 22, combattu à Séville le 19 avril 1995 par José Ortega Cano (prix de la Real Maestranza au toro le plus brave de la féria, une oreille pour le torero).
- *Gaitero*, n° 118, combattu à Madrid le 27 mai 1997 par Miguel Báez Spínola *Litri* (prix de la mairie de Madrid au toro le plus brave de la féria de San Isidro).

Fer vedette de la famille Lozano, l'élevage d'Alcurrucén est aujourd'hui l'un de ceux qui fait combattre le plus grand nombre de toros avec Joaquín Núñez del Cuvillo. Plus de 350 exemplaires ont été présentés en trois saisons dans toutes les arènes de France et d'Espagne. Très apprécié des vedettes pour la durée de noblesse de ses produits, cet élevage fait désormais partie des « classiques » des grandes férias. Il offre également une large palette de pelages quant aux robes des toros présentés. C.C.

ALDEANUEVA
Origine : Juan Pedro Domecq
Devise : vert et blanc
Ancienneté à Madrid : 7 juillet 1985

Propriétés : « Aldeanueva del Arenal », Fuenteguinaldo (Salamanque) et « Cilloruelo », Tenebrón (Salamanque)

Cet élevage a été formé par le marquis de San Gil puis vendu à Antonio Halcón avec du bétail de González Nandín. Le fer passe entre les mains de Manuel Albarrán en 1906, qui augmente le cheptel avec des bêtes de Villamarta et des étalons de Murube. En 1921, Albarrán vend l'élevage à Juan Peña Rico. À sa disparition, Antonio Sánchez Rico hérite du troupeau puis le vend à Félix García de la Peña. L'élevage est augmenté en 1952 par un apport de bétail d'origine Parladé, puis en 1956 par des vaches de Villagodio. Le troupeau est successivement vendu à Juan Carlos Sánchez Rico (1964), puis à son actuel représentant, Domingo Matías Bernados (1979), qui annonce l'élevage sous le nom d'« Aldeanueva » et modifie le fer. Les origines antérieures sont alors progressivement éliminées par un apport de sang de Juan Pedro Domecq, via l'achat de vaches et d'étalons à María Antonia Fonseca.

Cet élevage fut pendant très longtemps l'un des préférés de Curro Romero dans le cheptel bravo de Salamanque. C.C.

ALDINEGRO. Toro sardo, castaño ou cárdeno possédant un pelage noir sur la moitié inférieure du corps et dans toute la longueur.

ALEGRAR. Attirer l'attention du toro pour l'inciter à charger. Cela se pratique généralement en interpellant la bête, en donnant des gestes brusques de la muleta et en frappant le sol du pied. Certains toreros utilisent trop ces moyens triviaux en oubliant de « toquer » la muleta, ce qui déclenche la charge de l'animal. Mais quand le toro est épuisé ou trop faible, tous les subterfuges n'arriveront pas à lui redonner la vivacité de sa charge. R.B.

ALEGRÍA (*allégresse*). Se dit d'un torero qui donne un jeu agréable, vif et enjoué, varié et dynamique, suscitant le plaisir du public. On dit qu'un toro fait preuve d'alegría quand il répond spontanément à toutes les sollicitations, franchement et avec vivacité. Le tercio le plus favorable à l'alegría est généralement celui des banderilles, quand les maestros l'exécutent avec des figures variées ou en alternance, échangeant les bâtonnets. R.B.

ALEONADO (de *león*, lion). Toro de type ancien avec la partie antérieure du corps beaucoup plus développée que la moitié arrière, selon la morphologie du lion.

ALÈS (France. Nîmes 50 km). La deuxième ville du Gard, 30 200 habitants, proche des Cévennes, possède une plaza, les arènes du Temperas, située au centre-ville, pouvant recevoir 3 325 spectateurs (2 725 places plus 600 entrées générales) et inaugurée en 1966. Chaque année s'y déroule une féria à dominante « toros-toros » pour la période de l'Ascension, soit une semaine avant la féria de Nîmes. R.B.

ALGABEÑO el.
Voir GARCÍA RODRÍGUEZ José.

ALGARRA Luis
(Luis Algarra Polera)
Origine : Juan Pedro Domecq
Devise : violet et blanc
Ancienneté à Madrid : 22 mai 1983
Propriétés : « Cortijo La Cigüeña », Aznalcázar (Séville), « La Capitana », Almaden de la Plata (Séville) et « La Parrita », Castilblanco de los Arroyos (Séville)

À l'issue de la guerre civile espagnole, le duc de Tovar procède à la division de son élevage. La partie d'Ignacio Figueroa y Bermejillo est vendue en 1948 à Mariano et Francisco Pelayo Navarro. Ces derniers revendent leur part en 1960 à Andrés Parladé Martín. L'élevage passe ensuite entre les mains de Salvador Algarra del Castillo (1963), qui acquiert cinq ans plus tard un lot de vaches et d'étalons de José Benítez Cubero. Depuis 1975, le fer est propriété de Luis Algarra Polera, qui élimine les origines antérieures et forme une nouvelle base de sang avec des vaches et des étalons de

Juan Pedro Domecq y Díez, provenant de Conde de la Corte et de Tamarón.

Les toros importants :

• *Embrujado*, n° 47, combattu à Mora (Tolède) par José Miguel Arroyo *Joselito* (deux oreilles et la queue, tour de piste posthume du toro).

• *Jabato*, n° 17, combattu à la féria d'Almería par Manolo Sánchez (deux oreilles, pétition de grâce et tour de piste posthume du toro).

• *Lucero*, n° 16, combattu à la féria de la Talavera de la Reina (Madrid) en 1994 par José Miguel Arroyo *Joselito* (deux oreilles et la queue, prix du toro le plus brave de la féria).

• Prix de la meilleure corrida de la féria d'Almería 1993, combattue par José Miguel Arroyo *Joselito*, Enrique Ponce et *Jesulín de Ubrique* (total de six oreilles coupées).

• *Pelotero*, n° 59, combattu à Cuéllar (Ségovie) en 1995 par Miguel Báez *Litri* (deux oreilles, pétition de grâce, deux tours de piste posthumes pour la dépouille du toro et prix du toro le plus brave dans la province de Ségovie, décerné par le Collège des vétérinaires de Ségovie).

• *Malagueto*, n° 53, combattu à León en 1995 par Enrique Ponce (pétition de tour de piste posthume). *Frenoso*, n° 19, combattu à Benidorm en 1995 par Miguel Báez *Litri* (tour de piste posthume pour la dépouille du toro).

• *Lambreado*, n° 21, combattu lors de la féria de Salamanque en 1995 (deux oreilles concédées, forte pétition de tour de piste posthume et octroi du prix Ciudad de Figueras).

L'élevage de Luis Algarra fait partie des fers contestés par une certaine frange de l'afición. Réclamés par les vedettes de la tauromachie, les toros de Luis Algarra accusent bien souvent un manque de forces chronique se traduisant en piste par un tiers de piques assez bref. Issu des nombreuses ramifications de Juan Pedro Domecq, l'élevage andalou n'a pas encore résolu tous ses problèmes de faiblesse en dépit des réelles qualités affichées par la majorité des toros porteurs du « S ». Luis Algarra tente actuellement de renforcer le sang propre à son élevage et d'éviter d'autres apports extérieurs en fixant une origine pur Luis Algarra. Déjà adoptée par de nombreux éleveurs, cette sélection interne permet de résoudre certains problèmes touchant la faiblesse des toros et favorise une amélioration de la race des produits. Découvert par l'afición française lors de la féria du Riz 1991, cet élevage a en effet permis au Colombien César Rincón de connaître son premier grand triomphe français dans les arènes d'Arles. Il a par la suite acquis ses lettres de noblesse lors du mémorable solo de *Joselito* à Nîmes le 4 juin 1995. Régulièrement programmé dans les arènes de deuxième catégorie, le fer de Luis Algarra a remporté de nombreux triomphes face aux meilleurs toreros du moment : le 7 juin 1999, à Plasencia (Caceres), deux toros respectivement combattus par Enrique Ponce – qui coupa les deux oreilles et la queue – et *el Juli* – qui reçut une ovation – furent gratifiés d'un tour de piste posthume. Depuis la réouverture de la plaza d'Illumbe, à Saint-Sébastien, les toros de Luis Algarra figurent chaque année dans le palmarès des élevages combattus dans des arènes de première catégorie. En 1999 et 2000, les toros porteurs de la devise violet et blanc ont permis aux toreros vedettes de triompher. L'impact laissé dans le nord de l'Espagne permit l'année suivante à Luis Algarra de vendre un lot le 15 juin 2001 à Bilbao lors de la prestigieuse corrida de l'anniversaire de la plaza de Vista Alegre. C.C.

ALGARRADA. Enfermement des toros dans le toril. Également, fiesta qui se déroule dans le campo et au cours de laquelle on lâche un jeune toro pour ensuite le tester en liberté avec la pique.

ALGÉSIRAS (Espagne. Cadix 121 km – Málaga 124 km). Ce port marchand de 101 500 habitants est celui des embarquements pour le Maroc et fait face à l'enclave britannique de Gibraltar. L'abondance des palmiers et des bougainvillées lui donne des allures exotiques.

Inaugurée le 14 juin 1969 avec les matadors Miguel Mateo *Miguelín*, Francisco Rivera *Paquirri* et Ángel Teruel, qui lidièrent un lot de quatre Pablo Romero et deux Núñez Hermanos, ainsi que le rejoneador Fermín Bohórquez, la plaza peut recevoir 12 500 personnes. R.B.

ALGUAZILS (*alguacilillos*). Cavaliers en costume noir portant une coiffure emplumée, inspirée de la tenue des officiers de police de l'époque de Philippe IV (milieu du XVIIe siècle), qui, au nombre de deux, ouvrent le défilé de chaque corrida ou novillada.

Ils saluent la présidence, puis, le défilé des cuadrillas terminé, viennent prendre possession de la clef du toril afin de la remettre au responsable du toril.

Pendant la course, ils sont chargés de :

- faire respecter le règlement par les maestros et les cuadrillas, éviter que les péons ne fassent frapper violemment les toros dans les burladeros, que les piqueros ne s'appuient aux barricades et que les banderilleros, après l'estocade, ne fassent tomber le toro avec le tourbillon des capes ;
- transmettre les ordres et directives du président aux hommes en piste ;
- assister aux opérations de préparation du toro mort et faire entrer le train d'arrastre pour évacuer la dépouille ;
- donner l'ordre, après décision de la présidence, de l'ablation des trophées et les remettre au maestro en piste ;
- maintenir l'ordre dans le callejón afin qu'il n'y ait pas de déplacements intempestifs.

Pour accomplir ces diverses tâches, un alguazil doit se tenir à la disposition du président. En France, les présidences sont souvent au premier rang et la communication est facile. Mais dans les arènes où la présidence est haut perchée, la communication est inexistante. Et pourtant des moyens de transmission et communication actuels éviteraient bien des erreurs et des hésitations. Il est souvent très difficile à l'alguazil de faire respecter le règlement ou les décisions de la présidence car aucun recours n'est possible. C'est pourquoi la mode actuelle qui incite des femmes à assumer ce rôle, dans ce milieu particulièrement machiste, peut être perçue comme folklorique. R.B.

ALICANTE (Espagne. Madrid 350 km – Valence 186 km). Située dans une immense baie connue pour la limpidité de sa lumière et de son ciel, d'un climat privilégié, cette ancienne colonie romaine est devenue un ville de 270 000 habitants, port important et ville touristique agréable.

La plaza de toros date de 1847 et fut améliorée en 1888 pour arriver à une contenance de 15 300 spectateurs. L'inauguration eut lieu les 15, 16 et 17 juin 1888 avec des toros de Miura, de Duque de Veragua et de Justo Hernández, qui furent lidiés par les matadors *Lagartijo*, *Frascuelo* et Juan Ruiz *Lagartija*. R.B.

ALIMÓN al. À l'origine, passe de cape exécutée en commun par deux matadors qui tiennent chacun une extrémité de la même cape et citent le toro qui passe entre eux deux. Actuellement, cette passe est surtout réservée aux fiestas camperas, où un matador l'exécute avec un invité de marque, pour donner à celui-ci l'impression d'avoir toréé. Voir aussi COLLERA.

ALIÑAR. Pratiquer une faena sans recherche artistique, uniquement dans l'intention de placer le toro le plus rapidement et efficacement possible afin de porter l'estocade. Ce type de faena avait cours à la fin du XIXe et au début du XXe siècle ainsi qu'en témoignent les comptes rendus des journaux de l'époque. R.B.

ALIRADO. Expression imagée qui qualifie un toro dont les cornes sont excessivement développées et ressemblent à la lyre. On l'employait pour les taureaux camarguais à cause de leur armure. R.B.

ALMERÍA (Espagne. Málaga 209 km – Grenade 160 km). Cité de 150 000 habitants, appréciée pour la douceur de son climat, Almería est, dans certains quartiers, véritablement mauresque, en particulier au pied de l'Alcazaba aux maisons blanchies à la chaux.

La construction de la plaza polygonale commence en 1882 et l'inauguration a lieu le 26 août 1888 avec une corrida de Veragua combattue par les maestros *Lagartijo* et Luis Mazzantini. On peut y accueillir 9 800 personnes et la plaza dispose de tous les aménagements nécessaires (corrals, infirmerie, etc.). R.B.

ALMOHADILLA (*coussin*). Dans nombre d'arènes espagnoles (et cela commence à se faire en France), on les loue à l'entrée et ils sont bien souvent d'une grande utilité, en particulier pour les places au soleil. Un almohadillero est la personne qui les loue.

ALTERNATIVE. Cérémonie se déroulant en piste au cours d'une corrida de toros et conformément aux dispositions de l'article 5.2 du *Reglamento de Espectáculos Taurinos* espagnol. Le jeune matador de novillos, qui devra justifier de 20 novilladas avec picadors au minimum, reçoit l'autorisation de participer en « alternance » avec des matadors de toros à des corridas de toros adultes, âgés de quatre ans révolus et de moins de six ans, et d'un poids minimum de 435 kg pour les arènes de deuxième catégorie dont font partie les principales plazas françaises.

Deux matadors de toros confirmés participent à la cérémonie : le parrain, matador le plus ancien, confère à l'impétrant le grade de matador de toros (on dit aussi qu'il a reçu son « doctorat en tauromachie ») en présence du témoin, en cédant son tour au premier toro et en lui remettant sa muleta et son épée pour marquer cette investiture. Le jeune récipiendaire tue donc le premier toro. Le parrain combat le deuxième, et c'est juste avant la faena de muleta que lui sont restituées l'épée et la muleta. Le témoin tue le troisième toro. Ensuite, la corrida se déroule selon l'ordre d'ancienneté.

Contrairement à une croyance fort répandue, recevoir l'alternative (on dit aussi « prendre l'alternative ») n'est pas, de nos jours, une garantie de compétences ni de capacités pour le jeune torero qui passe du rang de novillero à celui de matador de toros. En principe, cette consécration devrait être méritée. Mais l'on a souvent vu des carrières se terminer ce jour-là... En fait, l'alternative est la reconnaissance du droit à alterner avec d'autres matadors qui ont déjà reçu ce que l'on considère comme un sacre. Ni concours, ni examen, elle ne sanctionne pas des savoirs et ne présage en aucune façon de l'avenir de celui qui la reçoit. Ce jour-là, inutile d'être brillant et de couper les oreilles. La plupart des postulants ont à cœur de triompher mais on a vu des impétrants lamentables. Qu'importe : lorsqu'il rend les trastos à son parrain, il est devenu matador.

Avant cette cérémonie fort courue, le jeune torero a commencé son apprentissage généralement dans une école de tauromachie comme il en existe beaucoup, ou avec un ancien torero retiré du métier. À moins que ce ne soit, comme dans certaines dynasties taurines, avec le père, le grand-père si ce n'est l'oncle. Il a suivi des exercices pratiques d'abord en becerrada avec des petits toros de moins de deux ans, puis il a participé à des novilladas économiques sans picadors dont les toros sont plus solides sans théoriquement avoir plus de trois ans. S'il a montré quelques dispositions intéressantes, il commencera ensuite en novilladas piquées, avec la participation des picadors et des novillos âgés entre trois et quatre ans (mais on voit encore souvent sortir en piste des « novillos » ayant allègrement dépassé cet âge et qui seraient dignes d'être combattus dans des corridas, ce qui présente un réel danger pour des apprentis toreros n'ayant pas suffisamment d'expérience). Quand son apoderado jugera le moment opportun, selon des critères de compétence, d'âge, d'opportunité mais aussi financiers, on programmera la cérémonie d'alternative, si possible lors d'une féria dont ce sera l'événement médiatisé, avec des maestros réputés, car il est plus facile et financièrement rentable de les avoir à l'affiche lors d'une féria qu'en toute autre circonstance. Souvent le jeune torero aura à cœur de prendre son alternative dans sa ville natale. Mais pour certains novilleros déjà vedettes, c'est le montant du cachet offert qui oriente le choix de son apoderado. Souvent annoncée à grand renfort de publicité, la course attire un complément de spectateurs, avides de ce genre d'événements, mais certains risquent fort d'être déçus par la simplicité des usages. Voir BECERRISTA et NOVILLERO.

Cette cérémonie ne s'est progressivement imposée dans sa forme actuelle que vers la moitié du XIXe siècle. À l'époque de Goya, les corridas ressemblaient fort peu à celles que nous voyons aujourd'hui. Les gravures représentent bien ces combats cruels, violents, sanguinaires et de courte durée : les faenas de muleta étant d'une grande brièveté, l'essentiel était de placer le toro, déjà épuisé, par le moins de passes de muleta afin d'entrer a matar, deux ou trois pinchazos étant chose courante avant deux ou trois épées. En ce temps-là, les courses rassemblaient parfois jusqu'à vingt toros dans la journée. Ainsi était-il coutumier de lidier dix toros le matin et dix ou douze l'après-midi à Séville. À Madrid, on en tuait six le matin, douze l'après-midi. On alla même jusqu'à partager la piste en deux par une barricade afin de pouvoir combattre deux toros simultanément... On comprend, dans ces conditions, la rapidité des faenas. Puis, dans le premier quart du XIXe siècle, on arriva progressivement à des corridas de « seulement » six toros combattus par trois matadors, formule qui va devenir la règle.

Pendant fort longtemps, la formation des toreros se fit au sein des cuadrillas où l'on gravissait progressivement les échelons, soit dans des novilladas, soit dans des corridas. Si nous nous référons au plus ancien traité de tauromachie paru en France en 1854 sous la signature de Oduaga-Zolarde, dans la partie intitulée « Vocabulaire technique » nous trouvons l'article suivant consacré à la novillada : « Petite course dans laquelle on ne fait figurer que de jeunes taureaux ayant même les cornes tamponnées. Ces taureaux sont ordinairement combattus par des amateurs et par des écarteurs spéciaux qui, parodiant toutes les phases d'une course de taureaux, provoquent l'hilarité des spectateurs au moyen de mille scènes burlesques, improvisées et même préparées à l'avance. On fait usage, dans ces novilladas, de *dominguiellos* qui sont des mannequins ordinairement formés d'une outre revêtue d'un costume quelconque, et dans laquelle se trouve un certain poids disposé de manière à ce que ces figures puissent toujours reprendre leur équilibre lorsque les coups du taureau les ont ébranlées ou jetées. L'acharnement de l'animal contre ces figures, ainsi que leurs poses ridicules égaient extraordinairement les spectateurs. Pendant les mois d'hiver et ceux des grandes chaleurs, les courses aux taureaux sont remplacées à Madrid, par des novilladas. »

Ces novilladas-là n'avaient donc rien à voir avec celles pratiquées de nos jours et porteraient aujourd'hui le nom de spectacle « comico-taurin ». Le grand Mazzantini fit son apprentissage dans ce type de courses. Il y a quelque cent cinquante ans, l'apprentissage du métier suivait un cursus bien différent de l'actuel et il était rare que l'on s'affirmât jeune dans ces conditions. Comment devenait-on matador, c'est-à-dire *espada*, puisque c'était le terme employé pour désigner celui qui était chargé de tuer le toro ? « Tout torero, lit-on chez Oduaga-Zolarde, débute habituellement dans l'exercice de sa profession à titre de simple aficionado, équivalent du mot français "amateur", avec cette particularité néanmoins, qu'il paie de sa personne dans les jeux du cirque. Si ce débutant possède les qualités et les dispositions nécessaires, il trouve d'ordinaire un espada ou un banderillero qui, le prenant sous sa protection, devient son professeur et lui enseigne les principes et la pratique de l'art tauromachique. Lorsqu'il a acquis les connaissances fondamentales de son art et qu'il a fait ses preuves dans les abattoirs, l'apprenti torero commence à faire essai de son talent dans des courses soit de novillos, soit même de taureaux, mais habituellement, dans ce dernier cas, dans des cirques d'importance secondaire, jusqu'à ce qu'il ait été engagé en qualité de chulo dans la troupe de quelque espada renommé. Quand il devient d'une certaine adresse dans le maniement de la cape, il passe parmi les banderilleros et si le degré d'habileté ainsi que les autres qualités voulues se trouvent réunis en lui, il arrive enfin au rang d'espada. Tous les toreros néanmoins n'atteignent pas à ces hautes fonctions. »

Ainsi, l'apprentissage était-il rigoureux, long et progressif et ce n'est qu'avec beaucoup d'expérience que l'on pouvait accéder au titre d'espada. Actuellement, le cursus est exactement inverse et les aspirants toreros envisagent d'être maestros avant toute chose et ne deviennent subalterne qu'après avoir échoué dans leurs ambitions. Une cuadrilla se composait de plusieurs matadors (ou espadas) : « Dans chaque cuadrilla, il y a ordinairement deux ou trois espadas que l'on distingue entre eux par les dénominations de primer et de segundo espada, media espada et sobresaliente de espada. » Pour dissiper tout équivoque, il convient de dire que le terme de cuadrilla signifiait : « la troupe des toreros de différentes classes nécessaires à l'exécution d'une course. Cette troupe se compose du torero appelé primer espada qui dans le cirque est le chef suprême et auquel sont complètement subordonnés tous les individus, sans exception, qui la composent : segundo espada, des banderilleros au nombre de quatre ou de six, des chulos ou capeadores qui, dans la hiérarchie tauromachique, occupent le troisième rang ; et enfin des picadors et du cachetero (puntillero), lequel, par la nature de ses fonctions, est considéré comme au-dessous de tous les toreros. » Ce n'est que plus tard que la signification du terme s'est précisée et ne se rapporte qu'à ceux qui travaillent avec un seul matador. Le rôle de la première épée était d'importance. « Le premier espada est le chef suprême de la cuadrilla auquel tous les autres toreros sont complètement subordonnés ; c'est lui qui règle et combine les dispositions intérieures du cirque, marquant à chaque torero le rôle qu'il doit remplir, le poste qu'il doit occuper et ses attributions spéciales pendant la course. C'est leur protecteur, leur guide pendant le combat. C'est à lui qu'appartient le cirque, c'est le général qui dirige toute la bataille ; c'est le chef au geste duquel chacun obéit passivement : le taureau lui-même, sans s'en douter, est soumis à sa puissance ; il le conduit où il veut à l'aide des chulos ou de sa muleta et lorsque l'heure du dernier duel entre lui et le taureau est arrivée, c'est sur le terrain qu'il a choisi que le taureau, frappé à mort, vient expirer à ses pieds. Le droit de tuer le premier taureau dans chaque course est dévolu, à titre de prérogative, au primer espada et quant aux autres taureaux, il lui est facultatif de les mettre à mort lui-même ou de confier le soin d'en tuer quelques-uns, soit à son segundo espada ou à son media espada. Le sobresaliente, qui est un débutant dans les fonctions d'espada, ne figure guère dans les courses qu'afin d'y remplacer tel ou tel espada qu'un événement quelconque obligerait à discontinuer son service. Néanmoins, comme encouragement, il est souvent accordé à un sobresaliente de tuer un des derniers taureaux.

« Quand deux premiers espadas, d'une égale célébrité, sont engagés pour combattre les taureaux dans le même cirque et dans la même course, l'espada le plus ancien en titre prend la direction de la cuadrilla. L'ancienneté ne se compte et n'est valable qu'à partir de l'époque où un torero a pour la première fois figuré avantageusement en qualité de premier espada dans le cirque de Madrid. Dans ce cas l'espada reconnu ainsi chef à l'ancienneté met à mort le premier toro ; après lui, l'autre premier espada tue le second ; le troisième est réservé au chef et ainsi de suite alternativement. L'espada ne prend pas part, ordinairement, aux manœuvres de la capa ni aux passes de banderilles, il croirait déroger en se mêlant aux chulos ; il commande, il dirige, sauf quand il veut faire briller son adresse par des jeux de cape de son invention, pour sauver un banderillero en danger ou dégager un picador compromis. » Ainsi donc, après ces années d'apprentissage avait-on le droit d'alterner avec des espadas confirmés, des premières épées. Mais à aucun moment on ne fait état, à cette époque, de cérémonie d'alternative.

Le cas le plus ancien d'alternative serait, selon certains historiens, celui de José Cándido qui l'aurait reçue le 25 mai 1756 à Madrid des mains d'*el Malagueño*. Ce cas est plutôt rare car généralement le fait d'alterner avec un premier espada suffisait à être consacré. *El Malagueño* considérait Cándido comme son meilleur élève et peut-être a-t-il voulu, ce jour-là, l'honorer publiquement en lui offrant, en piste, l'épée et la muleta dont il se servait ordinairement, le disciple les recevant des mains du maître qui actualisait ainsi, en l'adaptant, la cérémonie d'adoubement du chevalier médiéval. Renouvelée à cause de son succès, puis officialisée, cette cérémonie est fixée par le règlement (voir « Règlement taurin municipal », dans les Annexes). Céder son toro, devenu une obligation protocolaire, resta pendant longtemps une marque d'estime et de courtoisie du maître envers l'élève.

Félix Robert, célèbre pour ses moustaches avantageuses, fut le premier torero français à prendre l'alternative le 2 mai 1899 à Madrid, le parrain étant *Minuto*. Cet événement, car s'en fut un, ne déchaîna pas l'enthousiasme de la presse espagnole. On pouvait y lire en effet les commentaires suivants : dans *Sol y sombra* : « Monsieur Robert se servit quelquefois de sa cape, mais on dirait qu'il tient un enfant dans ses bras tellement il ignore l'art de s'en servir. La muleta, il la manie sans aucune science et quant à ses coups d'épée, nous ne les qualifierons pas » ; dans *La Lidia* : « Pour plus d'un motif, nous ne trouvons pas justifiée l'alternative concédée au torero landais. Robert étant directeur d'arène a tenu avant tout à se procurer ce titre de première épée. Il y a réussi. Nous n'avons rien à objecter. Mais qu'il ait la prétention de venir toréer en Espagne, nous le jugeons alors bien étourdi. »

On parle d'alternative double, quand deux novilleros sont sacrés matadors de toros le même jour. La première eut lieu à Madrid le 16 septembre 1900 pour *Machaquito* et *Lagartijo Chico*. En France, celle qui, à Nîmes, fit l'événement devant les caméras de télévision fut accordée à *Litri* et Camino par leurs pères respectifs qui avaient, à cette occasion, revêtu à nouveau le costume de lumières, le 26 septembre 1987. R.B.

ALTO en todo lo (*tout en haut*). Se dit d'un coup d'épée donné dans la croix (*cruz*).

ALUNARADO. Toro dont la robe est parsemée de petites taches rondes appelées *lunares* (petites lunes).

ÁLVAREZ PRUAÑO Manuel, ***Andaluz.*** Né le 19 novembre 1919 à Séville, dans le quartier de Triana, neveu de l'ancien matador Manuel Álvarez *Andaluz* (alternative en 1925), il se présente à Cordoue en 1939, et à Séville, le 5 mai 1940, avec *Gallito* et Antonio *Bienvenida*, pour y estoquer des novillos de Francisco Chica.

En 1941, il participe à 41 novilladas, ce qui lui ouvre la voie de l'alternative, qu'il reçoit l'année suivante des mains de Vicente Barrera, en présence de Juan Belmonte Campoy, face à *Nadador*, toro de la ganaderia de Galache, le 15 mars 1942. Il confirme à Madrid, le 6 mai 1943, face à *Luciénargo*, toro de Tasara et Enriqueta de la Cova, avec pour parrain Pepe Luis Vázquez et pour témoin *Gallito*. Lors des temporadas suivantes, il se maintient dans les meilleurs rangs de l'escalafón. Mais le 10 mai 1948, à Madrid, un toro d'Urquijo lui inflige une blessure très grave dont les séquelles influeront sur sa carrière. Les contrats se font plus rares, il se retire en 1952. Il tente de revenir par la suite, sans grand succès. Le 3 août 1969, il combat des Pérez-Tabernero à Palma de Majorque avec José Martínez *Limeño* et Juan José García et, le 14 septembre suivant, dans la même plaza, il effectue son dernier paséo avec Ángel *Teruel* et Dámaso González en lidiant des toros de Ramos Matías.

Andaluz a su pratiquer un toreo dénué de toutes fioritures, dominateur et élégant, tenant son rang avec les plus grands de son temps et participant aux plus grandes férias. R.B.

AMADOR CORREAS Manuel. Né le 15 novembre 1938 à Murcie, Manuel Amador est élevé à Albacete où il a été baptisé. Le 15 août 1958 il y participe à sa première novillada non piquée et fait sa présentation en novillada avec picadors à Carthagène en 1959. Après seulement neuf novilladas, il reçoit l'alternative à la Maestranza de Séville le 28 mai 1964 des mains de Curro Romero avec Carlos Corbacho comme témoin face à un toro de Joaquín Buendía. L'année 1965 est la meilleure de sa carrière, avec 36 courses effectuées. Le 23 mai 1965, il confirme à Madrid devant *Flor de Jara*, toro de Carlos Núñez, des mains de Curro Romero en présence d'*el Cordobés*. C'est aussi l'année de deux blessures graves : l'une reçue le 1er juillet à Barcelone d'un toro de Sánchez Fabrés dans une corrida à laquelle participaient aussi Antonio Borrero *Chamaco* et *el Cordobés* ; l'autre infligée en France, à Dax le 23 août, par un toro d'Atanasio Fernández, en présence de Murillo et d'*el Cordobés*. Cette course fut particulièrement difficile car ses deux compagnons de cartel avaient été blessés avant lui ; la corrida fut interrompue après sa cornada. Un toro de Francisco Escudero lui fractura l'humérus gauche à Barcelone et il fut obligé d'interrompre sa temporada. Il ne récupéra pas toutes ses capacités physiques et dut se contenter de quelques courses par an. Il se retira donc en 1973, avant de revenir le 5 août 1978 à La Roda (Albacete) avec Dámaso González et *el Niño de la Capea* devant des Samuel Flores. En 1979, on le revit une fois à Albacete et il cessa définitivement sa carrière à Las Ventas le 18 mai 1980, face à des toros d'Alonso Moreno de la Cova, dans un cartel partagé avec José Ortega Cano et Manuel Ruíz *Manili*. Nommé directeur de l'école taurine d'Albacete, il occupa la fonction avec efficacité jusqu'à son remplacement par Jorge Hernández. R.B.

AMANCHORRADO. Toro berrendo chez lequel les taches sont grandes et isolées, donc peu nombreuses.

AMELLIZAMIENTO. Naissance double. La mère ne pouvant nourrir deux veaux à la fois, l'un d'entre eux lui est retiré et confié à une vache laitière n'appartenant généralement pas à la race brava, une vache brava n'acceptant que très exceptionnellement de nourrir un veau qui n'est pas le sien. P.M.

AMINITIS. Inflammation des sabots généralement provoquée par la fièvre aphteuse, provoquant des douleurs donc une réticence obligatoire au déplacement. Le traitement consiste à mettre l'animal dans un bac de soins empli d'une solution de soufre et d'antiseptique, sorte de pédiluve, ce qui généralement entraîne la guérison. P.M.

AMORCILLADO. État du toro qui, après l'estocade, l'épée dans le corps, lutte pour ne pas tomber et éventuellement donner un ultime coup de corne. Même une fois au sol, le toro reste dangereux : dans les années 1970, un puntillero s'est fait tuer à Caceres par le coup de corne d'un toro à terre qui continuait à lutter au cours de son agonie. P.M.

AMUSGAR. Pour le toro, incliner ses oreilles en bas et vers l'arrière, signe qu'il va charger. Álvaro Domecq disait que « les oreilles constituent le véritable tableau de bord des toros » en ce sens qu'entre des séries de passes elles peuvent renseigner un torero expérimenté. Domecq prétendait même qu'un toro a une oreille beaucoup plus mobile que l'autre et qu'elle correspondrait à la corne maîtresse de l'animal. P.M.

ANA ROMERO
(Ganadería Ana Romero)
Origines : Conde de Santa Coloma-Alipio Pérez-Tabernero et Joaquín Buendía
Devise : paille et bleu ciel
Pas d'ancienneté à Madrid
Propriétés : « La Cobatilla » et « Isla Verde », Alcalá de los Gazules (Cadix)

Cet élevage a été fondé à partir du lot hérité par Antonio Pérez López de Tejada à la mort de son père, Arturo Pérez. Ce dernier avait acquis l'intégralité du troupeau des frères Hidalgo, ayant appartenu auparavant à Narciso Darnaude, et d'origine Gregorio Campos, antérieurement Adalid.

En 1958, Antonio Pérez López de Tejada vend son élevage à Ana Romero Reguera. Un an plus tard, celle-ci acquiert un lot de vaches et d'étalons de José Luis Hidalgo Rincón. En 1963, elle achète à Alipio Pérez-Tabernero un nombre important de vaches et d'étalons. Depuis, l'élevage a renforcé le sang de Santa Coloma avec l'introduction d'étalons de Joaquín Buendía.

Les toros importants :

- *Marquito*, nº 14, combattu à Grenade en 1994 par José Ortega Cano (grâce du toro).
- *Terciadito*, nº 12, combattu à Játiva (Valence) en 1994 par Enrique Ponce (grâce du toro).
- *Cordobés*, nº 15, combattu à Daimiel (Ciudad Real) en 1985 par *el Soro* (tour de piste posthume du toro).
- *Tercerolo*, nº 12, combattu à Colmenar Viejo (Madrid) en 1988 par le *Niño de la Capea* (tour de piste posthume du toro).
- *Preguntón*, nº 14, combattu à Ubeda (Jaén) en 1988 par José Antonio *Campuzano* (tour de piste posthume du toro).
- *Hornacero*, nº 15, combattu à Grenade en 1994 par *Jesulín de Ubrique* (tour de piste posthume du toro).
- *Marquito*, nº 68, combattu à Grenade en 1995 par Miguel Báez *Litri* (tour de piste posthume du toro).
- *Carasucia*, nº 5, combattu à Grenade en 1996 par Miguel Báez *Litri* (tour de piste posthume du toro).

Cet élevage puise ses sources dans l'origine de Santa Coloma. À la différence d'autres troupeaux issus de cette branche, les toros d'Ana Romero offrent le côté « piquant » des Santa Coloma sans pour autant faire fuir les vedettes. Le toro d'Ana Romero serait donc un compromis idéal entre le fauve aux charges inlassables et l'animal plus suave à la muleta. Doté d'une morphologie « agréable », avec des cornes relativement courtes, il fait partie des préférés des toreros vedettes dans la branche Santa Coloma. Joselito avait notamment combattu ces toros avec succès lors de la féria du Riz 1997, à Arles, aux côtés de César Rincón et de José Tomás. Plus récemment, en 2001, ces toros ont encore été toréés par des toreros vedettes : Enrique Ponce, *Morante de la Puebla*, Miguel Abellán, *el Tato*, Manuel

Díaz *el Cordobés*, *Jesulín de Ubrique* et le Français *Juan Bautista*. C.C.

ANCHO (*large*). Toro particulièrement large d'épaules.

ANCIENNETÉ. Pour les ganaderias, l'ancienneté date du jour de la présentation de l'élevage dans la plaza de Madrid. Cette ancienneté appartient au fer et à l'élevage. Il s'ensuit que toute modification fondamentale dans la ganaderia fait perdre cette ancienneté ; en revanche, les changements de nom ne la modifient pas. C'est selon l'ordre d'ancienneté que les ganaderias se succèdent dans une corrida-concours (ce qui annule le sorteo dans ces courses). La ganaderia avec la plus grande ancienneté est celle de Manuel García-Aleas Carrasco puisqu'elle date du 5 mai 1788. Puis Juan Pedro Domecq le 2 août 1790, Villar Vega le 14 juillet 1817 et Antonio Arribas le 16 septembre 1822. La seule ganaderia française jamais présentée à Madrid est celle d'Hubert Yonnet, le 4 août 1991.

Pour les matadors, actuellement, l'ancienneté se compte à partir du jour de l'alternative. Mais ce n'était pas le cas avant que cette cérémonie ne devienne officielle. L'ancienneté commençait à la date de leur première présentation à Madrid, les plus anciens toreros passant en priorité lors des corridas. Quelques altercations à ce sujet passèrent à la postérité car ceux qui en furent les acteurs marquèrent la tauromachie.

Ainsi en 1779, Pedro Romero eut la prétention de toréer avant *Costillares* qui était plus ancien que lui et qui refusa catégoriquement. La scène se passait à Madrid et afin que le paséo eût lieu, le gouverneur fut obligé d'intervenir et proposa de procéder par tirage au sort, ce que les maestros acceptèrent. C'est Romero qui gagna.

Au siècle suivant, au faîte de sa gloire, Francisco Montes *Paquiro* exigeait d'être cité en premier sur les affiches, en lettres plus importantes. Généralement, les autres toreros acceptaient. Mais un certain Romero Carreto refusa. Ce qui lui permit de ne pas sombrer dans l'oubli... Enfin, la bousculade qui mit aux prises, en 1846, dans la capitale espagnole, *el Chiclanero* et *Cúchares* ne manque pas de piquant. *El Chiclanero* avait été engagé pour toute la temporada comme première épée et, à ce titre, se considérait comme le maître absolu de la plaza. Or, l'empresa engagea aussi *Cúchares*. Lequel, arguant, avec juste raison, de son ancienneté, réclama de passer en premier ! Discussion, dispute, essai de conciliation n'aboutirent à rien. Et l'on vit cette chose inimaginable au moment de la mise à mort du premier toro : deux matadors impétueux se bousculant comme des faquins pour entrer a matar, se précipitant lame en avant sur le toro que *Cúchares* tua d'une très vilaine épée tombée, sous les yeux effarés du public.

Pour les novilleros, l'ancienneté débute à la date de leur première course avec picadors (ce qui prête parfois à discussion) et fixe l'ordre d'intervention des jeunes toreros lors de la course. R.B.

ANDALUZ.
Voir ÁLVAREZ PRUAÑO Manuel.

ANDANADA. Emplacement couvert de la plaza de toros, avec différentes catégories de gradins.

ANDORRE-LA-VIEILLE (Principauté d'Andorre). Cette ville pyrénéenne de 21 500 habitants possède une petite arène couverte qui a été inaugurée le 21 mai 1961 par Juan Antonio Romero et Francisco Corpas qui y combattirent un lot de Miguel Higuero. R.B.

ANDRÉ François
(Héritiers de François André)
Origine : Pérez-Tabernero-Infante da Cámara-Tulio Vázquez
Devise : jaune, blanc et rouge
Ancienneté de création : 1947
Propriétés : « Mas de l'Île » et « Les Pradelles », respectivement à Maussane et Le Paradou (Bouches-du-Rhône)

Cet élevage est fondé en 1947 avec des têtes de bétail de Pouly, Ricard et Daumas, d'origine Infante da Cámara. Par la suite, François André rajoute un étalon d'origine Cobaleda. Les produits issus de cette sélection offrent une grande variété au niveau des robes, allant du simple noir au mélange de noir et de blanc, en passant par les taches blanches sur le front, les pattes, la queue ainsi que le gris cárdeno.

Les toros importants :

• Le novillo *Jabonero*, n° 86, combattu le 2 avril 1989 à Méjanes par Ángel Lería, fut gracié.

• Le toro n° 505, jabonero sucio, 480 kg, combattu le 21 mars 1999 à Vergèze, remporta le prix de la corrida-concours.

En 2000, l'élevage aujourd'hui dirigé par Anne-Marie Bosc remporta le prix du meilleur toro lors de la corrida des Rameaux de Saint-Martin-de-Crau. José Ignacio Ramos, torero de Burgos, avait fait preuve de vaillance et arraché une oreille à la force du poignet. C.C.

ANDRÉ Léonce, *Plumeta*. Né le 16 septembre 1876 dans le petit village gardois de Lussan, Léonce André a passé sa prime jeunesse à Saigon où son père avait été nommé comme fonctionnaire de l'administration des Finances. À la mort de celui-ci, la famille retourne à Nîmes et le jeune garçon entre au lycée de la ville où il est un brillant élève. Est-ce la proximité de l'amphithéâtre romain qui motiva sa jeune vocation ? Toujours est-il que Léonce est plus attiré par le maniement de la cape auquel il s'initie avec quelques camarades que par les versions latines. Dès 1895, il commence à affronter des toros dans les fêtes des villages d'alentour et, afin de ne pas être reconnu, il se fait appeler *Plumeta* car sa famille s'opposait vivement à sa vocation tauromachique. Mais l'attrait de la piste est le plus fort et, le 15 août 1896, il fait son premier paséo dans les arènes de Nîmes, dans la cuadrilla des Niños nîmois dont le chef est *Mosquito*. La foule l'applaudit et la critique est positive. L'année suivante, *Mosquito* étant blessé, il doit le remplacer. Il s'en tire bien et on commence à le connaître dans la ville. En 1898, pourvu de son baccalauréat, il se livre à sa passion. Avec une cuadrilla composée de jeunes hommes de la région, il participe à des courses à Nîmes, Lunel, Montpellier, Marseille et même Lyon. En 1899, il fait une bonne saison, deux courses à Nîmes : à Pâques et le 11 juin, à Lyon les 25 juin et 2 juillet, à Castries le 9 juillet. Le 14 juillet, à l'occasion de la capea offerte par la municipalité, il est engagé avec l'Espagnol *Valencia*. Les bestiaux camarguais, très armés et en pointe du marquis de Baroncelli, ont déjà été travaillés par *Pouly* à Narbonne. Ils sont très avisés et mettent tous les toreros en péril. *Plumeta* ne peut rien faire avec le premier. Le deuxième toro de la course est âgé de cinq ans, fortement armé et encore plus dangereux. Le banderillero Clarion exécute deux fois le saut du toro comme c'était alors la coutume. Les autres péons donnent des coups de cape pour se protéger de cet animal qui les poursuit. *Plumeta* ne parvient pas à placer les banderilles car le toro coupe le terrain. Il reprend la cape mais le toro l'accroche, le projette, le reprend au sol et le blesse à la jambe, ce qui lui impose quinze jours d'hôpital. Le 13 août, *Plumeta* revient en piste, à Saint-Laurent-la-Vernède et le 27 à Orgon. Sa prestation nîmoise du 10 septembre sera sans attrait. Il décide de se retirer après son contrat de Garons le 1er octobre.

Alors que *Plumeta* abandonne les ruedos, Léonce André s'engage dans l'infanterie coloniale. Il est envoyé à Madagascar en 1904, puis intègre l'école d'officiers de Saint-Maixent, d'où il sort avec le grade de sous-lieutenant, et rejoint son affectation à Perpignan, ce qui lui permet de participer à quelques becerradas et d'avoir une activité de chroniqueur taurin. Il sera d'ailleurs un des fondateurs de l'Association de la presse taurine française. Quand éclate la Première Guerre mondiale, le capitaine Léonce André est mobilisé ; il meurt le 17 février 1915, lors de l'offensive de Champagne. Ainsi disparaissait dans la grande tourmente de la guerre ce jeune Nîmois qui fut le premier à laisser une trace dans l'histoire taurine de sa ville. R.B.

ANEJADO. Toro ayant réglementairement dépassé l'âge d'être présenté en corrida.

ANILLO (syn. *rodete* ; *anneau, bague*).

1) Chaque année, l'étui de la corne se fend et une cuticule tombe, laissant subsister un bourrelet (anillo) à la base de la corne. Les deux premiers bourrelets disparaissent plus ou moins en totalité quand l'animal atteint sa troisième année, seuls les suivants resteront « imprimés ».

On pourrait penser tenir là un moyen indiscutable de contrôle de l'âge du toro présenté dans l'arène en comptant les anillos en place : dès lors un animal présentant un seul anillo serait âgé de trois ans, celui en présentant deux serait âgé de quatre ans, etc. Même post mortem, cet examen n'est pas significatif : les bourrelets ne sont pas toujours très visibles, plus ou moins apparents selon les races, usés par frottement. Chez certains un bourrelet initial peut subsister. P.M.

2) Circonférence des barricades de la plaza de toros dont le diamètre est généralement de 45 à 60 mètres. Deux cercles concentriques tracés sur le sable à la chaux ou à la brique pilée déterminent les emplacements respectifs du picador et du toro pour le tercio des piques. Le premier cercle est à 6 mètres des barricades, le second à 9 mètres. R.B.

ANJOS ROQUE SILVA Alexander Pedro, *Pedrito de Portugal.* Pedro Alexander Anjos Roque Silva, dit *Pedrito de Portugal*, est né à Lisbonne le 11 février 1974. Il débute en 1991 à Tarazona de la Mancha, passe trois années en novillada piquée où il s'illustre par sa facilité, et prend l'alternative le 26 juin 1994 à Badajoz avec le toro *Pellicero* de Mercedes Pérez-Tabernero. Pour cette cérémonie, dont il sort en triomphe après avoir coupé une oreille à chacun de ses adversaires, Paco Ojeda est son parrain et *Finito de Córdoba* son témoin. Il débute en France à Beaucaire le 24 juillet 1994 en compagnie d'Ortega Cano et de Richard Milian devant un lot de María Luísa Domínguez. Il se présente en Amérique à Cali, en Colombie, le 29 décembre 1994, alternant avec Enrique Ponce et César Camacho devant des toros d'Achury Viejo.

Il confirme à Madrid le 15 mai 1996, avec *Joselito* comme parrain et *Finito de Córdoba* pour témoin, face au toro *Fantasía* de la ganaderia d'El Pilar. À Mexico, le 3 novembre 1996, il affronte *Coquetón*, toro de la ganaderia de Xajay que lui cède Guillermo Capetillo, son parrain, en présence de Jorge Gutiérrez, son témoin.

Depuis, *Pedrito de Portugal* se maintient autour d'une vingtaine de corridas par an, sans avoir jamais pu s'envoler vers le sommet. En 2000, il a toréé à seize reprises pour douze oreilles coupées. *Pedrito* s'est tourné aussi vers l'Amérique d'où il est revenu triomphateur de plusieurs férias importantes, dont celles de Quito et Cali. Mais en 2001, l'éclipse s'est brutalement accentuée puisqu'en Europe, on ne retrouve plus le Portugais que dans les profondeurs du classement, car il n'a toréé qu'à cinq reprises et n'a coupé que deux oreilles. P.H.

ANLLÓ Y ORRÍO Juan, *Nacional II.* Juan est un Aragonais né dans la province de Saragosse, à Alhama, le 11 janvier 1897, jeune frère de Ricardo autrement dit *Nacional I.* Ils avaient deux autres frères qui ne laissèrent dans l'histoire que leurs images sur une photo où tous quatre figurent ensemble dans les arènes de Bordeaux en 1922. Fasciné par les succès de son frère aîné, Juan se prépare sérieusement à suivre ses traces. C'est en 1918 qu'il revêt pour la première fois un habit de lumières ; il a dix-neuf ans. La réussite ne tarde pas et il participe à un grand nombre de novilladas jusqu'au 3 août 1919, où il fait sa présentation à Madrid en affrontant des novillos de Trujillo.

Le 21 septembre 1921, Juan García Rodríguez *Algabeño* lui accorde *Pacherito* de l'élevage de don M. Sánchez dans les arènes d'Oviedo et il reçoit confirmation à Madrid, quatre jours après, des mains de Luis Freg, toréant *Conejero* en provenance du même élevage que celui de l'alternative. Torero rude et volontaire, ni le classicisme ni la grâce ne sont ses armes les plus éminentes ; il est surtout sincère, rythmé et s'expose de telle manière qu'il suscite l'émotion, pratiquant un toreo immobile, pieds joints ; on lui attribue la création du « pont tragique ». C'est un belluaire qui manie l'épée avec adresse et efficacité et il semble avoir adouci et perfectionné son style à la cape avec l'expérience. Mais le temps est compté, puisque sa mort accidentelle intervient seulement quatre ans après l'alternative. Il connaît son apogée en 1922 et on le retrouve cette année-là dans les trois grandes arènes françaises.

Le sort veut qu'il assiste en spectateur à une corrida aux arènes de Soria, le 4 octobre 1925, à laquelle participe Emilio Mendez, matador madrilène qui terminera sa carrière comme péon au service de plusieurs maestros. Durant la faena d'Emilio, un spectateur l'insulte ; Juan Anlló se lève alors et réplique durement, défendant son confrère ; la discussion prend un tour plus violent et il reçoit alors un coup de bouteille fatal sur le crâne ; il en meurt quelques heures plus tard ; c'est la fin prématurée d'une carrière très courte, à une époque où l'on comptait peu de matadors de grande valeur. J.B.T.

AÑOJO. Animal âgé d'un an. Il est considéré comme becerro et sera donc lidié au cours d'une becerrada.

ANTEADO. Toro colorado clair avec des taches très foncées.

ANTEQUERA (Espagne. Málaga 57 km – Grenade 101 km – Cordoue 118 km). Au pied de la sierra del Torcal, l'Anticaria romaine est devenue Antequera, ville industrielle animée de 41 000 habitants, riche de nombreux monuments d'art andalous. Foyer culturel important, elle se situe au milieu de paysages d'une grande beauté.

La plaza des toros se trouve dans la partie nord de la ville. Elle a été édifiée en 1848 et compte 8 260 places. R.B.

ANTHROPOLOGIE ET SYMBOLIQUE DE LA CORRIDA.

D'un regard à l'autre

Le torero avance, muleta en main, vers le toro, celui-ci s'élance et est conduit sur deux mètres environ par le drap rouge. Et cela se renouvelle plusieurs fois. La musique se met à jouer et les spectateurs applaudissent. Ou encore...

La faena vient de changer de registre. L'accord a lieu dans la lenteur. Le toro distille sa force en un mouvement qui est régulé, régi par la muleta, à moins que ce ne soit l'inverse, on ne sait plus très bien... Le corps du torero, lui, ne bouge plus. Comme ceux de tous « les maestros de gradins », alors compagnons de fortune, unis entre eux et avec l'homme en piste par une commune émotion. Les couleurs ont libéré une intensité qu'avive encore le paso-doble. Tout est rencontre, et les « anges au balcon » changeraient bien leur place pour une barrera.

Que se passe-t-il entre ces deux types de regard ?

Ce qui est montré à l'extérieur, dans le cadre du ruedo, rencontre un scénario interne dont la présence, non conscientisable directement, se trouve rejouée dans la circonstance. Une structure archétypale est mise au jour, suscitant un regard d'un autre lieu de soi-même, capable de cet instant de beauté. L'art, *el arte*, si présent dans l'esprit andalou, est le pivot d'expression de la tauromachie qui livre en six tableaux réitérés un scénario qui répond à des dynamiques anthropologiques profondes d'une très forte implication.

La corrida est donc un signe posé par l'Homme, qui se révèle une dimension de lui-même. Un tel signe, par lequel on peut atteindre une réalité située par ailleurs, est un symbole. C'est pourquoi, la fonction symbolique est indissociable de l'anthropologie des profondeurs, et à ce titre, la fiesta brava donne à l'être humain un prodigieux enseignement sur lui-même.

Le toro, l'habit de lumière, l'or, le sang, l'épée, le cheval, la faena, l'estocade, etc., sont autant de codes symboliques et, par là, autant d'archétypes enracinés dans les structures anthropologiques.

Si les sources archétypales sont universelles en chacun, leurs expressions, en revanche, peuvent prendre différents aspects, leur maturation nécessite des étapes évolutives, qui, chacune en son temps, est considérée comme un achèvement. C'est comme si le principe se frayait un chemin entre les possibles du moment, eux-mêmes en évolution pour devenir fidèlement enseignant. C'est le fait de toute élaboration humaine, individuelle et collective, qui, devenue signe, est régie par des lois et des rituels participant à sa signifiance tout en assurant sa pérennité. La corrida, elle aussi, est soumise à une évolution de « forme », résultat de l'implication des hommes en interaction avec les qualités de base du toro. Son historique, depuis la Crète antique, rend compte de cette dynamique vivante qui se cherche, évolue, élimine et s'enrichit, en quête d'une expression toujours plus adéquate.

Toro

Que peut-on, par observation directe, retenir du toro ? D'abord, sa masse musculaire est imposante et la répartition de celle-ci avertit de ses conduites privilégiées. Le cou s'impose en tant que lieu des enjeux importants du vécu de l'animal, comme si de sa force dépendait l'assurance de sa survie. Et c'est à la naissance de celui-ci que le matador plantera l'épée, dans la zone qu'on appelle la croix.

Les cornes, armes du toro sont, elles aussi, pénétrantes et la pointe est appelée le « diamant », comme l'apparition de la lumière dans la masse ténébreuse.

Ses comportements au campo ne montrent rien de bien spécial. Il mange, dort, défend son rang hiérarchique au sein du groupe, ainsi que son territoire. Rien qui ne le distingue spécialement de la plupart des autres espèces animales, domestiques ou sauvages. Seule une mise en situation particulière dans l'arène va permettre l'au-delà, c'est-à-dire l'actualisation du potentiel qui lui est propre. Cependant, le toro est sacré depuis la nuit des temps. De tous les sacrifices sanglants, le plus prestigieux a toujours été le sien. Le sacré est inhérent à l'essence même du toro, mais chaque animal destiné au combat doit devenir « sacrifiable » de fait dans la conscience de l'homme. C'est donc à celui-ci de placer le toro dans « l'intouchable », ce qui est la définition du sacré. La relation se trouve ainsi resituée différemment dans un champ autre que le sensible (sensoriel, affectif et émotionnel). Sans déni de celui-ci. Les conditions de ce placement reposent sur un interdit fondamental : l'animal ne doit pas participer au cycle de vie profane, en dehors de la satisfaction de ses besoins vitaux. Il doit donc sortir du cyclique.

Le toro pourrait, en effet, être élevé pour la qualité de sa viande. Mais ce fait l'inclurait dans le cadre des besoins biologiques de l'homme. Et, si certains toros sont mangés, la race même n'est pas élevée pour cela. En revanche, la consommation du toro tué dans l'arène est, elle, chargée d'une autre signification incluse dans le processus sacrificiel.

Il pourrait être castré et, devenu bœuf, être utilisé pour sa force prodigieuse aux travaux des champs. Il s'agit dans ces cas d'une métaphore à propos de sa puissance génésique transposée à l'ensemencement de la terre, ce qui serait une participation au cyclique. Il faut noter que cette éventualité ne se peut que parce que la castration a grandement amenuisé la pulsion irascible. L'asservissement par l'homme est à ce prix. Et on peut y voir une certaine analogie avec la faena. La muleta subjuguant l'agressivité pour en extraire une inattendue suavité d'où naît la beauté des figures composées en collaboration.

Quant à l'exercice de sa puissance de fécondation qui est, par définition, le fondement du cyclique, il lui est interdit. Le toro est, en effet, vierge quand il sort de son chiquero. Il ne sera donc jamais reproducteur. Sauf en cas d'indulto. Ce fait exceptionnel consacre semental un toro pour son exemplaire comportement durant les trois tercios de la lidia. Il s'agit là d'un retour au cyclique, mais décalé en une participation à la régénération du sang de la ganaderia. Ce qui est transmis par un tel animal est de l'ordre du changement et non de celui de la perpétuation du niveau contingent.

D'autres faits appuient encore les notions de la sortie du cycle et de l'expression pure de l'essence du toro. L'immuabilité de son âge lors de sa prestation dans l'arène : le toro a éternellement quatre ans, ce qui correspond à sa pleine maturité.

Une autre interdiction porte sur la mémoire : le toro de combat, dans l'arène, n'a aucune expérience du torero. Un animal tienté avec capote ou muleta ne peut plus être retenu pour la corrida. La justification de cet interdit de mémoire repose sur l'expression de son essence pure exempte de toute acquisition. Pour livrer la virginité de son fond, le toro ne doit pas être modifié par de l'information extérieure à son cadre originel. Le toro est privé de passé et de futur, il est dans le vécu d'une expérience unique, un hors-temps où seul le présent que crée l'événement existe, comme une analogie de l'éternité. La sortie du cycle de l'existence est une mise en disponibilité de l'expression d'un au-delà de l'utile, par lequel on entre dans la noblesse du gratuit qui fonde le don véritable. Comme sont gratuits le parfum de l'œillet ou la saveur de la pomme par rapport à la nécessité de la perpétuation de leur existence. La gratuité du don, la virginité de l'essence, le temps éludé, etc., sont autant de notions présentes mais cachées participant à la sacralisation du toro.

Pour être sacrifié, cet animal exceptionnel doit être promu sacré de principe afin de le devenir de fait lors de l'ultime révélation qu'est la corrida. C'est ce que ne comprennent pas les détracteurs de la corrida qui voient le toro comme une victime, soumis et vulnérable, le réduisant à leurs projections. Sa réalité essentielle s'en trouve niée et désacralisée.

Torero

Torero vient de toro. C'est donc ce dernier qui le fait naître, et sont toreros tous ceux qui, dans l'arène, sont confrontés à l'animal. Parmi eux les matadors sont les seuls à porter l'or sur l'habit de lumière. (Le cas du picador : il peut, lui aussi porter de l'or, mais le tercio de piques, bien que phase très importante, dispose d'un statut particulier. Homme de toro et de cheval, le piquero paraît, pour le public, être l'ennemi du premier et la vaillance et la beauté de cette indispensable phase ne sont pas souvent estimées à leur juste valeur.)

Devenir torero demande beaucoup de sacrifices, c'est du moins ce que prétendent les intéressés. Sacrifice, cette notion revient encore. Le toro en est un pur produit et l'homme d'une certaine façon l'affirme pour lui-même. Il s'agit donc de la notion commune au toro et au matador, scellant une alliance occulte. En fait, le terme de sublimation paraît plus opportun. La sublimation est aussi de l'ordre du renoncement afin que soit permis un vécu par ailleurs. Elle consiste en une transposition d'une énergie toujours de type pulsionnel mise à disposition d'une finalité valorisée. L'hygiène de vie, les efforts consentis pour améliorer la condition physique, le travail d'acquisition et de perfectionnement technique et une volonté sans faille tendue vers le but à atteindre sont autant de nécessités qui s'imposent aux conduites motivées par la recherche de plaisir et l'évitement du déplaisir. Si la sublimation est indispensable, elle ne suffit pas car son enjeu reste situé dans le profane. L'accès au sacré qui habilite au sacrifice doit donc s'effectuer.

L'individu humain normalement motivé par ses pulsions doit passer par la sublimation pour devenir torero et, de là, accéder à la dimension sacrée pour être matador.

L'un des moments privilégiés de cette transformation est celui où est revêtu l'habit de lumière, véritable cérémonial au cours duquel l'homme torero, dans son psychisme, s'assume matador. L'habillage est une *habilitation*. Ces deux mots ont d'ailleurs le même radical qu'ils partagent avec *habitus* et *habileté* ainsi, indirectement, qu'avec *habité*. Tous ces termes sont dans la pertinence de ce qui se passe au fur et à mesure que, dans un ordre ritualisé, le vêtement recouvre la peau, la collant tellement qu'il devient celle-ci. Le matador vient de naître, ou de renaître, participant à la lumière qu'il porte maintenant.

L'habit de lumière symbolise des raisons très profondes qui dépassent infiniment le simple aspect décoratif. La lumière est la transition entre matière et forme, et, pourrait-on dire, entre le symbole et son archétype, ou le corps et l'esprit, ou encore, le profane et le sacré. Elle est le véhicule de la transcendance et toujours associée à l'intelligence. L'intelligence illuminée autorise la connaissance de ce qui est habituellement situé dans l'obscurité intérieure. Mais elle est aussi reliance, dans sa fonction transitoire, entre les situations présentes et leur achèvement.

Le matador que l'on vêt de lumière n'échappe pas à la solennité du moment, que les plaisanteries et l'habitude ne parviennent pas à ternir. Et pourtant, cette lumière, ici évoquée, est une métaphore fixée en une formule propre à la corrida, prise pour une réalité, ce qui rend bien compte de la puissance de l'activité archétypale à l'œuvre.

L'or est associé à la lumière dont on lui prête l'éclat, mais il mérite une prise en compte spécifique. Il est, avec l'épée, ce qui distingue le matador des autres toreros. Ses caractéristiques sont bien connues : il est brillant, dur, dense, ductile, non altérable, beau, précieux... Considéré comme le métal parfait, son association avec le solaire et le royal se retrouve dans bien des traditions. L'alchimie en fait le but de ses transmutations, à l'image de la transformation psycho-spirituelle.

Le costume du matador n'est pas le signe de l'opulence matérielle mais des valeurs dont est riche le principe d'humanité qui se doit d'être rappelé à la conscience de l'officiant, mais aussi de tous ceux qui sont témoins de cet événement hors du commun qu'est la corrida, et plus particulièrement de la mise à mort. Hors du commun, bien heureusement, car un tel acte ne peut être banalisé et doit posséder un sens intrinsèque qui le justifie. Le matador porte donc de l'or, quelquefois discrètement seulement sur son chaleco, afin que soit en permanence rappelé que son rôle devrait être incompatible avec une basse qualité d'être. La médiocrité ne peut être au rendez-vous, ce qui explique l'importance de cet habit, revêtu solennellement, qui rappelle la valeur du principe d'humanité. Donner la mort en risquant de donner sa vie est d'une telle gravité que le niveau d'être du moment se doit d'être dépassé. La propriété d'inaltérabilité de l'or affirme encore l'importance de la référence au principe d'humanité, qui, à l'image de ce précieux métal, ne peut, ou ne doit, être abîmé. Ainsi, se vêtir lentement, rituellement, gravement, c'est vouloir incarner les dimensions correspondant à ce que montre l'habit de lumière paré d'or. C'est s'investir au niveau requis pour tuer, en public, un animal aimé, admiré et placé dans les conditions du sacré.

L'instrument utilisé pour tuer le toro ne peut être que l'épée. Le matador, qui s'en saisit de la main droite (on considère ici l'ayuda en tant que figuration de l'épée), se découvre la tête à ce moment-là. La montera ôtée est une façon de marquer le respect et l'humilité devant la mort qui s'annonce. L'épée est conçue pour pénétrer, ce qui signifie, si l'on décortique l'étymologie de ce verbe, entrer à l'intérieur de la maison, *les pénates*. Vaste maison car « chaque toro est un monde » comme le disait le grand maestro Antonio Ordóñez. Analogie du mystère de ce monde intérieur auquel l'épée accède pour le relier à la lumière tout aussi mystérieuse. L'épée symbolise le discernement. Cette arme, pour ne retenir que ses caractéristiques majeures, doit être rigide, solide, acérée, elle brille, rappelant ainsi la lumière, et fait l'objet d'un soin confié au mozo de espadas qui dépasse son simple entretien, faisant d'elle l'objet d'une protection particulière qui vise à la soustraire aux regards curieux. Ce dernier point réactualise encore une fois l'aspect sacré. L'épée doit être dissimulée car toute banalisation est une profanation. Au Japon, les maîtres forgerons du temps des samouraïs étaient soumis à des règles d'abstinence pour forger l'épée car ce travail était sacré. C'était également le cas dans certaines régions d'Afrique. La rigidité de la lame est l'analogie de l'indispensable rigueur contenue dans l'acte de discerner. Le discernement, en effet, sépare l'objet considéré des choses qui constituent son fond. La particularité de l'épée par rapport à tout autre outil tranchant est, analogiquement, d'effectuer ce discernement par pénétration. Le discernement s'effectue donc à l'intérieur, dans un lieu où, justement, tout est ténèbres et source de tous les possibles.

L'habit est dit de lumière, l'or en a l'éclat et l'épée en est encore une expression imagée. Image que l'on retrouve entre autres dans la Genèse où des chérubins défendent l'Arbre de Vie dans le jardin d'Éden, munis d'épées flamboyantes. En Inde, l'épée de Vishnou atteint la connaissance de la lumière et celle d'Indra en est la foudre qui illumine le monde. Cette lumière, présente jusqu'au bout de l'épée, disparaît dans le corps du toro, comme absorbée par celui-ci. La métaphore phallique participe elle aussi à la notion de discernement, ne serait-ce qu'en s'appuyant sur diverses traditions qui assimilent l'acte sexuel à un acte de connaissance.

L'intérieur du toro évoque notre propre intériorité, pénétrée dans son enracinement pulsionnel, comme le fait l'épée, en efficience de discernement pour en libérer la germination jusque dans les niveaux les plus élevés.

C'est pourquoi le sacrifice des animaux est lié à l'histoire de l'homme et à ses tentatives d'appropriation de sa propre nature en actes de connaissance, spécificité même de l'être humain.

Il est à noter qu'au cours de la corrida, tous les toreros franchissent par l'acier les limites de la peau du toro. Le piquero par la puya, les banderilleros par les harpons et le matador par l'épée qui s'insinue profondément jusqu'à tuer, le puntillero, lui, abrège l'agonie du toro. Tous ont, par ce métal, un contact avec le corps de l'animal sans jamais le toucher avec les mains comme pour préserver sa sacralité. Tous, cependant, provoquent des blessures, plus ou moins profondes, qui font saigner l'animal. Le costume de lumière est enrichi du rouge vif du fluide de vie, et l'or et le sang, s'épousant sur le corps du maestro, posent une autre signification symbolique, puissamment dérangeante, tant est profond le sens contenu. Le sang ne macule pas l'habit, il l'achève dans sa signification. Plus qu'une trace de sa mort, il rend le toro présent, et même vivant. Vivant, car existant de par ce sang à travers le torero. Vivant enfin dans l'expression du public, car la bronca ou le triomphe sont tellement relatifs à la prestation de l'animal qu'on peut y voir là le résultat de son propre jugement.

Revêtir l'habit de lumière, prendre en main l'épée, se retrouver au centre de la convergence d'une multitude de regards face à un animal redoutable, l'ensemble est d'une telle charge qu'il ne peut qu'éveiller l'*ubris*, cet orgueil sacré des Anciens. Stérile produit de l'imaginaire égotique, celui-ci est fracassé par la confrontation impitoyable à la réalité du fauve. La sortie de l'illusion devient la rencontre avec la peur ; toutes les peurs, de celle du jugement du public à celle de la blessure et de la mort. Le torero doit puiser dans sa fierté, sa volonté et son courage, soit son *pundonor*, pour assumer la situation. Toute l'énergie que la raison utiliserait dans la fuite est sublimée dans l'acceptation de l'affrontement. Des moments peuvent alors advenir, éphémères et pleins, où tout est juste. Le duende est là, dans le souffle de l'arène entière, en un chant silencieux orchestré par l'homme vêtu d'or. L'ubris, le pundonor et le duende sont l'itinéraire du torero-matador, réitéré à chaque actuación et ils sont aussi celui d'une carrière. Carrière exemplaire s'il s'agit d'une figura. La polysémie de ce terme livre une dynamique surprenante. Vedette importante en Espagne, ce mot vient du latin *fingere* qui veut dire « modeler la glaise, donner une forme ». Le torero ne peut s'autodéclarer figura. C'est le public, et particulièrement les journalistes, qui en décide. Paradoxe du fait, l'informel attribue la reconnaissance de la forme par un jugement souverain. Et bien que tous les toreros méritent un grand respect dans l'exercice de leur fonction, les figuras incarnent avec pertinence une forme inconsciente dans le psychisme humain.

La lidia

Malgré sa complexité, la corrida peut être présentée, structurée, selon un principe de quaternité. Les quatre causes de la métaphysique aristotélicienne aident à la comprendre en tant que totalité différenciée signifiante sur le plan anthropologique.

D'une façon très succincte, la *cause matérielle* correspond au toro, celui-ci étant ce qui est à transformer, c'est-à-dire la matière destinée à recevoir une forme qui l'autorise au sacrifice. Cette matière qui est vivante dispose bien sûr déjà d'une forme caractérisée dotée de la protection nécessaire à sa maintenance. La résistance au changement est une nécessité de l'existence et le toro dispose d'arguments convaincants en ce domaine...

C'est grâce à cette résistance que le torero, qui est la *cause efficiente*, est mis en demeure d'exploitation de son potentiel pour acquérir la compétence de cette transformation. C'est bien de cela dont il s'agit quand on dit d'un torero qu'il a « inventé un toro ». Les différents temps de la lidia contribuent à la formation du toro avec, pour point d'orgue, la faena, révélatrice de la noblesse. Formation qui ne s'établit pas par domestication, ni par dressage, ni par domptage, et qui ne peut être que l'expression du fond du toro.

Cette forme, que seule révèlent les conditions de la lidia, est destinée au public possédant le statut de *cause finale* ; ce public est autant concerné par l'émotion et le plaisir ressentis que par la rigueur d'une information profonde. Le brindis au public, ou à une personne qui en fait partie, par le traditionnel *para ustedes* (« c'est pour vous »), le dit explicitement.

La présidence, avec les alguazils, est liée à la *cause formelle*, en tant que garant de celle-ci. Il ne s'agit pas d'une simple figuration, les responsabilités à propos du respect de la règle sont réelles.

La souveraineté du public/cause finale lui donne toujours le dernier mot, que ce soit pour approuver ou contester le torero, le toro, ou encore le président et ses assesseurs.

La corrida est un discours mythique en actes et chacun, dans le rôle de sa « causalité », en est acteur, torero, toro, président et public. Le mythe est une représentation d'un développement du germe du vivant, s'émancipant des limites du temps et de l'espace, et le drame y est présent ainsi que la jouissance et la jubilation. La corrida en montre la conjugaison. Les acteurs ne sont pas des comédiens, et l'animal tué et le torero blessé, quelquefois mortellement, ne feignent pas. Dès lors, le public n'est plus spectateur, mais impliqué dans une participation qui porte en elle la justification de ce à quoi il est confronté. Le drame du ruedo est aussi le sien. C'est cela un mythe, une connaissance qui dévoile analogiquement un cheminement de vie présent en chacun. Oui, de vie ! Car c'est bien d'elle dont il est question, et la souffrance et la mort y sont là, à son service ; la mort, pour que naisse autre chose, autrement, et la souffrance, non en son aspect pathologique, mais initiatique. La façon en est directe, abrupte, dérangeante, mais aussi subtile, esthétique, prenante. La vie est renaissance, par définition, et pour un toro de combat qui meurt, il en naît des dizaines qui n'auront pas tous le même destin, mais qui tous partageront le prestige de celui qui fut un jour le roi de la fête tragique d'où jaillit la beauté.

La lidia est une rencontre entre l'Homme et l'Animal qui rejoue une rencontre intrapsychique chez l'être humain.

Il n'existe pas de transformation sans l'interaction de deux parties, l'une servant un projet dans le changement et l'autre, au contraire, protégeant la condition présente. Le changement d'état s'effectue par l'intégration d'une donnée nouvelle. Les deux parties concernées ne sont pas ennemies, pas plus que ne le sont l'Animal et l'Homme. Il n'est question que de l'éternelle confrontation entre l'identification à un état et son abolition pour le restructurer en une expression de dynamique de vie toujours plus riche. Le torero ovationné au cours de sa vuelta al ruedo n'est pas, en tant qu'homme, le vainqueur du toro, mais le vainqueur de soi-même, enrichi de tout ce qu'il a extrait du potentiel de l'animal et qu'il porte en lui de façon vivante.

La faena

« Du combat pour l'espace au partage du temps » pourrait être une formulation condensée de la faena. En quinze minutes, durée maximale qu'accorde le président, le toro et le torero vont engager le meilleur de leurs possibilités dans le cadre de ces deux notions, l'espace et le temps. Avec la conscience du corps propre (schéma corporel), le spatio-temporel est à la base du développement de l'individu, son intégration est une nécessité pour toute acquisition. La faena rejoue publiquement ces données dont dépendent toutes nos actions.

L'espace est déjà différencié matériellement dans l'arène, y compris dans le ruedo, par des délimitations qui sont des références selon les tercios. Mais, plus encore, lors du déroulement de la faena, le critère spatial s'impose, lorsqu'il est question des terrains du toro, de sa querencia, et du sitio du torero. L'un et l'autre veulent organiser l'espace de façon à en être le centre, qui, plus que géographique, est celui d'un lieu créé par les volontés opposées de l'homme et de l'animal. Les impositions, les concessions, le lieu gagné ou perdu, les changements d'endroit... la guerre des terrains a pour enjeu la domination. Sauf cas particulier, un torero sans sitio est en défaut de pouvoir.

De la sortie du toro, qui prend possession de tout l'espace, jusqu'à l'endroit où il est immobilisé, cadré, pour l'estocade, des premières *lances* au toreo localisé sur une surface de plus en plus réduite, se déclinent toutes les alternances de la maîtrise des lieux. Maîtrise à laquelle participe également l'harmonie des tracés de l'étoffe qui conduit l'animal.

Il en est de même du temps que chacun tente d'imposer à l'autre. La canalisation progressive de la violence des charges du fauve par les muletazos, justement ralentis, précis, templés, ne correspond pas à une pacification du toro qui reste dangereux jusqu'à son dernier souffle. C'est pourquoi les déplacements accordés en rythme et en cadence donnent l'impression d'un temps partagé où le combat, bien que ne cessant jamais, n'est plus apparent. L'apaisement vient du sentiment que l'un et l'autre participent à la même œuvre.

« Le flacon aux parfums est débouché », flacon aux essences peut-on dire, car c'est d'elles, de celles de l'homme-torero et de l'animal-toro, que naît une composition dont l'harmonie demande le dépassement des apparences individuelles. Ce n'est que lorsque toutes les senteurs sont exhalées que peut advenir la suerte de matar. Le toro ne peut être tué qu'une fois auréolé de ce qu'il a montré de lui-même, mais aussi de ce qu'il a autorisé au maestro, c'est-à-dire repousser au maximum les limites de son courage et de son art. Mais, en regard, le matador ne peut porter l'acte décisif que lorsqu'il a dévoilé toute la « toréité » du toro, toute son essence, et donné lui-même tout ce dont il disposait dans les tripes, le cœur et l'esprit. C'est peut-être parce que tout a été livré de part et d'autre que la mort, n'ayant plus rien à prendre, est disqualifiée dans sa fonction de destruction.

L'épée devient l'intermédiaire entre la main du torero et le cœur du toro. Cette fonction de médiation correspond analogiquement à l'appropriation des dynamiques de vie par l'homme. Comme si, par le cœur du toro, les sources de toutes les puissances primaires vitales étaient communiquées à la main de l'homme qui symbolise tout « le faire et l'agir » de celui-ci.

L'animalité, en tant que fonction psychique, est intégrée par les fonctions supérieures représentées par la lumière et l'or à des fins de réalisation par la connaissance. L'estocade en devient alors, symboliquement, le trait de lumière qui pénètre l'obscurité de l'inconscience pour en libérer les forces initiales.

Mircéa Eliade, peu de temps avant sa mort, a affirmé que la grande découverte du XXe siècle serait, en fait, une redécouverte, celle de la capacité de l'homme au sacré.

La corrida n'est pas sacrée en soi, mais elle a pour fonction de le rappeler en tant que fondement de la structure humaine, source de la pensée et, de ce fait, y participe intrinsèquement. L'aspect religieux, habituellement indissociable du sacré, n'est pas ici évoqué afin d'éviter toute inflexion orientée. La notion de transcendance, elle, peut s'appliquer, dans un sens général, à tout accès à une conduite valorisée nécessitant un changement, ce qui implique automatiquement la sublimation et la sacrifiction suivant le niveau.

C'est l'essence même du toro, arraché aux conduites en sommeil qui règlent sa vie au campo, qui, lors de la lidia, exhausse l'homme capable de la montrer dans tout son déploiement de force, de bravoure, de noblesse. L'enjeu de la régulation de l'un par l'autre s'opère en miroir, et les pouvoirs, réciproquement mais chèrement délégués, demandent un tel engagement des deux parties que finissent par se confondre l'acte du don et celui de la prédation. Ainsi advient une inattendue et bouleversante union qui se rejoue dans l'intimité des aficionados, à ce titre plus acteurs que spectateurs passifs.

La corrida n'est pas le résultat arbitraire d'un ensemble de circonstances aléatoires, et le sacrifice d'un animal déjà situé dans le sacré interroge profondément. On peut y voir la libération du germe de vie qui s'origine dans les puissances pulsionnelles et dont la fertilité se déploie dans les pensées et les actes qui font honneur à l'homme.

La force de ce que montre la corrida dérange au point de susciter des défenses même chez les aficionados, traduites par des fixations sur le toro au détriment du torero ou l'inverse, fixation également sur le règlement qui devient la finalité. Et encore, protection dans les plaisanteries, bien souvent douteuses ou stéréotypées, mais aussi dans les mâchoires serrées et les mains interdites d'applaudissements ou, au contraire, dans l'emphase inconditionnellement exprimée. Toutes ces défenses font partie de la corrida et sont la preuve que ce qui s'y passe n'est pas si aisé à assumer, comme si l'enseignement qu'elle dispense était toujours situé un peu au-dessus des disponibilités du moment. Et cet art grave où la beauté fleurit sur un fond de drame trouve sa régulation dans la fête qui en est le cadre lors des férias, stimulant ainsi le dynamisme pulsionnel. J. M.

ANTOÑETE.
Voir CHENEL ALBADALEJO Antonio.

APAGADO (de *apagar*, éteindre). Qualifie un toro dont la charge initialement satisfaisante s'éteint progressivement, faute de bravoure ou de moyens.

APAREJADO (de *aparejar*, harnacher). Toro berrendo dont les taches sont réparties d'une manière pratiquement symétrique d'un côté comme de l'autre et semblent constituer un harnais.

APARICIO DÍAZ Julio, *Julito*. Fils de Julio Aparicio, né à Séville, le 4 janvier 1969, il commence avec picadors à Gandía, province de Valence, le 8 février 1987, en compagnie de Fernando Lozano et *Gregorio de Jesús* devant des novillos d'El Torreón.

Julito fait sa présentation à Madrid le 16 juillet 1989, lors d'une corrida mixte avec Curro Vázquez, face à un toro de Torrestrella. Après avoir reçu l'alternative à Séville, le 15 avril 1990, des mains de Curro Romero, avec *Espartaco* comme témoin, face à *Rompelunas*, de la ganaderia de Torrestrella, il débute en France à Nîmes, le 16 mai 1991, affrontant des toros de Sánchez Dalp, avec Curro Vázquez et Emilio Muñoz. Puis il confirme à Madrid le 18 mai 1994, devant *Candelero*, toro de Manolo González, avec Ortega Cano pour parrain et *Jesulín de Ubrique* pour témoin.

À Mexico, le 13 novembre 1994, il reçoit confirmation de son alternative des mains de Jorge Gutiérrez, en présence de Manolo Mejía et face à un toro de la ganaderia de Xajay.

Julito, avec un total de 342 corridas à la fin de 2001, est un torero artiste qui peut connaître de très belles réussites, mais aussi des échecs retentissants, car il n'a pas la volonté de s'affirmer que possédait son père. Trop souvent, il ne fait aucun effort pour lidier ses adversaires, considérant qu'il ne doit toréer que ceux qui lui conviennent et font preuve d'une noblesse rare. Mais on doit admettre que lorsqu'on assiste à une prestation dans laquelle *Julito* exprime tout son art, on reste subjugué par la qualité de sa gestuelle et la beauté de ses enchaînements. R.B.

Antonio Díaz Cañabate, ce Léon-Paul Fargue madrilène, avait dénoncé un peu à la légère la monotonie des deux passes sempiternelles et, peut-être avec plus de justesse, le manque d'âme de leur exécution trop méthodique. À ce toreo répétitif, Antonio *Bienvenida* opposa avant sa mort un projet qui relevait de la virtuosité pure et dont l'idée n'en était pas moins significative : apprendre à son neveu *Miguelito* à effectuer vingt passes de muleta sans user de la naturelle ni du derechazo. Cela restait théorique alors qu'entre les mains de *Julito* Aparicio, la faena vivait dans sa diversité, animée du même souffle de l'inspiration capable de triompher de la turbulence atmosphérique.

Fils de Julio Aparicio et d'une célèbre danseuse gitane, Malena Loreto – dont les bras étaient cous de cygne et le trépignement des pas une science –, et par elle quarteron de gitan, les fées paraissaient s'être donné rendez-vous autour de son berceau.

Si, à en croire le proverbe, le soleil et le meilleur torero, le mistral est à coup sûr le pire ennemi des corridas. Le vent fou qui tourbillonnait dans l'immense ovale de la piste de Nîmes avait jusqu'à mi-course brisé l'enchaînement des passes et mis les hommes en danger. *Desconfiado*, toro de Marca, méritait son nom paradoxal, qui devait relever d'un caprice de son éleveur. Sans confiance, il se dérobait aux appels des hommes et ne songeait qu'à s'économiser pendant l'épreuve des piques. Il opérait une brusque volte-face et ruait contre le cheval avec ses pattes arrière.

Soudain le chahut des gradins irrités retombe, les cruels « olé » de la moquerie se taisent, la rafale se calme en proie à un charme, *Julito* Aparicio déjoue les coups de boutoir de l'air et enchaîne ciselures et ornements avec le toreo fondamental. Mais à ce niveau, comment distinguer le fortuit de l'essentiel ? Neuves et dégagées des influences, les passes trop employées parlent au fauve un langage de cajolerie et il est très rare de voir pareille quiétude dans l'emportement de la création.

Le 18 mai 1994, à Madrid, pour sa confirmation d'alternative, cape et muleta, entre ses mains, templent le temps déguisé en toro, semblent l'éterniser par quelque sorcellerie gitane, comme l'aile d'un ange qui vole parce qu'il se prend à la légère. Et l'on pense à Nikos Kazantzaki exaltant les musiciens-architectes musulmans de l'Alhambra : « Leur but téméraire : vaincre la matière, lui ôter son lourd contenu pour ne lui laisser qu'un contour spirituel. » Lorsque *Julito* Aparicio lève l'épée, un éblouissant rêve de minces colonnes, d'arcs légers qui ondulent, aériens, de jardins capiteux et de fontaines limpides aux mosaïques multicolores, se dissipe sur le sable comme jeux de l'imagination. Le toro meurt et tout s'évanouit.

Finis les accords séraphiques ! Les fauves se sont mis à regarder *Julito* Aparicio avec une certaine insistance déplaisante, comme s'ils cherchaient à le deviner. Depuis peu, il éprouve une croissante difficulté à évacuer l'angoisse et à exclure la hantise de la mort de son ballet-pantomime où tout n'était que calme et volupté. Des pannes de courant répétées le laissent dans le noir. J.M.M.

APARICIO MARTÍNEZ Julio. Avec son long visage osseux et triste, Julio Aparicio donnait l'impression d'être dans un autre univers que celui des aficionados venus l'encourager. Mais ce matador doué d'une excellente maîtrise et possédant une technique et un dominio rares était trop souvent enclin à céder à des sautes d'humeur et à renoncer subitement, en marquant son désintérêt pour le toro et pour le public.

Fils du banderillero devenu coiffeur Julio Aparicio y Nieto, Julio est né à Madrid le 13 février 1932 et, dès huit ans, il montra des qualités exceptionnelles pour la tauromachie. Remarqué par *Manolete* lors d'une tienta chez Atanasio Fernández, il est pris en mains par *Cámara*, grâce auquel il débute une carrière brillante de novillero, le 6 mai 1948 à Puertollano, en compagnie de Moreno Reina, face à des novillos de López Navalón. On remarque tout de suite ses immenses possibilités et sa grande maîtrise, en particulier dans le maniement la muleta.

Il triomphe à Madrid le 19 juin 1949, en alternant avec Luis Riva et Pablo Lalanda, face à des novillos d'Antonio Pérez. Au cours de l'année 1950, il fait équipe avec Miguel Báez *Litri*, dont le toreo tremendiste met bien en valeur le sien très classique. Dirigés par *Cámara*, ils tournèrent ensemble dans toutes les grandes plazas espagnoles et françaises, remportant un nombre exceptionnel de trophées, et ils contribuèrent à remettre en valeur les novilladas qui étaient quelque peu tombées dans l'oubli. On vit même Julio, à Nîmes, recevoir pour sa prestation face aux toros de Carlos Núñez quatre oreilles, deux queues et une... patte, alors que *Litri* coupait deux oreilles et la queue de son premier adversaire, devant un public éberlué. Cette année-là, Julio participe à 90 novilladas, un exploit au vu des moyens de déplacement difficiles du temps.

Le 12 octobre 1950, Julio reçoit l'alternative à Valence, avec son ami et compagnon de cartel *Litri*, des mains de Joaquín Rodríguez *Cagancho* qui lui cède *Farruquero*, toro d'Antonio Urquijo. Cette cérémonie a donné lieu à un étrange épisode : lequel des deux jeunes impétrants allait recevoir l'investiture le premier, en fonction de la date de naissance, ou de l'ancienneté dans les novilladas ? On tira au sort et c'est Julio qui fut désigné. Ainsi, il passa avant son compagnon dans toutes les corridas... Toujours en compagnie de *Litri*, il confirme à Madrid le 19 mai 1951 devant *Cachifo*, toro d'Antonio Urquijo que lui a cédé Manuel González en présence de *Litri*.

Lors des temporadas suivantes, Aparicio accumule les succès et les triomphes. On le voit dans toutes les grandes plazas d'Espagne et de France, ainsi qu'au Mexique. En 1957, il participe encore à plus de 40 corridas. Puis il restreint ses apparitions en piste et, après une blessure le 15 août 1960, à El Chofre, infligée par un toro de Fermín Bohórquez, il se retire en 1962, mais revient pour participer, durant chaque temporada, à une vingtaine de corridas. Le 19 mai 1969, il torée pour la dernière fois à Madrid, dans une prestation catastrophique. Il ne participera plus ensuite qu'à quelques rares festivals.

Excellent torero, ayant une grande maîtrise de la cape et de la muleta, intelligent et dominateur, sa pareja avec son ami *Litri* est entrée dans l'histoire taurine. Quand il s'engageait totalement, l'aficionado était sous le charme de son toreo profond, au rythme vif et enchanteur. R.B.

Miguel Báez *Litri*, durant son époque phénoménale d'apprentissage de novillero, poussait la témérité jusqu'aux apparences du suicide en appelant le fauve d'un bout à l'autre de l'arène, muleta dérobée derrière son dos et déployée à l'ultime instant pour écarter la charge. Fils de torero, demi-frère de Manuel *Litri*, tué dans sa vingtième année à Málaga, en 1926, il apparaissait marqué par le destin. Comme son aîné, il combattait avec un courage nerveux et une technique défectueuse, et substituait bravoure, chance et réflexes à la science qui lui faisait défaut. Plutôt malingre, le visage triste aux joues creuses et au grand nez tordu, son toreo tout en ruptures et en saccades manquait de profondeur, mais il l'exécutait avec un sens très personnel de la tragédie. Il se dégageait sans broncher à l'aide d'un revers de poignet, sec comme un coup de fouet. Le toro était entraîné dans une ronde dramatique qui se rétrécissait autour de l'homme impavide et exposé. Pareils corps à corps heurtés, où il jouait son va-tout à la pointe des cornes, déchaînaient les passions sur les gradins et muselaient la critique hostile par définition à ce style électrique et à sa quête systématique de l'effroi.

Litri réuni à Julio Aparicio, un technicien consommé, à la fougue allègre, à l'art enjoué et dominateur, les deux se produisirent sous la direction de José Flores González *Camará*, ancien matador déchu, mais appelé à prendre sa revanche sur la planète des toros en tant que manager de *Manolete*, dont il assura le lancement et la gestion des intérêts jusqu'à la fin. Le couple, ou pareja, connut un tel succès qu'en 1949 et 1950, Luis Miguel *Dominguín* fut contraint de rendre les armes aux deux novilleros qui, à coup sûr, ne le valaient pas à ce stade de leur formation.

Aparicio savait s'imposer contre vents et marées, mais il se montrait de plus en plus capricieux, irritable et sans contrôle sur ses nerfs. Il lui arrivait de piquer une subite crise de colère contre son adversaire, puis de reprendre presque aussitôt possession de lui-même pour une admirable série de neuf naturelles, où la qualité d'exécution d'une passe surpassait chaque fois celle de la précédente, avant de s'emporter à nouveau. Il était rare qu'il évoluât tout un après-midi sans montrer le moindre signe de dégoût ou d'exaspération, on l'aurait cru braqué contre sa peur. Elle l'excédait et, lorsqu'il tempêtait pour se délivrer d'elle et en venait à bout, nul ne possédait autant de rare autorité pour briser un adversaire redouté par des passes de réglage et de châtiment. Plus de front buté ni de sourcils froncés en accents circonflexes, ni de lippe pendante, Aparicio, frémissant et chaleureux, se distinguait par son mordant. La muleta agrippait le fauve et ne lui permettait aucun répit.

En 1967, déjà vétéran, au cours de la féria de Bilbao, il mènera encore un de ces combats tambour battant dont il a le secret, avec la même vibration colorée, le même scintillement continu, par naturelles profondes qui font craquer les os et ont raison des toros les plus solides. Où tant d'autres de ses confrères auraient été mis en déroute, il rompit, plia à sa volonté et redécouvrit du coup, par-delà une certaine satiété, quelque chose de son enthousiasme d'adolescent.

Il n'y eut pas, à proprement parler, d'« Aparicio si, *Litri* no », malgré la complaisance de certains puristes à colporter cette formule. Sans le manager tout-puissant de leurs débuts, l'un et l'autre durèrent. Mais Aparicio, bien sûr, retenait davantage l'intérêt du spectateur fixé sur le fauve par l'importance qu'il lui donnait tout au long de la course. J.M.M.

APARTADO. Action de séparer un lot de toros, de novillos ou de vaches du groupe dans lequel il est pour le marquage ou une vaccination, par exemple. Désigne aussi le fait de répartir les toros d'une corrida dans les chiqueros individuels ou le toril correspondant à son ordre de sortie en piste. Cette opération s'effectue après le tirage au sort (*sorteo*). Dans quelques rares plazas, telles que Bilbao, Pampelune ou Madrid, le public peut assister à l'apartado. Ce qui n'est pas le cas en France. R.B.

APELADO (de *pelado*, tondu). Toro de couleur strictement uniforme, sans la plus minime variation de teinte.

APLOMADO. Se dit d'un toro fatigué et généralement pendant le dernier tercio de la lidia. L'animal n'a plus des charges violentes et se déplace avec moins de vivacité. Il a perdu une partie de ses facultés d'attaque et se défend davantage. Certains toros, d'une grande faiblesse, atteignent ce stade très rapidement, parfois même lors du premier tercio, voire dès la sortie dans le ruedo, ce qui donne une course terne et insipide. R.B.

APODERADO. Personnage important du mundillo, représentant un ou plusieurs novilleros ou toreros, qui prend en charge leur carrière en s'occupant notamment de trouver et souscrire les contrats. Un bon apoderado se double aussi d'un découvreur de talents. Gérer la carrière d'un novillero coûte généralement cher à l'apoderado (à moins qu'il ne devienne rapidement une vedette !), qui défend les intérêts de son protégé car ce sont aussi les siens. De grandes empresas telles que Balaña, Chopera ou Lozano sont aussi des apoderados importants. Mais le plus doué fut sans aucun doute Rafael Sánchez *el Pipo* qui découvrit et lança Manuel Benítez *el Cordobés* dans les années 1960. R.B.

APODO (*pseudonyme*). De nombreux toreros utilisent un pseudonyme pour faire carrière et cela depuis fort longtemps. Les raisons en sont nombreuses, parmi lesquelles on peut citer :

- l'apodo était déjà utilisé dans la famille : ainsi pour les *Chamaco*, les *Bienvenida*, les *Manolete*, les *Litri* ou les *Dominguín* ;
- parce que le torero veut se distinguer d'un autre torero portant le même patronyme ;
- parce qu'il avait choisi ce nom en débutant et qu'ayant acquis une certaine célébrité, il tient à le conserver ;
- pour éviter un nom trop complexe ou de consonance trop peu hispanique : ainsi Lucien Orlewski se fit appeler *Chinito*.

Ces pseudonymes peuvent avoir diverses origines dont :
• le lieu ou la région de naissance : *Cordobés*, *Salamanquino*, *Nimeño*, *Valenciano*, *Mancheguito*, *Ecijano*, *Granadino*, *Malagueño*, *Algabeño*, *Navarro* ;
• les noms de ville ou de village : *Murcia*, *Soria*, *Valenciano*, *Miranda*, *Sevilla*, *Villanueva*, *Villaverde*, *Valdemoro*, *Pinto*, *Guadalajara*, *Peñalver* ;
• le temps : *Minuto* ;
• la couleur : *Moreno*, *Rubio*, *Jaro* ;
• le pays d'origine : *Inglés*, *Americano*, *Africano* ;
• les fruits : *Melones*, *Trigo* ;
• un handicap physique : *Sordo*, *Cara-Ancha*, *Chato*, *Zurdo*, *Mellado*, *Zocatoro* ;
• l'origine intellectuelle : *Estudiante* ;
• un métier précédemment exercé par le torero ou dans sa famille : *Panadero*, *Sombrerero*, *Marinero*, *Naranjero*, *Albañil*, *Cucharero*, *Pastor*, *Tallista*, *Barberillo*, *Tornero*, *Vaquero*, *Patatero*, *Carnicerito* ;
• l'élément liquide : *Canales*, *Ríos*, *Fuentes* ;
• un grade dans l'armée : *Artillero*, *Cabo*, *Sergento* ;
• l'âge : *Bebé*, *Chico*, *Niño* ;
• des noms d'animaux : *Gallo*, *Lagartija*, *Lobo*, *Conejo*, *Lagartijillo*, *Rata*, *Cigarrón*, *Loro*, *Canario* ;
• le diminutif du nom ou du prénom : *Guerrita*, *Paquirri*, *Frascuelillo*, *Joselito*, *Pepín*, *Mateíto*, *Gonzalito* ;
• une caractéristique morphologique : *Morenito*, *el Rubio*, *Gordito* ;
• un effet d'annonce : *el Bandolero*, *el Bala*, *el Gallo*, *el Caracol* ou même *Zorro de Toledo*
et de nombreuses autres origines qu'il est impossible de classifier.

En tauromachie, les maestros ne sont pas les seuls à utiliser des apodos. Il en est de même pour les banderilleros, les picadors et même les mozos de caballos. *Fritero* est un picador français très connu et *Dudule* un aide de piste très estimé.

Des critiques et des chroniqueurs taurins empruntent également des pseudonymes pour signer leurs chroniques et comptes rendus. R.B.

APPELER (*llamar*). Lors du cite, afin de provoquer la charge, beaucoup de toreros utilisent la voix comme provocation. Cela peut être nécessaire avec un toro fatigué, mais le véritable cite se donne avec le leurre. On constate que certains toreros abusent des appels à la voix, avant la charge, parfois pendant et même après. R.B.

APPENDICE. S'emploie généralement pour désigner l'oreille ou la queue attribuée en trophée au matador.

APRETADO (*serré, dense*). Est dit « apretado de carnes » le toro puissant et musclé.

ARAGONESA. Passe de cape appelée aussi « de frente por detrás » par *Pepe-Hillo* et *Paquiro*. Il s'agit d'une véronique qui, au lieu d'être effectuée de face, l'est de dos, par-derrière.

ARANDA DE DUERO (Espagne. Madrid 155 km – Valladolid 92 km). La plaza de Aranda, important centre de communications de 29 000 habitants dans la vallée du Duero, a été construite sur la route de Burgos et son accès en est facilité. Inaugurée le 12 septembre 1948 avec au cartel des toros de Abdón Alonso combattus par Ángel Luis *Bienvenida* et Pepín Martín Vázquez. On peut y recevoir environ 4 300 spectateurs. R.B.

ARANDA PÉREZ Raúl. Après avoir lidié plus de cinquante novilladas, Raúl Aranda Pérez, né le 3 janvier 1952 à Almazora, dans la province de Castellón, reçoit l'alternative le 23 mai 1971 à Saragosse, des mains de *Palomo Linares*, face à des toros de Conde de la Corte, en présence de Miguel Márquez. Une course couronnée de succès puisqu'il coupe une oreille à son toro d'alternative et deux oreilles à son second adversaire. Il confirme à Madrid le

15 mai de l'année suivante, avec Manolo Cortés comme parrain et Julián García comme témoin, devant des toros de Galache. Applaudi au premier, il coupe deux oreilles au second, fait rare, qui marquera le début de sa carrière. En France, on le verra pour la première fois à Bayonne, le 14 juillet 1972, en compagnie de José *Falcón* et de *Marismeño* devant des toros de Francisco Bartolomé. Il triomphe encore : une, puis deux oreilles.

C'est à Lima, au Pérou, qu'il réalise sa première course américaine, le 1er décembre 1974, devant des toros de Chuquizongo avec comme compagnons de cartel *Paquirri* et Rafael Torres.

Torero de caractère, toujours très engagé et acceptant les adversaires de ganaderias difficiles pour des combats puissants, Raúl Aranda sait mener avec intelligence la lidia de ses adversaires, mais il possède aussi de belles qualités artistiques qui en ont fait une valeur sûre. R.B.

ARANJUEZ (Espagne. Madrid 50 km – Tolède 60 km). Ville de 36 000 habitants, Aranjuez est dotée d'une richesse monumentale exceptionnelle avec son Palais royal, ses jardins et ses fontaines. Rendue célèbre par un concerto du compositeur Joaquín Rodrigo, Aranjuez apparaît comme une oasis dans l'immense steppe de la Castille.

La plus ancienne plaza de toros fut construite en 1760 et inaugurée en 1761. Puis une nouvelle construction est édifiée en 1796 et inaugurée le 14 mai 1797. Un incendie la détruit totalement en 1809 et elle est reconstruite en 1829 sur ordre du roi Ferdinand VII et devient propriété de la ville d'Aranjuez. Elle est entièrement restaurée en 1851 et les matadors Juan León, Julián Casas et Antonio Luque y sont opposés à trois toros de Justo Hernández et trois de Diego Barbero.

De nouveaux travaux d'améliorations eurent lieu en 1881 avant que l'on ouvre ses portes pour une corrida de toros de Marqués Viudo de Salas, présidée par le roi Alphonse XII, avec comme toreros *Chicorro*, Ángel Pastor et *Lagartijo*. On peut y recevoir 8 700 personnes. R.B.

ARBOLADURA (de *árbol*, arbre). Familièrement, un toro qui a du bois sur la tête, c'est-à-dire une armure impressionnante.

ARENERO. Employé des arènes chargé de maintenir en état la piste et ses annexes pendant la durée de la course. Il doit, après chaque combat, faire disparaître les traces de sang sur le sable, les déjections des chevaux, égaliser le sable afin d'éviter les trous dangereux pour les toreros et les pattes des toros, retracer si nécessaire les lignes de la piste. Jusqu'à l'introduction du caparaçon, quand les chevaux n'étaient pas protégés, il devait recouvrir d'une bâche les chevaux tués en piste en attendant leur enlèvement. Leur costume varie d'une plaza à l'autre. R.B.

ARÈNES. Synonyme de plaza (voir ce mot).

ARJONA HERRERA Francisco, *Cúchares*. Il est entré dans la légende et a même laissé son nom à une métaphore tauromachique qui définit la corrida comme « l'art de *Cúchares* ».

Né à Madrid le 19 ou le 20 mai 1818 (selon les sources), sa mère était la nièce de *Curro Guillén* et son père, Manuel Arjona Sánchez *Costuras*, banderillero dans la cuadrilla de ce matador avant de devenir distributeur des viandes aux abattoirs de Séville. C'est donc très normalement que le jeune garçon fréquente l'école taurine de la ville. Mais son père étant décédé, il devient employé aux abattoirs. Il est âgé de seize ans quand Juan León l'admet dans sa cuadrilla où participent aussi Juan Pastor, Antonio Calzadilla *Colilla* et Juan Yust. Il se présente à Madrid le 27 avril 1840 et cette corrida de présentation fut un tel succès que *Cúchares* et son compagnon du jour,

Juan Pastor *el Barbero*, furent répétés tous les lundis, jour des corridas dans la capitale, du 4 mai au 31 août 1840. Pendant les temporadas de 1840 et 1841, il figure comme media espada dans les cartels. En vingt-huit ans, il sera programmé 322 fois à Madrid, ce qui est un record difficile à battre.

Le 27 septembre 1846 eut lieu un incident unique dans les annales de cette plaza, incident qui motiva la décision de compter l'ancienneté à partir de la date d'alternative. En effet, l'empresa qui avait engagé pour cette corrida *el Chiclanero* comme première espada proposa à *Cúchares* d'être aussi au cartel. Au moment de l'estocade, fort de son bon droit, *el Chiclanero* s'avance épée en main. Surgit alors *Cúchares* qui prétend que c'est à lui que revient cette charge, car il est le plus ancien, et il donne un coup d'épée bas après deux passes de placement. Bousculade, interpellation. *El Chiclanero* était engagé comme chef de lidia. Mais *Cúchares* avait davantage d'ancienneté que lui... Pendant la discussion, *el Chiclanero* avait à nouveau placé le toro. *Cúchares* se précipite alors et lui donne un coup d'épée dans le cou. Émoi sur les gradins. Les alguazils emmènent *Cúchares* en prison et la plaza est en ébullition. La réconciliation fut publique et prétentieuse, mais les deux hommes restèrent toujours en opposition dans les ruedos. Malheureusement pour *el Chiclanero*, elle fut de courte durée, car atteint par la tuberculose, il décéda le 28 mars 1853.

Resté seul, *Cúchares* continue à accumuler les succès. Élégant, habile, parfois même trop, faisant preuve de sang-froid et de détermination, s'engageant mais en prenant soin d'éviter tout risque de cornada, il savait éblouir avec un registre large et brillant, ce que lui reprochaient les puristes. Peu importe les grincheux, la plus grande partie du public, et en particulier celui de Séville, portait un culte véritable à *Cúchares* qui donnait aux rencontres des illuminations soudaines et des improvisations enthousiasmantes. *Cúchares* faisait ainsi entrer la gestuelle dans la faena et, en ne prenant pas l'estocade comme le seul critère du troisième tercio, il introduisit les premiers éléments d'une évolution de la corrida vers un spectacle plus artistique.

Au faîte de sa gloire, *Cúchares* se rendit en novembre 1868 à La Havane pour y toréer. Malheureusement il y contracta la fièvre jaune dont il mourut le 4 décembre de la même année. R.B.

ARJONA REYES Francisco, *Currito.* *Curro Cúchares*, le grand matador, ambitionnait pour ses fils Fernando et Francisco une tout autre carrière que la sienne, malgré les triomphes qu'il connut et la réputation qu'elle lui accorda. Mais Francisco, né à Madrid le 20 août 1845, bien qu'en suivant les cours des respectables collèges de Madrid ou de Séville, ne pensait qu'aux toros. En 1858, il avait participé à une becerrada organisée par la marquis de Villaseca, ainsi qu'à d'autres dans la région. Quand son père apprit que Francisco courait les ruedos au lieu de se consacrer à ses études, il préféra l'intégrer à sa cuadrilla plutôt que de le laisser apprendre sans rigueur. Francisco devint banderillero sous les ordres de son père *Cúchares*. Le 12 juin 1863, il participe à une novillada à Séville et suit les conseils de son géniteur qui, de temps en temps, lui cède l'épée, dès 1866. Il devient rapidement maître des divers moments de la lidia. Sa première apparition à Madrid a lieu en compagnie de Cayetano Sanz et de *Frascuelo* et, lors de la corrida du 16 mai 1870, il reçoit une très grave blessure.

En ce temps-là, *Lagartijo* et *Frascuelo* sont les maîtres incontestés des ruedos et *Currito* préfère ne pas les affronter afin de ne pas ternir son image montante. Il apparaît donc en compagnie des *Gordito*, *Bocanegro*, *Chicorro*, *Cara-Ancha*, Ángel Pastor et quelques autres. On le verra à Madrid tout au long des temporadas de 1877, 1878, 1880, 1881, 1883 et 1884, ce qui prouve que le public madrilène appréciait ses prestations de torero sobre et calme, sans fioriture, mais dominateur et efficace.

Mais le 16 mai 1878, il reçoit une nouvelle blessure importante en tuant *Centello*, toro de Benjumea. Il remporte un grand succès le 25 novembre 1882 à Madrid, face à *Campasolo*, toro de Pérez de la Concha. Mais il témoigne de moins en moins d'intérêt pour la lidia et, le 24 avril 1892, il torée sa dernière course à Madrid en compagnie de *Lagartijo* face à des toros de Juan Vázquez. Il se retire ensuite à San Bernardo où il meurt le 16 mars 1907. R.B.

ARLES (France. Nîmes 30 km – Marseille 90 km – Avignon 40 km). Ancien comptoir de la colonie grecque de Massalia, la cité devint romaine en 46 avant notre ère, quand s'y installa une colonie de vétérans. La ville, rapidement très prospère, devint la capitale des Gaules au IVe siècle et troisième ville de l'Empire après la fondation de Constantinople. Elle compte actuellement 50 500 habitants.

Du temps de cette splendeur passée, restent de nombreux monuments dont l'amphithéâtre, qui date probablement du début du IIe siècle et fut fortifié au Moyen Âge, comme en témoignent les anciennes tours de l'édifice. Les arènes servirent de carrière de réemploi et furent utilisées comme forteresse, puis longtemps occupées par un village construit à l'intérieur de l'enceinte, ce qui les sauva d'une totale destruction. En 1809 commencèrent les travaux de démolition des maisons qui durèrent vingt ans. En 1830, on y donnait le premier spectacle taurin avec des taureaux camarguais. L'aménagement des gradins et de la piste se fit progressivement et ce jusqu'à 1990 avec la construction de gradins de tribunes, qui permettent d'accueillir environ 16 000 spectateurs. Malgré ces nombreuses dégradations ou transformations, l'amphithéâtre est encore, à l'égal de celui de Nîmes, d'une somptueuse grandeur.

Après les jeux antiques qui y étaient organisés, puis un millénaire et demi sans spectacle, on y donna une course pour fêter la prise d'Alger en 1830. En 1853, le 10 juillet, des toros d'Hubert Yonnet furent combattus en simulacre par Basilio González. Pedro Valdemoro y vint en 1880 et le grand Mazzantini en 1882, mais sans tuer en piste. Ce n'est que le 18 juin 1892 que seront estoqués les deux premiers toros, des Yonnet, par Sapin et Morenito de Valencia, et la première corrida intégrale se déroula le 14 mai 1894 avec Julio *Fabrilo* et *Conejito* devant des Fructuoso Flores.

Des corridas s'y déroulent ensuite régulièrement sauf pendant certaines périodes : de 1923 à 1931 en raison du contexte économique, plus tard à cause de la Seconde Guerre mondiale. À partir de 1950, Pierre *Pouly*, qui y avait pris l'alternative le 5 septembre 1920, en sera le directeur jusqu'en 1984, date à laquelle lui succédera Hubert Yonnet jusqu'en 1998, Luc et Marc Jalabert prenant la direction en 1999.

Les grands rendez-vous sont ceux de la féria pascale créée en 1952 par Pierre *Pouly* (du vendredi au lundi de Pâques) et de la féria du Riz (deux jours début septembre). Une nouvelle série de courses a maintenant lieu début juillet. R.B.

ARMADURA.
Voir ENCORNADURA.

ARMILLITA.
Voir ESPINOSA SAUCEDO Juan.

ARMILLITA CHICO.
Voir ESPINOSA SAUCEDO Fermín.

ARMURE. Disposition, arrangement des deux cornes parfois non symétriquement implantées par rapport aux différents plans de l'espace.

ARPONERO (*harponneur*). Dans le passé, désignait celui qui posait les banderilles aussi bien que celui qui les confectionnait.

ARRANCADA (de *arrancar*, arracher, démarrer). Charge brusque du toro et plus généralement la toute première impulsion de cette charge.

ARRANZ LOSA Luis Miguel. Le 19 août 1973, il débute à Leganés, à proximité de Madrid. En 1975, il accumule les succès dont celui de Ondara le 6 juillet, corrida où il coupe les deux oreilles et la queue d'un toro de Socorro Sánchez Dalp. Le 24 août, il fait sa présentation à Las Ventas où il affronte un toro de Manuel García Aleas ouvrant ainsi l'après-midi au cours de laquelle toréaient Joaquín Bernadó, Gregorio Tebar *el Inclusero*, Juan José García *Juan José*. En 1978, le caballero triomphait : le 3 septembre à Villarejo de Salvanes, il coupe deux oreilles à chacun de ses Amelia Pérez-Tabernero et le dimanche 10, il récidive en obtenant les oreilles et la queue de chacun de ses toros de la ganaderia Peñajara, démontrant ainsi ses excellentes qualités équestres et tauromachiques. J.C.D.

ARRASTRADERO. Dépendance de la plaza qui communique avec la piste et qui permet de tirer hors de celle-ci les toros morts (ou éventuellement les chevaux), avec le train d'arrastre.

ARRASTRE. Action d'enlever de la piste le toro mort en le tirant par les cornes, soit par un attelage de mules (les *mulillas*), soit plus couramment par une paire de chevaux attelés de front. Pour le ganadero, le moment de l'arrastre est important car le toro, selon le comportement qu'il a eu en piste, est applaudi et ovationné ou, à l'inverse, sifflé et conspué. Normalement devraient sortir en piste, au moment du paséo, deux trains d'arrastre : l'un pour sortir les toros, l'autre réservé aux chevaux. Mais comme il est désormais exceptionnel qu'un cheval soit tué en piste, ce deuxième train d'arrastre ne fait plus le paséo, sauf à Nîmes où l'on a conservé cette tradition. R.B.

ARREGLADO (de *arreglar*, régler, arranger). À l'origine, manœuvre tout à fait légitime pour rectifier une corne abîmée. Mais depuis longtemps ce terme est devenu synonyme d'afeiter. On dira que telle corrida était manifestement arrangée. P.M.

ARREGLAR LOS PIES. Avant de porter l'estocade, le matador règle les pieds du toro. On dit alors que le toro est « cadré » (*cuadrado*). Voir CADRER.

ARRIBAS Antonio (Herederos de Antonio Arribas Sancho)
Origine : Juan Pedro Domecq
Devise : violet
Ancienneté à Madrid : 16 septembre 1822
Propriété : « Cerroverde », Badajoz

Ce fer a été fondé au XIXe siècle par Julián de Fuentes à partir d'un bétail de race Jijona. Fuentes cède l'élevage à son fils juste avant la vente du troupeau à Vicente Martínez en 1852. Après la disparition de Martínez, l'élevage passe entre les mains de ses gendres en 1894, qui le baptisent « Herederos de Vicente Martínez ». Julián Fernández Martínez acquiert le fer d'origine ainsi qu'une part du troupeau en 1925. Ses héritiers vendent au duc de Pinohermoso les quelques têtes de bétail restantes en 1940, à la fin de la Guerre civile. L'élevage est alors appelé « Conde de Velle ». Francisca Sancho, veuve d'Arribas, rachète ce troupeau en 1948. Son fils, Antonio Arribas Sancho, reprend en main les destinées du fer lorsque sa mère disparaît en 1972. Il élimine progressivement le sang antérieur au profit d'une grande part de bêtes de Los Guateles, d'origine Juan Pedro Domecq, acquise à Baltasar Ibán.

Habitué des arènes de troisième catégorie, l'élevage d'Antonio Arribas est aujourd'hui moins toréé par les vedettes. Les ventes de lots oscillent entre dix et trente toros par saison. C.C.

ARRIMARSE (*s'arrimer*). S'approcher du toro.

ARROBA. Vieille unité de mesure espagnole valant 11,5 kg. Une fois dépouillé et réduit en ses quatre quartiers, un toro devait peser tant ou tant d'arrobas selon la classification de l'arène. Unité pratiquement abandonnée. Voir aussi CANAL.

ARROLLO (de *arrollar*, rouler, renverser). Action de renverser et de faire rouler le toro, au campo ou dans l'arène lors d'une fausse manœuvre.

ARROMERADO. Synonyme de cárdeno, clair.

ARROYO José Miguel
Origine : Juan Pedro Domecq-Carlos Núñez-Torrestrella
Devise : bleu et vieil or
Pas d'ancienneté à Madrid
Propriétés : « Prado del Arca », Talavera de la Reina (Tolède), « Los Cotos de Holguín », Pallarés (Badajoz) et « Las Cañadas », Monesterio (Badajoz)

Joaquín Murillo Pizarro fonda cet élevage aux alentours de 1940, avec des bêtes de María Montalvo. Huit ans plus tard, il cède le troupeau à ses héritiers. Ces derniers vendent le fer en 1949 à Ignacio Rodríguez Santana qui le conservera pendant neuf années. En 1958, Carmen Carmena Ortega le rachète avant de le vendre, quatre ans plus tard, à Eugenio Lázaro Soria. Au cours de l'année 1968, la société Soria y Peñato est dissoute, ce qui contraint Eugenio à retirer sa part et à mener son troupeau à Salamanque. L'élevage passe par la suite entre les mains de plusieurs sociétés anonymes : le fer est modifié et les origines antérieures éliminées en 1983 au profit de bêtes des héritiers de Carlos Núñez. Quelques mois après sa prise d'alternative à Málaga, le torero *Joselito* rachète l'ensemble du cheptel et élimine les origines antérieures. Il gère ce troupeau avec son apoderado, Enrique Martín Arranz, lui aussi propriétaire d'un fer à l'Unión de Criadores de Toros de Lidia.

Les affaires ganaderas de *Joselito* tournent plutôt bien après des débuts assez poussifs. Les directeurs d'arènes achètent de plus en plus des toros marqués du fer du célèbre matador madrilène. Celui-ci fournit principalement les arènes de troisième catégorie et ses produits donnent satisfaction aux toreros. Également présent dans les arènes de première catégorie, notamment pour des novilladas ou comme toros de réserve, le bétail traverse parfois la frontière française, comme ce fut le cas à Châteaurenard (1993) et à Nîmes (2002). Le 15 juillet 2001, lors des adieux d'*Espartaco* à l'afición catalane, *Joselito* eut à combattre à Barcelone deux de ses propres toros, mais ce fut un de ses compagnons de cartel, Ortega Cano, qui fut le mieux servi. José Luis Bote en revanche ne se plaint pas des toros de son ancien camarade de cartel : souvent opposé à ce bétail dans des arènes modestes, Bote trouve là l'occasion de briller et de développer un toreo plus calme qu'à l'accoutumée. C.C.

ARROYO DELGADO José Miguel, *Joselito.* José Gómez Ortega, le premier célèbre *Joselito* de l'histoire de la tauromachie, avait péri le 16 mai 1920 à Talavera de la Reina (Madrid) sous la corne du toro *Bailaor*, de l'élevage de la veuve Ortega. Il était né à Gelves (Séville) le 8 mai 1895. Le second *Joselito* est également né un jour de mai, le premier de l'année 1969, à Madrid. Dès l'âge de onze ans, José Miguel Arroyo essaye d'oublier une enfance malheureuse et se mesure à du bétail brave en estoquant le 7 juin 1981 son premier becerro dans les arènes de Trujillo (Caceres). Il revêt également au cours de la même saison son premier habit de lumières à Aranjuez (Madrid), en qualité de sobresaliente, puis à Salas de los Infantes (Burgos) comme novillero sans picadors. Aux côtés d'*el Fundi* et de José Luis Bote, ses camarades de classe à l'École taurine de Madrid, *Joselito* fait le tour de l'Espagne et participe à plus de 150 becerradas. En 1983, il débute en novillada formelle dans les arènes de Lerma (Burgos), aux côtés de Marcos Valverde et Sánchez Marcos face à des novillos de Salustiano

Galache. Le 3 mai 1985, *Joselito* se présente à Madrid et combat un lot de Martín Peñato avec Pedro Lara et Rafael Camino. Le Madrilène fait sensation sur la piste de Las Ventas et coupe un total de trois oreilles, obtenant la sortie en triomphe par la Grande Porte. Approchant les 80 novilladas, *Joselito* prend l'alternative le 20 avril 1986 à Málaga des mains de Dámaso González et en présence de Juan Mora face au toro *Correvías*, n° 30, negro zaíno, pesant 510 kg et issu de l'élevage de Carlos Núñez. Arborant un costume bordeaux et or, le Madrilène coupe l'oreille du toro de cérémonie alors que Dámaso González obtient les deux oreilles du quatrième, sortant ainsi en triomphe. *Joselito* confirme son doctorat quelques semaines plus tard à Madrid, le 26 mai 1986, durant la féria de San Isidro, des mains de Curro Romero et en présence de Paco Ojeda. Vêtu de blanc et or, le torero madrilène affronte le toro *Cotidiano*, n° 23, 521 kg, de l'élevage d'Aldeanueva, auquel il coupe une oreille. Le 15 juin 1986, *Joselito* débute en France en qualité de matador de toros et se présente au paséo de la corrida d'Aire-sur-Adour vêtu de bordeaux et or. Le Madrilène, qui partage l'affiche avec Richard Milian et Víctor Mendes, coupe l'oreille du troisième toro du marquis d'Albayda et donne un tour de piste à l'issue de son second combat. *Joselito* enchaîne les contrats et parvient à effectuer sa présentation en Amérique latine durant sa première saison de matador. Il torée ainsi le 14 décembre 1986 dans les arènes vénézuéliennes de Caracas aux côtés de José Ortega Cano et de *Morenito de Maracay*. Vêtu de blanc et or, *Joselito* affronte un lot panaché de Santa Rosa de Lima, Juan José Llaguno et El Rocío, effectuant deux tours de piste à l'issue de son premier combat. Un fait rare puisque aujourd'hui *Joselito* se refuse d'effectuer de tour de piste sans avoir au moins coupé une oreille. Cinq ans plus tard, le 10 novembre 1991, la Monumental de Mexico accueille le Madrilène pour une confirmation d'alternative qui lui est conférée par Mariano Ramos, en présence d'*Armillita Chico*. Vêtu de blanc et or, *Joselito* affronte le toro *Motorcito*, 506 kg, de De Santiago, et salue au tercio à l'issue de ses combats. Cette journée est surtout marquée par le triomphe des deux toreros mexicains, Ramos et *Armillita*.

Joselito est peut-être le dernier torero « romantique » dans le rang des matadors de toros. Miroir d'une tauromachie classique et torero de Madrid à part entière, José Miguel Arroyo a atteint la cime du toreo en ayant triomphé dans toutes les plus grandes arènes du monde. Exceptionnel dans toutes les phases du combat, *Joselito* est le torero qui a le mieux exprimé la notion de *temple* et de *toreo* relâché face au toro moderne. Pieds rivés au sol, bras relâché et main vidée de toute crispation, *Joselito* a montré ce qu'était le toreo au naturel. En se confiant avec les toros, le Madrilène a décliné d'inoubliables chefs-d'œuvre tauromachiques, devenant l'une des vedettes historiques de la fin du XXe siècle. *Joselito* obtient le 1er juin 1989 son premier grand triomphe en tant que matador à Madrid en coupant les deux oreilles d'un toro d'Atanasio Fernández. Cet immense succès efface en partie la corrida madrilène du 15 mai 1987 où *Joselito* faillit mourir après avoir reçu un très grave coup de corne au cou. *Limonero*, toro de Peñajara, fractura finalement la clavicule gauche du torero madrilène et le contraignit à un long repos. *Joselito* conserve aujourd'hui encore la trace de cette terrible blessure. Forgé dans les corridas âpres, *Joselito* passe la vitesse supérieure au début des années 1990 et approfondit un peu plus encore sa tauromachie. Lors des Fallas de Valencia 1990, alors âgé de vingt ans, il donne l'alternative à un certain Enrique Ponce et entame la période la plus faste de sa brillante carrière. Il coupe sa première oreille à la Real Maestranza de Séville en 1992 et se propose l'année suivante de toréer la prestigieuse corrida de la Beneficencia, à Madrid. Seul contre six toros, *Joselito* entre dans l'histoire de la tauromachie et marque d'une pierre blanche la date du 17 juin 1993. Le Madrilène offre la totalité de son cachet à une association d'enfants orphelins de la capitale espagnole et laisse également de côté les recettes des droits télévisés ! La course est vécue en direct par l'Espagne tout entière. *Joselito* dédie l'un de ses toros au torero vétéran Luis Fuentes Bejarano, seul survivant du cartel de la corrida d'inauguration des arènes de Las Ventas du 17 juin 1931. *Joselito*, vêtu de bordeaux et or, combat successivement des toros de Juan Pedro Domecq (une oreille), La Cardenilla (salut au tercio), Baltasar Ibán (ovation), Branco Nuncio (une oreille), Victorino Martín (salut au tercio) et El Torero (salut au tercio). Exceptionnel de bout en bout, *Joselito* offre un quite de cape différent à chaque toro et pose même les banderilles. Sa sortie en triomphe par la Grande Porte le fait définitivement entrer dans le panthéon des toreros de Madrid. Il répétera cet exploit le 2 mai 1996 durant la féria madrilène de la Comunidad, obtenant un total de six oreilles lors d'une corrida goyesque, elle aussi historique. Au printemps 1995, *Joselito* traverse un très bon moment et connaît le succès lors de ses corridas en solitaire à Nîmes et Valladolid. Malgré une blessure lors de son inoubliable solo nîmois du 4 juin 1995, le Madrilène affiche une grande forme et triomphe quasiment dans toutes les arènes où il est à l'affiche. Deux ans plus tard, *Joselito* ouvre la Porte du Prince de la Real Maestranza de Séville, le 14 avril 1997, après avoir coupé un total de trois oreilles aux toros de Manolo González. Les succès n'empêchent pourtant pas une vieille lésion au poignet de se réveiller et *Joselito* entame dès lors une période très difficile. Plus souvent pris par les toros et moins régulier en piste, il accumule les corridas à la recherche d'une place perdue. José ne sait plus où il se trouve, le torero se cherche, doute, n'en peut plus et n'a finalement plus envie. Touché par de graves critiques émises par une frange de l'afición qui lui conseillait de devenir banderillero, *Joselito* répond à la provocation en se présentant lors de la corrida de la Beneficencia 1998 dans un splendide habit blanc et argent. Le 26 septembre 1998, il porte le même habit à Séville pour combattre en solitaire six toros. Comme trop de fois au cours de cette saison, *Joselito* torée dépourvu d'illusions et n'arrive pas à connecter avec les gradins. Au sixième toro, il appelle son mentor et homme de la première heure, Enrique Martín Arranz, le fait venir en piste afin que leurs paroles ne soient audibles de personne. Martín Arranz reçoit le brindis de *Joselito*, prend la montera et rejoint la barrière au bord des larmes. Son torero vient de lui annoncer qu'il se retire du toreo. Après avoir donc toréé 1 016 corridas, José Miguel Arroyo prend du recul et observe une année sabbatique en 1999, consacrant plus de temps à sa famille et à son élevage de toros. La tristesse du départ du Madrilène se transforme un an plus tard en une joie immense lorsque celui-ci annonce qu'il a retrouvé l'envie de toréer. *Joselito* revient dans les ruedos 2 avril 2000 lors de la Magdalena de Castellón, vêtu de blanc et argent, comme pour signifier sa volonté de boucler une période difficile. En mano a mano avec son nouveau compagnon d'écurie, José Tomás, *Joselito* offre un récital de bon toreo et sort en triomphe des arènes avec un total de deux oreilles. Le Madrilène prend part cette année-là à un total de 66 corridas, coupant 50 oreilles et partageant souvent l'affiche avec un José Tomás au sommet de son art. Le 16 mai 2000, il sort en triomphe des arènes de Talavera de la Reina (Tolède) lors de la traditionnelle date de la corrida anniversaire de la disparition de José Gómez Ortega *Joselito.* Le torero madrilène traverse dès lors une bonne passe en enchaînant de profondes faenas lors de la féria du Cheval, à Jérez de la Frontera (Cadix), puis au Palacio de Vista Alegre (Madrid) et enfin à Grenade. Le 16 août, après quelques courses de doutes, *Joselito* retrouve ses repères et obtient à Málaga un triomphe important en coupant un total de trois oreilles aux toros de Juan Pedro Domecq et Parladé. Almería, San Sebastián de los Reyes (Madrid) et Talavera de la Reina le voient à nouveau triompher avec la manière, même si les observateurs soulignent que *Joselito* n'a pas retrouvé son sitio d'antan. Le fait se confirme en début de saison 2001 lors du solo du Madrilène face à six toros de différents élevages au Palacio de Vista Alegre. Toujours aussi professionnel, *Joselito* éprouve toutefois quelques difficultés à se maintenir au meilleur niveau, ne connaissant son premier triomphe que le 16 juin 2001 lors de la féria de Grenade. Plus à l'aise au cours de l'été, le Madrilène connaît deux succès colossaux à Burgos et Valence. *Joselito* revient au cours de l'hiver 2001-2002 en Amérique latine où il triomphe, notamment en Équateur, au Venezuela ainsi qu'au Mexique. Après un timide début de saison en Europe, *Joselito* semble pourtant retrouver son meilleur niveau, triomphant le 16 mai 2002 à Talavera de la Reina. Mais le lendemain, à Nimes, un toro de Domingo Hernández le blesse, occasionnant une fracture du fémur droit et mettant ainsi un terme à sa saison. Très méticuleux dans la préparation de la corrida, *Joselito* étrenne chaque année six costumes neufs qu'il revêt lors des férias importantes et les fait alterner avec les six costumes de la saison précédente qu'il réserve pour les arènes de deuxième et troisième catégorie. Le Madrilène tourne donc chaque année avec un total de douze habits de lumière. Ceux-ci durent deux saisons avant d'être offerts à des peñas, vendus à des particuliers ou conservés. *Joselito* possède d'ailleurs dans sa propriété de Talavera de la Reina une galerie de costumes importants, souvenirs des corridas qui ont marqué sa carrière. On y retrouve notamment le costume d'alternative, celui de la grave blessure de Madrid ou encore un habit bleu outremer et or, porté le 25 février 1996 à la Monumental de Mexico, et avec lequel *Joselito* avait bordé le toreo, coupant les deux oreilles et la queue d'un toro de Pepe Garfias. Porté en triomphe par une foule en délire, *Joselito* s'était fait littéralement arracher épaulettes et machos ! Le Madrilène a en effet souvent marqué l'histoire du toreo, obtenant lors de la féria d'Automne 1985 un tour de piste mérité face à une novillada de Pablo Romero, ancien élevage prisé des vedettes. *Joselito* aura d'ailleurs le cran d'affronter ce fer sous sa nouvelle appellation de Partido de Resina lors de la féria de San Isidro 2001 aux côtés de Luis Francisco Esplá et *el Cid*. Quelques mois avant son alternative, il avait également marqué les esprits lors d'un festival de bienfaisance à Madrid, obtenant sa première sortie en triomphe après une faena de grand impact dessinée devant un exemplaire de Carlos Núñez. *Joselito* – qui s'était dans un premier temps proposé de toréer en solitaire six novillos de Miura, offre qui resta sans réponse – partageait l'affiche avec le légendaire Manuel Benítez *el Cordobés*. Sept ans plus tard, *Joselito* réalise à Santander (Cantabria) l'une des plus grandes faenas de sa vie face au toro *Flamenco*, de Joaquín Buendía. Porté par le succès de son solo de la Comunidad, *Joselito* ouvre deux fois consécutives la Grande Porte de Las Ventas au cours du mois de mai 1996. Forgé par le savoir de José de la Cal à l'École taurine et protégé par Enrique Martín Arranz, apoderado et père de toujours, il est aujourd'hui devenu un modèle pour tous les apprentis toreros. On est torero à travers le miroir classique de *Joselito*... Sa recherche de la pureté et de l'indépendance, sa sincérité en piste, son combat pour la dignité et cet indescriptible sentiment d'artiste paraissent aujourd'hui comme des biens inestimables. Tout en basculant dans le XXIe siècle, *Joselito* est resté fidèle à sa philosophie, respectueuse des principes et des coutumes. Cédant rarement à des exigences commerciales, il continue de privilégier la qualité à la quantité même si son statut pourrait lui permettre de doubler son nombre de contrats annuels. Face à la frivolité médiatique, *Joselito* et Enrique Martín Arranz n'hésitent pas à faire valoir la manière forte quitte à se voir exclus d'un cycle pourtant important. C'est le propre des figuras de se permettre le luxe de dire « non » à Madrid ou Séville si les conditions d'engagement n'ont pas été totalement respectées. Une fois en piste, *Joselito* donne toujours la meilleure des réponses : avec la cape, c'est un chapelet de quites qu'on croyait oubliés qui ressortent dans un assortiment de couleurs rose et violette. Templé dans ses véroniques, élégant sur ses navarras, exceptionnel par crinolínas, profond dans ses chicuelinas et majestueux sur ses serpentinas, *Joselito* a ouvert la voie à de nombreux jeunes matadors qui aujourd'hui reprennent ce répertoire quelque peu tombé en désuétude. Imaginatif, *Joselito* est surtout un muletero profond, capable d'imprimer le rythme de son poignet à n'importe quel toro. De la main gauche et quelquefois de la main droite, les naturelles n'ont jamais aussi bien porté leur nom depuis que *Joselito* les décline avec ceinture et relaxation. Remarquable tueur, il est également « grand » lorsque ses sautes d'humeur le prédisposent au service minimum face à un toro qui ne lui convient absolument pas. Les broncas qui en résultent sont d'ailleurs à la taille du torero, c'est-à-dire « colossales » ! Malgré ses passages à vide, *Joselito* déclenche encore l'admiration de l'afición. Dans la mélancolie de son regard se lit le parcours exemplaire d'un homme à l'enfance brisée et dont le toreo a transfiguré la vie. Pour le plus grand bonheur de tous... C.C.

ARRUCINA. Passe de muleta imaginée par Carlos Arruza et tombée en désuétude. La muleta est tenue dans la main droite dans le dos du torero, le bras replié. Il ne reste qu'une petite surface d'étoffe sur le côté ; le torero pivote à droite ou à gauche et la muleta passe ainsi au-dessus du toro. R.B.

ARRUZA Carlos.
Voir RUIZ ARRUZA CAMINO Carlos.

ARRUZA Manolo.
Voir RUIZ VÁZQUEZ Manuel.

ARTE DE CÚCHARES. Métaphore désignant les spectacles tauromachiques, allusion à Francisco Arjona *Cúchares*, matador de toros madrilène né le 19 mai 1818 et mort à La Havane victime du choléra le 4 décembre 1868, qui fut, dans l'histoire, un des premiers matadors à devenir célèbre.

On peut se demander pourquoi, alors que dans la même période triomphaient aussi Francisco Montes *Paquiro* et José Redondo *el Chiclanero*, c'est le nom de *Cúchares* qui est passé à la postérité. L'Histoire a retenu la rivalité qui existait entre *el Chiclanero* et *Cúchares*. *El Chiclanero*, né lui aussi en 1818, le 13 mars, avait été formé par *Paquiro* et avait reçu l'alternative des mains de celui-ci. Il était son disciple et appliquait les règles de l'école de Ronda, rigoureuse et gardienne des traditions : le matador doit préparer son toro à recevoir l'épée dans une mise à mort irréprochable. Pour ce faire, les matadors travaillaient uniquement et rapidement avec des passes de la main gauche en tenant l'épée de la main droite. Dès que l'occasion se présentait, le torero donnait l'estocade. *El Chiclanero* était un spécialiste reconnu, tant du recibir que du volapié. *Cúchares* avait été formé à l'école de tauromachie de Séville et avait reçu un enseignement très classique. Ses maîtres étaient Pedro Romero et Jerónimo Cándido. Mais au lieu de rester dans le cadre strict de l'enseignement reçu, *Cúchares* s'en évada rapidement en donnant libre cours à sa fantaisie et à l'improvisation. Il avait bien compris que le respect des règles classiques, s'il était nécessaire, ne devait pas interdire les innovations. Son grand mérite est d'avoir, le premier, au grand dam des tenants de l'orthodoxie, osé prendre la muleta dans la main droite et plus encore placé l'épée de telle manière qu'elle puisse élargir la surface du leurre. Initiative qui allait avoir des conséquences considérables puisque toute la manière de toréer en fut bouleversée par la création de nombreuses passes nouvelles dont certaines fantaisistes, mais qui plaisaient au grand public. Face à *el Chiclanero* qui représentait la rigueur du toreo traditionnel et classique, *Cúchares* amenait une nouvelle façon de se comporter en piste. La méthode d'*el Chiclanero* était soutenue par les puristes, les tenants du strict respect des règles énoncées. *Cúchares* était admiré par le grand public qui venait assister à un spectacle où l'alegría ne devait pas être exclue. Pour le premier, le toreo est un moyen : amener le toro à recevoir l'estocade. Pour le second, le toreo est une fin : mettre tout en œuvre pour prendre plaisir au dialogue avec le toro, l'estocade finale étant nécessaire mais perdant toute priorité.

On ne se rend probablement pas compte, de nos jours, de ce que dut être cette révolution qui a fait changer l'orientation du toreo, une révolution tout aussi importante que celle apportée par Belmonte et son toreo statique. *Cúchares* était devenu le torero populaire, celui que les gens venaient voir car il représentait une manière de toréer novatrice qui donnait l'avantage à l'imagination. Or, ce que les puristes décriaient en son temps est devenu au fil des ans une règle que nul ne songerait à remettre en cause. Il faudra attendre *el Cordobés*, dans les années 1969-1970, pour retrouver un phénomène identique.

Cúchares a donné à la tauromachie un souffle nouveau, une orientation novatrice. Le grand public ne s'y est pas trompé en appelant l'art tauromachique « art de *Cúchares* ». R.B.

ARTISTE. Torero qui possède des qualités esthétiques particulièrement remarquables pendant les divers moments de la lidia, tant à la cape qu'à la muleta. Ces toreros, généralement fragiles, irréguliers, sont capables du meilleur comme du pire, de faenas enchanteresses comme de débandades d'anthologie. Émotifs et susceptibles, ils n'acceptent généralement pas d'être critiqués et ne se livrent que lorsque le toro paraît leur convenir, refusant avec dédain les toros présentant des difficultés. En conséquence, s'il est vrai qu'ils procurent parfois des instants d'une grande intensité émotionnelle lors de leurs séquences esthétiques, ils sont souvent décevants dans leur comportement. R.B.

ÁSPERO (*rugueux, revêche*). Qualifie le toro difficile, velléitaire, aux charges plus ou moins désordonnées, *pegajoso* (collant) au cours de la passe, difficile à contrôler et relevant souvent la tête au cours de celle-ci. P.M.

ASSESSEUR. Personne désignée pour conseiller le président de la corrida dans le déroulement technique de la course. En effet, ce dernier, représentant de l'autorité, doit s'entourer de spécialistes qui l'aident dans sa tâche difficile de direction de la corrida. Les assesseurs, au nombre de deux, sont soit des aficionados reconnus pour leurs compétences, soit des personnes qualifiées. En Espagne, on fait souvent appel à un professionnel retiré du métier. R.B.

ASSOCIATIONS D'ÉLEVEURS DE TOROS. La planète des toros compte dans les pays de tradition taurine des associations ou groupements d'éleveurs de toros de race espagnole. Appelés communément ganaderos, ils s'attachent à conserver la pureté de la caste et à défendre les intérêts de leur profession.

Espagne

L'essor des spectacles tauromachiques en Espagne à la fin du XIXe siècle a entraîné la création du premier rassemblement de ganaderos le 15 avril 1905 :

l'*Unión de Criadores de Toros de Lidia*. Ce groupement fut créé par des éleveurs confrontés à des problèmes de plus en plus nombreux, les principales difficultés provenant de l'opposition de quelques toreros vedettes à combattre certaines ganaderias, des dégâts occasionnés par les piques de l'époque, ou de la loi du repos dominical interdisant tout spectacle le dimanche... La lutte de ces éleveurs syndicalistes fut loin d'être stérile : ils imposeront la pique à rondelle de 1917 à 1962. L'Unión telle que nous la connaissons aujourd'hui n'est plus un syndicat vertical qui en 1965 provenait du Syndicat national du spectacle et avait en charge la responsabilité des ganaderos. Véritable institution, cette association est de nos jours la plus connue et la plus utilisée par les empresas des arènes de catégories. En 2002, elle englobe 356 ganaderias, réparties en plusieurs zones. En février 2002, Eduardo Miura Martínez a succédé à Juan Pablo Jiménez Pasquau comme président.

Autre réunion d'éleveurs : l'*Asociación de Ganaderías de Lidia*, datant de 1977, composée de 419 membres qui ont uni leurs intérêts. Leur base de travail n'est autre que le *Libro Genealógico de la Raza Bovina de Lidia* (le Livre généalogique de la race bovine de combat). Agissant dans le même ordre d'idée que les trois autres groupements de ganaderos restants, ils peuvent envoyer leurs toros dans n'importe quel spectacle : corridas de toros, novilladas piquées ou sans picador, becerradas, festivals et toreo comique. Les élevages sont classés par zones géographiques dans les communautés autonomes. Zone sud : Andalousie, Murcie, Estrémadure et Canaries. Zone nord-est : Castille-León, Cantabrique, Asturies et Galice. Zone centre-nord : Madrid, Castille-la-Manche, C. Valenciana, Aragón, Navarre, La Rioja, Catalogne, Pays basque et Baléares. Le président de L'Asociación est Eduardo Martín-Peñato Alonso.

L'association *Ganaderos de Lidia Unidos* a été créée en 1979 à l'initiative de Victor Aguirre Vázquez à cause à des différences d'options avec les autres groupes d'éleveurs. Elle se compose de 151 ganaderias, lesquelles usent du Livre généalogique de la race bovine de combat, pierre angulaire de ce groupement mais aussi des trois autres *Criadores* de la race pure. Ils cherchent à assurer la pureté ethnique de la race, la stimuler et inciter à son amélioration, l'orienter, favoriser la progression de la race et défendre les divers et multiples écosystèmes où l'on élève des toros bravos.

France

L'*Asociacíon de ganaderos Franceses de Toros de Lidia* (Association des éleveurs français de toros bravos) fut fondée le 1er octobre 1962 sous le nom de Syndicat des éleveurs de toros avec pour président Georges Daumas. Le 27 octobre 1968, ce syndicat devient l'Association, présidée par Hubert Yonnet. De nos jours, Francine Yonnet a pris le relais à la tête de ce groupement où pendant plusieurs années le président Gérard Granier a su, par son opiniâtreté et ses compétences, défendre les intérêts des éleveurs français. Petit à petit, il a réussi à ouvrir les frontières, créer et faire reconnaître par le ministère de l'Agriculture français le *Livre généalogique français de la race bovine de combat*. Actuellement, l'Association est composée de 32 ganaderias.

Portugal

On recense quatre-vingt-quatorze ganaderias portugaises regroupées dans l'*Associaçâo Portuguesa de Criadores de Toiros de Lide*. Vingt-six sont aussi affiliées à l'UCTL espagnole. L'Association des éleveurs portugais à été créée à Santarem le 15 juillet 1975. Antonio Paulino Lobo da Silveira, Fernando Zeller Palha, Ruy Gonçalves et Antonio Teixeira font partie des membres fondateurs. Le siège de cette entité est situé à Samora Correia. Le président en exercice, Antonio Veiga Teixeira, a été élu pour trois ans. La première ganaderia lusitanienne aurait été fondée en juin

1843 par Vaz Monteiro, la dernière en octobre 1998 par Frederico Palho Botelho.

Mexique

Le groupement des éleveurs mexicains, *Asociación Nacional de Criadores de Toros*, a été fondé en 1946. Aujourd'hui, il rassemble 283 ganaderias organisées en fédération. C'est la seule association de ganaderos existant au Mexique qui se préoccupe des intérêts des éleveurs de ce pays. La temporada écoulée, elle a intégré un nouvel élevage, augmentant ainsi un chiffre en stagnation depuis plusieurs années. Cette association a des relations parfois tendues avec l'Unión de Empresarios (association des organisateurs de spectacles) et l'Asociación Nacional des Matadores de Toros, Novillos et Rejoneadores... et le conseil d'administration a souffert de nombreux changements. Actuellement, le président est Fernando Pérez Salazar Barroso. Ch.C

ASTA. Corne du toro.

ASTABIERTO. Toro aux cornes ouvertes.

ASTADO (*cornu*). Terme généralement utilisé par le journaliste pour ne pas répéter indéfiniment le terme « toro » dans son article.

ASTAMENTA. Synonyme de cornage.

ASTIAGUDO. Toro dont les pointes de cornes sont particulièrement effilées.

ASTIBLANCO. Toro aux cornes blanches.

ASTIFINO. Toro aux cornes fines et pointues, telles que les aficionados les imaginent, mais peu appréciées de certains toreros. Quand les cornes ont été manipulées, raccourcies par l'homme, on dit que le toro est *afeitado*. Si la pointe est éclatée, il est dit *astillado*.

ASTIGORDO. Toro dont les cornes sont d'un diamètre au-dessus de la moyenne.

ASTILLADO. Toro dont une ou deux cornes présentent des éclats. Cela peut provenir du fait que l'animal a donné des coups de cornes dans les corrals. Mais si la corne présente un aspect en palmier (*escobillado*), on peut craindre que l'armure ait été manipulée. Généralement, la corne est débarrassée de ces fragments avant l'entrée en piste. R.B.

ASTILLANO (de *llano*, plat). Toro dont les cornes ont peu de courbure.

ASTINEGRO. Toro dont la corne est totalement noire depuis la racine jusqu'à la pointe.

ASTISUCIO (de *sucio*, sale). Toro aux cornes de couleur indéfinissable, grise et sale.

ASTIVERDE. Toro aux cornes de couleur verdâtre.

ASTOLFI

Origine : Carlos Núñez
Devise : vert bouteille et vieil or
Ancienneté à Madrid : 19 octobre 1997
Propriétés : « Majadallana », Villaverde del Río (Séville) et « Las Galianas », Castiblanco de Los Arroyos (Séville), Espagne

En 1950, aîné de la famille Dominguín, Domingo González Lucas, homme introverti, torero singulier et grand estoqueador, de retour d'un de ses voyages aux Amériques, décide de devenir ganadero en implantant une ganaderia dans la finca familiale « La Companza », située près de Quismondo, village de la province de Tolède. Il achète à doña Carmen Villa Lázaro la part de son père Nicanor Villa qui correspondait à son héritage et inscrit la ganaderia au nom de son épouse doña Carmen Aparicio Alfayate. L'aventure ganadera de *Dominguito* ne dura que peu de temps, il revendit quatre ans après à José Bohórquez, éleveur de

Jerez, qui lui aussi inscrira l'élevage au nom de son épouse, doña Francisca Mora Figueroa, membre d'une famille de grande tradition ganadera. Elle modifiera le fer, puis José Bohórquez éliminera tout le bétail qui composait le cheptel. Il crée un nouvel élevage avec des produits de Urquijo qu'il se procure auprès de son frère Fermín Bohórquez. C'est une étape importante pour la ganaderia, et durant quinze ans ses toros seront combattus dans les plus grandes arènes. En 1969, Antonio Ordóñez qui possède déjà deux fers, un à son nom et l'autre à celui de sa fille Carmina, achète la vacada à José Bohórquez et lui donne le nom de son autre fille, doña Belén Ordóñez, mariée alors avec Juan Carlos Beca Belmonte. Antonio Ordóñez, qui détenait avec ses autres fers des produits de Urquijo et d'Atanasio, renforce avec son nouveau fer l'encaste Murube de Urquijo. Pendant plus de deux ans, ses toros seront lidiés essentiellement dans les arènes de Madrid et dans celles du sud de l'Espagne. En 1981, après avoir vendu les vaches aux ganaderos salmantins Eugenio Santiago et Mariano Alonso Bartol, il vend les droits du fer à Antonio Gallego Romero, qui changera le dessin du fer et par conséquent perdra l'ancienneté de la ganaderia. En 1990, le fer fut acheté par les propriétaires actuels, les frères Astolfi, qui en un premier temps annonceront leur élevage « El Serrallo », puis « Hermanos Astolfi » avec des vaches et sementales de l'encaste Núñez-Rincón, achetés directement à la ganaderia de Manolo González. En France, la première corrida sous l'appellation d'« El Serallo » fut combattue le 25 juillet 1992, dans le cadre de la féria de Beaucaire, par les toreros Fernando Cepeda, Denis Loré et Chamaco. Un sobrero de cette devise à permis au maestro César Rincón, lors de la San Isidro de Madrid 1995, de réaliser la meilleure faena. À partir de 1999, l'élevage s'appelle « Astolfi ». Ch.C.

ATRAVERSADA. Qualifie une lame portée de manière oblique, généralement de la gauche vers la droite, et qui ressort du côté opposé de la cage thoracique de l'animal. Ceci peut résulter d'un mauvais engagement du matador qui s'est trop jeté sur le côté pour éviter la corne, d'un faux mouvement du toro, d'une glissade de l'homme prenant son appui. Si la direction de l'épée est peu prononcée, on qualifiera l'estocade de tendancieuse. R.B.

ATRONAR. Action du puntillero achevant le toro d'une manière foudroyante.

AUTORITÉ.
Voir PRÉSIDENCE, PRÉSIDENT.

AVACADO (de *vaca*, vache). Péjoratif : toro ayant des allures de vache.

ÁVILA (Espagne. Madrid 115 km – Salamanque 98 km – Ségovie 66 km). Créée par les Romains, la ville de sainte Thérèse, cernée par d'impressionnantes murailles aux quatre-vingt-huit tours, conserve un ensemble monumental exceptionnel. Habitée par 46 000 personnes, elle est la capitale de province la plus élevée du pays (1 131 m).

La plaza de toros (contenant 4 100 places) a été inaugurée le 21 juillet 1967 avec une corrida d'Atanasio Fernández avec Victoriano Cuevas Valencia, Andrés Hernando et Manuel Benítez *el Cordobés*. R.B.

AVIS.
1) Un toro peut donner un avis (ou aviser le torero) par son attitude annonciatrice d'une modification de comportement, en changeant sa trajectoire, en donnant des hachazos ou en se retournant brutalement. Le torero doit tenir compte de cette nouvelle attitude pour la suite de sa lidia s'il ne veut pas se trouver rapidement en péril.

2) Les avis sont donnés par la présidence au matador dont le temps de la faena dépasse les limites réglementaires. Il ne s'agit nullement, comme le croient beaucoup de néophytes, d'un jugement

de valeur de la présidence sur la qualité du travail du matador, mais d'un simple rappel du temps écoulé. En effet, le premier avis est sonné sur ordre du président dix minutes après la première passe de muleta, le deuxième avis trois minutes après le premier et le troisième après deux minutes supplémentaires. Passé ce temps, le matador qui n'a pas estoqué son toro doit cesser son travail et se retirer au burladero. Théoriquement, les cabestros viennent chercher le toro pour le faire rentrer dans le corral où il sera puntillé (ce qui se fait parfois en piste suivant l'état de l'animal).

Actuellement, comme la faena de muleta est généralement longue, si elle se déroule correctement, la présidence prolonge le temps octroyé et omet de sonner l'avis au moment réglementaire. Mais si le toro est mauvais, le matador dépassé ou sans compétence, la faena dure beaucoup moins de dix minutes. R.B.

AVISADO (*avisé, averti*). Toro qui, soit par ses caractéristiques propres, soit à cause d'un combat mal mené (torero hésitant, effectuant des passes de plus en plus raccourcies, coupant la charge ou perdant du terrain), flaire à un moment la présence de l'homme derrière le leurre, ce qui constitue un danger croissant pour le torero. Ce sentiment de péril imminent est très perceptible par le spectateur. En général, la faena tourne court, le matador doit « abréger ». À ce sujet on rappellera la déclaration de *Paquiro* qui, après une estocade heureusement concluante à un adversaire difficile devenu avisado, déclara : « Si j'avais dû donner un autre coup d'épée je serais allé me changer pour être sûr qu'il ne me reconnaisse pas. » P.M.

AVISPADO (*futé*). Toro très avisé.

AYUDA.

1) Personne qui se met à la disposition du valet d'épée du matador et l'aide dans ses diverses tâches : avant la course, il réserve l'hôtel, prend contact avec la presse, rend de menus services ; pendant la course, il s'occupe des capes, banderilles, muletas, épées en les donnant à ceux qui les utilisent ; après, il nettoie les capes, muletas, costumes, range les bagages et prépare le véhicule de la cuadrilla.

2) L'épée factice qui sous-tend la muleta pendant la faena est également appelée ayuda. R.B.

AYUDADO. Passe de muleta exécutée à deux mains. Les passes aidées hautes sont souvent exécutées pieds joints, corps immobile en début de faena, car elles sont une bonne mise en condition. Lorsque le corps reste absolument immobile, on les qualifie de statuaires, et le toro passe sur sa trajectoire normale.

Les passes aidées basses (« par le bas ») obligent le toro à mettre la tête dans le leurre et châtient l'animal violent ou de charge incertaine. Lorsque le maestro les exécute en ployant les genoux, elles allient l'efficacité à l'esthétisme.

Les passes aidées à hauteur de ceinture sont surtout des enjolivements, dont le kikiriki est la principale.

Dans la naturelle aidée, le torero agrandit la surface du leurre avec l'épée tenue dans la main droite, si son adversaire est difficile, pour le tester ou s'il y a du vent. R.B.

AZABACHE (*jais*). Toro à la robe noire avec un reflet bleuté « corbeau ».

B

BABOSA (*limace*). Toro de peu de jeu, d'aucun intérêt.

BACHE (littéralement : *ornière* ou *trou d'air*). Période néfaste que connaissent tous les toreros, même les plus grands, et dont parfois il est parfois très difficile de sortir. Généralement, même si la période précédant l'alternative s'est bien déroulée, c'est au cours des deux premières années suivantes que se situe la période la plus délicate : les toros sont plus âgés, plus réfléchis que les novillos, les matadors doivent se confronter à des vedettes qui, pour défendre leur place, ne les ménagent pas. Ces conditions peuvent affecter la confiance du torero, qui connaît alors une période de désillusions et de difficultés, en particulier psychologiques. Les contrats qui pouvaient assez facilement se signer en novilladas deviennent plus rares et les toreros se trouve parfois dans l'incapacité de surmonter les obstacles de la profession. On voit souvent sombrer des toreros prometteurs et certains quittent le métier pour lequel ils ont perdu toute motivation, ne parvenant pas à se battre pour s'imposer. La difficulté est accrue par le fait que les vedettes tiennent à préserver leur statut et que leurs apoderados ne laissent pas la possibilité aux nouveaux promus de s'exprimer. En effet, si l'état de novillero dure en général trois ans, un matador peut faire une carrière d'une vingtaine d'années. On comprend facilement que, le nombre de courses, donc de contrats, n'étant pas extensible, la lutte soit féroce et que seuls subsistent ceux qui ont soit des qualités exceptionnelles, soit des relations importantes dans le milieu. Le torero qui vit cette période éprouvante doit faire preuve d'une volonté tenace pour trouver sa place dans les cartels. De très grands toreros ont connu de telles périodes et ont pourtant marqué leur époque, tels, par exemple, Ángel Teruel et Paco Ojeda. R.B.

BADAJOZ (Espagne. Madrid 410 km – Mérida 65 km). Fondée par les Maures en 1009, au bord du Guadiana, cette ville de 122 000 habitants est riche en vestiges arabes et possède beaucoup de charme et de mystère.

La première plaza, construite en 1858, fut inaugurée en 1859 et comportait 8 500 places. Le nouveau bâtiment ouvrit ses portes le 24 juin 1967 en présence du président du Portugal avec au cartel Francisco Camino, Francisco Rivera *Paquirri* et Pedro Benjuana, face à des toros de Martínez Elizondo. R.B.

BADANA. Fanon.

BÁEZ Manuel.
Voir LITRI, dynastie.

BÁEZ Miguel.
Voir LITRI, dynastie.

BÁEZ SPÍNOLA Miguel.
Voir LITRI, dynastie.

BÁEZ Y ESPUNY.
Voir LITRI, dynastie.

BAJO. Se dit d'une pique, d'une banderille, d'un pinchazo ou d'une estocade placés plus bas que la normale. On qualifie ainsi de *bajonazo* une estocade placée bas et qui démontre que le matador n'a pris aucun risque en s'écartant complètement de la corne. Cette pratique peut être exceptionnellement admise, comme un recours, avec un toro très armé, très dangereux et sur la réserve. R.B.

BAJONAZO. Mauvais coup d'épée porté dans le cou, pénétrant de biais et lésant généralement le poumon.

BALLESTEROS Florentino. Le 11 janvier 1893, le petit Florentino, probablement né le même jour calle del Caballo, est déposé discrètement à la porte de l'Hospice provincial de Saragosse. Élevé jusqu'à l'âge de cinq ans dans l'orphelinat de Loscos, puis dans celui de Calatayud, il revient, à dix ans, à Saragosse et dévoile de grandes aptitudes intellectuelles et un goût affirmé pour les études et les exercices sportifs dans lesquels il excelle par son agilité.

Il assiste à une corrida à Sarragosse le 24 septembre 1905, où se produisent Joaquín Navarro *Quinito* et Antonio Montes. Très impressionné, il sait qu'il sera torero. Le 25 avril 1909, à Saragosse, lors d'un corrida mixte de don José Bueno avec *Minuto* et le novillero *Minuto Chico*, il saute en piste à l'entrée du quatrième novillo. Il recommence le 7 avril 1912, lors d'une novillada de Miura avec Andrés del Campo *Dominguín*, *Celita* et *Corcito* ; mais un garde s'empare de sa muleta, ce qui n'empêche pas Ballesteros de donner une magnifique passe de pecho au Miura avec sa casquette. Immédiatement arrêté, il sort sous les acclamations de la foule. Ballesteros devient célèbre dans sa ville qui le réclame. Le 6 juillet 1914, il fait son premier paséo avec picadors, en compagnie de Jaime Ballesteros *Herrerín*, face à du bétail de don Mariano Catalina.

Il se présente à Madrid le 15 août suivant devant des novillos de la ganaderia de Sánchez Tardio, avec un cartel composé de *Saleri II*, *Petreño* et *Herrerín*. Son premier novillo le blesse grièvement. Il y sera répété plusieurs fois et y aura grand succès. En 1915, il participe à 31 novilladas et le 22 août, à Madrid, il tue cinq novillos, ses compagnons de cartel ayant été blessés.

Il reçoit l'alternative le 11 avril 1916 à Madrid des mains de José Gómez *Joselito*, avec Francisco Posada comme témoin, face à *Campanario*, toro de la ganaderia de Santa Coloma. Il est blessé en entrant a matar. Au cours de cette temporada, il signe 63 contrats mais ne peut, suite à une autre blessure par un toro de Urcola, le 18 septembre à Morón, n'en honorer que 45.

Le 22 avril 1917, il figure au cartel de la corrida de Madrid en compagnie de Manuel Mejías Rapela *Bienvenida* et de José Gómez *Joselito*, face à un lot de Benjumea. *Cocinero*, le sixième toro, lui enfonce la corne dans la poitrine au cours d'une passe de cape. Rien ne pourra le sauver et à deux heures vingt, le matin du 24, Florentino Ballesteros expire. R.B.

BALLÓN Manuel, *el Africano*. De nombreuses légendes circulent concernant la vie de Manuel Ballón *el Africano* – quelques certitudes –, notamment celle de sa naissance à Séville puis de sa vie en Afrique. Le numéro 721 de la revue *Sol y sombra*, daté de 1910, rapporte que Ballón vint en Espagne entre 1718 et 1720, accostant à Gibraltar afin d'y vendre, entre autres, oranges, dattes, babouches. Toujours vêtu d'un costume de marin, Ballón se présenta par la suite dans le village de San Roque où Francisco Romero organisait des novilladas. En quête de gloire, Manuel Ballón se proposa pour tuer un toro. Il supplia Francisco Romero qui le laissa finalement toréer : Manuel Ballón mania la cape avec dextérité, lidia fort bien avec la muleta, se comportant en piste avec une certaine aisance. Il porta l'estocade de manière parfaite, approchant le toro dans son dernier souffle et reçut une immense ovation de la part du public, charmé par sa grâce et sa sympathie. Manuel Ballón participa par la suite à deux nouveaux spectacles à Algeciras (Cadix), organisés lors de la naissance d'un prince royal, faisant preuve une nouvelle fois d'une grande disposition pour estoquer. Il avait en effet inventé une manière de porter l'estocade assez originale, provoquant le toro en corps à corps, tête contre tête ! La nouvelle se répandit comme une traînée de poudre en Espagne et il parvint à faire sa présentation dans la Maestranza de Ronda. Programmé à deux reprises, il y fit également sensation tant et si bien que Francisco Romero imita certaines de ses attitudes ! Il toréa également à la Maestranza de Séville puis disparut progressivement ; certaines sources rapportent même qu'il serait mort victime de l'Inquisition de Cordoue.

La carrière de Manuel Ballón *el Africano* fait partie des plus obscures et des plus incertaines dans les biographies des premiers toreros. Plusieurs aficionados ont même mis en doute son existence. Pourtant, il a bel et bien toréé en Espagne et doit son pseudonyme *el Africano* à la durée de son long séjour en Afrique. Une carte datée de 1767 envoyée par le marquis de la Motilla à l'Hermano mayor de la Real Maestranza de Ronda mentionne les prouesses en piste et la popularité d'*el Africano*, scellant donc définitivement la question de son existence. Il vécut longtemps en Afrique : l'encyclopédie de Cossío précise que son départ de Séville pour l'Afrique aurait été protégé par une personne influente. Une autre source révèle que cet exil était une peine imposée par la Chancellerie de Séville. Il revint pourtant à Séville aux alentours de 1765. Torero accompli, il paraissait assez taciturne mais jouissait d'une grande popularité. Toujours courtois et mesuré, il fréquenta la haute société espagnole, montant beaucoup à cheval au campo, chassant avec une grande adresse et étalant beaucoup d'aisance dans cette nouvelle discipline, presque autant que lorsqu'il toréait à pied. Il faisait preuve en piste d'un courage sans faille, doublé d'audace et de témérité. D'apparence froide mais toujours serein, Manuel Ballón était grand, le visage brun et d'allure fort respectable, les cheveux frisés et de petites pattes noires. La revue *Sol y sombra* le décrit même comme un homme ressemblant plus à un Indien d'Amérique qu'à un Espagnol et conclut en précisant qu'on ne pouvait croire à son toreo qu'après l'avoir vu ! Une thèse bien difficile à juger pour les aficionados contemporains... C.C.

BANDA DE MÚSICA. Groupe de musiciens qui anime les diverses parties d'une course, en particulier entre chaque toro. Quand un maestro pose lui-même les banderilles, la musique l'accompagne. On évite de l'ordonner lors d'une faena difficile avec un toro dangereux, bien que, trop souvent, les spectateurs la demandent inconsidérément. Pendant la faena de muleta, quand le travail du torero est de qualité, le président de la course donne ordre au chef des musiciens de jouer. À Séville, c'est le chef de musique lui-même qui juge de l'opportunité. R.B.

BANDE DESSINÉE. Peut-on admettre les séries de gravures du peintre Gregorio Tapia y Salcedo représentant des exercices exécutés par un cavalier face à un toro, ou celle de la *Tauromaquia* de *Pepe-Hillo*, comme les premières bandes dessinées tauromachiques ? Ce ne sont en réalité que des gravures documentaires. Les *Principales Suertes de una corrida de toros* qu'Antonio Carnicero édita entre 1787 et 1790 en un très grand nombre d'exemplaires et qui furent plagiées par la suite, constituent aussi une série séquentielle de dessins présentés selon une stricte chronologie ainsi que la très précieuse première édition française des douze gravures de J. F. Bourgoing, parue en 1803 à Paris et intitulée *Atlas pour servir au tableau de l'Espagne moderne*, représentant les diverses phases d'une corrida, y compris l'attaque du toro par les dogues, mais elle aussi dépourvue de textes intégrés.

Lorsque l'imprimerie commença à se développer, la presse augmenta considérablement le tirage de ses journaux et on vit apparaître de nombreux documents iconographiques, à l'occasion de certains événements tel que la mort tragique de *Pepe-Hillo*, ou à but informatif et documentaliste, la corrida étant un thème porteur en Espagne mais aussi en France où, sous l'impulsion des *Récits et Impressions de voyages* des romantiques, l'exotisme hispanique faisait beaucoup d'adeptes. Vers le milieu du XIXe siècle apparut une presse spécialisée, illustrée de gravures représentant des phases de la corrida (les lithographies en couleurs de *La Lidia* seront très recherchées) ou de dessins humoristiques qui égayaient les textes.

Les planches illustrées de séquences imagées, les textes faisant office de légendes sous les gravures, sont rapidement légion et on trouve des feuilles de vignettes ayant pour thème la corrida ou retraçant la vie et les exploits plus ou moins légendaires de quelques grands maestros tels que *Pepe-Hillo*, Cayetano Sanz, *Frascuelo, Cúchares, Desperdicios, el Gordito* et quelques autres. Ces images étonnantes en font des héros exceptionnels, affrontant des monstres fortement armés, plus proches des demi-dieux que des hommes.

Une des premières bandes dessinées, qui présente le déroulement d'une corrida, dont dessinateur et auteur étaient peu informés, s'intitule *Une course de taureaux à Madrid* et a été éditée en Belgique. La corrida y est plutôt folklorique avec des picadors filiformes défilant à pied, des toreros portant leur cape comme un chiffon et le toro ressemblant davantage à un veau qu'on a fait « jeûner deux jours » pour le rendre furieux, nous apprend le texte ! Un torero lui plante une cocarde dans le cou et le toro s'arrête « ébloui par toutes ces couleurs multicolores »...

L'imprimerie Pellerin édite des séries françaises de planches, plus rigoureuses quant à la véracité de la documentation et des faits représentés. On y voit les toros amenés de nuit de leurs lointains pâturages (image inspirée d'ailleurs d'une gravure célèbre de Gustave Doré), l'encierro dans les corrals des arènes, le paséo après l'évacuation de la piste et la sortie du toro. Une autre planche montre six gravures : la première représente la blessure du cheval du picador, à l'époque non protégé (autre gravure inspirée de Doré), la chute du picador, la pose des banderilles puis une pose « à la chaise » suivie de l'accrochage d'un banderillero et le quite de ses compagnons et enfin, un toro sautant dans le callejón. Sur une troisième planche, on trouve une passe de cape très contorsionnée, la mort du toro, le coup de puntilla et le triomphe du maestro, la série se terminant sur une vue panoramique avec le train d'arrastre enlevant la dépouille du toro. C'est là une suite imagée à intention pédagogique et informative, comme la majorité des productions éditées par cet imprimeur qui diffusait des histoires et contes moralisateurs et des images de l'histoire de France qui firent davantage pour la légende napoléonienne que de nombreux historiens pourtant influents.

Confinée pendant des années dans un registre mineur, il n'est pas étonnant que la bande dessinée, quand elle s'empare de la corrida, n'en donne que des approches amusantes avec des personnages comiques et sans consistance. Dès 1927, Foster fait pénétrer Tarzan dans une arène où il se joue du toro. Popeye berne le matador qui est réduit au rôle de faire-valoir, et même Mickey, remplaçant un Dingo défaillant, se rend facilement maître d'un énorme toro.

Beaucoup de personnages de bande dessinée, de plus ou moins grande envergure, se sont trouvés impliqués dans une séquence tauromachique. Le récit peut être humoristique, comme *Negro Toréador* ou *Nounouche fait le tour du Monde, La Famille Bigorno en Espagne* ou le *Toréador amateur*, paru en 1910 dans le journal *L'Épatant*, à moins que ce ne soit *Les Pieds Nickelés toréadors, En pleine corrida*, Mortadel et Filemon dans *Olé Torero*. Dans le *Journal de Mickey*, la corrida sert de cadre à plusieurs aventures du héros éponyme, ainsi qu'à son compagnon Pluto. Autres célébrités, Popeye et Tartine sont aussi de la partie quand il s'agit d'affronter les toros, et deux célèbres personnages n'hésiteront pas à descendre en piste : Astérix dans *Astérix en Hispanie* et Lucky Luke le cow-boy.

Dans un registre plus « dramatique », on retrouve Tarzan et Indiana Jones, ainsi que quelques autres personnages, dans des récits tels que *Drame dans l'Arène* paru dans la revue *Hurrah !*. Dans le *Journal de Tintin*, en 1954, paraît le récit de la vie de Manuel *el Cordobés*, cette dernière histoire se voulant précise quant à la biographie du torero et dans son illustration.

Généralement, le torero de service n'est pas présenté sous un jour favorable : plus souvent machiste et ridicule qu'intelligent et de bonne compagnie. Ce rejet caricatural s'explique par le fait que ces publications sont destinées à la jeunesse et qu'une loi précise qu'elles doivent répondre à certains critères de moralité et d'éducation. Or, dans la corrida, des toreros tuent des toros. Deux aficionados se sont associés pour écrire une bande dessinée « tauromachiquement correcte » : Jacques Durant et Eddie Pons, dans *Pastis de muerte à la feria*, qui se déroule à Nîmes, les deux auteurs en étant originaires. Autres bandes dessinées dans lesquelles le torero n'est pas seulement un faire-valoir : *Gran plaza de toros*, de Autheman, et *L'Ombre du torero*, de Didier Savard.

Ainsi, hormis quelques bandes dessinées, la corrida sert seulement de cadre aux exploits des personnages-héros déjà connus et n'apporte pas réellement une nouvelle approche de ce monde si particulier, sinon des stéréotypes. R.B.

BANDERA (*drapeau* ; ou *de bandera*, du tonnerre). On qualifie un toro de bandera quand, d'une bravoure et d'une caste exceptionnelles, il se comporte remarquablement tout au long de la lidia. Généralement, on l'honore d'un tour de piste posthume et le président sort le mouchoir bleu pour l'indiquer. Parfois, il est gracié. P.M.

BANDERILLER. Action de poser les banderilles au cours du deuxième tercio du combat, généralement par les péons banderilleros de la cuadrilla, parfois par le maestro s'il est apte à cet exercice, ce qui lui permet d'ajouter un élément supplémentaire particulièrement brillant et prisé du public. Mais quand le maestro pose lui-même, afin de se mettre en valeur, il exécute des virevoltes ou des figures et met en scène ses prestations, ce qui parfois traîne en longueur et favorise la modification du toro.

Il faudrait normalement distinguer la pose effectuée par les subalternes de celle des maestros. Techniques actuelles de la pose :

• *Al cuarteo* : c'est la pose la plus courante effectuée par les banderilleros : le toro est amené par le lidiador vers les barrières et le banderillero se place au centre. Selon sa théorie des terrains, Popelin écrit que cette pratique en terrains inversés (homme au centre dans le terrain du toro et le toro près des barrières dans le terrain de l'homme) a pour but d'obtenir une charge accélérée de l'animal. Cela nous paraît injustifié par la pratique. Ce qui est sûr, c'est qu'il y a une question de trajectoire vitale pour le banderillero. En allant du centre vers la barrière, cette trajectoire rapproche le banderillero de la barrière derrière laquelle il pourra se mettre à l'abri en cas de poursuite ou si le quite est difficile. La distance de poursuite par le toro est donc réduite. Dans le cas contraire, s'il plantait les bâtonnets au centre de la piste, il serait alors loin de tout abri ce qui le mettrait en situation de péril extrême. Dans cette pose au cuarteo, l'homme va droit vers le toro en l'interpellant, puis décrit une trajectoire courbe latérale au moment de l'attaque, ce qui donne un handicap de course au toro, et place les banderilles lorsque les deux trajectoires se rencontrent (*a jurisdicción*) puis se dégage vers les barricades.

• *De poder à poder* : plus rarement, la pose se fait en puissance, ainsi que le pratiquent seulement les maestros banderilleros. Dans ce cas, l'homme cite le toro de loin, court et en traçant un large arc de cercle, donnant ainsi le maximum de facilité au toro. Il lui faut donc avoir une vitesse de course importante pour pouvoir ensuite se dégager. Le maestro peut aussi partir du marchepied de la barricade vers le centre et placer ses banderilles au centre de la piste, ce qui est encore plus difficile et dangereux.

• *Al quiebro* : dérivée de celle appelée autrefois *a topa-carnero*, cette pose se pratique au fil des barrières, plus rarement au centre, avec un toro qui a une charge franche. Pour dévier la trajectoire au dernier moment, on utilise le sens d'anticipation du toro pour le tromper par un brusque écart du corps et un retour au point de départ. Le toro, dévié vers l'extérieur, incline sa course, permettant au toreo de se dégager en revenant à sa position initiale. Antonio Carmona y Luque *Gordito*, le jour anniversaire de ses vingt ans, le 19 avril 1858, pratiqua pour la première fois le quiebro dans les arènes de Séville, où il attendit le toro de pied ferme et sans leurre de protection. Il était allé au Portugal où il avait pu voir exécuter cette manière de pratiquer qu'il adapta à la pose des banderilles avec un succès considérable. Goya avait consacré pourtant une planche gravée de sa *Tauromaquia*, exécutée en 1814-1816, au « Fameux *Martincho* plantant les banderilles al quiebro ». Or *Martincho* (Antonio Ebassun de Egea de los Caballeros) a toréé à Saragosse en 1759 et 1764. Goya, qui était un de ses admirateurs, le représente aussi assis sur une chaise, les fers aux pieds et tuant un toro à sa sortie du toril avec seulement son chapeau comme leurre, ou renversant un toro à mains nues dans les arènes de Madrid ! Pour donner plus d'intensité à cette pose al quiebro, on a vu des maestros s'attacher les chevilles avec une cordelette ou même des fers de forçats afin de ne pas pouvoir se déplacer, mettre les deux pieds sur un mouchoir, s'asseoir sur une chaise ou un prie-Dieu. Une lithographie de « La lidia », de la fin du XIXe siècle, montre même une pose peu orthodoxe : à la sortie du toril, un péon est tranquillement allongé entre les pieds de son camarade qui tient une paire de banderilles à la main et s'apprête à les poser al quiebro au toro qui sort du toril !

Lorsque le toro est fixé près des planches, on peut aussi pratiquer deux façons de poser les banderilles :

• *Al sesgo por fuera* : le toro étant contre la barricade, le banderillero s'élance pour un razet par-devant et cloue au passage.

• *Al sesgo por dentro* : le banderillero passe entre le toro et la barricade et cloue au passage. Cette manière de faire est particulièrement spectaculaire car le passage de l'homme est très réduit. Luis Francisco Esplá la pratique avec une maîtrise incomparable. Et quand on voit une pose effectuée par ce maestro, on doute de l'affirmation de Popelin qui écrit que « cette pose n'est concevable qu'avec une bête qui se retienne de charger à fond contre la barrière ».

• *Al alimón* : cette pose s'exécute à deux toreros qui se tiennent côte à côte, citent le toro et le laissent arriver, ne s'écartant qu'au dernier moment pour le laisser passer entre eux, la course restant en ligne droite, la pose des banderilles se faisant au passage.

Certains maestros banderilleros particulièrement brillants et ayant des possibilités athlétiques exceptionnelles posent les banderilles de façon très personnelle lors de rencontres hors normes, dans les trajectoires particulièrement risquées. Nous citerons la pose dite *al violín* qui se fait, après avoir passé devant les cornes, en plaçant les deux bâtonnets tenus de la main droite par-dessus l'épaule gauche du torero. Ou la pose en tourbillonnant (*al remolino*, créée par *el Soro*) devant le toro qui charge, la pose en courant à reculons (*al moviola*, toujours création d'*el Soro* et pratiquée aujourd'hui par *el Fandi*), en partant à l'opposé de l'endroit où se trouve le toro et en le chargeant en ligne droite ; quelques autres, enfin, tiennent plus de l'acrobatie que de l'art tauromachique.

Pour mémoire, citons deux poses de reçours :

- *À la relance* : en plaçant dès que l'autre banderillero sort de sa pose et sans laisser au toro le temps de se situer.
- *A media vuelta* : en appelant le toro par-derrière et en plaçant par surprise lorsqu'il se retourne.

Enfin, à titre anecdotique, avec la bouche : une manière peu orthodoxe de placer les bâtonnets, inventée par Juan Martín *Platerito de Cádiz* ! Ce torero sans contrat, chargé de famille, devait faire ce qu'aucun autre ne faisait. Il planta donc les banderilles avec la bouche, en les tenant grâce à un appareil en bois recouvert de caoutchouc. Il citait comme pour un quiebro, déviait la charge par un mouvement d'épaule, et plaçait d'un mouvement de la tête. Nul autre torero ne banderilla de cette façon. R.B.

BANDERILLERO ou PAREADOR. Celui qui pose les banderilles. Voir BANDERILLES.

BANDERILLES. La banderille est un bâtonnet de bois de 60 cm de long, décoré de bandelettes bouffantes de papiers multicolores ou d'une seule couleur et terminé à une extrémité par un harpon en acier de 4 cm. Elle est destinée à être placée sur le garrot du toro lors du deuxième tercio. Les banderilles des maestros sont généralement plus décorées que celles des subalternes et fabriquées spécialement à leur intention. Depuis quelques années, on utilise de plus en plus des banderilles comportant un mécanisme à ressort qui en améliore la fonctionnalité et surtout évite, lors du tercio de muleta, que le maestro soit blessé à la figure ou à l'œil par le bâtonnet, comme cela est souvent arrivé.

On ne peut faire que des hypothèses en ce qui concerne l'origine des banderilles. Selon la tradition, elles dériveraient de l'usage du rejón que plaçaient les cavaliers. Lorsque la noblesse se désintéressa de la tauromachie, les hommes à pied auraient donc transformé le rejón en banderille. Une autre hypothèse : on pratiqua d'abord la lanzada à pied, c'est-à-dire que l'homme armé d'une pique attendait de pied ferme la charge du toro en se protégeant avec son arme. Des gravures montrent des hommes un genou à terre, la hampe de la lance fichée au sol pour un meilleur appui et recevant ainsi l'animal. Il est sûr que dans les chasses anciennes, des hommes munis d'épieux avaient ainsi pratiqué. L'exercice était donc d'une extrême rapidité car le toro transpercé devait s'écrouler rapidement, ou, blessé, s'enfuyait avec la lance dans le corps. On suggère aussi que les premières banderilles, des flèches que l'on avait décorées avec des rubans, furent utilisées par les Maures qui se produisaient avec une cape en main comme protection, ainsi que le représente une gravure de Goya (n° 7) de la *Tauromaquia*. À l'origine, on les envoyait à distance, puis on les plaça à la main pour montrer son courage puisqu'il qu'il y a toujours eu une tauromachie populaire, issue de la chasse et du goût de la confrontation avec l'animal dangereux et mythique. Ces jeux populaires existaient aussi en Camargue depuis des temps très anciens. La pratique la plus courante consiste à être poursuivi en courant devant les cornes. Ce que l'on pratique encore dans les villages reculés d'Amérique ou que l'on retrouve spontanément dans les jeux des villages méridionaux. On court aussi autour du toro en l'excitant et en évitant ses charges, en déviant ses poursuites. Les hommes constatent que si l'on court en ligne droite, on est rattrapé et on subit une cornada. Il faut donc courir en zigzag, ce qui est à l'origine du razet provençal. Puis, il est probable que l'on a excité les toros avec des bâtons plus ou moins longs, plus ou moins feuillus, dont on le frappait au passage. On a dû rapidement armer le bout du bâton d'une pointe afin de blesser l'animal pour que l'excitation soit plus grande et qu'il soit blessé, car ce toro était ensuite mangé par les habitants du village. La pointe se serait transformée rapidement en harpon afin que le bâton reste fixé, permettant de juger de l'emplacement de la pose et de comparer les exploits des poseurs entre eux.

Quand les professionnels s'emparent de l'instrument, ils placent d'abord une seule banderille ornée d'un flot de rubans, d'abord pour l'enjoliver, puis pour la rendre distincte, chacun ayant ses couleurs. La pose se fait en s'aidant de la cape ou de la muleta, leurre servant à détourner la charge au dernier moment. À l'origine, peu importe où l'on pose. Puis on affine : près du morillo ou au garrot car cela nécessite davantage de courage et apparaît plus esthétique que dans le flanc. Au XVIIe siècle, on plaçait les banderilles exceptionnellement par paire : le récit officiel de la course donnée en l'honneur de Philippe V, petit-fils de Louis XIV, qui eut lieu à Bayonne le 17 janvier 1701, en fait pour la première fois mention.

À qui doit-on cette manière d'exécuter la pose ? Pour certains à *Licenciado de Falces*, torero navarrais célèbre à vingt-quatre ans et contemporain de Goya, pour d'autres à l'initiative de Francisco Romero, le premier organisateur de la lidia, qui l'aurait imposée à sa cuadrilla. On peut donc estimer que la pose à deux mains se pratique uniquement depuis les débuts de la corrida moderne, soit la première moitié du XVIIIe siècle.

Dans les années 1850, existent des banderilles « garnies de pigeons, de tourterelles et d'oiseaux qui s'envolent au moment où ces banderilles sont clouées au cou de l'animal » !

Le *tercio de banderilles* correspond à la deuxième période de la lidia, après le tercio de piques. Le premier tercio terminé et le picador rejoignant le patio de caballos, les trois banderilleros se mettent en place.

Pendant la course, chaque banderillero aura placé deux paires de banderilles, deux d'entre eux auront joué le rôle de lidiador et le troisième celui de puntillero. Ce dernier sortira par ailleurs en protection aux deux toros d'un autre maestro, celui qui précède le sien en ancienneté, pour assumer le quite aux banderilles de son collègue (voir l'illustration de la pose des banderilles, ci-dessus, p. 210 *sq.*).

On peut fort pertinemment se poser la question de l'utilité des banderilles lorsqu'on voit comment ce tercio est généralement exécuté : multiplication inconsidérée du nombre de capotazos pour placer le toro, ce qui le fatigue ou le rend davantage avisé et augmente son coup de tête (*hachazo*) ; passages à faux du banderillero qui lui apprennent les trajectoires : soit parce qu'il a fait une erreur et qu'il est surpris par le toro qui lui « coupe le terrain » ce qui l'oblige à s'enfuir, soit que la charge du toro est insuffisante ou qu'il s'arrête brutalement dans sa course ; pose d'une seule banderille de manière inconvenante ; gêne due aux bâtonnets pendant la faena de muleta, parfois pendant la mise à mort ; perte de temps non justifiée pour des déplacements successifs.

Le tercio de banderilles doit être rapide et efficace. Sinon il risque d'être plus nocif qu'utile. On a prétendu que les banderilles servent à corriger les défauts du toro après les piques. Ainsi, à un toro frappant à gauche, on placerait les banderilles du côté droit, et réciproquement. Elles exciteraient un toro lent et le réveilleraient de sa léthargie. Complètent-elles l'effet des piques ? Nous en doutons. Le harpon est trop minuscule pour vraiment châtier, et les toros sortent généralement trop affaiblis du premier tercio pour l'être davantage. En ce qui concerne les toros mansos perdidos, jusqu'en 1950 existaient les banderilles à feu qui, lors de la pose, déclenchaient une minuscule charge qui faisait saigner l'animal. Actuellement, les banderilles noires ne se distinguent des autres que par la couleur et un harpon légèrement plus long.

Un tercio de banderilles mal exécuté peut accentuer les défauts de l'animal et présenter des dangers pour le torero : accrochages en sortie de placement (nombreux banderilleros blessés ou morts en piste dont *Montoliú*, touché au cœur par la corne), risques de blessure par le harpon, accidents oculaires de maestros occasionnés par le bois du bâton (ce qui tend à disparaître avec l'apparition des nouvelles banderilles à ressort).

Pendant ce tercio, le matador pourra observer le comportement de son toro après les piques : manière de charger, de répondre aux cites, de courir droit ou de couper le terrain et les trajectoires, d'embestir au moment de la rencontre. Physiquement, le toro qui a été obligé de se déplacer tête basse à la cape et va devoir le faire à nouveau à la muleta pourra courir tête haute et s'aérer, reprendre du souffle. À condition qu'un trop grand nombre de replacements par les péons pour la pose des bâtonnets ne le fatiguent pas davantage. Psychologiquement, le toro qui a été contraint de ralentir sa charge lors des passes de cape, obligé de s'habituer à voir de près le leurre, contraint lors des piques à forcer dans le peto et à avoir un champ de vision très réduit, pourra, lors du tercio de banderilles, regarder à nouveau normalement, élargissant ainsi son champ de vision, attendre un adversaire venant de loin et reprendre confiance en retrouvant des conditions de combat plus conformes à celles auxquelles il est habitué. Voir le chapitre « La lidia », ci-dessus, p. 157 *sqq*. R.B.

BAPTÊME DU SANG (*bautismo de sangre*). Se dit de la première blessure par corne (*cornada*) que reçoit un torero, quelle que soit sa gravité. C'est l'épreuve par le sang, fondamentale et quasi initiatique, qui fait entrer le jeune matador dans la catégorie de ceux qui connaissent la dureté du métier et lui permet de se considérer comme un véritable professionnel. R.B.

BARBA. Un toro qui a toute sa barbe, c'est-à-dire qu'il a la tête sérieuse d'un animal d'âge requis.

BARBERO (*barbier, coiffeur*). Terme utilisé par dérision pour désigner la personne qui est chargée de pratiquer l'afeitado.

BARCELONE (Espagne. Madrid 620 km). La capitale de la Catalogne fut probablement fondée par les Phocéens. Port déjà international dès les années 1200, un des plus importants de la Méditerranée, la ville est aussi une grande place bancaire. L'ancienne ville conserve de nombreux monuments et le plan d'urbanisme de la cité en fait une des plus agréables malgré son immense population qui avoisine les 3 000 000 d'habitants. Centre culturel d'avant-garde, on peut y voir de très nombreux chefs-d'œuvre du *modern style* et de l'art contemporain.

Barcelone possède, ce qui est rare, deux plazas de toros. La première, la Plaza de las Arenas, fut construite dans les dernières années du XIXe siècle, sous la direction de l'architecte don Fernando Font y Carreras, dans le style mudejar, et compte environ 14 900 places. Elle fut inaugurée le 29 juin 1900 par une corrida de huit toros de Duque de Veragua, les deux premiers combattus par les rejoneadores Mariano Ladesma et Isidro Grané, les autres par les matadors Luis Mazzantini, Antonio de Dios *Conejito* et Antonio Montes. La seconde, la Plaza Monumental construite d'abord pour 8 000 spectateurs, fut inaugurée le 12 avril 1914 par une corrida de Duque de Veragua pour les matadors Vicente Pastor, *Bienvenida* et Vázquez y Torquido. Face à l'affluence des spectateurs, il fut décidé de l'agrandir et de porter sa contenance à 24 000 places. Elle fut inaugurée le 27 février 1916 par une corrida de Benjumea avec les matadors José Gómez *Gallito*, Francisco Posada et *Saleri II*. Cet ensemble immobilier magnifique comporte toutes les dépendances nécessaires à une plaza de sa catégorie. R.B.

BARCIAL
Origine : Vega-Villar
Devise : blanc et noir
Ancienneté à Madrid : 6 juillet 1924
Propriété : « Barcial », San Pedro de Rozados (Salamanque), Espagne

Dans la province de Salamanque, riche en élevages de toros bravos, en direction du village de Vecinos, on accède à cet élevage particulier des « patas blancas » à proximité de Las Veguillas. Fondé en 1910 par José Vega avec quarante vaches de Veragua et un semental de Santa Coloma, l'élevage passe en 1914 entre les mains des frères Villar. Arturo Sánchez-Cobaleda achète en 1928 les produits appartenant à Francisco Villar. À sa mort en 1942, ses fils héritent de la ganaderia. En 1950, ils la divisent en plusieurs lots. Celui de Jesús Sánchez-Cobaleda va porter le nom de la finca « Barcial ». Aujourd'hui, l'élevage appartient à un descendant, Arturo Cobaleda González.

Les toros de la ganaderia Barcial sont reconnaissables car ils ont généralement des cornes très développées, paraissent lourds et possèdent des pelages berrendo. Autres caractéristiques : souvent lucero, mais aussi des pattes blanches (*calcetero*) d'où leur surnom de « patas blancas ». Si à une époque les figuras du toreo se les disputaient, de nos jours ce sont plutôt des toreros habitués aux corridas dures qui les affrontent. Arturo Cobaleda ne transige pas avec la caste, il a pour habitude de sélectionner des vaches âgées (de cinq à sept ans) et les futurs sementales sont testés dans de grandes pistes, afin de les mettre dans les conditions d'une lidia normale et pouvoir donner ainsi un maximum de piques afin de jauger leur degré de bravoure. Les toros aux pattes blanches sortent souvent dans les arènes du sud-ouest de la France. Vic-Fezensac, capitale du toro-toro, les programme régulièrement. Impeccables de présentation, souvent braves, les Barcial mériteraient plus d'attention de la part des organisateurs des grandes plazas, soucieux d'originalité. Ch.C.

BARRAL Joaquín (María José Barral)
Origine : Juan Pedro Domecq
Devise : rouge et vert
Pas d'ancienneté à Madrid
Propriété : « Dehesa El Chaparral », Guillena (Séville)

La formation de ce troupeau remonte à 1941 lorsque Juan Sánchez Rodríguez rassemble des vaches et des étalons originaires de Vicente Charro. Consolación Sánchez Martín hérite de l'un des lots de l'élevage lorsque Juan disparaît en 1953. Celle-ci baptise son cheptel « El Vaqueril ». Le lot est ensuite vendu à Jerónimo Peralta en 1961 qui, l'année suivante, décide de modifier le fer et de le mettre au nom de Teresa Molero. Pedro Salas Garau rachète cet élevage en 1968. Deux ans plus tard, Salas vend le cheptel à Caridad de Allimes qui l'augmente avec des têtes de bétail des héritiers de Carlos Núñez et des frères Núñez Moreno de Guerra. L'élevage passe même entre les mains d'Antonio Ordóñez en 1985. Le maestro de Ronda met le troupeau au nom de sa fille Belén avant que celle-ci ne le vende finalement à Núñez Benjumea. Joaquín Barral acquiert l'élevage en 1992 et le refonde complètement. Il change de fer, le rebaptise « La Dehesa » et y insère des jeunes vaches et des étalons de Los Guateles. L'année suivante, le troupeau est enrichi d'un lot de mâles des héritiers de Carlos Núñez ainsi que de cent quatre-vingt-cinq vaches et cinq étalons de José Luis Marca Rodrigo. Joaquín Barral met l'élevage sous son propre nom en 1995, éliminant progressivement le sang Núñez au profit de la seule origine Domecq. En 2002, Joaquín met l'élevage au nom de sa fille, María José.

Bien implanté dans le paysage ganadero espagnol, l'élevage de Joaquín Barral fait combattre chaque année un nombre de toros plus que respectable. On retrouve ce fer aussi bien dans les petites arènes de village qu'à Madrid ou Cordoue, comme ce fut le cas au cours de la saison 2000. L'année suivante, cinquante exemplaires ont été combattus et un tour de piste posthume a été accordé à la dépouille d'un novillo particulièrement brave le 14 juillet à Prado del Rey (Cadix). Le 1er juin 2002, lors de la féria de Cordoue, c'est face à un toro de Barral que Manuel Benítez *el Cordobés* fit ses adieux au public espagnol, se faisant couper la « coleta » en piste par son fils, Manuel Benítez Fraysse. *El Cordobés* coupa les deux oreilles et la queue au terme d'une faena de son sceau et d'une estocade hallucinante portée... sans l'aide de la muleta ! C.C.

BARRANCO LÓPEZ DE SA Antonio, *Antonio Posada.* Fils du matador Juan Posada, Antonio Barranco López de Sa, dit *Antonio Posada*, né à Madrid le 27 juillet 1967, fait ses débuts en novillada piquée le 2 août 1987 à Huelva en compagnie de Manolo Salas et *Litri*, face à du bétail de Bernardino Píriz Carvallo. Le 17 septembre 1989, il se présente à Madrid face à des Luis Algarra Polera, avec Miguel Rodríguez et Denis Loré. Avec 87 novilladas à son actif, il prend l'alternative le 17 août 1990 à Villarrobledo, province d'Albacete, devant *Cigueño*, toro de Carlos Núñez, des mains de Rafael Camino avec Julio Aparicio comme témoin. Il coupe deux oreilles à chacun de ses adversaires. Il confirme à Madrid le 10 avril 1994 devant *Milagroso*, toro de Clairac, avec pour parrain *Frascuelo* et pour témoin Emilio Silvera. R.B.

BARRANQUILLA (Colombie). Important port sur la mer des Antilles, cette ville industrielle et commerciale de 900 000 habitants possède, depuis le 13 décembre 1969, une plaza de toros de 11 000 places. Le cartel d'inauguration était formé par Manuel Zúñiga, Manuel Benítez *el Cordobés* et Manuel Cortés qui affrontèrent quatre toros d'Abraham Domínguez et deux d'Aguas Vivas. R.B.

BARRERA SIMÓN Vicente. Vicente Barrera Simón est né à Valence le 29 juillet 1968. Cet intellectuel, diplômé en droit, est venu tard au toreo où il avait pourtant des antécédents puisqu'il n'est autre que le petit-fils de l'ancienne gloire du toreo qui portait le même nom. Il débuta avec picadors à San Pablo de los Montes le 16 septembre 1993 et après 49 novilladas, prit l'alternative à Valence, le 25 juillet 1994. Son parrain était Curro Romero et son témoin *Litri*, et il tua pour la circonstance le toro *Ratón*, de Moura.

Il débuta en Amérique à Mexico dans la plaza d'El Toreo le 26 novembre 1994 avec José María *Manzanares*, Alejandro Silveti et Rogelio Treviño qui prenait l'alternative devant des toros de San Martín. Le 23 juillet 1995, il se présenta en France à Saint-Vincent-de-Tyrosse devant des toros d'Occitania avec Emilio Muñoz et Rivera Ordóñez. Il confirma à Madrid le 22 mai 1996 avec les toros de Domingo Hernández, José María *Manzanares* étant son parrain et *Litri* son témoin. Le 13 septembre 1997, il fait sa première corrida au Portugal, à Moita, avec *Manzanares* et José Luis Gonçalves. Puis il confirme à Mexico le 7 décembre 1997 devant *Dieguín*, toro de Arroyo Zarco, avec Eloy Cavazos comme parrain et Mario del Olmo comme témoin.

Vicente Barrera est entré de plain-pied dans la tauromachie avec une réputation d'artiste qui soigne le geste dans une parfaite verticalité, avec temple et lenteur. Les années 1998 et 1999 l'ont vu figurer en bonne place dans le classement, mais en 2000, une vilaine blessure — fracture de l'humérus — subie à Mora de Toledo le 30 avril l'a contraint à interrompre sa saison. En tout et pour tout, il n'a donc pu toréer qu'à 7 reprises alors qu'il comptait toréer 70 corridas ! On le retrouva toutefois le 1er novembre pour un festival à Méjanes où il rassura ses admirateurs, ce qui laissait augurer un retour sans problème pour 2001, totalisant 417 corridas depuis son alternative. P.H.

BARRIÈRE, BARRERA. Généralement en planches, la barrière sépare la piste du callejón, dans lequel les hommes attendent leur tour d'entrer en piste ou peuvent se réfugier en cas de nécessité. Dans la barrera, des ouvertures protégées par les burladeros donnent accès à la piste. On y trouve aussi les portes du toril, du patio de caballos et de l'arrastre. Au bas de la barrera généralement peinte en rouge vif, est fixé un marchepied (*estribo*), peint en blanc, sur lequel les hommes peuvent prendre appui pour sauter et parfois s'asseoir pour commencer une faena de muleta. R.B.

BARRIGÓN. Toro bedonnant.

BARROSO (*argileux*). Toro à la robe blanc sale tirant sur le jaunâtre.

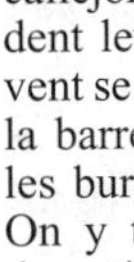

BARTOLOMÉ Felipe (Herederos de Felipe Bartolomé Sanz)
Origine : Conde de Santa Coloma-Joaquín Buendía
Devise : bleu ciel et rouge
Ancienneté à Madrid : 12 juin 1884
Propriété : « Mojón Blanco », Lebrija (Séville)

Cet élevage a été fondé en 1813 par Antonio Mera avec des bêtes du marquis de Casa Ulloa et de Vicente José Vázquez. Juan Castrillón acquiert le troupeau en 1834 avant de le vendre à Eduardo Schelly. Ce dernier le vend en 1884 à Rafael Surga, qui croise les produits du troupeau avec des étalons de Murube. En 1921, Rafael Surga meurt et l'élevage revient à sa fille, Rosalía Surga. Celle-ci met l'élevage au nom de son mari, Felipe Bartolomé, qui élimine par la suite l'origine précédente de Surga. Il remplace ces têtes de bétail par d'autres de Joaquín Buendía, de pure origine Santa Coloma. En 1959, Felipe Bartolomé disparaît et l'élevage est mis au nom de ses héritiers.

Les toros de Felipe Bartolomé font partie du fleuron du bétail bravo issu de la race Santa Coloma. De robes souvent grises, les toros de Bartolomé expriment en piste une grande agressivité se manifestant surtout au cours du tiers de piques. Spectaculaires au cheval, ces toros développent une grande bravoure et terminent chacune de leurs actions aux planches après la pose de banderilles. Particulièrement attentifs à tout ce qui bouge, les Bartolomé sont également dotés d'une charge inlassable à la muleta, exigeant toutefois du torero une grande attention. Le piquant de la race Santa Coloma est déconseillé aux toreros trop tendres. En 1997, lors d'un grand mano a mano entre *Chamaco* et Ruiz Manuel dans les arènes romaines de Fréjus, deux picadors pourtant expérimentés ont rejoint l'hôpital après avoir chuté de leur monture face à un toro de Bartolomé. Enfin, ces toros sont au campo comme en piste : très agressifs, les Bartolomé se battent fréquemment entre eux et le débarquement de ces toros dans des corrals est toujours très impressionnant car ceux-ci sont prêts à lutter jusqu'à la mort de leur adversaire. Depuis la saison 2000, la quasi-totalité de ces magnifiques toros est combattue lors de corridas équestres. Deux exemplaires, respectivement lidiés à Morón de la Frontera (Séville) et Alburquerque (Badajoz), eurent droit à un tour de piste posthume durant la saison 2000. C.C.

BASTINHAS Joaquim.
Voir CARVALHO TENORIO Joaquim Manuel.

BASTO (*grossier*). Se dit d'un torero lorsqu'il manque d'élégance, physiquement, dans son attitude ou sa démarche.

BATACAZO. Chute lourde et bruyante du groupe équestre au cours du tercio de piques.

BAYONNE (France. Bordeaux 175 km). Bien que la ville ne compte que 42 000 habitants, l'agglomération en compte 160 000. Port et centre industriel, passage obligé vers l'Espagne, Bayonne est un centre touristique important.

C'est à Bayonne qu'eut lieu le 17 janvier 1701 la première course de tauromachie espagnole en France, en l'honneur du futur roi d'Espagne, Philippe V. Puis, les 22, 23 et 24 août 1852, dans le quartier de Saint-Esprit, trois courses de toros, dont seul le dernier était mis à mort, avec José Ituarte *Zapaterillo* et Manuel Engaña. La première corrida intégrale eut lieu le 21 août 1853 avec les toreros Francisco Ajona *Cúchares* et Antonio Sánchez *el Tato*. C'est en 1893 qu'une société par actions entre Campan, Cazenave, Iribarnegaray, Mialet et Salzedo fait construire sur le plateau de Lachepaillet les arènes, encore existantes. L'inauguration a lieu le 30 juillet avec au cartel Vicente Martín, Julio Aparici *Fabrilo* et Antonio Arana Jarana.

D'une capacité de 12 000 spectateurs environ, les arènes deviennent propriété du pharmacien Marcel Dangou en 1944 et c'est en 1985 que ses héritiers la vendent à la municipalité. R.B.

BEAUCAIRE (France. Nîmes 25 km – Avignon 30 km). Beaucaire devient française en 1271, avec le reste du Languedoc et, dès 1277, elle accueille la plus importante foire de l'Europe du Moyen Âge, qui se tient au bord du Rhône, sur les Champs-de-Foire.

La ville compte aujourd'hui 13 500 habitants et, sur cet emplacement célèbre, dominé par un imposant château fortifié des XIIIe et XIVe siècles, se dressent les arènes construites en béton armé en 1932, qui contiennent jusqu'à 5 000 spectateurs et portent le nom de « Paul-Laurent ».

La première construction date de 1855 ; en 1885 l'édifice a été construit en dur puis agrandi en 1925. Des platanes sont plantés dans la contre-piste pour protéger les spectateurs de la chaleur mais gênent considérablement ; ils seront abattus en 1992.

Principalement arènes de courses provençales, on y donne toutefois deux corridas, de toros ou de novillos selon les années, à la fin de juillet, à l'occasion des « Estivales » qui sont les fêtes de la ville. Des grands maestros tels que Ojeda ou *Manzanares* y sont venus, mais l'affluence trop limitée a incité l'organisateur à n'y donner que des corridas moins onéreuses. R.B.

BECERRADA. Course d'apprentissage organisée avec des becerros, pour toreros débutants, placée sous la direction d'un matador de toros, d'un novillero ou d'un banderillero confirmé.

BECERRISTA. Apprenti torero qui affronte des becerros et deviendra, s'il en a les capacités, novillero. C'est la première étape dans le cursus de l'apprentissage qui permettra de se rendre compte des capacités probables du jeune garçon.

BECERRO. Jeune toro de moins de trois ans. Si l'animal a moins de deux ans, on le fait courir dans les becerradas. Si l'animal a entre deux et trois ans, il sera combattu dans une novillada sans picadors.

BEDOYA HUESO Francisco, *Curro*. C'est à l'occasion d'un festival sévillan que Curro Bedoya, né à Puebla del Río le 20 août 1948, fait sa première apparition en public. Il débutera professionnellement à Manzanares le 18 juillet 1963. Le 31 juillet 1966, il se présente à Madrid face à un toro de María Rosa González lors d'une corrida à laquelle participaient Armando Soares, Agapito García Serranito et Luis Alviz, avec des toros de Felix Cameno. Le 13 octobre 1965, toujours à Madrid, il coupe une oreille à un toro de Baltasar Ibán. De 1971 à 1976, il augmente le nombre de ses prestations et triomphe en particulier à Figueras le 23 juin 1974, coupant une oreille à un toro de José Navarro Villadiego, puis le 10 septembre 1978, quatre oreilles et une queue à des toros de Canitas Hermanos, dans les arènes de Alcorón où il se fracture une cheville suite à une chute de cheval. Le 10 septembre 1979, à Laguna del Duero, il coupe quatre oreilles et une queue à des toros d'Alipio Pérez-Tabernero. Le 15 août 1980, lors d'une corrida hispano-portugaise, au Puerto de Santa María avec Fermín Bohórquez, Correia López et Paulo Caetano, il reçoit deux oreilles. Après avoir effectué quarante-six paséos en 1982, il alterne le 2 avril 1983 à Lorca avec Álvaro Domecq, Manuel Vidrié et João Moura et coupe une oreille à un toro de Marqués de Albayda et une autre en compagnie de Moura. Cette année-là, il cumule les succès, notamment le 30 juillet au Puerto de Santa María en coupant une oreille à un toro de Fermín Bohórquez. En 1984, il participe à quarante-six corridas et en 1985, il fait une saison de onze courses en Colombie. Le 8 décembre, il coupe trois oreilles dans les arènes de Cucuta en compagnie de Dairo Chico et de César Rincón. À Valence, le 22 juillet 1986, en compagnie de Ángel Peralta, Fermín Bohórquez, Manuel Vidrié, João Moura et Javier Buendía, il coupe deux oreilles à un toro d'Alcurrucén. Le 19 mai 1987, triomphe retentissant à Madrid et le 22 mai à Valence. On le voit en France, au Grau-du-Roi, Béziers et Arles. Le 11 avril 1992, il reçoit une grave blessure à Esquivias lors d'une corrida avec Peralta, San Martín et Ginés Cartagena. Il revient en piste le 4 juillet à San Pedro del Pinatar avec un appareil orthopédique. 1994 est une année noire car sept de ses chevaux périssent dans l'incendie de ses installations équines. Il peut tout de même toréer grâce à ses camarades qui lui prêtent des montures. *Curro Bedoya* a marqué de sa présence le toreo équestre en rivalisant avec les meilleurs rejoneadores du moment. J.C.D.

BEJARANO HERRERA Vicente. Né le 24 octobre 1972 à Puebla del Río (Séville), Vicente Bejarano, matador andalou longtemps dirigé par l'homme d'affaires José Luis Segura, a bataillé dans un quasi-anonymat jusqu'à l'alternative qu'il reçoit le 15 août 1996 à Séville des mains de Pepe Luis Vázquez avec Fernando Cepeda pour témoin face à *Urcolinato*, toro de l'élevage des frères Astolfi.

Il confirme cette alternative à Madrid le 15 mai 1999, avec pour parrain José Luis Moreno et pour témoin José Ignacio Uceda Leal, en affrontant le toro *Ciclón*, de l'élevage de José Luis Pereda.

Il débute en France le 23 avril 2000 à Aignan (Gers) avec Richard Milian et Francisco José Porras, face à des toros de l'élevage d'El Sierro. Il se présente en Amérique à Jesús, au Pérou, le 26 juin 2001, alternant avec Paco Cervantes, Anibal Ruiz et David Moreno *el Alcazabeño*. R.A.

BELMONTE GARCÍA Juan. Rien ne destinait vraiment Juan Belmonte García à devenir matador. Pas de torero dans la famille et pas d'apprentissage par le canal des abattoirs de la ville comme c'était la tradition, ni de connaissance dans le milieu des ganaderos qui aurait facilité son éducation. Avant d'être matador, il n'a jamais servi dans aucune cuadrilla et n'a pas gravi les échelons en apprenant avec des toreros confirmés. Mais n'est-ce pas cela qui, finalement, lui a permis de se révéler et d'être si différent des autres toreros du moment ?

Son père tenait une boutique de quincaillerie au numéro 72 de la rue Féria de Séville, dans le quartier de la Macarena, où il est né le 14 avril 1892. Il n'a que huit ans lorsque sa mère meurt, et il quitte l'école pour aider au commerce familial.

Son père se remarie rapidement et après avoir eu cinq enfants de son premier mariage, il en a six autres avec sa seconde épouse. Mais le commerce périclite et, progressivement, la misère s'installe dans le foyer. Juan fréquente alors des garçons de son âge qui ont pour ambition de devenir toreros, ce qui l'incite à s'engager dans cette voie.

Juan commence donc dans le village portugais d'Elvas, le 6 mai 1909, par une prestation médiocre. Il est persuadé que le métier de matador lui permettra de sauver la famille de la ruine. Après un apprentissage autodidacte qui a forgé son mythe, Juan fait des débuts très malaisés qui ne laissaient guère présager la brillante carrière qui l'attendait. Il se contentait alors de courir les courses de village, avec de mauvais toros infâmes, les capeas périlleuses qui rapportaient peu d'argent malgré les risques majeurs encourus. Les cogidas sont nombreuses, mais Juan paraît être miraculeusement protégé puisqu'il s'en sort toujours sans gravité.

Enfin, le 21 juillet 1912, lors d'une novillada avec picadors organisée pour la Hermandad de San Bernardo dans la Maestranza de Séville, il affronte des bêtes du duc de Tovar en compagnie de *Larita* et de Francisco Posada. Il donne une très grande faena à son second opposant et son triomphe est total. Il commence la temporada suivante à Barcelone, puis c'est la prestation triomphale du 26 mars à Madrid en compagnie de Curro Posada face à des novillos de Santa Coloma. Sa manière de toréer stupéfie la capitale espagnole qui n'avait jamais assisté à une telle démonstration. Chacun pense que cette façon de faire est totalement irraisonnable, mais le jeune matador impose ce toreo qui lui est particulier. Avec une témérité qui force l'admiration du public, il affronte des pistes que les autres matadors ne foulaient jamais. Chacun pense qu'il va y laisser la vie et va le voir avant l'issue fatale. Il triomphe pleinement et impose son nom et sa manière. Déjà, on parle de lui comme de la révélation du moment.

Le 16 octobre 1913, Juan reçoit l'alternative à Madrid, des mains de Rafael González Madrid *Machaquito* en présence de Rafael Gómez Ortega *el Gallo* face à des toros de Bañuelos dont le comportement fut si indigne que le public descendit des gradins, envahit la piste et contraignit à faire sortir onze toros ! Finalement, Belmonte lidia un toro d'Olea comme opposant d'alternative. Commence alors une carrière exceptionnelle et surtout révolutionnaire.

Belmonte accumulait les handicaps : de petite taille et d'allure chétive, sans grande résistance, quelque peu « cagneux », disait-on, légèrement voûté, les bras trop longs par rapport au corps, ne sachant pas se déplacer rapidement ni courir vite, manquant d'agilité, il ne pouvait, comme beaucoup, se fier à ses capacités physiques en cas de difficulté. Il devait donc maîtriser ses adversaires par une technique sans faille et un domínio exceptionnel. *Guerrita* s'exclamait : « Dépêchez-vous d'aller le voir car on ne peut pas toréer de cette manière. »

Belmonte étonnait par son calme, sa quiétude, sa manière de recevoir le toro sans sautiller ni reculer mais en donnant la passe avec sérénité et sans rompre. Avec lui, le toro s'engouffrait dans le leurre, le suivait et revenait comme fasciné. Belmonte mettait à l'encan toutes les théories jusqu'alors réputées définitives. Les tenants de l'orthodoxie, comme à chaque novation d'importance, critiquaient et en appelaient à la tradition, mais ils étaient contraints d'admettre ce que le matador réalisait en piste. Ils lui reprochaient d'être codillero, d'avoir un répertoire de passes fort limité, d'exagérer les attitudes jusqu'à la caricature.

Ses admirateurs soulignaient la profondeur de son toreo, la pureté, le rythme et la lenteur de ses gestes, la domination totale qu'il exerçait sur tous les toros, son engagement total à l'épée. Certes il n'utilisait généralement que la véronique et la demi-véronique, le derechazo, la naturelle et le pecho. Mais avec une telle élégance et une telle magie que peu importait le nombre de passes réduit qu'il utilisait.

Bien qu'ayant été blessé à Murcie le 15 avril 1914, Belmonte ne renonça pas à se présenter aux côtés de *Joselito* pour affronter des Miura imposants, car c'était la première fois que les deux matadors faisaient le paséo ensemble. Et Belmonte inscrivit un triomphe magistral.

L'année 1915 fut la première de cette compétition passionnée mais amicale entre Belmonte et *Joselito*, confrontation devenue historique après avoir ravi les aficionados et comblé les empresas. Il faut dire que grâce à cette confrontation, la technique belmontienne s'améliora considérablement et que les styles des deux vedettes étant grandement différents, ils se mettaient mutuellement en valeur et faisaient progresser l'art tauromachique. En 1917, Belmonte participe à 97 corridas et tue 206 toros. À la fin de cette année-là, il se rend au Pérou, pour une tournée de 9 corridas. Des toreros espagnols, *Fortuna*, *Chiquito de Begoña* et Alcalareño, l'accompagnent. Il en profitera pour aller, avec sa femme, à Buenos Aires et à New York. Il ne revient en Espagne qu'à l'automne 1918. En 1919, il recevra une blessure stupide lors d'une tienta chez Pérez-Tabernero par une vache qui avait été fort travaillée et qui lui donna une cornada profonde.

Le 16 mai 1920, à Talavera de la Reina, *Joselito* est tué d'une cornada dans le ventre. Belmonte en ressentit beaucoup d'affliction. Resté seul, il ne torée cette année-là que 30 corridas et subit de nombreuses cogidas qui ralentissent son activité et le privent de nombreux contrats. En 1921, il participera à 60 courses. Mais le public commence à ne plus avoir à son égard le même enthousiasme que par le passé. La pratique lui avait donné une plus grande maîtrise, un dominio évident sur la plupart des toros et ses prestations paraissaient donc moins exceptionnelles. Cependant, la majorité des aficionados apprécient cette nouvelle manière de concevoir l'art de toréer qui fait la part belle à l'aspect artistique. À partir de Belmonte, on ne se contenta plus de la lidia mais on exigea aussi le toreo.

Après la temporada de 1921, Belmonte annonce qu'il se retire des ruedos. Mais il y revient en 1924, jusqu'à son retrait définitif en 1935, ne participant ensuite qu'à quelques festivals comme caballero. Ganadero, il avait créé un élevage de toros de Campos Varela, qui est maintenant devenu la ganaderia González Sánchez Dalp.

Durant la Guerre civile, il se réfugia au Portugal et ne revint dans son pays qu'après les hostilités, s'occupant de ses toros et vivant admiré de tous, mythe vivant que les artistes, les intellectuels et les aficionados adulaient.

À la veille d'être septuagénaire, il tomba follement amoureux de la rejoneadora colombienne Amina Assís Hernández, de cinquante ans sa cadette, et dont la valeur tauromachique était loin d'égaler la beauté. Il l'avait rencontrée lors de sa venue en Espagne. Désespéré de se voir repoussé, il se tira une balle dans la tête le 8 avril 1962.

Belmonte, grand torero s'il en fut, après 60 novilladas et 675 corridas, quittait la vie avec la passion d'un jeune novillero. Il entrait dans la légende pour avoir totalement modifié l'approche de la tauromachie en proposant au public une autre corrida, moins violente, plus artistique mais nécessitant des toros moins agressifs et plus collaborateurs. De ce temps commença la recherche d'une sélection des bêtes qui correspondent aux souhaits du public et permettent aux toreros de s'exprimer différemment.

Les études sur Belmonte, les biographies, les essais et analyses sont légion. Ceux qui l'ont vu en piste se partageaient entre les thuriféraires, tels Luis Bollain, ou les critiques, tels Bergamín. Lesquels étaient les plus proches de la vérité ? Nous ne pouvons nous fier qu'aux témoignages qui, par essence, sont sujets à caution. Mais nul ne contestera le rôle historique joué par Juan Belmonte dans l'histoire de la tauromachie car il y a réellement eu « un avant » et « un après » Belmonte. R.B.

C'est en fin d'après-midi, à partir du cinquième toro, lorsque la chaleur tombe, que l'ombre s'empare presque entièrement des gradins du soleil et qu'une fine nostalgie descend sur les corridas, que Juan Belmonte, « Belmonte le tragique » comme le lui criaient les gamins de Séville, réalisait ses plus prodigieuses faenas. Comme le 21 avril 1914 à Séville, devant les Miura ; comme le 21 juin 1917 à Madrid, face à un toro de la veuve de Concha y Sierra. Personne ce jour-là ne croit plus en Belmonte qui a révolutionné la corrida quelques années plus tôt. Les aficionados le grommellent en mâchonnant leur cigare dans les arènes métalliques couleur plomb de l'ancienne route d'Aragon et où l'écrivain Pérez Galdós voyait une accablante « tristesse industrielle ». Les aficionados ce jour-là veulent voir *Joselito*, « *Joselito maravilla* » (Joselito la merveille), et le Mexicain Gaona. Belmonte marmonne avant la sortie du dernier toro : « Alors, je suis donc fini ? » Il est assis sur le marche-pied de la barrière. Un poil au niveau du mollet a percé son bas de soie. Une terrible angoisse lui tombe dessus. Le trou est minuscule mais son cauchemar est, lui, envahissant. Il s'imagine, à sa grande honte, que treize mille paires d'yeux hostiles voient ce poil, que ce poil va grandir et que si ce poil continue à s'exhiber il va, lui, Juan Belmonte, le génie de la tauromachie, connaître un échec terrifiant devant une foule qui n'attend que ça. Comme la corrida aime jongler avec la perfide magie des signes, le toro de Concha y Sierra qui déboule du toril se nomme *Barbero*, Barbier. Et après ? Après Belmonte ne se souvenait plus de grand-chose sinon qu'il s'était mis à genoux en début de faena puis qu'après la mort de *Barbero* la foule était tombée en piste pour le porter en triomphe et qu'un homme, près de la porte et coiffé d'un grand chapeau noir, portait ses mains à sa tête comme quelqu'un frappé de stupeur ou ravagé par une torrentielle émotion. Que faut-il faire pour devenir le torero le plus stupéfiant de son époque ? Il faut transgresser, se mettre en travers. En travers de la charge du toro pour le pétrir contre son ventre, se mettre en travers de son époque, de sa profession et de ses codes. Ce qu'il fera, par exemple, en se coupant, le premier, cette mèche de cheveux emblématique de l'état de torero et en se frottant aux intellectuels de son temps. C'est en fin d'après-midi, un dimanche, à l'heure où les chapeaux des hommes, les fleurs et les châles des femmes tombent sur les pistes avec la nuit, que le laconique Belmonte, en habit de cavalier andalou, s'est tiré, le 8 avril 1962, une balle de revolver après avoir avalé un whisky et chantonné une chanson. Il avait transgressé les logiques ressorts du drame taurin en échappant aux cornes des toros ; il avait transgressé la sautillante tauromachie en place en imposant la tauromachie de l'immobile. Il transgressait la morale catholique de l'Espagne franquiste en appuyant simplement sur une gâchette à l'heure où les corridas s'achèvent. J.D.

BELMONTE GARCÍA, frères. Dans sa famille nombreuse, le célèbre Juan Belmonte avait deux frères qui furent aussi des matadors, même s'il n'eurent pas la notoriété de leur aîné.

Le premier, MANUEL, avait sept ans de moins que Juan et commença dans une cuadrilla de niños sévillans, entre 1913 et 1916. Puis, comme novillero, il se présenta à Madrid le 29 juin 1918 avec Antonio Sánchez et Bernardo Muñoz *Carnicerito* devant des toros de Pérez de la Concha. Le 2 février 1919, il reçoit l'alternative des mains de son frère Juan, dans la plaza d'Alicante, devant un toro de Gregorio Campos, en présence de Diego Mazquiarán *Fortuna*. Sa carrière fut brève puisque il se retira en 1925 pour se consacrer, à Séville, à la gestion des biens commerciaux et industriels de son frère. Il mourut à Séville le 5 octobre 1956.

Le second, JOSÉ, commença en becerrada le 14 septembre 1919 à Pampelune en compagnie d'Eladio Amorós. Le 7 juin 1925, il reçoit l'alternative au Puerto de Santa María des mains de son aîné Juan, en présence de José García, face à un toro de Gamero Cívico. Il confirme en plaza de Madrid le 8 octobre suivant, toujours parrainé par son frère Juan et avec pour témoin Cayetano Ordóñez *Niño de la Palma*, face à un toro d'Andrés Sánchez. Mais rapidement, José manque d'enthousiasme et, comprenant qu'il n'évoluera pas dans ce métier, après six corridas en 1928, trois en 1929 et seulement une en 1930, il se retire. Il décède le 20 mars 1959 à Jerez de la Frontera.

Enfin, Juan avait eu un fils naturel, JUAN BELMONTE CAMPOY, né à Madrid le 28 février 1918. Il entame une carrière tauromachique en octobre 1935 avec le fils de Mejías, José Ignacio Sánchez Mejías, dans un spectacle de niños taurinos, sous la direction d'Eduardo Pagés. Le 12 septembre 1938, il prend l'alternative à Salamanque des mains de Marcial Lalanda et Domingo Ortega, face à un toro d'Antonio Pérez. Il confirme le 12 octobre 1939 avec Marcial Lalanda, face à un toro de San Fernando. Sa carrière fut assez brève et modeste. Il est décédé le 20 juillet 1975 à Fontarabie. R.B.

BENIDORM (Espagne. Alicante 42 km). Très importante station balnéaire de 43 000 habitants, Benidorm jouit d'un climat privilégié tout au long de l'année, où les immenses tours-hôtels, constructions en béton, se pressent le long de la mer et dans la ville ; la ville accueille des touristes toute l'année.

La plaza de toros a été inaugurée le 8 juillet 1962 avec une corrida de toros de Marqués de Domecq pour les rejoneadores Ángel et Rafael Peralta et les matadors Jaime Ostos, Juan García *Mondeño* et Francisco Camino. R.B.

BENÍTEZ CUBERO José

Origine : Parladé-Vázquez (par Diego Hidalgo Barquero)
Devise : bleu et blanc
Ancienneté à Madrid : 10 septembre 1939
Propriétés : « Los Ojuelos », Marchena (Séville), « El Arroyo de las Rozas » et « Dehesa El Roble », Morón de la Frontera (Séville)

Diego Hidalgo Barquero est à l'origine de la fondation de cet élevage en 1830. Onze ans plus tard, il en vend une part à Joaquín Jaime Barrero. En 1910, José Domecq devient le propriétaire du troupeau et l'augmente avec des têtes de bétail de Surga et de Parladé. Antonio Peñalver en devient l'acquéreur en 1924, puis il vend le fer en 1929 à la famille Pallarés Delsors. José Benítez Cubero rachète l'élevage en 1935 tout en conservant la forme du fer précédent. Il acquiert par la suite deux toros de Pedrajas en mai 1943.

Les toros de Benítez Cubero ont la particularité de présenter des robes assez variées, mélangeant fréquemment le noir et le blanc (les *berrendos*). Élevage prestigieux par le passé, ces toros sont quelque peu tombés dans l'anonymat depuis quelques saisons. Les produits issus de cet élevage donnent en revanche entière satisfaction lors des corridas de rejón où il sont régulièrement programmés. C.C.

BENÍTEZ FLORES Leonardo. Né à Caracas, au Venezuela, le 18 février 1969, Leonardo, après 48 novilladas, reçut l'alternative le 18 octobre 1992 à

Monterrey, au Mexique, devant *Cominito*, toro de la ganaderia de José Garfías, avec pour parrain Eloy Cavazos et pour témoin Miguel Espinosa *Armillita Chico*. Sa confirmation eut lieu le 18 décembre 1994 à Mexico, face à *Diamante*, toro de la ganaderia de San Marcos, que lui cède Maríano Ramos, son parrain, en présence de Mauricio Portillo, son témoin.

Il fit sensation lors de sa première apparition à Béziers, le 15 août 1997, en compagnie de Curro Romero et d'Enrique Ponce : il y exécuta un quite époustouflant à la cape et remporta un triomphe puisqu'il coupa une oreille au premier toro et les deux oreilles au second. Il débute en Espagne à Navas del Marqués, région d'Ávila, alternant avec José Prado *el Fundi* et Miguel Rodríguez, et il confirme à Madrid le 9 mai 1999 face à *Comadrito*, toro de la ganaderia de Sánchez Ybargüen, avec José Luis Bote pour parrain et José Antonio Iniesta pour témoin. Depuis, il continue sa carrière avec succès dans son pays d'origine. R.B.

BENÍTEZ PÉREZ Manuel, *el Cordobés*. Manuel Benítez Pérez est né le 4 mai 1936 à Palma del Río, province de Cordoue, dans une famille miséreuse. Ce n'est que sur le tard qu'il arrive à se lancer dans la carrière de torero dans les villages où il reçoit plus de plaies et de bosses que de pesetas pour arriver à survivre. Car Manuel est obligé d'inventer sa tauromachie au cours des rencontres et des affrontements dans des villages du bout du monde. Le 28 avril 1957, il saute en piste, à Las Ventas de Madrid, espontáneo devant un toro d'Escudero Calvo (actuellement ganaderia de Victorino Martín). Il est bousculé et rattrapé par la police qui le mène au poste. Ses débuts de novillero sont médiocres, sous le nom de *Palmaño II*, puis sous l'apodo d'*el Renco*. Il rencontre Rafael Sánchez *el Pipo* qui va le lancer. Il revêt son premier costume de lumières le 15 août 1959 à Talavera de la Reina, face à des novillos de Mariano García qu'il combat avec Carlos Barroso. Et le 27 août 1960, il fait sa première avec picadors à Palma del Río, seul contre trois novillos de Torrestrella. Sa carrière de novillero devient éclatante et, en 1961 et 1962, il accumule les succès. Le 9 juin 1962, il fait sa présentation en France, à Nîmes, devant des novillos d'Antonio Ordóñez.

Après 203 novilladas, il prend l'alternative le 25 mai 1963 à Cordoue, des mains d'Antonio *Bienvenida*, en présence de José María Montilla, face au toro *Palancar* de Samuel Flores. Il coupe 2 oreilles au premier, les oreilles et la queue du second. Il débute en France le 3 juin 1963 à Nîmes avec Paco Camino et Vázquez. Le 20 avril 1964, fait très rare dans la Maestranza de Séville, il coupe les oreilles et la queue de son second toro, *Bancalero*, de Carlos Núñez.

Le torero vedette ne s'improvise pas. Il surgit, il déconcerte. Le phénomène *el Cordobés* produit un véritable raz-de-marée. Campagne publicitaire, propagande effrénée sont de puissants moyens. À eux seuls, ils ne sauraient créer le mythe et rendre compte d'une telle affluence de gens sur les gradins. L'on admet volontiers l'importance décisive que revêt dans ce monde complexe de la tauromachie la rencontre d'un débutant avec le manager approprié, dont les conseils seront déterminants sur sa carrière. Reste qu'il n'y a pas d'apoderados inventeurs, mais seulement découvreurs d'un torero. Si *el Cordobés* apparaît, à vingt-cinq ans, comme un raté de plus parmi ces mendieurs de rêve, les innombrables apprentis toreros, *Pipo*, proche de la cinquantaine, est un homme d'affaires ruiné, qui n'a essuyé que déboires et échecs dans ses précédentes tentatives pour patronner une promesse.

À vingt-quatre ans, à l'âge où la plupart des toreros ont déjà une enviable carrière derrière eux, le jeune homme, ses obligations militaires accomplies, va de capea en capea (de course de village en course de village) à travers la Castille et la région de Salamanque, sans beaucoup d'illusions, mais incapable de se résigner. Son vrai départ : le 15 mai 1960, quand il torée à Cordoue sa première novillada sans picadors. Annoncé sous son surnom d'*el Renco* (« le boiteux », à cause de son allure déhanchée), il se fait appeler *el Cordobés* à partir du mois d'août suivant. Deux années durant, il multipliera les corps à corps avec ses adversaires, les bravades excessives et répondra par quelque folie à l'excitation des foules. Un jour, il se déchaussera devant la bête médusée, un pied puis l'autre, et essuiera la poussière de ses escarpins sur le frontal. Le succès lui vint de la rudesse de son défi aux convenances. Son obstination à se tenir à la pointe des cornes obligeait les plus sceptiques à compter avec lui : il ne se laisserait pas éliminer par une presse spécialisée hostile.

« Le plus hurluberlu de tous les toreros pour la masse ne durerait pas une sieste ! » Telle fut la sentence proférée par les oracles des arènes dès ses premiers pas. Mais le peuple espagnol, vierge de tout intellectualisme taurin, adopta le nouveau phénomène. *El Cordobés* ne devait jamais l'oublier en dix ans de carrière où il imposa sa loi sans appel et triompha dans toutes les arènes du monde. Promu matador, il sembla ne se soucier que de saisir les spectateurs aux entrailles par son interprétation pathétique et des démonstrations de pure audace, où il exagérait le sentiment du péril, comme il l'avait toujours fait. Mais il comprenait vite et sa très grande pénétration lui permettra, après une soixantaine de corridas, d'abandonner ses empoignades avec les toros pour lier sans perdre pied des dizaines de passes et de conserver le fauve hypnotisé par l'étoffe rouge sur la même portion d'arène plus longuement qu'aucun de ses prédécesseurs ne s'y était risqué.

L'énorme résonance de ses exploits, leur caractère insolite conduisaient la plupart des chroniqueurs à ne les attribuer qu'à une personnalité douée d'un pouvoir fascinant, capable de plonger les foules dans une hypnose collective et dont le numéro n'avait rien à voir avec l'art de toréer. Le 20 avril 1964, le fantastique triomphe se produisit à Séville et tel se révéla son impact que les spectateurs parurent avoir tout oublié de ce qui s'était déroulé jusque-là. Sur les gradins, il n'était bruit que de la nouvelle étoile, hissée sur le pavois. De rivaux capables de se poser en compétiteurs, l'époque ne manquait pas. Reste que la concurrence désirable n'eut pas lieu. Les trois as (Paco Camino, Diego Puerta, *el Viti*) avaient leurs partisans, ils empêchaient l'intérêt de faiblir, mais *el Cordobés* n'en restait pas moins solitaire à la tête des toreros de sa génération. Aucun ne s'enhardit à discuter son pouvoir ni à lui disputer le sceptre.

Après avoir débuté le 27 octobre 1963 à Lima au Pérou devant des toros de la ganaderia de Las Salinas avec Paco Camino et Santiago Martín *el Viti*, il confirme à Madrid, le 20 mai 1964, avec *Pedrés* pour parrain et *Palmeño* comme témoin, devant un toro de Benítez Cubero. Il coupe une oreille et reçoit une blessure grave. Sa confirmation d'alternative ne fut pas limitée à la capitale et s'étendit à l'Espagne entière. À cinq heures du soir, la circulation automobile s'arrêta, les rues se vidèrent. Vingt millions d'Espagnols rassemblés devant les écrans de télévision attestèrent que la révolution de l'espoir incarnée par le torero était en marche. On calcula que ce chiffre dépassait le nombre des spectateurs de cent ans de corridas. Tandis qu'il imposait le duel sur cette portion de l'arène, où les autres toreros ne le suivraient pas, avec cette fraîcheur indisciplinée, irritante pour les conservateurs, géniale pour la majorité, il reçut sa quatrième blessure grave. Soûl de sa gloire et de sa rébellion, il voulait par trop vaincre et le fauve s'insurgea contre l'ahurissant défi de ses passes enchaînées autour de son corps offert sans l'ombre d'une imposture.

Il confirmera ce même hiver à Mexico le 7 février 1965 avec comme parrain Antonio Velázquez et pour témoin Antonio del Olivar devant des toros de la ganaderia d'E. Cuevas.

Une nuit de février 1967, *el Cordobés* fit un cauchemar : un toro noir le transperçait de sa corne et sa vie s'enfuyait à larges flots. Lorsqu'il voulut abandonner les jeux de l'arène, les quatre principaux organisateurs le mirent dans l'obligation de continuer à toréer sous la menace d'un procès qui le ruinerait. Imagine-t-on plus grand honneur rendu de son vivant à un torero que cette démarche des plus prestigieux magnats réunis pour le prier de ne pas se retirer à cause du préjudice infligé « aux entreprises taurines d'Espagne, au public et à la fiesta brava » ? Et qui, avant de prendre congé, signent l'oreiller où le fauve du songe avait réussi à effrayer *el Cordobés*.

En 1969, ces mêmes imprésarios se coalisèrent contre lui parce qu'il avait le culot d'exiger un pourcentage sur la vente des places. Ils décidèrent de le tenir à l'écart et de lui opposer Sebastián *Palomo Linares*. *El Cordobés* déjoue leurs manœuvres, rallie *Linares* à son plan. Soixante-dix sorties au moyen d'une arène démontable, où les deux rebelles se lancent dans l'aventure. On ne parle plus que des guérilleros. La légende refleurit. L'année suivante, *el Cordobés* revient à Madrid pour deux corridas de la San Isidro, combat quatre fauves et coupe huit oreilles. Il reconquiert les bastions de la fête comme aux plus beaux jours. Peut-on rêver plus éclatante démonstration ? La capitale de la planète des toros lui confirme qu'il demeure, et de loin, le plus populaire, le mieux aimé.

Le seul nom d'*el Cordobés* suffisait à faire le plein et l'on en vint à cette indélicatesse de l'annoncer avec X et Y, sans davantage préciser, comme si la présence de ses compagnons sur l'affiche n'avait qu'un intérêt très relatif. Et l'après-midi s'avivait, s'enfiévrait et continuait sur sa seule lancée. Tantôt il ramenait le fauve dans un pouce de terrain, le gardait, le retenait à proximité avec la muleta. La seconde suivante, il improvisait un chassé-croisé inédit où il multipliait les feintes qui déconcertent l'adversaire. Et la foule, suspendue à ses prouesses, emplissait le cirque de olés qui claquaient comme autant d'évoés à la gloire de Dionysos.

À quarante-trois ans, après huit ans d'absence, il revint égal à lui-même, comme si son propre mythe le protégeait des atteintes du temps et qu'il sortait d'un bain conservateur. De nouveau s'élève le grand rire jubilatoire avec tapes sur l'épaule. *El Cordobés*, en huit passes de défi, a mis le fauve et le public dans sa poche. Avec ces licences dont il est l'animateur prodigue, il réveille la part d'enfance de chaque spectateur et le plonge dans un univers onirique de démons et merveilles tandis qu'il exorcise la peur. Et le 17 mai 2002, à Nîmes, en mano a mano avec Ojeda, il retrouvera à nouveau les gestes qui ont fait sa gloire et son éternelle jeunesse...

Ajoutons que son exemple jeta sur les routes les humiliés et offensés de la profession que possédait l'illusion de percer. Une étoile s'était levée au-dessus d'eux et ils se mirent en chemin avec le baluchon où étaient serrées la vieille cape et la muleta rapiécée, vers des bleds sans infirmerie, mais où l'on n'exigeait aucune carte d'admission. J.M.M.

Le 8 avril 1962, jour où chez lui à Utrera Juan Belmonte se tirait une balle dans la tempe droite, un jeune novillero débutant, lui aussi transgresseur et « révolutionnaire », triomphait à Valence : 2 oreilles. Mais le 28 avril 1957 Manuel Benítez *el Cordobés* n'est encore qu'un rôdeur chaplinesque et débraillé embarqué par *los grises* de la Guardia civil dans la contre-piste de Las Ventas à Madrid. Il se fait appeler *el Renco*, le Boiteux. Ce surnom, c'est le seul bien qu'il a hérité de son père, ouvrier agricole mort tuberculeux à l'hôpital de Cordoue. À l'occasion, *el Renco* se fait aussi appeler *el Palmeño* ou *el Niño de Palma del Río*, voire *el Niño de las Habas,* l'Enfant des fèves, né dans les fèves et dans la misère noire de l'Andalousie blanche. Il a vingt et un ans. Ce 28 avril, il a sauté en piste dès la sortie de *Consejero*, un toro gris comme les capotes de la Guardia civil et qui appartient à l'élevage des frères Escudero Calvo, que Victorino Martín rachètera trois ans plus tard pour une poignée de figues. *El Renco* s'est d'abord retrouvé à califourchon sur la barrière, comme à cheval entre deux mondes ou deux précipices. L'intervention d'un policier l'a déséquilibré. Il est tombé sur le sable juste sous le tendido 6. *Conserejo*, qui n'était pas encore piqué, s'est rué sur lui, l'a coincé contre le marche-pied, l'a méchamment tabassé comme on tape à coup de pieds sur un vieux tas de nippes pour les dissimuler, à jamais, sous les armoires, loin des regards. Puis à coups de tête, il l'a renvoyé, cassé, moulu, déchiré, de l'autre coté du monde des toros, entre les pattes et les gants noirs des gardiens de l'ordre public franquiste. Ce 28 avril à Madrid, l'Espagne est bien gardée. *Conserejo* fait la loi en piste ; *los grises* veillent dans le callejón et *el Renco* est reparti, comme un paquet, d'où il venait : du rien. Il a été reconduit vers ses Andalousies tuberculeuses et faméliques, vers son taudis madrilène, vers ses fèves. L'incident fera trois lignes dans l'hebdomadaire taurin *El Ruedo* : « Le cinquième toro a attrapé contre le marche-pied un espontáneo et lui a envoyé plusieurs coups de cornes. Inexplicablement, rien de grave n'est arrivé. » « Inexplicablement » est un mot qui va comme un gant à la foudroyante carrière, au culte mirobolant de Manuel Benítez *el Cordobés* après qu'il a fini, au début des années 1960, par se débarrasser des oripeaux d'*el Renco*. On connaît la suite : il incarne l'Espagne des *sixties*, il devient un torero hors norme, libre, insolent et solaire ; il fracture la traditionnelle société taurine avec des excentricités souvent blâmables et une main gauche de premier ordre pour toréer les toros. Il représente à la fois la nouvelle Espagne des années 1960 et la tradition des capeas sauvages de l'Espagne de toujours. Il est multimillionnaire en dollars, tape sur l'épaule de Franco, fait la une de *Life* mais affiche en grand dans sa propriété près de Cordoue la photo d'*el Renco* arrêté par *los grises*. J.D.

BENJUMEA DURÁN Pedro, *Pedrín.* Fils du mayoral de l'élevage de José de la Cova, Pedrín Benjumea est né à Herrera (Séville) le 29 novembre 1945. Il porte son premier costume de lumières à l'âge de dix-neuf ans à Arévalo dans la province d'Ávila. Il se présente au paséo de sa première novillada piquée quelques mois plus tard dans les arènes de San Sebastián de los Reyes (Madrid). La France le découvre le 1er août 1965 à Châteaurenard lors d'une novillada dans laquelle il partage l'affiche avec *Josélillo* et Antonio Pérez face à des novillos de Hubert Yonnet.

Le 12 septembre 1965, Pedrín Benjumea remporte un grand triomphe à l'occasion de sa présentation à Madrid en coupant trois oreilles à des novillos d'Alonso Moreno de la Cova qu'il affronte en compagnie de José María *Sussoni* et Rafael Astola. Il est répété le dimanche suivant. En 1966, il participe encore à deux novilladas à Madrid, coupe deux oreilles et voit son nom s'imposer petit à petit. Il reçoit le titre de matador de toros à Castellón, le 27 février 1967, des mains de Julio Aparicio qui lui cède le toro *Saleroso*, de l'élevage d'Antonio Pérez de San Fernando ; Sebastián *Palomo Linares* est témoin de la cérémonie. Ce jour-là, il coupe les deux oreilles et la queue de son second adversaire et ce succès lui ouvre de nombreuses portes. Dès le 25 mars suivant, il se présente en France en qualité de matador en participant à la féria d'Arles, encadré par Diego Puerta et Manuel Benítez *el Cordobés* pour affronter des toros de Manuel Camacho. Une fois encore, il connaît le succès et coupe quatre oreilles.

L'alternative est confirmée à Madrid le 19 mai 1967 par le même parrain, en présence de Santiago Martín *el Viti* comme témoin. Les toros appartiennent à l'élevage de Baltasar Ibán Valdés. En 1967, il prend part à 84 corridas et à 45 en 1968. Benjumea torée de moins en moins et sa carrière n'atteignant pas le niveau qu'il aurait souhaité, il participe à sa dernière corrida le 31 août 1993 à San Sebastián de los Reyes (Madrid).

Victime au cours de sa carrière de vingt-quatre coups de corne dont six graves, Pedrín Benjumea a mis fin à ses jours peu avant son cinquante-cinquième anniversaire, le 21 novembre 2000, à San Sebastián de los Reyes. R.A.

BERMEJO (*vermeil*). Toro colorado mais d'un rouge feu, intense.

BERNADÓ Y BARTOMÉU Joaquín. Né à Santa Coloma de Gramanet le 16 août 1935, Joaquín Bernadó se destinait à des études commerciales, quand il les abandonne à l'âge de quinze ans pour la tauromachie. Il débute avec picadors à Manresa le 28 mai 1950 et, jusqu'en 1954, il ne torée qu'en novilladas non piquées. Puis, il se présente dans la plaza madrilène de Vista Alegre le 25 avril 1954, face à des novillos d'Ortega Estévez avec Vicente Escribano et Alejandro Valiente. Il y torée à nouveau les 9 et 16 mai. Lors de cette temporada, il participe à 41 novilladas.

Il reçoit l'alternative le 4 mars 1956 à Castellón, des mains d'Antonio *Bienvenida*, en présence de Julio Aparicio, face au toro *Carolo* de la ganaderia de don Manuel Arranz. Il confirme à Madrid le 10 juin suivant, avec pour parrain Mario Carrión et pour témoin Joselito Huerta, face à un toro d'El Pizarral. Il prend part à 32 corridas lors de cette première année de matador. Torero largo, suave et élégant, il mène une carrière importante des deux côtés de l'Atlantique, toréant plus de 200 fois au Mexique et participant à 243 paséos dans les arènes de sa région, Barcelone. C'est d'ailleurs dans ces arènes qu'il se retire le 24 septembre 1983, jour de la Merced. Il y réapparaîtra seulement une fois, le 19 avril 1987, face à un lot de Sepúlveda, en compagnie de Manuel Cascales et Lucio Sandín. R.B.

BERRENDO (*tacheté, bigarré*). Toro dont la robe est à fond blanc ou clair dominant et qui porte des taches de couleurs différentes. Il pourra alors être berrendo en negro (taches noires sur fond clair), ou berrendo en cárdeno (taches foncées sur fond gris), ou encore berrendo en colorado (taches rouges sur fond clair), etc. P.M.

BÉZIERS (France. Nîmes 120 km – Montpellier 70 km). À l'origine cité romaine, Colonia Julia Septimana Biterrae devint évêché au IVe siècle, jusqu'en 1802. L'église Saint-Nazaire, ancienne cathédrale incendiée en 1209 quand Simon de Montfort mit la ville à sac, se dresse majestueusement au-dessus de la cité qui occupe le rebord d'un plateau dominant la rivière, l'Orb, aux crues impressionnantes. On dénombre aujourd'hui 69 000 habitants.

Les arènes actuelles, construites sur le plateau de Valras, sont une propriété particulière, seul exemple dans le Sud-Est. C'est en 1877 que fut édifié le premier édifice permanent en bois, sur le terrain de Benêt. Puis, un autre lui succéda et l'on sait que le grand Mazzantini y combattit en 1882. Enfin, un troisième sur le terrain de Palazy, où se donnèrent la plupart du temps des courses hispano-provençales.

Lorsque qu'un incendie détruisit ces arènes, une société fut formée pour promouvoir la construction d'un édifice en dur sur le plateau de Valras alors hors de la cité. C'est le bâtiment actuel dont l'architecture générale est fort proche des plazas espagnoles classiques ; il peut accueillir jusqu'à 14 000 personnes. Inauguré en 1897 par une novillada avec José Centeno et Colón, on y assista à la première corrida le 11 juillet avec des toros d'Enrique Salamanca combattus par *Reverte* et *Algabeño*. Les grandes vedettes y participèrent aux trois ou quatre courses annuelles. Après la Grande Guerre, une société entreprit de remettre en état le bâtiment, et en 1921 les corridas reprirent avec les plus réputés des matadors, tels que Freg, Lalanda, *Nacional*, *Bienvenida* ou *Armillita*. Le 14 juillet 1946, après la Deuxième Guerre mondiale, la plaza rouvre avec des toros de l'Arlésien *Pouly*. Le Nîmois Ferdinand Aymé en devient le directeur. Il en assumera la direction pendant trente-deux ans et y fera venir tous les grands maestros et les toros des ganaderias les plus réputées. En 1980, la Ville reprend les arènes et en confie la direction à des Biterrois. Puis, pendant quelques années, les directeurs se succèdent jusqu'à ce que Robert Margé en devienne le directeur et signe un contrat privé de quinze ans avec les propriétaires, ce qui lui en assure la direction exclusive. La féria qui ne comptait que deux corridas prend progressivement de l'importance et elle est maintenant devenue un rendez-vous des aficionados, s'étalant sur cinq jours à la mi-août et attirant une foule considérable dans la ville. R.B.

BICHO (*bestiole*). Animal insignifiant. Employé surtout par le journaliste au cours d'un compte rendu pour ne pas répéter indéfiniment le terme « toro ».

BIENVENIDA, dynastie des. En peinture, en musique mais surtout en tauromachie, il y a des dynasties qui donnent des personnages à l'Histoire.

La dynastie des *Bienvenida* débute modestement avec Manuel Mejías Luján, banderillero de son état, qui prit comme apodo le nom de son village natal situé dans la province de Badajoz, et lui donna ainsi la célébrité.

Bienvenida I eut deux garçons : José Mejías Rapela devint banderillero sous le nom de *Bienvenida II* et c'est son frère, Manuel Mejías Rapela, qui fit entrer la famille dans l'Histoire.

Manuel Mejías Rapela, connu sous le nom de *Bienvenida III*, est né dans le petit village de Bienvenida le 12 février 1884, et montre très jeune de grandes capacités. À six ans, venu à Séville avec sa famille, il commence son apprentissage et intègre une cuadrilla de niños toreros (comme c'était la mode en ce temps). Avec son frère José, il torée à Lisbonne et dans quelques autres plazas. Lorsque son père revient d'Amérique, il crée une cuadrilla avec lui et *Revertito*. Mais, Manuel progressant, il commence à se produire seul et fait sa présentation à Madrid, comme novillero, en 1902 avec *Regaterín* et *Mazzantinito* face à des novillos de Villamarta. Le 14 octobre 1905, il reçoit l'alternative à Saragosse des mains d'*Algabeño*, accompagné de *Lagartijo*, face à un toro de Benjumea. Il confirme le 14 mars 1906 avec *Algabeño* comme parrain devant un toro de Miura et un autre de Murube. Classique et sans inspiration qui le distingue, valeureux en piste et particulièrement avec l'épée, Manuel va connaître une période difficile, puis quelques succès retentissants à Madrid qui le propulsent parmi les vedettes. Sa réputation est grande et un critique taurin le surnomme *el Papa negro* (le pape noir). Mais le 10 juillet 1915, alors qu'il combattait seul six toros de Trespalacios, il est très gravement blessé par le troisième. Sa carrière est terminée car il ne retrouva jamais ses pleines capacités. Il se contente de quelques corridas par an. Pour se sortir d'affaire, en 1917, il va en Amérique et accepte tout ce qu'on lui propose, c'est-à-dire peu. En 1924, il revient en Espagne, signe trois contrats et par trois fois déçoit car il manque singulièrement d'envie et de recours.

Il devient manager de la carrière de ses fils aînés, Manuel *Manolito* et José *Pepete*, qui ont acquis une bonne réputation. Le 25 juillet 1925, le ganadero José Anastasio Martín organise une course à Coria del Río. C'est un succès pour les deux frères, qui se renouvellera vingt-cinq fois dans les grandes plazas et avec des cachets fort intéressants, pour le plus grand plaisir des organisateurs et l'agacement des autres toreros qui demandent l'application de la loi interdisant aux enfants de moins de seize ans de toréer. Les deux jeunes toreros viennent donc en France et y donnent dix-huit courses triomphales en 1926, à Bordeaux, Nîmes et Marseille en particulier. Puis il vont au Mexique en 1927 et y obtiennent des triomphes identiques. Le 20 mars 1927, à Mexico, c'est même *Manolito* qui coupe la coleta de son père. Ensuite, la famille retourne en Espagne et les deux frères, sous l'impulsion de don Eduardo Pagés, donneront encore vingt-sept spectacles dont trois à Madrid.

Ses fils devenus matadors, *el Papa negro* se retire progressivement des affaires et l'heureux géniteur de cette dynastie taurine s'éteindra à Madrid le 4 octobre 1964.

Manuel Mejía Jiménez *Manolito*, devenu *Bienvenida IV*, après avoir triomphé dans de très nombreuses arènes de l'ancien et du nouveau continent, commence sa carrière en novillada piquée outre-Atlantique. Il fit ses adieux de novillero à Lima, le 21 avril 1929, en combattant seul six novillos de Vázquez.

Il reçoit l'alternative à Saragosse le 30 juin 1929 des mains d'Antonio Márquez, face à un toro d'Antonio Flores Iñíguez, *Mahometano*, noir, grand, bien armé et d'un trapio remarquable, le témoin étant Francisco Royo *Lagartito*. C'est le début d'un brillant parcours. Il participe à 31 corridas et confirme le 12 octobre des mains de Marcial Lalanda qui lui cède un toro d'Alipio Pérez-Tabernero Sanchón. Manuel, l'enfant prodige qui avait enflammé toutes les plazas où il s'était produit, devient l'idole de toute l'afición. Doué d'un sûr instinct, comprenant facilement les réactions de la bête qui lui est opposée, il éblouit par ses capacités dans les trois tercios de la lidia. Affirmé et dominateur à la cape, valeureux et engagé aux banderilles, il manie la muleta avec décision, au gré d'un large répertoire. Peu importe si l'épée est son point faible : le public ne lui en tient pas rigueur.

À la mi-juillet 1938, il tombe malade et ne peut honorer ses engagements. Il doit garder la chambre, fiévreux et affaibli. Les médecins pensent qu'il convient de l'opérer. Mais la maladie est trop avancée et Manuel *Bienvenida*, quatrième du nom, meurt le 31 août 1938 à Saint-Sébastien.

Son frère cadet avec qui il a si souvent triomphé dans sa jeunesse, José Mejías Jiménez, qui a pris pour apodo *Bienvenida V* et que l'on appelait *Pepote*, est né le 7 janvier 1914 à Madrid. Après son apprentissage avec Manuel, il fait sa présentation de novillero à Madrid le 8 septembre 1928, puis reçoit l'alternative le 4 juillet 1931 à Madrid des mains de Nicanor Villalta qui lui cède le toro *Majoleto*, de doña María Montalvo, en présence de son frère Manuel. Bien qu'il eut une carrière moins brillante que celui-ci, José fut un très bon torero, excellent banderillero et bon muletero. Il revêtit pour la dernière fois le costume de lumières le 3 octobre 1957 à Úbeda, avec ses deux frères Antonio et Juan, devant des toros de Julio Morales Hermanos. Il meurt d'un infarctus du myocarde le 3 mars 1968 dans les arènes de Lima.

Un troisième frère, Rafael Mejías Jiménez, né en 1917, se lancera aussi dans la carrière mais n'atteindra pas le stade de novillero ; il est assassiné en 1933.

Né le 25 juin 1922 à Caracas au Venezuela où se trouvait la famille, Antonio Mejías Jiménez est le quatrième fils du *Papa negro* et le sixième des *Bienvenida* à être matador. Il sera aussi le plus connu.

Antonio débute dès quatorze ans en becerrada et, le 23 avril 1939, il commence en novillada piquée à Valence. Puis il se présente à Madrid le 3 août de la même année pour y estoquer des novillos de Terrones, en compagnie de Joselito de la Cal et de Rafael Ortega *Gallito*. Le 9 avril 1942, il reçoit l'alternative à Madrid, des mains de son frère José, face à des toros de Miura. L'afición madrilène l'adopte tant pour son courage hors du commun que pour ses capacités de lidiador. Il fera une très longue carrière puisqu'elle s'étale sur trente-deux temporadas sans que jamais les aficionados ne se lassent de ses prestations car il donne toujours le meilleur de son talent. Torero de cape au registre étendu et brillant, il pose les banderilles avec maîtrise et précision, et de différentes manières. Quant à la muleta, les comptes rendus affirment qu'il avait une technique classique et un dominio rare qui lui permettaient de triompher de la plupart de ses adversaires. On se souviendra aussi qu'il avait dénoncé l'afeitado dans les années 1960. Il ne fut jamais un torero accumulant les contrats se contentant généralement d'une trentaine de paséos par temporada, sauf en 1948 où il toréa cinquante-trois fois. Il se retire une première fois des ruedos en 1966, après un seul contre six à Madrid le 16 octobre. Mais il réapparaît le 18 mai 1971 pour confirmer l'alternative du Mexicain Curro Rivera, en présence d'Andrés Vázquez, face à des toros de Samuel Flores. Il se retire définitivement le 5 octobre 1974 après avoir brindé son toro à son frère Ángel Luis, à qui il déclare que c'est sa dernière estocade. Au cours de sa carrière, il avait subi quatorze blessures graves et n'avait jamais refusé d'affronter les ganaderias réputées difficiles ou dangereuses.

Le 4 octobre 1975, il assiste à une tienta dans la finca d'Amelia Pérez-Tabernero quand une vache de deux ans qui venait d'être tientée le projette en l'air alors qu'il ne l'avait pas vu venir. Il retombe fort mal, sur la nuque, se brisant plusieurs vertèbres cervicales ce qui entraîna sa mort.

ÁNGEL LUIS MEJÍAS JIMÉNEZ, son frère, né à Séville le 2 août 1924, est le cinquième des fils du *Papa negro*. Il commence dans le toreo le 27 août 1939 à Cuenca, avec *Angelete*, puis se présente à Madrid le 25 juillet 1943 en compagnie de José Parejo et de *Pepe Dominguín*. Il reçoit l'alternative des mains de son frère José le 11 mai 1944 à Madrid, en présence de son autre frère Antonio, devant un toro d'Arturo Sánchez-Cobaleda. Mais il ne supporte pas la pression qu'impose cette profession et préfère se retirer en 1951 pour se lancer avec succès dans le négoce taurin.

Enfin, le dernier des *Bienvenida*, JUAN MEJÍAS JIMÉNEZ, né le 31 juillet 1929 à Séville, commence le 1er avril 1945 à Motilla del Palancar et torée sa première novillada piquée le 3 mai 1946 à La Roda. Il se présente à Madrid le 22 septembre 1949 face à des novillos de Clemente Tassara, avec Pablo Lalanda et Rafael Ortega. Après une prestation décevante le 9 juin 1951 face à des Guardiola, il annonce qu'il abandonne la profession. Mais il revient en 1953 et reçoit l'alternative le 24 avril 1955 des mains de César Girón, en présence de Pedrés et face à un toro de Sepúlveda de Yeltes. Il confirme le 26 septembre 1956, face à un toro de Flores Albarrán, avec Alfonso Merino comme parrain et José María Recondo comme témoin. Il subit une opération chirurgicale en 1963, dont les résultats ne sont pas satisfaisants. À nouveau opéré en 1965, puis en 1967, il quitte définitivement les ruedos en 1970.

Ainsi, tous les *Bienvenida*, avec des fortunes diverses et des carrières variées, ont marqué de leur sceau l'histoire de la tauromachie. R.B.

BILBAÍNA. Passe de muleta tenue dans la main droite, au cours de laquelle le toro fait un tour complet autour du matador. On l'appelle aussi « passe circulaire ». La circulaire naturelle se donne de l'avant vers l'arrière, sur la corne droite. Dans la circulaire inversée (la plus couramment pratiquée) donnée sur la corne gauche, le torero se présente du côté gauche entre les cornes, se tourne au maximum par torsion de la taille, cite le toro et l'enroule le plus lentement possible d'un geste continu en l'accompagnant par la rotation de la ceinture, et en terminant par un pecho ou un trincherazo s'il veut enchaîner. Décriée par les tenants de l'orthodoxie, cette passe demande beaucoup d'aguante et de temple ainsi qu'une grande domination du toro. R.B.

BILBAO (Espagne. Madrid 400 km – Burgos 155 km). Fondée en 1300 par Diego López de Haro, la ville est construite selon un plan d'urbanisme rigoureux. La construction des chemins de fer et des routes favorisa l'essor industriel de Bilbao, devenue un centre prospère de 800 000 habitants avec sa banlieue.

À la suite de la destruction des anciennes arènes par un incendie, le 4 septembre 1961, des travaux furent immédiatement entrepris pour la construction d'une nouvelle plaza, sous la direction de l'architecte Luis María de Gana. Elle fut inaugurée le 19 juin 1962 par Antonio Ordóñez, César Girón et Rafael Chacarte qui lidièrent six toros de ganaderias différentes. D'une capacité de 14 700 spectateurs, les nouvelles arènes possèdent tous les aménagements nécessaires. R.B.

BILLET. Le coupon donnant droit d'entrer dans l'arène n'a pas toujours existé sous sa forme actuelle. Pendant longtemps, on se contentait de faire payer au passage des portes. Mais cela impliquait un tarif unique, qui entraînait de nombreuses contestations. On imagina alors un billet imprimé que l'on pouvait acheter avant la course. La division des gradins selon leur distance de la piste ou leur emplacement (soleil ou ombre, *sol y sombra*) rendit nécessaire la numérotation des places et le système des billets imprimés.

D'abord simplement imprimé, le billet fut ensuite orné de reproductions d'œuvres peintes afin d'en rendre plus difficile la falsification. Mais l'arrivée des photocopieuses couleurs favorisa de nombreuses contrefaçons. On utilisa alors un timbre sec pour marquer le papier. Aujourd'hui de nombreuses arènes s'informatisent et tirent leurs propres billets personnalisés aux noms des acheteurs. Ce système permet en outre une gestion financière plus efficace. Le billet est devenu en outre un objet de collection très prisé. R.B.

BIZCO (*qui louche*). Toro qui possède une corne plus basse et d'une orientation différente de l'autre. Un procédé facile pour dire de quelle corne le toro est bizco : le mot bizco commence par la lettre b, comme basse. Un toro sera dit bizco de la droite quand c'est la corne droite qui est la plus basse. P.M.

BLANDOS en los. Estocade basse, là où il n'y a pas d'os.

BLANDURA. Absence de caractère d'un toro.

BOCA. L'ouverture de la bouche (« abrir la boca ») et la sortie de la langue traduisent l'essoufflement du toro. Dans l'idéal, ce phénomène ne doit pas intervenir. Un beau compliment qu'on fera à propos de tel toro sera de dire qu'il est mort « bouche fermée ». P.M.

BOCANEGRA.
Voir FUENTES RODRÍGUEZ Manuel.

BOCIBLANCO. Toro dont la bouche est cerclée de blanc.

BOCINEGRO. Toro possédant un museau noir alors que le reste du corps est d'une autre couleur.

BOGOTÁ (Colombie). La ville qui compte actuellement 5 000 000 d'habitants a été fondée en 1538 par Gonzalo Jiménez de Quesada. Elle devient, en 1739, capitale du royaume de Nouvelle-Grenade, puis celle de la Grande Colombie en 1819, et finalement la Colombie, en 1886. Située à 2 500 mètres d'altitude, la ville, qui bénéficie d'un climat agréable, est le centre administratif, commercial et industriel du pays.

Les arènes de style mudejar, construites entre 1927 et 1931, ont été inaugurées le 8 février 1931 par Manolo Martínez, *Gallito de Zafra* et Mariano Rodríguez qui combattirent des toros de Mondeñedo. Elles peuvent accueillir 14 500 spectateurs.

Le 7 avril 1987 a été inaugurée une autre petite plaza de 1 200 places par les novilleros Paco Manzanares, Orlando Rivera et Nacho Vázquez. R.B.

BOHÓRQUEZ Ana María
Origine : José Luis Osborne Vázquez
Devise : bleu, jaune et blanc
Pas d'ancienneté à Madrid
Propriété : « El Corchadillo », Jerez de la Frontera (Cadix)

Cet élevage, créé en 1996 avec des vaches et des étalons de Joaquín Núñez, d'origine Osborne, devient, année après année, l'une des nouvelles références ganaderas en matière de novilladas. En 1999 déjà, à Castellón, Ramón Bustamante (trois oreilles) et Rafael Ronquillo (deux oreilles) avaient mis en exergue ses qualités. L'année suivante, ce fut Fernando Robleño qui coupa brillamment une oreille à un très bon lot de ce fer. L'expérience fut renouvelée dans les arènes d'Illumbe, avec l'envoi de novillos de réserve. La Maestranza de Séville accueillit également en 2001 les pensionnaires d'Ana María Bohórquez, permettant au torero de Salamanque Javier Valverde de couper une oreille importante. L'élevage fournit également un lot de très bonne tenue lors de la novillada du 14 juillet 2001 à Bayonne, permettant à Julien Lescarret et César Jiménez de sortir en triomphe. Le fer fut répété en 2002 à Saint-Sébastien et mit en relief l'engagement sans faille de Julien Lescarret, Leandro Marcos et Javier Valverde. C.C.

BOHÓRQUEZ Fermín
Origine : Murube-Urquijo
Devise : vert et rouge
Ancienneté à Madrid : 17 mai 1951
Propriétés : « Fuente Rey », Jerez de la Frontera (Cadix), « Fraja », Alcalá de los Gazules (Cadix) et « Casa Blanca », Arcos de la Frontera (Cadix)

Cet élevage a été fondé en 1940 par Luis Vallejo Alba avec des vaches et deux étalons de Carmen de Federico. En 1964, Fermín Bohórquez achète l'intégralité du troupeau. Sept ans plus tard, il modifie le fer, adoptant sa version actuelle. Fermín Bohórquez Gómez disparaît en 1974 et c'est son fils, Fermín Bohórquez Escribano, qui devient le nouveau propriétaire de l'élevage.

Le nom de la propriété « Fuente Rey » trouve sa source dans une légende populaire espagnole narrant le retour du roi d'Espagne après un combat. Celui-ci s'arrêta au milieu de collines et se reposa en écoutant le bruissement de l'eau entre les pierres. Le roi se désaltéra et on donna alors le nom de « Fontaine du roi » à ce lieu. L'élevage, propriété du père de l'actuel rejoneador Fermín Bohórquez Domecq, présente chaque année de nombreux produits, notamment dans les arènes de première catégorie pour des corridas équestres ou formelles. À l'issue de la saison 2000, le nombre des toros porteurs de la devise vert et rouge a d'ailleurs atteint des sommets imposants : plus de cent toros combattus dont plus de la moitié dans des arènes de première catégorie. Le sang Murube-Urquijo est très apprécié des toreros : le 30 juillet 1999, sur le sable des arènes de Tarragone, *el Juli* remporta un grand succès avec un toro de ce fer. Le torero madrilène coupa les deux oreilles et la queue au terme d'une faena très intense et la dépouille du toro de Bohórquez eut droit à un tour de piste posthume. *El Juli* sortit ce jour-là en triomphe aux côtés du fils de l'éleveur, le rejoneador Fermín Bohórquez Domecq, qui avait ouvert la corrida en lidiant à cheval deux de ses toros. C.C.

BOHÓRQUEZ DOMECQ Fermín. Ce rejoneador est né le 21 janvier 1970 à Jerez de la Frontera, dans la province de Cadix.

Fils du réputé rejoneador Bohórquez Escribano Fermín, il se présente pour la première fois dans un ruedo le 30 août

1985 à Santander, en Espagne. Le 3 mai 1987, il participe à une course en compagnie de son père, à Torremolinos, et il coupe une oreille. Il reçoit l'alternative dans sa ville natale le 4 mai 1989, puis fait sa présentation de rejoneador à Las Ventas, à Madrid, le 22 mai 1990. Il confirme son alternative dans la même piste quatre jours plus tard.

On le voit à Arles couper trois oreilles, le 31 mars 1997, pendant la féria pascale. La même année, le 4 octobre, il coupe deux oreilles à Las Ventas face à des toros de Torrestrella, en équipe avec João Moura.

Il coupe aussi une oreille dans les arènes de la Maestranza de Séville le 25 avril 1999. En 2001, Bohórquez est premier de l'escalafón avec 84 paséos, 130 oreilles et 9 queues. R.B.

BOHÓRQUEZ ESCRIBANO Fermín. Rejoneador né à Séville le 12 septembre 1933, fils du ganadero homonyme, il est élevé dans une ambiance qui favorise son avenir et fait de lui un passionné du cheval et du toro de combat. Il apparaît pour la première fois en public le 15 septembre 1959 lors d'un festival à Ubrique. En tant que professionnel, il commence le 1er juin 1961 à Pampelune et se présente ensuite à Madrid, à Las Ventas, le 20 mai 1962 lors de la féria de la San Isidro. Il y affronte des toros de la ganadería familiale, en ouverture d'une course de Carlos Núñez lidiée par Manuel Vázquez, Curro Romero et Alfredo Leal. Il va ensuite de succès en succès, en particulier en avril 1971 à la Maestranza de Séville.

Volontairement, il limite ses apparitions à une dizaine par an, sauf en 1984 où il atteindra 25 paséos. Pendant l'hiver 1981-1982, il va en Amérique du Sud et participe avec succès à des courses en Colombie, au Pérou et en Équateur.

Le 30 août 1985 à Santander, il présente son fils Fermín comme son continuateur. R.B.

BOLERO el.
Voir HERNÁNDEZ Francisco.

BOMBITA.
Voir TORRES REINA Emilio.

BOMBITA II.
Voir TORRES REINA Ricardo.

BOMBITA III.
Voir TORRES REINA Manuel.

BONITO. Toro de fort belle allure et au trapio remarquable. Entre toreros, terme employé lorsque l'animal présente les caractéristiques significatives de la race à laquelle il appartient. Quand le banderillero de confiance revient du sorteo, c'est généralement le qualificatif qu'il attribue aux toros de son maestro, qui signifie « joli, gentil », même si cela ne correspond pas à la réalité. R.B.

BONNIER Jacques. Né à Saint-Jean-de-Védas le 6 mars 1942, ce caballero a connu une excellente carrière à force de volonté et d'engagement. Il commença son apprentissage en combattant au simulacre des produits du Français André Rebuffat. En 1968, il débuta publiquement dans une lidia sans mise à mort face à un toro de Lousthau, à Palavas. Le 14 août 1970, dans les mêmes arènes, il tue son premier toro, un Blohorn d'Andecy. En 1973, c'est l'alternative à Palavas, des mains d'Ángel Peralta qui lui remet son rejón. En 1976, il passe la frontière et participe à des corridas à Gérone, Figueras, Lloret del Mar, Tarragone. Son audience grandit et il participe aux côtés des Domecq, Peralta, Lupi et autres, dans les grandes plazas de Madrid, Séville ou Málaga, à de nombreuses corridas où il s'affirme tant excellent cavalier que rejoneador compétent. Ce brillant cavalier, homme de caractère et de droiture, qui fit la vuelta aux arènes de Las Ventas en 1980, fut terriblement marqué en 1987 par le décès accidentel de sa fille Jeanne, qui fut sociétaire de l'équipe de France d'équitation. Brisé moralement, il tenta de revenir en piste, mais ne put y parvenir. Le 10 octobre 1993, il fait son dernier paséo, à Séville. Premier Français à utiliser le matériel d'outre-Pyrénées, lié d'amitié avec les plus grands noms du rejoneo, en particulier avec les frères Peralta et Manuel Vidrié, il est le premier caballero français à avoir fait carrière en Espagne. J.C.D.

BORRERO Carmen (Carmen Borrero Rodríguez)
Origine : Jandilla
Devise : bleu et jaune
Ancienneté à Madrid : 29 septembre 1963
Propriétés : « Garruchena », Hinojos (Huelva) et « Los Remedios », Cabezas Rubias (Huelva)

En 1950, Leopoldo Lamamié de Clairac y Blanco se voit adjuger l'une des parts de Rafael Lamamié de Clairac. Au cours de la même année, Leopoldo vend cette part au marquis de la Deleitosa qui l'annonce par la suite au nom de son épouse. Il ajoute au cheptel un lot de vaches ainsi que deux étalons de Juan Cobaleda en 1941. L'élevage est vendu en 1956 à Emilio Ortuño *Jumillano* puis, dix ans plus tard, à Francisco Gómez Jiménez. La Société anonyme Tambo rachète le troupeau en 1969 et l'annonce sous le nom de « Los Remedios ». José Delcán Díaz acquiert le cheptel en 1977 et le rebaptise une nouvelle fois sous l'appellation de « San Patricio ». Il élimine les origines antérieures et reforme le troupeau avec des vaches et des étalons d'Atanasio Fernández. Il vent finalement l'élevage l'année suivante à Carmen Borrero Rodríguez. Celle-ci élimine les origines antérieures et réforme l'élevage avec des vaches et des étalons de Jandilla.

Régulièrement programmé dans les arènes espagnoles de troisième catégorie, l'élevage de la famille *Chamaco* vend chaque année entre quarante et cinquante exemplaires. Le fer fait également quelques apparitions dans des plazas plus importantes, comme Cordoue et Séville. Lors de la féria d'avril 1999, c'est face à un toro de réserve de cet élevage que José Tomás coupa l'une de ses toutes premières oreilles à la Real Maestranza de Séville. C.C.

BORRERO BORRERO Antonio, *Chamaco II*. Fils du matador Antonio Borrero Moreno et de la ganadera Carmen Borrero Rodríguez, Antonio, né le 28 juin 1972 à Séville, fait sa première prestation publique le 26 juillet 1988 à Huelva, dans un festival. Sans avoir participé à aucune novillada non piquée, le voici débutant avec picador à La Carolina (province de Jaén), le 25 juin 1989 avec Julio Aparicio et José Rubén face à des novillos de Lora Sangrán. Immédiatement, son style particulier, ses attitudes provocatrices, ses cites imprévisibles dans des territoires jusqu'alors non foulés, lui font une renommée de tremendiste absolu. Il démontre toutefois qu'il a un sens aigu de la lidia et beaucoup de domination sur ses adversaires. Mais le public le pousse dans ses prestations de « torero-rock », si l'on peut ainsi le définir. Malgré les bousculades nombreuses, il revient toujours au contact, décidé, emporté par la passion flamboyante.

Après 151 novilladas, il reçoit l'alternative à Nîmes le 6 juin 1992 devant *Canalla*, toro de Juan Pedro Domecq, des mains de son parrain, Paco Ojeda, avec Fernando Cepeda comme témoin. Deux jours après, le voici en Espagne où il fait sa présentation comme matador, à Getafe dans la province de Madrid, aux côtés d'*el Fundi* et de Pedro Lara devant des toros de Castillejo de Huebra. Il débute en Amérique à Maracay, au Venezuela, le 11 octobre 1992, devant des toros de la ganaderia de Bella Vista en compagnie de Fernando Cepeda et d'Erick Cortés. L'année suivante, le 11 mai, il confirme à Las Ventas avec *el Niño de la Capea* et *Litri* devant des toros de Alcurrucén. Mais *Chamaco* est obligé de modifier son comportement devant des toros adultes et cela n'a pas l'agrément du public habitué à certaines excentricités. Malgré son sens de la lidia et sa volonté de toréer de manière plus classique, il ne retrouve pas son audience et il disparaît progressivement des cartels. R.B.

BORRERO MORENO Antonio, *Chamaco.* Né le 13 septembre 1935 à Huelva, il débute dans la vie active en travaillant dans une pâtisserie, ce qui ne le destinait pas à une carrière de torero. Le 3 mai 1953, il revêt pour la première fois un habit de lumières et, le 4 juin suivant, il participe à sa première novillada avec picador en compagnie de Joselito Romero et José Moreno, devant des novillos de Julia Cossío. Le 14 octobre 1956, il reçoit l'alternative à Barcelone des mains de Miguel Báez *Litri*, en présence d'Antonio Ordóñez, devant un toro d'Antonio Urquijo, *Larguirucho*. Il confirme à Madrid avec *Sevillano*, toro d'Alipio Pérez-Tabernero Sanchón, avec Julio Aparicio comme parrain et Luis Segura comme témoin. Après avoir triomphé dans les plus grandes arènes du monde, sa dernière participation à une corrida date du 14 septembre 1967 à Barcelone où il estoque des toros de Joaquín Buendía avec Rafael Ortega et Juan García *Mondeño*.

Étrange torero qui a su parfaitement maîtriser la dramaturgie du sensationnel, personnage énigmatique, sombre et lointain, il parcourt l'arène d'un pas lent et souple que certains qualifièrent même de félin. Il retarde au maximum le moment de sa participation, allant même jusqu'à ne donner aucune passe de cape, distant et absent pendant le premier tercio. Puis, si l'animal lui transmet des signes qui lui permettent de se sentir en confiance, il entre dans une sorte de transe au cours de laquelle il réalise des improvisations géniales, jouant à merveille de la souplesse de sa taille, composant des figures baroques qui enflamment les gradins. Dans ces exercices de style, il mêle figures classiques du répertoire et improvisations lumineuses qui laissent pantois les spectateurs les plus blasés, tant sont grandes les qualités plastiques de sa gestuelle, variant les cites de loin et les passes serrées qui frôlent constamment sa poitrine, laquelle défie les cornes. *Chamaco*, torero passionné, emphatique et séduisant dans les moments heureux où l'inspiration le possédait, capable d'inconstances notoires, débordé et sans domination en d'autres circonstances, restera un de ces maîtres de l'art taurin qualifié de gitan. R.B.

BOTE ROMO José Luis. Élève de l'École taurine de Madrid, José Luis Bote, né à Madrid le 29 juillet 1967, débute avec picadors en 1984 après avoir triomphé dans de nombreuses novilladas sans picadors aux côtés de ses amis *el Fundi* et *Joselito*. Il se présente à Madrid le 25 juillet 1985 avec *Manuel de Paz* et Ricardo Sánchez pour estoquer des novillos du comte de Mayalde.

Il reçoit l'alternative le 22 septembre 1987 à Villaviciosa de Odón (Madrid) des mains de *Joselito* en présence d'*el Fundi*. Les toros sont de la ganaderia de Manuel San Román et il coupe successivement deux et une oreilles. Il confirme à Madrid le 22 mai 1988 avec les mêmes parrain et témoin, et coupe une oreille à *Mostachón*, toro de la ganaderia Sayalero y Bandrés. Il débute en France à Céret le 16 juillet 1989 face à des toros de José Escolar avec José Luis Palomar et *Nimeño II*. Le 17 mai 1992, une gravissime cornada infligée à Madrid par un toro d'Alonso Moreno de la Cova laisse penser que José Luis Bote ne reprendra plus l'épée. À force de courage, il surmonte ses difficultés et débute en Amérique le 21 avril 1994 à Río Bamba, en Équateur, devant des toros de la ganaderia La Vaquería, avec José Luis Cobos et le rejoneador Dairo Chica. Il confirme à Mexico le 1er janvier 1996 des mains de Manolo *Arruza* en présence d'Alejandro Silveti devant *Huapango*, un toro de Jesús Cabrera. Torero courageux et besogneux, José Luis Bote fait une carrière modeste. R.A.

BOTINERO (de *botín*, bottine). Toro de robe claire mais possédant des extrémités beaucoup plus sombres, comme s'il portait des bottes.

BOUDIN Pierre, *Pouly III.* Issu d'une famille française méridionale qui était depuis longtemps dans les affaires taurines, Pierre Boudin (fils d'Ambroise Boudin, dit *Brésilion*, et de Marie Marthe Martín) naît à Tarascon, chez ses grands-parents maternels, le 7 mars 1899. On ne le désignera ensuite que sous son apodo de Pierre *Pouly*, apodo hérité de son grand-père Étienne Boudin, créateur de la « corrida hispano-provençale », dit *Pouly I*, « *pouli* » signifiant en provençal « beau garçon ». Troisième du nom, Pierre grandit dans la manade familiale au contact des taureaux camarguais et des gens de la bouvine. L'élevage d'Ambroise est important et il l'améliorera en 1925 avec du bétail de Louis Barbier, puis le troupeau sera partagé en 1950 entre Étienne, Pierre et Achille, ses trois fils. Au contact des professionnels, admiratifs des exploits passés de son père et de l'aura de son grand-père, Pierre préfère les toros aux études. Très jeune, cape ou muleta en mains, il s'entraîne au toreo à pied avec des bouvillons et commence son apprentissage de cavalier. Le jeudi de l'Ascension 1910, il fait sa première apparition en public, dans les arènes de Marseille, défilant en tête de la cuadrilla paternelle. Le 20 octobre 1913, revêtu d'un habit rouge et or, en compagnie de Louis Laurent, il estoque son premier becerro de Laugier à Arles-sur-Tech. Âgé d'à peine quinze ans, le 7 juin 1914, il affronte en novillada piquée du bétail de Laugier, en mano a mano avec son père. On remarque chez lui les qualités qui font un torero d'avenir : sens de la lidia, intelligence, volonté et résistance physique. Mais, le 18 avril 1918, il est mobilisé dans le 3e régiment de chasseurs d'Afrique cantonné à Tarascon. Mobilisation de courte durée car il est réformé pour « faiblesse de constitution ». À la fin de la guerre, Pierre *Pouly* reprend l'épée et, en 1919, il participe à 13 capeas, seules courses autorisées, et il est blessé par deux fois : à Saint-Rémy et à Vichy. Son père, Ambroise, est devenu directeur des arènes de Marseille et a pour associé espagnol un banderillero, Fermín Bernedo *Valentín*, qui remarque les capacités importantes du jeune *Pouly* et l'entraîne outre-Pyrénées. Il débute le 28 mars 1920 à Bilbao dans la partie sérieuse d'un spectacle comico-taurin où il estoque deux erales. Il obtient un contrat pour le 4 avril suivant à Barcelone, face à des novillos d'Estebán Hernández y García Lima, avec comme compagnons de cartel *Ginesillo*, Eladio Amoros et Manolo Granero. Le voilà dans le circuit. Le 18 juillet, il se présente à Madrid avec *Jumillano* et *Almanseño II*, devant des novillos portugais de Netto Revolo. Il continue le 15 août à Sanlúcar de Barrameda en affrontant des Miura. Le 5 septembre1920, dans sa ville d'Arles, il reçoit une alternative non conforme à cette époque, des mains de Francisco Martín Vázquez, assisté par Joaquín Sanz *Punteret*, devant des toros de Felipe Salas. Cette alternative n'étant pas reconnue, il retourne en Espagne pour affronter des novillos. Le 7 août 1921 à Barcelone, il va enfin être sacré matador de toros face à *Bonito*, un toro noir d'Estebán Hernández, toro manso qui sera « banderillé à feu » (anciennes banderilles noires). Le parrain est *Carnicerito de Málaga*, le témoin le Mexicain Juan Silveti. *Pouly* se sort correctement des difficultés et il est reconnu par l'afición espagnole. Le 16 novembre, il embarque à Bordeaux pour le Venezuela et il commence à Caracas le 3 décembre en donnant l'alternative à Gregorio Garrido. Ses prestations sont triomphales et ses contrats renouvelés. Il reste à Caracas jusqu'en février 1922, prenant part à 11 corridas au cours desquelles il coupe 25 oreilles et 8 queues. Le Français connaît un triomphe absolu et devient une figura qui attire les aficionados. Revenu en France, il se présente à Arles le 30 avril 1922, en compagnie de *Saleri* et *Nacional II*, devant des Vicente Martínez, et il coupe 2 oreilles et la queue du cinquième. La presse taurine française chante les louanges de *Pouly, Le Matador français*. À Madrid, le 28 mai 1922, il confirme son alternative face au toro

Madrilito de Pérez de la Concha, avec pour parrain *Fortuna* et pour témoin *Nacional II*. À Colmenar Viejo, le 27 août suivant, son deuxième toro de José García-Aleas le blesse gravement : quatre trajectoires à la cuisse droite. Mal rétabli, *Pouly* veut honorer son contrat à Arles le 17 septembre mais, très handicapé, il ne peut montrer que son courage et sa détermination. Toujours souffrant, il annule sa campagne d'hiver mexicaine et le 29 avril 1923 il est à Madrid où il reçoit une cogida que l'on considère sans gravité. Mais *Pouly* se plaint et on constate alors qu'il a un décollement de la plèvre du poumon gauche ce qui va l'affaiblir considérablement et l'obliger, en janvier 1924, à abandonner les ruedos. Il essaie pourtant de revenir en 1926, sans succès. Puis, il participera seulement à 5 corridas et revêtira pour la dernière fois son habit de lumières vert et or, le 16 octobre 1932, avec les Mexicains *Armillita Chico* et *Carnicerito de Méjico* devant des toros de son élevage.

Pierre *Pouly* entame une seconde carrière de rejoneador, du 16 avril 1936 au 6 août 1939.

Durant la Seconde Guerre mondiale, Pierre *Pouly* entre dans la Résistance et devient responsable du secteur arlésien. Il devient maire d'Arles en 1940. À la Libération, il est désigné comme président de la délégation municipale, mais refuse le poste de maire. Ayant reçu la Légion d'honneur, la croix de guerre avec étoiles et la médaille de la Résistance, Pierre *Pouly* retourne à sa passion : les toros. Torero retiré, il est éleveur et ses toros sont reconnus pour leur robustesse, mais quelque peu dangereux. En 1950, il devient directeur des arènes d'Arles, fonction qu'il assumera jusqu'en 1984. Dans le même temps, il s'occupera aussi des arènes de Céret, de Fréjus, de Vichy et organisera des courses dans des arènes démontables à Marseille.

De matador à empresa, en passant par rejoneador et ganadero, Pierre *Pouly* a assumé toutes les charges de la tauromachie, avec une afición exceptionnelle. Il a aidé tous les jeunes Français qui cherchaient, dans une période difficile, à obtenir des contrats. Avec son franc parler, ses boutades et son ton bourru, il déconcertait souvent mais il a toujours montré une gentillesse exquise envers ses amis et des convictions sincères. Il est mort le jour de Noël 1988, après soixante-quatorze ans d'activités tauromachiques. R.B.

BOURDIEC Pierrette le, *Princesse de Paris*. D'origine armoricaine, née à Paris le 21 juin 1934, elle commence par le toreo à pied, à Saint-Gilles en 1955. Le 9 octobre 1957, elle fait le paséo à Aigues-Mortes avec Ramón Gallardo et Pepe Luis Román, face à des novillos d'Étienne Pouly et reçoit une cornada le 8 septembre 1959 à Mauguio. Elle souhaite toréer en Espagne, mais la loi l'interdit aux femmes. Elle gagne donc le Portugal et débute honorablement à Lisbonne, puis elle s'exerce au toreo à cheval pendant six ans avec José Mestres Baptista et Miguel Veiga. Après une tournée au Mozambique, elle torée à Moguer le 9 septembre 1965 sous l'apodo de *Princesse de Paris* puis se fixe en Andalousie. En 1966, elle participe à dix corridas de rejón et le 19 octobre 1969 elle fait sa présentation à Madrid avec Paquita Rocamora, *Curro Bedoya*, Lolita Muñoz, Antonio Ignacio Vargas et Silvestre Navarro Orenes. Toujours élégante et distinguée, la blonde cavalière que la presse espagnole qualifiait de « gentille rejoneadora » fut la première française à toréer outre-Pyrénées. J.C.D.

BOURSEILLER Marie Sara. La plus célèbre des caballeras contemporaines est née à Paris le 27 juin 1964, fille d'Antoine Bourseiller, metteur en scène, et de Chantal Darget, comédienne. Sa rencontre avec *Simón Casas* motive sa décision : elle s'installe à Nîmes et sous l'impulsion de Casas elle commence le dur apprentissage du toreo à cheval. Le 5 août 1987, elle fait sa présentation en Espagne à Vinaroz en compagnie de Fermín Bohórquez et des novilleros Manuel Cascales et *Carmelo*. L'année suivante, elle débute en France, aux Saintes-Maries-de-la-Mer, le 6 octobre. En 1988, elle augmente le nombre de ses prestation et coupe une oreille à un novillo du Laget le 20 mars aux Saintes. En 1990, elle fait le paséo à San Cristóbal au Venezuela en compagnie des matadors Bernardo Valencia, Patrick Varin et *Niño de la Taurina*. Le 28 juin, elle est au cartel de Lisbonne avec *Joaquim Bastinhas* et Antonio Palha Ribeiro Telles. Le 21 septembre 1991, dans les arènes de Nîmes, elle reçoit la consécration des mains de la mythique *Conchita* Cintrón en présence de Curro Romero, autre torero mythique, et de Manuel Vidrié. Elle affronta un toro d'Enrique Martín Arranz à qui elle coupa une oreille, et une autre à un Jandilla travaillé de concert avec Manuel Vidrié. Ses prestations deviennent plus nombreuses et le 24 juillet 1994, elle confirme à Madrid en présence de Luis Miguel Arranz, Fernando San Martín, Juan José Rodríguez, Boya Baena et Miguel García.

Aujourd'hui retirée des ruedos, elle laisse l'image d'une cavalière émérite, passionnée, et d'une cabellera vibrante et volontaire. Elle aurait l'intention de revenir en piste. J.C.D.

BOVIDO (*bovidé*). Toro sans bravoure, indigne de se trouver à l'affiche d'une corrida.

BOYANTE (*heureux, éclatant*). Comportement du toro franc et sans problème, qui répond à tous les cites et charge de loin avec superbe et allégresse.

BRAGADO (de *braga*, culotte). Toro au ventre et cuisses blanches ou très clair.

BRANCO NUNCIO João
Origine : Murube-Urquijo
Devise : blanc et noir
Ancienneté à Madrid : 12 mars 1967
Propriétés : « Vale de Lobos » et « Cortes Pequenas », Alcacer do Sal (Alentejo, Portugal)

1930 est l'année de fondation de cet élevage avec des bêtes de la veuve de Soler et des étalons de Juan Belmonte. L'élevage est admis à l'Unión de Criadores de Toros de Lidia en 1969 après avoir fait combattre trois novilladas à Valence, une autre à Madrid, ainsi qu'une corrida à Valence. Le troupeau s'enrichit d'un lot de vaches et d'étalons de Carlos Urquijo en 1970. Jusqu'alors propriétaire de l'élevage, Juan Nuncio disparaît en 1976, laissant son fils José prendre la direction du troupeau.

Moins présent en Espagne, cet élevage a toutefois présenté un toro de réserve lors de la féria de Salamanque 1999, auquel le torero local Juan Diego coupa une oreille avec brio. Entre 2000 et 2001, trente et un toros ont été exclusivement combattus au Portugal lors des traditionnelles corridas équestres sans mise à mort. C.C.

BRAVITO. Toro qui semble a priori détenir un fonds de bravoure, mais qu'il exprime avec plus de velléités que d'intentions bien confirmées, sans aucune permanence.

BRAVO (*brave*). Qualifie le toro de combat. Il convient de dissiper une équivoque : la plupart des dictionnaires traduisent *bravo* par « sauvage » et s'il est vrai que le toro de combat n'est pas domestiqué au sens le plus courant du terme, il n'en est pas pour autant un animal sauvage : il a été élevé par l'homme et sélectionné en fonction de nombreux critères en vue d'une utilisation spécifique, tandis qu'un animal sauvage est par définition sans contact avec l'homme, qui ne peut ainsi le modifier. Cette équivoque est entretenue par l'appellation Costa Brava (« côte sauvage ») qui désigne le territoire entre la frontière française et Lloret del Mar, présentant de somptueux paysages et des criques aux falaises abruptes.

Il convient de traduire *bravo* par son équivalent français « brave », terme qui a pour origine l'italien et l'espagnol *bravo* et a fait son entrée dans notre langue en 1379 pour signifier « vaillant, courageux, intrépide, noble, affrontant résolument le danger avec quiétude ». Le toro bravo fait preuve d'agressivité, attaque sans relâche, sans tenir compte de la douleur du châtiment qui lui est infligé. R.B.

BRAVOURE. « Un toro brave est un animal superbe et orgueilleux qui attaque de façon incessante, sans le moindre atome de peur. Il s'élance rapidement, il charge droit devant, en galopant, et non pas en marchant ou en trottant. Il va toujours au-delà du coup de corne, calme, sûr de sa force, de son pouvoir, sans appréhension, sans fausse brusquerie, sans craindre l'attaque dans le dos. En outre il n'esquisse pas le moindre geste de douleur. C'est un gladiateur que nous avons préparé et fortifié dans la solitude, durant quatre longues années, pour un combat d'une dizaine de minutes. Il doit accepter la lutte et s'y livrer sans une once d'hésitation, sans le moindre écart. Il ne se lassera pas de charger, même lorsqu'il sentira l'épée dans son corps. En fin de compte, cet élan vers l'avant, tragique, insatiable, qui ne finit qu'avec la mort, est la caractéristique suprême du toro brave. » Telle est l'opinion d'Álvaro Domecq, éleveur et rejoneador.

La bravoure du toro est un mystère et dans cette énigme réside l'intérêt majeur de la corrida. D'autant plus que cette notion est variable selon qu'on s'adresse à un éleveur, à un torero ou à un spectateur. Disons qu'en matière tauromachique la bravoure est ce que les Latins nommaient *furor*, sorte de froide colère homicide. Si pour les aficionados puristes la bravoure se révèle prioritairement lors de l'épisode des piques, elle se manifeste à tous les stades de la corrida par le fait que le toro brave répond à toute provocation et également par cette fabuleuse capacité qu'ont certains toros à ne tenir aucun compte des épreuves et de la fatigue endurées à la pique et aux banderilles, tout en continuant à charger inlassablement, cela jusqu'à l'estocade. Encore que ce point de vue ne soit pas adopté par tous, les toreros ont coutume de dire que « la bravoure continue à la muleta » : un toro qui a pris des piques éprouvantes, reçu six banderilles et continue à répéter inlassablement ses charges avec impétuosité dans le leurre est un toro brave. Dans une certaine mesure, la noblesse est une forme de bravoure. Il y a interpénétration ou superposition, simple question de sémantique.

Certains toros possèdent une telle dose de bravoure que malgré une fatigue qui croît, ils peuvent même donner de plus en plus de jeu à mesure que passe le temps, dans une sorte d'exaltation croissante. On dit alors qu'ils vont *a más*, la faena se terminant en un point d'orgue de la perfection si le torero et sa cuadrilla ont été à la hauteur de l'événement. Ce qu'il y a d'étonnant, c'est que n'étant pas un prédateur mais un herbivore fondamentalement paresseux et indolent, le toro ne charge pas pour se nourrir. Il ne charge que s'il est dérangé, importuné, inquiété, alors que dans des conditions identiques et hors la faim, un grand prédateur s'éloignera neuf fois sur dix. Mystère et surtout spécificité de la bravoure du toro. Pour certains, et ce avec bien des raisons (commercialisation inflationniste de la corrida, exigences des vedettes, routine dans les élevages), la bravoure se serait progressivement dégradée au bénéfice d'autres caractéristiques, l'obtention d'un toro bien présenté et porteur d'une charge « pacifique » étant le but avoué et recherché des fournisseurs.

Nostalgie d'un âge d'or hypothétique, les toros de naguère sont souvent cités comme des modèles de bravoure, de puissance et de pouvoir. Or les chiffres de l'époque démontrent que : 50 % des toros combattus étaient mansos, 20 % acceptables, 20 % satisfaisants, 10 % véritablement braves.

La légende ne résiste donc pas à un examen simplement attentif : c'était le temps des banderilles à feu imposées à plus de 15 % des toros. Or, de nos jours, combien de banderilles noires (qui ont remplacé les banderilles à feu) sont-elles posées au cours d'une saison ? Disons arbitrairement dans 0,1 % des cas. Cette époque qu'on évoque avec nostalgie était donc celle où les toreros se voyaient signifier les avis vingt fois plus souvent qu'actuellement avec retour de leur adversaire vivant au corral, disgrâce suprême de nos jours, alors que c'était là un incident de parcours presque routinier. C'est avec juste raison que François Zumbiehl a pu écrire que « l'âge d'or de la tauromachie fut le règne des mansos ». Les thuriféraires d'un soi-disant âge d'or, qu'ils n'ont pas connu, l'oublient trop souvent, transformant peu à peu la sauvagerie des toros de l'époque en une bravoure qui très souvent n'était que violence sanguinaire.

Si l'on est bien obligé de constater qu'en peu de temps les ganaderos ont réalisé un type d'animal uniforme, raisonnablement armé, plus commode pour les toreros, il faut reconnaître qu'en même temps ils amputaient une partie de sa sauvagerie initiale et la remplaçaient par une « nouvelle bravoure », certes plus maniable mais surtout plus constante, plus soutenue tout au cours de lidia. Une bravoure que certains qualifieront peut-être de relative mais présente dans une majorité d'encierros. Le manso perdido qui proliférait naguère est devenu une curiosité. Un cas d'école. De nos jours, les éleveurs recherchent ou maintiennent une bravoure adaptée au toreo moderne, un toreo fondé sur l'esthétisme, où le péril n'est plus dans une forme d'apocalypse épouvantable régnant en piste à chaque instant, mais dans une proximité homme-toro avec des enchaînements de passes impensables autrefois, au cours desquelles le drame reste néanmoins possible à tout moment. Comme tout produit de consommation, on a pris le parti d'élaborer un objet aux paramètres les plus constants possibles pour que le consommateur-spectateur retrouve chaque fois les caractéristiques l'ayant séduit antérieurement.

N'en persiste pas moins une ambiguïté, un malentendu entre l'éleveur et l'aficionado *torista* : pour ce dernier, l'éleveur devrait passer sa vie à essayer d'accroître inlassablement la bravoure de ses toros tout en leur conservant un fonds suffisant de noblesse pour que ses produits soient toréables. Or, pour différentes raisons, l'éleveur fait tout pour essayer de parvenir à un compromis : obtenir un toro mobile et largement noble tout en étant suffisamment brave. C'est le but de la sélection : arriver à une homogénéisation et à un resserrement autour de certaines normes dictées par l'évolution du spectacle, les goûts du public et les mœurs. On comprendra qu'il puisse y avoir des divergences entre ces deux points de vue.

Mais peut-être conviendrait-il de voir la bravoure d'une manière plus rationnelle ? Depuis la nuit des temps l'homme à déifié le toro. Plus près de nous, l'aficionado a procédé à une sorte de promotion morale de l'animal en lui conférant des qualités humaines : caste, bravoure, noblesse, alegría, tout un ensemble de données parfois ésotériques donnant à la corrida son caractère irremplaçable.

Depuis longtemps on sait que l'hormone mâle (la testostérone) est le support de l'agressivité. Au moment d'un stress (la sortie du toro dans l'arène où il se sent en territoire hostile, sa rencontre avec l'homme puis la présence du groupe équestre en sont quelques-uns de taille), un autre mécanisme hormonal entre en action en libérant dans le sang une hormone surrénalienne, l'épinéphrine, qui stimule l'agressivité.

Ainsi, la bravoure du toro pourrait n'être que la résultante de deux paramètres variables d'un animal à un autre : un certain état physiologique initial (teneur en hormones sexuelles mâles variable d'un animal à un autre) ; la production plus ou moins importante d'hormones surrénaliennes, dites de colère, lors d'une provocation.

Il est alors raisonnable de penser qu'un toro sera plus brave qu'un autre tout simplement parce que ces deux paramètres sont chez lui plus élevés. Il n'y a peut-être plus lieu de faire appel à la psychologie animale ni à une poésie animalière pour en débattre. Mesurera-t-on un jour la bravoure d'un toro par une prise de sang, par la détermination d'une constante biologique analogue à la glycémie ou au taux de prothrombine ? Il n'est pas extravagant de l'envisager. P.M.

BRAVUCÓN (*fanfaron*). Toro bravache, avec un fond léger de bravoure qui s'éteint peu à peu en cours de lidia.

BRAZUELO. Partie supérieure des pattes antérieures du toro, située en avant du paleron et dans laquelle le picador ne doit pas piquer, sous peine de rendre le toro boiteux.

BREGA. Ensemble du travail effectué à la cape, généralement par les banderilleros, pour permettre la réalisation des diverses séquences de la course. Cela commence dès l'accueil du toro lors de sa sortie en piste, puis il faut l'amener au cheval si le maestro ne s'en charge pas, le sortir du caparaçon, le placer pour la pose des banderilles et l'accueillir à la sortie de chaque pose pour éviter qu'il ne poursuive le torero. R.B.

BRINDIS. Action de dédier un combat. Avant de commencer sa première faena de muleta, le matador, muleta et épée sous le bras, montera en main, vient sous ou face à la présidence et demande au président l'autorisation de tuer le toro qui est en piste, selon un rituel stipulé par l'article 80 du règlement taurin de l'UVTF. Normalement, ce brindis au président devrait être considéré comme une offrande à l'autorité, alors que de nos jours il se résume à une phrase devenue commune : « *Con su permiso, señor presidente.* » Il s'agit donc d'une simple demande d'autorisation, évidemment toujours accordée !

Le maestro peut ensuite dédier son toro soit à une personne présente sur les gradins ou dans le callejón et qu'il tient à honorer en lui envoyant sa montera après un petit discours, soit à une personne qu'il veut remercier, soit à une personnalité du mundillo, empresa ou apoderado, en espérant que celui-ci s'en souviendra... Souvent le maestro brinde son toro au public. Il se place alors au centre de la piste, et d'un geste circulaire désigne les gradins puis envoie sa montera par dessus son épaule. Si la montera tombe du bon côté, sommet en haut, l'augure est favorable. Dans le cas inverse, ce serait un mauvais signe que beaucoup conjurent en la retournant de la pointe de l'épée. Plus rare mais émouvant, le brindis au ciel, le matador se plaçant au centre de la piste, levant sa montera vers le ciel et adressant symboliquement un petit discours à une personne défunte. Il va de soi que le maestro ne brinde que les toros qui lui paraissent pouvoir donner une bonne faena. R.B.

BROCHO. Toro aux cornes tombantes et rapprochées, dites en pince de homard. Malgré cela, le toro brocho peut être aussi dangereux que les autres car il s'en sert avec beaucoup de précision et de force.

BRONCA. Quand le public n'est pas satisfait, que ce soit du travail d'un torero, de la présentation d'un toro, de l'action d'un picador, de la décision de la présidence ou de tout autre fait pendant le déroulement de la course, il le manifeste bruyamment par des cris, des sifflets et des vociférations. Certains, emportés par leur colère, vont jusqu'à jeter des projectiles sur la piste.

Les broncas actuelles sont loin d'égaler en importance et en violence celles du temps jadis. La plus ancienne bronca qui ait laissé des traces dans l'Histoire est celle qui a eu lieu à Barcelone en 1835, provoquée par du bétail de Zalduendo qui était catastrophiquement manso et que toréaient Manuel Romero et Rafael Pérez de Guzmán. Au sixième toro, la foule était exaspérée et des spectateurs sautèrent en piste pour tuer le toro à coups de gourdins avant de le traîner en ville. Le déchaînement populaire s'en prit ensuite aux couvents qui furent mis à sac. Le 22 juin 1913, c'est dans la plaza de Palma de Majorque que le public se mit en colère lors d'une corrida de toros de Pablo Romero avec au cartel Ricardo Torres, *Bombita* et Manuel Rodríguez *Manolete* (père). Au sixième, de petite taille, le mécontentement commença par des cris, des huées. Le toro avait déjà reçu les piques et, malgré la colère du public, le président fit sonner le changement de tercio. La piste se couvrit de coussins, de bouteilles, l'émeute couvait. Le président sortit le mouchoir vert. Mais le cabestro qui entra en piste était minuscule. Les clameurs s'amplifièrent ; la corrida fut interrompue car la garde civile intervint et, après sommation, tira en l'air. Lors de l'alternative de Belmonte, le 16 octobre 1913 à Madrid, les toros étaient ceux de Banuelos, les Guadalest prévus ayant été remplacés. Mais le public les contesta et on sortit onze bestiaux sous les huées. Belmonte, blessé, ne put tuer son second adversaire, que *Machaquito* estoqua à la nuit tombée. Au Venezuela, le 26 janvier 1946 à Caracas, la foule se mit en rage. Les toros étaient tellement mansos que les spectateurs envahirent le callejón et la piste, jetèrent les chaises dans le ruedo et les cassèrent, ainsi que les barrières, puis mirent le feu aux arènes tandis que les toreros *el Niño del Hospicio, Morenito de Talavera* et *Diamante Negro* étaient portés en triomphe.

En France, le 23 septembre 1923 à Nîmes, le public mit les arènes à sac. Les gradins étaient combles pour voir Manuel Jiménez *Chicuelo* qui avait triomphé le 20 mai précédent, Antonio Márquez et *Nicanor* face à des toros de Concha y Sierra y Fontfrede. Le troisième était si faible qu'il dut être puntillé en piste. La foule en colère arracha les bancs, et les précipita sur la piste. À Dax, en septembre 1929, les toreros opposés aux toros de Félix Suárez étaient si incompétents que la bronca tourna à l'émeute. Des bouteilles, des morceaux de gradins et des pierres furent envoyées en piste sur les toreros. Lors de la sortie, la cuadrilla du matador Barajas fut sauvagement frappée. Des voitures emportèrent *Chicuelo* et Lalanda avec leurs banderilleros qui s'enfuirent en habits de lumières et passèrent la frontière. Quant à Barajas, il resta caché dans le toril jusqu'à la nuit tombée, et on vint le chercher en auto, en évitant les artères fréquentées de la ville. À Arles, le 4 mai 1947, une corrida fut organisée avec des toros de Yonnet pour les toreros Manuel Martín Vázquez, Benigno Aguado de Castro et Bonifacio García Yoni. Mais la frontière avec l'Espagne était fermée et les choses se compliquèrent car les matadors annoncés ne purent faire le paséo. L'empresa, qui n'avait à sa disposition que le matador mexicain Carlos Vera *Cañitas*, demanda à deux toreros, Paco Bernal et Florentino Ballesteros, Espagnols repliés en France, de les remplacer. Les discussions furent longues et les exigences des remplaçants énormes. Mais *Cañitas* refusa de toréer avec Ballesteros. Après de nouvelles tractations et un nouvel accord, Ballesteros annonça qu'il n'entrerait pas en piste car on l'avait averti trop tard et qu'il avait trop mangé pour toréer ! Au moment du paséo, seuls deux toreros entrèrent en piste : Carlos Vera *Cañitas* et Aurelio Saa Villar *el Colombiano*, suivis de deux banderilleros. Mais pas de picadors et, au palco, pas de président ! La colère enfla, déferla et l'émeute envahit les gradins. Les bancs furent arrachés, jetés sur la piste que les gens envahirent, les planches accumulées et on commença à y mettre le feu. La police dut intervenir pour maîtriser les spectateurs. R.B.

BRONCO (*grossier, rustre*). Toro à la charge réticente devenant soudaine et imprévue, délivrant généralement un coup de corne au cours de la passe.

BRUJÓ Jaime
Origine : Sancho Dávila-Conde de Villafuente Bermeja
Devise : vert et or
Pas d'ancienneté à Madrid
Propriétés : « Mora », Las Veguillas (Salamanque), « Pedromartín », Carrascal del Obispo (Salamanque) et « Prado Manzano », Tejeda de Tietar (Caceres)

Cet élevage est fondé en 1992 avec de jeunes vaches et des étalons de María Isabel Ybarra. Quatre ans plus tard, le cheptel est complété par des produits de la même origine Ybarra-Torrealta, issus de l'élevage de Sancho Dávila. L'élevage, qui a déjà fait combattre des novillos à Soria, Burgos, Oviedo, Barcelone ainsi qu'une corrida de toros complète à Oviedo, est dans l'attente d'intégrer l'Unión de Criadores de Toros de Lidia.

Les novillos importants :
• *Furtivo*, n° 8, combattu à Saint-Gilles en 1996 par *el Lobo* (tour de piste posthume à la dépouille du novillo).
• *Saeta*, n° 23, combattu aux Saintes-Maries-de-la-Mer le 17 juillet 1997 par *el Lobo* (sortie en triomphe de Luisito et d'*el Lobo*).

Cet élevage a été découvert en France lors de plusieurs bonnes novilladas organisées dans le Sud-Est avec le torero arlésien Charlie Laloé *el Lobo*. Le bétail, qui se caractérise par une grande mobilité, a réussi à intégrer l'Unión de Criadores et fait combattre chaque année un nombre croissant de produits. Le fer de Jaime Brujó fit une entrée remarquée dans le cycle des novilladas d'Arnedo (La Rioja) en 1999, permettant à *Rafael de Julia* de couper une oreille. La saison 2000 fut marquée par un nombre important de novillos combattus dans des arènes espagnoles de deuxième catégorie, notamment à Soria et Burgos. Deux toros adultes furent également présentés durant l'été à Briviescas (Burgos) et laissèrent respectivement une et deux oreilles à *el Fundi* et José Ignacio Ramos. L'élevage fit sa présentation en 2001 à la Monumental de Barcelone, avec un cartel composé d'Abraham Barragán, Pedro Lázaro et Martín Quintana. Outre ces novilladas, le fer de Jaime Brujó livre également quelques toros pour des corridas de rejón de second rang. C.C.

BRUTO. Animal imprévisible et d'une extrême violence.

BUCARÉ
Origine : Conde de Santa Coloma-Joaquín Buendía
Devise : rouge et vert
Pas d'ancienneté à Madrid
Propriété : « Bucaré », Alcalá de Guadaira (Séville)

Manuel Suárez Cordero forme un troupeau avec des têtes de bétail d'Isabel Montemayor, veuve de Pedro José Picavea de Lesaca. Le fils de Suárez Cordero, Manuel Suárez Jiménez, hérite de l'élevage en 1850. Dix-huit ans plus tard, Dolores Monge, veuve de Murube, achète le troupeau et l'augmente avec du bétail de José Arias de Saavedra. Dolores Monge vend la moitié de l'élevage en 1884 à Eduardo Ibarra. Vingt ans plus tard, celui-ci divise sa part en deux lots. La première revient à Fernando Parladé alors que la seconde est acquise par Manuel Fernández Peña. Ce second lot, propriété de Peña, est racheté en 1905 par le comte de Santa Coloma qui rajoute des bêtes du marquis de Saltillo. Le comte élève les deux branches de bétail séparément, avec d'une part la branche Saavedra-Peña, et de l'autre celle de Saltillo. Joaquín Buendía Peña acquiert cet élevage en 1932. Il divise son troupeau en trois lots en 1996, qu'il répartit entre ses fils. L'élevage de Bucaré voit ainsi le jour. Il est dirigé par le grand rejoneador aujourd'hui retiré Javier Buendía. Le fer et la devise d'origine de Joaquín Buendía Peña sont revenus lors du partage de 1996 à José Luis Buendía Ramírez de Arellano.

Maître andalou du rejoneo campero, Javier Buendía a été l'un des meilleurs toreros à cheval de ces vingt dernières années. Reconnu par tous les professionnels, son style sobre et classique a créé de nombreuses vocations. Buendía pratiquait souvent en piste la suerte de la garrocha, canalisant les charges du toro avec le long manche de bois incliné vers le sol. Employée au campo, la garrocha sert à renverser les jeunes toros en plein champ afin de tester leur bravoure et leur faculté à suivre une cible. Javier Buendía continue aujourd'hui encore de cultiver une grande passion pour les chevaux et le campo andalou. Dans sa finca de Bucaré, il élève les toros de combat et reçoit des apprentis toreros à cheval. Point avare en conseils, Buendía connaît mieux que quiconque la lidia du toro à cheval, les réactions des deux animaux et la sélection du bétail bravo. Héritier d'une grande dynastie ganadera, Buendía espère bien connaître le succès en qualité d'éleveur. Lors de la saison 2000, il présenta à Saragosse une novillada très intéressante qui permit aux novilleros locaux, *Paulita* (une oreille) et Ricardo Torres, de se mettre en évidence. Tous ses autres toros furent combattus lors de corridas équestres particulièrement brillantes dans des arènes espagnoles de troisième catégorie. Le 22 juillet 2000, à Mengíbar (Jaén), Buendía eut même à combattre un toro de son fer, mais ne fut pas en réussite à la différence du jeune Álvaro Montes qui, face à un très bon exemplaire, coupa les deux oreilles et la queue. Buendía retourna à Saragosse en qualité d'éleveur en fournissant une novillada lors de la féria du Pilar 2001. C.C.

BUENAVISTA

Origine : Juan Pedro Domecq
Devise : rouge, noir et jaune
Ancienneté à Madrid : 13 septembre 1992
Propriété : « Buenavista », El Castillo de las Guardas (Séville)

Francisco Trujillo est à l'origine de cet élevage fondé en 1928. Celso Pellón prolonge la formation du troupeau en ajoutant des têtes de bétail de Campos Fuentes et de Duque de Tovar. Il parachève la composition du cheptel en insérant en dernier lieu un étalon de Conde de Santa Coloma. Andrés Giménez Garrido opère une restructuration du cheptel en 1939 et vend l'ensemble du troupeau six ans plus tard à Sebastián González Vicente. Le fer et la devise sont ensuite acquis par les fils d'Eugenio Ortega en 1946. Gregorio Ortega Estévez rachète la totalité du troupeau en 1974 et élimine le sang antérieur, reformant l'élevage avec des vaches et des étalons de Salustiano Galache, d'origine Urcola. Clotilde Calvo Sánchez acquiert l'ensemble du cheptel en 1988, modifie le fer et élimine à son tour les origines précédentes. Elle marque désormais du « B » de Buenavista, le nom de sa propriété, tous les produits issus de sa propre sélection. Vaches et étalons de Juan Pedro Domecq sont à la base de la nouvelle origine.

Toro important :

- *Furtivo*, nº 26, combattu le 30 août 1993 à San Sebastián de los Reyes (Madrid) par Francisco Ortega (tour de piste posthume pour la dépouille du toro, prix du meilleur élevage de la féria, et deux oreilles pour le torero).

Buenavista est un nom d'élevage qui sonne plutôt bien aux oreilles des toreros. Grâce aux origines récentes de Juan Pedro Domecq, Clotilde Calvo peut se targuer de vendre tous ses toros aux meilleurs toreros du moment. Très présente dans les arènes de deuxième et troisième catégorie, la ganaderia est associée à de nombreuses vedettes de la tauromachie comme José María *Manzanares*, Pepín Jiménez, *Morante de la Puebla*, *Finito de Córdoba*, Miguel Abellán ou encore *el Juli*. La saison 2000 fut particulièrement bonne puisque sur les quarante-sept toros combattus un exemplaire obtint un tour de piste posthume à l'issue d'une faena inspirée de Javier Conde (deux oreilles) lors de la féria de Grenade. Deux mois plus tard, le 20 août, à la féria de Málaga, Enrique Ponce réalisa une lidia exceptionnelle et parvint à gracier le premier toro de la corrida (deux oreilles symboliques). Ce triomphe mit dès lors l'élevage sur une voie royale... Un autre tour de piste posthume fut accordé lors de la saison 2001 et huit exemplaires furent combattus dans des arènes de première catégorie, à Valence et Saragosse. Le 17 octobre 2001, la saison se conclut une nouvelle fois en beauté avec l'exceptionnelle faena déployée par *Finito de Córdoba* à la féria de Jaén. Devant le toro *Diminuto*, n° 52, robe noire, 436 kg (né en mars 1996), *Finito* offrit un toreo de soie et reçut en échange des charges claires et suaves. L'accord entre l'homme et la bête fut si parfait que le public réclama la grâce de l'animal, accordée par le président. Rayonnant, *Finito* coupa les deux oreilles et la queue symboliques de *Diminuto*, concluant de la meilleure façon qui soit une saison où il finit en tête de l'escalafón. C.C.

BUENDÍA PEÑA Joaquín
Origine : pure souche Santa Coloma
Devise : turquoise et incarnat
Ancienneté à Madrid : 17 mai 1906
Propriété : « Bucaré », Alcalá de Guadaira (Séville), Espagne

La propriété « Bucaré » compte 1 800 hectares à proximité de la cité de Alcalá de Guadaira. Mille bêtes constituent l'élevage, dont six sementales, sous la surveillance du mayoral Manuel Cardenas. Aujourd'hui, la robe grise du Buendía symbolise le piquant qu'il montre dans son combat qui satisfait certainement beaucoup plus le ganadero et l'aficionado que le torero. Propriété de la famille Buendía associée à Felipe Bartolomé, cette ganaderia représente le prolongement de l'histoire de Conde de Santa Coloma. Depuis 1932, les nouveaux propriétaires essaieront d'améliorer la bravoure détenue par les toros au sang pur et unique de cet encaste. Retour en arrière : quand le comte de Santa Coloma annonce dans la presse que son élevage est mis en vente, Buendía et Bartolomé étaient déjà associés, mais connaissaient des fortunes diverses en affaires. Joaquín, le grand-père de José Luis Buendía, propriétaire actuel (depuis 1996), et son parrain Felipe Bartolome n'étaient pas ganaderos, mais des agriculteurs passionnés par l'élevage du mouton. À cette époque, ils cherchaient une ferme pour élever des ovins. C'est à ce moment qu'ils achetèrent des terrains à Rafael Surga. Lors de l'acquisition, l'acte de vente indiquait qu'il y avait aussi des toros de combat. Surga, depuis longtemps malade, disposait d'une ganaderia à l'abandon : mâles et femelles étaient mélangés, certains d'origine inconnue. Joaquín Buendía pensait les abattre, mais, les cours de la viande ayant baissé, il préféra les garder. C'est ainsi que Joaquín prit goût au bétail de combat. Il est bon de préciser que nous sommes dans les années 1920. Puis entre en scène un homme expérimenté, qui lui enseigne les grands principes de gestion d'une ganaderia : il s'agit d'*el Moreno de Algeciras*. Joaquín et Felipe achètent un étalon de Pablo Romero du même sang que celui de Surga. Puis, plus tard, des produits de Conde de Santa Coloma. À partir de ce moment, le sang Surga est éliminé jusqu'au moment où il ne reste plus que celui de Santa Coloma. Dans le contexte de l'époque, les Santa Coloma détenaient une grande réputation qui leur venait du début du siècle où les vedettes se bousculaient pour les affronter.

Lorsque le comte tomba malade, l'élevage connut les pires difficultés, amenant son propriétaire à vendre son cheptel. Récupérant un élevage en perte de vitesse, le propre du travail des Buendía consista à le remettre à niveau. La Guerre civile terminée, ils décidèrent de ne fournir aucune plaza pendant cinq ans. Cela leur permit progressivement de retrouver des toros qui avaient une bravoure claire et reposée plutôt que violente ou spectaculaire comme avant, faisant fuir les figuras de l'époque. Affronter un Santa Coloma nécessite du torero de mettre en pratique les principes fondamentaux dans l'art de la lidia. Ch.C.

BUENDÍA RAMÍREZ DE ARELLANO Javier. Fils d'un des plus célèbres ganadero d'Espagne, il est né à Séville le 17 août 1951 et débute en public le 15 août 1978 à Cabezalavaca. Le 10 août 1980, il se présente à Las Ventas lors d'une corrida mixte avec au paséo Gregorio Tebar *el Inclusero* et le novillero Antonio Ramón Jiménez. En 1981, il participe à cinquante et une courses en Espagne et une au Portugal. En 1982, lors de la corrida de l'Art du rejoneo à Madrid, en compagnie de Luis Miguel Arranz, João Moura et Emilo Pinto, il se fait remarquer par son aisance dans tous les tercios de la lidia. Le 28 mai 1983, il participe à la San Isidro avec Álvaro Domecq, Manuel Vidrié et Moura, coupant l'oreille d'un toro de la ganaderia d'Antonio Ordóñez. Le 28 juillet à Valence, avec les mêmes cavaliers, il coupe une oreille d'un Núñez Hermanos. Il connaît un important triomphe à Madrid le 26 mai 1984, avec sortie a hombros, après avoir coupé une oreille à un toro d'Ordóñez et deux autres en compagnie de Manuel Vidrié. En 1985, il fait soixante et un paséos, triomphant le 9 mai à Jerez de la Frontera en compagnie de Domecq, Vidrié et Moura. Le 25 mai, il ouvre à nouveau la porte de Madrid après avoir coupé deux oreilles en duo avec Vidrié à un toro de María Olea. À Séville, il fait le paséo en compagnie d'Ángel et Rafael Peralta, Antonio Ignacio Varga, João Moura et Luis Valdenebro lors de la corrida matinale du 20 avril 1986, à la Maestranza. Il coupe deux oreilles d'un Luis Albarrán.

Nouveau triomphe retentissant le 3 mai 1987 à Séville, où il coupe deux oreilles à un Luis Albarrán et sort par la Porte du Prince. Le trophée de la Real Maestranza de Caballería lui est décerné. En octobre, un accident de la route lui provoque des dégâts vertébraux dont il sera long à se remettre, ne reprenant le chemin des arènes qu'en 1988 et ne participant qu'à peu de corridas. En 1989, il occupe la deuxième place derrière Ginés Cartagena et remporte le trophée de la Real Maestranza de Caballeria pour la troisième fois le 16 avril. En 1990, toujours deuxième derrière Ginés Cartagena, il triomphe à Huelva en compagnie de Rafael Peralta, Antonio Ignacio Vargas et Luis Valdenebro. Il coupe deux oreilles à un Francisco Campos Peña et remporte le trophée de la féria. 1991 : pour la cinquième fois, il reçoit le trophée de la Real Maestranza et son cheval *Girasol* est également primé. 1992 : fait unique, il reçoit son sixième trophée à Séville. Le 21 mai 1993 reste dans la mémoire des Sévillans : Javier Buendía participe à deux courses le matin avec Rafael Peralta, Antonio Ignacio Vargas, Luis Valdenebro, Fermín Bohórquez, Luis Domecq et Antonio Domecq et il coupe les deux oreilles d'un toro de Bohórquez ; l'après-midi, sur sa demande, il affronte un Miura et il est ovationné. Il est à nouveau le lauréat de la féria. En 1994, pour la huitième fois, il est le lauréat de la Real Maestranza. À Arles, il connaît un très grand succès. En 1995, il participe à cinquante et une corridas, et demeure les années suivantes l'une des figuras les plus éminentes du rejoneo. Formé à l'école du campo, au maniement des toros dans la nature, il exprime à merveille ce style campero fait de sobriété et d'efficacité. Et c'est cette manière d'être qui lui vaut le succès. Apprécié dans toutes les plazas, il satisfait tout autant le large public que les aficionados spécialisés. Une de ses actions spécifiques est de se laisser poursuivre en faisant traîner au sol la garrocha, ce long manche utilisé par les vaqueros pour le déplacement du bétail au Portugal. J.C.D.

BUENO RAMOS Juan Lorenzo, *Juan Ramos*. Il est né le 19 mai 1950 à Cimballa, province de Saragosse, et commence brillamment sa carrière lors de la Feria del Pilar de Saragosse, le 16 octobre 1976 à laquelle il participe avec Justo Benítez et Francisco Aguilar, face à des novillos de Manuel y Carlos Veiga, en coupant deux oreilles à chacun de ses opposants. Au cours de la temporada 1976, il fait sa présentation avec Agustín Parra *Parrita* et Luis Francisco Esplá, à la Maestranza sévillane, le 9 mai, face à des Torrestrella. Et le 3 juin 1977, en compagnie de Luis Miguel Moro et du Français Lucien Orlowsky *Chinito*, il foule pour la première fois le sable de Las Ventas à Madrid pour y combattre des toros d'Antonio Arribas Sancho et d'El Jaral de la Mira, et sort avec une oreille.

Il prend l'alternative le 31 juillet 1977 à Barcelone des mains de Paco Camino en présence de Santiago Martín *el Viti*, face à un lot de cinq toros de Torrestrella et un de Peralta.

Il reçoit une cornada grave à Barcelone le 10 août 1986 infligée par un toro du comte de Murça, alors qu'il figurait au cartel avec José Luis Palomar et Curro Cruz. Progressivement, son activité s'amenuise. R.B.

BUEYADA (de *buey*, bœuf). Se dit d'une corrida dans laquelle les toros sont mansos, attaquent peu et ne donnent aucune émotion.

BUEYES ou CABESTROS. Bœufs spécialement utilisés pour encadrer et conduire les toros de combat, au campo ou dans les encierros.

BUFIDO (*souffle*). Souffle très fort et bien particulier poussé par le toro quand il s'engouffre dans la cape lors de ses toutes premières charges.

BUREL. Synonyme de toro.

BURGOS (Espagne. Madrid 240 km – Valladolid 125 km). Construite sur les rives du río Arlanzón, Burgos est riche en monuments historiques. Fondée en 884 par Diego Rodríguez, comte de Castille, elle devient à partir de 1307 résidence des rois de Castille et de León. Burgos fut aussi, de 1936 à 1938, capitale provisoire de l'Espagne franquiste. C'est la ville de Rodrigo Díaz del Vivar, le « Cid campeador » devenu figure mythique. Capitale de l'art gothique castillan, elle possède un ensemble monumental exceptionnel et compte actuellement 161 000 habitants.

La plaza de toros, qui a une contenance de 12 200 spectateurs, a été inaugurée le 28 juin 1967 avec une corrida de cinq toros de Pío Tabernero et un de Los Campillones, combattus par Jaime Ostos, Manuel Benítez *el Cordobés* et José Manuel Inchausti *Tinín*. R.B.

BURLADERO. Les burladeros de piste, généralement en planches, protègent l'accès au callejón et permettent aux toreros, en se glissant par la chicane par laquelle ne peut pas passer le toro, de se mettre à l'abri.

Les burladeros situés à l'intérieur du callejón servent à abriter les personnes, professionnels, organisateurs ou responsables qui s'y trouvent. De nombreux burladeros sont maintenant construits en béton. R.B.

BURLAR. Esquiver, déjouer la charge du toro.

BURRACO. Toro au poil noir avec des plages plus claires.

BURRICIEGO. Toro qui souffre d'un trouble de la vision et suit mal le leurre. Voir aussi VISION DU TORO.

BURRICIEGO DE CERCA. Toro presbyte.

BURRICIEGO DE LEJOS. Toro atteint d'une myopie très prononcée.

BURRICIEGO DE UN LADO. Toro frappé d'astigmatisme.

BURRO. Bête, animal.

BURRO CON CUERNOS (*âne à cornes*). Expression de mépris pour qualifier un animal peu propre au combat.

C

CABALLERO. Torero qui combat les toros à cheval en plaçant les rejons lors du premier tercio, puis des banderilles et enfin l'épée.

CABALLERO DEL CAMPO José Andrés. Il fait partie de ces toreros belluaires capables d'affronter n'importe quelle ganaderia avec une volonté toujours affichée de triompher des difficultés. Né à Valence le 23 octobre 1964, José Andrés Caballero del Campo, après 34 novilladas, a reçu l'alternative le 29 août 1986 à Saint-Sébastien de los Reyes des mains d'Ortega Cano avec Pepín Jiménez comme témoin, devant des toros de la ganaderia de Marcos Núñez. Au toro d'alternative, *Simpatia*, il coupe une oreille et deux à son second. Le 18 septembre 1988, il confirme à Madrid devant *Campanilla*, toro d'El Sierro ; Paco Alcade est son parrain et *Rafael de la Vina* son témoin.

Il débute le 25 juin 1992 à Chota au Pérou en alternant avec *Gitanillo de América* et José Antonio Carretero devant des toros de Cerruti y Salamanca. R.B.

CABALLERO MARTÍNEZ Manuel. Né à Albacete le 29 janvier 1971, Manuel fait sa présentation avec picadors le 6 mars 1988 dans la plaza d'Osuna (Séville) en compagnie de Manolo Corona et de Julio Aparicio, face à des novillos de don Ángel et don Juan Antonio Sampedro. Il se présente à Madrid le 25 mars 1990 avec Ramón Escudero et *el Madrileño* face à des novillos de don Alejandro Vázquez et don Alejandro García.

Après 124 novilladas, il prend l'alternative à Nîmes le 20 septembre 1991 au cours de la féria, devant *Vicario*, toro de la ganaderia de Jandilla à qui il coupe une oreille. Le parrain est Dámaso González et le témoin *Jesulín de Ubrique*.

Ce succès d'alternative lui ouvre une brillante carrière, et il se présente en Espagne, à Yecla, province de Murcie, le 7 mars 1992, face à des toros de José Luis Marca en compagnie de José María *Manzanares* et de Paco Ojeda.

Manuel confirme son alternative à Madrid, le 19 mai 1992, devant *Carasucia*, toro de la ganaderia de Garzón. Le parrain est *Manzanares*, le témoin Roberto Domínguez. Il débute en Amérique, le 1er novembre 1993, à Lima, au Pérou, devant *Tirano*, en affrontant un toro de la ganaderia de Roberto Puga avec *el Niño de la Capea* et Roberto Domínguez. Il confirme ensuite à Mexico le 2 novembre 1997 devant *Sampami*, toro de Manuel Martínez, avec comme parrain Rafael Ortega et Fernando Ochoa comme témoin.

Fin capeador, Manuel Caballero est surtout efficace avec la muleta et arrive généralement à dominer tous les toros qu'il affronte, grâce à un sens affiné du rythme qu'il sait rapidement mettre en harmonie avec son adversaire pour ensuite enchaîner des passes liées et templées. Torero volontaire et engagé à l'épée, il marque de sa présence tous les cartels où il est inscrit. Il avait participé, en 2001, à 496 corridas. R.B.

CABALLO. Cheval employé lors du paséo par les alguazils, ou pour le tercio de piques ou pour tracter le train d'arrastre qui sort le toro mort de la piste. Voir CHEVAL DE CORRIDA.

CABECEAR. Tendance de certains toros à remuer constamment la tête en cherchant à accrocher l'homme avec la corne. Cette attitude est très gênante lors de la faena de muleta.

CABESTRERO. Homme qui conduit ou déplace le bétail dans le campo en utilisant les cabestros qu'ils ont éduqué à cet effet. Se dit aussi des aides qui travaillent avec les vaqueros. Lorsqu'un toro a été refusé en piste, les cabestros entrent à leur tour pour le ramener dans le toril et les cabestreros les incitent par des gestes et des cris. R.B.

CABESTRO. Bœuf dressé pour encadrer et déplacer les toros bravos sur l'élevage (les mener d'un point à un autre, les changer d'enclos, les séparer lors d'affrontements) ou aux arènes, par exemple lors du débarquement, de la mise en chiqueros ou pour ramener au toril un toro que la présidence décide de changer et qui ne quitte pas la piste de lui-même. Le témoin occasionnel qui assiste à leur travail ne peut imaginer la précision de leur dressage, la spécialisation des tâches et la hiérarchie qui existent au sein du groupe.

À la finca, lors d'un déplacement il y a d'abord les deux cabestros *d'estribo* (d'étrier), pratiquement collés de chaque côté du cavalier, sorte de gardes du corps chargés de sa sécurité. Puis vient le cabestro *de caballo* (de cheval) qui ne perd pas de vue la queue du cheval placé devant lui et qui adopte scrupuleusement son rythme. Puis ensuite les cabestros *de tropa* (de peloton) entourant le groupe de toros et maintenant ces derniers bien groupés.

Les cabestros ont généralement une robe tout à fait distincte de la teinte dominante des toros de la ganaderia afin de les différencier immédiatement pendant les diverses opérations. Ce choix a également une explication historique : pour des raisons évidentes de sécurité, les encierros se faisaient de nuit. Lors des nuits sans lune, le pelage clair des cabestros facilitait grandement la tâche des accompagnateurs pour bien situer l'ensemble du troupeau.

Les cabestros peuvent avoir deux origines : des *desechos de tienta* (déchets de tienta) qui ont ensuite été castrés ; du bétail manso.

Les premiers ont la réputation d'être plus vifs, plus intelligents, plus autoritaires que les seconds à qui, en revanche, on reconnaît d'autres précieuses qualités : maniabilité, disponibilité, obéissance quasi spontanée à la voix, constance dans le travail. « Ce sont des animaux très intelligents malgré leur apparente bonhomie [...] Ils sont dressés à obéir à la parole et au geste [...] ils devinent ce qu'on attend, demande d'eux » (Prosper Mérimée, *Les Combats de taureaux en Espagne*, 1830).

Certains cabestros sont parfois étonnants, conservant un fonds de caste ne demandant qu'à resurgir à bon escient. C'est ainsi que lors de la féria de Valence (17 mars 1975), un toro de Martine Benavides, dont le palco avait ordonné le changement et qui refusait de quitter la piste, fut proprement roulé au sol par l'un d'entre eux qui infligea une mémorable correction à ce toro pourtant classé bravo, lequel réintégra le toril séance tenante.

C'est aux environs de 1828 (seule date certaine) que l'on a commencé à utiliser les cabestros pour faire sortir un toro vivant de l'arène. Jusque-là, si un torero avait entendu sonner les trois avis ou si le toro était déclaré inapte en cours de lidia, on l'abandonnait aux chiens, d'horribles chiens issus de croisements de dogues allemands et de lévriers et dont on retrouve la mention par Cervantès dans son *Dialogue des chiens*. Puis on lui coupait les jarrets à l'aide de la media luna et dès qu'on pouvait l'approcher, on l'achevait au descabello ou à la puntilla. Tout cela durait un long moment et constituait un spectacle si sanguinaire qu'un texte interdisant l'usage de ces chiens sera promulgué le 11 novembre 1849. On admettra facilement que l'entrée en scène des cabestros constituera un réel progrès.

Toute arène devrait posséder trois cabestros pour ramener au toril un toro qui a été refusé après son entrée en piste ou, cas plus rare, si les trois avis ont été sonnés. Il faut dire que bien des fois, même dans des arènes importantes, les cabestros ne sont pas présents et ce sont les banderilleros qui se chargent de faire entrer le toro avec le capote, de l'intérieur du callejón, ou un mozo avec une perche à laquelle est fixé un morceau de tissu comme leurre. P.M.

CABESTROS.
Voir BUEYES.

CABEZA (*tête*).

1) *Un toro con cabeza* a une armure impressionnante.

2) De *cabeza al rabo* se dit d'une passe de muleta qui va de la tête à la queue du toro.

3) *Metar la cabeza*, ou « mettre la tête », désigne l'attitude du toro quand il humilie et embestit, tant à la cape qu'à la muleta. C'est une caractéristique essentielle de la noblesse de l'animal.

4) *Ganar la cabeza*, ou « gagner la tête », s'emploie particulièrement pendant le tercio de banderilles, quand le banderillero est obligé d'incurver sa trajectoire initiale, le toro ayant coupé le terrain. R.B.

CABEZADA. Coup de tête du toro.

CABOS. Ornementations, généralement blanches ou noires, des costumes de toreo.

CABRA (*chèvre*). Désignation péjorative d'un toro de combat qui n'a ni trapio ni armure correcte. Si le toro est long, peu armé et maigre, on ira même jusqu'à le qualifier de « sardine » dans la région du sud-est de la France.

CABRÉ ESTEVE Mario. Il est né à Barcelone le 6 janvier 1916. Ses parents sont acteurs de théâtre et il commence à s'intéresser à la tauromachie dès 1934 en participant aux fêtes de villages catalans sous le nom de *Cabrerito*, qu'il abandonne rapidement. Il débute avec picadors dans la Monumental de Barcelone, le 23 septembre 1935, avec Silverio Pérez et Rafael Ortega *Gallito*, devant des novillos de don Argimiro Pérez. La Guerre civile interrompt ses activités et ce n'est que le 10 août 1941 qu'il recommence à toréer à Madrid, face à un lot de toros de Manuel Aleas et Arranz en compagnie de *Pepete de Triana*, López Lago et José Alcántara. Il participe à vingt novilladas en 1943 et reçoit l'alternative à Séville le 1er octobre des mains de Domingo Ortega, *el Estudiante* étant le témoin, et face à *Negociante*, toro de la ganaderia de Curro Chica.

Il confirme à Madrid le 8 du même mois, face à *Cantito*, toro de la ganaderia de Muriel, avec Domingo Ortega comme parrain et Antonio *Bienvenida* comme témoin. Les contrats sont rares : un en 1946, douze en 1947, dix-sept en 1948, sept en 1949 et seulement quatre en 1950. Mais Cabré mène simultanément une carrière d'acteur de cinéma et de théâtre, et il lui est difficile d'être sur tous les fronts. Il joue dans *El Centauro*, sous la direction de Guzmán Merino en Espagne en 1946 ; dans *La Mujer, el torero y el toro*, de Butragueño en 1949 ; dans *Pandora*, aux États-Unis en 1950, sous la direction d'Albert Lewin ; dans

Tercio de quites, de Gómez Muriel en Espagne et au Mexique en 1951 ; et dans *Nuits andalouses*, du Français Maurice Cloche en 1953. Le 24 septembre 1957, il est gravement blessé à Barcelone et ses apparitions en piste se feront plus rares. Le 2 octobre 1960, il fait sa despedida à Barcelone en compagnie d'Antonio Mejías *Bienvenida*, Joaquín Bernadó et José María Clavel face à des toros d'Isabel Rosa González. Le 9 octobre, à Palma de Majorque, il se retire définitivement lors d'une corrida à laquelle participent Pedro Martínez *Pedrés* et José Cáceres. Il continue sa carrière théâtrale avec succès et fait paraître de nombreux ouvrages salués par la critique littéraire. Il était réputé, dans les ruedos, pour sa fameuse véronique donnée mains basses. Il décède à Barcelone le 11 juillet 1990. R.B.

CACERES (Espagne. Madrid 310 km – Badajoz 40 km). La Colonia Norbensis Cœsarina fondée en 29 av. J.-C., désertée à l'époque des Wisigoths, est prise par les Arabes et fortifiée. Sa position stratégique sur la route du Portugal en a fait une place de premier ordre. La plaza de toros d'environ 8 000 places est située dans la partie nord de cette ville de 75 000 habitants. Les travaux ont commencé en 1844 et elle a été inaugurée le 6 août 1846 par José Redondo *el Chiclanero* et Manuel Díaz *Lavi*, devant des toros de Gaspar Muñoz et de Duque de Veragua. R.B.

CACHETE. Synonyme de puntilla.

CACHETERO. Synonyme de puntillero.

CACHO. Espace accessible au toro lors du déroulement normal d'une suerte ou d'une passe. Voir aussi FUERA DE CACHO.

CADRER. Mise en place du toro par le matador avant l'estocade. Afin d'avoir le maximum de chances d'être efficace, le torero, par des mouvements spécifiques exécutés grâce à la muleta, place l'animal dans une position de repos, les deux sabots avant sur la même ligne et, si possible, les deux sabots arrières. Ces quatre points d'appui au sol dessinent un quadrilatère trapézoïdal. Dans cette attitude, l'emplacement où porter le coup d'épée est bien dégagé : lorsque le matador projettera la muleta vers les sabots et non sur le mufle pour lui faire baisser la tête et charger, le toro pourra répondre sans hésitation à l'incitation donnée par la muleta. Dans le cas contraire, il aurait un temps de retard qui serait préjudiciable à la réussite de l'estocade. R.B.

CAETANO Paulo. Rejoneador portugais, né à Almada le 1er février 1959, il fait sa présentation en public le 10 mai 1978 à Guarena, province de Badajoz, face à un toro de José Samuel Lupi. Le 20 août, il se présente à Barcelone et le 15 juin 1980, il reçoit l'alternative des mains de José Juan Zoio à Santarem. Le 23 juillet 1983, il sort en triomphe des arènes de Nazaré où il avait alterné avec Zoio et *Joaquim Bastinhas*. En 1984, il participe à trente-quatre corridas et à Alcazar de San Juan, le 7 septembre, il coupe deux oreilles à un toro de Samuel Flores. Le 11 août 1985, il triomphe le 11 août à Alcochete lors d'une corrida-concours. La critique portugaise le considère comme le triomphateur des temporadas 1985-1986 et 1987, alors qu'il occupe, en 1987, la deuxième place au classement derrière *Joaquim Bastinhas*. En 1993, il participait à trente-huit courses au Portugal et vingt-six en Espagne. Portant à la perfection le costume à « la Marialva », il est un cavalier prodigieux, dans la tradition du toreo portugais qu'il a profondément marqué. J.C.D.

CAGANCHO.
Voir RODRÍGUEZ ORTEGA Joaquín.

CAÍDA (*chute, tombé*). Se dit d'une estocade ou d'un pinchazo placés trop bas sur le côté droit du toro sans toutefois être un bajonazo.

Dans le sens de « chute », il s'agit du groupe équestre tombé sous la poussée du toro, ce qui prouve la bravoure et la puissance de celui-ci, lorsqu'elle est obtenue par une poussée régulière après que le picador a placé sa pique correctement. Mais la chute peut intervenir par surprise, si le toro surprend le groupe équestre ou s'il rompt brutalement l'engagement, le cheval s'étant placé en déséquilibre pour résister à l'assaut. R.B.

CAJÓN. Cage qui sert au transport des toros et qui fut imaginée par Pascual Mirete, concierge de la plaza de Madrid en 1860.

Un *cajón de curas* est un appareil en bois ou en fer qui sert à immobiliser le toro afin de procéder aux soins ou à l'emboulage des cornes. Mais ce même cajón sert aussi à la pratique frauduleuse de l'afeitado.

Le *cajón de embalaje* est une grande boîte qui sert au transport des cornes saisies lorsqu'elles sont soupçonnées d'être afeitées, et qui sont envoyées au laboratoire spécialisé pour analyse. R.B.

CALCETERO (de *calceta*, bas, chaussette). Toro dont les extrémités, au lieu d'être plus foncées que le reste du corps, sont plus claires ou blanches.

CALESERINA. Passe de cape. Le matador cite le toro de face, cape dans le dos, et lève le bras pour laisser le passage au toro.

CALI (Colombie). Cali est située à plus de 1 000 mètres d'altitude, dans une plaine chaude, longue de 200 kilomètres et large de 25 à 30 kilomètres, le Valle del Cauca. Deuxième ville de Colombie, Cali est une agglomération de 2 111 000 habitants, très étendue avec un quartier central des affaires aux places ombragées de palmiers entourées d'immeubles abritant les sociétés commerciales et les administrations. Dans la plaine se construisent les quartiers modernes, aux maisons basses, où vit une population qui s'accroît très rapidement.

La plaza a une capacité de 18 000 spectateurs et a été inaugurée le 28 décembre 1957 avec des toros de la ganaderia de Clara Sierra, qui furent combattus par Joaquín Bernadó, Gregorio Sánchez et José Zúñiga *Joselillo de Colombia.* R.B.

CALIFA el.

Voir PACHECO RODRÍGUEZ José.

CALLEJÓN. Couloir qui ceinture la piste, entre la barrière et le mur des gradins. On y trouve, derrière ou devant les burladeros, les cuadrillas, les mozos, les areneros, les services de secours, les professionnels, des photographes et journalistes spécialisés, des invités et certaines personnes privilégiées qui ne respectent pas toujours les impératifs qu'un tel privilège exige. R.B.

CALLEJÓN MARTÍN José Miguel. Ce rejoneador est né à Madrid le 20 juillet 1978 et a commencé en piste le 26 février 1994 à Torres de la Alameda face à un lot de Sotillo Gutiérrez auquel étaient opposés les rejoneadores Marie Sara, Miguel García, Martín González Porras et Francisco Benito.

Il se présente à Las Ventas, à Madrid, le 1er août 1999, face à des toros de la ganaderia de Castelleja, dans un cartel qui comprenait aussi Curro Bedoya, Javier Mayoral, Miguel García, Martín González Porras et Francisco Benito. R.B.

CALVO BONICHÓN José Manuel, *Manolo Montoliú.* Fils d'un picador, il naît à Valence le 2 janvier 1954. Il effectue son premier paséo à Benicassim dans la province de Castellón, le 29 juin 1970. Il ne participe qu'à trois novilladas au cours de la temporada 1979, puis il entre dans la cuadrilla de Vicente Ruiz *el Soro* où il est grandement apprécié pour ses qualités de banderillero et de péon de brega en qui on peut avoir toute confiance. En 1985, il s'engage sous la direction d'Antonio Chenel *Antoñete*, et laisse entendre qu'il pourrait bien devenir matador. En effet, le 2 mars 1986, à Castellón, il prend l'alternative et devient matador de toros devant *Correcostas*, de la ganaderia de Socorro González Sánchez Dalp, en ayant pour parrain Julio Robles et pour témoin Juan Antonio Ruiz *Espartaco*.

Dans la foulée, il confirme à Madrid le 11 mai suivant, en présence d'Emilio Múñoz et de Pepín Jiménez. Il termine l'année avec seulement neuf contrats et une seule oreille coupée. Il décide donc d'abandonner et de revenir dans le rang des subalternes où il était unanimement apprécié.

Le destin l'attendait le 1er mai 1992, dans la Maestranza sévillane, lors d'une sortie de pose de banderilles : il est encorné dans le cœur par *Cubatisto*, de la ganaderia d'Atanasio Fernández, et meurt en piste. R.B.

CAMACHO GARCÍA María del Carmen

Origine : Carlos Núñez
Devise : vert et argent
Ancienneté à Madrid : 8 juin 1913
Propriété : « La Quinta », Medina Sidonia (Cadix), Espagne

Cet élevage, situé sur la « ruta del toro » à trente-cinq kilomètres de Jerez de la Frontera, au pied du village blanc de Medina Sidonia, a presque un siècle d'histoire : la ganaderia formée au début du XXe siècle par quelques membres de la famille royale du Portugal, avec des vaches de l'élevage Veragua et des sementales de la ganaderia Ibarra, portait le nom de Duque de Braganza. Le 5 octobre 1910, date de la proclamation de la république au Portugal, la famille royale quitte le pays et vend le bétail porteur du fer royal à Antonio Flores Iñigo, qui le transfère à Séville dont il était originaire. En 1929, il le vend à Ramón Ortega Velázquez, qui en 1940 le revend à Francisco Chica Navarro. À la mort de ce dernier en 1955, la ganaderia se divise en deux parts ; celle de sa veuve est vendue l'année suivante à doña Francisca García Villalón, épouse du ganadero Manuel Camacho. En 1965, doña Francisca achète à son époux un lot de vaches et un semental afin de rafraîchir le sang de l'élevage, qui l'année suivante porte le nom de Manuel Camacho Naveda. En 1968, le ganadero Manuel Camacho achète à nouveau vaches et sementales, mais cette fois à Carlos Núñez, et forme le fer des Camacho, annoncé depuis 1984 au nom de leur fille doña María del Carmen Camacho García. Installée à la fin des années 1980 dans une finca sur un terrain municipal appartenant au village Collado Villalba dans la région de Madrid, doña María del Carmen transfère son élevage en Andalousie à Medina Sidonia. Dans la finca « La Quinta », toutes les figuras du toreo viennent essayer ce bétail bravo, Dámaso González étant un des toreros préférés pour la tienta des machos.

Nombreux sont les toros de Camacho qui ont été remarquables, mais le ruedo de Las Ventas à Madrid reste l'arène de prédilection de cette ganaderia. Parmi les nombreux toros primés de cet élevage, on relève *Ramillete* lidié en 1966 par *Paquirri* à Grenade (prix du meilleur toro de la féria) ; *Chiclanerito* combattu à Arles en 1974 par Calatraveño ; *Rabanito*, gracié par *Paquirri* au cours de la féria de Quito 1979 ; *Canastón*, estoqué par José Antonio Campuzano en 1985 à Colmenar Viejo. C'est un élevage qui, malgré quelques échecs, arrive à se maintenir à un niveau honorable depuis quelques années. Ch.C.

CAMADA (*portée*). Ensemble des animaux nés la même année.

CAMARÁ.
Voir FLORES GONZÁLEZ José.

CÁMARA CASTRO Fernando. Il est né à Arjona (province de Jaén) le 12 décembre 1965.

Il commence avec picadors à San Martín de la Vega, dans la province de Madrid, le 26 avril 1988, en compagnie de Luis Milla et de Pedro Vicente Roldán, devant des novillos de la ganaderia d'Ángel Ortega Estévez. Le 11 juin 1989, il se présente à Madrid face à des novillos de José Samuel Pereira Lupi, avec Miguel Rodríguez et Antonio Caba.

Après 64 novilladas, il reçoit l'alternative le 23 mai 1990 à Madrid, des mains de *Rafael de Paula* avec Curro Vázquez comme témoin, devant *Manzanero*, toro de la ganaderia de Fermín Bohórquez. Il débute en Amérique latine, à Lima, au Pérou, le 28 octobre 1990, en compagnie de José Luis *Galloso* et de Fernando Villafuerte devant un lot de toros composé de quatre Santiago et deux La Viña.

Il confirme à Mexico le 3 février 1991, avec Manuel Arruza comme parrain et César Pastor comme témoin, face à *Velador*, un toro de la ganaderia Los Martínez. Il débute en France, à la féria de Nîmes, le 12 mai 1991, face à des toros de Baltasar Ibán, en alternant avec Juan Cuellar et Bernard *Marsella*. R.B.

CÁMARA YSERN Rocío de la
Origines : Juan Pedro Domecq et Álvaro Domecq
Devise : bleu
Ancienneté à Madrid : 17 juin 1979
Propriété : « Cortijo de la Sierra », El Cuervo (Séville), Espagne

La ganaderia Rocío de la Cámara se situe sur l'axe Séville-Cadix à proximité de l'autoroute A4. Après avoir effectué un peu plus de soixante-dix kilomètres de la capitale andalouse en direction du sud, on aperçoit, dressé sur le côté gauche, un monolithe de pierres sur lequel est érigé le fer de l'élevage avec un toro girouette. Aujourd'hui, deux personnes s'occupent de la ganaderia, doña Rocío de la Cámara Ysern et le mayoral Antonio Cortes. La propriété « Cortijo de la Sierra » s'étend sur 3 000 hectares en trois lieux différents. L'élevage compte 400 têtes de bétail bravo et 80 chevaux ; il n'a rien de commun avec celui du fondateur Flores Tassara qui, en 1920, acheta du bétail à Diego Hidalgo Barquero.

Le grand Marcial Lalanda se porta acquéreur de l'élevage en 1933, éliminant les produits antérieurs afin de les remplacer par des Conde de la Corte. Après avoir acheté le Cortijo au poète Villalón en 1952, Fernando de la Cámara se rend possesseur des toros aux origines Carlos Núñez et Villamarta. À cette époque, il crée le fer actuel, un C surmonté d'une croix. Depuis 1965, la ganaderia est annoncée au nom de l'actuelle propriétaire. En 1991, doña Rocío renouvelle le sang de ses pensionnaires pour inclure essentiellement du Domecq, avec d'un côté des Juan Pedro (El Torero, José Luis Osborne) et des Torrestrella (Santiago Domecq, Joaquín Núñez) de l'autre. Cet élevage, riche d'histoire et de trophées, présente des toros bien faits, puissants, aimés de la France taurine, de Bayonne à Nîmes. Ch.C.

CAMBIADA (*changée*). On qualifie ainsi toute passe de cape ou de muleta au cours de laquelle la trajectoire de sortie du toro est modifiée.

La passe de ce genre la plus significative est la *pedresina* : le matador placé de profil, muleta dans la main opposée à la situation du toro, cite celui-ci de loin en présentant la muleta devant lui et au dernier moment dévie la charge pour le faire passer dans le dos, où il a renvoyé la muleta. Cette passe est très impressionnante pour le public.

CAMBIO DE RODILLAS. Passe de cape donnée à genoux et en changeant la direction de sortie du toro.

CAMINO Paco (Los Camino)
Origine : Conde de Santa Coloma-Joaquín Buendía Peña-Francisco Sánchez « Coquilla » (avec une lignée séparée de Marqués de Domecq)
Devise : vert et blanc
Pas d'ancienneté à Madrid
Propriété : « Los Camino », Talayuela (Caceres)

Francisco Camino fonde cet élevage en 1996 à partir d'un troupeau de son ancienne ganaderia, d'origine Santa Coloma. Il rajoute par la suite quatre vingt-dix vaches de Marqués de Domecq ainsi qu'un étalon de Los Guateles.

Les affaires ganaderas de l'ancien torero vedette semblent bien fonctionner depuis quelques saisons. Avec ce nouvel élevage, aspirant à l'Unión de Criadores de Toros de Lidia, Paco Camino parvient à vendre quelques toros chaque saison. Comme les grands ganaderos, cette ancienne vedette du toreo est parvenue à maintenir séparément deux lignées d'origines différentes. En 1999, Camino a fait combattre sept novillos répartis sur deux courses dans des arènes de troisième catégorie. La saison suivante, ses trois novilladas – soit un total de dix-huit novillos — furent couronnées de succès, permettant aux novilleros de couper un total de vingt-quatre oreilles et une queue. Paco Camino présenta six toros au cours de l'été 2001 à l'occasion d'une corrida de rejón. Trois autres exemplaires adultes foulèrent le sable des arènes d'Alcorcón (Madrid) pour en découdre avec *el Fundi*, Luis Miguel Encabo et José Ignacio Uceda Leal (une oreille). C.C.

CAMINO SÁNCHEZ Francisco, *Paco.* Né à Camas (Séville) le 14 décembre 1940, fils de banderillero, Paco Camino revêt son premier costume de lumières à l'âge de quinze ans dans les arènes de Cumbres Mayores (Huelva) et débute avec picadors le 7 septembre 1958 à Saragosse avec des novillos de Valverde. En août 1959, la France l'accueille à Roquefort pour sa première novillada piquée dans l'Hexagone, au cours de laquelle il affronte des novillos de Juan Belmonte. Sans s'être présenté à Madrid en qualité de novillero, il prend l'alternative à Valence le 17 avril 1960 des mains de Jaime Ostos qui lui cède le toro *Mandarín*, de l'élevage d'Antonio Urquijo, en présence de Juan García Jiménez *Mondeño*. Camino coupe ce jour-là deux oreilles et termine cette première saison de matador avec 70 contrats.

La cérémonie de confirmation d'alternative et sa présentation ont lieu à Madrid le 12 mai 1961 en présence de Julio Aparicio et José María Clavel. Paco Camino estoque pour l'occasion le toro *Espejito* d'Antonio Pérez. Il prenait part ce jour-là à sa centième corrida de toros. Il termine sa saison après 68 corridas et quatre graves blessures dont une à Bilbao qui lui vaut de recevoir l'extrême-onction.

Le 16 décembre 1962, Camino confirme l'alternative à Mexico, en présence d'Antonio Vélazquez pour parrain et de Humberto Moro pour témoin, face à des toros de Llaguno. Avec 76 corridas, il est le premier à l'escalafón en 1963. En 1966, 95 corridas toréées lui font retrouver cette place. À partir de 1967, il devient l'un des leaders incontestables de la fin des années 1960 aux côtés de Diego Puerta, *el Viti* et *el Cordobés*. Andalou de naissance, ce sont cependant les arènes de Madrid qui seront le cadre de ses plus beaux triomphes, qui lui valent de sortir 12 fois par la Grande Porte des arènes de Las Ventas et de connaître, en 52 paséos sur le sable des arènes de l'avenue d'Alcalá, un bilan inégalé à ce jour.

Au sommet de son art, il s'enferme seul le 4 juin 1970 face à des toros de différentes ganaderias à l'occasion de la corrida de la Beneficencia et coupe huit oreilles. En juin 1973, après le décès de son frère Joaquín, blessé en piste à Barcelone par un toro d'Atanasio Fernández, Paco Camino se retire momentanément mais revient au début de l'année 1974 pour se retirer – définitivement, dit-il – des ruedos espagnols le 22 septembre 1977 à Logroño, puis le 1er avril 1978 à Mexico, en compagnie de Manolo Martínez et d'Eloy Cavazos, face à des toros de Mimiahuapán.

Il réapparaît cependant discrètement à Jerez de la Frontera le 10 mai 1980, mais le 30 du même mois à Aranjuez un toro de Baltasar Ibán lui inflige une terrible blessure. Paco Camino se retire définitivement à Valladolid le 23 septembre 1982 lors d'une corrida avec *Niño de la Capea* et *el Soro*, face à des toros de

Molero Hermanos, après une saison de 19 corridas dont 2 en France. Il fait une exception à sa retraite en acceptant, le 26 septembre 1987 à Nîmes, en compagnie de *Litri* père, de donner l'alternative à chacun de leur fils, Rafael Camino et Miguel Báez *Litri* ; il affronte ce jour-là un toro de *Jandilla* et coupe une oreille, la dernière d'une carrière jalonnée de près de 1 500 corridas.

Malgré une carrière exceptionnelle, tous les observateurs se sont toujours accordés pour dire que Paco Camino, avec un peu moins d'indolence, aurait été un torero encore plus important même s'il fut l'un des plus grands des années 1960. Son style, naturel et fluide, s'adaptait à sa grande époque, à de nombreux toros, même les plus compliqués. Et s'il affronta souvent des élevages d'origine Santa Coloma et des pupilles de Juan Pedro Domecq, Camino n'hésitait pas à s'afficher avec des Pablo Romero, voire des Miura. Doté d'une intelligence supérieure à la moyenne – ce qui lui valut le surnom de *niño sabio* –, Paco Camino « voyait » rapidement les toros et savait très vite quelle faena leur servir. Cape en main, ses véroniques et chicuelinas sont passées à la postérité par leur grâce, leur temple et leur grande personnalité. À la muleta, Camino ne semblait jamais faire d'effort superflu. Les passes, les naturelles surtout, étaient coulées, longues, lentes, puissantes mais harmonieuses tout comme les passes de poitrine. Quant à l'épée, elle était fort souvent maniée avec décision rendant les estocades parfaites et concluantes, faisant ainsi de Paco Camino l'un des meilleurs matadors de toros de la seconde moitié du XXe siècle.

À soixante ans passés, Paco Camino vit dans sa Séville natale et s'occupe de son élevage de toros de combat. Il reste donc très proche du milieu. R.A.

Fils d'un obscur novillero qui n'avait essuyé que des déboires dans la profession, Paco Camino se hâtait vers la gloire. Entraîné par son père dans la campagne andalouse à se battre contre des taurillons, avec son intelligence privilégiée, sa rapide compréhension de ses adversaires, sa facilité en toute chose même dans la mise à mort, il triompha partout où il alla et partout s'arrangea pour convaincre qu'il était le rédempteur attendu et le successeur du grand *Joselito*, dont on annonçait la réincarnation depuis trois décennies.

Et pendant sa première année de matador consacré, son apparition revêtit, en effet, un caractère merveilleux. Capable d'un travail extrêmement brillant avec toutes sortes de toros, il alliait la vivacité à la gaillardise, la grâce à l'exactitude. L'année suivante, ce fut un désastre. Il se montra triste et apathique, replié. Contrairement à Diego Puerta aux côtés duquel il avait livré son premier combat encore enfant dans une course de village, il paraissait ne prendre nul plaisir à combattre, n'en tirer aucune joie ni satisfaction d'amour-propre, il n'était pas en très bonne santé et on le sentait inhibé par une appréhension qu'il maîtrisait de son mieux, mais qui le dépouillait de son aisance.

Dosait-il son effort avec cynisme ou bien était-il démoralisé au point de n'oser plus courir les risques nécessaires ? À dix-neuf ans, un contrat d'exclusivité qui le liait à l'un des plus puissants organisateurs de corridas de la péninsule lui assurait le même nombre d'engagements et presque pour la même somme d'argent, qu'il soit bon ou mauvais. Sans avoir à lutter au moins pour le proche avenir, bureaucratisé à l'extrême, il n'éprouvait nul besoin de se créer du danger pour affermir sa position.

Et sans doute pensait-il avec le même discernement devant la tête du toro, et conservait-il les idées claires, mais cela ne l'aidait pas à cette étape de sa carrière. Il se raidissait contre sa propre vision du fauve et sa tension interne ne se relâchait pas. Mais comme le plus imprévisible n'avait pas de secrets pour lui, il lui arrivait encore de déjouer ses mauvaises intentions et de tout entreprendre avec cet adversaire, grâce à sa prodigieuse divination. Elle l'autorisait à découvrir à travers les défauts apparents un fonds de noblesse sur lequel édifier l'architecture de ses passes et émerveiller le public par l'élégance de la solution apportée au problème le plus épineux.

Pour ceux qui l'avaient vu d'emblée au sommet de sa courbe d'étoile, jusqu'au charme de Paco Camino paraissait à l'ordinaire abîmé, vieilli. Car il combattait dans de si médiocres dispositions morales que c'était tragique de le regarder aller à la dérive d'une arène à l'autre, défait et méconnaissable devant des fauves qui ne présentaient pas de difficultés majeures pour un torero moyen à la volonté suffisante, mais tenaient en échec le jeune prodige vidé, vert de fatigue ou de peur, l'œil atone sous ses longs cils recourbés de fille, les épaules comme écrasées et la bouche ouverte par l'oppression. Il ne pouvait se permettre de perdre une seule saison ni de manquer aux engagements signés par son représentant sans tomber dans un discrédit dont il aurait du mal à se relever. Ce serait la fin de tout s'il lâchait, plus personne n'aurait confiance en lui. Ainsi les randonnées harassantes continuaient-elles à travers le pays, empilés à huit dans la voiture, attrapant des bouchées de sommeil et s'étirant au matin dans une ville inconnue, sur l'asphalte déjà surchauffé.

En février 1963, l'imprésario Chopera, avec qui Paco Camino se trouvait engagé depuis ses débuts, avait pu s'assurer également l'exclusivité d'*el Cordobés*. Il ne s'agissait pas, bien entendu, de prétendre déboulonner l'idole populaire, mais de se poser en compétiteur éventuel. La combinaison était tentante, cette réunion des contraires. Séville et Cordoue. L'artiste et le belluaire. La finesse et la témérité. Camino ne parut même pas y songer. Il préféra « vivre de la vie d'*el Cordobés* », selon l'expression imagée de Guillermo Sureda.

Lorsqu'il se décida vers 1967 à sortir de son indolence et à ne plus se contenter de toréer sur un plan de commodité, il ne chercha nullement à concourir pour le titre ni à se créer des concurrents.

Il s'endurcissait avec l'âge. La trentaine le mûrissait. Il se montrait moins souvent entravé par l'appréhension. S'il le voulait, il réduisait à peu près n'importe quel adversaire à merci et il le voulait avec une croissante détermination. Jusqu'au jour où un toro avisé blessa mortellement son frère cadet qui posait pour lui les banderilles. Cueilli, renversé, Joaquín Camino roula au sol avec les bâtonnets qu'il levait à bout de bras la seconde précédente, devant la tête du fauve. La corne le retrouva, le rattrapa encore une fois et le frappa sur le sable de l'arène à plusieurs reprises.

L'accident s'était passé si vite, Paco Camino, qui semblait ne rien ignorer de ses adversaires et que son intelligence toujours avertissait, s'était précipité les mains nues. Il avait volé au secours de Joaquín à corps découvert, mais trop tard pour détourner à temps le toro sur lui.

Il en conserverait beaucoup d'amertume par la suite. Pour le moment, il faisait ce qu'il y avait à faire. Il s'obligeait à ne pas courir à l'infirmerie et concentrait son attention sur le fauve criminel. Il le défiait de loin, il l'attirait tout contre lui, se le passait à la ceinture en contrôlant sa rage et son chagrin. Il lui demandait raison de son frère. Ainsi soumis, l'animal paraissait un instant inoffensif, sans pouvoir, quelque chose que l'on pliait à sa volonté, que l'on forçait à l'obéissance. Mais cette brute domptée avait déjà tué. À quoi bon l'enchaîner plus longtemps à l'étoffe ? Il se décida à l'abattre.

C'était le 3 juin 1973 à Barcelone. Deux jours après, son frère décédait. Marqué par la tragédie, Paco Camino ne devait pas rester longtemps éloigné de l'arène comme s'il ne s'estimait pas du tout quitte et qu'un acte essentiel pût encore s'y accomplir. Il s'épaississait, ses tempes blanchissaient. Les yeux instruits sous les lourdes paupières se fixaient sur un toro de plus et semblaient aussitôt informés de ce qu'il renfermait.

Il lui arrivait alors de se sentir à l'improviste vieux et las, mais parfois mû par on ne sait quelle influence ni à l'instigation de qui, trop tôt disparu, il donnait sans forcer, à passes précieuses, tout esprit et grâce, une leçon aux nouveaux venus et les renvoyait pour un après-midi à leurs études. J.M.M.

CAMINO SANZ Rafael. Fils de la grande figura Paco Camino, Rafael n'a pas, jusqu'à présent, suivi les traces de son père sur les chemins de la gloire. Né le 13 avril 1969 à Madrid, élevé dans une ambiance taurine, il débute avec picadors le 23 mars 1986 à Gandía face à des novillos de Jandilla, avec Juan Carlos Vera et Miguel Báez *Litri* avec qui il va faire équipe jusqu'à l'alternative. Il se présente en France, à Nîmes, le 19 mai 1986 et à Madrid le 8 juin 1987 au cours d'une corrida mixte avec Curro Romero et toujours Miguel Báez *Litri* face au novillo *Anestesiro* de l'élevage de Sánchez Dalp. Après 129 novilladas, l'alternative lui est conférée le 26 septembre 1987 à Nîmes au cours d'une cérémonie peu réglementaire puisque c'est son père – alors que ce parrainage aurait dû revenir à Miguel Báez *Litri* père – qui lui cède le toro *Doliente*, de l'élevage Jandilla.

Il se présente en Espagne à Séville le 4 octobre 1987 devant un toro de Torrestrella en compagnie de Miguel Báez *Litri*, puis débute en Amérique à Lima, Pérou, toujours avec *Litri*, le 1er novembre 1987. À Mexico, il confirme le 7 janvier 1990 devant *Bandolero*, toro de la ganaderia de Tequiasquiapan, avec Mariano Ramos comme parrain et Enrique Garza comme témoin.

Il confirme à Madrid le 24 mai 1990 au cours de la douzième corrida de la féria de San Isidro en estoquant le toro *Saleroso*, de la ganaderia de Cayetano Múñoz. Le parrain de la cérémonie est Julio Robles et Roberto Domínguez le témoin. Contrairement à son père, Rafael Camino poursuit une carrière artistiquement modeste, totalisant cependant à la fin de 2002 467 corridas, mais ne parvient pas à s'imposer dans cette difficile profession. Il a annoncé qu'il se retirera de la profession à la fin de la temporada 2003. R.A.

CAMPERO. Se dit des bêtes qui sont dans le campo où des hommes les surveillent. Une *fiesta campera* se déroule dans un élevage de toros, en plein air, à la belle saison.

CAMPO. Lieu d'élevage des toros bravos que les aficionados ne manquent pas d'aller visiter lorsqu'ils en ont la possibilité afin de compléter leurs connaissances et pour le plaisir de voir et d'admirer les bêtes dans leur milieu naturel.

Les professionnels vont très souvent au campo et considèrent que cette fréquentation est nécessaire pour bien comprendre les toros. R.B.

CAMPO CHARRO. Région d'élevage s'étendant autour de Salamanque.

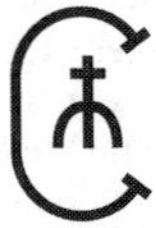

CAMPOS PEÑA Francisco
Origines : Murube-Urquijo et Juan Contreras, séparément
Devise : jaune et bleu
Ancienneté à Madrid : 9 juillet 1961
Propriété : « Hato Blanco Viejo », Villamanrique de la Condesa (Séville)

Cet élevage a été formé en 1941 par le marquis de la Ribera avec des vaches d'origine Villamarta et Parladé acquises à Clemente Tassara. Le marquis cède son troupeau en 1953 à ses fils, Alfonso et Antonio Jiménez de Sandoval. Ana Peña, veuve de Campos, acquiert la part d'Alfonso en 1954. Elle élimine deux ans plus tard toutes les origines Parladé avant d'acquérir en 1966 un étalon d'Urquijo, *Ordenado*, nº 8. Ana Peña disparaît en 1970 et c'est son fils, Francisco Campos Peña, qui hérite du troupeau. Le nouveau propriétaire fait l'acquisition en 1981 de deux étalons de Félix Cameno. Dix ans plus tard, Campos Peña cède l'élevage à ses deux fils, Ernesto et Francisco. Le bétail s'enrichit en 1992 d'un nouveau lot de Miguel Higuero Taberné.

Les toros importants :

- *Loquillo*, nº 32, combattu à Villena (Valence) en 1962 par Victoriano Valence (deux oreilles et la queue).
- *Borracho*, nº 35, combattu à Pampelune par Luis Francisco Esplá (deux oreilles et la queue).
- *Sabroso*, nº 15, combattu à Alicante en 1980 par José María *Manzanares* (deux oreilles).
- *Enamorado*, nº 36, combattu à Madrid en 1985 par Manolo Cortés.

Cet élevage continue à fournir régulièrement des toros de réserve pour des arènes importantes. Les autres lots sont combattus en masse dans des arènes de moindre importance. Depuis quelques saisons, il est d'ailleurs plus fréquent de voir les toros de Campos Peña combattus dans le cadre de corridas à cheval. Un exemplaire obtint d'ailleurs un tour de piste posthume le 18 août 2000 à Leganés (Madrid), après une lidia enjouée du rejoneador Raúl Martín Burgos qui coupa les deux oreilles et la queue. En 2001, un toro fut également présenté lors de la corrida de la presse à Madrid et fut fortement applaudi à l'arrastre. Programmé pour la corrida équestre de Ronda, l'élevage permit le triomphe incontestable du nº 1 du rejoneo, Pablo Hermoso de Mendoza (quatre oreilles). C.C.

CAMPUZANO.
Voir RODRÍGUEZ PÉREZ José Antonio.

CANAL (*carcasse*). Poids net de la viande du toro une fois vidé et dépouillé. Ce que les bouchers appellent les « quatre quartiers ». C'était le seul repère possible avant que les arènes de première et deuxième catégories ne soient obligées de posséder une bascule donnant le poids des toros en vif. Au poids en canal, il convient d'ajouter environ 40 % pour avoir approximativement le poids en vif. Ce petit calcul mental permet parfois de constater que le poids annoncé en vif est pour le moins fantaisiste. Très usité jusque dans les années 1960, l'expression « en canal » disparaît peu à peu des conversations taurines et des comptes rendus au profit des kilogrammes en vif.

En Espagne, on emploie couramment l'arroba, mesure traditionnelle valant 11,5 kg. Ainsi, un toro pesant 350 kg en canal, soit un peu plus de 30 arrobas, pesait 490 kg à son entrée en piste. P.M.

CANALES RIVERA José Antonio. José Antonio Canales Rivera a vu le jour le 28 mars 1974 à Barbate (Cadix). Neveu du regretté Francisco Rivera *Paquirri*, il débute en novillada piquée à Azpeitia le jour de son dix-neuvième anniversaire. Pendant trois saisons et demie, le jeune Canales Rivera prendra part à un total de quatre-vingt-dix-sept novilladas formelles, obtenant un nombre important de succès.

Le 20 juillet 1996, il prend l'alternative à Valence des mains d'Emilio Muñoz et en présence de Víctor Puerto face au toro *Campanillo*, nº 112, negro, pesant 475 kg et porteur du fer salmantin du Puerto de San Lorenzo. Vêtu d'un costume bleu ciel et or, Canales Rivera salue au tercio après un avis lors de son premier combat et donne un tour de piste à l'issue de sa seconde prestation. L'année suivante, il confirme l'alternative à Madrid, durant la féria de San Isidro : le 13 mai 1997 des mains de *Finito de Córdoba* et en présence d'*el Tato*. Face au toro de cérémonie *Farolero*, nº 39, negro bragado, pesant 577 kg, de l'élevage salmantin María Lourdes Martín, Canales Rivera salue au tercio. Vêtu d'un costume corinthe et or, il salue au tercio une nouvelle fois à l'issue de son second combat face à un exemplaire du même fer. Deux mois plus tard, le 14 juillet 1997, José Antonio prend part à son premier paséo français en qualité de matador de toros lors de la féria de Céret. Opposé à des toros de Juan Luis Fraile, Canales Rivera obtient devant le troisième la seule oreille de la corrida où il partageait l'affiche avec Luis Francisco Esplá et Miguel Rodríguez. Sa présentation en terres portugaises ne sera pas aussi heureuse, le 16 septembre 1998, à Moïtia, où il est grièvement blessé par un toro du Conde de Cabral. Les rejoneadores Antonio et João Ribero Telles ainsi que le matador Víctor Mendes étaient ses compagnons de cartel. Le 5 mars 2000, José Antonio Canales Rivera effectue sa présentation en Amérique latine, dans les arènes équatoriennes d'Ambato. Aux côtés de Luis Miguel Encabo et du torero local Guillermo Albán, Canales Rivera se présente en piste en violet et or et coupe l'oreille du toro *Saltarín*, nº 6, negro, de l'élevage de Mirafuente.

Après avoir partagé l'affiche avec son cousin Francisco lorsque tous deux étaient novilleros, José Antonio Canales Rivera poursuit sa carrière à l'échelon supérieur. Torero solide, il prend part chaque année à une bonne vingtaine de corridas, figurant dans quelques cartels importants et d'autres férias de moindre catégorie. Dès ses débuts, Canales Rivera s'est distingué par son courage et une grande soif de triomphes. Parfois supérieures à celles de Francisco Rivera Ordóñez, certaines de ses attitudes en piste rappelaient les grands gestes du regretté *Paquirri*, son oncle, notamment dans sa démarche, cape sur l'épaule, en allant recevoir le toro a porta gayola, plantant ses deux genoux en terre face au toril. Pourtant, il manque aujourd'hui un véritable triomphe aux deux cousins Rivera pour les voir intégrer le cercle des toreros « importants ». Avec le temps, Canales Rivera est devenu un torero de caractère. Grand fidèle des rudes corridas de l'été à Madrid, il fut notamment le parrain de confirmation d'alternative de Stéphane Fernández Méca lors de la présentation du torero nîmois et de l'élevage d'Occitania le 11 juillet 1999 à Las Ventas. Remarqué à Séville en 2000 lors de la corrida de la Croix-Rouge et très populaire dans les férias andalouses, José Antonio Canales Rivera laisse aujourd'hui encore l'impression d'un torero en devenir dont on devine les possibilités mais qui n'a pas encore su faire passer son toreo dans les moments importants. C.C.

CÁNDIDO Jerónimo José. Fils du matador José Cándido, né à Chiclana le 14 juin 1763 selon les uns, le 8 janvier ou le 16 avril 1760 selon d'autres. La fortune héritée avait été confiée à un tuteur dont la gestion catastrophique réduisit le jeune Jerónimo à la ruine dès l'âge de dix-sept ans ; il lui fallut faire face à l'adversité et il décida de devenir torero comme l'avait été son père. Protégé par don José de la Tixera, placé sous la direction de Pedro Romero, il commença son initiation dans les cuadrillas, comme il était d'usage à l'époque. Rapidement, il accéda au rang de deuxième épée (ou media espada) avant de devenir premier espada dans les plus grandes plazas de l'Espagne. Il apparut pour la première fois dans un cartel en 1792, comme media espada, à Madrid, puis toutes le années de 1793 à 1800 et même à Séville comme premier espada. Il partagea l'affiche avec tous les grands de cette période, mais il commença rapidement à souffrir de douleurs intenses dans la jambe droite qui le mettaient en péril devant les toros. Obligé de toréer pour faire vivre sa nombreuse famille, il s'efforçait de continuer. En 1824, ses amis lui obtiennent un emploi de commandant des douaniers de San Lúcar de Barrameda. Plus tard, il devint l'adjoint de Pedro Romero, dont il avait épousé la sœur, María Isabel, en troisièmes noces, dans l'école taurine de Séville. Après la fermeture de l'établissement, Cándido poursuivit ses fonctions dans les douanes jusqu'à la mort de Ferdinand VII. Il fut alors destitué et finit sa vie dans la plus grande misère, à Madrid, le 1er avril 1839. Certains disent qu'il affronta les toros jusqu'à l'âge de soixante-dix-huit ans, ce qui tendrait à prouver qu'il était né en 1760. À quoi était due une telle longévité ? D'abord à une santé hors du commun, ensuite parce que la nécessité l'y pressait, mais aussi parce que ce fut l'un des premiers toreros largos à avoir de grandes connaissances techniques et un registre important, ainsi qu'une grande sûreté de gestes. On rapporte aussi que Cándido avait inventé une manière de tuer, heureusement tombée dans l'oubli, en donnant plusieurs coups d'épée rapides et courts. R.B.

CÁNDIDO José. Matador né dans la première partie du XVIIIe siècle, probablement à Chiclana, et que l'on vit pour la première fois à Madrid le 25 mai 1758 ; il participa aux corridas de Séville dans les années 1762, 1764 et 1771. On lui attribue l'initiative du saut de la tête du toro, ces exercices étant très prisés à l'époque où la muleta n'était pas encore utilisée, la cape restant le seul moyen de lidier les toros dans les divers moments de la course. Il serait également l'inventeur de la *suerte del puñal*, qui consistait à tuer un toro encore debout d'un coup de dague à la jonction des vertèbres cervicales, ce qui se pratique maintenant avec le descabello. Cette manière de faire était très dangereuse et nécessitait une grande maîtrise au moment de tuer. Cándido était aussi très prisé pour ses sauts du toro à la perche, ou de diverses manières, et pour son jeu à l'épée souvent rapide.

En 1771, il participa aux fêtes de San Juan à El Puerto de Santa María et en intervenant dans un quite, il reçut une cornada, dont il mourut le lendemain. R.B.

CANDIL.
Voir DÍEZ ÍÑIGUEZ DE BALDOSERA Juan.

CANELO Miguel. On ignore tout de son existence, sinon qu'il est le premier matador à pied dont le nom soit mentionné dans les registres comptables de la Maestranza de Séville, pour l'année 1733 où il obtint pour sa participation 2 100 réaux, et qu'il participa à d'autres corridas dans les années 1734, 1736 et 1737. R.B.

CAÑERO Antonio. Ce Cordouan est issu d'une famille de tradition équestre ; son père étant professeur d'équitation, il participe à de nombreux concours hippiques en Espagne, en France et au Portugal comme capitaine de cavalerie et remporte de nombreux prix. En 1913, il participe à des festivals taurins comme torero à pied et ce n'est qu'en 1921 qu'il se révèle rejoneador lors d'une corrida patriotique. Il participe ensuite à une corrida donnée au bénéfice de la Croix-Rouge à Séville. Le succès obtenu l'incite à continuer. Il participe à de nombreuses manifestations et c'est le 2 septembre 1923 qu'il débute comme professionnel en Espagne. Antonio Cañero avait mis à l'honneur le costume de campo et initia un style personnel éloigné du toreo à la portugaise. Il concevait ses prestations comme une lidia totale, utilisant les rejones de châtiment, les banderilles et le rejón de mort. On peut donc affirmer qu'il a été le créateur du toreo à cheval en Espagne. Il fut le premier à descendre de monture et, muleta en main, en terminer avec son adversaire au lieu de laisser le soin de cette mise à mort à un novillero comme c'était alors la coutume.

En 1925, il vint à Paris le 1er novembre. L'année suivante, il est très sérieusement bousculé à Bilbao et la suite de sa temporada s'en ressentit. Cette année-là, lors d'un festival à Lisbonne, il tua son adversaire, ce qui fut la première mise à mort au Portugal où elle est interdite. En 1927, à Mexico, il soulève l'enthousiasme du public tant par sa domination que par son jeu varié. Il descendit de sa monture et, muleta en main, alla descabeller son adversaire. 1935 fut sa dernière grande temporada. Il termina sa vie le 21 février 1952 à Cordoue. Indiscutable maître du rejoneo, torero d'exception, cavalier émérite, il initia le toreo à cheval tel qu'il se pratique encore de nos jours. J.C.D.

CANILLA (*tibia*). Toro aux pattes fortes.

CANO RUIZ Manuel, *el Pireo*. Né à Cordoue le 30 juillet 1943, Manuel revêt son premier costume de lumières à Bélmez (dans la province de Cordoue), le 4 juin 1961, avant de fouler le sable de la plaza de sa ville, le 17 septembre, en adoptant pour apodo le nom du bar familial. Le 10 mai 1964, il est à Madrid, à Las Ventas, en compagnie de Gabriel Aguilar et de Rafael Corbelle, face à un lot de toros d'Andrés Parladé. Il est renouvelé quatre jours après face à des Baltasar Ibán. Après avoir participé à 64 novilladas, il prend l'alternative le 26 septembre à Cordoue des mains d'Antonio Mejías *Bienvenida*, en présence de *Zurito* et face à un lot de quatre toros de Carlos Núñez et deux de Herederos de Valenzuela. Il coupe l'oreille de son premier toro. Il confirme à Madrid le 18 mai 1965 lors de la féria, avec Julio Aparicio qui lui cède *Estribero*, toro d'Antonio Pérez Angoso, en présence de Curro Romero. La même année, il gagne le scapulaire d'or de la Feria del Señor de los Milagros à Lima. Il torée 73 corridas en 1966, finissant presque en tête de l'escalafón. Puis, les contrats s'espacent et après seulement 4 contrats en 1971, il participe à sa dernière corrida le 23 août à Olivenza, province de Badajoz, en mano a mano avec Florencio Casado devant un lot de Morales Calle, sans réussir à estoquer son premier adversaire. Ce fut une fin difficile pour un torero qui avait fait preuve de courage, de décision et de personnalité. R.B.

CAPACHO. Toro aux cornes basses, tombantes et très ouvertes et dont les pointes sont plus basses que la naissance des cornes mais d'une manière moins prononcée que chez le toro gacho.

CAPARAÇON. Protection du cheval. Voir PETO.

CAPE, CAPOTE DE BREGA. Instrument principal et irremplaçable des toreros pour la lidia, utilisée par les banderilleros pour la mise en place du toro, pour se protéger lors des quites du premier tercio, et par les maestros pour donner des passes de divers types dont la véronique est la plus classique.

À l'origine, c'était le vêtement que l'on portait sur les épaules et que l'on utilisait probablement pour dévier les charges. D'abord en laine, matière qui s'avéra trop rugueuse et ne permettait pas la suavité gestuelle, elle fut fabriquée ensuite en coton et même en soie pour les grands maestros. Mais le prix de cette dernière la limita vite aux capes de paséo richement brodées. Les couleurs se sont modifiées avec le temps. D'abord rouge vif pour l'avers, celui-ci s'est progressivement transformé en rose fuchsia. Quant à l'envers, s'il est maintenant généralement de couleur jaune d'or, il fut bleu, outremer, violet ou vert. Depuis qu'Esplá utilise des capes doublées de bleu outremer, un certain nombre de toreros font de même. Les toros sont insensibles à la couleur, ils ne distinguent que le noir et le blanc. Ainsi, contrairement aux idées reçues, le rouge ne les excite pas, et l'on vit même, en Amérique, des courses données avec des capes vertes pour satisfaire les doléances des sociétés de défense des animaux. Ce qui n'empêcha nullement les toros de charger.

Actuellement fabriquées en coton et fibres synthétiques, les capes sont à la mesure de ceux qui les emploient, de 1 m à 1,20 m, empesées pour avoir une bonne tenue et de la rigidité (sinon elles s'entortilleraient), et d'un poids important qu'on ne soupçonnerait pas quand on les voit maniées de mains de maître. La cape sert à recevoir le toro au commencement de la lidia. Instrument d'une très grande efficacité, elle permet au torero de calmer la violence de l'animal, de le déplacer ou de le détourner dans les quites et même de l'affaiblir. Maniée par des mains expertes, elle peut devenir le moyen de dessiner de fort belles passes dont la véronique est la plus courante.

La *capote de lujo* ou *capote de paséo*, de dimensions plus petites, est utilisée par les toreros à pied pour effectuer le paséo. Elle est richement brodée de motifs floraux ou religieux, vivement colorés et réhaussés de fils d'or et d'argent. Pendant la course, les ayudas les déploient devant les spectateurs du premier rang. R.B.

CAPEA. Théoriquement, lidia de becerros ou de novillos pour les aficionados, constituant la première phase des spectacles tauromachiques.

En réalité, les capeas se déroulaient sur les places des villages où l'on avait construit des barricades de protection et où l'on faisait sortir des toros ou des vaches de petits éleveurs, animaux sans caste et souvent dangereux, qui avaient parfois été déjà toréés, ce qui en faisait de redoutables assassins. On cite le cas d'un toro réputé de la région de Valence, qui avait tué quinze jeunes gens et blessé une centaine d'autres, et que son propriétaire continuait à amener dans les villages avec succès !... Les accidents étaient courants, les blessures souvent graves et les morts nombreux. Cet état de fait entraîna l'interdiction des capeas en 1908. La loi ne fut pas suivie d'effet et l'interdiction fut renouvelée en 1931. Le règlement officiel rappelle cette interdiction en 1962, mais il faut attendre les années 1970 pour que cette sanglante tradition prenne fin. Aujourd'hui, sous la surveillance de professionnels, les écoles taurines pratiquent les capeas pour faire débuter les élèves, en les confrontant à des toros d'un an, qui ne sont bien sûr toréés qu'une seule fois. R.B.

CAPEADOR. Torero qui exécute des passes de cape. Un bon capeador est un torero qui excelle dans cette spécialité, comme Andrés Vázquez.

CAPEAR. Se servir de la cape avec le toro.

CAPEO. Jeu de cape.

CAPILLA (*chapelle*). Dans toutes les arènes d'importance l'autorité aménage, à l'attention des toreros, une chapelle décorée et facile d'accès où ils puissent se recueillir. Un aumônier est à leur disposition.

CAPIROTE (*cagoule*). Toro dont la tête et le cou sont d'une seule couleur mais très différente du reste du pelage.

CAPITALISTA. Désignation ironique des jeunes apprentis toreros fort modestes et inconnus qui rêvent de devenir figuras et riches. Ils rodent autour des plazas à la recherche d'une opportunité pour révéler leur savoir et, lorsqu'ils le peuvent, sautent en piste pour se faire connaître ; dans ce cas, on les appelle « espontáneos ». Rappelons que c'est ainsi que commença un certain Manuel Benítez, plus connu sous l'apodo d'*el Cordobés*.

CAPOTAZO. Travail de cape à deux mains, pour déplacer le toro ou le mettre en suerte, en particulier pendant le tercio des banderilles. Tout abus de capotazos modifie négativement l'attitude du toro et peut le rendre difficile, particulièrement pendant la faena de muleta. R.B.

CAPOTE.
Voir CAPE.

CAPOTEAR. Donner des passes avec la cape.

CARA-ANCHA.
Voir SÁNCHEZ DEL CAMPO José.

CARACAS (Venezuela). Située à 900 mètres d'altitude, à 20 kilomètres de la mer, la ville de Caracas (Santiago de León de los Caracas), fondée en 1567, fut le siège d'une petite province de l'Empire espagnol, à laquelle étaient soustraits l'archipel de Margarita et la moitié occidentale du Venezuela, administrés depuis Bogotá. Caracas (35 000 habitants en 1796) n'a pris son essor qu'au XVIIIe siècle grâce à l'expédition de bétail dans les Antilles, de cacao et de café en Europe. Maracay devient la capitale pendant la dictature de Gómez. Après sa mort, en 1935, le gouvernement revient à Caracas. Le pétrole fournit vite des revenus considérables et un énorme pouvoir d'attraction. La capitale, qui avait moins de 100 000 habitants en 1904, en compte maintenant 1 850 000 et l'agglomération plus de 4 000 000.

La plaza de toros de San Cristóbal, qui peut accueillir 23 000 personnes, a été inaugurée le 19 janvier 1967 par une corrida composée de six toros de la ganadería de Piedrahíta et deux de Dosgutiérrez, que combattirent Antonio Chenel *Antoñete*, Francisco Girón, Francisco Camino et Manuel Cano *el Pireo*. R.B.

CARBONERO (de *carbón*, charbon). Toro berrendo dont le fond de robe n'est plus blanc mais noirâtre.

CARDENILLA La

Origines : Conde de la Corte et Juan Pedro Domecq y Díez
Devise : rouge et bleu
Ancienneté à Madrid : 19 mai 1995
Propriétés : « La Cardenilla », El Gordo (Caceres) et « El Consul y Los Cardales », Alburquerque (Badajoz)

Les frères Morales de la Calle achètent en 1940 de nombreuses vaches d'origine Santa Coloma et Contreras à l'élevage de Mariano Bautista Artistizábal. Dix ans plus tard, ils font combattre des novilladas à Tolède, Vista Alegre, Logroño, Madrid, Séville, Saint-Sébastien, ainsi qu'une corrida à Vista Alegre. L'élevage obtient ainsi en 1954 son intégration à l'Unión de Criadores de Toros de Lidia. Les propriétaires augmentent alors le troupeau en ajoutant des vaches de Garcigrande et de Graciliano Pérez-Tabernero. L'élevage est mis en 1964 au nom d'Alejandro et Juan Morales. Six ans plus tard, Juan Morales de la Calle reste seul à diriger l'élevage. Juan Morales de la Calle disparaît en 1978 et laisse le troupeau entre les mains de sa fille. Celle-ci met l'élevage au nom de son mari, Diego García de la Peña. La société anonyme La Cardenilla rachète l'ensemble du troupeau en 1984, modifie le fer, élimine les origines antérieures et reforme l'élevage avec des vaches et des étalons d'Antonio Arribas et de Los Guateles. L'année suivante, trois nouveaux étalons de Conde de la Corte sont intégrés au troupeau.

L'élevage de La Cardenilla fait partie des fers peu vus en France. Le dernier passage de cet élevage remonte à la saison 1999 à Floirac lors d'une corrida où José Ignacio Ramos coupa la seule oreille de l'après-midi. La Cardenilla avait vendu cette année-là un nombre impressionnant de toros et de novillos dans des arènes espagnoles de troisième catégorie. Les cent vingt exemplaires présentés dans les villages des provinces de Madrid, Tolède et Burgos mirent en exergue les qualités de lidiador de matadors expérimentés. Rafael Camino, Óscar Higares et surtout *el Fundi* remportèrent tout au long de la saison 1999 de larges succès face à cet élevage, s'accommodant parfaitement des charges plus maléables à la muleta des toros d'origine Conde de la Corte. *El Fundi* toréa de nombreuses courses de cet élevage au même titre que Tomás *Campuzano* qui effectuait alors sa tournée d'adieu. Le triomphe le plus convaincant du *Fundi* face à cet élevage eut lieu en 2001 dans les arènes de Valdemoro (Madrid). Également présent en novillada, le public de Barcelone vit évoluer Morenito d'Arles face à ce bétail en juin 2000. Quelques mois plus tard, c'est le matador *Juan Bautista* qui eut à toréer un sobrero de ce fer à Colmenar Viejo (Madrid). L'élevage présenta également deux lots intéressants dans les arènes de Leganés (Madrid) au cours du même été. Il fut également présent à Madrid et Saragosse où il envoya des toros de réserve. Le fer de La Cardenilla obtint enfin un tour de piste posthume le 29 avril 2001 au terme d'un combat administré avec autorité par Luis Milla à San Martín de la Vega (Madrid). C.C.

CÁRDENO. Toro gris par mélange de poils noirs et blancs. Avec une multitude de sous-variétés comme cárdeno entrepelado (gris avec des plages foncées), cárdeno salpicado (gris avec alternance de taches blanches), cárdeno nevado (gris avec une nette majorité de taches blanches). P.M.

CARETO (de *careta*, masque). Toro de n'importe quelle teinte et dont le front est blanc et le reste de la tête sombre.

CARGAR LA SUERTE. Expression quasiment intraduisible et dont l'explication est sujette à interprétations car son application a considérablement varié avec l'évolution de la tauromachie. On constatera que beaucoup de spectateurs, pour se donner l'allure de connaisseurs, emploient cette expression à haute voix à l'attention de leur entourage quand ils n'ajoutent pas à l'intention du torero : « Croise-toi !... »

À la traduction littérale (« charger la chance ») qui a peu de sens, nous préférons l'équivalence : « appuyer, imposer la passe » ou « forcer sur la charge », sachant que *Suerte* est un terme générique qui définit de nombreuses séquences de la course. On dira ainsi : « mettre en suerte » pour placer le toro, « suerte de varas » pour la séquence des piques, « suerte de matar » pour la mise à mort du toro, « suerte al natural » quand le maestro torée par des passes naturelles, c'est-à-dire en tenant la muleta dans la main gauche. Mais si l'expression est difficile à traduire, elle est tout aussi compliquée à définir, car les notions et les principes qu'elle sous-tend se sont modifiés avec le temps et doivent être adaptés tant au type du toro combattu qu'à la manière de toréer.

Nous tenterons donc d'en donner une approche aussi exacte que possible. Au début du XIXe siècle, cargar la suerte c'était, pour *Pepe-Hillo*, toréer de profil, en allongeant les bras et en conservant la plus grande immobilité possible. Et Montes d'ajouter qu'en utilisant le leurre dans l'espace extérieur, on éloignait le toro. On trouve aussi cette définition dans Zolarde en 1854 : « On appelle cargar la suerte le mouvement que fait le torero avec ses bras pour baisser la cape jusqu'à terre après avoir provoqué l'animal. Cette manœuvre a pour but d'écarter le toro de son terrain et de se mettre hors de la portée des cornes. » Cette définition correspond à un temps où les bêtes n'étaient pas élevées rigoureusement ni sélectionnées, mais âgées et réfléchies, donc dangereuses. On toréait toujours sur le qui-vive, en rompant souvent et en s'efforçant de renvoyer le toro vers l'extérieur. Rares étaient les toreros qui ne cédaient pas du terrain ou toréaient avec une certaine immobilité.

Au début du XXe siècle, quand on utilisa des toros sélectionnés et répondant davantage aux sollicitations, plus coopératifs et permettant au maestro de se confier, la manière de travailler évolua et au lieu de rompre, l'homme s'imposa davantage en prenant du terrain sur l'animal, marquant ainsi sa détermination. Le corps et en particulier la jambe opposée au départ de la charge du toro (si le toro vient de la gauche ce sera la jambe droite) avancent dans le sens de la trajectoire de l'animal, obligeant ce dernier à dévier sa course vers l'extérieur pour s'engager dans le leurre.

Les toros étant devenus plus nobles et mettant davantage la tête dans la muleta ou la cape, cette technique permet d'allonger la trajectoire parce que les bras étant écartés, les jambes en appui correct, le torero peut donner plus d'amplitude à ses gestes, mieux conserver le toro dans le leurre mais aussi d'enchaîner les passes comme il est maintenant d'usage (ce que l'on ne peut faire avec des toros mansos ou très dangereux). Par ailleurs, en s'affirmant davantage, l'homme contraint le toro qui subit beaucoup plus sa domination.

Sur quel principe se fonde cette technique ? Tout simplement sur le réflexe d'anticipation du toro qui, lorsqu'il attaque une cible en mouvement, incurve sa trajectoire pour l'atteindre plus facilement. En citant le toro, le torero donne un mouvement du leurre et/ou du corps vers l'extérieur, obligeant le toro à modifier sa charge originelle vers ce qu'il croit être la trajectoire de l'adversaire (le leurre), et cette manière d'anticiper l'endroit présumé de la rencontre trompe l'animal parce que l'homme interrompt son déplacement dès le déclenchement de la charge du toro qui, lui, continue selon sa détermination première. Ainsi, il apparaît clairement que le fait de donner cette impulsion et d'avancer la jambe dans la direction de la ligne de trajectoire de l'animal va infléchir celle-ci et rejeter le toro vers l'extérieur. Cette technique réfléchie a l'avantage, en trompant l'adversaire, de diminuer les risques, de permettre l'amélioration de la gestuelle et d'augmenter le dominio. À l'inverse, des toreros qui, au moment de la passe, reculent légèrement, n'écartent pas suffisamment les bras du corps, soit par crainte soit par manque de maîtrise, se mettent de plus en plus en danger et risquent généralement la cornada. Le réflexe naturel lorsqu'un toro charge serait de reculer pour se retirer de la trajectoire. Le matador qui ose faire le geste inverse et se protège par anticipation marque son courage et sa maîtrise.

Considérons la manière de toréer qui est maintenant la plus répandue : le corps droit, immobile, profilé, le maestro attend, imperturbable, la charge du toro, cite et fait passer sans avancer ni le corps ni la jambe. Si l'on s'en réfère à des critères classiques, il ne « charge pas la suerte ». Et pourtant, il s'impose par la seule gestuelle des bras, il dévie la charge uniquement avec le poignet. Il est certain que cette tauromachie n'est possible qu'avec certains toros ayant un comportement propice. Mais beaucoup de maestros arrivent à l'imposer à des bêtes qui ne paraissaient pas aptes à l'accepter. Car leur dominio est tel que l'animal, fasciné par le leurre, ne pense qu'à poursuivre celui-ci sans dévier de sa trajectoire. Ils sont arrivés à ce résultat grâce à leur placement mais aussi parce qu'ils conduisent la charge avec le leurre placé toujours à la distance convenable des cornes et sans que jamais celles-ci l'accrochent. Ce qui est une autre manière « d'imposer la passe » et de « cargar la suerte ». Voir le chapitre « La lidia », ci-dessus, p. 157 *sqq.* R.B.

CARIBELLO. Toro à la tête sombre mais frisottée de poils blancs.

CARIBLANCO. Toro dont la face est blanche.

CARICÁRDENO. Toro dont la face est grise.

CARINEGRO. Toro châtain clair, roux ou gris dont la face est de couleur noire.

CARINEVADO (de *nieve*, neige). Toro possédant une tête plus blanche que le reste du corps.

CARIOCA. Manière scandaleuse de pratiquer les piques, devenue courante de nos jours, destinée à châtier durement le toro en une seule rencontre. Elle a été initiée par le picador Miguel Atienza y Caro pour piquer les toros mansos et limiter le nombre de piques. Dès que le toro est entré en contact avec le groupe équestre, le picador fait tourner sa monture afin d'empêcher le toro de sortir vers le centre de la piste, ce qui l'oblige à pousser et s'épuiser vainement pendant qu'on peut le saigner outrageusement en toute impunité. Le toro exsangue à la fin de la rencontre ne peut plus charger convenablement. Les bons toros souffrent le plus de cette pratique car ils se confient davantage. Elle est rendue possible parce que les chevaux sont parfaitement protégés, et elle pourrait éventuellement être admise avec des toros mansos qui ont tendance à s'échapper. R.B.

CARIPINTADO. Toro possédant sur la face des taches de différentes couleurs distincte de sa robe, sorte de maquillage anarchique et outrancier, en forme de

« masque de carnaval de Venise », disent certains auteurs.

CARMONA Y LUQUE Antonio, *el Gordito.* Antonio est né le 18 avril 1838 dans le quartier populaire de San Bernardo à Séville de parents boulangers. Très vite, il suit ses deux frères aînés et s'entraîne aux abattoirs et c'est de cette époque que date ce surnom de *Gordito*, « le petit gros », lié à sa silhouette trapue.

Au début de sa carrière, il fait partie de troupes comico-taurines et séjourne au Portugal, où il apprend le quiebro bras croisés, qu'il exécute plus tard à Séville, le 19 avril 1858, devant un parterre enthousiaste ; seuls quelques puristes protestent et assimilent cette suerte à un numéro de cirque ! Il en ira bien autrement quand il associera cette figure à la pose des banderilles, le 24 juin 1858 à Jerez de la Frontera, avec cette fois un succès unanime et qui se répétera chaque fois. En attendant de débuter vraiment sa propre carrière, il commence comme banderillero de son frère José *Panadero,* dont il ne se séparera que quand celui-ci lui aura donné l'alternative à Cordoue le 8 juin 1862 avec un adversaire provenant de l'élevage de Romero Balmaseda. Il confirmera le 5 avril de l'année suivante des mains de *Cúchares* et devant *el Tato* avec un toro de Gala Ortiz, obtenant là encore un grand succès public qui n'aura guère de suite à Madrid, les austères aficionados madrilènes de l'époque n'appréciant pas ce qu'ils considéraient comme des excentricités ; en effet, son toreo est émaillé de sauts et de cabrioles devant les cornes. Il est d'ailleurs immortalisé par Gustave Doré, banderilles aux poings, assis sur une chaise face à un toro fabuleux ; ce dessin est paru dans le *Journal illustré* du 3 avril 1864. Il faut lire le récit complet qu'en fait Davillier en août 1861, quelques mois avant l'alternative, dans *Voyage en Espagne* publié en France chez Hachette en 1862 et en Espagne un peu plus tard : « La chose nous paraissait difficile pour ne pas dire impossible [...] le taureau se précipita bientôt [...] quand il ne fut plus qu'à deux pas de la chaise [...] *Gordito* éleva les bras et se jeta rapidement de côté en faisant une pirouette. Le taureau fit voler la chaise en éclats... »

Ce fut surtout un immense banderillero, mais un torero incomplet et médiocre à l'épée ; une figura quand même qui en Andalousie connut de beaux triomphes. De ses affrontements successifs avec *Lagartijo* et *el Tato* il ne sortit pas vainqueur. Ce dernier incarnant la sobriété, le contraste devait être saisissant. Il est passé par Bayonne en 1853, neuf ans avant l'alternative, pour une course hispano-landaise sans doute sans mise à mort. On le vit également à Paris rue Pergolèse en 1889.

Ce fut sa dernière année et il se retira dans une certaine aisance à Séville, où il mourut le 30 août 1920. Il eut un fils, *Gordito II*, qui reçut l'alternative des mains de *Bienvenida* le 13 septembre 1908 confirmant à Madrid le 27 mars 1910, Vicente Pastor lui offrant un pensionnaire de Pérez-Tabernero. J.B.T.

CARMONA Y LUQUE, frères. José Carmona naît le 20 mars 1825 à Séville, calle de Ocho Hornos, où son père tient une boulangerie. L'ambiance torera du quartier l'amène rapidement à s'intéresser à la tauromachie car son ambition n'est pas de succéder à son géniteur. En 1843, il est banderillero dans la cuadrilla de Juan León avec qui il parcourt l'Estrémadure. En 1846, il intègre la cuadrilla de José Redondo *el Chiclanero* et, en plusieurs occasions, il assume le rôle de media espada en profitant des leçons de son mentor. À la mort de celui-ci, il participe à des corridas dans des plazas de catégorie moyenne, où il prend de l'assurance, ce qui l'amène à alterner avec le grand *Cúchares* et quelques autres. L'année 1857 fut d'une grande importance pour les frères Carmona, Antonio *Gordito*, José et Manuel. *Panadero*, puisque tel est désormais l'apodo de José, est engagé sept fois. En 1858, avec son frère Manuel, ils forment une pareja fort connue et appréciée. L'année 1862 voit la séparation avec son plus jeune frère, Antonio dit *Gordito*, et les 20 et 21 septembre, la Maestranza de Séville les accueille pour la dernière fois. Ses contrats honorés, José se retire en 1863 dans sa propriété sévillane où il décède d'une apoplexie foudroyante le 12 août 1881.

Son frère, MANUEL Carmona y Luque, né le 24 novembre 1832 à Séville, suivit son exemple et abandonna rapidement la profession de boulanger pour celle de torero. En 1852 et 1853, il participe comme banderillero de son frère aîné José, dans les novilladas et corridas d'Andalousie et d'Estrémadure. Puis il intègre la cuadrilla de Manuel Domínguez avec qui il parcourt toute l'Espagne, tenant parfois le rôle de media espada. Il se décide à prendre l'alternative à Séville le 4 avril 1858 lors d'une corrida au bénéfice d'*el Sombrerero*. Les toros étaient de Saltillo et les toreros Juan Lucás Blanco, Manuel Domínguez *el Nili* et Manuel Carmona. Le 26 janvier 1878, il effectue sa dernière course, mais il revient le 7 juillet suivant à Séville ; le 1er septembre, il fait son dernier paséo avec *Cara-Ancha* face à un lot de toros de Concha y Sierra.

Il fonde une école tauromachique en 1893. Il meurt le 16 novembre 1899 à la suite d'une pneumonie. Il était un torero vaillant, un belluaire téméraire en particulier au début de sa carrière. R.B.

CARNE DE TORO (*chair à toro*). Se dit de toute personne qui, ne connaissant pas suffisamment la technique du toreo, décide quand même de se lancer dans l'affrontement avec les toros, s'exposant ainsi à être rapidement blessée.

CARNICERITO DE MÉXICO.
Voir GONZÁLEZ LÓPEZ José.

CARO SANTIAGO Francisco, *Curro*. Francisco Caro Santiago, dit Curro Caro, né à Linares le 11 mars 1957, viendra vivre à Fontvieille à l'âge de cinq ans, ce qui ne le rapproche pas du tout de la Maestranza de Séville. Plus tard, lors de la fête de ce village provençal, il ébauchera, avec un sac de jute en guise de muleta, ses premières passes à un taureau camarguais aux cornes munies d'étuis de cuir. Dès 1972, il intervient dans des fêtes locales et, après quelques courses sans picadors dans la région du pays d'Arles, où son expression déjà séduit, alors qu'il torée à Salamanque une vache d'Atanasio Fernández au cours d'une tienta, il entend le matador Gregorio Sánchez, invité comme lui à cette épreuve de sélection du bétail brave, prononcer la phrase inoubliable : « La vache et le torero ont de l'art. » Hélas ! aussi encourageante que soit cette constatation, elle ne constitue pas le « Sésame, ouvre-toi ! » des arènes d'Espagne.

Il effectue quelques capeas autour de Madrid, à l'occasion des fêtes patronales des gros bourgs de Castille. Dans cette atmosphère surchauffée, où règnent la bousculade et la liesse populaire, Caro, le délicat, le fragile, doit ciseler son style et se frayer un chemin. Un après-midi, à Arganda, il coupe quatre oreilles et une queue à des novillos de Benítez Cubero, alors que l'autre débutant refuse de se produire sous prétexte que les bêtes avaient subi de nombreux coups de cape désordonnées des jeunes de l'endroit. Le 29 mai 1977, il se présente à Vista Alegre avec Víctor Vázquez et David Silveti.

En 1979, c'est grâce à un film qui témoigne d'une de ses journées fastes à Burgos de Osma (province de Soria) que deux organisateurs décident de s'occuper de ses intérêts. De l'utilité du cinéma pour perpétuer ces gestes fugitifs dont l'exaltation ne laisserait pas de traces et s'éteindrait avec le soir qui tombe sur un coin perdu de la planète des toros. La pellicule sauve de l'oubli l'exploit de l'apprenti en état de grâce quand personne ne s'en soucierait au-delà de l'instant.

25 novilladas en 1980 : Caro occupe la cinquième place au classement, mais le résultat global de sa saison ne convainc pas. En mai, la corne lui a traversé la joue à Barcelone alors qu'il mettait à mort son adversaire. Ces blessures à la face sont, de l'aveu général, celles qui ébranlent le plus les artistes de l'arène, de Pepe Luis Vázquez à Curro Romero. Elles se rappellent à vous quand vous observez votre visage dans le miroir, elles vous frappent de nouveau à chaque regard.

Il reçoit l'alternative à Nîmes le 26 avril 1981, avec pour parrain Antonio Chenel *Antoñete* et pour témoin *Nimeño II*, face à un toro de Carlos Núñez.

Le 8 juin 1984, lors de la féria de Pentecôte, Curro Caro, après une bousculade, monte en chandelle sur la corne. L'accident, par bonheur, n'a pas lieu et quatre longues véroniques, aussi fermes que douces, reprennent l'ascendant. Caro a tout oublié, il accompagne chaque assaut du Jandilla d'un lent balancement du buste et paraît l'éloigner à regret, visage incliné sur l'épaule, bras berceur, le corps entier participe harmonieusement ou harmoniquement à la qualité de l'entente. Le frisson passe. Caro donne peu de toile et cela dure, dure : le toro fonce et le temps demeure suspendu.

« Il est beaucoup mieux qu'on ne le disait. » Première parole que lance Curro Romero à travers la cloison qui sépare sa chambre à l'hôtel du *Cheval Blanc* du cabinet de toilette où il infuse dans sa baignoire. « C'est qu'il a été beaucoup mieux que nous l'avions vu jusqu'à ce jour. Ne pas oublier l'excellence du toro de Jandilla. – Justement ! Il possède le don de la lenteur et il transmet. Avec un pareil toro, la plupart n'auraient rien dit que de vulgaire, de convenu. Ce n'est pas simple de se montrer à la hauteur de ce genre d'adversaire. Rien de brutal, de précipité, de heurté. Toute la faena en douceur, en décontraction et chaque geste si reposé. »

Curro Romero a bien mesuré la qualité esthétique de Curro Caro : il possède le don. Pourvu qu'on ne l'ait pas privé, comme tant d'autres, de la solidité morale nécessaire dans ce monde de lutte et de rivalité constantes ! On n'y mijote pas longtemps dans sa faiblesse. La profondeur du rythme imprimée à chaque passe ainsi que le naturel et l'élégance de l'exécution demeuraient les caractéristiques de Curro Caro. Peut-être manqua-t-il l'homme de confiance, apte à l'encourager dans les moments difficiles et à l'aider à se surpasser. Il allait seul dans l'arène, indocile, rétif devant la moindre réserve, sans ce conseiller dont le rôle éclaire et soutient le moral de l'artiste et dégage beaucoup de cette bonne énergie qu'il importe de capter et de convertir en sentiment.

Capable de conduire les toros là où ils aiment aller avant de mourir et où il n'y a plus place que pour la perfection de l'accord, dans la *gloria*, trop d'entre eux lui paraissent désormais pétris des pires intentions, marqués du mauvais signe, porteurs de noirs présages. Lors de sa confirmation d'alternative à Madrid (parrain : Roberto Domínguez ; témoin : Antonio Rubio *Macandro*), le 22 juillet 1984, il est gravement blessé par le toro *Cristalino*, d'El Torreón, qui lui a déchiré la cuisse sur trente centimètres... Le chant profond de l'artiste, son poème de gitan inspiré, ne réussit pas à s'imposer. Si l'on tient compte des espoirs qui l'accompagnaient, sa vraie carrière n'a jamais tout à fait commencé. J.M.M.

CARPINTERO. Homme de piste chargé de réparer rapidement et efficacement les dégâts occasionnés lors de la course des toros : planches enlevées ou cassées, burladeros déplacés, etc. Il est aussi chargé d'ouvrir et de fermer les barricades lors de l'entrée et de la sortie des piqueros ou du train d'arrastre et quand le toro saute dans le callejón, afin qu'il puisse regagner la piste. R.B.

CARRASCOSA Laurentino
Origines : Torrestrella et Juan Pedro Domecq
Devise : vert, rouge et or
Pas d'ancienneté à Madrid
Propriétés : « Las Manantiales », Retuerta del Bullaque (Ciudad Real) et « Navalrincón », San Pablo de los Montes (Tolède)

L'origine de ce troupeau remonte au travail de sélection opéré par Luis Rodríguez Collado avec du bétail de la marquise veuve de Cúllar. Tomás Pérez Padilla achète l'élevage ainsi formé en 1914, qu'il complète sept ans plus tard avec un lot de vaches et d'étalons de José Bueno – ancien nom du fer de Victorino Martín, d'origine Albaserrada. Teodoro Garro et les frères Díaz Guerra rachètent le troupeau, modifient le fer et insèrent un lot de vaches ainsi que deux étalons de Joaquín Buendía. L'élevage est vendu en mai 1957 à Laurentino Carrascosa qui change à son tour le fer. Carrascosa disparaît en 1970 et le troupeau passe au nom de ses héritiers. Ceux-ci acquièrent de Carmen de Villadiego un groupe de vaches et deux étalons d'origine Torrestrella en 1984. Deux ans plus tard, ils vendent les têtes de bétail d'origine Santa Coloma à l'éleveur portugais Varela Crujo. Les éleveurs achètent enfin en 1988 un lot de vaches d'Hermanos Sampedro, d'origine Juan Pedro Domecq.

Élevage modeste, Laurentino Carrascosa vend chaque année une vingtaine de toros répartie entre les arènes de deuxième et troisième catégorie en Espagne. Le 10 septembre 2000, le cinquième exemplaire de la novillada combattue à Lerma (Burgos) fut honoré d'un tour de piste posthume après une faena très volontaire de Jarocho (deux oreilles). L'année suivante, la même récompense fut octroyée pour le sixième toro de la corrida de Piedrabuena (Ciudad Real) au terme d'un combat très engagé d'*el Fandi* (deux oreilles et la queue). Toreros modestes et vedettes se répartissent équitablement l'ensemble des corridas proposées par l'éleveur. Laurentino Carrascosa fait partie des quelques élevages pouvant être aussi bien combattus par un *Finito* ou un Abellán que par un Padilla ou un *Fandi*, comme ce fut souvent le cas en 2001. C.C.

CARRERA, a la. Estocade de recours donnée en courant.

CARRETÓN. Instrument conçu pour permettre l'apprentissage des passes et plus particulièrement la pose des banderilles et l'entrée à matar. Un châssis métallique est monté, généralement, sur une roue de bicyclette et porte une plaque de liège ou un caisson en bois souple représentant le dos du toro, muni d'une paire de cornes ; il est manié grâce à deux mancherons. R.B.

CARRIL ou FERROCARRIL, toro de (littéralement, *toro sur rails*). Il charge selon la stricte trajectoire proposée par le torero et sans donner le moindre coup de corne au cours de la passe.

CARRIÓN SÁNCHEZ Manuel. Il est né à Valence le 2 janvier 1973 et commence dans le métier, en novillada piquée, le 17 février 1991 dans la région de Valence, à Pueblo de Vallbona, avec Ángel de la Rosa et Victoriano González. Il obtient un grand triomphe puisqu'il coupe les oreilles et la queue du premier novillo de Soto de la Fuente et les deux oreilles du second. Il se présente à Madrid le 30 avril 1993 face à des novillos d'El Torreón en compagnie de José Luis Gonçalves et de José Ignacio Sánchez. Cette journée est aussi un triomphe puisqu'il coupe l'oreille au premier et les deux oreilles au second.

Puis il reçoit l'alternative à Valence le 16 mars 1994, des mains de José María *Manzanares* en présence d'Enrique Ponce, face à *Hospedero*, toro de la ganaderia de Sepúlveda. Le 23 mai suivant, il confirme à Madrid avec pour parrain Miguel Báez *Litri* et comme témoin *Jesulín de Ubrique*, le toro *Amonito* étant de la ganaderia d'El Sierro. R.B.

CARRIQUIRI
Origine : Carlos Núñez
Devise : rouge et vert
Ancienneté à Madrid : 10 juillet 1864
Propriétés : « Vega de Hornillo » et « Valcuevo », Alconchel (Badajoz)

Cet élevage a été fondé à la fin du XVIIIe siècle par Javier Guendulain, qui le cède par la suite à son fils et à son petit-fils. Nazario Carriquiri récupère l'élevage en 1850 et l'augmente trente-trois ans plus tard avec du bétail de Espoz y Mina. Les héritiers de Carriquiri vendent l'élevage en 1908 à Bernabé Cobaleda qui recompose le cheptel avec des vaches et un étalon de Conde de la Corte. En 1929, Juan Cobaleda Sánchez hérite de la moitié du troupeau. Ce lot passe ensuite entre les mains d'Andrés Parladé (1963), puis Antonio Campos Peña (1969) et enfin Antonio Gallego Romero (1980). Ce dernier vend le fer en 1981 à Joaquín Barral. L'élevage est racheté en 1988 par Antonio Briones Díaz, qui annonce les produits sous l'ancienne appellation d'origine : Carriquiri. Il élimine toutefois une part importante des origines antérieures, rafraîchissant le sang avec de nouvelles vaches et des étalons de Rincón y Hermanos Núñez – il s'agit de l'ancien fer de Herederos de Carlos Núñez, actuellement rebaptisé « Los Derramaderos » –, puis avec des vaches et des étalons de Manolo González et de son épouse Socorro Sánchez Dalp. Il ajoute par la suite un nouveau lot de vaches et d'étalons d'Alcurrucén en 1995, 1996, 1997 et 2000.

Les toros importants :
- *Guantero*, combattu à Pampelune en 1855.
- *Llavero*, combattu à Saragosse en 1860.
- *Manta al Hombro*, combattu à Madrid en 1860.
- *Tenaz*, combattu à Madrid en 1864.
- *Mainete*, combattu à Madrid en 1865.
- *Sargento*, combattu à Barcelone en 1867.
- *Borracho*, combattu à Barcelone en 1877.
- *Lancero*, combattu à Tudela (Navarre) en 1881.
- *Llavero*, combattu à Pampelune en 1900.
- *Corresol*, combattu à Palma de Mallorca en 1995 (prix Palma de Plata).

Peu prisé des toreros vedettes, cet élevage est constant dans la régularité de ses produits. Les toros de Carriquiri sortent régulièrement à Madrid, obtenant depuis ces dernières saisons des succès répétés. C.C.

CARTAGENA Andy.
Voir CÉSPEDES GONZÁLEZ Andrés.

CARTAGENA Ginés. Ce cavalier remarquable, vedette incontestable du rejón, né à Benidorm le 19 juin 1968, torée pour la première fois en public, âgé seulement de quatorze ans, en 1982 à Alfaz del Pi, à proximité d'Alicante. Le 19 mars 1987, il fait sa présentation à Madrid accompagné de *Curro Bedoya* et des frères João et Antonio Ribeiro Telles face à du bétail de Infante da Cámara. En 1987, il participe à trente corridas et l'année suivante à quarante et devient numéro un à l'escalafón des rejoneadores. Doté d'un tempérament vibrant, il subjuguait déjà les foules avec ses chevaux exceptionnels *Whisky* et *Quiebro*. En 1989, avec soixante prestations, il est encore en tête. La variété de son toreo et sa manière peu orthodoxe de toréer lui valent les faveurs du public qui apprécie en particulier son innovation : la pose des banderilles *al violín*. Le 3 juin 1990, à Madrid où il est en compagnie de Manuel Vidrié, Javier Buendía et Antonio Correas, il obtient, exploit exceptionnel, les deux oreilles d'un toro de Manuel Sánchez Cobaleda. Il termine encore premier du classement avec soixante contrats. Le 21 avril 1991, dans les arènes de la Maestranza, il conquiert Séville en coupant deux oreilles à un toro de Luis Albarrán González. Il se présente en Amérique en 1992 où sa manière virile de diriger ses montures, son engagement total dans les quiebros, sa recherche des terrains inédits, déchaîne l'enthousiasme des foules. En 1994, il se produit en Colombie et en Équateur. Il est à remarquer que ce sont deux Français, Luc Jalabert et Alain Lartigues qui sont ses apoderados. Devenu la vedette incontournable des férias, il est une idole admirée en piste comme au dehors, tant sa joie de vivre est communicative. En France, c'est à Nîmes, le 22 mai, qu'il triomphe en coupant en force deux oreilles. 1995 : il a déjà toréé plus de quatre-vingt-dix fois. L'avenir lui semble favorable quand, le 22 novembre, au kilomètre 36 sur l'autoroute d'Estrémadure, de nuit, un camion le fauche alors qu'il venait, pour une raison inconnue, de sortir de sa voiture. Disparition tragique de ce remarquable rejoneador qui a révolutionné le toreo à cheval comme *el Cordobés* le fit dans le toreo à pied. Bien que n'étant pas issu d'un haut lignage comme la plupart de ses collègues du rejón, son tempérament, sa fougue, ses connaissances équestres et son sens exceptionnel de la lidia en ont fait une figure éminente de la tauromachie à cheval. J.C.D.

CARTEL.

1) Affiche que l'on appose en divers endroits pour informer le public des corridas qui vont avoir lieu. On y trouve indiqués la date, le lieu et l'heure de la course, ainsi que les noms de la ganaderia et des matadors, dans l'ordre de leur ancienneté.

Les premières affiches étaient uniquement typographiques. Une des plus anciennes conservées annonce une course à Madrid le 30 octobre 1775 (« Si le temps le permet... ») avec pour espadas le fameux Juan Romero, Joaquín Rodríguez *Costillares* et Pedro Romero. Puis, les gravures sur bois firent leur apparition, avant l'arrivée de la lithographie, qui permit d'exécuter des affiches illustrées et colorées : un modèle se mit progressivement en place reproduisant des œuvres à l'huile de peintres spécialisés. Les affiches de corridas étaient donc, jusqu'aux années 1980, très figuratives et représentaient des matadors en action.

Désormais, de nombreuses villes, pour se singulariser, demandent à des artistes de créer les affiches, ce qui ne va pas sans quelques surprises quant à la manière dont la corrida est représentée selon les orientations de l'art contemporain ! On a même vu un artiste ayant signé l'affiche de la féria de Nîmes il y a quelques années déclarer ensuite dans un hebdomadaire qu'il considérait la corrida comme inadmissible et à proscrire.

2) Cartel peut aussi signifier le degré de popularité d'un torero dans une ville ou une région. Par exemple : « Paco Ojeda a toujours eu un grand cartel à Nîmes. » R.B.

CARTHAGÈNE (Espagne. Alicante 110 km – Madrid 445 km). Fondée sous le nom de Mastie par des Ibères, conquise en 223 av. J.-C. par les Carthaginois, elle devient romaine treize années plus tard. Après la conquête arabe, on y installe des chantiers navals et la prospérité de la ville s'affirme. Elle compte actuellement 168 000 habitants.

La plaza de toros, contenant 10 000 places, a été inaugurée le 5 août 1845 par un encierro de Justo Hernández qui fut estoqué par les matadors Francisco Arjona *Cúchares* et son frère Manuel. R.B.

CARVAJAL GARIBAY Guillermo. Ce matador mexicain est né dans la petite ville de Gómez Palacio le 4 juillet 1927. Après des études élémentaires, il se destine à une carrière technique. Mais il abandonne tout pour la tauromachie, à laquelle il s'initie dès 1944 et, après quelques novilladas, il reçoit l'alternative dans les arènes de Mexicali le 4 janvier 1953, des mains de José González *Dominguín* en présence d'Humberto Moro, face à un toro de Jesús Cabrera. Puis il confirme à Mexico le 30 janvier

1955, des mains de *Calesero*, face à un toro de Jesús Cabrera.

Professionnels qui se consolideront petit à petit, si la chance ne les abandonne pas, ils sont des dizaines qui s'exercent à pratiquer un toreo sérieux, mais assez peu différencié. Il leur faudra beaucoup de persévérance pour vaincre et sans doute à un niveau modeste. Ils œuvrent en bons artisans, modèlent la charge de leurs adversaires avec l'application que donne le métier et quelques touches plus vibrantes lorsque leur plaisir devient communicatif. Ils se sentent soudain toréer, se savent sentis par le public et les ondes de l'émotion déferlent en piste. Venu chercher fortune en Espagne l'année 1956, le 29 septembre Guillermo Carvajal confirme son alternative à Madrid avec Antonio Vázquez comme parrain et Mario Carrión, comme témoin, face à du bétail d'El Pizarral de Casatejada.

Ensuite, il décroche quelques contrats dans le sud-est de la France. Malgré ses succès marseillais, il ne convainc guère le noyau dur de l'afición qui le surnomme *Carnaval*. Son geste trop souvent outré, paroxystique, déplaît. Selon ses contempteurs, son toreo psychédélique n'est pas inspiré par quelque duende mais par quelque drogue de son pays. Il lui faut s'exposer beaucoup dans le combat pour que se taisent les moqueries. D'où cette impression de bouffonnerie, un rien démente.

Reste que le 26 mai 1958, à Nîmes, il triomphe avec des toros de Carlos Núñez aux côtés de Luis Miguel *Dominguín* et d'Antonio Ordóñez, au sommet de leur art et en pleine répétition de leur futur duel de *L'Été dangereux*. Guillermo Carvajal échappe à l'infernale atmosphère de dérision qui, malgré son courage, le faisait trop souvent juger ridicule. Il torée en état second, enchaîne ses passes avec un bonheur inimaginable, soûl de quelque gloire, visité par une grâce qui lui dicte les actes les plus adéquats, et polit les rugosités de son travail. Transfiguré, il abandonne sa muleta pour tuer et provoque son adversaire avec un simple mouchoir.

De retour au Mexique, il paiera par de graves blessures la volonté de ne pas renoncer, l'espoir de revivre un jour l'apothéose de Nîmes. J.M.M.

CARVALHO TENORIO Joaquim Manuel, *Joaquim Bastinhas*. Ce rejoneador est né à Elvas, au Portugal, le 8 mars 1958, et fit sa présentation à Lisbonne en plaza de Campo Pequeno en 1969, exemple rare de précocité. En guise d'entraînement, il se produisit dans la plupart des arènes d'Estrémadure et le 9 septembre 1979 il devient professionnel. En 1982, il participe à vingt-cinq courses et se présente à Arles le 18 juillet. Le 15 mars 1983, il reçoit l'alternative à Evora des mains de José Mestres Baptista avec João Moura comme témoin, lors d'une corrida-concours, face à *Doctorat* de la ganaderia de Branco Nuncio. Le 14 juillet, il confirma à Lisbonne avec João Palha Ribeiro Telles comme parrain et Paulo Caetano comme témoin face à des toros de Antonio José Veiga Teixeira. J.C.D

CASA GARCÍA Gabriel de la. Né à Madrid le 2 août 1948, il est le fils d'Emiliano *Morenito de Talavera*. Il commence sa carrière le 19 mars 1963 à Arenas de San Pedro, puis il torée beaucoup en Amérique du Sud. De retour en Espagne, il se présente à Madrid le 19 mars 1965. Il prend l'alternative, après 91 novilladas, le 9 août 1967 à Manzanares devant *Quebrado*, toro de la ganaderia de Montalvo auquel il coupe les deux oreilles. *El Cordobés* est le parrain, Victor Manuel Martín le témoin. Ce jour-là, il coupe deux oreilles et la queue à son second toro.

Il débute le 8 décembre 1967 à Bogotá avec Pepe Cáceres et *el Viti* devant des toros de Vistahermosa, puis confirme son alternative à Mexico le 23 février 1969 devant des Torrecillas avec comme compagnons de cartel *Finito* et *Calesero Chico*.

Il confirme à Madrid le 15 mai 1969 devant *Jazminito*, toro de la ganaderia d'Osborne avec *Serranito*, parrain, et *Tinín*, témoin de cérémonie. C'est à Dax qu'il fera ses débuts en France, le 17 août 1969, devant des toros de Branco Nuncio, avec Diego Puerta et Manolo Cortes. Une grande partie de sa carrière se déroule aux Amériques où il renouvelle ses triomphes. Il a participé à quelque cinq cents corridas avec succès. Puis il a progressivement diminué sa participation. R.B.

CASAS Julián, *el Salamanquino.* Solide, puissant, imposant, le regard droit teinté d'arrogance, volontaire et déterminé, Julián Casas, dit *el Salamanquino*, va enfin recevoir l'alternative, en cette année 1847, après dix ans de rudes labeurs dans des corridas souvent sans prestige ou dans des rangs secondaires. Rien ne le destinait pourtant à cette carrière.

Né le 16 février 1818 à Béjar, province de Salamanque, Julián est issu d'une famille aisée : le père est militaire de carrière, la mère issue d'une famille d'industriels. Retiré à Salamanque, le père décède alors que Julián est encore adolescent et qu'il préfère courir les placitas des ganaderos plutôt que suivre les études auxquelles sa mère voudrait le destiner. Devant les vaches, il se débrouille correctement et cela lui vaut une certaine réputation qui parvient aux oreilles de la famille. Celle-ci décide de l'inscrire en faculté de médecine afin de l'éloigner des ruedos.

En 1835, le choléra ravage la Castille et la mère de Julián meurt. Il a dix-sept ans et il prend comme maître un torero sans avenir qui va de pueblo en pueblo pour gagner une gloire discutable : Pedro Mulas *el Frail.* Julián est membre de sa cuadrilla, mais il doit se débrouiller seul. Heureusement, il est très puissant, rapide et habile, avide de se perfectionner. En 1839, il figure dans un cartel à Madrid, encore subalterne, puis participe à des cuadrillas d'importance comme celles de *Cúchares* ou de Juan León. Protégé par l'empresa de Madrid qui peut enfin programmer un torero castillan face aux Andalous qui tiennent le haut du pavé, Julián participe à des corridas dans la capitale, bien que n'ayant pas l'alternative, ce qui ne l'empêche pas d'être aux côtés de vedettes réputées.

Pour sa consécration dans la capitale madrilène, en 1847, il est entouré par Manuel Díaz *Lavi* comme parrain et Pedro Sánchez *Noteveas* comme témoin. Comme il lui faut assurer sa carrière, il s'engage aux côtés de *Cúchares*, ce qui lui assurera un nombre important de contrats. Et *Cúchares* l'a accepté pour s'attirer les faveurs du public madrilène et de Castille. Julián tire profit de cette association car il affine son métier et se fait connaître dans le sillage de *Cúchares*.

Le public est séduit par sa gentillesse, sa simplicité et son honnêteté. On lui pardonne des erreurs de lidia car le toreo de Julián manque singulièrement de liaison, de suavité, de dominio, au profit de ses capacités athlétiques (comme sauter la barricade sans appui) qui satisfont la majorité des spectateurs peu exigeants sur ses qualités tauromachiques. Pourtant, Julián fait tout pour améliorer ses prestations. Il a alors l'heureuse initiative de faire quelque peu fi des règles établies, acquérant ainsi une personnalité singulière.

Dès 1852, il est accueilli favorablement dans l'Andalousie et ses succès sont nombreux. Puis, il traverse l'Atlantique et fait une tournée triomphale au Pérou. Lorsqu'il revient, vers 1870, avec un viatique imposant, il se retire des ruedos et se consacre à l'administration de ses propriétés et de son élevage de toros.

En 1878, lorsque Alphonse XIII et Mercedes d'Orléans se marient, il est sollicité pour les corridas royales qui sont données à cette occasion. Mais le temps a fait son œuvre et le vieux matador de soixante ans n'a plus les réflexes ni la prestance qu'on lui connaissait. Méconnaissable face à son toro, il essaie de s'engager mais ne parvient pas à placer l'épée. Il fait preuve de courage car il se relève après avoir chuté deux fois devant les cornes. Afin d'éviter de le dévaluer davantage, on rentre le toro au toril et Julián quitte la piste sous une ovation amicale. Le 14 août 1882, Julián Casas, dit *el Salamanquino*, meurt dans sa ville natale. R.B.

CASAS Simón.
Voir DOMBS Bernard.

CASTAÑO (*marron*). Toro de couleur châtaigne, marron.

CASTAÑO PÉREZ Javier. Le 1er avril 2001 à Saint-Sébastien, Javier Castaño Pérez, né à Zamora le 28 février 1980, après avoir participé à 49 novilladas piquées, reçoit l'alternative des mains d'Enrique Ponce, parrain, en présence de Julián López *el Juli*, témoin, devant *Entrador*, toro negro de la ganaderia de Santiago Domecq pesant 562 kg. Il salue au tercio après ce toro d'alternative mais le second, de la ganaderia de Bohórquez, le blesse.

Castaño confirme à Madrid le 17 mai 2001 devant *Turronero*, toro de la ganaderia de Carmen Camacho avec Ortega Cano comme parrain et *Finito de Córdoba* comme témoin.

Torero élégant et sobre, il se présente en France, à Eauze, le 8 juillet 2001, pour combattre un toro de la ganaderia d'El Torreón en compagnie de Víctor Puerto et de *Juan Bautista*. R.B.

CASTE. En tauromachie, terme proche de « race », qui s'applique uniquement aux toros de lidia. Il prend en compte la lignée d'hérédité et sous-entend une sélection de telle sorte que toute lignée ancienne devient une caste. C'est ainsi que les Miura, Vistahermosa, Vázquez forment aujourd'hui des castes. Il n'en était pas ainsi à l'origine.

C'est un terme qui revient très souvent dans le langage taurin : toro de grande caste, de media caste, élevage décasté, toro de caste Jijón... Ce terme ambigu déroute le jeune aficionado puisqu'il recouvre aussi bien un concept ayant trait au comportement en piste de l'animal qu'à ses antécédents. Concept difficile à définir et que le Cossío lui-même (tome 1) se contente d'expédier en une ligne : « Caste : issu d'un lignage. Concerne le toro d'origine brava identifiée. »

Disons qu'une caste est une communauté ayant une filiation et des caractères communs parfois variés mais sans que les éventuelles différences soient suffisantes pour constituer une nouvelle variété. Le mot possède donc deux significations : la caste-origine et la caste-comportement.

Caste-origine

La seconde moitié du XVIIIe siècle est la période de référence, celle à partir de laquelle les élevages vont commencer à se structurer et où vont apparaître des noms appelés à faire souche et à constituer des dynasties fondatrices. Entre 1760 et 1800 vont surgir ces castes qui ont toutes un facteur commun : leur origine est inconnue. C'est le cas en Navarre pour Guendulain, Zalduendo, Carriquiri, c'est le cas en Castille pour les Jijón, c'est le cas pour diverses castes andalouses originelles comme celles de Cabrera, Gallardo et Vázquez. *Idem* de Vistahermosa dont la légende et le respect quasi mystique qui entoure ce nom voudraient en faire le dépositaire d'un sang noble ; or, lorsque le comte fonda sa ganaderia en 1770, la seule chose que l'on sache est qu'il avait acheté un lot de bêtes disparates à un agriculteur de Dos Hermanas. Quant à la caste Vázquez, mêmes réserves : créée vers 1780, elle est le résultat d'animaux provenant du marquis de Casa Uloa et d'un certain Becker et d'autres encore, achetés à Cabrera et à Vistahermosa.

La confusion la plus regrettable s'installe, malentendus et contrevérités s'additionnent, car chez trop d'auteurs taurins confondant souche biologique et lignée aristocratique le doute n'est pas permis : pour eux une caste, c'est une race pure. Depuis des lustres ces chroniqueurs taurins entretiennent l'équivoque d'un sang génétiquement pur. Biologiquement on ne peut pas souscrire à ce point de vue. D'abord parce que le terme de race comme on l'utilise généralement n'a aucune base scientifique : c'est une classification simplement culturelle que les critiques taurins se transmettent pourtant de génération en génération.

Pis, ils parlent de « race pure » qui ne devrait être constituée que d'individus strictement homozygotes, individus porteurs du même gène sur les deux chromosomes d'une même paire. Cette homozygotie absolue ne se rencontre que chez les animaux de laboratoire. Elle ne saurait être obtenue dans la pratique de l'élevage.

D'autant plus qu'aux XVIIe et XVIIIe siècles, le mode de reproduction était sommaire : dans un vaste enclos on enfermait une quarantaine de vaches d'origines disparates, on lâchait trois ou quatre étalons de provenances variées, ce qui avait pour résultat de donner naissance à des produits aux origines incontrôlables. Sur des bases aussi hasardeuses on conviendra aisément qu'il est difficile aujourd'hui de parler de race X, de race Y, en donnant à ce terme de race le sens de lignée biologiquement pure comme le font encore trop souvent certains revisteros ou aficionados avec tous les croisements connus ou inconnus, réels ou supposés. Il suffit de regarder l'arbre généalogique d'une ganaderia un peu ancienne pour constater qu'il est aussi compliqué que certains puzzles. Sans parler des éleveurs amis mais peu scrupuleux qui se prêtaient clandestinement des étalons. Comment peut-on présenter comme de race pure par exemple un toro berrendo en negro, alors qu'il porte en permanence sur lui le constat le plus évident de son métissage ? Alors qu'en matière de cheval ou de chien existent des impératifs draconiens concernant le type morphologique – la robe, la couleur des yeux, l'alignement dentaire –, il n'y a aucun standard de ce genre concernant les toros parce que c'est totalement impossible. Les castes de toros ne sont que des variétés disparates, génétiquement hétérogènes. Des communautés. Ce qu'en biologie on nomme des « populations génétiques » ou apparentées.

Il en est des castes de toros comme de toute autre caste animale ou humaine : elles constituent un groupe social très fermé, avec leurs règles et usages, organisations sociales rigides dans lesquelles l'ordre et l'élaboration des strates successives sont définis et maintenus par l'endogamie (constance des mariages au sein de la communauté), ce qui entretient la confusion avec une soi-disant pureté génétique.

Plus simplement, on peut dire qu'une caste de toros est la même chose qu'un cru en matière de vin : par flair, par tâtonnements, par modification des sols, par soins continus des ceps et des grappes, par la vinification mais surtout par un mélange bien dosé des cépages, un jour on en arrive à un produit considéré comme excellent ou idéal : un prestigieux château-margaux est fait de 75 % de cabernet sauvignon, de 20 % de merlot et de 5 % de cabernet franc, un grand saint-émilion résulte de l'heureuse conjonction de merlot, de cabernet sauvignon, de cabernet franc et de malbec, etc. En simplifiant les choses à l'extrême, on pourrait dire que chaque cépage est une race pure alors que le produit final, pour aussi prestigieux qu'il soit, ne l'est pas du tout. C'est ce qui s'est passé et se passe dans les élevages.

Pleurer sur la disparition de telle ou telle caste relève d'un sentiment nostalgique estimable. On peut aussi regretter que lors de la guerre d'Espagne, pour des motifs alimentaires ou idéologiques, des élevages réputés de caste Jijón (Puerta Sanz, Antonio Arribas, García de la Torre) aient été décimés. Presque exclusivement situés dans un triangle Teruel-Tolède-Jaén, une trentaine de ces élevages furent anéantis. Certains se reconstituèrent mais dans la plupart des cas à base de Vistahermosa, comme les Samuel Flores. La biologie nous aidera donc à tempérer notre chagrin puisque cette caste disparue n'avait de pureté que celle que la nostalgie voudra bien lui accorder.

La pureté d'une race ne vit et ne se transmet impérativement que par la consanguinité la plus directe, la plus exigeante et la plus soutenue. Or, ce n'est pas ce que font les éleveurs, même s'ils opèrent bien sur un fond de consanguinité indiscutable. Pour s'en convaincre il n'y a qu'à jeter un coup d'œil sur l'annuaire de l'Unión de Criadores de Toros de Lidia : si l'on y parle beaucoup d'« élimination », ce qui est souhaitable si l'on veut tenter de « requalifier un sang », on y parle encore plus d'« augmentation » par apports de vaches ou d'étalons extérieurs dans le but de dynamiser et d'améliorer le comportement des futurs produits. Les éleveurs appellent cela « rafraîchir le sang ». Dès cet instant, il est totalement illusoire de parler de sang pur. Les ganaderos ne le prétendent d'ailleurs pas, mais ne voient évidemment aucun inconvénient à ce que l'on continue à entretenir le mythe nobiliaire de la race pure.

À la fin du XVIIIe siècle les toreros de l'époque (Pedro Romero, *Pepe-Hillo*, etc.) affrontent donc des toros de variétés différentes, ce qui est autre chose, nous venons de le voir.

• *Le toro navarrais* (et sa variété aragonaise), terciado (on prétend que ce terme fut créé pour *Pepe-Hillo*), à l'encornure généralement courte et tournée vers le haut, inlassable sauteur de barrières, vif, dur au combat, rusé et s'avisant rapidement. D'après les documents de l'époque et les gravures de Goya, le toro navarrais était probablement très proche du cocardier camarguais d'avant-guerre. Une rengaine du temps affirmait que « si un toro de Carriquiri vient à t'attraper, médecin et pharmacien ne pourront rien pour toi ! ».

• *Le toro castillan*, énorme, aux cornes souvent démesurées, « féroce et sanguinaire » comme dit Oduoga Zolarde. Élevé dans un climat difficile, la terre aride et montagneuse où il résidait en faisait un animal aux pattes dures, un adversaire infatigable et féroce.

• *Les andalous* comme les Cabrera (de sentido), les Gallardo (puissants), les Vázquez (très forts et braves), les Espinosa (difficiles et mansos), les Vistahermosa (porteurs privilégiés de la noblesse). Peu à peu, ces derniers, alliant beauté physique, bravoure et noblesse, s'imposeront finalement à tous comme le prototype même du toro de combat. Pour compliquer les choses, certains élevages fondateurs vont disparaître, d'autres vont apparaître comme Veragua, Bañuelos, Benjumea, Concha y Sierra, Murube, Miura. Certains éleveurs vont continuer à vendre ou à échanger du bétail au gré des besoins, des cousinages et des amitiés. Parfois sans laisser de traces. Les choses se compliquent également quand meurt l'éleveur : la ganaderia est morcelée, l'élevage s'éparpille, se dilue, se reconstitue (parfois ailleurs) sur de nouvelles bases. Seul Miura conservera l'intégralité de son origine, néanmoins hétérogène, en refusant des apports extérieurs. C'est cette constance qui lui confère son originalité historique. Sans perdre de vue ces apports extérieurs quand on se souvient que chez Miura, sur une souche initiale Gallardo et Cabrera, sont venus se greffer des Vistahermosa et Veragua... *Idem* des Pablo Romero donnés si souvent comme exemples de pureté : sur une base Gallardo et Vázquez sont venus s'ajouter du Jijón, Cabrera et Ibarra.

Au nom de la tradition, de l'usage et de la facilité, conservons si l'on veut le terme de caste, mais en ne perdant pas de vue qu'il faut lui donner strictement le sens d'ethnie, de dynastie, de famille fondatrice, de communauté conçue dans une certaine continuité des générations mais en aucun cas celui de race pure.

Caste-comportement

Aptitude, talent particulier pour le combat, sorte d'exubérance guerrière constante, présence en piste due à l'alliance de trapio, de bravoure, d'un peu de nerf et d'une dose appréciable de noblesse, mais une noblesse qui ne soit pas de la candeur naïve.

La caste, c'est un orgueil manifesté du début à la fin, celui de vouloir sans relâche attaquer son adversaire, homme ou groupe équestre, la bravoure augmentée de la pugnacité teintée d'un très net flamboiement. Mais avec cependant des réserves puisqu'il y a des mansos con casta, ce qui paraît paradoxal et que nous traduirons avec prudence par « peureux avec panache ». Il faudrait un long développement pour tenter de faire la différence avec d'autres comportements pouvant présenter, l'espace d'un moment, certaines similitudes avec la caste. Comme par exemple le « nerf » qui peut berner l'aficionado un bref instant en masquant l'insuffisance de caste (et de bravoure), un manque de fonds en ce domaine. P.M.

CASTELLA Sébastien. Né le 31 janvier 1981 à Béziers, Sébastien Castella a fait ses premiers pas en novillada sans picadors lors de la saison 1997. Le 30 mars, dimanche de Pâques, il effectue son premier paséo dans les arènes gersoises d'Aignan, sous la houlette du directeur des arènes de Béziers, Robert Margé. Programmé dans de nombreuses novilladas en France, Sébastien Castella fait immédiatement sensation auprès du public par sa grâce, son élégance et sa volonté de triompher face à n'importe quel type de bétail. Après deux saisons complètes en novilladas sans picadors, Sébastien Castella gravit l'échelon supérieur et torée le 1er mai 1999 sa première novillada formelle, à Aire-sur-Adour, avec *Juan Bautista* et *el Fandi*. Devant les novillos de José Ortega Cano et Rocío Jurado, marqués du fer de Yerbabuena, le torero biterrois coupe deux oreilles. Un an plus tard, Sébastien Castella prend part à son premier paséo madrilène, le 30 avril 2000, partageant l'affiche avec Sergio Aguilar et Alberto Álvarez.

Après sa consécration en tant que novillero, porté par la vague des succès, Sébastien est sacré matador de toros le 12 août 2000 lors de la première corrida de la féria de Béziers. En recevant la muleta des mains d'Enrique Ponce en présence de José Tomás face au toro *Endemonia*, nº 61, negro, 515 kg, de Juan Pedro Domecq, Sébastien Castella devient le premier matador de toros biterrois de l'histoire de la tauromachie française. Vêtu d'un costume pétale de rose et or, offert par les clubs taurins de la ville, Castella coupe l'oreille du toro de cérémonie et fait de même face au sixième toro de l'après-midi, sortant ainsi en triomphe aux côtés d'un José Tomás souverain et qui avait coupé les deux oreilles du troisième Juan Pedro au terme d'une faena magistrale. Sébastien Castella effectue sa présentation espagnole en qualité de matador quelques jours plus tard, le 18 août 2000, à Saint-Sébastien, retrouvant à l'affiche son parrain et son témoin d'alternative. Face aux toros de Torrealta, le Biterrois laisse une bonne impression et reçoit deux ovations. Trois mois plus tard, le 19 novembre 2000, Sébastien Castella prend part à son premier paséo sur le continent américain en tant que matador de toros : à Valencia du Venezuela, Castella partage le cartel avec José Antonio Valencia et Manuel Díaz *el Cordobés* devant des toros de El Capiro. Le 18 février 2001, Sébastien Castella confirme son alternative à la Monumental de Mexico des mains de Rafael Ortega en présence d'*el Tato* face au toro *Buñuelo*, nº 109, cárdeno bragado, pesant 493 kg et issu de l'élevage mexicain de Santa Fe del Campo. Vêtu d'un costume bleu ciel et or, le matador biterrois salue à l'issue de son premier combat et laisse une bonne impression dans les plus grandes arènes du monde.

Le père de Sébastien Castella, ancien novillero qui ne dépassa jamais le cap des novilladas non piquées, n'imaginait probablement pas que son fils atteindrait un jour les sommets de l'escalafón. Découvert par Robert Margé, Sébastien Castella continue de maintenir l'attention des aficionados après ses succès des saisons 1999 et 2000. Aujourd'hui matador de toros, il fait partie de la génération montante des toreros français capables de se hisser à un très haut niveau de toreo.

Alors qu'il n'était encore que becerrista, Sébastien participa au cartel d'un festival dans les arènes de Béziers, aux côtés de José Antonio Campuzano. Le maestro d'Ecija (Séville) fut véritablement charmé par la personnalité de Sébastien et la faena qu'il lia sous ses yeux. Campuzano décida alors de prendre en main la carrière de Castella et l'emmena avec lui à Séville afin de lui apprendre le métier de torero. Aux côtés de l'expérimenté Campuzano, Sébastien affine sa technique ainsi que sa manière de toréer. Il améliore son temple et ancre son toreo dans le classicisme le plus pur, liant les gestes avec la même classe. Il élargit également son répertoire avec la cape tout en restant fidèle à sa personnalité. Ainsi conduit, le « nouveau Castella » se transcende et fait se lever tous les publics de la planète taurine. Le 14 mai 2000, Sébastien participe à la finale des Rencontres mondiales des novilleros à Mexico et réalise ce jour-là ce qu'il considère comme l'une des meilleures faenas de sa carrière naissante. Un maniement défectueux de l'épée l'empêchera toutefois de couper les trophées maxima face au bétail de Real de Saltillo, mais il récolte une oreille. Si ses goûts naturels de torero se dirigent vers les élevages de Juan Pedro Domecq et de José Luis Pereda, Castella a réussi jusqu'à présent à triompher face à toute sorte de bétail. Le 10 septembre 1999, il a même eu l'honneur de pouvoir gracier un novillo de Carmen Lorenzo à Navaluenga (Ávila) au terme d'un combat au tracé remarquable de pouvoir et de lenteur.

L'Espagne l'a véritablement découvert le 5 février 2000 dans le cadre des troisièmes Rencontres internationales des novilleros. Sur le sable des arènes d'Illumbe, à Saint-Sébastien, Castella coupa deux oreilles face aux novillos de María del Carmen Camacho et connut un nouveau succès lors de sa répétition le 26 février. Qualifié pour la finale, Sébastien Castella coupa à nouveau trois oreilles devant un lot du Puerto de San Lorenzo, laissant la presse espagnole bouche bée. De novillero, Castella connut donc un grand nombre de succès, laissant une forte impression dans des arènes aussi prestigieuses que Séville, Grenade, Málaga, Cordoue et Pampelune. Parmi ses grandes faenas de la saison 2000, l'afición française garde en mémoire les combats d'Arles, de Nîmes et de Fréjus mais aussi son défi du 8 août où il toréa en solitaire six novillos de Juan Pedro Domecq dans les arènes de Châteaurenard, obtenant deux oreilles et une sortie en triomphe méritée. Auteur d'une remarquable saison d'hiver 2000-2001 en Amérique latine, Sébastien Castella devint le triomphateur des férias d'Arles et de Nîmes en 2001 et 2002. L'hiver suivant, le torero biterrois signa également un succès important lors de la féria colombienne de Cali, atteignant une nouvelle dimension pour sa deuxième saison en qualité de matador de toros et laissant bien augurer de son avenir. C.C.

Le 27 février 2000, Sébastien Castella affrontait deux novillos de Yerbabuena sous la bulle de Nîmes. Déjà, le comble de l'élégance : port altier et souplesse de liane, même après une bousculade, comme s'il combattait dans une antichambre de l'Olympe.

De nouveau à Nîmes, durant la féria de Pentecôte, les bourses décousues, le haut de la cuisse ensanglanté, il exécuta une faena, toute de distinction et de fines ciselures, sans se soucier de sa blessure, comme s'il se concentrait sur la charge du novillo de Fantoni devenue cristalline.

Sébastien Castella évoluait en piste comme un Ariel, un authentique esprit de l'air. Entre ses mains, cape et muleta se faisaient légères et volaient. Elles le transformaient en une sorte de génie aérien, délivré du poids de la gravité. De là à craindre qu'il ne pesât pas assez sur ses adversaires, qu'il les laissât aller parfois un peu trop à leur guise et se contentât de jouer avec eux au moyen du gracieux battement d'ailes des étoffes.

Sa science du combat dur était encore à ses débuts et son mentor José Antonio Campuzano ne chômait guère derrière la barrière d'où fusaient ses conseils. À condition que les élans du fauve ne soufflassent pas la bourrasque en piste, la qualité ressortait à l'évidence.

À Arles, lors de la féria de Pâques 2001, il devait établir avec *Extravagante*, toro d'Alcurrucén, un étonnant accord harmonique, en s'imposant. On a éprouvé la progression de la maîtrise, du dominio qui soumet un fauve et le révèle à lui-même. Ce n'était plus à ce stade le gentil papillon qui volette, par tous les élans du toro séduit. Les volutes de son art contraignaient sans brusquer.

Pour la Pentecôte nîmoise suivante, on le vit donner la répartie sans complexe à un excellent quite en chicuelinas de José Tomás par de non moins excellentes gaoneras.

Les grandes œuvres de l'arène appartiennent au règne de l'air, elles s'y reposent un moment, puis disparaissent. Sébastien Castella a cette vertu, qu'on croirait innée, de ne plus paraître s'appuyer que sur l'air, mais ses passes acquièrent désormais une force suffisante pour ne pas s'effacer dans le souvenir. Il existe chez ce garçon longiligne au visage d'enfant une énergie résolue à entrer en communion avec son adversaire selon une légèreté de touche qui n'exclut pas la plénitude de la possession.

On s'en convainquit, le 30 mars arlésien 2002, avec *Playeroso*, un toro de Valdefresno de beaucoup de pouvoir et de piquant, qui autrefois l'aurait sans doute tenu en échec, au moins lui aurait compliqué la vie. L'attraction de l'étoffe le conduisit dans un dédale de figures épurées, auréolées par la passion de l'artiste, où il oublia ses réticences et se laissa convaincre de participer au jeu inspiré. Il y a parmi les atouts de Sébastien Castella l'allure princière de ses séries en rond tournées sur un tempo insinuant, le raffinement de sa manière, la séduction et la félicité qu'elle exerce. Ne pas oublier qu'il plut à Séville et, novillero, coupa à deux reprises une oreille.

Muleta arrachée par la corne, toute pose déréglée, voici Sébastien Castella traîné sur le sable, mais il retourne au combat, soutenu par la rage de vaincre, et continue à sourire dans le danger, comme s'il trouvait farce que le fauve puisse lui chercher noise.

L'estocade demeure son talon d'Achille. Si c'est bien la main gauche qui tue en entraînant le fauve loin du corps du torero par l'équivalent d'une passe de poitrine, tandis que la droite enfonce l'épée, le mécanisme est approximatif. L'étoffe reste morte devant les yeux du toro et il lui faut se risquer à basculer par-dessus les cornes que ne dévie pas toujours le leurre. La carrière de Sébastien Castella vient juste de s'épanouir. Sa progression est telle qu'on l'imagine arrivée à ce stade où ses faenas s'évaderont de la réalité.

La conception classique du toreo de José Antonio Campuzano ne flambait qu'exaltée par un fauve qui d'abord se rebelle et dont il lui fallait vaincre les résistances pour que son style prenne un relief et une vigueur saisissants. Devant les dons de Sébastien Castella – timbre pur, ton délicat –, exprimons ce souhait : « Qu'il fasse l'ange dont il possède la lumière, oui ! mais qu'il n'oublie pas la part du démon dans son toreo. Le duende est un dieu noir. L'un ne doit pas aller sans l'autre, s'il entend ne pas développer que des variations exemptes de la moindre diablerie. »

La réponse nous sera donnée ce 15 mai 2002, à Nîmes, dont Sébastien

Castella est devenu l'enfant chéri. Muleta en main, trois passes changées de dos sans solution de continuité, à son premier Juan Pedro Domecq, *Nejosto*. Avec *Tonelero*, trois largas afaroladas de rodillas, d'une rare limpidité. Les bornes du possible s'ouvrent. L'invention spontanée réveille les forces de la surprise et le jaillissement de l'inédit en piste.

Avec *Nejosto*, de haute noblesse, tout ne fut qu'enlacements sensuels, lents enroulements et vivante géométrie, où Sébastien Castella exprima à ravir l'excellence de son adversaire en une chorégraphie inspirée, tandis que le mufle bas aimanté par l'étoffe glissait au bout du bras tendu à la poursuite d'une interminable caresse. Jusqu'au coup d'épée qu'il lui fallut porter en s'engageant à fond, sans rien réserver, en pleine croix, à ses risques et périls. J.M.M.

CASTELLÓN DE LA PLANA (Espagne. Tarragone 190 km – Valence 75 km). Ville moderne de 135 000 habitants, située à 4 kilomètres de la mer, Castellón est une des plus riches cités de la région. À proximité de la gare, l'actuelle plaza, d'une capacité de 13 000 places, a été édifiée à partir de 1885 sous la direction de l'architecte Montesinos. L'inauguration a lieu le 3 juin 1887 par une corrida de Duque de Veragua, combattue par *Lagartijo* et *Frascuelo*. R.B.

CASTIGADORA. Perche utilisée dans les corrals pour faire circuler les toros.

CASTIGO (*châtiment*). S'emploie aussi bien pour une passe de cape ou de muleta que pour les piques. Signale aussi un châtiment abusif.

CASTILBLANCO
Origine : Murube-Urquijo
Devise : vert et gris
Ancienneté à Madrid : 12 juillet 1942
Propriétés : « Valdepotros » et « Los Pilares », Castilblanco de los Arroyos (Séville)

C'est sous l'appellation de « Torre Abad » que s'est formé cet élevage, en 1925, à partir d'un des lots où on distingue une part de Gamero Cívico. Juan Guardiola Fantoni achète l'élevage en 1941 avant de disparaître sept ans plus tard. Son fils José Luis Guardiola Soto en hérite, puis il vend le troupeau en 1963 à Antonio Méndez Moreno. Celui-ci ajoute au cheptel un lot de vaches ainsi qu'un étalon d'Antonio Urquijo. La société Anglosa rachète le fer et la devise en 1980 et annonce l'élevage sous le nom de « Las Cañadas ». Le troupeau passe successivement entre les mains de Jesús Trilla en 1981, puis de José María de Caldas Méndez en 1988. Ce dernier rebaptise l'élevage « Castilblanco » tout en maintenant la même origine. L'éleveur acquiert en 1994 une part importante du troupeau de Pepe Pérez.

Les toros importants :

• *Abadejo*, nº 10, combattu à Pontevedra (Galice) le 15 août 1967 par Diego Puerta (tour de piste posthume pour la dépouille du toro, deux oreilles et la queue pour le torero et deux oreilles pour le mayoral de l'élevage).
• *Pregonero*, nº 27, combattu à Grenade le 8 juin 1968 par Diego Puerta (prix du meilleur toro de la féria, deux oreilles et la queue pour le torero, sortant en triomphe avec ses deux compagnons de cartel).
• *Discutido*, nº 6, combattu à Grenade le 8 juin 1968 lors de l'alternative de Santiago López (tour de piste posthume pour la dépouille du toro, deux oreilles et la queue pour le torero, sortant en triomphe avec ses deux compagnons de cartel).
• *Fogonero*, nº 49, combattu à Vitoria (Pays basque) le 28 septembre 1969 par Manuel Benítez *el Cordobés* (tour de piste posthume pour la dépouille du toro et deux oreilles et la queue pour le torero).
• *Dudoso*, nº 47, *Taleguillo*, nº 59, et *Extremeñito*, nº 63, combattus à Grenade le 29 mai 1970 par Diego Puerta, Manuel Benítez *el Cordobés* et Miguel Márquez (octroi des oreilles et la queue pour les trois toreros avec tour de piste de l'éleveur).

• Cinq toros et le mayoral ovationnés lors de la corrida du 19 mars 1973 à Valence, combattue par Francisco Rivera *Paquirri*, Dámaso González et Antonio Rojas.
• *Meleno*, n° 33, combattu à Grenade le 29 avril 1973 lors de l'alternative de José Julio Granada (deux oreilles et la queue).
• *Desairado*, n° 31, combattu à Grenade le 29 avril 1973 par Diego Puerta (deux oreilles et la queue, ovation au mayoral et sortie en triomphe aux côtés de José Julio Granada et Santiago López).
• *Barquillero*, n° 39, combattu à Grenade le 1er septembre 1977 par Dámaso González (prix de la Peña Madroñera, deux oreilles et la queue pour le torero et ovation pour le mayoral).
• *Coronel*, n° 23, combattu à Ciudad Real le 27 août 1976 par Paco Alcalde (deux oreilles et la queue pour le torero et titre du triomphateur de la féria obtenu face à ce toro).
• Tour de piste de l'éleveur lors de la féria de Quito (Équateur) 1978.

Sans faire combattre un nombre démesuré de toros, Castilblanco fait partie des références en matière d'élevages. Autant d'exemplaires sont lidiés à pied ou à cheval et tous les toreros en général ont eu au moins une fois face à eux un toro porteur de la devise vert et gris. Lorsqu'ils sont combattus dans une arène de première catégorie, ces toros sont toutefois réservés à des matadors assez modestes. Le 15 septembre 2000, à Piedrabuena (Ciudad Real), un tour de piste posthume a récompensé l'allant et la bravoure du sixième toro, auquel Antonio Ferrera coupa deux oreilles. C.C.

CASTILLEJA La

Origine : Murube-Urquijo
Devise : bleu ciel et rose
Ancienneté à Madrid : 9 juillet 1911
Propriété : « La Castilleja », Peñarroya-Pueblonuevo (Cordoue)

C'est en 1898 que l'élevage est fondé par Celso Pellón avec du bétail d'Adalid, Conradi et Ibarra. Dix ans plus tard, le troupeau est vendu à Genaro López Quijano, puis à José de la Cova qui augmente le cheptel en 1930 avec un lot de vaches d'Urquijo et un étalon de Conde de la Corte. Onze ans plus tard, il insère au troupeau un autre lot de vaches de Villamarta. L'élevage est partagé en deux en 1946 : José de la Cova Benjumea garde une part et se démarque de l'autre en adoptant un nouveau fer. Il insère six ans plus tard un lot d'Arruza, d'origine Felipe Bartolomé et Joaquín Buendía. Un étalon d'Isaías et Tulio Vázquez est ajouté au troupeau en 1953. L'élevage est racheté en 1978 par García Galán et Morán Gómez. Trois ans plus tard, García Galán devient l'unique propriétaire de l'élevage qui est dès lors baptisé « La Castilleja ». L'éleveur élimine en 1982 toutes les origines antérieures au profit d'un nouveau lot de Martínez Elizondo, d'origine Urquijo. Il confirme ce choix de sélection en acquérant immédiatement un autre lot à la famille Martínez Uranga.

Les toros importants :
• *Agujero*, n° 76, combattu à Teruel en 1981 par Manuel Vidrié et Antonio Ignacio Vargas (tour de piste posthume pour la dépouille du toro).
• *Corredor*, n° 38, combattu à Tarragona en 1981 par Luis Francisco Esplá (tour de piste posthume pour la dépouille du toro).
• *Salomón*, n° 21, combattu à Cuéllar (Segovie) en 1983 par Javier Buendía (trois tours de piste posthume pour la dépouille du toro).

Découvert au cours de l'été 1993 au Grau-du-Roi, le fer de La Castilleja reste aujourd'hui dans un certain anonymat. L'élevage fait combattre quelques toros dans des arènes espagnoles de troisième catégorie au cours de novilladas et de corridas équestres. Deux corridas formelles furent organisées en 2001 dans la province de Jaén avec des cartels attractifs et populaires réunissant des toreros comme Manuel Díaz *el Cordobés*, José Luis Moreno et Anibal Ruiz. C.C.

CASTILLEJO DE HUEBRA
Origine : Murube-Urquijo
Devise : rouge et vert
Ancienneté à Madrid : 6 juillet 1924
Propriétés : « Santa María », Moraleja (Caceres), « Agustinez », San Muñoz (Salamanque) et « Zamarril », Portaje (Caceres)

José Vega créé les bases de cet élevage en 1910 en croisant des vaches de Veragua avec des étalons de Santa Coloma. Le troupeau est acheté quatre ans plus tard par les frères Villar. En 1928, Francisco Villar vend sa part à Arturo Sánchez Cobaleda. Ce dernier disparaît en 1942 et le troupeau est divisé entre ses enfants. Sa fille, Pilar Sánchez Cobaleda, hérite en 1950 de l'une des parts et baptise le bétail du nom de Salamanque. José Manuel Sánchez García-Torres et Pilar Majeroni Sánchez-Cobaleda lui succèdent à la tête de l'élevage. Les nouveaux propriétaires éliminent en 1987 les origines antérieures et reforment le troupeau avec la totalité de l'élevage d'El Madrigal (ex-Félix Cameno), d'encaste Urquijo-Murube.

Représentant classique de l'encaste Murube-Urquijo, l'élevage de Castillejo de Huebra a jusqu'alors fourni un nombre important de toros de réserve dans les arènes de premier plan. Depuis quelques saisons, les vedettes de la tauromachie n'hésitent pas à combattre ces toros, parfois moins agressifs que d'autres produits d'origine Urquijo. Principalement combattus dans les arènes du nord et du centre de l'Espagne, les toros de Castillejo de Huebra font appel aux qualités de lidiador des toreros et à leur capacité à maintenir une attention constante dès l'ouverture du toril. Fréquemment programmés dans les arènes de troisième catégorie, ces toros ont permis à des toreros comme *Espartaco*, *Litri*, Ponce, *el Juli* ou Abellán de récolter de vifs succès. Un exemplaire marqué du fer de Castillejo mit toutefois en déroute Miguel Abellán lors d'une corrida célébrée en septembre 1999 à Ciempozuelos (Madrid), au cours de laquelle le torero madrilène entendit les trois avis. L'année suivante, le 30 avril 2000, à Villarrobledo (Albacete), un tour de piste posthume fut en revanche accordé à la dépouille du troisième toro de la corrida, auquel *el Juli* avait coupé une oreille. L'élevage a figuré sur les tablettes des arènes de première catégorie pour avoir fourni, le 23 avril 2001, une corrida complète à Saragosse, lors des fêtes de la San Jorge. Cette course réunissait deux toreros locaux, *el Tato* et Jesús Millán, tous deux crédités d'une oreille. C.C.

CASTILLO IGLESIAS Pedro. Né à Algésiras le 25 octobre 1962, Pedro Castillo se présente en novillada non piquée à Vista Alegre le 7 août 1977 face à un lot de toros de José Luis Lozano en compagnie de Juan Bellido *Chocolate*, Francisco Ojeda (futur Paco Ojeda), *Morenito de Chamberí*, Manuel Rodríguez *el Mangui* et Diego Vargas. Le 26 juin 1980, il commence avec picadors et revient dans la même plaza le 30 août suivant avec Vicente Ruiz *el Soro* et Manuel González face à un lot de novillos de la ganaderia de González. Le 9 mai 1982, il se présente à Madrid face à des toros de Jandilla. Puis il reçoit l'alternative le 26 mai à Algésiras des mains de Paco Camino avec José María *Manzanares* comme témoin, face à *Victorioso*, toro de Jandilla. Il remporte un grand succès avec quatre oreilles. Blessé gravement le jour suivant par un toro de Sayalero y Bandrés, il fait une temporada modeste. Il jouit d'un regain de notoriété après ses succès inespérés à Nîmes dans les années 1990. Puis il manque de contrats et se retire discrètement. R.B.

CASTOREÑO. Coiffure fort épaisse du picador tenue par une jugulaire et qui lui sert de protection en cas de chute. Elle est confectionnée avec du feutre très épais (à l'origine en peau de castor, d'où elle tire son nom) et ornée d'un pompon de couleur.

CASTRO GONZÁLEZ David, *Luguillano*. Né le 6 juin 1969 à Valladolid, dans une famille de toreros – son père Santiago, ses oncles Juan Carlos et Clemente ainsi que son frère aîné Jorge sont dans la profession –, David Castro González débute avec picadors le 1er septembre 1984, à Medina del Campo (Valladolid), devant des novillos de Carmen Lorenzo Carrasco en compagnie de Jorge *Luguillano* et du rejoneador Manuel Vidrié. Il fait sa présentation à Las Ventas le 4 juin 1987 avec *Rafael de la Vina* et *Niño de la Taurina* devant des toros de Manuel Martín Peñato. Le 13 mai 1990, il reçoit l'alternative à Valladolid devant *Ruiseñor*, toro de Los Guateles auquel il coupe l'oreille, en présence de son parrain, Roberto Domínguez, et de son témoin, Ortega Cano.

Il débute en Amérique le 10 février 1991 à Ambató, en Équateur, avec Roberto Martín et Luis Fernando Cobo, puis confirme à Madrid le 1er octobre 1991 devant *Taquillero*, toro de Sepúlveda, son parrain étant José María *Manzanares* et le témoin César Rincón.

Il fait sa présentation en France lors de la féria de Dax, le 13 août 1993, devant *Resucio*, de Victoriano del Río, en compagnie de César Rincón et de *Jesulín de Ubrique*. Sa confirmation à Mexico a lieu le 21 février 1999 face à *Alegrías*, toro de la ganaderia de Montecristo que lui cède Guillermo Capetillo, son parrain, en présence de Miguel Lahoz, son témoin. R.B.

CAU Jean. Il est avant tout l'auteur de deux ouvrages – *Les Oreilles et la Queue* (1961) et *Sévillanes* (1987) –, où le reportage se transcende et devient poésie et vérité. Mont-de-Marsan, juin 1960, deuxième jour de la féria de la Madeleine, un toro de Buendía passe en bolide le long de la barrière : « Tu veux y aller ? », demande le torero Jaime Ostos qui a entraîné l'écrivain dans son sillage. Plus tard dans la saison, lorsque Jean Cau se penche, après le tirage au sort, sur les fauves que son ami mettra à mort dans l'après-midi : « Quels sont les nôtres ? » s'inquiète-t-il, et l'on ne saurait pousser plus loin l'identification par admiration qui hante tout aficionado bien né.

C'est dans le couloir de protection que Jean Cau guette les rebondissements du drame et recueille les propos échangés entre les professionnels. Sa défiance envers l'aficionado bûcheur, qui s'assoit sur les gradins avec l'équivalent du petit « livre rouge » à la main, ne connaît pas de bornes. Comme dans son rapport avec les idéologies totalitaires, il veut dessoûler des grands mots creux et sa cure de désintoxication de tant d'inanité sonore, il l'accomplit en compagnie d'une cuadrilla dont il partage le quotidien.

Dans le ciel d'avril andalou, certains soirs il ne contemple plus que les fers des éleveurs, ces emblèmes des fauves de haut lignage, qui soudain étincellent parmi les constellations : « Bételgeuse m'est Miura. Andromède Pablo Romero. » Tour à tour torista, donc pour les toros réputés les plus agressifs et l'odeur violente de leur combat, torerista, donc pour les artistes d'une corrida parfumée de grâce avec des bêtes coopératives, Jean Cau se proclame sudiste et partisan à 68 % de l'esprit de finesse de Séville contre l'esprit de rigueur et d'exigence sévère du nord de l'Espagne.

Avec *Le Roman de Carmen* (1990), il s'emploie à récolter une moisson d'anecdotes révélatrices du comportement andalou de jadis, gitans et toreros. Fut-il des leurs et habitant de Triana, le quartier populaire de Séville, il y a cent cinquante ans ? Foisonnent d'innombrables détails dont il demeure difficile (et c'est tout l'art) de savoir si la mémoire se rappelle ou si le conte les invente. Jean Cau truffe ses écrits de vocables espagnols, mais il réussit comme personne à les naturaliser et n'altère ni la syntaxe ni la logique de la langue française. Parce qu'ils sont intégrés à la perfection, on savoure les mélanges. Quand on voit la confusion que trop souvent cela engendre dans les revues spécialisées, et combien nous sommes obligés de nous cramponner frileusement à notre identité nationale, on mesure ce privilège d'un style qui se veut et se sait incomparable.

Peu avant sa disparition, *La Folie corrida* (1992) lui offre ce refuge circulaire où la démesure du combat se trouve à la fois contenue et exaltée, ce rond asile contre l'aliénation du monde extérieur, où l'on se veut enfermé dans un espace singulier, un champ clos, qui se suffit à lui-même avec son ordonnace à l'épreuve de plus de deux siècles, où la superbe déraison d'affronter le fauve ne transige pas avec l'étiquette et, même dans la transe et l'excès, continue à s'appuyer sur une armature de gestes stricts, accomplis à deux doigts des cornes, pour nous libérer du mal de devoir vivre et mourir sans hauteur. J.M.M.

CAZENABE Pierre, *Félix Robert*. Pierre Cazenabe est né le 4 avril 1862 à Tartas (Gironde). Premier matador de toros de l'histoire de la tauromachie française, *Félix Robert* est davantage célèbre pour ses belles moustaches que pour ses qualités de torero. Il débute dans l'arène en 1878 à l'occasion de courses landaises. Trois ans plus tard, il devient écarteur à part entière et ce jusqu'en 1891, année au cours de laquelle il décide de s'orienter vers la course hispano-française. En 1893, il parvient à se produire aux États-Unis et, à son retour, désireux de progresser, s'inscrit à l'École de tauromachie de Séville d'où il sort diplômé en mars 1894. Au mois de novembre suivant, il reçoit l'alternative à Valence des mains de Fernando Gómez *el Gallo*, qui lui cède un toro de la ganaderia de Valentín Flores. La confirmation madrilène intervient le 2 mai 1899, sans beaucoup de succès. Le parrain de l'événement est *Minuto* et le témoin *Bonarillo* ; tous trois sont opposés à des toros de Conradi.

Entre la France, l'Espagne, le Portugal et différents pays d'Amérique, *Félix Robert* conduit une carrière relativement intense mais peu glorieuse. Il faut dire, à sa décharge, que la tauromachie en France en est à ses balbutiements et que les Espagnols, protectionnistes en diable, ne prennent pas vraiment *Robert* au sérieux. Il meurt le 19 janvier 1916 dans les Bouches-du-Rhône. *Félix Robert*, bon ou moyen, a été et demeure à jamais le premier matador d'alternative français. R.A.

CEBADA GAGO Herederos de José

Origines : Carlos Núñez, Jandilla et Torrestrella

Devise : rouge et vert

Ancienneté à Madrid : 28 juillet 1964

Propriété : « La Zorrera », Medina Sidonia (Cadix), Espagne

Située sur la « ruta del toro » qui mène de Jerez de la Frontera à Algésiras, dans la province de Cadix, la propriété « La Zorrera » est visible de la route (C 440). Tout près du village de Alcalá de los Gazules, il suffit de passer par un tunnel sous la chaussée et de se diriger vers la ganaderia de Cebada Gago. Depuis que la route a été refaite, l'élevage est morcelé.

De nos jours, la famille Cebada Gago, que ce soit le père, Salvador, ou ses deux fils Salvador et José, recherche sans relâche cette caste qui impose le respect et mène au triomphe. La création de la ganaderia remonte en 1935 lorsque Leopoldo Sainz de la Maza et Gutiérrez Solana, comte de la Maza, achetèrent du bétail bravo à Juan Belmonte. 1938 : la fille, Cristina de la Maza Falcó, prend en main l'élevage. Puis, elle augmente son cheptel en 1940 avec des vaches de Gallardo et deux étalons de Juan Belmonte.

José Cebada Gago, en 1960, se porte acquéreur de la ganaderia. Il décède en 1964 et, depuis, l'élevage est au nom des héritiers.

Salvador García Cebada, l'actuel propriétaire, élimine vaches et mâles achetés par Cristina de la Maza pour les remplacer par des vaches de Carlos Núñez et Jandilla, avec des sementales de Torrestrella. Ganaderia intéressante par la variété de son pelage, sa présentation, un cornage astifino ainsi qu'une caste alliant bravoure, noblesse et mobilité. Il y a quelques années, on la qualifiait de « ganaderia assassine » car certains de ses toros avaient blessé des figuras comme *Niño de la Capea*, Rincón, Litri, Mendes et causé des frayeurs à bien d'autres. Mais dans le même temps, les toros de Salvador s'illustraient dans de grandes plazas, ouvrant la Grande Porte à des vedettes reconnues. Élevage primé dans les grandes férias notamment à Pampelune, Bilbao, Logroño, Valence, nombreux seront les toros de cette devise graciés comme *Pregonero* à Jerez de la Frontera (1986), *Comedia* à Algésiras (1990), *Juguetón* à Ejea de los Caballeros (1992). Ch.C.

CEBÓN (*gavé*). Toro forcé par une alimentation artificielle et accélérée pour qu'il fasse le poids.

CELA VILLEITO Alfonso, *Celita*. *Celita*, né le 11 juillet 1886 à San Vicente de Carracedo dans la province de Lugo, commence son apprentissage en 1903 et participe à des capeas dans les villages de sa région. En 1906, il prend part à la première corrida organisée à Monteagudo, province de Soria. En 1907, lors d'une corrida-concours à Saragosse, il revêt son premier costume de lumières. Le 2 octobre 1910, il fait sa présentation à Madrid face à des toros d'Eduardo Olea en compagnie de *Dominguín* et de Pacomio Peribáñez. Les toros se révèlent de grande qualité et *Celita* sort en triomphe. Cette course lui apporte la notoriété et, le 15 septembre 1912, il reçoit l'alternative à La Corogne, des mains de Manuel Mejías *Bienvenida*, face à un toro de Flores. Bousculé au premier, il placera deux estocades fulminantes à chacun de ses autres adversaires. Le 22 septembre suivant, il confirme à Madrid face à *Primavera*, le premier toro de Surga que lui cède son parrain Agustín García Malla. Sa dernière corrida fut celle du 25 juin 1922 à Madrid, en compagnie de Ricardo Anlló *Nacional* et de Victoriano Roger *Valencia II*, face à des toros de la ganaderia d'Antonio Pérez de San Fernando. Il se retire et apprécie une retraite confortable jusqu'à son décès, le 26 février 1932. R.B.

CELITA.
Voir CELA VILLEITO Alfonso.

CEÑIRSE. Travailler dans les cornes du toro.

CENOZO (de *ceniza*, cendre). Toro à la robe cendrée.

CEPEDA MELO Fernando. Né le 29 mai 1964 à Ginés, dans la province de Séville, Fernando Cepeda Melo participe à sa première novillada piquée le 30 mars 1986 à Cordoue, en compagnie de Rafael Gago et Ignacio Torres devant des novillos de Lora Sangrán. Après seulement 24 novilladas avec picadors, il reçoit l'alternative dans les arènes madrilènes de Las Ventas, le 25 mai 1987, pendant la féria de la San Isidro, des mains de *Rafael de Paula*, José María *Manzanares* étant le témoin, face à *Volador*, toro de la ganaderia de Torrealta. Cepeda est applaudi et il coupera l'oreille de son second adversaire.

Il débute en France à Aire-sur-Adour le 21 juin 1987 devant un lot de Lamamié de Clairac, avec Ortega Cano et Emilio Oliva. Il entend deux avis à son premier toro et subit une grave cogida au second. Le 13 décembre 1987, il débute en Amérique du Sud, à Bogotá, devant des toros de la ganaderia de Huachicono, avec Ortega Cano et César Rincón. Il confirme son alternative à Mexico le 14 janvier 1990, devant un lot de toros de Teófilo Gómez avec pour parrain Jorge Gutiérrez et pour témoin César Rincón. Il a effectué un total de 285 corridas à la fin de 2001.

Torero élégant aux gestes suaves, Fernando Cepeda a su imposer sa tauromachie, sereine mais peu adaptée aux comportements de toros violents qui le mettent en difficulté. Pratiquant un toreo statique dans ses prestations, il a souvent été durement bousculé par ses adversaires. R.B.

CERCADO, CERRADO (*enclos*). Terme familier pour désigner l'endroit où paissent les divers éléments de la ganaderia. Généralement un cercado correspond à une catégorie bien individualisée de bétail : âge, sexe, isolement pour raison sanitaire ou lot de toros devant être prochainement embarqué pour une corrida. P.M.

CÉRET (France. Perpignan 50 km). Petite ville de 7 500 habitants près de la frontière espagnole, Céret a une féria orientée vers les toros difficiles. Ses arènes ont été inaugurées en 1922 et peuvent recevoir 3 500 personnes. R.B.

CERRADO. Se dit d'un toro qui se réfugie à proximité des barricades au lieu de chercher le centre de la piste.

CERRAR PLAZA (*fermer la plaza*). Se dit du dernier toro combattu dans l'après-midi ou du matador qui le combat et qui est le plus jeune en ancienneté.

CERVIGUILLO (syn. *morillo*). Masse musculaire imposante à l'arrière de la nuque. On traduit souvent par « cervelet » ce qui entraîne un non-sens important en ce qui concerne la lidia.

CÉSPEDES GONZÁLEZ Andrés, *Andy Cartagena*. Le neveu du regretté Ginés Cartagena est né à Benidorm le 30 décembre 1980.

Il fait sa présentation en public lors de l'hommage qui a été rendu à son oncle, le 24 février 1996 à Nîmes, et il étonne le public par ses qualités de lidiador et sa facilité de cavalier. D'autant qu'il se trouvait en piste avec les plus grands de l'escalafón.

Il a reçu l'alternative le 8 mars 1997 à Castellón de la Plana, son parrain étant Fermín Bohórquez Escribano, les témoins Pablo Hermoso de Mendoza Cantón et Paco Ojeda. À son toro *Tontito*, de la ganaderia de Guardiola Domínguez, il coupa l'oreille. Il confirme à Madrid le 17 mai 1997, avec pour parrain João Moura, pour témoins Javier Buendía et Leonardo Hernández, face au toro *Escudero* de Ortigão Costa.

Il confirme encore le 17 mai 1997 à Las Ventas avec João Moura, Javier Buendía et Leonardo Hernández. Il triomphe ensuite le 26 août 1997 à Bilbao face à des toros de Félix Hernández, puis le 29 mai 1999 à Las Ventas où il coupe deux oreilles à des toros de la ganaderia de Sánchez Cobaleda.

Ce jeune rejoneador pratique un toreo équestre vibrant et son charisme est évident. Dominant parfaitement ses montures, il excelle dans les quiebros époustouflants ou les virevoltes audacieuses. Il imagine des improvisations étonnantes et chacune de ses apparitions provoque les vivats de la foule. Très à l'aise dans les poses des rejones ou des banderilles, il fait preuve de beaucoup de sûreté et d'efficacité au moment de la conclusion. Sa manière de toréer s'est modifiée avec la pratique, sans rien perdre de sa spontanéité. En 1999, avec 90 courses, il était en tête du classement ainsi qu'en 2000, avec 80 corridas et 137 oreilles, confirmant sa place de figura dans sa spécialité. J.C.D.

CÉVENOLE Ganadería
Origines : Santa Coloma et Vega-Villar
Devise : vert foncé, noir et rouge vif
Ancienneté de création : 1968
Propriété : « Mas des Carmes », Montoulieu (Ganges)

Gilbert Aymes et Lucien Girard fondent cet élevage en 1968 avec des vaches de Daumas, François André et Deville, d'origine Infante da Cámara, Pouly et Sánchez Cobaleda. Le premier étalon qui a couvert ces vaches était d'origine Carlos Núñez avant de céder sa place jusqu'en 1994 à deux autres mâles d'origine Guardiola Fantoni. En 1987, Gilbert Aymes achète à

François André un étalon d'origine Sánchez Cobaleda. Huit ans plus tard, il renouvelle l'expérience en insérant un étalon de Barcial. Progressivement, Gilbert Aymes écoule ses derniers produits d'origine Cobaleda et rectifie le sang de l'élevage. Il acquiert un étalon de pure origine Santa Coloma et reforme l'élevage sur les bases de cet encaste.

Cet élevage s'est présenté en novillada piquée en 1997 au Grau-du-Roi lors d'une novillada de qualité combattue par *Luisito*, Marc Serrano et *Morenito d'Arles*. Précédemment, le fer de Gilbert Aymes a également connu d'autres succès en novilladas sans picadors. Présenté dans toutes les grandes arènes françaises, le fer de la Ganadería Cévenole a notamment fourni du bétail à Arles, Béziers, Nîmes et Mont-de-Marsan. L'un des meilleurs lots combattus fut incontestablement celui du 7 septembre 1997 à Bayonne, où le troisième novillo, *Lavador*, nº 96, negro listón, avait été honoré d'un tour de piste posthume et avait permis au novillero madrilène Alberto Martín de couper une oreille. La ganadería présenta son premier toro adulte lors d'une corrida-concours d'élevages en mai 2000 à la féria de Palavas. Le toro, baptisé *Despacioso*, fut combattu par Richard Milian. Quelques mois plus tard, le fer livra également trois toros lors d'une corrida à Beaucaire. C.C.

CHALECO (*gilet*).

1) Partie arrière et basse du cou du toro. Une vilaine estocade portée à cet endroit sera qualifiée de *chalequera*.

2) Voir COSTUME DE LUMIÈRES.

CHAMACO.
Voir BORRERO MORENO Antonio.

CHAMACO II.
Voir BORRERO BORRERO Antonio.

CHAPELLE.
Voir CAPILLA.

CHAQUETILLA. Partie la plus ouvragée du costume de torero, cette veste courte est un chef-d'œuvre de broderies, avec glands et brandebourgs et des épaulettes impressionnantes ornées de cabochons énormes. Voir COSTUME DE LUMIÈRES.

CHARGE.
Voir EMBESTIDA.

CHARGER LA SUERTE.
Voir CARGAR LA SUERTE.

CHARRO Loreto
(María Loreto Charro Santos)
Origines : Atanasio Fernández (jusqu'en 2004), El Pilar (après 2004)
Devise : bleu, blanc et rouge
Ancienneté à Madrid : 9 avril 1933
Propriété : « Peña de Cabra », Narros de Matalayegua (Salamanque)

Manuel Aleas fonde en 1788 son propre élevage à Colmenar Viejo (Madrid). Son fer passe successivement entre les mains de sa nièce, de l'époux de cette dernière, Manuel García Puente, puis de son fils, Francisco, et de ses sœurs. Les nouveaux propriétaires du troupeau sont Manuel et José García Gómez, qui rattachent au cheptel le nom initial d'Aleas. La part de José García Gómez revient à sa fille, María del Carmen. Celle-ci vend le bétail en 1931 à Amador Santos Sánchez qui complète le troupeau dix ans plus tard en achetant deux étalons de José María Galache. L'élevage passe au nom de Manuel Santos Galache en 1954. Ses héritiers prennent la succession en 1989. L'année suivante, le troupeau s'enrichit d'un lot de vaches et d'un étalons de Vicente Charro, d'origine Atanasio Fernández. Dès lors, l'élevage est mis au nom de María Loreto Charro Santos. L'origine du cheptel est renforcée en 1991 avec un apport de cinquante-quatre vaches et d'étalons des héritiers d'Atanasio Fernández. L'année suivante, c'est un lot de cinquante vaches et d'étalons de Sepúlveda qui est ajouté au troupeau. En 2001, les origines antérieures sont progressivement éliminées au profit d'un lot d'origine El Pilar (encaste Juan Pedro Domecq y Díez).

Encore inconnu il y a une dizaine d'années, l'élevage de Loreto Charro apparaît aujourd'hui de nombreuses fois sur les affiches des grandes férias. Révélé plusieurs saisons d'affilée à Bayonne, ce fer de Salamanque était jusqu'aux récents changements de sélection l'un des meilleurs représentants de l'encaste Atanasio Fernández. Abonné aux arènes de troisième catégorie, cet élevage a réussi à fournir plusieurs arènes andalouses. En 1999, Loreto Charro a ainsi fait combattre autant de toros et de novillos pour des courses formelles que pour des corridas équestres. Lors de sa tournée d'adieu, le Colombien César Rincón a rencontré plusieurs fois les toros porteurs de la devise bleu-blanc-rouge et signé des faenas importantes à Salamanque et surtout Bayonne. Combattus dans les arènes plus modestes, les toros de Loreto Charro permettent aussi à des toreros moins huppés de se frotter à l'encaste Atanasio. Progressivement, l'élevage a été programmé dans des cycles à caractère torista comme ce fut le cas lors de la féria de Bilbao 2000 : l'Arlésien *Juan Bautista* dut combattre un toro de réserve de ce fer et livra une faena importante, récompensée par une vuelta. Le 15 septembre 2000, à Móstoles (Madrid), le Mexicain *el Zotoluco* remporta avec le Madrilène Gómez Escorial un succès important en coupant les deux oreilles du quatrième exemplaire, honoré d'un tour de piste posthume. L'élevage a encore fourni un toro de réserve en début de saison 2002 lors du cycle des novilladas de Saint-Sébastien, permettant au torero de Salamanque, Javier Valverde, de couper une oreille. C.C.

CHARRO DE LLEN
Origine : Atanasio Fernández
Devise : rouge et jaune
Pas d'ancienneté à Madrid
Propriété : « Llen », Las Veguillas (Salamanque)

C'est au tout début des années 1940 qu'Alicio Cobaleda Marcos a fondé cet élevage au moyen de bêtes originaires de Coquilla, acquises à la marquise de Valenzuela, et ayant également appartenu à José López Cobos. Ce dernier avait en effet acheté un lot de Coquilla en 1934. Après la disparition d'Alicio Cobaleda Marcos, l'élevage est divisé entre sa veuve et ses fils. L'un d'entre eux, Luciano, hérite d'une part du troupeau. En 1954, il augmente le cheptel avec deux lots de vaches et un étalon de José Luis Cobaleda González et Ignacio Sánchez Cobaleda. Vicente Charro achète l'ensemble du troupeau en 1984 et l'annonce sous l'appellation « Charro de Llen ». Il ajoute au cheptel un lot de vaches et d'étalons d'Atanasio Fernández, éliminant les origines antérieures et modifiant le fer (il rajoute en fait un second « L » dans la marque). Vicente Charro disparaît en 1993, laissant l'élevage entre les mains de sa veuve, Pilar Sánchez-Tabernero de Prada.

Nouveau fleuron de l'élevage bravo de Salamanque, le fer de Charro de Llen poursuit son ascension dans les grandes férias. Le public français avait découvert ces toros lors de la féria du Riz 1995, à Arles, avec un cartel composé par Pedrito du Portugal, Vicente Barrera et Francisco Rivera Ordóñez. Souvent programmés dans des arènes de deuxième et troisième catégorie, les toros de Charro de Llen figurent parfois comme sobreros dans les grandes plazas. En 1999, des toreros assez fins comme Fernando Cepeda et *Morante de la Puebla* remportèrent face à eux de probants succès. Un exemplaire foula le sable des arènes d'Illumbe, à Saint-Sébastien, le 16 août 2001, et permit au Valencen Enrique Ponce de lier une brillante faena, justement récompensée par l'octroi d'une oreille. C.C.

CHATO (*museau, groin*). Toro au museau très court.

CHEF DE LIDIA. Matador le plus ancien en alternative, qui défile à gauche lors du paséo et qui combat le premier toro. Étant le plus expérimenté, la responsabilité du bon déroulement de toute la corrida en piste lui revient : bon placement des toros lors des piques, accompagnement des piqueros lors de leur sortie de piste, respect de l'éthique du combat, prise de décision en cas de problèmes, accrochage ou blessure. Dans ce cas, c'est lui qui remplace le matador blessé et se charge de lidier ses toros le cas échéant. Si le chef de lidia est blessé, c'est le deuxième matador par ordre d'ancienneté qui prendra sa place. On voit rarement le chef de lidia intervenir dans le combat d'un de ses collègues, car bien souvent celui-ci ne l'admettrait pas. Mais il arrive qu'un matador en déroute suive les conseils donnés par son chef de lidia. Actuellement, le matador Luis Francisco Esplá peut être considéré comme le plus accompli des chefs de lidia. R.B.

CHENEL ALBADALEJO Antonio, *Antoñete.* *Antoñete* est né le 24 juin 1934 à Madrid. Il était le neveu du mayoral des arènes de Madrid et devra à cet oncle son afición et une aide appréciable pour ses débuts. C'est d'ailleurs dans cette arène qu'il se vêtit pour la première fois de lumières à l'occasion d'un spectacle mexicain. Ses débuts en novillada piquée remontent à février 1951 à Barcelone et il se présenta chez lui, à Madrid, le 5 juin 1952. Le 8 mars 1953, il prit l'alternative à Castellón avec Julio Aparicio comme parrain et Pedro Martínez *Pedrés* comme témoin, devant le toro *Carvajal* de Francisco Chica. Il confirma à Las Ventas le 13 mai de la même année, avec Rafael Ortega et Julio Aparicio, face au toro *Rabón* d'Alipio Pérez-Tabernero Sanchón. Il débuta en France le 14 mai 1953 en compagnie de Rafael Ortega et de César Girón devant des toros de Juan Pedro Domecq. Le 1er juillet 1953, il se présenta à Lisbonne devant des toros d'Antonio Silva et David Telles, en compagnie de Diamantino Vizeu et Antonio Ordóñez, puis il fit sa confirmation à Mexico le 22 novembre 1953 devant *Cómico*, toro de la ganaderia de San Mateo, avec Manuel Capetillo comme parrain et Juan Silveti comme témoin.

Sa longue trajectoire est d'ailleurs intimement liée aux arènes de Madrid, où il connut des triomphes colossaux, mais où il fut aussi sérieusement blessé à plusieurs reprises.

Ce torero classique, styliste confirmé que l'on vit souvent toréer en compagnie des plus grands artistes, comme Curro Romero et Rafael *de Paula*, connut une carrière un peu cahotante, et à plusieurs reprises il annoncera sa retraite... pour toujours revenir dans les ruedos et y prouver que les ans n'avaient guère d'emprise sur lui. Commentateur à la télévision, *Antoñete* a donc terminé le siècle en figurant toujours dans le classement, ayant participé à 3 corridas en l'an 2000 et coupé une oreille à Burgos le 2 juillet.

Ayant été victime d'un malaise sur la piste de Burgos le 1er juillet 2001, après 553 corridas, il semble qu'*Antoñete* ait dit définitivement adieu au toreo...

Bel exemple de longévité et de science torera, *Antoñete*, torero de Madrid, est une des plus grandes figuras du XXe siècle. La faena du 15 mai 1966 réalisée face à *Atrevido*, un toro blanc d'Osborne, restera symboliquement comme son chef-d'œuvre. P.H.

CHEVAL DE CORRIDA. Depuis les origines de la corrida, le cheval a toujours fait partie intégrante de la lidia. Utilisé par les cavaliers de la noblesse pour les combats avec la lance ou les premières javelines, il est soit une monture fixe soit une monture avec laquelle le cavalier se déplace. Étant donné les risques encourus lors des attaques du toro, on ne choisissait pas les chevaux les plus beaux ou les plus vigoureux pour l'accueil en position fixe.

Peu à peu, les péons intervinrent plus rapidement, soit en cas de chute, soit en cas de blessure ou simplement pour détourner l'attention du toro. Lorsque les picadors devinrent les héros de la piste, ils piquèrent des toros généralement mansos, mais leurs montures n'étant pas protégées, elles mouraient souvent en piste ou y étaient blessées avant d'être achevées par le puntillero dès leur retour au patio de caballos. Il n'était pas rare de voir sur le sable des chevaux agonisants et les cadavres de plusieurs autres. Lorsque le toro avait estoqué et puntillé, le train d'arrastre enlevait d'abord le toro puis on évacuait les chevaux tombés sur le sable. Il fallait aussi remettre la piste en état ; les intermèdes étaient donc longs. À cette époque, les empresas prévoyaient en moyenne six chevaux par toro, soit une trentaine de montures en réserve pour une corrida afin de parer à toute éventualité. Quelques légendes ont encore cours. Par exemple, la plus courante prétend que l'on réquisitionnait les chevaux des fiacres qui passaient dans les environs des arènes pour remplacer les chevaux manquants. Cela paraît peu probable car les chevaux des fiacres étaient chers et appartenaient à des particuliers, alors que les chevaux employés pour les corridas étaient des chevaux « réformés » de l'armée et vendus par lots, ou des chevaux en fin de carrière destinés à l'abattoir. Quoi qu'il en soit, les chevaux qui n'étaient pas tombés en piste, sauf exception rare, étaient menés à l'abattoir le lendemain car on ne voulait pas faire de dépenses pour leur nourriture. On inventa le caparaçon et, après une période d'hésitations, il fut rapidement efficace. Le cheval devint un acteur professionnel de la corrida car il était désormais éduqué, formé, dressé pour le travail auquel on le destinait. Certains parvinrent même à piquer plus de mille toros dans les années 1980.

Avec les progrès technologiques, le cheval de trait se raréfie, on privilégie le cheval de monte, plus noble et correspondant davantage aux critères d'une nouvelle société de loisirs. Commence alors pour les empresas de caballos les difficultés pour trouver des chevaux qui puissent participer à des corridas : chevaux solides, de taille moyenne car, trop petit, le picador serait en danger, trop grand, il ferait paraître le toro sans trapio.

Quand le choix de la monture est fait, l'empresa de caballos débute son apprentissage par la monte. Le cheval doit répondre instantanément aux diverses sollicitations du cavalier, obéir sans rechigner, avancer à la demande et s'arrêter immédiatement. Ensuite, il devra exécuter toutes ces manœuvres les yeux bandés, en faisant entièrement confiance à celui qui tient les brides, et perdre toute réaction émotionnelle (tentative de fuite, sursaut, ruade ou écart) qui mettrait le cavalier en difficulté. Ces diverses manœuvres sont exécutées d'abord avec la selle et les brides seules, puis cheval « habillé », c'est-à-dire revêtu du caparaçon qui va modifier ses déplacements en diminuant les possibilités d'appuis naturels, la protection limitant les gestes des membres. Lorsque ces réflexes sont acquis, la seconde partie de l'éducation commence : la résistance à la poussée violente et latérale. Le cheval y est exercé revêtu du caparaçon, avec le cavalier en selle. Un groupe d'hommes solides exerce une forte pression latérale sur le peto pendant que le cavalier mime les attitudes du picador. Cette pression est d'abord exécutée par appui sans choc, ensuite par l'intermédiaire d'un appareillage qui donne un violent coup sur le peto et continue par une pression forte et constante mais qui peut se rompre brutalement et reprendre aussitôt, comme le ferait un toro qui arrête la charge et la reprend. Certains utilisent pour cela un appareil spécial en métal et bois, monté sur roues et manœuvré par plusieurs personnes, pour donner le choc initial et la pression qui lui succède, afin que le cheval apprenne à réagir correctement. En effet, lorsque la pression est forte, le cheval doit savoir y faire face en s'appuyant sur la tête du toro et en s'arcboutant pour s'opposer au déplacement imposé par son adversaire. Cet apprentissage peut durer de six mois à deux ans, selon l'animal et ses capacités de réaction.

Un animal qui a suivi avec succès cette partie de l'apprentissage n'est pas obligatoirement un bon cheval de picador car nul ne peut présager de ses réactions en piste. En effet, le cheval est sensible aux odeurs, aux bruits de foule, aux réactions du public et il faudra l'amener à s'en accommoder. On va donc progressivement l'habituer à fréquenter les toros, et d'abord des becerros. S'il a de bonnes réactions, il fera ses débuts en privé lors des entraînements des matadors, puis ses premières courses dans des novilladas piquées dans des petites arènes, passera ensuite dans des novilladas plus importantes dans des arènes de catégorie avant d'aborder ses premières corridas avec des toros de quatre ans ou plus. On l'opposera d'abord aux ganaderias réputées les moins violentes et rapidement, s'il a de bonnes dispositions, à des toros réputés difficiles et dangereux. Cette progression rigoureuse donne au cheval un ensemble de réflexes qui en font un vrai professionnel de l'arène, un « cheval-torero » qui pourra ensuite participer à de nombreuses corridas, en affinant, au fil du temps, la qualité de ses réactions. Ces chevaux sont d'ailleurs connus par les picadors qui connaissent leur comportement et demandent telle ou telle monture selon les ganaderias qu'ils doivent affronter.

Le cheval qui entre en piste n'est plus l'animal sans valeur de la fin du XIXe siècle, cheval que l'on sacrifiait sans état d'âme. Certains critiquèrent vivement l'emploi du peto et le duc de Veragua, qui faisait autorité, disait et écrivait que la protection du cheval perturbait les réactions du toro en l'empêchant de se révéler et était même néfaste pour le cheval car elle prolongeait son agonie. Avec l'évolution des mentalités, le sort des animaux en piste est l'objet d'une attention accrue.

En moins d'un siècle, le cheval, qui payait un lourd tribut à la corrida, est passé du statut d'« accessoire » dont le sacrifice était considéré comme normal à celui d'animal unanimement admiré. Voir aussi PIQUE. R.B.

CHIBANGA Ricardo Paulo. Né à Lourenço Marques, au Mozambique, le 8 novembre 1947, il a été le premier Portugais d'Afrique orientale à devenir matador de toros et à connaître une carrière honorable. Pour ses débuts, il prend comme premier apodo *el Africano*. Il fait son premier paséo à Campo Pequenho, partageant le cartel avec Antonio de Carmo et Joaquín Barroca. Le 9 mai 1965, il triomphe dans cette même plaza en présence de Jesús Solórzano et Germano do Sousa. Il commence à être connu puisqu'en 1970 il participe à 64 novilladas. Le 19 mars de cette annéelà, il se présente à Madrid avec Manuel Linares et Rafael Sánchez Vázquez face à quatre novillos d'El Jaral de la Mira et deux d'El Pizaral. Après 16 nouvelles novilladas, il reçoit l'alternative le 15 août 1970 des mains de *Bienvenida* qui lui cède un toro de la ganaderia d'Antonio Pérez Angoso en présence de Rafael Torres. Il confirme à Madrid le 14 avril 1974 des mains de *Sánchez Bejarano*, en présence de Gregorio Lalanda, face à un toro de Charco Blanco, et il se fait blesser. Il fait des temporadas moyennes jusqu'en 1984, puis se retire le 15 août 1985. Torero volontaire, engagé, il donnait à ses faenas un rythme particulier dans un registre limité. R.B.

CHICA Dairo. Né à Albejorral le 31 mai 1954, on le considère de Medellin où il fut élevé. Le 27 février 1983, il fait sa présentation dans les arènes de Santa María, lors du mano a mano de José María *Manzanares* et César Rincón. Il coupe une oreille à son toro de la ganaderia de Aguasvivas. Le 23 octobre 1983, à Salvaterra de Magos, il reçoit l'alternative lors d'une course de sa propre ganaderia avec au cartel les caballeros David Ribeiro Telles, João Palha Ribeiro Telles, Antonio Ribeiro Telles et Antonio Ventura. En Colombie, il est le rejoneador qui a le plus toréé. En 1993, il participe à vingt-deux courses dont une au Portugal. Ganadero, il a acheté en Espagne l'élevage de Felix Cameno, lidiant sous son nom un lot de toros lors d'une corrida de la Beneficienca. Il fonda ensuite l'élevage d'El Capiro. Rejoneador de style très épuré, il est le créateur de la suerte de l'éventail avec les banderilles courtes. J.C.D.

CHICLANERO el.
Voir REDONDO José.

CHICO (*petit*). Qualificatif souvent employé par les toreros dont le frère aîné exerce la même profession. Exemple : *Armillita Chico.*

CHICUELINA. Passe d'ornement exécutée à la cape pendant le premier tercio ou la mise en place du toro aux piques, soit de manière statique, soit en marchant. Le torero se place face au toro, cape déployée devant lui, mains à hauteur des épaules, et provoque la charge ; il commence alors la passe en plombant la cape, donne la direction en déployant le drap près du corps puis finit en s'enroulant et en pivotant. Certains matadors donnent la cape très basse, d'autres à mi-hauteur. Elle prend toute sa suavité lorsqu'elle est exécutée lentement, sans sécheresse. Elle a été introduite au début du XXe siècle par le matador de toros Manuel Jiménez Moreno *Chicuelo* et son invention est attribuée au torero comique Rafael Dutrus Llapisera. R.B.

CHICUELO, dynasties. Ils sont cinq matadors à avoir porté cet apodo et laissé une trace dans l'histoire de la tauromachie. Cinq appartenant à deux familles différentes, ce qui souvent prête à confusion. D'autant que chaque famille se nomme Jiménez...

Les plus anciens sont originaires de Séville.

Le premier, Manuel JIMÉNEZ VERA, est né à Séville dans le quartier de Triana le 10 décembre 1879 et montre dès son plus jeune âge des capacités importantes. Après son apprentissage sous la direction de Rafael *el Gallo* et de Manuel Molina, il se présente à Valence comme matador de novillos le 3 septembre 1899, et le 22 octobre il est à Madrid avec *Revertito* et Saleri. Avec Juan Domínguez *Pulguita Chico*, il forme une équipe qui a beaucoup de succès. Il reçoit l'alternative des mains d'Antonio Moreno *Lagartijillo* le 15 septembre 1901. Mais il subit les trois avis et le toro rentre au toril, ce qui met un terme à sa carrière. Il essayera ensuite de survivre dans des corridas de pueblos. Sa dernière apparition date du 17 juillet 1906 à Valence, avec José Pascual *Valenciano* et Tomás Alarcón *Mazzantinito*. Miné par la tuberculose, il meurt le 18 novembre 1907 à Séville, âgé de seulement vingt-huit ans. Sa sœur, qui avait épousé un banderillero nommé *Zocato*, se charge du fils qu'il laissa, nommé lui aussi Manuel.

Manuel JIMÉNEZ MORENO est né le 15 avril 1902 dans le quartier sévillan de Triana, au 11 de la rue de Betis. Son père adoptif, *Zocato*, lui donne une bonne instruction primaire, en alternance avec l'apprentissage de la lidia de jeunes becerros. Il tue son premier beccero en avril 1912, pour ses dix ans. Il torée pour la première fois en public à Tejares, le 24 juin 1917, toréant avec picador en compagnie de Juan Luis de la Rosa et Bernardo González, devant des toros de José Manuel García. Il débute comme matador de novillos à Saragosse le 1er septembre 1918, en mano a mano avec Antonio Márquez devant des toros de Terrone. Puis il se produit à Madrid, le 8 août 1919, en compagnie de García Reyes et de José Martín, devant des novillos d'Antonio Flores. Sa trajectoire est lancée et il va de succès en succès. Il prend l'alternative le 28 septembre 1919 devant des toros de Santa Coloma, des mains de Juan Belmonte avec Manuel Belmonte comme témoin. Il confirme à Madrid le 18 juin 1920, avec Rafael *el Gallo* pour parrain, devant un toro de Veragua. C'est le commencement d'une carrière de quelque trente années où il fit montre de sa personnalité, maîtrisant bien la technique et ayant des moments très inspirés, malgré d'autres où il fut anéanti par la peur. Quand débute la Guerre civile, il n'a plus que quelques contrats annuels. Il se retire puis revient en 1940 pour définitivement quitter les ruedos le 1er novembre 1951, après avoir donné l'alternative à Juan Doblado et Juan Pareja-Obregón à Utrera. Il décède le 31 octobre 1967 à Séville.

De son mariage avec la danseuse de flamenco *Dora la Cordobesita* en 1927, il eut deux fils : Manuel et Rafael, tous deux toreros.

Manuel, après un essai en novillada, devint rapidement banderillero.

Rafael JIMÉNEZ CASTRO commença bien sa carrière de novillero. Né à Séville le 7 mars 1937, il commence directement en novillada piquée à Cabra, province de Cordoue, le 24 juin 1952, en compagnie de José Ordóñez, devant quatre novillos de Juan José Cruz. Il fait sa présentation à Madrid le 30 mai 1957, alternant avec Enrique Orive et *el Trianero*, devant des novillos d'Eusebia Galache Cobaleda. Le 6 avril 1958, il reçoit l'alternative des mains d'Antonio Ordóñez, en présence de Manuel Vázquez, face à *Cañamazo*, toro de Carlos Núñez ; puis il confirme le 16 mai suivant, en présence d'Antonio *Bienvenida* et de Manuel Vázquez, devant *Cocolito*, de la ganaderia de Salustiano Galache. Il participe à 17 corridas, puis s'interrompt brutalement après la course du 16 août 1959 à Saint-Sébastien. Il retourne dans les ruedos au Mexique, à Tampico, avec Jaime Bravo et Rodolfo Palafox, devant des toros de Santín. À nouveau il se retire, puis réapparaît en 1967 pour abandonner en 1968. À la féria de Séville, en 1981, il fait le paséo en compagnie de Curro Romero et de José María *Manzanares* face à des toros de Carlos Núñez et subit un fracaso mémorable. Ce sera sa dernière apparition dans les ruedos.

L'autre branche des *Chicuelo* est originaire d'Albacete.

Chicuelo II, Manuel JIMÉNEZ DÍAZ, est né à Iniesta pour les uns, Albacete pour les autres, le 16 juin 1929. Il torée pour la première fois dans Albacete, sans picadors en 1950 et le 24 juin 1952 avec Fernando Jiménez et César Girón. Il obtient de nombreux contrats, davantage par sa vaillance folle que par la qualité de son toreo. Le 12 juillet 1953, il se présente à Madrid avec *Cagancho* et Carlos Corpas face à des novillos de José Tomás Frías. Cette année-là, il participe à 49 novilladas et prend l'alternative le 24 octobre des mains de Domingo Ortega avec pour témoin Dámaso Gómez, devant *Palomito*, un toro de Pilar Sánchez Cobaleda. Il confirme le 17 mai 1954 avec *Jumillano* comme parrain et *Pedrés* comme témoin, devant *Acusón*, toro de Carlos Núñez. À la fin de 1957, il annonce qu'il se retire, mais revient le 3 mai 1959 dans la plaza de Valence. Puis il s'envole pour une temporada américaine et, lors du trajet, il est victime d'un accident d'aviation sur l'île de la Jamaïque, le 5 janvier 1960.

Il fut un matador vaillant à l'extrême, ce qui lui valut des succès retentissants. De petite taille, impassible sous la charge, s'il est bousculé, renversé, ou piétiné, il se relève sans trace d'émotion et repart à l'assaut sans hésitation. Type même du belluaire, il a le sens inné du mélodrame et fait preuve d'un courage hors du commun, compensant son manque de technique par un toreo à la pointe des cornes, toujours en danger, il créé l'angoisse qui ne se dilue qu'avec la mort du toro. Qu'importe l'adversaire qu'il a devant lui, rien ne l'effraie, rien ne l'arrête et il conclut ses faenas vibrantes par des estocades où il se jette à corps perdu sur le toro. R.B.

CHIQUERO. Cellule individuelle construite dans le toril, où les toros sont placés avant la course, dans le calme et la semi-obscurité.

CHORREADO (*écoulement, ruissellement*). Robe zébrée ou rayée de bandes verticales (*chorreras*) plus sombres que le reste de la peau, comme produites par un ruissellement : chorreado en verdugo lorsque les bandes sont noires ou chorreado en morcillo lorsque les bandes sont de la même couleur que le reste de la peau mais un peu plus foncées. Pour certains auteurs, ces bandes doivent être rougeâtres pour mériter cette dernière appellation. P.M.

CHOTO (*veau*). Équivalent d'eral. Utilisé par le chroniqueur pour qualifier un toro de présentation ridicule.

CHRONIQUEUR TAURIN. Il y a, dit-on, autant de corridas que de spectateurs. Si le chroniqueur en est convaincu, son rôle consiste néanmoins à rendre compte, avec une haute maîtrise technique et une subjectivité au moins consensuelle quand elle émane d'une parfaite compétence, des spectacles taurins, pour la presse grand public, pour des revues spécialisées ou pour l'audiovisuel. La modestie est une autre vertu cardinale du bon chroniqueur taurin, qui n'oublie jamais qu'il est plus facile d'écrire sur une corrida que de se mettre devant les cornes.

Le chroniqueur taurin se doit d'éviter tout jugement définitif sur un torero ; s'il a beaucoup d'expérience et de compétence, il peut déceler les toreros qui paraissent avoir une chance de se maintenir ou de devenir figuras. Sinon, il risque fort de se tromper lourdement dans ses appréciations. Ainsi, Paco Ojeda ou César Rincón, après leur alternative, vécurent difficilement de leur art, pendant quelques années, avant de connaître la gloire ; à l'inverse, des novilleros prometteurs disparurent des ruedos dès après l'alternative.

Le compte rendu tauromachique peut s'envisager de trois manières. Le compte rendu technique, tel qu'il avait cours dans la presse du début du XXe siècle, perdure dans les revues destinées aux aficionados avides de connaître les détails d'une faena. Mais une naturelle peut être réalisée de mille manières, de même qu'une véronique, et savoir qu'un torero a donné trois naturelles présente peu d'intérêt si l'on ne peut apprécier la suavité de la passe ou sa sécheresse. Dans le compte rendu littéraire, le chroniqueur s'attache à traduire en mots les émotions ressenties, ce qui l'expose à des excès, dans ce qu'il exprime, ou dans la lecture qui en est faite. Enfin, le compte rendu « mixte » mêle l'impression personnelle aux considérations techniques ; cette formule permet au lecteur de se faire une opinion assez nette de ce que fut la course.

Il n'existe pas de cours de préparation à l'exercice difficile du compte rendu tauromachique. Généralement, ce sont des aficionados doués de facilités rédactionnelles qui assument ce rôle. R.B.

CHULO. Selon une définition datant de 1852 : « Nom sous lequel sont désignés les toreros de troisième catégorie, c'est-à-dire ceux dont les fonctions dans le cirque sont bornées à seulement capear (utiliser la cape). » Voir aussi MONOSABIOS.

CHUTES DES TOROS. Les chutes des toros pendant la lidia ont des causes multiples : faiblesse de l'animal, consanguinité, alimentation insuffisante, poids abusivement acquis par forçage alimentaire quand ce n'est pas par maladie, pique outrancière qui a saigné le toro, mauvais état de la piste, travail de muleta trop bas qui asphyxie littéralement un animal noble.

La tauromachie contemporaine sollicite considérablement le toro. L'évolution de la corrida vers des prestations davantage marquées par l'aspect artistique et gestuel que par les rencontres violentes de jadis favorise des animaux possédant plus de noblesse. Les trois qualités majeures du toro de combat sont la caste, la bravoure et la noblesse. Or, on constate qu'il est très difficile d'obtenir un équilibre satisfaisant de ces trois composantes, l'une d'entre elles s'amoindrissant avec l'amplification des autres. Ainsi, le degré de noblesse requis pour des faenas suaves et artistiques n'est pas compatible avec celui de caste nécessaire à l'agressivité des toros. On constate aussi que les toros nobles tombent plus souvent que ceux qui attaquent à mi-hauteur, car ces derniers respirent mieux. Ce qui explique que des toros d'une même ganaderia lidiés en corrida à cheval, et courant toujours tête haute, ne tombent pas, alors que leurs frères lidiés en corrida à pied, s'ils humilient dans le leurre, risqueront fort de s'affaler.

Pour conserver au mieux les qualités qui caractérisent leurs productions, les ganaderos n'hésitent pas à sélectionner à outrance et à faire reproduire les animaux à l'intérieur de leur cheptel. D'où, rapidement, des problèmes liés à la consanguinité.

Depuis que l'Espagne est entrée dans un contexte économique plus favorable, les surfaces des élevages ont considérablement diminué afin de libérer des espaces pour l'agriculture. Ces raisons ont poussé les propriétaires à garder les meilleures terres pour la production agricole ou l'élevage de bétail domestique à destination de la boucherie, au détriment de l'élevage des toros qui s'est trouvé repoussé dans les terres les moins productrices en herbage de qualité. S'il était de tradition de donner un surplus composé de légumineuses et de céréales dans les six derniers mois avant le combat afin que le toro ait une belle présentation, il est commun, maintenant, de nourrir principalement les toros avec du *pienso* qui n'est pas spécialement élaboré pour les toros de combat.

Selon la carence d'un ou plusieurs éléments minéraux essentiels à l'alimentation, on constatera une fragilité accrue des os — d'où risques de fractures, boiteries et manque de sens de l'équilibre —, une moindre résistance musculaire, ou une perte du contrôle des membres postérieurs en cas d'effort violent et soutenu. Les éleveurs doivent donc compenser les carences alimentaires provenant du sol par la mise à disposition des toros de blocs à lécher, composés de sel et d'oligo-éléments spécifiques. Mais c'est rarement le cas.

Les carences vitaminiques peuvent aussi avoir des conséquences importantes : fatigabilité, faiblesse musculaire, ossification défectueuse entre autres.

Les parasites — douves, protozoaires, coccidies, ténias, strongles — et les maladies — fièvre aphteuse ou tuberculose — provoquent des altérations du sang, de l'asthme, des insuffisances respiratoires, des hépatites plus ou moins conséquentes et même des paralysies partielles.

Le novillo ou le toro destiné au combat est embarqué dans un camion spécialement aménagé et, durant les nombreuses heures que dure le trajet, va en outre être soumis à des vibrations, des cahots, des accélérations ou des ralentissements qui l'obligent à des efforts constants pour maintenir son équilibre ce qui entraîne des crampes musculaires.

Pour la première fois de sa vie, le toro quitte son territoire, est amené dans un espace clos et très étroit, ses mouvements sont limités. Il éprouve ainsi un stress, accru par le déplacement routier, le manque d'eau et de nourriture. Lorsqu'on le débarque dans les corrals, il découvre un territoire inconnu et angoissant, limité, qu'il doit partager avec ses congénères. Le temps de repos avant l'entrée en piste est généralement de huit jours afin qu'il récupère et regagne le poids perdu (souvent jusqu'à cinquante ou soixante kilos) à condition que ces corrals soient situés dans un endroit suffisamment calme pour que les animaux puissent retrouver leur sérénité. Mais ce n'est pas toujours le cas et si les toros sont soumis à des bruits intensifs auxquels ils ne sont pas habitués, ils ne pourront se défaire de leur stress.

Lorsque le toro entre en piste, il est tenté de donner de la corne contre les barricades ou les burladeros vers lesquels il est attiré par les péons qui veulent connaître ses réactions. Il peut ainsi subir des atteintes considérables : fracture d'une corne, déséquilibre de l'animal, incoordination motrice, voire immobilisation nécessitant l'usage de la puntilla, ou mort par rupture des cervicales.

Lorsque le matador reçoit le toro à la cape, il peut le toréer en lui donnant une sortie ample ou l'obliger à se retourner brutalement, ce qui lui impose une torsion de la colonne vertébrale au niveau des reins, dont il souffrira ensuite et qui pourra même l'invalider.

Au cours des piques, le toro charge contre le peto et ces assauts répétés peuvent léser le rachis et entraîner des invalidations irréversibles. Le placement du fer de la pique peut aussi être catastrophique : pique placée trop en arrière et entraînant un handicap du train postérieur, durée trop importante de la rencontre avec un abus de l'introduction du fer, le toro subissant une telle hémorragie qu'il ne peut plus ensuite fournir d'effort.

Dans le toreo contemporain (ce qui n'était pas le cas avant l'adoption du caparaçon), le matador sollicite l'animal vers le bas et l'oblige à suivre le leurre tête au ras du sable, limitant ainsi ses capacités respiratoires et le forçant dans une attitude qui favorise la chute, voire, lorsque le toro est noble, le plantage des cornes dans le sable, ce qui entraîne une vuelta de campaña avec torsion des cervicales et choc violent sur les reins, dont l'animal se relève avec difficulté et en état de fragilité. Par la suite, le toro peut avoir tendance à s'affaler dès que le torero placera le leurre vers le bas.

Comment remédier à cet état de fait ? D'abord en revenant à une notion plus conforme du poids selon les encastes. La mode actuelle des toros de poids imposant oblige les ganaderos à engraisser leurs toros, ce qui ne peut qu'être néfaste à leurs possibilités physiques. L'expérience de l'entraînement des toros sur un « taurodrome » qui les prépare à l'effort soutenu du combat est probablement intéressante. Il conviendrait de veiller à la manière dont les toros sont piqués en piste au lieu d'exiger l'application stricte du règlement qui prévoit deux rencontres sans en spécifier les circonstances. Voir aussi PIENSO et POIDS. R.B.

CICLÁN. Toro n'ayant qu'un testicule.

CIEGO. Toro aveugle.

CINCHADO (de *cincho*, ceinturon, sangle). Robe foncée avec une bande blanche ou claire entourant le tronc.

CINÉMA ET TAUROMACHIE. Les frères Lumière sont les premiers à faire réaliser de courtes bandes d'inspiration taurine, aussitôt ajoutées à leur catalogue de vente. Mettant en scène Luis Mazzantini et sa cuadrilla, *Madrid, arrivée des toréadors* (n° 259) est tourné dans la capitale espagnole en juin 1896 par l'opérateur Alexandre Promio, de même que *Course de taureaux* (n° 434 et n° 435). En 1898, mais à Nîmes cette fois, un opérateur anonyme réalise pas moins de douze bandes Lumière de dix-sept mètres chacune, également intitulées *Courses de taureaux* (n°s 860 à 871). Grâce à son ampleur inusitée, la série s'offre le luxe de détailler toutes les phases de la corrida, du transfert des toros aux arènes à l'arrastre, en passant par les différents tercios. Durant l'hiver 1897, l'opérateur Frederick Blechynden tourne dans les arènes de Durango (Mexique) les images d'une corrida qui feront, en mars de l'année suivante, l'objet d'une édition en trois bandes de la firme américaine Edison : *Bull Fight n° 1*, *Bull Fight n° 2* et *Bull Fight n° 3*.

Cette veine documentaire naturaliste va perdurer au fil des ans avec *Course de taureaux à Séville en 1908* (Lux, 1908), *Course de taureaux en Espagne* (Gaumont, 1909), avec Bombita, *Corrida de taureaux à Barcelone* (Raleigh & Robert, 1909) et bien d'autres encore. Ancien revistero de l'hebdomadaire *Le Torero* devenu cinéaste à la société Gaumont, le cinéaste lunellois Louis Feuillade (1873-1925) va apporter sa pierre à l'édifice en soufflant à Alice Guy l'idée d'une *Course de taureaux à Nîmes*.

Jolies Passes du toréador Machaquito, courte bande de 161 mètres tournée en 1906 dans l'amphithéâtre nîmois. En 1914, Louis Feuillade se rend lui-même en Espagne pour y réaliser notamment deux fictions illustrant un thème taurin. Dans *Les Fiancés de Séville* (1915), un torero jaloux du peintre qui brosse le portrait de sa fiancée le blesse d'un coup de poignard avant de se sacrifier dans l'arène. La déclaration de guerre ne lui ayant pas permis d'achever son autre projet, Louis Feuillade insufflera une séquence déjà tournée dans le sixième épisode des *Vampires*, baptisé *Les yeux qui fascinent* (1916) : en 1810, pendant la campagne d'Espagne, un officier napoléonien abat au fusil, puis à l'épée, deux taureaux lâchés sur lui par une veuve vengeresse. Héroïne en collants noirs du serial, la comédienne Musidora (1899-1957) va, à son tour, enrichir la filmographie taurine en réalisant et interprétant *Soleil et ombre* (coréal. Jacques Lasseyne, 1922), puis *La Tierra de los toros* (1924), deux films dans lesquels figure le rejoneador cordouan Antonio Cañero. Un autre Français, le réalisateur Henri Vorins, va renforcer la présence de l'Espagne dans le cinéma hexagonal des années 1920 en tournant sur le sol espagnol *Militona* (1922), d'après Théophile Gautier, puis *Pedrucho* (1925), tous deux interprétés par le torero basque Pedro Basauri Pedrucho.

La veine burlesque

À côté de cette veine réaliste, *Un monsieur qui a mangé du taureau* (1909) ouvre la voie à une veine burlesque qui va se révéler féconde dans plusieurs pays. En France, de nombreux héros de bandes comiques vont tour à tour affronter des cornupèdes « pour rire ». Après *Calino toréador* de Jean Durand (1911), qui ouvre le bal, la concurrence réplique avec *Patouillard toréador* (Pathé, 1911) et surtout *Max toréador* (1912), l'un des plus grands succès populaires de Max Linder. L'Espagne elle-même emboîte bientôt le pas au genre comique avec *Avelin torero* (1914), interprété par Joaquin Carrasco, suivi de *Linito se hace torero* (1915) signé Adrian Gual, et *Tauromanias o la Vocación de Rafael Arcos* (1916), de Francisco Elias.

Mais ce sont les Américains qui, avec la tradition du slapstick, vont donner ses lettres de noblesse au genre avec *Dudule toréador* (1921), interprété par Clyde Cook, *Sancho matador* (Century, 1921), *Fridolin toréador* (1922), *Rigolo matador* (1924) avec Stan Laurel, ou encore *The Bullfight* (1927) de Mack Sennett.

Cette veine aura encore quelques épigones tardifs durant les décennies suivantes. Aux États-Unis avec *Le Roi de l'arène* (1933), un film de Léo Mc Carey interprété par le trépidant Eddie Cantor, mais aussi avec les deux plus célèbres duos comiques du moment : Laurel et Hardy dans *Les Toréadors* de Malcom St Clair (1945), puis Abbot et Costello dans *Deux Nigauds toréadors* de Charles Barton (1948). En France, avec les deux versions d'*Arènes joyeuses*, une opérette marseillaise d'Henri Alibert successivement portée à l'écran par Karel Anton (1935) et Maurice de Canonge (1957).

Prolongeant cette veine comique avec d'autres techniques, le cinéma d'animation va, à son tour, puiser à maintes reprises son inspiration dans la tauromachie. Les Espagnols inaugurent le genre en 1917 avec un court métrage d'animation en noir et blanc, *El Toro fenómeno* de Fernando Marco. Les Américains prennent bien vite le relais avec *Tsoin-Tsoin toréador* (1920) de John D. Trippett et *Toréador en garde* de Dick et Jeff (1920), puis passent à la couleur avec *The Bullfight* de Frank Moser et Paul Terry (1935). Walt Disney, maître incontesté du dessin animé, signe en 1929 *The Terrible Toreador*, parodie de la *Carmen* de Raoul Walsh (1927), puis le désormais classique *Ferdinand the Bull* (1938), inspiré d'un conte pour enfants de Munro Leaf.

Les uns après les autres, les héros récurrents du cinéma d'animation vont s'offrir un petit tour dans l'arène :

Woody Woodpecker dans *Hollywood Matador* de Walter Lantz (1942), Donald Duck dans *Les Trois Caballeros* de Norman Ferguson (1945), Droopy dans *Señor Droopy* de Tex Avery (1949), Dingo dans *Dingo toréador* de Jack Kinney (1953), Popeye dans *Bulldozing the Bull* de Dave Fleischer (1938) et *Toreadorable* de Seymour Kneitel (1953), Tom et Jerry dans *Drôle de corrida* de William Hanna et Joseph Barbera (1957).

Les adaptations littéraires

Carmen (1845), la nouvelle de Prosper Mérimée, détient sans aucun doute le record mondial des adaptations à l'écran. Bien que l'argument de l'œuvre ne soit pas essentiellement taurin, le personnage du torero Escamillo nous autorise à mentionner ici quelques-unes des principales versions. Pour la période muette, on retiendra les adaptations de Cecil B. de Mille avec Geraldine Farrar (1915), de Raoul Walsh avec Theda Bara (1915), puis Dolores del Rio (1927) et de Jacques Feyder avec Raquel Meller (1926). Au parlant, citons pour mémoire celles de Christian-Jaque avec Viviane Romance (1943), de Charles Vidor avec Rita Hayworth (1948), d'Otto Preminger avec Dorothy Dandridge (*Carmen Jones*, 1954), de Carlos Saura avec Laura del Sol (1983) ou encore de Francesco Rosi avec Julia Migenes Johnson (1984).

Arènes sanglantes, le roman de Vicente Blasco Ibáñez (1908), va, quant à lui, inspirer pas moins de quatre adaptations à l'écran. Réalisée par l'auteur lui-même, la toute première, tournée en 1916, valorise l'approche documentaire du mundillo. En 1922, Rudolph Valentino entre à son tour dans la peau de Juan Gallardo pour une version muette et noir et blanc. L'œuvre, signée Fred Niblo, fera le tour du monde, suscitant au passage deux parodies américaines – *Mud and Sand* avec Stan Laurel (1922) et *Bull and Sand* de Mack Sennet (1924) – puis un démarquage manifeste, *El Matador* de Stephen Roberts (1934), avec George Raft, l'un des héros de *Scarface*.

Servi par l'arrivée récente du film en technicolor, Rouben Mamoulian signe, en 1941, une flamboyante adaptation hollywoodienne avec Tyrone Power, version aussitôt parodiée par le comique mexicain Cantinflas dans *Ni sangre ni arena* (1941) et l'Italien Toto dans *Arènes en folie* de Mario Mattoli (1948). En 1989, le roman inspirera encore Javier Elorrieta pour une nouvelle version édulcorée, interprétée cette fois par Christopher Rydell et Sharon Stone.

Prenant exemple sur Blasco Ibáñez, l'écrivain Alejandro Pérez Lugin réalise lui-même, en 1925, la première adaptation à l'écran de son roman *Currito de la Cruz* avant de passer successivement le relais à Fernando Delgado (1936), Luis Lucia (1948) et Rafael Gil (1966). Preuve de son succès, cette histoire d'orphelin qui s'élève socialement en devenant torero suscita un « sequel », *El Niño de las monjas* de Juan López Núñez, à son tour porté à l'écran par José C. Walken (1925), José Buchs (1935), Julio Villarreal (1944) et Ignacio F. Iquino (1958).

Plusieurs autres romans à succès connaîtront les honneurs d'une adaptation cinématographique dans les années 1950 : *Sang et lumières* de Georges Rouquier (1953), avec Daniel Gélin, d'après l'œuvre de Joseph Peyré ; *Le soleil se lève aussi* d'Henry King (1957), d'après Ernest Hemingway ; ou encore *Los Clarines del miedo* d'Antonio Roman (1958), d'après le roman à succès d'Ángel María de Lera.

La tauromachie vue d'Hollywood

Un goût prononcé pour les scénarios exotiques a souvent conduit les cinéastes américains à inscrire l'action de films taurins dans le contexte mexicain. Dans *Señorita toréador*, de Richard Thorpe (1947), la fille d'un maestro célèbre (Esther Williams) entreprend secrètement une carrière de torera en se faisant passer pour son frère jumeau, plus versé dans la composition musicale.

Dans *La Corrida de la peur* de Robert Rossen (1951), un torero mexicain (Mel

Ferrer) se laisse soudain envahir par une peur irraisonnée après avoir été renversé par un toro. Récompensé par l'oscar du meilleur scénario 1957, *Les clameurs se sont tues* d'Irving Rapper (1956) conte la passion d'un enfant mexicain pour le toro qu'il a élevé.

Deux cinéastes américains sont néanmoins parvenus à appréhender de l'intérieur le monde de la tauromachie : Budd Boetticher et Orson Welles. Ami de plusieurs maestros et torero practico lui-même à l'âge de vingt ans, Budd Boetticher (1916-2001) est d'abord conseiller tauromachique d'*Arènes sanglantes* de Rouben Mamoulian (1941) avant de signer trois longs métrages taurins. Inspiré de son propre séjour mexicain, *La Dame et le toréador* (1951) narre les aventures d'un Américain (Robert Stack) devenu torero pour les beaux yeux d'une Mexicaine. Écrit sur mesure pour Anthony Quinn, *Le Brave et la Belle* (1955) s'interroge sur la transmission de l'art taurin et la notion de responsabilité. Enfin, *Arruza* (1968) n'est autre que la biographie romancée du « cyclone mexicain ».

Pour avoir découvert l'Andalousie à dix-sept ans, le cinéaste Orson Welles (1915-1985) cultivera, toute sa vie durant, une passion pour la tauromachie au point de faire répandre ses cendres dans la finca de son ami Antonio Ordóñez, près de Ronda. Si l'Espagne fut souvent le décor favori de plusieurs de ses œuvres (*Monsieur Arkadin*, *Une histoire immortelle*, etc.), il ne parvint jamais à trouver le financement des *Monstres sacrés*, portrait d'un cinéaste qui suit les toreros de ville en ville. De son afición, seuls subsistent l'épisode tiré d'*It's All True* (1993), intitulé *My Friend Bonito*, ainsi que quelques émissions pour la télévision, parmi lesquelles *Corrida à Madrid* (série *Around the World with Orson Welles*, ABC,1955) et *Orson Welles on the Art of Bullfighting* (ABC, 1961).

Toreros acteurs

En 1918, le novillero Antonio Calvache interprète le rôle d'Antonio Romero dans le mélodrame à succès, *La España trágica* de Rafael Salvador, ouvrant ainsi la voie des plateaux de cinéma à de nombreux lidiadors. Dans la période muette, outre Pedro Basauri Pedrucho et Antonio Cañero, déjà mentionnés plus haut, le torero José García Algabeno apparaît dans deux films de José Buchs, *La Medalla del torero* (1924) et *La Hija del corregidor* (1925), Chiquito de la Audencia dans *En las entrañas de Madrid* de Rafael Salvador (1925), Manolo Martínez dans *Los Amores de un torero* de Juan Andreu Moragas (1927). Marcial Lalanda, quant à lui, interprète le rôle principal de *¡ Viva Madrid, que es mi pueblo !* de Fernando Delgado (1928), classique histoire de toreros se disputant les faveurs d'une femme fatale.

Après le passage au parlant, de très nombreux toreros vont faire des apparitions d'importance et de qualité variables au cinéma. Parmi ceux qui ne donneront pas suite à leur première expérience, signalons notamment Chamaco qui, en 1959, incarne le maestro désabusé de *El Traje de oro* de Julio Coll, mais aussi Jaime Ostos, Palomo Linares et Ángel Teruel, respectivement héros de *Valiente* de Luis Marquina (1964), *Neuvo en esta plaza* de Pedro Lazaga (1966) et de *Sangre en el ruedo* de Rafael Gil (1969). Quelques-uns prolongeront leur expérience au-delà, notamment Carlos Arruza et *el Cordobés*. Après des débuts dans *Mi Reino por un torero* de Fernando A. Rivero (1943), le premier apparaîtra également dans *Sangre torera* de Joaquin Pardavé (1949) et surtout dans *Arruza* de Budd Boetticher (1968). Alors qu'il est au sommet de sa gloire, *el Cordobés* fait, en 1962, des débuts de comédien prometteurs devant la caméra de Pedro Lazaga. Inspiré de quelques épisodes de la vie du maestro, *Aprendiendo a morir* (1962) sera suivi, l'année d'après, par un *Chantaje a un torero* moins convaincant, réalisé par le prolifique Rafael Gil. Dès sa parution en 1967, plusieurs cinéastes envisageront de porter à l'écran la biographie romancée du torero, ... *Ou tu porteras mon deuil* de Lapierre et Collins, sans jamais parvenir à leurs fins.

Seuls deux matadors assez réputés se lanceront véritablement dans une carrière de comédien professionnel. Torero catalan élevé dans une famille de comédiens, Mario Cabré fait des premiers pas discrets dans *El Centauro* d'Antonio Guzmán Rivero (1946) et *La Mujer, el torero y el toro* de Fernando Butragueño (1949) avant d'accéder à la gloire internationale en interprétant le torero Juan Montalvo dans le mythique *Pandora* d'Albert Lewin (1950), avec Ava Gardner. Cabré promènera encore sa silhouette de séducteur dans une dizaine de films et incarnera deux autres personnages de torero dans *Tercio de quites* de Emilio Gómez Muriel (1951) et *Nuits andalouses* de Maurice Cloche (1953).

Le second torero à épouser la carrière de comédien est le gitan Rafael *Albaicín* qui fait ses débuts cinématographiques aux côtés d'*el Estudiante* dans *La fiesta sigue* d'Enrique Gómez (1948). Après avoir fait revivre Pedro Romero dans *María Antonia la Caramba* d'Arturo Ruiz-Castillo (1950) et interprété la comédie *Torero por alegrías* de José María Elorrieta (1957), son abondante filmographie se nourrira de productions internationales et de films de série B sans aucun rapport avec la tauromachie.

Deux rejoneadoras auront aussi les faveurs du septième art : Conchita Cintrón dans *La Déesse de l'arène* de Rafaël Sevilla (1943) et, dans un rôle de moindre importance, Marie Sara dans *La Belle Histoire* de Claude Lelouch (1991).

Au rayon des regrets, retenons *Manolete* (1944), film inachevé d'Abel Gance entrepris lors de son exil espagnol, et dont ne subsistent que quelques plans tournés en studio. La disparition tragique du torero, en 1947, inspirera plusieurs productions, dont *Manolete* (1948), dans lequel Florian Rey combine habilement des images d'archives et des scènes reconstituées où le maestro est incarné par Pedro Ortega.

De quelques classiques

Si la filmographie taurine compte environ deux cents titres, seulement une dizaine d'entre eux, provenant de différents horizons, sont parvenus à recueillir les doubles suffrages des cinéphiles et des aficionados, accédant ainsi au rang de « classiques » du genre.

En 1931, le cinéaste russe S. M. Eisenstein se rend au Mexique pour y réaliser *¡ Que viva Mexico !*, grande fresque mêlant les mythes et la réalité du pays, financée par le romancier socialiste américain Upton Sinclair. Dans le scénario, la tauromachie devient le motif central du premier des quatre épisodes envisagés, baptisé *Fiesta*. Engagés par la production, le torero David Liceaga et le picador Juan Beranito participent au tournage de plusieurs séquences : le maestro s'habille dans une chambre du Grand Hôtel de Mérida, prie la Vierge de Guadalupe, torée dans les arènes de la ville et dans celles de Mexico. En raison d'un conflit avec ses bailleurs de fonds, S. M. Eisenstein ne put jamais finaliser son œuvre, qui fera l'objet de plusieurs montages successifs portant des titres différents. Il faudra attendre 1979 pour que celle-ci soit partiellement reconstituée selon les vœux du cinéaste par Grigori Alexandrov, son ancien assistant.

Les années 1950 vont se singulariser avec plusieurs films utilisant, à des degrés divers, des images du réel. En 1951, Pierre Braunberger produit un documentaire novateur qui fera date : *La Course de taureaux*. Bénéficiant des précieux concours de l'historien de la tauromachie Auguste Lafront, de l'écrivain Michel Leiris et de la monteuse Myriam, ce film de montage aborde tous les aspects de la tauromachie – historique, technique, artistique – dans une perspective didactique qui n'exclut pas le recours à la dramatisation, notamment dans la séquence controversée des cogidas spectaculaires.

En 1955, le Hongrois Ladislao Vajda signe en Espagne *Tarde de toros*, portrait parallèle de trois toreros réunis au cartel d'une corrida décisive pour chacun d'eux. Interprété par les toreros Domingo Ortega et Antonio Bienvenida, le film valorise une approche documentaire de la corrida sans pour autant renoncer à une intrigue romanesque. La même année, l'Espagnol Carlos Velo consacre un film au matador mexicain Luis Procuna baptisé *¡ Torero !*. L'œuvre reconstitue, par flash-back, la biographie du maestro, de son enfance misérable à son apothéose dans l'arène, mélangeant intelligemment images documentaires et scènes reconstituées. Mais sa grande force vient surtout de son monologue en voix off qui, pour la première fois, nous fait vivre de l'intérieur les joies et les affres de l'homme confronté au toro.

À la fin des années 1950, alors que la tauromachie est exploitée par l'Espagne franquiste comme fer de lance de son tourisme, trois cinéastes vont s'ingénier à démasquer les phénomènes d'aliénation à l'œuvre dans le milieu taurin.

Dès 1960, le réalisateur espagnol Juan Antonio Bardem jette son dévolu sur une pièce d'Alfonso Sastre, *La Cornada*, adaptée sous le titre de *À cinq heures de l'après-midi* (1960). À travers le portrait parallèle de deux toreros manipulés par leur apoderado, le cinéaste se livre à une dénonciation des structures d'exploitation qui animent le mundillo.

Présenté au festival de Cannes 1960, le premier long métrage de Carlos Saura, *Los Golfos*, met en scène une bande de voyous obligés de sacrifier littéralement leur vie pour permettre à l'un d'eux de concrétiser son rêve le plus cher : devenir torero. En s'attachant à décrire les étapes de cette ascension, le cinéaste dénonce un mécanisme qui oblige l'individu à se dépouiller du meilleur de lui-même afin de pouvoir accéder à une place dans la société.

La troisième des œuvres, sans doute la plus achevée, est *Le Moment de la vérité* de Francesco Rosi (1964), interprété par le torero *Miguelín*. Derrière le récit de l'ascension et de la chute d'un torero, Francesco Rosi a voulu avant tout témoigner de la réalité sociale d'un village du sud de l'Espagne. Pour lui, son héros est moins la victime des appétits, bien réels, de son apoderado que d'un problème social et économique : être né dans une région délaissée par les entreprises modernes.

Si le format dominant de ces productions demeure le long métrage, deux cinéastes vont parvenir à renouveler la vision du spectacle taurin avec des films courts. Avec *La Corrida interdite* (1958), Denys Colomb de Daunant réalise une étude inspirée sur le mouvement, un ballet cinématographique conçu à partir d'images de corridas filmées exclusivement au ralenti. Photographe arlésien spécialisé dans le nu artistique et l'iconographie taurine, Lucien Clergue signe, quant à lui, un *Drame du taureau* (1965) particulièrement novateur. Pour la première fois, la caméra adopte le point de vue du toro et suit en silence son itinéraire, du campo aux arènes. D'autres réalisations du cinéaste, telles que *Palomo Linares le jeune torero* (1966) et *L'Entraînement du torero* (1968), viendront prolonger ce premier essai sans en retrouver la grâce.

S'il est encore trop tôt pour déterminer, parmi les films récents, ceux qui mériteront demain le titre de « classiques », qu'il nous soit néanmoins permis de mentionner ici plusieurs productions des années 1980. Citons pour mémoire *Tu solo* de Teodoro Escamillo (1984), *De sable et de sang* de Jeanne Labrune (1987) ou encore *Duende* de Jean-Blaise Junod (1989). Un seul film de cette décennie saura toucher un large public : *Matador* de Pedro Almodóvar (1989), une fable dans laquelle le cérémonial de la corrida, et notamment l'estocade mortelle, est utilisé pour sa valeur purement symbolique. B.B.

CINQUEÑO ou QUINQUEÑO. Toro de cinq ans.

CINTRÓN VERRILL Concepción, *Conchita.* Prestigieuse caballera, sachant aussi toréer à pied, celle qui fut nommée la *Déesse blonde* est née le 9 août 1922 à Antofagasta au Chili, d'une mère nord-américaine d'origine irlandaise et d'un père portoricain. Toute jeune, elle réside à Lima et commence sa formation équestre dans l'académie dirigée par l'ancien rejoneador portugais Ruy Da Cámara et avec le torero espagnol Diego Mazquiarán *Fortuna* pour le toreo à pied. Elle débute comme rejoneadora dans un festival de bienfaisance à Acho en janvier 1936. Sa présentation comme novillera date du 31 juillet 1938 à Tarma au Pérou. Elle se présente dans la plaza d'El Toreo de Mexico le 20 août 1939. En 1945, la voici pour la première fois en Espagne où on lui interdit de mettre pied à terre pour en terminer avec ses opposants. Elle eut donc recours à un sobresaliente. Elle ne torea avec cape, muleta et épée que dans des festivals camperos, notamment à Gómez Cardeña chez Juan Belmonte García. Ses prestations les plus nombreuses eurent lieu en France et au Portugal. En 1950, année de ses adieux, elle fonda une ganaderia de souche Pinto Barreiros qui, en 1950, fut en partie acquise par Christophe Yonnet. Sa dernière corrida en France se déroula dans les arènes de Bordeaux le 1er octobre 1950 face à du bétail de José Infante da Cámara, où elle coupa deux oreilles à chacun de ses opposants. Elle participa à un festival à Madrid avec Juan Belmonte, Álvaro Domecq père et le duc de Pinohermoso. Femme élégante, racée, cavalière hors du commun, elle en imposait tant par sa grâce que par sa maîtrise dans l'exécution des suertes. Ne laissant aucun public indifférent, elle possédait le sens précis du geste circonstancié dans les divers actes de la lidia, et sa double formation lui permettait d'assumer totalement la lidia de ses adversaires. Indiscutablement, elle a été un exemple pour de nombreuses caballeras en plaza et la première à être connue hors du milieu taurin. Elle fit sa dernière apparition en public lors de l'alternative de Marie Sara, à Nîmes, et reçut en cette occasion un vibrant hommage du public. J.C.D.

CIRQUE. Plaza de toros, ainsi nommée à cause de sa forme circulaire.

CITAR (*provoquer*). Première action du torero dans toute passe de cape ou de muleta. Elle consiste à provoquer la charge du toro, soit en déployant la cape et en lui donnant une vibration qui engage l'attaque, soit, à la muleta, en donnant le toque, coup sec du poignet, accompagné ou non de la voix et dans certains cas d'un appel du pied, si le toro s'affaiblit. Les matadors qui dominent vraiment leur adversaire n'utilisent que le toque gestuel, parfois accompagné d'un appel vocal, et la mode consistant à donner de la voix n'améliore ni la charge de l'animal, ni le dominio du torero. Les banderilleros citent par le geste, en se déplaçant, et par la voix. Voir le chapitre « La lidia », ci-dessus, p. 171 *sqq.* R.B.

CITE. Action de citar (voir ce mot).

CIUDAD JUÁREZ (Mexique). Cinquième ville du Mexique située sur le río Bravo, ville frontière avec les États-Unis, Ciudad Juárez a porté jusqu'en 1880 le nom de El Paso del Norte. Sa croissance rapide étonne, dans ce véritable désert, à l'extrême nord du Chihuahua : 49 000 habitants en 1940 contre 800 000 en 1990. La loi sur la prohibition aux États-Unis a donné à Ciudad Juárez une nouvelle orientation – alcools, jeux, prostitution – et amené la prospérité.

La plaza de toros compte 16 000 places et le premier paséo a eu lieu le 1er septembre 1957 avec les matadors Rafael Rodríguez, Juan Silveti et Humberto Moro contre des toros de la ganaderia de Tequisquiapán. Dans la ville existe une autre plaza de 7 500 places, la Plaza Alberto Balderas, qui a été inaugurée le 5 mai 1957 avec Alfredo Leal, Manuel Capetillo et Fernando de los

Reyes *el Callao* face à des toros de La Punta. R.B.

CIUDAD REAL (Espagne. Madrid 190 km – Tolède 120 km). Fondée par Alphonse X le Sage en 1225, la ville sera détruite par les Maures. Elle a eu une intense activité agricole, mais son importance a diminué dès le XVIIe siècle. Actuellement, elle compte 57 000 habitants.

La plaza de toros fut inaugurée le 16 août 1844. Après une importante rénovation en 1873, elle fut à nouveau mise en service le 17 août de la même année avec au cartel Antonio Carmona *el Gordito* et José de Lara *Chicorro*, qui combattirent des toros de Duque de Veragua. Sa capacité est de 7 800 places. R.B.

C

CLAIRAC
Origine : Parladé-Gamero Cívico
Devise : rouge et violet
Ancienneté à Madrid : 23 septembre 1925
Propriétés : « La Moral del Castro », Garcirrey (Salamanque) et « Torrejón », Palencia de Negrilla (Salamanque)

C'est en 1885 que Eloy Lamamié de Clairac, de Muchachos (Ledesma) forme un élevage au moyen d'une base de bétail de Mazpule à laquelle il ajoute par la suite des bêtes de Martínez. Cette nouvelle ganaderia fournit, le 12 septembre 1892, le bétail de la corrida d'inauguration des arènes de Salamanque. En 1910, Rafael Lamamié de Clairac succède à son père Eloy à la tête de l'élevage. Il acquiert deux ans plus tard deux étalons et quelques vaches de Fernando Parladé et augmente encore son cheptel en achetant en 1921 un autre lot de vaches d'origine Parladé, porteur du fer d'Antonio Fuentes. En 1924, Rafael Lamamié de Clairac rachète pour son fils Leopoldo le fer et la quatrième part de l'élevage de Fernando Parladé, jusqu'alors propriété de Luis Gamero Cívico, récemment disparu. Les trois autres parts reviennent respectivement à Ernesto Blanco, Manuel Blanco et Juan Domínguez qui les cèdent par la suite respectivement à Clemente Tassara, Domingo Ortega et Samuel Flores. À partir de 1924 figurent donc dans le répertoire des élevages le fer de Rafael et celui de Leopoldo Lamamié de Clairac, qui maintiennent ainsi la consanguinité entre les deux troupeaux. Rafael meurt en 1941 et l'élevage devient la propriété de sa fille Aurora Lamamié de Clairac en 1950, mais la consanguinité avec le fer de son frère Leopoldo est maintenue. En 1985, la famille crée la Société anonyme Clairac qui gère désormais les fers de Leopoldo et d'Aurora. En 1992, Domingo Hernández rachète les droits du fer de Leopoldo. La SA Clairac rassemble donc toutes les autres têtes de bétail sous l'appellation unique Ganadería de Clairac.

Les toros importants :

- Prix au toro le plus brave de la féria de Palencia en 1994.
- Prix du meilleur élevage de la féria de Peralta en 1994.
- Tours de piste posthumes accordés à des novillos combattus à Moralzarzal et Calasparra en 1994.
- Tours de piste posthumes accordés à des novillos combattus à Santo Domingo de la Calzada (La Rioja) et San Mateo de Gallego en 1995.

Cet élevage fait combattre la quasi-totalité de ses toros dans des arènes espagnoles de troisième catégorie. Il est assez fréquent de voir ce bétail au cours de novilladas. *Rafael de Julia*, Leandro Marcos et le Français Sébastien Castella, aujourd'hui matadors de toros, avaient notamment lidié un lot de Clairac dans les arènes d'Arnedo, célèbres pour leur fameux cycle de novilladas – le « Zapato de oro » – au printemps 2000. C.C.

CLARINE. Clairon ou trompette chargé de transmettre les ordres du président : entrée du toro, changement de tercios et avis.

CLARO (*clair*). Toro qui ne pose pas de problèmes particuliers, qui va au bout de chacune de ses intentions affichées, sans réactions imprévisibles ou dangereuses. Mais un toro claro n'est pas forcément un toro particulièrement noble. C'est un animal qui annonce clairement ses intentions. P.M.

CLERGUE Lucien. Lucien Clergue est né à Arles en 1934. Ses premières photos sont marquées par la mort : flamands roses ou toros dans l'arène. Puis il photographie la flore de Camargue, les marais, les sables humides, les algues, monde étrange et fantastique. Il devient ensuite mondialement connu – ses photos sont dans les plus importantes collections du monde – par son travail sur le nu féminin et il continue parallèlement à photographier tous les actes de la corrida dans ce qu'elle a de plus esthétique et de plus dramatique. Ses clichés tauromachiques ne sont pas simple reportage mais entraînent le spectateur dans les dédales de la course.

L'élément sacrificiel de la corrida, plus que son spectacle, fascina Lucien Clergue à ses débuts. D'où l'obsédante question que nous pose cette butte désertée, cette motte en train de s'aplanir et de se confondre avec le sable : le toro. Terrain mouvementé qu'auraient mission de défricher les piques et les estocs, pli strié de sanglantes ornières. Le berceau des cornes grandit en un dernier élan sur les perspectives de couloirs et gradins, vers le ciel. Puis retombe. Et voici enfin l'œil aveugle au-dessus des moires du sang vomi. Et voici, quand l'air commence à manquer dans la grotte des naseaux, le sable broché qui n'orne plus de ses dessins en relief qu'un rictus définitif.

Dédale et Thésée réunis en un seul homme, si le torero est cet architecte de féerie, qui décide du plan de l'ouvrage et le bâtit de passe en passe jusqu'à l'ultime détail prévu, nous sommes à notre tour enclos par des corridors inextricables, dans l'incapacité de rompre le charme, lorsque cape rose et jaune ou muleta rouge nous entraîne de trajet en tracé au cœur de cette lutte, de cette danse au ralenti, de cet embrasement. Dans le minoïen labyrinthe de courbes et de méandres où les contraires s'épousent et dont les voies d'accès se recoupent pour enfermer le Minotaure et le désorienter à la croisée des chemins, un rapport équivoque, de quasi-bestialité, nous lie au couple. Chaque image de Lucien Clergue nous fait partager cette soif d'un contact plus étroit. On reçoit de plein fouet cette houle, ce roulis d'une étreinte que de souples arabesques immobilisent en instants frémissants, chargés de sourde violence.

Les cornes ceignent, cinglent, à la croisée des chemins, au carrefour inattendu, bifurcation que commande l'étoffe, dont les rigoureuses géométries autorisent cette folie grisante et le miracle de n'en pas sortir déchiré. Les leurres tournoient avec une précision que l'on jurerait millimétrée, tandis que le noir d'outre-monde du toro frôle un bras, une jambe, un boléro. Nous voici mêlés à tous les échanges, contraints à des épousailles dont nous percevons qu'elles devraient se consommer dans notre chair.

La ligne de partage entre le réel et les sortilèges s'efface. Lorsque Christian *Nimeño*, fauché par un Miura, s'écroule dans une posture de catastrophe, du *Retable d'Issenheim* à celui d'un soir de septembre sur la planète des toros, une même communion du sang suscite les mêmes gestes possédés. Autour du long visage triste, à lui seul toute une supplique, se joignent pour la prière ou voltigent dans l'extase des mains de saints, peintes par Grünewald. Il faudrait revenir en arrière, rembobiner le film d'une vie. Jusqu'à ce poupon ensablé qui ramènerait le torero à l'enfance. Dans un mince rouleau de six photos qui, par sa proximité avec l'accident, dénonce l'étroitesse de nos mesures, Christian *Nimeño*, banderilles au bout des doigts, froisse du pied la grève et son circuit rapide se poursuit hors du temps linéaire de notre durée de convention.

Les deux genoux en terre, Manuel Benítez *el Cordobés* interroge le fauve. De lourds crucifix qui pèsent leur poids de mortification voisinent là avec des nus féminins, comme autant d'invites à la volupté surgie des limbes de la Vallée de la mort. Le mamelon d'un sein pointe entre les fleurs de perles d'une couronne funéraire. Entre Éros et Thanatos, la vie hésite, et la corrida déroule bel et bien ses fastes de zénith en nadir.

La fantastique projection se poursuit parmi les chefs-d'œuvre accrochés aux murs des musées. La photographie fait irruption dans la peinture et en profite pour vivre double. Devant Lucien Clergue, les toiles s'ouvrent comme des portes qui battent sur un monde de caprices, au sens goyesque. On voit pour la première fois s'activer autour du torero l'esprit insaisissable, ou duende, la créature fabuleuse qui lui dicte ses faits et gestes devant le fauve. *Chamaco*, dont le manager acceptait qu'il toréât comme un Ariel, un génie de l'air, à condition qu'il n'oubliât pas son démon, apparaît entouré de diablotins. Du tracé inspiré de la muleta d'Enrique Ponce naît un angelot dodu, aussi potelé que la passe dont il épouse la rondeur.

La véronique, ce lancer de cape, ainsi nommée en hommage à la sainte, exhibe à nouveau sous nos yeux le linge blanc qui recueillit l'empreinte exsudée des traits du Christ. Si, à en croire Luis Miguel *Dominguín*, il faut veiller d'être mort avant que de fouler le sable de la piste, on ne s'étonnera pas que, dans le dos du torero, un Lazare en suaire se lève de la tombe comme le fantôme du réveil. Lorsqu'on parvient à l'oubli de son corps selon Juan Belmonte, la crucifixion vogue dans le ciel au-dessus de votre tête et la couvre de son cimier. Ce jour-là, l'homme en habit de lumières exprima si bien son art qu'il n'eut aucun soupçon du charnier, dérobé derrière lui par l'abri de planches de la barricade, tandis que l'arène s'illuminait comme un vitrail. Mais dans « La passion de Saragosse », prince métamorphosé en bête, il fut traîné avec la dépouille de son adversaire par l'attelage de mules à grelots, victime et bourreau de soi-même, la bouche en forme de cri.

« J'ai entretenu avec le fauve une quête amoureuse. » Alors que le toro l'enserre en des voltes de plus en plus lancinantes et le fouette de son souffle au passage, Antonio Ordóñez accomplit l'œuvre de séduction et de domination. Dans ce tourbillon de luxure ambigu, sait-on lequel est le mâle, lequel la femelle, lorsque le bestiaire s'orne de grâce féminine et arbore le profil de chatte à la candeur provocante d'une grisette ou Manola ? Sous le large chapeau à pompons du plus massif des picadors, une vierge parfois s'attendrit et en révèle la douceur cachée. Pareille confrontation des diverses phases de la corrida avec le musée imaginaire n'en finit pas à travers mythes, fables, légendes, de transfigurer l'arène, ce lieu métaphorique entre tous. Un éternel retour s'opère vers l'île de Crète où les dieux de l'Olympe, au premier chef Jupiter en taureau blanc, possédaient les mortelles : Europe ou Pasiphaé, sous une forme bestiale. Et le sacrifice du taurobole, hissé dans l'azur printanier par des treuils, perpétue son baptême de sang au-dessus de chairs décomposées que, déjà, la terre englue. J.M.M.

COBALEDA Caridad (Caridad Cobaleda Galache)

Origines : Félix Urcola et Vega-Villar
Devise : bleu ciel et rose
Ancienneté à Madrid : 16 juin 1904
Propriété : « Gudino », Doñinos de Ledesma (Salamanque)

Cet élevage puise ses origines dans la lignée « Barbero de Utrera » du cheptel du comte de Vistahermosa. Le troupeau concerné est ensuite acquis par José Antonio Adalid en 1890, puis par Félix Urcola douze ans plus tard. Ce dernier vend l'élevage à Curro Molina en 1918 avant l'acquisition finale de 1930 par José María Galache. Le troupeau est divisé en trois parties en 1953 : chaque enfant hérite d'une part de bétail. Parmi eux, Eusebia Galache se voit donc confier un lot de toros. En 1984, Eusebia cède l'élevage à sa fille, Caridad Cobaleda.

Principalement combattu dans les arènes du nord et du centre de l'Espagne, l'élevage de Caridad Galache se fait aujourd'hui plus rare dans les grandes férias. Peu prisé des vedettes actuelles, les toros sont surtout lidiés dans des arènes modestes par des toreros régionaux. En début de saison 1999, l'Arlésien *Juan Bautista* triompha face à cet élevage dans les arènes de Gerona et un tour de piste posthume fut même accordé à la dépouille du quatrième novillo, toréé par José Gabriel Olivencia. Quelques mois plus tard, l'élevage fit combattre cinq novillos à la Monumental de Barcelone, permettant le succès de Miguel Ángel. Après avoir vendu quelques lots pour des corridas équestres, l'élevage a nettement réduit son cheptel en 2000. Un novillo fut encore honoré d'un tour de piste posthume à Santa Eulalia del Campo (Teruel), le 20 août, après une faena allègre du modeste novillero Ángel González *el Quillas*. L'élevage retrouva enfin un bon nombre de ventes à l'issue de la saison 2001, avec une quarantaine de novillos combattus. Quatre d'entre eux foulèrent le sable de la Monumental de Barcelone et une oreille revint au torero local Raúl Cuadrado. Eusebia Galache parvint à faire combattre, le 10 juin, une novillada complète dans les arènes madrilènes de Vista Alegre avec une affiche composée par Raúl Cano, José et Jesús de Natalia. Cano coupa une oreille à chacun de ses novillos alors que les frères Natalia coupèrent un seul trophée. Trois exemplaires porteurs de la devise bleu ciel et rose furent ovationnés à l'issue de leur combat. C.C.

COCHERITO DE BILBAO.
Voir JAUREGUIBEITIA IBARRA Cástor.

COCTEAU Jean. Le 1er mai 1954, dernier jour de la féria de Séville, Dámaso Gómez offrit la mort de son adversaire au poète. Selon la coutume, Cocteau conserva durant tout le combat la coiffe du torero (la montera) sur ses genoux. Les noirs torils d'Espagne lui ont offert, durant les dix dernières années de sa vie, un renouveau du mythe, le moyen de perpétuer sous un angle rajeuni les grandes fables hellènes qui lui sont chères, de les adapter à notre époque.

Dédale crétois de directions diverses, de sens opposés, de trajets en apparence contradictoires, mais tous s'ajustent en vue de mener le Minotaure à sa perte, l'étoffe rouge recompose l'épure du labyrinthe rigoureux où enclore le fauve. Elle l'entraîne de couloir en couloir que bâtit son tracé, sans lui donner le temps de souffler, le happe à l'entrée de chaque corridor et ne lui présente d'autre issue que le coup d'épée. Le torero est cet architecte, ce Dédale, qui contient dans sa tête le plan de l'ouvrage et l'édifie de passe en passe, jusqu'à l'ultime détail prévu.

L'animal frôle l'homme, le touche, le caresse. Les partenaires ne s'écartent que pour plus étroitement se réunir. La féminisation croissante du torero constitue sa sauvegarde. Il évolue autour du trône de la Dame blanche, de la mort immobile au centre de la piste et dont le fauve doit être considéré comme l'ambassadeur extraordinaire, chargé de conclure les noces. Comment sortir indemne de l'épreuve ? Il faut résister à l'attrait qu'exerce la Dame et craindre de lui plaire.

Le toro assimilé au mâle, à Hercule, se retrouve à la fin de l'affrontement privé de sa force virile, vaincu par la magie du torero, Omphale diligente qui le vêt de la tunique de Nessus et l'affuble de douloureuses quenouilles multicolores : les trois paires de banderilles accrochées dans le haut du garrot.

La Corrida du premier mai (1957) se montra assez active pour indigner nombre d'amateurs. Don Enrique, auteur d'un livre à l'usage de la Casa Velázquez à Madrid, était l'être le plus fermé à tout fantasme, le plus attaché à une police et à une morale conventionnelles et à une tauromachie immuable. Si étrange que cela puisse paraître, c'est à ce champion d'une tradition, seul moyen de se protéger contre le changement monstrueux, que Cocteau se référait comme à une autorité supérieure. Peut-être avait-il besoin de prendre appui sur une réalité prétendue objective et donnée à jamais du spectacle dans son principe et ses méthodes, pour mieux la saper par ses visions et en ruiner l'impératif ? « Le geste de Luis Miguel s'accoudant sur le front du fauve n'est-il point une preuve de la domination quasi féminine que le matador exerce ? »

Pour s'accoupler avec le mâle qu'il importe de terrasser, le torero se travestit et devient femelle qui tue. Du jeu floral de la cape et de la muleta, des leurres qui caressent, il en arrive au coup d'épée, à la lame qui foudroie. Fleur, il se métamorphose en guêpe. Quelques amis espagnols surnommèrent Jean Cocteau « le banderillero », parce qu'il plantait bien ses phrases. Des roses trémières qu'évoquent les banderilles au rire d'un cheval de picador qu'on étripe et à son râtelier de vieil ivoire, les hautes hantises du poète rendaient ses couleurs perdues à une tauromachie trop attachée à des normes rassurantes par des cerveaux qui ronronnent. J.M.M.

CODICIA (*convoitise*). On dit d'un toro qu'il est *codicioso* lorsqu'il charge inlassablement, comme frappé de boulimie à l'égard du leurre.

CODILLERO. Torero qui éprouve des difficultés, lors de l'exécution de la passe, à écarter du corps le coude du bras tenant la muleta ou la cape. Il s'ensuit que son geste est considérablement réduit et l'empêche de bien conduire le toro et de maîtriser sa trajectoire. Non seulement ce geste est disgracieux, mais il accroît les risques car le toro se serre de plus en plus contre le torero qui doit rompre, perdant ainsi du terrain et de la domination sur son adversaire. Ce défaut peut être la conséquence de l'appréhension, d'un mauvais apprentissage ou d'une impossibilité gestuelle. R.B.

COGIDA. Action d'accrocher l'homme avec la corne. Quand le toro accroche un torero avec la corne, le bouscule, le soulève ou le projette, on dit que le torero est *cogido*. Si la corne pénètre, on dit qu'il y a *cornada*. La plupart des cogidas sont dues à une erreur de jugement du torero, une faute d'attention, une distraction, si courte soit-elle, un excès de confiance et même parfois à un trou dans le sable de la piste qui déséquilibre la charge de l'animal.

Les cogidas sont nombreuses et généralement sans conséquence grave. Mais celle de *Nimeño II* à Arles, ou de Robles à Béziers, provoqua une rupture des cervicales qui entraîna la tétraplégie des maestros. R.B.

COJO (*boiteux*). Quand un toro sort en piste en boitant, le règlement prévoit qu'il doit être remplacé par un toro de réserve. Le dilemme pour la présidence réside dans le fait qu'un toro peut sortir en traînant la patte simplement parce qu'il s'est ankylosé dans son chiquero (cas assez fréquent) et que ce handicap va progressivement disparaître avec l'échauffement. Décision difficile à prendre surtout considérant qu'un toro changé entraîne un surcoût financier important pour l'organisateur. Mais si le toro est maintenu en piste, la bronca sera sévère si la boiterie se confirme ou s'aggrave ! P.M.

COLA.
Voir RABO.

COLADA. Position difficile du torero lorsque le toro empiète sur son terrain et la poursuite qui s'ensuit généralement.

COLEAR. Tirer le toro par la queue afin de sortir le torero d'une position très dangereuse à la suite d'un accrochage et quand le toro s'acharne sur lui. On appelle cette action un « quite coleando ».

COLETA. À l'origine, les toreros portaient les cheveux longs, retenus par une résille en chignon pendant les courses afin, dit-on, d'amortir les chocs en cas de chute. Lorsque succéda la mode des cheveux courts, la plupart des toreros continuèrent, pour se distinguer, à garder une mèche de cheveux tressés sur l'arrière de la tête. Mais certains préférèrent se contenter d'un postiche qu'ils fixaient uniquement pour la durée de leur présence en piste. C'est cette tradition qui s'est conservée et a encore cours actuellement. On attribue à Belmonte l'invention de cette coleta postiche, alors que *Joselito* ne l'adopta jamais. Quand un torero se retire du métier, on dit qu'il se « coupe la coleta » : lors de sa dernière course, un autre torero lui enlève publiquement ce symbole de la profession, sous les applaudissements du public.

La coleta est portée par tous les hommes à pied de la cuadrilla. R.B.

COLETERÍA. Ensemble de ceux qui portent la coleta, c'est-à-dire les toreros.

COLETERO. Toro possédant une grande tache claire en tablier sur le poitrail.

COLETUDO. Synonyme de torero, « celui qui porte la coleta ».

COLIBLANCO (syn. *rabiblanco*). Toro à la queue blanche, quelle que soit la couleur du reste de son pelage.

COLLADO GARCÍA Juan Carlos, *Niño de la Taurina.* Juan Carlos Collado García, né à Santa Olalla dans la province de Tolède le 27 janvier 1970, n'a que douze ans, le 15 août 1982, quand il coupe, à El Casar de Escalona, deux oreilles et une queue à un becerro de García Chinarro. Il se présente ensuite dans les arènes de Las Ventas, le 1er mai 1986, avec Rafael de Valencia et Ignacio Martín, devant des novillos de Nicolás Mateo, puis, avec picador, dans les mêmes arènes le 26 avril 1987, avec Raúl Galindo et Fernando Cepeda devant des toros de Martínez Uranga.

Après 76 novilladas au cours desquelles il a affronté seul six novillos de diverses ganaderias dans la plaza madrilène, il reçoit l'alternative le 8 août 1988 à Tolède, devant *Peliculero*, de la ganaderia de Luis Algarra, des mains d'Antonio Chenel *Antoñete* en présence de José Ortega Cano. Il débute en Amérique le 9 octobre 1988 à Caracas, avec Eloy Cavazos et Bernardo *Valencia*, en coupant une oreille à un toro de Rancho Grande.

Niño de la Taurina confirme son alternative à Madrid le 19 mai 1989 devant *Jareto*, de la ganaderia de Los Guateles, avec pour parrain José María *Manzanares* et pour témoin Julio Robles. L'année suivante, il confirme encore à Mexico devant *Soberano*, de la ganaderia de Venta del Refugio, avec comme parrain Guillermo Capetillo et pour témoin Jorge Gutiérrez. Il débute en France à Céret le 14 juillet 1990 avec *el Fundi* et Juan Cuéllar devant *Condenado*, toro de la ganaderia de Barrera. R.B.

COLLERA. Paire de rejoneadores qui travaillent ensemble dans l'arène. Au campo, paire de cavaliers qui séparent les jeunes toros. « Toréer a collera », pour les toreros à pied : il arrive parfois, quand l'ambiance est chaleureuse, que deux toreros travaillent ensemble un toro à la cape, donnant la même passe en l'inversant, souvent une chicuelina. Cette démonstration à deux capes ravit le public.

COLLIOURE (France. Perpignan 42 km). Sur la Côte vermeille, ce petit port de pêche a été très fréquenté par les peintres à l'époque du fauvisme. Ancienne place forte, lieu de conserverie de l'anchois, elle compte 2 775 habitants.

Ses arènes qui, à l'origine, étaient démontables sont maintenant permanentes et d'une capacité de 2 000 places.

COLOCACIÓN (*placement*). Manière dont le maestro se place pour exécuter les suertes, avec lucidité, rigueur, dans les règles et en évitant les risques inutiles.

COLOMBEAU Cyril
COLOMBEAU Francis
Origine : Santa Coloma (les deux)
Devises : vert, noir, rouge et or (F.C.) et blanche (C.C.)
Ancienneté de création : 1980 (F.C.) et 1992 (C.C.)
Propriété : « Mas Colombeau », Le Sambuc (Arles), France

Ces élevages sont situés sur la commune d'Arles, dans le delta du grand Rhône, près de la D36 à quelques lieux du Sambuc. Grâce à sa formation de cavalier, Francis Colombeau, le père, personnage atypique qui a collaboré avec le cinéma puis avec la télévision au temps de l'ORTF et participé à plusieurs séries télévisées, fut empresa des arènes de Beaucaire pendant plusieurs années, mettant en valeur dans sa programmation les élevages de toros bravos français.

À ses débuts, il s'associe avec Gilbert Mroz qui élevait déjà des toros. Après leur séparation, il recommencera avec du bétail d'origine Vistahermosa. Il n'a jamais apporté de sang nouveau dans son cheptel depuis la création de sa ganaderia et possède actuellement quatre-vingt-cinq vaches et deux sementales sur 100 hectares de terre.

Il fait ses débuts en novillada sans picadors en 1985 dans les arènes de Bellegarde. Le novillo *Armeillero* a obtenu le prix du meilleur toro lors d'un concours de ganaderias le 9 juillet 1996 dans les arènes de Châteaurenard et le premier toro de la ganaderia fut lidié dans les arènes de Beaucaire le 4 octobre 1998 par José Antonio Muñoz. Ch.C.

COLORADO (syn. *rojo*). Toro de couleur rousse.

COMBATS entre toros. 10 % des toros de quatre ans meurent d'un coup de corne porté par un congénère dans le campo, selon Álvaro Domecq, éleveur et rejoneador.

COMIQUE.
Voir TOREO COMIQUE.

COMPAS. Angle géométrique que forment les jambes plus ou moins ouvertes d'un torero à pied. On dit : toréer en ouvrant le compas.

COMPETENCIA (*compétition*).

1) Rivalité entre deux toreros pour s'emparer de la place de meilleur torero du moment. Cette rivalité peut être spontanée entre deux maestros ou provoquée par leurs apoderados afin d'attirer davantage de public aux arènes. Depuis les débuts de la corrida, les compétitions ont été nombreuses. Pour qu'elles puissent réellement avoir lieu, il faut que deux ou trois maestros soient de niveau très proches.

On cite, dans l'Histoire, les rivalités entre *Cúchares* et *el Chiclanero* qui faillirent plus d'une fois en venir aux mains ; *Frascuelo* et *Lagartijo* ; *Espartero* et *Guerrita* ; *Joselito* et Belmonte dans les années 1900 ; *Manolete* et Arruza puis Luis Miguel *Dominguín* qui se déclara un jour *número uno*. Celle qui aurait opposé les deux beaux-frères qui s'estimaient, Ordóñez et Luis Miguel *Dominguín*, est plus contestable quant à sa véracité, mais elle permit à Hemingway et à Jean Cau d'en tirer deux somptueux reportages. Don Ernesto en fit même le sujet d'un de ses derniers livres, *L'Été dangereux*.

2) On qualifie de corrida de competencia une course au cours de laquelle des éleveurs essaient de s'affirmer. Ce type de corrida est différent de la corrida-concours car elle oppose seulement deux ou trois éleveurs au lieu de six. R.B.

CONCOURS de ganaderias. Corrida pour laquelle les six toros sont fournis par six éleveurs différents dans un esprit de compétition. Les toros sont alors combattus dans un ordre très précis, celui de leur ancienneté (date de présentation à Madrid). C'est une affiche difficile à monter car n'ayant qu'une chance sur six de l'emporter, les éleveurs sont réticents pour prendre le risque d'avoir un animal au comportement décevant devant leurs confrères concurrents au plan du prestige, des honneurs et du négoce. Quand six élevages renommés sont enfin réunis, surgit une nouvelle difficulté : leur opposer des toreros d'un certain renom. Mais X ne veut pas entendre parler de telle ou telle ganaderia qui ne lui réussit pas, tandis que Y craint que ses collègues « touchent » des toros plus propices au succès. D'où la rareté de ce genre d'événement, certes alléchant, mais généralement pas plus gratifiant qu'une corrida classique. P.M.

CONDE BECERRA Javier. Javier est né à Málaga le 19 février 1975. Son père, Francisco Conde, novillero modeste connu sous le nom de Curro Conde, géra un temps les arènes de sa ville, la fameuse Malagueta, avant de se retirer dans les affaires. C'est sûrement à lui que Javier doit sa passion. Le 25 juin 1989, il débuta en costume de lumières dans sa province, à Benalmádena, avant de passer en novillada piquée deux ans après, le 8 avril 1991, à Buenamadre (Salamanque).

En février 1994, il se produisit à Nîmes et fit une impression très favorable grâce à une forte personnalité et à une interprétation du toreo qui sortait des sentiers battus. Tel un danseur de flamenco, la chevelure gominée et le ton grave, il défia ses adversaires avec morgue et sentiment, les entraînant dans une sorte de ballet tragique qui fit sensation. Javier Conde ne se départira plus de cette image et depuis, son toreo *agitanado* (d'inspiration gitane) a connu une trajectoire des plus fluctuantes, ponctuée cependant de triomphes retentissants, y compris en Amérique du Sud. À l'instar de tous les toreros de sentiment, le duende le fait se sublimer et lorsqu'il est visité, son expression hallucinée transmet une forte émotion artistique. Il prit l'alternative à Málaga le 16 avril 1995 des mains d'*el Niño de la Capea*, avec pour témoin *Jesulín de Ubrique*, et coupa trois oreilles aux Zalduendo.

Il débuta au Mexique, à Guadalajara, le 15 octobre 1995 avec Eloy Cavazos et David Silveti, et confirma à Mexico le 28 janvier 1996 devant *Membrillo*, toro de la ganaderia de Arroyo Zarco avec Eloy Cavazos comme parrain et Manolo Mejía pour témoin. Il se présenta à Nîmes le 25 mai 1996 en matinée lors d'une corrida mixte avec *Rafael de Paula* et Antonio Losada face à des toros de Montalvo.

Le Malagueño confirmera cette alternative cinq ans plus tard à Madrid, le 17 mai 1999, face à *Malaguero*, toro de Charro de Llen, avec pour parrain José Luis Bote et pour témoin *Finito de Córdoba*.

En 1999, Javier Conde a toréé 40 corridas pour 45 oreilles coupées. Par la suite, il a toujours été considéré comme un torero atypique, certes, mais capable de coups de génie, même s'il a moins toréé, comme en 2001 où il n'a participé qu'à 15 corridas pour 17 oreilles coupées. Fin 2001, il totalise 258 corridas effectuées. Mais plus qu'un chasseur de trophées, Conde reste un artiste hors pair qui aura toujours ses partisans. P.H.

Dans les années 1930, Ernest Hemingway s'était entiché d'un torero de Málaga, haut, mince, au visage insouciant, Andrés Mérida. Jusqu'à ce qu'il apprît qu'il ne s'agissait pas d'un véritable gitan. Il prétendit alors avec superbe qu'il le trouvait meilleur comme imitation. Ainsi en va-t-il de Javier Conde, neveu du concierge de La Malagueta, les arènes de Málaga, et dont le père, ancien novillero, fut par la suite impresario.

Il arrive, malgré la légende, que des gitans garantis, tel Manuel Amador ou Vicente Fernández *el Caracol*, demeurent d'honnêtes exécutants, dépourvus de magie. Reste que chaque fois qu'un torero semble habité par un esprit fantasque qui le fait passer sans transition de la cime à l'abîme, la question se pose de savoir s'il appartient à la race gitane.

Jean Cau devait se faire l'écho d'une confidence de la duchesse d'Albe, par quoi elle s'attachait à justifier les foucades d'un artiste en butte à tous les égarements : Curro Romero était bel et bien *cuchichi* (moitié gitan). Ce que le principal intéressé devait démentir à son grand regret. Non, il n'appartenait pas à la race élue, même s'il s'entourait volontiers des membres de la tribu. Il n'avait pas comme Antonio Ordóñez une mère gitane. Pour Javier Conde, comme pour *Chamaco* père ou David *Luguillano*, de Valladolid, la réponse est négative.

La nombriliste Séville, parce qu'il lui reste étranger, le renvoie volontiers à sa Costa del Sol, où fleurissent des spectacles taurins pour touristes en majorité anglo-saxons. Ainsi, le tape-à-l'œil et le frelaté s'opposeraient à l'authentique. On a depuis l'origine fustigé le fatalisme des gitans qui les poussent à attendre leur toro pour le défier avec une théâtralité de *cuadrao* flamenco, jugée souvent excessive. Javier Conde, en non-gitan, exagère encore la gestuelle possédée, la torsion de flamme d'une danse du feu et accroît le pathos de sa chorégraphie. Déjà les critiques qui traitaient *el Gallo* de tous les noms devaient éprouver quelques difficultés, face à ses exhibitions, à séparer le savoir-faire du faire-valoir ou du faire-savoir du bateleur.

Je ferme les yeux. Je revois Javier Conde, épuisé par une secrète joie, s'unir avec *Escandalito* dans un dédale de figures enchantées, aussi vite disparues qu'écloses, et dont le somnambule à son retour parmi nous se révèle dans l'incapacité de décrire comment il les vécut au cours de son espèce de rêve. Ce matin de Nîmes, 31 mai 1998, le duende, l'étrange étranger réveillé en sursaut, métamorphose le torero en une sorte de mage. D'abord l'accueil, buste droit, main basse, du fauve d'Alcurrucén, par trois véroniques et la demie de scandale, s'exécute dans un corps en état de certitude et de bonheur, aux ailes que greffe une grâce. Pas un gramme de graisse dans le goût enlevé du trait. Le contraire du seul clinquant, ces trincheras ou firmas, kikirikis ou molinetes belmontistes, où s'opère la réconciliation du luxe, de la nonchalance et de la beauté à son faîte. Nul tape-à-l'œil, mais le passage d'une révélation, une arrogance ravageuse en atours baroques et siguiriyas sanglotées.

Malgré l'emploi des cosmétiques, la chevelure calamistrée des années 1920 retombe sur l'absence fascinée du regard. L'*ubris* impudique dépatine les poncifs, décape les lieux communs et rend ses couleurs perdues au répertoire.

« C'est Léda qui épouse son cygne, un rappel des ébats d'Europe ou de Pasiphaé éprise d'un blanc taureau en quoi le dieu Jupiter se déguise, le groupe antique où s'emmêlent Laocoon et les serpents », souffle Jean Cau.

Dans un entretien avec André Viard, Javier Conde rêve : « J'aime toréer les vagues, la nuit, seul sur la plage avec une muleta. C'est à elles que je dois mon toreo différent, ses rythmes et ses infinis bercements, sa caresse de roulis et la houle qui l'enlève au-dessus de lui-même. La mer, on peut l'esquiver. Mais l'arrêter et la dominer, jamais. » « D'autres fois, calme plat, grand miroir de mon désespoir », serait-on tenté d'ajouter, non sans quelque malice, selon Baudelaire. J.M.M.

CONEJITO.
Voir DIOS Antonio de.

CONFIRMATION. À l'origine, l'alternative n'était donnée que dans les arènes de Madrid. Puis, les toreros recevant leur alternative dans de nombreuses autres plazas dont certaines de troisième catégorie, on prit l'habitude de la confirmer à Madrid, ce qui n'est pas toujours possible pour des matadors modestes ayant fort peu de contrats. Certains même ne confirment qu'en fin de carrière. On peut aussi recevoir confirmation dans la Monumental de Mexico. R.B.

CONOCEDOR (*connaisseur*). À l'origine et aujourd'hui encore dans certains élevages, personne plus spécialement chargée des vaches. En fait, personne spécialisée dans tout le bétail bravo, mâle ou femelle, parfait connaisseur de l'ascendance et de la descendance de chaque animal. Longtemps ce poste a fait double emploi avec celui du mayoral (plus généraliste), entraînant d'ailleurs bien des querelles d'influence auprès de l'éleveur. À la suite de l'accroissement des charges affectant les ganaderias, ce poste a perdu de son individualité et s'est trouvé faire partie de la compétence naturelle du mayoral à tel point que ce terme est parfois utilisé à sa place, principalement en Andalousie. P.M.

CONOCIMIENTO. Connaissance et maîtrise que le torero a du toreo (maniement technique, gestuelle, sens du placement, sitio, dominio, aguante) et du toro.

CONSANGUINITÉ. Ce fut probablement José Vicente Vázquez qui, au milieu du XVIIIe siècle, fut l'initiateur de la sélection par la consanguinité dont on connaît si bien les risques et les inconvénients que dans beaucoup de pays l'union entre cousins germains est soit interdite, soit soumise à dérogations. Médicalement toujours déconseillée pour cause de relance de risques récessifs : alors que dans des unions traditionnelles on trouve un taux de transmission de certaines maladies compris entre 1 et 5 %, dans les unions consanguines ces taux atteignent jusqu'à 30 % pour certaines affections. Or, dans les élevages de toros (ou de chevaux), on dépasse le cousinage pour en arriver à l'union franchement incestueuse, ce qui augmente encore plus les risques.

On ne manquera pas de nous opposer que les chevaux de course sont programmés selon une méthode suprêmement consanguine et que les résultats morphologiques et sportifs sont de premier ordre. Cet argument est difficilement recevable puisque les chevaux obtenus sont quotidiennement entraînés, testés, et ceux ne correspondant pas aux critères requis se voient irrémédiablement écartés de la compétition de haut niveau et se retrouvent dans l'anonymat des clubs de promenade, la monte familiale ou la boucherie. On ne garde que les meilleurs, ceux dont la consanguinité a exalté les seules caractéristiques favorables (morphologie, vitesse, résistance) et on écarte ou on élimine les autres. C'est de l'eugénisme pur et simple.

Stratégie impossible à reproduire à la ganaderia faute de tests identiques, la tienta n'étant qu'un petit succédané de test très indirect et le test véritable n'ayant lieu que lors de la sortie du toro en piste, donc au minimum trois ans après sa naissance. Sans entrer dans les détails, il faut reconnaître que depuis plus d'un siècle l'élevage du toro de combat se poursuit sur ce principe de consanguinité, de lignées visant à maintenir caste et bravoure originelles, ce qui constitue une démarche estimable. Mais dans l'impossibilité de pratiquer des tests, de savoir réellement où sont les bons produits et d'éliminer les médiocres, la pratique de la consanguinité dans la ganaderia entraîne parfois la résurgence ou l'exaltation de caractères non souhaités. Voir aussi SÉLECTION. P.M.

CONTRABARRERA. Deuxième rang des gradins d'une plaza de toros, à partir de la piste.

CONTRAIRE. Cet adjectif prend différentes significations selon les expressions où il est employé :
- *Jambe contraire* : la jambe du torero qui, dans l'exécution d'une suerte, est opposée au côté d'où vient le toro.
- *Suerte contraire* : celle dans laquelle le torero dirige le toro vers les barricades.
- *Sortie contraire* : celle imposée par le torero lorsque le toro sort du toril.
- *Estocade contraire* : placée sur la partie gauche du toro, elle prouve souvent un engagement total du matador. R.B.

CONTRASTISTA. Personne qui signe, avec un organisateur taurin, un contrat de participation aux spectacles pour fournir chevaux, mules, piques, banderilles...

COQUILLA DE SÁNCHEZ-ARJONA
Origines : Conde de Santa Coloma et Francisco Sánchez « Coquilla »
Devise : vert et blanc
Pas d'ancienneté à Madrid
Propriété : « El Collado », Martín de Yeltes (Salamanque)

Cet élevage a été formé à partir de la branche d'origine Coquilla de l'élevage de Sánchez-Arjona.

Javier Sánchez-Arjona a trouvé une solution simple pour répondre aux quelques aficionados qui lui reprochaient de sortir plus souvent des produits d'origine Domecq que ceux issus de l'encaste Coquilla. Réunis sous le même fer de Sánchez-Arjona, certains lots de novillos pouvaient présenter quelques grandes différences de comportement en piste. Javier Sánchez-Arjona a donc conservé sa lignée Domecq sous le fer original de son élevage et créé un second élevage afin de poursuivre sa branche d'origine Coquilla. Bien souvent, l'éleveur présente des lots panachés, notamment en novillada, où les produits de Sánchez-Arjona côtoient ceux de Coquilla de Sánchez-Arjona. L'élevage présente également des toros adultes, parfois appréciés des vedettes : Manuel Caballero s'illustra devant ce fer en septembre 1999 dans les arènes de Munera (Albacete). Répété en 1995 et 1996 lors de la féria nîmoise de *Primavera*, l'élevage envoya à Arles quatre novillos de qualité lors de la féria de Pâques 2000. Sébastien Castella lia ce jour-là une faena complète qui lui permit de couper une oreille. La tendance se confirma en 2001 avec une demande importante de lots de novillos, notamment à Valence et Saragosse, avec la présence au cartel de Julien Lescarret. C.C.

CORBACHO ROMÁN Carlos. Né à la Línea de la Concepción dans la province de Cadix le 9 avril 1942, il commence dans la profession de matador le 16 octobre 1960 avec Antonio Rueda, Rafael Valencia et Manuel Pérez Brioso, face à un lot de toros d'Álvarez Hermanos. Il participe à sa première novillada avec picadors le 18 juillet 1961 dans sa ville natale en combattant un lot de la ganaderia de Belmonte, avec *Terremoto de Málaga* et *el Cordobés*. Il compte 18 courses à son actif lors de cette temporada. Il se présente à Madrid le 2 septembre 1962 avec Mauro Liceaga et José García *Mondeño II*, face à un lot de toros de Felipe Bartolomé. Il décide donc de prendre l'alternative qui est organisée le 29 septembre suivant à Séville, avec Julio Aparicio pour parrain et Victoriano Cuevas *Valencia* pour témoin, face à *Mochuelo*, toro de la ganaderia de José Belmonte à qui il coupe une oreille.

Le 18 mars 1963 à Valence, il torée un lot de María Montalvo avec Jaime Ostos et Miguel Mateo Miguelín, quand, en entrant a matar à son second toro, il se blesse gravement avec l'épée qui vient se planter dans sa cuisse droite. Le 1er juin 1967, il est opéré à Barcelone d'une lésion cervicale quand surgissent des complications dues à son ancienne blessure de Valence qui nécessite l'amputation d'urgence de la jambe. Il est sauvé et depuis se consacre à gérer les carrières des toreros. R.B.

CORDOBÉS el.
Voir BENÍTEZ PÉREZ Manuel.

CORDOBÉS el.
Voir DÍAZ GONZÁLEZ Manuel.

CORDOUE (Espagne. Madrid 405 km – Séville 143 km). Une des plus anciennes villes d'Espagne, au très riche passé culturel, fondée par Rome, patrie de Sénèque, marquée par la culture grecque, capitale du monde musulman et cour des califes d'Occident, son influence a été de la plus grande importance dans l'évolution de la civilisation occidentale. On y trouve encore, en parcourant ses ruelles tortueuses, des palais, des ermitages, des églises gardant intacts les souvenirs du temps passé. La mosquée, en partie transformée en cathédrale au XVe siècle – ce qui déchaîna la colère de Charles Quint –, est connue dans le monde entier.

Ville active de 320 000 habitants, connue pour ses cuirs décorés, elle possède une plaza de toros qui peut recevoir 16 900 spectateurs. Cette plaza de toros, Ciudad Jardín, a été inaugurée le 9 mai 1965 par une corrida au bénéfice de la Ligue contre le cancer, avec trois maestros cordouans : José María Montilla, Manuel Benítez *el Cordobés* et Gabriel de la Haba Zurito, qui lidièrent un lot de la ganaderia de Carlos Núñez. Auparavant, les plazas, en bois, dataient de 1815 et 1827. La première plaza fut inaugurée le 8 septembre 1846 par *el Chiclanero* et Isidro Santiago, qui affrontèrent des toros de Doña Isabel de Montemayor. Elle contenait 10 500 personnes. R.B.

CORNADA. C'est la blessure résultant d'un coup de corne pénétrant profondément, avec un éventail de gravité passant de « sérieuse » à « fatale ». Et comme le dit judicieusement le Dr Derbuel (thèse de médecine, 1977) la « corne pénètre, distend, arrache, déchire. Et dans une telle blessure, le toro soulève l'homme qui, empalé par les dagues de son adversaire, bascule [...] le toro peut, à tout moment, blesser l'homme, lui labourer l'aine comme à José Falcón, lui traverser le rectum et la vessie comme à Rafael Ortega, lui arracher l'œil et faire éclater le crâne comme à Manolo Granero, lui traverser les joues comme à Dámaso González, lui défoncer le thorax et broyer les organes intra-abdominaux comme à Joaquín Camino, tuer les plus illustres comme *Joselito*, *Manolete* et Antonio *Bienvenida* ou assassiner de plus modestes comme José Mata. »

Au tragique tableau brossé par le Dr Derbuel on pourrait ajouter les horribles blessures de Miguel Ángel Séville (perforation de la voûte du palais), celle de Garbancito, la gorge littéralement tranchée (mais il survivra), et de bien d'autres...

Certaines études bien compliquées ont tenté d'établir une relation entre l'importance de la blessure et la forme de l'encornure. On lit parfois que les toros de large berceau, aux cornes tournées vers l'extérieur (de *cuerna abierta*) déterminent une blessure étendue mais peu profonde. Que les toros *delanteros* (aux cornes dirigées vers l'avant) provoquent les lésions les plus profondes et les plus graves. Un peu moins les veletos. Tout cela nous paraît discutable. Là encore le dernier mot appartient aux professionnels qui ont coutume de dire que « les toros blessent avec leur train arrière », signifiant par là que toute la puissance du toro part de là.

À partir de cela, l'aficionado doit réfléchir et admettre que le seul afeitado qu'on puisse concevoir à la rigueur serait celui pratiqué d'autorité sur un toro destiné à sortir dans une arène ne possédant pas d'infirmerie digne de ce nom. L'aficionado ne peut avoir une éthique exigeante au sujet de l'intégrité des toros sans avoir pour le moins une démarche identique concernant le respect que l'on doit à l'homme chargé de les affronter. Or, paradoxalement, ce sont dans les arènes les plus modestes que sortent le plus de toros en pointes, parce que les toreros qui y sont engagés sont des modestes qui ne peuvent avoir des exigences.

Dans des arènes non ou mal équipées (Villanueva de los Infantes, Pozoblanco), des blessures simplement sérieuses au départ ont connu une issue fatale (José Mata, *Paquirri*), en raison également de personnels parfois non spécialisés et dans l'impossibilité d'agir efficacement. Dans une époque pas si lointaine, le médecin en poste aux arènes était le plus souvent un généraliste local, sans aucune pratique de la chirurgie d'urgence. Ces temps détestables semblent heureusement révolus. P.M.

CORNAGE ou ASTAMENTA. Cornes du toro et leur forme.

CORNALÓN. Toro aux cornes démesurément longues.

CORNE. De sa naissance sur l'os frontal jusqu'à la pointe terminale, la corne est divisée en trois parties : la base (*cepa* ou *mazorca*) ; la partie médiane (*pala*) ; l'extrémité aiguë (*pitón* ou *punta*) dont les quatre ou cinq derniers centimètres constituent le diamant, par analogie avec la dureté légendaire de ce carbone pur.

De l'intérieur vers l'extérieur, la corne est formée de trois éléments : un support osseux (*clavija* ou *muñón* ou encore *nabo*) ; une partie interne, la moelle (*medulla*) très riche en nerfs et en vaisseaux sanguins ; l'étui corné englobant le tout et se révélant de plus en plus dur en allant vers l'extérieur.

La corne atteint son plein développement vers la fin de la troisième année. Voir aussi PITÓN. P.M.

CORNE MAÎTRESSE. Corne avec laquelle le toro frappe avec plus d'habileté et de préférence.

CORNIABIERTO. Toro aux cornes très ouvertes, dirigées vers l'extérieur en l'absence de courbure au niveau de la pala.

CORNIALTO. Toro aux cornes longues et relevées mais moins que le toro veleto.

CORNIANCHO (syn. *corniabierto*). Toro aux cornes largement ouvertes.

CORNIAPRETADO. Toro aux cornes dont les pointes se rejoignent... presque.

CORNIAVACADO. Toro aux cornes dont la naissance est très en arrière et qui ont poussé presque perpendiculairement à la tête.

CORNIBAJO. Toro aux cornes d'implantation basse et tournées vers le sol mais à un degré moindre que chez le toro gacho.

CORNICERRADO. Toro aux cornes encore plus resserrées que chez le toro corniapretado, presque à voir se rejoindre leurs extrémités.

CORNICORTO. Toro aux cornes petites, courtes.

CORNICUBETO. Toro cornibajo aggravé, aux cornes tombées.

CORNIDELANTERO. Toro aux cornes disposées très à l'avant.

CORNIDELGADO. Toro aux cornes minces, d'un diamètre inférieur à la moyenne.

CORNILEVANTADO. Toro ayant les cornes nettement dirigées vers le haut.

CORNIPASO. Toro ayant des cornes dont les pointes se dirigent exagérément vers l'extérieur.

CORNITRASERO. Toro possédant des cornes plantées anormalement en arrière du frontal.

CORNIVUELTO. Toro aux cornes tournées vers l'arrière.

CORNÚPETO. Synonyme de toro.

COROGNE La (Espagne. Madrid 610 km – Saint-Jacques-de-Compostelle 65 km). Ville située sur un promontoire, fondée par les Ibères, elle sera agrandie par Trajan et saccagée à la fin du Xe siècle par Al Mansour. Charles Quint y embarquera en 1520 pour aller recevoir la couronne impériale. Actuellement grand port industriel de 250 000 habitants, La Corogne a une plaza de toros construite sur décision municipale du 25 mars 1985 ; l'inauguration a eu lieu le 12 août 1991 avec une corrida de Victorino Martín Andrés pour les maestros Luis Francisco Esplá, *Morenito de Maracay* et Víctor Mendes. D'une capacité de 8 000 personnes, elle succède à une ancienne plaza qui avait été inaugurée le 2 juillet 1885 et qui ferma le 7 octobre 1976, laissant la ville sans plaza de toros pendant quinze ans. R.B.

PRINCIPALES FORMES DES CORNES

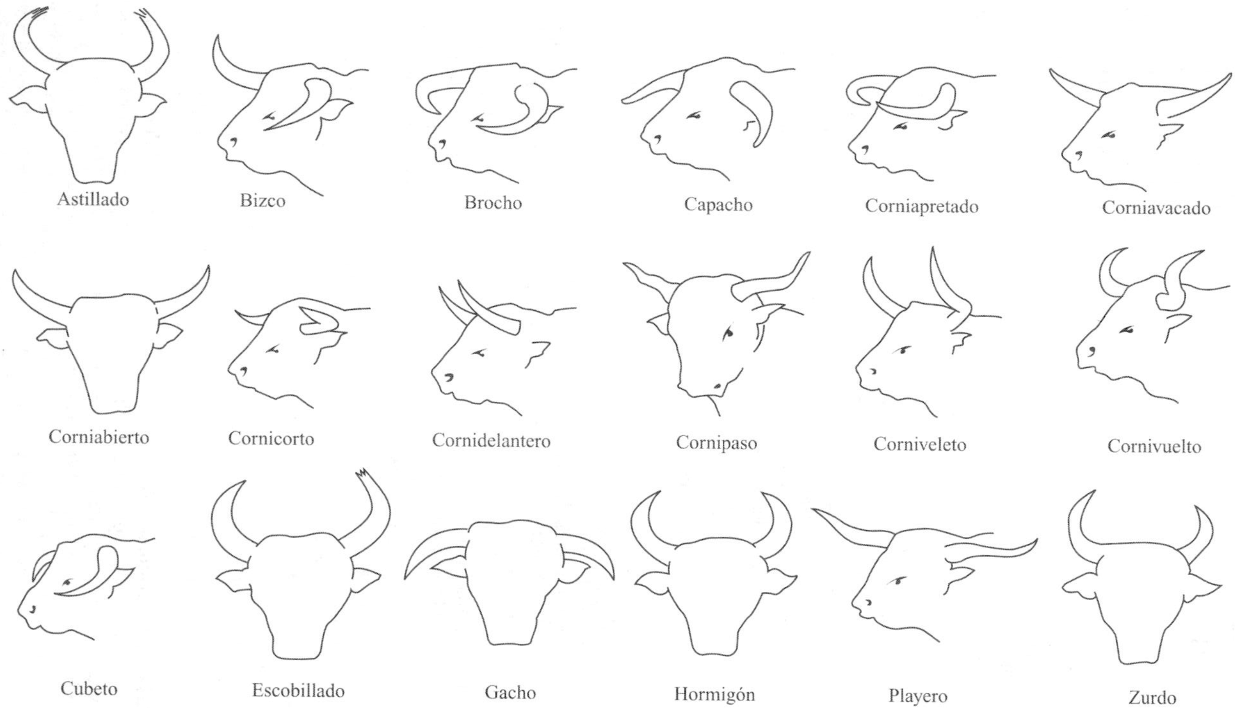

CORRAL. Ensemble de bâtiments spécialement construits pour recevoir les lots de toros avant les courses, faciliter les débarquements du camion transporteur venant de la ganaderia et l'embarquement vers les arènes si les corrals ne sont pas attenants à la plaza.

Généralement un couloir mène du quai de débarquement à une première cour d'où les bêtes, les unes après les autres, lorsqu'elles se sont calmées, sont dirigées vers des cours plus grandes où elles seront regroupées par lots d'une même ganaderia. Dans ces emplacements, où elles restent environ huit jours, elles trouveront nourriture, eau et ombre si possible, afin de se remettre des fatigues et du stress du voyage. À l'inverse, après le sorteo, elles seront amenées dans les diverses cellules (*chiqueros*) d'où elles entreront en piste. Si elles sont transportées des corrals aux arènes, on les place dans des cages individuelles. R.B.

CORRALEADO. Toro qui pour diverses raisons (toro de réserve, indisponibilité sanitaire d'un animal le jour de la corrida, etc.) a séjourné parfois plusieurs semaines dans un corral. En fin de saison, un tel toro se voit intégré dans une corrida parfois qualifiée de *limpieza de corrales* (nettoyage des corrals) à charge de toreros modestes. Sans aucune activité physique pendant des semaines, véritablement incarcéré loin de ses espaces habituels, un tel toro est toujours soupçonné à l'avance d'un comportement douteux et probablement très difficile pour le torero. Or, paradoxalement, c'est loin d'être la règle, ce qui tend à prouver que caste et bravoure persistent quand elles existent. P.M.

CORREAS Antonio. Né le 14 octobre 1967 à Alicante, apparenté à plusieurs toreros d'origine gitane, il prend l'alternative le 16 septembre 1986 à Murcie des mains d'Ángel Peralta. Le 4 juin 1988, il se présente à Madrid avec Manuel Vidrié, *Curro Bedoya* et João Moura, coupant une oreille à un toro de Barcial qu'il lidia en solitaire. Il torea également en duo avec *Curro Bedoya* un toro de José Samuel Pereira Lupi. Cavalier émérite au style bien particulier, il a séduit les foules par le maniement de ses montures et sa sûreté de main. D'une élégance racée, il domine avec maîtrise toutes les suertes. J.C.D.

CORRIDA. Course de toros, c'est-à-dire une corrida formelle avec des toros âgés d'au moins quatre ans, avec picadors et mise à mort.

CORRIDA DE REJÓN. L'origine de la corrida de rejón se trouve sans doute dans le maniement du bétail par les garochistas dans les ganaderias des immenses plaines du Sud, à l'inverse des ganaderias des régions montagneuses où les vaqueros étaient majoritairement des hommes à pied. Le toreo à cheval, longtemps négligé, se pratiquait comme simple prologue à la corrida à pied. Il gagna son autonomie grâce au public très spécifique qu'il touchait, celui des cavaliers. Il a été remis en valeur par Antonio Cañero, les Peralta et leurs successeurs. Aujourd'hui très prisée, la corrida de rejón compte parmi ses aficionados des passionnés de l'équitation et du toro, mais aussi un public plus large, sensible à l'art équestre des rejoneadores en piste.

Histoire

Le XVIIe siècle peut être considéré comme celui du rejoneo avec la monte à la *jinete* c'est-à-dire avec des étriers courts et les jambes du cavalier en position verticale à partir du genou. Il semblerait que cette position était due aux caractéristiques du cheval andalou apte à tourner dans un espace réduit et très rapide dans ses déplacements. Mais on utilisait aussi les étriers en position basse avec des chevaux de volume moyen et aux mouvements lents.

La noblesse pratiquait le toreo à cheval lors des événements importants et les « Relaciones » de ce genre de fêtes abondent. Ainsi vit-on les nobles toréer à cheval sur la plaza Mayor de Madrid lors des fêtes données en l'honneur du prince de Galles en 1634. En 1690, pour l'entrée en Espagne de la reine Maria de Neubourg, seconde épouse de Charles II, on organisa des spectacles variés tout le long de la route de Madrid. À Valladolid, où l'on célébra les noces, eut lieu une corrida de rejón où se distingua le marquis de Verdesoto qui se présenta dans l'arène avec cent valets en livrée et dix-sept montures admirables.

Les traités d'équitation taurine sont nombreux et on y décrit avec précision les interventions ainsi que les règles à respecter. On y signale même les interventions des auxiliaires à pied.

C'est donc à l'équitation que l'on doit la construction des Reales Maestranzas de Séville, Ronda, Valence ou Sarragosse, arènes privées, propriétés des Maestrantes, où s'entraînaient les cavaliers.

Évoquer l'histoire du rejón, c'est obligatoirement se référer au Portugal où, dès 1436, on lidiait à cheval et en 1549, à Bragance, avait lieu une corrida à la portugaise. En 1678, Antonio Galvan d'Andrade rédige un savant traité sur l'*Arte de la Cavallaria da Gineta*. Le 15 novembre 1708, Rodobalho Duro relatait une journée de toros donnée dans des arènes montées sur une place publique. On y vit en prologue un défilé de vingt carrosses qui se sépara en deux pour longer les tribunes, puis don Lope Hurtado, comte de Río Grande, combattit des toros. À l'époque de don Juan, on commença à donner des spectacles équestres à Campo Pequenho où l'on construisit ensuite une grande plaza de toros.

En 1762 à Salvaterra de Magos, le comte de Marcos, vêtu d'un costume de cour à la française tels que le portent encore les rejoneadores lusitaniens et que l'on désigne sous le nom de « costume à la Marialve », fils du marquis de Marialve, personnage important de la cour, affrontait à cheval un toro lorsqu'il chuta et fut tué d'un coup de corne. Le marquis descendit alors de la loge royale et, tirant son épée, tua proprement le toro meurtrier ; le geste fut magnifié par des poésies, peintures et complaintes. À la suite de cette tragédie, le marquis de Pombal reprocha à la noblesse ces affrontements inutiles et dangereux. On protégea donc les cornes par des emboulages ou des gaines de cuir, puis on supprima la mise à mort du toro qui, à la fin de la course, fut capturé à mains nues par les forcados, en tenue de vaqueros portugais.

Le 18 août 1892 était inaugurée la plaza de toros de Campo Pequenho avec Alfredo Tinoco et Fernando de Oliveira face à du bétail de Emilio Infante.

Les chevaux

La Guérinière, maître de cavalerie sous Louis XV, à qui l'on doit les principes fondateurs de la haute école, écrivait : « C'est des haras d'Andalousie que sortent les meilleurs chevaux. » Au XVIIIe siècle, Newcastle disait que l'Andalou genet d'Espagne « est le cheval le plus noble existant au monde ».

L'élevage du cheval en Basse-Andalousie fut d'abord l'affaire des Chartreux, notamment ceux de La Cartuja de Jerez de la Frontera qui, à partir d'une base d'origine orientale, créèrent le fameux cheval *Cartujano* dont l'archétype fut une monture nommée *Esclavo*.

Lorsqu'en 1835, suite à la loi de Mendizabal, les moines furent exclus, les chevaux furent regroupés à Chiclana et appartinrent à divers propriétaires dont l'un, Antonio Abad Romano, maire de Jerez, céda en 1860 sa part à Pedro Domecq Loustau qui continua l'élevage. Puis Pedro Domecq fils assuma la succession et transmit le cheptel et la passion des chevaux et de la lidia à ses descendants.

On peut citer parmi les ganaderias groupant chevaux et toros : Convento de la Cartuja de Séville ; Padres de la Compañía de Séville ; Convento de San Isidro de Séville ; Convento de Santísima Trinidad de Carmona ; Real Convento de

Santo Domingo de Jerez ; Convento de San Jacinto de Séville ; Colegio del Convento de San Basilo de Séville.

Cette énumération prouve bien que les ordres religieux étaient nombreux à s'impliquer dans l'élevage du cheval et du toro en Andalousie. À noter que de nombreux étalons andalous améliorèrent les élevages bien loin de leur pays d'origine, comme les haras de Frederksberg ouverts en 1562 ou ceux de Kladrul en Bohême.

Le toreo à cheval ibérique

Il se pratique vêtu du traje corto des vaqueros. Chaque rejoneador dispose de plusieurs montures spécialisées dans une séquence de la lidia : un cheval pour accueillir le toro à la sortie du toril, un, sinon deux autres, pour les poses des banderilles et un pour la mise à mort. Chacun est donc dressé pour donner son effort en peu de temps mais avec grande sûreté. Le dressage est progressif et tous les chevaux essayés ne conviennent pas pour le combat.

On débute l'entraînement avec le carreton puis avec des vaches et enfin avec un novillo.

La lidia

Après avoir accueilli le toro, le rejoneador se fait poursuivre pour juger de la rapidité, puis il gagne le terrain du toro et place le rejón. Au moment de la pose, le manche se rompt et un drapeau se déploie, que le cavalier utilise comme leurre en se faisant poursuivre par l'animal. Après les clarines, monté sur un autre cheval, le rejoneador cloue une banderille au quart de tour ou, ce qui est plus méritoire, en allant face au toro et en faisant exécuter un écart à son cheval au moment de la réunion. Il peut aussi clouer deux banderilles à la fois, une dans chaque main, le cheval étant dirigé avec les genoux. Certaines poses sont nouvelles telles celle de la « rose », création des frères Peralta, ou la pose *al violín* imaginée par Ginés Cartagena.

Après plusieurs poses, le rejoneador va procéder à la mise à mort avec le rejón de muerte constitué par un long manche terminé par une lame semblable à une épée. Travaillant comme avec les rejones de châtiment, il place l'estocade et si, après trois tentatives, il n'est pas arrivé à ses fins, il doit mettre pied à terre avec la muleta et descabeller ou laisser ce soin au sobresaliente.

Comme dans la corrida à pied, il peut ensuite, à la demande du public, saluer et faire un tour de piste (ce dont les cavaliers sont coutumiers) ou recevoir des trophées de la présidence.

Le toreo à la portugaise

Il se pratique avec du bétail aux cornes protégées par des étuis en cuir. La tourada est moins proche du combat mais tout aussi dangereuse. L'accent est mis sur le maniement du cheval par les cavaliers. Les arènes étant d'un diamètre inférieur, avec une attaque perpendiculaire au niveau de la sangle, l'équitation est affinée et pour la beauté du spectacle, le cavalier multiplie les figures de haute école, passades, piaffement, recul, appuyé, pirouettes, arrêts et changements brusques de trajectoire, l'art de l'équitation brillante est mis en valeur. Ces figures sont maintenant adoptées par les rejoneadores espagnols.

Le toro n'étant pas tué en piste, l'équipe des forcados va l'arrêter dans sa charge selon une technique très éprouvée : le chef de file se présente seul, cite le toro et, lorsqu'il charge, recule rapidement puis se jette entre les cornes, sur le frontal, enserrant le cou avec les bras et serrant le mufle avec les genoux. Ses camarades se précipitent en groupe pour stopper la charge pendant que l'un d'entre eux attrape le toro par la queue. Malgré leur expérience, les blessures sont nombreuses, surtout des fractures, car le toro de plus de 500 kg bouscule sauvagement cette grappe humaine suspendue à ses cornes.

Le toreo à cheval en France

Depuis fort longtemps, le toreo à cheval est pratiqué en France puisque la première caballera française, Marie Gentis, une Normande, se présenta à Paris dans les arènes de la rue Pergolèse le 24 mai 1891.

Lescot, Raoux, Saurel ou *Pouly* montaient des chevaux camargues pour affronter des toros croisés énormes et vicieux. Au cours de la Seconde Guerre mondiale, alors que la frontière avec l'Espagne était fermée, Emma Calais se produisit avec succès. La paix revenue, Pierrette le Bourdiec eut une certaine audience même outre-Pyrénées. Jacques Bonnier, Gerald Pellen puis Luc Jalabert étaient des rejoneadores qui faisaient jeu égal avec les Espagnols et Marie Sara devint la première Française reconnue et partageant les cartels avec les figuras d'époque. Actuellement, Patricia Pellén, Damien Donzala et Raphaël Durand entrent dans la carrière. J.C.D.

CORROCHANO MIRANDA Alfredo. Né le 5 octobre 1912 à Madrid, il est le fils du célèbre critique taurin Gregorio Corrochano, qui souhaitait le voir suivre des études plutôt que d'évoluer en piste. Mais son attrait est trop grand et, dès qu'il le peut, il participe à des becerradas. Il prend part à plus de vingt spectacles taurins, avant sa présentation à Madrid lors d'un spectacle organisé pour recueillir des fonds destinés à la construction de la cité universitaire, en compagnie de Juan Belmonte, José García Algabeño, *Valencia II* et Joaquín Rodríguez Cagancho, ainsi que quatre jeunes étudiants, dont Alfredo, face à des becerros. En 1929, il torée 22 fois, entre novilladas et becerradas. Comme novillero, il se présente à Madrid le 19 juillet 1931 et il y est répété le 26.

Il reçoit l'alternative le 28 février 1932 à Castellón de la Plana, des mains de Marcial Lalanda, en présence de Domingo Ortega, face à *Pagador*, toro de la ganaderia de Carmen de Federico. Le 12 mai suivant, il confirme à Madrid avec Manuel Mejías *Bienvenida* comme parrain et Domingo Ortega comme témoin, face à *Cantero*, toro d'Argimiro Pérez-Tabernero. Il obtient un grand succès lors de cette course et, le 22 septembre 1935, toujours à Madrid, il obtient un triomphe égal à celui de Juan Belmonte. Technicien accompli, fin capeador et muletero de valeur, en particulier avec la main gauche, il interrompra sa carrière à cause de la guerre et ne réapparaît que deux fois ensuite : le 26 mai 1949 à Oviedo et le 1er juillet suivant à Pontevedra. R.B.

CORTE Conde de la (Herederos del Excelentísimo Señor Conde de la Corte)
Origine : Tamarón
Devise : vert, rouge et or
Ancienneté à Madrid : 17 mai 1928
Propriété : « Los Bolsicos », Jérez de los Caballeros (Badajoz)

Cet élevage a été formé à partir d'une base de bétail de la marquise veuve de Tamarón. Fondé en 1912 avec des bêtes de Fernando Parladé, le troupeau est vendu huit ans plus tard à Agustín Mendoza, comte de la Corte. Une fois propriétaire de l'élevage, Mendoza modifie le fer et la devise pour la forme et les couleurs actuellement utilisées. Le comte de la Corte disparaît en 1964 et laisse l'élevage en héritage à Luis López Ovando. En 1988, celui-ci confie le troupeau à ses fils, José Ignacio, Agustín et Luis Guillermo López Olea. Ce dernier est le plus impliqué dans la gestion directe de l'élevage.

L'élevage de Conde de la Corte est à l'origine de la formation de nombreuses et prestigieuses ganaderias espagnoles – Juan Pedro Domecq, Atanasio Fernández, etc. –, en vendant un grand nombre d'étalons.

Malgré un passé des plus glorieux, les Conde de la Corte ne font plus partie des toros préférés par les toreros vedettes. Les produits combattus en novillada – souvent en panachage avec le fer de María Olea Villanueva – ont obtenu récemment des résultats encourageants. Dotés d'une bravoure remarquable, les toros de Conde de la Corte furent pendant longtemps les meilleurs produits de l'Espagne ganadera sur une période allant des années 1920 jusqu'au début des années 1970. Particulièrement apprécié par les vedettes du toreo, l'élevage commence à décliner au milieu des années 1970, période correspondant à la prise en charge du troupeau par Luis López Ovando. À la mort du comte de la Corte, en 1964, l'élevage tombe progressivement dans l'anonymat par la faute d'une faiblesse répétée des toros combattus. Reste un nom et une origine prestigieuse qui continuent, aujourd'hui encore, à déplacer les aficionados dans des cycles aussi importants que la féria de San Isidro, à Madrid, ou les Sanfermines de Pampelune. C.C.

CORTÉS AMADOR Sebastián. Né à Albacete le 10 janvier 1951, d'origine gitane, neveu du matador Manuel Amador, il commence en 1971 dans le spectacle comico-taurin « La Revoltosa ». Il se présente le 12 mai 1974 à Bilbao face à du bétail de Barcial, en compagnie de José Copete *Copetillo* et d'Enrique Pérez *Paco Lucena*. Ses débuts à Las Ventas, à Madrid, ont lieu le 8 mai 1975 avec Gabriel Puerta et Pedro Somolinos face à des novillos de Diego Romero Gallego.

Il reçoit l'alternative à Alicante le 22 juin 1975, avec Francisco Camino comme parrain et Dámaso González pour témoin, face à un toro de Torrestrella à qui il coupe deux oreilles. Puis il confirme à Madrid le 24 mai 1976, durant la féria de la San Isidro, devant *Pajarito*, toro de Baltasar Ibán que lui cède Paco Camino en présence d'Ángel Teruel. Il termine sa carrière le 15 mai 1979 à Madrid avec Andrés Vázquez et Antonio Rubio *Macandro*, et ne revient que le 11 septembre 1983 à Albacete face à un toro de Juan Pablo Jiménez avec Dámaso González et Juan Antonio Ruiz *Espartaco*. R.B.

CORTÉS DE LOS SANTOS Manuel, *Manolo*. Après avoir participé à 26 novilladas piquées, Manolo Cortés, qui est né le 11 juin 1949 à Gines, province de Séville, a reçu l'alternative le 14 mars 1968 à Valence des mains d'Antonio Ordóñez, avec comme témoin Diego Puerta, devant *Reventador*, toro de la ganaderia d'Urquijo. Il confirme à Madrid le 14 mai 1968 face à *Andador*, toro d'Urquijo, avec le même parrain et pour témoin *Miguelín*.

Manolo Cortés débute ensuite en France, lors de la féria de Bayonne, le 15 août 1968, en alternant avec *Antoñete* et *el Cordobés*. Il coupe deux oreilles puis une oreille de ses toros de la ganaderia d'El Campillo. Le 23 novembre 1968, il fait ses débuts en Amérique, dans la plaza del Toreo de Mexico devant un toro de Llaguno et avec Manolo Martínez et Eloy Cavazos comme compagnons.

Il confirme à Mexico l'année suivante, le 12 janvier, face à *Vidriero*, toro de la ganaderia de Coaxamalucan avec pour parrain *Calesero Chico* et pour témoin Eloy Cavazos.

Matador d'une grande élégance, lidiador profond et artiste suave, Manolo Cortés a construit de mémorables faenas mais n'a pas toujours eu la volonté d'aller s'affirmer davantage. Il a toréé plus de 500 corridas, puis s'est consacré à l'élevage. R.B.

CORTÉS RIVAS Erick Román, *Erick Cortés*. Erick Román Cortés Rivas, né le 16 février 1970 à Caracas au Venezuela, commence ses prestations publiques le 13 novembre 1985 à Maracay lors d'une novillada de Branger, avec comme compagnons de cartel Leonardo Coronado, José Linares, Miguel López et le rejoneador Javier Rodríguez. Le 3 août 1986, il débute avec picador à Caracas, avec Coronado et Linares, face à des novillos de Rancho Grande. Il se présente dans la plaza de Madrid le 3 mai 1992 et affronte des novillos de *Palomo Linares* avec Luis José Amador et Luis Delgado. Après avoir participé à 24 novilladas au Venezuela et 65 en Espagne, apodéré par *Simón Casas*, alors responsable des arènes de Nîmes et qui lui en fait pratiquer une vingtaine en France, Erick Cortés reçoit l'alternative lors de la féria des Vendanges, le 19 septembre 1992 à Nîmes, des mains de Paco Ojeda, ayant pour témoin César Rincón, devant *Amargado*, un toro de Jandilla. Il se présente dans son pays natal le 11 octobre 1992 à Maracay, devant des toros de la ganadería Bella Vista, alternant avec Fernando Cepeda et *Chamaco*, et coupe l'oreille de son premier adversaire. Puis, il débute en Espagne à Vinaroz, province de Castellón, avec des Marqués de Domecq à qui il coupe une puis deux oreilles. Le cartel est luxueux puisque ses compagnons sont César Rincón et Enrique Ponce. Après quelques prestations en France et en Espagne, il rejoindra le Venezuela où il poursuit une carrière honorable de torero valeureux et souvent baroque, spontané dans ses réactions et toujours enthousiaste. R.B.

CORTO. Un torero corto a un répertoire limité, contrairement au torero largo.

COSO. Synonyme d'arènes.

COSTILLARES.
Voir RODRÍGUEZ Pedro Joaquín.

COSTUME DE LUMIÈRES ou TRAJE DE LUCES. Traduction littérale de *traje de luces*, qui évoque les scintillements des broderies dans la lumière du soleil. Certains ont traduit « costume de lumière » qui, bien que ne tenant pas compte du pluriel, nous paraît correspondre davantage à sa valeur symbolique puisqu'il transforme littéralement celui qui le porte et lui permet de se transcender, le mettant ainsi « en lumière », en valeur. La métamorphose devient ainsi métaphore.

À quelques détails près, le costume de lumières actuel est identique à celui défini vers 1830 par Francisco Montes, qui en fixa les éléments et leurs caractéristiques.

Historique

À l'origine, la profession de torero n'existait pas et ceux qui intervenaient en piste ne portaient pas de vêtement spécifique. Les plus anciens documents représentant des toreros à pied permettent de constater que leur rôle était seulement de détourner le toro, si le cavalier noble était désarçonné et se trouvait en situation périlleuse. Celui-ci se rendait sur le lieu du combat accompagné de ses serviteurs à pied qui ne possédaient pour leurre qu'une simple cape, celle qui leur servait de manteau.

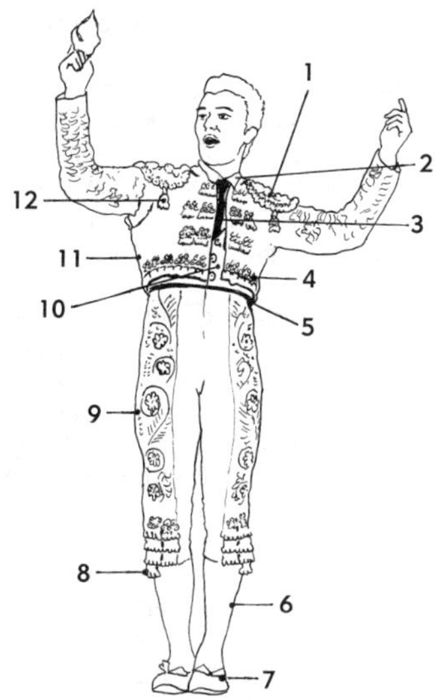

1. Hombreras. – 2. Camisa. – 3. Corbata. 4. Alamares. – 5. Faja. – 6. Medias. 7. Zapatillas. – 8. Machos. – 9. Taleguilla. 10. Chaleco. – 11. Chaquetilla. –.12. Machos.

On conserve à Gandía, en Espagne, une gravure montrant un de ces garçons en costume de page des grandes maisons du XVe siècle. Au début du XVIIe siècle, les nobles commencèrent à abandonner le combat à cheval et les gens du peuple prirent possession de la piste. C'est alors que commencèrent à se constituer des cuadrillas de professionnels navarrais ou andalous qui participaient à ce titre aux courses de toros organisées dans les férias. Il est probable qu'à cette époque et afin de se distinguer des spectateurs, les professionnels commencèrent à adopter un costume distinctif. C'était le costume des laquais agrémenté de galons et de rubans de diverses couleurs, qui l'égayaient et servaient aussi à différencier les hommes. On trouve mention, dans les archives municipales de Madrid, d'une course qui se déroula le 3 août 1620, au cours de laquelle les toreros sortirent en piste avec des vêtements ornés de rubans de couleurs fixés aux épaules et fournis par la municipalité.

Tout au long du XVIIe siècle, les organisateurs auront en charge la fourniture des costumes de piste. Ainsi, à l'occasion de la naissance du prince Philippe, en 1658, on acheta soixante toises de taffetas rose pour habiller les Navarrais, et en 1664, dix toises de taffetas doublé sont acquises pour la cuadrilla d'une espada.

Puis le costume devint progressivement plus adapté. Il est fabriqué en daim « de façon à protéger le corps, à l'empêcher d'être transpercé ». Dans son ouvrage technique, García Baragaña spécifie que les toreros doivent se produire vêtus de daim fin, de « telle manière que le toro ne puisse les transpercer qu'avec une grande difficulté ». L'usage de cette peau était donc d'éviter les blessures graves, car on estimait que les cornes glissaient sur ce cuir, dont l'usage devint généralisé.

Avec l'accession des Bourbons sur le trône d'Espagne, la cour adopta la mode française dont l'exubérance contrastait fort avec la rigueur d'antan. Soie, broderies et rubans envahirent les salons, la cour et la rue. Les traditionalistes firent de la résistance, mais les nouveautés triomphèrent et le costume de torero en subit les répercussions. Les broderies aux motifs élégants et complexes, ainsi que les passementeries, commencèrent à envahir le costume qui devint de plus en plus éclatant et élégant jusqu'à la fin du XVIIIe siècle. Le règlement de la Maestranza de Séville, en 1732, prévoit que les costumes des toreros à pied doivent être de couleur grenat agrémentée de galons blancs. Cet uniforme était imposé à tous ceux qui toréaient dans cette plaza. Des protestations s'élevèrent contre cette uniformisation contraignante, car dans les autres plazas, chacun était libre de choisir couleur, enjolivements et passementeries qui lui agréaient. En 1750, un texte précise que le tissu doit être fin et sans rugosité afin que la corne glisse plus aisément. Une gravure de Juan de la Cruz représentant Pedro Romero le montre vêtu avec recherche d'un costume très nettement inspiré par celui de la noblesse, avec de nombreuses broderies et des galons d'argent, le boléro étant plus large que la chaquetilla actuelle, descendant sur les hanches et comportant deux importantes épaulettes, la culotte étant identique à celle portée par les nobles, la taille ceinturée par une large étole de soie, la chevelure enserrée par une résille élégante et les chaussures avec une boucle métallique imposante. En 1793, à la demande insistante de Joaquín Rodriguez *Costillares*, Séville accepte que les maestros et leurs cuadrillas utilisent des coloris différents ainsi que des galons argentés pour les agrémenter, à l'instar des picadors. Cette décision marque dès lors la reconnaissance de l'importance des toreros à pied par rapport aux cavaliers.

Costillares complique le costume en ajoutant des passementeries, des cabochons dorés et des pendentifs. Sur certains portraits d'autres matadors célèbres, tels que *Pepe-Hillo* ou José Romero, la résille est remplacée par un grand mouchoir qui sera remplacé à son tour par un ruban, la *mona*, nœud de ruban noir qui serrait la coleta.

Vers 1830, Francisco Montes *Paquiro* modifie le costume de torero en ajoutant davantage de broderies, de ganses, de passementeries et en fait le véritable costume de lumières qui s'est perpétué jusqu'à nos jours. En 1835, Montes introduit la montera en remplacement du *sombrero de queso*, coiffure cylindrique, sans bords et aplatie (d'où son nom) qui était alors à la mode. Il avait fait ajouter un pompon de chaque côté.

Directement inspiré des costumes portés au XVIIIe siècle par la noblesse française, le costume de lumières ne s'est que peu modifié au fil des décennies.

Composition

• *La montera* : voir MONTERA.

• *La chaquetilla* couvre le torse du torero. Veste courte ajustée et surchargée de broderies et d'ornements, généralement dorée pour les maestros, argentée ou noire pour les subalternes (mais certains maestros utilisent des costumes argentés ou noirs), la chaquetilla est généralement confectionnée en satin de soie sur une armature rigide. Sous les aisselles, des ouvertures importantes permettent au torero de bouger aisément les bras, par exemple pour banderiller. De chaque côté sont placées des pochettes. Les épaulettes (*hombreras*), imposantes, sont décorées de cabochons et portent, sur le devant et sur l'arrière, un gland ornemental, le *macho* (que l'on trouve aussi sur la culotte). Les *alamares* sont des ornements spécifiques placés symétriquement sur le devant de la chaquetilla et terminés par des franges, les *caireles*. D'autres broderies peuvent compléter cette décoration de base.

• *Le chaleco* est le gilet placé sous la chaquetilla, de la même couleur et de la même soie que celle-ci, et reprend sur le devant les motifs de broderie. Il est confectionné sans manches et le dos seulement en tissu. Bien ajusté au corps, il se ferme sur le devant par une série d'agrafes. Certains maestros portent un gilet or, alors que leur costume est argenté ou noir.

• *La chemise* (*camisa*) est toujours d'un blanc éclatant, brodée ou avec jabot en dentelle.

• *La cravate* (*corbata*), de la même couleur que la ceinture, est toujours simple et sans motif.

• *La ceinture de soie* (*faja*) entoure la taille. Autrefois large et longue, dans laquelle le torero s'enroulait, elle est réduite de nos jours.

• *La culotte* (*taleguilla*) est aussi en soie et brodée sur deux bandes latérales avec des motifs identiques à ceux des manches de la chaquetilla, en or ou argent selon le cas. Très ajustée à la jambe jusqu'au-dessous du genou, elle est fixée là par des cordons destinés à bien la serrer. Ces cordons sont terminés par des glands d'ornementation, des machos pendants. La culotte n'a quasiment pas subi de modifications depuis l'époque de *Costillares*. Les jambes sont gainées de deux paires de bas, l'une généralement blanche en coton, sur laquelle on enfile la seconde (*medias*), de couleur rosée.

• *Les zapatillas* portées aux pieds sont des ballerines en cuir, très souples, à semelle plate et sans talon, permettant de se déplacer facilement. Elles sont nouées par un lacet, sur le dessus. Pour éviter de glisser, certains toreros emploient des semelles crantées.

• *La castañeta* rappelle la coleta de jadis, c'est un petit chignon distinctif que portaient tous les toreros, longue mèche de cheveux que les maestros laissaient pousser et qui, rassemblée en chignon, est devenue le symbole de la profession. De nos jours, la castañeta est artificielle et on l'attache aux cheveux grâce à une barrette.

• *La cape*. Lors du paséo, les toreros s'entourent le buste de la cape d'apparat, demi-cape de soie richement brodée de motifs floraux ou religieux qui en font de véritables œuvres d'art.

Ce costume richement ouvragé est désormais confectionné dans des tissus contemporains plus souples et plus adaptés. Mais les broderies, réalisées à la main selon la tradition, alourdissent l'ensemble qui pèse dans les dix kilogrammes. Les costumes des subalternes sont généralement exécutés de manière moins luxueuse, brodés soit en argent (d'où l'expression « changer l'or en argent » quand un matador se recycle en tant que subalterne), soit en noir. De même leur capote de paséo est-il plus simple avec des motifs moins complexes. Quelques tailleurs spécialisés fabriquent ces costumes en Espagne et un seul en France.

Lorsque Luis Miguel *Dominguín* essaya d'introduire un costume moins traditionnel, dessiné par Picasso, dans les années 1960, il fut désapprouvé par l'ensemble de la profession et des aficionados. Lors des corridas dites « goyesques », les matadors et leurs cuadrillas portent le bicorne au lieu de la montera, leurs costumes sont moins chatoyants, moins chargés en broderies et leur cape de paséo plus simples. Certains toreros enserrent même leurs cheveux dans une résille.

Le costume du picador est également luxueux. Semblable à celui du matador en ce qui concerne la veste, il est différent à partir de la taille. La taleguilla est remplacée par une culotte en peau beige qui descend jusqu'à mi-mollet, couvrant les jambières. La jambe droite, la plus exposée puisque c'est celle placée du côté où charge le toro, est protégée par une armure métallique articulée à la cheville et au genou : la *mona*. La protection de la jambe gauche s'appelle la *monilla*. La tête est couverte par le *castoreño*, chapeau semi-sphérique à large bord plat, à l'origine en feutre de castor, d'où il tire son nom, orné d'un énorme pompon et tenu sous le menton par une jugulaire. Il constitue une protection en cas de chute. Le costume de picador est brodé d'or, évoquant le temps où le cavalier occupait la première place sur les affiches, puis celui où il avait une importance égale à celle des espadas.

Lors des festivals, les toreros portent le *traje campero* ou costume de la campagne, dit aussi *traje corto* : gilet et boléro en tissu gris, bleu ou noir, chemise sans cravate, culotte ajustée, bottes de cuir à talonnette, chapeau cordouan à larges bords ou casquette. C'est le costume porté aussi dans les tientas, les herraderos, lors des fiestas camperas. Les toreros le portaient habituellement en ville. De nos jours, les toreros s'habillent d'un costume civil sans marques distinctes et lorsqu'ils vont au campo pour s'entraîner, ils sont généralement en jeans. R.B.

COUTO DE FORNILHOS (Sociedad agrícola Couto de Fornilhos)

Origines : Conde de la Corte et Atanasio Fernández
Devise : bleu obscur et jaune
Ancienneté à Madrid : 12 avril 1992
Propriété : « Mercês », Barrancos (Alentejo, Portugal)

Formé en 1902 par Santiago Neches avec du bétail de Veragua et des étalons de Santa Coloma, ce troupeau passe successivement entre les mains d'Ángel Rivas et de Mariano Bautista Aristizábal. La veuve de ce dernier vend l'élevage aux familles Nogales et Mejías, qui enrichissent le cheptel de nouvelles têtes de bétail issues de l'élevage de Graciliano Pérez-Tabernero. Le fer est racheté puis modifié en 1938 par le vicomte de Garci-Grande qui élimine les origines antérieures au profit de bétail de Juan Cobaleda, issu de l'encaste du Conde de la Corte. Les héritiers du vicomte vendent en 1967 l'élevage à José Moro Jiménez. Quatre ans plus tard, c'est la Société agricole Couto de Fornilhos qui devient propriétaire de l'élevage et modifie à son tour le fer du troupeau.

Le sang Atanasio Fernández confère encore au fer de Couto de Fornihos une certaine célébrité auprès des directeurs d'arènes. L'élevage fait partie des fers vedettes du Portugal et fournit le bétail de prestigieuses corridas équestres dans la patrie chère à Víctor Mendes. João Moura et Pablo Hermoso de Mendoza combattirent les produits de Couto en 1999 dans les arènes de São Manços (Évora), remportant un immense succès populaire. Régulièrement programmé dans toutes les autres arènes portugaises, l'élevage de Couto de Fornilhos fait combattre chaque saison – à l'exception de 2000 – entre quinze et vingt toros. C.C.

COUVRIR se. Action qu'exécute le toro en relevant la tête au moment de descabeller, empêchant ainsi le matador de placer correctement le verdugo. Ce réflexe est dû au fait que le toro avale du sang et étouffe, en levant le mufle il respire mieux. Il est difficile de le placer tête basse car de surcroît, il n'a plus le réflexe de charger. R.B.

CRIADO Juan Manuel

Origine : Juan Pedro Domecq y Díez
Devise : rouge et blanc
Pas d'ancienneté à Madrid
Propriété : « Coto Pavón », Mérida (Badajoz)

Estebán Sánchez Martín de Valverde fonde cet élevage en 1941 avec du bétail de Lorenzo Rodríguez, d'origine Gamero Cívico. Les frères Martín Aparicio acquièrent le fer et la devise en 1960, ajoutant par la suite des têtes de bétail de Juan Antonio Álvarez, d'origine Contreras. Ils insèrent également dans le cheptel des étalons de la même origine Contreras, éliminant le sang antérieur et modifiant le fer. Le troupeau prend alors le nom de Carreros. À partir de 1982, le nombre de têtes de bétail est réduit considérablement. Juan Carlos Martín Aparicio devient en 1993 le propriétaire exclusif du troupeau. L'année suivante, la société anonyme de Juan Manuel Criado acquiert les droits du fer, modifiant la marque, la devise et les escoussures. Il reforme l'élevage avec la moitié du troupeau de Luis Algarra Polera.

Nom célèbre du panorama ganadero espagnol, Juan Manuel Criado fournit chaque année une vingtaine de toros dans le cadre de corridas plus ou moins importantes. Les vedettes combattent assez fréquemment ces toros, notamment lorsqu'ils sont programmés dans les arènes du nord de l'Espagne. En 1999, José Tomás lidia un encierro de ce fer à Salamanque. La même année, à Madrid, dans le cadre de la féria d'Automne, le rejoneador *Andy Cartagena* coupa l'oreille du seul toro de Juan Manuel Criado lidié dans une arène de première catégorie. Souvent programmés comme sobreros, les toros de Juan Manuel Criado font preuve d'une certaine âpreté en piste. C'est face à un toro de ce fer que le torero de Murcie Alfonso Romero sortit de l'anonymat en coupant une oreille le 15 août 2001 dans les arènes de Madrid. C.C.

CRIADO-HOLGADO

Origine : Atanasio Fernández
Devise : bleu, rose et sable
Ancienneté à Madrid : 30 mars 1997
Propriété : « Coto Mayor de Vera », Mérida (Badajoz)

Le troupeau initial est formé en 1928 par Abdón Alonso. Les frères Tabernero Sánchez acquièrent le cheptel en 1976 avant de le céder, en 1980, à Antonio Ballesteros. Celui-ci l'annonce en 1986 au nom de ses fils. Deux ans plus tard, la Société anonyme de Juan Manuel Criado achète l'élevage et le rebaptise « Encinagrande ». Criado élimine le sang antérieur avant de reformer le troupeau avec des vaches et des étalons d'origine Atanasio Fernández. Il modifie le fer en 1994 et l'annonce au nom de « Criado-Holgado ».

L'encaste Atanasio Fernández de Juan Manuel Criado fait aujourd'hui encore référence, même si l'élevage de Criado-Holgado est assez irrégulier dans ses résultats. Surtout combattus dans les arènes espagnoles de troisième catégorie, ces toros sont moins prisés des toreros vedettes. Malgré ce, la demande dans les petites arènes de province est réelle, ce qui permet à ce fer de vendre chaque année une bonne trentaine d'exemplaires. En 2001, des toreros banderilleros comme Luis Francisco Esplá ou encore Juan José Padilla ont souvent eu à combattre ce bétail dans des arènes assez modestes, récoltant chaque fois un important succès. L'élevage connut en revanche en 2000 un pic de ventes avec un total de soixante et onze exemplaires combattus, dont vingt dans des arènes de première catégorie. Les toros en question furent bien souvent des sobreros pour les arènes de Las Ventas. Madrid fit combattre un lot complet de ce fer le 6 août, mais qui ne permit pas aux toreros de briller. Ce jour-là figurait à l'affiche le matador nîmois Stéphane Fernández Méca, qui confirma l'alternative de Ricardo Ortiz en présence du Vénézuélien Leonardo Benítez. C.C.

CRIADOR (de *criar*, élever). Synonyme de ganadero.

CRINOLINA. Passe d'origine mexicaine, inventée par *el Charro*, neveu de *Carnicerito de México* et qui était un spécialiste du lasso. Participant un jour à un mano a mano de deux de ses camarades, il intervint, créant cette passe difficile à réaliser ainsi qu'à expliquer. Elle comporte beaucoup de mouvements et de fioritures, cape tenue des deux mains qui « ne toréent jamais ensemble [...] le mouvement de l'une prenant la suite du mouvement de l'autre et réciproquement », explique *Joselito* dans *Tauromachie à l'usage des aficionados*, de José luis Ramón (Loubatières, 2000).

CRISTIANA Ana Sofia. Elle poursuit des études à la faculté de Salamanque, après une jeunesse studieuse. Beaucoup de mérite chez cette jeune fille opiniâtre issue d'une famille d'émigrés du Maroc espagnol par sa mère et de mineurs des Asturies du côté paternel. Son maître à la faculté, Juan Pedro Hoyopleno, connu dans le mundillo sous l'apodo d'*el Librero*, dirigea sa thèse sur l'androgynie au XIXe siècle. Sont-ce les bas roses des toreros qui provoquèrent dans son esprit, par analogie avec le travail universitaire, son attrait pour la tauromachie ? Toujours est-il qu'après un court entraînement et quelques becerradas remarquées dans des pueblos espagnols, elle devint tout naturellement novillera et on la vit même à Arles à ses débuts. Mais ses premiers succès furent éphémères et elle retourna rapidement à ses études, pour devenir ultérieurement enseignante au lycée Goya de Madrid. Elle épousa *el Niño del Arroyo* au travers duquel elle continua à vivre sa passion tauromachique.

CRUZ DE LA CASA Juana, *Juanita.* Le 12 février 1917 naît, dans la capitale espagnole, Juana Cruz de la Casa. Demeurant avenue de la Plaza de Toros fréquentée par le milieu taurin, elle s'intéresse très jeune à la tauromachie. En 1931, alors qu'elle torée de salon, Rafael García l'incite à se confronter avec des becerros bien qu'elle ne soit âgée que de quatorze ans. C'est l'année suivante, le 24 juin, à l'occasion de la féria de León qu'elle commence véritablement sa carrière. La fréquentation des pistes étant interdite aux femmes, on avait annoncé simplement « une exhibition de torero féminin ». Mais, sur demande du public, le gouverneur civil qui présidait le spectacle accorda l'autorisation à Juanita d'estoquer le becerro. Elle se présente le 16 février 1933 à Cabra en compagnie de *Bebe Chico* et de Manuel Rodríguez *Manolete*, dans un festival où elle estoque deux becerros de la ganaderia de Gamero Cívico. Elle participe à 33 courses pendant la temporada.

Le 7 mai 1934, elle se présente en France, à Marseille, face à du bétail de Lescot. L'interdiction pour les femmes ayant été levée en 1934, Juanita participe à 53 novilladas sans picadors. Elle commence en novillada piquée le 5 mai 1935 à Grenade, en compagnie de *Joselito de la Cal* et d'*Antoñete Iglesias* avec des novillos de Perogordo, et coupe deux oreilles à son second adversaire. Pour l'occasion, elle portait un costume corrigé à son intention, la taleguilla étant transformée en jupe-pantalon. Le 14 juillet, elle est à Vista Alegre et coupe une oreille. En 1935, elle totalise 45 courses.

Le 2 avril 1936, à Madrid, elle combat deux novillos de García Aleas manquant de trapio. Au cartel figurent *Niño de la Estrella*, Miguel Cirujeda et Félix Almagro. Elle coupe une oreille et reçoit un coup de pointe à la main droite. Au cours de cette année, elle se produit dans des plazas aussi importantes que Valence, Saragosse ou Salamanque, alternant avec les meilleurs novilleros du moment, à égalité puisqu'elle participe au sorteo. Sa dernière novillada eut lieu le 12 juillet

1936 à Valladolid en mano a mano avec *Madrileñito*.

Étant en zone républicaine, Juanita participe à trois festivals au profit des blessés. Elle quitte l'Espagne en octobre 1936 et s'embarque à Boulogne-sur-Mer, à destination des Amériques.

Elle débute le 20 décembre à Caracas, avec Pepe Gallardo et *Chiquito de la Audiencia*, et coupe deux oreilles à un toro de Manuel Angoso. Le dimanche suivant, elle renouvelle l'exploit. Elle est ensuite engagée dans des plazas du Pérou (Lima), de Colombie (Bogotá et Cartagena), à Quito en Équateur, ou à Caracas et Maracay au Venezuela. Elle est intégrée aux cartels et participe au sorteo, acceptant d'affronter les mêmes bêtes que ses confrères masculins ; elle tue même un « novillo » de cinq ans à Zamora ! Au Mexique, elle ne peut toréer qu'en obtenant des autorisations ponctuelles, à la suite de l'opposition des syndicats taurins du pays. Elle triomphe à Guadalajara, Tlaxacala, Monterrey et, le 17 mars 1940, elle prend l'alternative à Fresnillo des mains d'Heriberto García au cours d'un mano a mano où elle coupe quatre oreilles. Pendant dix ans, elle poursuit une importante carrière dans les pays taurins sud-américains et au Mexique, avec le courage qui le caractérise. Malgré son désir, il lui est impossible de revenir en Espagne car les femmes sont toujours interdites dans les ruedos.

Le 29 juillet 1945, elle participe à sa dernière course américaine à Guayaquil, en Équateur.

Elle revient en Europe, participe à 4 novilladas en France puis, après avoir abandonné la tauromachie en 1947, elle retourne à Madrid où, le 9 décembre 1948, dans l'église de Covadonga, elle épouse Rafael García, celui qui l'avait initiée à l'art du torero et avait dirigé toute sa carrière.

Juanita Cruz, avec un courage remarquable, toréait fort bien de cape, moins correctement avec la muleta et maniait l'épée avec suffisamment de maîtrise pour estoquer ses opposants au cours de plus de 600 spectacles divers qui, malgré les difficultés inhérentes à ce métier, ne lui firent jamais perdre sa féminité. Voir FEMMES TORERAS. R.B.

CUADRAR (littéralement : *s'arrêter net*). Cadrer le toro signifie l'immobiliser avant l'estocade. Voir CADRER.

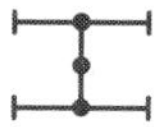

CUADRI VIDES Hijos de Celestino

Origine : Santa Coloma version Ibarra

Devise : violet, jaune et blanc

Ancienneté à Madrid : 8 avril 1956

Propriétés : « Comeuñas » et « Cabecilla », Trigueros (Huelva), Espagne

La ganaderia de Cuadri Vides se trouve en Andalousie dans la province de Huelva. Les deux propriétés sont situées à Trigueros sur la N 435 qui va de Séville à Badajoz. Les toros sont élevés dans celle dénommée « Comeuñas », l'autre étant la demeure familiale. La ganaderia fut fondée en 1928 avec des vaches et étalons achetés à Juan Belmonte par José María Lancha Vázquez qui ajouta à sa *camada* des produits appartenant à Esteban González Camino possédant du sang de Pérez de la Concha, Félix Suárez, Villamarta et Francisco Molina. En 1954, la ganaderia est vendue à Celestino Cuadri Vides, lequel change le fer et la devise. Il élimine les produits des précédents croisements et ne conserve que ceux d'origine Santa Coloma. En 1973, Celestino Cuadri cède son élevage à ses fils Antonio et Alfonso. Les deux frères cherchent à améliorer la race et refusent l'orientation que voudraient leur imposer certains apoderados, toreros ou imprésarios. Ces toros sont généralement fort de présentation et très mobiles en piste. Ils n'ont pas le type du Santa Coloma (bas sur pattes, petits, de couleur grise) car peut-être Celestino Cuadri n'a pas totalement éliminé les vaches d'origine Juan Belmonte (Parladé-Gamero Cívico) comme il l'avait indiqué. Ch.C.

CUADRILLA. Équipe composée de trois banderilleros et de deux picadors, qui entoure le matador et l'aide dans son combat avec le toro.

CUATREÑO. Toro de quatre ans.

CUBERO SÁNCHEZ José, *Yiyo*. José Cubero Sánchez, né le 16 avril 1964 à Bordeaux, est avec *Paquirri* un symbole moderne de la dimension tragique du toreo, sa brutale disparition ayant provoqué une immense émotion dans l'afición, laissant un grand vide car il était à l'évidence un des toreros les plus doués de sa génération.

Sa naissance en France où ses parents avaient immigré est un hasard de l'histoire, car sa famille retourna rapidement vivre en Espagne, à Madrid, et c'est tout naturellement à l'École taurine de la capitale que le petit José allait fourbir ses premières armes, gravissant rapidement les échelons et s'imposant dans les capeas en tant que leader incontesté.

Il débuta à Las Ventas le 11 mai 1980 devant des novillos de Francisco Ortega et termina à la première place en fin de saison avec 56 novilladas. C'est à Burgos qu'il prit l'alternative le 30 juin 1981 des mains d'Ángel Teruel et *Manzanares*, face à des toros de Joaquín Buendía. Il confirme à Madrid lors de la San Isidro, le 27 mai 1982, avec *Manzanares* et Emilio Muñoz, affrontant des toros de Félix Cameno.

Matador doué dont le style faisait quasiment l'unanimité, *Yiyo* ne tarda pas à s'affirmer dans toutes les plazas importantes de la planète taurine. En France, on se souvient en particulier d'une formidable corrida à Dax, où, en compagnie de *Paquirri* et *Nimeño II*, il avait enflammé les arènes ; tous trois sortirent en triomphe.

Yiyo était considéré comme le meilleur espoir de sa génération lorsque survint la corrida de Colmenar Viejo, le 30 août 1985, corrida à laquelle il ne devait pas participer puisqu'il avait été appelé au dernier moment pour remplacer Curro Romero. Tout s'était d'ailleurs très bien déroulé, les critiques allant même jusqu'à déclarer qu'il avait probablement réalisé là sa meilleure faena, jusqu'à ce que *Burlero*, toro de Marcos Núñez, le surprît après l'entrée a matar pour lui asséner par-derrière un coup de corne fatal en plein cœur. À vingt et un ans à peine, *Yiyo* disparaissait tragiquement du monde des toros. Un monument a été érigé à sa mémoire sur le parvis de Las Ventas où, en compagnie du docteur Fleming et d'Antonio Bienvenida notamment, il domine, les jours de corrida, ce peuple d'aficionados qui ont longtemps pleuré sa disparition.

« Tous les toreros portent la mort en eux. Moi, je le dis avec sincérité. Je pense à elle lorsque j'éteins ma lampe le soir quand je suis seul. Je pense qu'une corne va me transpercer le cœur mais devant cela, je n'ai qu'une chose à dire : quelle importance ça a ? Je suis torero et mon père m'a transmis le virus. À tout prendre, je préfère mourir d'une cornada que sur le boulevard périphérique ! La seule chose que je regretterai, c'est de n'avoir pas pu faire plus pour ma famille. » Fatale prémonition que ces paroles prononcées par *Yiyo* lors d'une émission de radio en 1983.

« Un ange vient de mourir. Et en pleine jeunesse, comme ceux qui ont été choisis. En cette circonstance, le ciel ne pouvait attendre, peut-être parce qu'il avait conscience de nous avoir envoyé le meilleur de ce qu'il avait et que nous n'en méritions pas autant. Je crois que les aficionados ont vu disparaître le plus solide espoir, la garantie de dix, vingt ou trente années d'une grande figura, comme l'était réellement José Cubero », déclara Antonio D. Olano sur les ondes de Radio Nacional de España au cours de l'émission taurine de José Luis Carabias, le dimanche 1er septembre 1985. P.H.

CUBETO. Toro possédant des cornes tombantes et se rejoignant pratiquement. C'est un vice excluant du spectacle un tel animal.

CÚCHARES.
Voir ARJONA HERRERA Francisco.

CUENCA (Espagne. Madrid 165 km – Albacete 145 km). Cuenca est sans aucun doute une des villes les plus singulières d'Espagne car elle est bâtie sur un promontoire rocheux, dans un site d'une somptueuse beauté, avec des ruelles étroites et escarpées, des maisons suspendues (*casas colgadas*) au-dessus de la gorge profonde du Huécar. Elle a été fondée par les Romains, a eu une histoire chaotique et a même été dévastée pendant la Guerre civile en 1937. Elle compte à présent 46 000 habitants.

La première plaza de toros, de 5 000 spectateurs, datait de 1848. En 1920 est prise la décision de construire une nouvelle plaza qui sera inaugurée le 7 septembre 1926 avec une corrida de Santa Coloma et les matadors Marcial Lalanda, *Valencia II* et Martín Agüero. Construite en ciment armé, elle peut recevoir 12 000 spectateurs.

CUERNA. Encornure.

CUERNO. Corne.

CUERNO MAESTRO (*corne maîtresse*). Comme l'homme est droitier ou gaucher le toro possède une corne dont il se sert avec prédilection pour frapper juste et fort.

CUIDADO (*soin, attention*), toro de. Toro méfiant devenant dangereux.

CULATA. La croupe du toro ou du cheval.

CULERO. Toro possédant un fort arrière-train.

CUMBRE. Indique qu'un torero est un artiste exceptionnel (torero cumbre). Se dit aussi de la faena lorsqu'elle fut complète et sans défaut.

CUNA. Berceau des cornes.

CUNERO. Toro non marqué, dont on ne connaît pas les origines.

CUNHAL PATRICIO (Herederos de Alberto Cunhal Patricio)

Origine : Pinto Barreiros-Tamarón
Devise : noir et jaune
Ancienneté à Madrid : 19 mars 1963
Propriétés : « Monte de Igreja » et « Serro do Boi », Évora (Alentejo, Portugal), « Raporeira », « Vale Côvo » et « Sapateira », Coruche (Ribatejo, Portugal)

Fondé en 1929 par les frères Infante da Cámara avec des bêtes d'origine Murube et Parladé, anciennement Campos Varela, les éleveurs augmentent ensuite le cheptel avec un apport d'Alves do Río, d'origine Tamarón, puis avec des étalons de Juan Belmonte et Juan Guardiola, également d'encaste Parladé. Les frères Infante da Cámara se séparent en 1942 et partagent le troupeau. Le lot d'Emilio est divisé entre ses fils en 1949. La part d'Antonio est par la suite achetée par Alberto Cunhal Patricio. Ce dernier acquiert en 1954 un lot de vaches d'Oliveira Durão puis un autre lot de femelles et de mâles d'Oliveira Irmãos en 1967. Quatre ans plus tard, il met l'élevage au nom de ses héritiers. Le troupeau s'enrichit en 1983 d'un étalon de Coïmbra, puis en 1988 d'un nouveau lot de vaches ainsi que d'un étalon d'Oliveira Irmãos. Un autre étalon est acheté en 1992 à José Luis Vasconcellos e Souza d'Andrade.

Ce fer portugais avait été découvert en France le 2 avril 1995 lors d'une novillada organisée à Saint-Gilles. Alberto Manuel (deux oreilles) et *Chicote* (une oreille) avaient tiré le meilleur parti d'un lot assez mobile pour les toreros. Depuis, l'élevage n'est plus combattu en France ou en Espagne. Tous les produits ont été vendus depuis trois saisons dans les principales arènes portugaises pour des corridas équestres. Le 8 juillet 1999, le rejoneador João Moura effectua deux tours de piste sur le sable des arènes de Lisbonne au terme d'un combat bien cadencé face à un toro de Cunhal Patricio. Deux ans plus tard, le 24 mai 2001, le matador espagnol Antonio Ferrera obtint un important succès devant un exemplaire de cet élevage à Chamusca (Santarém). Ferrera, qui figurait à l'affiche aux côtés de rejoneadores portugais, effectua deux tours de piste à l'issue de sa faena. C.C.

CURRILLO.
Voir NÚÑEZ ROMÁN Francisco.

CURRITO.
Voir ARJONA REYES Francisco.

D

DANZA. Mouvements désordonnés qu'exécute un torero en difficulté lorsqu'il n'arrive pas à dominer son adversaire.

DÁVILA Sancho (Sancho Dávila, Conde de Villafuente Bermeja)
Origine : Marqués de Domecq, par Maribel Ibarra et Torrealta
Devise : vert bouteille et vieil or
Pas d'ancienneté à Madrid
Propriété : « Puertolaca », Santistebán del Puerto (Jaén)

C'est à partir d'une base de bétail d'origine Martínez qu'Ángel Rodríguez García fonde cet élevage en 1929. Le troupeau passe successivement entre les mains de Lorenzo et Emilio Rodríguez Pacheco en 1943, puis d'Enrique García de la Serna en 1975. Dix ans plus tard, Sancho Dávila Iriarte, plus connu dans les années 1960 en qualité de matador, sous le pseudonyme de *Sancho Álvaro*, achète l'élevage et modifie le fer. Dávila reprend le dessin qu'avait adopté son père lorsque celui-ci était éleveur au sein de l'Unión de Criadores de Toros de Lidia. Il élimine les origines antérieures et reforme le troupeau avec des vaches et des étalons de Maribel Ibarra et Torrealta.

Les toros importants :
- Prix du meilleur élevage de la mairie d'Arnedo (La Rioja) en 1988, 1989 et 1990.
- *Trompetero*, combattu à la féria de Jaén en 1987 par *Espartaco* (prix de la meilleure faena).
- Prix du meilleur toro de la féria d'Antequera (Málaga) en 1991.
- Tour de piste du mayoral à Málaga en 1991 (novillada).
- Prix de la meilleure corrida de toros à Tarragone (Catalogne) en 1995 (sortie en triomphe du mayoral).
- Prix de la meilleure corrida de toros de la féria de Valladolid en 1997.
- Sortie en triomphe du mayoral à Navacerrada (Madrid) en 1997.

Même s'il ne fournit quasiment pas de toros pour les arènes de première catégorie, l'élevage de Sancho Dávila fait toujours référence auprès des professionnels. Régulièrement programmé en Espagne, le bétail de l'ancien torero fait le bonheur des vedettes actuelles par sa morphologie agréable et sa constante mobilité. L'année 2000 fut particulièrement faste pour les toros porteurs de la devise vert bouteille et vieil or : deux tours de piste posthumes furent accordés et un exemplaire, combattu à Lima le 5 novembre par Eduardo Dávila Miura, le neveu de l'éleveur, fut gracié. C.C.

DÁVILA MIURA Eduardo. Eduardo Dávila Miura est né le 5 mars 1974 à Séville. Petit-fils du légendaire éleveur Eduardo Miura, il n'eut guère de peine à éprouver l'afición, d'autant plus que son oncle Sancho Dávila était lui aussi éleveur. C'est d'ailleurs lui qui sera son premier apoderado, tout au long de sa période de novillero. Il ne faut pas croire pour autant qu'Eduardo ait été élevé avec ménagement, et s'il parvint à l'échelon suprême, il le dut essentiellement à ses qualités toreras, reconnues par l'ensemble de la profession. *Torero campero*, c'est-à-dire proche du toro et de la façon de le tester dans les élevages, il n'a pas son pareil pour le mettre en évidence, ce qui plaît avant tout aux aficionados.

Après avoir accompli une grande saison en tant que novillero en 1996, il prit l'alternative à Séville le 10 avril 1997, avec Emilio Muñoz comme parrain et Víctor *Puerto* comme témoin, face au toro *Oficial* de Jandilla.

Il débute en France à Béziers le 19 juillet 1997 en compagnie de Víctor Mendes et de Denis Loré face à un lot de Lora Sangrán. Il se présente en Amérique à Maracay le 2 novembre 1997, alternant avec Erick Cortés et Alberto de la Peña devant des toros de la ganaderia de Los Aranguez. Cette temporada fut surtout marquée par une grave blessure subie à Barcelone le 3 août, ainsi que par quelques triomphes retentissants qui laissaient augurer une ascension rapide dans le classement, Eduardo Dávila Miura augmentant son nombre de courses régulièrement ainsi que sa catégorie. Sa première corrida au Portugal a lieu le 15 septembre 1998 à Moita devant des toros de la ganaderia de Mario Vinhas avec Rui Bento Vasques et deux rejoneadores : *Joaquim Bastinhas* et Rui Salvador.

Il confirme son alternative le 6 juin 1999 à Madrid et démarre sa saison 2000 (66 corridas pour 58 oreilles) par deux triomphes à Castellón puis Séville, coupant à chaque fois 2 oreilles. À l'orée du troisième millénaire, Eduardo Dávila Miura s'est hissé au rang des principaux matadors (neuvième) dont la présence dans les plus importantes férias s'avère logique, voire indispensable. En 2001, sa saison n'a été que moyenne, voire médiocre, puisque Dávila Miura s'est retrouvé à la vingt-troisième place avec seulement 36 corridas et 42 oreilles. P.H.

DAX (France. Bordeaux 90 km — Biarritz 50 km). Importante station thermale connue depuis l'Antiquité, elle fonctionne toute l'année en raison de la douceur du climat de cette région et accueille quelque cinquante mille curistes par an. Le thermalisme est donc l'activité principale de cette ville dont la population s'élève à 19 500 habitants.

Dax fut une des premières villes taurines de l'histoire puisque c'est en 1767 que se déroula la première course à la manière espagnole, à l'occasion du mariage de Mlle de Poyanne avec le prince d'Henrichemont. En 1813 furent édifiées les premières arènes en bois qui subsisteront jusqu'en 1901. Fermées ensuite jusqu'en 1907, elles sont la proie d'un incendie en 1908. Un nouveau bâtiment est édifié et inauguré le 10 mai 1913 avec au cartel Vicente Pastor et *Cocherito de Bilbao*, opposés à six toros de Guadalest. En 1932, sa contenance, à l'origine de 5 500 places, est portée à 8 230. R.B.

DÉBUT. Présentation ou première participation en public d'un torero ou d'un ganadero.

DÉCOMPOSER se. Se dit de l'attitude du toro qui modifie considérablement son comportement après une faena trop longue ou mal dirigée ou spontanément, quand le toro perd ses qualités initiales et prend des défauts majeurs.

DÉCOUVRIR se. Un toro se découvre lorsqu'il embestit, c'est-à-dire lorsqu'il baisse la tête, ce qui est un signe de noblesse. À l'inverse, on dira qu'il se couvre en gardant la tête haute.

Un torero se découvre lorsque, par un mauvais maniement de la cape ou de la muleta, il permet au toro de se rendre compte qu'il ne poursuit qu'un leurre, et il risque alors l'accrochage.

DEFENSAS. Synonyme de cornes.

DEGOLLAR. Tuer le toro en mettant l'épée dans le cou de l'animal ce qui entraîne une importante hémorragie buccale qui le couche. Cette estocade, appelée « golletazo », est répréhensible car très mal placée et ne peut être admise que dans le cas extrême d'un animal particulièrement dangereux et avisé.

DEHESA (*pâturage*). Par extension, l'ensemble foncier de l'élevage. D'une manière romantique mais inadéquate, synonyme de propriété chez certains auteurs.

DEHESILLA La
Origines : Carlos Núñez, Juan Pedro Domecq y Díez et Torrestrella
Devise : rouge et jaune
Pas d'ancienneté à Madrid
Propriétés : « Jimonete », Santa Bárbara de Casa (Huelva), « Popo », « Balona » et « La Dehesilla », Rosal de la Frontera (Huelva)

Les origines de l'élevage de José Luis Pereda remontent en 1952 lorsque Amparo Conradi Alonso hérite d'une part du troupeau de Juan Bautista Conradi. L'année suivante, cette part est vendue à Saturnino Pérez Alonso qui insère au cheptel un lot de vaches de Juan Pedro Domecq y Díez ainsi qu'un autre issu de l'élevage de Marqués de Villamarta. Une fois l'origine Conradi éliminée, le troupeau s'enrichit en 1958 d'un nouveau lot de vaches et d'étalons achetés à Rafael Bernal et porteurs des fers d'Escudero Calvo, Juan Pedro Domecq, Álvaro Domecq et Lisardo Sánchez. Un an plus tard, la veuve de Saturnino Pérez Alonso vend l'élevage à Manuel Uchoa, de Jerez de la Frontera. Le troupeau passe successivement entre les mains de Rafael Beca Gutiérrez (1965), José Martín Berrocal (1979) puis José Luis Pereda García. Au début des années 1980, le nouveau propriétaire achète un lot de vaches à Martín Berrocal, d'origine Núñez, qu'il insère au troupeau.

Formé en 1996 avec une part du troupeau de José Luis Pereda, l'élevage de La Dehesilla a fait une entrée fracassante dans le milieu ganadero espagnol. Rapidement intégré au groupe des élevages préférés des vedettes, le fer de La Dehesilla fait combattre chaque année un nombre respectacle de toros dans de nombreuses férias. D'abord appelé pour la livraison de toros de réserve l'élevage a vendu des lots en 2000 à Valence, Séville (tour de piste de *Morante de la Puebla*) et Valladolid (cartel phare avec Curro Romero, *Joselito* et José Tomás). Au cours de l'été 2000, Enrique Ponce, José Tomás et *el Juli* combattirent lors de la féria de Huelva une excellente course de ce fer et purent ainsi sortir ensemble en triomphe. Quelques mois plus tôt, le 28 février 2000, lors du Día de Andalucía, ces mêmes arènes de Huelva avaient assisté à la grâce d'un toro de La Dehesilla nommé *Culito*. Au terme d'une faena d'exception où le toro avait manifesté une noblesse permanente, *Finito de Córdoba* avait coupé les deux oreilles et la queue symboliques. *Jesulín de Ubrique*, autre torero du Sud, signa au cours de l'été 2001 un important triomphe au Puerto de Santa María (Cadix), mettant en relief le grand jeu des toros de La Dehesilla. *Jesulín* coupa un total de trois oreilles quelques semaines avant d'être victime d'un grave accident de la route qui le tiendra éloigné des arènes pendant plus d'une saison. Ponce imita *Finito* en fin de saison 2000 en graciant à son tour un toro de La Dehesilla, *Vendaval*, dans les arènes de Jaén. Avec Alcurrucén, le fer de La Dehesilla est en passe de devenir l'un des élevages d'origine Núñez les plus appréciés des toreros. C.C.

DE LA CRUZ
Origine : Santa Coloma
Devise : sang et or
Ancienneté de création : 1981
Propriété : « Mas de Farinon », Saint-Martin-de-Crau (Bouches-du-Rhône)

Cet élevage a été fondé par la famille Granier avec des vaches de Pouly, d'origine Cobaleda, et un étalon de Barcial. Par la suite, les frères Granier introduisent un étalon d'origine Santa Coloma. Après avoir mené de front deux origines différentes, les frères Granier ont abandonné la lignée de San Martín, fondée sur un mélange de sang d'Infante de Cámara, par des vaches de Ricard, et de Parladé-Domecq, par un ancien étalon de Varela Crujo.

Toro important :
• *Perdigón*, nº 1, de San Martín, meilleur toro de la féria de Céret 1993, combattu par José Antonio Campuzano. C.C.

DELANTAL. Véronique exécutée les pieds joints, le corps vertical, avec la cape au plus près du corps. On dit aussi véronique en paron. Voir VÉRONIQUE.

DELGADILLO LÓPEZ Jesús, ***el Estudiante.*** Ce torero mexicain, né à Aguascalientes le 8 octobre 1938, prit l'alternative dans sa ville natale le 20 avril 1958, accompagné d'Alfredo Leal et de Joselito Huerta. Devant la rareté des contrats, il vient chercher fortune sur le continent européen et renonce très vite à son alternative pour se présenter en Espagne, à Barcelone, où il entame une nouvelle carrière de novillero le 20 juin 1963.

Il se présente enfin à Las Ventas le 19 juillet 1964, où il coupe une oreille à son premier adversaire. Le 6 septembre de la même année, il est à nouveau consacré matador devant Fermín Murillo et Curro Romero ; cette cérémonie est ratifiée le 12 octobre par Antonio Ortega et Santiago Castro Sanz, qui avait pris l'alternative le 2 août de la même année à Castellón.

Après avoir subi une assez sérieuse cornada le 28 août 1966 à Madrid, *el Estudiante* a poursuivi sa carrière dans les différents pays d'Amérique du Sud y compris le Guatemala et l'Équateur. Il toréait encore une dizaine de courses par an au Mexique dans les années 1990. J.B.T.

DELGADO ESPINO Francisco, ***Paco.*** Son premier costume de lumières, Francisco Delgado Espino, né le 7 mars 1972 à Úbeda, province de Jaén, le revêt le 10 août 1986 à Baeza. Le 1er juillet 1986, il débute avec picador dans sa ville natale, avec Enrique Ponce et *el Madrileño* devant des Bernardino Giménez Indarte. Sa présentation à Madrid a lieu le 27 juin 1991 devant un lot de Peñajara, avec Antonio Muñoz et Manolo Sánchez. Après avoir participé à 63 novilladas piquées, il reçoit l'alternative des mains de Miguel Báez *Litri* en présence de Julio Aparicio, à Ubeda le 29 septembre 1992, devant *Remendón*, un toro de José Luis Osborne Vázquez à qui il coupe deux oreilles et la queue mais qui lui inflige une grave cogida. Il confirme à Madrid le 19 juin 1994 devant *Cocino*, toro de Conde de la Maza, avec pour parrain Emilio Silvera et pour témoin Alejandro Silveti. Le 14 août 1995, il débute en Amérique, à Tavira, au Venezuela, devant un toro de Rancho Grande, en compagnie de José Antonio *Valencia* et de Leonardo Coronado. Il se présente en France, à Palavas, le 2 mai 1998, alternant avec Gilles Raoux et Rafael González. R.B.

DELGADO GUERRA José, ***Pepe-Hillo.*** Précoce, alerte, allègre, primesautier et par ses qualités d'homme et de torero très populaire, José Delgado est né le 14 mars 1754 à Séville, dans un quartier hors les murs à l'époque, où est implantée aujourd'hui la Maestranza.

Après avoir passé ses plus jeunes années en apprentissage chez un cordonnier, il déserte l'échoppe pour les abattoirs de la ville, pour y voir les toros, les approcher et s'essayer à l'épée avec d'autres garçons de son âge, se mêlant aux maestros eux-mêmes qui comme *Costillares* venaient également s'y entraîner. Dès sa quatorzième année, il torée et tue dix-sept toros de dix-neuf estocades !

On ne peut pas parler d'alternative pour *Pepe-Hillo* ; celle-ci ne prendra forme que peu à peu à partir des années 1880, bien que d'après Cossío, le premier geste évoquant l'alternative aurait eu lieu le 25 mai 1758 pour la présentation de José Cándido à Madrid, *el Malagueño* lui cédant *Capitán*, le premier toro. Mais pour *Pepe*, on a une certitude, il est devant les toros dès 1770 à Cordoue, présenté par son maître *Costillares* ; il alterne avec lui et Pedro Romero dès ces années-là.

Au printemps de 1774, il se marie à Séville avec María Salado et dès 1775 il figure comme chef de cuadrilla, tant sa réputation est grande en Andalousie. En 1777, la Junta de Hospitales, qui organise les corridas madrilènes, décide de remplacer Juan et Pedro Romero par *Costillares* et *Pepe-Hillo*.

L'année suivante, *Pepe* et Pedro toréent à Cadix, rivalisant en suertes diverses et variées et ils continuent ce jeu à Séville. À partir de 1781, leur émulation a également pour théâtre les arènes de Madrid et là aussi il acquiert un grande réputation de lidiador. Les populations se l'arrachent, tant les classes populaires que l'aristocratie, qui le voit comme un personnage reflétant bien son époque ; on peut lire dans les Archives municipales de Séville : « La fête fut belle, car les toros étaient excellents ainsi que les picadors et les toreros. On ne remarqua pas la plus petite altercation dans les arènes » (commentaire d'une corrida à Séville en 1797).

Si le nom de *Pepe-Hillo* reste avec autant de force dans les mémoires et résonne toujours dans nos esprits, cela tient autant à ses dons célébrés par les auteurs anciens – « de l'humour, de la verve, de la vivacité d'esprit, parfois même du tact et de la délicatesse » (Velázquez y Sánchez) ; « Il n'y avait que des tendidos de sol quand il toréait » (Luján) – qu'à sa *Tauromaquia*, célèbre traité tauromachique écrit sous sa dictée par don José de la Tixera une trentaine d'années avant celui plus définitif et plus complet de *Paquiro*.

Et puis sa mort spectaculaire le 11 mai 1801 à Madrid, immortalisée par Goya, a laissé des traces dans l'Histoire, par l'interprétation tragique qu'en a laissée l'artiste espagnol. Ce 11 mai, se déroulait à Madrid un spectacle très important où devaient être tués seize toros par *Pepe-Hillo*, José Romero et Antonio de Los Santos. C'est le septième qui provoqua la tragédie que raconte l'ami et témoin oculaire, José de la Tixera : « Au moment où José Delgado se préparait à tuer son toro, donnant les ultimes passes de muleta dont une passe de poitrine [...] il engage une demie épée légèrement contraire et à ce moment précis, le toro l'attrape avec la corne droite et le jette au sol en le faisant tomber sur le dos ; c'est parce que le coup lui fit perdre connaissance que le toro put l'attraper à nouveau si facilement et le reprendre avec la corne gauche dans la région de l'estomac, le gardant en l'air plus d'une minute, lui fouillant les entrailles et le torse, lui brisant une dizaine de côtes. » Le malheureux mourut dans les minutes qui suivirent. Le toro s'appelait *Barbudo* et provenait de la ganaderia de don Luis Rodríguez San Juan.

Mais avant de disparaître, *Pepe* nous laisse son testament :

« Il est hors de doute qu'en un temps où l'afición des toros est à son apogée, alors que l'art de toréer est si avancé, il fallait un traité qui en exposât les règles, en expliquât les suertes et fît paraître le fort et le faible d'un art aussi brillant. » C'est par ces propos que *Pepe-Hillo* commence son ouvrage au cours duquel il va exposer ce qu'à l'époque il convenait de tracer avec une cape et une muleta ; il indique les différentes figures et suertes utilisées, ainsi que l'art de piquer, de tuer et de descabeller. Son ouvrage se termine par un lexique comprenant cent six expressions comme *cargar la suerte*, *quiebro*, *rematar el toro*, toutes toujours utilisées dans le langage tauromachique contemporain.

Cet homme forme avec Pedro Romero et *Costillares* le plus célèbre trio de la

Derechazo

tauromachie du XVIIIe siècle et annonce déjà les prémices d'une tauromachie moderne. J.B.T.

DEMIE VÉRONIQUE. Passe de cape qui clôt une série de véroniques. Elle commence comme une véronique mais le torero la termine en ramenant la main sur la hanche de sortie ce qui oblige le toro à une torsion qui stoppe son élan. Voir VÉRONIQUE.

DENTS. L'étude post mortem de la formule dentaire du toro permet de contrôler efficacement son âge. Un vétérinaire non spécialisé mais s'appuyant sur les connaissances qu'il a du bétail domestique fera référence à ce qu'il sait de ce genre de bétail. Ce faisant il commettra plusieurs erreurs puisque : l'animal bravo est plus précoce que l'animal domestiqué ; lorsque ce jeune animal atteint deux ans et demi à trois ans, il est soumis à une généreuse alimentation de complément en vue de sa future présentation dans l'arène, suralimentation qui augmente encore les phénomènes de précocité. Un des phénomènes les plus évidents de cette précocité est l'éruption relativement précoce des incisives permanentes ; à quatre ans, le toro bravo présente toujours, non seulement une arcade incisive permanente complète, mais parfois un début d'usure manifeste du bord libre. P.M.

DERECHAZO ou REDONDO. Passe de muleta exécutée de la main droite. C'est la passe de base que l'on utilise en début de faena pour tester les réactions du toro. Pour l'exécuter, le torero tient le palillo plus près de son extrémité extérieure ainsi que la garde de l'épée dans la main droite, et ouvre ainsi le leurre au maximum. La muleta prend une forme trapézoïdale et traîne en partie au sol. Lors de l'attaque du toro, le torero avance la jambe extérieure pour bien amorcer la trajectoire et accompagne le toro dans une courbe qui se termine le plus loin possible, avant de se replacer. R.B.

DERRIBO. Action de faire chuter les jeunes toros au sol en se servant d'une garrocha ou à mains nues. Le derribo à cheval se pratique soit à l'occasion d'une fiesta campera par deux cavaliers qui poursuivent des becerros, impropres au combat pour éviter les fractures lors de la chute, toujours violente car elle survient en plein galop de l'animal, soit lors d'une tienta *por acoso y derribo* pratiquée en plein champ. Voir TIENTA. R.B.

DERROTE (de *derrotar*, frapper, battre). Coup de corne fulgurant et inattendu donné de bas en haut et de trajectoire courte.

DESARMAR (*désarmer*). Lorsque le toro relève brutalement la tête, il arrache le leurre des mains du torero qui se trouve désarmé. On dit aussi que le toro cherche à désarmer le picador, le banderillero ou le matador lorsqu'il essaie par des coups de tête verticaux de repousser la pique, les banderilles ou l'épée. R.B.

DESCABELLER. Pratiquer le descabello, donner le coup de grâce au toro avec le verdugo, épée spéciale qui porte, à 10 cm de son extrémité, une barre transversale.

Lorsque le matador a porté une bonne estocade au toro, mais qu'elle n'a pas été suffisante pour le coucher rapidement, et que l'animal lutte, membres écartés et tête basse, le torero, afin d'abréger l'agonie, porte le coup de grâce entre les deux premières cervicales dans le bulbe. Pour cela, il présente sa muleta sous le mufle du toro, de manière à lui faire baisser la tête. Il peut aussi se faire aider par ses banderilleros qui utiliseront leurs capes. Pour descabeller, on peut appuyer la pointe du descabello sur l'emplacement précis du coup à porter et appuyer fortement ; une autre manière, la plus utilisée actuellement, consiste à tenir le descabello à bout de bras, à la verticale du point visé, et de frapper ainsi. Mais il se peut que le toro « se garde », c'est-à-dire qu'il relève la tête pour chercher sa respiration, car le sang l'étouffe : il est alors très difficile de placer le descabello. S'il a encore de la force, il peut aussi charger violemment sans avertir. Le maestro le plus doué pour le descabello est Roberto Domínguez qui, sans l'aide d'un péon et loin des barricades, fixe le regard du toro par un frémissement continu de la muleta pendant que, un genou presque à terre, il présente son descabello, et donne le coup de grâce. Sa manière de descabeller exemplaire ne fait pourtant pas école car elle exige une maîtrise et une coordination gestuelles parfaites.

Au XVIIe siècle, la suerte est exécutée avec le rejón par le cavalier. Lorsque les matadors sont à pied, ils utilisent l'épée pour l'exécuter. Sánchez de Neira écrit en 1896 : « C'est une suerte très facile à exécuter si le toro humilie et se trouve incapable de charger. Le matador met la pointe de l'épée entre les deux cornes, au milieu de la naissance des anneaux qui forment la moelle épinière, mettant la muleta assez bas et près de la tête du toro. Si celui-ci n'humilie pas assez, on peut le piquer un peu sur le museau, mais pas assez souvent pour le faire saigner, et mettre aussi un capote sous celui-ci afin d'y arriver et il faut alors profiter du moment opportun. Si l'animal ne baisse pas la tête restant couvert, c'est inutile et exposé de tenter le descabello, parce que, comme le dit très bien *Pepe-Hillo*, bien que le toro lutte contre la mort, se voyant menacé par un objet, il charge avec une énergie incroyable. »

À la fin du XIXe siècle, certains matadors donnaient davantage d'émotion au descabello en utilisant la puntilla à la place de l'épée. Dans ce cas, le torero était obligé de venir au plus près et l'action était dangereuse. Certains n'hésitaient pas à pratiquer un exercice encore plus difficile : situé vers l'arrière du toro, ils lançaient le poignard avec force, visant et atteignant l'endroit exact où le bulbe était ainsi tranché. Il fallait avoir une haute maîtrise du lancer de poignard et, dans cette spécialité, le puntillero des arènes de Madrid était fort réputé. Ces deux manières de descabeller ont été abandonnées à cause de leur difficulté d'exécution.

Pendant longtemps, on pratiqua le descabello avec l'épée ordinaire. Mais il y eut plusieurs accidents mortels car le toro, en relevant brutalement la tête, projetait l'arme dans le public des premiers rangs : ainsi, à Saragosse en 1915, l'épée de *Joselito* tua-t-elle un des amis du torero ; à Tortosa en 1930, c'est Manolo Martínez qui involontairement tua un spectateur, l'épée se fichant dans sa poitrine ; en 1923, le 2 septembre à Bayonne, un toro de Saltillo projeta l'épée d'Antonio Márquez, tuant un spectateur assis à la barrera ; enfin, le 6 août 1934 à La Corogne, l'épée de Juan Belmonte traversa la poitrine d'un spectateur.

On adopta alors l'épée a cruceta, ou *verdugo*, mise au point par Vicente Pastor et ainsi décrite : « L'épée de descabellar aura comme caractéristique principale d'être pourvue d'une garde fixe en forme de croix, de 78 millimètres de long composée de trois parties : une centrale ou de fixation de 22 millimètres de long sur 15 de haut et 10 d'épaisseur aux arêtes biseautées pour ne pas ôter la visibilité au matador sur son point de mire au moment de descabellar et deux parties latérales de formes ovales de 28 millimètres de long sur 8 de large et 5 d'épaisseur. Ladite garde devra être placée exactement à 100 millimètres de la pointe de l'épée. »

L'action de descabeller ne doit pas être considérée comme primordiale, car elle n'est qu'un recours, mais certains matadors, en manquant ce coup de grâce, perdent tout le bénéfice du travail antérieur. R.B.

DESCABELLO. Coup de grâce donné avec le verdugo, épée spécialisée se terminant par un arrêtoir horizontal. Par extension, devenu synonyme de « verdugo ». Voir DESCABELLER.

DESCASTAMIENTO (littéralement, *décastage*) Amenuisement de la caste par une sélection visant à obtenir des toros de moins en moins agressifs et de plus en plus malléables pour satisfaire les exigences des vedettes. Quand, dans un ensemble, on modifie l'une des fonctions, on affecte nécessairement toutes les autres, ce qui finalement a pour effet la dilution de tous les caractères, sanction obligatoire d'une telle pratique. P.M.

DESCEPADO. Toro s'étant cassé la corne à ras du frontal.

DESCONFIADO. Se dit d'un matador qui a perdu toute confiance et reste très méfiant, très en retrait, toujours sur le qui-vive.

DESCORDAR. Sectionnement extrêmement rare de la moelle épinière du toro lors de la mise à mort, l'épée pénétrant fortuitement entre deux vertèbres et paralysant l'animal.

DESCORNADO. Se dit d'un toro qui a perdu une ou deux cornes lors d'un choc violent pendant la lidia.

DESECHO (*déchet, résidu*). Animaux que, pour diverses raisons, l'éleveur ne tient pas à conserver. On distingue :

• *Le desecho de cerrado* (élimination de la communauté), animaux non présentables en corrida pour cause de handicap physique majeur (cornes trop discordantes, tumeur externe disgracieuse, trouble de la vision...) mais qui pourront éventuellement être présentés en becerrada ou en novillada. En ce cas ils seront annoncés comme desecho ou defectuoso. En cas de handicap trop important, ils seront dirigés vers l'abattoir.

• *Le desecho de tienta*, animal non retenu après une tienta de mâles organisée pour désigner un futur étalon. En ce cas, soit l'animal n'a subi que la seule épreuve des piques au cours de laquelle il a montré une bravoure insuffisante. On s'abstient donc de l'essayer à la muleta car écarté à ce stade il pourra légalement sortir lors d'une novillada future mais en étant annoncé sur les affiches comme desecho de tienta.

Soit l'animal a été satisfaisant à l'épreuve de la pique et a ensuite été toréé à la cape et à la muleta. Mais pour diverses raisons (faiblesse de pattes, charge réticente, incertaine, etc.) il n'a pas été retenu comme futur semental. Dès lors, ayant été toréé, il ne peut absolument plus sortir en corrida et doit impérativement être dirigé vers les abattoirs (ou toréé et mis à mort en privé par un torero ami de l'élevage en guise d'entraînement) car selon la formule traditionnelle « le leurre l'a instruit ». Le produire en corrida constituerait une attitude criminelle irresponsable. L'animal est donc mis à mort. P.M.

DESENCAJONAMIENTO. Opération consistant à faire sortir, les uns après les autres, les toros de leurs emplacements de transport, le camion spécialement aménagé se plaçant au plus près du couloir d'accès aux corrales. C'est une opération délicate car les animaux sont excités et peuvent se blesser.

Dans certaines arènes, ils descendent directement du camion en piste en présence du public. R.B.

DESGARRADURA. Large déchirure de la peau du toro produite par une mauvaise pique.

DESIGUAL. Toro irrégulier dans son combat. Se dit aussi d'un lot de toros à la morphologie dissemblable, notamment dans les cornes, d'une paire de banderilles mal posées (trop écartées) ou d'un torero inconstant.

DESJARRETE. Action qui consistait, aux XVIIIe et XIXe siècles, à sectionner les jarrets des pattes postérieures du toro impropre au combat normal, avec des lames affûtées placées au bout d'un long manche appelées medialuna. Cette pratique fut abolie dans les années 1890.

DESOLLADERO (de *desollar*, écorcher). Local annexe attenant à la plaza et dans lequel les toros mis à mort sont immédiatement saignés, dépouillés et débités. Dès cet instant, les vétérinaires procèdent aux examens sanitaires traditionnels en vue de la future consommation des viandes (autorisation de mise en vente ou destruction – partielle ou totale – en cas de lésions pathologiques) et, à la demande de l'autorité, pratiquent éventuellement la saisie des cornes pour expertise en cas de suspicion d'afeitado. P.M.

DESPEDIDA ou RETIRADA. Cérémonie des adieux d'un torero qui se retire de la profession. Les raisons peuvent être multiples : manque de contrats depuis quelques saisons, âge du maestro qui n'a plus les mêmes réflexes et réactions, blessure ayant réduit les capacités physiques, pour certains, l'envie de profiter de l'existence et/ou de la fortune accumulée. Généralement, à la fin d'une corrida, le matador quittant les ruedos se « coupe la coleta ». Bien souvent, on voit des matadors annoncer leur despedida, faire une tournée d'adieux, qui, annoncée en fanfare, génère quelques contrats supplémentaires... et revenir l'année suivante.

Certains matadors devenant banderilleros ou d'autres n'ayant plus la possibilité d'apparaître dans un ruedo ne pratiquent pas cette cérémonie. R.B.

DESPEGAR. Action d'éloigner le toro de soi en donnant de l'amplitude au déplacement de la cape ou de la muleta.

DESPEJO. Manœuvre exécutée jadis par les alguazils pour évacuer la piste. Aujourd'hui on désigne par ce terme le galop des alguazils pour saluer le président et retirer la clef du toril.

DESPERDICIOS.
Voir DOMÍNGUEZ CAMPOS Manuel.

DESPITONADO. Toro dont une pointe de corne présente une cassure nette, en biseau, sans aucun éclat résiduel.

DESPITORRADO. Toro qui a une corne cassée restant encore faiblement attachée à la racine.

DESPLANTE. Exécuté pendant la faena de muleta, le desplante est une manière de défier le toro alors qu'il est généralement aplomado et sans force. Cela va du maestro jetant les trastos et tombant à genoux en ouvrant la chaquetilla à deux mains, ou tournant le dos au toro, à des attitudes plus répréhensibles comme mordre la pointe de la corne ou la caresser. Luis Miguel *Dominguín* s'était fait le spécialiste de l'adorno du « téléphone » en posant son coude gauche sur le frontal, la main venant à l'oreille. Le desplante existe depuis fort longtemps et *Guerrita* en était coutumier. Voir ADORNO. R.B.

DESPUNTADO (*dépointé*). Ce peut être une action volontaire comme celle exécutée lors des courses de rejoneadores (en particulier lorsqu'il y a des forcados) et en festival taurin. Mais certains toros particulièrement agressifs peuvent fort bien abîmer considérablement les pointes de leurs cornes en frappant les murs des enclos, les arbres ou en fouillant le sol. R.B.

DESQUITE. Revanche du torero qui vient de connaître un échec, soit lors de sa prestation devant son premier toro, soit lors d'une corrida précédente, et qui triomphe au cours du combat suivant. *Tomar un desquite* signifie donc prendre sa revanche.

DESTARTALADO. Se dit d'un toro disproportionné, principalement en ce qui concerne les cornes.

DETENER suerte de. Nom ancien du tercio de piques.

DEVISE (*divisa*). Couleurs de l'élevage sous forme d'un flot de rubans fixé sur le morillo du toro par un petit harpon juste avant son entrée en piste. Spécifique de chaque élevage au même titre que le señal et le fer. On retrouve déjà trace de cet usage en 1679 sous la plume de la comtesse d'Aulnoy : « On attache à leurs cornes un long ruban, à la couleur du ruban tout le monde reconnaît et cite l'histoire de leurs ancêtres » (*Relation du voyage d'Espagne*).

Avec certaines particularités : Miura utilise pour son bétail des couleurs différentes : vert et noir à Madrid, rouge et vert dans les autres plazas. L'origine de cette alternance tient au fait qu'à sa création (1842) une ganaderia plus ancienne se présentait déjà à Madrid avec le rouge et le vert. Il en est de même pour les toros de José Escóbar. P.M.

DIAMANTE (*diamant*). Extrémité ultime de la corne dont la dureté exceptionnelle fait qu'on la compare à celle du diamant.

DÍAZ CANTORAL Manuel, *el Lavi*. D'origine gitane, Manuel Díaz est né à Cadix au cours de l'année 1812. On sait qu'il commença professionnellement selon la tradition en étant d'abord banderillero puis en devenant espada. Le 8 août 1841, on le trouve sobresaliente dans un cartel de Cadix lors du mano a mano entre son frère Gaspar Díaz et *Paquiro*. Il participe à une corrida à Madrid le 17 avril 1843 en compagnie de Pastor Ángel et de Francisco Ezpeleta. Puis il apparaît dans les principales plazas de Castille et d'Aragon avant de s'expatrier vers La Havane et le Mexique. Il meurt à Lima le 9 décembre 1858. R.B.

DÍAZ GONZÁLEZ Manuel, *el Cordobés*. Manuel Díaz, né le 30 juin 1968 à Arganda del Rey, près de Madrid, passe pour le fils présumé du grand Manuel Benítez *el Cordobés*. Le doute n'a jamais été complètement levé. Qu'importe, puisque la légende prétend que Manuel Díaz allait se construire autour d'un autre personnage qui, dans le milieu, est réputé pour son extravagance : Paco Dorado *el Comandante*. Longtemps, les deux hommes sont restés unis pour former un commando de choc qui n'hésitait pas à proclamer que la révolution culturelle était en marche dans la tauromachie ! Une époque correspondant à des débuts assez fantaisistes et bohèmes mais cette connotation révolutionnaire allait toutefois lui procurer un avantage de poids : le faire connaître du grand public grâce à l'impact d'une médiatisation à outrance... un peu comme le fameux Pipo l'avait fait trente ans auparavant avec... Manuel Benítez *el Cordobés* !

Manuel Díaz prit l'alternative à Séville le 11 avril 1993 des mains de Curro Romero avec *Espartaco* comme témoin (toro *Quitasuerte* de Torrestrella, ovation), alternative qu'il confirma à Madrid le 20 mai suivant, avec comme parrain *Armillita Chico* et comme témoin Fernando Lozano, face au toro *Fusilillo* de Baltasar Ibán.

Il débute en France, au Grau-du-Roi, le 17 juillet 1993, devant des toros de la ganaderia de Marqués de Ruchena avec *Jesulín de Ubrique* et Pareja-Obregón.

Puis il va au Mexique, à Zacatecas, le 16 septembre 1993, alternant avec David Silveti, Jorge Gutiérrez et Fernando Lozano. Il confirme à Mexico le 19 novembre 1995 devant un toro de la ganaderia de Reyes Huertas avec Manolo Mejía comme parrain et Humberto Flores comme témoin.

Torero charismatique qui allie séquences sérieuses et toreo baroque, bien dans le style de son père putatif, allant même jusqu'à réaliser les fameux sauts de la grenouille, il déroute un peu l'aficionado mais se maintient au plus haut niveau par le nombre de corridas toréées. Au passage, il officialise sa liaison avec Vicky, par un mariage qui entrera pour beaucoup dans sa rupture avec le *Comandante*.

Dirigé ensuite par José Luis Marca, il arrivera en 1998 au premier rang de l'escalafón (108 corridas, 217 oreilles) et malgré plusieurs blessures sévères sa temporada 1999 sera aussi très étoffée : 96 corridas pour 161 oreilles. La carrière de Manuel Díaz a pris par la suite une tournure plus compliquée à cause de blessures et de changements, autant dans sa vie professionnelle que personnelle.

En 2001, on a noté une baisse sensible puisqu'il n'a participé qu'à 57 corridas pour 91 oreilles coupées, ce qui l'a placé au dixième rang, et il totalisait 728 paséos depuis son alternative. Mais outre ces chiffres, il est à noter qu'il n'a pas défrayé la chronique dans les férias importantes et plus qu'une baisse, il s'agit bel et bien d'une perte de catégorie. Pour y remédier, *el Cordobés* va essayer de se relancer grâce à un nouvel apoderado, Manolo Morilla, celui-là même qui a dirigé *Jesulín de Ubrique* pendant ses années fastes. P.H.

DIESTRO. Synonyme de matador.

DÍEZ ÍÑIGUEZ DE BALDOSERA Juan, *Candil.* Né à la fin du XVIe siècle au Rincón de Soto dans la Rioja, il participe dès 1602 aux courses de San Fermín de Pampelune, jusqu'à 1629.

DINASTÍA.
Voir GÓMEZ OSPINA José Luis.

DIOS Antonio de, *Conejito.* Né le 18 septembre 1867 dans le quartier de la Merced de Cordoue, il appartient à une famille aisée, dont le père est dans le commerce des viandes. L'afición familiale et la profession paternelle l'amènent à rencontrer les toreros de la ville et ces fréquentations le motivent. Il commence dans une cuadrilla de niños toreros, comme il y en avait beaucoup à l'époque, sous la direction de Manuel Fuentes *Bocanegra*, et devient banderillero pour les espadas *Bebe Chico* et *Melo*. En 1890, il tue son premier toro à Jumilla, province de Murcie. Il abandonne les banderilles pour l'estoque. Et se présente à Madrid le 9 juillet 1893, contre des novillos de Pérez de la Concha, avec *Bebe Chico* et *Bombita*. Après de nombreux succès, il décide de prendre l'alternative le 5 septembre 1895 à Linares, des mains de *Guerrita*, en estoquant un toro de José Orozco.

Le 11 juillet 1897, il se présente à Madrid et *Bombita*, selon la tradition,

Doblón

Doblón par le bas

veut lui offrir le premier toro ; *Conejito* refuse, arguant qu'il avaient déjà fait ensemble des paséos dans d'autres plazas. Finalement, le 8 mai 1898, c'est Antonio Moreno *Lagartijillo* qui confirme son alternative en lui cédant *Cartujo*, toro de la ganaderia de Vicente Martínez.

Il décide de se retirer à Madrid le 8 octobre 1908 lors d'une corrida exceptionnelle à laquelle participaient Ricardo Torres *Bombita*, *Machaquito*, *Manolete* et *Guerrita*. *Conejito* fut ovationné face à *Catalán*, de la ganaderia d'Aurea Gómez. Mais il revint en piste en 1902, à Toulouse, Málaga et Barcelone, entre autres. Comme matador de toros il avait participé à 289 corridas et tué 711 toros. Il décède le 31 mai 1931 à Cordoue. R.B.

DIVISION D'OPINIONS. Expression utilisée dans les comptes rendus des corridas par les revisteros afin d'indiquer que le public est partagé en ce qui concerne l'attribution des trophées. Voir aussi PALMAS Y PITOS.

DOBLAR (*tourner, plier, doubler*). Il peut s'agir d'un toro qui suit intensément le leurre et se plie, se courbe, lorsque le torero modifie brutalement la direction indiquée, signe de sa bravoure, mais aussi d'un toro qui s'écroule après avoir fléchi les pattes avant. Dans le cas d'un banderillero, il s'agit du puntillero qui vient en aide, au cours du tercio des banderilles, à ses camarades d'une autre cuadrilla. R.B.

DOBLARSE. Action du matador qui, pour garder et châtier un toro difficile ou fuyard, tourne avec lui en lui donnant des passes basses par-devant, pour qu'il ne quitte pas le leurre des yeux.

DOBLÓN. Passe de châtiment à la muleta donnée en début de faena par-devant le toro, de la main droite, en mouvements circulaires pour que le toro baisse bien la tête et réduise sa charge. Elle est utile si l'animal est fuyard ou trop violent. Afin de la rendre plus efficace et pour bien accompagner le toro, le matador est amené à ployer le genou, ce qui est très esthétique. Avec un toro dont il faut réduire la force, le torero laissera l'étoffe toucher le sol, sinon il travaillera avec la muleta à mi-hauteur. En cours de faena, elle pourra calmer un toro perturbé. En fin de faena, elle permettra d'aligner rapidement le toro en vue de l'estocade et, si elle est donnée avec temple et suavité, elle sera d'une grande beauté. R.B.

DOCTEUR en tauromachie. Se dit d'un torero qui a reçu l'alternative et, par extension, de la majorité des matadors de toros et en particulier de ceux qui sont au faîte de l'escalafón. Par dérision, s'applique aussi à des spectateurs ou aficionados qui refont constamment l'histoire ou les faenas des maestros. R.B.

DOCTORAT. Se dit du grade octroyé lors du passage de l'alternative, qualifié de doctorat en tauromachie.

DOCUMENTAIRES sur la corrida. Ces documents visuels sont très précieux car ils permettent de retrouver et d'étudier les gestes des toreros, la morphologie, les réactions et attaques des toros, les réalisations des piques, les comportements en piste et sur les gradins, sans que leur réalité soit altérée par la subjectivité d'un récit ou d'un compte rendu.

Le premier documentaire espagnol sur la corrida est *La Historia del Toro de lidia*, tourné en 1911 par Enrique Blanco. Puis Juan Belmonte dirige et interprète *Del prado a la arena*, un film qui raconte la vie du grand matador de sa naissance à son apogée dans les ruedos. Ce documentaire a été tourné dans la propriété de Belmonte, qui démontre à cette occasion ses capacités de réalisateur et d'interprète. On y découvre ses prestations de maestro dans les ruedos mais aussi celles de quelques-uns de ses compagnons, en piste ou dans la vie quotidienne.

En 1942 est tourné *Torero*, par Luis Judez, commenté par Rafael Ortega *Gallito* dans les arènes de Saragosse. Dans *Toros*, tourné en 1944, José María Aragay filme des séquences avec *Manolete* dans la finca d'Álvaro Domecq.

Dans *Lluvia en el ruedo* (1945), Augusto Butler et Alberto Arroyo présentent une corrida à Tolède, dans laquelle interviennent Antonio *Bienvenida* et *Morenito de Talavera*, sous la pluie, lors de faenas exceptionnelles.

Toros y toreros, réalisé en 1948 par Alberto Reig et Christian Anwander, est un hommage à des ganaderias en voie de disparition, mais aussi à des grands maestros : *Bombita*, Pastor, Belmonte, Lalanda ainsi que *Parrita*, *el Andaluz*, Pepín Martín Vázquez, *Dominguín*, Ortega, Arruza, *Manolete* et les rejoneadores Conchita Cintrón et Álvaro Domecq.

Francisco Centol signe un hommage appuyé à un matador légendaire et à sa ville, *Ronda y Pedro Romero*, à l'occasion du centenaire de la naissance du maestro. Dans *Torero*, Martínez Ferry évoqué les illusions d'un torero qui rêve de triomphes alors qu'il va de village en village à bicyclette. Dans *Rejón*, José Luis Font filme Ángel Perralta dans sa prestation à Séville.

El Toro, réalisé par le Portugais José María Nunes, raconte la vie du toro bravo, de sa naissance aux arènes, et *Astas y garrochas*, filmé dans la finca des Peralta en 1955 sous la direction du Madrilène Manuel, reprend le même thème. *¡ Encierro !*, tourné en 1960, est un document sur les lâchers de toros des Sanfermines de Pampelune. On trouvera encore un documentaire sur le toro bravo dans le film *El toro (vida y muerte)*, de Jaime Camino.

José Hernández Ganadería est un grand réalisateur de documentaires taurins, qu'il a consacrés à tous les grands maestros de la tauromachie : *Recuerdo a Manolete* ; *Sevilla tiene un torero*, sur Pepe Luis Vázquez ; *Paco Camino* ; *Dinastía Taurina*, sur Luis Miguel et Pepe *Dominguín* ; *En busca de Gloria*, sur César Girón novillero ; et *Toreo a caballo*, sur l'art du rejón avec Ángel Perralta. D'autres films sont consacrés à l'histoire de la tauromachie avec les grands diestros : *El toreo de ayer y de hoy* avec les *Joselito*, Belmonte, Gaona, Lalanda, *Chicuelo*, Granero et *Manolete*. Dans un genre différent, datant de 1912, *Sangre y arenas* est un documentaire sur les blessures subies en piste.

Parmi les documentaires en vidéo-cassettes qu'il faut citer figure une excellente série espagnole, qui retrace l'historique de la tauromachie depuis qu'il existe des documents filmés, soit depuis 1884 jusqu'à nos jours, en vingt-huit vidéo-cassettes, écrites, dirigées et commentées par Fernando Achúcarro : *Tore-*

ros para la Historia, un ensemble irremplaçable.

En France, *La Course de taureaux* est un excellent film, désormais disponible en cassette, de Pierre Braunberger, en noir et blanc, datant de 1951, et qui explique méthodiquement, en 80 minutes, « l'art du toreo », la lidia et ses trois tercios, illustré par des séquences historiques tournées à Nîmes et Arles en 1895 et d'autres avec *Joselito*, Belmonte, Lalanda, *Manolete*, *Dominguín*, *Litri* et même Mazzantini. Les commentaires sont dits par Michel Leiris, et le film est devenu une référence. Canal+ édite régulièrement des vidéos sur le thème de la corrida, consacrées aux meilleurs moments de la temporada (les « Best of corrida ») ou à des vedettes marquantes du moment. Il existe aussi une vidéo sur la vie du toro, du campo aux arènes : *Toro bravo*. Aux Éditions Galatée Films, un mythe à redécouvrir, *Luis Miguel Dominguín*, composé avec des documents d'archives remarquables sur l'homme, sa carrière, sa vie professionnelle et privée. Ainsi que *el Juli, le phénomène* consacré à Julián López, que les réalisateurs ont suivi lors de sa temporada 2000 jusqu'à Madrid. Un portrait sensible et vrai.

Cette présentation de quelques documents cinématographiques et vidéos n'est en rien exhaustive car les reportages et documents sur la fiesta brava sont fort nombreux. R.B.

DOLS ABELLÁN José María, *Manzanares*. C'est dans le quartier des pêcheurs de Santa Cruz, à Alicante, que José María Dols Abellán a vu le jour le 14 avril 1953. Fils d'un célèbre banderillero, José María contracte rapidement l'afición. Sous la conduite de son père José, l'Alicantin se découvre certaines facilités dès lors qu'il se retrouve en piste. José María apprend les bases du toreo et affronte sa première becerra à l'âge de treize dans la placita touristique de Paco Esplá, banderillero local et lui aussi père de toreros. Le 15 juin 1969, José María *Manzanares* revêt donc son premier habit de lumières – un blanc et argent ayant appartenu à Sebastián Palomo *Linares* – à Andújar (Jaén) où il affronte du bétail de Francisco Sánchez en compagnie de Nelson Villegas et torée avec une cape et une muleta de Paco Camino. Le 27 juillet suivant, *Manzanares* se présente à Alicante et coupe la queue d'un becerro de Sánchez Cajo. Après une quinzaine de becerradas et dirigé par José Barceló, *Manzanares* débute avec picadors le 24 mai 1970 dans les arènes de Benidorm (Alicante) face à des novillos de Sánchez Arjona. Accompagné de Curro Fuentes et de José Luis Ortuño, le torero d'Alicante fait sensation et le nom de *Manzanares* se charge d'une certaine valeur dès lors qu'il apparaît sur les affiches. Il torée quarante-deux novilladas au cours de la saison 1970 avant de se présenter l'année suivante à Madrid. Le 6 juin 1971, les arènes de Las Ventas voient donc défiler le jeune José María *Manzanares* tête nue, encadré de Juan Carlos Castro *Luguillano Chico* et de José Luis Galloso. La novillada de Carlos Núñez s'avère excellente et *Manzanares* coupe deux oreilles, obtenant ainsi sa première sortie en triomphe par la Grande Porte de Madrid. Répété une semaine plus tard, *Manzanares* fait se déplacer les foules et les guichets affichent le « no hay billetes ». Il achève son parcours de novillero de façon faste en coupant neuf oreilles et une queue lors de son solo à Alicante face à six novillos de Manuel Santos Galache. Quelques semaines plus tard, José María *Manzanares* passe la vitesse supérieure et prend l'alternative sur ses terres, à Alicante, le 24 juin 1971. Vêtu de blanc et or, il reçoit sa muleta de matador des mains de Luis Miguel *Dominguín* et en présence de Santiago Martín *el Viti*, deux grandes stars de la tauromachie. Le toro de la cérémonie, *Rayito*, n° 72, negro, porteur du fer salmantin d'Atanasio Fernández, ne permet pas à l'Alicantin de couper une oreille mais celui-ci se rattrapera de façon probante en obtenant les deux oreilles et la queue du sixième toro de l'après-midi. Pour la première fois de sa carrière, le jeune *Manzanares* est porté en triomphe aux côtés du grand *Dominguín* qui venait de reprendre l'épée. Le 18 mai 1972, en pleine féria de San Isidro, José María *Manzanares* confirme son alternative vêtu de blanc et argent des mains de Sebastián Palomo *Linares* et en présence du torero mexicain Eloy Cavazos. Sa prestation face au toro de confirmation, *Saperito*, n° 88, colorado, 575 kg, de Francisco Garzón, se limite à un silence mais *Manzanares* dessine au sixième une faena supérieure, parvenant ainsi à couper sa première oreille à Madrid en qualité de matador. Entre les deux cérémonies, l'Alicantin fait un petit crochet par la France et effectue son premier paséo dans les arènes de Dax le 17 août 1971 devant des toros de Juan Pedro Domecq. Vêtu de bordeaux et or, José María *Manzanares* coupe l'oreille du toro *América* ainsi que celle du sixième, connaissant un succès estimable à la différence de ses deux compagnons de cartel, Paco Camino et Francisco Rivera *Paquirri*. Le 20 octobre 1972, *Manzanares* se présente en Amérique latine dans les arènes mexicaines de Guadalajara. À l'affiche avec Joselito Huerta et Curro Rivera, le maestro d'Alicante, vêtu de bleu roi et or, affronte des toros de San Mateo, obtenant chaque fois une oreille. Deux mois plus tard, il confirme son alternative à la Monumental de Mexico une nouvelle fois, encadré de Joselito Huerta, dans le rôle du parrain de la cérémonie, et de Curro Rivera, en qualité de témoin. Vêtu de bleu ciel et or, José María *Manzanares* affronte le toro *Gorrión*, 490 kg, issu de l'élevage de Torrecilla, effectuant un tour de piste à l'issue de sa prestation.

Appelez-le « José María » ou « José Marí ». L'évocation de ce seul prénom évoque déjà une myriade de souvenirs dans l'esprit des aficionados. *Manzanares* sur les affiches et « Manza » dans tous les cœurs. Génial pour les uns, terriblement irritable voire insupportable pour les autres. Pourtant, *Manzanares* réunit ses supporters et ses détracteurs sous une seule et même bannière : il est le Torero des toreros. Artiste incomparable de la fin du XXe siècle, *Manzanares* doit d'abord son nom de piste au pseudonyme utilisé par son père lorsqu'il officiait en qualité de banderillero. Après 61 brillantes novilladas souvent partagées avec José Luis *Galloso*, *Manzanares* se révèle être la première grande figure taurine d'Alicante, province qui n'a jusqu'alors jamais vu naître de véritable vedette de la tauromachie. Une fois l'alternative passée, José María *Manzanares* fait preuve de cette irrégularité propre aux grands artistes. En 1972, il ne torée d'ailleurs que 25 corridas, souffrant d'abord d'une hépatite et devant ensuite remplir ses obligations militaires. Parfois trop relâché face au toro, *Manzanares* ne parvient pas imposer les mêmes faenas que lorsqu'il était novillero. L'Alicantin connaît parfaitement ses qualités et ses limites : il se laisse parfois aller à certaines facilités en piste qui irritent le public venu le voir... Malgré ce, *Manzanares* effectue sa présentation à Valence et Séville, mais connaît aussi la seule grave blessure de sa longue carrière à Benidorm. Cinq ans après l'alternative, *Manzanares* se reprend pourtant et parvient à toréer un total de 76 corridas. En 1977, il défile à 89 reprises dans les différentes arènes de France et de Navarre, obtenant un grand nombre de triomphes où son toreo gagne encore plus en classe et maîtrise des gestes. Reconnu par les autres professionnels et considéré comme une vedette, *Manzanares* retombe pourtant dans ses anciens travers et recommence à mesurer ses efforts. Après une nouvelle bonne passe en 1983, José María réduit progressivement son nombre de prestations, distillant toujours le meilleur des toreos lorsque l'occasion se présente. Il participe en 1996 à une saison exceptionnelle pour fêter ses vingt-cinq ans d'alternative alors que l'afición parle de tournées d'adieux. *Manzanares* ne torée quasiment pas l'année suivante mais les toros le rongent plus que tout autre chose : le maestro d'Alicante repart pour une saison complète en 1998 et enchaîne un nombre respectable de corridas jusqu'en 2000. Il était à la fin de cette année le matador en activité ayant toréé le plus grand nombre de corridas depuis son alternative : 1 481 courses ! José María *Manzanares* c'est avant toute chose la torería incarnée en une seule et même personne. Personne n'aurait imaginé José María Dols Abellán dans un autre habit que celui de lumières. *Manzanares* est le torero par excellence, parfois dédaigneux et hautain, mais réconciliant tout le monde une fois en piste. Son style, son élégance, la suavité de son toreo de cape et l'harmonie parfaite de ses muletazos l'ont canonisé comme l'une des figuras majeures de ce siècle. Icône quasi inaccessible, *Manzanares* est cité en exemple dans toutes les écoles taurines et tous les apprentis toreros n'ont pas trop le choix dès lors qu'il s'agit de se choisir un modèle... Sa carrière, ponctuée de faenas colossales et de broncas parfois monumentales, est un modèle du genre. Après avoir atteint la cime du toreo en 1976 en triomphant à Madrid, Pampelune et Bilbao, *Manzanares* élargit et approfondit encore son toreo. Lors de l'hiver 1978-1979, il participe à une brillante campagne sud-américaine en Colombie ainsi qu'au Venezuela. Il remporte notamment en 1979 et 1980 le prestigieux trophée du Scapulaire d'or, à Lima. Quelques années plus tôt, *Manzanares* avait déjà marqué les esprits, le 12 juin 1975, en ouvrant la Grande Porte de la Monumental de Mexico lors d'un mémorable mano a mano avec la figure locale Eloy Cavazos. L'Europe taurine le retrouve dans une forme éblouissante dès le début de l'année 1979 : le 27 mai, il coupe un total de trois oreilles lors de la féria de Cordoue, partageant l'affiche avec Dámaso González et *el Niño de la Capea* face à des toros de Martínez Benavides. *Manzanares* bordera une nouvelle fois le toreo au cours de cette saison 1979, les 16 juin et 29 juillet, respectivement durant les cycles d'Algésiras (Cadix) et Valence pour les fêtes de la San Jaime. L'année précédente, sa faena face au toro *Clarín*, de Manolo González, était entrée dans l'histoire des arènes de Las Ventas au terme de la grande corrida du 22 mai où *Manzanares* avait coupé un total de trois oreilles. Au sommet de sa carrière, le Torero des toreros subit toutefois une très dure campagne de presse qui aura des conséquences néfastes sur son moral et coïncidera avec une mauvaise passe dans sa vie privée. Les après-midi de gloire se succèdent pourtant au début des années 1980 jusqu'à l'exceptionnelle saison 1984 où les faenas de génie donnent un nouveau souffle à la carrière de *Manzanares*. Premier à l'escalafón et dirigé par Pablo Lozano, l'Alicantin est également le meilleur torero du moment dans le cœur des aficionados pourtant tourmentés par la vague « ojediste ». Le 2 juin, aux côtés de *Marismeño* et de Curro Durán, *Manzanares* signe un triomphant important sur les terres d'Ojeda, à Sanlúcar de Barrameda, coupant deux oreilles aux toros de Manolo González. Deux semaines plus tard, le 24 juin, pendant la féria d'Alicante, c'est toute l'afición de sa ville natale qui exulte lors d'une corrida inoubliable. En parfait accord avec ses adversaires de Baltasar Ibán, *Manzanares* donne la pleine mesure de son toreo, avec temple et fermeté. Il triomphe sans discussion, coupant un total de quatre oreilles, au nez et à la barbe de ses compagnons de cartel Luis Francisco Esplá et Arturo Blau Espada. Une semaine plus tôt, le 18 juin, *Manzanares* avait également remporté son mano a mano avec Esplá, l'autre torero vedette d'Alicante, coupant trois oreilles aux toros d'El Madrigal. Dans un répertoire très différent, *Manzanares* et Esplá ont toujours su maintenir l'intérêt à chacune des corridas où tous deux étaient au cartel. Au tout début de leur carrière, Luis

Francisco Esplá aimait bien titiller *Manzanares* en arborant des costumes proches de la couleur jaune et qui avaient le propre de l'irriter quelques minutes avant le paséo. En piste, l'Alicantin donne chaque fois la meilleure des répliques à son compatriote, obtenant un nouveau triomphe le 4 août 1984. À l'affiche avec Luis Francisco et Juan Antonio Esplá, *Manzanares* coupe encore trois oreilles aux toros de Manuel San Román sur le sable de ses arènes d'Alicante. Rien ne résiste à *Manzanares* qui obtient un même un succès professionnel important à Valence face à des toros de Miura. En 1985, l'Amérique latine célèbre le retour de *Manzanares* sur ses terres avec plusieurs faenas de calibre déclinées en Colombie, Équateur, mais aussi Pérou et Venezuela. Cette année-là, le torero d'Alicante donne la pleine mesure de son art lors d'une faena particulièrement intense à la Real Maestranza de Séville face au toro *Perezoso* de Torrestrella. *Manzanares* se distingue également lors de plusieurs corridas où il est seul à l'affiche. L'Alicantin débute la saison 1986 sous les meilleurs auspices en toréant le 9 mars une corrida de Cebada Gago avec *el Niño de la Capea* et Lucio Sandín. Trois oreilles récompensent l'art et les facultés d'adaptation de José María, parfaitement centré avec chacun de ses toros. La saison 1988 est celle de la fameuse journée du 16 juillet où José María *Manzanares* écrit une nouvelle page de l'histoire du toreo grande : sur le sable des arènes de la Real Maestranza de Ronda, il participe à une corrida-concours d'élevages et obtient la grâce du mythique toro *Peleón*, de Guardiola. Lors de cette course toréée en seul contre six, *Manzanares* décline une tauromachie pure et reposée, obtenant les deux oreilles symboliques du Guardiola après avoir coupé l'appendice du deuxième toro de l'après-midi. Cette corrida est également restée célèbre pour l'anecdote du changement d'habit : après avoir gracié le toro, *Manzanares* décida en effet de retourner à l'hôtel pour se changer ! Après avoir toréé dans un habit rouge et or, l'Alicantin revint aux arènes terminer la corrida vêtu de céleste et noir. Un autre fait unique dans l'histoire de la tauromachie. Quelques mois plus tard, José María *Manzanares* participe encore à un important mano a mano à la Monumental de Mexico avec Eloy Cavazos. Malgré ses après-midi de gloire et des faenas qui auraient dû convertir la totalité de l'afición, *Manzanares* reste en bute avec le public de Madrid. L'Alicantin n'a en effet plus coupé d'oreilles à Las Ventas entre 1980 et 1993. La fin des années 1980 marque un changement d'époque dans le paysage tauromachique européen. Sous la domination d'*Espartaco*, les autres toreros vedettes ont parfois du mal à exister d'autant plus que le grand public s'intéresse plus aux stars montantes de l'escalafón novilleril comme *Jesulín de Ubrique*, *Chamaco*, Manuel Caballero et *Finito de Córdoba*... En 1989, *Manzanares* annonce donc son retrait qui ne sera en vérité qu'un simple et bref repos. L'Alicantin revient en piste, effectue une campagne sud-américaine relativement correcte mais échoue à Séville lors d'une corrida en solitaire. L'année 1993 le voit revenir à son meilleur niveau. Le 23 avril, il offre à Séville l'une de ses faenas les plus profondes mais perd avec l'épée un triomphe important face aux toros d'Alcurrucén. Quelques semaines plus tard, *Manzanares* se rattrape de la meilleure manière qui soit en ouvrant la Grande Porte des arènes de Las Ventas, à Madrid, signant un triomphe historique. L'Alicantin coupe les deux oreilles du toro *Fulanillo*, de Manolo González, et remet l'afición madrilène à ses pieds, malgré quelques protestations sur la présentation du toro. Ce triomphe fut le quatrième de *Manzanares* sur les 61 corridas toréées à Madrid. Un autre record ! La France le voit encore triompher lors de nombreux après-midi : il donne notamment l'alternative à *Jesulín de Ubrique* (1990) lors de la féria des Vendanges à Nîmes. Sa dernière grande saison – 1996 – est ponctuée par des faenas magistrales à Arles, Nîmes et Dax où une corrida mondiale est organisée en son honneur. *Manzanares* obtient encore un succès important face au toro *Golondrinas* à Mexico et fait ses adieux définitifs à la Monumental le 9 février 1997. Après un léger repos, il participe en 1999 et 2000 à ses deux dernières saisons avant d'annoncer sa retraite définitive. La carrière de José María *Manzanares* marquera à tout jamais l'histoire de la tauromachie, même si certains pensent qu'elle aurait pu être plus intense encore... Le torero d'Alicante avait sa personnalité et son caractère, un rien non conformistes, mais qui lui permettaient aussi d'atteindre son ambition artistique personnelle, bien éloignée de toute considération de marché. José María *Manzanares* a été un torero pour lui-même, quelqu'un qui a toujours pris du plaisir en toréant et qui savait parfaitement ce qu'il faisait. Torero des pieds à la tête, il incarnait la torería à lui seul dès qu'il apparaissait dans un patio de cuadrillas, vêtu de lumières, en grillant nerveusement une cigarette dans le coin de sa bouche. Dans sa quête de la perfection technique et esthétique, *Manzanares* n'a que très peu été égalé. Il a également eu l'immense mérite de toréer toutes sortes d'élevages, des Domecq aux Guardiola, en passant par les Buendía et avec quelques gestes face aux Miura et Victorino Martín. L'afición nîmoise se souvient d'ailleurs d'une faena courte mais intense réalisée lors de la féria des Vendanges 1994 où *Manzanares* donna exactement vingt muletazos parfaits à un toro de Victorino. Mis en appétit, le public nîmois se préparait à la grande et longue faena. Mais *Manzanares*, qui avait déjà remarqué que le Victorino n'avait pas une passe de plus, décida de changer d'épée et d'estoquer – fort médiocrement – le toro. L'ovation crépitante se transforma brutalement en une bronca sonore, comme une scène de ménage entre un public jaloux et son torero qu'il juge vraiment trop capricieux. Une fois le toro de Victorino évacué, coussins et bouteilles jonchèrent le sable des arènes et *Manzanares*, en figura del toreo, se permit le luxe d'ignorer les sifflets et de venir en piste saluer le public qui le huait ! Autre marque de fabrique d'un artiste incomparable, plus que jamais torero de caractère. Même s'il ne franchit jamais la fameuse Porte du Prince, José María *Manzanares* fait partie des toreros de Séville car son toreo trouva toujours un écho privilégié auprès du public de la Maestranza. La cadence et la suavité de son poignet firent de *Manzanares* l'une des rares idoles sévillanes qui ne soient pas nées sur les bords du Guadalquivir. Après avoir vaincu ses démons intérieurs au début des années 1980, il a prouvé à tous qu'il était l'un des plus grands interprètes du toreo, grâce à sa technique irréprochable, sa grande faculté à voir et comprendre un toro, sa classe, son talent naturel et sa profondeur. Parfois crispé avec la cape et irrégulier avec l'épée, *Manzanares* a cultivé une certaine irrégularité mais que sa muleta magique faisait presque toujours oublier. Dans un style typiquement méditerranéen, sa tauromachie a décliné de nombreuses nuances, par ses rondeurs, son harmonie, la façon de prolonger certaines passes tout en restant dans la bonne cadence et le tout servi par un incomparable jeu du poignet. *Manzanares* respirait le toreo à pleins poumons et son fils José María, qui a débuté en novillada piquée à Nîmes en début d'année 2002, semble bien disposé à suivre le chemin tracé par le Torero des toreros. Après trente années de carrière, on pourrait dès lors résumer la trajectoire professionnelle de José María *Manzanares* par cette simple phrase du critique taurin Miguel Lizón écrite après la première novillada formelle de l'Alicantin dans sa ville natale : « Mettez dans un récipient quelques gouttes de Domingo Ortega, un petit peu de Paco Camino et pas mal d'Antonio Ordóñez : vous obtiendrez José María *Manzanares*. » C.C.

DOMBS Bernard, *Simón Casas.* Il est né à Nîmes le 2 septembre 1947 et c'est en Espagne, à Gérone, le 12 juin 1966, qu'il revêt son premier costume de lumières face à des novillos de José Luis et Lorenzo Fraile avec Antonio Márquez et Antonio Maldonado. Il réussit à participer à 12 novilladas cette année-là.

En 1967, il fait sa présentation à Las Ventas le 15 juillet, face à des novillos de la ganaderia Charro Blanco en partageant le cartel avec Ramón Magaña, Joaquín Zuazo, Manuel Fernández Martín, Mariano Hernán *Kiri II* et Manuel Muñoz *Manolete*. Puis il fait sa première avec picadors en France, à Lunel, le 7 avril 1968, en compagnie de *Chinito* et de Juan Galán *Josele*. Il renouvelle le 27 octobre suivant, face à trois novillos de Ricard, avec Alain Montcouquiol *Nimeño I*. Le 3 décembre 1968, les deux Nîmois reçoivent le prix de la Bourse de la fondation de la vocation, créée par Marcel Bleustein-Blanchet, ce qui leur permet de poursuivre leur rêve.

Lors de la féria des Vendanges 1968, le 29 septembre, les toros de Juan Pedro Domecq sont d'une faiblesse affligeante. Antonio Ordóñez, après les chutes répétées de son second toro, se retire à la barrière. *Simón Casas* saute alors en piste, jouant les espontáneos, ce qui s'était rarement vu à Nîmes. Et ce qui ne s'était jamais vu en piste se produit : Ordóñez donne muleta et épée au jeune Français qui trace une brève faena et tue d'une fort belle épée. Le public est étonné puis enthousiaste. Ordóñez donne l'accolade à *Casas* qui va demander pardon en s'agenouillant devant la présidence. Le règlement a été bafoué mais pouvait-on aller contre la volonté du maître de Ronda ? Ainsi *Casas* entra-t-il dans la légende des arènes de sa ville.

Le 13 août 1969, le voici à Bayonne où il coupe trois oreilles à des novillos de Laurentino Carrascosa. Il partage le cartel avec la rejoneadora Antoñita Linares, Teodoro Librero, *el Bormujano* et Manuel Ortega.

Le 27 juin 1971, à San Sebastián de Los Reyes, il coupe l'oreille d'un novillo de Martín Cavero, en compagnie de Francisco Cámara et Pedro Muñoz. Le 17 mai 1975, il participe à la grande manifestation des toreros français qui sautent en piste à Saint-Sever.

Enfin, le 17 mai 1975, il reçoit l'alternative à Nîmes, au cours de la féria de Pentecôte, avec Ángel Teruel comme parrain et Paco Alcade comme témoin devant un lot de toros disparate, composé de trois toros de Manuel Santos, deux de Dionisio Rodríguez et un d'Antonio Martínez. L'alternative ne fut pas une réussite pour le récipiendaire qui, dès le soir même, annonçait son intention de se recycler dans les rôles d'empresa et d'apoderado. Son alternative ne fut donc pas reconnue en Espagne puisqu'il ne fit jamais aucune course sur le sol ibérique en tant que matador de toros. Qu'importait au Nîmois, son but était ailleurs.

Il obtient d'abord la gérance des arènes de Fréjus. Il y donne sa première novillada le 13 juin 1976. Ce ne fut qu'un demi-succès. Mais le 30 avril à Camas, il avait lancé la carrière d'un jeune débutant : Emilio Muñoz, le petit prodige qu'il va présenter en France, à Saint-Gilles, face à du bétail de Carlos Núñez.

Il traverse des périodes difficiles, des moments de doute mais ne perd jamais espoir. Entêté, volontaire, déterminé à se faire une place dans le mundillo, *Casas* se relève aussitôt de tous ses échecs qu'il transforme en « expériences ». Le 7 février 1980 débute sa grande aventure : il réalise ce que personne ne croyait possible en s'emparant lors d'un appel d'offre, le premier depuis des décennies, de la direction des arènes de Nîmes, que Ferdinand Aymé dirigeait depuis trente-neuf ans, les contrats étant signés de gré à gré depuis 1923. Le nombre des spectacles augmente, *Casas* multiplie ceux de septembre en créant une féria des Vendanges qui remplace la corrida des Vendanges.

Début 1983, *Casas* perd la direction des arènes à la suite d'une nouvelle adjudication. Mais les élections de mars mettent en place une nouvelle municipalité qui rompt le contrat du nouvel adjudicataire et crée une régie municipale dont *Casas* assume la direction tauromachique. À nouveau dans les affaires, *Simón Casas* prend la direction d'arènes espagnoles : Vinaroz, Valence, Castellón. Il s'occupe de divers toreros débutants ou vedettes tels que *Manzanares* ou Muñoz, menant de front ses occupations d'empresa et d'apoderado. Il aide et assure la promotion de sa compagne d'alors, Marie Sara Bourseiller, dite Marie Sara, en piste, éminente cavalière qui acquiert une renommée tauromachique mondiale et apparaît aussi dans les grands médias, télévision et presse du cœur.

Continuant son action des deux côtés des Pyrénées, *Casas* devient directeur des arènes de Saragosse puis reconquiert celles de Nîmes à la faveur d'un nouvel appel d'offres en 2001. Il perd les arènes de Saragosse à la fin de l'année 2002. R.B.

DOMECQ Antonio. Il est né le 15 février 1971 à Jerez de la Frontera. Le 20 octobre 1990, il se présente à la Real Maestranza de Séville dans une corrida de bienfaisance aux côtés des matadors José Luis Parada, Pepe Luis Vázquez et du novillero *Chiquilín*, face à un novillo de Joaquín Buendía. Le 21 mai 1992, il reçoit l'alternative à Jerez des mains de son oncle Álvaro en présence de son frère Luis et de son cousin Fermín Bohórquez. Le 30 mai, il confirme à Madrid en présence de son oncle et de João Antonio Romão de Moura devant le toro *Danzarino* au cours d'une corrida télévisée. Il termine la temporada avec quarante-cinq paséos. L'année suivante, il signe près de soixante contrats et intervient deux fois au Portugal. Il triomphe à Madrid en coupant une oreille à un toro de Concha Navarro et deux autres en duo avec son frère Luis. En 1994, il connaît des succès retentissants à Castellón et à Séville, et triomphe à la San Isidro avec deux oreilles. À Arles, en juillet, il coupe les deux oreilles d'un Manolo González.

En 2001, son camion est la cible d'un attentat qui cause la mort de plusieurs de ses chevaux, brûlés vifs, ce qui l'oblige à remonter une écurie spécialisée. J.C.D.

DOMECQ Juan Pedro
Origine : Conde de la Corte
Devise : rouge et blanc
Ancienneté à Madrid : 2 août 1790
Propriété : « Lo Álvaro », Castillo de las Guardas (Séville)

L'histoire de l'élevage de Juan Pedro Domecq débute à Séville, dans les arènes de la Real Maestranza, les 21 et 23 avril 1763, où Gregorio Vázquez fournit le bétail des corridas. Gregorio s'éteint en 1780 et c'est son fils Vicente José Vázquez qui reprend en main les destinées de l'élevage. Il élimine les origines antérieures et reforme le troupeau de son père avec du bétail Marqués de Casa Ulloa, Bécquer Cabrera et Vistahermosa. À la mort de Vicente, en 1830, le roi Ferdinand VII devient propriétaire de l'élevage. Après sa mort, la reine gouvernante vend l'élevage, en 1835, aux ducs d'Osuna et de Veragua. Jusqu'en 1849, le duc de Veragua assure la direction de l'élevage. À sa disparition, en 1866, c'est son fils Cristóbal Colón de la Cerda qui hérite de l'ensemble du cheptel. L'élevage reste dans le giron familial : il passe entre les mains de Cristóbal y Aguilera (1910), fils de Cristóbal Colón de la Cerda, avant d'être vendu en 1927 à Manuel Martín Alonso. En 1930, Juan Pedro Domecq y Núñez de Villavicencio rachète à ce dernier la totalité de l'élevage et l'augmente avec deux lots d'erales et quatre étalons de Conde de la Corte. Sept ans plus tard, l'élevage est mis au nom des « Fils de Juan Pedro Domecq », sous la direction de Juan Pedro Domecq y Díez. Celui-ci augmente le nombre de têtes de bétail en rajoutant l'élevage de Ramón Mora Figueroa (origine Correa) ainsi que d'autres produits de García Pedrajas, des étalons de Conde de la Corte et de Gamero Cívico. Progressivement, Juan Pedro Domecq y Díez affine sa sélection en réduisant la pure origine Veragua : il ne conserve que quelques vaches d'exception, croisées entre le sang de Veragua et celui de Conde de la Corte. En 1939, l'éleveur confirme le choix de cette origine en achetant de nouvelles vaches de Conde de la Corte. Juan Pedro Domecq y Díez s'éteint en 1975, laissant son élevage à son épouse et à ses fils. L'un d'entre eux, Juan Pedro Domecq Solís, en prend les commandes à partir de 1978.

Élevage vedette de la fin du XXe siècle, Juan Pedro Domecq est aujourd'hui un éleveur célèbre et respecté, même si ses toros divisent les différentes strates de l'afición. Son élevage est très prisé des toreros vedettes pour la noblesse de ses produits. Attaqué par une partie de l'afición pour la faiblesse de ses toros, Juan Pedro Domecq a tenté depuis plusieurs années de rectifier ce défaut en changeant quelque peu l'alimentation de son cheptel. Il a également créé un « taurodrome » – circuit de 1 300 m où les toros courent trois fois par semaine – afin que ses bêtes acquièrent une plus grande solidité au niveau des pattes. Hormis des problèmes de faiblesse, les Juan Pedro Domecq sont des toros magnifiques, offrant une grande variété de pelages allant du noir au roux, en passant par le châtaigne et le noir saupoudré de blanc. Même si d'autres élevages ont été créés avant elle, la ganaderia de Juan Pedro Domecq est la plus ancienne dans le panorama de l'actualité tauromachique. Les toros porteurs du « V » du duc de Veragua véhiculent ainsi près de deux cent cinquante ans de l'histoire de l'Espagne ganadera. Juan Pedro Domecq Solís, fils de Juan Pedro Domecq y Díez, a créé un toro avec un sceau particulier : celui de la bravoure et de l'engagement total dans toutes les phases du combat. Doté d'une morphologie harmonieuse, le toro de Juan Pedro Domecq est aujourd'hui combattu dans les arènes les plus prestigieuses et durant les cycles de férias importantes. Né le 10 avril 1942, Juan Pedro Domecq Solís devient vingt-quatre ans plus tard ingénieur agronome, éleveur de toros bravos et empresario. Depuis sa prise en charge de l'élevage en 1978, Juan Pedro Domecq a entamé de nombreux travaux de recherche sur la généalogie du toro de combat, notamment en collaboration avec la faculté vétérinaire de l'Université de Madrid. Ces investigations lui ont notamment permis de créer le premier programme informatique de sélection génétique applicable à un élevage de toros bravos. Selon lui, le toro doit évoluer en fonction des goûts du public et des toreros. Président de l'Unión de Criadores de Toros de Lidia de 1984 à 1994, Juan Pedro Domecq a entièrement refondé le système d'organisation de cette institution quasi centenaire, améliorant les structures administratives, vétérinaires et juridiques. C'est d'ailleurs sous son impulsion qu'a été créé le Livre généalogique de la race bovine de combat en accord avec le ministère de l'Agriculture. En 1995 et 1996, il devient membre de la Junta directive de la Confédération des associations professionnelles taurines et propose une modernisation des structures de la Fiesta brava (rédaction d'un livre blanc, projet de consortium public-privé pour la coresponsabilité des professionnels et le contrôle des spectacles taurins). Juan Pedro Domecq a également démontré ses capacités d'organisation en œuvrant de façon majeure pour la tenue de congrès mondiaux des éleveurs de toros. Il fut notamment vice-président du premier congrès qui se déroula à Mexico en octobre 1993. Chaque année, les toros de Juan Pedro Domecq sont présents dans les arènes les plus prestigieuses et face aux meilleurs toreros du moment. L'élevage collectionne un nombre impressionnant de prix au meilleur toro et de tours de piste posthumes.

C.C.

DOMECQ Luis. Né le 25 mai 1968 à Jerez de la Frontera, il fait sa présentation publique le 12 octobre 1985 à l'occasion d'un hommage à son grand-père, puis reçoit l'alternative le 11 septembre 1988 à Ronda, et confirme à Madrid le 30 mai 1992 face au toro *Campino* de la ganaderia João Antonio Romão de Moura, en compagnie de son frère qui confirmait également. Au cours des années suivantes, il a prouvé qu'il appartenait à une lignée prestigieuse, et en 1993, il triomphe à Nîmes en coupant trois oreilles puis à Madrid le 28 mai 1995, à Las Ventas, il atteint les sommets de son art. Le chroniqueur Barquerito soulignait : « Luis Domecq, un archétype du rejoneo classique. » J.C.D.

DOMECQ Salvador (Toros de Salvador Domecq)
Origine : El Torero
Devise : noir, vert et blanc
Pas d'ancienneté à Madrid
Propriété : « Cobos Bajos », Arcos de la Frontera (Cadix)

Le troupeau initial formé par José Anastasio Martín est d'abord divisé en plusieurs lots. Une part revient à María Martín Carmona et passera par la suite entre les mains de nombreux éleveurs : Enrique Caballero, José García Barroso, les héritiers de Luis Caballero Florido (1948), Ramón Vázquez de Troya (1953), Paz Martín de la Concha (1968), et enfin Salvador Domecq Sainz de Rozas (1972). Sous la nouvelle appellation de « Hermanos Domecq Sainz de Rozas », le sang antérieur est éliminé au profit des produits maison d'El Torero. L'appellation « Salvador Domecq » est adoptée en 1998.

Au même titre que son autre fer, El Torero, l'élevage est très apprécié des toreros vedettes en dépit de quelques problèmes de faiblesse. José Tomás signa face à l'un de ces toros une faena très personnalisée lors de la féria de Santander (Cantabrie) en 1999 et coupa une oreille. Faisant combattre une bonne vingtaine de toros sur ce seul fer, Salvador Domecq fournit principalement les arènes de deuxième et troisième catégorie. Ses toros sortent également de manière séparée sur plusieurs courses, faisant parfois office de sobreros. C.C.

DOMECQ Santiago (Santiago Domecq Bohórquez)
Origines : Juan Pedro Domecq et Torrestrella
Devise : bleu et blanc
Ancienneté à Madrid : 9 avril 1961
Propriétés : « Garcisobaco », « Rogitan » et « Montifartillo », Jerez de la Frontera (Cadix)

Les bases de cet élevage reposent sur l'héritage de l'une des parts de troupeau de Ramón Gallardo González cédée à sa fille, Emilia Gallardo Santos de los Barrios (Cadix). Le 27 septembre 1949, cet élevage est racheté par Pedro Domecq y Rivero, marquis de Domecq d'Usquain, qui rajoute du bétail de Juan et José Belmonte, puis de Juan Guardiola (1951). En 1955, Pedro Domecq y Rivero vend l'élevage à José Villar Vega. Celui-ci le cède en 1959 aux frères Núñez, qui à leur tour le vendent à José Luis et Pablo Martín Berrocal. Le fer redevient la propriété des frères Núñez en 1981. Deux ans plus tard, l'élevage est vendu à la société anonyme Jaime Juan qui recompose tout le sang du cheptel avec des vaches et des étalons de Torrestrella, Jandilla et Juan Pedro Domecq.

Régulièrement présents dans les grandes arènes européennes, les toros de Santiago Domecq sont devenus une référence auprès des toreros. Après un long travail de sélection, l'éleveur a réussi à consolider le sang de ses produits et à développer une caste bien reconnaissable en piste. Les toros de Santiago Domecq se grandissent en cours de combat et finissent en général crescendo à la muleta, acceptant des faenas assez longues en fonction des cas. *Jesulín de Ubrique*, lors de la féria de Béziers 2001, donna une remarquable leçon de tauromachie face à un toro de Santiago Domecq, parvenant à équilibrer la lidia de l'animal en fonction de son comportement dans les différents tiers du combat. L'élevage a connu de nombreux succès en France et notamment permis le triomphe de Manuel Caballero lors de la corrida organisée à Éauze en 1999. Le quatrième exemplaire fut honoré d'un tour de piste posthume après avoir laissé ses deux oreilles à Caballero. Au cours de la saison 2001, l'élevage fit combattre trois corridas très importantes dans trois arènes de première catégorie, confirmant la progression de qualité des toros porteurs de la devise bleu et blanc. Le 17 mars, lors des Fallas de Valence, *el Califa* et surtout *el Juli* purent mettre en relief une tauromachie vive et transmettant bien avec le public. Tous deux coupèrent une oreille sur chaque toro et purent sortir par la Grande Porte des arènes de la calle Xátiva. Deux semaines plus tard, à Saint-Sébastien, *el Juli* renouvela son succès en coupant les deux appendices du cinquième toro après une remarquable démonstration de Ponce face au deuxième. Le public de Pampelune réserva également deux fortes ovations aux dépouilles des deux toros combattus par *el Juli* le 11 juillet dans le cadre des Sanfermines. Très mobiles, ces toros permirent au Madrilène de couper un total de trois oreilles. Cet élevage qui réussit particulièrement au torero madrilène fut aussi celui de la confirmation d'alternative de l'Arlésien *Juan Bautista* à Madrid lors de la féria d'Automne 1999. C.C.

DOMECQ DÍEZ Álvaro. Né le 1er juin 1917 à Jerez de la Frontera, après avoir participé à de nombreux festivals, il débute comme rejoneador en corrida de toros en 1943. Il mène une très brillante carrière marquée par des succès constants mais aussi par la mort de son cheval *Cartucho*, blessé par un toro de Gallardo en 1946. Adepte d'une équitation classique, de style campera, il remit à l'honneur le toreo équestre en Espagne. En 1945, il reçut la Cruz de la Beneficienca pour sa participation à de nombreux festivals à caractère caritatif, et en 1960 il fut décoré de la Gran Cruz del Merito Civil.

En 1965, il retourna en piste pour les adieux de son fils Álvaro Domecq Romero dans la plaza de Jerez. Devenu ganadero, ce fondateur d'une véritable dynastie de rejoneadores exceptionnels, homme de caractère et d'une grande éducation, fort civil, connut dans ses nouvelles fonctions une réussite exemplaire. J.C.D.

DOMECQ ROMERO Álvaro. Fils d'Álvaro Domecq Díez, il est né le 8 avril 1940 à Jerez de la Frontera et débute en festival le 26 février 1956 à Tarifa. Le 13 septembre 1959, il devient professionnel en lidiant dans la plaza de Ronda. En 1961, il fut le premier à affronter des toros aux cornes intactes, mais il ne persistera pas. Le 7 juin 1962, il fait sa présentation à Madrid au cours de la corrida de la Beneficienca. Le 28 décembre, il débute à Mexico en lidiant un toro de la ganaderia de Tequisquiapán et se reproduit dans ces mêmes arènes le 2 janvier 1964. Le 18 août 1966, il se présente dans la fameuse plaza de Campo Pequenho et remporte le trophée mis en compétition à l'occasion des soixante-cinq ans de cette plaza. Le 14 octobre 1967, il annonce son intention de cesser son activité après la lidia d'un Juan Pedro Domecq, mais en 1967 il revient en piste et torée principalement en Colombie et au Venezuela. En 1971, il participe à cent onze corridas, et le 1er novembre affronte seul des toros de Galache et de Torrestrella, à Jerez de la Frontera, coupant sept oreilles et deux queues. C'est à lui que revient l'initiative de la création du fameux cartel des « Cavaliers de l'Apothéose » avec les frères Peralta et le Portugais Lupi. On n'en finirait pas de citer les prestations triomphales de ce magnifique cavalier, comme celle du 28 mai 1983 à Las Ventas, quand il alterna avec Manuel Vidrié, João Moura et Javier Buendía, devant des toros de Antonio Ordóñez auxquels il coupa une oreille en solo et une autre en compagnie de Vidrié. Il remporta le trophée Antonio Cañero et le trophée de la Real Maestranza de Séville. Le 12 octobre 1985, il donne sa corrida d'adieu à Jerez de la Frontera, au cours d'une course mémorable, son père étant présent en piste. En 1988, il revint une fois en piste à Torrelaguna près de Madrid, le 7 septembre, pour alterner avec ses neveux Antonio et Luis Domecq. En 1992, à Jerez de la Frontera, il remettait le rejón d'alternative le 21 mai à Antonio. Le 30 mai, c'était le retour à Madrid pour la confirmation d'alternative de Luis et Antonio avec João Moura comme témoin pour un après-midi d'exception. Álvaro Domecq a été, tout comme son père, un génie du toreo à cheval. Ses prestations étaient marquées par l'élégance des interventions et la maîtrise de tous les moments de la lidia. Tout au long de sa carrière, il aura été un exemple de perfection équestre. J.C.D.

DOMÍNGUEZ CAMACHO Hermanos
Origines : Murube-Urquijo et Marqués de Domecq (élevés séparément)
Devise : bleu, jaune et rouge
Ancienneté à Madrid : 25 octobre 1970
Propriétés : « Los Llanos », « Las Escaleruelas » et « Valle Escudero », Cumbres Mayor (Huelva), Espagne

En 1949, l'aristocrate sévillan José Luis Ximénez de Sandoval, marquis de la Ribera, crée un élevage avec du bétail d'un encaste provenant de Parladé et Villamarta, qu'il avait acheté à Clemente Tassara. Cinq ans plus tard, en 1954, Luis donne l'élevage à ses fils Antonio et Alfonso. Antonio hérita du fer et de la devise originale, qu'il conserva jusqu'en 1964, année où il vendra son cheptel à doña Pilar Herráiz García, épouse de Carlos de Urquijo de Federico, propriétaire alors du fer fameux de Murube, qui portera son nom. Carlos de Urquijo dirigera la ganaderia sous le nom de sa femme, dans la finca sévillane de « Juan Gómez ». Il changera le fer pour celui qui est utilisé actuellement, perdant ainsi son ancienneté. En même temps, il élimine tout le bétail provenant du marquis de Ribera. Immédiatement, il formera un nouvel élevage avec des vaches et sementales de Murube, fer qui lui appartient. Pendant six ans, la ganaderia restera au nom de doña Pilar Herráiz. José Murube Escobar la rachète en 1970 et la ganadería retrouve son éclat. Pendant cette période, sortiront de la finca « La Cobatilla » d'extraordinaires toros de type Murube, lidiés dans les plus grandes arènes espagnoles. En 1984, José Murube se porte acquéreur de l'authentique fer de Murube que détenait son grand-père, Joaquín, qui ensuite l'avait vendu aux Urquijo. De 1980 à 1984, l'élevage est la propriété d'Antonio Ordóñez. Ensuite, José récupère le fer de sa famille au maestro de Ronda et vend aux propriétaires actuels, les frères Domínguez Camacho, le fer formé par doña Pilar Herráiz. Ceux-ci vont transporter le bétail des terres sévillanes de Utrera dans leur finca de Cumbres Mayores située dans une partie montagneuse de la province de Huelva. Les frères Domínguez Camacho conserveront la pureté de l'encaste et rajouteront en 1987 un lot de vaches achetées directement à José Murube. En 1997 et 1998, les deux frères se porteront acquéreur de vaches de Marqués de Domecq. L'encaste Murube apportera d'importants succès aux frères Domínguez Camacho, comme celui obtenu dans les arènes de Gijón le 16 août 1992 avec le toro *Abejito*, primé pour son trapio et qui fut déclaré meilleur toro de la féria par les vétérinaires et la peña El Retiro. À la fin du siècle dernier en France, deux corridas des frères Domínguez Camacho furent combattues dans les arènes de Saint-Gilles et d'Arles. Ch.C.

DOMÍNGUEZ CAMPOS Manuel, *Desperdicios.* Ses parents sont, comme lui, nés à Gelves, près de Séville, sur l'autre rive du Guadalquivir. Il naît le 27 janvier 1816, une semaine après la mort de son père ; son oncle, aumônier d'un couvent de religieuses, lui permet de parfaire son éducation chez les Jésuites, jusqu'à sa mort en 1832. Manuel a alors seize ans. De cette époque date l'intérêt qu'il va porter aux toros ; de capeas en tientas, il devient banderillero en 1834, avant l'alternative à Zafra en 1835.

Après une altercation où les couteaux sont de sortie, il part comme second matador avec Manuel Macias pour Montevideo, grand port marchand, capitale de l'Uruguay depuis 1828, et pour Buenos Aires, qui deviendra capitale de l'Argentine en 1880. Dans ces deux pays règnent guerre civile et confusion ; *Desperdicios*, pendant seize années, va participer à ces luttes intestines. Il exerce plusieurs métiers lui faisant arpenter la pampa : il apprend à monter à cheval, à manier le lasso et à poursuivre et trier le bétail. C'est une force de la nature qui se met au service des militaires et participe en 1843 au siège de Montevideo. Il est fait prisonnier le 3 février 1852 à la bataille de Monte Casero, à laquelle il participe aux côtés du général-dictateur Juan Manuel de Rosas qui gouverne l'Argentine par la terreur de 1835 à 1852. Son courage et son audace lui valent le surnom de « vaillant Manuel ». Il rentre enfin en Espagne dans le courant de l'année 1852 et débarque à Cadix le 30 mai. Sa vraie carrière tauromachique va débuter. Au fait de sa gloire, *Cúchares* le voit arriver d'un mauvais œil, mais il torée quand même à Séville ; pendant son absence, la tauromachie a quelque peu évolué sous l'influence d'Antonio Montes et *Cúchares*. Ses manières étonnent et séduisent ; son immobilisme électrise un public enthousiasmé par ses estocades a recibir ; il ressuscite cette forme de mise à mort tombée en désuétude depuis la disparition de *Chiclanero*. Ses largas afaroladas, sa tauromachie à genoux, dont on le dit inventeur, ne sont pas pour rien dans l'admiration qu'on lui porte. C'est à Lisbonne en 1855 qu'est relatée dans la presse, et pour la première fois, la suerte genoux à terre de *Desperdicios*. Une grave blessure dans les arènes de Puerto de Santa María, en 1857, où un toro de Concha y Sierra lui crève un œil, ne ralentit pas son activité. L'année 1858 voit l'apogée de son art, à quarante-deux ans, ainsi que son heureuse rivalité avec *el Tato*.

Peu à peu, il va se retirer pour quelque temps, souffrant des jambes, se sentant fatigué et quelque peu diminué ; mais il effectue son retour en 1869 avec grand succès et combat pour la dernière année en 1871 : il a cinquante-cinq ans.

En France, on le voit à Bayonne aux arènes du Saint-Esprit les 21 et 22 septembre 1856 en présence de l'impératrice Eugénie et de Théophile Gautier, qui relate avec lyrisme cette corrida devant des toros navarrais de don Nazario Carriquiri, où il devait, après l'estocade portée à *Capitán*, le troisième toro, recevoir un coup de corne dans l'aine qui le tint en l'air quelques insupportables secondes... Surmontant la douleur, il place un coup d'épée magnifique qui fait rouler le fauve à terre. La blessure est propre et sans suite grave, mais c'est la première cornada reçue à Bayonnne par un matador de premier ordre.

Manuel se retire à Séville, respecté par ses contemporains, devenant la mémoire vivante de ces grandes années de l'histoire de la tauromachie. Il y meurt le 6 avril 1886. Son cercueil est porté par quatre matadors de renom dont *Espartero*, le deuil mené par *Gordito*, *el Tato* et *Currito*. J.B.T.

DOMÍNGUEZ DÍAZ Roberto. Formé par son oncle le matador Fernando Domínguez, Roberto Domínguez, né à Valladolid le 21 février 1951, revêt son premier costume de lumières le 12 mars 1967 dans les arènes de Lorca aux côtés de Dámaso González. Il se présente avec picadors le 15 août 1969 à Guijuelo toréant mano a mano avec Antonio Luis des novillos de Puerto de la Calderilla. Il torée peu de novilladas et prend l'alternative en 1972 à Palma de Majorque des mains de José María *Manzanares* qui lui cède le toro *Torero*, de la ganaderia de Cebada Gago ; Julio Robles est témoin de la cérémonie. Domínguez a peu de contrats. Il confirme son alternative à Madrid le 18 mai 1975 face à *Loquito*, toro de l'élevage de Martín Berrocal. Cette fois-ci, Ángel Teruel est son parrain alors que Julio Robles est une fois encore témoin de l'événement. Les saisons suivantes ne sourient pas vraiment au maestro, qui confirme cependant son alternative à Mexico le 1er février 1981. Blessé dans un accident de moto en 1983, démoralisé, il se retire de l'arène et s'exile en Grande-Bretagne. Il revient en 1987 à Valladolid et connaît un grand triomphe, renouvelé en juillet à Pampelune, puis à Madrid lors de la féria d'Automne. Sa saison 1989 est d'une grande régularité et Domínguez sort en triomphe de Madrid après avoir affronté seul six toros de Victorino Martín, à l'occasion de la corrida de la Presse le 26 juin. En 1990, il prend part à 100 corridas.

Il décide d'arrêter sa carrière en 1992 et fait son dernier paséo à Madrid le 12 octobre au cours d'une corrida durant laquelle il donne l'alternative à Óscar Higares. Il fait toutefois une petite tournée en Amérique latine et revêt le costume de lumières pour la dernière fois à Quito (Équateur) le 6 décembre, aux côtés de Paco Barona et Enrique Ponce pour affronter des toros de Santa Rosa.

Roberto Domínguez, qui avait suivi des études d'architecture avant de devenir torero, se consacre aujourd'hui à son élevage de toros de combat et collabore en tant que consultant avec une chaîne de télévision espagnole. R.A.

DOMÍNGUEZ RODRÍGUEZ Fernando. Normalement, Fernando aurait dû succéder à son père qui tenait un étal de boucherie au marché del Campillo, à Valladolid, où il est né le 2 juillet 1907. Mais l'attrait des toros est si important qu'il parvient à convaincre les siens de sa vocation et il commence à s'initier avec une opportunité : la mise à mort d'un becerro dans les arènes de Valladolid le 27 avril 1924, en alternance avec un autre jeune torero, Pedro González. Le 11 octobre 1925, dans les mêmes arènes, il participe à une novillada et s'attire l'attention de l'afición locale. Devenu sobresaliente lors d'une course le 13 mai 1926 dans cette même plaza, il participe à sa première novillada avec picadors le 8 août avec les novilleros Félix Merino, Ramón Fernández et Fernando Domínguez, face à des novillos de la ganaderia de Fabián Mangas. Après plusieurs courses à Madrid, la presse le qualifie de « révélation de l'année ». Il reçoit l'alternative à Valence le 18 mars 1933, avec pour parrain Vicente Barrera qui lui cède la mort de *Mohoso*, toro de Manuel Camacho, en présence d'Ortega et La Serna. L'alternative est confirmée à Madrid le 16 mai par Marcial Lalanda qui lui cède *Pocapena*, toro de la ganaderia de Coquilla, en présence d'Ortega. Les années suivantes, il participe à la plupart des férias et aux meilleurs cartels, avant la Guerre civile. Il torée peu après les hostilités et sa dernière apparition a lieu le 24 septembre 1944 à Valladolid avec *Chicuelo*, Fermín Rivera et *Angelete* contre huit toros de la ganaderia de Molero. Définitivement retiré, il devient directeur d'une école taurine et meurt à Valladolid le 22 novembre 1976. R.B.

DOMÍNGUEZ Y PÉREZ DE VARGAS María Luisa GUARDIOLA FANTONI Herederos de Salvador GUARDIOLA DOMÍNGUEZ Hermanos GUARDIOLA DOMÍNGUEZ Javier

Origines : Pedrajas pour María Luisa Domínguez y Pérez de Vargas ; Villamarta pour Salvador Guardiola Fantoni et Hermanos Guardiola Domínguez ; Javier Guardiola Domínguez détient les deux origines séparées

Devises : bleu et jaune (M.L.D.P. de V.), vert bouteille et vieil or (S.G.F.), bleu et rouge (H.G.D.) et bleu et grenat (J.G.D.)

Anciennetés à Madrid : 30 mai 1948 (M.L.D.P. de V.), 23 sep-

tembre 1945 (S.G.F.), 8 juin 1949 (H.G.D.), pas d'ancienneté (J.G.D.)
Propriétés : « El Toruño », Utrera (Séville) et « El Higueral », Arcos de la Frontera (Cadix), Espagne

Au sud de Séville, à quelques kilomètres d'Utrera, se situe une propriété majestueuse dénommée « El Toruño », haut lieu de l'élevage du toro de combat, dont s'occupent Javier et Alfonso Guardiola. Possédant quatre fers, Guardiola effectue la sélection selon une finalité perpétuée d'une génération à l'autre. Depuis l'achat réalisé entre 1943 et 1947, Salvador Guardiola Fantoni, le créateur, a essayé de garder ses deux encastes : les Villamarta et les Pedrajas.

Les Villamarta. L'histoire raconte que le marquis de Villamarta, aussi bon éleveur qu'il fût, par lassitude, décida un jour de vendre son élevage. Une dizaine d'années après, par nostalgie, il renoua avec l'élevage du toro. Il battit alors la campagne pour acquérir des toros à plusieurs éleveurs : Murube, Saltillo, Albasserada, Ibarra. Comme c'était un homme avisé et compétent, il eut rapidement d'excellents résultats. Ce nouvel élevage détenait de la mobilité, appréciée et demandée par le public et les toreros. Il devint vite à la mode. À la mort du marquis, Salvador Guardiola acheta deux lots de cette ganaderia de Villamarta qui avait été divisée en six, lors de l'héritage du notable. Les toros de Villamarta furent les premiers à prendre pension à « El Toruño ». D'abord, Salvador Guardiola acheta le lot de la marquise de Zugasti à son propriétaire le marquis de Villabrágima, qui était auparavant entre les mains de Carlos Núñez. Ce lot prit l'appellation « Guardiola Domínguez ». Quelque temps après, acquis toujours au même marquis de Villabrágima, arriva un autre lot de Villamarta que possédait une autre de ses filles, María Davila y Garvey : ce sont aujourd'hui ceux qui portent le nom de « Hermanos de Salvador Guardiola Fantoni ».

Les Pedrajas. Dans l'encaste Villamarta, il y avait un mélange des sangs. Chez les Pedrajas, la race est plus pure, plus affinée. Les deux parts de Pedrajas furent achetées pour la première fois à Salvador Nogueras en 1946 : ce sont les toros lidiés de nos jours sous le nom de « María Luisa Domínguez Pérez de Vargas », qui était l'épouse de Salvador Guardiola. La famille Guardiola avait aussi acheté en 1946 la deuxième part qui était détenue par Manuel Guerrero Palacios. Ce lot portait le nom du fils aîné de ce couple, Salvador Guardiola Domínguez. Il fut vendu en 1995 à Ortega Cano. Cette même année, les Guardiola installèrent des produits des deux lignées élevés séparément dans une nouvelle propriété, « El Higueral », de 1 500 hectares acquise à Ruiz Miguel par Juan Guardiola quelque temps avant sa mort. Cet élevage porte le nom de « Javier Guardiola Domínguez ». Fidèles à la direction marquée par le père Salvador Guardiola Fantoni, par Juan Guardiola et par Luis Saavedra, l'ancien mayoral, décédé en décembre 2002, Javier et Alfonso poursuivent avec rigueur le travail commencé il y a plus de cinquante ans. Mais les Guardiola incommodaient certaines vedettes. Et quelquefois, en fin de temporada, ils étaient contraints d'envoyer des toros à l'abattoir. Autour des années 1970, le goût du public évolua et il désira voir lidier des animaux qui transmettent de l'émotion. À partir de ce moment, l'intérêt général se porte sur la bravoure et la ligne fixée par le concept de l'élevage Guardiola. Parmi les très nombreux succès de la *casa* Guardiola, on relève : en 1985, prix du meilleur élevage de l'année ; 1986, meilleur toro et meilleure corrida à Séville, meilleur toro *Trompetillo* de la féria de Nîmes ; 1987, meilleur toro *Carasucia* à Pampelune, *Muletón* à Logroño, prix du meilleur élevage de l'année ; 1988, meilleur toro et meilleure corrida à Séville, prix de la corrida-concours de Ronda, grâce accordée à *Peleón*, prix de la corrida-concours à Mont-de-Marsan, vuelta al ruedo à *Puntilla*, meilleur toro *Abeja* à Pampelune ; 1989, prix de la corrida-concours à Ronda, grâce accordée à *Piano*, meilleur toro à Pampelune, Dax et Nîmes ; 1990, prix de la corrida-concours à Mont-de-Marsan, meilleure corrida à Séville ; 1991, meilleur toro à Pampelune *Peleón*, novillo gracié à Nîmes ; 1992, meilleur toro à Séville et meilleure corrida ainsi qu'à Saragosse ; 1993, Mont-de-Marsan, prix de la corrida-concours à *Sanluqueño* et meilleure corrida de la féria de Béziers. Ch.C.

DOMINGUÍN.
Voir GONZÁLEZ LUCAS Luis Miguel.

DOMINGUÍN, frères. Un lustre séparait Luis Miguel de ses aînés, Domingo et Pepe, que le père s'employa à former avec le même soin. Il y a peu à dire de Domingo, sinon qu'il tua très bien les quelques fauves auxquels il s'affronta durant sa courte carrière. Il choisit vite de s'occuper de l'organisation taurine familiale.

Luis Miguel avait depuis longtemps l'habitude d'assister de sa compétence un collègue débordé. Si l'on veut bien songer qu'à chaque seconde peut se produire l'accident, on imagine la tension nerveuse à laquelle il sera bientôt soumis quand il toréera avec son frère Pepe, imposé par l'écurie *Dominguín*. La bonne école de Pepe était plus qu'il ne convient annihilée par sa nervosité quasi insurmontable. Il se mettait si souvent en difficulté que Luis Miguel semblait attaché à ses pas, à l'affût du moment critique. Le public s'intéressait beaucoup à la façon dont Pepe, qui n'excellait que dans la pose des banderilles, allait se retrouver en situation périlleuse et voir comment Luis Miguel saurait l'en tirer.

Avec un adversaire difficile, cela valait la peine d'assister à un début de débâcle de Pepe pour regarder s'ouvrir la cape miraculeuse de son frère à l'instant propice. On admettait que Luis Miguel se tînt assez près afin de distraire le fauve en cas de besoin. On le découvrait à l'endroit où il pouvait le mieux détourner le coup de corne de la bête du corps de l'homme menacé avec une précision d'horlogerie. J.M.M.

DOMINIO. Domination, pouvoir du torero sur le comportement des toros et quelles que soient leurs origines, capacité qu'il a de leur imposer sa volonté, son rythme, ses terrains. Pour dominer les toros, il faut nécessairement une connaissance très affinée du bétail, le sens du sitio, des moyens techniques permettant de résoudre les problèmes qui se présentent en cours de lidia et la volonté de s'imposer sans céder de terrain à l'adversaire mais en l'obligeant à accepter celui choisi par le matador. Car si ce n'est pas le torero qui impose sa volonté, c'est le toro qui prendra le dessus sur l'homme. Voir le chapitre « La lidia », ci-dessus, p. 157 *sqq*. R.B.

DORADO CALERO Carmen. C'est le 19 juillet 1970 que la Sévillane fait ses débuts en festival à Prado del Rey (Cadix), puis elle débute le 9 août à Constantina, dans les environs de Séville. Le 26 août 1974, elle participe à une corrida de rejón dans un cartel très féminin : Antonita Linares, Lolita Muñoz et Paloma Romero. Cette affiche est répétée le 3 octobre à Soria et le 3 novembre à Almeria. Le 14 juillet 1979 , elle se présente à Madrid en compagnie d'Emilia Zambrano, Carmen Tercero *Varmuchi* et Begona Iglesias *Begonita*, devant des novillos de Maribáñez. Bien que charmante et élégante, elle ne participa qu'à des spectacles dans des arènes mineures. J.C.D.

DORMIRSE.
Voir ENDORMIR, S'.

DOSANTINA. Passe de muleta de la main droite imaginée par Manolo dos Santos et qui préfigurait les circulaires ou *bilbainas* : pieds joints et de dos on cite le toro de loin et on le passe par la droite en terminant en levant haut la muleta comme dans un pecho. Une autre manière est de citer de face, de se tourner au dernier moment pour faire passer le toro dans le dos. On peut aussi combiner cette passe avec un cite du pendule, muleta dans le dos, en tournant sur le pied gauche pour faire passer le toro sous le bras droit en passe de pecho. R.B.

DRAPELET. Synonyme de muleta.

DROGUES. Rassurons l'aficionado : l'administration de drogues, relativement facile dans un élevage de bovins, devient extrêmement compliquée avec des toros de combat qu'il faut aller chercher plusieurs fois au campo puis immobiliser pour des injections intramusculaires à doses élevées et répétées si l'on veut obtenir une réelle efficacité, avec l'obligation d'associer à ces injections des prises de stéroïdes anabolisants.

Le Dr Daulouède a procédé à plusieurs contrôles inopinés dans de grandes arènes françaises (prélèvements de liquides organiques et analyses à l'École vétérinaire de Lyon). Chaque fois les résultats des investigations furent négatifs. P.M.

DROIT FRANÇAIS ET TAUROMACHIE. Dans toutes les civilisations, l'homme a voulu confronter son intelligence à la force des bovins, symbole de virilité. Les peintures murales de certaines grottes préhistoriques en sont une des manifestations. De nos jours, cette confrontation existe sous diverses formes que ce soit en Asie, en Afrique, en Amérique du Sud ou du Nord et dans l'Europe du Sud. En ce qui concerne le midi de la France, on trouve des traces de jeux avec les taureaux, notamment à Arles et Bayonne, dès les XIIe et XIIIe siècles – époque à laquelle l'Aquitaine était sous domination anglaise –, ce qui démontre le fort enracinement de telles activités au sein des populations.

Tout au long de l'histoire, la réglementation des courses de taureaux en France a oscillé suivant les périodes, entre prohibition et tolérance. Sous l'Ancien Régime, au XVIIe siècle, l'évêque d'Aire-sur-l'Adour porte excommunication contre les coureurs et agitateurs de taureaux, alors qu'un siècle plus tard, le duc de Richelieu a renoncé à une politique inefficace et brutale de prohibition, se contentant d'une réglementation permettant de sauvegarder l'ordre public.

Les interdictions qui, périodiquement, ont frappé les courses de taureaux procédaient de deux préoccupations assez opposées : la protection de l'homme jusqu'en 1850 ; la protection de l'animal à la suite de la création, le 3 avril 1846, de la Section française de la Société protectrice des animaux et le vote, le 2 juillet 1850, de la loi dite « loi Grammont » et qui ne visait en aucun cas les courses de taureaux.

Cette loi avait été précédée, dans la première moitié du XIVe siècle, d'arrêtés qui, localement dans le Sud-Est et le Sud-Ouest, soit interdisaient toutes les manifestations tauromachiques, soit les soumettaient à diverses contraintes et autorisations préalables.

Bien que le texte de la loi Grammont – « seront punis d'une amende de 5 francs à 15 francs et pourront l'être de 1 à 5 jours de prison, ceux qui auront exercé publiquement et abusivement de mauvais traitements envers les animaux domestiques » – ne visait pas les corridas, la SPA a tenté de les faire supprimer en soutenant que le taureau de combat était un animal domestique car élevé par l'homme dans des enclos réservés à cet effet.

En 1884, le texte a été utilisé par le ministre de l'Intérieur, Waldeck-Rousseau, pour donner des instructions aux préfets afin que ces derniers prennent des mesures nécessaires pour l'application de la loi de 1850 aux corridas, en cas d'arrêtés municipaux considérés comme illégaux lorsqu'ils autorisaient les spectacles et lorsque les maires s'abstenaient de prendre un arrêté préalable. Il fallut attendre l'arrêté de la Cour de cassation du 16 février 1895 pour qu'il soit définitivement jugé que le taureau de combat était un animal domestique et que la corrida entrait bien dans le champ d'application de la loi Grammont.

Les chambres réunies de la Cour de cassation ont, par un arrêt du 13 juin 1932, confirmé l'analyse de l'arrêt de 1895 : « Le taureau subit la domination de l'homme, est sélectionné par lui, est élevé dans des pâturages clos et en fait reçoit sa nourriture de lui. »

Par la suite, sous la pression des populations et la compréhension des municipalités, la corrida a été tolérée dans le Midi bien que prohibée et les organisateurs et toreros payaient une amende symbolique et ce jusqu'en 1950.

La loi du 24 avril 1951 est venue ajouter un alinéa à la loi Grammont : « La présente loi n'est pas applicable aux courses de taureaux lorsqu'une tradition ininterrompue peut être invoquée. » Ce texte constitue le première reconnaissance de l'existence légale de la corrida en France.

Un décret du 7 septembre 1959 va ajouter l'épithète « locale » au mot « tradition » réduisant la portée de l'immunité. À partir de 1951, les juges du fond, sous le contrôle de la Cour de cassation, ont donc dû préciser la portée des trois notions évoquées dans les textes : tradition – locale – interrompue.

La tradition suppose une pratique durable à laquelle s'ajoute un élément psychologique. Un arrêt de la cour d'appel de Toulouse du 3 avril 2000 est intéressant par sa motivation, selon laquelle la tradition taurine peut se manifester « par l'organisation de spectacles complets de corridas, de manière régulière dans les grandes places bénéficiant de structures adaptées permanentes et de manière plus épisodique dans les petites places à l'occasion notamment des fêtes locales ou votives, elles se manifestent aussi par la vie de clubs taurins locaux, l'organisation de manifestations artistiques et culturelles autour de la corrida et le déplacement organisé ou non des aficionados locaux vers les places actives voisines ou plus éloignées. »

Antérieurement, la cour d'appel d'Agen, le 10 janvier 1996, avait jugé que « la tradition locale est une tradition qui existe dans un ensemble démographique déterminé par une culture commune, les mêmes habitudes, les mêmes aspirations et affinités [...] une même façon de ressentir les choses et de s'enthousiasmer pour elles, le même système des représentations collectives, les mêmes mentalités ».

Ainsi, au fil du temps et de la jurisprudence, se sont affinées les notions évoquées par les textes : tradition, locale. Enfin, le caractère interrompu de la tradition a donné lieu à diverses interprétations. Aucune règle précise quant à la durée interrompant la tradition si l'interruption, même de longue durée, due à la force majeure, n'aura pas de conséquence. La formule « tradition ininterrompue » est extrêmement imprécise et l'arrêt de la cour d'appel de Toulouse rappelé ci-dessus a considéré que la tradition existait « dans le midi de la France, entre le pays d'Arles et le Pays basque, entre garrigue et Méditerranée, entre Pyrénées et Garonne, en Provence, Languedoc, Catalogne, Gascogne, Landes et Pays basque ».

Progressivement, la jurisprudence a donné une interprétation de plus en plus élargie à la tradition locale ininterrompue, mais il ne s'agit que d'interprétations de cours d'appel et qui peuvent être remises en cause par une nouvelle décision de justice ou par un texte légal.

Si l'on souhaite que la corrida demeure, une réglementation s'avère nécessaire à différents titres : le respect de l'éthique de la corrida, la sauvegarde des toreros, le déroulement normal du spectacle, la défense du spectateur. Une telle réglementation applicable à toutes les corridas semble extrêmement difficile, pour ne pas dire impossible, à établir de la part du législateur en raison, non seulement des diverses manifestations et campagnes orchestrées par la SPA, mais également par le fait qu'il s'agit d'un spectacle qui se déroule dans le midi de la France. Les inquiétudes seront de même nature au niveau européen. On peut espérer que dans le cadre d'une décentralisation plus accentuée il reviendra aux régions de réglementer les spectacles et manifestations propres à leur identité.

Indépendamment des textes et de la jurisprudence se pose également le problème des conditions dans lesquelles doivent se dérouler les courses de taureaux. L'organisation d'une corrida est soumise aux dispositions de l'ordonnance du 13 octobre 1945 modifiée par la loi du 18 mars 1999 relative aux spectacles, sauf s'il s'agit de spectacles amateurs qui, eux, sont soumis au décret du 19 décembre 1953. Aujourd'hui, il n'est plus obligatoire d'obtenir une autorisation du maire, mais une simple déclaration préalable est nécessaire s'il s'agit de spectacles taurins occasionnels, organisés par un entrepreneur de spectacles sans licence et dans la limite de six spectacles par an. Comme pour tous les spectacles, le maire de la commune dans laquelle doit se dérouler la manifestation doit assurer la maintien de l'ordre et ce cumulativement avec le préfet qui seul a autorité sur la police d'État.

Les villes qui ont adhéré à l'Union des villes taurines de France (UVTF) doivent respecter le règlement taurin municipal dans toutes ses dispositions relatives à la préparation, l'organisation et le déroulement des corridas. Le règlement taurin municipal n'est applicable que lorsqu'il a fait l'objet d'un arrêté municipal dans la commune considérée. La SPA et diverses associations anticorridas cherchent à exploiter tous les angles d'attaque possibles afin de limiter les mises à mort.

Les juridictions nîmoises ont eu récemment à statuer sur la légalité d'une manifestation particulière : une fiesta campera privée au cours de laquelle des taureaux ont été mis à mort par des aficionados prácticos encadrés par des professionnels, les anticorridas soutenant qu'il s'agissait d'une manifestation taurine distincte de la corrida et donc interdite. Sur plainte, le parquet du procureur de la République a engagé des poursuites devant le tribunal correctionnel à l'encontre de l'organisateur, des aficionados prácticos et des professionnels y ayant participé. Le tribunal correctionnel de Nîmes a condamné les prévenus, mais dans son arrêt du 1er décembre 2000, la cour d'appel de Nîmes a relaxé l'ensemble des prévenus et jugé que « la définition de la course de taureaux n'est pas assujettie par la loi pénale aux conditions de forme ou de fond » et qu'en conséquence une fiesta campera bénéficiait des dispositions de la loi de 1951.

On ne saurait clore cette étude sans évoquer les rapports entre tradition taurine locale et l'Union européenne.

À ce jour, il n'existe aucun texte (directive ou règlement) susceptible de remettre en cause la possibilité d'organiser des corridas dans certaines « régions » bien que le Conseil des ministres, à l'initiative de la Commission, soit intervenu dans des domaines voisins de la corrida (chasse à la tourterelle, chasse à la baleine, importation de peaux de certains animaux, utilisation de certains pièges).

Le Parlement européen a considéré, à l'époque de l'adhésion de l'Espagne et du Portugal, que la tauromachie n'était pas concernée par la négociation. Les débats relatifs à la ratification du traité de Maastricht ont très largement porté sur le système communautaire d'exercice d'incompétence. De fait, la nécessité de doter la Communauté d'un mécanisme de régulation est apparue comme la clé de l'extension des compétences européennes, ainsi le traité de l'Union européenne introduit dans le système institutionnel communautaire les principes nouveaux de subsidiarité et de proportionnalité.

Le principe de subsidiarité s'est trouvé au cœur des débats sur Maastricht, les partisans de l'Union européenne le présentant comme le moyen de réguler le fonctionnement des institutions communautaires et de lutter ainsi contre leurs excès. La règle selon laquelle « la Communauté ne doit agir que lorsqu'un objectif peut être mieux réalisé au niveau communautaire qu'au niveau des États membres », qui était déjà implicite dans le traité de Rome, est expressément mentionnée dans l'Acte unique européen et véritablement consacrée par le traité de l'Union européenne. Le principe de subsidiarité se révèle comme non dépourvu d'ambiguïté et il appartiendra à la Cour de justice des Communautés européennes de trancher le débat dans le cadre des conflits qui ne manqueront pas d'intervenir du fait du manque de clarté juridique de la notion. Le principe de proportionnalité a été reconnu par la jurisprudence de la Cour de justice : « l'action de la Communauté n'excède pas ce qui est nécessaire pour atteindre les objectifs du présent traité ».

Les textes évoqués pour mémoire ci-dessus sont imprécis et à ce jour aucune solution claire et sans équivoque n'est donnée aux juristes intéressés par le sort des traditions locales.

Jusqu'à quand l'Europe se refusera-t-elle à intervenir dans le domaine des courses de taureaux ? La corrida évolue ainsi que la législation et la jurisprudence, les aficionados ne peuvent donc rester indifférents à ces évolutions, ils doivent les suivre et être prêts à se mobiliser face aux attaques directes ou indirectes qui, sous diverses formes, ne manqueront pas de survenir dans les prochaines années. L'extension, bien que discutée par certains des pouvoirs des régions, pourrait constituer un cadre administratif dans lequel se réglerait le statut des corridas et leur organisation sans que n'ait à intervenir le législateur au niveau national ou les institutions européennes. P.T.

L'avenir juridique de la corrida

La licéité de la course de taureaux en France est un acquis juridique. Un complément de réglementation le confortera. L'article 521-1 du code pénal qui réprime les sévices graves ou les actes de cruauté envers les animaux n'est pas applicable aux courses de taureaux, en fonction de son alinéa 4, lorsque existe une tradition locale ininterrompue. Les courses de taureaux bénéficient donc, en ce cas, d'une immunité légale. En application de la loi, la Cour de cassation reconnaît l'existence de régions de tradition taurine. La course de taureaux y est licite. Elle y est donc exonérée de toute poursuite.

La jurisprudence est fixée depuis l'arrêt de la chambre criminelle de la Cour de cassation du 27 mai 1972. Elle reconnaissait à la commune du Grau-du-Roi, distante de 45 km de Nîmes, le bénéfice de la tradition taurine locale ininterrompue de cette ville. Une novillada y avait eu lieu, le 15 août 1969, dont les organisateurs avaient été condamnés par le tribunal correctionnel de Nîmes par jugement du 11 juin 1970 puis, malgré leur appel, par arrêt de la cour de Nîmes du 12 mars 1971. L'arrêt de la Cour de cassation définissait le terme « local » non comme le seul territoire d'une commune mais comme un ensemble démographique. Il cassait l'arrêt de la cour de Nîmes. La cour de renvoi de Toulouse, dans son arrêt du 30 janvier 1973, se rangeait à l'opinion de la Cour de cassation.

Cette jurisprudence a été réitérée par un arrêt du 8 juin 1994 de la chambre criminelle de la Cour de cassation. Elle a rejeté le pourvoi de la Société protectrice des animaux sur l'arrêt de la cour d'appel d'Aix-en-Provence du 9 mars 1993. Cette cour confirmait le jugement du tribunal de grande instance de Tarascon du 5 juin 1990. Elle relaxait Stéphane Fernandez Meca, alors novillero, et l'organisateur de la course de taureaux du 8 mai 1989, par laquelle Tarascon retrouvait de tels spectacles après trente années d'interruption. Elle faisait donc une exacte application de la loi. Floirac (Gironde), haut lieu du combat pour la pérennisation de la course de taureaux, a vu les juridictions bordelaises statuer dans le même sens sur les dix dernières années.

Le récent arrêt de la cour de Toulouse du 3 avril 2000 accompagne le retour de la course de taureaux en région toulousaine. Il retient cette même notion d'ensemble démographique « où la population vit en suivant un ensemble de traditions et de coutumes locales particulièrement persistantes dont celle d'assister à des courses de taureaux ». Une commune peut donc revendiquer son appartenance à un tel ensemble démographique et à sa tradition taurine pour y fonder la licéité de la course de taureaux.

Une procédure pénale ne pourrait donc aboutir contre les acteurs et les organisateurs d'une course de taureaux que s'ils ne pouvaient pas se prévaloir d'une tradition locale ininterrompue. Ils seraient alors en infraction à l'article 521-1 du code pénal.

En dehors de la voie pénale qui leur est désormais aléatoire, les associations de défense des animaux saisissent parfois le juge des référés des tribunaux de grande instance, pour lui demander d'interdire une course de taureaux. Une telle interdiction ne pourrait être décidée qu'en cas de trouble manifestement illicite, au sens générique de l'article 809 du nouveau code de procédure civile, c'est-à-dire en cas d'infraction à la loi. Ceci supposerait qu'il n'existe pas de tradition taurine locale ininterrompue. Mais lorsqu'il existe un débat sérieux à ce titre, le juge des référés est incompétent car il ne peut pas trancher le fond du droit sur cette notion notamment. C'était l'enjeu d'un contentieux concernant la commune de Rieumes (Haute-Garonne). Le juge des référés du tribunal de grande instance de Toulouse, dans une ordonnance du 30 juin 1999, s'était toutefois situé à contre-courant d'une jurisprudence constante. Elle aurait dû le conduire à se déclarer incompétent car précisément il existait une contestation sérieuse sur la question en débat : l'existence d'une tradition taurine ininterrompue. Il avait cependant interdit, dans la commune de Rieumes, l'utilisation de banderilles pour un spectacle (becerrada) avec de jeunes taureaux.

Saisie d'un appel par les organisateurs, inquiets devant une telle décision isolée, la cour de Toulouse, dans son arrêt du 3 avril 2000, ne s'est pas arrêtée à une contestation sérieuse sur la tradition taurine. Elle aurait pu légitimement en induire l'incompétence du juge des référés. Elle s'est départie de cette approche juridico-juridique. Elle a retrouvé la jurisprudence ouverte en 1972 par la Cour de cassation pour infirmer l'ordonnance de référé et jugé que dans « le midi de la France, entre le pays d'Arles et le Pays basque, entre garrigue et Méditerranée, entre Pyrénées et Garonne, en Provence, Languedoc, Catalogne, Gascogne, Landes et Pays basque existe une forte tradition taurine qui se manifeste par l'organisation de spectacles complets de corridas, de manière régulière dans les grandes places bénéficiant de structures adaptées permanentes et de manière plus épisodique dans les petites places à l'occasion notamment de fêtes locales ou votives ».

Cette cour ne juge pas que la disparition d'arènes en dur, ce qui était le cas à Toulouse, soit la preuve évidente de la disparition d'une tradition. Elle estime que la tradition se manifeste aussi par la vie de clubs taurins locaux, par l'organisation de manifestations artistiques et culturelles autour de la corrida et par le déplacement des amateurs de courses de taureaux vers les places actives voisines plus ou moins éloignées.

Le maintien de la tradition taurine doit donc toujours s'apprécier dans le cadre d'un ensemble démographique. La commune de Rieumes bénéficie de la double tradition taurine de Toulouse, où la cour relève l'organisation de spectacles taurins jusqu'en 1976, et de celle de communes des départements voisins du Gers et du Tarn. De ce fait, un spectacle taurin à Rieumes n'est pas constitutif d'un trouble manifestement illicite. Le juge des référés n'avait pas à le faire cesser en interdisant le spectacle.

Cette importante décision valide juridiquement la démarche du retour de la course de taureaux à Toulouse, notamment impulsée par l'association Tolosa Toros.

La Cour de cassation, par arrêt du 22 novembre 2001, a en effet rejeté le pourvoi des associations anticorridas sur l'arrêt de la cour de Toulouse du 3 avril 2000.

Il avait été rendu à l'issue d'un appel de l'Association organisatrice des spectacles taurins à Rieumes sur l'ordonnance de référé du 30 juin 1999 du tribunal de grande instance de Toulouse qui avait interdit le spectacle prévu le 4 juillet 1999 car il aurait constitué un trouble manifeste à l'ordre public et aurait été tenu en violation des dispositions légales, ce qui supposait qu'il n'existe pas de tradition taurine locale ininterrompue.

L'arrêt de la Cour de cassation énonce que la cour de Toulouse a apprécié souverainement par une décision motivée l'existence d'une tradition taurine locale ininterrompue et qu'elle a retenu exactement que les organisateurs du spectacle de Rieumes pouvaient se prévaloir de l'immunité légale instituée par l'article 521-1 du Code pénal en raison de l'appartenance de cette commune à une région dans laquelle persiste cette tradition. La Cour de cassation estime que la cour d'appel de Toulouse a pu déduire de ses constatations et énonciations l'absence d'un trouble illicite et qu'en conséquence il n'y avait pas lieu de maintenir l'interdiction du spectacle.

L'Union des villes taurines de France pourrait exercer une autorité morale pour décourager l'organisation de spectacles marginaux, parfois par l'intermédiaire de comités des fêtes opaques. La médiocrité et l'absence de transparence de tels spectacles les éloignent souvent de l'éthique de la corrida. Ils ont un effet contre-productif et peuvent nourrir l'argumentation des associations pour la protection des animaux.

Dans un rôle d'interlocuteur des pouvoirs publics, cette union pourrait engager une réflexion avec le ministère de l'Intérieur en y associant, par opportunité, le ministère de la Culture. Le risque de demander au Parlement une modification de la loi qui est en l'état satisfaisante n'est pas à prendre. Une réglementation complémentaire serait suffisante pour définir par décret la quinzaine de départements où la corrida est déjà licite sur les quatre régions : Aquitaine, Midi-Pyrénées, Languedoc-Roussillon et Provence-Alpes-Côte d'Azur. Du fait de la loi, la course de taureaux est ainsi légale dans une soixantaine de communes où la tradition locale taurine ininterrompue est indiscutée. Cette réglementation dissuaderait les contentieux récurrents et éviterait le risque, désormais faible, d'interprétations discordantes de la loi par les juridictions. L'élaboration d'un tel décret ne pourrait entraîner que des difficultés mineures car certains départements ne pourraient pas bénéficier d'une telle réglementation pour toutes leurs communes. Mais, la course de taureaux ne doit pas être exportée artificiellement au-delà de son enracinement naturel.

Cette réglementation, parfois esquissée, n'a jamais été concrétisée. Elle devrait être réactivée sans attendre les offensives des adversaires de la corrida. Un tel complément de réglementation serait protecteur, car la loi et le règlement sont désormais les meilleurs défenseurs de la course de taureaux en France avec la qualité du spectacle.

Les amateurs de courses de taureaux ne peuvent en effet se satisfaire des menaces, certes passéistes, qui pèsent encore sur leur passion. Devant leurs échecs juridiques, les associations pour la protection des animaux s'adaptent. Ainsi, elles ne peuvent s'opposer judiciairement au retour inéluctable de la corrida à Toulouse, mais elles y ont saisi les juridictions pour, cette fois, faire déclarer illégal l'objet des associations qui militent pour la défense de la corrida ! Une vigilance particulière s'impose donc pour les défenseurs de la corrida.

Le tribunal de grande instance de Toulouse a rejeté l'action de l'alliance pour la suppression des corridas contre l'association Tolosa Toros animée par de jeunes juristes toulousains : un notaire, Philippe Ruquet, et une avocate, Marielle Rapp-Valmary. Il était recherché une annulation de ses statuts, qui contreviendraient à l'ordre public, selon l'association plaignante, car Tolosa Toros a pour but l'installation de la corrida en région toulousaine, ce qui serait une infraction.

Le jugement du 7 mai 2002 estime que la notion de tradition taurine n'implique pas nécessairement que la majorité de la population soit attachée à sa perpétuation car elle se traduit par la persistance d'une pratique qui se maintient grâce à l'intérêt d'un nombre suffisant de personnes pour lui permettre de survivre.

Il retient qu'il ne faut pas s'en tenir au concept strict et administratif de « local », mais rechercher si la tradition existe dans un ensemble démographique déterminé. Il analyse l'intention du législateur et estime qu'une partie de la population continue à manifester un vif attachement à la tauromachie en dépit de la disparition des arènes de Toulouse et que leur démolition ne peut être assimilée à une désaffection pour la tradition taurine.

Le tribunal juge que cette tradition ne peut être considérée comme ayant été interrompue à Toulouse et dans le Midi toulousain, ce qui justifie le rejet des demandes de dissolution des associations qui militent pour le retour de la corrida puisque cette référence n'est pas illicite. Il est jugé qu'il n'existe aucune désaffection pour la tradition taurine et souligné que n'ayant pas été interrompue à Toulouse et dans le Midi toulousain, la référence à l'organisation de corridas n'y est nullement illicite.

Le tribunal est très net en jugeant qu'en l'état de la tradition taurine locale ininterrompue, rendant licite les courses de taureaux dans Toulouse et sa région, l'association Alliance pour la suppression des corridas ne justifie pas du caractère illégal de l'objet social de l'association Tolosa Toros.

La continuité sera ainsi assurée depuis la mise en sommeil de la corrida après le spectacle du 3 octobre 1976 et la démolition des arènes du Soleil d'or en 1990. Toulouse, l'occitane capitale du Sud et trait de liaison par son histoire entre la France et l'Espagne et l'Amérique latine avec les héros de l'Aéropostale, va retrouver sa tradition taurine.

Ces associations ne semblent pas mieux inspirées dans une telle démarche qu'elles l'ont été dans le dernier marathon procédural qu'elles ont imposé aux acteurs et aux organisateurs d'un festival taurin sous forme de fête champêtre dans un domaine de Beauvoisin (Gard), le 10 juin 1995. Sur la plainte de ces associations, ils avaient été condamnés par un jugement du tribunal correctionnel de Nîmes du 12 août 1999, qui, pour sanctionner, a voulu ajouter à la loi pénale qui est pourtant d'interprétation stricte. Ces acteurs, au nombre desquels Denis Loré, et organisateurs, ont en définitive, dans le cadre de leur appel, été relaxés par l'arrêt de la cour de Nîmes du 1er décembre 2000, qui a infirmé ce jugement.

Il est ainsi jugé que tous les types de spectacles taurins, même s'ils peuvent apparaître mineurs et se dérouler dans une propriété privée, bénéficient de l'immunité légale à la condition – ce qui était le cas – de respecter les codes traditionnels de la corrida dont l'avenir est ainsi consolidé par la loi et la jurisprudence. J.J.P.

DUENDE. Une des notions les plus difficiles à définir. La traduction littérale indique « lutin », ce qui est aussi juste que si l'on traduisait muleta par « béquille ».

Plus affiné et précis serait « envoûtement subtil », mais cela ne fait pas assez la part belle à la magie qui saisit l'ensemble des participants et leur donne l'impression que le temps est suspendu. Un torero est habité rarement par le duende et pour l'aficionado, partager ce moment est une révélation dont on ne peut saisir la puissance que si on a eu la chance d'assister à une séquence de cette qualité.

« La plupart des gens qui parlent du duende se contentent de croire à une inspiration profonde, mais pour moi il s'agit de bien davantage. Curro, dans l'arène, on dirait parfois que ce n'est pas la personne que je connais, avec qui je vis. Cette présence autre, par quoi il est visité, je suis sûre qu'elle existe. » Fille du torero Antonio Márquez et de la célèbre interprète de la chanson espagnole Conchita Piquer, Conchín, la femme de Curro Romero, est une enfant de la balle. Nous sommes en août 1965, au bas de la Gran Vía, dans l'appartement madrilène de son père où les trophées exposés résument une carrière. Au mur, juste au-dessus de Conchín, une tête de toro naturalisée avec son écusson : « *Marinero* de Juan Terrones – Real Maestranza, Sevilla – 23 juin 1929. » Manquent les deux oreilles coupées par Antonio Márquez.

Ce 24 août 1965 à Almería, les aides, assis sur une banquette dans un recueillement douloureux, surveillent leur torero blessé. Aveuglé par l'arc du plafonnier, encore sous l'effet de l'anesthésie, Curro Romero fait effort pour articuler distinctement, tandis que la sueur ruisselle sur son visage, que l'on aurait dit nimbé au cours de son combat dans l'arène, conçu pour l'extase, pour la visitation. « Le duende, je ne le connais pas, car je ne peux lui parler ni l'appeler comme au téléphone et il ne vient qu'à son heure, lorsque cela lui plaît. »

Hôtel Pasarela, en bordure du parc de María Luisa, à Séville, avril 1979. « Je t'aime beaucoup, Curro, mais il y a quelqu'un que je te préfère, c'est le duende », ai-je lancé à l'improviste. Paradoxale amitié que ce tiers inexplicable, cet étrange étranger qui se réveille en sursaut et l'habite le temps d'un soupir, a cimentée. Nous allons une fois de plus nous entretenir de celui qui nous lie depuis la féria de Nîmes 1962. Curro Romero n'est ni croyant ni le contraire. Il ne pense pas qu'une créature fabuleuse lui dicte ses gestes devant le toro. Le duende ne relève pas de l'exorcisme. Ni ange ni démon, même s'il se moque de façon diabolique de l'artiste en l'abandonnant à la merci des cornes.

Comment rendre tout à fait à l'humain cette force inconnue, cette présence abstraite ? Elle n'encombre pas l'artiste. Il a exécuté nombre de grandes faenas sans que son aide, qu'il ne se décide pas à juger surnaturelle, le protège. Dormez-vous, que se passe-t-il ? Répondez : êtes-vous là ? Elle le rend en quelque manière invulnérable.

La corne ne saurait l'atteindre dans les trop rares moments où le duende se déploie en lui et le délivre de la pesanteur habituelle. Au cours de cette métamorphose, le fauve ne se veut plus qu'obéissance, complicité. Léger en face de cette bête lourde qui n'est plus menaçante, il ne doit plus rien avoir à en redouter. Il n'accréditera pas, toutefois, un phénomène de hantise, pareil aux génies des contes orientaux, dont sa personne serait le vase. Quand il fut pris à Almería, non ce n'était pas une faena de duende. Il toréait avec plaisir, avec une croissante émotion, mais il ne l'avait pas encore rejoint. La dernière fois qu'un autre torero s'est à son tour dépassé et a incarné cet état de grâce sous ses yeux : *Rafael de Paula*, cape en mains !

Bien que non gitan, Curro Romero devrait l'être comme autrefois le Castillan Victoriano de la Serna, qui en possédait toutes les caractéristiques. Chaque fois qu'un torero semble habité par un esprit fantasque qui le fait passer sans transition de la panique à la gloire, la question se pose de savoir s'il appartient à la race élue. La filiation semble indiscutable, le comportement proche parent. Curro Romero danse et chante comme un gitan professionnel. Il est flamenco de chair et d'os. Des pieds à la tête. Trop de sagesse paralyse dans un monde de caprice, au sens goyesque. Le duende seul exerce son pouvoir souverain sur ce pays d'au-delà, où l'artiste est en proie à toutes les divagations, à tous les errements. Tant pis s'il s'égare et le perd.

L'esprit incontrôlable. Un bon génie. Un arrangement qui se nouerait par-dessus la tête du torero. Le duende sera présent ou non. Curro Romero sans lui ne pourra qu'écoper et limiter les frais. Plus démuni que jamais si la certitude du duende lui échappe dans la vague noire de muscles et de cornes qui déferle, et l'abandonne à cette caricature de son désir. De là, diront certains, à mettre chaque démission sur le dos de l'inconnu ! Avec cet alibi de ne pas exercer de contrôle ! Rien n'égale pareil surgissement de l'autre, du double. Ne marchandons pas avec le mystère.

Soudain c'est là, sans avertir. Chaque geste baigne dans une autre lumière. On ne pourrait dire au juste ce qui vient de se produire : un bonheur recouvre l'arène. « *Ahora tiene duende...* » (Ça y est, il a le duende). À Séville, au premier rang se lève un vieil homme d'une élégance seigneuriale. Manolo Caracol se met à implorer le torero, il lui adresse le long sanglot du chant profond et des attitudes de suppliant.

« Lorsque je perçois ce souffle, cette clarté de révélation, où s'apaise toute bestialité, je ne changerais pas ma place pour le trône du roi Salomon. » À Jerez de la Frontera ou au Puerto de Santa María, lorsque le toril va s'ouvrir et le fauve surgir dans l'arène, *Rafael de Paula* se retrouve entouré des siens, encouragé par les pères, oncles et fils et cousins des cousins et par toute la tribu. Le claquement des mains soutient la mesure : c'est l'attente alerte, joyeuse des « palmas de bulerías ».

Ce jour du Corpus, 18 juin 1981, trois enchanteurs andalous, Manolo Vázquez, Curro Romero, *Rafael de Paula*, exprimèrent si bien leur art que le ciel au-dessus de la Maestranza de Séville en fut illuminé comme un vitrail. L'essayiste José Bergamín ne réussit pas à découvrir dans le couloir le frère aîné de Manolo Vázquez, Pepe Luis. L'être de chair, le florissant quinquagénaire, se dérobait à son regard. En revanche, il put voir déambuler, à l'abri de la barricade, l'ombre de Rafael *el Gallo*. Celui-ci, ivre de tant de beauté, parlait seul selon son habitude. Ce n'est pas tout : immobile à la barrière, le spectre de Juan Belmonte avançait de nouveau sa mâchoire, ce qui en accusait le prognathisme, et s'absorbait dans la contemplation de *Rafael de Paula* dont les gestes en piste le réanimaient. Le duende faisait se côtoyer dans l'envol rythmé des passes et un éternel retour les interprètes vivants et morts. J.M.M.

DUEÑO (*propriétaire*). Le patron. Terme à la fois respectueux et affectueux utilisé par le personnel de la ganaderia ou les amis de l'éleveur pour parler du ganadero.

DURÁN MARTÍN Francisco, *Curro*. Francisco Durán Martín, né le 29 octobre 1960 à Utrera dans la province de Séville, participe à sa première becerrada le 10 juillet 1977 et à sa première novillada piquée le 26 août 1978 à Séville, en compagnie de Jesús Franco Cardeño et Tómas Rodríguez *Campuzano*, face à des Félix Moreno de la Cova. Sa présentation madrilène a lieu le 9 mai 1982 et il lidie des toros de Jandilla avec Manuel González et Pedro Castillo. Après 78 novilladas courues et trois oreilles coupées à des Garzón à Barcelone, il reçoit l'alternative des mains de Curro Romero en présence de Paco Ojeda à Séville le 16 avril 1983. Il coupe l'oreille de *Carbonero*, toro de Manolo González et une autre à son second adversaire. Il reçoit sa confirmation madrilène le 18 mai suivant, des mains de José María *Manzanares* avec le même témoin, Paco Ojeda. Le toro, *Pantorilla*, provenait de la ganaderia Sayalero y Bandrés. Deux jours après, il se présente à Nîmes, en compagnie de Ruiz Miguel et Pepe Luis Vargas face à des toros de Conde de la Maza. Il coupe une oreille au premier. Puis, le 28 mai, à la suite d'une cogida d'Ojeda en piste, il lidie trois toros à Madrid et coupe une oreille à deux de ses opposants. Commence alors une longue suite de triomphes. Il débute en Amérique le 3 mai 1987, dans la Monumental de Mexico, puis il confirme face à *Marismeño*, de José Julián Llaguno, avec Manolo *Arruza* comme parrain et Jorge Gutiérrez comme témoin. *Curro Durán* fait l'unanimité de la critique en ce qui concerne ses grandes qualités de lidiador et la suavité de ses gestes, obtenant la confiance du public. Il poursuit une carrière correcte en participant à de nombreuses férias en Espagne. R.B.

DURO (*dur*). Qualifie le toro qui insiste longuement sous la pique.

DYNASTIE TAURINE. Comme les Bach furent musiciens et compositeurs de père en fils, dans certaines familles espagnoles, on est torero. Fils, petit-fils, neveux de banderilleros ou de matadors ont ainsi suivi les traces de leurs aînés. Parmi les grandes dynasties, on compte les Romero aux temps historiques (six toreros nés à Ronda), mais aussi *Cúchares*, *Lagartijo*, les *Bombita*, les *el Gallo*, les Sánchez Mejías et bien d'autres. Les plus connus actuellement sont les *Litri*, Camino, *Chamaco* et surtout Rivera-Ordóñez dont le père est *Paquirri* et les grands-pères Luis Miguel *Dominguín* et Antonio Ordóñez !...

Les ganaderos constituent également de véritables dynasties qui se transmettent généralement le flambeau de père en fils. C'est habituellement le cas dans la péninsule Ibérique. En France, la plus ancienne ganaderia est celle des Yonnet dont l'élevage est à La Bélugue, dans le delta du Rhône. R.B.

E

EAUZE (France. Bordeaux 210 km). Construite sur une colline dominant la vallée de la Gélise, Eauze, petite ville de 4 200 habitants, l'antique Elusa, est connue pour ses eaux-de-vie et armagnacs. Ses arènes de 3 600 places, baptisées *Nimeño-II*, en hommage à ce torero, ont été inaugurées le 13 juillet 1980 par les novilleros Richard Milan, Pepín Jiménez et José Cubero *Yiyo* face à du bétail de Rocío de la Cámara. R.B.

EBASSUN Antonio, *Martincho*. Ce « toreador » n'est guère connu que par les gravures qu'en fit Goya. Il est probable qu'il le vit réellement, âgé lui-même de dix-huit ans, dans les arènes de Saragosse vers 1764. Mais ce n'est qu'en 1816, après avoir tourné le dos « aux désastres de la guerre » et à la politique, qu'il grava ses souvenirs et plus particulièrement quatre planches concernant *Martincho* dans ses œuvres.

Il semble que la singularité de cet homme était de toréer non pas pieds et poings liés mais simplement pieds encerclés par les fers habituellement réservés aux forçats. Goya le représente ainsi, assis sur une chaise et attendant l'animal l'épée à la main, ou bien, toujours pieds joints par les fers utilisant son couvre-chef comme muleta et debout sur une table, le taureau s'apprêtant à renverser le tout ! Chez *Martincho*, le courage semble s'apparenter à une sorte de folie suicidaire. Que sait-on de lui ? On le dit né en Navarre, près d'Egea où il vit en famille avec ses parents Martín Ebassun et María Martínez. Son apodo serait emprunté au prénom de son père, Martincho étant le diminutif basque de Martín. Le père et le fils sont cordonniers à Ejea de los Caballeros. À quarante-quatre ans, il épouse une fille de vingt ans à qui il fera quatre enfants. Antonio fréquente les arènes de Saragosse, Pampelune et Madrid de 1747 à 1760.

Un autre *Martincho* (Martín Barcaiztegui) aurait, d'après certaines sources, servi également de modèle à Goya, mais il semble plus vraisemblable qu'il s'agisse d'Ebassun. La navarra, sorte de véronique où le torero tourne sur lui-même, aurait été inventée par un de ces deux-là ; on l'appelle également « chicuelina antigua », d'où découlerait l'actuelle, faussement attribuée à *Chicuelo*. J.B.T.

ECIJA (Espagne. Séville 90 km – Cordoue 50 km). Ville de 33 500 habitants, typiquement andalouse, Ecija est bien connue pour ses hivers très doux et ses étés torrides... d'où sont surnom de « poêle de l'Andalousie ». Fondée par les Grecs, importante cité romaine, siège d'un évêché à l'époque wisigothe, elle fait partie du califat de Cordoue avant d'être reconquise par le saint Infant, Ferdinand de Portugal, en 1420.

La plaza de toros a été construite en 1888 et comportait 6 500 places ; elle a été ensuite agrandie et peut recevoir désormais 12 300 spectateurs. C'est un ensemble qui comporte un ruedo de 52 mètres de diamètre, de nombreuses dépendances, en particulier un patio de caballos pour trente chevaux, deux corrals pour deux courses et huit chiqueros. R.B.

ECIJANO el.
Voir JIMÉNEZ RIPOLL Juan.

ÉCOLES TAURINES Avant même la création de la première école taurine de l'histoire de la tauromachie, il a toujours fallu apprendre, et pour cela, sans être des écoles *stricto sensu*, les abattoirs des villes permettaient aux aspirants toreros d'approcher leurs futurs adversaires, de les observer et de s'entraîner à l'acte majeur de la tauromachie : l'estocade et l'utilisation du descabello. Sans doute, Pedro Romero devait penser que ces « laboratoires » étaient insuffisants pour permettre aux futurs matadors d'apprendre les subtilités encore naissantes de l'art tauromachique et l'initiative du comte de l'Estrella a dû combler ses vœux. En effet, sur proposition du comte, le roi Ferdinand VII, en 1830, à la fin de son règne instable, fonde par décret l'École taurine de Séville et en confie dans un premier temps la direction à Jerónimo José Cándido, beau-frère de Romero. Celui-ci en prend ombrage et, bien qu'âgé de soixante-seize ans – grand âge pour de pareilles responsabilités –, adresse une supplique au roi faisant valoir ses droits à diriger l'École. Il l'emporte et Cándido devient son adjoint. Cette école éphémère fut fermée par décret le 15 mars 1834 après la mort de Ferdinand VII. Insuccès disent certains pour en expliquer la fermeture, conjoncture politique pour d'autres. Si l'on ne peut retenir un grand nombre de figuras issues de ses cours – car il faut en moyenne six à sept ans pour former un torero —, on ne peut oublier les noms de *Paquiro*, *Desperdicios*, *Cúchares*, qui y passèrent un certain temps et surtout ce court texte de Pedro Romero qui résume son enseignement et semble quelque peu prophétique, annonçant le style à venir : « Le matador doit se présenter devant le toro totalement décontracté, son honneur est de ne jamais fuir de ne pas courir ni sauter les barrières et il ne doit pas compter sur ses pieds mais plutôt sur ses mains. » L'essentiel est dit.

Certes, le « professeur » essentiel reste le toro. Toutes les occasions de le rencontrer, à condition d'avoir quelques notions, apprennent plus que n'importe quel enseignement humain, bien que les conseils d'un aîné compétent soient salutaires. Mais encore faut-il l'affronter ce toro ! Et les écoles taurines d'aujourd'hui contribuent entre autres à cela, permettant aux élèves de participer à des capeas et à des novilladas non piquées avec l'aide des empresas quand ceux-ci le veulent bien ; elles sont aussi une caution auprès des éleveurs à l'occasion des tientas où certains acceptent de « faire sortir » en second les jeunes débutants. Aujourd'hui, ces écoles sont nombreuses, depuis la création de celle de Madrid en 1977, confiée à Enrique Martín Arranz. Elles sont en Espagne au nombre de douze après Madrid : Séville, Albacete, Valence, Cadiz, Murcie, Badajoz, Alicante, Navarre, Huelva, Valladolid et Caceres. La France en compte deux principales : Nîmes, créée en 1984, et Arles en 1989. Le Portugal en possède une à Villafranca de Xira, sans oublier celle de Cali en Colombie. Des subventions municipales, départementales et régionales contribuent à faire fonctionner ces centres d'apprentissage qui imposent à tous leurs élèves, sachant qu'un certain nombre d'entre eux ne seront que de bons « aficionados prácticos », la poursuite en parallèle d'une scolarité normale comme n'importe quel autre enfant du même âge ; elles contribuent également dans bien des villes à jouer en outre un rôle social qui permet à certains jeunes de s'intégrer dans une discipline à laquelle ils adhèrent par jeu ou par goût, quitte à y découvrir leur talent ou leur inaptitude. C'est d'ailleurs entre autres le rôle des professeurs, matadors ou banderilleros, de s'appliquer à dissuader ceux dont visiblement la vocation est ailleurs. Dans le monde moderne, l'école taurine semble de plus en plus incontournable pour apprendre les rudiments du métier, quand on n'a pas la chance d'être né dans une finca au sein d'un élevage avec un père ou un oncle professionnel. J.B.T.

ÉCONOMIQUE. Course organisée avec le minimum de dépenses : sans picadors et sans tuer le toro. À la différence d'une capea, les participants revêtent le costume de lumières.

EDAD. Âge.

ÉLÉPHANT. Toro impressionnant, qui effraie à sa sortie en piste. Ce sont généralement des bêtes de plus de six cents kilos, dont le surpoids constitue un handicap. Ces « éléphants » de la piste ne sont en réalité pas plus dangereux que des toros moins gigantesques mais plus mobiles. R.B.

ÉLEVAGE. On a coutume de dire que pour « faire » quarante toros de combat l'éleveur doit posséder et entretenir quatre cents bêtes, depuis le veau jusqu'aux vaches et étalons âgés, en passant par tous les âges intermédiaires d'animaux en attente d'être combattus un jour.

EMBARQUER. L'embarquement des toros se fait à la ganaderia, environ une semaine avant la date de la corrida. Les vaqueros et les cabestros amènent les toros dans un vaste enclos depuis les pâturages. En les faisant ensuite passer dans des couloirs et des enclos de plus en plus petits, on sépare les toros prévus pour la corrida des cabestros. Puis, lorsque chaque toro est isolé, on le fait monter par un sas dans un camion spécialisé dont l'habitacle de transport est séparé en stalles fermées et étroites dans lesquelles on l'enferme. Une fois placé dans ces cages, il ne peut se retourner ce qui lui évite de se coincer et de se tordre la colonne vertébrale. L'embarquement est toujours une phase délicate, car les toros bravos sont peu habitués à ces déplacements, sont inquiets et souvent furieux d'être ainsi poussés dans les cajones. Une fois en place, chaque cajón est fermé et scellé avec un plomb marqué par les services vétérinaires qui ont participé à l'embarquement. R.B.

EMBESTIDA. Charge particulière du toro combatif et noble. Lors de l'attaque, il baisse la tête, met les cornes dans le leurre et le suit avec conviction. Cette charge peut être spontanée (*toro alegre*) ou retardée (*toro tardo*). Elle peut être longue (*arrancada larga*) ou courte. Un toro qui embestit permet des faenas liées et élégantes. Certains, très nobles, baissent tellement la tête qu'ils plantent leurs cornes dans le sable et exécutent une *vuelta de campana* qui les meurtrit considérablement. R.B.

EMBESTIR. Charger de manière noble et combative pour un toro.

EMBOULÉ. Toro dont les cornes ont été recouvertes de gaines de cuir épaisses afin d'éviter les blessures. On utilise ce procédé pour les courses de rejón, en particulier à la manière portugaise car, à la fin de la prestation, le toro est arrêté à mains nues par les forcados. On utilise aussi des boules spéciales en aluminium vissées sur les pointes des cornes, ce qui évite la pénétration mais pas les traumatismes dus à la violence des chocs. R.B.

EMBROQUE. Espace situé entre et au plus près des cornes dans lequel il est le plus facile au toro d'accrocher le torero.

EMPAPAR. Maintenir le leurre au plus près de la tête du toro, sans toutefois qu'il la touche, pour le garder sous emprise afin qu'il reste concentré.

EMPAQUE. Prestance dont font preuve certains toreros, soit naturellement, soit au cours d'une séquence.

EMPEÑO. Obligation faite au caballero d'achever le toro après le placement des rejones de muerte si ces derniers n'ont pas été efficaces.

EMPLAZARSE. Action du toro qui se place au centre de la piste, tête haute, attentif à tout ce qui se passe, et ne veut pas en déloger malgré les appels réitérés des toreros.

EMPRESA. Personne ou société (ce statut juridique est de plus en plus répandu) chargée d'organiser les spectacles taurins d'une ou plusieurs plazas selon des modalités définies par contrat avec la ville. En Espagne on trouve de puissants empresas qui sont de véritables institutions et dirigent plusieurs plazas, ce qui leur permet de négocier les plateaux. On peut ainsi assister à des spectacles quasiment identiques dans une très grande ville et un bourg de moyenne importance parce que l'empresa, directeur de ces deux plazas, a souscrit un contrat global aux divers participants.

En France on trouve divers types d'empresas : les individuels, personnes physiques ou morales ayant un contrat avec la ville et assumant toute la responsabilité de la temporada, le choix des toros et des toreros selon des dates et des critères définis par contrat ; des municipalités qui gèrent directement leur plaza, en régie municipale par l'intermédiaire d'un directeur technique et artistique qui propose les cartels ; et enfin des municipalités qui délèguent à des associations locales, généralement type loi de 1901, la gestion des arènes selon un contrat renouvelable.

Très souvent, on constate que l'on retrouve les mêmes personnes dans les comités d'organisation de plusieurs villes, ce qui leur permet, comme en Espagne, de négocier avec le milieu taurin des contrats globaux et d'amener ainsi dans des petites arènes des matadors cotés. Il faut enfin remarquer que la plupart des plazas françaises passent par des intermédiaires espagnols qui imposent en fait leur loi, le marché taurin étant sous tutelle espagnole. R.B.

EMPUJAR. Action du toro qui pousse régulièrement et en gardant la tête contre le peto, sans chercher à fuir malgré la blessure du fer et sans rester apathique. C'est le signe très net d'une grande bravoure, qualité première du toro de combat.

ENCABO FIERRES Luis Miguel. Luis Miguel Encabo a vu le jour le 21 juin 1975 à Madrid. Après un apprentissage à l'École taurine de Madrid, il estoque son premier becerro le 1er mai 1991, vêtu d'un traje corto, dans les arènes d'Arroyomolinos (Madrid). La France taurine le découvre deux mois plus tard, le 25 juillet 1991, lors de la féria de Mont-de-Marsan. À cette occasion, Encabo revêt pour la première fois l'habit de lumières et se retrouve en piste aux côtés de José Ignacio Uceda Leal et Álvaro Oliver face à des becerros de Martínez Elizondo. Le Madrilène débute en novillada piquée le 1er mai 1994 à Lorca (Murcie), alternant avec *Morita* et José Ignacio Uceda Leal face à du bétail de Hermanos Gutiérrez Lorenzo, dont il ravit une oreille. À la fin de ce même mois, le 24 mai 1994, Encabo se présente à Madrid et croise sur son chemin le novillo *Extremeño*, pesant 454 kg, de l'élevage de Buenavista, auquel il coupe une oreille. À l'affiche avec Juan Carlos García et Javier Conde, Luis Miguel Encabo, vêtu de vert bouteille et or, coupe l'oreille de son second adversaire, *Lagartijo*, et ouvre la Grande Porte des arènes de Las Ventas. Un exploit, compte tenu qu'Encabo toréait la deuxième novillada de sa carrière. Torero de Madrid par excellence, il prend l'alternative sur le sable de Las Ventas des mains de *Joselito* et en présence d'*el Tato*. Vêtu de blanc et or, il affronte le toro de cérémonie *Fandanguero*, nº 20, negro, pesant 522 kg, de l'élevage de Sánchez Arjona. À l'issue de ce combat, Encabo salue au tercio.

Le 8 novembre 1997, Encabo effectue sa présentation sud-américaine dans les arènes équatoriennes de Rio Bamba, alternant avec Juan de la Cruz et Ricardo Ortiz face à des toros de Santa Marta. Vêtu d'un costume corinthe et or, le Madrilène salue au terme de son premier combat avant de couper les deux oreilles de son second adversaire. Il prend part à sa première corrida en France le 5 avril 1998 à Saint-Martin-de-Crau face à un lot panaché des frères Granier et de José Escolar Gil. Vêtu de lie de vin et or, il coupe l'oreille de chacun de ses adversaires et obtient un triomphe mérité.

Sous l'apparence austère de Luis Miguel Encabo se cache un véritable torero de Madrid. Auteur d'un remarquable parcours en novilladas, Luis Miguel Encabo s'est toujours distingué en piste par son métier et son sens de la lidia. Sérieux dans ses attitudes et ne se laissant jamais aller à certaines facilités, Encabo est également un solide banderillero. Une fois l'alternative passée, Encabo a observé une période de transition avant de se positionner clairement dans un créneau de corridas. À l'aise face aux toros âpres, le Madrilène a ainsi intégré le rang des toreros belluaires à qui les arènes de la fameuse « Vallée de la Terreur » ne font plus peur. Des toros de Cortijoliva jusqu'à ceux de Cuadri, en passant par les Adolfo Martín, Dolores Aguirre, Conde de la Maza, Albaserrada et autres Galache, Encabo connaît presque par cœur l'arbre généalogique des élevages qui ne revendiquent pas une filiation directe avec le sang Domecq. Torero à responsabilités, la France a déjà pu apprécier son métier lors de plusieurs cycles à connotation torista, comme Alès et Vic-Fezensac où il coupa une oreille le 23 mai 1999 à un toro de Cuadri. L'année précédente, lors de la féria du Riz 1998, le public arlésien avait également apprécié son sens de la lidia face au sixième exemplaire d'une corrida de Palha. Le 17 août 1999, Luis Miguel Encabo remporte un triomphe important dans l'ambiance difficile des arènes de Cenicientos (Madrid) en coupant les deux oreilles d'un toro de Francisco Galache de Hernandinos. Conforté par cette prestation, il finit la saison en roue libre et coupe l'oreille d'un toro de Conde de la Maza à la Monumental de Barcelone. Après une prestation convaincante le 30 juillet 2000 à Madrid face au bétail de José Escolar Gil, Luis Miguel Encabo remporte un nouveau succès à Barcelone en coupant l'oreille d'un toro d'El Ventorrillo le 3 septembre de la même année. Il ravit également un trophée à un toro de Juan Luis Fraile le 29 septembre 2000 dans les arènes bordelaises de Floirac, faisant preuve d'une assurance fort appréciable.

Il débute sa saison 2001 par deux corridas de la féria de San Isidro, les 13 et 20 mai. Lors de sa seconde prestation, il effectue un tour de piste au terme d'une faena remarquable face à un toro de Carriquiri et gagne un peu plus encore l'estime du public de Las Ventas. Programmé le 14 juin lors de la prestigieuse corrida de la Beneficencia, Encabo est ovationné à deux reprises par le public madrilène après ses faenas face aux toros de Victorino Martín. Présent à Pampelune, Encabo renouvelle ses succès dans des arènes modestes mais difficiles comme Calatayud (Saragosse) et Cenicientos (Madrid). Après un passage à vide lors d'une corrida-concours d'élevages organisée à Dax, Luis Miguel Encabo finit la saison sur une note forte en effectuant un tour de piste le 9 octobre à Saragosse après une faena inspirée devant un toro de María Luisa Domínguez y Pérez de Vargas. Trois jours plus tard, le 12 octobre 2001, il connaît à Madrid l'un de ses plus grands après-midi, restant seul en piste sous l'orage et la tempête après les blessures de Mariano Jiménez et Alfonso Romero aux deux premiers toros. Encabo, fidèle à sa réputation, estoque ce jour-là cinq toros et, par la faute d'un maniement défectueux de l'épée, ne coupe l'oreille que du sixième exemplaire de Joaquín Núñez del Cuvillo. Dans des conditions de lidia impossibles, Encabo surnage, oubliant le vent, la pluie battante et la piste qui s'est transformée en une véritable mare. Le bétail, très encasté et présentant de nombreuses difficultés, ne lui facilite pas la tâche, mais Encabo reste maître de la situation. Quittant les arènes de Las Ventas à pied à l'issue de son dernier combat, Encabo est porté par une énorme ovation : celle du public madrilène qui est resté sur les gradins afin de soutenir son torero et acclamer ce véritable acte d'héroïsme. Cette prestation lui permet d'intégrer un plus grand nombre de férias en 2002 et de prendre part à plusieurs corridas de Victorino Martín. Face aux toros du « Sorcier de Galapagar », Encabo signe de magistrales faenas et coupe une oreille à Nîmes et à Madrid. Entre ces deux courses, il se distingue encore à Vic-Fezensac où il coupe l'oreille d'un pensionnaire de Tomás Prieto de la Cal. Le public de Céret le gratifie également d'une oreille le 14 juillet 2002 pour le métier qu'il étale face à un toro de José Escolar Gil. Discret mais efficace, Luis Miguel Encabo ne sera peut-être jamais une figura de la tauromachie mais il occupera toujours une place importante parmi les toreros de valeur. C.C.

ENCAMPANADO. Se dit d'un toro qui se place au centre du ruedo et défie tous les toreros.

ENCASTE. À l'intérieur d'une caste déterminée, c'est un groupe réduit à l'échelle d'une ganaderia qui, par sa sélection, affine certaines des caractéristiques de la caste et forme une nouvelle origine, point de départ d'une nouvelle lignée. À terme, si un encaste connaît la postérité, il devient une caste. Si le mot caste est proche de la notion de race, pour ce qui est du toro de lidia, il faut en élargir le sens et admettre une notion de variabilité. Voir le chapitre « Les encastes du taureau bravo », ci-dessus, p. 107 *sqq.* R.B.

ENCASTÉ. Toro se comportant en piste avec une caste très marquée faisant honneur à son éleveur.

ENCERRADERO. Construction spécialisée, dans le lieu d'élevage, servant à rassembler les toros destinés à une corrida. Cette construction ouverte sur les champs de pâture comprend un accès en forme d'étranglement permettant d'amener l'ensemble des toros sélectionnés avec les cabestros et, poussés par les vaqueros, dans le premier enclos où, par des couloirs vers lesquels on les dirige, on sépare progressivement les cabestros et les toros. Les toros sont dirigés ensuite vers des enclos plus étroits avant d'être embarqués dans les camions. Voir EMBARQUER. R.B.

ENCHIQUERAMIENTO. Placement des toros dans les chiqueros des arènes, petites stalles sombres, où ils attendent leur sortie en piste.

ENCIERRO (*enfermement*).

1) Action d'enfermer les toros de la course dans un emplacement spécial, le toril. Cette opération peut se dérouler directement du camion de transport ou des cajones dans les chiqueros. Par extension, désigne l'ensemble des toros que l'éleveur présente tel jour à telle corrida.

2) On appelle généralement encierro la course des toros entourés de cabestros dans les rues jusqu'aux arènes. L'encierro le plus réputé est celui de Pampelune qui a lieu chaque matin de la féria de juillet, sur un trajet d'environ 800 m, dans la rue en pente, avec des coureurs compétents mais aussi beaucoup de néophytes qui en paient souvent le prix, car chaque année les blessures par corne sont nombreuses et parfois certains y laissent la vie. Dans la plupart des autres villes, il ne s'agit en fait que d'un lâcher de toros sur un itinéraire balisé. Dans les

villes taurines du midi de la France ont lieu des lâchers de toros que l'on appelle, en Camargue et dans les territoires environnants, des *abrivados* (arrivée des toros). R.B.

ENCORNADURA ou ARMADURA, ou ARBOLADURA. Encornure du toro qui varie d'un animal à un autre.

ENCORVADO. Attitude d'un torero qui torée en position voûtée et disgracieuse, et donc éloigné du toro.

ENCUENTRO al (*à la rencontre*). Moment où, alors que le torero s'apprête à donner l'estocade et que le toro charge sans avertir, l'homme se porte à la rencontre de l'animal pour placer l'épée.

ENCUNARSE. Se mettre dans le berceau des cornes lors de l'estocade.

ENDORMIR s'. Se dit d'un toro qui place sa tête contre le caparaçon du cheval pendant les piques, et reste sans réaction, sans pousser ni donner aucun coup de corne.

ENGAÑO. Synonyme de leurre, qu'il s'agisse de la cape, de la muleta ou de tout autre instrument.

ENJUTO DE CARNE. Toro maigre, presque décharné.

ENMORILLADO. Toro possédant un gros morillo.

ENSABANADO. Toro à la robe entièrement blanche.

ENTABLERADO. Qualifie le toro qui se place au plus près des barrières (*tablas*), voire même contre celles-ci, et qui ne veut pas en déloger. Le torero doit essayer de l'en faire sortir ou se résoudre à le combattre dans la querencia. On peut également dire du matador qu'il est entablerado lorsqu'il exécute la pose des banderilles a quiebro, au fil des barrières, ou toute série de cape ou de muleta dans la même situation. R.B.

ENTIER. Se dit d'un animal insuffisamment piqué, soit parce qu'il n'a pas participé (*toro manso*), soit parce que les piques ont été arrêtées trop tôt en raison d'une estimation erronée.

ENTRAR A MATAR. Moment où le matador porte l'estocade.

ENTRAR EN SUERTE (*entrer en suerte*). Expression signifiant que le matador, après avoir choisi l'endroit où il a décidé de travailler, prend les dispositions utiles pour engager son action.

ENTREPELADO (*mêlé*). Toro possédant une robe de couleur uniforme mais avec quelques poils blancs dispersés çà et là.

ÉPOINTAGE.
Voir AFEITADO.

ERAL. Animal de deux ans accomplis.

ERMITA La
(Monte La Ermita)
Origine : Sepúlveda de Yeltes
Devise : bleu ciel et sable
Pas d'ancienneté à Madrid
Propriétés : « Esteban Isidro », Salamanque et « Monte La Ermita », Villamantilla (Madrid).

C'est à la fin du XIXe siècle que Luis Gamero Cívico acquiert un troupeau d'origine Parladé. L'élevage, mis au nom de son fils, José Gamero Cívico y Torres, est vendu en 1918 aux frères Goizueta, puis à Antonio Pérez et enfin à Andrés López Chaves (1920). Le troupeau passera par la suite entre les mains de Fabián Mangas (1926) et Lorenzo Rodríguez (1928). Pío Tabernero de Paz achète en 1946 une grande partie de l'élevage, varie le fer et le baptise « Pío Tabernero de Vilvis ». Le nouvel éleveur achète au cours de la même année un lot de vaches à Juan José Ramos Matías. D'autres apports de sang s'effectuent avec des vaches des héritiers de Galache (1954) et d'Arturo Sánchez y Sánchez (1958). La famille Martínez Flamarique achète l'élevage en 1982 et modifie le fer à son tour. Les toros issus du troupeau sont combattus sous l'appellation de « La Ermita ». L'élevage est racheté en 2000 par Pablo González García qui conserve le fer et la devise. Il intègre au troupeau du bétail de Pablo Martínez Elizondo, prolongeant cette amplification en 2001 avec l'insertion de vaches et d'étalons d'Atanasio Fernández.

Ancienne propriété de la famille Chopera, l'élevage de La Ermita est beaucoup moins présent dans les grandes férias. Les toros marqués du « MF » sortent aujourd'hui plutôt lors de novilladas et de corridas équestres de moindre importance. Les aficionados bayonnais gardent quand même de cet élevage le souvenir d'un toro d'une infinie noblesse qui avait permis à José María *Manzanares* de lier une faena divine lors de l'été 1995. C.C.

ÉROS TAUROMACHIQUE. À la fin du XIXe siècle, une faena de *Lagartijo*, de légendaire mémoire, n'excédait guère sept passes, sans doute d'une grande force virile, mais qui nous sembleraient bien brutales et lointaines. Un tueur comme Mazzantini a fait sa carrière sans savoir manier la muleta à d'autres fins que de préparer son adversaire pour le coup d'épée foudroyant. Belmonte est apparu et il ne fut plus question après lui de s'envoyer – boum-boum ! – le toro comme un dur ou un bestiaire. Le goût actuel exige la bête complice et consentante pour la douce ivresse, le véritable enchantement d'amour des corps caressés, dérobés, retrouvés. Le fauve, dans le geste de Belmonte, a pour tâche de collaborer à un frisson nouveau et il n'existe pas de marche en arrière dans le domaine de la sensation. Saturé de sensualité, le jeu qu'il autorise dans l'arène repose sur une angoissante et voluptueuse séduction.

Le toreo avec ses séries de passes enchaînées et éblouissantes, c'est la provisoire réconciliation d'Éros et de Thanatos fondus par le rythme, suspendus entre en deçà et au-delà. Depuis Belmonte, on vient voir du toreo-étreinte, du toreo-enlacement et le fauve doit se soumettre, d'entrée de jeu, à la possession de l'homme, à l'espoir de la foule avide.

Importance croissante accordée par les écrivains à la sexualité dans la corrida. Au début, avec Prosper Mérimée et Théophile Gautier, le torero lutte contre le fauve et le tue pour séduire la femme que devront subjuguer sa mâle énergie, son élégance et son adresse durant le combat. Mais à partir de Montherlant, c'est entre l'homme et le fauve que se noue une relation érotique neuve, que se célèbre l'équivalent d'un acte d'amour, quand la bête répond au moindre geste et se rend comme seule une partenaire de plaisir. Le toreo de Belmonte, ses déclarations et le livre dicté à Chaves Nogales ont ouvert la voie.

Claude Popelin récusait toutes confidences plus ou moins extorquées au torero. À l'issue d'un déjeuner chez l'auteur dramatique Edgar Neville, Juan Belmonte aurait balayé comme autant de balivernes et de chansons pour amuser les gogos nombre de passages de ses mémoires, fruits de l'invention de Chaves Nogales, celui que José Bergamín n'en appelle pas moins « l'évangéliste à l'extraordinaire fidélité » : « Je vais vous donner un tuyau qui peut vous être utile, Señor Popelin. Si vous voulez avoir les intellectuels avec vous, comme cela a été mon cas, appliquez ma recette. À toute question qu'ils vous posent, répondez par l'affirmative et ils s'extasieront sur votre intelligence. Ainsi vous insinuent-ils qu'un jour de très grande faena, vous pouvez parvenir à l'orgasme, assurez-leur que c'est vrai. Ils sont tellement heureux de s'imaginer qu'ils font une découverte. Alors que vous avez toréé assez de vaches au cours de l'épreuve des tientas pour savoir que tout peut arriver... sauf cela. »

Les toreros, sans doute, n'écrivent pas et au mieux dictent à de complaisants secrétaires. Reste que s'ils contresignent et endossent leurs mémoires, pourquoi ne serait-on pas autorisé à en tenir compte au même titre que de propos échangés entre la poire et le fromage ? Certain que les explications demeurent inutiles, Belmonte ne réservait-il pas le même accueil indifférent, un rien narquois, à chaque remarque inédite sur son art, opinant du bonnet par courtoisie ou par malice. Toréer avec bonheur, avec passion, procure une satisfaction d'ordre sexuel. Dans sa tentative de rapprochement entre la corrida et l'érotisme, il n'a pas jugé bon de fournir de plus amples détails ni de localiser des sensations, le malentendu devait commencer au-delà.

À Séville, la statue de Carmen s'élève en face de l'entrée principale de la Maestranza. Lorsqu'un torero sort par la Porte du Prince, elle est la première à l'accueillir et à lui rappeler que, même vainqueur, il ne sera jamais quitte et que la mort l'attend. Enjôleuse-entôleuse qui vaut que l'on prenne tous les risques dans l'espoir de l'éblouir, l'héroïne de Mérimée appartient aujourd'hui à la mythologie de l'Espagne profonde. L'œil bombé du toro, brun avec des reflets bleuâtres, se dessine en surimpression sur celui de la gitane, qui devient trouble et se ferme après que don José l'a frappée avec son couteau. Dans l'opéra de Bizet, l'un et l'autre promettent les mêmes voluptés sauvages.

Bien qu'il ait taquiné les taurillons et reçu, dans un élevage voisin d'Albacete, un coup de corne qui taillada la périphérie du poumon, Henry de Montherlant avouera qu'il lui fallut attendre les éclaircissements de Belmonte pour savoir ce qu'il éprouvait au juste au cours de sa tâtonnante approche d'une telle expérience et avant d'être à même de nous communiquer les affres et la jouissance mêlées d'un débutant à qui le fauve se rend pour un bref prodige. L'érotisme dont restait chargé un regard à conquérir sur les gradins : celui de Soledad à la candeur provocante dans un profil de chatte ou de pharaonne semble oublié pour la caresse brutale et continue du monstre que le torero serre contre lui, « comme on rapproche une femme qu'on veut faire entrer dans sa chair ». L'œuvre de séduction et de domination commence. « Il est fait pour moi », s'exclame Alban de Bricoule. Après l'affrontement, il ne réclamera pas son dû, il ne prendra rien de Soledad, car le toro lui a tout donné : la soif du contact étroit et la nécessité de lutter contre l'impulsion de saisir la corne, de toucher le mufle, « parce qu'il y a un appel dans le péril comme dans la bête ». La succession de plongées et de soulèvements simultanés. La divination de sentir ce que sent le fauve. Les deux protagonistes appareillés dans cette lutte, cette danse, cet embrassement.

« Incorporer la mort à la vie, la rendre en quelque manière voluptueuse », telle est, dans *Miroir de la tauromachie* (1938) de Michel Leiris, la valeur d'exemple d'une corrida imprégnée de sexualité. L'estocade finale, cette espèce de pénétration, conclut la parade du désir : rythme de va-et-vient, suite de rapprochements et d'éloignements alternés, comme les mouvements du coït. On ne saurait pousser plus avant l'analogie. Enrobés l'un dans l'autre, les deux adversaires ne se quittent que pour se reprendre. Il ne s'agit plus de bannir ou de masquer l'angoisse du trépas par un appel à quelque au-delà, mais de la braver ici-bas dans une transe.

Aux mains de bestiaires qui les enjôlent, les embobinent par des invites lascives, les fauves se lancent dans un tourbillon de luxure de sexe ambigu. À mesure qu'augmente le vertige, des changements de rôle et de nature s'effectuent. Dans le matador, dans le toro qu'il défie, Jean Cocteau veut voir la femelle, deviner le mâle. Le couple, où chacun tour à tour se féminise et retrouve peu après les prérogatives de la virilité, s'adonne à l'amour insolent. Ne subsiste au terme de ces épousailles que le nostalgique rappel d'un androgynat ou hermaphrodisme de la beauté au sexe surnaturel, qui est aussi la mort. Comme si, malgré la violence de leurs assauts, la bête et son dompteur redécouvraient la plénitude de l'unité perdue avant de s'anéantir.

« Ne peut-on imaginer ? – Bien sûr, on peut imaginer. Mais ça ne m'est jamais arrivé. En plus de trente ans. Même avec un fauve toréé en état second. » La voix devient plus ironique, le sourire de Curro Romero s'accuse, il mesure l'abîme qui nous sépare pendant que je l'oblige à me révéler les secrets de la planète des toros. Pour lui, lorsqu'il passe de l'autre côté, c'est comme si quelqu'un d'inconnu, le duende, avait par avance réponse à tout et lui accordait le don de créer des choses admirables à mesure qu'il s'enveloppe dans la vague noire qui déferle, mais ça ne se pense pas et qu'aurait-il à y comprendre ! Ce pourrait être irritant à force de le sentir irresponsable de ce sentiment intérieur qui parfois l'illumine et sans lequel il se montre mauvais, voire catastrophique, en regard de certains techniciens magistraux, bien que dépourvus de sorcellerie. Il apparaît plus démuni que jamais lorsque la certitude du duende lui échappe et l'abandonne à cette dérision caricaturale de son désir. « Si tu t'enroules le fauve autour des reins avec cette exaltation grandissante, qui fait ton corps parcouru de frissons quand tu te transfigures, ce ne sont pas des histoires simples et chacun les arrange à sa façon. »

Il est poli, le torero de Séville. Avec une pointe de drôlerie condescendante, il m'accorde qu'il vaut mieux ne pas tenter d'éclaircir les mystères, à condition qu'ils soient authentiques. Il n'ignore pas que rien n'est simple, et encore moins tout l'acte de toréer, dès qu'on veut qu'il y ait problème – au lieu de se contenter de le vivre dans la fièvre et la tragédie. Et dès qu'un intellectuel s'en empare avec ses mots. « Les toreros savent ce que les écrivains attendent et ils se laissent aisément persuader, le combat fini, ils prennent parfois les devants avec l'espoir que ces révélations serviront leur propagande. » Ce qui rejoint l'affirmation de Claude Popelin selon laquelle les professionnels de l'arène n'ignorent rien de l'influence qu'ils peuvent exercer sur ceux qu'ils informent. Ils mettent l'écrivain en condition comme ils sont habitués à le faire avec les bêtes.

Sur le papier, fables et mythologies vont-elles se faner ? Notaire et confident de Belmonte, Luis Bollain ne perdait pas une occasion d'affirmer, et jusque dans ses interviews, qu'il était arrivé au torero de Triana de décharger érotiquement au cours de ses grandes faenas. « Toréer est un miracle et une folie, et tous les songes restent permis. » Inexplicablement rassuré, soulagé de son poids de chair vulnérable, quand ses gestes arrêtent le temps, Curro Romero foule le sable de l'arène ainsi qu'une grève apaisée où le fauve lui cède comme à personne d'autre et lui appartient. J.M.M.

ESCALAFÓN. Classement des toreros selon le nombre de contrats effectués en Espagne et en France, et selon leur spécificité : novilleros, matadors, rejoneadores. Ce classement détermine les catégories des matadors. On y trouve aussi le nombre des trophées récoltés : oreilles et queues. R.B.

ESCAMILLA Nicolasa, *Pajuelera.* Née à Valdemoro, province de Madrid, en 1776, Nicolasa fut d'abord une « petite marchande d'allumettes », ce qui lui valut son apodo lorsqu'elle descendit dans les ruedos pour affronter des toros. Le grand Goya fit d'elle une remarquable gravure dans la série *La Tauromaquia* : planche 22, elle est représentée sur un cheval et procédant à une pique fort bien placée. Le titre de le gravure est significatif : « Courage viril de la célèbre *Pajuelera* dans l'arène de Saragosse ». On ne peut dire que le visage de cette femme soit des plus féminins, mais il montre détermination et rage de vaincre.

Goya, qui avait vu la *Pajuelera* dans sa jeunesse, réalisa cette gravure alors qu'il avait presque soixante ans, mais l'œuvre prouve qu'il avait été frappé par cette cavalière hors du commun, qui se présenta dans les principales plazas d'Espagne avec succès, y compris à Madrid qui était difficile à conquérir. Il convient aussi de se remémorer ce qu'était la corrida à cette époque, sanglante et violente, sans aucune recherche esthétique, pour comprendre que la *Pajuelera* devait être une « maîtresse femme ». Voir FEMMES TORERAS. R.B.

ESCARBAR. Se dit d'un toro qui gratte le sol de la patte antérieure et hésite à charger. Ce peut être le signe d'un manque de bravoure, de la réflexion de l'animal qui commence à comprendre qu'on le leurre ou d'une trop grande lenteur dans le travail des toreros.

ESCOBILLADO (de *escobilla*, balai, balayette). Extrémité d'une corne éclatée en forme de balai ou de vieux pinceau ouvert.

ESCOLAR MARTÍN Carlos Ruiz, *Frascuelo.* Matador de toros, Carlos Ruiz Escolar Martín, dit *Frascuelo*, né à Madrid le 21 septembre 1948, débute dans la profession en 1963 à l'occasion de capeas et revêt son premier costume de lumières le 21 septembre 1965, le jour de ses dix-sept ans, à Torrequemada (Caceres). Jusqu'en 1971, *Frascuelo* ne parvient pas à se faire remarquer, mais cette année-là il participe à une trentaine de novilladas sans picador et triomphe de nombreuses fois. Il débute avec picadors en 1972 et signe de nombreux succès à Barcelone notamment. Il se présente à Madrid le 17 juin 1973 sans grand succès. Il reçoit l'alternative à Barcelone le 14 avril 1974 des mains de Curro Romero avec pour parrain Paco Alcalde qui prend lui aussi l'alternative ce jour-là ; le bétail appartient à la ganaderia de Juan María Pérez-Tabernero. Il confirme à Madrid le 6 juillet de l'année suivante face au toro *Pinzón*, de l'élevage de Celestino Cuadri. Son parrain est Antonio Rojas et le témoin Curro Fuentes.

Matador très technique, torero dit « de Madrid » en référence justement à ses qualités, *Frascuelo* est un excellent lidiador. Malheureusement, souvent très gravement châtié par ses adversaires, il connaît une carrière modeste car ses succès ont été trop peu nombreux pour lui ouvrir les portes de la gloire. R.A.

ESCOUSSURE.
Voir SEÑAL.

ESPADA (*épée*). Ancienne dénomination du matador. Selon l'importance du torero, celui-ci était troisième espada, puis deuxième ou media espada et enfin primer espada, c'est-à-dire celui qui tuait normalement tous les toros de la course. S'il le décidait, il pouvait accorder l'autorisation au deuxième espada, et plus rarement au troisième, de porter l'estocade à sa place. Dès lors que les matadors participèrent à égalité (deux toros combattus chacun) et selon l'ordre de l'alternative, cette prérogative disparut. R.B.

ESPARTACO.
Voir RUIZ ROMÁN Juan Antonio.

ESPARTERO el.
Voir GARCÍA CUESTA Manuel.

ESPINOSA SAUCEDO Fermín, *Armillita Chico.* Frère de Juan Espinosa, né à Saltillo le 3 mai 1911, il souhaite très jeune devenir torero et à treize ans, il tue son premier becerro dans les arènes d'El Toreo à Mexico le 1er août 1924, becerro auquel il coupe les oreilles et la queue. Triomphale présentation qui laisse bien augurer de l'avenir. En juillet 1926, il participe à sa première novillada dans cette même plaza, et, le 17 octobre 1927, il combat seul six novillos avant de recevoir l'alternative le 23 octobre dans les mêmes arènes, des mains d'Antonio Posada, en présence du Mexicain José

Ortiz face à des toros de la ganaderia de San Diego de Los Padres.

À cette époque, une alternative acquise hors d'Espagne n'étant pas considérée comme valable, il renouvelle la sienne à Barcelone le 25 mars 1928 avec pour parrain son frère Juan *Armillita* et comme témoin Vicente Barrera, face à *Bailaor*, toro de don Antonio Pérez de San Fernando. Il confirme ensuite à Madrid le 10 mai suivant face à *Gaditano*, toro de Carmen de Federico (Murube), avec pour parrain Manuel Jiménez *Chicuelo* et *Gitanillo de Triana* comme témoin. Le jeune matador est à peine âgé de dix-sept ans et les spectateurs madrilènes lui font un triomphe car il excelle dans tous les tercios de la lidia. Lors des temporadas suivantes, il va accumuler les trophées et les prestations triomphales. La Guerre civile interrompt sa carrière et son retour se fait sans prestige avant son retrait définitif en 1953. Il décède le 5 septembre 1978, à l'hôpital de Santa Fé de Mexico, des suites d'une péritonite aiguë.

Son fils, Manuel Espinosa Menéndez *Armillita*, après avoir suivi une formation d'architecte, entre dans la carrière en 1964 et se présente à Bogotá le 5 juillet. Il commence en Espagne le 14 mars à Barcelone avec Andrés Jiménez *el Monaguillo* et Francisco Pallarés face à des novillos de Carlos Urquijo de Federico. Il reçoit l'alternative à Mexico le 19 décembre 1965, des mains de Manuel Capetillo en présence de Jaime Ostos face à un toro de Santacilia. Puis il continue à toréer jusqu'à la fin des années 1980.

Le frère de Manuel, Miguel Espinosa Menéndez, qui utilisera aussi l'apodo de *Armillita Chico*, commence à Monterrey au Mexique le 30 mai 1976, puis va en Espagne avec son père en 1977 et, de retour au Mexique, reçoit l'alternative des mains de Manuel Martínez en présence de Eloy Cavazos et de José María *Manzanares*, face à *Arlequín*, toro de la ganaderia de Javier Garfias, le 26 novembre 1977 à Querétaro. Il se présente en Espagne à Valence le 15 mars 1978, alternant avec Paco Alcade et José Luis Palomar, face à un lot de Celestino Cuadri. Il débute en France à Nîmes le 15 mai 1978 devant des toros de Sánchez Dalp, en compagnie d'*el Niño de la Capea* et de José María *Manzanares*, et y reçoit une grave cornada.

Sa confirmation à Mexico a lieu le 18 février 1979 face à *Jarabe*, toro de la ganaderia de Jaral de Peñas, que lui cède Mariano Ramos son parrain en présence d'*el Niño de la Capea*, son témoin. Il confirme encore à Madrid le 25 mai 1983 face à *Piconero*, toro de la ganaderia de Gabriel Rojas, avec Manolo Vázquez pour parrain et José María *Manzanares* pour témoin. Il a occupé une place enviable dans l'escalafón des toreros mexicains. Sa dernière participation à une corrida en Espagne a eu lieu le 15 août 2001 à Séville. R.B.

ESPINOSA SAUCEDO Juan, *Armillita.* Né au Mexique, à Saltillo, le 26 juin 1905, fils d'un novillero peu connu, Fermín Espinosa, il a deux frères qui seront banderilleros, Cenaido et José, et un troisième qui deviendra aussi matador de toros sous l'apodo d'*Armillita Chico*. Il débute en becerradas puis en novilladas en 1923 et 1924 et acquiert une belle renommée. Le 30 novembre 1924, dans les arènes d'El Toreo, il reçoit l'alternative des mains de Rodolfo Gaona. Puis il se rend en Espagne en 1925, et Marcial Lalanda lui octroie l'alternative le 16 mai à Talavera de la Reina, face à un toro de Puente. Il confirme à Madrid le 20 septembre suivant, avec pour parrain Serafín Vigiola *Torquito* et pour témoin José Roger *Valencia*, face à un toro de Sotomayor.

Il entame alors une carrière tant en Espagne (plus de 50 corridas en sept ans) qu'au Mexique. Mais en 1932, il n'obtient que deux contrats. Il change l'or pour l'argent et devient banderillero dans la cuadrilla de son frère *Armillita Chico*. Puis il se met au service de Silvero Pérez et d'Antonio Velázquez, et enfin de Luis Miguel *Dominguín*. Il est sérieusement blessé à Mexico en 1952 et il se retire définitivement.

Il a été un torero de valeur, maniant fort bien la cape, et bon estoqueador, puis assuma son rôle de banderillero avec efficacité et maîtrise. R.B.

ESPLÁ MATEO Juan Antonio. Frère cadet de Luis Francisco, né à Alicante, le 29 septembre 1960, Juan Antonio commence dans quelques becerradas en 1974, puis participe le 9 mai 1976 à sa première novillada piquée. Après 59 novilladas avec picador, il prend l'alternative le 3 septembre 1978 à Palma de Majorque devant un toro de Pilar Población, *Canastillo*, à qui il coupe l'oreille. C'est son frère Luis Francisco qui est son parrain et José Luis Palomar son témoin. Il remporte une oreille au premier, une oreille au second. Il débute en Amérique le 27 octobre 1978 à Lima-Plaza Ancho, au Pérou, en compagnie de son frère et *Morenito de Maracay*, devant des toros de la ganaderia de Salamanca. En France, à Méjanes, il torée pour la première fois, le 8 avril 1979, des toros de Pourquier avec Luis Francisco et Frédéric Pascal, coupant une oreille à son premier adversaire. Le 1er août 1982, il confirme à Madrid devant *Bilbaíno*, avec comme parrain José Fuentes et comme témoin Luis Reina. Torero sérieux et attentif, plaisant et agréable, il participe à beaucoup de férias de seconde catégorie, sans toutefois connaître la notoriété de son frère. Il a atteint les 265 contrats à la fin de 2001. R.B.

ESPLÁ MATEO Luis Francisco. Luis Francisco Esplá est-il un torero à part sur la planète des toros ? On pourrait le croire : parce qu'il a remis en usage certaines pratiques telles que la cape, dont le revers est d'un beau bleu outremer profond ; parce qu'il utilise lors des quites des figures de fantaisie que l'on croyait à jamais oubliées ; ou parce qu'il banderille et travaille de muleta montera en tête ; ou encore parce qu'il peint avec talent des œuvres de qualité ou qu'il écrit des poésies qui témoignent de son extrême sensibilité. Mais surtout, il est un chef de lidia exceptionnel, toujours attentif à tout ce qui se déroule sur la piste, prêt à intervenir à tout instant, présent lors des piques, ramassant si nécessaire une banderille qui traîne sur le sable, conseillant un jeune collègue en difficulté, toujours avec gentillesse et sollicitude.

Luis Francisco est né le 19 juin 1958 à Alicante. Son père, ancien novillero, possédait une petite ganaderia et s'occupait d'une école de tauromachie. Le garçon a donc commencé très jeune son apprentissage. Mais ce n'est qu'en 1974, à seize ans, qu'il participe pour la première fois, le 21 juin, à une becerrada à Benidorm. Après une trentaine de celles-ci, il débute avec picador le 22 décembre de la même année, à Santa Cruz de Tenerife, en compagnie d'Antonio Rubio *Macandro* et de Leónidas Manrique. Alors qu'il n'a pas encore dix-huit ans et après 71 novilladas avec picadors, il reçoit l'alternative le 23 mai 1976 à Saragosse, des mains de Paco Camino avec pour témoin *el Niño de la Capea*, devant le toro *Desojerado* de la ganaderia de Manuel Benítez : il remporte une ovation au premier toro et deux oreilles au second.

Il se présente en France le 5 juin 1976, à Nîmes, en compagnie de *Curro Vázquez* et de Paco Alcade, devant des toros de la ganaderia de Salamanca. Puis, il donne sa première prestation en Amérique, le 16 novembre 1976 à Lima, au Pérou, en compagnie de *Curro Vázquez* et de Paco Alcade. Il coupe deux oreilles à son second adversaire. En 1977, il confirme à Madrid le 19 mai devant *Blanquito*, un toro de Martín Berrocal. Curro Romero est son parrain et Paco Alcade le témoin. Il confirme aussi à Mexico le 5 février 1984 avec des toros de Pepe Garfías. Manolo *Arruza* est son parrain, Ricardo Sánchez le témoin.

Luis Francisco continue alors la trajectoire ascendante de sa carrière qui le place de plus en plus devant des toros difficiles, qu'il accepte sans rechigner. En 2002, il a atteint le cap des 1 000 corridas. Torero largo, très technique, sachant résoudre des problèmes épineux, très engagé et se donnant avec honnêteté dans toutes les séquences de la lidia, grâce à ses qualités athlétiques hors du commun, doué d'un sens exceptionnel des trajectoires, il est rapidement considéré comme le meilleur maestro-banderillero et stupéfie souvent les gradins par l'audace de ses placements, en particulier en sesgo por dentro, dans des conditions extrêmes. Sincère avec l'épée, il peut être considéré comme un torero exemplaire qui a su obtenir le respect unanime de tous ses pairs. R.B.

ESPONTÁNEO. Jeune torero en mal de contrat qui saute des gradins sur la piste avec une muleta et essaie, tant bien que mal, de donner quelques passes au toro lidié afin d'attirer l'attention sur lui. Immédiatement, les banderilleros du maestro essaient de se saisir du perturbateur. Il est ensuite amené, parfois sans ménagement, dans le callejón et hors de la plaza. En Espagne, les espontáneos sont souvent remis à la police et risquent des poursuites judiciaires (amende ou emprisonnement). Dans les années 1970, le mouvement était fréquent dans les arènes françaises, mais depuis l'apparition des écoles de tauromachie, on ne voit quasiment plus d'espontáneos. C'est de cette manière qu'*el Cordobés* commença sa carrière et que *Simón Casas*, sautant le 29 septembre 1968 dans les arènes de Nîmes pour attirer l'attention sur les difficultés des toreros français, se vit offrir par Antonio Ordóñez le toro de Juan Pedro Domecq, acte rare dans l'Histoire.

Quelques espontáneos ont laissé une trace dans la chronique. Ainsi, le 3 juillet 1978, lors d'une corrida télévisée en direct, un certain Manuel Pastor, dit *el Tarta*, sauta sur la piste d'Albacete face à un Samuel Flores renvoyé aux corrals pour boiterie. Il fit quelques bonnes passes et... estoqua le toro ! Il obtint un contrat pour le 23 septembre en mano a mano avec Maribel Atienzar et sortit en triomphe. Il reçut l'alternative le 14 septembre 1980 des mains de Dámaso González et d'Antonio Rojas, puis devint rapidement banderillero.

En 1981, c'est Julián Calderón qui connut son heure de gloire à Valence. Né à Badajoz le 25 octobre 1935, il revêtit pour la première fois le costume de lumières le 8 septembre 1953 à Torrelaguna, province de Madrid, comme sobresaliente. Le 21 août 1965, il toréa en plaza de Madrid sous l'apodo de *Julián de Badajoz* face à des Benjumea avec cinq autres novilleros. Puis il souffrit du manque de contrats. Il réapparut sous le nom d'*el Jato* et s'improvisa espontáneo à quarante-six ans, le 28 juillet 1981 à Valence, où il sauta, devant un Dolores Aguirre jugé impropre à la lidia. Il effectua une faena complète sous les applaudissements du public. Le lendemain, *el Jato* renouvela son exploit face à un Bernardino Jiménez, dans des conditions identiques. Lors d'une des dernières courses de la féria, c'est le public qui le demanda lorsqu'à nouveau un toro fut renvoyé au toril !... Le 13 septembre, une opportunité lui fut offerte. Mais lors de cette novillada, il entendit les trois avis. Le 8 avril 1984, il était à Las Ventas. Et le 25 août 1991, il reçut enfin l'alternative lors d'une corrida mixte dans les arènes de Tarragone. Il avait alors cinquante-six ans !

La plupart des espontáneos ne sautent que lorsque le toro est en fin de faena, aplomado, et certains, après avoir franchi la barrière, attendent impatiemment que les banderilleros viennent à leur secours. Car sauter en piste dès l'entrée du toro est fortement déconseillé, le danger étant trop important pour un débutant sans recours, à l'exemple de Fernando Elez qui sauta en piste à Albacete, le 14 septembre 1981, avec sa seule chemise en guise de muleta, pour affronter le toro de Los Guateles que devait combattre *el Cordobés*. Il fut rapidement exécuté : voltereta impressionnante et deux cornadas, l'une à l'abdomen, l'autre à la gorge. R.B.

ESPORTÓN. Malle dans laquelle on range et transporte l'ensemble des accessoires nécessaires au torero pendant la lidia : capes, muletas, étuis des épées et descabellos, etc., et dont se charge l'aide du valet d'épée.

ESTADO (*état*). Chacun des états par lequel passe le toro au cours de la lidia. Ils sont au nombre de trois :
• *levantado* : quand il entre en piste ;
• *parado* : après le premier tercio ;
• *aplomado* : en fin de course.

ESTAMPE. Terme employé pour désigner un toro de présentation exceptionnelle, avec du trapio et une allure fière et dominatrice.

ESTOCADE. Action finale du combat de chaque toro, exécutée par le matador avec l'épée dans l'intention de mettre à mort le toro, et au cours de laquelle le torero se trouve en position fort exposée et dangereuse. Au début du XXe siècle encore, le matador portait l'estocade après quelques passes de mise en place du toro, la faena toujours réduite au minimum ; ce qui intéressait les aficionados était les piques d'abord, l'estocade ensuite. Elle était portée a recibir en attendant la charge du toro, ou a volapié s'il était fatigué, et, s'il ne chargeait pas ou était dangereux, en l'évitant par un razet, c'est-à-dire en courant et en plaçant la lame (*a paso de banderillas*), recours que l'on voit encore employé lorsque le toro est particulièrement avisé ou par certains matadors plus aptes à manier artistiquement la muleta qu'efficacement l'épée.

Avec l'évolution de la corrida, la sélection des toros, la noblesse accrue des bêtes, la longueur de la faena augmenta de quelques passes il y a plus d'un siècle, pour atteindre plus de soixante maintenant. On parle même de toros *de cien* (« de cent ») passes. De ce fait, l'estocade la plus utilisée est le volapié.

Estocade

On distingue plusieurs manières de porter l'estocade :
• *Suerte a recibir* : le matador attend, immobile, la charge du toro qui vient littéralement s'embrocher sur la lame.
• *Suerte al volapié* : le toro est immobile, cadré, c'est le torero qui se jette sur lui pour enfoncer l'épée.
• *Suerte de arrancar* : elle commence comme le volapié, mais le toro, très sollicité par le toque, baisse la tête et fonce dans le dernier mètre aidant ainsi le matador.
• *Suerte de aguantar* : elle commence comme le recibir, mais le toro chargeant sans y être sollicité, le matador utilise cette charge et fait un pas en avant pour placer l'épée.
• *Suerte al encuentro* : le matador provoque la charge et profite de celle-ci pour aller à la rencontre de l'animal, l'épée étant placée à mi-parcours.

Selon l'endroit où l'épée est placée, sa direction et son angle, la profondeur de pénétration, on qualifiera différemment les estocades.

• *Pinchazo* : tentative qui se solde par un choc sur un os, l'épée ne pénètre pas, le matador la garde en main.
• *Metisaca* : l'épée rentre profondément mais est très mal placée (mouvement brusque du toro ou glissade du torero) et elle est immédiatement retirée.

Estocades selon la direction

Placée dans l'axe du toro, elle sera *perpendicular*, ou verticale si son angle d'entrée est supérieur à 60°. Bien dirigée si l'angle est d'environ 45° et *tendida* si l'angle est inférieur à 30°.

Si elle est déviée on la qualifiera d'*atraversada*, qu'elle ressorte ou non de l'autre côté du corps du toro.

Estocades selon la profondeur

• *Pinchazo hondo* : la lame pénètre peu, environ une main, et tombe.
• *Estocada corta* : environ un tiers de lame, elle reste en place.
• *Media estocada* : la moitié de la lame pénètre.
• *Estocada honda* : estocade profonde, trois quarts de lame.
• *Estocada entera* : lame entière, pénétrant jusqu'à la garde de l'épée (*estoconazo*).

Estocades selon l'emplacement

Estocades dans l'axe de la colonne vertébrale du toro, en se plaçant face au toro :
• *Estocada en la cruz* : à l'endroit exact (la croix) entre les deux omoplates.
• *Estocada delantera* : en avant de la croix, une main environ.
• *Estocada pasada* : en arrière d'une main de la croix.
• *Estocada trasera* : plus en arrière que l'estocada pasada.
• *Estocada pescuecera* : plus en avant que l'estocada delantera.

Estocades placées hors de l'axe du toro, en se plaçant face au toro :
• *Estocada caída* : tombée, à hauteur et à gauche de la croix.
• *Estocada baja* : basse, plus à gauche que la caída.
• *Bajonazo* : estocade très basse, entrant par l'avant, dans la base du cou et atteignant le poumon, ce qui entraîne une hémorragie continue.
• *Estocada contraria* : placée de l'autre côté de la colonne vertébrale, dans la partie droite.
• *Golletazo* : coup d'épée donné dans le cou du toro, du genre bajonazo mais plus en avant.

Ce ne sont pas les estocades les plus orthodoxes et portées dans les règles qui sont les plus efficaces et certains matadors qui furent des vedettes consacrées ne se privèrent pas d'utiliser des procédés pour rendre leur coup d'épée plus rapide pour éviter de perdre les trophées, quand le public était moins exigeant sur l'exécution qu'il l'est de nos jours. Voir le chapitre « La lidia », ci-dessus, p. 229. R.B.

ESTOCONAZO. Coup d'épée entier, la lame pénétrant jusqu'à la garde.

ESTOQUE. Épée d'acier utilisée pour la mise à mort du toro. C'est une lame plate d'environ 85 cm de longueur dont la pointe est légèrement courbe sur 10 à 12 cm afin de faciliter la pénétration. Le pommeau est recouvert de cuir, la garde forme une croix avec la lame. Pesant environ trois kilos, rares sont les maestros qui ont en main l'épée de mort durant toute la faena. Ils lui substituent une fausse épée, dite *ayuda*, plus légère car en aluminium mais plus fragile.

Lorsque la faena est sur le point de se terminer, le maestro change d'épée et son mozo de espada lui donne celle avec laquelle il va entrer a matar. Le bref laps de temps nécessaire au changement impose la reprise en main du toro et son replacement. R.B.

ESTOQUEADOR. Celui qui porte l'estocade. Se dit généralement du matador qui maîtrise le coup d'épée.

ESTORNINO (*étourneau*). Toro noir, avec quelques petites taches d'une autre teinte.

ESTRELLADO (*étoilé*). Toro possédant, sur le front, une tache plus foncée que le reste du corps.

ESTRIBO.

1) Marchepied en bois, peint en blanc pour être plus visible, courant le long de la barricade, à environ 30 cm du sol et sur lequel les toreros, en particulier les banderilleros, prennent appui pour sauter dans le callejón en cas de poursuite. Il peut être le point de départ du maestro pour le placement de banderilles ou le commencement de la faena de muleta. Lorsque le cheval du picador est poussé contre la barrière, l'estribo peut causer la chute du groupe équestre.

2) On appelle aussi estribo le large étrier métallique particulier des picadors. Lorsqu'un toro, au cours du tercio des piques, frappe de coups de cornes rapides et répétés les étriers, on dit qu'il « les fait chanter ». Cette attitude révèle un manque de bravoure de l'animal et avertit des difficultés qu'il présentera à la muleta en relevant la tête. R.B.

ESTUDIANTE el.

Voir DELGADILLO LÓPEZ Jesús.

ESTUDIANTE el.

Voir GÓMEZ CALLEJA Luis.

EVANS KELLY Frank, *el Inglés.* Il est le seul matador anglais présent sur le circuit. Frank Evans Kelly, né le 18 août 1948 à Salford en Angleterre, a pris l'alternative, après avoir participé à 48 novilladas, le 16 août 1991 à Chillón, province de Ciudad Real, devant *Langostino*, toro de la ganaderia de Sánchez Arjona que lui céda *el Soro*, son parrain, en présence d'Antonio Ruiz *el Soro II*. Ce fut pour lui un jour de gloire puisqu'il coupa une oreille. Il se présente en Amérique à Ciudad Bolivar, au Venezuela, le 25 août 1996, alternant avec Leonardo Coronado et Miguel Tesorero devant un lot de la ganaderia de Campolargo. Puis, il débute en France à Saint-Laurent-d'Aigouze devant des toros de Pourquier, en mano a mano avec José Manrubia. Au total, *el Inglés* a participé à 26 corridas dont 11 en 2001. Ce qui, il faut l'avouer, est un beau résultat pour un torero venu d'un pays où l'on pratique vraiment peu l'art de *Cúchares*... R.B.

EXCENTRICITÉS en tauromachie. Depuis les origines des spectacles tauromachiques, des participants manquant suffisamment de maîtrise pour s'affirmer de manière orthodoxe se sont singularisés afin d'attirer l'attention du public et d'obtenir plus de contrats. Si *Tancredo* se montra novateur par son numéro d'immobilité de statue et parvint à introduire une des bases du toreo contemporain, bien d'autres ne laissèrent une trace que par l'originalité de leurs interventions. Déjà, Goya gravait, dans sa série consacrée à la tauromachie, une plaque représentant une pique donnée à partir d'une voiture placée dans la piste, un picador se trouvant installé sur l'un des deux chevaux d'attelage, le second placé sur le cheval voisin et s'apprêtant à intervenir. Les occupants de la voiture sont élégamment vêtus et l'un d'eux, par la fenêtre, essaie de placer une banderille. Une autre gravure de Goya figure le torero *Ceballos* monté sur un toro qui se cabre (à la manière des rodéos américains) et plaçant une pique sur le toro qu'il combat. Le graveur a aussi représenté la célèbre *Martincho* tuant un toro dès la sortie du toril, assis sur une chaise, les pieds enchaînés, une épée dans la main droite et se servant de son chapeau en guise de leurre avec la main gauche. La revue *La Lidia* fait état de cet exploit représenté dans la série de lithographies qu'elle publiait régulièrement. On y trouve le même *Martincho* sur une table, les fers enserrant ses chevilles, attendant la charge du toro et prêt à sauter par-dessus l'animal. Ou encore, le torero arrêtant à mains nues un toro énorme qu'il tient par une corne et par la queue.

Autres fantaisies similaires rapportées par *La Lidia* dans son numéro du 23 avril 1883 et concernant le matador Francisco

Cúchares essuyant de son mouchoir le mufle du toro, ou lui couvrant la tête de son manteau sans que ledit toro bouge, lui tournant le dos à un mètre et, s'appuyant à la barricade, conversant avec le public des barreras ; ailleurs, il enlève ses zapatillas à moins qu'il ne s'assoie sur l'estribo pour défier le toro. Antonio Carmona *Gordito*, un autre matador, affronte le toro, assis sur une chaise, jambes croisées, ou place les banderilles avec un de ses compagnons allongé au sol, entre les pieds. Rafael Guerra *Guerrita* est représenté assis sur l'estribo et grattant le frontal du toro qu'il a couvert d'un sombrero, ou plaçant un chapeau sur le frontal d'un toro après avoir accroché un chapeau sur chacune de ses cornes. On peut voir aussi un picador qui fait son office à califourchon sur les épaules d'un de ses compagnons de cartel ! Les lithographies nous montrent des toros énormes aux cornes en pointes qui devaient être bien éloignés de la réalité.

À Nîmes en 1864, Rostain, le directeur des arènes, annonce « l'exhibition du taureau américain Don Juan : divers tours de dressage terminés par le taureau invulnérable, où, merveille des merveilles ! ! !, cet exercice consiste à faire monter le taureau sur une petite table d'un mètre. Il se jettera aux pieds de son maître au milieu d'un grand feu d'artifice et ne fera aucun mouvement jusqu'à ce que le feu ait entièrement cessé de brûler. » Ce type de fantaisies avait l'assentiment des spectateurs qui applaudissaient à ces exploits.

On peut encore citer une pose de banderilles exécutée en utilisant un grand-bi, ces vélocipèdes ayant une immense roue à l'avant et une petite à l'arrière, ou un vélo. Une gravure d'époque témoigne qu'en 1868, Rostain présenta à Nîmes une « vélocipédotauromachie » dans le vieil amphithéâtre, au cours de laquelle les picadors affrontaient les toros montés sur des vélocipèdes dont la roue avant était de belle taille. Cette expérience fut tentée à Barcelone en 1879 et le banderillero blessé par le novillo... Plus tard, on utilisa une motocyclette pour poser les bâtonnets. En 1932, l'ancien novillero Pedro Aresta *Pescadero* avec le picador Loro et le novillero *el Argentino* créèrent un spectacle de rejoneo à moto, et l'année suivante, *Pescadero* et Carmelo Tusquella, *El Charlot auténtico*, sont des « toreros à motocyclette ». On assistera aussi à des tercios de piques avec une automobile dont le côté de la carrosserie est protégé par un peto afin d'éviter les éraflures ! Citons enfin certaines passes de muleta, telle celle de la « chauve-souris » donnée par le torero accroché par les jambes à la barrière, tête en bas ou les banderilles placées avec la bouche.

Ces excentricités ont heureusement disparu et seraient vertement conspuées si un torero se risquait de nos jours à les pratiquer. La corrida semble en effet être parvenue à maturité. R.B.

EXPONER. Prendre des risques importants avec un toro particulièrement dangereux.

EXPRESSIONS tauromachiques. Comme dans tous les milieux il existe des expressions spécifiques au milieu tauromachique, en usage parmi les aficionados et les professionnels. Elles sont originales, souvent imagées, parfois amusantes, toujours significatives.

Boire le leurre : le toro suit le leurre avec constance en mettant bien la tête.

Bouffer les pâquerettes : le toro est faible et tombe constamment, le mufle en avant.

Casser du bois : le toro est violent, furieux et fait voler les planches des barricades.

Connaître le grec et le latin : le toro paraît avoir déjà été lidié, il sait ce que le torero va faire et il réagit en le mettant en danger.

Donner de l'importance : le torero doit se mettre en valeur alors qu'il est trop négligé dans ses gestes.

Donner du fer : le picador enfonce encore le fer de la pique.

Être mal dans ses zapatillas : le torero est inquiet, mélancolique, ou n'arrive pas à trouver le sitio et manque toute sa prestation.

Faire l'avion : le toro très noble et brave suit le leurre en mettant bien la tête et paraît faire, avec ses cornes, comme les enfants qui imitent un avion volant.

Fais-le paraître : mettre en valeur le toro.

Ganaderia de respect : élevage de toros connus pour leur puissance, leur combativité au cours de la lidia.

Il y a des mouches : le toro est très dangereux et agite haut la tête, en la secouant, comme s'il voulait chasser des mouches.

Il y a du bois : le toro possède des cornes imposantes et de grandes dimensions.

Le toro a du gaz : le toro a de l'allant, de la combativité et beaucoup de rapidité.

Le toro boit : le toro a reçu l'estocade et le matador s'apprête à descabeller, il relève le mufle pour chercher sa respiration, car le sang l'étouffe.

Le toro bouffe le terrain : le toro prend du terrain sur le torero à chaque passe et celui-ci est obligé de reculer.

Le toro est fermé : après l'estocade, le toro, tête basse, garde le mufle relevé pour essayer de respirer et empêche le matador de passer derrière l'occipital pour atteindre le petit passage qui permet de sectionner la moelle épinière. À rapprocher de : *le toro boit.*

Le toro est ouvert : le toro, après l'estocade, baisse bien la tête et permet de bien ajuster le descabello.

Le toro se garde : le toro ne se confie pas et refuse les cites, devient hésitant et dangereux. Au moment du descabello, il maintient la tête haute et ne permet pas au matador de le descabeller.

Le toro se livre : le toro se laisse aller et embestit, répond aux cites et permet au torero de s'exprimer.

Le toro se serre : à chaque passe, le toro se rapproche du matador et finit par le mettre en difficulté.

Manger la muleta : le toro ne quitte pas le leurre des yeux, répond au moindre cite et suit aveuglément le leurre.

Mettre la tête : quand le toro embestit et met bien la tête dans la muleta ou la cape.

Mettre les cordes : le picador enfonce sa pique jusqu'à la cruceta, toutes les cordes de la pique entrant dans le corps du toro.

Repeindre les ongles : le picador fait saigner le toro jusqu'au sabot.

S'allumer sous le fer : le toro se livre entièrement, sans retenue, sous la pique.

Se faire monter dessus : le torero prend une totale domination sur le toro ; ou inversement.

Se laisser enfermer : le toro pousse progressivement le torero vers les planches et celui-ci doit alors se dégager par l'extérieur pour éviter le danger de cet enfermement.

Se mouiller les doigts : lorsque le matador exécute l'estocade, l'épée pénètre jusqu'à la garde et les doigts du torero sont mouillés par le sang.

Sonner les étriers : le toro manso, au lieu de pousser à la pique, se contente de donner des coups de tête violents, et les cornes en frappant les étriers les font « sonner ».

Sors-le : conseil donné par des subalternes à de jeunes novilleros lorsque ceux-ci se font enfermer vers les planches, ou lorsqu'il faut sortir le toro qui s'est réfugié dans sa querencia.

Tenir la tête : éviter que le toro quitte le leurre des yeux pour qu'il soit mieux dirigé et ne réalise pas la présence de l'homme.

Toro de respect : toro provenant d'une ganaderia réputée, d'une morphologie impressionnante et combattant avec bravoure, avec lequel le torero ne doit pas se laisser aller à des fantaisies lors de l'affrontement. R.B.

EXTRAÑO. Mouvement anormal et imprévu effectué par le toro. Pour le torero, il dénote un effet de surprise souvent par manque de confiance.

F

FACADO. Toro possédant sur sa face une fine raie blanche ou claire comme l'aurait fait un couteau ou un rasoir.

FACULTÉS. Capacités physiques de l'homme ou du toro, en particulier quand celui-ci possède de la force, des pattes solides, de la résistance et garde la bouche fermée malgré l'effort.

FAENA ou TRASTEO.

1) Au campo, chacune des actions que nécessite le toro.

2) Dans la plaza, ensemble des actes exécutés par le maestro durant la lidia et principalement à la muleta dans la préparation de l'estocade.

• *Faena de aliño* : réalisée par le matador sans intention artistique pour préparer le toro à l'estocade.
• *Faena de aseo* : suite d'adornos et de figures dans un but esthétique.
• *Faena corta y por derecho* : travail rapide et efficace.

Actuellement, on emploie généralement le terme de faena pour le troisième tercio de la lidia, celui de la muleta, qui a pris une importance primordiale et considérablement modifié les deux premiers temps, devenus préparatoires de celui-ci.

À l'origine, c'était le tercio des piques qui avait la plus grande importance et encore au début XXe siècle, la faena ne comportait que quelques passes de placement avant l'entrée a matar. La sélection plus rigoureuse du bétail a permis progressivement un travail plus esthétique avec la muleta et, depuis Belmonte, la faena est devenue la partie la plus appréciée de la lidia de chaque toro. Voir le chapitre « La lidia », ci-dessus, p. 157 *sqq.* R.B.

FAJA (*ceinture*).
Voir COSTUME DE LUMIÈRES.

FALCÓN José.
Voir FRITA FALCÃO José Carlos.

FAMILLE taurine. Ensemble de personnes qui, directement ou indirectement, sont en relation avec les toros.

FANDI el.
Voir FANDILA MARÍN David.

FANDILA MARÍN David, ***el Fandi.*** David Fandila a vu le jour le 13 juin 1981 à Grenade. Dernier-né d'une dynastie importante de banderilleros, David Fandila brille tout d'abord sur les pistes de ski avant de devenir l'un des espoirs les plus sérieux de l'afición granadine. Le 26 septembre 1995, David Fandila *el Fandi* revêt l'habit de lumières pour la première fois dans les arènes d'Alamilla (Grenade). Il débute en novillada formelle le 19 avril 1998 à Santa Fe (Grenade), aux côtés de Juan Contreras et Juan Rey, coupant un total de quatre oreilles et une queue. Le 30 avril 1999, David effectue sa présentation à Madrid, partageant l'affiche avec David Vilariño et Rafael de Julia. Il combat le novillo *Palomo* issu de l'élevage de Paco Ojeda et salue au tercio avant de couper l'oreille de son second adversaire. Au terme de deux excellentes saisons 1999 et 2000, *el Fandi* est sacré matador de toros sur ses terres, durant la féria du Corpus, à Grenade, le 18 juin 2000, des mains de José María *Manzanares* et en présence d'*el Juli*. David, vêtu de vert d'eau et or, coupe l'oreille du toro de cérémonie, *Elegante*, n° 36, negro, pesant 469 kg et porteur du fer de García Jiménez. Après avoir coupé une autre oreille face au dernier toro de la corrida, *el Fandi* sort en triomphe des arènes de Grenade. Deux mois plus tard, le 19 août 2000, c'est en foulant le sable des arènes Émile-Bilhau, à Saint-Gilles, qu'*el Fandi* effectue sa présentation française en qualité de matador de toros. Aux côtés de Stéphane Fernández Meca et Antoní Losada, *el Fandi*, vêtu de rose et or, coupe les deux oreilles du sixième toro de Manuel Ángel Millares et sort ainsi en triomphe lors de sa première corrida en France. La présentation en Amérique latine sera tout aussi bénéfique pour *el Fandi* puisque le 5 novembre 2000 il prend part à une corrida à Valencia du Venezuela, avec Bernardo Valencia et *el Tato*. S'il n'obtient pas de récompense après son combat face au toro *Fabuloso*, n° 243, cárdeno claro, de l'élevage local de Tierra Blanca, *el Fandi*, vêtu de vert pomme et or, se rattrape de la meilleure manière qui soit en parvenant à gracier son second opposant. La présidence lui octroie les deux oreilles symboliques et il sort une nouvelle fois en triomphe. *Cerrerito*, n° 309, appartient également à l'élevage vénézuélien de Tierra Blanca.

Le 17 mai 2002, *el Fandi* confirme son alternative à Madrid, durant la féria de San Isidro, des mains de Luis Francisco Esplá et en présence d'Antonio Ferrera, deux autres toreros banderilleros. Vêtu de céleste et or, *el Fandi* salue à l'issue de son combat face au toro de la cérémonie, *Acorrolado*, n° 35, negro bragado, pesant 538 kg et issu de l'élevage de Carriquiri. Il coupe l'oreille du sixième avec maestria et fait sensation tout au long du cycle madrilène.

David Fandila *el Fandi* a toujours eu deux passions ; le ski et les toros. Dès son plus jeune âge, David revendique une afición très forte, mais n'hésite pas à chausser les skis, à peine âgé de quatre ans, sous les yeux médusés de son père, un ancien banderillero, lui-même fils d'un autre sulbalterne. David se distingue notamment sur les pentes enneigées de la toute proche sierra Nevada, remportant de nombreux titres de ski alpin puis de ski acrobatique au niveau régional, puis national. David trouve dans cette discipline une excellente préparation physique, devenant le meilleur spécialiste espagnol dans cette catégorie. Pourtant, à l'âge de dix-huit ans, *el Fandi* est le principal espoir de l'afición granadine en écumant les arènes les plus prestigieuses. Face aux toros, il veut aussi être le « numéro un ». Apprécié pour sa variété avec la cape et son courage extrême muleta en main, *el Fandi* déplace les foules et relance l'intérêt des novilladas quelque peu tombées en désuétude après l'alternative d'*el Juli*. C'est pourtant avec les banderilles qu'*el Fandi* fait l'unanimité : en piste, le torero de Grenade offre un grand spectacle. Véritable référence en matière de pose des bâtonnets, il réinvente des figures oubliées et fait valoir sa condition physique exceptionnelle sur des poses jusqu'alors inimaginables. Les spécialistes émérites du deuxième tercio ont vite compris qu'il ne venait pas pour faire de la figuration. C'est en 1999 qu'*el Fandi* se révèle : le 27 février, il participe, sous la bulle des arènes de Nîmes, à sa première novillada française et époustoufle le public par son envie de triomphe face aux novillos du *Niño de la Capea*. Crédité d'une oreille, il est l'objet de toutes les convoitises et signe ce soir-là un nombre impressionnant de contrats pour les autres férias françaises. Souvent associé au cartel avec l'Arlésien *Juan Bautista*, il poursuit une campagne menée tambour battant qui le mène plusieurs fois à la Monumental de Barcelone, mais aussi à Lisbonne et Albacete. Le 5 juillet 1999, il fait sensation à Pampelune et coupe deux oreilles aux novillos de Miranda de Pericalvo avant de triompher à Lunel puis Valence. Lors de la féria de la San Jaime, il sort des arènes de la calle Xátiva après avoir coupé trois oreilles aux novillos de Domingo Hernández. Très volontaire, il s'adapte à tous les styles de bétail et accepte même de toréer une novillada de Miura dans les arènes d'Hagetmau. En début d'année 2000, David prépare minutieusement son alternative et marque de son sceau le cycle des novilladas de Saint-Sébastien. Plus mesuré dans ses efforts, il coupe moins d'oreilles mais affine ses prestations dans des arènes de première catégorie. Sous la direction de Santiago López et d'Emilio Miranda, anciens managers de José Tomás et véritables « faiseurs » de bons toreros, il aborde un nouveau virage dans sa carrière. Il coupe des oreilles de poids à Séville et Cordoue avant d'être sacré matador par le grand José María *Manzanares*. Une fois passé à l'échelon supérieur, *el Fandi* retrouve son rythme de croisière et accumule les triomphes : le public adore son alegría et le spectacle qu'il crée en piste dans les trois tercios. Face au toro adulte, il gagne également en profondeur même si une frange de l'afición le considère superficiel face au bétail que les toreros vedettes fuient. À l'issue de sa première « demi-saison » en qualité de matador de toros, *el Fandi* affiche un bilan extraordinaire. Le 6 mai 2001, face aux toros de Marqués de Villamarta, il laisse entrevoir au public de Palavas l'expérience et la maturité engrangées au cours de ces derniers mois, en coupant une oreille. Il est dès lors considéré avec plus de respect par les professionnels : on le voit triompher à plusieurs reprises dans des arènes réputées exigeantes comme Sanlúcar de Barrameda (Cadix), la patrie de Paco Ojeda, Santander (Cantabria) et Antequera (Málaga). La féria de Grenade le consacre au cours de deux après-midi où il coupe un total de cinq oreilles. Au terme d'une bonne tournée hivernale en Amérique latine, il démarre la saison 2002 sous les meilleurs auspices, rentrant immédiatement en concurrence avec les vedettes de la tauromachie. Après avoir coupé trois oreilles chez lui à Grenade devant des toros de José Luis Pereda lors de la corrida du dimanche de Pâques, il se signale par ses bonnes manières à Séville. Quelques semaines plus tard, il coupe une oreille à Madrid lors de sa confirmation d'alternative et répète cet exploit à Las Ventas le 2 juin face à un sérieux toro de Sepúlveda. Entre les deux courses, *el Fandi* est déjà rentré dans l'histoire taurine de Grenade : il sort en triomphe de ses arènes trois journées consécutives, les 29, 30 et 31 mai après avoir respectivement coupé un total de trois, trois et deux oreilles et la queue symboliques suite à la grâce d'un toro de Daniel Ruiz. Le public de Grenade exulte pour son torero, capable de se hisser au meilleur niveau et de donner une réplique de choix à n'importe quelle vedette. Plus que jamais en confiance, *el Fandi* libère son meilleur toreo et offre encore plus de variété dans les différents tercios, allant même jusqu'à réaliser le fameux quite par *zapopinas* (du nom de son inventeur, *el Zapopán*) – remis au goût du jour par *el Juli* en 1998 – genoux en terre ! Les grandes portes des arènes de Sanlúcar, Alicante, Algeciras (Cadix), Pampelune – où il coupe trois oreilles face à une extraordinaire corrida de Torrestrella –, Valencia et Santander ne résistent pas à la tornade d'*el Fandi*, nouvelle coqueluche de l'Espagne taurine. Aux côtés d'Esplá et de Ferrera, ses deux compagnons d'affiche lors de sa confirmation d'alternative madrilène, il forme le cartel de toreros banderilleros recherché par toute l'afición. Aujourd'hui respecté, *el Fandi* s'est converti en moins de quatre ans en un torero important et Santiago López, après la révélation de José Tomás, a encore transformé un aspirant torero en véritable vedette du toreo. C.C.

FARAÓN. Dénomination coutumière des grands toreros gitans tels que Rafael *el Galo* ou *Cagancho*. Actuellement, on désigne sous ce qualificatif le Sévillan Curro Romero, bien qu'il ne soit pas d'origine gitane.

FAROL. Passe de fantaisie exécutée à deux mains, le torero levant la cape au-dessus de la tête du toro pendant qu'il pivote en sens contraire à la charge pour se retrouver prêt à accueillir la nouvelle attaque. Cette passe peut aussi s'exécuter à genoux, en ne conservant que le geste des bras, ou avec la muleta, dans son intégralité. R.B.

FARPAS. Banderilles utilisées par les Portugais en corrida équestre. Terminées par un harpon elles sont ornées de papier crépon de couleur.

FEMMES TORERAS. La participation des femmes aux spectacles de taureaux est fort ancienne, si l'on se réfère aux fameuses fresques crétoises du palais de Cnossos où l'on voit des jeunes femmes se livrer à des exercices de sauts ou d'écarts avec des taureaux aux cornes impressionnantes.

Dans l'Espagne du XVIIe siècle, on trouve dans divers textes des références à des femmes toreras à cheval ayant participé à des spectacles tauromachiques. Il est certain que si des femmes du peuple ont eu un rôle dans des fêtes populaires dans les pueblos, les archives n'en ont nullement gardé la trace. En revanche, un texte du Conseil de Castille stipule la somme qui fut allouée à une torera à cheval à l'occasion d'une corrida qui eut lieu le 25 juin 1654. Mais la plupart participent lors des fiestas camperas à des encierros ou des acosos, parfois à des fêtes de bienfaisance.

Dès le XVIIIe siècle, leur participation s'accroît et, en 1778, José Daza rapporte qu'elles sont souvent présentes dans les exercices tauromachiques. L'auteur cite notamment une certaine Antonia Bredentona pour ses exploits équestres et taurins.

Les filles de la noblesse ont à cœur d'être présentes. Ainsi celles du comte de Ribadavia sont-elles célèbres pour leurs engagements. On cite même une dame María de Gaucin qui aurait abandonné le couvent pour les ruedos. À cette époque apparurent des toreras professionnelles qui, au cours des novilladas ou des *mojigangas* (spectacles de pantomime burlesque exécutés avec des novillos, qui se donnaient soit dans des plazas publiques ou des arènes privées), tenaient lieu de picadors ou banderilleras.

Francisca GARCÍA, torera à cheval, se considérait comme professionnelle puisqu'elle proposa ses services à la municipalité de Pampelune en 1774. Autre figura célèbre, Nicolasa ESCAMILLA (voir ce nom), surnommée la *Pajuelera* parce que, dans sa jeunesse, elle avait vendu des allumettes, est reconnue pour ses prestations qui donnent lieu à des commentaires chaleureux.

À l'inverse de ces comptes rendus souvent dithyrambiques, les hommes d'Église considèrent que la femme n'a nullement sa place dans les ruedos et fulminent contre sa présence qui déshonore la corrida.

Au cours du XIXe siècle, le succès du torero féminin alla croissant et on assista à une multiplication des cuadrillas composées uniquement de femmes. Il est à souligner que la plupart des ces toreras se produisent dans ces spectacles burlesques, parées de costumes turcs ou chinois. Ces apparitions passionnent le public mais restent des amusements.

La première de ces cuadrillas, celle de Francisca COLOMA DE ALICANTE, se présenta à Madrid en 1839. Six ans plus tard, María Martína García créa la sienne, qui obtint un grand succès. Progressivement, elles abandonnent les spectacles burlesques pour accéder aux affrontements sérieux et dangereux. On voit donc des femmes picadors ou banderilleras, mais affublées de costumes divers, rarement du costume de l'époque. La première qui osa franchir le Rubicon fut Dolores Sánchez (voir ce nom), *la Fragosa*, qui revêtit en 1886 le traje de luces masculin, ce qui déclencha une belle querelle d'opinion, on s'en doute. Elle était une torera très valeureuse, se fit accompagner par une cuadrilla entièrement masculine et elle pratiqua durant cinq à six ans avec un égal succès, ce qui lui valut une des meilleures places du toreo féminin.

Parmi les toreras célèbres on citera Petra Kobloski qui fut responsable, avec les consœurs de sa cuadrilla, d'une belle bronca avec début d'émeute le 5 octobre 1884 à Tarragone, où elles furent mises en fuite par un novillo trop remuant. Dans ce panthéon, figurent encore Carmen Lucena *la Garbancera*, Ignacia Fernández *la Guerrita*, Eugenia Bartes *la Belgicana*, ou Teresa Bolsi, que Gustave Doré représenta, dans une gravure devenue célèbre, épée et muleta dans la main droite, montera dans l'autre, saluant la foule enthousiaste après la mort d'un toro impressionnant étendu à ses pieds. Elle pose, très féminine dans une robe en crinoline, mais sans aucun doute peu adaptée au toreo !

Enfin, la cuadrilla des *Señoritas Catalana*, dirigée en 1895 par le journaliste Mariano Armengol Verdugillo, comptait les matadoras *Lolita* Pretel (voir ce nom) et Ángela Pagés.

Au début du XXe siècle, avec une excellente cuadrilla, María Salomé, dite *la Reverte*, qui avait débuté à Madrid le 11 novembre 1900, triomphe dans de nombreuses plazas. À la suite de divers désordres de l'ordre public qui avaient eu lieu à Madrid, le ministre Juan de la Cierva décréta l'interdiction aux femmes d'apparaître dans les corridas à pied. *La Reverte* tente un recours en annulation de cette ordonnance royale, mais sans résultat. Elle annonce alors qu'elle continuera sa carrière sous le nom de Agustín Rodríguez car elle était, en réalité, un homme. Ayant coupé ses longs cheveux, il reprend l'épée et continue ses prestations.

Mais la loi ne fut pas pour autant respectée. Les femmes toreras firent à nouveau leur apparition dans les ruedos avec, en particulier, María Luisa Jiménez (veuve du novillero *Atarfeño*), Angelita Álamo, María Gómez, Paquita Martín, les sœurs *Palmeño* et Juanita Cruz (voir ce nom), l'épouse de Rafael García qui œuvrait dans le mundillo.

Extraordinaire est l'histoire de María Martína García, ancienne cuisinière dans une taverne de la calle Hortalez de Madrid. Née à Ciempozuelos, élevée à Madrid, elle commence dans les spectacles burlesques à l'âge de dix-neuf ans. Puis, quittant ses fourneaux, elle forme sa propre cuadrilla et torée soit des novillos emboulés soit en pointe. Elle obtient un grand succès dans toute l'Espagne et arrive même à participer à une corrida avec le fameux Curro *Cúchares*. Les années passent et Martína García ne se résout pas à quitter la piste. Diminuée techniquement, sans force et souvent la proie d'une peur qui déchaîne l'hilarité sur les gradins, elle s'obstine et trouve des contrats. Sa dernière apparition en public date du 7 novembre 1880, à Madrid, pour estoquer un novillo lors d'un spectacle burlesque. Elle était âgée de soixante-six ans...

Bien différente et brillante a été la carrière de Juanita Cruz qui est sans aucun doute la première torera à avoir partagé les cartels avec des compagnons masculins. Elle fit le paséo avec des toreros de qualité et montra en piste des compétences certaines. Mais la guerre civile espagnole instaura une nouvelle interdiction. Juanita s'exila aux Amériques où elle continua une belle carrière en affrontant des toros respectables aux côtés de maestros confirmés et réputés. Elle partagea l'affiche avec *el Calesero*, *el Espartero*, *Cañitas*, Luis Briones, Solorzano et même Carlos Arruza. Le 17 mars 1940, elle avait reçu l'alternative à Fresnillo, au Mexique, des mains de Heriberto García lors d'un mano a mano devant des toros de San Mateo. Au cours de sa carrière, elle estoqua plus de 1 300 bêtes.

Passé la Seconde Guerre mondiale, les femmes commencent à remettre en cause la législation sur les corridas. En 1973, Ángela HERNÁNDEZ obtient gain de cause puisqu'elle peut prétendre au titre d'aspirant torero à pied. La commission nationale espagnole du travail féminin autorise même les femmes à exercer le métier de torera et rend caduc l'article 2 du Règlement national des spectacles, du 17 juin 1943.

Les pistes sont à nouveau autorisées pour les femmes qui le souhaitent. On découvre alors les *Rosarito de Colombra*, les sœurs DORADO, María FORTES, Lola AMAYA, Alicia TOMÁS et quelques autres.

Des femmes arrivent même à l'alternative, telles la Colombienne Berta TRUJILLO, dite *Morenita de Quindío*, qui reçoit l'alternative des mains de Tirado et Marco Gómez. La Mexicaine Raquel MARTÍNEZ est sacrée le 22 septembre 1981 à Tijuana des mains d'Adrián Romero, suivie de peu par l'Espagnole d'Albacete Maribel ATIENZA.

Dans cette période, des Françaises se lancent dans l'aventure. La Nîmoise Évelyne FABREGAS a eu une carrière de novillera importante et a affronté des novillos de respect. De même *Marie-Neige*, fille du banderillero Manolo Pérez, a mené une belle suite de succès.

Mais c'est sans conteste Cristina SÁNCHEZ (voir ce nom) qui a montré le plus de détermination, de qualités et de compétences. Elle a été acceptée comme partenaire par les grandes figuras qui ont partagé les cartels des grandes férias à ses côtés car elle a accepté des toros de respect et les a combattus avec force et détermination. R.B.

FEO (*vilain, laid*). Est ainsi qualifié par les professionnels tout toro vilain de type, s'écartant plus ou moins des canons habituels. En fait, tout animal dont l'aspect fait qu'ils ne souhaitent pas se le voir attribuer au sorteo, persuadés qu'en ce cas l'habit fera le moine. P.M.

FERIA FERNÁNDEZ José Luis, *Galloso.* Né le 27 août 1953 au Puerto de Santa María dans la province de Cadix, José Luis *Galloso* revêt son premier habit de lumières le 5 juin 1969 à Puerto Real pour une novillada sans picadors. Il se présente triomphalement à Jerez de la Frontera le 5 avril 1970 en coupant trois oreilles et une queue à des novillos de José Luis Osborne. Le 22 mars 1971, à Barcelone, il affronte un lot de Los Campillones en compagnie de Francisco Gabriel Pericás et de Fernando Gracia. Il se présente à Madrid à Las Ventas le 6 juin 1971 contre des toros de Carlos Núñez, alternant avec Juan Carlos Castro *Luguillano Chico* et José María Dols *Manzanares*.

Dans sa ville natale, il prend l'alternative 18 juillet 1971 des mains d'Antonio Mejías *Bienvenida* qui lui cède *Inclusero*, un toro de Carlos Núñez, en présence de *Palomo Linares*. Il triomphe avec deux oreilles et une queue à chacun de ses adversaires.

Il se présente à Lima, au Pérou, le 17 octobre 1971, alternant avec Ángel Teruel et Antonio Lomelín face à des toros de la ganaderia de Yencala.

Sa confirmation à Mexico a lieu le 9 janvier 1972 face à *Capuchino*, toro de la ganaderia de San Martín que lui cède Manolo Martínez, son parrain, en présence de Mariano Ramos son témoin. Il coupe l'oreille de son adversaire.

Il débute en France à Arles le 1er avril 1972 devant un lot de toros de Matías Bernardo avec Miguel Márquez et *Paquirri* comme compagnons de cartel.

Il confirme à Madrid le 17 mai 1972 face à *Colino*, toro de la ganaderia de José Luis Osborne, avec Paco Camino pour parrain et Curro Rivera pour témoin.

Galloso, matador courageux et grand lidiador, n'hésita pas à affronter tous les types de ganaderias au cours d'une carrière comptant environ 700 corridas, ce qui est une réussite remarquable. R.B.

FERNÁNDEZ IGLESIAS Herederos de Atanasio.

Voir AGUIRRE FERNÁNDEZ COBALEDA Hermanos.

FERNÁNDEZ MÉCA Stéphane. Nîmes, le 26 mai 1996 : le dernier toro de Dolores Aguirre de l'après-midi, après avoir refusé toute passe de cape, se révèle un manso perdido lors des piques et il faut se résoudre à lui placer les banderilles noires. Mais lorsque le jeune Nîmois prend la muleta, l'angoisse monte d'un cran car le toro ne s'engage jamais et cherche constamment à accrocher l'homme avec une violence inouïe, se retournant vite et frappant fort. Méca va mener une lidia à l'ancienne, quand on ne se permettait aucune fantaisie tant le danger était constant. Il se bat, manquant à tout instant d'être accroché par des cornes noires. Il se bat, avec une détermination farouche, un engagement total, dans un corps à corps dramatique et grandiose, un choc titanesque qu'il termine par une épée bien placée. L'ovation soulève les gradins qui acclament le nouveau héros que Nîmes vient de se donner.

Depuis quelques années pourtant, Stéphane Fernández Méca trouve difficilement des engagements. Né à Nîmes le 17 janvier 1968, il débute avec picador à Arles le 16 mai 1985 en lidiant une course de novillos de Hubert Yonnet en compagnie de José Luis Seseña et d'Andrés Caballero. Il se présente à Madrid le 22 mars 1987 avec Juan de los Reyes et Juan Cuéllar, face à des novillos de Francisco Segura Navarro. Dans les petites arènes de Saint-Sever, dans le Sud-Ouest, après 63 novilladas, il reçoit l'alternative le 25 juin 1989 des mains de Víctor Mendes avec Fernando Cepeda comme témoin, *Manzanito*, de Juan Antonio Garzón, étant le toro de cette cérémonie modeste, loin des feux des médias. Qu'importe. Le garçon a des qualités, un courage sans limite et surtout une pugnacité hors du commun. Malgré les difficultés, il arrive à obtenir quelques contrats. Il se présente en Espagne, à Barcelone, avec Miguel Vera et Álvaro Amores le 3 septembre 1989 devant des toros d'Isaías et Tulio Vázquez. La course est interrompue au deuxième toro pour cause de pluie diluvienne... Il franchit l'Atlantique pour se rendre en Colombie, à Zetaquira, où il est engagé le 26 juillet 1993 avec Jorge Herrera et Jairo Antonio Castro devant des toros d'El Manzanal. Il coupe une oreille à chacun de ses adversaires.

Il confirme à Madrid le 11 juillet 1999 face à *Celador*, toro de la ganaderia Occitania, avec Canales Rivera pour parrain et Carlos Pacheco pour témoin.

Méca accepte toutes les opportunités, même les plus dramatiques, les plus dangereuses. Il acquiert ainsi un sens inégalé des toros de mort qu'il lui faut désormais fréquenter. Car même si on reconnaît à présent ses capacités, on lui réserve toujours des lots de toros devant lesquels il faut montrer un courage lucide, total, et accepter d'être meurtri dans ses chairs. R.B.

FERNÁNDEZ PALACIOS (Manuel Pío García Fernández Palacios)

Origines : Marqués de Villamarta et Carlos Núñez
Devise : bleu et argent
Ancienneté à Madrid : 21 août 1988
Propriété : « El Romero », Jerez de la Frontera (Cadix)

Manuel García Fernández Palacios fonde son élevage en 1957 après avoir acheté la part de bétail de Josefa Flores Sánchez provenant du troupeau de Flores Albarrán. L'éleveur augmente le nombre de têtes de bétail en ajoutant au troupeau plusieurs exemplaires de José

García Barroso, d'origine Villamarta, ainsi que des étalons de Marqués de Villamarta. Fernández Palacios insère également des produits des héritiers de Carlos Núñez et du marquis de Domecq.

Fer abonné aux corridas populaires, l'élevage de Fernández Palacios vend chaque année une trentaine de toros. Ceux-ci, opposés à des toreros assez modestes, possèdent la mobilité nécessaire pour que les oreilles soient accordées sans trop de difficulté. C.C.

FERRADE ou HERRADERO ou HIERRO ou MARCA. Marque distinctive de la ganaderia appliquée au fer rouge sur la cuisse droite du veau lors de l'*herradero* (ou ferrade). Tout animal doit obligatoirement être marqué du fer de la ganaderia à laquelle il appartient.

C'est une pratique ancestrale dont on retrouve la trace en France dès 1551 sous la plume de Quiqueran de Beaujeu, qui écrit que la ferrade « c'est imprimer avec un fer rouge la marque des maîtres en la fesse des toros ».

Dix ans plus tard, Poldo d'Albenas donne de l'opération une explication qui a toujours cours : « Il est besoin s'il [le propriétaire] ne veut se mettre en hasard de les perdre [ses toros] car ils ne s'enferment dans des étables ou des granges qu'il note de sa marque ou armoiries. »

Le fer est une propriété de l'éleveur, transmissible soit par hérédité dans une même famille, soit lors de l'achat de la ganaderia. Dans ce cas, le nouvel acquéreur peut modifier la composition du troupeau, introduire de nouvelles vaches ou sementales et conserver le fer qui en est la marque. On peut aussi vendre uniquement le fer pour la constitution d'un nouveau cheptel.

En l'absence de fer, le groupement des éleveurs ne lui permettrait pas de faire courir ses produits dans une arène. Il ne suffit donc pas, si l'on envisageait de créer un élevage, d'acheter des bêtes dans des élevages. Il faut soit acquérir un fer disponible (onéreux) soit se soumettre à la procédure des novilladas de *prueba* (de preuve) avant d'être officiellement admis dans le gotha des éleveurs.

Le marquage au fer de la ganaderia a généralement lieu dans la petite arène de tienta de l'éleveur et se conjugue avec d'autres marquages comme le numéro d'ordre dans la camada (pour distinguer les toros les uns des autres). À ce sujet, notons que dans bien des élevages on n'utilise pas le numéro 13, beaucoup de toreros refusant d'affronter un adversaire porteur de ce chiffre. Puis on appose l'année de naissance, marquage indélébile garantissant l'âge des toros (cette mesure a été proposée et obtenue par des aficionados français lors du Congrès de Séville de septembre 1966). On en profite généralement pour réaliser le señal (voir ce mot). L'année « ganadera » commence le 1er juillet et se termine le 30 juin de l'année suivante, la majorité des naissances ayant lieu durant l'hiver. Ainsi, un veau né en décembre et un autre né en février porteront le même millésime.

C'est au fer et uniquement à lui qu'est attachée l'ancienneté dans la plaza de Madrid et la moindre modification de son graphisme l'annule. Le fer peut être composé des initiales de l'éleveur et/ou d'un dessin significatif original. P.M.

FERRERA SAN MARCOS Antonio. Antonio Ferrera San Marcos est né le 19 février 1978 à Ibiza, mais c'est en Estrémadure qu'il a très jeune suivi ses parents, fréquentant assidûment les élevages régionaux et ceux installés au Portugal pour y peaufiner un apprentissage au cours duquel il rencontre *Manzanares*, un maestro qui l'aide à ses débuts, ce qui en dit long sur les possibilités entrevues chez cet espoir. En 1995, il débute avec picadors à Saragosse le 5 février, puis en France le 24 du même mois, plus précisément à Nîmes où l'afición française remarque son dynamisme et son entrega, y compris au deuxième tercio, une de ses spécialités. C'est d'ailleurs dans notre pays qu'Antonio torée le plus, sous la houlette de Luc Jalabert et

Alain Lartigue qui s'occupèrent de sa carrière pendant quatre ans environ.

Le 2 mars 1997, il prend l'alternative à Olivenza, affrontant des Victorino Martín, notamment *Embocado*, toro de son doctorat, en compagnie d'Enrique Ponce, son parrain, et de *Pedrito de Portugal*, témoin de la cérémonie et d'un colossal triomphe (quatre oreilles). Les trois sortirent par la Grande Porte à l'issue de cette mémorable course.

Il débute au Portugal à Cartaxo le 1er mai 1997 devant des toros de Oliveiras Irmãos en compagnie de deux rejoneadores : José Manuel Darte et João Salgueiro et du matador *Rui Bento Vasques*. Sa première course en France a lieu à Floirac le 4 mai 1997 devant des Alcurrucén avec César Rincón et Vicente Barrera. Puis il va en Amérique, à Lima le 9 novembre 1997, et alterne avec Rafael Gastañeta, Fernando Ochoa et Curro Díaz face à un encierro composé de toros de plusieurs ganaderias.

Le 28 mars 1999, il confirme son alternative à Madrid, en présence de son parrain Miguel Rodríguez et de son témoin Javier Vázquez, devant *Vinatero*, toro de Carriquiri (applaudissements puis ovation).

C'est à partir de l'an 2000 que les choses s'améliorèrent pour lui, grâce à une volonté de fer et une afición qui lui ont permis de toujours aller de l'avant, ne s'arrêtant pas sur quelques blessures importantes qui ont freiné sa progression. Il est vrai qu'on lui proposa le plus souvent les élevages les plus redoutables et qu'il fallait un caractère bien trempé comme le sien pour ne pas se décourager... Avec toujours la même ténacité, Antonio Ferrera a fini par voir le bout du tunnel en même temps que son toreo devenait plus posé, plus réfléchi, pour aboutir en 2001 à quelques triomphes majuscules, comme la Grande Porte ouverte deux fois à Béziers. Une saison qui a représenté pour lui une ascension fulgurante – 42 corridas pour 74 oreilles — en s'imposant auprès des aficionados comme une des valeurs sûres de ce troisième millénaire. S'il parvient à continuer avec la même puissance et une soif de vaincre jamais démentie, son charisme et sa maîtrise devraient aisément faire le reste pour qu'il reste en bonne place sur la liste des toreros que les aficionados aiment voir engagés dans les férias les plus réputées. P.H.

FERROCARRIL toro de.
Voir CARRIL.

FESTIVAL. Corrida spécifique de novillos au cours de laquelle des matadors de toros ou des novilleros, habillés en tenue de bouviers andalous et avec sombreros cordouans (*traje campero*), combattent au bénéfice d'une œuvre de bienfaisance ou pour un professionnel qui a reçu une blessure grave. Généralement, les ganaderos offrent le bétail et les toreros œuvrent gratuitement. R.B.

FIERA (*fauve*). Toro très agressif et même féroce.

FIEREZA (*férocité*). Caractéristique d'un toro agressif chargeant constamment avec un instinct destructeur supérieur à la moyenne.

FIESTA BRAVA, FIESTA NACIONAL. Corrida.

FIÈVRE APHTEUSE.
Voir GLOSOPEDA.

FIGUERAS (Espagne. Gérone 40 km). Bien connue pour le Musée-Théâtre que Salvador Dalí éleva à sa propre gloire, Figueras (31 000 habitants) inaugura sa première arène le 4 juillet 1886. Cette petite plaza en bois comptait 1 500 places et recevait beaucoup de Français. Elle se révéla bientôt trop petite et l'on construisit une nouvelle plaza de 8 000 places, qui ouvrit les 3 et 4 mai 1894 avec Manuel García *el Espartero*. R.B.

FIGURA ou TORERAZO (*figure*). Se dit d'un maestro que l'on considère comme exceptionnel, tant par sa connaissance des toros que par sa maîtrise technique et son charisme.

FINCA. C'est la propriété dans son ensemble, patrimoines foncier, mobilier et immobilier réunis.

FINITO DE CÓRDOBA.
Voir SERRANO PINEDA Juan.

FINURA (*finesse*). On dit couramment qu'« un beau toro est un bon toro ». Dont acte ! Encore qu'il nous ait été donné de vérifier parfois le contraire comme lors d'une corrida-concours à Jerez où triompha un toro d'Antonio Ordóñez, un animal assez laid, *basto* (commun, presque vulgaire) avec de vilaines pattes et d'horribles sabots. P.M.

FIRMA passe de la (*signature*). Passe de muleta de la main droite commencée par un derechazo et brutalement interrompue par un retrait sec, en arrière de la muleta, qui est ainsi ôtée de la vue du toro. On l'appelle aussi « passe du mépris ».

FLACO. Toro maigre, efflanqué, presque décharné.

FLAMEAR el capote, la muleta. Donner un léger mouvement au leurre pour en faire onduler la surface et inciter le toro à charger.

FLANELLE. Synonyme de muleta.

FLOIRAC (France. Bordeaux 10 km). Petite ville d'Aquitaine de 17 000 habitants, dans la banlieue est de Bordeaux, Floirac a repris sa tradition tauromachique avec une arène portative qui a été ensuite construite en dur et offre 8 000 places.

Inaugurée le 25 octobre 1987 avec un lot de toros de José Samuel Pereira Lupi, lidiés par Ruiz Miguel, *Nimeño II* et Sánchez Cubero. R.B.

FLOJEDAD. Faiblesse, asthénie.

FLOJO (*faible, mou*). Toro faible de pattes. Rappelons le jeu de mots du critique espagnol Navalón qui titra ainsi un de ses articles : « Les Samuel Flores sont devenus les Samuel Flojos » (faibles). Généralement utilisé associé à *de remos* (de pattes). La faiblesse de trop de toros constitue un véritable problème dont les causes sont multiples et encore non déterminées. Certains pensent qu'il pourrait exister un gène « chute » comme il y aurait un gène « bravoure ». La génétique le dira peut-être un jour. P.M.

FLORES passe de la. Passe de muleta citée de face, pieds joints, exécutée avec le dos de la muleta, comme une naturelle, et attribuée à Victoriano de la Serna.

FLORES Samuel
LÓPEZ FLORES Manuela Agustina
Origines : Parladé et Gamero Cívico
Devises : bleu, incarnat et or (S.F.) et bleu, incarnat et blanc (M.A.L.F.)
Anciennetés à Madrid : 22 avril 1928 (S.F.) et 25 septembre 1864 (M.A.L.F.)
Propriétés : « El Palomar », Povedilla (Albacete) et « Los Alarcones », Baños de la Encina (Jaén), Espagne

Cette double propriété achetée en 1796 par l'ancêtre du propriétaire actuel Samuel Flores Romano, Gil Flores, est un des fleurons de l'élevage du toro de lidia.

Gil Flores commença par acquérir du bétail de race Jijona qui se trouvait dans les prés de Villarubia de los Ojos et il utilisa quelques sementales de Ripamilan. La ganaderia évolua, grâce à d'autres composantes ganaderas en provenance d'Olea, Veragua et Santa Coloma.

Samuel Flores est le septième descendant de Gil Flores. Il utilise le fer d'origine, un F, qu'il maintient en guise de label, et possède aussi la marque O dont l'origine est différente : son grand-oncle Samuel acheta le fer de la ganaderia d'Olea qui, après être passé dans les mains de Melquiades et Leonardo, arriva dans celles de sa mère en 1926, date à laquelle l'oncle Samuel acheta à Juan Dominguín une partie de la ganaderia Gamero Cívico (origine Parladé). La même année, la deuxième partie de l'élevage Gamero Cívico est vendue aux Señores Blanco puis cédée à Domingo Ortega y Tassara.

La dernière partie des Cívico appartient de nos jours à Lamamié de Clairac. Samuel Flores Romano manquait d'expérience quand il dut s'occuper rapidement des toros, suite à la grave maladie de son oncle, qui l'emporta en 1973. L'élevage subit une longue période difficile, de 1965 à 1989.

La propriété Los Alarcones est le domaine des mâles et sementales. Les exemplaires que l'on peut voir quelquefois en compagnie de cervidés sont impressionnants, généralement longs et ensillado, ils possèdent des armures développées et effilées, souvent dirigées vers le haut, et ont un caractère combatif, affrontant souvent avec classe le tercio de piques. La caste qu'ils possèdent leur donne allant et noblesse au troisième tercio. La propriété El Palomar, dans la province d'Albacete, regroupe des vaches et occasionnellement des lots qui seront combattus dans l'année. C'est le siège de la Sociedad Agropecuaria Sierra Morena, dirigée par Samuel Flores Romano, qui gère les activités agricoles et la ganaderia. Ch.C.

FLORES GONZÁLEZ José, *Camará*. Né à Cordoue le 7 mai 1899, il commence dans sa ville natale le 4 avril 1915 en compagnie de *Machaquito II* face à des novillos de Pablo Torres. Puis il prend l'alternative le 21 mars 1918 à Madrid, face à *Amargoso*, toro de Benjumea, cédé par José Gómez *Gallito* avec *Saleri II* pour témoin.

Sa carrière de torero est modeste et c'est comme apoderado qu'il devient célèbre en s'occupant de *Manolete*, dont il fera un torero historique. Il modifie les données du marché taurin, marque ses exigences : diminution de l'âge, du poids et des armures des toros, augmentation sensible des cachets des matadors, droit de regard sur les cartels, choix des compagnons de lidia et des ganaderias. Il est mort à Madrid le 25 février 1978. R.B.

FOGUEADO (de *fogueo*, munition, tir). Situation d'un toro qui, naguère, se voyait clouer des banderilles à feu pour manque de bravoure.

FORCADOS. Toreros portugais qui, à la fin de la lidia d'un toro selon les normes du Portugal (toro combattu à cheval mais auquel on ne place pas le rejón de mort), arrêtent de face et à mains nues, sans leurre, la charge de l'animal. Les forcados sont habillés avec le costume traditionnel de la région d'élevage portugaise d'où ils sont originaires et constitués en un groupe qui se place face au toro de la manière suivante : le premier, mains sur les hanches, appelle le toro ; lorsque celui-ci charge, le torero recule jusqu'à presque toucher celui qui le suit et se précipite alors sur le frontal, entre les cornes du toro, et enserre le cou avec les bras et le mufle avec les jambes. Le deuxième s'accroche à lui et les autres viennent en renfort pour tenir le toro, le dernier se saisissant de la queue de l'animal. Ils fixent le toro et celui qui tient la queue s'arc-boute ; pendant que ses camarades se retirent, il reste seul accroché. Le toro essaie de s'en saisir et le torero se laisse traîner en tournant sans lâcher la queue jusqu'à ce que le toro, fatigué, s'arrête. Le forcado s'éloigne alors. Cette manière d'arrêter la bête est dangereuse surtout à cause des risques de fractures qu'elle présente, car souvent la charge ne peut être maîtrisée et les hommes sont projetés et obligés de fuir. R.B.

FORTUNA.
Voir MAZQUIARÁN TORRÓNTEGUI Diego.

FOSSOYEURS (*enterradores*). Nom donné aux banderilleros de la cuadrilla qui, après l'estocade donnée par le matador, font tourner le toro avec leurs capes.

Cette manœuvre a pour but d'étourdir la bête, mais l'épée provoque aussi dans ces mouvements des lésions profondes qui accélèrent son effet. R.B.

FOURBURE. Congestion inflammatoire des tendons des pattes du toro.

FRACASO. Prestation désastreuse exécutée par un matador et soulignée par la bronca du public. Certains maestros les subissent sans sourciller, en particulier les matadors dits artistes, qui n'acceptent de toréer que si le toro leur convient et sont capables de déroutes mémorables, mais vite oubliées, devant les autres. R.B.

FRAGOSA la.

Voir SÁNCHEZ Dolores.

FRAILE Juan Luis
(Juan Luis Fraile y Martín)
Origines : Conde de Santa Coloma et Graciliano Pérez-Tabernero
Devise : bleu ciel et sable
Ancienneté à Madrid : 17 février 1895
Propriétés : « Cojos de Robliza », Robliza de Cojos (Salamanque), « Monte Abajo », Villalba de los Llanos (Salamanque) et « San Lorenzo », Tabera de Abajo (Salamanque)

Fernando Pérez-Tabernero est le fondateur de cet élevage en 1884. Lorsqu'il disparaît en 1911, ses fils se partagent l'ensemble du troupeau. L'un deux, Graciliano Pérez-Tabernero, affine sa sélection puis décide d'éliminer l'ensemble du bétail. Il achète au comte de Santa Coloma une centaine de vaches ainsi que deux étalons. En 1939, une grande partie de l'élevage de Graciliano Pérez-Tabernero est vendue à José Escóbar Barrilaro. Toutefois, la famille Pérez-Tabernero conserve son fer d'origine ainsi qu'un petit nombre de vaches et un étalon. L'élevage passe alors au nom des fils de Graciliano Pérez-Tabernero. En 1962, le lot de l'épouse de Graciliano est vendu à Javier Sánchez Ferrero, qui le cède par la suite à Germán Pimentel Gamazo et Matías Sanromán Fraile. Sous leur direction, l'élevage prend l'appellation de « Jarales de Huelmos » mais le troupeau est vendu en 1973 à Juan Luis et Nicolás Fraile Martín. Juan Luis s'éteint en 1999 et ses héritiers prennent le relais en conservant la dénomination de « Juan Luis Fraile y Martín ».

Élevage mythique du panorama ganadero, le fer de Juan Luis Fraile fut popularisé en France au début des années 1980. Pendant de nombreuses saisons l'élevage de la famille Fraile fit les beaux jours des arènes du Sud-Ouest. On vit les toros de Fraile à Vic-Fezensac mais aussi à Bayonne où certains exemplaires effectuèrent de spectaculaires sauts en contre-piste, venant accidentellement « embrasser » les spectateurs du premier rang ! Toro puissant par excellence, le Fraile est aujourd'hui encore combattu dans les principales arènes, même si les vedettes ne se bousculent pas pour le toréer. Lors de la féria de San Isidro 1999, un exemplaire fut gratifié d'un tour de piste posthume et remporta tous les prix du toro le plus brave. Sous l'impulsion de la dynamique Carolina Fraile, l'élevage continue de figurer dans les férias importantes. Certains exemplaires font parfois passer des moments difficiles aux toreros, comme ce fut le cas le 3 juin 2000 à Saragosse où l'un des toros, revenant à Luis Francisco Esplá, fut condamné aux banderilles noires. Couper une oreille à un toro de Fraile n'est pas chose aisée lorsque le bagage technique d'un torero est assez limité. Marí Paz Vega eut le cran de les affronter en 2000 dans les arènes bordelaises de Floirac sans toutefois rencontrer le succès escompté. Régulièrement programmé à Madrid, l'élevage fut présent en 2002 à Aignan et un toro fut sélectionné pour la corrida-concours de Vic-Fezensac. Doté de longues et puissantes charges, avec une caste permanente, le toro de Juan Luis Fraile fait partie des préférés des aficionados, de par la richesse de ses origines et son comportement en piste. C.C.

FRAILE Moisés
Origine : Atanasio Fernández-Lisardo Sánchez
Devise : rouge et jaune
Pas d'ancienneté à Madrid
Propriété : « Puerto de la Calderilla », Tamames (Salamanque)

Cet élevage formé en 1996 avec des vaches et des étalons du Puerto de San Lorenzo, second fer de l'élevage de Moisés Fraile, a rapidement intégré les lots du célèbre fer de Salamanque. Trois ans après son inscription officielle à l'Unión de Criadores de Toros de Lidia, l'élevage a notamment fourni un toro à Saragosse au cours de la saison 1999, qui a été combattu par *el Juli*. L'année suivante, le torero madrilène triompha à Albacete en coupant les deux oreilles d'un toro du même fer. Actuellement, l'élevage de Moisés Fraile est en train de s'implanter dans le panorama ganadero des novilladas de grande catégorie : en 2001, un lot bon lot de novillos fut envoyé à Vista Alegre (Madrid), permettant à Leandro Marcos et Matías Tejela de couper un trophée chacun. C.C.

FRANKLIN Sidney. Matador atypique, puisqu'il est américain, né à New York en 1905, il est fasciné par la tauromachie et n'hésite pas à traverser l'Atlantique pour aller en Espagne assouvir sa passion. Il trouve la possibilité de faire son apprentissage puis des contrats et se présente même à Séville le 9 juin 1929 en compagnie de *Camará II* et d'Echevarría, devant des novillos de Rufino Moreno Santamaría. Il se présente ensuite à Madrid, le 25 juillet suivant. Retourné dans son pays pendant toute la durée de la guerre, il revient en Espagne en 1945, bien décidé à recevoir l'alternative malgré ses quarante ans. Il réalise son rêve devant *Tallealto*, toro de la ganaderia de Sánchez Fabrés, alternative octroyée par *el Estudiante* en présence de *Morenito de Talavera*. Premier matador de toros de nationalité américaine, il se retira dans son pays et disparaîtra à New York de 26 avril 1976. R.B.

FRASCUELO.
Voir ESCOLAR MARTÍN Carlos Ruiz.

FRASCUELO.
Voir SÁNCHEZ POVEDANO Salvador.

FRAUDES sur le toro de combat. Il y a toujours eu, il y aura toujours une pègre taurine dont l'aspiration est d'amoindrir le toro pour en diminuer le danger et en quelque sorte prendre des garanties contre tout fâcheux accident venant interrompre une fructueuse moisson quand ce sont les vedettes qui officient.

Sans entrer dans des détails, citons, parmi les fraudes généralement évoquées :

• *Tromperie sur l'âge* : les novillos doivent avoir entre trois et quatre ans, les toros au-delà de quatre ans. Avant le décret d'avril 1968 imposant le marquage à l'année (*voir aussi* ÂGE), cette tromperie était monnaie courante, les figuras affrontant une majorité de novillos engraissés pour faire illusion. Il arrivait que le certificat de naissance de l'animal soit un faux, qu'il soit grossièrement gratté, surchargé ou qu'on livre à l'organisateur un animal différent de celui inscrit sur les certificats. À moins que les deux tatouages prévus par le règlement soient absents (un tatouage au-dessus du coude et un autre au pli de l'aine) ou manifestement apposés ultérieurement. La tromperie sur l'âge s'exerce également par l'absence de marquage chez des animaux ayant largement dépassé l'âge de l'être, ce qui autorise un marquage « à la demande » le moment venu. Précisons qu'une telle pratique (rarissime) ne s'effectue que chez des éleveurs de second ordre souvent en difficultés financières et vendant difficilement quelques toros pour des arènes de troisième ordre. Elle se pratique encore par l'apposition, en l'absence d'un représentant de l'autorité ou avec sa complicité, du fer de l'année antérieure ou par surcharge du fer initial de l'année de naissance, procédé grossier ne trompant personne comme cela fut le cas dans

l'« affaire Bohórquez » de Dax (4 juillet 1976). Lourdement sanctionné (deux ans d'interdiction), l'éleveur fut hélas amnistié dans les semaines suivantes !
• *Afeitado* (voir ce mot).
• *Drogues* (voir ce mot). P.M.

FREG CASTRO Luis. Né à Mexico en 1888, il est connu dès 1908, tout en étant employé aux douanes, comme maniant l'épée avec dextérité, avant même d'avoir revêtu son premier costume de lumières qu'il porta le 26 décembre 1909 dans les arènes de Mixcoac. De 1910 à 1934, il sera une figure familière des ruedos mexicains, espagnols et français ; il aura d'ailleurs en France une grande réputation.

En 1910, il reçoit une alternative locale, non reconnue, dans les arènes d'El Toreo à Mexico des mains de *Lagartillo chico*. Arrivé en Espagne, il renouvelle son alternative le 25 août à Alcalá de Henares et la confirme le 24 septembre de la même année à Madrid en présence de *Mazzantinito* qui lui cède un toro d'Olea. C'est un grand tueur qui se jette entre les cornes avec fougue, presque toujours une belle réussite, et souvent une blessure grave !

Ces chocs successifs plus ou moins sérieux, parfois très sévères, ne modifient pas son comportement. Véritable miraculé avec ses quatre-vingts blessures n'étant la plupart du temps pas compatibles avec la science médicale de l'époque, il reçut quatre fois l'extrême-onction ! Le 6 juin 1912, à Séville, il est touché à l'abdomen d'une cornada qualifiée de très grave ; le 25 septembre 1914 à Cordoue, il subit une lésion sérieuse ; le 23 mai 1915, à la pose des banderilles, la corne pénètre le muscle de sa cuisse lui infligeant une plaie de dix centimètres de profondeur sur une longueur de dix-huit ; le 25 avril 1921, il est gravement touché par un toro de Palha à Madrid ; le 3 août, il est blessé par un toro de Veragua ; le 3 octobre, il est sérieusement atteint à Madrid, encore par un Guadalest, qui lui inflige une grave plaie au ventre ; le 9 mars 1922, il reçoit son plus important traumatisme à Mexico provoqué par un pensionnaire de la ganaderia San Nicolás Peralta ; cela ne l'empêche pas de couper une oreille à Madrid le 8 octobre suivant et d'obtenir dans les mêmes lieux, le 24 mai 1924, un triomphe au moins égal à celui qu'il avait rencontré dans les arènes d'Algesiras le 21 juin 1914 avec un adversaire provenant de l'élevage de González Nandín. Pendant toute sa carrière, on le verra beaucoup en France, y compris à Paris aux arènes de Lutèce dans un combat sans mise à mort en compagnie de *Saleri II*.

En 1930, il publie ses mémoires dans un périodique mexicain. Lors d'une banale excursion privée en bateau aux environs de Veracruz, l'embarcation qui emportait vingt personnes se retourna, faisant dix-neuf morts noyés dont Luis Freg. Seul un jeune garçon, qui relatera la catastrophe, réussit à se sauver.

Luis Freg laissera dans les annales tauromachiques le souvenir d'un homme très valeureux et d'un torero héroïque. J.B.T.

FREGOLINA ou ORTEGUINA. Passe de cape qui débute comme une gaonera, cape dans le dos, et se poursuit en faisant virevolter la cape comme dans une revolera avec un changement de main, et se clôt par une nouvelle gaonera. C'est une passe chatoyante imaginée par Romero Freg en 1926. R.B.

FRÉJUS (France. Nice 50 km). Sur la Côte d'Azur française, Fréjus (48 000 habitants) est la seule ville où se pratique la tauromachie en corridas intégrales.

Ancien oppidum celto-ligure, la cité aurait été fondée par Jules César qui y aurait organisé un marché gîte d'étape sur le chemin de l'Italie à l'Espagne. Après l'assassinat de César, Antoine rejoignit Fréjus avec quarante mille hommes. La ville prend de l'importance et on y établit même un grand arsenal où se construisirent les vaisseaux qui participèrent à la bataille d'Actium. Fréjus comptait alors 40 000 habitants. Après le démantèlement de l'Empire, les Sarrasins détruisent la ville en 940. Fréjus ne retrouvera plus sa splendeur passée, mais elle s'est bien adaptée au tourisme, avec sa sœur jumelle Saint-Raphaël. Sa population est de 11 500 habitants.

Les arènes romaines pouvaient accueillir 12 000 spectateurs et sont maintenant bien dégradées car ne peuvent plus y accéder que 3 000 personnes. La première corrida y a été donnée le 4 juillet 1985 avec Dámaso González et José Antonio Rodríguez *Campuzano*, devant des toros de la ganaderia de Pilar Población, et en ouverture le rejoneador Manuel Vidrié. R.B.

FRENTE POR DETRÁS de. Passe de cape donnée en tenant le leurre dans le dos et le matador se présentant de dos pour citer. Quand le toro charge, il donne le passage en pivotant d'un quart de tour pour éviter la corne.

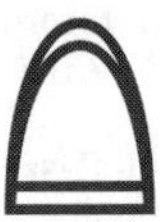

FRÍAS Eugenio
(Eugenio Frías Piqueras)
Origines : Luis Gamero Cívico et Hermanos Vergara González (branche Torrealta)
Devise : corinthe et or
Ancienneté à Madrid : 11 octobre 1987
Propriété : « Sabiote », Villamanrique (Ciudad Real)

Il faut remonter à la fin du XVIIIe siècle pour découvrir les racines de cet élevage fondé par Atanasio de Lamo avec des têtes de bétail de José Jijón. Enrichi d'un apport de vaches du marquis de Cúllar de Baza, l'élevage passe ensuite entre les mains de José de Lamo, fils d'Atanasio. L'héritier direct de José Lamo, Jerónimo Frías, prend en charge le troupeau en 1914 et y ajoute huit ans plus tard un lot de vaches du duc de Veragua. Le choix de sélection de Frías est confirmé en 1928 avec l'apport d'un nouvel étalon de Luis Melgarejo Tordesillas : *Canastillo*. José Tomás Frías poursuit le travail de son père Jerónimo et décide de rafraîchir le sang de l'élevage avec un étalon de Samuel Flores : *Cigarrón*. Il ajoute par la suite au troupeau un lot de cinquante vaches de Domingo Ortega ainsi que l'étalon *Tetuano* issu du même élevage. Les fils de José Tomás Frías prennent la succession de leur père lorsque celui-ci disparaît. L'un d'entre eux, Eugenio, achète en 1979 les droits du fer de Miguel Báez *Litri*, modifiant le dessin. Sur cette base de bétail, Eugenio Frías forme un nouvel élevage à partir de la part d'héritage reçue de José Tomás Frías. En 1994, l'élevage change de direction en matière de sélection : l'étalon *Fugitivo*, n° 16, du troupeau d'Hermanos Vergara, est intégré au troupeau d'Eugenio Frías. Dans ses veines coule un sang de pure origine Torrealta, en lignée directe avec l'encaste Domecq. Ce choix est confirmé deux ans plus tard avec l'achat d'un autre étalon provenant du même élevage de Vergara, *Aldeano*, n° 48.

Le nom de Frías fait partie des « célébrités » dans le répertoire des éleveurs espagnols. Moins souvent programmés, les toros d'Eugenio Frías sortent principalement dans les arènes espagnoles de troisième catégorie lors de spectacles populaires. Les novilladas et corridas de rejón assurent l'essentiel des ventes pour l'élevage avec une moyenne annuelle de vingt toros pour un nombre identique d'oreilles coupées. La France eut l'occasion en 2000 de redécouvrir cet ancien élevage lors des débuts en novillada formelle du torero landais Julien Lescarret, à Brocas-les-Forges. Accompagné de Roque Garijo et José de la Villa, Lescarret coupa une oreille. C.C.

FRÍAS Luis
(Herederos de Luis Frías Piqueras)
Origine : Luis Gamero Cívico
Devise : rouge et blanc
Ancienneté à Madrid : 6 août 1961
Propriétés : « Zabala », « Casa del Collado » et « La Solana », Villamanrique (Ciudad Real)

Tout comme l'élevage d'Eugenio, l'histoire de ce fer débute à la fin du

XVIIIe siècle lorsque Atanasio de Lamo fonde son troupeau avec des têtes de bétail de José Jijón puis avec des vaches de Cúllar de Baza. L'élevage passe successivement entre les mains de son fils, José, puis de Jerónimo Frías (1914). Ce dernier intègre au cheptel en 1922 un lot de vaches de Duque de Veragua ainsi que l'étalon *Canastillo*, issu de l'élevage de Luis Melgarejo Tordesillas, d'origine Veragua et Conde de la Corte. Lorsque Jerónimo Frías s'éteint, l'élevage passe au nom de ses fils sous l'appellation de « José Tomás Frías y Hermanos ». Ceux-ci enrichissent le troupeau d'un lot de cinquante vaches et d'un étalon baptisé *Tetuano*, tous marqués du fer de Domingo Ortega et de pure origine Parladé. L'élevage est partagé en 1957 et Luis Frías Piqueras acquiert dans un même temps le fer de Luis Flores Sánchez. Après diverses modifications concernant le marquage de l'élevage et l'élimination de quelques lots de vaches, Luis Frías Piqueras met l'élevage sous son seul nom. Il ajoute au cheptel un lot de vaches et l'étalon *Peloto* que son épouse María Cortés Fernández Martínez avait achetés à Domingo Ortega. Luis Frías Piqueras disparaît en 1975 et l'élevage est alors mis au nom de ses héritiers.

Les toros importants :

• *Ovacionado*, nº 23, combattu le 19 juillet 1964 à Madrid (dépouille du toro fortement ovationnée).

• *Roncador*, nº 151, combattu à la féria d'Albacete en septembre 1967 (tour de piste posthume pour la dépouille du toro).

• *Pedigüeño*, nº 141, combattu à Rojales (Murcie) en mars 1988 par Tomás *Campuzano*.

• *Acostado*, nº 34, combattu à Tarazona de la Mancha (Albacete) en août 1988 par *Manili* (tour de piste posthume pour la dépouille du toro).

La famille Frías possède de nombreux élevages et celui-ci fait partie de ceux qui continuent à vendre régulièrement des lots de toros. Toutefois, on les rencontre surtout aujourd'hui dans les corridas de villages où ils sont combattus à pied ou à cheval. L'un de ces toros, *Cascabel*, nº 128, blessa mortellement le torero José Mata au moment où celui-ci lui portait l'estocade. Ce drame s'est déroulé le 25 juillet 1971 au cours de la corrida inaugurale des arènes de Villanueva de los Infantes (Ciudad Real). C.C.

FRITA FALCÃO José Carlos, *José Falcón*. Fils d'un boucher, *José Falcón* était également petit-fils et neveu de banderilleros. Né à Aldeia de Povoas (Portugal) le 30 août 1942, il fréquente durant quatre ans l'école taurine de Badajoz et porte son premier costume de lumières à Coruche (Portugal) le 15 avril 1963. Sa première novillada piquée a lieu le 25 mai 1967 à Mérida. Il débute en France, à Céret, le 6 août suivant avec Antonio Briceño et *el Bormujano* et coupe une oreille face à des novillos de Rocío Martín Carmona.

Sa présentation à Madrid a lieu le 19 mars 1968 en compagnie de Bienvenido Luján et Gregorio Lalanda face à des novillos de María Cruz Gomendio. *José Falcón* coupe trois oreilles et sort en triomphe.

Il prend l'alternative le 23 juin 1968 à Badajoz ; son parrain, Paco Camino, lui cède le toro *Norteño*, de la ganaderia portugaise d'Alberto Cunhal Patricio. Le 23 juillet 1968, à Mont-de-Marsan, ses débuts de matador en France sont discrets. Il partage l'affiche avec Paco Camino et *el Cordobés* pour affronter des toros de Joaquín Buendía. La cérémonie de confirmation d'alternative à Madrid a lieu le 27 juillet 1969 avec pour parrain Vicente Punzón et pour témoin Aurelio García Higares ; le toro qui échoit à *Falcón* porte le nom d'*Arrollano* et appartient à la ganaderia portugaise de José Manuel Murteira Grave. Le rejoneador Gaston Santos complétait le cartel. Le 8 août 1974 à Béziers, il estoque, dans le cadre de l'opéra *Carmen*, ce qui sera son dernier toro affronté en France.

Engagé à Barcelone le 11 août 1974, il fait le paséo en compagnie de Manolo Cortés et Paco Bautista ; grièvement blessé par le deuxième toro de la course, *Cuchareto*, de la ganaderia Hoyo de la Gitana, *José Falcón* meurt à 23 h 12.

Matador rustique mais d'un courage extrême, il était surtout un remarquable banderillero. Ne refusant aucun élevage, il jouissait en France d'une excellente réputation et comptait de nombreux amis. Au cours de sa carrière de matador, il a pris part à 161 corridas dont 17 en Amérique. Sa meilleure saison fut celle de 1970 au cours laquelle il honora 31 contrats. R.A.

FUEGO. Avant les années 1950, quand un toro était particulièrement couard (*manso perdido*) et donc difficile à piquer, le président ordonnait les banderilles de feu, munies d'un pétard qui explosait lors de la pose. On les a maintenant remplacées par les banderilles noires qui sont signe d'infamie pour la ganaderia.

FUENTE YMBRO
Origine : Domecq
Devise : vert
Pas d'ancienneté à Madrid
Propriété : « Fuente Ymbro-Los Romerales », San José del Valle (Cadix), Espagne

Appartenant à Ricardo Gallardo Jiménez, cette ganaderia, à l'origine composée essentiellement de produits Jandilla, a été créée en 1996. En général, les éleveurs qui ont acheté du Jandilla réussissent assez bien. Mais quand ce type de bétail (Domecq) ne développe pas les qualités offensives espérées, le fracaso est plus important que chez n'importe quel autre encaste. On en profite alors pour mettre en avant l'aspect du toro *commercial*, terme réfuté par l'éleveur qui partage le concept du toro *artiste* défendu par Juan Pedro Domecq et maintient 100 % de souche Jandilla.

La ganaderia de Fuente Ymbro est répartie sur deux fermes : « Los Romerables » et « Fuente Ymbro », soit deux propriétés qui représentent 500 hectares situés dans la province de Cadix, aux abords de San José del Valle. Dans ces lieux d'élevage, on découvre tous les profils de terrains. Parmi ses installations, il y a un *taurodrome*, piste circulaire au profil varié afin que les utreros (toros de trois ans) pratiquent la course tous les deux jours. Le ganadero, convaincu de l'efficacité de cette méthode, indique que cela permet aussi de déceler d'éventuels problèmes physiques. Ricardo Gallardo possède une troisième propriété de 700 hectares divisée en pâturages et terres cultivées dans la même province, entre Arcos de la Frontera et Bornos. Ch.C.

FUENTES RODRÍGUEZ Manuel, *Bocanegra*. Fils du banderillero Manuel Fuentes *Canuto*, il est né le 21 mars 1837 à Cordoue et il débute très jeune dans la cuadrilla enfantine d'Antonio Luque *Camará* comme banderillero. Puis il commence, dès quinze ans, comme banderillero dans la cuadrilla du fils de Luque et de José Sánchez *Poleo*. En 1855 et 1856, il travaille sous les ordres de José Rodríguez *Pepete*. En 1857, Manuel Domínguez *Desperdicios* le considérant suffisamment prêt lui octroie l'alternative le 31 août 1862 au Puerto de Santa María. Ce jour-là, *Bocanegra* tue quatre toros d'une « manière admirable ». Il confirme son alternative le 5 mai 1864 des mains de *Curro Cúchares* qui lui cède *Romito*, toro de la ganaderia portugaise de don José de la Peña, dans les arènes de Madrid, où il était venu pour la première fois le 16 juin 1861 comme sobresaliente de Julián Casas et de Manuel Domínguez. On le verra pour la dernière fois à Madrid le 16 juin 1889, en remplacement de *Frascuelo*, pour l'inauguration des nouvelles arènes ; son dernier toro s'appelait *Chaparro*, de la ganaderia d'Agustín Solís.

Le 20 juin 1893, il assiste comme spectateur à une novillada dans la petite ville de Baeza. Un des jeunes toreros étant en grande difficulté, il saute dans le ruedo et veut faire un quite. Malheureusement, il reçoit une cornada de quarante centimètres qui déclenche une péritonite foudroyante dont il meurt le lendemain. R.B.

FUENTES SÁNCHEZ José. José Fuentes Sánchez est né le 16 février 1944 à Linares (Jaén). Dirigé par le célèbre manager de toreros Rafael Sánchez *el Pipo*, il revêt son premier habit de lumières le 17 juillet 1962 avant de débuter en novillada formelle le 19 avril 1963, avec Paco Moreno et Julio Gómez face à des novillos de Julio Garrido, dans les arènes de Linares. Après Barcelone, le 24 juin 1963, José Fuentes débute dans les arènes de Madrid le 3 octobre 1964 en compagnie d'Agustín Castellano *el Puri* et de Vicente Puzón face à du bétail d'Antonio Pérez de San Fernando, et coupe une oreille.

Après un apprentissage rapide mais complet de novillero, José Fuentes est sacré matador de toros le 18 avril 1965 à Málaga par Antonio Ordóñez, en présence de Carlos Corbacho, face au toro *Buenas Tardes* de l'élevage de Carlos Núñez. Le torero de Linares confirme son doctorat à Madrid le 30 mai de la même année avec un cartel identique à celui de l'alternative. José Fuentes combat ce jour-là le toro *Luminoso*, de Pablo Romero, et coupe l'oreille du sixième exemplaire lors d'une course dominée par Antonio Ordóñez.

À l'issue d'une corrida à Linares le 12 octobre 1977, José Fuentes se coupe la coleta après avoir combattu quatre toros de Domingo Ortega et deux de Marqués de Ruchena. Moins de deux ans plus tard, en 1979, il décide de revenir sur sa décision et repart en campagne en Europe ainsi qu'en Amérique latine. Au début des années 1990, José Fuentes suspend à nouveau sa carrière afin de s'occuper de l'École taurine de Linares.

Lorsqu'on parle de José Fuentes, les aficionados évoquent immédiatement l'élégance naturelle, la facilité apparente et la suavité des gestes du torero de Linares. Parfois mis à l'index par une frange du public qui lui reprochait son abus du pico comme une tricherie, José Fuentes excellait avec l'épée dans l'exécution du classique volapié.

Ancien apprenti-chausseur, il a connu une trajectoire rapide, guidé par le Pipo, qui venait de se séparer d'avec *el Cordobés*. En 1963, José Fuentes prend part à trente-trois novilladas puis cinquante-six paséos l'année suivante. Au cours de cette brillante campagne, il affronte notamment seul six novillos d'Escudero Calvo dans les arènes d'Aranjuez (Madrid) en coupant un total de sept oreilles avant de triompher à la Real Maestranza de Séville. Une fois sacré matador par Antonio Ordóñez, il confirme rapidement son alternative des mains du même parrain – comme Ordóñez avait l'habitude de faire – et connaît une grande série de triomphes. Fuentes réalise ainsi en 1965 une faena extraordinaire à Barcelone mais se fait grièvement blesser par le toro de Garcigrande. En 1966 et 1967, il réalise ses deux meilleures saisons et torée chaque année une soixantaine de courses. Après un passage à vide, il retrouve son meilleur niveau, change d'apoderado et se signale à Séville et Madrid. Malheureusement, un nouveau coup de corne reçu à Huesca ralentit sa trajectoire : un toro portugais de Louro Fernández de Castro le blesse au cou et lui paralyse la moitié du visage. Retiré à la fin de la saison 1977, il revient en 1979 et distille quelques bons après-midi dans les arènes de Jaén et de sa province. Le 12 octobre 1981, José Fuentes réalise un nouvel exploit en ouvrant la Grande Porte des arènes de Madrid après une corrida d'Hermanos Fraile. Il offre un dernier geste chez lui, à Linares, en 1988, en combattant un lot de Miura aux côtés de deux autres figuras, Roberto Domínguez et *Espartaco*.

José Fuentes a participé à sa dernière corrida le 18 juin 1999 dans les arènes d'Ecija, partageant le cartel avec Enrique Ponce et *el Juli* face à des toros de Teófilo Segura. Les historiens de la tauromachie lui reconnaissent de grandes aptitudes pour le toreo, mais observent aussi qu'il lui a souvent manqué une certaine combativité et une réelle envie de s'imposer parmi les meilleurs toreros. Lidiador de qualité, il a toujours entretenu des rapports passionnels avec le public. Celui de Madrid lui reprochait assez fréquemment le recours technique du pico, ce qui ne l'empêcha pas de couper un total de dix oreilles sur le sable de Las Ventas. Grièvement marqué par les coups de corne, José Fuentes demeure aujourd'hui encore l'un des toreros les plus respectés et reconnus de la profession. C.C.

FUENTES Y ZURITA Antonio. Il est né à Séville le 15 mars 1869 et c'est après quelques capeas chez *Cara-Ancha*, qui excellait dans la pose des banderilles à l'écart, qu'Antonio fit ses débuts en tant que banderillero ; une partie de sa renommée qui fut grande reposait sur sa façon de poser les banderilles et plus particulièrement dans cette suerte « al quiebro » où il dépassa son maître. Il fait sa présentation à Madrid toujours en tant que banderillero le 31 mai 1891, et à l'automne de cette année-là on le voit paraître en tant que matador de novilladas où il alterne souvent avec *Bombita*. En 1892, il fait ses armes chez *Cara-Ancha* et perfectionne sa technique. Il le quitte l'année suivante et reçoit l'alternative à vingt-quatre ans, le 17 septembre 1893 à Madrid, des mains d'*el Gallo II* (le père de *Joselito* et de Rafael *el Gallo*), devant *Corredor* de la ganaderia de José Clemente avec un grand succès. *Guerrita* se retire et c'est en quelque sorte en partie par la grâce de ce dernier qui se plaisait à dire avec une certaine morgue : « Après moi personne, après personne : Fuentes », qu'Antonio va être considéré comme son successeur. Il est vrai que, malgré son apathie, sa réputation est grande et il est appelé en 1899 à inaugurer la première grande arène de Mexico. Sa nonchalance va être bousculée par l'arrivée de concurrents redoutables, *Bombita* et *Machaquito*, qui ont respectivement pris l'alternative en 1893 (à dix-neuf ans pour *Bombita*, ce qui est extrêmement jeune pour l'époque) et en 1900, à vingt ans, pour *Machaquito*. Sérieusement blessé à Saragosse en 1903, il en garde une légère claudication qui ne lui interdit pourtant pas d'améliorer son art. Champion des fausses sorties, il se retire solennellement en 1908 et... torée l'année suivante en Amérique du Sud. Dès 1910, il reparaît en Espagne jusqu'en 1914, mais sa décadence commence dès 1911 où le 24 juin, à Madrid, il est très décevant. Dans les premières années du siècle, à l'apogée de sa gloire, il est un artiste d'une remarquable élégance tant dans son allure générale que dans son toreo ; d'un physique avenant, bien bâti, il possède un répertoire un peu juste à la cape mais sa véronique admirablement templée convient à ses contemporains ; aux banderilles il surprend par sa technique et sa légèreté, à la muleta il est presque exclusivement droitier et tue de manière plus habile qu'académique. Malgré sa réputation de relative mollesse, il se précipitait efficacement au quite pour venir en aide aux confrères en difficulté. Il s'est éteint à Séville le 9 mai 1938. J.B.T.

FUERA ! (littéralement, « *Dehors !...* »). Exhortation lancée par certains spectateurs acrimonieux à un torero particulièrement en difficulté et paniqué, ce qui n'est pas le meilleur moyen de l'aider à surmonter ce moment difficile. Ces spectateurs mécontents, avec leurs critiques acerbes, passent pour compétents aux yeux des néophytes, ce qui n'est généralement pas le cas. R.B.

FUERA DE CACHO. Qualifie un torero qui travaille avec beaucoup de prudence et loin des cornes pour éviter tout risque d'être atteint ; ce peut être le cas de ceux qui, la corne passée, se jettent sur le toro pour maculer la corne de sang. Cette attitude est inesthétique et manque souvent d'efficacité. Mais un torero peut parfois être *fuera de cacho* afin de ne pas peser sur la trajectoire d'un toro réservé, de manière à lui « donner du voyage ». R.B.

FUNDI el.
Voir PRADOS MARTÍN José Pedro.

FUNDÓN. Étui en cuir destiné à recevoir les épées.

FURTIVOS, ou apprentis clandestins. Si le seul authentique professeur est le toro qui, de sa corne, sanctionne les erreurs des débutants et inscrit sa vérité dans leur chair, encore faut-il le rencontrer. La plupart des apprentis sont introduits dans les élevages par un père, un oncle ou un frère, matador ou banderillero. Ils ont de la sorte beaucoup moins de difficulté à faire leurs premières armes et à s'instruire par la pratique. Au milieu de la petite arène attenante au pâturage, l'aspirant-torero n'a pas encore à sacrifier au spectacle – comme plus tard face au public – et ne se soucie que d'acquérir ou de parfaire son bagage technique. Là, entre gens de métier, il s'agit d'abord de tirer de la bête ce qu'elle a de bon et de le montrer à l'éleveur qui ne se prive pas de multiplier ses instructions.

De Paco Camino à *Espartaco*, les futures vedettes furent souvent fils de banderilleros moyens, à peine moyens, et autres hommes de peine de l'arène. D'autres ne pouvaient se prévaloir d'aucune ascendance taurine, même modeste, et les portes des tientas leur demeurèrent longtemps fermées.

Cette communion avec le fauve, Juan Belmonte devait en découvrir le langage nocturne à Tablada, aux portes de Séville. On courait à tâtons dans l'obscurité. On étendait trop tard les bras. On se cognait contre l'invisible ennemi. Il faisait si noir qu'on ne distinguait pas toujours le toro après l'avoir éloigné du reste du troupeau. Bientôt, un coin de campagne s'éclairait comme la rampe d'un théâtre, les lampes à acétylène, dérobées à un cirque ambulant, brillaient dans les ténèbres, là où Belmonte et sa bande avaient réussi à acculer le fauve. Les gardes ne découvriraient pas de sitôt le stratagème qui permettait de s'entraîner les nuits sans lune, quand se relâchait la surveillance. Sur cette autre rive du Guadalquivir, où Belmonte n'aborde qu'après s'être dévêtu et avoir traversé le grand fleuve à la nage, il s'enfonce tel un hors-la-loi dans un monde réprouvé à la poursuite du fantastique animal.

Dès l'âge de neuf ans, *el Cordobés* a couru les chemins et vécu l'existence misérable et picaresque des torerillos, ces mendieurs de rêves. Il sillonne toute l'Andalousie, vit d'aumône et de rapine, se nourrit souvent d'oseille et de glands, de l'herbe même des toros. Les peines s'abattent sur lui, corrections et bastonnades brutales par la garde civile, emprisonnement de trois mois à Cordoue pour vagabondage sur la propriété d'autrui. C'est alors que s'affirme l'irréductibilité d'un caractère. Il gagne une fois de plus les terres de don Félix Moreno, symbole de la plus haute autorité, de l'ensemble des interdits qui pèsent sur lui et l'empêchent d'avoir accès aux fauves des élevages. Félix Moreno est le seigneur féodal de Palma del Río, celui que sa brutalité faisait nommer Bismarck par ses ouvriers : il a commandé les représailles d'août 1936 contre les républicains et fait fusiller dix hommes pour chaque toro tué sur ses domaines.

Tel est le despote que va défier *el Cordobés* sous l'aspect d'un étalon gracié dix ans plus tôt dans une arène pour sa bravoure. Il se glisse en fraude à la faveur de la nuit de pleine lune et opère un choix judicieux de son adversaire. Il engage le combat sans merci et se décide enfin au suprême attentat : la mise à mort consommée avec une baïonnette rouillée trouvée au bord du Guadalquivir, vestige du premier été de la Guerre civile. « Fenomenal, fenomenal », rien ne pourra lui faire oublier désormais le tremblement de tout son corps quand il a senti l'étalon contre lui comme d'autres l'amour ! Plus tard, devenu célèbre, lorsqu'il se dégagera sans rompre sur un retour offensif du fauve et déchaînera l'enthousiasme, l'ex-paria ne se souciera guère de délicatesse et de pureté. Avec un large sourire provoquant, presque un rictus, c'est cette existence de chapardage et d'exclusion qu'il mettra en jeu entre les cornes.

Dans le froid et l'humidité de la nuit les toreros novices, les néophytes illuminés de Sanlúcar de Barrameda, se glissent vers les marais du Coto de Doñana, ils ont rendez-vous, entre salicornes et chênes-lièges, avec de grandes vaches rouges et teigneuses qu'ils caresseront contre leurs corps et qui, en échange, les marbreront de coups. Ensorcelés par les démons et merveilles de ce royaume irréel, de vase et de brume, de l'embouchure du Guadalquivir, ils seront tout, les *Limeño*, Parada, *Marismeño*, *Mangui*, sauf des produits d'académie. Ces étranges braconniers n'apprécieraient guère d'être nommés professeurs à l'école de tauromachie parce qu'on y apprend aux élèves à toréer de salon, pour la seule beauté du geste, mais à vide, comme on tire à blanc ou boxe contre les ombres. Ils préfèrent initier au toreo furtif les déshérités de l'arène que leur passion dévore.

À treize ou quatorze ans, Paco Ojeda, garçon sauvage et renfermé, ne tremblera pas à cause d'un méchant vent qui s'est levé de l'océan et le mord. Le souffle des naseaux de la bête le secoue d'un long frisson de peur et de plaisir mêlés. Lui aussi vient de contracter la fièvre pour les toros qui ne le lâchera plus aux heures de détresse et de solitude.

Bientôt, les réactions bruyantes et intempestives des spectateurs rebuteront cet introverti et, comme Belmonte, il éprouvera l'urgence de se retremper dans la clandestinité. À Tablada comme au Coto de Doñana, on ne connaissait pas d'autres barrières que le libre horizon. La corrida n'était pas encore un métier, mais une exaltation qu'on assouvissait en secret et avec des ruses de rebelle. Il arrive qu'il faille briser l'engrenage du succès, se ressourcer à l'époque héroïque où l'on risquait l'accrochage pour rien, pour le seul plaisir d'errer à l'aventure.

À Tablada, ce n'est qu'enroulé dans la fureur de la charge que Belmonte transformait le fauve en complice. L'attaque à bout portant le soulevait dans une extase et il s'attachait à d'autant plus la serrer et garder très près au moyen de sa veste-blouse. Sinon la nuit lui dérobait son adversaire et ses poignards menaçaient de s'acharner à l'improviste. Plutôt rester collé à lui que de le laisser se perdre à nouveau dans l'obscurité environnante.

Ainsi s'expliquera-t-il sur son toreo révolutionnaire qui l'amènera à substituer aux galipettes des jambes de la tauromachie dansée en vogue l'allonge et la magie des bras et le magnétisme de l'étoffe capable de recueillir le fauve et de la maintenir toujours à sa portée.

Ce n'est pas l'idéal quand on affronte un toro de patauger dans la boue ou de barboter dans les flaques d'eau d'un marécage. Paco Ojeda, s'il foule un morceau de terrain sec et solide, s'accroche à la position. Il se sent devenir ombre volumineuse sous la lune que chaque geste agrandit jusqu'à la démesure et dont la vache s'inquiéterait du trop d'agitation. Donc, bouger le moins possible. Parce que leurs moyens de combat ne procèdent d'aucun arbitraire, ces autodidactes finissent par triompher devant les spectateurs que les forces de la surprise conquièrent.

Le succès venu, Paco Ojeda conserva à ses côtés Diego Robles, un ancien novillero témoin de ses escapades. Ce Pygmalion, accoucheur de rêves, ne cessa jamais de croire en l'étoile de Paco Ojeda et cette foi tenace aida le torero à surmonter sa peur de l'échec. Tant qu'il reviendrait s'ouvrir de cape face à la nuit propice du marais pour se passer cette violence à la ceinture et en apaiser la fureur, ni l'un ni l'autre ne douteraient de la victoire.

Ils ont défié les gardiens du troupeau et les tenants de l'ordre établi, les voilà désormais de l'autre côté de la barrière.

Il arrive que, pour le meilleur et pour le pire, ces insoumis se lassent de combattre avec le contrôle du bon technicien en réponse à l'exigence de la multitude. Un jour ou l'autre, ils n'aspirent plus qu'à retrouver les tâtonnements du désir curieux, comme lorsqu'ils forçaient les bêtes et leurs fantasmes par vents et marées et que cette traque leur révélait l'intensité de leur faim.

S'ils ne se mettent pas en goût, portés par la formidable vague d'exaltation d'une existence buissonnière qui les rendait à eux-mêmes, Belmonte et Ojeda, que transmettront-ils au public qui en vaille la peine ? Et il leur semble se contrefaire sous les regards. *El Cordobés* a beau confesser que le toro en lui-même ne lui dit rien, que c'est seulement pour séduire les foules que le fauve l'inspire, il n'en demeure pas moins fidèle à l'image du paria intraitable qui brisait les clôtures pour batailler avec les vaches dans leur enclos et en revenait en lambeaux. Sa formation sur le tas le rend hostile à l'apprentissage encadré des écoles de tauromachie : coulés dans un moule plus uniforme, les forts en thème, à son estime, se contentent de reproduire le toreo sans imprégner leurs faenas d'une vie propre. Ils œuvrent avec beaucoup de finesse, mais s'appliquent trop à être exemplaires pour se révéler exceptionnels.

J.M.M.

G

GACHO (*bas*). Toro aux cornes implantées très bas, tombantes, exagérément dirigées vers le sol.

GAGNER DU TERRAIN. Lorsque le torero accueille son toro par des véroniques près des barrières, on dira qu'il gagne du terrain quand, à chaque passe, il avance vers le centre de la piste, prenant ainsi, peu à peu, l'ascendant sur le toro. Cette attitude est particulièrement perceptible en début de lidia. Mais il en est de même à la muleta : généralement le torero commence sa faena près des barrières afin de prendre en main son adversaire (car rares sont ceux qui se placent d'entrée au centre de la piste, en citant de loin, pour une passe telle que la pedresina), et s'éloigne vers le centre afin d'affirmer sa domination. Dans le cas contraire, si le torero ne gagne pas du terrain vers le centre, c'est le toro qui va s'imposer en se serrant de plus en plus, en prenant l'ascendant sur l'homme et en le plaçant progressivement dans une position dangereuse.

Le torero gagne donc du terrain quand il progresse vers le centre ; à l'inverse le toro en gagne quand il repousse le torero vers les barrières ou le force à reculer. Si l'animal a une charge vicieuse, difficile, menaçante, dénotant du sentido, le torero devra reculer pour éviter la blessure. Mais s'il veut arriver à maîtriser son adversaire, il lui faudra quand même s'imposer. R.B.

GALACHE Francisco (Francisco Galache de Hernandinos)

Origines : Félix Urcola et Vega-Villar, séparément
Devise : vert et rouge
Ancienneté à Madrid : 16 juin 1904
Propriétés : « Hernandinos », Villavieja de Yeltes (Salamanque) et « Medias Fuentes », Olmedo de Camaces (Salamanque)

Ce fer est fondé à partir de l'élevage de Conde de Vistahermosa appartenant à la lignée Barbero de Utrera. Celui-ci passa successivement entre les mains de José Antonio Adalid (1890), Félix Urcola (1902) et Curro Molina (1918). C'est en 1930 que José María Galache devient le propriétaire du troupeau. En 1953, il divise l'élevage en trois parts égales pour ses fils. Francisco Galache hérite donc d'une part et acquiert de sa mère par la suite un nouveau lot de vaches et d'étalons en 1969. Depuis, l'élevage maintient les deux lignées d'Urcola et de Vega-Villar de manière séparée.

Les toros importants :
- *Cochetero*, nº 66, combattu à Valence en 1969 (tour de piste posthume pour la dépouille du toro et octroi de deux oreilles pour le torero ; prix Plata del Hogar et du meilleur toro de la féria).

• *Velito*, nº 27, combattu à Salamanque en 1978 (trophée Toro de oro de Información y turismo et prix du meilleur toro de la corrida-concours).
• *Galón*, nº 22, combattu à Salamanque en 1979 (tour de piste posthume pour la dépouille du toro et octroi de deux oreilles et la queue pour le torero ; trophée du meilleur toro de la féria de la peña taurine de Salamanque).
• *Bargueto*, nº 10, combattu à Barcelone en 1980 (octroi de deux oreilles pour le torero et prix de la peña Los Victorinos pour le meilleur toro de la saison à Barcelone).
• *Pajarero*, nº 30, combattu à Barcelone en 1983 (octroi de deux oreilles pour le torero et prix de la peña « Los Victorinos » pour le meilleur toro de la saison à Barcelone).
• *Habladote*, nº 73, negro bragado meano, 500 kg, combattu à Gijón (Asturies) le 14 août 1994 par Víctor Mendes (vainqueur de tous les prix de la féria).
• *Lunato*, nº 12, negro bragado meano, 550 kg, combattu à Salamanque le 18 septembre 1994 par Manuel Caballero (vainqueur de tous les prix de la féria).

Autre nom mythique de l'élevage en Espagne, le fer de Francisco Galache fait combattre chaque année entre cinquante et quatre-vingts toros dans des arènes espagnoles de troisième catégorie. L'élevage opère pourtant quelques sorties remarquées chaque année à la Monumental de Barcelone, arène de première catégorie. En 1999, un lot fut même envoyé en France lors de la Romería de Mauguio, où le Nîmois Marc Serrano coupa une oreille. Très apprécié des toreros dans les villages espagnols, l'élevage de Francisco Galache continue de cultiver deux races de sang bravo de plus en plus rares. Parfois sauvages et agressifs au fer du picador, les toros de Galache sont de grands combattants, chargeant sans répit dans les leurres qui leur sont présentés. Il faut toutefois des mains expertes pour pouvoir les manier et rares sont les vedettes qui osent aujourd'hui défier de tels toros. Entre 1999 et 2002, des toreros belluaires comme Tomás *Campuzano*, Miguel Rodríguez (Barcelone, 2000) et *el Califa* remportèrent quelques succès face à cet élevage de légende. Au même titre que Flores Tassara, l'élevage de Francisco Galache est programmé de manière croissante dans les corridas de rejón. C.C.

GALACHE Salustiano (Herederos de Salustiano Galache)
Origine : Félix Urcola
Devise : gris et vert
Ancienneté à Madrid : 16 juin 1904
Propriété : « Campocerrado », Martín de Yeltes (Salamanque)

L'historique de l'élevage de Salustiano Galache est semblable à celui de Francisco Galache de Hernandinos, avec la fondation d'un troupeau à partir de têtes de bétail de Conde de Vistahermosa, d'origine Barbero de Utrera. José Antonio Adalid (1890), Félix Urcola (1902), Curro Molina (1918) et José María Galache (1930) sont les différents propriétaires de l'élevage. En 1938, José María Galache laisse ses fils prendre la direction du troupeau. Quinze ans plus tard, l'élevage est divisé en trois parts égales : Salustiano, l'un des trois fils de José María, hérite du fer et de la devise de Félix Urcola.

Comme le fer de Francisco Galache, l'élevage de Salustiano est abonné depuis quelques saisons aux arènes espagnoles de troisième catégorie. Peu de toreros osent se frotter à l'encaste de Félix Urcola et les quelques téméraires qui vont les défier le font principalement dans les villages où le public, très festif, est peu exigeant d'un point de vue technique. Un lot important fut combattu en 1999 dans les arènes françaises de Millas et permit au novillero de l'époque, Sergio Aguilar, de couper une oreille. Certains toros de cet élevage réunissent pourtant de grandes qualités : ainsi, le 4 mai 2002, une grande corrida de ce fer fut combattue dans les arènes de Villanueva de Perales (Madrid), les deux premiers toros furent gratifiés d'un tour de piste posthume après avoir laissé les deux oreilles et la queue dans les mains de Pepín Jiménez et José Luis Bote. Jiménez, plutôt considéré comme un esthète du toreo, et Bote, habitué aux batailles les plus rudes, purent se rendre compte des qualités du bétail et décliner une tauromachie très profonde. C.C.

GALÁN CASERO Antonio José. En a-t-il donné des sueurs froides aux spectateurs, lorsqu'il se préparait à donner l'estocade, ayant jeté la muleta, et se profilant avec seulement un mouchoir dans la main gauche ! Il se jetait littéralement entre les cornes, s'appuyant de la main gauche sur le frontal, plongeant l'épée avec une détermination qui tenait du désespoir, puis, soulevé par le toro, se retrouvait voltigeant et retombant avec plus ou moins de bonheur sur le sable. Le plus étonnant c'est qu'il s'en sortait généralement bien et que ce tremendisme fou lui valait de couper des oreilles, car le public, stupéfait par cette témérité, lui faisait une ovation.

Antonio José Galán est né dans la province de Cordoue, à Bujalance, le 19 novembre 1948. Attiré par la tauromachie et bouillant d'afición, il reçoit des leçons de Rafael Ortega et commence à Mijas, à proximité de Málaga, le 9 juillet 1968 en compagnie de Salvador Vega et *el Conquistador*. Après des novilladas piquées débutées en 1969, il se présente à Madrid le 28 mars 1971 face à un lot de Pío Tabernero avec Germán Ureña et Raúl Aranda. Il reçoit l'alternative le 9 mai 1971 à Málaga, devant un toro de Manuel Álvarez à qui il coupe les deux oreilles en présence de Miguel Márquez et Jaime González *el Puno*. Suit la confirmation madrilène le 16 mai 1972 par Miguel Mateo *Miguelín* et Curro Romero. Il confirme aussi au Mexique, avec Antonio Lomelín et Mariano Rángel, le 19 janvier 1975. Le toreo vaillant mais totalement contraire aux normes de Galán lui attire les foudres des aficionados puristes, mais enchante les spectateurs qui aiment les émotions fortes. Doué d'un courage phénoménal, d'une témérité exceptionnelle, Galán, qui n'a pas de grandes ressources techniques, compense par des faenas que nul n'oserait faire tant les risques volontairement encourus sont énormes. Il s'était retiré depuis de nombreuses années quand il fut victime d'un accident de voiture le 12 août 2001. R.B.

GALÁN IZQUIZERDO Sergio. Ce jeune rejoneador est né à Madrid le 23 août 1980 et commence dans la carrière en faisant sa présentation le 17 août 1997 à Los Hinojosos en Espagne. C'était sa première participation comme professionnel et ce fut un succès puisqu'il coupa ce jour-là quatre oreilles et une queue.

Il débute au Portugal le 12 avril 1998 à Santa Eulalia devant des toros de la ganaderia de Rimarp et il obtient une vuelta.

Il se présente en France à Pérols, près de Montpellier, le 5 août 1998, devant un lot de toros des frères Tardieu et triomphe avec trois oreilles.

Il obtient d'autres résultats brillants, en particulier à La Guardia le 27 septembre 1998, en compagnie de João Moura, coupant quatre oreilles dont deux avec Moura et obtenant ainsi le trophée de la féria. R.B.

GALINDO GONZÁLEZ Raúl. C'est en compagnie de Luis Miguel Campano et du Français André Viard, que Raúl Galindo fait sa première novillada piquée, face à cinq novillos de Bernardino Giménez et un de François André, le 14 juillet 1983 dans la petite cité de Vieux-Boucau. Né le 25 octobre 1964 à Madrid, Raúl Galindo participe à 47 novilladas avant de recevoir l'alternative le 2 août 1988 à Azpeitia, province de Guipúzcoa, devant *Cancionero*, de la ganaderia Concha y Sierra, des mains de *Litri* et en présence de Rafael Camino. Le 16 avril 1989, il confirme à Madrid devant *Nutri*, toro de la ganaderia d'Isaías et Tulio Vázquez. Son parrain est Juan Carlos Vera et son témoin *Morenito de Jaén*. Sa première course en France a lieu le 10 août 1991 à Fréjus, en compagnie d'Emilio Oliva et d'*el Quitos* devant des toros de Mario Vinhas. Puis il fait sa présentation en Amérique du Sud, le 25 juin 1995 à Chotas, au Pérou, devant des toros de Roberto Puga en compagnie de Juan José Trujillo et de Ricardo Ortiz. R.B.

GALLEANDO. Course préparatoire à la pose des banderilles, lorsque le matador se fait poursuivre en zigzaguant avant de se retourner prestement pour planter les bâtonnets. On parle aussi de *quite galleando* lorsque l'homme exécute la passe appelée *galleo*. R.B.

GALLEO. Passe de cape aujourd'hui tombée en désuétude, au cours de laquelle le torero mettait sa cape sur les épaules, pendante dans le dos, et se faisait poursuivre en la balançant de manière à obliger le toro à changer de direction alternativement. Lorsqu'en 1914, le jeune *Joselito el Gallo* voulut la remettre au goût du jour, il demanda à Paco *Frascuelo*, déjà âgé, de la lui enseigner. R.B.

GALLITO.
Voir GÓMEZ ORTEGA José.

GALLO el.
Voir GÓMEZ GARCÍA Fernando.

GALLO el.
Voir GÓMEZ ORTEGA Rafael.

GALLON Aimé et fils
Origines : Lescot-Parladé et Hermanos Sampedro (Juan Pedro Domecq)
Devise : vert et noir
Ancienneté de création : 1956
Propriété : « Mas d'Icard », Mas-Thibert, France

Situé en Crau sur la commune de Mas-Thibert, l'élevage de la famille Gallon s'étend sur 400 hectares dont 100 consacrés à la culture du foin de Crau. Soixante-dix vaches – qualifiées d'« anciennes » par Michel Gallon, car appartenant à l'encaste d'origine de l'élevage, même si une sélection interne s'est opérée entre-temps – partagent un premier enclos avec un reproducteur d'origine Domecq. Un autre enclos éloigné regroupe cent vaches et deux sementales achetés en 1999 et 2001 dans la province de Séville à la ganaderia d'Ángel et Juan Antonio Sampedro, bétail de pure souche Juan Pedro Domecq y Díez.

En 1993, les Gallon présentèrent une novillada de qualité dans les arènes de Lunel. La première corrida fut combattue dans les arènes d'Aignan, par Curro Durán, Felipe Martins et Domingo Valderrama. Parmi les bons résultats de la ganaderia Gallon, il faut noter le premier prix obtenu par le toro *Garobo* lidié par Mario Coelho en 2000, dans les arènes de Saint-Martin-de-Crau lors d'une corrida-concours qui regroupait notamment les élevages de Justo Nieto, Hubert Yonnet, Pérez-Tabernero, François André. Ch.C.

GALLOSO.
Voir FERIA FERNÁNDEZ José Luis.

GANADERIA. Ensemble de toros appartenant à un même propriétaire et destinés à la corrida. Élevage dans le sens d'entreprise : patrimoine foncier, bétail, renommée.

GANADERO. Propriétaire d'un élevage de toros destinés à être vendus à des organisateurs pour être combattus dans les plazas au cours des corridas.

GANADO (*troupeau*). Tout l'ensemble des mâles et femelles bravos vivant sur la propriété.

GANADO VACUNO. Troupeau de bovins.

GAÑAFÓN. Coup de corne violent et vertical porté par le toro en direction de la tête du torero qui l'incite généralement à se méfier ou à abréger sa faena.

GAONA Y JIMÉNEZ Rodolfo. Rodolfo Gaona exécuta pour la première fois la passe appelée *gaonera* par un critique taurin de l'époque, à Mexico le 23 juin 1910 et à Madrid le 7 avril de l'année suivante ; elle fit grand effet sur le public : c'était ni plus ni moins la renaissance, revue et corrigée, d'une suerte tombée en désuétude « de face et par-derrière » qu'Ojitos, banderillero de *Frascuelo* installé au Mexique, lui transmit sans doute. Mais elle était quelque peu différente dans le répertoire de l'époque. *Frascuelo* la tenait sans doute de Cayetano Sanz, celui-ci de *Pepe-Hillo* qui l'aurait découverte dans le patrimoine taurin de la région de Navarre ou d'Aragon...

Rodolfo, né le 22 janvier 1888 à León de los Adalmas au Mexique, était un garçon de stature moyenne, mais si bien proportionné, que comme certains édifices « il avait l'air bâti au nombre d'or » me disait il y a quelques années une très vieille dame qui avait assisté à une corrida à Bayonne où Gaona figurait au cartel.

Il est formé par Saturnin Frutos *Ojitos* qui avait créé à Mexico une école taurine. En 1905, son professeur l'estime prêt et le présente le 1er octobre à Mexico où il prend part à plus de cent courses avant de partir pour l'Espagne. Il n'y est pas immédiatement admis ni reconnu et doit faire ses preuves avant de se voir accorder une alternative espagnole le 31 mai 1908 des mains d'un certain *Jerezano* qui lui cède *Rabanero* et repart au Mexique pour y mourir le 7 octobre 1912 à Veracruz d'une cornada au bas-ventre.

Rodolfo confirme le 5 juillet 1909 alternant avec *Saleri* (Juan Sal Lopez) qui lui livre *Gordito* de l'élevage de González Nandín. Le 15 juillet, il inaugure avec *Bombita II* et *Machaquito* les arènes de Vista Alegre et il semble que ces années soient les meilleures de sa carrière. Mais il va toréer jusqu'en 1925 : très inégal, rarement dominateur, son caractère inconstant et son tempérament nonchalant le rendent irrégulier et souvent hasardeux ; mais il était d'une suprême élégance, d'une grande perfection plastique et d'un classicisme absolu, particulièrement à la cape où les suertes les moins courantes n'avaient pas de secret pour lui, et également un très grand banderillero esthétique, harmonieux et sincère. En revanche, à la muleta il n'était pas toujours déterminé et ses coups d'épée à la hauteur de sa qualité artistique. Il aura rivalisé avec *Bombita II* (Ricardo Torres Reina), *Machaquito*, Vicente Pastor, *el Gallo*, *Joselito* et Belmonte. Il combat jusqu'en 1925, se coupe la coleta le 12 avril dans les arènes de Mexico et meurt à quatre-vingt-six ans, le 20 mai 1975.

On aura vu Rodolfo Gaona dans les arènes françaises mais aucune de ses faenas n'y emporta un succès considérable, sauf peut-être à Arles le 6 juillet 1913 où il fut excellent devant son premier Miura, subissant une débâcle au second, et le 7 septembre de la même année à Bayonne où la critique lui est favorable. En revanche, à Nîmes, il ne peut rien démontrer devant des toros indignes d'Esteban Hernández ; le 3 octobre 1913 et le 23 septembre suivant devant des Villagodio il fait trop piquer le premier qui s'effondre avant les banderilles. Hué à l'entrée du second par un public frustré et peu amène, il ne banderille pas, surpris par les réactions de l'assistance, et expédie son deuxième adversaire. N'ayant pas rencontré de succès à Nîmes, il n'y revint jamais. Il faut rappeler que Claude Popelin (cela n'engage que lui), établissant le panthéon des douze plus grands toreros de l'Histoire, classe Rodolfo Gaona à la septième place. J.B.T.

GAONERA. Passe de cape brillante et d'une réelle beauté plastique qu'on peut qualifier de « passe de face dans le dos ». Rodolfo Gaona l'exécuta pour la première fois dans les arènes de Mexico le 23 janvier 1910, puis dans celles de Madrid le 7 avril 1911. Le public, qui n'avait jamais vu un torero faire passer le toro devant lui, corps découvert, lui fit un triomphe. Pour l'exécuter, quand le toro est fixé, le torero se présente de face, à distance, fait passer la cape derrière son dos, par-dessus la tête, dans un large mouvement qui la déploie et attire l'attention de l'animal. Lors de la charge de celui-ci, il l'accompagne en donnant la sortie de toute la largeur du leurre tenu bras tendu et en pivotant dans le sens de la course. De cette manière, il se trouve prêt à recevoir à nouveau le toro avec l'autre bras et à le faire passer de l'autre côté. C'est une passe à haut risque parce que le toro frôle le corps de l'homme. R.B.

Gaonera

GARCÍA Julio, *Palmeño.* Originaire de Palma del Río, province de Cordoue, où il est né le 23 mai 1900, *Palmeño* commence dans des capeas, puis se présente le 1er août 1926 à Cordoue. Le 24 juin 1927, il se produit à Madrid, en compagnie de Félix Merino et d'Andrés Merida, face à des novillos de Francisco Molina. Il prend l'alternative le 25 septembre 1928, avec comme parrain José García *Algabeño*, face aux toros de Pablo Romero. Il confirme le 31 mars 1929 à Madrid, face à *Jabato*, toro de don Florentino Sotomayor, en présence de *Fortuna* et de Pablo Lalanda. Mais, contre toute attente, en 1934, il renonce à son alternative et revient comme novillero, puis, en 1935, il décide de se retirer des ruedos et termine son existence dans sa ville natale, Palma del Río, le 24 février 1971. R.B.

GARCÍA CUESTA Manuel, *el Espartero.* Il est né à Séville le 18 janvier 1865 ; son père fabriquait des espadrilles, d'où son apodo. Il va débuter très tôt, trop tôt peut-être pour acquérir une technique approfondie et il n'est pratiquement pas subalterne ou très peu de temps. Toutefois, c'est en tant que banderillero qu'il se produit pour la première fois en public le 8 octobre 1882 – il a dix-sept ans ! Dès 1884, il tue des novillos et prend l'alternative le 13 septembre 1885 devant *Carbonero*, toro de Saltillo, des mains de *Gordito* à Séville et confirme le mois suivant à Madrid avec *el Gallo*. Il faut croire que cet homme dégageait un énorme charisme car sa réputation dans toute l'Espagne, et particulièrement à Séville, passe l'imagination. N'est-il pas représenté couronne en tête dans un café de Tarragone et devant cette représentation royale chacun ne doit-il pas se découvrir ! Il n'a pourtant pas laissé d'autre réputation que celle d'un immense courage, d'un homme certainement très émouvant par son immobilité dans les cornes, utilisant le terrain, ce qui fera la gloire de Belmonte qu'il annonce d'une certaine manière. Son travail à la muleta, presque toujours tenue de la main gauche, était son point fort et à la cape, sa demie véronique a laissé des souvenirs à ses contemporains ; mais il était peu adroit aux banderilles et n'était pas non plus un tueur irréprochable. Malgré tout, sa gloire et sa réputation sont immenses et il fait partie de son vivant d'une sorte de légende ; il entre dans les refrains et rengaines populaires : on mange à *l'espartero*, on fume à *l'espartero*, on marche comme lui et on se coiffe à sa façon ; en un mot il devient la tierce personne de tout foyer sévillan. Il n'est pas l'homme du jour, mais de toujours, et de chaque heure du jour. Ses innombrables blessures témoignent de sa bravoure et, sans doute, d'une technique quelque peu hasardeuse. Il savait pourtant enthousiasmer le public sévillan d'habitude plus puriste. Son inexpérience ne l'empêchait pas de rester pieds cloués au sol dans le terrain du toro, d'où les volteretas et sévères cornadas jusqu'à l'ultime infligée par un toro de Miura et qui lui fut fatale le 27 mai 1894 à Madrid. Tant à Madrid qu'à Séville, son enterrement donna lieu à de grandes manifestations et suscita une immense émotion populaire. Son énergie et sa droiture dans la vie n'avaient d'égal que son comportement dans l'arène ; on raconte qu'ayant estoqué d'une épée insuffisante un de ses adversaires, c'est son péon qui fit tomber le toro d'un coup de cape sec et discret et le puntilla immédiatement. L'oreille accordée, Manuel la tendit au péon, lui déclarant qu'il la méritait plus que lui. J.B.T.

GARCÍA DEL CAÑO Juan Carlos. Après 92 novilladas piquées, Juan Carlos García del Caño, né le 19 septembre 1970 à Jaén, reçoit l'alternative des mains d'Ortega Caño en présence d'Enrique Ponce, dans les arènes de Jaén, le 9 avril 1995. Il coupe l'oreille de *Malandado*, toro de la ganaderia de Cetrina, et coupera deux oreilles à son second adversaire. Le 2 juillet 1995, il confirme à Madrid devant *Castellano*, toro de la ganaderia de Cernuño auquel il coupera l'oreille, devant Pepín Jiménez, parrain, et Miguel Rodríguez, témoin. Il fait ses débuts en France le 19 mai 1996 à Alès, lors d'une corrida-concours en compagnie d'*el Fundi* et de Miguel Rodríguez, devant l'exemplaire du curé de Valverde. Torero volontaire et engagé, habitué aux corridas difficiles, il affronte avec courage et pugnacité des adversaires dangereux. R.B.

GARCÍA ESCUDERO Ignacio Rafael, *Albaicín*. Fils d'une célèbre modèle du grand peintre Ignacio Zuloaga dont il était le filleul, Ignacio Rafael García, né le 5 juillet 1919 à Madrid, vient assez tardivement au toreo. Ce n'est qu'à l'âge de vingt et un ans qu'il commence en public au cours d'un festival à Madrid. Il revêt son premier costume de lumières le 22 mai 1941 à Logroño et débute avec picadors à Barcelone le 21 septembre de la même année.

Après avoir toréé 57 novilladas, c'est à Madrid, le 17 octobre 1943, qu'il reçoit l'alternative des mains de Joaquín Rodríguez *Cagancho*, avec pour témoin de la cérémonie Rafael Vega de los Reyes *Gitanillo de Triana*, face à *Huevero*, toro de la ganaderia d'Ignacio Sánchez.

Garçon particulièrement cultivé, musicien, poète, comédien (il a tourné une quinzaine de films), *Albaicín* quitte la profession en 1950 après avoir pris part à 72 corridas. Sa dernière prestation en Espagne a lieu le 17 septembre à Valencia de Don Juan en compagnie d'*Angelete* et de Pablo Lalanda face à des toros de Ramos Hermanos. Son ultime corrida a lieu au Portugal le 29 octobre.

Installé un temps à Paris en qualité de distributeur de films, s'adonnant ensuite au commerce automobile, il avait également des intérêts dans une société bordelaise. Il meurt le 3 septembre 1981 à Madrid. R.A.

GARCÍA GIMÉNEZ Juan, *el Mondeño*. Moine-torero ?... torero-moine ? Juan García hésitera longtemps entre le couvent et les ruedos, puis finira par épouser Lolita Casado, son apoderada, en 1970 après que cette dernière eut annulé les quelques contrats signés...

Né à Puerto Real, faubourg de Cadix, le 7 janvier 1934, et bien qu'il ait participé à un certains nombre de spectacles taurins, sa carrière débute vraiment en 1956, où il prend part à huit novilladas piquées cette année-là et à une quinzaine l'année suivante. Il est blessé deux fois, le 18 juillet à La Línea et le 6 octobre à Zafra. Il triomphe le 7 juillet à Séville en compagnie de Curro Romero et coupe deux oreilles.

On le voit couper une oreille à Madrid en 1958 et il prend l'alternative le 29 mars 1959 à la Maestranza avec Ordóñez et Manolo Vázquez, devant un toro de Moreno de Guerra. Il est très souvent blessé, toréant dans des terrains impossibles. Il confirme à Madrid avec les mêmes figuras au cartel, Antonio lui concédant *Bilbaínito*, un Atanasio Fernández de 496 kg. Sa carrière se déroule en grande partie dans le nord de l'Espagne.

En 1963, il annonce sa retraite au double sens du terme puisqu'il se retire chez les Dominicains et revêt l'habit monastique le 30 août 1964 sans toutefois prononcer de vœux définitifs. Il ne reste qu'une année au couvent et on le retrouve devant les toros au Portugal et à Marbella le 3 avril 1966 en compagnie de Paco Camino et du *Cordobés* ; cette fois il triomphe et coupe trois oreilles à Séville le 16 avril, recevant au passage un coup de corne dans le triangle de scarpa. Sa carrière va diminuant jusqu'à son mariage en 1970. Si *el Mondeño* n'a jamais été au niveau des grandes figures de son époque, il s'en est souvent approché, obsédé par le style de *Manolete* : hiératisme, froideur, sérénité... On compte quelques apparitions en France : il coupe deux oreilles à Arles le 3 juillet 1960 avec un toro du duc de Pinohermoso. Il est venu à Nîmes le 5 août 1962 sans laisser grand souvenir. À son sujet, le critique taurin Cañabate nous laisse ce témoignage : « Cet homme n'a jamais été diminué par les blessures. Il est vaillant et serein. Dommage qu'il ait manqué de piquant, dommage qu'il n'ait pas davantage allongé les bras [...]. Dommage encore qu'il ait perdu de l'assurance à la mort. » J.B.T.

GARCÍA HIGARES Óscar José, *Óscar Higares*. Né le 22 juillet 1971 à Madrid, fils du matador salmantain García Higares, Óscar José se présente pour la première fois avec picadors le 11 mai 1991 à Valdemoro, province de Madrid, avec Julián Zamora et *Paquiro* devant des novillos de Gabriel García. Il fait sa présentation à Las Ventas le 6 octobre 1991 avec Miguel Martín et Juan de Felix, devant des novillos d'Ortigão Costa. Après 75 novilladas, il reçoit l'alternative le 12 octobre 1992 à Madrid des mains de Roberto Domínguez, avec pour témoin Pepe Luis Vázquez, face au toro *Licencioso* de Manolo González.

C'est à Béziers, le 18 juillet 1993, qu'il débute en France avec Víctor Mendes et Luis de Pauloba, devant *Corremuito*, toro de Murteria Grave. Le 3 décembre 1993, il torée en compagnie de Paco Barona et de Manolo Sánchez des toros de Campuzano Núñez, à Quito en Équateur. Puis il confirme à Mexico le 15 janvier 1995 devant *Mandamas*, toro de Piedras Negras, avec comme parrain David Silveti et comme témoin *Armillita Chico*. À la fin de 2001, il avait effectué au total 296 paséos.

Torero vaillant, habitué aux combats difficiles, il s'exprime avec courage et s'engage dans tous les moments de la lidia. R.B.

GARCÍA JIMÉNEZ
(Hermanos García Jiménez)
Origines : Juan Pedro Domecq y Díez et Jandilla
Devise : rose et bleu
Pas d'ancienneté à Madrid
Propriété : « Zarzosillo de Arriba », El Cabaco (Salamanque)

L'élevage de García Jiménez a été fondé en 1875 par José Torres y Díez avec une partie du troupeau des héritiers de José María Benjumea. Luis Gamero Cívico rachète l'ensemble en 1901 et élimine les origines de Benjumea avant de céder l'élevage à José Gamero Cívico. Le troupeau passe successivement entre les mains des frères Goyzueta (1918), Andrés López Chaves (1920), Fabián Mangas (1926), Lorenzo Rodríguez (1928), Benito Martín Rodríguez et Juan Sánchez Tabernero (1942), et enfin Francisco Ramírez Bernaldo de Quirós (1950). Ce dernier disparaît trois années après son acquisition et ses héritiers se partagent l'élevage en 1957. L'un des lots revient à Carmen Ramírez Zurbano. En 1972, celle-ci vend le troupeau à Leonardo Vázquez Masa ; mais ce dernier le cède peu de temps après à Antonio Rubio Dutroit. Manuel Navarro Sabido rachète l'ensemble en 1975, modifie le fer, et revend l'élevage sept ans plus tard aux fils de José Ortega. Antonio Borrero García leur rachète le troupeau en 1985 et annonce l'élevage sous l'appellation de « Villalba ». Deux ans plus tard, Antonio García Jiménez acquiert l'ensemble du troupeau et modifie à son tour le fer. Il insère en 1989 des vaches de Peñajara avant d'éliminer progressivement les origines antérieures. L'année 1991 marque un changement radical de sélection pour l'élevage avec l'intégration au troupeau de vaches et d'étalons de Jandilla, d'origine Domecq.

Assez rare dans les arènes de première catégorie, l'élevage de García Jiménez figure pourtant à une place respectable dans la hiérarchie ganadera. L'apport de sang Jandilla a permis à l'élevage de sortir d'un certain anonymat et d'être combattu par les principales vedettes de la tauromachie. Ainsi, un lot de García Jiménez fut lidié en ouverture de la féria de Pâques, à Arles, le 15 avril 1995, par *Espartaco*, César Rincón et *Litri*. Quelques toros de ce fer avaient également foulé le sable nîmois l'année précédente lors de la corrida du lundi de Pentecôte et dont le cartel était composé de José María *Manzanares*, *Espartaco* et César Rincón. Chaque année, au moins un tour de piste posthume est accordé à la dépouille d'un toro de García Jiménez : ce fut le cas à Utiel (Valence) en 1999 après une superbe faena d'Enrique Ponce, et à Lagunilla (Salamanque) au cours de l'été au terme d'un travail très engagé du modeste Julián Guerra. La journée du 12 juin 2001 fut particulièrement intense puisqu'un exemplaire de l'élevage reçut également un tour de piste posthume à Madrid, dans les arènes couvertes de Vista Alegre. Précédemment, Enrique Ponce lui avait servi un festival de grand toreo, lui coupant deux oreilles avec maestria. Le torero de Valence avait d'ailleurs franchi la Grande Porte des arènes madrilènes de Vista Alegre aux côtés de Miguel Abellán. Les autres produits de García Jiménez permirent également les succès de toreros vedettes comme José María *Manzanares* et *el Juli* lors de l'alternative d'*el Fandi* (Grenade, 2000) ainsi que de *Finito de Córdoba* (Saragosse, 2001). C.C.

GARCÍA RODRÍGUEZ José, *el Algabeño.* Né à La Algaba dans la province de Séville le 21 septembre 1875, il est rapidement attiré par les toros. Il est remarqué par le Sévillan Mata qui organise pour lui une novillada le 9 décembre 1894 avec des novillos de Miura où il apparaît avec Francisco Carillo et Miguel Fernández *el Boticario*. Il est programmé à Madrid le 10 mars 1895 face à des novillos de Saltillo, avec Francisco Piñero *Gavira*. Il reçoit l'alternative le 22 septembre 1895 des mains de Fernando *el Gallo* qui lui cède *Pasajero*, toro de Veragua, en présence d'*Emilio Bomba*. Il meurt à Séville le 9 janvier 1947.

Son fils aîné, José, qui prit le même apodo, est né dans le même village le 26 février 1902. Le 12 mars 1922, il se présente à Valence devant des novillos de Juan Terrones et un de Moreno Santamaría, en compagnie de *Gallito de Zafra* et de Rosario Olmos. Puis il reçoit l'alternative le 29 juin 1923, toujours à Valence, devant des toros de Campos Varela avec pour parrain Rafael *el Gallo* et comme témoin Juan Silvetti. Le 8 mai 1924, il confirme à Madrid avec *Chicuelo*. Il se retire en 1930 pour réapparaître comme rejoneador en 1933. Il fut un torero sans virtuosité dans la lignée de ceux du siècle précédent. Le 11 mars 1934, à Málaga, il est la cible, entre la plaza et son hôtel, d'un tireur qui le blesse si gravement qu'il ne participera plus à une corrida. Victime des événements de la Guerre civile, il meurt le 30 décembre 1936 devant Cordoue. R.B.

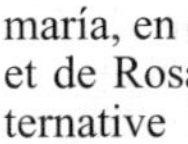

GARCIGRANDE

Origine : Juan Pedro Domecq Solís
Devise : blanc et rouge
Ancienneté à Madrid : 29 juin 1986
Propriétés : « Garcigrande », Alaraz (Salamanque) et « Juarros », Chagarcía Medianero (Salamanque)

En 1929, Gabriel González Fernández fonde son élevage avec une part du troupeau des frères Arribas. Vingt ans plus tard, il partage l'élevage entre ses fils et filles. L'une d'entre elles, Florencia González Martín, poursuit la sélection du bétail bravo. Florencia disparaît en 1955 laissant la direction de l'élevage à Isabel Rosa González. Cette dernière vend le troupeau en 1961 à Germán Pimentel Gamazo. Quatre ans plus tard, les frères Blanco Corisa acquièrent l'élevage et le baptisent « Maribáñez », tout en modifiant le fer. En 1980, le troupeau s'enrichit de deux étalons de l'élevage de José et Juan, d'origine Dionisio Rodríguez (encaste Santa Coloma). Domingo Hernández rachète l'élevage la même année et rebaptise l'ensemble au nom de « Garcigrande ». Il place sa femme à la direction et élimine les origines antérieures au profit d'un lot de vaches et d'étalons de Juan Pedro Domecq.

Second fer de Domingo Hernández, l'élevage de Garcigrande est l'un des favoris des toreros vedettes. Pourtant, les toros combattus dans les arènes de première catégorie déçoivent souvent les aficionados de par leur manque de morphologie et la faiblesse souvent affligeante de certains exemplaires. L'élevage a d'abord fait ses armes dans de nombreuses arènes espagnoles de troisième catégorie et fut récemment découvert en France lors du triomphe de Sébastien Castella, alors novillero, dans les arènes gersoises de Riscle en août 1999. Quelques mois plus tôt, c'est José Tomás qui s'était révélé face aux Garcigrande en coupant des oreilles de poids à Barcelone et Madrid. Les toreros Enrique Martín Arranz, *Joselito* et José Tomás ont combattu un grand nombre de corridas de Garcigrande dans les arènes espagnoles de deuxième catégorie. Les toros primés par un tour de piste posthume furent en revanche toréés lors de petites férias : Cantalejo (Ségovie) et Fuenlabrada (Madrid) au cours de l'été 2000. L'élevage répéta ce succès en voyant un nouveau toro effectuer une vuelta al ruedo l'année suivante à Fuenlabrada (Madrid). La saison 2001 fut surtout marquée par les deux oreilles coupées par Eugenio de Mora durant la féria de San Isidro. Le torero tolédan triompha mais fut surtout blessé par ce toro de Garcigrande et dut observer un repos de quelques semaines. Côté français, Julien Lescarret eut l'opportunité de toréer ce bétail lors de la traditionnelle novillada du mois d'août de Saint-Sever. Le torero landais renouvela ce succès en début d'année 2002 à l'occasion d'un brillant mano a mano avec le Sévillan Manuel Escribano. Outre un échec sonore lors de la féria d'avril 2002 à Séville, l'élevage de Garcigrande permit à Leandro Marcos de connaître le succès lors de sa corrida d'alternative, avec Paco Ojeda et José Tomás. C.C.

GARGANTILLO (de *garganta*, gorge). Toro à la gorge blanche, en collier, alors que le reste de la robe a une autre teinte plus foncée.

GARRIDO Diego
Origine : José Benítez Cubero
Devise : jaune et rouge
Ancienneté à Madrid : 30 septembre 1990
Propriété : « Los Centenales », Gibraleón (Huelva)

En 1952, Cecilia Conradi Alonso vend sa part de bétail, héritage de Juan Bautista Conradi. Diego Garrido Domínguez, le nouveau propriétaire, modifie le fer et enrichit le cheptel d'un lot de vaches de José Benítez Cubero, d'origine Hidalgo-Barquero, éliminant progressivement le sang initial de Conradi. Diego Garrido disparaît en 1964 et l'élevage est mis au nom de sa veuve. L'appellation d'origine est finalement préférée en 1983. María Josefa Cañas Amores prend la direction de l'élevage en 1997 avant de céder l'ensemble du troupeau à la société anonyme Trisasur, représentée par Bernardo Moya Tocino, l'année suivante.

L'élevage de Diego Garrido est progressivement rentré dans le rang, faisant combattre un nombre régulier de toros et de novillos. Les arènes de deuxième et troisième catégorie espagnoles ont accueilli les toros porteurs de la devise jaune et rouge lors de spectacles tauromachiques où des toreros assez modestes étaient engagés. Le fer a toutefois fourni deux lots à Madrid lors des saisons 1999 (corrida) et 2001 (novillada). Dotés de charges assez vives, les toros de Diego Garrido sont aujourd'hui mieux compris des toreros expérimentés. Le 16 août 1999, Luis Francisco Esplá obtint à Valverde del Camino (Huelva) un triomphe appréciable face à ce bétail. Le torero arlésien *Juan Bautista* eut également l'occasion de toréer les Diego Garrido le 27 mai 2000 lors d'une corrida organisée dans les arènes du Puerto de Santa María (Cadix). C.C.

GARROCHA.
1) Longue perche en bois de plus de trois mètres, terminée par une courte pointe en fer et utilisée par les vaqueros pour conduire les troupeaux, ou lors de la tienta en champ libre.
2) Le terme désignait aussi une perche de saut dont se servait un torero spécialisé pour sauter au-dessus du toro qui chargeait, exercice aujourd'hui totalement abandonné. R.B.

GARROCHISTA. Cavalier qui utilise la garrocha.

GARROCHÓN. Synonyme du rejón en usage au XVIIe siècle.

GAVILANES. Branches transversales de l'épée qui séparent la lame de la paume.

GAVIRA
Origines : Veragua et Jijona
Devise : blanc
Ancienneté à Madrid : 21 juin 1933
Propriétés : « Vega Blanquilla », Alcalá de los Gazules, et « Soto de Romas », Los Barrios (Cadix), Espagne

Les deux propriétés de cette ganaderia apparentée à l'antique élevage de Raso del Portillo sont situées sur la « ruta del toro », qui va de Jerez de la Frontera à Algésiras. Cet élevage moderne de la province de Cadix est dirigé par Antonio Gavira Martín. Après Toribio et Victoriano Valdés, premiers propriétaires, Pablo Valdés Sanz héritera. Plusieurs propriétaires se succéderont jusqu'en 1910, quand le riche ganadero du Campo Charro, Matias Sánchez-Cobaleda, achète l'élevage. Il le conserve une décennie, ajoutant du bétail qu'il possédait déjà d'origine Veragua de Trespalacios. Les héritiers de Matías, Ignacio et ses frères, vendent la ganaderia en 1921 au ganadero José Marzal, ami intime du comte de la Corte. Celui-ci modifie le fer, puis élimine tous les produits d'origine Raso del Portillo, reformant l'élevage avec des vaches et des étalons de la veuve de Soler (d'origine Ibarra, Parladé et Conde de la Corte). Dans les années 1927 et 1931, la ganaderia se renforce avec des sementales de Pablo Romero et de Conde de la Corte. En 1943, la ganaderia est vendue à Marcelino Rodríguez, qui la conserve jusqu'en 1958, année où elle sera acquise par Salvador Gavira. En 1976, au nom du père s'ajoute celui du fils, Antonio Gavira. En 1985, ils rafraîchissent le sang de leurs produits avec quarante-six vaches et un étalon de la ganaderia El Torero, propriété de Salvador Domecq. La temporada 1952 fut un succès pour la famille Gavira : le 27 juin à Madrid avec les toros *Perdiguero* et *Bandolero*, puis avec *Fumador* et *Enlutado* le 14 septembre à Valence ; sans oublier *Cartulión* et *Paisan* qui permettront aux maestros César Girón et Jaime Ostos de triompher dans les arènes d'Ecija le 1er septembre 1957. De nos jours, Antonio Gavira a su se remettre en question dans sa sélection afin d'adapter son élevage aux besoins actuels. Les toros de Gavira ont un pelage généralement noir, surnommé par le mundillo « plaza ». Ils sont rarement faibles, plutôt braves avec les chevaux et nobles au troisième tercio. Ch.C.

GAZAPÓN (de *gazapo*, lapereau). Toro qui trottine, sans véritablement charger.

GENIALIDADES. À cours de faenas particulièrement inspirées, passes, adornos ou approches originales, élégants, bien rythmés et s'intégrant parfaitement à la séquence, sans heurt ni mauvais goût.

GENIO (*tempérament, caractère*). Terme ambigu, difficile à traduire, entraînant souvent incompréhension et confusion. Pour les uns (dont les toreros) c'est un défaut, une déviance de la bravoure se manifestant par un comportement rugueux à tendance défensive. Le malentendu qu'ils installent dans la perception qu'ils ont du genio est tel que parfois ils le considèrent comme un début de sentido. Pour d'autres (dont beaucoup d'éleveurs) le genio résulterait d'un excès de qualités, fruit de la conjonction de caste, de bravoure et surtout d'impétuosité, donc un toro qu'il faut lidier sérieusement. De deux toros ayant la même bravoure on pourrait dire qu'a du genio celui dont la bravoure affleure, immédiatement mobilisable, prête à fonctionner à la moindre provocation, un toro qui comprend vite et le montre. D'où l'interprétation particulière donnée par les toreros.

Alors que la bravoure est peut-être un acquis génétique, un toro acquiert et développe une dose plus ou moins importante de genio lors des affrontements qu'il a régulièrement au campo avec ses congénères et ce caractère s'accroît avec l'âge. C'est un acquis d'apprentissage qui tempère la noblesse. En l'absence totale de genio, on constate un toro qui n'est plus noble mais se voit atteint de sosería (voir ce mot), sorte de servilité imbécile, ce qui retire au combat son intérêt.

Pour l'aficionado torista, outre un excellent potentiel physique, un bon toro doit allier dans l'ordre bravoure, genio et noblesse. P.M.

GÉRONE (Espagne. Barcelone 100 km – Madrid 580 km). Fondée par les Ibères au Ve siècle av. J.-C., Gérone, siège d'un évêché, est occupée par les Maures en 717 et reconquise en 785 par Louis le Pieux. En 1809, elle soutiendra un siège de neuf mois contre l'armée française. Le centre historique est un ensemble monumental exceptionnel, dont les rues étroites et pittoresques amènent à la cathédrale, un des chefs-d'œuvre du gothique catalan, dont l'escalier du XVIIe siècle compte 86 marches.

Cette ville de 69 000 habitants possède une plaza de toros de 9 000 places, inaugurée le 29 octobre 1897 par Mazzantini et Nicanor Villa *Villita* qui estoquèrent six toros de la ganaderia de Benjumea. R.B.

GERVÁS Germán
(Germán Gervás Díez)
Origine : Conde de Santa Coloma-Joaquín Buendía Peña
Devise : bleu, argent et rouge
Ancienneté à Madrid : 11 octobre 1959
Propriété : « Los Escoriales », Andújar y Villanueva de la Reina (Tolède)

Dolores Espiroz achète en 1932 un lot de vaches et deux étalons à Celso Pellón, dont le troupeau était alors formé de têtes de bétail réunissant les origines Duque de Tovar, Campos Varela et Santa Coloma. Dolores Espiroz vend l'ensemble de son troupeau en 1954 à Francisco Salas Ostos qui enrichit le cheptel d'un lot de vaches et d'un étalon porteurs du fer de Bernardino Giménez. Quatre ans plus tard, l'élevage est racheté par la Société anonyme San Germán qui met le troupeau sous l'appellation de « Germán Gervás ». L'origine Santa Coloma est renforcée au sein du troupeau en 1963 avec l'achat d'un lot de vaches et d'un étalon de Joaquín Buendía.

Cet élevage fait combattre chaque année entre vingt et trente toros, principalement présentés dans des arènes espagnoles de troisième catégorie. Les toreros modestes se les disputent lors des fêtes populaires de villages où sont organisées de nombreuses novilladas et corridas de rejón. Combattus à l'âge adulte, ces toros nécessitent néanmoins une certaine expérience : l'encaste Santa Coloma s'accommode bien du toreo souvent énergique des matadors qui posent eux-mêmes les banderilles. Ainsi, au cours de la saison 2000, José Ignacio Ramos, Antonio Ferrera et *el Fandi* s'illustrèrent souvent face aux toros de cet élevage. Les autres produits de Germán Gervás participent généralement à de petites corridas équestres. C.C.

GIJÓN. Toro au pelage roux (colorado) très accusé.

GIJÓN (Espagne. Oviedo 25 km). Ville cosmopolite de 260 000 habitants, Gijón, à l'origine romaine, se développa à partir du XVe siècle et augmenta considérablement ses activités portuaires à compter du XVIIIe siècle. Elle est actuellement un des principaux centres de sidérurgie et de métallurgie de transformation.

Sa plaza de toros de style arabisant contient 10 000 spectateurs et a été inaugurée le 12 août 1888 par *Guerrita* et Mazzantini, qui lidièrent six toros de José Orozco. R.B.

GIMÉNEZ Bernardino (Giménez Indarte)

Origines : Marqués de Villamarta, Murube-Urquijo et Marqués de Domecq

Devise : jaune et rouge

Pas d'ancienneté à Madrid

Propriétés : « Navarredondoa » et « El Quinto », Baños de la Encina (Jaén), « El Toconar », Navas de San Juan (Jaén) et « Chozas de Madero », Santistebán del Puerto (Jaén)

En 1927, Bernardino Giménez achète à la veuve de Damián Flores l'élevage de Jijona, avec un croisement de Veragua. Quatorze ans plus tard, Bernardino Giménez enrichit son troupeau d'un lot de vaches et de deux étalons de Marqués de Villamarta. Il varie l'ancien fer et forme ainsi un nouvel élevage. Giménez rajoute en 1948 de jeunes vaches et deux nouveaux étalons issus du troupeau de Clemente Tassara, également d'origine Villamarta. Bernardino Giménez disparaît en 1958 et l'élevage est mis au nom de ses fils. Douze ans plus tard, Gerardo Giménez achète à l'éleveur salmantin Manuel Arranz un lot de vaches ainsi qu'un étalon avant d'ajouter par la suite du bétail de Marqués de Domecq.

Plus en retrait au cours des dernières saisons, l'élevage de Giménez Indarte fait combattre chaque année un nombre important de novilladas. On le retrouve principalement dans les arènes espagnoles de troisième catégorie, même si plusieurs toros sortent comme sobreros dans de grandes arènes françaises et espagnoles. Au cours de la saison 1999, *el Juli* remporta un triomphe important à la Monumental de Barcelone face à un toro de ce fer. L'année 2000 confirma l'implantation de l'élevage en matière de novilladas mais aussi de corridas de rejón. Présent à Algemesí (Valence), le bétail de Giménez Indarte sortit également un très bon lot dans les arènes de Linares (Jaén), permettant la sortie en triomphe commune des trois novilleros à l'affiche : Antonio Bricio, Sergio Aguilar et Antonio Lorite. Sánchez Pulido parvint lui aussi à s'illustrer face à un novillo de ce fer en coupant une oreille d'importance sur le sable des arènes de Valence. Ces bons résultats permirent à l'élevage d'intégrer d'autres férias l'année suivante. Ainsi, Valence programma deux novilladas de Giménez Indarte au cours de la saison 2001. Les novillero Óscar Sanz, Leandro Marcos et Javier Valverde purent chacun couper une oreille au terme de prestations particulièrement convaincantes. Les cycles de novilladas d'Algemesí (Valence) et d'Arnedo virent également d'autres apprentis toreros briller devant les exemplaires porteurs de la devise jaune et rouge : Leandro Marcos s'octroya un nouveau trophée à Algemesí et le rejoneador Álvaro Montes coupa deux oreilles au bétail de Giménez Indarte. Paulita, torero de Saragosse, imita Marcos et coupa lui aussi une oreille à un novillo de Giménez Indarte lors du cycle du « Zapato de oro » d'Arnedo (La Rioja). Répété à Valence en 2002, l'élevage permit le succès du novillero José Luis Miñarro, qui coupa deux pavillons. Une belle passe confirmée quelques semaines plus tard dans les petites arènes de Almarcha (Cuenca), où un tour de piste posthume fut accordé à la dépouille d'un novillo. C.C.

GIRALDILLA. Passe de muleta qui se pratique en fin de faena, quand le toro est fatigué, afin de l'inciter à charger tête haute et de reprendre du souffle, ce qui permet de lui donner une ou deux séries supplémentaires. Le torero doit être immobile, pieds joints et citer en faisant passer l'animal le plus près du corps par un simple relevé du bras. Lorsque le toro est passé, il fait une rotation d'un demi-tour et enchaîne sur la suivante. On la confond souvent avec la *manoletina*, dans laquelle la base de la muleta est saisie de la main gauche, derrière le dos. R.B.

GIRÓN DÍAZ César Antonio. Le 19 octobre 1971, sur la route de Valencia à Maracay au Venezuela, le torero César Antonio Girón Díaz meurt dans un accident d'automobile. Cette année-là, il avait participé à 5 corridas, 3 au Venezuela et 2 au Mexique.

Né le 13 juin 1933 à Maracaibo, dans une famille très pauvre qui ne compte pas moins de treize enfants dont sept garçons qui s'essayèrent avec des fortunes diverses à la tauromachie, César arriva au sommet alors que Rafael, Efraín, Freddy, bien que devenus eux aussi matadors, n'atteignirent pas la notoriété de leur frère aîné. Seul Francisco, dit Curro, se hissera à la première place de l'escalafón en 1959 et 1961.

César saute en piste à Maracay alors qu'il n'a que treize ans, le 5 décembre 1946. Il veut devenir torero et s'initie sous la direction de Pedro Pineda. Pendant deux ans, il participe à une soixantaine de becerradas et revêt son premier costume de lumières à Maracay le 29 janvier 1950, alternant avec Moreno Sánchez et Paco Roldán devant des novillos de Francisco Solórzano. L'année suivante, il arrive en Espagne et débute à Miranda de Ebro (Burgos) le 13 mai en novillada non piquée. Il passe la frontière et vient à Lunel le 15 juillet où il enchante les spectateurs par son enthousiasme et son répertoire fleuri. Le 5 août, il fait sa première novillada piquée à La Corogne. Le 16 mars 1952, il est à Barcelone avec Carlos Corpas et *Antoñete* et triomphe en coupant deux oreilles. Pedro Balaña lui signe 20 contrats. Le 10 juillet suivant, il se présente à Madrid avec Carriles et *Antoñete* devant des novillos de Felipe Bartolomé. Après 40 novilladas, il reçoit l'alternative le 28 septembre 1952 à Barcelone des mains de Carlos Arruza, venu spécialement du Mexique pour cette occasion, en présence d'Agustín Parra *Parrita*, devant un toro d'Antonio Urquijo de Federico. Il confirme à Mexico avec pour parrain Manuel Capetillo.

Le 14 mai 1953, il fait ses débuts en France, à Bordeaux, en compagnie de Rafael Ortega et d'*Antoñete*, journée de triomphe absolu puisque Girón coupe quatre oreilles et une queue, ce qui le place immédiatement au rang de grande vedette, et toutes les plazas françaises vont l'accueillir avec enthousiasme.

En 1954, César Girón termine en tête de l'escalafón avec 54 corridas en coupant 160 oreilles, 39 queues et 6 pattes ; et à nouveau en 1956 avec 68 courses. Le 14 mai 1955, il avait confirmé à Madrid avec Antonio *Bienvenida* face au toro *Bravio*, de Juan Cobaleda, le témoin étant Pedrés. Mais le succès se tarit et à partir de 1957 il ne participe plus qu'à une quinzaine de courses par an.

Le 19 novembre 1958, l'ancien petit espontáneo miséreux épouse à Marseille Danièle Ricard, la fille de l'industriel fabriquant le pastis le plus connu. C'est la consécration. Avec elle, il eut trois enfants : César, Myriam et Patricia. Mais le couple se sépara rapidement.

Le 27 mars 1966, César Girón donne sa despedida à Caracas en estoquant seul six toros de Valparaiso. Il reviendra en piste le 21 février 1968 à Santa Cruz de Tenerife. Quand le destin mit fin à ses jours dans un accident de la route, il avait participé à 599 corridas dont 469 en Europe.

Torero complet, sincère, engagé, très physique, avec un courage exemplaire, il toréait avec quiétude et sérénité, se donnant dans tous les tercios avec une égale réussite. Il était très apprécié de tous les publics car il donnait toujours beaucoup d'alegría à toutes les courses auxquelles il participait. La ville de Caracas lui a fait élever une statue qui a été inaugurée le 19 mars 1972. R.B.

GIRÓN DÍAZ, frères. César Antonio Girón Díaz est l'aîné de cinq frères qui se sont tous consacrés à la tauromachie. Avec lui, Efraín, Curro, Freddy et Rafael ont formé la plus fameuse famille taurine de leur pays : le Venezuela. Né le 13 juin 1933 à Caracas, César s'est habillé pour la première fois de lumières le 29 janvier 1950 avant de débarquer en Espagne l'année suivante. Il prit l'alternative à Barcelone le 28 septembre 1952, avec Carlos Arruza pour parrain et *Parrita* pour témoin, face à des toros de Urquijo. Torero régulier, bon banderillero, il confirma l'alternative à Madrid le 14 mai 1955 avec Antonio *Bienvenida* comme parrain, Pedrés comme témoin, face à des toros de Juan Cobaleda. Sa carrière fut des plus chaotiques et il fit ses adieux à plusieurs reprises. Il est décédé dans son pays des suites d'un accident d'automobile le 19 octobre 1971. La petite histoire retiendra qu'il était marié avec la fille de Paul Ricard et que son petit-fils, prénommé aussi César, a fait sa présentation en France, à Aire-sur-l'Adour, lors de la temporada 2000.

Parmi ses autres frères, c'est Curro qui eut la carrière la mieux remplie. Né le 28 juillet 1938 à Maracay, il suivit l'exemple de son frère aîné et prit l'alternative avec Rafael à Barcelone le 27 septembre 1956, restant en famille puisque leur frère César était leur parrain, face à des toros de Peralta. Curro n'avait pas son pareil pour transmettre sa joie de toréer et, doté d'une solide technique ainsi que d'un répertoire varié, il fut longtemps l'un des toreros préférés des plazas européennes. Sa longue carrière s'acheva en 1987 et il mourut le 28 janvier de l'année suivante, des suites d'un cancer du foie.

Des trois autres frères, c'est Efraín qui connut la carrière la plus estimable, bien qu'en retrait par rapport à César et Curro. Comme eux, il prit l'alternative à Barcelone le 27 juin 1963, César étant son parrain, Fermín Murillo et Pepe Luis Segura servant de témoins, face à des toros d'Emilio Ortuño. Le public lui reconnaissait un grand courage et il s'illustra notamment dans les corridas dites dures.

Rafael, né en 1937, fut aussi matador de toros mais il abandonna relativement vite pour entrer dans la cuadrilla de son frère César. Quant au plus jeune, Freddy, il ne put jamais se hisser au niveau de ses glorieux aînés. P.H.

GITANILLO DE TRIANA.
Voir Vega de los Reyes Francisco.

GLOSOPEDA (de *glosso*, langue, et *pedes*, pieds). Fièvre aphteuse. Maladie très contagieuse se traduisant par une poussée d'aphtes dans la bouche (rendant l'alimentation douloureuse voire impossible) et dans l'espace interdigital avec ulcération très douloureuse du bourrelet, d'où boiterie. La convalescence est longue (plusieurs mois) et les séquelles fréquentes (asthme, faiblesse de pattes) ce qui a généralement pour effet de rendre ces animaux impropres à la lidia. Seule la vaccination préalable est efficace.

Depuis le début de l'année 2001 on a assisté à de nombreuses polémiques à ce sujet : vaccination ? Non-vaccination et génocide programmé de tout un cheptel ? On comprendra qu'il nous est impossible de prendre parti. On rappellera cependant l'interview accordée en mars 2001 au journal *Le Midi libre* par M. Reynaud, vieil éleveur de taureaux de race Camargue et déclarant en substance : « Des épidémies de fièvre aphteuse j'en ai connues trois ou quatre au cours de ma vie. Mon père également. Mon grand-père n'a pas dû y échapper. À chaque fois, on réunissait le troupeau, 15 % des bêtes mouraient, on les enterrait dans la chaux vive et ensuite on était tranquille pendant quinze ans ! » Ce point de vue nous a été confirmé par un autre éleveur. P.M.

GOLLETAZO. Estocade portée dans le cou et par conséquent sans valeur.

GÓMEZ CALLEJA Luis, *el Estudiante*. Il est né le 20 février 1911 à Alcalá de Henares. Dès 1929, il torée quelques novilladas dont six à Tetuán, mais l'année suivante, envahit par le doute, il ne se présente pas devant les toros.

En 1931, on peut le voir à Carabanchel et le 2 août à Madrid où il apparaît en novilladas formelles ; il obtient cette année-là dix-neuf contrats et dès lors il est question d'alternative ! En effet, le 20 mars de l'année suivante, Marcial Lalanda lui échange épée et muleta devant un toro de Carmen de Federico et un mois après, le 21 avril, il confirme cette alternative à Madrid avec *Alguacil*, de la ganaderia Tovar, sous le regard de *Cagancho*. Malgré un toreo de qualité, il ne rencontre pas toujours le succès, la mise à mort n'étant pas toujours à la hauteur de son combat. En 1933, il reçoit un coup de corne à Barcelone dans la jambe droite et ne torée que quinze corridas ; l'année suivante quatorze. L'avenir semble sombre, mais à force de volonté il se retrouve en 1935 avec vingt-sept contrats et un certain succès. Sa carrière est en partie interrompue par la guerre ; il prend quand même part à de nombreux festivals et retrouve à la fin du conflit une des premières places dans la hiérarchie taurine.

Il part en Amérique du Sud fin 1940 et y torée jusqu'en 1946, en alternance avec l'Espagne, mais dès 1947, année où il ne descend dans l'arène que quatre fois, dont trois corridas à Madrid, il ne revêt plus l'habit de lumières. Il meurt à Madrid le 14 juillet 1995. J.B.T.

GÓMEZ DÍAZ Dámaso. Dámaso Gómez est né à Madrid le 1er avril 1930 et revêt son premier habit de lumières à Lillo, province de Tolède, en 1947. Il se présente à Madrid le 16 juillet 1950 avec *Nacional* et Malaver contre des novillos de Marqués de Albayda. Il reçoit l'alternative à Barcelone le 25 mai 1953, des mains de Julio Aparicio qui lui cède *Bombero*, toro d'Alicio Tabernero de Paz, en présence de Manuel Vázquez. Mais technique solide et parfaite connaissance du métier ne suffiront pas à lui donner accès à la catégorie supérieure.

L'éclair d'art, l'affirmation d'un style ou l'évidence d'une grâce permettent mieux de s'imposer à un niveau élevé. Le jeu posé, précis de Dámaso Gómez, privé de sentiment intérieur, ne plongeait pas les gradins dans une indicible joie. Bel exemple de belluaire, de torero gladiateur, un considérable acquis professionnel ne tarda pas à le désigner pour affronter le bétail difficile.

Ne comptent plus alors que la lucidité et cette aisance à composer une faena ordonnée, où la moindre charge est recueillie dans les plis de la muleta et embarquée à mi-hauteur (le fauve récalcitrant ne se livre guère, ne baisse pas la tête) jusqu'à l'extinction de l'élan. Le public applaudit, mais le torero, à son estime, n'a fait que son boulot. Manque l'étincelle. Aucune injustice là-dedans, sinon commise par le destin qui répartit très inégalement les dons.

Dámaso Gómez, ce Madrilène réputé pour son point d'honneur à tirer de presque tous les adversaires un honnête parti, de surcroît brillant banderillero, offrit en

1954, lors de la féria de Séville, la mort du fauve à Jean Cocteau. « Et du reste, Gómez ne rendait pas hommage à un étranger de marque, mais à un poète, déposait entre les mains d'un poète, avec la toque noire de sa montera, son étoile de chance et de malchance. » Ainsi inspira-t-il par un heureux concours de circonstances *La Corrida du premier mai* (1957), cette vision d'au-delà le miroir des apparences et ses hautes hantises, quand se célèbrent entre l'homme et la bête noces androgynes et changements de sexes.

Quelques jours après cet hommage sévillan, Dámaso Gómez confirmait son alternative à Madrid, le 6 juin 1954, devant *Maravilla*, toro de doña Eusebia Galache de Cobaleda, cédé par Rafael Ortega. Classé dans la catégorie des vaillants, il ne connaîtrait pas l'amertume du ratage qui est le lot de tant d'apprentis. J.M.M.

GÓMEZ GARCÍA Fernando, *el Gallo*. Matador de toros né le 18 août 1847 à Séville, deuxième membre de la dynastie des *Gallo*, il est orienté vers la tauromachie par son frère José. Durant son apprentissage, en 1869 à Séville, participant comme banderillero au service de matadors de peu d'importance, lors d'une corrida de quatre toros, il est contraint d'intervenir pour mettre à mort un toro puissant qui a totalement paniqué l'espada en fonction.

En 1870, il est devenu un torero pouvant prétendre à des postes importants et il est engagé dans la cuadrilla de Manuel Fuentes *Bocanegra*. En 1872, il est devenu son banderillero attitré. Le 20 avril 1873, il fait sa présentation à Madrid comme banderillero dans la cuadrilla de *Chicorro*, et le 29 juin de la même année, il torée comme novillero. Puis il continue son travail de banderillero dans les cuadrillas de *Frascuelo*, *Bocanegra*, Manuel Carmona, *Panadero*, Sánchez Arjona et *Cara-Ancha*.

Il reçoit enfin l'alternative le 16 avril 1876 à Séville des mains de Manuel Fuentes et de *Chicorro*. Mais, insatisfait, il y renonce pour parfaire sa technique et reçoit une nouvelle alternative le 7 octobre 1877 des mains de *Jaqueta* devant un toro du marquis de Gandul.

Grâce à son amitié avec l'empresa de Madrid, il sera présent pendant six années successives dans les cartels de la capitale, malgré des prestations médiocres. À partir de 1885, les contrats se font rares et le *Gallo* n'hésite pas à jouer les imprésarios. Le 22 septembre 1895, il torée pour la dernière fois à Madrid en donnant l'alternative à Algabeño. Il meurt le 2 août 1897 à Gelves, après une agonie longue et douloureuse. R.B.

GÓMEZ ORTEGA José, *Gallito* puis *Joselito*. À Séville, dans les années 1840, Antonio Gómez Bejarano tenait une petite fabrique d'articles pour fumeurs : blagues à tabac et étuis à cigares. Il vivait modestement et, comme tous les Sévillans, suivait avec une attention passionnée les exploits des toreros natifs de la cité. La femme d'Antonio donna naissance à deux garçons. Le premier, José, deviendra banderillero et adoptera l'apodo de *el Gallo*. Bon et efficace subalterne, il fera longtemps partie de la quadrilla de *Lagartijo*.

Le second, Fernando, né en 1847, devint espada à l'âge de trente ans et continua sa carrière jusqu'en 1896. On raconte (mais il faut prendre avec réserve certaines légendes qui ont cours dans le mundillo) qu'il fit une brillante entrée dans la carrière par un exploit fameux. Lors d'une course dans sa ville, il joua les espontáneos : sautant en piste, plaçant son mouchoir sur le sable, il s'y agenouilla et cita le toro, son chapeau sur la tête. Au dernier instant, alors que le toro allait l'atteindre, il se dressa d'un bond, fit un écart risqué en se ployant jusqu'au sol. Et quand il se releva, il tenait d'une main le mouchoir et de l'autre son chapeau ! Qu'importe si l'anecdote n'est que légende. Sans aucun doute, plus prosaïquement, a-t-il un jour embrassé cette carrière en commençant comme banderillero remplaçant, puis en prenant place dans la cuadrilla et en gravissant les échelons, ainsi qu'il était de coutume.

Toujours est-il qu'*el Gallo II* mena grande vie et que sa carrière fut une alternance de succès triomphaux et de déroutes impressionnantes.

Il épousa une danseuse de flamenco, la belle Gabriela Ortega, qui régnait avec autorité sur sa famille et sur la carrière de son mari, auquel elle donna tout de même six enfants : trois garçons et trois filles.

Deux garçons sont entrés au panthéon de la tauromachie : l'aîné, Rafael *el Gallo*, et le benjamin, José, plus connu sous le nom de *Joselito*. Le deuxième, Fernando, se contenta d'être banderillero au service de ses frères, faute de pouvoir devenir espada de renom.

Le 8 mai 1895, José Gómez Ortega vint au monde à Gelves, un petit village à proximité de Séville. Ses frères étaient âgés de onze et treize ans, et allaient entrer rapidement dans le métier.

Quand l'aîné, Rafael, commença à toréer, tous les connaisseurs décelèrent chez lui d'incontestables qualités qui en feraient un torero exceptionnel. Son père n'en était pas peu fier et se réjouissait de voir l'avenir de la famille assuré. Il mourut quand Rafael avait quinze ans, alors que José commençait à peine à parler.

Le 28 septembre 1902, Rafael devint matador de toro. Il entra dans l'Histoire, non seulement parce qu'il était un grand torero, mais aussi parce qu'il avait mis au point une tactique radicale pour parer à toute difficulté dans la lidia : « la espantada » c'est-à-dire la fuite éperdue après avoir jeté les trastos à la tête de l'animal et couru jusqu'à la barrière derrière laquelle il se lançait cul par-dessus tête ! Il donnait comme raison irréfutable : « Une bronca dure cinq minutes, une blessure quinze jours... quand ce n'est pire. » Ce qui est une exacte vérité !

Dès 1908, José est une vedette dans toute la péninsule. À peine âgé de treize ans, il fait partie, avec José Garate *Limeño*, d'une quadrilla de niños sevillanos qui déplace les foules aux arènes. Les voici à Madrid le 13 juin 1912 : le succès est immense. Devenu *Joselito*, adulé par les aficionados, il prend l'alternative le 28 septembre 1912 à Séville, des mains de son frère aîné Rafael, devant un toro de Moreno Santamaría.

Trois jours après seulement, soit le 1er octobre, il confirme à Madrid, toujours avec son frère, devant un toro de Veragua. Il n'a que dix-sept ans, et sa réussite est exceptionnelle pour l'époque.

Sa trajectoire va être fulgurante, son succès immense, sa renommée retentissante, et son mythe va se forger dès la nouvelle de sa mort, le 16 mai 1920, à Talavera de la Reina. La veille, le public, la foule versatile et exigeante, l'avait conspué dans les arènes de Madrid. Un excité irrespectueux lui avait même envoyé un coussin.

Dans le train du retour, un de ses banderilleros eut maille à partir avec un voyageur du compartiment et en fin d'altercation, celui-ci leur prédit la « mala suerte », ce qui frappa *Joselito*. Arrivé à la gare, le mozo de espada lâcha la cruche à boire sur laquelle était inscrit le nom de *Joselito*, qui se brisa. Le torero qui y vit un autre mauvais présage murmura, dit-on : « S'en est fini du petit coq », évoquant son premier apodo qui était *Gallito*. L'après-midi, *Bailador*, un toro sans caste, d'une ganaderia peu connue, ayant une mauvaise vue et des réflexes lents, lui plonga une corne dans le ventre. *Joselito* avait pensé pouvoir facilement le détourner de sa trajectoire par un simple mouvement du bras mais le toro ne suivit pas la muleta. Transporté à l'infirmerie, *Joselito* décéda très rapidement d'un arrêt cardiaque et d'une forte hémorragie.

En 8 temporadas, il avait participé à 680 corridas.

Ses funérailles furent nationales et le mythe prit corps. Grand torero, il le fut sans nul doute. Mais certains le présentent comme le plus grand de tous les temps, passés et à venir, ce qui nous paraît quelque peu exagéré. La tauromachie est un art qui évolue et tout artiste n'est que le reflet de son époque. Celui qui est adulé de nos jours ne l'aurait probablement pas été il y a cinquante ans. La réciproque est concevable.

Joselito, *Manolete* ou *Paquirri* : nous remarquerons de très étranges circonstances dans ces trois fins tragiques. Aucun des trois ne devait à l'origine participer au paséo de la corrida au cours de laquelle il reçut la cornada mortelle. Tous trois acceptèrent le contrat de remplacement uniquement par courtoisie et parce qu'ils connaissaient l'empresa. Tous trois furent victimes de toros sans caste qui ne paraissaient pas dangereux.

En tauromachie, plus que partout ailleurs, il est bien difficile de se faire une opinion qui ne soit trop entachée de personnalisation pour qu'on la considère comme suffisamment valable sinon irréfutable.

Il est encore plus difficile de pouvoir imaginer ce que furent ces grands maestros d'une époque que certains appellent un « âge d'or », quand on ne les a jamais vus, ni en réalité, ni grâce à un document audiovisuel qui pourrait fournir quelques critères d'appréciation, ou une approche de ce que furent leurs manières de toréer.

Peut-on se fier aux seuls témoignages qui racontent leurs exploits ? Sans mettre en doute les opinions ou les récits qui nous sont parvenus, nous savons tous par expérience que les aficionados ont tendance à enjoliver les corridas du temps passé, à trouver les toreros meilleurs et les toros plus valables lors des décennies précédentes. Chaque génération a pu le vérifier. Mais il m'a toujours paru très étonnant que des personnes qui n'ont pas assisté à des courses déjà anciennes en fassent l'apologie sur la seule foi d'opinions que l'on sait orientées.

Alors, qui était vraiment *Joselito* ?

Difficile de se prononcer même si la plupart des commentaires se rejoignent pour souligner ses capacités de lidiador et la maîtrise de son toreo. Mais il convient de replacer le maestro dans son époque, quand les toros étaient sans grande caste, quand la noblesse était rare, quand les chevaux étaient sacrifiés en piste, constituaient des obstacles et en créaient des querencias, quand les faenas se réduisaient à peu de passes, destinées surtout à fixer un animal pour l'estoquer et non pour construire une suite harmonieuse et douce de passes enchaînées, quand généralement l'immobilité du maestro n'était pas une base première de la faena de muleta.

On raconte que lors de sa présentation à Madrid, certains comparèrent *Joselito* à *Lagartijo* (le premier Calife), connu pour ses qualités techniques et son élégance ; d'autres à *Guerrita* (le deuxième Calife), le dominateur.

Rappelons que *Lagartijo* (1841-1900) toréa 421 fois à Madrid, tua 4 872 toros et ne souffrit que d'une blessure, ce qui étonnera tous les toreros d'aujourd'hui car, ou il toréait fort loin des cornes, ou les toros étaient d'une amabilité extrême... Quand à *Guerrita* (1862-1941), il était brillant et fort méprisant pour ses collègues, assurant : « Après moi, personne... »

Si on lit les histoires de la tauromachie, on constatera que tous les auteurs signalent le grand dominio dont faisait preuve *Joselito*. On nous assure que son répertoire à la cape était varié, étendu, inépuisable (?), qu'il plaçait les banderilles mieux que quiconque, dans les terrains les plus ardus, que son dominio à la muleta « n'a sans doute pas été surpassé », qu'il exécutait toutes les passes connues et mieux que quiconque, qu'il tuait brillamment et généralement à recibir, et que rares sont les toros qu'il n'a pu réduire. Certains auteurs affirment que ces toros irréductibles se seraient comptés sur les doigts d'une seule main ; un autre historien prétend que seule une vache de quatre ans, en tienta, osa lui tenir tête, qu'au bout de trois quarts d'heure il n'en était pas venu à bout et qu'après l'avoir laissé reposer pendant le déjeuner, il vint la reprendre et triompha.

Nous pourrions citer de nombreux extraits de textes tout aussi excessifs qui tombent dans une hagiographie naïve allant certainement à l'encontre de la réputation de celui qu'elle veut mettre en valeur.

Il est certain que *Joselito* a été une grande figura du toreo ; qu'il a apporté à la tauromachie un savoir-faire remarquable correspondant à celui de son époque ; qu'il a été un maestro exceptionnel sans jamais innover et qu'il n'a pas marqué l'évolution tauromachique de son empreinte comme le fit immédiatement après lui Belmonte ; que sa disparition soudaine à vingt-cinq ans a contribué à la création du mythe.

Mais le jeune homme était aussi un redoutable adversaire qui n'admettait pas ou peu d'être mis en difficulté, tout en n'hésitant pas à mettre ses collègues en position difficile. Une anecdote rapporte que le jour de la despedida de *Bombita*, alors que celui-ci, après avoir montré son savoir-faire et son courage, lui avait dit au cours du quite : « José, aujourd'hui j'ai terminé ma vie de torero. Ne m'offre pas les palos pour ce dernier », *Joselito* ne pipa mot mais au moment du deuxième tercio, il s'approcha de Bombita et lui tendit les banderilles !

Le 16 mai, à Talavera de la Reina, le toro d'Ortega a pris querencia. Il s'abrite à côté du cadavre du cheval qu'il a tué. Les banderilleros, à tour de rôle, essaient de le déloger. Rien à faire, *Bailador* ne veut rien entendre. *Joselito* est agacé. Blanquet, son péon de confiance, malgré son métier n'arrive pas à lui faire entendre raison. *Joselito* pense qu'avec sa muleta, il en viendra à bout. Et puis tout se passe très vite. Si vite que nul ne peut réagir. *Joselito* ne détourne pas suffisamment la charge et la corne pénètre profondément dans le ventre du maestro, fouille les viscères, fait entrer la mort dans celui que l'on croyait invincible, comme on l'est à vingt-cinq ans. R.B.

Grâce et légèreté des arabesques, l'étoffe chatoie, miroite, étincelle avec la magnificence d'un conte oriental visité par les génies. Alors que Rafael *el Gallo* toréait à Valence un fauve de Concha y Sierra, Juan Belmonte s'amusait beaucoup à taquiner *Joselito* : « Partons d'ici, nous sommes de trop tous les deux. Que veux-tu que nous fassions à présent toi et moi ? » Il insistait jusqu'à hérisser l'amour-propre de son rival et ami qui le foudroyait du regard. Et *Joselito*, pâle de jalousie, de répondre rageur : « Toi, je ne sais pas. Moi, effacer mon frère. »

Montés au ciel des mythes, ils y trônent, intouchables : Belmonte, le rénovateur et le rédempteur de la tauromachie qui se traînait ; *Joselito*, l'apparition de cet enfant de seize ans aux côtés de ses aînés, qu'il éclipse par le savoir, revêt un caractère merveilleux. Il réclame des adversaires toujours imposants pour mieux faire ressortir sa précoce et absolue maîtrise. Durant des années – âge d'or ! –, de 1913 à 1920, les deux titans s'affrontèrent. Et *el Gallo*, le dieu aux formes changeantes de l'Antiquité.

Le toreo gitan s'incarne à cette époque dans un Janus à double profil figuré par les deux frères. *Joselito* ne cache pas son orgueil de posséder son métier comme personne. Même s'il feint de se présenter en éternel apprenti, c'est à la perfection qu'il aspire. Entre des frousses extravagantes et des prodiges, Rafael entretient des rapports pittoresques avec les fauves, leur parle et prétend en obtenir la réponse qui l'autorisera à dire son mystère. L'un ne cesse de développer la plus lucide pratique tauromachique dont la logique ne s'impose guère dans l'univers de caprice au sens goyesque de l'autre. À *Joselito* la vigueur de la réflexion, au *Gallo* l'imagination débridée. L'entendement judicieux, ici et là l'esprit fantasque. *Joselito* n'aura pas de successeur parmi les siens alors qu'*el Gallo* léguera le désordre de son style de vie comme un patrimoine héréditaire aux toreros de sa race.

Joselito s'identifie avec sa profession. Son idée fixe : la domination de tous les fauves qu'il combat, dictée par l'observation de leur comportement. Là, il obtient ses réussites profondes. Il excelle à tirer le meilleur parti des bêtes les plus ingrates et ne commet aucune erreur dans la conduite des opérations. Mais la critique ne l'épargne pas. Sans doute est-il parvenu à fignoler ses véroniques fort vulgaires des débuts. S'il ne hausse plus l'épée jusqu'à la hauteur de son front pour mettre à mort ses adversaires et la ramène, comme il se doit, à la bonne hauteur de la poitrine avant de s'élancer, il n'est toujours pas un matador très sûr et tue moins qu'un souffle, un éternuement. On lui reproche aussi ses exigences en matière de bétail, lorsqu'il contraint les organisateurs à ne lui opposer que des souris. « Regarde-les avec un télescope ! À quelles bêtes féroces tu vas t'affronter. »

Joselito ne danse pas de joie quand il lui sort un éléphant, d'accord ! Mais il se souvient de Salamanque et de six souris de l'élevage de Saltillo. Sans cornes et sans chair, et qui auraient pu lui passer entre les jambes, et d'encolure étroite, soit ! Mais des ratons qui ne s'en laissaient pas conter, qui l'ont moulu d'une soixantaine de coups et qui continuaient à galoper, deux épées dans le corps, avec l'agilité d'une danseuse, tandis que le public se fichait de lui. La corrida la plus difficile qu'il ait dû expédier et la plus dangereuse.

Le seul homme qui ait pu se permettre d'adresser des remontrances à *Joselito*, son frère aîné de onze ans, Fernando. Les initiés le considéraient comme le stratège de la famille. Parce qu'il était en mauvaise santé, il demeurait toujours un peu en retrait. *Joselito* ne l'envoyait pas volontiers au combat et préférait s'en remettre à son *confiance* Blanquet quand il s'agissait de recevoir ses adversaires en piste. Sauf dans certaines occasions exceptionnelles où il lui fallait bien avoir recours à cette intelligence du comportement des fauves encore plus complète que la sienne. Dans la chambre d'hôtel, en tête à tête avec Fernando, il devait reconnaître parfois qu'il s'était trompé, que son frère comprenait mieux l'adversaire. La conduite efficace de l'affrontement l'emportait alors pour un public assez large sur la brillante exécution de passes artistiques à une bête plus coopérative.

Dompter les toros les plus ardus avec une décision jamais prise en défaut accrédita l'idée de son invincibilité. On n'allait pas s'inquiéter pour lui alors qu'il ne cessait de se comporter comme si toute l'affaire n'offrait guère de danger. Sa science impressionnait, mais elle découlait trop de l'exactitude d'une action bien dirigée dont une majorité de spectateurs méconnaissait le génie, de la même manière qu'ils ne s'attachaient guère à la diversité des conditions de ses adversaires. Avec sa conformation ingrate, souffreteuse, Belmonte leur donnait au moins la sensation d'une tragédie imminente. Et *el Gallo* vivait dans un monde de fantaisie où il ciselait et décorait ses faenas comme s'il entendait rivaliser avec les musiciens-architectes musulmans de l'Alhambra.

Les deux artistes, le pathétique et l'enchanteur, touchaient plus le cœur des foules malgré leurs déboires et leurs revers. *Joselito* s'adressait davantage à l'intelligence et nul autre torero n'aurait pu vous en apprendre plus sur la mentalité des fauves en un après-midi. Il percevait sur-le-champ le détail inaperçu par ses compagnons, là où rien de particulier ne les alertait, et améliorait leur bête en quatre ou cinq passes de cape. Pareil ascendant demeurait inexplicable. Les encyclopédies et autres traités de tauromachie en rendront compte à peu près en ces termes : « Belmonte apprit de *Joselito* les secrets du combat et à perfectionner ses moyens de défense. *Joselito* dut épurer son style et fouler l'espace plus réduit où Belmonte venait de circonscrire le duel. La compétition passionna les publics pendant six ans. »

Le choc brutal renversait Belmonte et, tandis qu'il restait suspendu dans le berceau des cornes et que le fauve tapait à droite et à gauche, le ciel s'obscurcissait, le cirque s'écroulait. Tout basculait dans un trou et une rafale rugissait autour du visage de *Joselito* vu à l'envers qui courait, au plus près de la bête. Une fois de plus, l'étoffe se collait au mufle et Belmonte reprenait ses sens au milieu de l'ovation assourdissante en train de saluer l'exploit du dominateur-né, aux jambes d'acier, au corps d'athlète et son orgueil de jeune dieu pour qui tous les adversaires étaient faciles.

Malgré une demi-douzaine de blessures dont aucune n'avait mis ses jours en danger ni gâché sa saison avec les contrats signés, *Joselito* continuait à se comporter comme s'il se jugeait invulnérable. Pareille présomption appuyée sur une technique sans défaut irritait la foule ignorante des terribles appréhensions qui l'assaillaient depuis la mort de sa mère un an plus tôt.

Le 16 mai 1920, il est engagé à Talavera de la Reina afin de combattre les bêtes de l'élevage peu coté de la veuve Ortega. Il signera aussi la paix avec le critique Gregorio Corochano qui le pressait. Le toro *Bailador* lui plonge la corne dans le ventre et lui sortira les intestins. Il mourra peu après à l'infirmerie, des suites d'une hémorragie et du violent état de choc provoqués par l'accident. Parce que son adversaire était affecté d'une vue basse, sans doute, mais aussi pour démontrer qu'aucun torero ne saurait se croire à l'abri du danger. La veille de l'accident, on l'avait sifflé, conspué dans les arènes de Madrid : « Qu'il disparaisse de nos yeux », tandis qu'il recevait au milieu des imprécations un coussin en pleine poitrine.

Cette mort plonge l'afición dans le désarroi et ses obsèques prennent une ampleur nationale. Certains le considèrent comme le « plus grand matador de l'Histoire ». Son prestige donna naissance à de nombreuses légendes dont celle qui prétend qu'il connaissait toutes les vaches et sementales des ganaderias, les avait observés minutieusement, ce qui lui permettait de comprendre les comportements de tous les toros qu'il combattait et ainsi de les dominer...

Ce devint vite une complainte : « Lorsque Belmonte apprit / La mort de son compagnon / Il s'en allait répétant : / Un grand torero vient de mourir / Celui qui me gardait en vie. » Avec son évidente infériorité physique, le plus malingre, le plus chétif, celui qui était pris jusqu'à six ou sept fois par corrida avant d'acquérir au contact de *Joselito* les connaissances indispensables à une certaine sécurité, avait survécu. J.M.M.

À l'âge de huit ans, au cours d'un tentadero, une petite vache l'a envoyé en l'air. D'une certaine façon *Joselito el Gallo*, qui a survolé la tauromachie au début du siècle, mettra dix-sept ans pour en redescendre. Il s'abattra le 16 mai 1920, quand le toro *Bailador*, qui voyait mieux de loin que de près, après l'avoir fait voltiger sans gravité d'un coup de sa corne gauche, l'empalera sur sa corne droite et traversera, mortellement, son ventre d'ange sévillan que rien ne devait atteindre. Il était plus léger que l'air, il était la jeunesse invincible, il était la tauromachie faite homme, la perfection lumineuse, la grâce technicienne, l'intuition savante, l'insolence torera, il était « un Lucifer adolescent », écrira José Bergamín. Contre toute vraisemblance, *Joselito* était capable de tromper cinq fois un toro de Pérez de la Concha avec un quiebro effectué cinq fois du même côté. Il était surtout inimaginable qu'un toro puisse tuer *Joselito*, dont le savoir encyclopédique s'étendait à toutes les suertes, capes, banderilles, muletas, estocades, et jusqu'à l'arrachement à mains nues de la devise des toros. Mais il faut croire que la contingence tauromachique est inépuisable et que n'importe quel toro médiocre et attaquant à l'aveuglette comme *Bailador* peut éteindre à jamais la lucidité absolue d'un torero inoxydable comme le fut *Joselito*. Sa mort, que Belmonte, d'abord incrédule puis désespéré, apprendra au cours d'une partie de poker, fait signe. Elle signale qu'en tauromachie les certitudes les plus légitimes, les assurances les plus cimentées ont simplement l'épaisseur du papier à cigarettes sur quoi les toreros notent les numéros des toros et jouent leur sort. *Joselito* n'aurait jamais dû toréer ce 16 mai à Talavera dans la plaza La Capriciosa. La corrida était prévue pour *Larita*, Rafael *el Gallo*, Ignacio Sánchez Mejías. Mais *Joselito* ne veut pas, le 16, jour de San Isidro, toréer à Madrid dont la pression sur ses épaules est trop lourde. Il choisit d'aller à Talavera dont les arènes ont été en 1890 inaugurées par son père Fernando. C'est son beau-frère Sánchez Mejías qui planifie la corrida, écarte Rafael *el Gallo* et *Larita*, s'engage avec *Joselito* dans un mano a mano. Les toros de la veuve Ortega, qui n'appartiennent pas à l'Unión de Criadores de Toros de Lidia, sont inconnus de *Joselito* qui, d'habitude, connaît tout sur les lignées des adversaires qu'il doit combattre. Là, rien. C'est une corrida mineure organisée, d'après le critique Clarito, comme une plaisanterie par des amis d'amis du torero. *Joselito* se rend en train de Madrid à Talavera avec Sánchez Mejías. Celui-ci est en retard à la gare Delicias à cause d'une querelle avec des ivrognes qui l'ont insulté dans la rue. Au cours d'un arrêt à Torrijos, pour une histoire de pain, une bagarre éclate au buffet de la gare. Une table en marbre est brisée. Plus loin la cruche d'eau du torero marquée à son nom se casse. Commentaire de *Joselito* : « *Ya se acabo, Joselito* » (C'en est fini, *Joselito*). Il lui reste quelques heures à vivre. J.D.

GÓMEZ ORTEGA Rafael, *el Gallo*. Bien que né à Madrid, le 18 juillet 1882, il est sévillan par son père, par sa jeunesse et par son style. Il sera un des toreros les plus originaux de l'histoire de la tauromachie et inclassable, tant étaient grandes son originalité et l'ensemble de ses manières.

Son père, Fernando Gómez García *Gallo*, était né à Séville le 18 août 1847 et avait été un matador notable, ayant enseigné son art à *Guerrita* et à son fils aîné. Il avait engendré trois garçons dont deux restèrent célèbres. Le dernier, José, de treize ans plus jeune que Rafael, incarne, par son intuition, sa grâce, sa personnalité, sa domination et sa mort tragique, le parangon de toute l'histoire de la tauromachie.

Quant à Rafael, le futur *el Gallo*, sans être au niveau de son jeune frère, il a laissé une trace majeure due en partie à la grâce, à l'élégance mais aussi à la fantaisie du personnage et au métier qui, lorsqu'il le pouvait, était imprégné du plus grand art. Leur père meurt en 1897 et il doit faire vivre frères et sœurs en aidant sa mère, chanteuse de flamenco.

Gitan, être fantasque, inspiré, capricieux, versatile, imprévisible et pusillanime, il parvenait toujours à conquérir le public : ses pires moments, ses fuites éperdues lâchant épée et muleta, amusaient les foules plus qu'elles ne les fâchaient. Il pouvait brinder son toro, éventuellement le même, à plusieurs personnalités et, s'apercevant qu'un œil noir le regardait, demander à son frère *Joselito* de prendre l'épée à sa place... Il fut capable un jour de déclarer qu'un de ses toros était vert et de refuser de le toréer puisque les toros verts n'existent pas ! Ce jour-là, la prison fut au bout du callejón.

Les échecs retentissants alternaient avec les plus grands triomphes ; cependant on pouvait affirmer, comme on le dit parfois d'un toro, qu'il *avait du son* et il n'est pas impossible de penser qu'avec une certaine quiétude, quand tout allait bien, il annonçait Belmonte. Il fut une figure de légende et elle s'est emparée de lui. Il fait ses débuts de becerrista en 1897 et torée beaucoup comme novillero, surtout en Andalousie. La cérémonie d'alternative se déroule à la Maestranza de Séville, présidée par *Bombita* qui lui accorde le premier toro de l'élevage Otaolaurruchi, en compagnie de *Bombita Chico*, le 28 septembre 1902.

Il se présente à Mexico le 7 décembre de la même année et confirme l'alternative à Madrid le 20 mars 1904 des mains de *Lagartijo Chico* qui lui concède *Barbero* du duc de Veragua. Puis, jusqu'en 1910, il va disparaître des ruedos, son peu de forme physique et morale en étant la cause.

Au début de 1911, il se marie avec la fameuse chanteuse et danseuse de flamenco Pastora Imperio et sa saison 1912 est excellente, malgré ses irrégularités, qui sont fréquentes. Il laisse entendre au public qu'il a l'intention de se couper la coleta le 10 octobre 1918, mais en 1919 il fréquente les arènes plus d'une vingtaine de fois et en 1920, l'année de la mort dramatique de son frère José, il enchaîne les succès.

De 1922 à 1925, c'est l'Amérique du Sud qui va bénéficier de sa présence et on le voit dans tous les pays où la tauromachie a droit de cité. Il n'est pas regardant : un jour avec des figuras, le lendemain avec un cartel indigne de lui.

À son retour en Espagne, en 1926, avec des qualités du même niveau que lors de son départ pour les Amériques, il est accueilli avec enthousiasme et retrouve son public. Il torée plus de trente fois, et le 28 septembre à Séville, il célèbre les noces d'argent de sa carrière par une faena grandiose et le public lui accorde l'oreille de son dernier adversaire.

De 1928 à 1934, il est à nouveau outre-Atlantique où il mène une vie hasardeuse et désordonnée. De retour en Espagne en 1934, il retrouve la Maestranza avec bonheur et le 19 avril, il coupe les oreilles et la queue d'un toro brindé à Juan Belmonte. Sa dernière corrida a lieu à Barcelone le 4 octobre 1936.

Il meurt à Séville où il passait le plus clair de son temps ; il est inhumé près de son frère Joselito dans le monument funéraire réalisé par Mariano Benlliure.

Le jugement de José María Cossío sur Rafael est essentiel : « *El Gallo* a effectué toutes les suertes de son art à la perfection, les marquant de son empreinte, avec une grâce incomparable, inimitable sinon inégalable. Les particularités de son comportement l'empêchèrent d'être la première figura de la tauromachie de son temps. Dans l'arène comme dans la vie quotidienne il lui manqua constance et persévérance [...] Il pouvait passer du sublime au ridicule en quelques instants... » Hemingway à son tour nous laisse ce témoignage : « La dernière fois que je le vis [...] il ressemblait à un vieux, très vieux papillon. Il avait plus de grâce, plus d'expression, plus belle prestance à quarante-trois ans que n'importe quel autre torero que j'aie jamais vu quelque soit son âge. Ses traits n'étaient pas de ceux qui se prêtent à la photographie. *El Gallo* n'avait jamais l'air beau sur une photographie. Ce n'était pas la grâce de la jeunesse ; c'était quelque chose de durable, et lorsqu'on le voyait avec un gros taureau gris de Concha y Sierra, dont il jouait aussi délicatement qu'on jouerait de l'épinette, vous saviez que si jamais un taureau le frappait et le tuait, ce serait mieux alors de ne plus jamais assister à une corrida » (*Mort dans l'après-midi*). J.B.T.

Il est né dans une famille torera puisque son oncle, José *Gallo I*, était banderillero et son père, Fernando *Gallo II*, qui épousa la chanteuse flamenca Gabriela Ortega, fut matador après avoir pris l'alternative en 1877 et a toréé jusqu'en 1896. De ce mariage naquirent trois garçons et trois filles : Rafael, né à Madrid le 18 juillet 1882, *Gallo III*, passé à la postérité sous l'apodo d'*el Gallo*, le « Divin Chauve » ; Fernando, né en 1884 et qui sera banderillero sous le nom de *Gallo IV* ; José, né en 1895, qui est devenu l'exceptionnel *Joselito*, mort en 1920 à Talavera de la Reina ; Gabriela qui épousa *el Cuco*, un banderillero dont elle eut deux garçons, le matador *Gallito* et *Gallito chico*, d'abord novillero puis banderillero ; Dolores, qui épousera le matador Ignacio Sánchez Mejías dont le fils sera matador ainsi que le petit-fils, l'actuel matador Sánchez Mejías ; Natividad qui épousa *Vázquez II*, lui aussi matador...

Dès ses débuts, Rafael *el Gallo* est remarqué pour ses capacités hors du commun, sa gestuelle, la beauté de ses passes mais aussi ses terreurs subites qui le font fuir dans le callejón. À Séville, un toro de cauchemar se rend maître du rond et *el Gallo* ne sortira plus de l'abri des planches. Ses aides s'efforcent de travailler la bête sous le chahut des gradins. Jusqu'à ce qu'elle vienne souffler tout près du « Divin Chauve », qui se cache derrière la barrière et pour plus de sûreté ne cesse de dessiner avec le pouce des signes de croix sur son corps, ici et là, afin que Dieu le protège. Et soudain Rafael, rasséréné, sans se soucier de personne, se dirige vers son adversaire et le torée à merveille, il y prend un si vif plaisir qu'il réussit cette fois encore à célébrer un office. À ceux qui lui demandèrent par la suite le pourquoi de ce miracle, comme s'il était en son pouvoir de l'élucider : « Oh, très simple ! Lorsqu'il s'est avancé vers la barricade, ce brave animal a tenu à me rassurer : "Approche-toi Rafael, je ne vais pas te faire de mal." » Et jamais ne changera la réponse du gitan.

Entre un scandale à Madrid et un désastre à Vitoria, il ne voit aucun inconvénient à relater ses faux pas avec un luxe de détails qui déconcerte. Il devient intarissable et ne semble en éprouver aucune gêne. Mais il se défend d'être superstitieux. Ses lubies dans l'arène ne doivent pas être attribuées à des causes surnaturelles. Ceux qui croient qu'il voit des signes partout s'abusent. Il n'interprète pas des présages, mais le fauve. Ces histoires qui portent malheur ne le concernent pas : des blagues ! Le public ne sait plus quoi inventer. Loin d'être irrationnelle, son attitude découle du comportement de ses adversaires.

À Vitoria, nul besoin de cinquante borgnes et de leur rendez-vous avec un fameux oculiste logé dans l'hôtel où est descendu *el Gallo*, le toro d'Urcola suffit bien à le décourager. Il a beau l'approcher avec une vingtaine d'yeux avant de lui présenter l'étoffe, l'horrible bête l'accroche par l'épaule à la première passe et manque lui enlever la tête. Lorsqu'il se précipite à la barrière pour se munir d'une nouvelle cape, une canne bien dirigée s'abat sur sa calvitie et l'assomme. Le public ne se montre pas toujours aussi complice que l'épopée voudrait nous le donner à croire. Ce qu'il lui reste à faire, c'est clair. Nettoyer au plus vite la piste du monstre. Le foudroyer en s'exposant le moins possible par le coup de grâce du descabello.

À ses débuts, un organisateur de corridas, furieux contre *el Gallo* qui exigeait une augmentation de son cachet, le menace de faire imprimer des têtes de mort sur les billets. « Ajoutez-y des cercueils, des cyprès et des chouettes, pour ce que ça me dérange ! » Et *el Gallo* triompha. Plus tard, à Grenade, il banderilla et tua un toro de manière supérieure avec une couleuvre dans sa poche, telle qu'il l'avait reçue des gradins, tout enveloppée de papier. Peut-on s'abuser davantage sur la nature véritable d'un artiste ? Les rumeurs les plus fausses ont cours. Ça ne paraît pas contrarier *el Gallo*. Ce qui le chiffonne, ce sont bien plutôt ces toros opposés à son style, avec lesquels il ne peut s'empêcher de faire le dégoûté.

Le mauvais sort lui en a-t-il attribué beaucoup ? De tout à fait contre-indiqués, deux. Mais alors ceux-là, déconseillés ! Un Miura, et il n'eut pas besoin de plus d'un tour d'arène pour persuader *el Gallo* et ses aides qu'à lui seul il se chargerait de tous. Et un de Tovar, le pire. Pas moyen de se couler en douce derrière lui pour le mettre à mort. Enfin, à la faveur d'une seconde d'inattention du fauve distrait par les membres de sa cuadrilla au grand complet, *el Gallo* parvint jusqu'à sa croupe en tapinois. Et comme le Tovar se retournait à la manière d'un chat, coup d'épée par surprise, porté à la vapeur et fuite à toutes jambes. Pas assez vite toutefois pour échapper à ce coutelas de la corne qui vous racle les côtes et vous ôte vos médailles saintes.

Jongleur peut-être autant que torero et rompu à briller, à jouer avec le fauve au moyen de passes improvisées qu'il rendra célèbre, à exécuter mille tours, cape et muleta en mains, mais d'une beauté dont on n'a pas idée. Certains grincheux prétendent que là débutent les prudences. Cette mise en scène de capes qui volent, s'enroulent, pirouettent, tourbillonnent et serpentent au-dessus de la calvitie du gitan, ce mécanisme réglé comme ballet de muletas avec tournoiements gracieux et voltes à peine imaginables devant la tête du fauve, ce sont là accessoires du numéro d'*el Gallo* pour escamoter le vrai danger de la corrida. Tout plutôt que de conduire la corne à passer et repasser devant le ventre de l'homme dans un parcours resserré au centre duquel il s'immobilise.

Comprenez qu'*el Gallo* ne triche pas, mais qu'avec sa merveilleuse habileté et sa grande connaissance des toros, il se livre à des exercices singuliers sur la corde raide pour que débute en piste le pur spectacle dont mort et tragédie seraient exclues. Il se refusera à entrer dans la chapelle mortuaire où repose *Joselito*, son cadet de treize ans, tué à Talavera de la Reina. Mais n'en poursuivra pas moins sa carrière jusqu'au 4 octobre 1936 à Barcelone.

Quand on songe à l'irrégularité et au désordre fou de ses trente-cinq ans de carrière avec des hauts et des bas vertigineux, et aux innombrables toros qu'il laissa rentrer vivants, mieux vaut ravaler toute envie de protester au nom de la raison et se laisser prendre dans son monde que domine le merveilleux des charmes et des sortilèges. Écoutez Antonio Quintero : « Le torero gitan est aussi bien capable de monter sur les cornes de la lune que de se précipiter, tête première, dans un puits. En haut, une clameur ; en bas, un éclat de rire. Au bout du compte, affaire de duende, d'inspiration. Mais malheur aux toreros mathématiques de telle ou telle école le jour où les duendes du toreo gitan se décident à payer leur contribution. »

Un loufoque à qui l'on prête des superstitions et des craintes insanes et dont les spectateurs s'amusent à compter les fuites éperdues ou espantadas quand il avoue des accès de couardise qui dégraderaient n'importe quel autre. Mais qui saurait arpenter la grève comme lui sans tomber du fil et charmer la peur ? *El Gallo*, le coq, lance ses cocoricos éclatants, les kikirikis de son invention, comme de merveilleux coquelicots éclos sous le mufle du fauve.

« Je ne crois pas à ces sorcelleries à la noix. Moins de mystères et plus de travail. Les diableries me fatiguent beaucoup », protestera l'amateur attaché à un certain cartésianisme. Soudain, l'inconnue toujours vive du génie gitan, en marge du programmé, du fonctionnel, reprend ses droits. Moins de technique, mais plus de sentiment. C'en est fini de la production en série et du travail à la chaîne qui exige une compétence de spécialiste. Jeteurs de sort et thaumaturges occupent la scène. *El Gallo*, le plus déraisonnable et représentatif d'entre eux, ira même jusqu'à s'exhiber dans des cirques au cours d'un voyage en terre américaine, indifférent à son image de marque qu'il se sait capable de reconquérir du jour au lendemain.

Selon lui, il existe des fauves qui se prêtent et d'autres pas du tout. Même rusés, il s'entendra avec les premiers. Se montreraient-ils bravissimes, les seconds entraîneront sa déroute. S'estime-t-il renseigné dès qu'il n'aime pas leur manière de le regarder ? Il obtient des triomphes retentissants avec des bêtes dont rien ne laissait prévoir qu'elles lui inspireraient confiance. Alors il pleure en rythmant ses passes, adresse des propos fous à son adversaire-partenaire. Il disperse les fantômes, déjoue le mauvais sort, enchante les gradins, éblouit leurs milliers de regards, orne à jamais les rêves. J.M.M.

GÓMEZ OSPINA José Luis, *Dinastía.* Plus connu dans son pays d'origine, la Colombie, où il est né le 1er février 1974 à Medellín, José Luis Gómez Ospina *Dinastía*, après avoir participé à 42 novilladas colombiennes, a reçu l'alternative à Cali le 29 décembre 1992 des mains de *Jesulín de Ubrique* en présence de Manuel Caballero devant *Alandro*, toro de la ganaderia de Punta Umbria, avec vuelta au premier et oreille au second. R.B.

GONZÁLEZ Dámaso (Sonia González)
Origine : El Torero-Las Ramblas
Devise : vert et rouge
Pas d'ancienneté à Madrid
Propriété : « Los Prados », Albacete

Dámaso González crée cet élevage en 1997 avec des vaches et des étalons d'El Torero et de Las Ramblas. L'élevage, inscrit depuis peu – sous le nom de la fille du maestro – à l'Unión de Criadores de Toros de Lidia, est actuellement « aspirant » avant d'intégrer le groupe des ganaderos professionnels.

Pierre indispensable à la fondation du toreo moderne, père spirituel d'Ojeda et génie du temple, Dámaso González coule des jours paisibles sur ses terres d'Albacete. Retiré du toreo depuis 1994, celui qu'on appelait en piste le « fakir » vient de créer un élevage qu'il a mis au nom de sa fille, Sonia, laquelle est également journaliste à la télévision espagnole. Le premier lot fut combattu à Albacete le 25 juin 2000 par Abraham Barragán (une oreille), Antón Cortés (une oreille) et Sergio Martínez (deux oreilles). C.C.

GONZÁLEZ Juan José
Origine : Carlos Núñez
Devise : bleu et jaune
Ancienneté à Madrid : 30 juillet 1950
Propriétés : « Las Casetas » et « San Pedro », Guillena (Séville)

Mac Crohon et Casado sont à l'origine de la fondation de cet élevage en 1942 en associant du bétail de Carreros et d'Albaserrada. Le troupeau passe successivement entre les mains des frères Casado (1946) puis des familles Hidalgo et Martín (1947). Les nouveaux propriétaires augmentent le cheptel avec des vaches et des étalons de Juan José Ramos Matías et modifient le fer en 1948. Trois ans plus tard, les éleveurs changent d'orientation en ajoutant un lot de vaches et d'étalons de Lisardo Sánchez. Ils éliminent progressivement les origines antérieures. Propriétaire à part entière de l'élevage en 1973, Eduardo Hidalgo Suárez décide de vendre le troupeau deux ans plus tard à Manuel Moreno Pidal. Celui-ci rajoute au cheptel des vaches et des étalons d'Ernesto Louro Fernández de Castro, d'origine Atanasio Fernández. L'élevage est vendu en 1983 à la société Nanin, SA. Trois ans plus tard, l'éleveur supprime le sang antérieur au profit de celui de Maribel Ibarra et de Jandilla en insérant des vaches et des étalons de Sayalero y Bandrés. 1988 marque un nouveau tournant dans la vie de l'élevage : les fils de Juan José González Cabello rachètent l'ensemble du troupeau, éliminent toutes les origines antérieures et reforment un cheptel avec un lot de vaches et d'étalons de Manolo González.

Fer assez rare en France, l'élevage de Juan José González s'est en revanche forgé une solide réputation en Espagne. La bonne alchimie du sang Núñez a permis à cet élevage de figurer en bonne place dans l'élaboration des férias importantes. *Finito de Córdoba* lia le 4 avril 1999 à Madrid une faena de grand pouvoir (en référence à la féria de Quito en Équateur, *Jesús de Gran Poder*, qui a donné l'expression espagnole) face à un toro de ce fer. Les arènes de Las Ventas furent également le témoin d'une excellente prestation du torero d'Almeria, Ruiz Manuel, le 16 avril 2000. Mais les toros combattus la saison suivante s'avérèrent beaucoup plus âpres pour les toreros. Régulièrement programmé à Séville en novillada, c'est face à cet élevage que le Biterrois Sébastien Castella prit part à son premier paseo sur le sable de la

Maestranza. Le fer fut également présenté à deux autres reprises lors de la saison 1999 à Madrid pour une corrida de rejón et pour une autre où le matador mexicain Antonio Urrutia effectua un tour de piste. C.C.

GONZÁLEZ CARRASCO Dámaso. Si Dámaso avait été plus grand, n'avait pas eu ce visage triste et souffreteux, les foules l'auraient sans aucun doute davantage adulé et il apparaîtrait comme une des plus grandes figuras du toreo. Car ce matador d'Albacete savait se jouer de toutes les difficultés et dominer sans coup férir tous les toros qu'on lui opposait. Jamais il n'a refusé un lot de toros, ni n'a recherché, malgré son classement à l'escalafón, les ganaderias de prestige. Il a affronté sans sourciller les Miura et les Pablo Romero, et, grâce à la magie de sa muleta, il les a dominés, les a réduits à des partenaires consentants qui ne voyaient plus que le leurre. Dámaso a été certainement le torero qui a eu le plus de pouvoir sur les toros, même les plus âpres, les plus rétifs, les plus ardus et les plus dangereux.

Bien que de petite taille, il a accepté des « monstres » qu'il est venu travailler dans les cornes, se plaçant face à eux et maniant la muleta dans le dos, en avançant lentement, les fascinant jusqu'à être dans une telle proximité de l'animal que celui-ci était obligé de s'écarter pour pouvoir suivre le leurre.

Stupéfiant tous ceux qui le voyaient, il a eu aussi des détracteurs qui le considéraient avec un certain mépris. Des aficionados, des critiques taurins (et non des moindres) ne se rendirent pas compte de son dominio exceptionnel et lui reprochèrent de donner trop de passes à ses adversaires, sans jamais souligner la dangerosité de ceux-ci. Cette incompréhension touchait Dámaso et l'irritait. Car l'homme est d'une grande gentillesse, d'une extrême amabilité, ne répondant jamais aux critiques les plus déplacées, se contentant de montrer en piste qu'il était capable de se mesurer et de triompher des toros les plus dangereux.

Né à Albacete le 11 septembre 1948, il commence en tauromachie en participant à la partie dite « sérieuse » des spectacles comico-taurins en 1965. Puis il revêt le costume de lumières comme sobresaliente lors d'un festival donné le 27 août 1966 dans sa ville natale. Le 8 septembre 1968, il réalise sa première corrida piquée à Albacete devant des novillos du marquis de Villamarta avec Santiago López et Antonio Rojas. L'année suivante, il commence à être connu et *Camará* le prend en charge. Le 19 mars 1969, à Barcelone, en présence de Juan Asenjo *Calero* et de Manuel Maldonado, il coupe quatre oreilles et une queue à ses novillos de Ramos Matías ! Le 1er juin, il débute à Madrid et le 21 juin, pour sa despedida de novillero, il estoque seul six novillos de Benítez Cubero avant de prendre l'alternative le 24 du même mois à Alicante des mains de Miguel Mateo *Miguelín* en présence de Francisco Rivera *Paquirri*, face à *Gañalote*, de la ganaderia de Flores Cubero. Pendant l'hiver qui suit, il se rend en Amérique et retourne ensuite en Espagne, pour confirmer à Madrid le 14 mai 1970 devant *Barranquillo*, toro de Francisco Galache, le parrain étant Santiago Martín *el Viti* et le témoin Miguel Márquez. Il coupe une oreille à son second adversaire.

Commence alors une carrière tracée avec détermination, où il ne cherche jamais à refuser les contrats difficultueux. Son style personnel, sa manière d'aborder ses toros à mi-hauteur, sans les brusquer, en leur donnant confiance puis en baissant progressivement la main jusqu'à enchaîner des séries de très nombreuses passes profondes, provoquent l'étonnement de beaucoup et la critique de certains qui lui reprochent d'étouffer le toro dans les plis du leurre. S'il peut paraître parfois monotone, il est rarement mis en difficulté et son dominio semble sans faille.

Il a été le premier à fouler des terrains jusqu'alors jugés inaccessibles et sa manière de lidier et de toréer a été prise en considération par tous les toreros de la génération suivante, en particulier par Ojeda qui a utilisé toute la technique de Dámaso pour affiner la sienne. En 1994, après avoir participé à 24 corridas en coupant 22 oreilles, il se retire, lassé par l'attitude d'une partie du public qui ne reconnaît pas sa valeur et oublie les nombreux succès de son cursus. Après avoir obtenu un grand triomphe lors d'un festival taurin à la féria équatorienne de Quito, il annonce son retour dans les *ruedos* pour la saison 2003 et obtient un grand succès le 15 mars 2003 à Valence pour sa réapparition. Il est reconnu comme un grand dominateur, une reconnaissance qu'il aurait bien aimé obtenir au temps de son activité. R.B.

Les partisans de la joliesse en tauromachie sont passés à côté de Dámaso González sans en faire cas. Normal. Dámaso González n'a jamais recherché l'enjolivement. Sa délicatesse opérait ailleurs. Les amateurs de tauromachie esthétisante sont passés à côté d'une des rarissimes tauromachies constituée justement en esthétique : celle de Dámaso González. Si la nombriliste Séville se reconnaît dans la tauromachie sculpturale, cadencée, savoureuse et capricieuse de Curro Romero, si la façon élégante et architecturée de Julio Robles peut s'apparenter à l'architecture de la Plaza Mayor de Salamanque, si *el Viti* était ascétique et rigoureux comme le Campo Charro en hiver, les formes tauromachiques de Dámaso González exprimaient, elles, la longitudinale ruralité de la Mancha du côté d'Albacete. Dámaso González toréait à perte de vue. Il toréait inlassablement comme ses compatriotes labourent. Il ne coupait pas des oreilles, il les moissonnait, les récoltait après avoir, en début de faena, semé, enfoui et arrosé de sa technique les graines efficaces du temple tauromachique. Il creusait des sillons de Nîmes à Valence, de Bilbao à Murcie, de Pampelune à Almansa, où, en 1972, c'est un toro de Pío Tabernero de Vilvís qui lui tracera quatre sillons dans le triangle de Scarpa. Lorsqu'il forçait avec sa main de fer et son courage de bronze un toro en friche de Miura ou de Pablo Romero, on aurait dit qu'il arrachait de la mauvaise herbe ou qu'il rendait meubles des mottes de terre gelées. Dámaso González, torero de l'efficacité, de la domination, de l'insistance et du point d'honneur, a commencé à toréer jeune sous des pseudonymes campagnards : *Curro Alba* ou encore *el Lechero*. Il livre à l'aube le lait des vaches de son père puis court la guerre des capeas de village où deux de ses compagnons se feront tuer. Il dort dans les granges, affronte de vieux toros lucifériens ou de vieilles vaches dites « carpinteras » parce qu'elles font du petit bois avec les barricades des arènes et aussi avec le corps des toreros. Comme à Paterna où l'une d'elles le laisse pour mort. En 1967, pour ses débuts de novillero à Santisteban del Puerto (Jaén), un mauvais coup de corne lui met les testicules à vif. On le soigne comme on peut sur la table qui sert à égorger les cochons, juste recouverte d'un drap. Le cordonnier du coin fournit le fil et les aiguilles pour le recoudre. Il faudra l'opérer à nouveau à Albacete. Mais cette tauromachie rustique, âpre, à la dure, marquée par une vingtaine de coups de corne, si elle a raviné son visage et cabossé ses traits, ne l'a jamais découragé de mettre de la douceur dans sa muleta et de la rectitude morale dans l'exercice de sa profession. Il l'écrivait au bas d'une lettre en répondant positivement à l'invitation de venir toréer gratuitement au bénéfice de l'asile de Cenicero : « J'amènerais en plus deux vachettes pour la promotion des jeunes. Je suis d'Albacete *y siempre voy por derecho.* » J.D.

GONZÁLEZ JIMÉNEZ Juan, *el Trianero.* Né à Séville le 23 août 1936, il participe à sa première novillada piquée le 16 août 1953 à Algésiras avec le Mexicain Miguel Ángel García y Montenegro face à un lot de toro d'Arturo Pérez Fernández. Il se présente à Madrid le 13 mai 1956, à Vista Alegre, avec Sérvulo Azuaje et Manuel Sánchez Saco. Puis il torée à Las Ventas, le 28 juin, des novillos de Villagodio Hermanos avec *Curro Puya* et *José Cáceres*. Il prend l'alternative à Barcelone le 6 juillet 1958, devant *Dentista*, toro de Benítez Cubero, que lui cède Antonio Ordóñez son parrain en présence de *Chamaco*. Le 16 mai suivant, il confirme à Madrid des mains d'Antonio Ordóñez en présence de Victorio Cuevas *Valencia*, face au toro *Chalequito* de Pablo Romero. Il quitte la profession en 1964 pour se consacrer à son commerce de chocolaterie. R.B.

GONZÁLEZ LÓPEZ José, *Carnicerito de México*. Il est né à Guadalajara dans l'État de Jalisco au Mexique le 19 mars 1905. Pendant ses premières années, en tant que novillero, il joua un rôle relativement important dans les cartels mexicains car son courage et son habileté à banderiller lui firent rapidement une certaine réputation. Il vint en Espagne en 1930 et pendant la temporada put s'exprimer lors de trente-cinq novilladas et se présenter à Madrid le 30 août. Courageux et bon technicien à la cape et à la muleta, il banderillait avec audace et maniait souvent l'épée avec décision et presque toujours avec efficacité. Il convainquit suffisamment l'Espagne pour prendre l'alternative à Murcie, des mains de Domingo Ortega avec un toro de Miura le 13 septembre, dix-sept ans presque jour pour jour avant de trouver la mort dans l'arène. Le 18 du même mois, il confirmait à Madrid, *Bienvenida* lui cédant *Estudiante* de la ganaderia de don Celso Cruz del Castillo. On lui reprocha assez vite de faire un peu de « trompe-l'œil », et l'Espagne se lassa de lui. Il reprit la route du Mexique en 1935 et ne réapparut en Europe qu'en 1944. Il est vrai que la guerre d'Espagne et la Deuxième Guerre mondiale jouèrent un rôle dans cette parenthèse ! Il combat une douzaine de fois en 1945 et reçoit deux blessures graves à Barcelone le 21 mai et le 14 octobre. On le voit beaucoup en France en 1946 ; Céret, Arles, Béziers, Mont-de-Marsan et Dax furent les théâtres de ses derniers exploits tauromachiques avant l'ultime corrida où il devait trouver la mort. Le 14 septembre 1947, à Villaviciosa au Portugal, un toro d'Estebán Oliveira lui inflige une cornada très sévère dans le triangle de scarpa qui provoque une hémorragie telle que les installations médicales précaires de cette arène ne peuvent l'enrayer. Il décède quelques heures plus tard, disant devant Conchita Cintrón : « Je meurs comme Manolete » (quinze jours après...). Il laissera le souvenir d'un torero ayant le sens du tragique et une grande présence devant les toros. En 1931, il coupe les oreilles et la queue à des novillos de la Viuda de Soler et en 1932 les oreilles à des toros de Pouly dans les arènes d'Arles ; à Nîmes, il affronte des Flores Tassara en 1931, des Pablo Romero en 1932 et 1933 et des Pouly en 1945. J.B.T.

GONZÁLEZ LUCAS Luis Miguel, *Dominguín*. Luis Miguel González Lucas, fils du matador Domingo González Mateos, et ses frères, Domingo et José Pepe, sont tous matadors de toros sous l'apodo de *Dominguín*. Luis Miguel, le plus connu, naît le 9 décembre 1926 à Madrid.

À cinq ans, il affronte pour la première fois une génisse de sang brave. Dès son plus jeune âge, Luis Miguel joue avec des bêtes à sa taille et entre dans la familiarité du toro. Organisateur de corridas, administrateur d'arènes, manager de toreros célèbres, toutes les portes sont ouvertes à Domingo *Dominguín*, son père, qui le présente en public dans des spectacles mineurs. La nuit, quand mascarades et parodies succèdent au sacrifice solaire et que s'éclairent les globes des nocturnes, Luis Miguel assure la partie dite sérieuse des spectacles comiques.

Il fait son premier paséo à Madrid, comme novillero, le 11 août 1940. En 1941, il reçoit l'alternative des mains de Domingo Ortega devant un toro de Montero, à Bogotá. Puis il revient en Espagne comme novillero, et reçoit l'alternative le 2 août 1944 à La Corogne, des mains de Domingo *Dominguín*, face à un toro de Samuel Hermanos, et confirme à Madrid le 14 juin 1945 des mains de *Manolete*, en présence de *Pepe Luis Vázquez*, face à un toro d'Antonio Pérez.

Cinq corridas en 1945 à Madrid ne lui permettent pas de remporter le succès éclatant qui pourrait l'imposer. Il semble plafonner. Ce professionnel voué aux arènes exerce son art avec un détachement que seul son indomptable amour-propre pourra masquer aux yeux du grand public. C'est ainsi que du lit de convalescence où il se repose d'une récente blessure, il lance un défi à *Manolete*, à l'idole, par la presse et les ondes. La manœuvre est bonne et se révélera payante. L'exigence des spectateurs envers *Manolete* au comble de sa popularité ne cessait de croître. La désaffection d'une partie du public, l'animosité déclarée de certains secteurs des gradins l'obligeaient à se dépasser et, après sept années de suprématie, il se retrouvait las. « Je ne vois pas venir le moment de me retirer », a-t-il déclaré à Saint-Sébastien devant les micros, mais s'il compte les jours et les contrats pendants, il entend prendre sa retraite sans se laisser distancer, sans plier le genou, sa dignité intacte. Le duel s'achèvera plus tôt que prévu, par sa mort, le 28 août 1947.

Deux mois plus tard, le trône aurait été vacant, que Luis Miguel s'était juré de conquérir. Le voici seul au premier rang, sans compétiteur qui le pousse à se raidir dans une attitude de lutte permanente.

À mesure qu'il étend son ascendant sur le toro dont il conçoit et ordonne le combat sans une faute, il oppose l'ironie de son sourire crispé au courroux qu'il déchaîne par sa superbe. Car il doit sans cesse lutter contre une part de lui-même : sa perfection glacée, sa froideur d'exécution, cette forme calme, réservée, inaccessible, inexpugnable qui, entre deux séries de passes transparentes comme le cristal, ne perdra plus jamais de vue qu'il lui faut violer le public par des coups d'éclat.

À Madrid, le 12 mai 1949, il interrompra son numéro de dompteur où il fait tourner la bête à son gré contre son corps et montrera le dos aux cornes pour toiser ses contempteurs. Il lève alors le bras, pointe l'index vers le ciel : « Moi le premier. » Plus tard, il prétendra avec humour n'avoir pas desserré les dents, mais « je le pensais si fort », s'empressera-t-il d'ajouter, « que l'arène entière ne pouvait que l'entendre ». Le vacarme fut indescriptible. Luis Miguel se remit à toréer avec un immense bonheur, ce si vif plaisir que ne saurait lui procurer la simple démonstration de sa considérable emprise sur les toros.

« Garde ta sacrée tête froide » semble être l'injonction favorite qu'il s'adresse. Entre deux festivals de cinéma où il soigne sa publicité, séduit les plus célèbres actrices américaines – de Rita Hayworth à Ava Gardner – avant d'épouser l'Italienne Lucia Bosé et tient la vedette sans jamais avoir tourné de film, à la question des journalistes : « Combien êtes-vous ? » il continue à répondre avec son habituelle hauteur narquoise : « Un. Moi. Seul. Par Dieu. » Jusqu'en 1958, quand son beau-frère, Antonio Ordóñez, qu'il avait contribué à former en dirigeant son travail de la barrière, comme au radar, leva l'index à son tour, bien résolu à lui disputer le titre de numéro un, dont la qualification lui était restée.

Il parut hésiter et retarder l'affrontement. La compétition se déroula d'abord à distance. Chacun des deux toreros s'employa à donner le meilleur de son talent sans l'exercer à l'intérieur d'un même programme. C'était toutefois une lutte que Luis Miguel, conscient de sa valeur, entendait soutenir. Elle eut lieu en 1959, mais sous gestion unique du clan *Dominguín*. Excellente affaire commerciale, soit ! Lutte à mort, c'est par trop romanesque ! Mais rivalité assez dure bien que fabriquée de toutes pièces par des discussions en famille. Son cours de tauromachie si complet, si calculé, cette conférence, comme on dirait aussi pour le dénigrer à cause de la sûreté totale de son jeu, en bénéficierait – du moins l'espérait-il.

En général le public était contre lui et pour Ordóñez, choisissait le challenger plutôt que le champion. Réunis par le négoce, les deux rivaux ne ralentirent pas leur effort. Jusqu'à la blessure de Luis Miguel à Valence. On ne sait quel souci de son prestige le fit écourter sa convalescence. Il sera de nouveau atteint à Bilbao, pris et renversé contre le cheval de picador. Deux accrochages presque identiques en moins d'un mois, où la corne pénétra dans le haut de la cuisse droite, vers l'abdomen.

Luis Miguel « sait beaucoup de toros » et sans doute trop. Mais s'il prétend avec hauteur se désintéresser des effets émotionnels de l'art, c'est qu'il lui font défaut et qu'il enrage. Il rejette en bloc, comme littérature ou histoire d'abracadabra, l'inspiration, la génialité, les caprices de la visite du duende. La croissante extase qui soulève l'homme au-dessus de lui-même et emporte tous les spectateurs présents, il ne connaît guère. Beaucoup trop logique pour combattre en état second, la ferveur ne s'enfle pas souvent sur les gradins, sa technique si savante ne s'accompagne d'aucune magie. Quoi qu'il en soit, entre sa démonstration quasi lumineuse de la théorie et le magnifique traité d'esthétique d'Ordóñez, comme animé et recomposé par le génie de l'interprète, le public avait choisi.

Dominguín avait trop d'orgueil pour laisser l'avantage du dernier coup au toro. Il n'était pas dans son caractère de capituler à la suite de ces accidents si rapprochés. Ainsi devait-il continuer à occuper une place de vedette après l'avènement d'Ordóñez. Il remplissait les arènes même lorsqu'il toréait en roue libre, participait à une trentaine de corridas par an et touchait des honoraires fabuleux pour l'époque. Ainsi administra-t-il sa carrière avec une apparente décontraction sur un plan de relative commodité, jusqu'à fin septembre 1962 où il parut se retirer sur un coup de tête, sans préavis ni représentation d'adieux, volontiers déconcertant.

Il revint après huit ans d'absence avec son maintien racé, son assurance reposée à plier les toros à ses quatre volontés. À peine marqué par l'âge, le port de tête toujours aussi altier, la haute silhouette sans la moindre trace d'empâtement, il pointait le menton vers le siffleur de service, le cherchait sur les gradins, lui souriait, satisfait d'avoir découvert un quidam pour signifier sa désapprobation. Reste que le regain de curiosité du public à son égard s'accompagnait d'un croissant respect et qu'il lui fallut bien se soumettre à cet inéluctable. « Ce qui m'aiguillonnait, c'était l'injustice, les cris. » Pareille provocation l'obligeait à se vaincre dans une sorte de duel avec la foule dont le fauve lui fournissait le prétexte. Aux approches de la cinquantaine, il témoignera plusieurs fois encore de sa vraie grandeur d'agrégé ès sciences tauromachiques. Il participe à sa dernière corrida à Barcelone le 12 septembre 1973 avec Francisco Ruiz Miguel et Julio Robles face à des Sepúlveda. Il décède le 9 mai 1996. J.M.M.

GONZÁLEZ MADRID Rafael, ***Machaquito***. Né à Cordoue le 2 janvier 1880, Rafael travaille très jeune aux abattoirs de sa ville natale et se sent très rapidement une vocation tauromachique. Il est vite bien reçu dans les capeas et fait le tour des novilladas de la région. Dès 1897, il torée et alterne pour la première fois en novillada avec *Lagartijo Chico*. Le 16 septembre 1900, il devient matador de toros des mains de *Bombita* qui lui cède, sous les yeux de Mazzantini, *Costillares* de l'élevage de Veragua. *Lagartijo Chico*, son compagnon d'alternative, se voit favorisé par le tirage au sort et sera matador quelques instants avant Rafael mais pour moins longtemps ; très doué mais de faible constitution, sa carrière s'arrêtera en 1910, sa mort survenant à Cordoue le 8 avril. Rafael, torero corto, mais allègre, fera sa réputation sur l'estocade. Il existe un document filmé d'une faena de *Machaquito* : si un de nos novilleros contemporains nous offrait ce genre de spectacle avec sa muleta, on le prierait de changer de métier rapidement ! Seul son engagement à l'estocade garde aujourd'hui un grand mérite ; précipité certes, mais dans le berceau des cornes et superbement efficace, et un descabello, un seul, foudroyant ! On l'a dit aussi grand banderillero et l'on peut comprendre, avec ce bout de film, que malgré beaucoup d'agitation et de mouvements anarchiques, il devait pouvoir malgré tout transmettre une grande émotion du moment où il prenait la muleta jusqu'à l'estocade. Il occupa, durant treize années, tantôt avec *Bombita*, grand muletero, tantôt avec Antonio Fuentes, grand capeador et banderillero spécialiste du quiebro, les meilleures places à l'escalafón, grâce à la variété de leurs talents respectifs.

C'était un homme de petite taille, un peu massif, qui affronta les toros les plus forts de l'histoire de la tauromachie. Ses succès furent considérables et il combattit en 1904 une centaine de corridas. En outre, bon négociateur, il s'était entendu avec *Bombita* pour faire monter les enchères, quand il s'agissait de combattre les déjà célèbres Miura.

Il cessa toute activité dans l'arène le 16 octobre 1913, date à laquelle il accorda l'alternative à Juan Belmonte, lui cédant *Larguito*, pensionnaire de l'élevage d'Olea. Il mourut le 1er novembre 1955 dans sa ville natale, ayant vécu des économies qu'il avait sagement mises de côté après avoir participé à 754 corridas, estoqué 1 853 taureaux dont 1 042 tombèrent au premier coup d'épée ! *Machaquito* est un des cinq « califes » de Cordoue, le troisième après *Lagartijo* et *Guerrita*. J.B.T.

GORDITO el.
Voir CARMONA Y LUQUE Antonio.

GORDO tocar el (*toucher le gros lot*). S'applique surtout à un apoderado qui découvre un novillero de grand talent et s'assure ainsi de belles retombées financières.

GOYA Francisco de. « C'est une scène de désordre : les toreros, aux prises avec un taureau furieux, l'attaquent de tous côtés, au mépris des règles de l'art. Trois lances le frappent à la fois et s'enfoncent dans ses flancs. Deux hommes, suspendus à sa queue puissante, essaient en vain de l'arrêter dans sa course furibonde. Un autre, le corps traversé, est porté, comme un trophée de victoire, au bout de la corne du taureau. L'arène est couverte de cadavres, hommes ou chevaux. Dans le fond, on relève des blessés. Tout cela se tient, hurle, s'agite, se tord, s'entrechoque à glacer d'effroi. Les hommes sont taillés en force ; leur rire sauvage, ouvert jusqu'aux oreilles, fait voir que seuls ils n'ont pas peur, et qu'au fond, ils se divertissent beaucoup. Au premier plan, un cheval abattu, vivement éclairé, se débat et râle dans un lit de sang et d'entrailles... » C'est ainsi que Laurent Matheron, premier biographe de Goya, décrit, en 1858, une planche lithographique exécutée en 1825, planche unique, actuellement conservée au musée des Beaux-Arts de Bordeaux.

Cette œuvre fait partie de la série lithographique que le peintre espagnol dessina lors de son séjour en France (1824-1828) ; elle est significative de la représentation de l'art tauromachique par Goya. Pour lui, la corrida n'est pas un art de paillettes et de clinquant, mais un drame violent et sanguinaire, semblable à celui de l'humanité aux prises avec elle-même, qu'il a aussi représenté dans ses gravures : *Les Caprices* (1799), *Les Désastres de la guerre* (1810-1820) ou *Les Disparates* (1819-1823).

Au cours d'un voyage en Andalousie pendant l'hiver 1792-1793, Goya tombe gravement malade à Séville et il est transporté chez son ami Sebastián Martínez à Cadix pour y être soigné dans de meilleures conditions. Fin mars 1793, il entre en convalescence et envisage de retourner à Madrid pendant l'été. Mais la rumeur l'ayant déclaré incapable de peindre par suite d'une grave maladie, les candidatures affluèrent à la Fabrique royale pour lui succéder comme peintre de cartons des tapisseries.

Il se consacra dès lors à une œuvre personnelle sur des supports en fer-blanc d'un format uniforme de 43 × 30 cm. Fin 1793, il envoie sa production à son ami Bernardo de Yriarte pour qu'il la soumette à l'appréciation des peintres de l'Académie, qui la jugèrent fort intéressante. Parmi ces peintures à l'huile figurent huit scènes de tauromachie qu'on désignera ensuite sous le titre de « série *Torrecilla* ».

La première illustre l'apartado : un groupe de toros attend d'être choisi alors que sur la colline du fond apparaissent des cavaliers et des spectateurs. La deuxième montre la capture du toro : sur un terrain à proximité de la Tour de l'or de Séville, un groupe d'hommes a capturé un toro avec une corde, aidé par des chiens, tandis qu'au fond, des spectateurs regardent les exploits d'un garçon grimpant à un mât de cocagne ; il s'agit de la tradition encore existante du taureau à la corde que l'on maîtrise ainsi dans les rues de la ville. Troisième tableau : la pose des banderilles dans une arène rustique de campo, les quatre jeunes banderilleros s'exerçant sous l'œil attentif d'un groupe qui les observe. Quatrième œuvre : l'expulsion du peuple, qui avait l'habitude d'envahir la piste de l'arène, avant le commencement de la course par les alguazils alors que les gradins de la plaza de Madrid sont occupés par la foule brossée à petites touches ; c'est le premier acte de la corrida. Cinquième tableau : une passe de cape, l'aragonaise, faite au toro en piste alors que six toros sont repoussés en dehors du ruedo par un péon. L'ensemble de ces représentations est dénué de toute violence, mais elle va faire son apparition dans le tableau suivant, le sixième : la mort du picador qui a été désarçonné et encorné au niveau de la fémorale. Un groupe d'hommes se précipite pour lui porter secours, deux autres tirent l'animal par la queue et un deuxième picador intervient en attaquant le toro. On retournera au déroulement de la course avec le septième tableau : la mise à mort du toro par l'espada qui le cite avec son chapeau tandis qu'un picador est prêt à intervenir et que deux chevaux agonisent sur le sable. Enfin, dernier tableau : le toro mort est emporté par les mules.

Cette série, qui raconte la lidia du campo jusqu'à la fin du toro et l'arrastre, annonce deux autres peintures de plus grandes dimensions : *La Corrida dans une arène divisée*, de 1812, la plus grande des œuvres tauromachiques du peintre, remarquable par l'importance du paysage urbain qui sert de cadre, et qui met en scène d'une part une pique et de l'autre l'estocade du toro par deux toreros ; *La Corrida dans une village*, de 1814, scène de pique dans un pueblo avec de nombreux intervenants en piste. L'intensité dramatique de ces deux peintures est grande, et, si elles gardent encore un caractère anecdotique, elles sont les prémices des œuvres plus dramatiques qui leur succéderont.

La mort est omniprésente dans toutes les œuvres tauromachiques de Goya, marquées par la violence des affrontements entre les hommes et les toros sauvages. *La Tauromaquia*, suite gravée de trente-trois eaux-fortes, a été publiée en 1816 et reste l'œuvre la plus importante que le peintre a édifiée à la gloire de la corrida et des toreros de son temps. C'est à l'âge de soixante-dix ans qu'il s'est lancé dans cette entreprise, ce qui peut étonner car il maîtrisait parfaitement et depuis longtemps la technique de la gravure, la suite des *Caprices* datant de dix-sept ans auparavant, et les faits et personnages représentés étaient pour la plupart oubliés du grand public. Il est plus probable qu'il ait souhaité prendre plaisir à cette représentation d'une activité qu'il aimait avec passion, surtout après la mévente des planches des *Caprices* qui lui avaient valu une dénonciation à l'Inquisition. Il avait ensuite gravé la suite des *Désastres de la guerre*, dès 1810, mais, craignant les poursuites judiciaires pour raisons politiques, il s'était contenté de la garder soigneusement rangée dans l'attente d'une période moins troublée. Dès 1814, il commence donc à mettre en œuvre la *Tauromaquia*, tant pour retrouver la sérénité de ses années de jeunesse passées que pour le plaisir de s'investir dans les représentations des divers moments de la lidia qu'il connaissait parfaitement. D'autres graveurs, dont Antonio Carnicero avec un album de douze planches paru en 1790, avaient obtenu un franc succès avec des séries gravées sur la corrida, et, en 1814, la situation financière de Goya est critique. Il se souvient qu'il a bien connu les plus grands toreros du siècle passé : *Martincho*, Pedro Romero, José Romero, *Pepe-Hillo*, Mariano Ceballos *el Indio* ou des picadors célèbres tels que Fernando del Toro ou Rendón. Il se souvient qu'après sa grave maladie de 1793, c'est avec la tauromachie qu'il avait repris contact avec la peinture. Comme il possède d'excellent cuivres, il décide de se lancer dans la production d'une suite gravée et les trois premières planches sortent en 1815. Fin 1816, les trente-trois planches sont disponibles pour trois cents réaux, en présentation non reliée et accompagnées d'une page comportant les titres des sujets. L'œuvre surprend tant par son format généreux que par le traité subtil des gris et des noirs, la rythmique des œuvres qui vont bien au-delà de tout ce que l'on trouvait sur le marché. De plus, Goya avait pour ambition de tracer une histoire de la tauromachie puisqu'on y trouve d'abord d'anciens Espagnols chassant avec sauvagerie des toros dans la campagne, à cheval ou à pied. Puis, des Maures apparaissent et affrontent le toro, à pied ou montés, armés de piques ou de banderilles, utilisant leurs burnous comme cape. Ils sont habillés en mamelouks de l'époque napoléonienne et, sur une gravure, on assiste à la cornada. Leur succèdent des gentilshommes espagnols, Charles Quint ou le Cid Campeador. Mais l'affrontement avec le toro est aussi le fait de la plèbe, de la canaille, qui utilise des couteaux, des haches ou des lances pour venir à bout du toro malgré les blessures mortelles de nombreux poursuivants. On entre ensuite dans la représentation plus orthodoxe des moments de la corrida avec l'écart de Falces ou les exploits de *Martincho*, tuant un toro sortant du toril, assis sur une chaise, fers aux pieds et n'utilisant que son chapeau comme leurre, plantant les banderilles à l'écart ou renversant un toro à mains nues, ou encore sautant d'une table, fers aux pieds, par-dessus un toro. Autres gravures, autres séquences avec Ceballos monté sur un cheval, tuant avec un glaive ou caracolant sur le dos d'un toro. Mais on trouve aussi des scènes beaucoup plus sanguinaires de morts d'hommes comme *Pepe-Hillo* ou de chevaux encornés par les toros, ou des représentations d'excentricités telles qu'on se demande si elles purent être réalisées : *Le Toréador Juaniquín monté sur les épaules d'un valet et piquant un toro* ou encore *Combat dans une voiture harnachée avec deux mulets*.

Cette série de gravures, qui avait pour ambition de retracer l'histoire de la tauromachie et de présenter des exploits contemporains de Goya, magnifiquement traitée dans la technique de l'eau-forte, annonce, tant dans les thèmes que dans leur traitement, les dernières œuvres du peintre ayant pour sujet la corrida, quatre peintures à l'huile et les lithographies des *Taureaux de Bordeaux* des années 1824-1825. Les huiles sont traitées dans des tonalités ocre, avec une pâte riche et onctueuse. Les groupes d'hommes, vibrants, montrent détermination et courage. La première, *Suerte de vara*, présente, face à un toro altier qui n'a subi qu'une simple rencontre, un groupe composé d'un picador monté sur un cheval dont les entrailles sanguinolentes sortent du ventre et d'un ensemble de chulos qui s'abritent derrière lui et excitent le toro. Un cheval mort gît au sol et un picador attend, derrière le groupe, le moment d'intervenir. C'est l'attente avant la rencontre qui sera forcément très violente et sanglante, le combat à mort entre eux, groupés, et le toro solitaire, tête haute et prêt à les assaillir. Plus loin, sur le sable, un autre cadavre de cheval témoigne de la violence des rencontres précédentes. Les noirs profonds augmentent la tension. Pas de suavité dans les attitudes des hommes ou dans leurs appels du fauve.

Plus petite, l'œuvre suivante, peinte la même année, est aussi une rencontre à la pique. Ici, pas de chulos nombreux. Seuls deux sont visibles derrière le cheval du cavalier qui s'écroule sous la charge du toro tandis que le picador enfonce sa pique dans le morillo de l'animal. Un autre picador s'apprête à intervenir et au premier plan le cadavre d'un cheval illustre la sauvagerie du toro. Dans la peinture, le fond noir où l'on devine le public met en valeur le groupe des combattants. C'est la violence du choc titanesque entre le toro et le cavalier, la mort du cheval sacrifié tandis que l'homme se protège comme il peut de l'assaut. L'importance de la tache rouge située au centre de la composition, et représentant la blessure du cheval, est le point de convergence du regard, à la rencontre de la tête du toro sur laquelle il est attiré par les deux droites que figurent la pique et la jambe du cavalier.

Le tableau suivant, de taille intermédiaire, *Divertissement espagnol*, représente le peuple jouant avec les toros lâchés dans l'arène. Là, plus de règles précises. Chacun se précipite avec un leurre et affronte l'animal, tâchant de s'en sortir au mieux. Deux hommes sont à terre, blessés et avec des capes, deux autres essaient de détourner l'attention du toro meurtrier. Plus loin, quatre toros assaillent des hommes qui s'égaient à leur approche. Cette masse humaine est impressionnante. Elle marque l'intérêt, malgré le risque, que le peuple porte à la rencontre avec le toro sauvage, le mépris affiché de la mort et la volonté de se grandir face au danger. Des couleurs lumineuses rappellent que la corrida est aussi une fête.

D'un format identique, *L'Arène divisée* est la dernière composition de cette série. Une barrière partage la plaza en deux parties. D'un côté, une espada tue un toro et de l'autre, un banderillero attire son adversaire pour la pose des banderilles. Des spectateurs sont visibles sur des gradins et d'autres sont restés en piste. Dans cette scène, c'est le spectacle qui est dominant, et l'intérêt des spectateurs le prouve. La partie gauche de l'œuvre, plus proche, occupe une surface beaucoup plus importante que celle réservée à la pose des banderilles, la composition invite le regard à se porter sur l'espada et sur ce groupe qui s'affronte : le toro se défendant, bien que blessé, et le torero prêt à le tuer et se gardant avec sa muleta. La lame pointée vers l'animal est nettement visible et rappelle que la mort est le personnage principal de cette séquence.

Durant cette période, Goya va dessiner lithographiquement les mêmes thèmes, reprenant les compositions des peintures. Il travaillera d'ailleurs comme s'il s'agissait d'œuvres peintes. Antonio Brugada, jeune artiste espagnol et fidèle compagnon du vieux peintre, raconte : « L'artiste exécutait ses lithographies sur son chevalet, la pierre posée comme une toile. Il maniait ses crayons comme des pinceaux, sans jamais les tailler. Il restait debout, s'éloignant ou se rapprochant à chaque minute pour juger ses effets. Il couvrait d'habitude toute la pierre d'une teinte grise, uniforme, et enlevait ensuite au grattoir les parties à éclairer : ici une tête, une figure ; là un cheval, un taureau. Le crayon revenait ensuite pour renforcer les figures, les ombres, les vigueurs, ou pour indiquer les figures et leur donner le mouvement. Il fit ainsi sortir une fois de la teinte noire du fond, à la pointe du rasoir et sans aucune retouche, un curieux portrait. On rirait peut-être si je disais que les lithographies de Goya ont toutes été exécutées à la loupe. Ce n'était pas pour faire fin ; mais ses yeux s'en allaient. »

La première, *Corrida*, est un ensemble touffu, un enchevêtrement d'hommes et d'animaux autour du toro assailli de toutes parts, tiré, blessé à la pique par un cavalier et deux hommes à pied pendant qu'au sol gisent des cadavres de chevaux qui sont ses victimes. C'est un moment de folie sanguinaire car il faut sauver l'homme qui est encorné, soulevé par l'animal qui fait front à toutes les attaques, une description de la fureur sauvage à l'état brut. Les hommes se ruent avec une joie évidente sur le fauve, ignorant la peur, faisant fi des risques.

La seconde œuvre s'intitule *Le Fameux Américain Mariano Ceballos*. On y voit Ceballos, monté sur un toro auquel on a fixé une selle, résistant aux contorsions de l'animal (comme dans les rodeos actuels) et muni d'une petite lance, tenter de tuer un autre toro que des aides poussent à sa rencontre. Le traité beaucoup plus clair permet de distinguer de très nombreux spectateurs sur la piste, qui font cercle autour de Ceballos, tandis que sur le côté gauche un groupe de chulos est prêt à intervenir. Cette lithographie atteint un point de tension extrême, qui privilégie le sens du spectacle et le met en valeur.

La troisième œuvre, sans titre désigné par Goya, est la plus importante de la série par son intensité dramatique. C'est le tercio de piques, plus sanguinaire, mais le point culminant des corridas de l'époque. Au premier plan, un groupe s'affronte : le toro encorne le picador qui montait le cheval gisant devant lui et qu'il vient de tuer. Un second cavalier attaque le toro en catastrophe, enfonçant l'arme dans le train arrière de l'animal tandis qu'au sol, un homme armé d'une lance la plonge dans le poitrail du fauve, un aide essayant vainement de secourir le picador encorné. Au second plan, on voit distinctement un groupe d'hommes refluant vers les barrières en entraînant l'un d'eux qui a été blessé et a perdu connaissance. La violence des oppositions entre les blancs extrêmement lumineux et les noirs profonds souligne la tension de la scène. Cette œuvre a été peinte plusieurs fois par Goya, d'abord en 1793 dans la série des huiles sur ferblanc, puis à Paris dans les deux peintures à l'huile que nous avons commentées précédemment.

La quatrième lithographie, *Le Divertissement espagnol*, reprend le thème et la composition à l'huile en inversant les motifs, ce qui prouve que la litho a été exécutée d'après la peinture. Toutefois, la composition est plus serrée, le cercle formé par les assistants presque clos, et la puissance des noirs donne à l'ensemble une impression dramatique intense, alors que les couleurs claires et chaudes de la peinture incitaient à considérer la fête et non le drame.

La cinquième lithographie, *L'Arène divisée*, reprend aussi la peinture à l'huile sur le même thème : l'inversion du sujet, le fait que l'espada soit encore plus proche, les spectateurs plus visibles, tant au fond sur les gradins que massés à proximité des participants de la course, ne suggère pas la même angoisse mais rappelle que la corrida est aussi un spectacle populaire où les participants ne sont pas obligatoirement des professionnels.

La dernière des eaux-fortes connues de Goya représente un vieux torero enveloppé dans sa cape. Un taureau figure au second plan mais d'une facture si différente de celle du personnage qu'il a été probablement rajouté. Vieil homme usé par les épreuves et rompu par les blessures, indigent et n'ayant acquis que misère, *Le Vieux Torero* clôt cette œuvre exceptionnelle ayant pour thème la tauromachie. Une tauromachie débarrassée de toutes ses paillettes et de son clinquant, une tauromachie tragique où la mort est la compagne de tous les instants. À l'image de la vie. R.B.

GOYESQUE corrida. Les toreros qui participent à ce type de corrida sont vêtus de costumes semblables à ceux de l'époque de Goya. En fait, tout se déroule selon les critères et règles contemporains, hormis le paséo qui est le seul intérêt de ce type de corrida puisqu'il se déroule en costumes d'époque. La corrida goyesque la plus réputée est celle de Ronda. R.B.

GRÂCE DU TORO.
Voir INDULTO.

GRACIA HERRERA José Raúl, *el Tato*. Fils et neveu de banderilleros, José, né le 29 octobre 1960 à Saragosse, revêt son premier costume de lumières pour une novillada piquée le 27 janvier 1990 à Illueca, province de Saragosse, avec *Gregorio de Jesús*, devant des novillos de Carmen Trenor Arróspide et des frères Ramajo de Villoria. Il se présente en France le 4 novembre 1990 à Magescq, en novillada mixte devant des novillos de la ganaderia Cabral de Ascensão, avec *Luis de Pauloba* et le becerrista Denis Labarthe comme compagnons de cartel. Sa première prestation à Madrid a lieu le 17 mars 1991, en compagnie de Vicente Bejarano et de Miguel Martín, face à *Chivato*, toro de Santiago Domecq Bohórquez.

Après 60 novilladas, il reçoit l'alternative le 7 octobre 1992 dans sa ville natale des mains d'*el Niño de la Capea* avec Ortega Cano pour témoin. Au toro *Camarito*, de la ganaderia de Baltasar Ibán Valdes, il coupe une oreille. Il confirme à Madrid le 17 juillet 1994 devant *Pintarroxo*, toro de Palha, avec Pedro Lara comme parrain et Julio Norte comme témoin. C'est avec un autre toro de Palha, *Cardado*, qu'il fait sa présentation en France, à Arles, le 16 avril 1995, en compagnie d'*el Fundi* et de Domingo Valderrama. Sa première course en Amérique a lieu le 17 novembre 1996 à Mexico où il confirme à nouveau devant *Vigilante*, de la ganaderia La Soledad. Fermín Espinosa *Armillita* est son parrain et Rafael Ortega son témoin.

Torero puissant, athlétique, sportif et volontaire, *el Tato* affronte tous types de ganaderias, parmi les plus difficiles, avec courage et détermination, travaillant en force et entrant dans le combat avec témérité et dynamisme. Il se retire des ruedos le 14 octobre 2001, à Saragosse, après avoir toréé 476 corridas. R.B.

GRADA. Sièges situés dans la partie haute et couverte de la plaza, abrités en cas de pluie.

GRANERO VALLS Manuel. Manuel Granero Valls est né à Valence le 4 avril 1902 et commence sa carrière en 1919. Le 28 septembre 1920, il reçoit l'alternative des mains de Rafael *el Gallo* devant un toro de Concha y Sierra. Le 22 avril 1921, il confirme à Madrid avec *Chicuelo* comme parrain, *Carnicerito* comme témoin, face à un toro de González Gallardo.

La mort dans l'arène, bien sûr, restait un accident. Personne de sensé ne pouvait souhaiter perdre la vie au cours du combat. On ne songeait qu'à s'affirmer avec le fauve et lorsqu'on y parvenait, l'idée de péril disparaissait. En général, on redoutait de ne pas se montrer comme il faut en piste. L'art ne devait pas souffrir d'appréhension. C'était censé exister, la sécurité dans le danger. Le toro n'éventrait jamais l'homme. Seul le pauvre suicidé maladroit s'éventrait lui-même sur la corne par son inconscience.

La mort, pour *Joselito*, n'avait été qu'un sale, mais court moment à passer. La chapelle ardente brillait de tous ses cierges à travers les larmes de Belmonte, rue Arrieta, au domicile madrilène de *Joselito* : « S'il est ici, nous les autres continuons à vivre par miracle. » Dans un élan d'enthousiasme, le romancier et dramaturge Ramón del Valle Inclán s'était écrié après un triomphe de Belmonte : « Juan, afin que tu atteignes à la perfection, il ne manque plus que le toro te mette une corne dans le cœur. » Tu parles ! Qu'est-ce qu'on pouvait répondre à ça ? Ces intellectuels, ils vous faisaient quand même de la bonne propagande : on n'allait pas s'amuser à les contrarier. Et, sur un ton goguenard, on se contentait d'approuver en une formule brève : « Don Ramón, on s'y emploiera de son mieux. » Ce qui vous permettait de ne pas bégayer plus que d'habitude. Et puis l'on sentait qu'il y avait quelque chose de juste là-dedans, de très beau en théorie. Mais, à condition de ne pas trop se presser !

Après la disparition de *Joselito*, suivie de la retraite momentanée de Belmonte, on sentit un grand vide dans les arènes. Parmi les nouveaux promus, Manuel Granero, torero de Valence, paraissait le mieux doué pour assurer la succession. L'éducation parfaite du torero non protégé passait pour Ernest Hemingway par l'épreuve infernale des courses de village avec des animaux de rebut, parfois défectueux, périlleux au plus haut point. Son culte presque maladif de la virilité le poussait à privilégier la sauvage brutalité de cette formation. Elle détruirait sans doute beaucoup de novilleros des plus prometteurs, mais cela finirait au bout du compte par produire un grand torero. Il doutait de la valeur de ces garçons qu'on fabriquait par les meilleurs moyens d'enseignement mécanique en les entraînant avec les veaux des élevages. Matadors en miniature au style épuré, mais qu'on a trop longtemps préservés de l'affrontement véritable. Produits de manufacture selon lui. Ce n'est pas ainsi que l'entendait l'oncle ambitieux de Granero, qui s'attacha à fortifier dans les fermes autour de Salamanque le talent naturel de son neveu, appuyé sur un grand courage. Il avait étudié le violon jusqu'à quatorze ans, puis la tauromachie jusqu'à dix-sept.

« Lorsqu'on est pris, on doit toujours en découvrir la raison, sinon on le sera de nouveau et de pareille façon. » Luis Miguel *Dominguín* cherchait-il à se rassurer par sa science et tentait-il d'écarter de son esprit jusqu'à l'éventualité de l'accident ? Était-il aussi certain en lui-même qu'avec son savoir, sa technique et la sécurité de ses prodigieux réflexes, il ne courait aucun risque à travailler le fauve ? « Quand le torero se trompe, les toros le prennent. Mais quand le toro se trompe, il prend aussi », confessait en cours de convalescence Manolo *Bienvenida*. Moins péremptoire que Luis Miguel, il admettait mieux la part du destin, le hasard, l'irrationnel.

Après avoir effectué 94 courses en 1921, le 7 mai 1922, Granero est au cartel de la corrida de Madrid avec Juan Luis de la Rosa et Marcial Lalanda contre trois toros d'Albaserrada et trois de Veragua. Le toro *Pocapena* de Veragua, de belle allure et d'armure très en pointe, mais probablement ayant une mauvaise vue, cité de cinq ou six mètres, au moment de la passe fait un brusque écart, prend le torero par la jambe droite, le soulève puis le projette au sol, contre la barrière où il lui enfonce la corne dans l'orbite et le tue. Granero avait vingt ans. Avait-il commis une erreur ? On prétendit après coup que le toro couard avait une nette propension à se serrer contre l'homme sur la droite et à chercher appui vers le terrain des barrières. Granero l'aurait entrepris trop près des planches au lieu de le conduire en direction du centre et, sur la corne dangereuse, se serait refusé à améliorer sa position alors que le Veragua le devinait derrière l'étoffe rouge. Analyse très convaincante, mais lorsque tout est fini ! Valence, qui a fournit à la corrida d'excellents péons et banderillos, devra attendre encore une décennie l'élu qui l'incarnera : Vicente Barrera, un dominateur fougueux, tout brio et scintillation, dont l'emportement tendait à se muer en trépidation. J.M.M.

GRAU-DU-ROI Le (France. Nîmes 45 km). Port de pêche méditerranéen de 6 000 habitants, station balnéaire en été, entouré par Port-Camargue et La Grande-Motte, Le Grau-du-Roi a su conserver son originalité malgré l'afflux des touristes. À l'entrée de la ville, des arènes circulaires construites en béton, inaugurées en 1961, ont une capacité de 3 800 spectateurs. La première corrida a été une course de novillos qui eut lieu le 14 août 1961 avec du bétail de Guardiola et Pinto Barreiro face aux toreros Armando Soares, José Morán Fanjul *Facultades* et Antonio Ortega Mora *Orteguita*. Pendant la saison estivale, on y donne différents spectacles : variétés, courses camarguaises, jeux taurins et deux à trois novilladas. R.B.

GRAVURE tauromachique. Une gravure éditée à Séville en 1582 montre une scène tauromachique dramatique : dans un champ, clos d'une enceinte en bois, un toro assailli par trois molosses se défend en envoyant en l'air un homme qui a subi une forte cogida, sinon une cornada. Déséquilibré, il va retomber sur le sol tandis qu'un autre homme tenant une épée dans la main droite et un manteau sur le bras gauche fait face au toro qui a une lance brisée fichée dans le flanc gauche et une autre dans la patte arrière. Un troisième homme tenant une épée se protège derrière un tonneau. Des spectateurs observent à côté des barrières de l'enclos. Cette scène impressionnante décrit bien les jeux taurins préexistant à la mise en place des règles qui régiraient la corrida. Il s'agissait encore d'un affrontement sanglant et violent entre un fauve et des hommes armés dont le but était de tuer rapidement l'animal, sans effet de combat particulier. Sur une gravure illustrant le *Discorso sobre la Montería*, d'Argote de Molina, un cavalier abat des toros, en leur coupant les jarrets avec une media luna.

Parmi les œuvres spécifiques, on peut citer cette aquatinte de Parizeau exécutée en 1785 et représentant une séquence des piques : le toro assaille le cheval tombé au sol, malgré l'intervention d'un second cavalier et de deux hommes à pied qui essaient d'attirer son attention en maniant l'un son chapeau, l'autre un morceau de tissu. Le cheval est éventré et le picador au sol tente de se protéger. Deux autres personnages s'apprêtent à intervenir. La scène se passe dans une plaza circulaire munie de gradins sur lesquels se pressent de nombreux spectateurs ; elle est significative de la violence dramatique et sanglante des affrontements.

Dès le XVIIIe siècle en Espagne, la gravure s'empare de la tauromachie et en illustre les divers aspects. Moyen pratique de large diffusion, elle permet de populariser un art tauromachique en pleine mutation, qui prend une place de plus en plus importante dans le pays, jusqu'à devenir *fiesta nacional*. On trouvera donc des œuvres dans les divers secteurs thématiques de la tauromachie.

Suites illustrant les suertes de la lidia

Les illustrateurs mettent en images les diverses séquences de la corrida, dans un but nettement didactique. Celles de la *Tauromaquia* de *Pepe-Hillo* sont destinées à compléter les explications techniques, et montrent les diverses passes connues, par exemple le travail à deux mains, le cite et la véronique en écartant bien l'animal, le travail avec la muleta, la pose des banderilles en recours, le galleo avec le capote ou l'estocade du toro.

Plus ambitieuse, la série conçue, dessinée et gravée par Antonio Carnicero représente les principales suertes d'une corrida de toros. Originaire de Salamanque, Carnicero publie en 1790 une suite de douze planches intitulée : *Collection des principales suertes d'une corrida de toros* qui représentent successivement :

• La sortie du toro alors qu'un alguazil est en train de quitter la piste et qu'un picador est déjà en place.
• La pique 1 : le picador cite le toro et deux hommes, à côté du cheval, attirent son attention avec cape et chapeau.
• La pique 2 : le toro embestit pendant que le picador place le fer de sa pique sur le garrot et que le cheval s'élance pour éviter la corne. Un péon intervient.

• La pique 3 : le picador pique le toro près du cervelet pendant que le cheval galope et que deux péons font le quite en courant dans la même direction que le toro.
• La pique 4 : le cheval a été touché, encorné, renversé. Le toro s'acharne tandis que deux péons présentent leurs capes pour le quite et que le picador essaie de se dégager.
• Les chiens attaquent le toro et se font blesser. Le picador s'est placé près de la barricade, au loin.
• Le torero s'apprête à placer les banderilles face au toro qui sort du toril.
• Le torero place une paire de banderilles al cuarteo tandis que deux autres péons s'éloignent.
• Le matador, muleta dans la main gauche, s'apprête à donner l'estocade.
• Le toro charge pendant que le matador le reçoit a recibir. Deux autres matadors l'observent.
• Le toro est agenouillé, le matador va lui donner le coup de grâce.
• La dépouille du toro est enlevée par le train d'arrastre tandis qu'au premier plan le picador discute avec le matador.

Cette série aux intentions didactiques très marquées montre bien les divers mouvements des protagonistes et leurs interventions successives ou simultanées. On pourrait reprocher à l'illustrateur d'avoir dessiné un toro avec une tête ridiculement petite et un arrière-train trop élevé, un toro sans prestance ni allure. Les toreros eux sont élégants et stylés. On retrouve sous forme de vignettes gravées au burin les mêmes compositions reprises par François Jules Bourgoin et servant à illustrer l'*Atlas pour servir au tableau de l'Espagne moderne*, édité à Paris en 1803, à une époque où le plagiat et la copie n'étaient pas poursuivis. Le même Bourgoin fera d'ailleurs paraître à Londres, en 1808, une autre série de douze gravures dans un *Atlas toro the modern state of Spain*, de facture différente, mais directement inspirée par les gravures originales de Carnicero.

Le Français Victor Adam, qui se fit connaître par des tableaux de batailles, eut une production fort importante de lithographies dont une série de douze planches directement inspirée par Carnicero, composées soigneusement dans des cadres ornementés et légendées chacune en français et en espagnol. Les sujets représentés sont visiblement fruits de l'imagination car le toro énorme qu'affronte le matador dans la lithographie nº 9 par exemple est d'une taille telle que le torero n'arrive pas à la hauteur de son échine. Ces figurations romantiques à souhait annoncent celles de nombreux artistes étrangers qui sont attirés par l'exotisme de l'Espagne. Les séries directement inspirées par l'œuvre gravée de Carnicero furent nombreuses jusqu'à la moitié du XIXᵉ siècle. On retrouve même l'influence de ses œuvres sur les éventails, les meubles, les pages de garde des livres, les céramiques et porcelaines, les décorations diverses.

De nombreux artistes tirent profit des progrès techniques de la reproduction et particulièrement de l'invention de la lithographie. On citera en particulier la série de dix planches de Wilhem Gaïl, peintre et illustrateur munichois, tirées en noir et blanc et représentant *Une corrida de toros dans la plaza de Séville*. La planche de titre représente le patio de caballos avant la corrida, la deuxième les toreros à la chapelle avant le paséo. La troisième planche montre la sortie du toril d'un monstre que le picador attend juste devant la porte, un toro pourvu de cornes gigantesques et d'une taille impressionnante. La quatrième figure le picador qui attend une nouvelle charge, pique en avant, aidé par un péon. Sur la gravure suivante, le cheval a été renversé, le toro le cloue au sol, tandis que le second cavalier vient à la rescousse aidé d'un péon qui fait le quite, pour sauver le picador coincé sous sa monture. La sixième planche concerne encore les piques : pendant que le toro continue à s'acharner sur le cheval et qu'un deuxième picador est prêt à intervenir, le picador démonté, la pique sur l'épaule, sort de la piste accompagné d'un homme de piste qui porte la selle, contre toute vraisemblance. La septième gravure représente la pose des banderilles devant un toro aux cornes ahurissantes, sautant par-dessus le cadavre d'un cheval pour attaquer le banderillero. La suivante montre une passe de cape exécutée alors que le toro poursuit le matador. Dans la neuvième gravure, le matador plonge son épée dans le « cou » du toro qui s'écroule. La dernière gravure représente quatre mules qui entraînent le cadavre du toro, tandis que deux picadors sont déjà en piste pour la suite de la course.

Ces évocations outrancières eurent une grande audience car elles dramatisaient à l'extrême un spectacle déjà hors du commun et favorisèrent les légendes concernant toreros et toros.

La série de lithographies en couleurs réalisée par l'Anglais Lake Price en 1852 vaut par les diverses séquences de la lidia mais aussi par une très belle vue d'une plaza lors du brindis du matador. L'artiste espagnol Luis Ferrant, inspiré par Adam, signa des lithographies d'une facture plus sombre, mais les proportions entre l'homme et l'animal sont davantage respectées. Enfin, dans la même veine, un album publié à Madrid en 1846 par le peintre d'histoire Francisco Van Halen représente les principales séquences d'une corrida. L'édition populaire de grande diffusion la plus intéressante est celle parue en 1840 et produite par la Litografía Industrial Quincallera de Barcelone, qui montre les principales suertes de la corrida avec beaucoup de précision et de dynamisme. Nous en donnerons pour exemple ce quite à un picador désarçonné, alors que le toro s'acharne sur le cheval et qu'un banderillero le tire par la queue pour le détourner, ou la pose de banderilles de feu à un toro manso. L'œuvre du peintre lithographe Francisco Lameyer est nettement influencée par la *Tauromaquia* de Goya.

Le maître français du dessin et de la lithographie Gustave Doré rapporta des dessins et des croquis de son voyage en Espagne en compagnie de Théophile Gautier et de Paul Dalloz en 1855, et réalisa les somptueuses illustrations de *La Corrida de toros*, éditée à Paris en 1860. Composée de six lithographies puissamment dessinées, aux personnages et toros animés d'un rythme qui traduit bien l'impression ressentie lors d'une corrida, cette série est un témoignage enrichi par la passion d'un artiste au sommet de son art. Ces planches représentent : le toro poursuivi et sautant la barricade ; la cogida d'un torero pendant le tercio de piques ; l'assaut du toro contre le picador tandis que les deux autres sont prêts à intervenir ; la chute du picador ; la pose des banderilles et enfin l'estocade. Dans *Don Quichotte*, Doré avait dessiné trois séquences dans lesquelles on voit Sancho et son maître pris dans le tourbillon du déplacement d'un troupeau de toros bravos qui les laisse pantois sur le sol après leur passage.

Les portraits de toreros

Un des plus anciens portraits de matador diffusé par la gravure est celui de José Delgado *Pepe-Hillo* : il est représenté en pied devant un toro qu'il vient d'estoquer couché à ses pieds, le torero porte l'épée dans la main droite et tient sa montera dans la main gauche ; cette œuvre d'une facture naïve et rigide date de 1796. En 1827, pour la troisième édition du traité de tauromachie de *Pepe-Hillo*, le portrait sera considérablement amélioré : le torero, élégant et distingué, est toujours debout et le toro estoqué à terre, mais derrière lui. Il tient épée et muleta dans la main gauche et présente la montera de la main droite. La gravure est soignée, le trait délicat et les demi-teintes finement exécutées.

Bien que destinés à la grande diffusion, les portraits seront ensuite plus affinés et d'une plus grande ressemblance, grâce à l'apparition et à la maîtrise de la lithographie. Ainsi, celui de Francisco

Montes en buste, muleta placée sur le bras gauche, montera en tête, est-il réalisé avec beaucoup de précision dans un traité technique remarquable de délicatesse. Tous les grands maestros sont ainsi portraiturés et leurs représentations diffusées dans le pays où ils deviennent des idoles dans toutes les couches sociales. La gravure prendra aussi comme sujets des picadors célèbres, et les dessinateurs qui illustrent les récits de voyage n'hésiteront pas, d'après les descriptions des voyageurs, à faire des représentations qui n'ont qu'un très lointain rapport avec la réalité.

Autre thème utilisé dans ces productions : la scène de genre qui met en action des personnages de la corrida dans leur vie quotidienne : avant la course, au cabaret, avec leurs amis, dans le campo, mais aussi — et ici se créé le mythe — le matador entouré de ses admirateurs ou adulé par une belle. Séducteur qui joue avec l'amour et avec la mort, le torero devient un personnage charismatique, doué d'un courage extrême et mettant sa vie en jeu avec un total mépris de la mort, ce qui accroît son prestige auprès des femmes.

Les estampes biographiques

La découverte de la lithographie en couleurs, les progrès technologiques qui permettent un repérage précis et un tirage de qualité en grand format et en grosse quantité, favorisent l'apparition d'images qui racontent en séquences, autour du portrait d'un maestro, la vie de celui-ci, les épisodes glorieux ou légendaires, les exploits exceptionnels ou les moments dramatiques qui entrent ainsi dans l'épopée dont les médias de l'époque se font l'écho.

Dans l'estampe biographique haute en couleurs consacrée à la gloire de Francisco Arjona *Cúchares* parue dans *La Lidia* le 23 avril 1883, on peut admirer, autour du portrait en majesté du matador coiffé de sa montera, huit séquences parmi celles qui firent sa réputation : dans la première, il recouvre la tête du toro avec sa cape et s'éloigne dédaigneusement ; puis, assis sur l'estribo, muleta négligemment posée sur les genoux, il se repose en regardant le toro qui se trouve à moins d'un mètre de lui et qui ne bouge plus ; il s'appuie sur la barricade en tournant le dos au toro qui n'en peut mais ; il se déchausse devant l'animal pour enlever un caillou qui le gênait ; il essuie de son mouchoir le mufle du toro ; il tue l'animal avec décision ; il salue auprès du cadavre d'un toro dangereux avec la muleta réduite à l'état de loque ; enfin, il s'éloigne dans la campagne, vers d'autres exploits.

Celle consacrée à Antonio Carmona *el Gordito*, parue le 9 octobre 1882, est tout aussi riche en exploits exceptionnels autour du portrait du matador présenté en médaillon, de profil. On y voit deux dessins en noir et blanc : le torero acclamé par ses admirateurs venus l'accueillir, et *Gordito* estoquant un toro de la main gauche. Les autres illustrations sont des lithographies en couleurs faites pour alimenter la légende du matador : *Gordito* bras croisés ayant jeté la muleta au sol arrête d'un regard souverain la charge d'un toro ; à genoux, il défie la bête qui n'ose le charger ; assis sur une chaise, il reste impassible devant un toro ; il regarde le public tout en caressant le frontal d'un animal fortement armé ; il pose à quiebro les banderilles avec un péon entre ses jambes. Tous ces « exploits » paraissaient bien acceptés par les aficionados de l'époque qui idolâtraient leurs maestros jusqu'à déclencher des bagarres générales sur les gradins quand les partisans des divers matadors se rencontraient.

Le portrait de Rafael Pérez de Guzmán paru dans *La Lidia* en 1883 le représente en costume de lumières dans un ovale semblable à celui utilisé dans les gravures religieuses, avec ses armoiries, dans deux moments de son existence : en cavalier, pour rappeler ses origines, et tombant sous les coups des bandits qui le tuèrent. Aucune séquence de corrida pour ce matador. Qu'importe, la légende est ailleurs.

La Lidia diffusait aussi, et cela contribua à son succès et à sa réputation, des lithographies en couleurs sur les différentes suertes de la corrida ainsi que sur les blessures, les exploits réels ou imaginés des matadors célèbres, lors de corridas récentes mais surtout « historiques ». Certaines estampes commémorèrent de grands moments ou des cogidas telles que celles subies par *Perucho* à Grenade (1801), par Antonio Romero (1802), par *Lagartijo* (1873), par Mazzantini (1877), par *Espartero* (1894) ou par *el Gordito* (1894). Ainsi, grâce aux portraits, aux « reportages » dessinés et à ces portraits biographiques, les légendes concernant les toreros se sont-elles ancrées dans la mémoire collective des aficionados, tant espagnols que français.

L'essor de la photographie, cet art encore nouveau, supplantera rapidement et inexorablement le dessin de reportage pris sur le vif et transféré lithographiquement. Progressivement, les instantanés photographiques s'emparent des reportages dans les revues généralistes ou spécialisées. Certains dessinateurs continueront à y faire paraître des croquis qui mettront en valeur les maestros, mais l'essentiel est désormais dévolu aux clichés des photographes qui se contentent, encore, d'être des témoins objectifs.

La légende tauromachique y perd ce que la vérité historique y gagne. R.B.

GRENADE (Espagne. Cordoue 170 km – Madrid 425 km). Ville prestigieuse qui compte parmi les plus belles et les plus dotées en monuments exceptionnels, Grenade est située dans un cadre magnifique, au pied de la sierra Nevada, dominée par l'Alhambra avec ses palais et ses jardins uniques au monde. On y trouve les plus purs chefs-d'œuvre de l'art musulman et, autour de la cathédrale construite à partir de 1523, une ville Renaissance. Son histoire est riche en événements et elle a été un centre exceptionnel d'art et de culture qui a influé sur la civilisation ibérique. Sa population s'élève à 241 000 habitants.

La première plaza de toros de Grenade était la propriété de la Maestranza et on possède peu d'informations la concernant. Certainement des corridas s'y déroulèrent dans les dernières décennies du XVIIIe siècle. En 1801, *Perucho* y fut mortellement blessé et en 1802, Antonio Romero y connut le même sort. Cette plaza exista jusqu'en 1876, lorsqu'elle fut détruite par un incendie. En 1879 est décidée la construction d'une nouvelle plaza, qui est inaugurée le 3 avril 1880 par les espadas *Lagartigo*, *Frascuelo* et *Cara-Ancha* devant des toros de Miura. Le 17 août 1889, un cyclone en détruit la partie supérieure. On continue néanmoins à l'utiliser. Lors de la corrida du 9 juin 1912 au cours de laquelle *Lagartijillo Chico*, *Cocherito de Bilbao* et *Regaterín* se produisaient face à une corrida de Pérez de la Concha, deux incendies se déclarèrent dans les gradins en bois déclenchant la panique des spectateurs. On répara tant bien que mal. Mais la plaza apparaît vite comme insuffisante. En 1927 commence la construction d'une nouvelle plaza, selon les plans de l'architecte Ángel Casas, qui est élevée en un an. Cette magnifique construction est exemplaire tant par ses annexes que pour le confort des spectateurs. D'une capacité de 14 500 places, elle est inaugurée le 30 septembre 1928 avec une course de Concha y Sierra pour les matadors *Chicuelo*, *Cagancho* et *Armillita Chico*. R.B.

GUADAIRA
Origine : Jandilla
Devise : bleu, jaune et rouge
Pas d'ancienneté à Madrid
Propriétés : « Dehesa del Conde », Arahal (Séville) et « El Silo », Cala (Huelva)

Cet élevage a été formé en 1951 par Manuel Cañaveral Valdés avec du bétail de Carlos Melgarejo y Arias de Reina ainsi qu'un toro de José Carvajal González. Cañaveral sollicite l'entrée à l'Unión de Criadores de Toros de Lidia en 1965, après avoir présenté ses novillos dans les arènes de Caceres, Guadalajara, Cuenca et Almería. L'éleveur fournit également une corrida de toros adultes en plaza d'Albacete. L'élevage change l'orientation de sa sélection en 1987 en éliminant les origines antérieures au profit de nouvelles vaches et d'étalons issus de l'élevage de Joaquín Buendía. Les toros combattus sortent dès lors sous la nouvelle appellation de « Guadaira ». Le dessin du fer est également changé en 1996 et l'année suivante une seconde branche, différente de celle de Buendía, est créée au sein de l'élevage avec l'entrée de cinquante vaches et deux étalons de Jandilla. En décembre 1998, l'éleveur décide finalement d'éliminer le sang Santa Coloma (Buendía) de son troupeau et confirme son choix en acquérant quarante et une nouvelles vaches de Jandilla.

Malgré son changement d'origine, l'élevage de Guadaira est toujours sur une piste descendante. Absent des grands cycles, il a progressivement perdu de son importance auprès de l'afición. Guadaira, qui a pourtant fait combattre à Pampelune, se limite désormais à quelques spectacles mineurs en fournissant notamment du bétail pour les corridas équestres. Ce fut le cas en 2000, où l'élevage fournit la corrida de rejón de Castejón (Navarre) marquée par le triomphe d'*Andy Cartagena* et Sergio Domínguez. C.C.

GUADALAJARA (Espagne. Madrid 55 km). Ville de 55 100 habitants, où se déroulèrent de très violents combats durant la Guerre civile. En 1936, le palais de l'Infantado est incendié et en 1937, les républicains défont les milices italiennes qui s'étaient engagées aux côtés de Franco.

La première plaza de toros de la cité fut construite en 1859-1860 et inaugurée le 15 août 1861 par Cayetano Sanz et Francisco Martín Sevilla *el Corneta*. Totalement détruite pendant la Guerre civile puis reconstruite, elle compte actuellement 6 000 places. La course inaugurale du 25 octobre 1957, avec des toros de Francisco Galache, était lidiée par Luis Miguel *Dominguín*, Rafael Girón et Jaime Ostos. R.B.

GUADALEST

Origines : Carlos Núñez et Torrestrella

Devise : blanc et noir

Ancienneté à Madrid : 29 juin 1843

Propriété : « Dehesa de Juan Esteban », Zufre (Huelva), Espagne

Cette ganaderia fondée en 1843 par Diego Hidalgo Barquero, avec du bétail de Vistahermosa croisé avec des toros de race vazqueña, passe en 1850 dans les mains de Ramón Romero Balmaseda qui ajoute du bétail de la veuve de Juan Cabrera. Rafael Laffitte achète la ganaderia en 1862, puis la cède à José María de la Cámara. Le nom de Guadalest est associé à ceux de Veragua, Carreras, Miura, Pablo Romero, Murube, Pérez-Tabernero et autres élevages qui ont marqué la fin du XIXe et le début du XXe siècle. Le toro *Bombito* blessa grièvement le torero *Varelito* dans les arènes de Séville le 21 avril 1922. L'infortuné maestro décéda de cette blessure le 13 mai suivant.

Le marquis de Guadalest se rend propriétaire du fer constitué d'un H accolé à un B, auquel il ajoute une couronne de marquis. Le dessin du fer reste le même jusqu'en 1997, quand les lettres sont inversées mais la couronne conservée.

Manuel Camacho reprend l'élevage en 1931. Peu de temps après, il le revend au torero Juan Belmonte, qui le transfère dans sa finca Gómez Cardeña en lui donnant le nom de son épouse, doña Julia de Cossío. Le torero natif de Triana conserve pendant vingt-trois ans l'élevage, puis il le vend à son frère José qui s'associe avec José Aparicio pour administrer la ganaderia. Douze ans après, en 1966, les ganaderos sévillans Pío Halcón et Andrés Sánchez Pastor, qui sont beaux-frères, achètent l'élevage. En 1986, la ganaderia est acquise par les petits-fils d'Álvaro Domecq y Díez, Luis et Antonio Domecq, connus comme rejoneadores. Ils maintiennent l'ancien fer mais éliminent tout le bétail, pour former un nouveau cheptel avec cent vaches et quelques sementales de la ganaderia de Torrestrella, propriété du grand-père Álvaro Domecq y Díez. Ainsi, la nouvelle ganaderia de Guadalest provient de l'encaste Domecq réalisé sur la base de Parladé, Jandilla, Núñez-Rincón et Villamarta avec un peu de sang Veragua. En 1990, les frères rejoneadores vendent la ganaderia à la société anonyme de la région de Huelva, Dehesa de Juan Esteban. Ch.C.

GUARDIOLA DOMÍNGUEZ Hermanos.
Voir DOMÍNGUEZ Y PÉREZ DE VARGAS María Luisa.

GUARDÍOLA DOMÍNGUEZ Javier.
Voir DOMÍNGUEZ Y PÉREZ DE VARGAS María Luisa.

GUARDIOLA FANTONI Herederos de Salvador.
Voir DOMÍNGUEZ Y PÉREZ DE VARGAS María Luisa.

GUERRA BEJARANO Rafael, *Guerrita.* Neveu par alliance du matador José Rodríguez *Pepete* tué par un toro de Miura, Rafel Guerra Bejarano est né à Cordoue le 6 mars 1862. Très jeune, Rafael accompagne son père à l'abattoir de Cordoue où celui-ci occupe un emploi de concierge. Durant deux ans, il apprend à toréer en cachette et lorsqu'il évoque son désir de devenir torero, son père s'y oppose avec vigueur. Mais les qualités du jeune garçon le font changer d'avis. Rafael Guerra se présente à Loja (Grenade) le 5 mars 1878 en qualité de banderillero dans une cuadrilla enfantine créée par le banderillero *Caniqui*, mais sous le pseudonyme d'*el Llaverito* (« le petit porteur de clefs ») eu égard à l'emploi de son père. Il continue de toréer dans différentes cuadrillas utilisant indifféremment les pseudonymes d'*el Llaverito* et *Guerrita*, nom d'artiste qu'il adopte définitivement en 1882. Lors de cette temporada, il accompagne le torero *Bocanegra* et c'est avec lui qu'il se fait remarquer au mois d'août à Bilbao par Fernando Gómez *el Gallo*, qui le prend dans sa cuadrilla à partir du 24 septembre 1882. *Guerrita* demeure aux ordres du *Gallo* durant les saisons 1883 et 1884. Le 5 octobre de cette même année, il se met en évidence en estoquant de façon tout à fait remarquable un toro dans les arènes de Madrid. Il quitte la cuadrilla du *Gallo* au terme de la saison 1885 et rejoint celle de *Lagartijo*, qui lui laisse souvent tuer des toros et toréer dans d'autres arènes où *Guerrita* parvient à obtenir des contrats. En 1887, il alterne ses participations dans la cuadrilla de *Lagartijo* et des novilladas avec picadors. Le 29 septembre de la même année, il reçoit l'alternative à Madrid des mains de *Lagartijo*, qui lui cède un toro de six ans, *Arrecio*, du ganadero Gallardo (certains historiens donnent Vázquez comme nom de ganaderia). À partir de ce moment, *Guerrita* fréquente et domine souvent toutes les grandes figuras de la fin du XIXe siècle : *el Espartero*, *Frascuelo*, *Lagartijo*, *Reverte* ou Mazzantini... Son caractère à la fois entier et indépendant lui cause de nombreux ennuis et oppositions, que son talent gomme immédiatement lorsqu'il est dans l'arène. *Guerrita* est l'une des plus grandes figuras de sa génération mais aussi de la profession. Il est l'un des hommes importants de l'évolution de la tauromachie. Il choisit ses toros, ce qui pousse Luis Mazzantini à imposer le principe du sorteo, qui se généralisera après la retraite de *Guerrita.*

Torero exceptionnel que l'on comparait volontiers à Pedro Romero ou *Joselito el Gallo*, tout ce qu'il faisait était bien fait. C'était un torero complet, allègre et profond à la fois, doté d'un répertoire de cape très large, remarquable banderillero et muletero puissant et efficace. Épée en main, il était un grand spécialiste du recibir et il n'a jamais entendu les trois avis fatidiques au cours de sa carrière, dont la fin est moralement difficile.

Le 15 octobre 1899, après une corrida très moyenne à Saragosse et face aux oppositions qui se font de plus en plus fortes, il décide, sans prévenir qui que ce soit, de se retirer. Il en informe seulement un ami (« Je ne m'en vais pas, aurait-il dit, on me chasse »), et le 17 octobre, arrivé chez lui, son épouse Dolores Sánchez lui coupe la coleta à douze heures précises. Après avoir tué près de 2 500 toros et pris part en moyenne à 80 corridas par an, un des plus grands noms de la tauromachie quitte l'arène. Fortune faite, il continue de vivre à Cordoue où il s'éteint le 21 novembre 1941 à l'âge de soixante-dix-neuf ans. R.A.

GUERRITA .
Voir GUERRA BEJARANO Rafael.

GUILLÉN Curro.
Voir HERRERA RODRÍGUEZ Francisco.

GUSANILLO (*petit ver*, en particulier celui qui infeste les fruits). On utilise ce terme pour qualifier la passion qui s'empare des aficionados dès lors qu'ils se laissent prendre au jeu. Cette passion envahissante se révèle à plusieurs niveaux. Le premier, le plus commun, est celui des amateurs de corridas qui assistent à un certain nombre de spectacles au cours de la temporada. Le deuxième degré correspond à ceux qui se déplacent beaucoup, n'hésitant pas à parcourir des milliers de kilomètres pour assister à des courses dans les grandes férias de France et d'Espagne, ou à suivre un torero en particulier, investissant ainsi dans leur passion des sommes considérables. Il y a aussi ceux qui participent à toutes les manifestations annoncées, de la plus petite tienta locale aux grandes férias, qui achètent tous les ouvrages paraissant sur la tauromachie, collectionnent des affiches, des photos, des documents et même des capes, muletas et habits de lumières. Pour d'autres, cette passion les pousse à se lancer dans l'apprentissage du toreo, avec l'espoir de devenir professionnels un jour, malgré tous les aléas et difficultés spécifiques de cette profession. Ils suivent donc les cours d'une école tauromachique, affrontent des becerros et s'ils ont suffisamment de capacités peuvent arriver au stade des novilladas avec picadors et même recevoir l'alternative. Ensuite, il leur faudra gravir les échelons, et s'ils ne réussissent pas, abandonner. Si le *gusanillo* les ronge toujours, ils pourront se reconvertir en devenant subalternes au service d'un maestro reconnu ou d'un novillero. Mais toute leur existence, ils conserveront cette nécessité vitale d'être en présence des toros. Enfin, il y a ceux qui choisissent la voie royale : directeur d'arènes ou apoderado. R.B.

GUTIÉRREZ MORA Juan José, *Juan Mora.* Juan José Gutiérrez Mora, dit Juan Mora, est né le 10 avril 1963 à Plasencia, province de Caceres. Fils du novillero *Mirabeleño*, il commença très jeune, effectuant ses débuts avec picadors en 1977. En revanche, sa carrière de novillero fut assez longue (106 novilladas), puisqu'il ne prit l'alternative que le 3 avril 1983 à Séville. Manolo Vázquez le parraina et Curro Romero était témoin. Il lidia le toro *Arriadito* de Núñez Moreno de Guerra et récolta une belle ovation.

Juan Mora confirma à Madrid le 24 juin 1984 devant le toro *Desalojado* de Jiménez Pasquau, avec pour parrain *Manili* et pour témoin Pepín Jiménez.

Il débuta le 8 janvier 1984 à Vallarta au Mexique avec Jesús Jiménez *Chicuelín* en mano a mano devant un toro de Ernesto Cuevas, puis au Portugal à Lisbonne le 14 septembre 1986, alternant avec le rejoneador Antonio Ignacio Vargas et le matador José Luis *Galloso* devant des toros de Cunhal Patricio.

Il débute en France, à Nîmes, le 7 juin 1987, devant un Pablo Romero en compagnie de José Luis *Galloso* et de Luis Francisco Esplá.

Depuis, sa carrière se maintient à un niveau à peu près constant, tournant autour d'une moyenne de trente corridas par an. Toujours en activité, ce torero est à ranger dans la catégorie des artistes. Il a une manière bien particulière de se présenter au toro et si certains le trouvent trop maniéré, il faut tout de même lui reconnaître une certaine esthétique qui apporte un incontestable cachet à ses faenas. En 2000, il a terminé à la vingt-sixième place du classement avec 32 corridas, et l'année suivante, seulement 2 corridas pour 23 oreilles. Mais il faut préciser qu'il a subi ce qui a été la plus grave blessure de l'année. C'était à Jaén, le vendredi 19 octobre, pour sa dernière corrida de la saison. Un toro de Joaquín Baral le cueillit sèchement sur un muletazo donné avec sincérité dans un véritable bourbier. Une blessure qui faillit lui être fatale. Fin 2001, il avait participé à 521 corridas. P.H.

GUTIÉRREZ MOYA Pedro, *el Niño de la Capea*. Pedro Gutiérrez Moya, ancien élève de l'école taurine La Capea (d'où son pseudonyme), est né à Salamanque le 17 septembre 1952 et restera dans l'Histoire comme l'un des grands maestros du XXe siècle. Il a quatorze ans lorsqu'il entre à l'école taurine, où son talent est vite remarqué. Le 3 mai 1969, il revêt son premier costume de lumières dans sa ville. C'est encore à Salamanque qu'il débute avec picadors le 17 juillet 1970 en compagnie de Paco Núñez et José Ortegón pour affronter des novillos de Higinio Luis Severino. Il se présente à Madrid le 11 juin 1972 en compagnie de Julio Robles et *Angelete*, et coupe une oreille face à des novillos de Juan Pedro Domecq.

Huit jours plus tard, il prend l'alternative à Bilbao au cours d'une corrida télévisée. Paco Camino est son parrain, Francisco Rivera *Paquirri* son témoin ; il affronte un toro *Mireto*, de la ganaderia de Lisardo Sánchez. *El Niño de la Capea* coupe ce jour-là deux oreilles. Le 9 décembre 1973, la confirmation d'alternative a lieu à Mexico avec Curro Rivera et Curro Leal. Quelques mois plus tard, le 21 mai 1974, il confirme l'alternative à Madrid en compagnie de Sebastián *Palomo Linares* et de Francisco Rivera *Paquirri*. Le toro de la cérémonie, *Girón*, appartient à l'élevage d'Atanasio Fernández. Le torero coupe ce jour-là trois oreilles et sort pour la première fois en triomphe des arènes de Las Ventas. Ses succès continus font de lui le leader du classement en 1973, 1975, 1976, 1978, 1979 et 1981. Au-delà de l'Atlantique, Pedro Gutiérrez jouit d'une immense réputation, notamment au Mexique où il connaît de grands triomphes à Mexico, arènes à jamais marquées par l'art du Salmantin. En 1988, le 28 juin, *el Niño de la Capea*, en grand maestro qu'il est, souhaite faire un geste à l'occasion de la corrida de la Presse de Madrid. Il affronte seul six toros de Victorino Martín, coupe trois oreilles et sort pour la cinquième fois en triomphe par la Grande Porte.

Alors qu'il connaît le meilleur moment de sa carrière, sans prévenir personne, il décide de s'arrêter le 13 septembre 1988, au cours de la féria de sa ville natale. Il coupe ce jour-là la queue du toro *Borroscoso* de Joaquín Buendía. Comme bon nombre de ses compagnons, il revient pourtant dans l'arène le 31 mars 1991 à Málaga. Grièvement blessé quelques jours plus tard, il prend part à une trentaine de corridas sans grand succès. Sa saison mexicaine le relance, mais le matador ne parvient pas à retrouver le succès qu'il a connu. Il décide donc de mettre un point final à sa carrière le 5 février 1995 à Mexico où, devant une arène totalement remplie et qui le fête de façon inimaginable, il coupe la queue du toro *Piropo*, de Pepe Garfías. Le 16 avril 1995, par pure amitié, il remettra une fois encore le costume de lumières à Málaga pour donner l'alternative à son protégé, Javier Conde, face à des toros de Zalduendo.

Désormais, Pedro Gutiérrez Moya *el Niño de la Capea*, qui est considéré comme l'un des toreros qui a pris part au plus grand nombre de corridas dans toute l'histoire de la tauromachie (environ 2 000), gère avec beaucoup de bonheur son élevage de toros de combat et participe à de nombreux festivals. R.A.

H-I

HACHAZO. Coup de tête violent donné par le toro pour tenter d'embrocher, mouvement souvent accentué par des passes hautes. Cette réaction du toro, qui peut être fort dangereuse pour le torero, complique singulièrement le travail de muleta et pose problème lors de l'estocade car le maestro risque la cornada. Si la pique est correctement placée, le toro ne peut pas donner de hachazos répétés et violents. R.B.

HEMINGWAY Ernest. Son humeur contre le métier de journaliste tient au fait de devoir rédiger sans plus attendre, souvent contre la montre, un papier où le réalisme authentique le cédera à un langage convenu qui le rendra communicatif à moindres frais, mais en brouillera l'éclat par l'impureté des clichés. La nouvelle *L'Invincible* (1925) se construit sur un curieux contrepoint entre la réalité poignante que vit au combat le novillero sans avenir Manuel García et le compte rendu que rédige le journaliste d'*El Heraldo* d'un spectacle sans intérêt, présenté en nocturne dans les arènes de Madrid. Manuel García prend tous les risques, le critique par intérim allume cigarette sur cigarette, boit des gorgées de champagne tiède et note une quelconque série de lancers de cape. Il écourtera la corvée. Quand Manuel García sera cueilli par le toro et couché sur la table d'opération, le journaliste sera parti pour son rendez-vous chez Maxim's.

Ernest Hemingway reste jusqu'au bout avec ce raté de la profession dont rien ne peut abattre la fierté. Où le plumitif de service n'enchaîne sur son carnet que les lieux communs les plus plats, l'écrivain se met dans la peau du personnage, nous amène à connaître des minutes aussi exaltantes que dérisoires : celles d'un affrontement qui laisse le public de glace. Même point de vue dédoublé dans *Pour qui sonne le glas* (1940) quand s'élève dans la grotte des guérilleros une discussion sur la valeur du matador *Finito*. Chacun juge, tranche, et le bilan que l'on peut dresser à partir des avis divers proférés n'est pas brillant. Mais Pilar, qui a vécu cinq ans avec *Finito* tuberculeux, revoit les mises à mort de son ami que les coups de plat de corne ont achevé, et rien ne s'est perdu : pas le plus petit signe d'épuisement de l'homme ni la pénétration graduelle de l'épée qu'il accompagne en se rapprochant, ventre creusé, de la corne ébréchée, ni l'immense soulagement, quand il rompt le contact et se redresse, d'en avoir terminé.

Les critiques sur *Finito* ne pèsent pas lourd. L'acte de tuer le fauve, restitué par Pilar en formules incantatoires, baigne dans une lumière mythique. Dans l'éternité de l'instant se concentre le paroxysme de l'estocade qu'elle redécouvre aujourd'hui et maintenant, si semblable à cette réalité que voulait atteindre Hemingway, « qui serait aussi valable dans un an ou dans dix ou, avec de la chance et assez de pureté d'expression, pour toujours ».

Pas plus que le journaliste ou que les guérilleros, les aficionados rassemblés autour de *Finito* ne sont doués de seconde vue, lorsqu'ils donnent un banquet en son honneur à Valladolid. Au milieu de la liesse et de l'aveuglement, le torero ne cesse de cracher le sang et évite de toucher aux plats. Pilar seule remarque qu'il salit ses trois mouchoirs, sa serviette. Jusqu'à ce que l'on découvre la tête de toro naturalisée, offerte en hommage par son club, et que les yeux des assistants se dessillent. *Finito* mourra ce même hiver.

Remarquons qu'Hemingway n'a guère plus de bonheur quand il juge des toreros des années 1930. Les nouvelles valeurs : *Manolo Bienvenida*, Domingo Ortega, Victoriano de la Serna ne le convainquent pas. Ses critiques ne seront pas ratifiées par la postérité. Ses préventions le desservent. La perspicacité dans l'immédiat apparaît entravée par trop de scepticisme. Cela ne l'empêche pas de situer l'événement le plus fugace hors du temps et d'atteindre à cette autre dimension de sa prose qu'il appelait quatrième, cinquième. Décrivant un torero, il dépasse le plus souvent la valeur qu'il lui attribue en cote et nous le montre dans son identité rejointe.

Devenu impuissant à la suite d'une blessure de guerre, le narrateur du *Soleil se lève aussi* (1926) s'impose de déplacer le désir de la femme qui l'aime et qu'il aime sur Pedro Romero. À la féria de Pampelune, il l'initie au rite et la conduit au-delà de la frustration jusqu'au torero qu'il charge d'exorciser la mort et cette mort particulière dans la vie qui est son lot. Connaître des faiblesses ne servirait qu'à approfondir le caractère sans remède de l'esclavage.

Don Ernesto, l'Américain, demeure le meilleur révélateur de la passion tauromachique. Dans *La Capitale du monde* (1936), le jeune serveur Paco torée de salon un fauve imaginaire avec son tablier-cape. Enrique, le plongeur, l'interroge, sarcastique : « Et le taureau, comment il est ? – Très brave » répond Paco. Ou bien : « Il en a encore dans le ventre. » Jusqu'à ce qu'Enrique attache deux couteaux à découper aux pieds d'une chaise pour le réveiller de son rêve par la peur, et charge. Bien en vain ! Paco, perdu dans une gloire, ne se soucie pas de la lame qui le frôle. Lorsqu'il avance le pied gauche quelques centimètres trop loin, il meurt, la fémorale sectionnée, en torero, avec toutes ses illusions.

En 1959, bien qu'ami des deux beaux-frères, Hemingway relatera en partisan d'Antonio Ordóñez la rivalité avec Luis Miguel. Ce reportage un peu hâtif suscitera une levée de boucliers de la part des journalistes espagnols, trop heureux de proclamer que la tauromachie d'Hemingway ne fait pas très sérieux. Luis Miguel mena la contre-attaque et les passes d'armes se multiplièrent autour de *L'Été dangereux*. L'écrivain malade, retiré sous sa tente, serait bientôt libre à l'endroit des procédés. J.M.M.

HERDADE. Au Portugal, lieu d'élevage des toros.

HEREDEROS DE CARLOS NÚÑEZ
(« Los Derramaderos »)
Origine : Rincón-Villamarta
Devise : bleu ciel, blanc et rouge
Ancienneté à Madrid : 18 juin 1918
Propriété : « Los Derramaderos », Barbate de Franco (Cadix)

Manuel Valladares y Ordóñez est le fondateur de cet élevage à la fin du XIXe siècle. À sa mort, en 1883, ses héritiers augmentent le troupeau avec des bêtes de Benjumea et Carvajal, l'annonçant au nom de Valladares y Rincón. Manuel Rincón prend en charge l'élevage en 1908 en éliminant le sang antérieur au profit de celui de Fernando Parladé. Il conserve le titre de propriété jusqu'en 1925, année au cours de laquelle il cède l'élevage à Antonio Urquijo. Le troupeau passe successivement entre les mains d'Indalecio García Mateo (1928) et de Carlos Núñez (1936). Ce dernier rajoute au troupeau quelques vaches de Mora Figueroa et un autre lot de vaches de Villamarta en 1941. Carlos Núñez disparaît en 1964 et l'élevage est dès lors annoncé au nom de ses héritiers. En 1999, les frères Núñez Moreno de Guerra, propriétaires du fer, décident de rebaptiser l'élevage au nom de la propriété : « Los Derramaderos ».

L'ancien fer des héritiers de Carlos Núñez est aujourd'hui à la recherche de sa gloire passée. L'élevage fait surtout combattre ses toros dans des arènes espagnoles de troisième catégorie face à des toreros relativement modestes. Le fer, nouvellement appelé « Los Derramaderos », a toutefois mené deux lots de toros à Séville lors de la féria d'avril 1999 ainsi qu'à Madrid au début de l'été 2001. Encore une fois, ce sont des toreros belluaires, habitués aux corridas réputées plus difficiles, qui en ont décousu avec les toros porteurs de la devise bleu-blanc-rouge. C.C.

HERIDA. Blessure.

HERMANA DE LA CARIDAD (*sœur de charité*). Toro d'une douceur angélique et de charge douce permettant de couper le maximum de trophées.

HERMOSILLA Y LLANERA Manuel. Il est né le 1er janvier 1847 à Sanlúcar de Barrameda en Espagne. Il fait une partie de sa carrière outre-Atlantique : à La Havane, il se produit comme banderillero, puis il forme une cuadrilla de toreros espagnols et mexicains qui œuvrent dans les plazas de Puebla, Orizaba, Jalapa ou Córdoba. Il revient en Espagne le 8 juin 1873 à Sanlúcar et, le 28 août, prend l'alternative à Puerto de Santa María des mains de Manuel Domínguez. Le 12 juin 1874, il confirme à Madrid avec *Lagartijo* qui lui cède *Espejito*, toro de Miura, en présence de *Frascuelo*. Il obtient de grands succès lors de sa tournée espagnole dans les villes de Cadix, Santander, Jerez, Séville ou Barcelone, en compagnie des deux figuras du temps : *Lagartijo* et *Frascuelo*.

Le 26 juin 1910, il participe à sa dernière corrida en compagnie de *Morenito de Algeciras* et de *Morenito de Alcalá*, face à des toros de Rafael Surga. Retiré à Sanlucár de Barrameda, il y meurt le 19 janvier 1918. R.B.

HERMOSO DE MENDOZA Pablo. Sa première passion fut celle de l'équitation, qui lui permit de remporter de très nombreux trophées et d'être proclamé plusieurs fois champion dans la catégorie de sauts d'obstacles. Il découvre ensuite l'art du rejón et se présente à Pampelune le 12 octobre 1983. Ce cavalier exceptionnel, né le 11 avril 1966 à Estella en Navarre, reçoit l'alternative à Tafalla le 18 août 1989, des mains de Manuel Vidrié en présence de *Curro Bedoya* et d'Antonio Correas, face au toro *Pardillo* de la ganaderia de César Moreno. Dès l'année suivante, il confirme son immense talent et ses facilités extrêmes. En 1994, il est devenu une des figuras indiscutables, participant aux plus grandes férias. En France, il a été présent aux grandes rencontres équestres de Méjanes et des Saintes-Maries-de-la-Mer, ainsi qu'aux cartels des férias importantes. C'est le 30 avril 1995 qu'il présente à Séville son cheval mythique, *Cagancho*, à qui le public fait une immense ovation. Extrêmement doué pour la monte et la conduite de ses chevaux, sa facilité et sa maîtrise dans les divers moments de la lidia en font une figura reconnue de tous. Issu d'une famille modeste – ce qui était un handicap pour arriver au sommet de sa profession –, il a le mérite particulier de savoir bien mettre en valeur les qualités de ses montures qui sont devenues de véritables vedettes. J.C.D.

HERNÁNDEZ Francisco, *el Bolero.* Il est né à Grenade le 2 avril 1778 et commence dans le métier comme banderillero. En 1814, il estoque des novillos dans la plaza de Madrid. Au cours des années 1815, 1816 et 1817 il figure comme (*media espada*) deuxième épée dans les cartels et, en 1820 et 1821, comme (*primer espada*) première épée. Il était plus apte au maniement de la cape qu'à celui de l'estoque. R.B.

HERNÁNDEZ Gabriel (Gabriel Hernández García)
Origine : Atanasio Fernández-Lisardo Sánchez
Devise : violet et blanc
Ancienneté à Madrid : 11 juillet 1875
Propriétés : « El Vecino », Calzada de Don Diego (Salamanque), « Cortos de la Sierra », Narros de Matalayegüa (Salamanque), « Tordelalosa », San Pedro de Rozados (Salamanque) et « Los Bayones », Valencia de Alcántara (Caceres)

Cet élevage a été créé à partir de l'une des parts de bétail issue de la division du troupeau de Rafael Laffite en 1885. Après avoir été dirigé par Carlos Conradi puis Francisco Gallardo, le troupeau est acquis en 1890 par José Moreno Santamaría. Celui-ci meurt en 1910 et l'élevage est à nouveau divisé : une part revient au frère de José, Anastasio Moreno Santamaría, et une autre est acquise par ses cousins, Francisco et Justo José Moreno Santamaría. Ces derniers augmentent leur cheptel en insérant un lot de vaches de Campo Varela. Après un nouveau partage en 1948, Francisco devient l'unique propriétaire du fer et de la devise d'origine. L'élevage passe ensuite entre les mains de José Rufino Martín en 1955. Celui-ci le vend en 1976 à Gabriel Hernández García. Le nouveau propriétaire élimine progressivement les origines antérieures au profit de vaches et d'étalons de Carmen Borrero, d'origine Atanasio Fernández, avec d'autres mâles de Los Bayones.

Un peu tombé en désuétude, cet élevage se limite à fournir des toros de réserve, notamment à Madrid. Quelques novilladas et un toro présenté en 1999 à Barcelone font figure d'exception au milieu d'un palmarès sans cesse décroissant. L'élevage n'a pas vendu le moindre toro en 2001 et la saison suivante ne s'annonçait pas sous les meilleurs auspices. L'origine Atanasio de l'élevage semble indisposer de nombreux toreros : en 2000, un toro de Gabriel Hernández García mit en grande difficulté le rejoneador Martín González Porras, qui dut essuyer une forte bronca à Barcelone. Manuel Caballero est le dernier torero d'importance à avoir triomphé de ces toros ; c'était en 2000 à Calahorra (La Rioja). C.C.

HERNÁNDEZ GARCÍA Leonardo. Rejoneador né le 25 mai 1961 à Cordoue. Il se présente pour la première fois en public le 23 septembre 1978 en Espagne, à Fregenal de la Sierra. Puis il torée à Madrid à Las Ventas, le 19 octobre 1980, face à un lot de toros de la ganaderia de Francisco Ortega en compagnie de Manolo Córdoba, de Curro Bedoya et du Français Jacky Bonnier.

Parmi les grands moments de sa carrière, il faut citer ce seul contre six avec des toros de la ganaderia d'Aruci qui eut lieu le 12 septembre 1997 et au cours duquel il coupa onze oreilles et deux queues. Ou cette course du 19 avril 1998 à Cuenca, face à des toros de Victoriano del Río, où il travailla devant des animaux aux cornes en pointe, ce qui est remarquable et fort rare étant donné le danger pour les montures. Il renouvela cet exploit à Madrid à Las Ventas, le 15 août 1998, devant des toros de Flores Tassara à qui il coupa une oreille ; seul Moreno Pidal, vingt ans auparavant, avait fait de même dans cette plaza. Le 12 octobre 1998, à la Real Maestranza de Caballería de Séville, devant un toro de Fermín Bohórquez, il coupe une oreille en compagnie de Javier Buendía. Le 22 mai 1999, à Las Ventas, il torée en compagnie de Fermín Bohórquez et de

João Moura face à des toros de Flores Tassara. Lors de cette course, sa jument *Chata* est sérieusement bousculée et reçoit une cornada dont elle mourra dans les jours suivants. Au cours de la temporada 2001, Leonardo Hernández a pris part à 76 paséos, coupé 117 oreilles et 12 queues. R.B.

HERNÁNDEZ PLA

Origine : Conde de Santa Coloma-Joaquín Buendía Peña

Devise : bleu ciel, blanc et rouge

Ancienneté à Madrid : 12 novembre 1882

Propriétés : « San Salvador », Puerto Moral (Huelva), « El Encinar », Zufre (Huelva) et « Soto Gutiérrez », Cienpozuelos (Madrid)

José María Hernández Pla fonde cet élevage en 1944 avec des vaches et des étalons de Bernardo Escudero Bueno, d'origine Albaserrada. Onze ans plus tard, le fer passe entre les mains de ses héritiers qui ajoutent au troupeau un étalon de Samuel Hermanos. L'élevage est divisé en trois en 1957 et l'une des parts revient à Teresa Hernández Cabazón, fille de l'ancien propriétaire. Celle-ci vend sa part à Gabriel Hernández Pla en 1959. Le nouveau propriétaire ajoute au cheptel un lot de vaches ainsi qu'un étalon de Samuel Flores. Neuf ans plus tard, Gabriel Hernández Pla insère de nouvelles vaches et un étalon de Francisca Sancho, veuve d'Arribas. Peu de temps après, Gabriel disparaît et laisse l'élevage entre les mains de ses fils. Ceux-ci éliminent en 1969 toutes les origines antérieures et reforment le troupeau à partir d'un lot de vaches et d'un étalon de Joaquín Buendía. Le fer de l'élevage est remplacé en 1974 par l'ancienne marque du troupeau adoptée par le grand-père des propriétaires, Estebán Hernández. En 1990, l'élevage est racheté par la société Horsebull, S.L. qui conserve le fer, la devise ainsi que l'appellation « Hernández Pla ». L'origine santacolomeña de Buendía est également conservée.

Les toros importants :

- *Capitán*, n° 43, combattu à Madrid en mai 1979 (tour de piste posthume pour la dépouille du toro et prix du meilleur toro de la féria de San Isidro).
- *Cerrilero*, n° 47, combattu à Madrid en mai 1979 (tour de piste posthume pour la dépouille du toro).
- *Canastero*, n° 44, combattu à Santander (grande ovation à l'arrastre).
- *Panero*, n° 83, combattu à Bilbao en 1980 (ovation à l'arrastre).

Habitué des petites arènes andalouses, l'élevage d'Hernández Pla poursuit sa phase ascendante. Servi par ses origines Santa Coloma, l'élevage intéresse les aficionados par la puissance des toros présentés. Régulièrement programmé dans les arènes de première catégorie en Espagne, il a vu sa cote de popularité grimper de façon radicale le 12 mai 2002 lorsque le toro *Guitarrero* fut honoré à Madrid d'un tour de piste posthume après une faena vaillante d'*el Cid*. Brave et spectaculaire à la pique, *Guitarrero* manqua de peu le titre de meilleur toro de la féria de San Isidro. L'afición madrilène, très friande des toros santacolomeños, avait déjà apprécié le jeu et la caste des produits porteurs de la devise bleu ciel, blanc et rouge. En août 2000, le torero de Salamanque Andrés Sánchez avait réussi le pari de couper une oreille à un de ces toros sur le sable de Las Ventas. Deux autres lots furent combattus en 2001, satisfaisant chaque fois les attentes des aficionados de la capitale. C.C.

HERNANDO GARCÍA Andrés. Né à La Vellila de Pedrajas, dans la province de Ségovie, le 26 février 1938, il débute en 1962 et après seulement une dizaine de novilladas il prend l'alternative le 1er juillet à Ségovie, avec Victoriano Cuevas *Valencia* comme parrain et Santiago Martín *el Viti* comme témoin, le toro étant issu de la ganaderia de Manuel Arranz. La confirmation à Madrid eut lieu le 29 mars 1964 avec Antonio Medina et José María Montilla devant des toros de Salvador Guardiola. Après une carrière intéressante mais sans grand éclat, il se retire le 5 octobre 1974, à Ségovie, lors d'une corrida de Ramón

Matías lidiée en compagnie d'*el Viti* et de Roberto Domínguez. R.B.

HERRADERO.
Voir FERRADE.

HERRADURA. Masse imposante de gros vaisseaux sanguins qui se trouve au-dessus du cœur du toro. Lorsque l'épée tranche l'un des vaisseaux les plus importants, la mort est très rapide.

HERRAR.
Voir FERRADE.

HERRERA CONTRERAS Francisco. Il est né à Cadix le 3 avril 1941 et commence le 4 juin 1956 face à des becerros de Mariano García dans les arènes de Getafe, province de Madrid. Puis il participe en novillada piquée, le 8 mars 1959, à Vista Alegre avec Torcuato Varón et Antonio Hurtado face à des novillos de Luis Miguel González Lucás. Lors de sa présentation à Las Ventas, le 5 juin 1960, en compagnie de José Martínez *Limeño* et d'Alfredo Sánchez, il est fortement commotionné par son premier novillo, de la ganaderia de Moreno Yagüe.

Il prend l'alternative à Barcelone le 7 mai 1961 en présence de Pedro Martínez *Pedrés* et de Jaime Ostos, face à *Corchito*, toro de la ganaderia de Baltasar Ibán.

Il confirme à Madrid le 14 mai suivant, avec comme parrain Manuel Vázquez et Victoriano Cuevas *Valencia* face à un lot d'Eusebia Galache Cobaleda et un d'Escudero Calvo. Sa dernière corrida a lieu à Vista Alegre le 8 octobre 1967 avec Gregorio Sánchez et Manuel Amador avec des toros de Carmen González.

Puis il réapparaît de temps en temps dans les ruedos, et pour la dernière fois à Tolède le 15 juin 1985 avec Antonio Chenel *Antoñete* et *Curro Vázquez*. R.B.

HERRERA RODRÍGUEZ Francisco, *Curro Guillén*. Francisco, né le 16 novembre 1783 à Utrera, est le fils du matador Francisco Herrera et le petit-fils du matador homonyme. Par sa mère, María del Patrocinio Rodríguez, il bénéficie d'un bon héritage tauromachique puisqu'elle est la fille du matador Juan Miguel Rodríguez et la nièce de Joaquín Rodríguez, lui-même matador et père de *Costillares*, ces deux derniers étant fils du matador Juan Rodríguez *el Mayor*. Tout le destinait donc à entrer dans la carrière taurine, ce qu'il fit très jeune. Il participa probablement dès quinze ans à une cuadrilla enfantine, comme il était d'usage à l'époque. Très rapidement, il acquiert les principes de base de la lidia et se fait remarquer par ses brillantes prestations, en particulier comme banderillero. Il avait une connaissance intuitive des toros qui lui permettait d'affronter toutes les ganaderias, même les plus difficiles. Il allait ainsi de triomphes en triomphes, nimbé des récits de ses exploits. À Lisbonne, il suscita un enthousiasme peu commun car, rapporte-t-on, il joignait à ses qualités tauromachiques des dons exceptionnels : son corps était d'une grande beauté, ses gestes et mouvements si bien étudiés et si raffinés qu'il séduisait le public, féminin en particulier.

Dans les ruedos, ses attitudes dominatrices le « rendaient digne d'un prince » et toute l'afición avait pour lui une admiration sans bornes. On raconte qu'il était capable, à la ville, d'exploits aussi retentissants que dans les ruedos. Ainsi, dans les environs de Séville, un toro de dix ans très dangereux s'étant échappé, et personne n'arrivant à s'en saisir, *Curro Guillén* alla de nuit rechercher le fauve. Il se coucha tranquillement enveloppé dans son manteau et dormit. Dans la brume matinale, quand il s'éveilla, le monstre était là et le regardait. Tranquillement, *Guillén* enleva son manteau et, s'en servant de cape, passa l'animal jusqu'à ce qu'il soit rendu sans force à ses pieds. Il le saisit alors et, d'un seul geste, lui tordit la tête et lui planta les cornes dans le sol afin qu'il ne puisse plus se relever... puis il alla tranquillement au village annoncer la nouvelle. *Si non è vero*, disent les Italiens...

Ce qui est réel c'est que le 20 mai 1820, il y avait corrida dans la ville de Ronda où *Curro* participait comme premier espada. On y combattait des toros de la race Cabrera. *Guillén* était près de la barrière et discutait, dit-on, avec des spectateurs, quand l'animal s'élança vers lui avec hargne et rapidité. Le banderillero Juan León l'avertit en criant. *Curro* se retourna, vit le toro et, au lieu de l'éviter en sautant dans le callejón, l'attendit de pied ferme, prêt à l'affronter. Mais, gêné dans ses mouvements par la proximité des planches, il fut bousculé et la corne gauche lui fouilla la poitrine, malgré l'intervention désespérée de Juan León qui se jeta sur le toro pour le détourner. La mort fut instantanée et plongea l'afición dans la douleur et la colère, semble-t-il, car elle reprochait au torero son excessive témérité.

Cette mort devenue légendaire favorisa la renommée de *Curro Guillén*, qui était sans aucun doute un matador au registre étendu car il avait toréé depuis sa jeunesse et devant toutes les ganaderias de toros, ajustant ses passes au toro qu'il lidiait en les agrémentant de fantaisies qui faisaient mouche. Ses faenas étaient connues pour leur brièveté car il tuait souvent a recibir et avait besoin que le toro chargeât avec force. Arrivé au faîte de la gloire dans une période dépourvue de grandes figuras, il profita de cette période calme. Torero plus brillant que novateur, il sut mettre à profit ses succès dans la ville et les conjuguer à ceux des ruedos, parvenant à créer une légende qui dépasse largement son influence sur l'art taurin. R.B.

HIERBA, parfois **YERBA**. L'usage ganadero veut que l'âge des animaux soit exprimé en *primaveras pasadas* (printemps vécus) ou mieux en nombre d'« herbes » broutées au printemps. Les bêtes naissant en hiver, elles commencent à brouter dès le printemps. Elles ont donc une herbe alors qu'elles n'ont encore que quelques mois. Ce qui fait qu'un animal de deux herbes aura un peu plus d'un an, un de quatre herbes sera âgé de trois ans. L'âge exprimé en herbes est donc supérieur d'une unité à celui exprimé en années. P.M.

HIERRO.
Voir FERRADE.

HIGARES Óscar.
Voir GARCÍA HIGARES Óscar José.

HOCICO. Museau.

HOMBROS salida a (*porté [en triomphe] sur les épaules*). Lorsqu'un matador triomphe, il est porté pour un tour de piste sur les épaules d'aficionados qui tiennent ainsi à participer à son succès. Mais ces aficionados sont désormais remplacés par des professionnels qui louent leurs services dans toutes les plazas, au détriment, parfois, de la spontanéité première. On constate d'ailleurs, à la fin de beaucoup de courses, une multiplication de ces tours de piste que rien ne justifie. Pour une sortie en triomphe par la porte principale des arènes, le règlement taurin prévoit que le maestro aura coupé au moins deux oreilles dans la course. Mais dans la plupart des plazas, la présidence ne l'autorise qu'à partir de trois. R.B.

HORMIGÓN. Cornes émoussées ou corrodées suite à l'action d'un ver parasite appelé *gusanilio*.

HOSCO. Bourru.

HUELVA (Espagne. Séville 90 km). Située à l'embouchure du río Tinto, Huelva a une origine légendaire car on l'assimile souvent à la Troie de l'Occident, aux fabuleuses richesses, citée par Platon. Elle compte actuellement 143 000 habitants.

Conquise par les Maures puis reconquise en 1257 par Alphonse X, Huelva accueillit en 1484 Christophe Colomb avant son départ pour le Nouveau Monde. Le séisme de Lisbonne en 1755 détruira la plupart de ses monuments.

En 1902, la ville construisit une plaza en dur qui fut inaugurée le 5 septembre avec *Litri* et Machaquito face à des toros de Marqués de Saltillo. Une nouvelle plaza de 15 000 places est mise en service le 2 août 1968 avec une corrida de Celestino Cuadri pour les toreros Miguel Báez Espuny *Litri*, Manuel Benítez *el Cordobés* et Ángel Teruel. Mais l'édifice ne donne pas satisfaction et présente de nombreuses malfaçons. On décide donc de réutiliser les anciennes arènes de La Merced, qui sont à nouveau inaugurées par Miguel Báez *Litri*, Curro Romero et *Pepe Luis Vázquez* face à des toros de Jandilla, le 29 juillet 1984. R.B.

HUESCA (Espagne. Pampelune 180 km – Saragosse 70 km). Cette cité aragonaise de 50 000 habitants possède une plaza de 7 000 places dont la construction fut terminée en 1929, l'inauguration se déroulant le 10 août de la même année avec Antonio Márquez, Manuel Martínez et Félix Rodríguez face à des toros de Sánchez Rico. R.B.

HUESO (*os*). Synonyme de toro difficile, dans le sens familier de « tomber sur un os ».

HUIDO (de *huida*, fuite). Toro délibérément fuyard.

HUMILIER. Quand le toro baisse la tête et met les cornes dans la muleta on dit qu'il *humilie*, ce qui est un signe de noblesse. Certains toros, lors d'une passe de cape donnée trop bas, plantent leurs cornes dans le sable, ce qui provoque une culbute (*campana*), dont l'animal sort amoindri. En fin de faena, le torero doit avoir amené son toro à ce stade pour faciliter l'estocade, difficile à porter avec des animaux qui gardent la tête haute. R.B.

IBÁN VALDÉS Herederos de Baltasar
Origine : Contreras-Juan Pedro Domecq
Devise : rose et vert
Ancienneté à Madrid : 15 août 1957
Propriété : « Cortijo Wellington », San Lorenzo del Escorial (Madrid), Espagne

Située sur un plateau à une soixantaine de kilomètres au nord-est de Madrid, la propriété « Cortijo Wellington » se compose de deux parties : Las Zorreras et La Cerdilla, d'où l'on voit le palais de Philippe II et l'immense croix de la vallée de Los Caídos, hauts lieux de l'histoire ibérique. La ganaderia formée en 1920 par Fernando Sánchez Rico avec du bétail de Contreras est vendue par les héritiers en 1939 à Manuel González Martín *Machaquito*, qui ajoute des produits de Contreras qu'il possédait. En 1940, il cède la moitié de l'élevage au comte de Ruiseñada. En 1957, Baltasar Ibán achète la ganaderia de Manuel Martín. Le toro d'origine Contreras étant généralement pauvre de tête avec des armures assez courtes, le ganadero avait acheté une autre ganaderia avec du sang de Domecq (Los Guateles) et il décide de croiser les deux encastes. Il obtient des toros avec plus de tête et de trapio. Depuis cette date jusqu'à nos jours, l'aspect du toro marqué du B et du I n'a pas varié.

Après le décès de Baltasar en 1976, l'élevage est annoncé au nom de ses héritiers. Toro bas de type, d'allure fine, au cornage effilé, généralement bien proportionné, à l'aspect tranquille et élégant, il fut très à la mode à la fin des années 1960, les aficionados, les empresas et les toreros exigeant que les Baltasar Ibán soient à l'affiche des grandes férias. La robe noire prédomine dans l'élevage, mais la couleur diffère avec l'arrivée des étalons de Los Guateles. On trouve aussi des colorados, des salpicados et quelques burracos. En 1997, le propriétaire José Luis Moratiel Ibán disparaît. D'autres héritiers reprennent le flambeau en créant la société Ganadería

Ibán, SL avec à leur tête Cristina Moratiel Llarena. Ils continuent de nos jours à maintenir la qualité de leur élevage avec un savant dosage de bravoure et de noblesse, mis en valeur par César Rincón, remarquable le 7 juin 1994 à Madrid devant *Bastonito*, porteur de la devise rose et verte, dont la dépouille effectua la vuelta al ruedo. Ch.C.

IBÁÑEZ Nazario
(Nazario Ibáñez Azorín)
Origine : Carlos Núñez
Devise : bleu paon et blanc
Ancienneté à Madrid : 24 septembre 2000
Propriété : « Las Moratillas », Yecla (Murcie)

Bernadé Fernández Cobaleda achète en 1956 le troupeau de Guillermo Pérez-Tabernero, hérité lors du partage de l'élevage de Graciliano Pérez-Tabernero. Cobaleda baptise alors l'élevage « Bernabé Fernández de Martilhernando ». Deux ans plus tard, il acquiert une partie importante de l'élevage de son père, Atanasio Fernández. Carmen González de Ordóñez rachète l'ensemble du troupeau en 1960 et modifie le fer. Neuf ans plus tard, l'élevage est pris en charge par sa fille, Carmen Ordóñez. Nazario Ibáñez rachète le fer en 1994, en change le dessin et reforme l'élevage avec des vaches et des étalons de Manolo González et González Sánchez-Dalp.

Les toros importants :

• *Rinconete*, n° 102, combattu à Xátiva (Valence) en 1996 par Manuel Benítez *el Cordobés.*

• *Gorrioncito*, n° 8, combattu à Xátiva (Valence) en 1996 par *el Califa* (tour de piste posthume pour la dépouille du toro après une pétition de grâce).

• *Citador*, n° 62, combattu à Bocairente (Valence) en 1995 par Francisco Rivera Ordóñez (tour de piste posthume pour la dépouille du novillo).

• *Arrumbalisto*, n° 95-93, combattu à Bocairente (Valence) le 16 février 1997 par Manuel Caballero (grâce du toro).

Après un passage à vide de quelques saisons, l'élevage de Nazario Ibáñez est revenu au premier plan dans le paysage ganadero espagnol. Apprécié des toreros, ce bétail se caractérise par sa mobilité et sa transmission au cours des combats. Le fer a d'ailleurs remporté de nombreux succès à Yecla (Murcie), permettant à des matadors comme José María *Manzanares*, Javier Conde et José Ignacio Uceda Leal de décliner leur meilleur toreo. Toujours à Yecla, l'un des toros porteurs de ce fer fut gracié en 2002 par le vaillant Pepín Liria. Également présents dans les arènes de première catégorie, les pupilles de Nazario Ibáñez ont laissé d'importantes oreilles entre les mains de toreros prometteurs : *Rafael de Julia* à Valence (2000), Gregorio Alcañiz à Madrid (2000)... Le Français Julien Lescarret les affronta également en 2001 à Valence et Ponce signa quelques faenas mémorables devant cet élevage dans les arènes de La Corogne. Les toreros modestes ont également pu s'illustrer et profiter du sang Núñez de ces toros, comme Ángel de la Rosa qui remporta en 2002 un important triomphe à Hellín (Albacete). C.C.

IBIZA (Espagne). Cette île a été habitée depuis l'âge du bronze, et en 654 av. J.-C., les Carthaginois y fondèrent Ebusus. Grâce à l'exploitation des salines, des mines de plomb argentifère et de la pourpre, la ville devint prospère. Après cette période opulente, elle subit de nombreux avatars : dévastée par les Vandales en 426, occupée par les Byzantins en 535, ruinée par les Normands en 859, conquise par les Maures en 901, devenue nid de pirates, elle est finalement rattachée au royaume de Majorque. Actuellement, un tourisme outrancier est la principale source de revenus de l'île, qui compte 70 000 habitants.

La plaza de toros peut recevoir environ 3 000 spectateurs. Elle fut construite en 1960 et inaugurée le 17 septembre 1961 avec la participation d'Antonio Mejías Bienvenida, José Martínez *Limeño* et Manuel Blázquez, qui combattirent des toros de Lamamié de Clairac. R.B.

IDA. Estocade qui pénètre de manière verticale, la partie aplatie de la lame ayant effectué une rotation d'un quart de tour, généralement vers la gauche, à cause d'un mauvais geste du matador.

IGUALAR. Placer correctement le toro dans la préparation de l'estocade ; synonyme de *cuadrar*.

INCHAUSTI DÍAZ José Manuel, *Tinín*. Matador de toros espagnol qui a joui d'une belle réputation dans les années 1960, José Manuel Inchausti Díaz, dit *Tinín*, né à Madrid le 28 octobre 1946, revêt son premier costume de lumières le 31 mars 1963 à Logroño pour affronter du bétail de Leopoldo Mangas en compagnie de Fernando Cacho *Fernandete* et Francisco Fuentes. C'est à Logroño encore qu'il débute avec picadors le 18 juillet 1964, face à des novillos de Tabernero de Paz. Il partage l'affiche ce jour-là avec Manuel Álvarez *el Bala* et Víctor Ruiz de la Torre *el Satelite*.

Il se présente à Madrid le 16 juin 1965. Aurelio Núñez et Rafael Valencia l'accompagnent au paséo pour combattre des novillos d'Antonio Pérez de San Fernando.

Après plus de 80 novilladas au total, *Tinín* prend l'alternative le 21 mai 1966 à Madrid durant la féria de San Isidro, des mains de Paco Camino avec pour témoin Santiago Martín *el Viti*. Le toro de la cérémonie, *Perruno*, appartient à l'élevage d'Alipio Pérez-Tabernero Sanchón. En dépit de qualités importantes et de succès significatifs, *Tinín* ne fait pas la carrière qu'il pouvait espérer.

Au début des années 1970, il se retire, se lance dans la restauration en ouvrant un établissement à San Sebastián de los Reyes et tente aussi l'aventure en qualité d'agent d'un chanteur dans le show business. Il revient aux ruedos le 5 mai 1974 pour toréer une vingtaine de corridas. Mais les saisons suivantes sont limitées en contrats et *Tinín* s'arrête définitivement à la fin de la saison 1977. Il reste aujourd'hui en relation avec le monde taurin en qualité de représentant de matadors ou novilleros. R.A.

INCIDENTS. À Madrid, le 31 mai 1881, une corrida de six toros d'Alcas devait être combattue par *Lagartijo*, *Currito*, José Machio, *Cara-Ancha*, Paco *Frascuelo* et *el Gallo*. Pendant la lidia du quatrième toro, une bagarre dont on ignore les raisons éclata sur les gradins, s'étendit progressivement et nécessita l'intervention de la police. Des incidents mineurs, tels que la perte d'un sabot de l'animal à la suite d'une maladie ou plus couramment le saut du toro dans le callejón et la panique qui y règne pendant que les spectateurs s'en amusent, ou des incidents plus graves comme celui évoqué plus haut, émaillent le cours des corridas.

Parmi les incidents notables qui ont marqué l'Histoire, figure aussi celui qui se déroula dans les arènes de Marseille le 9 août 1896, quand le public, excédé par la médiocrité du bétail présenté, mit le feu aux arènes des Catalans parce que l'autorité refusait que les toros soient mis à mort. Ou, peu de temps après, et pour la même raison, quand un jeune spectateur, Louis Bauzil, à Perpignan, s'empara de l'épée que portait le sous-préfet en costume d'apparat et la lança au novillero *Chufera* qui était en piste, afin qu'il estoquât le toro.

Le 8 octobre 1899, M. Vienne, directeur des arènes de Roubaix alors en pleine activité, décida d'organiser une corrida dans des arènes démontables qu'il implanta dans la petite commune de Deuil, près d'Enghien. Il s'était assuré le concours des matadors *Lagartillo*, *Llaverito* et du Français *Félix Robert*. Mais au lieu de construire des arènes circulaires, il s'était contenté de mettre bout à bout des tribunes entre lesquelles béaient des espaces donnant sur l'extérieur. *Romito*, le premier toro de l'élevage de

Filiberto Mira, sauta la barricade et bondit du callejón, franchit la deuxième barrière qui s'écroula et continua son chemin au milieu des spectateurs affolés, passa par un espace entre deux tribunes et partit dans la campagne où les gendarmes le poursuivirent et l'abattirent. Dans la bousculade, une douzaine de personnes furent légèrement blessées et la course fut annulée. L'année suivante, le 4 juin, une corrida était programmée pour l'inauguration des « nouvelles arènes d'Enghien ». La SPA s'était mobilisée et, à l'arrivée de la cuadrilla de *Félix Robert*, devant la porte d'entrée des arènes, un Suédois, Aguilin, n'hésita pas, pour protéger les toros, à tirer plusieurs fois au revolver sur les toreros, blessant le banderillero Ramón Laborda. Mais la corrida eut tout de même lieu. R.B.

INCIERTO (*incertain*). Toro qui change de but au cours d'une charge généralement hésitante.

INCLUSERO el.
Voir TÉBAR PÉREZ Gregorio.

INDULTADO. Toro gracié après une prestation exceptionnelle.

INDULTAR. Accorder la grâce du toro.

INDULTO (*grâce du toro*). Événement rare en principe et qui tend à se multiplier dans des buts promotionnels. L'article 82 du Règlement espagnol concernant les spectacles taurins, en date du 28 février 1992, stipule : « Dans les plazas de première et seconde catégorie, quand un animal en raison de sa présentation morphologique et de son excellent comportement dans toutes les phases de la lidia, sans exception, aura mérité d'être gracié, afin d'être utilisé comme semental pour maintenir et améliorer au maximum la qualité de la race et la caste, le président pourra l'accorder dans les circonstances suivantes : qu'elle soit majoritairement demandée par le public, sollicitée expressément par le matador qui l'a combattu et enfin, que le ganadero ou le mayoral de l'élevage donne son accord. »

Après un simulacre de mise à mort prévu par le règlement, le toro est renvoyé aux corrals où ses plaies sont soignées, puis il retournera chez l'éleveur ou l'attend généralement une carrière d'étalon. En outre, le règlement prévoit aussi que, « quand un animal aura été gracié, le ganadero devra en rembourser le prix de la viande à l'organisateur ».

Il semblerait que dans l'intérêt général de l'élevage (conservation de la caste et de la bravoure), on devrait gracier plus souvent d'excellents toros pour hausser la qualité de la descendance. C'est la thèse apparemment inattaquable défendue en particulier par Ángel Perralta, torero et éleveur, qui déclare que les sementales « devraient être des rescapés de l'indulto ». Même démarche de la part de Domingo Ortega, de Victorino Martín et de quelques autres éleveurs, menant depuis longtemps une campagne en ce sens pour obtenir des mesures concrètes afin d'accorder l'indulto dès qu'un toro présente de grandes qualités. Globalement, ils ont raison. Pour le moment, ils n'ont pas été suivis. Faut-il le regretter ? Il faut bien constater que les toros graciés n'engendrent pas plus de grands toros que les autres étalons. Il en est même, à l'instar de *Destenido*, toro de Juan Pedro Domecq gracié en septembre 1955 après un combat d'anthologie, qui virent toute leur filiation abattue pour cause de médiocrité. La cause en est probablement que souvent le toro est gracié non pas en raison de sa bravoure et de sa noblesse exemplaires, mais parce que le matador a été brillant et a donné un grand récital d'art. D'où des déconvenues ultérieures. R.B.

INDUMENTARIA taurina. Vêtements portés par ceux qui sont directement en contact avec les toros. On distingue les vêtements utilisés au campo de ceux utilisés dans la plaza.

INFANTE DA CÁMARA (Herederos de José Infante da Cámara)
Origine : Luis Gamero Cívico-Conde de la Corte
Devise : bleu, blanc et figue
Ancienneté à Madrid : 14 septembre 1958
Propriétés : « Herdades das Varzeas », Montemor O Novo (Alto Alentejo, Portugal) et « Quinta do Castilho », Santarém (Ribatejo, Portugal)

Emilio et José Infante da Cámara fondent cet élevage en 1929 avec du bétail de Campos Varela. Par la suite, ils enrichissent le troupeau avec des vaches d'Alves do Río et des étalons de Conde de la Corte, de Juan Belmonte et de Juan Guardiola. Le troupeau est divisé en 1942 et l'élevage est mis au nom de José Infante da Cámara. Celui-ci disparaît en 1962, laissant l'élevage à ses héritiers.

Nom incontournable du paysage ganadero portugais, l'élevage d'Infante da Cámara vit aujourd'hui au ralenti. Seuls quelques lots sont combattus au Portugal dans le cadre de corridas équestres organisées dans des arènes de deuxième et troisième catégorie. C.C.

INFIRMERIE. Normalement, toute plaza doit être équipée d'une infirmerie en cas de blessure d'un torero pendant la course. On constate malheureusement qu'il n'en est pas souvent ainsi et qu'une ambulance ou un camion de premier secours des pompiers, stationnant à proximité des arènes, en fait office.

La création d'une infirmerie bien aménagée est difficilement envisageable dans les petites arènes qui n'organisent qu'une ou deux courses par an, et seules les grandes villes ont installé des infirmeries appropriées. Le règlement taurin indique clairement que toutes les arènes, quelle que soit leur catégorie, doivent être pourvues d'une structure médicale permettant les interventions de première urgence et que s'il n'y « a pas d'infirmerie fixe, un bloc opératoire mobile devra obligatoirement être prévu » ; il décrit le matériel de base : « deux boîtes de chirurgie générale avec le nécessaire pour effectuer un clampage vasculaire [...] du matériel d'anesthésie et d'intubation ainsi que l'oxygène, l'aspiration et la possibilité de réaliser des perfusions. [...] L'équipe médicale devrait comprendre au minimum : un chirurgien, un anesthésiste réanimateur, deux infirmiers diplômés d'État. »

Ces prescriptions restent théoriques car on trouve rarement de telles conditions de secours, et trop souvent, une ambulance, le médecin local et un chauffeur infirmier remplissent seuls ce rôle. On peut très justement penser que *Paquirri* ne serait pas mort si l'infirmerie de Posoblanco avait été correctement équipée et l'équipe médicale compétente. Mais Falcón, gravement blessé à Barcelone le 11 août 1974, traité immédiatement dans l'infirmerie hautement équipée de la plaza, ne fut pourtant pas sauvé. R.B.

INGLÉS el.
Voir EVANS KELLY Frank.

INQUIET. Se dit d'un toro nerveux et agité.

INTELLIGENCE DE LA LIDIA. Enrique Ponce possède à coup sûr une tête privilégiée, mais il ne lui suffit pas d'avoir d'emblée l'intuition de ce que le fauve autorise, il lui faut le vérifier et peser avec un soin extrême le pour et le contre. S'il affronte le risque, c'est en s'entourant de quasi-certitudes précautionneuses. Enrique Ponce ou le torero cérébral.

Ce triomphe de l'intelligence pourrait manquer de passion et, parfois, comme un Luis Miguel *Dominguín*, poser un bloc de glace sur le front des spectateurs pour apaiser toute fièvre. Réussit-il par ses travaux d'approche à s'ôter de l'esprit jusqu'à l'éventualité de l'accrochage ? Avant de s'abandonner à une plus libre expression de soi, il tarde un peu à se persuader qu'il a bien saisi l'adversaire, et évite de se mettre en danger par irréflexion. Alors, il s'émancipe de son propre système d'autorité et franchit les limites du fort en thème pour développer d'ingénieuses variations à partir des charges du fauve, une construction musicale d'une diamantine simplicité, un mélodieux art de la fugue.

Il peut aussi bien canaliser l'extrême vivacité d'un toro ardent au combat, endiguer l'attaque d'une bête rapide et dont les brusques retours exigent une détermination sans défaut, une audace renouvelée, mais préférera toujours arracher, centimètre par centimètre, un toro à son immobilité grâce à son exceptionnelle allonge du bras, lui insuffler un allant dont il semble cruellement dépourvu, animer un bloc de marbre et l'obliger à prendre l'étoffe. Pour peu que l'instinct de suivre les leurres persiste dans l'animal, on dirait par machine et avec beaucoup de ratés, soyez sûr qu'il s'en sortira à son avantage.

Un stradivarius convient mieux à un virtuose de la dimension de Ponce qu'un crincrin. On comprend qu'il ne se fasse pas souvent accrocher et c'est heureux, mais combien épurée, voire sublimée, est l'émotion qu'il nous communique !

Le 16 avril 2002 à Séville, Enrique Ponce, qu'on imaginait hors d'atteinte, recevait sa première blessure grave en quatorze ans de carrière : 35 cm dans la cuisse gauche. Cinq semaines plus tard, le 23 juin à León, *Federal*, toro de l'élevage de Zalduendo, le poursuit à la sortie du coup d'épée après l'avoir désarmé. Accroché à l'épaule, il aura la plèvre perforée par une côte cassée. Trois litres de sang lui seront retirés du poumon droit. Il verra la mort de près.

El Juli possède une intuition sans défaut de la place à occuper sur le terrain pour aimanter l'adversaire, et cette conquête du sitio se joue au millimètre et à la fraction de seconde près. Il abandonne à ses rivaux leur approche trop raisonnée qui ne les autorisent à s'exprimer qu'avec prudence et comme en tâtonnant. Il a dépassé l'étude austère pour atteindre à une prise de conscience qu'on croirait innée du comportement des bêtes et joue de leur charge avec un mélange de passion et d'humour.

2001, trois blessures graves en trois mois ne l'empêchèrent pas de poursuivre avec la même passion, comme si les fauves ne l'avaient pas puni. Il reprit, contre l'avis de ses proches, pour participer aux batailles des grandes férias.

« L'extraterrestre », comme l'ont surnommé ses collègues, exécute mille tours où il jongle avec la difficulté, et toujours sur la brèche, après un bref coup d'œil de repérage, entraîne dans un dédale de méandres et d'entrelacs inattendus ses adversaires, pris au fil d'Ariane du magnétiseur.

De la réflexion au réflexe, la connivence d'*el Juli*, son intuition immédiate du fauve, s'égaie de ses multiples exploits et rebondit sur ses trouvailles.

Une légende veut que José Tomás soit mort, il y a plusieurs années, au Mexique. Les médecins ne le ressuscitèrent qu'après une assez longue absence en marge de la vie, alors qu'un coup de corne l'y laissait exsangue dans une sorte de *no man's land*. Depuis, il aurait conservé une bien curieuse nostalgie de son court passage entre deux mondes et se rendrait aux arènes pour satisfaire une hantise.

On dit des zombies haïtiens qu'ils sont des morts incomplètement ressuscités, vivants ravalés désormais au rang de machines, automates ou robots, dont des génies maléfiques ou des duendes infernaux ont asservi la personnalité à leurs tout-puissants caprices.

De registre et de répertoire limités, la sphère d'influence où il se meut reste des plus étroites. Sa technique consiste à s'offrir en holocauste plusieurs fois dans la saison, sans pour autant succomber sous la corne, malgré les blessures répétées qu'il accueille avec un détachement infini, comme chose due. La maîtrise n'existe que par cette extrême exposition au danger déviée à l'ultime seconde, et qu'il transcende en un au-delà de l'art.

« Mourir de ne pas mourir » pourrait lui servir de devise empruntée aux mystiques. Lorsque surgit l'ineffable, persuadez-vous qu'il a pris soin d'abandonner son corps au préalable, si l'on s'en rapporte à Juan Belmonte, et veillé à être mort avant que d'arpenter le sable de l'arène, selon Luis Miguel *Dominguín*.

Sans doute, ses faenas inspirées lui donnent-elles accès à cet univers supraterrestre auquel il se sent encore appartenir de droit et qui ne lâche pas si aisément ses proies. En panne du rayon noir de ses duendes mortifères et de leur pouvoir spectral, José Tomás, leurre accroché, terrain livré à l'adversaire, redevient un torero plus frustre, parce que lui-même frustré de ce souffle d'ailleurs, parfois maladroit. Un personnage hanté, mais qui veut oublier l'intervalle où sa vie le lâcha au Mexique et, ce jour-là, continue à honorer ses rendez-vous sur terre. J.M.M.

ISTRES (France. Marseille 40 km). Aujourd'hui connue pour sa base aérienne, Istres est une petite ville de 35 000 habitants, située au bord de l'étang de Berre. Les premières arènes datent de 1903 et furent successivement améliorées jusqu'à ce que, le bâtiment devenu trop vétuste et ne comptant que 1 700 places, fût décidée la construction d'un ensemble architectural magnifique d'une contenance de 2 700 places, avec une grande piste légèrement ovalisée, plaza de toros pourvue des plus récents aménagements.

Le 4 août 2001 eut lieu la corrida d'inauguration avec un cartel composé de Richard Milian, *Juan Bautista* et Sébastien Castella qui combattirent des toros de Peralta. R.B.

IZQUIERDA (*la gauche*). Main qui tient la muleta pour donner des naturelles et présenter le leurre pour l'estocade. Lorsque certains spectateurs crient : « La izquierda », ils demandent au matador de prendre la muleta de la main gauche et de donner des naturelles.

J-K

JABADO. Coq aux plumes multicolores. Par extension, toro présentant une robe aux teintes extrêmement diverses.

JABONERO (*fabriquant de savon*). Toro à la robe blanc sale ou café au lait très clair.

JAÉN (Espagne. Cordoue 110 km – Grenade 90 km). Jaén, ville de 104 000 habitants, ville aux hivers froids et aux étés torrides, conserve de nombreux vestiges de l'occupation mauresque. Son immense cathédrale est un des chefs-d'œuvre de la Renaissance classique et la plupart de ses monuments datent du XVIe siècle.

La plaza de toros, d'une capacité de 11 000 spectateurs, fonctionna pour la première fois le 18 octobre 1960 avec une corrida de Marqués de Albayda, qui fut estoquée par Pedro Martínez *Pedrés*, Gregorio Sánchez et Víctor Queseda. L'inauguration officielle eut lieu deux ans plus tard avec des toros de Carlos Núñez combattus par Diego Puerta, Francisco Camino et Manuel García *Palmeño*. R.B.

JALABERT Jean-Baptiste, *Juan Bautista.* Depuis l'enfance Jean-Baptiste Jalabert, *Juan Bautista* pour les professionnels, n'a cessé de « camarader » et de se quereller avec le bétail de l'entreprise familiale, de fraterniser entre deux accrochages. Ils ont grandi ensemble et, à mesure qu'elles s'accroissaient, ils ont affronté leurs forces comme pour s'amuser. Bientôt, dans l'arène de tienta de La Chassagne, vite devenue sa vraie cour de récréation, qu'il préfère à celle du collège, *Juan Bautista* se montre plus dégourdi ou averti que le taurillon, désormais novillo de trois à quatre ans, sûr de sa combativité.

Parce que nul torero ne surgit d'une éducation trop protégée, l'artiste du rejón Luc Jalabert n'évite pas à son fils, dès sa première saison de l'autre côté des Pyrénées, la dure épreuve des villages de Castille. Après une soixantaine de rencontres, *Juan Bautista* progresse dans l'intimité du toro à une vitesse surprenante : « Curieusement j'ai affronté le meilleur bétail de ma courte carrière dans la fameuse Vallée de la peur, entre Madrid et Ávila. Les novillos, même dans les non-piquées, y sont lourds : 400 à 450 kilos, mais de qualité. »

Quand on a passé la meilleure partie de son temps au milieu des bêtes, le toro qu'on a appris à élucider devient aussi transparent qu'un être vivant le sera jamais. Le contact s'établit au-delà du repérage immédiat. La progression dans l'entente dépasse la sûreté du diagnostic qu'il importe de faire à l'instant même sur les possibilités offertes par chaque fauve.

Le 28 février 1999 à Nîmes, le destin va se prononcer. *Juan Bautista* affronte *Tanguisto*, de la ganaderia Yerbabuena, qui appartient au torero Ortega Cano, aujourd'hui retiré. L'extraordinaire qualité de *Tanguisto* consacre un torero ou l'annule. On ne possède bien que ce qu'on aime. *Juan Bautista* néglige les attitudes ostentatoires pour mieux mettre en valeur son adversaire. Il le dirige en scène avec une intuition sans défaut, prévoit ses ressources, lui fait donner tout ce qu'il peut donner, ne cesse de le révéler et de se grandir en le grandissant.

La future vedette de l'arène et le fils de l'éleveur du Laget sont à la fois sollicités dans cet affrontement. Une prodigieuse divination lui permet de tout entreprendre, de tout risquer, comme s'il se mettait dans la peau de l'animal afin d'en tirer le plus éclatant parti. Dès lors, il se montre capable de lier profond et d'imposer au fauve un ralenti de rêve, de l'entraîner dans cape et muleta avec une grande douceur ferme et de se libérer en des passes aussi diverses que possible, jaillies de son inspiration, mais toutes vibrantes d'une sensibilité presque incroyable. Des bouffées d'émotion achèvent de les unir.

La lumière de l'arène paraît changée, auréolés les gestes de ce blond adolescent de dix-sept ans. Il obtient la vie sauve pour *Tanguisto* au terme d'une communion extasiée, où il a pensé toro, imaginé toro, s'est voulu si activement toro que l'idée de la mort devenait insupportable aux spectateurs. À la fin de la course, la Porte des Consuls s'ouvrira devant *Juan Bautista* qui vient de gracier un novillo et fait pleurer Nîmes. *Tanguisto* va rejoindre ses pâturages où il se reposera de son glorieux combat en engendrant une lignée de petits mâles aussi fiers que lui.

Juan Bautista reçoit l'alternative le 11 septembre 1999 à Arles des mains de Juan Ruiz *Espartaco* avec pour témoin César Rincón, devant *Sevillano*, toro de Zalduendo.

Il se présente en Espagne le 12 septembre 1999 à Villacarillo, province de Jaén, en compagnie d'Óscar Higares et de David Gil, devant des toros de Gregorio Garzón.

Il confirme à Madrid le 2 octobre 1999, en présence de son parrain Vicente Barrera et de son témoin *Eugenio de Mora*, face à un toro de Santiago Domecq.

Il se présente en Amérique à Quito, en Équateur, le 6 décembre 1999, alternant avec Miguel Abellán et Guillermo Albán devant des toros de Santiago Domecq.

Dès sa première année, il participe aux plus grandes férias dans tous les pays taurins, aux côtés des vedettes incontestées et en particulier avec le prodige *el Juli*.

Sa confirmation à Mexico a lieu le 29 octobre 2000, face à *Jabato*, toro de la ganaderia de Rancho Seco que lui cède son parrain Federico Pizarro en présence de Jorge Morasón, témoin.

Après l'adhésion des arènes de première catégorie espagnoles : Valence, Madrid, Pampelune et la conquête des publics d'Amérique du Sud, le masque du belluaire s'est inscrit sur le visage de *Juan Bautista*. Lorsqu'il toise son adversaire, son front se baisse comme le frontal du toro avant de charger, le regard n'est plus que défi et la bouche n'a plus rien d'enfantin. La même étrange accalmie n'en règne pas moins sur ses traits. Elle témoigne d'un don de soi que la progression continue du métier a mené à son plein épanouissement.

Il existe en *Juan Bautista* un amour vrai, profond, quasi viscéral du toro, qu'il ne traite jamais en ennemi, aussi ingrat soit-il, mais en collaborateur de son œuvre. Une intelligence généreuse qui lui permet de trouver l'accord et d'exprimer ce qu'il y a de bon en chaque opposant.

Juan Bautista aère beaucoup, redonne la distance au début de chaque série. Puis il enchaîne ses séquences sans jamais brusquer. Une surprenante décontraction, beaucoup de sentiment dans le ralenti des passes fondamentales et d'improvisation dans les coups d'arrêt ou remates, dessinés comme en se jouant, le caractérisent. Firmas, faroles, molinetes renouent avec les forces de la surprise. Ce n'est jamais plaqué, d'une esthétique artificielle, donc arbitraire, mais au contraire en tenant compte avec exactitude des moyens du fauve et toujours en connivence avec lui.

La plus lucide pratique tauromachique consiste à accompagner la vigueur de la réflexion d'une caressante suavité dans le maniement des leurres pour atteindre à ces échanges affectifs qu'on noue avec le fauve, affinités dont Antonio Ordóñez estimait qu'elles méritent seules qu'on s'en souvienne.

Nul n'a mieux su rendre compte qu'Ernest Hemingway, dans *L'Été dangereux* (1960), de cette pénétration lucide du fauve par une maîtrise consommée : « Si le taureau avait une idée qui ne valait rien, Antonio Ordóñez la lui changeait avec subtilité et fermeté. Il connaissait si bien la bête qu'il semblait travailler dans sa tête jusqu'à ce qu'elle comprît ce qu'il voulait d'elle. » Ou encore ce raccourci saisissant : « La main levée, Antonio le guidait dans la mort comme il avait guidé l'unique prestation de sa courte vie. » Et s'adressant à Ordóñez lui-même : « Il a fallu que tu le fabriques. Il a fallu que tu l'inventes. »

Bien que dans sa troisième année d'alternative et alors qu'il en faut six environ pour mesurer la dimension d'un torero attaché à parfaire son métier, on s'attend à ce que *Juan Bautista* ne connaisse pas de revers et que, même dans les arènes de grande responsabilité, il s'empare sans un faux pas d'un bétail incommode. N'est-ce pas à la compréhension de ses adversaires, fortifiée depuis son plus jeune âge, qu'il doit ses meilleures réussites ?

Juan Bautista avait eu tout le temps de s'endurcir et de développer une sorte d'automatisme des réflexes face aux cornes (mais des cornes de novillos). Propulsé au sommet par un mémorable après-midi madrilène où il ébranla les colonnes du temple, il était à dix-huit ans encore tendre, encore frais. Il fut jeté dans la fournaise des férias importantes avec des adversaires inlidiables, des vieux de la vieille, qui savent plus de latin qu'un moine d'âge canonique, bourrés de défiance et de jugement (de sentido).

L'on admet l'importance décisive que revêt dans le complexe mundillo la rencontre d'un débutant avec le conseiller approprié, qui l'encourage des barricades et dont les avis sont déterminants. La liste de ces sortes de double du torero est interminable. Peu après avoir été promu matador de toros en titre, *Juan Bautista* fut privé de l'appui de Curro Caro, qui si bien lui avait réussi jusque-là.

Comme le matador sévillan José Antonio Campuzano sur la carrière de Sébastien Castella, Curro Caro veille à nouveau sur lui. L'un et l'autre conseillers ne chôment guère et leurs toreros, ainsi soutenus, font montre d'une régularité dans le succès qui augure bien du futur. J.M.M.

JALABERT Luc. Issu d'une famille de tradition taurine camarguaise, Luc Jalabert est né à Arles le 27 août 1951. En 1972, il se présente dans les arènes de Palavas en costume de campo et sur ses chevaux camarguais. En 1975, il achète à Fermín Díaz ses deux premières montures ibériques et le 16 avril tue son premier toro à Méjanes. En 1977, il fait une incursion au Portugal, à Nazaré et à Sobral de Monte Agraço. Le 14 juillet 1978, Álvaro Domecq lui donne l'alternative à Méjanes et le 4 septembre 1980, c'est à Lisbonne, dans la plaza de Campo Pequenho, vêtu du costume portugais, qu'il réitère son alternative des mains de José Mestres Baptista. Le 14 août 1983, il se présente à Madrid à Las Ventas alternant avec Luis Miguel Arranz, Diego García de la Pena et Carlos Arruda face à des toros de Celestino Cuadri, Lisardo Sánchez et Diego García de la Pena. À Argelès, le 21 juillet 1985, il fait un grand triomphe en coupant trois oreilles et une queue à des toros de Torrestrella. L'année suivante, il remporte le Rejón d'or de Méjanes devant Ortigão Costa, Ángel Peralta, Manuel Vidrié, Javier Buendía, Manuel Jorge de Oliveira et Gerald Pellen. Toute sa carrière de rejoneador a été marquée par son total engagement dans la lidia équestre. Aujourd'hui retiré, il est devenu empresa des arènes d'Arles en 1999 et s'occupe de la carrière de son fils, *Juan Bautista*. Luc Jalabert, petit-fils d'Alphonse Jalabert, homme de bouvine s'il en fut, fils de Louis Jalabert, a porté haut la tradition taurine issue du mas de la Chassagne. Il a côtoyé tous les maîtres du rejón et a été considéré par ses pairs comme digne de toréer à leurs côtés. Luc Jalabert, à force de volonté, de ténacité et grâce à ses compétences, avec Bonnier et Pellén, s'est affirmé parmi les meilleurs de la torería caballera. Reconverti dans l'organisation taurine, il poursuit une carrière positive et de haut niveau. J.C.D.

JALABERT
(Luc et Marc Jalabert)
Origine : Domecq
Devise : blanc
Ancienneté de création : 1980
Propriété : « Mas de la Chassagne », Arles (Bouches-du-Rhône)

Après l'achat de têtes de bétail au Portugal, d'origine Pinto Barreiros et Parladé en 1980, les frères Jalabert forment le fer du Laget. Neuf ans plus tard, ils remplacent les étalons portugais par des toros d'origine Domecq. En 1995, ils confirment ce choix d'origine en achetant à José Ortega Sánchez un lot de soixante-dix vaches non tientées ainsi que deux étalons.

Les toros importants :

• Prix de la meilleure corrida de la saison en France pour les six toros combattus le 27 mai 1995 à Alès, lors de l'alternative de Gilles Raoux, avec Víctor Mendes et Rafi Camino.

Depuis trois saisons, les toros des frères Jalabert sont programmés dans de nombreuses novilladas sur le sable d'arènes françaises de troisième catégorie. C.C.

JANEIRO BAZÁN Jesús, *Jesulín de Ubrique*. Jesús Janeiro Bazán est né à Ubrique, province de Cadix, le 9 janvier 1974. Il torée pour la première fois en public le 13 juin 1987 à El Bosque et débute en novillada piquée à Ronda le 30 avril 1988 en compagnie de Julio Aparicio et *Finito de Córdoba*. Après une brillante carrière de novillero au cours de laquelle il provoquait une ferveur impressionnante, il prit l'alternative à Nîmes le 21 septembre 1990. Son parrain était José María *Manzanares* et son témoin Emilio Muñoz ; il affronta le toro *Correcosta* de Manolo González.

Il se présente en Espagne à Ecija le lendemain en compagnie d'Emilio Muñoz et de Juan Antonio Ruiz Román *Espartaco* devant des toros de Peralta. Le 16 décembre 1990, il débute en Amérique, à Bogotá, Colombie, en compagnie de *Joselito* et de *Joselillo de Colombia* devant *Soleares*, toro de Vista Hermosa.

Il fait ensuite sa présentation à Séville le 14 avril 1991 lors d'un mano a mano avec *Joselito* et confirme à Madrid le 25 mai 1992, José Ortega Cano étant son parrain et César Rincón son témoin, le toro *Malahierba* venant de Marqués de Domecq.

Le 1er novembre 1992, il confirme à Mexico devant *Estudiante*, toro de la ganaderia Venta del Refugio, avec pour parrain Manolo *Arruza* et comme témoin Guillermo Capetillo.

Très rapidement, *Jesulín* s'oriente vers une carrière populiste et privilégie la quantité, battant des records de participation, mais laissant sceptiques les aficionados les plus avertis. C'est ainsi qu'il participe à 153 corridas en 1994 et 161 en 1995. Peu à peu, il défraie la chronique pour des motifs qui irritent passablement les fervents de l'orthodoxie : les corridas qu'il organise uniquement pour le public féminin, son costume jaune aux broderies macabres qu'il arbore par provocation, son arrivée en moto pour se rendre un jour aux arènes ou encore l'invitation faite à Manolo Morilla, son apoderado au demeurant handicapé, de venir tuer un novillo en festival, ce qui lui coûte une très forte amende.

Une fois l'effet de surprise passé et quelque peu victime de frasques en tous genres qui finirent par se retourner contre lui, sa cote décline et en 1999, après un échec cuisant à Séville, il décide de se retirer du toreo le 22 avril. Les aficionados ont gardé de lui le souvenir d'un torero doué, spectaculaire, qui a en partie gâché ses possibilités en cédant à la facilité et aux sirènes des médias.

À l'orée de la temporada 2001, *Jesulín de Ubrique* a annoncé son retour dans les ruedos avec un nouvel apoderado, Pepe Luis Segura. Il semblerait qu'il ait envie d'entamer une seconde carrière moins fantasque, ce dont il a d'ailleurs incontestablement les moyens. *Jesulín* a regagné rapidement les premières places du classement (quatrième), sans que sa saison ait été totalement concluante, son changement de style désorientant quelque peu le grand public. En outre, un grave accident a freiné son ascension – cervicales touchées – et après avoir frôlé la catastrophe, son rétablissement semble augurer de lendemains plus radieux. P.H.

JANEIRO BAZÁN Jesús

Origine : Marquis de Domecq
Devise : bleu, rouge et blanc
Pas d'ancienneté à Madrid
Propriété : « Dehesa Ambiciones », Prado del Rey (Cadix)

Cet élevage intègre l'Asociación de Ganaderías de Lidia en 1991 après l'achat par *Jesulín de Ubrique* de l'élevage de Carmen Fernández Fernández, anciennement Bernardo Fernández Martínez, et d'origine Marqués de Domecq.

L'élevage du torero vedette d'Ubrique fait combattre quelques toros de façon assez irrégulière en Espagne. En 2000, à Cuenca, *Finito de Córdoba* (deux oreilles) et Miguel Abellán (une oreille) firent briller le bétail de *Jesulín*, alors retiré du toreo. *Frascuelo* (une oreille) et Alberto Elvira (deux oreilles) en firent de même quelques semaines plus tard à Algete (Madrid). Le frère de *Jesulín*, Víctor Janeiro, triompha devant les toros de la famille dans les arènes de Coria (Caceres) en début d'année 2002. C.C.

JARAL DE LA MIRA El

Origine : Baltasar Ibán
Devise : orange et rose
Ancienneté à Madrid : 6 novembre 1932
Propriétés : « Palomarejos », « Zurrabotas » et « Navarejos », Calera y Chozas (Tolède)

Le marquis d'Alonso Pesquera fonde cet élevage en 1930 à partir d'un lot de vaches de Sánchez Fabrés (origine Coquilla) et d'un toro d'origine Argimiro Pérez-Tabernero. En 1954, l'élevage est racheté par la Société anonyme La Taurina del Norte qui l'annonce au nom de « El Jaral de la Mira ». Les nouveaux propriétaires introduisent dans le cheptel un étalon de Guardiola Soto. L'élevage est augmenté en 1987 par un lot de vaches et un étalon des héritiers de Baltasar Ibán. Toutefois, les deux branches d'origine du troupeau sont maintenues séparément. En 1990, les propriétaires décident d'éliminer les origines de Coquilla et de Guardiola Soto afin de privilégier la branche Baltasar Ibán. Six ans plus tard, l'élevage est racheté par la Société anonyme Compañia de Inversiones Palomarejos dont le représentant est le célèbre éleveur Fernando Peña Catalán.

D'origine Baltasar Ibán, le troupeau du Jaral de la Mira est fréquemment lidié dans les arènes du centre de l'Espagne. Le 1er mai 1999, à Anchuelo (Madrid), un novillo de ce fer, brillamment combattu par Rey Vera, fut honoré d'un tour de piste posthume après avoir laissé son oreille dans les mains du torero. Depuis deux saisons, cet élevage tente un retour au premier plan en intégrant quelques cartels dans des arènes de première catégorie. Ce fut notamment le cas à Barcelone face à un cartel de toreros en devenir ou encore à Madrid avec le combat d'un toro de réserve par José Luis Bote lors de la féria de San Isidro 2000. Le public français eut l'occasion d'apprécier la caste des pupilles d'origine Baltasar Ibán le 11 mai 2002 à Alès. L'éleveur envoya dans la cité gardoise un lot remarquable de présentation, brave et puissant dans toutes les séquences du combat. Stéphane Fernández Méca, Ángel Gómez Escorial et Fernando Robleño firent front avec cran : une seule oreille fut coupée par Gómez Escorial face au cinquième toro de l'après-midi. C.C.

JARIPEO. Toreo équestre mexicain pratiqué par des cavaliers appelés charros.

JAULÓN (terme probablement issu du mot français *geôle*). Cage identique au cajón mais spécifique au transport du toro par voie ferrée, mode complètement abandonné de nos jours.

JAUREGUIBEITIA IBARRA Cástor, *Cocherito de Bilbao.* Né à Bilbao le 20 décembre 1876, il exerce divers métiers et devient un conducteur expérimenté de coche à chevaux. Il s'exerce toutefois à la pratique tauromachique avec succès et se présente pour la première fois dans la plaza de Bilbao comme banderillero, dans la cuadrilla de Ramón Rovira et de Juan Román, puis dans divers villages de sa région comme subalterne. Sa première novillada dans sa ville natale se déroule le 10 octobre 1897 et il tue un novillo en compagnie de *Bonarillo* et de *Julianillo*. Il continue sa formation en travaillant comme banderillero et, lors de la féria de 1900 à Bilbao, il estoque un autre novillo. Le 2 septembre 1900, il se présente à Madrid devant des novillos de Pérez de la Concha avec pour compagnons *Alvaradito* et *Morenito de Algeciras*. En 1903, il participe à 30 novilladas et, considérant qu'il est suffisamment formé, il reçoit l'alternative à Madrid le 16 septembre 1904 avec Antonio Fuentes comme parrain et *Bombita* et *Machaquito* comme témoins, face à un toro d'Ibarra. Dès lors, il compte parmi les grands toreros de son époque avec qui il partage souvent les cartels. Il se produit dans les plus grandes plazas et il est reconnu comme un torero de valeur tant pour sa manière très engagée de poser les banderilles que pour son sens de la lidia. Il obtient, à Madrid, l'oreille du toro *Venenoso*, de Pérez de la Concha, qui le blesse. Certains prétendent que ce fut la première oreille accordée à Madrid (alors qu'en réalité elle fut attribuée le 29 octobre 1876 à José Lara *Chicorro*, matador de toros né à Algésiras le 19 mars 1839).

Arrivent sur le circuit Belmonte et *Joselito* ; *Cocherito*, qui a du courage mais des moyens artistiques et techniques limités, préfère se couper la coleta le 31 août 1919 dans la plaza de Bilbao, en compagnie de *Chiquito de Begoña*, *Torquito* et *Fortuna*, après avoir estoqué *Corchete*, un toro d'Argimiro Pérez-Tabernero. Il se retira à San Fernando de Henares, avant de s'installer à Madrid puis à Bilbao, et il décéda le 28 février 1928 au sanatorium de Guadarrama, dans la montagne madrilène. R.B.

JEREZ DE LA FRONTERA (Espagne. Cadix 30 km – Séville 90 km). Au milieu de l'immense vignoble de Xérès qui occupe quinze mille hectares et produit un million d'hectolitres de vin, Jerez est une des villes les plus séduisantes de l'Andalousie, riche en monuments Renaissance et baroques, aux propriétés parées d'azulejos, proche des grands élevages de toros de combat, en particulier ceux de la dynastie Domecq. Elle compte actuellement 184 000 habitants.

La plaza de toros a eu une histoire tumultueuse. En 1839, Jerez ne possédait aucune plaza permanente. Cette année-là, une société se constitue et entreprend la construction d'une arène essentiellement en bois, d'une contenance d'environ 11 000 spectateurs, qui est inaugurée le 7 juin 1840 par une corrida de huit toros de la ganaderia de José Saavedra, combattus par Francisco Montes et Gaspar Díaz *Lavi* qui estoquent les six premiers, les deux autres étant attribués au second espada *Antonio de los Ríos*. En moins d'une heure, un incendie la détruit le 24 juillet 1860. Une nouvelle plaza est édifiée et inaugurée le 29 avril 1872 avec six toros de Juan López Cordero lidiés par Antonio Carmona *Gordito* et Manuel Fuentes *Bocanegra*. Le 16 août 1891, un nouvel incendie détruit l'édifice qui est à nouveau reconstruit, plus fonctionnel et pouvant recevoir 500 personnes de plus. L'inauguration a lieu le 2 août 1894 avec six toros de Marqués de Villamarta lidiés par Rafael Guerra *Guerrita* et Francisco Bonal *Bonarillo*. R.B.

JEREZANO.
Voir PARRA FERNÁNDEZ Luis.

JESULÍN DE UBRIQUE.
Voir JANEIRO BAZÁN Jesús.

JIJÓN. Toro d'un roux très caractérisé, encore plus affirmé que le colorado.

JIMÉNEZ César. César Jiménez est né le 19 avril 1984 à Fuenlabrada (Madrid), où *el Fundi* avait vu le jour dix-huit ans plus tôt... Révélé en France au cours d'une exceptionnelle saison 2000, César Jiménez participe à un grand nombre de novilladas sans picadors. Il débute en novillada formelle le 4 février 2001 dans les arènes madrilènes du Palacio de Vista Alegre, aux côtés de Leandro Marcos et d'Iván García. Vêtu d'un costume pétale de rose et or, il affronte le novillo *Esperón*, pesant 430 kg et porteur du fer de Victoriano del Río. Il salue à l'issue de ce combat après avoir écouté un avis, puis coupe l'oreille de son second adversaire. Comme bien d'autres toreros madrilènes, César Jiménez effectue sa présentation à Las Ventas quelques jours avant de prendre l'alternative. Le 28 avril 2002, il fait donc le paséo tête nue dans les arènes de Las Ventas et combat en solitaire six novillos de Fuente Ymbro. Arborant un costume pétale de rose et or, le novillero de Fuenlabrada coupe une oreille face à ses deux derniers adversaires et sort ainsi par la Grande Porte des arènes de Las Ventas. Le novillo de la présentation à Madrid s'appelait *Tunante*, n° 103, negro chorreado, pesant 514 kg, et le cinquième exemplaire, *Inventor*, n° 27, negro bragado, pesant 498 kg, est gratifié d'un tour de piste posthume. Quelques jours plus tard, grâce à ses managers, Simon Casas et Enrique Patón, César Jiménez prend l'alternative à Nîmes, le 9 mai 2002, des mains de Paco Ojeda et en présence d'*el Juli*. Le récipiendaire, vêtu d'un costume blanc et or, affronte le toro de cérémonie *Coralito*, n° 93, colorado, pesant 465 kg et issu de l'élevage de Torrealta. Il coupe une oreille puis obtient la sortie en triomphe par la Porte des Consuls en obtenant les deux appendices du sixième toro. Une semaine plus tard, lors de la féria de Pentecôte, César Jiménez réalise l'exploit d'ouvrir à nouveau la Grande Porte nîmoise en coupant à nouveau trois oreilles à des toros de Jandilla.

Il est des signes qui ne trompent pas en afición. Dès ses premières courses sur le sol français, aficionados et professionnels taurins n'ont pas été avares en compliments sur le cas de César Jiménez. Adolescent frêle, discret dans les patios de caballos, c'est en piste que le futur protégé du duo Casas-Patón a prouvé sa véritable valeur. Aux silences d'avant-course suivent avec lui les ovations crépitantes d'un public ravi par les facultés de ce jeune torero. Fin et élégant dans toutes les séquences de la lidia, César Jiménez ne connaît pas le geste inutile. Avec lui, tout est millimétré, parfois dans un mouchoir de poche, et l'offrande de la muleta au toro se double d'un aguante propre aux futures vedettes. Découvert à l'orée du XXIe siècle, César Jiménez n'a pas perdu de temps et surtout prouvé une grande rapidité d'adaptation. Après ses débuts en novillada piquée à Vistalegre (Madrid), il remporte d'importants succès à Saint-Sébastien, Valence, Arnedo (La Rioja) et Castellón. Pour la féria de Pâques 2001, il offre au public arlésien un bijou de faena face à un novillo de San Martín, s'imposant avec classe, lenteur et avec une verticalité quelque peu impertinente à ce niveau. Présent dans tous les grands cycles de l'été, César coupe les oreilles à Pampelune, Céret, Bayonne, Hagetmau, Saint-Perdon et triomphe à la féria de Murcie. Gonflé à bloc par une saison menée tambour battant, il arrive dans les meilleures conditions à Arnedo (La Rioja) le 1er octobre 2001 et coupe quatre oreilles aux novillos de Miranda de Pericalvo, remportant sans discussion le fameux trophée du Zapato de oro. César Jiménez démarre la saison 2002 de la même manière qu'il avait achevé la précédente et remporte un probant triomphe lors de sa première novillada de l'année, à Nîmes, face aux novillos de Fuente Ymbro. Le 11 mars, il sort en triomphe des arènes de Valence durant le cycle des Fallas, puis coupe quatre oreilles au bétail de Nazario Ibáñez à Murcie. Lancé sur une voie royale, il participe le 5 mai à sa dernière novillada à Séville et coupe l'oreille du cinquième novillo de Manolo González. Le 9 mai, pour son alternative, puis le 19 mai, pour sa répétition, César Jiménez coupe chaque fois trois oreilles à Nîmes, débutant sa carrière de matador sous les meilleurs auspices. La confirmation des qualités toreras du jeune maestro ne tarde pas à venir puisqu'il triomphe par la suite au cours des férias estivales de Burgos, Tarragone, Santander (Cantabrie) et Estella (Navarre). Appelé à toréer au plus haut niveau, César Jiménez sait que sa meilleure arme face au toro demeure sa personnalité et son toreo. C.C.

JIMÉNEZ ALCÁZAR José, *Pepín*. Né à Lorca (Murcie) le 9 septembre 1961, Pepín Jiménez porte son premier habit de lumières – vert pomme et or – à l'âge de quinze ans, le 8 mai 1977, dans les arènes de Carthagène (Murcie). Accompagné de la rejoneadora *Begoñita*, des novilleras *Carmela*, Carmencita Murcia et du débutant *Joselito*, Pepín affronte du bétail de Sánchez Tabernero. Il débute avec picadors le 6 avril 1979 dans les arènes de Carthagène, aux côtés d'*el Mangui* et d'*Espartaco* face à du bétail de Lorenzo et Alejandro García. Vêtu de gris perle et or, Jiménez coupe un total de trois oreilles et sort en triomphe aux côtés d'*el Mangui*. Le 18 mai 1981, avec Juan Mora et Víctor Mendes, il se présente à Madrid avec succès en effectuant un tour de piste à l'issue de son premier combat puis en obtenant l'oreille de son second novillo de Lisardo Sánchez. Après avoir participé à un total de soixante-dix-huit novilladas, Pepín Jiménez est sacré matador de toros dans les arènes de Murcie le 5 septembre 1981, par Paco Camino et en présence de Dámaso González. Vêtu de gris perle et or, Jiménez affronte le toro *Supuesto*, n° 1, colorado, 517 kg, porteur du fer de Juan Pedro Domecq. Le nouveau matador coupe l'oreille du toro de cérémonie ainsi que celle du sixième exemplaire, de Río Grande, sortant ainsi en triomphe aux côtés de Dámaso González. Deux mois plus tard, le 16 novembre 1981, Pepín Jiménez effectue sa présentation en Amérique latine en participant à une corrida dans les arènes vénézuéliennes de Maracaibo. À l'affiche avec *el Niño de la Capea* et *Morenito de Maracay*, Pepín Jiménez, vêtu de rouge et or, est applaudi face à un lot panaché de Pérez-Tabernero et de Dos Gutiérrez. Il confirme son alternative le 21 mai 1982 à Madrid, durant la féria de San Isidro, avec Rafael de Paula comme parrain et *el Soro* comme témoin. Jiménez, à nouveau vêtu de gris perle et or, affronte le toro *Espartidor*, n° 62, negro zaíno, pesant 538 kg et issu de l'élevage de Marqués de Domecq. Pepín Jiménez salue au tercio à l'issue de cette prestation, puis effectue un tour de piste après avoir combattu le dernier exemplaire de Juan María Pérez-Tabernero. Le 23 juillet 1985, c'est à Mont-de-Marsan que le maestro de Lorca effectue sa présentation française en qualité de matador de toros, face à du bétail de Joaquín Buendía. Pepín Jiménez, vêtu de blanc et or, partage l'affiche avec *el Niño de la Capea* et le regretté *Yiyo*, donnant un tour de piste à l'issue de son premier combat.

Expérience et raffinement sont les maîtres mots de Pepín Jiménez, maestro dans l'arène comme dans la vie. Après plus de vingt ans d'alternative, le torero de Lorca garde un cartel intact dans plusieurs férias de renom et demeure très apprécié du public. Professeur de mathématiques à Lorca, Pepín Jiménez est aussi un très bon torero, capable de lidier n'importe quel type de bétail. On le retrouve souvent en ouverture de San Isidro face à des toros d'origine Santa Coloma qu'il faut soumettre avec métier, ou partageant l'affiche avec des toreros vedettes dans des corridas au contenu beaucoup plus esthétique. Le torero de Lorca parvient à alterner les deux types de spectacles et offre souvent d'admirables démonstrations face aux équations posées par des toros retors. Toréant chaque année un nombre fort estimable de corridas, le public a notamment pu l'apprécier lors de sa corrida en solitaire de Lorca le 2 mai 1999, où il estoqua sept toros de Juan Pedro Domecq, coupant un total de huit oreilles et une queue. Deux mois plus tard, le 4 juillet, pour les Fêtes d'Arles, il donne l'alternative au torero local *el Lobo* et coupe trois oreilles à d'excellents toros du Scamandre, relançant ainsi son cartel en France. Cette saison 1999 s'achève d'ailleurs sur deux nouveaux triomphes à Murcie, puis une oreille de poids obtenue le 3 octobre face à un toro de José Luis Pereda durant la féria d'Automne de Madrid. Pepín Jiménez et le public de Las Ventas s'apprécient mutuellement depuis de nombreuses années : en effet, le torero de Lorca n'a jamais rechigné à toréer à Las Ventas les toros dont les vedettes ne voulaient pas et a toujours imprimé d'appréciables touches artistiques à ses faenas. Contrariée par une blessure en début de saison, l'année 2000 n'est pas la meilleure de Pepín Jiménez, même s'il parvient à distiller en quelques occasions ses gestes de génie. Las Ventas l'ovationne largement en 2001 pour ses faenas face aux fauves de Juan Luis Fraile et de Conde de la Maza. L'année suivante, il effectue encore un tour de piste durant la San Isidro après une faena très intense face à un toro de Valdefresno. Amateur d'art, très posé dans tout ce qu'il entreprend, Pepín Jiménez cultive également un goût original pour les costumes de lumières. Tous ses habits actuels présentent certaines particularités : les vestes sont entièrement brodées d'or, à la manière de celles des picadors, sans les traditionnels alamares (trèfles ou papillons), et avec des perles rouges. Côté tissus, c'est un véritable arc-en-ciel qui s'offre à l'aficionado puisque le maestro porte aussi bien le turquoise que le fuchsia, mais aussi de l'orange et du vert empire... Lors de la féria de San Isidro 2002, Pepín Jiménez étrenna un nouveau costume vert empire et or, sans perles rouges, mais sur lequel était brodés en fil d'or les prénoms de ses enfants. Il se distingue aussi par quelques figures particulières : le maestro de Lorca torée parfois de la main droite, sans l'épée, effectuant les fameuses « naturelles de la droite » qu'il a rebaptisées *crisantinas*. Gardant l'épée dans la main gauche ou au niveau du bâton de la muleta, Jiménez a donné ce nom à cette figure car son père se prénomme Crisanto. Il lui arrive aussi d'effectuer des *leonardinas*, une passe de muleta très proche des navarras ou des chicuelinas à l'ancienne effectuées avec la cape. Cette passe vient du nom de la mère de Pepín : Leonardina. Enfin, Pepín Jiménez est l'auteur d'un geste de défi unique en son genre, le desplante du Christ, effectué une seule fois lors d'une corrida en solitaire à Lorca. Laissant la muleta et l'épée au sol, il se coucha en piste, sur le dos, les bras en croix et les jambes tendues. Tout près de lui, le toro de Juan Pedro Domecq préféra donner quelques coups de tête à la muleta qui se trouvait également par terre et après quelques secondes interminables Jiménez se releva sous les yeux d'un public stupéfait. Rare moment de fantaisie pour un torero des plus académiques... C.C.

JIMÉNEZ CASTRO Rafael.
Voir CHICUELO, dynasties.

JIMÉNEZ DÍAZ Manuel.
Voir CHICUELO, dynasties.

JIMÉNEZ MINGO Rafael, *Rafi de la Viña.* Rafael Jimenèz Mingo, *Rafi de la Viña*, né à Albacete le 9 juillet 1968, participe à sa première novillada piquée le 19 mai 1985 dans la plaza de Valence, avec Daniel Cuevas *el Dani* et Andrés Caballero face à des novillos de Bernardino Giménez. Sa présentation à Las Ventas, d'où il sort a hombros, fait sensation car il coupe une oreille à chacun des novillos de Martín Peñato qu'il combat. Ses compagnons de cartel étaient David Luguillano et *Niño de la Taurina*. Après 46 novilladas, il reçoit l'alternative des mains de *Niño de la Capea* avec comme témoin Ortega Cano, coupant une oreille à *Acusante*, toro de Carlos Núñez, à Albacete le 10 septembre 1987. Il confirme à Madrid le 24 avril 1988 devant *Cantineto*, toro de la ganaderia de doña Paloma Eulate, avec Ruiz Miguel comme parrain et Tomás *Campuzano* comme témoin. Le 10 mai 1989, il débute en France, à Nîmes devant des toros de Pablo Romero, avec *Morenito de Maracay* et Tomás *Campuzano*, et il se présente en Amérique, à Lima, au Pérou, le 7 novembre 1989, devant des toros d'Anibal Vázquez, avec Mariano Ramos et *el Boni*. R.B.

JIMÉNEZ MORENO Manuel.
Voir CHICUELO, dynasties.

JIMÉNEZ PASQUAU
Origines : Samuel Flores et Juan Pedro Domecq
Devise : jaune et blanc
Ancienneté à Madrid : 27 avril 1975
Propriétés : « Dehesa Nueva », « La Tiesa » et « Riego », Vilches (Jaén)

L'élevage est fondé en 1907 par Pacomino Martín. En 1928, le cheptel s'agrandit avec l'apport de vaches et d'étalons de Julián Fernández. Le propriétaire de l'élevage meurt en 1938 et c'est sa veuve, Francisca Marcos, qui hérite de la plus grande part. Six ans plus tard, Francisca Marcos divise sa part en quatre et en cède une à sa fille Micaela, qui la vend en 1954 à Primitivo Valdeolivas. En 1971, Juan Pablo Jiménez Pasquau rachète cette part. L'année suivante, Jiménez Pasquau élimine les origines antérieures de Valdeolivas au profit de têtes de bétail de Samuel Flores. Il achète en 1989 un lot de vaches et un étalon de Jandilla, puis plusieurs groupes de vaches de la même origine en 1991, 1992, 1993 et 1996 : El Torreón, Salvador Domecq El Torero et Luis Algarra. Jiménez Pasquau ancre un peu plus encore son choix d'origine en ajoutant en 1991 à son cheptel deux étalons de Juan Pedro Domecq, puis un autre en 1994 et enfin deux étalons de Luis Algarra en 1996.

Juan Pablo Jiménez Pasquau a occupé le poste de président de l'Unión de Criadores de Toros de Lidia de 1999 à 2002. À l'exception de quelques exemplaires combattus dans des arènes de première catégorie, l'élevage de Jiménez Pasquau est un habitué des petites arènes. Le torero de Grenade, *el Fandi*, alors novillero, avait d'ailleurs remporté un grand triomphe à Úbeda (Jaén) le 4 octobre 1999 après avoir coupé les deux oreilles et la queue du quatrième novillo de Jiménez Pasquau, gratifié d'un tour de piste posthume. Juan Pablo Jiménez Pasquau vit un autre de ses produits honoré de la vuelta al ruedo la saison suivante sur le sable des arènes d'Estepona (Málaga). Cet élevage fournit chaque année entre cinquante et soixante toros équitablement répartis en corridas et novilladas. C.C.

JIMÉNEZ RIPOLL Juan, *el Ecijano.* Étrange destin que celui de ce torero né à Ecija en 1858. Très jeune, il s'intéresse à la tauromachie et son ambition est d'être vaquero dans une ganaderia andalouse. Et pourtant, c'est comme matador qu'il se présente à Séville en compagnie d'*Espartero*, le 25 juin 1885. Le 22 mai 1890, il reçoit l'alternative à Madrid des mains de *Guerrita*, qui lui cède la mort de *Judío*, de la ganaderia de Torres Díez de la Cortina. En 1893, il traverse l'Atlantique, arrive à La Havane et continue sur le Mexique quand, le 5 février 1889, à Mexico, alors qu'il toréait le cinquième toro de l'après-midi, il est sujet à une crise de péritonite aiguë qui lui est fatale. *El Ecijano* était un torero qui avait beaucoup de moyens mais peu de qualités artistiques. R.B.

JIMÉNEZ SÁNCHEZ Mariano. Né à Madrid le 22 mars 1970, Mariano Jiménez, après 97 novilladas piquées, reçoit l'alternative à Madrid le 19 avril 1992 devant *Enrejedo*, toro de la ganaderia d'El Torero, avec Dámaso González comme parrain et Fernando Cámara pour témoin. Peu de temps après, le 8 juin 1992, il se présente en France, à Vic-Fezensac, alternant avec Michel Lagravère et Enrique Ponce devant un lot de Murube.

Il fait son premier paséo en Amérique à San Cristóbal, au Venezuela, en compagnie d'Enrique Ponce et d'Erick Cortés face à un lot d'El Capiro.

Il débute au Portugal, à Angra do Heroismo, le 16 août 1996, avec Óscar San Román et deux rejoneadores : João Carlos et João Miranda, devant des toros de Rego Botelho. En 2001, il a participé à 14 corridas. R.B.

JIMÉNEZ VERA Manuel.
Voir CHICUELO, dynasties.

JINETE. Synonyme de cavalier, qui peut être aussi bien l'alguazil que le picador ou le rejoneador.

JIRÓN. Toro noir avec des taches blanches à l'extrémité du corps.

JOCINERO. Toro au museau noir, dès l'instant où ce noir est différent du reste du pelage.

JÓDAR Y RUCHENA
Origine : Benítez Cubero
Devise : jaune et vert
Ancienneté à Madrid : 2 juillet 1967
Propriétés : « Ruchena », Utrera (Séville) et « Torres Alocaz », Las Cabezas de San Juan (Séville)

Les origines de cet élevage remontent à la division du troupeau de Gabriel González en 1949. Deux ans plus tard, sa fille María del Amparo González Martín vend son lot à Enrique María Valdenebro, marquis de Jódar. Celui-ci forme un nouvel élevage après avoir éliminé les origines antérieures. Il rachète un nouveau lot de vaches et deux étalons à Juan Belmonte et Julia Cossío, annonçant l'élevage au nom de Marqués de Ruchena. En 1985, il cède le troupeau à ses fils. Cet élevage, doté d'une devise plus ancienne, figurait déjà sur les cartels de 1763.

Les toros importants :
- *Nadador*, n° 21, combattu par *Rafael de Paula* (deux oreilles et la queue) au Puerto de Santa María (Cadix) en 1964, toro gratifié d'un tour de piste posthume.
- *Amoroso*, n° 69, combattu à Murcie en 1966 par Manuel Benítez *el Cordobés* (deux oreilles et la queue).
- *Bonito*, n° 98, combattu par le comte de San Remy – fils de l'éleveur – en 1967 (le toro lui infligea un coup de corne à la jambe).
- *Flamenco*, n° 35, combattu par Miguel Márquez (deux oreilles et la queue) à Castellón en 1968, toro gratifié d'un tour de piste posthume.
- *Minero*, n° 26, combattu par Paco Ojeda (deux oreilles et la queue) à Jerez de la Frontera (Cadix) en 1980.

Ancien fer de lance des élevages prisés des vedettes dans les années 1960, l'élevage du marquis de Ruchena a aujourd'hui totalement changé de catégorie de corridas. Chaque année, les toros porteurs de la devise jaune et vert foulent le sable de nombreuses arènes espagnoles de troisième catégorie. La mobilité des produits d'origine Benítez Cubero est aujourd'hui encore l'assurance pour de nombreux toreros modestes de réunir de larges chances de succès dans le cadre de corridas populaires. C.C.

JOSELITO.
Voir ARROYO DELGADO José Miguel.

JOSELITO.
Voir GÓMEZ ORTEGA José.

JUAN BAUTISTA.
Voir JALABERT Jean-Baptiste.

JUEGO (*jeu*). Comportement du toro durant la lidia. Un toro qui donne du jeu permet aux toreros de s'exprimer et à la course d'être intéressante.

JUGAR con el toro (*jouer avec le toro*). Expression imagée, employée pour désigner le toreo lorsque le matador travaille de manière détendue et imaginative.

JUGUETEOS. Figures improvisées par le maestro banderillero dans la pose des banderilles : courses en virevoltant, à reculons ou en zigzag avant de clouer.

JULI el.
Voir LÓPEZ ESCOBAR Julián.

JULIA Rafael de.
Voir RODRÍGUEZ ESCRIBANO Rafael.

JULITO.
Voir APARICIO DÍAZ Julio.

JUMILLANO.
Voir ORTUÑO DUPLAIX Emilio.

JURISDICCIÓN ou RÉUNION. Lieu et moment où les trajectoires du toro et du torero se rencontrent. Ce terme est surtout employé lors de la pose des banderilles.

KIKIRIKI. Passe de muleta d'ornement imaginée par Rafael *el Gallo* (d'où son nom, *kikiriki* étant l'équivalent de « cocorico » en espagnol), au cours de laquelle la muleta, tenue à mi-hauteur, est retirée de la vue du toro dès que les cornes ont passé le torero. R.B.

L

LAGARTIJO.
Voir MOLINA SÁNCHEZ Rafael.

LAGARTIJO CHICO.
Voir MOLINA MARTÍNEZ Rafael.

LAGET
(Ganadería du Laget)
Origine : Pinto Barreiros
Devise : vert et or
Ancienneté de création : 1984
Propriété : Mas de la Chassagne, Arles (Bouches-du-Rhône)

Les frères Jalabert ont fondé cet élevage avec une base de bétail portugais de Cabral d'Ascensão, puis de Varela Crujo, deux élevages formés à partir du sang originel de Pinto Barreiros. En 1989, des étalons d'origine Domecq remplacent les étalons portugais.

Second fer de la famille Jalabert, cet élevage apparaît surtout dans les novilladas et les corridas de rejón. Il a été révélé en 1992 lors de la première course du cycle du Printemps des novilladas, inauguré aux Saintes-Maries-de-la-Mer dont les arènes sont également gérées par Luc et Marc Jalabert. C.C.

LAGUNA La
Origine : Juan Pedro Domecq y Díez
Devise : bleu et rouge
Ancienneté à Madrid : 24 mars 1974
Propriété : « Chinillas », Sotillo de las Palomas (Tolède)

Dionisio Peláez forme cet élevage en 1908 avec du bétail de Santa Coloma et de Saltillo. Le duc de Tovar l'acquiert six ans plus tard et l'annonce sous l'appellation de Marqués de Gauna. Baptisé « Marqués de Cañadahonda » en 1915, l'élevage est acheté cinq ans plus tard par Felipe Montoya, qui le vend l'année suivante à Leopoldo Abente. Agusto Perogordo rachète l'ensemble du troupeau en 1927 et y insère des vaches de Carmen de Federico et d'Argimiro Pérez-Tabernero ainsi que des vaches et des étalons d'Ernesto Blanco. L'élevage est racheté en mars 1943 par José María Moreno Yagüe qui intègre au cheptel du bétail de Samuel Flores. Trente ans plus tard, le troupeau est vendu à la société anonyme Agro de Navia qui rebaptise l'élevage La Laguna. Le nouveau propriétaire acquiert en 1974 un lot de vaches et d'étalons de Manuel Camacho Naveda, d'origine Núñez, puis un autre lot de femelles et un mâle d'Antonio Arribas. Un nouvel étalon de Juan Pedro Domecq intègre le troupeau en 1987, accompagné par un lot de vaches ainsi qu'un autre mâle issus de l'élevage des héritiers de Carlos Núñez. L'éleveur élimine progressivement l'origine Núñez au profit du sang Domecq.

La France avait découvert l'élevage de Pablo Mayoral lors de la présentation du jeune *el Juli* en novillada sans picadors en 1995. Le fer de La Laguna a depuis présenté un grand nombre de toros dans des cartels importants. Un exemplaire fut même combattu à Lima par *el Juli* en octobre 1999. L'élevage livre également chaque année de nombreux lots lors des corridas de villages ; celle organisée à Meco (Madrid) en septembre 2000 permit au torero arlésien *el Lobo* de participer à sa première corrida en Espagne. Les toros de La Laguna ont également la particularité de sortir aussi bien à pied qu'à cheval : en août 2001, l'un des toros combattus par José Miguel Callejón à Pedro Bernardo (Ávila) fut honoré d'un tour de piste posthume après la coupe des deux oreilles et la queue par le rejoneador. En 2002, l'élevage connut deux triomphes importants : le premier à Móstoles (Madrid) où un autre toro – auquel Alfonso Romero coupa les deux oreilles – fut honoré d'un tour de piste posthume, et le second à Caceres où Morante de la Puebla livra une prestation de grande qualité, récompensée d'un total de trois oreilles. C.C.

LALANDA DEL PINO Marcial. D'origine française lointaine, son aïeul Pierre Lalande s'installa en Espagne à la fin du XVIIIe siècle ; il naît le 20 septembre 1903 dans les faubourgs de Madrid ; son grand-père et son père furent mayorals chez le duc de Veragua et chez Gutiérrez. Ses deux frères seront toreros, mais le premier mourra prématurément de phtisie et le second finira dans la cuadrilla de Marcial qui, précoce, torée pour la première fois un becerro à l'âge de neuf ans dans la ganaderia de don Luis Baeza et procède à sa première estocade en public le 14 août 1914.

En 1920, il se présente à Madrid le 24 juin devant des novillos du duc de Veragua et le 8 août sort en triomphe... Jusqu'à l'alternative, il va très souvent faire équipe avec son cousin Pablo Lalanda d'un an son aîné et qui prendra l'alternative la même année que lui.

Prometteur, il débute avec picadors à seize ans et reçoit l'alternative le 28 septembre 1921 à Séville des mains de Belmonte et Chicuelo devant *Pichuchi*, un toro andalou de don Rafael Surga.

Il confirme à Madrid le 7 mai de l'année suivante avec *Misionero*, un manso jabonero claro devant Juan Luis de La Rosa et l'infortuné Granero. La Rosa, légèrement blessé, est à l'infirmerie, quand l'adversaire de Granero, après l'avoir acculé à la barrière, lui éclate le crâne d'un coup de corne dans l'orbite... Et c'est Marcial qui après quelques passes en termine avec le meurtrier ! La course s'arrête et l'émotion est indescriptible... Des accusations injustes, d'après les témoins de la scène, sont proférées contre Lalanda qui aux dires de ses ennemis ne serait pas allé au quite assez tôt.

Malgré une apparence souffreteuse – il a les pieds plats et sa démarche en pâtit –, c'est un homme très solide et un grand lidiador avec un jeu de cape riche, inventeur de la *mariposa*, passe consistant à tenir le capote dans le dos en reculant devant le toro, la déployant tantôt à droite tantôt à gauche pour obliger l'animal à frapper d'un côté puis de l'autre à plusieurs reprises ; l'effet est magnifique mais cette passe est tombée pratiquement en désuétude, ce mouvement répété plusieurs fois ne facilitant pas le « réglage » de la tête. Il pratique la véronique à genoux avec assurance et à la muleta il est également un maître, comme aux banderilles ; il exécute l'estocade de manière originale en pointant son épée vers le ciel, tuant pour ainsi dire d'une parabole ; néanmoins, il a des périodes d'abattement et d'apathie qui peuvent le rendre ennuyeux et monotone. Rares étaient les faenas où il ne se reprenait pas, se redressant et donnant alors ses meilleures passes : « une envolée de cape ou de muleta et c'était un pétale rose ou pourpre qui naissait, suivi par d'autres pour composer un bouquet de qualité » écrit Adrien Chastelas dans *De Belmonte au Cordobés*.

Après avoir toréé en 1936 à Mont-de-Marsan, il reste en France, fuyant les républicains qui exterminent une partie de sa famille ; il s'installe avec femme et enfants sur la côte basque et torée en France. Le 14 août à Bayonne, il coupe une oreille à son deuxième adversaire, paraît-il honteusement afeité ; c'est la première fois que ce sujet est abordé en France et c'est un gros scandale dans le Sud-Ouest.

Il ne tarde pas à rejoindre les franquistes et va se battre à leur côté. Il reprend l'épée en 1939 et réussit à mettre de son côté ses rivaux les plus dangereux dont *Manolete*, avec lequel il va faire de nombreux mano à mano. *Armillita*, le Mexicain, ayant beaucoup de succès, Marcial est à l'origine de l'interdiction faite à l'époque aux toreros mexicains de venir pratiquer en Espagne !

On peut le considérer avec Georges Dubos et Carlos Abella comme un des grands toreros du siècle passé, mais on peut également lire sous la plume d'Hemingway : « Il semblait ne prendre aucun plaisir à combattre les toros, n'en tirer ni émotion ni orgueil [...] c'était un torero triste et apathique. » On ne peut pourtant pas dire que don Ernesto ne l'ait vu que dans des mauvais jours, puisque, entre autres, il a assisté aux cinq triomphes consécutifs de Marcial lors des Fallas de Valence en 1919. Mais ce jugement contribue à témoigner de son irrégularité et de ses changements d'humeur devant les toros et le public.

Pendant vingt années, Marcial Lalanda a occupé le devant de la scène, conservé les premières places en tête de l'escalafón, faisant preuve d'une grande maîtrise et d'une parfaite connaissance des toros. Il se retire le 18 octobre 1942, tuant le toro *Bombita*, provenant de l'élevage d'Antonio Pérez. Il avait combattu 2 271 toros en 1 070 corridas. Il meurt à quatre-vingt-sept ans, en lisant le journal.

En France, il a toréé une vingtaine de courses à Nîmes et l'on peut signaler quelques hauts faits : en octobre 1933, il est remarqué pour l'extraordinaire qualité de quatre naturelles ; en mai 1934, il coupe les oreilles et la queue d'un La Corte extrêmement brave qui a droit au tour de piste et en juin 1935, il renouvelle l'exploit, le toro venant mourir à ses pieds le long de la barrière. En revanche, à Bayonne où on le verra au moins six fois, il remporte moins de succès ; il triomphe, gradins debout, en délire, avec sa mariposa en juillet 1935 et coupe l'oreille d'un Antonio Pérez apparemment afeité en août 1938. J.B.T.

LÁMINA (*planche, gravure*). Généralement ce terme ne s'emploie que suivi d'un qualificatif flatteur. C'est alors la belle perfection morphologique d'un animal, alliant le *tamaño* (la taille, la prestance), la pleine santé, avec des cornes bien implantées et harmonieusement développées. P.M.

LANCE. Toute passe exécutée avec la cape.

LANCEAR. Travailler avec la cape, que ce soit pour les passes de placement des péons ou pour les enchaînements profonds des maestros. Le travail commence dès la sortie du toril par les subalternes, se poursuit lors du tercio de piques par les banderilleros et le matador, et s'achève lors des quites. Pendant le tercio de banderilles, c'est le premier péon qui est chargé des mises en place. Lors du tercio de muleta, le travail est réduit et ne reprend que pour la mise à mort du toro.

Les principales passes de cape se nomment : larga, véronique, demie-véronique, chicuelina, farol, gaonera, revolera, serpentina. D'autres sont plus récentes et moins utilisées comme la mariposa ou la crinolina. R.B.

LARGA. Passe de cape exécutée d'une seule main et peu utilisée de nos jours, sauf lorsque certains péons veulent amener le toro vers un burladero. Pourtant, cette manière de toréer offre l'avantage de ne pas brusquer l'animal et d'éviter ainsi des torsions brutales qui peuvent l'invalider ou lui donner des réactions

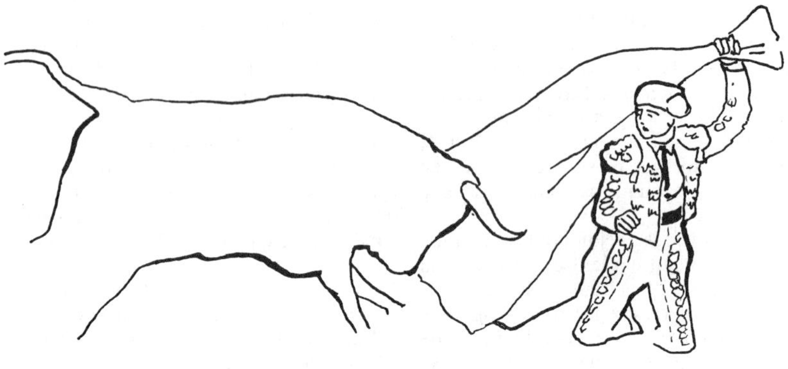

Larga cambiada

difficilement modifiables par la suite. La larga, par ailleurs, allonge la charge du toro dans un sens rectiligne.

On nomme *larga natural* celle exécutée d'une seule main pour mettre le toro en suerte dans sa sortie naturelle, et *larga afarolada* une variante où la cape passe par-dessus la tête du torero. R.B.

LARGO. Se dit d'un torero capable de dominer tous les types de toros. Il est d'une grande régularité dans ses prestations et possède un jeu important et varié de passes de cape ou de muleta. À l'inverse, on parle d'un *torero corto*.

LAVI el.
Voir DÍAZ CANTORAL Manuel.

LÉGENDES. Comme tout milieu d'exception, celui de la tauromachie génère des mythes et des légendes, imagine des faits exemplaires et significatifs et induit des actions hors du commun à partir d'une réalité souvent dénuée de tous les attributs qu'on lui accorde.

Les débuts de la corrida, et particulièrement le XIXe siècle, ont créé de toutes pièces ou à partir d'événements anodins des récits qui amplifient jusqu'à la démesure les actes des participants. Quand l'information était surtout orale, les faits et gestes de ces héros-toreros se colportaient et se déformaient en conséquence.

Dans les biographies des années 1850, nous avons relevé quelques exploits racontés avec le plus grand sérieux par des auteurs notoires, dont nous signalons par des *italiques* les mises en valeur hagiographiques des textes. Concernant Pedro Romero (1754-1839), on peut lire : « Dans des courses qui eurent lieu à Xérès, près de la frontière portugaise, Romero venait de tuer un taureau. Comme les mulets entraient dans le cirque pour enlever le cadavre de l'animal, il entendit de toutes parts des voix épouvantées qui lui criaient : "Fuis, fuis, Romero ! ! !" Il tourna la tête et aperçut à peu de distance devant lui un taureau plein d'ardeur qui, échappé du toril, venait l'attaquer avec fureur. Le danger était grand ; mais *appréciant avec sang-froid sa position*, reconnaissant que s'il prenait la fuite il était perdu sans ressource, *il n'hésita pas à attendre l'animal de pied ferme et, maniant avec une rare adresse, d'une main la muleta, de l'autre l'épée encore teintée du sang du précédent taureau* (et que par bonheur il n'avait point encore jetée selon l'usage), *il l'enfonça si bien et sans aucune passe préparatoire dans le corps de l'animal que celui-ci tomba raide mort à ses pieds*. » Tous les poncifs visant à mettre en valeur le héros sont réunis : lui, calme et détendu après un grand succès, le public effrayé, tétanisé par le nouveau danger, la bête infâme qui attaque sans prévenir et avec violence. Mais le héros attend la charge avec sérénité et d'un geste, un seul, il abat le monstre écumant et, sans autre marque d'émotion, reprend son activité interrompue.

Les anecdotes suivantes concernent le célèbre Francisco Montes (1805-1851) capable d'hypnotiser un toro si l'on en croit le narrateur : « Quelquefois, se plantant debout devant le taureau, *les bras croisés et l'œil fixé sur lui, il l'arrêtait subitement comme fasciné et subjugué par son regard vif, aigu et froid comme la lame d'une épée* ; tantôt, s'appuyant *d'un pied léger* sur la tête du taureau, il le franchissait d'un bond ; tantôt, *s'enveloppant majestueusement* de son manteau, il se faisait suivre par l'animal tout autour du cirque et au moment où cette bête furieuse se précipitait sur lui, par une torsion de son corps et un saut de côté, *plus rapide que l'éclair*, il échappait à ses atteintes. » Le héros se doit aussi d'être d'une force phénoménale : « Il ne perdait jamais de vue ses toreros, accourant toujours avec sa cape *pour les sauvegarder* dans les moments difficiles. S'il ne réussissait pas à écarter l'animal par ce manège, *il saisissait alors le taureau par la queue et le maintenait au même endroit* jusqu'à ce que le torero en danger se fût mis à l'abri. » Une autre fois, agacé par un toro qui ne voulait plus attaquer, « il lui donna *un magistral coup de poing sur la tête* et l'animal s'écroula raide mort à ses pieds ». Ou encore ce coup malheureux de Montes qui « au lieu de s'avancer comme d'habitude au milieu de l'arène, se posa à une vingtaine de pas de la barrière et sans se livrer à aucune de ces coquetteries du courage qui lui ont valu l'admiration de l'Espagne, il déploya la muleta écarlate et appela le taureau qui ne se fit pas prier pour venir. Montes exécuta trois ou quatre passes avec la muleta, tenant son épée à la hauteur des yeux du monstre, qui tout à coup *tomba comme foudroyé* et expira après quelques bonds convulsifs. *L'épée lui était entrée dans le front* et avait piqué la cervelle. »

Mais ce n'est pas uniquement dans le ruedo que ces hommes exceptionnels exerçaient leurs talents. Si l'on en croit les chroniqueurs du temps, ils étaient capables d'intervenir dans la vie quotidienne avec la même efficacité. Ainsi, Francisco Herrera Rodríguez dit *Curro Guillén* (1783-1820), qui revint à Séville dès que les courses y furent autorisées et où il avait fondé une école tauromachique : « Un jour qu'il était en compagnie de plusieurs toreros de son école, il y fut parlé d'un taureau de plus de dix ans, lequel, s'échappant de son troupeau, avait l'habitude de venir coucher la nuit dans un lieu appelé El Tablar, endroit aquatique dont il sortait pendant la journée, *allant répandre la terreur* dans les localités voisines, attaquant et poursuivant les individus qu'il apercevait. Après qu'on eut longtemps conversé sur l'intrépidité de cet animal, les toreros reconnurent la nécessité de corriger ce *terrible taureau* et de le traiter de façon qu'il ne puisse de nouveau se livrer à de semblables excentricités. Plusieurs assistants ne firent pas faute de promettre monts et merveilles, disant qu'on pouvait s'en rapporter à eux du soin de châtier ce dangereux animal. *Guillén*, qui n'avait fait qu'écouter, remarqua que bien que plusieurs jours se fussent écoulés, aucun de ceux qui s'étaient engagés ne s'empressait de tenir ses promesses. En conséquence *il résolut d'exécuter par lui-même* et sans en dire un mot à qui que ce fût *cette dangereuse entreprise*. Dans ce but, il monta à cheval pendant la nuit et alla découvrir le taureau afin de le débusquer dans le lieu qu'on avait indiqué. *Sans hésiter, Guillén*, toujours à cheval, s'élança dans le marécage avec sa monture. Mais il lui fut impossible de le faire bouger. *Guillén*, reconnaissant l'inutilité de ses efforts mais décidé à châtier cette bête malfaisante, se décida à attendre et après s'être enveloppé dans sa couverture dont il s'était muni et avoir attaché à son poignet la bride de son cheval, *il s'étendit au sol et s'endormit paisiblement*. À la pointe du jour, *Guillén* se leva et *il était à peine debout* qu'il vit le taureau sortant de son humide refuge, se diriger vers lui d'un air menaçant. *Guillén, sans se troubler*, le reçut en maniant sa couverture, et un combat qui dura une demi-heure s'engagea ainsi. Durant ce laps de temps, *le courageux et adroit torero*, sans autre ressource que sa couverture qui était sa seule arme, *exténua le puissant animal* au moyen de passes nombreuses grâce auxquelles il provoquait la bête et prévenait ses coups meurtriers. *Le taureau ivre de rage* en voyant qu'il ne parvenait pas à atteindre son adversaire, rendu de fatigue au point de ne pouvoir plus se tenir debout, *s'étendit par terre aux pieds du torero, comme s'avouant vaincu. Guillén* alors, par précaution, se décida à mancornar l'animal, c'est-à-dire à *lui enfoncer les cornes en terre* au moyen d'une torsion violente du cou, procédé qui demande habituellement le concours simultané de *trois personnes*. Puis le torero, ayant ainsi annulé toute défense de la part de la furieuse bête, lui coupa la langue au milieu de *ses rugissements de fureur*, sans que le taureau pût bouger ; ensuite, *Guillén s'en retourna paisiblement* chez lui. » Tout dans ce récit est à la gloire du héros, homme solitaire et discret, qui ne fait pas de discours mais agit avec efficacité, avec un courage lucide et déterminé, réalise un exploit hors du commun, ce qui ne l'empêche nullement de rester serein et de ne pas se flatter de ses agissements. Le monstre écumant se rend aux pieds même de son vainqueur qui le châtie après l'avoir immobilisé. Et le récit grandit encore le héros en transformant le monstre puisque le toro au lieu de mugir comme tout toro en arrive à rugir furieusement comme un lion !

La déification du torero n'est pas uniquement le fait des chroniqueurs, les illustrateurs participent à cette glorification grâce à des lithographies et des gravures qui reconstituent ces exploits. Dans les années 1880-1890 on vendait des lithographies racontant en images divers moments de la vie d'un maestro célèbre. *La Lidia* publia le 23 avril 1883 un portait illustré de Francisco Arjona Herrera *Cúchares* (1818-1868), où l'on peut l'admirer dans certaines séquences qu'il aurait réalisées en piste. Autour d'un portrait central de *Cúchares*, montera en tête, on y voit représentée une série de scènes hautes en couleur : *Cúchares* couvrant la tête du toro de sa cape alors que l'animal se laisse faire sans bouger ; *Cúchares* assis sur l'estribo, muleta sur les genoux, à un mètre du toro qui, fasciné le regarde sans attaquer ; *Cúchares* se déchaussant devant l'animal qui le regarde ou les bras sur la barricade, tournant le dos au toro et discutant avec le premier rang des spectateurs ; ou sans muleta, essuyant de son mouchoir le mufle du toro qui ferme les yeux d'aise. Mais la même illustration le montre aussi, en lidiador remarquable, donner l'estocade sans hésitation ou, la muleta en loques, vaincre un toro extrêmement violent et dangereux.

Nombreuses étaient les compositions de ce genre éditées à la gloire d'un maestro, compositions qui ne sont pas sans rappeler, tant par le style que la succession séquentielle, des chromos religieux à la gloire des saints. Le torero y est placé à un niveau identique, digne d'adoration quasi mystique. *La Lidia* publia de nombreux encarts de ce type : à la gloire d'*el Gordito*, le 9 octobre 1882, en juin 1893 pour Rafael Molina et un autre sur *Frascuelo* ou « *Desperdicios*, torero valeroso ». La revue publiait aussi dans chaque numéro des lithographies représentant des moments de la lidia particulièrement représentatifs d'un torero des moments dramatiques : mort de *Pepe-Hillo*, cornada de *Guerrita* ou d'*el Tato*, dispute de préséance entre *Cúchares* et *el Chiclanero* pour savoir lequel tuerait le toro. Tous les moments de la vie des grands maestros étaient prétextes à faire l'apologie par le texte ou l'image des toreros célèbres.

L'information s'étant modifiée avec les progrès technologiques, de nombreuses légendes ne furent plus crédibles. Délaissant les exploits de l'homme, on imagina des faits fondés sur les rumeurs des coulisses ; certains frisaient l'aberration, quand on prétendait par exemple qu'*el Cordobés*, afin d'amoindrir ses adversaires, leur faisait tirer une balle dans la tête avant leur entrée en piste !

Curieusement, avec l'apparition de la photographie et du film, ce type de louanges disparut. Ce qui n'empêchait pas certains de prétendre, dans les années 1980-1985, que Paco Ojeda hypnotisait ses toros et que c'était à cause de cela qu'il était capable de les toréer dans un terrain aussi réduit et avec une telle lenteur !... R.B.

LEIRIS Michel. Il assiste à sa première course de toros en compagnie de Picasso, un dimanche d'août 1926, aux arènes romaines de Fréjus. La médiocrité de cette mascarade n'empêche pas que se produise la révélation d'un culte. Mort du toro selon des lois précises et des gestes stricts avec danger pour l'homme qui le tue, l'élément sacrificiel, plus que le spectacle, fascine Michel Leiris.

La corrida commande la conception de l'œuvre. Peu d'écrivains en auront été aussi marqués. Leiris entend s'inspirer de ses disciplines. Car il se résigne mal à n'être qu'un littérateur. Il rêve corne de toro et d'en assumer le risque dans l'écriture, obstiné à combler le fossé entre le vécu et l'imprimé.

Tout au long de *L'Âge d'homme* (1930-1935), Lucrèce et Judith, les deux héroïnes que jouxte un tableau de Lucas Cranach et que le sang macule, agencent en récits les confidences de l'auteur. C'est au centre de cette arène érotique que le torero fait son entrée et hausse l'amour jusqu'au tragique. Il joue avec la bête soumise et paraît seul capable de conduire Lucrèce jusqu'au suicide et, malgré l'égorgement promis, de posséder Judith. Lorsque son image de tueur s'interpose, lit d'amour et terrain de vérité se confondent. Lucrèce se poignarde après le viol, Judith se livre, sagace et traîtresse, à la prostitution avec le dessein bien arrêté de trancher le chef d'Holopherne. Le cou coupé de Leiris après l'orgie ?

Vers la même époque, *Abanico para los toros* (Éventail pour les taureaux), notations fulgurantes en marge du rite, commentaires rythmés qui opèrent sur le langage avec une exactitude quasi scientifique, traduisent par d'étonnantes équations verbales les principaux mouvements, phases, passes, épisodes divers de la corrida et se révèlent « chiffres-fiches des affres déchirées. » Nul poème ne rend mieux compte du cérémonial et de la tragédie que cette mise en mots de la mise à mort, qui organise les vocables en concrétions parfaites et comme aiguisées par leurs angles de souffrance. Il ne s'agit plus de bannir ou de masquer par un appel à quelque au-delà l'angoisse du trépas, mais de la braver ici-bas dans une transe. (*Miroir de la tauromachie,* 1938.)

De 1931 à 1933, Leiris, qui a participé à la mission Dakar-Djibouti, s'est passionné pour l'ethnologie et soumis à une cure de psychanalyse avant et après ce voyage qu'il espérait de rupture définitive. Il n'accepte plus de se poser en surhomme par procuration. Son attitude de voyeur sur les gradins lui répugne. Déçu dans son besoin de s'identifier au torero, il finit par s'en détourner, toujours tenté de lui ravir ses pouvoirs et de les mettre au service de son expression.

De la littérature considérée comme une tauromachie (1946) s'achève par une esthétique qui se réclame de la poignante beauté du combat avec le fauve et commande l'ordonnance d'une confession aussi rigoureuse que le duel de l'homme et de la bête, un code d'affrontement sévère. Matador de mots et d'idées, Leiris entend lutter contre lui-même sur pareil terrain de vérité, avec la même ferveur efficace dans le style, en quête d'architectures passionnées. Même sans conséquences immédiates pour sa personne physique, cette ombre de corne introduite dans l'œuvre littéraire n'a-t-elle pas achevé de la revaloriser, de lui redonner un sens ? J.M.M.

LEÑA (*bois*). On dira d'un toro très armé qu'il a beaucoup de bois sur la tête (*de mucha leña*). Voir aussi MADERA.

LEÓN (Espagne. Madrid 250 km — Oviedo 110 km). Vers l'an 68 apr. J.-C., une légion romaine, la *Legio septima gemina*, s'installe dans cette région, construit une place forte et recrute parmi la population ibère qui y vit. D'où le nom de León, contraction dérivée de l'appellation romaine. En 914, la ville devient capitale du royaume de León, statut annulé en 1230. La cathédrale San Isidro est le principal monument de la cité qui compte 145 000 habitants.

León posséda d'abord une plaza provisoire en bois construite en 1912 et inaugurée le 8 juin de la même année par *Formalito*, unique matador, devant six toros de Carreros. En 1948, une société anonyme construit une plaza de 11 600 places qui est inaugurée le 24 juin avec des toros de Felipe Bartolomé combattus par Luis Miguel *Dominguín*, Paquito Muñoz et Pepín Martín Vázquez. Cette plaza de toros se trouve à proximité du río Bernesga. R.B.

LEONADO. Toro à la robe de la même teinte que celle du lion.

LÉRIDA (Espagne. Barcelone 160 km – Madrid 465 km). Ancienne Llerda romaine, la ville fut conquise par les Maures en 714 puis reconquise en 1149 par Raymond Béranger. Pendant la guerre de succession d'Espagne, elle est assiégée par l'armée franco-espagnole, prise d'assaut le 12 octobre 1707 et victime de rudes représailles. Elle compte aujourd'hui 119 000 habitants.

La plaza de toros de construction métallique, d'une capacité de 5 000 spectateurs, a été inaugurée le 7 mai 1964, et ce premier spectacle fut une novillada avec Víctor Ruiz *el Satélite*, Ramón Montero *Maravilla* et Joaquim Barrera devant des novillos de Frías. R.B.

LEVANTADO. État du toro pendant la première phase de la course, lorsqu'il sort du toril et porte la tête haute, répondant rapidement à toutes les sollicitations. On commence par calmer son impétuosité par des passes de cape qui ont par ailleurs pour but de régler sa charge et de lui donner plus de rectitude, ensuite de lui apprendre à baisser la tête dans le capote (*embestir*), avant de l'emmener affronter les picadors. Pour l'exécution de cette première partie du tercio, les banderilleros de la cuadrilla et le maestro se relaient. Lorsque le tercio des piques est terminé, on qualifie le toro de *parado*, c'est-à-dire préparé pour le combat. Jusqu'en 1920 environ, quand le toro sortait du toril, les piqueros étaient déjà en piste, ce qui limitait généralement le travail de cape pendant les quites pour tirer le groupe équestre d'un mauvais pas. R.B.

LEY a. Estocade portée dans les règles.

LICENCIADO DE FALCES el.
Voir ALCALDE Y MERINO don Bernardo.

LIDIA. Ensemble des séquences du travail (*suertes*), que l'on pratique avec le toro, de sa sortie du toril jusqu'à l'arrastre. On peut considérer qu'il y a deux lidias distinctes : à pied et à cheval. Dans tous les cas, elle est exécutée par des professionnels qui sont les seuls à intervenir.

On distingue trois tercios dans la lidia à pied : piques, banderilles et mise à mort.

De même dans la lidia à cheval, on trouve : rejón de châtiment, banderilles et rejón de mort. Voir le chapitre « La lidia », ci-dessus, p. 157 *sqq.* R.B.

LIDIADOR. Celui qui exécute la lidia des toros, c'est-à-dire le torero. On emploie généralement ce terme pour désigner le torero qui a de bonnes connaissances techniques et une grande maîtrise de la domination du toro dans l'exécution de chacun des tercios. R.B.

LIDIER. Affronter un toro de combat et s'en rendre maître selon les règles de la tauromachie. Pour arriver à cette maîtrise, il convient de connaître les caractéristiques des diverses ganaderias et les réactions des toros pendant les diverses phases de la lidia, afin de mener celle-ci avec efficacité et domination. R.B.

LIER LA MULETA. Au moment de porter l'estocade, le matador tient l'épée dans la main droite et la muleta dans la main gauche. Quand le toro est fixé, cadré, le torero lève l'épée à l'horizontale et, d'un geste du poignet, entoure la muleta sur le bâtonnet (*palillo*), afin d'en réduire la surface : il a ainsi lié la muleta. Quand il s'élance pour le volapié, il dévie la charge avec le leurre réduit, sans l'utiliser, pour aveugler l'animal. Tous les bons matadors lient la muleta, mais ceux qui sont moins sûrs d'eux gardent la muleta entière et aveuglent le toro en la projetant sur le mufle. R.B.

LIGAR (*s'accorder, lier*). On dit d'une vache et d'un étalon ayant une excellente descendance qu'ils ont « bien lié ». Quelles que soient les connaissances que donneront un jour la génétique, certaines questions risquent de rester longtemps sans réponses : comment se fait-il que des parents de tout premier ordre puissent donner naissance à des descendants beaucoup moins intéressants ? Où alternent des produits excellents avec d'autres très médiocres ? Pourquoi certains facteurs positifs sont-ils transmis aux uns et absents chez les autres ? P.M.

LIGERO. Toro d'attaque, rapide et surprenant.

LIMA (Pérou). Lima, fondée en 1535 par Pizarro, qui lui donne le nom de *Ciudad de los Reyes* (Ville des Rois), est dès 1543 la capitale de la vice-royauté du Pérou. San Martín y proclame l'indépendance du pays en 1821. En 1687, 1746 et 1940, la ville est endommagée par des tremblements de terre. Capitale du Pérou sur le Rímac, à proximité de l'océan Pacifique, l'agglomération compte 7 200 000 d'habitants (Liméniens), soit près du quart de la population du pays, dont un tiers vit dans les *barriadas* (bidonvilles).

L'université catholique San Marcos, fondée en 1551, le musée de l'Or, la cathédrale avec le tombeau de Pizarro, les églises baroques et le palais présidentiel en sont les monuments les plus connus. Le quartier ancien est classé patrimoine mondial.

La plaza des toros, dénommée « Acho », a été inaugurée le 16 février 1766 avec une corrida de Hacienda Gómez de Cañete et les maestros *Pisi*, *el Maestro de España* et *Gallipavo*. Un siècle plus tard, la plaza devient propriété de la Sociedad de Beneficiencia Pública de Lima. En 1945, les arènes sont profondément modifiées et depuis 1946 est célébrée chaque année la féria del Señor de los Milagros.

Le 14 novembre 1982 est inaugurée, dans le quartier de La Victoria, une nouvelle plaza de toros d'environ 10 000 places appelée « Sol y Sombra » avec Álvaro Domecq, Manuel Vidrié et Ribeiro Telles face à des toros de La Huaca, La Viña et Santiago Apóstol. On y célèbre la féria de Santa Rosa de Lima. R.B.

LIMEÑO Pepe.
Voir MARTÍNEZ AHUMADO José.

LIMPIO (*propre, honnête*). Se dit d'un toro exempt de tout défaut, mais de plus en plus utilisé dans le sens restrictif d'animal dont les cornes n'ont pas été touchées. Certaines affiches de corrida indiquent parfois que « les toros sont certifiés limpios par le ganadero ». Ce qui ne constitue qu'un artifice de dialectique, le toro pouvant se voir « retouché » entre son départ de la ganaderia et son entrée en piste, période de huit à dix jours. P.M.

LINARES (Espagne. Jaén 50 km). Cette ville de 55 000 habitants est construite à l'emplacement de l'ancienne Castulo des Grecs et des Romains. Les vestiges sont peu nombreux et les pièces les plus intéressantes rassemblées dans un musée archéologique.

La plaza de toros, d'une capacité de 10 500 spectateurs, a été inaugurée le 7 juillet 1867 avec un lot de toros de Miura que lidièrent les matadors Antonio Carmona *el Gordito* et Manuel Carmona *el Panadero*. Mais cette ville reste tristement célèbre dans l'histoire de la tauromachie parce que le 28 août 1947, au cours d'une corrida de Miura à laquelle participaient Luis Miguel *Dominguín* et *Gitanillo de Triana*, le toro *Islero* blessa mortellement Manuel Rodriguez Sánchez *Manolete*, qui décéda le lendemain. R.B.

LINARES Palomo.
Voir PALOMO MARTÍNEZ Sebastián.

LIRIA FERNÁNDEZ José, *Pepín*. José Liria Fernández, dit *Pepín* Liria, est né le 10 mars 1971 à Cehegín (Murcie). Il débuta en public en septembre 1988 dans sa région, à Los Barberos, puis avec picadors à Cehegín le 8 avril 1990 devant des novillos de Soto de la Fuente, auxquels il coupa trois oreilles et une queue. Après trois années passées en novilladas lors desquelles il toréa 88 fois, il prit l'alternative à Murcie le 11 septembre 1993 face au toro *Banquero* de Torrestrella. Son parrain était Ortega Cano et son témoin *Finito de Córdoba*. Il confirma à Madrid le 27 mars 1994, devant le toro *Piconero* de Manuel Antonio Millares avec David Luguillano pour parrain et Oscar Higares comme témoin.

Il débute en France à Arles le 10 septembre 1994 devant *Caralista*, toro de Terrubias en alternance avec Ortega Cano et Javier Vázquez. Il se présente en Amérique dans la plaza d'El Toreo de Mexico le 15 octobre 1994 devant *Rubi*, un toro de Vistahermosa avec José María *Manzanares*, Manolo Arruza et Fermín Espinosa *Armillita*. Il confirme à Mexico le 3 mars 2002 devant *Gironito*, toro de la ganaderia de Barralva, avec Antonio Urrutia comme parrain et Rafael Ortega comme témoin.

Pepín Liria est réputé pour sa vaillance et il n'hésite pas à combattre les élevages les plus difficiles dans les plazas importantes. Il est incontournable dans les férias les plus importantes où il s'est taillé de beaux succès grâce à son engagement et sa sincérité.

En 2000, il a participé à 45 corridas pour 53 oreilles coupées, ce qui est moins que les saisons précédentes. Ce bilan s'explique notamment par la sérieuse blessure subie à Mont-de-Marsan le 20 juillet lors de son affrontement avec un Victorino Martín. Par la suite, *Pepín* a paru avoir laissé une partie de son moral dans ce contretemps et a eu du mal à retrouver son meilleur niveau, mais il fait partie des matadors sur qui l'afición compte beaucoup pour animer les principales férias du siècle nouveau. En 2001, son parcours a été sensiblement le même, *Pepín* toréant à 43 reprises pour 60 oreilles obtenues et totalisant 447 participations. P.H.

LISBONNE (Portugal). D'après la légende, Ulysse aurait fondé *Ossilipo*, la future Lisbonne. En réalité, ce sont probablement les Phéniciens qui fondèrent *Alissubo*, en 1200 av. J.-C., dont le port était très actif quand les Romains l'envahirent et l'appelèrent *Felicitas Julia*, au Iᵉʳ siècle apr. J.-C. Après la chute de l'Empire, la ville tomba aux mains des Alains, des Wisigoths (585), puis des Maures (714), et devint *Lissabona*. Sous la domination maure, Lissabona continue son essor économique et culturel. Reconquise en 1147 par le roi Alphonse Iᵉʳ Henriques, il faut attendre la fin de la Reconquête pour qu'elle devienne capitale du royaume (1255) à la place de Coimbra. En 1290, le roi dom Denis y établit sa résidence et fonda l'université. Au XIVe siècle, Lisbonne connaît une période faste et aux XIVe et XVe siècles, son apogée correspond avec la période des Grandes Découvertes. La ville s'enrichit alors de deux monuments, symboles de la grandeur du royaume : le *Paço da Ribeira* (« Palais de la Rive ») et le monastère des Hiéronymites de Belém. Malgré la chute de la dynastie des Avis et la domination espagnole, la cité continue de prospérer au XVIIe siècle. Le XVIIIe siècle est une période difficile, marquée par la concurrence des Britanniques et des Hollandais, et surtout le tremblement de terre de 1755 qui détruit une grande partie de la ville. Lisbonne est reconstruite sous la direction du futur marquis de Pombal : rues se coupant à angle droit, larges places, etc. La découverte de l'or, au Brésil, favorise la construction de nombreux monuments baroques. Lisbonne perdit son titre de première ville de la Péninsule au profit de Madrid à la fin du XVIIIe siècle, et à partir du XIXe siècle, son histoire se confond avec celle du Portugal : occupation par les troupes napoléoniennes, guerres civiles et « révolution des Œillets » en 1974. La ville compte aujourd'hui 680 000 habitants et 1 500 000 pour l'agglomération.

Les monuments et les musées sont nombreux et d'une extrême richesse : musée des Arts décoratifs, musée national d'Art ancien, qui abrite une collection de primitifs portugais, musée d'Art moderne et musée Calouste-Gulbenkian. En 1988, un incendie a gravement endommagé le cœur de la vieille ville, mais les travaux de restauration ont permis de sauvegarder certaines parties des quartiers anciens, en particulier les façades.

Campo de Santa Ana, la première plaza de toros, a été ouverte le 3 juillet 1831 et fermée en 1889. L'actuelle, Campo Pequenho, a été inaugurée le 18 août 1892 et peut recevoir 11 100 spectateurs. La réglementation des courses de toros étant différente au Portugal, on n'y donne pas des corridas avec des toros et matadors espagnols, car la mise à mort y est interdite. R.B.

LISTO. Malin.

LISTÓN (*baguette*). Un toro listón possède une raie de couleur différente du reste de la robe sur toute la longueur de sa colonne vertébrale. C'est pratiquement la règle chez le toro colorado, un peu moins chez le castaño. Pour certains auteurs, le toro listón serait le plus dans la lignée originelle. À Louxor (vallée des Reines), sur une frise de la tombe de la reine Néfertari, on peut voir représenté un toro listón. P.M.

LITRAZO. Passe de muleta émouvante, imaginée et utilisée par *Litri* père dans les années 1960, en début de faena car elle nécessite une charge franche de l'animal. Le torero se place à distance du toro de face, tenant la muleta derrière le dos avec l'épée dans la main droite, totalement découvert devant le leurre. Quand le toro attaque après le cite, le torero attend le dernier moment, quand le toro est à environ trois mètres, pour sortir le leurre et faire passer le toro par un derechazo. Pour réussir cette passe, il faut que le toro parte de loin, ait une course longue, droite et baisse bien la tête. R.B.

LITRI, dynastie. À l'origine de cette dynastie taurine, un bien modeste torero : Miguel BÁEZ, dit *el Mequi*, qui eut un fils nommé aussi Miguel, né le 15 mai 1869 à Huelva et que le père présenta tout enfant à un toro en déclarant : « Tu seras torero, mon fils. Comme ton père... » En 1882, tout à fait par hasard, Miguel se confronte à un novillo en utilisant un sac comme capote. Et il s'en sort à son avantage. Ce qui le pousse à aller plus loin, faire son apprentissage, commencer à toréer à quinze ans et affronter seul, en 1886 (soit à dix-sept ans) trois becerros de sept ans... sans picadors. Exploit s'il en est. Le garçon avait un infini courage et une volonté sans faille. En 1890, il se présente à Madrid avec *Bonarillo* face à des novillos de Mazpule. Il commence à être connu. Il reçoit l'alternative le 30 septembre 1893, à Madrid, des mains de Francisco Bonal *Bonarillo* qui lui cède le toro *Tesoreo* de don Antonio Halcón. L'année 1894 est sa plus brillante puisqu'il officie dans les grandes plazas d'Espagne telles que Séville, Huelva, Nerva, Saragosse, mais aussi à Nîmes et Lisbonne, avant le retour à Madrid, avec Rafael *Guerra*, devant un toro de Veragua le 28 octobre. Puis commencent la désaffection du public et la raréfaction des contrats. Doué d'un courage exemplaire, n'hésitant jamais à s'exposer – ce qui lui valut nombre de blessures –, il est pourtant contraint d'arrêter sa carrière, le 6 septembre 1911 dans sa ville natale de Huelva, avec Cástor J. Ibarra *Cocherito de Bilbao* et Francisco Martín Vázquez, face à des toros du marquis de Los Castellones. Le premier, un manso remarquable, lui infligea une blessure que l'on qualifia de grave : une carrière riche de glorieuses blessures s'achevait injustement sur une modeste.

De son premier mariage, il avait eu un fils : Manuel BÁEZ, né à Huelva, le 3 août 1905, qui commença tôt son apprentissage sous la direction de son père et affronta ses premiers novillos, de don Bernardo de la Lastra, le 20 juin 1919 à Huelva où il fut souvent bousculé. Si les capacités techniques de Manuel étaient encore peu convaincantes, son courage et sa ténacité ne pouvaient être mis en doute. En 1920, il revêt son premier costume de lumières à Valverde del Camino pour estoquer des novillos de don Manuel Castillo en compagnie de Rafael Posadas. Dès 1923, on voit en lui un torero d'avenir et sa vaillance était renommée. Après quelques plazas d'importance, il se présente à Madrid le 27 août 1924 avec *Zurito* et Agüero devant des novillos de Coquilla et coupe une oreille. Le 28 septembre suivant, il prend l'alternative à Séville des mains de Manuel Jiménez *Chicuelo* face à des toros de Moreno Santamaría. Au moment de brinder son toro d'alternative, il aurait fait parvenir un télégramme à Valence disant tout son attachement à cette ville qu'il considère « comme une mère ». Le 9 octobre, il confirme à Madrid, avec pour parrain Marcial Lalanda et pour témoins Villalta et Antonio Cañero, devant un toro du marquis de Villamarta. Le 16 juillet 1925, lors de la corrida de la presse, sa compétition avec *Niño de la Palma* laisse augurer de belles journées aux aficionados car *Litri* est très représentatif de cette période et ses qualités personnelles sont remarquables.

En 1926, le roi d'Espagne se déplaçant à Málaga, le directeur des arènes organise une corrida en son honneur, le 11 février. Au cartel figuraient Marcial Lalanda, *Litri* et *Zurito* avec des toros de Guadalest. Le deuxième toro, *Extremeño*, se montre violent et rapide dès sa sortie en piste. Manuel l'accueille à la muleta et, à la première passe, il se fait cueillir par une corne qui pénètre profondément dans la jambe, sans que l'on sache exactement quelle erreur il a pu commettre. Transporté dans une clinique, la gangrène se déclare le quatrième jour. Le chirurgien l'ampute mais l'infection empire et le torero meurt le 18 février 1926 dans la matinée. Il n'avait que vingt et un ans.

Le jeune torero était fiancé à Ángeles Espuny Lozán, que le père de Manuel, alors veuf et sexagénaire, consola en l'épousant. Et le 5 octobre 1930 naît Miguel BÁEZ Y ESPUNY à Gandía, dans la province de Valence. Très jeune il commence son apprentissage. Le 1er juin 1947, il estoque son premier becerro à Manzanilla, dans la province de Huelva. Puis, le 17 août suivant, il revêt pour la première fois le costume de lumières à Valverde del Camino en compagnie de *Costillares* et de Posadas, face à du bétail de Gerardo Ortega. L'année 1949 est celle des triomphes puisqu'il participe à 114 novilladas, dirigé intelligemment par *Camará* ainsi que par Julio Aparicio, avec qui il va former la plus célèbre équipe de l'histoire de la novillada. Partout où ils se présentent, le public accourt et les novilladas qui étaient jusqu'alors négligées deviennent un spectacle incontournable. Julio, classique, opposait son style à celui de *Litri*, très tremendiste, au répertoire restreint, dont l'exécution des passes était critiquable mais dont les attitudes enthousiasmaient les foules. Le 12 octobre 1950, il reçoit l'alternative à Valence des mains de Joaquín Rodríguez *Cagancho* en compagnie de son compagnon Aparicio, devant un toro d'Antonio Urquijo. Lors de sa première temporada de matador, il participe à 66 courses et confirme à Madrid le 17 mars 1951 des mains de Pepe Luis Vázquez, en présence d'Antonio *Bienvenida*, face à un toro de Bohórquez auquel il coupa une oreille. Commence alors une trajectoire impressionnante pour ce torero au visage triste, comme marqué par un terrible destin qui l'accable. Son courage hors du commun, son mépris total du danger, son acceptation des charges sans rompre donnaient une tension dramatique à toutes ses prestations. Chacun pouvait constater que sa technique était faible et ne lui permettait pas de dominer convenablement ses adversaires. Mais ses faenas se déroulaient sur une suite de passes généralement identiques qui faisaient croître la tension et l'anxiété de la foule. *Litri* se présentait à découvert et n'utilisait le leurre qu'au dernier moment pour rejeter le toro sans chercher vraiment à le dominer. Il attendait stoïquement la charge, avec une impavidité qui fascinait. Car le torero ne cherchait pas à marquer sa domination sur la bête mais lui laissait le champ libre pour ses attaques. Et il provoquait la charge suivante avec le même aguante, parfois en se permettant de ne pas suivre le toro du regard. Pour terminer, *Litri* se jetait sur le toro avec une détermination suicidaire, pour des estocades fulminantes qui levaient les gradins.

Sa dernière apparition dans le ruedo eût lieu à Nîmes le 26 septembre 1987, en compagnie de Paco Camino, et ils donnèrent ensemble l'alternative à leurs fils Miguel *Litri* et Rafael Camino face à des toros de Jandilla.

Fils du précédent, Miguel Báez Spínola est né à Madrid le 8 septembre 1968. Il débute sans picadors le 1er mai 1985 à Zafra, avec Francisco Heredia et *Rafi* Camino devant du bétail d'Antonio Muñoz. En 1986, il honore 53 contrats. Dès ses débuts, on l'associa avec Rafael Camino, dit *Rafi*, fils de Paco Camino, et ils formèrent tous deux une équipe digne de celle d'Aparicio et *Litri* père quelque vingt ans auparavant. Les succès s'enchaînent, les triomphes se succèdent et les deux novilleros enthousiasment les foules qui, à nouveau, fréquentent les gradins. Après 128 novilladas, il prend l'alternative à Nîmes le 26 septembre 1987 au cours d'une grandiose corrida qui réunit son ami et compagnon *Rafi* Camino ainsi que les deux pères qui avaient pour l'occasion revêtu à nouveau l'habit de lumières. *Litri* qui, à l'inverse de son père, est un beau garçon très élégant, coupa pour l'occasion une oreille à chacun de ses toros de Jandilla. Il se présente en Espagne le 4 octobre 1987 à Séville avec *Rafi* Camino en mano a mano devant des Torrestrella, puis débute en Amérique, à Lima (Pérou), toujours en mano a mano avec *Rafi* Camino, le 1er novembre 1987, mais sans convaincre le public. Les temporadas suivantes sont difficiles car *Litri* supporte mal le passage de novillada à corrida.

Il confirme à Madrid le 16 mai 1991 devant un toro de Juan A. Garzón avec José María *Manzanares* comme parrain et Ortega Cano comme témoin, et il est sifflé par les Madrilènes. Il accepte alors tous les contrats, même dans des petites arènes et devant des ganaderias difficiles, lui qui n'avait connu que les grandes plazas et les toros de garantie. Mais cette volonté de vaincre, de revenir au premier plan, se révèle progressivement positive car il améliore sa technique et son sens de la lidia ; le petit prince gâté par le succès surmonte tous les obstacles et commence à être reconnu. Sa carrière prend alors un tour nouveau et il fréquente les plazas de prestige, coupe les oreilles et est considéré comme une valeur sûre.

Après un détour au Mexique pour confirmer à Mexico le 10 novembre 1996 devant des toros de Teófilo Gómez avec Manolo Mejías comme parrain et *el Conde* comme témoin, il termine sa carrière en 1999 après avoir toréé presque 800 corridas. R.B.

LITTÉRATURE ET TAUROMACHIE. En définissant ses règles modernes, à la fin du XVIIIe siècle, la corrida se hisse au rang de *fiesta nacional* et devient, par là même, un emblème de l'Espagne. Ce signe fort d'une identité forte est très vite reconnu hors de ses frontières naturelles. Tout voyage outre-Pyrénées suppose, au XIXe siècle, d'assister à une course de toros et toute relation d'un séjour en Espagne intègre le récit d'une corrida. Aux observations anecdotiques des chroniqueurs – espagnols ou étrangers – des siècles précédents succèdent des témoignages nourris et précieux d'une tauromachie aujourd'hui disparue. Quand les écrivains du XXe siècle prennent le relais, leur regard s'est sensiblement modifié. Dépassant le statut de témoins d'un spectacle familier ou exotique, ils s'emparent de l'événement. « Écrire la corrida » ne relève plus désormais de la seule description mais exprime une réflexion personnelle sur les significations et la portée symbolique de l'art tauromachique.

Sous l'appellation commode de « littérature taurine » se rangent donc des textes très divers. Tous brossent le portrait de la corrida mais force est de constater que les écrivains contemporains privilégient une approche intellectuelle, voire métaphysique, par le biais de la fiction ou sous la forme de l'essai et de la critique.

Pour retracer cette évolution, plusieurs noms s'imposent comme autant de jalons significatifs d'une époque donnée sur le plan de la corrida comme sur celui du point de vue adopté par ses écrivains.

Les textes antérieurs à 1840

Les premiers écrits attestant de jeux taurins en Espagne datent du Moyen Âge. En 1256, dans *Las Siete Partidas*, Alphonse X le Sage unifie le droit castillan et s'intéresse d'un point de vue juridique aux courses de toros, désormais indissociables des festivités populaires.

C'est au XVIIe siècle que la tauromachie fait véritablement son apparition dans la littérature. Si Ginés Pérez de Hita évoque la course de toros, parmi d'autres fêtes, dans *Les Guerres civiles de Grenade* (1604 ?), la plupart des ouvrages de l'époque sont des sortes de manuels destinés à fixer des règles au jeu pratiqué à cheval par une aristocratie désireuse de montrer sa vaillance et son talent. La corrida du XVIIe siècle tient encore du tournoi, de la joute chevaleresque à laquelle elle est d'ailleurs souvent associée pour célébrer les grands événements. Les grands prosateurs du Siècle d'or – Mateo Alemán dans *Guzmán de Alfarache* (1599), Cervantès dans la deuxième partie de *Don Quichotte* (1615) – restent très allusifs. En revanche, les *Nouveaux Discours de l'art équestre en Espagne* de Fernández de Andrada (1616) et *La Vie de l'écuyer Marcos de Obregón* (1618) de Vicente Espinel offrent des descriptions plus copieuses. Mais la corrida exprime déjà suffisamment les valeurs du courage et de la virilité pour que l'intrigue de la pièce de Lope de Vega *Peribañez ou le Commandeur d'Ocaña* (1614) se noue au cours d'une novillada célébrée à l'occasion d'une noce campagnarde.

Les auteurs français ne sont pas en reste et Antoine de Lalaing, avec son *Voyage de Philippe le Beau en Espagne* (1502), ouvre une lignée abondante de témoignages qui décrivent avec soin les préparatifs, le public et les acteurs de corridas où un nombre sans cesse croissant de toros sont combattus. La comtesse d'Aulnoy, par exemple, relate la course du 22 mai 1679, à Madrid, dans la dixième lettre de sa *Relation du voyage d'Espagne*. Elle souligne l'importance accordée par les acteurs du spectacle à la présence des femmes dans le public et signale l'intérêt porté à l'origine du bétail : « On attache à leurs cornes un long ruban ; à la couleur du ruban, tout le monde les reconnaît, et cite l'histoire de leurs ancêtres, que l'aïeul ou le trisaïeul de ces taureaux tuèrent courageusement tels ou tels ; et l'on ne se promet pas moins de ceux qui paraissent. »

Au XVIIIe siècle, l'Espagne est vivement critiquée par les écrivains des Lumières. Dans ses *Lettres marocaines* (1773), imitées des *Lettres persanes* de Montesquieu, José Cadalso stigmatise les jugements de son inspirateur. Pourtant, lorsque Cadalso évoque la corrida, il fait sien le sentiment paradoxalement dominant que reprendront à leur compte, plus d'un siècle plus tard, les écrivains de la Génération de 98 : seule une nation barbare peut apprécier pareil spectacle. Pour accéder au rang de nation moderne, l'Espagne se doit de l'abandonner. L'Anglais Joseph Townsend apprécie pourtant la course qu'il voit à Madrid en 1786, avec Joaquín Rodríguez *Costillares*, relatée dans *A Journey through Spain* (1791) et son compatriote José Blanco White, qui admire *Pepe-Hillo* à Séville, exprime le même engouement dans ses *Letters of Spain*. En 1820, Sebastián de Miñano y Bedoya met en avant, dans ses *Lamentations politiques d'un pauvre petit paresseux*, l'atmosphère de fête liée aux courses de toros, leur intérêt pour l'agriculture et l'adoucissement des mœurs : « Si on tente de nous priver de ce beau divertissement, on prendra le risque de nous voir nous toréer les uns les autres. » La corrida ne cessera plus, dorénavant, de susciter la controverse mais, en littérature, elle sera surtout objet d'éloge et de réflexion.

La corrida du XIXe siècle vue par les voyageurs français

Le goût du pittoresque et des émotions fortes des écrivains romantiques alimente d'innombrables textes pour donner à voir et faire comprendre la corrida. Si beaucoup cultivent l'exotisme et forgent, à l'insu de leurs auteurs, un copieux répertoire de clichés, tous expriment une fascination durable et le désir de la faire partager. À l'instar de lord Byron (1788-1824) qui consacre les stances 71 à 79 de *Child Harold's Pilgrimage* à la corrida, plusieurs écrivains-voyageurs français en célèbrent la bouleversante beauté.

En publiant *Le Toréador* (1830), traduit en espagnol en 1836, la duchesse d'Abrantès (1784-1838) invente un genre, car c'est le premier roman français à prendre la corrida pour thème central. La mémorialiste multiplie, dans *Scènes de la vie espagnole* (1836), aventures et amours tragiques de toreros et autres personnages hauts en couleur dans une Espagne montagneuse et austère. Le ton est donné et toute une génération, éprise de couleur locale, prend le chemin de l'Espagne. Prosper Mérimée (1803-1870) y séjourne entre 1830 et 1835 et se lie d'amitié avec la comtesse de Montijo, la future impératrice Eugénie. Dans la première des trois *Lettres adressées d'Espagne au directeur de la Revue de Paris*, connue sous le titre *Les Combats de taureaux en Espagne*, datée du 25 octobre 1830 à Madrid, Mérimée succombe à l'étrange séduction du spectacle : « En dépit de messieurs les poètes, je dois dire que de tous les animaux que j'ai observés aucun n'a moins d'expression dans les yeux que le taureau. » Puis il précise la hiérarchie des acteurs – picadors, chulos, banderilleros et matadors – et insiste sur les règles et les dangers du combat comme sur la virulence des réactions du public. On apprend que « quelquefois, et dans des occasions solennelles, la hampe de la banderille est enveloppée d'un long filet de soie dans lequel sont renfermés de petits oiseaux en vie. La pointe de la banderille, en s'enfonçant dans le cou du toro, coupe le nœud qui ferme le filet, et les oiseaux s'échappent après s'être longtemps débattus aux oreilles de l'animal. » Un post-scriptum de 1842 rend hommage au picador Francisco Sevilla, « le Marius de la tauromachie », décédé l'année précédente, et au matador Francisco Montes *Paquiro* (1805-1851) qui « en est le César ». Très largement inspiré de la lettre de Prosper Mérimée, le texte de Théophile Gautier (1811-1872) intitulé « Sur les chemins. Lettres d'un feuilletoniste. VII » fut d'abord publié dans *La Presse* du 25-26 août 1840 puis repris au chapitre 7 du *Voyage en Espagne* (1845). Gautier découvre la corrida à Madrid, le 25 mai 1840, treize jours après son arrivée en Espagne. La pertinence de ses observations et la maîtrise du sujet dont il fait preuve ne pouvaient être le fait d'un néophyte. Elles témoignent cependant de l'engouement du jeune romantique pénétré de sa mission de touriste-journaliste : « L'on a dit et répété de toutes parts que le goût des courses de toros se perdait en Espagne, et que la civilisation les ferait bientôt disparaître ; si la civilisation fait cela, ce sera tant pis pour elle, car une course de toros est un des plus beaux spectacles que l'homme puisse imaginer. » Le sort des chevaux – quatorze sont tués ce jour-là – ou le recours aux chiens et à la medialuna pour la mise à mort datent le texte dont les termes techniques en espagnol ainsi que les noms des toreros ont été ajoutés sur le manuscrit d'une autre main que celle de Gautier. L'affiche du jour, les abords de la plaza de toros et la foule bigarrée qui s'y presse donnent lieu à une description minutieuse au même titre que la cathédrale de Burgos ou une soirée au théâtre de Valladolid, dans les chapitres précédents. Un réel souci documentaire – dont on trouve des échos dans *Carmen* (1845) – anime cette chronique colorée d'un voyageur curieux de tout. Gautier donne à voir les différentes parties de l'arène, l'effervescence du public, le comportement du toro, les différents acteurs du spectacle – avec en tête le célèbre picador Sevilla – dont le costume et la fonction sont soigneusement décrits. Le récit de la course est délibérément pédagogique : chaque incident relaté est l'occasion d'un développement sur tel ou tel aspect de la lidia au milieu du XIXe siècle. Hommage appuyé au matador andalou Francisco Montes *Paquiro* (1805-1851), le traité *La Tauromachie* complète le texte précédent en insistant sur les qualités physiques et morales du bon toro et du bon torero, sur les suertes de banderilles et de mort, en vogue ou déjà désuètes : « Romero, par exemple, donnait l'estocade de mort, les fers aux pieds, assis sur une chaise, et n'ayant pour muleta que son chapeau. *El Americano* attaquait la bête, monté sur un autre taureau sellé et bridé. » D'abord publié en août 1843 dans *Musée des familles*, ce texte figure, à quelques variantes près, dans le recueil de nouvelles et de récits *La Peau de tigre* dont la première édition date de 1852. Quand Alexandre Dumas (1802-1870) se rend en mission diplomatique à Madrid, il a lu le *Voyage en Espagne* de Gautier et reprend à son compte la démarche de son compatriote. La relation de son séjour, *Impressions de voyage de Paris à Cadix* (1847), suscita de nombreuses critiques en Espagne. Jugée trop folklorique outre-Pyrénées, elle connut un vif succès en France. Dumas rend compte d'une corrida madrilène de 1846 où s'illustra le matador sévillan Francisco Arjona *Cúchares* (1818-1868), idole du grand public et rival du protégé de Francisco Montes, José Redondo *el Chiclanero* (1818-1853), grand artiste de l'estocade a recibir. Le récit met en relief sa tauromachie spectaculaire et orgueilleuse qui privilégiait la muleta – « ce simple drapeau de pourpre » – sur l'épée mais souligne néanmoins : « L'animal s'arrêta frémissant sur ses quatre pieds ; on sentait que sinon le fer, du moins le froid du fer avait pénétré jusqu'à son cœur. La poignée seule apparaissait au-dessus de la nuque. Cúchares ne s'inquiéta plus du taureau et alla saluer la reine. »

Ces descriptions enthousiastes et soignées, dépourvues de toute préoccupation interprétative, disparaissent en même temps que le romantisme pour laisser place à un regard critique qui se manifeste d'abord en Espagne.

La corrida du XXᵉ siècle : d'un symbole identitaire...

Plusieurs écrivains espagnols de la fin du XIXᵉ siècle ont modifié la perception de la corrida en la constituant comme objet d'étude. Si certains délaissent la description pour dresser un inventaire des pratiques tauromachiques ou déterminer leur origine, d'autres commencent à mettre en question le sens de la tauromachie. Pour la première fois, des voix s'élèvent pour dénoncer, avec Joaquín Costa (1844-1911), ce « venin subtil et mortifère de la cruauté et de l'égoïsme ». Plus nuancé, Eugenio Noël (1885-1932) voit dans la corrida « rien moins que la substance du caractère national », celle-là même qu'expriment le Quichotte ou la découverte de l'Amérique. Le débat est lancé et l'Histoire va s'en emparer. En 1898, l'Espagne perd Cuba, sa dernière colonie américaine, et entre dans une profonde crise. Tiraillés entre nostalgie d'une grandeur impériale défunte et rejet de la modernité européenne, les intellectuels cherchent à tracer les voies d'un avenir incertain. En exaltant les valeurs de l'Espagne éternelle, certains théorisent un repli jugé vital. C'est dans leur sillage que naît une littérature attachée aux particularismes locaux.

Gloire du genre régionaliste, chantre du Levant, Vicente Blasco Ibáñez (1867-1928) a acquis une dimension internationale avec *Arènes sanglantes*. Le souvenir de la rivalité entre *Lagartijo*-l'artiste et *Frascuelo*-le valeureux divise encore l'Espagne quand l'écrivain choisit de suivre le Sévillan Antonio Fuentes (1869-1938), torero classique et fin, pour rassembler, en bon naturaliste, la matière première de son livre. Il met en scène les amours du torero Juan Gallardo et d'une aristocrate et offre une vision non dépourvue de stéréotypes de la corrida. Parce qu'elle incarne l'amour de la terre et de son histoire, elle constitue un microcosme où s'estompent les clivages sociaux : « Le samedi de Gloria, à une heure avancée de la nuit, on fit l'encierro du bétail destiné à la course, et doña Sol voulut assister comme "piquier" à cette opération, qui avait le charme de s'effectuer dans les ténèbres » (*Arènes sanglantes*, 1908 ; trad. de G. Hérelle, 1923). C'est précisément cette image d'Épinal taurine qui a séduit durablement et motivé les nombreuses traductions et adaptations cinématographiques du roman.

La corrida assurera désormais la transmission d'un vivier d'images qui identifient l'Espagne aux yeux des étrangers et lui renvoient, en miroir, une image positive fondée sur l'exaltation lyrique de son identité. En marge de ce mouvement, Ramón Gómez de la Serna (1891-1963) a livré la fiction sans doute la plus poétique de la littérature taurine : *Le Torero Caracho* (1927 ; trad. de Georges Pillement, 1945). Le récit, aux allures réalistes, fourmille en fait d'images prosaïques ou précieuses qui font du toro mort « une barque échouée » et de ses cornes dans la nuit « des torches de cire allumées ». Et si au chapitre VI, l'auteur des mordantes *greguerías*, sorte d'aphorismes dont il a initié le genre, se livre à une satire désopilante de la corrida portugaise, il ne manque pas de souligner la gravité solennelle et symbolique du rituel taurin en voyant dans « la première course du printemps, la nouvelle inauguration du monde ».

La voie est ouverte à une analyse de spectacle taurin comme fait social et culturel, comme manifestation d'un rapport particulier au monde, dans des termes que le XXᵉ siècle va utiliser pour étudier toutes les pratiques artistiques.

... à une mythologie moderne

Puisque la corrida n'est plus seulement un spectacle étonnant, objet de la curiosité des étrangers qui la découvraient en franchissant les Pyrénées, ce sont sa valeur symbolique ou philosophique et sa puissance suggestive qui fascinent dorénavant. Le combat de l'homme et de la bête cesse d'être décrit pour lui-même : le récit cède progressivement la place à l'interprétation. Élargissant leur palette d'idées, de sentiments et de mots, les écrivains intègrent la corrida à leur univers. Elle alimente leur réflexion et leur imaginaire si bien que leurs œuvres « taurines » entretiennent des liens intimes avec leurs autres livres.

Le cas de Joseph Peyré (1892-1968) est, à cet égard, éclairant. Émotion, pittoresque et héroïsme fondent son credo moral et littéraire. La corrida l'intéresse parce qu'à ses yeux elle conjugue idéalement ces termes. L'affrontement qu'il met en scène dans *Sang et lumières* (1935) dresse l'homme, non seulement contre le fauve mais contre d'autres hommes, assis sur les gradins, dont l'exigence insatisfaite pousse les toreros vers la mort : « Il avait failli y rester, la Vieille Plaza l'avait vu. Elle exigeait qu'il recommençât ? Il obéissait. La gauche, ils voulaient la gauche ? Ils allaient l'avoir. » Et l'histoire s'achève sur le *parte facultativo* (certificat médical) qui annonce le décès du héros... Couronné par le prix Goncourt, le roman ouvre un cycle espagnol de trois œuvres dont l'auteur de *L'Escadron blanc* puisa l'inspiration dans un séjour de plusieurs années à Madrid. La Marisma et la féria de Séville servent de décor à *Guadalquivir* (1952) : « Sur une ondulation de l'herbage, le grand taureau noir apparut, encadré par deux de ses sujets, du même noir luisant et pur. Ainsi soutenu sur ses deux flancs, Marismeño prenait valeur de dieu majeur. » L'intrigue est centrée sur les amours de la jeune duchesse d'Ayamontel et du torero Juan-Fernando, vedette aux triomphes faciles qui ne rêve que d'une carrière d'acteur dépourvue de tout danger. Peyré force le trait et brosse le portrait d'une corrida improbable où un toro de légende triomphe d'une figura sans scrupules, sous les lazzi du public, lors de la féria sévillane de 1951 qui comprend huit courses dont une avec huit toros. En romancier de l'action et de l'honneur, Peyré ne s'embarrasse pas de préoccupations documentaires : Marismeño court en piste avec une « vitesse de pur-sang » malgré ses sept cents kilos, la « nuque gonflée par une alarme sans précédent »... Pour pénétrer le mystère du drame qui se joue dans l'arène, Henry de Montherlant (1895-1972) s'appuie en revanche sur une solide connaissance du milieu. Nourri de culture romaine, il découvre la corrida à quinze ans, à Bayonne, sur le chemin de Lourdes où sa grand-mère le conduit en pèlerinage. Une passion est née et le collégien confie : « Je ferai certainement plus tard quelque chose là-dessus. C'est une des choses les plus magnifiques et émouvantes qui soient... » Quand *Les Bestiaires* paraissent en 1926, Montherlant a ajouté ses expériences vécues en piste à son émotion de jeune spectateur. En juillet 1911, à Saint-Sébastien, il a affronté ses premiers taurillons, conseillé par le matador Julio Gómez Cañete *Relampaguito*. Et, en 1925, quand un toro le blesse à l'omoplate chez don Antonio Flores, près d'Albacete, l'incident est relaté dans toute la presse parisienne. Le succès du livre – dédié au président de la République, Gaston Doumergue, « premier aficionado de France » – est néanmoins inattendu : la tauromachie ne suscite à l'époque qu'indifférence hors du cercle des initiés. C'est dans l'analyse du sens profond de la corrida que réside l'explication de l'impact du roman. Le sacrifice du toro dans l'arène perpétue d'abord la religiosité naturaliste des pays méditerranéens qui alimenta le culte de Mithra que Montherlant interprète à sa guise, entre paganisme et syncrétisme. Mais Montherlant va plus loin : pour lui, comme pour Belmonte qu'il fréquenta, la corrida met en jeu sensualité et sexualité. Et l'écrivain aimait souligner qu'il fut le premier à l'exprimer. « Ensemble, tellement ils étaient appareillés dans cette lutte, cette danse, cet embrassement, le taureau et l'homme s'arrêtèrent. Et chacun d'eux faisait son souffle contre l'autre. La possession n'avait pas son sceau, et pourtant elle était accomplie » : c'est une virilité glorieuse que le jeune Alban de Bricoule, héros du roman et double de l'écrivain, oppose à « la déficience féminine ». C'est aussi un jeu noble qui, comme le sport ou la guerre, satisfait en même temps qu'il l'exacerbe l'instinct vital de l'homme. L'expérience du danger, comme celle de l'amour, et la fréquentation de la mort lui donnent la maîtrise héroïque de sa vie. Et « les terribles taureaux de l'écritoire » n'en sont que le pâle reflet, un succédané définitivement étranger au moment de vérité. Au soir de sa vie, Montherlant prend congé du monde et de la fiesta brava, jugeant soudain que « ce qu'on toréait dans cette arène, dans des centaines d'arènes, chaque dimanche, c'était l'homme » (*Le Chaos et la Nuit*, 1962). Celestino Marcilla, vieil anarchiste réfugié à Paris, revient en Espagne pour prendre possession d'un héritage. Mais, dernier double de l'écrivain, il vient surtout brûler tout ce qu'il a aimé : « Celestino avait appris, quelques années plus tôt, par le journal, que le limage des cornes venait d'être interdit par le gouvernement. Et il avait bougonné, parce que la mesure était bonne, et elle était de Franco. » La corrida n'est plus qu'un spectacle commercial et donc grotesque qu'il observe avec amertume. Comme la vie. La corrida, métaphore de la vie : Ernest Hemingway (1899-1961) s'est approprié l'idée qui relie, tel un fil rouge, ses romans et nouvelles d'inspiration taurine ou non. Pedro Romero, jeune matador de dix-neuf ans, le héros du roman *Le soleil se lève aussi* (1926), est assimilé à un dieu, doté du pouvoir de tutoyer la mort : « La façon de combattre de Romero créait une émotion réelle parce qu'il gagnait une pureté de lignes absolue dans ses mouvements ; et, toujours calmement, tranquillement, il laissait les cornes le frôler. » Parfait et inaccessible dans son costume de lumières, il est l'idole sur laquelle viennent buter les désirs conjugués des autres personnages, êtres ordinaires manipulés par Jack Barnes, le narrateur. Dans la note bibliographique qui conclut *Mort dans l'après-midi* (1932 ; trad. de René Daumal, 1938), l'auteur avoue sa dette envers les 2 077 ouvrages traitant de tauromachie, recensés en espagnol. S'il ne les a pas tous utilisés, la précision de son étude porte la marque d'un important travail de recherche qui fait de ce roman un véritable manuel d'initiation, écrit par un aficionado que sa passion a conduit à voir plus de trois cents courses avant de prendre la plume sur ce sujet. Hemingway brosse le portrait des grandes figures d'antan et du moment – de Belmonte et *Joselito* au *Niño de la Palma* –, analyse le rôle des différents intervenants et les comportements du toro, examine les différents styles à l'œuvre dans les trois tiers du combat et rend hommage à Manuel García *Maera* (1896-1924). Mais son originalité, qui l'ancre dans son siècle, réside dans la réflexion sur l'art, la souffrance, la peur et la mort dont le propos descriptif, technique et historique est indissociable puisque « la course de taureaux est le seul art où l'artiste est en danger de mort et où la beauté du spectacle dépend de l'honneur du combattant ». Près de trente ans plus tard, pour répondre à la demande du magazine américain *Life*, Hemingway renoue avec la passion de sa jeunesse. Dans *L'Été dangereux* (1960 ; trad. de Jean-Pierre Carasso, 1988), ses retrouvailles avec la corrida coïncident avec l'émergence du tandem Ordóñez-*Dominguín* qui rivalisent, en cet été 1959, en un interminable mano a mano dans toutes les arènes d'Espagne. Publiée en trois épisodes, la chronique de cet affrontement mythique connut un énorme succès malgré les critiques suscitées par un parti pris manifeste pour Ordóñez. « Cinq taureaux étaient morts de cinq estocades uniques quand le dernier taureau sortit et le bruit de la foule s'éteignit quand Antonio s'avança sur lui avec la cape et commença ses longues et lentes passes magiques » : les pages consacrées à la course du 14 août à Málaga, au cours de laquelle les deux beaux-frères coupèrent dix oreilles, quatre queues et deux sabots aux toros de Juan Pedro Domecq restent un chef-d'œuvre du genre.

Aux antipodes du reportage, Georges Bataille (1897-1962) observe et interprète la corrida à travers le prisme de ses fantasmes. *Histoire de l'œil* (1928) évoque Manuel Granero (1902-1922) qui « différait des autres matadors en ce qu'il n'avait nullement l'apparence d'un boucher, mais d'un prince charmant, bien viril, parfaitement élancé ». Pour avoir soigneusement transgressé les règles de la décence littéraire, Bataille sent durablement le soufre. Mais dans « sa » corrida où il torée Éros et hystérie dans l'ombre de Don Juan, entre sacré et sacrilège, Granero et *Pocapena*, le toro de Veragua qui le tua, sont étrangement absents, confisqués par une entreprise littéraire dont ils ne sont que la matière première.

Poésie et corrida : le culte de l'esthétique

Des paroles de *paso doble* aux vers les plus aboutis, la poésie entretient des liens intimes avec la fiesta brava. Elles s'expriment dans un vocabulaire commun où rythme et concision règnent en maîtres. La conférence d'Ignacio Sánchez Mejías, prononcée à l'université américaine de Columbia en 1929, offre un répertoire d'images exemplaires : le monde est une « énorme plaza de toros », le toro un démon et le toreo est défini comme « représentation dramatique du triomphe de la Vie sur la Mort ». En convoquant Thérèse d'Ávila et Rafael Alberti pour illustrer son propos, le matador-dramaturge situe clairement la corrida dans le domaine poétique.

Federico García Lorca (1899-1936) introduisit l'exposé de son ami par une déclaration, publiée dans *La Prensa* de New York sous le titre « Présentation d'Ignacio Sánchez Mejías » (1930), qui célèbre la gloire du torero, « héros pur » et poète, tels *Joselito* ou Belmonte. Lorca, qui domine toute l'écriture poétique de la corrida par la mise en images de l'essence même du toreo. Dans *Sol y sombra* (1930 ?), il écrit : « Du torero jaillissent le soleil et l'ombre. » *Lagartijo* (1841-1900) incarne le soleil, *Machaquito* (1880-1955), l'ombre. *Bombita* (1879-1936) et *el Gallo* (1882-1960) savaient passer de l'un à l'autre... Belmonte sut annuler cet antagonisme fatal. *Théorie et jeu du duende* (1933) donne ainsi une définition incomparable des terrains : « Le taureau a son orbite, le torero la sienne, et entre orbite et orbite un point de danger où se situe le sommet du terrible jeu. » Pour le poète de Grenade, qui contribua à la renaissance du flamenco, l'art de tuer les toros est indissociable du *cante*. Comme lui, il n'est qu'une mascarade s'il n'est pas habité par « ce pouvoir mystérieux que tout le monde perçoit et qu'aucun philosophe n'explique ». Lorca passe avec la même magie d'une émotion à l'autre : de la douleur du *Chant funèbre pour la mort d'Ignacio Sánchez Mejías* (1935, trad. P. Darmangeat) à la grâce légère de *copla* andalouse du poème *El café de Chinitas (Cantares populares)*, mis en musique sur une mélodie recueillie et harmonisée par le poète.

En 1935, lors d'un séjour en Argentine, Lorca déclara à la radio : « Le torero va à la plaza pour se retrouver seul avec le taureau auquel il a beaucoup à dire, qu'il craint et adore en même temps. » C'est cette compréhension intime du toreo qui le conduit, en 1927, à solliciter José María de Cossío pour collaborer à la revue qu'il anime avec son frère Francisco et trois de leurs amis puis pour écrire dans le journal *El Defensor de Granada* où il compte publier des photos taurines de « moments heureux et plastiques » (1935 ?).

Rien ne prédisposait, en revanche, Jean Cocteau (1889-1963) à rencontrer la corrida. Mais, le 1er mai 1954, à

Séville, Cocteau assiste aux « noces funèbres » entre le toro, « ambassadeur de la Dame Blanche », « houle ténébreuse d'entrailles » et son « fiancé royal » (*La Corrida du premier mai*, 1957). Convié à la cérémonie par Damaso Gómez qui lui confie sa montera, le poète y retrouve tous les ingrédients de sa mythologie personnelle : puissance du rite, trouble sexuel archaïque et fertile, surgissement sauvage de la beauté et de l'émotion. Ni reportage ni description, ce texte vise à « fixer les modifications de la conscience obtenue chez un Français par cette drogue du peuple d'Espagne : la corrida... ».

Parmi les grands poètes inspirés par la corrida, il faut citer également Rainer Maria Rilke (1875-1926), Fernando Villalón (1881-1930), Jorge Guillén (1893-1984), Gerardo Diego (1896-1987), Rafael Alberti (1902-1999) et Miguel Hernández (1910-1942).

Biographes et essayistes : entre pédagogie et passion

Si les points de vue sont trop divers pour qu'une typologie puisse être établie sans lacunes, plusieurs noms s'imposent toutefois comme repères significatifs dans l'approche critique et esthétique de la tauromachie. Et c'est précisément cette diversité qui exprime la richesse inépuisable de l'art de combattre les toros, impossible à enfermer dans une interprétation monolithique.

Les écrits des toreros occupent une place à part. À l'origine du genre, *La Tauromaquia* (1796) de José Delgado *Pepe-Hillo* (1754-1801) définit les canons modernes du toreo et affirme : « Chaque suerte en tauromachie a ses règles fixes qui ne faillissent jamais. » Il appelle également de ses vœux une réglementation sévère du comportement du public alors coutumier des pires débordements. En 1960, Luis Miguel *Dominguín* signe *Pour Pablo* (trad. de G. Franck). Ce court texte, hommage à l'amitié qui le lie à Picasso, analyse l'art tauromachique comme une forme poétique fondamentalement inexplicable.

Les biographes s'attachent à situer la carrière des hommes de l'arène dans leurs contextes respectifs. Par là même, ils font œuvre d'historiens et permettent une utile mise en perspective de la corrida d'une époque donnée. Manuel Chaves Nogales a publié, en 1935, la première biographie de torero : *Juan Belmonte, matador de toros* (trad. de A. Martin). Au cours de longues conversations, le matador se confie et analyse sans détours la situation de la corrida d'avant-guerre : « Les taureaux de lidia sont aujourd'hui un produit de la civilisation, une élaboration industrielle standardisée comme les parfums Coty ou les automobiles Ford. » Dominique Lapierre et Larry Collins ont retracé, en 1967, la destinée de Manuel Benitez *el Cordobés* dans *... Ou tu porteras mon deuil* qui insère le récit de la corrida historique du 20 mai 1964 (Madrid, toros de Benitez Cubero) dans un tableau sans fards de l'Espagne de la fin de l'après-guerre civile. Francisco Narbona est l'auteur de trois biographies consacrées à Rafael *el Gallo*, Ignacio Sánchez Mejías (en collaboration avec Antonio García Ramos) et *Manolete*. Fernando Quiñones réunit dans *La gran temporada* (1960-1998) quinze récits – dont un est consacré au matador mexicain Carlos Arruza – qui restituent essentiellement le monde taurin des années 1950. Jacques Francés *Santiaguito* s'est consacré à Rafael *Guerra*, torero phare de la fin du XIXe siècle, pour écrire *Guerrita « Après moi, personne »* (1993) qui souligne la carrière exceptionnelle et l'importance décisive du matador de Cordoue dans l'évolution de la fiesta. Et, très récemment, Alain Montcouquiol a rendu un hommage bouleversant à son frère Nimeño II dans *Recouvre-le de lumière* (1999) tandis qu'Antonio Burgos s'est glissé dans le costume du « Pharaon de Camas » pour écrire, en 2000, *Curro Romero, la esencia*, « les mémoires d'un mythe de la tauromachie, de l'après-guerre aux *tardes de gloria* ».

Les essayistes ont renouvelé la littérature taurine. Exempts des contraintes de la fiction, libres de tout souci strictement informatif, ils livrent explicitement une réflexion personnelle, fruit de leur expérience d'intellectuels aficionados. Leurs travaux explorent leur émotions et construisent une théorie polymorphe de la corrida comme forme artistique pleine et entière. José Bergamín a consacré le premier et le dernier de ses essais à la tauromachie. Dans *L'Art de birlibirloque* (1930 ; trad. de M. A. Sarrailh), il affirme : « L'art de toréer n'est pas espagnol. Il est interplanétaire » et analyse la corrida comme métaphore de la vie, frémissante et mystérieuse. *La música callada del toreo* (1981 ; trad. de F. Delay) qui porte la marque de *Rafael de Paula*, son torero préféré, poursuit sa réflexion sur l'« émotion magique » de ce spectacle « inséparable de la réalité politique [...] expression la plus claire, la plus révélatrice, des mensonges qui cherchent à la dissimuler ou à l'escamoter ». Publié en 1987, *La Claridad del toreo* rassemble différents articles écrits depuis 1950 et corrige le jugement sévère porté auparavant sur Belmonte. Dans une démarche plus intime encore, Michel Leiris, l'auteur de *Abanico para los toros* (1938) et de *Miroir de la tauromachie* (1938), voulait « introduire ne fût-ce que l'ombre d'une corne de taureau dans une œuvre littéraire » (*De la littérature considérée comme une tauromachie*, prière d'insérer de *L'Âge d'homme*, 1939). Aficionado atypique, Leiris aime puis déserte la corrida, où domine selon lui « l'élément sacrificiel, gestes stricts accomplis à deux doigts de la mort et pour donner la mort ». Dès lors, sa réflexion vise à éclaircir le rituel, mélange de sacré et d'érotisme qui fonde l'art tauromachique. De cette démarche jaillit une certitude : pour délivrer à son œuvre un gage d'authenticité et accéder à la beauté, l'écrivain doit se mettre lui aussi en danger pour toréer les mots. Michel Leiris est par ailleurs l'auteur du commentaire du très pédagogique documentaire de Pierre Braunberger, *La Course de taureaux* (1951), dont le texte a été publié sous le même titre par Francis Marmande en 1991, à partir du manuscrit préparatoire. Mais la passion peut résister à toute tentative de transcription. Jean Cau écrit : « Aimer les toros, c'est chaque après-midi vers les cinq heures, croire au Père Noël et aller à ses rendez-vous. » Derrière le bon mot, une conviction : on n'écrit pas la corrida, on ne met pas en mots une réalité de chair et de sang qui seule sait dire ce qu'elle est et ce qui la motive. *Les Oreilles et la Queue* (1961) relate néanmoins la saison 1960 de Jaime Ostos. Mais le futur auteur de *Vie et mort d'un taureau de combat* (1963) avait déclenché, en mars 1955, une polémique retentissante dans la revue *Les Temps modernes* en dénonçant l'amalgame alors en vogue dans les milieux intellectuels de gauche entre corrida et franquisme. Loin de ce débat, *Le Roman de Carmen* (1990) plonge dans la sensualité andalouse et nourrit la légende d'Antonio Sánchez *el Tato*, le gendre de *Cúchares*. Jean-Marie Magnan aime à se définir comme « l'hérétique de toutes les églises ». Admirateur de Curro Romero et du *Cordobés*, il analyse sans a priori l'alchimie secrète, art et technique, des grands artistes et l'émotion qu'ils suscitent en lui. Après, entre autres ouvrages, *Corrida-spectacle, corrida-passion* (1978) et *La corrida est une mémoire* (1993), l'auteur de *Tauromachies* (1991) poursuit sa quête du secret de « l'inépuisable prodige de la fête tauromachique » dans *Le Roman de la corrida* (1999) où il accueille *el Juli* au seuil du panthéon des plus grands avec une capacité d'émerveillement intacte. François Zumbiehl a choisi de « remonter à la source » : *Des taureaux dans la tête* (1987) restitue les entretiens entre l'auteur et *Pepe Luis Vázquez*, *Dominguín*, Ordóñez, Paco Camino, *el Viti* et *el Cordobés*. *Taurines* (1992) et *Le Calife (Manolete)* [1995] relèvent de la même ambition : donner la parole aux hommes du geste. François Coupry et Catherine Clément analysent l'univers de la fiesta brava dans *Torero d'or* (1981 et 1992), armés de leur afición et du solide désir d'éclaircir les relations entre homme et toro. Ils offrent un tableau inédit, sociologique et psychanalytique, non dépourvu d'humour, de la corrida, dans un livre à la fois traité et reportage.

La corrida, motif folklorique

Utilisée comme un réservoir d'images singulières et d'ambiances exaltées, la corrida sert de toile de fond à des fictions qui exploitent ses aspects les plus romanesques : le danger, la peur, le courage et la gloire. Objet d'une simple allusion ou trame de la narration, le monde du toro est présent dans les œuvres les plus inattendues, souvent inspirées d'un séjour outre-Pyrénées.

Abel Hugo (1798-1855), frère aîné de l'auteur des *Misérables*, vécut en Espagne où il entra dans le corps des pages du roi. La courte nouvelle intitulée *Le Combat de taureaux* réunit un trio classique : la belle, son époux et le séducteur dans une atmosphère électrique d'où surgit le toro : « Vois-le, Elvire, sa rage est au comble ; le sang sort de ses yeux menaçants, et une épaisse écume souille ses naseaux gonflés par la colère. » Gil Polo est picador et la tragédie qui se joue dans l'arène précipite sa fatale aventure avec Elvire. Il est le « favori » de la « populace » qui réclame les chiens, applaudit aux banderilles de feu et... s'enfuit quand l'animal saute dans les gradins. Et c'est à l'infortuné mari qu'échoit la tâche de maîtriser le fauve et de le ramener en piste ! Le soir même, il noie l'infidèle dans le Manzanares. Le réalisme n'a ici guère de place. Pas davantage dans *Militona* (1847) que Théophile Gautier publie deux ans après son passionnant récit de voyage. Souvent jugée extravagante, l'histoire de Juancho fait la part belle à la passion amoureuse et à la jalousie, sur un mode romantique jusqu'à la caricature. Mais Juancho est torero et c'est sa vie qu'il met en danger lorsqu'il épie, en plein combat, son rival qui courtise sur les gradins la femme qu'il aime.

C'est le déroulement de l'intrigue policière qui permet de découvrir les coulisses de la corrida dans *Olé !... Torero !* (1963) de Charles Exbrayat (1906-1989). Le roman recrée le monde pathétique des toreros sans contrats, des vétérans avides de retour et les haines que suscitent jalousies et rivalités. Sur la planète des toros où règnent en maîtres l'argent et la peur, la presse taurine apparaît, elle aussi, sous son jour le plus sombre : partisane et corrompue. Pour renouer avec la gloire, encore incarnée par Belmonte, le héros du roman, Luis Valderes, *L'Enchanteur de Valence*, doit s'imposer dans le nord de l'Espagne où le « public impitoyable [...] ne tolère pas la moindre faute » face à « des bêtes énormes, de la fameuse race Miura ». Mais tous les membres de sa cuadrilla sont tour à tour assassinés ! En filigrane, l'auteur témoigne d'une réelle sensibilité à la face cachée de la fête : « Quand on est jeune, on ne comprend pas. On ne pense qu'aux costumes, aux acclamations, au soleil [...]. Après, on comprend qu'il y a la femme, les enfants, l'hôpital et la misère derrière toutes ces chamarrures, toute cette lumière et quelquefois la mort. »

La bande dessinée ne pouvait pas ignorer l'univers coloré de la corrida. Dans *Matador* (trois volumes : 1992, 1993, 1994), Gani Jakupi et Hugues Labiano en exploitent habilement les poncifs psychologiques et culturels en développant l'action dans les lieux emblématiques de la tauromachie : les arènes mais aussi le café de village, la chambre d'hôtel, l'infirmerie et les routes poussiéreuses de la campagne andalouse. L'histoire se situe dans les années 1930 : Hemingway et Lorca y font une apparition, les paysans manifestent sous les bannières de la République et Manuel, le maletilla, prendra l'alternative des mains de Marcial Lalanda, avec *Cagancho* pour témoin. L'intimité du torero est au cœur du scénario qui repose sur les amours du jeune homme et les passions qu'il déclenche.

La passion relie entre eux, d'un siècle et d'un genre à l'autre, les écrivains de la corrida. Ceux d'aujourd'hui analysent plus souvent qu'ils ne racontent. La place acquise par les chroniqueurs semble parallèlement bien établie. Ils font œuvre à part, tissant des liens particuliers entre corrida et littérature, reportage et histoire. Tous reconnaissent en Auguste Lafront *Paco Tolosa* leur maître en afición quel que soit leur regard sur la fiesta. L'historien Bartolomé Bennassar, les journalistes Francis Marmande, Vincent Bourg *Zocato* et Jacques Durand, sans oublier Jean Lacouture pour ne citer que ces noms, fixent heureusement sur le papier une époque de la corrida que télévision et vidéo restent paradoxalement impuissantes à transmettre dans toute sa vérité. B.M.

LIVRE GÉNÉALOGIQUE. Le règlement taurin espagnol publié en 1992, confirmé en cela par les instances européennes, impose que tout animal destiné au combat doit être inscrit dans le livre généalogique.

Ce livre est constitué de trois registres :

Le Registre initial : c'est le premier registre officialisant un élevage selon les nouveaux textes et instituant une visite de l'élevage et un examen des pièces particulières à chaque animal, accréditation de l'élevage et des ses animaux. En matière de zootechnie, on considérera la race comme étant constituée après deux générations.

Le Registre des naissances : dans les jours suivants sa naissance, chaque animal des deux sexes doit obligatoirement être inscrit sur ce registre et déclaré aux services officiels. Par la suite, quand l'animal sera vendu soit pour être combattu soit pour toute autre destination (abattoir, reproduction dans un autre élevage), la vente ne pourra s'effectuer qu'accompagnée d'un extrait de ce registre, extrait sur lequel doivent apparaître :

- *Filiation* : indication et caractéristiques des géniteurs, date à laquelle le semental a été rapproché de la vache, date à laquelle il en a été écarté ;
- *Date de naissance* et numéro d'ordre dans la camada du produit obtenu ;
- *Fer, devise et señal* de la ganaderia. Un représentant de l'autorité doit obligatoirement assister à ces opérations de marquage ;
- *Couleur de la robe.*

Le Registre définitif : consacré aux animaux mâles ou femelles conservés comme reproducteurs.

Le livre généalogique répond à deux objectifs principaux : garantir officiellement la pureté de la race, avec toutes les réserves émises à propos de ce terme dans l'article consacré à la caste ; garantir d'une manière indiscutable la traçabilité de chaque animal.

En France, ces obligations légales sont respectées d'une manière extrêmement précise et sérieuse, avec des contrôles variés et fréquents de la part des organismes officiels (Établissement départemental de l'élevage, Direction des services vétérinaires, Chambres d'agriculture, etc., avec émission régulière des états des naissances, contrôle des marquages – pairs pour les mâles, impairs pour les femelles –, bouclage des oreilles, etc.). P.M.

LLENAZO. Se dit d'une plaza comble, au point que même les escaliers sont occupés. C'est la situation dont rêvent tous les administrateurs d'arènes et tous les apoderados.

LLENO. Adjectif dérivé de llenazo.

LLORET DEL MAR (Espagne. Gérone 55 km). Cet ancien port de pêche très connu au XVIIIe siècle est maintenant devenu un bourg de 25 000 habitants et surtout un très grand centre touristique qui accueille des milliers de touristes tout au long de l'année pour ses deux plages de sable et sa vie nocturne trépidante.

Ce n'est pas un grand centre tauromachique, mais la seule plaza de la Costa Brava qui accueille 5 000 spectateurs.

Construite en 1962, elle été inaugurée le 5 septembre avec une corrida de María Sánchez de Terrones lidiée par le rejoneador Ángel Peralta et les matadors Jaime Ostos et Joaquín Bernadó. R.B.

LLORÓN (*pleurnicheur*). Toro qui porte une taie (tache opaque) sur la cornée.

LOGROÑO (Espagne. Madrid 330 km – Pampelune 92 km). Cette ville de 115 000 habitants était déjà un port fluvial à l'époque romaine. Conquise par les Arabes au VIIIe siècle, Logroño est reprise par les rois de Navarre en 755 et rattachée à la Castille en 1076.

La première plaza de toros était provisoire et c'est en 1862 qu'est construit un ensemble permanent, inauguré le 5 octobre 1863 par une course de six toros de Duque de Veragua estoqués par *Cúchares* et Cayetano Sanz. Le 9 juillet 1914, un incendie détruit l'édifice. Le nouveau bâtiment, d'une contenance de 9 500 spectateurs, est inauguré le 21 septembre 1915 avec une course de Duque de Veragua combattue par José Gómez *Gallito*, Juan Belmonte et Julián Sainz *Saleri II*. R.B.

LOLITA.
Voir PRETEL Dolores.

LOMBARDO ou LOMIPARDO. Toro noir uniforme avec le dos castaño plus ou moins sombre.

LOMELÍN MIGONI Antonio. Il est né à Acapulco le 26 décembre 1945. Le 20 novembre 1967, il reçoit l'alternative à Irapuato des mains de Manuel Capetillo en présence de Joselito Huerta, face au toro *Tupinamba* de la ganaderia de Rancho Seco. Il confirme à Mexico le 18 février 1968, des mains de Joselito Huerta, en présence de Jesús Solórzano, face à du bétail de Llaguno. Il fait sa présentation à Madrid, le 28 mai 1970, pour sa confirmation, avec Andrés Vázquez comme parrain et José Manuel Inchausti *Tinín* comme témoin, face à *Montillano*, toro de la ganaderia d'Alonso Moreno de la Cova. Il triomphe avec trois oreilles ; mais il ne reviendra pas toréer en Espagne. R.B.

LOMIPARDO.
Voir LOMBARDO.

LÓPEZ Tancredo. Novillero raté, Tancredo López a vu le Mexicain Orizabeño faire un numéro d'immobilité absolue qui trompe le toro, lequel se détourne de son but. Il introduit cet exercice en Espagne et atteint au succès rapidement. Mais le jeu passe vite de mode et il meurt dans la plus grande misère le 12 octobre 1923. Son rôle dans la tauromachie contemporaine est toutefois important puisqu'il a permis de comprendre que le toro dédaigne le torero lorsque celui-ci reste immobile, principe qui permettra à Belmonte de commencer sa carrière et arrivera à son apogée avec le toreo d'Ojeda.

En marge de la corrida, deux spectacles extravagants prirent leur essor de Valence : tancrédisme et charlotade. De cette cité méditerranéenne si sensible au pittoresque et au décoratif des jeux de l'arène sont originaires Tancredo López, dont le numéro d'homme-statue fit fureur au début du XXe siècle et obtint la vedette à Madrid comme en province, et Llapisera, l'inventeur du toreo bouffe, très en vogue dans les années 1920. On a prétendu que ces exhibitions causèrent un grave préjudice moral à la fête authentique dont elle travestissait le rituel de grotesque façon.

Mascarades et parodies ont très tôt accompagné le drame afin de lui servir d'exutoire. Si l'on a oublié l'incroyable figuration où se coudoyaient autrefois Indiens, Noirs, masques, guerriers, danseurs, si les combats de fauves sont tombés en désuétude, si l'on n'accorde que peu d'importance aux compagnies de lilliputiens en train de se bousculer sur leurs courtes jambes torses devant un jeune toro, Llapisera et don Tancredo ont connu une autre fortune. On cite souvent ces deux attractions. Une manière de renommée leur est acquise. Les critiques n'en finissent pas de s'y référer dans un but dépréciatif.

Le rire découvrit Llapisera à lui-même. Son destin serait de ne pas le laisser retomber. Désormais, il s'exhibe en frac et chapeau claque en compagnie d'un groom à multiples boutons et d'un comparse grimé en Charlie Chaplin. Découverte par lui, la chicuelina ne devait éclore qu'entre les mains du matador sévillan *Chicuelo* en 1921, à Valence, au cours d'un duel de quites, avec Manolo Granero. L'éclat de la beauté naquit d'un gag et d'une pirouette.

Don Tancredo se présente tel un Pierrot lunaire fourvoyé au centre de la piste afin de s'y croiser les bras, un spectre qui s'obstine à se rendre invisible, un fantôme en voie de disparition, mais qu'un rien, un souffle, peut encore désigner à la fureur du fauve. Poudré, enfariné, perruque et barbe de coton, son immobilité blanche doit, en principe, abuser la bête qui s'élance au sortir du toril, hésite devant ce bloc de marbre, l'inspecte et s'en détourne. Il n'est pas question de vaincre le fauve, mais, par son flegme, d'en demeurer ignoré. La difficulté consiste à mettre à profit une minute de moindre intérêt du toro pour se sauver. Ah, si le petit homme nuage n'avait qu'à continuer sa grève des bras croisés avant de se dissiper !

Plus tard, on se rappellera de lui pour taxer de « tancrédisme » les toreros qui ne se départent pas de leur impassibilité lorsqu'ils se passent les cornes à la ceinture. Servir de termes de comparaison même abusifs dans le but de dénigrer l'un, de rabaisser l'autre, ne constitue pas une mince garantie de demeurer dans la mémoire des hommes.

Paralysé de frayeur sur son piédestal d'un demi-mètre de haut, don Tancredo ne se contente pas, comme les animaux, de faire le mort devant le danger. Il aspire à se confondre avec l'apparente immortalité d'une statue que le fauve flaire, autour de laquelle il tourne, mais dont l'inertie le dissuade d'attaquer. Don Tancredo, ce novillero frustré, sans contrats, tient sa revanche. Le voici promu roi du courage alors qu'il a renoncé à tout toreo, comme si la peur le pétrifiait sur son socle et qu'il s'en remettait à son adversaire pour l'épargner. Il se condamne à l'inaction en face de la bête qui jaillit de la porte du toril, fonce droit sur lui et s'arrête, trompée par sa rigoureuse impassibilité, ou emporte tout sur son passage.

Le 1er janvier 1901, *Zurdito*, un Miura de cinq ans, ne prit pas le temps de réfléchir à l'attrape, il ne parut même pas remarquer l'étrangeté de ce blanc fantôme vêtu en *Pepe-Hillo* qui dégringola de şon piédestal et fila en quatrième vitesse. L'influence du tancrédisme, ce stoïcisme ou ce quiétisme en face du fauve, va multiplier le nombre de toreros aux membres inférieurs comme gourds : Belmonte et son avance à petits pas pénibles de rhumatisant qui rétrécit l'aire du combat.

1960, mort de Rafael *el Gallo* à Séville, José Bergamín se souvient et esquisse une histoire de la tauromachie d'une originalité extrême, où Belmonte conduit un défilé de statues du Commandeur, une procession de don Tancredo en train de poursuivre l'ensevelissement solennel du toreo et de creuser sa fosse dans les arènes d'Espagne. À l'art qui palpite et que tout attire vers le haut a succédé une démarche lourde, ralentie, qui enfonce ses tortueuses racines dans le terrain du fauve et ne décolle plus. Le Mexique, au moins, aura été épargné, où prédomine l'influence de Gaona dont l'invention reste belle et échappe aux ravages de la contagion. Il suffit à Bergamín d'oublier ce champion du tancrédisme, Lorenzo Garza, originaire de Monterrey, figé sur place et qui s'offre à découvert à la ruée du fauve.

Aphorismes, jeux de mots, paradoxes, il n'est pas si commode de manier la pensée de José Bergamín. Sa condamnation de Juan Belmonte, par le biais du tancrédisme, montre bien le vice critique poussé à son paroxysme d'intolérance, en pleine crise, chez un esprit des plus aigus. De l'immobilité de la pierre à la feinte flexibilité d'une branche chargée de feuilles, l'homme-herbe qui se déguisait en arbuste vert et agitait une sonnaille pastorale annonce la dégénérescence du toreo que couronne Belmonte. Bergamín donne alors toute sa mesure, mais il reconnaîtra à la longue combien son portrait de Belmonte était outré. Les arguments invoqués resserviront. De *Manolete* à *el Cordobés*, on les ressortira avec une logique impressionnante sur le papier. Probants, pertinents, ils continueront à rabaisser. Le tancrédisme a choisi de mettre l'enjouement primesautier d'un *Pepe-Hillo* dans le plâtre et d'y emprisonner l'art léger de l'envol. J.M.M.

LÓPEZ CHAVES Domingo
Origine : Domecq
Devise : bleu et or
Pas d'ancienneté à Madrid
Propriétés : « Calzadilla del Campo », Guejuelo del Barro (Salamanque) et « Frades del Viejo », Ledesma (Salamanque)

L'élevage d'Andrés López Chaves est divisé en cinq lots en 1981. L'un d'eux revient à Domingo López Chaves, qui élimine les origines antérieures au profit de nouvelles têtes de bétail d'origine Domecq.

Élevage aussi modeste que son propriétaire, le fer de López Chaves s'est toutefois distingué au cours de la saison 2000 en livrant huit novillos de qualité dans de petites arènes de la province d'Ávila. L'éleveur souhaite poursuivre sur cette voie en consolidant la qualité de ses produits en novillada comme ce fut le cas en 2001 avec un bon lot lidié à Becerril del Campo (Palencia). C.C.

LÓPEZ DÍAZ Eulalio, *el Zotoluco*. Eulalio López Díaz est né le 12 janvier 1968 à Azcapotzalco (district fédéral de Mexico). Issu d'une grande famille de picadors, il prend le pseudonyme d'*el Zotoluco* en souvenir du nom de la propriété familiale, « La Zotoluca ». Ses débuts en novillada formelle remontent au 22 juillet 1984, à la Monumental de Mexico, où il affronte des novillos de La Laguna aux côtés de Manuel Lima et Curro Cruz. Deux ans plus tard, il est sacré matador de toros, le 20 juillet 1986, à San Buenaventura (État mexicain de Coahuila) des mains d'*Armillita Chico* et en présence de Javier Escobar *el Fraile. El Zotoluco* affronte le toro de la cérémonie, *Justiciero*, issu de l'élevage de La Playa, auquel il coupe une oreille avant d'être ovationné lors de son second combat. Le 26 novembre 1989, il confirme son alternative à Mexico avec Manolo Mejía comme parrain et Sergio González officiant en qualité de témoin. Le toro de confirmation se nomme *Bombón*, n° 181, cárdeno bragado, porteur du fer mexicain de Rancho Seco. Eulalio López confirme également son doctorat à Madrid le 23 mars 1997 des mains de Manolo Sánchez et en présence d'Óscar Higares. Vêtu de rouge et or, *el Zotoluco* affronte le toro *Aguardiente*, n° 42, negro, pesant 509 kg, de l'élevage de Celestino Cuadri, et écoute une ovation à l'issue de son combat. Le torero mexicain débute en France lors de la féria nîmoise de Pentecôte, le 8 juin 2000, pour donner l'alternative à Marc Serrano, en présence de José Luis Moreno. Pour l'occasion, *el Zotoluco*, vêtu de blanc et or, combat le toro *Duende*, n° 42, negro, 509 kg, de Celestino Cuadri.

Avec un père et des oncles picadors, il était bien normal que le petit Eulalio López Díaz finisse par contracter un jour le virus taurin. Écumant les tentaderos des élevages mexicains les plus célèbres, le jeune *Zotoluco* fait son apprentissage de la tauromachie et apprend beaucoup des toros. C'est un grand spécialiste de l'encaste Saltillo, qui compose la quasi-majorité des élevages au Mexique. Sacré matador de toros dès l'âge de dix-huit ans, *el Zotoluco* entame alors le parcours du combattant en acceptant de toréer toute sorte de bétail. Malgré sa petite taille, *el Zotoluco* montre rapidement de bonnes aptitudes pour soumettre les charges des toros et se sortir de situations souvent jugées périlleuses. Doté d'un réel temple, Eulalio López consolide progressivement son cartel à la Monumental de Mexico et torée aux côtés des matadors vedettes du pays. Eloy Cavazos, Manolo Martínez, *Armillita Chico* et Manolo Mejía voient ce petit guerrier au teint buriné prendre une place respectable dans la hiérarchie des matadors mexicains. Au milieu des années 1990, *el Zotoluco* fête dignement ses dix ans d'alternative en étant quasiment considéré par la profession et le public comme le meilleur torero mexicain en activité. C'est le moment qu'il choisit pour tenter l'aventure en Europe... Après un passage assez discret à Madrid, le Mexicain explose véritablement lors de la saison 2000. *El Zotoluco* n'arrive en Espagne qu'à la mi-mai au terme d'un hiver mexicain très fructueux en trophées. Sa première corrida de la saison, à Madrid, se déroule idéalement puisqu'il coupe l'oreille d'un toro du Puerto de San Lorenzo en pleine féria de San Isidro. Le n° 1 mexicain marque ainsi de son empreinte la première féria au monde et le public de Las Ventas se montrera dès lors très exigeant avec lui. *Zotoluco* découvre les Miura le 14 juillet à Pampelune et goûte aux joies de la variété des races des toros de combat. Habitué au seul Saltillo, le Mexicain voit progressivement défiler des toros de race Gallardo, un peu de Navarra et de Cabrera, pas mal de Vistahermosa et très peu de Vázquez. Même s'il est vedette dans son pays, Eulalio doit en passer par l'épreuve des corridas coriaces s'il veut être reconnu en Europe. L'arme est à double tranchant mais *el Zotoluco* a la grande qualité de ne rien refuser face à un toro, quel qu'il soit. L'expérience finit par payer le 21 juillet à Valence : le torero mexicain coupe un total de trois oreilles face aux toros de Victorino Martín et montre à l'Espagne entière l'étendue de ses capacités de lidiador. Programmé dans de nombreuses arènes espagnoles, le Mexicain entame la tournée des villages mais intègre aussi des cartels de catégorie. Il revient notamment à Madrid pour la féria d'Automne et parvient à obtenir un salut à l'issue de son premier combat face à un toro de Victorino Martín. Début novembre, il retourne au Mexique et sort en triomphe de la Monumental, le 3 décembre, après avoir gagné les deux oreilles d'un toro de l'élevage de Los Encinos. Les succès s'accumulent pour *el Zotoluco* qui est également célèbre dans son pays pour avoir gracié un nombre important de toros braves. Le 5 février, sur ses terres de la Monumental de Mexico, *el Zotoluco* ne fait pas de demi-mesure et signe l'un des plus grands triomphes de sa carrière. Dans le cartel phare de l'année au Mexique, avec Enrique Ponce et *el Juli*, le torero mexicain se voit récompenser d'un total de quatre oreilles après deux extraordinaires leçons de pouvoir et de lenteur face aux toros de Xajay. À cheval entre l'Europe et le Mexique, Eulalio López connaît un printemps taurin intense où sa présence dans les arènes est fortement demandée des deux côtés de l'Atlantique. *El Zotoluco* se présente notamment avec succès à Vic-Fezensac et coupe encore une oreille à un toro français d'El Palmeral dans les arènes landaises de Saint-Sever. Le 14 juillet 2001, suite à la terrible blessure de Juan José Padilla, *el Zotoluco* coupe un total de deux oreilles face aux toros de Miura à Pampelune et connaît son deuxième grand triomphe espagnol. Devant les caméras de la télévision espagnole qui retransmettait en direct la dernière corrida des Sanfermines, *el Zotoluco* confirme sa bonne passe et s'avère également comme un spécialiste des toros âpres. Il renouvelle cette impression le 9 septembre 2001 à Arles, lors de la dernière corrida de la féria du Riz, en lidiant admirablement un grand toro de Miura, *Berberisco*, n° 33, negro listón mulato bragado meano axiblanco, accusant 660 kg sur la balance et honoré d'un tour de piste posthume. Sur le sable arlésien, Eulalio finit de gagner l'estime de l'afición française en réalisant une faena de haut vol qui lui permet de couper deux oreilles méritées. En devenant spécialiste de ce genre de toros, *el Zotoluco* prend aussi le risque d'être catalogué et de ne plus pouvoir sortir de ce créneau face à l'engouement du public. De retour chez lui, Eulalio López reprend ses bonnes vieilles habitudes avec des toros de garantie et continue à ouvrir les grandes portes, notamment à Mexico, où il sort encore sur les épaules de ses admirateurs le 27 janvier et le 5 février 2002. Sa saison européenne est encore marquée par un grand triomphe en ouverture de la cinquantième féria de Nîmes, le 15 mai 2002, où il coupe les deux oreilles de *Lengueto*, un brave toro de Miura. Répété lors de cette féria de Pentecôte, *el Zotoluco* marque toutefois le pas devant un autre exemplaire extraordinaire de Palha, *Tesugo*, lui aussi honoré d'un tour de piste posthume. Le 11 juillet 2002, à Pampelune, le Mexicain montre toutefois son autre visage en liant un très bon ouvrage devant un noble toro de Jandilla dont il coupe l'oreille. Pour la première fois, le grand public européen a l'occasion de découvrir le torero aztèque face à du bétail considéré comme « de garantie ». Spectaculaire dans sa manière de mettre ses adversaires en évidence, *el Zotoluco* possède une grande vista en piste et sait instrumenter avec cape de très bons quites. Son expérience lui permet de lier des faenas ajustées aux conditions de chaque toro, un peu comme le faisait au début des années 1990 le torero colombien César Rincón lorsqu'il citait ses adversaires sur plusieurs mètres. Avec le spectaculaire et excellent picador Efrén Acosta – identifiable en piste grâce au matelas blanc qu'il met sous sa selle –, *el Zotoluco* a réussi à s'imposer au plus haut niveau et restera très certainement dans les mémoires comme le torero mexicain qui a su lidier la quasi-totalité de l'arbre généalogique des races de toros de combat. C.C.

LÓPEZ ESCOBAR Julián, *el Juli*. Né le 3 octobre 1982 à Madrid, il est considéré comme un jeune prodige du toreo depuis son inscription à l'École taurine de Madrid, alors qu'il n'avait que neuf ans... C'est à deux pas de la fameuse « Venta del Batán » que Julián, conseillé par ses professeurs mais aussi par son père, ancien novillero obscur qui perdit un œil au combat, fit ses premiers pas devant un becerro de Juan Rivera le 2 juin 1991, à l'occasion de sa communion solennelle ! S'affirmant d'emblée comme le leader de sa promotion, c'est en numéro un qu'il participa, au cours de sa scolarité, à plus de cent courses qui lui ont déjà apporté la notoriété, d'abord à l'échelle locale (il remporta le concours de Monte Picayo en 1994), avant de dépasser de très loin le cadre strict de la communauté madrilène. Une incursion à Mont-de-Marsan le 20 juin 1995 l'a fait découvrir par le public français alors qu'il n'avait que douze ans et qu'il revêtait le costume de lumières pour la première fois. Les aficionados avaient pu découvrir un gamin affichant déjà un solide bagage et pétri de qualités, dont le charisme n'était pas la moindre. Ensuite, une sombre histoire d'âge le contraignit à s'expatrier au Mexique en 1997, où il débuta en corrida piquée à Texcoco le 16 mars. Une cinquantaine de novilladas lui suffirent pour être considéré comme une authentique star du toreo, sa sortie en triomphe à quatre reprises de la célèbre Monumental de Mexico attestant de la crédibilité et de la régularité de ses performances.

C'est à partir de 1998 qu'*el Juli* partira en campagne dans son pays et en France pour une temporada qui l'a hissé sans grande opposition en tête du classement des novilleros, sa venue provoquant régulièrement l'inscription du fameux panneau « no hay billetes » (plus de billets) sur les murs de toutes les taquillas. Un boom sans précédent qui s'explique par la régularité de ses prestations, le public ne se lassant pas de son répertoire fleuri et varié, notamment capote en mains, qui s'était indéniablement enrichi grâce à son passage en Amérique du Sud (zapopina, caleserina, ranchera, tafallera, escobina, lopecina...). Ce surdoué de la tauromachie, qui avait confié la gestion de sa carrière à l'ancien matador Victoriano *Valencia*, se dirigea tout droit à la fin de cette temporada vers l'alternative. Auparavant, il s'était présenté à Séville et Madrid, sortant même de Las Ventas par la Grande Porte, meilleure caution s'il en est d'une saison pléthorique. Après 57 novilladas en Espagne et 68 au Mexique, *el Juli* a reçu l'alternative à Nîmes le 18 septembre 1998 lors d'une corrida télévisée, des mains de José María *Manzanares* et José Ortega Cano. Il coupa une oreille à *Endiosado*, de Daniel Ruiz, et sortit en triomphe après avoir enchanté le public... Il était déjà « figura del toreo », vedette consacrée.

Il fait sa première corrida en Espagne le 20 septembre à Navas de la Asunción dans la province de Ségovie avec Manuel Díaz *el Cordobés* et Miguel Abellán face à des toros de Santiago Domecq à qui il coupe deux oreilles. Il débute en Amérique à Querétaro, au Mexique, le 24 octobre 1998 avec Eulalio López *el Zotoluco* et Rafael Ortega devant des toros de la ganaderia de Barralva. Il confirme à Mexico le 6 décembre 1998 devant *Torbellino* de la ganaderia de Santiago avec *Armillita Chico* comme parrain et Mario del Olmo pour témoin.

Par la suite, il connut un retour triomphal aux Amériques avant une saison 1999 qui privilégia incontestablement la quantité sur la qualité, malgré les nombreux triomphes. On relèvera tout de même sa brillante prestation de Séville le 23 avril, où il coupa trois oreilles face à des Jandilla compliqués, le deuxième l'envoyant d'ailleurs à l'infirmerie pour lui avoir infligé une grave cornada à la cuisse, ce qui le privera en toute injustice d'une sortie en triomphe par la Porte du Prince cent fois méritée. Autre moment fort de la saison, son seul contre six de Pentecôte à Nîmes, avec à la clé trois oreilles coupées au terme d'une prestation hélas contrariée par le vent, qui lui a permis de mesurer sa cote de popularité en France, le « no hay billetes » étant affiché exceptionnellement un vendredi. L'été s'égrena au rythme de corridas quotidiennes sans grandes histoires jusqu'au 30 août où, à Calahorra, un toro de Valdeolivas lui infligea une autre grave cornada. Après avoir retrouvé son intégrité physique et au terme d'un marathon de 134 corridas toréées en Europe (282 oreilles et 16 queues), il retourna aux Amériques d'où l'on retiendra ses deux triomphes de Cali.

C'est de là-bas que la nouvelle a secoué le mundillo : *el Juli* se séparait de Victoriano Valencia pour être dirigé désormais par Manolo Lozano, ce qui, une fois la surprise passée, semblait augurer d'une nouvelle orientation de sa jeune carrière vers peut-être plus de responsabilités dans les arènes importantes, à commencer par celles de Madrid, que son ancien mentor avait rayées provisoirement de la liste. Une fois l'attrait de la nouveauté et de la jeunesse dépassé, il faudra bien en effet qu'*el Juli* confirme devant une opposition plus consistante, même si son rang de précoce figura n'a rien d'usurpé. Chez les aficionados, personne n'en doute, mais ça irait tellement mieux en le prouvant...

À ce propos, sans remonter trop loin dans le cours de sa jeune histoire, rappelons tout de même quelques hauts faits d'armes qui ont marqué ce début de temporada : reprise à Calahorra, dans la même arène que celle de sa blessure... et avec encore des toros de Valdeolivas ! Puis sortie a hombros des arènes de Castellón après avoir coupé deux oreilles à un toro de Victorino Martín ; enfin, une sortie analogue en compagnie de *Juan Bautista* au cours du mano a mano inaugural de la féria d'Arles.

Le 17 mai 2000, il confirme à Madrid avec Enrique Ponce pour parrain et Rivera Ordóñez comme témoin face à *Pitanguito* de la ganaderia de Samuel Flores.

Au bout du compte, *el Juli* a fini la temporada 2000 à la première place, toréant 106 corridas pour 200 oreilles coupées. Un bilan qui parle de lui-même. En 2001 (avec un total de 343 corridas depuis son alternative), il n'a terminé qu'à la troisième place (88 corridas, 163 oreilles) à cause de plusieurs blessures, mais de l'avis général, c'est bien lui qui a animé la première temporada de ce nouveau siècle et qui, qu'on le veuille ou non, a redonné du lustre à la corrida, entraînant dans son sillage quelques jeunes toreros de renom qui sont en train de bousculer la hiérarchie. P.H.

Sous la sage chevelure d'épis châtains couchés, qui bientôt se redressent, s'impose la voix frêle, mais exigeante, des gamineries. Le masque du belluaire s'empare des traits poupins. L'œil envoie un éclair dur. La bouche au dessin puéril lance une provocation. Les ailes du nez se retroussent et se font félines. « Il respire le toro », selon son entourage.

Conduit dès sa neuvième année à l'école de Madrid par son père, novillero malchanceux qui a perdu un œil dans le combat du toro et reporté sur son fils ses espoirs déçus, il y fit tôt figure de surdoué. Gregorio Sánchez, un solide technicien des années 1950-1960 devenu professeur, le prit sous son aile. En France comme en Espagne, il se heurta à l'interdiction de se produire avant seize ans dans les novilladas avec picadors.

Il partit pour le Mexique où il choisit de peaufiner son apprentissage et de se libérer d'une image d'enfant prodige qui, à la longue, pouvait se retourner contre lui. On ne tarda pas à afficher le « no hay billetes » dans des arènes qui périclitaient depuis des lustres. Il apprend et renouvelle en un temps record les lancers de cape oubliés des maîtres mexicains. Il en assimile une trentaine et plane par sa variété au-dessus de l'enseignement reçu.

À son retour, il ne provoque personne, mais ne facilite pas la tâche de ses compagnons de cartel. Aucune déclaration intempestive à la presse. Nulle vantardise. Il joue sa jeune gloire à quitte ou double et gagne. À Madrid, ce 13 septembre 1998, c'est la ruée vers la Monumental. *El Juli* torée pour la première fois chez lui, dans la capitale, il fête à la fois sa présentation et ses adieux de novillero. Il a passé sa saison à clouer le souvenir de ses exploits dans la mémoire des publics d'Espagne et à sortir en triomphe des arènes de province. Il risque d'autant plus gros aujourd'hui que le vent fait claquer les drapeaux sur leurs hampes et soulève à grands remous rageurs des tourbillons de poussière. Sortent des fauves avares de leurs charges, difficiles à manier, qu'on croirait prévenus tant ils s'attachent à découvrir l'homme entre deux bourrasques. Obligé de chercher l'appui de la barrière où le vent est moins fort, mais où les toros ne se livrent guère, *el Juli* se débrouille pour sauver les meubles devant vingt-trois mille spectateurs. Malgré cinq accrochages dont deux périlleux, alors qu'on emporte l'un de ses aides à l'infirmerie avec un grave coup de corne, rien ne fléchit son obstination à reprendre le combat là où la bousculade l'a interrompu, sans bouger d'un fil. Le vent paraît tomber, le mauvais sort se laisser fléchir. Une bête de contes, la cinquième, jaillit du toril comme le numéro gagnant à la loterie et *el Juli* l'a tout de suite en main. L'arène la plus intransigeante frissonne de mouchoirs blancs qui réclament les deux oreilles. À pas seize ans, « l'extraterrestre », comme le surnomment ses collègues, est remonté sur son nuage.

Cinq jours plus tard, à Nîmes, pour son alternative, metteur en scène au lyrisme inventif, il exécute mille tours qui font l'étoffe s'enrouler, tourbillonner, serpenter en d'inattendues combinaisons où il jongle avec la difficulté. Il est rare dans quelque art que ce soit d'avoir l'air facile et que toute trace d'application trop visible disparaisse pour laisser place au naturel. Alors qu'*el Juli* connaît les toros comme d'instinct, le savoir acquis ne paraît plus relever de la pesante étude. Un large répertoire lui permet de n'être jamais pris de court et de réagir avec promptitude au moyen de gestes improvisés qui déconcertent à la fois fauves et spectateurs. Ainsi échappe-t-il à la monotonie de l'excellence que n'évitent pas toujours les meilleurs stratèges de l'arène : de Luis Miguel *Dominguín* à Enrique Ponce, quand ils disputent, non sans une certaine emphase, de suprématie.

Happé à son tour par l'engrenage de la rentabilité avec ses exigences commerciales, au cours de sa première saison de matador d'alternative, il garde, malgré la fatigue, cette fraîcheur indisciplinée, cette verve jaillissante qui tient le public en haleine. Même si la corrida quotidienne risque d'engendrer une indigestion de toros, il établit tout de suite le contact : du cite qui appelle de plus de trente mètres à la ronde des passes liées impavide dans un mouchoir. Tout au plus manifeste-t-il parfois cette tension nerveuse qui accuse les contrastes, fait atteindre les sommets avec le fauve propice ou décourage plus vite avec une bête ingrate. Cent cinquante contrats honorés en 1999 ne l'empêchent pas dans la plupart des cas de clarifier fauves et idées et d'évoluer en état de certitude et de bonheur, tant son autorité reste grande.

El Juli entraîne son adversaire dans un univers dédramatisé, tout aérien et réconcilié. Le délié de son esprit se traduit par le délié du poignet, son long étirement, tandis que la main n'en finit plus de courir et le buste d'accompagner en pivotant sur les hanches. Il multiplie les prouesses sans se croire obligé d'aller au-devant de l'accrochage, comme José Tomás dont les précieux instants d'intimité et d'harmonieuse fusion avec une bête à sa convenance se paient par trop de coups de corne sacrificiels. La pénétration d'*el Juli* vaut par la rapidité de sa réflexion à devenir réflexe et à se jouer des attaques. Né de son immédiate compréhension, pareil brio semble relever d'une seconde vue et se colore d'espièglerie.

Même précision et même naturel qui ne pèse ni ne pose dans ses paires de banderilles à pas comptés, à lentes foulées, les bras rejoints à la verticale au-dessus du frontal avec appui confiant sur les bâtonnets pour se dégager sans hâte. Avec un fauve proche de la barrière, il parie sur son arrachée, la provoque, s'ouvre le plus périlleux passage contre les planches.

Recommencent la houle de l'assaut et son déroulement infini de lame selon une géométrie parfaite qu'il contrôle au moyen de gestes épurés de toute nervosité, de toute scorie. Le buste offert, l'arc des jambes à peine fendu, *el Juli* conduit le fauve autour de son corps en des circulaires sans rupture de la cadence, où le tempo jamais ne se perd. Une évasion hors des limites, la féerie du virtuose se dégagent de la précision mathématique de son défi. Sur une dizaine de passes, il marchera par exemple vers le centre de l'arène en compagnie du toro subjugué. Il s'agit bien là de la manœuvre la plus délicate quand les chemins se croisent et se recoupent en plein élan les trajectoires.

Les toros portent dans leurs cornes d'inévitables semaines d'hôpital et se sont quelque peu occupés de l'adolescent. Mais il continue à ignorer la peur qui a brisé tant de carrières. Il est sans doute bien trop calé. Comme si la plupart de ses confrères ne pouvaient même pas apprendre ce que lui semblait savoir en naissant. On se précipite sur son passage à la sortie de l'hôtel et, retour aux années 1960, avec Manuel Benítez *el Cordobés*, on en attend des miracles. La foule prend plus de plaisir à exalter sa juvénilité qu'à insulter un trop long règne. Personne, à ce stade, n'a trop envie de s'armer de patience et de tenir en bride les emballements.

El Juli possède une passion jeune qui lui fait bouillir le sang. Parce qu'il est doté d'une tête privilégiée, ses aides gardent un silence attentif et ne se hasardent guère à lui prodiguer le moindre conseil de la barrière. Nouveau promu, il concurrence les vedettes, donne du fil à retordre à Enrique Ponce, le meilleur stratège de l'heure, et conserve son arrogance facétieuse et sa stricte domination de l'adversaire en face du pathétique José Tomás, à la sphère d'influence plutôt étroite. Le seul torero qui pourrait effrayer *el Juli*, c'est lui-même. J.M.M.

LÓPEZ FLORES Manuela Agustina. Voir FLORES Samuel.

LÓPEZ ORTEGA Domingo. Issu d'une famille d'ouvriers agricoles, Domingo López Ortega est né le 25 février 1908 à Borox (Tolède), non loin de la propriété où paissaient les toros de Veragua. Le 14 juillet 1928, Domingo Ortega assouvit pour la première fois ses « envies de toro » en toréant un novillo de Buenabarba dans les arènes madrilènes de Carabanchel. Le mois suivant, plus précisément le 17 août 1928, il revêt son premier habit de lumières. Soutenu par l'ancien novillero Salvador García, Ortega parvient à intégrer le cartel d'une novillada organisée le 7 avril 1929 par Domingo González *Dominguín* à Tetuán. Le novillero natif de Borox partage le cartel avec *Maera* et Pérez Soto face à du bétail de Cobaleda. Peu programmé, Ortega conserve toutefois l'appui inconditionnel de García et la confiance de *Dominguín*, qui continue à l'engager. Associé à Pedro Balaña, *Dominguín* inclut Domingo Ortega dans un cycle de novilladas à Barcelone – notamment avec *Carnicerito de México* – qui le révélera au grand public. Domingo Ortega torée au total 14 novilladas, dont 7 avec picadors. Une fois sa carrière lancée, il prend donc l'alternative le 8 mars 1931 à la Monumental de Barcelone, des mains de *Gitanillo de Triana* et en présence de Vicente Barrera. Le toro de la cérémonie est *Valenciano*, porteur d'une robe cárdena et du fer de Juliana Calvo, anciennement Albaserrada. Domingo Ortega fait encore une fois forte impression à l'afición catalane et torée par la suite un total de 28 corridas. Le 16 juin de la même année, soit trois mois après sa prise d'alternative, Domingo Ortega a déjà toréé 29 courses. C'est le moment qu'il choisit pour confirmer son doctorat à Madrid avec Nicanor Villalta en tant que parrain de cérémonie. Ortega affronte ce jour-là le toro *Contador*, noir, issu de l'élevage de Julián Fernández. Sa première saison, couronnée de nombreux de succès, lui permet de se hisser en tête de l'escalafón avec 93 corridas toréées. Ortega répétera cette performance chaque année jusqu'en 1934, puis en 1936, 1937 et enfin 1940. Il fait un bref retour en habit de lumières le 30 juillet 1953 à Valence et triomphe. Ce succès lui permet d'effectuer une petite campagne en intégrant différents cartels à Barcelone, Almería, Linares (Jaén), Mérida (Badajoz) et Murcie. Le 18 octobre de la même année, Ortega fait un retour remarqué sur le sable de ses débuts, à Vista Alegre – Carabanchel (Madrid). Six jours plus tard, le 24 octobre 1953, Domingo Ortega triomphe avec panache lors d'une corrida organisée à Valence. Il torée finalement au cours de la saison 1953 un total de 14 corridas. Après une douzaine de courses l'année suivante, il se retire définitivement du toreo à l'issue de la corrida du 14 octobre 1954, à Saragosse. Il fera une réapparition éphémère, en civil, en intervenant face à un toro de réserve lors d'un festival en hommage à Nicanor Villalta auquel il assistait depuis les tribunes. Domingo Ortega s'est éteint à Madrid le 8 mai 1988.

Peut-on être torero par hasard ? La question est en droit d'être posée en ce qui concerne Domingo Ortega. Celui qui a grandi non loin des toros de Veragua ne s'est révélé en piste qu'à l'âge de vingt-deux ans. Alors qu'il assistait à une novillada à Almorox (Tolède), Domingo López Ortega décida de sauter en piste alors que l'apprenti torero éprouvait les pires difficultés pour estoquer son adversaire. Ortega exécuta si bien le novillo qu'on lui permit de toréer l'animal suivant ! Des débuts bien curieux lorsqu'on sait que Domingo Ortega estoquera son dernier novillo en public lors d'un festival où il était initialement dans les tribunes ! Après des débuts difficiles, le novillero Domingo Ortega se révèle pourtant au grand public sur le sable de la Monumental de Barcelone. Le 26 octobre 1930, associé avec *Carnicerito de México*, Domingo Ortega brille de mille feux et obtient avec son compagnon aztèque trois nouveaux contrats à Barcelone les 2, 9 et 16 novembre. Sa trajectoire professionnelle est pourtant perturbée par la Guerre civile et Domingo Ortega sera même emprisonné le 19 juillet 1936 alors qu'il devait honorer un contrat à La Línea de la Concepción (Cadix). La saison 1940 est également particulièrement difficile pour lui : le 29 août, il parvient à toréer une dernière fois en zone républicaine à Valence, puis passe la frontière et torée le lendemain à Dax. Véritablement exténué, Domingo Ortega arrive dans la cité landaise seulement quinze minutes avant le début de la corrida. Il obtient un succès important face à son premier toro puis perd connaissance par la suite et doit être hospitalisé d'urgence. Il observe une année sabbatique en 1941 et reprend l'épée en 1942 avant de se retirer à la fin de la saison 1949. Sa réapparition de 1953 sera une réussite d'un point de vue tauromachique et... physique puisque ses cheveux blancs font sensation auprès du public ! Ortega prend part à un nombre respectable de corridas en France et en Espagne, effectuant même le paséo dans les arènes d'Oran (Algérie). Le 27 mai 1954, il est grièvement blessé à Barcelone et décide donc de mettre un terme définitif à sa carrière lors de la féria du Pilar, à Saragosse. Domingo Ortega participera néanmoins à la lidia d'un toro le 15 juillet 1955 à Madrid pour le compte du tournage du film du réalisateur hongrois Ladislao Vajda, *Tarde de toros*, présenté au festival de Cannes l'année suivante. Propriétaire de terres achetées au duc de Veragua, Domingo Ortega poursuit, après ses adieux, une carrière d'éleveur : il avait en effet acquis en 1935 le fameux fer de Parladé ainsi que le troupeau de Manuel Blanco. Domingo Ortega eut la « chance » de se forger dès ses débuts dans de très dures capeas de village. Cet apprentissage lui permit par la suite de se révéler comme un torero d'exception, capable d'imposer son pouvoir à n'importe quel type de toro. Tueur rapide et particulièrement efficace, Domingo Ortega a réussi à soumettre les toros les plus difficiles en donnant chaque fois un répertoire mesuré de passes mais toujours adapté aux capacités de l'animal. De ses lidias se dégageait une immense impression de force et d'énergie doublée d'un courage que personne n'osa lui contester. D'un point de vue technique, Domingo Ortega intégra à la plupart de ses faenas un cambiado par le bas à droite, geste qui allait favoriser par la suite la vulgarisation des différents dérivés de la trinchera. Paul Casanova et Pierre Dupuy décrivent ainsi cette forme de passe jusqu'alors inconnue dans l'ouvrage *Toreros pour l'histoire* : « Cite de près, jambe avancée crispée dans le terrain du toro [...] et la muleta templée suivait avec douceur une main de fer. Puis soudain le geste devenait brutal pendant que la main s'abaissait, tordant l'échine du toro. La trincherilla était devenue trincherazo, aussi efficace qu'un coup de fouet. Dans l'exécution, le genou de la jambe contraire se pliait, collait au flanc du toro. Avant le remate – mais le toro passé –, le diestro allait vers la queue de l'animal, ce qui prolongeait la rencontre et aggravait le châtiment. Et le toro devenait soumis. » L'immense faculté de Domingo Ortega fut justement de soumettre les toros dans des terrains parfois inconnus. Cette manière de toréer, parfois peu académique, irrita certains aficionados lui reprochant d'être à cheval entre la lidia classique, rigoureuse, et l'esthétisme. Le talon d'Achille de Domingo Ortega fut pourtant la monotonie de la plupart de ses faenas, notamment celles administrées à des toros qui ne présentaient quasiment pas de problèmes. Il semblait plus à l'aise avec les toros difficiles, qu'il pouvait « templer » sans toutefois être élégant ! Domingo Ortega savait néanmoins toréer lentement et fut surtout le premier torero à démontrer que l'on pouvait citer un toro de près. Peu enclin à toréer de la main gauche, il n'eut pas de véritable rival à son époque. Il apporta un style varié supplémentaire sur la palette des genres tauromachiques et toréa toujours en restant fidèle à sa personnalité. Énergique en piste, il rapporta du Mexique la passe de cape de l'« orticina », sorte de dérivé de la gaonera et que l'afición madrilène rebaptisa immédiatement « orteguita ». Auteur de livres et brillant conférencier, Domingo Ortega était devenu une référence dans les milieux taurins. Il obtint même le titre de « Caballero de la Beneficencia ». Sans devenir un torero de légende, Domingo Ortega a ouvert à la lidia moderne de nouvelles voies sur lesquelles n'allait pas tarder à s'engouffrer un certain *Manolete.* Les manuels d'histoire taurine conservent d'ailleurs toujours cette phrase pour résumer la carrière du « Diamant de Borox » : il n'y a jamais de mauvais toros pour Ortega... C.C.

LORA SANGRÁN
Origine : José Benítez Cubero
Devise : vieil or et vert bouteille
Ancienneté à Madrid : 26 mai 1983
Propriétés : « Calera », Gerena-Sanlúcar la Mayor (Séville) et « Colchado », Antequera (Málaga)

L'année 1941 correspond à la disparition de la marquise de Villamarta et au partage de son élevage. L'un des trois lots destinés à ses héritiers revient à Álvaro Ramos Paúl Dávila. Celui-ci vend sa part en 1967 à la société anonyme Kinlo qui baptise dès lors l'élevage « Lora Sangrán ». En 1971, le nouveau propriétaire acquiert un lot de vaches ainsi qu'un étalon de José Benítez Cubero. L'expérience est renouvelée en 1972 et 1976 et la famille Lora Sangrán élimine progressivement les origines précédentes de Villamarta.

Les toros importants :

• *Palmero*, n° 35, combattu à Antequera (Málaga) en 1985 par Emilio Muñoz (prix du meilleur toro de la féria).
• *Empalado*, n° 50, combattu à Tafalla (Navarre) en 1985 par José Luis *Galloso* (prix du meilleur toro de la féria).
• *Buenecito*, n° 55, combattu à Tafalla (Navarre) en 1983 par *Morenito de Maracay* (prix du meilleur toro et de la meilleure corrida de la féria).

Il est bien rare aujourd'hui de voir les toreros vedettes face aux Lora Sangrán. L'événement avait pourtant eu lieu lors des Estivales de Beaucaire 1994 avec la présence au cartel d'*Espartaco*, César Rincón et Fernando Cepeda. Depuis, ce sont des toreros plus modestes qui combattent les toros andalous dans des arènes espagnoles de deuxième et troisième catégorie. Sébastien Castella les affronta lors de la novillada de la féria de Cordoue (2000), de même que le Nîmois Grégoire Taulère à Roa de Duero (Burgos), quelques semaines avant sa prise d'alternative (2001). Les origines Benítez Cubero de l'élevage s'accordent mieux aujourd'hui lors des corridas à cheval ou face aux muletas de toreros populaires comme *el Fundi*, Manuel Díaz *el Cordobés* ou José Luis Moreno que devant les vedettes de la tauromachie. C.C.

LORÉ Denis. Matador de toros français né à Nîmes le 31 juillet 1968, Denis Loré est le premier élève du Centre français de tauromachie de Nîmes à avoir pris l'alternative. Il porte son premier costume de lumières le 21 juillet 1985 à l'occasion d'une novillada sans picadors organisée à Saint-Laurent-d'Aigouze (Gard). C'est à Nîmes le 27 septembre 1987 qu'il débute avec picadors en partageant l'affiche avec deux autres novilleros français, Jean-Luc Laffite et *Juan Villanueva*, pour affronter des novillos de Bernardino Giménez. Au cours de la temporada 1989, il se présente à Séville le 1er mai et, le 26, à Madrid aux côtés d'Enrique Ponce et Marco Antonio Girón. Les novillos sont de Manolo González et González Sánchez Dalp.

Dans les arènes de Nîmes, il reçoit l'alternative le 2 juin 1990 des mains d'Emilio Muñoz en présence de Fernando Lozano. Le toro de la cérémonie s'appelle *Gañafono* et appartient à la ganaderia de José Luis Marca.

Il débute en Espagne le 16 septembre 1990 à Barcelone, alternant avec José Antonio *Campuzano* et Antonio Mondejar devant un lot de Murteira Grave. Il se présente en Amérique à Mérida, au Venezuela, le 2 décembre 1990, en compagnie de Manolo Rodríguez en mano a mano devant des toros de Cheo Ramírez.

Le 19 juillet 1992, dans le cadre de l'Exposition universelle, il fait le paséo à Séville pour affronter les toros de Hubert Yonnet.

Le 10 mars 1996, à Mexico, il est confirmé dans son grade de matador par Manolo Mejía avec pour témoins Manuel Moreno et Alfredo Ríos *el Conde*. Le toro *Pies de plata* provient de l'élevage de Fernando de la Mora. Il lui faut attendre encore deux années pour enfin retourner à Madrid en qualité de matador et confirmer son doctorat ; dans une modeste corrida de printemps, le 14 juin 1998, Denis Loré reçoit la muleta et l'épée des mains de Domingo Valderrama et Ruiz Manuel pour se défaire du toro *Haragán*, appartenant à l'élevage de Marqués d'Albaserrada.

Torero technique et courageux, Denis Loré torée trop peu au regard de ses qualités. Après avoir abandonné la pose des banderilles durant quelques saisons, il a recommencé en 2001 à assurer lui-même ce tercio. R.A.

LOURO FERNÁNDEZ DE CASTRO Ernesto
Origine : Atanasio Fernández
Devise : violet et fraise
Ancienneté à Madrid : 26 mai 1977
Propriétés : « Herdade do Vale », Vendas Novas (Alentejo, Portugal) et « Herdade da Herdeira », Alcacer do Sal (Alentejo, Portugal)

Cet élevage est fondé en 1899 par Victoriano Froes avec du bétail de Trespalacios croisé avec des étalons d'origine Ibarra. José Felipe Netto Revello acquiert l'élevage en 1910 et ajoute au troupeau un étalon de Conde de la Corte. Vingt ans plus tard, José Felipe Netto Revello vend l'élevage à son gendre, Faustino de Gama, qui modifie le fer. En 1964, Ernesto Louro Fernández de Castro achète à Gama l'ensemble du troupeau et modifie le fer. Il insère en 1965 et 1966 un nombre important de vaches ainsi qu'un étalon issus de l'élevage d'Atanasio Fernández.

Ce fer, grand classique ganadero du Portugal, vend aujourd'hui encore quelques toros lors de petites corridas équestres. Un lot à pied fit exception lors de la saison 2001 : *el Cid* remporta à Paredes de Nava (Plasencia) un grand triomphe, partageant l'affiche avec Juan Antonio Esplá, frère du célèbre Luis Francisco, et le Mexicain Antonio Bricio. Un autre lot fit également bonne figure en 2002, mais toujours dans de petites arènes : le public de Melilla assista au triomphe commun de trois toreros aux styles pourtant différents : Pepín Jiménez, José Antonio Canales Rivera et Miguel Ángel. C.C.

LOZANO Hermanos
Origine : Alcurrucén
Devise : bleu ciel et rouge
Ancienneté à Madrid : 19 mars 1999
Propriétés : « Alcurrucén », Abad (Cordoue) et « La Mudiona », Alcollarín (Caceres)

Cet élevage est fondé en 1996 avec des vaches et des étalons d'Alcurrucén.

La famille Lozano, actuelle détentrice des arènes de Madrid, étend son empire ganadero avec la création de ce nouveau fer. Le sang Alcurrucén, élevage déjà très apprécié des toreros vedettes, y prédomine et les succès sont déjà au rendez-vous. Après plusieurs bonnes novilladas combattues en 1999 à Madrid (une oreille pour Jesús Aguado) et Albacete (deux oreilles pour *el Fandi*), l'élevage a envoyé plusieurs lots en 2000 dans des arènes espagnoles de première et deuxième catégorie.

Francisco Javier Corpas, Alberto Martín et surtout *Rafael de Julia* coupèrent d'importantes oreilles face aux novillos des frères Lozano. Élevage jeune mais vite introduit dans le panorama ganadero espagnol, le fer des frères Lozano fournit en 2001 quelques novillos éparpillés entre Madrid, Alicante et Pontevedra. Plusieurs toros de réserve échurent en 2002 entre les mains d'*Eugenio de Mora*, *Morante de la Puebla* et *el Juli* à Madrid, mais aussi à Valladolid. *Eugenio de Mora*, dirigé par la famille Lozano, fit même honneur au bétail de ses managers en coupant les deux oreilles et la queue d'un bon exemplaire combattu à Caravaca de la Cruz (Madrid). C.C.

LOZANO PÉREZ Fernando. Né le 27 juin 1963 à Mexico, fils du matador Pablo Lozano, il commence à être connu pour sa participation au cartel des jeunes toreros avec *Litri* et Rafael Camino.

Après 46 novilladas, il prend l'alternative à Valence le 30 juillet 1987 des mains de Juan Antonio Ruiz *Espartaco* avec Vicente Ruiz *el Soro* comme témoin. Les toros sont de Sepúlveda, et il coupe une oreille à *Cigarrero*, toro de l'alternative, et une autre à son second adversaire. Il fait ses débuts en Amérique le 27 décembre 1987 à Cali, en Colombie, avec José Porras et *Joselito* face à des toros d'Achury Viejo.

Le 24 mars 1989, il débute à Arles, lors de la féria, en compagnie de Curro Caro et de *Rafi* Camino face à un lot de María Lourdes Martín. Puis il confirme à Madrid le 17 mai 1990 devant *Voluntarioso*, toro de Sepúlveda, avec Roberto Domínguez comme parrain et Ortega Cano comme témoin. Il confirmera encore à Mexico le 9 décembre 1990 devant *Roncito*, de la ganaderia de Javier Garfías, avec Curro Rivera comma parrain et Jorge Gutiérrez comme témoin. R.B.

LOZANO SÁNCHEZ Gregorio, *Gregorio Sánchez*. Dans la petite plaza de Guadalajara, le 15 octobre 1952, se présentait Gregorio Sánchez, né le 8 mai 1930 dans la petite cité de Santa Olalla, pour sa première novillada avec picadors en compagnie de Manuel Sevilla et de *Morenito de Córdoba*, face à cinq novillos de Luciano Cobaleda et un de Batanejos. Le 5 juillet de l'année suivante, Sánchez foule le sable de la plaza de Vista Alegre en compagnie du Mexicain *el Callao* et de José Barroso face à des novillos de Abdón Alonso.

Le 8 août 1954, il torée à Madrid avec Luis Díaz et José Rivera, face à des toros de Rodríguez Santana. Il triomphe à Madrid, encore, le 11 mars 1956, et reçoit l'alternative le 1er avril suivant à Séville des mains d'Antonio *Bienvenida* en présence de Joselito Huerta, devant un toro de Joaquín Buendía. Il confirme à Madrid le 14 juin avec César Girón comme parrain et Alfonso Merino comme témoin, face à un toro d'Antonio Pérez.

Gregorio Sánchez peut être qualifié de belluaire car, afin de compenser ses insuffisances techniques, il s'engage totalement dans les divers tercios et avec une sincérité remarquable. R.B.

LUCÁS BLANCO Juan. Fils du matador Manuel Lucás qui finit tristement exécuté sur la place publique parce qu'il avait, en octobre 1837, bousculé puis tué un représentant de la milice nationale alors qu'il était saoul, Juan avait bien l'intention de devenir torero malgré l'opposition marquée de son père qui voulait le voir exercer un métier plus honorable, plus rentable et moins risqué que le sien. La disparition de celui-ci modifia ces projets, pour des raisons économiques.

Le jeune Juan, né à Séville dans les années 1820, entre donc dans la cuadrilla de son défunt père où il est bien reçu, ainsi que par l'ensemble du milieu tauromachique. *Cúchares* et *Paquiro* l'aident et le matador Juan Yust l'accueille chez lui. À la mort de Yust, en 1842, Juan épousera la veuve de son ami. Il a environ vingt ans, une belle prestance, un visage poupin et des yeux sombres. Il chante bien le flamenco qu'il danse aussi avec passion.

Il débute dans le métier en tant que media espada dans des arènes de province, exerçant le rôle de banderillero dans les plazas importantes. En 1843, il devient chef de l'ancienne cuadrilla de Yust et se fait connaître en Andalousie. On le dit très habile à l'épée, courageux et toréant sans fioriture, mais limité dans son registre. La plupart des observateurs lui prédisent un brillant avenir, augures qui ne lui permettent pas de triompher à Madrid.

Deux graves cornadas, l'une en 1846 alors qu'il torée dans la plaza de la Corte en compagnie d'*el Chiclanero* et de Manuel Díaz *el Lavi*, l'autre en 1847 par un toro d'Almendralejo, mettent fin à tous ces espoirs. Les contrats se font rares, il accepte des courses sans prestige. Séville le programme et lui permet de survivre plutôt mal que bien. Juan, malgré ses efforts, n'arrive pas à remonter la pente et sombre dans l'alcoolisme. Devenu lent et sans recours, ses prestations avinées sont plus navrantes que brillantes. Lors de sa dernière apparition à Séville en 1864, il titube dans le ruedo, évitant de justesse la cornada. Il est rapidement oublié jusqu'en 1867, quand on apprend qu'il est mort dans la plus grande misère à l'hôpital de la ville. R.B.

LUCERO (*étoile*). Toro qui porte une tache sur le front.

LUCES. Paillettes brillantes, or ou argent, qui ornent le costume des toreros et d'où il tire son nom : *traje de luces*. La tradition et l'habitude ont popularisé l'expression « habit de lumières », dont le pluriel respecte la littéralité de la traduction.

Certains emploient « lumière » au singulier (« l'habit de lumière »), ce qui rend compte de la transfiguration qui s'opère dans l'homme qui revêt l'habit et qui le porte durant le combat. Ainsi, le choix de l'une ou l'autre expression fait sens. R.B.

LUCES PARRA Tomás. Tomás est né le 22 août 1939 à Ciudad Bolívar, au Venezuela. Il revêt son premier costume de lumières à vingt ans et fait sa présentation à Vista Alegre le 5 mai 1963 avec *Joselillo* et Luis Antonio Romero, face à des novillos de José Rufino Moreno Santamaría, et triomphe avec éclat dans un style tremendiste. Après s'être présenté à Madrid le 5 juillet 1964, il reçoit l'alternative le 25 mars 1965 Valencia, au Venezuela, face à un lot de toros de la ganaderia de Campo Alegre, le parrain étant Jaime Ostos et le témoin Luis Segura. Revenu en Espagne, il renonce à son alternative et continue comme novillero jusqu'à une nouvelle cérémonie qui a lieu le 30 octobre 1966 à Vista Alegre, avec Antonio de Jesús et Antonio García *Currito* face à des toros de la ganaderia d'Ana Peña. R.B.

LUCIMIENTO. Toreo « lumineux ».

LUGUILLANO.
Voir CASTRO GONZÁLEZ David.

LUNEL (France. Nîmes 25 km). La tradition tauromachique est très installée dans cette ville de 23 500 habitants qui possède une arène de 3 000 places dans laquelle se déroulent surtout des courses camarguaises mais aussi des novilladas et des courses de rejón. Les spectacles tauromachiques y ont lieu à la mi-juillet. Les premières arènes furent construites en 1861, simple plate-forme autour d'une piste légèrement ovalisée. Les premiers spectacles étaient des courses camarguaises.

Le 7 septembre 1873 a lieu la première course avec mise à mort : deux novillos lidiés, le premier par Andrés Fontela, le second par Joaquín Vega *el Chato*. Le 6 août 1893, on y donne la première novillada avec six novillos croisés espagnols, de la manade Desfonds, pour le matador José Casanave *Morenito de Valencia* avec comme sobresaliente José Monsoliú *Pasero*.

Le 4 juillet 1920 eut lieu la première corrida d'après-guerre, destinée à recueillir des fonds pour la construction d'un monument aux morts, avec des toros de Lescot et un cartel comprenant Agustín Gracia *Malla*, José Gárate *Limeño* et Juan Miró *Cerezito* comme sobresaliente. Le cinquième toro est puissant, fortement piqué et il se réserve. *Malla* va brinder à une jeune femme en costume valencen puis, malgré le danger de l'animal en querencia, se jette deux genoux à terre devant lui. Le toro charge et cueille *Malla* en pleine poitrine, perçant le cœur. *Malla* n'a eu que le temps de porter la main à sa poitrine avant d'expirer. R.B.

LUPI Samuel
(José Samuel Pereira Lupi)
Origine : Murube-Urquijo
Devise : bleu ciel et or
Ancienneté à Madrid : 28 septembre 1947
Propriété : « Barroca d'Alba », Alcochete-Setúbal (Portugal)

L'élevage de Rafael Lamamié de Clairac est divisé en 1950. L'une des parts revient à Leopoldo Lamamié de Clairac y Blanco qui vend par la suite son troupeau au marquis de Deleitosa. Ce dernier met l'élevage au nom de son épouse, adoptant un nouveau fer et une autre devise. Le troupeau s'enrichit en 1951 avec un lot important de vaches et d'étalons de Juan Cobaleda, d'origine Conde de la Corte. Cinq ans plus tard, l'élevage est racheté par Atanasio Fernández et Emilio Ortuño *Jumillano*, mais c'est ce dernier qui reste seul aux commandes. La Société agricole del Río Frío rachète l'élevage en 1968, six ans avant l'acquisition finale par José Samuel Pereira Lupi. Le nouveau propriétaire insère au troupeau deux lots de Fermín Bohórquez, d'origine Murube, soit un total de cent cinquante vaches et quatre étalons. Le sang Cobaleda est progressivement éliminé et l'origine Murube est renforcée avec l'achat de nouveaux étalons de Bohórquez, Luis Passanha et Pedro Gutiérrez Moya.

L'encaste Murube-Urquijo est toujours très apprécié des toreros à cheval. Ce célèbre fer lusitanien ne déroge pas à la règle et vend l'essentiel de ses produits dans les corridas à cheval organisées au Portugal. C.C.

M

MACHAQUITO.
Voir GONZÁLEZ MADRID Rafael.

MACHETERO. Travail exécuté avec la muleta, face au toro, en donnant des petites impulsions sèches d'une corne à l'autre et en reculant si nécessaire. Ces passes sont destinées à régler la tête du toro avant l'estocade, mais si un torero se trouve en situation d'être dominé par son adversaire, il peut les utiliser pour abréger rapidement sa faena. R.B.

MACHO (*mâle*).
1) Se dit d'un torero au comportement particulièrement viril et courageux devant des toros difficiles. Au campo, terme familier et respectueux pour qualifier les animaux mâles par opposition aux femelles. P.M.

2) Sorte de glands qui servent à serrer sous les genoux la culotte de soie du torero. Quatre autres machos sont fixés au bas des épaulettes, sur le devant et sur l'arrière de la chaquetilla. R.B.

MADERA (*bois*). « Tiene madera » est une expression familière pour dire d'un toro qu'il a du bois sur la tête, donc des cornes impressionnantes. Voir aussi LEÑA.

MADRID (Espagne). Sur cet immense territoire central, à 655 mètres d'altitude, Madrid, la plus élevée des capitales européennes, s'est construite sur le rebord du plateau qui domine le Manzanares. En 931, elle n'est encore que *Magerit* ou *Madjrit*, forteresse arabe au pied de laquelle s'est construit un village entouré de remparts. En 1083, elle est reconquise par les Castillans qui élèvent des murailles au XIIe puis au XIVe siècle. Aux XVe et XVIe siècles, les rois de Castille s'y établissent et Charles Quint fait transformer l'Alcazar en résidence royale. Philippe II décide en 1561 que Madrid devient capitale et l'arrivée de la cour a pour conséquence une rapide augmentation démographique, la ville passant de 20 000 habitants vers 1550 à 70 000 en 1620. La population ne cesse de croître et atteint le chiffre de 529 000 en 1900. Madrid reste capitale de la république jusqu'au 28 mars 1939, quand commence la période franquiste. Actuellement, la ville compte plus de 3 000 000 d'habitants et atteint les 5 000 000 avec son agglomération.

La richesse monumentale de Madrid est considérable et les aficionados auront plaisir à découvrir les sites les plus remarquables. D'abord, la Plaza Mayor, à l'origine lieu d'un important marché. Juan de Herrera en fit le premier projet en 1590, mais Philippe II imposa celui de Juan Gómez de Mora en 1617 ; les travaux furent terminés en 1619. Pour de nombreuses occasions, on y donna des corridas, quand on n'y brûlait pas les hérétiques condamnés par l'Inquisition. On l'aménageait pour ces spectacles auquel ne pouvaient assister que des privilégiés. Mais dans les ruelles étroites des alentours, la foule se pressait et nombreuses étaient les rixes, souvent sanglantes, qui éclataient. Les courses s'y déroulaient dans un étonnant tumulte et l'on jetait sur la piste toutes sortes de choses, y compris des chats ou des chiens... Le 22 juillet 1833, à l'occasion de l'avènement d'Isabelle II, on y combattit vingt-cinq toros. Les dernières corridas eurent lieu les 13, 17 et 18 octobre 1846 à l'occasion du mariage d'Isabelle II avec son cousin François d'Assise et de celui de l'infante Louise Fernande avec le duc de Montpensier.

Il ne faut pas manquer le somptueux Palais royal et le musée du Prado, non plus que les ruelles du vieux Madrid pleines de découvertes typiques, de bodegas ou d'édifices chargés d'histoire.

Les toros ont toujours occupé une grande place dans la vie de la cité madrilène et les endroits où se déroulaient les corridas changèrent souvent. D'abord sur les places publiques telles que la Plaza de Arrabal ou les lieux fermés comme l'Alcazar, mais aussi la Puerta del Sol. Sur l'initiative du duc de Lerma, favori de Philippe III, on construisit des arènes en bois dans les jardins d'Atocha, mais pour les grandes occasions, on aménagea la Plaza Mayor. En 1630, le comte d'Olivares, sur la demande de Philippe IV, fit construire un édifice spécial au Buen Retiro, ce qui n'empêcha pas de toujours utiliser la Plaza Mayor !... En 1737, sur l'emplacement de Soto de Luzón, on édifia une arène et, en 1743, le roi Philippe V concéda une autorisation à la Sala de Alcades qui éleva un bâtiment près de la porte de Alcalá. Ferdinand VI fit construire une arène dans le même lieu et la donna aux Hôpitaux de Madrid, qui pouvaient la gérer à leur guise. Mais Madrid s'agrandit, et en 1875 on éleva une autre plaza près de la rue de Aragón. L'endroit s'appelait « Las Ventas », d'où le nom que l'on donne toujours à la Monumental de la capitale. Elle peut recevoir 26 000 spectateurs.

Pour la corrida d'ouverture, le 17 juin 1931, huit ganaderos offrirent gratuitement les toros et les matadors vinrent sans toucher de rétribution !... Le cartel était composé de Diego Mazquiarán *Fortuna*, Marcial Lalanda, Nicanor Villalta, Fauto Barajas, Luis Fuentes Bejarano, Vicente Barrera, Fermín Espinosa *Armillita* et Manuel Mejías *Bienvenida*, qui tuèrent successivement des toros de Juan Pedro Domecq, Julián Fernández, Manuel García, Viuda de Concha y Sierra, Graciliano Pérez-Tabernero, les héritiers d'Andrés Coquilla, Conde de la Corte et Indalecio García. Le premier toro qui fut lidié par *Fortuna* était de Juan Pedro Domecq et se nommait *Hortelano*. On y lidia seulement deux corridas en 1933, et enfin l'inauguration officielle eut lieu le 21 octobre 1934 avec une course de toros de Doña Carmen de Federico, combattue par Juan Belmonte, Marcial Lalanda et Joaquín Rodríguez *Cagancho*.

Chaque année a lieu la féria de la San Isidro, saint patron de la cité, un laboureur né en 1080 et mort en 1172, qui était marié à une María Torribia. Ce couple très croyant et pratiquant vivait dans la plus extrême indigence, ce qui ne l'empêchait pas de faire la charité. Les mauvaises langues, trouvant cela anormal, demandèrent une enquête car on soupçonnait le couple de malversations, on l'accusa de ne pas travailler et de passer le temps en prières. Or, Isidro était capable de faire jaillir l'eau des terrains arides, une eau qui guérissait toutes les maladies. Tant de prodiges firent que la famille fut considérée comme sainte. Devenu protecteur de la ville, Isidro aida même le roi à triompher de l'armée des Maures par la victoire de Las Navas de Tolosa.

On organise donc une féria pour rendre hommage au saint et les toros sont de la fête. Au début du xxe siècle avait lieu une corrida annuelle le 15 mai. Puis le nombre passa à quatre, à cinq en 1948, sept en 1949, huit en 1950, nombre qui ne cesse de croître pour atteindre presque les trente corridas annuelles de nos jours. C'est la plus importante féria du monde, la plus longue et la plus étoffée. Tous les grands noms y participent, les ganaderos les plus prestigieux réservent leurs meilleurs lots pour l'occasion. Les vétérinaires rejettent tous les toros qui ne correspondent pas aux critères souvent excessifs qu'ils ont déterminés, en particulier le poids. Pour les toreros, même les plus aguerris, Madrid est un « examen de passage » toujours renouvelé. Car couper une oreille à Madrid assure des engagements importants pour la suite de la temporada. On vit ainsi des toreros inconnus ou presque devenir des figuras parce qu'ils avaient coupé à Las Ventas. C'est le cas de Rincón en particulier, ou celui, plus récent, d'*el Califa*. Mais bien qu'il ait coupé une oreille dans cette plaza, le Français Richard Milian n'en eut pas pour autant des contrats au-delà des Pyrénées, car les Espagnols sont très protectionnistes. Dans cette enceinte, le public est exigeant et ne demande pas des trophées sans raison. Les abonnés du « tendido 7 » sont, en particulier, des censeurs sans pitié qui se disent les tenants de la « vérité aficionada », critiquant avec fiel et virulence, ne reconnaissant de valeur qu'à des toreros du passé qu'ils n'ont jamais eu l'occasion de voir mais dont ils décrivent les exploits comme s'ils avaient assisté aux courses... Imbus de leur « savoir » et de leurs « compétences », ils se considèrent comme les seuls aptes à juger et apprécier, et rien ou presque ne leur donne satisfaction.

Malgré cela, tous les toreros font le maximum et certains prennent des risques insensés pour triompher à Madrid. R.B.

MAESTRO (*maître*). Appellation attribuée au matador, car il est celui qui connaît le mieux les toros et leur lidia. Ce terme est employé avec respect par les membres de la cuadrilla au service du matador, mais parfois de manière ironique par le public. R.B.

MAIN courir la. Se dit d'un torero qui conduit l'exécution de la passe avec maîtrise et suavité.

MAJADALES Los
Origine : Vega-Villar
Devise : blanc et rouge
Pas d'ancienneté à Madrid
Propriété : « Villanueva de Cañedo », Topas (Salamanque)

Cet élevage est formé en 1924 par Gerardo Morcillo Baños avec du bétail acquis à Celso Pellón. Fortement réduit au début de la Deuxième Guerre mondiale, l'élevage s'enrichit de plusieurs produits d'origine Veragua achetés à Domingo Hernández en 1940. Deux ans plus tard, un lot de vaches de Clemente Tassara vient compléter le troupeau. L'élevage passe successivement entre les mains de Francisco Gallardo Burgos (1951), José Garde López (août 1954) puis son fils, Enrique Garde García. En 1979, l'élevage est racheté par Antero Zurita Molina qui baptise le troupeau « Retamosillo ». Ses héritiers lui succèdent en 1980. La famille Tabernero Hernández acquiert le troupeau huit ans plus tard, modifiant le fer et l'annonçant sous l'appellation de « Los Majadales ». Les origines antérieures sont supprimées et le troupeau est reformé avec des vaches et des étalons d'origine Vega-Villar.

Second fer de la famille Tabernero, cet élevage vend peu de toros. Un lot avait été présenté à Nîmes lors de la féria de Primavera 1994 au cours d'une novillada matinale sans picadors. Le public nîmois y avait découvert aux côtés de Renaud Blondin et de *Rafaelillo* un certain Antonio Ferrera. C.C.

MÁLAGA (Espagne. Grenade 130 km – Almería 210 km). Ville moderne de 520 000 habitants, port très important, centre névralgique du tourisme de la Costa del Sol, la fondation de Málaga est attribuée aux Phéniciens. Devenue carthaginoise puis romaine, la ville est prise par les Maures en 711. C'est en 1487 qu'elle fut reconquise, et au XVIIIe siècle son port fut agrandi et devint très florissant.

La plaza de toros, d'une contenance de 14 000 spectateurs, située à deux pas de la mer, sur le terrain de la Malagueta, commencée en 1874, fut inaugurée le 11 juin 1876 par les matadors Manuel Domínguez, *el Gordito* et *Lagartijo*, qui combattirent un lot de la ganaderia de Murube. R.B.

MALDONADO CORTÉS José. Il est né le 2 juillet 1940 à Estremoz (Portugal) où il débute en 1960 avec Simão de Vega et Pedro Louceiro. Il reçoit l'alternative en 1962 à Campo Pequenho de Lisbonne, des mains de Pedro Louceiro en présence de Luis Alviz et de Joaquim Barroca face à *Bonito*, toro de Manuel César Rodríguez, avec comme forcados le groupe Amadore de Coruche. De 1968 à 1972, on le voit dans la plupart des plazas espagnoles et le 23 août 1970, il se présente dans Las Ventas de Madrid face à un toro d'El Pizarral, en prologue de la prestation de Vicente Punzón, Agustín Castellano *el Puri* et Gregorio Lalanda. En 1986 et 1987, il participe à vingt et une et vingt-deux courses dans les plus grandes plazas portugaises et fait partie des dix meilleurs rejoneadores lusitaniens. Très classique, respectant les règles du toreo portugais, il était très apprécié des puristes. En 1994, il ne toréait plus qu'au Portugal. J.C.D.

MALETA. Qualifie un torero médiocre.

MALETILLA. Personne généralement jeune qui court les tientas et les plazas dans l'espoir d'obtenir une opportunité de toréer et de se faire connaître. Ces aspirants toreros arpentent les chemins de terre menant aux ganaderias de toros bravos, munis de leurs cape et muleta. Bien souvent dévorés par la passion de leur afición, ils acceptent cette vie miséreuse et contraignante, persuadés de leur avenir glorieux. Le plus célèbre des maletillas a été sans aucun doute *el Cordobés* qui, au début des années 1960, était encore un inconnu. *El Pipo* le remarqua et créa sa légende. Mais le torero était un vrai maestro et *figura del toreo*. Bien d'autres ont vainement arpenté les routes menant aux pueblos, et certains furent maletillas à vie. Depuis la création et l'expansion des écoles taurines et l'élévation du niveau de vie en Espagne, ce personnage original et folklorique du mundillo a pratiquement disparu. R.B.

MANADE. Ensemble de toros qui naturellement vivent en groupe. Terme employé en Camargue dans les élevages de taureaux originaires du delta rhodanien.

MANDAR (*commander, imposer*). Deuxième temps de toute passe de cape ou de muleta, le premier étant *citar* (exciter, provoquer). Cette action consiste à obliger le toro à suivre une trajectoire décidée par le torero, ce qui augmente progressivement sa domination sur l'animal. Elle impose la maîtrise du geste et une harmonisation progressive de l'homme et du toro. L'action de mandar est indissociable de *parar* et *templar*. Voir le chapitre « La lidia », ci-dessus, p. 169 *sqq*. R.B.

MANDÓN (*petit chef*). Dans un troupeau, c'est l'animal dominant qui réglemente et gère l'activité du troupeau. Si son autorité est par trop dictatoriale, elle se voit brutalement remise en cause, parfois d'une manière définitive. Voir aussi SENTENCIADO A MUERTE.

MANERAS. Se dit de la manière dont le torero conduit et exécute la lidia. Les aficionados qualifient ainsi un torero quand il a suffisamment de connaissances techniques et de capacités pour mener toute sa carrière avec efficacité.

MANET Édouard. Tous les romantiques ont exalté l'Espagne. Prosper Mérimée,

Théophile Gautier, Alexandre Dumas ont rapporté des impressions de voyages hautes en couleur qui ont enthousiasmé de nombreux lecteurs : l'Espagne était devenue un sujet à la mode.

La plupart des voyageurs ont assisté à des corridas, spectacles encore violents et sanguinaires qui n'avaient que peu évolué depuis l'époque de Goya : chevaux non protégés, toros agressifs et mansos, faenas sans élégance. Le premier tercio était particulièrement sanglant avec de nombreux chevaux tués en piste et agonisant sur le sable. Ce qui n'a pas empêché nos écrivains de dire leur enthousiasme.

La peinture n'échappe pas à la mode espagnole, particulièrement sensible sous Louis-Philippe, qui ouvre au public sa collection – comprenant plusieurs Velázquez, Goya, Zurbarán, Ribera, Murillo, etc.

Manet a été attiré par l'Espagne dès les années 1860. Après avoir quitté l'atelier de Thomas Couture, il expose, en 1861, son *Chanteur espagnol*, qui retient l'attention de Théophile Gautier : « Caramba ! voilà un guitarero qui ne vient pas de l'Opéra-Comique et qui ferait mauvaise figure sur une lithographie de romance. Mais Velázquez le saluerait d'un clignement d'œil [...] il y a beaucoup de talent dans cette figure de grandeur naturelle, peinte en pleine pâte, d'une brosse vaillante et d'une couleur très vraie. »

Au printemps de 1862, puis à l'automne de la même année, les danseurs du Théâtre royal de Madrid se produisent à l'Odéon et à l'Hippodrome de Paris avec un grand succès. Manet et ses amis sont enthousiastes. Le peintre fixe les mouvements énergiques de la troupe dans le *Ballet espagnol*, en 1862 ; il fait le portrait en pied de *Lola de Valence* (qui inspirera un célèbre quatrain à Baudelaire). En 1863, Manet expose au Salon des refusés, non seulement le *Déjeuner sur l'herbe*, mais aussi le *Jeune Homme en costume de toréador* et *Victorine Meurand en costume d'espada*.

Manet n'avait pas vu de corrida avant de se rendre en Espagne en 1865, la tauromachie étant interdite à Paris sous le Second Empire. Mais les toiles et les gravures de Goya et les nombreux écrits sur le sujet suffisaient à son imagination pour qu'il se lançât dans une grande composition pour le Salon de 1864 : *Épisode d'une course de taureaux* (exposée à côté du *Christ mort et les anges*). La toile suscita d'acerbes critiques, et Manet la transforma, voire la découpa ; il nous en reste *Le Toréador mort* (aussi intitulé *L'Homme mort* et qui doit beaucoup au *Soldat mort* de Velázquez).

Ce n'est qu'après le scandale de l'*Olympia*, au Salon de 1865, que Manet se rend en Espagne, où, le 3 septembre 1865, il assiste à sa première corrida dans les vieilles arènes de la Porte de Alcalá de Madrid, une plaza construite en 1754 et réaménagée en 1833, d'un caractère élégant. À cette course participaient les espadas Cayetano Sanz, Antonio Sánchez *el Tato* et González Mora, accompagnés des picadors Antonio Calderón et Cortés. La corrida sera sans grand intérêt mais Manet est fort satisfait de son après-midi. Il écrira à Baudelaire : « Un des plus beaux et des plus terribles spectacles que l'on puisse voir, c'est une course de taureaux » ; et à un autre ami il parlera du « picador et du cheval renversés et labourés par les cornes du taureau et de l'armée des chulos ». Il a fait plusieurs croquis dont il se servira ensuite.

Dans les jours qui suivent, il parcourt la ville avec son ami, visitant les musées et les lieux d'art mais aussi les rues de la vieille ville, en particulier celles où se trouvent les bars et bodegas où se réunissent les toreros et autres gens du mundillo ainsi que les aficionados.

Théodore Duret raconte qu'ils visitèrent ensemble Madrid : « Nous allâmes naturellement tous les jours faire une longue station devant les Velázquez du musée du Prado. À cette époque, Madrid avait conservé son vieil aspect pittoresque. La calle de Sevilla, au centre-ville, était encore remplie de cafés et d'anciennes maisons qui servaient de rendez-vous aux gens de la tauromachie. Nous assistâmes aux courses de taureaux et Manet y pris des croquis qui devaient servir à les peindre. Nous allâmes aussi à Tolède voir la cathédrale et les tableaux du Greco. Manet, qui avait si longtemps rêvé d'Espagne, était satisfait de ce qu'il voyait. »

Mais Manet se lasse vite de l'agitation de la ville et surtout de la nourriture. Après une quinzaine de jours, il revient en France. Ce sera son seul et unique voyage outre-Pyrénées.

À partir de ses croquis et de photographies de corridas de son ami Nadar, il se met au travail et compose pendant l'année 1866 ses quatre toiles importantes de tauromachie, trois représentant la lidia d'un toro, où la plaza est vue en plan général avec les toreros dans deux moments importants de la lidia : le tercio de piques et la mise à mort du toro. La dernière représente un matador exécutant le brindis.

La première toile de dimensions moyennes (48 × 60 cm) met en scène un matador au premier plan, se préparant à donner l'estocade à un toro situé dans la partie gauche de l'œuvre. Deux autres matadors observent à distance tandis qu'un troisième, placé à côté d'un cheval mort, est prêt à intervenir. On distingue fort bien les gradins des arènes couverts de nombreux spectateurs. C'est une œuvre très composée et équilibrée.

La deuxième est un groupe de toreros prêts à intervenir au moment de la pique que s'apprête à donner le picador. Le traité est plus enlevé et la composition joue davantage sur la diagonale qui barre la toile et compense la masse importante du groupe équestre. La troisième représente la charge du toro sur un cheval encorné et tombé au sol pendant que les péons interviennent, tandis que les deux autres piqueros attendent d'entrer en suerte. Le traité de cette toile est proche de *La Mise à mort* et c'est la plus grande : 90 sur 110 cm.

Il exécute aussi ce *Matador saluant*, qui est davantage dans la lignée de ses œuvres datant d'avant son voyage, bien que certains y voient le portrait de Cayetano Sanz.

Manet utilisera encore le thème taurin ou hispanique lors d'une exposition organisée au profit de sinistrés d'inondations sans précédent qui avaient ravagé la ville de Murcie. Il peignit des tambourins à la demande d'Émile Bergerat, responsable de cette exposition de soutien. Sur le premier parchemin redécoupé rectangulairement sur un format 27 sur 11 cm, il représente un matador saluant. Sur quatre autres d'un diamètre de 25 cm chacun, il représente, à la peinture à l'huile, un couple de danseurs espagnols par deux fois, une danseuse espagnole à l'éventail, en buste et enfin une chanteuse en pied. C'était en 1879.

Manet continuera une production importante jusqu'à sa mort survenue le 30 avril 1883, à cinquante et un ans. Et sa passion tauromachique, si elle avait été brève, lui avait toutefois inspiré des toiles de grande qualité. R.B.

MANILI.
Voir RUIZ REGALO Manuel.

MANO A MANO (*main à main*). Course, corrida ou novillada auxquelles participent deux maestros, qui doivent avoir des styles différents. Ce fut le cas, par exemple, dans le début des années 1960, entre Aparicio, le classique, et *Litri*, le trémendiste.

Lorsqu'une corrida en mano a mano est organisée, la participation d'un remplaçant (*sobresaliente*) doit obligatoirement être prévue en cas de blessure. R.B.

MANOLETE.
Voir RODRÍGUEZ SÁNCHEZ Manuel.

MANOLETINA. Passe de muleta, rendue populaire par *Manolete* mais dont il n'est pas l'inventeur, qui se pratique surtout en fin de faena ; elle n'a, en réalité, aucun pouvoir sur l'animal. Cette passe est donnée par la main droite, la muleta étant tenue par la main gauche, le bras gauche passé derrière la taille, le cite de face, très près du corps qui doit être immobile, pieds joints, seul le bras droit agissant. Le toro passé, le torero pivote pour se présenter pour la passe suivante. Lorsque le cite se fait de profil ainsi que la passe, on la désigne sous le nom de *mondeñina* parce que c'est le matador Juan García *Mondeño* qui l'a ainsi adaptée. Lorsque le matador cite de profil mais que la trajectoire du toro est inversée, allant de l'arrière du bras vers l'avant, on la qualifie de « manoletina contraire ». Enfin, certains matadors tremendistes, afin d'émouvoir le public, donnent, en fin de faena, des manoletinas en regardant les gradins ou les deux genoux à terre. R.B.

Manoletina

MANOLO.
Voir CORTÉS DE LOS SANTOS Manuel.

MANOLO.
Voir SÁNCHEZ MORO Juan Manuel.

MANOS perder los. Se dit d'un toro qui chute durant la lidia.

MANSADA. Qualifie l'ensemble des toros d'une corrida ayant présenté, à des degrés divers, une couardise généralisée.

MANSEDUMBRE (*douceur, docilité*). Absence ou carence grave de bravoure, d'instinct offensif chez un toro. Elle peut se manifester par :

- La réticence à charger.
- La tendance à vouloir sauter la barrière.
- L'attirance vers le toril où manifestement l'animal souhaite retourner.
- Le fait de gratter le sol avec le sabot, encore que certains pensent qu'il n'y a là qu'un signe de perplexité.
- L'impossibilité ou la difficulté qu'on aura de lui faire prendre une pique supplémentaire.
- Le fait de rester sans pousser (s'endormir) sous le caparaçon.
- Des coups de tête donnés vers le haut pour se débarrasser de la pique.
- La ruade.
- La sortie seul de la pique, etc.
- Dans le cas extrême c'est le *buey de carreta* (le bœuf de charrette). P.M.

MANSO (*paisible, domestique*). Animal à qui font défaut les qualités pour être un véritable toro de combat : caste, bravoure, un peu de genio. Le spectateur ne doit pas perdre de vue que cet animal ne fait que se défendre alors que le véritable toro de combat attaque, ce qui change fondamentalement les données du problème et la suite des événements. P.M.

MANSO CON CASTA. Animal peureux et craintif mais avec des accès d'esprit offensif. Disons que c'est un animal qui est peureux avec panache, plus prudent que lâche. Il peut même posséder une certaine part de bravoure fondamentale mais dénuée de rythme, de clarté, masquée par le nerf.

Un tel toro constitue un dilemme ou pour le moins une contradiction peut-être plus apparente que réelle : comment qualifier un animal de manso et reconnaître en même temps qu'il est *con cas-*

ta ? Ce toro n'est peut-être que réfléchi ? Économe de ses moyens ? Intelligent ? C'est évidemment un adversaire très incommode pour le torero, à tel point qu'Antonio *Bienvenida*, grand lidiador s'il en fut, disait qu'avec ce genre de toro « il ne commençait à respirer que lorsque le toro avait cessé de le faire ». P.M.

MANSO PERDIDO. Animal dépourvu de toute bravoure, véritablement paniqué en piste et dont l'objectif permanent est la fuite. Certains mansos de ce type peuvent être fort dangereux quand ils tentent de se dégager par des actions violentes et imprévisibles. Généralement on leur octroie les banderilles noires, qui sont une marque d'infamie pour l'élevage.

Le toro manso perdido possède souvent une particularité étonnante : il entre généralement dans l'arène en galopant, à la manière d'un toro brave pressé d'en découdre. En fait, cette sortie tumultueuse ne fait que traduire sa hâte de quitter l'endroit dans lequel il a été séquestré pendant quelques heures. Cette sortie orageuse n'est qu'une fuite, le résultat de la panique qui s'est emparée de lui, ce que la suite des événements confirmera bien vite.

Le spectateur peu averti est dérouté par le fait que dès le début le combat de cet animal se déroule suivant un tout autre mode qu'avec un toro normal. D'où manifestations de mauvaise humeur dans les gradins allant en s'amplifiant et pouvant déboucher sur une bronca croissante, incitant généralement le torero a abréger sa prestation. Ce qui est hautement regrettable car avec un maestro décidé, on peut parfois assister à un véritable chef-d'œuvre d'intelligence et de savoir-faire : à Nîmes, en mai 1978, *el Viti*, malgré la traditionnelle bronca initiale allant s'amplifiant et les manifestations injustement hostiles à l'égard du palco, à force d'application, d'intelligence et de savoir-faire, transforma peu à peu un Atanasio Fernández refusant éperdument le combat pendant de très longues minutes en un partenaire asservi, ce qui valut justement deux oreilles au maestro et prouve que face à un torero décidé, même le manso perdido peut avoir une lidia extrêmement intéressante. Cela justifiant la vieille maxime : « *El toro manso tiene su lidia.* »

À force de sélection, l'apparition dans l'arène d'un tel animal est devenue tout à fait exceptionnelle. P.M.

MANSOTE. Toro ayant un petit peu plus de bravoure que le manso, néanmoins réticent et velléitaire, auquel le torero tentera de donner confiance.

MANSURRÓN. Animal qui sans être réellement manso ne possède qu'un tempérament offensif limité et indécis : il charge après mûre réflexion, sort seul du groupe équestre après une pique généralement brève, et à la muleta raccourcit de plus en plus des charges réticentes ; on doit le contraindre sans arrêt. P.M.

MANZANARES.

Voir DOLS ABELLÁN José María.

MANZANARES José María (José María Manzanares, SL)
Origine : Lisardo Sánchez
Devise : blanc
Ancienneté à Madrid : 12 octobre 1882
Propriétés : « Cerro Teresa » et « Majadas Altas », Campolugar (Caceres)

Cet élevage a été fondé par Andrés Sánchez avant d'être repris par Ildefonso Sánchez Tabernero. En 1880, il ajoute au troupeau deux étalons de López Navarro ; l'élevage est annoncé trois ans plus tard au nom de sa veuve, Carlota Sánchez. Juan Sánchez de Terrones acquiert l'élevage après la disparition de Carlota. En 1920, il devient propriétaire de la moitié du troupeau de vaches de Juan Contreras. Il vend l'élevage en 1951 à Manuel Francisco Garzón, qui le cède vingt-cinq ans plus tard à son fils, Juan Andrés Garzón Durán. Ce dernier augmente le cheptel en 1977 avec un lot de Santiago Martín Sánchez *el Viti*, d'origine Lisardo Sánchez. Il achète successivement à ce dernier plusieurs vaches et étalons en 1978, 1980, 1982, 1984 et 1985. José María *Manzanares* rachète l'intégralité du troupeau en 1993.

Les toros importants :

• *Cavarroso*, n° 38, combattu par Curro Romero à Madrid en 1981 (tour de piste posthume).

• *Carazul*, n° 5, combattu par *Antoñete* à Madrid en 1981 (ovationné à l'arrastre).

• *Danzarín*, n° 59, combattu par *Antoñete* à Madrid en 1982 (pétition de tour de piste posthume).

• *Cantinero*, n° 39, combattu par *Antoñete* à Madrid en 1985 (grandement ovationné à l'arrastre).

Fer mythique dans les années 1970, l'ancien élevage de Juan Andrés Garzón est progressivement rentré dans le rang. Malgré le rachat du troupeau par le torero vedette José María *Manzanares*, les toros combattus n'offrent pas entière satisfaction et montrent de sérieuses carences en matière de bravoure et de continuité dans les charges. Pour preuve, un seul lot a été combattu au cours de la saison 2001 pour une novillada organisée à Cascante, en Navarre. Entre une carrière de matador qu'il n'a jamais véritablement stoppée et les débuts de son fils dans le toreo, José María *Manzanares* ne semble pas pour l'instant consacrer suffisamment d'importance à la gestion de son élevage. C.C.

MARACAIBO (Venezuela). Capitale de l'État de Zulia, située sur le goulet qui relie la mer des Antilles et le lac de Maracaibo, grand centre industriel, en particulier de raffinement du pétrole, mais aussi agroalimentaire et de constructions navales, ville universitaire de 1 250 000 habitants, Maracaibo possède une plaza de toros d'une capacité de 14 000 places, inaugurée le 18 novembre 1972 par Sebastián Palomo *Linares*, Eloy Cavazos et Carlos Martínez devant des toros de la ganaderia mexicaine de Valparaíso. R.B.

MARACAY (Venezuela). Ville de 355 000 habitants, capitale de l'État d'Aragua, centre agricole et industriel, Maracay possède une plaza de toros d'une contenance de 6 700 places, dénommée Maestranza César-Girón en mémoire du grand matador vénézuélien. Elle a été inaugurée le 20 janvier 1933 avec des toros de la ganaderia de la Providencia qui furent combattus par Eleazar Sananeq *Rubito*, Manuel Mejías *Bienvenida* et Pepe *Gallardo*. R.B.

MARBELLA (Espagne. Málaga 60 km). Contrairement à ce que l'on pourrait penser, Marbella n'est pas de création récente puisqu'elle fut fondée en 1600 av. J.-C. sous le nom de Salduba, la « Cité du Sel ». Actuellement, après avoir vécu de la pêche et des industries dérivées, la ville, qui compte 82 000 habitants mais reçoit des dizaines de milliers de touristes, est devenue le centre attractif de la région et la « jet-set » s'y presse dans des fêtes d'un luxe ostentatoire.

Sa plaza de toros de 9 500 places a été inaugurée le 11 juin 1964 par Pedro Martínez *Pedrés*, Manuel Benítez *el Cordobés* et Francisco Camino devant des toros d'Antonio Martínez Elizondo. R.B.

MARCA.

Voir FERRADE.

MARCA RODRIGO José Luis

Origine : Juan Pedro Domecq y Díez
Devise : bleu et blanc
Ancienneté à Madrid : 22 mai 1980
Propriétés : « Valdecuello », Olivenza et « Las Barachinas », Alconchel (Badajoz), Espagne

José Luis Marca est sans doute un des ganaderos espagnols les plus atypiques. Il exerça de nombreux métiers y compris les activités et occupations taurines, jusqu'au jour où il se convertit à la profession de ganadero.

À la fin des années 1960, José Luis Marca s'établit dans la région de Salamanque. Il achète quelques vaches à Vicente Charro de Murga qu'il garde quelques hivers. Comprenant qu'il ne peut aller très loin, il abandonne la froidure du climat de Salamanque pour s'établir à Badajoz dans un endroit plus tempéré et calme, où il acquiert deux propriétés, l'une à Alconchel et l'autre à Olivenza, qui peu de temps après seront aménagées pour l'élevage du toro bravo.

Au milieu des années 1980, il élimine tout son bétail, afin de repartir sur de nouvelles bases. Il achète des vaches et étalons de Juan Pedro Domecq. Avant 1983, il s'était porté acquéreur du fer de Tomillar, auquel il donnera le nom de son épouse, Antonia de Julia ; peu de temps après, il reforme son élevage avec des vaches et sementales d'Atanasio Fernández. Les Marca revendront le tout à l'éleveur de Huelva Manuel Ángel Millares.

Sa ganaderia a été fondée par Fernando Nuño de Ledesma qui acheta du bétail au marquis de Castro Janillos. Ensuite, sa fille María s'occupa du cheptel, puis ce fut au tour des petits-enfants qui, en 1939, ajoutent du bétail provenant d'Argimiro Pérez. En 1948, la famille Escudero Nuño divise l'élevage, qui prend le nom d'« Escudero de Cortos ». En 1950 viennent s'ajouter des vaches et sementales d'origine Parladé. En 1956, un des lots, celui de la veuve María C. Muriel, fut vendu à Vicente Charro de Murga qui, à son tour, le vendra à Marca.

José Luis Marca alterne son travail de ganadero avec celui d'imprésario et d'apoderado en particulier de son gendre, Paco Ojeda. Ch.C.

MAREAR. Étourdir le toro par des capotazos donnés sans répit de part et d'autre de sa tête.

MARGÉ Robert

Origines : Cebada Gago et Joaquín Núñez del Cuvillo

Devise : bordeaux et or

Ancienneté de création : 1993

Propriété : « Domaine des Monteilles », Fleury d'Aude (Aude)

Robert Margé fonde son élevage de toros de combat avec des bêtes de Cebada Gago d'une part, et Joaquín Núñez del Cuvillo de l'autre.

Les toros importants :

• Le becerro n° 2 fut gracié par Julien Lescarret lors d'une novillada sans picadors célébrée à Béziers le 14 août 1998 lors de la féria d'août.

L'actuel directeur des arènes de Béziers a fondé cet élevage à partir de deux fers andalous régulièrement programmés dans le cadre de sa féria d'août. Les becerros de Margé ont apporté d'excellents résultats lors des novilladas sans picadors où ils étaient à l'affiche. Dotés d'un grand moteur, mettant inlassablement la tête dans le leurre et affichant une caste affirmée, les novillos de Margé ont remporté de grands succès. Depuis quelques années, Robert Margé a affiné sa sélection afin de présenter ses toros dans des novilladas piquées. Avec un an de plus, les novillos ont manifesté un comportement semblable mais avec une légère pointe de « piquant », propre au sang de Cebada Gago. Face au bétail de son manager, Sébastien Castella, alors novillero, avait remporté un brillant succès le 4 août 1999 aux Saintes-Maries-de-la-Mer. Puissants au fer, les toros de Margé sont sortis à deux reprises en 2001 dans le cadre de corridas de rejón, offrant une répartie de choix pour les toreros à cheval. C.C.

MARIE SARA.
Voir BOURSEILLER Marie Sara.

MARIPOSA (*papillon*). Suerte exécutée avec la cape tenue dans le dos, imaginée par Marcial Lalanda, dans laquelle le toro ne passe pas mais suit de la tête les évolutions alternées de la cape pendant que le maestro recule. Elle a le défaut majeur d'inciter le toro à donner des coups de corne sans se déplacer et à se mettre sur la défensive. R.B.

MARISMEÑO.
Voir VEGA RODRÍGUEZ Julio.

MARMOLILLO. Qualifie un toro sans réaction, immobile et manifestement peu enclin à participer à la corrida. Il y a deux origines possibles à ce terme : il peut provenir de *mármol*, « marbre », ou de *marmolillos*, qui désigne soit les statuettes en plâtre d'un art souvent discutable (qualifié de « sulpicien » en France) que l'on peut voir sur les cheminées, soit les bornes jalonnant routes et chemins. P.M.

MÁRQUEZ MARTÍN Miguel. Miguel Márquez Martín est né à Fuengirola (Málaga) le 5 mars 1946. Il revêtit pour la première fois le costume de lumières dans sa ville natale, le 7 octobre 1964, où il effectua aussi ses débuts en corrida piquée deux ans plus tard, le 8 octobre 1966. Sa carrière de novillero s'envola rapidement puisque l'année suivante, il toréa à 96 reprises, remportant des triomphes répétés dans la plupart des arènes. Il aurait d'ailleurs dépassé la centaine de courses s'il n'avait été blessé à Hellín. Ce départ fulgurant le mena tout droit vers l'alternative qu'il prit à Málaga le 3 mars 1968, où il coupa trois oreilles et une queue des toros de Carlos Núñez. Son parrain était Antonio Ordóñez et son témoin *Miguelín*. Il confirma à Madrid le 17 mai de la même année devant des toros de Conde de la Corte et coupa deux oreilles à son deuxième. C'est encore Antonio Ordóñez qui officiait en tant que parrain, son témoin étant Rafael Jiménez *Chicuelo*.

Miguel Márquez finit à deux reprises premier au classement, en 1968 et 1969, avec respectivement 101 et 97 corridas, chiffres qu'il aurait pu largement dépasser si quelques graves blessures n'avaient enrayé sa trajectoire.

Ayant connu ces deux années-là son heure de gloire, Miguel Márquez allait devenir un matador de toros paradoxal qui toréait beaucoup, qui triomphait à peu près partout, mais qui ne parvenait pas à totalement convaincre les aficionados. Peu à peu, il glissa sur une pente dangereuse et dut se résoudre à se tourner vers le créneau des corridas dures, ce qui lui valut d'ailleurs le surnom de « Lion de Fuengirola », tant il avait de volonté et de courage. Il fut notamment l'un des grands spécialistes des corridas de Victorino Martín et se tailla encore quelques beaux succès avant de se retirer définitivement le 9 février 1991 à Valdemorillo. Une sortie par la petite porte pour quelqu'un qui avait été figura du toreo. Mais il y avait bien longtemps que son étoile avait cessé de briller... P.H.

MARRAJO (*rusé, retors*). État du toro qui a progressivement compris et commence à rechercher l'homme derrière le leurre. En moins accusé, état proche du toro de sentido.

MARRONAZO. Coup de pique très maladroit qui manque le toro.

MARTÍN ANDRÉS Adolfo

Origine : Saltillo-Santa Coloma-Albaserrada
Devise : rouge et vert
Ancienneté à Madrid : 31 mai 1998
Propriété : « Los Alijares », Escurial (Caceres), Espagne

Adolfo Martín et ses frères Victorino et Venancio sont des aficionados enthousiastes. Entre 1961 et 1966, ils achètent la ganaderia de los Hermanos Escudero Calvo, fondée en 1912 par le marquis d'Albaserrada avec des vaches et sementales de son frère le comte de Santa Coloma et de purs produits de Marqués de Saltillo. En 1990, la ganaderia se divise en deux parts : celle portant le fer marqué du A, qui restera la propriété de Victorino Martín, l'autre achetée par Adolfo Martín porte le fer marqué du V. Victorino a choisi d'élever ses produits dans deux propriétés situées dans la province de l'Estrémadure, alors qu'Adolfo se portera acquéreur de deux propriétés aux abords de Trujillo ; ainsi débuta cette ganaderia récente. À la disparition d'Adolfo Martín Andrés en 1998, l'élevage revient à son fils Adolfo Martín Escudero, qui se considère comme un éleveur traditionnel, citant souvent en exemple son oncle Victorino. Il possède deux cents vaches, recherchant la caste et la fijeza, ce qui passe par la bravoure aux piques, le dévouement et la noblesse avec la muleta. Pour éviter la consanguinité, Adolfo utilise du sang neuf de machos (étalons). La sélection des machos s'opère par type, puis ils sont tientés (testés), seulement au cheval, sans être toréés. Le 31 mai 1998, c'est la première fois dans l'histoire de la tauromachie qu'une ganaderia inscrite à l'Asociación de Ganaderías de Lidia est combattue lors de la San Isidro de Madrid. On peut considérer que les ganaderias de Victorino et Adolfo Martín sont jumelles car issues d'Albaserrada *via* Escudero Calvo. L'origine étant identique, chaque ganadero va user de méthodes différentes et donner sa touche particulière. En piste, le toro d'origine Albaserrada chute rarement. Très athlétique, détenant peu ou pas de morillo, son cou est long. Généralement, il met bien la tête dans la muleta, humilie, détient de la fijeza, s'avère mobile et transmet de l'émotion sur les gradins. Son agressivité et sa dureté posent problèmes aux toreros, ce qui très souvent correspond aux souhaits des aficionados. C'est une ganaderia pour des toreros confirmés. Ch.C.

MARTÍN ANDRÉS Victorino

Origine : Saltillo-Santa Coloma-Marqués de Albaserrada
Devise : bleu et incarnat
Ancienneté à Madrid : 29 mai 1919
Propriétés : « Monteviejo », Moraleja, et « Las Tiesas de Santa María », Portezuelo (Caceres), Espagne

Le fer de Victorino Martín a été un ton au-dessus de ses confrères éleveurs durant les cinq dernières années du siècle écoulé et la révélation du XXe siècle. Le « sorcier de Galapagar », Victorino, a réalisé des temporadas excellentes, sortant des toros qui se sont comportés avec bravoure et caste. L'ensemble du bétail est élevé à Las Tiesas, immense et belle propriété sur les hauteurs qui dominent le Tage et le lac d'Alcántara, située à une vingtaine de kilomètres au sud de Coria, dans la province de Caceres.

Cette ganaderia a été fondée par le marquis d'Albaserrada qui, en 1912, acheta à son frère, le comte de Santa Coloma, une partie du bétail de Saltillo. Peu de temps après la disparition du marquis, l'élevage passe aux mains de José Bueno. À sa mort, son épouse Julia Calvo s'occupa de la ganaderia. Elle ajouta une centaine de vaches de Santa Coloma. Puis l'élevage passa aux mains des héritiers : Los Escudero Calvo.

C'est l'élevage que rachète Victorino Martín avec ses frères en 1961 et 1966. Ainsi débute l'histoire de ce révolutionnaire. Malgré un comportement difficile, de nombreux exemplaires de toros de Victorino possèdent une grande dose de bravoure et de noblesse, ce qui maintient l'élevage en haut de l'affiche. D'une présentation particulière – longs, massifs, armés vers le haut, presque toujours cárdenos –, le Victorino est devenu une référence. Dans le milieu taurin, on indiquait qu'on allait assister à une *miurada* ; de nos jours lorsqu'il s'agit des toros de Victorino, on précise qu'on va voir des *victorinos*.

D'année en année, Victorino démontre qu'il est un ganadero exceptionnel. Avec l'aide de son fils (vétérinaire), ils forment un duo d'éleveurs qui continuent à garder les caractéristiques de leurs produits. Homme de caractère, Victorino n'hésita pas en 1990 à priver l'afición espagnole de ses pensionnaires, afin de se venger d'une injustice vétérinaire. Tous ses toros prirent le chemin du Portugal et de la France. Nîmes en particulier vit plusieurs lots pendant la féria de Pentecôte. Le matador Andrés Vázquez fut le révélateur de cet élevage au cours des années 1970, après avoir combattu une corrida de Victorino qualifiée de « terrorífica » par la critique taurine. Dans cette période, nombreux étaient les toros de trois ans dans les ruedos : arrivent alors les toros gris et asaltillados de Victorino qui furent appréciés par les aficionados. Après avoir converti le difficile public de Las Ventas (Madrid), il connaît d'importants succès notamment à Bilbao. Le point culminant fut atteint le 1er juin 1982 à Madrid lorsque Ruiz Miguel, Luis Francisco Esplá et José Luis Palomar coupèrent deux oreilles chacun, puis sortirent en triomphe accompagnés du mayoral et de Victorino Martín. Cette corrida extraordinaire fut qualifiée de « corrida du siècle ». Les toros s'appelaient *Pobretón*, *Playero*, *Emboscado*, *Director*, *Hermosito* et *Carcelero*. La même année, le 19 juillet, toujours à Madrid, le toro nommé *Belador* fut gracié lors de la traditionnelle corrida de la Presse. Apprécié dans notre pays comme aux Amériques, ce ganadero insolite et exceptionnel, dont la réputation à traversé les frontières, est devenu un vrai mythe en peu de temps, si on le compare avec la majorité des éleveurs. Ch.C.

MARTÍN ARRANZ Enrique
Origine : Torrestrella-Juan Pedro Domecq-Carlos Núñez
Devise : rouge et blanc
Ancienneté à Madrid : 12 avril 1931
Propriétés : « Prado del Area », Talavera de la Reina (Tolède), « Los Cotos de Pallares », Pallares (Badajoz), « San Juan de Piedras Albas », Trujillo (Caceres) et « Los Barrancos », Monesterio (Badajoz)

L'origine de cet élevage remonte à la division du troupeau du comte de Vistahermosa dont Joaquín Giráldez devient l'acquéreur. Par la suite, il passe le fer à ses héritiers, qui le vendent enfin aux frères Arribas. Plus tard, l'élevage est à nouveau partagé en deux cheptels et un lot revient au duc de Tovar, qui rajoute sur sa part des étalons de Santa Coloma avant de la vendre à Luis Bernaldos de Quirós. En 1957, celui-ci met l'élevage au nom de ses héritiers, avant de disparaître. Le fer prend successivement l'appellation de Marqués de Báyamo (1968), et de ses héritiers (1971). Ces derniers vendent le troupeau en 1981 à Jesús Donaciano Gómez. La société anonyme Martín Arranz rachète l'élevage en 1984 en éliminant les origines antérieures au profit des meilleurs produits issus des élevages de sang Parladé. L'élevage passe au nom d'Enrique Martín Arranz en 1988.

L'élevage d'Enrique Martín Arranz ne fait pas partie des fers qui font combattre un grand nombre de toros. Cet homme d'affaires est plus connu en qualité d'apoderado de toreros puisqu'il gère les carrières des deux matadors vedettes *Joselito* et José Tomás. Les rares apparitions des toros d'Enrique Martín Arranz sont toutefois couronnées d'un certain succès : le 12 septembre 1999, à Séville, quatre novillos particulièrement bons permirent aux novilleros Juan Manuel Benítez, Juan Contreras et Francisco Javier Corpas de s'illustrer. En France, *el Juli* connut un grand succès avec un toro de réserve de ce fer auquel il coupa deux oreilles lors de la féria de la Madeleine 2000, à Mont-de-Marsan. Ces toros sont présents chaque année dans les arènes de Barcelone, l'un des terrains de prédilection de José Tomás, le protégé de Martín Arranz. C.C.

MARTÍN GONZÁLEZ José Luis, *Pepe Luis*. Le 13 juillet 1992, un jeune torero fait ses débuts en France, à Céret, en compagnie de José Antonio *Campuzano* et de Víctor Mendes, devant des toros de la ganaderia de María Palma. Il s'agit de José Luis Martín González, né à Málaga le 11 janvier 1970 et qui avait porté son premier costume de lumières à Ronda le 15 août 1985. Dans la même plaza, il fera sa première novillada piquée devant des novillos de Gabriel Rojas Fernández et don Antonio Ordóñez Araujo, avec comme compagnons de cartel Manolo Salas et *Espartaco Chico*. Il se présente à Madrid le 13 mars 1988 devant des novillos de Francisco Segura Navarra en compagnie de Miguel Marcos et de José María Plaza. Un an après, il reçoit l'alternative des mains de Curro Romero avec *Rafael de Paula* comme témoin, à Málaga le 15 août 1989 ; *Mosqueado* est un toro de la ganaderia de Diego Puerta à qui il coupe une oreille. Confirmation lui est donnée devant *Curioso*, un toro de Dolores Aguirre, par José Antonio *Campuzano* en présence d'Emilio Oliva. Il se présente en Amérique le 12 septembre 1992 à Tóvar, au Venezuela, avec Tomás *Campuzano* et Marco Girón, devant des toros de la ganaderia Laguna Blanca. R.B.

MARTÍN LORCA

Origine : Juan Pedro Domecq-Cebada Gago
Devise : vert, violet et blanc
Ancienneté à Madrid : 23 juillet 1995
Propriété : « La Navarra », Castillo de las Guardas (Séville)

María Concepción Mencos Armedo est à l'origine de la naissance de cet élevage en 1962 avec une base de bétail du ganadero de Jaén, Ángel Sánchez Rodríguez. Le nouvel élevage émet une demande d'intégration en 1968 à l'Unión de Criadores de Toros de Lidia, qui accepte cinq ans plus tard. Par la suite, l'élevage est vendu à Antonio Doblas Alcalá et ses frères, qui rajoutent un lot de vaches et un étalon de Carlos Núñez. José Luis Martín Lorca rachète l'ensemble du troupeau en 1990. Le nouveau propriétaire élimine les origines antérieures et modifie le fer en s'inspirant des initiales de son nom. Martín Lorca reforme une nouvelle origine avec des vaches des héritiers de Salvador Cebada Gago et Torrestrella, ainsi qu'un étalon de Jandilla et un autre de Cebada Gago. Par la suite, il complète le cheptel avec un lot de vaches et un étalon marqués du fer de Juan Pedro Domecq.

Les toros importants :
• *Braguetero*, nº 43, combattu par Chiquilín le 21 août 1997, lors de la féria de Málaga (prix du meilleur toro et de la meilleure corrida du cycle ; sortie en triomphe de l'éleveur).

Les novillos importants :
• Tours de piste posthumes accordés à *Astuto*, nº 13, combattu par Ricardo Ortiz à Vélez (Málaga) en 1993.
• *Amuleto*, nº 18, combattu par Juan José Padilla à Alhamín el Grande en 1993.
• *Boliviano*, nº 34, combattu par José Muñoz à Fuengirola (Málaga) en 1994.

Principalement combattus dans les arènes du sud de l'Espagne, les toros de Martín Lorca apparaissent encore dans bon nombre de férias. Plutôt rares dans les arènes de première catégorie – à l'exception d'un toro de réserve combattu lors de la féria d'avril 2001 à Séville – les produits marqués d'un « M » et d'un « L » entrelacés sont appréciés des toreros artistes dans des corridas populaires. Assez limités de forces mais offrant un jeu non négligeable à la muleta, ces toros permettent de lier des faenas où torero et public de village se divertissent. Dans ce cadre, les récompenses attribuées dans les arènes de troisième catégorie sont souvent flatteuses et reflètent surtout l'état d'esprit festif des aficionados. Plusieurs tours de piste posthumes ont récompensé toros et novillos combattus dans des arènes de deuxième et troisième catégorie. Mais l'élevage, en dépit de bonnes origines sur le papier, ne parvient pas à convaincre le public des arènes de première catégorie. La prestation des toros de Martín Lorca lors de la dernière corrida de la féria de Pentecôte 1998 à Nîmes avait été très médiocre et le public avait assisté, incrédule, au naufrage artistique de José Ortega Cano, *Joselito* et Enrique Ponce. Avant de devenir les « toros du XXIe siècle » (comme l'affirmait une banderole déployée lors de cette corrida...), l'élevage de Martín Lorca devra donc procéder à une restructuration de son sang. Si tel est toutefois le souhait du ganadero... C.C.

MARTÍN LORENZO Valentín. Il est né à Torrelaguna le 14 février 1854 et n'a pas vingt ans quand il débute comme banderillero dans les novilladas d'hiver de la région de Madrid, sous le nom de *Martínez*. Il participe aussi à de nombreuses capeas dans les villages environnants et, le 18 juillet 1875, il foule pour la première fois le sable de Madrid comme banderillero avec *Lagartijo*, *Currito* et Hermosilla contre six toros de Veragua. Le 22 octobre 1876, il entre dans la cuadrilla de *Frascuelo* en remplacement d'Ángel Pastor et, dans les années 1877 à 1879, il tourne dans les cuadrillas de *Lagartijo* et de *Frascuelo*.

Lors de la corrida de soutien à Frascuelo, qui avait été gravement blessé, organisée le 22 avril 1877, avec au cartel Hermosilla, *Cara-Ancha* et Ángel Pastor, Valentín apparaît pour la première fois comme sobresaliente puis comme deuxième épée en 1880. Le 21 janvier 1883, il obtient un grand succès en tuant, par deux volapiés fulminants, les toros *Mesonero* et *Cocinero*, le premier de Juan Moreno, le second de Fernando Gutiérrez. *Currito* lui octroie l'alternative et il continue une carrière intéressante. Il meurt le 24 février 1936 à Madrid. R.B.

MARTÍN SÁNCHEZ Santiago, *el Viti*. Le visage émacié, ne souriant jamais, Martín Sánchez, dit *el Viti*, arpente avec lenteur mais décision le sable des pistes. Né à Vitigudino dans la province de Salamanque, le 18 juillet 1938, il commence à fréquenter le milieu taurin en 1955 et occit sa première vache lors de la fête du Corpus et une autre lors de la fête de Nuestra Señora, en août. En 1956, il revêt son premier costume de lumières, et le 31 mai à Ledesma en 1957 il débute avec picadors face à un lot de Zúmel avec Manuel Ávila et Roberto Ocampo. Le 18 juillet 1960, il se présente à Madrid en compagnie de Tomás Sánchez Jiménez et d'Antonio de Jesús face à un lot de novillos de Juan José Ramos y Hermanos. Il coupe deux oreilles et sort en triomphe.

Le 13 mai 1961, il reçoit l'alternative à Madrid des mains de Gregorio Sánchez avec comme témoin Diego Puerta, face à *Guapito*, un toro d'Alipio Pérez-Tabernero Sanchón à qui il coupe une oreille. Sa carrière est lancée et il fait rapidement partie des toreros demandés dans les plus grandes plazas. Il participe encore à 58 corridas en 1969, 76 l'année suivante et, en 1971, après 51 courses, il annonce, le 12 septembre à Palma de Majorque, qu'il se retire des ruedos, décision que rien ne laissait prévoir. Après un an loin des pistes, il revient en 1973 puis, en 1974, après 62 corridas, il annonce son retrait définitif. Mais il revient en 1976 pour 53 contrats et recommence l'année suivante. Débute alors une seconde partie de sa carrière, sous la direction de Pedro Balaña, couronnée de nombreux succès car le matador a affiné son style et épuré sa gestuelle. Mais ses manques flagrants avec l'épée l'ont privé de nombreux triomphes. Il décide donc de se retirer définitivement lors de la féria de Valladolid le 16 septembre 1979. Bien que grand torero, *el Viti* ne s'est jamais hissé au rang de figura. Honnête, valeureux, engagé, dominateur, construisant des faenas sobres et profondes, sans aucune concession pour le public, sans rechercher les actes brillants mais superficiels, *el Viti* avait un remarquable sens du rythme et du temple et donnait à ses prestations le sens de créations rigoureuses et suaves. R.B.

MARTÍN VÁZQUEZ BAZÁN José, *Pepín Vázquez*. Né le 6 août 1927 à Séville, José Martín Vázquez Bazán, dit Pepín, est le fils du matador Francisco Martín Vázquez. Il participe à sa première novillada piquée le 27 février 1944 à Barcelone, avec Alejandro Montavi et Aguado de Castro. Puis il reçoit l'alternative le 3 septembre 1944 à Barcelone, des mains de Domingo Ortega, en présence de Pepe Luis Vázquez et Carlos Arruza, devant des toros de don Alipio Pérez-Tabernero. La confirmation se déroule à Madrid le 29 avril 1945 avec *Pepe Bienvenida* et *Morenito de Talavera*.

L'art du toreo est voué à l'immédiat. Ses plus grandes œuvres sont privées d'avenir. Il s'épuise tout entier avec le geste et seul l'instant lui appartient. Nul art, en effet, ne se berce moins d'une durée illusoire et d'une volonté trompeuse de survie. Cette impermanence l'empêchait, pour Hemingway, de prendre place parmi les arts majeurs. Les corridas s'effacent à mesure qu'elles se déroulent, un lancer de cape disparaît presque en même temps qu'il s'accomplit. Les toreros d'art sont ces magiciens qui agissent sur le temps et se donnent parfois le luxe de le vaincre. Antonio *Bienvenida* l'atteste : « Nous toréons avec lenteur parce que le toreo nous quitte à chaque passe. »

« Lorsqu'il expose dans une galerie, le peintre spectateur de ses propres tableaux ressent de l'émotion en face d'une pareille rétrospective. Le torero peut tout avec son adversaire sauf se voir. » Depuis l'époque de Domingo Ortega, les faenas s'inscrivent dans la durée par l'image, mais bien qu'elles y demeurent pour les générations futures, de plus en plus conformes à l'original, les toreros n'en jouissent guère. Les voilà devenus à leur tour spectateurs, et comment s'y retrouveraient-ils ? Ce qu'ils vivaient dans l'immédiat de la sensation s'éloigne d'eux, c'est tout réfléchi, objet de pure contemplation et froid.

Si la joie de toréer, selon *el Viti*, consiste à sentir qu'on vous sent, comment le torero pourrait-il la troquer contre un : « Je me voyais me voir. » Cela a été vécu dans l'exaltation et quel malaise à le juger comme un numéro d'acteur ! Fini la soûlerie du contact étroit, dégrisé on n'éprouve plus qu'un manque, une gêne et, si l'on a passé les bornes, une pudeur. Trêve de voyeurisme !

« Si on m'écoutait, on ne téléviserait aucune corrida. Le toreo n'est pas un art qui puisse être conservé sur une bande. » Cette déception de Pepe Luis Vázquez devant un jeu de reflet où il a du mal à se reconnaître, la plupart des artistes du toreo la partage. « Le cinéma est une mutilation de la réalité », à en croire Ordóñez, et ne comptez pas sur Curro Romero pour le contredire : « La corrida est un art vivant, la vidéo une pellicule morte. La télévision, c'est la fin du désir. »

Le film accuse les défauts de leurs œuvres les plus accomplies, il avantage le toro qui paraît toujours meilleur, il se révèle inapte à enregistrer l'essentiel : le sentiment. Mais Luis Miguel *Dominguín*, caché au dernier rang, a entendu une salle de cinéma acclamer ce reflet affaibli de lui-même aux actualités. « Ce qu'on arrive à transmettre certains jours ! », s'étonne-t-il encore. La confirmation d'alternative d'*el Cordobés*, en mai 1964 à Madrid, fut suivie par toute l'Espagne. À partir de cinq heures du soir, le trafic s'interrompit sur les routes et dans les rues de la Péninsule. Les bars et les cafés débordèrent. Vingt millions d'Espagnols communièrent devant les téléviseurs. Plus de spectateurs qu'en un siècle de corridas ! Miracle de l'électronique, la notoriété d'*el Cordobés* acheva de concurrencer, ce jour-là, celle du général Franco.

Pepín Martín Vázquez s'était imposé à dix-sept ans et avait connu trois saisons triomphales avant qu'une très grave blessure, reçue à Valdepeñas et en tout point semblable à celle qui emporta *Manolete* ce même mois d'août 1947, n'amorçât son déclin. À Arles, le 5 juillet 1948, il communique à la foule le rythme sensuel qui émane de ses ripostes, toutes de hardiesse pimpante. Et les combats livrés jusque-là ne figurent plus que de pauvres expédients en regard de ce vertige. L'exploit exigea une assurance qu'il lui fallut coûte que coûte ressentir pour se prouver que la peur ne lui était pas entrée dans le corps de manière définitive. Il parvint à recouvrer ses talents de magicien et raviva avec sa muleta une flamme d'allégresse. Ce fut là une de ses dernières manifestations d'art conquises sur la souffrance et la mort. Déjà, il se cantonnait par trop dans la stricte défensive. En 1952, son départ silencieux passa inaperçu : il avait choisi de vivre à l'abri du péril. Sa dernière corrida eut lieu le 22 février 1953 à Caracas, Venezuela, avec *Jumillano* et César Girón, face à des toros de Guayabita.

Longtemps après, lorsque je me rendrai à Séville, il m'y semblera bien oublié. Il n'avait sûrement pas quitté la ville et devait être installé dans un quartier ignoré de la plupart. Ce fut un moment de vraie tristesse d'essayer sans succès de rafraîchir la mémoire des gens. Soudain, j'entendrai à nouveau parler de lui avec un réel enthousiasme dans les milieux autorisés. Grâce à une histoire récente de la tauromachie reconstituée par le film, Pepín Martín Vázquez connaissait un nouveau printemps que je voulais croire éternel et n'avait pas sombré à jamais avec l'émerveillement de mon adolescence.

Le petit écran universalise le toreo et le fait accéder à la permanence : on y retient l'instant en habit de lumières et on en conserve la trace dans les archives – quitte à provoquer le mécontentement d'artistes condamnés à se répéter à perpétuité dans l'approximatif par rapport à l'œuvre idéale dont la perfection les obsède. Proches, lointaines, ces images ont conquis une vie indépendante et les tiennent désormais à l'écart d'une aventure toujours recommencée. La mauvaise humeur les empêche de leur rendre justice, mais elles les arrachent à la fuite du temps et les autorisent à reprendre place dans l'Histoire. Ainsi en va-t-il avec la revalorisation d'un Pepín Martín Vázquez et son retour inespéré sur le devant de la scène, parmi les figures des années 1950. J.M.M.

MARTINCHO.
Voir EBASSUN Antonio.

MARTÍNEZ Manolo. Le Mexicain Manolo Martínez a vu le jour le 10 janvier 1946 à Anahuac (Monterrey). Après avoir effectué un apprentissage taurin en même temps que des études supérieures, il se présenta comme novillero à Mexico le 1er novembre 1964 pour un premier triomphe dans la plus grande arène au monde. Le 7 novembre 1965, il prit l'alternative à Monterrey des mains de Lorenzo García et Humberto Moro et s'il obtint une oreille de *Traficante*, toro de la consécration, il reçut ensuite une cornada de son deuxième adversaire (ganaderia Mimiahuapán).

Manolo Martínez est rapidement devenu une idole dans toutes les plazas d'Amérique du Sud et à la fin des années 1960, il est venu en Europe sans vraiment s'y faire sa place alors que sa première temporada, en 1969, avait été des plus prometteuses. Son arène de prédilection fut tout naturellement la Monumental de Mexico où il participa à 91 corridas pour un total de 81 oreilles et 10 queues. Il mit un terme à sa carrière le 30 mai 1982 après s'être une nouvelle fois distingué à la Monumental de la capitale aztèque... avant de revenir – comme beaucoup de toreros – le 28 mars 1987 à Querétaro. Il fit illusion quelque temps sans retrouver sa plénitude et se consacra de plus en plus à sa ganaderia avant de se retirer définitivement le 4 mars 1990 à Mexico. Miné par la maladie, il s'éteignit à San Diego (États-Unis) le 16 août 1996. Ses cendres ont été réparties dans le monument érigé à sa gloire à l'entrée de la Plaza de Mexico, une arène qui fut le témoin privilégié de ses heures de gloire. P.H.

MARTÍNEZ AHUMADO José, *Pepe Limeño*. José Martínez Ahumado, plus connu sous le sobriquet de *Pepe Limeño*, est né à Sanlúcar de Barrameda le 19 septembre 1936. Il a commencé à toréer en novillada non piquée à l'âge de seize ans dans l'arène de sa ville. Il s'est présenté à Madrid le 12 juillet 1959 et a pris l'alternative l'année suivante à Séville, le 29 juin 1960, en présence de Jaime Ostos et Curro Romero (toros d'Eusebia Galache). Il la confirma à Madrid le 24 mai 1962, avec Diego Puerta comme parrain, Paco Camino comme témoin, face à des toros d'Antonio Pérez de San Fernando.

En France, on gardera le souvenir de la première Corrida des Aficionados, le 28 juin 1970 à Nîmes, qui a vu *Pepe Limeño* couper deux oreilles au toro *Yeguero*, de Tulio et Isaías Vázquez, après que ce dernier eut fait se lever le public sur quatre sensationnelles piques de Curro Reyes.

Pepe Limeño a suivi une trajectoire honorable et très professionnelle, s'illustrant souvent devant des toros redoutables, à commencer par les Miura. Il mit fin à sa carrière le 16 août 1980 en donnant l'alternative à *el Mangui*, un de ses célèbres concitoyens, au Puerto de Santa María.

Depuis sa despedida, *Pepe Limeño* s'est reconverti tout en restant très proche des toros puisqu'il parcourt régulièrement les élevages en tant que conseiller technique de certaines arènes, notamment Nîmes. P.H.

MARTÍNEZ GONZÁLEZ Pedro, *Pedrés*. Né à Albacete le 11 février 1932, il endosse son premier costume de lumières le 2 juillet 1950 à Albacete, avec Miguel Gallardo et *Carbonerito*, puis dans les mêmes arènes, le 16 septembre, torée en novillada piquée avec *Nacional* et *Montero* face à des novillos de Tabernero de Paz.

« À mes débuts, j'ignorais presque tout du toreo. Nous allions avec quelques camarades nous entraîner dans les corrals des arènes d'Albacete, ma ville natale, où étaient parqués les fauves de la course du dimanche. Nous introduisions de l'herbe ou de la paille dans les serrures afin que le gardien ne puisse nous surprendre. Avec le peu que nous savions, le peu que nous avions vu faire autour de nous, il importait de se forger vite un métier. Au prix de nombreuses bousculades et de quelques accrocs, nous abordions la tauromachie, mais sans enseignement véritable ni connaissances solides.

« Débutant, j'ai coupé cinq oreilles à Madrid en 1952. Je conserve l'impression d'avoir marqué le public, mais sans atteindre à la profondeur de l'art. Vers seize ans, au cours d'une course de bienfaisance donnée à Albacete, je vis un novillero revenir à la barrière, le visage crispé, refoulant mal ses larmes. Il avait manqué la mort de son adversaire et pleurait en silence, sans nulle ostentation. Je pensais que c'était un grand métier, celui que l'on aimait d'un tel cœur. Je n'éprouverai l'intime conviction d'être devenu torero qu'en 1960, lors de mon retour à l'arène. »

Adepte à ses débuts du toreo de profil mené à la pointe des cornes, *Pedrés* gagnait une position difficile à tenir par une avance à pas feutrés. Il se contentait d'effectuer avec la muleta en retrait de son corps une sorte de diversion et voulait être celui qui s'aventurerait le plus loin dans le terrain du toro, au point de paraître compromettre la passe. L'oscillation de pendule de l'étoffe ou balancier ouvrait à la bête la seule sortie concevable : dans son dos. Il avait besoin de toros qui achèvent plutôt passifs ou dans un état de lassitude avancée, réduits par une intervention appuyée des picadors.

Il fait sa présentation à Madrid le 8 juin 1952 devant des novillos de Sánchez Cobaleda avec *Montero*. Le 12 octobre 1952, il prend l'alternative à Valence des mains de Miguel Báez *Litri* face à *Gitanillo*, toro de Cobaleda, puis il confirme à Madrid le 12 mai 1953 des mains de Juan Posada en présence de *Jumillano* ; le toro *Testarudo* est issu de l'élevage d'Antonio Urquijo.

1953 et 1954 virent l'apogée de cette première manière de *Pedrés*, quand, hors d'haleine à cause d'un pneumothorax, il semblait servir d'appât et rendre toute parade inutile. Il se confondait avec son leurre, s'identifiait à l'artifice. La proie du corps ne formait qu'un avec l'ombre que la muleta simulait. Seul le fauve qui déferlait derrière lui séparait la proie de l'ombre et poignardait l'ombre. Le 17 août 1955, à Saint-Sébastien, *Pedrés* laissera accroché aux cornes d'un toro de Cobaleda une dépouille : son ancien style.

1960. Après quatre années d'éloignement, il se lance dans cette entreprise fort hasardeuse pour un artiste qui consiste à faire peau neuve, et court le risque de décevoir. Surtout, si l'on veut mesurer ce qu'il laisse derrière lui, une expression dramatique, cet art de l'effroi, où il paraissait s'offrir en holocauste. Transformé, il ne se soucie que d'améliorer des adversaires qui, naguère, le condamnaient à l'insuccès. Nul mieux que *Pedrés* n'a appris à lire entre-temps l'énoncé du problème que soulève chaque fauve, et à le résoudre. Les motifs assez puissants qui l'ont incité à cette révision, il les attribue à l'expérience du pâturage (du campo), à toutes les tientas où il affronte nombre de vaches et quelques jeunes mâles que l'on sélectionne pour reproduire. Entre professionnels il n'a pas à sacrifier au spectacle comme lorsque le public paie le prix fort pour voir le phénomène. Le bagage technique qu'il n'a guère eu le temps d'assimiler, il l'enrichit à chaque instruction lancée par l'éleveur et n'a cure que d'efficace.

La muleta qui refusait de s'interposer entre l'homme et le fauve, la voici qui prend les devants et aimante le mufle. *Pedrés* soutient l'attaque désordonnée, la conduit de trois quarts pour mieux contrôler chaque passage, jusqu'à ce que l'agressivité du toro se résolve en subite adhésion, mais pareille exigence n'empoigne pas la foule. Cet acquis lui coûte la perte de sa singularité et il fait les frais de la conversion. Il est parvenu à enrichir ses connaissances et ne retient que l'attention des amateurs éclairés. Il ne sera plus qu'un parfait exécutant, sans ce cachet que le public a d'abord approuvé et qui s'est perdu.

« Les spectateurs se sont montrés moins euphoriques, alors que j'inscrivais des souvenirs plus durables et d'une autre portée sur le sable des arènes. En 1960, j'ai tout de même participé à plus de cinquante corridas. Luis Miguel *Dominguín* m'avait donné à entendre qu'il me serait difficile de continuer à toréer seul, sans faire partie d'un groupe ni entrer dans une organisation. Il n'allait pas tarder à se retirer. Il entendait se borner à des démonstrations de grande classe, tout en limitant le plus possible les frais. Où il affichait sa haute maîtrise, je combattais avec une folle volonté de vaincre. Il protestait qu'il ne voulait plus toréer avec moi, que j'étais détraqué.

« Le critique Gregorio Corrochano m'a adressé cet éloge, un jour que je m'entraînais dans le pâturage : “Les passes courtes, où l'on ne fait que recevoir la charge du toro, soulèvent des olés courts. Les passes longues, celles où l'on va chercher l'adversaire, où l'on capte sa charge et la conduit jusqu'au terme du trajet, déclenchent des olés longs. *Pedrés*, tu es devenu un torero de olés longs.” Néanmoins le toro ne se domine pas d'abord parce que je me situe de face, de trois quarts ou de profil. C'est le jeu du poignet qui compte et le pouvoir qu'il communique à l'étoffe, une force persuasive que ne saurait expliquer ma seule position devant la bête. »

Octobre 1962. À Figueras, *Pedrés* va combattre un animal jeune issu de son propre troupeau. La vedette de l'arène et l'éleveur de bétail brave sont à la fois sollicités. Va-t-il braquer tous les yeux sur soi et laisser dans l'ombre cet adversaire qui porte sa devise ? Il néglige toute attitude ostentatoire pour mieux servir son toro et le grandir.

Le triomphe d'un torero est fait de milliers d'yeux qui lui renvoient son image. Tous ces regards lui tendent une sorte de miroir où la beauté de ses attitudes s'inscrit. À mesure qu'il assied sa domination sur l'adversaire, il compose la figure, soigne sa ligne, exerce une séduction. *Pedrés* muait. L'artiste le plus neuf allait-il sortir de la chrysalide ? Les pratiques sévères, les disciplines rigoureuses d'exécution le rendaient à quelque anonymat, à la grisaille.

« 1961 a été une mauvaise année : je ne possédais plus *la ilusión*, la foi indispensable. Jusqu'au festival de Barcelone, en octobre 1962. Trente ans d'art tauromachique étaient représentés, de Domingo Ortega à la génération actuelle. J'ai coupé les deux oreilles et la queue et me suis vu octroyer le trophée. »

En avril 1963, la féria de Séville, après les crampes de la métamorphose, le recouronne pour une faena exemplaire, mais qui n'est plus marquée du sceau de son originalité première. Cette même année, il assistera de sa compétence *el Cordobés*, qui venait de prendre l'alternative et risquait de se trouver débordé. Deux fois de suite, l'hiver en Amérique latine, le fauve frappe. À Maracay (Venezuela), le nerf sciatique est atteint. La jambe gauche incapable de fournir un effort soutenu, *Pedrés* éprouve son manque de sécurité et guette, de corrida en corrida, la guérison. Il se retire le 1er octobre 1964 dans la plaza de Hellín, région d'Albacete, après une corrida en compagnie de Paco Camino et *el Cordobés* ; il n'avait revêtu qu'une douzaine de fois l'habit de lumières cette année-là.

Maints artistes ont connu ce vertige de courir à l'extrême pour échapper à une limitation d'eux-mêmes. L'ascèse de *Pedrés* participait selon la majorité des contempteurs d'un esprit rétrograde. Où il rejoignait la tradition, on interpréta : il se range. Il dompta plus d'adversaires que nombre de toreros qui alternaient avec lui, à l'exception de Luis Miguel *Dominguín*. On regretta le jeune homme qui se perdait entre les cornes comme dans un dilemme inépuisable. J.M.M.

MASSON André. Peintre français (1896-1987), André Masson, a vécu en Espagne de 1934 à 1936 où il assista à des corridas, à Madrid en mars 1934, et à Barcelone en juin 1935. C'était une époque où la corrida était encore très violente et la course à laquelle il avait assisté à Madrid l'avait impressionné par son aspect sanguinaire, le toro ayant blessé plusieurs toreros avant d'être tué. Après la Seconde Guerre mondiale, il assista à d'autres courses en compagnie de Michel Leiris.

Les œuvres de tauromachie peintes par Masson sont toutes dramatiques et aucune ne montre un spectacle gestuel, la danse avec le toro.

Dans son œuvre *Le Jet de sang*, on voit l'éventration du cheval pendant qu'un squelette représentant la Mort, appuyée sur sa pique, assiste à l'agonie de l'équidé et qu'un autre, blessé, dans la partie haute du tableau, couché et tête dressée, observe la scène, non pas comme une bête mais à la manière d'un être humain alors qu'un matador, dans le coin inférieur gauche du tableau, se précipite, mais trop tard, au secours de l'animal. Violence, drame et mort se retrouvent aussi dans un autre tableau, *Corrida*, de 1937, où un toro furieux bondit par-dessus le groupe équestre renversé tandis que trois toreros sont intervenus pour les secourir. Dans l'une comme dans l'autre œuvre, le public n'est pas visible, le drame étant resserré sur lui-même et suffisamment intense pour ne pas nécessiter des acteurs inutiles. Seuls les sujets sont concernés et leur isolement en devient dramatique.

Toujours dans le même registre, il a peint une huile dans laquelle toro et cheval luttent, le cheval dents en avant affrontant le monstre furieux qui l'attaque tandis que le picador tombé au sol hurle sa souffrance et essaie vainement de se protéger de la charge.

On connaît aussi de Masson une dessin à la plume et l'encre de Chine sur papier, *La Mort du toréador*, une vue très rapprochée avec le buste du torero et la tête en gros plan de la bête, cornes en avant et yeux exorbités sous la fureur de la charge. Le torero couché, blessé, transpercé, apparaît serein et acceptant son destin. Cette œuvre est à rapprocher d'une peinture titrée *Pasiphaé* où le toro, dans un enlacement terrible, s'empare de la femme qui disparaît sous sa masse et subit son étreinte sauvage. Images de violence brutale et primaire, le toro étant le symbole de la bestialité non canalisée.

On trouvera aussi chez Masson des dessins consacrés au Minotaure, un Minotaure lui aussi sanguinaire, violent, entouré de ses victimes.

Bien qu'ayant consacré peu d'œuvres à la corrida, André Masson l'a représentée dans tout ce qu'elle a de violence et de dureté, telles qu'il les avaient vues dans les arènes espagnoles avant que la recherche gestuelle ne prime sur la bestialité. R.B.

MATA GARCÍA José. Il est né à Garafia dans l'île de La Palma, province de Tenerife, le 23 juillet 1939. En 1957, il commence à toréer au Venezuela. Puis il revient en Espagne où il participe à la partie sérieuse des spectacles comico-taurins. Il effectue sa première novillada piquée le 24 juillet 1960 à Orduña, Biscaye, avec Manuel Blázquez et Manuel Iglesias *el Califa* face à des novillos de Juan Manuel García. Il reçoit l'alternative le 8 août 1965 à Benidorm des mains de Manuel Benítez *el Cordobés* avec Manuel Herrero comme témoin. À l'heure où un torero aspire à combattre en s'entourant de quelques garanties et où, lorsqu'il accepte d'encourir un plus grand danger, il s'assure que cet acte de courage portera ses fruits devant un public attentif et qualifié, le lot de José Mata, *el Canario* (surnom qu'il n'emprunta qu'un temps), était le plus ingrat que l'on puisse imaginer en dehors de Madrid, où il se produira une douzaine de fois sur les vingt-sept contrats décrochés après son alternative, dont neuf en France. Arènes lointaines, toros durs et dont les chances de succès qu'ils offrent restent des plus douteuses, spectateurs qui ne sauraient asseoir une réputation de façon durable, et les exploits s'effacent dès que le spectacle est consommé, dans le crépuscule imminent. Ils n'ont pas d'influence déterminante sur une carrière.

À trente et un ans, un torero non encore consacré doit sentir, à tort ou à raison, sa vie derrière lui. En tout cas il est beau de n'avoir pas renoncé, alors que le cinéma aurait pu suffire à mettre José Mata à l'abri du besoin, de se jeter avec la même fougue dans la bagarre et de ne pas s'avouer vaincu. De lutter encore et toujours dans des conditions difficiles, sans savoir si tout ce que l'on risque trouvera sa récompense.

Une des toutes dernières phrases de Mata : « Mon principal défaut : convertir l'afición en authentique obsession. » Il aura témoigné en faveur de cette phrase et prouvé qu'une obsession peut tuer. *Cascabel*, de Luis Frías Piqueras, un toro âgé de plus de cinq ans, avait magnifiquement chargé. De cette saison 1971, c'était de loin l'adversaire le plus ardent rencontré par Mata et qui lui permettait de s'exprimer.

Il a dû être heureux avant de périr, vivre de hauts, de purs instants : la plus grande plénitude qu'un homme comme lui, passionné de son art, puisse éprouver. Il ne demeurait plus rien des longs mois d'inactivité forcée. Sa valeur inemployée trouvait enfin à se satisfaire. La passion qui lui brûlait le sang aux poignets n'était plus stérile et méconnue. Il n'aurait pas vécu plus intensément à Séville ou à Madrid. Peut-être en se réveillant de l'hypnose et derrière la protection de la barrière aurait-il regretté que cette prouesse ne se soit produite qu'à Villanueva de los Infantes et non pas dans l'une ou l'autre capitale ?

Il l'oubliait dans l'élan de la création, alors que le toro allait et venait à son gré et l'autorisait à se rencontrer avec lui-même. Plus rien ne comptait que la faena qui assurait que tous les espoirs restaient permis. Plus rien que cette mort qu'il allait distribuer. Tue, José Mata. Puisque ce nom de Mata te désigne comme le sacrificateur par excellence, celui qui tue un toro.

Et le toro ne sortira que mort des plis de la muleta. Comme le torero exsangue du berceau des cornes, frappé à mort même si l'issue n'apparaît pas comme fatale à cette minute. L'incurie des hommes qui brise les vies et les rêves se chargera de l'achever, ce 25 juillet 1971, à Villanueva de los Infantes, province de Ciudad Real.

C'était un méchant coup de corne, mais soigné tout de suite avec l'efficacité requise, Mata en aurait sans doute réchappé. Alors qu'il se précipitait avec son manager à l'infirmerie de cette arène nouvelle, il n'y trouva même pas un appareil de transfusion sanguine, ne parlons pas de bloc opératoire. Et déjà on en arrive au plus effrayant : le garrot placé par-dessus le costume de lumières, dont nul ne peut ignorer qu'au-delà d'une demi-heure, il devient tout à fait nocif.

Prise dans l'engorgement de la circulation du dimanche soir, l'ambulance fonçait sur Madrid. Plus de trois heures s'étaient écoulées et il suffisait de regarder son bracelet-montre pour se rendre compte que les possibilités de survie diminuaient avec chaque tour de la petite aiguille des minutes, avec chaque nouvelle borne kilométrique dépassée.

José Mata a-t-il vu ces deux oreilles et cette queue qu'on lui apportait ? A-t-il vu la mort venir ? S'est-il soucié qu'elle l'accueillît avec les attributs de la suprême récompense ? Commence le chemin noir où elle l'escorte, se rapproche, s'écarte un peu, mais ne s'éloigne plus durant deux journées, et cette course déjà perdue d'une ambulance contre la montre, ces couloirs d'hôpital, cette chambre de la dernière attente, où les artères battent la chamade et ce désarroi du sang qui se perd dans des vaisseaux devenus impraticables. Son cas reste exemplaire, mais non exceptionnel, d'une ténacité à s'imposer contre vents et marées. J.M.M.

MATADERO (*abattoir*). Des générations d'aspirants toreros se sont entraînées à estoquer, descabeller et puntiller aux abattoirs, deux d'entre eux en faisant même leur apodo (Agustín García et Manuel del Pino *el Niño del Matadero*, ce dernier ayant acquis une certaine renommée en Andalousie). P.M.

MATADOR. Professionnel de la tauromachie, ayant sous ses ordres une cuadrilla chargée de l'assister au cours de la lidia à la fin de laquelle il doit tuer le toro avec une épée. On le qualifie de maestro, chef de l'équipe spécialisée.

Suivant la catégorie dans laquelle il se situe, il est matador de toros, matador de novillos ou becerrista. Dans l'acception la plus courante du terme, il s'agit du matador de toros, c'est-à-dire qu'il a reçu l'alternative.

À l'origine, on demandait essentiellement au matador d'être rapide et efficace dans le maniement de l'épée, et la faena de muleta consistait simplement dans la mise en place du toro, sans recherche esthétique. Les pinchazos étaient fréquents et l'on considérait que l'espada (ou matador) était compétent quand il mettait rapidement le toro à terre. Certains matadors laissèrent leur nom dans l'Histoire uniquement parce qu'ils exécutaient avec maîtrise l'estocade. La tauromachie évoluant, la sélection accrue des toros donnant des animaux plus nobles, et la chirurgie ayant fait d'énormes progrès, la faena de muleta devint plus esthétique et dura plus longtemps. Si l'estocade a toujours son importance, elle n'est plus primordiale. R.B.

MATAR. Séquence terminale de la lidia du toro. Après la faena de muleta, le matador s'engage avec l'épée. Si celle-ci est insuffisante, il utilisera le *verdugo* pour porter le descabello, qui consiste à sectionner le bulbe rachidien. Lorsque le toro est au sol, le puntillero donnera le coup de grâce définitif avec la puntilla, petit poignard destiné à cet office. R.B.

MATEO SALCEDO Miguel, *Miguelín.* Fils du banderillero Miguel Mateo *Chicuelito de Málaga*, Miguel Mateo Salcedo, dit *Miguelín*, né à Murcie le 19 mars 1939, commence dès son plus jeune âge à participer, dans la province de Cadix, à des festivals et à des novilladas sans picadors.

Il débute avec picadors à Algésiras le 10 avril 1955 et affronte des novillos de Manuel Álvarez en compagnie de Pepín Jiménez et Sergio Flores. Le 31 mars 1957, il se présente à Madrid avec Fermín Murillo et Luis Segura pour combattre des novillos de José Matías Bernardos, et coupe une oreille qui récompense ses qualités gestuelles et son extrême vaillance.

Dans sa ville natale, Murcie, il devient matador de toros le 9 septembre 1958. Luis Miguel *Dominguín*, en présence de

César Girón, lui cède le toro *Plateresco* de Francisco Galache. Il confirme son doctorat sur le sable madrilène le 24 avril 1960 en affrontant cette fois des toros de Juan Cobaleda aux côtés de Gregorio Sánchez qui office en qualité de parrain, avec Antonio Cobo comme témoin. Le toro de la cérémonie a pour nom *Tajadoso*.

Torero courageux, bouillant, très bon banderillero, mais au style peu épuré, *Miguelín* poursuit toutefois une honorable carrière jusqu'en 1973, année au cours de laquelle il décide de se retirer. Cette retraite ne dure qu'un an. En 1974, il revient aux ruedos, mais les contrats et les succès ne sont plus au rendez-vous. Le 30 septembre 1979 à Grenade il prend part à l'ultime corrida de sa carrière en compagnie de Manuel Benítez *el Cordobés* et de Juan Antonio Ruiz *Espartaco*. Son unique titre de gloire restera peut-être de s'être lancé en piste en pleine féria de Madrid le 18 mai 1968 pour contester la présentation des toros que combattait ce jour-là celui qui partagera son dernier cartel : Manuel Benítez *el Cordobés*. R.A.

MATÓN (*brute, dur*). Toro dominant qui dans le groupe impose sa loi à ses congénères.

MAUGUIO (France. Montpellier 10 km). Cette petite ville de 15 000 habitants, où vit une importante communauté d'origine espagnole, possède en son centre de jolies arènes inaugurées le 4 mars 1989 en remplacement des précédentes qui dataient de 1934. D'une contenance de 2 000 places, on y organise chaque année, en juin, des « romerias » avec corrida goyesque le dimanche, qui obtiennent un franc succès depuis plus d'une décennie. R.B.

MAYORAL (*contremaître*). Avec le propriétaire, le mayoral est l'homme clé de l'élevage. Connaissant parfaitement tout ce qui concerne les toros, c'est le véritable conducteur de travaux sur l'élevage, celui qui surveille les naissances, décide de l'alimentation, donne son avis au sujet de la sélection. Il définit et répartit chaque jour aux vachers le travail à effectuer, dont il est responsable vis-à-vis de l'éleveur. Chaque jour il *révise* l'élevage, c'est-à-dire qu'il parcourt toute la propriété, inspecte toros et vaches et note tout ce qui ne va pas (bêtes malades ou blessées), ainsi que les naissances. Il participe activement aux tientas dont il est très souvent le tentador. Il accompagne les toros aux arènes car jusqu'à la mise en chiqueros le toro est sous la responsabilité juridique de l'éleveur, ce qui explique la présence constante du mayoral auprès de ses toros pendant plusieurs jours. Pendant qu'il assume cette fonction, le droit espagnol lui confère le titre et les compétences de *Guardia jurado* (garde assermenté). Dès cet instant, il a la capacité juridique de dresser un procès verbal à l'encontre d'une personne importunant les toros au corral (jets de pierres, par exemple) et de requérir la force publique pour l'appréhender.

Une fois revenu à la ganaderia, le mayoral rend scrupuleusement compte du comportement de chaque animal, ce qui est d'une importance extrême pour les sélections futures, et son avis est généralement précieux. Il est parfois très normalement honoré en piste quand le torero l'associe à son triomphe. P.M.

MAZQUIARÁN TORRÓNTEGUI Diego, *Fortuna*. Il est né à Sestao non loin de Bilbao et son surnom de *Fortuna* est dû à un accident de chemin de fer duquel il réchappa. Il a dix-sept ans quand il tue et coupe les oreilles à un novillo pour la première fois, en septembre 1912, dans la province de Biscaye, et torée aux environs de Madrid en mai 1914 avec un torero mexicain de second rang, Pascual Bueno Mendoza, *Bienvenida III* et Manuel Mejías. On le voit à Madrid le 2 août de la même année en compagnie d'*Algabeño II* et Pedro Carranza ; il prend l'alternative deux années plus tard, le 17 septembre 1916, toujours à Madrid, alternant avec *el Gallo* sous les yeux de Celita, torero galicien, et face à un toro de Benjumea.

Bon matador, bon styliste, spécialiste de l'estocade à volapié dans laquelle il excellait, en marquant tous les temps avec une grande justesse et décomposant chaque instant comme personne ! Résolu et sobre avec la muleta, il était capable de grandes faenas après avoir montré à la cape une technique décisive, intervenant par des quites efficaces en situation.

En France, Diego paraît à Bayonne le 4 septembre 1921 et se montre en dessous de ses adversaires de la ganaderia de Palha ; il est face à des Sánchez Rico le 18 septembre de la même année, bétail très jeune devant lequel il peut plastronner en compagnie de Belmonte qui traverse une mauvaise année... Le 6 août 1922, il s'efforce de dominer sans beaucoup de succès des Carmen de Federico d'origine Murube. Le 3 septembre, il coupe une oreille à un Gallardo ; le 17, devant des Santa Coloma, c'est Maera, un de ses compagnons de cartel, qui éclipse ses deux protagonistes en coupant quatre oreilles et deux queues ! En 1930, toujours à Bayonne, il coupe une oreille à un toro de Blanco. À Nîmes, où il ne semble paraître que le 19 juin 1921, il est effacé par Luis Freg.

Il eut quelques problèmes mentaux sur la fin de sa vie, comme Minuto, et mourut au Pérou, à Lima, le 10 mai 1940.

Fortuna reste dans les mémoires pour un fait divers tout à fait exceptionnel qui a fortement contribué à sa renommée. En 1928, en plein hiver, à Madrid, un toro échappé semait la panique par les rues autour du pont de Ségovie, mettant en péril les passants dans la Gran Vía. Diego, qui la traversait alors, lui administra quelques passes avec son manteau pour le fixer puis envoya des témoins chercher chez lui épée et muleta et expédia son adversaire dans « les verts pâturages » sous les acclamations. Il obtint d'ailleurs pour cet exploit la croix de la Bienfaisance. J.B.T.

MAZZANTINI Y EGUÍA Luis. Né le 10 octobre 1856 à Elgoibar au Pays basque espagnol, il est d'origine italienne par son père qui était chef de gare à Bilbao. Il passe une partie de sa prime jeunesse à Marseille et en Italie, fait des études sérieuses, apprend la musique et revient en Espagne en 1870 dans « les bagages » d'Amédée de Savoie, deuxième fils du roi d'Italie Victor Emmanuel II, qui fut roi d'Espagne de 1870 à 1873, obtenant 191 voix des Cortes contre 60 à la République ! Après avoir été secrétaire du chef de la cavalerie royale, Luis goûta à différentes carrières administratives et fut entre autres chef de gare à Santa Olalla ; il s'essaya ensuite à une carrière théâtrale sans succès et se tourna alors vers les arènes ; à cette époque, on lui prête cette proclamation : « Dans ce pays de prosaïques pois chiches, on ne peut être que ténor ou torero. » Luis devint donc torero, prenant des cours à l'école taurine de Los Campos Eliseos et fut parmi les premiers à ne pas être issu des cuadrillas comme c'était jusque-là l'usage. Il fit son apprentissage de novillero, puis s'embarqua en 1881 pour Montevideo, où il participa à un grand nombre de novilladas. De retour en Espagne, il reçut l'alternative le 13 avril 1884 à l'âge de vingt-huit ans à la Maestranza de Séville, parrainé par *Frascuelo*, avec des toros de Adalid, confirmant à Madrid le 29 mai suivant des mains de *Lagartijo* ; il tua *Costurero* d'un magnifique volapié en se mouillant les doigts, ce qui lui valut une immense ovation, et à Madrid en confirmant, il fut porté en triomphe jusqu'à sa voiture, après avoir combattu et estoqué magistralement *Morito*, d'origine Murube. Sa renommée, il la doit à son estocade infaillible, à ses qualités de chef de lidia et à sa personnalité inouïe, qui savait mêler génialement savoir-faire et faire-savoir ! Médiocre avec la muleta, alors que la faena commençait à prendre toute son importance, il maniait la cape avec beaucoup d'élégance et les banderilles correctement avec le temps... L'estocade était son point fort, il y excellait, se profilant avec lenteur, majestueusement, faisant pénétrer la lame en profondeur, foudroyant son toro le plus souvent.

Son sens du théâtre ne le quittait pas dans l'arène et il dirigeait ses subalternes avec un grand talent de mise en scène ; c'était en effet un personnage haut en couleurs et d'une belle prestance physique et vestimentaire ; il aimait s'habiller en homme du monde, tranchant sur ses compagnons qui continuaient à se vêtir en « campesino ». Surnommé *el señorito loco* par ses contemporains et arbitre des plaisirs et des élégances, fin et cultivé, sa compagnie était recherchée.

Sa carrière de matador l'amena à nouveau jusqu'en Amérique du Sud, au Mexique et au Guatemala ; il y toréait quand il apprit le décès de son épouse en 1905 ; il rentra aussitôt en Espagne et se coupa la coleta sur le cercueil.

On le vit en France. Il participa aux spectacles taurins de l'arène de la rue Pergolèse en 1889 et il fit la une du supplément illustré du *Petit Journal* du 15 septembre 1895, en costume de lumières, entouré de sa cuadrilla, son picador et le mayoral à ses côtés, en présence d'une dizaines de pandores en bicorne le sabre à la main, avec pour légende : « Mazzantini reconduit à la frontière – interdiction des courses dans le Midi. » Cet événement n'est qu'une illustration hasardeuse de la réalité. Il fut appréhendé en réalité le 1er septembre et expulsé à sept heures du matin de sa chambre d'hôtel rue du Pont-Neuf, et en civil, bien entendu !

Ayant délaissé la planète des toros à la mort de sa femme, on le retrouve d'abord député de Madrid puis d'Ávila, gouverneur civil de Guadalajara et enfin commissaire de police jusqu'en 1923. Il meurt à Madrid le 23 avril 1926 dans sa soixante et onzième année et restera dans l'histoire comme un des grands maîtres de l'épée, ayant pris part à 1 022 corridas et tué 2 706 taureaux. J.B.T.

MEANO. Toro avec le fourreau blanc.

MEDELLÍN (Colombie). Deuxième ville de Colombie située sur le vaste plateau d'Antioquia, Medellín est une immense métropole bien desservie par de nombreuses voies de communication et un important centre industriel, universitaire et religieux de 1 750 000 habitants. La plaza de la Macarena, d'une capacité de 10 500 spectateurs, fut inaugurée le 4 mars 1945 avec un lot de toros de Clara Sierra affrontés par les maestros Alfonso Ramírez *el Calesero*, Juan Belmonte Campoy et Luis Briones. R.B.

MEDIA VUELTA (*demi-tour*). Qualifie une pose de banderilles de recours que l'on effectue en attaquant le toro par l'arrière. Il en est de même pour l'estocade.

MEDIALUNA ou MEDIA LUNA. Lames tranchantes en forme de demilune, fixées par le centre de leur partie convexe au bout d'un long manche. Jusqu'au milieu du XIXe siècle, on les utilisait pour sectionner, en venant par-derrière, les tendons des pattes des toros soit que le noble à cheval ne soit pas arrivé à les tuer, soit parce que le matador de service avait été incapable de s'en débarrasser. R.B.

MEDIAS. Bas de couleur rose portés par les toreros. Voir COSTUME DE LUMIÈRES.

MEDIOS. La piste se partage en trois parties circulaires concentriques, des barrières au centre : les *tablas*, les *tercios*, les *medios* (voir ces mots). Le toro se place naturellement dans les medios, centre de la piste, lieu stratégique d'observation d'où il pourra affronter les attaques du torero.

MÉJANES (France. Arles 20 km). Le domaine de Méjanes, créé par Paul Ricard en bordure de l'étang du Vaccarès, possède une plaza privée construite en 1955, inaugurée le 3 juillet 1955 avec des taureaux camargues pour une course provençale et des toros croisés de Ricard en novillada ; elle contient environ

4 000 places. On y donne des festivals mais surtout des corridas de rejons importantes, le week-end du 14-Juillet, avec les plus grands rejoneadores actuels qui concourent pour le Rejón d'or, trophée créé en 1960. R.B.

MEJÍA ÁVILA Víctor Manuel, *Manolo.* Alors qu'il a peu toréé en France et en Espagne (une vingtaine de courses), il atteint les 500 engagements au Mexique. Après 31 novilladas dans son pays natal, Víctor Manuel Mejía Ávila, né à Mexico le 25 mai 1965, reçoit l'alternative des mains d'Eloy Cavazos en présence de *Lomelín* et d'*Armillita Chico*, le 23 janvier 1983, dans les arènes de León, province de Guanajuato, devant *Pobretón*, toro de San Martín à qui il coupe une oreille. Il confirme à Mexico le 3 juillet 1985 devant *Cantarero*, toro de la ganaderia de José Garfías. Il a pour parrain *Antoñete* et pour témoin Eloy Cavazos. En France, il se présente à Arles lors de la féria pascale de 1994, le 3 avril, devant des toros d'Eduardo Miura, en compagnie d'*el Fundi* et de Valderrama. Puis il confirme à Madrid et fait ainsi sa présentation en Espagne, le 3 juillet 1994, devant *Fanfarón*, toro de José Escolar, avec Jorge Manrique comme parrain et Julio Norte comme témoin. R.B.

MEJÍAS JIMÉNEZ Ángel Luis.
Voir BIENVENIDA, dynastie.

MEJÍAS JIMÉNEZ Antonio, *Bienvenida.* (Pour la biographie d'Antonio Bienvenida, voir BIENVENIDA, dynastie.) En pleine course, l'étoffe rouge qui appelait le toro à défiler entre l'homme et la barrière le rejetait par un coup d'éclat vers le centre de la piste. Cette manœuvre qu'Antonio *Bienvenida* exécutait avec la muleta resserrée en cornet dans la main gauche l'obligeait à pivoter pour changer la direction de l'attaque. À Barcelone, la corne l'éventra et il eut tout le loisir d'effectuer un retour sur lui-même à l'hôpital durant ses deux mois et demi d'indisponibilité.

La crainte de l'accident le privera désormais de l'indispensable sentiment de sécurité et, bien qu'il comprît plus vite qu'un autre la technique à adopter, il se découragera, trop tôt châtié dans sa chair.

Avait-on jamais vu préparation aussi belle ? Le succès de la journée apparaîtrait comme une conséquence de cette souriante science aux antipodes du drame. Il suffisait à Antonio *Bienvenida* de l'élégance et de l'à-propos des engagements préliminaires où il semblait vérifier la justesse de ses hypothèses sur le comportement de ses adversaires pour conserver intact le crédit dont il jouissait. L'essentiel démontré avec tant de doigté et de distinction, la suite se faisait attendre. Les spectateurs réclamaient à grand cri une décision qui ne prenait pas forme.

Comment ne pas évoquer le destin du frère aîné, *Manolito*, que la corne déchira au pli de l'aine dans sa vingt et unième année, à peu près au même âge, et qui n'en fit pas moins trembler les meilleurs toreros de son époque, avant de mourir d'un sarcome au poumon ? Il devait accuser une longue période de désorientation avant d'arriver à l'oubli physique et de regagner son rang de vedette. La maladie l'emporta en pleine ascension.

Quand il reprendra dans la même arène de Barcelone, Antonio *Bienvenida* aura à cœur de répéter trois fois son ouverture audacieuse et de se prouver que l'irruption du danger ne l'avait pas dépouillé de l'assurance qu'exigeait pareil exploit, malgré la ceinture orthopédique qui contenait sa hernie. Comme il descendait bientôt la pente et ne décrochait plus qu'une dizaine de contrats, ce don d'avoir raison du toro l'abandonnait.

C'est alors que sa condamnation catégorique de l'épointage des cornes (*afeitado*), au cours de l'hiver 1952, lui permit un redressement décisif. Propagande et publicité sans doute, dans une période où il était presque oublié ! Reste que rogner le bout des cornes et le refaire à la lime concourait à faciliter les mises en scène de ladite école de l'épouvante et contrariait les visions d'art et de science à quoi il entendait se dévouer. Des adolescents voltigeaient sur les défenses rectifiées des toros et en sortaient sans une égratignure. Il ne se sentait plus l'âge ni la vocation de ce genre d'excentricité. Cette supercherie le desservait plutôt à cause de son embonpoint. En outre, ce fauve réduit n'en insufflait pas moins la peur. Comble de l'ironie, sa relative diminution rendait moins exaltante la victoire.

Le coup de corne avait émoussé les facultés d'Antonio *Bienvenida* et affaibli sa volonté, au point qu'il sentait s'effriter les justifications de sa profession et doutait qu'il y eut des moments de grandeur. Parvenait-il à se convaincre, ce prince héritier du toreo, qu'il lui importait peu de régner en ces temps prétendus d'imposture et de spectaculaires pitreries ? Cette mauvaise excuse à trop de démissions suffisait-elle à calmer ses scrupules, quand la foule se fâchait contre lui et qu'il s'apprêtait à laisser tomber une fois de plus ?

En principe, il ne devait plus rien arriver de mauvais à cet Antonio *Bienvenida* si averti, si conservateur de sa personne. Jusqu'à ce que le goût des anciens triomphes se rappelât à l'improviste, que son choix judicieux de la tactique à adopter le poussât à vaincre et que cette nécessaire beauté mît une écharpe de sang autour du col de sa chemise à jabot. Le fauve manqua l'égorger dans les arènes de Madrid, le 17 mai 1958.

En dépit de son irrégularité, sa gloire augmentait. On s'attendrissait devant une certaine idée de la corrida dont il demeurait le dépositaire et qui, le temps de trois lancers de cape, donnait à rêver aux époques lointaines et à un improbable âge d'or. On qualifiait d'historiques ses rares journées et sans doute l'étaient-elles ! S'enfermer seul avec six toros dans cette même Monumental madrilène, tel se révéla le remède à sa perte de foi. Grâce à la diversité et à l'ampleur de ses moyens, il nettoyait tant de choses !

Et, chaque fois, au cours de cet enroulement sans fin du toro dans le réseau serré des naturelles et pour en rompre un instant l'oppressante proximité, le paraphe du coup d'arrêt, d'une si rare fraîcheur d'invention. Antonio *Bienvenida* devait confesser qu'il en eut des frissons de plaisir, le 28 mai 1966, en les traçant en état second. Pareille domination et pareille magie.

Il était dit que le représentant exemplaire d'une tradition, dont l'enseignement se limitait à deux ou trois récitals annuels, périrait par sa profession. Dans la toute petite arène d'un élevage, proche de l'Escorial. À l'entraînement.

Si « le plus logique est que le torero meure dans l'arène », selon ses propres paroles, le destin ne l'aura pas contraint à manquer de logique ni à trop dévier de sa trajectoire. Comme Antonio *Bienvenida* attirait la troisième vache de l'après-midi pour la rendre à sa pâture, une bête déjà toréée par ses soins et demeurée à proximité vit cette porte ouverte et le prit dans le dos au dépourvu. Il retomba tête la première, se brisa plusieurs vertèbres cervicales et se lésa la moelle épinière. Quatre jours après, le 8 octobre 1975, son cercueil entrait dans la Monumental, hissé sur des épaules de toreros, et effectuait un tour d'honneur, avant de ressortir par le couloir de ses triomphes. Son jeu de costumes de lumières n'était pas rangé dans un placard. Il n'avait pas commencé cet apprentissage d'une vie sans éclat. Antonio *Bienvenida* ne deviendrait pas cet aïeul dénimbé qui se souvient.

C'est lui qui fut choisi pour conférer l'investiture à *el Cordobés* et échanger leurs armes en mai 1963 dans cette ville de Cordoue, dont le jeune homme portait le nom. Doyen des matadors d'Espagne, ce parrain prestigieux n'avait pas cessé d'élever la lidia au rang des beaux-arts pour un assez large secteur d'aficionados et de leur en faire savourer les attraits. Le récipiendaire, en revanche, s'entendait surtout à rendre à la corrida sa sève populaire et à bousculer, si besoin, la règle en faveur de la tension dramatique aiguë, sûr que la Monumental réagirait à l'instar de l'arène improvisée de la plus infime agglomération, pas du tout intimidé par cette histoire de la *catedra* de Madrid, temple du conservatisme avec son aristocratie et son élite. J.M.M.

MEJÍAS JIMÉNEZ José, *Pepote*.
Voir BIENVENIDA, dynastie.

MEJÍAS JIMÉNEZ Juan.
Voir BIENVENIDA, dynastie.

MEJÍAS JIMÉNEZ Manuel, *Manolito*.
Voir BIENVENIDA, dynastie.

MEJÍAS JIMÉNEZ Rafael.
Voir BIENVENIDA, dynastie.

MEJÍAS LUJÁN Manuel.
Voir BIENVENIDA, dynastie.

MEJÍAS RAPELA José.
Voir BIENVENIDA, dynastie.

MEJÍAS RAPELA Manuel.
Voir BIENVENIDA, dynastie.

MELENO (de *melenas*, tignasse). Toro portant sur la tête une mèche assez importante de poils de teintes différentes.

MELOCOTÓN. Toro de couleur pêche.

MENDES Víctor Manuel Valentín. Rares sont les toreros portugais qui ont pu se hisser, comme Víctor Mendes, dans les premières places de l'escalafón et s'y maintenir pendant de nombreuses années, puisqu'il a dépassé le cap des 1 000 corridas torées. Cet homme d'une grande culture, maîtrisant parfaitement la langue française, doté d'un courage lucide et d'une volonté farouche, tout au long de sa carrière a affronté des ganaderias difficiles et réussit particulièrement dans les deux premiers tercios de la lidia.

Víctor Mendes, né le 14 février 1959 à Marinhais au Portugal, participe à sa première novillada avec picadors le 30 juillet 1978 à Gérone, en compagnie de Pepe Luis Vargas et du rejoneador Pérez Mendoza, puis fait sa présentation à Madrid le 1er mai 1980 avec Fernando Martín *Sacromonte* et Manuel Rodríguez *el Mangui* devant des novillos de Branco Nuncio.

Après 26 novilladas au Portugal et 110 en Espagne, Víctor Mendes reçoit l'alternative des mains de *Palomo Linares* en présence de José María *Manzanares*, le 13 septembre 1981 à Barcelone. Il coupe l'oreille de *Chaqueto*, toro de la ganaderia des héritiers de Carlos Núñez. Puis il coupe les deux oreilles de son second adversaire.

Il confirme à Madrid le 16 mai 1982 devant *Ermitaño*, toro de Pablo Romero. Son parrain est Luis Francisco Esplá et son témoin *Morenito de Maracay*.

Il débute en France à Palavas, le 10 juillet 1982, devant des Conde de Mayalde, avec deux Français, Patrick Varin et Richard Milian, avec qui il sera souvent inscrit aux cartels. Le 17 janvier 1982, il combat des toros de Los Aranguez à Maracay, en compagnie de *Morenito de Maracay* et de Tomás *Campuzano*.

Il est au Venezuela, à Maracaibo, le 18 novembre 1984, avec Tomás *Campuzano* et Bernardo Valencia face à des toros de Huayabita. Il confirme enfin à Mexico le 27 avril 1986 devant des toros de la ganaderia de San Martín, avec Mariano Ramos comme parrain et Manuel Mejías comme témoin.

Sa dernière prestation a eu lieu le 30 septembre 2001 à Vilafranca de Xira après 930 corridas en Europe et 132 en Amérique.

Torero athlétique, il plante superbement les banderilles, en force et avec décision, se présentant toujours face à son adversaire et lui donnant le maximum de terrain, avec des gestes amples et déterminés, sans fioritures inutiles. Avec la cape, il pratique un répertoire large et varié, brillant dans les passes d'ornements qu'il fut un des premiers à remettre en pratique. D'une sincérité absolue à l'épée, il s'engage avec beaucoup de volonté, plaçant des lames généralement d'effet rapide. Quant à la muleta, il la manie surtout de la main droite, mais avec beaucoup de domination. Ces capacités lui ont permis d'affronter toutes les ganaderias, y compris les plus difficiles, telles celles de Miura, de Pablo Romero et de Victorino Martín, qui furent son lot le plus courant. Très estimé par ses camarades de cartel pour sa gentillesse et ses qualités humaines, Víctor Mendes laisse le souvenir d'un torero complet, courageux, aimable et sensible. R.B.

MENDES Víctor (Víctor Manuel Valentín Mendes)

Origine : Pablo Mayoral Benito

Devise : vert et rouge

Pas d'ancienneté à Madrid

Propriété : « Ganadería Víctor Mendez », Apartado 10082, Vila Franca de Xira (Santarém, Portugal)

L'élevage intègre l'Asociación de Ganaderias de Lidia en 1990 après le rachat par Víctor Mendes du fer d'Antonio Borrego García. Mendes reforme le cheptel avec un lot de vaches et de deux étalons porteurs du fer de Pablo Mayoral Benito.

Très apprécié en France, Víctor Mendes envoya sa première novillada dans notre pays le 14 juillet 1995 dans les arènes de Lunel. Celle-ci fut combattue par José Tomás, *Luisito* (une oreille) et Swan Soto (deux oreilles). L'ancien matador fit combattre un bon lot au cours de la saison 2001 dans les arènes d'A Dos Cunhados (Lisbonne) pour huit rejoneadores portugais. C.C.

MÉRIDA (Venezuela). Capitale de l'État du même nom, située à 1 630 mètres d'altitude, centre commercial et touristique de 75 000 habitants, Mérida possède une plaza de 11 000 places, où la première corrida eut lieu le 10 décembre 1967 avec au cartel César Faraco, Manuel Benítez *el Cordobés* et Francisco Rivera *Paquirri*, face à des toros de la ganaderia de Benjamín Rocha. R.B.

METISACA. Estocade au cours de laquelle le matador enfonce la lame et la retire immédiatement sans lâcher l'épée, généralement parce qu'elle était mal placée, tombée, trop en avant ou trop en arrière, quand elle ne traverse pas le corps de l'animal. Voir ESTOCADE. R.B.

MEXICO (Mexique). Cette impressionnante mégalopole de plus de 17 500 000 d'habitants, dont 9 000 000 dans la ville même, située à 2 250 mètres d'altitude et entourée par des sommets dépassant les 5 000 mètres, loin de la mer et de toute rivière, occupe une région de lacs et de lagunes. L'hygrométrie y est plus basse de 30 % qu'en plaine, ce qui explique la pollution excessive. Cette situation particulière pose des problèmes aux toros et aux toreros qui y viennent, car ils doivent s'adapter à ces conditions difficiles pour retrouver leurs capacités.

Ancienne Tenochtitlán, fondée en 1325 ou 1345, capitale de l'Empire aztèque qui était construite sur une île du lac Texcoco, elle fut conquise pacifiquement par Hernán Cortés en 1519. L'armée espagnole en fut chassée l'année suivante, mais revint en août 1521 après un siège meurtrier de deux mois. Mexico devint rapidement la principale ville du Nouveau Monde. Libérée de la domination espagnole en 1821, capitale en 1824, Mexico connaît une révolution sanglante en 1913.

Mexico est une ville très riche en monuments de l'époque coloniale : cathédrale, sanctuaire de Guadalupe, couvents, églises, palais, musée national d'Anthropologie où les amateurs pourront découvrir une magnifique collection précolombienne et indienne.

Du XVe au XVIIIe siècle, les plazas de toros furent toutes provisoires. Le premier édifice permanent, la Real Plaza de Toros de San Pablo, édifiée en 1788, inaugurée le 24 novembre, est détruite par un incendie en 1821. Une autre, commencée le 18 janvier 1851, est ouverte le 23 novembre sous le nom de Plaza de Toros del Paseo Nuevo et sera démolie le 28 novembre 1867 en raison d'une loi interdisant les corridas. La loi annulée en 1887, une nouvelle arène en bois est édifiée : San Rafael, inaugurée le 20 février de la même année et qui sera démolie en 1889. De nombreuses autres arènes sont construites au cours de l'année 1887 : les plazas d'El Paso, de Colón, le Coliseo, et, l'année suivante, celle de Bucarelli. Elles furent toutes démolies entre 1889 et 1899.

Le matador espagnol Diego Prieto *Cuatrodedos*, en association avec le banderillero Ramón López, ouvrirent une arène inaugurée le 17 décembre 1899 par les matadors Enrique Vargas *Minuto* et Antonio Fuentes, qui combattirent un encierro de trois toros espagnols de Cámara et trois mexicains d'El Cazadero. Cet édifice fut détruit le 10 juin 1913.

Une autre plaza en bois, appelée Chapultepec, fut ouverte le 30 novembre 1902, avec au cartel Manuel García *Reverte*, Manuel Corzo *Corcito* et *Costillares* devant des toros de San Diego de los Padres. Démolie en 1907, une autre arène en bois la remplaça en 1922 ; le 1er janvier 1923, Marcial Lalanda et Julián Sainz *Saleri II* y lidièrent en festival contre quatre novillos. Elle fut inaugurée officiellement le 7 janvier 1923 avec des toros de Malpaso combattus par Pedro Carranza *Algabeño*, José García *Alcalareño* et Julián Sainz *Saleri II*.

L'autre plaza de la ville, El Toreo, avait été inaugurée le 22 septembre 1907 par les matadors Manuel González *Rerre*, Agustín Velasco *Fuentes Mexicano* et les novilleros Samuel Solís et Pascual Bueno qui lidièrent des toros de Tepeyahualco.

Après sa démolition, elle fut remplacée par la Monumental, la plus grande plaza du monde qui peut recevoir 65 000 spectateurs (quatre fois plus que celle de Nîmes...), inaugurée le 5 février 1946 par une corrida de San Mateo avec comme matadors Luis Castro *el Soldado*, Luis Procuna et Manuel Rodríguez *Manolete*, corrida marquée par une grave blessure de Luis Procuna.

La seconde plaza de la ville fut construite au lieu-dit des Quatre-Chemins et inaugurée le 23 novembre 1947 par Lorenzo Garza, Jorge Medina et Luis Castro *el Soldado*, qui combattirent des toros de Piedras Negras. R.B.

MIGUELÍN.
Voir MATEO SALCEDO Miguel.

MILIAN Richard. Matador de toros français né à Canohès dans les Pyrénées-Orientales le 30 mars 1960, Richard Milian, dont le père a tenté sans y réussir l'aventure taurine, débute dans la carrière à l'âge de quatorze ans au cours d'un toro-piscine organisé dans les arènes de Saint-Cyprien dont son père était le gardien. Il se présente en festival à Méjanes le 2 avril 1976 et affronte un eral de Gallardo ; ce jour-là il fait le paséo en compagnie de Ramón Gallardo fils, José Caparros, et Clemente Martín *el Tito*. Il prend part à sa première novillada sans picadors le 29 août 1976 à Saint-Cyprien. Fort de ces succès prometteurs, il débute en novillada piquée le 17 juillet 1977 à Vichy avec Sánchez Puerto et Manolo Maldonado, novillos de François André et Hubert Yonnet. Alternant ensuite quelques novilladas non piquées et piquées, il parvient à se faire une place enviable dans cette dernière catégorie en affrontant, souvent en compagnie de Víctor Mendes et Patrick Varin, de nombreuses novilladas de caste dans les arènes du sud-ouest de la France.

Il débute en Espagne, à Barcelone, le 2 août 1979, jour où est présentée également la ganaderia de Hubert Yonnet outre-Pyrénées. Il fait son premier paséo à Madrid le 5 juin 1980 en compagnie de Carlos Aragón Cancela et José Cubero *el Yiyo*, face à des novillos de Bernardino Jiménez. Le 5 juillet 1981, lorsqu'il reçoit l'alternative à Dax, Richard Milian a pris part à 72 novilladas et déjà remporté de nombreux triomphes. Pour cette première corrida, il a pour parrain Paco Camino et son témoin n'est autre que Manuel Benítez *el Cordobés*. Pour une fois, ce qui ne sera hélas pas coutume, le toro appartient à l'élevage de Salvador Domecq El Torero ; il a pour nom *Jacaronda*. Pour son alternative, Milian coupe une oreille et sort en triomphe en compagnie de ses deux aînés.

À partir de la saison suivante, le nouveau matador, dont le courage a défrayé la chronique durant plusieurs saisons, va être enfermé dans le circuit des corridas dites *toristas*. Les toros les plus compliqués, les plus gros, les plus armés lui sont désormais réservés. Peu importe, il lutte, les affronte et triomphe. Ses saisons sont souvent limitées à 10 ou 12 corridas en moyenne, car il est encore difficile d'être torero en France, et les portes des arènes espagnoles ne s'ouvrent pas facilement, pour ne pas dire pas du tout. Il se présente en Amérique à Medellín en Colombie le 21 août 1983, alternant avec Enrique Calvo *el Cali* et Arturo Villa *el Villano*, devant des toros de la ganaderia de La Rinconada.

Il lui faut ainsi attendre le 24 juillet 1988 pour pouvoir confirmer son alternative à Madrid des mains de Juan Antonio Esplá avec Luis Reina pour témoin. Le toro de la cérémonie, *Impostor*, appartient à l'élevage des frères Martínez Uranga. Richard Milian coupe ce jour-là l'oreille de son second adversaire et était toujours, à la fin de la temporada 2002, le seul matador français à avoir connu cet honneur sur le sable de Las Ventas.

Milian poursuit une carrière plus qu'honnête mais, malgré de modestes incursions au Pérou et au Venezuela, il dut attendre neuf ans pour fouler le sable des arènes de Mexico, où il confirme l'alternative le 16 novembre 1997. Son parrain n'est autre que son ami Denis Loré et les témoins, les deux matadors mexicains Alfredo Ríos *el Conde* et Humberto Flores. Le toro de confirmation appartient à l'élevage de Rancho Seco.

Au terme de la saison 2001, Richard Milian, après avoir combattu 213 corridas, a annoncé qu'il mettait un terme à sa carrière professionnelle et a pris part à sa dernière corrida officielle à Floirac le 14 octobre, en affrontant des toros de Javier Pérez-Tabernero en compagnie de Stéphane Fernández Méca et Denis Loré. Il coupe les deux dernières oreilles de sa carrière et quitte l'arène porté en triomphe par ses deux compagnons.

Richard Milian est ainsi le premier matador de toros français a fêter vingt années d'alternative sans que cette période n'ait été marquée par une saison sans contrats. Torero vaillant, quelquefois au-delà des limites du raisonnable, Richard Milian laissera l'image d'un maestro qui a gagné ses contrats à force de courage et de ténacité. Faisant fi de tous les dangers, il a toujours accepté toutes les corridas qui lui étaient proposées. C'étaient souvent les plus difficiles. Capeador varié, Milian était plus à l'aise avec la muleta et ses faenas étaient assez souvent marquées de moments très artistiques, assez rares compte tenu de ses adversaires, mais réels. Excellent banderillero, les aficionados garderont de lui le souvenir de tercios de qualité partagés avec ses amis Luis Francisco Esplá, *el Soro*, *Nimeño II*, Víctor Mendes ou *el Fundi*. Excellent matador aussi, de nombreuses oreilles lui ont été attribuées en récompense de coups d'épée foudroyants. Désormais, Richard Milian se consacre à la gestion de ses affaires dans sa propriété des Landes. R.A.

MILLÁN CAMBRA Jesús. Jesús Millán est né le 26 septembre janvier 1979 dans la belle ville de Saragosse. C'est à l'âge de quatorze ans que Jesús revêt son premier habit de lumières le 19 septembre 1993 dans les arènes d'Épila (Saragosse) où il affronte des becerros de Hermanos Idazábal Romero aux côtés de *Marquitos*, *Paulita* et Darío Gaspar. Après avoir coupé deux oreilles à cette première course, Millán prend part à un nombre respectable de becerradas puis débute en novillada formelle le 22 juin 1997 à Lloret de Mar (Gérone) avec Juan Manuel Benítez. Jesús coupe un total de deux oreilles face au bétail panaché de Los Cierros et Francisco Diago Clavell. Il se présente à Madrid le 19 mars 1999, aux côtés d'*el Renco* et de Jesús Aguado. Vêtu de céleste et or, il est applaudi à l'issue de son combat face à *Campanillo*, n° 24, de robe colorada, pesant 444 kg, puis coupe l'oreille d'*Avellanito*, le sixième novillo de l'après-midi. Après avoir toréé une bonne soixantaine de novilladas, Jesús Millán prend l'alternative sur ses terres, à Saragosse, le 12 octobre 1999, durant la féria del Pilar. Il reçoit les trastos de matador de toros des mains d'Enrique Ponce et en présence d'*el Juli* face au toro *Jactancioso*, n° 3, castaño, pesant 480 kg et issu de l'élevage d'El Torero. Vêtu de blanc et or, il coupe l'oreille du toro de la cérémonie puis donne un tour de piste à l'issue de son second combat. Il confirme l'alternative à Madrid le 8 avril 2001 des mains de José Luis Bote et en présence de David Luguillano face au toro *Extraviado*, n° 68, negro mulato, pesant 511 kg, et porteur du fer de Juan José González. Il salue au tercio à l'issue de chaque combat. Le 3 juin 2001, il prend part à sa première corrida en France, vêtu de blanc et or, et officie lors de la féria de Nîmes devant les toros d'Adolfo Martín. Encadré de Luis Francisco Esplá et Denis Loré, il affronte le toro *Madrono*, n° 24, cárdeno, et pesant 500 kg.

Découvert en France lors de l'été 1995 au cours d'une novillada nocturne sans picadors organisée dans les arènes de Vauvert le « petit » Jesús Millán a accompli un bon bout de chemin. Malgré deux jolis succès à Madrid et Saragosse, le novillero Jesús Millán reste dans l'ombre de ses autres compagnons de cartel. Valeureux mais passant moins bien qu'un *Juli* ou qu'un *Fandi*, il est souvent éclipsé comme en témoigne l'une de ses rares courses en France : il était le chef de lidia de la novillada nîmoise au cours de laquelle *Juan Bautista* gracia *Tanguista*, le fameux novillo de Yerbabuena. Une fois l'alternative passée, Jesús Millán entame pourtant la tournée des villages et parvient à enrichir son compteur d'oreilles. L'été 2000 marque son entrée dans la cour des grands avec deux oreilles coupées au bétail de Saboya à la Monumental de Barcelone. Un triomphe qui précède deux prestations convaincantes lors de la féria de Huesca. Habitué aux corridas estivales de la fameuse « Vallée de la terreur» Jesús Millán achève bien sa première saison en qualité de matador en coupant deux oreilles à un toro de Cortijoliva dans les célèbres arènes de Talavera de la Reina (Tolède). Son retour à Saragosse, pour la fameuse féria du Pilar, est marqué par l'obtention d'une oreille lors des deux corridas qu'il torée. En dépit de sa petite taille, Jesús Millán n'hésite pas à se frotter à du bétail réputé plus difficile. Début 2001, il lance sa saison de la meilleure manière en coupant trois oreilles aux toros portugais de Palha lors de la féria de Castellón, faisant preuve d'un répertoire de muleta un peu plus large. Même si ce succès est prometteur il ne s'avère être finalement qu'un feu de paille puisque Jesús, en dépit d'une oreille coupée au printemps à Saragosse, laisse passer sa chance à Barcelone, Madrid, Nîmes, Vic-Fezensac, Pampelune et Dax. Millán se rattrape quelque peu à la fin de l'été en donnant un tour de piste à Bilbao devant de sérieux Cebada Gago, mais la saison est déjà terminée et le triomphe de Castellón bien oublié. Le pire est même à venir puisque Jesús, apparemment encore trop tendre malgré un très bon nombre de corridas toréées, laisse sonner les trois avis et ne parvient pas à estoquer un toro de Samuel Flores lors de sa dernière course de la saison, le 14 octobre 2001 à Saragosse. Torero vaillant mais à la technique encore perfectible, Jesús Millán sait qu'il lui sera très difficile de quitter le créneau dans lequel il s'est ancré. Capable de quelques gestes importants, il lui reste surtout à gagner en régularité s'il ne veut pas rapidement se faire oublier... C.C.

MINUTO.
Voir VARGAS GONZÁLEZ Enrique.

MIRACLES, le toro protagoniste de. L'hagiographie est riche en histoires mettant en scène des toros, parce que quelques saints, par leur courage, apaisèrent la sauvagerie des toros et évitèrent des tragédies.

Une toile peinte par le frère Diego de Frutos dans le premier tiers du XVIIIe siècle relate un fait curieux survenu à San Pedro Regalado, patron de Valladolid mais aussi de la corporation des toreros ; il est écrit dans l'angle inférieur de l'œuvre : « Quand le saint sortit de Abrojo pour se rendre à Valladolid, il ne savait pas qu'il y avait une *fiesta de toros*. Au détour d'une place, il rencontra sur son chemin un toro furieux, qui, à la vue du saint, se prosterna devant lui. Celui-ci le bénit, puis lui indiqua son chemin, évitant le pire. »

Sainte Thérèse de Jésus fut aussi au centre d'un miracle taurin. Souhaitant créer un couvent de carmélites à Duruelo, dans la province d'Ávila, elle se rendit sur les lieux projetant de rencontrer des gens susceptibles de l'aider économiquement dans son entreprise. Un riche propriétaire mécréant ne voulait pas de ce couvent. Il envoya contre elle ses toros. La sainte se dirigea vers cet homme et lui dit : « Vos toros viennent me chercher, et par amour de Dieu donnez-m'en une paire que j'attacherai afin de nettoyer ma maison et ranger mon matériel. » Quand l'homme envoya les deux toros les plus dangereux de sa ganaderia, au grand étonnement des voisins, la sainte les appela, les caressa puis les attela ; l'homme, conscient du miracle, se repentit et s'agenouilla aux pieds de la sainte.

À Salamanque, terre d'élevage de toros bravos par excellence, on trouve la trace d'un autre miracle, dont le protagoniste est saint Jean de Sahagun. Le saint homme était venu au secours d'un enfant en difficulté devant un toro qui s'était échappé. Au moment où l'animal allait lui donner un terrible coup de corne, saint Jean s'écria : « *¡ Tente, necio !* » (Arrête, nigaud !) Immédiatement, le toro obéit quand le saint lui toucha le front. En souvenir de ce fait, la ville de Salamanque possède une rue appelée Tentenecio, où, selon la légende, le miracle se serait passé.

En Amérique du Sud, où l'on exporte des toros espagnols, se déroulent de nombreuses corridas et les miracles liés à des toros sont aussi nombreux. Une histoire indique qu'à Lima (Pérou), saint François Solano allait, nonchalant, dans une rue étroite, lorsqu'il vit un toro furieux le charger. Vaillamment, saint François détacha sa cordelière et en donna un coup au toro avec sa bénédiction. L'animal se calma et regagna son troupeau. Nombreux furent les miracles de saint François avec les toros et il existe un cantique qui rapporte les faits et mérites de cet apôtre du Pérou.

Au Guatemala, la capitale fut le théâtre de nombreux miracles taurins. Parmi ceux-ci, il y a celui du père Pedro de Betancur, relaté par le frère José García de la Concepción dans la biographie qu'il lui consacra. Passant en dehors de la cité guatémaltèque, le père rencontra un toro qui s'était échappé d'une plaza où se déroulait une corrida. L'animal galopa en direction de l'homme, et, quand il était au point de l'encorner, Pedro Betancur s'écria : « ne viens pas ici ! », et le toro s'apaisa et changea de direction. Une histoire similaire se déroula à Santiago du Chili où le frère Pedro Bardesi détourna un toro excité qui était en fuite. La légende raconte que le frère Pedro prit une manche de son habit et la posa sur le museau du fauve, obligeant ainsi le toro à s'agenouiller, puis à se laisser conduire sans résistance.

Paris vaut bien un miracle taurin ! En France on raconte une histoire qui n'eut pas un toro bravo échappé d'une arène pour héros, mais un taureau domestique devenu violent qui provoqua ce fait singulier. Après s'être enfui de l'abattoir, il semait la panique dans les rues de la capitale. Saint Marcel, vêtu de son habit d'évêque, se dirigea vers le taureau furieux qui en le voyant stoppa sa charge pour se coucher aux pieds du saint homme ; celui-ci mit son étole autour du cou de l'animal pour le reconduire à l'abattoir.

Chaque année, la ville de Pampelune, capitale de la Navarre, organise des encierros avec des toros de lidia, tous les matins du 7 au 14 juillet dans le cadre de sa féria. On peut légitimement penser que San Fermín, le saint patron de la ville qui est vénéré par une procession, des vêpres et par une prière chantée trois fois avant chaque encierro par les coureurs et la population, réalise des miracles à chaque lâcher de toros, compte tenu des risques et dangers importants encourus. Certes on déplore des blessés lors de cette manifestation, mais peu d'accidents très graves. Le miracle est permanent : « Viva San Fermín ! »

Ch.C.

MIRANDA CONDE Roque, *Rigores*. Torero madrilène né le 16 août 1799, petit prolétaire comme la plupart de ses compagnons, il passe ses premières années dans la maison dite du *Berger* rue de Ségovie ; ses parents sont domestiques de la maison royale. Le 10 août 1815, à seize ans, il est annoncé dans une arène des environs de Madrid comme péon d'une cuadrilla d'adolescents qui combattent des novillos sous la direction d'*el Pocho*, qui avait été banderillero de *Pepe-Hillo* et devait finir sa carrière à la fin du règne de Joseph Bonaparte comme puntillero de Curro Guillén. En tant que matador, *Rigores* apparaît pour la première fois le 28 août 1817, toujours dans les environs de Madrid, pour toréer un becerro d'un an et demi. En 1822, à vingt-trois ans, il est sobresaliente en titre des arènes de Madrid, mais il travaille peu en raison de son implication dans le domaine politique. Il participe avec enthousiasme au nouveau régime après le pronunciamento de Riego et le retour des Cortes libérales ; c'est le triennat constitutionnel avant le retour de Ferdinand VII. Au moment où le roi est suspendu de ses fonctions, quand entrent en Espagne les « cent mille fils de Saint Louis », Miranda, incorporé comme sergent dans le régiment du général Álava, combat avec vaillance et perd un frère dans la mêlée... puis il fait partie de l'escorte qui accompagne à Séville le roi suspendu de ses fonctions. Lors de la restauration de la royauté, il lui est difficile d'exercer sa profession et il se retire en 1839. En 1842, il tente un retour sans succès. Il meurt le 14 février 1843. Si Roque Miranda, malgré ses grandes aptitudes tauromachiques, est resté dans l'histoire, c'est davantage pour son rôle politique que pour son apport à l'art taurin.

J.B.T.

MIRANDA DE PERICALVO
Origine : Juan Pedro Domecq y Díez
Devise : bleu ciel et blanc
Ancienneté à Madrid : 21 juin 1908
Propriété : « Miranda de Pericalvo », Galindo y Perahuy (Salamanque)

Arturo Pérez Fernández acquiert en 1950 l'ancien élevage de Barbero de Utrera, fondé en 1820. Le fils d'Arturo Pérez Fernández, Arturo Pérez López de Tejada, vend le troupeau, le fer et la devise en 1976 à Rancho Julivén. Deux ans plus tard, l'élevage est acquis par Francisco Fernández Palomares. Juan María Pérez-Tabernero rachète la totalité du troupeau en 1979 et l'annonce sous l'appellation de « Balborraz ». Inscrit au nom des filles de Juan María, l'élevage est entièrement reformé avec des produits de la famille Pérez-Tabernero. Le troupeau s'enrichit en 1984 de deux étalons de Jandilla, deux ans avant l'acquisition de l'élevage par la société Diesel Española. Le troupeau est baptisé « Concha Navarro » puis reçoit un lot de vaches et d'étalons issus de l'élevage de Juan Pedro Domecq. Le fer passe successivement entre les mains de la société Cotidiano, sous l'appellation « Martín Arroyo hermanos » (1994), puis de Manuel Martínez Erice, avec le nouveau nom de « Miranda de Pericalvo ».

Les anciens toros de Concha Navarro poursuivent leur itinéraire dans les différentes arènes de France et de Navarre sous de nombreux noms. Un moment « Martín Arroyo », les toros porteurs de la devise bleu ciel et blanc et du fer en « Y » avaient été présentés en 1994 lors des Fêtes d'Arles dans le cadre d'une corrida de rejón de très bonne tenue. Celle-ci avait été toréée par João Moura, Javier Buendía, Luis et Antonio Domecq. Depuis, l'élevage a été rebaptisé « Miranda de Pericalvo », devenant le fer « officiel » des novilladas de Pampelune. On remarqua notamment un bon lot en 1999, permettant à *Juan Bautista*, alors novillero, de couper une oreille. Sébastien Castella imita son camarade arlésien l'année suivante sur le même sable de Pampelune. La saison 2000 fut marquée par un fait rare pour l'élevage : le novillero Abraham Barragán, engagé à Pedrajas de San Estebán (Valladolid), coupa une oreille à chacun de ses adversaires, dont deux furent honorés d'un tour de piste posthume. L'élevage éclata enfin au grand jour en 2001 lors du cycle des novilladas d'Arnedo (La Rioja) grâce à une prestation remarquable de César Jiménez, crédité par un total de quatre oreilles ! Sur sa lancée des novilladas et des corridas de rejón, le fer fut même appelé à fournir un lot à Saint-Sébastien. Un autre novillero talentueux aujourd'hui matador, Javier Valverde, sut mettre en relief le bon jeu du bétail et coupa à son tour une oreille. C.C.

MIRANDO LOS TENDIDOS (*en regardant les gradins*). Généralement c'est en pratiquant une série de manoletinas que le maestro maintient son regard fixé sur les gradins, pour augmenter l'émotion. Il aura auparavant jugé où se situait le toro. R.B.

MITHRA. Souvent, les aficionados rattachent les origines de la corrida au culte de Mithra qui en serait la justification culturelle sinon cultuelle. Ils ont tort. Mithra, qui apparut pour la première fois vers 500 avant J.-C., sous le règne de Darius Ier, est une divinité perse comparable au Mitra de l'Inde, dieu védique, secourable et bienfaiteur, souvent associé à Varouna.

Mithra, dieu indo-iranien, à la fois juge et médiateur, voyait et entendait tout, jugeait les âmes des morts dans l'au-delà. À l'époque achéménide, il est nommé avec Anâhita et prend les aspects du dieu solaire Shamash. Il symbolise donc la lumière et le septième mois de l'année lui est consacré. Dans l'Asie Mineure des diadoques, les dynastes d'origine iranienne favorisent la naissance d'un mithraïsme hellénisé, et c'est vers 67 av. J.-C. que Plutarque situe l'introduction des mystères mithriaques dans Rome par des pirates ciliciens qui pratiquaient des sacrifices étranges et des rituels initiatiques réservés aux hommes. Ces pirates se retiraient dans des grottes pour célébrer leur culte, lieux que l'on retrouvera dans les *mithraea* romaines.

Ce sont les soldats qui ont introduit dès l'époque flavienne le mithraïsme en Italie et il s'implante solidement dans la Rome du IIe siècle après J.-C. et surtout dans les colonies militaires de l'Empire, jusque sur les bords du Rhin et du Danube. Le mithraïsme jouit de l'appui officiel de Commode, qui se fait initier. Au IIIe siècle, il concurrence encore le christianisme en pleine expansion, et faillit devenir religion officielle de l'Empire lorsque Aurélien voulut réunifier la conscience religieuse autour du culte solaire. Mais le christianisme sortira vainqueur et le mithraïsme sombrera dans l'indifférence dès le Ve siècle, puis dans l'oubli.

Les sanctuaires réservés au mithraïsme sont de petites dimensions, témoignant qu'ils étaient réservés à de petits groupes. On y trouvait une nef aboutissant à un groupe sculpté de Mithra Tauroctone. On y fêtait le 25 décembre, anniversaire du Soleil, qui était aussi celui de Mithra, et les solstices. Les deux génies parèdres qui entouraient Mithra, Cautès et Cautopatès, représentaient les soleils du printemps et de l'automne.

La tauroctonie, ou sacrifice du taureau, est primordiale dans les représentations sculptées. Mithra poursuit le taureau, s'agrippe à lui, le garrotte et le traîne jusqu'à un lieu où il est frappé au cœur au niveau de l'épaule gauche. Ce meurtre sacrificiel du taureau est un acte de salut, car Mithra sauve ainsi la création d'Ahura Mazda. La tauroctonie représente la victoire des forces de vie sur celles du mal.

Dans la culte de Cybèle, Grande Mère des dieux, originaire de l'Asie Mineure et transitant par la Crète, avec son dieu parèdre Attis, l'initiation des mystes se fait par taurobole ou baptême par le sang d'un taureau égorgé au-dessus des fidèles placés dans une fosse, sacrifice représentant la renaissance à la vie éternelle. Cet acte a amené de nombreuses confusions avec le culte de Mithra, mais en fait, le taurobole est spécifique au culte de Cybèle.

Ainsi, dans l'un ou l'autre culte, le sacrifice du taureau n'avait aucun aspect ludique, ni même de confrontation d'une puissance avec une autre, ce qui est le cas de la corrida. On ne peut donc faire remonter les origines de la corrida à l'un de ces deux cultes antiques car les finalités en sont trop différentes. R.B.

MIURA FERNÁNDEZ Hijos de Eduardo

Origines : Gallardo, Cabrera et Vistahermosa
Devises : vert et noir à Madrid, vert et rouge dans les autres arènes
Ancienneté à Madrid : 30 avril 1849
Propriété : finca « Zahariche », Lora del Río (Séville), Espagne

L'histoire de cette ganaderia est étroitement liée à celle de la tauromachie moderne. Miura n'est pas une ganaderia comme les autres. Cet élevage intrigue depuis sa création : il appartient toujours à la même famille, perpétue le même style d'élevage et détient le même encaste ; en résumé, il n'a subi aucune modification profonde depuis ses origines jusqu'à nos jours. Le seul nom de Miura sur l'affiche attire le spectateur. Actuellement, il est fréquent que les personnes qui vont assister à une corrida de Miura précisent : « nous allons voir une miurada ». Morphologiquement, le toro de Miura est différent de ses congénères. Haut sur pattes, long, ensellé, musculeux, d'armure redoutable, véritable athlète et beau combattant, son comportement n'est pas toujours en rapport avec la puissance qu'il affirme. D'un caractère plutôt difficile, quelquefois féroce, comprenant vite, il ne permet pas la moindre erreur au torero.

Juan Miura, originaire de Navarre et fabricant industriel de chapeaux à Séville, place de la Encarnación, crée en 1842 près de Carmona (50 km au nord de Séville) une ganaderia de toros bravos. Il décide d'acheter deux cent vingt vaches à Antonio Gil. À cette ganaderia d'origine Gallardo, il ajoute du bétail de Cabrera et des étalons de Barbero de Utrera (Vistahermosa). Le 15 août 1846 à Séville se déroule la première corrida au nom de Juan Miura (devise vert et rouge). La présentation à Madrid a lieu le 30 avril 1849 (devise vert et noir), au cours d'une corrida qui réunissait à l'affiche les maestros *Cúchares* et *el Salmantino*. Le célèbre fer lettre A complétée par deux C placés de chaque côté proviendrait de l'élevage d'Antonio Cariga qui fut propriétaire du premier achat de bovins réalisé par Juan Miura. L'élevage de Miura a deux devises : vert et noir pour Madrid et vert et rouge pour les arènes de province, devises dont les couleurs furent utilisées pour la première fois en 1849 et qui sont restées une tradition. Précédemment, les toros sortaient avec la devise rouge et noir, puis rouge et lilas.

En 1850 et 1852 ont été ajoutées des bêtes de doña Jerónima Núñez de Prado, veuve de don José Rafael Cabrera, puis en 1854 des étalons de José Arias de Saavedra (sang Vistahermosa). À la mort de Juan Miura en 1860, l'élevage est annoncé au nom de sa veuve, doña Josefa Fernández García. De celle-ci, il passe en 1861 au fils aîné, Antonio Miura. À la mort de ce dernier le 31 mars 1893, c'est son frère Eduardo qui reprend l'élevage et en 1917 les fils d'Eduardo, Antonio et José, en héritent et l'annoncent pour la première fois à Madrid le 10 juin 1917 au nom de « Hijos de don Eduardo Miura Fernández ». Ce jour-là, les matadors chargés de les affronter sont *Malla*, Paco Madrid et Pedro Carranza *Algabeño II*. À la fin de l'année 1940, Antonio et José donnent la ganaderia à leur fils et neveu Eduardo Miura Fernández qui la dirigera de main de maître durant plus d'un demi-siècle. Décédé en juillet 1996, ce sont désormais ses fils (Eduardo et Antonio) qui assument la responsabilité de la gestion de cette prestigieuse ganaderia.

Miura, depuis plus de cent ans, demeure incontestablement l'élevage de toros bravos le plus célèbre. Cas unique dans l'histoire de la tauromachie, cette ganaderia n'a jamais changé de famille. Poursuivant le travail de leurs aïeuls, axé sur une rigueur dans le choix exclusif de leurs toros sans aucun apport extérieur, ils contribuent ainsi à entretenir l'énigme Miura en matière de génétique. C'est l'élevage qui sans doute a fait combattre le plus de toros sous ses couleurs, soit un total de plus de 10 000 bêtes en un siècle et demi.

Depuis des décennies, cet élevage est un gage d'intérêt pour l'aficionado : on ne sort jamais sans émotion d'une corrida de Miura, qui a depuis longtemps une réputation redoutable et sanglante.

Miura, victime de sa légende noire ! Même si des explications plus ou moins fantaisistes ont circulé pour justifier le caractère difficile qu'ils possèdent, nombreux furent les toreros blessés ou qui ont succombé sous les cornes de ces fauves : *Pepete* (1862), *el Espartero* (1894), *Manolete* (1947), *Nimeño II* (1989). Pratiquement, et même si elles rechignent parfois, les figuras du toreo moderne, depuis *Manolete* jusqu'à aujourd'hui, ont eu de grands succès avec les toros de Miura. La ganaderia est sans aucun doute celle qui a le plus de personnalité de tous les temps.

En février 2002, Eduardo Miura Martínez est devenu président de l'Unión des Criadores de Toros de Lidia. (Voir l'article Miura dans le chapitre « Les encastes du taureau bravo ».) Ch.C. et R.A.

MIURENO. Toro du type particulier Miura.

MIXTE. On appelle « corrida mixte » une course dans laquelle se succèdent des matadors ayant reçu l'alternative et un novillero ou un rejoneador. Cette formule permet de rendre un cartel plus attractif ou moins onéreux.

MOCHO (*étêté*). Toro pratiquement sans cornes.

MOGÓN. Se dit d'un animal dont une ou deux cornes sont abîmées et qu'on ne peut lidier en corrida mais seulement en novillada et à la condition qu'on annonce qu'il a été rejeté en tienta comme défectueux.

MOHINO. Toro noir avec le poil brillant.

MOLINA Javier

Origines : Luis Gamero Cívico et Juan Pedro Domecq y Díez
Devise : bleu et jaune
Ancienneté à Madrid : 31 août 1980
Propriété : « El Sardinero », Villanueva del Río y Minas (Séville)

Juan Guardiola Fantoni acquiert en 1941 l'ancien bétail de Torre Abad, d'origine Parladé, jusqu'alors propriété de Manuel Gamero Cívico. Sept ans plus tard, Juan Guardiola Fantoni s'éteint et son fils, Armando, hérite d'un des lots. Au début des années 1950, Armando Guardiola Soto vend le troupeau à Javier Molina. Le nouveau propriétaire change le fer et la devise, adoptant le dessin d'une célèbre firme de voitures : Mercedes. Entre 1989 et 1999, Javier Molina rafraîchit son sang avec des étalons de Diego Puerta et d'Hermanos Sampedro, d'origine Juan Pedro Domecq. Il acquiert en 1999 un lot de vaches de Buenavista de la même origine ainsi que des étalons issus de l'élevage de Fuente Ymbro et de sang Jandilla.

Le public français avait pu apprécier le jeu de ces produits d'origine Gamero Cívivo et Juan Pedro Domecq lors des Estivales de Beauçaire 1995. Le torero d'Almeria, Ruiz Manuel, avait pris part à une brillante alternative, coupant les deux oreilles du sixième exemplaire de la corrida. Il était sorti en triomphe des arènes Paul-Laurent aux côtés de son parrain d'alternative, *el Fundi*, également crédité de deux trophées. En Espagne, comme bon nombre d'élevages d'origine Gamero Cívico, le fer de Javier Molina est plutôt coutumier des novilladas et corridas équestres mineures. Dans cette catégorie, plusieurs lots de qualité furent toutefois combattus en 2000 à Huelva (triomphe de Fermín Bohórquez et Pablo Hermoso de Mendoza) et à Málaga (grand succès d'*Andy Cartagena*). La France taurine retrouva l'élevage en 2001 lors d'une nouvelle corrida de rejón organisée au Grau-du-Roi. Faisant fi de la présence de Mendoza au cartel, Patricia Pellen avait offert un récital de bon toreo à cheval et coupé un total de deux oreilles. Répété à la féria de Málaga, l'élevage de Molina permit une nouvelle fois à Bohórquez de sortir en triomphe des arènes de la Malagueta. Une seule corrida fut combattue à pied cette année-là, dans la province de Murcie. Le fer se signala par l'envoi d'un bon lot en juin 2002 dans les modestes arènes de Marbella (Málaga) et une faena importante d'un torero presque oublié, Marcos Sánchez Mejías. C.C.

MOLINA MARTÍNEZ Rafael, *Lagartijo Chico*. C'est le neveu de Rafael *Lagartijo* le grand. Né à Cordoue le 16 juillet 1880, sa jeunesse se passe devant les toros et il subit nombreuses bousculades et coups de corne dès la petite enfance. Il devient banderillero d'un certain José Ramos et, prenant son essor, il va très souvent être le compagnon de cartel de *Machaquito* avec lequel il recevra l'alternative des mains de Mazzantini et *Bombita* à Madrid, le 16 septembre 1900. Hélas, il n'a guère qu'une dizaine d'années devant lui pour se faire connaître et reconnaître. Il souffre de phtisie, et son mal ne lui permettra pas de toréer plus de deux cent quatre-vingt-seize corridas. On rapporte qu'à Nîmes, le 6 octobre 1908, se produisant avec *Conejito* et le caballero Mariano de Ledesma avec des toros médiocres de Vicente Martínez, on le vit cracher le sang sur le sable.

Il meurt à Cordoue le 8 avril 1810, à moins de trente ans. Il semblait parfois se mouvoir avec une certaine nonchalance évoquant l'indolence mauresque, mais quand il se corrigeait, il paraissait alors élégant et même artiste, ne pratiquant pas comme dit Cossío de « desplante de danseur de cordes », toréant sans trucage, tuant en se mouillant les doigts d'estocades profondes. Il est mort en plein succès et aurait pu sans doute accomplir une grande carrière si le destin lui en avait laissé le temps. J.B.T.

MOLINA SÁNCHEZ Rafael, *Lagartijo*. Rafael est né à Cordoue le 27 novembre 1841. *Niño de Dios*, son père, était banderillero et le garçon l'accompagna très jeune, faisant partie d'une compagnie d'enfants toreros. Dès le 8 septembre 1858, il tue deux becerros : il a neuf ans !

On le voit pour la première fois en corrida formelle en tant que banderillero à Cordoue en 1861 et il fait rapidement partie de la cuadrilla de *Gordito* qui va lui conférer l'alternative à Ubeda le 29 septembre 1865, lui cédant un toro d'Ontiveros ; elle est confirmée par

Cayetano Sanz le 15 octobre suivant avec *Barrigón*, de l'élevage de doña Gala Ortiz. L'empresa de Madrid, devant l'excellence de sa prestation, l'engage pour la temporada de 1866. Dès lors, il entre en compétition avec les figuras les plus célèbres de l'époque, ses propres parrains d'alternative d'abord puis *Cúchares*, *Desperdicios* ou *el Tato* : et très vite il les surpasse tous !

En 1868, il va affirmer sa rivalité avec *Frascuelo*. Les deux hommes sont très exactement contemporains mais de style très différent. À Grenade, en juin, ils se rencontrent pour la première fois et le duel est sévère. À eux deux, ils surent élever la fiesta à des sommets encore inconnus ! Son tempérament artistique, son physique avenant faisaient contraste absolu avec le jeu et la physionomie plus sévère de *Frascuelo*.

Rafael est un torero harmonieux et complet, d'une grande précision, dominateur avec la muleta. Seule son estocade est un peu précipitée, souvent en contournant la corne, ce qui lui est reproché par les puristes : il plaçait une demie épée efficace, dans la croix, mais de manière peu orthodoxe. Son surnom de « petit lézard » vient d'ailleurs de sa taille, moyenne, mais aussi de sa vivacité, de sa rapidité dans l'esquive. Il savait tracer avec la cape des épures prodigieuses et sa larga cordobesa est restée célèbre par l'élégance de son retombé sur l'épaule à la fin d'un quite. Sa carrière, qui s'étend sur près de trente années, ne le voit blessé sérieusement qu'une seule fois à Madrid, le 22 juin 1873, et rarement chahuté par le public. Néanmoins, une inexplicable bronca éclata à Séville alors qu'il était en piste. Extrêmement vexé, rentré à l'hôtel, après s'être déshabillé, il secoua ses zapatillas en criant : « *De Sevilla ni el polvo* » (même la poussière de cette ville je n'en veux pas !) Et Séville ne le revit jamais.

En 1871, il torée jusqu'à vingt-trois corridas à Madrid, en 1873, dix-huit, et quatorze en 1874, presque toutes couronnées de succès.

Cette année-là, le 18 juillet, il alterne avec *Frascuelo* en mano a mano avec des toros d'Aleas et pour la dernière fois dans la vieille arène de la puerta d'Alcalá qui va fermer ses portes définitivement... La nostalgie est de rigueur et les deux hommes « comme atteints de mélancolie à l'idée que pour toujours disparaissait ce lieu témoin de tant de triomphes tauromachiques ne furent pas médiocres, mais quelque peu fades et sans sortir de toute l'après-midi d'une tonalité grisâtre », commente Félix Borrell dans sa critique taurine. La nouvelle arène, sur la route d'Aragon, sera inaugurée en grande pompe le 4 septembre par une corrida de dix toros lidiés par *Bocanegra*, *Lagartijo*, *Currito*, *Frascuelo*, Villaverde, *Chicorro*, Machío et Valdemorro, qui sera un échec total !

Enfin, le 5 septembre, il octroie l'alternative à Murcie à son jeune frère Manuel (qui ne devait pas laisser dans les annales de la tauromachie un souvenir impérissable). Les années passent et le succès se maintient. En 1886, il donne l'alternative à son collaborateur *Guerrita* avec tous les honneurs dus à ce torero d'exception qui a été son disciple et son banderillero.

Cossío relate cette même année un curieux fait divers : le 24 octobre, une femme qui avait tenté de le rencontrer sans succès l'attendait devant la porte de son domicile et lui tira un coup de revolver, heureusement sans l'atteindre. Selon Ramírez Bernal, elle réglait par une tentative de meurtre sa dette envers *Lagartijo* d'environ mille douros qu'il lui réclamait légitimement par la voie judiciaire !

Dans les années 1885-1890, Rafael décline. À Bilbao, c'est un désastre, et il quitte les lieux sous la protection de la garde civile pour se protéger de la vindicte populaire.

En 1889 est inaugurée à Paris la grande arène de la rue Pergolèse (22 000 places). Il y fait deux fois le paséo, les

20 et 21 août, toréant au simulacre avec Ángel Pastor. Il décide de se retirer en 1893 le 1er juin, jour de la Fête-Dieu. Cette despedida madrilène fut un tel événement que le clergé décida de fixer la procession le matin, contrairement aux habitudes, afin de ne priver personne des adieux de *Lagartijo*. Il tua d'ailleurs, sans grand succès, six toros du duc de Veragua. Un grand revistero le nomma *calife de Cordoue*, titre qui lui resta et fut attribué ensuite à *Guerrita*, *Machaquito* et *Manolete* ; en octobre 2002, le conseil municipal de Cordoue accorda ce titre également à Manuel Benítez *el Cordobés*. Il mourut à Cordoue le 1er août 1900.

Rafael Molina fut un torero résolument complet, d'une élégance absolue tant dans ses attitudes que dans sa mise, dont *Guerrita* pouvait dire avec respect et admiration : « On était remboursé de ses frais rien qu'en le voyant défiler au paséo. » J.B.T.

MOLINERO el.
Voir AGUÍN OCHOA Ricardo.

MOLINETE. Passe de muleta au cours de laquelle le torero tourne en sens contraire de la charge du toro et que l'on peut considérer comme un remate en conclusion d'une série de passes naturelles, *cambiadas* (changées) ou *ayudadas* (aidées). Certains la pratiquent en se laissant tomber à genoux au cours de son exécution pour lui donner davantage d'émotion. R.B.

MONA. Protection métallique articulée qui recouvre la jambe droite du picador, exposée aux cornes du toro. Également appelée « grégorienne », du nom de son inventeur, don Gregorio. Le port de cette partie d'armure leur donne une démarche spécifique. Voir aussi COSTUME DE LUMIÈRES. R.B.

MONDEÑINA. Variante de la manoletina, adaptée par Juan García *Mondeño*, qui s'exécute de profil.

MONDEÑO el.
Voir GARCÍA GIMÉNEZ Juan.

MONOSABIOS (*singes savants*). Nom donné aux chulos depuis 1847. Un concours de circonstances est à l'origine de cette étrange appellation. En effet, cette année-là, l'empresa de la plaza de Madrid décida d'attribuer aux chulos une tenue rouge car leur disparité vestimentaire manquait d'élégance. Or, dans le même temps, un spectacle théâtral présentait une troupe comique composée de singes portant tous une blouse rouge, semblable ou peu s'en faut à celle des chulos. Il n'en fallut pas davantage pour que les moqueurs fassent l'amalgame et inventent ce nom qui leur est resté. Les monosabios sont chargés de préparer et d'amener les chevaux des picadors, de les conduire en piste, de les remettre sur pied après une chute et si nécessaire de faire le quite en attendant les péons. Ils aident le picador à se mettre en selle et, en cas de chute, à se dégager ; ils changent la pique entre deux rencontres. Ils aident le cheval à se remettre sur pied après un batacazo, mais ne doivent pas, comme il arrive parfois, le tenir par la bride en cas de difficulté, lors du tercio de piques. R.B.

MONTALVO
Origines : Juan Pedro Domecq et Martínez, séparément
Devise : bleu et jaune
Ancienneté à Madrid : 6 octobre 1926
Propriétés : « Linejo », Matilla de los Caños (Salamanque), « Calzadilla del Méndigos », Membribe de la Sierra (Salamanque) et « Continos », San Pedro de Rozados (Salamanque)

C'est à la fin du XVIIIe siècle que Julián de Fuentes forme cet élevage avec une base de bétail de Salamanca y Jijonas. Le troupeau devient la propriété de Vicente Martínez qui acquiert en 1904 l'étalon *Diano*, d'Eduardo Ybarra. En 1925, Antonio Pérez-Tabernero rachète aux héritiers de Vicente Martínez la part de Pedro Fernández Martínez. Pérez-Tabernero inscrit sa nouvelle acquisition de cheptel bravo au nom de son épouse, María Montalvo, adoptant un nouveau fer et la devise toujours utilisés aujourd'hui. En 1942, María Montalvo décède et l'élevage passe entre les mains de ses héritiers. José María Pérez-Tabernero Montalvo en devient le propriétaire en 1967 avant de le céder à son fils, Juan Ignacio, qui l'annonce au nom de Montalvo en 1984. Les produits sont croisés avec du bétail de Juan Pedro Domecq, puis, en 1994, avec des têtes de bétail des élevages de Zalduendo et de Daniel Ruiz. Cette dernière branche, de souche Domecq, est alors élevée séparément par rapport à celle de Martínez, d'origine Jijona.

Peu vu en France, l'élevage de Montalvo a effectué une présentation remarquée lors de la féria de Pâques 1990 à l'occasion de la première novillada d'Antonio Borrero *Chamaco* à Arles. Le lot de novillos, remarquablement armé, avait étalé puissance et caste face à *Jesulín de Ubrique*, *Finito de Córdoba* et *Chamaco*. Garantie sur les affiches des novilladas, le fer de Montalvo a été par la suite régulièrement programmé dans les arènes de première catégorie, notamment à Madrid. Certains directeurs de plazas ont même présenté des toros porteurs de la devise bleu et jaune lors de corridas formelles. L'orientation vers du sang Domecq a d'ailleurs facilité l'inclusion des vedettes de la tauromachie sur les cartels où figuraient les toros de Montalvo. Ainsi, en 1999, José Tomás et *el Juli* s'affrontèrent sur le sable des arènes de Valladolid face à ce bétail. Régulièrement programmé sur ses terres, à Salamanque, le fer de Montalvo apparaît également dans d'autres cycles prestigieux de l'été, comme celui d'Almería. Au cours de la saison 2000, un lot a même été combattu par Curro Romero, Enrique Ponce et l'Arlésien *Juan Bautista* dans les arènes de la Misericordia, à Saragosse. C.C.

MONTCOUQUIOL Christian, *Nimeño II*. Né à Spire en Allemagne où son père est en garnison, le 10 mars 1954, Christian Montcouquiol fait sa première apparition publique le 30 mars 1967 à Tarascon pour une capea en compagnie de *Chinito*. Après une cinquantaine de capeas, le 19 juillet 1969 à Saint-Gilles, face à un becerro de Pourquier, il coupe les deux oreilles. Le garçon n'a que quinze ans.

Il torée dans une novillada sans picadors à Nîmes et coupe une oreille. À Arles, il fait irruption sur la piste et intercepte un toro de *Manzanares*, le 3 avril 1972, auquel il donne quelques passes et marque ainsi son intention de devenir torero. Le 28 mai, à Lunel, en compagnie de *Chinito*, *Nimeño I*, *Simón Casas*, Pascal et *Jaquito*, il fait sa première corrida piquée devant un novillo de Pourquier. Le 25 juin suivant, il manifeste à Saint-Sever avec d'autres toreros français qui veulent obtenir leur place dans les cartels des arènes françaises. Il se présente à Bayonne le 30 septembre 1973 avec *el Andaluz* en mano a mano et coupe cinq oreilles à ses trois novillos. Cette année-là, il atteint le score de 19 novilladas pour 23 oreilles et 1 queue. Il prend pour apodo *Nimeño II*, son frère aîné Alain ayant été novillero sous l'apodo de *Nimeño I*.

Le voici de retour à Lunel devant un novillo de Ricard et un de Yonnet à qui il coupe deux oreilles. À Fréjus, il est fortement commotionné par un novillo de Ricard qui, après l'avoir traîné sur une vingtaine de mètres, saute la barrière, trouve une faille et s'enfuit hors de l'arène par le patio de caballos : il faudra que les CRS l'exécutent.

En 1975, en nocturne à la féria de Nîmes, en compagnie de Luis Francisco Esplá et de *Macandro*, devant des novillos de José Matías Bernardo, il montre tout son talent. Il participe cette année-là à 18 novilladas coupant 36 oreilles et 2 queues. Il débute le 17 août en Espagne, à Santisteban del Puerto dans la région de Jaén, où sa facilité aux banderilles et son autorité à l'épée surprennent. Il triomphe avec 2 oreilles et la queue d'un novillo de Germán Gervás Díez.

Le 2 mai 1976 à Nîmes, il remporte la Cape d'or, un trophée envié, en concurrence avec *Macandro* et Juan Ramos, en coupant 3 oreilles à des novillos de Guardiola Domínguez. Il se présente à Madrid le 9 mai 1976, à Vista Alegre, et de grands triomphes s'ensuivent, parmi lesquels celui de Pampelune le 23 mai 1976 avec 4 oreilles et 1 queue, et celui de Toulouse le 13 juin suivant, avec 4 oreilles et 1 queue, et le 3 octobre avec 3 oreilles, 1 queue et le trophée de la Violette d'or.

À Séville, le 23 avril 1977, il coupe une oreille. Le lendemain, à Nîmes, il remporte pour la deuxième fois consécutive la Cape d'or. Il se présente à Las Ventas le 9 mai 1977 devant des Buendía et coupe deux fois une oreille avec sortie a hombros.

Après 47 novilladas non piquées et 69 novilladas piquées, *Nimeño II* est prêt pour l'alternative qu'il reçoit dans sa ville, dans ses arènes, le 28 mai 1977 lors de la première corrida de la féria, devant des gradins combles, des mains d'Ángel Teruel en présence de José María *Manzanares* qui lui cède *Elegante*, toro de la ganaderia de Torrestrella.

Deux jours après, il se présente à Barcelone et un toro de Matías Bernardos lui inflige une double cornada qui le tiendra un temps éloigné des ruedos. Il revient en force dans les plazas françaises, montrant sa volonté, son courage et son sens de la lidia. Sa temporada de 1977 fut d'importance puisqu'elle ne compte pas moins de 10 novilladas et 40 corridas, dont 28 en Espagne et 2 au Venezuela. En 1978, il torée encore 28 corridas en Espagne et 10 en France. Il est blessé d'abord à Salamanque puis à Logroño par un toro de Murube.

Nimeño II confirme son alternative le 28 janvier 1979 à Mexico, puis à Madrid, le 21 mai 1979, avec comme parrain *Rafael de Paula* et comme témoin Ángel Teruel, devant un toro de Luis Algarra, qui l'encorne. Malgré la douleur, *Nimeño II* termine sa faena et le tue avant d'aller à l'infirmerie. Le 16 septembre suivant, devant des toros de Juan María Pérez-Tabernero, il éclipse Joaquín Bernadó et *el Cordobés* en coupant 2 oreilles à son premier et les deux oreilles et la queue à son second qu'il tue d'une estocade exceptionnelle. Il a torée 22 corridas.

En 1980, il ne participe qu'à 16 corridas et en 1981, il forme un trio de matadors banderilleros avec Luis Francisco Esplá et *Morenito de Maracay*, ce qui lui permet d'obtenir une vingtaine de contrats ; il finira ainsi la temporada avec 31 corridas à son actif.

Dès lors, *Nimeño II* est obligé d'affronter du bétail réputé difficile, et il sait faire face aux Fraile, Miura, Victorino et autres. La temporada de 1982 est riche de 24 corridas, dont 15 en France. Mais il n'en réalise que 16 l'année suivante. Il affine sa technique et son sens de la lidia, ce qui lui vaut 2 oreilles, coupées à un Miura à Nîmes, et le triomphe dans les arènes de Béziers, d'Arles et de Bayonne. Il est consacré comme le meilleur banderillero, mais n'a réalisé qu'une temporada de 16 corridas, dont 10 en France. Les années suivantes sont toujours aussi difficiles et il lui faut une grande volonté pour continuer : il torée 20 corridas en 1987 et il est déclaré triomphateur de la temporada vénézuélienne. En 1988, il est blessé gravement à Madrid par un toro de Pablo Romero. Le 10 juillet 1988, il torée à Pampelune, n'hésitant pas à affronter un autre toro de Pablo Romero. Son métier s'affirme, son style est plus varié, et à Madrid il conquiert le public devant un toro de Victorino Martín, mais l'épée, fait rare, est mal placée. Il compte 22 corridas pour cette saison 1988.

En 1989, il fait équipe avec Ruiz Miguel et son toreo devient plus dominateur, plus efficace, plus pur. Il atteint la maturité et le prouve lors d'une corrida à Nîmes face à des toros de Guardiola Domínguez, le 14 mai : à la suite de la blessure de Mendes dès son premier toro, le mano a mano se transforme en un contre six que *Nimeño II* mène avec maîtrise, malgré un mistral qui fait voler les leurres. Plusieurs fois bousculé par des toros dangereux, il sort des arènes en héros, après une course d'une grande intensité dramatique. D'un bout à l'autre, *Nimeño II* aura fait front avec panache.

Il triomphe aussi à Mont-de-Marsan (3 oreilles), Céret (3 oreilles), Tarragone (3 oreilles). La temporada 1989 a été importante puisqu'il a atteint les 33 contrats.

Le 10 septembre 1989, à Arles, il partage l'affiche avec son ami Víctor Mendes et *el Boni*, devant des toros de Miura. Son deuxième adversaire, un toro playero de plus d'un mètre d'ouverture de cornes, *Pañolero*, l'accroche au début de la faena de muleta, le soulève brutalement, le fait tournoyer et *Nimeño II* retombe lourdement au sol sur la nuque et se fracture le rachis cervical. Il est transporté à l'hôpital de Marseille, dans le coma et paralysé. Sous assistance respiratoire, il lutte pendant des jours avant de reprendre conscience.

Pendant sa convalescence, il pratique une rééducation quotidienne contraignante avec ténacité et retrouve une partie de sa motricité et de l'usage de son bras droit.

Mais *Nimeño II* ne peut supporter l'idée de ne jamais retrouver les ruedos. Malgré sa force de caractère, ne voyant pas de nouveaux progrès sensibles, il préfère mettre fin à ses jours, dans sa maison, à Caveirac, le 25 novembre 1991. Ses obsèques, célébrées à Nîmes le 28 novembre 1991, rassemblèrent une foule immense et de très nombreux toreros venus de toute la planète des toros.

Il avait participé à 426 corridas, dont 120 en Amérique, et partagé l'affiche avec les plus grands maestros de sa génération qui le considéraient comme leur pair. R.B.

Dans les bars et pensions madrilènes, on déclare que le Français Alain Montcouquiol ressemble à l'image idéale d'un torero, et ça le flatte. Mais en dépit des sacrifices consentis et d'un triomphe à Saragosse, ne se contente-t-il pas de se donner l'air ? Malgré la force de sa passion et la sûreté de son geste, quand se présente la chance d'un contrat, il reste l'étranger, celui qui ne sera jamais d'ici, un Martien dans l'arène. Combien paraît estompé le souvenir du Pierre *Pouly* des années 1920, natif de Tarascon !

Alain Montcouquiol ignore à ce stade que c'est le petit frère, son puîné de neuf ans, qui rendra ses lettres de noblesse à la tauromachie française. Quand il le retrouvera après ses vagabondages en terre ibérique, il le devinera voué. Il n'a fait que le préfigurer. Selon ses propres termes, il pense avec fierté qu'il n'en finira pas de marcher derrière ce cadet destiné à devenir le torero qu'il espérait être.

Parmi les toreros espagnols forts de leur image de marque, le petit frère apparaît d'une originalité moins accusée, mais à l'écart de toute rhétorique, avec l'aide d'Alain qui le conseille de la barrière, il élucide l'inconnue du toro. Christian Montcouquiol *Nimeño II* s'impose en quelques mois dans tous les centres importants d'Espagne, triomphe à Séville, sort par la grande porte à Madrid et prend l'alternative dans sa ville de Nîmes le 28 mai 1977.

Le surlendemain, il se produit à Barcelone devant un public beaucoup plus nombreux qu'à l'accoutumée. On se souvient de son passage de novillero dans la capitale de la Catalogne. L'intérêt suscité par sa présentation de matador est vif. Trois séries de passes de la droite, trois avertissements du fauve de Matías Bernados qui obéit à contrecœur au magnétisme de l'étoffe et donne le coup de revers. *Nimeño* capte chaque assaut de l'adversaire, puis change de main. Le toro se retourne court sur la première attaque de la gauche, et le découvre derrière le leurre. Le sang inonde la jambe, recouvre le bas rose.

Trois semaines après, silhouette pâle et amaigrie, il reprend l'épée. Le marathon épuisant recommence avec les longues randonnées nocturnes et les phares qui éclairent la route au bout de laquelle une autre arène attend. À ses côtés, Alain reconnaît ces villages de l'aube, qu'il a traversés, dix ans plus tôt, inconnu et sans emploi, en quête d'un engagement, avec une vieille cape et une muleta rapiécée pour unique baluchon. Torerillo perdu parmi tant d'autres. Il n'ignore pas que Christian devra faire la démonstration de son courage intact malgré le trou béant creusé dans sa cuisse et dont la cicatrisation tarde. Hier encore, il a été pris et jeté en l'air. S'il hésite à pénétrer sur le terrain de prédilection du toro et se désunit, il est menacé de retomber dans l'anonymat.

Douze ans ont passé et Alain ne s'étonne plus aussi souvent que son frère soumette les toros les plus divers, dont ceux qui n'autorisent pas à briller. Parce que son bon style classique restait assez indistinct, il a dû se colleter avec les produits des élevages réputés durs. Lors de la Pentecôte nîmoise de 1989, à la suite de l'accrochage de l'autre torero, Víctor Mendes, il est parvenu à harmoniser son sentiment avec six Guardiola de grande présence et à améliorer le plus âpre. Alain tremble jusqu'à la fin qu'un dernier coup de corne transforme le triomphe en tragédie. « Pour quelques centimètres d'amour-propre », Christian n'améliorera pas sa position devant les cornes.

Contraint au choix rigoureux d'un Ruiz Miguel, il se préparait, après douze ans d'alternative, à assurer sa succession. Son habileté technique résultait de sa fierté à connaître les toros et il améliorait sa manière, même avec les plus rétifs. Le Mexique, qui l'avait d'emblée adopté, décidait d'ériger une statue qui perpétuerait le souvenir d'une de ses faenas exceptionnelles à une bête graciée.

Ce sera désormais un monument destiné à célébrer la probité, le courage et la malchance, à l'heure exacte où le manager de Ruiz Miguel, devenu le sien, lui ouvre grand l'accès aux arènes d'Espagne. Car l'irréparable s'accomplit alors à Arles, trois mois après le triomphe nîmois. *Pañolero*, de Miura, 540 kg d'irascibilité sous la robe grise, une armure qui mesure 105 centimètres de pointe à pointe, fauche d'un crochet foudroyant la jambe bleu et or.

On voudrait être en mesure de pratiquer ici un arrêt sur image. L'instantané a immobilisé le temps et le drame y demeure ignoré. *Nimeño II*, suspendu en l'air, continue de pivoter sur la corne et ne bascule pas encore. Il n'est pas retombé, le cou ployé sous la poitrine avec tout ce poids en porte-à-faux. Víctor Mendes n'a pas pris la muleta et l'épée et ne se dirige pas vers *Pañolero* à pas comptés.

Durant les vingt-six mois où Christian Montcouquiol lutte pour réapprendre à respirer, à reconquérir son corps contre la tétraplégie, à marcher, le sentiment de son œuvre inachevée l'obsédera. Un faible sourire d'enfant perdu dans son regard qui s'absente, il revit ce triste après-midi où la durée n'a plus existé pour lui. Il s'était à ce point pénétré de l'esprit de la corrida qu'il n'en voulut pas à *Pañolero*, mais il lui arrivait de protester dans une révolte : « Pourquoi ce Miura ne m'a-t-il pas vraiment tué ! »

Aujourd'hui, grâce à *Nimeño II*, sur la planète des toros, la nouvelle vague d'apprentis venus de France ne laisse plus les Espagnols perplexes comme devant un débarquement d'extraterrestres. C'est Alain qui terminera l'épopée des *Nimeño* par un récit où les deux frères s'absorbent l'un dans l'autre et où la beauté tauromachique naît de leur moi dédoublé : *Recouvre-le de lumière*, suivant la recommandation d'un vieil Indien, une nuit d'intervention chirurgicale au Mexique. J.M.M.

MONT-DE-MARSAN (France. Bayonne 167 km – Bordeaux 130 km). La ville, forte de 29 500 habitants, possède une tradition taurine très ancienne puisqu'au XVe siècle on y donnait déjà des jeux taurins organisés. Après de multiples péripéties et interdictions des autorités, ces jeux furent enfin autorisés. La corrida espagnole fait son apparition en 1865, puisque les 16 et 18 juillet, pour les fêtes de la Madeleine, Domingo Mendivil et Manuel Pérez *el Relojero* combattent seize toros navarrais dans les premières arènes situées sur la place Saint-Roch, construites en bois, et ne pouvant recevoir que 2 000 personnes. Le 21 juillet 1889, on en inaugura une autre de 7 500 places avec l'Espagnol José Rodríguez *Pepete* et des écarteurs landais. Ces arènes du Plumaçon seront longtemps les plus importantes du Sud-Ouest et donneront régulièrement des courses, sauf de 1890 à 1900 à cause de l'interdiction gouvernementale. La dernière corrida y a lieu le 17 juillet 1932 avec *Armillita Chico*, Solorzano et Pepe *Bienvenida* face à des toros de Hernández. De nouvelles arènes, en béton armé, sont alors construites et l'édifice, d'une capacité de 7 000 spectateurs, est inauguré le 16 juillet 1933 avec une novillada où figurait le bétail de Marcial Lalanda pour les toreros Antonio Iglesias, *Niño de la Estrella* et *Madrileñito*. R.B.

MONTECRISTO

Origine : Saltillo-San Mateo
Devise : violet, vert et or
Présentation à Mexico : 1er février 1987
Propriétés : « Hacienda Montecristo », État de Hidalgo, et « Hacienda de Tepán », Tecozautla (Tlaxcala), Mexique

La ganaderia Montecristo, dont le propriétaire actuel est Germán Mercado Lamm, se situe dans l'État de Hidalgo à 1 700 mètres d'altitude. L'hacienda, qui fut utilisée comme relais de diligence, sert à élever des toros depuis les années 1930, quand le grand-père de l'éleveur actuel, Germán Mercado, marié à María de Lourdes Barroso (sœur des ganaderos de Santa Rosa et Mimiahuapán), l'a achetée. Quatre volcans (Pico de Orizaba, Malinche, Popocatépetl et Iztacihuatl) entourent les terres où résident les toros. Des vaches de pure race Saltillo paissent dans cette contrée, issues des sept lignées d'origine San Mateo : Guantera, Vencedora, Cominita, Pardita, Zorrilla, Platinera et Gandinera.

Au cours des années 1960, Germán Mercado (père de Mercado Lamm) monta à Texcoco un cortijo, « La Morena », avec restaurant et plaza des toros, où sa clientèle put satisfaire sa faim de toréer. Ayant du succès, il acquit trente vaches et un étalon de Mimiahuapán. Au milieu des années 1970, quand Germán Mercado Lamm prit en charge l'élevage Montecristo, il l'inscrivit à l'Asociación Nacional de Criadores de Toros de Lidia et commença à former une ganaderia selon ses propres concepts. De 1976 à 1979, il achète à Luis Barroso Barona des vaches et des sementales de Jaral de Peñas ; en 1978, dix vaches de Javier Garfias ; de 1981 à 1990, quarante vaches pure race et dix sementales de San Martín ; et au milieu des années 1980, environ quatre-vingt-dix vaches à Alberto Bailleres (Mimiahuapán) ; puis, au début des années 1990, un lot de vaches pures et des étalons de Reyes Huerta. Son élevage devient dans un vrai laboratoire du toro bravo. Un exemple : quoique Mimiahuapán, Reyes Huerta et San Martín proviennent directement de San Mateo, ce sont trois ganaderias différentes dans le type et la qualité. Le toro produit par Mercado Lamm est brave, humilie et charge correctement la muleta, un toro du type Saltillo, caractéristique du toro mexicain : bien encorné, pesant entre 480 et 510 kilos, avec du trapio, une belle prestance et harmonieux.

La présentation de l'élevage Montecristo dans les arènes de Mexico a eu lieu le 1er février 1987 avec une novillada, où le novillo du nom de *Bordador*, lidié par Curro Cruz, effectua une vuelta à titre posthume. Depuis, le scénario du succès s'est reproduit : en plus des triomphes sont venus s'ajouter quelques indultos.

Au début des années 1980, la ganaderia se divise en deux : celle de Montecristo et celle de Cieneguillas dans l'État de Hidalgo. Les deux dehesas sont éloignées d'une heure de route.

En 1981, Leonardo Obregón (ganadero de San Juan de Arriba) et Germán Mercado Lamm créent une nouvelle ganaderia en société. Ils achètent l'hacienda de Tepán ainsi que soixante-dix vaches, deux sementales de Montecristo et un de San Martín. La société dure environ sept ans, après quoi Leonardo achète un ranch dans l'État de Mexico. Don Germán conserve son acquisition. Actuellement, entre les deux élevages, on dénombre 360 vaches et 14 sementales. Cet élevage fournit, par temporada, entre six et dix corridas de toros, le reste en novilladas. Ch.C.

MONTEIRO José María Casimiro. Rejoneador portugais né à Lisbonne le 14 mars 1847, il commença à quinze ans comme espontáneo puis fut accepté comme professionnel en 1872. Jusqu'en 1893, année de sa retraite, il obtint de nombreux succès. Il mourut le 9 octobre 1912 victime d'une crise cardiaque. J.C.D.

MONTERA. Chapeau très particulier que portent les toreros à pied et qui date du milieu du XIXe siècle. Confectionnée en astrakan parfois, mais plus souvent en laine noire bouclée (*moritas*), la montera se caractérise par les deux protubérances latérales, actuellement beaucoup moins proéminentes et moins relevées que par le passé. On notera que le maestro qui se présente pour la première fois dans une plaza fait le paséo tête nue, alors que ses camarades portent la montera sur la tête. Pendant le tercio des piques et des banderilles, maestros et subalternes restent coiffés de la montera.

On attribue généralement l'« invention » de la montera au fameux et quasi mythique matador Francisco Montes *Paquiro*, qui a été l'initiateur de la plus grande révolution de l'histoire de la tauromachie, en limitant l'intervention des picadors au premier tercio et en donnant plus d'importance au matador. C'est à partir de son traité de tauromachie que l'on fixa l'organisation de la corrida. *Paquiro* ne se contenta pas de fixer les bases de ce règlement, il s'intéressa aussi à l'habillement du torero. Et si l'on est certain que la montera remonte à plus de deux siècles avant lui, la tradition lui en attribue la découverte.

En fait, dès 1619 on trouve des textes prouvant l'existence de cette coiffe qui n'était en rien semblable à celle que nous connaissons. Au XVIIe et au XVIIIe siècle, les toreros, généralement d'origine modeste, portaient le chapeau de feutre à large bord pour se protéger du soleil et de la pluie, appelé *chambergo*. Les gravures nos 14, 16, 18, 39 et 40 de la *Tauromaquia* de Goya montrent ce chapeau remarquable qui pouvait aussi servir de leurre, en remplacement de la cape, ainsi qu'en usait *Martincho* sur les gravures et lithographies qui l'ont immortalisé.

À la fin du XVIIIe siècle, la plupart des matadors, pour retenir leur longue chevelure, utilisaient une résille fermée par un ruban, ainsi qu'en témoignent les portraits de Pedro Romero par Juan de la Cruz Cano, celui peint par Goya, les gravures illustrant la *Tauromaquia* de *Pepe-Hillo* ou le portrait de *Costillares*, ainsi que le grand tableau *La Novillada* (257 × 136 cm) livrée par Goya le 24 janvier 1780 à la Manufacture royale, de tapisseries de Santa Bárbara, ou la *Pose des banderilles*, la *Passe de cape* ou enfin la *Mort du picador*, de 1793. Des variations intervinrent et on coiffa aussi le chapeau à deux pointes, ou bicorne, porté transversalement, une pointe de chaque côté de la tête.

Montes va mettre en valeur le matador et pour cela améliorer, sinon créer, ce qui deviendra le costume de lumières actuel. Ce costume comportait une coiffe originale que l'on voit sur les portraits des maestros des années 1820 : coiffe cylindrique basse, ornée de rubans et de pompons sur les côtés, près du crâne. Certains toreros la maintenaient par un cordon sous le maxillaire. D'autres coiffes ressemblaient à un cylindre bas et sobre posé horizontalement sur la tête. Le modèle évolua par la suite : la partie cylindrique centrale fut complétée par deux cornes symétriques et latérales rappelant celles des bicornes, ornementée de nombreux cabochons bouclés en laine roulée ou, pour les plus fortunés, recouverte d'astrakan. Les excroissances latérales sont parfois démesurées et la partie centrale s'incurve. Les excentricités du début laissèrent peu à peu la place à une forme plus fonctionnelle : la montera couvre le front jusqu'aux sourcils, s'abaisse sur l'arrière et condamne le chignon sur la nuque, dont ne subsistera que la coleta, qui fut pendant des décennies une touffe de véritables cheveux et un signe distinctif du torero dans la vie quotidienne, devenue de nos jours un simple postiche accroché.

Au début du XXe siècle, la montera s'aplatit et les deux cornes qui s'incurvent vers le sol se réduisent. De nos jours, elle est plus simple, avec des excroissances moins développées et plus horizontales. Toutefois, certains toreros tel Esplá, aiment porter des monteras qui rappellent celles du temps jadis. L'aspect moutonneux des flancs est toujours en usage, ainsi que la couleur noire, et des broderies ton sur ton égaient la partie supérieure. Les matériaux de fabrication ont eux aussi évolué et la montera est moins lourde bien que de port inconfortable.

La montera reste le couvre-chef symbolique du torero et joue un rôle au cours de la lidia : elle souligne les gestes de courtoisie lors du paséo et lors du salut au président, quand le torero s'incline en portant sa main droite sur la montera (geste hérité du temps où les toreros portaient perruque et la maintenaient ainsi en s'inclinant) ; lorsqu'il lève sa montera en direction de la présidence, signifiant par là qu'il souhaite le changement du tercio des piques ou des banderilles ; lors de la demande d'autorisation rituelle au président avant la faena du premier toro ; pour les brindis au public ou à une personne de l'assistance. Généralement, il jette ensuite la montera par-dessus son épaule. Si elle tombe du bon côté, ouverture en bas, c'est un signe positif que le public souligne d'un murmure satisfait. Dans le cas inverse, le signe est défavorable et pour conjurer le sort, bien des maestros retournent la montera de la pointe de leur épée.

On a aussi vu des toreros s'en servir comme instrument de la lidia : en l'envoyant vers le toro pour déclencher la charge à distance ou en la posant sur les pieds avant une série de statuaires pour faire remarquer leur immobilité. Quand il utilise la cape, le matador garde sa montera sur la tête. Il la quitte généralement pour banderiller et pour la faena de muleta (après le brindis). Mais il peut très bien effectuer les trois tercios montera en tête sans contrevenir au règlement taurin. R.B.

MONTES MONTORO Álvaro. Álvaro Montes Montoro est né le 16 avril 1982 à Jaén. Le 11 octobre 1998, il reçoit l'alternative dans sa ville natale devant un toro de la ganaderia de Diego Puerta à qui il coupe les deux oreilles en présence de João Moura, Pablo Hermoso de Mendoza et Paco Ojeda.

En 2001, il a terminé cinquième de l'escalafón en participant à 57 courses et en coupant 114 oreilles et 8 queues. R.B.

MONTES REINA Francisco, *Paquiro*. C'est avec lui que naît la corrida moderne ou du moins ses bases. Ventura Baques, écrivain taurin, l'exprime brièvement : « Tout ce qui l'a précédé n'a été que la préparation de sa venue, la suite une conséquence de son apport. » L'anarchie qui laissait intervenir sans ordre picadors déjà dans le ruedo avant l'entrée du toro, chulos harcelant le fauve sans méthode, va disparaître. Il rédige un traité de tauromachie qui relègue celui de *Pepe-Hillo* sinon aux oubliettes du moins dans les archives de l'Histoire. Il écrit avec autorité sur tous les instants de la lidia : « Du comportement indispensable du péon », « De l'attitude du picador », « Des qualités du toro de combat », des différentes suertes de cape, véroniques, navarra..., des banderilles et des différentes manières de les planter..., de la suerte de mort, précisant l'utilisation de la muleta, commentant l'estocade a recibir et le volapié ; il traite de la puntilla sans oublier l'utilisation de la medialuna et de l'art de sauter à la perche par-dessus le toro... Voici, de manière à ce que l'on comprenne bien le niveau et l'importance de son apport, un extrait de son traité concernant la mise à mort : « La phase de la mise à mort, qui est la plus difficile et la plus spectaculaire, ne doit être exécutée que par les matadors en titre, lesquels n'ont aucun droit de la céder à un autre torero, parce que le public, qui est infiniment respectable et dont on doit avoir souci en premier, va à la plaza en sachant que un tel et un tel doivent tuer tel et tel toro [...] ne pas accomplir cette obligation est une tromperie manifeste... » Il crée les tercios et c'est avec cette nouvelle conception de la lidia, écrite ou plutôt dictée par un homme à pied, que le picador va peu à peu passer au second plan et devenir un subalterne ; la suprématie du matador est assurée ! Il décide également de l'âge des protagonistes : « pour le toro, cinq ans ; pour le torero vingt-cinq ».

Il définit aussi le costume de lumières et le codifie ; jusqu'en 1835, les toreros à pied portaient de manière un peu fantaisiste la coiffure de leur région où celle à la mode ; *Paquiro* impose l'usage de la montera qui, avec le temps, va évoluer quelque peu ; elle fut à l'époque mise au point sur les conseils de Francisco par la couturière des toreros, Amalia Manfredi, épouse du picador José Ramón.

Né le 13 janvier 1805 à Chiclana aux environs de Cadix, il est d'abord promis aux études et ambitionne de devenir chirurgien ; mais le sort en décide autrement. Son père, longtemps régisseur du marquis de Montecorto, perd sa situation et Francisco se voit dans l'obligation de travailler immédiatement ; il devient maçon. Mais il fréquente les toreros à l'abattoir de Séville et à son tour s'entraîne, délaissant le mortier. Il n'est pas vraiment précoce : on ne le voit sur un cartel qu'âgé de vingt-cinq ans, en 1830 au Puerto de Santa María et en tant que remplaçant. Il n'est pas remarqué lors de son premier passage à Madrid, mais ses progrès rapides le mènent au premier plan dès 1837, et ce pendant presque une décennie. Théophile Gautier, témoin oculaire, raconte : « Nous n'avions de regard que pour Montes, dont le nom est populaire dans toutes les Espagnes et dont les prouesses font le sujet de mille récits merveilleux [...]. C'est un homme d'une taille un peu au-dessus de la moyenne, l'air sévère, la démarche mesurée, le teint d'une pâleur olivâtre et n'ayant de remarquable que la mobilité de ses yeux qui seuls semblent vivre dans son masque impassible [...]. Il était ce jour-là vêtu d'un costume vert pomme et argent d'une élégance et d'un luxe extrême [...]. Il surveille la place, dirige le combat, vient au secours des picadors et des chulos [péons] en péril [...]. Quelquefois, il se plante tout debout devant le taureau, les bras croisés, l'œil fixe et le monstre s'arrête subitement, subjugué par ce regard clair, aigu et froid comme une lame d'épée » (*Voyage en Espagne*). Prosper Mérimée témoigne à son tour : « Sa présence dans le cirque anime, transporte acteurs et spectateurs. Il n'y a plus de mauvais taureaux, plus de chulos timides ; chacun se surpasse [...]. Un geste lui suffit pour détourner le taureau le plus furieux au moment où il va percer un picador renversé » (*Lettres d'Espagne*).

Voilà l'homme, le théoricien, le combattant qui en piste n'écoutait personne à l'exception de son génial péon borgne *Capita* dont il suivait avec grande rapidité les indications.

Fatigué, en 1848 il ouvre un commerce qui périclite rapidement. Il espère rétablir sa situation financière en retrouvant les ruedos, mais le 21 juillet 1850 à Madrid il reçoit un sévère coup de corne dans le mollet gauche. Mis au repos chez lui, la sollicitude des aficionados et des

Madrilènes est admirable, mais Francisco ne se relèvera jamais vraiment de cette blessure, et de complications en complications on le vit s'éteindre à Chiclana, le 4 avril de l'année suivante.

« Quitter l'Espagne sans avoir vu MONTES, c'est quelque chose d'aussi sauvage et d'aussi barbare que de s'en aller de Paris sans avoir entendu Mademoiselle RACHEL », écrit encore Théophile Gautier. J.B.T.

MONTES VICO Antonio. Né à Séville le 20 décembre 1876, il tue un toro à dix-huit ans et, le 4 mai 1896, se présente à Séville avec des novillos de Torres Cortina ; il n'a pas encore vingt ans. Le 13 novembre 1898, il fait sa présentation à Madrid, prend l'alternative des mains de Fuentes à Séville le 2 avril de l'année suivante face à un toro d'Otaolaurruchi et confirme dans la capitale le 11 mai suivant devant l'élevage du duc de Verguara, en compagnie de *Lagartijo* et *Bombita*.

Ses véroniques pieds joints bras en avant annonçaient Belmonte, mais sa surdité – il était sourd comme une enclume, rapporte Claude Pelletier dans *Bayonne, sept siècles de premières* – n'améliorait pas son physique ; il semblait replié sur lui-même, un peu voûté, manquait de grâce et d'allure, mais l'art commençait à percer à travers ce personnage qui savait rester les pieds rivés au sol : c'était nouveau et pas toujours compris.

C'est en 1906, sa meilleure année en Espagne, et particulièrement le 17 mai, qu'Antonio le Sévillan triomphe à Madrid. Il a laissé également un grand souvenir à Mexico où, le 13 janvier 1907, il est au cartel avec Antonio Fuentes et *Bombita Chico* devant trois toros de Saltillo et trois de Tepeyahualco ; gravement blessé en estoquant son toro de Tepeyahualco, son état empira très vite et son agonie dura quatre jours. Il meurt le 17 janvier, à trente et un ans, provoquant une grande émotion tant au Mexique qu'en Espagne. Émotion d'autant plus forte que son cercueil, entreposé dans une chapelle ardente en attendant son transfert en Europe, prit feu, incendié par un cierge.

On le vit en France à Nîmes, le 7 juillet 1889, l'année de son alternative, où il séduit le public. Il revient en 1903 sans succès, les toros d'Halcón étant scandaleux d'aspect. À Bayonne, le 21 septembre 1902, le bétail est comparable à des chèvres selon Claude Pelletier, le 10 septembre 1905 il est très remarqué au troisième toro, et on note une magnifique estocade le 9 septembre 1906. J.B.T.

MONTHERLANT Henry de. En 1910, l'année de ses quinze ans, Montherlant se rend à Lourdes en compagnie de sa grand-mère. S'il n'y trouva pas Dieu, comme il s'y attendait, il en revint en revanche marqué à jamais par la tauromachie, par l'affrontement des hommes et des taureaux.

Dès 1909, Montherlant était devenu aficionado, en lisant notamment le *Voyage en Espagne* de Gautier. Il décrira les moments de la lidia qui le rendent fiévreux, en particulier le tercio de piques, et semble même, dans une description minutieuse et réaliste, se complaire dans la morbidité du spectacle. Lui qui manque défaillir à la vue du sang hors des arènes paraît s'en délecter et entre dans un état frénétique :

« C'est là le vrai poème du sang, de la volupté et de la mort ! »

Rentré en France, Montherlant lit avec passion tous les textes taurins qu'il peut se procurer : livres, journaux, revues. Il dévore aussi les traités de tauromachie et annote *L'Esprit de la corrida* de don Rivas, illustré par Palun. Il épingle sur les murs de sa chambre des photos de toros et de toreros. Sa grand-mère n'est pas en reste. Fascinée par le mundillo, elle met en bonne place une photo dédicacée de *Bombita* au milieu des images religieuses et des portraits de la famille.

Juillet 1911 : Montherlant part en Espagne persuadé que la corrida sera révélatrice de son avenir. Sa grand-mère le rejoint à Bayonne et ils assistent aux courses des 17 et 24 juillet auxquelles participaient *Malaguito*, *Cocherito* et *Bombita*.

À Saint-Sébastien, Montherlant s'initie à la pratique de la tauromachie sous la direction du matador *Relampaguito*. Mais son expérience resta probablement limitée à la petite plaza privée de la famille González Vergilio.

Pour ce nouvel aficionado, la corrida, avant tout une étreinte passionnée, ne sera jamais un acte exotique. Il l'intègre à sa vie et à ses manières d'être. Dans le torero, il a trouvé un exemple, un modèle, un maître. Il y puise l'attitude provocatrice, le goût de la parade, l'engagement total dans l'action, l'acceptation du danger et même de la mort. Il considère que le matador influence le public, le tient en haleine, sous sa domination, comme lui souhaite le faire en tant qu'écrivain.

Il prend donc le matador en modèle et livre ce portrait de *Bombita*, son idole du moment : « L'ambition le possède et le ronge. Il a de la grâce et de la noblesse ; c'est un maître, c'est un artiste, c'est un virtuose – c'est aussi un cabotin. Il sait qu'il est beau et qu'il est un dieu, que chacun de ses mouvements, que chacune de ses inflexions de bras, de ses ploiements de jambes, est dévoré par dix mille yeux. Il souffre, mais il sait qu'il fait souffrir. Il y a là des femmes se sentant mourir à le regarder. Sa vie, ce fut sans cesse de la gloire et de l'amour. Il connaît tous les enivrements... » (*Souvenirs de voyage*, texte inédit cité par Pierre Sipriot, *Montherlant sans masque*, Paris, Robert Laffont, 1990).

En 1925, Montherlant retourne en Espagne et, lors d'une fiesta campera, il est bousculé et légèrement blessé. Cette légère cornada, il tentera ensuite de l'utiliser pour sa publicité, ce qui ne manque pas d'agacer l'afición française. Un article quelque peu ironique relate l'événement dans la presse parisienne. Montherlant fait un rectificatif signalant que c'est le 6 novembre qu'il a été blessé dans un pâturage, près d'Albacete (et non de Valence comme le dit l'article), en toréant de cape, et qu'ayant été renversé, il a reçu un puntazo de 7 cm de long dans le muscle trapèze, à hauteur de l'omoplate. Voulant à tout prix tirer profit de ses participations à ce que nous appellerons des capeas pour aficionados prácticos, il va jusqu'à faire paraître le témoignage d'un médecin colombien, Carlos Guash, qui raconte dans un hebdomadaire comment il a soigné, dans le train, à sa demande, un jeune Français passionné de tauromachie qui lui a avoué être un écrivain connu dans son pays.

Dans son roman tauromachique, *Les Bestiaires*, Montherlant raconte ses premières aventures taurines, et le jeune Alban de Bricoule est à l'image de l'auteur. Ce ne sont pas les rencontres, les aventures ou les initiations d'Alban qui retiendront notre attention. Mais l'approche que Montherlant a de la tauromachie, approche novatrice, ne manqua pas d'offusquer certains. Car pour l'auteur, la rencontre de l'homme et de la bête ne reste pas uniquement au stade de l'affrontement entre deux puissances, il n'y a pas que le courage et la gloire qui sont exaltés. C'est un échange physique et sensuel : « Ensemble, tellement ils étaient appareillés dans cette lutte, cette danse, cet embrassement, le taureau et l'homme s'arrêtèrent. Et chacun d'eux faisait son souffle contre l'autre. La possession n'avait pas son sceau, et pourtant elle était accomplie... »

Cette communion étrange prime dans ces relations, jusqu'à atteindre l'extase mystique. Car *Les Bestiaires*, c'est aussi une œuvre religieuse qui fait l'apologie du mithriacisme dans lequel le sacrifice du toro par le dieu Mithra est la recréation du monde. En effet, Mithra sauve la création de l'anéantissement car, si le toro triomphe, c'est le chaos, la nuit, la fin du monde, c'est le soleil qui disparaît. Mais comme Mithra sort vainqueur de l'épreuve, l'ordre règne à nouveau et le sacrifice du toro donne une nouvelle énergie au monde. Loin d'être un culte du toro, le mithriacisme se révèle être une religion du soleil, un mazdéisme.

Dans la réalité, le toro, ce dieu combattant, finit suspendu aux crocs des bouchers qui le transforment en viande pour l'étal. Le cycle est bouclé. La bête sacrifiée est consommée. Le peuple dévore ce dieu qu'il a tué. R.B.

MONTOLIÚ Manolo.
Voir CALVO BONICHÓN José Manuel.

MONTÓN (*tas*). Désigne les toreros qui toréent peu, et ils sont nombreux dans cette profession. Certains ne participent qu'à une ou deux courses dans l'année. La majorité torée de dix à quinze corridas par an. Ceux qui obtiennent vingt à trente contrats annuels sont privilégiés et une dizaine seulement sont des figuras du toreo. Le premier de torero l'escalafón dépasse les cent corridas annuelles en Europe.

MORA Eugenio de.
Voir MORENO VILLARUBIAS Eugenio.

MORA Juan.
Voir GUTIÉRREZ MORA Juan José.

MORANTE CAMACHO José, *Morante de la Puebla.* José Antonio Morante Camacho, *Morante de la Puebla*, est né à La Puebla del Río, une bourgade des environs de Séville, le 2 octobre 1978. Il a débuté avec picadors à Guillena le 16 avril 1994 devant des novillos de Carlos Núñez.

Après 123 novilladas au cours desquelles les aficionados ont découvert un talentueux torero privilégiant l'esthétique du geste, Morante prit l'alternative à Burgos le 29 juin 1997 devant des toros de Juan Pedro Domecq. César Rincón était le parrain de la cérémonie et Fernando Cepeda le témoin. Il coupa une oreille à *Guerrero* puis une autre à son second adversaire, ce qui lui valut de sortir en triomphe. Ensuite, il se présenta à Séville le 21 avril 1998 et coupa deux oreilles.

Il confirme à Madrid le 14 mai 1998 devant *Hospedero*, toro de Sepúlveda, avec Julio Aparicio comme parrain et Manuel Díaz *el Cordobés* comme témoin. Il débute en France le 30 mai 1998 à Nîmes en coupant une oreille à son premier Los Bayones en compagnie de Manuel Díaz *el Cordobés* et de Vicente Barrera. La même année, le 28 décembre, il fait sa première corrida à Cali, en Colombie, avec Manuel Caballero et Alejandro Gaviria face à du bétail de la ganaderia de Las Ventas del Espíritu Santo.

Ses saisons 1998 et 1999 furent couronnées d'importants triomphes, le plus marquant restant certainement celui de Séville le 19 avril 1999 où il réussit à sortir pour la première fois de sa jeune carrière par la Porte du Prince après avoir coupé trois oreilles. La liste impressionnante de ses succès a toutefois été parsemée de blessures graves qui ont trop souvent freiné sa trajectoire. Il n'en reste pas moins que l'afición, surtout andalouse, voit en lui le successeur de Curro Romero, et, ironie du sort, les deux maestros se sont retrouvés le 22 octobre 2000 à La Algaba, à quelques encablures à peine de Séville, pour un festival qui a vu *Morante de la Puebla* se faire durement secouer et Curro Romero annoncer le soir même sa retraite. Sans qu'il soit vraiment question de comparer ce qui ne l'est pas, il est incontestable que ce jeune artiste se situe dans la lignée des créateurs qui savent mettre du sentiment dans leurs gestes grâce à leur inspiration et leur capacité à dépasser la technique pour atteindre à la beauté dans le toreo.

Le 25 décembre 2000, il confirme à Mexico devant *Canelo*, toro de le ganaderia de Julio César Delgado avec comme parrain Espinosa *Armillita* et Ignacio Garibay pour témoin.

En 2000, *Morante de la Puebla* a fini au septième rang du classement. Il a toréé 70 corridas et coupé 37 oreilles. S'il n'avait pas été blessé à plusieurs reprises, il aurait certainement amélioré sa place. Parmi ses blessures, retenons celle de Séville lors de la féria d'Avril après avoir coupé les deux oreilles de son premier adversaire, puis celle d'Albacete en septembre. Malgré ces revers, l'artiste de La Puebla devrait totalement confirmer dans un proche avenir et devenir le chef de file des toreros artistes. Séville n'attend que ça... Mais en 2001, l'ascension ne s'est pas produite, et malgré une saison relativement fournie, finissant sixième avec 66 corridas pour seulement 33 oreilles, le surdoué de La Puebla del Río n'a pas convaincu. Fin 2001, il totalisait 267 corridas. P.H.

MORANTE DE LA PUEBLA.
Voir MORANTE CAMACHO José.

MORCILLO OSUNA José, *Pepe Osuna.* Il est né à Albacete le 1er février 1939. En 1959, il participe à 36 novilladas. Le 29 juin 1960, il se présente à Madrid et se fait remarquer par sa vaillance et son engagement spectaculaire. Le 10 juin 1962, dans les arènes de Tijuana au Mexique, il reçoit l'alternative des mains d'Andrés Blando qui, en présence d'Eliseo Gómez *el Charro* et du rejoneador Gastón Santos, lui cède la mort du toro *Pepe-Hillo* de la ganaderia de Golondrinas. Il confirme à Madrid le 8 août 1965, à Las Ventas, avec Antonio Chenel *Antoñete* comme parrain et Jesús Delgadillo *el Estudiante* comme témoin. Il termine sa carrière en 1969. R.B.

MORENITO DE MARACAY.
Voir NELO ALMIDICIANA José.

MORENO DE SILVA José Joaquín
Origine : Marqués de Saltillo
Devise : blanc et noir
Ancienneté à Madrid : 7 juillet 1927
Propriété : « La Vega », Palma del Río (Cordoue)

L'élevage est fondé en 1878 par Valentín Collantes avec des vaches d'origine vazqueña. Il rajoute au cheptel des vaches de Murube et d'autres de Núñez de Prado. Collantes vend le troupeau en 1896 à Rodrigo Solís qui l'augmente avec du bétail provenant d'Antonio Campos. Par la suite, Pedro Salvador devient le nouveau propriétaire de l'élevage auquel il insère des vaches de Benjumea et des étalons de Saltillo. Le fer passe successivement entre les mains d'Antonio Velasco Zapata, de la famille Rodríguez Mauro (1921), et enfin de Félix Moreno Ardanuy. Ce dernier inscrit l'élevage au nom de sa femme, Enriqueta de la Cova. Félix Moreno Ardanuy élimine les origines antérieures en privilégiant le sang de l'élevage de Marqués de Saltillo. L'actuel propriétaire du troupeau est José Joaquín Moreno de Silva.

Les toros importants :

- *Ruidón*, n° 17, combattu et gracié par Francisco Ruiz Miguel à Caceres en 1985, le toro est devenu étalon reproducteur à la finca de La Vega.
- *Astudito*, n° 20, combattu à Madrid en 1991, au comportement particulièrement brave.
- *Alemanito*, n° 17, cárdeno bragado meano, 504 kg, combattu le 31 juillet 1994 à Madrid par Román Lucero (applaudi à l'arrastre).
- *Trinajuelo*, n° 3, combattu à Gerona en 1994, prix du meilleur novillo de la saison.

Les toros gris de Saltillo font encore passer des moments difficiles aux toreros. Malgré une technique épurée et un courage manquant rarement, les plus grands lidiadors butent encore sur les toros de Moreno de Silva. Particulièrement prisés de l'afición torista, les produits porteurs de la devise blanc et noir sortent rarement en piste. Lorsqu'ils le font, les toreros s'en souviennent. Fer incontournable à Madrid, plusieurs toros marquèrent de leur empreinte la saison 1999 à Las Ventas. Le 25 avril, le Péruvien Rafael Gastañeta vit son toro réintégrer le toril après la sonnerie des trois avis fatidiques. Souvent combattus dans la « Vallée de la terreur » madrilène, les Moreno de Silva connaissent bien les muletas avisées des lidiadors à l'ancienne comme *Frascuelo* ou encore des toreros du cru comme José Luis Bote, *el Fundi* et Óscar Higares. L'élevage, qui fournit peu de toros, n'a fait combattre qu'un seul exemplaire au cours de la saison 2001 : au beau milieu de la féria de San Isidro, à Madrid, le torero artiste de Ginés (Séville), Fernando Cepeda, dut en découdre avec un toro de réserve porteur du célèbre « M ». Il s'en sortit avec dignité faute de pouvoir construire une véritable faena dans les règles de l'art. C.C.

MORENO PIDAL Gregorio. Fils d'un éleveur de chevaux, il naquit à Madrid le 16 janvier 1933, débuta fort jeune dans l'équitation, et sa première prestation publique eut lieu à Jerez de los Caballeros, province de Badajoz. Il se présente à Madrid, dans Las Ventas, le 18 juillet 1987, en affrontant un toro de Marqués de Albayda. Il faut noter que ce caballero, contrairement à la majorité des autres rejoneadores de son époque, affrontait des toros aux cornes intactes. Il augmenta progressivement le nombre de ses participations et en 1975 participa à cinquante-trois courses et en une dizaine d'années, il totalisa plus de trois cents corridas. Cavalier sobre, lidiador efficace, élégant et mesuré, il faisait partie des classiques du rejón. J.C.D.

MORENO RUIZ José Luis. Né le 28 novembre 1974 à Dos Torres dans la province de Cordoue, le jeune José Luis Moreno, après 58 novilladas, reçoit l'alternative le 30 mai 1996 à Cordoue devant *Chupaito*, toro de la ganaderia de Torrestrella, avec Enrique Ponce comme parrain et *Finito de Córdoba* comme témoin. Il coupe deux oreilles à ce toro d'alternative.

Il débute en France à Mauguio, dans l'Hérault, le 8 juin 1997, devant *Librero*, toro de la ganaderia d'Aldeaquemada, en compagnie du Français Richard Milian et d'Antonio Borrero *Chamaco*.

Il se présente en Amérique, au Venezuela, à Valencia le 1er février 1998 face à *Coloso*, toro de la ganaderia d'El Capiro, avec Bernardo *Valencia* et José Arroyo *Joselito* comme compagnons de cartel. Il coupe deux oreilles à son premier adversaire et est applaudi au second.

Il confirme à Madrid le 5 avril 1998 face à *Engreido*, toro de la ganaderia de Fermín Bohórquez, avec Javier Vázquez pour parrain et Canales Rivera pour témoin. Il coupe l'oreille de son second adversaire.

José Luis Moreno a commencé une carrière sur un rythme soutenu puisqu'il atteignait à la fin de 2001 le chiffre de 160 corridas. Torero élégant mais trop souvent languide, ce défaut risque fort de lui porter préjudice. R.B.

MORENO VILLARUBIAS Eugenio, *Eugenio de Mora*. Matador né le 14 février 1975 à Mora de Toledo (Tolède), il revêt son premier costume de lumières le 14 juillet 1990 à Yuncler (Tolède) au cours du spectacle comico-taurin *El Toronto*. Il participe à sa première novillada avec picadors le 15 mai 1993 à Bargas (Tolède) sous le pseudonyme d'*Eugeniete* avec Alberto Elvira et le rejoneador Javier Mayoral, novillos de Moises Platón. Le jeune torero coupe ce jour-là quatre oreilles et deux queues.

Le 18 juin 1995, il fait le paséo à Las Ventas aux côtés de Domingo Triana et José Antonio Canales Rivera. Le premier novillo qu'il affronte sur le sable de la capitale a pour nom *Barrigón* et appartient à l'élevage de Sebastián *Palomo Linares*. Sa présentation en France a lieu le 15 août 1995 à Arles avec Lionel Rouf *Morenito de Nîmes* et Eduardo Dávila Miura, et il affronte des novillos de l'élevage du Scamandre (Jean Riboulet) auxquels il coupe deux oreilles.

Il prend l'alternative le 17 août 1997 à Tolède des mains de Curro Romero en présence de José Tomás, et affronte le taureau *Fundador* de l'élevage de Gualdalest. Cette corrida est triomphale : *Eugenio de Mora* coupe trois oreilles. La confirmation à Madrid a lieu le 18 mai 1998 ; le parrain est César Rincón, le témoin Enrique Ponce et le toro de l'élevage de Puerto de San Lorenzo a pour nom *Baratero*. Il débute en France à Éauze le 5 juillet 1998, alternant avec Enrique Ponce et Manuel Caballero devant des toros de Martínez Elizondo. Il se présente en Amérique à Lima, au Pérou, le 8 novembre 1998 en compagnie de Manuel Caballero, Vicente Barrera et du rejoneador Pablo Hermoso de Mendoza, face à des toros d'Alcurrucén.

Le 12 novembre 2000, à Mexico, il confirme l'alternative en présence de Manolo Mejía, avec pour témoin José Ignacio Garibay. Le toro *Tinctorial* appartient à l'élevage mexicain de Javier Garfias. R.A.

MORILLA Manuel
Origine : Juan Pedro Domecq y Díez
Devise : violet et noir
Ancienneté à Madrid : 12 octobre 1882
Propriété : « Las Monjas », Lora del Río (Séville)

La fondation de cet élevage remonte au début du XIXe siècle avec le regroupement de différents troupeaux opéré par Andrés Sánchez de Terrones. Ce dernier cède l'élevage obtenu à son fils, Ildefonso Sánchez Tabernero, qui ajoute au cheptel quelques vaches de Gaviria et des étalons de la veuve de López Navarro. Ildefonso s'éteint et sa veuve prend sa succession à la tête du troupeau. Celle-ci cède par la suite l'élevage à son fils, Santiago Sánchez, qui augmente le troupeau avec du bétail hérité de son beau-père, Juan Muriel, et des étalons de Contreras. En 1931, Santiago Sánchez laisse l'élevage entre les mains de ses filles, Carlota et María Sánchez Muriel. Cette dernière vend sa part en 1975 à la famille Martínez Uranga. Quatre ans plus tard, les nouveaux propriétaires intègrent au cheptel un lot important de vaches et d'étalons de Carlos Urquijo de Federico. José Pocovi rachète l'élevage en 1989 avant de le vendre trois ans plus tard à Ana Melcón Gutiérrez. Celle-ci fait combattre les toros marqués des deux « S » sous l'appellation de « Pablo Vázquez » et reforme l'élevage avec des vaches et des étalons d'origine Jandilla. En 1996, la société anonyme Agropecuaria Las Monjas se porte acquéreur de la totalité du troupeau et le rebaptise « Manuel Morilla ».

De pure origine Jandilla, cet élevage satisfait des toreros dans les arènes de deuxième et troisième catégorie. Le public français se souvient encore du très bon lot combattu à Fréjus en août 1999 et qui permit la sortie en triomphe des deux toreros nîmois, Stéphane Fernández Méca et Denis Loré, réunis en mano a mano. Présent dans de nombreuses corridas populaires, le fer de Manuel Morilla avait notamment réuni à Cuenca trois toreros vedettes – *Joselito*, *Morante de la Puebla* et *el Juli* – et permis la coupe de quatre oreilles. L'élevage présente de magnifiques toros colorados, très agréables pour les toreros, des produits d'une noblesse infinie qui répondent sans rechigner à toutes les sollicitations. Tours de piste posthumes, oreilles et queues coupées dans l'enthousiasme général sont l'apanage de cet élevage, véritablement fait sur mesure pour les matadors. C.C.

MORILLO (syn. : *cerviguillo*). Masse musculaire importante que possède le toro de combat à la partie terminale du cou, avant le garrot. On a longtemps prétendu que c'est dans le morillo qu'il faut placer le fer de la pique afin d'obliger le toro à humilier. Or, pour contraindre celui-ci à baisser la tête, il faut atteindre le ligament nuqual, ce qui serait impossible car la longueur du fer de la pique est inférieure à l'épaisseur musculaire. Par ailleurs, cette masse musculaire en contraction est d'une telle résistance que la pointe de la pique ne peut y pénétrer. C'est donc à la base arrière du morillo que la pique doit être placée car c'est là qu'elle est la plus efficace. R.B.

MORLACO. Toro grand et impressionnant.

MORUCHO. Race ancienne de toros (principalement dans la région de Salamanque et de Valladolid) qui n'a jamais été améliorée par des croisements. Élevés pour la boucherie, les moruchos ont parfois un fonds de charge mis à profit par des amateurs pour se distraire lors de fêtes de village.

Par extension, le terme désigne tout produit issu de parents dont l'un a du sang bravo et l'autre manso. Dans le compte rendu d'un journaliste, c'est un terme de mépris pour qualifier un animal sans caste, sans bravoure et peu digne de figurer dans une corrida. P.M.

MOSQUEAR (*chasser les mouches*). Chez le toro, le terme signifie agiter les oreilles comme un chasse-mouches, signe d'indécision et de perplexité sauf s'il les dirige vers l'arrière (amusgar), ce qui annonce qu'il va charger.

MOUCHOIRS (*panuelos*). Utilisés par le président de la course, ils servent, selon un code très précis, à rythmer le déroulement de la corrida et à l'attribution des trophées au matador.

En début de course, le président sort un mouchoir blanc, donnant ainsi l'ordre aux cuadrillas d'entrer en piste et de commencer le paséo. Lorsque celui-ci est terminé et que les cuadrillas ont regagné leur emplacement, le président sort à nouveau le mouchoir blanc pour que le premier toro de la course entre en piste. S'il est apte au combat, dès qu'il est tant soit peu maîtrisé par les toreros et environ deux minutes après son entrée, le président, usant toujours du mouchoir blanc, donne ordre aux picadors de s'avancer et de procéder aux rencontres. Lorsqu'il juge que le toro est suffisamment piqué, à l'aide du mouchoir blanc et des clarines, il signifie la fin du tercio de piques et invite les bandilleros à œuvrer. Si tout se déroule bien, le toro reçoit trois paires de banderilles. Mais le président peut, s'il le juge utile ou sur demande du maestro, interrompre les poses en sortant le mouchoir blanc. Commence alors le troisième tercio, celui de la faena de muleta et de la mise à mort du toro. À partir de la première passe de muleta, le maestro dispose de dix minutes pour exécuter sa faena. Sinon, le président, en sortant toujours le même mouchoir blanc, fait sonner le premier avis, le deuxième suivra trois minutes après, le troisième deux minutes après.

Si la faena s'est bien déroulée, le public peut demander l'attribution de l'oreille comme récompense du travail accompli. Pour cela, il doit agiter en direction de la présidence des mouchoirs blancs pour marquer sa demande. Si celle-ci est majoritaire, le président accordera l'oreille en sortant à son tour un mouchoir blanc. Si le président accorde immédiatement la deuxième oreille, il sortira conjointement deux mouchoirs blancs. Mais s'il accorde d'abord une seule oreille, puis sous la pression du public octroie la seconde, il sortira successivement un seul mouchoir blanc.

Au troisième mouchoir blanc, c'est la queue qui est attribuée.

Si, dès sa sortie du toril, le toro a présenté des défauts sensibles (armure, boiterie, manque total de combativité, par exemple) qui le rendent inapte au combat, ou si un toro se révèle trop faible, le président peut, à tout moment et même si le toro a été piqué, le faire remplacer par un toro de réserve ; il sort dans ce cas le mouchoir vert. À l'inverse, si un toro a montré des qualités exceptionnelles de combativité, de bravoure, de noblesse, a répondu avec constance à toutes les sollicitations et n'a jamais faibli dans son comportement, sur demande du public, le président peut lui accorder la grâce en sortant le mouchoir orange. Si un toro a montré de très grandes qualités de combativité et de participation sans qu'il puisse, néanmoins, être gracié, le président peut lui accorder un tour de piste d'honneur à l'arrastre : il l'indique en sortant le mouchoir bleu.

Enfin si un toro s'est montré particulièrement couard et a quasiment refusé les piques, à titre de sanction infamante, le président peut ordonner qu'on lui place les banderilles noires, en sortant le mouchoir rouge. R.B.

MOURA João.
Voir ROMÃO DE MOURA João Antonio.

MOURA (João Antonio Romão de Moura)
Origine : Maribel Ibarra
Devise : vert
Ancienneté à Madrid : 30 mai 1992
Propriété : « Doña Ana », Monforte (Portalegre-Elvas, Portugal)

La famille Andrade fonde cet élevage en 1933 avec du bétail de la veuve de Soler puis de José Martinho Alves do Río et de Pinto Barreiros. Un étalon de Domingo Ortega vient compléter le troupeau en 1944. Douze ans plus tard, l'élevage s'enrichit d'un lot de vaches et d'un étalon d'Antonio Urquijo et prend une nouvelle appellation : « Andrade e Irmão » (la fille de l'éleveur s'appelle María Manuela Andrade Salgueiro). Après avoir modifié le fer, l'élevage est vendu en 1984 à João Antonio Romão de Moura.

Célèbre fer portugais, l'élevage de Moura maintient un bon niveau de sélection au sein de l'escalafón des ganaderos. L'élevage fait combattre chaque année entre quarante et cinquante toros dans des arènes de diverses catégories, même si la majorité des produits rentre dans les plus modestes. À pied, l'élevage a fourni d'excellentes corridas en Espagne et plusieurs toreros vedettes purent s'exprimer à leur meilleur niveau. Ce fut le cas de Pepín Liria qui coupa deux oreilles à Leganés (Madrid) en 1999, de même que *Jesulín de Ubrique*, *Finito de Córdoba* et Roberto Contreras qui triomphèrent avec panache face à ces toros dans les arènes d'Alcántara (Caceres). L'élevage fournit également un grand nombre d'exemplaires destinés aux corridas à cheval : certains toros de Moura demandent une certaine vista, du métier et une grande connaissance des terrains. Pablo Hermoso de Mendoza coupa ainsi un total de deux oreilles face à un lot programmé à Saint-Sébastien.

En 2000, l'élevage de Moura envoya bon nombre de toros de réserve à Saragosse. Un de ces exemplaires permit à *Andy Cartagena* de couper une oreille et donna le ton d'une saison assez fructueuse pour le fer portugais. *Finito de Córdoba* coupa également un trophée à Huelva et la corrida combattue à Madrid se solda par le succès de Miguel Martín (deux oreilles) et *el Cid* (une oreille). En 2001, c'est encore Pepín Liria qui remporta un trophée face à un exemplaire de Moura du côté de Málaga. Les autres toros porteurs de la fameuse devise verte sont combattus dans plusieurs corridas équestres au Portugal, notamment à Lisbonne, dans les mythiques arènes de Campo Pequenho. C.C.

MOZO DE CABALLOS. Personne qui était au service des picadors et qui, progressivement, a été remplacée par les monosabios à partir de 1847.

MOZO DE ESPADAS. Valet d'épées, homme de confiance, chargé de toutes sortes de responsabilités. Il est un peu l'homme à tout faire de la cuadrilla. Avant la course, il s'occupe de l'intendance et de la promotion auprès des medias de la ville.

À l'hôtel, il prend soin de la cuadrilla, commande les repas, veille à la tranquillité du maestro, procède à son habillage. Auparavant, il aura préparé les capes et muletas, vérifié les épées, et les aura affûtées. Il prépare le costume de lumières du torero et tous les accessoires, y compris les images saintes que la plupart des matadors gardent avec eux, et aide le matador à s'habiller. C'est lui qui transporte les trastos dans la voiture de la cuadrilla. Avec l'ayuda, il prépare les capes, les muletas et les épées dans le callejón, avant le début de la course. Après le paséo, il présente la cape de paséo, luxueuse, à des personnes du premier rang. Pendant la corrida, il donne les capes demandées par son maestro, la muleta et l'épée factice, puis l'épée d'acier et le descabello au moment opportun.

La corrida terminée, il récupère la cape de paséo, range tout le matériel et l'emporte au coche de la cuadrilla. Il n'aura pas oublié aussi de distribuer des photos publicitaires du matador. Revenu à l'hôtel, il aide le matador à se déshabiller, nettoie le costume de lumières, détache les capes et les muletas et replie l'ensemble. Avant le départ, il règle les factures à l'hôtelier et les menus frais. Si des toreros locaux ont participé à la corrida, il paie leur participation et, établit les feuilles réglementaires. Le mozo de espada est un personnage précieux qui doit avoir le sens des relations humaines afin de protéger la vie de son maestro, lui éviter les importuns, ne pas négliger ceux qui peuvent lui être utiles, savoir avec diplomatie régler tous les différents et les problèmes d'intendance de la vie du groupe. R.B.

MUCHAS LIBRAS, de. Toro d'un très grand poids.

MULATO (*mulâtre*). Toro de couleur noire avec des reflets brun roux. Voir aussi RASPIPARDO.

MULETA (syn. : *flanelle*). Leurre irremplaçable utilisé par le matador dans le troisième tercio de la lidia : faena et suerte de matar. L'ensemble consiste en un bâton (*palillo*) d'une cinquantaine de centimètres cranté sur une partie supérieure, muni d'une pointe à l'une de ses extrémités, d'un piton à vis de l'autre et d'un drap de serge de couleur rouge vif. La grandeur de la muleta n'est pas fixée de manière réglementaire et, en fonction des circonstances atmosphériques ou de la dangerosité du toro, les matadors utilisent des muletas de surface ou de texture légèrement différentes.

Qui a inventé la muleta ? Une tradition l'attribue à Francisco Romero. Mais déjà, au siècle précédent, on en fait mention dans la *Cartilla de torear*, conservée à la bibliothèque d'Osuna. Il semble plausible que son usage se fixa progressivement. Les coureurs de toros s'aperçurent que l'on pouvait détourner l'attention de celui-ci grâce à une branchette feuillue à son extrémité, leurre simple et naturel encore employé lors des tientas dans les ganaderias. Par souci d'élégance sans doute, on remplaça les feuilles par un flot de rubans, ou par un simple chiffon, moins onéreux et qui faisait aussi bien office. En lin ou en coton, de couleur blanche, le *lienzo* fixé à un bâton est l'ancêtre de la muleta.

Simultanément, on utilisait aussi, pour détourner la charge, un chiffon blanc plus important, simplement tenu à la main. On élargit le chiffon, on le plaça sur le bâton que l'on tint par le milieu ; la protection était plus sûre car on pouvait ainsi mieux détourner la charge du toro. La muleta avait pris forme : elle était de couleur blanche, symbole de pureté mais aussi de la royauté et par extension de la noblesse. Son usage s'étendit progressivement de l'Andalousie à la Castille et à toute l'Espagne. On abandonna ensuite le coton au profit de la flanelle et des tissus en laine, plus seyants et tombant mieux. Les couleurs, multiples, allaient du jaune au bleu, en passant par le blanc et le rouge, jusqu'à l'époque des *Lagartijo* ou des *Frascuelo*, chaque torero adoptant une couleur en fonction de l'influence qu'il lui attribuait sur la charge du toro. Mais on sait, depuis, que la vision de l'animal est monochrome. Progressivement, on choisit le rouge écarlate, couleur du sang, celui du dieu-toro, mais aussi celui des hommes, celui du peuple qui s'emparait de la tauromachie et se l'appropriait.

On attribue généralement à *Costillares*, l'inventeur du volapié, l'idée d'élargir l'étoffe d'origine. L'usage du palillo-support l'a rendue plus maniable. On s'aperçut rapidement que le vent était un élément dangereux et maintes solutions furent tentées pour en réduire l'influence : poids plus important du leurre, plombs accrochés à la base ou cailloux pour certains, doublure pour rigidifier l'étoffe. La formule finalement adoptée, et qui se perpétue, est de mouiller suffisamment le bas du leurre avec de l'eau. De façon certaine, la muleta à large surface est utilisée dès *Gordito* et permet de mieux conduire la charge. Le leurre qui, mis à plat, a la forme d'un cœur est fixé sur le palillo grâce à la pointe et au piton pour une meilleure prise en main. Dans le toreo de muleta, le matador doit travailler avec la partie centrale du leurre, le ventre de la muleta, qu'il présente au toro. Des toreros abusent du travail avec le *pico*, partie extrême de l'instrument, qui donne plus de facilités, mais ce type d'utilisation est parfois nécessaire avec certains toros (voir le chapitre « La lidia », ci-dessus, p. 214 *sqq.*).

D'instrument de protection, la muleta est devenue instrument de domination permettant une grande variété de passes ; c'est un instrument avec lequel le matador réalise des séquences harmonieuses et esthétiques qui constituent l'essentiel des faenas contemporaines. R.B.

MULETAZO ou TRAPAZO. Passe de muleta profonde, puissante et lente.

MULETEAR. Toréer avec la muleta. On pense que *Costillares* promotionna cette forme de toreo et inventa les passes de base les plus simples. Puis, de nombreux maestros recherchèrent l'efficacité alliée à l'originalité et de nombreuses passes furent inventées : derechazo, naturelle, manoletina, pecho, trinchera et bien d'autres plus ou moins utiles ou esthétiques. R.B.

MULILLAS. Équipage de mules que l'on utilise pour tirer l'arrastre qui sort le toro estoqué de la piste. Ce train de mules est harnaché de plumets, pompons de couleurs vives et grelots tintinnabulants. Voir ARRASTRE. R.B.

MULILLEROS. Hommes chargés de conduire le train d'arrastre, d'attacher le toro par les cornes à la barre de traction et de le tirer hors de la piste. La coutume veut qu'ils soient tête nue quand ils viennent pour chercher le toro et se couvrent pour exécuter leur tâche ; ils font entraîner la dépouille au petit trot.

Lorsque le président sort le mouchoir bleu signifiant le tour de piste d'honneur posthume, ils se découvrent et exécutent ce tour de piste au pas, ne reprenant l'enlèvement rapide qu'au moment où ils repassent à l'endroit où le toro a été estoqué et jusqu'à la sortie de piste. R.B.

MULTA. Amende infligée aux toreros qui ne respectent pas les directives du règlement taurin.

MUNDILLO. Ce terme signifiant « monde », dans le sens de société, est appliqué, en Espagne, aussi bien aux gens de la finance, à la gent littéraire qu'aux nombreux protagonistes de la corrida, éleveurs, toreros, empresas, apoderados ; ce milieu qui cultive le secret vis-à-vis des profanes, difficilement pénétrable, préserve jalousement ses coutumes, ses manières d'agir et protège efficacement les arcanes de sa profession. Les aficionados, même ceux qui se croient bien informés, ne peuvent lever qu'un coin du voile : celui que l'on veut bien leur laisser découvrir. R.B.

MUÑOZ Cayetano (Cayetano Muñoz González)
Origines : Juan Pedro Domecq et Torrestrella
Devise : bleu et vert
Ancienneté à Madrid : 28 septembre 1947
Propriétés : « Casablanca », Segura de León (Badajoz) et « Doña Elvira », Valence del Ventoso (Badajoz)

Julián Escudero Nuño fonde cet élevage en 1940 et lègue à sa mort l'un des lots à sa fille, María Escudero Muriel. Celle-ci enrichit le troupeau avec du bétail du vicomte de Garci-Grande avant de le vendre en 1959 à Pedro Luis García Carranza. L'élevage est ensuite acquis en 1960 par José Luis Hidalgo Rincón, qui décède peu de temps après son achat. Ses héritiers prennent en charge la direction du troupeau et éliminent en 1979 toutes les origines antérieures au profit de vaches et de deux étalons de Herederos de Carlos Núñez. Les frères Rubio

Villadiego rachètent l'élevage et transfèrent le bétail de Carlos Núñez à Francisco Rubio. La nouvelle branche principale du troupeau est composée d'un lot de vaches et de deux étalons de Torrestrella, propriété d'Álvaro Domecq. L'élevage est racheté en 1983 par la société La Tauromaquia, S.A.T., puis l'année suivante Cayetano Muñoz. Ce dernier conserve uniquement l'origine Torrestrella et intègre au troupeau cent nouvelles vaches et deux étalons de l'élevage d'El Torero. L'année 1992 marque l'insertion de quatre-vingt-dix autres vaches et de trois étalons marqués du fer de Los Guateles.

Toro important :

• *Pordiosero*, nº 20, combattu le 14 août 1993 à Olivenza (Badajoz) par Miguel Báez *Litri* (grâce du toro).

L'histoire de l'élevage de Cayetano Muñoz sera liée pour la vie avec le destin tragique du grand maestro Julio Robles. Le 13 août 1990, dans les arènes de Béziers, le toro *Timador*, nº 123, burraco, 545 kg, soulève violemment Julio Robles dans les airs. Le torero retombe lourdement sur la tête et devient tétraplégique pour le restant de ses jours. Difficile pour un éleveur de se relancer lorsqu'un de ses toros vient de briser la carrière d'un torero, mais telle est la dure loi de la tauromachie. Après avoir affiné son origine Domecq, l'élevage a présenté quelques exemplaires en qualité de sobreros du côté de Barcelone, même si l'essentiel du fond de commerce demeure les corridas populaires et les corridas de rejón. L'année 2000 marqua un bon retour de l'élevage de Cayetano Muñoz dans l'actualité taurine avec un lot de novillos très digne à Málaga et un toro qui effectua un tour de piste posthume à Martos (Jaén). Le novillero Martín Antequera brilla face à un de ces exemplaires, de même qu'Enrique Ponce, magistral face à un sobrero de ce fer à Vitoria (Álava). Souvent programmés dans les férias du Sud, l'élevage de Cayetano Muñoz présenta en 2001 un lot de novillos à Séville ainsi qu'une autre course à Jaén où l'Andalou Francisco Javier Corpas se montra à son avantage. Progressivement, le fer semble effacer les cicatrices de l'après-*Timador* grâce à la qualité des produits combattus. C.C.

MUÑOZ VÁZQUEZ Emilio. Emilio Muñoz Vázquez, né à Séville dans le quartier de Triana le 23 mai 1962, fit partie de ces enfants-toreros dont l'existence a exclusivement tourné autour des toros dès leur plus tendre enfance. À neuf ans, il toréait déjà, cette précocité allant rapidement se concrétiser par des productions en public. En France, Saint-Gilles (Gard) allait accueillir le « Petit Mozart de la tauromachie » alors qu'il n'avait pas treize ans, et c'est à Arles qu'il fit sa présentation en novillada piquée le 19 septembre 1976. Après avoir foulé pour la première fois le sable de la Maestranza de Séville l'année suivante — muni de documents falsifiés (15 août 1977) —, il fit rapidement sa place dans la catégorie des novilleros et prit l'alternative à Valence le 11 mars 1979 des mains de *Paquirri*, en présence de Dámaso González, face à des toros de Carlos Núñez. Il confirma à Madrid le 19 mai 1980 devant un toro de Torrestrella sous les yeux d'Ángel Teruel et José María *Manzanares*.

Les années qui suivirent furent marquées par d'importants triomphes, Emilio Muñoz étant considéré comme un artiste surdoué du toreo, capable les jours d'inspiration de composer des faenas pour l'Histoire. José Luis Marca, son apoderado, le mit en concurrence avec son autre poulain, Paco Ojeda. Cette situation – ajoutée à quelques blessures graves et des problèmes d'ordre privé – sembla progressivement peser sur le moral de ce torero talentueux mais fragile. Il perdit totalement confiance en ses moyens et après une dernière corrida à Melilla, le 5 septembre 1986, il décida de se retirer quelque temps du toreo... Quatre années passèrent en marge du circuit taurin avant sa réapparition à Vinaroz

(Castellón) le 7 avril 1990, et, depuis, ses saisons s'écoulent au gré d'une quarantaine de corridas par an, Emilio refusant de se laisser entraîner dans la spirale de la quantité. Parmi les hauts faits d'armes qui ont marqué la seconde partie de sa carrière, la grâce du toro *Comedia*, de Cebada Gago, à Algeciras l'année de sa reprise, puis son triomphe à Séville, le 20 avril 1999, où il fit chavirer la Maestranza en coupant deux oreilles à un toro de Zalduendo, font partie des événements majeurs qui ont rassuré ses nombreux admirateurs. C'est avec ce genre de prestations qu'Emilio Muñoz prouva qu'il était capable de retrouver son meilleur toreo pour aborder le troisième millénaire au plan de figura définitivement consacrée par ses pairs et par les aficionados. Las, peut-être prématurément usé, le Trianero préféra s'éclipser... P.H.

Né à Triana, le 23 mai 1962, fils du novillero *el Nazareno*, il fut un enfant prodige qui défraya la chronique par ses compétences et sa maîtrise devant ses opposants, malgré son jeune âge. Devenu novillero, il ne déçoit pas et l'afición devine en lui un vrai maestro. Pour sa première novillada piquée, il affronte seul 4 novillos de don Álvaro Domecq à Arles, le 19 septembre 1976. Après 94 novilladas, sans s'être présenté à Madrid, il prend l'alternative le 11 mars 1979 à Valence des mains de Francisco Rivera *Paquirri* qui lui cède un toro de la ganaderia de Carlos Núñez, en présence de Dámaso González. Il revient comme matador à Arles le 16 avril 1979 pour sa présentation française face à un toro de Torrestrella, avec *Rafael de Paula* et *el Viti*. Il connaît un triomphe total puisqu'il coupe deux oreilles au premier et une au second.

Voyons-le à l'œuvre ! 18 septembre 1979 à Valladolid. Sort un toro de Jaral de la Mira dans une atmosphère d'émeute. C'est le bouc émissaire par excellence. Les spectateurs le chargent d'emblée de tous les maux. Reste que ce boiteux va charger, ce borgne attaquer de loin et de près sans perdre de vue le leurre, ce flageolant ne faiblira pas. Car aucune corrida ne peut être tenue pour perdue avant que les mules n'emportent le dernier fauve.

La corne droite, si courte qu'elle ne représente que la moitié de la gauche : un couteau à dessert, le bout rond, à côté d'une dague, augmente la colère du public. Sous le ciel qui n'a cessé de s'obscurcir depuis le matin, la bronca, ou fureur noire, déferle des gradins avec les jets de boîtes de bière. Il commence à pleuvoir. Le sable lui-même s'éteint. Des coussins innombrables jonchent la piste et ne laissent dégagé que le centre de l'arène où le jeune Emilio Muñoz (dix-sept ans) s'impose au Jaral de la Mira et parvient à retourner la foule.

Dans le peu d'espace libre qui lui reste, il prend sous l'averse la mesure de son adversaire. Le volume des encouragements augmente et recouvre les imprécations. Cette main gauche de Muñoz à la muleta, elle autorise en effet tant d'espoirs ! La pluie n'a pas cessé. Un faux crépuscule recouvre l'arène, mais chacun n'a d'yeux que pour cette colonne de lumière dont croît l'intensité. Il ne fait plus noir comme dans un four quand l'arc-en-ciel de l'art d'Emilio Muñoz se lève au-dessus de la grève battue des sombres coussins, encombrée d'étranges varechs.

Il était de bon ton de l'arrêter dans sa croissance, de refuser un avenir à l'artiste en herbe qui avait commencé dès sa douzième année à s'exprimer trop vite et trop bien. Voulait-on oublier le nombre de vedettes du toreo qui, de *Joselito* à *Dominguín*, revêtirent l'habit de lumières au même âge et tirèrent un parti inespéré de cette formation consistant à s'exhiber dans des spectacles mineurs ?

Bientôt, on ne discuta plus son caractère, mais son style. En grandissant, l'enfant avait cessé de jouer au torero, soit ! Mais le reproche de maniérisme, d'affectation, qu'on lui adressait montrait qu'il peinait.

La consécration se faisait attendre, pas de doute ! Et peut-être y avait-il du vrai dans ces réserves ? Muñoz, à vingt ans, continuait à mûrir. Malgré le long apprentissage et la nécessité de se bagarrer dès l'enfance, l'insuffisante maîtrise n'autorisait pas l'abandon à une inspiration qu'un goût très sûr nourrissait, mais que compromettaient des attitudes trop appuyées, emphatiques à en croire ses contempteurs.

Il débute en Amérique le 7 octobre 1979 à Caracas, au Venezuela, avec Curro Girón et Manolo Martínez en coupant deux oreilles à son premier opposant de la ganaderia de José Julián Llaguno. Il confirme à Madrid le 19 mai 1980 avec Ángel Teruel comme parrain et José María *Manzanares* comme témoin, devant *Sanluqueño*, toro de Torrestrella.

Séville, 20 avril 1983. Pour des esprits logiques, cette course n'aurait jamais dû se célébrer. Les forces naturelles la condamnaient. Folie que de s'opposer ainsi aux éléments. Dans un monde raisonnable, rien de ce qui marque ce jour n'existe. L'exploit de Muñoz n'a pas eu lieu. La pluie n'en a pas voulu.

Muñoz n'inspecte le sable détrempé de la piste que par souci de l'étiquette. Les grains restent collés entre ses doigts et n'entament pas sa résolution ! Il pataugera dans la boue, s'il le faut, mais Séville se rendra à lui comme elle l'a fait quatre jours plus tôt avec Paco Ojeda. Il patientera une demi-heure, tandis qu'il pleuvote, crachine. De lourds nuages noirs continuent à s'amonceler sous la chape de plomb du ciel qui écrase l'arène. Le rouge des deux lignes concentriques, destinées à délimiter les espaces du toro et du picador, dégouline en petites flaques sanguinolentes. Un cadre dramatique à souhait.

Avec *Querencioso* de Fermín Bohórquez, qui lui échoit en second, c'est tout de suite le ton majeur. Assez âpre, le toro n'aura guère l'occasion d'extérioriser les aspérités de son caractère. Sa rudesse s'adoucit presque aussitôt et ne résiste plus à l'entreprise de séduction qui l'entraîne, aimanté, tandis que, le mufle bas, il poursuit le fuyant mirage du leurre maintenu toujours à sa portée. Sur la droite, les impulsions agressives semblent s'évanouir.

Sur la gauche, en revanche, il s'est tout de suite deviné contraint. Il freine, rechigne, témoigne d'une répugnance accrue à se prendre au jeu. Lorsque Muñoz s'offrira de face, les pieds joints, à proximité des cornes, le Bohórquez attaquera avec hargne, plus qu'à moitié réveillé de l'envoûtement, sur le point de le rompre.

Deux fois encore il subira de mauvais gré l'attraction de l'étoffe qui l'attire coûte que coûte jusqu'au terme du parcours. À la troisième naturelle, il rompt le magnétisme, s'arrache à l'hypnose et frappe l'homme qu'il devinait derrière les ultimes battements de la muleta avec ses exigences exagérées, ses volontés excessives. Muñoz a bien dû savoir jusqu'où il pouvait aller trop loin. Une griserie ne l'en poussait pas moins à s'aventurer encore au-delà, à dépasser les bornes pour que Séville n'ait plus rien à chicaner.

Il ajuste son coup d'épée, bascule sans précipitation entre les cornes, se dégage d'une souple flexion de ceinture et foudroie. Il lutte contre l'évanouissement, le vertige subit. Une serviette autour de sa cuisse dont le sang commence à sourdre, il ne se laissera conduire à l'infirmerie qu'après avoir reçu et montré au public les deux oreilles de son adversaire, si chèrement conquises.

L'année suivante, la forme sera moins présente au rendez-vous. Alors qu'il avait conservé jusque-là une pureté de ligne admirable, on l'accuse de se tortiller au passage de la bête. Il hésite désormais à se centrer avec ses toros et à gagner sur eux à chaque assaut. L'appréhension le condamne à écarter le buste à l'approche des cornes. Lui qui évitait les contorsions en vient à se tirebouchonner. Son travail ne fait plus écho à ce Triana des gitans où il est né, rue de la Feria.

La rauque voix de bronze des forgerons chanteurs de flamenco, sur cette autre rive du Guadalquivir en face de Séville, ne résonne plus dans ses faenas. Bientôt, sa présence ne sera plus obligatoire sur les affiches des rencontres importantes de la saison et il se retirera, en septembre 1986, à Melilla.

À vingt-huit ans, il administre par son retour la preuve de l'injustice commise par ceux qui avaient aimé un petit prodige de précocité et dédaigné le grand prodige qu'il était en voie de devenir. Cet accent pathétique du jeune torero de Triana se réduit, selon l'exemple de Juan Belmonte, à un registre plutôt limité. Voici, au prix de nombreuses blessures, pour une trop courte rencontre, l'éclat lustral dans la sobriété et la concision. J.M.M.

MURÇA Conde de

Origines : Atanasio Fernández, Murube-Urquijo et Pinto Barreiros
Devise : gris cendres et rouge
Ancienneté à Madrid : 30 juillet 1989
Propriétés : « Agolada de Cima », Coruche (Ribatejo, Portugal) et « Bedanais », Monforte (Alentejo, Portugal)

Les origines de ce grand élevage portugais puisent leurs sources dans le troupeau formé par Clemente Tassara, avec du bétail de Villamarta et une partie de Parladé, via le fer d'Ernesto Blanco. Tassara acquiert par la suite un lot de vaches de Pedro Gandarias, d'origine Urqujio. Le comte de Murça achète l'élevage en 1968 et modifie le fer. Il acquiert par la suite des vaches et des étalons d'Isaías et Tulio Vázquez ainsi que d'Atanasio Fernández. Le troupeau se compose actuellement d'une majorité de têtes de bétail d'origine Atanasio Fernández. Un peu de sang de Clemente Tassara, d'origine Parladé, a été conservé. Le dernier apport s'est matérialisé par l'insertion d'un petit lot de vaches et d'un étalon de Pinto Barreiros, ainsi que d'un autre mâle d'Oliveira Irmãos.

Les toros importants :

- *Langostino*, n° 73, combattu à Santarém en 1980 par le rejoneador José Maestre Batista (toro le plus brave de la saison au Portugal).
- Prix spécial de la revue taurine *O 1° Tercio* pour le meilleur élevage de la saison 1980.
- Prix spécial de *Radio comercial portuguesa* à l'élevage triomphateur de la saison 1980.
- Prix de la critique de l'Association des critiques taurins de Catalogne au meilleur élevage de la saison 1987.
- *Langostino*, n° 381, combattu à Logroño en 1989 (prix du meilleur toro de la féria).
- *Caradoble*, n° 441, combattu à Céret en 1992 (prix du meilleur toro de la féria et meilleure corrida de la saison en France).

Assez rares en France, les toros de Conde de Murça avaient pourtant laissé un grand souvenir dans les arènes de Céret en 1992 et 1993. Lors de cette dernière édition, le bétail portugais avait exprimé en piste une grande agressivité, mettant en difficulté les groupes équestres. Les toreros n'avaient pas été également à la fête, devant subir des assauts parfois difficiles à contenir avec une seule muleta. Le mélange de sang Atanasio Fernández, Murube et Pinto Barreiros donne au final un toro au physique impressionnant, avec des cornes souvent terrifiantes et un caractère en acier trempé. José Antonio *Campuzano*, *el Fundi* et Fernando Cámara avaient lidié comme il se doit ces toros de jadis lors de la féria de Céret 1993. Cámara avait même réalisé une faena de toute beauté face au sixième, avec des séries gauchères d'une grande intensité lui valant une oreille bien méritée. Ne vendant pas un grand nombre de toros, l'élevage propose également quelques lots au physique plus « agréable » et que les toreros moins belluaires n'hésitent pas, dès lors, à combattre : on vit notamment en 1999 Antonio Mondéjar, Rafael Camino et *Jesulín de Ubrique* aller défier avec succès les toros porteurs de la devise cendrée et rouge à Pilar de la Horadada (Alicante). Les autres produits sont habituellement combattus dans des arènes portugaises de troisième catégorie à l'occasion de corridas de rejón. C.C.

MURCIE (Espagne. Alicante 80 km – Madrid 400 km). Fondée au début du xe siècle par Abd ar Rahman III, Medinat Mursiya est successivement sous tutelle des califes omeyyades de Damas, des Abbassides de Bagdad puis des Omeyyades de Cordoue. Capitale d'un émirat indépendant en 1224, elle est annexée à la couronne de Castille en 1243. Ville au riche passé qui a beaucoup souffert des combats lors de la Guerre civile, comptant 329 000 habitants, possédant une imposante cathédrale du xive siècle, sa plaza de toros permet d'accueillir 18 000 spectateurs et fut inaugurée le 6 septembre 1887 avec une corrida de toros de la ganaderia de Murube, lidiée par les matadors Rafael Molina *Lagartijo*, Juan Ruiz *Lagartija* et Luis Mazzantini. R.B.

MURCIÉLAGO. Passe de muleta excentrique qui ne se pratique plus : le torero, suspendu à la barricade par les jambes, à hauteur des genoux, tête en bas et accroché par un bras, tient la muleta de l'autre main, cite et fait passer le toro en indiquant seulement la sortie. Le plus difficile, pour l'exécutant, était de retomber élégamment sur ses pieds. En français, cette passe est dite « de la chauve-souris ». R.B.

MURILLO PAZ Fermín. Fermín Murillo Paz a vu le jour le 4 novembre 1934 à Saragosse. Après un apprentissage traditionnel à l'école taurine, il fait ses premiers pas dans la profession taurine en intégrant la compagnie de José Clavel où il torée en compagnie d'Enrique Molina. Clavel, Murillo et Molina finissent par se présenter à Madrid le 19 mars 1952 face à une novillada d'Isaías y Tulio Vázquez. Fermín Murillo avait déjà foulé le sable de Las Ventas lors de becerradas nocturnes célébrées les 23 et 30 juillet de l'année précédente. En 1957, Fermín Murillo n'a toréé qu'un total de 3 novilladas, mais il prend malgré ce l'alternative à Saragosse, le 21 avril, des mains de *Chicuelo II* et en présence de Jaime Ostos face au toro *Bonito*, de Miura. Il confirme son doctorat à Madrid le 8 septembre 1957 avec Mario Carrión comme parrain et *Carriles* en qualité de témoin. Le toro de la cérémonie est *Minerito*, de l'élevage d'Escudero Calvo. Murillo fera ses adieux à Las Ventas neuf ans plus tard, le 30 septembre 1966, avec Antonio Bienvenida et Manuel Cano *el Pireo* face à un lot de toros de José Luis Osborne. Blessé à Saragosse le 21 mai 1966 par un toro d'Alfonso Sánchez Fabrés, Murillo participe à une dernière corrida dans les arènes de sa ville natale le 16 octobre, aux côtés de Diego Puerta et de José Fuentes. Fermín Murillo connaît un large succès en coupant un total de trois oreilles aux toros de Lisardo Sánchez. En 1970, la rumeur insistante fait état d'un éventuel retour de Fermín Murillo : le torero de Saragosse effectue en effet un discret retour dans ses arènes le 12 octobre. Il se retire une nouvelle fois du toreo après la corrida du 13 octobre à Saragosse où il torée avec Sebastián Palomo *Linares* et José Luis Parada du bétail de Conde de la Corte. Fermín Murillo participe encore à quatre corridas durant la saison 1972 et revêt une dernière fois l'habit de lumières, sans effet d'annonce, le 23 juillet à Barcelone. Le torero de Saragosse partageait l'affiche avec le rejoneador Álvaro Domecq Romero et les matadors Jaime Ostos et Antonio José Galán face à des toros de Diego Puerta.

Fermín Murillo fait partie des toreros aragonais ayant connu une carrière brillante et intense. Pourtant, tout ne fut pas rose dans la trajectoire professionnelle du torero natif de Saragosse. Soutenu dès ses débuts par le journaliste José María Villapecellín, Murillo essuie avec ses compagnons Clavel et Molina un échec cinglant lors de leur présentation madrilène de 1952. Insuffisamment préparé pour affronter les novillos de Tulio Vázquez, Fermín Murillo décide même de redescendre à l'échelon inférieur et de se remettre à toréer des novilladas sans picadors. Trois ans plus tard, le 28 juin 1955, Murillo, revenu en novillada piquée, signe une bonne performance à Madrid. Une fois l'alternative conférée, il va progressivement connaître les miels du succès, passant de 26 corridas toréées en 1958 à 63 lors de la saison 1964. Fermín Murillo se présente à Séville trois ans après son alternative et prend part à son premier paséo en San Isidro durant la féria de 1963. Une année particulièrement faste pour Murillo qui obtient à Bilbao un très grand succès face à la corrida de Miura, l'élevage de son alternative. Lancé idéalement, le torero aragonais conquiert également l'Amérique latine au cours de l'hiver suivant et effectue une excellente faena à la Monumental de Mexico face au toro *Pianista*, de l'élevage local de Piedras Negras. Fermín Murillo traverse alors le meilleur moment de sa carrière professionnelle : les saisons 1964 et 1965 sont couronnées de succès et la Grande Porte des arènes de Las Ventas s'ouvre pour la première fois à Murillo le 19 avril 1964. Après sa blessure du printemps, certains considéreront comme une erreur sa volonté de se retirer du toreo après sa grande prestation du 16 octobre 1966 à Saragosse face aux toros de Lisardo Sánchez. Son retour est plus pénible et le voit prendre part à un nombre bien plus limité de corridas : en 1970, il torée deux courses lors de la féria du Pilar, dont une en mano a mano avec Manuel Benítez *el Cordobés*. L'année suivante, Fermín Murillo torée 12 corridas dans des arènes de moindre catégorie et subit surtout à Calatayud (Saragosse) l'un de ses coups de corne les plus graves avec une déchirure de la veine fémorale. Depuis sa dernière corrida à Barcelone, Fermín Murillo continue de suivre les toros, mais désormais depuis les gradins. Respecté par les aficionados, il s'est surtout distingué pour sa grande persévérance et son courage. Rares sont en effet les toreros à avoir pris le risque de prendre l'alternative face à une corrida de Miura. Les quelques revers qui émaillent son parcours de torero montrent que Fermín Murillo n'a pas eu une carrière facile. C'est à la force du poignet qu'il s'est hissé au niveau des meilleurs toreros de l'escalafón et a connu quelques triomphes majeurs. Peu intimidé par ses prestigieux compagnons de cartel, Murillo signa une autre performance lors de sa confirmation d'alternative à Madrid en affrontant les fameux Escudero Calvo qui ne sont ni plus ni moins que les actuels toros de Victorino Martín. Doté d'une extraordinaire volonté, Fermín Murillo a gravi progressivement les échelons, sachant mesurer ses efforts en fonction de l'importance de la corrida. Terriblement châtié par les coups de corne, le torero de Saragosse s'est toujours distingué en piste par son engagement total tout en restant dans la lignée de toreo classique propre aux matadors aragonais. C.C.

MURTEIRA GRAVE Joaquín Manuel

Origine : Parladé
Devise : bleu et jaune
Ancienneté à Madrid : 21 juin 1964
Propriété : Herdade « Galiana », Moura-Évora (Alentejo), Portugal

Très connu des aficionados, l'élevage de Joaquín Manuel Murteira Grave est l'un des fleurons du bétail bravo portugais. Situé dans la province de l'Alentejo, dans le district d'Évora, les pâturages s'étendent sur 1 275 hectares frontaliers avec l'Espagne. Dans cette *herdade* (l'équivalent portugais de la finca) typique, du balcon du salon, véritable musée taurin familial, on domine une partie des nombreux hectares ou paissent les Murteira, comme on les surnomme dans le jargon taurin.

En 1939, Manuel Joaquín Grave (père de l'actuel propriétaire) achète la finca « Galeana », où il y avait encore du bétail de la veuve de Soler propriétaire des lieux. Il fonde la ganaderia en 1944 avec vingt-cinq vaches et *Fabeto*, un semental de José Lacerda Pinto Barreiros provenant de Gamero Cívico (origine Parladé). De 1944 à 1945, la ganaderia porte le nom de son fondateur. Puis entre 1955, année de la mort de Manuel Joaquín Grave, et 1958, la ganaderia affiche le nom des héritiers.

En 1958, elle passe définitivement au nom de Joaquín Manuel Murteira Grave, qui, la même année, achète le fer actuel qui appartenait à Ignacio Sánchez de Ybargüen, de l'Unión de Criadores de Toros de Lidia.

Depuis 1944 interviennent des apports de sangs nouveaux. En 1958, dix-huit vaches et un semental de Guardiola Soto, *Sargento*, de provenance Parladé *via* Gamero Cívico. En 1974 entreront deux sementales, *Tortillo* et *Alcalaíno*, marqués du fer Rincón de l'élevage Carlos Núñez. En 1985, le semental *Claro* est acheté à Sommer d'Andrade (ex-Coimbra), de la ligne de Tamarón, suivi en 1987 par le semental *Caprichoso,* porteur du fer de *Paquirri*, originaire de l'encaste Núñez issu de Villamarta. En 1994, deux sementales de Juan Pedro Domecq y Solís, *Gamberro* et *Borracho*, viennent enrichir l'élevage et, en 1995, trente vaches marquées du fer de Rincón (quinze Rincón et quinze Villamarta) et un semental achetés aux héritiers de Carlos Núñez. En résumé, on peut dire que cet élevage est un mélange de l'encaste Parladé avec pour base principale la ligne Gamero Cívico-Guardiola Soto, avec un apport de reproducteurs des principales lignées de Parladé.

Les exemplaires de Murteira sont des fauves aux cornes généreuses. D'un trapio sérieux, ils paraissent lourds. La majorité est de couleur noire, quelques-uns cárdenos, entrepelados, mais aussi castaños et colorados.

Cette ganaderia est celle qui a fourni le plus de corridas aux arènes de Madrid pendant le siècle dernier. Elle a remporté de très nombreux trophées : en 1971, prix de la meilleure corrida lidiée dans le sud-est de la France ; en 1972, corrida la plus brave de Vic-Fezensac ; en 1984, meilleur toro (*Sacristán*, lidié par Justo Benítez) de la San Isidro à Madrid ; en 1987, corrida la plus brave lors des Sanfermines de Pampelune ; en 1995, prix du meilleur toro de la San Isidro (*Formoso*, lidié par Luis de Pauloba), décerné par les vétérinaires ; en 1997, prix de la presse au meilleur toro (*Coquito*, lidié par Canales Rivera) de la temporada à Barcelone. Au Portugal, dans les arènes d'Évora, elle a obtenu onze fois le prix du toro le plus brave lors des corridas-concours organisées en 1963, 1966, 1968, 1971, 1972, 1981, 1986, 1989, 1994, 1995 et 1996. Cette ganaderia participe aux plus grandes férias, de Madrid à Bilbao en passant par Pampelune et plus fréquemment dans les arènes du sud-ouest de la France. Les toros d'aspect magnifique de Murteira Grave ne plaisent guère aux toreros habitués à choisir leurs toros parmi les ganaderias dites « commerciales ». Ch.C.

N

NACIONAL II.
Voir ANLLÓ Y ORRÍO Juan.

NATURELLE. La passe de muleta considérée comme la passe de base et la plus esthétique. On l'appelle *al natural* parce que, dès l'origine, lorsque le matador se présentait devant le toro, il tenait l'épée dans la main droite et le leurre (la muleta) dans la main gauche. Si le toro chargeait, il l'écartait donc naturellement avec la main gauche, sans rechercher d'effet esthétique. Puis, les conditions du toreo changeant, la passe fut donnée avec plus de profondeur et d'élégance. Jusqu'à l'époque de Belmonte, le matador citait de face, muleta dans l'axe du corps, bras tendu, et tirait la passe en déplaçant le bras et en effectuant simultanément une rotation du corps. Sur le retour, le torero donnait une passe de pecho ou, s'il avait eu le temps de se replacer, une autre naturelle. La faena se composait ainsi de trois ou quatre allers-retours avant que soit placée l'épée. Belmonte, qui transforma le toreo en le rendant plus statique, modifia considérablement les choses puisqu'il commença à enchaîner les passes, en baissant la muleta pour obliger le toro à humilier davantage. Depuis, les matadors construisent des séries enchaînées et liées de naturelles, terminées par un pecho.

La naturelle exécutée de la main gauche est identique au derechazo exécuté de la main droite. Mais, alors que dans le derechazo, la surface de la muleta est dépliée au maximum grâce à l'épée qui la soutient, dans la naturelle le drap tombe naturellement, soutenu seulement par le palillo ; la surface du leurre est donc réduite. En cas de nécessité, le matador peut soutenir le leurre avec l'épée tenue dans la main droite, exécutant ainsi une « naturelle aidée ».

Naturelle

Pour l'exécution de cette passe, la muleta doit être tenue par le milieu du palillo, assez basse, poignet souple. Les jambes doivent être légèrement écartées, la jambe gauche un peu en avant, la main droite tenant l'épée, relâchée et peu appuyée sur la hanche. Certains toreros inclinent (on dit qu'ils « cassent ») la

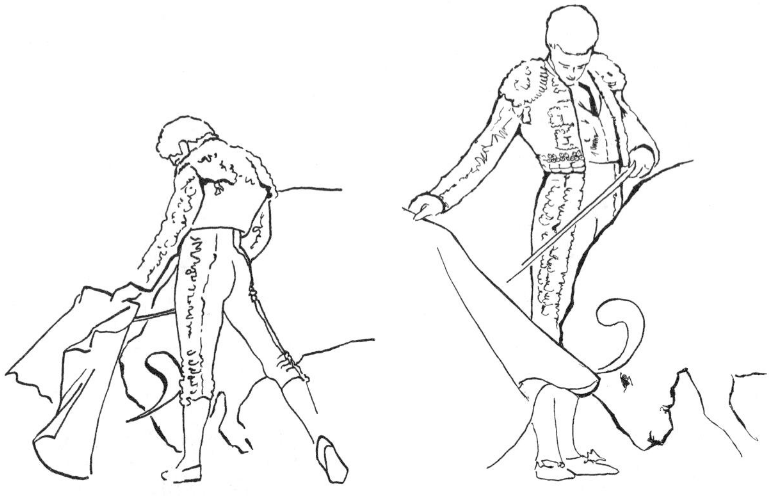

Naturelle aidée

taille, parfois exagérément. La passe doit se terminer le plus loin possible, avec une rotation sur la jambe gauche permettant le replacement pour la passe suivante et son enchaînement, avec une légère ouverture donnée par le poignet qui finit ainsi la passe. La naturelle peut être aussi citée de face, ce qui diminue la trajectoire possible du toro. R.B.

NAVARRA. Passe de cape que *Pepe-Hillo* décrit ainsi : « Le diestro étant dans la ligne droite du toro, quand la bête arrive près du matador, la tête bien baissée, ce dernier arrache la cape par le bas et opère un demi-tour sur ses jambes pour se retrouver de nouveau face au toro. » Variante de la véronique, on la considère comme à l'origine de la chicuelina qui l'a progressivement remplacée. R.B.

NAVARRO Agustín. Rejoneador peu connu hors des plazas du Levante, Agustín Navarro débute le 6 mai 1979 à Orihuela, face à un toro de Tomás Sánchez Dalp. Le 1er septembre, il coupe une oreille dans les arènes de Mula à un toro d'Agustín Sánchez. Le 30 juin 1984, il alternait avec Ángel et Rafael Peralta en compagnie de Antonio Ignacio Sánchez face à du bétail de Víctor Aguirre à San Pedro del Pinatar. Il coupe une oreille en solitaire et une en duo avec Sánchez. Le 21 juillet 1985, il coupe quatre oreilles et une queue à Argelès à des Torrestrella en présence de Luc Jalabert et Luis Rouxinol. J.C.D.

NEGRO. Toro au pelage noir. Il y a différentes catégories selon l'intensité de la couleur : azabache, lombardo, mohino, mulato, zaino.

NELO ALMIDICIANA José, *Morenito de Maracay*. Originaire de Maracay, au Venezuela, où il est né le 23 août 1955, il débute en becerrada en 1971 et commence avec picador en 1974. Installé en Espagne en 1976, il se présente à Las Ventas le 16 avril 1978 avec José Castilla et Pedro Mariscal. Après avoir participé à 8 novilladas au Venezuela et 54 en Espagne, il reçoit l'alternative le 24 septembre 1978, à Barcelone, des mains de Dámaso González avec pour témoin José María *Manzanares*, devant *Lavadito*, toro de Lisardo Sánchez. C'est le début d'une importante carrière pour ce maestro brillant à la cape, varié à la muleta et extrêmement engagé aux banderilles, tercio dans lequel il se forge une réputation enviable. Grand, élancé, athlétique, il pose les bâtonnets avec brio et dans des terrains où beaucoup n'osent pas s'aventurer. À la cape, il utilise souvent des passes de fantaisie pour agrémenter ses prestations. Il se présente dans son pays le 28 octobre 1978 avec succès puisqu'il coupe une oreille à chacun de ses adversaires, des toros de l'élevage de Santiago. Il est accompagné de *Paquirri* et de *Niño de la Capea*. Sa première prestation française a lieu le 15 juin 1980, à Aire-sur-Adour, en compagnie de *Manili* et de Tomás *Campuzano* ainsi que du rejoneador français Luc Jalabert. Il confirme à Madrid le 31 mai 1981 devant *Noguero*, toro de Félix Cameno, son parrain étant Luis Francisco Esplá et son témoin *Nimeño II*. Le 12 mai 1985, il confirme encore à Mexico devant *Gitano*, toro de Salitrillo, avec comme parrain Mariano Ramos et comme témoin Jorge Gutiérrez. À Madrid, le 2 août 1987, en compagnie de *Nimeño II* et de Juan Antonio Esplá, il coupe une oreille à chacun des ses adversaires provenant de l'élevage de Manuel Sánchez-Cobaleda. Souvent engagé avec deux autres maestros banderilleros, *Morenito de Maracay* a dépassé les 500 contrats en Europe et en a réalisé plus de 250 au Venezuela, chiffres qui témoignent d'une belle carrière. R.B.

NERVIO (*nerf*). Pour les uns, ce terme est synonyme de genio. Pour d'autres, il n'est qu'une nervosité au-dessus de la moyenne sans aucun des autres attributs traditionnellement conférés au genio.

NEVADO (*neigeux*). Toro présentant de petites taches blanches sur sa robe.

NIMEÑO II.
Voir MONTCOUQUIOL Christian.

NÎMES (France. Montpellier 50 km – Marseille 120 km). Avec ses monuments antiques exceptionnels, Nîmes a mérité le nom de « Rome française », tandis que son activité tauromachique importante, certains disent la plus importante du Midi taurin, lui a apporté celui de « Madrid française ». Situé au pied des garrigues, le site a été occupé depuis la plus haute Antiquité par la nation celte des Volques Arécomiques qui s'installèrent autour de la source bouillonnante. On y a retrouvé des traces d'habitat datant d'environ six siècles avant notre ère, s'étalant sur la colline qui était surmontée probablement d'une tour de guet, les habitations étant ceinturées par une muraille de protection. Avec la conquête romaine, Nîmes devient la ville la plus peuplée de la région et la capitale gauloise des Volques. C'est sous le principat d'Auguste que furent construits les principaux monuments autour de la source mais aussi, vers 5 apr. J.-C., la Maison Carrée. Quant à l'amphithéâtre, il date probablement de la fin du Ier siècle ou du début du IIe.

Après l'époque romaine, les passages successifs des envahisseurs et l'insécurité croissante amènent une diminution de la surface urbaine qui se concentre à l'intérieur de remparts dont le tracé est approximativement celui des boulevards ceinturant l'actuel écusson et s'explique par la présence des arènes qui deviennent un refuge dans lequel on pouvait résister en cas de nécessité.

Nîmes est occupée de 725 à 759 par les Arabes. Libérée, elle prend de l'importance dans le comté de Toulouse et les vicomtes de Nîmes domineront la région du IXe au XIe siècle. Dès cette époque est mentionné le *castrum arenae*, château des Arènes, qui est la possession des chevaliers des Arènes, lesquels joueront un rôle important dans la vie de la cité. Ils participent à l'obtention d'un consulat spécifique à Nîmes, qui se perpétuera jusqu'à la Révolution. À la suite de diverses calamités – peste en 1347 et 1348, occupation des Bourguignons, départ des banquiers et marchands italiens en 1441 –, la population chute jusqu'à seulement 3 000 habitants... Marquée par les guerres de Religion, la ville retrouvera progressivement sa prospérité, atteignant 40 000 habitants en 1800 et environ 80 000 un siècle après. Comptant moins de 90 000 habitants en 1957, elle s'accroît très rapidement ensuite (122 000 en 1968 et 135 000 actuellement).

Construit pour présenter au public des combats de gladiateurs, de bestiaires ou de chasses dans la piste, l'amphithéâtre nîmois se classe parmi les plus vastes – dans son aménagement actuel, il peut accueillir jusqu'à 15 000 spectateurs – et est sans conteste le mieux conservé puisqu'on peut le découvrir dans toute sa splendeur. En effet, dès le déclin de l'Empire, le monument a été entouré d'une imposante muraille avec des matériaux pris dans les nécropoles et édifices voisins, le transformant ainsi en forteresse. Cette réutilisation évita que l'ensemble ne serve de carrière pour la construction d'autres édifices. Utilisée par les chevaliers des Arènes, puis transformée en un véritable village, on expropria les divers propriétaires résidants entre 1809 et 1811 et il fallut attendre 1812 pour que commence son évacuation et sa remise en valeur, projet qu'avait déjà proposé François Ier lors de sa visite en 1516. On démolit d'abord les maisons et les constructions parasites jusqu'en 1813 afin de lui redonner son aspect primitif.

On ne peut donc parler d'inauguration du bâtiment. Après une période agitée au cours de laquelle différentes sortes de spectacles avec des taureaux camarguais furent organisées, ce n'est qu'en 1863, ainsi qu'en témoigne une affiche, que furent organisées, à l'occasion d'un concours régional agricole, des corridas avec toreros espagnols. Pour la corrida du 10 mai, Pagès, homme d'affaires, avait engagé *el Tato* et Ángel López *Regatero*, qui affrontèrent des taureaux de l'élevage camarguais des frères Coulomb. Les arènes étaient combles et cinq taureaux furent estoqués. Le sixième s'échappa en brisant une barrière et alla dans la garrigue où il fut abattu à la carabine le lendemain. La corrida du 14 mai présentait les mêmes toreros au cartel et des taureaux provenant du même élevage, mais il n'y eut que la moitié de spectateurs. Chaque année ou presque est organisée une corrida, et on verra même Mazzantini venir tuer deux toros le 2 septembre 1882.

En 1893, les choses deviennent plus sérieuses et on organisa sept corridas et une novillada. Le 25 juin, Joaquín Navarro *Quinito* coupe une oreille d'un Concha y Sierra, la première octroyée à Nîmes. Cette année-là *el Gallo*, *Bonarillo*, *Cara-Ancha*, *Espartero* et *Lagartijillo* vinrent dans les arènes face à des toros espagnols. En 1894, ce sont neuf corridas et une novillada qui sont à l'affiche et tous les grands maestros y participent. Une course était prévue le 30 septembre, mais le ministre de l'Intérieur envoya une circulaire interdisant les corridas. Nîmes décide de passer outre et programme une corrida de protestation le 14 octobre avec six toreros : *el Gallo, Bonarillo*, *Pepete*, *Quinito*, *Faíco* et *Litri* y figurent, en présence du poète Frédéric Mistral accueilli par les vingt mille aficionados debout. Le préfet porte plainte. Le juge, quinze jours après, décide de donner trois francs d'amende à l'organisateur et relaxe les toreros parce que « les taureaux sauvages ne sont pas domestiques » et que la loi Grammont ne s'applique pas. Commencent ensuite des années difficiles avec des interdictions à répétition. Mais l'afición ne désarme pas et chaque année des corridas sont organisées même si elles ne sont que deux en 1902 et 1903. Puis elles reprennent jusqu'au 28 juin 1914. Durant la guerre, de 1915 à 1919, aucune course n'est organisée. La reprise a lieu le 23 mai 1920 par une corrida de bienfaisance avec six toros offerts par des ganaderos et six toreros venus gracieusement : *Malla*, *Punteret*, Luis Freg, *Limeño, Saleri II*, Ernesto Pastor et le novillero Mariano Montes. Les corridas reprennent, en moyenne trois par an jusqu'à celle du

28 mai 1939, six toros de Conde de la Corte pour Lalanda, Ortega et Juanito Belmonte, car la guerre va encore faire ses ravages. Durant la Deuxième Guerre mondiale, des spectacles furent organisés avec du bétail élevé en Camargue ainsi que des capeas et des corridas équestres avec Emma Calais, cavalière locale.

La reprise aura lieu en 1946 avec six toros de *Pouly* pour *Carnicerito de México*, *Morenito de Valencia* et Paco Bernal qui vivait à Nîmes et prit une alternative de circonstance. Bon an mal an, trois ou quatre corridas et une ou deux novilladas sont organisées.

1952 inaugure la première féria de Nîmes qui commence le 30 mai par une capea et se poursuit par une corrida le 1er juin pour Pepe, Luis Miguel *Dominguín* et Rafael Ortega et une autre le 2 juin avec Luis Miguel *Dominguín*, Aparicio et Ordóñez. Les courses ne furent pas exceptionnelles, mais la féria était lancée. Ferdinand Aymé est directeur des arènes. Il le restera jusqu'en 1980, date à laquelle le matador nîmois *Simón Casas* emporte l'adjudication. Après trois ans, il n'est pas maintenu dans ses fonctions, mais Jean Bousquet, le nouveau maire, crée une régie municipale et *Casas* en assure la direction. Le nombre des spectacles augmente considérablement et la mise en service de la couverture des arènes permet la création d'une féria des Novilladas en février. On compte dix-huit spectacles en 1989 : huit novilladas et dix corridas ; vingt-sept en 1990 : treize novilladas et quatorze corridas ; vingt-cinq en 1991 : dix novilladas et quinze corridas. Mais les aficionados ne peuvent plus suivre financièrement.

À la suite d'un différend politique, *Casas* est démis de ses fonctions, mais devient prestataire de service, tandis que Pilès devient directeur artistique des arènes. En 2002, la société de *Simón Casas* emporte l'appel d'offre de mise en délégation de service public et devient à nouveau gestionnaire officiel des arènes. R.B.

NIÑO DE LA CAPEA el.
Voir GUTIÉRREZ MOYA Pedro.

NIÑO DE LA TAURINA.
Voir COLLADO GARCÍA Juan Carlos.

NIÑOS TOREROS (*enfants toreros*). Lorsqu'en 1997 un jeune Madrilène qui avait pris l'apodo de *el Juli* (Julián López) apparut sur les pistes des arènes, tous les spectateurs furent étonnés par son jeune âge, son apparente fragilité, son visage angélique, et les aficionados stupéfaits par sa maîtrise en piste, tant avec la cape qu'à la muleta, son engagement à l'épée, ses connaissances techniques, l'étendue et la variété de son répertoire, son autorité réelle et reconnue envers tous les membres de sa cuadrilla qui respectaient le maestro en germe et suivaient ses indications sans rechigner, même si certains de ses banderilleros exerçaient déjà avant sa naissance. Les opposants à la corrida se liguèrent avec les associations de protection de l'enfance et, exceptionnellement, menèrent un combat commun, arguant d'un texte de loi sur le travail des enfants âgés de moins de seize ans, pour faire rapidement interdire les apparitions, en France, de ce jeune phénomène. Ce n'était pas une première, car le jeune Galán avait déjà été exclu des arènes françaises.

Présenter de si jeunes toreros, à peine sortis de l'enfance et au seuil de l'adolescence, dans des combats tauromachiques, même avec des becerros généralement affrontés par des garçons de quatre à cinq ans plus âgés, pouvait heurter l'opinion, d'autant qu'à cet âge, on n'a nullement la moindre notion du danger et que les risques paraissent virtuels. Troublant aussi, qu'un si jeune garçon puisse ainsi manier l'épée de mort pour estoquer en public des animaux élevés pour cet usage.

Et pourtant, quand on considère l'Histoire, on s'aperçoit que les *niños toreros* furent nombreux, particulièrement à la fin du XIXe siècle, avant les lois sur la protection de l'enfance.

Au XVIIIe siècle en Espagne des enfants affrontaient déjà des becerros. Francisco Herrera Rodríguez *Curro Guillén*, né à Utrera le 16 novembre 1783, est chef de lidia à quinze ans, dans ce qui fut probablement la plus ancienne cuadrilla enfantine et qui allait de triomphe en triomphe.

Au début du XIXe siècle, la corrida s'est structurée et elle est devenue un spectacle largement répandu, mais c'est encore une corrida sanglante. Les très jeunes toreros combattaient uniquement des becerros, ce qui rendait le spectacle assez semblable à celui que l'on peut voir de nos jours en becerrada. Les cuadrillas enfantines se multiplient rapidement. Le 16 décembre 1838, on présenta à Madrid une cuadrilla d'« apprentis des abattoirs de la Ville » à laquelle participaient José Asuol et Victoriano Plaza comme espadas, Isidoro Domínguez et Pedro González comme banderilleros. Francisco Arjona Herrera, plus connu sous l'apodo de *Cúchares* et qui fit la brillante carrière que l'on sait, natif de Madrid (le 20 mai 1818) mais sévillan de cœur, s'inscrivit très jeune à l'École de tauromachie fondée en 1830 par le roi Ferdinand VII, première école de l'Histoire, et la seule à avoir été ainsi créée par décision royale. Dirigée dès son ouverture par un Pedro Romero retiré des ruedos, le jeune Francisco y fit son apprentissage et y estoquant ses premiers becerros. Il y rencontra une autre future figura : Francisco Montes *Paquiro*. *Cúchares* était toutefois issu du milieu taurin : son père, Manuel Arjona Sánchez, était un banderillero retiré des pistes et chargé de la distribution des viandes, et sa mère, María Herrera, la sœur du matador *Curro Guillén* ; quant à ses oncles et autres parents, ils étaient tous dans le métier, en particulier dans les cuadrillas de *Curro Guillén* et de *Costillares*. Bien que l'École eût fermé ses portes rapidement, *Cúchares* n'en continua pas moins dans la tauromachie en intégrant la cuadrilla du matador Juan León comme banderillero, en compagnie de Juan Pastor, Antonio Calzadilla et Yust. En 1858, dans l'équipe créée à Cordoue par Antonio Luques et José Sánchez, participait un jeune garçon de neuf ans : Rafael Molina *Lagartijo*. Cordoue semble avoir été d'ailleurs la ville la plus active à cet égard, puisque Francisco Rodríguez Caniqui y créa la cuadrilla des *Niños cordobeses* à laquelle participaient *Guerrita* et *Manene*. Cadix présenta une cuadrilla concurrente, avec le petit-fils du matador Manuel Díaz *Lavi*, Juan Díaz Jiménez, et Antonio Ortega *el Marinero*. À Almería, en 1886, Francisco Aloy Caldera monte la *Cuadrilla infantil almeriense*, avec España et Borinquero comme matadors. 1889 voit naître la plus fameuse des cuadrillas de jeunes toreros : les *Niños sevillanos*, avec Enrique Vargas *Minuto* et Francisco González *Faíco*. En 1898, le matador Rafael Sánchez *el Bebe*, retiré à la suite d'une profonde blessure à la jambe gauche qui nécessita l'amputation, dirigea la fameuse *Cuadrilla de los niños* de Cordoue qui se composait en particulier des banderilleros Juan Díos *Conejillo*, douze ans, neveu du matador *Conejito*, Rafael Sánchez *el Bebe*, onze ans, fils du matador *el Bebe*, Manuel Rodríguez Mojinillo, douze ans, Rafael Bejerano *Torerillo*, treize ans, neveu du matador *Torerito*, Manuel Martínez *Manene*, quatorze ans, de la famille des *Manene*, et comme espadas Manuel Rodríguez *el Bebe*, quatorze ans et Francisco Molina *Lagartijo menor*, quatorze ans, fils de Juan Molina et neveu du célèbre *Lagartijo*. Citons encore une cuadrilla barcelonaise avec *Patata* et Antonio Huguet *Mellaito*, et surtout celle créée à Séville en 1908 par José Martínez, qui comptait dans ses rangs deux futurs maestros de première importance : José Gómez Ortega *Gallito* — qui deviendra *Joselito* —, ainsi que José Garate *Limeño*, fils du banderillero Enrique Garate, mais aussi Rafael del Campo *Cara-Ancha*,

Enrique Pérez Cigarón, Francisco Carmona *Currillo*, José Pérez *Manchao.*

La présentation systématique de cuadrillas enfantines disparaîtra progressivement après la guerre. Exceptionnellement, de tout jeunes toreros, particulièrement doués comme matadors mais dont la précocité n'est pas toujours gage de continuité, combattront en piste accompagnés de cuadrillas d'adultes. Parmi les plus célèbres, Emilio Muñoz étonna par sa maîtrise, sa gestuelle, son sens du sitio et de la lidia. En France, il s'était présenté face à des becerros de Carlos Núñez, un matin de Pentecôte 1976, à Saint-Gilles-du-Gard, accompagné de Lauri Monzon, Patrick Varin et Guy Delhon qui, plus âgés, affrontaient des novillos de François André. C'est à Arles, le 19 septembre 1976, qu'il étonna encore lors de sa première novillada avec picadors, seul contre quatre adversaires de comportements variés. Beaucoup plus jeune, Juan Pedro Galán, de Jerez de la Frontera, était déjà vedette à neuf ans. Habillé de lumières, il était étonnant de temple et d'engagement, avec un sens exceptionnel du sitio et du rythme. Interdit en Espagne et en France (on ne le vit qu'une seule fois à Nîmes en nocturne), il fera une carrière précoce au Mexique avant de revenir toréer en Espagne, puis de prendre l'alternative au Puerto de Santa María et de faire une carrière terne et rapidement abrégée. À la même époque, José Antonio Galdón Valera, *el Niño de Belén*, neuf ans lui aussi, connut quelque succès avant de disparaître. On pourrait encore citer les César Pérez, Pepín Monje, Ángel Martín ou José Luis Cabrera, dont les prestations furent de courte durée. En France, il faut évoquer les débuts de deux jeunes garçons à peine âgés de dix ans, se produisant ensemble dans les années 1965-1966 : Christian Montcouquiol *Nimeño II* et Lucien Orlewsky *Chinito*... R.B.

NOBLESSE. Qualité d'un toro dont la charge est spontanée à chaque sollicitation, rectiligne, franche, en suivant idéalement tout déplacement de la cape ou de la muleta, sans donner le moindre coup de corne anarchique. La noblesse constitue un véritable joyau quand elle répond à deux conditions : qu'elle ne soit pas de la candeur naïve, qu'elle repose sur un fonds de bravoure. P.M.

NOVILLADA. Course de jeunes toros âgés de plus de deux ans et moins de trois s'il s'agit d'une novillada sans picadors, âgés de trois à quatre ans s'ils sont piqués et qui se déroule comme dans une corrida formelle. Les matadors sont appelés novilleros. Pour des spectateurs non avertis, rien ne distingue donc une novillada piquée d'une corrida formelle dans sa présentation et son déroulement.

La novillada n'était pas, autrefois, semblable à celle que nous connaissons. Oduaga-Zolarde la décrit ainsi en 1854 : « Petite course dans laquelle ne figurent que de jeunes taureaux ayant même les cornes tamponnées. Ces taureaux sont ordinairement combattus par des amateurs ou par des écarteurs spéciaux qui, parodiant toutes les passes d'une course de taureaux, provoquent l'hilarité des spectateurs au moyen de mille scènes burlesques, improvisées ou même préparées à l'avance. On fait usage, dans ces novilladas, de *dominguillos* qui sont des mannequins ordinairement formés d'une outre revêtue d'un costume quelconque, et dans laquelle se trouve un certain poids disposé de manière à ce que ces figures puissent toujours reprendre leur équilibre lorsque les coups du taureau les ont ébranlées ou jetées. L'acharnement de l'animal contre ces figures ainsi que leurs poses ridicules égaient extraordinairement les spectateurs. Pendant les mois d'hiver et ceux des grandes chaleurs, les courses de taureaux sont remplacées à Madrid par des novilladas ; ainsi on peut dire que les courses ont lieu dans la capitale de l'Espagne pendant toute l'année. » Il est vrai qu'en ce temps-là, l'apprentissage des toreros était totalement différent de celui qu'ils pratiquent de nos jours : ils franchissaient les degrés successifs, étant d'abord banderillero, puis sobresaliente de espada, ensuite media espada, segundo espada et enfin primer espada. Ce type d'apprentissage a totalement disparu de nos jours et les jeunes toreros suivent les cours d'écoles taurines spécialisées existant en Espagne et dans les plus grandes villes taurines de France. R.B.

Adolescent, le novillo entre plus volontiers dans le jeu qu'on lui propose. Son instinct de défense qui le pousse à faire usage de ses cornes reste en général modéré. Ainsi que sa force, puisqu'il n'a pas atteint son plein développement. Adversaire incomplet, sauf sous le rapport de la bravoure qui s'exprime par ses assauts répétés contre le picador et la promptitude de sa charge. Elle ne varie pas avec le temps et peut être considérée comme un attribut de naissance. Que donnerait-il, ce même animal, si on ne le livrait qu'à quatre ans révolus ?

Bien qu'elle ait ses fervents, la novillada n'attire guère la grande foule. C'est sans doute qu'elle apparaît à beaucoup comme une mini-corrida. Course d'apprentissage pour les acteurs, Hemingway ne la conseille pas moins au spectateur qui a tout à apprendre, lui aussi. Il découvrira mieux les fautes commises par les toreros en train de se pénétrer des règles du combat et il verra les accrochages qui en découlent. La novillada ou de l'importance de la technique dans l'arène, révélée par ses imperfections. Car le mécanisme du bon toreo, cet art d'utiliser sur-le-champ les connaissances face au fauve et de le dominer, demeure invisible à la plupart. L'agencement du chef-d'œuvre échappe.

L'art, toutefois, ne saurait y prendre sa véritable dimension, pratiqué avec des bêtes jeunes dont l'affrontement ne présente pas le même intérêt que celui des animaux arrivés à leur maturité. C'est dans le saut de trois à quatre ans que le caractère du fauve mûrit. Certains fers fourniront des novilladas maniables, nobles, mais les corridas sortiront dures ou broncas. Car le tempérament du bétail, son nerf, s'accuse avec l'âge. Nombre d'éleveurs n'ont pas le choix : s'ils veulent que les toros n'offrent pas trop de difficultés, ils doivent les vendre dans leur troisième année, donc ils les destinent aux novilladas. Seuls les élevages les plus réputés se permettront de réserver leurs produits aux corridas et en obtiendront un prix double. Au départ, nous avons donc rendez-vous avec un art mineur : la novillada, dont le rôle consiste à préparer la corrida qui la couronne.

Rien n'empêche les amateurs d'y pronostiquer l'avenir et de parier que tel débutant constitue une ferme promesse, qu'il a l'étoffe d'une vedette, et de s'attacher à ses progrès dans l'acquisition du métier nécessaire à l'épanouissement de ses dons, d'une semaine à l'autre. On ne tient pas un compte trop rigoureux des bêtes auxquelles il est en général opposé, pourvu qu'il s'améliore de fois en fois. Encore qu'il convienne de tenir en bride les enthousiasmes. On ne peut tout à fait juger un torero d'après ce qu'il a exécuté avec un fauve non adulte.

Le premier à parier sur un débutant et à deviner juste, c'est en principe son manager, son fondé de pouvoir, ou apoderado. Il aura découvert son talent devant une vache de tienta, au cours de cette épreuve de bravoure à quoi sont soumises les bêtes que l'on sélectionne pour reproduire – mais n'y pénètre pas qui le désire –, ou bien dans une course de village, une capea. La plupart des figuras de la tauromachie vous le confirmeront. Le téléphone arabe a fonctionné dès qu'elles commencèrent à s'exhiber, même dans les coins les plus reculés, des trous perdus. Des relais de messagers enthousiastes, d'informateurs plus ou moins intéressés, assurèrent une transmission rapide des nouvelles. Ceux qui avaient décelé leurs aptitudes et précipité leur destin durent les céder peu après à des managers plus puissants. Car on ne s'improvise pas parrain. On ne le reste pas d'un espoir qui tient ses promesses.

Abandonnons à ses prudences l'aficionado sévère qui refuse de s'emballer alors qu'un garçon s'emploie à fond avec le fauve pour le satisfaire. Il n'en est pas moins vrai que beaucoup d'apprentis qui débutent en bolide et arrivent en tête du classement des novilleros ne pourront se maintenir lorsque la cérémonie de l'alternative les aura consacrés comme toreros et qu'ils ne tarderont pas à rejoindre le tas des oubliés, le redoutable montón.

Une élévation prématurée se révèle souvent désastreuse. Si la meilleure discipline d'un débutant consiste à acquérir une sorte d'automatisme des réflexes en face des cornes et à s'y sentir à l'aise, il manque encore de bases solides. Trop tendre, il n'a pas eu le temps de s'endurcir et de développer une seconde nature à force de manier les toros avec une assurance croissante. Le Madrilène Ángel Teruel fournit le plus bel échantillon de carrière précoce de l'époque moderne. Les frères *Dominguín* s'attachèrent à le former par des moyens d'éducation mécanique ; encouragé par leurs conseils, il combattit une trentaine de bêtes en l'absence du public et se contenta de toréer 18 novilladas avec picadors, avant de se présenter à l'alternative, l'été 1967. Les qualités qu'on devait lui reconnaître restèrent cérébrales. Il paraissait si préoccupé à résoudre des problèmes ! À l'ordinaire, il pratiquait avec distinction un toreo classique, non dépourvu de grâce, mais ce style concerté à l'excès n'enchantait pas l'assistance. On l'appréciait, mais il ne vous enflammait pas. Ses facultés d'observation en éveil, il fut reçu au bout du compte, mais ne se libéra jamais complètement pour le choix d'une expression moins intellectuelle du toreo.

Artiste contestataire peut-être ! mais Manuel Benítez *el Cordobés* aura eu une formation autrement rigoureuse. Après la rude épreuve des capeas de village où il affronta des bêtes défectueuses, il participa en trois ans à plus de 200 novilladas avec picadors et il réussit à y parfaire sa technique personnelle et à y acquérir la connaissance de ses adversaires. Il fut promu matador le 25 mai 1963, à Cordoue, et sembla, dans sa première saison, ne se soucier que de saisir les spectateurs aux entrailles par son interprétation pathétique, par des démonstrations de pure audace, comme il l'avait toujours fait. Mais il comprenait vite et sa très grande pénétration lui permettra, après une soixantaine de corridas, d'abandonner ses corps à corps avec les toros pour lier sans perdre pied des dizaines et des dizaines de passes et de conserver le fauve hypnotisé par l'étoffe rouge, sur un même terrain, plus longuement qu'aucun de ses prédécesseurs ne s'y était risqué jusque-là. Il ne se contentait pas de penser avec discernement et de garder les idées claires devant les bêtes. Toutes ces novilladas l'avaient habitué à se laisser frôler par les cornes et à exercer son coup d'œil et ses réflexes. Ni son enthousiasme ni son courage ne l'abandonnèrent quand il dut se jeter dans la bataille des férias importantes.

La plupart des novilleros sont si peu payés qu'ils doivent de l'argent après la course. D'où la nécessité de bénéficier d'un parrain qui mise sur eux et qui règle les frais : gages de la cuadrilla (deux picadors, trois banderilleros et le porte-épée), déplacements, publicité. Pour peu que leurs dispositions se confirment et qu'on les croie capables de se maintenir à ce nouvel échelon, on hâte leur investiture. Parfois, le public ne déserte plus ces manifestations considérées comme inférieures aux corridas, il ne préfère plus les valeurs confirmées à un talent mal dégrossi mais que sa fureur de vaincre oblige à se dépenser sans compter.

S'il est le novillero qui a touché les plus gros cachets de l'histoire de la tauromachie, *el Cordobés* ne constitue pas une exception unique. Artiste jusqu'au bout des doigts, *Pepe Luis Vázquez* avait gagné en vingt-six mois de novilladas, de 1938 à 1940, de quoi se retirer, fortune faite. Dès sa première apparition, il séduisit Séville qui se reconnut tout de suite dans ce délicieux ciseleur d'arabesques au génie désinvolte. Réunis en tandem par leur manager *Camará*, deux autres apprentis toreros, Aparicio et *Litri*, firent eux aussi des salles combles. Ils connurent un tel succès, l'un par sa manière enjouée de mener le combat tambour battant, l'autre de pousser la témérité jusqu'aux apparences du suicide, qu'en 1949 et en 1950, le nombre de novilladas espagnoles dépassa très largement celui des corridas.

Peu de débutants ont cette chance. L'art est interprétation à peaufiner. Un jeune assez doué, s'il veut se mesurer aux fauves et les mieux comprendre, sans que son éducation entraîne la ruine de son parrain, devra la poursuivre au titre de maître, courir par là même le risque de décevoir. L'obligation de continuer à apprendre le métier dans la catégorie supérieure peut expliquer le nombre croissant de passages à vide qui conduit les nouveaux promus au bord de l'oubli pour de longs mois. J.M.M.

NOVILLERÍA. Classement (*escalafón*) spécifique des matadors novilleros avec picadors.

NOVILLERO. Professionnel qui combat des toros novillos. Les novilleros débutent dans des courses sans picadors dites « novilladas sans chevaux » ou « non piquées », puis accèdent, s'ils ont montré les qualités nécessaires, aux novilladas avec picadors, dites « novilladas piquées ». Lors du paséo et du déroulement de la course, ils toréent par ordre d'ancienneté relative à leur première présentation en novillada piquée. Si le novillero a fait sa « présentation à Madrid », c'est la date de cette course qui lui tient lieu d'ancienneté. R.B.

NOVILLO. Toro qui n'a pas encore atteint son total développement physique et qui est combattu en novillada. Il doit être âgé de trois à quatre ans, bien que l'on voie encore parfois des toros de quatre ou cinq ans être toréés en novillada dans certaines arènes et passer pour des novillos, malgré l'indication de leur année de naissance sur l'épaule, et il est qualifié de *limpio* s'il ne présente aucun défaut apparent, ou de *desecho* (défectueux) s'il présente une malformation physique, généralement des cornes, qui le rendrait impropre à sortir en corrida formelle. R.B.

NUMERACIÓN (*numérotation*). Lors de la séance du marquage (voir HIERRO), c'est l'apposition au fer rouge du numéro d'ordre de l'animal dans sa camada. Anecdote : le duc de Veragua refusait de numéroter ses toros et pour les reconnaître il avait ses recettes secrètes (emplacements variables des divers marquages, alternance de fers plus ou moins grands, procédés mnémotechniques personnels, etc.)

Rappelons également que dans beaucoup d'élevages on n'utilise pas le numéro 13, beaucoup de toreros refusant d'affronter des toros marqués de ce chiffre. P.M.

NÚÑEZ DEL CUVILLO Joaquín
Origine : José Luis Osborne-Carlos Núñez
Devise : blanc, vert et rouge
Ancienneté à Madrid : 13 mai 1991
Propriétés : « El Grullo » et « El Lanchar », Vejer de la Frontera (Cadix)

Lors de la division de l'élevage de Flores Albarrán, María Francisca Flores Sánchez récupère l'un des lots de toros. En 1957, elle vend sa part aux frères Osborne Domecq qui, par la suite, modifient le fer et éliminent les têtes de bétail antérieures. Ceux-ci reforment l'élevage avec des vaches et des étalons de José Luis Osborne Vázquez. En 1982, Joaquín Núñez del Cuvillo rachète l'intégralité du troupeau. Progressivement, il intègre au cheptel des vaches et des étalons de Juan Pedro Domecq, Marqués de Domecq, Sayalero y Bandrés et Torrealta.

Avec l'élevage de Juan Pedro Domecq, le fer de Joaquín Núñez del

Cuvillo fait partie des préférés des toreros. Aujourd'hui inscrit à l'Agrupación de Toros de Lidia, l'élevage de Joaquín Núñez est un de ceux qui fait combattre le plus grand nombre de toros sur une saison. Doté d'une camada immense (sur l'ensemble du troupeau, on trouve actuellement cent toros disponibles presque chaque année), il peut fournir facilement quinze corridas sur une seule saison. Sa devise, dirigée en faveur des toreros, ne peut être plus claire : « Nous recherchons un toro qui permette le triomphe au torero parce que son triomphe est également le nôtre. »

La progression de l'élevage de Joaquín Núñez est impressionnante depuis sa prise en charge du troupeau en 1982. Aux côtés de son fils Álvaro, Joaquín connaît ses premiers succès au cours de la saison 1983 lorsque le toro *Comilón* est honoré d'un tour de piste posthume à Tomelloso, dans la province de Ciudad Real. Les premiers toros portant son propre fer sortent en corrida au cours de la saison 1986, année où Joaquín Núñez finit de parfaire le sang de l'élevage par l'achat de nouvelles têtes de bétail. Sur le modèle de Juan Pedro Domecq, l'élevage de Joaquín Núñez del Cuvillo s'est modernisé sur de nombreux points. Depuis 1984, le jeu de tous les animaux de la propriété est enregistré en vidéo, de l'épreuve de la tienta jusqu'à la corrida de toros. Il conserve également toute la généalogie et les caractéristiques de son élevage (toros, vaches, étalons, etc.) dans son ordinateur. Entre 1999 et 2002, Joaquín Núñez del Cuvillo a vendu plus de quatre cents toros et novillos dans les plus grandes arènes de France et d'Espagne devenant, par la densité de sa sélection et son pouvoir commercial, l'un des éleveurs les plus importants du début du XXIe siècle. C.C.

NÚÑEZ ROMÁN Francisco, *Currillo*. Francisco Núñez Román *Currillo* a vu le jour le 22 décembre 1954 à Medina Sidonia (Cadix), terre de nombreux élevages de toros prestigieux. À peine âgé de dix ans, Francisco va défier sa première petite vache dans les arènes de tienta du célèbre éleveur-rejoneador Álvaro Domecq, dont la propriété de « Los Alburejos » est établie à Medina Sidonia.

Currillo participe à dix-sept novilladas puis prend l'alternative le 29 juillet 1973 à Jerez de la Frontera (Cadix) des mains de Luis Miguel *Dominguín* en présence de *Rafael de Paula* face à un toro des héritiers de Carlos Núñez. Le 25 mai 1977, il confirme son alternative à Madrid, des mains du matador mexicain Curro Rivera et en présence de Julio Robles. Le toro de la cérémonie, *Cobrador*, porte le fer de l'élevage d'Alonso Moreno de la Cova.

Torero populaire par excellence, *Currillo* goûta en de rares occasions aux corridas pour vedettes, même s'il lui arrivait parfois de se retrouver à l'affiche avec son parrain d'alternative, Luis Miguel *Dominguín*. *Currillo* connut une carrière honorable, sans atteindre de sommets, et fut souvent opposé à des élevages réputés difficiles. Parfois tremendiste mais bon lidiador, son style s'accordait bien avec le public dans des arènes de deuxième et troisième catégories. Il fut fréquemment à l'affiche des corridas d'Arles sous le règne de Pierre Pouly, devenant un torero très apprécié de l'afición du Sud-Est. Aujourd'hui retiré, il fêta ses vingt-cinq ans d'alternative le 5 juillet 1998 lors d'une cérémonie célébrée dans les arènes d'Arles à l'issue du paséo de la corrida réunissant *Chamaco* et Antoní Losada en mano a mano. C.C.

O

OCCITANIA Ganadería
Origines : Carlos Núñez et Marqués de Domecq
Devise : bleu et blanc
Ancienneté à Madrid : 10 juillet 1955
Propriété : « Mas d'Inthurn », Beaucaire, France

Créée en 1990 par Bernard Dombs, plus connu sous l'apodo de *Simón Casas*, ancien torero et premier ganadero français à s'inscrire à l'Unión de Criadores de Toros de Lidia.

Simón Casas, compte tenu de sa modeste prestation lors de son alternative, décide de ranger le costume de lumières. Par la suite, il devient empresa des arènes de Nîmes mais aussi de plusieurs plazas importantes d'Espagne et apoderado de quelques figuras du toreo. Associé à Enrique Patón et Roberto Espinosa, il décide en 1991 de devenir ganadero. Il achète à l'UCTL un fer que possédait Carolina Díez Mahou depuis 1965, formé en 1951 avec du bétail d'origine Santa Coloma acheté à Aleas et Buendía par la ganadera madrilène María Dolores de Juana de Cervantes.

Simón Casas élimine tout le bétail qui composait l'élevage et garde seulement le fer, conservant ainsi l'ancienneté à Madrid du 10 juillet 1955. Il forme une nouvelle ganaderia avec un nombre important de vaches et sementales d'origine El Rincón provenant de la ganaderia González Sánchez Dalp. À ce bétail de Núñez, il ajoute un lot de vaches de Marqués de Domecq, achetées à Gonzalo Domecq. Il regroupe son cheptel de pur encaste Parladé-Conde de la Corte, dans une finca du midi de la France, le « Mas d'Inthurn », située entre Nîmes et Arles. Sa première corrida a été lidiée dans les arènes de Collioure le 16 août 1997. Cinq oreilles furent accordées, dont quatre à Richard Milian. Puis trois sobreros décevants sortiront à Nîmes entre le 19 et 20 septembre 1997. La novillada d'Alès du 27 mai 2001 fut intéressante. Ch.C.

ODORAT. Ce sens est particulièrement développé chez le toro : nombreux sont les exemples de toros s'étant échappés d'un encierro lointain et qui ont su parfaitement retrouver le chemin de la ganaderia, probablement guidés par d'infinitésimales odeurs (les phéromones) apportées par le vent. L'odorat joue également un rôle primordial bien connu dans la sexualité du toro par l'annonce faite à distance que telle ou telle femelle est en période réceptive. Son importance n'est pas moindre en ce qui concerne l'alimentation : le toro examine avec un soin tout particulier ses aliments, les flaire longuement, écarte éventuellement toute substance vénéneuse ou contraire à sa santé. Les éleveurs connaissent bien l'exemple de toros qui, malgré la chaleur, sont restés une journée sans boire parce qu'on avait changé non pas leur eau mais leur abreuvoir : passant d'une vieille auge en métal plus ou moins rouillé ou d'une antique baignoire déclassée pour un abreuvoir tout neuf en PVC par exemple, leur odorat leur indique immédiatement qu'il y a eu un changement, ce qui suscite perplexité et prudence.

Quand quelques jours avant une corrida on débarque les toros un à un, chaque nouveau débarqué est habituellement mal accueilli par les précédents alors qu'il est issu de la même ganaderia, généralement de la même camada et que ces animaux se connaissent donc de longue date. Les choses s'arrangent très rapidement, chaque nouvel arrivant est généralement vite agréé et retrouve sa place dans le groupe. Cette attitude apparemment querelleuse n'est pas un acte d'essence belliqueuse : elle constitue simplement un examen de passage destiné à effectuer ce que les zoologistes appellent la « reconnaissance de l'espèce », sorte de vérification d'identité, de conformité vis-à-vis des membres du groupe. En ce cas, le toro, outre sa propre odeur connue de ses congénères, possède également l'odeur du groupe et se voit donc déclaré conforme. En revanche, si l'animal appartient à une autre ganaderia, il est généralement refoulé de manière très énergique. On devra le placer dans un autre enclos. Pis encore : si pour une cause quelconque (raison sanitaire, par exemple) un toro est provisoirement retiré de son groupe habituel, audelà de quelques jours il aura toutes les peines du monde à réintégrer la communauté. Il pourra se voir persécuté par tous les membres du groupe et définitivement exclu, comme si son exil provisoire avait été considéré comme une sorte de démission sans appel. Dans ce genre de comportement il y a fermeture du groupe, phénomène d'intolérance, réflexe de rejet vis-à-vis d'un animal venu (ou revenu) de l'extérieur. Or, ce n'est probablement pas sur des critères strictement visuels que les contestataires bâtissent leur attitude qui peut devenir franchement agressive.

L'odorat du toro joue-t-il un rôle dans la lidia ? Très certainement quand on connaît son importance dans les autres séquences de sa vie. En ce qui concerne les cinq sens – vue, ouïe, odorat, toucher, goût – les deux derniers ne sont évidemment pas sollicités pendant la corrida. Quant à l'ouïe, si développée chez le toro, on pourrait dire que si elle est mise à contribution par les toreros qui « toréent à la voix », le nombre de ces derniers n'est pas majoritaire. Ce n'est pas une condition impérative de la lidia. Et puis ce procédé est plus incitatif qu'autre chose, sorte de toque sonore pour animal tardo, ou manie consistant à se donner du courage. Au milieu de la musique, des réactions sonores du public, des interpellations tonitruantes de certains spectateurs indélicats, des conseils ou encouragements venus du callejón, le toro n'a pas la capacité de faire un tri sélectif et de privilégier la voix du maestro. La vue semblerait être l'organe essentiel, mais on ne doit pas oublier qu'elle est souvent médiocre de près (voir VISION DU TORO). D'après le Dr Dalouède, vétérinaire, « le toro voit trouble ce qui est à courte distance ». La vision se détériore très souvent à mesure que se déroule le combat en raison de la vasoconstriction et de l'ischémie cérébrale. Il serait bien étonnant dans ce contexte que l'odorat, si important dans la vie quotidienne du toro, ne joue aucun rôle dans le ruedo, ne serait-ce qu'en palliant la baisse de l'acuité visuelle durant la faena. Or le toro a pratiquement en permanence la muleta sous le mufle et elle acquiert progressivement une odeur spécifique (sang, sable, traces d'excréments).

En fin de faena, s'il est traditionnel de dire que la vue du toro se brouille, se congestionne suite aux nombreuses épreuves qu'il a subies, comment expliquer qu'un tel animal puisse suivre aussi fidèlement les indications millimétrées du maestro s'il n'est pas guidé par autre chose que sa vision, un guide très certainement constitué par la trace (dans le sens cynégétique du terme) de la muleta ? Comment ne pas imaginer la conjonction des deux, vue et odorat réunis ? Avec peut-être la prééminence de l'odorat ?

Par suite de la cogida, le toro a enfin réalisé l'objectif qu'il poursuit depuis sa sortie en piste : il a mis ses cornes (et son mufle) sur son adversaire et l'a donc encore mieux identifié (« *Hace por el bulto* »). Ensuite, à cause de cette cogida, le torero fait immédiatement une poussée d'adrénaline importante, une aubaine pour un animal agressif dont le flair est développé. P.M.

ŒIL.
Voir VISION DU TORO.

OJALADO (de *ojal*, boutonnière). Petite traînée plus claire sous l'œil se dirigeant vers le bas, comme une larme.

OJEDA GONZÁLEZ Francisco Manuel, *Paco Ojeda*. Il était difficile d'imaginer, en voyant débuter ce novillero de vingt-deux ans (ce qui est un âge très avancé pour entrer dans la carrière), qu'il atteindrait les sommets de la gloire quelques années après et marquerait de son sceau la nouvelle génération des novilleros qui n'auront de cesse de toréer à sa manière.

Né le 6 octobre 1955 à Sanlúcar de Barrameda, province de Cadix, dans une famille de neuf enfants, Francisco va grandir dans ce milieu très marqué par l'environnement des élevages, et il rêve comme beaucoup d'enfants de son âge de devenir torero. Il prend part à une course dans sa ville le 29 juin 1977 et à Madrid, aux arènes de Carabanchel, le 7 août suivant. Il saisit toutes les opportunités qui se présentent et on remarque sa manière si particulière d'attendre la charge de l'animal avec une sérénité hors du commun, sa façon de le conduire étonnante. Le 20 mai 1979, il coupe trois oreilles à des toros de Diego Romero dans la Real Maestranza sévillane, en compagnie d'Antonio Ramón Jiménez et de Manuel Rodríguez *el Mangui*. Il a démontré une très grande originalité et une volonté exceptionnelle, travaillant dans un terrain réduit et avec une lenteur souveraine.

Après seulement une trentaine de novilladas piquées, il est sacré matador de toros, le 22 juillet 1979, par Santiago Martín *el Viti* qui lui cède un toro de la ganaderia de Carlos Núñez en présence de José Luis *Galloso*. Mais Paco Ojeda n'arrive pas à s'imposer devant le toro de quatre ans et ne peut renouveler les faenas qu'il exécutait en tant que novillero. En 1980, il ne participe qu'à 17 corridas, sans pouvoir triompher vraiment. En 1981, Ojeda est presque tombé dans l'oubli et ne signe plus que 6 contrats, contraint d'affronter des toros en provenance de ganaderias dites dures. Il s'accroche et trouve les moyens d'affiner son style, d'augmenter son dominio et la profondeur de son toreo, tout en affirmant sa personnalité, face à des toros difficiles.

Le 25 juillet 1982, il confirme à Madrid, dans l'indifférence. Face à un toro de Cortijoliva, il est sacré matador par José Luis Parada en présence de Francisco Regajo *Gallito de Zafra* et, s'il ne fait qu'une vuelta au second adversaire, le public remarque son originalité.

Il débute en France à Béziers le 15 août 1982 devant des toros d'Atanasio Fernández, en alternance avec Christian Montcouquiol *Nimeño II* et José Cubero *Yiyo* ; il coupe 1, puis 2 oreilles. En fin de temporada, à Séville, le 12 octobre 1982, il coupe 4 oreilles à des toros de Manuel González et sort par la Porte du Prince. Il n'atteint que 14 contrats.

Il débute à Lima à Plaza Acho, le 16 octobre 1983, devant un toro de Jandilla avec Pedro Gutiérrez *el Niño de la Capea* et Juan Ruiz *Espartaco*.

1983 le place définitivement en haut de l'escalafón avec 85 corridas et des triomphes majeurs dans les plus grandes plazas : Madrid, Séville, Nîmes, où il est acclamé, adulé et devient une vedette reconnue, incontestée, imitée.

Il a imposé un style très personnel, issu de celui que pratiquait Dámaso González. Mais certains toros n'acceptent pas cette manière de toréer et ne se prêtent pas à ce dialogue et les critiques l'interprètent en lui reprochant une passe trop courte, un manque de domination, une exécution qui laisse à désirer, le fait qu'il ne charge pas la suerte, un toreo sans profondeur... gâchant ainsi le plaisir qu'ils avaient pu éprouver les fois précédentes.

Mais qu'importe à Ojeda, qui marque le toreo de son sceau. Sa manière d'attendre la charge est impressionnante. Il reste imperturbable et si le toro s'arrête, il immobilise la main, citant à nouveau et reprenant le geste dans sa continuité. Si la corne le frôle, il demeure dans une immobilité qui crée l'intensité de l'émotion. La muleta se fait douce et caresse le sable, elle est tentatrice, toujours proche du mufle, mais celui-ci ne peut jamais l'atteindre, elle rythme ses déplacements sur celui du toro et, progressivement, amène celui-ci à suivre sa cadence qui se ralentit, alors que le leurre trace des itinéraires complexes dans un enchaînement subtil qui emporte le toro fasciné et hypnotisé vers des territoires qu'il ne partage qu'avec le matador. Ce dialogue qui s'instaure entre l'homme et l'animal étonne les spectateurs et les fascine ensuite. Sur la piste, Ojeda est le maître des lieux et des hommes, maestro qui suscite l'enchantement collectif jusqu'à ce que l'acier tranche subitement ces liens invisibles.

En pleine gloire, lors de la temporada 1988, il annonce qu'il quitte les ruedos pour s'occuper de sa ganaderia. Il revient pourtant en 1991 et en 1994, participe à 22 corridas, mais coupe seulement 6 oreilles. Ojeda préfère s'arrêter mais il revient encore en 1996 comme rejoneador, s'imposant rapidement comme cavalier. En rivalité avec des vedettes telles que Hermoso de Mendoza ou *Andy Cartagena*, il n'arrive pas à atteindre les sommets qui firent sa gloire.

Il revient au toreo à pied et confirme son alternative à Mexico, le 3 février 2002, devant *Bienvenido*, toro de la ganaderia de Teófilo Gómez, avec Espinosa *Armillita* comme parrain et Enrique Ponce et Rafael Ortega comme témoins. Lors de la féria du Cinquantenaire, à Nîmes, le 17 mai 2002 au matin, en mano a mano avec Manuel Benítez *el Cordobés*, il retrouve la pureté de ses gestes d'antan et coupe 1 puis 2 oreilles à des toros de Juan Pedro Domecq, renouant avec le succès. R.B.

Paco Ojeda se fera connaître sous le surnom d'*el Latero* (le ferblantier) qui lui vient de son grand-père, ramasseur de boîtes de conserve. Il s'affuble de ce sobriquet trivial comme *el Cordobés* naguère adopta celui d'*el Renco* (le boiteux) pour affirmer une orgueilleuse revendication. Ce qu'on garde en soi dans une région secrète, qu'on entretient comme une blessure avec rage et fierté, et qui vous illumine à l'heure dite. Durant trois années, Paco Ojeda, fils de berger, né en plein champ, conservera ce pseudonyme qui le rattache à son humble origine.

Barcelone, juin 1983. Mal servi par un lot impropre au succès, Paco Ojeda n'a pu tenir les promesses de l'affiche qu'il est devenu en quelques semaines sur l'ensemble de la planète des toros. Au milieu des sifflets et des coussins qui voltigent à l'adresse de l'espoir de Sanlúcar de Barrameda, fuse le dernier slogan à la mode : « Le double d'*el Cordobés.* » C'était saluer par un rapprochement significatif, bien que trop simplificateur, la corrida indisciplinée, profuse et fastueuse, de l'ancien et du nouveau, qui se rencontraient à la porte.

Torero de l'à-propos, du pouvoir de choc, du public tenu en haleine, *el Cordobés* distrayait le fauve par des tours d'adresse et de passe-passe au début et en fin de faena. Capable de lier ses passes naturelles par dizaines presque sans bouger, il construisait le plus rigoureux labyrinthe de lignes dont le toro ne sortirait pas. Ojeda semblait mener son adversaire, dans un dédale de directions entrecroisées, de couloirs énigmatiques, de mirages en sortilèges. Mais qui était le moins déchiffrable, qui le plus dominateur ?

L'un et l'autre s'emparaient d'emblée et avec une égale conviction du terrain du toro. Ils le foulaient dès la première passe, s'y accrochaient et ne s'en laissaient plus déloger. Même attente imperturbable de la charge, même précision de l'appel de la muleta ou toque qui estimait la force et la vitesse d'attaque au millimètre, à la fraction de seconde près. Dans ce peu d'espace, les séries s'enchaînaient sans solution de continuité, supprimaient les pauses que l'on aurait jugées indispensables, ne cessaient de prolonger l'élan ininterrompu.

Le toro capté n'est plus lâché. Tout répit ne lui sera accordé qu'à regret par une muleta qui le harcèle de ses exigences, à deux doigts du berceau des cornes. On reproche à *el Cordobés* d'étouffer le fauve. De la même manière, Ojeda se livre à une oppressante invasion de son territoire et réduit ses initiatives à force de s'exposer à proximité.

Le jeu va prendre fin, parce que trop serré et d'un enchaînement trop rigoureux où achève de s'amenuiser la marge de sécurité du torero. Cependant, une nouvelle passe surgit qui fait rugir de joie les spectateurs. Celle-là, *el Cordobés* pouvait seul la tirer, elle est l'incomparable, jaillie du contrôle constant exercé sur l'adversaire, elle éclôt quand tout devrait retomber. Plus que son cadet, il prolonge les figures classiques entre deux feux d'artifice éblouissants. Paco Ojeda multiplie avec sa muleta les itinéraires inverses, les apparents contrordres, les machines arrière, dont l'improvisation insolite déconcerterait s'il n'avait le génie de les amalgamer en un tout qui les unifie et les rééquilibre dans sa geste. Il avance l'étoffe pour déclencher la charge et se fend parfois en un léger trois quarts. Il augmente le premier temps de la passe qui va chercher le fauve et le provoque. Quand la ronde se referme, certains désarmés qu'il lui arrive de subir sont dus à une obsession de la lenteur, qui n'a pas le temps ni la place de freiner l'immédiat retour de l'adversaire.

Dans l'épreuve du combat rituel, *el Cordobés* mettait l'âme de son peuple à nu. Il jouait sa peau, mais savait rire à la minute la plus dramatique, la plus exposée. C'est le seul torero que j'ai vu hilare alors que les cornes du toro le cherchaient à terre et ne l'avaient pas encore dépassé. Au cours de son apothéose de septembre 1982 à Jerez, le sourire de Paco Ojeda, promené en triomphe par la ferveur populaire, restait méditatif, son regard perdu. Il avait atteint les plus hauts sommets, il le constatait. Mais de ce songe victorieux, il s'était réveillé, une première fois, sans douceur, et il conservait la gravité du paysan qui n'oublie pas les intempéries et que la récolte peut se trouver demain remise en question, qu'avec la terre le pire est souvent certain.

Fallait-il que l'interprétation très personnelle du toreo par Paco Ojeda tranchât sur celle de son prédécesseur pour que tout apparentement entre eux parût relever du paradoxe ? Leurs personnalités distinctes semblaient avoir d'abord occulté qu'ils pratiquaient une technique de combat assez proche. Même violation de l'espace de la bête. Même souci constant de maintenir le jeu à la pointe des cornes, de se passer le fauve à la ceinture, de le garder dans un mouchoir de poche sans le laisser souffler ni lui permettre de se reprendre.

L'artiste de classe confère à des prouesses entrevues une fraîcheur et un éclat qui les rénovent. S'il s'agit pour tout créateur d'émouvoir le public, admirons Paco Ojeda d'être parvenu à bouleverser ceux qu'on croyait hostiles à une manière et à certains procédés qu'*el Cordobés* illustra au cours d'une décennie où il imposa sa loi sans appel.

L'un et l'autre toreros apparaissent comme les enfants du miracle. Le rude *el Cordobés* ne représente d'abord qu'un suicidaire promis au coup de corne qui le détruira sous peu. Paco Ojeda sort de l'obscurité la plus complète pour monter tout de suite au firmament, telle une étoile de première grandeur, et en dégringoler presque aussi vite. L'administration *Camará* et ses exigences commerciales, le rendement systématique, les passes à la chaîne et le moule uniforme qui conviennent si bien aux tempéraments moins accusés atrophient les créateurs. « Vous qui entrez dans l'écurie, laissez à la porte toute individualité. » En quelques mois, Paco Ojeda cessera d'exister. Personne ne le verra évoluer. C'est dans la solitude, loin des arènes où l'on ne veut plus de lui, qu'il confirme sa vocation. L'effet de choc sur les spectateurs médusés lui permet d'atteindre la suprématie en quatre ou cinq soirées de la fin de 1982.

La seconde ascension de Paco Ojeda fut aussi fulgurante que la première. Il eut quand même quelques difficultés prévisibles à se maintenir au cours de la saison suivante à un si haut niveau. Les rouages grippent, la délicate horlogerie de son toreo s'enraye.

Lorsque le fil de l'hypnose, grâce à quoi *el Cordobés* maintenait l'attention du toro fixée sur le leurre, se distendait, nous assistions à des empoignades, à des manières de corps à corps, à mille bravades et autres excentricités qui lui aliénaient les puristes, mais lui ralliaient tous les publics. De la sorte, cette bête de spectacle pouvait remplir les cent cinquante contrats par an. L'hiver, il poursuivait sa tournée aux Amériques, et cela dura une décennie. Le délicat, le fin et fragile Ojeda s'essoufflait et ne pouvait prétendre honorer qu'un nombre restreint de contrats avec ses visions pures, ses tracés de féerie à un fauve surgi des marais de l'enfance et d'un Sanlúcar du bout du monde.

La leçon porte ses fruits quand l'essentiel renaît dont on n'avait jusqu'ici reproduit que la part la plus contestable. La tonalité, la couleur, les sensibilités diffèrent ! Plus âpre, plus heurté, plus rocailleux avec ce quelque chose de fiévreux, de brûlé et d'aride de la haute Andalousie des montagnes dans le style d'*el Cordobés*. Plus moelleux, plus apaisé, avec des inflexions plus caressantes, des alanguissements inattendus chez Ojeda, homme des lagunes, des dunes de l'embouchure du Guadalquivir.

Paco Ojeda marquera une époque et la contagion de son influence sera telle que, de nombre de ses rivaux, l'on en arrivera à déclarer un jour ou l'autre qu'ils « ojedisent ». Combien il a dû détester l'acidité de cette formule : « *Ojeda ojedizando* » (Ojeda est en train d'ojediser). On souligne par là qu'il souffrirait d'une contagion de sa propre influence et s'imiterait lui-même. Alors qu'il aspire à improviser sans cesse, qu'il a un tel besoin de s'oxygéner et déclare au critique Jacques Durand, dans son désir de rester inclassable : « Chaque matin, je vais devant le Guadalquivir pour tout jeter. » J.M.M.

À réfléchir sur la tauromachie de Paco Ojeda une image s'impose : celle du labyrinthe. Ojeda entraîne ses toros dans un lacis inextricable de passes, dans un dédale coercitif, dans une grille si aliénante et si concentrée sur le même espace que son adversaire ne peut plus en sortir et se heurte, à chaque détour, à cette architecture hermétique et à cet architecte impassible. La volonté de puissance d'Ojeda ne lâche jamais cette proie qui piétine sans cesse son ombre. Ojeda la saisit, l'entraîne sur un chemin dépourvu d'escapades, la harcèle toujours à coups de passes sans fin et l'insère, de force, dans une syntaxe ronde et en fer. Il y a des tauromachies ouvertes, aérées, centrifuges, tangentielles, disloquées, en virgules. Celle d'Ojeda est compacte, concentrationnaire, en huis clos. L'oppression qu'Ojeda fait subir à ses toros en les privant d'espace a peut-être sa source dans la propre géologie mentale de ce torero laconique et qui répond aux questions par des interrogations. Tout se passe comme si le solitaire Ojeda avait un compte à régler avec la solitude de cet animal-là, dont il dit qu'il est le seul animal à n'avoir pas d'amis. Puis, l'épée en main, il se jette sur lui sans à peine détourner sa charge. Il semble s'élancer sur cette masse noire, non pour la faire tomber mais pour s'enfoncer en elle, l'anéantir et peut-être lui avec elle. Il n'esquive pas. Il est comme un arbre et sa muleta bouge au bout de son bras comme une simple feuille. Certains ont reproché à Ojeda de faire toujours le même numéro. Il ne fait pas un numéro. Il torée comme il est et en toréant il devient ce qu'il est au plus profond de lui. En toréant silencieusement pour lui, il s'adresse à ce chacun qui, multiplié par 10 ou 20 000, constitue une foule dans une plaza de toros. La tauromachie d'Ojeda a explosé devant *Chulón*, n° 80, 510 kg, la nuit du 21 août 1982, dans les arènes du Puerto de Santa María où l'éleveur Osborne avait mené six toros blancs... La tauromachie schizophrénique d'Ojeda s'était forgée à vingt kilomètres de là, la nuit également, dans les marais du delta du Guadalquivir face à Sanlúcar de Barrameda, sa ville natale, à l'embouchure du fleuve. Que son style renfermé et sa personnalité sombre aient poussé et se soient vivifiés à Sanlúcar de Barrameda n'étonnera pas ceux qui ont aperçu derrière l'apparente gaieté de cette ville dévorée par la pauvreté quelque chose d'autre et de plus intériorisé. Sanlúcar est un Sud ultime et éperdu face au sauvage : l'océan, la Marisma, ce Tartare mythologique où Zeus précipitait ses ennemis. Sanlúcar tourne le dos à la Basse-Andalousie pour regarder devant elle cet océan longtemps considéré comme les confins de l'humain et un monstre hostile. La tauromachie d'Ojeda montre ainsi ce Sud. Pas le Sud de la jovialité forcée, pas le Sud débonnaire, pas le Sud ouvert de part en part. Son Sud n'est pas un Midi et sa tauromachie est un Finistère. J.D.

(P) **OJEDA GONZÁLEZ**
Francisco
Origine : Juan Pedro Domecq
Devise : ciel et blanc
Ancienneté à Madrid : 11 mai 1998
Propriété : « Dehasa El Freixo », Olivenza (Badajoz)

Élevage situé dans la province de Badajoz, dont on trouve les premières origines en 1938 lorsque José Enrique Calderón achète à Salvador Domecq y Díez un lot de vaches d'origine Veragua, Mora Figueroa et Conde de la Corte. En 1946, l'élevage est annoncé au nom des héritiers de José Enrique Calderón et en 1949, il est divisé, un lot revenant avec fer et devise à Manuel Alfonso Calderón Alcalde, qui le revend six ans plus tard à Raimunda Moreno de Guerra. Ses héritiers l'annoncent à leur nom en 1960. En 1964, l'élevage est vendu à José Flores González et à ses fils, qui lui donnent le nom de « Monte de San Miguel », puis, en 1967, au nom des frères Flores Cubero. María Coronel et Marcos Núñez l'achètent en 1973 et le revendent l'année suivante aux Portugais Manuel et Carlos Veiga. En 1975, l'élevage change encore de propriétaire et passe une nouvelle fois aux mains de la famille Núñez Moreno de Guerra. En 1987, l'élevage est acheté par le célèbre matador Francisco Ojeda González, qui élimine le sang précédent et forme sa ganaderia avec des vaches et des étalons de son beau-père, José Luis Marca Rodrigo, de pure origine Juan Pedro Domecq. Ce nouvel élevage acquiert son ancienneté à Madrid le 11 mai 1998 lors d'une novillada au cours de laquelle cinq novillos (plus un d'Alejandro Vázquez) sont combattus par Domingo López-Chaves, Ángel Gómez Escorial et Alberto Ramírez. En 2000, José Luis Iniesta a racheté cet élevage. Il l'annonce désormais sous son propre nom et a dessiné un nouveau fer ; cette modification lui a fait perdre, *de facto*, l'ancienneté à Madrid. R.A.

OJINEGRO. Cercle noir autour des yeux.

OJO DE PERDIZ (*œil de perdrix*). L'œil est entouré d'un cercle très clair. C'est presque toujours une constante chez les toros colorados.

OLÉ ! Équivalent de « bravo ! ». Interjection marquant, par les divers degrés de son intensité, la satisfaction des aficionados lors du déroulement des passes de muleta en particulier. D'origine incertaine, il est possible que ce soit la transformation progressive de l'expression arabe *wallah* signifiant « par Dieu ! », que l'on emploie d'une manière admirative, comme il se peut que ce soit une exclamation spécifiquement populaire. R.B.

OLIVA BARÓ Emilio. Après 88 novilladas, Emilio Oliva Baró, né à Madrid le 3 décembre 1963, reçoit l'alternative des mains de *Rafael de Paula* en présence de José Luis *Galloso*, devant *Bocinazo*, toro de Gabriel Rojas à qui il coupe une oreille, le 19 mars 1985 dans les arènes de Puerto de Santa María, province de Cadix. Il confirme à Madrid le 26 mai avec Ruiz Miguel comme parrain et Luis Reina comme témoin, devant *Grapero*, toro de Pablo Romero. Ses débuts en Amérique ont lieu le 9 juin 1985 à Caracas, au Venezuela, devant des toros de Los Guayabitas, avec comme compagnons de cartel Gabriel de la Casa et Bernardo *Valencia*. Il débute en France le 14 juillet 1985 à Fréjus, avec Raúl Aranda et Roberto Domínguez face à des toros de Los Eulogios. R.B.

OLIVEIRA JORGE Manuel de. Rejoneador portugais né le 23 février 1959 à Azamboja, il reçoit l'alternative le 2 juin 1977 à Campo Pequenho des mains de José Mestres Baptista. Il se présente à Madrid le 27 mai 1979 en compagnie d'Ángel et Rafael Peralta et de José Juan Zoio, face à des toros de Manuel Sánchez Cobaleda et de la ganaderia de Salamanca. Il coupe une oreille à chacun de ses toros. En 1981 et 1982, il est en tête du classement des rejoneadores. En 1986, il fait vingt-huit paséos dont trois en France. Toujours en activité en 2001, il ne se produit plus qu'au Portugal. J.C.D.

OLIVEIRAS IRMÃOS

Origine : Parladé-Pinto Barreiros

Devise : vert et blanc

Ancienneté à Madrid : 25 septembre 1988

Propriétés : « Baracha » et « Mijadoiro », Samora Correia (Ribatejo), Portugal

Dans la région du Ribatejo, Antonio Oliveiras Durao était connu comme agriculteur et éleveur de chevaux. Il décide, dans les années 1940, de devenir éleveur de toros et achète des vaches et des étalons de plusieurs ganaderias, notamment celles de Claudio Moura, Pinto Barreiros et Infante da Cámara, puis dessine le fer qui marque l'élevage de nos jours. Plus tard, en 1950, il ajoute un semental d'origine Murube d'Antonio Urquijo, puis trois ans après un lot de vaches d'Ignacio Vázquez d'origine Parladé.

En 1963, la ganaderia est acquise par les ganaderos actuels, les Oliveiras Irmãos, qui, la même année, adhéreront à l'Unión de Criadores de Toros de Lidia. La propriété « Baracha », située près de Lisbonne dans le Ribatejo, est voisine d'élevages célèbres pour leurs toros, mais aussi pour leurs chevaux. Ici vivent tous les membres de la grande famille Oliveiras de la quatrième génération. La propriété possède une partie basse comparable à la Marisma et idéale pour des pâturages printaniers. La partie haute est composée de chênes verts centenaires et de vieux chênes-lièges. Dirigés par Eduardo Oliveiras, les tentaderos se déroulent en hiver.

Les toros d'Oliveiras ont un pelage généralement noir brillant ; souvent courts sur pattes, ils sont imposants, possèdent des cornes développées, larges, de couleurs blanches et astifinas. D'un comportement plus brave que noble, ils dégagent une réelle impression de puissance. Le bétail de cet élevage a renouvelé le sang d'élevages portugais comme celui de Conde de

Cabral ou bien de Cunhal Patricio qui, en 1967 et 1968, achetèrent vaches et sementales. Ch.C.

OPPORTUNITÉ. C'est un terme courant en tauromachie, qui désigne l'occasion favorable recherchée par les novilleros encore inconnus ou par les matadors ayant peu de contrats de montrer leurs capacités en piste et ainsi d'être retenus pour entrer dans un cartel, en espérant signer d'autres contrats. Certains toreros, qui désespéraient de pouvoir sortir de l'anonymat, ont eu un jour l'opportunité de remplacer un autre torero indisponible et ont ainsi commencé leur carrière. Tel fut le cas de Rincón à Madrid. R.B.

ORDÓÑEZ ARAUJO Antonio. Antonio Ordóñez Araujo, fils du *Niño de la Palma*, est né à Ronda, province de Málaga, le 16 février 1932. Il commence à toréer en 1948 et prend l'alternative le 28 juin 1951, en présence de Julio Aparicio et de *Litri*, devant *Bravio*, un toro de Galache. Dès 1952, il figure à la première place de l'escalafón avec 74 corridas.

« Luis Miguel a été la séduction dans le toreo. Moi, je me suis attaché à toréer avec amour. » Aujourd'hui, les fauves ennemis, Ordóñez les a oubliés, alors qu'il est parvenu à s'imposer à la plupart. « Comme chaque artiste avec son mode d'expression, j'ai entretenu avec certains toros une quête amoureuse. » Pareille connivence importait seule. Et Luis Miguel *Dominguín* de répliquer à cet Ordóñez qui s'éprenait des bêtes de son choix : « L'amour est facile à ressentir et la séduction difficile à réaliser. Pour parvenir à un véritable amour, il faut d'abord séduire. Cette progression dans l'entente avec un adversaire dont on fléchit le caractère intraitable, c'est le plus beau de la corrida. J'avais la réputation de soumettre quatre-vingt-dix pour cent des toros. – De là à les dominer tous ! Si un fauve décide : "À moi tu ne feras pas une passe", il n'est pas né celui qui pourra répondre : "Mensonge ! Je vais te posséder." » Les deux vedettes retirées poursuivent la dispute et n'ignorent pas qu'il y a là prétexte à d'interminables débats sur la valeur respective de la lidia comme résolution d'un conflit et du toreo comme ravissement esthétique.

Bien que sa manière fût de Ronda, partant plus rigoureuse comme cette haute Andalousie des montagnes, Antonio Ordóñez ne renonçait pas, à ses débuts, aux ornements gracieux et à faire montre du toreo chatoyant propre à Séville. Il se plaisait à inventer un ensemble de quatre passes en une, aussi diverses que possible, enchaînées sans solution de continuité, avec entrain. Du coloris, de la chaleur, mais une volonté défaillante quand il est décidé à bâcler. On lui prédit le sort de son père, ce *Niño de la Palma* que sa première vraie blessure priva de son courage, quelque vingt ans plus tôt. En tête du classement au nombre le plus élevé de corridas en 1926 et 1927, il ne devait pas tarder à tomber dans l'oubli et n'en sortit que pour prendre place dans la troupe de subalternes au service d'un de ses fils.

Quelle est la part de Luis Miguel dans le toreo de grande aisance et aussi d'habileté d'Ordóñez ? Entré en 1951 dans l'écurie *Dominguín*, il se laissa former par son aîné et fit en sorte d'acquérir sous sa tutelle un sens plus développé de la conduite des opérations (de la lidia), au lieu de se trouver acculé à la défensive par un fauve difficile et à la merci des cornes. Cinq ans furent nécessaires pour assimiler ce capital précieux.

Reste que le public ne réagissait pas avec le même enthousiasme devant le travail du maître : la passion appartenait en propre à Ordóñez, il passait beaucoup mieux la rampe. Le don de soi épuise. La tauromachie est aussi une profession lucrative et Luis Miguel une sorte de fonctionnaire supérieur dont l'autorité incontestable pose parfois un bloc de glace sur le front des assistants et apaise toute fièvre. D'où la crainte d'une stylisation excessive ? Si Ordóñez assimile trop bien la leçon de Luis Miguel, l'accent personnel très fort de ce qu'il transmet n'en sera-t-il pas atténué ? Rendu plus serein par les connaissances acquises et la faculté d'envisager l'ensemble du combat, lorsqu'il se livrait tout entier, sans perdre la plénitude il réussissait à plonger les gradins dans une indicible joie. Il n'avait jamais eu beaucoup à se soucier d'améliorer son style mais, bien que gitan par sa mère, il mettait à présent de l'orgueil à ne pas se comporter comme un simple styliste qui doit attendre le toro aller et retour ou va-et-vient, lequel charge aussi droit, en principe, que s'il roulait sur des rails.

Ordóñez a trop éprouvé à son détriment les hauts et les bas de l'artiste, il doit en quelque manière transposer à l'usage des foules et presque sur commande le plaisir de toréer. Après l'élimination de son rival, allait-il devenir trop régulier, trop talentueux ? La grâce ne le désertait pas, mais il était amené parfois à composer avec ce cadeau des dieux. Le formalisme n'offrait pas un mauvais recours contre les jours sans sève ni quintessence, ni dépassement de soi. La dextérité, l'orgueil de pouvoir avec tous les toros ne sont pas le fort des artistes gitans, on croirait même que cela ne les intéresse pas. Aucun, parmi les plus grands, de Rafael *el Gallo* à *Cagancho*, de Curro Puya à son frère *Gitanillo de Triana*, n'a été torero dominateur. Le fauve devait se comporter encore et toujours en ami, en collaborateur de leur œuvre.

Antonio Ordóñez avait appris à fonctionner, mais il ne cessa de se réclamer du sentiment profond, du jaillissement intérieur dont la manifestation pouvait seule subjuguer la foule, la transporter et atteindre les sommets. Dans la déveine, il trouvait toujours moyen de s'en sortir par une vaste gamme de ressources étendues : l'apport de *Dominguín.*

Il s'économisait de moins en moins et son équipement technique exceptionnel lui permit de déboulonner la gloire bien assise, mais l'art magique ne lui paraîtra jamais comme une mystification ou une escroquerie. Davantage que sa victoire sur *Dominguín* il convient d'évoquer avec le recul ce domaine d'enchantement où se conjuguent l'homme et la bête, et dont les effluves capiteux excitent les sens. Les artistes gitans y avaient accès et lorsqu'ils s'y enfonçaient avec le toro complice, leurs gestes paraissaient relever de la sorcellerie.

Les non-gitans ont un peu de chance quelquefois. L'art ne s'achète pas. Seul, il ne se peut acquérir. S'imposer au toro sans un faux pas durant tout son combat était une autre forme d'art et *Dominguín,* qui manquait de mystère, la lui avait apprise. Ça n'était pas si mal, mais Ordóñez restait du côté de la nuit flamenca, du chant de sa race et de la visite de l'Esprit.

Une trentaine de blessures, dont quelques-unes le retinrent un temps de se produire, démontrèrent à l'évidence que cette facilité hors série conquise au contact de Luis Miguel n'éliminait pas l'accident. Le fauve s'occupait d'Antonio Ordóñez avec assez de fréquence pour rappeler qu'il n'était pas invulnérable. C'était un nombre satisfaisant de coups de corne, certains d'extrême gravité, pour permettre aux spectateurs de découvrir le surgissement de la mort dans l'équilibre et l'harmonie.

En 1962, des passions intéressées se déchaînèrent contre Ordóñez et certains critiques, par leurs accents blessants, empreints d'une véritable cruauté, s'acharnèrent à le diminuer. On qualifia d'infâmes coups d'épée assassins dans le cou les estocades identiques, avec léger déplacement sur le côté du point de visée, qu'on avait louangées auparavant. Antonio Ordóñez avait réduit ses notes de publicité et il accusait en outre une baisse de forme qui n'autorisait guère cette politique de restriction des frais de propagande. .

Le 12 août 1971 à Saint-Sébastien, il souffre, souffle, n'en peut plus et n'en peut mais. Il a repris malgré les médecins, un simple accrochage lui serait fatal et pourrait le laisser handicapé à vie. Le chahut l'entoure, épique, géant. Lorsqu'il regagne l'abri des planches, le public hurle : coleta, coleta, par allusion à l'insigne distinctif de la profession, cette mèche postiche qui a remplacé vers 1920 celle de vrais cheveux tressés et que les toreros portent sur l'occiput. Ces vociférations veulent dire en clair : « Coupe-toi la coleta et retire-toi de la profession. » Dans un abandon absolu, sans l'habituelle ovation d'adieu partie des gradins, Ordóñez perçoit l'arrêt. Il suffit de quelques mois pour que son rendez-vous annuel à Ronda fût placé hors de toute comparaison avec n'importe quelle autre course présente et à venir. Une sacrée fête, sans commune mesure, et personne n'en offrait d'à moitié si belles sur la planète des toros.

Il se retire définitivement après une corrida sans prestige le 17 août 1981 à Ciudad Real, s'occupant des arènes de Ronda où il organise la corrida goyesque annuelle. Il décède le 19 décembre 1998. J.M.M.

ORDÓÑEZ Antonio (Herederos de Antonio Ordóñez Araujo)

Origines : Atanasio Fernández et Conde de la Corte
Devise : bleu ciel et rose
Ancienneté à Madrid : 27 septembre 1987
Propriétés : « Los Tinahones » et « Curro Mejías », Constantina (Séville)

L'élevage des héritiers de Flores Albarrán est divisé en 1956 et l'un des lots est acquis par María de las Candelas Flores Sánchez. Celle-ci vend sa part à Antonio Ordóñez Araujo qui, en 1957, décide d'éliminer les origines antérieures au profit d'un lot de vaches et d'un étalon d'Atanasio Fernández. Ordóñez confirme ce choix deux ans plus tard en rachetant un autre lot de vaches et trois nouveaux étalons issus du même élevage. Il ajoute par la suite l'étalon *Torquito*, n° 20, marqué du fer de Conde de la Corte.

Le fer d'Antonio Ordóñez a progressivement disparu des affiches les plus prestigieuses. Jusqu'en 1999, l'élevage vendait un nombre respectable de toros dans des arènes de troisième catégorie lors de novilladas et de corridas de rejón. Un toro de réserve sortit à Palavas pour le torero colombien César Camacho (une oreille) et Sébastien Castella coupa également une oreille à un novillo porteur de la devise bleu ciel et rose à Saint-Perdon. Depuis l'année 2000, l'élevage a considérablement réduit ses ventes pour les diriger uniquement sur le secteur de la corrida à cheval. L'un des rares toros combattus à pied fut gracié en septembre 2000 à Navaluengo (Ávila) par Víctor Puerto. Le toro, brave et doté d'une noblesse extraordinaire, permit au torero de la Mancha de couper les deux oreilles symboliques. Un moment fort pour l'ancien élevage du maestro Ordóñez. C.C.

OREILLE. Trophée récompensant le travail d'un matador pour la lidia de son toro. À l'origine de cette récompense, le fait que l'on donnait au matador, en plus de son modeste cachet, le prix de la viande estimé par le boucher. L'oreille de l'animal était pour lui la preuve de ce surplus de rétribution. Dans l'édition de 1854 de *La Course de taureaux*, on peut lire : « Suyo ! Suyo ! Cri que poussent les spectateurs et qui signifie : "donnez-lui le taureau !" C'est une espèce de requête adressée à l'autorité présidant les courses, afin d'en obtenir que tel taureau, tué avec une rare adresse par l'espada, lui soit accordé à titre de récompense ou d'encouragement. La même demande peut être faite en faveur d'un picador ou de tout autre torero. Autrefois, quand la demande était accordée, c'était le cadavre même de l'animal qu'on donnait au torero. Quand l'autorité a obtempéré aux cris de Suyo ! Suyo !... le torero, en signe de possession, lui présente, après l'avoir coupée, une des oreilles de l'animal mort. »

Le règlement taurin prévoit que « la concession d'une oreille sera accordée par le président sur pétition majoritaire du public. L'octroi de la seconde oreille sera de la seule compétence du président qui pour se faire prendra en compte la demande du public, le comportement de l'animal pendant le combat, la bonne conduite de celui-ci dans tous les tercios et le travail réalisé tant à la cape qu'à la muleta et, principalement, la façon dont l'estocade a été portée. » On stipulait que le public devait en faire la demande en agitant un mouchoir blanc. Le rituel persiste, mais c'est surtout la demande orale qui prime. « La découpe d'un appendice sera effectuée en présence d'un alguazil qui sera à son tour chargé de le remettre au matador. »

En plaza de Madrid, la première oreille fut attribuée le 29 octobre 1876 à José Lara *Chicorro* (1839-1911). Ce jour-là, il avait fait le saut avec la perche (garrocha), puis s'était emparé à mains nues de la devise placée sur le garrot du toro *Medias Negras* de Benjumea, devise qu'il avait offerte à Alphonse XII. Ensuite, il banderilla excellement et termina par un volapié fulminant.

Il fallut attendre le 30 septembre 1915 pour que Séville, jusqu'alors opposée à l'attribution d'oreille, la délivre à *Joselito*, qui avait combattu seul un lot de six Santa Coloma et qui, devant *Canterino*, le cinquième, avait été extraordinaire.

Actuellement, l'attribution de l'oreille n'est rigoureuse que dans quelques plazas de très grande catégorie telles que Madrid, Bilbao, Séville, Pampelune. Dans les autres, elle est sujette à beaucoup de variations. Et dans les arènes dites *de plage*, celles des villages ou des petites villes, les distributions sont généreuses et la pression du public (dans lequel se trouve parfois des inconditionnels du torero ou des membres d'un club le soutenant) fausse la décision du palco. Il faut donc lire avec quelques réserves les bilans des prestations des matadors en fin de temporada, car les oreilles n'ont pas toutes la même valeur. R.B.

ORTEGA Gerardo (Toros de Gerardo Ortega)

Origines : Juan Pedro Domecq y Díez et Marqués de Domecq
Devise : vert, jaune et blanc
Ancienneté à Madrid : 15 juillet 1979
Propriétés : « Los Llanos », « Vallebarco », « Los Cabezos » et « Pozoblanco », Santa Olalla (Huelva)

C'est en 1937 qu'est divisé l'élevage de Juan Pedro Domecq Núñez de Villavicencio, d'origine Veragua. José Enrique Calderón Serrano acquiert l'une des parts en 1938. Onze ans plus tard, Calderón Serrano meurt et l'élevage est vendu à Gerardo Ortega Sánchez. Le nouveau propriétaire acquiert en 1963 un lot important de vaches ainsi que deux étalons issus de l'élevage Marqués de Domecq. Dix ans plus tard, Gerardo Ortega cède le troupeau à ses fils, José et Francisco. Ce dernier devient l'unique propriétaire de l'élevage en 1984 mais le cède finalement à son frère José l'année suivante. L'élevage se compose dès lors de vaches et d'étalons Marqués de Domecq ainsi que d'un lot de femelles de Juan Pedro Domecq et de Luis Algarra Polera. L'élevage s'enrichit en 1994 de trois nouveaux étalons marqués du fer de Los Guateles. Cinq ans plus tard, le sang Marqués de Domecq est éliminé au profit de la seule origine Juan Pedro Domecq y Díez.

Nom célèbre du répertoire des éleveurs, Gerardo Ortega est un habitué des férias andalouses. L'élevage a notamment fourni plusieurs novilladas et corridas de rejón de grande qualité, à Ronda et Pozoblanco (Cordoue). Souvent programmé pour fournir des toros de réserve aux arènes de Séville, le fer de Gerardo Ortega apparaît lors des rendez-vous importants de la saison dans les différentes capitales andalouses. Présent à Málaga en 2000, l'élevage fournit un lot entier à Séville quelques mois plus tard dans le cadre de la corrida de la Croix-Rouge. Vicente Bejarano y avait coupé une oreille avec brio. C'est face à cet élevage que Fernando Cámara signa une faena remarquée lors de la féria de Málaga 2001. Quelques semaines plus tôt, Ortega Cano, Enrique Ponce et Rivera Ordóñez avaient également triomphé devant six toros remarquables, combattus dans les arènes de La Corogne. La saison fut également riche en succès du côté des rejoneadores avec un très bon lot envoyé à Jerez de la Frontera (Cadix) lors de la féria du Cheval, puis une autre corrida triomphale à Cieza (Murcie), où Leonardo Hernández, Fermín Bohórquez et Pablo Hermoso de Mendoza coupèrent un total de neuf oreilles et une queue. L'élevage fut appelé à fournir quelques toros de réserve en 2002 et envoya également un lot complet au début de la féria de Séville. C.C.

ORTEGA Jacinto (Herederos de Jacinto Ortega Casado)
Origines : Duque de Veragua (race vazqueña) et Luis Gamero Cívico
Devise : blanc
Pas d'ancienneté à Madrid
Propriété : « Los Monasterios », Baños de la Encina (Jaén)

Jacinto Ortega Casado est à l'origine de cet élevage créé en 1914 avec des vaches et un étalon de Celso Pellón. Le troupeau s'enrichit en 1920 de quarante vaches et d'un étalon du marquis de Cuyas, puis d'un mâle d'Olea et d'un autre de Rufo Serrano. 1941 marque l'introduction dans l'élevage d'un nouveau lot de vaches et d'un étalon d'origine Veragua et Campos Varela. Quatorze ans plus tard, Jacinto s'éteint et l'élevage est mis au nom de ses héritiers.

Les toros importants :
• *Almendrito*, n° 3, combattu à Huelva en 1985 par Tomás Campuzano (dépouille du toro fortement ovationnée).
• *Pescador*, n° 16, combattu à Ayamonte (Huelva) en 1985 (octroi de deux oreilles pour le torero et dépouille du toro fortement ovationnée).
• *Chulapón*, n° 31 et *Ventero*, n° 19, de robe noire, combattus à Parla (Madrid) le 12 septembre 1988 par José Luis Seseña (tours de piste posthumes pour les dépouilles des deux toros et octroi de quatre oreilles et deux queues au torero).

L'élevage de Jacinto Ortega fait combattre chaque année une vingtaine de toros et fournit quelques arènes en sobreros. L'essentiel des ventes se répartit sur des novilladas et quelques corridas de rejón dans des arènes espagnoles de troisième catégorie. De très bons lots de cet élevage furent combattus au cours de la saison 2001 dans les provinces de Madrid et de Ségovie. L'élevage fournit en début d'année 2002 un lot idéal pour le rejoneo permettant le triomphe de Rui Fernandes et d'Álvaro Montes à Ajalvir (Madrid). C.C.

ORTEGA CANO José. José Ortega Cano, né à Carthagène le 27 décembre 1953, est entré en tauromachie, à l'instar du grand *Manolete*, en étant englobé dans la partie sérieuse du spectacle d'une troupe comico-taurine. Il débuta ensuite en novillada piquée à Vista Alegre (seconde arène de Madrid) le 9 septembre 1973, puis il prit l'alternative l'année suivante après avoir toréé 62 novilladas, le 12 octobre 1974 à Saragosse, en présence de José María *Manzanares* et Paco Bautista, face à des toros d'Osborne.

Ce n'est qu'en 1978 qu'il confirme à Las Ventas, le 14 mai, parrainé par Antonio Rojas, avec pour témoin Lorenzo Manuel Villalta, face au toro *Reactor* de Sotillo Gutiérrez.

L'année suivante, il fut sérieusement blessé dans la même arène par un toro de Victorino Martín. D'ailleurs, José Ortega Cano a subi au cours de sa carrière plusieurs blessures gravissimes, la dernière datant de 1995, à Cartagena de Indias (Colombie), où un toro de Mondoñedo l'avait laissé pour mort...

Il effectua ses débuts en France à Céret, le 20 juillet 1975, et coupa ce jour-là deux oreilles à un toro de Cortijoliva. L'année, suivante, Ortega Cano s'embarqua en Amérique du Sud pour se présenter à Lima le 28 octobre 1979 avec *Nimeño II* et Manuel Ruiz *Manili* devant un toro de la ganaderia de la Huaca, et en 1985, il confirma à Mexico le 24 février, en compagnie d'*Armillita Chico* et

Ricardo Sánchez, face à des toros de Venta del Refugio.

Les grandes années d'Ortega Cano se situent au milieu de la décennie 1980, alors qu'il était sur le point de tout abandonner... Une fois relancé, il a tenu le haut du pavé en compagnie de Paco Ojeda et la Grande Porte de Madrid s'ouvrit à plusieurs reprises pour faire triomphalement place au plus madrilène des toreros de Carthagène, puisque dès son enfance, il vivait à San Sebastián de los Reyes.

Son style classique aux connotations artistiques très prononcées, bien qu'un peu maniéré, impressionnait les foules car dans les grandes occasions José Ortega Cano savait aller chercher les triomphes avec beaucoup de sincérité et de sérieux, dans le plus profond respect de l'orthodoxie, y compris au moment de vérité.

Son union avec la célèbre chanteuse Rocío Jurado fit beaucoup de bruit et ne passa pas inaperçue dans les revues glamour. Avec elle, Ortega Cano se lança dans le métier de ganadero. Il cessa son activité de matador fin 1998, date à laquelle il ne se consacra plus qu'à l'élevage Yerbabuena, situé à Castilblanco de los Arroyos (Séville), qu'il a racheté à *Espartaco* en 1995. Depuis, y paissent ses pupilles issus de Jandilla et Guardiola par Pedrajas. Un de ceux-ci, *Tanguisto*, gracié par *Juan Bautista* lors de la féria nîmoise de *Primavera* en 1999, est le meilleur garant de la bonne santé de cette ganaderia dont les propriétaires semblent avoir opté dans un premier temps pour le créneau de la novillada avec un certain succès. En 2001, José Ortega Cano a encore toréé 36 corridas pour 32 oreilles coupées, totalisant ainsi 1 056 paséos. P.H.

ORTEGA DOMÍNGUEZ Rafael. Il est né à San Fernando, province de Cadix, le 4 juillet 1921. Il n'aborda la profession que sur le tard, après son service militaire, et végéta longtemps dans des spectacles mineurs. Il n'arrivait pas à percer. Aucun début remarqué n'avait contribué à le lancer. Lorsqu'il se présenta à Madrid, à l'âge de vingt-huit ans, au cours d'une novillada d'été, il ne produisit pas un phénomène, mais l'exploit ne resta pas sans lendemain. Répété trois fois en un mois, il s'empressa d'y prendre l'alternative le 1er octobre 1949, des mains de Manuel González, en présence de Manuel dos Santos, qui lui céda *Cordobés*, un toro de la ganaderia de Felipe Bartolomé.

De tournure épaisse, la croupe grasse qui tendait le caleçon de lumières, Rafael Ortega, en dépit d'un physique de torero dépourvu de séduction et d'une moindre personnalité, n'échoua pas. Lui qui semblait n'avoir aucun type à perdre et manquer de sens esthétique, les retrouvait devant les gros toros des férias réputées. Il aurait dû demeurer un des hommes de peine de l'arène, un de ses déshérités, à cause de sa stature pesante et sans distinction et de son manque de cachet original, mais il provoquait toujours l'émotion. On l'appréciait, on savait que l'homme était courageux et que les plus terribles blessures n'entamaient pas son point d'honneur.

Sa première année de matador, à Pampelune, il fut enlevé d'un bloc par un toro de Bohórquez, qu'il appelait de loin. La corne pénétra sa jambe droite. Lorsqu'il retomba à terre, la malchance voulut qu'il demeurât étendu sur le côté sans avoir le temps de s'aplatir contre le sol en se couvrant la nuque des mains. Avant que ses aides ne puissent écarter le fauve, la corne le reprit, le souleva en l'air, le porta sur deux ou trois mètres, empalé, et le rejeta à distance.

C'était presque la même blessure qui avait tué Varelito en 1922. Comme il tournait le dos à son adversaire après avoir enfoncé l'épée, celui-ci, dans un dernier effort, le rattrapa et lui déchira les intestins. La vessie perforée, une rumeur donna Rafael Ortega pour mort et, de fait, personne ne croyait qu'il survivrait, mais rien de tout cela n'avait eu d'effet sur sa volonté de fer. Il affichait une égale indifférence à l'égard des conséquences et son style était toujours la sincérité et la netteté mêmes. Avec la maturation et l'expérience, cela suffisait à fournir des bases solides à son talent.

Aussi éloigné de la virtuosité pure que de la surenchère permanente à la sensation, Rafael Ortega n'atteignit jamais à la situation des six ou sept figuras du toreo de son époque. Il était maintenu sensiblement au-dessous d'elles et ne profitait guère de la course aux hauts cachets où étaient engagés les autres. Son toreo rustaud avait besoin de se fondre dans la violence de l'étreinte. La muleta retombait à plis rigides, presque solennels, où la tête de l'adversaire restait prise dans la gravité des formes concises, ramassées. Alors on voyait combien sa manière de combattre était l'une des plus sincères qui se puisse imaginer. Son allure ne présentait plus rien de trop massif, voire de balourd, quand il provoquait le fauve d'un mouvement sobre et vigoureux. À Séville et Madrid, il rencontrait plus souvent qu'ailleurs le noyau de spectateurs pour lesquels jouer.

De la préparation jalouse du toro qu'il allait mettre à mort, jusqu'à l'ultime instant de recueillement pour ajuster son coup, il se voulait et se savait exemplaire. Il tuait autant avec la main gauche qui dirigeait l'étoffe et guidait le toro avec une précision mathématique que de la droite qui tenait l'épée et l'enfonçait au ralenti à mesure qu'il franchissait la corne. Tant qu'il frappait ainsi son adversaire, là où ce dernier pouvait le mieux se défendre, sans même l'ébauche d'un léger glissement de biais et en décomposant les temps de la manœuvre, rien n'était perdu. Il se sentait cuirassé de manière à ne pas flancher et se prouvait pour sa satisfaction personnelle qu'il incarnait la minute de vérité en évitant tout recours à l'artifice. Quelquefois, il préférait recevoir la charge, immobile, les pieds juste un peu écartés, supportant le choc de la rencontre sans broncher et uni au fauve par la lame.

Et si un toro dangereux le frappait très gravement à Barcelone, en 1967, à l'âge de quarante-six ans, au diable la table d'opération ! elle ne lui avait jamais enlevé la passion. Il ne laissait rien de lui sur le billard avec son sang répandu. Mais tout ce déploiement de bravoure et de métier se termina, la saison suivante, par une série finale de huit spectacles d'adieu, sans qu'il ait réussi à s'assurer une existence aisée.

Dans l'arène même, le blond torero de Cadix jouait fort peu son personnage. L'héritier des meilleurs tueurs du passé demeurait très effacé. Dès qu'il s'éloignait du toro, il cessait d'être célèbre. Sorti du berceau des cornes, il manquait de charisme. J.M.M.

ORTEGUINA.
Voir FREGOLINA.

ORTICINA. Imaginée par le torero mexicain José Ortiz, elle est issue de la chicuelina qui est exécutée en marchant et en effectuant lentement le pivotement pendant que le matador s'éloigne du toro.

ORTIGÃO COSTA
(Dr Luis Jorge Ortigão Costa)
Origines : Luis Gamero Cívico et El Torreón séparément
Devise : rouge
Ancienneté à Madrid : 29 août 1971
Propriété : « Herdade de Alcobaça », Elvas (Portugal)

Formé par Félix Suárez, l'élevage du duc de Tovar est divisé en plusieurs parties. L'une d'elles revient à María Figueroa Bermejillo qui la vend assez rapidement à Nicasio López Navalón. Celui-ci poursuit le travail de sélection et insère des étalons de Juan Guardiola d'origine Parladé. L'élevage passe successivement entre les mains de María Cruz Gomêndio, puis de Luis Jorge Ortigão Costa. Ce dernier achète en 1997 cent quinze vaches d'El Torreón et acquiert trois ans plus tard trois étalons du même élevage. Ortigão Costa maintient la branche de

Duque de Tovar (Gamero Cívico) séparée de celle d'origine Domecq (El Torreón).

Les toros importants :
• *Fuentecillo*, nº 75, combattu à Madrid en 1973 par Manolo Ortiz (dépouille du toro applaudie).
• *Aceitero*, nº 133, combattu à Madrid en 1974 par Luis Segura (dépouille du toro applaudie).
• *Querido*, nº 35, combattu à Méjanes en 1981 par Ángel Peralta (dépouille du toro applaudie).
• *Rematado*, nº 320, combattu à Méjanes en 1981 par Manuel Vidrié (dépouille du toro applaudie).
• *Sarraceno*, nº 439, combattu à Alcochete (Setúbal, Portugal) en 1985 par Joaquim Bastinhas (prix du toro le plus brave).
• *Zapato*, nº 603, combattu à Barcelone en 1988 par José María Plaza (tour de piste posthume pour la dépouille du toro).
• *Talentoso*, nº 605, combattu à Nîmes en 1988 par Raúl Zorita (dépouille du toro applaudie).
• *Estático*, nº 90, combattu à Madrid en 1992 par Julián Zamota (dépouille du toro applaudie).
• *Fundador*, nº 92, combattu à Socuéllamos (Ciudad Real) en 1992 par Óscar Higares (tour de piste posthume pour la dépouille du toro).
• *Tentado*, nº 105, combattu à Lisbonne en 1993 par Antonio Telles (prix du toro le plus brave de la saison à Lisbonne).
• *Barbero*, nº 59, combattu à Madrid en 1994 par Ginés Cartagena (dépouille du toro applaudie).
• *Derecho*, nº 41, combattu à Lisbonne en 1994 par Joaquim Bastinhas (prix du toro le plus brave de la saison à Lisbonne).

Surnommé « Le Docteur », Ortigão Costa est un nom qui résonne avec force dans l'esprit des aficionados et des toreros. L'origine de Luis Gamero Cívico, privilégiée par Luis Jorge Ortigão Costa, a rendu l'élevage à la devise rouge très célèbre. Fer irremplaçable dans l'horizon ganadero portugais, l'élevage d'Ortigão Costa a presque tout connu : des toros exceptionnels en corridas équestres jusqu'aux pires vicelards affrontés avec cran par de modestes matadors. Braves et se livrant sans retenue ou imprévisibles et impossibles à châtier, les toros d'Ortigão Costa entretiennent une certaine légende auprès des professionnels taurins. L'élevage, grand habitué des arènes de Madrid, envoie régulièrement des toros de réserve aux arènes de Las Ventas et nombreux sont les toreros qui souhaitent vivement les éviter. Avec Ortigão Costa, la règle du pile ou face est habituelle. L'infortuné José Ignacio Ramos en fit l'amère expérience au cours de la saison 1999, écoutant trois avis à Madrid, sans avoir quoi que ce soit à se reprocher. À l'opposé, deux très bons lots furent présentés en corrida à cheval, permettant les triomphes d'Emilio Guillén Romero, João Moura, Fermín Bohórquez, Luis Domecq, Pablo Hermoso de Mendoza et Paco Ojeda (Alicante), mais aussi de Leonardo Hernández et *Andy Cartagena* (Albacete). Le fer portugais livra également un lot complet à Madrid, même si son principal territoire de lidia demeure le Portugal et ses nombreuses corridas équestres. Si Manuel Caballero parvint en 2001 à couper un trophée à Torrijos (Tolède), la majorité des toreros n'oublie pas ce terrible exemplaire combattu à Madrid en septembre 1991 par Luis Francisco Esplá, quasiment intoréable et condamné aux banderilles noires pour sa farouche mansedumbre. Avec l'apparition de la seconde branche, El Torreón, l'élevage semble s'être toutefois radouci, notamment lors de récentes novilladas. C.C.

ORTIZ CONEJO Ricardo Manuel. Né à Málaga le 30 avril 1974, Ricardo Manuel Ortiz Conejo, après avoir participé à 89 novilladas, prend l'alternative le 28 novembre 1994 des mains de *Joselito* en présence de Juan de la Cruz, à Quito en Équateur, devant *Vallador*, un toro de la ganaderia de Campo Bravo. Il fait ensuite sa présentation en Espagne à Motril, province de Grenade, le 3 mai 1995, devant des toros de Carmen Borrero, alternant avec Manuel Díaz *el Cordobés* et Juan José Trujillo. Il coupe deux oreilles à chacun de ses adversaires. Il fait sa présentation française à Beaucaire, le 1er octobre 1995, avec Antonio Manuel Punta et Frédéric Leal face à des toros des frères Gallon. Il débute au Portugal à Nave de Haver le 14 juin 1998, alternant avec deux rejoneadores, Rui Salvador et Antonio Manuel Pereira, face à des toros de la ganaderia de Santa María. Il confirme à Madrid le 6 août 2000 face à *Cordobón*, toro de la ganaderia de Criado Holgado, avec Stéphane Fernández Méca pour parrain et Leonardo Benítez pour témoin. R.B.

ORTIZ VALLADARES Luis, *Luis de Pauloba.* Matador andalou né à Aznalcóllar (Séville) le 10 novembre 1971, *Luis de Pauloba* se produit pour la première fois en public le 27 avril 1987 à Añover de Tajo (Tolède). Il débute avec picadors le 19 mars 1989 dans sa ville natale et se présente à Madrid le 10 juin 1990 avec Miguel Rodríguez et Cristo González face à des novillos de *Palomo Linares*.

Après avoir lidié 98 novilladas, il reçoit l'alternative à Séville le 21 avril 1993 des mains de Manolo Cortés qui lui cède le toro *Cuartelario* du comte de la Maza, en présence de Curro Durán. Il débute en France le 18 juillet 1993, à Béziers, devant des toros de Murteira Grave, avec comme compagnons de cartel Víctor Mendes et Óscar Higares. C'est le 10 septembre 1993 qu'il participe à sa première corrida en Amérique, à Tóvar au Venezuela, devant des toros de La Fundación avec Richard Milian et Alfonso Díaz. Le 3 octobre 1993, il confirme à Madrid avec Manolo Cortés et Miguel Rodríguez face à des toros de Dolores Aguirre Ibarra.

Victime d'une grave blessure qui lui coûta un œil, alors qu'il était novillero, *Luis de Pauloba* est un matador qui torée peu. Il fait partie de ces nombreux artistes du ruedo qui sont pétris de talent dans le toreo classique qu'ils pratiquent mais font une carrière modeste. R.A.

ORTUÑO DUPLAIX Emilio, *Jumillano.* Il est né à Salamanque le 19 août 1933 et commence à Burgos le 19 mai 1950, effectuant sa première novillada piquée à Zamora le 29 juin 1950. Il se présente à Madrid le 12 juin 1950 avec Anastasio Oliete et *Antoñete*, face à des novillos de Garro et Díaz Guerra.

Le 10 août 1952, il reçoit l'alternative à Barcelone des mains de *Parrita* en présence de Rafael Ortega, le toro *Rondeño* étant issu de la ganaderia de Manuel Sánchez Cobaleda.

Torero stylé et dominateur, il se retire en 1957. R.B.

OSBORNE José Luis (Herederos de José Luis Osborne Vázquez)

Origine : Juan Pedro Domecq y Díez-José Luis Osborne Vázquez
Devise : vert et blanc
Ancienneté à Madrid : 19 mars 1959
Propriétés : « Puerto Acebuche », El Castillo de las Guardas (Séville) et « Escardiel », Castilblanco de los Arroyos (Séville)

L'année 1937 correspond au partage du bétail de Juan Pedro Domecq Núñez de Villavicencio, d'origine Veragua. L'un des lots revient à Pedro Domecq qui, en 1946, vend sa part d'élevage à Luis de Calle. Deux ans plus tard, le troupeau est racheté par Antonio Jiménez Jiménez avant de finir entre les mains de José Luis Osborne Vázquez en 1952. Le nouveau propriétaire modifie le fer et poursuit le travail de sélection entamé par Pedro Domecq qui avait croisé du bétail de Mora Figueroa avec des produits de Conde de la Corte.

Les toros importants :

- *Lampisterno*, nº 60, combattu à Cordoue en 1985 par *Antoñete* (octroi d'une oreille).
- *Campesino*, nº 24, combattu à Pampelune en 1985 par Luis Francisco Esplá

(tour de piste posthume de la dépouille du toro et octroi de deux oreilles et la queue ; prix spécial à l'ensemble de la corrida).
• *Galonero*, n° 86, combattu à Antequera (Málaga) en 1985 par *Antoñete* (octroi d'une oreille).

Tout le monde a, au moins une fois dans sa vie, entendu parler du nom d'Osborne. Célèbre pour ses toros publicitaires gigantesques, visibles le long des routes d'Espagne, Osborne est également une référence dans l'histoire de la tauromachie moderne : le 15 mai 1966, *Antoñete* triompha à Madrid après une faena d'exception face à *Atrevido*, fameux toro blanc d'Osborne. La couleur de la robe blanche du toro et le poignet majestueux du grand maestro à la mèche blanche restent aujourd'hui encore présents dans la mémoire collective aficionada. Malgré un certain prestige, l'élevage de José Luis Osborne est aujourd'hui un peu rentré dans le rang même s'il continue à vendre un nombre respectable de toros. On le trouve moins dans des arènes de première catégorie mais sa présence dans les meilleures férias andalouses est toujours d'actualité. Les vedettes du toreo ne s'y trompent d'ailleurs pas et n'hésitent pas à s'annoncer avec le célèbre fer, comme c'est le cas chaque année à la féria de Málaga. D'autres provinces espagnoles se laissent également tenter par la programmation de cet élevage : en 1999, la plaza de San Lorenzo del Escorial (Madrid) présenta un lot d'Osborne, permettant au public de passer une excellente corrida avec un José Tomás au sommet (quatre oreilles et une queue). José Luis Osborne fit combattre en 2000 un lot complet à Séville lors de la corrida d'alternative de Juan Manuel Benítez. C'est pourtant au Puerto de Santa María (Cadix) que le fer d'Osborne envoya l'une de ses meilleures corridas de la saison, permettant un nouveau triomphe de José Tomás, qui partageait l'affiche avec *Espartaco* et *Joselito*. Paradoxalement, un tour de piste posthume fut accordé à un des rares toros d'Osborne qui n'ait pas été combattu par un torero vedette en 2001 : *Joselito de Vega* eut cet immense honneur après une faena valeureuse à Bélmez (Cordoue). L'élevage fournit enfin régulièrement des toros de réserve lors des ferias de Séville. C.C.

OSBORNE Rosario
(Rosario Osborne Domecq)
Origines : Juan Pedro Domecq Solís et José Luis Osborne Vázquez
Devise : vert bouteille et blanc
Pas d'ancienneté à Madrid
Propriétés : « Puerto Acebuche », El Castillo de las Guardas (Séville) et « Escardiel », Castilblanco de los Arroyos (Séville)

Cet élevage à été fondé en 1937, année du partage du troupeau de Juan Pedro Domecq Núñez de Villavicencio, d'origine Veragua. Le lot de Pedro Domecq, comportant une forte proportion de sang Veragua, comptait notamment la présence de l'étalon *Escudero*, n° 9, fils d'une vache de Mora Figueroa et de l'étalon *Chavetero*, de Conde de la Corte. La part de Pedro Domecq passe successivement entre les mains de Luis de la Calle (1946), Antonio Jiménez Jiménez (1948) pour finalement devenir propriété de José Luis Osborne Vázquez (1952). Osborne modifie le fer et ses héritiers créent ce second troupeau en 1993 à partir de l'élevage de José Luis.

La France a découvert cet élevage lors des Estivales de Beaucaire 1995 à l'occasion des débuts en novillada piquée de l'Arlésien David Lombardo. La course avait été marquée par le triomphe du torero sévillan Luis Mariscal face à un novillo très manso mais doté d'une grande mobilité à la muleta. Copie conforme de l'élevage de José Luis Osborne quant à ses origines, le fer de Rosario Osborne vend très peu de toros. Encore assez jeune dans l'horizon ganadero andalou, l'élevage ne s'est pas totalement implanté sur ses terres et les quelques toros de réserve envoyés à Séville en 2002 n'arrangeront certainement pas les choses. Cette année-là fut toutefois marquée pour l'élevage par le tour de piste posthume d'un novillo à Alcalá del Río (Séville). Deux ans plus tôt, Alberto Elvira parvint à couper une oreille à un de ces toros dans les arènes de Soto del Real (Madrid). C.C.

OSCURO. Foncé.

OSTOS CARMONA Jaime. Né à Ecija (Séville) le 8 avril 1933 dans une famille ouvrière, Jaime Ostos avait entrepris des études afin de devenir pilote dans l'aviation civile. Mais lorsqu'il revêt son premier costume de lumières le 1er juin 1952 dans sa ville natale, il change d'orientation et opte définitivement pour la carrière tauromachique. Le 5 avril 1953, il débute avec picadors dans les arènes d'Osuna (Séville) et partage l'affiche avec Jiménez Torres et Braulio Lausin. Il se présente à Madrid le 23 juin 1955 pour affronter des novillos de Villagodio en compagnie de Miguel Montenegro et Joaquín Bernadó. Il connaît une brillante saison en 1956 et prend l'alternative le 13 octobre à Saragosse avec Antonio Ordóñez pour parrain et Miguel Báez *Litri* pour témoin. Il coupe l'oreille du toro de la cérémonie, *Hojalatero* de Urquijo. La confirmation à Madrid a lieu le 17 mai 1958 une fois encore avec Antonio Ordóñez comme parrain et Gregorio Sánchez comme témoin, alors que le toro appartient cette fois à l'élevage de Juan Cobaleda et porte le nom de *Famosito*. Ses triomphes le portent rapidement aux avant-postes de la torería et en 1959 et 1962, Jaime Ostos connaît ses meilleures saisons avec presque 80 contrats en 1962, année où il remporte d'importants triomphes tant à Madrid qu'à Séville. Très grièvement blessé (rupture de la veine iliaque), le 17 juillet 1963 à Tarazona de Aragón, par le toro *Nevado* de Ramos Matías, Ostos doit subir une transfusion de plus de cinq litres de sang. Le corps médical lui sauve la jambe et la vie. Mais la convalescence est longue. Il reprend cependant le chemin des arènes et occupe encore durant quelques saisons des places enviables au classement des toreros. À la fin des années 1960, son étoile pâlit un peu malgré de nouveaux succès, notamment à Séville. En 1971, il ne participe qu'à une corrida, se retire en 1974 et reprend l'épée en 1977 pour arrêter définitivement sa carrière le 12 octobre 1980 à Ecija.

Matador excessivement vaillant, victime de quatorze blessures graves au cours de sa carrière, grand estoqueador, Ostos vit aujourd'hui retiré à Madrid. Il jouit encore d'un énorme respect de la part du monde taurin dont il ne s'est jamais éloigné. Doué d'un certain talent de peintre, il partage son temps entre la gestion de ses biens, les expositions de ses œuvres, quelques festivals taurins et des interventions sur des chaînes de radio ou de télévision. R.A.

OSUNA Pepe.
Voir MORCILLO OSUNA José.

OVIEDO (Espagne. Gijón 25 km – León 110 km). Oviedo a été ravagée par les Maures en 789. Alphonse II la libère et y transporte sa cour après la construction de palais et de remparts (791 à 842). Devenue centre commercial au XVe siècle, elle se transforme en centre administratif et religieux. Au XVIIIe siècle est créée l'usine royale d'armement et au siècle suivant, l'exploitation des mines assure la prospérité de la ville. Aujourd'hui, Oviedo est une ville industrielle moderne de 200 000 habitants.

La plaza de toros, d'une capacité de 10 000 spectateurs, fut inaugurée le 4 août 1889 par *Frascuelo* et *Lagartillo*, qui combattirent des toros de Duque de Veragua. R.B.

P-Q

PACHECO RODRÍGUEZ José, *el Califa*. José Pacheco est né à Játiva, province de Valence, le 18 avril 1974 et, dès sa plus jeune enfance, il fréquenta les milieux tauromachique avec son père, Francisco, qui était un fervent aficionado. Aussi, José revêt-il son premier costume de lumières le 10 juillet 1989 pour participer à une becerrada à Benidorm.

Il débute avec picadors le 1er mai 1991 dans sa ville natale en affrontant des novillos de Miguel Zaballos, en compagnie de Paco Aguilera et de Manolo Carrión.

Le 19 mars 1996, il fait sa présentation de novillero à Madrid devant des novillos de Jiménez Pasquau, en compagnie de Francisco José Porras et de Francisco Ortega.

Après avoir participé à 77 novilladas il reçoit l'alternative des mains d'*el Cordobés* en présence de Fernando Martín comme témoin, devant un toro de Nazario Ibáñez, *Fundador*, à qui il coupe deux oreilles, le 1er mai 1996 à Játiva, qui lui fait un triomphe car il coupe à nouveau deux oreilles à son second adversaire. Ses débuts au Portugal ont lieu le 30 mars 1997 à Lisbonne avec Manuel Moreno et deux rejoneadores, Luis Rouxinol et João Nuncio, devant des toros de la ganaderia d'Antonio Charrua. Sa première prestation en France a lieu aux Saintes-Maries-de-la-Mer le 20 avril 1997 où il alterne avec Frédéric Leal et Rafael González devant des toros d'Aimé Gallon. Il se présente en Amérique à Chota, au Pérou, en compagnie de José Gómez *Dinastía* et de Miguel Martín, face à des toros de la ganaderia de Charro.

Il confirme à Madrid le 12 juillet 1998 devant *Tonto*, un toro de Luis Albán, avec comme parrain José Antonio *Campuzano* et pour témoin José Ignacio Ramos.

Après trois années de triomphes importants, il participe à 25 corridas en 1999 et atteint 36 contrats en l'an 2000. Son triomphe éclatant le 7 juin à Madrid devant des Cuadri ainsi que celui remporté devant un Dolores Aguirre lui valent de nombreux contrats. Au cours de la temporada 2001, il a effectué 48 paséos, amenant son total de corridas à 181. R.B.

PADILLA BERNAL Juan José. Né à Jerez de la Frontera le 23 mai 1973, Juan José Padilla Bernal commence sa carrière le 17 septembre 1989 devant des novillos d'El Torreón, en compagnie de Martín Pareja Obregón et du jeune *Chamaco*. Puis, il se présente à Madrid le 13 juillet 1990 devant des novillos de Marqués de Domecq et un de Los Bayones, en compagnie de Juan José

Galán et de Vicente Bejarano. Après 62 novilladas, il reçoit l'alternative le 18 juin 1994 à Algésiras, des mains de Pedro Castillo en présence de *Niño de la Taurina*, en combattant *Saetero*, toro de Benítez Cubero. Il débute en Amérique le 30 septembre 1994 à Trujillo, au Pérou, avec Antonio Urrutia et Rafael Gastañeta, face à des toros de Campo Nuevo. Il se présente en France, dans la placita de Saint-Gilles, le 6 novembre 1994, devant un lot de toros d'Olivier Fernay, avec Pareja-Obregón et le torero local *San Gilen*. Le 10 septembre 1995, il confirme à Madrid devant *Fantástico*, toro de Marqués d'Albaserrada, *Frascuelo* étant son parrain et Juan Carlos Vera son témoin. Mais les contrats ne sont pas nombreux. Padilla se lance alors dans une tauromachie tremendiste, agitée, à la pointe des cornes, dédaigneux des risques encourus. Souvent bousculé, le costume déchiré, ensanglanté, il continue le combat avec un courage remarquable. Son toreo manque souvent d'élégance et de domination, mais le public vibre et il enflamme les gradins par ses engagements qui frisent l'inconscience. Au cours de la temporada 2000, Juan José Padilla bouscule le mundillo en décidant, quels que soient ses adversaires, de les attendre à porta gayola ! Mais la technique est périlleuse et après trop de blessures et de bousculades, Padilla semble s'orienter vers une lidia plus sereine. Cela plaira-t-il au public habitué à ses excentricités ? Sa confirmation à Mexico a lieu le 4 novembre 2001 face à *Ciclón*, toro de la ganaderia de Rancho Seco que lui cède Manuel Mejía, son parrain, en présence d'Uriel Moreno *el Zapata*, son témoin. R.B.

PAJIZO (*paille*). Toro de couleur tirant sur le jaune.

PAJUELERA.
Voir ESCAMILLA Nicolasa.

PALA (*pelle*). Partie moyenne de la corne, là où elle s'incurve.

PALAVAS-LES-FLOTS (France. Montpellier 15 km). Station balnéaire de 5 500 habitants, à mi-distance entre Nîmes et Béziers, une des plus récentes du littoral languedocien, Palavas est un petit port de pêche, à proximité de la cathédrale de Maguelone qui fut un évêché prospère sous la domination wisigothe. Entourée d'étangs où les flamands roses se rassemblent, Palavas a une longue tradition tauromachique et les plus grandes figuras, à l'apogée de leur gloire, ont foulé le sable de sa piste.

Les arènes, d'une contenance de 4 700 places assises, ont été édifiées en 1965-1966 et inaugurées le 31 juillet 1966 par une course camarguaise. La première corrida a eu lieu le 17 juin 1976 avec Manolo Cortes, Paco Bautista et Raúl Aranda face à des toros de Salvador Guardiola Fantoni. Les Français Patrick Varin et *Chinito* y ont reçu l'alternative. *El Viti*, Curro Romero, Emilio Muñoz, *el Cordobés*, Mendes, *Nimeño II*, *Jesulín de Ubrique*, *Chamaco*, pour ne citer que les principaux, y ont effectué le paséo. Les arènes ont été baptisées le 28 avril 2002 du nom de « Manuel Benítez *el Cordobés* » ; le grand maestro était présent lors de cette cérémonie. R.B.

PALCO. Emplacement particulier avec balcon, généralement situé en haut des gradins dans une plaza de toros. Dans cette loge, les notabilités reçoivent leurs invités. Hormis l'aspect protocolaire, le palco a l'inconvénient d'être situé fort loin et la visibilité laisse à désirer.

PALCO présidentiel. Tribune dans laquelle prend place l'autorité : le président de la corrida et ses assesseurs. Dans la plupart des plazas espagnoles, le palco est placé au-dessus de la foule, ce qui a l'avantage majeur de ne pas être soumis à la pression de celle-ci. En France, sauf exception et en particulier dans le Sud-Est, le palco se trouve au niveau des premiers rangs. R.B.

PALCO REAL. Tribune réservée, en Espagne, à la famille royale lors de sa venue aux arènes.

PALETAZO. Coup de corne donné au torero par la pala de la corne.

PALETILLA (de *paletilla*, omoplate, épaule). Épaule du toro et son environnement immédiat.

PALETO. Toro aux cornes exagérément ouvertes et quasiment droites.

+ P

PALHA Ganadería

Origines : Pinto Barreiros-Juan Pedro Domecq et Baltasar Ibán (Contreras-Domecq)

Devise : bleu et blanc

Ancienneté à Madrid : 4 novembre 1883

Propriété : « Heredade de Adema », Porto Alto (Santarem), Portugal

Installée dans la province du Ribatejo sur la route qui relie Porto Alto à Alcochete, voisine d'autres éleveurs comme Oliveiras Irmãos ou Conde de Cabral, la ganaderia a été formée par Antonio José Pereira Palha en 1848 avec une partie de la ganaderia royale de Miguel de Bragance (origine Trespalacios et Veragua). Son fils, José Pereira Blanco, lui succède en 1875. Il croise le bétail dont il a hérité avec du bétail espagnol de Miura et Concha y Sierra, déjà qualifiés d'élevages redoutables. Ce dosage explosif sera combattu pour la première fois à Lisbonne en 1854 et à Madrid en 1862. Par ces origines, on comprend pourquoi on les surnomme les « Miura portugais »

En 1937, les petits-fils Francisco et Carlos Van Zeller Palha, nouveaux propriétaires, ajoutent des vaches de Pinto Barreiros, avec deux étalons, l'un de Belmonte, l'autre provenant de Domingo Ortega. Ensuite, un lot de vaches et de sementales de Isaías y Tulio Vázquez viennent augmenter le cheptel. En 1980, l'élevage revient aux neveux Van Zeller Palha Botelho Neves et Folque de Mendoça, qui achèteront successivement des reproductrices et reproducteurs de Oliveiras Irmãos, trois sementales de Torrealta et, récemment, un lot de vaches et trois étalons de Baltasar Ibán qui seront séparés.

Actuellement, cette ganaderia comporte deux lignées. La première est constituée des produits de Pinto Barreiros, Isaías y Tulio Vázquez et Oliveiras Irmãos dont une partie est croisée avec des Torrealta. La seconde lignée provient de vaches et sementales portant le fer de Baltasar Ibán.

Palha est le plus célèbre mais aussi le plus redouté des élevages lusitaniens. Les toros sont imposants de trapio mais fins de type avec un cornage généralement développé. Depuis plusieurs années, on constate que les élevages portugais prennent de l'importance et qu'ils obtiennent des succès. Cette réussite est due sans doute au fait qu'ils présentent des toros moins faibles que certaines ganaderias espagnoles. Ch.C.

PALHA RIBEIRO TELLES Antonio. Né à Coruche le 14 mai 1963, il débute dans le rejón comme cavalier pratiquant et reçoit l'alternative le 21 juillet 1983 à Lisbonne des mains de son père et en présence de son frère João face à *Limao*, toro de 471 kg. Le 19 mars 1987, il se présente à Madrid en compagnie de *Curro Bedoya*, João Palha Ribeiro Telles et Ginés Cartagena. Excellent cavalier, de 1990 à 1995, il a multiplié les prestations et obtenu de nombreux triomphes. J.C.D.

PALHA RIBEIRO TELLES João. Né à Caldas de Rainha, il a suivi la tradition familiale et reçu l'alternative des mains de son père David dans la plaza de Santarem le 5 juin 1980 en présence de João Moura et face à des toros de l'élevage familial. En 1982, il fait sa présentation à Nîmes puis part faire une tournée au Pérou, en Équateur, au Venezuela et en Colombie. En 1983, il est témoin de l'alternative de son frère Antonio donnée à

Campo Pequenho par leur père et avec des toros de la ganadería familiale. J.C.D.

PALILLO. Bâtonnet d'environ 50 cm, sur lequel on fixe la muleta, façonné pour faciliter la prise des doigts et terminé à une extrémité par une pointe en acier.

PALITROQUES. Terme synonyme de « banderilles » mais très peu employé.

PALLARÉS
Origine : José Benítez Cubero
Devise : vert, jaune et violet
Ancienneté à Madrid : 29 juin 1962
Propriétés : « Los Ojuelos », Marchena (Séville), « El Arroyo de las Rozas » et « Dehesa El Roble », Morón de la Frontera (Séville)

María Gallardo Santos hérite en 1948 d'une part de l'élevage de son père, Ramón Gallardo González. L'année suivante, le troupeau est acheté par la famille Quintanilla Vázquez. L'année 1950 est marquée par l'introduction dans le cheptel d'un lot de vaches et d'un étalon de Joaquín Buendía, mais aussi d'autres femelles de Luis Ramos Paul et Romualdo Arias de Reina. María Pallarés Redondo rachète l'élevage dix ans plus tard, modifie le fer et insère au troupeau des têtes de bétail de son mari, José Benítez Cubero. L'élevage changera plusieurs fois de nom : de José Cubero Pallarés (1980), il deviendra Hermanos Benítez Cubero Buendía (1985) avant de prendre la simple appellation de Pallarés (1995).

Second fer de Benítez Cubero, l'élevage de Pallarés figure au cartel de quelques courses. Rarement combattus lors d'une corrida complète, les toros porteurs de ce fer sont souvent insérés avec d'autres produits de Benítez Cubero. Toros de réserve à Madrid, ils sont fréquemment programmés lors des corridas de rejón. L'élevage brilla notamment en 2000 à Alicante mais aussi à Bayonne où Álvaro Montes s'octroya les deux oreilles et la queue au terme d'un combat très intense. D'autres rejoneadores expérimentés comme João Moura et *Andy Cartagena* à Séville, et Pablo Hermoso de Mendoza à Cordoue, remportèrent en 2002 de francs succès face à cet élevage. C.C.

PALLARÉS COLMENERO Francisco, *Paco*. Né le 3 août 1945 à La Fuente de San Estebán, dans la province de Salamanque, il se présente pour la première fois en public le 19 mai 1962 dans les arènes de Logroño, et dans la même plaza le 25 juillet 1964 pour sa première novillada piquée en compagnie de José Manuel Inchausti *Tinín* et de José Fuentes. Il reçoit l'alternative le 14 septembre 1965 des mains de Santiago Martín *el Viti*, qui lui cède le toro *Galgote* de la ganadería de Francisco Galache, en présence de José Fuentes.

Le 14 mai 1966, il confirme à Madrid avec comme parrain Antonio Mejías et comme témoin Manuel Amador, devant *Portugués*, un toro de María Pallarés de Benítez Cubero. Mais le sort est contre lui car le 19 mars 1974, il est victime d'un accident de la circulation qui provoque une fracture du fémur dont il se remettra difficilement, et il ne pourra tenir les promesses qu'il avait suscitées. R.B.

PALMA DE MAJORQUE (Espagne). Ville principale et port important de l'île de Majorque dans les Baléares, Palma est un centre administratif et commercial de 305 000 résidants, ayant quelques activités industrielles, mais surtout connue pour son tourisme car l'île bénéficie d'un climat privilégié, exceptionnellement doux. La cathédrale gothique, imposante et majestueuse, domine le port. Palma a toujours été orientée vers la mer et conserve de son passé un ensemble gothique et Renaissance exceptionnel. Le tourisme y a implanté, ainsi que sur toute l'île, sauf la côte nord demeurée sauvage, de très nombreux hôtels permettant toute l'année une activité qui est la première source de revenus de l'île.

À la plaza primitive datant de 1865 fut substituée une construction nouvelle en 1929, de 16 000 places. La première course eut lieu le 21 juillet et comportait huit toros : deux de Leopoldo Abente combattus à cheval par Antonio Cañero, et six de Pablo Romero lidiés par Antonio Márquez, Nicanor Villalta et Félix Rodríguez. R.B.

PALMAS Y PITOS (*applaudissements et sifflets*). Paradoxalement, ces deux manifestations publiques apparemment opposées sont très liées. C'est ce que les chroniqueurs taurins appellent « division d'opinions » : une partie du public a apprécié et une autre a détesté la même prestation dans l'arène. À Jerez de la Frontera, le public s'émeut jusqu'à prodiguer à son torero local les *palmas de bulerías*, directement issues du flamenco. José Tomás les entendit, à titre exceptionnel puisqu'il est madrilène, après avoir coupé trois oreilles à des Núñez del Cuvillo. R.B.

PALMEÑO.
Voir GARCÍA Julio.

PALO.
1) Hampe de la pique.
2) Bâtonnet sur lequel on fixe la muleta ; synonyme de « palillo ».
3) Synonyme de « banderilles ».

PALOMAR ROMERO José Luis. Né à Soria le 22 novembre 1952, José Luis Palomar Romero revêt son premier costume de lumières le 10 juillet 1970 et, après 47 novilladas, il reçoit l'alternative le 4 mars 1978 à Castellón des mains de José María *Manzanares* en présence de *Niño de la Capea*, devant *Provechoso*, toro de la ganaderia de Baltasar Ibán, auquel il coupe une oreille ainsi qu'à son second adversaire. Il confirme le 15 mai 1978 devant *Generoso*, toro de Ramón Sánchez ; Dámaso González est son parrain et *Niño de la Capea* le témoin. La même année, le 18 juin, il débute en France à Aire-sur-Adour en coupant une oreille à un Cortijoliva en compagnie de José María *Manzanares* et d'*Armillita Chico*. Le 25 novembre suivant, il se présente en Amérique à Quito, en Équateur, avec Luis Francisco et Juan Antonio Esplá, devant un lot de diverses ganaderias. Le premier juin 1982, à Las Ventas, il coupe un trophée à chacun des toros de Victorino Martín et sort en triomphe. Il est inclus dans le cartel de la corrida de la Beneficiencia avec *Antoñete* et Ruiz Miguel, devant des toros de la même ganaderia. Torero élégant qui maîtrise les trois tercios de la lidia, il a fait une carrière honorable en acceptant tous les types de toros et en se donnant avec la même générosité au cours de quelque 300 corridas. R.B.

PALOMO LINARES
Origine : Conde de Santa Coloma-Graciliano Pérez-Tabernero
Devise : bleu ciel, rose et jaune
Ancienneté à Madrid : 17 février 1895
Propriétés : « El Palomar », Seseña (Tolède) et « Las Hoyas », Aldeacentenera (Caceres)

Fernando Pérez-Tabernero forme en 1884 un troupeau avec du bétail de Veragua et un étalon de Miura. Il intègre en 1906 de nouvelles têtes de bétail de Veragua. Trois ans plus tard, sa veuve acquiert l'élevage. Le troupeau est finalement divisé en 1911 et son fils, Graciliano Pérez-Tabernero, hérite d'un des lots. Celui-ci achète en 1920 un nombre important de vaches ainsi que deux étalons à Conde de Santa Coloma et élimine les origines antérieures. Pérez-Tabernero vend en 1939 la majeure partie de son élevage à José Escobar Barrilaro et conserve le fer, un lot de vaches ainsi qu'un étalon. Fin 1949, Graciliano Pérez-Tabernero lègue ce capital à ses enfants. Ces derniers divisent l'élevage en 1956 : Fernando et Graciliano Pérez-Tabernero héritent de l'une des parts ainsi que du fer original du troupeau. Ils vendent leur lot en 1969 à la famille Lozano et Palomo Linares. En 1997, la famille Lozano Martín rachète à Palomo Linares la moitié de son élevage. Après différents transferts, le sang d'origine Carlos Núñez est séparé du bétail d'origine Graciliano Pérez-Tabernero. Depuis 2001, tous les produits marqués du fer de Palomo Linares sont désormais d'origine Pérez-Tabernero, alors que ceux d'origine Núñez sont regroupés sous l'appellation du nouvel élevage, « El Cortijillo ».

Aujourd'hui éleveur, Sebastián Palomo Linares conserve des liens privilégiés avec les arènes de Madrid. Seul matador contemporain à avoir coupé une queue à Las Ventas, Palomo Linares envoie régulièrement des lots de novillos et toros de réserve dans la capitale madrilène. Ses autres lots de novillos sont généralement combattus dans d'autres arènes de la province de Madrid. L'encaste Santa Coloma présent dans cet élevage se révèle toutefois plus toréable en novillada qu'en corrida ; au cours de la saison 2000, José Luis Triviño essuya un sérieux revers face à un toro de ce fer, écoutant les trois avis à Mejorada del Campo (Madrid). L'élevage vend chaque année entre vingt et trente toros. C.C.

PALOMO MARTÍNEZ Sebastián, *Palomo Linares.* Fils de mineur, apprenti cordonnier, Sebastián *Palomo Linares*, né à Linares (Jaén) le 27 avril 1947, commence son apprentissage taurin dans sa région et, à seize ans, prend la route de Madrid afin de participer à une sélection de maletillas organisée dans les anciennes arènes de Vista Alegre par les familles *Dominguín* et Lozano. Il se présente en novillada sans picadors en nocturne le 20 juin 1964 dans ces mêmes arènes en affrontant un novillo de la ganaderia de Jacinto Blanco, et sort vainqueur de cette confrontation. Aussitôt, la famille Lozano décide de gérer ses intérêts. Il débute avec picadors le 3 janvier 1965 à Ondara (Alicante) en affrontant des novillos de Núñez de Guerra, en compagnie de Gregorio Tebar *el Inclusero* et Vicente Punzón. Pour cette première saison, il dépasse les 70 contrats. Il débute l'année 1966 en participant à 14 nouvelles novilladas et le 19 mai à Valladolid, Jaime Ostos le sacre matador de toros en présence de Juan García *Mondeño*, lui cédant *Feillo*, toro de Salustiano Galache.

Sebastián *Palomo Linares* doit attendre jusqu'au 19 mai 1970 pour confirmer son alternative à Madrid, en présence de Curro Romero, parrain, et Juan José García, témoin ; le toro de confirmation, *Presumido*, appartient à l'élevage de Pérez Angoso. Durant cette saison, *Linares* s'impose définitivement.

En 1972, il remporte à Madrid un succès à ce jour resté historique : partageant l'affiche avec Andrés Vázquez et le Mexicain Curro Rivera, *Palomo Linares* obtient les deux oreilles et la queue du toro *Cigarrón*, de l'élevage d'Atanasio Fernández. Il y avait trente-huit ans qu'un tel trophée n'avait pas été accordé à Madrid et il n'y en a plus eu depuis ce 22 mai 1972.

Souvent blessé au cours de sa carrière, Sebastián *Palomo Linares* n'a pas toujours connu les saisons qu'il était en droit d'espérer. Il marque une pause en 1982, revient en octobre 1983 à Lima (Pérou), s'arrête de nouveau en juin 1985 pour réapparaître en juin 1993 à Linares et mettre un terme définitif à sa carrière le 11 août 1995 à Benidorm.

À l'heure actuelle, Sebastián *Palomo Linares* se consacre à la peinture et à son élevage. R.A.

PAMPELUNE (Espagne. Madrid 410 km – Sarragosse 180 km). Pompée aurait fondé cette cité qui devint, au xe siècle, la capitale du royaume de Navarre. On y trouve encore de pittoresques quartiers médiévaux autour de sa cathédrale qui est un des édifices religieux les plus remarquables d'Espagne. Pour les Sanfermines, cette ville de 183 000 habitants vit dans la liesse constante, ponctuée chaque matin à 8 h 00, malgré les couchers tardifs, par une petite fusée à mèche qui annonce le départ de l'encierro des toros de la corrida de l'après-midi sur un parcours connu des aficionados du monde entier et que diffuse en direct la télévision espagnole. Course au milieu des cabestros et des toros, émaillée de chutes et de blessures parfois très graves, et se terminant dans la piste de la plaza de toros, réputée pour les combats âpres qu'on y donne.

Cette plaza de toros de 13 000 places a remplacé celle qui datait de 1843 et pouvait recevoir 8 000 personnes. Inaugurée le 7 juillet 1922 par un lot de toros de la ganaderia de Vicente Martínez qui fut combattu par Julián Sainz *Saleri II*, Juan Luis de la Rosa et Marcial Lalanda. R.B.

PANADERO.
Voir CARMONA Y LUQUE, frères.

PANIAGUA María Luisa (María Luisa Paniagua Redondo)
Origine : El Torreón
Devise : bleu turquoise et vert
Pas d'ancienneté à Madrid
Propriété : « Sancho Pedro de Abajo », Horcajo Medianero (Salamanque)

L'élevage de Rafael Lamamié de Clairac, d'origine Parladé, est divisé en 1950 : Eusebio Rodríguez Vila rachète la part de María Paz Lamamié de Clairac et enrichit le troupeau avec des têtes de bétail acquises à la famille Tabernero de Paz. L'élevage d'Eusebio Rodríguez Vila est vendu en 1969 aux familles Gómez Cuétara et Miranda qui insèrent dans le cheptel trois étalons de Bernardino Giménez ainsi qu'un nombre important de vaches. L'élevage est rebaptisé Gómez Miranda. Les origines antérieures sont progressivement éliminées au profit d'un nouvel apport de sang par des vaches et des étalons de Manuel Arranz. Le troupeau est vendu en 1974 à Félix Pastor Ridruejo avant d'être racheté quatre ans plus tard par María Luisa Paniagua, qui modifie le fer. L'élevage s'enrichit en 1991 de vaches et d'étalons porteurs du fer d'El Torreón qui remplacent progressivement le sang antérieur.

L'élevage de María Luisa Paniagua fait combattre environ une trentaine de toros chaque saison. La plupart sont toréés dans des arènes de troisième catégorie, mais aussi en France comme ce fut le cas en 1995 aux Saintes-Maries-de-la-Mer (oreilles pour Ginés Cartagena, Fermín Bohórquez et Juan José Rodríguez) et en 1999 dans les arènes landaises de Pomarez et de Gamarde-les-Bains. García Poveda s'enferma seul contre six de ces novillos en mars 1999 à Guadalajara et effectua deux tours de piste lors de ses deux derniers combats. Le Colombien Paquito Perlaza obtint pour sa part les deux oreilles et la queue d'un très bon novillo lidié à Navas de Oro (Ségovie) et honoré d'un tour de piste posthume. Le fer fournit chaque année bon nombre de novilladas, comme ce fut le cas en 2001 à Vista Alegre (Madrid) et Aranjuez (Madrid). Un tour de piste fut encore accordé à un exemplaire combattu à Cantalejo (Ségovie) par Matías Tejela, qui lui coupa les deux oreilles. Grégoire Taulère eut lui aussi l'occasion d'en découdre avec l'un de ces bons produits d'origine El Torreón et de couper une oreille à Villarejo de Salvanés (Madrid). À l'échelon supérieur, les toros de María Luisa Paniagua, même combattus dans des arènes de troisième catégorie, expriment en piste d'indéniables qualités de bravoure et de noblesse : en 2002, *el Juli* sut pleinement les exploiter et couper un total de trois oreilles au lot présenté à Cantalejo (Ségovie), l'une des pistes de prédilection de cet élevage. C.C.

PAQUIRO.
Voir MONTES REINA Francisco.

PAQUIRRI.
Voir RIVERA PÉREZ Francisco.

PARADA José Luis.
Voir RODRÍGUEZ PARADA José Luis.

PARADO (*arrêté*). Alors qu'il était sorti en piste levantado, après piques et banderilles le toro se trouve parado, c'est-à-dire plus calme, plus lent, la tête à l'horizontale et avec des facultés physiques diminuées. Voir aussi ESTADO.

PARAR. Un des trois principes de base de la lidia avec *templar* et *mandar*.

Quand le cite du toro a été effectué, il convient que le maestro, dans l'exécution de la passe, attende la charge pour la conduire et la dévier à l'aide de la cape ou de la muleta, jusqu'à la sortie de l'animal, pour qu'il se replace. Attendre ainsi d'une manière imperturbable sans reculer d'un pas suppose une volonté farouche pour vaincre la réaction naturelle qui serait de rompre. Or, reculer constituerait une faute qui mettrait le torero en péril.

Quand le toro s'arrête en cours de trajectoire, qu'il a des réactions imprévisibles ou violentes, et que le matador ne bouge absolument pas, montrant ainsi une maîtrise exceptionnelle de ses réflexes, on emploie le terme d'*aguantar*. Voir le chapitre « La lidia », ci-dessus, p. 166 *sqq*. R.B.

PARDO (*brun*). Animal à la robe brune ou rousse. Terme plus généralement réservé aux chevaux.

PAREADOR. Synonyme de banderillero.

PAREJA. Paire de matadors qui participent souvent ensemble à des spectacles tauromachiques. Certaines parejas sont passées à la postérité, telles celles de *Joselito* et Belmonte, de Luis Miguel *Dominguín* et Antonio Ordóñez, d'Aparicio et *Litri*, d'*el Cordobés* et Palomo *Linares*, d'*Espartaco* et *el Mangui*, de Mike *Litri* et Rafi Camino. R.B.

PAREJA-OBREGÓN POL Martín. Né à Séville le 19 septembre 1964, Martín appartient à une famille marquée par la tradition tauromachique puisque son père n'est autre que le matador de toros Juan de Dios Pareja-Obregón. Mais il est aussi apparenté par sa mère à Manuel García *el Espartero* et à la veuve de Concha y Sierra, sans oublier son oncle, le rejoneador Joaquín Pareja-Obregón. Il ne pouvait donc qu'être fortement influencé par un tel milieu familial.

Il réalise sa première prestation à Campofrío, dans la région de Huelva, le 25 juin 1987, puis se présente avec picadors à Séville, le 23 avril 1989, face à du bétail de Juan Pedro Domecq, avec Julio Aparicio et *Espartaco Chico*. Le 22 mai 1990, à Madrid, il torée en compagnie d'Antonio Posada et d'Antonio Manuel Punta face à des novillos de Los Guateles. Puis, après 57 novilladas, il prend l'alternative à Séville, le 31 mars 1991, dans un cartel prestigieux : Curro Romero comme parrain et *Espartaco* comme témoin, devant *Escogido*, toro de la ganaderia de Torrealta.

Il fait sa présentation en France, le 16 juillet 1993, au Grau-du-Roi avec *Jesulín de Ubrique* et Manuel Díaz *el Cordobés* devant des toros de la ganaderia de Ruchena. R.B.

PARIA. Terme assez peu usité, qui désigne un troupeau conséquent.

PARIS, rue Pergolèse. En 1865 et 1884, des spectacles tauromachiques parodiques avaient été organisés à l'Hippodrome de Paris mais n'avaient pas eu de suite.

À l'occasion de l'Exposition universelle, une « Plaza de Toros de l'Exposition », édifice en bois et pouvant recevoir 14 000 spectateurs, fut construite en vingt-huit jours et inaugurée le 28 juin par Antonio Carmona *el Gordito*, Fernando Gómez *el Gallo* et Juan Ruiz *Lagartija*. Les organisateurs avaient prévu quatre courses par semaine mais le 10 août on n'en avait donné que quatre. Le 4 juillet, *Lagartija* y tua, illégalement, le premier toro. Début septembre, elles disparurent.

Au printemps 1888, une société obtint l'autorisation de construire une plaza importante pour y donner des spectacles tauromachiques, à condition que les toros ne soient pas mis à mort.

L'édifice construit en briques sur une assise en pierres, avec une charpente métallique, avait la forme d'un polygone régulier de trente côtés de 10 mètres avec trente portes, d'une hauteur de 22 mètres et couvrant une superficie de 7 800 m^2. La piste mesurait 56 mètres de diamètre. Les onze rangées de gradins et les loges pouvaient recevoir 22 000 spectateurs... et une toiture mobile permettait de donner des spectacles toute l'année. Les dépendances étaient immenses : des écuries avec quarante stalles, six corrals de 10 m^2 chacun entourés de murs épais, des patios et une grande salle d'exposition où était présentée une importante collection de costumes de lumières, d'objets et documents tauromachiques. Aucune autre plaza au monde n'était aussi perfectionnée.

Dès le 14 juillet, on annonça la venue des plus grands matadors du moment : *Frascuelo*, *Lagartijo*, Mazzantini entre autres. Le 18 arrivaient en gare des Batignolles 50 toros, 20 cabestros, 40 chevaux et 200 personnes...

L'inauguration eut lieu le 10 août en présence de Constant, ministre de l'Intérieur. Un défilé somptueux marqua le paséo : en tête, un peloton de soldats de la garde avec trompettes et timbaliers à cheval, quatre alguazils montés et douze à pied, puis matadors et banderilleros précédaient un carrosse attelé de quatre chevaux blancs conduits par quatre piqueurs en livrée, dans lequel étaient deux cavaliers, attelage suivi par deux autres cavaliers, puis les picadors à cheval et les monosabios. Et, fermant le cortège, le train d'arrastre avec ses mules empanachées.

Ce jour-là, il y avait quatre matadors au cartel : *Currito*, Felipe García, Ángel Pastor et Paco Frascuelo, ainsi que deux cavaliers portugais, Alfredo Tinoco et Luis do Rego.

Le 10 novembre eut lieu la vingt-huitième et dernière corrida de cette temporada où l'on avait vu les meilleurs matadors du moment face à des toros venus d'Espagne. Mais les corridas étaient particulières car les toros emboulés qui n'étaient pas tués n'étaient pas davantage piqués, sauf le dernier, par des picadors montés sur des chevaux caparaçonnés. Il s'ensuivait que les toreros devaient pratiquer une tauromachie sautillante et ne pouvaient se confier. Après la cinquième corrida, le préfet autorisa que trois toros par corrida soient piqués et mis à mort.

La temporada 1890, qui comporta 41 corridas, commença le 8 mai et se termina le 1er novembre. Deux matadors y furent particulièrement présents : Ángel Pastor (27 fois) et Valentín Martín (20 fois).

La SPA avait fait son possible pour faire interdire les courses. Ainsi, le 22 mai, le préfet interdit la présence des picadors, suppression maintenue durant un mois malgré la colère des spectateurs. Ensuite, le ministre refusa l'autorisation des corridas intégrales et déclara même qu'il ne renouvellerait pas l'autorisation.

La direction passa à Arthur Fayot qui modifia les spectacles en conséquence. En 1891, les dimanches entre le 24 mai et le 8 novembre, n'ont lieu que 26 spectacles dont 10 mixtes avec des cuadrillas landaises ou provençales. L'année suivante, entre le 26 juin et le 6 novembre, 35 courses, mais sans toreros vedettes. Beaucoup de spectacles tournaient au ridicule avec en particulier Lombros qui s'habilla en frac et haut-de-forme, ou une troupe de Malgaches qui allumèrent des feux d'artifice sous le mufle des toros...

En 1893, la société est déclarée en faillite. Puis les collections furent vendues à l'encan et les démolisseurs détruisirent le magnifique édifice qui avait coûté une fortune. R.B.

PARLADÉ

Origines : Luis Gamero Cívico et Juan Pedro Domecq y Díez
Devise : jaune
Ancienneté à Madrid : 23 mai 1913
Propriété : « La Góa », Granja (Alentejo, Portugal)

En 1884, Eduardo Ibarra acquiert la moitié de l'élevage de Dolores Monge, veuve de Murube. Vingt ans plus tard, après quelques ventes partielles, une part du troupeau est achetée par le comte de Santa Coloma. Fernando Parladé devient propriétaire de l'autre part. Ce dernier divise à son tour cette part de troupeau et vend en 1914 un lot à Luis Gamero Cívico. Sept ans plus tard, Gamero Cívico s'éteint et son élevage est divisé en quatre pour ses enfants : Luis, Manuel, José et Juana. L'année 1925 marque la vente de chacune des parts des enfants, deux d'entres elles revenant à Ernesto et Manuel Blanco. Clemente Tassara et Domingo Ortega rachètent le bétail de Blanco en 1934. Considérablement réduit en 1980, l'élevage est racheté six ans plus tard par Domingo Hernández. Ce dernier vend le troupeau par la suite à la Sociedade agropecuaria do Río. Un lot de Juan Pedro Domecq est ajouté au troupeau. L'éleveur définit alors une règle de sélection très stricte : présenter des toros qui n'ont pas été croisés avec du sang Veragua et ayant donc des origines Vistahermosa-Parladé.

Les toros importants :

- *Pelao*, n° 98, negro jirón, né en 1910, combattu à Séville après avoir été étalon.
- *Treinta y cuatro*, n° 114, negro jirón, né en 1910, combattu à Madrid après avoir été étalon.
- *Alpargatero*, n° 29, entrepelado, né en 1911, combattu à Madrid par Parada après avoir été étalon. Ce toro fut la base de l'élevage de Tamarón, puis de Conde de la Corte.
- *Mochuelo*, n° 33, negro bragado, né en 1911, combattu à Cordoue après avoir été utilisé comme étalon par Tamarón.
- *Bienvenido*, n° 37, negro bragado, né en 1911, vendu comme étalon à José Domecq y Núñez de Villavicencio (actuellement, l'élevage de Benítez Cubero).
- *Carabinero*, n° 40, negro bragado, né en 1911, vendu comme étalon à José Domecq y Núñez de Villavicencio (actuellement, l'élevage de Benítez Cubero).
- *Vaquerito*, n° 117, negro bragado, né en 1912, vendu comme étalon à Campos Varela.
- *Pegajoso*, n° 120, negro jirón, né en 1913, vendu comme étalon à Villamarta.
- *Jabalí*, n° 66, negro bragado, né en 1913.
- *Capirote*, n° 11, negro meano, combattu à Madrid le 13 juillet 1939 par Félix Almagro, qui mourut la nuit suivante après avoir été blessé au cou par ce toro.
- *Díscipulo*, n° 26, negro bragado, combattu à Barcelone le 7 juin 1942 par Domingo González *Dominguín* (qui prenait l'alternative des mains de Joaquín Rodríguez *Cagancho* et en présence d'Emiliano de la Casa *Morenito de Talavera*).
- *Treinta y tres*, negro, combattu à Barcelone le 15 août 1944 par Alejandro Montani (qui prenait l'alternative des mains de Rafael Vega de los Reyes *Gitanillo de Triana*).
- *Fumador*, n° 12, negro zaino, novillo combattu à Madrid le 9 juillet 1950 (tour de piste posthume pour la dépouille du novillo ; fait exceptionnel car à l'époque le mouchoir bleu n'était déployé que pour les toros adultes).
- *Perdulario*, n° 41, negro, combattu à Séville le 6 octobre 1951 par Manuel Vázquez (qui prenait l'alternative des mains de son frère, José Luis Vázquez).
- *Rasposo*, n° 27, negro, combattu à Béziers le 1er octobre 1961 (tour de piste posthume accordé à la dépouille du toro).
- *Pepitillo*, n° 78, cárdeno, combattu à San Feliú de Guixols (Gérone) le 30 août 1964 (tour de piste posthume accordé à la dépouille du toro).
- *Algarrobito*, n° 56, negro, combattu à Ségovie le 1er septembre 1968 (deux tours de piste accordés à la dépouille du toro).
- *Profesor*, n° 53, chorreado, combattu à Ségovie le 1er septembre 1968 (tour de piste accordé à la dépouille du toro ; sortie en triomphe du mayoral de l'élevage).
- *Terremoto*, n° 70, negro zaino, combattu à Consuegra (Tolède) le 25 juin 1968 (tour de piste posthume accordé à la dépouille du toro).

• *Tabaquero*, n° 60, negro listón bragado, combattu à Aranjuez (Madrid) le 12 octobre 1969 (tour de piste posthume accordé à la dépouille du toro).
• *Pillento*, n° 67, negro zaino, combattu à Aranjuez (Madrid) le 7 mars 1971 lors d'une corrida-concours d'élevages (vainqueur du prix Fresa de oro).
• *Divertido*, n° 7, negro, né en 1995 et combattu le 4 juin 1999 à Plasencia (Caceres) par *Espartaco* (une oreille).
• *Redoble*, n° 26, castaño, né en 1995 et combattu à Murcia le 11 septembre 1999 par Pepín Liria (deux oreilles et la queue).
• *Malacara*, n° 34, negro, né en 1995 et combattu à Barcelone le 4 juin 2000 par Francisco Rivera Ordóñez (une oreille).
• *Sonsonete*, n° 20, negro bragado, né en 1996 et combattu à Vista Alegre (Madrid) le 21 mai 2000 par *Joselito* (une oreille).
• *Sabroso*, n° 10, colorado claro, né en 1996 et combattu à Vista Alegre (Madrid) le 21 mai 2000 par José Tomás (deux oreilles).
• *Novelista*, n° 25, colorado, né en 1996 et combattu à Alicante le 20 juin 2000 par José Tomás (deux oreilles).
• *Halcón*, negro mulato chorreado, combattu à Lima le 26 novembre 2000 par Enrique Ponce (toro gracié ; deux oreilles et la queue symboliques pour le torero).
• *Tunante*, n° 56, negro listón pragado, 510 kg, né en février 1998, combattu à Fréjus le 20 juillet 2002 par *Juan Bautista* (tour de piste posthume pour la dépouille du toro, après une demande de grâce par le torero).

L'élevage de Parladé, propriété de José Luis Diz Ortiz, poursuit un parcours ganadero des plus prestigieux. Il commença à combattre des novilladas sous la nouvelle appellation « Toros de Parladé » à partir de la saison 1998. L'afición les découvrit à l'âge adulte l'année suivante. Cette saison 1999 fut marquée par la grande corrida envoyée à Plasencia (Caceres) et combattue avec succès par *Espartaco*, Pepín Liria et José Tomás. Très appréciés des vedettes, les toros de Parladé ont foulé à plusieurs reprises le sable de la Maestranza de Séville même si certains exemplaires n'ont pas toujours répondu à toutes les attentes. L'élevage envoya une très bonne novillada à Saint-Perdon (Landes) en avril 1999 où triomphèrent *Juan Bautista* et *el Fandi*. L'année suivante, *Joselito* et José Tomás obtinrent un brillant triomphe à Vista Alegre (Madrid) face aux toros de cette devise, rencontrant d'autres succès par la suite à Barcelone et Málaga. Souvent combattus dans le sud de l'Espagne, les toros de Parladé sont les témoins de faenas importantes comme celle administrée par *el Juli* à Séville en 2001. Un tour de piste posthume fut accordé cette même année à un exemplaire auquel *Espartaco* avait ravi les trophées maximums. Parladé figure sur les affiches de toutes les autres grandes férias, de Málaga à Cordoue en passant par Grenade, Burgos et Teruel. L'élevage fut toutefois au centre d'une série de blessures impressionnante en 2002 : ainsi, José Ortega Cano fut pris à Séville par un toro qui avait été condamné auparavant aux banderilles noires à cause de sa forte mansedumbre. Une fois Ortega Cano évacué vers l'infirmerie, ce fut au tour d'Enrique Ponce de se faire prendre grièvement par un toro de Parladé qui lui infligea – fait rare dans la carrière du maestro de Chiva – un profond coup de corne de 35 cm à la cuisse gauche. Les quatre derniers toros de cette terrible corrida de Parladé furent estoqués par Manuel Caballero, qui fit preuve d'un professionnalisme sans faille. Un mois plus tard, José Tomás subit lui aussi une blessure importante à Grenade face à un toro du même fer, devant observer quelques semaines de repos. Face au toro, les vedettes oublient parfois certaines contraintes et le payent très cher, même devant les élevages qu'elles préfèrent. Très mobiles et dotés de charges parfois difficiles à contenir, les toros de Parladé défendent un encaste prestigieux dont l'élevage a conservé le nom. Les récentes blessures de toreros vedettes face à ce fer confirment donc bien qu'il n'y a pas de « toro facile » ou de « toro commercial », et que les coups de corne, même administrés par des toros présentant des garanties de triomphe, peuvent s'avérer très graves. C.C.

PARÓN. Passe donnée pieds joints et le corps immobile, généralement une véronique d'accueil près des barrières, du plus joli effet esthétique mais qui ne peut avoir grande influence sur la trajectoire du toro. C'est en donnant une véronique de ce type que Julio Robles a été heurté violemment à Béziers le 13 août 1990 par *Timador*, toro de Cayetano Muñoz ; la voltereta provoqua des lésions cervicales irréversibles, qui causèrent une tétraplégie. R.B.

PARRA DUEÑAS Agustín, *Parrita.* Né à Madrid le 5 mai 1924, il revêt son premier costume de lumières à dix-huit ans, le 9 août 1942 à Algésiras, puis participe à des courses dans des plazas de petite importance. Le 13 juillet 1944, il se présente à Madrid en compagnie de Luis Miguel *Dominguín* et de Rafael Martín Vázquez.

Il reçoit l'alternative, à Valence le 9 mai 1945, des mains de *Manolete* en présence de Carlos Arruza, face à *Cidro*, un toro de Galache. Il confirme à Madrid le 30 mai suivant, lors de la corrida de la Beneficencia, des mains d'*Armillita*, assisté en la circonstance par Domingo Ortega et *Manolete*, les toros appartenant à Galache et Antonio Pérez.

Torero caractéristique de ces années « manolete », *Parrita* se caractérisait par un style sobre en intériorisé. Il est mort à Madrid le 6 juin 1994. R.B.

PARRA FERNÁNDEZ Luis, *Jerezano.* Luis est né le 15 mars 1968 à Jerez de la Frontera (d'où son apodo), où il recevra l'alternative après 36 novilladas piquées, des mains de Paco Ojeda et en présence d'*Espartaco*, devant le toro *Duque*, de la ganaderia de Juan Pedro Domecq. Il débute en France à Palavas, le 8 août 1987, en compagnie de *Nimeño II* et d'*Espartaco*, devant des Lourdes Martín. Le 26 décembre 1989, le voici toréant pour la première fois outre-Atlantique, à Torreón, au Mexique, avec Roberto Miguel et *Zotoluco*, des toros de Piedras Negras. Il confirme à Madrid le 9 août 1992 devant *Encarado*, toro de Hernández Barrera, avec pour parrain José Luis Seseña et pour témoin José Maña *Plaza*. R.B.

PARRAIN. Matador le plus ancien du cartel qui cède son premier toro lors de l'alternative d'un jeune torero. Il est assisté par le témoin, qui est le second en ancienneté (testigo).

PARRITA.
Voir PARRA DUEÑAS Agustín.

PARTIDO DE RESINA (antes Pablo Romero)
Origines : Cabrera et Jijón
Devise : bleu ciel et blanc
Ancienneté à Madrid : 8 avril 1888
Propriété : « Partido de Resina », Villamanrique (Séville), Espagne

Située dans la province de Séville à quelques lieues de Villamanrique de la Condesa, cette ganaderia a connu une petite révolution en 1997 : rachetée, elle change de nom, délaissant le très célèbre titre de Pablo Romero quelle détenait depuis 1885.

Rafael José Barbero forme sa ganaderia avec des vaches Jijona et des sementales de Cabrera ainsi que quelques bêtes en provenance de Núñez del Prado. En 1870, la ganaderia est achetée par Rafael Laffitte y Castro, qui en vend la majorité à Carlos Conradi. Puis, en 1885, elle est vendue à Felipe de Pablo Romero y Llorente. À sa mort en 1906, son fils Felipe de Pablo Llorente, qui est devenu Pablo Romero grâce à une ordonnance royale de 1903, prend la direction des affaires. En 1917, ses fils José Luis et Felipe lui succèdent et les toros sortent sous l'appellation de « Herederos de don Felipe de Pablo Romero ». À la mort de Felipe en 1944, la ganaderia est maintenue dans son intégralité et s'annonce sous le nom de « José Luis y herederos de Felipe de Pablo Romero ». En 1956 est fondée la société familiale Pablo Romero SA qui nomme comme gérant José Luis de Pablo Romero. En 1975, son fils Felipe lui succède, puis à la mort de celui-ci, en 1979, son frère José Luis prend la suite. En 1986, elle appartient à Jaime de Pablo Romero y Cámara.

Cette histoire de famille s'achève en 1997 par la vente de la totalité de l'élevage à la société Partido de Resina qui lui donne le nom éponyme, ganaderia dirigée par José Luis Algora, vétérinaire de profession, qui veut augmenter le nombre de vaches en maintenant le sang d'origine.

Le toro de cet élevage ne ressemble à aucun autre : musculeux, haut sur pattes, généralement bien armé, il a souvent une robe grisonnante. Il rappelle par sa présence plus que centenaire, dont l'origine n'a jamais été modifiée, qu'il descend de castes anciennes presque disparues : la Cabrera que l'on retrouve aussi chez les célèbres Miura, et la Jijona que seul détient de nos jours l'élevage portugais de Condesa de Sobral. Ch.C.

PAS EN ARRIÈRE. Mouvement qui peut se produire au cours des passes de cape, de muleta ou lors de l'estocade, facilement décelable lors de la faena de muleta, beaucoup moins lors du travail avec la cape qui peut masquer les jambes du matador. Il marque soit un manque évident de confiance et de domination, soit une intention de tricher. Dans le premier cas, cela peut être excusable avec un toro très dangereux qui cherche l'homme, sinon c'est la preuve d'une incapacité foncière du torero à s'imposer et à prendre du terrain sur le toro ; ceux qui en sont affligés ne font généralement pas une longue carrière. Dans le second cas, cet acte est plus répréhensible car il signe une intention délibérée de ne pas s'engager honnêtement et de tromper le public ; on voit même certains faire le pas en arrière au moment du passage de la corne, puis se jeter contre le toro afin de maculer leur costume de sang. Au moment de l'estocade, quand le matador se profile, il peut reculer la jambe droite d'un pas pour mieux prendre son élan, ce qui n'est pas répréhensible. En revanche si, lors de l'exécution, ce pas lui a servi à se dégager pour mieux contourner les cornes vers l'extérieur en ne s'engageant pas, l'épée sera portée trop bas et en biais. Enfin, le torero peut, au moment de la passe, reculer non pas la jambe contraire au sens de la charge, mais l'autre, donnant ainsi l'impression visuelle d'un parfait engagement, d'une grande sincérité, alors qu'il a reculé le corps en donnant un léger avancement de la main tenant le leurre. R.B.

PASAR. Action qui consiste à faire passer le toro avec la muleta, dans le troisième tercio, après celui des banderilles, et qui constitue actuellement la partie essentielle de la lidia pratiquée par le maestro avec la muleta et l'épée.

Cette importante phase de la lidia doit être pensée par le maestro, non seulement en fonction des capacités de l'animal, mais aussi en tenant compte des demandes du public, pour constituer un ensemble progressif et abouti, se concluant par une estocade qui le valorisera. R.B.

PASCAL Frédéric. Matador de toros français né à Nîmes le 26 mars 1948. Abandonnant des études d'ingénieur, il se lance dans la tauromachie en s'exerçant dans les fêtes votives des villages gardois, puis parvient à décrocher quelques contrats à partir de 1970 à une époque où la majorité des aficionados considéraient que l'on ne pouvait être torero que si l'on était né outre-Pyrénées. Le parcours des apprentis toreros de ce temps est difficile, aléatoire et semé d'embûches. Pascal débute à Lunel le 26 octobre 1969 en compagnie de Tobalos Vargas, Paco Bautista, Jesús Muñoz et Alain Montcouquiol *Nimeño I*, face à un encierro de novillos d'élevages français. Le 26 mai 1972, il participe à une novillada qui rassemble la totalité des jeunes Français : *Nimeño I*, *Simón Casas*, Frédéric Pascal, Jacky Brunet *Jaquito*, *Chinito* et *Nimeño II*. Il se présente à Vista Alegre à Madrid, le 9 septembre 1973, alternant avec Juan Lucás et José Ortega Cano, devant du bétail de Pío Tabernero de Vilvís.

Il reçoit l'alternative le 22 août 1976 à Nîmes devant *Economista*, toro de Juan Pedro Domecq, avec Francisco Ruiz Miguel pour parrain et Luis Francisco Esplá pour témoin. Mais le marché est tel qu'il trouve peu ou pas de contrats. Il devient donc banderillero afin de ne pas quitter les ruedos et sera longtemps au service des jeunes novilleros ou matadors français ainsi que de certains maestros espagnols, car il ne travaille qu'en France. Il est le fondateur du Syndicat des toreros français, auquel il y consacra beaucoup de temps pour le faire reconnaître. Depuis l'an 2000, il s'est retiré. R.B.

PASEÍLLO, PASÉO. Défilé des maestros et de leurs cuadrillas, précédés par les alguazils, suivis par les hommes de piste et les trains d'arrastre, en ouverture de la corrida, depuis le patio des cuadrillas jusqu'au palco où se trouve la présidence. À l'heure très précise annoncée sur les affiches, il se déroule selon un protocole qui n'a pas changé depuis ses origines comme le prouve ce texte de 1854 : « Quand l'heure du combat a sonné, un alguazil à cheval, chapeau à plumes sur la tête, revêtu d'un costume noir du Moyen Âge, entre dans le cirque et s'avance devant l'autorité qui doit présider la course. Il demande la permission d'introduire la cuadrilla qui doit prendre part au combat. Cette permission accordée, l'alguazil disparaît un moment et revient en tête du cortège des toreros qu'il conduit devant la loge présidentielle. La cuadrilla salue à son tour, et chacun de ses membres va occuper dans l'arène le poste qui lui est assigné par l'espada, suivant leurs fonctions respectives. L'alguazil se présente à nouveau devant l'autorité, se découvre, sollicite l'autorisation d'ouvrir le combat, et demande la clef du toril où sont enfermés les toros. Le président, du haut de sa loge, lui jette cette clef attachée à un grand nœud de rubans ; l'alguazil doit la saisir avant qu'elle tombe à terre et ensuite il la donne à un chulo ou un garçon de service qui va ouvrir le toril. »

Dans les plazas contemporaines, lorsque le président sort le mouchoir blanc, la musique interprète normalement un paso-doble, mais beaucoup d'arènes françaises préfèrent les « Couplets du toréador » extraits de *Carmen*, l'opéra de Bizet.

En tête du cortège figurent deux alguazils à cheval en costume noir et coiffe à plumes.

Derrière, suivent les cuadrillas selon un ordre très précis : *premier rang* : les maestros, le plus ancien et chef de lidia à gauche, le plus jeune au centre, le deuxième à droite. *Deuxième rang* : les banderilleros du chef de lidia avec à gauche le premier lidiador, à droite le second lidiador et au centre le puntillero. *Troisième rang* : les banderilleros du deuxième matador selon le même ordre. *Quatrième rang* : les banderilleros du troisième matador selon le même ordre.

Ainsi, sur la rangée de gauche, derrière le chef de lidia, se trouvent tous les premier lidiadors ; sur la rangée du centre, derrière le plus jeune matador en ancienneté, les puntilleros ; sur la rangée de droite, le deuxième matador en ancienneté et les seconds lidiadors. Puis viennent les picadors sur deux rangs. Ensuite, les monosabios et les areneros. Enfin, le (ou les) train(s) d'arrastre.

Après le salut à la présidence, les toreros à pied donnent leur cape de paséo aux valets d'épée qui les confient à des spectateurs du premier rang, les picadors et les gens de piste quittent l'arène et vont au patio de caballos pendant que l'alguazil récupère la clef du toril auprès de la présidence. Le matador qui vient pour la première fois dans une plaza défile montera tenue dans la main droite. R.B.

PASSANHA
Origine : Murube-Urquijo
Devise : bleu et rouge
Ancienneté à Madrid : 3 septembre 1972
Propriété : « Monte do Pina », Nossa Senhora da Torega (Portugal)

Lorenza Cortés hérite en 1918 de l'élevage de Vicente Cortés García et intègre au troupeau du bétail de Nicasio López Navalón, d'origine María Sánchez et Trespalacios. La comtesse de Las Atalayas rachète le troupeau en 1965 et le vend finalement cinq ans plus tard à Luis Passanha. Celui-ci élimine les origines antérieures et reforme l'élevage avec des têtes de bétail issues du fer des héritiers de Diego Passanha, ancienne propriété de son père, Diego Francisco d'Affonseca Passanha. João Maldonado Passanha prend la direction de l'élevage en 1993.

Les toros importants :

- *Cabilanto*, n° 73, combattu à Madrid en 1967 par Andrés Vázquez (tour de piste posthume pour la dépouille du toro).
- *Jaleador*, n° 35, combattu à Saragosse en 1972 par Jesús Gómez Garralaga El Alba (prix du meilleur toro de la corrida-concours).
- *Bandido*, n° 19, combattu à Santarém (Portugal) en 1981 par Jorge Oliveira (prix du meilleur toro de la corrida-concours).
- *Marinero*, n° 16, combattu à Montijo (Setúbal, Portugal) en 1985 par Joaquim Bastinhas (prix du meilleur toro de la corrida-concours).
- *Traicoeiro*, n° 22, combattu à Vila Franca de Xira (Lisbonne) le 6 mai 1990 (prix du meilleur toro de la corrida-concours).
- *Márquez*, n° 12, combattu à Évora le 20 mai 1990 (prix du meilleur toro de la corrida-concours).
- *Campanero*, n° 3, combattu à Santarém le 16 juin 1990 (prix du meilleur toro de la corrida-concours)

L'élevage de Passanha fait partie des quelques fers portugais importants à posséder du sang Urquijo-Murube. On le retrouve principalement dans son pays d'origine lors de corridas à cheval. Quatre toros issus de cet élevage permirent à Leonardo Hernández et Rui Fernandes de briller lors d'une corrida organisée à Santarém (1999). La France taurine put faire la connaissance de ces toros lors de la première finale du Printemps des novilladas (1992), puis lors des corridas équestres organisées en 2001 et 2002 à Alès. La première année, une oreille récompensa les faenas de Damien Donzala, Luis et Antonio Domecq. La saison suivante, la grande porte des arènes du Temperas s'ouvrit à *Andy Cartagena*, auteur d'une prestation exceptionnelle et récompensée par trois oreilles. Patricia Pellen coupa pour sa part un appendice. On retrouve quelquefois cet élevage en Espagne, toujours dans le cadre de corridas de rejón : quelques toros furent notamment combattus en 2001 à Saragosse (une oreille pour Diego Ventura et Sergio Domínguez) ainsi qu'à Medina del Campo (Valladolid) où João Moura, Pablo Hermoso de Mendoza et Álvaro Montes remportèrent un immense succès. C.C.

PASSE. En France, désigne toute figure exécutée avec le leurre, que ce soit la cape ou la muleta, au cours de laquelle le toro « passe » entièrement devant le corps du torero. Il en existe une très grande variété, avec des figures de base classiques : véronique à la cape, naturelle, derechazo et pecho à la muleta, toutes les autres étant des modifications plus ou moins efficaces ou esthétiques de celles-ci. En Espagne, on qualifie de « passe » toute figure exécutée avec la muleta et de « lance » celle pratiquée avec la cape. R.B.

PASTO (*pâturage*). Généralement utilisé au pluriel. Par extension l'herbe et toutes les plantes naturelles dont le toro est friand et qui constituent sa nourriture idéale.

PASTOR GÓMEZ Ángel. Ce matador de toros naquit à Ocaña, province de Tolède, le 15 juin 1850. Très jeune, il fréquente les milieux des apprentis toreros et débute dans la profession comme banderillero. C'est ainsi qu'il fait sa présentation à Madrid le 31 mars 1872 dans la cuadrilla de Cayetano Sanz, avec lequel il a fait son apprentissage de la lidia. Il tue son premier toro que lui cède José Machío le 26 mai de la même année. En 1873, il intègre la cuadrilla de *Frascuelo* qui, dès 1876, lui permet de tuer des toros dans diverses plazas. *Lagartijo* lui donne l'alternative à Cordoue le 22 octobre 1876. On estoqua ce jour-là deux toros de Miura, deux de Saltillo et deux de Laffitte, pour les matadors *Lagartijo*, *Frascuelo*, *Chicorro* et Ángel Pastor.

Il participe aux corridas de Madrid dans les années 1880, 1881 et 1882 en y obtenant de grands succès. Dans d'autres arènes, il figure aux cartels avec les plus grands : *el Gallo*, *Currito*, *Lagartijo*, *Cara-Ancha* et bien d'autres. Les temporadas de 1887 à 1889 lui apportent peu de triomphes et, en 1890, il torée ses dernières corridas à Madrid, avant de se présenter dans les arènes de Paris. Retiré des ruedos, il vit à Aranjuez où il décède le 7 avril 1900. R.B.

PASTOR Y DURÁN Vicente. Revêtu de sa blouse d'atelier, Vicente, dès 1894, courait partout où il pouvait se croiser avec des novillos, des toros emboulés pour amateurs et fréquentait toutes les placitas des environs de Madrid. L'enfant à la blouse, *el chico de la blusa*, qui garda ce surnom pendant ses premières années de novillero, naquit le 30 janvier 1879 dans le quartier populaire de Lavapies et fut très tôt habité par l'envie de toréer. Cela touchait à l'obstination. Longtemps, il participe aux spectacles d'amateurs avant de prendre l'alternative à vingt-trois ans, après six années d'apprentissage et avoir participé en 1901, avec un certain succès, à quelques novilladas à Madrid et aux environs, qui le propulsent en tête des novilleros. Mais entre son alternative avec un toro du duc de Veragua que Mazzantini lui cède le 21 septembre 1902 à Madrid et l'année 1907, il reste obscur et ne rencontre guère de propositions lui permettant de se mettre en valeur. Enfin, le 2 octobre 1908, on voit la meilleure corrida de l'année : Vicente affronte des toros de Guadalest et Concha y Sierra et triomphe. La temporada de 1911 lui vaut encore un surcroît de popularité et cette année-là, en Amérique du Sud, il laisse un excellent souvenir aux aficionados mexicains. De retour en Espagne, il vit sa meilleure temporada en 1912. En France, il est présent dans les arènes d'Arles le 23 mai 1904 et il est excellent à Nîmes le 7 juillet 1907, très remarqué à Bayonne en 1910 et par deux fois en 1912. Le 4 septembre 1910 : « Il triomphe et coupe l'oreille d'un Guadalest [...] après avoir [...] longuement et brillamment toréé de cape, Pastor attaque d'entrée par une naturelle à l'ancienne, terminée par le haut, une aidée haute, un pecho, une basse aidée à droite, une naturelle, trois demi-passes et réglage [...] un énorme coup d'épée [...] grande ovation, cannes, chapeaux, cigares et éventails ! L'oreille est unanimement ratifiée [...]. Quelle bronca aujourd'hui » (Claude Pelletier, *Bayonne, sept siècles de premières*).

On se souvient encore de son immense succès du 31 août 1913, toujours à Bayonne : épuisé par le « choc » avec un toro la veille à Bilbao, il se bat avec un grand courage, coupe l'oreille, intervient à mains nues pour sauver *Morenito de Valencia* d'une situation périlleuse, couvre les picadors dont quatorze chevaux ne se relèvent pas, mis à mal par les toros d'Urcola.

L'arrivée de *Joselito* et de Belmonte l'éclipse quelque peu et il se coupe la coleta le 23 mai 1918 après avoir participé à la corrida du Montepio des toreros et effectuant une faena gauchère à un toro de Veragua. On vit encore longtemps sa silhouette dans le mundillo et il fut pendant des années assesseur technique à la présidence de la Monumental de Madrid. J.B.T.

PASTUEÑO. Toro franc, clair, avec une bonne dose de docilité et de candeur dans la charge. Animal très propice au succès.

PATAS BLANCAS (*pattes blanches*). Ce sobriquet est dû au pelage particulier de ce bétail d'origine Vega-Villar : y pullulent les exemplaires berrendos, luceros, bragados et surtout calceteros (bas des pattes blanc). Cet encaste très particulier a été fondé en 1910 par José Vega avec un étalon de Santa Coloma et des vaches de Veragua. Une partie de cet élevage ayant été vendu à Cobaleda en 1928, il est fréquent de désigner également ce bétail sous le terme générique de « cobaledas ». P.M.

PATICALZADO (de *calza*, chausses). Toro possédant l'extrémité des pattes jusqu'aux sabots d'une couleur plus claire que le reste du pelage.

PATIO. Emplacement réservé dans une plaza à des activités spécifiques. On nomme « patio de cuadrillas » le lieu où elles sont réunies avant le paséo. Le patio de caballos est l'endroit où se trouve la cavalerie, où l'on harnache les chevaux des alguazils, place les caparaçons aux chevaux des picadors et où l'on prépare le train d'arrastre. Les mozos de caballos et les monosabios y échauffent les chevaux des picadors pendant que ces derniers attendent pour enfourcher leur monture. Le « patio de arrastre » est celui où l'on amène le toro mort pour le remettre aux bouchers. R.B.

PAULA Rafael de.
Voir SOTO MORENO Rafael.

PAULOBA Luis de.
Voir ORTIZ VALLADARES Luis.

PAVO (*dindon*). Toro de grande taille et très encorné.

Passe de pecho

PECHO (*passe de poitrine*). Passe de muleta changée par le haut, qui sert au torero à se libérer après une série de derechazos ou de naturelles. Lorsque le toro est replacé à la suite d'une série, le matador le cite sur le trajet inverse ; la jambe de sortie en avant, il ramène le bras et le soulève de manière que le toro passe dessous, tête haute, en frôlant la poitrine. Elle est plus impressionnante quand elle est donnée de la main gauche, en terminant des naturelles, car le leurre n'est pas agrandi par l'épée. C'est une passe de conclusion, un remate, donc elle ne devrait pas être renouvelée, comme c'est souvent le cas actuellement.

Il ne faut pas la confondre avec une passe basse donnée en trajet inversé et terminée par le haut, dans laquelle la corne du toro ne se lève qu'après avoir dépassé le torero. Ou avec le même type de passe donnée à genoux. R.B.

PEDRÉS
(Hermanos Martínez Pedrés)
Origine : Aldeanueva
Devise : rose et blanc
Pas d'ancienneté à Madrid
Propriétés : « Los Labraos » et « El Maillo », Espeja (Salamanque)

Pedro Martínez González *Pedrés* crée cet élevage en 1999 avec des vaches et des étalons d'Aldeanueva et de son autre fer, inscrit à l'Agrupación de Ganaderías de Lidia.

Élevage aspirant à l'Unión de Criadores de Toros de Lidia, le fer du maestro *Pedrés* a effectué ses débuts en public sur le sol français ! C'est en effet le 4 juin 2000 à Captieux (Gironde) qu'*el Fandi* (une oreille), Javier Castaño et le Portugais Luis Vital *Procuna* (deux oreilles) ont inauguré cet élevage lors d'une novillada très intéressante. *Pedrés* fit combattre un nombre respectable de novillos durant cet été et conclut sa saison en présentant cinq exemplaires lors de la féria d'Albacete. Répété à Captieux l'année suivante, l'élevage a vendu un total de vingt-quatre novillos, tous combattus dans des arènes de troisième catégorie. C.C.

PEDRÉS.
Voir MARTÍNEZ GONZÁLEZ Pedro.

PEDRESINA. Imaginée par le matador d'Albacete Pedro Martínez *Pedrés*, c'est une passe de muleta brillante qui s'exécute de profil, collé aux planches et le regard tourné vers le public. Elle consiste à citer le toro de loin, la muleta pliée, dans la main gauche, et, quand le toro arrive, à pivoter d'un quart de tour en présentant le dos au toro tout en ouvrant la muleta afin qu'il passe dessous dans une suerte donnée vers le haut.

Certains toreros l'exécutèrent en la modifiant quelque peu, dans divers terrains ; citant toujours de loin, la main tenant la muleta déployée devant le corps, ils détournent la trajectoire au dernier moment en projetant la muleta derrière le dos pour contraindre le toro à passer. R.B.

PEDRITO DE PORTUGAL.
Voir ANJOS ROQUE SILVA Alexander Pedro.

PEGAJOSO (de *pegar*, coller). Toro qui charge inlassablement mais d'une manière désordonnée, inconstante, se serrant sur le torero lors de chaque passe et se retournant assez vite après celle-ci. Disons qu'il ne lâche pas le torero une seule seconde. Difficile à canaliser. P.M.

PEINTURE tauromachique. S'il est d'usage de considérer que les premières figurations des jeux avec les taureaux sont celles des fresques de Lascaux ou d'Altamira, on ne trouve, avant le XVe siècle, aucune représentation d'affrontement de l'homme avec les toros que l'on puisse relier à une tauromachie annonciatrice de la corrida.

Dans le coin inférieur gauche du manuscrit d'un cantique du monastère de Guadalupe, on remarque une scène dans laquelle, au milieu de motifs floraux, un homme, maniant l'épée de la main droite et se protégeant avec un manteau placé sur le bras gauche, se prépare à donner un coup d'épée à un toro qui, cadré, baisse la tête vers le sol. Il est intéressant de noter la justesse des attitudes et la manière dont le combattant s'apprête à porter le coup à l'animal.

Une autre représentation célèbre se trouve au second plan d'un paysage du retable de San Dionisio Aeropagita de Valence, œuvre de Rodrigo de Osona le Jeune (peintre espagnol actif entre 1505 et 1565), première scène réellement tauromachique figurée dans une peinture. Au premier plan, le saint portant sa propre tête est soutenu par deux anges. Sur la gauche du groupe, dans le paysage, un homme au crâne dégarni s'abrite derrière un arbre et cite de la main gauche, qui tient un leurre semblable à une cape, un toro veleto qui l'observe, prêt à charger.

Au XVIIIe siècle, de nombreux tableaux ont pour sujet « une fiesta de toros sur une plaza Mayor », en particulier celle de Madrid : des gradins décorés entourent la place, les fenêtres des maisons sont occupées par les spectateurs tandis que sur la place, pendant qu'un cavalier combat un toro et qu'un autre galope à sa rescousse, on voit des groupes de soldats défiler vers le palco royal qu'une rangée de gardes, tournant le dos au groupe des combattants, protège.

À l'époque romantique, les représentations de corridas dans des plazas plus ou moins importantes se multiplient et le nombre des artistes ayant travaillé sur ce thème est considérable, des plus modestes aux plus célèbres. Parmi eux, Joaquín Manuel Fernández Cruzado (1781-1856), qui fut directeur de l'école des beaux-arts de Cadix, a laissé diverses œuvres dont une peignant la sortie du toril d'un toro, tandis que le picador est en piste et que trois toreros attendent, cape ployées sur le bras gauche.

Plus variée est l'œuvre de José Elbo (1804-1846), qui a non seulement représenté des séquences de la lidia, mais aussi des groupes de toros bravos et mansos de différents types, au campo, et dont l'œuvre majeure est : *La Plaza de Madrid un jour de corrida*. José Domínguez Bécquer (1810-1841) exécuta de nombreux portraits en pied de toreros ou de picadors qui font davantage partie des scènes de genre que d'une recherche plastique affinée. Manuel Rodríguez de Guzmán (1818-1867) peignit dans un style dynamique des scènes de corridas souvent dramatiques. Ángel María Cortellini y Hernández (1820- ?) s'intéressa aux scènes de genre telles que la *Despedida du picador* dans laquelle un picador plastronne entre une belle admirative et son cheval, que tient à la bride un mozo de caballo ; ou cette *Scène andalouse*, où une femme en habits de fête accompagnée d'un torero déambule dans les ruelles encombrées.

Eugenio Lucas y Padilla (1816 ou 1824-1870) est un des peintres les plus sincères et habiles de la tauromachie de cette époque. Nettement soumis à l'influence dramatique de Goya, si bien que certaines des œuvres du maître lui ont été attribuées jusqu'au XXe siècle, sa production tauromachique est fort importante, tant par le nombre que par la thématique. Ses œuvres eurent un succès considérable et, profitant de celui-ci, le fils de l'artiste, Eugenio Lucas y Villamil (1858-1918), poursuivit la production par ailleurs largement plagiée, ce qui explique qu'à la fin du XIXe siècle on l'ait considérée comme mineure.

Eugenio Lucas père envoya à l'Exposition universelle de 1855 un ensemble d'œuvres dont la toile la plus importante, la *Corrida en plaza partagée* (1,60 × 2,30 m) comporte un grand nombre de personnages. Ses nombreuses toiles taurines montrent avec vigueur les affrontements entre l'homme et l'animal, aussi bien les courses des pueblos auxquelles participait une partie du public dans un déchaînement sauvage et sanguinaire inhérent à ces manifestations, que celles des grandes villes plus institutionnalisées mais encore d'une violence inouïe. Les personnages en mouvement, les toros qui attaquent, les matadors ou les picadors qui les affrontent dans un tourbillon de fureur, donnent à ses peintures un accent de véracité remarquable.

Parmi les peintres qui ont exploité le thème tauromachique dans cette période, on citera Manuel Cabral y Aguado Bejarano (1827-1890 ou 1891), dont le tableau le plus connu est le *Baptême du fils d'un torero à l'église San Marcos de Séville*, œuvre remarquable par le nombre des personnages. Manuel García Hispaleto (1836-1898) se limita à des scènes de genre traitées avec précision, et Casado del Alisa (1830-1886) peignit en 1884 une *Réception d'un torero après la corrida*, scène très anecdotique dans un frais jardin où les hôtes sont attentifs à l'arrivée du matador. Manuel Castellano (1828-1880), grand aficionado, préparait des toiles en exécutant de nombreux dessins préparatoires qui sont d'une belle qualité de trait. Il fit de nombreux portraits de toreros tels que Montes, *el Chiclanero* ou *Cúchares*, et l'ensemble de son travail est d'une grande richesse documentaire.

Beaucoup d'artistes représentent divers moments de la corrida en donnant la prééminence à l'ambiance générale du spectacle : Joaquín Agrasot y Juan (1837-1919) nous entraîne dans un patio de caballos quand les toreros attendent l'heure du paséo, Manuel Jiménez y Aranda (1848- ?) aime les vues de la plaza avec des spectateurs en premier plan, ce qui donne une grande profondeur à l'œuvre, Alarcón, Enrique Cabral, Bernardo Ferrándiz y Badenes (1835-1890), Carlos Alberto Castellanos (1881-1945) ou Ángel Lizcano Monedero (1846-1929) peignent dans le même esprit les diverses facettes de la fiesta brava : les heures précédant la course et les moments critiques, voire même les altercations entre les spectateurs, rien n'échappe à leur vigilance.

Dans un autre registre, les peintres réalistes sont plus imprégnés par l'aspect morbide de la corrida, à l'exemple de la *Mort du maestro*, œuvre de José Villegas y Cordero (1848-1922) montrant le malheureux torero sur son lit de mort, entouré de sa cuadrilla éplorée et de quelques amis venus le veiller tandis qu'un prêtre lit les oraisons. Ou le tableau de Salvador Viniegra y Lasso de la Vega (1862-1915), la *Chapelle des toreros*, dans laquelle le matador et sa cuadrilla se recueillent avant l'entrée en piste.

Le peintre français Alfred Dehodencq (1822-1882) avait commencé à exposer au Salon en 1844 avec une grande œuvre d'inspiration historique. Il serait probablement resté un peintre d'histoire si une cure aux eaux pyrénéennes ne l'avait incité à visiter l'Espagne et le Maroc. Venu dans la péninsule Ibérique en 1849 avec l'intention de visiter Madrid et en particulier le Prado, il est séduit et y reste quatorze ans. Ainsi, de 1849 à 1863, envoie-t-il en France des toiles qui lui procurent un franc succès, telles que sa *Course de taureaux* de 1851, *Bohémiens au retour d'une fête en Andalousie*, qui obtint une médaille au Salon de 1853. Revenu en France, il sombre dans l'oubli. Ses dessins et croquis sont d'une grande justesse de trait. Il décrit ainsi une fête dans un pueblo, l'Escurial, en 1849, qui se trouve au musée de Pau, où il la peignit : « Là, les courses n'ont pas la pompe de celles de Madrid, mais l'endroit où elles se donnent est plus pittoresque. C'est au milieu du village, sur une petite place, entourée de maisons aux toits de tuiles et de ruines dues au passage de l'armée française en 1808. Les abords des rues sont barrés de poutres, de charrettes, de pierres ; la foule se place sur ces gradins improvisés, sur les murs, sur les fenêtres, tous gesticulants, vifs, animés. Point de victimes, point de chevaux éventrés, traînant leurs entrailles ; les hommes seuls combattant le taureau, ou plutôt se jouant de lui, faisant voltiger leurs manteaux, leurs capes, pour l'étourdir et le frapper plus sûrement. »

Trajectoire identique pour Gustave Colin (1828-1910) qui, né à Arras, découvre les Pyrénées en 1858 et s'y marie pour ensuite se fixer à Ciboure en 1860. L'Espagne est à un jet de pierre. Il ira souvent y puiser son inspiration et y accumuler les croquis de courses sur des places de villages transformées pour l'occasion. Peintre réaliste, il compose avec soin ses œuvres et peint avec rigueur les détails significatifs. En 1869, il réalise une *Course de novillos à Pasajes*, une place fermée sur un de ses côtés par une protection en bois où s'agglutine la foule ainsi que sur les balcons des maisons ; de nombreux intervenants, qui sont des hommes du pueblo, interpellent un toro qui n'est pas d'une taille exceptionnelle. Les attitudes sont bien notées, quoique paraissant conventionnelles. Dans une toile peinte en 1885, on découvre des jeunes gens sur une place excitant un jeune toro qui les tient en respect, tandis qu'une foule s'agrippe aux échafaudages qui servent de protection. En 1888, il peint *Novillada en Biscaye*, toile plus élaborée où la scène est vue de derrière les barrières, avec un homme au sol tandis que d'autres se précipitent à son secours.

Tout aussi intéressants sont les tableaux de Nicolás Ruiz de Valdivia (?-1880), témoignages sur la tauromachie pratiquée dans les pueblos et la manière de combattre le toros, qui sont représentés de façon très réaliste. Peintre des drames de la plaza, Lizcano montre un torero étendu blessé dans le callejón et sur lequel se penchent trois de ses camarades, ou encore le groupe d'hommes qui sortent de piste et amènent à l'infirmerie un matador accidenté durant la lidia. Mais il a su aussi raconter avec humour, dans des scènes de genre, des mésaventures survenues à des imprudents obligés de se réfugier dans un arbre, tandis que le toro veille au pied du tronc... Dans le tableau de José de Chavez (1839-1903), *Picador blessé*, un homme, allongé sur le sol, seul, est présenté dans un raccourci exceptionnel qui n'est pas sans rappeler le fameux tableau d'Édouard Manet.

Roberto Domingo y Fallola (1883-1958) traite avec dextérité, dans une pâte sensuelle, des scènes de capeas dans les pueblos, des scènes du campo ou des séquences de la lidia. Son style est enlevé, vif et fait fi des détails. Le dynamisme des œuvres rend compte des divers moments des courses, avec une prédilection pour celles qui se déroulent sur les places de villages, car elles sont plus hautes en couleurs et riches en émotions. C'est un peintre qui peut être considéré comme l'un des plus doués dans la peinture tauromachique et qui a su la traduire avec sensibilité...

Au début du XXe siècle, Ignacio Zuloaga (1870-1945) a assimilé les leçons de Degas et affirme sa personnalité dans des œuvres solidement structurées, des groupes portraiturés de matadors célèbres en buste ou en pied : *el Traínero* ou *Pepillo* dans leur habits de paséo sont des hommes qui paraissent inquiets, conscients que la mort est à leurs côtés. Il place *el Corcito* dans un paysage où l'on distingue un village et sa plaza de toros. Le traité est classique mais sans mièvrerie, le portrait réaliste sans flatterie. Le peintre a su saisir l'émotion, ses personnages ne sont pas de simples figures mais sont habités par une vérité qu'il a su traduire avec sensibilité. Ainsi, en peignant un simple picador assis nous donne-t-il à voir un homme au regard fiévreux, quelque peu harassé par les combats menés. Il dépouille les héros de leurs affublements qui les rend impersonnels. Ces hommes sont de chair et de sang et sa galerie de portraits est un réel témoignage sur un monde disparu.

Dans le même genre, Daniel Vázquez Díaz (1882-1964) a réalisé des portraits de toreros construits dans un style solide et monumental et qui donnent une impression d'éternité et de détachement des contingences du quotidien. Dans les œuvres de José Gutiérrez Solana (1886-1945), il y a un climat inquiétant et mystique, une atmosphère d'attente que soutient et dynamise une structuration dramatisée des toiles.

Parmi les peintres contemporains, hormis l'Anglais Francis Bacon (1909-1992) qui commis quelques peintures de « corrida », on se souviendra surtout de Salvador Dalí (1904-1989), que l'on vit souvent sur les gradins et qui traduisit la corrida d'une manière toute personnelle, dont les lithographies et gravures taurines sont nombreuses et toujours originales car très différentes de la réalité immédiate. Le Nîmois Claude Viallat (né en 1936) a dessiné et peint des séquences tauromachiques dans un style dépouillé et minimaliste. Le Colombien Fernando Botero (né en 1932) a consacré de nombreuses compositions et dessins à la corrida, œuvres dans lesquelles des matadors et des picadors boursouflés poursuivent des toros obèses devant des gradins peuplés de personnages gonflés à l'extrême.

Des artistes habiles et fins observateurs, qui donnent une dynamique à leurs œuvres et dont celles-ci sont autant de bons exemples documentaires par leur précision et leur pertinence, ont produit de nombreuses peintures dont beaucoup ont servi à illustrer les affiches de corridas. Parmi ceux-ci figurent Carlos Ruano Llopis, Juan Reus Parra, Vicente Ballestar, Santos Saavedra. Mais la photographie remplace progressivement cette manière de peindre. Voir aussi GOYA, MANET, PICASSO et MASSON. R.B.

PELAJE.
Voir PIEL.

PELEA (*combat, dispute*). Prestation du toro dans l'arène, en particulier son comportement face au picador. Terme très usité il y a encore deux ou trois décennies et tombant en désuétude.

PELLEJO.
Voir PIEL.

PEÑA. Association de personnes qui soutiennent par leurs actions un novillero ou un matador en activité, soit en l'aidant à obtenir des opportunités, en organisant des rencontres, en allant dans les plazas où il torée, soit d'une façon amicale et davantage orientée vers la fête qu'on lui demande d'honorer lors de son passage dans la ville. Certaines peñas possèdent un groupe musical qui anime leurs activités.

Il existe aussi des peñas à but commercial qui ouvrent un lieu de rencontre au moment des férias pour y accueillir leurs adhérents.

Dans le sud-ouest de la France, ce terme est surtout utilisé pour désigner les groupes musicaux qui animent la féria. R.B.

PEÑA CATALÁN Fernando
Origines : Torrestrella, Carlos Núñez et Luis Algarra Polera
Devise : bleu ciel et jaune
Ancienneté à Madrid : 11 avril 1909
Propriétés : « Palomarejos », « Navarejos » et « Zurrabotas », Calera y Chozas (Tolède)

Jacinto Trespalacios fonde cet élevage en 1870 en réunissant des têtes de bétail de Marqués de la Conquista. Cette première option est par la suite totalement éliminée au profit d'une seconde, essentiellement fondée avec des produits de Veragua. L'élevage est vendu en 1913 à Matías Sánchez Cobaleda, qui le partagera seize ans plus tard entre ses trois fils. L'une des parts revient à Arturo Sánchez y Sánchez qui, en 1934, décide d'éliminer tout le bétail de Trespalacios et de reformer le troupeau avec des vaches et des étalons d'Infante da Cámara, d'origine Tamarón via José Martinho Alves do Río. Arturo s'éteint en 1989 et l'élevage est mis au nom de ses héritiers. La « Compañia de inversiones Palomarejos, SA » rachète l'ensemble du troupeau en 1990. L'année suivante, toute les origines antérieures sont éliminées au profit de vaches et d'étalons issus des élevages de Manolo González et González Sánchez-Dalp. Le nouveau propriétaire ajoute en 1995 des vaches et des étalons de Torrestrella.

Les toros importants :

- Prix du meilleur toro de la corrida-concours du 30 mai 1911 à Madrid.
- Prix de la meilleure corrida de la féria de Huesca (1992).
- Prix de la meilleure novillada de la saison 1995 à Madrid.

Plutôt apprécié dans les novilladas, l'élevage de Fernando Peña fait principalement combattre ses produits dans des arènes espagnoles de troisième catégorie. Le fer livra plusieurs toros de réserve pour Madrid en 1999, porté par le succès d'un lot de novillos combattu en 1995. L'essentiel du bétail passe toutefois dans des novilladas et des corridas de troisième zone. Dans ce créneau, l'élevage remporte quelques succès et voit chaque année deux à quatre produits être honorés d'un tour de piste posthume. De retour à Madrid en 2000, le public de Las Ventas put apprécier une nouvelle fois le piquant des novillos de Fernando Peña devant la muleta volontaire de Fernando Robleño, crédité d'une oreille de poids. Un autre lot sortit la même année à Alicante. Programmé en 2001 lors de la féria de Pentecôte à Vic-Fezensac, cet élevage permit au mois de mai à un torero français, Grégoire Taulère, de remporter un succès important à Villamanta (Madrid). L'année suivante, en 2002, le fer de Fernando Peña démarra la saison de fort belle manière en présentant un lot complet à la Monumental de Barcelone. Manuel Díaz *el Cordobés* s'illustra quant à lui en coupant les deux oreilles et la queue d'un de ces toros dans les arènes madrilènes de Leganés. C.C.

PEÑAJARA

Origine : Baltasar Ibán Valdés
Devise : bleu et or
Ancienneté à Madrid : 1er mai 1984
Propriété : « El Hoyuelo », El Ronquillo (Séville)

Cet élevage est formé en 1908 par Victoriano Angoso avec du bétail de Veragua et d'Oñoro. Angoso ajoute en 1910 et 1912 des étalons de Saltillo au sein du troupeau. Par la suite, le cheptel s'enrichit d'autres têtes de bétail de Santa Coloma. Une partie de l'élevage est vendue en 1932 à Rogelio del Corral qui insère à son tour des vaches et des étalons issus de l'élevage d'Arturo Sánchez Cobaleda. L'élevage passe successivement entre les mains d'Higinio Luis Severino (1951) et de Manuel Rueda Morales (1973), qui modifie le fer, supprime les origines antérieures et baptise le troupeau « Peñajara ». En 1977, Manuel Rueda Morales achète des vaches et des étalons aux héritiers de Baltasar Ibán, d'origine Contreras. En 1984, il change encore une fois de fer et rachète un lot de Baltasar Ibán. D'autres têtes de bétail provenant de la fameuse propriété de Wellington viendront s'ajouter au troupeau en 1990. Sept ans plus tard, l'élevage est racheté par la société Rulai.

Les toros importants :

- *Africano*, nº 17, combattu à Madrid en 1986 par José Luis *Galloso* (dépouille du toro très applaudie ; octroi d'une oreille).
- *Santiano*, nº 26, combattu à Logroño (La Rioja) en 1986 par Curro Vázquez (dépouille du toro ovationnée ; octroi d'une oreille ; prix spécial de la féria).
- *Limonero*, nº 9, combattu à Madrid en 1987 par Curro Vázquez (dépouille du toro très applaudie ; octroi de deux oreilles).
- *Perdulario*, nº 21, et *Embustero*, nº 35, combattus à Séville en 1987 par José Antonio *Campuzano* (dépouilles des deux toros ovationnées à l'arrastre ; octroi de quatre oreilles).
- *Botinero*, nº 1, combattu à Alcalá de Henares (Madrid) en 1989 (prix spécial de la féria).
- Prix de la corrida de toros la plus complète combattue lors de la féria d'Alcalá de Henares en 1993 et 1996.
- Prix de la corrida de toros la plus complète combattue lors de la féria de San Isidro, à Madrid, en 1995.

Élevage habitué des arènes de Madrid, il est fréquent de voir ce fer à l'affiche à Las Ventas. Les toros, qui présentent des robes variées et des armures redoutables, sont très appréciés par l'afición madrilène. Les toreros vedettes ne s'aventurent guère face à ce genre de bétail, laissant aux plus belluaires le soin de les combattre. Vifs au fer et dans les autres temps du combat, ces toros s'accordent en fait bien du toreo animé de certains matadors. José Ignacio Ramos remporta en 1999 un triomphe important dans ses arènes de Burgos face à un toro de cet élevage. Il n'est pourtant pas évident de couper une oreille à ce genre de toro, doté d'un caractère assez piquant. Parmi la cinquantaine de toros combattus chaque année demeure toutefois un nombre respectable de toros nobles et suaves pour le torero : l'élevage présenta à ce titre un lot très noble à Villanueva del Arzobispo (Jaén), permettant à *el Fundi* et à Juan José Padilla d'exprimer un toreo de qualité. La même année, Sergio Aguilar coupa une oreille à un novillo de ce fer dans les arènes de Madrid. D'autres lots furent combattus à cheval dans des arènes plus modestes et un des toros envoyé à Villanueva eut droit à un tour de piste posthume après une faena quasi parfaite d'*Andy Cartagena*, récompensé de deux oreilles et la queue. Le fer de Peñajara fut présent à Madrid en début de saison 2001 pour l'alternative de *Rafael de Julia* et brilla par la suite à

Sanlúcar de Barrameda (Cadix) en voyant un de ses novillos honoré d'un tour de piste posthume (triomphe de José Antonio Chipiona). Répété à Madrid pour une novillada, le fer connut une fois encore le succès à Sanlúcar lors d'une corrida excellente combattue par *el Tato*, Juan José Padilla et *el Fandi*. Souvent présentés dans les petites arènes des provinces de Madrid et de Tolède, les toros de Peñajara sont également appréciés dans la région de Séville. La France conserve enfin un bon souvenir de la corrida lidiée par Luis Francisco Esplá, *el Niño de la Taurina* et Denis Loré en ouverture de la féria du Riz 1991 à Arles. C.C.

PENCA DEL RABO. Endroit précis ou la colonne vertébrale devient queue. Cette précision anatomique serait sans intérêt particulier si le grand torero *Pepe Luis Vázquez* n'avait déclaré à plusieurs reprises que les toros qui avaient la penca del rabo saillante, proéminente, sortaient généralement avec plus de bravoure que les autres. P.M.

PENDULE. Passe imaginée par don Tancredo et mise en valeur dans les corridas formelles par les toreros tremendistes dont *Pedrés*. Lorsque le toro est fatigué, le matador tenant sa muleta dans le dos, situé de face ou de profil, avance progressivement vers l'animal en déplaçant alternativement le leurre, d'un mouvement lent et régulier, semblable à celui d'un balancier de pendule. Fasciné par le leurre, le toro reste immobile et hésitant, l'homme se trouvant entre les cornes. Lorsqu'il s'est suffisamment avancé, le matador cite sur la corne contraire en toquant sec pour provoquer la charge.

Une autre passe appelée aussi « el pendulo », plus utilisée au Mexique qu'en Europe, consiste à citer de loin, de profil, le bras gauche dirigé vers le toro, muleta déployée à mi-hauteur tenue dans la main droite, en donnant un toque d'appel pour fixer l'attention du toro ; quand il arrive à environ trois mètres, il faut dévier sa charge en faisant passer la muleta derrière le dos et en donnant la sortie en arrière du corps. C'est une passe étonnante qui exige que le torero reste parfaitement immobile. R.B.

PÉON. Subalterne à pied qui aide le matador lors de son combat. Le « péon de brega » est celui qui intervient pour placer le toro selon les indications données par le matador. Le « péon de confiance » est celui qui représente le matador lors du sorteo ; c'est lui qui est chargé de juger le toro lors de sa sortie. R.B.

PEPE-HILLO.
Voir DELGADO GUERRA José.

PEPETE.
Voir RODRÍGUEZ Y RODRÍGUEZ José Dámaso.

PERALTA
Origine : Juan Contreras
Devise : vert et blanc
Ancienneté à Madrid : 17 mai 1964
Propriétés : « El Carrascal » et « Valdecuellos », Olivenza (Badajoz), « San José », « Rancho El Rocío » et « Montes de Peralta », Puebla del Río (Séville), « Cartacho », Alconchel (Badajoz), « Matochal », Aznalcázar (Séville), « La Croix Jamard », Meaulne (France) et « Les Clodis », Maillet (France)

Gabriel González Hernández est à l'origine de la fondation de cet élevage en 1924. Vingt-cinq ans plus tard, une part de son troupeau revient à son fils, Manuel González Martín Oque, qui l'annonce au nom de son épouse, Isabel Flores de Guevara. Ángel et Rafael Peralta Pineda rachètent l'élevage en 1953, en changent le fer et éliminent les origines antérieures. Les deux frères rejoneadores reforment l'élevage avec un lot très important de vaches et d'étalons Manuel González et Juan Antonio Álvarez, d'origine Contreras. L'appellation de Peralta est adoptée en 1977.

Premier fer des deux grands rejoneadores, l'élevage de Peralta est un digne représentant de l'encaste Contreras. Plusieurs picadors d'expérience n'hésitent d'ailleurs pas à affirmer qu'il leur est parfois plus difficile de châtier un toro d'origine Contreras qu'un exemplaire de Miura. Très souvent, la charge puissante et longiligne du Miura est plus facile à canaliser que celle du toro de Contreras, plus petit de morphologie, mais répétant ses assauts à plusieurs reprises, en poussant l'obstacle que représente le cheval et en cherchant sans cesse à le renverser. Le toro d'origine Contreras cherche la chute de cet adversaire et emploie différents moyens : coups de tête réfléchis, charge immédiate et parfois inattendue, prenant de court le groupe équestre. Le toro de Contreras, bien fait et mobile, est donc un redoutable adversaire lors du tercio de piques, donc les toros de Peralta, lorsqu'ils ne manquent pas de forces, le sont aussi. Ils n'en demeurent pas moins des toros de bonne caste, chargeant loyalement dans tous les leurres qui leur sont proposés. Régulièrement programmé dans les arènes romaines de Fréjus, l'élevage de Peralta permit en 1999 à Stéphane Fernández Méca de couper trois oreilles. Ce même jour, Ruiz Manuel lia face au toro *Molinero* l'une des plus importantes faenas de la saison européenne, véritable démonstration de dominio et de temple, avec la touche d'art et de sentiment propre aux très grands toreros. Fernández Méca répéta ce succès avec les Peralta en 2000, s'accordant parfaitement de leur grande mobilité, et coupa à nouveau quatre oreilles malgré un coup de corne. Le public de Fréjus le vit à nouveau triompher de cet élevage en 2001, aux côtés de Sébastien Castella. En Espagne, les toros de Peralta figurent souvent dans les arènes de troisième catégorie. Il y a quelques années, ces toros étaient très appréciés de *Jesulín de Ubrique* qui trouvait là matière à développer son toreo immobile. Aujourd'hui, les Peralta sont aussi bien combattus par des toreros modestes que par des vedettes. Un exemplaire de Peralta fut gracié lors d'une course formelle par Manuel Díaz *el Cordobés* le 1er août 1999 à Inca (Baléares). L'élevage fournit également au cours de la saison 2000 plusieurs toros isolés lors des corridas estivales à la Monumental de Barcelone. En 2001, c'est avec ce fer que furent inaugurées les nouvelles arènes El Palio, à Istres : *Juan Bautista* triompha, en parfait accord avec le cinquième toro, même si la meilleure faena fut l'œuvre de Sébastien Castella, remarquable de temple et d'aguante face à la vivacité du troisième. L'Arlésien *Juan Bautista* renouvella ce succès dans les arènes de Munera (Albacete) face à un autre lot des frères Peralta. C.C.

PERALTA PINEDA Ángel. Homme de campo mais aussi maître en équitation, Ángel Peralta est né le 18 mars 1926 à Puebla del Río. Il participe pour la première fois à l'âge de dix-neuf ans, le 19 février 1945, dans les arènes de la Panoleta de Séville, où il fait forte impression. Le 19 avril 1948, il se présente à Madrid face à un toro de la ganaderia de Molero en prélude à une corrida à pied à laquelle participaient *Morenito de Talavera Chico*, Rafael Yague et Antonio Chaves Flores. En mars 1960, il se fait conférencier à la demande de l'Instituto de Cultura Hispánica pour un exposé intitulé : *Yo, el caballo y el toro.* En 1961, il effectue des exhibitions équestres à Berlin, et en 1962, l'Empire Pool de Londres l'accueille avec ses montures *Ruiseñor* et *Airoso*. 1965 est une année noire pour Ángel Peralta à cause de la perte de son cheval *Cabriola* en plaza de Alicante. En 1967, il interrompt sa carrière à cause d'une douleur au bras droit due à une ancienne lésion. En 1970, il monte un cartel complet avec son frère Rafael, Álvaro Domecq et Samuel Lupi : les « Cavaliers de l'Apothéose ». L'année suivante, il se produit cent vingt-cinq fois. Surnommé le *Centaure de Palma del Río*, il est la figura le plus connue du rejón et le créateur de la « suerte de la rose ».

En 1979, il remporte le trophée de la Real Maestranza de Séville. L'année suivante, à Gérone, il coupe les oreilles de ses deux toros de Viento Verde : triomphe absolu pour le cavalier et le ganadero. Les succès s'accumulent. En 1983, il remporte à nouveau le trophée de la Maestranza après sa prestation face à un toro de Antonio Ordóñez. Lors de cette temporada, il participe à quatre-vingt-treize paséos dont il partage souvent le succès avec son frère.

En 1986, à plus de soixante ans, il a la même afición et enchante le public, partagant les cartels avec la nouvelle génération : Ignacio Vargas, João Moura, Luis Valdenebro entre autres. Ses prestations sont toujours aussi percutantes et enlevées. En 1990, il reçoit une grave blessure à Zabia, près de Grenade : traumatisme thoracique et fracture de cinq côtes. Il torée toutefois encore cinq fois et participe en 1992 au traditionnel festival de Medina del Río Seco organisé par son frère Rafael depuis trente-neuf ans.

Le 20 septembre 1992, on fête ses noces d'or avec le rejón à Madrid avec la participation de douze cavaliers qui travaillent en duo ; Jacques Bonnier et Luc Jalabert y participent. Et Bonnier sera encore présent lors de l'hommage rendu à Ángel Peralta le 20 octobre 1993 à la Maestranza. En 1994, Ángel Peralta ne participe qu'à un seul paséo. Cavalier exceptionnel, homme de cheval et de campo, il est aussi un poète de la Marisma et restera un mythe du toreo à cheval. J.C.D.

PERALTA PINEDA Rafael. Frère de Ángel Peralta, il est né le 4 juin 1933 à Puebla del Río. Le 30 mai 1959, il se présente à Madrid face à un toro de Jesús Sánchez Cobaleda en prologue à une corrida à laquelle participaient Julio Aparicio, Manolo Vázquez et César Girón. En 1965, il coupe une oreille dans la Maestranza de Séville lors de la féria, et l'année suivante, son cheval *Tamborel* est mortellement blessé dans la même Maestranza. En 1970, il participe au cartel des « Cavaliers de l'Apothéose » et termine sa temporada avec quatre-vingt-deux paséos ; l'année suivante il en exécute cent deux. Dix ans plus tard, il torée encore soixante-trois fois. Le 15 mai 1982, il est en mano a mano avec Ángel Peralta à Carmona, face à du bétail de Samuel Lupi et le 26 septembre, à Pozoblanco, il coupe deux oreilles et la queue d'un toro de Marqués de Ruchena. Le 2 octobre 1983, à Arcos de la Frontera, il coupe trois oreilles à des toros de Pérez y Conche. Le 3 mai 1987 à la Maestranza, il fête ses trente ans de rejoneador en compagnie d'Ángel Peralta, Antonio Ignacio Vargas, João Moura, Luis Valdenebro et Javier Buendía. En 1995, il participe encore à vingt-six corridas. Rejoneador prestigieux bien que moins médiatique que son frère, il participe à des émissions de télévision. J.C.D.

PERDRE DU TERRAIN. Se dit d'un torero qui n'arrive pas à maîtriser les charges de son adversaire et se voit contraint à chacune de reculer d'un pas en cédant progressivement du terrain et se faisant déborder, le toro prenant la direction des opérations. R.B.

PEREIRA LUPI José Samuel. Ce fameux rejoneador portugais est né à Lisbonne le 25 mai 1931 au sein d'une famille d'éleveurs de chevaux et de toros. Il fait son apprentissage avec le maître João Nuncio et également avec Francisco Mascarenhas. Il se présente en public lors de la temporada 1947 à Vilafranca de Xira et reçoit son rejón d'alternative des mains de Nuncio le 16 juin 1963 à Lisbonne dans la plaza de Campo Pequenho. La même année, le 12 octobre, il se présente à Madrid. Le 12 avril 1964, il fait le paséo à Las Ventas en compagnie des matadors Miguel Mateo *Miguelín*, Efraín Girón et José Martínez *Limeño* et combat un toro de Samuel d'Assunçao.

En 1970, il participe à la création des « Cavaliers de l'Apothéose ». 1971 fut l'année de ses cent huit prestations. Devenu ganadero, il présente ses toros le

19 septembre à Barcelone sous le nom de « Société agricole du Río Frío ». Durant sa carrière, il subit de nombreuses blessures, notamment en septembre 1972 à Salamanque où un toro de Salvador Domecq lui infligea une forte commotion cérébrale. Il se retira des pistes en 1977. En France, il remporta de très nombreux triomphes, notamment le 2 avril 1972 à Arles avec Álvaro Domecq, Ángel et Rafael Peralta.

Lidiador joignant la perfection du geste à un sens inné de la lidia, classique dans ses prestations, il a été un rejoneador qui a porté l'art du rejón à son plus haut niveau. Ses quiebros en particulier, exécutés avec ses montures attaquant de face le toro, portaient l'émotion à son maximum. Ses manifestations ont permis à beaucoup d'aficionados français de découvrir le haut niveau de compétences des rejoneadores lusitaniens, et Lupi restera une référence dans l'histoire de la tauromachie à cheval. J.C.D.

PÉREZ Antonio (Antonio Pérez de San Fernando)

Origine : Antonio Pérez
Devise : bleu, rouge et jaune
Ancienneté à Madrid : 7 juillet 1907
Propriétés : « San Fernando », Robliza de Cojos (Salamanque), « El Malote », « Campos de Buenamadre » et « El Torrejón », Buenamadre (Salamanque)

L'éleveur portugais Luis de Gama forme ce troupeau en 1885 avec des vaches et des étalons de Joaquín Murube. Antonio Pérez-Tabernero acquiert l'élevage en 1911 et ajoute des étalons de Parladé cinq ans plus tard. Des vaches et des étalons de Luis Gamero Cívico, également d'origine Parladé, sont intégrés au troupeau en 1917. Deux ans plus tard, l'élevage prend l'appellation d'Antonio Pérez de San Fernando et s'enrichit d'un nouveau lot de vaches de la marquise veuve de Tamarón. Antonio Pérez-Tabernero hérite du troupeau en 1965. L'élevage, qui n'a pas connu de croisement depuis 1919, peut être considéré comme un encaste à part entière, possédant ses propres caractéristiques.

Les toros importants :

- *Cordobés*, n° 5, combattu à Valence en 1929 (Oreille d'argent au meilleur toro de la féria).
- *Pachón*, n° 329, combattu à Madrid en 1967 (prix de la mairie au meilleur toro de la féria).
- *Trujillano*, n° 162, combattu à Salamanque en 1968 (prix de la corrida-concours de la Beneficencia).
- *Naranjito*, n° 32, combattu à Madrid en 1971 (prix de la mairie au meilleur toro de la féria de San Isidro).
- *Estanquero*, n° 16, combattu à Santander en 1985 (tour de piste posthume pour la dépouille du toro).

Le « A » et « P » sont devenus deux lettres mythiques dans le répertoire des éleveurs espagnols, même s'il est plutôt rare de les voir aujourd'hui dans les plus grandes corridas. L'élevage d'Antonio Pérez, au passé glorieux, écume aujourd'hui plusieurs arènes du centre et du nord de l'Espagne pour les corridas de village. Depuis quelques saisons, le nom d'Antonio Pérez revient souvent sur les affiches de corridas à cheval où le bétail exprime fréquemment de réelles qualités. Mais les toreros actuels continuent de se frotter aux mythiques toros porteurs de la devise bleu, rouge et jaune : José Antonio Canales Rivera et Luis Miguel Encabo le firent en 1999 à Almoguera (Guadalajara). Très apprécié des novilleros, l'élevage a réussi à présenter en 2000 plus de cent toros et novillos éparpillés dans toutes sortes d'arènes de troisième catégorie. Toutefois, la qualité n'exclut pas de tomber parfois sur quelques durs à cuire : ce fut le cas pour l'infortuné rejoneador Javier San José qui entendit les trois avis fatidiques à El Tiemblo (Ávila). Le Mexicain *el Zotoluco* fit également son apprentissage des élevages espagnols devant quelques toros d'Antonio Pérez au cours de l'été 2000. Désertés par les vedettes, les toros d'Antonio Pérez font toutefois le bonheur des matadors de second rang : *el Fundi* et Luis Miguel Encabo livrèrent en 2001 un combat remarquable à Getafe (Madrid), coupant trois oreilles. Parfois sobreros à Barcelone – rare incursion récente dans une arène de première catégorie –, les Antonio Pérez demeurent des toros mobiles et respectés. C.C.

PÉREZ DE GUZMÁN, don Rafael. Descendant du fameux Guzmán *el Bueno* – qui, lors du siège de Tarifa au cours duquel son fils avait été fait prisonnier, avait donné son propre poignard aux émissaires venus l'informer que s'il ne se rendait pas, son fils serait égorgé –, Rafael, fils d'Enrique Pérez de Guzmán et de doña Dolores Fernández de Córdoba, naît à Cordoue le 16 novembre 1803. Dans cette famille aristocratique où l'on vit dans l'opulence et qui a dans son lignage le fameux duc d'Olivares et les ducs de Medina Sidonia, Rafael vit une enfance heureuse. Le temps venu, il se rend à Madrid pour y exercer le métier des armes. Dans cette ville triste et sale, le jeune Rafael est impressionné par l'agitation qui règne dans les cafés où il retrouve des hommes de sa génération. Mais il s'ennuie à la cour, et parvient à obtenir sa mutation pour le régiment de cavalerie de Séville, où il retrouve la gaieté du Sud, le plaisir de la vie dans une ville chaleureuse. Il fréquente rapidement les gens de la tauromachie, qu'ils soient matadors, picadors ou banderilleros. Ce milieu le séduit et il décide d'en épouser l'existence, contre l'avis de sa famille, qu'il contraint à le laisser suivre son inclination.

Rafael suit alors les cours de l'École de tauromachie sous la direction de Pedro Romero et de Jerónimo José Cándido. Il va au campo, s'entraîne avec fièvre et montre qu'il a de réelles capacités. Accepté comme matador, il se présente le 29 mai 1831 à Aranjuez en compagnie de Roque Miranda et de Francisco Montes *Paquiro*.

Le 13 juin 1831 à Madrid, il reçoit l'alternative des mains de Manuel Romero Carreto, et débute une carrière qui n'est pas marquée par de grands triomphes, car Rafael n'est pas un torero exceptionnel. Aristocrate, il met toujours un point d'honneur à ne pas décevoir, courageux jusqu'à la témérité, prompt à séduire, maniant l'épée avec une détermination exemplaire, il paraît dans les plus grandes plazas d'Espagne et a de nombreux succès, en particulier dans les arènes madrilènes, le 23 octobre 1837, face à *Caminito*, un toro de Cabrera.

En avril 1838, Rafael doit toréer à Madrid en compagnie de *Paquiro*. Il s'y rend en diligence quand, le 14, dans la vaste plaine de la Manche, le véhicule est attaqué par une troupe de bandits détrousseurs qui sévissent dans la région. Rafael sort de la voiture, court à l'assaut des agresseurs, défiant les balles. Alors qu'il tombe mortellement touché par le feu nourri, la diligence repart, abandonnant son cadavre au milieu du chemin. Les habitants du village voisin ramènent son corps à la Guardia et l'ensevelissent. R.B.

PÉREZ DE LA CONCHA (Hijos de Tomás Pérez de la Concha)

Origine : Conde de Santa Coloma
Devise : bleu ciel et rose
Ancienneté à Madrid : 9 septembre 1850
Propriétés : « La Vuelta del Cojo » et « Poco Abrigo », Puebla del Río (Séville)

Joaquín de la Concha y Sierra fonde cet élevage en 1823 avec des vaches et des étalons de Vistahermosa, postérieurement Picabea de Lesaca. Lorsque Joaquín meurt, en 1861, l'élevage revient à son neveu, Joaquín Pérez de la Concha. Le troupeau passe successivement entre les mains du fils de Joaquín, Tomás Pérez de la Concha y Álvarez (1895), qui le donne ensuite en héritage à ses deux propres fils, Joaquín et Enrique Pérez de la Concha y Pereira (1923). Les nouveaux propriétaires rajoutent en 1925 un lot de vaches et un étalon de Conde de Santa Coloma au troupeau, puis par la suite d'autres reproducteurs de la même origine. L'élevage s'annonce depuis au nom de Hijos de Tomás Pérez de la Concha.

Quelque peu oublié sur l'échiquier ganadero contemporain, l'élevage de Pérez de la Concha vend actuellement peu de toros. Quelques produits ont été combattus au cours de la saison 2000 lors de corridas de rejón. Les autres toros apparaissent parfois en sobreros au cours de novilladas organisées dans la région de Madrid. C.C.

PÉREZ RUEDA Antonio, *el Renco*. Antonio Pérez Rueda est né le 5 avril 1976 à Elda (Alicante). Sous le pseudonyme d'*el Renco*, il débute avec picadors le 30 août 1994 dans les arènes de Porzuna (Ciudad Real) aux côtés d'Álvaro Oliver et de Gil Belmonte. Il se présente à Madrid, le 23 avril 1995, face à du bétail de Jiménez Pasquau, et partage l'affiche avec Javier Clemares ainsi que *Morante de la Puebla*. *El Renco* suit alors un long parcours de novillero qui le verra prendre part à un total de cent trente-huit courses. Bien préparé pour passer à l'échelon supérieur, *el Renco* prend l'alternative le 24 juin 1999 durant la féria d'Alicante, des mains de José María *Manzanares* et en présence d'*Espartaco*. Vêtu de vert pomme et or, Antonio coupe l'oreille du toro de la cérémonie, *Puchero*, n° 159, negro, pesant 501 kg et porteur du fer d'El Pilar. En coupant une autre oreille face au sixième toro de la course, *el Renco* sort en triomphe des arènes d'Alicante aux côtés d'*Espartaco*, qui gracia le cinquième toro. Bien connu en France en tant que novillero, *el Renco* débute sur nos terres en qualité de matador lors de la féria d'Alès le 4 juin 2000. Vêtu de bleu turquoise et or, Antonio affronte une sérieuse corrida d'Escolar Gil aux côtés de Denis Loré et Juan Carlos García. Applaudi lors de son premier combat, il effectue un tour de piste à l'issue d'une seconde prestation particulièrement engagée. Le 9 juillet 2000, *el Renco* confirme son alternative à Madrid des mains de Manolo Sánchez et en présence de José Antonio Canales Rivera. Vêtu d'un costume vert d'eau et or souligné de noir, il affronte un toro de Valverde, *Delgadote*, n° 33, negro et pesant 624 kg. Particulièrement vaillant, *el Renco* est applaudi avant de réaliser l'exploit du jour en coupant l'oreille du sixième et dernier exemplaire de l'après-midi. Le 29 octobre 2000, *el Renco* effectue sa présentation en Amérique latine sur le sable péruvien des arènes d'Acho, à Lima. Vêtu de son costume d'alternative, il partage l'affiche avec ses compatriotes *el Califa* et Eduardo Dávila Miura face au bétail local de Salamanca. À l'issue de sa seconde prestation, *el Renco* est applaudi.

Pendant de nombreuses années, *el Renco* a connu de beaux succès en novilladas. Torero téméraire et communiquant bien avec le public, l'Alicantin a su s'attirer les sympathies du public, notamment en France, laissant entrevoir de réelles possibilités. Une fois l'alternative passée, *el Renco* change radicalement face au toro adulte : programmé dans plusieurs corridas de village, Antonio se montre plus volontaire mais aussi plus brouillon lorsque les difficultés se présentent. Au printemps 2000, il coupe une oreille à un toro de Carriquiri à Alicante et sort deux fois en triomphe de ces mêmes arènes lors de la féria estivale. Le mois de juillet qui débute s'avère capital pour l'Alicantin qui confirme avec courage son alternative à Las Ventas devant du bétail de Valverde. Dans la chaleur de ces lourdes corridas d'été, il joue son va-tout et coupe une oreille au terme d'une faena plus marquée par un courage sans borne du torero que par une réelle domination de son adversaire. Le pari est toutefois gagné pour Antonio qui gagne une répétition quinze jours plus tard à Madrid. Le 23 juillet, face à une excellente corrida de Carriquiri, *el Renco* offre un toreo moins saccadé et plus lié, rappelant certains gestes qui l'avaient révélé à ses débuts. Il coupe donc une nouvelle oreille et gagne ainsi le droit de revenir fréquemment dans la capitale espagnole. Ce succès madrilène le libère et il aligne dès lors une belle série de réussites dans toutes les petites arènes où il est programmé. Quelques jours avant de retourner à Madrid pour la prestigieuse féria d'Automne, il coupe même à Valence une oreille à un toro de Fermín Bohórquez, le 9 octobre. Par son engagement, *el Renco* s'est ainsi rapidement révélé comme un torero qui sait saisir les opportunités offertes. En début de saison 2001, il affronte pour la première fois de sa carrière de matador six toros en solitaire dans les arènes de sa ville natale, Elda, et coupe un total de quatre oreilles au lot panaché de Juan Pedro Domecq et Parladé. Présent à la San Isidro, puis durant les férias d'Alicante, Burgos, Soria, Céret et Pampelune, *el Renco* affronte les élevages les plus redoutés, notamment les Miura et les Adolfo Martín. Considéré aujourd'hui comme un jeune torero belluaire, il prend part à un nombre respectable de courses et conserve son cartel de Madrid, même s'il n'y a pas répété ses succès de la saison 2000. C.C.

PÉREZ-TABERNERO Alipio
Origine : Graciliano-Conde de Santa Coloma
Devise : rose et sable
Ancienneté à Madrid : 17 février 1895
Propriétés : « Matilla », Matilla de los Caños (Salamanque) et « Coquilla de Juan Vázquez », Membribe de la Sierra (Salamanque)

Cet élevage a été fondé en 1884 par Fernando Pérez-Tabernero avec une base de bétail de Veragua et de Miura. Après d'autres achats successifs de bêtes d'origine Veragua, Fernando partage le cheptel entre ses fils en 1911. Alipio Pérez-Tabernero insère alors deux étalons de Murube, puis un lot de vaches en éliminant les origines antérieures. En 1925, Alipio récupère la part de son frère Graciliano, composée de vaches et de mâles d'origine Santa Coloma. En 1971, Alipio père cède l'élevage à son fils, Alipio Pérez-Tabernero Sánchez, puis cinq ans plus tard à son petit-fils, Alipio Pérez-Tabernero Martín. Le sang de cet élevage est inchangé depuis 1922.

Les toros importants (exemplaires honorés d'un tour de piste posthume) :
- *Conductor*, n° 42, combattu à Valence (1940).
- *Portugués*, n° 28, combattu à Almagro (Ciudad Real) en 1940.
- *Perruno*, n° 52, combattu à Valence (1942).
- *Grajito*, n° 26, combattu à Madrid (1957), prix de la féria de San Isidro.
- *Machonero*, n° 71, combattu à Manizales (Colombie) en 1962, prix du toro le plus brave.
- *Cuatrero*, n° 25, combattu à Salamanque (1960), prix Toro de oro.
- *Dichoso*, n° 18, combattu à Salamanque (1980), prix Toro de oro.

Élevage mythique de la province de Salamanque, le fer d'Alipio Pérez-Tabernero se fait assez rare dans les arènes européennes. Prisé des vedettes de la tauromachie dans les années 1970 et 1980, l'élevage salmantin fait combattre aujourd'hui un nombre limité de toros, principalement dans les arènes espagnoles de troisième catégorie. Au cours de la saison 2000, les toros porteurs de la devise rose et sable ont connu un regain d'intérêt : plusieurs lots ont été présentés dans des petites arènes du centre et du nord de l'Espagne. À cette occasion, l'Arlésien *Juan Bautista* a coupé les deux oreilles et la queue d'un toro particulièrement noble d'Alipio Pérez-Tabernero dans les arènes de Pinto (Madrid) le 17 juin. Également présent dans les corridas de rejón, il reste à l'élevage un nom et des origines prestigieuses qui satisfont le public des arènes modestes et des toreros de tous horizons, par leurs charges suaves ou généreuses propres au sang Santa Coloma. C.C.

PÉREZ-TABERNERO Javier (Javier Pérez-Tabernero Sánchez)
Origine : Atanasio Fernández

Devise : vert et blanc
Ancienneté à Madrid : 22 mai 2000
Propriété : « Villar de los Álamos », Aldehuela de Bóveda (Salamanque)

Fondé en 1875 par Juan Antonio González Carrasco, cet élevage devient la propriété, en 1946, d'Alberto González Carrasco. Celui-ci vend le troupeau en 1964 à la société anonyme Vegablanquilla. Javier Pérez-Tabernero rachète l'élevage deux ans plus tard, varie le fer, élimine le sang précédent et reforme un troupeau avec du bétail d'Alipio Pérez-Tabernero Sanchón. Il acquiert en 1984 cinquante jeune vaches et des étalons issus de l'élevage d'Atanasio Fernández. Quinze ans plus tard, Javier Pérez-Tabernero transfère tous les produits d'origine Alipio Pérez-Tabernero sur son second fer, Hermanos Clemares Pérez-Tabernero, et conserve la seule origine Atanasio Fernández pour son élevage.

Présenté en France lors de la féria du Riz 1993 à Arles, cet élevage a gravi de nombreux échelons avant de devenir aujourd'hui une véritable référence ganadera. Le grand public avait pu apprécier lors de cette corrida arlésienne la morphologie impressionnante des toros ainsi que le caractère vibrant de leur charge, servi par une admirable combativité. Aux côtés d'Emilio Muñoz et de Manolo Sánchez, César Rincón avait coupé une oreille de poids lors d'une de ses meilleures corridas sur le sol français. Apprécié des professionnels taurins et des aficionados, l'élevage vend aujourd'hui une soixantaine de toros par saison, fournissant bon nombre de novilladas et de corridas dans des arènes importantes. Face au nombre croissant de triomphes obtenus par des toreros modestes, les vedettes commencèrent à affronter les fameux toros porteurs de la devise vert et blanc. Pour la première fois depuis longtemps, le nom de la famille Pérez-Tabernero était une nouvelle fois associé au plus haut niveau. Côté français, *Juan Bautista* eut le privilège de toréer quelques toros de ce fer, remportant de grands succès en 1999 à Cantalejo (Ségovie), puis l'année suivante dans les mêmes arènes mais en qualité de matador de toros. Avant de rejoindre le rang des cuadrillas, *Morenito d'Arles* prit l'alternative en septembre 2000 face à une excellente corrida de ce fer dont son parrain de cérémonie, Juan José Padilla, sut pleinement profiter, remportant un succès populaire (deux oreilles). *Morante de la Puebla* fit monter l'élevage d'un cran en signant une faena époustouflante à Madrid lors de la San Isidro 2001. *Espartaco* confirma à Huesca (Aragón) le haut niveau ganadero de l'élevage en coupant quatre oreilles. Les novilladas de Javier Pérez-Tabernero permirent également de voir les apprentis toreros sous le meilleur jour, comme en témoignent les triomphes de Julien Lescarret à Mauguio et à Roquefort. Dans le Sud-Ouest, Richard Milian fit ses adieux au toreo face à cet élevage, offrant au public de Floirac une sortie digne des plus grands, aux côtés de Fernández Méca et Denis Loré. Quelques mois plus tôt, les arènes de Bayonne avaient applaudi la maestria et le temple de Manuel Caballero, en parfait accord avec un exemplaire de Pérez-Tabernero. Enrique Ponce donna enfin une démonstration de grande tauromachie lors de la féria de San Isidro 2002 en coupant un total de trois oreilles et confirmant par la même occasion que la prestation madrilène de *Morante de la Puebla* l'année précédente face à ces toros n'était pas le fruit du hasard. C.C.

PERITA EN DULCE (*poire au sucre*). Toro d'une douceur angélique, prenant volontiers chaque passe sans créer le moindre souci au torero. Le dicton espagnol dit qu'« il n'y a pas de pardon de Dieu pour le torero incapable de tirer parti d'un tel toro ». P.M.

PERLINO. Toro de pelage gris clair, gris souris.

PEROY.
Voir AIXELÁ Pedro.

PERROS (*chiens*). Pendant très longtemps, on utilisa des chiens dressés pour l'attaque qu'on lâchait contre les toros mansos ou inlidiables. Ces chiens évitaient ainsi aux hommes de s'exposer à des blessures qui, même bénignes, pouvaient se révéler fatales. R.B.

PESADA (*lourde, pesante*). Corrida ennuyeuse menant inexorablement à l'ennui.

PESAR (de *pesa*, poids). On dit d'un toro qu'il « pèse » en deux circonstances : soit que se trouvant en querencia il tarde ou renâcle à s'élancer, soit qu'au cours des passes de muleta il s'approche de plus en plus du torero, obligeant parfois ce dernier à rompre. P.M.

PETO (*plastron*). Protection du cheval consistant en un ensemble matelassé descendant près du sol et montant à hauteur du poitrail.

Chaque peto ou caparaçon comprend une première toile de jute épaisse, afin de permettre une bonne aération et éviter la transpiration excessive du cheval, une importante couche de ouate qui, fortement compressée, amortira le choc et la pénétration de la corne, et enfin une protection extérieure en toile de bâche épaisse qui solidifie le tout et pourra être facilement nettoyée des traces de sang. De nombreux pompons de laine rouge ou blanche structurent la surface du peto. Ils masquent une cordelette qui évite le tassement de la ouate et ce piquetage freine le déplacement de la corne. L'ensemble est ensuite muni de courroies en cuir qui serviront à le fixer sur le cheval. L'empresa de caballos doit posséder six petos, dont le poids unitaire ne doit pas excéder 30 kg.

Jusqu'à l'introduction d'une protection, le nombre de chevaux tués était habituellement cité dans les comptes rendus, comme une sorte de témoignage de la bravoure du bétail combattu. Ainsi, à la fin de la saison 1855, on pouvait lire dans le périodique *El Enano* : « On a tué 191 toros à Madrid lors de la dernière temporada et 412 chevaux sont morts. »

En France, où la corrida ne fait pas partie intégrante de la culture, le spectacle de pauvres rosses étripées dont le cadavre restait longuement sur le sable et se voyait parfois chargé, fouillé et soulevé par le toro, ne pouvait que choquer des sensibilités ; il n'est pas étonnant, ainsi, que ce soit la France qui la première se soit inquiétée de la protection des chevaux.

À la fin du XIXe siècle apparut chez nous un caparaçon de cuir doublé d'une sorte de feuille d'acier semblable à un tablier de forgeron qui ne faisait que modérer à peine la pénétration de la corne. L'Espagne fit de même au début du XXe siècle dans certaines arènes puisque chaque plaza observait le règlement de sa province (quand il existait), d'où des différences parfois sensibles concernant l'âge ou le poids minimum des toros présentés.

Ce caparaçon sommaire ne donnait satisfaction à personne car, amortissant légèrement le coup de corne et en modérant très peu le trajet, il ne servait pratiquement qu'à retarder l'issue fatale qui intervenait alors en coulisses : on évitait ainsi d'avoir à arrastrer trop de chevaux morts et on ménageait la sensibilité du public ; mais cela n'apportait aucune protection réelle au cheval. Ainsi, en juillet 1899 à Nîmes, le port de ce tablier de cuir n'empêchera pas les neuf toros présentés en concours de ganaderias de tuer quatorze chevaux. En Espagne, les chevaux continuent de rester très majoritairement sans protection ainsi que dans certaines arènes telles que Mont-de-Marsan, Dax ou Bayonne, personne ne semblant militer pour la généralisation du tablier de cuir. Pas plus que la présence de ce tablier ne désarme l'ardeur des « antis » qui ont beau jeu de dénigrer ce spectacle. Seule parade : au début du XXe siècle les journaux ne rendent plus compte du nombre de chevaux tués.

Dans les années 1924-1925 deux Nîmois eurent une idée de génie : l'un était Jacques Heyral, fournisseur de chevaux, et l'autre M. Sudre, fabricant d'épaulettes. Ils imaginèrent de matelasser le simple plastron existant, en le doublant et en interposant de la bourre à épaulettes entre les deux feuillets. « Mon père se mit au travail, raconte Louis Heyral, il ramena de la ouate de chez son ami Sudre, découpa dans la toile deux formes identiques. Il plaça une bonne épaisseur de cette ouate entre les deux pièces et commença à les coudre. L'expérience fut concluante. Il convenait ensuite de convaincre les piqueros que ce caparaçon d'un modèle nouveau était plus léger mais plus efficace que les autres. Et pour cela leur faire la démonstration en le mettant sur un cheval qui servit de cobaye, en frappant violemment avec une pique et en leur montrant que la bête n'avait pas été blessée. Ce qui ne manqua pas d'étonner les Espagnols ! » (Louis Heyral, *Mes chevaux de corrida*).

Jacques Heyral en fit parvenir un modèle au duc de Veragua, président des éleveurs espagnols, qui lui adressa une lettre de remerciement.

Après quelques essais en privé, ce caparaçon totalement nouveau fut inauguré à Nîmes le 25 avril 1926, lors d'une corrida de six toros d'Estebán Hernández pour Antonio Márquez, Algabeño et Francisco Tamarit Chaves. Dans les semaines suivantes, un conflit opposa picadors et organisateurs français, les professionnels espagnols se déclarant intéressés mais réclamant une modification de la pique pour qu'elle soit plus traumatisante, le peto français donnant, d'après eux, trop d'avantage au toro.

L'affaire de la protection du cheval était d'importance puisque le Premier ministre du roi Alphonse XIII, le général Primo de Rivera lui-même, intervint dans une lettre publiée dans la presse où il déclarait entre autres qu'il fallait « étudier la manière de diminuer le nombre de chevaux sacrifiés sans amoindrir l'attrait de la belle et classique fiesta. Pourquoi ne pas étudier ou essayer une autre façon de pratiquer la suerte, si cela peut donner à la fiesta plus de beauté et d'élégance ? »

De réunions en discussions, la protection du cheval devint obligatoire sur tout le territoire espagnol par décret du 7 février 1928. Deux Français avaient donc été les inventeurs du peto moderne, peu modifié depuis, et le fait est si peu connu qu'il méritait d'être rappelé. Plus tard, avec l'imposition au fer rouge de l'année de naissance (Congrès de Séville, 1966), la France sera donc à la base de deux mesures essentielles dans l'évolution et la sauvegarde de la corrida.

L'adoption du caparaçon eut pour effet de modifier de fond en comble l'allure de la corrida. À tel point que certains parlèrent ou parlent encore de « décadence ». Les aficionados orthodoxes ont sur cette prétendue décadence toute une gamme d'explications. Un ensemble de faits semblerait primitivement donner raison à de telles prises de position : le toro d'autrefois était d'abord une bête plus âgée, plus farouche, plus sauvage, plus puissante que celle d'aujourd'hui. Le toro moyen de l'époque prenait une dizaine de « piques » ou déclarées telles, il y avait en moyenne une dizaine de chevaux tués par corrida, alors que le tercio de piques actuel se réduit le plus souvent en une monopique destructrice.

Des esprits nostalgiques d'une antique corrida rappelleront avec mélancolie le fameux télégramme que *Lagartijo* adressa au ganadero après une course à laquelle il avait participé : « Murube corrects, sans plus. Vingt chevaux tués. Stop. Rien de particulier à signaler. Stop. Signé *Lagartijo.* » (Ce télégramme est visible chez l'éleveur de toros Urquijo.)

Le grand tournant de l'évolution de la corrida est donc bien l'apparition puis la généralisation du peto. Dès cet instant, tout l'aspect émotionnel de la course, toute sa finalité même vont se voir transformés de fond en comble : on peut dire qu'avant le caparaçon moderne on allait aux arènes voir un toro se mesurer au picador en un nombre incroyable de rencontres émouvantes ou sordides, grandioses ou sanguinaires. À chaque corrida, les picadors étaient éjectés à maintes reprises, souvent blessés, parfois tués. À telle enseigne qu'il y avait trois picadors en piste et d'autres en réserve dans le patio de caballos. Maints chevaux étaient renversés, étripés, leurs cadavres recouverts d'une toile cirée puis, entre deux toros, évacués par le train d'arrastre, d'autres chevaux les remplaçant. *Caramelo* du marquis de Saltillo, en juin 1867, prit 27 piques et tua 9 chevaux ; *Gitano* de Fernando Obarra qui prit 16 piques et tua 6 chevaux (juillet 1887) ; *Jaqueta* de Miura qui accepta 36 piques et tua 10 chevaux (juin 1866), etc. Le record semble appartenir à *Llavero* de Carriquiri, gracié à Saragosse le 14 octobre 1860 après avoir chargé le groupe équestre à 56 reprises. En 1894, dans les arènes d'Arles, un lot de Veragua (corrida filmée par les frères Lumière) prit 72 piques, il y aurait eu 70 chutes et 20 chevaux tués ! L'honnêteté impose de rappeler que ces piques n'étaient pas toutes des piques d'anthologie, loin s'en faut : les refilones alternaient avec puyazos et marronazos sur le passage. Les toros de l'époque n'étaient pas tous d'une bravoure exceptionnelle. Les mansos étaient légion. Ainsi, quand on lit que le 14 octobre 1860 *Llavero* à Saragosse a pris 56 piques, cela veut dire que ce toro, qui était un manso d'anthologie, est venu bousculer le groupe équestre 56 fois, qu'il a « pu » prendre une vraie pique par-ci par-là, mais le reste du temps il n'aura reçu que de brefs coups de cutter lors de rencontres fugaces. En dépit de la légende qui s'est transmise à propos de ce toro, le compte rendu de l'époque indique que ce celui-ci était fuyard et que la plupart du temps il ne faisait que donner un vague coup de tête au cheval en passant. Ce point de vue est confirmé par Prosper Mérimée qui, s'il n'était pas un aficionado de haute volée, n'en était pas moins un fin observateur : « [...] les coups de lance ne peuvent faire qu'une légère blessure au taureau et ils n'ont d'autre effet que de l'irriter » (*Les Combats de taureaux en Espagne*, 1830).

Le seul crédit que l'on doit apporter à ces toros apparemment légendaires ce sont leur puissance, leur potentiel physique et leur sauvagerie.

On comprendra que le matador, pour aussi prestigieux qu'il fût, n'était là que pour diriger du mieux possible et faire régner l'ordre en piste, ne délivrant que quelques rares passes du bout des doigts pour déplacer puis cadrer le toro avant l'estocade, sans recherche esthétique particulière. La faena de muleta, tout du moins dans le sens où nous l'entendons actuellement, n'existait pas. Il suffit de revoir les films de l'époque. Un exemple : le 2 juin 1903, un toro d'Adalid pour *Machaquito* : une passe aidée par le haut, trois naturelles à distance et une passe pour fixer le toro avant l'estocade. Le journaliste de l'époque terminera ainsi son article : « Voilà une faena dont on parlera encore longtemps à Cordoue ! » De nos jours, on en parlerait encore plus longtemps mais à cause de l'énorme scandale qu'une faena aussi légère ne manquerait pas d'entraîner.

Les blessures graves ou les décès affectant les maestros ne survenaient prioritairement qu'à l'estocade, justement appelée « moment de vérité ». La réputation justifiée de l'estocade comme constituant une séquence extrêmement dangereuse pour le torero date de ces époques anciennes, à tel point qu'on parlait davantage d'*espadas* (épées) que de toreros, jusque sur les affiches. Le rôle principal de l'homme se résumait à tuer le toro. Le toreo était pour ainsi dire inexistant. Ce qui n'échappa pas à Théophile Gautier : « Montes exécuta trois ou quatre passes puis [...] son épée à l'horizontale à la hauteur des yeux du monstre [...] qui tomba foudroyé » (*Voyage en Espagne*, 1840). Prosper Mérimée confirme : « Après quelques passes, le matador se prépare à lui donner le dernier coup » (*op. cit.*).

Les toreros anciens payèrent évidemment leur tribut à leur art mais contrairement à ce que l'on pourrait imaginer, ils furent moins souvent blessés que leurs successeurs, ce qui pourrait sembler paradoxal au regard de la sauvagerie et du manque de noblesse des toros de l'époque mais s'explique aisément par le prudent toreo à distance qu'ils pratiquaient et par la durée très réduite de la faena de muleta, la seule véritable séquence à haut risque étant l'estocade.

C'est le cas de Pedro Romero (1754-1839), dont le comte de Las Navas dit qu'« il tua 5 600 toros sans avoir souffert une cogida ni perdu une goutte de sang dans les arènes ». Témoignage sous réserves, bien entendu. Plus sérieux est le cas de *Lagartijo* (1841-1900) : au cours d'une longue carrière durant laquelle il tua 4 872 toros, il ne souffrira qu'une seule blessure grave (Madrid, 1873). À l'instar de Mazzantini qui, au cours d'une carrière de plus de vingt ans, ne reçut que deux blessures sérieuses. Les décès de matadors après blessure furent plus nombreux qu'actuellement, parce que la chirurgie était balbutiante et beaucoup survinrent à la suite de complications infectieuses alors que la blessure initiale était loin d'être gravissime. Avec les armes médico-chirurgicales actuelles, très peu d'entre eux seraient morts de la cornada qu'ils reçurent.

La corrida d'alors n'avait que deux pôles d'intérêt : les piques et l'estocade. Le picador était un personnage dont la popularité était au moins aussi importante que celle du matador. Généralement indépendant, son nom apparaissait en grand sur les affiches et il existait pour lui une cérémonie d'alternative. Dès la généralisation du peto, le picador perdra ce statut de vedette et plongera dans l'anonymat le plus complet, souvent escorté par l'hostilité du public alors que la veille il en était l'idole, ce qui prouve bien qu'il s'agit dès lors d'une « autre » corrida.

Autre preuve de changement : jusqu'à l'apparition du caparaçon il y avait autant de picadors morts en piste que de toreros, alors que le décès d'un picador deviendra tout à fait exceptionnel par la suite. Force est donc de constater que cette corrida « non protégée » n'avait qu'un rapport lointain avec la corrida moderne, qu'elle n'était qu'une bataille sanglante, féroce, tout sauf un beau spectacle. Il est donc vain de tenter de faire des comparaisons entre deux manifestations qui ne sont pas du tout comparables.

Le premier, *Guerrita* comprit le désir d'évolution vers moins de violence et davantage d'esthétique. Il réclama des adversaires plus jeunes, donc plus toréables, des adversaires qu'on châtierait moins et auxquels on ferait plus de quatre passes d'alignement, des adversaires qui introduiraient un peu plus d'art dans le ruedo. À Antonio Montes revient le mérite d'avoir posé les jalons du toreo futur en tenant le leurre (capote ou muleta) plus bas que ses prédécesseurs, les mains basses pour mieux assujettir l'animal, ouvrant ainsi la voie au génie particulier de Belmonte à qui l'on doit le toreo moderne. Belmonte se trouva à une époque charnière : à un moment de sa carrière, il eut le mérite d'initier et de développer son toreo révolutionnaire à l'époque des chevaux non protégés, puis d'affiner ce toreo lorsque le caparaçon assura une sécurité quasiment totale pour le cheval.

Pour développer et parfaire son toreo esthétique, toreo que réclamait le public, on combattit des toros de plus en plus jeunes : Belmonte et son ami *Joselito* ne se privèrent pas de toréer des animaux de trois ans, parfois moins, dans les petites arènes. Le pli était pris. Mais à cause de ce caparaçon inventé pour ménager la sensibilité des foules, à cause de chevaux de plus en plus massifs, le toro plus jeune et moins fort se trouva confronté à une véritable citadelle, éprouvé par une poussée devenue pratiquement sans espoir de réussite, alors que sans le caparaçon, la chute du groupe équestre était de règle une fois sur deux, la corne pénétrant très souvent dans le corps du cheval ce qui insufflait au toro une véritable boulimie d'attaque.

Actuellement, même s'il est brave, le toro qui bute sur le groupe équestre et n'obtient aucun résultat perd confiance, considère qu'il fait trop d'efforts inutiles et ne charge plus ou avec réticence. Ainsi, utilisé pour révéler la bravoure du toro, le peto la détruit, partiellement ou en totalité.

La protection du peto évite toute blessure grave du cheval, ce qui amène les picadors à abuser de la carioca, à prolonger abusivement la pique qui saigne le toro, lequel pousse et s'épuise inutilement contre des chevaux lourds et puissants, difficiles à renverser. Certains prétendent que le poids du caparaçon est trop important. En fait, ce ne sont pas dix ou vingt kilos de plus qui modifieront les choses, c'est le choix des chevaux qui devrait être fait sur d'autres critères.

N'oublions pas non plus que la pique de l'époque (*pica de limoncillo*) était beaucoup moins meurtrière que celle d'aujourd'hui. Une pique actuelle équivaut probablement à quatre ou cinq piques de naguère et certains toros sortent à demi exsangues de cet épisode.

Il n'est donc pas rationnel de parler de décadence de la corrida sous prétexte que le nombre de piques a considérablement diminué : la corrida d'aujourd'hui, dont le sommet est la faena de muleta, n'a plus rien à voir avec celle d'hier exclusivement centrée sur les piques et l'estocade. Ce sont deux corridas totalement différentes. Avec le peto, une corrida est morte, une autre est née. P.M.

PEZUÑA. Synonyme de sabot. Généralement utilisé au pluriel.

PHARAON.
Voir FARAÓN.

PHOTOGRAPHIE. Dès ses origines, la photographie a trouvé dans la tauromachie un sujet de prédilection. Ce sont des portraits en pied, sur un fond neutre ou significatif de la profession, souvent un cabaret, une bodega, portraits de l'espada vedette du moment, seul ou avec sa cuadrilla, représenté selon les critères jusqu'alors utilisés par les peintres portraitistes. Les personnages sont figés dans une attitude digne et rigide, commune à tous les portraits du temps. Quand les progrès technologiques ont permis les prises de vue instantanées, la corrida a été photographiée sous ses multiples aspects, en particulier lors des actions en cours de lidia, et les clichés exposés et vendus au public aficionado, ainsi qu'en témoigne cette annonce parue dans le numéro 4 de *L'Arène*, journal tauromachique édité à Marseille, daté du 23 avril 1899 : « Nous avons l'honneur d'informer nos lecteurs que nous installons une vitrine au siège de l'imprimerie du journal. Dès le début nous offrons à la curiosité du public des instantanés pris pendant les dernières *gran corridas* d'Arles et de Marseille ainsi que diverses photographies des diestros les plus connus. » Déjà, des photographes se spécialisent et couvrent les courses du midi de la France. Il en est de même en Espagne, et la documentation devient rapidement importante. Le reportage photographique rend compte des grands moments, des divers actes de la lidia, des triomphes des matadors mais aussi des accidents en piste. Étant donné les caractéristiques des appareils, les cadrages sont larges, en plan général, ce qui permet de bien rendre compte de la manière dont se déroulaient les courses.

Puis la presse s'empare des photos et les publie dans ses colonnes avec les comptes rendus des courses, remplaçant progressivement les merveilleuses lithographies ou les gravures des parutions précédentes, œuvres sans aucun doute moins précises mais d'une grande qualité plastique. La photographie devient essentiellement documentaire : on fixe des moments de la course ou on portraitiste les vedettes du ruedo. La carte postale diffuse des vues spécifiques de la corrida ou des lots de toros qui ont été combattus. Imprimées en tons bistre ou bleu-noir, sur bristol épais, elles vont diffuser les impressions auprès de ceux qui n'ont pas assisté à la course.

Dans les années 1950, la photographie taurine va se scinder entre reportage et art. Bien que continuant essentiellement à rendre compte des événements taurins se déroulant en piste ou à tirer les portraits des toreros vedettes, une recherche esthétique commence à se faire jour : détails significatifs qui, bien qu'appartenant à la tauromachie, vont au-delà de leur signification immédiate. Il en est ainsi de la série des « toros morts » de l'Arlésien Lucien Clergue (voir ce nom) qui marque une novation dans la photographie taurine.

Les améliorations technologiques apportées aux appareils, aux optiques, aux pellicules, l'introduction de la couleur, puis la révolution du numérique confortent et affinent les deux orientations — documentaire et artistique — de la photographie tauromachique. Les photos de reportage font plus souvent place au plan serré et abandonnent le plan général ; les photos de recherche plastique valorisent le détail tauromachique, le jeu des lumières ou le flou intentionnel. R.B.

PICADOR. Cavalier qui, avec la pique, châtie le toro pendant le premier tiers de son combat.

PICASSO Pablo (1881-1973). L'artiste s'intéressa très jeune à la corrida puisqu'un de ses dessins datant de 1890, alors qu'il n'avait que neuf ans, représente une séquence de course : la cornada d'un torero auquel deux autres viennent porter secours avec des capes. La blessure sanglante est bien visible, le toro parfaitement dessiné, en plein élan, et a la morphologie d'un toro bravo. Le public des tendidos est esquissé et l'un des spectateurs porte un sombrero cordouan. C'est le dessin d'un enfant très observateur puisque les détails sont parfaitement reproduits, et d'un dessinateur émérite, car les mouvements des personnages rendus dans leur précision et leur dynamisme. Ce n'était pas la première œuvre taurine de cet enfant artiste qui, l'année précédente, avait esquissé une huile figurant un tercio de piques. On connaît encore une autre œuvre datant de 1894, réalisée à La Corogne et qui représente la mort d'un toro.

En 1895, la famille de Picasso s'installe à Barcelone où le père vient d'être nommé professeur à l'école provinciale des beaux-arts. Le jeune Pablo, âgé de quatorze ans, remporte d'emblée le concours d'entrée de l'école alors que la plupart des candidats sont passés par toutes les classes préparatoires. En 1900, il installe son atelier calle Riera de San Juan en compagnie du peintre Carlos Casagemas. Durant cette période, Picasso (qui signe encore Ruiz Picasso) exécute de nombreuses œuvres tauromachiques, parmi lesquelles une aquarelle très enlevée représentant un picador debout, le dessin de deux matadors, le pastel d'une pique exécutée en piste, avec deux toreros en protection. Un autre pastel, *Autour des arènes*, montre la foule qui se presse en allant vers les entrées de la plaza, et *Toréadors* a pour sujet un groupe de matadors avant la course.

Première vision des arènes de Barcelone, *L'Arène*, pastel gouaché de 1900, est une vue des gradins lors d'un quite en piste alors qu'un picador vient se mettre en position. Les gradins sont vides côté soleil et Picasso a déclaré à Pierre Daix en les montrant : « C'était vraiment comme ça. Il y avait très peu de spectateurs. Ce n'était pas du tout comme aujourd'hui. »

Un pastel verni, *Corrida*, représente la fin du paséo, avec l'alguazil faisant caracoler son cheval tandis que les toreros se préparent et déploient leurs capes. *Dans l'arène*, pastel et huile sur toile, est un moment du tercio de piques, et *Courses de taureaux* est située sur la piste, avec un arenero en premier plan et un groupe de trois toreros sur la gauche. Un autre pastel à la gouache représente le quite de quatre toreros alors que le toro s'est fixé à côté d'un cheval mort que l'on devine. Enfin, l'œuvre la plus accomplie est *L'Entrée de la plaza*, un pastel sur carton haut en couleurs, avec deux figures de femmes et un homme en premier plan tandis qu'un picador se dirige vers l'arrière-plan.

En 1901, Picasso peint une *Corrida de village*, huile sur bois représentant la place d'un pueblo sur laquelle a été aménagée une piste, et les spectateurs, ainsi que deux autres *Courses de taureaux* : l'une est une vue générale des gradins lors du tercio des piques, dans l'autre le picador s'apprête à piquer, protégé par deux toreros et un mozo, tandis qu'un cheval agonise au premier plan à gauche. C'est une peinture qui annonce le fauvisme, tant par le traité que par l'exacerbation des couleurs.

Il est remarquable que toutes les peintures représentant une séquence de la corrida soient consacrées aux piques. En particulier, on voit apparaître dans la dernière le cheval blessé à mort, figure que l'on retrouvera très souvent dans beaucoup d'œuvres des périodes ultérieures.

Picasso quitte l'Espagne pour Paris et aborde de grandes périodes de son art : période bleue, puis rose, cubisme. Sa production est intense, mais il n'aborde plus le thème taurin jusqu'à 1921, avec une gravure, *Toro attaquant un cheval*, qui initie ses figurations du cheval victime de la fureur du toro. Les toreros sont absents. En 1922, *Corrida* représente un toro brutalisant un cheval pendant que le cavalier, tombé et blessé, est sur l'échine du toro. Des couleurs harmonisées et délicates ôtent à la scène sa violence sanguinaire. Dans la même période, il dessinera plusieurs œuvres dans lesquelles les toreros sont absents.

Le 6 septembre 1933, dans *La Mort de la femme torera*, Picasso peint un groupe fantastique dans lequel la femme nue et le cheval agonisant et rapetissé sont sur le dos d'un toro énorme de puissance et de bestialité, pendant que des toreros légers comme des elfes semblent danser une sarabande dans la piste. Le 19 septembre suivant, il peint dans un registre beaucoup plus violent et dramatique *La Mort du torero* en costume de lumières, accompagné par un cheval qui perd ses entrailles, emportés par un toro d'apocalypse. Le 24 septembre enfin, il dessine un *Toro encornant un cheval*, à l'encre de Chine.

En 1933, Picasso produit la fameuse *Suite Vollard*, où l'on trouve des œuvres taurines. En particulier cette gravure n° 57 où l'on voit un sculpteur portant sur ses genoux un modèle féminin calme et reposé, pendant que dans la même pièce un toro attaque et tue deux chevaux qui ne peuvent s'enfuir. Dans la gravure n° 22 on retrouve le thème de la femme torera emportée agonisante par le toro qui enlève aussi le cheval. Mais la vision rapprochée et le raccourci perspectif donnent une dimension plus dramatique à l'œuvre.

Avec la déstructuration des formes et de l'espace, les œuvres de Picasso prennent une facture bien différente : dans la toile *Corrida* peinte en 1934, c'est l'enlacement tragique d'un cheval et d'un toro qui l'éventre, tandis que sur les gradins apparaît un visage de profil, annonciateur de ceux de la période de *Guernica*.

Apparaît le personnage mythique du Minotaure auquel Picasso consacrera de nombreuses gravures et dessins. Homme à tête de toro ou toro à tête d'homme ? Telle est la première énigme de ce monstre sanguinaire qui deviendra, métamorphosé par Picasso, un être malheureux qu'une fillette conduit lorsqu'il est devenu aveugle. On le voit maniant un poignard, dangereux et inquiétant ; peut-être dompté lorsque, dans la gravure n° 85, dans une scène érotique avec un homme nu entouré de deux femmes offertes, il lève un verre de champagne et porte un toast. Il paraît d'ailleurs plus amical que l'humain possessif.

Vaincu par un jeune éphèbe nu qui manie le poignard, planche n° 89, il souffre dans le ruedo, écroulé le long de la barricade, tandis que dans le callejón la foule se presse pour le voir anéanti, les femmes en particulier, et qu'au centre se tient cet homme avec lequel il partageait un moment de bonheur. Est-ce lui qui l'a livré ? qui l'a trahi ? La mort fait son œuvre et, planche 90, il figure agonisant, cherchant vainement un souffle d'air tandis que des visages inquiets le scrutent et qu'une femme, une seule, lui tend la main pour apaiser ses souffrances.

Dans cette même *Suite Vollard* intervient encore le Minotaure devenu aveugle, hurlant sa douleur dans les ténèbres, guidé par une enfant ; il se sert d'une canne et s'appuie sur l'épaule de la fillette qui tient une colombe aux ailes déployées dans les bras. Il passe sur le quai, au milieu des barques, tandis que les hommes, encore inquiets, l'observent sans bouger.

On retrouvera cette puissance symbolique dans la *Minotauromaquia* de 1935, mais le monstre y est terrifiant. Il sort de la mer et avance, un bras levé ; un homme s'enfuit par une échelle en le voyant, une femme torera agonisante gît sur un cheval éventré tandis qu'à une fenêtre deux femmes contemplent la scène avec indifférence. Seule une fillette étrangement coiffée d'un petit chapeau fait front au monstre, tenant une bougie allumée d'une main et un bouquet de l'autre. Elle est la seule à ne pas le craindre, forte de la tendresse, de la pitié et de la pureté qu'elle incarne.

En 1936, Picasso peint un autre Minotaure enlevant un cheval mort devant une grotte, un monstre brutal, sanguinaire et indifférent aux deux mains qui supplient à l'entrée de la grotte : la guerre a commencé en Espagne.

En 1937, *Guernica* est le grand œuvre de Picasso pour lequel il va dessiner de très nombreuses esquisses. On y retrouvera les deux figures emblématiques : le cheval blessé et le toro qui apporte la mort aux hommes. Mais toros et chevaux ne sont plus dans le cadre de la corrida. Ils participent à l'Apocalypse qui s'est abattue sur le monde.

La guerre terminée, Picasso vit sur la Côte d'Azur et, accueilli par les céramistes de Vallauris, commence l'apprentissage de cette technique dans laquelle il produira de nombreuses pièces inspirées du thème de la tauromachie. On retrouvera des scènes de corrida, soit avec des matadors soit avec des picadors, dans de nombreux dessins et des gravures dont beaucoup de linogravures en couleurs. L'expression n'est plus au drame. Picasso est apaisé et ses toreros sont plus à l'aise en présence de jeunes femmes nues coiffées de mantilles ou accoudés à une table de bodega (gravures de 1954) que dans les risques de la piste. On trouve toutefois certaines représentations de la corrida, telle cette chute du picador blessé que l'on secourt. Dans les œuvres peintes figurent des portraits de matadors qui sont par ailleurs fort proches des portraits des nobles inspirés par les *Ménines* de Velázquez.

À Nîmes ou à Arles, on voit Picasso en compagnie de ses amis, en particulier Cocteau, assister aux corridas. Il dessine beaucoup, dessins rapides et sensuels, lithographies et aquatintes des corridas vues dans ces arènes qu'il fréquente assidûment. Au cours de l'été 1957, au sortir d'une course fort décevante, il exécute une suite d'aquatintes avec une dextérité et une remarquable maîtrise : l'illustration du traité de tauromachie de *Pepe-Hillo*, le premier de l'Histoire. Toutes les planches, depuis les toros au campo, la cogida du torero jusqu'au train d'arrastre sortant la dépouille de la piste, sont traitées avec une puissance étonnante, d'un pinceau léger et descriptif. Tous les moments de corrida ancienne sont ainsi représentés : suerte de don Tancredo, saut à la garrocha, toro assailli par les chiens, banderilles a la silla, passes de cape ou de muleta. C'est une suite exceptionnelle dont la sûreté d'exécution fait l'admiration de tous les amateurs d'art.

Une série, *Toros y Toreros*, est composée d'une suite exceptionnelle de dessins, d'esquisses, de pastels gras, de sanguines, de lavis noir ou brun, ayant pour sujet les diverses phases de la corrida. Le premier carnet débute avec des dessins des arènes d'Arles, puis des séries de passes de muleta, quatre pastels gras des arènes et une suite de lavis à l'encre de Chine noire sur les picadors ou les toreros avant le paséo. On y ressent cette ambiance si particulière des arènes d'Arles quand les toreros attendent le paséo dans le tunnel sombre qui débouche sur la piste. Puis la violence du combat ressurgit dans les pastels et le lavis qu'il consacre à une cogida. Lui succèdent des portraits de picadors ou de matadors traités avec vigueur. Le deuxième carnet contient la série des christs-toreros et des chevaux agonisants, où surgissent brusquement entre deux phases de corrida des têtes du Christ aux épines. Puis, tout à coup, le thème est celui de la Cour, avec des Amazones caracolant, dans des dessins, aquarelles, pastels : toutes les techniques sont au service de l'idée. Dans le troisième carnet, différentes scènes de corrida sont saisies et fixées avec rapidité, œuvres narratives et documentaires, mais apaisées, réalisées à l'encre noire ou sanguines exécutées au pinceau.

Picasso peint désormais la corrida en tant qu'aficionado sensible, attentif au spectacle, libéré de ses inquiétudes passées, débarrassé à jamais du Minotaure. R.B.

À l'exemple de Goya, dont la légende veut qu'il ait servi sous les ordres d'une épée dans sa jeunesse et qui se faisait appeler *Francisco de Los Toros*, Picasso aurait aimé être picador. Il évitait avec soin de représenter le caparaçon, le matelas protecteur qui date de 1928, et s'attachait dans sa peinture aux terribles déboyautages de sa jeunesse.

Antonio Saura, qui entretenait un rapport aussi stimulant que difficile avec Picasso, déclara qu'obsédé par des fantasmes de rapt et de viol, celui-ci ne retenait que la violence du heurt contre le cheval. Mais tout ce qu'on avance sur la curieuse volupté du rituel taurin chez Picasso est convertible. L'animal vite en chaleur ne se contente pas de pénétrer que des sommeils. Tour à tour conquérant et blessé, bourreau et victime, il épuise toute la gamme des relations possibles. Dans l'alcôve de l'arène par la lumière dévorée, le couple s'aime et se hait, se caresse et se tue en plein soleil.

Crevé par la corne, le ventre ouvert dévide son rosaire. Entre le long cou de cygne et la croupe affaissée de sa monture à l'agonie, la femme apparaît si blanche et si loin. Elle glisse face contre terre, ignorante à la fois du rictus de vieil ivoire du cheval comme du souffle des naseaux fumants du Minotaure, de son râle fiévreux, du grognement de sa convoitise.

« Si je ne veux pas le rater, moi non plus je ne dois pas perdre l'œil du toro. » Sous le regard attentif du matador *Chicuelo II*, le feutre ne quitte plus la feuille. De son tracé sans solution de continuité surgit la tête frisée d'un fauve. C'est matin de corrida à Nîmes, dans le hall du *Cheval Blanc*, à quelques mètres des arènes, et Picasso, mi-amusé, mi-complice, met le torero dans la confidence, avant de lui offrir son dessin. Véritable trompe-la-mort, *Chicuelo II* n'a plus que quelques mois à vivre, cette Pentecôte-là. Il ne succombera pas sous la corne, mais dans un accident d'avion alors qu'il se rend aux Amériques. Juste avant son départ, il s'est souvenu d'envoyer un de ses costumes de lumières au peintre. « On lui a volé sa mort », protestera Picasso.

Passionné par les corridas depuis son enfance à Málaga, il ne voyait que ces détails qui échappent aux connaisseurs et se souciait peu de passer pour érudit. « Pour toi ce n'est pas de l'art. Trop fruste, trop sommaire. Tu me rappelles ces gens qui se gargarisaient de fréquenter l'opéra où je m'ennuyais ferme à écouter de grands trucs pompeux qui ne me disaient rien. Je préférais de beaucoup les chansons des beuglants. » Des exploits un peu funambulesques de *Miguelín* en piste, il pressent le bon emploi et je n'ignore pas qu'il aura le dernier mot. Observé sous l'angle égoïste de la création, *Miguelín* deviendra un grand papillon d'ébène aux battements de cape ivres, qui grésille à proximité de la flamme, mais que les cornes, par miracle, n'épingleront pas.

Luis Miguel, qui garde ses distances, réveille le goût des boutades féroces : « *Dominguín* est un torero pour la place Vendôme. » Rapportée au principal intéressé, la sentence contribue beaucoup à les rapprocher. Crayon et pinceau n'en glissent pas moins sur la fière allure et la perfection glacée du numéro un. Cocteau l'a déjà constaté : malgré science et élégance, il ne rayonne pas. À ce docteur en tauromachie, Picasso demande du texte. Près de l'idole, le nain qui est au vrai un lilliputien, desséché, comme momifié par l'âge, fume son sempiternel cigare gigantesque dans sa figure imberbe, et promène ses culottes courtes et ses centimètres avec hauteur. Don Marcelino, cet autre docteur en droit, en philosophie, bibliothécaire d'un ministère et ex-président de tribunal, nasille ses arguments péremptoires et qui n'admettent aucune réplique à la gloire de Luis Miguel.

On vient d'apporter les planches destinées à illustrer le traité de tauromachie de *Pepe-Hillo*, matador contemporain de Goya, tué dans l'arène. Un projet qui datait de trente ans et mené à bien en un après-midi. Qu'en dirait Luis Miguel *Dominguín*, selon qui Picasso reste assez éloigné de toutes préoccupations techniques ? Pour la première fois, il s'offrait le combat en entier avec toutes les phases de la mise en scène. Le dynamisme de l'œuvre, son paroxysme et ses assauts sans merci la rapprochent de la *Tauromaquia* de Goya, ainsi que son noir d'outre-tombe qui du toro irradie sur tous les acteurs. Mais parce que Picasso a pratiqué l'aquatinte, une légèreté de danse soulève l'affrontement. La grâce aérienne des lignes bondissantes, l'ingénieuse répartition des gris et des blancs ventilent le drame. Où Goya accuse sans relâche le destin écrasant, Picasso, même si l'homme se fait prendre et que la corne pénètre, l'empêche de peser.

De 1913 à 1920, Juan Belmonte révolutionne la tauromachie. À partir de lui, on se livre à une oppressante invasion de l'espace de l'adversaire, on empiète sur son domaine. Jusque-là, le champ de leurs manœuvres était très délimité. *El Cordobés* en 1960, plus tard Paco Ojeda, multiplient les entrelacs. Leur génie consiste à rééquilibrer ces surprenants trajets imposés au fauve en un édifice cohérent. Picasso ne pouvait qu'apprécier cette parenté avec le cubisme qui, la perspective classique dénoncée, rejetée la sujétion du point de vue, pénétrait l'objet et l'exhibait sous tous les angles à la fois.

À cette date, le peintre, comme Thésée en quête du Minotaure, s'enfonce dans un dédale crétois de lignes, de parcours, de réseaux et entre dans le terrain du toro. J.M.M.

PICO DE LA MULETA. Pointe en acier fixée au bout du palillo sur lequel on fixe la muleta. On dit qu'un matador torée avec le pico quand, au lieu de la partie centrale de la muleta, il présente au toro la pointe extrême en direction de son œil contraire, d'une manière légèrement oblique, ce qui fixe son attention et oriente la charge de l'animal. Lorsque la muleta est sous-tendue par l'épée, dans le derechazo, c'est la pointe de celle-ci qui est utilisée. Voir le chapitre « La lidia », ci-dessus, p. 157. R.B.

PIEL ou PELAJE ou PELLEJO. Le pelage du toro, constitué de deux couches superposées. Une couche interne appelée *borra* et une couche externe de poils variable en fonction de la région d'élevage et des saisons.

PIENSO (*tourteau*). Suite à diverses redistributions agraires ou pour de simples raisons de rentabilité, des terres non cultivées, qui étaient réservées aux toros, ont été rendues à la culture, exilant l'élevage sur des surfaces réduites, donc insuffisantes en herbes de qualité. Le pienso contribue dans ce cas à compenser le déficit alimentaire.

D'autres raisons justifient l'emploi du pienso : si la région andalouse présente un climat favorable à l'élevage et offre des pâtures vastes et généreuses, il n'en est pas de même des régions de Salamanque ou du Centre : les propriétés y sont beaucoup plus petites, les pâturages plus réduits, les différences de climat importantes. Il y a souvent alternance de périodes de gel prolongé avec des séquences de chaleur et de sécheresse extrêmes suivies parfois d'inondations, qui provoquent de graves pénuries ou l'absence de plante graminée (grama), de trèfle (trébol) et de luzerne (mielga), plantes nutritives qui sont à la base de l'alimentation des toros et dont ils sont friands. Là encore, le pienso fournit un complément hors sol indispensable.

Lors de son transport vers les arènes, en raison de la déshydratation due à la chaleur, et au cours des jours précédant la corrida où il est stressé par sa séquestration dans un enclos réduit, le toro peut perdre 50 kg et passer largement en dessous du poids minimal imposé. Le règlement prévoyant des amendes pour les poids non conformes, l'éleveur prend les devants et suralimente ses animaux pendant plusieurs semaines avant l'embarquement, avec du pienso particulièrement « énergétisé », qu'on peut trouver sous deux formes :

- *Le pienso natural*, fait de fèves, glands, caroubes, betteraves, maïs, avoine et blé mélangés à de la paille, luzerne, poids chiches, légumes divers. En apport complémentaire et délivré d'une manière ponctuelle, ce type de pienso est parfaitement acceptable mais ne remplace pas l'herbe ou le foin, aliments naturels idéaux.
- *Le pienso compuesto* (composé), réalisé par mélanges de farines de soja, de poisson, de granulés, d'éléments d'origines diverses et mal contrôlées où l'acceptable alterne avec le pire (hormones, antibiotiques, déchets divers). Ajoutons que le cycle des acides des différentes poches du système digestif n'est pas respecté comme avec une alimentation naturelle, ce qui provoque une hyperacidité résiduelle constante, suivie d'une acidose musculaire et respiratoire, qui est contre-indiquée dans tout effort athlétique.

Un toro de cinq ans ayant connu huit trimestres de sous-alimentation naturelle compensée par le pienso aura un corps de toro sur une ossature de novillo. Cela explique pour certains, en partie, bien des faiblesses de pattes en cours de lidia.

Si le pienso naturel est un recours acceptable, le pienso artificiel, solution de facilité, est une erreur diététique. En outre, ni l'un ni l'autre ne favorisent l'entretien de la forme physique d'un animal déjà porté à l'indolence. P.M.

PILAR El
Origine : Aldeanueva
Devise : vert et blanc
Ancienneté à Madrid : 30 juin 1991
Propriété : « Puerto de la Calderilla », Tamames (Salamanque)

L'élevage d'Alicio Cobaleda Marcos est divisé en 1948. L'une des parts du troupeau revient à sa fille, Eusebia Cobaleda Gajate, elle-même épouse de Bernardino García Fonseca. Les nouveaux propriétaires adoptent l'appellation de Castraz de Yeltes. En 1980, l'élevage revient à José Luis García Cobaleda, fils de Bernardino et d'Eusebia. Il augmente le troupeau avec des vaches de son père. Six ans plus tard, Antonio Pérez-Tabernero rachète le troupeau et le rebaptise « La Rivera ». L'année suivante, en 1987, l'élevage est finalement vendu à Moisés et María del Pilar Fraile Gómez. Les origines antérieures sont progressivement éliminées au profit d'une reformation totale du cheptel avec des vaches et des étalons d'Aldeanueva, propriété de Domingo Matías Bernardos.

Ancien second fer du Puerto de San Lorenzo, l'élevage d'El Pilar a peut-être aujourd'hui supplanté sa « maison mère ». Le travail de sélection opéré avec de bonnes vaches d'Aldeanueva l'a sorti de l'anonymat. Le public français l'a découvert lors d'une novillada de la féria de Pâques, à Arles, le 20 avril 1992, où Erick Cortés, *Chamaco* et Manolo Sánchez mirent en évidence les qualités du lot combattu. Depuis, les toros d'El Pilar sont lidiés en grand nombre dans toutes sortes d'arènes. En 1999, *el Tato* signa à la féria du Pilar de Saragosse une faena remarquable lui valant les deux oreilles de son adversaire ainsi qu'une sortie en triomphe. Quelques semaines auparavant, les mêmes toros avaient également permis à José María *Manzanares* et José Tomás de satisfaire le difficile public des arènes de Salamanque. Bien implanté dans le giron des élevages appréciés des vedettes de la tauromachie, le fer d'El Pilar a également connu les joies de l'indulto : le 24 juin 1999, un toro fut gracié lors de la féria d'Alicante par *Espartaco*. *Medilonillo*, marqué du fer d'El Pilar, propriété de Moisés Fraile, fut combattu avec maestria par *Espartaco* avant de conduire le président, Francisco Manuel Escobero, à sortir le mouchoir orange. Cette corrida fut également triomphale pour José María *Manzanares* et le nouveau matador Antonio Pérez *el Renco*, autre enfant de la terre d'Alicante et qui prenait l'alternative. Les triomphes obtenus par les vedettes face à ces toros ne se comptent d'ailleurs plus si on réunit les seuls noms d'Enrique Ponce, Manuel Caballero et *el Juli*. José Tomás occupe encore une fois une place à part dans ce palmarès : c'est face à un toro d'El Pilar que le torero de Galapagar coupa deux grandes oreilles le 17 juin 1999 lors de la prestigieuse corrida de la Beneficencia à Madrid. José Tomás répéta un tel triomphe face à cet élevage l'année suivante sur le sable de Saint-Sébastien et d'Albacete. Chez les toreros plus modestes mais dotés d'un immense talent, les toros d'El Pilar font également merveille. Le grand torero d'Almeria, Ruiz Manuel, en fit une remarquable démonstration sur ses terres le 23 août 2001, coupant un total de trois oreilles après deux faenas d'un haut niveau artistique. Cinq jours avant cette course, un tour de piste posthume avait également été accordé à un novillo porteur du fer d'El Pilar au terme d'un travail méritoire du jeune Matías Tejela, crédité d'une oreille dans les arènes de Guadarrama (Madrid). C.C.

PILÉS Robert. Matador de toros né à Nîmes, le 12 juillet 1952, fils de José Pilés (ancien novillero), neveu d'Antonio Pilés (picador), il débute en 1964 sous le pseudonyme de *Tranquilito* et porte son premier costume de lumières à Lansargues (Hérault) en 1967. Recommandé par Pierre *Pouly*, directeur des arènes d'Arles, il s'installe en janvier 1968 à Madrid dans la famille *Dominguín*.

Le 8 février 1970, il participe à sa première novillada avec picadors dans les arènes de Vista Alegre à Madrid avec Teodoro Librero *el Bormujano* et Blas Romero *el Platanito*, face à des novillos d'Albayda et de Diego Romero. Il coupe une oreille et fait six paséos consécutifs dans ces arènes. Le 14 mars 1970, il se présente à Valence dans le cadre des Fallas face à des novillos de Román Sorando avec Antonio Arroyo et Raúl Aranda. Durant cette saison, Pilés prend part à 22 novilladas mais ne parvient pas à se présenter à Las Ventas de Madrid, où il torée en qualité de simple sobresaliente de Luis Miguel *Dominguín* et Antonio *Bienvenida*, le 10 octobre 1970, au cours d'un festival, face à du bétail de Juan María Pérez-Tabernero.

Le 4 juillet 1971, il se présente en France, à Arles, en compagnie de Juanito Muñoz et Pedro Sánchez, et affronte des novillos de Guardiola Soto. Il ne participe qu'à 8 novilladas avant l'alternative, qui a lieu à Barcelone le 12 septembre 1971, Luis Miguel *Dominguín* officiant comme parrain et Sebastián *Palomo Linares* comme témoin. Vêtu de jaune canari et argent, Pilés affronte le taureau *Botero*, de la ganaderia Torrestrella. Il se présente à nouveau en France, en qualité de matador, à Arles le 19 septembre 1971, avec Luis Miguel *Dominguín* et Eloy Cavazos, face à des toros de Vicente Charro et un du comte de Mayalde.

En trois saisons, Robert Pilés prend part à 16 corridas. Appelé sous les drapeaux en février 1974, il interrompt ses activités et ne les reprend que le 25 juillet 1976 à Fréjus, avec Julio Robles et Carlos Escolar *Frascuelo*, les toros étant issus de l'élevage de Bernardino Piriz, puis le 24 octobre à Arles pour la première corrida célébrée avec trois matadors d'alternative français : Pilés, *Jaquito* et Frédéric Pascal, face à des toros de Felix Cameno. Il participe à 10 corridas en 1977.

Il devient banderillero en 1978 et torée notamment dans les cuadrillas de Patrick Varin et Richard Milian. En 1980, associé avec *Simón Casas*, il participe à la direction des arènes de Nîmes pendant deux ans. Il reprend l'épée à Arles le 8 avril 1985 avec Luis Francisco Esplá et Víctor Mendes, les toros provenant de l'élevage de Guardiola Domínguez, et termine la saison après avoir honoré 5 contrats. En 1986, il ne torée qu'une corrida et cesse toute activité en piste pour se consacrer à la gestion d'arènes ; il est directeur artistique des arènes de Nîmes de 1992 à fin 2001. Depuis janvier 2002, il est devenu l'apoderado du matador espagnol *el Fundi*. R.A.

PINCHAZO. Coup d'épée qui ne pénètre pas car la pointe de la lame a buté sur un os de l'animal. Le pinchazo peut être dû à un manque d'engagement du matador, au déplacement inopiné du toro quand le torero s'élance ou au manque de chance.

PINTA. Teinte de la peau du toro, quelle qu'en soit la couleur.

PINTO (*tacheté*). Terme manquant de précision mais relativement utilisé par les professionnels et pouvant aussi bien qualifier un toro berrendo, jirón.

PINZA (*pince*). Chacune des deux incisives centrales de la denture des toros. Leur présence et leur position permettent de définir l'âge de l'animal avec assez de précision.

PIQUE ou PUYA. Instrument dont se sert le picador pour livrer son combat avec le toro. La pique est constituée d'une hampe en bois de frêne et d'un fer très affûté qui est la partie agissante de l'instrument.

La pique actuelle a pour origine la lance des chevaliers puis le javelot utilisé par les nobles dans leurs combats taurins. Lorsque la noblesse se retira des ruedos, ce sont les bouviers qui, naturellement, les remplacèrent car ils étaient habitués à monter à cheval et connaissaient la charge des toros et le maniement de la garrocha dont ils augmentèrent les dimensions du fer. La pique de cette époque n'a rien de commun avec la pique actuelle. Elle est décrite davantage comme un aiguillon que comme une véritable lance, car le fer dont elle est garnie ne dépasse pas trois centimètres. Il n'empêche que ce fer sera modifié et provoquera des blessures plus profondes et parfois même gravissimes.

L'important était alors la rencontre entre l'animal et le cavalier, celui-ci devant résister à la charge et abattre son adversaire, les péons n'intervenant qu'en cas de chute pour le sauver d'une cornada ou écarter le toro par des appels avec les capes. On voyait très souvent des toros transpercés dès la première rencontre par une arme trop efficace. Il arrivait que la pique entrât de quelque vingt ou trente centimètres ou plus, tuant le toro.

Pour éviter que le fer ne s'enfonce trop profondément, on fixa à la base de celui-ci une espèce de pelote en corde très serrée et ayant la forme d'un citron, d'où le nom de l'instrument : pique *alimonada*. À mesure que le matador et sa faena de muleta prirent plus d'importance, il fallut conserver davantage de forces au toro afin qu'il puisse charger après le premier tercio. Les picadors diminuèrent progressivement cet arrêtoir et, en tournant la pique (d'où l'expression « vriller » qui s'est perpétuée jusqu'à nos jours), arrivaient à saigner l'animal. En 1917, on remplaça le citron en corde par une rondelle métallique de six centimètres de diamètre qui devait servir d'arrêt mais qui se révéla insuffisante, et les ravages continuèrent. Il fallut donc attendre 1962 pour qu'une modification plus importante intervienne, avec la mise en place d'une barrette métallique, la cruceta, qui empêcha définitivement le vrillage en usage.

La pique est minutieusement décrite dans l'article 66 du règlement taurin espagnol de 1992, édicté par le ministère de l'Intérieur, décret royal 176 du 28 février, modifiant la loi du 4 avril 1991 : « La puya [fer de la pique] aura la forme d'une pyramide triangulaire, avec des arêtes ou fils droits, en acier tranchant et piquant, et ses dimensions, mesurées à la jauge, seront de 29 millimètres de large pour chaque arête et 19 millimètres pour la base de chaque face ou triangle ; elles seront pourvues à la base d'un heurtoir de bois entouré de corde collée de 3 millimètres de large sur chaque partie correspondant à l'arête, 5 millimètres à partir du centre de la base de chaque triangle, 30 millimètres de diamètre à sa base inférieure et 60 millimètres de large, terminée par un croisillon en acier, aux bras de forme cylindrique de 50 millimètres depuis leur extrémité jusqu'à la base du heurtoir et d'une épaisseur de 8 millimètres. » En ce qui concerne les novilladas, le fer de la pique est diminué de 3 millimètres. La longueur totale de la pique est donc comprise entre 2,55 m et 2,70 m.

On espérait que l'efficacité serait totale, mais on s'aperçoit à l'usage que si les picadors ne « vrillent » plus, ils font un mouvement de pompage qui agrandit considérablement le trou de la pique et facilite l'hémorragie.

Chaque picador choisit les deux hampes en bois de frêne parmi celles qui sont mises à disposition par l'empresa, les marque de son nom avec un autocollant, fixe lui-même, sous contrôle du délégué de la présidence assisté par un alguazil, les fers qui sont sortis d'une boîte de transport en bois arrivée scellée aux patio de caballos, boîte qui contient les piques conformes au règlement, affûtées et marquées de la garantie du fournisseur par un timbre du Syndicat des éleveurs. Les deux piques choisies et montées selon le règlement (la face triangulaire plane vers le haut si la hampe présente une convexité) seront réservées au picador et placées dans un présentoir spécial, dans le callejón, où le monosabio viendra les chercher pour les présenter au picador lors du premier tercio.

Avant l'utilisation du caparaçon, lorsque le toro entrait en piste, trois cavaliers l'attendaient, deux généralement situés à droite en sortant du patio de caballos, le troisième, picador de réserve, se trouvant de l'autre côté de la piste et n'intervenant qu'en cas de blessure d'un de ses collègues, ce qui n'était pas rare. Le toro, sitôt en piste, attaquait le cavalier qui l'interpellait. Le rôle du picador consistait à placer la pique le plus correctement possible étant donné la rapidité de la charge du toro qui n'avait pas été calmé par un accueil à la cape comme de nos jours, et à détourner cette charge afin d'éviter que le cheval soit renversé, blessé ou tué par un coup de corne ; la situation du picador tombé au sol aurait été des plus périlleuses. En plaçant le fer, il tournait son cheval à la bride pendant qu'un péon déployait sa cape et détournait l'attention du toro par un quite rapide et sans fioritures. L'efficacité primait. La rencontre, violente, durait fort peu de temps, à l'inverse de celles qui se déroulent aujourd'hui. La majorité des toros n'insistaient pas aux piques car ils étaient généralement mansos et préféraient fuir le combat. Par ailleurs, les toros étaient âgés d'au moins cinq ans et la sélection privilégiait l'agressivité au détriment de la noblesse et de la bravoure. Violent et nerveux, le toro attaquait sur sa trajectoire, il n'était pas mis en place par un matador ou un banderillero, à l'inverse de ce qui se pratique actuellement où on le calme avant de le placer face au groupe équestre.

En 1854, Oduaga-Zolarde décrivait ainsi le premier tercio dans *Les Courses de taureaux expliquées*, qui est le premier ouvrage de tauromachie paru en France : « Les picadores ou combattants à cheval, postés à gauche de la porte du toril et armés d'une longue pique, sont les premiers à subir les attaques du taureau. Si dans le choc ils sont désarçonnés, s'ils tombent de leur cheval mort ou blessé, les capeadores ou chulos viennent à leur secours et, agaçant le taureau de leurs manteaux qu'ils font papillonner devant lui de mille manières différentes, amènent l'animal vers un autre endroit de l'arène pendant que le picador, remonté sur un cheval frais, se prépare à recevoir une nouvelle attaque. Telle est la première période du combat. Pendant cette période, les chulos font briller leur adresse par mille jeux de manteaux, le saut de la garrocha, le saut par-dessus les cornes et d'autres passes brillantes sous les applaudissements frénétiques des spectateurs. Une fanfare a sonné. Les picadores, sans quitter l'arène, cessent de prendre part au combat ; la pose des banderilles est annoncée. »

Afin que cessent les légendes qui se colportent trop facilement sur la puissance des toros de cette époque, rappelons qu'une « pique » d'alors n'a rien de comparable avec la pique actuelle qui dure très longtemps, car le cheval caparaçonné ne risque plus rien, qu'il est très lourd et que le picador craint beaucoup moins la chute. À notre avis, une rencontre de nos jours en vaut bien, sauf exception, quatre ou cinq de cette époque. Ce qui contribue à modérer les exploits rapportés. En revanche, le nombre cité des chevaux tués en piste est véridique et il doit être majoré par celui des chevaux blessés qui étaient puntillés dès leur retour au patio de caballos.

Examinons quelques corridas de cette époque. Le journal taurin espagnol *La Lidia*, du 3 avril 1892, rend compte de la corrida d'ouverture de la temporada à Madrid. Les toros étaient de Veragua et les toreros *Guerra*, *Reverte* et *Algabeño*. On comptabilisa ce jour-là trente-trois piques, quinze chutes et neuf chevaux tués en piste.

Le journal français *L'Arène* fait le recensement suivant :

9 avril 1899 à Barcelone : toros d'Otaolaurruchi pour Luis Mazzantini et *Conejito* : quarante piques, dix-neuf chutes, dix chevaux morts.

16 avril 1899 à Barcelone : novillos d'Otaolaurruchi pour *Machaquito* et *Lagartijo Chico* : ces novillos qui eurent « tendance à devenir des bœufs sauf le premier très noble » prirent trente-deux piques, cinq chutes, neufs chevaux tués.

11 mai 1899 à Marseille : toros de Camara pour *Guerrita* et *Conejito* : cinq refilons, trente piques, seize chutes, quatre chevaux tués. Ce jour-là, le cinquième toro *Berrugnito*, après sept rencontres, charge encore et le revistero note : « Molina [le picador] prend un cheval et près du toril pique une dernière fois. Le toro charge sous le fer, l'arme pénétrant d'environ cinquante centimètres dans le corps du toro. Le public applaudit chaleureusement. » Cela se passe de commentaires, excepté celui du même auteur : « Les picadors furent des brutes, n'ayant qu'un seul souci, celui de faire crever leurs montures ; piquant de façon déplorable, leur but unique était d'enlever toute vigueur au bétail qui fut massacré ignoblement par les piques épouvantables. Seul Zurito fit convenablement son devoir. »

4 juin 1899 à Nîmes : corrida de Miura avec Mazzantini et *Guerrerito* : sept refilons, trente-six piques, dix chutes. Le revistero ne signale pas de chevaux tués en piste, contre toute vraisemblance...

Le même jour à Bordeaux : toros de Camara pour *Minuto* et *Dominguín* : cinquante-quatre piques pour seulement huit chutes et un cheval tué. Cela laisserait supposer que les toros étaient mansos perdidos, comme il était courant.

Le même jour à Madrid : novillada de quatre Clemente et de deux Arribas Hermanos pour *Bombita, Algabeño* et Montes : trente-neuf piques, vingt-deux chutes, dix chevaux tués. Et pourtant le critique écrivait que « cette infâme becerrada ne mérite pas les honneurs de la critique. Le bétail, trop jeune, n'a pas pu faire acte de volonté et surtout de force. Il aurait dû être réservé à une cuadrilla enfantine »...

10 juin 1899 à Pampelune : toros de « Miura beaux, puissants et braves » ; les toreros étaient *Algabeño*, *Guerrerito* et *Carrabanchel* : treize chevaux tués en piste, le nombre de piques n'étant pas mentionné.

11 juin 1899 à Bordeaux : toros de Juanito Carreros pour *Lagartijillo*, le Français *Félix Robert* et Montes : trente et une piques, six chutes, quatre chevaux morts.

24 juin 1899 à Barcelone : corrida de trois Miura, trois Villamante et trois Otaola pour *Guerra*, *Bombita* et *Conejito* : cinquante et une piques, quinze chutes, seize chevaux tués.

25 juin 1899 à Bordeaux : toros de Clemente Seville pour *Algabeño* et *Guerrerito* : trente-quatre piques, huit chutes, cinq chevaux tués. Et le revistero précise : « N'oublions pas que les chevaux étaient caparaçonnés et que sans les petos, il y en aurait eu certainement trois fois plus. » Cette remarque a le mérite de prouver que le peto existait à la fin du XIXe siècle, même s'il était rarement utilisé à cause des opposants et que son efficacité était encore très limitée en raison du cuir facilement perforable dont il était fait, qui avait une surface réduite et ne protégeait en fait que le poitrail du cheval.

Quelques années plus tard, la situation ne s'est guère améliorée si l'on en croit le journal *Lou Ferri* du 7 janvier 1906 qui signale qu'à Mexico, lors de la corrida de Piedras Negras lidiée par Montes et Vicente Pastor, le premier toro a pris sept piques et tué six chevaux...

Dans le numéro 2 (dimanche 9 avril 1899) de *L'Arène*, nous relevons ce commentaire relatif à l'organisation des courses à Marseille : « Nous demandons à l'administration [des arènes] s'il serait possible d'éviter que pendant l'entracte, les bouchers chargés de dépecer les premiers toros estoqués circulent au milieu des spectateurs porteurs de quartiers de viande sanguinolente dont la vue écœure beaucoup de personnes sensibles. De même, croyez-vous qu'il ne vaudrait pas mieux ne faire entrer dans la ville les chevaux blessés qu'à la tombée de la nuit, au lieu de les faire cavalcader lamentablement dès la sortie du public, jetant une note sanglante sur notre Prado [boulevard de Marseille] envahi par les promeneurs ? Nous estimons qu'il est certains détails qui doivent demeurer dans les coulisses et que la corrida n'a rien à gagner à ce qu'on les divulgue au grand public. »

Sans le dressage spécifique dont ils font aujourd'hui l'objet, les chevaux avaient des réactions imprévisibles et rendaient leur conduite difficile aux picadors qui risquaient ainsi leur vie autant que les autres toreros et dont les chutes étaient souvent dangereuses. Ces cavaliers émérites étaient fort estimés du public et leurs noms apparaissaient sur l'affiche en bonne place, leurs prestations faisant l'objet de comptes rendus dans la presse spécialisée.

Les picadors venaient le matin de la course choisir leurs montures parmi le lot mis à leur disposition par l'empressa de caballos. Leur choix était sans appel et sans justification. Commençait alors pour les élus la *prueba de caballos*, l'épreuve finale qui désignait les chevaux les plus aptes à la course : série de tests violents pour connaître leur comportement, leur manière de réagir aux ordres, aux impulsions de la bride et des étriers. Le cavalier faisait avancer sa monture puis, subitement, tirait violemment sur la bride, éperonnait durement, tournant à droite ou à gauche, reculant et avançant. Après ces diverses épreuves pour trier un nombre de chevaux au moins trois fois supérieur à celui des toros de la course, chacun des picadors repérait les chevaux qu'il avait choisis pour son usage personnel.

Une légende qu'il convient de réfuter rapporte que les chevaux éventrés étaient recousus par les employés des arènes qui, après avoir coupé les intestins, bourraient le ventre de paille. Cela est absurde car une telle pratique n'aurait été d'aucune utilité, et parce que les chevaux étaient prévus en nombre suffisant et que l'on se souciait fort peu de prolonger leur existence. Ceux qui ne souffraient que d'une cornada légère étaient rapidement soignés, recousus si nécessaire, lavés, essuyés et affrontaient le toro suivant, si le picador pensait qu'ils pouvaient encore remplir leur office sans le mettre en péril.

Arrivèrent ensuite les premières protections, très sommaires, puis le caparaçon. Grâce à cette nouvelle protection, les chevaux ne furent plus atteints, les picadors craignirent moins les chutes. Dès lors, le toro sera arrêté dans sa charge, les piques s'éterniseront et deviendront assassines. Voir CHEVAL, PETO ; voir aussi le chapitre « La lidia », ci-dessus, p. 198 *sqq*. R.B.

PIQUER. Action de piquer le toro. Le premier but de la pique est de calmer le toro par une saignée qui atténue la tension sanguine trop importante due au combat. Le deuxième est de lui faire baisser la tête pour qu'il humilie dans la muleta, et ceci en réduisant la force de son appareil musculaire. Normalement, le fer de la pique devrait détériorer en partie le muscle nucal qui lui sert à tenir la tête haute et à donner des coups violents de bas en haut. Pour cela, le fer de la pique devrait être placé juste à la base arrière du morillo. On constate que, dans la réalité, le fer est le plus souvent placé trop en arrière, voire sur la colonne vertébrale ou au niveau de l'omoplate. La conséquence est que l'animal ainsi invalidé ne charge qu'avec difficulté, beaucoup plus lentement, ce qui permet des faenas plus suaves s'il arrive encore à tenir debout mais accentue son danger car, n'ayant plus suffisamment de vivacité, le toro va avoir tendance à se défendre sur place, à envoyer la corne sur les côtés et à chercher l'homme. Le troisième but des piques est de révéler la bravoure de l'animal sous le fer, son courage, sa détermination à revenir attaquer le groupe équestre malgré la douleur du châtiment. Mais cette bravoure ne se révèle pas à la première rencontre, car l'animal est surpris par la blessure. Lorsqu'il revient pour une deuxième, voire une troisième pique, il prouve à ce moment-là toute sa combativité, sa bravoure, son mépris du danger et sa volonté consciente d'attaquer. Enfin, le quatrième but des piques est de donner au toro les raisons psychologiques de son investissement et de lui faire prendre conscience de sa situation de combat : la blessure physique importante, la douleur ressentie, l'action mécanique du fer lors de la pénétration, la force de résistance du groupe équestre, tout cet ensemble l'amène à comprendre qu'il y a épreuve de force. Il y a donc une action à la fois physique et psychologique dans l'affrontement du tercio des piques, qui va modifier considérablement le comportement du toro, tant dans ses réactions physiques, ses charges, ses coups de tête que dans ses réactions psychologiques, sa compréhension des actes du combat et sa prise de conscience de la menace de mort.

On constate malheureusement que sous la pression d'une grande partie du public, cette séquence des piques est trop souvent réduite à une rencontre au cours de laquelle le toro est exagérément châtié sinon rendu invalide.

Manières de piquer avant l'utilisation du caparaçon

Avant l'invention et la mise en place du caparaçon, afin de ne pas risquer la chute et la blessure, les picadors pratiquaient des manières différentes de piquer les toros. Dans les années 1850, on écrivait que « le mérite de cette passe [la pique], consiste, dans le moment de l'attaque et au moyen de la pique, à empêcher le taureau d'arriver jusqu'au cheval, de le toucher et de le blesser, manœuvre qui demande non seulement une grande force des bras mais encore beaucoup d'habileté dans le maniement de la pique et du cheval ».

• *Piquer sin perder terreno* (piquer sans perdre du terrain) : c'est la manière qui était la plus usitée, la pique de base, le fondement de l'art du picador. Elle consistait à provoquer le toro, à le laisser arriver jusqu'à portée de la pique sans bouger de place et au moment où l'animal baissait la tête pour donner l'hachazo, à lui appliquer le fer de la lance en s'appuyant dessus de tout le poids de son corps et à écarter l'animal en le faisant passer par-devant la tête de la monture que l'on tient immobile. Puis, faisant tourner le cheval vers la gauche, lui permettre de se dégager en se déplaçant pendant que le toro rejoint son terrain.

• *Piquer a toro levantado* : on appelait ainsi la première rencontre imposée à un toro sortant du toril. Pour l'exécuter, le picador se plaçait à environ dix mètres du toril, sur le côté gauche de la porte par laquelle sortait l'animal, de telle manière que ce soit la première chose qu'il voie et qu'il l'attaque immédiatement, recevant un coup de pique au passage. Mais il arrivait souvent que lors de cette sortie, le toro attaque le picador du côté des planches. On appelait cela *a toro trocado*, c'est-à-dire pris en sens inverse. Si le cavalier ne pouvait éviter la rencontre, le cheval était tué, le cavalier désarçonné et placé en grand danger. Pour l'éviter, il convenait que le picador ne se rapproche pas trop de la barricade ni de la porte du toril, de telle manière que si le toro devenait menaçant, il puisse se replacer pour le recevoir correctement ou le laisser passer entre le cheval et les planches.

• *Piquer el toro en línea recta* : la course commencée, lorsque le toro attaquait du centre de la piste vers les barrières, le picador devait se placer en ligne droite avec l'animal pour le recevoir avec le fer de la pique. Au moment du choc, le toro, après avoir reçu le coup de pique, s'orientait du côté gauche et passait devant la tête du cheval qui ne devait pas se trouver trop près de la barrière pour ne pas gêner la sortie du toro et assurer ainsi sa protection.

• *Piquer a toro atraversado* : mode utilisé quand le toro est aplomado ou en querencia, le picador place sa monture de façon que le flanc droit soit orienté vers le toro. Lorsque celui-ci charge, le picador, après avoir placé le fer de la pique, fait passer le toro devant la tête de sa monture qu'il a fait tourner, au dernier moment, vers la gauche pour donner la sortie.

• *Piquer a caballo levantado* : c'est une manœuvre très difficile d'exécution et qui exigeait un cavalier émérite doublé d'un picador fort et précis. Au moment du choc, le picador devait faire tourner son cheval du côté gauche, placer le fer sur le toro qui se trouvait sur le côté droit du cheval, et en le maintenant fermement pour que la corne n'atteigne pas l'épaule de sa monture, au moment où le toro baissait la tête pour donner l'hachazo, debout sur les étriers et pesant de toutes ses forces sur la hampe de la pique, il forçait sa monture à se cabrer, la mettant ainsi à l'abri des cornes du toro qui pouvait continuer sa charge en passant sous le cheval levé par le cavalier.

Manières de piquer actuelles

L'apparition du caparaçon puis son amélioration ont totalement modifié le tercio des piques. Les chevaux bien préparés, solides et puissants, très protégés, sont rarement atteints et certains peuvent même participer à plusieurs centaines de corridas. Les picadors campés sur ces montures imposantes ne craignent plus la chute, devenue rare. Ils peuvent recevoir la charge du toro, sauf rares exceptions, sans aucune inquiétude et donner en une seule rencontre des châtiments excessifs qui saignent le toro et ne lui laissent aucune chance. Enfin, l'utilisation quasi systématique de la *carioca*, assassinat prémédité du toro, action inventée par le picador Miguel Atienza, a enlevé au tercio des piques une grande partie de sa valeur et réduit trop souvent les bêtes à des invalides qui sortent exsangues de leur rencontre avec le groupe équestre.

Pour exécuter la pique, le groupe équestre doit se placer entre la barricade et la première ligne tracée sur le sable. Le toro est placé soit par le matador, soit par le banderillero, au-delà de la deuxième ligne. Il y a donc un espace minimum entre le toro et le groupe équestre qui va permettre de juger de la bravoure de l'animal, se rendre compte s'il charge seul ou s'il doit être sollicité. Plus un toro attaque de loin, plus il fait preuve de combativité et de bravoure. Le picador peut appeler le toro de la voix et du geste et, si nécessaire, déplacer son cheval sans toutefois dépasser l'espace qui lui a été imparti. Le cheval doit se présenter le côté droit vers le centre de la piste, à distance convenable de la barrière pour ne pas s'appuyer contre celle-ci. Il faut toutefois souligner que contrairement à une idée bien ancrée, lorsque le cheval est poussé par le toro contre la barrière, il est en péril car cet obstacle ne lui permettant plus de reculer et diminuant ses possibilités de comportement l'empêche de rectifier son équilibre. Ce qui entraîne souvent une chute très dangereuse pour le picador qui ne peut se dégager. C'est ainsi que le picador Muñoz, dont le cheval avait été poussé contre la barrière, a été écrasé par la chute de son cheval, poitrine éclatée, lors de la féria de Vic-Fezenzac en 1999. Contrairement à une opinion répandue, un picador ne cherche pas l'appui des planches car il se met en situation périlleuse.

Lorsque le picador a placé le fer, normalement sur la base arrière du morillo, il doit maintenir la pique, sans se reprendre, sans exercer un mouvement de pompage qui agrandit considérablement la blessure, ni replacer le fer dans l'ouverture pratiquée lors de la rencontre précédente. Enfin, il ne doit pas empêcher la sortie du toro vers le centre de la piste et lui barrer le passage en faisant tourner le cheval, de façon que le toro se trouve entre lui et la barricade, ce que l'on appelle la *carioca*.

Normalement, le matador doit venir rapidement au quite, afin de sortir le toro du cheval en l'interpellant, de manière à ce qu'il ne s'épuise pas et revienne de lui-même. Pendant ce quite, il va pouvoir le tester et savoir s'il doit recevoir ou non une pique supplémentaire. Trop souvent, le matador (ou son péon) tarde à intervenir, se présente de loin en un endroit où le toro ne peut le voir, fait de grands gestes mais sans donner l'ordre à son picador d'arrêter de piquer ; celui-ci met parfois la pique verticale, ce qui ne l'empêche nullement de donner des petits coups répétés (pompage) ou des moulinets lents sous prétexte de se reprendre (ce qui agrandit la plaie intérieurement). Ces subterfuges sont destinés à tromper le public en lui faisant croire que l'action s'interrompt. Or, un toro brave ne rompra pas le combat et négligera les appels des capes tant qu'il sentira le fer dans son corps.

Le règlement taurin prévoit, à l'article 73-6, que le toro doit subir deux rencontres. Fréquemment, la première est si importante qu'une seconde est inutile. Il est très difficile au président de la course d'imposer aux toreros un tercio de piques qui soit conforme à l'esprit de la lidia car, hormis les corridas-concours, dans lesquelles on recherche trois rencontres, la plupart se contentent de la pique unique ou monopique, voulue par le matador qui demande ensuite le changement de tercio en levant sa montera. Si le président veut faire appliquer strictement le règlement, il ira contre les intentions du torero, le picador appuiera encore le fer, le toro sortira sans force et c'est le président qui sera tenu pour responsable !... S'il accepte, il paraîtra être complaisant à l'égard du torero. Mais il ne faut jamais oublier que le picador est aux ordres de son maestro et qu'il ne fait qu'exécuter les directives qu'on lui a données oralement ou par signes convenus. Voir le chapitre « La lidia », ci-dessus, p. 198. R.B.

PIQUERO. Synonyme de picador.

PIREO el.
Voir CANO RUIZ Manuel.

PÍRIZ Bernardino (Herederos de Bernardino Píriz Carvallo)
Origine : Cunhal Patricio-Parladé-Tamarón
Devise : bleu ciel, rouge et or
Pas d'ancienneté à Madrid
Propriétés : « Las Noras » et « Arroyo de las liebres », Olivenza (Badajoz)

Juan Sánchez Rodríguez forme cet élevage en 1941 avec des vaches et des étalons de Vicente Charro. En 1950, Juan Sánchez Rodríguez disparaît et ses fils se partagent l'élevage familial. Sinfo Sánchez Martín récupère l'une des parts et l'annonce au nom de « Los Hoyos de Valverde ». Elle vend son troupeau en 1951 à Bernardino Píriz Carvallo qui acquiert la même année un lot de vaches et deux étalons de Rafael Peralta. En 1968, il achète un étalon de Juan Pedro Domecq et élimine les origines antérieures l'année suivante. Bernardino Píriz recompose son cheptel avec des vaches et des étalons d'Alberto Cunhal Patricio. Depuis 1985, l'élevage est annoncé au nom des héritiers de Bernardino Píriz.

Les toros importants :
- *Gazapito*, n° 24, combattu par Curro Romero à Badajoz (deux oreilles), trophée du meilleur toro de la féria.
- *Matadorito*, n° 24, combattu par Curro Romero à Almeria (deux oreilles et la queue).
- *Matadorito*, n° 99, combattu par Manolo Vázquez à Séville (deux oreilles et sortie en triomphe par la Porte du Prince).
- *Albolero*, n° 85, combattu par *Paquirri* à Valence (deux oreilles et la queue ; sortie en triomphe).
- *Jaranero*, n° 90, combattu par Tomás *Campuzano* à Huelva (deux oreilles et la queue ; tour de piste posthume accordé à la dépouille du toro).
- *Melocotón*, n° 104, combattu par *Paquirri* à Huelva (deux oreilles et la queue ; tour de piste posthume accordé à la dépouille du toro), trophée *Colombina* et sortie en triomphe des deux toreros.

Ancien élevage prisé des toreros vedettes, le fer de Bernardino Píriz est aujourd'hui rentré dans le rang. La plupart des produits combattus apparaissent dans des corridas organisées dans des arènes de deuxième et troisième catégorie espagnoles. L'élevage maintient toutefois un bon nombre de vente avec une moyenne annuelle de quarante à cinquante toros au cours des trois dernières saisons. C.C.

PITÓN. Extrémité supérieure de la corne du toro, pointe d'environ huit à dix centimètres. Par extension, s'utilise pour désigner la totalité de la corne.

PITÓN A PITÓN (*de pointe à pointe*). Série de passes de muleta consistant à donner, en restant face au toro, des mouvements de muleta secs et bas, d'une corne à l'autre, soit pour fixer un toro difficile, soit pour casser la charge d'un toro qui prend le pas sur le torero. Celui-ci peut alors persuader le public que l'animal est sans charge et ne mérite pas son attention. R.B.

PITOS.
Voir PALMAS Y PITOS.

PIZARRAL El (Hijos de Juan Pedro Fernández-« El Pizarral »)
Origine : Samuel Flores (par Gamero Cívico et Murube-Urquijo)
Devise : bleu et blanc
Ancienneté à Madrid : 9 mars 1952

Propriétés : « Cuarto Nuevo », Bienservida (Albacete) et « Las Dueñas » ou « Pousibeles », Baños de la Encina (Jaén)

Antonio Cembrano forme cet élevage en 1949 après avoir acquis un lot de Matilde García-Aleas Carrasco. L'année suivante, il reçoit un nouveau lot de vaches et d'étalons de Domingo Ortega. En 1953, la nouvelle empresa « Plaza de toros de Madrid » achète l'élevage et l'annonce au nom de « El Pizarral » (littéralement : l'ardoisière), de Casatejada. Le cheptel est augmenté en 1956 par des vaches de Guardiola Soto et un étalon d'Antonio Urquijo. Cinq plus tard, un nouveau lot de vaches et d'étalons de Samuel Flores vient compléter le troupeau. En 1983, Juan Pedro Fernández rachète la totalité de l'élevage. À sa mort, en 1991, ce sont ses fils qui héritent du capital ganadero.

Les toros importants :

• *Coreano*, n° 7, et *Buenazo*, n° 16, combattus en 1987 et tous deux gratifiés d'un tour de piste posthume.
• *Despacioso*, n° 22, combattu en 1988, gratifié d'un tour de piste posthume.
• *Collar*, n° 61, combattu en 1996, gratifié d'un tour de piste posthume.

Malgré un nombre de ventes assez décroissant, l'élevage d'El Pizarral continue de fournir de nombreux spectacles tauromachiques dans les arènes espagnoles de troisième catégorie. Ce sont généralement des matadors assez modestes ou des novilleros qui les combattent. C.C.

PLANTA TORERA. Ensemble de qualités et d'attitudes qui caractérisent le bon torero : qualités physiques (robustesse, force en particulier dans le poignet, rapidité des réflexes, vivacité et coordination des gestes, résistance à la douleur) ; qualités morales (courage et sang-froid, volonté, sens de l'honneur, maîtrise des réactions naturelles) ; qualités plastiques (sens des gestes, des attitudes, des déplacements). Si l'on peut améliorer le fonds que l'on possède, on ne peut en revanche pas générer des qualités inexistantes. R.B.

PLÁTANO (*banane*). Terme familier pour désigner la corne.

PLATILLO. Partie de la piste correspondant aux medios, comprise entre la deuxième circonférence tracée à partir de la barrière et le centre du ruedo.

PLAYERO. Toro dont les cornes sont horizontales et perpendiculaires au frontal, très largement ouvertes.

PLAZA. Lieu de forme circulaire ou légèrement elliptique comprenant le *ruedo*, ou *redondel*, ou piste de sable compacté sur lequel se déroulent les corridas. Il est entouré d'une barricade (*barrera*) faite de planches de bois épaisses dans laquelle sont pratiquées des ouvertures en chicanes (*burladeros*) permettant aux toreros de s'y glisser rapidement.

Entre cette barricade et les premiers rangs court un couloir appelé en espagnol *callejón* et dans lequel se tiennent les professionnels, les éleveurs et quelques personnages invités. L'architecture s'inspire plus ou moins des amphithéâtres antiques et deux d'entre eux, célèbres, datant du IIe siècle après J.-C. sont consacrés à Arles et Nîmes aux spectacles taurins.

Les gradins (*tendidos*), séparés du ruedo par un mur en pierre ou une palissade en bois (*talanquera*), portent des noms spécifiques selon leur emplacement. Le premier rang est la *barrera* et le second la *contra-barrera* ; puis les tendidos *bajos* (bas) et *altos* (hauts) ; le dernier rang est le *tabloncillo*. Les meilleures places et les plus chères sont celles à l'ombre (*sombra*), les moins onéreuses celles au soleil (*sol*) ; entre elles, on trouve les places qui passent du soleil à l'ombre (*sol y sombra*).

Les annexes de la plaza sont :

• *les corrals* dans lesquels on rassemble les toros ;
• *le toril* avec ses *chiqueros*, loges obscures où les toros attendent leur sortie en piste ;

• *le patio de cuadrillas*, où se rassemblent les toreros ;
• *le patio de caballos* réservé à la cavalerie ;
• *la capilla* (chapelle), lieu de prière spécialement aménagé ;
• *l'infirmerie* avec le matériel nécessaire pour les premiers soins et, selon l'importance des arènes, la possibilité d'intervention chirurgicale.

Sur la partie extérieure, on trouve les *taquillas*, ou guichets de vente de la billeterie, et en divers endroits, des services tels que bureaux de l'administration buvettes et toilettes. R.B.

PLAZA PARTIDA. Piste divisée en deux parties par une barrière en bois et qui permettait, au XIXe siècle, de donner deux combats de toros simultanément. Cette pratique est inconcevable de nos jours, mais déjà courante à l'époque de Goya qui la représente sur l'une de ses gravures. Cet usage avait cours en raison de la qualité des toros, qui manquaient de bravoure et de noblesse et tentaient d'échapper, allant en tous sens pour se dégager. Afin que les spectateurs ne s'ennuient pas, on divisait l'arène, généralement en deux, mais parfois en trois, sinon en quatre, et on faisait courir un toro simultanément dans chaque partie ainsi aménagée. Ainsi peut-on lire dans les récits historiques que certains jours on combattait douze toros, dix-huit ou même davantage. R.B.

PLUMETA.
Voir ANDRÉ Léonce.

POBLACIÓN DEL CASTILLO Pilar
Origine : Conde de Santa Coloma-Graciliano Pérez-Tabernero
Devise : rouge et vert
Ancienneté à Madrid : 6 août 1944
Propriétés : « Fresno », Fresno Alhándiga (Salamanque)

Les fils d'Alipio Pérez-Tabernero Sanchón forment cet élevage en 1939 à partir d'un lot de vaches d'Arturo Sánchez y Sánchez, d'origine Trespalacios. Ils rajoutent au cheptel un autre lot de vaches et d'étalons marqués du fer de leur père Alipio et annoncent leur élevage sous l'appellation de « Hoyo de la Gitana ». Les origines antérieures d'Arturo Sánchez sont progressivement éliminées au profit du seul sang Santa Coloma. Fernando Pérez-Tabernero Sánchez devient le propriétaire du troupeau en 1968 et continue à faire combattre ses toros sous l'appellation de Hoyo de la Gitana jusqu'en 1974. L'élevage est ensuite rebaptisé au nom de son épouse, Pilar Población del Castillo, et devient la propriété de ses fils, Julio et José Juan Pérez-Tabernero Población, en 1988. Quatre ans plus tard, Julio Pérez-Tabernero Población devient l'unique propriétaire du fer.

L'élevage de Pilar Población del Castillo fait partie des nombreux fers de Salamanque découverts lors des férias arlésiennes du Riz organisées par Hubert Yonnet. En septembre 1993, ces toros avaient foulé le sable arlésien et donné une répartie sérieuse au trio formé par Luis Francisco Esplá, Denis Loré et Óscar Higares. Le torero nîmois Denis Loré avait coupé l'oreille du cinquième au terme d'une faena très engagée qui fut le pilier de son retour au meilleur niveau. Pourtant, force est de constater que les nombreux dérivés salmantins d'origine Santa Coloma-Gracialiano Pérez-Tabernero ne font plus guère recette aujourd'hui. Même si l'élevage vend chaque année une quarantaine de produits, rares sont les toros qui sont achetés dans le cadre d'une corrida formelle. Les Pilar Población sortent principalement dans les petites arènes de la province de Salamanque au cours de novilladas et de corridas de rejón. La novillada programmée à Saint-Sever en août 2000 fit exception à la règle et permit au public landais d'apprécier la notable progression du torero local, Julien Lescarret, qui coupa une oreille. Cet élevage fut également profitable au rejoneador arlésien Raphaël Durand qui coupa deux oreilles à un de ces toros lors d'une corrida organisée à Tamames (Salamanque) en 2001. Plusieurs vedettes de la tauromachie n'hésitèrent d'ailleurs pas à affronter le bétail de Pilar Población, remportant d'estimables succès. L'expérience montre pourtant que ce bétail mérite souvent une lidia avisée de la part des toreros : à l'époque novillero, Leandro Marcos en fit les frais en 2001 et écouta les trois avis à Guadalajara. Porté par les bons résultats obtenus en 2001, l'élevage a fait combattre en 2002 un grand nombre de produits et élargi son panorama, sortant plusieurs lots dans les provinces de Salamanque, Cuenca, mais aussi Tolède et Zamora. Les corridas de rejón demeurent toutefois le revenu principal de l'élevage. C.C.

PODER (*pouvoir*).

1) Terme utilisé dans le sens de « puissance » quand il s'agit du toro. Cette qualité est surtout mise en valeur lors du tercio des piques, dans l'affrontement avec le groupe équestre. La puissance d'un toro n'est pas obligatoirement liée à son allure morphologique, car certains animaux, trop engraissés et nourris au pienso compuesto, manquent nettement de force alors que d'autres qui paraissent moins impressionnants se révèlent très solides. La puissance allie la force à la volonté, qui l'amplifie.

2) Qualifie un torero et surtout un impresario (*apoderado poderoso*) qui a la capacité de programmer et d'administrer la carrière de ses poulains à sa guise.

3) De *poder a poder* est une manière de poser les banderilles. R.B.

PODEROSO. Toro puissant capable de soulever le groupe équestre sans marquer de difficulté.

POIDS. Selon la catégorie des arènes et du spectacle présenté (corrida ou novillada) le règlement impose qu'un toro soit présenté à un poids minimal :

Corrida de toros	1re catégorie	2e catégorie	3e catégorie
Poids minimal en vif	470 kg	445 kg	420 kg

Pour une novillada piquée, le poids maximal autorisé est de 500 kg.

La contrainte réglementaire de poids est purement formelle car, en hiver, quand le représentant d'une arène ou d'un torero rencontre un éleveur pour discuter avec lui de l'achat d'un lot de toros, le poids de ceux-ci est inconnu. Il n'est qu'estimé. Outre la renommée de l'élevage et le jeu fourni par ses produits lors des temporadas écoulées, les toros seront retenus sur des critères uniquement visuels : trapio, cornes, bonne santé et mobilité apparentes.

Par ailleurs, il paraît peu réaliste d'imposer aux animaux un poids identique à la féria de Valdemorillo (février) et à celle de Saragosse (octobre) alors qu'entre-temps un toro peut prendre cinquante kilos, voire plus. Ainsi, par désir légitime de présenter des bêtes de standing, par crainte des critiques de certains aficionados obsédés par le poids et des sanctions liées à sa non-conformité, l'éleveur forcera le toro au pienso le plus riche et dotera l'animal de kilos superflus. Constatation que l'on peut faire aux abattoirs : « excesso de carnes », disent les professionnels, qui provoque essoufflement précoce et diminution de la résistance. Chez les athlètes de haut niveau (à son juste poids, le toro de combat en est un), on définit quatre états en matière de poids :

- *Le poids de confort*, résultant d'une période de longues vacances ou après une blessure avec ses traditionnels petits écarts de régime et le manque d'exercice qui provoquent une prise de poids.
- *Le poids de croisière*, poids de l'athlète en période de reprise de l'entraînement sans enjeux majeurs.
- *Le poids de forme* couronnant la montée en puissance au moment de la reprise de la compétition.
- *Le poids de combat*, à la veille d'une compétition majeure, obtenu par une période d'entraînement maximum.

Pour des raisons légitimes (réduction importante des herbages, sécheresse endémique) ou pour d'autres qui le sont moins (amélioration artificielle de la présentation, crainte des sanctions, obtention d'un pelage lustré), certains éleveurs font complètement l'inverse : ils mènent aux arènes des toros qui peu à peu sont passés du poids de forme à un poids excessif, par utilisation intensive du pienso compuesto et peut-être même d'autres substances. Forcer les toros pour les raisons évoquées est donc préjudiciable à leur condition physique et à leur comportement. « Un gosse de douze ans qui pèse quatre-vingt-dix kilos n'est même pas capable de boucler ses lacets de souliers », disait sagement Rafael *el Gallo*. Il y a chez certains une mystique du poids véritablement étonnante, se transmettant de génération en génération, de règlement en règlement.

L'obligation intransigeante du poids pouvait se justifier à une époque où les toros étaient élevés d'une manière plus ou moins anarchique. Dans chaque élevage et même dans chaque camada il y avait une biodiversité beaucoup plus importante qu'aujourd'hui. On peut même parler de disparité : des toros dotés d'un beau trapio étaient mêlés à des spécimens de présentation manifestement insuffisante. Dans ce contexte, le critère du poids fournissait une base réglementaire, une référence indiscutable pour refuser tel animal à l'allure véritablement trop modeste. On supposait qu'un toro trop petit et trop léger était atteint d'un handicap, par constitution ou accident de santé, handicap qui risquait de se traduire en piste. Par ailleurs, cela offrait à l'organisateur la relative garantie de qualité.

Une sélection fondée sur une souche pratiquement unique Vistahermosa a fait que cette diversité a énormément diminué, les toros se ressemblant de plus en plus. Sous la plume des revisteros, on ne trouve pratiquement plus la vieille expression : « encierro desigual » ! (ensemble disparate). Mais la pratique de l'alimentation forcée demeure car, pour des raisons d'économie, les vaches sont souvent sous-alimentées et le veau à qui elles donnent naissance n'est pas idéalement formé. Les veaux sevrés, becerros et novillos, souffrent également de cette sous-alimentation chronique. Quand se profile le moment de mener ces animaux aux arènes, lors des dernières semaines on rattrape le retard pondéral par une suralimentation intensive, qui, si elle charge bien le toro en poids, ne lui fabrique pas des muscles.

Le poids des toros doit être affiché avant le paséo à l'entrée de la plaza et pour chaque toro dans la piste. On peut aussi exprimer le poids de l'animal en « canal », quand il a été dépouillé et vidé des viscères. Il correspond environ à 60 % du poids vif. P.M.

POMO. Pommeau de l'épée d'acier.

PONCE MARTÍNEZ Enrique. Enrique Ponce Martínez, fils d'Emilio et Enriqueta, est né à Chivas (Valence) le 8 décembre 1971. Sa première novillada avec picadors, le 9 mars 1988 à Castellón, en compagnie de Curro Trillo et de José Luis Torres, devant des novillos de Bernardino Píriz, n'est pas un grand succès : vuelta au premier et un avis et vuelta au second. Il fait sa présentation en France, habillé en rose et or soutaché de noir, le 7 août 1988 à Céret, avec le Nîmois Stéphane Fernández Méca et José María Plaza face à des novillos de Martínez Elizondo. Il coupe une oreille au premier, fait la vuelta au second. Lors de la féria d'automne de Madrid, il fait sa présentation, le 1er octobre 1988, avec Antonio Manuel Punta et Domingo Valderrama. Face au noir novillo *Yeitoso*, de José Samuel Pereira Lupi, il entend un avis et le public lui fait une ovation, il obtient la vuelta au second. Avec Valderrama, il participera à de nombreuses novilladas au cours de la temporada suivante.

Après 102 novilladas, il reçoit l'alternative le 16 mars 1990 lors de la féria des Fallas, à Valence. *Joselito* est son parrain et *Litri* le témoin. En costume blanc et or soutaché de noir, Enrique Ponce reçoit l'oreille de *Talentoso*, toro de la ganaderia de Puerta Hermanos.

La confirmation lui est donnée à Madrid, la même année, le 30 septembre, lors de la féria d'Automne. Il a *Rafael de Paula* pour parrain et Luis Francisco Esplá pour témoin, face à *Farruco*, toro de la ganaderia de la veuve de Diego Garrido. Enrique, habillé de gris ardoise et or soutaché noir, entend un avis et reçoit une ovation. Il entendra encore une ovation à son second adversaire.

Le 26 janvier 1991, Enrique fait ses débuts outre-Atlantique, à San Cristóbal du Venezuela, en compagnie de *Morenito de Maracay* et de *Niño de la Taurina*. Les toros sont de Bella Vista. Vêtu de blanc et d'argent, Enrique Ponce coupe une oreille à son premier, *Leñador*. Il coupe aussi une oreille à son second adversaire.

Le 19 septembre 1991, il fait sa présentation de matador en France, lors de la féria des Vendanges de Nîmes, vêtu de gris perle et or soutaché noir, devant des toros de María Luisa Pérez de Vargas et Herederos de Salvador Guardiola Domínguez : il réalise une vuelta au premier et coupe une oreille au second.

Au fur et à mesure de ses sorties, Enrique Ponce améliore sa présence et sa maîtrise. On le sait bon torero et on commence à entrevoir dans ses prestations un dominio rare, qui en fera progressivement un maestro d'exception.

Le 13 décembre 1992, face à trois toros de Venta del Refugio et trois de Vista Hermosa, il confirme à la Monumental de Mexico avec Guillermo Capetillo comme parrain et David Silveti comme témoin. Vêtu de bordeaux et or, il combat *Nevado*. Progressivement, les succès s'accumulent dans toutes les grandes plazas des pays taurins. Enrique Ponce devient cette valeur sûre capable d'affronter n'importe quel élevage. Son sitio est exceptionnel, son dominio remarquable.

En 1992, il succède à *Espartaco* à la tête de l'escalafón avec 100 corridas, puis avec 110, il est à nouveau premier en 1993. *Jesulín de Ubrique* le détrône en 1994 en totalisant 153 courses. En 1995, Enrique est cinquième avec 120 courses. Il revient à la deuxième place en 1996 avec 110 corridas et reprend la première en 1997. Cette année-là, il torée 108 corridas et coupe 159 oreilles. Il caracole ensuite chaque année en tête de l'escalafón sans forcer son talent. *Jesulín de Ubrique* lui enlèvera la première place à l'escalafón et plus tard *el Juli* participera aussi à davantage de corridas que lui. Fin 2001, il avait participé à 1 153 corridas.

Pour tous, il est le maître tauromachique incontesté, celui qui a le plus gracié de toros et qui entrera dans l'histoire de la tauromachie française en étant le premier dans ce pays à obtenir l'indulto d'un toro de la ganaderia de Victoriano del Río, le vendredi 1er juin 2001, dans les arènes de Nîmes, en présence d'*el Juli* et de *Juan Bautista*.

Torero largo, sachant manier la cape avec maîtrise et domination, la muleta avec suavité et efficacité, il est capable d'affronter des toros de caractères et de comportements bien différents, car il sait s'adapter à ses adversaires, pour ensuite leur imposer son propre rythme et sa volonté. Sa technique parfaite, dans tous les actes de la lidia, donne l'impression que tout ce qu'il réalise est de la plus extrême facilité. R.B.

PONCE Enrique
(Enrique Ponce Martínez)
Origine : Juan Pedro Domecq
Devise : rouge, or et bleu
Pas d'ancienneté à Madrid
Propriété : « Cetrina », Navas de San Juan (Jaén)

En 1940, Pacomio Marín hérite du troupeau de Gudelio Marín Feter. Sept ans plus tard, la famille Valcárcer Toledo rachète l'élevage et y ajoute un lot de vaches ainsi qu'un étalon de Francisco Natera. D'autres vaches et un mâle d'Isaías y Tulio Vázquez intègrent le troupeau en 1952. Vingt ans plus tard,

Amparo Mora Mora devient la nouvelle propriétaire du cheptel et en modifie le fer. Celui-ci est vendu en 1990 à Luis Villalobos Loza qui le modifie à nouveau et élimine les origines antérieures. Villalobos privilégie des têtes de bétail de Martín Berrocal, des héritiers de Carlos Núñez et de Marqués de Domecq pour reformer un nouveau troupeau. L'élevage passe au nom des héritiers de Luis Villalobos Loza lorsque celui-ci s'éteint, en 1992. L'année suivante, Enrique Ponce Martínez rachète le troupeau et modifie le fer en éliminant les origines antérieures. Un nouveau troupeau est formé avec un lot de vaches d'El Torero et un autre de Hermanos Sampedro. Le nouvel éleveur rajoute à l'ensemble un étalon de Las Ramblas.

Grande vedette du toreo depuis le début des années 1990, Enrique Ponce récolte les premiers fruits de ses efforts ganaderos. Le torero de Valence a surtout fait combattre un grand nombre de novillos dans des arènes de troisième catégorie. L'élevage a fait ses premiers pas dans une arène importante en avril 1999 en présentant quatre novillos dans les arènes de la Misericordia, à Saragosse. L'expérience a été renouvelée l'année suivante avec trois exemplaires. Établi à Jaén, l'élevage de Ponce est surtout programmé dans cette province mais aussi à Málaga (2001) et d'autres petites arènes andalouses. C.C.

PORFÍA (*entêtement*). Obstination que mettent certains toreros — en mal de contrat ou manquant de compréhension de la course — à tirer encore quelques passes d'un toro fatigué en fin de faena, ou à essayer d'attirer l'attention du public en se mettant entre les cornes. La porfía mécontente le plus souvent les gradins. R.B.

PORTA GAYOLA (appellation d'origine portugaise). Avant que le toro entre en piste, le matador traverse lentement la piste, sa cape sur l'épaule, et va se mettre face à la porte du toril, à genoux, cape déployée devant lui, pour attendre l'animal et le citer dès sa sortie pour un farol. Cette action est très dangereuse car nul ne peut savoir à quelle vitesse sortira le toro, si sa charge sera franche, hésitante, rapide ou même s'il attaquera. Très émouvante, elle prouve le courage du matador, sa détermination et son envie de triompher mais ne préjuge pas de sa réussite en cours de lidia. Juan José Padilla s'est fait une spécialité d'attendre ses adversaires à porta gayola, ce qui a attiré l'attention sur lui mais lui a aussi valu quelques blessures d'importance. R.B.

PORTÓN (*grande porte*). Porte du toril, familièrement appelée par les toreros « el portón de los sustos », la porte de toutes les peurs !

POSADA Antonio.
Voir BARRANCO LÓPEZ DE SA Antonio.

POST MORTEM, examen. Dès l'arrastre, vétérinaires et représentants de l'autorité examinent les dépouilles des animaux. Leurs vérifications portent sur les points suivants :

- *L'état sanitaire* des viandes avant mise sur le marché pour consommation. Les viandes sont alors réputées consommables ou estampillées DP (destruction partielle) ou DT (destruction totale).
- *L'âge*, en particulier par l'examen de la denture.
- *Le poids*, par pesage des dépouilles en canal qui sont comparées avec les poids annoncés en vif.
- *Les armures*. Celles suspectées d'afeitado seront dégagées et mises sous scellés selon un strict protocole, puis adressées à l'École vétérinaire de Toulouse pour expertise fine.

Les résultats de ces divers examens seront transmis aux maires des villes concernées afin que ceux-ci puissent formuler leurs demandes de sanctions s'il y a lieu. P.M.

POULY III.
Voir BOUDIN Pierre.

PRADOS MARTÍN José Pedro, *el Fundi*. Né à Fuenlabrada (Madrid) le 23 décembre 1966, José Pedro Prados entre à l'École taurine de Madrid au début des années 1980 ; il forme très vite, avec ses collègues José Miguel Arroyo *Joselito* et José Luis Bote, le trio de becerristas vedettes du moment. Il triomphe dans de nombreuses arènes d'Espagne et se présente en France en juillet 1981 lors d'une novillada sans picadors matinale dans le cadre de la féria de Mont-de-Marsan. Il torée sa première novillada avec picadors le 26 septembre 1983 dans les arènes de son village natal en compagnie de ses deux amis *Joselito* et José Luis Bote, face à des novillos d'El Campillo. C'est aux Saintes-Maries-de-la-Mer, le 3 juin 1984, que la France le retrouve avec picadors. Ses deux amis sont de l'aventure pour affronter des novillos de José Luis García de Cobaleda (Castraz de Yeltes).

Il se présente à Madrid le 5 mai 1985 avec André Viard et José Antonio Carretero pour affronter des novillos d'Infante da Cámara. Le 22 septembre 1987 à Villaviciosa de Odón (Madrid), il prend l'alternative des mains de son ami José Miguel Arroyo *Joselito* sous l'œil tout aussi amical de José Luis Bote. Le toro de la cérémonie, *Enviado*, est issu de l'élevage d'Antonio Arribas. Il confirme à Madrid le 22 mai suivant, durant la San Isidro. *El Fundi* y retrouve les mêmes parrain et témoin et un toro d'Antonio Arribas du nom de *Guardián*.

Ce n'est que le 13 novembre 1988 que le matador se présente en France à l'occasion d'un festival organisé à Floirac (Gironde). Pour l'occasion, il partage l'affiche avec Richard Milian, José Antonio Carretero, Fernández Méca, Julio Norte et Xavier Milian et affronte un opposant de Gilbert Aymes. Sa présentation française en corrida a lieu le 29 octobre 1989 à Arles. Il combat ce jour-là des toros de Hubert Yonnet et partage l'affiche avec Richard Milian et José Antonio Carretero. L'oreille qu'il coupe lui vaut une répétition pour la corrida de Miura lors de la féria de Pâques suivante. *El Fundi* coupe alors trois oreilles et conquiert le cœur de l'afición arlésienne. Cette corrida lui ouvre les portes de nombreuses arènes françaises et espagnoles. Pendant cinq années consécutives (1990, 1991, 1992, 1993, 1994), à Pâques, *el Fundi* réalise l'exploit encore unique à ce jour de sortir cinq fois en triomphe du vieil amphithéâtre romain d'Arles après avoir glorieusement vaincu les Miura.

Il fait ses débuts en Amérique à Lima, le 3 décembre 1995, en alternant avec Alejandro Silveti et Miguel Rodríguez.

Torero plus vaillant qu'artiste, banderillero efficace et grand estoqueador, il a toujours accepté les corridas les plus difficiles. Avec Richard Milian notamment, il a fait les beaux jours de nombreuses arènes françaises face aux élevages que fuient les figuras. À partir d'un certain moment, comme c'est logique lorsque l'on évolue dans sa catégorie, *el Fundi* a quitté l'affiche des grandes férias, mais poursuit une carrière d'une grande dignité et d'une grande régularité, participant en moyenne chaque année à une trentaine de corridas et arrivant, fin 2002, au total enviable de 482 corridas. R.A.

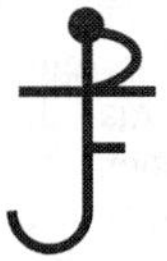

PRADOS MARTÍN José Pedro
Origine : Marcos Núñez
Devise : violet et jaune
Pas d'ancienneté à Madrid
Propriété : « El Campillo », El Escorial (Madrid)

José Pedro Prados Martín *el Fundi* fonde cet élevage en 1996 avec des têtes de bétail d'origine Marcos Núñez. Habitué aux luttes de haut vol, *el Fundi* fait ses premiers pas en qualité de ganadero. Son fer fait partie des « aspirants », comme bien d'autres de ses confrères également inscrits à l'Unión de Criadores de Toros de Lidia. Le torero madrilène, spécialiste des toros de Miura, n'a pas encore fait combattre de lot lors des dernières saisons. C.C.

PREGONAO. Toro avisé et dangereux.

PREMIO. Récompense, trophée.

PRÉSIDENCE. La présidence d'une corrida est assurée par un président, représentant de l'autorité civile de la ville, et de deux assesseurs, personnalités reconnues pour leurs compétences et parfois même anciens toreros professionnels. Le rôle de la présidence est de veiller à ce que déroulement de la corrida soit conforme aux textes du règlement taurin, en particulier celui de l'UVTF. Voir Annexes. R.B.

PRÉSIDENT. Le président d'une course, becerrada, festival, novillada ou corrida, est un des protagonistes dont on oublie souvent le rôle important, car son nom n'apparaît pas sur l'affiche. Et pourtant, il peut, par ses interventions, modifier le sens d'une course, la rendre terne ou lumineuse. Beaucoup de spectateurs ne connaissent pas ses fonctions exactes et l'accusent souvent de façon injustifiée, sans pour autant l'applaudir quand il prend des décisions pertinentes. Il faut dire que souvent les présidents en place paraissent vouloir se heurter délibérément à la *vox populi*, en particulier pour l'attribution de la première oreille qui est celle du public. Puisqu'en France il n'existe pas de loi réglementant la corrida comme c'est le cas en Espagne, on se réfère au Règlement taurin municipal (chap. III, art. 38 à 42) qui stipule dans le détail le déroulement des courses : Voir Annexes.

Le président ne disposant pas en France de pouvoirs de sanctions comme c'est le cas en Espagne, il ne peut compter que sur le bon vouloir des maestros pour respecter ses décisions. Or ceux-ci exigent ce qui leur est favorable et oublient trop souvent ce qui les contraint !...

Le président est généralement un élu de la ville où se déroule la course, membre de la commission tauromachique, qui accepte, entouré de ses deux assesseurs, de gérer le bon fonctionnement de la course.

Normalement, il a assisté au débarquement des toros lors de leur arrivée, après avoir fait enlever les scellés de transport, examiné les lots avec la commission, assisté au sorteo et aux opérations de transport. Avant la course, il vérifie piques et banderilles, se munit des mouchoirs de diverses couleurs (blanc, vert, bleu, rouge et orange ; voir MOUCHOIRS) et de la clef symbolique du toril.

À l'heure fixée du début de la course, il sort le mouchoir blanc pour lancer le paséo, salue les maestros, les cuadrillas, les picadors, les mozos et les trains d'arrastre ; il lance la clef du toril de façon que l'alguazil puisse la recevoir dans son chapeau emplumé et agite à nouveau le mouchoir blanc pour ordonner la sortie du premier toro.

C'est, pour le président, un moment difficile, car dès que le toro sort en piste, il convient de voir s'il ne boite pas, si les cornes sont correctes. Sinon, le public se déchaîne. Il lui appartient alors, en vertu d'un pouvoir réel dont il dispose, de décider du changement du toro, qu'il signifie au moyen du mouchoir vert. Certains soutiennent que le changement éventuel de toro doit avoir lieu avant les piques. En réalité, peu importe, on peut changer un toro après les piques et même après les banderilles. Il peut aussi juger, malgré les demandes du public, que le toro ne nécessite pas d'être changé, car on voit souvent des toros sortant ankylosés qui, après quelques galops, se révèlent en excellente condition. Le problème des cornes est bien différent. Ce n'est pas à l'entrée en piste qu'il s'est révélé ; c'était pendant la visite aux corrals que la commission ou le président devaient refuser le toro ou le lot pour défectuosité. Et au plus tard au moment de l'embarquement pour les arènes.

Quant aux piques, quand les arrêter ? combien en imposer ? Normalement, il devrait y avoir au moins deux rencontres. Encore faut-il s'entendre sur la notion de rencontre ? De nos jours, les piques sont lourdes, les rencontres trop longues et carioquées, et les toros en sortent épuisés, voire exsangues. Si un toro rentre en piste un peu fort, qu'il y ait chute du picador on assiste alors à un assaut en règle de celui-ci qui coince l'animal et le châtie avec une hargne scandaleuse. L'alguazil a beau s'époumoner, le maestro ne bouge pas ou simule et le président ne peut pas intervenir du palco, malgré l'ire de la foule. Les toreros confirmés, après une première pique et si le toro est faible, demandent le changement de tercio. Le président doit-il refuser ? Ce serait mettre en doute les capacités de jugement du torero qui le ressentirait comme un affront et ferait piquer plus fort son adversaire, rejetant la responsabilité des chutes sur la présidence. Accepter, c'est s'en remettre aux décisions des hommes en piste et renier son autorité. Dans le cas des novilleros, il lui appartient d'être plus circonspect car ces jeunes garçons n'ont pas suffisamment d'expérience et se hâtent parfois trop. Enfin, pour l'attribution des trophées, il y a des situations sans équivoque : mauvaise prestation, estocade mal placée, nombreux essais avec l'épée ou le descabello : dans ce cas, on ne sort pas le mouchoir. Mais lorsqu'il s'agit d'accorder une ou deux oreilles, il faut parfois tenir compte du vœu du public qui est souvent sous le charme d'une faena brillante mais sans profondeur. Pour le président, attribuer ou refuser une queue reste le moment le plus délicat, qui peut se transformer en émeute s'il se trouve en désaccord avec le public.

Parmi les présidents, certains considèrent que cette fonction bénévole mérite qu'on prenne des risques ; pour d'autres, cela fait partie des obligations d'un élu. Mais tous, s'ils ont quelque peu conscience de leurs responsabilités, vivent constamment dans la crainte de l'incident. R.B.

PRESSE taurine française. C'est en 1883 que paraît à Nîmes le premier journal français spécifiquement taurin, *Le Toréador*, dans lequel est présentée la corrida du 15 juillet 1883, journal qui se veut aussi humoristique en publiant des « contes grivois, poésies gauloises, calembours et autres fariboles », dont le rédacteur était Musca et qui compta probablement cinq numéros. Depuis, environ cent soixante titres virent le jour et connurent des destinées variables.

À l'origine consacrés à la présentation des cartels, on y trouva rapidement des informations concernant les autres plazas, puis des textes sur les toreros vedettes et enfin des études sur la technique de la lidia, les ganaderias, l'histoire de la tauromachie ou des essais justifiant la corrida ou s'en prenant à ses adversaires : au début du XXe siècle, le ton des rédacteurs ne manquait pas de piquant ni de panache !

En 1887, deux titres paraissent à Marseille : *Le Journal des arènes de Marseille*, organe spécial des courses destiné à l'information relative aux spectacles diffusés, et *El Picador* qui était dirigé par Reboul et dont il ne reste aucun exemplaire.

Deux autres titres sortent en 1888. En 1889, *Paris-Toros* et *Le Torero* sont édités à Paris, *Taureaux revue* à Pau et *Taureaux sports* à Bordeaux. L'année suivante *Le Toréador oranais* paraît en Algérie.

Le Torero, fondé par Giran Max et Jules Vidal en 1890, est la première revue taurine française d'une durée importante : cet hebdomadaire termina sa parution avec le numéro 4 de l'année 1944, sorti le 28 mai, et vécut ainsi cinquante-quatre ans. De dimensions variables, le journal ne trouva son format définitif qu'en 1923, paraissant sur quatre pages de six colonnes, imprimé généralement sur papier jaune canari. Parmi ses collaborateurs, on notera Ferdinand

Parent *Mosca*, mais aussi Louis Feuillade, le réalisateur français de cinéma natif de Lunel, et *Plumeta*. Donnant les comptes rendus des courses de la région mais aussi de l'Espagne, il publiait des articles techniques et historiques précieux sur le déroulement des corridas de ce temps et l'opinion des critiques taurins.

En 1905 sort le premier numéro de *La Course landaise*, devenue la doyenne de la presse taurine française, revue hebdomadaire en été, mensuelle en hiver, entièrement consacrée à la tauromachie landaise, à sa maintenance et à sa promotion.

La même année, à Arles, *Lou Ferri* commence une carrière intéressante mais brève, avec des textes clairs et documentés. En 1914, paraît le premier numéro du *Midi taurin*, continuation de *Nîmes taurin* qui interrompt sa parution dès le numéro 21 daté du 1er août 1914, à cause de la déclaration de guerre. Il reparaît dès 1919 sur un rythme régulier : mensuel en hiver, hebdomadaire en été, et ce jusqu'en 1933, pour diminuer progressivement ses sorties et cesser en 1935. Créée par Edmond Reboul, cette publication défendit une tauromachie traditionaliste et marqua son très net attachement aux arènes de Nîmes.

Le 11 mars 1922 paraît le premier numéro du *Toril*, édité à Toulouse, et qui en comptera 605 jusqu'au 11 mai 1940. Rapidement, la revue s'affirme comme la meilleure et la mieux informée des revues françaises, avec une équipe de rédacteurs de qualité, qui la fera remarquer jusqu'en Espagne. Initiée et animée par Alfred Degeilh *Aguilita*, qui avait les moyens financiers de soutenir l'entreprise sans avoir recours à la publicité, *Le Toril* éditait des articles variés : études techniques, biographies de toreros, comptes rendus de corridas, tribunes libres où toutes les opinions pouvaient s'exprimer. Mais à partir de 1925, *Aguilita* prend la barre et son intransigeance amène le départ de nombreux collaborateurs. La revue devient l'expression des toristas purs et durs. L'intolérance d'*Aguilita* s'accroissant, l'intérêt des lecteurs diminue et malgré ses qualités, *Le Toril* disparaît en 1940.

Le 4 juillet 1925 paraît à Nîmes le premier numéro de *Bious y Toros* revue bimestrielle en été et mensuelle en hiver, fondée par *Miqueleta* (madame Marcelle Cantier, née Allemand). Après des débuts difficiles, la revue prend de l'importance dès 1932 et devient, en 1935, la revue taurine la plus cotée car la plus sérieuse et la plus documentée. On y trouvait, grâce à un réseau de collaborateurs, des comptes rendus de corridas en France et en Espagne, en particulier de *Miqueleta* qui n'hésitait pas à parcourir, ce qui n'était pas évident à cette époque, les routes ibériques pour assister aux grandes férias. Les informations venues de l'étranger sont complètes et remarquables. La guerre commence et le dernier numéro (le 334) paraît le 26 août 1939. Après les hostilités, la revue renaît sous le titre de *Toros*, dont la direction était assurée par Francis Cantier *Paquito*, second fils de *Miqueleta*, en août 1946, avec une pagination de huit pages (le papier était encore contingenté) ; le numéro spécifie : « 20ème année - N° 335. Nouvelle série. N° 1 ». Dans la droite lignée de *Bious y Toros*, la nouvelle publication allait rapidement retrouver une équipe importante de collaborateurs ayant comme volonté commune de défendre une corrida traditionnelle et de qualité. Sous l'impulsion de son nouveau directeur, les colonnes du journal sont ouvertes à toutes les expressions, en totale liberté, ce qui sera de tout temps un des traits marquants de cette revue intransigeante à bien des égards et dont les critiques sont souvent dures pour les hommes en piste. Il faut en effet souligner que les auteurs, à de rares exceptions près, sont des tenants d'une orthodoxie qui peut paraître rétrograde. Mais on sait que la majorité des aficionados, en particulier les toristas, ont une approche traditionaliste de la corrida et qu'ils privilégient la bravoure et la caste au détriment de la noblesse. Parmi les grandes signatures qui ont toutes participé bénévolement à cette entreprise, on relèvera celles de Popelin, d'*el Tío Pepe*, de *Luis de la Cruz*, de *don Enrique*, de Paul Casanova, de *Paco Tolosa*, de *Monosabio*, de Bartolomé Bennassar, de Jean-Marie Magnan, de Roger Dumond et de Pierre Dupuy qui en devient directeur en 1980. On notera dès le début la place importante accordée à la photographie et la participation constante de l'Arlésien Lucien Clergue et du Nîmois Mouraret. Le contenu de la publication donne priorité aux comptes rendus qui sont nombreux et fouillés et à des articles de fond sur les ganaderias, les biographies de toreros, la technique du toreo, l'histoire taurine, les livres et l'art. Des débats et des interviews de personnalités apportent une approche différente du fait tauromachique. Le format de la revue n'a jamais varié et elle paraît actuellement en noir et blanc, dédaignant la couleur, car elle est orientée principalement sur les textes. Puis une nouvelle équipe se met en place dans laquelle entrent de jeunes auteurs qui, malgré leur âge, sont aussi intransigeants que leurs aînés.

Il faut attendre avril 1981 pour qu'apparaisse une nouvelle conception de l'approche tauromachique, par le biais d'une revue mensuelle tirée sur papier de qualité, qui fait place à la photographie, met l'accent sur les reportages et les textes de réflexion du fait tauromachique, réduisant les comptes rendus à l'essentiel car considérant qu'un texte qui comptabilise le nombre des naturelles ne peut transmettre l'émotion ressentie sur les gradins. Des enquêtes et des essais techniques, littéraires ou artistiques permettent une autre manière d'entrer en tauromachie. Fondée par *Simón Casas*, *Corrida* est un nouveau concept offrant la possibilité à des écrivains, des peintres, des essayistes de s'exprimer. On y trouve aussi des études fouillées sur les grands peintres ou écrivains, les relations entre les mouvements de pensée et la corrida, et elle ne restreint pas le champ de ses investigations aux seuls faits se déroulant en piste. En 1994, après deux changements de direction, *Corrida*, qui était animée et vivifiée par Jean-Louis Lopez depuis sa création, cessait de sortir de presse. Elle avait donné un souffle nouveau à la presse tauromachique et a eu une influence importante sur les manières d'aborder et de traiter les faits tauromachiques.

En 1985, un journal d'annonces légales, *Le Courrier de Céret*, crée un supplément tauromachique qui deviendra rapidement autonome et dont Marc Lavie assure la direction et l'animation avec des correspondants bénévoles. La formule, sur quatre pages, est le compte rendu bref et incisif. Pas de commentaires inutiles, les auteurs vont droit au fait. Des informations succinctes, mais valables et certifiées, font le succès rapide de cette nouvelle manière de traiter l'événement. Amélioré, enrichi, mieux présenté, mais tout aussi efficace, le *Courrier de Céret* se transformera et Marc Lavie lancera avec succès *Semana grande*, qui continue sa carrière avec sérénité.

Tendido commence à paraître en 1987 avec comme sous-titre « le magazine de la nouvelle afición ». Le directeur en était Philippe Couturier, qui cédera la place en 1989 à André Dubos. Comptes rendus, annonces de cartels et textes sur les élevages ou les toreros forment le lot de cette revue illustrée en noir et blanc. Dans les Pyrénées orientales, *Barrera Sol* est lancé en 1988 par Régis Merchan, ancien collaborateur de *Tendido* avec qui il est entré en opposition. De nombreux collaborateurs participent, ainsi que de très bons photographes. Les éditoriaux et les chroniques de Merchan, écrits dans un style au vitriol quelquefois à la limite de la bienséance, peuvent enchanter ou irriter les lecteurs par leur violence, mais paraissent avoir de l'audience puisque la revue se porte bien. Enfin, *Plaza*, créée à Nîmes en 1992, belle publication donnant de nombreux portraits de toreros ou de ganaderos, devient ensuite, après un changement de direction, *Plaza, Pasión de toros* sous la direction de Yannick Vimenet et de Rodolfo Arias, et se poursuit dans la même orientation éditoriale.

Ajoutons que, hormis ces revues spécifiques, tous les journaux locaux, qu'ils soient hebdomadaires ou quotidiens, ont leur page tauromachique, rendent compte avec des journalistes spécialisés des corridas, novilladas et festivals qui se déroulent dans leur aire d'influence. *Libération*, *Midi-Libre*, *Sud-Ouest* ou *La Provence*, ainsi que *La Semaine de Nîmes* ou, plus spécialisés, *Le Commercial du Gard* et le *Commercial Provence*, font paraître chaque semaine des pages de comptes rendus ou des entretiens, des nouvelles du mundillo, des études techniques et historiques.

Qu'elle soit locale, régionale ou même nationale, il y a donc une intégration vraie et vivante de la tauromachie dans la presse. R.B.

PRETEL Dolores, *Lolita*. À l'époque où les cuadrillas féminines étaient à la mode, elle fit partie de celle des *Toreras Catalanas*, dirigée par Mariano Armengol Castañé *Verduguillo*, qui eut son temps de gloire dans les dernières années du XIXe siècle. *Lolita* commença à Barcelone en 1895 et, le 12 septembre de cette année, elle se présenta à Madrid avec succès pour estoquer des becerros de Baldomero Anguas. Elle peut être considérée comme une des femmes toreras les plus douées de cette période. Voir FEMMES TORERAS. R.B.

PRIETO DE LA CAL Tomás
Origine : Duque de Veragua (race Vázquez)
Devise : rouge et or
Ancienneté à Madrid : 23 mai 1919
Propriété : « La Ruiza », Niebla (Huelva), Espagne

À l'ouest de Séville en direction de Huelva, après San Juan del Puerto, on traverse Niebla, qui est l'endroit où les Arabes ont utilisé pour la première fois la poudre (explosifs). Après avoir effectué quelques kilomètres le long des eaux rouges du río Tinto, à proximité de la voie ferrée Séville-Huelva, on découvre la « Ruiza », propriété éclatante de blancheur, construite à la fin du XIXe siècle.

Florentin Sotomayor a formé cet élevage en 1912 avec des vaches de Miura et Parladé et des étalons de Tamarón. Il a créé le fer que l'on connaît aujourd'hui. En 1931, la ganaderia passe dans les mains des frères Martín Alonso, qui la revendent à Marcial Lalanda en 1934, lequel l'inscrit au nom de sa femme Emilia Mejía. Après les ravages de la guerre civile d'Espagne, l'année 1940 voit l'illustre Lalanda vendre ce qui lui reste de la ganaderia à Prieto de la Cal. Celui-ci achète à José Enrique Calderón des toros acquis aux héritiers de Juan Pedro Domecq ; le sang Veragua apparaît alors dans l'élevage, car Juan Pedro Domecq avait acheté en 1930 aux frères Martín Alonso le bétail que leur avait vendu le duc de Veragua en 1927. Prieto de la Cal va éliminer tous les produits qui n'ont pas l'origine de Veragua. En 1975, à la mort de Prieto de la Cal, l'élevage devient la propriété de son fils Tomás, alors âgé de huit ans. Tomás précise : « On aurait pu assister à la disparition de toute la caste si ma mère Mercedes Picón, marquise de Seoane, n'avait poursuivi la même lignée prônée par mon père. » Aujourd'hui, il s'occupe de l'élevage avec sa mère. Seul possesseur du sang Veragua à l'heure actuelle, issu de la race Vázquez, il représente une des quatre races qui constituent les origines du toro de combat espagnol.

La morphologie du toro de Veragua est particulière : bien dessiné, musculeux, astifino et d'une grande diversité de couleurs du pelage : ensabanado, melocotón, jabonero, colorado, castaño, cárdeno.

En piste, il allie fréquemment bravoure, dureté et mobilité ; la caste Veragua est considérée comme une des meilleures d'Espagne. Ch.C.

PRINCESSE DE PARIS.
Voir BOURDIEC Pierrette le.

PRIX. Les informations les plus contradictoires et les affirmations les plus folles circulent en ce qui concerne les prix pratiqués dans le monde de la tauromachie, en particulier les contrats des matadors.

Rétributions des matadors

Les matadors sont rétribués en fonction de la catégorie à laquelle ils appartiennent. Le « groupe spécial » comprend une vingtaine de maestros ayant participé à plus de quarante paséos lors de la temporada précédente, ceux qui ont les contrats les plus avantageux. Puis le « premier groupe », constitué des matadors déjà connus et de catégorie, dont les contrats sont de 50 à 60 % inférieurs aux premiers et qui diminuent encore de 20 à 30 % selon les plazas. Enfin le « deuxième groupe » compte tous ceux qui ne réalisent qu'entre un et dix contrats l'an et dont la rétribution est la plus faible. Seules, quatre ou cinq vedettes qui attirent les foules peuvent prétendre, dans des plazas de première catégorie et lors de circonstances exceptionnelles, à des cachets très élevés. À l'inverse, certains matadors peu connus acceptent d'être simplement défrayés, voire de verser jusqu'à 33 % du coût de leur course, afin de pouvoir compter des corridas à leur actif en vue d'éventuels contrats.

À noter aussi la pratique des contrats groupés : une empresa assurant la direction de plusieurs plazas de catégories différentes signe avec un torero un contrat pour plusieurs courses et lui fixe une rétribution globale qui tient compte du classement du torero et des arènes où il se produit, rétribution généralement inférieure à celle du total des contrats signés séparément. Les toreros taquilleros sont beaucoup plus demandés par les empresas que ceux du même groupe qui sont moins attractifs, et leur rétribution est plus importante.

Les novilleros obtiennent des cachets beaucoup plus faibles.

Rétributions des subalternes

Sur les sommes perçues, le matador doit ponctionner un ensemble considérable de frais : lorsqu'un matador d'alternative est engagé par un directeur d'arène pour participer à une corrida, sur la somme totale de son contrat il verse 15 % de frais de représentation à son apoderado et paie chaque membre de sa cuadrilla, banderillero et/ou picador, valet d'épée, aide du valet d'épée.

Sur ces émoluments, chacun paie une contribution de 6,4 % à la Sécurité sociale espagnole, la direction des arènes versant également la part qui lui revient. Pour les toreros non français, les empresas retiennent à la source 15 %, qui sont reversés au fisc espagnol par leurs soins. Les toreros français font eux-mêmes leur déclaration annuelle aux centres des impôts dont ils dépendent.

Enfin, c'est le maestro qui, sur la somme reçue pour sa prestation et fixée par contrat, paie tous les frais d'intendance de sa cuadrilla : déplacements, hôtel, restauration. En Espagne, le maestro assume également les frais de publicité dans la presse spécialisée et « enveloppes cadeaux » aux revisteros (cette pratique n'a en principe plus cours en France). Ce qui fait que la somme première est considérablement amputée à l'arrivée...

Ganaderias

Les ganaderias sont elles aussi cotées différemment suivant la qualité de leurs produits et en fonction des demandes du public. Les plazas importantes d'Espagne et de France réservent les lots les plus présentables et les plus homogènes. Selon la plaza, le ganadero préparera des lots correspondant aux attentes du public, plus armés, astifinos et imposants pour Madrid, Bilbao ou Pampelune que pour Séville, où l'on préfère un toro mobile et qui ne soit pas trop gros. Ces mêmes critères interviennent aussi en fonction des toreros qui vont les combattre. Actuellement, les lots de toros les plus chers appartiennent à trois ganaderias de prestige qui ne mettent sur le marché que peu de toros et demandent entre 90 000 € et 110 000 € pour un lot de six toros. Les autres ganaderias de garantie, connues pour la présentation de leur bétail et leur engagement en piste, vendent entre 45 000 € et 60 000 € leur lot. Quant aux ganaderias dites difficiles qui ne sont affrontées que par des toreros belluaires, il faut compter environ 50 000 €. Les lots pour les novilladas se négocient aux alentours de 30 000 € selon la ganaderia, la présentation des bêtes et sa réputation et en règle générale à 50 % du prix d'un lot de toros adultes. Les éleveurs français vendent leurs lots, suivant leur réputation, deux fois moins cher que les ganaderias espagnoles.

À ces prix d'achat, il faut ajouter le coût du transport de la ganaderia espagnole (régions de Salamanque, Madrid ou Séville), soit de 3 000 € à 4 000 €, et les frais d'examen vétérinaire, soit environ 400 € par embarquement. Lorsque les mayorals qui accompagnent leurs toros arrivent en France, en moyenne huit jours avant la course, ils sont hébergés et nourris par l'empresa, leurs frais de déplacement remboursés, ce qui représente environ 1 200 € pour chaque lot venu d'Espagne.

L'habillement du torero

Un costume de lumières de matador, selon la richesse des broderies, leur complexité et le tissu utilisé coûtera entre 2 500 € et 4 000 € et la montera de 400 € à 1 000 €. Celui du banderillero, qui est beaucoup moins luxueux, dont les broderies sont moins sophistiquées, noires ou argent, est un peu moins cher et varie de 1 200 € à 3 000 €, auxquels il faut ajouter le prix de la montera (550 €) et des zapatillas (100 €).

Le picador a un costume spécifique dont seule la veste est richement brodée, un pantalon en peau et une jambière métallique (la mona), qui valent entre 1 500 € et 2 500 € ; le castoreño vaut entre 300 € et 450 €.

Une cape de paséo, selon les broderies dont certaines sont en fils d'or et incrustations, et le tissu, variera de 500 € à 4 500 € pour les plus belles, véritables chefs-d'œuvre nécessitant des heures de travail par des artistes spécialisés. La cape de brega que les toreros et banderilleros utilisent pendant la lidia coûte entre 250 € et 350 €. La muleta est plus simple et moins chère : 150 €. Quant à l'épée, selon l'acier dont elle est faite, la structure du pommeau, son prix varie entre 500 € et 1 500 € ; un descabello coûte 500 € et la puntilla 200 €. Nécessaire aussi le fundón (550 €) et l'esportón (400 €).

L'équipement minimum d'un jeune matador comprend donc un costume de lumières (2 500 €) et sa montera (350 €), les zapatillas (100 €), une chemise blanche à jabot (150 €), les bas blancs et roses et les sous-vêtements (100 €), la cravate et la ceinture (50 €), une cape de paséo (500 €), trois capes de combat (700 €), quatre muletas (500 €), une épée et un descabello (900 €), qui représentent un investissement proche de 6 000 €. Tout matador d'alternative se doit de posséder cinq costumes minimum, généralement dix et pour les vedettes davantage, dont certains particulièrement luxueux pour les plazas de prestige, deux capes de paséo, cinq capes de brega et cinq muletas, quatre épées et un descabello, le fundón et l'esportón pour le transport. Lorsqu'il va toréer, un matador emporte trois capes de brega, quatre muletas, deux épées et un descabello. Tout accroc au costume doit être réparé par le tailleur spécialisé qui l'a confectionné, réparation qui revient, avec les frais de transport, à environ 300 € si la partie brodée du costume n'a pas été détériorée. Quant au traje corto utilisé lors des festivals, il faut compter 600 € pour le costume, 250 € pour les bottes, 150 € pour la chemise et 200 € pour le chapeau. Base à laquelle il faut ajouter les capes, muletas et épées. Tout matador d'alternative a donc investi une moyenne de 18 000 € à 22 000 € en matériel de base.

En ce qui concerne les banderilleros, l'investissement est moindre mais atteint néanmoins une somme importante car ils doivent avoir au moins deux costumes et trois capes, ce qui représente environ, avec les autres éléments semblables à ceux du maestro, un minimum de 4 500 €. Il en est de même pour le picador. R.B.

PROBÓN. Toro qui fait mine de s'élancer, diffère son attaque, recommence un simulacre, retarde puis s'élance de mauvais gré.

PROFIL. Manière dont le torero se présente pour travailler son toro, en se tenant de profil sur une ligne virtuelle parallèle à la trajectoire du toro. Attitude qui est en opposition au principe du toreo de trois quarts. Dans la passe, le toro défile devant le corps immobile du torero, qui se contente de le conduire sans influer sur sa trajectoire, en contradiction avec les principes d'une tauromachie orthodoxe. Mis en application en particulier par *Manolete*, le toreo de profil est très critiqué par les tenants de la tradition. Il ne peut que convenir à des animaux chargeant droit et régulièrement. R.B.

PROMEDIO (*moyenne*). Moyenne des poids des toros étant sortis lors d'une corrida. Généralement exprimé en « canal ». On dira par exemple que le promedio d'une corrida fut de 250 kg. De moins en moins usité depuis une vingtaine d'années. P.M.

PRONTO (*prompt*). Toro qui démarre à la moindre sollicitation.

PRUEBA DE CABALLOS (*essai des chevaux*). Épreuves que les picadors imposaient aux chevaux destinés au tercio des piques avant l'adoption du caparaçon, jusqu'aux environs de 1920. Cette prueba donnée par les picadors consistait à les faire manœuvrer violemment pour connaître leurs réactions. Voir PIQUE.

Actuellement, quand l'empresa de caballos trouve un cheval qui réponde aux critères morphologiques, il est obligé de l'essayer pour connaître ses réactions aux sollicitations avant de l'acheter pour le dressage. En effet, rares sont les chevaux capables de devenir chevaux de picadors. R.B.

PUBLIC. Ce troisième acteur de la corrida — avec les toros et les toreros — a une importance considérable sur le déroulement de la course car selon ses réactions, les toreros seront portés à se livrer entièrement ou à se réserver. Le public des corridas est plus ou moins important selon les affiches présentées, de composition fort hétérogène selon les courses, les villes ou les périodes de l'année.

Dans les pueblos espagnols ou les villages français du Sud, le public est composé par la population locale et celles de cités proches. Comme les corridas sont organisées à l'occasion des fêtes régionales, il s'agit d'un public bon enfant, les Espagnols étant moins enclins à la critique acerbe que leurs homologues français. Dans les plazas dites « de plage » telles que Benidorm et d'autres villes espagnoles ou françaises, une grande partie du public est composée d'estivants souvent peu avertis, dont les réactions peuvent être parfois étonnantes, face à des actions sans valeur mais spectaculaires.

Les plazas plus importantes où se déroulent des cycles annuels réguliers de corridas sont fréquentées par un public généralement plus initié, qui se déplace et investit des sommes importantes dans ces férias. On y rencontre une minorité de toristas, gardiens de l'orthodoxie qui voudraient voir uniquement des toros durs et puissants devant des toreros belluaires, et des aficionados qui aiment les courses marquées par l'alegría et le sens esthétique, les toreristas, tout aussi compétents que les précédents mais généralement décriés par les orthodoxes ; enfin, une grande proportion de spectateurs qui viennent à la corrida sans être encore des spécialistes mais qui prennent plaisir aux diverses formes de la tauromachie.

Quelle que soit son origine, le spectateur vient sur les gradins pour y vivre intensément les émotions propres à la corrida. D'abord l'émotion viscérale provoquée par la présence en piste d'un animal violent et très dangereux qu'affrontent des hommes seulement armés de capes et de muletas. La majorité des spectateurs ressentent cette peur qui se transmet en particulier avec des Miura ou tout autre ganaderia réputée difficile. À l'inverse, lorsque les toros sont faibles, lents, sans aucune réaction agressive, le public peut marquer violemment sa désapprobation. Ensuite, l'émotion esthétique qui surgit avec certaines séquences particulièrement réussies, quand l'animal est dominé, maîtrisé par les actions du torero, puis fasciné, subjugué par le leurre. Le combat se transforme en art fugace qui s'exprime selon l'inspiration du maestro, les possibilités du toro et la participation du public dans une communion intense et profonde qui donne l'impression que « le temps s'est arrêté ». Lorsque les séquences n'apportent rien à ces attentes, le public, frustré, fait savoir son mécontentement de manière souvent bruyante, parfois tonitruante, toujours impressionnante pour ceux qui sont en piste et dont le désir le plus profond est de triompher.

Un lien s'établit toujours entre le public et le torero, fait de soutien ou d'animosité, selon la qualité de la prestation mais aussi de l'état d'esprit de chacun. Les toreros ne peuvent ainsi se contenter de travailler leur adversaire sans tenir compte des réactions de la foule ni essayer de l'influencer. R.B.

PUEBLERINO. Terme péjoratif qui désigne un public de « village », c'est-à-dire incompétent et aux réactions imprévisibles. Ce mépris est oublieux du fait que dans ces courses de pueblos sortent les toros les plus armés, les plus âgés, issus de ganaderias peu cotées, refusés par les plazas de catégorie et souvent les plus dangereux, ceux qu'affrontent des toreros valeureux qui risquent leur vie pour des contrats dérisoires.

Si le qualificatif s'adresse à un torero, c'est qu'il manque de capacités techniques et artistiques et qu'il sera contraint de ne pratiquer que des courses sans prestige, en simulant pour masquer ses incompétences. Il arrive que de grandes vedettes réalisent une faena de ce type dans une grande plaza et qu'une grande partie du public ne s'en aperçoive pas. R.B.

PUENTE TRÁGICO (*le pont tragique*). C'est *Nacional II* qui avait imaginé, lors de la véronique, de se pencher au-dessus du toro lors de son passage, car il était de grande taille.

Un autre « pont » fut un temps pratiqué, celui consistant à faire passer le toro, avec la muleta, entre la barrière et le torero après avoir piqué la pointe de l'épée dans celle-ci. Ces deux passes sont désormais abandonnées. R.B.

PUERTA (*porte*). Désigne la porte du toril, celle de l'arrastre ou celle de l'infirmerie.

Le picador qui « fait la porte » est le picador de réserve.

PUERTA Diego
(Diego Puerta Diánez)
Origine : Juan Pedro Domecq y Díez
Devise : blanc et vert
Pas d'ancienneté à Madrid
Propriété : « Resnera Alta », Castilblanco de los Arroyos (Séville)

Romualdo Jiménez forme un troupeau avec du bétail de Flores et de Veragua. Il cède par la suite l'élevage à son fils, Francisco Jiménez, qui intègre au troupeau du bétail de Santa Coloma et d'Argimiro Pérez-Tabernero. Francisco Natera achète en 1930 la majeure partie de l'élevage et élimine les origines antérieures au profit de vaches et d'un étalon d'Indalecio García Mateo, marqués du fer de Rincón. Natera ajoute par la suite d'autres vaches d'origine Pedrajas, acquises à Mariano Fernández, et des étalons de Gamero Cívico. En 1951, Francisco Natera cède l'élevage à son fils Joaquín qui insère au cheptel des vaches et des étalons de Marqués de Villamarta. Le troupeau est vendu en 1963 à Diego Puerta qui reforme entièrement l'élevage quinze ans plus tard avec du bétail d'origine Juan Pedro Domecq.

L'élevage du célèbre torero est présent en Espagne dans de nombreuses plazas. En 1999, Curro Romero combattit un de ses lots à Algeciras (Cadix) ; les meilleurs exemplaires furent toutefois révélés à cheval à Antequera (Málaga), où Pablo Hermoso de Mendoza et Álvaro Montes triomphèrent avec panache. Doté d'une noblesse agréable pour le torero, le toro de Diego Puerta, lorsqu'il s'avère complet, peut devenir le partenaire idéal d'une faena. Ainsi, en 2000, Julio Aparicio parvint à couper les trophées maximaux à Baeza (Jaén), au même titre que *el Juli*, crédité des deux oreilles et la queue du toro *Rajador*, honoré à Zafra (Badajoz) d'un tour de piste posthume. L'élevage, qui fournit également quelques novilladas, collectionne en fait les bons résultats lors des corridas populaires comme ce fut encore le cas en 2001 à Cuéllar (Ségovie) avec les triomphes de *Finito de Córdoba* et David Luguillano. Le rejoneador Sergio Vegas réussit le pari en 2002 de s'enfermer seul face à six toros de cet élevage dans les arènes de Valdestillas. Le talent naturel du cavalier conjugué aux charges inlassables des toros de Puerta transformèrent la course en un moment inoubliable de rejoneo. Au final, Sergio Vegas sortit en triomphe après avoir coupé un total de dix oreilles et une queue. C.C.

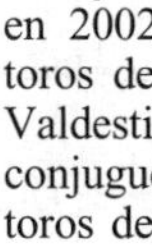

PUERTA Hermanos

Origine : Juan Pedro Domecq y Díez
Devise : rouge, bleu et vert
Ancienneté à Madrid : 12 septembre 1890
Propriété : « Resnera Baja », Castilblanco de los Arroyos (Séville)

Juan Muriel fonde cet élevage en 1885 avec du bétail provenant de Marqués de Salas et de Vicente Martínez. Vicente Muriel Martín hérite de l'élevage à la mort de Juan et reforme le troupeau à partir de 1926 avec des produits de Santa Coloma et d'Albaserrada. L'élevage passe ensuite entre les mains de Juan et Lucio Muriel Sánchez qui divisent le troupeau en 1955. Vingt ans plus tard, le lot de Lucio est acquis par Manuel Martín Hierro qui revend le troupeau en 1977 aux frères Puerta García Carranza. Ces derniers reforment l'élevage avec du bétail des frères Núñez ainsi qu'un lot de vaches provenant du troupeau de leur père, Diego Puerta. Un autre lot de vaches et trois étalons de Salvador Domecq y Díez viennent compléter le troupeau en 1978.

Élevage formé dans l'ombre de celui de Diego Puerta, ce fer fait combattre chaque année une vingtaine de toros dans des arènes espagnoles de deuxième et troisième catégorie. Il est particulièrement apprécié des « seconds couteaux » du toreo à pied et des vedettes de la tauromachie à cheval. Un lot de qualité fut présenté en 1999 à Plasencia (Caceres), permettant le triomphe de Manuel Díaz *el Cordobés* et Francisco Rivera Ordóñez. La même année, Diego Úrdiales, torero originaire d'Arnedo (La Rioja), prit l'alternative à Dax, des mains de Paco Ojeda, face à cet élevage. L'éleveur envoya également six excellents toros à Algeciras (Cadix) lors d'une corrida de rejón triomphale avec Fermín Bohórquez, Pablo Hermoso de Mendoza, Álvaro Montes et Paco Ojeda. Le fer remporta un autre grand triomphe au cours de l'été 2000 avec un lot qui fut combattu avec brio par *Eugenio de Mora*, Miguel Abellán et *el Juli*. L'année 2001 fut également marquée par de grands succès à Caceres (Leonardo Hernández, Nano Bravo, Rui Fernandes et Sergio Domínguez) ou encore à Zafra

(Badajoz), où Diego Ventura coupa les deux oreilles et la queue. C.C.

PUERTA Julio de la (Julio Antonio de la Puerta y Castro)

Origines : Juan Pedro Domecq y Díez, Marqués de Domecq et Duque de Veragua (encaste Vázquez)
Devise : blanc et rouge
Ancienneté à Madrid : 23 septembre 1925
Propriétés : « La Valdivia y Agregados », Osuna (Séville) et « Samaniego y Agregados », Bélmez (Cordoue)

Cet élevage trouve ses origines en 1882 lorsque Eloy Lamamié de Clairac croise du bétail de Mazpule avec des vaches colmenareñas de Martínez. En 1912, le troupeau s'enrichit de deux étalons de Fernando Parladé. L'année suivante, les origines antérieures sont éliminées au profit de vaches et d'étalons de Gamero Cívico, anciennement Parladé. Rafael Lamamié de Clairac gère alors l'ensemble du troupeau jusqu'en 1941, année de sa disparition. L'élevage reste uni jusqu'en 1950, puis il est partagé en cinq lots. L'un d'entre eux revient à la veuve de Clairac, Alfreda Blanca Alonso, qui le vend huit ans plus tard à Javier Solís. Celui-ci élimine les origines précédentes et acquiert dans un même temps la moitié du troupeau de Bernabé Cobaleda. Solís rebaptise l'élevage « Solís de Casablanca ». Julio Antonio de la Puerta y Castro rachète le fer en 1974 et décide de rafraîchir le sang du troupeau avec des étalons de Salvador Domecq, Marqués de Domecq et Moura.

Les toros importants :
- *Trianero*, n° 58, combattu à Torrevieja (Alicante) en 1983 par *Macandro* (tour de piste posthume pour la dépouille du toro et prix du toro le plus brave de la saison).
- *Dictador*, n° 2, combattu à Bélmez (Cordoue) en 1984 (deux tours de piste posthumes pour la dépouille du toro ; sortie en triomphe du directeur des arènes, de l'éleveur, du délégué des arènes responsable du choix des élevages, et des toreros *Gallito de Zafra* et *el Tempranillo*).
- *Esparraguero*, n° 51, combattu à Grenade par Pepín Jiménez (tour de piste posthume pour la dépouille du toro et octroi de deux oreilles et la queue).

L'élevage de Julio de la Puerta fait partie des nombreux fers de souche Domecq particulièrement appréciés des toreros vedettes. Chaque année, cet élevage fait combattre de soixante à quatre-vingt-dix toros. En plus d'une présence régulière dans les arènes espagnoles de troisième catégorie, Julio de la Puerta fournit également du bétail dans les plus importantes plazas. Depuis quelques saisons, l'élevage est régulièrement programmé lors de corridas équestres. Le lot combattu le 13 octobre 2001 à Madrid dans le cadre de la féria d'Automne permit le triomphe des rejoneadores João Moura et *Andy Cartagena*. C.C.

PUERTA DIÁNEZ Diego. Diego Puerta Diánez est né dans la quartier de San Bernardo à Séville, le 28 mai 1941. Il revêt son premier costume de lumières le 16 septembre 1955 à Aracena, avec *Reañito* et Jarillo, puis fait sa présentation à Vista Alegre le 7 octobre 1956 avec Antonio Rúa et Antonio Matesanz, face à des novillos de Bernaldo de Quirós. Le 29 mai 1958, il foule le sable de Las Ventas avec Emilio Redondo et *Miguelín*, face à des toros de Sánchez Fabrés. En début de carrière, les blessures se succédèrent, mais le courage ne faiblit pas. À vingt ans, avec huit coups de corne dont l'un l'atteignit au foie, il continua avec la même passion, comme si les toros ne l'avaient jamais puni. Ce fut cet héroïsme qui lui permit de compenser une science défaillante et d'acquérir du métier. Ses adversaires, en le poignardant, lui apprirent à toréer.

Comme autrefois le père de Pepe Luis Vázquez, celui de Diego Puerta était employé à l'abattoir de Séville. Tous deux en facilitèrent l'accès à leur fils. Mais où Pepe Luis Vázquez devait exhiber presque aussitôt l'art le plus délicat et une précoce maturité, Diego Puerta n'acquit que les tout premiers rudiments du toreo. Après qu'un fauve lui eut labouré le visage d'une large cicatrice, les magiques improvisations de Pepe Luis ne naîtront plus qu'avec une extrême parcimonie. « Si un torero se fait ou se défait sur le lit des cliniques », on ne s'étonna pas moins que chaque accident insufflât à Diego Puerta une ardeur renouvelée. Ses nombreuses semaines d'hôpital révélèrent un bagarreur disposé à livrer toutes les batailles. Il retournait dans l'arène plus résolu à s'imposer que jamais.

La plupart de ses blessures lui vinrent de ce qu'il s'embrouillait souvent, remuait à l'excès dans son travail décousu et occupait trop de terrain en quête du meilleur emplacement, sans prise de conscience immédiate pour découvrir le sitio. Sa difficulté à maîtriser ses adversaires à la muleta, malgré son enthousiasme juvénile, amenait la critique à ne le considérer que comme une *carne de toro* (chair à toro) de plus. Il fabriquait avec vaillance ses dentelles sévillanes et étalait son « flamenquisme » dont le charme ne constitue pas un terrain sûr. En quatre ou cinq ans, il corrigea la plupart de ses défauts et sa connaissance des toros se développa au point d'affermir son style.

Il reçoit l'alternative à Séville le 29 septembre 1958, avec comme parrain Luis Miguel *Dominguín*, et pour témoin Gregorio Sánchez, le toro étant issu de la ganaderia d'Arellano. Sa confirmation a lieu à Madrid le 20 mai 1960 : le parrain, Manolo González, lui cède un toro de Bernabé Fernández, en présence d'Antonio Borrero *Chamaco*, témoin de la cérémonie.

Si les bêtes lui infligeaient toujours de sévères punitions, c'est parce qu'il s'exposait plus que quiconque et n'hésitait pas à prendre des risques avec des fauves qui lui résistaient, pour les amener à se livrer. Il défiait ceux dont il distinguait très bien qu'ils pouvaient l'accrocher, et les maniait coûte que coûte. Plutôt râblé, petit de taille, il donnait l'impression de toréer avec des bras trop courts, sans l'avantage de cette ampleur naturelle qui rend plus aisées la conduite de l'adversaire et la liaison des passes, mais son petit bras s'allongeait davantage de course en course. Il palliait ses déficiences techniques par ses surprenants réflexes, ses pimpantes parades et ses ripostes primesautières.

Ce 1er mai 1960, il voulut posséder Séville et, pour atteindre son but, il se convainquit qu'il n'y a pas de mauvais toros, mais seulement des hommes sans reins. Ainsi livra-t-il bataille à un Miura assassin, qui cherchait à prendre des deux côtés et ne perdait pas un crochet. Enlevé à bout de corne, secoué, projeté en l'air, lorsqu'il retombait de la pointe il retournait au combat et ne titubait pas pour exploiter l'émotion. Avec son courage d'halluciné, ses doubles reins, il réussissait à entraîner son adversaire sur deux passes liées sans bouger, à le happer dans la troisième avec la même résolution et à tenter de l'écarter de son corps impavide, tandis que le Miura se retournait contre lui à mi-parcours et le faisait voltiger. Les forces ne lui avaient manqué qu'après s'être lancé de tout son poids derrière l'épée. Seul le dénouement l'autorisait à se retrouver moulu. Jusqu'à la fin, il ignora combien il était rompu, trop occupé à vaincre.

Il possédait en abondance force, santé et l'assurance d'un sort insolent, et bien que les toros l'eussent durement châtié, aucun n'arrivait à le sonner une bonne fois. Puerta lançait une course. Et si les deux autres toreros avaient l'intention de le suivre et de ne pas le laisser couper seul les oreilles et accaparer le succès, on assistait grâce à sa présence à un bon après-midi.

Jamais la corrida ne fut à mes yeux plus intimement union et combat que le 16 août 1963, à Saint-Sébastien, le toro enrobé dans l'étoffe du Sévillan qui le leurrait au moyen de gestes menus et délicats, Diego Puerta enrobé dans le toro qui tournoyait autour de lui, et toujours ce ressac de vague, ce flux et reflux du fauve d'Atanasio Fernández au pied de la falaise de l'homme incliné vers ses remous sans fin.

Ce soir de mai 1964 à Séville, on l'acclamait encore quand le dernier toro de la corrida entra en piste. Vingt minutes plus tard, *el Cordobés* avait tout effacé, au point que cela semblait irréel, comme vécu en rêve. « Secoue-toi. Débarrasse-toi de cette torpeur. » La foule voulait *el Cordobés*, elle s'empara de lui et l'emporta au fond du couloir sombre de la Porte du Prince, par où sortent les toreros vainqueurs. Ce contact physique, direct avec une masse en délire était refusé à Puerta, malgré qu'il ait surmonté le handicap de bêtes retranchées, sur la défensive, et gagné la bataille. Personne ne le vit quitter l'arène dans un isolement total au milieu de l'apothéose de l'autre.

Trois jours après, il s'était ressaisi et triomphait avec sa gaieté devant le péril, son piment, son sel. La passion lui faisait bouillir le sang et ça ne se perdait pas avec le temps. Il marchait encore mieux après qu'un toro l'avait mouché.

Dans les années 1960, un autre Sévillan du même âge, né comme Diego Puerta en 1941 et aux côtés duquel il avait livré son premier combat, encore enfant, dans une course économique de village, fit son apparition. Fils d'un obscur banderillero qui n'avait essuyé que des déboires dans la profession, Paco Camino fut le torero le plus doué et perspicace, mais aussi le plus inconstant, toujours apte à fournir un bel ouvrage lucide, prompt et vainqueur avec un fauve coriace s'il parvenait à surmonter son apathie. Mais où le petit bras de Puerta devenait grand jusqu'à lui permettre enfin de l'avoir long, Camino, qui vivait sur sa réputation de personnalité hors série, baissait trop souvent les siens. Certains après-midi, quand Puerta n'emballait pas trop le moteur, pareil courage se montrait contagieux et pouvait vous enflammer. Un bon stimulant à condition qu'il ne vous poussât pas à quelque folie et qu'une crise ne s'emparât pas du petit torero à l'improviste avec risque accru de se faire encorner pour ne pas demeurer en reste.

Il se retire des ruedos le 12 octobre 1974 dans la Maestranza de Séville, lors d'une corrida en mano a mano avec Paco Camino, devant des toros de la ganaderia d'Urquijo. J.M.M.

PUERTO Víctor.
Voir SÁNCHEZ CERDA Víctor.

PUNDONOR. Courage que montre un matador face aux difficultés qu'il affronte sans reculer. C'est un geste important, d'honneur, qui rappelle l'attitude chevaleresque. On dit d'un torero qu'il a eu le pundonor d'accepter une corrida difficile et qu'il n'était pas obligé de toréer.

PUNTA (*pointe*). Familièrement, on dit qu'un toro est sorti en puntas quand ses cornes sont particulièrement acérées et n'ont pas été touchées. Le terme possède également le sens familier de « un soupçon » : d'un petit éleveur on dira qu'il possède « una punta de ganado », une pointe de bétail. P.M.

PUNTA MENA Antonio Manuel. Antonio Manuel Punta Mena, dont Juan, le père, fut novillero, est né à Gerena, province de Séville, le 22 février 1970. Il commence en becerrada le 21 août 1983 à Pozoblanco et avec picadors le 14 novembre 1987 à Utrera, devant des novillos de doña María Luisa Domínguez Pérez de Vargas, avec Manolo Corano et Jesús Zárate. Il fait sa présentation à Madrid le 25 septembre 1988 face à des novillos d'Oliveiras Irmãos, avec Juan Cuéllar et Eduardo Oliveira comme compagnons. Après avoir toréé 73 novilladas, il prend l'alternative des mains de Paco Ojeda avec *Espartaco* comme témoin, le 17 avril 1991 à Séville, face à *Atrevido*, toro de Torrestrella. Il se présente en France à Nîmes devant *Oriental*, toro de Marqués de

Domecq, alternant avec Luis Francisco Esplá et Víctor Mendes. Il confirme à Madrid le 12 juillet 1992 devant *Espejito*, toro de la ganaderia d'Antonio Pérez de San Fernando, ayant Julio Norte pour parrain et Miguel Rodríguez pour témoin. R.B.

PUNTAZO. Coup de corne porté avec la pointe et de pénétration plus ou moins importante.

PUNTAZO CORRIDO. Longue estafilade (ou plutôt sillon) mais peu pénétrante.

PUNTERO novillero. Jeune matador qui fait montre de très nombreuses qualités augurant bien de son avenir.

PUNTILLA ou CACHETE. Poignard puissant avec lequel le puntillero frappe le bulbe rachidien pour donner le coup de grâce au toro lorsqu'il est tombé au sol. Ce coup doit être porté avec rapidité et précision. Mais il arrive que le puntillero manque son but, ce qui déchaîne l'ire du public, et, si le toro se relève, oblige ainsi le matador à utiliser le descabello. R.B.

PUNTILLERO ou CACHETERO. Torero qui est chargé de donner le coup de grâce au toro avec la puntilla. Mais son rôle ne se borne pas à cette seule tâche. C'est lui qui se place au troisième burladero pour l'accueil du toro, le premier banderillero étant au burladero des matadors, le deuxième dans le burladero situé juste en face. Lors du premier tercio, il va se placer auprès du picador de réserve pour le protéger ; lors du deuxième tercio, il plante la deuxième paire de banderilles à chacun des toros de son maestro. Il sort aussi en piste en protection du banderillero du maestro précédent, pour couper la trajectoire du toro en cas de poursuite dangereuse. Enfin, il coupe les trophées et les remet à l'alguazil. Il est présent lors de la lidia de quatre toros et son rôle est ainsi plus important qu'on ne l'imagine souvent. Un seul puntillero français a jusqu'à ce jour fait carrière dans une cuadrilla espagnole : Jean-Marie Bourret, puntillero d'Enrique Ponce depuis 1990. R.B.

PUYA. Synonyme de pique.

PUYAZO. Coup porté avec la pique, généralement dans le sens de pique forte.

QUEDADO (de *quedarse*, rester). Toro économe de ses charges, exténué, rendu à l'extrême limite de ses possibilités et qui n'arrive plus à répondre aux sollicitations du torero.

QUERENCIA. Territoire privilégié spontanément choisi par un toro dans la piste et dans lequel il a tendance à se réfugier s'il est manso ou particulièrement avisé, donc dangereux. Généralement, le toro se souvient de ce qu'il a vécu depuis son entrée en piste et le point vers lequel il se réfugiera en priorité sera près de la porte du toril d'où il est sorti. Il se placera à proximité des barricades pour pouvoir s'y appuyer et ne pas être surpris par-derrière. Le torero devra donc, s'il veut s'imposer, le sortir de ce territoire rapidement et l'amener le plus loin possible. S'il ne peut y arriver, il devra se résoudre à entrer dans ce terrain où l'animal est maître.

Certaines querencias sont conjoncturelles : humidité du sable, zone d'ombre, odeur du sang d'un toro précédemment lidié, endroit où il a sauté la barricade avec succès pour essayer de s'enfuir. Pour limiter au maximum les querencias possibles, les arènes sont rondes ou, dans quelques cas historiques, ovales. Il en existe toutefois, dans des villages, de formes irrégulières qui présentent des coins dans lesquels les toros peuvent prendre querencia.

Les toros braves et nobles ne prennent pas querencia et acceptent le combat dans tous les endroits de la piste. Voir le chapitre « La lidia », ci-dessus, p. 178. R.B.

QUEUE.
Voir RABO.

QUIEBRO DE MULETA. Action de torero qui ramène la muleta vers sa droite lors de l'estocade, afin de dévier le coup de corne.

QUIETO. Calme, tranquille, serein.

QUILLA de. Étriers spéciaux aux picadors. Ils sont sans arêtes qui puissent blesser le toro.

QUINQUEÑO.
Voir CINQUEÑO.

QUINTA La
Origine : Conde de Santa Coloma-Joaquín Buendía Peña
Devise : rouge et jaune
Ancienneté à Madrid : 18 avril 1881
Propriétés : « Fuen La Higuera », Hornachuelos (Cordoue), « Fuente Merino », Lora del Río (Séville), « El Molino », Constantina (Séville) et « El Turuñuelo-Majadas Altas », Peñaflor (Séville)

Carlos Conradi achète en 1884 la majorité de l'élevage d'Ángel González Nandín, formé à la fin du XVIIIe siècle par le marquis de Casa Ulloa. Vingt ans plus tard, Conradi ajoute au troupeau un étalon d'Eduardo Ibarra et laisse l'élevage entre les mains de Juan Bautista Conradi. Ce dernier disparaît et l'élevage est dès lors dirigé par ses fils. Ceux-ci se partagent le troupeau en 1952 et vendent l'une des parts trois ans plus tard à Rafael Espinosa de los Monteros. Carmen Rodríguez y Villadiego rachète l'élevage en 1981 avant de le vendre six ans plus tard à la famille Soto de Luis. Álvaro Martínez Conradi récupère les droits du fer de l'élevage en 1992, conservant le dessin, l'ancienneté et la devise. Il transfère alors tout le troupeau de l'élevage de La Quinta, qui avait été formé avec des vaches et des étalons de Joaquín Buendía.

L'élevage de La Quinta est aujourd'hui l'une des meilleures références ganaderas en matière de novilladas. Les gris novillos santacolomeños passionnent les aficionados depuis de longues années, servis par une caste très affirmée, une bravoure consolidée et une noblesse toujours empreinte de transmission. Rares sont les combats ennuyeux avec les novillos de la Quinta même si parfois les apprentis toreros éprouvent quelques difficultés à conduire leurs charges vigoureuses. Très appréciés dans les grandes arènes, les novillos de La Quinta manquent rarement les grands rendez-vous. Régulièrement programmés à Arles et surtout Nîmes, les novillos porteurs de la devise rouge et jaune foulent quasiment chaque année le sable des arènes de Valence, Cordoue, Madrid et Séville. En 1999, *el Cid* coupa une oreille importante à Madrid face à un de ces novillos, de même *Rafael de Julia* l'année suivante à Nîmes. La saison 2000 fut notamment marquée par un lot très sérieux combattu à Madrid et qui envoya successivement à l'infirmerie les novilleros Fernando Robleño et Antonio Barea. Martín Antequera resta seul en piste pour estoquer les quatre autres novillos et éprouva bien des difficultés pour dominer véritablement ses adversaires. Triompher face au bétail de La Quinta n'est pas chose aisée et demande aux novilleros une certaine expérience en piste. Martín Antequera parvint tout de même à couper une oreille face au sixième novillo de l'après-midi ; trophée récompensant plus sa performance d'ensemble que sa faena en elle-même. L'année suivante, c'est l'excellent torero de Salamanque, Javier Valverde, aujourd'hui matador, qui parvint à couper chaque fois une oreille à Madrid, sortant en triomphe durant la féria de San Isidro. Autoritaire avec la muleta et ferme dans chacune de ses attitudes, Valverde imprima ce jour-là les lidias adéquates pour venir à bout de ces coriaces mais bons novillos. Abraham Barragán, à Saint-Sébastien, et Óscar Sanz, à Valence, s'étaient également illustrés en début de saison, en coupant une oreille.

D'autres novilleros, plus verts, ont pourtant échoué face aux pupilles de La Quinta : ce fut notamment le cas du Portugais Nuno Velasques, qui écouta trois avis lors de la féria d'Arnedo (La Rioja) et vit son novillo réintégrer le toril vivant. Face à tant de caste peu d'empresas (et de toreros) s'aventurent à programmer du bétail de La Quinta pour des corridas de toros adultes : les rares toros de quatre ans combattus le sont dans de petits villages où des matadors de modeste condition viennent estoquer des exemplaires que l'éleveur n'a pu vendre lors des novilladas de la saison précédente. Un comble lorsqu'on sait qu'en Espagne les éleveurs élèvent leur bétail pour les corridas de toros adultes (quatre ans) : le desecho – toros mal notés ou mal présentés, sur lesquels l'éleveur n'a aucune confiance – sont écoulés pour les apprentis toreros au cours des novilladas. La Quinta est à l'opposé de ce système : il s'agit du premier élevage qui s'attache à offrir les meilleurs produits pour les novilladas. C.C.

QUINTO. Le cinquième toro de la course, celui qui paraissait être le meilleur du lot et que l'on destinait à relancer l'intérêt de la course. Il a donné lieu à un aphorisme : « *No hay quinto malo* » (« il n'y a pas de mauvais cinquième toro dans une corrida »), une affirmation souvent démentie dans les faits mais qui avait quelque valeur au XIXe siècle. En effet, quand le sorteo n'existait pas, c'était le ganadero, ou son représentant, qui fixait l'ordre de sortie des toros, le premier espada ayant le droit, s'il le souhaitait, d'estoquer tous les toros ou d'en céder la mort au deuxième espada (*media espada*) et même, ce qui était plus rare, au troisième matador.

Pedro Ferrer, de Pina de Ebro, à la fin du XVIIIe siècle, possédait un élevage de toros navarrais dont il vendait les produits aux municipalités des environs. Il acquit ainsi une bonne réputation et, après avoir amélioré son troupeau en achetant un semental de Gaviria, race Jijona, la demande se fit plus importante pour ces toros à la devise rouge et jaune. Lors d'une corrida à Saragosse, don Pedro Ferrer décida que son meilleur toro sortirait le cinquième. Cette pratique s'avéra positive et fut donc imitée par les ganaderos jusqu'en 1898, lorsque fut instauré le sorteo car les matadors, depuis quelques décennies, tuaient deux toros chacun et cela dans l'ordre d'ancienneté fixé par la date d'alternative. Comme les plus anciens et les plus célèbres se réservaient les toros qui leur paraissaient les meilleurs du lot, une fronde initiée par Mazzantini imposa que soient constitués des lots équilibrés et tirés au sort avant la course.

Mais l'application de ce principe désormais en vigueur tarda, car les ganaderos s'estimaient lésés et certains, tel le duc de Veragua, affirmaient leurs prérogatives : « les six toros seront lidiés dans l'ordre désigné par Son Excellence ou par une personne le représentant et déléguée à cet effet ».

Depuis, c'est donc un pur hasard si le cinquième toro sortant en piste se révèle le meilleur du lot. R.B.

QUITE. À l'origine, action d'écarter rapidement le toro d'un confrère en difficulté. Le quite était très souvent utilisé lors du tercio des piques car les chutes étaient nombreuses, le cheval n'étant pas protégé par le caparaçon. Un péon se trouvait à proximité de la tête du cheval, pour attirer l'attention du toro dès le fer placé, et le sortir au plus vite du cheval. Si le toro touchait et encornait le cheval, celui-ci, très souvent grièvement blessé, tombait ou était projeté. Il fallait alors se précipiter pour venir en aide au picador désarçonné (on appelait « picadors des tumbones » ceux qui tombaient). Le quite se devait d'être efficace et sans fioritures afin de préserver l'homme d'une blessure par corne. Il s'effectuait en projetant la cape vers le mufle du toro pour détourner son attention et l'amener en un endroit éloigné de la piste. On voit même certains s'accrocher à la queue de l'animal pour le ralentir et détourner son attention, faire des appels sans leurre (quite *a cuerpo limpio*) ou donner des coups de poing au toro, pendant qu'on prend en charge le blessé. De la même manière, on effectuera le quite à un banderillero, à un péon ou au matador lorsqu'ils sont accrochés, en difficultés ou blessés.

On appelle aussi quite, dans la corrida actuelle, le fait, pour le matador, après chaque pique, de sortir (ou faire sortir par son banderillero) le toro du caparaçon, l'amener assez loin du groupe équestre et lui donner une série de véroniques, de chicuelinas ou autres passes afin de tester son état physique. C'est le moment généralement choisi pour effectuer des passes fleuries qui montrent la dextérité du matador. Le premier quite est effectué par le matador qui combat le toro. Le deuxième, après la deuxième pique, par le matador suivant. Et le troisième, s'il y a eu trois piques, par le dernier. Mais les matadors actuels font en sorte qu'il y ait peu de rencontres afin que les quites soient réduits au maximum. En effet, toute passe de cape donnée pendant les quites est une passe de muleta en moins pour sa faena ; or le public demande des faenas longues, le matador doit donc préserver le capital-passes de son toro. R.B.

R

RABIBLANCO (syn. *coliblanco*). Toro à la queue blanche.

RABICANO. Toro dont la queue de couleur foncée est parsemée de poils blancs. Parfois, et d'une manière impropre, animal sans queue, généralement suite à un accident au campo.

RABO ou COLA (*queue du toro*). L'attribution du rabo est la prérogative du président de la course qui la signifie en sortant le mouchoir blanc ; elle n'a lieu que dans des circonstances exceptionnelles : grande bravoure de l'animal, noblesse, force, charge, participation sans faiblir dans tous les moments de la course.

À Madrid, la queue fut octroyée seulement trois fois : d'abord le 20 avril 1930 au Mexicain Heriberto García Espejel, qui la reçut à l'infirmerie car il avait été grièvement blessé au moment d'une estocade a recibir portée à un toro de Bernaldo de Quiros. Ensuite le 26 septembre 1935 à Curro Caro qui avait affronté un toro de Sotomayor. Enfin, le 22 mai 1972, à *Palomo Linares*, qui combattit un toro d'Atanasio Fernández. R.B.

RAFRAÎCHIR LE SANG. 98 % des toros d'Espagne sont issus du même tronc commun, ce qui signifie qu'il n'y a pratiquement pas de possibilité de procéder à des croisements dans le sens biologique du terme.

En revanche, il y a lieu périodiquement de « rafraîchir le sang » car, outre certains inconvénients physiologiques (maladies, stérilité, handicaps physiques), une consanguinité menée trop longuement sur le même axe entraîne la diminution de la bravoure. Si le ganadero n'intervient pas à temps, la mansedumbre s'installe dans l'élevage. P.M.

RAJÓN (de *rajar*, rayer, fissurer). Estafilade sur le dos du toro suite à une pique manquée. On trouve également employé le synonyme *rasgón*.

RAMBLAS Las
Origine : Urquijo-El Torero
Devise : vert et blanc
Ancienneté à Madrid : 24 septembre 1995
Propriétés : « Las Ramblas », Elche de la Sierra (Albacete) et « Las Iniestas », Albacete

Les frères Esteban et Auxilio Tabernero Rodríguez sont à l'origine de la fondation de cet élevage en 1950. Ils mettent plus de trois ans avant d'intégrer le groupe professionnel des éleveurs, annonçant leurs produits sous le nom d'« Esteban y Auxilio de Iruelo » sur les cartels. L'élevage aspirant présente des novilladas à Alicante, Madrid, Valence, Palmas et Vista Alegre (Madrid). Après avoir présenté une corrida intégrale dans les arènes madrilènes de

Vista Alegre (plaza de Carabanchel), l'élevage intègre le groupe professionnel. Le troupeau est vendu en 1964 à Manuel Benítez Pérez. Le nouveau propriétaire complète le cheptel deux ans plus tard avec un lot de vaches de Carlos Urquijo, éliminant les origines antérieures et modifiant le fer. Fin 1986, l'élevage est racheté par José María Soberino et ses fils, qui changent à leur tour le fer et la devise. Ces derniers vendent le troupeau en 1990 à son actuel propriétaire, Daniel Martínez, qui modifie à nouveau le fer. Par la suite, Daniel Martínez reforme l'élevage avec des vaches et des étalons de Salvador Domecq, propriétaire de l'élevage Toros de El Torero.

Las Ramblas fait partie des élevages de « milieu de tableau », offrant des garanties de succès quant à ses origines malgré des résultats en dents de scie. Les vedettes de la tauromachie affrontent fréquemment les toros porteurs de la devise vert et blanc dans de grandes arènes espagnoles, en triomphant régulièrement. Assez apprécié des toreros vétérans, ce fer a été l'un des préférés de José María Manzanares lors de ses dernières apparitions en habit de lumières mais aussi d'Antonio Chenel *Antoñete*. C.C.

RAMÍREZ SORRIBES Alberto. Après 61 novilladas piquées, Alberto Ramírez, né à Castellón le 22 janvier 1973, reçoit l'alternative dans sa ville natale le 7 mars 1999 avec pour parrain José María *Manzanares* et comme témoin Enrique Ponce, devant *Reguero*, toro de la ganaderia de José Luis Marca. Il confirme à Madrid le 27 mai 2001 face à *Choricero*, toro de la ganaderia d'Araúz de Robles, avec David Luguillano pour parrain et *Juan Bautista* pour témoin. Il se présente en Amérique à Sombrerete, au Mexique, le 2 février 2002, alternant avec Manolo Meijia et Federico Pizarro, face à un lot de la ganaderia de La Playa. Sa confirmation à Mexico a lieu le 24 février 2002, face à *Palomero*, toro de la ganaderia de Xajay que lui cède Federico Pizarro son parrain, en présence de Fernando Ochoa son témoin. R.B.

RAMOS Andrés (Herederos de Andrés Ramos Plaza)

Origine : Juan Pedro Domecq Solís
Devise : noir et sable
Ancienneté à Madrid : 5 juin 1955
Propriété : « Sageras de Malvarín », Fuenteguinaldo (Salamanque)

Les frères Ramos Matías fondent cet élevage en 1926 avec du bétail de Raso del Portillo, Fuentes et Albarrán. Le troupeau s'enrichit en 1949 de têtes de bétail d'Hidalgo et Martín. L'année suivante sont insérés des produits marqués du fer de Galache, d'origine Urcola. Les origines fondatrices de l'élevage sont alors progressivement éliminées et le fer est modifié. En 1978, l'élevage est mis au nom d'Andrés Ramos Plaza qui ajoute au cheptel des vaches et des étalons de Matías Bernardos, d'origine María Antonia Fonseca et Juan Pedro Domecq. Ce dernier apport remplace dès lors les précédentes origines. Andrés Ramos disparaît en 1997 et l'élevage est mis au nom de ses héritiers.

Le sang bravo des toros d'Andrés Ramos passionne bon nombre de toreros en Espagne. Assez discret en France, l'élevage avait effectué une timide sortie à Mauguio au printemps 1995 lors d'une novillada toréée par Gil Belmonte, crédité d'une oreille, *el Cid* et Alejandro Castro. Quasiment absent des arènes espagnoles de première catégorie, le fer d'Andrés Ramos s'impose dans les deux rangs suivants. Les vedettes du toreo et les modestes les toréent sans retenue, dopés par le nombre astronomique d'oreilles et de queues coupées face à cet élevage. En 1999, deux grands maestros, Enrique Ponce à La Corogne, et Manuel Caballero, à San Martín de Valdeiglesias (Madrid), dictèrent de grandes leçons de toreo face aux toros marqués du « R ». L'année suivante, *el Juli* remporta également un grand triomphe à Bayonne avec un de ces toros, ou encore David Luguillano à Navas de la Asunción (Ségovie). La

France put juger en 2001 de la qualité du bétail d'Andrés Ramos lors de la corrida organisée dans les arènes de Châteaurenard : spectaculaires avec les banderilles, *el Fandi* (une oreille) et Antonio Ferrera (deux oreilles et la queue) avaient passé de bons moments muleta en main, portés par l'enthousiasme populaire. Les toros d'Andrés Ramos, assez malléables de charge, supportent tous les styles de tauromachie, comme en témoigne le succès que remporta Vicente Barrera à Tafalla (Navarre) en 2001 face à ce bétail. C.C.

RAMOS Juan.
Voir BUENO RAMOS Juan Lorenzo.

RAMOS ABAJO José Ignacio. Né le 27 juillet 1970 à Burgos, José Ignacio Ramos Abajo a participé à sa première novillada piquée le 8 septembre 1990 à Lerma, en compagnie de Francisco José Plaza et de Paco Senda devant des novillos de Santos Serranillo. Sans s'être présenté à Madrid en tant que novillero, il prend l'alternative le 15 mai 1993 à Vitoria devant *Jaranero*, toro de la ganaderia d'Antonio Pérez. Il a pour parrain José Antonio *Campuzano* et pour témoin Rui Bento Vasques. Le 21 novembre 1993, il se présente en Amérique à Río Bamba, Équateur, devant des toros d'El Pinar, en compagnie de Francisco Reyes et de Fernando José Plaza. Il coupe une oreille à chacun de ses adversaires. Ce n'est que le 10 mai 1997 qu'il franchit les Pyrénées et fait sa présentation à Alès devant un toro de Tomás Frías, les autres toreros étant Pedro Carra, *el Molinero*, Ricardo Ortiz, Gilles Raoux et Rafael González. Lors de sa confirmation à Madrid le 3 août 1997, reçue des mains de *Frascuelo* avec comme témoin *Rafi* Camino, devant *Charlatán*, toro de Pérez Angoso, il coupe une oreille à son second adversaire. Le 12 avril 1998, il coupe en force une oreille à un Miura dans la plaza d'Arles. Remplaçant de Rincón lors de la féria de Burgos, il confirme son talent en coupant quatre oreilles, ce qui lui ouvre les portes des grandes férias espagnoles. Lidiador au courage lucide, très engagé à la cape, il est un banderillero remarquable, un muletero de qualité et s'engage totalement avec l'épée. Habitué aux ganaderias les plus difficiles, il affronte avec sérénité les toros de respect. R.B.

RASGÓN.
Voir RAJÓN.

RASPIPARDO. Synonyme de mulato, de robe mulâtre.

RASTREAR. Déplacer le toro avec la cape, en se plaçant devant et en reculant, en lui maintenant le mufle au sol pour le changer de terrain ou le calmer. L'inconvénient est que l'animal peut planter ses cornes dans le sable et effectuer une *vuelta de campaña*, culbute sur les reins, qui le laisse sans force et peut même totalement l'ankyloser. R.B.

RAYAS. Raies tracées à la chaux ou à la brique pilée sur le sol de la piste et formant deux cercles concentriques. La première à sept mètres de la barricade, la seconde à neuf mètres. Lors du tercio de piques, le picador se place entre la barricade et la première ligne, le toro est placé au-delà de la seconde. Cette prescription a pour but d'éviter que le toro se trouve trop près du groupe équestre et ne puisse prendre son élan correctement ; le picador a ainsi suffisamment de place pour ne pas être serré contre la barricade, ce qui souvent, et contrairement à une croyance répandue, provoque la chute du cheval. R.B.

RAZA (*race*). Animaux présentant en commun un certain nombre de caractères.

REBARBO. Toro de teinte foncée, plus claire au niveau de la tête et plus encore à celui du museau.

REBRINCAR (*sauter*). Charge totalement désordonnée d'un toro alternant bonds, sauts et écarts.

RECARGAR (*recharger*). Action du toro qui, spontanément, revient au contact sans qu'on soit obligé de l'y inciter. C'est certainement une preuve de grande bravoure, mais peut-être un inconvénient lors du tercio des piques, le toro ne voulant pas sortir malgré les appels des banderilleros, et constitue souvent la cause de son état d'épuisement après le tercio. Plus généralement, un toro qui recharge seul peut mettre en difficulté le torero qui n'a pas la possibilité de maîtriser la situation. R.B.

RECATERO Y LÓPEZ Victoriano, *Regaterín*. Matador de toros né à Madrid le 7 février 1851, il commence très jeune une carrière tauromachique en particulier dans des capeas. Dans les années 1871 et 1872, on le voit très souvent dans des novilladas et même dans certaines corridas madrilènes, où son alegría et ses manières brillantes de banderillero font merveille. Avec Fernando Gómez Gallo, il estoque à Madrid le 29 juin 1873 quatre toros : deux de Pedro Varela et deux de Francisco Bernar. En 1885, il intègre la cuadrilla de *Frascuelo* et cette période est la plus fructueuse de sa carrière. Il intègre ensuite la cuadrilla de Mazzantini et obtient de grands succès comme banderillero. Il se rend au Mexique avec Mazzantini en 1887-1888, et à Montevideo en 1889 où il enthousiasme les aficionados par ses manières brillantes. Le 14 mars 1891, il meurt à Madrid. R.B.

RECELOSO (de *celar*, dissimuler). Toro méfiant, tardant à charger, le faisant au petit pas et semblant surveiller le torero.

RECIBIR. Manière de tuer les toros en attendant de pied ferme la charge pour placer l'épée au passage, en détournant la corne avec la muleta de la main gauche. Le recibir nécessite beaucoup de sang-froid et de précision, car l'animal étant en mouvement, le placement de l'épée est plus délicat, contrairement au volapié dans lequel c'est l'homme qui se déplace.

Pour donner l'estocade a recibir, quand le toro est cadré, le matador se place devant lui à une distance variable selon l'état du toro et les habitudes du matador — soit entre quatre et cinq mètres —, il se prépare, bras droit replié, coude horizontal, épée dans la main droite et dans la direction du garrot, le torero visant le point précis de rencontre, la muleta tenue basse. Le torero cite de la voix et du toque. Quand le toro s'élance, il allonge le bras afin que le toro, dans son élan, enfonce l'épée à la rencontre pendant que, simultanément, il écarte vers l'extérieur le toro avec la muleta, en croisant avec le bras gauche qui torée et donne la sortie.

Le recibir ne peut être tenté qu'avec des toros francs, ayant conservé suffisamment de charge, partant au cite du matador, venant droit sur le leurre en suivant les indications données. Car l'homme ne peut bouger avant que la pointe de l'épée ait commencé à pénétrer. Cette manière de tuer, complexe et d'une grande beauté, exige beaucoup de maîtrise et de coordination, mais n'est pas souvent efficace, car, le toro chargeant, il est difficile de placer la lame selon les règles. Il est donc beaucoup plus difficile de réussir une estocade a recibir qu'une estocade a volapié. R.B.

RECITALES Los
Origine : José Luis Osborne-Marqués de Domecq
Devise : vert, blanc et bleu marine
Ancienneté à Madrid : 5 octobre 1986
Propriété : « Dehesa de los Recitales », Constantina (Séville)

C'est en 1937 que s'effectue la division de l'élevage de Pedro Domecq Villavicencio (anciennement Veragua). Álvaro Domecq y Díez récupère l'un des lots partagés et le vend huit ans plus tard à son frère, Salvador Domecq. En 1951, José Manuel Domecq Rivero rachète ce troupeau avant de le céder en 1970 à Francisco Javier Osborne Domecq. Ce dernier remplace les étalons en place par d'autres reproducteurs de l'élevage de

José Luis Osborne Vázquez. L'ensemble du troupeau est racheté en 1994 par Salvador Martín Losada au nom de la société Dehesa Los Recitales.

Les toros importants :

• *Lorito*, n° 54, combattu par *Paquirri* à Burgos en 1968, trophée de la mairie de Burgos du meilleur toro.

• *Padecido*, n° 80, combattu par *el Viti* à Jerez de la Frontera (Cadix), en 1979, trophée du meilleur toro.

• *Pagador*, n° 18, combattu par *Espartaco* à San Fernando (Cadix), en 1983, honoré d'un tour de piste posthume et du trophée du meilleur toro.

• *Fugitivo*, n° 103, combattu par José Ortega Cano à Burgos en 1996, trophée du meilleur toro.

Fournissant un nombre respectable de toros par an, l'élevage de Los Recitales a réussi à se maintenir dans les cycles taurins importants. Assez prisés par les toreros andalous, les toros marqués du « V » apparaissent dans les principales férias du sud de l'Espagne. À l'opposé, il est fréquent de voir ce même élevage fournir des produits lors des corridas de l'été, à Madrid, pour des toreros bien plus modestes et au caractère résolument belluaire. Entre le toro de respect et le collaborateur des grandes faenas oscille donc le toro de Los Recitales. En outre, l'élevage fournit également un nombre respectable de novilladas. C.C.

RECOGER EL TORO. En terminant une passe, le matador ramène le toro et le replace sans violence, avec douceur, pour effectuer la passe suivante en enchaîné. En début de lidia, il retient un toro fuyard par des passes basses et données par-devant, en reculant (voir ABANICANDO). À la muleta, si le toro a tendance à échapper, le matador attire son attention en lui donne des passes basses aidées. R.B.

RECONNAISSANCE DES TOROS (*reconocimiento*). À leur arrivée aux corrals, les toros sont vus par les vétérinaires et les représentants de l'Autorité et des organisateurs qui examinent :

• *Le trapio* des animaux.

• *Le poids* qui doit réglementairement correspondre à la catégorie de l'arène concernée.

• *L'âge*, par les certificats et pièces d'origine.

• *Le bon état sanitaire* apparent : absence de signes visibles de maladie, de boiterie, de blessures, de pellagre, de comportement pathologique, etc.

• *Les cornes* qui doivent être intactes. Les cornes abîmées (astilladas, escobilladas, despitonadas, hormigones) peuvent être acceptées en novillada à condition qu'elles soient annoncées comme telles (toros defectuosos) sur les affiches et dans la presse. Dans les corridas de rejón, les cornes peuvent être retouchées à condition que la partie osseuse ne soit pas affectée.

• *L'absence de troubles de la vision.*

• *La concordance des marques* distinctives et des numéros relevés sur les bêtes avec ceux mentionnés sur les documents.

En l'absence d'éléments négatifs, le lot de toros sera déclaré apte à être combattu. Sinon un ou plusieurs exemplaires pourront être remplacés (voir SOBRERO).

Le matin de la course et avant le sorteo, les mêmes personnes (ainsi que le président de la course) examinent une dernière fois les animaux pour s'assurer que ceux-ci n'ont en rien perdu leur aptitude au combat. Si un problème se pose à propos d'un toro, le président de la course tentera d'y apporter une solution de concert avec l'éleveur (ou son représentant). Si une modification intervient dans la composition initiale du lot de toros, celle-ci est affichée : aux guichets de location et aux portes des arènes ; elle est répercutée par tout moyen médiatique disponible en dernière heure (radio et chaînes TV locales) ; enfin, elle est annoncée au micro. P.M.

RECORTE. Passe de cape ou de muleta donnée sèchement, en coupant brutalement la trajectoire du toro, l'obligeant ainsi à interrompre sa charge, à se retourner pour faire face, ce qui impose une torsion violente à la colonne vertébrale et risque, si le mouvement est trop fort, de laisser le toro handicapé, incapable de récupérer. Des recortes trop puissants peuvent entraîner des chutes mais aussi, le toro pivotant et portant tout son poids sur les pattes avant, des fractures du paturon antérieur. À la cape, la demie véronique donnée avec peu de toile et la chicuelina, la trinchera à la muleta, sont des recortes. R.B.

RECOURS. Capacité pour un torero de trouver les solutions adaptées à tous les types de problèmes qu'il peut rencontrer dans la lidia. Pour cela, il doit être bon technicien, avoir de l'expérience, un sens affiné de la lidia, une connaissance correcte des toros et de leurs comportements, du sang-froid, et savoir prendre rapidement les décisions convenables. R.B.

REDONDEL. Synonyme de piste.

REDONDO. Passe en rond donnée de la main droite, muleta basse, l'épée soutenant le leurre, appelée aussi derechazo (voir ce mot).

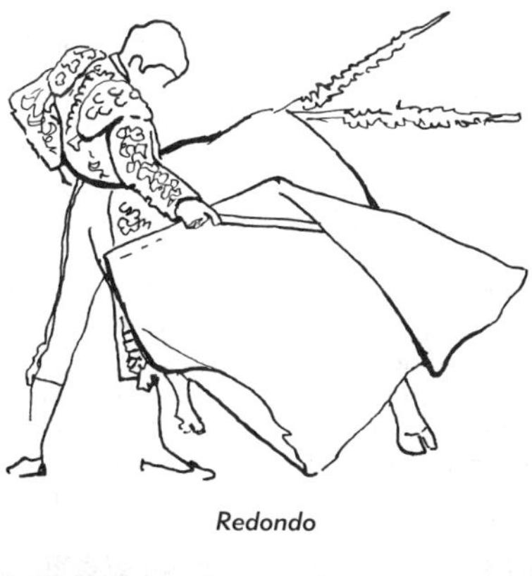

Redondo

REDONDO José, *el Chiclanero.* José Redondo, né le 13 mars 1818 dans le petit village de Chiclana de la Frontera, à quelque vingt kilomètres au sud de Cadix, est le fils d'un manœuvre agricole qui vivait avec sa famille dans un dénuement proche de la misère. Dans ce contexte où l'avenir était peu porteur d'espoir, devenir torero apparaissait comme un destin exceptionnel.

José Redondo, dans son jeune âge, bénéficia d'une instruction de base et il aspirait à quitter sa condition. Il court donc les courses de village et commence ce difficile et aléatoire apprentissage de la lidia, ce qui ne satisfait pas son père qui souhaiterait le voir œuvrer plus utilement. José a vingt ans quand Francisco Montes *Paquiro*, que tous admirent car il est comme eux natif de Chiclana et représente l'idéal auquel ils prétendent, le remarque dans une novillada de village et le convoque à sa loge pour le féliciter de sa prestation.

Engagé dans la cuadrilla de son maître comme banderillero, José commence donc une carrière exceptionnelle sous la direction de l'espada le plus réputé de son temps. Le jeune torero connaît alors une situation exceptionnelle car Montes, qui a décelé de très grandes qualités chez le garçon, lui prodigue conseil et amitié. De belle stature, naturellement élégant et très compétent, le jeune José est rapidement connu des aficionados et dans le mundillo. En deux ans, il passe de banderillero à deuxième épée et tue des toros en compagnie de Montes dans les plus grandes arènes. C'est une réussite hors normes et José, dont l'audience augmente rapidement, est toujours conseillé par Montes qui s'efforce d'améliorer sa technique et sa compréhension de la lidia et lui accorde une telle confiance, qu'il lui donne lui-même l'alternative le 26 août 1842 à Bilbao car il sait que son protégé est une future figura d'importance.

Les temporadas suivantes, *el Chiclanero* confirme les qualités décelées et s'affirme comme un torero de haut rang. Mais la tutelle de son mentor lui pèse. Il se rebelle contre celui qui l'a formé et qui l'a rendu déjà célèbre. Sûr de lui, orgueilleux, considérant les autres toreros avec dédain, il rompt définitivement avec Montes en 1844. Il remporte de nombreux succès qui font de lui une des figuras les plus marquantes de son temps. Les plus grandes plazas l'accueillent. Très maître de lui dans le deuxième tercio, il place les banderilles avec décision et précision, donnant le maximum de terrain au toro. Possédant un registre varié de passes de cape, il s'affirme davantage avec la muleta, procédant avec autorité et engagement, donnant des passes élégantes et dominatrices. S'il a moins de puissance que son maître, il séduit les publics par son attitude et sa présence. Avec l'épée, il réussit avec maestria des recibirs et des volapiés que l'on considère comme les plus purs et les plus honnêtes qui puissent se réaliser. En particulier dans l'estocade a recibir qu'il exécute lentement et avec une sincérité remarquable, attendant ses adversaires de pied ferme avec un sang-froid étonnant. C'est à ce moment qu'il est le plus satisfait et il montre un plaisir extrême à donner la mort aux toros.

Son caractère entier, son monstrueux orgueil, sa manière de considérer ses camarades de cartels dédaigneusement ou de leur adresser des critiques acerbes lui attirent beaucoup d'inimitiés.

De 1847 à 1851, il est au sommet de sa gloire. Apparaît alors *Cúchares* qui a d'infinies possibilités et donne des faenas plus attrayantes que les siennes. L'affrontement entre les deux matadors n'est pas feint. Cette opposition draine vers les arènes un public avide qui espère assister à des séquences riches en émotions.

Il connaît toujours beaucoup de succès dans les réceptions où on le convie, mais, trop jouisseur, trop enclin à mener une vie agitée, il ruine sa santé et contracte la tuberculose qui amoindrit rapidement ses possibilités. Dédaignant les atteintes de la maladie, *el Chiclanero* continue à fréquenter les tavernes et à mener grand train. À ce régime, il s'épuise et ne peut honorer tous les contrats, même somptueux, qu'on lui propose. Luttant avec entêtement il reste violemment opposé à *Cúchares*, son ennemi juré. Ils s'affrontent dans les ruedos lors de rencontres virulentes au cours desquelles ils ne se font aucun cadeau. Le mal empire pendant l'hiver 1852-1853. Amaigri et chancelant, il est obligé d'annuler des corridas. Lorsqu'il rencontre *Cúchares* dans une arène, il fait un effort exceptionnel pour paraître souriant et en forme. Mais il n'arrive pas toujours à masquer sa faiblesse et *Cúchares*, narquois mais paraissant attentionné, lui vient en aide quand il est en difficulté au cours de la lidia. Pour se remettre, il se retire tout l'hiver dans son village natal, et signe un engagement avec la plaza de Madrid.

Début mars, sans avoir recouvré la santé, il revient dans la capitale. Le 28 du même mois, la saison commence. Mais il est allongé dans sa chambre et entend les rumeurs de la ville. Cet après-midi-là, il doit toréer. L'heure approche. Le malade enrage car il lui est impossible de se lever pour se rendre à la Monumental. Épuisé, il repose la tête sur l'oreiller et reste ainsi de longues minutes, probablement endormi. Quand son aide lui apporte une tasse de bouillon chaud, il constate que José n'a pas bougé et qu'un léger filet de sang s'écoule de sa bouche. José Redondo *el Chiclanero* est mort, le jour même où il devait participer à la première corrida de la temporada madrilène. Ses funérailles eurent lieu le lendemain, en présence des plus hauts dignitaires du moment. Il avait trente-cinq ans. R.B.

RÉDUIRE. Soumettre un toro à sa volonté par les passes adaptées qui permettront de le dominer. On emploie surtout cette expression pour les toros difficiles ou dangereux avec lesquels le torero doit posséder du recours pour arriver à ses fins. R.B.

REFILÓN. Coup de pique sans pénétration parce que le toro n'a pas chargé correctement, ne s'est pas investi, est sorti immédiatement du contact. Mais ce peut être aussi parce que le choc a été si violent que le picador a été déséquilibré ou désarçonné ou qu'il a manqué sa cible. R.B.

REGATERÍN.
Voir RECATERO Y LÓPEZ Victoriano.

REGATÓN. Partie de la hampe de la pique située à l'extrémité opposée au fer. On appelle une rencontre *a regatón* quand, afin de bien mettre en valeur la bravoure d'un toro qui a déjà subi plusieurs rencontres, le picador tient la pique à l'envers. Cette manière d'agir est parfois utilisée en corrida-concours et très rarement en corrida normale. R.B.

REGISTRE DES NAISSANCES.
Voir LIVRE GÉNÉALOGIQUE.

RÈGLEMENT TAURIN. Ensemble de textes qui régissent l'organisation et le déroulement des différentes courses, becerradas, novilladas ou courses de toros.

Le règlement espagnol des spectacles tauromachiques, très précis, est édicté par le ministère de l'Intérieur : la loi du 4 avril 1991, complétée par le décret du 28 février 1992, prévoit dans le détail l'ensemble de l'organisation, tant au niveau matériel (par exemple dimensions minimum et maximum du ruedo ou hauteur des barricades), que pour le déroulement des diverses séquences.

En France, l'Union des villes taurines, lors de son assemblée générale à Orthez le 25 janvier 1998, a établi un règlement qui se fonde sur les textes espagnols et qui est applicable dans toutes les arènes françaises.

On trouvera dans les Annexes le règlement de l'UVTF dans son intégralité, charte officielle qui fait loi en France dans les arènes participant à cette organisation. R.B.

REGULAR. Qualifie un torero qui a correctement exécuté son contrat. Mais, généralement, on l'emploie comme euphémisme pour signifier que le torero n'a pas été brillant, c'est-à-dire que sa prestation était tout juste passable. R.B.

REHILETE. Synonyme de banderille.

REHILETERO. Banderillero.

REJÓN. Javelot en bois d'1,60 m de long se terminant par un fer de 15 cm à double tranchant, fixé à la hampe par une cheville avec encoche au milieu afin que les deux parties se séparent au moment de la pose ; un drapeau est alors libéré, qui sert de leurre pour le rejoneador, ou une lame d'épée s'il est utilisé pour la mise à mort dans les corridas équestres. R.B.

REJONEADOR. Torero qui effectue la lidia à cheval selon des techniques spécifiques dans les corridas équestres dites « portugaises ». Voir le chapitre « La lidia », ci-dessus, p. 234.

RELANCE al. Manière de poser les banderilles à deux et rapidement : lorsque le premier matador a placé sa paire, le second s'engage dans le sens contraire et cloue sans replacer l'animal. Les mouvements doivent être synchronisés et rapidement exécutés. À ne pas confondre avec la pose *al alimón* (voir cette expression). R.B.

REMATER. Donner une passe pour terminer une série et fixer le toro afin que le torero puisse se libérer avant d'entamer la série suivante. Les remates les plus employés sont la demie véronique et la revolera à la cape, le pecho ou le molinete avec la muleta.

On dit qu'un toro remate aux planches, lorsque, dans la période d'observation, attiré aux burladeros, il vient jusqu'à la barrière et n'hésite pas à frapper le bois. C'est un signe positif d'une attaque claire. Un toro qui ne remate pas risque fort de se révéler hésitant sinon fuyard. R.B.

REMBOURSEMENT. Quand une corrida n'a pas eu lieu ou qu'elle est renvoyée à une date ultérieure, les spectateurs peuvent demander le remboursement de leurs billets selon les conditions qui seront fixées dans les 48 heures.

Si la corrida a commencé et que le premier toro a été piqué, les places ne sont plus remboursées si elle est interrompue pour raison climatique ou de force majeure. Si un matador initialement prévu ne peut participer à la corrida (pour cause de blessure par exemple) et qu'il est remplacé, il faut que son remplaçant soit d'une catégorie identique ou immédiatement inférieure, sinon le spectateur peut demander le remboursement de son billet au plus tard avant le commencement de la course. Il en est de même si la moitié des animaux de l'élevage annoncé sont remplacés par d'autres provenant d'un ou plusieurs élevages.

Un avis doit obligatoirement être mentionné au dos du billet. Voir les Annexes, « Règlement taurin municipal », article 37. R.B.

REMOS (*extrémités, pattes*). Terme généralement utilisé sous la forme « flojo de remos », faible de pattes.

RENCO el.

Voir PÉREZ RUEDA Antonio.

REPARADO. Toro ayant un défaut de la vue consécutif à une blessure de l'œil occasionnée par une herbe coupante ou un fil de fer barbelé, phénomène assez courant au campo.

RES (*tête de bétail*). Terme utilisé par le journaliste pour éviter la répétition de « toro ».

RESABIOS (*mauvaises habitudes*). Somme de comportements négatifs qu'un toro peut révéler ou acquérir en cours de lidia.

RESEÑA. Compte rendu de la corrida, écrit ou parlé.

RÉSERVE. Afin que la corrida se déroule dans les meilleures conditions, le règlement prévoit, dans certains cas, le remplacement d'un toro défectueux avant ou pendant la course.

• *Le toro* : une corrida compte six toros d'une même ganaderia, exception faite des corridas-concours dont chaque toro est issu d'une ganaderia différente. Au cas où un toro du lot ne conviendrait pas à la commission ou s'il se révélait impropre à combattre — boiterie importante, faiblesse, armure très abîmée —, ce qui ne peut se voir qu'après sa sortie en piste, il est nécessaire de disposer d'un toro de remplacement (*sobrero*) qui peut être issu d'une ganaderia différente, choix d'ailleurs plus intéressant car bien souvent des toros sont remplacés pour trop grande faiblesse dès leur sortie en piste et un toro d'une ganaderia différente aura donc plus de chance de sortir avec un comportement différent. En revanche, si un toro se casse la corne en tapant contre les planches, il n'a pas à être remplacé (ce qui se fait pourtant afin de calmer la colère du public). Souvent aussi, un toro paraît boiter alors qu'il n'est qu'ankylosé. Un toro manso ne doit pas, non plus, être remplacé car sa lidia peut se révéler fort intéressante. Si le comportement du toro laisse supposer qu'il est déjà sorti en piste et a été, même brièvement, toréé — ce qui le rend extrêmement dangereux —, il doit être changé.

• *Le matador* : dans le cas d'un mano a mano, l'organisateur doit prévoir la participation d'un matador de remplacement : le *sobresaliente*. Si les deux matadors sont blessés, c'est le sobresaliente qui se charge des autres toros. Si, à son tour, il est blessé, la course est arrêtée. Si le matador est seul opposé à un lot de toros, il faut prévoir deux sobresalientes.

• *Le picador* : avant 1900, il y avait trois picadors en piste dès avant la sortie du toro, le troisième étant le picador de réserve au cas où les deux premiers seraient blessés. De nos jours, en cas de blessure de l'un d'eux, c'est son collègue de cuadrilla qui prend sa place. R.B.

RETIENTA (de *retentar*, réessayer). C'est une réédition de la tienta initiale pour revoir un animal qu'on souhaite mieux analyser avant de prendre une décision définitive à son sujet. À un âge plus avancé, l'éleveur est mieux renseigné sur le potentiel physique et moral de ses produits. Cette procédure était la règle il y a plus de cinquante ans. Ainsi, au printemps 1932, don Luis Fonseca (de Salamanque) fit retienter 34 vaches, 8 erales et un étalon nommé *Comisario* qui avait subit 12 rencontres. Il en subit 9 autres lors de la retienta avec bravoure et noblesse. Le record dans le genre semble appartenir à *Boquerón*, de Carmen de Federico, qui lors de sa retienta en 1921, serait revenu 21 fois au cheval ! Plus près de nous, *Paco Tolosa* pouvait encore écrire en 1950, comme étant la procédure normale à l'époque, « ... les vaches sont essayées à deux reprises en laissant entre chaque épreuve un intervalle de deux ou trois ans » (*Encyclopédie de la corrida*).

Malgré son indiscutable intérêt, la retienta est une pratique quasi tombée en désuétude car l'entretien de nombreuses vaches pendant deux ou trois ans supplémentaires alors que la grande majorité sera sacrifiée (jusqu'à 80 % dans les grands élevages) poserait des problèmes de place, de nourriture, de personnel et coûterait donc trop d'argent. Certes, on entend toujours parler de retientas dans les élevages, mais cela ne concerne qu'un nombre restreint d'animaux et cette retienta très ponctuelle a lieu généralement quelques semaines après la tienta initiale, ce qui n'a plus rien à voir avec les délais observés naguère. Pour justifier cet abandon, les éleveurs considèrent que, revue entre trois et cinq ans, une vache pourra faire illusion en masquant son manque de bravoure par des facultés physiques accrues avec l'âge. Qu'il y a donc intérêt à voir des vaches jeunes parce qu'elles sont plus naïves donc plus spontanées dans leur comportement. P.M.

RETINTO. Toro roux ou fauve avec des éléments divers (flanc, cou, pattes) de couleur nettement plus foncée.

RETIRADA. Synonyme de despedida, retraite du torero.

RÉUNION.

Voir JURISDICCIÓN.

REVERTE JIMÉNEZ Antonio. Antonio est né en Andalousie, à Alcalá del Río, le 28 avril 1870. D'abord destiné à l'agriculture il ne tarde pas à s'intéresser aux capeas de villages et à y paraître. Dès 1890, tout juste âgé de vingt ans, il étonne le public par sa fougue et par une remarquable façon de s'engager dans les cornes au moment ultime, dans un grand mouvement tellement rapide que seule l'épée enfoncée dans la croix jusqu'à la garde peut témoigner de son geste fulgurant. Très vite, il prend l'alternative à Madrid, reçu par *Guerrita*, son futur grand rival, le 16 septembre 1891 avec *Toledano* de l'élevage de Saltillo.

Sa bravoure, sa forte personnalité, son allure et sa spécialité de recorte, cape repliée avec laquelle il recevait l'animal à la sortie du toril, le faisant passer sous son bras, et son extraordinaire engagement au moment de la suerte finale ont fait sa réputation, bien qu'il soit souvent à l'estocade physiquement mis en difficulté. Il est peu technicien et souvent débordé, ce qui lui vaut un grand nombre de blessures ; mais il est émouvant, pathétique et parfois bouleversant de sincérité et sait faire passer les spectateurs subitement de l'angoisse au bonheur. Il a compté parmi les plus populaires matadors de son temps et une réputation de séducteur a fortement contribué à sa célébrité. On dit qu'il inspira Mérimée et la tradition le fait passer pour le torero de *Carmen*. Sa dernière corrida eut lieu à Marseille le 6 septembre 1903, six jours avant sa brutale disparition.

On le vit en France à Nîmes, Marseille, Arles et surtout à Bayonne où il fut très gravement blessé le 3 septembre 1899 par *Grillito*, toro d'Ibarra, accident qui provoqua pratiquement la fin de sa carrière. Vêtu de vert nil et or, il est d'abord acclamé après trois recortes, les pieds cloués au sol. Mais à la mort, après une estocade tendue et d'effet tardif, il s'agenouille longuement sous les cornes, trop longtemps, devant le fauve qui gratte le sol et soudain de sa corne lui traverse la cuisse le faisant pivoter avant qu'il ne s'abatte brutalement sur le sable. C'est grave. Antonio, debout malgré tout, s'écrie « il m'a tué »... Garrot, compression et intervention rapide le sauveront quand même. Sa cuadrilla se met en quête du spécialiste espagnol des traumatismes taurins, le docteur Isla, qui malheureusement n'est pas sur place ; on le cherche, on le trouve tardivement sans doute mais il a le temps de déconseiller à ses confrères français l'amputation ; c'est gagné mais c'en est fini du grand Reverte ; on le reverra à Mexico, au Portugal, en France également mais diminué ; il se fait opérer en Espagne d'une tumeur au foie qui l'emporte le 13 septembre 1903.

Pour les temporadas françaises il faut noter que, s'il est décevant le 2 septembre 1894 à Nîmes, il place trois magnifiques estocades le 11 octobre 1896 devant trois Benjumea et se taille un grand succès devant des Concha y Sierra le 10 octobre. Il triomphe à Bayonne en 1897 et 1898 et coupe une oreille à un López Plara à Arles le 11 avril 1898 et deux le 22 mai à un Castroverde. J.B.T.

REVISTA (*revue taurine*). Les revues taurines sont très nombreux, et la liste qu'en a dressé le « Cossío » pour l'ensemble de la presse taurine depuis son origine est impressionnante. En France, la *Bibliographie de la presse taurine* d'Auguste Lafront, éditée par l'Union des bibliophiles taurin de France, présente 155 périodiques des origines à nos jours. Actuellement les principales revues taurines françaises sont : *Toros, Plaza, Barrera Sol, Tendido, Semana, Grande*. Voir PRESSE TAURINE FRANÇAISE. R.B.

REVISTERO. Synonyme de chroniqueur taurin.

REVOLCÓN. Bousculade au cours de laquelle le torero n'est pas blessé.

REVOLERA. Passe de cape terminant une série, remate.

REVOLTOSO. Toro qui se retourne très rapidement et revient sur le torero avec violence. Il a compris que le leurre n'était pas l'ennemi et il essaie de crocheter le torero.

RIBEIRO TELLES David. Né à Almeirín le 11 novembre 1927, il débute le 19 mai 1939 à Santarem. Le 18 mai 1958, après cent vingt-cinq corridas, il prend l'alternative à Lisbonne des mains d'Alberto Raposo Luis devant un toro de Manuel Coimbra, Curro Romero et Aberlado Vergara étant au cartel. Le 15 août 1960, il fait sa présentation à Madrid et finit la temporada avec quarante-cinq contrats. Le 21 juillet 1983, il donne l'alternative à son fils Antonio en présence de son autre fils João, les toros étant de sa ganaderia. En 1987, il recevait la médaille du Mérite culturel. J.C.D.

RIBEIRO TELLES David
Origine : Pinto Barreiros-Domecq-Carlos Núñez
Devise : rouge et noir
Ancienneté à Madrid : 6 octobre 1968
Propriétés : « Herdade da Torrinha-Biscainho », Coruche (Portugal) et « Murteira », Arraiolos (Ribatejo, Portugal)

Cet élevage portugais fait partie de l'Unión de Criadores de Toros de Lidia depuis 1964. Il a été fondé avec un lot de vaches d'Infante da Cámara. Le fer est modifié, l'ancienneté est établie le 6 octobre 1968 et les origines d'Infante da Cámara sont progressivement éliminées au profit d'un nouveau lot de vaches de Pinto Barreiros, anciennement Gamero Cívico et Félix Suárez. C'est par la lignée Félix Suárez que l'élevage obtient son plus grand succès madrilène, le 6 octobre 1968, lors de la prise d'ancienneté dans les arènes de Las Ventas. Ce jour-là, tous les novillos sont ovationnés à l'arrastre, le tour de piste posthume est accordé aux dépouilles des deuxième, cinquième et sixième exemplaires. Le mayoral sort en triomphe en compagnie des trois toreros. L'élevage s'agrandit en 1994 et 1995 avec l'achat de nouvelles vaches de Jandilla, puis un lot de mâles de Santiago Domecq.

Les toros importants :

• Trois toros ont été primés dans les concours d'élevages de Villafranca de Xira, deux dans ceux de Santarém, et un au cours d'un concours hispano-portugais. D'autres exemplaires ont également remporté des prix lors des concours de Reguengos de Monsaraz, Évora, Montemoro Novo, Salvaterra de Magos, Vila Viçosa, Portalegre et Abiul.
• Un toro a été primé en 1993 à Setúbal.
• *Lentrisco*, nº 81, a reçu le prix de la corrida-concours de Santarém (1994), pour sa présentation et sa bravoure.

Présenté en France lors d'une finale du Printemps des novilladas, cet élevage a fait combattre une corrida intégrale à Arles lors de la féria de Pâques 1995. Le Nîmois Denis Loré s'y était illustré, montrant envie et professionnalisme. Il partageait l'affiche avec le Madrilène Óscar Higares et le local Frédéric Leal. Moins programmé par la suite en Espagne et en France, l'élevage a passé quelques saisons sans parvenir à vendre ses produits. Il a inversé la tendance au cours de la saison 2001, en faisant combattre un total de vingt-sept toros sur le territoire portugais à l'occasion de corridas de rejón. C.C.

RIGORES.
Voir MIRANDA CONDE Roque.

RINCÓN RAMÍREZ Julio, *César*. Né à Bogotá en Colombie le 5 septembre 1965, torero réputé dans son pays mais quasiment inconnu en Espagne, César Rincón se révèle au grand public lors de la corrida du 21 mai 1991 à Madrid, en pleine féria de San Isidro. Fils d'un photographe, il torée sa première vache en 1975 et débute avec picadors à Cali le 26 décembre 1979 en affrontant des novillos de Joaquín Quintero. En 1982, il voyage jusqu'en Espagne où il débute le 24 avril à Talayuela ; il se présente à Séville mais pas à Madrid. Le 8 décembre de la même année à Bogotá, Antonio Chenel *Antoñete*, en présence de José María *Manzanares*, lui donne l'alternative en lui cédant le toro *Filigrana*, de la ganaderia Vistahermosa. Il confirme à Madrid, et se présente par la même occasion dans la capitale espagnole, le 2 septembre 1984, avec *Manili* pour parrain et Pepe Luis Vargas pour témoin. Le toro appartient à l'élevage de Lamamié de Clairac. Il torée cette saison-là quatre autres corridas en Espagne, de même qu'en 1985. En 1986, il demeure en Colombie et avec une trentaine de corridas devient une véritable figura dans son pays. Aidé par l'homme d'affaires Luis Álvarez, il revient en Espagne en 1990 pour prendre part à 14 corridas dans des arènes sans importance.

Sa saison 1991 débute à Valence pour les Fallas et se poursuit à Madrid à partir du 28 avril. Il est intégré aux cartels de la San Isidro et, le 21 mai, face au toro *Santanerito* de Baltasar Ibán, il coupe deux oreilles et sort en triomphe par la Grande Porte des arènes de Las Ventas. Appelé à remplacer Fernando Lozano le lendemain, il coupe de nouveau deux oreilles, cette fois à un toro de Murteira Grave, et ressort en triomphe. La carrière de César Rincón vient de prendre son essor définitif, d'autant que le torero sort encore deux fois en triomphe des arènes de Madrid cette année-là, ce qui est unique dans l'Histoire.

Il termine sa saison avec 68 corridas. À son retour en Colombie, il est accueilli tel un héros et se voit attribuer la plus grande distinction du pays. En 1992, sa temporada européenne se solde par 82 corridas dont notamment deux sorties en triomphe à Pampelune. En 1993, il coupe deux oreilles à Séville au prix d'une très grave blessure. En 1994, Rincón honore encore 65 contrats en Europe, parmi lesquels figure un impressionnant combat à Madrid face à *Bastonito*, de Baltasar Ibán. En 1995, il sort pour la cinquième fois en triomphe des arènes de Madrid après avoir coupé les deux oreilles d'un toro des frères Astolfi. À partir de la saison suivante, de nombreuses blessures freinent sa carrière et, en 1996, il ne participe qu'à 44 corridas, à 63 en 1997, et à seulement 25 en 1998. En 1999, seule la France lui autorise quelques succès, et il signe, pour ce qui sera sa dernière saison en activité, un magnifique succès à Arles le 11 septembre en coupant trois oreilles et une queue à des toros de Zalduendo. Il torée sa dernière corrida à Torrijos (Tolède) le 26 septembre en compagnie d'*Eugenio de Mora* et Manolo Amador.

Victime d'une maladie, il s'est retiré pendant trois ans dans sa propriété près de Caceres afin de se soigner. Durant cette période, il se consacra, quand il le pouvait, à son élevage de toros de combat, El Torreón.

Guéri, il a repris l'épée au cours de l'été 2002 en toréant quelques festivals. Puis il a décidé de revêtir une nouvelle fois le costume de lumières et a fait le premier paséo de ce nouveau chapitre de sa carrière le 4 janvier 2003 lors de la première corrida de la féria de Cartagena de Indias (Colombie). Ce jour-là, César Rincón, après avoir coupé les deux oreilles de son adversaire, issu de son élevage colombien Las Ventas del Espíritu Santo, est sorti en triomphe. C'est à Olivenza (Badajoz), le 9 mars suivant, qu'il a participé à la première corrida européenne de ce renouveau. Torero excessivement vaillant, César Rincón a apporté un souffle nouveau en développant une tauromachie laissant beaucoup de chance au toro, en le plaçant toujours très loin du leurre et en le citant souvent du milieu de la piste. Il est incontestablement celui qui, sur un plan purement technique, a le plus marqué cette décennie. R.A.

RÍO Victoriano del (Victoriano del Río Cortés)

Origine : Juan Pedro Domecq y Díez
Devise : noir et jaune
Ancienneté à Madrid : 12 juillet 1942
Propriétés : « El Palomar », « Las Praderas », « Medianillos », Guadalix de la Sierra (Madrid), « Majacarcena » et « Los Guateles », Miraflores de la Sierra (Madrid) et El Bollón, Soto del Real (Madrid)

D'origine Gamero Cívico, l'élevage de Juan Guardiola Fantoni est divisé en 1948. L'une des parts revient à son fils, Manuel Guardiola Soto, qui la vend par la suite à José Luis Vázquez Garcés en 1951. Ce dernier croise le bétail avec des vaches et des étalons de Santa Coloma. Successivement, le troupeau passe entre les mains des frères Vázquez Silva en 1973, puis à Leandra Díaz Martínez en 1982. Celle-ci rebaptise l'élevage « El Retamar ». Trois ans plus tard, Victoriano del Río rachète l'ensemble du troupeau, éliminant les origines antérieures au profit d'un encaste Domecq. Il insère de la sorte un lot de Juan Pedro Domecq, un autre de Luis Algarra Polera, assorti d'un étalon, *Aldeano*, de soixante-dix vaches et de trois autres mâles reproducteurs de Jandilla. Par la suite, Victoriano del Río intègre au troupeau de nouvelles têtes de bétail d'El Torreón, toutes d'origine Juan Pedro Domecq.

Les toros importants :

• *Entolado*, n° 16, combattu à Valence le 25 juillet 1992 par César Rincón (deux oreilles).
• *Pocosol*, n° 12, combattu à San Sebastián de los Reyes (Madrid) le 30 août 1996 par *Joselito* (tour de piste posthume pour la dépouille du toro et octroi de deux oreilles et la queue).
• *Cantapájaros*, n° 60, combattu à Madrid le 27 mai 1992 par Manolo Sánchez (deux oreilles du cinquième novillo).

• *Durmiente*, n° 42, combattu à La Corogne par Enrique Ponce (tour de piste posthume pour la dépouille du toro et octroi de deux oreilles et la queue).
• *Chavela*, n° 31, combattu à Saragosse par Francisco Rivera Ordóñez (une oreille).
• *Disparate*, n° 29, combattu à León le 24 juin 1994 par César Rincón (tour de piste posthume à la dépouille du toro et octroi de deux oreilles et la queue).
• *Alcalde*, n° 37, combattu à Burgos le 3 juillet 1996 par Víctor Puerto (deux oreilles).
• *Frenoso*, n° 22, negro listón, 575 kg, combattu à Madrid le 27 septembre 1995 par *Finito de Córdoba* (une oreille).
• Prix du meilleur élevage de la féria à Madrid (automne 1995), La Corogne (1993), León (1994), Burgos (1996) et San Sebastián de los Reyes (Madrid) en 1990, 1992 et 1994.

Ganadero des temps modernes, Victoriano del Río Cortés figure aujourd'hui parmi les dix meilleurs éleveurs espagnols. Sa sélection personnelle des produits Domecq lui a permis d'intégrer les affiches les plus prestigieuses. Tous les toreros se disputent la noblesse et la caste de ses toros. L'élevage avait été découvert le 8 septembre 1991 à Arles dans le cadre de la féria du Riz. La novillada, combattue par *el San Gilen*, Manuel Montoya et *Chamaco*, avait séduit les aficionados par sa puissance aux piques, sa caste et sa mobilité. Progressivement, les ventes de cet élevage se sont accrues. La demande croissante des directeurs d'arènes répondait également aux exigences des vedettes de la tauromachie. Bien présenté, offrant un large éventail de pelages et parfois plus robuste que le toro de Domecq classique, le Victoriano del Río se distingue par sa noblesse inlassable à la muleta. José Tomás signa face à cet élevage de très grandes faenas à San Sebastián de los Reyes (Madrid). Le 16 octobre 1999, à Jaén, un exemplaire permit à *Antoñete* de couper deux oreilles. Le toro fut récompensé d'un tour de piste posthume. En 2000, l'élevage de Victoriano del Río était également à l'affiche à Castellón pour le retour en piste triomphal de *Joselito*, éloigné des ruedos après une année sabbatique.

Régulièrement programmé à Arles, l'élevage a chaque année permis à *el Juli* de sortir en triomphe des arènes romaines à l'occasion des férias de Pâques. Le 29 avril 2000, à Séville, devant son premier adversaire de Victoriano, *Morante de la Puebla* signa une faena importante qui lui permit de devenir l'« héritier spirituel » de Curro Romero dans le cœur des Sévillans. Malgré une spectaculaire blessure, *Morante* coupa deux oreilles au toro de Victoriano del Río. L'année suivante, Victoriano del Río connut l'une de ses plus grandes saisons : le 1er juin, à Nîmes, pendant la féria de Pentecôte, Enrique Ponce obtint la grâce du toro *Descarado*, n° 9, burraco, 475 kg, né en janvier 1997. Le maestro de Valence coupa les deux oreilles symboliques de l'animal au terme d'une faena magistrale acclamée par tout le public nîmois. C.C.

RÍO GRANDE

Origine : Santa Coloma
Devise : rouge et sable
Ancienneté à Madrid : 12 septembre 1890
Propriétés : « El Cahoso », La Albuera (Badajoz) et « La Carrona « , Badajoz

Juan Muriel fonde cet élevage en 1885 avec des têtes de bétail de Salas y Martínez. Son fils Vicente hérite du troupeau puis élimine les origines antérieures au profit d'un nouveau lot de vaches de Conde de Santa Coloma et d'Albaserrada. Ses fils, Juan et Lucio, deviennent propriétaires de l'élevage en 1949. Juan rebaptise le cheptel sous l'appellation « Juan Muriel de Olmedilla », avec le fer et la devise d'origine. Lorsque Juan Muriel meurt, en 1975, ses successeurs vendent l'élevage à Juan Pérez-Tabernero Martín qui l'annonce au nom de Riogrande (devenu Río Grande). Quinze ans plus tard, le troupeau est racheté par la société anonyme El Cahoso, qui inclut dans le cheptel des vaches et des étalons d'origine Santa Coloma, porteurs des fers d'Alipio Pérez-Tabernero et María Lourdes Martín de Pérez-Tabernero. En 1996, le propriétaire achète soixante-dix vaches et trois étalons à Andrés Ramos, d'origine Juan Pedro Domecq, initiant ainsi une nouvelle lignée bien distincte de celle de Santa Coloma. Deux ans plus tard, l'élevage s'agrandit encore suite à l'achat de vingt-cinq vaches et de deux étalons porteurs du fer de Luis Algarra Polera. Peu de temps après, l'ensemble des produits Domecq issus de Río Grande est vendu à l'élevage d'El Cahoso. Rufino Calero Cuevas, représentant de Río Grande et propriétaire d'El Cahoso, poursuit le travail de sélection sur ce fer avec la seule et unique branche de Santa Coloma.

L'élevage de Río Grande décompose ses ventes en deux groupes : la plupart des novillos partent dans des arènes de première et deuxième catégorie. Plusieurs exemplaires ont d'ailleurs donné satisfaction à Saragosse en 1999 et 2000. Les toros adultes sont réservés pour des corridas de moindre importance dans les arènes de troisième catégorie. Face à eux alternent les belluaires habitués aux luttes de haut vol mais aussi certains toreros artistes qui s'accordent bien avec la race des produits d'origine Santa Coloma. Pour preuve, Pepín Jiménez et *el Fundi* figuraient au cartel de la même corrida le 5 septembre 1999 à Cercedilla (Madrid). C.C.

RIVERA AGÜERO Francisco, *Curro*. Le fils du matador Fermín Rivera est né à Mexico le 17 décembre 1951 et commence sa carrière le 6 août 1967 en compagnie de Mario Sevilla et Andrés Blando dans le village de San Luis Potosí, à côté de Mexico, face à du bétail de Valparaiso. Rapidement, il prend l'alternative des mains de Joselito Huerta en présence de Jaime Rángel, devant *Presidente*, toro de la ganaderia de Tequisquiapán. Il confirme dans la Monumental mexicaine le 16 février 1969, en présence de Gabriel de la Casa comme parrain et de Manuel Espinosa *Armillita* comme témoin, face à un toro de Javier Garfías. En 1971, il participe, en Espagne, à 58 paséos et confirme à Madrid à Las Ventas le 18 mai, face à du bétail de Samuel Hermanos, Antonio Mejías *Bienvenida* étant le parrain et Andrés Vázquez le témoin. Pour sa deuxième prestation dans la féria madrilène, le 17 mai 1972, avec Paco Camino et José Luis *Galloso*, face à des toros de José Luis Osborne et Osborne Domecq, il coupe une oreille à son premier adversaire. Il fera mieux le 22 puisqu'il emporte les deux oreilles de chacun de ses opposants, des toros d'Atanasio Fernández, avec au cartel Andrés Vázquez et *Palomo Linares*. Les succès s'accumulent et ne se démentent pas. Curro Rivera est un torero sérieux et agréable, avec beaucoup de recours et un registre étendu. Le jour de sa millième corrida, le 24 avril 1982, lors de la féria de San Marcos de Aguascalientes, il torée seul contre quatorze toros en deux lots : le premier à cinq heures provenant de sa ganaderia, le second à neuf heures, de diverses ganaderias et il coupera au total 8 oreilles et 2 queues dans son aprèsmidi... Il fut deuxième à l'escalafón en 1986. Curro Rivera décède le 23 janvier 2001 des suites d'un infarctus du myocarde. R.B.

RIVERA ORDÓÑEZ Francisco. Francisco Rivera Ordóñez est né à Madrid le 3 janvier 1974. Il est issu d'une dynastie torera impressionnante puisque son père était le célèbre torero *Paquirri* et son grand-père maternel Antonio Ordóñez.

Avec une telle hérédité, il semblait donc tout naturel que « Fran » se consacre à son tour au toreo. Il fit ses débuts en public à Ronda le 7 août 1991 devant des becerros de Carlos Núñez, puis passa en novillada piquée dans la même arène le 31 mai 1992. Au cours de deux années consacrées à la novillada, il se présenta avec succès à Séville en 1993 puis à Madrid l'année suivante. Ses débuts prometteurs le poussèrent jusqu'à l'alternative qu'il prit à la Maestranza de Séville le 23 avril 1995. Son parrain était *Espartaco* et son témoin *Jesulín de Ubrique*. Ce jour-là, il coupa une oreille au toro de la cérémonie, *Bocalimpia*, de Torrestrella, ainsi qu'une autre à son deuxième opposant.

Le 1er juin 1995, il débuta en France, à Nîmes, en compagnie d'Antonio Borrero *Chamaco* et de Manuel Díaz *el Cordobés* devant *Rincón*, un toro de Guardiola. Puis il se rendit en Amérique, à Caracas au Venezuela, où il participa en compagnie de Marco Girón et de Luis Pietri à une corrida de la ganaderia de Tarapio.

Rivera Ordóñez confirma ensuite son alternative à Madrid lors de la San Isidro 1996, le 23 mai, où il coupa une oreille à un adversaire de Los Bayones en présence de José Miguel Arroyo *Joselito* et d'Enrique Ponce. Il aligna ensuite une série de triomphes retentissants, fit beaucoup parler de lui dans la presse du cœur et épousa la fille de la duchesse d'Albe, un mariage qui fit grand bruit de l'autre côté des Pyrénées.

Le 26 novembre 2000, il confirme à Mexico devant *Que de raro tiene*, toro de la ganaderia de Teófilo Gómez avec Eloy Cavazos pour parrain et Manuel Martínez comme témoin.

Torero vaillant et élégant à la fois, il fut victime de quelques blessures graves et d'incidents répétés à l'épée, qui l'empêchèrent progressivement de maintenir son niveau, faute de pouvoir triompher dans les principales férias, celles qui échelonnent objectivement les valeurs.

En 2001, Rivera Ordóñez, qui totalise 557 corridas, s'est classé douzième, avec 53 corridas pour 59 trophées remportés, une place relativement moyenne, si l'on considère son potentiel, s'expliquant par une certaine inconstance. P.H.

RIVERA ORDÓÑEZ Francisco (Francisco y Cayetano Rivera Ordóñez)

Origine : Carlos Núñez
Devise : noir, rouge et blanc
Ancienneté à Madrid : 15 août 1989
Propriété : « Mampolín », Olivenza (Badajoz)

En 1947 disparaît Juan Guardiola. Son élevage est divisé en cinq parts pour chacun de ses fils. L'un d'entre eux, Álvaro Guardiola Soto, vend sa part à Pilar Quintela Rubio qui augmente le cheptel avec une partie du bétail de son époux, Saturnino Ángel Ligero. L'élevage est enrichi en 1950 par un lot de vaches d'Antonio Urquijo. Quatre ans plus tard, le fer est mis au nom de l'époux de Pilar, Saturnino. Ce dernier vend le troupeau en 1962 à Joaquín García Valdecasa del Real. L'élevage passe successivement entre les mains d'Álvaro Sánchez de Ybargüen y Gutiérrez (1971), María Coronel et Marcos Núñez (1979), puis Francisco Rivera Pérez *Paquirri* (1979). Le célèbre torero trouve hélas la mort dans le ruedo le 26 septembre 1984 à Pozoblanco (Cordoue). Ses deux fils, Francisco et Cayetano, reprennent en main les destinées de l'élevage en 1988. Ils acquièrent un lot de mâles de Carlos Núñez avant de rajouter au troupeau un étalon de Torrestrella.

L'élevage de la famille Rivera vend peu de toros. Ils ne sont pourtant pas dénués de qualité mais leur niveau de caste ne leur permet actuellement pas d'être combattus dans de grandes arènes. Deux lots ont été vendus en 2000 ainsi qu'en 2001 dans des plazas assez modestes. C.C.

RIVERA PÉREZ Francisco, *Paquirri*. Fils du concierge de l'abattoir de Barbate (Cadix), né à Zahara de los Atunes (Cadix) le 23 mars 1948, Francisco Rivera revêt son premier costume de lumières le 16 août 1962 à Barbate pour affronter des bêtes de Núñez Polavieja au cours d'un mano a mano avec son frère José Rivera *Riverita*. En 1963, au cours de 20 novilladas sans picadors, il coupe 47 oreilles, 8 queues et sort 11 fois en triomphe. En 1964, après 6 novilladas sans picadors dont 3 consécutives à Pampelune avec Paco Ceballos, il se présente avec picadors à Cadix le 28 juin avec *el*

Paquiro et Rafael Jiménez Márquez, face aux novillos du marquis de Villamarta. La France le découvre à Captieux (Gironde) le 26 juillet, avec *Riverita* et Gregorio Lalanda, face à du bétail de Gabriel García. Apodéré par José Flores *Camará*, il réalise une excellente campagne 1965 et sort notamment en triomphe des arènes de Séville le 1er mai, jour de sa présentation, après avoir coupé trois oreilles à des novillos de Carlos Núñez ; ses compagnons de cartel étaient Manolo Sanlúcar et Pepe Luis Segura. Véritable figura des novilleros, il participe à 60 novilladas en 1966.

Blessé au début de ce qui devait être sa corrida d'alternative à Barcelone le 17 juillet 1966, il doit attendre le 11 août pour recevoir, vêtu de bleu et or, le titre de matador de toros des mains de Paco Camino, qui lui cède le toro *Zambullido*, de la ganaderia de Urquijo de Federico, avec pour témoin Santiago Martín *el Viti*. Sa première corrida en France a lieu à Toulouse aux côtés de Paco Camino et *el Cordobés*, où il affronte des toros de María Teresa de Oliveira, de Pinto Barreiros et de Hubert Yonnet. Il confirme l'alternative à Madrid – et s'y présente par la même occasion – le 18 mai 1967 ; son parrain est Paco Camino, son témoin José Fuentes, et il combat le toro *Alelado*, de Juan Pedro Domecq.

Paquirri débute en Amérique du Sud le 21 octobre 1967 à Lima (Pérou) avec Julio Aparicio et Manuel Benítez *el Cordobés*, face à des toros de Felipe Bartolomé. Il coupe deux oreilles. Au cours de cette première campagne, il participe à 16 corridas. En 1969, en 70 corridas, il confirme sa place de figura après notamment trois sorties en triomphe des arènes de Madrid les 17 mai, 22 mai et 12 juin. Il confirme l'alternative à Mexico le 29 novembre 1970, avec pour parrain Raúl Contrera *Finito* et pour témoin Manolo Martínez face à des toros de José Julián Llaguno ; il coupe deux oreilles et se fait blesser par le sixième toro de l'après-midi. Durant plus d'une décennie, *Paquirri* torée une moyenne de 70 courses par an, remportant d'importants triomphes dans les plus grandes arènes. Technique, très physique, il assure fréquemment lui-même la lidia de ses toros, souvent accueillis à puerta gayola, banderillés remarquablement et estoqués dans les règles de l'art.

Après être sorti 6 fois en triomphe des arènes de Madrid, 3 fois de celles de Séville et avoir toréé plus de 1 200 corridas, *Paquirri*, grièvement blessé le 26 septembre 1984 à Pozoblanco par le toro *Avispado* de la ganaderia Sayalero y Bandrés, décède à son arrivée à l'hôpital militaire San Fernando de Cordoue. José Cubero *Yiyo* et Vicente Ruiz *el Soro* étaient à ses côtés en ce jour funeste. R.A.

ROBERT Félix.
Voir CAZENABE Pierre.

ROBES des toros. Pendant longtemps, les robes des toros furent d'une très grande variété et peuvent être classées en trois groupes :

- *Pintas simples* : les robes simples.
- *Pintas mezcladas* : les robes mêlées.
- *Pintas compuestas* : les robes mixtes.

Les termes pour les décrire sont d'une incroyable diversité : 16 termes pour les robes simples, 15 pour les pelages composés, 10 pour les particularités générales, 10 pour celles de la tête, 20 pour celles du tronc, 10 pour les extrémités, 3 pour celles de la queue, 7 ou 8 pour les couleurs. Cette diversité exista jusqu'à ce que l'« impérialisme » (bienvenu) de la famille Vistahermosa recouvre plus de 98 % de l'élevage du toro de combat et apporte une quasi-uniformité de teinte. Dès lors, la majorité des toros étaient noirs, les autres, d'une manière très minoritaire, colorados, jaboneros, salineros, berrendos, etc. Leur sortie en piste constitue un tel événement que le public manifeste sa surprise. P.M.

ROBLES HERNÁNDEZ Avelino Julio. Avelino Julio Robles Hernández est né à Fontiveros (Ávila) le 4 décembre 1951.

Sa famille s'installa dans les environs de Salamanque et c'est là qu'il connut l'afición, lors des tentaderos organisés dans les ganaderias du Campo Charro.

Il revêtit pour la première fois le costume de lumières le 28 août 1968 à Villavieja de Yeltes. Le 10 mai 1970, il se produisit en novillada piquée à Lérida, et après deux années d'apprentissage, il se présenta en 1972 dans des arènes importantes, telle Séville, le 14 mai, et Madrid le 11 juin. Sur sa lancée, il prit l'alternative le 9 juillet à Barcelone des mains de Diego Puerta, le témoin étant Paco Camino et le toro de la cérémonie *Clarinero*, de José María Pérez-Tabernero. Le 22 mai 1973, il confirma son alternative à Madrid avec *Pernote*, d'Eusebia Galache. Son parrain était Antonio *Bienvenida* et son témoin Palomo *Linares*.

Si Julio Robles était alors l'incontestable enfant chéri de Salamanque, il n'en resta pas moins un torero très apprécié à Madrid puisqu'il se rendit à Las Ventas plus de soixante fois, franchissant la Grande Porte à trois reprises, en 1983, 1985 et 1989.

Torero classique, extraordinaire au capote et très technique bien que sobre à la muleta, Julio Robles faisait l'unanimité dans les rangs des aficionados. Il exprimait son art avec classe et imposait le respect. Après avoir connu de fréquentes heures de gloire, sa trajectoire bascula subitement dans le drame : le 13 août 1990 à Béziers, un toro de Cayetano Muñoz, *Timador*, le cueillit sèchement au moment de le recevoir au capote ; il retomba lourdement sur le sol et fut atteint aux cervicales. Il ne devait plus retrouver l'usage de ses jambes. Mais, ne pouvant se passer d'un milieu qui lui avait tout apporté jusqu'à cet accident fatidique, il se reconvertit dans l'élevage du toro bravo. À sa mort, le 14 janvier 2001, l'afición perdit un de ses plus dignes représentants. P.H.

Avelino Julio Robles Hernández est né à Fontiveros, province d'Ávila, le 4 décembre 1951. Il participe à sa première novillada piquée le 10 mai 1970 à Lérida avec Paco Núñez et Avelino de la Fuente, face à des novillos de María Lourdes Martín Pérez-Tabernero. Pour sa présentation à Madrid le 10 juin 1972, avec Ángel Rodríguez *Angelete* et *Niño de la Capea* devant des novillos de Juan Pedro Domecq, il obtient un triomphe : une oreille au premier et trois vueltas au second. Il reçoit l'alternative le 9 juillet suivant à Barcelone des mains de Diego Puerta, en présence de Paco Camino, devant *Clarinero*, de Juan María Pérez-Tabernero. Il confirme à Madrid le 22 mai 1973 devant *Pernote*, toro de Galache de Cobalda, des mains d'Antonio Mejías *Bienvenida*, avec pour témoin Sebastián *Palomo Linares*.

13 août 1990, Béziers. Il paraît décidé aujourd'hui, Julio Robles. Le public a bien accueilli le torero de Salamanque, et *Timador*, de l'élevage de Cayetano Muñoz, vient d'effectuer une entrée en piste prometteuse. Il répond à tous les appels, s'élance avec entrain et poursuit jusqu'à la barrière. Lourd, 545 kg, mais plein d'allant et pourvu d'armures commodes. Inutile d'étudier davantage son style d'attaque, de le faire courir plus longtemps à travers la piste par les aides pour se pénétrer de ses qualités et de ses défauts.

Après dix-sept ans d'alternative, Robles l'a soupesé du regard et il sort de l'abri sans plus hésiter. Il cisèle quelques véroniques de son cru, basses, lentes, où il accompagne bien la charge et prend appui sur la jambe de sortie afin de donner plus d'ampleur à son geste. Deux lancers où il mesure bien la vitesse. Le troisième sur le côté gauche où il approfondit le rythme et parfait l'accord. La passe s'étire, interminable, le Cayetano Muñoz paraît avoir franchi le buste offert de Robles, son mufle aimanté par l'étoffe au ras du sol. Un sec coup de revers ; en un éclair, *Timador*, qui achevait de glisser contre le flanc du torero, a découvert qu'on le bernait. Il n'y a eu aucun décollement intempestif du leurre qui allait le chercher loin en avant, aucune rupture de la cadence, aucune distraction d'une seconde. Rien. L'accrochage ne s'annonce pas toujours. Confiant au point de ne conserver aucune marge de sécurité, Robles est arraché du sol.

« Lorsqu'on est pris, on doit toujours en connaître le motif, sans quoi on le sera de nouveau et de la même manière. » Luis Miguel *Dominguín* cherchait à se rassurer par ce raisonnement de bronze. Réussissait-il à s'ôter de l'esprit jusqu'à l'éventualité de l'accident ? « Si, en principe, le toro ne se trompe pas ; si, moi Luis Miguel non plus, le risque est fort diminué. » Beau sujet de méditation lorsque, étendu sur son lit de clinique, il effectuait un retour sur lui-même. Était-il toujours aussi certain qu'avec son savoir, sa technique et sa tête froide il éviterait l'accrochage ? Se résignait-il à attribuer la blessure à quelque interprétation erronée de sa part ?

Aussi sagace que se veuille et se proclame un torero, la claire ordonnance du combat peut se briser à chaque instant. On comprend qu'il cherche à se prouver le contraire et à se persuader de l'efficacité de sa science pour ne pas se livrer au hasard. Mais ce 13 août, à Béziers, nous avons vu le toro se tromper, l'irrationnel fondre en piste et bousculer la belle théorie de *Dominguín* qui lui permettait de ne pas se sentir trop nu et désarmé devant le fauve, malgré tout son orgueil. D'un coup de tête, la brute a expédié l'homme qui dompte dans les airs et il est retombé inerte. Robles découvrait qu'il ne pouvait plus bouger ni bras ni jambes, qu'on le soulevait comme une pauvre chose, qu'on le maniait comme un objet.

Pour être le plus ancien en alternative, *Joselito*, vingt et un ans, empoigne la cape, c'est lui qui hérite du toro assassin. Pendant qu'il le pèse à son tour du regard, les bruits alarmistes commencent à circuler dans le couloir central et sur les gradins. *Timador* attaque sans trop d'allant sous la pique, un mou semble-t-il, mais il s'enfièvre à l'improviste et renverse le cavalier qui essaie de lui couper la sortie vers le centre. Un fauve avec des reprises inattendues et qui serre des deux côtés lorsqu'on l'oblige à répéter ses attaques. *Joselito* a compris : il égrène les passes et évite que l'instinct de se rabattre et de crocheter du Cayetano Muñoz ne se réveille. Il suffit de le laisser se rafraîchir entre deux assauts pour qu'il se distraie de la présence de l'homme. Sinon il s'avise et le torero redevient sa cible. Un fauve incertain, sans grand caractère. Ciel noir. Chape de plomb sur l'arène. Il avait grêlé dans la matinée. *Timador*, voleur de vie, voleur d'étincelle d'art, accomplit son triste destin.

« Le toro, c'est un ami. Mais comme parfois on ne le comprend pas, alors il se rebelle » (selon Antonio *Bienvenida*). Robles n'avait pas eu le temps. « Le toro est un collaborateur de mon œuvre et un grand ami que je crains, cela oui, mortellement » (à en croire Ordóñez). L'amitié avait disparu dès le début de la course et nous ne ressentions plus qu'hostilité, une mortelle crainte. Le fauve ne nous représentait plus que l'ennemi absolu, l'inhumain : il n'avait pas joué le jeu. *Joselito*, lui, doit interpréter l'animal s'il veut agir sans tarder, il s'oblige à tout oublier, se concentre sur son style d'attaque et apprend où se cache le secret péril (*el peligro sordo*).

Mesure, équilibre, dans le soir heureux, quelle est cette ombre qui échappe peu à peu à la mécanisation du style pour atteindre à la fluidité et à la délicatesse de gestes d'un officiant ? Si la ferveur ne fait plus défaut ni le don de soi, trop de pureté nuirait-elle à Julio Robles ? Contre le mur blanc de la Maestranza se poursuit la projection désormais fantomatique.

Surgissent de délicates harmonies, des résonances nostalgiques. Comme son compatriote *el Viti*, l'artiste ne sourit guère et sans doute se préoccupe-t-il avant tout d'accomplissement personnel ! Son lyrisme, toujours minutieux, sacrifie à la règle austère. La forme fixe seule l'exalte et, lorsqu'il s'exprime avec les leurres et capte le rythme du fauve, les notes les plus argentines émanent de sa personnalité, si intériorisée dans son parti pris de nudité et son refus des concessions à l'agrément.

Ce 13 avril 1989, il charma Séville par ses accents cristallins, coupa une oreille à chaque toro, mais, accroché, ne se perdit pas dans une extase. La mort de son adversaire de Manolo González illumina un de ses possibles sommets où il s'en manqua de fort peu (d'un coup de plat de corne) pour que l'incarnation de sa faena de rêve fût encore plus complète.

Paralysé jusqu'à mi-corps, il survivra une décennie sur une chaise roulante, avant de disparaître, le 14 janvier 2001. J.M.M.

ROBLES Julio (La Glorieta)

Origine : Atanasio Fernández-Juan Pedro Domecq

Devise : rouge et or

Pas d'ancienneté à Madrid

Propriété : « La Glorieta », Narros de Matalayegua (Salamanque)

Julio Robles crée cet élevage en 1997 avec des vaches et des étalons de José María *Manzanares*, El Sierro et Sepúlveda, d'origine Atanasio Fernández. Il insère d'autre part du sang d'origine Juan Pedro Domecq, *via* de nouvelles vaches et d'autres étalons d'Enrique Ponce, Hermanos Sampedro, Sonia González et Ruipal. Julio Robles s'éteint en janvier 2001, laissant l'élevage entre les mains de ses héritiers. Ces derniers le vendent à Fernando Bautista Sagüés.

Élevage aspirant à l'Union de Criadores de Toros de Lidia, La Glorieta rend hommage au nom des arènes de Salamanque. Sur ce sable, Julio Robles donna d'immenses leçons de toreo, avec un sens très fin de la lidia et des quites de cape chaque fois très appréciés. Un noir toro de Cayetano Múñoz vint hélas briser la carrière du grand maestro de Salamanque lors de la féria de Béziers 1990. Ganadero, Julio Robles fit combattre son premier toro le 16 août 1999 lors d'une novillada célébrée à Navalcán (Tolède) réunissant *Juan de la Reina* et Alberto Martín. Le premier lot intégral fut combattu le 24 septembre 2000 à Tamames (Salamanque) à l'occasion des débuts en novillada formelle de Diego Ramos (deux oreilles). Deux autres novilleros majeurs de l'époque, Leandro Marcos et Matías Tejela, étaient également au cartel et coupèrent une oreille chacun. Ce sera le dernier spectacle de Julio Robles en qualité d'éleveur. Le maestro, emporté au début de l'année 2001, ne pourra pas voir l'évolution de sa sélection. Il conserve toutefois une place inestimable dans le cœur de l'afición et au panthéon des grands toreros. C.C.

RODETE (*tortillon*). Premier anneau de poils autour de la corne. Voir aussi ANILLO.

RODILLAS de. Toute passe de cape ou de muleta exécutée à genoux.

RODRÍGUEZ Pedro Joaquín, *Costillares*. Sa date de naissance est incertaine ; certains auteurs le font naître en 1746 et Cossío en 1729 ! Mais tous s'accordent à le voir naître à Séville, d'une famille de toreros : *Juan Miguel le Majeur*, *Juan Miguel le Mineur*, *Joaquín* enfin, le père de ce célèbre *Costillares* que Pierre Dupuy fait naître le 28 juillet 1748, Daniel Tapia le 23 mars 1746... Cossío se fonde lui sur une inscription rapportée sous un portrait du torero : « Joaquín Rodríguez, matador de toros et inventeur de la suerte de volapié. Né dans le quartier de Saint Bernardo à Séville le 20 juillet 1729, et mort à Madrid le 27 juillet 1800, au 7 de la rue del Mediodía Grande, à soixante-dix ans, six mois et neuf jours. » Mais d'autres textes le font quitter l'Espagne pour le Portugal, quand Charles IV interdit les corridas en 1805 ! Il aurait en tout cas combattu en compagnie de son parrain Pedro Palomo à Málaga en 1762, ce qui permet de le faire passer à cette date dans les rangs des matadors de toros.

Il forme avec *Pepe-Hillo* et Pedro Romero le trio le plus célèbre de ces temps historiques. Sa compétition avec ce dernier, de quelques années son cadet, enthousiasma les foules, l'aristocratie tenant pour *Costillares* et le peuple pour Romero ; leur concurrence amicale au début ne tarda pas à tourner à l'aigre jusqu'à la fin de leurs rencontres.

Il passe pour avoir créé la véronique, la naturelle, la passe de poitrine, ainsi que l'estocade à volapié. Voilà une belle invention qui permet d'en finir avec les toros en querencia, ce que ne permet pas le recibir. Cependant, il ne faut pas croire que le public fut convaincu par cette nouvelle manière de donner la mort ; le recibir est longtemps resté la seule vraie manière de tuer, jusqu'à ce que le volapié s'impose à son tour.

Il aurait déjà su, à cette époque, enchaîner les passes et serait le père du style sévillan. S'il n'a pas laissé d'écrits, contrairement à *Pepe-Hillo* et *Paquiro*, il a beaucoup contribué lui aussi à l'élaboration de cette tauromachie qui prend forme, s'organise et se codifie. La muleta accrut son importance entre ses mains et l'on vit avec lui les prémices de la faena. Lui aussi, avant *Paquiro* mais de façon moins définitive, intervient dans la modification du costume, qu'il rend plus élégant. Il aura donc joué un rôle éminent dans toutes les facettes de la corrida, et il ne faut pas négliger non plus son rôle éminent et ses succès publics qui lui permirent de faire trembler les organisateurs auxquels il imposait des cachets faramineux. C'était une figura, un homme qui savait s'imposer et sa silhouette rendue célèbre par un portrait bien connu, la muleta dans la main gauche et l'épée dans la droite, a contribué à imposer le personnage à ses contemporains. J.B.T.

RODRÍGUEZ ALCAÑIZ Miguel. Il est né le 16 août 1969 à Madrid et a revêtu pour la première fois le costume de lumières à Parla le 14 mai 1984. Il débuta avec picadors à El Alamo le 6 septembre 1987. Le 30 mars 1991, il prit l'alternative à Arenas de San Pedro devant le toro *Carasucia* d'Auxilio Holgado. Son parrain était *Joselito* et son témoin Rafael Camino. Il confirma à Madrid le 26 avril 1992 avec des toros de Julio de la Puerta, José María Plaza étant son parrain et Julio Norte son témoin.

Il se présente en Amérique à Quito, en Équateur, le 5 décembre 1993 devant des toros de la ganaderia d'El Arriero en compagnie de César Camacho, Vicente Ruiz *el Soro* et Rodrigo Marín. Il débute en France à Vic-Fezensac le 23 mai 1994, alternant avec José Prados *el Fundi* et Denis Loré devant des toros de Palha.

Il devint rapidement un torero de Madrid voué aux corridas dures et s'est toujours maintenu à un rang moyen, sans véritablement éclater. Doté d'un bon sens de la lidia et d'un bagage complet, ce torero est en passe de rester une éternelle promesse alors qu'il a montré en certaines occasions qu'il méritait mieux que d'affronter exclusivement le bétail avec lequel on le programme. En 2001, Miguel Rodríguez a connu une saison des plus moyennes, 18 corridas pour 19 oreilles. P.H.

RODRÍGUEZ DE ARCE Ángela

Origines : Carlos Núñez et Juan Pedro Domecq y Díez

Devise : jaune, bleu et rose

Ancienneté à Madrid : 5 août 1962

Propriétés : « Pedroviquet » et « Navalvillar », El Espinar (Ségovie)

Juan Zamorano est à l'origine de cet élevage en fondant un troupeau en 1933 avec du bétail du comte d'Orgaz et de Martín Martín. Quinze ans plus tard, il vend l'élevage aux frères García Serna qui rebaptisent le troupeau « Batanejos ». Les nouveaux propriétaires insèrent au cheptel des vaches de Villamarta et deux étalons d'origine Albaserrada. L'élevage est vendu en 1951 à Ángel Rodríguez de Arce, qui remplace le fer et acquiert un étalon d'Encinas huit ans plus tard. Ángel Rodríguez de Arce s'éteint en 1984 et met l'élevage au nom de sa fille, Ángela. Les origines antérieures sont éliminées en 1990 et l'élevage est entièrement reformé avec des vaches de María Coronel de Núñez ainsi qu'un étalon de José Luis Marca Rodrigo, de pure origine Juan Pedro Domecq.

Le fer de Rodríguez de Arce a planté son sillon dans la géographie ganadera espagnole. Faisant combattre de trente à quarante toros chaque année, l'élevage maintient une bonne ligne de sélection avec ses origines Domecq et Núñez. Ces bêtes sont souvent programmées dans des arènes de troisième catégorie par rejoneadores et novilleros, mais aussi par des matadors qui n'hésitent d'ailleurs pas à les affronter dans les petites plazas : *Juan Bautista* remporta un triomphe face à cet élevage au cours de la saison 2000 en coupant un total de trois oreilles à Motilla del Palancar (Cuenca). C.C.

RODRÍGUEZ ESCRIBANO Rafael, *Rafael de Julia.* Rafael Rodríguez Escribano a vu le jour le 7 novembre 1979, à Madrid. Seize ans plus tard, en 1995, il estoque son premier becerro dans les arènes de Torrejón de Ardoz. L'année suivante, le 19 mars 1996, il revêt son premier habit de lumières à Torrejón, qui est également son lieu de résidence. Il torée dix novilladas sans picadors à l'issue de la saison 1996. Œuvrant sous le pseudonyme de *Rafael de Julia*, le becerrista madrilène participe en 1997 à 15 novilladas sans picadors et obtient le titre de triomphateur de l'École taurine de Madrid, malgré une blessure qui le tiendra éloigné des arènes une bonne partie de l'été. L'année suivante, en 1998, *Rafael de Julia* prend part à 27 novilladas sans picadors et remporte le concours des écoles taurines de Chinchón (Madrid) et Madrid. Il fait ses débuts en novillada piquée le 21 mars 1999 dans les arènes d'Arnedo (La Rioja), face au novillo *Embustero*, n° 17, de Jaime Brujó, auquel il coupe une oreille. Entouré du rejoneador portugais Rui Fernandes et des novilleros Ignacio Garibay et Sergio Aguilar, *Rafael de Julia*, vêtu de bleu turquoise et or, est applaudi à l'issue de son second combat. Il se présente à Las Ventas le mois suivant, le 30 avril 1999, vêtu de vert d'eau et or, accompagné à l'affiche de David Vilariño et d'*el Fandi*. *Rafael de Julia* combat le novillo *Azucarero*, n° 31, negro bragado, pesant 486 kg, et issu de l'élevage de Paco Ojeda. Il écoute un silence à l'issue de sa première prestation puis effectue un tour de piste après la sonnerie d'un avis lors de son second combat. Auteur d'un bon parcours novilleril, *Rafael de Julia* prend l'alternative dans ces mêmes arènes de Madrid lors de la corrida du dimanche de Pâques, le 15 avril 2001. Vêtu de blanc et argent, il reçoit sa muleta de matador de toros des mains de José Ignacio Uceda Leal et en présence de *Juan Bautista*. Le toro de la cérémonie est *Protegido*, n° 46, negro, pesant 541 kg, de l'élevage de Peñajara. Comme pour ses débuts à Madrid en qualité de novillero, *Rafael de Julia* recueille un silence lors de son premier combat puis donne un tour de piste face au sixième toro de la corrida. Un mois plus tard, le 20 mai 2001, le Madrilène fait sensation en ouvrant la Grande Porte de Las Ventas, en pleine féria de San Isidro. Accompagné au cartel de José Luis Bote et Luis Miguel Encabo, *Rafael de Julia* obtient son premier grand triomphe en qualité de matador de toros en coupant chaque fois une oreille face à une excellente corrida de Carriquiri. À l'issue de cette saison, *Rafael de Julia* effectue sa présentation en Amérique latine en prenant part à la corrida du 18 novembre 2001 dans les arènes péruviennes de Lima. Aux côtés de *Finito de Córdoba* et d'*el Califa*, le torero madrilène affronte le toro *Carnaval*, n° 66, negro listón, pesant 567 kg et issu de l'élevage de Garfias. *Rafael de Julia* écoute un silence à l'issue de sa première prestation puis est applaudi face au sixième toro porteur du fer de San Martín. Ayant pris directement l'alternative à Madrid,

Rafael de Julia fait partie des rares matadors qui n'ont pas eu à confirmer leur doctorat en Espagne. Le 17 février 2002, le torero madrilène a toutefois confirmé son alternative dans les arènes colombiennes de Santa Fé de Bogotá, des mains d'Enrique Ponce et en présence du matador local *Dinastía*. Le toro de la cérémonie était *Codicioso*, n° 133, pesant 459 kg et issu de l'élevage colombien d'Agualuna. Applaudi à l'issue de son premier combat, *Rafael de Julia* écoute des sifflets après sonnerie d'un avis lors de sa seconde faena. Une semaine plus tard, le 24 février 2002, il effectue sa présentation en France sous la bulle des arènes de Nîmes lors d'une corrida mixte. Vêtu d'aubergine et or, le Madrilène partage l'affiche avec le matador de toros de Murcie, Alfonso Romero, et le novillero José María *Manzanares* fils, face à du bétail de María del Carmen Camacho. Le toro de présentation s'appelait *Barbacano*, n° 45, negro mulato poco bragado, pesant 460 kg. À l'issue de ce combat, *Rafael de Julia* écoute un silence puis est applaudi face au cinquième toro, chaque fois après la sonnerie d'un avis.

Le parcours novilleril de *Rafael de Julia* a très tôt laissé croire en l'éclosion d'un sérieux espoir du toreo. Lors de sa première saison en novillada formelle, le Madrilène a coupé un total de 31 oreilles et 1 queue lors des 22 courses auxquelles il a pris part. Il se distingua notamment en triomphant lors des trois principaux cycles d'Algemesí (Valence), Arganda del Rey (Madrid) et Arnedo (La Rioja) en recevant le fameux trophée du Zapato de oro. Ses débuts avec picadors, au printemps 1999, sont couronnés de succès et la série de novilladas entamée s'avère triomphale. Le 30 juillet, après un léger passage à vide lors de la féria de la Comunidad, *Rafael de Julia* coupe une nouvelle oreille à Madrid face à un novillo de Manuel San Román de Valdés et revendique son statut de novillero puntero lors du cycle estival organisé chaque année à Las Ventas. L'afición prend également en compte la variété des élevages toréés avec notamment deux grands succès, remportés respectivement à Algemesí et Arnedo, face à des novillos de María Luisa Domínguez y Pérez de Vargas (une oreille) et Adolfo Martín (trois oreilles). Après un passage furtif à Bogotá en début d'année 2000, la France taurine découvre *Rafael de Julia* sous son meilleur jour lors de la féria nîmoise de *Primavera*. Le Madrilène coupe une oreille de poids à l'issue d'un combat très engagé face à un novillo de La Quinta. Un succès qui fait suite à l'oreille coupée la semaine précédente lors du cycle des novilladas de Saint-Sébastien devant un exemplaire de Valdefresno. Présent dans toutes les arènes espagnoles de première catégorie, *Rafael de Julia* devient progressivement le novillero de référence et coupe une nouvelle oreille d'importance au mois de mai à Valence. Le 4 août 2000, il sort en triomphe des arènes de Las Ventas après avoir coupé une oreille de chacun de ses novillos de Hermanos Lozano, obtenant deux répétitions à Madrid les 11 et 13 août. Après avoir coupé trois oreilles aux novillos de Gabriel Rojas Fernández à Algemesí, Rafael torée à nouveau à Arnedo puis s'enferme en seul contre six le 1er octobre 2000, chez lui, à Torrejón de Ardoz (Madrid). Devant six exemplaires de Valdeolivas, le novillero obtient l'oreille de ses deux premiers adversaires et gagne ainsi rapidement la sortie en triomphe. *Rafael de Julia* torée à Málaga le 12 octobre une dernière course avant de s'envoler pour Lima où il coupe le 22 octobre une oreille à un novillo de San Pedro. Très apprécié de l'afición sud-américaine, le novillero madrilène débute même l'année 2001 par une course à Santa Fé de Bogotá où sa première faena face à un exemplaire de l'élevage local de Juan Bernardo Caicedo est primée d'une oreille. Cette novillada sera sa dernière course avant de prendre l'alternative dans les arènes de Las Ventas, trois mois plus tard. Immédiatement dans le sitio face au toro adulte, *Rafael de Julia* réalise l'exploit d'ouvrir la Grande Porte de Madrid seulement un mois après la prise de son doctorat. Cependant, il rend quelque peu ce triomphe en échouant le 14 juin 2001 lors de la prestigieuse corrida de la Beneficencia face aux toros de Victorino Martín. Bien difficile pour un jeune torero d'être immédiatement au sommet avec un élevage qui nécessite bien du métier... Malgré ce revers assez relatif, *Rafael de Julia* retrouve la confiance le 25 juillet 2001 en coupant trois oreilles aux toros de Celestino Cuadri lors de la féria de la San Jaime, à Valence. Ses débuts en tant que matador à Santander (Cantabria), Málaga, Saint-Sébastien et surtout Bilbao, où il effectue un tour de piste, sont plus qu'encourageants. Assez fatigué par le rythme estival de sa première saison comme matador, Rafael échoue le 8 septembre et ne peut venir à bout d'un toro portugais de Murteira Grave à Santoña (Cantabrie), écoutant sonner les fatidiques trois avis. Répété pour la féria d'Automne, *Rafael de Julia* ne parvient pas à répéter ses succès passés à Madrid et échoue encore devant du bétail fade du Puerto de San Lorenzo. Il retrouve une nouvelle fois la confiance en obtenant une oreille de poids face à un toro de María Luisa Domínguez y Pérez de Vargas le 9 octobre 2001 lors de la féria du Pilar, à Saragosse. Le 27 décembre de la même année, il se présente à la féria de Cali et coupe l'oreille d'un exemplaire d'El Paraíso. En début d'année 2002, *Rafael de Julia* remporte encore un triomphe important à Mérida (Venezuela) puis coupe une oreille à Saragosse. Il se distingue enfin au mois d'août en graciant un toro de Cuadri dans les arènes de Valverde del Camino (Huelva). Imprimant un toreo classique, *Rafael de Julia* fait preuve en piste d'une grande volonté. Ses faenas allègres mais toujours de bon goût s'accordent bien avec tous les styles de toros. Le Madrilène semble même avoir une certaine prédilection avec les élevages de Cuadri et de Guardiola face auxquels il a très souvent triomphé. Encore dans une phase ascendante, *Rafael de Julia* bénéficie d'une nette marge de progression. Il fait partie des nouveaux matadors de toros sur lesquels il faudra compter en ce début de XXIe siècle taurin... C.C.

RODRÍGUEZ GARCÍA Dionisio (Señores Hijos de Dionisio Rodríguez García)

Origine : Conde de Santa Coloma
Devise : rouge et jaune
Ancienneté à Madrid : 25 juillet 1947
Propriété : « Hernandinos », Villavieja de Yeltes (Salamanque)

Dionisio Rodríguez forme cet élevage avec des produits issus de différentes origines. Il parvient à présenter des lots à Madrid, Barcelone, Las Palmas, Valence et Alicante en 1946, intégrant par la suite l'Unión de Criadores de Toros de Lidia. Il acquiert en 1950 un lot de vaches de María Dolores de Juana Cervantes ainsi que deux étalons d'origine Santa Coloma. Cet apport le convaincra de supprimer définitivement les origines antérieures. Dionisio disparaît en 1989, laissant l'élevage entre les mains de ses fils.

Souvent programmé dans des arènes espagnoles de troisième catégorie, cet élevage fait combattre une vingtaine de produits par saison. Le fer n'a toutefois pas présenté de toros lors des saisons 1999 et 2000. On retrouve principalement ces toros dans des novilladas et des corridas de rejón. C.C.

RODRÍGUEZ ORTEGA Joaquín, *Cagancho*. Joaquín Rodríguez Ortega, *Cagancho*, est né le 17 février 1903 à Triana dans une famille d'origine gitane. Il participe à sa première novillada en 1923 avec des novillos de Bohórquez, à la Isla de San Fernando. En 1925, il torée dans les plazas d'Andalousie et se présente à Madrid le 5 août 1926, où sa manière de toréer douce et suave, lente et dominatrice, enchante le public. Il reçoit l'alternative en 1927 devant *Orejillo*, un toro de la ganaderia de doña Carmen de

Federico, des mains de Rafael *el Gallo*. Le 22 juin, *Valencia II* le confirme à Madrid devant *Naranja*, un toro de María Montalvo. Puis il se rend au Mexique où le public lui réserve un accueil chaleureux.

On chicane : l'esthète qui ne se soucie pas assez de la raison pour laquelle il donne telle passe, de l'endroit et du moment où il l'exécute et de son exacte nécessité par rapport à l'ensemble du combat avec le fauve, fait des bulles de savon irisées, mais évanescentes. La beauté ne peut se séparer du métier, elle doit le servir. Dans le cas contraire, l'on en vient à confondre la qualité authentique et la simple apparence.

On admoneste : au nom de cette prétendue classe on pardonne tout à ceux qui en sont les détenteurs : le manque de point d'honneur, l'incompétence professionnelle, des séries d'échecs presque illimitées, les fuites les plus ridicules, les incitations au scandale. Car enfin, dessiner avec grâce deux ou trois lances de cape, cela n'implique pas de savoir toréer : dominer le fauve et pouvoir avec lui.

Guillermo Sureda Molina est l'auteur d'un ouvrage sur le toreo gitan où il ne cesse d'analyser, de comprendre et de justifier ce qu'il dénonce quand il s'en prend à cette tromperie de la fausse classe : la folie pure de la carrière d'*el Gallo* avec tant de toros rentrés vivants au toril et ses courses éperdues vers la barrière de protection où il se précipitait cul par-dessus tête. Pour *Cagancho*, il est bien obligé d'aller plus loin, s'il veut l'accueillir dans son panthéon et admettre qu'il existe une esthétique gitane en marge de la technique taurine. On ne compte plus les fois où il est conduit en prison après la corrida au milieu d'un climat d'émeute. Génial à ses heures, on ne le jugera pas selon la norme, la logique. Il convient de le voir à travers le prisme de la passion, d'accepter l'inconnue toujours vive de son toreo magique.

Mais *el Gallo* et *Cagancho* appartiennent à l'Histoire : on voudrait oublier leurs défauts et ne se souvenir que de leurs moments heureux. Avec leurs épigones, il est parfois bien difficile de se prononcer. Rafael *Albaicín* n'a cure que de plastique, de chorégraphie. Très peu de fauves acceptent de rentrer dans son jeu quand il se mire dans le miroir de Narcisse et exprime le chant du cygne de son art décadent qui convertit le toreo en un pur ballet. Cela se complique davantage avec les contemporains. *Rafael de Paula* ne sait recevoir, dans ses meilleurs jours, que le fauve de charge vive, soutenue, presque accordée. L'on reste suspendu entre la tourmente et l'exaltation de chaque instant.

En face d'un adversaire qui ne l'autorise pas à rester ferme sur ses pieds pour sculpter ses passes, dont il ne s'est pas convaincu qu'il suivra l'étoffe comme si son mufle y demeurait englué, *Cagancho*, le gitan aux yeux verts, se montre sans ressources et subit une déroute. L'accord avec la bête se noue par le hasard d'un sort bienveillant et relève des conjonctions d'astres. Aucune claire analyse ne lui permet de vaincre.

Une bête avec du nerf le précipite dans des courses à l'abîme. Il lie peu son toreo, n'enchaîne guère ses passes, à peine se sert-il de la main gauche pour dessiner des naturelles qu'il juge trop exposées. À partir du 31 mai 1931, il sera hanté par l'image traumatisante du calvaire de Curro Puya *Gitanillo de Triana*, son cousin, plus confiant, mais avec encore moins de recours, quand le fauve s'écarte de la perfection mécanique. Un gitan sombre, au teint de tabac clair sous le noir d'ébène luisant de sa chevelure, aux longues jambes et aux hanches étroites.

Parce que son geste se révèle interminable, le critique Gregorio Corrochano interrogeait : « Dis-moi, Curro, est-ce que ton cœur s'arrête quand tu torées ? » Ce que *Gitanillo de Triana* devait bien se garder de démentir : « Le rêve serait d'accomplir l'action d'éclat. Que le public assiste debout à l'éclosion de la grande faena. Et qu'après m'être abattu sur le fauve pour planter l'épée dans tout le haut, à l'instant même il se venge et m'ouvre le cœur. »

Mais, à Madrid, le toro de Graciliano Pérez-Tabernero n'avait pas frappé au cœur et l'agonie de *Gitanillo* dura deux mois et demi. On l'entendait de la rue quand il sombra dans le délire. Et la mort ne pouvait être un don que du toro, pas du corps médical qui s'ingéniait à retarder la fatale échéance. Pauvre Curro Puya, il se laissait suggestionner par tout ce qui rappelait Belmonte et copiait jusqu'à ses habits de lumières. De 1925 à 1931, sa véronique concurrence la véronique belmontienne et la dépasse parfois en plastique pure. On ne saurait se centrer davantage avec le fauve, déployer la cape avec plus de lenteur et de nonchalance, accompagner la charge de tout le buste offert en n'utilisant que la moitié de l'étoffe. Lorsqu'il cessa de souffrir au terme d'une longue lutte inégale et perdue d'avance à l'hôpital, *Gitanillo de Triana* songeait-il toujours aux deux majestueuses passes aidées par le haut de son dernier combat avec *Fandanguero* ? Il était dans sa vingt-septième année.

Un passage sombre et sans fin qui ne mène jamais à rien sauf à la sueur de l'angoisse. Et à présent, au-delà de tout ce que l'on peut supporter, l'artiste gitan reçoit en transe l'inspiration de la peine, il arrache au toro un terrible et long crescendo de passes, il tire de cette vie ardente qu'il épouse la plainte la plus secrète et l'enlève vers le ciel de l'arène de l'élan de son buste aux reins creusés. L'enroulement du fauve autour de son corps a l'insoutenable intensité du *chant profond*, de son cri, de son sanglot. Douleur savoureuse du flamenco qui en arrive à se griser de l'excès de son mal. Et cette âpre soif de chanter sa revanche. Celle d'une race longtemps errante et marginalisée, enfermée dans son particularisme.

La mort dans l'arène reste un accident. Le cri de souffrance de la faena l'est aussi de délivrance. *Cagancho* se prouve que le fauve n'offre plus de danger et reconquiert contre le drame de Curro Puya *Gitanillo de Triana* une provisoire invulnérabilité. Il choisit de vivre au Mexique où il devint dès sa présentation une idole. Après des années de retraite, il décède à Mexico le 1er janvier 1984. De moindre pouvoir et de charge plus suave, le bétail du terroir convenait mieux à son expression. J.M.M.

RODRÍGUEZ PARADA José Luis, *José Luis Parada.* Le 17 septembre 1968, à Morón de la Frontera, José Luis Rodríguez Parada, né le 19 février 1950 à Sanlúcar de Barrameda, province de Cadix, apparaissait dans sa première prestation publique. Après une dizaine de becerradas, il débute en novillada avec picador le 9 février 1969 à Rota (Cadix), en compagnie de Rafael Torres et d'Alonso Morillo, devant des novillos du marquis de Villamarta. Le 15 août de la même année, il affronte seul six toros de Salvador Guardiola dans la Real Maestranza. Après 27 novilladas, il reçoit l'alternative le 31 août 1969 à Puerto de Santa María, des mains de *Limeño* en présence de Ruiz Miguel, devant *Holgazán*, toro de Marqués de Domecq auquel il coupe deux oreilles. À son second, il coupera les deux oreilles et la queue. La confirmation lui est donnée le 18 mai de l'année suivante devant *Venesoso*, toro de Fermín Bohórquez, par *Miguelín* et en présence de Manolo Cortés. Il se présente en France, à Mont-de-Marsan, le 14 juillet 1970 devant des toros de Cuadri, avec Dámaso González et Ángel Teruel. Puis, le 18 octobre, il torée au Pérou, à Lima, avec *Palomo Linares* et Ruiz Loredo devant des toros de la ganaderia de Yencala. Il confirme à Mexico le 23 février 1972 devant un toro de Tequiasquiapan, *Canastillo*, avec pour parrain Alfredo Leal et *Finito* pour témoin. Avec près de 400 corridas, ce torero fin lidiador, sachant s'adapter aux situations délicates, a un bon palmarès, obtenu avec succès dans de grandes férias. R.B.

RODRÍGUEZ PÉREZ José Antonio, *Campuzano*. Il est né le 30 janvier 1954 à Ecija. Très rapidement, il suit ses parents à Gerena, aux portes de Séville, et commence en 1970 avant de revêtir son premier costume de lumières l'année suivante à Ronda, se faisant annoncer sous le patronyme de *Campuzano*, qui était le second nom de son père. Il débute avec picadors à Gerena le 30 septembre 1971 et sa carrière à ce niveau s'avère rapidement très prometteuse. Il torée en tant que novillero à neuf reprises dans la Maestranza de Séville et fait sa présentation à Madrid le 24 septembre 1972, où il coupe une oreille d'un novillo de Pérez Angoso.

José Antonio *Campuzano* prend l'alternative le 29 avril 1973 à Séville des mains de l'illustre Luis Miguel *Dominguín*, qui effectuait son retour. Son témoin est *Paquirri* et le toro de la cérémonie, *Simpatía*, provient des frères Núñez. Il confirme son alternative le 7 juin de la même année, avec toujours *Dominguín* comme parrain et *el Viti* pour témoin, avec le toro *Rabanero* de Manuel Arranz. Au cours de cette corrida de la Bienfaisance, il coupe une oreille à son deuxième adversaire. Il débute en Amérique à Lima, au Pérou, le 18 novembre 1973 devant un toro de la ganaderia de La Pauca en compagnie de Rafael Torres et José Luis Parada. Il torée pour la première fois en France, à Fréjus le 22 juillet 1979, avec Justo Benítez et José Luis Palomar des toros d'Ignacio Pérez-Tabernero. Puis il confirme à Mexico le 5 janvier 1992 devant *Zacatecano*, toro de Javier Garfias, avec pour parrain Curro Rivera et comme témoin César Pastor.

Irrégulière mais comprenant des périodes fortes, comme les années 1983-1986, la carrière de José Antonio *Campuzano* a été celle d'un torero doué et plein d'allure qui par la force des choses dut progressivement s'adapter aux toros difficiles. Face à ces élevages de respect, tels que Miura, Pablo Romero ou Victorino Martín, il étaya sa réputation et laissa le souvenir d'un maestro *poderoso* qui aura marqué son époque. Il cessa progressivement son activité et à l'orée de ce siècle, s'occupe de jeunes talents, dont Sébastien Castella. P.H.

RODRÍGUEZ SÁNCHEZ Manuel, *Manolete*. Le 28 août 1947, à Linares, dans la province de Jaén, *Islero*, un toro de Miura, blessait mortellement Manuel Rodríguez Sánchez, dit *Manolete*, matador qui avait repris l'apodo qu'utilisaient son père et son grand-père. Le lendemain, à 5 heures du matin, dans la chambre n° 18 de l'hôpital de Los Marqueses, après avoir déclaré qu'il n'y voyait plus et demandé si ses yeux étaient ouverts, Manuel Rodríguez rendait le dernier soupir et entrait dans la légende.

Né à Cordoue le 4 juillet 1917, il fait partie d'une grande famille torera.

Son père, Manuel Rodríguez Sánchez dit *Manolete II*, né le 24 septembre 1883 à Cordoue, devient novillero et se présente à Madrid le 12 juillet 1903. En 1906, il torée 46 novilladas et prend l'alternative le 15 septembre 1907 à Madrid avec *Machaquito* comme parrain et *Cocherito de Bilbao* comme témoin. Il foulera les ruedos jusqu'en 1914 puis se retirera ; il décéda de la tuberculose en 1923.

Son oncle paternel, José Rodríguez Sánchez *Bebe Chico*, né le 17 avril 1870, commença à toréer à quinze ans dans une cuadrilla de jeunes. Il se présente à Madrid 19 mars 1892 face à des novillos de Veragua et, le 22 juillet 1900, il prend l'alternative à Madrid des mains d'Enrique Vargas *Minuto* face à des toros de Basilio Peñalver. Ce jour-là, *Minuto* est blessé et *Bebe Chico*, pour son alternative, tue les six toros de la course. Il torée jusqu'en 1910 puis devient banderillero dans la cuadrilla de son frère *Manolete II*.

Le grand-père, Manuel Rodríguez, avait lui aussi été novillero sous le nom de *Manolete I* puis devint rapidement subalterne tandis que son frère, né le 11 décembre 1824, José Rodríguez y

Rodríguez, devint célèbre sous l'apodo de *Pepete*.

On notera que la mère de Manuel avait été mariée en premières noces à Rafael Molina *Lagartijo Chico* qui toréait souvent avec *Machaquito*, et qui mourut de tuberculose pulmonaire à l'âge de trente ans. La famille comptait aussi en son sein les Bejarano (dont *Guerrita*) et les Molina (dont *Lagartijo*) et quelques autres d'importance.

On comprend donc que dans cette ambiance familiale totalement centrée sur la tauromachie, le destin du jeune Manuel était tout tracé. Quand il a six ans, son père meurt et les difficultés commencent dans la maisonnée. Rapidement, il nourrit l'ambition de devenir torero ; il commence à fréquenter les tientas et aux environs de douze ans, il peut enfin donner ses premières passes à des becerros. Il prend ensuite des cours à l'école taurine de Montilla et à celle de Bujalance. Afin de gagner quelques pesetas, il devient novillero et assure la partie dite « sérieuse » d'un spectacle de toreros comiques, *Los Califas de Córdoba*, ce qui l'amènera en France, à Arles le 2 juin 1934 et à Nîmes le lendemain, face à des becerros de la manade Saurel. Ce furent ses deux seules apparitions en France et elles ne furent pas remarquées. Il ne l'est pas davantage en Espagne.

Sa première novillada a lieu le 1er octobre 1934 à Ecija. Ce n'est qu'au printemps 1935 qu'il commence réellement dans les novilladas sérieuses des arènes de Tetuán de las Victorias, dont l'empresa est *Dominguín* père. Il alterne avec les Mexicains Liborio Ruiz, Siverio Pérez et l'Espagnol Bonifacio Fresnillo *Valerito Chico*, face à des novillos d'Esteban Hernández. Il ne convainc personne, même lorsqu'il se présente comme novillero dans sa ville natale. Il faut attendre 1936 pour qu'il commence à attirer l'attention du public, en particulier lors d'une course à Cordoue.

Quand la Guerre civile éclate, *Manolete* se trouve sur le territoire tenu par les nationalistes. Apodéré par son parent, José Flores González *Camará*, qui a remarqué les qualités du jeune torero, *Manolete* va participer à des courses que l'on donne dans cette partie de la péninsule Ibérique en guerre, alors que la corrida est proscrite de la zone tenue par les républicains, opposés à sa pratique. Cette période d'inactivité relative va durer deux ans. *Manolete* affine sa technique et son style, qu'il épure. Le 26 mai 1938, il fait sa présentation à Séville où il retourne le 5 juin et le 9 octobre suivants. Le jeune torero a amélioré son aguante et attend les charges du toro avec beaucoup de sérénité, ce qui étonne le public encore habitué à un toreo plus remuant. Le 2 juillet 1939, il reçoit l'alternative à Séville des mains de Rafael Jiménez *Chicuelo*, en présence de Rafael Vega de los Reyes *Gitanillo de Triana II*, face au toro *Mirador* de la ganaderia de Clemente Tassara. Il confirme à Madrid le 12 octobre de la même année face à un toro d'Antonio Pérez, avec Marcial Lalanda et Juan Belmonte Campoy. Commence alors une des plus glorieuses carrières de l'histoire taurine pour ce garçon grand et mince, au visage émacié, au regard triste et lointain qui impose sa manière de toréer à tous les toros qu'il affronte. Immobile et distant, comme détaché des impératifs de ce monde, il lie les passes avec un détachement stupéfiant, ignorant le danger même si la corne le frôle.

Dès la première année, son audience est totale et il éclipse tous ses camarades, même les plus cotés, car il stupéfie par sa manière d'affronter les toros. Dès 1941, il devient le « numéro un » et, mis à part quelques rares adversaires, il reçoit l'assentiment de la totalité des aficionados qui sont séduits par son exceptionnelle personnalité. En 1942, il confirme sa domination, accumule les triomphes et finit l'année avec 72 courses, malgré une grave blessure à Madrid. En 1943, il est en tête de l'escalafón avec 61 corridas, 3 triomphes majeurs à Madrid, malgré quatre blessures. La temporada suivante le voit toujours caracoler en tête du classement avec 93 corridas. Il est au faîte de sa gloire, adulé par le public, courtisé par les empresas qui lui versent de très gros cachets pour obtenir sa participation. Mais *Manolete* est fatigué par des nuits d'insomnie lors des trajets sur des routes chaotiques, et par la tension nerveuse que provoque la demande pressante du public. C'est le moment où *Arruza* rentre du Mexique, auréolé de gloire. Il bat en brèche la réputation de *Manolete* et s'attire l'attention du grand public avec une manière de toréer brillante et animée, en opposition au toreo dramatique du Cordouan, dont la domination finit par lasser. En 1945, c'est *Arruza* qui conquiert la première place de l'escalafón avec 108 courses. *Manolete* n'a participé qu'à 71 paséos car il a été à nouveau gravement blessé en juin, en pleine temporada. Cette année-là, il se rend à Mexico, le 9 décembre, triomphe mais subit une autre blessure. Dès qu'il est remis, il fait campagne en Amérique du Sud, campagne riche en contrats et en succès mais qui le fatigue intensément. Il décide que 1946 sera une année sabbatique. Il n'accepte qu'une seule participation : celle de la corrida de la Beneficencia à Madrid, en septembre, où il fait le paséo avec un jeune torero ambitieux et assoiffé de gloire, à qui il a donné la confirmation d'alternative à Madrid le 14 juin 1945 en présence de Pepe Luis Vázquez et qui ne souhaite que le détrôner : Luis Miguel *Dominguín*.

La santé de *Manolete* devient préoccupante et il pense s'arrêter après la temporada mexicaine, d'autant que le public devient de plus en plus exigeant. Il est à nouveau gravement blessé à Madrid le 16 juillet 1947. À peine remis, il accepte un dernier contrat pour l'année, afin de satisfaire la demande d'un empresa de ses amis. Il combat des Miura, à Linares, en compagnie de *Gitanillo de Triana* et de Luis Miguel *Dominguín*. Le paséo a lieu à 17 h 30. *Gitanillo* entend les applaudissements après le premier. *Manolete* rate la mort du deuxième. *Dominguín* rafle les deux oreilles du troisième. *Gitanillo* n'est pas brillant avec le quatrième.

Le cinquième, *Islero*, Miura de cinq ans, sort en piste. C'est le dernier recours dont dispose *Manolete* pour prouver sa suprématie. Il lui donne trois véroniques profondes et le toro reçoit trois piques. Il commence sa faena par des passes par le bas puis des derechazos. *Camará* l'incite à bien le châtier. Le toro accroche avec la corne gauche. La faena est angoissante. *Manolete* donne deux manoletinas puis deux passes hautes. Le torero paraît comme absent, devenant ensuite exalté puisqu'il donne même une passe à genoux. Le péon de confiance lui apporte par deux fois l'épée que *Manolete* refuse. Le public le presse de tuer le Miura. *Manolete* le laisse près des planches du toril, terrain éminemment dangereux. *Chimo* le banderillero lui crie : « Enlève-le de là, change-le de terrain. » Mais *Manolete* n'en tient pas compte. Il se profile, il s'élance lentement, droit et de face, le bras gauche donnant la sortie vers les planches. L'épée commence à pénétrer dans le corps du toro. Simultanément, la corne droite d'*Islero* pénètre dans la cuisse de *Manolete* qui est soulevé, le corps tournant sur la corne. Il est projeté au sol, il essaie de se relever mais il retombe, évanoui. Les toreros se précipitent. On écarte difficilement le Miura, on relève *Manolete* ensanglanté. Dans l'affolement, le groupe se dirige dans le sens inverse de l'infirmerie et perd un temps considérable étant donné l'ampleur de la blessure. Le sang de *Manolete* ponctue le sable. À l'infirmerie, le docteur Garrido examine la blessure dès que *Camará* a enlevé, à grands coups de ciseaux, le costume du torero. La corne a fait des ravages, les muscles sont déchiquetés, la veine et l'artère rompues. On procède à des ligatures et on se précipite pour trouver des donneurs de sang, puis le docteur Garrido opère pendant quarante minutes. On avertit par téléphone les docteurs González Duarde, Tamara et Jiménez Guinea.

À 20 heures, *Manolete* se réveille et se plaint de l'aine. On le transfuse encore une fois et on se décide à l'amener à l'hôpital de Linares, où il est à nouveau opéré et transfusé. La ligature de la fémorale est terminée.

Dans la nuit, *Manolete* reprend ses esprits et d'une voix faible demande à *Camará* : « Ils m'ont donné les oreilles, Pepe ? » – « Oui, les deux... et la queue », répond Pepe. À quatre heures du matin, Domingo Ortega entre dans la chambre du blessé qui lui dit : « Voyez où j'en suis. Je suis sans force. » Puis *Manolete* fume une cigarette après le départ d'Ortega. On annonce alors l'arrivée de Lupe Sino, la fiancée de *Manolete* avec qui il a des relations tumultueuses. *Camará* lui refuse l'entrée de la chambre car il juge qu'il ne faut pas d'émotion au matador. Elle insiste. Domecq lui promet que si *Manolete* la demande, il l'informera et elle pourra le voir. Mais *Manolete* ne la demandera pas.

Dans la nuit, pour aider le malade, épuisé, les médecins décident de lui transfuser du plasma pour éviter tout nouveau choc, ce qui fait souffrir le torero. Plus tard, le fils du docteur Garrido déclarera que cette transfusion faite avec du plasma desséché datant de la guerre a été fatale au matador.

À 5 h 07, le docteur Tamara qui tenait le poignet du blessé le lâche et dit : « Il est mort. »

Manolete vient d'entrer dans l'Histoire, ce qui n'exclut pas la critique : *Manolete* fut-il un torero exceptionnel ? Il est certain que sa mort en piste a servi à sa légende. Car les chroniques qui parurent quelque temps avant son accident étaient souvent assez cruelles et certains n'hésitaient pas à lui conseiller de ranger les trastos au plus vite. Les opposants lui reprochaient de n'affronter que des petits toros afeités, en réalité des novillos de moins de quatre ans, que le règlement n'interdisait pas. Il toréait généralement de profil, se contentant d'embarquer son opposant sur sa trajectoire naturelle. Mais il avait un style épuré à l'extrême, hiératique même, allongeant son bras et donnant lentement la passe. Filiforme, visage émacié et regard fiévreux, *Manolete* avait une présence certaine et sa manière de toréer créait une attente quasi mystique dans les gradins. Rien ne semblait pouvoir le distraire de cet univers dans lequel il entrait avec la bête. Sans grand prestige à la cape, c'est avec l'épée qu'il était exceptionnel, entrant droit et court quel que soit le toro. Un estoqueador unique. Cette manière de s'engager fut la cause de sa blessure fatale. Il ne faut pas oublier aussi le rôle que joua dans sa carrière *Camará*, son apoderado, qui la mena de mains de maître.

Manolete légende ou réalité ? À coup sûr un mythe exceptionnel. R.B.

On a le droit de ne pas aimer *Manolete*, d'estimer que sous l'influence de ses succès (« Bienheureux nos imitateurs – disait avec ironie *Dominguín* – parce que nos défauts leur seront imputables ») la tauromachie a été entraînée sur une pente dangereuse, voire inextricable, en introduisant la monotonie dans les faenas, et surtout dans les toros qui s'y prêtent. Il me paraît moins admissible de ne voir en lui qu'un « truqueur », pour reprendre un terme imprudent d'Hemingway. Affronter régulièrement des Miura – comme le rappelle Pepe Luis Vázquez, c'est toute la différence entre les figuras d'hier et d'aujourd'hui –, avoir atteint un sommet de sincérité et de classicisme dans l'estocade, au point d'en être mortellement blessé, devraient mettre à l'abri de ce genre de qualificatif.

La grande vertu de *Manolete* est d'avoir eu l'instinct et le courage de trouver le sitio, l'espace précis, si on a le cran de s'y tenir, à partir duquel on déclenche à volonté la charge du taureau, après s'être rapproché de lui à la limite du possible. Certes, il évitait d'avancer la muleta vers la *corne contraire*, il la gardait plutôt légèrement en retrait par rapport à son corps ; ce faisant, ses passes étaient brèves, mais intenses et serrées. Encore une fois, on peut préférer un autre style, mais condamner le sien au nom de l'esthétique n'est pas plus pertinent que de reprocher à Stendhal et à Flaubert leurs phrases courtes par comparaison avec les périodes de Chateaubriand. On a fait également des réserves sur sa position de tangence par rapport à l'axe de charge de la bête, en portant cette fois le débat sur le plan de l'éthique. Il aurait pu répondre, et d'autres l'on fait après lui – notamment le *Cordobés* et *Espartaco* –, que se croiser, charger la suerte et embarquer le toro dès la naissance de son élan sont autant de façons de le dévier de sa trajectoire initiale et « naturelle », par conséquent de prendre le pas sur lui et de s'exposer avec moins de risque. La discussion à cet égard est sans fin. On l'a critiqué, aussi, pour son toreo de profil. Mais celui-ci est le pendant de son apport majeur : l'enchaînement des passes, le *ligazón*, qui lui a permis de dessiner de vraies séries, ce que personne n'avait fait avant lui. Or, pour enchaîner plusieurs figures, et pour toréer en rond, il est nécessaire que la jambe pivote prestement sur l'autre ; la position de profil est plus favorable à cela que la position de trois quarts, qui obéit à une autre logique.

La vérité, à mon sens, est que par sa personnalité artistique et humaine *Manolete* est peut-être la figura la plus marquante du XXe siècle – ce qui ne veut pas dire obligatoirement le plus grand torero –, et qu'il a ouvert la voie à d'autres personnalités majeures : *el Cordobés*, Paco Ojeda, José Tomás... Tous ceux, en un mot, qui ont privilégié le sitio, l'aguante et l'enchaînement.

Est-il besoin d'aborder la question politique ? Certes, les circonstances ont voulu que Manuel Rodríguez soit enrôlé dans les troupes nationales durant la Guerre civile. Il est vrai, aussi, que le régime de Franco a pu utiliser pour sa propagande la notoriété du « Calife ». Faut-il pour autant supposer de sa part des complaisances particulières, ce qui a autorisé quelquefois les réserves qu'on a faites sur le torero lui-même ? Ce serait d'autant plus injuste que l'homme a pris soin de se tenir à l'écart de tout sectarisme idéologique et que, durant ses saisons au Mexique, il n'a pas hésité à rencontrer les exilés de la République, parmi lesquels le ministre socialiste Indalecio Prieto, auquel il dédicaça une photographie : « D'un Espagnol à un Espagnol. » F.Z.

Un grand artiste, sans doute, est contagieux et ses victimes se groupent. Une école s'organise, mais le plus souvent les écoles servent à ranger les disciples au nombre des ratés. Combien de toreros perdus pour n'avoir pas su se dégager à temps de l'imitation trop servile du maître ? L'absence de tourment créateur n'autorise guère que l'assimilation de procédés. Faute de personnalité, l'on en revêt vite une à la mode du jour et qui fera un moment illusion. Ces emprunts, à l'ordinaire, restent superficiels. À copier des gestes, un pas, une allure, on acquiert surtout des tics.

Quand Belmonte se retirera en 1935, ce sera au profit de toreros qui ne se proposeront pas comme autant d'imitations plus ou moins heureuses. Non des simples suiveurs, mais des artistes assez originaux pour compter de nouveau parmi les précurseurs. Avec Domingo Ortega, on assiste au triomphe du dompteur qui harcèle, provoque la bête à bout portant. La mâle insolence s'affirme dans le resserrement de l'étreinte. Main de fer dans un gant de velours, il épuise jusqu'à l'extrême limite les ressources combatives de ses adversaires et la faena se développe en longueur.

Dans un monde séparé, supraterrestre, Victoriano de la Serna se meut en somnambule, tout le salut confié au miracle de ses poignets et de ses bras qui gouvernent le toro ralenti et lui ouvrent une sortie à la dernière seconde à l'aide d'une légère torsion de la main. Le Mexicain Lorenzo Garza reçoit la ruée du fauve sur sa hanche avancée et lui offre son corps à découvert dans une immobilité statuaire, avant de le capter dans sa muleta. Pour ces trois toreros, lorsque leurs facultés déclinèrent, il était temps que quelqu'un vînt dont ils auraient paru fournir des éléments constitutifs de son personnage et qui leur assigneraient leurs rôles respectifs dans l'évolution du toreo.

Cette voie qu'ouvrit Belmonte, et dont le toreo de *Manolete* paraîtrait l'aboutissement, était-elle la seule concevable avec les passes en grande série qu'elle autorise par son approche invraisemblable de la bête, sa recherche de l'effet pathétique, du choc émotionnel, poussée au-delà des prétendues règles qui garantissent l'efficacité du combat ? « Je ne pense pas que l'on puisse toréer de plus près ni plus immobile qu'on n'exige de moi avec chaque toro, à moins de monter sur l'animal lui-même, ce qui ne serait plus alors du toreo », devait déclarer *Manolete. El Cordobés*, chevauchant un jour de chambard son adversaire à Jaén, confirme cette assertion et transforme par cet acte paradoxal la corrida en rodéo pour une initiative qui ne saurait avoir de lendemain.

D'*el Cordobés*, l'Histoire retiendra en priorité sa prodigieuse façon d'enchaîner les passes naturelles de la gauche ou de la droite, d'en supprimer les pauses que l'on aurait jugées indispensables, de toujours recueillir l'adversaire à l'instant où l'on ne s'y attendait plus et de le conduire tout contre soi en un élan qui, d'être ainsi incompréhensiblement prolongé, semblait ininterrompu. Désormais, cette leçon d'aguante (d'attente impavide de la charge) et d'enchaînement jusque-là inouï, *el Cordobés* à son tour retiré, demeure telle une référence, un point de comparaison, modèle, archétype, étalonnage.

À cause de la guerre de 1939-1945, suivie de la fermeture de la frontière espagnole et de sa mort à Linares sous le corne d'*Islero* de Miura, *Manolete* n'a jamais toréé en France. Y vint avec une troupe de toreros-bouffes originaires de Cordoue, « Les Califes », un jeune homme de seize ans à qui rien n'annonçait sa gloire. C'est à Arles qu'il revêtit pour la première fois le costume de lumières. Le lendemain, on le répétait à Nîmes. Fils et petit-fils de torero, mainteneur du patronyme, il devrait s'appeler *Manolete III*. Son grand-oncle *Pepete* a été tué par un Miura dans l'arène. Sa mère, en premières noces, fut l'épouse de *Lagartijo Chico*, que la tuberculose emporta en pleine jeunesse.

On ne parlera de lui que trois ans plus tard, en 1938, après une novillada triomphale à Séville. Alors, on prétendra qu'il n'était pas triste, mais grave, que son long visage osseux évoquait les célestes figures du Greco. Sa raideur empruntée deviendra hiératisme, distinction seigneuriale. Une fièvre créatrice fera briller ses yeux globuleux et chagrins, allongés en olives. La mystérieuse dimension de l'art haussera chacune de ses actions et conférera le relief à ses mouvements économes, à ses attitudes stylisées, à la netteté des lignes qui en découlent. Chaque apprenti torero copiera ses gestes, son pas, son allure, comme on touche des reliques dont il est urgent d'éprouver la magie.

Forêt plafonnée de la Mezquita, futaie où les allées de colonnes s'allongent et se recoupent à perte de vue, offrent d'innombrables voies vers la perfection sous la reprise du même motif de deux arceaux superposés. « Pareille précision mathématique pour l'extase », selon Nikos Kazantzaki – comme elle fait songer à ce qu'est resté pour nous le toreo de *Manolete* : cette succession de défis qui doivent tout à leur droiture de colonne, à la simplicité géométrique et à la répétition musicale des passes essentielles.

L'égalité olympienne de *Manolete* ne l'empêchera pas d'accomplir sa parole : « Je dois faire la preuve avec mon sang », lui arrivera-t-il de dire un mois à peine avant la tragédie de Linares, et il tint promesse, héroïque, imperturbable, le 28 août 1947, après douze heures d'agonie, des suites de la blessure que lui avait infligée *Islero*, toro de Miura, à la minute de vérité.

La lente civière, le brancard bâché de la Croix-Rouge avance à travers les rues dans le tumulte de la fête jusqu'à l'hôpital de Linares, le pays minier. Toutes les fois que l'on dépose le brancard sur la supplication de *Manolete* qui souffre à chaque cahot du transport à bras, Luis Miguel *Dominguín* peut l'entendre et se pencher sur lui. La bataille décisive a eu lieu. Le Monstre se meurt et le laisse seul au premier rang. Luis Miguel qui, l'épée en main, ne se départira jamais d'une honnête correction, ne saurait méconnaître que c'est son courage et sa sincérité dans la mise à mort qui ont valu à *Manolete* ce coup de corne fatal.

Jugeant le toro de Miura trop alourdi par la faena, *Manolete* ne s'était-il pas résolu à empiéter sur son terrain de propos délibéré pour le décider à charger. Il lui avait coupé sa retraite naturelle vers le toril et, bien que courant ainsi un plus grand risque, ne s'était pas élancé plus vite, décomposant les temps et enfonçant la lame, centimètre par centimètre, au sommet du garrot. Cela ne pouvait découler d'une simple distraction de sa part, ce serait trop absurde.

Les deux premiers porteurs ont abaissé la civière et, pendant un instant, le corps demeure oblique. Les lumières et les rumeurs des réjouissances, entrecoupées des détonations des pétards du feu d'artifice, se reflètent au-dessus des joues creusées, des lèvres exsangues. Sous le jaune de la cape de travail qui le recouvre, *Manolete*, malgré le parcours interminable, est déjà arrivé où arrivent les bons.

« Nous sommes les produits d'une époque donnée. Nous nous adaptons au goût du public. » Cette déclaration de Luis Miguel recoupe la théorie exposée par Dominique Lapierre et Larry Collins sur les rapports que noue un torero en vedette avec l'état d'esprit de la majorité des spectateurs et le contexte économique. En *Joselito*, les auteurs saluent la soumission aux canons classiques, la perfection d'un style, la plénitude d'un équilibre traditionnel, accordé au monde d'avant la guerre 1914-1918. En Juan Belmonte, ils mettent l'accent sur la volonté indomptable, l'obstination désespérée, au service d'un art dont le torero modifie les lois, remanie, adapte les règles à sa manière, toute de conquête et de défi dramatique, où peut se reconnaître l'Espagne de la revendication et de la justice sociales, d'une neuve exigence de dignité. En *Manolete*, en ses combats à l'économie pathétique de tragédie grecque, lugubres et dépouillés, l'Espagne de la famine et de l'isolement se retrouve. *El Cordobés* deviendra le symbole de la réussite à quoi aspirent les pauvres et les opprimés, il incarnera une Espagne jeune, avide de vivre, de communiquer avec l'extérieur. À travers sa silhouette, les masses applaudiront la révolution de l'espoir. J.M.M.

RODRÍGUEZ Y RODRÍGUEZ José Dámaso, *Pepete*. La main sur la hanche, il pose fièrement, le regard lointain, le visage encadré de lourds favoris, sévère. De haute taille, d'une force peu commune, méprisant le danger, toujours sûr de lui, *Pepete* est devenu un matador qui côtoie les meilleurs du moment. Fils d'un négociant en bétail, José Dámaso est né le 11 décembre 1824 à Cordoue, dans les annexes de l'abattoir de la ville. Naturellement et dès qu'il en a la force, il participe avec son père à la capture du bétail domestique ou sauvage, à son accompagnement aux abattoirs et à son exécution. Il est rapidement au fait de toutes les pratiques et cet apprentissage l'aguerrit. En 1844, il décide de choisir un autre métier que celui auquel son père le destinait et devient péon de lidia sans avoir reçu une quelconque formation car il se fie à sa puissance, à sa volonté et à un courage à toute épreuve. Ses prestations de banderillero ne sont pas exceptionnelles. Il pose en puissance, sans élégance, servi surtout par sa haute taille.

En 1847, il décide, malgré son maigre bagage, de franchir le pas et devient matador, alternant dans quelques plazas avec Antonio Luque. Les 11 et 13 juin 1848, il estoque des toros de Guadalcázar en compagnie de *Camará* et de Julián Casas *el Salamanquino*, à Cordoue. En 1850, on le voit dans les arènes de Grenade, Cordoue, Jaén et Ciudad Real, et généralement avec *Camará*. Le 12 août 1850, c'est Lucás Blanco qui lui donne l'alternative à Séville et il confirmera à Madrid le 4 juin 1852.

Bon an mal an, *Pepete* participe à des corridas et s'il reste un matador de second ordre, il n'hésite pas à se confronter avec les figuras du temps. Le public apprécie les combats qu'il livre en toute bonne foi avec les toros. Il est souvent accroché mais, pour montrer son courage, il n'hésite pas à tuer en jetant sa muleta et en ne se servant que d'un mouchoir en dentelle.

Le 20 avril 1862, il est engagé à Madrid aux côtés de Cayetano Sanz pour affronter un lot de trois toros d'Agustín Salido et trois d'Antonio Miura. Sort en piste le deuxième toro de la course, un Miura, *Jocinero*. Violent et rageur, il prend seize rencontres tuant sept chevaux. Le picador Antonio Calderón est en place pour la rencontre suivante, *Pepete* est dans le callejón discutant avec des spectateurs. Calderón est renversé, en mauvaise posture. *Pepete* se précipite, court au quite et essaie de pratiquer un écart avec la cape. Mais *Jocinero* ne suit pas le leurre et soulève le torero entre ses cornes. *Pepete* tente de se dégager, y réussit en partie, quand le toro l'embroche et lui donne deux cornadas profondes dont une dans la région du cœur. *Pepete* tombe sur le sable, se relève, fait quelques pas et s'écroule. On le transporte à l'infirmerie, on le dévêt et on constate alors la gravité de la blessure : le cœur quasiment mis à nu. *Pepete* n'a que le temps de demander : « C'est grave ? » et il expire. R.B.

ROGER SERRANO Victoriano, *Valencia II.* Né à Madrid le 18 décembre 1898, il est, très jeune encore, monosabio aux arènes de Madrid pendant environ huit ans. Le 15 mars 1916, il torée pour la première fois en public à Vista Alegre en compagnie de Francisco Torres et Juan Luis de La Rosa, le 31 il se présente à Madrid et on l'y retrouve le 6 avril 1919. Il torée beaucoup jusqu'en 1921, fortement apprécié du public madrilène. Très demandé pendant cette période, le 17 septembre 1921, il échange épée et muleta d'alternative avec Manuel Granero à Madrid, devant *Cigarrito* de l'élevage de don Narcisio Darnande.

Il est admirable les deux années suivantes et ne se produit que dans des arènes de première catégorie. Dans l'année 1924, il paraît au Mexique où il achève la saison avec bonheur. En 1926 à Madrid, le 15 juillet, il est grièvement blessé. Il va signer jusqu'à quarante-six contrats en 1929, puis les engagements vont s'espacer et il prend avec regret sa retraite en 1931. Il est assassiné sur la route de Hortaleza pendant l'accablante année 1936.

Ses véroniques et ses demies sont restées célèbres. Avec la muleta, il était d'une belle efficacité, particulièrement avec la main droite, et bien qu'il n'utilisât guère la gauche, il entendait souvent des ovations inouïes. À l'épée, il était précis et régulier et au cours de sa courte carrière, il coupa un grand nombre d'oreilles dont deux et la queue à Bayonne le 14 septembre 1924 à un toro de Murube. Son passage à Nîmes n'a pas marqué les esprits des chroniqueurs et il est tout simplement éclipsé par Marcial Lalanda le 5 octobre 1930. Il est vrai qu'il relevait d'une blessure grave reçue quelques semaines auparavant à Albacete. J.B.T.

ROJO.
Voir COLORADO.

ROMÁN MARTÍN José Tomás, *José Tomás.* José Tomás Román Martín, plus connu sous ses seuls prénoms de José Tomás, est le fils d'Isabel et José Tomás. Aîné de quatre garçons – José Tomás,

Marcelo, Andrés et Antonio –, il a vu le jour à Madrid le 20 août 1975 mais a toujours vécu à Galapagar (Madrid) où son père tenait un bar taurin et dirigeait le club de football local. C'est pour cette raison que le football fut la première grande passion de José Tomás jusqu'au jour où son grand-père Celestino, ancien chauffeur de cuadrillas, lui communique son virus taurin. Très jeune, José Tomás fréquente les arènes de Las Ventas et découvre sa première corrida dans le temple mondial de la tauromachie. Les toros lui plaisent et le jeune José n'hésite pas, une fois la corrida terminée, à se mettre au balcon surmontant la Grande Porte des arènes. De ce poste, José Tomás voit sortir en triomphe bon nombre de toreros. Alors âgé de dix ans, le petit-fils de Celestino décide de tester ses capacités face à une vachette dans la propriété de Jesús Pérez Escudero *Chuchi* lors d'une capea montée par un membre de sa famille, le célèbre éleveur Victorino Martín. Alors qu'il ne devait pas intervenir, José Tomás prend une muleta, surgit en piste et offre quelques passes très inspirées qui laissent l'assistance bouche bée. Il vient en effet de lier plusieurs derechazos en tenant l'épée... dans sa main gauche ! Ces premières naturelles de la droite font beaucoup parler et arrivent même aux oreilles de Curro Vázquez qui viendra au campo voir œuvrer le jeune apprenti torero. Celestino Román exulte déjà à l'idée que son petit-fils puisse un jour devenir torero. Il lui organise en 1987 un spectacle public gratuit dans les petites arènes de sa propriété « Los Quinchos ». José Tomás, alors âgé de onze ans, se présente dans un petit costume de campo et partage le cartel avec son ami Alberto Elvira, lui aussi futur torero. Le résultat s'avère fructueux tant et si bien que le petit-fils de Celestino apparaît l'année suivante lors d'un festival plus officiel dans les arènes de Galapagar où il combat une vachette, mais sans l'estoquer. Au terme de plusieurs années d'apprentissage en capea, José Tomás affronte son premier becerro le 25 juillet 1989 lors d'un festival organisé dans les arènes de Colmenarejo (Madrid). Toujours à l'affiche avec Alberto Elvira, le petit-fils de Celestino coupe les deux oreilles et la queue, entamant sa carrière taurine de la meilleure manière qui soit. Deux ans plus tard, il revêt son premier habit de lumières, le 7 février 1991, lors de la féria de Valdemorillo (Madrid) où il combat un becerro de Carmen Segovia dans le cadre d'une course non piquée. Chez les Román, Celestino croit dur comme fer au talent naissant de José Tomás. Mais la famille d'Isabel Martín, la mère de José Tomás, est également partie prenante dans l'affaire... Ainsi, le fils de Victorino Martín présente un jour José Tomás à l'atypique banderillero madrilène Antonio Corbacho. Celui-ci va lui inculquer tout l'aspect technique du toreo, mais aussi sa philosophie. José Tomás débute en novillada formelle le 24 juillet 1993 dans les arènes de Benidorm (Alicante), aux côtés d'Antonio Barrera et de José Antonio Canales Rivera. Opposé à des novillos de Román Sorando, il coupe un total de deux oreilles et sort en triomphe dès sa première course avec picadors. Pourtant, José Tomás torée peu et après trois paséos effectués en Espagne à l'issue de la saison 1993, il s'embarque pour le Mexique en compagnie de Corbacho dès le mois de janvier 1994. Sur les terres aztèques, José Tomás affine sa préparation, découvre les élevages mexicains les plus prestigieux, participe à de nombreuses tientas et s'ouvre les portes des grandes arènes du pays. Conseillé par l'éleveur mexicain Pepe Chafik, José Tomás débute sa campagne de novilladas le 26 janvier 1994 à Puerto Vallarta. Il n'effectuera au cours de cette saison qu'un seul passage par l'Espagne pour triompher à Barcelone et Valence. C'est surtout au Mexique que le Madrilène marque les esprits, notamment à Aguascalientes, puis à Mexico où il se présente le 3 juillet en compagnie de Rogelio Treviño et *el Zapata* face à des novillos de

Manolo Martínez auxquels il coupe une oreille. Bien lancé dans sa carrière, José Tomás confie dès lors ses intérêts au torero retiré Santiago López, associé avec Emilio Miranda. Dès le début de la saison 1995, José Tomás fait sensation lors de sa présentation sous la bulle des arènes de Nîmes, venant en remplacement de Rubén Cano *el Pireo*. Vêtu de rose et or, le Madrilène lie, face au novillo d'ouverture de Sánchez Arjona, une faena extraordinaire de temple et de suavité, coupant une seule oreille. Alors que *Luisito* et *Rafaelillo* sortent en triomphe, José Tomás quitte à pied les arènes de Nîmes en ayant laissé la plus grande impression de l'après-midi. Mais l'Europe taurine n'est peut-être encore pas tout à fait prête pour accueillir la tauromachie de José Tomás. Le torero de Galapagar repart au Mexique... Le 25 mai 1995, il subit un premier et terrible coup de corne à Aguascalientes pour son baptême du sang. Quelques jours plus tard, c'est pourtant un José Tomás impérial qui revient en Europe, coupant trois oreilles aux novillos de Guadalest lors de la féria de Pentecôte à Nîmes et obtenant le trophée de la Cape d'or. Après un été très complet où il triomphe quasiment dans toutes les arènes françaises, le novillero de Galapagar se présente à Madrid le 24 septembre 1995. Vêtu de turquoise et or, il affronte un novillo de Las Ramblas, *Dislocado*, n° 24, negro, pesant 445 kg, dont il coupe une oreille. Aux côtés de Luis Miguel Encabo et de *Rafaelillo*, le Madrilène ravit le public de Las Ventas par le caractère naturel de sa tauromachie et coupe une autre oreille au quatrième novillo de l'après-midi. Pour la première fois de sa carrière, José Tomás sort en triomphe par la Grande Porte de Las Ventas. Deux jours plus tard, il tente de répéter son triomphe lors du premier spectacle de la féria d'Automne, mais se fait prendre de façon assez violente par le premier novillo de Santiago Domecq, laissant la course en un mano a mano entre Carlos Pacheco et José Ignacio Uceda Leal. Après avoir toréé une bonne cinquantaine de novilladas à la fin de la saison 1995, José Tomás repart au Mexique. Le 3 décembre 1995, il participe à sa dernière novillada dans les arènes d'Aguascalientes et triomphe une dernière fois face à du bétail de Curro Rivera. Le Madrilène peaufine sa préparation et prend finalement l'alternative dans les plus grandes arènes du monde, le 10 décembre 1995, sur le sable de la Monumental de Mexico. C'est Jorge Gutiérrez qui lui cède sa muleta de matador, en présence de Manolo Mejía, et face au toro *Mariachi*, n° 283, pesant 500 kg, issu de l'élevage mexicain de Xajay. Vêtu de rouge et or, José Tomás effectue un tour de piste après avoir combattu le toro de la cérémonie, puis écoute une grande ovation à l'issue de sa seconde prestation. Légèrement blessé au cours de cette première corrida, Tomás reçoit un autre coup de corne, beaucoup plus grave, peu de temps après à Autlán de la Grana (Jalisco) et vit l'un des moments les plus difficiles de sa carrière. Veines fémorale et saphène touchées par la corne d'un toro de Begoña, José Tomás est entre la vie et la mort, subissant deux arrêts cardiaques. Il ne devra son salut qu'à la générosité de son manager, Santiago López, qui lui donnera son propre sang à la suite d'une importante transfusion. De retour en Espagne, José Tomás se présente dans son pays natal le 7 avril 1996 à Grenade face à une corrida de Torrestrella dont il obtient une oreille. Vêtu de turquoise et or, ses compagnons de cartel du jour sont Julio Aparicio et *Finito de Córdoba*. Quelques semaines plus tard, le Madrilène sera l'une des grandes révélations de la féria dans ces mêmes arènes de Grenade... Le 14 mai 1996, date incontournable dans la carrière d'un torero, José Tomás confirme son doctorat en plaza de Las Ventas, vêtu de blanc et or. Son parrain est José Ortega Cano alors que *Jesulín de Ubrique* officie en qualité de témoin. Tomás affronte le toro *Jumito*, n° 119, negro, pesant 472 kg et porteur du fer de Jandilla. À l'issue de ce premier combat, il est fortement ovationné puis il coupe l'oreille du sixième toro de la corrida, un exemplaire compliqué de Salvador Guardiola Domínguez. Un trophée qui compte, un trophée que José Tomás serre fortement entre ses mains, même après la fin de la course. Un trophée qui a fait entrer le torero madrilène dans le cœur des aficionados de la capitale. Ce succès est annonciateur des futurs grands triomphes durant les férias de San Isidro. Le 3 août 1996, dans un costume vert pistache et or, José Tomás effectue son premier paséo français en qualité de matador dans les arènes de Palavas-les-Flots. Face à du bétail inégal de José María *Manzanares*, le Galapagueño est applaudi à deux reprises. En début d'année 1999, Santiago López cesse sa collaboration avec José Tomás, qui est immédiatement pris en main par Enrique Martín Arranz, déjà manager de *Joselito.*

Avec José Tomás s'écrit l'une des plus belles et des plus grandes pages de la tauromachie de la fin du XXe siècle. Dans une décennie artistiquement dense, où l'on n'a jamais aussi bien toréé, apparaît en 1995 José Tomás. L'afición ne manquait pourtant pas de très bons toreros à l'époque : *Espartaco* conservait d'excellents détails entre deux interventions au genoux, *Joselito* était au sommet de son art, Enrique Ponce imprimait son pouvoir et sa science sur l'escalafón, *Jesulín de Ubrique* laissait entrevoir un grand toreo entre plusieurs facéties et Francisco Rivera Ordóñez faisait planer les plus grandes espérances... Qu'est-ce que José Tomás a changé dans ce paysage taurin espagnol ? Qu'est-ce que le Madrilène a offert de neuf dans un escalafón pourtant bien habitué aux arrivées tonitruantes de ceux que l'on considère comme des « jeunes espoirs » ? José Tomás a tout simplement exprimé en piste sa conception du toreo : un art pur, dénué de tout détail inutile, où la recherche du muletazo parfait se double d'un courage jusqu'alors inégalé. José Tomás réinvente le toreo au naturel, décline des passes aussi pures que de l'eau à sa source. Le tout se fait avec lenteur et calme ; ainsi se définit la torería du petit-fils de Celestino Román. Bien éloigné des considérations de « torero artiste », José Tomás étonne surtout les professionnels par sa recherche perpétuelle de terrains jusqu'alors inconnus. Ses façons de citer les toros déclenchent admiration et énervement car jamais un torero n'a osé franchir la limite en matière de terrains entre l'homme et la bête. Servi par un aguante exemplaire, le résultat final donne souvent des séries de muletazos extraordinaires, servies avec un sang-froid admirable. Dans le cas contraire, c'est souvent par un terrible coup de corne que s'achève la tentative du torero. Peu expansif, José Tomás ne craint d'ailleurs pas le coup de corne : blessé, il fait toujours preuve d'un stoïcisme incroyable en piste. Son attitude lors de la féria d'avril 2001 fut d'ailleurs admirable : après avoir reçu un grave et profond coup de corne à l'aine en portant l'estocade, José Tomás fit totalement abstraction de l'état de sa blessure et attendit que le toro fût achevé. Pendant que son propre sang coulait le long de son pantalon et atteignait presque les mollets, José Tomás s'essuya le visage et fit reculer ses banderilleros. Il alla recueillir l'oreille réclamée par le public de la Maestranza, salua en piste, puis se dirigea comme si de rien n'était vers l'infirmerie. Pas une fois le torero madrilène ne daigna apprécier la gravité de sa blessure...

Très souvent châtié par les coups de corne, José Tomás accomplit pourtant une carrière exceptionnelle. Après les espoirs de 1996 vient la confirmation l'année suivante. Dès le début de la saison, le 31 mars, il connaît à Arles un grand après-midi, coupant à la force du poignet l'oreille d'un coriace toro de Domingo Hernández. Tomás lie ce jour-là une angoissante série de manoletinas, serrées au possible, et se présente dès lors comme l'un des plus grands exécuteurs de cette passe. Piqués au vif, *Joselito* et Enrique Ponce, ses compagnons de cartel, sont obligés de passer la vitesse supérieure lors de leur deuxième toro. Tous deux coupent les oreilles alors que le torero de Galapagar ne peut rien tirer de son second adversaire. Alors que *Joselito* et Ponce sont portés en triomphe sous les arches des arènes d'Arles, José Tomás sort à pied sous une ovation extraordinaire. Le public français sait désormais ce que le Madrilène est capable de faire. Pendant cette course, dans la contre-piste, une scène cocasse mais symbolique se déroule : une fois le triomphe de *Joselito* et Ponce acquis, l'un des valets d'épée s'en va remettre un grande canne espagnole, synonyme de celui qui détient le pouvoir, à l'un des managers des deux toreros vedettes. L'hésitation est longue puis finalement un autre mozo s'empare de la canne et la remet à Santiago López. Dès ce jour-là, José Tomás entre dans une autre catégorie. Le 27 mai 1997, lors de la seizième corrida de la San Isidro, à Madrid, José Tomás, vêtu de framboise et or, coupe les deux oreilles du toro *Molinero*, de l'élevage d'Alcurrucén. Le Madrilène sort en triomphe pour la première fois en qualité de matador des arènes de Las Ventas. En franchissant la Grande Porte, son premier geste est de se retourner et de voir d'en bas le balcon où il allait, enfant, admirer les toreros qui sortaient en triomphe. Sacré triomphateur absolu de la San Isidro 1997, José Tomás répète son succès l'année suivante en obtenant, au terme d'une faena historique, les deux oreilles de *Pitufo*, un impressionnant toro d'El Torreón qui envoie encore une fois le Madrilène sous l'arche de la Grande Porte venteña. Ce triomphe du 28 mai, conjugué aux autres oreilles isolées coupées en début de féria, permet encore à Tomás d'être sacré triomphateur de la San Isidro sans discussion. En passant l'année suivante entre les mains de Martín Arranz, José Tomás ne stoppe pas son ascension fulgurante : le 18 mai 1999, lors de son premier contrat madrilène, il coupe deux fois une oreille et va chercher la Grande Porte au terme d'une faena suicidaire devant un toro de réserve âgé et impossible d'El Sierro. Soulevé de nombreuses fois par l'animal, José Tomás impose pourtant progressivement sa loi et coupe une oreille avec grande force. S'il échoue le 1er juin devant les toros de Conde de la Corte, le Madrilène connaît l'une de ses plus grandes journées à Las Ventas face à du bétail du Puerto de San Lorenzo. Dans un sitio idéal devant ses deux toros, Tomás atteint la perfection et lie deux faenas au tracé impeccable, tout en lenteur et liaison. Malheureusement, une épée calamiteuse lui fait perdre un total de quatre oreilles et une queue. Tomás quitte Las Ventas avec une seule oreille dans son escarcelle mais déjà convaincu qu'il a encore gagné son titre de triomphateur. Le 17 juin 1999, pour la prestigieuse corrida de Beneficencia, José Tomás fête son troisième titre consécutif de triomphateur de la San Isidro et coupe à nouveau trois oreilles face à du bétail panaché d'El Pilar et de Garcigrande. La foule de Madrid exulte pour le toreo de José Tomás car depuis la grande époque de *Joselito*, aucun torero de la capitale n'avait atteint ces sommets. Considéré comme une idole par le public de Madrid, la relation entre le torero et l'afición devient de plus en plus passionnelle, voire même conflictuelle. Absent de la féria 2000 pour n'avoir pu négocier les droits de retransmission télévisée, José Tomás manque totalement son retour à Madrid en 2001 et déclenche même un grand scandale en refusant de tuer son second adversaire d'Adolfo Martín. Imperturbable, le Madrilène laisse sonner les trois avis alors que s'abat sur lui une bronca monumentale. L'année suivante, pour son retour à Las Ventas, le 21 mai 2002, le public lui tient d'ailleurs rigueur de cette attitude en le sifflant dès son entrée au paséo. Vêtu de son costume favori lilas et or, José Tomás connaît pourtant un grand après-midi en obtenant de manière unanime les deux oreilles du cinquième toro de Martelilla. Pour la cinquième fois depuis sa prise d'alternative, le Madrilène franchit la Grande Porte de Las Ventas sur les épaules de ses admirateurs. Hélas, un Ponce au meilleur de sa forme et une grande faena gâchée avec l'épée le 28 mai lui enlèvent le titre de triomphateur de la San Isidro 2002. Tout au long de la saison 1999, José Tomás se distingue par la qualité de ses faenas et surtout la personnalité qu'il imprime à chacune de ses interventions en piste. Il ouvre les grandes portes des arènes de Puerto Banús (Málaga), Brihuega (Guadalajara), Talavera de la Reina (Tolède), Madrid, Haro (La Rioja), Alicante, León, Algésiras (Cadix), Marbella (Málaga), Santander (Cantabria), Huelva, Puerto de Santa María (Cadix), La Corogne, San Lorenzo del Escorial (Madrid), Saint-Sébastien (Guipúzcoa), El Espinar (Segovie), Almería, Almagro (Ciudad Real), Linares (Jaén), San Sebastián de los Reyes (Madrid), la Real Maestranza de Ronda (Málaga), Palencia, Salamanque, Valladolid et surtout Barcelone. À partir du 13 juin 1999, José Tomás entame en effet une série extraordinaire de triomphes dans la capitale catalane, sortant en triomphe sept fois consécutives de la fameuse Monumental. Entre le 13 juin 1999 et le 23 juillet 2000, lors de ses participations, José Tomás coupe un total de vingt-cinq oreilles et une queue. L'afición catalane, presque oubliée, renaît de ses cendres sous l'influence des succès de Tomás. La Monumental retrouve son public et les arènes de Barcelone refont le plein, portées par l'engouement pour Tomás. Les autres vedettes du toreo comme Ponce et *el Juli* triomphent également, permettant ainsi à la Monumental de retrouver son lustre d'antan. En juillet 2000, quelques semaines avant que Tomás ne coupe de façon extraordinaire les deux oreilles et la queue à un toro de Domingo Hernández, *Finito de Córdoba* avait lui aussi contribué à cette renaissance de l'afición en terre catalane en graciant le toro *Zafiro* de l'élevage de Torrealta. José Tomás aurait même pu se targuer d'être sorti huit fois consécutives en triomphe de la Monumental de Barcelone si un petit caprice de star, en avril 2001, ne l'avait pas conduit à un refus d'être porté sur les épaules avec *Finito de Córdoba* et *el Juli*, alors qu'il avait pourtant coupé les deux oreilles de son premier toro de Zalduendo. Comme de nombreuses vedettes, José Tomás s'est en effet permis de nombreux caprices, aiguillé par les exigences de son nouvel apoderado. La maison Martín Arranz ne répond pas toujours aux attentes du public car elle œuvre en coulisses pour le bien de ses toreros : le Madrilène n'a ainsi plus mis les pieds aux Sanfermines de Pampelune alors qu'il y avait récolté en 1997 et 1998 d'immenses triomphes. Écarté de nombreuses férias, José Tomás connaît pourtant en 2000 une autre grande saison. Le public de Jérez de la Frontera (Cadix) le voit couper trois oreilles au terme d'une véritable démonstration de tauromachie face au bétail de Joaquín Núñez del Cuvillo. Pour la première fois depuis longtemps, le public jerezano réserve ses fameuses *palmas de bulería* pour un torero qui n'est ni andalou, ni gitan. Les foules, déçues par les grandes férias télévisées, se déplacent en masse dès que José Tomás est annoncé quelque part et la série des sorties en triomphe est encore impressionnante : Vista Alegre (Madrid), Cordoue, Plasencia, Nîmes, Alicante, Grenade, León, Santander, Huelva, Puerto de Santa María, San Lorenzo del Escorial, Gijón (Asturies), Béziers, Saint-Sébastien, Bayonne, Málaga, Almería, Linares, Murcie, Dax, Albacete et Valladolid se rendent aux pieds du toreo de José Tomás. Chacun commente le choix de ses terrains, le tracé parfait de ses chicuelinas ou encore les facultés de son immense main gauche. Dès le début de la saison 2001, José Tomás aborde une nouvelle étape dans sa carrière en confirmant avec force son implantation dans le sud de l'Espagne. Après y avoir coupé une oreille en 1999, le Madrilène réalise l'exploit d'ouvrir deux fois consécutives la Porte du Prince à l'occasion de la féria d'avril de Séville. José Tomás coupe en effet trois oreilles lors de la corrida prestigieuse du dimanche de Résurrection, le 15 avril 2001, face aux Torrealta, puis répète le même résultat deux semaines plus tard devant les toros de Núñez del Cuvillo. La blessure face à un toro de Juan Pedro Domecq, le 30 avril suivant, empêchera certainement Tomás d'ouvrir une troisième fois la Porte du Prince. Le public sévillan, jusqu'alors assez perplexe avec Tomás, reconnaît le temple du torero de Galapagar et exulte véritablement dès qu'il va au quite, cape dans le dos, pour servir de remarquables gaoneras. Les trois avis de Madrid et quelques coups de corne laissent toutefois des traces, et José Tomás réduit un peu son rythme des triomphes même s'il continue à lier des faenas exceptionnelles à Grenade, Badajoz, Linares, San Sebastián de los Reyes, Murcie, Talavera de la Reina et Barcelone. Le torero madrilène offre tout de même deux œuvres majeures, le 8 septembre 2001, lors de la grande corrida goyesque de Ronda où il coupe quatre oreilles, puis cinq jours plus tard à Valladolid où il partage l'affiche avec Ponce et *el Juli*. Durant l'hiver, José Tomás signe une brillante campagne en Amérique latine et se signale pour son retour au Mexique dans les arènes de Querétaro et San Luis Potosí. Le 2 décembre, il sort en triomphe des arènes péruviennes de Lima lors de la féria del Señor de los Milagros après avoir coupé les deux oreilles d'un toro de San Martín. C'est précisément en Amérique du Sud que José Tomás a connu ses premiers grands triomphes ; le 11 janvier 1998, lors de la féria colombienne de Manizales, le torero de Galapagar graciait le toro *Dirigido*, de l'élevage espagnol de Zalduendo, pour la première fois de sa carrière. Le toreo de José Tomás est incontestablement un bien pour l'afición à une période clef où la commercialisation des choses prend parfois une part trop importante. À la quantité des faiseurs de passes de l'escalafón, José Tomás répond par la qualité de ses prestations. Par ses triomphes et ses décisions assidument commentées, le torero de Galapagar a choisi de ne pas rentrer dans le moule du « politiquement correct ». Comme *Joselito* à une époque, José Tomás torée pour lui-même, répondant à une quête taurine intérieure entamée depuis sa plus tendre enfance. Il parle peu, préférant apporter ses meilleures réponses en piste. D'apparence froid et vertical, le toreo de José Tomás est avant tout un grand hymne au toreo classique, prolongé par cette volonté de donner à chaque geste un caractère naturel inné. Guidé par son grand-père, initié par Corbacho, transfiguré par Santiago López et transporté par Martín Arranz, José Tomás est devenu en l'espace de cinq ans un véritable torero d'époque. Cité en exemple dans toutes les écoles taurines, les futurs novilleros décortiquent avec attention chacune de ses faenas et réalisent ce qu'il est possible de faire face à un toro adulte. Véritable guide du classicisme au début de ce XXIe siècle, José Tomás n'a simplement fait que remettre au goût du jour une conception du toreo quelque peu oubliée. En d'autres mains, le style classique pouvait quelquefois paraître stéréotypé, voire lassant. Par le prisme du corps de Tomás cette tauromachie s'est véritablement incarnée comme une manière d'être. Et pour ressentir au mieux ce sentiment, José Tomás le cultive à l'intérieur mais aussi à l'extérieur des arènes. Ainsi, il n'est pas étonnant de le voir un matin de corrida à Madrid déambuler dans les galeries du musée du Prado. Le torero madrilène aime se ressourcer au contact de la beauté pour mieux s'extérioriser avant l'épreuve de la corrida. Tomás, qui apprécie également la solitude, est parfois capable de partir trois jours seul en forêt avec son chien sans donner le moindre signe de vie. Le mystère de la personnalité de José Tomás n'a pas de réponse, sauf peut-être pour les siens et les quelques professionnels taurins qui ont fait un bout de chemin à ses côtés. Le Madrilène préfère observer le silence et s'enfermer dans sa salle de miroirs où il s'adonne à de longues heures de toreo de salon, à la recherche de la passe parfaite... Parfois tendu à l'extrême durant l'effort d'un entraînement, José Tomás apparaîtra peut-être plus décontracté avant de se rendre aux arènes. Lui-même l'avait avoué quelque temps après son alternative, à l'époque des graves coups de corne : « Lorsque je torée, j'oublie mon corps à l'hôtel. » Cette intériorisation extrême explique donc en partie le parcours professionnel de José Tomás et surtout l'admiration qu'il suscite auprès des aficionados. On attache toujours plus d'importance à quelque chose qui paraît mystérieux. Personne ne sait aujourd'hui jusqu'où ira José Tomás dans sa prise de risques, personne ne sait pourquoi ce torero consentira un effort plus important avec un toro très difficile alors qu'il pourra parfois décevoir avec un animal apparemment maniable. Le Madrilène a réussi à restituer face au toro adulte des années 1990 l'ambiance suscitée par les grandes faenas des toreros vedettes des années 1960 opposés à du bétail plus mobile mais beaucoup plus petit. Matador d'exception, José Tomás a rendu à la *fiesta a los toros* l'émotion et la dimension parfois tragique que peut revêtir la corrida. C.C.

Entre la gestion optimale des toros de l'excellent Enrique Ponce et la vitalité surdouée du phénoménal *el Juli*, José Tomás a imposé à la tauromachie de la fin du XXe siècle, et à travers un grandiose sec, la tragique liturgie de la corrida comme vertige de la létalité. Jeudi 17 mai 1999 à Madrid, pour la corrida de la Beneficiencia et devant *Artillero*, 535 kg, toro de Garcigrande et également face aux 629 kg de *Potrico*, toro de Moisés Fraile, José Tomás s'est, malgré le vent, mis exactement et systématiquement sur cet emplacement surexposé qui n'autorise qu'une implacable alternative. Elle se joue sur ce millimètre qui en tauromachie vaut un abîme : ou le toro passe ou le torero casse. Par le seul fait de se positionner de trois quarts, à trois mètres dans la trajectoire impérative de *Potrico*, José Tomás, le visage blanc comme une fleur de cerisier, recevait pour cette sincérité nue et pour ce sitio irrespirable l'énorme ovation de Las Ventas. Puis la naturelle se déployait avec la lenteur chuchotée d'une fumée d'opium. José Tomás, dans ses grands jours madrilènes, sévillans ou barcelonais, toréait comme pétrifié et comme si un oiseau s'était perché sur son épaule. Un oiseau qu'il ne fallait pas faire s'envoler. Un oiseau qui aurait été la métaphore de *Manolete*, qui fut son miroir et son fantasme. Pour que l'ombre ailée de *Manolete* ne s'envole pas de son épaule, José Tomás a imposé cette solennelle et impassible tauromachie du sacrifice, du don absolu de soi et qui a rempli les TGV Madrid-Séville lorsqu'il se produisait dans la Maestranza. On allait à très grande vitesse à Séville pour, en deux fois dix minutes de catalepsie, voir le somnambulique José Tomás faire passer les toros à zéro à l'heure. Ou mettre sa vie en jeu en dépliant gravement sa cape derrière son dos pour un quite par gaoneras plus serré qu'un nœud coulant autour du cou d'un condamné à mort. À Séville et à Madrid surtout, les faenas de José Tomás, outre leur beauté plastique, l'envergure de leur temple et leur authenticité, donnaient à voir à chaque passe la naissance puis le cheminement d'une angoisse bien tassée puis son apogée lorsque les cornes des toros glissaient lentement le long de son ventre. Dans le olé rauque qui saluait la fin de la passe, on pouvait déceler la liquidation de cette angoisse qui, inexorablement, allait faire retour dans quelques secondes et taper sur la peau de tambour tendue de Las Ventas comme un bourdon contre une vitre. Dans une étude consacrée au roman d'Hemingway *Pour qui sonne le glas*, Georges Bataille écrit : « Il n'y aurait ni tauromachie ni danse espagnole, si l'existence de la foule n'était pas à quelque moment vouée par l'angoisse au désir de l'impossible. Il est parfois nécessaire d'aller dans le sens de ce qui donne de l'angoisse aussi loin qu'on peut aller (tel est le fondement de la tragédie). Ainsi nous atteignons l'au-delà du possible ou du moins sa limite ; ainsi nous ouvrons ces royaumes de l'impossible où les choses sont plus belles, plus grandes et poignantes. » J.D.

ROMANA (balance à levier dite *romaine*). Terme parfois utilisé sous la forme de « toro de mucha romana », c'est-à-dire lourd.

ROMÃO DE MOURA João Antonio, *João Moura*. Ce rejoneador d'exception naquit au Portugal à Portalegre le 24 mars 1960 et réside à Monforte. Dès l'âge de onze ans, il se produit en public à Santarem et le 21 avril 1974, il se présente à Campo Pequenho, la plaza prestigieuse de Lisbonne, en compagnie de José Mestres Baptista et Manuel Conde. En 1976, il était en tête du classement, et le 23 mai il se présente à Las Ventas et coupe l'oreille d'un Branco Nuncio. La même année, il remporte le trophée Antonio Canero de la San Isidro. En 1978, il se produisit soixante-six fois et le 11 juin, il recevait l'alternative à Santarem des mains de David Palha Ribeiro Telles face à du bétail de Palha. José Mestres Baptista et José Juan Zoío étaient les témoins de la cérémonie.

L'année suivante, il participe à soixante-deux corridas outre-Atlantique. Le 22 avril 1984, il connaît un triomphe à Arles et le 14 juillet à Bayonne. Il se produit souvent dans les plazas françaises où le public apprécie son sens inné de la domination et ses quiebros remarquables. Ce cavalier exceptionnel a su maintenir son prestige face à la nouvelle génération des rejoneadores, et en 2001-2002 il a gardé intacts son dynamisme et son alegría. Toujours en tête des classements, il est une figura incontournable dont les qualités équestres et le dominio sont reconnus. Sa maturité actuelle affirme davantage son savoir-faire. J.C.D.

ROMERO Francisco. Dans la famille Romero, Francisco, le grand-père de Pedro, est le premier homme à pied à avoir fait parler de lui dès 1726. Il est toujours l'auxiliaire des toreros cavaliers, mais il utilise le premier l'ancêtre de la muleta, une sorte de bâton sur lequel sont fixés des bouts de rubans de couleurs, et on lui attribue sans doute à tort l'invention du recibir. Sans qu'il ait laissé de règles écrites, on peut lui accorder à coup sûr un début d'organisation du combat primitif qui devient dès lors plus rigoureux.

Il est né à Ronda aux environs de l'année 1700, premier d'une dynastie de toreros illustres : Juan, son fils, José, fils aîné de Juan, frère de l'illustre Pedro, Gaspar, frère de Pedro, tué dans l'arène en 1802 à Salamanque, devant son père et son frère qui tenta de le sauver ; Antonio, frère des deux précédents et qui mourut également dans l'arène le 5 mai 1802 à Grenade des cornes d'*Ollero*, toro de la ganaderia du marquis de Tous. J.B.T.

ROMERO Juan. Il est né à Ronda autour des années 1720 ; d'après *La Tauromaquia o arte de torear*, l'année 1722 serait une bonne hypothèse... Il est le fils du célèbre Francisco et le père de quelques matadors, dont le fameux Pedro ; mais ce n'est pas son seul titre de gloire : c'est un torero très maître de lui, disent ses contemporains, et il a déjà, avant le grand *Paquiro*, une certaine idée sur le désordre qui règne dans les ruedos. Il cherche à y remédier et amorce l'idée de la cuadrilla fixe, ce qui est difficile à faire admettre. Il est sans doute le premier à s'entourer des mêmes collaborateurs de qualité. Il torée dans les principales villes espagnoles où sa réputation est grande et justifiée ; il y tue des toros en compagnie de Candido, *Costillares*, *Pepe-Hillo* et sur le tard, en 1776 – il a plus ou moins cinquante-quatre ans –, il participe à l'alternative de son fils Pedro à Madrid, puis se consacre à l'avenir de ses fils.

Après cette carrière qui aura compté également dans l'histoire de la tauromachie, à un moindre degré que celles de Pedro ou de Francisco, il s'éteint en 1824, à cent deux ans si sa date de naissance est exacte. J.B.T.

ROMERO Diego
(Diego Romero Gallego)
Origine : José Benítez Cubero
Devise : jaune, vert et rouge
Ancienneté à Madrid : 15 avril 1962
Propriété : « El Pradillo » et « Las Beatas », Alcalá de los Gazules (Cadix)

Cet élevage est formé en 1941 par Juan Cruz Sepúlveda avec du bétail de José Anastasio Martín ainsi que des vaches et des étalons de José Benítez Cubero. Le troupeau est vendu en 1958 à Antonio Bonany León avant d'être immédiatement racheté par Diego Romero Gallego, qui décide de modifier le fer.

Cet élevage livre chaque année de nombreux toros de réserve à Madrid. Plutôt spécialisé dans les novilladas, le fer de Diego Romero permit à Antonio Barea de couper une oreille importante sur le sable de Las Ventas. Présentant de nombreuses qualités dans le créneau des novilladas, l'élevage fait combattre chaque saison une grosse vingtaine de produits. C.C.

ROMERO CARAVACA Alfonso. Né à Murcie le 3 juin 1976, Alfonso Romero reçoit l'alternative après seulement 34 novilladas piquées, le 25 avril 1999 à Abanilla, avec pour parrain Pepín Jiménez et comme témoin *Finito de Córdoba*, face à *Destapado*, toro noir de la ganaderia de Buenavista à qui il coupe deux oreilles. Il renouvelle l'exploit en coupant 2 oreilles et la queue de son second adversaire.

Il se présente en Amérique à Chota, au Pérou, alternant avec Domingo Valderrama et Arturo Díaz *el Coyo* devant *Famoso*, toro de la ganaderia de Roberto Puga à qui il coupe une oreille.

Il confirme à Madrid le 17 juin 2001 face à *Campano*, toro de la ganaderia d'El Sierro avec Antonio Pérez *el Renco* pour parrain et Jesús Millán pour témoin. Il débute en France à Arles le 1er juillet 2001 en compagnie de Miguel Rodríguez et de José Manrubia devant des toros de respect de la ganaderia française de Tardieu à qui il coupe une oreille au premier et une au second, surprenant le public clairsemé de cette corrida estivale par son calme, sa suavité et la profondeur de sa gestuelle. Le 15 août, à Madrid, il coupe une oreille, puis deux à Murcie le 10 septembre et encore une à Madrid le 12 octobre où il est victime d'une cornada.

Torero doué de grandes qualités, tant à la cape qu'à la muleta, Alfonso Romero a les capacités d'arriver à s'imposer dans les places les plus enviées de l'escalafón. R.B.

ROMERO LÓPEZ Francisco, *Curro*. Fils unique de Franscisco Romero Velázquez et Andrea López García, Francisco est né à Camas dans la banlieue de Séville le 1er décembre 1933, au numéro 12 de la calle Ángel, et a été baptisé dans l'église Santa María de Gracia.

Le 22 août 1954, il se produit en public pour la première fois dans les arènes de la Pañoleta, au cours d'un mano à mano avec José Martínez *Limeño*, en remplacement de Juan Díaz López *Marqueno*. Le 8 septembre de la même année, seulement quarante-cinq jours après sa présentation et cinq novilladas non piquées toréées, il débute avec picadores dans les arènes d'Utrera (Séville). Il affronte du bétail d'Esteban González en compagnie de Paco Corpas, Juan Gálvez et Ruperto de los Reyes. Une nouvelle fois, il remplaçait un torero absent : Juan Antonio Romero. Il commence à attirer l'attention. Il prend un apoderado connu : Miguel Moreno. La temporada de 1955 commence très tôt pour Curro. Le 9 janvier, il débute à Barcelone à la Monumental. Opposé à des novillos de Joaquín Buendía avec Miguel Montenegro et Antonio Gallardo, il obtient une oreille. Sa saison sera écourtée, car il part effectuer son service militaire dans la Maestranza d'Artillerie de Séville, caserne qui se situait sur le Paseo Colón, à deux pas de la plaza de la Real Maestranza. En 1956, il fera deux paseos. En 1957, il change d'apoderado : Antonio Chaves s'occupe de sa carrière. Suite à une belle prestation à Badajoz, il est inclus le 26 mai au cartel d'une novillada à Séville. Comme à ses débuts, il vient en substitution. Les novillos appartiennent à Benítez Cubero. Juan Antonio Romero et José Trincheira partagent l'affiche. Curro Romero obtiendra un triomphe retentissant. Certains roméristes indiquent qu'il n'a jamais plus toréé aussi bien ! Lors de cette temporada, il participera à 22 courses. 1958, année de sa consécration comme novillero, commence sous les meilleurs auspices à Barcelone le 9 mars. Le bétail était de Baltasar Ibán, Diego Puerta et Rafael Puga complétaient l'affiche de cette *corrida del arte*. Sa présentation a lieu à Las Ventas de Madrid le 18 juillet face à des novillos d'Alipio Pérez-Tabernero Sanchón, avec Adolfo Aparicio et Alfonso Vázquez. Il laisse l'impression d'un torero plein de finesse et de classe. 1959, après avoir participé à deux novilladas à Castellón, il prend l'alternative à Valence le 18 mars. Gregorio Sánchez est son parrain, Jaime Ostos le témoin. Les toros portent le fer de Conde de la Corte. Le sien s'appelait *Vito*. Ainsi débutait la carrière professionnelle de celui qui dans son style si dépouillé a traversé plusieurs générations sans jamais varier son toreo. Sa temporada débute sobrement. Le 19 avril, jour de sa présentation à la Maestranza comme matador de toros, c'est le délire, car devant des toros des frères Peralta, il coupe deux oreilles en présence de son parrain d'alternative Gregorio Sánchez et *el Trianero*. Peu de temps après, il confirme son alternative à Madrid le 19 mai, avec comme parrain Pepe Luis Vázquez et pour témoin Manolo Vázquez face à du bétail d'Eusebia Galache de Cobaleda. Le 20 septembre, il coupe l'oreille d'un *sobrero* de Aleas. L'année suivante, il participe à 23 corridas et connaît de nombreux succès à Séville où il s'est produit 173 fois et sans interruption, de 1959 à 1998, coupant 52 oreilles. Il détient tous les records de participation aux arènes de Séville, ainsi que celui du torero qui est sorti le plus de fois à *hombros* par la porte du Prince (les trophées indiqués sont ceux de Curro Romero) : le 16 juin 1960, fêtes du Corpus : toros de Clemente Tassara pour Manolo González, Jaime Ostos et Curro Romero, 2 oreilles ; le 19 mai 1966, fêtes de l'Ascension : toros de Carlos Urquijo avec Curro Romero comme unique torero, 8 oreilles (1 oreille, 2 oreilles, 1 oreille, vuelta, 2 oreilles et 2 oreilles) ; le 24 avril 1967 : un toro de Pilar Herraiz pour Rafael Peralta et 6 toros de Urquijo, lidiés par *Litri*, Jaime Ostos et Curro Romero, 2 oreilles ; le 13 juin 1968, fêtes du Corpus : six toros de différentes devises pour Curro Romero en solitaire, qui remporte 4 oreilles et une vuelta al ruedo ; le 19 avril 1980 : 3 toros de Núñez Moreno de Guerra et 3 des héritiers de Carlos Núñez. Le cartel se composait de *Manzanares*, *Espartaco* et Curro Romero, 3 oreilles.

Il connaîtra des succès semblables à ceux de Séville, mais supérieurs en nombre de sorties par la Puerta Grande à Las Ventas de Madrid, qu'il empruntera à sept reprises : le 20 septembre 1959 : toros d'Aleas, 1 oreille ; le 4 juillet 1963 : toros d'Alipio Pérez-Tabernero, 2 oreilles ; le 24 mai 1965 : toros de Carlos Núñez, 1 oreille ; le 28 mai 1966 : toros d'Antonio Pérez, 2 oreilles ; le 7 juillet 1966 : toros de Carlos Núñez, 2 oreilles ; le 26 mai 1967 : toros de Benítez Cubero, 2 oreilles ; le 24 mai 1973 : toros de Benítez Cubero, 2 oreilles. Pour l'anecdote, une de ses sorties par la Grande Porte eut lieu au lendemain d'une déroute, alors qu'il avait passé la nuit en garde à vue.

En 1998, Curro avait participé à Madrid à 69 corridas, récoltant 17 oreilles. Ce torero génial aux triomphes historiques a connu des fracasos énormes, permettant à huit toros de rentrer vivants au toril, après les trois avis : au cours d'une novillada, le 10 janvier 1958 à Barcelone, puis à Madrid le 25 mai 1967 (toro de Cortijoliva) ; de nouveau à Barcelone le 19 mai 1970, le jour de l'alternative de Juan Calero ; le 12 octobre 1970 à Caracas (toro de Valparaíso), lors d'une corrida des trois *Curros* : Girón, Romero et Rivera ; au Puerto de Santa María le 15 août 1977 (toro de Bohórquez), il partageait l'affiche avec De Paula et Galloso ; à Málaga le 10 août 1979 (toro d'Arranz), il était avec *Palomo Linares* et Emilio Muñoz ; à Pachuca (Mexique) le 20 décembre 1981 (toro de Garfia), en compagnie d'*Antoñete*, *Armillita* et Chucho Solórzano ; enfin, à Séville le 20 avril 1994 (toro de Gabriel Rojas).

Curro Romero, au cours de sa longue trajectoire professionnelle, a subi dix graves cornadas : à Algésiras, le 17 juin 1962 ; à La Línea, le 15 juillet 1962 ; à Zafra, le 5 octobre 1962, une dans chaque cuisse ; à Palma de Majorque, le 11 août 1963 ; à Almería, le 24 août 1965 ; à Madrid, le 16 mai 1968 ; à Málaga, le 17 septembre 1972 ; à Almería, le 28 août 1981 ; au Puerto de Santa María, le 18 juillet 1982 et à Aranjuez, le 9 juin 1989.

Bien que sa cote se soit toujours maintenue, il n'est pas un torero qui a participé à beaucoup de corridas lors de chaque temporada. Comme matador de toros, en 1973 il effectua 46 fois le paseo. 1969 est l'année de sa plus courte temporada (4 corridas). Dans sa carrière, Curro Romero a toréé 5 novilladas sans picadors, 61 novilladas piquées et 904 corridas de toros.

En 2000, année symbolique, Curro décide de mettre un terme à sa carrière, le 22 octobre, lors de l'émission « Clarín », diffusée sur Radio Nacional de España. En 2001, un timbre est émis à son effigie (1 200 000 exemplaires tirés), puis une statue érigée à la mi-décembre devant le théâtre de ses exploits, la Real Maestranza de Séville. La vertu de Curro Romero c'était le tout ou rien. Pour cette raison, il suscita chez l'aficionado l'espoir mais aussi le désespoir. Ch.C.

Avant la course, on doute : « Cela n'aura pas lieu », ou même : « Cela ne s'est produit que dans l'imagination de personnes qui, avec le temps, exagèrent tout. » Puis, on écarquille les yeux, on continue à ne pas les en croire. Comment peut-on obtenir pareille réconciliation entre l'homme et la bête en pleine brutalité de l'affrontement ? Curro Romero écrit une nouvelle page de l'histoire d'une passion qu'aucune déception n'est parvenue à altérer jusqu'au lendemain. Et, cependant, depuis le coup de foudre de mai 1957, jour de sa présentation de novillero, à côté de minutes d'une puissance d'émotion, d'une intensité spirituelle inaltérables, combien d'effondrements ! Femme jalouse, fiancée dépitée, folle de désir pour son Curro, Séville, dans l'hystérie de sa douleur, lorsque le désenchantement crée des situations extrêmes où s'égare la raison, s'attache à lui choisir un successeur et, dans le seul dessein de se venger, se donne pour quelques heures à l'un de ses jeunes soupirants. Si forte est sa colère qu'elle souhaiterait le voir jeter en prison et qu'elle ne le lui cache pas.

Ne pas oublier, toutefois, que Curro Romero, autant que de Séville est torero de Madrid, dont il est sorti sept fois par la Grande Porte et où son image de marque n'a subi aucune défaveur durable en trois décennies. L'arène la plus intransigeante et hostile du monde, Las Ventas, lui reste soumise. Irrégulier, Curro Romero le fut dès le début, mais il se révéla d'emblée irrésistible, ce qui suppose une continuité appréciable dans le succès. Peu de séries noires ; s'il subit des débâcles qu'il ne songe pas à limiter, s'il révèle une disposition à laisser tomber quand l'écrase le sort contraire, ses grandes journées ne sont pas trop espacées. Jusqu'en 1962 où il va de blessure en blessure : 17 juin à Algésiras ; 15 juillet à La Línea de la Concepción ; 22 octobre à Zafra, lorsqu'il reçoit un coup de corne dans chaque cuisse. Désormais, il attendra son toro pour se confier et il lui arrivera d'hésiter à le reconnaître et de perdre une occasion de plus.

À force de se refuser à penser son art en technicien et de négliger la notion de métier, doit-on admettre qu'il dépend d'abord de la visite du duende, cet esprit mystérieux et insaisissable, ce génie tutélaire des Andalous ? Étrange *daimôn* protecteur qu'on ne saurait maîtriser – et à quoi servent érudition et discipline ? – mais qui modifie d'un coup la stature, le front, le visage du torero et lui prête la légèreté de cœur nécessaire. Fini le travail à nerfs forcés, le duende présent détend ses traits et les muscles de son corps et affirme l'apparent détachement d'un abandon total. Nul n'engage dans l'étoffe, n'accompagne et ne ramène avec plus de poignante douceur son adversaire. Le cours du temps s'arrête, fait une pause. Toute idée de combat cesse, toute trace de lutte disparaît. Il n'y a plus place que pour la perfection de l'accord, le plaisir même de séduire, l'enivrement d'une telle harmonie.

L'après-midi où la grâce le visite, il conduit le toro au ralenti sur le plus long parcours et semble l'arracher à l'aridité sablonneuse de l'arène pour l'entraîner dans un dédale de jardins capiteux, de parterres aux effluves entêtants, avec cette plénitude de bien-être, cette joie profonde, voluptueuse, qui laisse le public brisé et émerveillé comme après un acte d'amour, lorsqu'il se transfigure et redevient le torero qui fait pleurer. Grisé par ces vapeurs étourdissantes et l'oubli du temps qu'elles versent, aucun Sévillan ne saurait rester de sens lucide.

Cette manière de Curro Romero exige une exposition telle de la part de l'homme qu'elle ne s'adresse guère le plus souvent qu'à des bêtes qui chargent en ligne droite, qui répondent à tous les défis et dont la totale noblesse ne se dément pas, d'une riposte à la suivante. Car il est amené à toréer avec un manque de défense incroyable pour répondre aux critères de son art, prononcer avec cape et muleta une oraison de quiétude et dessiner ces passes interminables qui paraissent s'inscrire dans l'air et ne pouvoir se dissiper tout entières.

Ainsi se laisse-t-il déborder, vite, trop vite, par une charge peu claire et se montre sans truquages comme sans recours. Selon lui, soumettre toutes les sortes de fauves par une série de manœuvres appropriées oblige à user de stratagèmes. On apprend à se tirer d'embarras et on acquiert des ficelles. D'une vaste gamme d'actions destinées à vaincre un adversaire difficile, on glisse aux ruses et aux expédients, qui évitent revers et déboires, mais nuisent à l'authenticité. Telle se veut la profession de foi de Curro Romero, combien paradoxale !

On peut être en opposition complète avec ces artistes du toreo, inégaux, soumis à l'illumination du moment, peu capables de réduire leur adversaire, de s'imposer au mécontentement des spectateurs et d'étaler une intelligence de leur profession et des toros qui est l'apanage des maîtres de la lidia. Peut-être leur terre d'élection se situe-t-elle entre Séville, Ronda et Jerez, dans cette région où s'étendent les plus fameux élevages d'Espagne et où existe la vraie saveur de la fiesta. Plaisir déchirant, beauté presque douloureuse, perfection du dessin et du rythme et, en outre, le jaillissement, le mystère, l'incontrôlable, tels demeurent les signes distinctifs de Romero. Comme les gitans auxquels il s'apparente, il vit aussi bien de ses triomphes que de ses fiascos et de ce continuel mouvement d'attention, jamais en repos, qui entoure chacune de ses prestations en basse Andalousie.

Depuis son alternative de Valence, le 18 mars 1959, une des principales énigmes que propose Curro Romero réside dans la durée de sa carrière. Lâché par les organisateurs, il fait mine de se retirer en juillet 1969. C'est compter sans son public qui, malgré les plus cruelles déconvenues, le ramène aux arènes l'année suivante. Les spectateurs se fâchent contre son apathie, mais ils paient toujours pour le voir dans l'attente du miracle.

Les quolibets pleuvent. Le regard éteint, Curro Romero expie pour ses fauves qu'il n'a pas su conduire dans une gloire avant de les tuer. Chaque fois le supplice recommence et la visitation d'en haut n'a pas lieu. Lui-même en arrive à douter du rachat. Soudain tout est oublié : les colères, les désillusions et la croissante incrédulité à l'endroit d'une idole si décevante qu'elle ne pouvait être que trompeuse. Curro Romero a déplié sa cape réduite, offert très peu d'étoffe, les mains basses, conduit contre son buste redressé et, selon ses amis gitans, déterré le tronc noir de Pharaon.

Ciel lourd de toreros en puissance, les grandes ombres de l'arène l'assistent alors de leurs muettes clameurs. Nombre de vieux amateurs l'affirment : le génie, le duende qui visite Curro Romero, devient la projection invisible, fantomatique de ces esprits souffrants, regroupés autour du cirque. Ils revivent, spectres éternels, une de leurs soirées historiques et se penchent au balcon d'azur. Les brins de romarin – les romeros – apparaissent au milieu des olés qui s'enflent en rumeur viscérale et rythment l'emprise de l'artiste sur le fauve. Séville choisit de faire à nouveau confiance malgré le magnifique « Curro je te hais » d'un jour de déroute. À quel autre torero pourrait-elle lancer pareille invective, la souriante, la nonchalante, la patiente Maestranza, où l'on entend les hirondelles lancer leur appel strident au-dessus du sable doré ? J.M.M.

ROMERO MARTÍNEZ Pedro. Pedro, le grand Romero, fils de Juan et petit-fils de Francisco, tenu pour être l'inventeur de la muleta, est né à Ronda le 19 novembre 1754. Son père, désireux de lui procurer un métier, le fait entrer comme apprenti charpentier dans une fabrique de bateaux où il acquiert très vite une force et une adresse si extraordinaires qu'il devient rapidement un garçon aux grandes possibilités physiques.

Mais cet état de charpentier ne le contente pas : les toros le hantent, et c'est à dix-sept ans qu'il tue le premier en public. Membre de la cuadrilla de son père Juan, il torée alors souvent et par sa sûreté et sa force physique séduit les gradins qui le réclament. Il est à Madrid en mai 1775, toujours dans la cuadrilla de son père, en tant que seconde épée, mais son comportement devant *Costillares* qui alternait avec Juan est tel qu'il devient rapidement l'égal de ses aînés : *Costilllares* et *Pepe-Hillo*. D'après certains auteurs, il aurait reçu l'alternative le 22 avril 1776 à Madrid.

On ne sait pas grand-chose, sinon rien, de sa manière d'utiliser le capote ; il était très technique aux banderilles et il est resté célèbre pour ses quites salvateurs, tant envers les hommes à pied qu'envers les picadors. Il doit sa grande réputation à son estocade a recibir, après une utilisation très brève mais efficace de la muleta. On le considère comme l'initiateur de l'École de Ronda.

On raconte qu'alternant avec *Pepe-Hillo* qui avait échangé sa muleta contre un chapeau au moment de l'estocade, il avait alors pris le peigne qui retenait ses cheveux, délaissant à son tour la muleta, et qu'il se croisa ainsi pour estoquer son toro... Le succès fut grand, mais la réprimande des autorités également.

Sa réputation est immense. Un contemporain écrit en mai 1785 : « Romero est le meilleur torero du monde. Sa muleta est d'une telle précision qu'aucune autre ne l'égale et malgré leur grande bravoure il a tué les toros de cette matinée avec grâce et autorité. » Une autre lettre, celle-ci datant de juillet 1789, émane du picador Manuel Jiménez : « Cet après-midi, je me suis retrouvé entre les cornes d'un toro et je dois la vie à l'intervention opportune du maestro et à sa cape salvatrice ; cet homme est chaque jour davantage admiré par ses contemporains. »

Dès 1794, Pedro Romero envisage de se retirer des ruedos, ce qu'il fait en 1799, et d'après sa correspondance il aurait toréé et estoqué près de six mille toros jusqu'à cette date, sans jamais recevoir de blessures sérieuses. Il se retire à Ronda en 1806 sans grandes ressources et il obtient quelques années plus tard la direction de l'École tauromachique de Séville qu'il fonde avec Jerónimo José Cándido en 1830 à la demande du roi Ferdinand VII. De ce jour, l'abattoir n'est plus le seul lieu d'enseignement ! *Cúchares*, *Paquiro*, *Desperdicios* sont ses élèves et s'y perfectionnent ou y apprennent les prémices de leur art. Mais l'expérience ne dure que trois années.

C'est à Pedro Romero que *Desperdicios* doit son surnom : « *Este muchacho no tiene desperdicios* » (il n'y a rien à jeter dans ce gamin-là !).

Pedro Romero meurt en 1836 dans la capitale andalouse, à quatre-vingt-cinq ans. J.B.T.

ROMO. Corne émoussée, arrondie.

ROMPRE UN TORO. Affaiblir un toro soit avec des passes de châtiment, soit par des piques bien placées. Mais généralement les piques sont trop épuisantes.

RONDA (Espagne. Málaga 116 km). Au sud de l'Espagne, Ronda occupe une situation exceptionnelle au cœur de la sierra sauvage. Dans un cirque de 40 km de diamètre, sur les bords d'un plateau rocheux dans lequel une tranchée de 160 m de profondeur sur 70 m de large creusée par un torrent, le río Guadiaro, isole un promontoire, est construite la ville, ancien nid d'aigle, une des plus vieilles cités d'Espagne, centre commercial à l'époque romaine (Arunda). Longtemps indépendante, Ronda est la principale agglomération de la Serrania de Ronda et compte 35 000 habitants.

Après la Reconquête, seules les maestranzas d'Andalousie continuèrent leurs activités et celles de Séville et de Ronda furent les plus importantes. Devenue royale par décret du 22 septembre 1572, elle continue toujours ses activités. La plaza de toros a été édifiée en 1784 et représente les arènes telles qu'elles étaient au XVIIIe siècle. La porte principale date de 1788 et les gradins, à l'origine en bois, ont été reconstruits en dur en 1962. La première corrida y fut organisée le 19 mai 1785 avec deux toreros : Pedro Romero, de Ronda, et *Pepe-Hillo*, de Séville. Ils étaient aidés par six chulos (ancêtres des banderilleros) dont les deux frères de Romero. Les toros étaient de Cabrera et de Vistahermosa, et pour l'occasion, on en tua trente... Le 16 septembre 1954, pour célébrer le bicentenaire de la naissance de Pedro Romero, fut organisée la première corrida dite « goyesque » parce que les toreros étaient habillés avec des costumes de l'époque de Goya. Au cartel : Antonio *Bienvenida*, Cayetano Ordóñez et César Girón pour une corrida-concours de ganaderias : Miura, Concha y Sierra, Bartolomé, Pablo Romero, Buendía. Cette corrida devint traditionnelle dès 1957 et constitue un rendez-vous obligé pour beaucoup ; mais les places sont chères, tant par le prix que la difficulté d'accès car la plaza ne compte que 5 000 places. R.B.

RONDEÑO. Manière de toréer qui s'apparente à l'école de Ronda.

ROSA GONZÁLEZ Ángel de la. Né à Hellin dans la province d'Albacete, le 6 avril 1971, d'un père qui fut novillero sous le même nom, Ángel de la Rosa González revêt son premier costume de lumières dans la plaza de Ondara, province d'Alicante, en 1986 puis débute avec picadors le 9 août 1990 dans la plaza de Valence avec des novillos de Sánchez Arjona en compagnie de César Pérez et de José Luis Amador. Il se présente à Madrid le 8 septembre 1991 avec

José Luis Amador et Julio Martínez devant des novillos de la ganaderia de Puerto de San Lorenzo.

Après avoir participé à 96 novilladas, il reçoit l'alternative le 16 mars 1993 à Valence des mains de César Rincón en présence d'Enrique Ponce, devant le toro *Placentero*, de la ganaderia de José Luis Marca Rodrigo auquel il coupe une oreille.

Le 18 juillet 1993, il reçoit confirmation des mains de *Morenito de Maracay* en présence de Fernando Cámara devant *Discreto*, toro de la ganaderia de Ortigão Costa.

Il se présente en Amérique le 26 juin 1995 à Chota au Pérou, devant un toro de la ganaderia de Charro, en compagnie de Raúl Galindo, de *Rafi de la Viña* et de Ricardo Ortiz, et coupe une oreille à chacun de ses toros. Il débute en France à Palavas le 10 mai 1998, alternant avec Víctor Blázquez et Fernández Meca devant un lot de la ganaderia de Doblas Alcalá. R.B.

ROVIRA.
Voir ACHA SANZ Raúl.

RUBIO. Toro de couleur plus claire que le toro aleonado.

RUBIOS los. Touffe de poils se trouvant au sommet du garrot du toro.

RUEDO. Piste de sable sur laquelle se déroule les courses.

RUISEÑADA Conde de (Herederos del Señor Conde de Ruiseñada)
Origine : Baltasar Ibán
Devise : bleu et jaune
Ancienneté à Madrid : 19 mai 1946
Propriété : « Egido Nuevo », Navalmoral de la Mata (Caceres)

Cet élevage est formé par Juan Contreras en 1907 avec du bétail de la veuve de Murube. Le troupeau est partagé en 1920 et l'un des lots revient à Juan Sánchez de Terrones. Une autre part est attribuée aux frères Sánchez Rico, mais l'un d'eux, Fernando Sánchez Rico, se sépare et vend son bétail à Jerónimo Díaz Alonso. Ce dernier enrichit son troupeau de vaches et d'un étalon issus de l'élevage de Julián Fernández Martínez. Les héritiers de Día Alonso vendent en 1939 l'élevage à Manuel González Martín, qui ajoute au troupeau du bétail de Contreras. L'année suivante, le comte de Ruiseñada rachète l'ensemble du troupeau. À sa mort, en 1958, l'élevage est mis au nom de ses héritiers. Neuf ans plus tard, ils insèrent au cheptel l'étalon *Haraposo*, de Juan Pedro Domecq, et d'origine Conde de la Corte.

Les toros importants :

• *Playito*, n° 41, combattu à Alcázar de San Juan (Ciudad Real) en 1971 par Sebastián Palomo Linares.
• *Golondrín*, n° 74, combattu à Palencia en 1972 par Luis Miguel *Dominguín.*
• *Canastín*, n° 73, combattu à Palencia en 1972 par José Luis *Galloso* (les trois derniers toros de cette corrida laissèrent leurs deux oreilles et la queue entre les mains des trois matadors présents au cartel).

Ancienne gloire ganadera des années 1970, l'élevage de Conde de Ruiseñada est aujourd'hui tombé dans l'oubli. Le mélange des sangs Contreras-Conde de la Corte ne séduit hélas plus guère de toreros. Les quelques rares exemplaires combattus lors des dernières saisons firent leur apparition dans des corridas équestres organisées dans des arènes espagnoles de troisième catégorie. Leonardo Hernández et José Miguel Callejón s'illustrèrent en 1999 à Calamocha (Teruel) face à ce bétail. Callejón répéta son triomphe l'année suivante sur la même piste de Calamocha, ravissant un beau succès aux côtés du rejoneador portugais João Moura. L'élevage fournit également deux toros lors de la prestation de Sergio Galán dans les arènes de Tembleque (Tolède) en 2000. C.C.

RUIZ Daniel
(Daniel Ruiz Yagüe)
Origine : Jandilla
Devise : jaune et vert
Ancienneté à Madrid : 20 septembre 1914
Propriétés : « Cortijo del Campo » et « Gorgoji », respectivement à Alcaraz et Vianas (Albacete)

En 1901, Andrés Sánchez Rodríguez forme cet élevage avec des bêtes de Faustino Udaeta, insérant également des vaches de Veragua et de Carreros. Onze ans plus tard, Andrés Sánchez Rodríguez meurt et l'élevage passe au nom de ses fils. Ces derniers intègrent en 1916 des têtes de bétail de Conde de Santa Coloma et du marquis d'Albaserrada, éliminant les origines antérieures. En 1934, l'élevage est la propriété de Francisco Sánchez de Coquilla. Après le partage du troupeau en quatre lots, Santiago Ubado acquiert celui comprenant le fer et la devise d'origine de l'élevage. Le fer passe ensuite entre les mains de Julio Garrido, puis ses héritiers vendent le troupeau en 1976 à Daniel Ruiz Yagüe. Celui-ci augmente le cheptel avec un lot de vaches d'Eusebia Galache. En 1986, Daniel Ruiz Yagüe élimine les origines antérieures et reforme un nouvel élevage avec une base de soixante-dix vaches et un étalon de Jandilla, propriété de Fernando Domecq.

C'est un des nombreux élevages dérivés de la souche Domecq qui fournit un nombre important de toros dans les férias espagnoles. Appréciés des toreros vedettes, l'élevage de Daniel Ruiz avait fourni en 1998 six toros pour l'alternative d'*el Juli*, à Nîmes, avec José María *Manzanares* et José Ortega Cano. Ce même Julián López effectua une faena importante à Valence, lors de la féria de la San Jaime, le 21 juillet 2001, face à un toro de réserve de ce fer. Assez brave au fer, le toro *Puñalero*, colorado, 535 kg, né en mai 1997, eut droit aux honneurs du tour de piste posthume. Mais le président de la course s'attira les foudres du public en n'octroyant qu'une seule oreille à *el Juli*, malgré une demande pressante. Dans une ambiance de scandale, *el Juli* effectua finalement un tour de piste en refusant l'oreille qui venait de lui être octroyée. Associé en affaires avec Fernando Domecq, Daniel Ruiz Yagüe a participé au rachat du vieux fer navarrais de Zalduendo. Rafraîchi avec du sang de Jandilla, propriété de Borja Domecq, le frère de Fernando, l'élevage de Zalduendo est aujourd'hui devenu une référence auprès des toreros.
C.C.

RUIZ Manuel.
Voir RUIZ VALDIVIA Manuel.

RUIZ CAMINO ARRUZA Carlos, *Carlos Arruza*. Le 17 février 1920 naît à Mexico, d'un père tailleur, le jeune Carlos, qui revêtira son premier costume de lumières le 28 novembre 1934 dans la plaza mexicaine de Vista Alegre, où il fait le paséo en compagnie de son frère. Après une très bonne campagne de novilladas, il reçoit l'alternative dans la plaza d'El Toreo le 1er décembre 1940, avec comme parrain Fermín Espinosa *Armillita Chico* et Francisco Gorráez comme témoin, le toro *Oncito* étant issu de la ganaderia de Piedras Negras.

Il se rend au Portugal pour quatre corridas en juin 1944. À la suite de cette apparition, il est le premier Mexicain à venir se produire en Espagne, le 18 juillet 1944, quand il confirme son alternative à Madrid des mains d'Antonio Mejías *Bienvenida* avec *Morenito de Talavera* comme témoin. À cette occasion, il étonne par ses capacités inaccoutumées aux banderilles en particulier, ce qui lui ouvre les portes de nombreuses plazas espagnoles pour quarante contrats.

L'année 1945 sera exceptionnelle, avec cent huit contrats, et il est le premier à avoir plus toréé en une temporada que Belmonte ; il faudra attendre *el Cordobés* pour que son record soit battu. Fondant toutes ses interventions sur ses capacités physiques, il est obligé de diminuer rapidement le nombre de ses prestations.

En 1947, il fait une belle saison en France et au Portugal et, le 22 février 1948, il annonce qu'il se retire après sa participation à Mexico en compagnie d'*el Calesero* et d'Antonio Velázquez. Cette retraite fut provisoire car on le revit dans les ruedos en 1950 pour une vingtaine de corridas en Europe, les 28 et 29 septembre, deux dernières prestations à Barcelone. Il essaiera de se recycler dans le rejón, mais sans succès, avant de se reconvertir dans l'élevage.

Le 20 mai 1966, il trouve la mort dans un accident de la route, près de Mexico.

Étrange torero en vérité qu'Arruza, qui ne maîtrisait pas le jeu de la cape suivant les canons admis. Mais il savait, ce qui était rare en ce temps, agrémenter ses quites de suites de passes étonnantes, telles que chicuelinas, gaoneras, mariposas, qu'il délivrait avec précision. À la muleta, il avait un grand pouvoir de domination et savait donner davantage d'importance à ses passes en les réalisant dans des espaces réduits et en gardant le toro constamment dans ses plis.

Les banderilles étaient considérées comme sa spécialité. Servi par sa haute stature et ses grandes qualités athlétiques, il les plaçait de poder a poder, dans le berceau, mais généralement du côté droit. Quant à l'épée, toujours favorisé par sa taille (et celle des toros qui en ce temps n'étaient que des novillos), il plaçait des estocades peu orthodoxes mais dont la fulgurance laissait le public pantois. Ces qualités lui valaient de nombreux trophées. Doté d'un sens inné du spectacle et de beaucoup d'alegría, il donnait au public des prestations brillantes et plaisantes. R.B.

RUIZ DE ALDA SÁNCHEZ-MEJÍAS Marcos, *Marcos Sánchez-Mejías.* Petit-neveu du légendaire Ignacio Sánchez Mejías, Marcos est né à Barcelone le 7 octobre 1967 et revêt son premier costume de lumières le 22 avril 1989, dans les arènes de Saragosse, pour une novillada sans picadors, devant des novillos d'Antonio Pérez Angoso. Il est accompagné de *Chiquilín* et de Bernabé Miedes. Il débute avec picadors lors de la féria de Primavera de Nîmes, le 24 février 1990, avec Martín Pareja-Obregón et *Jesulín de Ubrique* devant des novillos de Jandilla. Après 72 novilladas, il reçoit l'alternative des mains de Curro Romero en présence d'Enrique Ponce, face à *Peluquero*, toro de Gabriel Rojas, dans la plaza de la Maestranza à Séville. On ne pouvait rêver alternative plus somptueuse pour ce garçon qui avait des gestes profonds et des qualités artistiques majeures mais un nom bien difficile à porter.

Puis il débute en France, au Grau-du-Roi, le 8 août 1993, en compagnie de Pareja-Obregón et d'Antonio Manuel Punta devant des toros de Campos Peña. Il coupe une oreille.

Le 30 juillet 1995, il confirme à Madrid devant *Bonito*, toro de la ganadería d'Alonso Moreno avec Manolo Cortés comme parrain et Juan Carlos García comme témoin. Mais les espoirs que l'on avait fondés sur le jeune novillero qui avait surpris par son élégance et son aguante s'estompent progressivement, et les contrats se font rares pour Marcos qui disparaît des cartels après seulement 26 corridas en dix ans. R.B.

RUIZ MIGUEL Francisco. Francisco Ruiz Miguel est né à San Fernando (Cadix) le 4 mars 1949. Intégré très jeune dans le milieu des toros, il effectue ses débuts le 10 octobre 1967 à Chiclana, puis commence en novillada piquée à San Fernando, le 17 avril 1968. Le 27 avril 1969, il prend l'alternative dans la Monumental de Barcelone des mains de José Fuentes, son parrain étant Miguel Márquez, face au toro *Panadero* de Pinto Barreiros. Il confirme son alternative le 15 mai 1970 à Las Ventas devant *Gruñón*, toro de José Luis Osborne. Son parrain est Andrés Hernando et son témoin Juan José.

Il débute en France, à Arles, le 21 septembre 1969, devant un toro de Lisardo

Sánchez en compagnie d'Antonio José Galán et de José Luis *Galloso*.

Le 31 décembre 1972, il confirme à Mexico devant *Patzín*, toro de la ganaderia de San Martín, avec Manolo Martínez comme parrain et Curro Rivera comme témoin.

Son triomphe à Séville le 25 avril 1971 devant *Gallero*, toro de Miura auquel il coupa les deux oreilles et la queue, a précipité une réputation de belluaire prêt à affronter les élevages les plus difficiles qui ne devait plus le quitter. Effectivement, Ruiz Miguel collectionna avec ce genre d'adversaires d'immenses succès, ainsi que des blessures spectaculaires. Ses plazas de prédilection étaient Madrid, puis Pampelune et Bilbao où se lidiaient généralement les principaux lots de respect. À Las Ventas, d'où il sortit à dix reprises par la Grande Porte, il était considéré comme une véritable idole, surtout lorsqu'il était opposé aux toros de Victorino Martín dont il a été le plus grand spécialiste.

Ruiz Miguel a mis fin à sa carrière en 1989, une saison qui le vit faire ses adieux dans toutes les arènes importantes d'Espagne et de France. Comme beaucoup de toreros, il fit un retour dans les ruedos, en 1991 à Valence, pour une temporada de 25 corridas sans retentissement majeur. Il persista l'année suivante, mais toréa moins et prit sa retraite une nouvelle fois. On le vit cependant revenir dans les nouvelles arènes de Saint-Sébastien en août 2000 pour une unique corrida. On annonça pour 2001 son retour, pour une saison beaucoup plus étoffée, qui se solda par seulement 5 participations pour 3 oreilles obtenues. À cette date, il avait participé à 1 083 corridas.

En France, ses grands succès eurent lieu pour la plupart à Vic-Fezensac où une statue l'immortalise devant les arènes en compagnie d'un toro impressionnant. P.H.

RUIZ REGALO Manuel, *Manili.* Un courage froid et lucide, à toute épreuve, lui permettant de ne pas douter même dans les circonstances les plus difficiles, est certainement la caractéristique première de ce lidiador qui a affronté sans sourciller les ganaderias les plus dures. Vaillant parmi les vaillants, Manuel Ruiz Regalo, qui fut surnommé le « Tigre de Cantillana », est né dans la province de Séville, à Cantillana, le 25 février 1952. Il commence ses prestations en 1973, avec une douzaine de courses ; puis 32 en 1974 et, après un total de 89 novilladas, il prend l'alternative le 24 avril 1976 à la Maestranza de Séville des mains de Curro Romero avec *Palomo Linares* comme témoin, devant *Cantaor*, un toro de Martín Berrocal. Ovationné au premier, il coupe l'oreille à son second. Le 20 juillet 1976, il fait sa présentation en France, à Mont-de-Marsan, avec *Paquirri* et Ángel Teruel, devant des toros de Benítez Cubero. En Amérique, le 15 septembre 1976 au Palacio de Deportes de Mexico, il confirme des mains de Manolo *Arruza*, avec pour témoin Cruz Flores, devant *Dolarito*, de la ganaderia de Manuel de Haro, qui lui inflige une grave cogida. Il confirme encore à Madrid le 18 mai 1978 devant *Tazón*, toro de Samuel Flores. Il exécute deux vueltas sous les ovations d'un public qui demande l'oreille. Son parrain est José Luis *Galloso* et son témoin Julio Robles. En vingt ans, il participe à plus de 360 corridas puis diminuera progressivement. R.B.

RUIZ ROMÁN Juan Antonio, *Espartaco.* Fils du matador Antonio Ruiz Rodríguez *Espartaco* qui prit l'alternative le 19 mars 1966 à Huelva, Juan Antonio est né le 3 octobre 1962 à Espartinas dans la province de Séville, d'où son apodo.

Il revêt son premier habit de lumières le 19 mars 1975 à Camas et participe à sa première novillada avec picadors le 29 janvier 1978 à Ondara, province d'Alicante, devant des novillos de Castral de Yeltes en compagnie de Manuel de los Reyes et d'Emilio Muñoz.

Après 81 novilladas et sans s'être présenté à Madrid comme novillero, son alternative est annoncée à Jerez, des mains d'Antonio Ordóñez, mais remise à cause des conditions climatiques. C'est donc le 1er août 1979, à Huelva, que Manuel Benítez *el Cordobés*, son parrain, lui décerne l'alternative en présence de Manolo Cortés. Au toro *Anonimado*, de la ganaderia de Núñez Moreno de Guerra, il coupe les deux oreilles et renouvelle l'exploit avec son second adversaire. Mais sa carrière commence sans grand éclat. Il affronte la dure école des ganaderias difficiles et se forge ainsi une volonté à toute épreuve.

Le 1er novembre 1979, il fait sa présentation en Amérique, au Pérou, à Lima, en compagnie de *Palomo Linares* et de Julio Robles, devant des toros de la ganaderia de Chuquizongo. Puis il débute en France, à Nîmes dans le cadre de la féria de 1980, le 25 mai, devant des toros de Rocío de la Cámara en compagnie de *Palomo Linares* et de Julio Robles. Il triomphe en coupant les deux oreilles de son premier adversaire, les deux oreilles et la queue de son second. Le 27 avril 1982, il sort en triomphe de la Maestranza de Séville, ayant coupé trois oreilles à ses adversaires, des Jandilla, devant Curro Romero et *Paquirri*. Le 25 mai suivant, il confirme à Madrid face à *Frutero*, toro de Matías Bernardos, avec *Paquirri* comme parrain et Julio Robles comme témoin.

Progressivement, l'exceptionnelle maîtrise d'*Espartaco*, qui lui permet de dominer n'importe quel toro, s'affirme. Il devient le maestro incontesté qui sait juger rapidement et grâce à un sens du temple inouï, attendant ses adversaires avec quiétude et calme, les accompagnant sans les brusquer et sans jamais faire toucher la muleta avec les cornes, il s'accorde rythmiquement avec tous ou presque, trouve la distance convenable et leur impose son rythme, sa volonté, les toréant à l'endroit que lui a choisi. Il accepte par ailleurs d'être présent dans toutes les plazas qui le sollicitent, même celles de moindre prestige, montrant ainsi son respect de tous les publics qu'il s'efforce de satisfaire.

Son application extrême à construire ses faenas, au lieu de les commencer collé à la bête comme certains, lui ont valu les critiques acerbes d'amateurs qui se laissent circonvenir par les effets plutôt que par la profondeur. Par ailleurs, beaucoup d'aficionados exigeants mais manquant de discernement, élitistes et rigoristes, l'ont constamment rejeté sans accepter de prendre en compte ses réussites réelles. On lui reprochait de manquer de capacités artistiques et de sens esthétique.

Utilisant la cape avec précision et efficacité, il révèle ses compétences techniques, son pouvoir dominateur et son intuition des toros avec la muleta, terminant ses prestations en utilisant l'épée avec beaucoup d'engagement. Sa régularité lui a permis de rester le meilleur matador des années 1980. Numéro un à l'escalafón en 1982 avec 69 courses, il se place en tête en 1985 (91 courses) et y caracole sans discontinuer pendant sept ans, jusqu'en 1991, devenant ainsi le premier torero à tenir ce classement depuis *Joselito* (*el Gallo*), qui avait gardé ce titre six ans d'affilée.

Il confirme son alternative le 21 novembre 1999 à Mexico devant *Garrafón*, un toro de la ganaderia de Santiago, avec Eloy Cavazos comme parrain et Alfredo Gutiérrez pour témoin. Le 29 septembre 2001, il participe, à Séville, à sa dernière corrida, se retirant après 1 264 paséos. R.B.

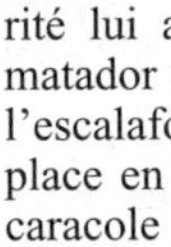

RUIZ ROMÁN Juan Antonio
Origines : Juan Pedro Domecq, avec un léger apport de Torrestrella et de Carlos Núñez
Devise : vert et or
Ancienneté à Madrid : 29 avril 1993
Propriétés : « Majavieja » et « Cerroporas », Constantina (Séville)

En 1948 Baldomero Sánchez acquiert d'Emilia García-Aleas un troupeau entier, ainsi que le fer et la devise. Il y ajoute un lot de vaches et un étalon de Carlos Núñez. Sept ans plus tard, l'élevage est mis au nom de ses héritiers. En 1956, José Luis Hidalgo Rincón leur rachète l'ensemble du troupeau et modifie le fer. L'élevage passera successivement entre les mains de Manuel Navarro Sabido (1965), Blanca Belmonte (1974), José Luis Martín Berrocal (1980) et Pilar Pallarés García (1981). Celle-ci augmente le troupeau avec trois lots supplémentaires : le premier, de Martín Berrocal, mais avec le fer de Marqués de Domecq ; le deuxième, de Ramón Sánchez Recio, et le troisième, de Ramón Sánchez Rodríguez. L'élevage est vendu en 1984 à la famille Cañaveral Valdés, qui annonce le troupeau sous l'appellation de « Guadaira ». Les frères Núñez finissent par se porter acquéreurs du cheptel avant de le revendre en 1985 à Juan Jiménez Alarcón. Deux ans plus tard, la société anonyme d'*Espartaco* rachète tout le troupeau. Le torero vedette modifie le fer et affine énormément le sang antérieur. Il intègre au troupeau des vaches et des étalons de Torrestrella avant de rajouter en 1993 d'autres mâles de Los Guateles. Cet apport de sang d'origine Juan Pedro Domecq est aujourd'hui majoritaire au sein de l'élevage.

Retiré du toreo depuis 2001, Juan Antonio Ruiz Román *Espartaco*, figure emblématique de la tauromachie des années 1980, est aujourd'hui un seigneur du campo andalou. Depuis des années, le maestro d'Espartinas affine sa sélection afin de présenter les meilleurs produits en corridas de toros. Assez peu présent sur le marché français, *Espartaco* avait fait combattre trois excellents becerros lors d'une novillada sans picadors organisée en 1995 dans le cadre des Estivales de Beaucaire. C'est en Espagne que le ganadero *Espartaco* a connu ses plus grandes satisfactions. Reconnu par tous les professionnels, il est l'un des rares toreros ganaderos à présenter des toros pour d'autres vedettes du toreo. Ainsi, en 1999, Juan Mora, Enrique Ponce, Rivera Ordóñez – auquel il conféra l'alternative en 1995 à Séville –, José Tomás et *el Juli* ont fréquemment toréé les fauves porteurs de la devise vert et or. *Espartaco* lui-même toréa deux de ses exemplaires durant l'été dans les arènes navarraises d'Estella aux côtés de César Rincón et de José Ignacio Uceda Leal. Mieux servis, ses deux compagnons de cartel sortirent en triomphe et laissèrent à pied un torero quelque peu déçu de sa prestation personnelle mais satisfait du jeu donné par quatre de ses toros. Une semaine auparavant, *Espartaco* avait fait combattre un lot très sérieux à Madrid, ce qui lui valut une répétition en début de saison 2000 pour une autre novillada. Les frères Lozano, gérants des arènes de Las Ventas, renouvelèrent l'expérience en programmant une autre novillada d'*Espartaco* à l'automne 2001. C.C.

RUIZ SORO Vicente, *el Soro*. Né à Foyos dans la province de Valence le 30 mai 1962, *el Soro* commence modestement au cours de l'année 1977. Très rapidement, il passe dans les novilladas piquées et, le 5 mai 1980, obtient un triomphe majeur en coupant quatre oreilles et une queue à Puertollano en compagnie de José Luis Vázquez et du rejoneador Ángel Peralta face à un lot de Blanca Belmonte. En 1981, il participe à 45 novilladas et, le 14 mars 1982, à Valence, il reçoit l'alternative des mains de Francisco Camino qui lui cède *Agraciado*, toro de la ganaderia de Torrestrella, en présence de José Luis Vázquez, témoin. Il confirme à Madrid le 21 mai suivant avec *Rafael de Paula* comme parrain et Pepín Jiménez comme témoin devant un lot composé de quatre toros de Marqués de Domecq, un toro de Núñez et un de María Pérez-Tabernero.

Le 16 mai 1983, il coupe trois oreilles et une queue à des toros de Celestino Cuadri, en compagnie d'Emilio Muñoz et de Paco Ojeda à Talavera de la Reina. Il participe à de nombreuses corridas tant dans les pays sud-américains qu'en France.

Exceptionnel banderillero qui place les bâtonnets dans des terrains réputés impossibles et lors de séquences enlevées, dynamiques, riches en vueltas et adornos vifs et rythmés, il est considéré comme un des meilleurs de sa catégorie avec Esplá, Mendes et le Français *Nimeño II*, toreros avec qui il alterne souvent dans des cartels spécialisés. Le 23 mai 1987, il est blessé à Madrid par un toro de Baltasar Ibán lors d'une corrida à laquelle participaient Esplá et Víctor Mendes. Malgré de nombreuses interventions chirurgicales au genou, il ne retrouvera plus ses capacités de déplacement et se retirera progressivement des ruedos pour se consacrer au négoce taurin. R.B.

RUIZ VALDIVIA Manuel, *Ruiz Manuel*. Manuel Ruiz Valdivia est né le 5 septembre 1971 dans le quartier du Zapillo, à Almería. Sous le pseudonyme de *Ruiz Manuel*, il estoque son premier becerro à l'âge de seize ans, le 1er octobre 1987, aux côtés de ses concitoyens d'Almería Gimeno Mora et Paquito Múñoz, mais aussi un certain Enrique Ponce. Le 12 mars 1989, il participe à une course piquée dans les arènes d'Almería et sort en triomphe. Mais ses véritables débuts en novillada formelle remontent au 25 juillet 1991 à Aranjuez (Madrid), où il partage l'affiche avec *el Niño del Tentadero* et Obdulio Pérez face à des novillos de Carmen Tremor dont il coupe une oreille. Le 12 septembre 1993, il se présente à Madrid, vêtu de grenat et or souligné de noir, aux côtés du *Niño del Tentadero* et de Ricardo Ortiz, et affronte le novillo *Policia*, nº 29, negro, 457 kg, de l'élevage de Río Grande. Après avoir écouté un silence à l'issue de ce combat, *Ruiz Manuel* effectue un tour de piste après sa seconde faena. C'est en France, au cours des Estivales de Beaucaire, que *Ruiz Manuel* choisit de prendre l'alternative, le 30 juillet 1995, des mains d'*el Fundi* et en présence de Luis de Pauloba face au toro *Lucero*, nº 14, castaño, pesant 520 kg et porteur du fer de Javier Molina. Vêtu de blanc et or, le torero d'Almería effectue un tour de piste à l'issue de sa première prestation puis coupe les deux oreilles du dernier toro de la corrida, ouvrant la Grande Porte des arènes Paul-Laurent aux côtés d'*el Fundi*. Quelques semaines plus tard, il se présente en Espagne, chez lui, le 22 août 1995, lors de la féria de la Vierge de la Mer, à Almería. Vêtu de vert buvard et or, il alterne aux côtés de César Rincón et *Joselito* face à un lot de La Quinta, et effectue un tour de piste à la fin de son second combat. Le torero d'Almería débute en République dominicaine, à Saint-Domingue, le 12 mai 1997, lors d'un mano a mano avec Alejandro Silveti face à du bétail de Santa Rosa de Lima et Fernando de la Mora. Vêtu de vert buvard et or, le torero d'Almería coupe l'oreille de son second adversaire. *Ruiz Manuel* confirme son doctorat en plaza de Las Ventas trois ans plus tard, le 14 juin 1998, toujours vêtu d'un costume blanc et or. Son parrain de confirmation est le torero nîmois Denis Loré, qui lui cède sa muleta de matador en présence de Domingo Valderrama. *Ruiz Manuel* affronte le toro *Listillo*, nº 25, negro, pesant 559 kg, issu de l'élevage du marquis d'Albaserrada. Le torero d'Almería est applaudi à l'issue de chacune de ses prestations après la sonnerie d'un avis.

Rarement un torero réputé modeste n'aura fait l'unanimité auprès du public et des professionnels taurins. Originaire de la cité balnéaire d'Almería, *Ruiz Manuel* a été révélé en France après l'époque faste des novilladas et remporté de nombreux succès dans les différentes férias. En 1993, il a notamment été sacré à Arles triomphateur de la deuxième édition du « Printemps des novilladas » réunissant les meilleurs apprentis toreros du moment face à des élevages français. En *Ruiz Manuel* le public français a tout de suite apprécié les bonnes manières et l'élégance. Sincère face au toro, *Ruiz Manuel* est également un capeador très varié et un redoutable muletero. Le torero d'Almería est également très apprécié sur ses terres : chaque année, à la fin du mois d'août, lors de la traditionnelle féria de la Vierge de la Mer, *Ruiz Manuel* intègre les meilleurs cartels aux côtés des toreros vedettes. En 1995, pour sa première corrida en Espagne, il côtoie ainsi Rincón et *Joselito*. L'année suivante, il remporte un grand succès en partageant l'affiche avec *Manzanares* et Ponce. En 1998, il retrouve les deux maestros et sort en triomphe à deux reprises. Il répétera ces grands triomphes en 1999, 2000 et 2001, aux côtés d'autres figuras. N'appartenant pas à une « grande maison », *Ruiz Manuel* reste donc dans l'anonymat en dépit de quelques courses toréées de façon irrégulière dans certaines arènes de première catégorie comme Madrid et Barcelone où il laisse toujours une excellente impression. Très professionnel face aux toros les plus difficiles, *Ruiz Manuel* a également prouvé qu'il faisait jeu égal avec les vedettes devant du bétail présentant plus de garanties de triomphes. Le 14 juillet 1999, *Ruiz Manuel* livra à Fréjus l'une des plus grandes faenas de la saison européenne face à un toro de Peralta. Un travail d'une beauté absolue où, en quelques séries, toro et torero trouvèrent l'accord parfait. Imprimant des gestes de pouvoir et ralentissant son poignet au maximum, *Ruiz Manuel* atteignit une profondeur et une suavité jusqu'alors inconnues. Style et toreo de sentiment ont fait de *Ruiz Manuel* un torero tout simplement excellent. À mi-chemin entre la profondeur classique de *Finito de Córdoba* et l'art typiquement sévillan de *Morante de la Puebla*, *Ruiz Manuel* s'intercale avec brio. Plusieurs aficionados français ont considéré à juste titre que l'absence de *Ruiz Manuel* des grandes férias était un véritable gâchis. La carrière et le parcours professionnel du torero d'Almería prouvent en effet que les directeurs d'arènes sont en train de passer à côté d'une véritable « graine de figura ». C.C.

RUIZ VÁZQUEZ Manuel, *Manolo Arruza*. Né le 15 janvier 1955 à Mexico, Manuel *Arruza*, fils du célèbre torero mexicain Carlos Arruza, après un remarquable parcours de novillero, prend l'alternative le 22 octobre 1973 dans les arènes mexicaines de Guadalajara, des mains d'Eloy Cavazos et en présence de Curro Leal, face au toro *Zacatecano* de l'élevage de Jesús Cabrera. Le 22 décembre 1974, il confirme son alternative à la Monumental de Mexico des mains d'Eloy Cavazos et en présence du matador espagnol Pedro Gutiérrez *el Niño de la Capea*, face à du bétail de Marcos Garfias. Il participe à une quarantaine de corridas au cours de la saison 1975 et confirme une nouvelle fois son doctorat sur le sable madrilène des arènes de Las Ventas. La cérémonie a lieu le 20 mai 1975, durant la féria de San Isidro, avec Sebastián Palomo *Linares* comme parrain et Francisco Rivera *Paquirri* en qualité de témoin. La corrida, cinq toros de Benítez Cubero et un exemplaire de Miguel Higuero, voit le récipiendaire *Arruza* récompensé d'une oreille face au toro de cérémonie, le premier de l'après-midi.

Manuel *Arruza* participe dès lors à un nombre respectable de corridas et connaît une grande journée à Madrid, le 12 octobre 1983, lors du Día de la Hispanidad, où il partage le cartel avec Jaime González *el Puno* et José Hernández *el Melenas*. Face à de bons toros de Pablo Romero, il parvient à lier une faena de grande qualité, déclenchant une pétition d'oreille majoritaire du public madrilène. La présidence lui refuse toutefois le trophée et le torero mexicain est obligé de revenir saluer en piste à deux reprises sous l'ovation unanime du public de Las Ventas.

Le 14 février 1999, dans les arènes Nuevo Progreso de Guadalajara (Jalisco), *Manolo Arruza* a mis un terme définitif à sa carrière, se faisant couper la coleta par son fils José après avoir combattu le toro *Siempre Leal*, de l'élevage Begoña, sorti en quatrième positition. Il partageait l'affiche avec *Armillita Chico* et *el Zotoluco* devant cinq difficiles toros de Begoña et un autre de Santa Teresa, tout aussi compliqué. Cette corrida venait clôturer une importante tournée d'adieux d'*Arruza* entamée en 1998 et au cours de laquelle il toréa fréquemment avec son parrain d'alternative et de confirmation à Mexico, le légendaire Eloy Cavazos.

Manuel, qui s'était un jour lancé en piste pour faire l'espontáneo durant un festival à El Toreo de la Condesa, a connu ses grandes heures sur le sable de Guadalajara. Il participa notamment dans ces arènes à une corrida où il estoqua en solitaire six exemplaires de l'élevage de Tequisquiapán et y gracia également un toro de San Mateo. Au cours de ce quart de siècle taurin, *Manolo Arruza* passa par toutes les grandes arènes de la planète taurine et se fit remarquer par le public européen dès ses premières apparitions en qualité de novillero. Pendant près de huit ans, il a d'ailleurs été l'un des toreros étrangers qui a le plus toréé en Espagne. Il reçut seulement deux coups de corne tout au long de sa carrière, chaque fois en Espagne, à Marbella (1975) et Pontevedra (1978). Bon banderillero et muletero sérieux, *Manolo Arruza* est également célèbre pour sa manière de porter l'estocade, se profilant dans un style très particulier avant d'engager le bras. Aujourd'hui retiré, *Manolo Arruza* a dirigé pendant quelques années l'Association des matadors mexicains et partage aujourd'hui sa vie entre Mexico et sa propriété de Rancho del Carmen. C.C.

RYAN Robert. Né à Los Angeles en 1944, Robert Ryan participe à sa première becerrada au Mexique à quatorze ans, puis revêt son premier costume de lumières le 5 mai 1962 à Sabinas, dans l'État de Coahuila, en mano a mano avec Americo Garza, et il coupe les deux oreilles du sixième novillo. En 1963, il arrive en Espagne mais on lui refuse de toréer car il n'est pas espagnol. Il se fait appeler *Luis Miguel Sandino* et contourne ainsi la loi. En 1964, après avoir participé à quatre novilladas avec picadors, il repart pour le Mexique où il torée à Mexico, ce qui lui permet de faire un nombre important de courses. Il prend l'alternative à Tijuana le 11 juin 1967 avec Raúl García comme parrain et Gabino Aguilar comme témoin, et il coupe deux oreilles à son second adversaire. Il participe à une quinzaine de corridas.

Il revient en Espagne en 1972 pour quatre corridas. Le 8 octobre, lors de sa présentation madrilène à Vista Alegre avec Gregorio Tabar *el Inclusero* et Pedro Santa María, il est blessé gravement par un toro d'Eugenio Marín Marcos.

Retiré dans sa ville natale, il y mène une vie active d'écrivain et de peintre réputé, spécialisé dans la tauromachie. R.B.

S

SACAR LA ESPADA. Retirer l'épée du corps du toro ; action généralement exécutée par les subalternes, qui a pour effet d'accélérer l'hémorragie interne, donc de précipiter la chute du toro. Elle peut aussi essayer de masquer un coup de lame mal placé, trop bas ou ressortant de l'animal.

Lorsque le toro est pratiquement « mort debout », le maestro retire généralement lui-même l'épée à la main, en se plaçant dans l'axe du frontal. R.B.

SAINT-GILLES (France. Nîmes 20 km). Il y eut probablement d'abord un comptoir phénicien puis l'oppidum d'Espeyran. La fondation, au VIIe siècle, d'une abbaye détermina la construction de la ville. Mais le développement de la cité est dû à Gilles, un saint ermite dont le tombeau attire les pèlerins. Devenue une étape importante sur la route de Saint-Jacques-de-Compostelle, la ville comptera jusqu'à 30 000 habitants. L'activité commerciale est importante, son port connu. Les Templiers, les Hospitaliers et les banques s'y installent dès le XIIe siècle. La ville construit alors une somptueuse église dont la façade à trois portails est un des chefs-d'œuvre de l'art roman. Mais les conflits s'enveniment entre le pape Innocent III et le comte de Toulouse Raymond VI. Le légat du pape est assassiné ; le comte excommunié doit faire pénitence. La croisade des albigeois marque le déclin des comtes de Toulouse. Saint-Gilles est maintenant une petite ville rurale de 11 500 habitants aux portes de la Camargue.

Ses arènes en béton de 2 600 places datent de 1938. Pendant de longues années, des platanes protégeaient les spectateurs du soleil mais gênaient la visibilité ; ils ont été enlevés en 1998. La première corrida a été organisée en 1969 avec des toros de Pourquier pour José Mata, Enrique Patón et le *Niño de Las Monjas*. Ortega Cano y fit ses débuts en 1974 et le 19 juillet 1979, *Nimeño II* y tua son premier novillo. Chaque année, le troisième week-end d'août, la ville organise la féria de l'Abricot, qui compte deux corridas. R.B.

SAINZ MARTÍNEZ Julián, *Saleri II*. Il est né le 19 juin 1891 aux environs de Guadalajara, à Romanones. Dès 1912, après avoir pris part à quelques capeas, il tue un toro d'Angoso dans un petit village non loin de Salamanque, d'une manière si exceptionnelle qu'il est très demandé et torée dans différentes régions d'Espagne. Le 2 mai 1913, il se présente à Madrid avec pour partenaires *Limeño* et *Alcalareño*. Ce jour-là, il n'est pas remarquable, mais il se rachète le 15 août où il combat avec succès.

En fin d'année, il va faire ses preuves en Amérique du Sud et torée à Caracas. Il revient en Europe en 1914, avec trente-huit novilladas à son actif, et prend une alternative très remarquée des mains de Vicente Pastor devant un toro de Pérez-Tabernero. Il figure sur les cartels de Madrid les années suivantes et grimpe assez haut dans l'escalafón. On le voit également à Lima et à Caracas en 1919, où il a de grands succès. De retour en Espagne, sa réputation et son prestige se consolident ; mais à partir de 1923 s'installe à son égard une sorte d'indifférence et il repart pour l'Amérique du Sud, ne fréquentant également que quelques arènes françaises. Enfin, il disparaît définitivement des ruedos à partir de 1935, année où on ne le voit toréer qu'une seule fois.

C'était un torero complet, au grand répertoire tant artistique que technique et possédant un très vaste répertoire à la cape ; également remarquable banderillero et habile avec la muleta, il tuait régulièrement bien et vite, souvent a recibir.

Il est mort à Madrid, le 7 octobre 1958.

En France, il figure sur les affiches de Bayonne le 17 avril 1922 et le 6 août de la même année ; il ne fait pas grande impression, on le dit mal remis d'une opération, et le 6 il se fait blesser au cou par un toro de la veuve de J. Gallardo. Il reparaît le 24 août 1925 sans plaire davantage et la critique a trouvé qu'il s'économisait !

À Arles, il est programmé le 16 mai 1921, le 30 avril 1922 et le 9 avril 1928, sans que nous ayons trouvé de commentaires sur ses prestations. À Nîmes, il coupe une oreille à un toro de Pérez-Tabernero le 23 mai 1920, affronte des toros de Vícente Martínez difficiles le 14 mai 1922 et il est remarqué aux banderilles le 5 juillet 1925. J.B.T.

SALAMANQUE (Espagne. Madrid 210 km – Valladolid 110 km). Siège d'une université qui fut la plus célèbre d'Espagne, ville d'une richesse architecturale exceptionnelle, Salamanque a conservé autour de sa Plaza Mayor les monuments médiévaux et de la Renaissance qui en font sa beauté. Se trouvant sur la route de l'argent qui relie Mérida à Astorga, l'antique Salmantica est prise par Hannibal en 217 av. J.-C. Elle sera ensuite occupée par les Vandales, les Wisigoths et les Arabes. Après la Reconquête, elle connaît un énorme essor sous l'impulsion de Raymond de Bourgogne qui la repeuple d'Allemands, de Castillans, de Portugais et de commerçants juifs. Devenue une riche cité grâce au commerce, l'artisanat et l'industrie textile, on y trouve un ensemble architectural digne d'intérêt ente la Plaza Mayor, la Casa de las Conchas, la cathédrale aux styles mélangés et l'université. Sa population s'élève à 186 000 habitants.

Les premières arènes de la ville datent de 1865 et pouvaient recevoir 7 200 personnes. Mais elles se détériorèrent rapidement et une société anonyme fut formée, composée de commerçants, industriels et propriétaires terriens pour construire une nouvelle plaza. Terminée en 1892, elle est inaugurée le 11 septembre de la même année par une corrida de toros de Eloy Lamamié de Clairac qui fut combattue par les matadors Mazzantini et Rafael Bejerano *Torerito*. Ce nouvel édifice, situé au croisement des routes de Valladolid et de Zamora, compte 10 900 places. R.B.

SALAMANQUINO el.
Voir CASAS Julián.

SALDAÑA PEOLI Carlos. Il est né le 27 août 1934 à Maracay, au Venezuela, et il revêt son premier costume de lumières le 12 septembre 1954 dans sa ville natale. L'année suivante, le 22 octobre, il se présente à Mexico pour sa première novillada piquée. Il vient fouler le sable de Madrid le 25 août 1957 en compagnie de Roberto Ocampo et *el Zorro* face à des novillos de Lucio Sánchez. Mais le sort est contre lui car il ne peut en estoquer aucun à cause d'une grave blessure infligée par le premier de ses adversaires. Après encore quelques novilladas, il reçoit l'alternative le 27 octobre 1957 à Barcelone des mains de Joaquín Bernadó qui lui cède la mort de *Jarano*, toro de la ganaderia de Ramos Matías, en présence de Fermín Murillo, témoin de la cérémonie. Il confirme à Madrid le 14 septembre 1958, en présence de son parrain *Antoñete* et de son témoin Joaquín Bernadó, face à *Regidor*, toro d'Infante da Cámara. Il a mené le plus clair de sa carrière dans son pays d'origine. R.B.

SALERI II.
Voir SAINZ MARTÍNEZ Julián.

SALIDA A HOMBROS.
Voir HOMBROS.

SALINERO (*saunier* et, par extension, *saumure*). Robe faite d'un mélange de poils rouges et blancs.

SALIR EN FALSO (*sortir à faux*). Lors d'une pose de banderilles, si le toro sollicité n'a pas une charge convenable, qu'elle soit trop lente ou trop rapide, coupant la trajectoire et mettant l'homme en péril, celui-ci préfère ne pas exécuter la pose qui serait compromise ou dangereuse, et sortir à faux en esquivant le toro afin de recommencer dans des conditions plus favorables. R.B.

SALPICADO (de *salpicar*, éclabousser). Toro de couleur sombre avec des taches claires.

SALTILLERA. Passe de cape imaginée par Fermín Espinosa *Armillita*, né à Saltillo, au Mexique, d'où le nom de la passe. C'est une manoletina avec la cape : le torero se met de face, cape dans le dos, pieds joints et, quand le toro met la tête dans la cape, il lève le bras pour donner la sortie à l'animal, laisse glisser la cape sur le dos du toro puis fait un demi-tour pour la passe suivante. Cette passe s'effectue lorsque le toro a été piqué. R.B.

SALTO DE LA GARROCHA.
Voir GARROCHA (2).

SALTO DE LA RANA (*saut de la grenouille*). Passe de fantaisie consistant en un saut, commencé genou au sol, avec pirouette en l'air et retombée dans la position de départ. Cette passe, qui nécessite de grandes qualités athlétiques, a été inventée par Manuel Benítez *el Cordobés* et faisait partie de son répertoire. Il l'exécutait avec humour, en fin de faena de muleta, pour « chauffer » le public. R.B.

SALTO DE MARTINCHO. Suerte tombée en désuétude consistant à sauter audessus du toro au moment où celui-ci humilie en attaquant un capote qui recouvre la table sur laquelle se trouve le torero. Ce nom lui a été donné en souvenir du torero qui l'exécutait et que Goya immortalisa dans cette situation. R.B.

SAN MARTÍN
Origine : Parladé-Conde de la Corte
Devise : bleu et blanc
Ancienneté de création : 1984
Propriétés : « Mas Dumas » et « Mas de Farinon », Saint-Martin-de-Crau, France

Parmi les ganaderos français, les frères Gérard et Alain Granier occupent une place de choix parmi les éleveurs de toros de lidia nés sur le sol de France. Leurs deux ganaderias sont situées près de la N 113, entre Arles et Salon-de-Provence, sur la commune de Saint-Martin-de-Crau. La majorité du bétail, fers confondus, réside au « Mas de Farinon », 163 hectares clôturés, bien agencés avec des corrales fonctionnels. Il manque seulement une placita de tienta, prévue dans un futur proche par les propriétaires. Il faut ajouter 280 hectares à Mas-Thibert, réservés aux mâles jusqu'à l'âge de deux ans. Depuis quelques années, la famille Granier élève, parallèlement aux toros bravos, une centaine de moruchos pour la viande. Ces bovins, généralement gris de couleur, proviennent d'une race rustique de la région espagnole de Salamanque. Seul éleveur de ce type de bétail, Gérard Granier indique : « dès l'âge de deux ans, un mâle arrive à dépasser en poids celui d'un toro de combat ». Argument important, pour un animal destiné à la boucherie.

Le bétail de lidia acheté par les Granier à leurs débuts en 1981 provient du ganadero François André, qui leur céda des vaches d'origine Infante da Cámara (Parladé) et s'annonce sous le titre de « Ganaderia de la Cruz ». Parallèlement, la famille Granier possède le fer de San Martín fondé en 1984 (un petit s placé au centre d'un M), d'origine Parladé-Conde de la Corte. Ils mettront avec les femelles un étalon de Varela Crujo (les autres proviendront de la manade). Ayant connu des problèmes sanitaires avec les San Martín à la fin des années 1990, mais aussi pour des raisons économiques, les frères Granier prendront la décision de mettre ce fer en sommeil. Actuellement, tous leurs efforts sont concentrés sur le fer de la Cruz, représenté par un G surmonté d'une croix avec un F sur sa partie inférieure formé avec la barre du G. Cet élevage se compose de quatre-vingts vaches et deux étalons, l'un de trois ans, et l'autre, *Martínez*, âgé de treize ans.

Détenant la même origine que le fer espagnol de Sotillo Gutiérrez, il est probable que les frères Granier achèteront prochainement un lot de vaches de cette ganaderia afin de rafraîchir leur sang et de fixer leur race. Lors de la temporada 2001, une trentaine de bêtes marquées du fer des frères Granier ont foulé le sable des pistes françaises (en novilladas et corridas de rejones) et portugaises. Parmi les toros célèbres de cette ganaderia : *Perdigón*, meilleur toro de la féria de Céret, lidié par José Antonio Campuzano ; *Estelito*, de couleur sardo, combattu lors d'une corrida-concours à Fréjus.

Gérard Granier, passionné de génétique, a présidé pendant six ans, de 1995 à 2001, l'Association des éleveurs français de toros braves. Participant à tous les congrès taurins mondiaux, il s'avéra opiniâtre, soucieux de bien faire et méthodique dans son travail. Cela lui permit de faire adopter par le ministère de l'Agriculture le Livre généalogique français de la race bovine de combat, de faire connaître à toute la planète des toros l'existence des éleveurs de lidia français, d'évoquer leur spécificité mais aussi leurs problèmes et de se faire accepter par les différents groupements d'éleveurs des pays de tradition taurine. Ch.C.

SAN MARTÍN Ganadería de

Origines : Santa Coloma-Buendía-Graciliano-Pérez-Tabernero-Saltillo-Vega Villar et Coquilla
Devise : violet et vert
Ancienneté à Madrid : 19 mai 1999
Propriétés : « La Gloria », Azuaga (Badajoz) et « Pedracha », Constantina (Séville), Espagne

Les ganaderos mexicains Marcelino Miaja Calvo et José Chafik Hamdam Amad, propriétaires de ce jeune élevage, ont entrepris une aventure ganadera importante pour le futur cheptel espagnol : la réapparition de sous-encastes oubliés comme Coquilla, Santa Coloma, Saltillo, Vega Villar, afin de redonner une nouvelle vigueur au grand encaste de Saltillo qu'ils considèrent la base de toutes les autres et dont le ganadero Victorino Martín a pratiquement aujourd'hui le monopole dans la version Albaserrada. Il s'agit d'une volonté d'affirmer la variété face à la position dominante de l'encaste de Parladé. Pour eux, cette option est très proche de leur expérience ganadera du Mexique, pour revenir aux origines afin de garder le comportement de cette race et améliorer son trapio. Leur objectif se résume à mêler le sang de Saltillo qui apporte son physique ramassé, la couleur grise du pelage avec des cornes veletas et du moral avec du Santa Coloma qui développe un tempérament combatif, voire redoutable.

La propriété La Gloria est située dans une plaine ganadera enclavée dans la province de Badajoz, dans sa confluence avec celles de Cordoue et Séville, sur les hauteurs de la Sierra Morena. Ils possèdent aussi une propriété proche de Mexico.

La ganaderia San Martín est récente. En 1994, les deux ganaderos mexicains ont acheté à Paco Camino le fer (aujourd'hui modifié) avec un nombre important de vaches provenant de chez Buendía. Ensuite, ils ont ajouté des vaches et étalons de Sánchez-Fabres, Joaquín Buendía, Sánchez-Arjona (Coquilla), puis du bétail de Palomo Linares et du fils d'Ignacio Pérez-Tabernero, puis quelques vaches et sementales de Javier Moreno de la Cova et Joaquín Moreno de Silva ; enfin ils ont complété par des vaches et étalons de Barcial issus de Vega Villar (Santa Coloma). Dernièrement, ils se sont rendus acquéreurs d'un lot de vaches et sementales de Daniel Ruiz Yague (Domecq) qu'ils ont isolés des autres toros. Ch.C.

SAN ROMÁN DE VALDÉS Manuel (Vellosino)
Origine : Juan Pedro Domecq
Devise : vert et vieil or
Ancienneté à Madrid : 28 septembre 1947
Propriété : « Vellosino », Campo de Ledesma-Villaseco de los Reyes (Salamanque)

Cet élevage est fondé par le marquis de Castrojanillos puis cédé successivement à Francisco Roperuelos, Teodoro Valle, Gumersindo Gutiérrez Gago, Fernando Nuño Ledesma, María Nuño Vicente et son époux Francisco Escudero. Les enfants de ce dernier, Julián et Manuel Escudero, héritent de l'élevage puis le partagent en 1948 : Julián récupère l'ancien fer. Lorsque Julián Escudero meurt, le troupeau est à nouveau divisé en trois parties distinctes. En 1970, Manuel San Román de Valdés acquiert la part de Francisco Escudero Muriel. San Román élimine les origines antérieures au profit d'un lot de vaches et d'étalons d'origine Los Guateles (Juan Pedro Domecq), porteurs des fers d'Antonio Arribas. Dix ans plus tard, il renforce son choix en achetant à Antonio Arribas un nouveau lot de vaches et d'étalons. En 2000, Manuel Núñez Elvira rachète l'ensemble de l'élevage et le baptise au nom de sa finca, « Vellosino ».

Les toros importants :

- Plusieurs exemplaires ont remporté le prix du meilleur toro lors des férias d'Alicante et de Santander, avec la sortie en triomphe des toreros et du mayoral de l'élevage.
- *Flor de Acebo*, combattu par Julio Robles à Málaga, prix du meilleur toro lors de la féria.
- *Cigarrero*, honoré d'un tour de piste posthume à Salamanque (1995), prix du meilleur toro de la féria, trophée Toro de oro patronné par le gouvernement local de Castille-León.

Ces toros sont surtout combattus dans le centre et le nord de l'Espagne. L'élevage a vendu une cinquantaine de toros lors de la saison 1999 avec une majorité d'exemplaires dans des arènes de troisième catégorie. Un exemplaire fut honoré d'un tour de piste posthume le 25 septembre 1999 à Munera (Albacete) après la coupe de deux oreilles et la queue par Manuel Caballero. En début de saison 2002, deux exemplaires ont été présentés à la Monumental de Barcelone face à Manolo Sánchez et au Français *Juan Bautista* qui cisela une jolie faena. C.C.

SÁNCHEZ Antonio, *el Tato*. Il naît à Séville le 6 février 1831 et commence sa carrière avec des forcados portugais qui se produisent en Espagne. Il torée en tant que matador, portant l'estocade ou la puntilla dans les années 1849-1850. En 1850, il entre au service de Juan Lucás Blanco, fils de Manuel, comme puntillero. Il est remarqué par *Chiclanero* qui parle de lui à ses confrères et Antonio entre alors dans la cuadrilla de *Cúchares* qui, en raison de la spécialité où il excelle, va lui céder la mort de beaucoup de ses toros, pratique usitée à l'époque. En 1853, le 24 octobre, *el Tato* figure encore dans la cuadrilla de

Cúchares et Julián Casas qui torée avec eux ce jour-là prend un coup de corne suffisamment grave pour qu'Antonio puisse le remplacer le 30 octobre suivant et recevoir l'alternative des mains de son « maître » *Cúchares*, Cayetano Sanz étant son témoin. Il impressionna favorablement le public et exceptionnellement on organisa une corrida le 6 novembre que la pluie interrompit... Durant les temporadas suivantes, il confirma son talent. À la cape, il était d'une merveilleuse finesse et si le jeu avec la muleta n'était pas son fort, il continuait à porter l'estocade avec force, efficacité et élégance. Son physique avenant et gracieux portait sur le public et sa popularité allait croissant. Durant l'année 1860, malgré quelques revers, il continue de s'affirmer et la corrida du 17 mai à Séville où il se trouve avec Manuel Domínguez comme compagnon de cartel et devant des Miura lui vaut un immense succès. En 1861, il épouse la fille de son ancien patron *Cúchares* et pour l'occasion le comte d'Águila offre dans sa demeure un fabuleux banquet ouvert à toutes les classes de la société sévillane. Sans avoir été sans doute une immense « figura del toreo », il a excercé son art dans une période transitoire où les vedettes n'étaient pas nombreuses. *Gordito*, un de ses principaux rivaux, qui n'était pas sans mérite mais tuait mal, fit ressortir les qualités d'Antonio, son courage, son élégance et plus particulièrement encore son engagement et son habileté dans la suerte finale. L'année de son mariage est peut-être celle de son apogée. Son excellente réputation l'amène à plusieurs reprises à Bayonne devant le couple impérial entre 1853 et 1862, Eugénie de Montijo ayant réussi à imposer la corrida en France. En 1864, il se voit infliger une fracture de la clavicule droite dans un accident de diligence qui lui fait perdre un certain nombre de contrats. Le 12 juillet 1867 à Madrid, il prend part à une lamentable exhibition en compagnie de *Gordito* qui, exécrable à la mort de son premier toro, essuya une bronca monumentale. À son second, pas plus heureux, après un nombre considérable de « pinchazos » infructueux, le président donne ordre d'utiliser la medialuna pour en finir, enfin... Cette corrida provoqua un immense scandale ! En 1869 prend fin la compétition entre les deux matadors et c'est hélas l'année de la blessure qui provoque l'amputation de la jambe droite d'Antonio : le 7 juin, une corrida célèbre la promulgation de la Constitution, le quatrième toro de l'après-midi, *Peregrino*, blesse *el Tato* au moment de l'estocade et lui inflige entre autre une lésion très profonde à la jambe droite ; la gangrène s'installe et l'amputation est inévitable. Il n'a toréé que onze ans. Avec courage, après la mise en place d'une prothèse aussi perfectionnée que le permettait l'époque, il reparaît dans les ruedos, malheureusement sans succès. Sans être un des plus grands, il aura eu le mérite de rendre obsolète l'estocade appelée *metisaca*, sans noblesse et sans rigueur, dont les toreros avaient été fait un usage abusif avant lui. Il meurt le 7 février 1895. J.B.T.

SÁNCHEZ Dolores, *la Fragosa*. Femme torera qui fit sensation à la fin du XIXe siècle. Très impétueuse, dotée d'une volonté farouche, elle réussit à s'imposer dans un mundillo misogyne, ce qui est déjà un exploit. Mais elle marqua aussi son passage en étant la première à oser abandonner les habits féminins dont on affublait ses compagnes, pour revêtir le traje de luces des hommes, ce qui ne se passa pas sans difficultés. Elle alla encore plus loin en recrutant une cuadrilla complète de toreros qu'elle dirigeait avec autorité et dans laquelle participait le fameux Rafael Sánchez *Bebe*. S'étant présentée à Madrid le 11 juin 1886, elle toréa pendant quelque six années, souvent en compétition avec Carmen Lucena *la Garbancera*, autre figura du toreo féminin. Puis on n'entendit plus parler d'elle. Voir FEMMES TORERAS. R.B.

SÁNCHEZ Gregorio.

Voir LOZANO SÁNCHEZ Gregorio.

SÁNCHEZ José Manuel
Origine : Murube-Urquijo
Devise : mauve et rouge
Pas d'ancienneté à Madrid
Propriétés : « Agustínez de Huebra », San Muñoz (Salamanque) et « Zamarril », Portaje (Caceres)

Luis Jordán de Urries, marquis de Castro Nuevo, forme un troupeau en 1931 avec des vaches de Veragua et un étalon de Sánchez Rico. Il acquiert par la suite un autre étalon d'Estebán González Camino, d'origine Santa Coloma. À la mort du marquis, l'élevage est pris en main par sa veuve, puis par sa fille jusqu'en 1951, année d'acquisition du troupeau par Mariano García de Lora. Trois ans plus tard, le nouveau propriétaire du troupeau est Emilio Arroyo. Antonio Tovar rachète l'élevage en 1969 et élimine les origines antérieures au profit de têtes de bétail d'Antonio Urquijo. Félix Cameno devient propriétaire de l'élevage en 1970 et met l'ensemble du troupeau sous l'appellation « Société anonyme Taligueña ». Cameno modifie le fer en 1976 et le vend sept ans plus tard à Darío Chica. L'année suivante, les frères Lozano se portent acquéreurs du troupeau et le vendent finalement en 1987 à José Manuel Sánchez. Celui-ci modifie à son tour le fer et réajuste la ligne de sélection avec des vaches et des étalons de Castillejo de Huebra.

Célèbre fer du campo de Salamanque, l'élevage de Juan Manuel Sánchez vend pourtant peu de toros. Quelques exemplaires furent combattus avec succès en 1999 à Ciempozuelos (Madrid) par Tomás Campuzano et Julián Zamora. Un toro de réserve fut également lidié par *Frascuelo* à Barcelone lors de la saison 2000. Le piquant de l'encaste Murube-Urquijo, *via* un élevage de Salamanque, n'a semble-t-il pas la cote auprès des directeurs d'arènes et des toreros. C.C.

SÁNCHEZ-ARJONA
Origine : Juan Pedro Domecq Solís
Devise : vert et argent
Ancienneté à Madrid : 12 avril 1952
Propriété : « El Collado », Martín de Yeltes (Salamanque)

Jesús Sánchez-Arjona y Velasco forme cet élevage au début des années 1940 avec du bétail de Gonzalo Santos Diego. Le troupeau est enrichi avec un lot important de vaches et d'étalons de Sánchez-Fabrés, d'origine Coquilla. Les premières origines du troupeau sont éliminées en même temps qu'est ajouté en 1983 un lot de vaches et d'étalons de Juan Pedro Domecq Solís. L'éleveur maintient séparément les deux origines de Coquilla et de Domecq. Javier Sánchez-Arjona décide en 1996 de fonder un nouvel élevage en transférant tous les produits d'origine Coquilla sous la nouvelle appellation de Coquilla de Sánchez-Arjona. Tous les produits de Domecq sortent donc strictement avec le fer original de Sánchez-Arjona.

Les toros importants :

• *Fontanero*, n° 3, combattu à Alfaro (La Rioja) en 1985 (tour de piste posthume pour la dépouille du toro et prix du toro le plus brave de la féria).
• *Perchero*, n° 23, combattu à Caceres en 1980 (tour de piste posthume pour la dépouille du toro).
• *Ruidoso*, n° 26, combattu à Guayaquil (Guayas, Équateur) en 1979 (tour de piste posthume pour la dépouille du toro).
• *Risueño*, n° 52, combattu à Teruel en 1977 (tour de piste posthume pour la dépouille du toro).
• *Zarandillo*, n° 29, combattu à Santander (Cantabria) le 27 juillet 1986 (prix du meilleur toro de la féria).
• *Pedrero*, combattu à Trujillo (Caceres) le 4 juin 1987 (tour de piste posthume pour la dépouille du toro).
• *Almejito*, n° 9, combattu à Gijón (Asturias) en 1990 (prix du meilleur toro).
• *Trepador*, n° 28, combattu à Valence le 23 mai 1995 (tour de piste posthume pour la dépouille du toro).
• *Delirio*, n° 25, combattu à Cehegín (Murcie) le 12 mars 1995 par Enrique Ponce (deux oreilles et la queue ; tour de

piste posthume pour la dépouille du toro).

• *Rogador*, n° 7, combattu à Tudela (Navarre) le 25 juillet 1996 par José María *Manzanares* (prix du meilleur toro de la féria).

Élevage mythique du campo charro de Salamanque, le fer de Sánchez-Arjona est aujourd'hui encore une référence auprès des professionnels taurins. Après avoir séparé ses deux origines, l'éleveur a maintenu une grande régularité quant à la qualité des produits combattus. Avec plus de quarante toros vendus chaque saison, les affaires tournent bien pour Javier Sánchez-Arjona : en 1999, *el Juli* remporta avec cet élevage un important succès à Castellón, de même que José Tomás à Santander (Cantabria), devant un toro honoré d'un tour de piste posthume. Chez les novilleros, l'Arlésien *Juan Bautista* connut lui aussi de grands succès au cours de la même année, notamment à Saragosse et Valence. L'élevage fit également combattre deux lots de grande qualité à Aire-sur-Adour et Almería. Vedettes d'hier – *Antoñete*, Curro Romero et Curro Vázquez – et d'aujourd'hui – Enrique Ponce, José Tomás et *el Juli* – se disputaient encore en 2000 les faveurs de cet élevage ; notamment dans les arènes madrilènes de Vista Alegre, les autres lots étant combattus dans des arènes espagnoles de second rang. En 2001, l'élevage de Sánchez-Arjona continua d'envoyer des lots de grande qualité pour les vedettes mais essentiellement dans des arènes espagnoles de troisième catégorie tout en présentant quelques très bons novillos. L'expérience se confirma en 2002 avec un retour de ces toros en arènes de première catégorie et un double triomphe pour Enrique Ponce et *el Juli* à la Monumental de Barcelone. Un tour de piste posthume récompensa également un excellent novillo combattu à Elche de la Sierra (Alabacete) par Julio Pedro Saavedra, auquel la présidence octroya les deux oreilles et la queue. Respectés par l'afición, appréciés des vedettes et des apprentis toreros, les toros porteurs de la devise vert et argent ont encore de beaux et longs jours devant eux. C.C.

SÁNCHEZ CERDA Víctor, *Víctor Puerto.* Neveu du matador Antonio Sánchez Puerto, Víctor Sánchez Cerda, né à Alcorcón (Madrid) le 28 août 1973, estoque son premier becerro au cours d'un festival à Cabezarrubias del Puerto (Ciudad Real), le village natal de son père, le 15 août 1989. Il alterne ce jour-là avec son oncle et obtient les deux oreilles et la queue de ce premier adversaire. Il fait ses débuts en costume de lumières en 1990 à Villanueva de Córdoba (Cordoue) au cours du spectacle *El Bombero torero.*

Il prend part cette année-là à plusieurs becerradas et se fait alors appeler *Victorín del Puerto*. Il débute avec picadors le 23 mars 1991 à Alcázar de San Juan et coupe trois oreilles à des novillos de Bernardino Jiménez. Ses compagnons de cartel en ce jour si important sont José Moreno et Paco Delgado.

Durant quatre ans, *Víctor Puerto* se maintient en tête du classement de sa catégorie et, après 123 novilladas, il reçoit l'alternative le 9 avril 1995 à Ciudad Real des mains de Miguel Báez *Litri* et Jesús Janeiro Bazán *Jesulín de Ubrique.* Comme lors de sa première novillada avec picadors, *Puerto* coupe ce jour-là trois oreilles aux toros de Luis Algarra. Celui de la cérémonie s'appelait *Maleado*.

Il débute à Ibarra en Équateur le 29 avril 1995 devant du bétail d'Atocha, en alternance avec Edgar Peñaherrera et *Gitanillo de América.* Il se présente en France le 23 juillet 1995 à Orthez, avec Raúl Gracia *el Tato* et Luis Delgado face à des toros de Miguel Zaballos.

Le 28 mai 1996, *Víctor Puerto* confirme l'alternative à Madrid, avec les mêmes parrain et témoin. Le toro de la cérémonie, *Cartuchero*, appartient à l'élevage de Puerto de San Lorenzo.

Très rapidement, *Víctor Puerto* se fait remarquer par des triomphes significatifs et torée de nombreuses corridas, souvent d'ailleurs dans des arènes de peu d'importance. Mais ce rodage intelligent lui permet d'apprendre parfaitement son métier.

Le 19 novembre 2000, à Mexico, Mariano Ramos lui confirme l'alternative, en présence de Rafael Ortega, en lui cédant le toro *Jacinto*, de l'élevage de Los Martínez.

Torero désormais puissant et très technique, *Víctor Puerto* s'est imposé comme l'un des piliers de toutes les férias importantes. Solide et artiste à la fois, ayant participé à la fin de 2002 à 499 corridas, il arrive à maturité et appartient à la catégorie des maestros auxquels il va falloir faire confiance en ce début de XXIe siècle. R.A.

SÁNCHEZ CHIVITE Sergio. Il est né dans le village de Cintruénigo dans la Navarre, le 12 février 1968, et se présente comme becceriste en 1986 à Cervera del Río Alhama, dans la région de la Rioja. Sa première course avec picadors a lieu le 13 septembre 1987 à Cintruénigo, en alternance avec *Litri* et Rafael Camino. Puis il se présente à Madrid le 23 avril 1989 face à un lot de La Guadamilla, avec Antonio Caba et Marco Antonio Girón. Après 74 novilladas, il reçoit l'alternative à Pampelune le 14 juillet 1990 devant *Algabeño*, un toro de Conde de la Corte, José Luis Palomar étant le parrain et *el Fundi* le témoin. La confirmation lui est donnée à Madrid le 15 juillet 1990 devant le toro *Astudito*, de la ganaderia de Moreno Silva, par Raúl Aranda, José Antonio Carretero en étant témoin.

Puis il débute en Amérique, au Venezuela, à Merida le 10 février 1991, devant *Litigante*, toro de la ganaderia La Carbonera, en alternance avec *Valencia*, Girón et Denis Loré. Il débute en France, à Vic-Fezensac le 31 mai 1993, devant le toro *Centenario* de la ganaderia de Justo Nieto, dans un cartel avec Dámaso González et Víctor Mendes. R.B.

SÁNCHEZ-COBALEDA
Origine : Vega Villar
Devise : violet et rouge
Ancienneté à Madrid : 8 juin 1924
Propriétés : « Castillejo de Huebra », Muñoz (Salamanque), « Zamaril », Portaje (Caceres) et « Santa María », Moraleja (Caceres)

Élevage de la région de Salamanque formé en 1910 par José Vega avec des vaches de Veragua et des étalons de Santa Coloma. En 1914, il est acheté par les frères Villar qui présentent l'élevage à Madrid le 8 juin 1924. En 1928, le lot appartenant à Francisco Villar est vendu à don Arturo Sánchez-Cobaleda. À la mort de ce dernier, en 1942, ses fils en héritent, le fer et la devise originaux revenant en 1950 à son fils Manuel Sánchez-Cobaleda. En 1985, lorsque ce dernier décède à son tour, ce sont les propriétaires actuels, José Manuel Sánchez García-Torres et Pilar Majeroni Sánchez-Cobaleda qui, à la tête de la société Santa María y Entrearroyos, prennent en mains les destinées de l'élevage. R.A.

SÁNCHEZ DE PABLOS Cristina. Après un parcours remarquable de 121 novilladas où elle montre aux aficionados éberlués qu'une femme, lorsqu'elle en a les capacités, les compétences et la volonté peut faire jeu égal avec ses compagnons de cartel en affrontant des animaux aussi imposants que ses camarades, Cristina Sánchez reçoit triomphalement l'alternative le 25 mai 1996 à Nîmes, des mains de Curro Romero en présence de José María *Manzanares*, vêtue de bleu céleste et or, devant *Pocabarba*, un toro de la ganaderia d'Alcurrucén auquel elle coupe une oreille. Elle renouvellera l'exploit avec son second adversaire et sortira sur les épaules de ses admirateurs par la Porte des Consuls.

Elle se présente ensuite en Espagne en compagnie d'Óscar Higares et de Javier Conde, à Getafe dans la province de Madrid, face à un toro de Bernardino Priz à qui elle coupe une oreille. Elle fait ses débuts en Amérique, le 27 octobre 1996 à Caracas, au Venezuela, avec Ortega Cano et Luis Pietri devant des Fuentelepeña, mais la course est suspendue à cause de la pluie. C'est à Mexico qu'elle confirmera le 12 janvier 1997 devant un toro de la ganaderia de Santiago avec *Armillita Chico* comme parrain et Alejandro Silveti comme témoin.

Courageuse, faisant preuve d'un total engagement, maîtrisant la technique de la cape aussi bien que celle de la muleta, et sachant bien manier l'épée, Cristina Sánchez a été reconnue comme « maestro » à part entière par ce milieu difficile et misogyne. Elle a su s'affirmer en toréant à l'égal de ses compagnons de cartels et sans qu'une faveur quelconque ne lui soit accordée, réalisant le paséo avec les grandes figuras du moment qui ne refusèrent jamais de toréer à ses côtés. R.B.

SÁNCHEZ DE YBARGÜEN

Origine : Marqués de Domecq
Devise : bleu et blanc
Ancienneté à Madrid : 16 mars 1986
Propriété : « Peñas blancas », Mérida (Badajoz)

Alfonso de Olivares forme cet élevage en 1929 avec des vaches porteuses du fer de Juan Belmonte et des étalons de Parladé. Le troupeau est vendu en 1963 à María Recio de Sánchez qui l'annonce sous l'appellation de « Sierra Morena ». L'élevage passe successivement entre les mains de Carlos Melgarejo (1967), Laurentino Carrascosa, la société anonyme Membrillar San Juan et José González Sillero (1969). Ce dernier acquiert en 1970 un lot de vaches de l'élevage de Magdalena García de Villegas, d'origine Lisardo Sánchez, et l'ajoute au troupeau initial. L'élevage change encore de propriétaire en 1981 avec Francisco Rubio Cordones, qui ajoute au cheptel du bétail des frères Rubio Villadiego, d'origine Carlos Núñez. Rubio Cordones modifie le fer et le vend à ses frères, Pablo et Carmelo, en 1983. Ceux-ci décident à leur tour de modifier la marque du troupeau avant de vendre l'ensemble à Francisco Segura, qui augmente le cheptel en 1986 avec un lot de vaches de Torrestrella et un étalon de Marqués de Domecq. Ramón Sánchez de Ybargüen devient propriétaire de l'élevage en 1990.

Cet élevage a permis, au milieu des années 1990, à deux toreros non sévillans de s'illustrer sur le sable ocré de la Maestranza. *El Tato* et Pepín Liria ont offert au public sévillan de réels moments de bravoure et obtenu de grands succès en jouant la carte de la sincérité. Sorti de l'ombre, cet élevage d'origine Marqués de Domecq fit une petite halte en France au cours de l'année 1997, à Beaucaire, et permit à Denis Loré et Manuel Caballero de triompher dans les arènes Paul-Laurent. Les bons résultats de Séville ont convaincu les toreros vedettes d'affronter les toros porteurs de la devise bleu et blanc. En 1999, le public français put encore une fois apprécier la mobilité de ces produits lors des triomphes importants de Stéphane Fernández Méca (Istres) et de *Juan Bautista* (Le Grau-du-Roi). Faisant combattre un nombre respectable de toros dans toutes sortes d'arènes, l'élevage de Sánchez de Ybargüen a toutefois resserré sa sélection dans le but de renforcer son sang. Depuis quelques saisons, les toros marqués du célèbre « B » présentent donc moins de faiblesse, mais aussi plus de caste voire même d'agressivité dans les premiers tiers du combat. Comme on pouvait s'y attendre, les vedettes ont progressivement cessé de les toréer, laissant leur place à des toreros plus belluaires. *El Fundi* remporta à ce titre un très grand triomphe au cours de la saison 2000 à La Corogne (trois oreilles). Quatre toros de ce fer foulèrent encore le sable de Las Ventas, à Madrid. L'élevage revint à La Corogne en 2001 et permit à Miguel Rodríguez et *Juan Bautista* de couper une oreille chacun. Le lot combattu quelques semaines plus tard à Saint-Gilles confirma les bonnes dispositions de lidiador du Nîmois Denis Loré, crédité d'une oreille, et l'engagement sans faille d'Antonio Ferrera, qui triompha avec deux oreilles. Plus piquants dans leurs charges, les toros de Sánchez de Ybargüen restent donc fidèles à leur origine Marqués de Domecq et pourraient très bientôt s'inscrire dans un registre ganadero proche de celui de Cebada Gago (élevage fondé à partir du mélange des sangs de Carlos Núñez, Jandilla et Torrestrella). C.C.

SÁNCHEZ DEL CAMPO José, *Cara-Ancha.* Il est né à Algésiras le 8 mai 1848. À la suite du décès de son père, il doit subvenir aux besoins de ses frères et de sa mère. Il se lance dans la tauromachie tout en continuant à travailler comme artisan doreur. Le 14 avril 1865, il est blessé au péroné ce qui lui enlève toutes ressources et plonge la famille dans la misère. Il revient comme banderillero dans la plaza de Séville et entre en 1869 dans la cuadrilla de *Gordito*. Il participe à quatre corridas à Madrid les 1er, 8, 15 et 22 mars 1874, sous les ordres de *Gordito* et *Bocanegro* et ses poses de banderilles sont si remarquées qu'on lui accorde de tuer le dernier toro de la course. Il se prépare sérieusement pour son alternative, que lui donne, le 24 septembre 1874 à Séville, Manuel Domínguez *Desperdicios* en présence de *Bocanegro* face à des toros de don José Antonio Adalid. Il confirme à Madrid le 23 mai 1875 en affrontant le toro *Apreturas*, avec *Lagartijo* comme parrain et *Currito* comme témoin ; ce jour-là il y avait trois toros de la ganaderia du duc de Veragua, trois de Saltillo et deux de Miura. *Cara-Ancha* commence à être connu d'autant qu'il alterne souvent avec *Gordito* et *Frascuelo* à Madrid. Puis il subit l'opposition de *Lagartijo* qui parvient à le faire exclure de Madrid. Mais ses succès ont une grande audience dans tout le pays. Le 25 septembre 1881 à Madrid étaient lidiés six toros de Saltillo et deux du curé La Morena, par Antonio Gil, José Machío, Ángel Pastor et *Cara-Ancha* : celui-ci triomphe devant le septième toro de la course, *Cajetero*, de Saltillo. Ses prestations du 18 mai 1882 à Séville et du 27 juin 1884 à Madrid le font entrer dans l'Histoire. Il torée alors avec les grandes figuras que sont *el Gallo*, *Lagartijo*, *Frascuelo*, *Zapatero*.

L'arrivée de nouveaux matadors tels que Mazzantini ou *el Espartero* détourne le public du torero d'Algésiras. Il fait sa tournée d'adieux à Saragosse, Barcelone, Madrid et Séville, où il achève sa carrière le 11 novembre 1894. Il vit ensuite à Aználcazar jusqu'à sa mort survenue le 31 mars 1925.

Maniant avec maîtrise la cape et excellent banderillero, *Cara-Ancha* introduisit la manière de tuer a recibir qui deviendra courante. Il innova aussi en osant se mettre à genoux pour toréer et donna ainsi une animation nouvelle aux faenas. Torero courageux qui fut durement châtié par des blessures nombreuses, il montrait un tel dédain pour la douleur qu'il lui est arrivé de continuer à toréer bien que durement touché. *Cara-Ancha* a laissé une empreinte importante dans l'histoire du toreo de son époque. R.B.

SÁNCHEZ FERNÁNDEZ Antonio, *Sánchez Puerto.* Il est né dans le village de Cabezarrubias del Puerto, province de Ciudad Real, le 10 mai 1952. Dans le village tolédan de Borox, il revêt son premier costume de lumières le 10 mai 1970 comme sobresaliente dans une modeste corrida où participent son frère Víctor et Fernando Cacho. Il revient en novillada piquée le 30 avril 1972 à Talavera de la Reina, province de Tolède, avec *Angelete* et Alfredo Herrero, puis il torée seul à Vista Alegre, contre des novillos de Juan María Pérez-Tabernero, montrant des facilités tant à la cape qu'à la muleta et coupant deux oreilles.

Il prend l'alternative le 21 mai 1978 à Vista Alegre, Madrid, avec Antonio José Galán comme parrain et Luis Francisco Esplá comme témoin, devant un lot de toros de Román Sorando. Il torée peu mais obtient des triomphes notoires. Il confirme à Madrid le 14 septembre 1980 devant *Marcelino*, toro de la ganaderia de Isaías et Tulio Vázquez, *el Inclusero* étant le parrain et *el Calatraveño* le témoin.

Le 15 août 1986, pendant la féria de la Virgen de la Paloma, à Madrid, avec Manuel Ruiz *Manili* et Fernando Galindo, devant des toros de Domínguez Camacho et José Murube, il coupe une oreille à chacun de ses toros mais cela ne suffit pas à lancer sa carrière qui reste modeste malgré ses capacités. Il débute en Amérique à Maracay, au Venezuela, le 1er octobre 1995, devant un lot de Los Ramírez en alternant avec Iván Rodríguez Vázquez et Fernando Cámara. R.B.

SÁNCHEZ MEJÍAS Ignacio. Torero mythique qui fait partie de la légende dorée des matadors de tous les temps, est-ce pour son art tauromachique, pour son don des lettres, rare dans le monde taurin, pour sa bravoure incontestable, pour sa mort tragique ou pour le souvenir littéraire qu'en a laissé Federico García Lorca, l'ami si proche, dans son douloureux chant funèbre ?

Pour tout cela sans doute. Mais l'art n'était pas sa meilleure arme devant les toros. Sa bravoure, son mépris des terrains le mettant constamment en danger, sa témérité extrême dans les situations les plus difficiles qu'il avait souvent créées lui-même et ses formidables qualités de banderillero, tout cela se complétant formait son meilleur atout : il recherchait l'émotion, la faisait naître et inventait le danger.

Issu d'une famille bourgeoise (son père est médecin), il naît le 6 juin 1891 à Séville et a priori n'est pas destiné à devenir torero. Mais bien que de quatre années plus âgé que *Joselito*, il est son ami et plus tard épousera sa sœur Dolores.

Brusquement et comme sur un coup de tête, il ne donne pas suite aux projets de son père qui le voulait médecin, à dix-neuf ans il quitte l'Espagne pour les États-Unis et commence une carrière de torero au Mexique. Il y est tour à tour banderillero et novillero ; il regagne l'Espagne en 1911 et fait partie de plusieurs cuadrillas, entre autres celle de *Machaquito*.

Le 7 septembre 1913, on le voit à Madrid en tant que novillero et il réitère l'exploit à Séville le 21 juin 1914 ; malgré cela, il renonce à nouveau à voler de ses propres ailes et fait partie tantôt de la cuadrilla de ses beaux-frères, *Joselito* et *el Gallo*, tantôt de celle de Juan Belmonte.

Il prend l'alternative à Barcelone le 16 mars 1919 – il a vingt-huit ans – devant *Joselito* et Belmonte avec *Bunolero* provenant de l'élevage de Vícente Martínez et auquel il coupe une oreille. Puis c'est la confirmation le 5 avril 1920 devant les mêmes témoins et *Presumido* du même élevage ; son travail lui vaut la vuelta al ruedo.

Un mois plus tard à quelques jours près, *Joselito* trouvera la mort par la corne de *Bailador*, issu de l'élevage de la veuve Ortega (non inscrit à l'Unión de Criadores de Toros de Lidia) à Talavera de la Reina devant Ignacio qui achèvera le toro tueur.

Il n'eut pas des débuts faciles, on lui reprochait la protection de *Joselito*, mais il parvint par ses qualités viriles et sa témérité à un rang plus qu'honorable. Il se produit quatre-vingt-dix fois en 1920, retourne au Mexique où il fait sensation en compagnie de Gaona avec lequel il a une célèbre altercation à propos de son beau-frère.

Il envisage de se retirer en 1922 après avoir affronté six toros à Ávila, mais il effectue son retour en 1924 et le 10 juillet 1925 il obtient un succès retentissant à Madrid lors de la corrida de la Croix-Rouge.

Ignacio torée encore soixante et une corridas cette année-là et se retire à nouveau en 1927. Il impressionne les foules par ses banderilles très souvent posées sesgo por dentro, entre les cornes et la barrière ; il est spectaculaire, fait preuve d'un réel mépris du danger et sa technique de muletero assis sur l'estribo émeut le public. Lors de son retour à Manzanares, où il remplaçait Domingo Ortega empêché par un accident de voiture, le 11 août 1934, il reçoit au moment de cette passe sa dernière blessure : il est pris par *Granadino* qui fait pénétrer sa corne dans la cuisse. La blessure n'est sans doute pas mortelle mais il refuse l'opération sur place et se fait transporter à Madrid. La gangrène gazeuse s'installe et il meurt deux jours après.

Le corps est alors transporté à Séville et on l'inhume dans le caveau de *Joselito*. Sa mort a inspiré ce *Llanto por Sánchez Mejías* à son ami García Lorca, vers poignants sur la disparition d'un être cher, texte sur lequel le grand musicien catalan Ohana a écrit une sublime partition.

C'est une force de la nature qui vient de disparaître, un homme raffiné, lettré, qui fera jouer deux pièces de théâtre dont l'une n'est autre que les angoisses d'un père dont le fils veut devenir torero ! C'est aussi un caractère trempé qui ne se laisse pas contraindre : après s'être fâché avec l'empresa des arènes de Séville qui lui avait interdit d'y paraître durant son règne, devant un toro destiné à Martín Agüero, il saute du callejón sur le sable de la Maestranza et avec l'assentiment d'Agüero salue la loge royale et la présidence puis banderille par deux fois magistralement, contournant ainsi l'arrêt.

Son fils José Ignacio a tenté l'aventure et revêtu l'habit de lumières après la mort de son père mais ne parvint pas, malgré ses qualités réelles, à dominer sa trop grande nervosité ; il commence en 1943 une carrière d'apoderado et meurt le 2 novembre 1966 d'un infarctus. J.B.T.

SÁNCHEZ-MEJÍAS Marcos.
Voir RUIZ DE ALDA SÁNCHEZ-MEJÍAS Marcos.

SÁNCHEZ MORO Juan Manuel, *Manolo.* Juan Manuel Sánchez Moro a vu le jour le 10 juillet 1971 à Valladolid. En s'annonçant Manolo Sánchez sur les affiches, il revêt son premier habit de lumières à l'âge de seize ans, le 5 juin 1988. Le Vallisolitain débute assez rapidement en novillada piquée, le 19 août 1989 à Sigüenza (Guadalajara) face à du bétail de Molero Hermanos, accompagné au cartel de Ramón Escudero et d'Enrique Ponce. Sánchez effectue un tour de piste à l'issue de son second combat. Il se présente à Madrid le 20 juin 1991 aux côtés de Joselito Vega et José Luis Peralta, où il affronte le novillo *Otilo*, n° 71, negro, et porteur du fer de Caridad Cobaleda. Sa prestation est sanctionnée par un silence après la sonnerie d'un avis. De retour dans sa ville natale, il prend l'alternative le 22 septembre 1992 des mains de Roberto Domínguez et en présence d'*Espartaco.* Vêtu d'un costume en velours turquoise et or brodé d'argent, Manolo Sánchez affronte le toro *Currito*, n° 98, negro, pesant 485 kg et porteur du fer de Joaquín Núñez del Cuvillo. Le récipiendaire reçoit un total de quatre oreilles et sort en triomphe à l'issue de cette grande corrida aux côtés de son parrain et de son témoin d'alternative. Le nouveau matador vallisolitain confirme cette alternative la saison suivante, le 12 mai 1993, pendant la féria madrilène de San Isidro. Sánchez reçoit les trastos de matador des mains de José María *Manzanares* et en présence de Fernando Cepeda. Vêtu de son costume d'alternative, le torero de Valladolid combat le toro *Rabanero*, n° 83, negro listón, 538 kg, de l'élevage de Manolo González, et écoute un silence à l'issue de sa prestation. Ovationné lors de son second combat, Manolo Sánchez voit son parrain de confirmation, José María *Manzanares*, sortir en triomphe des arènes de Las Ventas après une faena exceptionnelle. Quatre mois plus tôt, le 5 janvier 1993, Manolo Sánchez s'était présenté en Amérique latine lors d'une corrida organisée dans les arènes colombiennes de Manizales. Vêtu de rouge et or, il partageait l'affiche avec Enrique Ponce et *Joselillo de Colombia* face à un lot de Gutiérrez Arango. Le 4 juillet 1993, il débute en France en qualité de matador de toros dans les arènes gersoises d'Éauze. Entouré du torero vénézuélien *Morenito de Maracay* et du Colombien César Rincón, Manolo Sánchez, vêtu de bois de rose et or, affronte le toro *Peluquito*, n° 45, negro, de Baltasar Ibán. Il effectue un tour de piste à l'issue de chaque prestation. L'année suivante, le matador vallisolitain confirme son alternative, le 16 janvier 1994, à la Monumental de Mexico des mains de Manolo Arruza et en présence d'Adrián Flores. À nouveau vêtu de turquoise et or, Sánchez combat le toro *Licenciado*, n° 56, pesant 519 kg et porteur du fer mexicain de San Marcos.

Manolo Sánchez fait partie de la dernière génération des « novilleros punteros » rendus célèbres au début des années 1990. Ayant intégré le circuit à l'époque où *Jesulín de Ubrique* et *Finito de Córdoba* étaient déjà matadors de toros, et appuyé par les grandes maisons d'imprésarios taurins, Manolo Sánchez fait rapidement partie des cartels des meilleures férias. Malgré d'évidentes qualités et une base saine de toreo, il a pourtant du mal à passer la rampe, bien souvent dépassé par l'expérience d'un Manuel Caballero ou la fougue d'un *Chamaco*. Une fois ces deux derniers passés à l'échelon supérieur, Manolo Sánchez reste seul dans l'escalafón novilleril, attendant qu'une pointure vienne se mesurer à lui. Encore trop discrets, Manolo Carrión et Javier Conde ne font pas trop d'ombre au jeune torero de Valladolid, qui décide intelligemment de prendre l'alternative à la fin de la saison 1992 après avoir toréé un total de 99 novilladas. Manolo est sacré matador par Roberto Domínguez, grand torero vedette natif de Valladolid, et qui s'apprête à goûter au repos du guerrier. Répété dans toutes les férias importantes, Sánchez connaît quelques bons succès même si son toreo parfois stéréotypé ne lui permet pas de passer la vitesse supérieure. Progressivement, les grands imprésarios l'oublient et Manolo entame un long parcours du combattant face à des élevages plus âpres. Parfois confronté à la dure réalité d'une corrida de Cebada Gago ou de Victorino Martín, le Vallisolitain oublie bien vite la jeunesse rose des novilladas pour vedettes... Sa technique sérieuse lui permet toutefois de retrouver peu à peu ses repères. Régulièrement programmé dans des corridas de première et deuxième catégorie, Manolo décline parfois un certain style avec la muleta. Grand habitué des plazas proches de Madrid et Valladolid, Sánchez se distingue notamment en début de saison 1999 dans les arènes couvertes de Leganés en coupant quatre oreilles malgré la relative froideur du public. Fin août, il fait également valoir ses qualités de lidiador en triomphant des toros de Valverde dans les arènes de Cuéllar (Ségovie). Familier des corridas madrilènes de l'été, Sánchez affiche de très bonnes intentions lors de la féria de Valladolid 2000 en coupant un total de deux oreilles au cours d'une corrida où il affronte un toro d'El Sierro puis un autre de Sepúlveda. Le 15 août 2001, après de longs efforts et une expérience bien affinée face à ce type de bétail, Manolo Sánchez parvient à couper une oreille à un exemplaire de Juan Manuel Criado. Alternant postes à grande responsabilité et corridas plus populaires, le torero de Valladolid, sans atteindre la dimension de son prestigieux prédécesseur Roberto Domínguez, a réussi à se faire un petit nom dans le milieu des toros. Il est désormais reconnu comme un torero solide, auquel on peut faire confiance, mais qui ne sortira vraisemblablement pas des sentiers battus... C.C.

SÁNCHEZ POVEDANO Salvador, *Frascuelo*. Cet homme au visage fermé, aux lèvres épaisses, au regard ombrageux, aux sourcils froncés, c'est le matador de bronze, athlète puissant et fier, c'est *Frascuelo*, né aux environs de Grenade le 21 décembre 1842. Les infortunes de son père, joueur et endetté, obligent la famille à quitter le Sud pour chercher fortune plus au nord, d'abord vers Saragosse puis vers la capitale où sa mère, devenue veuve, cherche un emploi. Il ne tarde pas à se faire embaucher comme maçon, mais en compagnie de son frère Francisco il s'intéresse rapidement au monde des toros.

Francisco est d'un an son aîné et, de capeas en tientas, les deux frères se font connaître et admettre comme banderilleros dans les novilladas de villages puis auprès de Cayetano Sanz, célèbre torero madrilène. À vingt-trois ans, Salvador voit pour la première fois son nom inscrit à un cartel de Madrid et tue à vingt-quatre ans son premier novillo. Il évolue plus vite que Francisco et le 27 octobre 1867 il reçoit l'alternative conférée par *Cúchares* qui lui cède *Señorito*, animal très armé de la ganaderia de Bañuelos, lors d'une corrida mémorable où furent occis huit toros.

Dès l'année suivante, il affronte *Lagartijo* avec lequel il partagera l'affiche pendant plus de vingt ans. S'ils entretiennent dans le privé les meilleures relations, ils sont toujours prêts à se défier sévèrement sur le sable. Plus fin, plus artiste, le premier calife de Cordoue semblait souvent dominer le duo par son élégance, ses « largas cordobesas » inoubliables, mais par sa témérité, son arrogance, sa farouche présence devant les cornes et son engagement au moment de vérité, *Frascuelo* soutenait la comparaison avec un style certes bien différent. Il leur arriva parfois, entraînés par une intrépidité toujours plus grande, d'être rappelés à l'ordre par la présidence, les invitant à plus de prudence ! On raconte, pour édifier leur belle amitié, que lors d'un mano a mano entre *Frascuelo* et *Chicorro* (José Lara) auquel, des gradins, assistait *Lagartijo*, celui-ci, après avoir reçu le brindis de Salvador, lui envoya dans un mouchoir noué sa montre en or, lui manifestant ainsi son amicale admiration.

Souvent châtié par les toros, rien n'entama son courage, mais après de sérieuses blessures en 1888 à Barcelone et à Madrid, ses forces le trahirent peu à peu et il se retira des ruedos en 1890, après la corrida du 12 mai à Madrid devant des toros du duc de Veragua. Il vécut encore huit années retiré aux environs de Madrid et y mourut d'une pneumonie dans la maison d'une de ses filles le 8 mars 1898.

On peut retenir de sa carrière la corrida du 23 avril 1874 dans l'arène de Priesta d'Alcalá où il connut un de ses plus grands triomphes. Le 15 avril 1877 il reçut une blessure grave de la corne d'un toro de Adalid qui lui érafla l'œil droit. Est mémorable encore le 4 juin 1882 pour deux fabuleuses estocades. Le 26 mai 1887, il remporte un véritable triomphe combattant de manière incomparable six adversaires en provenance de la ganaderia du duc de Veragua. Le 6 octobre 1889, il délivre à son deuxième toro une estocade foudroyante lors de son dernier mano a mano avec *Lagartijo*. Enfin le 12 mai 1890, il effectue son ultime combat encore une fois devant des Veragua ; il est intéressant de noter que *Guerrita* ce jour-là, en hommage à son illustre confrère, y participe en tant que banderillero. L'Amérique du Sud n'eut pas l'honneur de contempler *Frascuelo* dans ses œuvres, son horreur de l'eau l'empêchant de traverser l'Atlantique ; en revanche, Paris, accessible par la route, le vit dans la grande arène de la rue Pergolèse où il vint par trois fois, mais renonça rapidement à se montrer devant des toros emboulés indignes de sa valeur. Cet homme austère au caractère ombrageux domina par son courage moral, sa vaillance et sa dextérité, en contrepoint avec *Lagartijo*, vingt ans des plus grandes années de la tauromachie du XIXe siècle. J.B.T.

SÁNCHEZ PUERTO.

Voir SÁNCHEZ FERNÁNDEZ Antonio.

SÁNCHEZ RECIO Ramón

Origine : Manuel Arranz (« Martínez », Graciliano Pérez-Tabernero, Conde de la Corte, Antonio Pérez)

Devise : vert et rouge

Ancienneté à Madrid : 27 août 1929
Propriétés : « Almiriya », « Aljarilla » et « Las Laderas », Cordoue

Miguel de la Morena fonde un troupeau en 1845 avec des têtes de bétail de Jijón. Lorsqu'il meurt, son fils Pedro prend la direction du troupeau qu'il rebaptise « Ganadería del cura de la Morena ». Aux alentours de 1886, Pedro de la Morena vend la majeure partie de l'élevage à Amador García, qui le cédera par la suite à ses fils. Manuel Arranz fait l'acquisition de ce troupeau en 1925 et élimine les origines antérieures au profit de deux lots de María Montalvo, d'origine Martínez, et de deux étalons de Conde de la Corte. Arranz ajoute par la suite un étalon de Graciliano Pérez-Tabernero ainsi qu'un autre d'Antonio Pérez. L'élevage est mis au nom de ses héritiers en 1967 avant d'être vendu dix ans plus tard à Ramón Sánchez Recio.

Les toros importants :
• *Ramillete*, n° 59, combattu à Santander (Cantabria) en 1984 par Sebastián Palomo Linares (dépouille du toro très applaudie).
• *Repollito*, n° 441, combattu à Alcalá de Henares (Madrid) en 1984 par Dámaso González (dépouille du toro fortement ovationnée après pétition de tour de piste posthume).
• *Delicioso*, n° 28, combattu à Valladolid en 1984 par *el Yiyo* (dépouille du toro fortement ovationnée ; octroi de deux oreilles).

Cet élevage fait combattre chaque année une bonne trentaine de toros, répartis lors de corridas formelles ou équestres. Pablo Hermoso de Mendoza affronta l'un de ces exemplaires lors de la féria de Cordoue 1999. À pied, les toros de Sánchez Recio, assez mobiles, offrent également d'estimables possibilités de succès, y compris aux toreros plus modestes. On vit notamment en 2000 la valeureuse Marí Paz Vega affronter un lot de ce fer à Benamejí (Cordoue). La même année, Álvaro Montes s'illustra face à ce bétail durant la corrida de rejón de la féria de Cordoue. Régulièrement combattus dans des arènes espagnoles de troisième catégorie, les toros de Sánchez Recio permettent aux toreros de couper un grand nombre d'oreilles. L'un de ces exemplaires fut notamment honoré en 2001 d'un tour de piste posthume à Peal del Becerro (Jaén) après qu'*el Fandi* lui eut coupé les deux oreilles et la queue. C.C.

SÁNCHEZ RODRÍGUEZ Ramón
Origine : Manuel Arranz (« Martínez », Graciliano Pérez-Tabernero, Conde de la Corte, Antonio Pérez)
Devise : vieil or et vert bouteille
Ancienneté à Madrid : 22 mai 1981
Propriétés : « Almiriya », « Aljarilla » et « Las Laderas », Cordoue

Épouse de Luis Ramos Paul, Ángela Dávila Garvey hérite en 1955 de l'une des parts de l'élevage de Villamarta. Quatre ans plus tard, ce troupeau est divisé entre ses enfants. Le lot de María Ramos Paul Dávila est vendu à Ramón Sánchez Rodríguez en 1961. Le nouveau propriétaire acquiert dès le mois de janvier 1962 un lot de vaches de Clemente Tassara qu'il insère au troupeau. Une fois le fer modifié, Ramón Sánchez Rodríguez ajoute en 1964 un lot de vaches et d'étalons de Manuel Arranz. Un choix qu'il confirmera quatre ans plus tard en insérant un lot issu du même élevage.

Ce fer fait combattre peu de toros par saison ; en général moins de dix. L'essentiel des ventes se fait dans de petites arènes espagnoles : quelques exemplaires furent ainsi envoyés dans les provinces de Ciudad Real (1999) et de Grenade (2000), faisant preuve d'une appréciable maniabilité pour les toreros. C.C.

SÁNCHEZ SANTIAGO José Ignacio. Né à Salamanque le 28 août 1971, José Ignacio Sánchez Santiago participe à sa première novillada avec picador dans la plaza de Vista Alegre à Bilbao, le 12 mai 1991, avec Pedro Carra et *Paquiro*, devant des novillos d'El Pilar. Sa présentation à Madrid a lieu le 30 avril 1993 devant des novillos d'El Torreón, avec José Luis Gonçalves et Manolo Carrión. Après 73 novilladas, il reçoit l'alternative des mains de *Joselito* avec comme témoin Enrique Ponce, devant *Quitalunas*, de la ganaderia de Zalduendo, à Santander, le 29 juillet 1994. Il confirme devant *Peluquito*, de la ganaderia de Baltasar Ibán, le 17 mai 1995, avec César Rincón comme parrain et pour témoin *Joselito*. Le 26 juillet de la même année, il se présente en France, à Beaucaire, devant *Berrendo*, un toro de Manolo González, en compagnie de José María *Manzanares* et de César Rincón, et coupe une oreille. R.B.

SANDÍN SAYAGO Lucio. Lucio Sandín est né à Madrid le 3 octobre 1963. Il s'inscrit à l'École taurine de Madrid et se signale assez rapidement par ses facultés dans l'art de toréer. Aux côtés de ses camarades de classe, José Cubero *el Yiyo* et Julián Maestro, Lucio Sandín participe à de nombreuses novilladas au cours de la saison 1979. Il débute officiellement avec picadors le 2 mars 1980 dans les arènes de Ciempozuelos (Madrid), puis se présente à Las Ventas deux mois plus tard, le 11 mai, avec Carlos Aragón Cancela et *el Yiyo* face à du bétail de García Romero. Après une très grave blessure reçue à Séville en 1983 où il perd son œil droit, Sandín prend l'alternative le 7 avril 1985. Sur le sable de la Real Maestranza, le torero madrilène est sacré matador par Curro Romero, en présence de *Rafael de Paula*, face à des toros de Torrestrella. Le 23 mai 1986, durant la féria de San Isidro, il confirme son alternative à Madrid des mains de José Antonio Campuzano et en présence de Víctor Mendes face à du bétail panaché de Joaquín Murteira Grave, Antonia Julia de Marca et Cortijoliva. Après une nouvelle blessure en mars 1990 à Madrid, Lucio Sandín décide de se retirer de la profession.

Torero de Madrid par essence, Lucio Sandín est aujourd'hui bien éloigné des toros. Diplômé et spécialiste d'ophtalmologie, il dirige un négoce de produits pharmaceutiques dans la région de Barcelone. Pourtant, Lucio Sandín a eu une carrière des plus honorables qui, sans certains coups du sort, aurait pu prendre une trajectoire ascendante. Associé aux jeunes toreros madrilènes, Sandín connaît d'abord un parcours novilleril glorieux. Il triomphe notamment à Séville le 29 mai 1983 face à une novillada de José Murube qu'il torée aux côtés de Jesús Franco Cardeño et Antonio Amores. Trois oreilles en main, le Madrilène Lucio Sandín franchit la mythique Porte du Prince... Mais peu de temps après, l'enfer des toros le frappe de plein fouet : le 12 juin de la même année il reçoit un terrible coup de corne dans ces mêmes arènes de la Real Maestranza de Séville par un novillo de Baltasar Ibán. Malgré l'extrême gravité de la blessure, Lucio Sandín ne perd pas confiance et garde foi dans les toros. Sa valeur, son art et son courage lui permettent de poursuivre son chemin, même avec un œil de moins. Une fois l'alternative passée, Lucio enchaîne les contrats de façon irrégulière en fonction des saisons mais laisse dans le souvenir des aficionados quelques faenas indélébiles. Le 20 avril 1987, il se présente dans les arènes d'Arles et fait le paséo, montera en main, aux côtés de *Joselito*, également « inédit » dans ces arènes. Cette corrida du lundi de Pâques arlésien est marquée par le temple de José Ortega Cano et la main gauche exceptionnelle de Lucio Sandín. Deux oreilles récompensent la faena du torero de Madrid, qui sort en triomphe de l'amphithéâtre romain aux côtés d'Ortega Cano. Malheureusement, le 4 mars 1990, à Madrid, un toro de Joaquín Murteira Grave le cueille à la sortie d'une demi-véronique et lui inflige un grave coup de corne de vingt-cinq centimètres d'extension à la cuisse droite, lésionnant les adducteurs. Torero par vocation, Lucio Sandín décide très dignement de mettre un terme à sa carrière. Homme d'honneur très apprécié dans le milieu taurin, il laisse le souvenir d'un torero classique et profond dont le courage et la passion font aujourd'hui encore référence. C.C.

SANLÚCAR DE BARRAMEDA (Espagne. Cadix 40 km). Ce port de 49 000 habitants est aujourd'hui un centre d'exportation de vin, mais il a un passé brillant puisque de ses quais s'embarquèrent Christophe Colomb en 1498 pour son troisième voyage, et Magellan en 1519 pour effectuer le premier tour du monde.

Les premières arènes, en bois, de forme circulaire, pouvant recevoir 3 000 personnes, furent employées dès le 11 mai 1884. On les remplaça par une autre plaza dont les travaux commencèrent le 16 juillet 1898 et qui fut inaugurée le 1er juillet 1900 avec *Machaquito* et *Lagartijo Chico* face à des toros de Miura. R.B.

SANTA MARÍA Ganadería de
Origines : Murube-Urquijo et Pinto Barreiros (élevés séparément)
Devise : bleu et blanc
Ancienneté à Madrid : 4 octobre 1987
Propriété : « Zambujal do Conde », Alentejo (district d'Évora), Portugal

Située au Portugal, cette ganaderia de 700 hectares, distante de 11 kilomètres de la ville-musée d'Évora, capitale de l'Alentejo, a été achetée en 1985 par le ganadero Francisco Lobo de Vasconcellos dont le grand-père était duc de Narbonne. Il élève des toros bravos, des mansos et des chevaux lusitaniens, aidé de son épouse doña María Pia.

Le fer de la ganaderia est formé de deux cercles, l'un plus petit que l'autre, qui se rejoignent par le bas et symbolisent la tête de la Vierge Marie avec son auréole surmontée d'une croix.

Francisco possède 350 vaches bravas réparties en 15 groupes pour 24 sementales. Lors de la temporada 2001, cet élevage a fourni 31 toros combattus au Portugal et 6 en Espagne lidiés dans les arènes de Melilla par Uceda Leal, Dávila Miura et Jesús Millán. Le premier toro de l'après-midi, *Cerejo*, a effectué une vuelta posthume. La ganaderia Santa María s'est fait connaître en France grâce à une novillada de qualité lidiée dans les arènes de Mont-de-Marsan en 1990 à l'occasion de la féria de la Madeleine. Ch.C.

SANTANDER (Espagne. Madrid 395 km – Bilbao 100 km). Situé au bord d'une large baie, le petit village médiéval qui se groupait autour d'une abbaye dédiée aux reliques de saint Éméthère accueillit Charles Quint en 1522 et devint une ville prospère au XVIIIe siècle grâce au commerce avec les Amériques. Au XIXe siècle, l'activité du port décline au profit de celui de Bilbao. La ville compte actuellement 192 000 habitants.

La première plaza de toros, très ancienne, fut remplacée en 1859 par une nouvelle de 7 000 places qui fut inaugurée le 4 août 1859 avec une corrida de toros de Veragua y Rodríguez lidiée par *Cúchares* et *el Tato*. Cette plaza subsiste jusqu'en 1890, lorsqu'on inaugure la nouvelle arène de 16 000 places, le 25 juillet, par une corrida de Conde de la Patilla pour les maestros José Sánchez del Campo *Cara-Ancha* et Luis Mazzantini. R.B.

SANZ POZAS Cayetano. Né calle del Bastero dans le quartier populaire madrilène de la Arganzuela, le 7 août 1821, il est cordonnier à treize ans, becerrista à quinze et remarqué à vingt-trois ans par le duc de Veragua dont il toréait les novillos à Aranjuez en 1844.

Celui-ci décide alors de confier Cayetano au grand subalterne *Capita*, célèbre banderillero, qui, bien que borgne, possédait une vista très sûre et était le seul conseiller qu'écoutait *Paquiro*.

Il participe dès 1845 aux cartels des corridas de Madrid en tant que deuxième épée. Son talent naissant le fait remarquer par *Chiclanero* qui l'intègre à sa cuadrilla. C'est à partir du 12 novembre 1848 que l'on peut considérer Sanz comme matador, après qu'il a alterné avec *Cúchares* et *Salamanquino*. Son courage et sa force étaient parfois battus en brèche devant les toros compliqués, mansos ou en querencia, mais il était magnifique, silhouette altière, visage grave mangé de favoris impressionnants, devant le toro de caste noble et brave. Possédant un riche répertoire à la cape qu'il maniait avec grande élégance, il était efficace et varié avec la muleta, tuant souvent bien, alternant recibir et volapié. Cependant, la lecture de certains documents d'époque peut tempérer notre jugement. Un critique contemporain n'hésitait pas à écrire : « Élégant mais ne s'arrime pas. »

On raconte que, longtemps après s'être retiré (1877), assistant à une capea de village et ressentant les difficultés que rencontraient les garçons en piste, il intervint en donnant anonymement de judicieux conseils. L'un d'eux, irrité par ce vieillard qui savait si bien parler, l'invita à descendre pour montrer son talent. Cayetano donna alors une leçon de technique et d'élégance telle que grande fut la confusion des gamins quand ils apprirent ensuite son identité !

En France, on le vit le 6 août 1854 à Bayonne, où il fut parmi les premiers matadors espagnols à tuer des toros. Il est présenté par la presse locale en ces termes : « Jeune homme beau, bien fait, de manières distinguées et profondément versé dans l'art de la tauromachie [...]. Chef habile et bon, meilleur [*sic*] camarade, protecteur attentif des valeureux picadors, c'est une excellente épée. » Les toros sont de la ganaderia Zalduendo, pas fameux cette fois, fatigués dit-on par le voyage, sans jeu ni force, mais la présidence est assurée par le couple impérial et Eugénie manie les mouchoirs à bon escient (l'impératrice était une aficionada très compétente...). La course ne laisse pas d'autre souvenir que celui d'une prestation médiocre imputable à l'élevage.

Enfin, Cayetano, depuis longtemps loin des ruedos, se retire aussi de la vie mondaine et s'éteint en 1891, le 21 septembre, dans sa propriété de Villamantilla aux environs de Madrid. J.B.T.

SARAGOSSE (Espagne. Madrid 320 km – Barcelone 300 km). Importante agglomération de 595 000 habitants, capitale de l'Aragon, Saragosse, surmontée par la basilique de la Virgen del Pilar, est un centre important depuis l'époque romaine. La Salduba des Ibères devint sous le nom de *Caesar augusta* une colonie militaire à l'époque de l'empereur Auguste. Une des premières cités à se convertir au christianisme, elle subit les invasions barbares, fut prise par les Maures en 713, rebaptisée Sarakusta, avant de devenir la capitale du royaume chrétien de Sobrarbe à partir de 1118. Elle connaît alors une grande période de prospérité de laquelle datent ses principaux monuments en style mudejar.

Classé plaza de première catégorie, le premier édifice taurin fut construit en 1764 et inauguré avec le fameux *Martincho*. Un autre vit le jour en 1895 et fut remanié dès 1917, sa contenance portée à 13 000 places. Lors de la féria du Pilar de 1988, pour la première fois, on utilisa la couverture de la plaza qui permet une meilleure utilisation quel que soit le temps. R.B.

SARDINE.
Voir CABRA.

SARDO (*sarde*). Toro à la robe formée de taches de trois couleurs : noir, blanc et roux.

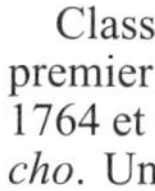

SAYALERO Y BANDRÉS
Origines : Maribel Ibarra et Jandilla
Devise : vert et jaune
Ancienneté à Madrid : 3 avril 1966
Propriétés : « Alcántara » et « Charco Dulce », Medina Sidonia (Cadix) et « La Reyerta », Lebrija (Séville)

Cet élevage est fondé en 1926 par Heraclio Carreño avec du bétail d'origine Villagodio et Arribas. L'élevage passe ensuite entre les mains de Maximiliano Sánchez, Juan Fraile et Carlos Arruza, qui élimine les origines antérieures au profit d'un lot de vaches de Felipe Bartolomé et de deux étalons de Joaquín Buendía. Arruza modifie son ancien fer et élimine le sang de son précédent troupeau en 1956. Il choisit cette fois de reformer l'élevage avec des vaches et des étalons de Domecq. Il vend le troupeau en 1967 à María Isabel Ibarra qui mettra l'élevage sous l'appellation de « María Isabel Ibarra et Ibarra et fils » en 1978. Deux ans plus tard, le fer est racheté par Victoriano Sayalero López.

Sayalero y Bandrés est à première vue un élevage sans grande histoire qui vend chaque année une bonne trentaine de toros dans les arènes andalouses de deuxième et troisième catégorie. Malheureusement, l'élevage est rentré dans l'histoire au soir d'un bien triste 26 septembre 1984 : sur le sable de Pozoblanco (Cordoue), un toro noir de cet élevage, *Avispado*, n° 9, donne un coup de corne mortel au grand torero Francisco Rivera *Paquirri*, gendre d'Antonio Ordóñez, et père de l'actuel matador Francisco Rivera Ordóñez. Aujourd'hui, l'élevage a tourné cette triste page de l'histoire de la tauromachie espagnole et réserve la plupart de ses lots pour quelques toreros vedettes mais aussi les plus modestes. Ces toros sortent régulièrement dans les petites arènes de la province de Cadix mais aussi dans celle de Málaga, et plus particulièrement Benalmádena. C.C.

SCAMANDRE (Ganadería du Scamandre)

Origine : Guardiola-Infante da Cámara
Devise : or, gris plomb et sang
Ancienneté de création : 1979
Propriété : « Mas de Madame et de Bramasset », Saint-Gilles (Gard)

Jean Riboulet fonde cet élevage en 1979 avec des têtes de bétail de Ricard, d'origine Infante da Cámara. Il insère par la suite un étalon de Guardiola acheté chez Fernay. Après la mort de l'étalon, il fixe le sang de son élevage en fondant la reproduction sur les produits issus de cette sélection. Emporté par une grave maladie à la fin de l'année 1998, Jean Riboulet laisse l'élevage du Scamandre entre les mains de son fils, Olivier. En 2001, sur mise en demeure vétérinaire, Olivier Riboulet est forcé d'abattre la totalité de son cheptel pour des raisons sanitaires. Il parvient toutefois à conserver des embryons de ses meilleurs produits qu'il transplante sur des vaches de race Aubrac. Les premiers produits ont vu le jour à la fin du mois de mars 2002. Cette expérience constitue une première en France en matière d'élevage de toro bravo.

Les toros importants :

• *Carasucia*, n° 44, combattu par Curro Durán à Arles le 4 octobre 1992.
• *Espantadajarlos*, n° 46, combattu par Pedro Castillo à Arles le 4 octobre 1992.
• *Pelofino*, n° 04, combattu par *el Fundi* à Saint-Gilles (deux oreilles) le 20 août 1995.
• *Guerrillero*, n° 31, combattu par Michel Lagravère à Vauvert le 19 août 1996.
• Novillo n° 70, gracié par Mateo Román à Vauvert, en 1996.
• *Zorrolisto*, n° 66, combattu à Nîmes le 22 février 1997 par Swan Soto.
• Prix du meilleur élevage de la saison 1999 dans les arènes d'Arles.

Olivier Riboulet avait peut-être fait le plus difficile... Depuis des années, les toros issus de la sélection de son père réunissaient tous les critères de satisfaction pour un éleveur : bravoure, caste et continuité des charges à la muleta. Hélas, la tuberculose contraignit le jeune éleveur à saborder de nombreuses années d'un dur labeur. La réussite de la transplantation permit toutefois d'entretenir l'espoir d'une renaissance de l'élevage. Le mercredi 27 mars 2002, une vache de race Aubrac mit bas une jeune femelle de race brava baptisée *Bandolera*. En 2002, huit vaches Aubrac portaient des embryons fécondés à partir de la semence des anciens meilleurs reproducteurs de l'élevage de Jean Riboulet. Olivier pourra sûrement dans quelques années juger la qualité de ces produits : les derniers toros du Scamandre combattus à Nîmes (1999) et Arles (1999 et 2000) s'étaient avérés excellents et avaient placé l'élevage de Riboulet parmi les meilleurs français. C.C.

SEGOVIA CARMEN
Origine : Álvaro Domecq-Torrestrella
Devise : blanc, vert et rouge
Ancienneté à Madrid : 5 septembre 1993
Propriété : « Los Linarejos », Moralzarzal (Madrid), Espagne

Située dans la province de Madrid, cette ganaderia a été fondée par Juan Sánchez Rodríguez en 1941. En 1964, après élimination de l'origine précédente, l'élevage est constitué par du bétail d'Eusebia et Francisco Galache. En 1989, elle est acquise par doña Carmen Segovia, qui remplace tous les animaux par du bétail d'Álvaro Domecq y Díez (Torrestrella). De nos jours, le sang Domecq domine par des toros de Curro Chica, Carlos Núñez et Jandilla et un faible pourcentage de sang Veragua (3 %), le reste provenant de l'encaste Parladé. Doña Carmen a modifié le fer lors de l'acquisition de son élevage : une étoile à cinq branches possédant un S à l'intérieur, au centre duquel se trouve une petite croix. Aidée de son mayoral Antonio Leiro Muñiz, la propriétaire continue à maintenir un juste équilibre entre la bravoure et la noblesse de ses produits, conditions de base de l'élevage du bétail brave.

La propriété s'étend sur 164 hectares. Les toros paissent dans un superbe paysage vallonné, véritable havre de paix où l'illustre Manuel Benítez *el Cordobés* venait chercher le repos. Les arènes de Nîmes, le 5 juin 1995, ont présenté cette ganaderia en corrida de rejón avec Joaquín Buendía, Ginés Cartagena, Fermín Bohórquez et Marie Sara. Ch.C.

SEGURA Teófilo
Origine : Jandilla
Devise : vert
Ancienneté à Madrid : 18 avril 1881
Propriété : « Vaquetas », Navas de San Juan (Jaén)

Soledad Escribano fait l'acquisition en 1943 du troupeau que Luis Conradi avait hérité lors de la division de l'élevage de Juan Bautista Conradi. Soledad Escribano cède le troupeau à ses petits-fils en 1974 et l'élevage prend l'appellation de « Bohórquez Domecq Hermanos ». Six ans plus tard, l'élevage est acheté par Juan Luis Ambel Villanueva avant de passer entre les mains de Fermín Bohórquez (1984). Le troupeau est finalement vendu en 1985 à la société Reses bravas de Botoa qui élimine le sang Bohórquez. L'année suivante, le troupeau s'enrichit de soixante dix-neuf vaches et de deux étalons de Jandilla. La société Pollo Quinto SL rachète le fer en 1996 à Javier Camuñas et lui donne l'appellation de « Teófilo Segura ».

L'afición française connaît plus cet élevage sous son ancienne appellation : Javier Camuñas. Le public put apprécier la qualité de deux novillos combattus en 1994 par *Pedrito du Portugal* au Grau-du-Roi, mais aussi la noblesse de deux exemplaires revenant au torero vénézuélien Leonardo Benítez lors de la féria de Béziers 1997. Benítez, qui triompha le 15 août 1997 dans les arènes du plateau de Valras, partageait l'affiche avec Enrique Ponce et Curro Romero, encore inédit à Béziers ! Avec un fer aujourd'hui inchangé, l'élevage de Teófilo Segura demeure une référence auprès des vedettes et vend chaque saison une bonne cinquantaine de toros. Présent en 1999 à Madrid et Saragosse, l'élevage permit à Enrique Ponce (une oreille) et José Tomás (trois oreilles) d'offrir un grand après-midi au public de la Monumental de Barcelone. L'année suivante, *Juan Bautista* fut confronté à un de ces toros à Saragosse et parvint à couper un trophée. L'élevage fournit également un lot en 2000 à Marbella (Málaga) à l'occasion du sensationnel mano a mano organisé entre Manuel Benítez *el Cordobés* et *el Juli*. Poursuivant ses ventes en 2001 sur le même rythme, l'élevage fournit également un bon lot de toros pour une corrida équestre à Leganés (Madrid). C.C.

SEGURA COSTA José Luis, ***Pepe Luis.*** Né le 8 décembre 1946 à Línea de la Concepción, province de Cadix, *Pepe Luis* commence en novillada piquée le 28 août 1964 à Huelva, face à des novillos de Pablo Rincón, avec comme compagnons de cartel José Fuentes et José Luis Caetano. Le 15 août 1966, il se présente à Las Ventas de Madrid avec Enrique Patón et Adolfo Rojas face à des novillos de Miguel Zaballos.

Dans sa ville natale, le 18 juillet 1969, *Pepe Luis* Segura reçoit l'alternative des mains de Santiago Martín *el Viti* en présence d'Ángel Teruel et face à *Villardo*, toro de de la ganaderia de Núñez Hermanos auquel il coupe deux oreilles. Journée exceptionnelle à bien des titres puisqu'il coupera les deux oreilles et la queue de son second adversaire. En 1979, il ne participera qu'à deux paséos, ce qui motivera son retrait des ruedos. R.B.

SÉLECTION. En faisant des choix d'une manière d'abord empirique puis de plus en plus réfléchie, l'homme a cherché, depuis la nuit des temps, d'abord à fixer puis à améliorer la qualité des variétés végétales et animales que la nature a mises à sa disposition.

En matière tauromachique, l'idée de sélection a dû s'installer d'une manière bien pragmatique : il y a quelques siècles, les bouchers des abattoirs et les paysans qui accompagnaient le bétail remarquèrent que parmi les animaux qu'on menait, certains ne dédaignaient pas de s'en prendre à leurs gardiens et de les charger. Avec des animaux choisis parmi les plus légers, les moins encornés, les plus jeunes donc plus faciles à berner, il est probable qu'entre deux abattages une partie de ce personnel entreprit de se divertir en se laissant poursuivre, en faisant des écarts ou des sauts et, pourquoi pas, en détournant les attaques à l'aide de quelque cape avant la lettre.

Par la suite, certains animaux présentant ce luxe inespéré de charger plus ou moins à la demande, les bouchers-paysans-toreros les mirent de côté pour les utiliser en d'autres occasions, lors de fêtes de village ou de quartier par exemple. Et quand ces animaux devenaient trop dangereux, on les abattait.

Des éleveurs perspicaces conservèrent les mâles et femelles ayant une convenable agressivité (amorce de la bravoure), mais tempérée par une certaine malléabilité (noblesse), et les consacrèrent à la reproduction, persuadés que non seulement il ne fallait pas tarir cette source de profits, mais l'améliorer. Ainsi s'amorça l'idée même de sélection, pratiquée au début sans repères, essais désordonnés des expérimentateurs. Puis peu à peu, des lois tirées de l'observation et de l'expérience se dégagèrent jusqu'à la pratique ganadera contemporaine, sans qu'on puisse créditer la science d'apporter une aide quelconque à l'évolution du ganado bravo. On a amélioré le type et les qualités des toros par le choix arbitraire de bons géniteurs, ensuite par une nourriture mieux étudiée, mais, pratique instinctive de la consanguinité mise à part, la génétique n'a rien apporté quant à la connaissance du comportement offensif de l'animal.

Depuis une vingtaine d'années, certains évoquent de plus en plus la génétique et avancent que les qualités morales du toro pourraient reposer sur des bases essentiellement biologiques, qu'il pourrait y avoir un simple support physique (gène ?), chimique (enzyme ?) ou composite (hormone ?) à la caste, la bravoure, la noblesse, etc. Ces mêmes personnes soutiennent que tant qu'on n'aura pas défini des fondements résolument physico-chimiques à ces qualités et à leur mode de transmission, on restera dans le domaine de l'approximation, les élevages continuant alors à passer alternativement de la réussite à l'effondrement le plus spectaculaire.

Ce point de vue s'explique fort bien : depuis toujours, pour sélectionner un étalon, on choisit un beau toro de type conforme à celui de l'élevage, un toro ayant manifesté du caractère et qu'on garde après la tienta de machos s'il répond à certaines conditions de comportement déterminées par l'éleveur, et on le rapproche de diverses vaches retenues elles aussi selon certains critères définis en tienta. Mais ce sont des critères arbitraires, spécifiquement humains, (décision de l'éleveur), pari hasardeux sur l'avenir.

Dans la nature, le dominant le plus doté en caste, bravoure et genio – pour employer nos propres termes tauromachiques – avant d'être le reproducteur exclusif du groupe, pratique d'abord lui-même la sélection des femelles. Quand dans ce genre de groupe le dominant amorce un certain déclin, il est rapidement mis sur la touche par un rival plus jeune et plus ambitieux qui aura à son tour le monopole de la sélection des femelles et celui de la reproduction.

Or, à la ganaderia, ce n'est qu'après trois ou quatre générations de toros se révélant inférieurs à leurs aînés que le ganadero envisage de changer d'étalon. Un semental vieillissant ou trop vite décevant engendre des produits de plus en plus médiocres mais il faut au moins trois ans pour que le ganadero réalise que « la bravoure a quitté son étalon » ou pis : qu'elle avait été initialement surestimée.

Outre son rôle de sélectionneur du type physique, l'éleveur a donc la responsabilité de choisir des animaux dans l'optique de futures qualités combatives hypothétiques. Il prend des paris osés pour que des qualités réelles ou supposées au jour de la sélection soient transmises et si possibles améliorées dans la descendance.

L'éleveur ne se rend pas compte tout de suite de la dégénérescence de ses produits, car il ne peut les juger qu'en piste. Et quand il intervient, après au moins trois ans, il est trop tard, la bravoure s'est déjà engagée sur la pente de la décadence. Il s'ensuit ces enchaînements hasardeux, compliqués et onéreux, d'éliminations partielles ou massives dans les troupeaux, de rafraîchissement du sang et parfois d'un nouveau départ après élimination de toutes les bêtes pour tenter de rétablir une situation bien compromise et aux conséquences désastreuses.

Le mode de sélection des mâles tel qu'il est pratiqué à la ganaderia est éminemment subjectif, repose sur plus de supputations que de paramètres naturels ou scientifiques et il est très loin de présenter les mêmes garanties que la claire et nette compétition quotidienne entre belligérants comme on peut l'observer dans la nature. Pratiquée de manière aléatoire la sélection des étalons par l'éleveur, très inférieure à la sélection naturelle entre animaux, concourt un jour ou l'autre à la baisse des qualités évoquées plus haut. Dans l'histoire de toutes les ganaderias il est impossible d'en citer une s'étant améliorée en permanence.

En matière de sélection et jusqu'à une connaissance réellement scientifique de facteurs déterminant le caractère du toro (s'ils existent), s'égarer sur une fausse piste restera encore longtemps la hantise permanente de l'éleveur. C'est tellement vrai, l'erreur est tellement fréquente en la matière que lorsqu'un ganadero voit un de ses toros gracié, il reçoit avec un plaisir manifeste les félicitations qui lui sont adressées concernant la caste et la bravoure exceptionnelles de son toro, mais en fait, il regrette de ne pas avoir su déceler des qualités qui étaient toutes indiquées pour en faire un étalon. À l'inverse, on constate que les toros graciés et devenus étalons sont rarement à l'origine d'une lignée de grands combattants. Ce qui pose problème : se serait-on illusionné ? Le torero qui a lidié le toro l'aurait-il trop bien mis en valeur et aurait-il masqué ses carences ? Ce qui ne milite pas pour la matérialité génétique de la bravoure et prouve que rien n'est simple. P.M.

SEMENTAL (*étalon*). Parfois appelé *reproductor* ou encore *raceador*, le semental est un toro sélectionné pour son type caractéristique propre à la devise et présentant des qualités exceptionnelles de morphologie, de caste, de bravoure et de noblesse, afin de féconder les vaches reproductrices de la ganaderia. On décèle ses qualités lors d'une tienta spéciale, celle des machos. Lorsqu'un toro est gracié au cours d'une corrida, il est souvent utilisé comme semental. Dès lors il est censé transmettre à sa descendance le type physique de la ganaderia et la bravoure, en partie puisque les éleveurs sont de plus en plus persuadés que la répartition de certaines qualités n'est plus spécifique au sexe des géniteurs mais relève du hasard chromosomique.

Certains étalons ont eu une longue carrière, comme le célèbre *Diano* (de Faustino Udaeta) qui mourut à vingt ans après avoir engendré 270 vaches et 290 toros. Grande renommée également pour *Gaitero* (de Conde de la Corte) et *Guitarrero* (de Palha) qui pendant vingt ans assurèrent de distingués services. La tendance contemporaine s'est nettement inversée et prône des carrières courtes de cinq à six ans. P.M.

SEÑAL (*signe*). Avec le fer (*hierro*) et la devise (*divisa*), le señal constitue une des trois caractéristiques d'un élevage. En fait, c'est la marque la plus définitive car un fer insuffisamment appuyé peut s'effacer ou se modifier après coup (cicatrisation anarchique dite « chéloïde »), voire être modifié par des maquignons taurins sans scrupules (affaire des Bohórquez de Dax, août 1976. Voir FRAUDES), alors que le señal ne variera pas.

Le señal, équivalent de l'*escoussuro* (« escoussure ») pratiqué en Camargue le jour de la ferrade, est une découpe partielle de l'oreille selon un dessin propre à l'élevage, invariable, effectuée avec un couteau très affûté le jour de l'herradero. Déjà en 1679, Mme d'Aulnoy écrivait : « Ils les marquent à la cuisse d'un fer chaud et lui fendent l'oreille » (*Relation du voyage d'Espagne*).

Cette taille peut concerner une ou deux oreilles, être identique des deux côtés ou différente. Ainsi, chez Miura, le señal est différent sur chaque oreille. Il y a douze sortes de señales de base autorisant des combinaisons infinies. Les plus classiquement utilisés sont :

- *Muesca* : entaille de demi-lune au bas de l'oreille.
- *Punta de espada* : pointe d'épée.
- *Hoja de higuera* : feuille de figuier.
- *Despuntada* : seule la pointe est coupée selon la verticale.
- *Horquilla* : épingle à cheveux.
- *Orejisana* : oreille laissée intacte.

À l'origine, des troupeaux différents étaient amenés à se rencontrer et à se mélanger. Il y avait également des voleurs. Le señal était un moyen d'identification rapide pour un œil exercé. C'est une preuve supplémentaire et surtout un moyen particulier si l'on doit récupérer un animal échappé de la ganaderia ou mélangé à d'autres dans un corral : si l'animal est couché, ou debout mais entouré d'autres animaux, son fer (hierro) n'est plus visible, le señal permet à un familier de la ganaderia de l'identifier.

Par ailleurs, au cours des marquages successifs au fer rouge supportés par l'animal dans un court laps de temps (voir HIERRO), la bête souffre, se stresse et à ce titre peut faire une crise cataclysmique d'hypertension, un coup de sang. Car avant le señal, le marquage au fer est une épreuve importante : marquage du fer de la ganaderia, du chiffre de l'année de naissance, du numéro d'ordre de naissance, en France imposition de la lettre F, en Espagne la lettre U pour les éleveurs adhérents à l'UCTL (Unión de Criadores de Toros de Lidia). De plus, il est assez courant que le vétérinaire profite de l'aubaine pour intervenir et vacciner l'animal (d'autres éleveurs procèdent en deux fois). Lors de l'entaille de l'oreille, l'opérateur réalise ni plus ni moins que le vieux traitement de la saignée de décompression préventive de l'hypertension et parfaitement indiquée en ce cas.

Certains éleveurs réalisent le señal le plus tôt possible (quelques jours après la naissance), estimant que le futur épisode du marquage au feu avec ses diverses opérations douloureuses constitue une épreuve déjà très traumatisante sans avoir à lui ajouter celle du señal et des vaccinations. P.M.

SENCILLO (*simple*). Toro d'une noblesse candide, ingénue, ne posant aucun problème.

SEÑORITO. Petit seigneur, privilégié. On qualifie souvent ainsi, avec ironie, un jeune maestro qui est entré dans le métier parce qu'il appartient à une famille de toreros mais n'a pas les qualités réelles pour devenir figura. Peut aussi désigner un fils de famille aisée qui se lance dans la profession ou, par dérision, un débutant qui agit avec affectation. R.B.

SENTENCIADO A MUERTE (*condamné à mort*). Curieux et dramatique incident de la vie des bêtes dans les élevages : comme dans toute collectivité animale, chaque troupeau est mené par le toro le plus fort et le plus autoritaire (dominant) qui, à la suite de divers affrontements obéissant à des règles mystérieuses, est parvenu à imposer et maintenir sa loi. Dans leur humour particulier, les employés de la ganaderia qualifient ces confrontations d'*elección del alcalde* (élection du maire). Le vainqueur devient le mandón. Dictature périodiquement remise en question en combats singuliers par de jeunes ambitieux. Il y a parfois d'étranges complots où plusieurs toros s'unissent pour administrer une véritable correction au leader contesté. Ce renversement de dominance se caractérise par sa soudaineté. Généralement, le chef destitué accepte le verdict et rentre dans le rang ou bien se retire et vit seul, à l'écart. Mais parfois, il y a eu tant de haine accumulée à son encontre que le troupeau unanime le condamne à mort – *sentenciado a muerte* – et le massacre littéralement. P.M.

SENTIDO (*connaissance*). Faculté qu'ont certains toros de comprendre rapidement qu'il y a quelqu'un derrière le leurre. Dans leur langage imagé mais terriblement réaliste, les toreros disent qu'« un toro de sentido est un animal qui sait des choses qu'il n'aurait jamais dû savoir ». Ou comme *Bombita*, face à un Miura criminel : « Il me regardait avec cent yeux. » Le toro de sentido, aggravé quand c'est un manso de sentido, économise ses effets, change d'avis en cours de charge, se désintéresse de plus en plus du leurre, délivre un hachazo totalement inattendu en cours de passe alors que le torero n'a fait aucune erreur, coupe le terrain, recherche l'homme. Le sentido, c'est le contraire de la noblesse. Animal dangereux au plus haut point, on n'en voudra pas au torero de prendre force précautions et d'abréger une faena qui sur le plan artistique n'est guère possible, sauf capacité dominatrice et volonté exceptionnelles de la part du torero. P.M.

SEPÚLVEDA DE YELTES
Origine : Atanasio Fernández
Devise : vert et rouge
Ancienneté à Madrid : 26 septembre 1844
Propriétés : « Sepúlveda », Castraz de Yeltes (Salamanque) et « La Fresneda », Mayalde (Zamora)

Élevage de la région de Salamanque fondé en 1838 par Anastasio Martín avec des vaches Vistahermosa achetées à Joaquín Giraldez. En 1842, des vaches et quelques étalons de même race sont achetés à Fernando Freire et ajoutés à l'élevage. Un peu plus tard, d'autres vaches sont achetées au marquis de Sales. Le 26 septembre 1844, l'élevage prend son ancienneté à Madrid. Par héritages successifs, l'élevage revient en 1943 à José Anastasio Martín qui le partage entre ses enfants. Un des lots va à Dolores Martín Carmona qui le vend en 1965 à Antonio Sánchez Ortiz de Urbina qui l'annonce sous le nom actuel. En 1967, différents lots de vaches et d'étalons sont achetés à Juan Solís de Casablanca (anciennement Juan Cobaleda), d'origine Conde de la Corte. En 1977, un lot de vaches et un étalon sont achetés à Atanasio Fernández. Au décès d'Antonio, en 1980, la ganaderia fut annoncée au nom de ses héritiers qui, en 1986, ont acheté des vaches d'origine Lisardo Sánchez-Atanasio Fernández, au célèbre matador retiré Santiago Martín Sánchez *el Viti*. R.A.

SERIO (*sérieux*). Toro qui impose le respect et nécessite une lidia appliquée et réfléchie.

SERNA Y GIL Victoriano de la. Né à Sepúlveda dans la province de Ségovie le 1er septembre 1910, il commence en 1931 à avoir quelque notoriété, en particulier dans les plazas de Valladolid, Salamanque ou Saragosse. Il se présente à Madrid le 27 août 1931 en compagnie de *Chiquito de la Audiencia* et d'Alfredo Corrochano devant du bétail de Lacerda Pinto Barreiros. Puis il prend l'alternative à Madrid le 23 octobre 1931 devant *Rompedor*, toro de doña María Hernán, avec pour parrain Félix Rodríguez et pour témoin *Pepe Bienvenida*.

L'année 1933 est fastueuse puisqu'il participe à 53 corridas dans les plus grandes plazas et y triomphe brillamment, mettant en évidence ses qualités exceptionnelles de lidiador, doublé d'un véritable artiste du toreo. Car s'il a un niveau technique important, il sait aussi donner la touche suave et artistique qui signe ses interventions. L'année 1935 est moins éclatante avec seulement 35 corridas, car le public qui a été habitué à ses prestations rythmées et chatoyantes ne comprend pas qu'il vienne progressivement à un toreo plus sobre et classique. Le nombre des contrats diminuant, il se retire discrètement des ruedos. Il décide de quitter la vie le 22 mai 1981, dans sa propriété de « Hato de Darro » dans la vallée de Alcudia, Ciudad Real. R.B.

SERPENTINA. Passe de cape d'enjolivement spectaculaire exécutée pour terminer un quite avec alegría. Elle débute par un lâcher de main comme dans une larga et se poursuit en faisant tournoyer d'une seule main la cape dans le plan vertical avec enchaînement dans le plan horizontal sur le corps du torero qui s'en enveloppe en tournant sur lui-même pour se retrouver face au toro. R.B.

SERRANO PINEDA Juan, *Finito de Córdoba.* Petit-fils de mayoral, fils de vacher, Juan Serrano est né à Sabadell (Barcelone) le 6 octobre 1971. Il s'habille pour la première fois en costume de lumières le 27 juin 1987 dans les arènes de Santiponce (province de Séville). Puis il débute en novillada piquée le 25 mars 1989 à Marbella (Málaga) en compagnie de Francisco José Ruiz *Espartaco Chico* et Pepe Luis Martín et coupe ce jour-là quatre oreilles à des adversaires de Juan Pedro Domecq. Dès lors, Juan Serrano devient la coqueluche des aficionados cordouans qui le suivent partout avec un enthousiasme affectueux et démesuré. Il vole de succès en succès et rafle quasiment tous les trophées mis en compétition dans sa catégorie. Sa présentation en France a lieu à Nîmes le 24 septembre en compagnie de Denis Loré et *Jesulín de Ubrique*, et il honore 39 contrats pour sa première saison. Le 23 septembre 1990, il se présente à Madrid et partage l'affiche avec *Luis de Pauloba* et Cristo González pour affronter des novillos de Jandilla. Il termine la saison en deuxième position avec 80 novilladas toréées.

Après 16 novilladas en 1991, c'est à Cordoue, sa ville d'adoption, qu'il devient matador de toros le 23 mai. Son parrain, Paco Ojeda, lui cède le toro *Infundioso*, de la ganaderia de Torrestrella ; Fernando Cepeda est témoin de la cérémonie.

Finito fait ses débuts de matador en France le 8 septembre 1991 à Dax avec José María *Manzanares* et Julio Aparicio, face au toro *Gazapillo* de la ganaderia de José Luis Marca, et termine la saison avec 30 corridas.

À Madrid le 13 mai 1993, José Ortega Cano, parrain de sa confirmation d'alternative avec comme témoin Manuel

Caballero, lui cède *Ermitano*, toro de la ganaderia de Torrestrella. En 1993, il honore 37 contrats. Il débute outre-Atlantique le 14 novembre 1993 à Monterrey (Mexique), avec Manolo Mejía et Alberto Manzur, toro de la ganaderia de Barbarrosa, et confirme son alternative à Mexico le 21 novembre 1993, avec *Armillita Chico* pour parrain et Manolo Mejía pour témoin, face au toro *Califa*, de la ganaderia San Martín. En 1994, il prend part à 78 corridas et 85 en 1995. À partir de 1996, *Finito de Córdoba* connaît une baisse de régime qui marque également les saisons suivantes. Il a récupéré en 1999 et a débuté l'année 2000 de façon très encourageante, en graciant notamment un toro à Huelva le 28 février. En 2001, il est classé premier avec 102 corridas. Il a toréé le même nombre de fois en 2002. R.A.

SESGO al. Manière risquée et très spectaculaire de poser les banderilles, en particulier *al sesgo por dentro*, quand le torero place les bâtonnets en passant dans un étroit espace compris entre le toro et la barrière. Normalement, cette pose s'effectue quand le toro a pris querencia auprès des planches et ne veut pas en sortir, mais elle peut être décidée par le maestro pour briller davantage. Il y a recours généralement lors de la pose de la troisième paire, car il a pu observer les charges du toro lors des deux précédentes, et court moins de risque de commettre d'erreur, car ce mode de pose ne permet pas de modifier les trajectoires ou de passer à faux. Le toro est placé parallèlement à la barrière et cité de face et attaqué à la tête ; au dernier moment, l'homme incline sa trajectoire vers les planches, place les banderilles lors de la rencontre et sort immédiatement. Cette exécution est difficile car elle ne permet aucun trucage. Luis Francisco Esplá est un expert de ce type de pose.

Dans la pose *al sesgo por fuera*, le toro est acculé aux planches et l'homme amorce une course parallèle à celles-ci ; avant la rencontre, il infléchit vers l'extérieur, incitant le toro à charger, il cloue à la rencontre et continue sa course. R.B.

SEVILLANO. Manière de toréer qui s'apparente à celle de l'école de Séville.

SÉVILLE (Espagne. Madrid 550 km – Cordoue 145 km). Ville de légende, Séville déploie ses fastes sur les berges du Guadalquivir. Ville-joyau qui garde une authenticité exceptionnelle, elle est un des hauts lieux de l'histoire et de la tauromachie. Séville est l'antique Hispalis. Phéniciens, Carthaginois, Grecs et Romains la conquirent. Puis ce fut le tour des Vandales et des Suèves. Devenue en 461 capitale d'un royaume wisigoth, elle est prise par les Maures en 712. En 1147 commence la domination almohade qui va l'enrichir de ses nombreux palais et édifices, qui en font encore la richesse architecturale. En 1248, le roi d'Espagne, Ferdinand III, en fait une ville chrétienne qui devient rapidement un centre riche et prospère. Malheureusement en 1649, la peste décime la population et le déclin de la ville commence. Les monuments sévillans sont connus pour leur somptueuse beauté : la Giralda, minaret de l'ancienne mosquée, tour colossale, côtoie la cathédrale gothique du XVe siècle ; l'Alcazar, qui date du IXe siècle, est un des palais les plus accomplis, ainsi que la Casa de Pilatos, la Tour de l'or sur la rive du fleuve à quelques pas de la Real Maestranza, la plaza la plus ensorceleuse d'Espagne. Séville compte aujourd'hui 701 000 habitants.

L'aficionado qui pour la première fois vient à Séville est étonné lorsqu'il découvre la Maestranza : s'il arrive par l'intérieur de la ville, il bute sur des maisons qui se collent à l'édifice et découvre des petites ruelles au bout desquelles il voit des portes qui donnent accès aux arènes. S'il vient par les bords du Guadalquivir, il admirera la somptueuse porte d'entrée. Rien de comparable avec les autres plazas d'Espagne qui s'élèvent avec majesté dans un lieu qui les met en valeur. La Maestranza se blottit dans son environnement. C'est en 1761 que fut érigé le premier édifice de cette plaza qui deviendra, après plusieurs remaniements, un joyau de style mudejar d'une capacité de 12 500 personnes et que l'on considère comme un haut lieu de la tauromachie.

À l'origine, il y a la Maestranza de caballería, confrérie destinée à entraîner les militaires pour leurs futurs combats, créée à Séville en 1670 par Agustín de Pedro Guzmán qui la place sous la protection de la Vierge du Rosaire. Les exercices se pratiquent dans les espaces autour de la porte de Cordoue. Hormis ces entraînements ordinaires, les cavaliers participent à des tournois ou affrontent des toros dans des constructions en bois édifiées dans la plaine de Tablada. La Maestranza est chargée de l'organisation de ces combats et dès 1673, sur la plaza de San Francisco, dix-huit toros sont mis à mort en une seule course... Les chefs des cuadrillas sont Pedro Guzmán, Fernando de Solís, Francisco de Biveros, Juan de Córdoba et Juan Ponce.

Quand la cour vient à Séville en 1707, la Maestranza organise les jeux et elle y gagne l'estime du roi Philippe V qui la nomme royale, soit Real Maestranza. À Puerta del Arenal, on entreprend la construction d'une arène en bois dite du « Baratillo » et les courses y sont organisées, ou sur la plaza San Franciscco. En 1733, on décide d'en édifier une autre au même endroit. Elle sera modifiée et améliorée en 1739.

Finalement, c'est en 1761 que la décision est prise d'élever une plaza digne de la cité, sur les plans de Vicente San Martín. Elle sera inaugurée au printemps de 1763 par un combat opposant les picadors Cristóbal Rabisco, Francisco Ruiz, Juan Escobar et les matadors Juan Miguel, Manuel Palomo, Juan Rodríguez et Antonio Albano contre quarante-quatre toros !... En 1805, une tempête emporte un pan de mur du côté de la cathédrale. En 1915, la Maestranza est totalement restaurée en maçonnerie et les gradins améliorés.

La féria de Séville est sans aucun doute la plus courue de toute l'Espagne car elle est d'une somptueuse beauté. Les processions religieuses de la semaine sainte, les nombreuses bodegas et les casitas de l'immense village de Los Remendios, sur l'autre rive du Guadalquivir, les promenades dans les ruelles de la vieille ville et surtout l'atmosphère, l'ambiance particulière pendant les corridas, ce public attentif, attentionné et compétent, tout cela fait de Séville une féria exceptionnelle que tout aficionado se doit d'avoir vécu au moins une fois. R.B.

SILENCE. Désapprobation exprimée par le public à l'encontre de la prestation exécutée par le maestro. Il peut être parfois plus marquant que sifflets et récriminations, en particulier dans les plazas comme celle de Séville.

SILLA (*chaise*). Manière d'exécuter une ou plusieurs passes, de cape ou de muleta, de placer les banderilles ou même de donner l'estocade en citant assis sur une chaise en bois et paillée. Cette façon de toréer est tombée en désuétude. Goya a gravé une planche montrant Martincho citant une estocade a recibir assis sur une chaise. De même, une lithographie de la revue *La Lidia* montre ce torero attendant le toro à la sortie du toril, épée en main, avec son seul sombrero comme leurre dans la main gauche, assis sur une chaise, pour l'estoquer. On ne peut qu'en conclure que les illustrateurs avaient beaucoup d'imagination. Des maestros l'utilisèrent aussi pour la pose des banderilles : citant assis, ils se levaient au dernier moment pour poser à l'écart, a quiebro. Certains sont même allés jusqu'à utiliser un prie-Dieu pour cet exercice ou pour des passes de muleta : passe du *reclinatorio*, imaginée par Julián García en 1969.
R.B.

SILVERA GONZÁLEZ Emilio. Emilio Silvera González est né à Huelva le

16 février 1964 et débute en novillada avec picador le 10 juillet 1983 à Ibiza, face à des novillos de Viento Verde en compagnie d'Antonio Casielles et Pedro Sánchez. Il se présente à Las Ventas le 1er mai 1985 avec Aurelio Ramón Álvarez *el Porteño* et Juan Rivera, contre des novillos de Carmen Espinal de Blázquez. Après avoir participé à 34 novilladas, il reçoit l'alternative le 2 août 1986 à Huelva, des mains de José María *Manzanares*, en présence de Paco Ojeda, devant *Arrumbador*, toro de la ganaderia de Gabriel Rojas. Il confirme le 23 juin 1991 devant *Duque*, toro de Marqués de Albaserrada, avec Luis Reina comme parrain et José Luis Bote comme témoin. Il se présente en France le 2 mai 1993 à Villeneuve-de-Marsan face à *Álvaro*, toro de Conde de la Maza, avec *el Soro II* et Antonio Mondéjar. Le 25 juin 1996, il débute en Amérique, à Chota, au Pérou, avec Fernando Cámara et Miguel Martín face à du bétail de Sierra Morena. R.B.

SILVETI Alejandro. Alejandro Silveti a vu le jour le 27 décembre 1956 à Mexico (district fédéral). Il est le descendant d'une grande dynastie de matadors de toros mexicains : Juan Silveti Mañón, son grand-père ; Juan Silveti Reynoso, son père, et David Silveti, son frère aîné. Ce n'est qu'à vingt-six ans qu'Alejandro endosse pour la première fois un costume de lumières, le 16 septembre 1983, à Uruapán (Michoacán) face à du bétail d'El Romeral. Pour l'occasion, il partage l'affiche avec Pepe Gómez, Guillermo Martín, Porfirio Becerra et Mauricio Portillo. Le 25 octobre 1987, le benjamin des Silveti fait ses grands débuts sur le sable de la Monumental de Mexico aux côtés de Manolo Sánchez et d'Héctor de la Granada devant des novillos de Javier Garfias. Son frère David lui confère l'alternative le 21 mars 1988 à Irapuato en présence d'*Armillita Chico*, face au toro bien nommé *Gran Dinastía*, porteur du fer mexicain de Begoña. Un an plus tard, Alejandro Silveti confirme son alternative à la Monumental de Mexico, le 10 décembre 1989, des mains de Manolo Martínez et en présence du *Niño de la Capea* face au toro *Cantarito*, nº 32, negro entrepelado, pesant 498 kg et issu de l'élevage de Javier Garfias. Vêtu d'un costume aubergine et or, Silveti junior confirme à nouveau son alternative lors de son passage à Madrid, le 14 mai 1994, des mains de David Luguillano et en présence de Miguel Rodríguez. Face au toro *Pastelero*, nº 12, negro listón salpicado, pesant 531 kg et porteur du fer de Peñajara, le torero mexicain écoute deux fois le silence du public de Las Ventas. Il se retire définitivement du toreo le 15 janvier 2000, dans les arènes mexicaines de Morelia.

Devenu torero pour perpétuer la tradition de la famille, Alejandro Silveti n'a jamais connu de succès significatif. À la différence de ses prédécesseurs, il a débuté assez tardivement et n'a finalement jamais véritablement trouvé ses marques dans le milieu taurin. Rapidement mis dans le bain, Silveti eut toutefois le mérite de pouvoir s'adapter aux charges des toros adultes, se sortant dignement de ses contrats. Rarement à l'affiche dans les années 1990, sa carrière fut quelque peu mise entre parenthèses après sa confirmation d'alternative madrilène. Alejandro se contenta dès lors d'une ou deux corridas au Mexique ou dans d'autres pays d'Amérique latine. Le 15 janvier 2000, il participe à Morelia à sa dernière corrida et coupe les deux oreilles et la queue de son dernier toro de Corlomé. Au terme d'une cérémonie émouvante, son père Juan Silveti lui coupe la coleta. Pour la dernière fois de sa courte et inédite carrière, Alejandro sort en triomphe d'une arène. C.C.

SILVETI BARRY David. Héritier d'une grande dynastie de toreros mexicains, David Silveti naît le 3 octobre 1955 à Mexico (district fédéral). Petit-fils de Juan Silveti Mañón, fils de Juan Silveti Reynoso et frère aîné d'Alejandro Silveti, David débute sa carrière de becerriste à l'âge de douze ans avant de se présenter pour la première fois en public le 1er décembre 1967 à San Luis Potosí. Le nouveau Silveti mène de front études et apprentissage du toreo : alors qu'il est aux portes de l'université, David débute avec picadors le 10 février 1974 dans les arènes El Progreso, à Mexico, avec Rafael Rodríguez *el Zapopán* et Fermín Espinosa *Armillita* devant du bétail de Rafael Obregón. Il se présente ensuite à la Monumental de Mexico le 19 juin 1975 aux côtés d'*el Voluntario* et d'*el Brillante* face à des novillos de Chucho Cabrera. Pendant toute la saison 1977, il mène une brillante campagne en Espagne et torée un total de 12 novilladas : Silveti se présente notamment à la Real Maestranza de Séville et débute également dans les anciennes arènes madrilènes de Vista Alegre le 22 mai, coupant l'oreille d'un novillo de Los Campillones. De retour au pays, il prend l'alternative le 20 novembre 1977 à Irapuato, des mains du regreté torero mexicain Curro Rivera et en compagnie de Manolo Arruza face au toro *Catrín*, de Mariano Ramírez. David Silveti confirme son alternative à la Monumental de Mexico le 7 janvier 1979 avec Manolo Martínez comme parrain et Eloy Cavazos en qualité de témoin. Le toro de la cérémonie, porteur du fer mexicain de Mimihuapán, porte le nom de *Camarada.* Au cours de cette corrida, David Silveti connaît l'une des premières blessures de sa carrière et qui conditionnera le reste de celle-ci : en marchant malencontreusement dans un trou en piste, il est victime d'une lésion des ligaments du genou. Au terme d'une longue campagne espagnole, David Silveti confirme son alternative à Madrid le 24 mai 1987 des mains de l'inoubliable torero *Nimeño II* et en présence de Tomás Campuzano face au toro *Huidizo*, nº 31, negro bragado, pesant 539 kg, issu de l'élevage mexicain de San Mateo. Après de longues années d'absence dues à de nombreuses interventions chirurgicales, David Silveti a fait sa réapparition en habit de lumières le 27 juillet 2002 dans les arènes mexicaines de Querétaro, aux côtés de Guillermo Capetillo et Paco González. Vêtu de blanc et or, Silveti coupe l'oreille de son premier toro de Montecristo, *Guadalupano*, nº 57, 475 kg, entamant ainsi une nouvelle phase dans sa longue carrière.

Le toreo de David Silveti a toujours été constant, tant que les problèmes physiques n'affectaient pas l'homme : une tauromachie tout en cadence, servie avec lenteur, dans un typique style mexicain. Gravement marqué par sa blessure au genou lors de sa confirmation d'alternative à Mexico, David Silveti entame pourtant une campagne espagnole au début des années 1980. Sa carrière est alors perturbée par de nombreux coups de corne, mais aussi des fractures et d'autres lésions nécessitant de fréquentes opérations. En 1986, Silveti retourne en Espagne et participe à Huelva à la corrida de la Hispanidad où il combat des toros mexicains de San Mateo. L'initiative sera reprise l'année suivante pour sa confirmation d'alternative à Madrid. La saison 1988 marque un tournant dans sa carrière : Silveti oublie les coups de corne et les différentes blessures et peut toréer une saison complète sans le moindre incident. Mentalement, l'homme retrouve la confiance et signe une cinquantaine de corridas au Mexique. Le 28 mai 1989, il réalise à Mexico une faena extraordinaire face à un toro de Tequisquiapán et gagne ses galons de vedette du toreo dans son pays natal. Quelques semaines plus tôt, il avait même gracié le toro *Cumplido*, de Manuel Martínez Ancira, dans les arènes de Guadalajara, obtenant les deux oreilles symboliques. Hélas, l'état de grâce est de courte durée puisqu'une nouvelle lésion au genou gauche, subie le 13 octobre 1989 à Cadereyta, freine à nouveau ses ambitions et le met hors jeu durant une saison. David Silveti croit pourtant en lui et sa volonté légendaire ne l'abandonne point, au contraire. Malgré plus de dix interventions chirurgicales à chaque articulation, il conserve un toreo de grande qualité. Ses plus grandes faenas, principalement réalisées à la Monumental de Mexico et à Guadalajara, sont hélas souvent gâchées par un maniement médiocre de l'épée. Début décembre 1995, alors qu'il se préparait à donner l'alternative à José Tomás à Mexico, David Silveti est blessé à l'entraînement par une vachette de Teófilo Gómez. Une nouvelle lésion des ligaments l'éloigne à nouveau des ruedos, mais il abreuve de ses conseils les jeunes toreros mexicains. Sans renouer avec son niveau d'antan, il réalise durant l'été 2002 un retour réussi, symbole de la victoire du torero sur le physique fragile de l'homme. C.C.

SIMULACRE. Dans les capeas ou lorsque le toro a été gracié, le matador utilise une banderille à la place de l'épée pour simuler l'entrée a matar. Parfois, le simulacre est exécuté à main nue dans les capeas.

SITIO. Emplacement le plus adapté dans lequel doit se trouver le torero par rapport au toro pour effectuer son travail. Il doit tenir compte des territoires naturels de l'animal, de sa querencia éventuelle, de sa distance maximum et minimum d'attaque, de son état physique. Le matador devra, selon le toro, se placer soit dans l'axe de la charge, soit avancer en direction de la trajectoire de sortie à provoquer. Ces critères se modifiant au cours de la lidia, le sitio se modifie lui aussi.

On dit qu'un torero « a le sitio » s'il trouve rapidement l'emplacement le plus adapté et le rythme le plus en concordance avec celui du toro. À l'inverse, on dira que le torero « cherche le sitio », qu'il a « perdu le sitio » ou qu'il « manque de sitio ». Voir le chapitre « La lidia », ci-dessus, p. 174. R.B.

SOBAQUILLO. Pose des banderilles à corne passée.

SOBRERO. Toro de réserve prévu pour remplacer au cours du reconocimiento ou pendant la corrida un toro présentant un défaut le rendant inapte au combat. La responsabilité de cette décision incombe à la présidence, qui sortira le mouchoir vert pour ordonner le retour de l'animal défectueux au corral où il sera impérativement abattu en présence de l'éleveur ou de son représentant. En revanche, un toro ne se prêtant absolument pas au jeu ne constitue pas un motif de remplacement, malgré les réclamations de certains spectateurs. P.M.

SOBRES (*enveloppes*). Celles distribuées, en Espagne, par les toreros à certains journalistes pour les inciter à n'écrire que des louanges. Ce que Talleyrand appelait « mes douceurs ». Enveloppes donnant raison à Émile Augier qui disait naguère : « La presse étant un sacerdoce, il convient de pourvoir aux frais du culte. » P.M.

SOBRESALIENTE. Matador, novillero ou d'alternative selon la course, qui est prévu en remplacement lors d'un mano a mano, en cas de blessure des deux autres maestros. Le sobresaliente fait le paséo en arrière des deux autres maestros, sort en piste à chaque pique et généralement, à titre amical, l'un ou les deux maestros le convient à participer à un quite. Voir RÉSERVE. R.B.

SOL (*soleil*). Places au soleil sur les gradins ; elles sont moins chères que celles à l'ombre.

SOL Y SOMBRA. Places sur les gradins, situées mi-ombre, mi-soleil.

SOLANITO.
Voir SOLANO FERNÁNDEZ Ramón.

SOLANO FERNÁNDEZ Ramón, *Solanito.* Il est né à Madrid le 27 novembre 1933 et se produit pour la première fois le 3 juillet 1951. Après 72 novilladas en trois temporadas, il reçoit l'alternative à Marseille le 17 juin 1957 des mains de Manolo Vázquez, face à un toro d'Oliveiras Irmãos. Mais cette alternative n'étant pas reconnue, il la reprend à Las Ventas des mains d'Alfonso Merido en estoquant un toro de Juan Muriel, en présence de Juan Antonio Romero. Il reçoit trois graves cornadas à Toulouse. Puis les années suivantes, les contrats se font plus rares et il cesse toute activité en 1962. R.B.

SOLERA (*tradition*). On qualifie de *ganadería de solera* une ganaderia dont les racines sont anciennes et les produits prestigieux.

SOMBRA. Places sur les gradins, situées à l'ombre durant toute la corrida ; elles sont plus chères que celles au soleil. Cette mention n'est valable que pour les corridas se déroulant l'après-midi.

SORANDO Román (Román Sorando Herranz)
Origine : Juan Pedro Domecq y Díez
Devise : rouge, sable et vert
Ancienneté à Madrid : 28 juillet 1985
Propriété : « Navalentisco », Villanueva de la Reina (Jaén)

Le marquis de Melgarejo forme un troupeau au tout début du XXe siècle avec des vaches de Félix Gómez, d'Aleas, un étalon de Saltillo, puis un de Pablo Romero, introduit plus tard. Salvador et Francisco Garrido Altozano achètent la totalité du troupeau en 1927 et modifient le fer. Vingt et un ans plus tard, Román Sorando acquiert l'élevage et change à son tour le fer du troupeau. En 1996, l'élevage est divisé en deux, et l'une des parts revient à Hortensia Sorando. Le troupeau est constitué de têtes de bétail d'origine Gamero Cívico, d'un peu de sang Núñez et d'une majorité de sang Domecq *via* quelques produits de Las Ramblas et les différents apports d'étalons issus de cet encaste.

L'élevage de Román Sorando avait fourni le 14 juillet 1992 un toro lors de l'inoubliable solo de Ginés Cartagena, aux Saintes-Maries-de-la-Mer. D'origine Domecq, l'élevage envoie chaque année un nombre respectable de toros dans toutes sortes d'arènes. Plusieurs produits furent ainsi combattus à Barcelone au cours de la saison 1999. L'élevage fournit également chaque année un lot de novillos aux arènes de Madrid : en 2000, le Sévillan Luis Vilches rencontra un de ces très bons exemplaires et coupa deux oreilles, devenant l'un des triomphateurs du cycle des novilladas d'été organisées à Las Ventas. Mobiles et empreints de caste, les toros de Román Sorando sont appréciés des toreros dans les arènes espagnoles de troisième catégorie. Doté d'un chepel important – entre soixante et quatre-vingts exemplaires combattus en 1999 et 2000 – l'élevage fournit également un bon nombre de corridas équestres. Paulita, le torero de Saragosse, coupa à son tour une oreille à Madrid au cours de l'été 2001, alors qu'au cours de la même course un novillo fut condamné aux banderilles noires. Les bons exemplaires sont toutefois plus fréquents, comme en témoigne le tour de piste posthume accordé à l'excellent novillo *Hecatombe*, castaño claro, 412 kg, toréé lors de la féria d'Alicante 2002 et auquel David Galán coupa les deux oreilles. C.C.

SORIANO Apolinar (Apolinar Soriano Heras)
Origine : Carlos Núñez
Devise : rouge, jaune et blanc
Ancienneté à Madrid : 18 octobre 1981
Propriétés : « La Mejora », Santa Elena (Jaén) et « El Tamujo », Guarromán (Jaén)

Le marquis de la Conquista pose les bases de cet élevage avec du bétail de Jijona. Le troupeau passe ensuite entre les mains du matador Francisco Arjona *Cúchares*, associé avec Santiago Martínez. La part de *Cúchares* est successivement acquise par Mauricio Rosendo, puis Carlos López Navarro (1868). La veuve de ce dernier vend l'élevage à la famille Herrera Olea. Le troupeau est ensuite acheté par Luis Baeza (1909) avant de passer entre les mains de Pacomino Marín (1917). L'année 1928 marque l'introduction de lots de Julián Fernández Martínez et de vaches de Veragua. Les origines antérieures sont progressivement éliminées. Pacomino Marín disparaît en 1938, laissant l'élevage entre les mains de sa veuve, Francisca Marcos. Six ans plus tard, le troupeau est partagé entre ses fils : l'un d'entre eux, Justo Marín Marcos, vend sa part en 1946 à Jacobo Mazzucheli. Le nouveau propriétaire adopte alors un nouveau fer et met l'élevage au nom de son épouse, Carmen López de Ceballos y Ulloa. Le troupeau s'enrichit l'année suivante d'un étalon de Bernardino Giménez. Apolinar Soriano Heras rachète l'élevage en 1963 et modifie à son tour le fer. En 1990, il ajoute au troupeau un lot de femelles et de mâles marqués du fer de Marcos Núñez ainsi que des têtes de bétail issues de l'élevage de sa femme, Amparo Mora, d'origine Manolo González. Sept ans plus tard, Apolinar Soriano insère dans le cheptel quarante vaches et trois étalons de Nazario Ibáñez. Soriano supprime en 2001 la totalité des bêtes d'Amparo Mora et maintient deux branches distinctes de Núñez au sein de l'élevage.

Il s'agit de l'une des nombreuses ramifications de la branche Núñez, assez rare en France. L'élevage fait combattre en moyenne entre vingt et trente toros par saison, souvent répartis dans des novilladas ou des corridas de rejón de deuxième catégorie. Le fer présenta toutefois un lot de novillos de qualité lors de la féria d'Albacete en 2000 ainsi que quatre exemplaires lors d'une novillada combattue au mois d'août de la même année à Valence. En 2001, l'élevage fournit également une novillada lors de la féria de Cordoue et permit au rejoneador arlésien Raphaël Durand de remporter un vif succès à Alcañiz (Teruel). C.C.

SORO el.
Voir RUIZ SORO Vicente.

SORTEO. Tirage au sort des toros, le matin de la course, par les hommes de confiance des toreros et les représentants de l'autorité. Cette répartition est précédée par l'apartado, ou répartition des toros en lots de deux, s'il y a six toros pour trois toreros, ce qui est généralement le cas. Le matin de la course, les représentants de l'autorité, la présidence de la course, les banderilleros de confiance des maestros, les apoderados, le directeur des arènes et le ganadero ou son représentant, se réunissent et répartissent les toros en trois lots de deux. Cette répartition tient compte du poids (un lourd avec un léger) des armures (le plus armé avec celui qui l'est moins), le trapio, la longueur du cou (plus un toro a le cou long, mieux il baissera la tête), la finesse des pattes, la longueur des pattes avant (les pattes courtes assurent une meilleure embestida), et d'autres critères de comportement : nervosité, mobilité des oreilles, port de tête, etc. La discussion est généralement très longue et bruyante, car lorsque des toros ne leur agréent pas, les représentants des toreros exigent qu'ils ne sortent pas en piste. C'est là qu'interviennent le directeur des arènes et la présidence pour faire respecter l'esprit de la course. Quand enfin les lots sont réalisés, on note soigneusement les numéros des deux toros qui composent chacun d'eux. Puis on inscrit, sur une feuille de papier à cigarette exclusivement, les numéros de chaque lot. Chaque feuille est très soigneusement roulée en une petite boule. Les trois boulettes sont placées dans le sombrero du mayoral et celui-ci recouvert d'un autre sombrero. Le représentant du maestro le plus ancien en alternative introduit sa main entre les deux chapeaux et, à l'aveuglette, retire une boulette. Chacun des deux autres représentants des toreros fait de même. On déplie alors soigneusement et très lentement les feuilles roulées et, à tour de rôle, selon l'ordre d'alternative, on prend connaissance des numéros des toros attribués.

Jusqu'en 1899, c'était le ganadero qui décidait de l'ordre de sortie des toros, d'où l'expression « *no hay quinto malo* » (voir QUINTO), car il réservait le plus beau toro de son lot, celui en qui il plaçait tous ses espoirs, pour sortir en cinquième position. Néanmoins, par un hasard parfois sollicité, les grandes figuras avaient toujours les toros les plus commodes. Ainsi, Mazzantini, soutenu par *Guerrita, Bombita* et quelques autres, exigea le tirage au sort des lots. Entré dans la pratique puis réglementé, le sorteo est désormais toujours appliqué. Ce qui n'empêche pas que, dans certains cas, des toreros modestes acceptent de prendre les toros que les matadors plus connus ne souhaitent pas combattre afin d'être inclus dans un cartel. Voir le chapitre « La lidia », ci-dessus, p. 188. R.B.

SORTIE. Terme qui concerne à la fois l'homme et le toro. Pour l'homme, c'est l'action de s'éloigner après avoir exécuté une série de cape ou de muleta, une pose de banderilles. Pour l'animal, le terme signifie qu'il va jusqu'au bout de la charge.

• *Donner la sortie* : avec le leurre, accompagner le toro de façon qu'il puisse se libérer de l'emprise du torero.
• *Sortie naturelle* : orienter la charge des planches vers le centre, en particulier lors de l'estocade.
• *Sortie contraire* : orienter la charge du centre vers les planches.
• *Fermer la sortie* : au cours du tercio des piques, lorsque le cavalier empêche le toro d'aller vers le centre en pratiquant la carioca.
• *Sortir seul* : se dit d'un toro qui, lors des piques, ne reste pas dans le peto et s'échappe rapidement au lieu de pousser correctement, ce qui est un signe de mansedumbre. R.B.

SOSERÍA (*gaucherie, stupidité*). Niaiserie et fadeur caractérisant un toro d'une noblesse insipide, véritable candeur, ce que Roumengou qualifie très justement de « mansuétude ovine », et qui enlève beaucoup d'intérêt à sa lidia.

À tant axer la sélection sur une noblesse véritablement servile, certains élevages sont parvenus à générer un comportement affligeant. La volonté acharnée de développer un caractère (le pacifisme), qui est fondamentalement l'opposé de celui de la race, se fait au détriment d'autres caractères, dont l'agressivité. Le toro de combat étant la somme de diverses composantes, forcer l'une se fait obligatoirement au détriment d'une autre. P.M.

SOSO (*fade*). Toro atteint de sosería, facile à berner, fournissant un combat sans relief et ennuyeux.

SOTO DE LA FUENTE
Origine : Juan Pedro Domecq y Díez
Devise : bleu ciel et blanc
Ancienneté à Madrid : 14 octobre 1888
Propriétés : « El Roque » et « Cantalobos », Las Pajanosas-Guillena (Séville)

Domingo Varela forme un troupeau en regroupant du bétail de différentes origines parmi lesquelles Gallardo, Marqués d'Ulloa, mais aussi des produits originaires du Puerto de Santa María et d'Utrera. La veuve de Varela hérite du troupeau et le vend à Juan de Dios Romero. L'élevage passe successivement entre les mains d'Ángel González Nadín, José Clemente Rivera, Antonio López Plata (1902) et Concepción Soto, veuve de ce dernier. José María Soto de la Fuente, cousin de Concepción Soto, prend en charge les destinées de l'élevage en 1944. Trente ans plus tard, la totalité du troupeau est vendue à la société Soto de Luis qui décide de présenter l'élevage sous l'appellation de Soto de la Fuente. L'élevage s'enrichit en 1988 d'un lot de vaches et d'un étalon d'Ángel et Juan Antonio Sampedro.

C'est au Grau-du-Roi, en 1996, que l'élevage de Soto de la Fuente a fait un retour en France par la petite porte. Principalement combattu en Espagne, ce fer est l'un des plus programmés en matière de novilladas. Avec une bonne trentaine de produits combattus chaque année, l'élevage récolte les fruits d'un travail de sélection entamé à la fin des années 1980. Le fer de Soto de la Fuente fournit un grand nombre de novilladas dans les provinces de Málaga et de Séville. C'est avec cet élevage que Francisco Javier Sánchez Vara prit l'alternative le 30 août 2000 des mains de Luis Francisco Esplá et en présence d'*el Fandi* à Sacedón (Guadalajara). Quelques toros furent également combattus en corrida équestre dans la province de Madrid. Au milieu des très nombreux produits lidiés en novillada, un excellent exemplaire reçut en 2001 les honneurs du tour de piste posthume dans les arènes de Cieza (Murcie). Toutefois, certains toreros ont parfois du mal à s'entendre avec ces toros dès lors qu'ils sont âgés de quatre ans : ainsi, José Ortega Cano, en petite forme, ne put estoquer son adversaire et entendit sonner les trois avis lors d'une corrida célébrée à Cabra (Cordoue) en 2002. C.C.

SOTO MORENO Rafael, *Rafael de Paula.* Rafael Soto Moreno est né à Jerez de la Frontera, province de Cadix, le 11 février 1940 et commence à s'exercer en tienta dès l'âge de seize ans. Il revêt son premier costume de lumières le 9 mai 1957 dans sa ville natale de Jerez en compagnie d'Antonio González et de Juan García *Mondeño* face à du bétail de Juan Belmonte. Puis il se présente à Las Ventas de Madrid le 6 septembre avec *Curro Puya* et Juan Vázquez face à des novillos d'Antonio Pérez de San Fernando.

Après avoir participé à 65 novilladas, il reçoit l'alternative le 9 septembre 1960 lors de la corrida goyesque de Ronda, province de Málaga, avec Julio Aparicio pour parrain et Antonio Ordóñez pour témoin devant *Voluntito*, toro d'Atanasio Fernández. Cette journée fut pour lui triomphale puisqu'il coupa une oreille à chacun de ses adversaires.

Il fait ses débuts américains à Lima, au Pérou, le 23 octobre 1960 en compagnie de Diego Puerta et de Paco Camino devant des toros de la ganaderia de Las Salillas. Le 28 juin 1964, il accomplit un exploit devant ses concitoyens en affrontant seul, à Jerez de la Frontera, six toros de la ganaderia de Salvador Guardiola et en coupant deux oreilles à chacun de ses deux premiers toros et une à chacun des autres... fait unique dans sa carrière faite de succès et de fracasos successifs.

Il confirme à Madrid le 28 mai 1974 devant *Andadoso*, toro de la ganaderia de José Luis Osborne que lui a cédé son parrain José Luis *Galloso* en présence de son témoin Julio Robles. Il se présente pour la première fois en France, le 22 juillet 1975, à Mont-de-Marsan devant des Rocío de la Cámara, avec *Niño de la Capea* et Sebastián Cortés, mais il est dans un mauvais jour : sifflets au premier, bronca au second. À Mexico, il confirme le 27 janvier 1980 devant *Carancho*, toro de la ganaderia de Jesús Cabrera avec pour parrain Curro Rivera et comme témoin César Pastor.

Les contrats sont rares, car *Rafael de Paula* peut être un torero de rêve qui enchaîne de magnifiques séries suaves et templées, comme un torero dans la plus grande des débandades, refusant de voir le toro et s'en débarrassant de la pire manière. Qualifié de torero gitan, il a des manières lentes, sinon languides, qui, lorsqu'elles s'harmonisent au rythme du toro, sont créatrices de merveilleuses séquences d'autant plus précieuses qu'elles sont rares.

Jean-Marie Magnan écrit : « S'il veut libérer le chant profond qui l'habite, *Rafael de Paula* doit quasiment se mettre à la merci du toro. Il faut à ce dernier une grande noblesse et beaucoup de droiture dans la charge pour n'en pas profiter. Se laissera-t-il séduire par la saveur grisante de ces cartels de fleurs que le gitan de Jerez continue à lui offrir malgré ses cinquante ans ? Quelle difficulté éprouve en général *Rafael* à découvrir le sitio, l'emplacement propice d'où plier le fauve à son obéissance ? la complicité qu'exige son art relève d'un sort bienveillant et se produit une ou deux fois au cours de la saison. Les jours contraires, la mimique et le geste très racés surgissent à l'improviste et plaisent beaucoup en Andalousie. » R.B.

12 octobre 1987 à Séville. Rafael Soto Moreno dit *Rafael de Paula* affronte seul six toros. Personne n'y croit. Personne sauf peut-être quelques gitans craquelés, huilés et habillés comme des lords ou comme la grosse « mama » gitane, noire et extasiée, au bras de qui Rafael, dans un costume frangé de noir, est entré dans la Maestranza par la petite calle Irís annexée ce dimanche chaud par Jerez de la Frontera. Il ne se passe rien jusqu'au cinquième toro. Une corrida d'esquisses, d'hésitations, de heurts, de reculs, d'éclats brefs qui vont, d'un coup, incendier les gradins et, d'un coup les éteindre. Le public est patient. Ah, ça vient ! Non, ça retombe. *Rafael de Paula* a toujours été ainsi. De la faïence puis de la défaillance. En trente ans de carrière, des ébauches, des étincelles, des mégots de sublime qui, mis bout à bout, éclairent une sorte de Sahara taurin visité de loin en loin par quelques « œuvres » inoubliables puisque l'erratique *Paula* préfère dire « obra » que « faena ». Œuvre et grand œuvre, cette mémorable corrida d'octobre 1974 à Madrid le jour où Antonio *Bienvenida* a fait ses adieux à la tauromachie dans la cape de paséo noire du légendaire *Joselito*. Autre miracle, la corrida du 27 mai 1979 toujours à Madrid, où Rafael, après une faena miraculeuse, finira pendu à la corne d'un toro de Marqués de Domecq. Autre cime, ce solo lumineux de mai 1985 qui a fait danser les gitanes sur les gradins des arènes de Jerez au bout de la calle Doctrina. Entre ? Des trous. Des gouffres. Ce dimanche 12 octobre à Séville le jour a baissé derrière les céramiques bleu et blanc du petit dôme de la Maestranza. Le doute a commencé de s'installer avec le soir. On ne verrait plus rien aujourd'hui sauf cette demie véronique lente, lente, décomposée, tombée, abandonnée, évanouie devant le deuxième toro. *Lebrero*, le cinquième toro, est sorti presque à la nuit tombée. Il a giclé sur la piste comme une goélette qui prend le vent. Et puis c'est arrivé, c'est sorti, sans raisons apparentes. L'impact émotif de la tauromachie de *de Paula* a quelque chose à voir avec les nerfs, avec le trajet des nerfs dans le corps, avec le double mouvement du cœur et le battement du sang : systole, diastole ; le « compás », disent les flamencos. *De Paula* se livre, s'abandonne. Il est comme nu devant le toro. Comment la passe s'achèvera-t-elle ? Personne ne le sait. Et lui encore moins. Peut-être dans la panique, peut-être dans le désordre, souvent dans l'incontrôlé, parfois dans une plénitude rare et en même temps comme douloureuse ; *de Paula* dans le crépuscule de Séville où l'automne pointait ses nuages a, entre la transe et le silence en ressac de la Maestranza, captivé et capturé *Lebrero* pour accoucher de quelque chose, une œuvre, oui, qui n'avait rien, rien de prévu, de convenu, d'organisé mais tout, au contraire, d'émotif, de pur, d'enfiévré et de fragile et d'imparfait. Une imperfection bouleversante et bancale et qui laissait, magiquement, à désirer. J.D.

SPECTACLES taurins. Les spectacles taurins sont réglementés en Espagne selon la loi du 4 avril 1991 et le règlement officiel du 28 février 1992. En France, le règlement des villes taurines de l'UVTF en est une adaptation et date du 4 février 1996.

Les spectacles taurins sont :
• *Les corridas de toros* dans lesquelles sont combattus des animaux âgés de quatre ans minimum et six ans maximum par des matadors de toros qui ont reçu l'alternative après avoir participé au moins à vingt novilladas avec picadors.
• *Les novilladas avec picadors* dans lesquelles sont combattus des animaux âgés de trois ans minimum et quatre ans maximum par des matadors de novillos qui ont participé au moins à dix novilladas sans picadors.
• *Les novilladas sans picadors* dans lesquelles sont combattus, sans être piqués,

des animaux dont les cornes pourront avoir été épointées, âgés de deux ans minimum et trois ans maximum, par de jeunes matadors de novillos.

• *Les becerradas* dans lesquelles sont combattus, sans pique ni mise à mort, des animaux âgés de moins de deux ans et qui peuvent avoir été également épointés par des apprentis novilleros ou des aficionados, sous la direction effective d'un matador de toros ou de novillos, à la rigueur d'un banderillero confirmé. En becerrada, les participants revêtent le costume de campo.

• *Les festivals* dans lesquels sont combattus par des professionnels — matadors de toros ou de novillos, avec picadors — des animaux de deux ans et plus, aux cornes épointées ou non, spectacles généralement organisés au profit d'œuvres reconnues.

• *Les corridas de rejón* dans lesquelles les toros ou les novillos, aux cornes généralement épointées, sont combattus à cheval par des rejoneadores.

• *Les spectacles comico-taurins* dans lesquels sont combattus sur un mode amusant et sans mise à mort des animaux d'un à deux ans. R.B.

STATUAIRE. Passe de muleta donnée par le haut, à deux mains et bras tendus vers l'avant, corps de profil et d'une parfaite immobilité, pieds joints, en soulevant le leurre au moment du passage du toro. Elle se donne en début de faena, quand la charge du toro est forte, en série de deux ou trois, terminée généralement par une trinchera. R.B.

STATUES de toreros. Face au grand amphithéâtre romain nîmois se dresse une statue de torero. Debout, cape en mains, située au niveau des passants, le matador *Nimeño II*, blessé à Arles le 10 septembre 1989 par *Pañolero*, toro playero de Miura, et qui, constatant qu'il ne pourrait jamais revenir dans les ruedos, a préféré se donner la mort le 25 novembre 1991. Un hommage rendu par sa ville dont le nom était à l'origine de son apodo.

Comme lui, d'autres toreros qui ont été mortellement blessés en piste ont été honorés d'une statue dans leur ville, pour que leur nom ne soit pas oublié car ils ont fait connaître à l'étranger l'existence de leur cité. Parmi les plus célèbres, nous citerons :

À Madrid, un impressionnant monument se dresse devant les arènes, dédié à José Cubero *Yiyo*, jeune matador bordelais, tué le 30 août 1985 à Colmenar Viejo d'un coup de corne en plein cœur par *Burlero*, un toro de Marcos Núñez. On y voit le torero soulevé vers le ciel par la corne d'un toro qui émerge d'un groupe humain.

À côté du monument de *Yiyo* se tient celui élevé à la mémoire de Antonio *Bienvenida*, qui est représenté saluant la foule, sortant a hombros et entouré de ses admirateurs. Antonio mourut des suites d'une cogida donnée lors d'une tienta par une vache de l'élevage d'Amelia Pérez-Tabernero qui le prit par surprise et le souleva ; il retomba sur la nuque, se brisa les cervicales et décéda le 7 octobre 1975.

Au cimetière San Fernando de Séville, la tombe du matador Francisco Rivera *Paquirri*, tué le 26 septembre 1984 par une cornada à la fémorale par *Avispado*, toro de Sayalero y Bandrés, est surmontée d'une statue en pied du torero tenant l'épée de la main droite et esquissant une naturelle de la main gauche.

La ville de Séville a élevé une statue en pied au torero mythique Curro Romero, devant la plaza de la Maestranza à l'inauguration de laquelle le maestro était présent. Sur l'autre rive du Guadalquivir, du côté de Triana, on peut admirer le buste de Belmonte.

Salamanque a élevé une statue au torero José Carlos Frita Falcão, dit *José Falcón*, mort le 11 août 1974 à Barcelone des suites d'une cornada infligée par *Cucharero*, toro de Hoyo de la Gitana. On trouvera aussi un buste de

José Falcón dans les arènes de Vila Franca de Xira.

Cordoue a rendu un vibrant hommage à Manuel Rodríguez *Manolete* en érigeant un monument où le torero est représenté en pied, cape en main, sur un socle qui domine deux groupes de chevaux piaffants. *Manolete* est mort le 29 août 1947 à Linares des suites de la blessure à la fémorale reçue d'*Islero*, un torero de Miura.

À Manzanares, un monument s'élève près des arènes où *Granadino*, toro de Ayala, infligea le 11 août 1934 une grave cornada à Ignacio Sánchez Mejías, dont il mourut deux jours plus tard. Le matador a été inhumé dans le mausolée des Gallos à Séville.

À Gelves, province de Séville, s'élève le monument dédié à *Joselito* ; il est présenté main sur la hanche, tenant sa muleta de la main gauche et défiant encore le toro qu'il a estoqué et qui s'écroule devant lui. José Gómez Ortega *Joselito* a été tué le 16 mai 1920 à Talavera de la Reina par *Bailador*, un toro de la ganaderia de la veuve Ortega. À Talavera, son buste se trouve dans les jardins à proximité des arènes, et à San Fernando, le cimitière de Séville, sa tombe est surmontée d'une groupe représentant *Joselito* sur les épaules de ses admirateurs. R.B.

SUAVE. Se dit d'un toro se laissant toréer avec une grande facilité. Le summum de la suavité est atteint avec la *hermana de caridad* (sœur de charité). L'évolution des goûts du public en faveur de l'esthétique au détriment de la violence a fait que l'on réclame en priorité un toro de cent passes ayant une charge rectiligne, moelleuse, sur un parcours assez long. C'est pourquoi le ganadero, s'il veut survivre, est contraint de privilégier la suavité des géniteurs au détriment de l'agressivité. P.M.

SUBALTERNE. Les subalternes servent le maestro dans la lidia. Le picador, bien qu'aux ordres du maestro, n'est pas qualifié de subalterne car il fut un temps où il était la vedette du ruedo.

SUBSTITUTION. Il arrive souvent qu'il y ait remplacement d'un torero dans un cartel, généralement à cause d'une blessure très récente, ou d'une maladie, intervenue entre le moment de l'affichage et le début de la course. Dans le cas de la substitution d'un maestro, celui qui vient en remplacement doit appartenir à la même catégorie ou à la catégorie immédiatement inférieure.

En ce qui concerne les toros, certains peuvent être remplacés soit pour cause de maladie, blessure, détérioration des cornes, rejet par la commission tauromachique ou par les vétérinaires des arènes. R.B.

SUELTO salir. Expression qui s'applique à un toro qui sort seul de la pique pendant le premier tercio. Ce n'est pas un signe de bravoure mais plutôt de mansedumbre. On voit parfois des toros qui reviennent ensuite et poussent fort, alors que la première rencontre paraissait décevante. Il faut donc ne pas juger hâtivement car certains « se révèlent sous le fer ». R.B.

SUERTE. Mot aux significations multiples et complexes qu'il convient d'employer avec circonspection. La traduction littérale est « chance », mais au cours de la corrida il a d'autres significations.

Une suerte est une suite d'actions précises exécutées par un torero : suerte de cape, suerte de varas, suerte de banderilles, suerte de muleta, suerte de matar. « Mettre le toro en suerte » c'est le placer correctement, à l'endroit voulu, pour qu'il charge le picador lors du tercio des piques, afin que le banderillero puisse placer les bâtonnets, qu'il soit cadré pour l'estocade portée en « suerte naturelle » si la sortie est donnée vers le centre, en « suerte contraire » si la sortie est donnée vers les planches. « Entrer en suerte » c'est commencer une action. La finir se dit « sortir de suerte ». Quand un toro

« s'arrête en suerte », il s'arrête au milieu de la charge, ce qui se produit généralement lors de la faena de muleta. Enfin, l'expression « charger la suerte » mérite une attention particulière et elle est développée à l'entrée CARGAR LA SUERTE. R.B.

SUERTE SUPRÊME. La mise à mort.

SUPERVISEUR. Personne chargée par l'apoderado de juger et négocier les lots de toros pour les maestros dont il la charge. Il se substitue au torero vedette pour imposer un certain nombre d'exigences telles que changement de bêtes dans un lot ou modification des armures. Généralement, le superviseur n'est pas connu hors du mundillo mais n'en constitue pas moins une pièce maîtresse de l'organisation. R.B.

SUSPENSION. Généralement, une corrida est suspendue pour cause de mauvais temps, en particulier une pluie qui détrempe la piste. La décision en incombe aux autorités, en l'occurrence le président assisté de ses assesseurs et le directeur de la plaza ; elle est prise après consultation des matadors si elle doit intervenir au moment du paséo, ou de leurs représentants si elle s'impose plusieurs heures avant la course. La corrida peut être renvoyée à une date ultérieure avec le même cartel, si les matadors ne sont pas engagés dans une autre course, ce qui est difficile s'il s'agit de vedettes. Les spectateurs peuvent soit assister à la course renvoyée, soit demander le remboursement de leurs places. Quant aux matadors, s'ils sont avertis avant de se déplacer, l'organisateur ne leur doit rien. En revanche, s'ils se sont rendus dans la ville, ils doivent être dédommagés de leurs frais de déplacement et de séjour.

Un torero peut être suspendu s'il s'est rendu coupable d'agissements non conformes à son contrat ou à la déontologie de la profession. Dans ce cas, la décision est prise par un comité (en France, l'Union des villes taurines françaises) et doit s'appliquer dans toutes les villes qui en sont membres. De même, un ganadero peut être frappé de suspension s'il a été reconnu coupable de fraude sur les lots de toros vendus. R.B.

SUSTO (*peur intense, panique*). Tout torero peut être brutalement la proie d'une peur intense, même le plus courageux, à la suite d'une réaction violente et imprévisible du toro, quand il « se voit mettre la corne sous la gorge », peur qu'il lui est difficile ensuite de maîtriser. Les toreros dits « artistes » sont généralement sujets à ces paniques qui les font fuir et, pour certains, abandonner le combat. R.B.

SYMBOLIQUE de la corrida. Toutes les sociétés qui admettent dans leurs structures fondatrices le mythe tauromachique reconnaissent deux valeurs opposées à l'animal déifié. Il est à la fois l'animal-dieu qui apporte force et fécondité, puissance et pérennité. Mais aussi l'animal doté d'un pouvoir si puissant qu'il faut le dominer puis le sacrifier afin d'accaparer cette force exceptionnelle. À cette fin, l'homme désignera un émissaire le représentant pour vaincre et permettre le sacrifice d'appropriation.

La corrida multiplie les signes de ce symbolisme spécifique. D'abord par le statut de la trilogie des participants : toro — torero — assistance.

Le toro représente l'animalité bestiale, la force brutale, sauvage, violente, aux réactions imprévisibles, le danger imminent qui risque de semer la terreur dans le groupe disparate que constituent les aficionados. En sécurité sur les gradins, ces spectateurs ont délégué au torero la mission d'affronter la « bête ». Car le torero possède la force mentale (le courage), la pratique (la technique) pour faire front et arriver à maîtriser (par le dominio) l'animal sauvage. En le dominant, il le domestique puisqu'il le réduit à sa volonté pour ensuite le tuer selon des règles (rites) imposées. Terrassée, la bête est assimilée par la société (consommation et ingestion).

Si le torero est blessé, la bête affirme sa puissance et sa malveillance, mais la société envoie immédiatement un autre héros pour en venir à bout. L'émotion de la foule lors de la blessure du torero montre combien elle est attachée à celui qui la représente, alors que la mort du toro ne lui attire pas une sympathie particulière. Sauf dans le cas où il a été noble et franc, lorsqu'il a combattu en respectant son adversaire. Mais dans le cas d'un adversaire fourbe et dangereux, sa mort est considérée non seulement comme un délivrance mais comme un juste châtiment.

Dans le déroulement de la corrida, on constatera que les trois temps de la lidia correspondent aux trois séquences du mythe. D'abord, la foule est assemblée dans un espace clos et rassurant, elle y est protégée par l'institution garante des lois qui fondent la société civilisée. Lorsque le toro entre en piste, c'est le « sauvage » qui fait son apparition dans le milieu « civilisé », l'inorganisé dans l'organisé, le chaos dans le structuré.

Vient alors le matador paré des attributs du héros : habits somptueux qu'il est seul autorisé à revêtir, épée qui sera le lien et représente un adoublement identique à celui reçu par les chevaliers. Il s'incline devant l'autorité qui, en lui donnant l'autorisation de combattre, lui délègue pouvoir mais reconnaît aussi son statut particulier et privilégié. Pour pouvoir accéder à ce statut, le matador, qui a dû suivre un parcours initiatique (l'apprentissage), doit être pourvu d'une force morale et d'un courage hors du commun. Cette maîtrise exceptionnelle est reconnue socialement par tous, ensemble des aficionados et professionnels, puisqu'ils lui donnent l'appellation de maestro et qu'il dispose d'une cuadrilla dont il est le chef.

Le rôle du matador est de maîtriser et de réduire la bête sauvage avant de la sacrifier. Si le toro arrive dans la piste en représentant la sauvagerie, le matador, investi de la volonté collective, aura en charge de le domestiquer. Alors que la corrida des origines se contentait de fixer le toro avant de le tuer, passant ainsi du sauvage au consommable, la corrida actuelle marque davantage la prédominance de la domestication en insistant et en prolongeant la faena de muleta au maximum et en donnant davantage d'importance à celle-ci qu'à la manière dont le toro sera sacrifié. Les caractères recherchés par ailleurs dans l'élevage du toro contemporain — noblesse et bravoure au détriment de violence et agressivité — ramènent l'animal combattant à plus de civilité et à participer davantage esthétiquement, et le combat a perdu de son aspect sanguinaire pour donner la priorité à la gestuelle et au rythme, sources de satisfactions culturelles.

La mise à mort marque le triomphe de l'homme sur les peurs archétypales et la reconnaissance de l'ordre établi et structuré par la société sur le chaos originel. Lorsque la bête a été sacrifiée, il convient alors de tout remettre en ordre dans le ruedo pour que les séquelles du combat ne soient plus visibles. Le matador, héros d'un moment, reprend son statut d'homme et s'éclipse dans les zones d'ombre du callejón. S'il a été à la hauteur des attentes de ceux qui lui ont délégué le pouvoir, il sera récompensé par des trophées. Sinon, la foule, oubliant qu'il a été un « interposant » qui a pris les risques a sa place, lui signifiera son mécontentement.

La piste débarrassée des marques de l'affrontement est prête à accueillir un autre toro pour que se joue à nouveau le drame de la vie et de la mort. R.B.

SYNDICATS. Organisations professionnelles de défense des droits des parties intéressées. Il existe, dans tous les pays de tradition taurine, un syndicat des matadors et des novilleros, un autre concernant les subalternes, banderilleros et picadors ainsi que les diverses intervenants dans l'arène. Les éleveurs ont eux aussi des structures spécifiques adaptées à leur profession. R.B.

T

TABERNERO DE PAZ Alicio (Hijos de Alicio Tabernero de Paz)
Origine : Vega-Villar
Devise : vert
Ancienneté à Madrid : 13 juin 1943
Propriété : « Los Majadales de Villanueva de Cañedo », Topas (Salamanque)

José Encinas fonde cet élevage en 1931 avant de le vendre à Juan Cobaleda. Le troupeau passe ensuite entre les mains de Vicente Charro et d'Alicio Tabernero de Paz en 1947. Le nouveau propriétaire insère du bétail d'Arturo Sánchez Cobaleda, d'origine Francisco Villar. À la mort d'Alicio, l'élevage est mis au nom de sa veuve puis de ses héritiers en 1991.

Souvent couplé avec le fer de Los Majadales, cet ancien élevage de Salamanque ne fait plus combattre aujourd'hui un grand nombre de toros. C.C.

TABLAS (*planches*). Par analogie, la barrière construite en planches qui sépare le callejón de la piste, et, par extension, la partie de la piste se situant entre cette barrière et la première raie tracée au sol, soit le premier tercio. Lorsqu'un toro est *entablerado*, il se réfugie dans les tablas et s'y installe. Il convient que le torero le sorte et l'entraîne vers le centre. S'il ne peut le forcer à « changer de terrain », il sera contraint de lui laisser ce choix (*dar las tablas*) et de le lidier dans cet espace réduit qui limite considérablement la variété des passes. C'est toutefois le seul moyen de lidier à la muleta des mansos caractérisés qui, se sentant plus en sécurité près des planches, se livreront et permettront une faena réduite.

Lorsqu'un toro, lors de sa sortie en piste, se lance franchement et poursuit jusqu'à la barrière en allant jusqu'à la frapper de la corne, on dit qu'il *remata en tablas*, ce qui est un signe dénotant sa bravoure. R.B.

TABLONAZO (de *tablón*, grosse planche). Grand coup de tête donné par la toro dans la barrera.

TACO.
Voir ALBOROTO.

TAFARELLA. Passe de quite. Le matador se prépare comme pour une véronique et inverse les mains pour présenter le côté jaune de la cape au toro ; il lui indique la sortie en élevant les mains. C'est une passe difficile car il faut tenir compte de la distance et de la vitesse avec laquelle le toro vient à la rencontre de la cape, pour la retourner à temps sans se découvrir.

TALANQUERA. Barrière en planches qui délimite la piste.

TALEGUILLA. Culotte portée par le torero. Voir COSTUME DE LUMIÈRES.

TAMAÑO (*taille*). Format général, global, du toro.

TANDA. Le moment d'intervention du torero, banderillero, picador ou matador. Ainsi le matador de tanda (on dit aussi de turno) est celui qui doit lidier le toro.

TANTEO passes de. Passes données par le torero, soit à la cape mais plus généralement à la muleta, pour tester son adversaire, savoir comment il charge, avec quelle puissance et de quelle manière. Lorsqu'il change de main, il peut aussi donner quelques-unes de ces passes afin de connaître ses nouvelles réactions. R.B.

TAPATÍA. Passe de cape imaginée par le matador mexicain José Ortiz Puga, que l'on réalise au quite, la cape dans le dos, tenue à deux mains. Il conserve une verticalité absolue, et tout en déplaçant ses bras dans le dos, il donne la sortie tout en pivotant dans le sens contraire de la charge. R.B.

TAQUILLA. Guichet de vente des billets de la corrida. En Espagne, on peut se procurer des billets soit auprès de l'empresa, au guichet des arènes ou, si les arènes sont excentrées, dans des guichets situés dans le centre-ville, soit auprès d'officines spécialisées qui peuvent légalement prélever une commission (jusqu'à 20 %) sur le prix du billet ; ou encore auprès de revendeurs des rues, qui, selon l'importance du cartel et l'approche de l'heure du paséo, les revendrent avec bénéfice. Cette revente est interdite, mais souvent tolérée.

En France, c'est généralement au bureau des arènes que se font les ventes des billets. Mais des officines officielles dûment mentionnées sur les dépliants publicitaires se font de plus en plus nombreuses (telles que les offices de tourisme). La vente par Minitel existe aussi et par Internet également, d'ici peu. R.B.

TAQUILLERO. On dit d'un matador qu'il est taquillero lorsque son nom dans un cartel attire énormément de monde et suscite une vente importante de billets. Parmi les maestros taquilleros, on peut citer *Manolete*, Luis Miguel *Dominguín, el Cordobés, Litri* et Camino quand ils étaient novilleros, José Tomás, *Joselito* et *el Juli*. R.B.

TARASCADAS. Charges violentes et imprévisibles du toro, s'accompagnant de coups de cornes dans tous les sens.

TARDE (*après-midi*). Généralement employé dans l'expression *tarde de toros*, pour « corrida ». Dans leurs comptes rendus, les chroniqueurs taurins utilisent aussi *tarde* comme synonyme de corrida.

TARDIEU frères
TARDIEU Alain
Origines : Carlos Núñez par Pereda García-Villamarta-Gamero Cívico (Tf) ; Núñez (TA)
Devises : violet, blanc et noir (Tf) ; bleu, or et vert (TA)
Ancienneté de création : 1951 (Tf) ; 1990 (TA)
Propriétés : « Mas de la Cour des Bœufs », « Mas des Bruns », France

Évoquer cette ganaderia, c'est rappeler à l'aficionado le souvenir de la première et excellente corrida lidiée sous ce fer dans les arènes d'Arles en juillet 2001. Le Mas des Bruns et le Mas de la Cour des Bœufs sont situés dans une plaine ganadera sur les Costières de la Crau, dans une zone à forte tradition taurine. Sur 550 hectares paissent 250 vaches et plusieurs sementales.

Dirigé de nos jours par Lucien, Alain et Louis Tardieu, l'élevage a été créé par Lucien Tardieu en 1951 à partir de produits de son oncle Étienne *Pouly*, qui détenait des toros importés en majeure partie du Portugal, mais aussi achetés à Conchita Cintrón (Villamarta) et Gamero Cívico. En 1990, les Tardieu acquièrent un lot de vaches et un étalon de Pereda, grâce auxquels ils obtiennent des toros solides et combatifs. En 2002, l'élevage Tardieu se compose de 25 novillos et 22 cuatreños nourris à l'herbe et au foin de Crau, avec un zeste de pienso les derniers mois mais pas de farines animales car elles alourdissent et essoufflent le bétail. Un deuxième fer au nom d'Alain Tardieu est issu de l'encaste Núñez. Ch. C.

TARDO (*lent à réagir*). Toro qui répond au cite avec retard, apparemment de mauvais gré mais qui peut posséder de la bravoure.

TARRAGONE (Espagne. Madrid 555 km – Barcelone 90 km). Dès les temps les plus anciens, le site fut occupé par les Ibères d'abord, puis par les Romains en 218 av. J.-C. Ceux-ci en font une base stratégique pour couper la route à Hannibal. À cette époque, Tarraco devient une puissante cité avec tous les monuments qui en prouvent la gloire : amphithéâtre imposant en bord de mer, hippodrome, palais et temples, ainsi que des remparts sur des assises cyclopéennes. Mais en 264, Francs et Wisigoths la réduisent. En 469, la ville est détruite. Lentement reconstruite, les Maures la dévastent à leur tour en 714. À nouveau reconquise par le comte de Barcelone, elle retombe sous domination maure jusqu'en 1148. Elle subira encore de nombreuses dévastations avant de devenir un port important de nos jours, fort de 112 000 habitants. On y découvrira de nombreux vestiges romains ainsi qu'une cathédrale gothique construite sur l'emplacement d'une ancienne mosquée, elle-même construite sur le site d'un temple romain dédié à Jupiter...

La plaza de toros, d'une contenance de 14 000 places, date du XIXe siècle et a été inaugurée par deux corridas, les 21 et 22 septembre 1883, auxquelles participèrent *Lagartijo* et Francisco Sánchez *Povedano*, frère de *Frascuelo* et venu en remplacement de celui-ci. Les toros étaient des Antonio Hernández le premier jour et des Félix Gómez le second. À la suite de l'appauvrissement de la région, la plaza fut longtemps fermée. Elle rouvrit le 3 juin 1923 pour une course de toros de Albarrán, au cours de laquelle José Amedo reçut l'alternative des mains de *Saleri II* et de *Camará*. R.B.

TASSARA Flores (Señora Viuda de Flores Tassara)

Origine : Murube-Urquijo
Devise : jaune, rouge et noir
Ancienneté à Madrid : 29 juin 1965
Propriété : « Dehesa de la Sierra », Aznalcóllar (Séville)

Antonio Flores Tassara achète en 1919 l'ancien élevage de Patricio Medina Garvey, fondé par Diego Hidalgo Barquero. Douze ans plus tard, il vend une partie du troupeau à Marcial Lalanda et conserve toutes les têtes de bétail de Duque de Braganza ainsi qu'un étalon de Conde de Santa Coloma. Il reforme l'élevage et insère en 1949 un lot de vaches de Guardiola Soto. Antonio Flores Tassara meurt en 1971, laissant l'élevage entre les mains de sa veuve. Celle-ci augmente le cheptel avec un lot de vaches et un étalon de Carlos Urquijo. Un nouveau lot d'Urquijo intègre le troupeau en 1978, alors que sont progressivement éliminées les origines antérieures.

Cet élevage est devenu l'une des références ganaderas en matière de corridas de rejón. Le sang Murube-Urquijo, moins apprécié lors des corridas classiques, intéresse les toreros à cheval par la longueur des charges proposées, leur régularité ainsi que le piquant de leurs produits. Les Saintes-Maries-de-la-Mer, haut lieu de la tauromachie à cheval en France avec le domaine de Méjanes, ont généralement accueilli les toros de Flores Tassara, souvent annoncés sous l'appellation de leur actuel propriétaire, Carmen Lastra. Les lots combattus en 1998 et 1999 (grand triomphe d'*Andy Cartagena* et Patricia Pellén) confirmèrent la grande qualité des produits Flores Tassara dans ce genre de courses. L'élevage est programmé chaque année à Madrid à l'occasion de l'une des corridas équestres de la féria de San Isidro. João Moura (1999) et Pablo Hermoso de Mendoza (2000) triomphèrent avec panache à chacune de ces courses, maintenant un grand intérêt pour la tauromachie à cheval au sein du public de Las Ventas. C'est face à un toro de cet élevage que le Navarrais Mendoza livra un récital de grand rejoneo le 18 mai 2002, lors des adieux de l'extraordinaire cheval *Cagancho* au public de Madrid. C.C.

TATO el.
Voir GRACIA HERRERA José Raúl.

TATO el.
Voir SÁNCHEZ Antonio.

TAURIFÍLIA. Passion pour les corridas de toros.

TAURINERÍA. Tous ceux qui interviennent directement ou indirectement dans l'organisation des courses de toros.

TAURINO (*taurin*). On qualifie ainsi tous ceux qui gravitent dans le milieu tauromachique.

TAURÓFILO. Qui éprouve de l'afición pour les toros.

TAUROMACO. Se dit d'une personne qualifiée en tauromachie.

TAUROMAQUIA. Art de combattre les toros ainsi que les règles et préceptes qui fondent sont cet art.

TÉBAR PÉREZ Gregorio, *el Inclusero*. Né le 7 mars 1946 à Albacete, il se présente dans un ruedo à Alicante le 3 août 1963 et fait sa première novillada piquée le 1er avril 1964 à Vista Alegre. Il se présente le 12 juin 1965 à Madrid avec Joaquín Camino et Francisco Pallarés devant un lot de novillos de Castillejo et sort en triomphe en ayant coupé deux oreilles à son second adversaire.

Après avoir effectué 107 novilladas piquées, il reçoit l'alternative le 19 mars 1966 à Valence devant *Jovenzuelo*, toro de la ganaderia de Marqués de Domecq avec pour parrain Antonio Ordóñez et comme témoin Paco Pallarès. Il coupe une oreille à chacun de ses toros.

Sa confirmation à Madrid se déroule le 18 mai 1966 avec *Litri* comme parrain et Andrés Vázquez comme témoin. Le toro *Cocedor* appartient à la ganaderia de Marqués de Domecq. C'est à Vic-Fezensac qu'il débute en France, le 29 mai 1966, devant un lot de Guardiola avec Paco Corpas et *Curro Girón*. Il coupe une oreille au premier.

Le 18 décembre 1966, il fait son premier paséo en Amérique, à Caracas, au Venezuela, avec Alfredo Sánchez et José Mata face à du bétail d'El Rocío. L'année suivante, le 12 mars, il confirme dans la Monumental de Mexico devant *Marismeño*, toro de la ganaderia de Tequiasquiapan, avec Capetillo comme parrain et José Rángel comme témoin : il coupe l'oreille de son toro de cérémonie. R.B.

TELÉFONO. Adorno en fin de faena qui se donne la muleta tenue dans la main gauche, penché vers le toro, la main droite à l'oreille et le coude venant en contact du frontal. Peut aussi se pratiquer à genoux. Luis Miguel *Dominguín* était coutumier de cet adorno aujourd'hui disparu. R.B.

TÉLÉVISION. S'il est une manifestation qui devrait bien se prêter à la retransmission télévisuelle, c'est la corrida. Haute en couleurs chatoyantes, riche en événements, concentrée sur un groupe restreint qui correspond bien à l'espace visuel de l'écran, on devrait y retrouver une transcription intense, sinon intégrale, de ce qui est à l'œuvre en piste.

La retransmission en direct est pratiquée par la télévision espagnole sur les chaînes publiques (et quelquefois sur TVE international) ou sur la chaîne numérique spécialisée et cryptée. Le choix de l'image est immédiat dans la régie et ne peut être corrigé que les séquences soient de qualité ou sans valeur, que les toros sortent vifs et vaillants ou qu'ils s'affalent sur le sable dès leur premier tour de piste, que les maestros affirment leur dominio et construisent une faena soyeuse ou qu'ils soient dépassés, craintifs, manquant de recours et de volonté. C'est une télévision de vérité qui rend compte de l'événement dans l'instant, les seules interventions portant sur le choix des cadrages. Cette transmission télévisuelle est souvent au désavantage des toreros car le temps de l'image et celui de la réalité perçue sur les gradins sont quelque peu différents. Selon les circonstances, les réalisateurs y incluent des retours en ralenti qui permettent de mieux apprécier certaines séquences. La retransmission intégrale en différé suit le même principe et seul le décalage dans le temps la distingue de la précédente.

D'autres productions pour la télévision sont montées de manière spécifique selon le type d'émission auxquelles elles sont destinées. La retransmission en différé important d'une corrida ne conserve que les séquences dignes d'intérêt et supprime celles qui manquent de dynamique ou de rythme, ou qui peuvent choquer certains téléspectateurs, modifiant ainsi la réalité de la corrida sous prétexte de ne montrer de la tauromachie qu'un aspect séduisant, donc incomplet.

Les émissions périodiques d'information sur les diverses férias et manifestations tauromachiques, généralement espagnoles, présentent, commentées, les meilleures séquences ou les plus dramatiques, des interviewes de maestros, de ganaderos ou de personnalités du mundillo, ainsi que des documents et enquêtes sur les ferias, les élevages ou les toreros. C'est le cas de « Tendido Cero » de la TV espagnole.

Enfin, des reportages thématiques construits, documentés, commentés avec professionnalisme vont généralement au-delà de l'immédiat et peuvent servir de base documentaire par la diversité des sujets abordés ou la qualité de la recherche. C'est le cas de l'émission mensuelle de FR3 dans le Grand Sud, « Face au toril ».

Ces diverses émissions mettent en évidence les diversités des comportements régionaux ou spécifiques à certaines villes, par exemple les grandes plazas telles que Madrid (où l'exigence et l'intégrisme sont parfois poussés jusqu'à l'absurdité), Séville (où l'on respecte les toreros artistes), Pampelune (où la fête est l'élément premier de la féria et se poursuit même sur les gradins sans considération pour les toreros en piste).

Quel que soit le type d'émission, il convient de se souvenir que les séquences télévisuelles imposent quelques contraintes, en particulier l'image : l'utilisation des longues focales des optiques des caméras ou des zooms relayés électroniquement permettent de saisir des détails très précis, de se trouver proche de l'événement, parfois même intégré à lui.

En revanche, la notion du temps est fort différente. On est souvent bien étonné, en revoyant une séquence à laquelle on a assisté et qui a été enregistrée, de ne pas retrouver les impressions ressenties au moment où elle s'est déroulée. Les gestes qui paraissaient lents et suaves dans la réalité sont plus rapides et parfois même heurtés dans l'enregistrement. Certaines faenas de grands maestros qui ont fait chavirer les aficionados présents s'avèrent ternes et édulcorées lorsqu'on les visionne. Comme si une hypnose collective s'était emparée de tous les aficionados qui ont vu le miracle s'accomplir alors que la caméra a enregistré des faits quelque peu différents. Ce phénomène est d'ailleurs beaucoup plus remarquable avec des maestros dits artistes.

La corrida est essentiellement fugace et lorsqu'une séquence mériterait que l'on s'y attarde, il est impossible de le faire sauf si elle a été enregistrée. Le retour sur séquence et le ralenti sont des avantages indéniables de la retransmission télévisée. La télévision espagnole utilise beaucoup ce procédé pour des moments importants de la lidia, séries réussies ou exceptionnelles, entrées a matar, cogidas ou cornadas. Le téléspectateur est alors beaucoup mieux informé que l'aficionado sur les gradins puisqu'il peut, grâce à la technique, analyser les gestes ou les séquences avec précision et, dans certains cas, avoir des informations immédiates sur l'état de santé du maestro car les commentateurs sont tenus au courant immédiatement. Ce qui n'est jamais le cas dans les tendidos.

Comment se fait-il alors que la plupart des aficionados se disent déçus par une retransmission télévisée d'une corrida ?

Les aficionados disent ne pas ressentir l'ambiance particulière, l'atmosphère de participation collective qui transcende certaines faenas.

Il existe, lors d'un spectacle tauromachique, un phénomène de sensation collective qui naît et se dynamise et que l'on ne peut transmettre, malgré la sophistication actuelle des technologies utilisées, ni faire partager à celui qui en est éloigné physiquement, qui ne participe pas viscéralement et que le filtre de la technologie annihile totalement ou presque.

Alors que dans les autres spectacles elle n'intervient pas, est-ce à cause de la réelle présence de la mort, participante à part entière de la dramaturgie tauromachique, qui en est la cause ? Ou parce que l'écran télévisuel, qui banalise quotidiennement les événements, lui fait ainsi perdre sa puissance dominatrice et mythificatrice, alors qu'elle est charnellement ressentie par l'ensemble des assistants rassemblés sur les gradins ? R.B.

TÉLÉVISION ET TOREROS. La retransmission télévisuelle de la corrida initie une nouvelle économie de la tauromachie, tant à cause des droits qui sont versés que de l'image des toreros qui est diffusée. Ces droits intéressent l'ensemble de la profession. En effet, les chaînes versent des sommes importantes pour avoir la possibilité d'assurer la retransmission des corridas, en particulier lors des principales férias de la temporada. Actuellement, ces férias incluent dans leurs prévisions budgétaires les droits d'achat des diverses courses qui seront retransmises. Jusqu'à 1999, les chaînes publiques diffusaient chaque semaine des corridas que pouvait capter toute la péninsule Ibérique. Grâce à TVE international, la couverture était assurée à une partie de l'Europe. Depuis l'apparition de Vía Digital, bouquet-télé crypté et payant, cette diffusion est réduite car la nouvelle chaîne spécialisée s'est assuré la retransmission des corridas les plus intéressantes et pouvant attirer le maximum de téléspectateurs, TVE1 ou TVEI se contentant d'environ huit à dix corridas dans l'année, les cartels les plus alléchants restant dans les programmes de Vía Digital.

Les grandes figuras perçoivent des droits d'image pour leur participation ainsi que leurs cuadrillas, droits dont les montants varient selon l'importance des plazas où se déroulent les corridas. Mais certains maestros se sont inquiétés de la répercussion par la retransmission télévisée de leurs prestations sur leur réputation, car les erreurs ou les fracasos sont maintenant vus par des millions de téléspectateurs et non plus par quelques milliers. L'information se diffuse donc plus largement et instantanément, les téléspectateurs se faisant une opinion directe et sans l'intermédiaire des critiques taurins dont les textes ne sont pas toujours dénués de favoritisme. En l'an 2000, José Tomás et *Joselito*, qui étaient apodérés par la même personne, ont refusé de participer à des corridas qui étaient télévisées afin de protéger leur image. Et en pensant aussi que le fait de ne pas apparaître à la télévision inciterait les aficionados à venir les voir dans les plazas où ils étaient programmés. Ils ont donc été absents des grandes férias d'Espagne et le nombre de leurs contrats a considérablement chuté. D'autres figuras comme Enrique Ponce ou *el Juli* n'ont posé aucune condition. Leurs participations aux corridas télévisées a sans aucun doute renforcé leur audience car des centaines de milliers de personnes ont pu assister aux faenas très engagées d'*el Juli* à Madrid et à son courage lors de sa blessure. La télé ne lui a donc enlevé aucune audience et il était toujours aussi taquillero en 2001 qu'auparavant.

Ajoutons qu'il est probable aussi que beaucoup, parmi ceux qui suivent les corridas à la télévision, souvent dans un café ou un club amical, ne pourraient pas assumer la charge financière que représente l'achat des places qui sont maintenant fort chères (de 23 € à 82 € en France en 2002, environ 10 % de moins en Espagne). R.B.

TELÓN. Passe de muleta au cours de laquelle le torero se contente de lever verticalement le leurre.

TÉMOIN, TESTIGO. Lors de la cérémonie de l'alternative, il assiste le parrain. Il est le second en ancienneté d'alternative. Lors du paséo, il se trouve sur le côté droit, le parrain étant à gauche et le récipiendaire au milieu.

TEMPLAR. Manière de pratiquer le temple (voir ce mot). Voir aussi le chapitre « La lidia », ci-dessus, p. 169 *sqq.*

TEMPLE. Juan Belmonte considérait le temple (de *templar* : calmer, modérer) comme l'expression la plus haute du sentiment dans la maîtrise consommée de la technique et confessait avoir pleuré devant la beauté de certaines passes d'*el Gallo*. Cape et muleta deviennent l'unique horizon du toro et ne quittent pas son regard. Comment le fauve pourrait-il se dérober à ce qui se déplace avec lui ou selon lui, que sa course ne rapproche et encore moins ne rattrape ? Déjà, il ne sait plus très bien si cela épouse son avance ou si c'est lui qui s'y soumet et adopte l'allure que cela lui impose. Et il semble, tandis que diminue son élan, que l'étoffe décide en souveraine et qu'il ne reprendra plus l'avantage.

Trente ans après sa condamnation sans appel du style de Juan Belmonte, à la pesanteur digne d'un cortège funèbre, le philosophe madrilène José Bergamín ne voudra plus se souvenir de la sentence proférée avec véhémence, selon laquelle le toro est le seul qui dicte le rythme. Dans le reposé du maniement des leurres, il cessera de dénoncer un maniérisme languissant, voire efféminé (voir son essai *El arte de Birlibirloque*). Mi-amical, mi-blagueur, Belmonte insinuera que la fièvre aphteuse sévissait et que les sabots malades des bêtes les empêchaient de galoper, quand il parvint à modérer leur fougue. Bergamín fera assaut d'esprit dans son désir de réconciliation et, en bonne économie littéraire, récupérera l'idée : cette fièvre ardente qui, à l'époque, brûlait le sang des toros, Belmonte en a pris le pouls, elle lui communiquait ses battements, il s'exaltait à sa chaleur. Du temple considéré comme un accord de températures. Et, sans aucun doute, comme trempe de l'âme même du torero dans sa relation avec le fauve.

Le temple, synchronisme qui s'établit entre la promptitude de la charge et le déplacement du leurre, estime la vitesse de l'adversaire, enregistre son temps et dessine chaque parade à l'unisson. Chez certains artistes, il arrive que l'étoffe s'empare du rythme et entraîne la bête dans une harmonieuse lenteur, sur une cadence exquise. « On ne freine pas un fauve qui charge avec impétuosité, proteste Paco Camino. Lui seul marque la mesure. – C'est plus que de la lenteur, puisqu'on ressent l'impression d'arrêter le toro, rétorque *el Viti*. »

Pepe Luis Vázquez soutient que par la vertu du temple s'opère un changement progressif d'initiatives. Le tempo d'abord indiqué par le fauve donne lieu à ces passes consonantes où s'assortissent deux affectivités. L'homme commande l'assaut : « Le temple vient moins de la tête que du cœur. On est sur ses gardes au début, crispé, avant de se détendre et de communiquer son propre relâchement à la bête. Comme si l'on se trouvait avec une personne que son anxiété rend agressive et que l'on connaîtrait le secret de calmer. » *El Viti* s'attache au caractère inné du temple qui doit être senti et traduire une émotion personnelle : « Bien qu'il faille apprendre à l'adapter à chaque fauve, il naît avec le torero et ne s'acquiert pas. »

À trop adoucir le jeu des leurres par principe, le système l'emporte chez les moins doués et en arrive à compromettre le rythme de la faena au bénéfice de quelques secondes d'alanguissement infini, de desmayo, où la durée s'immobiliserait. Mais le fauve revient avec ses propres exigences et le couple se désaccorde. La stylisation a remplacé le style qui, selon Curro Romero, est de l'âme même et non des seules attitudes que compose le corps.

Manolo González et Manolo Vázquez, Sévillans des années 1950, mettaient en phase la vitesse du leurre et celle de l'animal. Tous deux s'adaptaient à la charge, mais seul Manolo Vázquez imposait le ralenti. La différence se percevait à l'œil nu.

Une sorte de métronome renseigne les maîtres du temple sur les diverses vélocités de leurs adversaires afin que naisse la musique silencieuse du toreo. Antonio Ordóñez rivalisait avec Curro Romero dans la domination de ce temps suspendu. Séville n'oubliera pas de sitôt leur émulation à la cape du 20 avril 1967, face à un toro de Benítez Cubero. Chacun intervint à la fin de l'action de la pique pour un quite semblable de quatre véroniques lentes et longues clôturées par la demie. La cape d'Ordóñez fut accrochée, sauf dans le coup d'arrêt final du remate. La corne ne réussit pas à effleurer celle, étoffe repassée, de Curro Romero, qui retombait à la verticale.

Grâce au temple, une arène achève de devenir lieu sacré, temple voué au rite et où se déroule une cérémonie propitiatoire. J.M.M.

TEMPORADA. La saison des événements tauromachiques. En Europe, elle commence avec la féria de Valdemorillo en février et se termine avec les férias de Sarragosse et Jaén en octobre. Commence alors la temporada américaine, au Mexique, en Colombie, au Venezuela et en Équateur. R.B.

TENDIDA estocada. Coup d'épée entrant presque horizontalement dans le corps du toro et n'ayant pas d'efficacité.

TENDIDO. Gradin.

TENTADERO. Synonyme de tienta, principalement utilisé par les professionnels.

TENTADOR (de *tentar*, essayer). Picador qui officie lors de la tienta à l'aide d'une pique très légère pour apprécier la bravoure de l'animal.

TERCIADO. Toro nettement moins développé que son âge et son origine auraient pu le laisser supposer, ce qui n'hypothèque en rien ses éventuelles qualités.

TERCIO. On désigne ainsi chacune des trois séquences qui composent le combat du toro et qui sont déterminées par le président avec la sortie du mouchoir blanc qui déclenche la sonnerie des clarines.

Le premier tercio est celui des piques. Il commence dès la sortie du toro en piste. Lorsque le toro a été reçu puis calmé par les toreros, le président ordonne l'entrée des picadors et commande les clarines en sortant le mouchoir blanc. Ce premier tiers de la course est sonné deux fois. Avant l'adoption du caparaçon, trois picadors étaient en piste avant la sortie du toro ; celui-ci n'étant pas accueilli et calmé par les toreros, le tercio des piques n'était donc pas fractionné comme il l'est actuellement. Depuis que les chevaux sont protégés, les toreros calment d'abord le toro, les picadors sortant après cette séquence de prise de contact. Il y a quelque vingt ans, on ne sonnait pas une seconde fois pour l'entrée des cavaliers, ils venaient sur un simple signe de la présidence.

Le deuxième tercio est celui des banderilles, après que les picadors sont sortis de la piste.

Le troisième tercio ou « tercio de muerte » comprend la faena de muleta suivie de la mise à mort du toro. Il a une durée limitée à dix minutes décomptées à partir de la première passe de muleta. Si le toro n'a pas été estoqué à ce moment-là, le président donne un premier avis au matador. Voir AVIS. R.B.

TERCIOS. Le ruedo est partagé en trois zones circulaires allant de la barrière au centre : les *tablas*, les *tercios* et les *medios*. Quand le toro sort en piste, il court généralement le long des barrières, dans le terrain des tablas, où le torero l'accueillera à la cape et commencera sa lidia en avançant progressivement vers le centre de la piste, les medios, qui est celui où le toro, après avoir couru, aura tendance à se placer afin d'affronter facilement toutes les attaques des toreros. Entre les deux se situent les tercios, zone intermédiaire où se déroule généralement la plus grande partie des combats. R.B.

TERRAINS. S'il est un concept qui s'est considérablement modifié au cours des dernières décennies, c'est bien celui des terrains.

Vers le milieu du XIXe siècle, on considérait que le terrain du matador était l'espace du ruedo compris entre le torero armé ou préparé à donner une passe et les planches de la première barricade. Le terrain du picador se trouve du côté droit, c'est-à-dire entre le côté droit de son cheval et les planches de la barricade, mais aussi tout autre partie de la piste qui lui permettrait de se dégager de la manière la plus facile et la plus efficace en se ménageant un espace libre pour la fuite, en avançant toujours vers l'espace laissé libre par le toro. Le terrain du toro est celui compris entre l'endroit occupé par le toro et le milieu de la piste.

Puis, vers les années 1940, Claude Popelin, vulgarisateur de la théorie des terrains, a érigé cette hypothèse en système expliquant et déterminant tous les actes de la corrida. En simplifiant, on dira que, selon sa théorie, le terrain du toro est celui du centre de la piste, tandis que celui de l'homme se situe près des barrières, le toro ayant tendance à toujours se réfugier vers le centre sauf dans le cas où il choisit un lieu déterminé, souvent près du toril, appelé *querencia* et dont il est difficile de le faire sortir. Il résulte de ces affirmations que certains lieux de l'arène ne peuvent être foulés par le torero sans qu'il se mette en grand danger. La pose des banderilles inverserait les terrains pour accélérer la charge du toro et celui-ci perdrait tous repères uniquement dans les passes en rond.

La manière de toréer ayant considérablement évolué et certains toreros contemporains ayant réalisé des séquences que l'on croyait impossibles il y a quelques décennies, entrant dans des espaces considérés jusqu'alors comme ne pouvant être foulés, il convient de reconsidérer cette notion. Ainsi, dès les années 1970, des maestros ignorant avec superbe cette théorie se mirent à empiéter dans des territoires interdits, toréant avec succès et même y triomphant. *El Cordobés* d'abord, Dámaso González ensuite, puis Paco Ojeda pour ne citer que les plus connus, détruisirent dans la réalité de l'action cette notion quasi mathématique énoncée dans les années 1940 et la firent voler en éclats.

Les choses sont beaucoup plus naturelles qu'on ne le pensait. L'homme ou le toro établissent autour d'eux une aire de protection invisible mais bien réelle. Imaginons un toro, solitaire, dans un vaste pâturage. Il vous ignore avec superbe. Vous vous approchez. Il vous regarde, hume votre odeur mais comme vous êtes loin, il n'attaque pas. Vous êtes hors de son territoire de protection. Si vous continuez à avancer, il arrivera un moment où vous atteindrez une distance minimum qui déclenchera sa charge pour vous expulser de son aire de protection. De même, toro jeune ou adulte, dans le troupeau il acceptera ses congénères, mais, mâle dominant, il chassera tous les prétendants.

Que se passe-t-il en piste ? Quand le toro sort du chiquero où il a passé plusieurs heures enfermé seul dans la semi-obscurité, il suit un couloir, arrive dans la piste très lumineuse. Sa première réaction, à la découverte de cet espace clos, est d'y chercher une sortie dans les barrières rouges continues. Il court ainsi pour prendre possession de son terrain mais aussi pour détendre ses membres ankylosés par une attente immobile. Lorsqu'un péon surgit d'un burladero et agite sa cape, l'incite à charger, l'excite, il est surpris par cette forme, cet « autre », qui se déploie, parfois même en plusieurs endroits simultanément. Il court donc sus à cet adversaire pour le forcer à s'éloigner. Or, il a beau courir et charger ces « autres », il fuient et se cachent derrière les burladeros. Il se considère donc maître de ce nouveau territoire. Ayant constaté que tous ces « autres » se manifestent de divers emplacements, il va se placer au centre de la piste, point stratégique d'où il pourra observer le départ de toutes les attaques et les repousser selon sa tactique de défense.

Son aire de protection couvre alors toute la piste à l'intérieur des barrières. Quand sort le torero, un « autre » qui s'avance plus hardiment, le toro l'attaque pour l'expulser. Le torero le reçoit à la cape et commence la série de passes pour le calmer. Le toro a réduit son aire de protection.

Dans cette activité motrice interactive entre le torero et le toro, il arrive un moment où, essoufflé par le rythme imposé, par ses attaques tête baissée qui l'empêchent de bien respirer ainsi que par les coups de tête violents donnés pour attraper le leurre mais qui ne rencontrent que le vide, ce qui va aussi créer un sentiment de perplexité car il n'atteint pas son but, le toro va s'arrêter pour reprendre son souffle et réfléchir. On peut même l'amener (ce que font les banderilleros) à un burladero où il restera en observation, attendant que l'adversaire sorte en piste pour pouvoir l'atteindre.

Arrivent alors les picadors. Le cheval ne se trouve pas dans son territoire immédiat mais sa masse importante attire l'attention du toro qui découvre alors un nouvel adversaire autrement plus imposant puisque des « autres » l'accompagnent. Le toro l'attaque, même si cet adversaire ne se trouve pas dans son aire de protection rapprochée. Pour lui, toro, la nécessité de mettre bas l'adversaire le plus important conditionne la reconquête de son aire de liberté. Lors de l'épisode des piques (tercio de varas), il peut participer en montrant sa bravoure, son dédain du danger et de la douleur, faisant fi de son apprentissage de la notion de la mort qui le menace car il a maintenant compris qu'il est physiquement agressé dans un combat sans quartier, et on dira qu'il est brave. Il peut aussi essayer de fuir, de s'en sortir sans risque en attaquant violemment et sèchement, non pas pour tuer l'adversaire quelle que soit la douleur, mais pour simplement le repousser un peu, de manière à se frayer un passage vers un nouveau territoire protégé où il ne sera plus menacé, et on dira alors qu'il est manso ou mansoto.

Les piques terminées, commence la pose des banderilles. Il est meurtri, affaibli, quelque peu inquiet et essoufflé. On l'amène vers les barricades. Il peut désormais, car il a compris qu'aucune attaque ne peut venir de ses arrières, se concentrer sur les risques provenant du centre piste, qu'il ne tente pas de rejoindre contrairement à ce que l'on croyait, mais d'où il s'aperçoit que va venir le danger. À la vue de l'homme, bras haut levés, qui crie et l'interpelle, il se souvient de ceux du campo, qui fuient dès qu'il les attaque. Il reprend donc confiance en lui, dans sa force et sa puissance. Son aire de protection s'est considérablement étendue puisque, ayant repris confiance, il attaque de loin l'homme qui le défie. L'homme qui incline sa course se retire au moment même où il croyait l'atteindre, et il sent dans son dos les dards des banderilles. Sous la piqûre (une douleur minime à côté de celle de la pique), il cherche à atteindre son adversaire, à l'encorner et il le poursuit souvent jusqu'à la barrière, des « autres » s'interposant alors.

Quand le matador se présente ensuite avec sa muleta, un nouvel « autre » différent des précédents, le toro commence par des attaques violentes pour repousser l'intrus qui a pénétré dans son aire de sécurité, près des barrières. Il fonce sur la partie la plus voyante du danger et revient plusieurs fois à la charge pour essayer de l'atteindre. Il suit son adversaire vers le centre de la piste pour le réduire. Mais la fatigue s'intensifie et, progressivement, une fascination s'établit pour ce drap rouge de la muleta qui le soutient dans son envie de charger.

L'aire de protection du toro et celle de l'homme se confondent tant et si bien que le toro accepte l'homme pour ne s'intéresser désormais qu'à la muleta, qui l'incite à le poursuivre. Homme et animal sont liés dans leurs gestes et leurs déplacements, l'homme incitant à des itinéraires, l'animal comme hypnotisé.

Le rythme se rompt lorsque le torero prend l'épée. Il place le toro à une certaine distance. Celle qui correspond à sa distance d'attaque en fonction de ses possibilités physiques. Le matador se trouve alors hors de l'aire de protection du toro, désormais réduite à son minimum. Et quand il s'élance pour le volapié, il lui faut mettre la muleta bien bas, dans un geste agressif, pour déclencher la charge du toro qui lui permettra de placer correctement l'épée.

Ainsi, les aires de protection de l'animal, très vastes et multiples en début de combat, se réduisent au fur et à mesure des séquences, jusqu'à une aire réduite dans laquelle le toro reçoit la mort de la main de l'homme qui, une dernière fois, aura empiété sur son territoire. Voir le chapitre « La lidia », ci-dessus, p. 157 *sqq.*

R.B.

TERRUBIAS

Origine : Conde de Santa Coloma
Devise : rouge et vert
Ancienneté à Madrid : 8 juin 1924
Propriétés : « Castillejo », Muñoz (Salamanque), « Zamarril », Portaje (Caceres), « Santa María », Moraleja (Caceres) et « Terrubias », San Pedro de Rozados (Salamanque)

José Vega fonde un élevage en 1910 en mélangeant des vaches de Veragua avec des étalons de Santa Coloma. Les frères Villar achètent le troupeau en 1914 et le conservent jusqu'en 1928, année où Francisco Villar vend sa part de bétail à Arturo Sánchez Cobaleda. Ce dernier s'éteint en 1942 et ses fils se partagent le troupeau en 1950. María Sánchez Cobaleda baptise son lot « Terrubias ». À sa mort, l'élevage est acquis par la famille Sánchez García-Torres. Les origines antérieures sont supprimées en 1986 au profit d'un lot important de vaches et d'étalons de Martínez Elizondo, d'origine Santa Coloma.

Pepín Liria se souviendra longtemps de *Caralista*, un toro noir porteur du n° 47 et du fer de Terrubias. Combattu le 10 septembre 1994 lors d'une corrida-concours à Arles, le toro, constamment sur la défensive, fera passer un bien mauvais moment au torero de Cehegín (Murcie) : Pepín Liria ne s'attendait sans doute pas à recevoir un léger coup de corne au niveau du scrotum lors de sa première corrida française, mais il resta en piste et affronta par la suite un exemplaire de Sayalero y Bandrés, sous le regard admiratif du chef de lidia du jour, José Ortega Cano. Depuis, les toros de Terrubias ne sont toujours pas la tasse de thé des toreros. Porteurs d'un sang trop

« dérivé » de Santa Coloma, les toros marqués du fer en forme de trèfle sont rarement combattus en corrida. Statiques à la muleta ou dangereux en fin de combat, ils s'avèrent trop souvent impropres à toute forme de lidia. L'éleveur s'est donc résolu à vendre l'essentiel de ses produits dans des novilladas et des corridas à cheval. Présent dans de nombreuses arènes de troisième catégorie, l'élevage est un habitué des provinces de Tolède, Madrid et Cuenca. En 2000, un lot fut particulièrement brillant à Villarobledo (Albacete) puisque deux toros reçurent un tour de piste posthume en récompense de leur excellent jeu. Ces exemplaires permirent à Leonardo Hernández et Sergio Galán de couper respectivement une oreille. Quelques matadors chevronnés se risquèrent à toréer du bétail de Terrubias en corrida formelle dans des arènes du nord de l'Espagne : le résultat général fut moyen et sur quatorze toros lidiés dans des arènes de troisième catégorie seules onze oreilles furent coupées. Manolo Sánchez, *el Tato*, Antonio Ferrera et Diego Úrdiales font partie des quelques braves qui n'ont pas eu peur de défier les toros de Terrubias. C.C.

TERTULIA. Miguel de Unamuno, à la différence de la plupart de ses amis de la *Génération de 98* (groupe d'intellectuels appelés à réfléchir sur la situation culturelle et politique de l'Espagne, à la suite de la perte de Cuba et des Philippines en 1898), pour lesquels elle n'était pas « politiquement correcte », ne jetait pas l'anathème sur la corrida. Il n'y voyait pas la preuve de la décadence espagnole à l'aube du XXe siècle, mais au contraire la mise en scène lucide et sacramentelle du jeu de la vie et de la mort, en un mot du destin universel. Donc, le spectacle en lui-même le fascinait. Il considérait, en revanche, avec sévérité les discussions interminables entre aficionados, en dehors de l'arène. À ses yeux, tous ces rituels de l'éloquence taurine que constituent les débats de clubs (*tertulias*), les banquets d'hommages, ou les simples conversations de café étaient une inadmissible perte d'énergie. Unamuno était philosophe, et non anthropologue ; il ne semblait pas avoir pris conscience de la relation tendue, rarement sereine, qu'un amateur de tauromachie entretient avec un art par essence éphémère, qui lui échappe le plus clair de son temps. À la manière de Picasso, qui dosait les pourcentages de talent et de sueur nécessaires à la création, on pourrait affirmer que l'afición est faite de 10 % de vision directe et de 90 % de souvenir ou d'attente. Les « conservateurs » modernes, en particulier la vidéo, ne font pas grand-chose à l'affaire. La bande a beau répéter à satiété telle ou telle faena, elle n'en reproduit que le squelette. Tous les autres éléments intangibles, et irremplaçables, que sont la surprise et la circulation vibratoire de l'émotion sur les gradins d'une arène sont éventés. De même, ce ne sont pas les quelques mots en langue de bois, que le reporter soutire au matador à la fin d'une prestation retransmise par la télévision, qui en éclaireront le mystère. Il faudrait une attention particulière pour extraire quelque confidence de ces formules convenues et, malgré ce simulacre de complicité, la frontière demeure entre le silence de l'artiste et les commentaires à profusion des spectateurs.

Donc, pour meubler l'absence, il reste le discours. Comme l'émotion ressentie, il est indispensable au relief de ce qu'on a vu, et d'abord à sa survie. Les discussions acharnées à la sortie d'une corrida, qui ont parfois l'air de disputes, surtout quand la moisson a été bonne, tendent au même but : chacun a besoin de se rassurer sur la teneur de sa mémoire immédiate en la confrontant avec celle des coreligionnaires ; a-t-on retenu tout ce qu'il y avait à retenir ? Plus important encore : a-t-on vu juste ? Notre perception, que nous devons maintenant essayer de perpétuer, ne nous a-t-elle pas trahis en même temps que la réalité ? L'aficionado est quelquefois agressif et péremptoire dans ses jugements, parce qu'il a peur ; peur d'être passé à côté de la cible-vérité, laquelle, en tauromachie, ne repasse jamais. D'où sa tentation de recourir, pour épauler sa vision, à la théorie et à l'esprit de système. Combien de fois n'a-t-on pas entendu un voisin de comptoir tenter l'explication définitive : « Toréer, ce n'est pas seulement faire des passes à un toro, c'est... » La critique spécialisée a été particulièrement attentive, il est vrai, à fournir aux amateurs ces clés et ces grilles de lecture a priori, depuis les fameux « canons » (aguantar, parar, templar y mandar) jusqu'à la position orthodoxe du torero et de la muleta par rapport à l'axe de charge de la bête. À cet égard, il est piquant d'écouter un « technicien » aussi incontestable que Juan Antonio Ruiz *Espartaco*, récemment retiré de la profession, détailler les raisons pour lesquelles le fait de « se croiser », de « charger la suerte » ou de présenter « la panse » de la muleta à la bête peuvent être dans certains cas des recours, et donc des facilités, contrairement à ce que pense aujourd'hui la science commune. D'autres grandes figures, tels Luis Miguel *Dominguín* et Antonio Ordóñez, ont dit pourquoi elles n'auraient jamais l'audace de rédiger un traité de tauromachie : il n'y a de vérité que dans l'instant, dans les impondérables de la conjonction entre cet homme et ce toro. Alors que beaucoup d'aficionados éprouvent la nécessité de se raccrocher à des certitudes, les toreros, pour la plupart, avouent n'avoir que des convictions ; ils s'efforcent simplement d'être sincères avec eux-mêmes, d'être fidèles à leurs propres exigences, sans vouloir les imposer aux autres. Cela fait, ils cherchent à se préserver de la critique, non par immodestie, mais parce qu'eux aussi lient leur existence d'artistes au sentiment de ce qu'ils ont vécu et perçu durant quelques instants, et dont ils ne sont jamais objectivement certains, car cela est mort avec le toro dans l'après-midi. *Espartaco*, par exemple, refuse d'écouter à la radio le compte rendu de ses faenas, car, même élogieux, ce compte rendu ne concorde pas avec son émotion intime.

Un torero ne s'endort jamais sur ses lauriers. Un échec retentissant ne lui pose, au fond, pas de problème ; il fait partie des risques du métier. C'est au soir d'un triomphe qu'il ne parvient pas à trouver le sommeil. L'analyse et le souvenir se font alors douloureux monologue dans la tête d'un Ángel Luis *Bienvenida* ou d'un Ordóñez : « Ai-je eu raison de commencer ma faena ainsi ? Si j'avais pris le toro de l'autre côté, est-ce qu'il ne se serait pas plus complètement livré ?... » C'est le discours de la frustration, quand on constate, une fois encore, que le mystère d'un toro n'est jamais totalement découvert, que la faena idéale, que chaque artiste « porte en soi », est à venir, et le restera sans doute pour toujours.

Non, les toreros ne détestent pas les discussions, mais le mieux, alors, est qu'elles aient lieu dans le cercle des intimes, avec les hommes de la cuadrilla ou d'autres professionnels. Ángel Luis *Bienvenida* et *el Viti* regrettent même le temps où les matadors s'engouffraient dans la grosse limousine avec toute leur équipe, et où les conversations taurines se prolongeaient dans la nuit du voyage. À les en croire, c'est dans ces académies de fortune – la voiture ou la chambre d'hôtel – que s'est forgé, à travers les souvenirs égrenés, les phrases proverbiales des anciens et toutes sortes de recommandations données par les hommes de l'art, non pas une science tauromachique, mais un amalgame de technique, d'esthétique et de culture, aussi indéfinissable qu'essentiel chez un torero digne de ce nom, et qu'on appelle la *torería.*

Entre deux spectacles, et surtout entre deux saisons, l'aficionado discute, moins, en réalité, pour démontrer ses connaissances que pour défendre son thesaurus, fait des meilleurs moments de corrida qui se sont inscrits dans sa mémoire. On ne peut pas s'empêcher, face à la concurrence, de laisser entendre qu'on a touché le gros lot : « Oui, sans doute, la faena de Untel à Bayonne a dû être méritoire, mais moi j'en reste au quite inouï de Menganito à Almería ; impossible de toréer avec plus de lenteur, les mains basses et les bras endormis... » On ose à peine dire le plaisir pervers avec lequel on feint de s'apitoyer sur l'ami aficionado qui vient de manquer un après-midi somptueux – « Tu ne sais pas ce que tu as perdu ! » – et, à l'inverse, la rage secrète que celui-ci est obligé de ravaler.

Ce thesaurus n'est pas seulement personnel ; il est constitué aussi par ces sommets historiques, qui font partie du domaine public de la mémoire collective, et que l'on se transmet de génération en génération. En ce sens, tous les aficionados se souviennent du triomphe de Belmonte à la corrida du Montepío de Madrid, en 1917, des trois fabuleux cambios de la présentation d'Antonio Bienvenida à Las Ventas, en 1941, de la hiératique faena de *Manolete* avec *Ratón*, toro de réserve de Pinto Barreiros, en 1944, du chef-d'œuvre de naturel et de classicisme accompli par *Antoñete* avec un toro blanc d'Osborne en 1965, de la prodigieuse faena labyrinthique que Paco Ojeda servit à un *Juan Pedro*, à Séville, en 1988... Les phrases et les adages célèbres font partie du florilège. Qui n'a pas eu l'occasion de citer ce commentaire mi-ironique, mi-consterné du vétéran *Guerrita* sur les débuts téméraires de Belmonte : « Celui qui veut le voir, qu'il se presse » ? Ou cette recommandation, lourde de sens, du même Belmonte : « Pour bien toréer, il faut oublier le corps » ? On hérite également des jugements sur les grandes figures qui ont marqué l'évolution de la tauromachie ; par exemple, de l'image plutôt négative de *Manolete* auprès de l'afición « orthodoxe », et surtout auprès de l'afición française, qui ne l'a pratiquement pas vu, ceci expliquant peut-être cela.

Les « révolutionnaires », en effet, qui viennent bousculer les normes existantes en même temps que les souvenirs, rencontrent assez vite la faveur populaire, mais tardent à être acceptés par le petit groupe qui se veut le gardien du temple. Cela a été vrai de Belmonte, de *Manolete*, du *Cordobés* et, dans une moindre mesure, de Paco Ojeda. Le thème de la décadence, justifié ou non par les faits, est une des obsessions les plus constantes du discours taurin, un authentique *topos*. Comme le soulignent José Carlos Arévalo et Fernando Savater, analystes perspicaces du monde des toros, dans celui-ci la vérité et l'idéal, et même la réalité, sont en grande partie derrière soi. L'aficionado est fatalement conservateur ; il lui faut une ouverture d'esprit et un courage particuliers pour résister à cette tendance.

La parole n'est pas seulement, pour l'acteur ou le spectateur, un instrument de mémoire. Elle tente de donner un corps verbal à des notations aussi fugaces que le vif-argent et, comme le dit Ángel Luis *Bienvenida*, à « cette chose magique et indicible » qu'est le toreo ; elle en est, en quelque sorte, la troisième dimension. Parler du toreo, c'est d'abord parler d'un sentiment intime, complexe, même si une communication immédiate s'établit dans les phases heureuses entre le torero et le public, et même si une évidence de bonheur saisit à la même seconde des milliers de personnes sur les gradins. « Le toreo est sentiment », affirmait le grand artiste Rafael Ortega, et on serait tenté d'ajouter qu'il n'est que cela. C'est si vrai que dans le langage taurin espagnol, lorsqu'on veut traduire la réussite d'un torero, il n'est nul besoin d'entrer dans les détails ; il suffit d'indiquer que X, dans telle partie de sa prestation, « s'est plu et s'est senti torero » (« *se ha gustado y se ha sentido torero* »). Dans ce cas, on a couramment recours au réfléchi : « il se sent lui-même dans chaque passe de muleta » (« *está sintiéndose en cada muletazo* »). Ce commentaire appliqué à un matador en acte, et qui équivaut au suprême éloge, signifie la primauté de l'émotion. Avant de toucher le public, celle-ci trouve sa source chez l'artiste lui-même, dans la conscience qu'il en a. Dans la mesure où il ne reste presque rien après coup de son œuvre, et où il ne se voit même pas en train de la réaliser, le sentiment, perpétué par les mots, aussi vagues soient-ils, est pour le torero la seule preuve palpable de la beauté qu'il a fait naître. C'est pourquoi, mis en confiance, il n'hésite pas à dessiner en parole cette boucle de transmissions émotionnelles (*transmitir* est un verbe clé dans l'argot taurin d'aujourd'hui, surtout employé à l'intransitif), aussi parfaite qu'une passe circulaire, qui scelle l'entente absolue avec son toro et son public : « C'est une sensation très forte de voir que tu t'entends avec un toro, que tu le sens et que les gens te captent. » Quant à l'aficionado de base, du moins en Espagne, lorsqu'il n'est pas engagé dans une discussion théorique sur les mérites comparés de tel ou tel, il croit rarement utile, au rappel d'un instant qui l'a comblé, de s'appesantir sur les raisons pour lesquelles une fulgurance l'a fait brusquement bondir de son siège et lancer du fond des entrailles le *ole* rituel : « Cela m'a donné la chair de poule », se borne-t-il à déclarer. Et quelquefois il ajoute : « J'ai la chair de poule, rien qu'en me rappelant cela ! »

Le discours s'efforce, par ailleurs, de baliser le chemin énigmatique et incertain par lequel un homme habillé de lumières parvient à la maîtrise de la bête, par un jeu compliqué – technique et affectif – de tâtonnements, d'approches et de séductions. « Le toro avait un fond de bravoure et le matador a su l'extraire », a-t-on souvent entendu dire. Le torero ne doit pas seulement aller chercher au plus profond de lui-même une sensibilité qu'il extériorise, grâce à un toro, devant son public ; il lui faut aussi « exprimer », et d'abord deviner, toutes les possibilités enfermées dans les premières charges opaques de son adversaire-partenaire. La tauromachie est faite de ces deux intimités révélées. Ceux qui ne voient ici qu'un combat, ou tout au moins un rapport de force entre une intelligence dominatrice et un instinct aveugle, seront peut-être surpris de voir comment cela se traduit – au fil de certaines confidences de toreros après une faena – par un vocabulaire de connivence et de délicatesse : « J'ai essayé de faire ce que le toro me demandait » ; « J'ai toréé en faisant beaucoup de concessions au toro, en le mettant en confiance » ; « Le toro a pris peu à peu confiance et, à la fin, il s'est montré très reconnaissant ».

Les mots peuvent servir à consacrer la pleine réalité de ce qui vient de se dérouler dans l'arène. Ici, la tautologie n'est pas redondance, mais confirmation de ce qui ne va jamais de soi ; en tauromachie, plus que partout ailleurs, être ce qu'on est s'apparente à une valeur, à un idéal peu accessible. « Il s'est comporté en torero », dit-on d'un matador qui a fait merveille, et l'on sait qu'il n'est pas de plus belle récompense pour un professionnel que de se voir saluer par le cri unanime de la foule : « Torero !... Torero ! » Un aficionado sévillan s'est risqué à une définition de l'art qui est de la même veine : « *El arte está en la gracia, en el salero, en saber serlo, que es lo más difícil* » (L'art réside dans la grâce, dans la saveur, dans la faculté de savoir être [torero], ce qui est le plus difficile). L'animal a, lui aussi, droit aux honneurs de la tautologie : « Ça, c'est un toro ! » Est-il besoin d'en dire plus ?

Le toreo est un art, ne serait-ce que parce qu'il ne se réduit pas aux choses vues. La sensibilité et l'imaginaire, portés par le langage, élargissent un réel trop étroit ou malaisé à cerner. Voici deux exemples, empruntés aux déclarations de curristas impénitents, recueillies dans le beau reportage que Jacques Durand et Emilio Maillé ont consacré à Curro Romero ; d'abord sur le registre de la définition : « L'art est la conjonction des choses bien faites... ça ne peut pas s'expliquer » ; ensuite en manière de métaphore : « Curro torée très lentement ; on dirait qu'il est en train de chanter une chanson avec le toro... » Dans un débat télévisé, saluant la retraite du « Pharaon », un autre partisan donnera cette étonnante marque de foi : « En certaines occasions Curro n'a pas parachevé une passe, parce que cela n'a pas été possible, mais l'esprit de chaque currista l'a parachevée pour son compte. Il n'est pas besoin de voir quand il est si beau de rêver ; oui, parfois, ce qu'on voit est superflu. »

La cime à laquelle parvient un artiste, de son propre aveu, trois ou quatre fois dans sa carrière est par excellence indicible. Pourtant, seul le verbe est en mesure, par allusion, d'approcher de cet état de grâce alors même qu'une séquence enregistrée de l'événement est d'une désolante platitude. Lui seul peut rendre cette rupture essentielle, produite par le choc entre la tension, au cours de la phase ascendante, et l'impression opposée de relâchement et d'abandon au sommet, comme si l'art était soudain délivré de toute menace. Écoutons d'abord Santiago Martín *el Viti* : « Très peu de fois dans sa vie on parvient à cet instant où on peut concentrer tous ses sentiments. Alors on est comme une sorte d'élément mobile et tout le reste disparaît. Je ne sens plus rien. C'est un monde à part. » Pepe Luis Vázquez dira la même chose dans une tonalité poétique, en mêlant les images du rêve et d'un passé intouchable : « Je me rendis compte [...] que nous étions seuls le toro et moi, que je ne savais rien de la cuadrilla ni de personne. J'avais perdu la notion de tout. On peut dire que c'est comme une ivresse, une transfiguration, une chose qui n'est pas de ce monde, comme si on avait rêvé d'époques antérieures. » Luis Francisco Esplá vit cela comme un dédoublement où la volonté s'efface et où, cependant, le torero parvient à briser le carcan inhérent à son art ; il peut, enfin, se contempler lui-même : « Cet état de grâce, cette pureté résident dans une absence totale. On a la sensation que les volontés sont annihilées ; c'est comme une écriture automatique[...]. On va jusqu'à se projeter hors de soi, comme si on se contemplait soi-même. On se surprend, parce qu'on ne décide absolument rien. » Le comble est atteint lorsque, les gestes s'enchaînant avec tant d'aisance, on a l'impression que c'est la bête qui, en vérité, réalise le travail : « On laisse couler ce qu'on a dans l'esprit et ce que le toro en lui-même vous exprime », nous a déclaré Miguel Abellán. Pepe Luis Vázquez est encore plus explicite : « Dans ces moments, la seule chose qu'ait à faire le torero c'est de s'accorder avec le toro et de l'aider à parachever l'œuvre. »

On l'aura compris, parler le toreo est plus qu'un passe-temps ; c'est la compensation indispensable d'une action ou d'une vision trop incertaines et trop éphémères. C'est une autre façon de toréer ; en tout cas d'approcher de cette faena idéale, jamais totalement éclose, dont rêvent tous les aficionados et qui « dort au fond de chaque torero et reste à exprimer », qu'il soit ou non en activité. F.Z.

TERUEL (Espagne. Saragosse 180 km). Les origines de la ville restent obscures. Mais elle est riche après la conquête maure. Alphonse II d'Aragon la conquiert en 1171. La cité se développe grâce à l'industrie de la laine mais surtout des armes. Le 7 janvier 1486, elle est le théâtre d'un massacre de la population juive et de l'expulsion des survivants. Son déclin commence. Aujourd'hui, elle compte 31 000 habitants.

La première plaza de toros fut construite en 1850. Sa reconstruction et son agrandissement, envisagés dès 1924, aboutiront à l'inauguration le 30 mai 1935 d'une plaza de 9 000 spectateurs, par Nicanor Villalta, *Armillita* et Domingo Ortega avec des toros de Doña María Montalvo. R.B.

TERUEL PEÑALVER Ángel. Né à Madrid le 20 février 1950, matador de toros dont on dit qu'il était l'héritier spirituel de Luis Miguel *Dominguín*, Ángel Teruel débute en costume de lumières le

19 mai 1966 à Carabanchel (Madrid), dans le cadre des novilladas de l'« opportunité », compétitions réservées aux débutants. Il débute avec picadors le 22 janvier 1967 à Málaga, alternant avec Miguel Márquez et Jacobo Belmonte pour estoquer des novillos de Núñez Moreno de Guerra.

Le 30 juin 1967, sans s'être présenté à Madrid ou Séville, il reçoit l'alternative à Burgos des mains d'*el Viti* avec *Pedrín* Benjumea, et affronte le toro *Cazuelo* de l'élevage d'Agustina López Flores. Le 12 mai 1969, Ángel Teruel se présente enfin à Las Ventas pour confirmer l'alternative une nouvelle fois, en présence d'*el Viti*, avec José Fuentes comme témoin. Le toro de la cérémonie appartient à Atanasio Fernández et se nomme *Yegriero*. Lors de cette course, Teruel coupe trois oreilles et sort par la grande porte. Malgré ce succès et l'obtention du Scapulaire d'or de Lima l'hiver suivant, le matador madrilène va connaître une période noire qui le conduit à cesser son activité en 1973. Il revient pourtant l'année suivante et connaît jusqu'en 1976 des succès importants, jalonnés de graves blessures. Ses contrats vont diminuant et, en 1981, il reçoit une très grave cornada dont il se remet difficilement. Il ne torée pas en 1982 et reprend l'épée le 22 mars 1983 à Almendralejo en compagnie de Manuel Vázquez et Luis Reina face à des toros de Diego Garrido pour seulement 16 contrats. Deux nouvelles blessures et le peu d'intérêt que lui portent des directeurs d'arènes le contraignent à s'arrêter définitivement le 18 août 1984 après la corrida de Conijuelo.

Torero doté de beaucoup de recours techniques et d'une grande intelligence de la lidia, Teruel n'a pas vraiment occupé la place qu'il méritait. Il vit aujourd'hui en se consacrant à ses affaires et ne fréquente plus le mundillo. R.A.

TESTUZ (*front*). Partie supérieure de la tête du toro.

THÉÂTRE ET TAUROMACHIE. « *Sevilla tiene una cosa que solo tiene Sevilla...* »

Séville est sans doute la ville où la lumière est la plus éclatante, parfois éblouissante, et l'ombre la plus profonde. Séville est la ville où les fêtes sont les plus gaies et les plus morbides, où les cœurs sont les plus rieurs et les âmes les plus douloureuses. Séville est enfin et surtout la capitale incontestable de la corrida « de arte » en même temps que la ville qui a vu naître quelques-uns des plus grands mythes du théâtre occidental : Don Juan, Figaro, Carmen. Comme si tauromachie et art dramatique étaient profondément liés, comme si l'amphithéâtre de Delphes était situé dans la cour du palais de Thésée !

Et pourtant... Même si le modèle le plus commun de Don Juan est un redoutable jouteur de toros, même si Beaumarchais à la poursuite de Clavigo dans l'Espagne de 1764 y rencontre toros et corridas, même si la Carmen de Mérimée tombe amoureuse d'un picador puis d'un matador, et si celle de Bizet fréquente le fameux *Escamillo*, la tauromachie ne semble pas devoir être un sujet de narration dramatique.

Les trois mythes incarnent à merveille, l'un une philosophie de la révolte et de la séduction que l'on baptisera « donjuanisme », l'autre le socialisme naissant à la fin du XVIIIe siècle, le dernier le féminisme tel qu'il va s'épanouir au XXe siècle. Mais ces thèmes essentiels à l'histoire de l'Europe se développent dans chacune de ces œuvres majeures de manière parfaitement indifférente à l'art taurin. Certes les pièces espagnoles ayant pour sujet le torero, le toro et le mundillo sont légion et nombre d'écrivains du XVIIe jusqu'au XXe siècle, aujourd'hui ignorés, ont consacré une partie non négligeable de leur œuvre à tenter de décrire cet univers fascinant. Mais aucune ayant pour thème majeur le monde de la corrida n'est passée à la postérité et, encore moins, n'a traversé les frontières.

Il faut bien constater que tant Don Juan – du moins celui qui a trouvé une audience universelle – que Figaro semblent ignorer totalement toros et toreros. La rencontre toro-théâtre apparaît presque inexistante, sinon impossible...

Si l'on veut essayer de comprendre cette antinomie, il est intéressant de revenir à Séville où il y avait pourtant au Siècle d'or plus de théâtres qu'à Madrid. Nous remarquons que les deux grandes fêtes de l'année andalouse se suivent sans pour autant s'interpénétrer. Quand la semaine sainte s'arrête – le vendredi saint – commencent les premiers signes de la féria avec la corrida de Pâques : les toros sont mis à mort le jour de la résurrection du Christ. Quand vous interrogez les Sévillans, ils se déclarent « de semana santa » ou « de féria ». C'est une séparation qui ne souffre presque aucune exception. Cela ne veut pas dire, bien sûr, qu'un inconditionnel des *pase* (processions) de la Madrugada (nuit du jeudi au vendredi saint) n'ira dans aucune des mille casetas de la Plaza Real de Feria. Mais cela signifie que tout Sévillan fait un choix entre l'aspect théâtral de la semaine sainte, premier grand spectacle de l'Europe d'aujourd'hui, et l'art taurin concentré dans un endroit unique et limité, les vingt mille témoins de la Maestranza. Séville, ville-théâtre et ville du toro, n'a jamais voulu relier et encore moins confondre ses deux passions.

Au-delà de cette explication à la fois sensible et subjective et des raisons apparentes d'une telle séparation, il est sans doute nécessaire d'analyser de manière plus rationnelle un tel paradoxe.

Car il y a paradoxe. En effet comment ne pas être frappé par les similitudes rituelles entre corrida et théâtre : musique d'entrée pour marquer le paséo, à l'instar des ouvertures pour l'opéra ou du prologue au théâtre, les clarines qui trouvent leur équivalent dans les trois coups, les tercios de la lidia comme les trois actes d'une œuvre théâtrale, les péons qui mettent en valeur le maestro comme les valets leurs maîtres... Jusque dans les moindres détails les deux rituels semblent se copier. Ainsi, très souvent, voit-on au théâtre le héros se montrer et agir peu au début du spectacle, puis laisser la place aux seconds couteaux pour revenir en force au moment opportun. La même structure de l'action peut être constatée dans la lidia où, après avoir reçu le toro à la cape, le torero laisse la place aux picadors et aux banderilleros avant d'être quasi seul face à son adversaire pour la faena.

On pourrait à loisir multiplier et développer les exemples de parallélisme de ce type où l'on remarquerait à chaque fois l'esprit ludique que prennent ces deux formes artistiques. Elles semblent, toutes deux, appartenir au domaine du jeu au sens le plus large du terme. On le sait, le jeu représente la plus grande partie des activités non productives de l'homme : aisance, risque, habileté y côtoient le délassement et le plaisir. Le jeu n'a aucune conséquence pour la vie réelle. Il s'oppose au sérieux, au travail, et il est essentiellement stérile : il ne produit ni œuvres ni biens. Si le jeu désigne à la fois un divertissement sans contrainte, il veut aussi marquer le style, la manière, c'est-à-dire les caractères originaux qui distinguent des autres. C'est le cas pour un acteur dans sa façon de tenir un rôle, comme c'est celui du matador qui torée.

Mais l'idée de jeu combine aussi les idées de limites, de liberté, d'invention et bien sûr de risque, ce qui amplifie encore la complexité de cette notion. Dans cette optique, il faut constater que toute forme de jeu suppose un système de règles qui définissent ce qui est ou n'est pas dans le jeu, c'est-à-dire le permis et le défendu. Le théâtre et la corrida répondent parfaitement à cette définition. Ces conventions sont à la fois arbitraires, impératives et sans appel. Elles définissent aussi, la plupart du temps, un lieu où pourra s'exercer le jeu (scène et arènes). Enfin, la notion de jeu évoque une idée de latitude, de facilité de mouvement, une liberté utile. Le jeu signifie donc aussi une liberté dans un cadre donné. Il associe donc la présence de limites et la faculté d'inventer à l'intérieur de celles-ci.

Tous ces éléments permettent de cerner les différentes facettes de la notion de jeu qui, ainsi définie, s'applique magnifiquement tant à la corrida qu'au théâtre et devrait donc rapprocher fortement les deux univers. Mais c'est justement dans cette apparente proximité ludique que se fait la séparation radicale des deux activités. En effet, elles n'appartiennent pas du tout à la même catégorie de jeux. La corrida semble clairement appartenir à l'*agôn* (selon la nomenclature de Roger Caillois, dans *Jeux et sports*), c'est-à-dire aux jeux de compétition, aux combats où l'égalité des chances est artificiellement créée pour que les antagonistes s'affrontent dans des conditions idéales, susceptibles de donner une valeur précise et incontestable au triomphe du vainqueur. Le ressort de ce type de jeu est pour chaque concurrent le désir de voir reconnue son excellence dans un domaine donné. Cela suppose entraînement, efforts assidus, volonté, discipline et persévérance. L'agôn se présente comme la forme pure du mérite personnel et sert à le manifester. On retrouve toutes ces données dans le combat entre l'homme et le toro, et ce d'autant plus que ce type de jeu se retrouve également dans le monde animal.

Au contraire, le théâtre et l'interprétation relèvent de la catégorie que Caillois désigne sous le terme anglais de *mimicry* (mimétisme), dans laquelle entre clairement l'art dramatique. Le plaisir est d'être autre ou de se faire passer pour autre. Mais comme il s'agit d'un jeu il n'est pas essentiellement question de tromper le spectateur. L'acteur ne cherche pas à faire croire qu'il est « pour de vrai » Lear ou Hamlet. La règle du jeu est unique : elle consiste pour l'acteur à créer l'illusion chez le spectateur et à celui-ci de se prêter à cette illusion sans récuser l'artifice auquel on l'invite à ajouter foi, comme à un réel plus réel que le réel.

Ces deux formes de jeu, on le voit, sont très opposées. Et même si dans l'art du toreo, le matador peut laisser place parfois au simulacre ou à l'extrême « théâtralisation », même si l'acteur parfois joue ses tripes et sa vie sur scène, il n'en reste pas moins que les natures ludiques de ces deux spectacles sont fondamentalement opposées.

C'est sans doute pour cela que le théâtre n'a jamais pu représenter la corrida, comme il ne peut représenter les autres activités de type agôn, le sport, les courses, les concours, les échecs, le billard... Seul le monde qui entoure la corrida peut devenir sujet théâtral et encore faut-il qu'un élément dramatisant s'y introduise (crime, amour, lutte de pouvoir...).

Il faut donc constater cette incompatibilité de la représentation de la corrida au théâtre et l'aversion du public pour ceux qui « font du théâtre » en lidiant un toro.

Mais c'est sans doute cette contradiction qui a conduit tant d'hommes de théâtre vers l'afición et de nombreux membres du mundillo à devenir des spectateurs assidus de l'art dramatique. Ils sont de part et d'autre les nombreux témoins d'un mariage impossible. D.B.

TIENTA (littéralement, *essai*). Le but recherché par l'éleveur lors des tientas est de sélectionner de futures mères pour voir si elles démontrent certaines qualités pouvant laisser l'espoir de donner naissance plus tard à des toros alliant caste, bravoure et noblesse. À travers la mère, on préfigure en partie des qualités du fils.

La tienta concerne d'abord les jeunes vaches (deux ans). De loin en loin, l'éleveur peut tienter un mâle qu'il envisage de retenir comme étalon parce qu'il a une excellente ascendance, le type morphologique représentatif de la ganaderia et lorsque, par son comportement autoritaire au milieu de ses congénères, l'éleveur croit discerner en lui des qualités qu'il veut maintenir ou augmenter dans son élevage.

La tienta peut s'effectuer de plusieurs façons :

• *Tienta classique* qui a lieu dans la petite arène privée de l'éleveur : en piste, le *tentador* (littéralement, « essayeur »), armé d'une pique au fer très court, est monté sur un cheval caparaçonné. La jeune vache est introduite dans l'arène et l'éleveur lui attribuera une note selon la spontanéité et l'ardeur qu'elle met ou non à affronter le groupe équestre, son style de charge, son comportement face à la douleur légère mais réelle, provoquée par la pique, son esprit combatif en revenant à la charge à maintes reprises. Sur son carnet, outre d'autres annotations selon un code personnel, il portera une lettre qui pourra être : S (superior), MB (muy buena), B (buena), R (regular), M (mala), DB (desecho bueno = plutôt mauvaise), DM (desecho malo = franchement mauvaise). Dans les élevages de grande notoriété, seules les vaches notées S ou MB seront conservées pour la reproduction, les autres envoyées à l'abattoir ou vendues à de petits éleveurs.

Dans certains élevages, l'éleveur impose que, tentador mis à part, il n'y ait personne sur la piste quand il fait entrer la vache. Celle-ci doit charger le groupe équestre spontanément, sans autres sollicitations que celles du tentador, faisant ainsi la preuve ou non de sa bravoure fondamentale. En revanche, d'autres éleveurs font immédiatement sortir un torero qui déploie sa cape et l'appelle pour qu'elle charge, alors qu'en l'absence d'une provocation elle pourrait être réticente et réservée parce que simplement distraite ou non intéressée par un groupe équestre, tel qu'elle a l'habitude de voir au campo.

• *Tienta por acoso y derribo* (par harcèlement et renversement). Ce mode de tienta concerne principalement les *erales* (jeunes mâles) et s'effectue en plein *campo abierto* (champ) : deux cavaliers harcèlent l'animal et, à l'aide de la *garrocha* (perche), le piquent à la croupe et le renversent devant deux autres cavaliers en attente qui sont l'éleveur et le tentador armé de sa pique de tienta. La bravoure de l'animal est constatée par la rapidité qu'il met à se relever, à charger ou à fuir.

Par les risques qu'il engendre (fractures de pattes, de cornes) et plus probablement à cause de la relative pauvreté des renseignements qu'il fournit, ce mode de tienta est pratiquement abandonné. Actuellement, cette formule ne resurgit périodiquement que comme témoin d'une tradition ou d'un jeu folklorique au cours d'une fiesta campera. Ces animaux tientés selon ce mode pouvaient légitimement sortir en corrida puisqu'ils n'avaient vu ni homme à pied ni leurre.

• *Tienta de machos* (des mâles). C'est un événement exceptionnel qui s'effectue dans l'arène de tienta de la ganaderia, quand l'éleveur envisage de changer un étalon vieillissant ou décevant. Le ou les candidats (avant trois ans) sont déjà sélectionnés pour leur type morphologique correspondant aux critères de l'élevage. Là, ni cape ni muleta : l'animal ne doit conserver aucun souvenir d'un leurre puisque, s'il n'est pas retenu comme étalon, il pourra sortir ultérieurement en corrida, ce qui est parfaitement légal : n'ayant jamais vu de leurre, ce toro ne présentera pas le danger d'un animal déjà toréé. Il est alors sollicité à distance par des aides armés de branchages qu'ils agitent ou d'un bâton dont ils frappent le sol pour déclencher sa charge en direction du groupe cheval-picador, les mises en suerte, les quites éventuels étant effectués a *cuerpo limpio* (à corps découvert).

Si l'épreuve de la pique n'est pas concluante, l'animal sortira de piste, ses blessures seront soignées puis il réintégrera le reste du troupeau et sortira ultérieurement en novillada, comme nous l'avons vu, et sera annoncé comme *desecho de tienta* (déchet de tienta). Si le test de bravoure est excellent, un matador invité exécutera une faena de muleta purement technique visant à mettre en relief les autres qualités du jeune toro, la noblesse en particulier. S'il est retenu, il bénéficiera pendant environ un an d'une alimentation particulière puis se verra affecté à sa mission de reproducteur.

Pour en revenir à la tienta classique des femelles, la vache ayant la réputation de transmettre la noblesse, la tienta en arène privée permet de l'observer à la muleta et d'apprécier son potentiel, alors qu'il y a quelques décennies l'éleveur fermait son carnet de notes dès la dernière pique donnée. Les quelques passes de muleta qui suivaient n'étaient destinées qu'à permettre à un torero ami de s'entraîner ou à un amateur, familier de la finca, de se distraire. Certains éleveurs s'opposaient farouchement à ce qu'on « sorte la muleta » devant telle ou telle vache particulièrement brave de peur qu'un incident ne l'estropie (patte, corne). D'autres étaient encore plus catégoriques : on ne toréait à la muleta que les vaches rejetées, on ne touchait pas aux autres.

Depuis, l'objectif de la tienta a complètement changé. La primauté de la noblesse sur la bravoure exige que l'éleveur, s'il veut vendre ses produits, doive fournir des toros aptes au succès des toreros. Le test de la muleta est devenu fondamental, aussi important que celui des piques, car il permet d'évaluer le fonds de l'animal, son aptitude à prendre un grand nombre de passes.

Des impératifs économiques s'imposent. Tienter des vaches à deux ans n'est pas logique, car à cet âge les becerras ne sont pas très fortes ! À deux ans, il est difficile de discerner la part de faiblesse due à leur jeune âge de celle causée par une déficience congénitale ou acquise pouvant par la suite se répercuter sur la descendance. À un âge plus « avancé », le ganadero serait beaucoup mieux renseigné sur le potentiel physique et moral réel de ses vaches et pourrait mieux faire la part des choses. Au début du XXe siècle, beaucoup d'éleveurs tientaient les femelles entre deux et cinq ans (voir aussi RETIENTA). Actuellement, appliquer cette procédure à toute la camada signifierait garder des dizaines de vaches un, deux ou trois ans de plus (alors que la très grande majorité sera éliminée) et cela coûterait beaucoup trop d'argent.

D'autres éléments interfèrent pour compliquer les choses, tels la personnalité des toreros participant aux tientas, par exemple, que les éleveurs s'accordent à diviser globalement en deux groupes :

• Ceux qui font tout pour bien « faire voir » la vache à l'éleveur, pour mettre au maximum en évidence ses qualités, ses défauts, ses hésitations, ses changements d'états. On serait même tenté de dire : « s'effaçant » derrière elle.
• Ceux qui n'ont pas cette faculté et qui, sans aucune intention malveillante de leur part, considèrent la tienta comme un excellent entraînement sans risques. En toute bonne foi ils toréent les vaches de la même manière que leurs toros de corrida, laissant à l'éleveur le soin de tirer les enseignements utiles.

Mais, nécessité économique oblige, le ganadero n'a pas toujours le choix et les toreros que parfois il sollicite plus qu'il ne les invite peuvent être des vedettes, administrés par des apoderados puissants qui sont à la fois imprésarios, directeurs d'arènes, éleveurs et commanditaires influents de la presse et donc acheteurs potentiels des toros de l'élevage où se déroule la tienta.

Quand ils le peuvent, les éleveurs contournent le problème éventuel des toreros présents en piste en faisant deux sortes de tientas :

• *Les tientas serias* (sérieuses), effectuées pratiquement à huis clos, dans un silence religieux avec un torero de la ganaderia mettant bien en valeur les vaches.
• *Les tientas relationnelles*, sortes de mondanités, avec stars du toreo, notables locaux, journalistes, top models et buffet campagnard, au cours desquelles l'éleveur travaille surtout la communication

indispensable à l'entreprise. Trop accaparé par ses devoirs d'hôte l'éleveur ne peut jeter qu'un œil furtif sur ce qui se passe en piste.

On peut même citer une troisième forme de tienta : certains éleveurs pensent, avec quelques bonnes raisons, que le fait de demander le concours d'excellents toreros pour leurs tientas risque de masquer les défauts de la vache : habitués à affronter toutes sortes de toros dont certains très difficiles, les grands toreros sont passés maîtres dans l'art d'améliorer leur adversaire, de réduire progressivement difficultés et défauts, parvenant très souvent à exercer une emprise totale ou importante sur un animal peu enclin à collaborer. Lors d'une corrida, une telle démonstration est un régal pour l'aficionado. On comprendra que confrontés à de jeunes vaches de bien moindre danger, ces toreros ont généralement vite fait de masquer des défauts parfois pressentis avant même d'avoir été révélés, les minorant largement aux yeux de l'éleveur, défauts qui ne manqueront pas de resurgir dans la lignée future. Certains éleveurs en ont tellement conscience qu'ils invitent à leurs tientas dites de travail (ce terme explicite confirme bien que d'autres ne le seraient pas) des novilleros, voire même des *aficiónados prácticos* (bons amateurs) : n'ayant pas la classe ni le savoir des grands maestros mais possédant tout de même un degré de compétence satisfaisant pour que les choses se passent convenablement. Ces toreros modestes commettent des erreurs normales à leur niveau, accusent certaines hésitations, manquent de domination sur l'animal, enchaînent mal, donnent parfois des avantages à la vache, éléments qui renseigneront un éleveur avisé beaucoup mieux que le cours magistral délivré par une vedette.

Cette raison est-elle la cause principale de l'échec, en tant qu'éleveurs, de ces grands toreros qui, une fois retirés, sont devenus ganaderos ? Tientant eux-mêmes leurs vaches, ils ont continué à leur imposer leur domination, occultant ou gommant complètement leurs défauts. Mais surtout, ils demeurent fascinés par ce qui les séduisait au cours de leur carrière de torero, c'est-à-dire la noblesse facile. Inconsciemment, ils écartent tout ce qui leur semble un excès d'âpreté, de nerf, voire même une bravoure prononcée. Trop « conservateurs de noblesse », ils privilégient cette dernière et n'arrivent pas à déterminer les bons dosages. Quand on devient éleveur, avoir été torero constitue paradoxalement une sorte de handicap. P.M.

TIMBALE. Sorte de tambour semi-sphérique sur lequel on accompagne les sonneries des clarines annonçant les changements de tercios de la course. Généralement, on en utilise deux ensemble, dans des tonalités harmoniques.

TIMBALERO. Musicien qui utilise les timbales. Il doit être attentif aux ordres donnés par le président avec les mouchoirs et les transmettre aux clarines pour exécution.

TINÍN.
Voir INCHAUSTI DÍAZ José Manuel.

TÍO (*oncle*). Un tío est un toro de belle prestance, puissant, manifestement déterminé et sûr de lui, entraînant la circonspection de celui chargé de l'affronter.

Par extension, ce terme qualifie dans le langage des professionnels un torero d'un courage et d'un comportement résolu à toutes épreuves. P.M.

TIPO (*type, genre*). Pour la majorité des éleveurs, le respect et le maintien du type est l'exigence fondamentale et le toro doit posséder le type caractéristique de sa lignée. Un toro né dans l'élevage mais de type différent sortira neuf fois sur dix dans une tonalité différente de celle de ses frères, héritage génétique d'un sang différent, obligatoirement vecteur de surprises. Même si apparemment il possède des qualités intéressantes, un toro qui ne serait pas dans le type de la ganaderia sera écarté d'un éventuel rôle de semental. P.M.

TIRANTES. Cordons servant à bien fixer la culotte (taleguilla) du torero sur le mollet.

TIRÓN (*secousse*). Donner des tirones, c'est projeter et enlever la muleta de devant le mufle du toro qui refuse de quitter sa querencia, en reculant pour provoquer des petites charges successives et le changer de terrain.

TOCADO (*touché*). Toro qui a déjà été plus ou moins toréé clandestinement dans l'élevage par des apprentis toreros et qui, de ce fait, est impropre à la corrida. Par extension, tout toro dont les cornes ont été diminuées.

TOIRO. Toro, en portugais.

TOLÈDE (Espagne. Madrid 70 km – Aranjuez 50 km). Le panorama exceptionnel de la ville de Tolède, sur son promontoire rocheux au pied duquel coule le Tage, est une des images fortes de l'Espagne. Ville d'art exceptionnelle, elle possède des monuments d'une somptueuse beauté. Ancien municipe romain, *Toletum* fut ensuite possession des Wisigoths et c'est à la suite de querelles internes que les Maures intervinrent en 711 et installèrent un gouverneur qui géra la ville pour l'émirat de Cordoue, qui en assura la tutelle pendant trois siècles. Or, en 1012, le gouverneur délégué par le calife de Cordoue se déclara indépendant. Profitant de l'aubaine, Alphonse VI de Castille conquiert la ville en 1085. L'Inquisition y dresse ses bûchers en 1485. Les musulmans avaient fui la cité, la riche colonie juive s'en alla et la ville déclina. Elle compte aujourd'hui 63 500 habitants.

On y trouve une magnifique cathédrale commencée en 1227 et achevée en 1493, et, au sommet de la ville, une forteresse, l'Alcazar, fondée par Alphonse VI sur l'emplacement d'un camp romain. Détruit, reconstruit, restauré à diverses reprises, l'Alcazar domine la cité dont il faut découvrir les nombreuses ruelles, les places ombragées, les maisons originales.

La plaza de toros, de style mudejar, compte 8 500 places et la corrida d'inauguration eut lieu le 18 août 1866 avec les matadors Cayetano Sanz et Antonio Sánchez *el Tato*, face à des toros de Vicente Martínez et Felipe Gómez. Le dernier toro de l'après-midi fut lidié par Salvador Sánchez *Frascuelo*, à la demande unanime du public. R.B.

TOMÁS José.

Voir ROMÁN MARTÍN José Tomás.

TOPA CARNERO a. Pose de banderilles de recours quand le torero cite le toro et, au dernier moment, feinte par un pas en arrière et de côté et cloue les bâtonnets. À ne pas confondre avec la pose a quiebro, où la trajectoire du toro est déviée par l'écart du toro alors que dans cette pose, c'est l'homme qui évite la charge. R.B.

TOPE. Nom du butoir placé à la base de la pique.

TORACO. Toro de taille impressionnante et à l'encornure développée.

TORAZO. Toro du même trapio que le toraco mais avec des cornes exceptionnelles.

TOREADO. S'applique au toro dont le comportement en piste laisse supposer qu'il a déjà été toréé. S'il semble que ce soit le cas, après délibération entre les toreros et la présidence, il sera retiré et remplacé par un sobrero. Dès son retour aux corrals, le toro retiré sera obligatoirement abattu en présence du vétérinaire désigné, de l'éleveur (ou son mayoral) et d'un représentant de l'autorité.

Par extension, dans le langage des professionnels désigne le torero qui a une très grande expérience parce qu'il a beaucoup toréé. On dira : « este torero esta muy toreado ». À ne pas confondre avec atorado (littéralement, repu) qui qualifie un torero saturé de corridas et qui ne travaille plus que mécaniquement, sans âme et sans art. P.M.

TOREADOR. Ancienne appellation pour « torero », très peu employée de nos jours. C'est l'opéra de Bizet, *Carmen*, qui popularisa cette dénomination à cause des fameux « Couplets du toréador ».

TOREO. Art de transformer un combat contre un toro dans une arène en un spectacle construit, agréable et émouvant. Les principes de base et les séquences de cet art sont identiques actuellement à ce qu'ils furent, mais ils se sont progressivement affinés, en fonction de la demande du public, de la transformation du bétail, de l'engagement des toreros et des progrès de la chirurgie et de la médecine. Cette dernière raison peut paraître déplacée alors qu'elle est sans aucun doute première dans cette évolution du toreo. En effet, depuis l'apparition des antibiotiques (les toreros ont élevé un monument à Fleming), les médecins peuvent soigner et guérir des blessures qui autrefois s'infectaient et, par septicémie, provoquaient la mort des toreros blessés, souvent dans d'atroces souffrances. Les chirurgiens savent opérer rapidement et avec efficacité, en particulier en cas de blessure graves, les transfusions sanguines sont un facteur de « renaissance » et les analgésiques puissants.

Les matadors, les grandes vedettes en particulier, peuvent toréer dans des situations impensables dans les années 1930, parce qu'ils craignent moins la blessure. À la fin du XIXe siècle et au début du XXe, toréer en écartant au maximum le toro, en étant toujours sur le qui-vive, bien souvent en mouvement, dans des séquences courtes servant uniquement à mettre en place pour l'estocade, était une nécessité vitale. La sélection dans les élevages en était à ses balbutiements, les toros souvent âgés de cinq, six, voire sept ans, brutaux, souvent mansos, peu enclins à donner des séquences suaves. En cas de blessure, on ne pouvait compter que sur la santé exceptionnelle du torero, les moyens thérapeutiques étant minimes et la chirurgie traumatique à ses débuts. Le torero devait donc adapter son toreo aux circonstances.

Après la Grande Guerre, la chirurgie avait fait des progrès importants. En tauromachie, on commençait à rechercher des toros ayant un comportement moins violent, par sélection. La notion de noblesse de l'animal commença à progresser et les matadors de cette époque modifièrent leur comportement en piste en introduisant un toreo plus engagé, la lidia étant toujours dominante mais faisant place à la recherche artistique. L'évolution était engagée et, progressivement, on aboutit à deux catégories de toros : les uns chez qui domine la noblesse et qui permettent aux matadors vedettes de construire des faenas esthétiques ; les autres qui gardent la rugosité et la dangerosité de leurs ancêtres et que les matadors sont contraints de lidier avec soin, parvenant toutefois à des faenas liées et construites qui auraient été qualifiées de miraculeuses jadis et qui sont, désormais, courantes. On peut ainsi dire que le toreo est un « plus » artistique et esthétique apporté à la lidia.

Tous les toros peuvent être lidiés. Seul un nombre plus restreint peut être toréé avec art et élégance, les principes de la lidia restant toutefois constamment sous-jacents. Il est à remarquer que les toreros sont plus souvent blessés par des toros aptes au toreo, alors que les toros qu'ils sont contraints de lidier, même s'ils sont plus dangereux à l'origine, sont beaucoup moins responsables de blessures. R.B.

TOREO COMIQUE. De tout temps et dans tous les lieux où l'on affrontait des toros, il y eut des fantaisistes pour détourner le spectacle et improviser des séquences amusantes en prenant l'animal comme partenaire involontaire. Les premières manifestations de ce genre sont très anciennes. Ce furent sans aucun doute des pitreries exécutées par des hommes ivres qui donnèrent l'idée de les reproduire en augmentant leurs effets comiques. Puis, les amuseurs patentés inventèrent des poses et des séquences humoristiques et les améliorèrent. On introduisit ensuite des accessoires divers tels que déguisements d'hommes en femmes, en personnages de légende, avec des pantins colorés qui étaient projetés par la bête et dont les gesticulations désordonnées amusaient le public.

On utilisait également des mannequins représentant un homme ventripotent que l'on plaçait en piste, bras écartés et sur une base semi-sphérique alourdie par rapport au corps bourré de paille, et vêtu d'un costume bariolé. Bousculé, le bonhomme revient dans la position verticale selon le principe des jouets d'enfants : les « culbutos ». Ainsi, dans l'Espagne du XVIe siècle, voyait-on ces *dominguillos* dispersés sur la piste, où ils étaient attaqués par le jeune toro et servaient aux hommes à se cacher, à éviter l'attaque. Ces attitudes amusantes déchaînaient les rires. De même que les cruches pleines de farine ou de plâtre que l'impact cassait sur la tête de l'animal. On utilisait aussi un tonneau dans lequel les hommes se réfugiaient et que la bête faisait rouler pendant que celui qui était à l'intérieur s'arc-boutait pour ne pas être expulsé de son abri. Ou un abri cubique, avec l'armature en bois et les faces en toile, dans lequel s'abritaient les comiques sans jamais être certains que le toro ne les suivrait pas. Enfin, on creusait aussi un trou étroit en piste dans lequel on se précipitait, s'il n'était pas déjà occupé par un autre, auquel cas la fuite était périlleuse.

Au XVIIIe siècle, on voit apparaître les *mojigangas*, sortes de pantomimes costumées auxquelles on faisait participer un novillo qui parfois était suffisamment aguerri et puissant pour semer une belle panique. Les « tableaux vivants de ces pantomimes » représentaient des « événements historiques » reconstitués avec des décors dont il ne restait pas grand chose après le passage des bestiaux. À la fin du XIXe siècle, les spectacles de comiques taurins se perfectionnèrent et eurent beaucoup de succès auprès du public des pueblos et des villes. Dès 1875, les spectacles comportaient une partie comique avec des troupes spécialisées et une partie « sérieuse », au cours de laquelle on lidiait un ou deux novillos de manière traditionnelle.

Mais le véritable créateur des charlotades fut Eduardo Pagés, un homme d'affaires qui, ayant un jour assisté lors d'une becerrada à Barcelone aux pitreries de l'artiste Max Linder, eut l'idée de les développer et de les structurer. Comme les films comiques de Charlie Chaplin, Charlot, faisaient florès, il pensa à utiliser les pitreries de la vedette de cinéma face à un becerro en engageant un torero de profession qui saurait se sortir des difficultés : le novillero catalan sans avenir Carmello Tusquellas (1893-1967). Le premier spectacle fut donné le 8 mai 1916 à Barcelone et le succès fut immédiat.

La cuadrilla fut améliorée avec l'arrivée de Rafael Dutrus *Llappisera*, qui pratiquait déjà le torero comique à Valence en frac et chapeau haut de forme, et par un troisième en habit de groom orné de galons dorés. Quand la porte des cuadrillas s'ouvrait, on voyait s'avancer un homme vêtu avec un frac de très grande élégance, le deuxième en costume de Charlot avec son petit chapeau melon et le troisième en uniforme : ils formaient la troupe nommée Charlot, Llapisera et su Botonnes. Leurs pitreries et leurs exploits enthousiasmèrent le public. La formule de la charlotade était lancée. Les trois personnages étaient très habiles dans leurs exercices et expérimentèrent des manières nouvelles de toréer, inventèrent des figures et contribuèrent même à enrichir le répertoire des passes : en effet, ce qui n'était que jeu et dérision au départ devint des cites pratiqués dans des terrains impensables, que perpétuèrent tous les toreros. La fameuse passe du pendule, mise en vedette par *Pedrés* et Dámaso González et utilisée depuis par tous les maestros quand ils sont dans les cornes, est une de leurs inventions, au même titre que la manoletina ou la passe en regardant les gradins (*pase mirando los tendidos*) que lança *Manolete*. Sans oublier cette passe déviant au dernier moment la trajectoire, devenue la *pedresina*, ou le saut de la grenouille (*salto de la rana*) popularisé par *el Cordobés*.

C'est dans la partie dite sérieuse du spectacle que beaucoup de novilleros commencèrent leur carrière, en particulier le grand *Manolete*. On pourrait citer aussi la troupe El Empastre ou celle des Bomberos Toreros, créée en 1946 par Pablo Celis. La France ne fut pas en reste, avec la troupe El Gallo, qui présentait des toreros comiques mais aussi un spectacle de musique très raffiné et qui anima pendant plusieurs décennies les férias françaises, en nocturne ; elle connut un franc succès à chaque représentation.

Depuis les années 1990, ces spectacles ont progressivement disparu des affiches, les empresas programmant des corridas portugaises avec forcados en nocturne. R.B.

TOREO DE SALON. Apprentissage des gestes de la tauromachie, exécutés hors de la présence d'un animal. Grâce à de très nombreuses répétitions, le torero maîtrise le déroulement de la passe et son exécution. Il peut ainsi affiner la qualité gestuelle, la lenteur, la profondeur ainsi que son attitude corporelle. Ces répétitions se font soit seul, soit devant des amis qui en critiquent l'exécution, soit devant un miroir. Depuis la vulgarisation des caméscopes, les apprentis toreros peuvent enregistrer les séquences, les observer plusieurs fois et si nécessaire les passer à vitesse lente. C'est une aide très précieuse qui permet de souligner tous les défauts et de mesurer les progrès accomplis. Lorsqu'on torée un animal imaginaire, les gestes sont plus lents, plus suaves, plus enchaînés car il n'est pas nécessaire de s'adapter au rythme du toro qui charge. Les toreros qui s'entraînent, même après des années passées dans les ruedos, continuent à pratiquer le toreo de salon pour affiner leur gestuelle. En revanche, les qualités exprimées en toreo de salon ne préjugent pas de la capacité à affronter un toro en piste. R.B.

TORERAZO. Synonyme de figura.

TORERÍA. Ensemble des toreros, qu'ils soient matadors, banderilleros, picador.

TORERIL. Qualifie l'ensemble des personnes en contact avec la fiesta de toros.

TORERILLO. Désigne plus particulièrement celui qui travaille avec la cape. Mot très souvent employé dans les textes taurins et en poésie.

TORERISTA. Se dit d'un aficionado qui donne la préférence au torero par rapport au toro, qui s'intéresse à la manière de toréer, à la beauté plastique de la gestuelle du matador et souhaite des toros qui se prêtent à cet accord homme-animal grâce à la noblesse de leurs charges. Voir AFICIONADO. R.B.

TORERITO (*petit torero*). Expression utilisée pour qualifier un torero sans qualités réelles, manquant de domination et de technique.

TORERO. Nom générique qui désigne tout homme professionnel qui pratique la tauromachie et quelle que soit la fonction assumée. Ainsi le matador, le banderillero, le picador, le puntillero ou le caballero sont tous des toreros. On peut estimer actuellement à deux cents le nombre des matadors d'alternative, à deux cent cinquante celui des novilleros avec picador ce qui donne un nombre de subalternes supérieur à mille deux cents environ. Quant au nombre des novilleros sans picador et becerristes, il est bien difficile d'en donner une estimation. R.B.

TORERO El
(Toros de El Torero)
Origine : Juan Pedro Domecq y Díez
Devise : bleu et rouge
Ancienneté à Madrid : 27 mai 1970
Propriété : « Jandilla-El Torero », Vejer de la Frontera (Cadix)

L'histoire de cet élevage débute au XVIIIe siècle avec la formation d'un troupeau par Gregorio Vázquez. Celui-ci s'éteint en 1780, laissant les destinées de l'élevage entre les mains de son fils, Vicente José Vázquez. Le nouveau propriétaire élimine les origines antérieures et reforme le troupeau avec du bétail de Marqués de Casa de Ulloa, Bécquer, Cabrera et Vistahermosa. Vicente José Vázquez meurt en 1830 et le troupeau est acquis par le roi Ferdinand VII. À sa mort, en 1835, la reine gouvernante vend l'élevage aux ducs d'Osuna et de Veragua. Quatorze ans plus tard, le duc de Veragua devient l'unique propriétaire du troupeau jusqu'à sa mort en 1866, quand son fils, Cristóbal Colón de la Cerda, prend le relais. L'élevage passe successivement entre les mains de Colón de la Cerda, de son fils Cristóbal y Aguilera (1910) et de Manuel Martín Alonso (1927). Juan Pedro Domecq y Núñez de Villavicencio rachète l'ensemble du troupeau en 1930 et y rajoute deux lots de vaches ainsi que quatre étalons de Conde de la Corte. Domecq s'éteint en 1937 et laisse l'élevage à ses héritiers, les frères Domecq y Díez. Ceux-ci éliminent la quasi-totalité des origines de pure souche Veragua et augmentent le cheptel avec du bétail de Ramón Mora Figueroa. Les frères Domecq y Díez continuent d'insérer des vaches et des étalons de Conde de la Corte. Quelques vaches exceptionnelles gardent toutefois le croisement entre les deux origines : Veragua et Conde de la Corte. L'année 1939 voit à nouveau le renforcement de l'origine choisie avec un autre achat de vaches de Conde de la Corte. Les frères Domecq y Díez se séparent en 1968 et Salvador Domecq prend en charge la troisième part de bétail qui lui revenait en héritage. Il modifie le fer du troupeau en 1970 mais maintient intactes les origines précédentes.

Les toros importants :

- *Jarabito*, n° 11, combattu à Barcelone en 1978 par *Espartaco* (forte pétition de grâce du toro et tour de piste posthume pour la dépouille de l'animal).
- *Torpedero*, n° 48, combattu à Burgos en 1985 par le *Niño de la Capea* (applaudissements de la dépouille du toro).
- *Amonito*, n° 75, combattu au Puerto de Santa María (Cadix) en 1985 par Emilio Oliva (applaudissements de la dépouille du toro).
- *Golfito*, n° 49, combattu à Madrid en 1992 par Mariano Jiménez.
- *Hungarito*, n° 67, combattu à Munera (Albacete) en 1992 et gracié.
- *Borreguito*, n° 61, combattu à Estepona (Málaga) en 1994 par José Carlos Lima (tour de piste posthume pour la dépouille du toro).
- *Espadero*, n° 98, combattu à la Linea de la Concepción (Cadix) en 1995 par *Jesulín de Ubrique* (grâce du toro).
- *Ojeado*, n° 42, et *Miraflores*, n° 90, combattus à Murcie en 1995 par Francisco Rivera Ordóñez (tours de piste posthumes pour les dépouilles des deux toros).

Voilà la coqueluche des toreros et le cauchemar des aficionados les plus intransigeants ! L'élevage d'El Torero présente régulièrement un nombre respectable de toros, avec quelques exemplaires de très grande qualité. Après chaque saison brillante, les directeurs d'arènes et les plus grands managers de toreros se disputent les faveurs de l'éleveur afin de pouvoir utiliser le plus grand nombre de ses toros ! Salvador Domecq fait chaque année de juteuses affaires : apoderados et empresas traquent ses toros, et l'offre est parfois largement inférieure à la demande. Mais, sous l'appât du gain, Salvador oublie souvent l'essentiel dans la vie d'un élevage : privilégier la sélection. Détenteur d'une partie du sang Domecq, Salvador n'a pas réussi à résoudre aujourd'hui certains défauts de faiblesse communs à tous les élevages issus de cet encaste. Cela pose problème dans les grandes arènes où, dans un scénario catastrophe, les six toros s'écroulent, laissant les toreros dans le plus grand désarroi. Prenant souvent à parti le public, ces mêmes toreros oublient que quelques mois plus tôt leurs représentants se sont battus bec et ongle pour qu'ils puissent toréer ce bétail ! L'amélioration de la caste et de la combativité des toros d'El Torero passera donc par une réduction massive du nombre de toros produits, à condition que l'éleveur veuille s'en donner la peine... L'expérience montre que le toro d'El Torero est meilleur avec quelques dizaines de kilos de moins et dans une corrida programmée entre juillet et septembre. C'est dans ce cadre précis que *Joselito* effectua lors de la féria des Vendanges 1993, à Nîmes, l'une de ses faenas les plus suaves sur le sol français. Pour le reste, les toros d'El Torero ont plus souvent déçu l'afición par leur faiblesse désolante, ruinant littéralement les courses de vedettes de Castellón et Arles en 2002. L'honneur de l'élevage fut toutefois sauf avec une grande novillada combattue à Los Barrios (Cadix). Dans cette lignée, il faut se rappeler de quelques grands toros d'El Torero, nobles à souhait et offrant des attaques franches. Le 18 mai 1999, José Tomás réalisa une faena importante face à un de ces toros, devant le « grand jury » de Madrid, quelques minutes avant d'aller couper une oreille à un sobrero impossible d'El Sierro au cours d'une faena-suicide. Le torero de Galapagar remporta d'ailleurs un grand nombre de triomphes face à cet élevage, notamment à Gijón (Asturies). Pepín Jiménez, connu pour sa tauromachie fine et posée, eut même l'extrême honneur de gracier chez lui, à Lorca (Murcie), le toro *Disoluto*, n° 47, negro listón, 497 kg, redorant ainsi le blason de l'élevage. Très apprécié des vedettes, l'élevage fournit toutefois un grand nombre de bonnes novilladas et figure régulièrement dans le cycle d'Algemesí (Valence). Régulier dans les triomphes, le fer d'El Torero présenta deux très bons lots en 2001 à Grenade et Málaga : Enrique Ponce triompha avec maestria lors de ces deux corridas et un exemplaire eut droit à un tour de piste posthume. Autant de bons résultats qui confirment les vérités toreras de cet élevage : El Torero peut continuer de produire des toros nobles pour que les toreros puissent triompher. C.C.

TOREROS ÉLEVEURS. Les toreros sont les professionnels taurins les plus actifs. Ceux qui bougent le plus, ceux qui sont en mouvement perpétuel. En piste, face au toro, ou alors sur les routes, ils vont de ville en ville, fréquentent un nombre impressionnant d'arènes, de patios de caballos et de chambres d'hôtel. Telle est la rançon du succès pour tous ceux qui ont réussi à se faire un nom dans l'univers impitoyable de la tauromachie. Les figuras sont réclamées par le public qui paye parfois très cher le droit d'accès aux arènes. Autrefois les engagements des meilleurs toreros se disputaient à coup de millions de pesetas et si la monnaie européenne a aujourd'hui pris le relais, les questions financières demeurent le nerf de la guerre pour les managers de vedettes. Patiemment, au fil des années, celles-ci ont engrangé des cachets mérités et gagnés à la sueur de leur front, en piste, face au toro. Une fois la fortune faite, certains décident d'investir sur le long terme et de s'offrir un petit coin de paradis. Un endroit où le calme et le repos permettraient de se ressourcer après tous ces milliers de kilomètres et les peurs contractées lors d'une course. Bâtir une propriété en plein campo espagnol, avec un troupeau, est le rêve de tout torero aspirant. Plusieurs matadors ont depuis des années converti leur souhait en réalité. Les plus prestigieux ont racheté des terres, acquis vaches et étalons, repris les droits d'un ancien fer pour vivre aujourd'hui la passion ganadera. En Espagne, les grands toreros aspirent à devenir un jour des éleveurs respectés...

Les plus importantes ganaderias de toreros sont les suivantes, dont on trouvera les notices à l'entrée désignée :

José Miguel ARROYO ; Paco CAMINO (Los Camino) ; Sancho DÁVILA ; Jesús JANEIRO BAZÁN ; Dámaso GONZÁLEZ (Sonia González) ; José María MANZANARES (José María Manzanares SL) ; Víctor MENDES ; Francisco OJEDA GONZÁLEZ ; ORTEGA CANO (voir YERBABUENA) ; PALOMO LINARES ; PEDRÉS (Hermanos Martínez Pedrés) ; Enrique PONCE (Enrique Ponce Martínez) ; José Pedro PRADOS MARTÍN ; César RINCÓN (voir TORREÓN, EL) ; Francisco RIVERA ORDÓÑEZ (Francisco y Cayetano Rivera Ordóñez) ; Julio ROBLES (La Glorieta) ; Juan Antonio RUIZ ROMÁN. C.C.

TOREROS EXOTIQUES. Pour un temps, l'Espagne apporta l'exotisme à la France, quand Théophile Gautier et les romantiques en mal de dépaysement la firent découvrir aux Français quelque peu étonnés que, passé les Pyrénées, des mœurs aussi originales que la corrida puissent avoir cours.

Dans la péninsule Ibérique, les premiers à apporter une note différente dans l'interprétation des règles tauromachiques furent, sans aucun doute, les gitans, qui introduisirent une manière plus vibrante et passionnée de pratiquer l'art de combattre les toros.

Le premier de ces toreros inspirés fut José ULLOA, dit *Tragabuches*, né à Ronda dans la seconde moitié du XIXe siècle, qui fit partie de la fameuse troupe des *Siete Niños de Ecija* et qui reçut l'alternative des mains de Gaspar Romero en 1802. Mais il fut condamné pour l'assassinat de son épouse infidèle et devint bandit de grands chemins.

On désignera plus couramment sous le nom de toreros *exotiques* des toreros que leurs origines ne destinaient pas à embrasser la carrière taurine, en particulier s'ils venaient de pays extrême-orientaux, d'Afrique noire, d'Inde ou des îles lointaines.

Rares furent les Chinois et les Japonais. On se souviendra toutefois de Ricardo HIGA UYEHARA dit *Mitsuya*, né dans l'île d'Okinawa et qui s'installe très jeune au Pérou où il dirige la revue des immigrés japonais. Il se présente dans la capitale péruvienne le 16 avril 1961 en compagnie d'Adolfo Rojas et de José Scotto, face à du bétail de Fernando Graña. En 1962, il se rend en Espagne grâce à la protection de la famille *Bienvenida*. Il se produit à Arles le 13 août 1967 devant des novillos de François André et reçoit l'alternative le 28 août 1970 dans la plaza d'Ondara, province d'Alicante, des mains de *Palomo Linares* en présence de Julián García. Puis il retourne dans son pays.

Le Chinois BONG WAY WONG, né aux États-Unis, fait une courte apparition en 1966 en Espagne mais décède d'un accident d'automobile en 1969. Et le seul torero palestinien est Saïd KAZA LAHMANSOUR, né à Haïfa en 1955, mais ne il fait pas carrière.

Les plus nombreux de ces toreros vinrent des régions tropicales et équatoriales des Amériques, pays de tradition tauromachique car dès le XVIIIe siècle, sous l'impulsion des Espagnols, on y pratiquait la tauromachie en l'agrémentant de quelques fantaisies, heureusement tombées dans l'oubli, telles que les banderilles surprises pourvues d'un système de pétards et libérant, lors de leur placement, des colombes, souris blanches et même, dit-on, des chats affolés par le bruit des explosions. On cite aussi la suerte *del puñal* imaginée par le Péruvien Mario ZAVALLOS, qui affrontait le toro avec pour leurre un chapeau et tuait l'animal avec un poignard de grande dimension.

Le premier de ces toreros qui se rend en Espagne s'appelle Ángel VÁLDEZ, connu sous l'apodo d'*el Maestro*. Péruvien, né le 2 octobre 1838, il commençe en 1857 à Lima et prend l'alternative en 1859. Il se présente le 2 septembre 1883 à Madrid pour y recevoir l'alternative des mains de Villaverde devant un toro de don Bartolomé Muñoz. Il est un exemple de très longue longévité puisqu'il participe à sa dernière corrida le 19 septembre 1909 à Lima, en compagnie de *Bonarillo* et âgé de soixante et onze ans !

Dès l'orée du XXe siècle, le nombre de ces toreros venus d'outre-Atlantique augmenta considérablement et parmi eux, nous ne citerons que les plus remarquables, selon l'ordre chronologique de la prise d'alternative.

Luis SÁNCHEZ OLIVARES *Diamante Negro* est né à Ocumare de Túy, au Venezuela, le 22 février 1927. Il débute le 19 avril 1946 puis se rend en Espagne en 1947, où il se place en tête du classement des novilleros en Europe avec 48 novilladas. L'année suivante, le 29 septembre, il reçoit l'alternative à Grenade des mains de Francisco Muñoz en présence de Manuel González, face au toro *Estornino* de Moreno Ardanuy. Il fait une incursion en France, à Bordeaux, le 16 mai 1949. Le 18 juin 1950, il confirme à Madrid avec un toro de Manuel Arranz, avec comme parrain Antonio *Bienvenida* et comme témoin Pepín Martín Vázquez. Après avoir participé à 22 corridas en Europe, il poursuit sa carrière dans son pays et, lors de sa quinzième année d'alternative, il se coupe la coleta en présence d'Antonio Mejías *Bienvenida* et de Félix Briones.

Autre Vénézuélien, Ali GÓMEZ TOVO, né à Valencia, au Venezuela, le 7 octobre 1924, travaille d'abord comme bourrelier, office qu'il abandonne pour revêtir le costume de lumières en 1945. Il torée d'abord dans son pays ainsi qu'en Colombie et au Panama, puis part en Espagne en 1948 et lidie à Madrid, le 29 juin, des novillos de Sánchez Fabrés en compagnie de *Morenito de Talavera Chico* et de José María Martorell. Il participe à 24 novilladas et retourne dans son pays pour recevoir l'alternative des mains de Lorenzo Garza, en présence d'Antonio Velázquez, face à un toro de Tlaxcala, le 20 février 1949 à Mexico.

Né au Pérou, à Lima, le 3 juillet 1929, Rafael SANTA CRUZ GAMARRA débute le 2 mars 1947 dans la capitale en compagnie d'Isidore Morales et de *Trujillano*. En 1951, il participe à 15 novilladas en Espagne et se présente à Madrid le 20 juillet 1952 avec Joselito Álvarez et Rafael Sánchez Saco, devant des novillos de Garro y Díaz Guerra. Il reçoit l'alternative des mains de Luis Miguel *Dominguín* en présence de Rafael Ortega le 27 juillet 1952. Puis il retourne aux Amériques et abandonne sa carrière après dix ans d'exercice, pour se consacrer au cinéma et au théâtre. Il est décédé en 1991.

Sergio FLORES BRAVO est né à Valencia, au Venezuela, le 28 septembre 1933, et commence ses activités en 1952. L'année suivante, en Espagne, il se produit en novilladas piquées et, le 8 mai 1955, se présente dans les arènes de Vista Alegre (Carabanchel), où il estoque du bétail de Quintana en compagnie de Juan de la Torre et de Harry Whitney. Il torée à Las Ventas le 27 juillet 1958 avec Manuel Blázquez et Juan Coello avec des novillos de Cuadri Vides. Après 32 novilladas, il reçoit l'alternative des mains d'*Antoñete*, le 22 septembre 1958 à Consuegra.

Autre Vénézuélien, Adolfo José ROJAS FLORES est né le 25 décembre 1946 à Maracay. Dès 1964, il participe en Espagne à des novilladas piquées et le 25 juillet 1966, il se présente à Las Ventas en compagnie de Federico Navalón *el Jaro* et d'Enrique Patón face à des novillos d'Infante de Cámara. Le 1er octobre 1967, à Barcelone, il prend l'alternative des mains de Rafael Ortega en présence de Francisco Rivera *Paquirri*, face à un toro d'Antonio Garde à qui il coupe une oreille. Après une saison au Mexique et sa présentation à Mexico en compagnie de *Fernando de los Reyes* et de Mauro Liceaga face à des Reyes Huertas, il confirme à Madrid le 5 mai 1968 avec Joaquín Bernadó et Aurelio García Higares face à des toros de la ganaderia de Churriana. Il fait ensuite carrière outre-Atlantique et meurt le 1er juillet 1983 à Maracay.

Freddy Omar *el Negrito*, né lui aussi au Venezuela, à Porto Cabello le 2 juillet 1949, abandonne ses études de médecine pour se consacrer au toreo et se présente dans les plazas espagnoles en 1971. Après 27 novilladas dont une au Grau-du-Roi le 15 août 1971, il prend l'alternative le 3 septembre 1972 à Benidorm, des mains de Paco Camino en présence de José María *Manzanares* devant du bétail de Ramón Sánchez. Il retourne ensuite dans son pays pour y mener une carrière modeste.

Erick Cortés (voir ce nom), prend l'alternative à Nîmes le 19 septembre 1992 des mains de Paco Ojeda et de César Rincón, et continue son activité dans ses terres natales.

Né au Mozambique, le Portugais Ricardo Paulo Chibanga commençe sous l'apodo d'*el Africano*. Il fait une belle carrière en Europe.

Parmi les toreros venus de l'Amérique centrale figurent de nombreux Indiens descendants d'Incas ou d'Aztèques qui on tenté avec plus ou moins de succès l'aventure.

Rappelons le cursus de *Refulente* Álvarez, né à Pizarrón de Montes le 9 février 1888, élève, comme la plupart des toreros de cette époque, de Saturnino Frutos Ojitos. Il débarque en Espagne comme banderillero dans la cuadrilla des novilleros Lombardini et López qui se présentent dans la plaza de Barcelone le 25 avril 1909. Il porte alors l'apodo de *Refugio Pérez*. Le 19 mars 1925, il subit une violente cornada lors d'une course qui se déroule à Madrid dans la plaza de Vista Alegre avec le rejoneador Alfonso Reyes et Raimundo Tato. Le 1er juillet 1927, il est sacré matador en présence de Bernardo Muñoz *Carnicerito* et Francisco Peralta *Facultades*, devant un toro de López Plata. Il est âgé de trente-neuf ans, et cette cérémonie constitue pour lui la consécration suprême qui lui permet de rentrer honoré dans son pays où il se consacre au journalisme dans les principaux journaux mexicains.

Fils du matador Vicente Mendoza *el Niño*, Julio Mendoza Palma vient au monde le 24 février 1902 à Caracas, au Venezuela, et, très jeune, se lance dans les ruedos. Plus courageux que ne le fut son père, il parvient rapidement à s'imposer et aborde l'Espagne en 1926, se présentant à Madrid le 25 juillet avec *Vaquerito* et *Ginesillo*. Le 11 septembre 1927, il reçoit l'alternative à Salamanque des mains de Martín Agüero et de *Gitanillo de Triana*, face à un toro de Fabián Mangas. Il confirme à Madrid le 18 septembre suivant, avec Fuentes Bejarano et *Armillita*, face à des toros d'Alves do Rio du Portugal. Torero vaillant mais au répertoire limité, il torée quelque 20 corridas en Europe, dont une en France à Bordeaux, et termine sa carrière le 22 décembre 1957 à Caracas, où il décéde le 26 août 1964.

Rappelons les noms de quelques grands toreros :

Rodolfo Gaona (1888-1975) fit la plus grande partie de sa carrière sur le Vieux Continent en participant à 532 corridas. Il maniait la cape avec dextérité et a laissé son nom à une passe brillante : la gaonera.

José Ortiz a créé de nombreuses suertes de cape qui sont encore utilisées par les plus brillants matadors.

Jesús Solórzano Pesado (né en 1942), torero mexicain, fils d'un matador fameux, se fit remarquer par sa personnalité artistique et la suavité de ses gestes.

Eleazar Sananes Echevarría (1900-1971), né à Caracas, commence en Espagne le 6 avril 1922, à Madrid, et y reçoit l'alternative le 17 mai, des mains de *Saleri II*, face à un toro de Gamero

Cívico. Il met un terme à sa carrière en mars 1939.

José González López, *Carnicerito de México* (1905-1947), né à Guadalajara, prend l'alternative à Murcie le 13 septembre 1930 des mains de Domingo Ortega, devant un Miura. Il confirme le 18 septembre avec Manolo *Bienvenida*, face à un toro de Celso Cruz del Castillo. Le 14 septembre 1947 il reçoit une cornada à Villaviciosa au Portugal, blessure mal soignée qui provoque son décès.

Carlos Arruza (1920-1966 ; voir ce nom), est le plus connu de tous et tint tête à *Manolete* au temps de sa splendeur.

César Rincón (né en 1965 ; voir ce nom), une très grande figura, redonna de l'attrait à un toreo classique dans le fond mais très actuel dans la forme et composait des faenas puissantes en mettant en valeur les toros.

Tous ces toreros ont apporté beaucoup d'alegría dans leurs prestations et incité les toreros européens à adopter à leur tour des passes fleuries dont le public se délecte. Ils ont ainsi renouvelé, en particulier à la cape, le registre des passes par l'introduction de figures aériennes et brillantes dont l'exécution requiert beaucoup de dextérité. R.B.

TOREROS FRANÇAIS. Mai 1968 : à Paris les étudiants sont dans la rue, la révolte gronde, les barricades, comme aux plus beaux jours du milieu du XIXe siècle, refont leur apparition. Le Midi n'échappe pas au mouvement qui paralyse la France. Nîmes, dont la passion taurine n'est plus à démontrer, se voit contrainte d'annuler sa féria de Pentecôte et vit une temporada un peu étrange. Avec les mois d'été, le climat social retrouve ses esprits, la vie reprend son cours. Les spectacles taurins sont de nouveau programmés ; l'afición reprend le chemin des arènes et fête les toreros ou les espoirs en voie de reconnaissance.

En ce domaine, la France suit depuis quelques saisons le parcours un peu fou de deux jeunes Nîmois, Alain Montcouquiol *el Nimeño* et Bernard Dombs *Simón Casas* (voir ces noms), qui se sont mis en tête de devenir toreros. Partis tenter l'aventure en Espagne en 1965, ils vivent depuis mille misères pour pouvoir parvenir à leurs fins. Étrangement, c'est en France, là où la tauromachie n'a droit de cité que pour les matadors venus d'Espagne, qu'ils connaissent une première consécration lorsque, le 3 décembre 1968, ils reçoivent à Paris la Bourse de la fondation de la vocation, créée par Marcel Bleustein-Blanchet. Loin de l'Espagne, loin du Midi, les deux jeunes gens sont reconnus par un jury dont les membres sont très éloignés du monde de la tauromachie. C'est une première reconnaissance pour les acteurs français de la corrida.

Depuis bien longtemps, les spectacles taurins se pratiquent dans les régions méridionales françaises et sans aucun doute dès l'Antiquité. Lorsque la corrida espagnole franchit les Pyrénées à la fin du XIXe siècle, tant dans le Sud-Ouest que dans le Sud-Est, des traditions fortes sont implantées. Course landaise dans le Sud-Ouest, course camarguaise – on utilise alors l'expression « course libre » ou « course à la cocarde » – dans les départements bordant le Rhône ont la faveur de la jeunesse locale. Ce qui explique l'implantation et l'acceptation par les Méridionaux de ce nouveau type de spectacle. Pour autant, le pas entre spectateurs et acteurs n'est pas franchi. Plusieurs raisons l'expliquent. D'abord, la spécificité du bétail nécessaire au bon déroulement de la corrida. Les animaux élevés dans les deux régions du sud de la France n'ont aucune similitude de comportement avec le toro de combat. La vache landaise, même si elle trouve souvent ses racines dans les élevages du nord de l'Espagne, n'offre pas d'aptitude au combat. Le taureau de race camargue non plus. Ensuite, affronter un toro de combat exige un métier, une dextérité, une connaissance de l'animal que les Français n'ont pas. Il y a longtemps que l'art tauromachique est enseigné dans des écoles spécifiques en Espagne. Il n'en est pas de même en France. Mais les acteurs des spectacles taurins français, en dépit de leurs méconnaissances artistiques, comprennent très vite le parti qu'ils peuvent tirer de la vogue de la corrida. Ils créent assez rapidement des spectacles mêlant habilement l'art espagnol et leur art respectif d'affronter les toros, que ce soit dans le Sud-Ouest ou en Camargue. En 1865 apparaissent dans les Landes les premières courses mixtes baptisées du nom de « courses hispano-landaises », au cours desquelles des écarteurs landais et des toreros espagnols se partagent l'affiche. En 1864, le 14 juillet précisément, mais à Nîmes, Jean-Pierre Roulle, connu dans l'arène sous le pseudonyme de *le Mato*, s'était hasardé à effectuer une pose de banderilles. Peu après, la Provence, le Languedoc, le Roussillon emboîtent le pas avec les courses « hispano-provençales » : un cap est franchi. Cette course en est à ses balbutiements, elle n'est pas structurée et seules quelques suertes espagnoles viennent se glisser dans le déroulement normal des spectacles. Il faut attendre sept ans pour que le Beaucairois Étienne Boudin, que tout le monde connaît sous le pseudonyme de *Pouly*, crée vraiment, en le structurant, ce type de spectacle qu'il appelle aussi « course de quadrille » et adapte les suertes de la corrida espagnole au tempérament des taureaux de Camargue. La corrida hispano-provençale revendique alors son existence. Elle présente un vaste patchwork des différents actes taurins, exécutés tant par les toreros espagnols que par les écarteurs landais ou les razeteurs du Sud-Est. On y retrouve dans les premiers temps des passes de capes, des poses de banderilles, des sauts, des écarts, des sauts à la perche. Plus tard, la muleta fait son apparition avec l'utilisation de l'épée en simulacre de mise à mort.

La guerre de 1870 freine l'importation en France d'éléments espagnols et a pour conséquence heureuse de favoriser un développement de « quadrilles » totalement françaises, développement qui culmine deux ans avant la fin du siècle grâce à l'action du fils d'Étienne Boudin, Ambroise, naturellement annoncé sur les affiches *Pouly II*. Cet âge d'or dure jusqu'à la Grande Guerre.

Du côté des Landes cependant, un de ces toréadors français, tels qu'on les appelait, avait ressenti fortement l'envie de toréer à la mode espagnole. Pierre Cazenabe *Félix Robert* (voir ce nom) s'était exilé à Séville afin d'y suivre les cours de l'école taurine locale pour faire carrière dans la profession. Le 18 novembre 1894 à Valence, il se voyait conférer l'alternative et devenait ainsi le premier Français pouvant s'honorer du titre de « matador de toros ». Ambroise *Pouly* suivit la même voie quelques années plus tard et alterna en capeas et novilladas avec des compagnons espagnols. D'autres lui emboîtèrent le pas sans parvenir à une gloire autre que très française et locale à la fois. La tauromachie entame alors une ère nouvelle, dont la famille Boudin est l'incontestable figure de proue. Le 7 août 1921, c'est en effet le fils d'Ambroise, Pierre Boudin (voir ce nom) *Pouly III*, qui devient le deuxième matador de toros français et connaît une carrière des plus honnêtes tant en Espagne qu'en France ou en Amérique du Sud. Le processus est enclenché, même si on ne le perçoit pas encore facilement, la pratique de la tauromachie française demeurant discrète. La Seconde Guerre mondiale n'arrange pas les choses ; il faut attendre la fin des années 1950 pour que la corrida prenne toute sa place en France. Dès lors, une frange de la jeunesse découvre son attirance pour cette tauromachie. Les vocations se font jour. Le 12 octobre 1958, à Arles, Pierre Schull devient le troisième matador français de l'Histoire. Pour autant, aucune structure n'existe et la seule façon d'apprendre et de progresser réside dans l'affrontement de bétail sans garantie et dans l'exil en terres espagnoles. Ce que comprendront bien quelques années plus tard *el Nimeño* et *Simón Casas*. L'octroi de la Bourse de la vocation les confortait d'une certaine manière dans leur idée. Ils acquirent ainsi une notoriété nationale en devenant de fait les leaders d'un mouvement naissant. *El Nimeño* fait une carrière de novillero modeste ; *Simón Casas* parvient jusqu'à l'alternative mais réussira beaucoup mieux ensuite dans l'organisation de spectacles et deviendra un professionnel reconnu. L'élan cependant est créé. Bon nombre de jeunes, nîmois surtout, voient qu'ils peuvent désormais tenter leur chance. Fils d'émigrés espagnols installés en France, Robert Pilés (voir ce nom), aidé par Pierre *Pouly* devenu depuis longtemps directeur des arènes d'Arles, part s'installer en 1968 dans la famille *Dominguín* en Espagne. Il devient matador à Barcelone le 12 septembre 1971 et premier matador de la nouvelle génération. La preuve est ainsi faite que l'on peut y arriver. En France, ses camarades ne sont plus jugés comme des illuminés ou des parias, même si leur combat est loin d'être gagné. La profession n'est pas reconnue, la sécurité sociale n'existe pas pour les toreros, quant aux cachets ils ont souvent une valeur toute symbolique. Mais, tant bien que mal, les toreros français parviennent à obtenir de rares engagements en Espagne et à toréer chez eux avec un peu moins de difficultés. *Simón Casas* se met déjà en évidence à cette époque, en se présentant à Las Ventas à Madrid, en nocturne certes, mais en se distinguant dans les quelques sorties avec picadors. Le 17 mai 1975, il crée l'événement en réussissant à recevoir l'alternative dans sa ville, en pleine féria, des mains d'Ángel Teruel et Paco Alcalde, deux des toreros les plus en vue de l'époque. Progressivement, la tauromachie française s'installe dans une reconnaissance irréversible. Après *Casas*, Jacques Brunet *Jaquito* et Frédéric Pascal sont eux aussi parvenus jusqu'à l'alternative. Le même 17 mai 1975, en nocturne, Christian Montcouquiol, le futur *Nimeño II*, signe un important succès lors de la novillada dans un cartel qu'il partage avec les deux meilleurs novilleros du moment, Luis Francisco Esplá et Antonio Rubio *Macandro*. Les succès de *Nimeño II*, tant en France qu'en Espagne, lui ouvrent la voie d'une alternative de luxe, reçue elle aussi à Nîmes deux ans plus tard, le 28 mai 1977. En peu de temps, bénéficiant des luttes conduites par ses prédécesseurs, fort de ses succès de novillero et d'une volonté jamais prise en défaut, *Nimeño II* devenait l'ambassadeur de la tauromachie française en Europe et en Amérique latine. Les portes des arènes espagnoles et même françaises ne s'ouvrent pas pour autant très facilement pour les toreros français, mais plus personne ne peut nier l'existence d'une tauromachie nationale dans laquelle existent des éleveurs (depuis longtemps), et des professionnels toreros : caballeros ou banderilleros.

Alors que l'intervalle entre le premier matador d'alternative français (*Félix Robert*) et le deuxième (Pierre *Pouly*) a été d'un quart de siècle, de trente-sept ans entre ce dernier et le troisième (Pierre Schull) et de vingt-trois ans encore jusqu'à l'alternative de Robert Pilés, depuis *Casas*, le rythme s'accélère. Presque tous les ans ou tous les deux ans, un nouveau torero français devient matador de toros. On en relève deux en 1978 (*Chinito* et Christian Lesur), un en 1979 (Patrick Varin ; voir ce nom), deux en 1981 (Richard Milian – voir ce nom –, qui sera le premier à mettre un terme à sa carrière après vingt ans d'alternative, et Curro Caro), et ainsi de suite jusqu'au 7 juillet 2002, jour où Julien Lescarret devient à Eauze le quarante et unième matador français.

Ce nombre, somme toute conséquent pour un pays dont la tradition taurine n'a rien de comparable avec celle de l'Espagne ou de l'Amérique latine, s'explique par plusieurs raisons. D'abord parce que *Simón Casas*, dont l'ego et la passion sont hors normes, a lutté de toutes ses forces pour que la tauromachie française obtienne une vraie reconnaissance. Dès 1974, il a créé avec Alain Montcouquiol l'Association des toreros français, destinée à faire reconnaître les droits des gens d'arènes français. Au soir de son alternative, conscient que sa voie n'était pas dans le ruedo mais dans le camp de la gestion, il devient organisateur et se retrouve en janvier 1980, en compagnie de Robert Pilés, à la tête des arènes de Nîmes. Sa personnalité fait de lui un homme de média. *Casas* vend la tauromachie hors des frontières habituelles dans lesquelles se déroule ce spectacle. On le voit à la télévision, on l'entend à la radio, on l'interroge dans les magazines. Par médias interposés, il délocalise la corrida, la fait entrer à la télévision, en fait un phénomène de mode qui trouvera son apogée avec l'arrivée à la tête de la municipalité nîmoise de Jean Bousquet, l'emblématique patron de la marque Cacharel.

L'autre raison est dans la structuration de l'apprentissage de la tauromachie. De tous ceux qui ont tenté l'aventure et sont parvenus jusqu'à l'alternative, rares sont ceux qui font carrière. *Nimeño II* et Richard Milian, purs autodidactes, sont quasiment les seuls. Les autres se reconvertissent rapidement car les contrats sont rares. Mais alors qu'ils avaient eu à leur époque pour seuls professeurs des banderilleros espagnols immigrés en France du fait de la Guerre civile et qu'ils avaient appris tant bien que mal leur art, ils deviennent des exemples pour les jeunes générations. La création à Nîmes en 1984 d'un Centre français de la tauromachie, dont la direction est confiée à Christian Lesur, est déterminante. Une structure voit enfin le jour et permet aux jeunes gens d'évoluer dans un cadre beaucoup plus rassurant. Denis Loré (voir ce nom) est le premier de cette nouvelle génération ayant bénéficié d'un enseignement cohérent et progressif à recevoir l'alternative.

Désormais, la tauromachie française est une réalité. En quelque trente ans, outre ceux qui sont devenus matadors de toros, d'autres se sont imposés comme des professionnels reconnus. *Simón Casas* dirige les arènes de Nîmes et de Castellón. Robert Margé celles de Béziers, Luc Jalabert celles d'Arles et Olivier Baratchart celles de Bayonne. Certains sont devenus picadors alors que Michel Bouix a terminé quant à lui une carrière de trente ans. Nombreux aussi sont ceux qui occupent dans les rangs des banderilleros une place enviable, à l'instar de Jean-Marie Bourret, titulaire depuis plusieurs années dans la cuadrilla du grand maestro Enrique Ponce. La tauromachie française a donc beaucoup plus évolué en trente ans qu'elle ne l'avait fait en quatre-vingts. Une Histoire fonde aujourd'hui son existence. R.A.

TORETE. Toro insignifiant.

TORIL. L'espace qui regroupe l'ensemble des chiqueros (loges individuelles) où sont enfermés les toros quelques heures avant leur sortie en piste.

TORIL El

Origine : Carlos Núñez
Devise : vert et rouge
Ancienneté à Madrid : 20 octobre 1991
Propriété : « El Paraíso », Ventas de San Julián (Tolède)

Cet élevage a été formé en 1940 par Alicio Cobaleda avec des têtes de bétail d'origine Coquilla. Le troupeau est divisé en 1949 et l'une des parts revient à la fille de l'éleveur, Catalina. Le cheptel passe successivement entre les mains du Conde de las Navas puis de Fermín Díaz Tresgallo. Ce dernier rajoute au troupeau un lot de vaches d'origine Villamarta et marquées du fer de Salvador Guardiola Fantoni. Antonio de la Cova Benjumea rachète l'élevage en 1968 et le baptise « El Encinar ». Deux ans plus tard, Antonio de la Cova vend le troupau à José Luis Martín Berrocal qui le met sous son appellation actuelle, « El Toril ».

Fer de seconde zone, l'élevage d'El Toril a un nombre de ventes assez irrégulier, faisant principalement combattre ses produits dans des arènes espagnoles de troisième catégorie. Lors de la saison

1999, El Toril fit tout de même combattre un nombre respectable de toros, obtenant la coupe de trente-six oreilles et trois queues par des toreros très souvent modestes. Le 12 octobre 1999, le Colombien Paquito Perlaza vint prendre l'alternative en Espagne, à Calanda (Teruel), recevant son doctorat des mains de *Pedrito de Portugal* et en présence de Miguel Abellán. Parrain, témoin et récipiendaire de la cérémonie d'alternative sortirent en triomphe à l'issue de la corrida après avoir pleinement profité de la mobilité des toros d'El Toril. Au fil des saisons, l'élevage garde son « capital » de courses vendues dans des arènes de troisième catégorie, à l'exception de l'année 2001 où une seule corrida fut combattue à Coslada (Madrid). Programmés au cartel, Mariano Jiménez, Óscar Higares et *el Fandi* coupèrent un total de neuf oreilles. Quelques toros furent combattus de manière dispersée dans certaines arènes espagnoles de première et deuxième catégorie lors de la saison 2000. C.C.

TORISTA. Se dit d'un aficionado qui donne la préférence au toro, recherche l'animal puissant et souvent dangereux, préfère la lidia âpre au travail artistique. Voir AFICIONADO.

TORITO. Petit toro.

TORO VIVO a (*à toro vif*). Expression employée quand le matador utilise le descabello afin d'éviter d'entrer de nouveau avec l'épée, soit parce qu'il manque de recours, soit parce que le toro est dangereux.

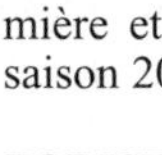

TORREALTA
Origine : Domecq (par Marqués de Domecq, Jandilla et Torrestrella)
Devise : rouge, noir et jaune
Ancienneté à Madrid : 10 mai 1986
Propriétés : « El Toñanejo », « Las Cabezas », « La Alquería », « La Escorbaina », « El Bercial » et « Las Pilas », Medina Sidonia (Cadix)

Amalia et Alberto Márquez Martín sont à l'origine de la formation de cet élevage, en 1943, avec des vaches d'origine Villamarta, acquises au marquis de Villabrágima, et d'autres femelles d'origine Saltillo, porteuses du fer de Félix Moreno. En 1965, l'élevage est vendu aux frères Lacave qui l'annoncent par la suite au nom de « Torrealta ». Quatorze ans plus tard, Paloma Eulate y Aznar rachète le troupeau et élimine les origines de Lacave. Elle insère dans le cheptel des têtes de bétail de María Isabel Ibarra, Álvaro Domecq et Marqués de Domecq. Elle acquiert en 1981 un lot de vaches et d'étalons d'Ernesto Louro Fernández de Castro. Au début de l'année 1985, elle élimine progressivement cette lignée au profit d'un lot de vaches et d'étalons de Torrestrella, ainsi que des étalons de Jandilla achetés un an auparavant.

Les toros importants :

- *Buscador*, combattu au Puerto de Santa María (Cadix) en 1980 par le *Niño de la Capea* ; vainqueur de la corrida-concours célébrée à l'occasion du centenaire de ces arènes.
- *Ropavieja*, n° 16, combattu par Pepe Luis Vázquez à Madrid en 1985 (prix du toro le plus brave de la féria de San Isidro).
- Prix du Corte inglés pour le meilleur élevage de la féria de Málaga en 1992.
- Prix du meilleur élevage des Sanfermines de Pampelune en 1993.
- *Chaparro*, prix du meilleur toro de la féria de San Miguel, à Zafra en 1995.
- Prix de la meilleure corrida et du meilleur toro des saisons 1996 et 1997 à Santa Fe de Bogotá.
- *Rompecapa*, n° 77, combattu le 13 septembre 2000 à Valladolid par *el Juli*, prix Campo Grande du Corte inglés du meilleur toro de la féria.
- *Inglesito*, n° 40, burraco, combattu le 18 mai 2001 à Jerez de la Frontera (Cadix) par Juan José Padilla, gracié, prix Los toros du meilleur toro de la féria du cheval.
- *Majestuoso*, colorado, 532 kg, combattu le 13 septembre 2001 à Valladolid par José Tomás, prix de la Mairie du meilleur toro.

• Trophée de la Fédération taurine espagnole pour le meilleur élevage de la saison 2001.

Particulièrement prisés des toreros, les toros de Torrealta sont actuellement dans une phase ascendante par la régularité des résultats acquis au cours des dernières années. Cet élevage a gagné la confiance de l'afición pour avoir fait combattre avec succès des lots de toros très sérieux dans des arènes de première catégorie comme Séville, Bilbao et Pampelune. Victimes d'une certaine faiblesse en règle générale, les professionnels de la tauromachie faisaient souvent appel à cet élevage pour les novilladas. Les produits combattus s'avéraient forts, encastés et particulièrement mobiles. Depuis une bonne dizaine d'années, le nom de Torrealta sur l'affiche d'une novillada assurait une course triomphale. Avec une année supplémentaire, les toros de Torrealta n'avaient pas le même allant qu'en novillada. La ganadera Paloma Eulate y Aznar a donc amélioré ses produits et figure aujourd'hui parmi les éleveurs les plus prestigieux de l'Espagne ganadera. Celle-ci conserve un grand souvenir de la présentation de son élevage en terres colombiennes au début de la saison 1996. César Rincón, Enrique Ponce et Vicente Barrera coupèrent un total de sept oreilles alors que deux toros, *Ilustrado* et *Raposo*, furent graciés. L'année suivante, ce fut au tour de *Jesulín de Ubrique* de gracier le toro *Lanzallamas*, à Bogotá. La Colombie réussit également à l'élevage au cours de la saison 1998 puisque un total de dix oreilles fut coupé entre les deux corridas combattues à Bogotá et Medellín. L'été de la saison 2000 fut enfin marqué par la grâce du toro *Zafiro*, magnifiquement toréé par *Finito de Córdoba* à la Monumental de Barcelone. Conjugué avec l'impact de José Tomás sur Barcelone, cet événement permit à l'afición catalane de renaître de ses cendres et de recommencer à remplir les gradins des arènes. Quelques semaines plus tard, un autre toro fut gracié par *el Juli* dans les arènes de Marbella (Málaga). Un autre exemplaire obtint un tour de piste posthume lors de la féria de Valladolid après une faena majeure d'*el Juli*, récompensée de deux oreilles. En 2001, c'est face à cet élevage que José Tomás coupa trois oreilles lors de la traditionnelle corrida du dimanche de la Résurrection et sortit ainsi pour la première fois de sa carrière par la mythique Porte du Prince de la Real Maestranza de Séville. *Jesulín de Ubrique* et *el Juli* triomphèrent également avec panache d'une corrida particulièrement noble et encastée dans le cadre d'un mano a mano pour l'Ascension, à Nîmes. Tous deux sortirent sur les épaules de leurs admirateurs, accompagnés par le mayoral de l'élevage, par la Porte des Consuls. La corrida avait été perturbée par un terrible orage à partir du quatrième toro. Les deux maestros surent se transcender malgré les conditions climatiques et c'est sous un rideau aquatique que *Jesulín de Ubrique* et *el Juli* coupèrent respectivement deux et quatre oreilles plus une queue. D'un point de vue historique enfin, l'élevage de Torrealta présente aussi une particularité dans la lignée généalogique de ses propriétaires : Paloma Eulate y Aznar, marquise de Zuya et propriétaire de l'élevage, est mariée avec Manuel Prado y Colón de Carvajal, haut personnage de l'État espagnol et ami d'enfance du roi Juan Carlos de Bourbon. La mère de Prado, doña Pilar Colón de Carvajal, était une nièce du dernier duc de Veragua, lui-même descendant direct d'un certain... Christophe Colomb. C.C.

TORREÓN El

Origine : Juan Pedro Domecq y Díez
Devise : jaune et rouge
Ancienneté à Madrid : 14 août 1966
Propriété : « El Torreón », Santa Cruz de la Sierra (Caceres), Espagne

Cette ganaderia, propriété depuis 1999 de César Rincón, située dans la région de Caceres entre Trujillo et Mérida près du village de Santa Cruz de la Sierra, occupe 570 hectares pour

250 vaches et 17 étalons. Pour l'instant, les femelles et les étalons sont dans une autre propriété, « Las Galochas », achetée deux ans auparavant à Navalmoral de la Mata. À l'origine, la ganaderia est fondée par Antonio Jiménez avec du bétail provenant de Veragua et de l'éleveur d'Albacete Samuel Flores. Ensuite, le neveu Francisco Jiménez ajoute des animaux de Santa Coloma acquis chez Argimiro Pérez-Tabernero. En 1930, il vend l'élevage aux Pérez Bernal. Puis, la ganaderia passe dans les mains de différents propriétaires jusqu'au jour où, en 1957, Vicenta Pérez Lozano, nouvelle propriétaire, baptisera l'élevage « Los Campillones » avant de le revendre en 1962 aux Pérez Herrero qui modifient le fer. En 1975, changement d'encaste, la ganaderia est achetée par l'architecte madrilène Felipe Lafita Pardo qui deviendra président de l'Unión de Criadores de Toros de Lidia de 1991 à 1997, succédant à Juan Pedro Domecq Solís. Il remplacera les produits de « Los Campillones » par du bétail choisi dans différentes branches Domecq.

C'est pourquoi de nos jours, on y trouve du Torrestrella, du Luis Algara, du Jandilla et du Juan Pedro Domecq. Il ajoute aussi des étalons d'origine Conde de la Corte. Felipe Lafita Pardo atteint rapidement un grand prestige commercial avec des toros qui donnent beaucoup de jeu lors des faenas de muleta. Nombreux ont été ceux qui ont effectué des vuelta al ruedo posthumes. Citons *Vendigativo*, estoqué par José María *Manzanares* en 1980 dans les arènes de Ségovie, et *Tormento*, lidié par Paco Alcalde. Le regretté Francisco Rivera *Paquirri* a connu deux grands succès avec cet élevage : le premier en 1977 à Tarragone en coupant deux oreilles à *Bandido* et il récidivera à Requena en 1981, face à *Machaquito*. Ch.C.

TORRES REINA Emilio, *Bombita*. Fondateur de la dynastie des *Bombita*, né à Tomares (Séville) le 28 novembre 1874, Emilio Torres débute à Madrid le 8 décembre 1892 avec Antonio Fuentes en affrontant une novillada de Vicente Martínez. En 1893, il est le novillero le plus sollicité, ce qui lui permet de recevoir l'alternative à Séville le 29 septembre des mains d'*el Espartero* avec pour témoin *Guerrita*, devant des toros de la ganaderia d'Anastasio Martín. Il confirme à Madrid le 27 juin 1894 avec *Guerrita* pour parrain et Antonio Fuentes comme témoin, en estoquant un toro de José Antonio Adalid. Pendant une décennie, il partage l'affiche avec les plus grands toreros de son époque, puis il se retire de l'arène à la fin de la saison 1903 après un corrida à Séville à la fin de laquelle il s'était coupé la coleta. R.A.

TORRES REINA Manuel, *Bombita III*. Né à Tomares (Séville) le 13 mars 1884, Manuel Torres Reina, troisième et dernier *Bombita* de l'Histoire, débute en public dès l'âge de quatorze ans, le 9 octobre 1898 à Sanlúcar de Barrameda avec *Mojino Chico*. Le 15 septembre 1907, son père Ricardo *Bombita II* lui donne l'alternative à Saint-Sébastien. Une semaine plus tard, il confirme à Madrid face à des toros de Benjumea. Ricardo Torres est à nouveau le parrain, tandis que *Regaterín* est le témoin. Sa carrière est brève, à peine dix ans, et il se retire en 1917, conscient que poursuivre ne lui apporterait que déboires. Il meurt à Valence le 10 octobre 1936. R.A.

TORRES REINA Ricardo, *Bombita II*. Ricardo Torres, deuxième de la dynastie des *Bombita* mais également le plus célèbre, est né le 20 février 1879 à Tomares (Séville). Ayant un frère aîné torero et un père travaillant aux arènes de Séville, il s'intéresse très jeune au milieu taurin. Son frère Emilio, conscient de ses qualités, l'aide et Ricardo revêt ainsi son premier costume de lumières le 10 août 1895 à Jerez de los Caballeros en intégrant la cuadrilla de Juan Domínguez *Pulguita Chico* en qualité de banderillero. Il devient très rapidement chef de cuadrilla et en tant que tel se présente à Campo Pequeno (Portugal).

Le 3 mars 1897, il fait sa présentation à Madrid face à des novillos de Tiburcio Arroyo et se fait remarquer, ce qui lui permet ainsi de toréer seul le reste de la saison en qualité de novillero. Durant les temporadas 1897 et 1898, il prend part à toutes les novilladas de Madrid et alterne avec les meilleurs novilleros du moment. Garçon très courageux, comme son frère, il ne reçoit pas moins de 18 coups de corne durant son étape de novillero.

Le 24 septembre 1899, il reçoit, à Madrid, l'alternative des mains de José García *Algabeño* qui lui cède un toro de Veragua, et il confirme à Séville – ce qui ne se fait plus aujourd'hui – cinq jours plus tard des mains de *Guerrita* qui lui cède un toro d'Adalid. Sans grand succès à Madrid pour sa première saison en qualité de matador, *Bombita II* connaît cependant des réussites importantes à Valence et Barcelone.

C'est en 1901, le 15 mai, jour de la San Isidro, qu'il entre définitivement à Madrid en parvenant à maîtriser un toro de Vicente Martínez qui l'avait durement secoué et... déculotté. Vêtu du pantalon d'un arenero, *Bombita* avait réalisé une estocade stupéfiante. L'année 1902 ne sera pas très heureuse et l'Andalou ne conserve, ce qui n'est déjà pas si mal, que son image de vaillant. Fin 1905, il part pour le Mexique et le 14 janvier suivant se fait grièvement blesser par un toro de Piedras Negras. Tout au long de sa carrière, Ricardo Torres entre souvent à l'infirmerie car il ne refuse aucun élevage et affronte les plus difficiles. C'est pour cela qu'il conduira, soutenu par d'autres toreros, une action contre les directeurs d'arènes et les éleveurs afin que les cachets versés pour tuer les corridas de Miura soient revus à la hausse dans la mesure où ces toros se vendaient plus chers que les autres compte tenu du grand danger qu'ils présentaient. Cette action, ainsi que celle conduite au sujet des substitutions de torero, eut pour conséquence de le faire exclure des cartels de Madrid durant deux saisons.

Mais sa plus belle contribution demeurera incontestablement la création en 1909 du *Montepío de Toreros* (Asociación Benéfica de Auxilios Mutuos de Toreros), organisme destiné à aider les toreros blessés et leur famille.

Le 19 octobre 1913, Ricardo Torres *Bombita II* met un terme à sa carrière et fait son dernier paséo à Madrid avec *Joselito*, Rafael *el Gallo* et *Regaterín*, où il combat *Cigarrón*, de la ganaderia de Salvador García de la Lama.

Au cours de sa carrière, *Bombita II* a pris part à 91 novilladas et 692 corridas. Il meurt à Séville le 29 novembre 1936. R.A.

TOSTADO. Toro à la robe de couleur pain grillé, rôti.

TOURADA. Spectacle tauromachique à la manière portugaise : toros combattus à cheval par des cavaliers vêtus de l'habit de marquis du XVIIe siècle, avec rejones et banderilles, mais sans mise à mort en piste, le toro étant arrêté par une *pega de forcados* selon une technique spéciale, et entrant ensuite au toril où il sera puntillé. R.B.

TRAGABUCHES.
Voir ULLOA José.

TRAJE CAMPERO.
Voir COSTUME DE LUMIÈRES.

TRAJE CORTO.
Voir COSTUME DE LUMIÈRES.

TRAJE DE LUCES.
Voir COSTUME DE LUMIÈRES.

TRAPAZO. Synonyme assez rarement utilisé de muletazo, passe de muleta.

TRAPÍO (*allure*). Aspect physique du toro doublé de l'impression qu'il dégage. Par extension, un toro de trapío est un beau toro, sérieux, au poil épais et lustré, aux pattes nerveuses et aux articulations bien détachées donnant une impression de force, de vigueur mais également de mobilité. Le qualificatif le plus flatteur sera de dire que tel toro est *fino de tipo* parce qu'il présente toutes les caractéristiques propres à la race, le poids ne faisant rien à l'affaire. « Le trapío pour le toro, le poids pour les cochons », disait fort justement Luis Salcedo. P.M.

TRASERA. Coup d'épée donné très en arrière.

TRASTEO. Synonyme de faena. Ensemble du travail exécuté avec la muleta.

TRASTOS (*outils*). Ceux du matador sont d'abord la cape, puis la muleta, l'épée et le descabello. Les autres outils des toreros sont donc : la cape, les banderilles, la puntilla, la pique. R.B.

TRAUMATOLOGIE. La chirurgie taurine est une spécialité reconnue par les professionnels et par l'ensemble des organisateurs et du public.

L'apprentissage de cette spécialité ne peut se faire que sur le terrain, au contact de l'événement, lors de l'accident et dans le contexte difficile de la corrida. Effectuer le geste chirurgical précis qui s'impose dans ces conditions stressantes n'est pas évident et il faut au praticien une certaine habitude, de la maîtrise et surtout une absence totale de nervosité pour éviter la panique. La technique se transmet entre praticiens qui connaissent la spécificité des différentes blessures par corne et leur traitement.

Le chirurgien doit connaître les techniques des diverses spécialités chirurgicales car le toro n'atteint pas un organe spécifique : même si c'est la cuisse qui est touchée le plus souvent, les autres organes peuvent être atteints soit lors du contact, soit lorsque le toro reprend le matador au sol ou contre les barrières.

La chirurgie taurine se différencie de la chirurgie sportive car c'est un agent agresseur spécifique, le toro, qui utilise sa puissance et sa corne, avec une intelligence, une mémoire et une précision qui augmentent au fur et à mesure que le combat se déroule.

Comment le toro blesse-t-il le matador ?

Le toro de combat a une morphologie particulière : puissance exceptionnelle du cou très musclé et mobile, force dans le poitrail et dans les pattes arrière, cornes très offensives qui provoquent différents types de blessures selon leur structure : fermées, ouvertes, vers l'avant, vers le haut...

Si le toro est astifino, la plaie sera « propre ».

Si le toro est escobillado, avec des cornes éclatées, la plaie sera souillée et très complexe avec des résidus de sable, de corne et de saletés, qui provoquent un risque supplémentaire d'infection.

Lorsque l'animal est encore jeune, novillo, s'il touche le matador, il est étonné et parfois le délaisse même s'il est au sol. Avec le toro de quatre ans, les conditions changent car il sait très bien se servir (et il en a fait l'apprentissage) de ses armes contre ses adversaires et les toros deviennent de plus en plus dangereux avec l'âge et les blessures sont plus graves. La puissance est à son maximum lorsque après avoir baissé la tête pour donner le coup de corne, il la soulève violemment et que l'impact se fait à mi-trajectoire.

Le torero est par ailleurs un patient très particulier qui ne ressemble à aucun autre car, pour lui, tout est pensé, analysé selon des critères se rapportant au toro, au prochain combat, à la prochaine corrida et aux divers contrats qu'il a signés pour la saison. Bien que la plupart des toreros soient actuellement beaucoup plus entraînés physiquement qu'avant, il n'est pas nécessaire d'être un athlète pour toréer. Ainsi, Belmonte était tuberculeux, *Manolete* fragile et souffreteux, Curro Romero et *Rafael de Paula* sans grandes capacités sportives... Certains toros actuels sont plus rapides et dangereux et les toreros doivent avoir des réflexes sans faille. La nouvelle génération est aussi plus athlétique car le public demande de plus en plus de résultats. Ils mènent une vie régulière et sans excès, sont attentifs à leur régime alimentaire, pratiquent régulièrement le footing, la musculation, le vélo ou le tennis. Leur psychologie est très différente de celle de la plupart des autres sportifs. Très jeunes confrontés à un danger constamment présent, ils se sont forgé un caractère particulièrement apte à l'affronter : ils n'ont pas peur de la blessure et de la mort et n'aspirent qu'au succès. Aucun torero blessé ne demande s'il va mourir. Il supporte la douleur avec un dédain admirable qui est rare. Un torero ne dit jamais avoir mal après le coup de corne alors que ce type de blessure est particulièrement douloureux. Il a ressenti la trajectoire et peut même l'indiquer avec précision. Il est capable, après les premiers soins d'urgence et souvent même après une fermeture provisoire de la plaie par des points de suture, de repartir au combat pour revenir ensuite se faire soigner normalement.

Lorsqu'un torero est blessé, souvent le temps est compté, surtout dans le cas de certaines blessures gravissimes. Or, il faut savoir que le costume de lumières ne peut s'enlever facilement. Il faut par exemple être debout ou assis pour retirer la chaquetilla. Le déshabillage du torero dans l'infirmerie, long et difficile, nécessite la participation de son valet d'épée ou d'un professionnel (bandillero, etc.).

Quels sont les types de blessures ?

Le *varetazo*, ou coup de plat de corne, généralement sans conséquence, provoque uniquement une douleur sur le point d'impact et sa périphérie. Mais, à partir d'un varetazo, tout est possible, depuis le banal hématome sous-cutané jusqu'à la rupture d'un organe intra-abdominal. Le varetazo étant dénué de tout saignement externe, les lésions, quand elles existent, sont strictement internes et en présence de signes cliniques alarmants comme la chute de la tension artérielle, elles réclament un diagnostic avisé entraînant une laparotomie exploratrice rapide (ouverture systématique de l'abdomen) suivie de réparation en cas d'impact abdominal.

Les hématomes divers qui sont généralement superficiels.

Les hématomes collectés à drainer ou les épanchements de type Morel Lavallée.

Les *puntazos*, coups de corne donnés avec la pointe et généralement de pénétration peu importante.

Les *cornadas*, coups donnés avec la corne qui pénètre profondément dans le corps du torero, soit dans les membres, soit l'abdomen ou la poitrine, et peuvent être particulièrement graves. Ce fut le cas avec *Yiyo*, dont une cornada profonde atteignit le cœur et provoqua une mort instantanée. Le même type de cornada tua le banderillero *Montoliú*. L'arrachement de la fémorale fut fatal à *Falcon*, pourtant traité immédiatement à Barcelone, sans oublier la plaie vasculaire gravissime de *Paquirri* à Pozoblanco.

Enfin il existe les cas rarissimes : blessure par chute et rupture des cervicales pour *Nimeño II* et Julio Robles, énucléation de Lucio Sandín, coup de corne dans l'orbite de Granero.

Il faut savoir que très souvent le toro blesse à nouveau lorsqu'il reprend l'homme en l'air ou au sol. Le premier choc bascule le torero, le déséquilibre et le toro frappe à nouveau. La rapidité du coup de corne est stupéfiante et se fait fréquemment selon plusieurs trajectoires. De plus, la corne ayant pénétré, le toro soulève l'homme ce qui crée une blessure qui a la forme d'une poire : petite ouverture mais ravages importants dans les chairs par la pointe qui vrille et le poids du corps qui est entièrement supporté au point d'impact.

Les plaies vasculaires sont assez rares, ainsi que les plaies nerveuses, car les tissus sont élastiques et résistants. Les blessures vasculaires se font souvent par arrachement tissulaire et les plus graves sont généralement le fait d'une corne épointée, éclatée donc plus dangereuse (cas de *Paquirri*).

La *cornada cerada* est une blessure spécifique provoquant des dégâts profonds sans que la peau soit ouverte, mais la lésion est le résultat d'une invagination tissulaire sans même parfois que le costume du torero soit perforé...

Certaines plaies sont causées par les instruments dont se sert le torero : épée, pique, banderille, puntilla, descabello.

Enfin, les plaies ostéo-articulaires sont nombreuses et représentent presque 50 % des traumatismes dans les arènes.

La gravité des blessures est en liaison étroite avec le style du torero et l'on remarquera que les toreros artistes, qui travaillent le corps relâché, statiques, de trois quarts face pour mieux allonger la charge, sont plus exposés car la corne entre alors très facilement dans leur corps et très profondément. À l'inverse, un torero tremendiste est toujours en hypertonicité musculaire, jouant de ses réflexes, toujours en mouvement et la corne pénètre alors moins facilement.

L'intervention médicale

Dès qu'un torero est blessé, il faut appliquer le plus rapidement possible un traitement spécifique. Sur le plan technique, instaurer un traitement antibiotique à large spectre (anaérobies, streptocoques, entérocoques), rechercher les divers trajets possibles car rares sont les plaies propres avec un seul trajet, mais fréquemment elles comportent deux sinon trois trajectoires plus ou moins profondes à partir de la plaie d'origine. S'il y a hémorragie, il faut l'arrêter au plus vite et c'est l'accident le plus grave, en particulier lorsqu'il s'agit de la fémorale.

Ces plaies doivent être lavées abondamment et drainées le plus habituellement avec des lames de Delbet. Avec les toreros, il convient que les interventions pratiquées soient efficaces et « solides » car ils vont retourner devant les toros dès qu'ils se sentiront mieux physiquement, parfois même avant la guérison de la blessure précédente car ils tiennent à honorer les contrats qu'ils ont signés.

On peut être étonné de la rapidité avec laquelle les toreros récupèrent après leur blessure, ce qui fait parfois douter de la gravité annoncée. Si parfois il y a des exagérations dans les effets d'annonce, il faut prendre en compte la jeunesse de ces garçons, leur hygiène de vie et surtout leur intense motivation professionnelle. Par ailleurs, il y a un côté psychologique important : plus longtemps on reste hors des ruedos après une blessure, plus le retour sera difficile.

Cette chirurgie de l'urgence s'exerce dans des conditions très particulières. Les décisions de l'équipe chirurgicale doivent être rapides et efficaces : elle doit savoir ce qu'elle est apte à réaliser et quels secours supplémentaires demander. Rares sont les arènes qui possèdent un bloc chirurgical fonctionnel en France. L'investissement serait disproportionné par rapport aux risques encourus. Généralement, l'équipe chirurgicale dispose d'une infirmerie améliorée pour les premiers soins. Certaines arènes de petites villes où ne se déroulent qu'un ou deux spectacles taurins par an n'ont en fait qu'une ambulance à disposition et pas de réel spécialiste en cas de nécessité. En Espagne, seules les très grandes plazas possèdent de véritables blocs aménagés, la plupart des infirmeries d'arènes ne sont pas remarquables et les arènes de villages sont souvent démunies. Quant à des pays tels que le Pérou, le Mexique, la Colombie ou le Venezuela, excepté dans les grandes arènes ou quelques rares plazas bien équipées, mieux vaut ne pas être blessé pendant une corrida, les conséquences en seraient dramatiques comme c'est encore le cas dans les fêtes de villages retirés où des blessés anonymes meurent ensuite des complications, accidents dont nul ne fait écho.

Le local où travaille l'équipe de soins est fréquemment envahi par une foule compacte : valet d'épée, banderilleros de la cuadrilla, apoderado et empresa,

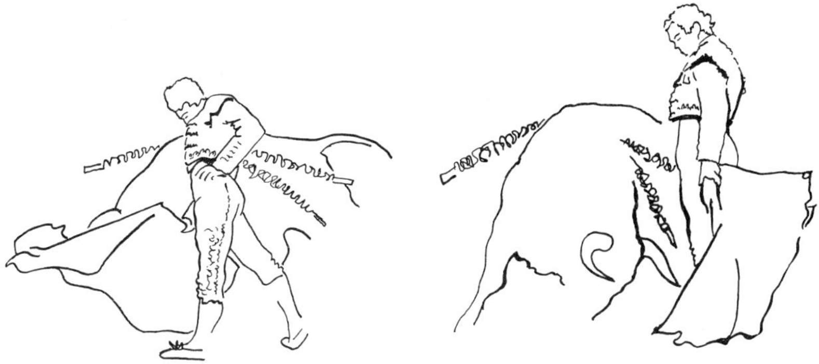

Trinchera

quand ce ne sont pas les journalistes qui font des photos et veulent être informés, des curieux s'agglutinent souvent en masse compacte devant la porte ou dans l'entrée de l'infirmerie. Cet envahissement nuit considérablement au travail des chirurgiens et des médecins qui sont parfois bousculés tant les gens qui se pressent sont nombreux. Rappelons cette caméra qui filma *Paquirri* dans l'infirmerie et même dans la voiture qui l'amenait à Cordoue, jusqu'à sa mort. Témoignage ou voyeurisme ?

Dans les grandes plazas d'Espagne, le geste chirurgical est souvent réalisé sur place. En France, on opère les toreros à l'hôpital après qu'ils ont reçu les premiers soins aux arènes. Le règlement taurin de l'Union des villes taurines stipule ce que doit être une infirmerie dans une plaza, indiquant même le matériel minimum à mettre à disposition de l'équipe de première urgence. Mais ce règlement n'a pas force de loi et ne peut être réellement appliqué. De nombreux organisateurs le transgressent sans être inquiétés et des corridas ou des novilladas ont lieu sans un réel souci pour la sécurité des toreros. Toutefois, la situation s'améliore progressivement avec la mise en place de plus en plus régulière de structures spécialisées – car la responsabilité du maire et de l'empresa serait engagée en cas de gravité extrême – et avec la prise de conscience croissante des risques encourus dans cette profession. J.P.S.

TREMENDISME. Manière de toréer qui se fonde surtout sur l'impression de danger que l'on transmet au spectateur pour faire surgir l'angoisse. Ces risques peuvent être réels ou simulés. Cette tauromachie est généralement superficielle et manque de domination des toros. Mais elle a de l'impact sur les foules et fait vibrer les gens. R.B.

TREMENDISTE. Matador qui pratique le tremendisme en se lançant dans des actions surprenantes qui donnent l'impression d'un accrochage imminent. *Litri* toréait ainsi en regardant les gradins, Galán tuait sans muleta en se jetant entre les cornes du toro. R.B.

TRIANERO el.
Voir GONZÁLEZ JIMÉNEZ Juan.

TRINCHERA. Passe de muleta de la main droite, donnée par le bas. Il faut distinguer le trincherazo de châtiment du trincherazo d'ornement. Le premier se donne en début de faena, en allant vers le centre, main très basse pour rompre le toro trop violent en l'obligeant à un demi-tour brusque, le leurre déplacé en un arc de cercle très court. La trinchera d'ornement se donne en cours ou en fin de faena, comme passe terminale d'une série. Elle s'exécute de trois quarts, jambe de sortie avancée, toro venant de la droite, d'un geste à mi-hauteur, de manière plus liée, plus douce, enveloppée, main plus haute pour aider le toro lors de sa sortie. Il existe aussi la trinchera pieds joints, donnée templée afin de reprendre le toro par des derechazos. R.B.

TRINCHERAZO. Autre appellation de la trinchera qui en accentue la puissance.

TROIS EN UNE. Il y eut d'abord la passe « deux en un », naturelle ou derechazo lié à un pecho. Puis, le derechazo continué par un changement de main dans le dos et terminé par un pecho : « trois en une ». Paco Ojeda était coutumier de ces passes très liées entre elles qui s'enchaînaient sans que l'on puisse distinguer à quel moment il passait de l'une à l'autre, et cela avec lenteur et dans un espace restreint au maximum. R.B.

TROPHÉES. L'article 83 du règlement taurin de l'UVTF (Union des villes taurines de France), qui fait force de loi, spécifie : « Les trophées octroyés aux matadors consistent en salut au "tiers", tour de piste, concession d'une ou deux oreilles du toro abattu et la sortie sur les épaules par la porte principale de la plaza. L'éventuel octroi de la queue sera laissé à la seule appréciation du Président. » Voir les Annexes, « Règlement taurin municipal ».

Lorsque le toro a été puntillé, le public, par ses applaudissements, donne son opinion sur la course qui vient de se dérouler et demande éventuellement l'octroi de trophées. La première marque de satisfaction se traduit par le salut du maestro, qui se fait du burladero si la lidia a été moyenne. Le degré supérieur est le salut au tiers, le matador s'avançant à hauteur des lignes tracées au sol ; s'il y est encouragé par les applaudissements, il peut saluer du centre de la piste.

Si les marques de satisfaction sont plus marquées, le matador fera un tour de piste (la vuelta) accompagné de ses banderilleros.

Lorsque le public est davantage satisfait, il peut demander l'octroi d'une oreille en agitant des mouchoirs blancs. Actuellement, cela se fait davantage en manifestant bruyamment la demande. Le président, s'il considère que plus de la moitié des gradins demande ce trophée, l'accordera. L'alguazil de piste, représentant de l'autorité, indique alors au puntillero du matador de couper un appendice du toro, et le remet au matador qui fait alors un tour de piste sous les applaudissements, accompagné de ses banderilleros avec qui il partage ce triomphe. Si l'ensemble de la prestation est de très haut niveau (très bon travail de cape, faena de muleta de qualité et usage de l'épée rapide et dans les règles), le président peut accorder la deuxième oreille. Le public, même s'il la demande avec insistance, n'a, pour cette attribution, aucune prérogative. De même que l'attribution de la queue, qui doit être exceptionnelle car elle implique que la prestation du maestro a été exceptionnelle. Mais selon les plazas où se déroulent les courses, les trophées sont ou largement (et même trop largement) accordés, ou très parcimonieusement attribués. Ainsi, une oreille gagnée à Séville ou Madrid a beaucoup plus de valeur que celle gagnée dans une petite arène accueillant un public touristique ou une arène de pueblo.

La tradition du trophée est héritée d'un temps où les toreros qui allaient de féria en féria, et bien que « professionnels », étaient fort peu payés pour leur prestation (ceci est toujours vrai pour une grande partie des matadors qui ne sont pas dans les premières places de l'escalafón). Si l'un d'entre eux donnait grande satisfaction au public, le président lui accordait cet attribut à titre de preuve de salaire supplémentaire et il allait trouver le boucher qui lui versait le prix de la viande du toro. Les toreros ne vont plus chercher l'argent chez le boucher mais l'attribution de l'oreille s'est progressivement instaurée vers la fin du XIXe siècle.

Dans la plaza de Madrid, la première oreille fut accordée au torero gitan José Lara, dit *Chicorro*, né à Algésiras en 1839. Après un séjour au Pérou, il revient en Espagne en 1865 et intègre la cuadrilla d'*el Gordito*, qui en fait son disciple préféré. Il devient matador en 1868 et, en 1876, il torée 12 des 27 corridas qui eurent lieu à Madrid. Le 29 octobre 1876, lors d'un combat contre le toro *Medias Negras* de Benjumea devant lequel il avait exécuté le saut à la garrocha, avait ensuite saisi à main nue la devise sur le garrot de l'animal, qu'il offrit à Alphonse XIII, il avait banderillé avec maîtrise et tué d'une volapié fulminant. Le public enthousiaste lui faisait un triomphe qui se concrétisa par l'octroi d'une oreille, la première de l'histoire de la tauromachie. La deuxième oreille, très généreuse, c'est Leandro Sánchez de León *Cacheta*, un torero modeste, plus apte à placer les banderilles que grand maestro, qui la reçut le 12 mai 1898 pour avoir tué d'une demi-lame un toro que le cavalier Fernández Heredia venait de travailler. Il faudra attendre le 2 octobre 1910 pour que la troisième oreille soit attribuée à Vicente Pastor pour sa prestation devant *Carbonera* de Concha y Sierra.

En revanche, Séville fut plus réticente et ce n'est que le 30 septembre 1915 que José *Gallito Joselito* coupa l'oreille de *Cantinero*, toro de la ganaderia de Santa Coloma et cinquième du lot, qu'il avait affronté seul, après une faena triomphale.

Quant à l'attribution de la queue à Madrid, elle reste événement exceptionnel puisqu'elle fut attribuée seulement trois fois. La première au Mexicain Heriberto García Espejel, le 20 avril 1930, qui fit une faena exceptionnelle et termina par une estocade a recibir dans laquelle il fut grièvement blessé. La deuxième à Curro Caro, le 26 septembre 1935, qui affronta un toro de Sotomayor, et la dernière, le 22 mai 1972, à Palomo *Linares*, devant un toro d'Atanasio Fernández.

On assista aussi, dans l'Histoire, a des dérivés frisant le ridicule lorsqu'on attribua la patte d'un toro au matador. Ceci est désormais interdit.

Lorsque le matador a coupé au moins deux oreilles pendant la lidia de ses toros, le président peut accorder la sortie du torero sur les épaules des admirateurs (voir HOMBROS).

• *Trophées aux ganaderos* : lorsque le toro a combattu d'une manière exceptionnelle, sa dépouille peut être honorée d'un tour de piste d'honneur. Le président signifie cette décision en sortant le mouchoir bleu. Le toro est alors arrastré au pas, les hommes de piste étant découverts et le public debout. Lorsque le lot des toros a été d'une grande qualité et la prestation remarquable, le ganadero ou son représentant (mayoral) peut être invité à saluer en piste ou même faire un tour d'honneur, et parfois sortir sur les épaules comme les matadors.

• *Trophées hors courses* : De nombreuses municipalités, associations, clubs taurins ou personnalités décernent des trophées à l'occasion d'une corrida, d'une féria ou sur l'ensemble de la temporada, trophée récompensant un matador, un picador, un subalterne, un lot de toros, la meilleure estocade, la meilleure faena, la meilleure lidia, etc. Depuis quelques années, ces récompenses se sont multipliées et il n'est pas une féria au cours de laquelle on n'attribue une pléiade de trophées. Certaines associations décernent ces marques de satisfaction en invitant le récipiendaire à une réunion amicale qui a lieu hors temporada, ce qui permet aux personnes présentes de le rencontrer et d'entamer une discussion. R.B.

TROTÓN (*trotteur*). Animal qui, contrairement à l'habitude d'un toro brave, sort en piste en trottinant, parfois même au *trote cochinero* (pas d'un cochon).

Généralement annonciateur d'un manque de bravoure.

TRUCAGES. La tauromachie a ses trucages spécifiques, bien que ceux qui y ont recours peinent à y parvenir car le toro peut en tirer profit. On voit ainsi des toreros se jeter sur le toro à corne passée pour maculer leur costume, se mettre à genoux à toro sans risque, essayer de prouver que le toro voit mal, ou qu'il est faible en le faisant choir, utiliser la pointe de la muleta et quelques autres manœuvres. Mais cela ne convainc que de gens peu avertis. Et il faut être parfaitement maître de sa technique pour donner au public l'impression que le toro, dans sa charge, a fait un écart dangereux, et rattraper suffisamment tôt la trajectoire pour le faire passer sans danger. R.B.

TRUEBA Gerardo. Rejoneador mexicain né à Mexico le 24 juin 1958, il débute à Ciudad Juares le 15 juillet 1973 face à du bétail de Penuelas en alternant avec Rafael Gil *Rafaelillo* et Ernesto San Román *el Queretano*, et prend l'alternative le 19 novembre 1978 à Zacatecas des mains de Gastón Santos en présence de Pedro Louceiro et Jorge Hernández Andrés, face à des toros d'El Romeral. Il se présente à la Monumental de Mexico le 15 mars 1981 en alternant avec Marcos Ortega, Lázaro Carmona et *el Pana* face à un toro de la ganaderia de Piedras Negras. Le 15 juillet 1982, il débute à Campo Pequenho de Lisbonne en alternant avec João Moura et Rui Salvador face à des toros de Rui Gonçalves. Sa carrière se continue principalement au Mexique. J.C.D.

TUERTO. Toro borgne.

TURNO espada de. Matador qui doit toréer le toro en piste.

U-V

UBRIQUE Jesulín de.
Voir JANEIRO BAZÁN Jesús

UCEDA LEAL José Ignacio. Ancien élève de l'École taurine de Madrid où il s'inscrivit dès l'âge de quatorze ans, Uceda Leal, né à Madrid le 21 janvier 1977, revêt son premier costume de lumières à Mont-de-Marsan le 25 juillet 1991. Il débute avec picadors à Lorca le 1er mai 1994 et se présente à Madrid peu de temps après, aux côtés de *Víctor Puerto* et José Ignacio Sánchez pour estoquer des novillos d'El Torreón.

Curro Romero lui donne l'alternative à Madrid en lui cédant le toro *Golondrino*, de la ganaderia de Núñez del Cuvillo, en présence de Julio Aparicio, le 3 octobre 1996. Il se présente en Amérique à Río Bamba, en Équateur, le 9 novembre 1997, alternant avec Fernando Cepeda et Antonio Campana. Il débute en France à Nîmes le 20 mai 1999 en compagnie de José María *Manzanares* et Rivera Ordóñez, face à des toros de José Luis Marca. Sa confirmation à Mexico a lieu le 7 novembre 1999 face à *Tramollero*, toro de la ganaderia de Javier Garfias, que lui cède *el Zotoluco*, son parrain, en présence d'Óscar San Román, son témoin.

Torero de style classique, José Ignacio Uceda Leal n'est pas encore parvenu à s'imposer totalement dans les rangs des matadors de toros. Assez irrégulier et indolent, il a pourtant beaucoup de qualités qui, si elles étaient exploitées, pourraient lui permettre de devenir un torero important. R.A.

ULLOA José, *Tragabuches.* Il serait né à Arcos de la Frontera, non loin de Ronda. Cossío ne précise pas de date, mais l'année 1776 est mentionnée par plusieurs auteurs. On peut la prendre au sérieux mais sans certitude absolue. Au début de sa carrière, le sentiment admiratif qu'il vouait aux grands toreros de l'époque joua un rôle important et très tôt il fréquente les abattoirs de Ronda où règne Pedro Romero avant d'ouvrir avec Cándido son beau-frère, et à la demande du roi, l'École de Séville. Il y apprend les premiers rudiments tauromachiques qui permettent aux aspirants toreros de l'époque de se familiariser avec les fauves que toute leur vie ils affronteront, d'abord dans les placitas de villages et enfin dans les arènes pour quelques-uns d'entre eux, les meilleurs où ceux que la chance favorise (ce sont heureusement parfois les mêmes). José est d'un caractère atrabilaire et se heurte, malgré ses dons très vite remarqués par Pedro, au tempérament quelque peu revêche du maître. Il quitte sur un coup de tête cet encadrement bénéfique et se retrouve dans les cuadrillas de José et Gaspar

Romero avec lesquels il banderille dans presque toutes les arènes espagnoles ; il devient rapidement ce qu'on appelait à l'époque « seconde épée » ; Gaspar lui confère l'alternative entre 1800 et 1802 suivant les auteurs... Si son comportement avait été plus sociable et lui avait ainsi permis de mieux gérer sa carrière, il aurait pu être un concurrent redoutable pour ses rivaux éventuels. En ces années-là, il se marie, épousant la *Nena*, une danseuse dont il partage la vie jusqu'en 1814... Participant à une corrida à Málaga et s'y rendant à cheval, il fait une chute et se blesse au bras ; rentrant alors chez lui au petit matin, il trouve dans la cuisine un jeune voisin dont il pense qu'il n'est pas là uniquement pour le petit déjeuner ; il lui règle alors son compte à coups de navaja avant de défenestrer la danseuse... Recherché par la police, il fuit et s'enrôle alors dans une bande de brigands de grands chemins comme l'Espagne en est infestée à l'époque et qui assaillent les diligences et détroussent les voyageurs. « C'est une femme qui est la cause de mes malheurs, tous les malheurs de l'homme émanent de la femme » : c'est le refrain que, dit-on, il chantait à la veillée en compagnie de ses comparses. La date de sa mort est incertaine. J.B.T.

UTRERO. Animal entre deux et trois ans.

UTRERO ADELANTADO (de *adelantar*, avancer). Jeune animal poussé au grain et au pienso pour lui donner une apparence de toro. Avant le marquage obligatoire des bêtes, cette pratique a longtemps constitué la coupable supercherie la plus utilisée par les vedettes.

VACA. Vache.

VACA DE VIENTRE (*vache de ventre*). Vache retenue lors de la tienta et destinée à la reproduction. Elle n'inaugurera cette fonction qu'à partir de deux ans et demi ou trois ans. Elle pourra assurer son office pendant environ huit ou dix ans et cela chaque année. Ce rythme est trop sévère, surtout si l'on tient compte que très souvent la vache alimente son dernier-né en même temps qu'elle porte un futur veau. Ainsi, elle donne naissance à des veaux peu vigoureux, ce qui explique probablement les chutes de trop de toros nés avec une débilité foncière. Certains éleveurs avisés accordent des séquences de repos à leurs vaches pour qu'elles récupèrent.

Par ailleurs, et pour aussi étonnant que cela puisse paraître, il est fréquent que les vaches soient mal nourries. Réservant les meilleures prairies aux mâles pour qu'ils soient de belle présentation dans les arènes, l'éleveur exile souvent les vaches sur les espaces les plus maigres, même pendant la gestation, ce qui concourt aussi à donner naissance à des produits mal développés et faibles, qui nécessiteront plus tard d'être engraissés pour atteindre l'apparence et le poids réglementaire. Cette pratique ne favorise pas leur comportement.

Notons que beaucoup de vaches (20 à 25 %) se révèlent être stériles, phénomène généralement causé par la consanguinité. P.M.

VACADA. Ensemble des vaches destinées à la reproduction.

VACIAR. Lors de l'estocade, action exécutée pour éviter la charge du toro.

VACUNO. Relatif à la race bovine.

VALDEFRESNO

Origine : Atanasio Fernández-Lisardo Sánchez
Devise : incarnat et jaune
Ancienneté à Madrid : 16 mai 1994
Propriétés : « Valdefresno », Tabera de Abajo, « Buenabarba », San Muñoz (Salamanque), Espagne

Devise jumelle de l'élevage Puerto San Lorenzo, le fer de Valdefresno est très récent puisque créé en 1992. La famille Fraile possède cinq fers : Puerto San

Lorenzo (élevage d'origine Atanasio Fernández, 1957), Fraile y Martín (1973), El Pilar (1985), Valdefresno (1992) et Hermanos Fraile Mazas (1996).

En 1992 , les frères Lorenzo et Nicolás Fraile, propriétaires du fer de Puerto San Lorenzo, utilisant le nouvel article 6 de l'Unión des Criadores de Toros de Lidia qui indique que les membres d'une copropriété ont le droit de créer leur marque. Nicolás Fraile, avec la moitié de l'élevage qui lui revient, monte sa ganaderia sur ses terres de Valdefresno. Il fait lidier ses produits avec son nouveau fer mais chacun sait que sa ganaderia est identique à celle du Puerto de San Lorenzo dont la réputation remonte aux années 1960. Avec son frère Lorenzo, ils échangent les sementales pour lutter contre un excès de consanguinité après avoir rafraîchi le sang avec de l'Atanasio. Lisardo et Atanasio ont exactement les mêmes origines, mais se sont modifiés depuis quelques décennies. 80 % de l'élevage Valdefresno est d'origine Lisardo. Aujourd'hui, le toro de Lisardo, plus petit, plus rustique, aux poils longs, aux sabots importants, est plus commode pour le torero car il a plus de régularité dans son comportement.

Cet élevage récent a connu de grands succès à Madrid, avec Curro Vázquez, Enrique Ponce et César Rincón. Ch.C.

VALDEMORILLO (Espagne. Madrid 50 km – L'Escorial 10 km). Il est fort probable que cette petite plaza portative d'environ 2 500 places ne serait pas connue si la féria qui y est donnée pour la fête patronale ne se situait au début de février. Et quand on sait que la ville se trouve à 1 000 mètres d'altitude, on comprend qu'il faut vraiment être aficionado pour aller assister à des courses par un froid piquant. De plus, la petite cité ne peut se permettre d'acheter des toros de garantie ni d'engager des toreros en tête du classement. Ce sont généralement des matadors qui sont des belluaires et ne craignent pas d'affronter des toros difficiles dans un froid rigoureux. R.B.

VALDEMORO
Origines : Murube-Urquijo et Luis Gamero Cívico
Devise : bleu, blanc et rouge
Ancienneté à Madrid : 30 mai 1980
Propriétés : « La Española », Vilches (Jaén) et « Cuarto del Medio », Linares (Jaén)

Bernardino Giménez acquiert en 1927 l'élevage de Damián Flores formé avec du bétail de Jijón et de Veragua. Quatorze ans plus tard, il insère au troupeau un lot de vaches et d'étalons de Marqués de Villamarta et modifie le fer. Un nouveau lot de vaches et deux étalons de Clemente Tassara, de la même origine, intègrent le troupeau en 1948. La fille de Bernardino Giménez, Amparo, prend la direction de l'élevage à la mort de son père, ajoutant au troupeau un étalon de Samuel Flores en 1968. Amparo et son époux, Antonio Valdemoro, achètent en 1976 et 1977 deux lots de vaches et d'étalons à Antonio Méndez, d'origine Urquio. Un autre étalon est acheté à Jesús Trillo en 1988. En 1992, Amparo Giménez Ortega devient l'unique propriétaire du troupeau.

Abonné aux corridas populaires dans les arènes espagnoles de troisième catégorie, l'élevage de Valdemoro fut appelé en 1999 à fournir quelques toros de réserve à Madrid. Le fer vend chaque année entre trente et quarante toros, répartis sur les provinces de Tolède, Madrid et le nord de l'Espagne. À l'exception des produits présentés en novillada ou en corrida équestre, ce sont généralement les toreros qualifiés de batailleurs qui défient ces toros de sang Murube-Urquijo. C.C.

VALDENEBRO HALCÓN Luis. Fils du marquis de Ruchena éleveur de toros bravos, né le 15 novembre 1951, Luis Valdenebro débute en 1969. Le 18 août 1970 à Arocha près de Huelva, il coupait les deux oreilles de son toro de la ganaderia de Los Remedios. Il obtient ensuite un grand triomphe le 26 juin 1982 à Pozoblanco en coupant les deux oreilles et la queue d'un toro de l'élevage familial en présence d'Ángel et Rafael Peralta et de Ignacio Vargas. Le 14 juillet 1983, il remporte le trophée du Rejón d'or à Méjanes en coupant deux oreilles devant les frères Peralta, Ignacio Vargas, Fermín Bohórquez et Luc Jalabert. Issu d'une famille très aisée, fin cavalier, il torée par passion et restreint volontairement sa présence dans les plazas. J.C.D.

VALDEOLIVAS

Origines : Carlos Núñez et Marqués de Domecq
Devise : rouge et blanc
Ancienneté à Madrid : 16 septembre 2001
Propriétés : « Valdeolivas », Arenas de San Pedro (Ávila) et « El Arco », Calera y Chozas (Tolède)

L'élevage de la marquise de Villamarta est partagé entre ses héritiers en 1941. Le lot de Consuelo Ramos-Paul Dávila est vendu en 1965 aux frères Buendía Ramírez de Arellano qui l'appellent « La Quinta » et éliminent les origines antérieures au profit de vaches et d'étalons issus de l'élevage de Joaquín Buendía. Álvaro Martínez Conradi acquiert l'élevage en 1988. Quatre ans plus tard, les droits du fer sont rachetés par Miguel Ángel Gil Marín qui modifie le dessin et reforme un troupeau avec du bétail de Núñez, Manolo González, El Toril et Marqués de Domecq.

L'élevage de Valdeolivas ne fait que quelques rares apparitions en première catégorie : ce fut le cas en 2001 dans les arènes de Las Ventas, à Madrid. L'essentiel du bétail est combattu par des toreros de modeste condition dans de petites arènes, avec également bon nombre de produits passant en novilladas ou corridas équestres. La saison 2000 fut notamment marquée par le tour de piste posthume d'un novillo à Santa Cruz del Retamar (Tolède). L'année suivante, le novillero français Grégoire Taulère s'illustra face à un bon exemplaire de ce fer en coupant une oreille à Piedralaves (Ávila). C.C.

VALDERRAMA ROMÁN Domingo. Domingo Valderrama est né le 18 février 1971 à Utrera. Il débute à Huelva en août 1985, puis avec picadors à Motril le 6 février 1988. Ce torero, petit par la taille mais grand par le courage, prend l'alternative à Floirac le 4 octobre 1992 devant le toro *Tejedor* de Guadaira. Il a pour parrain Richard Milian et pour témoin Francisco Martínez *Paquiro*. Il se présente en Espagne à Dos Hermanas le 15 mai 1993, alternant avec Antonio Rubio *Macandro* et Tomás *Campuzano*. Puis il confirme son alternative à Madrid le 9 juin 1994 devant *Bandolero*, de Miura, avec José Antonio *Campuzano* pour parrain et *el Fundi* pour témoin.

Il se présente au Pérou, à Chota, le 25 juin 1999, avec Arturo Gilio et Luis Mariscal devant des toros de la ganaderia de Roberto Puga.

Malgré quelques succès notables, Domingo Valderrama n'a guère dépassé la quinzaine de corridas par temporada, le plus souvent face à du bétail de respect. En 1995, le 9 avril, il réussit l'exploit d'ouvrir la Grande Porte de Madrid après avoir coupé deux oreilles aux toros d'Hernández Pla. La même année, il triompha à Pampelune, et ce fut certainement sa meilleure saison. Le 25 avril 1999, il reçut une terrible cornada à Séville, et en 2000, on le retrouve dans les profondeurs du classement avec seulement 2 corridas à son actif. Une promesse sans lendemain ? On serait tenté de le dire puisqu'en 2001, Domingo n'a pas plus toréé : 3 corridas pour 5 oreilles. Pour tenter de rebondir, il a décidé de se lancer dans la difficile épreuve de la corrida en solitaire aux environs de Séville. P.H.

VALENCE (Espagne. Madrid 350 km – Tarragone 240 km). D'origine très ancienne, les Grecs y ayant fondé un comptoir, Valence tomba sous la domination des Wisigoths jusqu'en 714, quand les Maures la prirent, et elle devint une ville riche sous Abd al Aziz entre 1021 et 1061. Le Cid s'empare de la ville en 1094, mais il la perd trois ans après. Quand Jacques Ier d'Aragon la conquiert, il y installe dans les maisons abandonnées des Catalans, des Aragonais et même des Montpelliérains. En 1609, Philippe III fait chasser les Morisques, ce qui entraîne une régression importante de la cité. Devenue une grande ville industrielle de 739 000 habitants et un port important, Valence possède un ensemble architectural somptueux avec une cathédrale gothique et le palais de la Generalidad.

La plaza de toros de Valence a été inaugurée le 3 août 1851 avec comme unique espada José Redondo *el Chiclanero*, qui lidia et tua six toros de Duque de Veragua. Afin de remplacer cette plaza en bois par un bâtiment en dur, une société lança une souscription et la nouvelle plaza de 17 000 places fut inaugurée le 20 juin 1859 par Francisco Arjona *Cúchares* qui combattit un lot de Nazario Carriquiri. R.B.

VALENCIA II.
Voir ROGER SERRANO Victoriano.

VALLADOLID (Espagne. Madrid 190 km – Salamanque 115 km). Cet important centre industriel de 335 000 habitants, capitale de la province de Castille-León, est probablement d'origine arabe et a été le séjour favori des rois de Castille jusqu'au milieu du XVIIe siècle, quand la cour se transporta à Madrid. De très nombreux monuments témoignent de cette somptuosité passée.

La première plaza de toros fut inaugurée le 29 septembre 1834 avec des toros de Raso del Portillo lidiés par *Paquiro* et *el Salmanquino*. Remaniée, elle atteint une capacité de 9 300 places. En 1864, le propriétaire de la plaza envisageait de couvrir l'édifice d'un dôme de verre, ce qui en aurait fait la première arène couverte du monde... À nouveau améliorée, elle peut recevoir 11 550 personnes quand elle est inaugurée le 20 septembre 1890 par une corrida de Saltillo, estoquée par *Lagartijo*, *Espartero* et *Guerrita*. R.B.

VALOR. Courage, qualité première d'un torero, sans laquelle il ne peut affronter sans bouger un toro qui charge.

VALVERDE
Origine : Conde de la Corte-Parladé
Devise : bleu et vert
Ancienneté à Madrid : 20 avril 1947
Propriété : « Valverde », Horcajo Medianero (Salamanque), Espagne

Avec plus de soixante ans d'histoire, cette ganaderia a bâti sa réputation sur l'intégrité de ses produits, remarquables de présentation et d'une grande dureté en piste ; elle restera fidèle à son encaste d'origine. La ganaderia de Valverde est située aux limites des provinces de Salamanque et Ávila, près du village Anaya de Tormes, dans un département qui réunit de belles propriétés possédant des forêts de chênes verts, idéales pour l'élevage du toro bravo. Elle fut fondée par Juan Sánchez Rodríguez de Valverde en 1941 avec des vaches et étalons de Vicente Charro, Lorenzo Rodríguez et de Conde de la Corte. C'est avec son premier élevage qu'il effectue sa présentation à Madrid. En 1948, Juan achète directement à Conde de la Corte un lot de 80 vaches et 2 étalons afin de rafraîchir le sang de sa ganaderia. À son décès en 1951, la ganaderia est divisée entre ses fils. La devise, le fer et les produits, achetés à Conde de la Corte, vont à son fils, Cesáreo Sánchez Martín, connu dans le mundillo sous le nom de « Curé de Valverde ». Il maintient l'élevage jusqu'à sa mort en 1994, partageant sa vie entre son sacerdoce et sa grande afición. Cesáreo Sánchez conserve ses toros dans le type et les caractéristiques de Conde de la Corte, en développant, peut-être exagérément, le cornage de son troupeau (un des reproducteurs de l'élevage, *Jaquetón*, mesurait un mètre et demi de pointe à pointe). Le chanoine Cesáreo Sánchez ne croisa jamais son bétail avec un autre encaste. À sa mort, c'est tout une légende du Campo Charro qui a disparu. Depuis 1994, ce sont doña Consolación et doña Sinforosa Sánchez Martín qui dirigent cette ganaderia.

Dans la famille ganadera des Sánchez Rodríguez, on se souvient du toro *Colegial*, lidié par *Manolete* dans les arènes de Cieza en 1944. Cet après-midi-là, le Cordouan, qui torée pour la première fois avec Carlos Arruza en Espagne, coupe à ce toro les deux oreilles et la queue. La tête de l'animal, primé de la vuelta al ruedo, est naturalisée et orne la grande bâtisse des Valverde. Ch.C.

VAQUERO. Vacher, bouvier.

VARA tercio de (*pique*). Premier tercio d'une course d'un toro, celui des piques. La puya étant le fer de la pique, la vara est la hampe de l'instrument.

VARELA CRUJO (Herederos de José Francisco Varela Crujo)

Origines : Juan Pedro Domecq y Díez et Torrestrella
Devise : violet et rose
Pas d'ancienneté à Madrid
Propriété : « Herdade dos Outeiros », Beja (Alentejo, Portugal)

Juan Pérez Valderrama fonde cet élevage en 1964 avec du bétail de différentes origines dans lesquelles prédomine toutefois le sang Núñez Guerra. Juan Pérez Valderrama présente quatre novilladas à Málaga, Carthagène (Murcie), Grenade et Cordoue, ainsi qu'une corrida à Séville. Son élevage intègre l'Unión de Criadores de Toros de Lidia. Antonio López de Tejada achète l'élevage en 1974, avant de le vendre trois ans plus tard à Leonardo Muñoz Ordóñez. José Francisco da Cruz e Orujo fait l'acquisition du troupeau en 1979 et élimine les origines précédentes au profit d'un lot de vaches et d'un jeune étalon de Marqués d'Albaserrada. Il intègre au troupeau trente-neuf vaches et un étalon issus de l'élevage de Laurentino Carrasco en 1986. Depuis 1992, le cheptel possède deux branches : la première composée d'un lot de vaches et d'étalons d'origine Torrestrella, et la seconde avec du bétail issu de l'élevage d'Hermanos Sampedro. Dans les deux cas, l'origine de Marqués d'Albaserrada a été éliminée.

Cet élevage lusitanien continue à faire combattre quelques toros au Portugal. En 2000, tous les toros intégrèrent des corridas de rejón au Portugal et seulement quatre exemplaires furent lidiés à pied l'année suivante à Moita de Ribatejo (Setúbal). C.C.

VARETAZO. Coup de plat de corne. En guise d'illustration, on peut dire que le varetazo agit comme la manchette du catcheur. D'après le Dr Derbuel (thèse de médecine, 1977), un varetazo peut provoquer une variété de lésions, depuis un banal hématome sous-cutané sans conséquence jusqu'à la rupture d'un organe intra-abdominal. Le varetazo étant dénué de tout saignement externe (*sobre sangre*) les lésions, quand elles existent, sont strictement internes et en présence de signes cliniques alarmants comme la chute de la tension artérielle, elles réclament un diagnostic avisé entraînant une laparotomie exploratrice rapide (ouverture systématique de l'abdomen) suivie de réparation s'il y a lieu. P.M.

VARGAS José Luis, *Pepe Luis Vázquez*. Né à Séville le 3 janvier 1922, il fait son premier paséo le 18 juillet 1937 à Algésiras et estoque un becerro d'Antonio *Bienvenida*. Le 5 juin 1938, il commence en novillada piquée à Séville et confirme ses exceptionnelles qualités en présence de *Manolete* et Calderón face à des novillos de Gallardo. Le 13 juillet 1939, il se présente à Madrid avec Mariano García et Félix Almagro face à des novillos de Domingo Ortega. Il reçoit l'alternative à Séville le 15 août 1940 des mains de *Pepe Bienvenida* en présence de *Gitanillo de Triana*, devant *Sabihondo*, toro de Francisco Chica. Pour sa confirmation le 20 octobre suivant, Marcial Lalanda est son parrain et Rafael Ortega *Gallito* son témoin face à *Carmoneño*, toro de Bernardo Escudero ; la corrida fut interrompue par la pluie après le troisième toro.

À quinze ans, *Pepe Luis Vázquez* était passé sans transition de l'anonymat à la célébrité. Séville se reconnut tout de suite dans ce génie désinvolte dont la luminosité du geste s'appuyait sur une parfaite compréhension de ses adversaires. On prétend qu'il avait gagné en vingt-six mois de novilladas, de 1938 à 1940, de quoi se retirer fortune faite. Mais il ne livra pas bataille à *Manolete* dont il aurait pu être à ses débuts le principal rival.

Le Sévillan dédaignait la soudure du groupe et fondait ses prestiges sur une beauté de mouvements plus variés que le Cordouan. Contre le statisme à la mode qualifié d'antinaturel, voltes et volutes de son jeu floral avec la mort échappaient aux moules rigides d'un art qu'il jugeait trop abstrait.

Encore qu'elle fût le résultat d'un accident fortuit arrivé à Santander en 1943 – le poids d'un sabot sur sa cape amena la culbute –, *Pepe Luis Vázquez*, à l'instant de se rendre aux arènes, voyait se refléter dans la glace la blessure qui lui déformait un côté du visage. Il choisit de ne pas déserter à cause de cette cicatrice au coin de l'œil que lui renvoyait son miroir, mais d'administrer son talent avec parcimonie, avant de conférer le titre à son cadet Manolo.

Si *Pepe Luis* se persuade trop vite qu'il n'y a aucun parti brillant à tirer du toro, alors que *Manolete* s'impose à la plupart, il préfère laisser croire au public que l'animal ne présente aucun problème insurmontable. Il se contente de donner l'impression qu'il n'en a pas envie. Cette illusionnisme des maîtres est formidable, proclame-t-il. Ne possède-t-il pas cette lucidité en piste qui lui permet de contrôler en technicien consommé une bête difficile au lieu de se trouver débordé par sa malice ! Mais à quoi bon forcer son tempérament, si les circonstances l'empêchent d'être visité par la grâce.

C'est que, selon *Pepe Luis Vázquez*, les grandes œuvres de l'arène appartiennent au règne de l'air, elles s'y reposent un moment, puis disparaissent. Pour ce génie aérien, pour cette sorte d'Ariel dont l'art ailé se jouait des bêtes qui couvraient beaucoup de terrain et qu'il appelait d'assez loin pour donner plus d'éclat à ses envols de cape et de muleta, il ne saurait, la féerie et l'enchantement dissipés, témoigner de son évasion hors du réel en d'autres termes que de soûlerie et de jouissance. De tant de toros dans la tête ne demeure que le souvenir d'une harmonie qui rendit parfois la victoire voluptueuse.

Dans l'accord parfait, de crispé qu'on était au début et sur ses gardes, on se détend, on calme la bête, on lui communique son propre relâchement. Le temple qui a enregistré le temps du toro et a dessiné chaque parade à l'unisson de la vitesse de sa charge commande à présent le rythme et impose une sorte de ralenti souverain.

Rapportons une anecdote significative à son sujet et tant mieux si tout s'est changé en poésie à la longue. Soyons sûr qu'elle ne relève pas que de la fable ! *Pepe Luis* a rencontré le toro de rêve dont la rectitude et l'entrain de l'attaque lui permettent de s'exprimer tout son soûl, la joie l'inonde et il s'écrie : « Mais celui-là c'est le Dieu en personne ! » Et lui dont l'épée n'était pas le fort et qui compromettait ses succès à l'instant de vérité mit à mort comme on doit tuer un dieu – court et droit.

Malgré son indiscutable maîtrise, son peu de goût pour la compétition et une croissante réserve l'amenèrent, à partir de 1950, à se retirer des arènes. Plusieurs retours infructueux, jusqu'à une ultime réapparition à Barcelone en 1959, confirmèrent une perte de ses pouvoirs de magicien. J.M.M.

VARGAS ÁLVAREZ José Luis, *Pepe Luis.* José Luis Vargas Álvarez est né le 13 février 1959 à Ecija (Séville), petite ville en plein cœur de l'Andalousie. À l'âge de seize ans, il officie lors d'une novillada sans picadors organisée le

18 mai 1975 à Osuna (Séville). Après plusieurs courses de rodage, Pepe Luis Vargas effectue sa présentation à Madrid le 25 mars 1979, partageant l'affiche avec Antonio Ramón Jiménez et Patrick Varin face à du bétail de Samuel Pereira Lupi. Quelques semaines plus tard, le 15 avril 1979, il est sacré matador de toros à Séville des mains de Curro Romero et en présence de *Manili*, face à un toro de Salvador Domecq. Il confirme son alternative à Madrid le 17 août 1980 avec José Soler comme parrain et Santiago Burgos *el Santi* en qualité de témoin. Le toro de la cérémonie se nomme *Boquerón*, nº 2, 607 kg, de l'élevage de Beca Belmonte.

Torero courageux et doté de réelles qualités, l'Ecijano Pepe Luis Vargas fait partie de ces nombreux matadors qui n'ont jamais pu réellement s'exprimer. Peu programmé dans les cartels au début des années 1980, peu aidé en Espagne, le torero andalou s'envole au Mexique en 1981 où il parvient à toréer 17 corridas et connaît le succès. L'hiver suivant, il retourne sur les terres aztèques où il renforce son cartel. Après son triomphe du 2 mai 1982 à Lucena del Puerto (Huelva), où il coupe trois oreilles et une queue face à des toros de Miguel Higuero, Pepe Luis Vargas parvient à relancer sa carrière et signe 25 contrats en 1984 et 1985. Malheureusement, le 23 avril 1987 à Séville, sa carrière bascule : en voulant jouer son va-tout, l'Ecijano va attendre son second toro a porta gayola, genoux en terre, face au toril. *Fantasmón*, nº 32, negro, pesant 549 kg, de l'élevage de Joaquín Barral, freine sa charge en entrant en piste et cueille l'infortuné Vargas de plein fouet. Allongé sur le sable de la Maestranza, Vargas est inanimé alors que le sang jaillissant de sa cuisse droite macule de rouge son costume céleste et or. Descendu des gradins alors qu'il assistait à la corrida en tant que spectateur, le banderillero Rafael Sobrino lui sauve la vie en faisant un garrot de fortune au moyen de sa ceinture. Pendant plus de deux heures, Pepe Luis Vargas sera opéré à l'infirmerie des arènes par le docteur Ramón Vila d'une très grave blessure : le coup de corne à la cuisse droite a en effet touché la veine saphène et l'artère fémorale. L'état du torero est si critique qu'un prêtre est appelé pour donner l'extrême-onction au malheureux Vargas. Transféré en fin de soirée à la clinique de la Virgen del Rocío, Pepe Luis Vargas est pourtant sauvé mais ne torée plus jusqu'à la fin de la saison. Le torero d'Ecija vit alors une lente et difficile récupération. Il se retire finalement du toreo à l'issue d'une dernière corrida que lui monte un ami aficionado du Sud-Ouest, le 14 juillet 1991. Vêtu de violet et or, Pepe Luis Vargas affronte seul quatre toros de Sayalero y Bandrés et deux exemplaires de Joaquín Núñez del Cuvillo, obtenant dignement l'oreille des premier et cinquième. Aujourd'hui directeur de l'école taurine d'Ecija, Pepe Luis Vargas demeure un professionnel respecté. Atteint de nombreuses maladies durant son enfance, Pepe Luis s'est battu durant toute sa carrière de matador et a réussi à vaincre la mort, offrant l'une des plus belles leçons de courage de l'histoire du toreo. C.C.

VARGAS FERNÁNDEZ DE ESTRADA Antonio Ignacio. Né à Puebla de Cazalla dans la province de Séville le 14 juin 1948, il débute en privé le 13 juin 1964 à Alcalá de Guaidara et se produit en public à Los Palacios le 16 août. Le 13 août 1967, il se présente à Madrid en prologue d'une corrida à laquelle participent Gregorio Sánchez, Emilio Oliva et José Luis Barreiro, les toros étant de la ganaderia de Marqués de Villamarta. Le 2 août 1970, il coupe une oreille à un Soto de la Fuente dans la Maestranza sévillane. En 1977, il avait participé à 51 corridas et à 55 en 1979. Le 27 avril 1980 il remportait le trophée de la Maestranza et en 1983 arrive à 80 corridas. À cause de l'épidémie de peste équine, il ne signe que 23 contrats en 1987. Pour la San Isidro, il coupe une oreille à un toro d'Alcurrucén lors du cartel avec Manuel Vidrié, João Moura et Antonio Correas. En 1992, il triomphe à Séville, Grenade, Alicante, Huelva, Dax et Murcie et alterne plusieurs fois avec Ginés Cartagena et Antonio Correos. Cavalier talentueux, il maniait ses montures avec maîtrise et toréait avec beaucoup de prestance. J.C.D.

VARGAS GONZÁLEZ Enrique, *Minuto.* « Je la vois ! Je la vois !... » était le cri que l'on pouvait entendre parfois quand *Minuto* toréait. Était-ce la mort ou une sorte de phantasme que croyait apercevoir ce garçon à l'esprit déjà légèrement dérangé. On ne sait pas.

Né à Séville le 21 décembre 1870, le jeune Enrique, dont le surnom est dû à sa petite taille, hanta le monde des toros dès sa quinzième année ; en 1885, il avait déjà constitué une sorte de cuadrilla de gamins de son âge. Son intelligence vive, mêlée à une imagination féconde, fera de lui un petit homme étrange, dont la raison finira par sérieusement vaciller. Il sera d'ailleurs un jour condamné aux travaux forcés pour une affaire de meurtre pendant la Première Guerre mondiale et ne devra sa grâce qu'à l'intervention de *Joselito* et Belmonte auprès de la reine d'Espagne.

Après un apprentissage rapide, il prend l'alternative à Séville le 30 novembre 1890 des mains de Fernando *el Gallo*, le père de Rafael et José, et le 17 mai 1892, il confirme à Madrid, *Lagartijo* lui livrant un toro de Concha y Sierra. Sa silhouette menue, son visage avenant et ses excentricités, sa vaillance et son bagage technique en font un torero qui sans être jamais vraiment de premier ordre a la faveur du public. Il quitte les arènes une première fois fin 1899 et monte des affaires qui s'avèrent médiocres, ouvre un estaminet et, la faillite aidant, effectue son retour en 1905 sans trouver de grandes opportunités. C'est d'ailleurs à partir de ce retour qu'il paraît en France à Bayonne, Nîmes et Arles. À Nîmes, le 5 août 1904, il coupe une oreille à chacun de ses adversaires provenant de l'élevage de Concha y Sierra, mais laisse un moins bon souvenir à Bayonne où il essuie un désastre le 18 août 1895 devant des taureaux camargues... On le trouve convenable le 30 juillet 1899 mais le 24 septembre de la même année, à une époque où le sorteo n'était pas encore une règle incontournable, c'est l'échec ! La cuadrilla de *Minuto* est en retard pour l'apartado ; celle de Fuentes, son compagnon de cartel, attribue les toros les moins lourds et les moins armés à son patron et laisse à Enrique trois monstres, dont un spécimen de carrure pachydermique. On sait la taille de *Minuto,* et la difficulté semble insurmontable ; il parvient tant bien que mal à expédier les deux premiers mais au cinquième – et c'est son dernier puisqu'il s'agit d'un mano a mano –, épuisé, Enrique ne peut parvenir à placer correctement une épée et son péon puntille le toro du callejón. Le scandale est énorme et Fuentes peut triompher avec le sixième de proportions plus raisonnables.

La fin de *Minuto* est tragique : il sombre dans la folie après de mauvaises affaires (encore une fois) et, ruiné, meurt à l'hospice cinq années après y être entré, le 20 juin 1930. J.B.T.

VARILARGUERO. Synonyme de picador.

VARIN Patrick. Né à Lyon le 21 avril 1956, rien ne destinait Patrick à embrasser la carrière tauromachique. Il avait suffi de vacances dans le Midi pour que ce jeune garçon découvre la corrida et se sente attiré irrésistiblement. Il suivit un apprentissage difficile en un temps où les apprentis toreros français étaient rares et où les aficionados ne pensaient pas qu'ils puissent avoir un avenir. Progressivement, dans des courses de village, Patrick acquiert les premiers éléments de la lidia, du maniement de la cape et de la muleta, conseillé par quelques aînés. En

1975, il participe à 30 capeas et commence en novillada sans picadors le 6 juin 1976 à Saint-Gilles devant un becero de François André à qui il coupe deux oreilles, lors de la présentation d'Emilio Muñoz. La 22 août 1976, à Vichy, devant des novillos de Ramón Gallardo, il fait sa première novillada piquée. En 1977, il participe à 7 novilladas sans picadors et 5 avec picadors, ainsi qu'à un festival. L'année 1978 est très importante puisqu'il participe à 40 novilladas et marque ses débuts en Espagne à Barcelone, avec Curro Cruz et Emilio Muñoz, devant des novillos de Juan Andrés Garzón, le 9 avril 1978. Il se présente à Las Ventas le 25 mars 1979 avec Antonio Ramón Jiménez et Pepe Luis Vargas devant des novillos de Lupi. En tant que novillero, il sera allé trois fois à Séville et trois fois à Madrid. Puis c'est l'alternative face à *Melocotón*, toro d'Antonio Pérez, donnée par *el Cordobés* en présence de Curro Vázquez, le 2 septembre 1979, dans la petite plaza de Palavas, qui affichait complet. Applaudi au premier, il coupe deux oreilles à son second opposant. Lors de sa présentation de matador en Espagne, le 5 juillet 1980 à San Feliu de Gixols, devant des Martín Berrocal en compagnie du rejoneador Peralta et de Paya, il triomphe avec deux oreilles à chaque toro. Il débute en Amérique le 22 août 1988 à Ciudad Bolívar, au Venezuela, devant des toros de la ganaderia de Guayabita en compagnie d'*el Porteño* et de Bernardo *Valencia*. Puis c'est la confirmation dans la Monumental de Mexico le 29 décembre 1991 devant *Regalo*, toro de la ganaderia de San Marcos, donnée par Cruz Flores en présence des rejoneadores Louceiro et Ricardo Santos. Torero élégant en particulier à la cape, Varin fait partie de cette génération de toreros français qui étaient des pionniers et subirent les oppositions constantes du mundillo à leur égard, ce qui eut une grande répercussion sur une carrière qui s'annonçait plus brillante et à laquelle il a mis fin, en toute discrétion, en 2001. R.B.

VASCONCELLOS José Luis (José Luis Vasconcellos e Souza d'Andrade)

Origine : Atanasio Fernández-Conde de la Corte

Devise : blanc et rouge

Ancienneté à Madrid : 17 octobre 1982

Propriétés : « Font'Alva » et « Calina », Elvas (Alentejo, Portugal)

José Martinho Alves do Río forme cet élevage en 1919 avec du bétail de la veuve de Tamarón. Alves do Río s'éteint en 1931 et le troupeau est acquis par les frères D'Asumção Coimbra. Les nouveaux éleveurs ajoutent au cheptel des étalons de Juan Belmonte. En 1959, Manuel d'Asumção Coimbra devient l'unique propriétaire du troupeau et insère un nouvel étalon porteur du fer d'Atanasio Fernández et d'origine Conde de la Corte. José Luis Vasconcellos e Souza d'Andrade rachète l'élevage en 1980 et modifie le fer.

L'origine d'Atanasio Fernández, très répandue au Portugal, constitue l'essentiel du sang de cet élevage au fer très original. Celui-ci faillit être l'élevage d'alternative de l'Arlésien Tino Lopes, le 1er avril 1991. Finalement, le directeur des arènes d'Arles préféra une corrida d'Atanasio Fernández. L'élevage de José Luis Vasconcellos ne fait pas combattre un grand nombre de toros, si ce n'est pour quelques corridas équestres au Portugal. Un lot fut particulièrement brillant en 2001 à Arronches (Portalegre), avec la présence des rejoneadores Rui Salvador, Francisco Cortés et Álvaro Montes. C.C.

VAZQUEÑO. Toro descendant de l'ancienne caste Vázquez.

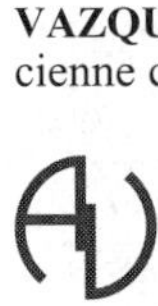

VÁZQUEZ Alejandro (Alejandro Vázquez Sánchez)

Origines : Carlos Núñez, Juan Pedro Domecq Solís et Cortijoliva

Devise : jaune, rouge et blanc

Ancienneté à Madrid : 5 juillet 1997

Propriétés : « Los Cuartos », Calera y Chozas (Tolède), « Cerro Verde Norte », Talayuela (Caceres) et « Torviscoso », Peraleda de la Mata (Caceres)

Juan Sánchez Rodríguez est à l'origine de la fondation de l'élevage en 1941 avec du bétail provenant de Vicente Charro, Lorenzo Rodríguez et Conde de la Corte. Juan Sánchez Rodríguez s'éteint en 1950 et l'élevage est partagé entre ses fils : l'un des lots revient à Casimiro Sánchez Martín qui met le troupeau au nom de Casimiro Sánchez de Benavente. L'élevage est vendu en 1963 à Alejandro et Lorenzo García Martín. Les nouveaux propriétaires font l'acquisition l'année suivante d'un lot de vaches et d'un étalon d'Alipio Pérez-Tabernero Sánchez. Ils éliminent les origines antérieures et ajoutent en 1977 un nouveau lot de vaches ainsi qu'un étalon de Núñez. Alejandro Vázquez et Alejandro García rachètent le troupeau en 1989 et conservent essentiellement la branche Núñez. Trois ans plus tard, le sang d'Alipio Pérez-Tabernero est totalement éliminé du troupeau. Vázquez achète alors un lot de vaches de Cortijoliva ainsi que deux étalons de Juan Pedro Domecq, en créant deux branches différentes pour chaque origine.

Habitué des arènes espagnoles de troisième catégorie, l'élevage d'Alejandro Vázquez conserve un cartel important. Plusieurs de ses toros sont réservés en qualité de sobreros pour les corridas et novilladas de Madrid. Les deux origines, Cortijoliva et Domecq, élevées séparément, sont plutôt du genre à réjouir respectivement aficionados et toreros. Plus souvent programmés en novilladas, les produits d'origine Cortijoliva se révèlent toutefois plus toréables à trois ans qu'à quatre ! Cela se confirme lorsqu'on voit les succès remportés au cours des dernières saisons. Fernando Robleño fut à son avantage au cours de l'été 1999 à Madrid et parvint à couper une oreille. Saison faste pour l'élevage puisqu'un autre novillo eut droit aux honneurs du tour de piste posthume à Esquivias (Tolède). Plutôt régulier dans ses résultats, l'élevage fait partie des références du début de saison madrilène, même si la course présentée en début d'année 2002 a plutôt déçu le public. La loi des séries peut vite s'arrêter en tauromachie... C.C.

VÁZQUEZ José
(José Vázquez Fernández)

Origines : Conde de Santa Coloma-Joaquín Buendía Peña et une lignée séparée Juan Pedro Domecq y Díez
Devise : rouge et sable
Ancienneté à Madrid : 5 mai 1788
Propriétés : « Navalahuesa-El Tomillar », « Balcón de Madrid », « Cerca La Casa », Colmenar Viejo (Madrid) et « Cerrocinco », Peraleda de la Mata (Caceres)

C'est dans le dernier tiers du XVIIIe siècle que Manuel Aleas fonde cette branche ganadera avec du bétail de Jijona. À la mort d'Aleas, c'est sa cousine, Josefa Gómez, et son époux, Manuel García Puente, qui héritent du capital ganadero. Manuel s'éteint et son fils Francisco devient propriétaire du troupeau en 1904. De la même manière, Francisco cède par la suite l'élevage à ses deux fils, Manuel et José García Gómez, qui décident de reprendre l'ancienne appellation d'Aleas. En 1914, Manuel et José se partagent le troupeau : Manuel croise son troupeau avec un toro de Santa Coloma, puis par la suite avec deux étalons de Graciliano Pérez-Tabernero. En 1941 et 1951, deux étalons de José Escobar intègrent le cheptel. Entre-temps, en 1950, Manuel García-Aleas Gómez s'est éteint et c'est son fils, Manuel García-Aleas Carrasco, qui hérite de l'élevage. Celui-ci rajoute en 1954 un lot de vaches acheté aux héritiers de Graciliano Pérez-Tabernero et en 1977 un étalon des héritiers de Gabriel Hernández Pla, d'origine Buendía-Santa Coloma. José Vázquez rachète l'élevage en 1983 et le complète avec un nouveau lot de vaches ainsi qu'un étalon issu du troupeau des héritiers de Gabriel Hernández Pla. Quatre ans plus tard, il insère au cheptel un autre lot de vaches de Manuel Martínez Flamarique, d'origine Buendía. L'année 1993 marque l'entrée dans le troupeau de trente vaches de Zalduendo avec deux étalons du même fer. José Vázquez maintient cette branche d'origine Domecq séparée de celle de Santa Coloma.

L'élevage de José Vázquez est actuellement le fer qui possède la plus ancienne présentation à Madrid. Véritable doyen ganadero, le fer de José Vázquez affiche aujourd'hui encore une belle santé. Présent chaque saison avec une trentaine de produits combattus, il fait partie des habitués de la plaza madrilène. Emilio Oliva combattit l'un de ces toros à Madrid lors de la saison 1999. La mobilité de l'encaste Santa Coloma plaît à de nombreux toreros et représente toujours une garantie de succès dans certaines corridas populaires : on vit ainsi la blonde torera Cristina Sánchez couper deux oreilles à un toro de José Vázquez en 1999 à Corral de Amalguer (Tolède). Un lot de novillos combattu la même année à Saint-Vincent-de-Tyrosse passionna l'afición du Sud-Ouest. Quelques mois plus tard, les arènes de Céret accueillaient les novillos porteurs de la devise rouge et sable. À force de courage et d'engagement, le Vénézuélien Rubén Dario coupa la seule oreille de la novillada. Souvent programmés dans des novilladas ou des corridas à cheval, les toros de José Vázquez sont des vieux habitués de la fameuse « Vallée de la terreur » où il est si difficile de couper les oreilles et de triompher. Souvent présentés avec un gabarit moindre, les toreros parviennent à mieux prendre la mesure de ce genre de bétail et à obtenir des succès, pour peu que les corridas soient organisées plus au sud de l'Espagne ! En 2002, Antonio Ferrera coupa l'oreille d'un toro de José Vázquez à Castellón. L'élevage envoya également deux lots de novillos de respect à Madrid et lors du cycle de printemps organisé à Saragosse. C.C.

VÁZQUEZ José Luis, *Pepe Luis* (fils). José Luis Vázquez dit Pepe Luis est né à Séville le 9 juin 1956, fils du célèbre matador homonyme, il commence son activité en 1978 et revêt son premier costume de lumières le 21 mai à Alburquerque, province de Badajoz. Il reçoit l'alternative à Séville le 19 avril 1981 des mains de Manolo Vázquez avec pour témoin Curro Romero, devant *Desesperado*, toro de Jandilla de 482 kg. Il confirme à Madrid le 23 mai 1981 devant *Polvorón*, toro de 501 kg de la ganaderia de Sánchez Dalp, en présence de Manolo Vázquez et de Curro Vázquez.

Être le fils de Pepe Luis Vázquez et le neveu de Manolo, et devoir rivaliser avec eux à travers le temps ! Quelle poétique mémoire, mais combien encombrée ! De quoi vous inhiber ! Invente-t-on son propre poème, surgi des sources profondes de l'être ou se contente-t-on d'évoquer des moments fugaces de la saga familiale, d'en fournir quelques courts extraits ou des citations heureuses lorsque le fauve veut bien vous le permettre ? Plus enviable me semble le cas limite de l'analphabète, du torero qui, jailli du néant, doit tout apprendre par lui-même et sortir de l'anonymat dans le berceau des cornes.

Après une quarantaine de novilladas, alors que Paco Ojeda, surgi des marais du Guadalquivir, manquait encore d'expérience, ses mentors, les Camará, précipitèrent son lancement à l'échelon supérieur. Ils préféraient soudain accorder tous leurs soins à un autre aspirant, aussi frêle et enfantin qu'Ojeda faisait vieux avec son visage buriné, creusé de deux rides profondes. Le nouveau Pepe Luis Vázquez accaparait leur espoir. Devant des bêtes jeunes, il rappelait le charme ancien. Mais alors qu'Ojeda faisait œuvre originale, Pepe Luis, d'une famille de toreros poètes, se contentait de réciter avec des adversaires propices.

Bientôt, le poids de la responsabilité l'écrasera. Occupés de la minute présente, les Camará proclameront l'alternative de Paco Ojeda avec une étonnante négligence, le jour de la rentrée d'*el Cordobés* qui, après une absence de huit ans, mobilise les médias à Benidorm. Paco Ojeda se devine lâché. Mais il saura prendre sa revanche l'été de la temporada suivante et effacera sur les affiches le fragile héritier des Vázquez.

Les futures vedettes furent souvent fils d'obscurs banderilleros et autres hommes de peine de l'arène : de Paco Camino à *Espartaco*. Voici que depuis peu les choses se compliquent et que les enfants des célébrités s'en mêlent ! Les noms des figuras les plus connues réapparaissent sur les affiches, mais à quoi prétendent-ils ces rejetons de toreros qui triomphèrent en leur temps et dont les personnalités accusées laissent derrière elles le souvenir d'œuvres authentiques, qu'on ne saurait guère compléter ni retoucher. Reste qu'il sera bien intéressant de suivre les carrières de tous ces héritiers et de découvrir si l'un d'entre eux sera capable de damer le pion à papa et de faire pâlir son image de marque. J.M.M.

VÁZQUEZ Pepe Luis.
Voir VARGAS José Luis.

VÁZQUEZ Pepín.
Voir MARTÍN VÁZQUEZ BAZÁN José.

VÁZQUEZ Tulio (Isaías y Tulio Vázquez)
Origine : Murube-Pedrajas
Devise : bleu, jaune et blanc
Ancienneté à Madrid : 13 juin 1948
Propriété : « Valdevacas », Villanueva del Río y Minas (Séville) et « Los Guaperales », Constantina (Séville)

Isaías et Tulio Vázquez Román sont les fondateurs de cet élevage, formé en 1939 avec du bétail de Joaquín Murube ainsi qu'un lot de vaches et d'étalons de García Pedrajas. Isaías Vázquez meurt en 1959 et c'est Tulio Vázquez qui reprend en main les destinées de l'élevage avec les héritiers d'Isaías.

Les toros importants :
- *Sospechoso*, n° 38, combattu à Cordoue en 1972 (prix du meilleur toro).
- *Industrioso*, n° 26, combattu à Ciudad Real en 1977 par *Calatraveño* (prix du meilleur toro).
- *Mandador*, n° 10, combattu à Madrid en 1983 par José Luis Palomar (prix du meilleur toro).
- *Mandador*, n° 30, combattu à Huelva en 1984 (prix du meilleur toro).
- Prix de la meilleure corrida de la saison 1970 à Nîmes.
- Prix de la meilleure corrida de la saison 1983 en France.
- Prix de la meilleure novillada de la saison 1984 à Arnedo (La Rioja).

Les toros de Tulio Vázquez sont aussi appelés les « tigres cornus » par l'afición tant leur agressivité en piste est impressionnante. Craints des toreros, ils offrent une morphologie spectaculaire et de larges berceaux de cornes dont les pointes défient le ciel ! Souvent âpres et réservés, ces toros ne sortent plus guère dans les grandes arènes. En 1993, un lot terrifiant fut combattu à Céret par trois toreros belluaires : *Manili*, Pedro Castillo et *el Fundi*. L'élevage ne vend aujourd'hui que très peu de toros, essentiellement dans des arènes de deuxième et surtout troisième catégorie à l'occasion de petites férias essentiellement axées sur le toro. Il est fréquent de voir les toros de Tulio Vázquez à l'affiche de novilladas ou même de corridas de rejón ces derniers temps. Mais c'est dans la fameuse « Vallée de la terreur », autour de Madrid, que ces toros ont encore du succès, notamment à Cenicientos, où ils sont régulièrement programmés lors de la terrible féria organisée à la mi-août. C.C.

VÁZQUEZ GALLEGO Francisco Javier. Après avoir participé à 60 novilladas, Francisco Javier Vázquez Gallego, né à Madrid le 10 décembre 1968, reçoit son alternative à Madrid, le 4 avril 1993, des mains de Dámaso González, en présence de Pepín Jiménez, face à *Arbolario*, toro de la ganaderia de José Vázquez. Il fait ensuite sa présentation en France, à Mont-de-Marsan, le 19 juillet 1993, en coupant une oreille à *Merenguero*, toro de la ganaderia de Manuel Álvarez, ainsi qu'à son second adversaire. Il accompagnait José María *Manzanares* et César Rincón. Puis il torée en Amérique, à Quito, en Équateur, le 27 novembre 1993, en compagnie de Paco Barona et de *Niño de la Taurina*, face à du bétail de Charro.

Il débute au Portugal le 14 juillet 1994, à Lisbonne, devant des toros d'Oliveiras Irmãos, en compagnie de Víctor Mendes et de deux rejoneadores : Franco et Mendoza. Il confirme son alternative à Mexico le 6 novembre 1994, devant *Informador*, toro de la ganaderia de Santiago, en présence de David Silveti et d'Arturo Gilio. R.B.

VÁZQUEZ GARCÉS José Luis, *Pepe Luis*. Disons-le tout net : depuis les années quarante jusqu'à la fin du XXe siècle, seuls deux toreros auront été reconnus par Séville comme incarnant pleinement sa sensibilité, la ville du Guadalquivir mettant en eux toute sa complaisance et les convertissant en mythes vivants : Pepe Luis Vázquez et Curro Romero. C'est peut-être cela, d'ailleurs, qui est à l'origine d'un malentendu pour les aficionados qui n'ont pas eu la chance de voir Pepe Luis à l'œuvre. Certes, l'art et la grâce coulant de source, il les possédait à profusion, en particulier ce don de la surprise, du geste savoureux qu'on n'attendait pas. Il était tout aussi surprenant par le naturel et la limpidité avec lesquels il exécutait, comme en se jouant, les figures fondamentales de la tauromachie. Parfois, son inspiration semblait capricieuse, moins pourtant que celle de Curro, mais beaucoup plus que celle de son contemporain *Manolete*.

Cependant, lorsqu'on interroge les toreros actuels sur ce grand ancien, un seul mot leur vient unanimement à la bouche : l'intelligence. Ce n'est pas l'art qu'ils mettent en avant, mais la faculté de percevoir en un éclair toutes les composantes de l'animal qui sort du toril, de saisir tout aussi immédiatement l'évolution de son comportement durant la lidia, et d'adapter son jeu en conséquence. Pour sa part, Pepe Luis, lorsqu'il revient sur sa carrière, laisse entendre qu'outre cette lucidité taurine, la chose dont il est le plus fier est d'avoir affronté avec succès un grand nombre de Miura, et de ne jamais s'être senti en difficulté devant un toro. Alors, pourquoi ces pannes et ces broncas ? Parce que – répond-il – « je préférais me faire traiter de *sans honte* que d'avoir l'air d'un tâcheron et de toréer "à contre-style" ». Quant à son art, il en est satisfait, certes. Ce fut pour lui un don du ciel qu'on accepte, comme tout ce qui vient du ciel, mais qui n'a lieu d'être que si d'abord existe l'armature, c'est-à-dire le métier. F.Z.

VÁZQUEZ GARCÉS Manuel. Manuel Vázquez Garcés est né à Séville le 21 août 1930 et il est le frère des matadors Pepe Luis et Antonio. Il torée sa première novillada piquée le 11 juillet 1948 à Ciudad Real, face à des novillos de Pérez Centurión avec Pablo Lalanda et *Frasquito*. Le 4 juin 1950, il se présente à Madrid avec *Juan de la Palma* et Ordóñez, face à des novillos de Pérez-Tabernero.

Lors de cette présentation de novillero à Madrid, il avait stupéfié la critique et réussi à s'imposer malgré un nom lourd à porter. Début assez inespéré où il sembla laisser loin derrière lui Antonio Ordóñez, son compagnon d'écurie. Mais les fauves ne tardèrent pas à éteindre son ardeur ; gravement blessé à plusieurs reprises, il passa mal le cap du coup de corne. Le toro s'était occupé de lui et il ne retrouvait plus l'impulsion féconde et le feu sacré. Il sombra dans l'atonie.

D'aspect chétif, le visage affligé de la lourde mandibule, l'œil éteint, il lui arrivait de rester affalé contre la barrière. Il ne croyait plus assez à son invulnérabilité pour cultiver le libre enjouement et exclure le drame au bénéfice de l'éclat, du coloris. Avec plus de continuité dans l'effort, il aurait pu se révéler le rival d'Antonio Ordóñez par ce rare mélange de domination savante du métier et de puissance expressive, de rayonnement heureux. Le sang qui s'écoule l'avait vidé de tout enivrement à épouser le fauve. Leurs noces avec la beauté s'espaçaient. Il travaillait trop souvent à nerfs forcés ou se cantonnait dans la liquidation à distance et la stricte défensive.

Il prend l'alternative à Séville le 6 octobre 1951. Son frère Pepe Luis Vázquez la lui confère devant *Pendulario*, toro de la ganaderia de Domingo Ortega. Le témoin est Antonio *Bienvenida*. La confirmation lui est donnée le 7 octobre à Madrid devant *Calamar*, de Bohórquez, et à son second toro il sera gravement blessé.

Il décida de s'écarter des arènes une première fois en 1962. Sollicité peu après de reprendre l'épée, il put croire son heure passée, mais l'idée apaisante de vivre à l'abri du péril n'allait pas sans nostalgie. Chaque année, à Séville, pour la féria d'avril, on pouvait l'apercevoir un peu en retrait de Pepe Luis entouré d'une cour d'admirateurs. Le regard perdu dans on ne sait quel rêve de gloire de son œuvre incomplète, il n'acceptait pas de demeurer dans l'ombre de son frère qui, sans le vouloir, lui avait causé tant de tort par sa renommée. L'odieuse comparaison avec ce torero d'époque, quel calvaire !

En 1981, il revint pour trois saisons et il réussit à se persuader que cette connivence de corps et d'âme avec la bête n'avait rien d'illusoire. Heureux Manolo Vázquez qui, à cinquante ans, séduit enfin Séville, lui qui fut surtout, dans sa première carrière, torero de Madrid. On connaissait son amertume qu'il exprimait, durant sa longue retraite, de n'avoir pu donner ici même dans sa ville ces vingt passes de muleta qui bouleverseraient l'afición du cru et lui ouvriraient la Porte du Prince. De son propre aveu, il s'était arrêté au milieu du chemin, après des débuts éclatants, par manque de constance pour aller plus loin. Il vit désormais sa lune de miel avec la Maestranza et annule trois décennies de relative défaveur.

Ce 18 juin, soir du Corpus, tandis que le bourdonnement exalté s'amplifiait sur les gradins, ses indicibles visions se marièrent avec un fauve périssable et il sentit qu'il s'ébattait en piste comme l'esprit même du duende. Ses sentiments montèrent à un diapason tel qu'il s'évada de la réalité environnante et atteignit cet endroit secret de l'arène où chaque charge du Bernadino Píriz se confondait avec le souffle de son inspiration. Lorsqu'il revint à lui, il mit un genou en terre et ramassa une poignée de sable doré au centre de la Maestranza. Il la porta à ses lèvres et s'absorba dans son amour pour sa ville. À partir de ce jour, sa carrière s'épanouit. Sa science se fit à nouveau séduction et il livra ses meilleurs combats.

Il fait son dernier paséo le 12 octobre 1983 à Séville. J.M.M.

VÁZQUEZ RUANO Manuel Francisco, *Curro*. Il est né à Linares, province de Jaén, le 1er mai 1951. Il revêt son premier costume de lumières le 20 avril 1968 à Estella, en Navarre. Il participe à 25 novilladas non piquées. Puis, après 48 novilladas avec picadors, il reçoit l'alternative le 12 octobre 1969 à Vista Alegre, à Madrid, lors d'un mano a mano avec José Fuentes, seul parrain, et face à des toros de Barcial et un de Garzón. Il est gravement blessé par *Batanero* que lui a cédé Fuentes.

Il débute à Valencia, au Venezuela, le 9 novembre 1969, alternant avec Efraín Girón et Manolo Martínez devant des toros de la ganaderia de Javier Garfías. La confirmation de son alternative lui est donnée le 18 janvier 1970 à Mexico par Alfredo Leal, son parrain, et Manolo Martínez, son témoin, devant *Director*, de la ganaderia de Jesús Cabrera.

Il se présente en France à Toulouse, le 7 mai 1970, avec Paco Camino et Manuel Benítez *el Cordobés* face à des toros d'El Campillo.

Le 15 mai 1971 à Madrid, devant *Bailandito*, toro de la ganaderia de Moreno de la Cova, son alternative est confirmée par Antonio Lomelín, son parrain, en présence de José Falcón.

Matador très subtil, artiste et maîtrisant parfaitement les enchaînements, Curro Vázquez a eu une carrière importante puisqu'en 2001 il a encore participé à 17 corridas après trente-deux ans d'alternative au cours desquels il a réalisé 494 paséos. Pratiquant un toreo statique, lent et suave, il a subi de très importantes blessures au cours de ses prestations. R.B.

VEGA DE LOS REYES Francisco, *Gitanillo de Triana.* Chaque torero gitan reflète à sa manière le « toreo gitan », chacun avec sa forte personnalité. Francisco faisait souvent pâlir de jalousie son cousin *Cagancho* par sa « véronique de cinq minutes »... Il n'était ni un lidiador ni un grand tueur, mais à la cape un artiste absolu avec tout ce que cela comporte, au sein de son clan, d'irrégularité, d'apathie et de majestueuse indifférence ; en revanche, ce jeune homme savait ne jamais perdre la face, contrairement à certains autres immenses artistes de la même origine. Né le 23 septembre 1903, d'après José María de Cossío, en 1904 d'après d'autres auteurs, à Séville, d'un père forgeron, ce qui lui valut parfois le surnom de *Curro Puya*, il était l'aîné de deux frères qui s'essayèrent au toreo sans grand succès, ni pour José, qui ne dépassa pas le stade de novillero, ni pour Rafael qui fit une courte carrière de matador. Tous les deux prirent le même apodo que Francisco et son surnom de *Curro Puya* lui fut emprunté par son neveu Francisco Vega, fils de José, qui lui aussi resta novillero puis devint banderillero.

Dans sa prime jeunesse, il ne fréquente pas les toros bien que l'on raconte qu'aidé par son cousin Joaquín – qui devait devenir *Cagancho* – il arrêta un toro errant dans le quartier de Triana. Il revêt l'habit de lumières pour la première fois en 1924, à Cadix et sans picador ; mais il commence à connaître de beaux succès lors de la temporada de 1926.

C'est au Puerto de Santa María que l'alternative lui est offerte par *el Gallo* qui lui lègue *Vigilante* de l'élevage de Concha y Sierra, le 28 août 1927 ; il confirme à Madrid le 6 octobre des mains du même *el Gallo*, sous l'œil de Juan Belmonte, avec un toro de don Julio Fernández lors d'une corrida où il se taille un énorme succès avec son second adversaire, dernier de l'après-midi, se surpassant tant à la cape qu'à la muleta.

Que dire de ce jeune gitan à la trop courte carrière ? Qu'il était certainement très prometteur, mais comme pour *Yiyo* en qui on voyait naître une immense figura, il connut une vie trop brève. Quatre années d'existence en tant que matador, pour l'un comme pour l'autre, période très courte pendant laquelle certains se cherchent avant de s'accomplir, ne permettent pas d'atteindre les sommets mais cela suffit pour entrer au panthéon des toreros quand le don est tel que règne la magie.

En 1931, il avait mené à bien seize corridas quand, le 31 mai à Madrid, *Fandanguero* de Graciliano Pérez-Tabernero, lors d'une passe de poitrine, une des toutes premières de la faena, l'atteint gravement ; l'intervention pourtant rapide de Marcial Lalanda ne put empêcher le toro de lui infliger plusieurs coups de cornes très sérieux sectionnant l'artère et le nerf sciatique. Son supplice et son agonie ont peut-être contribué à dorer sa légende mais rien ne fut plus interminable et douloureux que cette mort lente par les plus grosses chaleurs d'un été torride dans la petite chambre d'une clinique madrilène, les hémorragies se succédant impitoyablement et des troubles méningés s'installant chez un être peu à peu diminué jusqu'à la mort.

En France, il a été vu à Bayonne le 9 septembre 1928 en compagnie de *Valencia II* et de Bejarrano devant des toros de Villar. C'est la première année où les chevaux portent une protection, encore succincte. Ce jour-là, Francisco ne montre ni élégance à la cape ni pouvoir à la muleta mais tue bien et coupe une oreille ; l'année suivante il remportera l'oreille d'or à Mexico. J.B.T.

VEGA RODRÍGUEZ Julio, *Marismeño.* C'est à Sanlúcar de Barrameda que Julio Vega Rodríguez naît le 29 juillet 1949. Il commence dans les ruedos le 15 mai 1966 à San Fernando, et le 13 août 1967, dans la même plaza, il débute avec picadors.

Le 29 juin 1969, Diego Puerta lui donne l'alternative en présence de Juan García Mondeño sur la piste de la Monumental de Barcelone, face à *Ocioso*, toro de Marqués de Domecq. Mais il sera meilleur face au sobrero de María Lourdes Martín de Pérez-Tabernero. Il confirme à Madrid le 23 mai 1972 face à *Ramillito*, toro de la ganaderia de Manuel Arranz, avec Antonio Mejías *Bienvenida* pour parrain et Paco Camino pour témoin. Sa carrière se fait rapidement fort discrète et sa dernière apparition à Madrid a lieu le 22 avril 1984 en compagnie de Roberto Domínguez et José Luis Vargas. R.B.

VEIGA JUNIOR Simão da. Rejoneador portugais né à Lavre le 22 juin 1903, il commence à se produire avec son père et prend l'alternative à Lisbonne le 4 juin 1922. Nanti d'une bonne réputation, il se présente à Madrid le 19 juin 1924. En 1927, il revient en Espagne où il participe à vingt-six paséos. Son travail de cavalier était particulièrement apprécié, car il était capable de conduire ses montures sans l'aide des mains, et son travail de lidiador était remarquable dans tous les tercios. En 1932, il fit encore vingt-trois courses en Espagne, souvent en compagnie d'Antonio Cañero. Le 15 août 1959, à Caldas da Reinha, après avoir posé les rejones à son premier toro, il fut pris d'un malaise dans le callejón. Soigné sur place puis transporté dans une clinique, il devait décéder le 18 août de cette crise cardiaque. J.C.D.

VEIGA TEIXEIRA Antonio José da
Origine : Pinto Barreiros
Devise : rouge et noir
Ancienneté à Madrid : 6 mai 1928
Propriétés : « Pedrogão » et « Herdade do Meio », Montemor O Novo (Évora, Portugal), « Vale Boi », « Peso » et « Mata Lobinhos », Coruche (Santarém, Portugal) et « Escatelar », Canha Montiyo (Setúbal, Portugal)

Félix Suárez forme un troupeau en 1918 avec du bétail de Santa Coloma. Onze ans plus tard, il vend l'élevage au duc de Tovar qui s'éteint peu de temps après. Le fer est donc mis au nom des héritiers du duc de Tovar jusqu'en 1947. Le troupeau est ensuite divisé en cinq lots : celui de Rafael et Alfonso Figueroa y Bermejillo est vendu à Tomás de la Cal Sanz. Les frères García Fialho lui rachètent l'élevage en 1959 avant de le vendre neuf ans plus tard à Antonio da Veiga Teixeira. Le nouveau propriétaire intègre alors au troupeau du bétail issu de l'élevage d'Oliveira Irmãos.

Veiga Teixeira fait partie des élevages portugais découverts lors du cycle français du Printemps des novilladas. Fidèle à l'encaste portugais de Pinto Barreiros, ce fer fit une apparition au cours de la saison 2000 en France lors d'un mini mano a mano organisé à Nîmes entre Patrick Varin et Ruiz Manuel. Ne transmettant plus guère d'émotion lors des corridas à pied, ces toros sont majoritairement combattus à cheval au Portugal. Un exemplaire fut toréé à Saragosse en 2001 par *Andy Cartagena*, qui coupa une oreille méritée. La performance de la saison fut tout de même réalisée par le torero nîmois Stéphane Fernández Méca qui, au cours d'une course particulièrement compliquée, parvint à gagner l'oreille d'un de ses adversaires à Roa de Duero (Burgos). C.C.

VELAMEN (*voilure*). Le cornage pris dans son ensemble.

VELAS (*bougies*). Cornes fines et très droites.

VELETO. Toro dont les cornes sont dirigées vers le haut.

VENTORRILLO El (Francisco Medina-« El Ventorrillo »)
Origine : Juan Pedro Domecq Solís
Devise : vert et blanc
Ancienneté à Madrid : 17 mai 1996

Propriétés : « Robledo de los Osillos » et « El Ventorrillo », Los Yébenes (Tolède)

Luis da Gamma fonde cet élevage en 1885 avec des vaches et des étalons provenant du troupeau de Joaquín Murube. L'éleveur maintient l'encaste Murube en acquérant de nombreux mâles de la même origine jusqu'en 1904. Antonio Pérez-Tabernero achète l'élevage en 1911 et croise le sang initial avec des étalons d'origine Parladé. Huit ans plus tard, il confirme ce choix de sélection en ajoutant au cheptel un lot de vaches ainsi qu'un étalon de Luis Gamero Cívico. L'année suivante, c'est un lot de vaches de la veuve de Tamarón qui vient se greffer sur le troupeau. Amelia Pérez-Tabernero Montalvo prend la direction de l'élevage à la mort de son père, Antonio, et rachète le troupeau d'Isabel Rosa González Martín. Amelia élimine les origines antérieures de sa nouvelle acquisition, modifie le fer et reforme un troupeau avec le lot hérité de son père. Domingo Hernández rachète cet élevage en 1985 avant de le vendre sept ans plus tard à Francisco Medina. Ce dernier modifie à son tour le fer et reforme le troupeau avec un lot de cent cinquante vaches et de quatre étalons de Juan Pedro Domecq.

La France a découvert cet élevage lors du lancement en 1998 des Rencontres internationales des novilleros. Dès l'année suivante, le fer de Francisco Medina est devenu un classique des grandes férias. *Espartaco*, Enrique Ponce et *el Juli* signèrent le 6 juin 1999 à Tolède un triomphe important face aux toros de cette devise. Quelques mois plus tard, lors de la féria péruvienne de Lima, c'est encore *Eugenio de Mora* qui s'illustra en coupant les deux oreilles d'un toro d'El Ventorrillo. La saison 2000 vit la propagation de cet élevage dans les petites arènes, notamment à Yunquera de Henares (Guadalajara) où trois novillos, respectivement combattus par le Mexicain Antonio Bricio et le Vénézuélien Juan José Girón, furent primés d'un tour de piste posthume. Une autre vuelta al ruedo fut accordée au cours de la saison 2001, année qui marqua le retour des toros d'El Ventorrillo dans des arènes de première catégorie. Le 17 juin, à Tolède, José Luis Triviño partagea le triomphe lors de son alternative avec son parrain de cérémonie, Enrique Ponce. Quelques semaines plus tard, c'est l'Arlésien *Juan Bautista* qui put couper une oreille à un exemplaire d'El Ventorrillo sur le sable de Guadalajara. Chez les novilleros, Ricardo Triviño sut mettre en exergue la qualité d'un autre bon lot combattu à Yunquera de Henares et coupa deux oreilles. Antón Cortés coupa enfin une oreille importante le 6 octobre à Madrid, dans le cadre de la féria d'Automne. En 2002, *Rafael de Julia* à Saragosse et Javier Valverde, alors novillero, à Madrid, coupèrent chacun une oreille de poids face à un exemplaire de ce fer. C.C.

VENTURA Antonio. Ce rejoneador portugais commence sa carrière comme cavalier pratiquant en 1981 et son premier succès date du 16 juin 1983 à Prado del Rey quand il coupe les deux oreilles et la queue d'un novillo de Sánchez. Le 23 octobre, il reçoit l'alternative à Salvaterra de Magos, des mains de David Ribeiro Telles en présence de ses fils João et Antonio et du Colombien *Dairo Chica* ; mais pour d'obscures raisons cette alternative fut annulée par le syndicat des rejoneadores professionnels. Il se produisit ensuite en Espagne et reçut une nouvelle fois l'alternative à Campo Pequenho de Lisbonne le 29 mai 1986, avec pour parrain Rafael Peralta et pour témoin *Joaquim Bastinhas*. Il se présente à Madrid le 1er septembre 1985 avec Ángel Peralta et Antonio Vargas face à des toros des fils de Pablo Martínez Elizondo, puis poursuit une carrière honorable, particulièrement en Espagne. J.C.D.

VERDAD (*vérité, vrai, sérieux*). Un *aficionado de verdad* est un connaisseur compétent, rigoureux, qui ne se laisse pas abuser et parle avec respect des toros et des toreros. Un *torero de verdad* est un torero de valeur, sincère. Un *toro de verdad* est un toro ayant de grandes qualités physiques et morales.

La minute de vérité (*hora de verdad*) est le moment de l'estocade, quand le maestro doit totalement s'engager avec sincérité en prenant des risques. R.B.

VERDUGO ou VERDUGUILLO. Épée spéciale utilisée pour descabeller, donner le coup de grâce au toro, plus courte que l'épée de matar et ayant une barrette près de la pointe. Voir DESCABELLER.

VERGÜENZA. Mot ayant deux sens opposés : honneur et honte selon le contexte. Dans l'expression *sin vergüenza*, il signifie « sans vergogne » et s'applique à des toreros qui ne font rien pour combattre leur adversaire. À l'inverse, celui qui a la *vergüenza torera* fait preuve d'une décision, d'un engagement et d'un courage dignes de respect. R.B.

VERISSIMO BETLHA FIALHO Joaquim Manuel Genebra. Né le 2 septembre 1965 à Saotiago, ce Lusitanien se fit remarquer comme « cavalier amateur » en 1980. En 1983, il donne une grande prestation à Vila Franca de Xira face à un novillo de Santa Estevao en présence de David Ribeiro Telles, José Luis Sommer de Andrade, Manuel Jorge de Oliveira, Antonio Palha Ribeiro Telles et Alfonso López. Cette année-là, il se produisit trois fois en France où il réapparut en 1984. Le 10 août 1986, à Beja, il reçoit l'alternative des mains de João Moura en présence de *Joaquim Bastinhas* avec des toros de Valero Crujo Irmãos.

Cavalier élégant et racé, il plaît aux publics et jusqu'en 1994, il participa à de nombreux paséos. J.C.D.

VÉRITÉS EN TAUROMACHIE. L'art enchanté, mais fugitif, de la corrida trace dans l'air du soir des figures aussi vite effacées qu'apparues. Reparcourir l'ensemble de ces figures au moment du coup d'épée exige déjà une reconstitution que les plus passionnés des spectateurs s'emploient à ne pas rendre douteuse. Sur les gradins que le public ne se résout pas à abandonner, revivent les manœuvres inspirées qui évoquent ou invoquent dans le vide jusqu'à ce que la masse du noir toro envoûté impose son fantasme. Tant pis si l'attitude reproduite ne peut se révéler qu'imparfaite ou maladroite ! Comme j'aime cette mimique toujours prête à resurgir chez les taurins, quand ils manient cape ou muleta imaginaires pour perpétuer l'exploit. Peut-être cette gestuelle qu'une identification suscite est-elle la seule vérité qui tienne ?

Le discours critique, s'il se veut efficace, doit se fonder sur l'expérience concrète, naître du vécu. Sinon il verse assez vite dans le dogmatisme, se rassure par la doctrine, se coupe du réel et s'adonne à la théorie. Le propre de trop de commentateurs taurins consiste à s'enfermer dans l'espace de la discussion où les opinions tranchées, les formules catégoriques se réclament de principes intangibles, de sacro-saintes règles, permettent des affrontements oraux plus pittoresques que convaincants, des joutes verbales qui amènent bientôt les participants à ne plus rivaliser de loquacité que pour le plaisir de s'entendre et de clouer le bec à des argumentateurs moins rapides. Trop souvent les feux de l'éloquence n'éclairent plus que le champ clos du langage et n'entretiennent plus qu'un lointain rapport avec celui où se déroule la corrida.

Car décrire une faena, c'est la trahir, à en croire le point de vue des toreros, tel que nous le révèle François Zumbiehl qui constate « l'éternel malentendu entre les professionnels de la plume, avides d'affirmations, et les hommes habillés de lumières, accoutumés à vivre dans un monde d'incertitudes ». Antonio Ordóñez, par exemple, ne se berce d'aucune volonté illusoire de survie. Rien, selon lui, ne permet de recueillir ce qu'un artiste exprime dans l'arène. Critiques et théoriciens multiplient leurs témoignages, mais ils n'empêchent pas que l'on se perde soi-même au terme d'une longue carrière, que l'on devienne un peu plus pauvre chaque jour. Dans *L'Été dangereux* (1960), même Ernest Hemingway ne réussit pas à capter assez des travaux et des jours d'Ordóñez pour apaiser sa nostalgie et disputer son œuvre à l'instant où se dissipent les merveilleuses faenas.

Les fauves ennemis, hostiles, Ordóñez les a oubliés, même s'il a réussi à imposer son ascendant à nombre d'entre eux. Peu lui chaut les toros qu'il n'a pas compris. Un de ses confrères aurait peut-être pu les travailler. Lui-même, un autre jour, en tirer un meilleur parti. Il suffisait d'une bonne douche pour oublier telle bête et son souvenir fâcheux. Sous le jet d'eau, la provisoire réalité du combat s'en retournait au néant. Seuls les fauves du dialogue accordé, des sensibilités un moment confondues, vous donnaient un sommeil agité. Même le coup d'épée final ne vous en délivrait pas. Épuisé par quelque secrète joie, Ordóñez continuait à séduire en songe ce toro dont le rythme de la charge était devenu musique.

Comme Belmonte, Ordóñez nous relate le mécanisme de la corrida en termes érotiques. « Les êtres se cherchent avec des expressions sexuelles qui ne sont pas purement physiologiques. » Des manœuvres analogues préparent une complicité en tout point voisine, sauf que l'appareil génital s'abstient d'y tenir son rôle avec production de l'orgasme. À nous de nous arranger d'une sensibilité qui flotte dans tout ça et qu'Ordóñez identifie à la progression de l'entente entre deux amants.

Luis Miguel *Dominguín*, cet agrégé ès sciences tauromachiques, refuse de rédiger un traité sur la corrida à la demande de son ami Picasso, par honnêteté. Parce qu'il lui faudrait confesser au bout du compte que ça ne sert à rien. Ses cours si complets, souvent trop étudiés, ses conférences que dénonceront ses détracteurs après coup, il ne les prononcera qu'en piste et pour mener l'adversaire à sa guise : « Nul ne peut pénétrer la psychologie d'une personne au moment où elle est en train de toréer. » Luis Miguel prodiguait les conseils pour éviter aux nouveaux promus d'emprunter le chemin de l'infirmerie, et, parce que le fauve n'avait pas de mystère pour lui, il leur indiquait la série d'initiatives adéquates afin de reprendre le dessus. Cette voix si sagace ne s'élevait que dans le combat, stimulée par la proximité du danger et l'urgence de détourner le coup de corne de la bête du corps d'un lourdaud. Ses hypothèses et ses conjectures invariablement exactes avaient très vite dépassé l'enseignement primaire, la connaissance spéculative, et découvert la parade immédiate aux hasards et aux accidents qui surgissaient à chaque seconde. À quoi bon codifier ce qui dépendait trop d'un concours fortuit de circonstances ?

Je m'efforce de rétablir l'enchaînement des passes et d'en restaurer l'édifice sur le sable. Je n'admettrai pas de restituer une faena altérée et son inscription dans l'arène mutilée par l'oubli. Je n'accorderai qu'un très relatif crédit à ces paraphrases de passes, à ces gloses à l'infini, où la corrida subit le lent travail destructeur d'une décomposition qui se veut savante analyse. À cette rhétorique qui prétend accéder à la presque science, à sa suffisance, mieux vaut, si l'on en a les moyens littéraires, opposer une manière de chant profond dont les rythmes trouvent un accord musical consonant à l'harmonie d'une faena, scandent la mesure de ses battements et rendent ses couleurs perdues à une tauromachie trop attachée par l'obscurantisme des censeurs à une police et à des normes rassurantes, dont ronronnent les cerveaux.

Lorsque je souhaite en finir avec le ton supérieur et doctoral en matière de toros, je m'en réfère à ces variations antagonistes et complémentaires qui, ensemble, ont contribué à la richesse du toreo, à son épanouissement, à son perpétuel renouveau, envers et contre tous les esprits sentencieux. Qu'un Marcial

Lalanda n'accorde d'importance qu'à la lidia, la conduite efficace du combat en vertu du métier acquis, quand *el Cordobés* ironise qu'elle sert trop souvent à ne toréer qu'à bout de bras et à maintenir avec le fauve une distance comme de Cordoue à Madrid, bien ! Deux époques s'affrontent et *el Cordobés* ne déteste pas jouer les provocateurs. Mais voici Antonio Ordóñez qui ne croit pas à la domination : « Le torero dominateur, un conte ! » Mais voici Camino qui prétend qu'on ne ralentit pas un fauve et que le temple, ce temps qui paraît suspendu, ça n'existe pas, alors que Pepe Luis Vázquez et *el Viti* expriment l'opinion contraire et se montrent très convaincants. « Les nerfs se relâchent et la bête se détend à mesure, comme une personne anxieuse que l'on calme. » Continuons ! L'un, Pepe Luis, préfère provoquer son adversaire à distance et lui donner plus de champ afin qu'il accoure et se grandisse ; l'autre, Luis Miguel admet que cette manière peut être belle, mais qu'on se contente d'accompagner la bête, de jouer avec ses assauts, au lieu d'aller au-devant d'elle et de la vaincre dans son terrain.

Lorsque *Manolete* dénonce la position de trois quarts et le cargar la suerte, où l'on doit avancer la jambe de sortie en plein élan du toro pour dévier sa charge comme une facilité abusive (une *ventaja*), Domingo Ortega s'en veut le champion et y décèle le fin du fin de l'art. Chaque torero plaide sa propre cause et prêche pour son saint. Solennel et presque hiératique, *Manolete* a le goût et le besoin des gestes économes, des attitudes épurées, de la simplicité de lignes qui en découle. Ortega, toujours magistral, rêve de l'éclipser, mais déjà se contente d'indiquer un léger trois quarts avant la charge de l'animal. Nulle des trois positions classiques du toreo : de face, de trois quarts et de profil, et les postures intermédiaires, n'a le privilège exclusif de la beauté ni de la maîtrise. Si, pour dominer le fauve, il fallait charger la suerte selon les canons, Guillermo Sureda ironise à peine, dans *Tauromagia*, quand il déclare tout net que personne ne dominerait, parce que personne aujourd'hui ne la charge de cette façon. Et naguère ? Et jadis ? L'écart brusque, à leurre tendu, du toreo des années 1900 qui avait pour effet de rejeter très loin la bête, en quoi comblerait-il nos neuves exigences ? Ne pas oublier que *Joselito* à ses débuts fut surnommé *Pasos-Largos*, c'est-à-dire grandes enjambées !

Manolete escamotait-il la moitié de la passe ? Juanito Belmonte fils n'en démord pas : « Il possédait une immense personnalité, un courage et un point d'honneur hors du commun, mais il a réduit la passe naturelle et supprimé son premier temps. Mon père avançait la muleta jusque sous le mufle de l'animal et l'attirait à lui ; *Manolete*, profilé, l'étoffe au niveau de la hanche, se contentait de le recevoir sans broncher. Cela lui était plus commode d'enchaîner ses séries, puisqu'il n'exécutait que des demi-passes. Il s'agit là d'une mutilation qu'on a fait subir au toreo. » « Foutaises ! La difficulté consiste à attendre l'assaut. Le leurre reste en retrait, mais on doit en jouer avec une précision telle qu'on s'arrache l'adversaire du corps. N'importe qui peut avancer l'étoffe, ce qui gagne deux mètres. L'animal n'y voit que du bleu puisque l'homme reste couvert. Seul l'appel du toque, ce frémissement imprimé à la muleta par Manolete, lui permettait de se dégager des cornes à l'ultime seconde. » *El Cordobés* se montre très convaincant lorsqu'il célèbre les mérites de celui dont il adapta le toreo à son génie protéiforme.

Pour Manolo Vázquez, au contraire, il ne s'agit plus que d'une espèce de prestidigitation par quoi l'on se contente d'indiquer une sortie au fauve avec la muleta qui fixe son regard en arrière de l'homme dont le corps s'efface. On se trouve tout de suite débarrassé de la charge que l'on oriente sur un axe parallèle. Passez muscade !

« Méfie-toi de ces théories. » Luis Francisco Esplá ne cache pas que le fauve fixe les règles. Au torero de déterminer les traits dominants de son caractère. Si la bête est mauvaise, il lui appartient de s'escamoter par virevoltes habiles et entrelacs malicieux. Le temps d'une rencontre dans une taverne, on apprend de leur bouche quels songes habitent ces êtres de chair, que trop de chroniqueurs réduisent à ne figurer que l'incarnation ou la parodie d'un style, des sortes d'abstraction ou des pions sur un échiquier. Leurs voix diverses nous parlent d'une dure vie à étreindre et de sa transfiguration par la fête.

On change de position, on varie les plaisirs. Le chemin du septième ciel, aucune flèche ne le désigne, on le découvre pour son propre compte. Il me semble au bout de tant d'années qu'il ne pouvait en aller différemment avec mon bonheur tauromachique. Je le prends où il me trouve, au moment le plus inattendu et je ne me l'explique qu'après. Je suis tenté de l'identifier, mais je sais qu'il me surprendra toujours. Ce spasme, ou cette transe, qui dresse une foule couronne volontiers l'espèce de sortilège qu'exerce l'artiste en train de se confier sans réserve. Pareil soulèvement de tout l'être, où il arme la passe et assume pleinement le sort, il n'existe pas de positions qui n'y puissent conduire.

Décoiffé par le fauve, avec sur soi une odeur de bouse et de sang, *el Cordobés* s'applique à briser tous les moules et nous arrache aux formes fixes. Ce qu'on lui voit accomplir aujourd'hui sera changé demain. Aucune plume ne saura rendre compte de son défi dionysiaque à la sagesse et à la pondération. Mais il lui faut reprendre sans trêve ni répit ce chemin qui mène à la distance idéale du sitio, du meilleur emplacement où le conflit s'apaise, fouler des terrains incroyables afin de parvenir très près du point d'eau et goûter là une extraordinaire fraîcheur. Y atteindre lui a presque coûté la vie, mais les accrochages cessèrent et ce fut comme se promener dans un jardin en compagnie du fauve et, dès les premières passes qui se voulaient irrésistibles, nouer amitié.

Hors du sitio, ce point magique, ce lieu choisi où le leurre aimante le fauve, tout le reste est abstraction, cheveux coupés en quatre, question de goûts et de couleurs, voire pédantisme. La promptitude d'*el Cordobés* à s'en emparer traduisait une sensibilité exacerbée aux promesses de l'événement, un don d'espoir admirable et l'on assistait à une suite ininterrompue d'actions réussies en prise directe avec le public. J.M.M.

VÉRONIQUE. La passe de base à la cape, celle qui est la plus classique et la plus esthétique.

Comme toutes les passes, la véronique a évolué et s'est transformée. Au milieu

Véronique

du XIXe siècle, Oduago-Zolarde la décrit ainsi : « Suerte a la verónica : Sorte de passe avec la cape qui consiste à faire renvoyer le taureau au moyen de la cape, dans le moment où il donne l'hachazo. Cette passe est facile, de beaucoup de goût et du plus bel effet. Pour l'exécuter, il faut que le taureau soit en ligne parallèle avec la barrière et à une distance moyenne. Le torero se placera en face de l'animal, de manière que ses pieds soient dans la même ligne que les pieds du taureau. Après l'avoir provoqué, il l'attendra de pied ferme, et quand le taureau se trouvera dans son terrain, il exécutera la passe avec la cape en l'abaissant autant que possible. En tirant les bras, on l'exécutera de telle sorte que l'animal, après l'hachazo, reste dans une posture droite et convenable pour faire une deuxième passe s'il revient à la charge. Quand le toro sera revoltoso (remuant, agité), le péon lèvera un peu plus la cape à la fin de la passe et fera quelques pas en arrière afin d'être toujours armé et disposé à recevoir l'animal quand il se retournera. Cette passe est facile à exécuter avec des toros boyantes (nobles, francs) et revoltosos ; ceux qui gagnent du terrain demandent un peu plus de précaution. » Ainsi, dans la première manière, cape déployée à mi-hauteur, le toro sortait rapidement, et dans la deuxième manière, comme les bras tendus se levaient, le toro sortait en bondissant pendant que le torero pivotait sur la pointe des pieds pour donner toute son amplitude au mouvement des bras, se retrouvant ainsi de face pour citer une autre passe. C'est Belmonte qui en modifia l'exécution. Dans le toreo de cape, il imposa un geste plus bas, avec le bras de sortie donnant seul l'amplitude à la cape, ne se levant qu'à la hauteur de l'épaule, l'autre l'accompagnant. Il en résulta une passe plus épurée dans laquelle le toro défile totalement devant le torero. Progressivement, par sélection, les toros ayant acquis plus de noblesse et de bravoure, les maestros donnèrent des passes plus basses dans lesquelles le toro met davantage la tête dans la cape. Certains toreros, plus tard, donnèrent la passe en citant de profil, pieds joints, bras tombés : véronique en parón, d'un très bel effet esthétique mais sans grande influence sur la trajectoire du toro.

Actuellement, pour exécuter la véronique, le matador cite de trois quarts face, les pieds séparés, parce que cette attitude lui permet de mieux accompagner le geste, le corps tournant davantage car, du début à la fin de la passe, il pivote sur lui-même en gardant les pieds dans la position où ils étaient au moment du cite. La jambe sur laquelle il torée doit être avancée : jambe gauche si l'attaque du toro vient de sa droite, la sortie étant sur sa gauche, jambe droite à l'inverse. Si la passe est donnée du côté droit, toro venant de la gauche, main droite directrice, quand le toro arrive à environ un mètre, le torero lui donne d'abord le leurre par une petite projection en avant, au moment où il le déploie, pour inciter le toro à embestir, puis il ouvre le bras droit, le lève à mi-hauteur et le tire vers l'extérieur en adaptant sa vitesse au rythme du toro pendant que le bras gauche se replie vers la hanche droite, en synchronisation. Lorsque le toro sort du leurre, le torero avance la jambe gauche d'un pas en avant et place le leurre pour enchaîner avec la véronique suivante, le toro venant alors de la droite, la passe est donnée de la main gauche. Ainsi assiste-t-on à une série de véroniques enchaînées et templées du plus bel effet, dominatrices et esthétiques. Il est certain que le matador doit, à chaque passe, gagner du terrain sur le toro et non l'inverse, ne pas tricher en reculant la jambe arrière pour donner l'impression qu'il exécute correctement la passe. C'est la passe de réception la plus usitée mais aussi la plus difficile d'exécution car elle exige une parfaite synchronisation de tout le corps. Elle est généralement exécutée en début de lidia mais peut être reprise au cours du quite, en particulier pour tester la charge du toro qui sort des rencontres avec le picador.

Demie véronique

La demie véronique est la passe de conclusion d'une série : il s'agit d'une véronique tronquée. Commençant exactement comme une véronique, le matador, à mi-passe, replie le bras directeur vers son corps, incliné vers la hanche, de manière que la cape fasse un mouvement circulaire court qui oblige le toro à tourner sur lui-même pour suivre le leurre, arrêtant ainsi sa charge et permettant au torero de s'éloigner, le toro restant fixé. R.B.

VÉTÉRINAIRES. Les vétérinaires ont un rôle très important en tauromachie. Ce sont eux qui contrôlent le livre des naissances de la ganaderia et délivrent le certificat initial lors de l'embarquement des toros à l'élevage, avant le plombage des cajones de transport. À l'arrivée, les vétérinaires, après réception du camion et enlèvement des plombs et des cajones par l'autorité, examinent les toros lorsqu'ils se trouvent dans les corrals. Ils donneront donc leur avis sur l'état de santé apparent des toros et lors de la réunion de la commission. Si un toro est blessé dans le transport ou le débarquement, ce sont eux qui le traitent et décident de son aptitude à combattre. Après la corrida, ce sont les vétérinaires qui examinent le toro pour donner l'autorisation de la mise en vente de la viande, si aucune maladie (tuberculose en particulier) n'est décelable. Ils veillent à la propreté des locaux et à leur désinfection. R.B.

VIC-FEZENSAC (France. Auch 30 km – Mont-de-Marsan 75 km). Cette petite ville de moins de 5 000 habitants possède une arène qui peut recevoir 7 000 spectateurs et qui se remplit lors de la féria annuelle de Pentecôte. La construction décidée en 1930 et réalisée rapidement, la plaza est inaugurée les 20 et 21 septembre 1931 par des courses landaises. Dès 1932, on y organise des corridas de toros bravos, mais auparavant, on n'avait vu à Vic que trois courses espagnoles : en 1894, *Minuto* face à quatre taureaux camarguais ; en 1904 *Canario* encore face à quatre camarguais ; et en 1921, Louis Piston et Marius Campanier, matadors marseillais, face à six novillos de Durand. À Vic se produisirent de grandes vedettes telles que *Armillita*, *Gitanillo de Triana*, *el Estudiante*, Lalanda, Manolo *Bienvenida*, Antonio *Bienvenida*, Aparicio, *Litri*, Ostos, Diego Puerta, Ruiz Miguel et les Français *Nimeño II*, Richard Milian et Denis Loré. La piste étant petite, on ne peut y faire entrer qu'un seul picador, et les Vicois recherchant le toro-toro, fort en tête et avec du poids, les rencontres sont plus impressionnantes que dans une piste de grandes dimensions. R.B.

VIDRIÉ GÓMEZ Manuel. Né à Torrelaguna près de Madrid le 8 octobre 1942, il se présente à Las Ventas le 22 octobre 1961 face à un toro d'El Pizaral, en compagnie de Mariano Cristóbal, Antonio Moreda, José María López Ferrera, Agustín García Mier et Francisco Mancebo. Il connaît un grand succès à Cuenca en 1971 en coupant les deux oreilles et la queue d'un toro d'Amelia Pérez-Tabernero.

En 1972, il entre dans la fameuse équipe des rejoneadores des « Cavaliers de l'Apothéose » : Álvaro Domecq et les frères Peralta.

Le 3 juillet 1972, à Burgos, il coupe quatre oreilles et une queue à des toros de la ganaderia de Los Remedios. En 1973, il signe 45 contrats ; 65 en 1975, 62 en 1977. En 1978, il obtient le trophée *Caballero de Plata* de la féria de Jerez. En 1979, pour la San Isidro, la casa Córdoba lui attribue le prix Antonio Cañero. En 1980, il participe à soixante corridas et fin 1981, il part en Amérique après avoir coupé deux oreilles d'un toro de Galache dans les arènes de Collioure. Durant la temporada hivernale, il coupe deux oreilles à un toro de Chiquizongo le 14 novembre 1982 dans la plaza de Acho. Il remporte le trophée de la Real Maestranza de Séville en 1982 et il triomphe dans les plazas de Jerez, Chinchón, Murcie, puis termine l'année 1983 avec 59 courses, 64 en 1984 dont une triomphale le 26 mai à Las Ventas de Madrid d'où il sort en triomphe en ayant coupé quatre oreilles à des toros d'Antonio Ordóñez avec Javier Buendía. Le 13 juillet, il est à Méjanes avec Ángel Peralta, Oliviera, Moura, Luc Jalabert et Gerald Pellen. Il remporte le Rejón d'or face à du bétail de Moreno Pidal. À Cascais au Portugal, le 22 juillet, il fait cinq vueltas al ruedo après avoir lidié en compagnie d'Emilio Pinto et Jorge Oliveira du bétail de Murteira Grave. En 1985, il est handicapé par une hernie discale, ce qui ne l'empêche pas de triompher le 10 mars à Valence lors d'un mano a mano avec Álvaro Domecq face à du bétail de Luis Algarra. Le 14 juillet, il remporte à nouveau le Rejón d'or de Méjanes en compétition avec Domecq, Moura et Vidrié face à des toros de Manuel Veiga. Il termine la temporada avec 59 contrats et 42 en 1986. Le 30 mai 1987, il triomphe dans l'unique corrida de rejón de la San Isidro qu'il lidiait en compagnie de *Curro Bedoya*, João Moura et Javier Buendía, face à du bétail de Luis Albarrán, en coupant une oreille seul, puis une autre avec Buendía. Il effectuera 31 paséos lors de cette temporada.

En 1988, il est à Valence le 19 mars, puis à la féria de Jerez le 12 mai, seul face à six toros. Deux fois à Madrid sans succès et une autre à Cordoue le 29 juin. Il participe à 29 corridas en 1989, qu'il débute à Castellón. Le 3 juin, il est à Las Ventas en compagnie de Javier Buendía, Antonio Correas, Ginés Cartagena. En 1990 et 1991, il participe à vingt et une corridas. En 1992, il ne peut se produire à cause d'une lésion. Il fait exception le 20 septembre à Madrid pour la corrida donnée en hommage à Ángel Peralta. En 1994, il participe à la traditionnelle corrida de Ronda. Cavalier d'exception, remarquable lidiador, Manuel Vidrié a atteint les sommets au cours d'une longue carrière d'une très grande tenue.

J.C.D.

VIENTO VERDE

Origines : Murube-Urquijo et Juan Contreras

Devise : blanc

Ancienneté à Madrid : 19 septembre 1981

Propriétés : « La Seigneurie », Vicq-Exemplet (Indre, France), « Les Clodis », Maillet (France), « Venta la Negra », Puebla del Río (Séville) et « Cartacho », Alconchel (Badajoz)

María Gajate hérite en 1948 d'une part de bétail après la division de l'élevage de son mari, Alicio Cobaleda Marcos. Deux ans plus tard, Manuel González Cebello lui achète cette part avant de la vendre en 1952 à Manuel Camacho Naveda. Ce dernier insère au cheptel un lot de vaches ainsi qu'un étalon issus de l'élevage de Juan Guardiola Soto en 1954. Un autre lot de Javier Molina Domínguez intègre le troupeau en 1965. L'année suivante, Carlos Melgarejo Osborne fait l'acquisition de l'élevage et y ajoute des vaches de Clemente Tassara et Ramón Sánchez. Le troupeau s'enrichit encore en 1968 et 1969 de vaches et d'étalons de Carlos Urquijo. Carlos Melgarejo Osborne modifie le fer en 1972 après avoir inséré dans le troupeau de nouveaux lots de vaches de Rafael Peralta Pineda. L'année suivante, c'est justement la famille Peralta, *via* sa société anonyme Viento Verde, qui rachète la totalité de l'élevage.

Second fer des frères Peralta, l'élevage de Viento Verde est implanté sur plusieurs domaines en France. Les produits issus de ce fer sont toutefois moins réguliers que leurs frères de Peralta, de pure origine Contreras. Parfois plus faibles et réservés, ils demandent un effort important aux toreros qui viennent les défier. Principalement combattus dans des arènes de seconde zone, ils sont régulièrement à l'affiche des arènes françaises lors de corridas équestres ou formelles. Denis Loré remporta en 1999 un beau triomphe face à cet élevage lors de la féria de la Saint-Étienne, à Istres. L'année suivante, Loré n'eut pas la même réussite à Palavas, desservi par le jeu des toros, et la seule oreille de l'après-midi revint à un autre Nîmois, Stéphane Fernández Méca. La saison 2000 fut par ailleurs marquée par un bon lot combattu à cheval dans les arènes d'Antequera (Málaga). *Andy Cartagena* triompha également avec ce bétail en 2001 lors de la corrida en hommage à son oncle, traditionnellement organisée au mois d'août aux Saintes-Maries-de-la-Mer. C.C.

VILLAMARTA
Origine : Marqués de Villamarta
Devise : vert bouteille et vieil or
Ancienneté à Madrid : 22 avril 1921
Propriété : « Las Casitas », Puebla de Guzmán (Huelva)

Cet élevage est formé en 1914 par Álvaro Dávila y Agreda, marquis de Villamarta, avec du bétail de Murube, Urcola, Medina Garvey et des étalons de Parladé. Dávila ajoute par la suite du bétail du Conde de Santa Coloma. L'élevage est divisé en 1941 à la mort du marquis et l'un des lots revient à son fils, Álvaro Dávila Garvey. Celui-ci s'éteint en 1972 et l'élevage est mis au nom de ses héritiers. La société anonyme Garcibravo rachète le troupeau en 1980 tout en conservant le fer, la devise et les autres signes distinctifs de l'ancien élevage du marquis de Villamarta. Seize ans plus tard, l'élevage est rebaptisé « Villamarta » et un nouveau lot de vaches, de pure origine Villamarta, marquées du fer des héritiers de Manuel Álvarez, intègre le troupeau.

Nom mythique dans l'histoire des encastes espagnols, l'actuel élevage de Villamarta continue de satisfaire bon nombre de toreros. Un lot remarquablement présenté et doté d'indéniables qualités de bravoure et de mobilité permit à Denis Loré et Antoní Losada de triompher lors d'une bonne corrida organisée au cours de l'été 2000 à Palavas. L'année suivante, le lot programmé dans les mêmes arènes s'avéra beaucoup plus faible et limita les bonnes performances de Denis Loré et d'*el Fandi*. Porteurs du sang et du fer de l'ancien élevage du marquis de Villamarta, les toros à la devise vert bouteille et vieil or se caractérisent en piste par une grande mobilité dans les trois phases du combat et une capacité de transmission croissante à la muleta. Régulièrement présents à Séville lors des novilladas du début de l'été, les autres lots de Villamarta sont généralement combattus par des toreros de tous horizons. On les retrouve surtout dans les arènes espagnoles de troisième catégorie : au début de la saison 2000, Denis Loré coupa d'ailleurs une oreille à Iniesta (Cuenca). L'année suivante, *Jesulín de Ubrique* (une oreille) et son frère, Víctor Janeiro Bazán (trois oreilles) remportèrent un grand triomphe à Fregenal de la Sierra (Badajoz). C.C.

VIÑA Rafi de la.
Voir JIMÉNEZ MINGO Rafael.

VINHAS (Mario y Herederos de Manuel Vinhas)
Origine : Conde de Santa Coloma-Joaquín Buendía
Devise : vert bouteille et vieil or
Ancienneté à Madrid : 25 juin 1972

Propriété : « Herdade do Zambujal », Aguas de Moura (Portugal)

La famille Andrade fonde cet élevage en 1930 avec du bétail de Soler et d'Alves do Río avant d'ajouter par la suite des étalons de Pinto Barreiros et Domingo Ortega. Un lot de vaches et un étalon d'Antonio Urquijo intègre le troupeau en 1953. Onze ans plus tard, l'élevage est vendu à la famille Vinhas qui modifie le fer et achète à Joaquín Buendía un lot de vaches ainsi qu'un étalon de pure origine Santa Coloma. La famille Vinhas confirme ce choix de sélection en faisant l'acquisition d'un nouveau lot de Buendía en 1966.

L'élevage portugais de Vinhas fait partie des fers qui ont sonné le retour au premier plan de Stéphane Fernández Méca. Le torero nîmois signa en effet en 1995 une faena importante face à un toro de cet élevage lors de la féria de la Saint-Étienne, à Istres. La continuité des charges propre à l'encaste Buendía-Santa Coloma permit au Nîmois de se remettre sur les rails du succès. Pourtant, l'élevage est tombé dans un certain anonymat depuis quelques saisons. C'est désormais au Portugal que la famille Vinhas vend l'essentiel de ses produits lors des traditionnelles corridas équestres. L'élevage livra d'ailleurs un lot exceptionnel en 1999 dans les arènes de Campo Pequenho, à Lisbonne, lors d'un très grand mano a mano entre les stars du rejoneo, João Moura et Pablo Hermoso de Mendoza. C.C.

VISION DU TORO. Le toro n'est pas incité à charger à cause de la couleur rouge de la muleta qui exciterait sa colère. C'est une vieille légende dont on trouve déjà la trace à la fin du XIXe siècle dans la célèbre mise en garde populaire : « Enfants, voici les bœufs qui passent / Cachez vos rouges tabliers ! »

Le leurre serait-il vert (couleur imposée par la SPA américaine lors d'un spectacle taurin donné au Madison Square Garden dans les années 1930) ou à damier, la charge restera identique. Dans les ganaderias, les cavaliers sont affirmatifs : avec des toros contestataires ou de mauvaise humeur, ils remarquent plus de manifestations d'hostilité quand ils montent des chevaux blancs qu'avec des chevaux alezans (rouge brunâtre).

Les toros peuvent présenter des défauts de vue qu'on classera en trois catégories :

- *La myopie* : mauvaise vue de loin, impose au torero un travail de près.
- *L'hypermétropie* : le toro voit bien de loin mais a une vision confuse de près, ce qui parfois le pousse à freiner sur les deux derniers mètres de sa charge et même à arrêter celle-ci puisque tout se brouille « au près ».
- *L'amblyopie* : vison normale d'un œil et plus ou moins déficiente de l'autre. Ce qui théoriquement impose au torero de ne travailler son adversaire que d'un côté. Mais comment s'en rendre compte assez rapidement sans être tenté de mettre ce défaut sur le compte d'un comportement moral suspect (sentido par exemple) ?

En revanche, un toro ne peut être presbyte à l'âge où il sort en corrida, la presbytie étant une affection due à l'âge et ne pouvant frapper l'animal qu'à partir de huit ou neuf ans. Tout toro présentant un défaut manifeste au niveau de la vision représente donc pour le torero un grave danger sans rapport avec les servitudes normales de son art. Il doit impérativement être écarté.

On considère traditionnellement que parmi les toros dont la vue est affectée, les myopes sont, toutes proportions gardées, les plus faciles à toréer puisqu'ils voient bien le leurre. Mais ce genre de toro devient plus dangereux quand on lui donne de la distance. Un toro myope est donc un animal qu'il convient de *citar sobre corto* (toréer de près).

Les toros hypermétropes sont beaucoup plus dangereux : voyant mal de près, en arrivant à proximité de la cape ou de la muleta ils perçoivent des images confuses se superposant sur leur rétine, ce qui provoque des derrotes inattendus et apparemment inexplicables.

Une vue insuffisante peut donc avoir des répercussions sur la bravoure réelle du toro, son handicap ayant pu le rendre méfiant au campo.

De par l'implantation très latérale de ses yeux, certains auteurs prétendent que le toro présente devant lui un cône aveugle, de 100 cm de long pour les uns, 40 cm pour les autres. D'autres encore nient son existence. Difficile de prendre parti. Le torero, qui par prudence bien légitime torée généralement sur l'œil contraire, semble cependant accréditer sinon la thèse du cône aveugle du moins celle de deux visions distinctes : une vision droite et une vision gauche fonctionnant en parallèle pour ce qui est éloigné, et devenant sélective, mono-oculaire, pour un objectif de proximité.

Autre élément à prendre en considération : lors de la faena de muleta, il peut arriver de voir un toro reculer d'un pas ou deux lors d'un cite puis charger dans un deuxième temps. Et ce phénomène peut se répéter à chaque cite. Apparemment, ce toro serait subitement devenu bronco, tardo, réservé, alors que jusque-là (séquence de cape, tercio de piques, de banderilles) il avait été allègre et clair. En fait, prétendent certains éleveurs, si ce toro se comporte ainsi avant de charger, c'est parce qu'il a un problème lié à sa vision de près : il recule parce qu'avec deux ou trois mètres de retrait il voit mieux ce qu'il a devant lui, son objectif devient nettement défini et dès lors il charge plus volontiers, réflexe qu'il a inconsciemment acquis au campo. Ce réflexe peut se confirmer si le torero, croyant améliorer la situation, commet l'erreur de se rapprocher des cornes pour un autre cite, provoquant un nouveau recul du toro. Un torero avisé fera l'inverse : il s'éloignera du toro pour un cite plus lointain, et neuf fois sur dix le toro répondra correctement. Au torero de donner par la suite la bonne distance au toro.

Les vétérinaires semblent tous d'accord : le toro bravo est très hypermétrope, il a une vision très nette de ce qui est éloigné mais floue pour ce qui est près de lui. Cela expliquerait ces changements de comportement apparemment curieux en cours de faena quand le torero se rapproche.

Une dernière précision, même si statistiquement leur importance est infime et généralement réservée aux spectacles qualifiés de mineurs : on n'insistera jamais assez sur l'hérésie que constituent les courses dites de nuit. Outre la sorte de décalage horaire imposé à l'animal dont on perturbe le cycle, ce qui modifie son caractère donc son comportement, sa vision parfois approximative de jour le devient encore plus à la lumière électrique. Dans ce genre de spectacle, le torero, comptant sur l'ouïe particulièrement fine du toro, est obligé de compenser la distraction de son opposant en le citant beaucoup plus de la voix pour déclencher sa charge. P.M.

VISTA. Un torero qui « a de la vista » sait très rapidement juger des qualités et des défauts d'un toro afin d'adapter la lidia qui convient, sachant que les réactions de l'animal se modifient constamment au cours du combat. Souvent, dans une cuadrilla, c'est un subalterne très expérimenté qui fait part de ses remarques au torero. R.B.

VITI el.

Voir MARTÍN SÁNCHEZ Santiago.

VITORIA (Espagne. Madrid 350 km – Bilbao 65 km). À l'origine petite bourgade wisigothe au sommet d'une éminence, fortifiée en 1181 par le roi de Navarre Sanche VI, la cité s'étend progressivement, comme en témoignent les monuments du centre ancien et la cathédrale du XIe siècle reconstruite au XIVe siècle. Aujourd'hui, la ville compte 253 000 habitants.

La première plaza, inaugurée le 5 août 1851 par *Cúchares* et son frère *el Lavi* face à des toros de Marqués de Gaviria, recevait 8 500 personnes. *Lagartijo* et *Frascuelo* y combattirent la dernière corrida de toros de Laffitte en 1889. Le 2 septembre 1890, on inaugurait un nouvel édifice de 6 500 places, avec des toros de Félix Gómez combattus par *Lagartijo* et Ángel Pastor. La plaza a été améliorée et agrandie jusqu'à 11 000 places. R.B.

VIVIDORES. Désigne les profiteurs de la corrida, quémandeurs en tous genres, parasites qui s'incrustent dans l'entourage du maestro ainsi que les personnes détenant un pouvoir (tels que journalistes corrompus, médecins à la solde, vétérinaires sans scrupules, notabilités qui acceptent les cadeaux) et vivent aux dépens des matadors. Ils évoluent dans le cercle des toreros vedettes. R.B.

VOLAPIÉ. Manière de tuer les toros que l'on pense avoir été imaginée par *Costillares* pour tuer les toros qui étaient totalement amorphes. À la fin du XVIIIe siècle, on tuait a recibir, sauf si le toro, épuisé par les piques, ne pouvait encore charger. La faena de muleta était réduite à quelques passes de placement pour faciliter l'entrée a matar, puis le matador se profilait, citait et attendait immobile la charge, plaçant l'épée et esquivant. Si le toro n'attaquait plus, il se jetait sur lui en plaçant l'épée comme il le pouvait. Dans le cas extrême, on lâchait des dogues, chiens puissants qui assaillaient le toro de tous côtés et qui, malgré les nombreux blessés, arrivaient à saigner l'animal. On employait aussi un autre procédé tout aussi déloyal : des hommes de piste armés de très longues perches terminées par une sorte de faucille très aiguisée, la demi-lune, approchaient du toro et lui sectionnaient les tendons du jarret des pattes. Le toro tombait au sol où il était achevé, d'abord avec l'épée s'il donnait encore des coups de tête dangereux, ou au poignard, ancêtre de la puntilla. Afin d'éviter ces spectacles indignes, mais qui ne manquaient pas de faire la joie des spectateurs, *Costillares*, reprenant le principe de l'épée placée en se jetant sur le toro, aurait amélioré la technique et mis en place l'estocade a volapié. Il s'ensuivit que le matador put commencer à donner davantage de passes de muleta, car il n'était plus obligé de conserver de la puissance à son adversaire. Mais les faenas restèrent très réduites jusqu'à la fin du XIXe siècle et, lorsqu'un matador parvenait à aligner une dizaine de passes à peu près rythmées à un toro, la corrida était considérée comme exceptionnelle.

Le volapié est désormais couramment utilisé car les toros ont pris plusieurs dizaines de passes qui les ont affaiblis. Pour l'exécuter, le matador se place de trois quarts face au toro, à une distance de quatre à cinq mètres, de façon qu'il puisse effectuer trois pas dans son élan, au moment où il déclenchera l'embestida du toro. Ensuite, il lie la muleta sur le palillo pour en réduire la surface et garder l'attention du toro bien centrée. Il attire la vigilance de l'animal en soulevant lentement le palillo pendant qu'il se place, main droite à hauteur du menton pour bien viser le point de placement de la lame, puis descend la muleta, la projette en avant pour provoquer la charge pendant qu'il s'élance droit sur le toro, met la muleta sous le mufle pour provoquer l'embestida maximum, tout en croisant le bras gauche vers la sortie à droite, s'engage dans le prolongement de la lame et bascule avec effacement de la jambe droite, tout le corps étant porté sur la jambe gauche et, pour certains, sur le pommeau de l'épée. Il faut une synchronisation excellente entre tous ces temps successifs qui, en fonction des mouvements du toro, vont être modifiés pour adapter le déplacement du torero.

Pendant l'exécution, le matador quitte les cornes des yeux, car il doit regarder le point d'entrée de la lame et, si le toro dévie sa charge, il ne peut rectifier sa trajectoire. Ce qui en fait le moment le plus difficile et le plus dangereux de la tauromachie, beaucoup de toreros se faisant prendre en l'exécutant. R.B.

VOLTEAR (*voltiger*). Quand le toro accroche le torero avec sa corne sans qu'il y ait blessure, celui-ci est projeté et fait une pirouette aérienne, généralement sans gravité. Mais il arrive que le torero retombe lourdement sur la tête, ce qui peut provoquer la fracture des vertèbres lombaires, entraînant la paralysie totale, comme ce fut le cas pour *Nimeño II* à Arles et pour Robles à Béziers. R.B.

VOYAGE toréer sur le. Donner des passes sans s'imposer, en profitant seulement de la trajectoire naturelle du toro.

VUELTA. Tour de piste. Voir TROPHÉES.

VUELTA DE CAMPANA. Lorsqu'un toro met bien la tête dans le leurre, en particulier la cape, il arrive souvent qu'il bloque ses cornes dans le sable de la piste et, emporté par son élan, fasse une lente cabriole et s'étale lourdement sur le dos. Cette cabriole a des conséquences importantes pour la suite de la lidia car le toro en sort considérablement diminué. On dit d'ailleurs « qu'une campaña vaut une forte pique ». Les toros qui font montre de beaucoup de noblesse sont les plus sujets à cette aventure. R.B.

Y-Z

YEMA (*crème*). Point idéal où l'épée pénètre sans obstacle, comme dans du beurre.

YERBA.
Voir HIERBA.

YERBABUENA
Origine : Pedrajas-Juan Pedro Domecq-Carlos Núñez
Devise : blanc et bleu
Pas d'ancienneté à Madrid
Propriété : « Dehesa Yerbabuena », Castilblanco de los Arroyos (Séville)

Propriété de la chanteuse Rocío Jurado et de son mari le matador José Ortega Cano, cet élevage andalou situé à Castilblanco de los Arroyos (Séville) a été formé par ses actuels propriétaires à partir de l'achat de l'élevage de Guardiola Domínguez. Il provient donc de l'ancienne ganaderia de García de Pedrajas héritée par Magdalena García Natera, dont Manuel Guerrero Palacios acquit certaines bêtes avant de les revendre, en 1946, à Salvador Guardiola. En 1995, l'élevage est acheté par Rocío Jurado et José Ortega Cano qui modifient le fer et augmentent le cheptel avec un lot de vaches en provenance de la ganaderia Jandilla. En 1997, un autre lot de vaches originaires de l'élevage de Luis Algarra a été ajouté. Le 28 février 1999, le novillo *Tanguisto*, appartenant à l'élevage de Yerbabuena, a été gracié dans les arènes de Nîmes après avoir été toréé par le novillero français Jean-Baptiste Jalabert *Juan Bautista*. R.A.

YIYO.
Voir CUBERO SÁNCHEZ José.

YONNET Hubert
Origine : Pinto Barreiro
Devise : vert et blanc
Ancienneté à Madrid : 4 août 1991
Propriété : « La Bélugue », Salin-de-Giraud, France

Cet élevage fondé à la fin du XIXe siècle par Joseph Yonnet, avec du bétail du vicomte Laborde Caumont, est incontestablement le plus célèbre et le plus titré des élevages français de toros de combat. Joseph Yonnet fut le premier à introduire le sang espagnol en France lorsqu'en 1869 il acheta six vaches à Nazario Carriquirri.

En 1871, ce sont dix-huit vaches et deux étalons des frères Flores qui viennent grossir l'élevage Yonnet. Au fil des années, plusieurs autres bêtes originaires d'élevages espagnols arrivent en Camargue : en 1873, un étalon de Ripamilan ; en 1876, un étalon de Miura ; et en 1878, un étalon issu d'un élevage fixé à Colmenar Viejo. Carriquirri fournit un nouvel étalon en 1880. Les frères Flores feront de même en 1883 et, en 1886, on relève l'arrivée d'un Veragua. En 1890, le propriétaire achète six vaches de Lizazo et Zalduendo (origine Lecumberri).

Lorsque Joseph meurt en 1895, ses fils Valentin et Christophe poursuivent l'œuvre entamée. En 1910, ils achètent des vaches de Lizazo, Ripamilan et Carriquirri. Au décès de Christophe, son frère vend l'élevage à la compagnie Alais, Forges et Camargue qui deviendra la société Pechiney. En 1939, Christophe II, petit-neveu de Valentin, rachète l'élevage après l'avoir dirigé pendant plusieurs années pour le compte de la société. Tout ce bétail était de race dite « croisée » car les vaches de race Camargue avaient, elles aussi, les faveurs des étalons espagnols.

En 1943, Christophe achète des vaches de Roque Alaiza et l'on note le 15 juin 1947 le triomphe du matador mexicain Antonio Velázquez à Arles face à six Yonnet. En 1948, les vaches donnent de mauvais résultats en tienta. Christophe achète alors la ganaderia de la célèbre rejoneadora Conchita Cintrón, laquelle avait formé son élevage en 1946 avec vingt-deux vaches et un étalon de José Lacerda et Pinto Barreiros. Dans un premier temps, Christophe Yonnet achète trente-deux vaches, deux étalons et dix-huit toros supplémentaires. Le 1er mai 1954, à Lunel, a lieu une novillada piquée avec les nouveaux produits de Yonnet. Il n'y a plus de bétail croisé dans l'élevage.

En 1956, son fils Hubert prend la direction de l'élevage et travaille d'arrache-pied pour produire du bétail de caste. En 1979, il présente des novillos à Barcelone ; le 13 août 1981 à Saint-Sever, ses produits acceptent quarante-trois piques, et le cinquième novillo, n° 866, *Montenegro*, est honoré d'un tour de piste. Le 4 août 1991, honneur suprême, Hubert Yonnet est le premier éleveur français à présenter ses toros à Madrid, acquérant ainsi son ancienneté. Les « Yonnet » ont aussi foulé le sable de Séville et de Calatayud.

Le 21 juillet 2002, à Lunel, le novillo *Pescaluno*, après une bonne participation à la cape, s'élança quatre fois à l'assaut de la cavalerie, prenant deux piques très dures et prolongées, obtenant deux chutes, avant de participer avec noblesse et continuité à la faena de muleta, ne refusant aucune sollicitation. À la demande du public enthousiasmé, *Pescaluno* fut gracié. R.A.

YUST Juan. Il est né à Séville, dans le quartier de San Bernardo, en 1807. Après son apprentissage, conduit et guidé par le matador Luis Rodríguez, il débute comme banderillero à Madrid en 1829. Il fait partie de la cuadrilla de Juan León qui, conscient de ses progrès, lui suggère de devenir espada. Mais en 1830, il est encore banderillero et il faudra attendre le 4 avril 1842 pour qu'il fasse sa présentation comme matador de toros, et en tant que première épée, à Madrid. Les Madrilènes lui rendent un vibrant hommage et le considèrent à l'égal de *Paquiro*. Il est au faîte de sa gloire et tous les succès lui paraissent acquis quand, le 4 septembre, il est pris de violentes douleurs abdominales et il décède à l'aube du jour suivant, à Madrid. R.B.

ZABALLOS Miguel (Herederos de Miguel Zaballos Casado)

Origines : Marqués de Saltillo et Clairac, séparément
Devise : rouge et jaune
Ancienneté à Madrid : 22 juillet 1967
Propriétés : « Cabeza de San Diego Gómez », Sando (Salamanque), « Valdelacova », Doñinos de Ledesma (Salamanque) et « Villar de los Álamos », Aldehuelo de la Bóveda (Salamanque)

Esteban Hernández Martínez fonde un troupeau en 1890 avec du bétail de Mazpule. Il élimine par la suite cette origine en achetant l'élevage de la comtesse veuve de la Plantilla, d'origine Pedro Zapata. Esteban Hernández Martínez ajoute au troupeau du bétail de Trespalacios pour finalement tout éliminer en 1932. Ses héritiers prennent la direction de l'élevage en 1946 et reforment le troupeau avec des têtes de bétail de Duque de Pinohermoso, d'Escudero Calvo, de Saltillo et de Samuel Flores. En 1960, l'élevage est mis au nom d'Esteban Hernandez Pla. Trois ans plus tard, Miguel Zaballos achète l'élevage, modifie le fer, supprime le sang antérieur et reforme un troupeau avec des vaches et des étalons d'Argimiro Pérez-Tabernero, d'origine Marqués de Saltillo. Zaballos ajoute en 1990 un lot de vaches et d'étalons issus de l'élevage de Clairac et confirme ce choix avec un apport du même fer quatre ans plus tard. L'élevage maintient séparément les deux lignées de Marqués de Saltillo et de Clairac.

Miguel Zaballos fait combattre chaque année une vingtaine de toros, répartis dans différentes corridas et novilladas populaires en Espagne. On retrouve surtout ce bétail dans les provinces de Madrid, Tolède et Ávila. Un tour de piste fut notamment accordé en 2001 à la dépouille d'un novillo à Collado Villalba (Madrid), permettant à Luis González de couper deux oreilles. C.C.

ZAHONES. Tablier de protection en cuir utilisé par les cavaliers au campo, ou lors des tientas par les toreros à pied, pour se protéger de blessures éventuelles. Lorsqu'ils sont utilisés par les cavaliers andalous dans des corridas de rejón, ils sont richement ouvragés. R.B.

ZAÍNO. Pelage noir mat du toro, sans le moindre poil clair. *Zain*, dans le monde francophone du cheval.

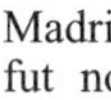

ZALDUENDO
Origine : Jandilla
Devise : rouge et bleu
Ancienneté à Madrid : 14 juillet 1817
Propriété : « Moheda de Zalduendo », Caceres

À la fin du XVIIIe siècle, cet élevage est formé par Joaquín Zalduendo, avec du bétail navarrais. Le troupeau passe successivement entre les mains de ses fils, petit-fils et arrière-petit-fils. En 1939, l'élevage quitte la famille Zalduendo pour devenir la propriété de Martín Amigot Sesma qui conserve le fer d'origine et l'ancienneté. Sept ans plus tard, son fils Javier Amigot Sánchez prend en charge les destinées de l'élevage. En 1965, la société anonyme Villaralto rachète le troupeau avant de le revendre en 1987 à Fernando Domecq Solís. Celui-ci élimine les origines antérieures et reforme le cheptel avec ses propres produits de Jandilla.

Comme bon nombre de fers issus de la souche Domecq, l'élevage de Zalduendo connaît un succès grandissant depuis quelques années. Ses toros sont réputés pour leur bravoure exceptionnelle – *Jarabito* remporta à la féria d'avril 1999 de Séville tous les prix récompensant le toro le plus brave. Face à lui, Emilio Muñoz réalisa sa dernière grande faena avant de se retirer du toreo et fut récompensé de deux oreilles. Quelques mois plus tard, César Rincón signa à Arles une faena extraordinaire face au toro *Lastimada* auquel il coupa les deux oreilles et la queue lors de sa dernière corrida dans une arène française. La saison 2000 fut également excellente avec près de quatre-vingts toros combattus dans les meilleures arènes et par les toreros les plus en vue. Le 10 septembre 2000, le public de Dax acclama longuement les tauromachies complémentaires d'Enrique Ponce et de José Tomás à l'occasion d'un grand mano a mano. Les deux vedettes sortirent des arènes en triomphe après avoir coupé trois oreilles chacune. L'année 2001 fut enfin marquée par la grâce du toro *Invincible* lors de la féria du Riz, à Arles. Sorti en cinquième position, ce toro accepta toutes les sollicitations proposées avec maestria et pouvoir par *el Juli*, qui obtint ce jour-là l'un de ses plus grands succès en France. C.C.

ZAMORA (Espagne. Madrid 250 km – Salamanque 60 km). Ville de 60 000 habitants, d'origine arabe, située au bord du Douro, Zamora a été immortalisée par le poème du Cid Campeador car s'y déroula la mort de don Sanche et le combat des fils d'Arias Gonzalo contre Diego de Zara.

À la fin de 1878 est construite la plaza de toros qui sera inaugurée le 29 juin 1879 par Ángel Pastor et *Guerrita*. En 1897, elle est améliorée, sa capacité portée à 10 000 spectateurs et elle ouvre ses portes le 29 juin avec Mazzantini et *Reverte* qui combattent des toros de Vicente Martínez. R.B.

ZANCUDO. Toro haut sur pattes. Familièrement, un échassier.

ZAPATILLAS (*ballerines*).
Voir COSTUME DE LUMIÈRES.

ZAPOPINA. Passe de cape. Le matador tient le capote plié dans le sens de la longueur et cite le toro de loin. Au cours de la charge, le matador donne de l'ampleur à la cape avec son bras droit, qu'il amène ensuite vers la gauche pour modifier la charge du toro. En fin de passe, le matador s'enroule dans la cape en tournant dans le sens inverse du toro. Pour répéter la passe, le torero devra s'éloigner du toro.

ZARAGOZA Juan de. Il est le premier matador dont le nom soit consigné dans des actes officiels, donc le premier à être entré dans l'Histoire grâce au comte de Navas, qui cite sa participation, en 1388, à une corrida organisée à Pampelune par le roi Charles III en l'honneur du duc de Bourbon. R.B.

ZOIO José Juan. Ce rejoneador né à Lisbonne y reçut l'alternative le 27 mai 1973 des mains de João Branco Nuncio. En 1975, il se produit souvent avec Álvaro Domecq, José Mestres Baptista et Manuel Vidrié. Le 6 avril 1975, lors de sa présentation à Barcelone, il coupe l'oreille de son toro et une autre en duo avec Vidrié. Spécialiste des quiebros qui enthousiasment le public, il triomphe à Campo Pequenho en 1976 et atteint quarante-huit prestations. Un de ses plus grands succès eut lieu dans la plaza de Nazaré le 23 juillet 1983, dont il sortit en triomphe porté par ses compagnons de cartel, Paulo Caetano et *Joaquim Bastinhas*. José Juan Zoio se produit surtout au Portugal. J.C.D.

ZOTOLUCO el.
Voir LÓPEZ DÍAZ Eulalio.

ZURDA. Synonyme de main gauche. Passes ou estocades données de cette main.

ZURDO (*gaucher*). Toro frappant de préférence avec la corne gauche. Toro ayant une corne plus courte que l'autre.

ANNEXES

RÈGLEMENT TAURIN MUNICIPAL

En France, l'Union des Villes Taurines, lors de son assemblée générale à Orthez en date du 25 janvier 1998, a édicté un règlement qui se base sur les textes espagnols et qui est applicable dans toutes les arènes françaises adhérentes.

PRÉAMBULE

La célébration des corridas dans les villes de l'Union des Villes Taurines de France est légale et, par conséquent, exclue des sanctions prévues par l'Article 521-1 du code pénal.

Quel que soit le propriétaire des arènes, et quel que soit l'organisateur, le maire est seul responsable du maintien de l'ordre public dans sa commune à l'occasion de la célébration des corridas ou autres spectacles taurins et doté de pouvoirs de police lui permettant d'assurer ce maintien.

Le présent règlement est établi dans le respect de l'objet poursuivi par l'Union des Villes Taurines de France (UVTF) qui est d'assurer la défense et la sauvegarde des courses de toros avec mise à mort, et d'en permettre la célébration correcte en conservant à ces spectacles leur caractère de noblesse et d'équilibre, en empêchant notamment que soient commis des abus dans la présentation des animaux destinés à être combattus.

L'Union des Villes Taurines de France souligne la qualité et la valeur des professionnels français, toreros et éleveurs, et souhaite leur participation aux spectacles organisés.

Le présent règlement devra être obligatoirement observé dans toutes les villes membres de l'UVTF.

TITRE I
OBJET ET CHAMP D'APPLICATION

ARTICLE 1 — Le présent règlement a pour objet le contrôle de la préparation, de l'organisation et du déroulement des spectacles taurins ainsi que des opérations et activités s'y rattachant, en vue de garantir les droits et les intérêts des spectateurs et personnes y prenant part.

ARTICLE 2 — Le présent règlement reprend un grand nombre de dispositions figurant dans le règlement des Spectacles Taurins Espagnols actuellement en vigueur, complété par des aménagements propres à la France, permettant la célébration de ces spectacles dans notre pays, tout en respectant l'esprit des textes régissant en Espagne la « Fiesta brava ».

ARTICLE 3 — Pour son application, le présent règlement devra faire obligatoirement l'objet d'un arrêté municipal, que les arènes soient la propriété de la ville ou celle d'un particulier ou d'une société et quel que soit le mode de gestion.

ARTICLE 4 — La célébration des spectacles taurins est subordonnée à l'autorisation préalable de l'autorité municipale.

Cette autorisation entraîne automatiquement le strict respect des prescriptions du présent règlement.

TITRE II
LA COMMISSION TAURINE EXTRA-MUNICIPALE

ARTICLE 5 — Afin d'apporter à l'administration municipale une aide technique, une *Commission Taurine Extra-Municipale* – en abrégé CTEM – sera obligatoirement constituée dans chaque ville adhérant à l'UVTF.

ARTICLE 6 — Le maire décidera du nombre de personnes composant la CTEM qui comprendra :

— le maire ou son délégué comme président de droit ;

— des membres délégués du Conseil municipal, désignés par le maire ;

— des personnalités choisies pour leurs compétences, appartenant ou non à des associations ou sociétés taurines de la ville, ayant au moins trois ans d'existence et justifiant d'une activité continue, ainsi que d'un vétérinaire de préférence membre de *l'Association Française des Vétérinaires Taurins* – AFVT – chacune de ces personnes étant individuellement désignées par le maire ;

— le maire peut déléguer sa fonction de président de la commission à un membre du Conseil municipal ou à une personnalité choisie par lui pour sa compétence.

En cas d'égalité de voix, celle du président sera prépondérante.

ARTICLE 7 — La charge de membre de la CTEM est gratuite. Les membres de la CTEM sont nommés pour un an, reconductible.

ARTICLE 8 — La CTEM se réunit obligatoirement : avant le début de la saison pour être informée des projets de l'organisateur.

a) pour la visite de chaque lot de bêtes après son arrivée aux corrales de la plaza ;

b) à la fin de la saison pour en tirer les enseignements ;

c) à l'initiative du quart au moins de ses membres, par demande faite au président de la commission.

Le maire ou son délégué devra tenir compte des décisions de la CTEM en les rendant exécutoires conformément au présent règlement.

Les procès verbaux de chaque réunion seront transmis le plus rapidement possible à chacun des membres de la commission ainsi qu'au maire qui pourra, s'il le juge utile, les faire suivre au président de l'UVTF.

ARTICLE 9 — La CTEM a pour attribution principale :

a) de conseiller le maire pour tout ce qui concerne les affaires taurines ;

b) de veiller au respect des dispositions du présent règlement ;

c) d'effectuer les vérifications avant la course et de vérifier les opérations auxquelles sont affectés deux ou trois de ses délégués : à la cavalerie, aux piques, aux banderilles, au débarquement et dans la mesure du possible à l'abattoir. À cet effet, les délégués bénéficieront d'une autorisation de séjourner dans le callejón.

d) de vérifier que l'état de la surface de la piste est compatible au bon déroulement de la course ainsi que l'existence et le tracé des lignes concentriques réglementaires définies par l'Article 64.

e) d'assister aux opérations de vérification des dépouilles des bêtes combattues. Le délégué affecté à cette fonction aura libre accès dans la mesure du possible aux abattoirs des arènes, ou de la ville, ou encore à tout autre lieu où pourraient être transportées les dépouilles.

f) de demander au maire la saisie des cornes ou des viscères et déjections ainsi que des prélèvements sanguins, lorsque l'état ou le comportement des animaux laisse supposer une altération de leur intégrité physique.

g) d'intervenir d'une façon générale chaque fois que prévu par le présent règlement.

TITRE III
LES ARÈNES ET LEUR PERSONNEL

ARTICLE 10 — Les arènes françaises sont classées en deux catégories, 1° et 2°.

Sont de première catégorie, les arènes des villes suivantes : Arles – Bayonne – Béziers – Dax – Mont-de-Marsan – Nîmes – Vic-Fezenzac.

Sont de deuxième catégorie les arènes de toutes les autres villes taurines.

Les présentes dispositions s'appliquent aux arènes non permanentes ainsi qu'aux arènes portatives.

Des infirmeries

ARTICLE 11 — Les organisateurs de tous spectacles taurins devront garantir, en toute occasion, aux personnes intervenant à l'occasion des dits spectacles, l'assistance sanitaire nécessitée par des accidents ou blessures pouvant survenir au cours de leur célébration.

ARTICLE 12 — En ce qui concerne les infirmeries, les moyens minima, tant du point de vue matériel que du personnel médical, doivent être partout les mêmes, quelle que soit la catégorie des arènes ou du spectacle considéré.

ARTICLE 13 — L'infirmerie de toute plaza sera constituée par une pièce propre, aérée, munie d'un point d'eau et d'un très bon éclairage, ayant un accès direct sur le callejón et une sortie facile sur l'extérieur.

Dans le cas où il n'y aurait pas d'infirmerie fixe, un bloc opératoire mobile devra être obligatoirement prévu.

ARTICLE 14 — L'infirmerie devra être équipée de tout le matériel nécessaire permettant de pratiquer sur place la chirurgie d'urgence spécifique à la corrida :

— deux boîtes de chirurgie générale avec le nécessaire pour effectuer un clampage vasculaire ;

— du matériel d'anesthésie et d'intubation ainsi que l'oxygène, l'aspiration et la possibilité de réaliser des perfusions.

ARTICLE 15 — L'équipe médico-chirurgicale sera placée sous la responsabilité d'un spécialiste – chirurgien, transfuseur, etc., désigné comme médecin responsable – par le propriétaire ou le gérant de la plaza, Mairie, Régie municipale, propriétaire privé, concessionnaire, etc.

Ce médecin responsable choisira les autres membres de l'équipe de façon à ce qu'il y ait au minimum : un chirurgien, un anesthésiste réanimateur et deux infirmiers diplômés d'État.

Le médecin responsable pourra s'adjoindre autant de spécialistes qu'il pourra le désirer, en particulier un second chirurgien et un deuxième anesthésiste.

Chaque membre de l'équipe demeure responsable de son poste.

ARTICLE 16 — Avant le paséo, deux ambulances se tiendront en permanence à proximité immédiate de la porte extérieure de l'infirmerie, avec sortie aisée et seront prêtes à effectuer le transport immédiat du blessé vers le centre de soin désigné (clinique ou hôpital) par le médecin responsable.

Si le blessé désire être soigné dans un autre établissement que celui désigné par le médecin responsable, il devra supporter seul les frais de transport correspondants et donner décharge au médecin responsable.

ARTICLE 17 — Le maire ou son délégué, assisté du président de la course, doit s'assurer auprès du médecin responsable de la conformité des installations de l'infirmerie et moyens d'évacuation avec les prescriptions du présent règlement.

Le fait pour le médecin responsable d'accepter sa mission sous-entend implicitement qu'il entérine les moyens mis à sa disposition et les juge suffisants.

Chaque année, un mois avant le premier spectacle, le médecin responsable de l'infirmerie produira au maire un certificat établi par ses soins, attestant que l'infirmerie est dotée de moyens matériels et humains indispensables pour remplir sa mission.

Si tel n'était pas le cas, il lui appartiendra soit de retarder le début du spectacle dans l'attente de la remise en ordre et en conformité, soit de l'annuler.

Les toreros participant à la course auront le droit de vérifier avant le début du spectacle que toutes les prescriptions prévues par le présent règlement, en ce qui concerne les infirmeries, sont respectées. Ils pourront, s'ils le désirent, demander à l'autorité compétente la délivrance d'un certificat attestant cette conformité.

ARTICLE 18 — Les articles 11 à 17 du présent règlement seront affichés à la porte et à l'intérieur des infirmeries.

Des personnels divers

ARTICLE 19 — *Des alguazils* : deux alguazils, désignés après avis du maire ou de son délégué, effectueront le paséo à cheval et assureront le service intérieur du callejón dans les arènes de première catégorie. Il pourra n'y en avoir qu'un seul dans les arènes de deuxième catégorie. Les alguazils devront faire la preuve de leur connaissance satisfaisante du présent règlement et de la langue espagnole.

Les alguazils transmettront aux toreros et aux employés, pour exécution, les ordres de la présidence sans outrepasser leurs fonctions et se départir du ton de circonspection et de respect qui sied à leur charge.

ARTICLE 20 — *Des mozos de caballos et des areneros* : les mozos de caballos, en nombre suffisant, seront destinés à aider les picadors à se mettre en selle, régler les étriers et conduire les chevaux en piste ou en sortir.

Il leur est interdit de faire se retourner brusquement le toro et d'appeler, de quelque manière que ce soit, l'attention de celui-ci sauf lorsqu'il s'agit de faire un quite à une personne en danger – torero ou autre – et de conduire les chevaux par la bouche pour les mettre en suerte. Après la mise en suerte, les mozos se retireront à la barrière et s'abstiendront de toute activité.

Chaque picador aura à son service deux mozos qui le suivront et qui ne pourront rester dans le ruedo que durant la suerte de pique dans laquelle ils interviennent.

Les areneros porteront une tenue uniforme et décente.

ARTICLE 21 — *Des placeurs* : aux endroits adéquats, il y aura un personnel de placeurs pour le service des spectateurs. Lorsque l'un de ceux-ci se comportera d'une façon incorrecte, ces employés réclameront l'aide des agents de l'autorité afin de faire respecter l'ordre.

ARTICLE 22 — *Des vendeurs ambulants* : les vendeurs ambulants ne pourront circuler qu'avant le spectacle et pendant l'arrastre de chaque toro, et seulement dans des endroits où le public ne sera pas gêné.

L'introduction et la vente de boissons en bouteille – verre ou plastique – ou en boîte – métal ou plastique – est interdite sur les gradins.

De l'horloge

ARTICLE 23 — Une horloge en bon état de marche et visible de la présidence sera installée dans toutes les arènes.

TITRE IV
DISPOSITIONS COMMUNES À TOUS LES SPECTACLES

CHAPITRE I
CLASSIFICATION DES SPECTACLES ET CONDITIONS REQUISES POUR LEUR ORGANISATION ET LEUR CÉLÉBRATION

ARTICLE 24 — Un spectacle taurin, quelle qu'en soit la catégorie, ne pourra être annoncé au public et ne pourra avoir lieu si son affiche n'a pas été préalablement approuvée par le maire.

ARTICLE 25 — Les spectacles taurins relevant du présent règlement sont classés et répertoriés selon les normes qui suivent :

Corridas de toros dans lesquelles sont combattus par des matadors de toros, conformément aux dispositions du présent règlement, des animaux ayant au minimum quatre ans et moins de six ans. Afin d'acquérir la qualité de matador de toros, l'intéressé devra justifier de sa participation à vingt novilladas avec picadors.

L'accession au rang de matador de toros s'effectuera au cours d'une corrida de toros conformément aux dispositions du Règlement des spectacles taurins espagnols (cérémonie d'alternative).

Novilladas avec picadors dans lesquelles seront combattus par des matadors de novillos avec picadors dans les mêmes conditions que celles exigées pour les corridas de toros des animaux d'âge compris entre trois et quatre ans. Afin d'acquérir la qualité de matador de novillos avec picadors, l'intéressé devra justifier de sa participation à quinze novilladas sans picadors.

Novilladas sans picadors dans lesquelles sont combattus par de jeunes débutants des animaux d'âge compris entre deux et trois ans sans qu'ils soient piqués.

Corridas de rejones dans lesquelles sont combattus à cheval par des rejoneadors des toros ou des novillos.

Festivals habituellement organisés au profit d'œuvres de bienfaisance ou d'actions œuvrant pour la défense ou la promotion de la fiesta brava dans lesquels seront combattus des animaux de plus de deux ans, les participants étant vêtus du traje campero.

Leur déroulement sera conforme aux règles régissant le déroulement du combat d'animaux d'âges identiques à ceux combattus.

Becerradas dans lesquelles sont combattus – avec ou sans mise à mort – des animaux de dix-huit à vingt-quatre mois par des professionnels, ou le plus souvent par des aficionados placés obligatoirement sous la direction d'un matador de toros ou de novillos, voire un banderillero confirmé, qui assumera les fonctions de directeur de la lidia.

Les participants aux becerradas revêtiront l'habit de campo ou le traje campero.

Espectáculos cómicos taurinos ou Torero Cómico dans lesquels seront combattus des animaux de deux ans.

ARTICLE 26 — Les toreros des catégories suivantes : Matadors de toros – matadors de novillos avec picadors – matadors de novillos sans picadors – rejoneadores – banderilleros et picadors, quelle que soit leur nationalité ils devront justifier de leur appartenance à une association professionnelle. L'inscription à cette association garantit le professionnalisme de chaque intervenant ainsi que les intérêts légitimes de toutes les parties intéressées à l'organisation et à la célébration de ces spectacles.

En ce qui concerne les toreros de nationalité française, seront classés et reconnus comme matadors de toros ceux dont la date d'alternative est antérieure à la date d'entrée en vigueur du présent règlement. Par la suite, une alternative ne pourra être considérée et reconnue valable qu'après participation à vingt novilladas avec picadors (voir art. 25-a du présent règlement).

ARTICLE 27 — Sur l'affiche officielle annonçant une corrida de toros ou une novillo avec picadors, on indiquera :

La catégorie du spectacle conformément à l'Article 25.

L'année, la date et l'heure de la célébration.

Le nombre de bêtes à combattre, le nom de l'éleveur tel qu'il est répertorié aux divers Syndicats ou Associations d'Eleveurs espagnols, portugais et français, la localisation géographique de l'élevage ainsi que le fer et sa devise.

Le nom des matadors dans l'ordre strict de leur ancienneté, les noms étant imprimés en caractères identiques et précisant : *accompagnés de leurs cuadrillas complètes.*

Le nom de l'Organisation responsable.

Le spectacle se donnera en conformité au règlement taurin de l'UVTF.

Aucune affiche concernant les spectacles énumérés ci-dessus, et auxquels participeraient seulement un ou deux matadors ne pourra être approuvée si le nom d'un sobresaliente – matador de remplacement – n'y figure pas. Ces sobresalientes seront obligatoirement de même rang que le spectacle annoncé.

Pour les Novilladas sans Picadors, Les Corridas de Rejones, les Becerradas, les Festivals et le Toreo Cómico, les affiches devront porter les mêmes mentions que celles indiquées ci-dessus.

ARTICLE 28 — Dans tous les spectacles, le bétail provenant d'Espagne, du Portugal et de France devra être inscrit dans le livre généalogique de son pays d'origine.

ARTICLE 29 — L'organisateur n'aura pas l'obligation de faire combattre plus d'animaux que ceux annoncés et ce, bien qu'ils aient donné peu de jeu, ou que l'un ou plusieurs d'entre eux aient été renvoyés au corral pour être devenus inutilisables *après leur entrée en piste.*

Dans ce cas, les matadors qui devaient les combattre, passeront leur tour, comme s'ils avaient déjà estoqué. Par contre, si l'état physique de l'animal s'est détérioré *avant sa sortie en piste*, celui-ci sera renvoyé aux corrals et remplacé par l'animal de réserve, sans que passe le tour du matador qui devait le combattre.

À cet effet, quelle que soit la catégorie de la plaza, l'organisateur devra fournir, en cas de nécessité, pour chaque corrida, au minimum un animal de réserve prêt à être immédiatement combattu. Cet animal devra avoir été, au préalable, présenté à la commission taurine extra-municipale. Tout animal, entré en piste et non estoqué, quelle qu'en soit la raison, sauf en cas d'indulto – animal gracié – devra obligatoirement être abattu afin d'éviter toute utilisation ultérieure.

CHAPITRE II
DROITS ET OBLIGATIONS DES SPECTATEURS

ARTICLE 30

1) Les spectateurs ont le droit d'assister au spectacle dans son intégrité et selon les dispositions qui résultent de l'affiche annonciatrice.

2) Les spectateurs ont le droit d'occuper la place qui leur correspond. Dans ce but, les employés des arènes les aideront à gagner celle-ci.

3) Lorsqu'un ou plusieurs matadors annoncés ne pourront participer au spectacle, l'organisateur portera de toute urgence le fait à la connaissance du public au moyen d'avis suffisamment lisibles apposés aux bureaux de location et de vente des billets, à l'entrée des arènes ainsi que par tous les moyens médiatiques disponibles, en indiquant les raisons de l'absence, ainsi que le nom du ou des remplaçants.

La substitution ira de préférence à un professionnel français. Il en sera de même lorsqu'il sera nécessaire de remplacer une ou plusieurs bêtes appartenant au lot d'animaux prévus pour être combattus par d'autres animaux d'élevages différents de celui annoncé.

Le remplacement d'un ou plusieurs matadors par d'autres n'appartenant pas à la même catégorie ni à la catégorie immédiatement inférieure, ainsi que le changement de ganaderia de la moitié des bêtes de l'élevage annoncé par des animaux provenant d'un ou plusieurs élevages distincts, donnera aux spectateurs le droit de demander le remboursement de leurs billets. Ce même droit leur sera également accordé en cas d'annulation ou de report du spectacle.

Les lieux, dates et heures de remboursement seront portés à la connaissance du public par voie de presse ou d'affiche dans les meilleurs délais et en tout cas, dans les 48 heures qui suivront l'annonce de l'annulation, du report ou de la modification du spectacle annoncé.

En cas de report, le remboursement devra intervenir avant la nouvelle célébration du spectacle et de toute façon avant l'expiration d'un délai de 15 jours à partir de la suspension. Les billets non validés demeureront valables pour la course reportée.

Les catégories permettant la classification des matadors sont déterminées par référence au classement annuel établi par *la Commission de Seguimiento del Convenio Colectivo Nacional Taurino* en vue de fixer les rétributions minimales des toreros subalternes.

4) Si le spectacle est annulé après la sortie en piste du premier animal et pour des raisons non imputables à l'organisateur, le spectateur n'aura droit à un quelconque remboursement.

5) Le spectateur a droit à ce que le spectacle commence à l'heure annoncée. Si le début du spectacle est repoussé, on annoncera au spectateur présent la cause du retard. Si le retard est supérieur à une heure, le spectacle sera annulé et le spectateur aura droit au remboursement du prix du billet. Au cas où le spectacle serait annulé pour des motifs imputables à l'organisateur, celui-ci sera dans l'obligation de régler aux professionnels participant au dit spectacle l'intégralité de leurs honoraires.

6) L'annonce par haut-parleur d'une communication ou d'un avis urgent, destiné au public en général ou à un spectateur en particulier, ne pourra se faire sans l'accord du président, et en aucune façon pendant la lidia d'un animal.

7) Les spectateurs pourront demander l'attribution des trophées aux matadors qui en auront été dignes une fois achevées leurs prestations en agitant, selon la tradition, le mouchoir blanc.

ARTICLE 31 — Il est formellement interdit aux spectateurs :

a) d'introduire dans les arènes des boissons en bouteille verre ou plastique ou en boîte métal ou plastique, ainsi que des banderoles autres que celles mentionnant le nom, l'insigne ou le logo d'associations taurines régulièrement constituées et déclarées ;

b) de lancer dans la piste ou sur les gradins quelque objet que ce soit, susceptible de causer des blessures ou de perturber le déroulement de la course ;

c) de sauter dans la piste ou le callejón ;

d) de troubler de quelque façon que ce soit l'ordre public et le déroulement du spectacle.

ARTICLE 32 — Seuls pourront se trouver dans le callejón :

a) les toreros et leurs accompagnateurs ;

b) le personnel de l'arène ;

c) les agents de l'autorité : police, municipalité, alguazils, délégués de la Commission Taurine Extra-Municipale ;

d) les médecins et leurs aides ;

e) le ou les vétérinaires dont la présence pour au moins l'un d'entre eux est obligatoire pour le déroulement du spectacle ;

f) le ou les organisateurs ;

g) l'éleveur ou son représentant ;

h) les personnes détentrices d'une autorisation d'y séjourner délivrée par le ou les organisateurs dans la limite des places disponibles dans les burladeros (ou abris).

La vente des places de callejón est formellement interdite.

Toutes les personnes autorisées à séjourner dans le callejón, à l'exception de toreros travaillant ce jour-là, devront porter ostensiblement et en permanence la carte ou le badge leur en permettant l'accès.

ARTICLE 33 — La vente des billets et des abonnements sera soumise au respect des dispositions concernant les spectacles publics, la défense des consommateurs et des usagers, celles établies par le présent règlement ainsi qu'éventuellement celles définies par le cahier des charges autorisant le concession des arènes.

Les abonnements pourront couvrir une saison entière ou se limiter à une feria ou à une série de spectacles donnés à l'occasion des fêtes traditionnelles.

Les abonnés n'auront d'autres droits que ceux accordés par l'organisateur lors de la souscription de l'abonnement sur les affiches et dans les programmes édités pour chaque saison ou série de corridas.

L'organisateur devra, pour chaque ouverture d'abonnement, respecter le droit au renouvellement de leurs places aux personnes ayant souscrit un abonnement la fois précédente.

La classification et le prix des places seront affichés conformément à la législation en vigueur.

La revente des billets et des abonnements est interdite (loi du 27 juin 1919).

ARTICLE 34 — Une fois commencée la vente des billets, l'organisateur ne pourra suspendre un spectacle sans le consentement du maire ou de son délégué qui requerra, s'il l'estime nécessaire, l'avis de la CTEM.

L'organisateur devra formuler cette demande de suspension au maire ou à son délégué en la motivant, avant l'apartado.

Lorsque le spectacle aura été suspendu après avoir commencé, pour un motif qui de l'avis du maire ou de son délégué sera de force majeure, les spectateurs n'auront pas droit au remboursement des billets.

ARTICLE 35 — Lorsque le spectacle se prolongera jusqu'à la nuit, l'organisateur sera tenu d'éclairer convenablement la piste.

ARTICLE 36 — En cas de force majeure, en accord avec le maire ou son délégué, la course pourra être annulée ou renvoyée à une date ultérieure. En cas de renvoi, les toreros annoncés au cartel auront priorité s'ils en manifestent le désir.

Le remboursement des billets devra être effectué aux personnes qui le demanderont

— en cas d'annulation, ce remboursement sera obligatoire

— en cas de renvoi, il s'effectuera, si demandé, selon les modalités prévues par l'AVIS AU PUBLIC ci-après qui devra obligatoirement figurer au dos des billets et être apposé dans tous les lieux de vente.

AVIS AU PUBLIC

En cas de force majeure, la course pourra être annulée ou renvoyée à une date ultérieure. Le remboursement des billets sera alors effectué aux personnes qui le demanderont, le lieu, la date et l'heure du remboursement étant annoncés dans les 48 heures. En cas de renvoi, le remboursement s'effectuera avant la nouvelle célébration du spectacle et en tout cas dans un délai maximum de 15 jours à dater de la suspension. Les billets non remboursés demeureront valables pour la course reportée.

En cas de suspension pour cas de force majeure après l'entrée en piste du premier toro, la course ne sera pas renvoyée et aucun remboursement ne sera effectué.

Les accidents ou blessures survenant à un animal après son entrée en piste ne donneront pas lieu à son remplacement.

Par contre si au moment de son entrée en piste, il s'avère que l'état physique d'un animal s'est dégradé, le rendant ainsi inapte au combat dans des conditions normales, le Président décidera de son remplacement. À cet effet, conformément au règlement, l'organisateur devra prévoir la fourniture d'au moins un toro de réserve pour chaque corrida de toros ou de novillada avec picadors.

Si un ou plusieurs des matadors annoncés n'est finalement pas présent pour cause de blessure ou cas de force majeure, et que son remplaçant n'appartient pas à la même catégorie ou à celle immédiatement inférieure à la sienne, de même que si la moitié des animaux de l'élevage annoncé se trouvent remplacés par d'autres provenant d'un ou plusieurs élevages différents, les possesseurs de billets pourront, *au plus tard avant le début de la course*, demander à être remboursés.

Les spectateurs ne pourront gagner ou quitter leur place pendant le combat d'un toro, sauf cas de force majeure.

IL EST FORMELLEMENT INTERDIT (Article 31 du Règlement) :

— d'introduire dans les arènes des boissons en bouteille verre ou plastique, ou en boîte métal ou plastique, ainsi que des banderoles autres que celles mentionnant uniquement le nom, l'insigne ou le logo d'associations taurines régulièrement constituées et déclarées ;

— de lancer dans la piste ou sur les gradins quelque objet que ce soit susceptible de causer des blessures ou perturber le déroulement de la course ;

— de sauter dans la piste ou le callejón ;

— de troubler de quelque façon que ce soit l'Ordre Public et le déroulement du spectacle.

LA REVENTE DE CE BILLET EST INTERDITE (Loi du 27 juin 1919)

CHAPITRE III
PRÉSIDENCE TECHNIQUE ET POUVOIRS DE POLICE

ARTICLE 38 — Le déroulement de la course est placé sous la direction d'un Président, chargé de veiller au strict respect des dispositions du présent règlement et des usages en vigueur.

Le Président est désigné par le maire ou son délégué.

Le Président sera assisté de deux assesseurs techniques désignés également par le maire ou son délégué.

Le Président doit prendre l'avis des assesseurs.

ARTICLE 39 — Le matin de la course, le Président, à l'heure fixée par l'organisateur, assistera aux opérations de l'apartado, du sorteo et de la mise en « chiqueros ».

Le président assisté des assesseurs ainsi que des délégués aux piques, banderilles et à la cavalerie devront statuer sur les problèmes survenus aux bêtes à lidier le jour de la course entre la date de la visite du bétail par la CTEM et le moment du sorteo. Ils seront assistés du représentant de l'UVTF.

Au moyen des mouchoirs qui lui seront fournis par l'organisateur, le Président donnera le signal du commencement du spectacle, très exactement à l'heure prévue sur l'affiche, ordonnera le déroulement des différentes phases de la course, fera intervenir la musique selon les coutumes de la plaza considérée, musique après l'arrastre, donnera les avis réglementaires aux matadors, ordonnera le retour aux corrales d'un animal et octroiera les récompenses méritées par les toreros ou les toros.

ARTICLE 40 — Le Président fera exécuter ses ordres dans la piste et le callejón par l'intermédiaire des alguazils qui devront s'abstenir de toute initiative personnelle. Ceux-ci, conformément aux instructions du président, seront en particulier chargés de surveiller l'ablation des trophées accordés aux toreros et leur remise à ceux-ci.

Pendant le déroulement de la course, l'un des alguazils se tiendra en permanence dans le callejón à disposition du président, afin d'en recevoir les ordres.

ARTICLE 41 — Le spectacle sera considéré comme terminé lorsque le Président aura abandonné le palco (loge présidentielle).

ARTICLE 42 — L'autorité municipale et les pouvoirs de police, en matière de maintien de l'ordre public détenus par le maire, pourront être délégués par celui-ci à toute personne de son choix ayant capacité de recevoir cette délégation.

TITRE V
DISPOSITIONS VISANT À GARANTIR L'INTÉGRITÉ DU SPECTACLE

CHAPITRE I
CARACTÉRISTIQUES DU BÉTAIL À COMBATTRE

ARTICLE 43

• L'âge : l'âge d'un animal est déterminé par son certificat de naissance.

— *corrida de toros* : quatre ans minimum et moins de six ans.

— *novillada avec picadors* : entre trois et quatre ans.

— *novillada sans picador* : entre deux et trois ans.

— *corrida de rejones* : indifféremment l'un des âges indiqués pour les corridas de toros et de novilladas.

— *festival* : deux et plus.

— *becerrada* : moins de deux ans.

— *toreo comique* : un à deux ans.

• Le poids : en fonction de la catégorie de l'arène :

Corrida de toros : poids *minimum* en vif : 460 kg en 1° catégorie – 435 en seconde

Novillada avec picadors : poids *maximum* en vif : 500 kg en 1° et 2° catégorie.

ARTICLE 44 — Les animaux destinés à être combattus à l'occasion des différentes catégories de spectacles énumérées ci-dessus seront tous, obligatoirement, des mâles.

Le « trapio » (présentation physique) des animaux destinés aux *corridas de toros* et aux *novilladas avec picadors* devra correspondre, selon la catégorie de l'arène considérée, aux poids et aux caractéristiques zootechniques de l'élevage dont ils proviennent.

ARTICLE 45 — Les cornes des animaux combattus en *corridas de toros* ou en *novilladas avec picadors* devront être intactes et, par conséquent, n'avoir subi aucune manipulation visant à les modifier, les raccourcir ou arrondir leurs extrémités.

ARTICLE 46

1) Les animaux borgnes, ainsi que ceux dont les cornes seront abîmées (astilladas, escoblilladas, despitorradas) ou malades (hormigones) ou enfin cassées (mogones) ne pourront être combattus en *corridas de toros*. Ils pourront l'être en *novilladas avec picadors* – à l'exception des borgnes – à condition qu'il soit précisé clairement et de façon visible sur les affiches qu'il s'agit d'animaux *refusés à la tienta et aux cornes défectueuses* (desechos de tienta y defectuosos).

2) Dans le toreo de rejones, les cornes pourront être manipulées, sans que leur partie osseuse en soit affectée.

3) Dans les autres spectacles, si les cornes des animaux de moins de deux ans présentés paraissent susceptibles de causer des risques graves, elles pourront être manipulées ou emboulées. Elles devront l'être obligatoirement lorsque les animaux auront plus de deux ans.

CHAPITRE II
TRANSPORT DU BÉTAIL ET EXAMENS PRÉLIMINAIRES

ARTICLE 47 — Les animaux destinés aux *corridas de toros* ainsi qu'aux *novilladas avec picadors* devront arriver dans les corrals des arènes en temps déterminé d'un commun accord avec l'organisateur et le ganadero, en fonction des caractéristiques de chacun des dits corrals et en tout cas, trente heures avant l'heure du début de la course, sauf cas de force majeure.

Si au moment d'embarquer les animaux, l'organisateur estime que l'état des cornes ou la présentation physique d'un ou plusieurs d'entre eux s'est dégradée depuis la précédente visite, il pourra demander au ganadero le remplacement des animaux litigieux.

Au cas où celui-ci ne pourrait satisfaire cette demande, l'organisateur lui formulera par écrit, préalablement à l'embarquement, ses plus expresses réserves et l'avisera de son intention de faire examiner – après leur mise à mort – les animaux en litige et ce, indépendamment des pouvoirs accordés, par le présent règlement, au maire ou au président de l'UVTF la réalisation des expertises qui paraîtraient nécessaires.

Pour le transport, chaque animal sera embarqué dans des compartiments individuels dûment construits et aménagés à cet effet, dont la solidité et la sécurité seront à toute épreuve, afin que les animaux, et plus particulièrement leurs cornes, ne souffrent d'aucun dommage.

Les cages seront pourvues d'ouvertures permettant leur ventilation.

Elles devront être scellées par l'organisateur – une fois l'embarquement réalisé – avant le départ du camion de l'élevage.

Une fois débarqués dans les corrals, il appartiendra à l'organisateur de prendre toutes les mesures et dispositions permettant la surveillance permanente des animaux jusqu'au moment de leur sortie en piste le jour de la course.

ARTICLE 48 — La CTEM se réunira dès que possible après l'arrivée des animaux sur convocation de son président en accord avec l'organisateur.

Celui-ci tiendra à la disposition des membres de la commission, afin qu'ils puissent en prendre connaissance, les copies des certificats d'origine et sanitaire et du certificat de naissance des animaux, attestant de leur inscription au livre généalogique du pays d'origine.

ARTICLE 49 — La CTEM procédera à la reconnaissance des bêtes par la vérification de :

a) la concordance des marques distinctives et des numéros relevés sur les bêtes avec ceux mentionnés sur les certificats ;

b) la présence du numéro de l'année de naissance sur l'épaule des animaux ;

c) l'état des armures ;

d) la présentation générale des bêtes ;

e) la déclaration de l'éleveur certifiant le bétail « limpio », si elle a été délivrée.

ARTICLE 50 — La CTEM prendra connaissance de l'avis d'un vétérinaire diplômé concernant l'état de santé apparent des bêtes et en particulier des éventuelles déficiences manifestées depuis leur arrivée (boiterie par exemple).

ARTICLE 51 — La CTEM fera au maire les observations découlant de cette visite de reconnaissance et proposera :

— soit l'avis favorable d'autorisation de la course sans condition.

— soit l'avis favorable sous réserve du remplacement de l'un ou plusieurs animaux, selon les possibilités de l'organisateur.

— soit l'avis défavorable.

Si une modification intervient dans la composition du lot des animaux destinés à la course à l'issue de la visite de reconnaissance, celle-ci sera affichée aux guichets de location et de vente des billets, aux portes des arènes et portée à la connaissance du public par tous les moyens médiatiques disponibles.

ARTICLE 52 — Si l'état des armures de certains animaux permet de supposer qu'une manipulation frauduleuse est intervenue, la CTEM en avisera le maire afin que celui-ci puisse décider d'une éventuelle saisie des cornes suspectes en vue de leur examen.

ARTICLE 53 — Les avis de la CTEM sont pris à la majorité des voix de ses membres, celle du président les départageant en cas d'égalité.

ARTICLE 54 — Lorsque les avis de la CTEM auront été communiqués au maire, celui-ci décidera de leur opportunité et de la suite à leur donner.

Il fera connaître sa décision motivée à la CTEM avant la course sur les avis reçus avant celle-ci.

CHAPITRE III
EXAMENS ET OPÉRATIONS PRÉALABLES À LA COURSE

ARTICLE 55 — Le matin de la course, à l'heure fixée par l'organisateur, le président de la CTEM ou son représentant, accompagné du président de la course, des assesseurs techniques et du vétérinaire de la CTEM examineront une nouvelle fois les animaux pour s'assurer que ceux-ci n'ont pas perdu leur aptitude au combat.

Au cas où un défaut quelconque apparaîtrait, le président de la course entendra l'opinion de l'éleveur ou de son représentant, décidera de l'aptitude au combat des animaux examinés faisant si nécessaire appel à plusieurs « sobreros » selon les disponibilités de la plaza.

ARTICLE 56 — Une fois achevées les vérifications indiquées à l'Article précédent, le président de la corrida fera procéder au tirage au sort (sorteo) conformément aux règles de la profession.

Le sorteo achevé, on procédera à la séparation (apartado) des animaux, chaque animal sera placé dans son « chiquero » individuel tandis qu'une surveillance constante sera établie jusqu'à leur sortie en piste.

ARTICLE 57 — Le président de la CTEM devra exiger la preuve (contrats) que les cuadrillas seront complètes lors du spectacle, le maire étant en mesure de retarder la course jusqu'à ce que les cuadrillas soient au complet.

Par ailleurs, le maire ou le président ou son délégué devront exiger, au plus tard avant le sorteo :

— la présentation de la preuve d'une couverture sociale pour les intervenants désignés au chapitre précédent.

— leurs certificats de naissance dont les photocopies devront obligatoirement être expédiées à cet organisme pour contrôle.

CHAPITRE IV
DES EXAMENS POST-MORTEM

ARTICLE 58

Arènes de première catégorie :

• Corridas de toros : À l'occasion de chaque corrida de toros organisée dans les arènes de première catégorie, une commission de contrôle chargée d'examiner les dépouilles des animaux dès la fin de l'arrastre interviendra obligatoirement, sans que l'organisateur puisse s'y opposer.

Cette commission dont la composition sera soumise à l'approbation du président de l'UVTF sera composée de trois membres, à savoir :

a) un membre du bureau de l'UVTF délégué en chaque occasion par celle-ci.

b) un vétérinaire appartenant à l'Association Française des Vétérinaires Taurins (AFVT) désigné par ladite association et agréé lui aussi par le bureau de l'UVTF.

c) le vétérinaire de la CTEM de la ville concernée

le président de la CTEM ou l'un de ses représentants membre de la commission pourra assister à ces opérations de contrôle.

C'est au seul délégué de l'UVTF qu'il appartiendra de décider de la mise en œuvre des contrôles après avoir recueilli les avis des trois autres membres de la commission.

Ces contrôles porteront sur les points suivants :

A — L'âge : il sera contrôlé par vérification du marquage indiquant sur la bête son année de naissance et par consultation du certificat de naissance attestant celle-ci.

B — Le poids : il sera contrôlé par pesage des dépouilles à l'arrastre ou par la suite, en canal.

C — Les armures : elles seront tout d'abord contrôlées au moment de l'apartado. Au cas où il semblerait aux membres de la commission de contrôle qu'une ou plusieurs armures auraient pu faire l'objet de manipulations, le délégué de l'UVTF décidera de les examiner et éventuellement de les prélever aux fins d'expertise dès la fin de l'arrastre.

Cette même décision pourra être prise en cours de combat.

En conséquence, préalablement à l'arrastre, le délégué de l'UVTF fera part au ganadero ou au mayoral de sa décision de procéder à l'examen des armures dès la sortie de piste de l'animal suspecté et les invitera à assister au dit examen.

Si celui-ci semble confirmer une possible manipulation, le délégué de l'UVTF prenant en compte l'avis des deux vétérinaires membres de la commission, pourra ordonner la saisie des cornes suspectes, lesquelles (deux par animal suspecté) une fois séparées du chignon (os frontal) seront, au moyen d'une perceuse électrique, percées très exactement à 10 cm de leur pointe afin de mettre en place sur chacune d'elle, un scellé.

Par la suite, le délégué de l'UVTF placera les armures saisies et mises sous scellé sous la garde du vétérinaire des arènes jusqu'au jour où s'effectuera l'expertise finale complète.

D — Les viscères, les déjections, le sang : au cas où le comportement au cours du combat d'un ou plusieurs animaux paraîtrait anormal aux membres de la commission, le délégué de l'UVTF pourra décider de faire effectuer, aux fins d'analyse, des prélèvements de viscères, de déjections ou de sang. Ces prélèvements réalisés par le vétérinaire de l'AFVT, le ganadero ou le mayoral ayant été invités à y assister, seront scellés et adressés au laboratoire de Toxicologie de l'École Vétérinaire de Lyon.

Les résultats de ces analyses seront en premier lieu communiqués au président de l'UVTF qui en informera son bureau ainsi que la maire intéressé et le président de l'association à laquelle appartient l'élevage concerné.

Après consultation de sa CTEM le maire pourra éventuellement formuler des demandes de sanctions par l'intermédiaire du président de l'UVTF.

E — Expertise complète finale des armures.

À l'occasion de chaque prélèvement le délégué de l'UVTF en accord avec son bureau et le président de l'AFVT décidera du jour de l'expertise complète finale des armures saisies au cours de la saison.

Cette expertise aura lieu au Laboratoire d'Anatomie de l'École Vétérinaire de Toulouse.

Les vétérinaires, au nombre de trois minimum, chargés de ces examens seront désignés d'un commun accord par les présidents de l'UVTF et de l'AFVT parmi les vétérinaires de la dite association préalablement agréés par le bureau de l'UVTF.

Le président de l'UVTF invitera les présidents des associations concernées ainsi que les éleveurs concernés ou leurs représentants, éventuellement des vétérinaires, à assister à ces examens.

Les résultats de ceux-ci seront communiqués au président de l'UVTF qui les portera à la connaissance de son bureau ainsi qu'au président de l'association concernée. Il les transmettra également aux maires intéressés afin que ceux-ci, après consultation de leurs CTEM respectives, puissent éventuellement formuler leurs demandes de sanctions.

• Novilladas avec picadors : Les contrôles seront réalisés par le vétérinaire de la CTEM et porteront sur les points suivants :

— l'âge qui sera contrôlé par la vérification du marquage indiquant sur la bête son année de naissance et par consultation du certificat de naissance attestant celle-ci.

— le poids qui sera contrôlé par pesage des dépouilles à l'arrastre ou ultérieurement en canal.

— les armures dont les pointes doivent être intactes.

• Autres spectacles : Seul l'âge sera contrôlé.

Arènes de deuxième catégorie :

• Corridas de toros : les opérations de contrôle dans les arènes de deuxième catégorie sont du ressort de la CTEM.

Indépendamment de ceux qu'il fera réaliser pour l'âge et le poids des animaux, dans les mêmes formes que celles prévues pour les arènes de première catégorie, le président de la CTEM pourra également décider d'effectuer d'autres contrôles.

C'est ainsi qu'en concertation avec les autres membres de la commission et plus particulièrement son vétérinaire, il pourra décider en cas de présentation ou de comportement suspect d'un ou plusieurs animaux, de faire prélever une fois l'arrastre achevé, cornes, viscères, déjections et sang provenant des animaux suspectés.

Le ganadero ou le mayoral seront invités à assister à ces examens et prélèvements.

Les procès verbaux de ces contrôles, établis par le vétérinaire, seront visés par le président de la CTEM qui les fera parvenir au maire pour suite à donner.

Le maire pourra décider de porter les faits à la connaissance du président de l'UVTF et lui demander de joindre les prélèvements concernant sa plaza à ceux des arènes de 1° catégorie, afin qu'ils soient examinés conjointement à l'occasion de l'expertise complète finale à l'issue de laquelle des sanctions pourront éventuellement être prononcées.

• Novilladas avec picadors : les contrôles seront réalisés par le vétérinaire de la CTEM de la même façon que pour les arènes de 1° catégorie et porteront sur les mêmes points.

• Autres spectacles : seul l'âge sera contrôlé.

Toute manœuvre de la part de l'organisateur pour se soustraire ou tenter de se soustraire à cette procédure constituerait une faute grave passible de sanctions voire de dénonciation de contrat sans indemnité ni contrepartie.

CHAPITRE V
DES GARANTIES ET MESURES COMPLÉMENTAIRES

ARTICLE 59 — Les matadors ou leurs représentants, apoderados ou banderilleros, un par cuadrilla, feront avec les animaux destinés au combat autant de lots, les plus égaux possibles, qu'il y aura de matadors participant à la course.

Le tirage au sort « sorteo » décidera du lot revenant à chacun d'eux.

Le président de la course devra assister au sorteo auquel pourront également participer tous les toreros intervenant dans la course.

Une fois le sorteo achevé, on procédera à la séparation et à la mise en « chiqueros » des animaux selon leur ordre de sortie en piste résultant du tirage au sort.

Tous les animaux combattus dans les arènes de 1° et 2° catégorie, sauf ceux destinés aux corridas de rejones, porteront les devises identifiant leur élevage. Ces devises seront conformes aux dimensions et normes définies par le Règlement des Spectacles Taurins Espagnol en vigueur.

ARTICLE 60 — L'organisateur devra présenter le matin de la course à 10 heures au minimum, quatre chevaux destinés aux picadors.

Ces chevaux devront être convenablement dressés et dotés d'une mobilité suffisante, sans être l'objet de manipulations tendant à modifier leur comportement.

Le poids des chevaux, net et sans harnachement, devra correspondre à celui fixé par le Règlement des Spectacles Taurins Espagnol en vigueur, c'est à dire entre 500 et 650 kg.

Chaque picador, par ordre d'ancienneté ou de commun accord avec ses collègues, choisira le cheval qu'il utilisera au cours du combat sans pouvoir refuser ceux approuvés par les vétérinaires.

Lorsqu'un cheval sera blessé ou se révélera impropre à être utilisé, le picador pourra changer de monture.

L'organisateur qui confiera à un contractant la fourniture des chevaux le fera toujours sous sa propre et unique responsabilité.

ARTICLE 61 — Le caparaçon protégeant les chevaux de picadors, fait de matériaux légers et résistants, devra correspondre aux normes définies par le Règlement des Spectacles Taurin Espagnol en vigueur.

Il en sera de même pour les étriers.

ARTICLE 62 — Les piques seront présentées par l'organisateur au délégué de la CTEM avant l'apartado, dans une boîte scellée que celui-ci ouvrira.

Elles ne serviront que pour une course et porteront, sur la partie entourée de corde, le sceau préalablement posé par les organisateurs compétents à savoir « *La asociación de Matadores Españoles de Toros y Novillos y de Rejoneadores* », la « *Unión Nacional de Picadores y Banderilleros* », et la « *Unión de Criadores de Toros de Lidia* ».

Les piques, leur hampe, ainsi que leur façon de les monter devront correspondre, tant pour les corridas de toros que pour les novilladas avec picadors, aux normes et règles fixées par le Règlement des Spectacles Taurins Espagnol. Elles devront être montées la face plane vers le haut sur une hampe convexe.

Une fois achevé l'examen des piques et des caparaçons, ces matériels seront mis en sécurité par le délégué de la CTEM qui ne les remettra à leurs utilisateurs que peu avant le début de la course.

Le délégué de la CTEM veillera à ce que le montage des piques soit effectué correctement.

ARTICLE 63 — Toujours dans la matinée précédant la course, l'organisateur présentera au délégué de la CTEM, pour chaque animal à combattre, quatre paires de banderilles plus deux paires dites « noires » ou de « châtiment ».

Les banderilles devront répondre aux normes définies par le Règlement des Spectacles Taurins Espagnol en vigueur.

Une fois achevé l'examen des banderilles, celles-ci seront mises en sécurité par le délégué de la CTEM qui ne les remettra à leurs utilisateurs que peu avant le début de la course.

ARTICLE 64 — Dans la matinée du jour fixé pour la corrida, le président de la course, accompagné du président de la CTEM ou son représentant, et s'ils le désirent, de l'organisateur et des matadors – ou de leurs représentants respectifs – inspecteront l'état de la piste et en feront réparer les imperfections. L'état de la « talenquère », des « burladeros » et des diverses portes sera également contrôlé.

Cette inspection terminée, deux cercles concentriques seront tracés sur le sol de la piste, le premier à une distance de sept mètres du marchepied de la barrière, le second à une distance de dix mètres de ce même marchepied (estribo).

Des dérogations à ces normes seront permises dans les arènes dans lesquelles la piste n'est pas de forme circulaire.

Le produit utilisé pour tracer ces cercles devra être antidérapant afin de préserver la sécurité des personnes intervenant pendant le spectacle.

ARTICLE 65 — Les épées « estoques » et « estoques de descabellar » répondront aux normes définies par le Règlement des Spectacles Taurins Espagnol.

ARTICLE 66 — Les différents matériels utilisés dans les corridas de rejones « rejones de châtiment », « farpas », banderilles, « rejones de mort » répondront aux normes définies par le Règlement des Spectacles Taurins Espagnol.

ARTICLE 67 — Dans le cadre des dispositions réglementaires, l'organisateur sera entièrement libre de son choix pour l'acquisition des toros, des chevaux, des montures, des piques, des banderilles et des autres matériels utilisés dans les corridas.

Ni les toreros ni les ganaderos, tant en leur nom personnel qu'en celui des organisations qu'ils représentent, ne pourront exiger de l'organisateur que les toros soient achetés à tel élevage ou telle entité déterminée, ni que les différents matériels utilisés pour le combat soient fournis par des entrepreneurs ou des fabricants désignés par eux.

ARTICLE 68 — L'organisateur sera responsable de l'absence des animaux ou des matériels indispensables au déroulement normal et réglementaire du spectacle.

TITRE VI
DU DÉROULEMENT DE LA COURSE

CHAPITRE I
DISPOSITIONS GÉNÉRALES

ARTICLE 69

1) Les portes d'accès aux arènes seront ouvertes au public une heure au moins avant le début prévu du spectacle.

2) Tous les toreros devront être présents au plus tard quinze minutes avant l'heure prévue pour le début de la corrida et ne pourront quitter les arènes avant la fin du spectacle. Lorsqu'un matador demande au président la permission de quitter l'arène avec sa cuadrilla pour un motif justifié, il pourra y être autorisé une fois terminée sa prestation en tenant compte du consentement de ses compagnons de cartel.

3) Au cas où tous les matadors annoncés seraient blessés au cours du combat, le « sobresaliente » dans les cas où le règlement l'impose, devra les remplacer et combattre, puis tuer, tous les animaux restant à toréer. Si le sobresaliente était empêché de le faire, le spectacle serait arrêté et définitivement terminé.

ARTICLE 70

1) Avant d'ordonner le commencement du spectacle, le président s'assurera que toutes les dispositions réglementaires auront été prises, que le personnel auxiliaire de la plaza se trouve à son poste et que seules occupent le callejón les personnes dûment autorisées.

2) Le président dirigera le déroulement du spectacle au moyen de mouchoirs de diverses couleurs mis à sa disposition par l'organisateur, à savoir :

a) blanc pour ordonner le début du spectacle, la sortie des toros, les changements de « suertes », les avis et l'octroi des trophées (l'organisateur devra fournir deux mouchoirs blancs) ;

b) vert pour indiquer le renvoi d'une bête aux corrals ;

c) rouge pour ordonner la pose des banderilles noires ;

d) bleu pour l'octroi d'un tour de piste à la dépouille de l'animal ;

e) orange pour accorder la grâce de l'animal.

3) Les avertissements du président à ceux qui participent à la lidia seront transmis à tout moment par l'intermédiaire des alguazils.

4) Le spectacle commencera au moment précis où l'horloge indique l'heure annoncée pour son début.

Le président, au moyen du mouchoir blanc ordonnera aux clarines et tambours de se faire entendre.

Aussitôt après, les alguazils après être venus saluer le président, feront évacuer la piste avant de se placer à la tête des matadors, des cuadrillas, hommes de piste, muletiers, palefreniers « mozos de caballos », pour commencer le paseo à l'issue duquel ils remettront la clef du toril au « torilero » et se retireront de la piste une fois celle-ci dégagée.

5) Les personnes de service mentionnées ci-dessus demeureront dans le callejón derrière leurs burladeros s'ils n'ont pas à intervenir dans le combat.

ARTICLE 71

1) Le spectacle se déroulera conformément aux usages traditionnels et aux dispositions du présent Article et les suivants.

2) Au moment de leur sortie en piste, les animaux porteront la devise de l'élevage dont ils proviennent. Cette obligation s'applique aux corridas de toros et aux novilladas avec picadors.

3) La cuadrilla de chaque matador comprendra deux picadors, trois banderilleros et un valet d'épée, ce dernier étant éventuellement assisté d'une autre personne.

Si un matador combat seul une corrida complète, il devra ajouter à la sienne deux autres cuadrillas.

S'il y a deux matadors, chacun d'eux ajoutera à sa propre cuadrilla un picador et un banderillero.

Au cas où un matador ne devrait combattre qu'un seul animal, sa cuadrilla sera composée de deux banderilleros et un picador, mais s'il possède une cuadrilla fixe, il devra la présenter au complet.

4) La direction du combat revient au matador le plus ancien dans la profession ; il lui appartient de formuler aux autres toreros les indications qu'il estime opportunes pour assurer le respect du présent règlement.

Chaque matador dirigera le combat des bêtes de son lot sans pouvoir néanmoins s'opposer à ce que le torero le plus ancien supplée, voire corrige ses éventuelles déficiences.

5) Le matador chef de lidia qui, par négligence ou ignorance inexcusable, ne remplirait pas ses obligations faisant ainsi sombrer le combat dans le désordre pourra recevoir un avertissement du président et pourra, s'il néglige cet avertissement, être sanctionné comme auteur d'une infraction légère.

6) Les matadors annoncés mettront à mort par ordre d'ancienneté professionnelle tous les animaux destinés à être combattus dans la corrida, que ce soit ceux annoncés ou ceux qui les remplaceraient.

7) Si durant le combat un matador est blessé, lésionné ou malade avant d'effectuer la mise à mort, il sera remplacé pour le reste de la faena par ses compagnons

dans l'ordre rigoureux d'ancienneté. Dans le cas où le fait se produirait après une entrée a matar, le matador le plus ancien le remplacerait sans modification de l'ordre des combats.

8) Le matador dont ce n'est pas le tour d'intervenir ne pourra abandonner le callejón, même temporairement sans l'autorisation du président.

CHAPITRE II
DU PREMIER TIERS (tercio) DU COMBAT

ARTICLE 72

1) Le président ordonnera l'entrée en piste des picadors une fois que l'animal aura été travaillé à la cape par le matador.

2) Pour faire courir l'animal et l'arrêter, il ne pourra y avoir en piste plus de trois banderilleros qui s'y emploieront dès sa sortie du ruedo pour éviter les courses inutiles.

3) Il est interdit de recortar (tordre) l'animal, de l'aveugler dans le capote pour provoquer un choc contre la barrière ou de lui faire donner des coups de cornes contre les burladeros.

Le matador qui enfreindrait cette interdiction recevra un avertissement du président et dans ce cas pourrait être sanctionné comme auteur d'une faute légère, en particulier si par la suite de son intervention irrégulière, l'animal souffrait d'une diminution sensible de ses facultés.

En cours de spectacle, à la demande du chef de lidia ou du président de la course, l'état de la surface de la piste sera rectifié si cet état l'exige. L'organisateur disposera du matériel immédiatement disponible.

ARTICLE 73

1) Les picadors interviennent chacun à leur tour. Celui qui doit intervenir se place conformément aux directives du matador concerné, à l'opposé du toril, alors que l'autre picador se positionne dans la partie de la piste opposée au premier.

2) Lorsque le picador se prépare à piquer, il le fait en citant l'animal sur la droite sans dépasser le cercle le plus proche de la barrière. Le picador veillera à ce qu'aucun torero ne s'avance au-delà de son étrier gauche. L'alguazil interviendra en cas d'infraction de cette règle.

3) L'animal devra être mis en suerte sans qu'il franchisse le cercle le plus éloigné de la barrière et, à aucun moment, les toreros ou les monosabios ne pourront se tenir du côté droit de son cheval.

4) Quand l'animal s'élance vers le cheval, le picador effectuera la suerte par la droite, perpendiculairement au cercle extérieur. Il est interdit de vriller, de fermer la sortie de l'animal, de tourner autour de lui, d'insister ou de maintenir le châtiment s'il est mal donné. Le picador devra piquer dans le haut du morillo. Si le toro se sépare du cheval, il est interdit de le piquer à nouveau immédiatement. Les toreros devront écarter immédiatement le toro pour, s'il y a lieu, le remettre à nouveau en suerte tandis que le picador fera reculer son cheval afin de le repositionner.

Les toreros opéreront de la même façon lorsque l'exécution de la suerte est incorrecte et surtout si elle se prolonge longtemps. Les picadors pourront à tout moment se défendre et protéger leur cheval.

5) Si le toro ne charge pas le cheval après avoir été placé à trois reprises au-delà du second cercle, il sera mis en suerte sans qu'il soit tenu compte de cette limite.

6) Les animaux recevront un châtiment approprié, pas inférieur à deux piques, à chaque cas selon les circonstances. Le matador en piste pourra demander, s'il l'es-

time opportun, le changement de tercio et le président décidera de ce qu'il a à faire, compte tenu du châtiment reçu par l'animal. Le président pourra d'autre part ordonner le changement de tercio lorsqu'il jugera que l'animal a été suffisamment châtié.

7) Lorsque le président ordonne le changement de tercio, les picadors doivent cesser immédiatement le châtiment mais ils pourront continuer à se défendre et protéger leur cheval jusqu'à ce que les toreros retirent l'animal.

8) Les toreros à pied qui enfreignent les normes relatives à l'exécution de la pique recevront un avertissement du président et pourront être sanctionnés au troisième avertissement en tant qu'auteurs d'une faute légère.

Les monosabios sont considérés comme auxiliaires du picador et à cet effet pourront recevoir un bâton.

9) Le président donnera un avertissement aux picadors contrevenant aux dispositions du présent Article et pourra les sanctionner selon la gravité de l'infraction commise.

10) Un subalterne de la même cuadrilla se tiendra en piste à côté du picador qui ne participe pas aux suertes de piques, afin d'effectuer les quites permettant d'éviter que l'animal dans sa fuite n'entre en contact avec son cheval.

11) Aucun toro ne pourra obtenir la vuelta al ruedo (tour de piste post-mortem) ou l'indulto (grâce du président) s'il n'a pas fait preuve d'une bravoure suffisante à la pique.

ARTICLE 74

1) Durant l'exécution de la suerte de piques, tous les matadors demeureront à la gauche du picador. Le matador à qui correspond la lidia dirigera le déroulement de la suerte et il interviendra au moment qu'il jugera nécessaire.

2) Nonobstant ce qui précède, après chaque pique, les autres matadors feront un quite par ordre d'ancienneté. Si l'un d'entre eux décline l'offre, son tour passera.

ARTICLE 75 — Lorsque pour un accident quelconque l'un ou les deux picadors de la cuadrilla en piste ne peuvent continuer leur prestation, ils seront remplacés par ceux des autres cuadrillas par ordre d'ancienneté inversé.

ARTICLE 76 — Lorsque du fait de sa couardise un animal ne pourra être piqué dans les formes indiquées dans les précédents articles, le président pourra, à la demande du matador concerné, ordonner le changement de tercio et décider de la pose des banderilles noires ou de châtiment.

CHAPITRE III
DU DEUXIÈME TIERS (tercio) DU COMBAT

ARTICLE 77

1) Une fois le changement de tercio ordonné par le président on banderillera l'animal en lui posant trois paires de banderilles ou au minimum deux sur décision du président.

2) Les banderilleros interviendront deux par deux.

3) Pendant l'exécution de ce tercio, le matador qui doit combattre le toro suivant se placera au centre du ruedo, derrière le banderillero qui va intervenir, tandis que le troisième matador se placera derrière l'animal. De plus deux péons pourront intervenir pour aider les banderilleros.

4) S'ils le désirent, les matadors pourront banderiller eux-mêmes l'animal qu'ils ont à combattre et, s'ils le souhaitent, inviter les autres matadors à participer également à la suerte.

ARTICLE 78 — Les toreros qui poseraient des banderilles sans autorisation après l'annonce de changement de tercio seront sanctionnés.

ARTICLE 79 — Lorsqu'en raison de blessure ou accident les banderilleros d'une cuadrilla ne pourraient achever leurs interventions, ils seront remplacés par les plus jeunes de leurs collègues des autres cuadrillas.

CHAPITRE IV
DU DERNIER TIERS (tercio) DU COMBAT

ARTICLE 80 — Avant de commencer la faena de muleta à son premier toro, le matador devra demander au président, montera en main, l'autorisation de l'effectuer. Il devra également le saluer après la mort du dernier toro qu'il lui appartenait de combattre selon le tour de rôle normal.

ARTICLE 81

1) Il est interdit aux toreros d'enfoncer l'épée déjà plantée dans le toro, de donner le coup de grâce (apuntillar) avant qu'il ne soit tombé ou de le blesser de quelque façon que ce soit pour accélérer sa mort.

2) Le matador en piste ne pourra de nouveau entrer a matar tant que demeurera en place sur la bête une épée utilisée lors d'une tentative précédente.

3) Les toreros qui ne respecteraient pas les prescriptions de cet Article pourront être sanctionnés comme auteurs d'une infraction légère.

4) Le matador ne pourra descabeller (descabellar) le toro qu'après voir enfoncé une première épée.

ARTICLE 82 — Si, dix minutes après la première passe de muleta, l'animal n'est pas mort, le président ordonnera que soit donné le premier avis,

— Trois minutes après le second et

— Deux minutes plus tard, le troisième et dernier.

Le matador et les autres toreros devront alors se retirer à la barrière jusqu'à ce que l'animal regagne les corrals ou soit apuntillado en piste. Au cas où il serait impossible de faire rentrer l'animal dans les corrals ou de le tuer avec la puntilla en piste, le président ordonnera au matador suivant dans l'ordre des interventions de le mettre à mort avec l'épée ou avec le descabello en fonction de l'état de l'animal.

Une fois ordonnée la grâce par le président au moyen du mouchoir réglementaire, le matador devra quand même simuler la mise à mort. Pour cela il utilisera une banderille à la place de l'épée.

Une fois simulée la mise à mort et plantée la banderille, on rentrera l'animal au corral où lui seront prodigués les soins indispensables à sa récupération physique.

Dans un tel cas, si le matador a été récompensé d'une ou deux oreilles ou exceptionnellement de la queue, on simulera la remise des trophées.

Lorsqu'un animal sera gracié, l'éleveur sera tenu de rembourser à l'organisateur le prix de la viande.

ARTICLE 83 — Les trophées octroyés aux matadors consistent en salut au tiers, tour de piste, concession d'une ou deux oreilles du toro abattu et la sortie sur les épaules par la porte principale de la plaza. L'éventuel octroi de la queue sera laissé à la seule appréciation du président.

Les trophées seront concédés de la manière suivante :

— les saluts et le tour de piste seront effectués par le matador conformément aux souhaits du public qui, par ses applaudissements, en aura exprimé le désir.

— la concession d'une oreille sera accordée par le président sur pétition majoritaire du public. L'octroi de la seconde oreille sera de la seule compétence du président qui pour se faire, prendra en compte la demande du public, le comportement de l'animal pendant le combat, la bonne conduite de celui-ci pendant tous les tercios et le travail réalisé tant à la cape qu'à la muleta et, principalement, la façon dont l'estocade a été portée.

La découpe des appendices sera effectuée en présence d'un alguazil qui sera à son tour chargé de les remettre au matador. La sortie en triomphe (a hombros) par la porte principale de la plaza sera permise seulement lorsque le matador aura coupé deux oreilles au moins au cours de la course.

S'il y a pétition majoritaire du public, le président pourra ordonner au moyen du mouchoir bleu, le tour de piste de la dépouille de l'animal qui l'aurait mérité par sa bravoure exceptionnelle au cours du combat.

Le ganadero ou le mayoral pourront saluer ou faire un tour de piste si la majorité du public le réclame.

ARTICLE 84 — Lorsqu'un animal aura mérité d'être gracié en raison de son excellente présentation et de son excellent comportement dans toutes les phases du combat sans exception, notamment en prenant les piques avec style et bravoure, le président pourra, dans les circonstances qui suivent, accorder cette grâce afin que l'animal puisse être utilisé comme semental, après les soins nécessités par son état physique et ses blessures et participer ainsi à la préservation et à l'amélioration de la race et de la caste de l'espèce.

La grâce devra être demandée majoritairement par le public ainsi que par le matador concerné qui en manifestera expressément le désir. Il sera de plus indispensable que le ganadero ou le mayoral concerné fasse connaître son accord par l'intermédiaire d'un alguazil.

CHAPITRE V
AUTRES DISPOSITIONS

ARTICLE 85 — Le président pourra ordonner le renvoi d'animaux sortis en piste si ceux-ci s'avèrent manifestement impropres au combat en raison de défauts ostensibles ou de comportement empêchant son déroulement normal.

Lorsqu'un animal deviendra inutilisable au cours du combat, de telle sorte qu'il sera nécessaire de le mettre à mort en piste au moyen de la puntilla, il ne sera pas remplacé par un autre.

Si le matador indique que l'animal qu'il est en train de combattre a déjà été toréé, le président pourra en ordonner son renvoi et son remplacement par un autre.

Dès son retour aux corrals, l'animal devra obligatoirement être abattu en présence du vétérinaire.

Lorsqu'après un temps raisonnable il n'aura pas été possible de faire rentrer l'animal aux corrals, le président ordonnera qu'il soit mis à mort en piste par le puntillero ou, si ceci n'est pas possible, par le matador de tour éventuellement aidé par sa cuadrilla de picadors et de banderilleros.

ARTICLE 86 — En cas de mauvais temps ou de menace de mauvais temps susceptible d'empêcher le déroulement normal de la course, le président avant que ne commence le paseillo demandera aux matadors leur opinion quant à la possibilité de voir le spectacle se dérouler dans des conditions normales. Il leur précisera qu'une fois commencé, celui-ci ne pourra être suspendu qu'en cas de détérioration importante et prolongée des conditions météorologiques. Il sera procédé de la même façon lorsque le vent constituera par sa violence un risque grave pour les toreros.

Tenant compte de l'opinion majoritaire exprimée par les matadors, le président décidera de la célébration de la course ou de son renvoi.

Si une fois commencé le spectacle voyait son déroulement gravement perturbé par les conditions météorologiques ou autres, le président pourra ordonner sa suspension temporaire jusqu'à l'amélioration de la situation ou en cas de persistance du mauvais temps, sa suspension définitive.

ARTICLE 87 — Le déroulement des novilladas avec picadors sera soumis exactement aux mêmes règles que les corridas de toros à l'exception de celles relatives aux caractéristiques du bétail (articles 43, 44 et 45 du présent règlement).

TITRE VII
DISPOSITIONS RELATIVES À CERTAINS SPECTACLES

ARTICLE 88 — Corridas de rejones :

1) Sur l'affiche annonçant un spectacle où interviennent des rejoneadores on précisera si le bétail à combattre a ou non ses défenses intactes.

Dans le premier cas, les examens préalables et post-mortem seront identiques à ceux prévus par le présent règlement pour les Corridas de toros et novilladas avec Picadors.

2) Les rejoneadores devront présenter un cheval de plus qu'il y aura d'animaux à combattre, quel que soit l'état des armures de ceux-ci, intactes ou épointées.

3) L'ordre d'intervention des rejoneadores alternant avec les matadors à pied sera déterminé d'un commun accord entre les différents participants et l'organisateur ou éventuellement par ce dernier seulement, en fonction de l'état de la piste.

4) Lorsque le rejoneador ne combattra qu'un animal, il sera aidé par deux péons qui se conformeront à ses instructions en s'abstenant de couper brutalement ou de casser la charge de l'animal.

Lorsqu'il en combattra plusieurs, il engagera un banderillero de plus qu'il y aura d'animaux à combattre et, en cas de combats en colleras (par paire) chacun des deux rejoneadores engagera un banderillero supplémentaire.

5) Les rejoneadores ne pourront poser à chaque animal plus de trois rejones de châtiment et plus de trois farpas si la corrida se donne à la mode portugaise. Ils pourront poser à chaque toro quatre banderilles longues, la dernière pouvant être posée à deux mains et trois banderilles courtes ou roses.

Lorsque le président aura ordonné le changement de tercio, le rejoneador utilisera les rejones de mort dont il ne pourra poser que trois au maximum et ne pourra mettre pied à terre, pas plus que ne pourra intervenir le sobresaliente (ex-matador de toros ou de novillos) afin de mettre l'animal à mort s'il n'a été posé auparavant, ou essayé de poser, un rejón de mort au minimum.

6) Si cinq minutes après le changement de tercio l'animal n'est pas mort, le président fera sonner le premier avis, deux minutes après le second à la fin duquel le rejoneador devra obligatoirement mettre pied à terre s'il doit tuer lui-même ou laisser intervenir le sobresaliente qui en a la charge. Dans chaque cas, on disposera de cinq minutes après lesquelles le troisième avis sera sonné et l'animal renvoyé au corral.

7) Les rejoneadores pourront intervenir par paire, mais dans ce cas ils ne pourront pas poser, à eux deux et à chaque toro, plus de trois rejones de châtiment ni plus de trois farpas dans les corridas à la mode portugaise, ni, quel que soit le type de corrida, à l'espagnole ou à la portugaise, plus de quatre banderilles longues et quatre bandcrilles courtes ou quatre roses. Pendant que l'un des rejoneadores sera

en train de combattre, l'autre se tiendra à l'écart et ne pourra s'approcher du toro jusqu'à ce que son compagnon s'en soit écarté afin de le couvrir de nouveau.

Les deux rejoneadores ne pourront poser plus de rejones de mort que ceux autorisés pour chaque toro.

ARTICLE 89 — Festivals :

Les affiches concernant les festivals seront obligatoirement soumises à l'agrément du maire et devront préciser que le spectacle est organisé et se déroulera conformément aux normes et aux dispositions du Règlement Taurin de l'UVTF et aux dispositions générales applicables aux autres spectacles taurins en tenant compte cependant des dispositions ci-après :

1) L'examen des animaux s'effectuera conformément aux dispositions de l'Article 58 relatives à ce genre de spectacle et pourra avoir lieu le jour de sa célébration.

2) Lors de tels spectacles, on pourra combattre tous types d'animaux, à la condition expresse qu'il s'agisse de mâles et qu'ils présentent les garanties sanitaires nécessaires.

3) Les toreros devant y prendre part pourront appartenir indifféremment à l'une des catégories établies par leurs associations professionnelles respectives. Un novillero devra obligatoirement participer au spectacle. Les cuadrillas comporteront un banderillero de plus qu'il y aura d'animaux à combattre, ainsi qu'un picador pour chaque animal lorsque le festival sera piqué. En ce cas, les piques devront correspondre à celles prévues pour chaque catégorie d'animaux – toro ou novillo – et trois chevaux devront être présentés.

ARTICLE 90 — Becerradas :

Les affiches concernant les becerradas seront obligatoirement soumises à l'agrément du maire, et devront préciser que le spectacle est organisé et se déroulera conformément aux normes et dispositions du Règlement Taurin Municipal de l'UVTF et aux dispositions générales applicables aux autres spectacles taurins tenant compte cependant des dispositions ci-après :

Les animaux mâles destinés à être combattus en becerrada, d'un âge inférieur à deux ans, seront reconnus aptes pour ce genre de spectacle par le vétérinaire, en présence du directeur de lidia qui déterminera s'ils ne présentent pas un danger trop important. En ce cas, il informera le président de la CTEM ou son représentant qui fera procéder à la diminution ou la modification des défenses des animaux nécessitant une telle intervention.

De plus, afin d'éviter tout accident, le maire prendra toutes mesures lui paraissant opportunes particulièrement en ce qui concerne le nombre de participants aux combats.

ARTICLE 91 — Les organisateurs de corridas de rejones, de becerradas, de festivals et de toreo cómico devront justifier auprès de l'autorité municipale de la couverture sociale de chacun des participants au spectacle, en prenant les bulletins correspondants de Sécurité sociale, espagnole ou française, ou éventuellement pour les participants ne pouvant être couverts par ces administrations, justifier de la souscription d'une police d'assurance suffisante pour couvrir tous les risques ou accidents pouvant survenir à l'occasion de la célébration du spectacle.

Ils devront également mettre en place l'assistance sanitaire prévue par les articles 11 et 17 du présent règlement.

TITRE VIII
DES SANCTIONS

ARTICLE 92 — Le maire fera connaître au président de sa CTEM le résultat des expertises qui lui auront été communiquées par le président de l'UVTF.

En fonction de ce résultat, le maire, qui aura recueilli l'avis de sa CTEM, décidera de l'éventualité de demander au président de l'UVTF de porter sa réclamation et sa demande de sanction auprès de l'Unión de Criadores de Toros de Lidia.

ARTICLE 93 — Outre celles prévues par la loi dans le cadre du code pénal, des sanctions pourront être prises à l'initiative du maire dans le cadre des arrêtés municipaux et en vertu de ses pouvoirs, ceux-ci pouvant être éventuellement délégués par lui à toute personne de son choix ayant capacité de recevoir cette délégation.

ESCALAFÓN 2002

Les noms en italique sont les apodos (surnoms)

MATADORS

Ordre	**Noms**	**Corridas**	**Oreilles**	**Queues**
1	*el Juli*	112	167	6
2	*Finito de Córdoba*	104	82	1
3	*el Cordobés*	92	188	11
4	Juan José Padilla	80	118	9
5	Antonio Ferrera	75	133	13
6	*el Fandi*	72	167	15
7	Victor Puerto	68	108	10
8	*Morante de la Puebla*	64	41	0
9	Manuel Caballero	63	78	4
10	Rivera Ordóñez	61	49	1
11	Enrique Ponce	56	53	2
12	Luis Miguel Encabo	50	43	1
13	Eugenio de Mora	49	46	4
14	José Tomás	49	44	0
15	Dávila Miura	48	45	0
16	Miguel Abellán	48	44	0
17	Pepín Liria	47	68	7
18	Fernando Robleño	45	63	3
19	*el Califa*	40	35	0
20	Luis Francisco Esplá	40	24	1
21	César Jiménez	39	72	1
22	Vicente Barrera	35	72	1
23	Sánchez Mejías	33	30	1
24	Uceda Leal	32	40	2
25	*Juan Bautista*	32	33	1
26	Canales Rivera	30	45	1

MATADORS (suite)

Ordre	Noms	Corridas	Oreilles	Queues
27	Pepín Jiménez	30	30	0
28	Jesús Millán	29	35	1
29	Rafael Camino	28	46	2
30	Alfonso Romero	28	26	1

NOVILLEROS

Ordre	Noms	Corridas	Oreilles	Queues
1	*Jesuli de Torrecera*	55	84	6
2	Reyes Ramón	54	69	3
3	Jarocho	52	63	4
4	Santiago Manciño	44	52	0
5	Roberto Carlos	41	64	3
6	*Herrerita*	41	59	2
7	Manuel Escribano	41	56	1
8	Paco Ramos	39	44	2
9	Alberto Guzmán	39	31	0
10	Matías Tejela	37	51	1
11	Salvador Vega	36	49	1
12	Raúl Velasco	35	48	2
13	Luis Rubias	34	46	1
14	Arturo Macías	34	41	3
15	Iván García	30	50	0
16	Javier Perea	29	64	5
17	Iker Javier Lara	29	32	2
18	Andrés Palacio	29	23	1
19	Emilo Laserna	27	49	5
20	Luis González	25	36	1

REJONEADORES

Ordre	Noms	Corridas	Oreilles	Queues
1	Fermín Bohórquez	76	119	9
2	Pablo Hermoso de Mendoza	72	149	7
3	José Miguel Callejón	68	157	29
4	Leonardo Hernández	65	95	6
5	*Andy Cartagena*	60	122	12
6	João Moura	59	34	2
7	Sergio Galán	58	110	13
8	Álvaro Montes	54	88	4
9	Raúl Martín Burgos	50	120	11
10	Luis Domecq	48	57	2
11	Sergio Vegas	46	99	7
12	Diego Ventura	40	72	8
13	Francisco Benito	40	64	6
14	Sergio Domínguez	37	64	3

REJONEADORES (suite)

Ordre	Noms	Corridas	Oreilles	Queues
15	Iván Magro	34	75	7
16	Pedro Salvador	32	0	0
17	Borja Baena	31	52	2
18	Sonia Matías	30	0	0
19	Rui Fernandes	29	12	0
20	Tomás Soler	28	47	8

ESCALAFÓN 2001

MATADORS

Ordre	Noms	Corridas	Oreilles	Queues
1	*Finito de Córdoba*	102	116	5
2	Enrique Ponce	100	137	4
3	*el Juli*	88	163	5
4	*Jesulín de Ubrique*	73	83	1
5	Víctor Puerto	71	83	3
6	*Morante de la Puebla*	66	35	0
7	Manuel Caballero	63	76	4
8	Miguel Abellán	62	74	5
9	*Joselito*	61	56	0
10	*el Cordobés*	56	92	8
11	Juan José Padilla	56	46	2
12	Rivera Ordóñez	53	59	0
13	Jesús Millán	52	53	2
14	*el Tato*	51	53	3
15	Eugenio de Mora	47	59	3
16	*el Califa*	48	42	1
17	Pepín Liria	43	60	5
18	Antonio Ferrera	42	74	9
19	*el Fandi*	39	90	7
20	Javier Castaño	39	33	0
21	*Espartaco*	37	41	2
22	Dávila Miura	36	42	2
23	*Juan Bautista*	36	36	0
24	Ortega Cano	36	32	0
25	José Tomás	36	52	0
26	Vicente Barrera	34	41	0
27	José Luis Moreno	33	34	1
28	Luis Francisco Esplá	33	26	0
29	Óscar Higares	31	36	0
30	Luis Miguel Encabo	31	28	1
31	David Luguillano	30	33	0
32	Fernández Méca	30	21	0

MATADORS (suite)

Ordre	Noms	Corridas	Oreilles	Queues
33	*Rafael de Julia*	29	30	1
34	Manolo Sánchez	28	27	1
35	Alfonso Romero	26	46	4
36	Alberto Ramírez	24	28	1
37	*el Renco*	23	18	1
38	Uceda Leal	22	15	1
39	Aníbal Ruiz	21	44	2
40	Canales Rivera	21	28	2

NOVILLEROS

Ordre	Noms	Corridas	Oreilles	Queues
1	Leandro Marcos	68	77	2
2	Serafín Marín	60	66	2
3	César Jiménez	46	59	3
4	Matías Tejela	41	69	1
5	Luis Rubias	40	67	1
6	Salvador Vega	40	55	2
7	Abraham Barragán	40	43	3
8	Alejandro Amaya	38	61	4
9	Julio Pedro Saavedra	37	64	5
10	Santiago Manciño	36	43	1
11	Julien Lescarret *Julito*	35	22	0
12	Javier Valverde	34	34	0
13	Jarocho	33	44	2
14	Luis Vital Procuna	33	22	0
15	Sergio Martínez	32	54	6
16	Iván García	32	46	1
17	Reyes Mendoza	30	16	0
18	Martín Quintana	28	52	7
19	*el Rubio*	27	56	4
20	Sergio Aguilar	28	21	0

REJONEADORES

Ordre	Noms	Corridas	Oreilles	Queues
1	Fermín Bohórquez	84	130	9
2	Leonardo Hernández	76	117	12
3	*Andy Cartagena*	67	134	8
4	Raúl Martín Burgos	57	157	18
5	Álvaro Montes	57	114	8
6	João Moura	57	26	0
7	Martín González Porras	55	94	10
8	Diego Ventura	49	81	9
9	Pablo Hermoso de Mendoza	49	96	3
10	Miguel García	40	80	8

ESCALAFÓN DU XXe SIÈCLE

MATADORS AYANT LE PLUS TORÉÉ DEPUIS 1901

Dates	Noms	Corridas
1901	Antonio Fuentes	60
1902	Ricardo Torres *Bombita*	57
1903	Antonio Fuentes	60
1904	Rafael González *Machaquito*	65
1905	Ricardo Torres *Bombita*	61
1906	Rafael Gonzalez *Machaquito*	65
1907	Ricardo Torres *Bombita*	51
1908	Ricardo Torres *Bombita*	63
1909	Ricardo Torres *Bombita*	54
1910	Rafael González *Machaquito*	62
1911	Rafael González *Machaquito*	66
1912	Rafael Gómez *el Gallo*	74
1913	José Gómez *Gallito* (*Joselito*)	80
1914	José Gómez *Gallito* (*Joselito*)	74
1915	José Gómez *Gallito* (*Joselito*)	102
1916	José Gómez *Gallito* (*Joselito*)	104
1917	José Gómez *Gallito* (*Joselito*)	103
1918	José Gómez *Gallito* (*Joselito*)	103
1919	Juan Belmonte	109
1920	Ignacio Sánchez Mejías	90
1921	Manuel Granero	94
1922	Marcial Lalanda	79
1923	Manuel García *Maera*	64
1924	José García *Algabeño*	50
1925	Marcial Lalanda	75
1926	*Niño de la Palma*	78
1927	*Niño de la Palma*	65
1928	Manuel Jiménez *Chicuelo*	81
1929	Marcial Lalanda	85
1930	Marcial Lalanda	87
1931	Domingo Ortega	93
1932	Domingo Ortega	91
1933	Domingo Ortega	68
1934	Domingo Ortega	79
1935	Manuel Mejías *Bienvenida*	64
	Fermín Espinosa *Armillita*	64
1936	Domingo Ortega	45
1937	Domingo Ortega	35
1938	Jaime Noaín	25
	el Estudiante	25
1939	Juan Belmonte	39
1940	Domingo Ortega	57
1941	Pepe Luis Vázquez	68
1942	Pepe Luis Vázquez	68
1943	Miguel Rodríguez *Manolete*	73

MATADORS AYANT LE PLUS TORÉÉ DEPUIS 1901 (suite)

Dates	Noms	Corridas
1944	Miguel Rodríguez *Manolete*	93
1945	Carlos Arruza	108
1946	Luis Miguel *Dominguín*	62
1947	Agustín Parra *Parrita*	71
1948	Luis Miguel *Dominguín*	100
1949	Manolo González	78
1950	Manuel Dos Santos	80
1951	Luis Miguel *Dominguín*	98
1952	Antonio Ordóñez	74
1953	*Pedrés*	48
1954	César Girón	54
1955	*Chicuelo II*	67
1956	César Girón	68
1957	Gregorio Sánchez	73
1958	Gregorio Sánchez	87
1959	Curro Girón	81
1960	Diego Puerta	71
1961	Curro Girón	74
1962	Jaime Ostos	79
	Curro Girón	79
1963	Paco Camino	76
1964	*el Viti*	77
1965	Manuel Benítez *el Cordobés*	111
1966	Paco Camino	95
1967	Manuel Benítez *el Cordobés*	109
1968	Miguel Márquez	101
1969	Miguel Márquez	97
1970	Manuel Benítez *el Cordobés*	121
1971	Manuel Benítez *el Cordobés*	87
1972	*Paquirri*	86
1973	*Niño de la Capea*	84
1974	Antonio José Galán	91
1975	*Niño de la Capea*	92
1976	*Niño de la Capea*	86
1977	José María *Manzanares*	86
1978	*Niño de la Capea*	80
1979	*Niño de la Capea*	76
1980	Dámaso González	70
1981	*Niño de la Capea*	67
1982	*Espartaco*	69
1983	Paco Ojeda	84
1984	José María *Manzanares*	72
1985	*Espartaco*	91
1986	*Espartaco*	88
1987	*Espartaco*	100
1988	*Espartaco*	82
1989	*Espartaco*	87
1990	*Espartaco*	107
1991	*Espartaco*	80
1992	Enrique Ponce	100

MATADORS AYANT LE PLUS TORÉÉ DEPUIS 1901 (suite)

Dates	Noms	Corridas
1993	Enrique Ponce	110
1994	*Jesulín de Ubrique*	153
1995	*Jesulín de Ubrique*	161
1996	*Jesulín de Ubrique*	121
1997	Enrique Ponce	108
1998	Manuel Díaz *el Cordobés*	108
1999	*el Juli*	135
2000	*el Juli*	103
2001	*Finito de Córdoba*	102
2002	*el Juli*	112

TABLEAU CHRONOLOGIQUE DES TOREROS

par Jean-Baptiste Trouplin

Ce tableau chronologique présente les toreros selon leur année de naissance et celle de l'alternative, quand elle est connue avec précision. La dernière date est celle du décès du matador. Pour certains d'entre eux, il est très difficile d'avancer des dates avec certitude. Dans ce cas, nous avons préféré nous abstenir. Lorsque la date est suivie d'un « ? », c'est qu'elle est très probable. Les noms écrits en italique sont des apodos (surnoms). Les matadors sont présentés sous leur dénomination la plus connue.

Noms	**Dates**		
	de naissance	**d'alternative**	**de décès**
Juan de Zaragoza	XIVe s.		
Candil	XVIe s.		
José Candido	XVIIIe s.		
Miguel Canelo	XVIIIe s.	1733 ?	
el Africano	XVIIIe s.		
el Licenciado de Falces	XVIIIe s.		
Francisco Romero	XVIIIe s.		
Martincho	1708		
Juan Romero	1720 ?		1822
Costillares	1748 ?		1800 ?
Pepe-Hillo	1754		1801
Pedro Romero	1754	1776	1836
Jerónimo Cándido	1760 ?		1839
Nicolasa Escamilla	1776		
Tragabuches	17 ? ?	1802	?
el Bolero	1778	1821	?
el Morenillo	1783	1819	1866
Curro Guillén	1783	1799	1820
Manuel Parra	1797	1827	1829
Rigores	1799	1828	1843

Noms	Dates		
	de naissance	d'alternative	de décès
Pérez de Guzmán	1803	1831	1838
Paquiro	1805	1831	1851
Juan Yust	1807		1842
el Lavi	1812	1843	1858
Desperdicios	1816	1835	1886
Cúchares	1818	1840	1868
el Salamanquino	1818	1847	1882
el Chiclanero	1819	1842	1853
Cayetano Sanz	1821	1848	1891
Pedro Aixelá Peroy	1824		1892
Panadero José	1825		1881
el Tato	1831	1853	1895
Panadero Manuel	1832	1858	1899
Bocanegra	1837	1862	1889
Gordito	1838	1862	1920
Lagartijo	1841	1865	1900
Frascuelo	1842	1867	1898
Currito	1845	1867	1907
Currito Arjonas Reyes	1845	1867	1907
Manuel Hermosilla	1847	1873	1918
Gallo Fernando	1847	1876	1897
Cara-Ancha	1848	1874	1925
Ángel Pastor	1850	1876	1900
Regaterín	1851		1891
Valentín Martín Lorenzo	1854	1883	1936
Luis Mazzantini	1856	1884	1926
Guerrita	1862	1887	1941
Félix Robert	1862	1894	1916
Espartero	1865	1885	1894
Fabrilo	1866	1888	1897
Conejito	1867	1895	1931
Jerezano	1867	1899	1936
Antonio Fuentes	1869	1893	1938
Minuto	1870	1890	1930
Reverte	1870	1891	1903
Bombita Emilio	1874	1893	1947
Algabeño	1875	1895	1947
Cocherito de Bilbao	1876	1904	1928
Antonio Montes	1876	1898	1907
Bombita Ricardo	1879	1899	1936
Chicuelo	1879	1901	1907
Vicente Pastor	1879	1902	1966
Lagartijo Chico	1880	1900	1910
Machaquito	1880	1900	1955
Rafael Gómez Ortega *el Gallo*	1882	1902	1960
José Claro *Pepete*	1883	1905	1910
Bombita Manuel	1884	1907	1936
Bienvenida Manuel	1884	1905	1964
Celita	1886	1912	1932
Louis Freg	1888	1910	1934
Rodolfo Gaona	1888	1908	1975
Saleri II	1891	1914	1958

Noms	**Dates**		
	de naissance	**d'alternative**	**de décès**
Ignacio Sánchez Mejías	1891	1918	1934
Juan Belmonte García	1892	1913	1962
Florentino Ballesteros	1893	1916	1917
Mariano Montes	1894	1921	1926
Fortuna	1895	1916	1940
Joselito	1895	1912	1920
Limeño	1895	1913	1921
Nacional II	1897	1821	1825
Camará	1898	1918	1978
Antonio Márquez	1898	1921	1988
Valencia	1898	1921	1936
Pouly III	1899	1921	1988
Manuel Belmonte	1899	1919	1956
Palmeño	1900	1928	1971
Chicuelo	1902	1919	1967
José García *el Algabeño*	1902	1923	1936
Manuel Granero	1902	1920	1922
Cagancho	1903	1927	1984
Sydney Franklin	1903	1932	1976
Gitanillo de Triana Francisco	1903	1927	1931
Marcial Lalanda	1903	1921	1990
Niño de la Palma	1904	1925	1961
Carnicerito de México	1905	1930	1947
Litri	1905	1923	1926
Antonio Posada	1905	1923	1986
Armillita	1905	1924	
Domingo Ortega	1906	1931	1988
Fernando Domínguez	1907	1933	1976
Victoriano de la Serna	1910	1931	1981
el Estudiante	1911	1932	1995
Armillita Chico	1911	1927	1978
Alfredo Corrochano	1912	1932	
Bienvenida Manolo	1912	1929	1938
Mario Cabré	1916	1943	1990
Juana Cruz de la Casa	1917	1940	1981
Manolete	1917	1939	1947
José Ignacio Sánchez	1917	1941	1966
Juanito Belmonte	1918	1938	1975
Andaluz	1919	1942	
Albaicín	1919	1943	1981
Rovira	1920	1946	
Carlos Arruza	1920	1940	1966
Dominguín Pepe	1921	1944	
Rafael Ortega	1921	1949	1997
Pepe Luis Vázquez	1922	1940	
Bienvenida Antonio	1922	1942	1975
Bienvenida Ángel	1924	1944	
Dominguín Luis Miguel	1926	1944	1996
Guillermo Carvajal	1927	1953	1995
Pepín Martín Vázquez	1927	1944	
Chicuelo II	1929	1953	1960
Dámaso Gómez	1930	1953	

Noms	Dates		
	de naissance	d'alternative	de décès
Litri	1930	1949	
Gregorio Sánchez	1930	1956	
Manolo Vázquez	1930	1951	
Antonio Ordóñez	1932	1951	1998
Pedrés	1932	1952	
Julio Aparicio	1932	1950	
César Girón	1933	1952	1971
Jaime Ostos	1933	1956	
Parrita	1933	1955	
Solanito	1933	1955	
el Mondeño	1934	1959	
Fermín Murillo	1934	1957	
Antoñete	1934	1951	
Chamaco I	1935	1956	
Curro Romero	1935	1959	
Joaquín Bernadó	1935	1956	
el Cordobés	1936	1963	
el Trianero	1936	1958	
Limeño	1936	1960	
el Viti	1938	1961	
Curro Girón	1938	1956	1988
Andrés Hernando	1938	1962	
Pepe Luis Segura	1938	1957	
Manuel Amador	1938	1964	
García Mata	1939	1965	
Miguelín	1939	1958	
Pepe Osuna	1939	1962	
Paco Camino	1940	1960	
Simón Casas	1940	1975	
Rafael de Paula	1940	1960	
Diego Puerta	1941	1956	
Carlos Corbacho	1942	1962	1967
el Pireo	1943	1964	
Carlos Saldana	1943	1957	
José *Falcón*	1944	1968	1974
José Fuentes	1944	1965	
Antonio Lomelín	1945	1967	
Paco Pallares	1945	1965	
Miguel Márquez	1946	1968	
Robert Ryan	1946	1967	
Tinín	1946	1966	
Chibanga	1947	1970	
Palomo *Linares*	1947	1966	
Gabriel de la Casa	1948	1965	
Frascuelo	1948	1974	
Antonio José Galán	1948	1971	2001
Dámaso González	1948	1969	
Macareno	1948	1969	
Paquirri	1948	1966	1984
Frédéric Pascal	1948	1976	
Manuel Cortés	1949	1968	
el Puno	1949	1969	

Noms	Dates		
	de naissance	d'alternative	de décès
Marismeño	1949	1969	
José Luis Parada	1950	1969	
Juan Ramos	1950	1977	
Ángel Teruel	1950	1967	
Sebastián Cortés	1951	1975	
Roberto Domínguez	1951	1972	
Curro Rivera	1951	1967	
Paco Alcade	1951	1974	
Manili	1952	1976	
Niño de la Capea	1952	1972	
José Luis Palomar	1952	1978	
Roberto Piles	1952	1971	
Curro Vázquez	1952	1969	
Raúl Aranda	1952	1971	
Galloso	1953	1971	
Manzanares	1953	1970	
José Ortega Cano	1953	1974	
Campuzano José	1954	1973	
Montolíu	1954	1986	1992
Nimeño II	1954	1977	1991
Julio Robles	1954	1972	2000
Currillo	1955	1973	
Morenito de Maracay	1955	1978	
Paco Ojeda	1955	1979	
David Silveti	1955	1977	
Manolo Arruza	1955	1973	
Alejandro Silveti	1956	1988	
Patrick Varin	1956	1979	
Campuzano Tomás	1957	1979	
Curro Caro	1957	1981	
Luis Francisco Esplá	1958	1976	
Víctor Mendes	1959	1981	
Curro Durán	1960	1983	
Juan Antonio Esplá	1960	1978	
Richard Milian	1960	1981	
Pepe Luis Vargas	1960	1979	
Pedro Castillo	1962	1982	
el Soro	1962	1981	
Espartaco	1962	1979	
Juan Mora	1962	1983	
Emilio Muñoz	1962	1979	
Emilio Oliva	1963	1985	
Andrés Caballero	1964	1986	
Fernando Cepeda	1964	1987	
Raúl Galindo	1964	1988	
Martín Pareja-Obregón	1964	1991	
Emilio Silvera	1964	1986	
Yiyo	1964	1981	1985
Domingo *Dominguín*	1965	1991	
Manolo Mejías	1965	1983	
César Rincón	1965	1982	
César Camacho	1966	1990	

Noms	Dates		
	de naissance	d'alternative	de décès
el Fundi	1966	1987	
Manolo Sánchez	1966	1990	
José Luis Bote	1967	1987	
Marcos Sánchez-Mejías	1967	1992	
Vicente Barrera	1968	1994	
el Cordobés Manuel Díaz	1968	1993	
Litri	1968	1987	
Rafael de la Viña	1968	1987	
Rafael Camino	1969	1987	
Stéphane Méca	1968	1989	
Denis Loré	1968	1990	
Javier Vázquez	1968	1993	
Zotoluco	1968	1984	
Joselito	1969	1986	
Luguillano	1969	1990	
Valencia	1969	1990	
Julito Aparicio	1969	1990	
Miguel Rodríguez	1969	1991	
Erick Cortés	1970	1992	
Juan Carlos García	1970	1995	
Vicente Bejarano	1970	1996	
Niño de la Taurina	1970	1988	
Manuel Punta	1970	1991	
José Ignacio Ramos	1970	1993	
Manuel Caballero	1971	1991	
Paco Delgado	1971	1992	
Finito de Córdoba	1971	1991	
Óscar Higares	1971	1992	
Pepín Liria	1971	1993	
Luis de Pauloba	1971	1993	
Enrique Ponce	1971	1990	
Cristina Sánchez	1971	1996	
Ángel de la Rosa	1971	1993	
Manuel Ruiz	1971	1995	
Domingo Valderrama	1971	1992	
Chamaco II	1972	1992	
el Tato	1972	1992	
Manolo Carrión	1973	1994	
Juan José Padilla	1973	1994	
Víctor *Puerto*	1973	1995	
Ricardo Ortiz	1974	1994	
Pedrito de Portugal	1974	1994	
Canales Rivera	1974	1996	
el Califa	1974	1996	
Jesulín de Ubrique	1974	1990	
Eduardo Dávila Miura	1974	1997	
José Luis Moreno	1974	1996	
Rivera-Ordóñez	1974	1996	
Javier Conde	1975	1995	
José Tomás	1975	1995	
Luis Miguel Encabo	1975	1996	
Eugenio de Mora	1975	1997	

Noms	Dates		
	de naissance	**d'alternative**	**de décès**
Alfonso Romero	1976	1999	
el Renco	1976	1999	
Uceda Leal	1977	1996	
Miguel Abellán	1978	1998	
Morante de la Puebla	1979	1997	
Juan-Bautista	1981	1999	
el Juli	1982	1999	
Sébastien Castella	1983	2000	

STATISTIQUES TAURINES

NOMBRE DE CORRIDAS EN ESPAGNE DANS LA DÉCENNIE 1990

1990 : 541
1991 : 583
1992 : 587
1993 : 630
1994 : 720
1995 : 803
1996 : 764
1997 : 859
1998 : 958
1999 : 941

NOMBRE DE SPECTACLES EN ESPAGNE ET EN FRANCE

Années	Corridas	Novilladas	Rejoneo
1998	1 046	802	340
1999	1 020	705	340

POURCENTAGE DES ENCASTES D'ORIGINE DANS LES GANADERIAS

Domecq : 41 %
Núñez-Villamarta : 17 %
Conde de la Corte-Atanasio Fernández : 12 %
Santa Coloma-Saltillo : 6 %
Murube-Contreras : 6 %
Parladé-Gamero Cívico : 2 %
Autres : 10 %

RECORDS HISTORIQUES DU NOMBRE DE CORRIDAS DANS LA TEMPORADA

Années	Noms	Corridas
1916	José Gómez *Gallito*	105
1918	Juan Belmonte	109
1970	Manuel Benítez *el Cordobés*	121
1994	*Jesulín de Ubrique*	153
1995	*Jesulín de Ubrique*	163
1999	*El Juli*	135

GANADERIAS AYANT LE PLUS PARTICIPÉ EN FRANCE ET EN ESPAGNE

Núñez del Cuvillo	121
Alcurrucén	102
La Cardenilla	102
Gabriel Rojas	97
Victorino Martín	96
Los Bayonnes	84
Juan Pedro Domecq	83
Jandilla	80
El Torero	73
Zalduendo	70
Jódar y Ruchena	65
Puerto de San Lorenzo	63
Francisco Galache	62
Julio de la Puerta	61
Antonio Gavira	60
Cebada Gago	58
José Luis Pereda	58
Victoriano del Río	57
Teófilo Segura	57
Torrestrella	57
Luis Algarra	54
Montalvo	50
Carmen Borrero	49
Carlos Núñez	48
Peralta	47
Román Sorando	47
Arauz de Robles	46
Carmen Camacho	46
Salustiano Galache	44
Larca	43
Miura	43
Los Derramaderos	43
Benítez Cubero	42
Castillejo de Huebra	42
Fermín Bohórquez	42
Juan Manuel Criado	41
Santiago Domecq	41
Sánchez de Ibargüen	41
João Moura	40
Domingo Hernández	39
Pérez San Fernando	39
Marqués de Domecq	38
Bernardino Pérez	38
El Pilar	37
El Pizarral	37
Manolo González	37
Torrealta	37
Valdefresno	37
María Lourdes Martín	35
Andrés Ramos	35
Conde de la Maza	34
Manuel San Román	34
Guardiola Fantoni	33
Aldeanueva	33
Joaquín Barral	33
Fuente Ymbro	33
Guadalest	33
Antonio Ruiz	33
Sepúlveda	33
Arcadio Albarrán	32
El Sierro	32
Marcos Núñez	32
Ortega Sánchez	32
Mercedes Pérez-Tabernero	32
Hermanos Sempedro	32
Celestino Cuadri	31
Garcigrande	31
José Luis Osborne	31
Adolfo Martín	31
Ana Romero	30
Sánchez Arjona	30
El Toril	29
Antonio Ordóñez	28
Partido de Resina	28
Javier Pérez-Tabernero	28
Nuenavista	27
El Ventorrillo	27
José Luis Sánchez	27
El Vaqueril	26
Peñajara	26
Daniel Ruiz	26
Sayalero y Bandrés	26
García Jiménez Hermanos	26
Manuel Álvarez	25
Loreto Charro	25
Guadiamar	25
Tornay	25
José Luis Fraile	24
Los Millares	24
Carmen Segovia	24
Castil Blanco	24
El Torreón	23
Miguel Báez	22
María Luisa Domínguez	22
José Escolar	22
Valdemorro	22
Charro de Llen	21
Atanasio Fernández	21
Samuel Flores	21
Dolores Aguirre	20
José Miguel Arroyo	20
Alicia Chico	20
García Palacios	20
Diego Garrigo	20
La Ermita	20
La Laguna	20

Río Grande	20	Viento Verde	17
Francois André	19	Giménez Indarte	16
Guardiola Domínguez	19	González Sánchez Dalp	16
Justo Nieto	19	Sánchez Covaleda	16
Luis Albarrán	18	Cortijoliva	16
Astolfi	18	Lora Sangrán	16
Conde de la Corte	18	Prieto de la Cal	15
Los Guateles	18	Isaías y Tulio Vázquez	14
Villamarta	18	*Manzanares*	13
Jiménez Pasquau	18	Parladé	13
Los Ramblas	17	Monteviejo	12
Los Recitales	17	Carriquiri	11
Martín Lorca	17	Baltasar Ibán	11
Alonso Moreno	17	Martínez Elizondo	11
Rivera Ordóñez Hermanos	17	Felipe Bartolomé	11

STATISTIQUES 2001

Pays	Corridas	Novilladas	Rejoneo
Espagne	846	670	360
France	83	30	16

Ganaderias

309 ont fourni les 5 335 toros
51 vueltas al ruedo
13 toros graciés dont deux en France (Nîmes et Arles)
6 toros ont reçu les banderilles noires.

Ganaderias ayant le plus participé

Joaquín Núnez : 135 toros
Victorino Martín : 86 toros
Miura : 36 toros
Partido de Resina : 24 toros
Baltasar Ibán : 23 toros
Dolores Aguirre : 22 toros.

Portugal

• Spectacles taurins : 399, dont 222 touradas ; 15 corridas mistas ; 78 novilladas ; 22 festivals ; 2 corridas.

• Ganaderias ayant le plus participé :
Joaquím Grave : 81 toros
Branco Núncio : 78 toros
Condessa de Sobral : 69 toros
João Moura : 60 toros
David Ribeiro Telles : 59 toros
Conde de Cabral : 59 toros.

ÉLEVEURS FRANÇAIS

par Robert Bérard

Depuis plus de cent ans, des éleveurs de toros implantés en Camargue (Yonnet, Sol, Durand, Lescot, Viret...) importent, d'Espagne ou du Portugal, des toros de race espagnole. La plupart les ont croisés avec les taureaux camargues, mais l'évolution de la corrida les a contraints à rechercher des animaux répondant aux critères demandés et, progressivement, ces éleveurs ont éliminé toutes les bêtes ayant du sang camarguais, car ils étaient trop souvent impropres au combat. Dès après la Seconde Guerre mondiale, tous les élevages ont suivi cette orientation.

En 1962, les éleveurs de toros d'origine espagnole se regroupent dans un syndicat des ganaderos afin de se différencier des éleveurs de taureaux camargues appelés manadiers. Le 27 février 1968, ce syndicat devient l'Association des éleveurs de toros de race espagnole qui, le 9 janvier 1992, publie son premier Annuaire ; celui-ci recensait vint-cinq adhérents et en compte aujourd'hui trente-huit, dont voici la liste.

François André
Année de création : 1947
Devise : jaune, blanc et rouge
Propriété : « Mas de l'Ille »
13520 Maussane

Ganadería de l'Astarac
Année de création : 1992
Devise : blanc et rouge
Propriété : « Cantaou », 32300 Bars

Blohorn
Année de création : 1965
Devise : orange, blanc et vert
Propriété : « Mas de Carrelet »
13200 Arles

Campo Bueno
Année de création : 1994
Devise : bleu et jaune
Propriété : « Mas de Luquier »
13310 Saint-Martin-de-Crau

Ganadería Cévenole
Année de création : 1968
Devise : vert, noir et rouge
Propriété : « Mas des Carmes »
Montoulieu, 34190 Ganges

La Chassagne
Année de création : 1980
Devise : blanc
Propriété : « Mas de la Chassagne »
13200 Arles

Cyril Colombeau
Année de création : 1992
Devise : blanc
Propriété : « Mas Colombeau »
Le Sambuc, 13200 Arles

Francis Colombeau
Année de création : 1980
Devise : vert, noir, rouge et or
Propriété : « Mas Colombeau »
Le Sambuc, 13200 Arles

La Cruz
Année de création : 1981
Devise : sang et or
Propriété : « Mas de Farinon »
13310 Saint-Martin-de-Crau

Cuillé
Année de création : 1994
Devise : bleu, jaune et rouge
Propriété : « Domaine du Grand Badon »
13129 Salins-de-Giraud

Durand
Année de création : 1981
Devise : rouge, jaune et violet
Propriété : « Mas du Vieux Capeau »
13104 Mas-Thibert

Olivier Fernay
Année de création : 1953
Devise : or et noir
Propriété : « Mas des Jasses de la Ville »
Pont-de-Crau, 13200 Arles

Aimé Gallon et fils
Année de création : 1956
Devise : vert et noir
Propriété : « Mas d'Icard »
13104 Mas-Thibert

Jean Gautier
Année de création : 1980
Devise : rouge sienne et noir
Propriété : « Mas du Petit Saint-Jean »
Gimeaux, 13200 Arles

Giraud
Année de création : 1991
Devise : vert, blanc et ciel
Propriété : « Domaine de la Tour
de Cazeau », Le Sambuc, 13200 Arles

Élevage Ième
Année de création : 1973
Devise : orange et blanc
Propriété : « Tadousse », 64330 Ussau

Ganadería du Laget
Année de création : 1984
Devise : or et vert
Propriété : « Mas de la Chassagne »
13200 Arles

Élevage de Lartet
Année de création : 1994
Devise : vert, rouge et or
Propriété : « Au Conté », 32160 Galiax

Ganadería de Malabat
Année de création : 1992
Devise : orange, jaune et vert
Propriété : « Gahuron »
40420 Brocas-les-Forges

Malaga
Année de création : 1993
Devise : rouge et vert
Propriété : « Domaine de Malaga »
13520 Maussane

Robert Margé
Année de création : 1993
Devise : bordeaux et or
Propriété : « Domaine des Monteilles »
11560 Fleury-d'Aude

Gilbert Mroz
Année de création : 1966
Devise : vert sombre et bleu azur
Propriété : « Bergerie d'Alivon »
Le Paty de la Trinité, 13123 Albaron

Occitania
Année de création : 1955
Devise : bleu ciel et blanc
Propriété : « Mas d'Inthurn »
30300 Beaucaire

Élevage Oiedras Rojas
Année de création : 1998
Devise : bleu marine, blanc et rouge sang
Propriété : « Chemin des Paradis »
13430 Eyguières

El Palmeral
Année de création : 1992
Devise : bleu, vert et blanc
Propriété : « Bigtanborda »
64120 Arraute-Charritte

Élevage des Paradis
Année de création : 1998
Devise : bleu marine et blanc
Propriété : « Chemin des Paradis »
13430 Eyguières

Jean-Marie Pourquier
Année de création : 1945
Devise : bleu ciel, jaune et noir
Propriété : « Mas d'Amphise »
13129 Salins-de-Giraud

Roumanille frères
Année de création : 1978
Devise : orange et bleu
Propriété : « Mas des Issanes »
13630 Eyrargues

San Martín
Année de création : 1984
Devise : bleu et blanc
Propriétés : « Mas de Dumas »
et « Mas de Farinon »
13310 Saint-Martin-de-Crau

Ganadería du Scamandre
Année de création : 1979
Devise : or, plomb et sang
Propriété : « Mas de Madame
et de Bramasset », 30800 Saint-Gilles

Sol
Année de création : 1931
Devise : sang et or
Propriété : « Domaine de Beauregard »
13104 Mas-Thibert

Alain et Frédérique Tardieu
Année de création : 1990
Devise : bleu, or et vert
Propriété : « Mas des Bruns »
13104 Mas-Thibert

Tardieu frères
Année de création : 1951
Devise : violet, blanc et noir
Propriétés : « Mas de la Cour des Bœufs »
et « Mas des Bruns », 13104 Mas-Thibert

La Torrecilla
Année de création : 1996
Devise : noir et blanc
Propriété : « Bergerie d'Alivon »
Le Paty de la Trinité, 13123 Albaron

Vieux Sulauze
Année de création : 1972
Devise : violet, blanc et vert
Propriété : « Domaine du Vieux Sulauze »
13140 Miramas

Héritiers de Christophe Yonnet
Année de création : 1989
Devise : vert, blanc et plomb
Propriété : « Ancienne Halte des Charlots »
13129 Salins-de-Giraud

Françoise Yonnet
Année de création : 1994
Devise : vieux rose et or
Propriété : « La Bélugue »
13129 Salins-de-Giraud

Hubert Yonnet
Année de création : 1859
Ancienneté à Madrid : août 1991
Devise : vert et blanc
Propriété : « La Bélugue »
13129 Salins-de-Giraud

ARÈNES FRANÇAISES

par Robert Bérard

Villes françaises qui organisent des spectacles tauromachiques (novilladas, corridas ou rejones) avec indication de la contenance de leurs arènes :

BOUCHES-DU-RHÔNE

ARLES : 16 000 places
CHÂTEAURENARD : 4 500 places
ISTRES : 2 700 places
LES SAINTES-MARIES-DE-LA-MER : 3 000 places
MÉJANES : 4 000 places
SAINT-MARTIN-DE-CRAU : 1 500 places
TARASCON : 1 000 places

GARD

ALÈS : 3 325 places
ARAMON : 1 000 places
BEAUCAIRE : 5 000 places
BELLEGARDE : 1 500 places
FOURQUES : 950 places
LE GRAU-DU-ROI : 3 800 places
NÎMES : 15 000 places
SAINT-GILLES : 2 600 places
VAUVERT : 2 000 places (actuellement en reconstruction)
VERGÈZE : 2 500 places

GERS

AIGNAN : 2 000 places
CAZAUBON : 1 800 places
EAUZE : 3 600 places
GIMONT : 1 700 places
VIC-FEZENSAC : 7 000 places

GIRONDE

CAPTIEUX : 1 500 places
FLOIRAC : 8 000 places

HÉRAULT

BÉZIERS : 14 000 places
LUNEL : 3 000 places
MAUGUIO : 2 000 places
PALAVAS : 4 700 places
PÉROLS : 2 000 places

LANDES

AIRE-SUR-ADOUR : 4 250 places
BOUGUE : 1 200 places
DAX : 8 230 places
MAGESC : 1 500 places
MONT-DE-MARSAN : 7 000 places
MUGRON : 2 500 places
PARENTIS-EN-BORN : 3 870 places
RION-DES-LANDES : 1 200 places
ROQUEFORT-DES-LANDES : 3 708 places
SAINT-PERDON : 1 500 places

Soustons : 3 500 places
Villeneuve-de-Marsan : 2 400 places

PYRÉNÉES-ATLANTIQUES

Bayonne : 12 000 places
Garlin : 2 000 places
Orthez : 3 300 places

PYRÉNÉES-ORIENTALES

Bourg-Madame : 1 200 places
Céret : 3 500 places
Collioure : 2 000 places
Millas : 1 500 places

VAR

Fréjus : 3 000 places

LA CINÉMATHÈQUE DE L'AFICIONADO

par Bernard Bastide

A las cinco de la tarde

(*A las cinco de la tarde* ; Esp., 1960.) *R.* : Juan Antonio Bardem ; *Sc.* : J. A. Bardem et Alfonso Sastre, d'après la pièce *La Cornada*, d'Alfonso Sastre, et le scénario inédit *La Fiera*, de J. A. Bardem ; *Prod.* : Unión Industrial Cinematográfica ; *Int.* : Francisco Rabal (Juan Reyes), Enrique A. Diosdado (Manuel Marcos), Nuria Espert (Gabriela), Germán Cobos (José Álvarez). NB, 103 min ; *Sortie* : 21 septembre 1961 (Espagne). Inédit en France.

Juan Reyes, un torero déchu, et José Álvarez, un matador en pleine gloire, partagent le même apoderado, Manuel Marcos. Tandis que le premier vient vainement mendier un nouveau contrat, le second est rejeté pour avoir désobéi. Alors que retentissent les trompettes du paséo, José descend seul dans l'arène pendant que Juan éventre Marcos dans sa chambre d'hôtel.

Neuvième long métrage du cinéaste espagnol Juan Antonio Bardem (1922-2002), *A las cinco de la tarde* est une démythification du monde de la tauromachie dénonçant les mécanismes d'exploitation qui le régissent. Marcos, l'apoderado, est clairement désigné comme un profiteur du capitalisme, une bête nuisible qu'il faut abattre pour briser le cercle d'aliénation matérialisé à trois stades différents : le passé (Juan), le présent (José) et le futur (Rafael, le barman qui rêve de devenir torero). Refusant jusqu'au bout le pittoresque afin de ne pas risquer d'affadir son propos, Bardem parvient à réaliser le premier film entièrement taurin dans lequel ne figure pas la moindre scène de corrida.

Arènes sanglantes

(*Blood and Sand* ; USA, 1922.) *R.* : Fred Niblo ; *Sc.* : June Mathis, d'après le roman de Blasco Ibáñez et la pièce de Tom Cushing ; *Prod.* : Famous Players-Lasky Corporation ; *Int.* : Rudolph Valentino (Juan Gallardo), Lila Lee (Carmen), Nita Nalti (Doña Sol), George Field (El Nacional). NB, 80 min ; *Sortie* : 5 août 1922 (USA), novembre 1923 (France) ; *Édition* : DVD zone 1, éd. Kino Vidéo, 2001.

Juan Gallardo rêve de devenir torero malgré l'opposition de sa mère. Après son premier succès à Séville, il retrouve Carmen, une amie d'enfance, et l'épouse.

À Madrid, il devient un torero célèbre, adulé des foules, et succombe aux charmes de Doña Sol, une riche veuve. Alors qu'il honore son dernier contrat de la saison, Juan Gallardo est blessé en piste et expire dans les bras de sa femme.

Deuxième adaptation cinématographique après celle de Blasco Ibáñez lui-même (1916), cette version signée Fred Niblo (1874-1948) est bâtie autour de la personnalité de Rudolph Valentino, dont le film magnifie la plastique du corps et le « pur visage » (Barthes). *Arènes sanglantes* développe la thématique de l'« antique cruauté » de la corrida ; désigné comme l'héritier des barbares, le torero est chargé de perpétuer le goût des hommes pour la violence et le spectacle de la mort. Pour les scènes de corridas, le film mélange habilement les plans tournés dans les studios hollywoodiens et de brefs plans documentaires tournés dans les rues et les arènes de Madrid. À sa sortie, le film dut subir diverses censures, locales ou nationales, qui le mutilèrent sans parvenir à freiner son prodigieux succès public. *Arènes sanglantes* suscita plusieurs parodies, dont *Mud and Sand* avec Stan Laurel (1922) et *Bull and Sand* de Mack Sennet (1924).

Arènes sanglantes

(*Blood and Sand* ; USA, 1941.) *R.* : Rouben Mamoulian ; *Sc.* : Jo Swerling, d'après Blasco Ibáñez ; *Prod.* : Darryl F. Zanuck / 20th Century-Fox ; *Int.* : Tyrone Power (Juan Gallardo), Linda Darnell (Carmen Espinosa), Rita Hayworth (Doña Sol de Miura), Nazimova (Señora Augustias), Anthony Quinn (Manolo de Palma). Technicolor, 124 min ; *Sortie* : 22 mai 1941 (USA), 24 janvier 1947 (France) ; *Édition* : VHS Studio Classic (USA).

Enfant pauvre de Séville, Juan Gallardo part pour Madrid concrétiser son rêve de devenir torero. Revenu dans sa ville natale après dix ans d'exil, il y épouse Carmen, son amie d'enfance, avant de succomber aux charmes de la belle Doña Sol. Très touché par la disparition accidentelle de son ami Nacional, il décide de se retirer après un dernier combat où il trouvera la mort.

Arènes sanglantes (1941) est le treizième long métrage de Rouben Mamoulian (1898-1987), vétéran d'Hollywood d'origine géorgienne. Destiné à un large public, le film fait la part belle à Tyrone Power, doublé par *Armillita* dans les scènes de corrida, et à une approche plastique du sujet. Pour chaque séquence, le réalisateur s'est inspiré d'un peintre : Murillo pour l'enfance de Juan, Goya pour les corridas, Vélasquez pour l'intérieur de Doña Sol, etc. Le code Hays en vigueur aux États-Unis interdisant les scènes de « cruauté envers les animaux », le réalisateur a recours à une métaphore audacieuse pour signifier la mise à mort du taureau : sur les gradins, un spectateur plante son couteau dans une gourde dégoulinante de vin !

Belmonte

(*Belmonte* ; Fr.-Esp., 1995.) *R.* : Juan Sebastián Bollain ; *Sc.* : Juan Sebastián Bollain, Enrique Bollain, Augustín Díaz ; *Prod.* : Maestranza Films (Séville), DMVB Films (France), Animedia (Portugal) ; *Int.* : Achero Mañas (Juan Belmonte), Jesús Bonilla (Calderón), Monica Molina (Consuelo), Lautaro Murua (Belmonte âgé). Couleurs, 105 min ; *Sortie* : mai 1995 (Espagne), 4 octobre 1995 (France).

Le film retrace la vie de Juan Belmonte, de son enfance misérable à Triana à son suicide dans son hacienda, en 1962, en passant par ses grands succès, sa rivalité avec Joselito et son désir de se retirer avant sa décrépitude.

Troisième long métrage de l'architecte et cinéaste espagnol Juan Sebastián Bollain, *Belmonte* puise son origine à une source familiale : Luis Bollain, le père du cinéaste, fut l'ami, le biographe et le notaire du maestro. Le film s'attache à évoquer, de façon distanciée, quelques épisodes marquants de la carrière du grand torero sans parvenir à insuffler la vie à son sujet. Financé, dès son écriture, par des capitaux européens, *Belmonte* porte tous les stigmates de ce type de productions : un personnage public traité de façon consensuelle, une mise en scène appliquée mais sans véritable point de vue cinématographique.

Brave et la Belle, Le

(*The Magnificent Matador* ; USA, 1955.) *R., Sc.* : Budd Boetticher ; *Adapt.* : Charles Lang ; *Ph.* : Lucien Ballard ; *Prod.* : Edward L. Alperson ; *Int.* : Anthony Quinn (Luis Santos), Maureen O'Hara (Karen Harmon), Manuel Rojas (Rafael Reyes), Richard Denning (Mark Russell). Cinémascope Eastmancolor, 94 min ; *Sortie* : 18 mai 1955 (USA), 17 août 1956 (France).

À Mexico, le célèbre torero Luis Santos doit donner l'alternative à un jeune matador prometteur, Rafael Reyes. Ne pouvant faire face à une telle responsabilité, Santos s'enfuit et trouve refuge chez Karen Harmon, à laquelle il confie que Rafael est son propre fils. Après avoir assumé sa paternité, Santos triomphera dans les arènes aux côtés de son fils.

Cinéaste hollywoodien surtout connu pour ses westerns de série B, Budd Boetticher (1916-2001) signa trois films taurins dont ce médiocre *Le Brave et la Belle.* Écrit sur mesure pour Anthony Quinn et tourné au Mexique, le film fait la part belle à l'intrigue amoureuse au détriment de la peinture des milieux tauromachiques. Les aficionados retiendront principalement la corrida finale, tournée dans les arènes de Mexico, à laquelle participèrent de très nombreux toreros, dont Joaquín Rodríguez Cagancho et Felix Briones.

Clameurs se sont tues, Les

(*The Brave One* ; USA, 1956.) *R.* : Irving Rapper ; *Sc.* : Robert Rich (Dalton Trumbo), Harry S. Franklin, Marrill G. White ; *Prod.* : Frank King, Maurice King ; *Ph.* : Jack Cardiff ; *Int.* : Michel Ray (Leonardo), Rodolfo Hoyos Jr (Rafael Rosillo), Elsa Cardenas (María). Cinémascope Technicolor, 95 min ; *Sortie* : 19 septembre 1956 (USA), 4 juin 1958 (France) ; *Édition* : VHS VCI Home Video (USA) ; DVD Lumivision (USA).

Leonardo, le fils d'un métayer mexicain, hérite de Gitano, un jeune veau qu'il va nourrir, éduquer et dont il va faire son principal compagnon de jeux. Devenu un magnifique taureau, celui-ci est combattu dans les arènes de Mexico avant d'être gracié en raison de son exceptionnelle bravoure.

Réalisateur américain d'origine britannique spécialisé dans le mélodrame, Irving Rapper (1898-1999) signe, avec *Les clameurs se sont tues*, une œuvre confondante de gentillesse et de naïveté, destinée à un jeune public. Le style très apprêté de la mise en scène est amplifié par une musique grandiloquente et des images aux allures de chromos. Les aficionados retiendront surtout une séquence de tienta et l'excellente corrida dans les arènes de Mexico, avec Fermín Rivera, qui clôt le film.

Corrida de la peur, La

(*The Brave Bulls* ; USA, 1951.) *R.* : Robert Rossen ; *Sc.* : John Bright, d'après le roman de Tom Lea ; *Prod.* : Columbia ; *Int.* : Mel Ferrer (Luis Bello), Miroslava (Linda de

Calderón), Anthony Quinn (Raul Fuentes). NB, 108 min ; *Sortie* : 18 avril 1951 (USA), 26 mars 1952 (France).

Alors qu'il est au sommet de sa gloire, le torero mexicain Luis Bello se fait renverser par un taureau. Profondément choqué par cet accident, il découvre la peur et ne cesse de déchoir. Il parviendra à conjurer son angoisse en estoquant le taureau de son jeune frère, blessé lors d'une corrida.

Ancien boxeur devenu scénariste, puis réalisateur à Hollywood, Robert Rossen (1908-1966) signe, avec *La Corrida de la peur*, une œuvre authentique, servie par son ancrage mexicain (Mexico, Puebla, ganaderia de San Mateo) et la participation de professionnels du mundillo, dont Manuel Capetillo, la doublure de Mel Ferrer, Luis Castro *El Soldato* et Pepe Luis Vásquez. La sortie américaine du film fut entachée par les accusations de la commission des activités anti-américaines qui soupçonnait Robert Rossen d'être communiste.

Course de taureaux, La

(Fr., 1951.) *R.* : Pierre Braunberger, Myriam Boursoutzky ; *Dir. techn.* : Auguste Lafront ; *Commentaires* : Michel Leiris, d'après le scénario de P. Braunberger et A. Lafront ; *Prod.* : Panthéon Production ; *Int.* : Aparicio, Arruza, Dominguín, Litri, Manolete, etc. Documentaire, NB, 75 min ; *Sortie* : 27 septembre 1951 (France) ; *Édition* : VHS Film à Film, 1989.

Film de montage illustrant tous les aspects de la tauromachie – histoire, art et technique – constitué à partir d'images tournées pour la circonstance et de documents d'archives (1896-1950).

Producteur attitré de la Nouvelle Vague et aficionado fervent, Pierre Braunberger (1905-1990) signe un film d'archives calqué sur le modèle de *Paris 1900* de Nicole Vedrès (1947). Bénéficiant des précieux concours de l'historien de la tauromachie Auguste Lafront, de l'écrivain Michel Leiris et de la monteuse Myriam Boursoutzky, *La Course de taureaux* adopte nettement une perspective didactique qui n'exclut pas le recours à la dramatisation, notamment dans la séquence controversée des vingt « cogidas » spectaculaires. Sans doute le meilleur documentaire sur le sujet, malgré une facture classique, aujourd'hui un peu obsolète.

Dame et le Toréador, La

(*The Bullfighter and the Lady* ; USA, 1951.) *R.* : Budd Boetticher ; *Sc.* : James Edward Grant ; *Prod.* : John Wayne / Republic Pictures Corporation ; *Int.* : Robert Stack (Chuck Reagan), Gilbert Roland (Manolo Estrada), Joy Page (Anita de la Vega), Katy Jurado (Chelo Estrada). NB, 85 min (version courte), 124 min (version d'origine) ; *Sortie* : 26 avril 1951 (USA), 22 avril 1952 (France) ; *Édition* : VHS NTSC (USA).

Lors d'un séjour au Mexique, l'Américain Chuck Reagan est attiré par la tauromachie au point de devenir l'élève du torero Manolo Estrada. Au cours de son entraînement, il tombe amoureux d'Anita, la fille d'un éleveur de taureaux. Grisé par ses premiers succès dans l'arène, il commet une imprudence qui cause la mort d'Estrada, puis rachète sa faute.

Avec *La Dame et le Toréador*, Budd Boetticher signe son premier film personnel, librement inspiré de son propre séjour au Mexique, en 1939. Récit d'un apprentissage périlleux, le film insiste sur la dimension tragique du héros. L'œuvre elle-même a longtemps été occultée par sa genèse tortueuse : produit par John Wayne, le film fut raccourci de quarante-deux minutes par John Ford afin de resserrer l'intrigue. Il fallut attendre la fin des années 1990 pour que soit reconstituée la version intégrale, telle que Budd Boetticher l'avait conçue à l'origine.

De sable et de sang

(Fr., 1987.) *R., Scén., Dial.* : Jeanne Labrune ; *Prod.* : Septembre Productions, Films A2, La Sept ; *Int.* : Sami Frey (Manuel Vásquez), Patrick Catalifo (Francisco), André Dussolier (Emilio), Clémentine Célarié (Marion), Maria Casarès (Dolorès). Couleurs, 102 min ; *Sortie* : 4 mai 1988 (France) ; *Édition* : *Sand and Blood*, VHS New Yorker Video (USA).

Francisco, un jeune torero blessé dans un accident de moto, se fait soigner par Manuel, un médecin qui a de bonnes raisons pour haïr la corrida. Une fascination mutuelle va rapprocher ces deux hommes qu'à l'origine tout sépare.

Premier long métrage de cinéma de la réalisatrice Jeanne Labrune (née en 1950), *De sable et de sang* égrène quelques thèmes éternels du genre : la peur de toréer, la fascination-répulsion pour le spectacle, la relation fascisme/corrida, etc. Malgré une évidente empathie pour l'univers taurin, la cinéaste se contente de mettre en place une dramaturgie construite en oppositions et de recourir à des symboles écrasants, sans parvenir à insuffler la vie à des personnages qui demeurent irrémédiablement abstraits.

Matador

(*Matador* ; Esp., 1986). *R.* : Pedro Almodóvar ; *Sc.* : Pedro Almodóvar, Jesús Ferrero ; *Prod.* : Andrés Vicente Gómez, Television Española, S. A. ; *Int.* : Assumpta Serna (María Cardenal), Antonio Banderas (Ángel), Nacho Martínez (Diego Montes), Eva Cobo (Eva). Scope couleurs, 105 min ; *Sortie* : 7 mars 1986 (Espagne), 27 avril 1988 (France) ; *Édition* : VHS NTSC Cinevista Inc. (USA), DVD zone 2 Tartan Video, 2000 (GB), VHS Pal (Espagne).

Ángel, un jeune torero, s'accuse du meurtre de deux filles. Chargé de le défendre, l'avocate María Cardenal connaît le coupable : le torero Diego Montes, professeur d'Ángel, qui tue les femmes depuis qu'il ne peut plus tuer de taureaux dans l'arène.

Cinquième long métrage de Pedro Almodóvar (né en 1949), l'enfant chéri de la movida madrilène, *Matador* est une fable surréaliste placée sous le double signe de Mishima et de Buñuel. Prenant ses distances avec le naturalisme de ses précédents films, Almodóvar transpose le cérémonial de la corrida dans les relations intimes qui unissent deux personnages et traite ainsi le sujet principal de *Matador* : le plaisir sexuel lié à la mort, Eros et Thanatos.

Moment de la vérité, Le

(*Il momento della verita* ; It.-Esp., 1964.) *R., Sc.* : Francesco Rosi ; *Prod.* : Frederiz S. P. A (Rome), A. S. Films S. A. (Madrid) ; *Int.* : Miguel Mateo *Miguelín* (Miguel), José Gómez *Sevillano* (l'apoderado), Pedro Basauri *Pedrucho* (le maestro), Linda Christian (l'actrice américaine). Couleurs, 110 min ; *Sortie* : 21 octobre 1965 (France), 16 mai 1966 (Espagne) ; *Édition* : DVD zone 2, Tartan Vidéo, 2002.

Miguel, un jeune paysan du sud de l'Espagne, vient tenter sa chance à la ville. Après avoir exercé des boulots minables, il se lance avec passion dans l'apprentissage de la tauromachie. Repéré par un apoderado ravi de pouvoir exploiter sa jeunesse et son talent, il se taille un beau succès, jusqu'à une corrida fatale, où il est blessé à mort.

Désireux de frotter ses lectures d'Hemingway à la réalité d'un pays qui le fascine, le réalisateur italien Francesco Rosi (né en 1922) se rend en Espagne et en ramène *Le Moment de la vérité*. À travers l'histoire humaine et professionnelle de son héros, interprété par le torero *Miguelín*, le réalisateur témoigne de la misère sociale et économique du sud de l'Espagne. Pour lui, son jeune protagoniste est davantage victime d'une situation socio-économique (la non-industrialisation de sa région natale) que des appétits financiers de son apoderado. Néanmoins, le film décrit avec beaucoup d'acuité les mécanismes d'aliénation à l'œuvre dans les milieux taurins.

Sang et lumière

(*Sangre y luces* ; Fr.-Esp., 1953.) *R.* : Georges Rouquier ; *Sc.* : Maurice Barry, d'après le roman de Joseph Peyré ; *Prod.* : Jacques Bar/Cité Films, Ignace Morgenstern/Cocinor (Paris), Joaquim Reig (Madrid) ; *Int.* : Daniel Gélin (Ricardo García), Zsa Zsa Gabor (Marilena), Henri Vilbert (Noguera). Couleurs, 99 min ; *Sortie* : 14 mai 1954 (France), 6 septembre 1954 (Espagne).

Éprouvé par une ancienne blessure, le torero Ricardo García décide de mettre fin à sa carrière. Inquiets de devoir renoncer à leur train de vie, Noguera, son imprésario, et Marilena, sa compagne, manœuvrent pour le faire changer d'avis. De guerre lasse, García signe un nouveau contrat et trouve la mort dans l'arène.

Le documentariste Georges Rouquier (1909-1989), auteur de *Farrebique* (1946), signe ici sa première fiction, adaptée du roman homonyme de Joseph Peyré, prix Goncourt 1935. Tourné en extérieurs à Madrid (rues, arènes de Las Ventas) et dans ses environs, *Sang et Lumière* dut surmonter deux obstacles majeurs : un casting invraisemblable (« Gélin-Gabor cela va ensemble comme la poire et le hareng », écrivit un critique) et un procédé de films en couleur (Eastmancolor) encore balbutiant. Il en résulte un film raté sans être déshonorant, dont on sauvera la dernière séquence, celle de la corrida où Ricardo García trouve la mort.

Soleil et ombre

(Fr., 1922.) *R.* : Musidora, Jacques Lasseyne ; *Sc.* : Musidora, d'après la nouvelle d'Ernesta Stern, *L'Espagnole* ; *Prod.* : Société des Films Musidora ; *Int.* : Musidora (Juana/L'étrangère), Antonio Cañero (Jarana, le torero), Paul Vermoyal (l'antiquaire). NB, 40 min ; *Sortie* : 20 juillet 1922 (Espagne), 6 octobre 1922 (France).

Juana, une servante d'auberge, est fiancée au torero Jarana. Mais celui-ci se laisse séduire par une étrangère de passage, aussi blonde que Juana est brune. Peu après, Jarana est mortellement blessé dans l'arène et Juana poignarde sa rivale.

Célèbre égérie en collants noirs des *Vampires* (1916) de Louis Feuillade, Musidora rencontre le rejoneador Antonio Cañero lors du tournage de *Pour Don Carlos*, en 1920. L'année suivante, elle part le rejoindre en Espagne où elle produira, réalisera et interprétera une fiction et un documentaire qui se répondent en écho, *Soleil et ombre* (1922) et *La Tierra de los Toros* (1924). Tourné à Tolède (Castille) et Ecija (Andalousie), le premier détourne les sempiternels clichés sur l'Espagne romantique au profit d'une œuvre sobre et dense, dont les images très contrastées s'apparentent à des eaux-fortes.

Soleil se lève aussi, Le

(*The Sun Also Rises* ; USA, 1957.) *R.* : Henry King ; *Sc.* : Peter Viertel, d'après le roman d'Ernest Hemingway ; *Prod.* : Darryl F. Zanuck / 20th Century Fox ; *Int.* : Tyrone Power (Jack Burnes), Ava Gardner (Brett Ashley), Mel Ferrer (Robert Cohn), Errol Flynn (Mike Campbell), Robert Evans (Pedro Romero). Couleurs, 129 min ; *Sortie* : 23 août 1957 (USA), 18 décembre 1957 (France).

À Paris, le journaliste américain Burnes retrouve Lady Ashley, une ancienne infirmière dont la beauté affole tous les hommes. Alors qu'elle a promis d'épouser Mike Campbell, elle s'éprend, à Pampelune, du jeune torero Pedro Romero...

Adaptation luxueuse du roman d'Hemingway, *Le soleil se lève aussi* fait une large place, dans sa seconde moitié, aux fêtes de la San Fermín, du déchargement des taureaux au feu d'artifice, en passant par l'encierro et le premier tierco d'une corrida. Mais, déçu par l'indigence de l'intrigue amoureuse et la platitude de la mise en scène, le spectateur a bien du mal à s'intéresser au sort des personnages du film.

Tarde de toros

(*Tarde de toros* ; Esp., 1955.) *R.* : Ladislao Vajda ; *Sc.*, *Adapt.* : Manuel Tamayo, Julio Coll, José Santugini ; *Prod.* : Chamartín (Madrid) ; *Int.* : Domingo Ortega (Ricardo Puente), Antonio Bienvenida (Juan Carmona), Enrique Vera (*Rondeño II*). Technicolor, 76 min ; *Sortie* : 22 février 1956 (Espagne), 31 octobre 1956 (France).

Trois toreros s'apprêtent à participer à une corrida décisive pour leur avenir. Pour *Rondeño II*, il s'agit de faire oublier une ancienne blessure et de faire honneur à son père ; Juan Carmona, au sommet de sa forme, pense récolter un nouveau succès avant de signer un contrat pour l'Amérique. Quant à Ricardo Puente, vieux torero en pleine décadence, il doit redorer un blason bien terni par les succès des jeunes générations. Mais rien ne se passera comme prévu...

Cinéaste d'origine hongroise installé en Espagne en 1942, Ladislao Vajda (1905-1965) a surtout attaché son nom à l'une des adaptations de *Marcelin pain et vain* (1954). Tourné l'année suivante, *Tarde de toros* est un documentaire romancé qui parvient à capter avec sobriété aussi bien le drame du torero dans l'arène que tous les à-côtés, tragiques ou pittoresques, de sa vie privée. La réussite du film doit beaucoup au talent des toreros Domingo Ortega, Antonio Bienvenida et Enrique Vera qui participèrent, pour les besoins du film, à pas moins de quatre corridas organisées dans les arènes de Las Ventas à Madrid.

Toro

(*¡ Torero !*, Mexique, 1955.) *R.* : Carlos Velo ; *Sc.* : Hugo Mozo, Carlos Velo ; *Prod.* : Manuel Barbachano Ponce ; *Int.* : Luis Procuna, *Manolete*, Carlos Arruza, Lorenzo Garza. NB, 75 min ; *Sortie* : 9 mai 1957 (Mexique), 8 novembre 1957 (France).

Le torero mexicain Luis Procuna nous raconte sa vie : ses origines modestes, son apprentissage du métier, ses premiers succès. Après la mort de *Manolete*, Procuna est blessé et pense à sa despedida. Mais il retourne dans l'arène, où il obtient un triomphe.

Premier long métrage de Carlos Velo (1909-1988), documentariste espagnol installé au Mexique, *Toro* est inspiré de la vie du torero mexicain Luis Procuna, ami personnel du producteur Manuel Barbachano Ponce. Tourné sans scénario, le film mêle habilement images de reportages (faenas), scènes jouées (vie familiale) et scènes reconstituées (enfance), nous faisant partager, de l'intérieur, une aventure humaine authentique et poignante. La sincérité de son récit à la première personne et la simplicité de ses images en noir et blanc font de *Toro* l'un des films préférés des aficionados.

Tu solo

(*Tu solo* ; Esp., 1984.) *Sc.* et *R.* : Teo Escamilla ; *Prod.* : Serva Films (Madrid) ; *Int.* : José Moratalla et les élèves de l'École taurine de Madrid. Couleurs, 103 min. Inédit en France.

Après leurs cours, des enfants et des adolescents se retrouvent à l'École taurine de Madrid pour apprendre l'art de tuer les taureaux. Guidés par des professeurs qui, pour la plupart, sont d'anciens toreros, ils se préparent à vivre une expérience extraordinaire : se retrouver tout seul face à un taureau.

Directeur de la photographie attitré de Carlos Saura, Teo Escamilla (né en 1940) signe avec *Tu solo* (1983) son premier long métrage. Combinant un matériau documentaire et une approche fictionnelle, le réalisateur parvient, avec une mise en scène dépouillée, à nous faire vivre de l'intérieur les espoirs et les doutes de ces adolescents qui ont décidé de consacrer leur vie à leur passion pour la tauromachie.

TOREROS COMÉDIENS

Le présent tableau répertorie les matadors et rejoneadores interprétant des rôles de toreros dans des films de fiction.

Ont été exclus de ce tableau les films documentaires dans lesquels les toreros incarnent leur propre rôle, les films dans lesquels ils sont utilisés comme simple doublure de comédiens, ainsi que tous les courts métrages et films de télévision.

Nom du torero	Titre du film	Réalisateur du film	Pays et date de sortie
Rafael *Albaicín*	*La Fiesta sigue* *Maria Antonia la Caramba* *Torero por alegréas*	Enrique Gómez Arturo Ruiz-Castillo José María Elorrieta	Espagne, 1948 Espagne, 1950 Espagne, 1955
José García Algabeño	*La Medalla del torero* *La Hija del corregidor*	José Buchs José Buchs	Espagne, 1924 Espagne, 1925
Eladio Amorós	*El Niño de las monjas*	José C. Walken	Espagne, 1925
Carlos Arruza	*Mi Reino por un torero* *Sangre torera* *Arruza*	Fernando A. Rivero Joaquín Pardavé Budd Boetticher	Mexique, 1943 Mexique, 1949 USA, 1972
Antonio *Bienvenida*	*Tarde de toros*	Ladislao Vajda	Espagne, 1955
Manolo Blázquez	*Tommy the Toreador*	John Paddy Carstairs	Grande-Bretagne, 1961
Mario Cabré	*El Centauro* *La Mujer, el torero y el toro* *Pandora* *Tercio de quites* *Nuits andalouses*	Antonio Guzmán Merino Fernando Butragueño Albert Lewin Emilio Gómez Muriel Maurice Cloche	Espagne, 1946 Espagne, 1949 USA, 1950 Espagne-Mexique 1951 France-Espagne, 1953
Joaquín Rodríguez *Cagancho*	*La Luna enamorada*	José Díaz Morales	Mexique, 1946
Antonio Calvache	*La España trágica* *Currito de la Cruz*	Rafael Salvador A. Pérez Lugin	Espagne, 1918 Espagne, 1925
Antonio Cañero	*Soleil et ombre (Sol y sombra)*	Musidora, Jacques Lasseyne	France, 1922
Manuel Capetillo	*Las Zapatillas verdes* *Dos Novias para un torero* *¡ Viva Jalisco que es mi tierra !*	René Cardona Antonio Román Ramón Pereda	Mexique, 1955 Espagne, 1956 Mexique, 1960
Curro Caro	*La Mujer, el torero y el toro*	Fernando Butragueño	Espagne, 1949

Nom du torero	**Titre du film**	**Réalisateur du film**	**Pays et date de sortie**
Antonio Borrero Chamaco	*El Traje de oro*	Julio Coll	Espagne, 1959
Chiquito de la Audiencia	*En las entrañas de Madrid*	Rafael Salvador	Espagne, 1925
Conchita Cintrón	*La Déesse dans l'arène (Maravilla del toreo)*	Raphael J. Sevilla	Mexique, 1943
Miguel Cuchet	*Rosario la cortijera*	José Buchs	Espagne, 1923
Manuel dos Santos	*Sol e touros*	José Buchs	Portugal, 1949
Alfonso Ramírez *el Calesero*	*El Precio de la gloria*	Jaime Salvador	Mexique, 1948
Manuel Benítez *el Cordobés*	*Aprendiendo a morir* *Le Triomphe d'el Cordobés (Chantaje a un torero)*	Pedro Lazaga Rafael Gil	Espagne, 1962 Espagne, 1963
Luis Gómez *el Estudiante*	*El Niño de las monjas* *La fiesta sigue*	José Buchs Enrique Gómez	Espagne, 1935 Espagne, 1948
Andrés Torres *el Monaguillo*	*Clarines y campanas*	Ramón Torrado	Espagne, 1966
Manuel Cano *el Pireo*	*Currito de la Cruz*	Rafael Gil	Espagne, 1965
Blas Romero *el Platanito*	*Jugando a morir*	José H. Gan	Espagne, 1966
José Luis Feria Fernández *Galloso*	*Un torero para la historia*	José María Zabalza	Espagne, 1974
Lorenzo Garza	*Novillero* *Un domingo en la tarde* *Toros, amor y gloria*	Boris Maicon Rafael E. Portas Raul de Anda	Mexique, 1937 Mexique, 1938 Mexique, 1944
Ricardo González	*El Sabor de la gloria*	Fernando Roldán	Espagne, 1932
Jose Miguel Arroyo *Joselito*	*Toreros*	Éric Barbier	France, 2000
Marcial Lalanda	*¡ Viva Madrid, que es mi pueblo !*	Fernando Delgado	Espagne, 1928
David Liceaga	*¡ Que viva Mexico !* *Los Desheredados*	S. M. Eisenstein Guillermo Baqueriza	Mexique, 1931 Mexique, 1935
Palomo Linares	*Nuevo en esta plaza*	Pedro Lazaga	Espagne, 1966
Miguel Báez *Litri*	*El Litri y su sombra*	Rafael Gil	Espagne, 1959
Antonio Luis Lopes	*A Severa* *Campinos*	Leitao de Barros Antonio Luis Lopes	Portugal, 1931 Portugal, 1932
Manolete	*Manolete* (inachevé)	Abel Gance	Espagne, 1944
Antonio García Maravilla	*Currito de la Cruz*	Fernando Delgado	Espagne, 1936
Manolo Martínez	*Los Amores de un torero*	Juan Andreu Moragas	Espagne, 1927
Miguel Mateo *Miguelín*	*El Relicario* *Le Moment de la vérité (El Momento de la verdad)*	Rafael Gil Francesco Rosi	Espagne, 1970 Italie-Espagne, 1964
José Montero	*Amor y toros*	Felipe Fernansuar	Espagne, 1954
Domingo Ortega	*Tarde de toros*	Ladislao Vajda	Espagne, 1955

Nom du torero	Titre du film	Réalisateur du film	Pays et date de sortie
Pepe Ortiz	*Seda, sangre y sol* *La Déesse dans l'arène (Maravilla del toreo)*	Fernando A. Rivero Raphael J. Sevilla	Mexique, 1941 Mexique, 1943
Jaime Ostos	*Valiente*	Luis Marquina	Espagne, 1964
Pedro Basauri *Pedrucho*	*Militona* *Pedrucho* *Le Moment de la vérité (El Momento de la verdad)*	Henri Vorins Henri Vorins Francesco Rosi	Espagne, 1922, Espagne, 1922 Italie-Espagne, 1964
Ángel Peralta	*La Novia de Juan Lucero* *Toro Bravo*	Santos Alcocer Vittorio Cottafavi	Espagne, 1958 Espagne-Italie, 1956
Enrique Ponce	*Romance de Valentía*	Sonia Herman Dolz	Grande-Bretagne, 1993
Luis Procuna	*El Niño de las monjas* *Sol y sombra* *La Dama torera* *Toro (¡ Torero !)*	Julio Villarreal Rafael E. Portas Miguel Morayta Carlos Velo	Espagne, 1944 Mexique, 1945 Mexique, 1949 Mexique, 1955
Curro Puya	*Toro bravo*	Vittorio Cottafavi	Espagne-Italie, 1956
Manuel del Pozo *Rayito*	*La Maja del capote*	Fernando Delgado	Espagne, 1943
Fermín Rivera	*Les clameurs se sont tues (The Brave One)*	Irving Rapper	USA, 1956
Juan Silveti	*Mujeres y toros*	Juan José Segura	Mexique, 1939
Jesús Solórzano	*¡ Ora Ponciano !*	Gabriel Soria	Mexique, 1936
Juan Pérez-Tabernero	*Rosario la cortijera*	León Artola	Espagne, 1935
Ángel Teruel	*Sangre en el ruedo*	Rafael Gil	Espagne, 1969
Pepín Martín Vásquez	*Currito de la Cruz* *Châteaux en Espagne*	Luis Lucia René Wheeler	Espagne, 1948 Espagne-France, 1954
Enrique Vera	*Tarde de toros* *El Último Cuple* *El Niño de las monjas*	Ladislao Vajda Juan de Orduña Ignacio F. Iquino	Espagne, 1955 Espagne, 1957 Espagne, 1958
Nicanor Villalta	*El Suceso de anoche*	León Artola	Espagne, 1929
Diamantino Viseu	*Sangue toureiro*	Augusto Fraga	Portugal, 1959

INTERNET

par Christian Cartoux

Il serait illogique de ne pas utiliser ce nouveau moyen de communication pour mettre en valeur la tauromachie. Internet à une double réputation : il passe à la fois pour le réseau le plus riche du monde mais aussi pour le plus complexe lorsque l'on n'est pas un spécialiste de la technologie informatique.

Depuis l'apparition de la tauromachie sur Internet, l'aficionado dispose d'une vitrine spéciale qui lui fournit de nombreuses informations relatives à la « fiesta brava ». Actuellement, en plusieurs milliers de pages, s'ouvre un énorme éventail de possibilités permettant de mieux connaître les différents aspects de la corrida. Cela va du site des revues taurines à la page des clubs taurins et des toreros, en passant par celle des arènes ; on y trouve les informations de dernière heure, les statistiques, l'histoire taurine, la technique du toréo, la généalogie du toro, etc. Dans certains cas, il vaut mieux vérifier la véracité de certaines nouvelles. Le succès d'un site par rapport à un autre dépend du contenu et des illustrations, avec les moyens de créativité de chaque éditeur. Pour une utilisation appropriée, l'aficionaute doit choisir son ou ses sites *web* préféré(s) en fonction de sa sensibilité taurine. L'avantage d'Internet, c'est que l'on peut enregistrer l'info ou le document sur le disque dur de l'ordinateur et le consulter quand on le souhaite. À travers les grandes agences d'informations, le thème taurin est largement traité et on peut obtenir des nouvelles taurines très récentes.

Des annonceurs proposent l'achat de livres taurins dans des catalogues très complets. Il existe d'autres sites destinés à la publicité des grandes férias. Des toreros ont créé leurs propres sites. Un des pionniers fut Curro Romero, dont les pages sont rédigées par le journaliste Antonio Burgos. Il faut citer aussi le site du matador mexicain David Silvetti ou celui d'*el Juli*...

Les ganaderos ont ouvert un site où la Unión de Criadores de Toros de Lidia met à disposition des *aficionautes* plus de trois cents pages de documentation et d'informations. Il existe aussi un forum ouvert à ceux qui veulent disserter sur la « fiesta brava », échanger opinions et idées : pour accéder à *El Chato Taurino*, il faut faire preuve de patience et prendre son temps pour intervenir. Le résultat est plus divertissant qu'intéressant.

Avec des dizaines de milliers de forums et une infinité de bases de données, il est quelquefois difficile de savoir où chercher une information précise. Aussi, les adresses des sites données ici aideront-elles l'*aficionaute*, débutant ou plus expérimenté, à s'orienter.

Ch. C.

Mini-glossaire :
Web (World Wide Web) : réseaux.
Cybernaute/Internaute/Aficionaute : utilisateur.
Site : serveur.
Browser : logiciel/navigateur.
Modem : moyen de transmission.
Provider : fournisseur d'accès.

SITES D'INFORMATION TAURINE

• **Sites en français :**
Corridas : www.corridas.com
Toreria : www.toreria.net

• **Sites en espagnol :**
Mundotoro. http ://www.mundotoro.com
Portal Taurino. http ://www.portaltaurino.com
Via Digital. www.viadigital.net
Avance Taurino. http ://www.avancetaurino.com
Infotauro. http ://www.infotauro.com
Noticias Taurinas. http ://www.noticiastaurinas.com
El Mundo del Toro y el Caballo. http ://www.toreros.net
TV Azteca. www.tvazteca.todito.com/deportes/toros
SportsYA. http ://www.sportsya.com
Mundo Taurino. www.mundo-taurino.org
Esporton. www.esporton.com.mx
Burladero. http//www.burladero.com
Dietario Taurino. http ://www.dietariotaurino.com
Toros 2000. http ://www.toros2000.com
José Antonio del Moral. www.andalucia.net/jadelmoral
Valencia Brava. http ://www.valenciabrava.com
Toros. http ://www.toros.com
Sangre y Arena. www.geocities.com/sangreyarena
Revue 6Toros6. www.6toros6.com
Talavera Toros. www.talavera-toros.org
Lancestaurinos. www.lancestaurinos.com
Info du Pérou. http ://www.geocities.com/torosperualcala

SITES D'ARÈNES

Arles. http ://www.label-camargue.com
Béziers.http ://www.arenes-de-beziers.com
Bilbao. http ://www.torosbilbao.com

Caceres. www.inicia.es/de/villegas/plaza.htm
Cali. http ://www.plazatoros.com.co
Castellón. http ://www.plazadetoroscastellon
Céret. www.ceret-de-toros.com
Garlin. http ://site.voila.fr/torosengarlin
Grenade. www.empresa-miranda.com
Lima. http ://barrioperu.terra.com.pe/fotoros
Madrid. www.las-ventas.com
Málaga. http ://www.plazamalagueta.com/
Nîmes. www.arenesdenimes.com
Pampelune. http ://feriadeltoro.com
Parentis. www.parentis.com rubrique animations, ou perso.wanadoo.fr/office.tourisme
Saint-Martin-de-Crau. http ://www.torosencrau.com
Santander. http ://feriadesantiago.com
Saragosse. http ://www.plazadetorosdezaragoza.com
Séville. http ://www.rmaestranzasevilla.es
Valence. http ://www.plazadetorosvalencia.com
Vic-Fezensac. http ://www.clubtaurinvicois.com

SITES DE TOREROS

César Rincón. www.melpi.es/rincon
Curro Romero. http ://www.curro-romero.com
David Galan. http ://www.davidgalan.com
Denis Loré. http ://www.aa1m-lore.org
Diego Urdiales. http ://www.diegourdiales.com
El Califa. http ://www.elcalifa.com
El Juli. http ://www.eljuli.net
Enrique Ponce. http ://www.enriqueponce.com
Jesús Millán. http ://www.escena.ya.com/jesmillan ou http ://www.matadorjesusmillan.com
Joselito. www.josemiguelarroyo.com et josemiguelarroyojoselito.com
José Tomás. http ://www.jose-tomas.com
Juan Bautista. http ://www.juan-bautista.com
Julien Lescarret. http ://julien.lescarret.9online.fr
Julio Robles. http ://www.mirobriga.net/robles
Manuel Escribano. http ://www.manuelescribano.com
Marc Serrano. http ://perso.wanadoo.fr/ct.marcserrano
Rafael de Julia. http ://www.rafaeldejulia.com
Samuel Rivera. http ://samuelrivera.free.fr
Stéphane Méca. www.geocities.com/colosseum/stadium/3466
Swan Soto. http ://www.swansoto.com
Victor Puerto. http ://www.victorpuerto.com

SITES DE GANADERIAS

Fondation Pablo Romero. www.arrakis.es/torosfpr
Ganaderias équatoriennes. www.melpi.es/brava/ecuador/ganadpor.htm
Ganaderias portugaises. www.melpi.es/brava/portugal/ganadpor.htm

Olivier Fernay. http ://www.manadefernay.com
Unión de Criadores de Toros de Lidia. http ://www.toroslidia.com
Victorino Martin. http ://www.victorinomartin.com

SITES REJONEO

Pablo Hermoso de Mendoza. http ://www.pablohermoso.com
Rejoneo. http : //www.chevalcorrida.com
Tauromachie portugaise et cheval lusitanien. http ://www.gabicontoria.pt
Tauromaquia portuguesa on line. www.tauromaquia.multibase.pt

BIBLIOGRAPHIE

BIBLIOGRAPHIE

par Robert Bérard

Une bibliographie taurine comprendrait, si on y incluait les textes en langue espagnole, des milliers de titres. Nous avons volontairement réduit notre choix à des ouvrages en langue française, disponibles dans les librairies générales ou spécialisées et pour certains dans les collections de poche. Si cette approche livresque est souhaitable, c'est en allant assister à des corridas que l'on affinera sa vision et sa compréhension. Rencontrer des professionnels, participer à des débats en leur présence et mieux encore entrer en contact avec eux et dialoguer reste irremplaçable.

Nous rappellerons enfin que *Los Toros. Tratado Técnico e Histórico*, sous la direction de José María de Cossío, Madrid, Espasa Calpe, est une remarquable encyclopédie en espagnol. Douze tomes reliés de plus de mille pages grand format chacun, magnifiquement illustrés de documents d'époque ou de photos contemporaines, le premier volume étant paru en 1943 et le dernier en 1996. Cette œuvre inégalable, tant par la quantité de sa documentation que par la qualité de ses textes, aborde tous les secteurs de la tauromachie. Une édition de poche en deux volumes de mille pages est aussi d'une grande richesse, pour un prix convenable.

ROMANS ET NOUVELLES

AUDOUARD Yvan, *Les Lions d'Arles*, Paris, Julliard, 1956.

Dans cette longue nouvelle truculente et enjouée, Yvan Audouard, qui a un humour décapant, met en scène de pseudo-aficionados habitués d'un bar où travaille Caravaca, devenu la cible des moqueries et des stupidités de ces piliers de comptoir qui prennent plaisir à lui faire croire qu'ils le considèrent comme un torero n'ayant pas eu sa chance. Manipulé par ces moqueurs incapables d'affronter un toro, le jeune garçon va se laisser circonvenir, participera sans en avoir conscience à un spectacle taurin et finira tragiquement dans les arènes du parc Chanot à Marseille.

On trouvera aussi la femme traîtresse, l'étrangère qui suscite avec un plaisir sadique la mise en scène, alors que la jeune fille du pays est éclipsée par le clinquant de cette femme sans scrupules. L'auteur fustige les aficionados qui trouvent l'inspiration dans la consommation exagérée de pastis et envoient sans état d'âme un garçon rêveur et simple affronter un toro sanguinaire. Dans cette histoire amusante et pourtant dramatique, le torero est devenu un pantin sans volonté manipulé par un groupe d'irresponsables d'une extrême dangerosité sous leur aspect débonnaire.

CELA José, *L'Aficionado*, Lagrasse, Verdier, 1992.

Les vingt textes qui composent ce recueil présentent dans un style truculent le petit monde de ces amateurs de corridas jamais satisfaits et toujours à la recherche de cette faena rêvée qu'ils poursuivent comme le Graal, ou des toreros sans avenir qui eux aussi poursuivent un rêve éveillé et pensent qu'on n'a pas su reconnaître leurs qualités. Ces portraits touchants de personnages dérisoires à la recherche de reconnaissance les rendent sympathiques par leur fragilité. Une approche sensible et émouvante d'un mundillo méconnu et pourtant réel.

— *Toreros de salon*, Lagrasse, Verdier, 1989.

Toréer de salon est une obligation pour les professionnels car cela affine les gestes. Des amateurs se lancent aussi dans cette pratique pour l'amour de l'art tauromachique et sans jamais avoir la prétention réelle de mettre leurs acquis en pratique devant un toro réel. Ils se contentent d'entrer dans un monde imaginaire où ils vivent des aventures merveilleuses qui les transportent dans un autre univers. Des nouvelles profondément sensibles dont les titres en latin montrent bien l'aspect parodique, et que l'auteur désigne sous le nom de « farce accompagnée de clameurs et de fanfares ».

DEDET Christian, *Le plus grand des taureaux*, Paris, Seuil, 1960.

Dans ce récit humain et sensible, le torero n'est pas le héros que l'on a coutume de présenter mais un homme en proie au doute et à la peur. À la suite de graves blessures, le matador Ramon Rodriguez commence à douter. Or, si un matador doute, c'est la fin de sa carrière. Le texte commence à la veille d'une corrida. Pepe Luis, en qui Ramon a toute confiance, raconte ces heures angoissantes qui s'éternisent, les difficultés du torero pour essayer de surmonter cette peur qui le rend malade et dont il n'arrive pas à se débarrasser. Au-delà de la peur, s'impose la présence de plus en plus forte de la mort. Puis la course arrive et Ramon est blessé. Il comprend qu'il n'est plus apte à combattre dans l'arène et qu'il doit se retirer.

DELAY Florence, *Riche et légère*, Paris, Gallimard, 1983.

Au cours d'un itinéraire en Andalousie, la narratrice se souvient, dans ce journal de voyage, de son père. Elle assiste à de nombreuses corridas car elle apprécie l'art tauromachique, prétexte à d'intéressants portraits des toreros célèbres de ces années-là, Curro Romero ou *Rafael de Paula*, et le mythe des années 1960, *el Cordobés*. Elle écrit avec sensibilité sur l'esthétique du toreo, l'engagement du torero, et s'interroge sur la finalité de la corrida.

EXBRAYAT Charles, *Chant funèbre pour un gitan*, Paris, Champs-Élysées, 1968.

Trois nouvelles qui ont pour cadre général le monde de la tauromachie, que l'auteur connaît bien et où il situe une intrigue policière. Les thèmes sont classiques avec les toreros courageux et malheureux, faisant naïvement confiance et trahis par leur entourage et même par ceux qu'ils considèrent comme leurs amis. La femme est machiavélique et le milieu taurin exécrable. Aussi les hommes vêtus de lumières préfèrent-ils mourir par la corne du toro, à laquelle ils se livrent pour atteindre à la gloire dans le sacrifice.

— *Olé ! torero*, Paris, Champs-Élysées, 1963.

Un ancien torero gitan de Triana, Esteban Rojilla, raconte un sombre drame qu'il a vécu : le meurtre du matador Luis Valderès et des membres de sa cuadrilla. L'auteur, qui connaît bien le milieu tauromachique, décrit avec aisance le mundillo, ses dédales, ses guet-apens, ses magouilles, alors que des hommes risquent leur vie devant les cornes. On y retrouve aussi le thème de la rivalité amoureuse autour de la modeste Conceptión ; et tous les aléas du genre, avec la jalousie dans et hors de la piste, la mort sur le sable et les mystères d'un meurtre à dénouer.

GAUTIER Théophile, *Militona*, Paris, 1847.

Un texte qui a surtout valeur historique car le premier, Gautier a fixé le cadre du roman dit « tauromachique », pour lequel il a inventé tous les éléments obligés. L'action se déroule dans une Espagne exotique : rivalité entre deux hommes, l'un, Juancho, héros venu du peuple, rugueux et inculte mais matador d'un courage exceptionnel ; l'autre issu de l'aristocratie, brillant, éduqué et séduisant, don Andrés de Salcedo, tous deux follement épris de la belle Militona, issue d'un milieu modeste et qui est en butte aux agissements de la richissime doña Feliciana. Le torero, après avoir échoué dans sa tentative d'élimination de son rival et voyant qu'il n'arrivera pas à attirer l'attention de la belle Militona, préférera la mort volontaire par la corne, dans le ruedo, sous les yeux de la foule. Gautier, qui a assisté à plusieurs corridas lors de son voyage en Espagne et en est revenu séduit, s'est documenté sur le déroulement des courses et accorde une large place à la description du milieu taurin de l'époque.

GÓMEZ DE LA SERNA Ramón, *Le Torero Caracho*, Paris, Nouvelles Éditions latines, 1945.

Sur un ton parodique, l'auteur raconte la vie du torero Cayetano Caracho, d'origine modeste puisque fils d'un garde civil et d'une concierge, mais devenu *figura del toreo*. On trouvera les stéréotypes du roman taurin : le matador célèbre après avoir connu la misère, le séducteur plébéien d'une aristocrate qui adore sa force virile, l'opposition féminine entre l'épouse et la femme séductrice et, bien sûr, la mort par cornada au cours d'une faena.

L'auteur, qui connaît bien les coulisses du mundillo, montre à l'envi la violence du spectacle et l'utilisation à des fins politiques (le livre est sorti sous le régime franquiste) de la corrida, lors de séquences souvent empreintes d'un humour corrosif.

HEMINGWAY Ernest, *Le soleil se lève aussi*, Paris, Gallimard, 1933.

Le roman n'est pas essentiellement centré sur la tauromachie, même si elle y a une place d'importance. Un jeune Américain, Jake Barnes, raconte sa liaison difficile et tumultueuse avec une Anglaise, Brett Ashley. Lors des fêtes de San Fermin, en juillet à Pampelune, Brett s'éprend d'un jeune matador, Pedro Romero. On assiste à des corridas, aux moments tragiques ou amusants des encierros du matin, à des scènes quotidiennes de la rue lors des nuits chaudes de la ville en fête. L'auteur utilise la fiction pour livrer ses opinions sur les divers aspects de la tauromachie et nous entraîne à sa suite dans les itinéraires et les commentaires que lui suggère la corrida. Écrit dans un style dépouillé proche du langage parlé, ce livre, roman mais aussi reportage, est un témoignage qui a contribué à faire connaître la féria de Pampelune. L'auteur y a d'ailleurs sa stèle surmontée d'un buste près des arènes.

IBAÑEZ Blasco Vicente, *Arènes sanglantes*, Paris, Calmann-Lévy, 1923.

Paru en 1908 en Espagne, le roman ne sera traduit en français que quinze ans plus tard et le traducteur écrira en annexe un « résumé tauromachique » dans lequel il présente les phases de la corrida.

Le sujet est simple : un jeune apprenti en cordonnerie de Séville, Juan Gallardo, rêve de devenir torero car c'est pour lui le moyen, le seul moyen, de quitter sa condition sociale misérable, d'acquérir gloire et fortune. Il va donc suivre l'itinéraire normal de cette époque, participant aux courses de village. Progressivement, il va apprendre ce métier rude, et, après quelques coups de corne, il deviendra une des plus grandes gloires de son temps. Mais la foule est exigeante et Gallardo finira par laisser sa vie dans le ruedo.

Le déroulement de l'intrigue est devenu « le » thème classique du torero sorti du peuple et qui, malgré ses capacités et son succès, ne peut parvenir à s'intégrer dans la société fortunée qui l'admire mais ne l'accepte pas. C'est le roman type sur la corrida et les matadors, qui a initié le mythe du torero mourant en piste.

MÉRIMÉE Prosper, *Carmen*, Paris, 1845.

Colomba incarne la femme corse. Et Carmen, autre création de Mérimée, devient le mythe de la femme espagnole. Dans cette nouvelle parue en 1845, don José, brigadier d'un régiment de dragons, doit conduire en prison une bohémienne, Carmen, qui le fascine. Il lui permet de s'échapper, ce qui lui vaut la dégradation. Mais il la recherche et devient contrebandier par amour. Carmen se lasse de lui car elle aime maintenant un picador, Lucas. Évincé, José la tue.

Construit très classiquement, le récit est dominé par la présence de la mort. Carmen, bohémienne très superstitieuse, a averti José qu'elle porte malheur, qu'elle ne l'a aimé que par reconnaissance et, quand elle rencontre Lucas, elle le lui dit sans détour. José incarne les forces puissantes du destin.

De cette nouvelle, Meilhac et Halévy tireront un livret dans lequel don José, aimé par Micaëla, s'éprend de Carmen que convoite ensuite le matador Escamillo. Carmen sera poignardée par José devant les arènes de Séville pendant qu'Escamillo triomphe en piste. La musique de Bizet fit de ce livret un chef-d'œuvre de l'opéra.

MONTHERLANT Henry de, *Le Chaos et la Nuit*, Paris, Gallimard, 1963.

Dernier roman de Montherlant, *Le Chaos et la Nuit* fait pendant aux *Bestiaires*, œuvre de jeunesse, et la tauromachie y a aussi une place d'importance, puisqu'elle est une référence constante et la symbolisation du destin du « héros », vieil anarchiste espagnol vivant à Paris. Celestino, qui a toréé lorsqu'il était jeune, recherche dans l'Espagne franquiste le souvenir du personnage qu'il fut durant la Guerre civile et termine sa vie après une corrida. Le déroulement de la corrida y est l'équivalent du déroulement de la vie, avec son aboutissement inéluctable et tragique. L'auteur y fait de constantes références, ainsi que des incursions dans les domaines de la mythologie, de la philosophie et de la morale. Mais Celestino a une approche de la tauromachie quasiment inverse de celle d'Alban car, homme rompu par l'existence, il n'en voit pas les côtés flamboyants et démystifie la suite des séquences que l'auteur narre en utilisant de multiples techniques littéraires qui en montrent la complexité.

— *Les Bestiaires*, Paris, Gallimard, 1926.

L'auteur a réellement pratiqué et tenu cape et muleta en main comme becceriste, ce qui lui a donné l'occasion de ressentir avec force les émotions que procure la fréquentation des toros. Son roman a des bases autobiographiques puisque c'est à l'âge de seize ans que Montherlant fut initié, apprentissage interrompu par décision familiale et repris ensuite à vingt-cinq puis à vingt-neuf ans. Cette passion tauromachique, il l'exprimera aussi par le dessin, et ses croquis sont remarquables.

Le héros du roman part en Andalousie pour y apprendre la tauromachie. Au gré des rencontres et des événements, Montherlant va décliner sa réflexion sur l'art taurin qu'il considère comme un engagement total dans lequel s'expriment sa recherche du plaisir et l'affirmation de sa virilité.

L'auteur utilise la tauromachie comme cadre général de l'œuvre et développe ses analyses philosophiques ou artistiques, se servant du langage technique lorsqu'il relate des faits précis, donnant des descriptions lyriques et poétiques des actes artistiques, créations fugaces des toreros.

PEYRÉ Joseph, *Sang et Lumières*, Paris, Grasset, 1935.

Ce roman, qui obtint le prix Goncourt en 1935, raconte la dernière corrida du matador Ricardo García ; le narrateur, don José, est son ami intime. Le torero prépare cet ultime combat comme un suicide et l'auteur, grâce à une solide documentation sur le monde taurin, montre bien les difficiles méandres du mundillo, la manière dont celui-ci utilise sans scrupules les hommes, même s'ils risquent leur vie constamment, la fragilité de ces héros vêtus d'or ou d'argent mais manipulés par leur environnement. Il en ressort une présentation rude et cruelle d'un milieu taurin qui exploite les toreros au maximum de ses intérêts et une approche sensible de ces hommes qui, bien qu'entourés d'une foule d'admirateurs ou de profiteurs, vivent dans une angoissante solitude.

On retrouve dans ce roman les stéréotypes sur la tauromachie : le héros qui meurt par la corne, la femme fatale, l'environnement intéressé et sans scrupules.

— *Guadalquivir*, Paris, Flammarion, 1952.

Deuxième roman tauromachique de Peyré, *Guadalquivir* se déroule à Séville et son narrateur est le même que celui de *Sang et Lumières*. Dans ce texte, le torero don Fernando n'est pas un héros admirable mais un matador sans valeur qui s'illusionne sur ses capacités et profite de son statut pour séduire Alegria, qui le considère comme un demi-dieu. La trame tauromachique n'est pas aussi intense que dans le premier roman et le texte est surtout intéressant par l'évocation de Séville et de la marisma environnante où se situent les principales ganaderias.

ZUMBIEHL François, *Le Calife*, Paris, Marval, 1995.

Ces Mémoires apocryphes de *Manolete*, surnommé « le Calife », vont permettre à beaucoup d'entrer de plain-pied dans cet univers tragique et si particulier de la corrida, de mieux le connaître et de pénétrer les arcanes de l'art du grand torero mythique.

L'homme s'exprime, mais aussi le maestro. Il se confie, il nous prend à témoin, il dit tout ce qu'il n'a pu déclarer en public. Il raconte ses débuts, ses hésitations, ses rencontres, ses espoirs et ses désillusions. Il dit avec sincérité les difficultés qu'il faut surmonter, les peurs à vaincre, les nécessaires engagements, l'angoisse qui sèche la bouche, le triomphe exaltant, le monde exigeant des aficionados, des empresas, des gens du métier. Il nous parle technique aussi et s'explique de manière claire et définitive sur la principale critique qu'on lui a toujours faite et que l'on continue à faire à certains toreros contemporains : le toreo de profil.

Des Mémoires composés par un auteur contemporain fasciné par le personnage mythique de *Manolete*, parti à la recherche de l'homme et du torero. Il s'est investi, coulé dans le personnage. Il est devenu, pendant un temps, *Manolete*. Il a vécu, souffert, pensé, agi comme lui. Il a triomphé ou a été blessé. La corne d'*Islero* l'a tué. Comme elle avait tué *Manolete*. Mais grâce à lui, nous rencontrons « le Calife ».

ÉTUDES ET TÉMOIGNAGES

BATAILLE Georges, *Histoire de l'œil*, Paris, Pauvert, 1967.

Le titre a pour origine la mort du matador Granero, tué en piste par une cornada dans l'œil lors d'une corrida à laquelle l'auteur assistait. Mais ce n'est pas un roman sur la corrida car seuls trois chapitres y sont directement liés.

Bataille construit un texte délirant, où les personnages vont exécuter des actes extrêmes dans la ville de Séville, à l'église ou aux arènes, autour de deux thèmes majeurs : la pornographie et la corrida, l'œil de Granero servant de liant. Pour Bataille, la tauromachie suscite des fantasmes érotiques puissants et tous les spectateurs y sont sensibles. Il trouve des référents nombreux et signifiants qu'il relie aux thèmes de son œuvre : sexe, sang et mort.

BERGAMIN José, *L'Art du birlibirloque*, Cognac, Le Temps qu'il fait, 1957.

Ce petit opuscule est d'une extrême richesse et incite à la réflexion sur le toreo, que l'auteur présente comme l'art de l'esquive, de la ruse intelligente, seul moyen de triompher des toros. Mais c'est aussi une réflexion sur la condition de l'homme et ses rapports avec le monde.

— *La Solitude sonore du toreo*, Paris, Seuil, 1989.

Un essai dense sur l'art de combattre les toros qui s'apparente, selon l'auteur, philosophe espagnol, à la poétique en ce que le toreo n'est pas seulement l'affrontement d'un homme et d'un animal, mais qu'il est chargé de signifiants qui l'apparentent au mythe et la présence de la mort le transcende.

CAU Jean, *La Folie corrida*, Paris, Gallimard, 1992.

L'auteur examine l'afición sous ses divers aspects et ne masque rien de ses suffisances et de ses insuffisances. Depuis celui des débutants, des jeunes aficionados, jusqu'à celui des femmes aficionadas – avec une approche misogyne –, en passant par les divers stades de ceux qui la composent. Les portraits sont sans complaisance, l'étude parfois au vitriol, mais l'auteur ose écrire des vérités trop souvent occultées.

— *Les Oreilles et la Queue*, Paris, Gallimard, 1961.

Un livre-reportage, un livre de passion. Au cours d'une temporada, Jean Cau a partagé l'existence d'un maestro, Jaime Ostos, et de sa cuadrilla tout au long de l'été 1960. Il a partagé leur vie, leurs angoisses, leurs peurs, les triomphes et les difficultés, qu'ils soient maestros, banderilleros ou picadors. Il a partagé les trajets dans le « coche de cuadrilla » et il a rencontré d'autres grandes figuras de l'époque : *Dominguín*, Ordóñez ou Camino dans les plazas espagnoles et françaises. Jean Cau a écrit un reportage vivant, riche en annotations concernant le mundillo et ses mystères, montrant combien, malgré des oppositions dues au milieu, ces hommes sont respectueux de leurs confrères avec qui ils partagent une passion dans laquelle ils s'investissent jusqu'à accepter la mort comme partenaire.

À mettre en parallèle avec *L'Été dangereux* d'Hemingway.

COCTEAU Jean, *Correspondance avec Jean-Marie Magnan*, Paris, Belfond, 1981.

Adressées à son ami arlésien, poète, romancier et essayiste, Jean-Marie Magnan, ces lettres de Cocteau sont le vivant témoignage de la longue et étroite collaboration, teintée d'une profonde amitié, entre les deux hommes. À partir des notes de Cocteau, Jean-Marie Magnan mit en forme définitive un texte devenu mythique : *La Corrida du premier mai*. Un texte préalable de Magnan, *Le Tiers Poète*, raconte comment est née la complicité qui liait les deux poètes, l'histoire de la « recréation » du texte de Cocteau par Magnan et la manière dont les aficionados bien-pensants reçurent le livre lors de sa parution. À noter, les croquis tauromachiques de Cocteau qui illustrent le livre.

— *La Corrida du premier mai*, Paris, Grasset, 1957.

Le poète avait pris beaucoup de notes au cours d'une corrida, des impressions griffonnées et presque illisibles. Il rencontre alors un jeune poète arlésien, Jean-Marie Magnan, à qui il confie ces brouillons et, grâce à cette collaboration, naît ce texte étincelant, illustré de dessins du poète et accompagné de trois autres textes sur la tauromachie, le tout dédicacé à Luis Miguel *Dominguín*. Le fil directeur est la tauromachie, mais Cocteau aborde beaucoup d'autres thèmes avec la fulgurance de son style et ses images brillantes. La richesse de cette œuvre qui étincelle de mille feux fait pénétrer dans une approche mystérieuse de la corrida qui pose des questions éternelles à tous ceux qui y participent ou y assistent.

DEDET Christian, *Passion tauromachique*, Paris, Clancier, 1986.

Suite de textes consacrés à l'évolution de la tauromachie et à ses interprétations ainsi qu'à une analyse sociologique de la corrida. À noter aussi, des considérations toujours pertinentes sur les rapports entre corrida et expressions littéraires et artistiques.

DURAND Jacques, *Chroniques du sable*, Biarritz, Atlantica, 2000.

Les chroniques de Jacques Durand ne sont pas des chroniques ordinaires. Il n'y raconte pas le quotidien banal mais le quotidien dans ce qu'il a d'universel et d'intemporel. Avec lui, l'anecdote s'amplifie jusqu'à devenir exemplaire.

Dans ce livre, pas de récit titanesque ni de description technique ou d'explication définitive de la geste tauromachique. Mais des faits, des événements, des hommes, des « choses » du mundillo qui nous apprennent à mieux le connaître, à mieux le comprendre.

Ici, c'est une manière originale de raconter les avatars de la construction des arènes de Las Ventas. Plus loin, il nous dit la fraude du bout des cornes, l'afeitado, pratique ancienne et sur laquelle on raconte des choses abracadabrantes... Ou il nous indique ce qui fait les bons reproducteurs, sementales recherchés. À moins que vous ne préfériez savoir quelles sont les origines des surnoms (apodos), parfois très surprenants, des toreros.

Ce livre ne comporte que cent cinquante pages. Mais il est d'une grande richesse : documentaire d'abord, stylistique ensuite. Et, surtout, humaine. C'est cet humanisme, cette sage bonté, qui font de Jacques Durand un « revistero » à part.

— *Figures de la tauromachie*, Paris, Seghers, collection « Mots », 1990.

L'auteur a rassemblé des textes précédemment parus dans *Libération*, dont il est responsable de la rubrique tauromachique, des textes coups de cœur, toujours sincères et émouvants, écrits dans ce style particulier qui donne leur ton et leur saveur à ces chroniques d'où est exclue la spécialisation technique pour mettre en évidence les qualités humaines et plastiques de l'art tauromachique. On y retrouve les grandes figuras des années 1990 : Muñoz, Ortega Cano, *Yiyo*, *Joselito*, Cepeda, Manili, *de Paula*, Parada, Ojeda, Dámaso González, *Niño de la Capea*, *Jesulín* ou Victorino Martín et même un empresa de caballos français : Loulou Heyral. Mais aussi des impressions sur les encierros de Pampelune, les silences de la Maestranza ou les aficionados du tendido 7 à Madrid.

DURAND Jacques et MAIGNE Jacques, *Guadalquivir*, Paris, Seghers, 1990.

Deux amis parcourent l'Andalousie ; leurs « impressions de voyage » décrivent à la fois les sites et les hauts lieux traversés, ainsi que les personnages rencontrés. Ils sous-titrent leur ouvrage : « Impressions de voyage de deux curieux contemporains dans les régions d'Andalousie traversées par le fleuve le plus chargé d'ors, de secrets, de légendes et d'émotions à l'extrême sud de l'Europe ». Leur itinéraire suit le cours du fleuve Guadalquivir, de la montagne à Sanlúcar de Barrameda. On y découvre villes et pueblos dans leur authenticité, leur vérité. Grenade, Séville, Cordoue, Jerez ou Ecija mais aussi le chanteur de flamenco ou *Rafael de Paula*, le torero gitan. Une découverte vraie du Sud.

— *L'Habit de lumière*, Paris, Ramsay, 1985.

Un livre qui n'est pas ordinaire sur la tauromachie, car il n'a pas l'intention de démontrer ou d'éduquer. Les textes sont des témoignages, des impressions recueillies lors de rencontres avec les villes, les encierros de Pampelune, la dureté du public madrilène, les gens, les vedettes – Curro Romero, Paco Ojeda –, ou les sans-grade de la tauromachie tels Antonio Ramón Jiménez ou Antonio Camarena. Avec aussi l'hommage à *Paquirri* qu'un toro afeité a tué à Pozoblanco, un pueblo inconnu jusqu'à la mort du maestro. Des récits sensibles et chaleureux qui font découvrir les hommes de la « planète des toros ».

HEMINGWAY Ernest, *L'Été dangereux*, Paris, Gallimard, collection « Du monde entier », 1988.

On pourrait certainement mettre en parallèle ce livre et *Les Oreilles et la Queue*, de Jean Cau, puisque Hemingway a lui aussi partagé la vie de deux grands maestros, Antonio Ordóñez et Luis Miguel *Dominguín*, pendant l'été 1959. Le reportage a été fait à la demande du magazine *Life*, qui l'a édité sous une forme abrégée.

Hemingway y raconte la rivalité en piste des deux beaux-frères qui, par ailleurs, s'entendaient à merveille, et les « competencias » auxquelles ils s'adonnaient, ce qui attirait forcément plus de monde dans les arènes. Récits des diverses phases des corridas, des moments d'intimité, des conversations, de la vie au quotidien font de ce livre-reportage un excellent témoignage sur la tauromachie de cette période.

Le texte introductif de James A. Michener présente l'écrivain, l'œuvre et sa genèse, mais aussi les grands principes de la corrida.

— *Mort dans l'après-midi*, Paris, Gallimard, 1938.

Classique du reportage romancé, ce livre culte sur la tauromachie amena des milliers de lecteurs à devenir aficionados. Hemingway présente la corrida sous tous ses aspects : historiques, techniques, artistiques et émotionnels. La description des faenas s'accompagne de commentaires comparatifs avec les périodes précédentes afin de bien montrer l'évolution de la lidia.

Ouvrage d'une lecture facile, la langue employée est directe, presque le langage oral spécifique de cet auteur qui a révolutionné l'écriture romanesque au milieu du XXe siècle. Certains spécialistes ont émis des réserves sur le contenu de l'ouvrage car Hemingway, comme à son habitude, se laisse aller à sa passion sans aucune retenue. Et on retrouve dans ce texte les grands thèmes de l'œuvre de l'écrivain, qu'il développe au travers de l'acte tauromachique : la virilité, le courage, le dépassement de soi, le danger et la mort souveraine.

LACOUTURE Jean, *Signes du taureau*, Paris, Julliard, 1979.

Dans l'ensemble de ses chroniques parues au cours de treize années de collaboration au quotidien *Le Monde*, Jean Lacouture a choisi celles recueillies dans ce livre, chronologiquement. On y trouve des comptes rendus de corridas, des portraits de toreros, des anecdotes du mundillo, des opinons et des réflexions. Tout cela dans un style clair et percutant avec la facilité d'expression de cet écrivain au langage fluide. Une autre manière de voir et de ressentir la corrida.

LEIRIS Michel, *Miroir de la tauromachie*, Montpellier, Fata Morgana, 1981.

La première partie, « Tauromachies », est constituée de textes poétiques très courts où l'auteur joue avec les images et les rapports homophoniques des termes. Dans la seconde, « Miroir de la tauromachie », il analyse l'acte tauromachique et le compare avec d'autres activités humaines, telles que l'art et le sport, en mettant en évidence les similitudes et les rencontres. Il souligne en particulier les ressemblances entre l'acte tauromachique et l'acte sexuel, selon les orientations d'une analyse psychanalytique. Et depuis cette étude, il est devenu commun, sinon indispensable, de parler de l'érotisme de la corrida, de comparer l'estocade au coït et mille autres billevesées de ce genre...

MAGNAN Jean-Marie, *Corrida spectacle, corrida passion*, Paris, Robert Laffont, 1987.

Dans cette approche poétique qui est la sienne, Jean-Marie Magnan nous entraîne à la découverte de cet art profond qu'il apprécie en connaisseur technicien mais surtout en poète sensible à la gestuelle et à la plastique des intervenants. Voici donc des portraits de matadors célèbres, que l'auteur connaît bien et dont il est souvent l'ami, tels qu'Ordóñez, et dont il présente et analyse le style sans détruire l'image par des considérations trop techniques.

— *Le Temple tauromachique*, Paris, Seghers, 1969.

Un livre agréable, poétique et sensible qui fait revivre les grandes figures de la tauromachie que sont *Manolete*, Pedrés, *el Cordobés*, Ordóñez, et plus particulièrement Curro Romero, avec qui Jean-Marie Magnan était très lié. En préalable, l'auteur présente cet art tauromachique qui appelle la mort, puis analyse ce qu'on appelle le « temple », cette maîtrise du temps et du mouvement dont Curro Romero était un des maîtres les plus experts et grâce auquel la mort du toro se transcende en un acte magique.

MÉRIMÉE Prosper, *Lettres d'Espagne*, Paris, Complexe, 1989.

Dans ces textes, Mérimée aborde la tauromachie sans connaissance particulière de ce sujet qui n'avait pas encore conquis la France. Mais son regard aigu et son intelligence vive lui permettent de comprendre, d'apprécier et de laisser un témoignage vivant et juste sur les maîtres de l'époque, picadors et matadors.

MIALANE Pierre, *La Corrida... et quelque chose de plus*, Nîmes, Barnier, 1976.

Un livre d'engagement et d'émotion qui aborde les grands thèmes directeurs de la corrida et essaie de trouver les raisons de son évolution, que certains considèrent comme négative car les toros n'ont plus la même sauvagerie qu'auparavant. Pierre Mialane examine l'évolution de la société espagnole, le déclin de cet art traditionnel et l'apparition d'une manière différente de toréer avant d'aborder le problème de la nouvelle approche des animaux, de plus en plus placés à égalité avec l'humain.

— *Lettre ouverte aux adversaires de la corrida*, Nîmes, Barnier, 1981.

Cet ouvrage est en continuité avec le précédent puisqu'il développe les thèmes esquissés à la fin de ce livre. L'auteur affiche clairement ses intentions : « Le but de cet essai est de faire toucher du doigt à ceux qui nous combattent certaines formes d'exploitation, d'aliénation, d'humiliation, voire de mises à mort endurées ou subies chaque jour par l'animal et cela avec leur complicité silencieuse quand ce n'est pas leur tacite bénédiction. » Et de montrer que le culte de l'animal doublé d'un discours zoophile ne peut qu'amener à des situations irréversibles dans un total irrespect de l'être humain.

MIALANE Pierre et BOURDIN Pierre, *Corrida, la fin des légendes*, Paris, Denoël 1992.

Tous les problèmes dont souffre la corrida sont ici abordés avec une vivacité qui peut parfois surprendre. Les auteurs partent d'un constat : la corrida est en crise. Pourquoi ? Et ils abordent tous les problèmes posés sans utiliser la langue de bois : évolution de la corrida, qu'était-elle ? qu'est-elle devenue ? les toros et leur élevage, les réactions des gens, les risques dans l'avenir et les solutions pour y remédier. Les textes sont documentés et précis, les grandes vedettes telles qu'Ordóñez, *Dominguín*, Muñoz et autres ne sont pas épargnées. Même si le tableau est noirci, on apprend beaucoup et l'ouvrage reste d'actualité.

TRAIMOND Bernard, *Les Fêtes du taureau*, Bordeaux, 1996.

Dans cette étude sérieuse, concise et de lecture agréable, Bernard Traimond, professeur d'anthropologie à l'université de Bordeaux-II, traite de manière fort pertinente des rapports complexes existant entre l'homme et les toros, entre les sociétés et les fêtes tauromachiques qu'elles leur consacrent. Bernard Traimond dénonce avec juste raison les idées fausses qui se colportent et se perpétuent, servant trop souvent de base à des argumentations équivoques, sinon tendancieuses.

Les jeux et les rites participent d'une structure sociale et leurs divers participants jouent des rôles précis et déterminants qui correspondent à leurs statuts respectifs. Bernard Traimond évoque la place particulière de « l'homme du taureau » dans la société. Les fêtes donnent au toro une place privilégiée dans ses rapports avec l'homme, puisqu'il va jusqu'à servir d'intermédiaire avec le monde religieux et, au-delà, le sacré. Autre constat d'importance : les manifestations taurines se doublent d'un discours technique, sinon ésotérique, nécessitant une initiation, afin de prolonger la durée de l'acte taurin par essence bref et fugace. Attitude et langage sont utiles à connaître pour entrer dans ce monde particulier où les gestes se transcendent et les figures se lient dans des rapports étroits qui leur donnent une valeur symbolique. Une autre approche de la tauromachie.

VIARD André, *Le Mythe du taureau*, Torero et Toro, 1996.

Dans ce petit livre de cent quarante pages, André Viard, ancien matador de toros, traite avec un sens aigu et sensible un thème éternel. Ayant été torero, il a une approche différente, car viscérale, des rapports avec le toro, ce dieu vivant que les hommes respectent, adorent et combattent depuis des millénaires. Il trace en grandes séquences l'histoire du mythe et son évolution en fonction des contextes socio-culturels et culturels. Les raccourcis historiques, la saisie souvent synthétique des faits, le style passionné et lyrique de l'ouvrage en font une lecture de qualité et une excellente approche de ce mythe quasi universel.

ZUMBIEHL François, *Des taureaux dans la tête*, Paris, Autrement, 1987.

Quand six grands toreros s'expriment sur leur art, sur ce qu'ils viennent faire dans une piste en bas roses et costume doré, alors qu'ils ne parlent généralement pas car leur gestuelle doit être suffisante pour qu'on comprenne et participe. Les toreros sont parmi les plus grands de l'histoire tauromachique actuelle : *Dominguín*, Vázquez, Ordóñez, Paco Camino, *el Viti, el Cordobés*, figuras notoires ayant des styles différents. Interrogés par l'auteur, ils se livrent et donnent leurs impressions, leurs émotions. Zumbiehl, dans son texte introductif, met bien les interviews en situation et permet de découvrir la sensibilité de ces artistes qui façonnent des œuvres si fugaces.

HISTOIRE ET OUVRAGES TECHNIQUES

BENNASSAR Bartolomé, *Histoire de la tauromachie*, Paris, Desjonquères, 1997.

Dans cette étude claire, précise et lucide, on trouvera tous les éléments nécessaires à la compréhension de l'évolution de la tauromachie en fonction des structures de la société, des mentalités et de la sensibilité des publics, des impératifs économiques et des orientations esthétiques influant sur la gestuelle du toreo et le déroulement de la lidia.

L'ouvrage ne détache pas la corrida de son contexte socio-économique comme ont trop tendance à le faire certains auteurs. Car la corrida est aussi un fait de société qui subit les influences de l'évolution des mœurs. Des origines à la décennie Ojeda, l'histoire de cette passion collective, mais aussi une présentation des caractéristiques des principaux pôles tauromachiques de France et d'Espagne, et ce qui en fait l'originalité. Un livre de référence.

BENNASSAR Bartolomé et Lucile, *Le Voyage en Espagne*, Paris, Robert Laffont, collection « Bouquins », 1998.

Dans ce livre qui narre la découverte de l'Espagne au cours des siècles passés, une partie est consacrée à la tauromachie, spectacle alors nouveau pour les Français, la corrida étant encore violente et sanglante. On y trouvera notamment des récits hauts en couleur datant de 1582 à 1894. Le plus ancien fait état d'une course à Talavera de la Reina, Philippe de Claverel notant que « ces beaux exercices avancent toutefois assez souvent la mort à quelques deux ou trois hommes ». François Bertaud assiste en 1659 à une course chevaleresque et populaire. En 1665, Jacques Carel décrit une corrida royale sur la plaza Mayor de Madrid et Mme d'Aulnoy, en 1679, décrit avec verve une course madrilène. Suivent deux textes racontant la naissance de la corrida moderne, c'est-à-dire codifiée. Puis une troisième partie concerne la période romantique et l'« âge d'or » : en 1830, un texte de Mérimée est précis et documenté ; Edmond Boissier, en 1837, déplore le côté sanglant du spectacle ; Rosseuw de Saint-Hilaire, à Puerto de Santa María, raconte avec précision une corrida mais n'apprécie pas cette « boucherie » ; Théophile Gautier admire le fameux Montes et s'enthousiasme ; Edgar Quinet décrit un spectacle qui le laisse pantois et brisé par la fièvre ; Alexandre Dumas, lyrique et passionné, rapporte un combat de *Cúchares* en 1846 ; Louis Ulbach, en 1881, dit sans détour son goût prononcé pour la corrida ; en 1896, Georges Lecomte donne une description naturaliste de la corrida ; enfin, René Bazin, en 1894, lors de son séjour en Espagne, raconte sa visite dans une ganaderia.

BÉRARD Robert, *Dans les coulisses de la corrida*, Pont-Saint-Esprit, La Mirandole, 1996.

Ce livre ne traite pas des maestros, mais du travail de tous ceux qui participent à la corrida et n'ont pas leurs noms sur une affiche, les subalternes, indispensables artisans de toute course réussie. Avant, pendant et même après pour certains, ils œuvrent en synchronisation à la mise en place et à l'actualisation de la gloire des maestros et à celle des toreros. Le choix de l'auteur s'est porté uniquement sur des Français. Parce qu'ils ont prouvé depuis quelques années qu'ils pouvaient être au même niveau que leurs homologues d'outre-Pyrénées, donc servir d'exemples.

Mille petits détails échappent à ceux qui assistent à une corrida, alors qu'ils s'avèrent essentiels quand on les découvre. On y trouvera donc, depuis l'éleveur des toros jusqu'au mozo de caballos qui s'occupe de l'arrastre, en passant par les toreros que sont les lidiandos banderilleros, le picador ou le puntillero, le monosabio ou l'alguazil.

Un livre hommage à ces humbles qui font la renommée des grands.

BESCOS Jean, *Affiches de corrida*, Paris, Plume, 1996.

Depuis la première affiche taurine connue, datant de 1737 et annonçant pour les 19 et 30 septembre deux corridas qui « se dérouleront dans une enceinte en bois qui a été édifiée à Soto de Luzõn », jusqu'aux nombreuses affiches contemporaines spécifiques à chaque spectacle, en passant par la première affiche française qui annonce le spectacle du 21 août 1853 à Saint-Esprit, voici une excellente histoire, magnifiquement illustrée et très documentée, de l'affiche tauromachique : d'abord uniquement typographique, puis illustrée, devenant lithographique, avant de reproduire des œuvres en offset ou des photographies. Un merveilleux voyage dans l'univers des corridas et dans le temps, car toutes ces affiches sont significatives de l'époque de leur production.

CASANOVA Paul et DUPUY Pierre, *Toreros pour l'Histoire*, Lyon, La Manufacture, 1991.

De Curro Romero à *Espartaco*, voici plus de soixante biographies de toreros qui ont marqué l'histoire de la tauromachie. On trouve tous les plus grands, les novateurs grâce à qui la lidia puis le toreo se sont modifiés, affinés, améliorés. De l'affrontement sauvage et sanguinaire, on est passé à la rencontre entre la force brutale et sa maîtrise par l'intelligence et la technique des hommes. Pour chaque figura, on trouve ses origines, sa vie et sa carrière ainsi que l'influence qu'elle a eue sur l'évolution de la tauromachie. Pour chaque matador, une iconographie choisie, gravure d'époque ou photographie, portrait ou torero en action. À noter, des arbres généalogiques qui permettent de suivre les filiations entre les diverses familles de toreros. Le texte est clair, précis et documenté.

CHAVES NOGALES Manuel, *Juan Belmonte, matador de toros*, Lagrasse, Verdier, 1990.

C'est en 1935 que l'auteur recueillit les souvenirs et les confidences de ce grand torero que fut Juan Belmonte, qui révolutionna en son temps l'art de toréer.

Cette autobiographie, puisque Belmonte se raconte, des origines très modestes jusqu'à la gloire et à l'adulation du maestro hors du commun, restitue aussi les hommes dans le contexte socio-économique du moment. Un témoignage et un document important.

CLERGUE Lucien et MAGNAN Jean-Marie, *El Cordobés, le Cinquième Calife*, Arles, Actes Sud, 2002.

Un livre-document en hommage à Manuel Benítez *el Cordobés* qui a révolutionné la tauromachie dans les années 1960, des photographies de Lucien Clergue, qui, depuis 1963, n'a cessé d'être le témoin attentif des exploits du torero, depuis ses premières apparitions en France (un premier livre avait paru en 1965) jusqu'à sa dernière venue à Palavas en 2001, en compagnie de Sébastien Castella. Un autre ami du matador mythique, Jean-Marie Magnan, joint son témoignage, récit de rencontres et d'impressions, à ces photos, dont certaines sont devenues des « classiques ».

CONRAD Jack Randolph, *Le Culte du taureau*, Paris, Payot, 1961.

Un classique incontournable qui étudie avec finesse les relations étranges qui se sont tissées depuis cinquante mille ans entre l'homme et le taureau. Du chasseur de l'époque paléolithique au torero contemporain, l'homme a toujours eu avec cet animal une relation subjective et passionnelle que l'on ne trouve envers aucun autre animal, car le taureau est le seul qu'il ait élevé au rang de divinité, de mythe, à la fois animal et dieu vivant. Le taureau est un symbole de l'évolution de la société contemporaine qui semble devoir rester, malgré les efforts des zoophiles, un mythe enraciné au plus profond des civilisations. Des cavernes à la corrida espagnole en passant par la Mésopotamie, l'Inde, l'Égypte, le Proche-Orient, la Crète, la Grèce ou Rome, voici comment a évolué cette relation entre l'homme et le taureau.

COUPRY François, *Dans l'intimité du taureau*, Paris, Hallier, 1975.

Il y a quelques décennies, quand les toreros français n'étaient pas encore admis par la majorité des aficionados de leur pays, François Coupry a interrogé de jeunes matadors encore novilleros, qui se nommaient *Simón Casas*, Jacky Bourret *Jaquito*, Frédéric Pascal, Roberto Piles, *el Andaluz*, *Chinito*, et d'autres plus jeunes encore tels que Jean-Marie Bourret, Alain Bonijol ou Christian Montcouquiol, qui deviendra *Nimeño II*, sur leur passion, leur apprentissage, les gestes et les actes de la lidia.

Tous se livrent avec beaucoup de spontanéité et d'honnêteté au jeu de l'interview, et ces discussions très ciblées composent progressivement un excellent témoignage sur cette période d'ambitions et de difficultés, sur les phases de la lidia et les émotions vécues par les toreros.

— *Toros de mort*, Paris, Le Rocher, 2000.

Les toros de mort ne veulent en aucun cas partager la vie humiliante et si courte de leurs lointains cousins, les bœufs que l'on engraisse pour les emmener, dans un petit matin glauque, dans les abattoirs de la banlieue de la ville. Ils préfèrent vivre plus longtemps que leurs cousins, plus heureux, dans de grands espaces où ils peuvent profiter d'une existence agréable et terminer leur parcours acclamés lors d'une fête païenne qui les glorifie.

François Coupry a su se faire leur interprète et nous apprend mille et une autres choses concernant leur existence. Leur naissance, leur éducation par le groupe (car éducation il y a), leur apprentissage au combat, leurs réactions au fil des événements qui émaillent les jours et les saisons, leurs impressions, leurs sensations, leurs réflexions aussi. Ces toros pensent, tirent des leçons du quotidien, sont fort intelligents et se souviennent. Ce livre entre de plain-pied dans l'univers de cet animal-dieu.

COUPRY François et CLÉMENT Catherine, *Torero d'or*, Paris, Hachette, 1981.

Un livre à deux voix, un livre à deux voies.

Pour François Coupry, tout ce qui concerne l'histoire, le toro, le torero, la technique et le déroulement de la lidia, avec des points de vue différents : en se situant à la place du toro ou à celle du torero, il nous engage à nous intégrer pour mieux comprendre et apprécier. Pour Catherine Clément, la réflexion philosophique, anthropologique et même psychanalytique.

D'une lecture agréable, car écrit dans une langue accessible, vivante et colorée, le texte interpelle souvent le lecteur pour le mettre en situation, ce qui est une manière originale d'« entrer en tauromachie ».

Un livre-référence, car il aborde tous les aspects de la tauromachie et invite à une découverte dynamique et sensible de l'art du toreo.

DUMAS Alexandre, *Impressions de voyage de Paris à Cadix*, Paris, 1847.

La mode était aux relations littéraires des voyages, textes qui permettaient à beaucoup de suivre, souvent de manière pittoresque, des itinéraires suivis par des écrivains ou des personnages célèbres. Alexandre Dumas père était un coutumier du fait puisqu'il livra ainsi à ses lecteurs des impressions de voyages en Italie, en Espagne, dans le midi de la France. Il savait y narrer le quotidien, l'anecdote originale, les traits relatifs aux mœurs du temps et les émailler de récits historiques, le tout dans ce style enlevé et teinté d'humour qui fit son succès. Ce périple en Andalousie est tout aussi passionnant que les autres titres de la série et obtint un grand succès.

DUPUY Pierre, *Toros en Camargue*, Nîmes, Toros, 1996.

Ce livre est un itinéraire, dans le temps et dans l'espace puisqu'il nous fait découvrir l'histoire des villes et villages du grand delta rhodanien (hormis la ville d'Arles à laquelle un livre spécial a été consacré dans la série « Histoire des villes taurines »). Au fil des décennies, on apprendra comment ces bourgs et ces villages ont progressivement intégré la corrida et les toros de race espagnole. Trois grand chapitres : la petite Camargue avec Aigues-Mortes, Aimargues, le Cailar, Vauvert, Saint-Gilles, Bellegarde, Fourques et Saint-Laurent ; l'île de la Camargue : Trinquetaille, Gimeaux, les Saintes, Méjanes et Salin-de-Giraud ; la Grau : Port-Saint-Louis, Fos et Mas-Thibert. La participation des grands toreros qui, avant de devenir célèbres, passèrent dans ces plazas modestes, est significative de leur importance dans l'économie de la corrida.

DUPUY Pierre et PERRIN Jean, *Ombres et soleils sur l'arène*, Lyon, La Manufacture, 1988.

Ouvrage généraliste qui aborde les grands thèmes de la tauromachie. Après avoir montré l'importance du taureau dans les civilisations du bassin méditerranéen, les auteurs présentent, de manière claire et didactique, le toro bravo depuis ses origines, avec des arbres généalogiques de toutes les ganaderias actuelles, les grands toreros et l'évolution du toreo et de la lidia, avant d'aborder, sous forme d'une série de photos en couleurs de Lucien Clergue, les divers moments de la corrida. Un chapitre est consacré aux toros en Espagne et présente la temporada outre-Pyrénées et les lieux d'élevage, tandis que « Toros en France » nous fait connaître les principaux élevages et matadors français.

FORESTIER Patrick et ESCH Thierry, *El Juli-Juan Bautista*, Anglet, Atlantica, 2002.

Deux des plus jeunes et talentueux toreros de ce siècle nouveau font l'objet de ces deux livres-documents, livres essentiellement photographiques en pleines pages couleurs (et même sur deux pages souvent), qui racontent les grands moments de ces garçons, amis dans la vie et camarades dans les ruedos.

El Juli est la révélation, étonnant matador qui paraît ne rien ignorer des toros et de la manière de les toréer. *Juan Bautista* est le jeune torero sur lequel toute l'afición française fonde ses espoirs.

Patrick Forestier raconte leurs itinéraires, nous fait entrer dans leur intimité, rapporte leurs espoirs et leurs craintes, les interroge sur leur métier. Les préfaces sont de *Simón Casas* pour *el Juli* et d'André Viard pour *Juan Bautista*, deux approches par des professionnels vigilants.

GAUTIER Théophile, *La Tauromachie*, Paris, 1843.

De son voyage outre-Pyrénées, Gautier a rapporté, comme il était d'usage de le faire à l'époque, un récit de voyage qui ne manque ni de saveur ni de piquant. Dans *Un voyage en Espagne*, de 1840, il décrivait avec l'enthousiasme et la prose riche et colorée des romantiques le pays, ses sites, ses monuments et ses mœurs. Dans l'hebdomadaire *Le Musée des familles* paraît en 1843 « La tauromachie », un long récit plein de bruits et de couleurs, dans lequel Gautier présente aux lecteurs ce spectacle qu'il a découvert, pour lequel il s'est passionné et dont il deviendra un ardent défenseur. Cela nous vaut un texte riche dans lequel l'auteur raconte ce à quoi il a assisté, et va bien au-delà dans son analyse, tentant de pénétrer les arcanes de cet art tauromachique qui n'en est qu'à ses débuts, quand les affrontements hommes et toros étaient rudes et violents.

Notre écrivain décrit la course et la commente. Il dit quelles sont les manières les plus correctes et les plus orthodoxes de combattre, il dénonce les mauvais coups. Il est témoin. Il est aussi initiateur.

Guides des férias

Il en existe plusieurs, sommaires ou plus sérieux, parmi lesquels nous en avons retenu deux.

Le premier est le *Guide des ferias (France, Espagne, Portugal)*, que **Pierre DUPUY** fit paraître à La Manufacture en 1990. On y trouvera les quarante plus belles férias par ordre chronologique, de Valdemorillo, la première de la temporada, jusqu'à la dernière mais non la moindre, Saragosse. Pour chacune, l'auteur fait un historique de la manifestation, en donne les principales caractéristiques et en décrit l'originalité, soulignant ensuite les autres centres d'intérêt de la ville ou de la région. Bien illustré, c'est un guide agréable et pratique, toujours valable, sauf les numéros de téléphone à revoir.

L'autre est celui de **Jean-Marie BEUZELIN** paru chez Atlantica en 2000 : *Guide des ferias France-Espagne*. Très illustré de photos couleurs, divisé en deux parties distinctes, férias françaises et férias espagnoles, on y trouvera des renseignements pratiques sur vingt manifestations, dix dans chaque pays, les localités étant présentées selon l'ordre alphabétique. Pour chaque féria, une rapide présentation historique, des renseignements pratiques concernant les arènes et la billetterie, un carnet d'adresses d'hôtels et de restaurants généralement de haut niveau (aficionados modestes s'abstenir), de librairies et de points de vente de cigares et... des golfs du voisinage, ainsi que des sites à visiter.

HEYRAL Louis, *Mes chevaux de corrida*, Nîmes, chez l'auteur, 1992.

La Casa Heyral a été la première entreprise française spécialisée dans la fourniture de chevaux pour les picadors. Le père, Jacques Heyral, a été l'inventeur de la première protection des chevaux contre les blessures par cornes. Le caparaçon est donc une invention française, que reconnaît le Cossío. Louis Heyral a raconté la naissance de cette entreprise et ses grands moments, que Robert Bérard a recueillis et présentés. Mais on y apprend aussi comment on éduque les chevaux des picadors qui peuvent maintenant participer à de nombreuses temporadas. Et l'on fait la connaissance de quelques-uns des plus célèbres chevaux de corrida qui se sont illustrés au cours des dernières décennies.

Collection « Histoire des villes taurines », Nîmes, Toros

Tous les titres de cette collection sont également passionnants car ils présentent, pour les grandes villes françaises ayant une histoire tauromachique, l'ensemble détaillé des faits qui s'y sont déroulés et permettent ainsi une connaissance pertinente des événements qui en font l'originalité.

On y trouve les commentaires nécessaires à la compréhension de l'évolution taurine de la cité et généralement la liste de toutes les corridas, avec les cartels complets depuis les origines. Un ensemble documentaire irremplaçable pour tous ceux qui font des recherches spécifiques.

JERA Bernard et RYCKELYNCK Sophie, *Petit manuel de toreo de Salon*, chez Jean Lacoste, 2003.

Joli ouvrage à l'italienne dont le texte est de Bernard Jera et les illustrations de Sophie Ryckelynck, sur les conseils techniques de Tino Lopes, matador de toros et professeur à l'école taurine d'Arles. C'est le toreo de salon dans la joie et la précision. Le bréviaire des « praticos » débutants.

LAFRONT Auguste, *Histoire de la tauromachie en France*, Paris, Julliard, 1978.

De tout temps, dans le sud de la France, les taureaux ont été associés aux fêtes populaires. Ce qui n'alla pas sans quelques incidents et accidents. Cette tradition fut donc l'objet de nombreux interdits mais se perpétua néanmoins. On s'accorde à faire commencer l'histoire de la tauromachie française en 1852, quand la ville de Bayonne organisa des courses mixtes avec écarteurs landais alternant avec une cuadrilla espagnole qui procédait à la mise à mort du toro. L'impératrice Eugénie donna l'impulsion nécessaire à l'implantation des courses « à l'espagnole ». Le Midi fut rapidement conquis et Paris devint la première plaza de France.

Avec beaucoup de précision, à partir d'une documentation remarquable, Auguste Lafront retrace cette histoire d'une passion jusqu'à l'année 1971, marquée par *el Cordobés*. Depuis, la corrida a évolué et redevient la cible d'adversaires déterminés. Comme elle le fut au début du XIXe siècle, donnant lieu à des épisodes hauts en couleur. Un ouvrage passionnant et vivant.

— *Bibliographie de la presse taurine française*, Montpellier, Union des bibliophiles taurins de France, 1995.

Une plaquette indispensable à tous ceux qui souhaitent connaître les publications spécialisées qui sont sorties en France depuis les origines, soit 1883, avec la parution du *Toréador* à Nîmes. Toutes les publications, qu'elles soient de grande ou de modeste diffusion, qu'elles aient duré des décennies ou sorti uniquement quelques numéros, sont enregistrées, présentées, analysées dans des articles clairs et précis qui en font l'historique et présentent leur contenu ainsi que les lieux et dates de parution. De nombreuses illustrations égaient l'ouvrage qui est de consultation facile : présentation alphabétique et, en annexe, classification chronologique. On y trouvera aussi la liste des pseudonymes des principaux critiques taurins français depuis les origines.

LAPIERRE Dominique et COLLINS Larry, *Ou tu porteras mon deuil...*, Paris, Robert Laffont, 1967.

Cette biographie romancée de Manuel Benítez *el Cordobés* est un des ouvrages sur la tauromachie dont le succès a été considérable. Les auteurs utilisent la technique des journalistes grands reporters pour entraîner les lecteurs à la découverte d'un homme qui a connu la plus grande des misères dans sa jeunesse, au cours de la guerre civile espagnole, et qui devint, par la grâce des toros, un homme adulé, un mythe vivant dans lequel toute la jeunesse d'un pays se projeta.

Dans un style vivant, riche en anecdotes significatives situant bien le personnage dans le difficile contexte sociopolitique de la période, Lapierre et Collins ont écrit une biographie exemplaire, valable tant par le récit de la vie du héros que par l'étude environnementale et la découverte du mundillo, jusqu'alors hermétiquement secret. Ce livre a contribué certainement à la naissance du mythe « cordobésien ».

LAVIGNASSE Jean, *Enrique Ponce*, Biarritz, Atlantica, 2000.

Très richement illustré de nombreuses photographies en couleurs d'Enrique Ponce, ce livre à la gloire d'un torero hors du commun ne sombre jamais dans l'hagiographie ridicule. Il raconte une carrière, selon l'ordre chronologique, en notant les séquences les plus caractéristiques de ce maestro qui sait allier une technique de grande précision à la qualité gestuelle.

Les photographies sont toutes de belle facture et complètent heureusement les textes. Pour terminer, l'auteur règle quelques comptes avec les « critiqueurs patentés », ces aficionados acides qui ne sont jamais satisfaits, mais ne sont pas pour autant les plus compétents. Ainsi qu'avec la presse espagnole spécialisée qui vit de la publicité. Un beau livre-témoignage.

LEIRIS Michel, *La Course de taureaux*, Paris, Fourbis, 1991.

« Ce texte est la curiosité la moins étrange qu'il soit donné à lire. Il a un air de nature, de banalité et d'évidence énoncé au fil de la plume [...]. *Miroir de la tauromachie* a aujourd'hui son pendant, sa justification et son commentaire... », Francis Marmande en sa préface à l'ouvrage.

MAGNAN Jean-Marie, *Le Roman de la corrida*, Arles, Actes Sud, 1999.

Voilà un livre de maturité, l'aboutissement de plusieurs décennies d'afición vraie et sensible. Jean-Marie Magnan n'ignore pas ce qu'est la technique tauromachique et sa nécessaire connaissance, mais il ne fait pas étalage de ses compétences en ce domaine. Avec juste raison, il nous dit qu'assister à une corrida (et dans ce terme, il y a l'idée de participation, car aucune assistance ne peut être passive), c'est entrer en communion, oublier les exigences matérielles pour savoir apprécier l'ensemble qui se construit devant nos yeux avec une telle fugacité qu'il est nécessaire que nous y accordions la totalité de notre attention pour en saisir toutes les valeurs. Entrer en tauromachie avec Jean-Marie Magnan, c'est s'attacher à l'aspect fugace, immatériel, plastique, poétique et mythique de la geste tauromachique. Des origines à nos jours, il nous entraîne à une découverte sensible et émouvante de la corrida, nous en dévoile les mystères et les métaphores, nous la fait vivre dans sa somptueuse grandeur, car une cérémonie mythique de cette importance ne peut se réduire à un simple affrontement.

— *La Corrida est une mémoire*, Paris, Robert Laffont, 1993.

Comme chacun sait, Jean-Marie Magnan a beaucoup à dire sur la corrida. Ses nombreux ouvrages font référence. Dans ces pages virtuoses, on voit évoluer tant les grands toreros que les grands écrivains qui ont fréquenté les arènes.

MOLAS Pierre, *Parler toros*, Tarbes, Cairn, 1999.

Pierre Molas, fondateur du Club taurin dacquois en 1974, membre de la commission tauromachique municipale dont il devint le président en 1977, directeur des arènes jusqu'en 1997, ne s'est pas contenté des lustres et des paillettes de son titre. Refusant la dictature des intermédiaires espagnols, il a mis en place la première gestion directe des arènes de Dax où il s'affirma comme un organisateur hors pair. Ayant quitté la direction des arènes, il raconte les moments les plus enthousiasmants mais aussi les plus difficiles de cette expérience hors du commun. Le mundillo est un milieu fermé avec ses règles, ses lois, ses traditions. N'est pas accepté qui veut et beaucoup qui essaient de s'y immiscer en font la cuisante expérience. Vingt ans après, Pierre Molas lève un coin du voile et nous fait pénétrer dans les arcanes du mundillo. Et cela vaut son pesant de dineros.

MONTCOUQUIOL Alain, *Recouvre-le de lumière*, Lagrasse, Verdier, 1999.

Ce livre-mémoire d'un homme sensible, qui a été novillero avant de suivre son frère *Nimeño II* dans son parcours de torero, parcours difficile et semé d'embûches, raconte d'une manière émouvante et poétique la carrière d'un matador qui se termina tragiquement au bout de la corne d'un Miura. Un récit semé de faits, mais surtout d'impressions, un portrait admiratif et terriblement bouleversant.

MORAL José Antonio del, *Comment voir une corrida*, Lormont, La Presqu'île, 1995.

L'auteur, qui connaît beaucoup de maestros, a pu, grâce à cette intimité, approcher la corrida telle que la vivent les professionnels. Il a écrit ce « manuel de tauromachie pour les nouveaux aficionados », un livre clair et précis, donc précieux, car il met l'accent sur les réalités et propose une approche rigoureuse et pragmatique de la lidia. Les trois tercios sont successivement présentés après une partie qui rassemble des éléments historiques et environnementaux. L'auteur précise et explique ce qu'il convient de voir et comment, afin de comprendre et de pouvoir ensuite apprécier cet art fugitif et complexe qu'est le toreo. Excellent comme initiation, mais aussi utile pour beaucoup qui n'ont qu'une expérience trop personnelle.

ODUAGO-ZOLARDE, *Les Courses de taureaux expliquées*, Paris, 1854.

Ce livre est le premier ouvrage d'initiation à la corrida paru en France. L'auteur y fait œuvre de vulgarisation avec beaucoup de pédagogie et permet de comprendre comment se déroulait une corrida en ces temps de formation, quand les toros n'étaient pas sélectionnés sur leur bravoure mais sur leur sauvagerie. Des explications précises et des anecdotes savoureuses sur les grands toreros du moment. Avec, déjà, la nostalgie du temps passé. Un lexique important fait suite à l'étude générale et on y trouvera des explications qui étonneront, car très spécifiques à l'époque et n'ayant qu'un lointain rapport avec les significations actuelles.

POPELIN Claude, *Le Taureau et son combat*, Paris, de Fallois, 1993.

Devenu un essai incontournable au lendemain de la Seconde Guerre mondiale, ce livre de Claude Popelin a eu pour ambition d'expliquer logiquement la corrida et en particulier le combat du toro. La théorie des « terrains » fit florès à la suite de cette étude et elle fut appliquée au-delà du raisonnable par des lecteurs qui voulaient mathématiser la corrida. Il en résulta des exagérations de comportement et de critiques. L'auteur présente la tactique et la stratégie du combat ainsi que les trois tercios : la pique, les banderilles et l'épée. Si de nombreuses séquences de l'ouvrage sont encore d'actualité, d'autres l'ont perdue. Après la sortie de l'ouvrage, des toreros tels que *el Cordobés*, Dámaso González ou Ojeda ont rendu obsolètes beaucoup d'affirmations trop péremptoires. La corrida a évolué, les toros ont été modifiés, les toreros agissent différemment. Le combat du toro est donc différent.

RAMÓN José Luis, *Tauromachie à l'usage des aficionados*, Portet-sur-Garonne, Loubatières Éditions, 2000.

L'ensemble des suertes, de cape et de muleta commenté par les plus grands matadors, complété par des photographies nombreuses et explicites.

VIARD André, *Comprendre la corrida*, Biarritz, Atlantica, 2001.

Dans un format oblong très maniable, tiré sur beau papier couché, très illustré de photos de Bernard Hiribarren, cet ouvrage apporte une masse considérable d'informations sur le déroulement de la corrida ainsi que sur sa préparation en amont.

Conçu en quatre parties – 1) le toro ; 2) les règles de l'art ; 3) l'évolution de l'art taurin ; 4) la lidia –, c'est un texte d'une richesse exceptionnelle où l'on trouvera des informations claires et précises, dans une langue chaleureuse, un style agréable et passionné.

Avec un sens pédagogique très affiné, André Viard explique et dévoile les mille et un arcanes de l'art taurin, rendant enfin compréhensibles pour tous les gestes et les actes divers de la tauromachie. Rien n'échappe à son attention et rien n'est occulté (comme c'est trop souvent le cas dans les méandres d'un art initiatique). André Viard explique, commente, analyse, et tout paraît simple et clair dans les divers actes qui se succèdent en piste. Mais il ne se contente pas de décrire un geste ou une action. Il en fait découvrir les fonctions essentielles qui en motivent l'utilisation. Car rien ne doit être gratuit dans la lidia si l'on veut qu'elle soit efficace. Il y a une rigueur à respecter, une logique à suivre. Livre de référence permettant de s'engager dans les itinéraires subtils du monde de la corrida.

TABLE DES MATIÈRES

En guise de paséo..., *par Robert Bérard* VII
Note de l'Éditeur XI

HISTOIRE, TAUREAUX, COMBAT

HISTOIRE DE LA TAUROMACHIE
par Bartolomé Bennasar

I. LES ENFANCES MULTIPLES DE LA CORRIDA 3
Les siècles obscurs 3
Toreo chevaleresque et toreo à pied 5
Le XVIIIe siècle et la naissance de la corrida moderne 11

II. LE XIXe SIÈCLE. ESSOR DE LA « FIESTA NACIONAL » (vers 1814-vers 1880) 16
Francisco Montes *Paquiro* et la consécration du spectacle 17
Une compétition violente : *Cúchares-el Chiclanero* 21
Deux partenaires et un premier âge d'or : *Lagartijo* et *Frascuelo* 23
Guerrita et les autres. Le cas Reverte 26
L'Espagne du XIXe siècle et la corrida 30

III. LA RÉVOLUTION BELMONTIENNE ET LE NOUVEL ÂGE D'OR 34
La demande et l'offre. L'essor des élevages de toros de combat 35
Une décennie de transition 37
Juan et José 39
Flamboyantes années 1920... et tragédies 46

IV. GUERRE CIVILE, RUINE ET RECONSTRUCTION DE LA TAUROMACHIE 54
La tauromachie à la veille de la Guerre civile 54
Les désastres de la guerre 58
La post-guerre. Quelle tauromachie ? 61
Une valeur refuge : le cas *Manolete* 63

V. LES ANNÉES 1953-1972 : VINGT ANNÉES D'OR OU D'ARGENT ? 64
Les années incertaines : 1948-1952 65
Le tournant de 1953 66
Royauté d'Antonio Ordóñez. Un nouvel âge d'or ou un âge d'argent ? 69

VI. LA TAUROMACHIE DE LA FIN DE SIÈCLE
L'EXPANSION DE LA CORRIDA : EXPLICATION 77
Les années 1970 80
Les années 1980 83
La dernière décennie du siècle 85

VII. LA TAUROMACHIE HORS D'ESPAGNE 93
La tauromachie dans l'Amérique espagnole 93
La tauromachie en France 97
La tauromachie au Portugal 104

LES ENCASTES DU TAUREAU BRAVO
par Christophe Chay

RACES FONDATRICES DU TAUREAU DE COMBAT 109
Race Cabrera 109
Race Díaz Castro – Castrojanillos 109
Race Espinosa – Zapata 110
Race Gallardo 111
Race Jijona 112
Race Jiménez 113
Race Navarra 114
Race Raso de Portillo 114
Race Vázquez 115
Race Vistahermosa 117
Race Vistahermosa – Vicente José Vázquez – Hidalgo Barquero 119

ENCASTES CONTEMPORAINS 120
Albaserrada – Martín, Victorino 121
Cebada Gago 122
Contreras 123
Cuadri, Celestino 124
Domecq, Juan Pedro 126
Domecq, Marqués de 128
Fernández, Atanasio 129
Hidalgo Barquero – Benítez Cubero 130
Ibán, Baltasar 132
Miura 133
Murube 135
Núñez 137
Osborne 138
Parladé – Gamero Cívico – Clairac 139
Palardé – Gamero Cívico – Flores, Samuel 140
Parladé – Gamero Cívico – Guardiola Soto 142
Parladé – Tamarón – Corte, Conde de la 143
Pedrajas 144

Pérez, Antonio 145
Romero, Pablo 146
Saltillo 148
Santa Coloma 150
Torrestrella 151
Urcola 152
Vega – Villar 153
Villamarta 155

LA LIDIA
ÉVOLUTION – PRINCIPES – DÉROULEMENT
par Robert Bérard

I. L'ÉVOLUTION DE LA LIDIA 158

II. LES PRINCIPES DE BASE 165
L'attaque du toro et l'immobilité du torero : parar 166
La tenue des trastos : cape et muleta 166
Les trois principes de base : parar – mandar – templar 169
Les trois temps de la passe : citar – mandar – rematar 171
Le sitio – Le regard du toro 174
Comment provoquer la passe 176
Les querencias – Les charges du toro 178
L'action de l'homme : où et comment se placer – croisé ou non 181
Donner la passe : le rythme – templar – lier les passes 185

III. LE DÉROULEMENT DE LA LIDIA 188
L'apartado et le sorteo 188
La réception du toro 189
Comportement selon les encastes, 190. – L'entrée en piste, la reconnaissance de l'environnement, 191. – Les passes d'accueil, 192. – La véronique, passe primordiale, 194. – Les variantes de la véronique, 196.
La pique 198
Rôle de la pique, 198. – Déroulement du tercio, 201. – Les quites, 207.
Les banderilles 209
Les principes de la pose, 210. – L'observation des comportements du toro, 212. – Les diverses techniques de pose, 213.
La faena de muleta 214
Principes de base et déroulement, 214. – Les passes de base de la faena : derechazo et naturelle, 220. – Les principales passes de muleta, 223. – Le toreo contemporain, 225. – Le bon toro et le bon torero, 227.
La fin du parcours : l'estocade 229
Déroulement de l'estocade, 231. – Après l'estocade, 233.

IV. LE DÉROULEMENT DU COMBAT À CHEVAL 234

DICTIONNAIRE

RÉPERTOIRE DES PRINCIPAUX THÈMES 242

DICTIONNAIRE, *par Rolland Agnel, Bernard Bastide, Daniel Benoin, Robert Bérard, Christian Cartoux, Christophe Chay, Jean-Claude Dufau, Jacques Durand, Paul Herménégilde, Jean-Marie Magnan, Béatrice Mandopoulos, Jacques Massip, Pierre Mialane, Jean-Jacques Pons, Jean-Pierre Scheiner, Philippe Teissier, Jean-Baptiste Trouplin, François Zumbiehl* 243

ANNEXES

RÈGLEMENT TAURIN MUNICIPAL 967

ESCALAFÓN 2002 992

ESCALAFÓN 2001 994

ESCALAFÓN DU XXe SIÈCLE 996

TABLEAU CHRONOLOGIQUE DES TOREROS, *par Jean-Baptiste Trouplin* .. 999

STATISTIQUES TAURINES 1006

STATISTIQUES 2001 1009

ÉLEVEURS FRANÇAIS, *par Robert Bérard* 1010

ARÈNES FRANÇAISES, *par Robert Bérard* 1013

LA CINÉMATHÈQUE DE L'AFICIONADO, *par Bernard Bastide* 1015

INTERNET, *par Christian Cartoux* 1025

BIBLIOGRAPHIE

BIBLIOGRAPHIE, *par Robert Bérard* 1031

Photocomposition Nord Compo
59650 Villeneuve-d'Ascq

ACHEVÉ D'IMPRIMER
PAR MAURY EUROLIVRES
45300 MANCHECOURT

Imprimé en France